Diccionario panhispánico
de dudas

Patrocinado por

Telefónica

Con la colaboración del

Instituto
Cervantes

Diccionario panhispánico de dudas

REAL ACADEMIA
ESPAÑOLA

ASOCIACIÓN DE ACADEMIAS
DE LA LENGUA ESPAÑOLA

© Real Academia Española, 2005
© Asociación de Academias de la Lengua Española, 2005
© De esta edición: Santillana Ediciones Generales, S. L., 2005

© Diseño de cubierta: Pep Carrió / Sonia Sánchez – Paco Lacasta

ISBN: 84-294-0623-9
Depósito legal: M-40.066-2005
Impreso en España – Printed in Spain

Impreso en el mes de octubre de 2005
en los talleres gráficos de Unigraf, S. L., Móstoles (Madrid)

Santillana Ediciones Generales, S. L.
Calle Torrelaguna, 60, 28043 Madrid

ÍNDICE

EQUIPO DE REDACCIÓN

(del Departamento de «Español al día» de la Real Academia Española)

COORDINADORA Y REDACTORA JEFE:
Elena Hernández Gómez

REDACTORES:
M.ª Ángeles Blanco Izquierdo
Marta Cormenzana Díez

Marta García Gutiérrez
Encarna Raigal Pérez
Emilio Bomant García

Con la COLABORACIÓN ESPECIAL de Leonardo Gómez Torrego

COLABORADORES sucesivos del Instituto Cervantes:
Jaime Olmedo Ramos
Alicia González de Sarralde
Irene Gil Laforga

AGRADECIMIENTOS:
A Salvador Gutiérrez Ordóñez, por su colaboración en el estudio de cuestiones gramaticales.
A Álex Grijelmo y Alberto Gómez Font, por sus sugerencias sobre topónimos y gentilicios.
A Almudena Jimeno, Lola Beccaria, Diego Varela, Fernando Sánchez y Maribel Madero, así como a todas las personas que, desde las distintas Academias, han participado de algún modo en la revisión y corrección del texto.

Los días 8 y 9 de octubre de 2004 se celebraron, en la sede de la Real Academia Española, dos sesiones de trabajo con los medios de comunicación para debatir las líneas fundamentales del *DPD*, en particular el tratamiento de extranjerismos y topónimos.

La Real Academia Española y la Asociación de Academias de la Lengua Española desean dejar constancia de agradecimiento por su colaboración a los siguientes grupos y medios de comunicación: *Diario Clarín* y *La Nación* (República Argentina); *El Mercurio* (Chile); *El Tiempo* (Colombia); *La Nación* (Costa Rica); *El Tiempo* (Ecuador); Agencia EFE, Grupo Prensa Ibérica, Grupo Prisa, Grupo Unidad Editorial, Grupo Zeta, *Heraldo de Aragón*, *La Razón*, *La Vanguardia*, *La Voz de Galicia* y Vocento (España); *La Opinión* y *Nuevo Herald* (Estados Unidos); Grupo Prensa Libre (Guatemala); *El Universal* y Grupo Reforma (México); *El Comercio* (Perú); *El Nuevo Día* (Puerto Rico); Grupo Corripio (República Dominicana), y *El Universal* (Venezuela).

COMISIÓN INTERACADÉMICA

Víctor García de la Concha, director de la Real Academia Española y presidente de la Asociación de Academias de la Lengua Española
Humberto López Morales, de la Academia Puertorriqueña de la Lengua Española y secretario general de la Asociación de Academias de la Lengua Española

ÁREA DE CHILE
COORDINADOR: Alfredo Matus Olivier, de la Academia Chilena de la Lengua

ÁREA DEL RÍO DE LA PLATA
COORDINADORES: Ofelia Kovacci († 2001) y Pedro Luis Barcia, de la Academia Argentina de Letras
Carlos Jones, de la Academia Nacional de Letras del Uruguay
Manuel E. B. Argüello, de la Academia Paraguaya de la Lengua Española

ÁREA ANDINA
COORDINADORA: Susana Cordero de Espinosa, de la Academia Ecuatoriana de la Lengua
Martha Hildebrandt, de la Academia Peruana de la Lengua
Carlos Coello, de la Academia Boliviana de la Lengua

ÁREA DEL CARIBE CONTINENTAL
COORDINADORA: María Josefina Tejera, de la Academia Venezolana de la Lengua
Juan Carlos Vergara Silva, de la Academia Colombiana de la Lengua

ÁREA DE MÉXICO Y CENTROAMÉRICA
COORDINADOR: José G. Moreno de Alba, de la Academia Mexicana de la Lengua
Matías Romero Coto, de la Academia Salvadoreña de la Lengua
Francisco Albizúrez Palma, de la Academia Guatemalteca de la Lengua
Adolfo Constenla, de la Academia Costarricense de la Lengua
Elsie Alvarado de Ricord († 2005) y Demetrio Fábrega, de la Academia Panameña de la Lengua
Francisco Arellano Oviedo, de la Academia Nicaragüense de la Lengua
María Elba Nieto Segovia, de la Academia Hondureña de la Lengua

ÁREA DE LAS ANTILLAS
COORDINADORA: María Vaquero de Ramírez, de la Academia Puertorriqueña de la Lengua Española
Bruno Rosario Candelier, de la Academia Dominicana de la Lengua
Gisela Cárdenas Molina, de la Academia Cubana de la Lengua

ÁREA DE LOS ESTADOS UNIDOS
COORDINADOR: Joaquín Segura, de la Academia Norteamericana de la Lengua Española

ÁREA DE ESPAÑA
COORDINADOR: Gregorio Salvador, de la Real Academia Española
COMISIÓN DE INFORMACIÓN LINGÜÍSTICA Y NEOLOGISMOS, de la Real Academia Española:

Valentín García Yebra	Ignacio Bosque
Gregorio Salvador	José Antonio Pascual
Francisco Rodríguez Adrados	Guillermo Rojo
Juan Luis Cebrián	José Manuel Blecua

PRESENTACIÓN

Centenares de hispanohablantes de todo el mundo se dirigen a diario a la Real Academia Española, o a cualquier otra de las que con ella integran la Asociación de Academias de la Lengua Española, exponiendo sus dudas sobre cuestiones ortográficas, léxicas o gramaticales y pidiendo aclaración sobre ellas. Buena parte de esas personas conocen y consultan de ordinario alguno de los manuales de corrección idiomática, diccionarios de dudas o libros de estilo existentes, pero quieren oír de manera directa la voz propia de las Academias, que tienen secularmente reconocida la competencia de fijar la norma lingüística para el mundo hispánico.

La norma, que el *Diccionario* académico define como «conjunto de criterios lingüísticos que regulan el uso considerado recto», no es algo decidido y arbitrariamente impuesto desde arriba: lo que las Academias hacen es registrar el consenso de la comunidad de los hispanohablantes y declarar *norma*, en el sentido de regla, lo que estos han convertido en hábito de corrección, siguiendo los modelos de la escritura o del habla considerados cultos. «En manos del uso —decía ya el poeta latino Horacio— se halla el juicio, el derecho y la norma de hablar».

Hasta ahora, las personas interesadas en conocer la norma académica debían consultar, separadamente, los tres grandes códigos en que esta se expresa: la *Ortografía*, la *Gramática* y el *Diccionario*. La *Ortografía* enuncia los principios generales que regulan el uso de las letras y los signos ortográficos, pero, naturalmente, no se ocupa de detallar su aplicación en todos los casos en que puedan plantearse dudas particulares. La *Gramática* —actualmente en proceso de profunda revisión y actualización, pues su última edición oficial data de la ya lejana fecha de 1931— estructura su contenido alrededor de las categorías y conceptos lingüísticos, y no de los problemas concretos de tipo morfológico o sintáctico que tal o cual palabra puede plantear. El *Diccionario,* en fin, por su condición de repertorio léxico oficialmente reconocido, exige la consolidación en el uso general de las nuevas palabras y acepciones, así como de las propuestas de adaptación de voces extranjeras, antes de incorporarlas y, cuando lo hace, se limita a registrar sus sentidos.

Se echaba de menos una obra que permitiera resolver, con comodidad y prontitud, los miles de dudas concretas que asaltan a los hablantes en su manejo cotidiano del idioma y donde las Academias pudiesen, al mismo tiempo, adelantarse a ofrecer recomendaciones sobre los procesos que está experimentando el español en este mismo momento, en especial en lo que atañe a la adopción de neologismos y extranjerismos, para que todo ello ocurra dentro de los moldes propios de nuestra lengua y, sobre todo, de forma unitaria en todo el ámbito hispánico.

La necesidad de una publicación académica que llenara este vacío se había puesto ya de relieve en el I Congreso Internacional de la Lengua Española celebrado en Zacatecas (México) en 1997. Desde entonces, para llevarla a cabo han contado las Academias con el apoyo fraterno del Instituto Cervantes.

El carácter panhispánico de este nuevo diccionario viene determinado tanto por su contenido —y, específicamente, por la consideración de las variantes regionales— como por su autoría. Han sido, en efecto, las veintidós Academias las que han definido sus líneas maestras y trabajado codo a codo durante más de cinco años en su aplicación y desarrollo. Se propone el *Diccionario panhispánico de dudas* aclarar la norma establecida y atender a la vez a lo que algunos lingüistas llaman «norma en realización»; de ahí que oriente también sobre lo no fijado y formule propuestas guiadas por la prudencia y el ideal de unidad lingüística. Ello lo convierte en una obra abierta, que nace con el propósito declarado de mantener una actualización continua. No se dirige a especialistas, sino al público hispanohablante en general. Por ello, en algunos puntos se han obviado precisiones terminológicas que serían insoslayables en obras dirigidas a lectores especializados.

El texto básico del *Diccionario panhispánico de dudas* fue aprobado el 13 de octubre de 2004, en una sesión plenaria conjunta de la Real Academia Española y de la Asociación de Academias presidida por SS. AA. RR. los Príncipes de Asturias en el Monasterio de Yuso de San Millán de la Cogolla.

Todo ello es hoy realidad gracias al generoso mecenazgo de Telefónica, que, en sintonía con su identidad de empresa de comunicación especialmente asentada en el mundo hispanohablante, vio en este proyecto un instrumento eficaz para reforzar la unidad del idioma y el complemento indispensable del servicio de «Español al día», de la Real Academia Española, que con su ayuda hace también posible.

QUÉ ES EL *DICCIONARIO PANHISPÁNICO DE DUDAS*

Propósito

El *Diccionario panhispánico de dudas* se propone servir de instrumento eficaz para todas aquellas personas interesadas en mejorar su conocimiento y dominio de la lengua española. En él se da respuesta a las dudas más habituales que plantea el uso del español en cada uno de los planos o niveles que pueden distinguirse en el análisis de los elementos lingüísticos: el FONOGRÁFICO, pues resuelve dudas de tipo ortológico (sobre pronunciación) y ortográfico (sobre grafías, acentuación y puntuación); el MORFOLÓGICO, ya que orienta sobre las vacilaciones más frecuentes que se dan en el plano de la morfología nominal (plurales, femeninos y formas derivadas) y de la morfología verbal (formas de la conjugación); el SINTÁCTICO, al aclarar dudas sobre construcción y régimen, concordancia, forma y uso de locuciones, etc.; y el LEXICOSEMÁNTICO, pues en él se examinan y corrigen numerosas impropiedades léxicas, a la vez que se ofrece orientación sobre el uso de neologismos y extranjerismos.

Destinatarios

El *Diccionario panhispánico de dudas* se dirige tanto a quienes buscan resolver con rapidez una duda concreta y, por consiguiente, están solo interesados en obtener una recomendación de buen uso, como a quienes desean conocer los argumentos que sostienen esas recomendaciones. Cada lector obtendrá, pues, una respuesta adecuada a sus intereses, particulares o profesionales, y a su nivel de preparación lingüística.

Carácter normativo

El *Diccionario panhispánico de dudas* es un diccionario *normativo* en la medida en que sus juicios y recomendaciones están basados en la *norma* que regula hoy el uso correcto de la lengua española.

La norma no es sino el conjunto de preferencias lingüísticas vigentes en una comunidad de hablantes, adoptadas por consenso implícito entre sus miembros y convertidas en modelos de buen uso. Si no existiera ese conjunto de preferencias comunes, y cada hablante emplease sistemáticamente opciones particulares, la comunicación se haría difícil y, en último extremo, imposible. La norma surge, pues, del uso comúnmente aceptado y se impone a él, no por decisión o capricho de ninguna autoridad lingüística, sino porque asegura la existencia de un código compartido que preserva la eficacia de la lengua como instrumento de comunicación.

La norma de hoy

Como toda institución humana, la lengua experimenta cambios en el transcurso de su evolución histórica, de manera que ese conjunto de preferencias lingüísticas convertidas en modelos de buen uso que constituyen la norma no es igual en todas las épocas: modos de expresión *normales* en el español medieval y clásico —e incluso en el de épocas más próximas, como los siglos XVIII o XIX—, documentados en escritores de calidad y prestigio indiscutibles, han desaparecido del español actual o han quedado fuera del uso general culto; y, viceversa, usos condenados en el pasado por los preceptistas del momento forman parte hoy, con toda naturalidad, del conjunto de hábitos expresivos de los hablantes cultos contemporáneos.

El *Diccionario panhispánico de dudas*, teniendo muy presente la realidad del cambio lingüístico, que opera en todos los niveles (fónico, gráfico, morfológico, sintáctico y léxico), basa sus juicios y valoraciones en la norma efectivamente vigente en el español actual, considerado este como la lengua que emplean las generaciones vivas de habla española. En ningún caso se ha conformado con repetir juicios heredados de la tradición normativa, sino que, gracias a los recursos técnicos con que cuenta hoy la Real Academia Española, en especial su gran banco de datos del español, integrado por textos de todas las épocas y de todas las áreas lingüísticas del ámbito hispánico, ha podido analizar la pervivencia y extensión real de los usos comentados y ofrecer, por tanto, soluciones y recomendaciones fundadas en la realidad lingüística presente.

La norma culta

El español no es idéntico en todos los lugares en que se habla. En cada país, e incluso en cada zona geográfica y culturalmente delimitada dentro de cada país, las preferencias lingüísticas de sus habitantes son distintas, en algún aspecto, de las preferencias de los hablantes de otras zonas y países. Además, las divergencias en el uso no se deben únicamente a razones geográficas. También dependen en gran medida del modo de expresión (oral o escrito), de la situación comunicativa (formal o informal) y del nivel sociocultural de los hablantes.

Por su carácter de lengua supranacional, hablada en más de veinte países, el español constituye, en realidad, un conjunto de normas diversas, que comparten, no obstante, una amplia base común: la que se manifiesta en la expresión culta de nivel formal, extraordinariamente homogénea en todo el ámbito hispánico, con variaciones mínimas entre las diferentes zonas, casi siempre de tipo fónico y léxico. Es por ello la expresión culta formal la que constituye el *español estándar:* la lengua que todos empleamos, o aspiramos a emplear, cuando sentimos la necesidad de expresarnos con corrección; la lengua que se enseña en las escuelas; la que, con mayor o menor acierto, utilizamos al hablar en público o emplean los medios de comunicación; la lengua de los ensayos y de los libros científicos y técnicos[1]. Es, en definitiva, la que configura la norma, el código compartido que hace posible que hispanohablantes de

---

[1] Se ha evitado conscientemente aludir, en esta relación, a la lengua literaria. En primer lugar, porque los escritores, en su faceta de creadores, disfrutan de mayores márgenes de libertad en el manejo del idioma y, centrados en la búsqueda de una mayor expresividad, a menudo conculcan intencionadamente las convenciones lingüísticas de su tiempo. Y, en segundo lugar, porque los escritores de ficción (novelistas y autores teatrales) utilizan los distintos niveles y registros del habla como uno de los modos de caracterización de sus personajes; precisamente por ello es posible documentar, en textos escritos, muchos usos que corresponden a la lengua oral y al habla coloquial o popular.

muy distintas procedencias se entiendan sin dificultad y se reconozcan miembros de una misma comunidad lingüística.

A pesar de la imposibilidad de dar cuenta sistemática de todas las variedades que de uno y otro tipo puedan efectivamente darse en las distintas regiones de habla hispana, el *Diccionario panhispánico de dudas* trata de orientar al lector para que pueda discernir, entre usos divergentes, cuáles pertenecen al español estándar (la lengua general culta) y cuáles están *marcados* geográfica o socioculturalmente.

Respuestas matizadas

La mayoría de las dudas e inseguridades lingüísticas que tienen los hablantes nacen, precisamente, de la perplejidad que les produce encontrarse con modos de expresión distintos de los suyos. Desean saber, entonces, cuál es el uso «correcto», suponiendo, en consecuencia, que los demás no lo son.

Pero debe tenerse siempre en cuenta que el empleo de una determinada forma de expresión resultará más o menos aceptable dependiendo de distintos factores. Así, las variedades regionales tienen su ámbito propio de uso, pero resultan anómalas fuera de sus límites. Muchos modos de expresión que no son aceptables en la comunicación formal, sea escrita u oral, se juzgan perfectamente normales en la conversación coloquial, más espontánea y, por ello, más propensa al descuido y a la laxitud en la aplicación de ciertas normas de obligado cumplimiento en otros contextos comunicativos. Muchos usos ajenos al español estándar se deben, en ocasiones, a la contaminación de estructuras de una lengua a otra que se produce en hablantes o comunidades bilingües. Y hay, en fin, formas de expresión claramente desprestigiadas por considerarse propias del habla de personas de escasa instrucción. A todo esto se añade el hecho ya comentado de la evolución lingüística, que convierte en norma usos antaño censurados y expulsa de ella usos en otro tiempo aceptados.

Debido a la naturaleza relativa y cambiante de la norma, el *Diccionario panhispánico de dudas* evita conscientemente, en la mayoría de los casos, el uso de los calificativos *correcto* o *incorrecto,* que tienden a ser interpretados de forma categórica. Son más las veces en que se emplean expresiones matizadas, como *Se desaconseja por desusado...; No es normal hoy y debe evitarse...; No es propio del habla culta...; Esta es la forma mayoritaria y preferible, aunque también se usa...,* etc. Como se ve, en los juicios y recomendaciones sobre los fenómenos analizados se conjugan, ponderadamente, los criterios de vigencia, de extensión y de frecuencia en el uso general culto.

Los juicios normativos admiten, pues, una amplia gradación, que va desde la censura de lo claramente incorrecto por ser fruto del error, del descuido o del desconocimiento de las normas gramaticales, hasta la recomendación de lo que es simplemente preferible por estar de acuerdo con el uso mayoritario de los hablantes cultos de hoy, preferencia que pueden mantener, o variar, los hablantes cultos de mañana. Precisamente, muchas de las vacilaciones registradas se deben a la existencia de etapas de transición, en las que coinciden en un mismo momento usos declinantes y usos emergentes, sin que puedan darse por definitivamente caducos los unos ni por plenamente asentados los otros; de ahí que en más de una ocasión se admitan como válidas opciones diferentes.

Tratamiento de las variedades lingüísticas

Por la misma razón, se reconocen, cuando existen, las divergencias entre la norma española y la norma americana, o entre la norma de un determinado país o conjunto de países y la que rige en el resto del ámbito hispánico, considerando en pie de igualdad y plenamente legítimos los diferentes usos regionales, a condición de que estén generalizados entre los hablantes cultos de su área y no supongan una ruptura del sistema de la lengua que ponga en riesgo su unidad. Solo se desaconsejan los particularismos dialectales que pueden impedir la comprensión mutua, por ser fuente de posibles malentendidos; nos referimos a los pocos casos en que una estructura lingüística adquiere en un área concreta un valor o significado diferente, e incluso opuesto, al que tiene en el español general.

También tiene presentes el *Diccionario panhispánico de dudas* las variaciones determinadas por el modo de expresión, la situación comunicativa y el nivel sociocultural de los hablantes. Así, se alude en numerosas ocasiones al tipo o nivel de lengua al que pertenecen los usos comentados, utilizando para ello distintas «etiquetas», la mayoría de significado transparente o fácilmente deducible: *lengua escrita,* frente a *lengua oral; lengua literaria* (la que corresponde a la expresión escrita de nivel culto), frente a *lengua* o *habla corriente* (la que se emplea en la expresión común u ordinaria); *lengua* o *habla formal* o *esmerada* (la propia de usos oficiales o protocolarios y de situaciones en las que el hablante debe expresarse con especial corrección), frente a *lengua* o *habla informal, coloquial* o *familiar* (la propia de la expresión espontánea y de situaciones en las que existe confianza o familiaridad entre los interlocutores); *lengua* o *habla culta* (la propia de los hablantes cultos), frente a *lengua* o *habla popular* o *vulgar* [2] (la propia de las personas de bajo nivel cultural); y *lengua* o *habla rural* (la característica de los habitantes de las áreas rurales).

Ninguna de las variantes señaladas es en sí misma censurable, pues cada una de ellas sirve al propósito comunicativo dentro de sus límites, sean estos impuestos por la localización geográfica, la situación concreta en la que se produce la comunicación o el grupo social al que pertenecen los interlocutores. En consecuencia, nadie debe sentirse señalado o menospreciado por los juicios expresados en esta obra. No obstante, es necesario saber que un buen manejo del idioma requiere el conocimiento de sus variados registros y su adecuación a las circunstancias concretas en que se produce el intercambio lingüístico, y que, en última instancia, solo el dominio del registro culto formal, que constituye la base de la norma y el soporte de la transmisión del conocimiento, permite a cada individuo desarrollar todo su potencial en el seno de su comunidad. Por esa razón, todas las recomendaciones que aquí se expresan deben entenderse referidas al ideal de máxima corrección que representa el uso culto formal.

---

[2] Los términos *vulgar* y *vulgarismo* no se refieren, en esta obra, a las expresiones de carácter procaz o malsonante, sino a las que traslucen un deficiente conocimiento de las normas lingüísticas.

QUÉ CONTIENE EL *DICCIONARIO PANHISPÁNICO DE DUDAS*

ESTRUCTURA GENERAL

Esta obra consta de varias partes:

I. El **diccionario** propiamente dicho, formado por las distintas entradas ordenadas alfabéticamente.

II. Un conjunto de **cinco apéndices,** con el contenido siguiente:

> Apéndice 1: Modelos de conjugación verbal.
> Apéndice 2: Lista de abreviaturas.
> Apéndice 3: Lista de símbolos alfabetizables.
> Apéndice 4: Lista de símbolos o signos no alfabetizables.
> Apéndice 5: Lista de países y capitales, con sus gentilicios.

III. Un **glosario de términos lingüísticos** que, con definiciones sencillas, aclara los conceptos gramaticales usados en el diccionario a los lectores que lo precisen.

IV. La **nómina de obras y publicaciones periódicas citadas** en el cuerpo del diccionario, donde se ofrecen, completos, los datos de edición.

TIPOS DE ARTÍCULOS

En el diccionario se combinan dos tipos de artículos, que se distinguen por el estilo de letra del lema o palabra que los encabeza:

- **Artículos temáticos.** Son los que tratan cuestiones generales, como las normas de acentuación gráfica, el uso de los signos de puntuación o de las mayúsculas, las reglas de formación del femenino o del plural, el dequeísmo, la concordancia, etc. El lema de estos artículos aparece impreso en VERSALITA NEGRITA.

- **Artículos no temáticos.** Son los referidos a palabras concretas que plantean algún tipo de duda en lo que respecta, por ejemplo, a su acentuación, su forma gráfica, su forma de plural o de femenino, su régimen preposicional, etc. El lema de estos artículos aparece impreso en **redonda negrita,** salvo que se trate de extranjerismos crudos, cuyo lema está escrito en *cursiva negrita.*

CUESTIONES TRATADAS

Los artículos del diccionario dan respuesta a cuestiones lingüísticas de muy diverso tipo:

- Letras del abecedario y sonidos que representan.
- Uso de la tilde.
- Palabras con doble acentuación admitida.
- Palabras de acentuación dudosa o frecuentemente errónea.
- Verbos que plantean dudas sobre la acentuación de algunas de las formas de su conjugación.
- Palabras con variantes gráficas admitidas.
- Vulgarismos gráficos frecuentes.
- Voces o locuciones que admiten o rechazan su escritura en una o en varias palabras.
- Uso de los signos ortográficos.
- Uso de mayúsculas y minúsculas.
- Escritura y uso de abreviaturas, siglas y símbolos.
- Escritura y uso de las distintas clases de numerales (cardinales, ordinales, fraccionarios y multiplicativos).
- Uso de números arábigos y romanos.
- Expresión de la fecha y de la hora.
- Latinismos simples y locuciones latinas de uso frecuente.
- Palabras que plantean dudas sobre su género gramatical o sobre su forma de femenino.
- Palabras que plantean dudas sobre su forma de plural.
- Superlativos irregulares.
- Parejas de adverbios como *adelante/delante, adentro/dentro, afuera/fuera,* etc.
- Adjetivos y adverbios que plantean dudas en el uso de sus comparativos (*mayor/más grande, menor/más pequeño, peor, mejor,* etc.).
- Pronombres y adverbios relativos e interrogativos.
- Pronombres personales átonos y tónicos.
- Dudas relacionadas con el uso del artículo.
- Dudas sobre concordancia nominal y verbal.
- Verbos irregulares.
- Verbos regulares que plantean dudas de construcción y régimen.
- Voseo.
- Dequeísmo y queísmo.
- Leísmo, laísmo y loísmo.
- Distinción y uso de las oraciones impersonales y de pasiva refleja.
- Forma y uso de numerosas construcciones y locuciones.
- Voces de forma similar, pero sentido diverso, que se confunden con frecuencia en el uso.
- Voces usadas con sentidos impropios.
- Calcos semánticos censurables.
- Neologismos.
- Extranjerismos de uso corriente en español.
- Topónimos y gentilicios de grafía dudosa o vacilante.

TRATAMIENTO DE LOS EXTRANJERISMOS

Todos los idiomas se han enriquecido a lo largo de su historia con aportaciones léxicas procedentes de lenguas diversas. Los extranjerismos no son, pues, rechazables en sí mismos. Es importante, sin embargo, que su incorporación responda en lo posible a nuevas necesidades expresivas y, sobre todo, que se haga de forma ordenada y unitaria, acomodándolos al máximo a los rasgos gráficos y morfológicos propios del español.

Con el fin de recomendar soluciones que se ajusten a las pautas señaladas, este diccionario comenta un grupo numeroso, aunque necesariamente limitado, de voces extranjeras habitualmente empleadas por los hispanohablantes. Concretamente, los extranjerismos crudos incluidos en la última edición del *Diccionario* académico (2001), así como los extranjerismos adaptados que allí se registran cuando aún es frecuente encontrarlos escritos en textos españoles con las grafías originarias. Además, se han añadido algunos extranjerismos no recogidos por el *Diccionario* académico, pero que son hoy de uso frecuente en el español de América o de España.

En su tratamiento se han aplicado los siguientes criterios generales:

1. **Extranjerismos superfluos o innecesarios.** Son aquellos para los que existen equivalentes españoles con plena vitalidad. En el artículo se detallan esas alternativas y se censura el empleo de la voz extranjera. Ejemplos: *abstract* (en español, *resumen, extracto*), *back-up* (en español, *copia de seguridad*), *consulting* (en español, *consultora* o *consultoría*).

2. **Extranjerismos necesarios o muy extendidos.** Son aquellos para los que no existen, o no es fácil encontrar, términos españoles equivalentes, o cuyo empleo está arraigado o muy extendido. Se aplican dos criterios, según los casos:

   2.1. *Mantenimiento de la grafía y pronunciación originarias.* Se trata de extranjerismos asentados en el uso internacional en su forma original, como *ballet, blues, jazz* o *software*. En este caso se advierte de su condición de extranjerismos crudos y de la obligación de escribirlos con resalte tipográfico (cursiva o comillas) para señalar su carácter ajeno a la ortografía del español, hecho que explica que su pronunciación no se corresponda con su forma escrita. No obstante, en algunas ocasiones no se ha renunciado a sugerir fáciles adaptaciones o posibles equivalencias, que se proponen en segundo término.

   2.2. *Adaptación de la pronunciación o de la grafía originarias.* La mayor parte de las veces se proponen adaptaciones cuyo objetivo prioritario es preservar el alto grado de cohesión entre forma gráfica y pronunciación característico de la lengua española. La adaptación de estas voces se ha hecho por dos vías:

   a) Mantenimiento de la grafía original, pero con pronunciación a la española y acentuación gráfica según las reglas del español. Así, para el galicismo *quiche* (pronunciado en francés [kísh]) se propone el uso en español de esa misma grafía, pero con la pronunciación [kíche], de la misma forma que para el anglicismo *airbag* (pronunciado en inglés [érbag]) se propone la pronunciación [airbág], o para *master*, la grafía con tilde *máster*. Estas formas adaptadas a través de la pronunciación y, en su caso, de la tilde se consideran ya incorporadas al léxico del español y, por tanto, su lema aparece en el diccionario escrito en letra redonda, y no en cursiva, como corresponde a los extranjerismos crudos. Esta misma razón explica que voces de origen extranjero como *set* o *box,* que no plantean problemas de adecuación al español, se registren en el diccionario con el lema en redonda.

b) Mantenimiento de la pronunciación original, pero adaptando la forma extranjera al sistema gráfico del español. Así, para el anglicismo *paddle* se propone la adaptación *pádel,* y para el galicismo *choucroute,* la grafía adaptada *chucrut.*

Aunque en muchas ocasiones se desaconseja, por innecesario, el empleo de grafías extranjeras, estas nunca van precedidas del signo ⊗ (marca de incorrección; → SIGNOS), puesto que no son, en ningún caso, formas incorrectas, sino grafías propias de otras lenguas. No se trata, pues, de restringir el derecho de quien escribe a usar voces extranjeras, si así lo desea, siempre que las resalte tipográficamente mediante la cursiva o las comillas. Este diccionario se limita a señalar si su uso se justifica o no en español —es decir, si se trata de extranjerismos necesarios o superfluos— y a recomendar, según los casos, el uso de equivalencias o adaptaciones.

TRATAMIENTO DE LOS TOPÓNIMOS

La mayor parte de las dudas sobre topónimos se plantean cuando surge la necesidad de nombrar lugares nuevos o ausentes del repertorio toponímico tradicional. A ello se añaden los cambios de denominación impuestos por las nuevas realidades geopolíticas o reclamados por los Gobiernos locales, que a menudo chocan con las denominaciones tradicionales. Muchos topónimos provienen, además, de lenguas que utilizan alfabetos no latinos o que carecen de representación escrita, los cuales han de transcribirse y adaptarse siguiendo en lo posible los usos ortográficos propios, con el fin de que su grafía refleje adecuadamente su pronunciación.

Por ello, este diccionario se ocupa también del léxico toponímico, ofreciendo orientación sobre la forma gráfica más adecuada en español de los topónimos y gentilicios cuyo uso actual presenta frecuentes vacilaciones. La selección de los registrados en el cuerpo del diccionario se ha hecho a partir de las consultas recibidas en las distintas Academias y de las listas incluidas en los libros de estilo de los principales medios de comunicación. A ellos se han añadido, en un apéndice específico, los nombres de todos los países reconocidos por la ONU, con sus capitales y gentilicios.

En el tratamiento de los topónimos se han conjugado, equilibradamente, los siguientes criterios: transcripción y adaptación de acuerdo con las normas ortográficas del español (hispanización); aceptación de grafías no adaptadas o semiadaptadas, pero asentadas en el uso; y reconocimiento de los cambios de denominación oficial, sin renunciar, cuando existen, a las formas tradicionales plenamente vigentes. Así pues, cada uno de los topónimos registrados ha recibido un tratamiento diferente de acuerdo con su adscripción a uno de los siguientes grupos:

1. Topónimos con forma tradicional plenamente vigente en español, que, no obstante, aparecen con cierta frecuencia en los medios de comunicación con nombres o grafías propios de otras lenguas. Se prefiere la forma española, a no ser que haya caído en desuso o se haya producido un cambio de denominación: *Amberes* (no *Antwerpen* ni *Anvers*), *Ciudad del Cabo* (no *Cape Town*), *Milán* (no *Milano*) o *Nueva York* (no *New York*).

2. Topónimos que carecen de forma adaptada al español y se emplean tradicionalmente con la grafía propia de la lengua local o con la grafía correspondiente a una lengua puente. Se respetan estas grafías, incluso en lo concerniente a su acentuación, por tratarse de formas ya asentadas en el uso: *Canterbury, Ottawa, Washington* o *Copenhague* (del inglés *Copenhagen*, en danés *København*).

3. Topónimos cuya forma tradicional en español ha caído en desuso en favor de la forma local. Se da primacía a la forma local: *Ankara* (antes *Angora*), *Bremen* (antes *Brema*) o *Maastricht* (antes *Mastrique*).

4. Topónimos con cambio de denominación oficial en favor de la forma local, pero que cuentan con una forma tradicional española plenamente vigente. Se prefiere la forma española: *Calcuta* (no *Kolkata*), *Moldavia* (no *Moldova*), *Bombay* (no *Mumbai*) o *Esmirna* (no *Izmir*). Solo en aquellos casos en que se ha producido un verdadero cambio de nombre (y no una mera reivindicación de las formas locales de este) se recomienda la nueva denominación, que debe sustituir a la anterior: *Burkina Faso* (antiguo *Alto Volta*) o *Sri Lanka* (antiguo *Ceilán*).

5. Topónimos que se emplean a menudo con grafías que responden a la transliteración o representación en otras lenguas (normalmente el inglés o el francés) del nombre local, perteneciente este, por lo general, a lenguas que utilizan alfabetos no latinos o que carecen de escritura. Se propone la adaptación de esas formas al sistema gráfico del español de acuerdo con la pronunciación más generalizada entre los hispanohablantes: *Zimbabue* (no *Zimbabwe*), *Punyab* (no *Punjab*) o *Buriatia* (no *Buryatia*).

6. En el caso de topónimos pertenecientes a lenguas que utilizan alfabetos no latinos, se recomienda la forma gráfica que resulta de aplicar las normas de transliteración de esos alfabetos al español y se reconocen, si las hay, otras grafías asentadas: *Qatar* o *Iraq* (también *Irak*). Las formas transcritas se acentúan gráficamente de acuerdo con las normas ortográficas del español: *Shanghái, Taipéi*. En cuanto a los topónimos que responden al estándar «pinyin»[3], se prefiere, si la hay, la forma tradicional española: *Pekín* (no *Beijing*), *Cantón* (no *Guangdong* [provincia] ni *Guangzhou* [capital]) o *Nankín* (no *Nanjing*).

---

[3] Sistema de transliteración de los caracteres chinos al alfabeto latino, desarrollado en China a partir de 1958 y puesto en práctica oficialmente en 1979 con el fin de unificar los diversos sistemas de transcripción del chino aplicados hasta ese momento.

ADVERTENCIAS PARA EL USO DEL DICCIONARIO

Orden alfabético

La obra está estructurada, como indica su título, en forma de diccionario, de manera que los artículos se ordenan alfabéticamente a partir del lema o entrada, impreso siempre en negrita. Los lemas complejos se integran en la serie alfabética teniendo en cuenta todos sus componentes, como si formasen una sola palabra:

> **personalizar. 1.** Como intransitivo, 'hacer referencia a una persona concreta al decir algo en general' [...].
>
> **persona non grata.** Loc. lat. que significa 'persona no grata' [...].
>
> **personarse.** 'Presentarse personalmente en un lugar' y 'comparecer como parte interesada en un juicio o pleito' [...].

Lemas simples

La mayoría de los lemas son simples y están constituidos por la palabra a la que se refiere la explicación contenida en el artículo.

- Si el uso comentado se refiere a un adjetivo o un sustantivo con variación de género, la terminación del femenino aparece indicada en el lema tras la forma del masculino:

> **alcalde -desa.** 'Primera autoridad de un municipio'. El femenino es *alcaldesa:* «*Le interesaba tomar el poder y ser alcaldesa*» (*Tiempos* [Bol.] 19.1.97). No debe usarse como común en cuanto al género (→ GÉNERO², 1a): [⊗]*la alcalde.*

Cuando existen dos formas de femenino, se indica la más extendida en la entrada principal, mientras que la forma secundaria se registra en una entrada independiente, desde la que se remite a la principal:

> **actor -triz. 1.** Con el sentido de 'persona que interpreta un papel en una obra teatral o cinematográfica', el femenino de *actor* es *actriz* [...].
> **2.** En terminología jurídica significa '[parte] demandante en un juicio'; en ese caso su femenino es siempre la forma regular *actora* [...].
> **3.** Con el sentido general de '[persona] que interviene o toma parte en algo', se emplea normalmente el femenino regular *actora* [...].
>
> **actora.** → actor, 2 y 3.

En el caso de los sustantivos comunes en cuanto al género que tienen, además, una forma específica de femenino, la entrada principal va encabezada por la forma común a ambos géneros, mientras que la forma adicional de femenino aparece registrada en una entrada independiente, desde la que se remite a la principal:

> **clienta.** → cliente.

> **cliente.** 'Persona que utiliza los servicios de un profesional o una empresa'. Por su terminación, es común en cuanto al género (*el/la cliente;* → GÉNERO², 1a y 3c) [...]. Existe también, y es válido, el femenino *clienta,* muy usado incluso en el nivel culto [...].

- En el lema de los verbos aparece la terminación **-(se)** cuando en alguna de sus acepciones generales el verbo se emplea siempre o normalmente en forma pronominal, sea ello debido a la existencia de acepciones pronominales propiamente dichas o al uso frecuente del verbo con complementos directos reflexivos o dativos concordados. Naturalmente, en los verbos que solo tienen usos pronominales se prescinde de estos paréntesis en el lema:

> **abastecer(se).** 1. 'Proveer(se) de algo necesario'. Verbo irregular: se conjuga como *agradecer* (→ APÉNDICE 1, n.º 18). [...]

> **abstenerse.** 1. 'Privarse de algo' y 'no participar en algo a lo que se tiene derecho'. Verbo irregular: se conjuga como *tener* (→ APÉNDICE 1, n.º 57). [...]

Lemas dobles

En el caso de las voces con doble acentuación admitida, se registran en el encabezamiento del artículo las grafías correspondientes a ambas acentuaciones. Suele consignarse en primer lugar, bien la forma empleada mayoritariamente en el conjunto del ámbito hispánico, bien la forma cuyo uso resulta preferible por distintas razones:

> **video** o **vídeo.** 'Cierto sistema de grabación y reproducción de imágenes'. Procedente del inglés *video,* se ha adaptado al español con dos acentuaciones, ambas válidas: la forma esdrújula *vídeo* [bídeo], que conserva la acentuación etimológica, es la única usada en España; en América, en cambio, se usa mayoritariamente la forma llana *video* [bidéo] [...].

> **áloe** o **aloe.** 'Planta utilizada en medicina y cosmética'. La forma esdrújula *áloe* es la más cercana a la etimología y la preferida en el uso culto. Pero también se usa, y es válida, la forma llana *aloe* [alóe].

Lemas con superíndice

A diferencia de lo que es habitual en los diccionarios léxicos, en esta obra no se separan en entradas diferentes los artículos referidos a palabras que tienen idéntica forma, pero distinta etimología y sentido. Así, existe una única entrada *aterrar(se),* en la que se comentan los dos verbos que tienen esa forma de infinitivo:

> **aterrar(se).** Este infinitivo corresponde a dos verbos diferentes:
> **a)** 'Aterrorizar(se)'. En este caso es regular. Por tratarse de un verbo de «afección psíquica», dependiendo de distintos facto-

res (→ LEÍSMO, 4a), el complemento de persona puede interpretarse como directo o como indirecto: «*El cambio LA aterra*» (Antognazza *Vida* [Arg. 1993]); «*A mi madre LE aterraba verme así*» (Asenjo *Días* [Esp. 1982]).

b) 'Derribar o echar por tierra' y 'cubrir(se) de tierra'. Como otros verbos derivados de *tierra* (*soterrar, desterrar, enterrar,* etc.), es irregular y se conjuga como *acertar* (→ APÉNDICE 1, n.º 16): «*El destrozo de la humilde casa que el huracán atierra*» (LpzPeláez *Vida* [Esp. 1916]).

Solo en unos pocos casos existen dos entradas encabezadas por una misma forma, las cuales se distinguen mediante un superíndice numérico en el lema:

- cuando la misma palabra encabeza un artículo temático y otro no temático, como ocurre en el caso de **coma**¹ (artículo no temático relativo al sustantivo *coma*) y COMA² (artículo temático relativo al uso de este signo de puntuación);

- cuando uno de los dos artículos encabezados por la misma palabra tiene un lema doble, como ocurre en el caso de **cartel**¹ ('lámina de papel que se exhibe con fines publicitarios o informativos') y **cartel**² o **cártel** ('organización ilícita que trafica con drogas o con armas' y 'convenio entre empresas para evitar la competencia');

- cuando una palabra coincide en su forma con una de las letras del abecedario, como ocurre en el caso de **a**¹ (primera letra del abecedario) y **a**² (preposición).

Locuciones

Como norma general, los artículos sobre locuciones están encabezados por la palabra núcleo. Así, la información sobre la locución *en aras de* hay que buscarla bajo la palabra *ara; en relación con* bajo la palabra *relación,* etc. Como sublema, en negrita cursiva, aparece la forma o formas de la locución comentada:

> **bote.** *a* o *de bote pronto.* La locución adverbial o adjetiva *a bote pronto* significa, en algunos deportes como el fútbol o el tenis, 'golpeando la pelota justo después de que haya botado': «*Un golazo de Ivars, que enganchó una pelota a bote pronto*» (*Marca*® [Esp.] 30.3.02). En México y varios países centroamericanos se dice normalmente *de bote pronto:* «*Con un disparo de bote pronto derrotó al portero*» (*Prensa*® [Hond.] 9.1.97). Del lenguaje deportivo ha pasado a la lengua general con el sentido de 'sobre la marcha o improvisadamente': «*Se reafirmó en lo que había declarado a bote pronto sobre la noche del crimen*» (Gala *Invitados* [Esp. 2002]). A veces se modifica esta locución convirtiéndola erróneamente en ⊗*a voz de pronto.*

En el caso de que una misma palabra sea el núcleo de varias locuciones, todas ellas aparecen comentadas dentro del mismo artículo, en subentradas numeradas ordenadas alfabéticamente:

> **balde.** **1.** *de balde.* En el español medieval esta locución significaba 'gratis' y también 'inútilmente o en vano'. Ambos significados han pervivido en el español de América: «*Ya no tendremos quien nos deshonre y nos friegue las casas de balde*» (Cabada *Agua* [Méx. 1981]); «*Te disfrazaste de balde, no va a*

haber baile» (Ramírez *Baile* [Nic. 1995]). En España, la locución *de balde* se usa solo como equivalente de 'gratis', mientras que para 'inútilmente' se emplea *en balde* (→ 2).

2. en balde. 'Inútilmente o en vano': «*En balde vamos a esperar que el país salga de su indigencia inmerecida*» (*Abc* [Par.] 6.10.00). En algunas zonas de América se emplea también, con este sentido, la locución *de balde* (→ 1).

Los artículos referidos a las locuciones latinas y extranjeras de uso corriente en español, así como los que tratan sobre locuciones nominales españolas cuya palabra núcleo no es objeto de comentario por ninguna otra razón, se encabezan por la propia locución:

> **ab initio.** Loc. lat. que significa 'desde el inicio' [...]
>
> *a cappella.* Locución italiana que indica [...]
>
> **cabeza rapada.** Calco de la voz inglesa *skinhead* [...]

Definiciones

Al comienzo de cada artículo se ofrece siempre una breve definición del término que lo encabeza. Se trata, en la mayoría de los casos, de definiciones muy someras, que no cumplen los requisitos de una verdadera definición lexicográfica, pues su única intención es situar al lector ante la voz o locución comentada. Por ello, se registran solo las acepciones más usuales, o bien únicamente aquellas que son objeto de comentario en el artículo, sin distinguir, en general, matices significativos que serían ineludibles en un diccionario léxico. Solo se proporcionan definiciones más precisas en los artículos cuyo contenido gira en torno a cuestiones semánticas o, en el caso de los verbos, cuando los problemas de construcción comentados atañen a un determinado sentido.

Uso de corchetes en las definiciones

En las definiciones de verbos y adjetivos se utilizan los corchetes con dos fines:

• Para encerrar, cuando se menciona, el elemento que funciona como complemento directo en los verbos transitivos. Debe tenerse en cuenta que los corchetes indican cuál es el complemento directo del verbo definido, no del verbo empleado en la definición:

> **infundir.** 'Dotar a alguien [de una cualidad, un sentimiento o una idea]'. El complemento de persona puede ser indirecto o ir introducido por la preposición *en:* «*Me impulsaba a ir el deseo de infundir ánimo a Plutarco*» (Araya *Luna* [Chile 1982]); «*Procuró infundir* EN *sus discípulos las nociones de obediencia y templanza*» (Hernández *Naturaleza* [Esp. 1989]).

Si la definición incluye en un mismo enunciado la acepción transitiva y la pronominal, no se encierra entre corchetes el complemento directo del uso transitivo, pues ese mismo elemento funciona como sujeto en el uso pronominal:

> **anteponer(se).** 'Poner(se) una persona o cosa delante o por delante de otra'. Verbo irregular: se conjuga como *poner* (→ APÉNDICE 1, n.º 47). El imperativo singular es *antepón* (tú) y *anteponé* (vos), y no [⊗]*antepone*.

Tampoco se usan estos corchetes en las definiciones que corresponden a acepciones en las que el verbo admite varias construcciones, pues, en esos casos, el elemento que funciona como complemento directo en una de las construcciones posibles, desempeña, en la otra, una función distinta:

> **contagiar(se).** **1.** Se acentúa como *anunciar* (→ APÉNDICE 1, n.º 4).
> **2.** Es transitivo cuando significa 'transmitir por contagio una enfermedad o un estado de ánimo', y puede construirse de dos formas:
> **a)** Lo contagiado se expresa mediante el complemento directo y la persona a la que afecta el contagio, mediante el indirecto: «*Sostiene que ella lo engañaba* [...] *y que le contagió una enfermedad venérea*» (Martínez *Vuelo* [Arg. 2002]).
> **b)** La persona contagiada se expresa mediante el complemento directo y lo que se contagia, mediante un complemento de régimen introducido por *de:* «*Quise que un amigo* [...] *me contagiara* DE *hepatitis*» (Alatriste *Vivir* [Méx. 1985]).

> **necesitar.** 'Tener necesidad de alguien o algo'. Se construye normalmente con complemento directo: «*Vamos a necesitar tres coches*» (Mastretta *Vida* [Méx. 1990]); aunque también es correcta la construcción intransitiva, con un complemento introducido por *de:* «*Don Raimondo necesitaba* DE *la soledad para concentrarse*» (Mujica *Escarabajo* [Arg. 1982]). Cuando lo necesitado se expresa mediante un infinitivo o una oración subordinada, solo es posible la construcción transitiva: «*Necesitaba pensar en otros para olvidarse de sí mismo*» (Souza *Mentira* [Perú 1998]); «*Necesito que me respondas ahora*» (Contreras *Nadador* [Chile 1995]).

- Para encerrar, en ocasiones, el tipo de sustantivo al que se aplica normalmente un adjetivo. Este sistema simplifica la definición y permite dar cuenta en el mismo enunciado definitorio del uso frecuentemente sustantivo de muchos adjetivos:

> **hexágono -na.** '[Polígono] de seis ángulos y seis lados': «*Las esbeltas torres hexágonas aragonesas*» (JRJiménez *Españoles* [Esp. 1942-58]). Se utiliza casi siempre como sustantivo masculino: «*Las abejas hacen hoy los mismos hexágonos que ya hacían cuando no existían los mamíferos*» (Ricard *Diseño* [Esp. 1982]). El uso culto mayoritario mantiene hoy la *h-* etimológica (→ hexa-), por lo que se desaconseja el empleo de la grafía ®*exágono* [...].

Uso de paréntesis para señalar opciones

En muchas ocasiones a lo largo del todo el diccionario se hace uso de los paréntesis para expresar, de modo sintético, varias opciones. Así, cuando los paréntesis aparecen en el interior de una voz, una construcción o un enunciado, deben interpretarse como la mención conjunta de dos formas: la que incluye los elementos encerrados entre paréntesis y la que los excluye. Por ejemplo, la forma *tra(n)sbordador* alude al mismo tiempo a las variantes gráficas *transbordador* y *trasbordador;* la expresión *puente (aorto)coronario* menciona de una sola vez las alternativas *puente aortocoronario* y *puente coronario* como equivalentes españoles del anglicismo *by-pass;* y el ejemplo *Busco (a) alguien que me ayude* expresa conjuntamente dos oraciones: *Busco a alguien que me ayude* y *Busco alguien que me ayude.*

Citas y ejemplos

En la mayoría de los artículos se ilustran los diferentes usos mediante citas, extraídas casi en su totalidad de los bancos de datos de la Real Academia Española, tanto del CREA (Corpus de referencia del español actual) como, en menor medida, del CORDE (Corpus diacrónico del español). Cuando ha sido necesario se han citado textos no incluidos en los corpus académicos, así como publicaciones periódicas editadas en Internet. En algunos artículos temáticos o de especial complejidad gramatical, se han utilizado en ocasiones ejemplos inventados, en lugar de citas textuales, pues en esos casos ha prevalecido el interés de facilitar la comprensión de los usos comentados mediante enunciados sencillos y breves. Las citas aparecen siempre en letra cursiva y entrecomilladas, a diferencia de los ejemplos, que se escriben también en cursiva, pero sin comillas.

Los datos básicos de procedencia de la cita se presentan de modo sintético. Así, el autor es normalmente citado por su primer apellido, excepto cuando se estima conveniente mencionar también el segundo: *GaMárquez* (por Gabriel García Márquez), *MtnGaite* (por Carmen Martín Gaite), *VLlosa* (por Mario Vargas Llosa). Tras la mención del autor sigue —en cursiva— la del título de la obra, que se reduce normalmente a una sola palabra, la primera significativa del título completo: GaMárquez *Años* (cita de *Cien años de soledad*). A continuación se indican —entre corchetes— otros datos de interés, como el país de origen del autor —en abreviatura— y el año de composición de la obra: GaMárquez *Años* [Col. 1967]. Solo se indica la localización del texto —tomo, página, etc.— cuando la cita se ha extraído de alguna obra no incluida en los corpus académicos. Cuando se citan ejemplos de prensa, los datos de localización se consignan del modo siguiente: nombre abreviado de la publicación —en cursiva—, seguido del país de edición —abreviado y entre corchetes— y, por último, los números que indican el ejemplar citado: *País* [Esp.] 3.5.00 (cita del diario español *El País,* del día 3 de mayo de 2000). Las citas extraídas de Internet llevan el símbolo [@] tras el nombre de la publicación.

En el interior de las citas y ejemplos aparecen a menudo resaltados, en letra versalita, algunos de los elementos de construcción comentados en el artículo:

> **abarrotar(se).** 'Llenar(se) por completo'. Suele llevar un complemento introducido por *de* o, más raramente, *con:* «*El sitio se abarrotó DE gente*» (RPerea *Obsesión* [P. Rico 1988]); «*Se trata de abarrotarlo CON mercancías y productos*» (Salinas *Diseño* [Méx. 1992]).
>
> **agobiar(se).** [...]
> **2.** Por tratarse de un verbo de «afección psíquica», dependiendo de distintos factores (→ LEÍSMO, 4a), el complemento de persona puede interpretarse como directo o como indirecto: «*La culpa LO agobiaba*» (Verbitsky *Vuelo* [Arg. 1995]); «*Su rostro* [de Regina] *continuaba reflejando el intenso dolor que LE agobiaba*» (Velasco *Regina* [Méx. 1987]).

Uso de los símbolos [⊗] y * ante citas y ejemplos

- El símbolo [⊗] se antepone a las citas y ejemplos que ilustran usos incorrectos o desaconsejados. Es, pues, una marca de «incorrección», entendida esta como inadecuación a la norma culta: [⊗]«*El ministro de Salud* [...] *aseguró DE que está controlado el brote de cólera» (NHerald* [EE. UU.] 17.2.97). La aparición de este símbolo ante una cita extraída de un texto literario no debe interpretarse, en ningún caso, como censura al autor del texto, pues los escritores de ficción (novelistas y autores teatrales) utilizan los distintos niveles y registros del habla como uno de los modos de caracterización de sus personajes; por tanto, reflejan en sus obras el habla de sus personajes, no la suya propia.

- El símbolo * indica «agramaticalidad», esto es, inadecuación al sistema de la lengua: *Alguien desconocida preguntó por ti.*

Remisiones

El diccionario contiene una tupida red de remisiones, cuya finalidad es asegurar el máximo aprovechamiento de la información que en él se contiene. Las remisiones se expresan con el símbolo → y pueden enviar de un artículo a otro o de un párrafo a otro dentro del mismo artículo. En el primer caso se indica siempre el lema del artículo al que se remite y, si es preciso, el párrafo concreto dentro de dicho artículo; así, la remisión «→ TILDE², 2.3.4» envía al párrafo 2.3.4 del artículo temático TILDE². Si la remisión envía a otro lugar dentro del mismo artículo, se indican solo los datos identificativos del párrafo; así, la remisión «→ 2a» dentro de un artículo envía al párrafo 2, apartado a, de ese mismo artículo.

Representación de sonidos

La lingüística diferencia entre *fonemas,* elementos fónicos abstractos, y sus realizaciones fonéticas concretas. Dado que esta obra se dirige a lectores no necesariamente especializados, se ha preferido emplear el término general de *sonidos* y, en consecuencia, se ha evitado deliberadamente el uso de los sistemas tradicionales de transcripción empleados por los lingüistas.

En el cuadro siguiente se muestra la correspondencia entre grafías (en cursiva) y realizaciones fonéticas básicas (en redonda y entre barras, para su mejor identificación) según el sistema adoptado en este diccionario:

grafía	sonido
a	/a/
b	/b/
c + a, o, u	/k/
c + e, i	/z/ (/s/ en zonas de seseo)
ch	/ch/
d	/d/
e	/e/
f	/f/
g + a, o, u *gu + e, i*	/g/
g + e, i	/j/

grafía	sonido
h	La letra *h* no representa ningún sonido en el español estándar actual, salvo en casos de aspiración (véase más abajo)
i	/i/
j	/j/
k	/k/
l	/l/
ll	/ll/ (/y/ en zonas de yeísmo)
m	/m/
n	/n/
ñ	/ñ/
o	/o/
p	/p/
q, qu	/k/
-r- *r* tras *b, c, d, f, g, k, p, t* y *r* final de sílaba o de palabra	/r/
r-, -rr-, *r* tras *n, l, s*	/rr/
s	/s/ (/z/ en zonas de ceceo)
t	/t/
u	/u/
v	/b/
w	/b/, /u/
x-	/s/
x + consonante	/ks/ o /gs/ (en pron. general americana y culta enfática de España) /s/ (en pron. general de España)
-x-	/ks/ o /gs/ (/j/ en algunos topónimos y antropónimos, como *México, Texas, Mexía*, etc.)
y	/y/, /i/
z	/z/ (/s/ en zonas de seseo)

Las mismas correspondencias se utilizan al representar la pronunciación concreta de palabras o expresiones, la cual se transcribe entre corchetes. Dentro de los corchetes de pronunciación se señala siempre con una tilde la vocal tónica, aunque a la palabra cuya pronunciación se representa no le corresponda llevar acento gráfico según las reglas de acentuación. Ejemplos: [kása] por *casa;* [gérra] por *guerra;* [jinéta] por *gineta;* [sapáto, zapáto] por *zapato.* Como se ve en el último ejemplo, se indica siempre, y en primer lugar, la pronunciación seseante, por ser la mayoritaria en el conjunto de los países hispanohablantes.

En algunos casos (extranjerismos, pronunciaciones dialectales, etc.) ha sido necesario representar algunos sonidos que no pertenecen al sistema fonológico español, para lo cual se han utilizado los signos siguientes:

[h]	sonido aspirado, como la *h* del inglés *home*
[sh]	sonido palatal fricativo sordo, como la *sh* del inglés *shampoo*
[v]	sonido labiodental fricativo sonoro, como la *w* del alemán *Wagner*
[ŷ]	sonido palatal africado, como la *j* del inglés *John*
[ʒ]	sonido palatal fricativo sonoro, como la *j* del francés *Jean*

ABREVIATURAS

Con el fin de no entorpecer la lectura de los artículos se ha evitado, en general, el uso de abreviaturas. No obstante, en determinados contextos se han abreviado ciertos términos. Las abreviaturas utilizadas han sido las siguientes:

adj.	adjetivo	lat. cient.	latín científico
adv.	adverbio	lat. vulg.	latín vulgar
al.	alemán	Ling.	Lingüística
Am.	América	loc. lat.	locución latina
ár.	árabe	Lóg.	Lógica
Arg.	Argentina	masc.	masculino
Bol.	Bolivia	Mat.	Matemáticas
c. d.	complemento directo	Méx.	México
c. i.	complemento indirecto	Mús.	Música
C. Rica	Costa Rica	neerl.	neerlandés
cap.	capítulo	Nic.	Nicaragua
cf.	cónfer	P. Rico	Puerto Rico
Col.	Colombia	p. us.	poco usado
compl.	complemento	Pan.	Panamá
dim.	diminutivo	Par.	Paraguay
Ec.	Ecuador	part.	participio
EE. UU.	Estados Unidos	part. lat.	participio latino
El Salv.	El Salvador	pers.	persona
Esp.	España	pl.	plural
eusk.	euskera	prep.	preposición
fem.	femenino	pret.	pretérito
Filol.	Filología	pron.	pronunciación ‖ pronombre
fr.	francés	R. Dom.	República Dominicana
gr.	griego	superl.	superlativo
Gram.	Gramática	sust.	sustantivo
Guat.	Guatemala	Tel.	Telefonía
Hond.	Honduras	tít.	título
ingl.	inglés	Ur.	Uruguay
irreg.	irregular	v.	véase
it.	italiano	Ven.	Venezuela
lat.	latín	VV. AA.	varios autores

SIGNOS

⊗   Precede a las formas consideradas incorrectas o desaconsejables, y a los ejemplos que ilustran usos no aceptados en la norma culta.

*   Precede a las construcciones agramaticales.

→   Significa 'véase' y se utiliza en las remisiones.

' '   Enmarca las definiciones.

/ /   Enmarca los sonidos.

[ ]   Enmarca la pronunciación. || En las definiciones, enmarca, cuando se estima conveniente, algunos elementos del contorno, como el complemento directo de los verbos o el sustantivo al que se aplica normalmente un adjetivo. || En las citas, enmarca la mención del país de origen del autor y el año de composición de la obra, así como las correcciones o interpolaciones realizadas sobre el texto original.

[...]   Indica, en medio de una cita, que se ha suprimido un fragmento del texto original.

/   Separa alternativas. || Representa el fin de línea o renglón.

@   Se pospone al nombre abreviado de una publicación periódica para indicar que la cita se ha extraído de la edición electrónica en Internet.

a

a¹. 1. Primera letra del abecedario español y del orden latino internacional. Su nombre es femenino: *la a* (es una de las excepciones a la regla que exige el empleo de la forma *el* del artículo ante sustantivos femeninos que comienzan por /a/ tónica; → el, 2.1 y 2.3). Su plural es *aes*.
2. Representa el sonido vocálico /a/. Forma parte, junto con la *e* y la *o*, de las llamadas vocales abiertas o fuertes.

a². Preposición. Se exponen a continuación las cuestiones dudosas más frecuentes que plantea su uso:
1. *a* + complemento directo. Hay casos en que su presencia es forzosa, casos en que no debe utilizarse y casos en que puede aparecer o no. En lo que respecta al uso actual, pueden establecerse las siguientes reglas generales:
1.1. USO FORZOSO:
a) Ante nombres propios de persona o de animal: *Vi A PEDRO en el cine; Dejé A PLUTO en la perrera.*
b) Ante nombres colectivos de persona cuyo referente es determinado o consabido: *Dispersaron A LA MULTITUD; Echaron A LA GENTE del parque;* pero *Vi UNA MULTITUD avanzando hacia el estadio* o *Necesito GENTE para acabar el trabajo.*
c) Ante nombres comunes de persona cuyo referente es un individuo concreto, y no uno cualquiera entre varios posibles: *Vi A LOS HIJOS del vecino escalar la tapia; Eligieron A AMBOS JUGADORES para la selección brasileña.* (Para el uso con referentes no específicos o indeterminados, → 1.2a, b y c).
d) Ante nombres comunes de persona que, aun siendo inespecíficos o no consabidos, son complemento directo de verbos que suponen afectación física o psíquica (*acompañar, admirar, afectar, alabar, amar, empujar, engañar, golpear, maltratar, matar, odiar, perjudicar, saludar,* etc.): *Acompañó A UNA ANCIANA hasta su casa; Admiro A LOS POLÍTICOS que saben defender sus opiniones; Engañar A UN JEFE es imposible.*
e) Ante nombres comunes de persona precedidos de un indefinido, cuando son complemento directo de verbos de percepción como *mirar, observar* y *oír: Estaba mirando A UNA SEÑORA cuando sentí que me llamaban; Observé A ALGUNOS NIÑOS que jugaban al fútbol; Oí A UNA MUJER cantar ópera.* (Con otros verbos de percepción como *ver* y *conocer,* puede aparecer o no la preposición; → 1.2b).

f) Ante las formas tónicas de los pronombres personales *mí, ti, sí, él, ella, usted, nosotros/as, vosotros/as, ustedes, ellos/as: ¿Dices que me vio A MÍ en el teatro?; No creo que A USTEDES los escuchen.*
g) Ante pronombres demostrativos o posesivos cuyo referente es una persona: *Vi A ESE hablando con tu jefe; A ella no le gusta mi novio y yo no soporto AL SUYO.*
h) Ante los pronombres indefinidos cuyo referente es una persona (*alguien, alguno, nadie, ninguno, todos, uno,* etc.), salvo cuando funcionan como complemento directo del verbo *haber* (→ 1.3e): *Llévate A ALGUIEN a la fiesta; No conozco A NADIE; Os necesito A TODOS.* Con verbos como *buscar, encontrar, hallar, necesitar* o *tener,* la preposición puede aparecer o no: *Busco (A) ALGUIEN que me ayude; No necesito (A) NADIE que me acompañe.*
i) Ante los relativos de persona *quien, el que, la que* y sus plurales, cuando ejercen la función de complemento directo del verbo subordinado: *Ese es el hombre A QUIEN* o *AL QUE golpearon.* A diferencia de *quien,* el relativo *que,* cuando tiene antecedente de persona y se usa sin artículo, nunca lleva preposición en función de complemento directo: *Las personas QUE amamos...* (no ⊗*Las personas A QUE amamos...*).
j) Ante el pronombre interrogativo de persona *quién: ¿A QUIÉN buscas? ¿A QUIÉNES visteis en la fiesta?;* y ante el pronombre interrogativo *cuál* referido a persona: *¿A CUÁL de los dos encontraste llorando?*
k) Ante nombres de cosa, para evitar ambigüedades, cuando el sujeto y el complemento van pospuestos al verbo: *Venció la dificultad AL OPTIMISMO.* No obstante, es preferible en estos casos anteponer el sujeto, lo que permite prescindir de la preposición ante el complemento directo: *La lectura enriquece LA VIDA.*
l) Ante nombres de cosa, cuando son complemento directo de verbos que significan orden lineal o jerárquico, como *preceder* o *seguir,* y otros como *acompañar, complementar, modificar* (en el sentido gramatical de 'servir de adjunto o complemento') o *sustituir* (en el sentido de 'ocupar el puesto [de otra cosa]'): *El otoño precede AL INVIERNO; La calma sigue A LA TEMPESTAD; El adjetivo modifica AL SUSTANTIVO; El aceite sustituye A LA MANTEQUILLA en esta receta.*

m) Ante nombres de cosa que designan colectivos formados por personas, del tipo *colegio, empresa, comité, consejo, institución, comunidad,* etc., cuando el verbo denota una acción que solo puede ejercerse sobre personas, y no sobre cosas: *Multaron A LA EMPRESA por realizar vertidos tóxicos; Convocaron A LA COMUNIDAD de vecinos para que tomara la decisión definitiva.*

1.2. DOBLE USO:

a) Ante nombres comunes de persona precedidos de un determinante indefinido, cuando son complemento directo de verbos que significan búsqueda, preferencia o necesidad, como *buscar, necesitar, preferir, querer* ('desear, apetecer'), etc.: *Busco UN CAMARERO* o *Busco A UN CAMARERO.* En estos casos, la ausencia de la preposición implica que el complemento es inconcreto o inespecífico (es decir, alude a un individuo cualquiera dentro de la clase de personas designada por el nombre), mientras que el uso de la preposición implica que el complemento se refiere a una persona determinada de entre las de su clase, individualizada en la mente del hablante: *Busco UN CAMARERO* significa 'busco a cualquier persona que pueda trabajar como camarero' (y en este caso la oración de relativo, si la hubiere, llevaría el verbo en subjuntivo: *Busco UN CAMARERO que SEPA hablar inglés*); por el contrario, *Busco A UN CAMARERO* significa 'busco a un camarero concreto, que ya conozco' (y en este caso la oración de relativo, si la hubiere, llevaría el verbo en indicativo: *Busco A UN CAMARERO que SABE hablar inglés*).

b) Con verbos como *contratar, llevar, traer,* etc., así como con los verbos de percepción *ver* y *conocer,* el complemento directo de persona desempeñado por un nombre común puede aparecer con preposición o sin ella. Como en el caso anterior (→ a), la presencia de la preposición implica un mayor grado de especificidad o concreción del referente del complemento en la mente del hablante: *Han contratado (A) UN NUEVO COLABORADOR; Llevaré (A) UNOS AMIGOS a la fiesta; Trajo (A) UNA MUJER que no conocíamos; Pondré (A) VARIOS JUGADORES en el centro del campo; Vi (A) ALGUNOS NIÑOS escalando la tapia; Conocí (A) UNA PERSONA encantadora.* Con nombres propios es obligatoria la preposición: *Han contratado A MARÍA; Trajo A JUAN,* etc.

c) Con verbos que denotan «selección», como *elegir, encontrar, escoger,* etc., el complemento directo de persona, cuando es inespecífico, aun acompañado de artículo, puede aparecer con preposición o sin ella: *Aún no he elegido (encontrado, escogido) AL HOMBRE con quien casarme* o *Aún no he elegido (encontrado, escogido) EL HOMBRE con quien casarme.* Si el referente es concreto, es obligatoria la preposición: *Eligió A SU HERMANO; Encontré A JAVIER.*

d) Cuando el complemento directo de persona precedido de preposición coincide en la oración con otro complemento que también la lleva (por ejemplo, un complemento indirecto), puede omitirse la que antecede al complemento directo, para evitar confusiones: *Presentó (A) SU NOVIO a sus padres.* Pero si el complemento directo es un nombre propio, es forzoso el uso de la preposición: *Presentó A JUAN a sus padres.*

e) Los nombres comunes de animales se usan con preposición o sin ella en función de la mayor o menor proximidad afectiva existente entre el hablante y el animal: *Suelta AL CABALLO para que corra* (mayor proximidad afectiva), frente a *Suelta EL CABALLO para que corra* (menor proximidad afectiva). Por esta razón es muy frecuente el uso de la preposición con los nombres que designan animales domésticos, mientras que los nombres que designan animales no domésticos normalmente no admiten la preposición.

f) Ante nombres de cosa, el uso de la preposición depende del grado de personificación del referente: *Esperó (A) LA MUERTE con serenidad.*

g) A veces, la presencia o ausencia de la preposición cambia el significado del objeto: *En este país no se respeta nada A LA JUSTICIA* ('institución'), frente a *En este país no se respeta nada LA JUSTICIA* ('virtud'). A menudo cambia también el significado del verbo: *Admiro A LA IGLESIA* [= siento admiración por la institución], frente a *Admiro LA IGLESIA* [= contemplo con deleite el edificio de una iglesia].

h) Es opcional el empleo de la preposición ante nombres de cosa cuando funcionan como complemento directo de algunos verbos que significan daño o provecho y que se construyen normalmente con un complemento directo de persona: *El tabaco perjudica (A) LA SALUD; La humedad afectó (A) LOS CIMIENTOS del edificio.*

1.3. NO SE USA:

a) Ante nombres comunes que designan objetos inanimados: *Puso EL LIBRO en la mesa; Regaló UN AUTOMÓVIL a su padre.*

b) Ante nombres comunes de persona en plural que carecen de determinante: *He encontrado CAMAREROS para mi nuevo bar; Llevaré AMIGOS a la fiesta.* Sin embargo, cuando el complemento está formado por dos sustantivos coordinados, aun careciendo de determinante, llevan la preposición por ser consabidos: *El público silbó A ÁRBITROS Y JUGADORES; El gobierno emplaza A SINDICATOS Y EMPRESARIOS a una nueva reunión; Reunieron A CHICOS Y CHICAS en la misma aula.*

c) Ante nombres propios de países o ciudades (el uso con preposición, habitual en épocas pasadas, prácticamente ha desaparecido de la lengua actual): *No conozco FRANCIA; Este verano he visitado NÁPOLES.* Pero si estos nombres denotan no una realidad meramente geográfica, sino el conjunto de sus ciudadanos, se admite la preposición: *Es capaz de engañar A MEDIA ITALIA.* El resto de los nombres propios geográficos nunca llevan preposición: *Cruzó EL TAJO a nado; Escaló EL HIMALAYA.*

d) Ante nombres propios usados como comunes: *Me compré EL PICASSO en una subasta.*

e) Con el verbo impersonal *haber,* el complemento directo, aun denotando persona, se construye sin preposición: *Hay ALGUIEN en la puerta; Solo había DOS ESTUDIANTES en el aula.*

f) Con el verbo *tener,* el complemento directo de persona, si es indeterminado, se construye sin preposición: *Tienen DOS HIJOS; Tiene UNA TÍA actriz;* pero si va acompañado de un adjetivo en función de complemento predicativo que denota estados transitorios, se construye con preposición: *Tiene A UN HIJO enfermo* (la enfermedad se considera pasajera), a diferencia de *Tiene UN HIJO invidente* (la ceguera es permanente).

2. *a por.* El uso de esta secuencia preposicional pospuesta a verbos de movimiento como *ir, venir, salir,* etc., con el sentido de 'en busca de', se percibe como anómalo en el español de América, donde se usa únicamente *por:* «*Voy por hielo y cervezas a la tienda*» (Victoria *Casta* [Méx. 1995]). En España alternan ambos usos, aunque en la norma culta goza de preferencia el empleo de *por:* «*¿Qué haces ahí? ¡Vete por el medicamento, por Dios!*» (Aparicio *Retratos* [Esp. 1989]); «*—¿Te vas?* [...] *—Sí, bajo a por tabaco*» (MtnGaite *Fragmentos* [Esp. 1976]). En realidad, no hay razones para censurar el uso de *a por,* pues en la lengua existen otras agrupaciones preposicionales, como *para con, de entre, por entre, tras de, de por,* etc., perfectamente normales. La secuencia *a por* se explica por el cruce de las estructuras *ir A un lugar* (complemento de dirección) e *ir POR algo o alguien* ('en busca de'), ya que en esta última está también presente la idea de 'movimiento hacia'.

3. sustantivo + *a* + infinitivo: *temas a tratar, problemas a resolver,* etc. Estas estructuras sintácticas son calcos del francés y su empleo en español comenzó a propagarse en el segundo tercio del siglo XIX. En el ámbito de la economía están ya consolidadas expresiones como *cantidad a ingresar, cantidad a deducir,* que permiten, incluso, la omisión del sustantivo: *A ingresar: 25 euros.* Son frecuentes en el terreno administrativo y periodístico expresiones idénticas a las anteriores, como *temas a tratar, problemas a resolver, ejemplo a seguir,* etc. Estas construcciones resultan más breves que las tradicionales españolas: *problemas que hay que resolver, ejemplo que se debe seguir,* etc. Su uso es especialmente frecuente cuando funcionan como sujeto o como atributo en oraciones copulativas: *Los temas a tratar son dos; Esas*

son las cuestiones a dilucidar. En español solo son aceptables en algunos casos, por lo que se recomienda tener en cuenta las siguientes orientaciones generales:

a) Si la preposición *a* admite su sustitución por las preposiciones *por* o *para,* o el relativo *que,* sin que sea necesario cambiar la estructura de la construcción y sin que cambie el significado, debe desecharse la construcción galicada: [⊗]*Tenemos dos asuntos a tratar* (mejor *Tenemos dos asuntos que tratar*); [⊗]*No hay más asuntos a discutir* (mejor *No hay más asuntos que/por/para discutir*). Con respecto al uso de *por* en lugar de *a,* es necesario señalar que la construcción con *por* posee un matiz significativo adicional; así, no es exactamente lo mismo *cantidad por pagar* que *cantidad a pagar: cantidad por pagar* es 'cantidad que queda todavía por pagar', e implica que se han satisfecho otros pagos anteriormente, mientras que *cantidad a pagar* es, simplemente, 'cantidad que hay que pagar'.

b) El verbo en infinitivo debe ser transitivo, pues en tales construcciones el infinitivo tiene valor pasivo; por tanto, no son admisibles oraciones como [⊗]*El lugar a pelear será las Vegas* (pues no se dice [⊗]*pelear un lugar,* sino *en un lugar*); [⊗]*La cuestión a hablar en la reunión es de escasa importancia* (pues no se dice [⊗]*hablar una cuestión,* sino *de* o *sobre una cuestión*).

c) El infinitivo debe estar en forma activa, pues, como ya se ha indicado, los infinitivos de estas construcciones ya tienen valor pasivo: [⊗]*El tema a ser tratado presenta dificultades* (correcto: *El tema a tratar*).

d) Son normales estas construcciones con sustantivos abstractos como *asunto, tema, ejemplo, cuestión, aspecto, punto, cantidad, problema* y otros similares, y con verbos del tipo de *realizar* (se evita *hacer* por razones de cacofonía con la preposición *a:* [⊗]*tareas a hacer*), *ejecutar, tratar, comentar, dilucidar, resolver, tener en cuenta, considerar, ingresar, deducir, desgravar, descontar,* etc. Pero no deben extenderse a otro tipo de enunciados, con otros verbos en infinitivo y con sustantivos que no sean abstractos: [⊗]*Los ladrillos a poner están en la furgoneta;* [⊗]*Los libros a leer se encuentran en la mesa.*

e) Por último, no hay que olvidar que, en muchos casos, su uso es superfluo y, por tanto, evitable; así, en una oración como [⊗]*Pedro es un ejemplo a seguir para todos nosotros,* la secuencia de infinitivo *a seguir* es prescindible: *Pedro es un ejemplo para todos nosotros.*

4. sustantivo + *a* + sustantivo: [⊗]*barco a vela,* [⊗]*cocina a gas,* etc. La preposición que se emplea normalmente en español para introducir el complemento que expresa el modo o medio por el que funciona un determinado objeto es *de: estufa de gas,* *cocina de leña, barco de vela*, etc. El uso de *a* en estos casos es un galicismo que debe evitarse (aunque esté muy extendido, al menos en España, en los casos de *olla a presión* o *avión a reacción*). Se recomienda mantener el uso tradicional con *de*, vigente además en la mayoría de los países americanos: «*Eche 4 tazas de agua en la olla de presión y póngala al fuego*» (VV. AA. *Cocina* [Cuba 1997]); «*En una esquina había una estufa de gas*» (RRosa *Sebastián* [Guat. 1994]); «*El proceso técnico de fabricación* [...] *de un avión de reacción*» (DzCorral *Rapto* [Esp. 1953-74]). Sí es normal el uso de la preposición *a* para introducir complementos verbales que indican el modo de ejecutar la acción o el medio empleado para ello: *llamar a gritos, moler a palos, bordar a mano*, así como para introducir el complemento de sustantivos derivados de verbos de acción: *pintura al óleo, grabado al agua fuerte, bordado a canutillo*.

5. *a* + sustantivos que expresan unidad de tiempo: *cinco veces al día,* ⊗*tres kilómetros a la hora*. Para expresar distributivamente una cantidad en relación con una unidad de tiempo, se emplean en español las preposiciones *a* o *por*. Cuando pueden alternar ambas, se prefiere el uso de *a* con unidades de tiempo como *día, mes, semana* o *año: Los musulmanes rezan cinco veces al día; Paso con mis padres dos días al mes; Asisto a clases de inglés dos días a la semana; Cobra tres millones al año*. Pero con *hora* y unidades de tiempo inferiores, como *minuto* o *segundo*, cuando expresan frecuencia asociada a velocidad, solo es normal el uso de la preposición *por: tres kilómetros por hora, ochenta pulsaciones por minuto, dos vibraciones por segundo* (no ⊗*tres kilómetros a la hora,* ⊗*ochenta pulsaciones al minuto*, etc.).

6. *a* + sustantivos que designan partes del día: *a la mañana, a la tarde, a la noche*. Para introducir los complementos de tiempo relativos a las partes del día, en el español general se emplean normalmente las preposiciones *por* o *en*, esta última de uso frecuente en gran parte de América, aunque inusual en España (salvo cuando, a su vez, estos complementos llevan un complemento con *de: en la tarde del sábado, en la mañana del lunes*): «*Ese hígado lo trajo el carnicero por la tarde*» (Llamazares *Río* [Esp. 1990]); «*El domingo en la mañana vi con sorpresa que a mi lado dormía una negra enorme*» (Mutis *Ilona* [Col. 1988]). El uso de *a* solo es normal en la Argentina y, en España, entre hablantes vascos o catalanes: «*Los sábados a la tarde reúne mucho público*» (Dios *Miami* [Arg. 1999]); «*Dada la hora local de comienzo del partido* [...]*, entrenarán hoy a la mañana*» (DNavarra [Esp.] 12.5.99); «*La fiesta se aguó el miércoles a la tarde*» (*Vanguardia* [Esp.] 1.7.94).

7. ⊗*a la que* o ⊗*a lo que* + verbo. En el habla popular suelen emplearse las construcciones *a la que*

[Esp.] y *a lo que* [Am.] como locuciones conjuntivas de valor temporal equivalentes a *cuando* o a *en cuanto:* ⊗*A la que llegó su padre, todo se aclaró;* ⊗*A lo que me vio, se hizo el distraído*. En la lengua culta se dice *En cuanto llegó su padre, todo se aclaró; Cuando me vio, se hizo el distraído;* o bien se emplea la contracción *al* seguida del verbo en infinitivo: *Al llegar su padre...; Al verme...*

8. *a* + *el*. → al.

Aachen. → Aquisgrán.

abajo. 1. Adverbio de lugar que, con verbos de movimiento explícito o implícito, significa 'hacia lugar o parte inferior': «*Camina arriba y abajo manteniendo el mismo ritmo*» (Belbel *Elsa* [Esp. 1991]); «*No mires abajo*» (Delibes *Madera* [Esp. 1987]). Suele ir precedido de las preposiciones *de, desde, hacia, para* o *por*, nunca de la preposición *a*, ya incluida en la forma de este adverbio: *Le miró de arriba abajo* (y no ⊗*de arriba a abajo*). Puede indicar también estado o situación, con el significado de 'en lugar o parte inferior': «*Te espero abajo*» (Santiago *Sueño* [P. Rico 1996]); «*Las doncellas estaban abajo, en la cocina*» (Caso *Peso* [Esp. 1994]).

2. Indicando estado o situación, *abajo* puede referirse a cualquier lugar situado en el plano inferior: *Mis padres duermen abajo* ('en un lugar indeterminado de la planta inferior'); mientras que *debajo* alude al lugar del plano inferior inmediatamente en contacto con el superior, o situado en la misma vertical: *Mis padres duermen debajo* ('en el lugar de la planta inferior situado en la misma vertical del punto desde el que se habla'). Esto explica que *debajo* lleve siempre, implícito o explícito, un complemento con *de* que expresa el lugar de referencia: *Mis padres duermen debajo de mi habitación*.

3. En el español de América, en registros coloquiales o populares, no es infrecuente que *abajo* vaya seguido de un complemento con *de:* ⊗*El puente peatonal* [...] *se incendió cuando el avión pasó por abajo de él*» (*Expreso* [Perú] 1.8.87). Pero, en general, es uso rechazado por los hablantes cultos y se recomienda evitarlo en el habla esmerada; en esos casos debe emplearse *debajo*.

4. Por su condición de adverbio, no se considera correcto su empleo con posesivos: ⊗*abajo mío,* ⊗*abajo suyo*, etc. (debe decirse *debajo de mí, debajo de él*, etc.).

abalanzar(se). 'Lanzar(se) con ímpetu hacia delante'. Es raro su uso como transitivo: «*Stalin había cursado órdenes muy severas para tener listo el ejército soviético, con objeto de abalanzarlo sobre Alemania*» (Val *Hendaya* [Esp. 1981]). Lo normal es usarlo como intransitivo pronominal, con un complemento precedido de *sobre* o, menos frecuentemente, *contra: Se abalanzó SOBRE/CONTRA mí*. También puede llevar un complemento de dirección precedido de *hacia: Se abalanzó HACIA la puerta*. No es correcta la grafía [⊗]*avalanzar(se)*, error debido probablemente al cruce con *avalancha*.

abarrotar(se). 'Llenar(se) por completo'. Suele llevar un complemento introducido por *de* o, más raramente, *con: «El sitio se abarrotó DE gente»* (RPerea *Obsesión* [P. Rico 1988]); *«Se trata de abarrotarlo CON mercancías y productos»* (Salinas *Diseño* [Méx. 1992]). Es impropio su empleo con el sentido de 'apiñarse o agolparse': [⊗]*«Donde se abarrota el gentío es a la puerta del camposanto»* (*Mundo* [Esp.] 10.5.96).

abasí. 'De cierta dinastía musulmana'. El plural preferido en la lengua culta es *abasíes* (→ PLURAL, 1c). Existe la variante *abasida* (no [⊗]*abásida*), también válida, aunque menos frecuente, cuyo plural es *abasidas* (no [⊗]*abásidas*). Deben evitarse las grafías [⊗]*abbasí* y [⊗]*abbasida*, aunque conserven la *-bb-* del nombre del fundador, *Abul-l-Abbas*.

abasida. → abasí.

abastecer(se). **1.** 'Proveer(se) de algo necesario'. Verbo irregular: se conjuga como *agradecer* (→ APÉNDICE 1, n.º 18).

2. Además del complemento directo, suele llevar un complemento introducido por *de* o, menos frecuentemente, *con: «Abastecen DE verduras a los arrendatarios»* (Serrano *Vida* [Chile 1995]); *«Han continuado abasteciendo CON armamento a los mercenarios»* (Ortega *Paz* [Nic. 1988]).

abasto. **1.** 'Provisión de víveres': *«Se racionó a todos los estados el abasto de la harina de maíz»* (*DYucatán* [Méx.] 4.9.96); y, en plural, 'comestibles': *«Se ubicaba en el mercado de abastos de San Sebastián»* (Olivas *Dulces* [Perú 1996]). En algunos países americanos, significa 'tienda de comestibles': *«Andaba de compras en el abasto»* (Allende *Eva* [Chile 1987]). Con este sentido, a veces se usa la forma *abastos* como singular: *«Hace poco que ella bajó, quería algo más del abastos»* (Balza *Mujer* [Ven. 1986]).

2. Forma parte de la locución *dar abasto* (o, en gran parte de América, también *darse abasto*), que significa 'bastar, llegar a rendir lo suficiente' y se utiliza, por lo general, en oraciones negativas: *«Los servicios nunca daban abasto las vísperas de visita»* (Valladares *Esperanza* [Cuba 1985]); *«Las ambulancias no se daban abasto para recoger a tantos lesionados»* (Velasco *Regina* [Méx. 1987]). Puede llevar un complemento con la preposición *a* seguida de un sustantivo o un infinitivo, *para* seguida de un infinitivo o *con* seguida de un sustantivo: *«La centralita sigue sin poder dar abasto A las innumerables llamadas»* (*Mundo* [Esp.] 7.2.96); *«Los psiquiatras no daban abasto PARA atender a las víctimas»* (Galeano *Fútbol* [Ur. 1995]); *«No dan abasto CON el trabajo amonto-*

nado» (Viñas *Lisandro* [Arg. 1985]). Es incorrecta la grafía separada [⊗]*a basto*.

[⊗]**abbasí,** [⊗]**abbasida.** → abasí.

[⊗]**abceso.** → absceso.

abdicar. 'Ceder un monarca la soberanía sobre su reino' y 'renunciar a algo inmaterial que se tiene como propio'. Seguido a menudo de un complemento introducido por *en (favor de)*, que expresa el nuevo beneficiario, puede construirse bien como transitivo, con el complemento directo frecuentemente implícito o sobrentendido: *«Don Juan abdicó la Corona EN su hijo»* (Anson *Don Juan* [Esp. 1994]); *«Carlos V abdicó EN FAVOR DE su hijo»* (Fuentes *Espejo* [Méx. 1992]); bien como intransitivo, con un complemento con *de: «Los diputados abdican DE su tarea de control»* (*Mundo* [Esp.] 3.3.96). Es incorrecto introducir este complemento con *a:* [⊗]*«El riesgo es que puede uno traicionarse y abdicar A su propia vocación»* (*Proceso* [Méx.] 3.11.96).

abducción. → abducir, 2.

abducir. **1.** Dicho de un extraterrestre, 'secuestrar [a alguien]': *«Ha sido abducido por una nave extraterrestre»* (*Mundo* [Esp.] 9.3.97); y 'alejar [un miembro u otro órgano] del plano imaginario que divide el cuerpo en dos partes simétricas': *«No es capaz de rotar y abducir la cadera con facilidad»* (Barrera/Kerdel *Adolescente* [Ven. 1976]). Es irregular y se conjuga como *conducir* (→ APÉNDICE 1, n.º 24). No debe confundirse con *aducir* ('alegar'; → aducir).

2. El sustantivo correspondiente es *abducción* ('movimiento de alejamiento de un miembro u otro órgano del plano que divide el cuerpo en dos partes simétricas' y 'secuestro llevado a cabo por extraterrestres'): *«La artrosis de cadera en la mujer disminuye la amplitud de la abducción de los muslos»* (Cibeira *Bioética* [Arg. 1997]); *«Se trata de un caso de abducción extraterrestre»* (LpzNavarro *Clásicos* [Chile 1996]). Es incorrecta la grafía [⊗]*abdución*. No debe confundirse con *aducción* ('movimiento de acercamiento al plano de simetría del cuerpo'; → aducir, 2).

3. El adjetivo correspondiente, usado frecuentemente como sustantivo, es *abductor* ('que abduce' y '[músculo] que realiza los movimientos de abducción'): *«El rumano sufre rotura del abductor de la pierna derecha»* (*Vanguardia* [Esp.] 31.8.94). No debe confundirse con *aductor* ('que aduce'; → aducir, 3).

abductor -ra. → abducir, 3.

ABECEDARIO. **1.** Para designar la serie ordenada de las letras con que se representan los sonidos de una lengua, pueden usarse indistintamente los términos *abecedario* y *alfabeto*. Como las demás lenguas románicas, el español se sirvió básicamente de la serie alfabética latina, que fue adaptada y completada a lo largo de los siglos. El abecedario español está hoy formado por las veintinueve letras siguientes: *a, b, c, ch, d, e, f, g, h, i, j, k, l, ll, m, n, ñ, o, p, q, r, s, t, u, v, w, x, y, z* (→ a, b, c, etc.).

2. Esta variante española del alfabeto latino universal ha sido utilizada por la Academia desde 1803 (cuarta edición del *Diccionario* académico) en la confección de todas sus listas alfabéticas. Desde esa fecha, los dígrafos *ch* y *ll* (signos gráficos compuestos de dos letras) pasaron a considerarse convencionalmente letras del abecedario, por representar cada uno de ellos un solo sonido. No obstante, en el X Congreso de la Asociación de Academias de la Lengua Española, celebrado en 1994, se acordó adoptar el orden alfabético latino universal, en el que la *ch* y la *ll* no se consideran letras independientes. En consecuencia, las palabras que comienzan por estas dos letras, o que las contienen, pasan a alfabetizarse en los lugares que les corresponden dentro de la *c* y de la *l*, respectivamente. Esta reforma afecta únicamente al proceso de ordenación alfabética de las palabras, no a la composición del abecedario, del que los dígrafos *ch* y *ll* siguen formando parte.

3. Mientras que los dígrafos *ch* y *ll* son las únicas grafías que representan, respectivamente, los sonidos /ch/ y /ll/, el sonido que representa el dígrafo *rr* es el mismo que el representado por la *r* en posición inicial de palabra o precedida de las consonantes *n, l* o *s* (→ r, 2 y 3). Este solapamiento explica que la *rr* no se haya considerado nunca una de las letras del alfabeto.

abertura. 1. Aunque comparte etimología con *apertura*, ambos términos no son intercambiables en todos los contextos y han especializado sus usos:

a) *Abertura* se emplea casi siempre con el sentido de 'hendidura o espacio que rompe la continuidad de una superficie, permitiendo una salida al exterior o comunicando dos espacios': «*Bastaba con vaciar los cocos haciéndoles una abertura de no más de una pulgada*» (Sepúlveda *Viejo* [Chile 1989]); «*Apenas había una diminuta abertura para ventilación*» (Belli *Mujer* [Nic. 1992]). También es el término empleado en fonología para designar la amplitud que los órganos articulatorios dejan al paso del aire cuando se emite un sonido: «*La tendencia a no cumplir bien la extraordinaria abertura de mandíbulas que exige nuestra rr*» (Alonso *Estudios* [Esp. 1953]). Es menos frecuente su empleo para designar la acción o el efecto de abrir(se): «*La prudencia como lúcida abertura a lo nuevo*» (Laín *Ética* [Esp. 1958]); «*Un movimiento básico del esquí fundado en la mayor o menor abertura de las tablas*» (Faus *Montaña* [Esp. 1963]).

b) *Apertura* se usa normalmente para designar la acción de abrir(se) algo que está cerrado: «*Espera-*

ron *a que funcionara el sistema de apertura retardada de la caja fuerte*» (*País* [Esp.] 2.6.85); o la acción de dar principio o comienzo a un acto público, una temporada de estudios o espectáculos, una partida, un expediente administrativo, etc.: «*Apenas asistía a los actos de apertura de curso*» (Laín *Descargo* [Esp. 1976]); «*La apertura de un expediente era inevitable*» (Rojo *Matar* [Esp. 2002]). También significa 'actitud transigente o favorable ante las innovaciones': «*Creía llegado el momento de la apertura política*» (*Hoy* [Chile] 18-24.8.86).

c) Para designar el diámetro útil de la lente de un instrumento óptico, que en las máquinas fotográficas puede regularse con el diafragma, se usan ambos términos, con predominio de *abertura*: «*Son telescopios de considerable potencia, gran abertura y tamaño muy reducido*» (Oliver *Astrónomo* [Esp. 1992]); «*Aun un telescopio de gran apertura, no resolverá la imagen de Neptuno en forma de disco*» (Scolarici *Astronomía* [Arg. 1978]).

2. No hay que confundir *abertura* y *apertura* con *obertura* ('pieza con que se abre una obra musical'; → obertura).

Abidjan. → Abiyán.

abierto. En algunos deportes como el tenis, el golf o el ajedrez, '[torneo] en el que pueden participar todas las categorías': «*Martina Hingis ganó el Abierto de Tokio*» (*Tiempo* [Col.] 3.2.97). Debe evitarse, por innecesario, el anglicismo *open*.

abigarrado -da. 'Compuesto de diversos colores llamativos o mal combinados, o de cosas heterogéneas y reunidas sin concierto': «*Su túnica gris contrastaba con el abigarrado atuendo de su amigo*» (Moix *Sueño* [Esp. 1986]); «*Miró sin ver los abigarrados tenderetes del zoco*» (Schwartz *Conspiración* [Esp. 1982]). No debe confundirse con *abarrotado* ('lleno por completo'): ⊗«*Su mente abigarrada de nítidas visiones literarias*» (Liendo *Platos* [Ven. 1985]).

ab initio. Loc. lat. que significa 'desde el inicio': «*Los escasos ejemplos de "niños salvajes" que han sido estudiados [...] son bien elocuentes respecto de lo que la mente humana da de sí cuando se desvincula ab initio de su medio propio*» (Pinillos *Psicología* [Esp. 1975]). No significa ni 'al principio' ni 'a priori'. Son incorrectas las expresiones ⊗*de* o ⊗*desde ab initio*.

ab intestato. Loc. lat. que significa 'sin testamento': «*El viejo murió ab intestato*» (MDurán *Toque* [Col. 1981]). La grafía simple *abintestato* corresponde al sustantivo masculino que significa 'procedimiento judicial sobre herencia de quien muere sin testar': «*El supuesto hijo [...] se apresura a comparecer, enlutado y lloroso, en el juicio de abintestato*» (Casares *Crítica* [Esp. 1919-23]).

Abiyán. Forma adaptada a la ortografía y pronunciación españolas del nombre de la antigua capital de Costa de Marfil: *«Fuentes diplomáticas en Abiyán apuntaron que los insurrectos podrían ser partidarios del principal líder de la oposición»* (*DNavarra* [Esp.] 9.1.01). No debe usarse en español la grafía francesa *Abidjan*, empleada también en inglés. El gentilicio recomendado es *abiyanés*.

abiyanés -sa. → Abiyán.

Abjasia. Forma adaptada a la ortografía española del nombre de esta república autónoma de Georgia. No debe usarse en español la grafía inglesa *Abkhazia*. El gentilicio recomendado es *abjasio*, no ⊗*abjaso*: *«Los representantes de Georgia y Abjasia [...] acordaban crear una zona desmilitarizada para permitir el retorno de 200 000 refugiados abjasios»* (*Vanguardia* [Esp.] 14.1.94). Tampoco debe usarse en español la grafía ⊗*Abjazia* —ni el gentilicio correspondiente ⊗*abjaz(i)o*—, ya que no refleja adecuadamente la pronunciación que corresponde a este topónimo.

abjasio -sia. → Abjasia.

abjurar. 'Abandonar públicamente una creencia'. Puede ser transitivo: *«Está dispuesto a abjurar. Abjurar sus errores, abjurar sus herejías»* (Leñero *Martirio* [Méx. 1981]); o, más frecuentemente, intransitivo, con un complemento con *de*: *«La nueva izquierda no abjura* DEL *socialismo ni del marxismo»* (*Hora* [Guat.] 2.7.97).

Abkhazia. → Abjasia.

ablación. En medicina, 'extirpación de un órgano': *«Hay pueblos donde aún se practica la ablación del clítoris»* (Ameztoy *Escuela* [Esp. 2001]); y, en geología, 'pérdida o desgaste de materiales por algún agente': *«Los depósitos laminados se encuentran sometidos a la ablación y erosión eólicas»* (Sérsic *Marte* [Arg. 1976]). No debe confundirse con *ablución* ('lavatorio'; → ablución) ni con *oblación* ('ofrenda'; → oblación).

ablución. 'Acción de lavar(se), especialmente con fines purificatorios': *«Innumerables hindúes acuden a Galta para hacer sus abluciones en las fuentes sagradas»* (Calle *Viaje* [Esp. 2001]). No debe confundirse con *ablación* ('extirpación'; → ablación) ni con *oblación* ('ofrenda'; → oblación).

aboardillado -da. → buhardilla.

abocar(se). 1. Como transitivo, 'conducir [a alguien] a un determinado lugar o situación': *«Recordar aquella frase la abocó a un estado de nostalgia»* (GaSánchez *Historia* [Esp. 1991]). En Colombia se usa también, como transitivo, con el sentido de 'acometer [algo]': *«Se necesita un gerente del Acueducto que [...] aboque de inmediato un plan de emergencia»* (*Tiempo* [Col.] 19.5.97).

2. Como intransitivo, 'desembocar o ir a parar'; con este sentido el complemento va normalmen-

te precedido de *a*, aunque, por contagio del verbo sinónimo *desembocar*, en España se usa a veces, en su lugar, la preposición *en*: *«Callejeó solo, sin rumbo, hasta abocar* A *la Avenida de la Constitución»* (Delibes *Madera* [Esp. 1987]); *«Las hambrunas del invierno y la fuerza de los grupos calvinistas abocan* EN *la furia iconoclasta que en 1566 arrasa las iglesias [...] de Gante»* (GaCortázar/GlzVesga *España* [Esp. 1994]). En lenguaje marinero, 'comenzar a entrar en un canal, estrecho o puerto'; en este caso, el complemento va precedido normalmente de la preposición *en*: *«Un pailebote maonés, con rumbo a Rusia, abocó* EN *el puerto»* (Faner *Flor* [Esp. 1986]).

3. Como pronominal (*abocarse*), se usa mucho, especialmente en América, con el sentido de 'dedicarse de lleno a una actividad': *«Violeta se abocó* A *la búsqueda de una casa»* (Serrano *Vida* [Chile 1995]). También significa 'encaminarse o dirigirse de modo inexorable a una situación, generalmente negativa': *«Cualquier campaña de gran envergadura [...] que no quisiese abocarse* A *la catástrofe tenía que saber medir muy bien sus tiempos»* (SchzFerlosio *Años* [Esp. 1993]). Es muy frecuente su uso en participio, con los verbos *estar, quedar* o *verse*, con el sentido de 'destinado u obligado a algo': *«Estábamos abocados* AL *fracaso»* (Portal *Pago* [Esp. 1983]); *«Pronto se vio abocado* A *aislarse y* A *someterse al suplicio para calmar la ardiente fiebre de su ser»* (Serrano *Dios* [Col. 2000]). También significa 'inclinarse o echarse sobre algo', uso probablemente debido al influjo del catalán: *«Abocados* A *la borda seguían los cuatro los reflejos que ahora, aún con mar gruesa, se iban definiendo»* (Regás *Azul* [Esp. 1994]). Con la preposición *con* significa 'reunirse con alguien para tratar un asunto': *«Tratando de ahondar al respecto, La Prensa se abocó* CON *psicólogas para conocer sus puntos de vista»* (*Prensa* [Nic.] 24.11.00).

4. No debe confundirse con *avocar* (→ avocar).

abogado -da. 'Licenciado en Derecho'. El femenino es *abogada* (→ GÉNERO[2], 3a): *«Ellas son brillantes abogadas»* (*País* [Esp.] 30.5.97). No debe emplearse el masculino para referirse a una mujer: ⊗*la abogado*.

abohardillado -da. → buhardilla.

abolir. 'Derogar [una ley, precepto o costumbre]'. Aunque tradicionalmente se ha considerado verbo defectivo, ya que solían usarse solo las formas cuya desinencia empieza por *i*, hoy se documentan, y se consideran válidas, el resto de las formas de la conjugación: *«Se abole la pena de muerte»* (VV. AA. *Grupo* [Esp. 2001]); *«Los nuevos poderes abolen la soledad por decreto»* (Paz *Laberinto* [Méx. 1950-59]). Como se ve en los ejemplos, es verbo regular: *abolo, aboles*, etc., y no ⊗*abuelo*, ⊗*abueles*, etc.

abominar. 'Condenar o maldecir' y 'aborrecer'. Puede ser transitivo: *«El pragmatismo abomina este* *género de teorías» (Excélsior* [Méx.] 2.1.97); o, más frecuentemente, intransitivo, con un complemento con *de:* «*Abomino* DE *mi ángel guardián*» (Quintero *Danza* [Ven. 1991]).

a bordo. → bordo, 1.

aborigen. 'Originario de un territorio o lugar' y, como sustantivo, 'primitivo habitante de un país'. Es común en cuanto al género (→ GÉNERO², 1a y 3h): *el/la aborigen.* No debe usarse la forma ⊗*aborígena*, error debido al cruce con *indígena*.

aborrecer. 1. 'Tener, o pasar a tener, aversión [a una persona o cosa]'. Verbo irregular: se conjuga como *agradecer* (→ APÉNDICE 1, n.° 18).

2. Es transitivo: «*Yo no fumo, más bien aborrezco el tabaco*» (Tibón *Aventuras* [Méx. 1986]). Por influjo del verbo sinónimo *abominar*, se emplea a veces indebidamente como intransitivo, seguido de un complemento con *de:* ⊗*«Los manieristas que aborrecen* DE *la naturaleza para seguir "la idea fantástica"*» (Colorado *Pintura* [Esp. 1991]).

abotagar(se). Como pronominal, dicho del cuerpo o de una de sus partes, 'hincharse': «*El cuerpo abotagado por la enfermedad y el alcohol*» (MtzSalguero *Combate* [Bol. 2002]). Como transitivo o, más frecuentemente, como intransitivo pronominal, 'embotar(se)': «*Ahora, en la oscuridad, la mente abotagada por el sueño*» (Hernández *Naturaleza* [Esp. 1989]). En el español actual de España se emplea con preferencia la variante *abotargar(se):* «*Habían permanecido ocultos bajo el vino, bajo el reposo que abotarga*» (Moix *Sueño* [Esp. 1986]).

abotargar(se). → abotagar(se).

abotonadura. → botonadura.

ab ovo. Loc. lat. que significa literalmente 'desde el huevo': «*A los escorpiones se los mata* […] *ab ovo, o sea, en el huevo*» (Fuentes *Cristóbal* [Méx. 1987]); y, en sentido amplio, 'desde cero o desde el origen': «*Ningún científico comienza su ciencia ab ovo y siempre se incorpora a un pasado cultural y epistemológico*» (Cencillo *Método* [Esp. 1973]).

abrasar(se). 'Quemar(se)': «*El café me abrasa el paladar*» (Azúa *Diario* [Esp. 1987]); «*Soñó que papá se abrasaba dentro de las llamas*» (Solares *Mártires* [Méx. 1997]). En zonas de seseo, no debe confundirse con *abrazar(se)* ('rodear con los brazos'; → abrazar(se)).

abrazar(se). 1. Como transitivo, 'ceñir [algo o a alguien] con los brazos' y, en sentido figurado, 'adoptar o seguir [una doctrina, opinión o conducta]': «*Ella lo abrazó por detrás*» (Belli *Mujer* [Nic. 1992]); «*Piensa seriamente en abrazar la vida monástica*» (*Abc* [Esp.] 16.1.87). También se usa como intransitivo pronominal y un complemento precedido de *a* o, más raramente, *de:* «*Se abrazó con fuerza* A *su cuerpo*» (Delgado *Balada* [Ur. 1991]);

«*Vos te abrazás* DE *esa mujer*» (Chavarría *Rojo* [Ur. 2002]). Si el complemento es de persona, a veces se usa también *con:* «*Los primeros ministros de la Europa civilizada se abrazaban* CON *Castro*» (Valladares *Esperanza* [Cuba 1985]).

2. En zonas de seseo, no debe confundirse con *abrasar(se)* ('quemar(se)'; → abrasar(se)).

ABREVIACIÓN. Procedimiento que busca economizar tiempo y espacio en la representación gráfica de una palabra o de una expresión mediante la supresión de letras o sílabas de su escritura completa. Existen distintos tipos de abreviaciones, según sea su método de formación, su ortografía y su modo de lectura (→ ABREVIATURA, ACORTAMIENTO, ACRÓNIMO, SIGLA, SÍMBOLO).

abreviar. 'Acortar o hacer más breve'. Se acentúa como *anunciar* (→ APÉNDICE 1, n.° 4).

ABREVIATURA. 1. Es la representación gráfica reducida de una palabra o grupo de palabras, obtenida por eliminación de algunas de las letras o sílabas de su escritura completa y que siempre se cierra con un punto. Para consultar la lista de abreviaturas convencionales de uso general en español, → APÉNDICE 2.

2. El uso de las abreviaturas convencionales tiene ciertas restricciones, de forma que no pueden aparecer en cualquier lugar del texto: ⊗*De repente, miré a la dcha. y los vi juntos;* las abreviaturas de tratamientos solo deben usarse cuando anteceden al nombre propio (*Sr. González, D.ª Juana,* etc.); y no debe escribirse una cantidad con letras seguida de la abreviatura del concepto cuantificado: ⊗*veinte cts.* por *veinte centavos.*

3. *Formación.* La abreviatura ha de ser eficaz y, por eso, debe suprimir como mínimo dos letras de la palabra abreviada (mejor, tres, si la palabra es suficientemente larga, para poder ahorrar, al menos, dos caracteres, ya que una de las letras suprimidas es reemplazada por el punto de cierre); aun así, hay ejemplos difundidos en que solo se elimina una: *vid.* por *vide* ('véase'). Existen dos procedimientos para formar abreviaturas:

a) Por truncamiento, suprimiendo letras o sílabas finales: *cód.* por *código, art.* por *artículo.* En este caso, la abreviatura nunca debe terminar en vocal: *pról.,* y no ⊗*pró.* ni ⊗*prólo.,* como abreviatura de *prólogo.* En el caso de las abreviaturas que corresponden a fórmulas fijas, se abrevian todas y cada una de las palabras que las integran, incluso artículos, preposiciones o conjunciones, reduciéndolos a la letra inicial: *s. e. u o.* por *salvo error u omisión, q. e. p. d.* por *que en paz descanse.*

b) Por contracción, eliminando letras centrales y dejando solo las más representativas: *dpto.* o *depto.* por *departamento, admr.* por *administrador.* Entre las abreviaturas formadas por contracción están las que presentan la letra o letras finales voladas: *n.º* por *número*, *af.ᵐᵒ* por *afectísimo*.

4. Femenino. Si la abreviatura del masculino termina en *-o*, el femenino se forma sustituyendo esta vocal por una *-a*: *Lcdo., Lcda.* (*licenciado, licenciada*); si el masculino termina en consonante, se le añade una *a*, volada o no (→ a y b); no obstante, hay abreviaturas que sirven tanto para el masculino como para el femenino: *Lic.* (*licenciado* o *licenciada*), *izq.* (*izquierdo* o *izquierda*). Cuando el masculino termina en consonante, hay que tener en cuenta lo siguiente:

a) Las abreviaturas obtenidas por truncamiento forman el femenino añadiendo una *a* volada, que puede escribirse subrayada o sin subrayar: *Dir.* para *director* y *Dir.ᵃ, Dir.ᵃ* para *directora;* no obstante, en muchos países de América es frecuente que el femenino de estas abreviaturas se escriba con *a* no volada: *Profa.*, en lugar de *Prof.ᵃ, Prof.ᵃ*, para *profesora*. Aunque son válidas ambas formas, se recomiendan las que llevan la *a* volada.

b) Las abreviaturas obtenidas por contracción admiten las tres posibilidades señaladas para la formación del femenino: *Sr.* para *señor*, y *Sra., Sr.ᵃ* o *Sr.ᵃ* para *señora*.

5. Plural. Depende de su método de formación:

a) Si la abreviatura se obtuvo por truncamiento, se añade *-s*: *págs.* por *páginas*. Se exceptúa el plural de las abreviaturas *cent.* (*centavo, centésimo*) y *cént.* (*céntimo*), que es *cts.*, y no ⊗*cents.* ni ⊗*cénts.* (no debe confundirse la abreviatura *cent.* con la palabra *cent*, cuyo plural sí es *cents;* → cent). En abreviaturas formadas por una sola letra, el plural se expresa duplicando esta: *ss.* por *siguientes*, *EE. UU.* por *Estados Unidos*.

b) Si la abreviatura se obtuvo por contracción, se aplican las reglas generales de formación del plural y se añade *-s* o *-es* según sea la terminación (→ PLURAL, 1): *dptos.* o *deptos.* por *departamentos*, *admones.* por *administraciones*. Como excepción, *Ud.* (*usted*) forma el plural en *-s*: *Uds.* (*ustedes*). El plural de las abreviaturas con letras voladas debe representarse con este mismo tipo de letras: *n.ᵒˢ* por *números*.

c) Si la abreviatura corresponde a una forma verbal, para el plural se usa la misma forma que para el singular: *cp.* vale como abreviatura de *compárese* y de *compárense; D. E. P.* puede abreviar tanto *Descanse en paz* como *Descansen en paz*.

6. Ortografía

a) Las abreviaturas mantienen la tilde en caso de incluir la vocal que la lleva en la palabra desarrollada: *pág.* por *página*, *íd.* por *ídem*, *C.ía* por *compañía*.

b) En general, las abreviaturas se escriben con mayúscula o minúscula según corresponda a la palabra o expresión abreviadas; así, se escriben con

inicial mayúscula las abreviaturas de aquellos nombres o expresiones que se escriben de este mismo modo cuando se desarrollan: *Bs. As.* por *Buenos Aires*, *FF. AA.* por *Fuerzas Armadas*, mientras que las abreviaturas de nombres comunes se escriben normalmente con minúscula (salvo si van después de punto o al principio de un enunciado): *pág.* por *página*, *c. e.* por *correo electrónico*. No obstante, existen numerosas excepciones, y así, siempre se escriben con inicial mayúscula las abreviaturas de fórmulas de tratamiento, incluso las que se escriben con minúscula cuando se desarrollan: *S. S.* por *Su Santidad*, *S. A. R.* por *Su Alteza Real*, *Excmo.* por *Excelentísimo*, *Ud.* por *usted*, *Sr.* por *señor*, *D.* por *don;* también, por tradición, se escriben con mayúscula las abreviaturas de algunos nombres comunes: *P. V. P.* por *precio de venta al público*, *D. L.* por *depósito legal*. Existen asimismo usos dobles, como *P. O.* y *p. o.* (*por orden*) o *Q. D. G.* y *q. D. g.* (*que Dios guarde*).

c) Cuando la abreviatura corresponde a una expresión compleja, se separan mediante un espacio las letras que representan cada una de las palabras que la integran: *b. l. m.* por *besa la mano*. Cuando las abreviaturas van precedidas de un número, se escriben separadas de este por un espacio: *15 págs.*, salvo las referidas al vuelto y al recto de un folio, que van pegadas: *15v.º, 15r.º*.

d) Se escribe siempre punto detrás de las abreviaturas, salvo en el caso de aquellas en las que el punto se sustituye por una barra: *c/* por *calle*, *c/c* por *cuenta corriente*, *d/f* por *días fecha*, *d/v* por *días vista* (no debe dejarse espacio entre las letras y la barra; si la abreviatura se compone de dos letras, el segundo elemento tampoco lleva punto, salvo que se trate del que marca el final del enunciado). Otra excepción son las abreviaturas que van entre paréntesis, que también se escriben sin punto: *(a)* por *alias*. En las abreviaturas que llevan letras voladas, el punto se escribe delante de estas: *Sr.ᵃ, 3.ᵉʳ*. Si una abreviatura coincide con final de oración o de párrafo, el punto de la abreviatura sirve de punto final, de modo que solo se escribirá un punto y no dos. Los otros signos de puntuación (coma, punto y coma, puntos suspensivos, signo de interrogación, etc.) sí deben escribirse tras el punto de la abreviatura; por lo tanto, si tras una abreviatura hay puntos suspensivos, se escriben cuatro puntos: *Algunas abreviaturas con tilde son pág., cód., admón....* Las abreviaciones de las unidades de medida (*m, km, g, l*, etc.) y las de los nombres de los libros de la Biblia (*Gn, Ex, Lv*, etc.) son símbolos, no abreviaturas; de ahí que se escriban sin punto (→ SÍMBOLO).

e) Las abreviaturas nunca deben dividirse mediante guion de final de línea: ⊗*ad- / món.*

f) Cuando la abreviatura se compone de varios elementos, no deben separarse estos en líneas diferentes: [⊗]*p. / ej.* Tampoco deben aparecer en renglones diferentes la abreviatura y el término del que esta depende: [⊗]*15 / págs.,* [⊗]*Sr. / Pérez.*

g) Una abreviatura nunca debe quedar como único componente de una línea de texto; en esos casos, debe escribirse la palabra completa:

[⊗]*En las librerías se venden libros, carpetas, bolígrafos, etc.*

Lo adecuado es:

En las librerías se venden libros, carpetas, bolígrafos, etcétera.

7. *Lectura*. La lectura de una abreviatura debe restablecer todas las letras eliminadas en su escritura, esto es, debe leerse la palabra completa que la abreviatura representa.

abrir(se). 1. 'Hacer que [algo] deje de estar cerrado' y, como pronominal, 'dejar de estar cerrado'. Su participio es irregular: *abierto.*

2. Cuando el complemento directo es un sustantivo que designa cualquier elemento que da acceso al interior de un espacio (*puerta, portal, verja,* etc.), se usa a menudo como absoluto, es decir, el complemento directo no se expresa, quedando implícito o sobrentendido. En esos casos, el complemento de persona, si lo hay, sigue siendo complemento indirecto; así pues, una oración como *Abre* [la puerta] *a esa chica,* debe transformarse en *Ábrele* [a esa chica], y no en [⊗]*Ábrela* [a esa chica] (→ LAÍSMO).

abrogar. 'Derogar o abolir [una ley]': «*El 27 de febrero del mismo año, la Asamblea abrogaba la mencionada ley*» (Gordon *Crisis* [Méx. 1989]). Sobre su pronunciación, → r, 2b. Este verbo no debe construirse como pronominal ([⊗]*abrogarse*), como se hace a veces por confusión con *arrogarse* ('atribuirse una facultad, un derecho, un mérito, etc.'; → arrogarse).

abrumar. 'Agobiar o someter a gran presión' y 'asombrar o anonadar'. Por tratarse de un verbo de «afección psíquica», dependiendo de distintos factores (→ LEÍSMO, 4a), el complemento de persona puede interpretarse como directo o como indirecto: «*En la noche LO abrumé con preguntas*» (Mastretta *Vida* [Méx. 1990]); «*A los interlocutores LES abruma el resentimiento*» (*Prensa* [Nic.] 24.7.97).

absceso. 'Acumulación de pus en los tejidos': «*Tenía un absceso duro, doloroso y morado en la yema del pulgar izquierdo*» (Lasprilla *Reflexiones* [Col. 1991]). Se pronuncia [abséso, abszéso]. Es incorrecta la grafía [⊗]*abceso.* No debe confundirse con *acceso* ('entrada o paso'; → acceso).

absentismo. → ausentismo.

ábside. 'Parte de una iglesia, generalmente semicircular, que sobresale en la fachada posterior'.

Aunque su étimo latino es femenino, en español se ha usado siempre como masculino: «*Desmontaron el ábside románico de San Martín*» (*Vanguardia* [Esp.] 16.5.95).

absolutez. → absolutidad.

absolutidad. 'Cualidad de absoluto': «*Él* [...] *era el artista* [...], *el que se desinteresa en definitiva de todo menos de la paradoja o la absolutidad estética*» (GmzSerna *Retratos* [Esp. 1941] 364). Con este sentido se emplea también la voz *absolutez*: «*Sistemas de referencia* [...] *que consiguen instituir la absolutez apariencial de lo dado*» (Aguilera *Hombre* [Esp. 1995]). No debe usarse la voz [⊗]*absolutividad,* que no responde a una formación regular a partir del adjetivo *absoluto* (→ -dad, e).

[⊗]**absolutividad.** → absolutidad.

absolver. 1. Verbo irregular: se conjuga como *mover* (→ APÉNDICE 1, n.° 41). Su participio es también irregular: *absuelto.*

2. Cuando significa 'declarar [a alguien] libre de culpa', se construye a menudo con un complemento introducido por *de,* que expresa la culpa: «*La conciencia mundial no lo absolvió DE la comisión de esos delitos*» (*DPrensa* [Arg.] 4.5.92).

3. En países como Colombia, el Ecuador, el Perú y Bolivia significa también 'resolver [una duda]', uso desconocido hoy en el resto del ámbito hispánico: «*Los aficionados al fútbol han podido absolver sus dudas*» (*Tiempo* [Col.] 13.9.96).

4. No debe confundirse con *absorber* ('atraer y retener en el interior'; → absorber).

absorber. 'Atraer y retener en el interior [algo del exterior]', 'consumir enteramente [algo, normalmente recursos o tiempo]' y 'acaparar el interés o la atención [de alguien]': «*Parte del agua precipitada es absorbida por la tierra y parte vuelve al mar*» (Vattuone *Biología* [Arg. 1992]); «*Los gastos de guerra absorbieron casi todos los recursos gubernamentales*» (Peña *Visión* [Méx. 1994]); «*El trabajo y la universidad la absorbieron de tal manera que Sofía pocas veces tenía oportunidad de ver a su hija*» (Bain *Dolor* [Col. 1993]). Es incorrecta la grafía [⊗]*absorver,* debida al cruce con *absolver* ('declarar inocente'; → absolver). Tampoco debe confundirse con *adsorber* ('retener en la superficie'; → adsorber).

abstenerse. 1. 'Privarse de algo' y 'no participar en algo a lo que se tiene derecho'. Verbo irregular: se conjuga como *tener* (→ APÉNDICE 1, n.° 57). El imperativo singular es *abstente* (tú) y *abstenete* (vos), y no [⊗]*abstiénete.*

2. Se construye normalmente con un complemento introducido por *de*: «*Tiene que abstenerse DE hacer política*» (Britton *Siglo* [Pan. 1995]).

abstract. Voz inglesa que significa 'breve resumen de un artículo científico, una ponencia o una comunicación, que suele publicarse junto con el texto completo'. Es anglicismo innecesario, que debe sustituirse por voces españolas de sentido equivalente, como *resumen, sumario, extracto* o *sinopsis: «Trabajo para ministerios, revistas especializadas y archivos internacionales, realizando resúmenes, sinopsis»* (Balza *Mujer* [Ven. 1986]).

abstraer(se). 1. Verbo irregular: se conjuga como *traer* (→ APÉNDICE 1, n.º 58). Puesto que la noción esencial de este verbo es 'separar o apartar', se construye normalmente, en casi todas sus acepciones, con un complemento precedido de la preposición *de*.
2. Es transitivo cuando significa 'separar mentalmente [una cosa] de otra, para considerarla aisladamente o en su esencia': *«Expuso una teología que está lejos de abstraer los textos sagrados DE la realidad histórica»* (Clarín [Arg.] 8.2.79); y 'hacer que [alguien] se aísle mentalmente de algo': *«La primera obligación de una novela [...] no es instruir sino hechizar al lector: [...] abstraerlo DEL mundo real y sumirlo en la ilusión»* (VLlosa *Verdad* [Perú 2002]).
3. Es intransitivo, hoy exclusivamente pronominal, cuando significa 'prescindir o hacer caso omiso de algo': *«El Gobierno debe abstraerse DE presiones partidistas y buscar a fondo la defensa de los intereses de la patria»* (Vanguardia [Esp.] 22.3.94); y 'apartar la atención del entorno, para concentrarla en el propio pensamiento o en otra cosa'; en este caso, se construye a menudo sin el complemento con *de: «Prefiero abstraerme y pensar en mis cosas»* (Abc [Esp.] 22.11.91), y puede llevar un complemento precedido de la preposición *en: «Alfredo alza sus ojos y se abstrae EN el recuerdo»* (BVallejo *Música* [Esp. 1989]).
4. Es incorrecto su uso con la preposición *a*, error debido al cruce con *sustraer(se)* ('apartar(se) de algo'; → sustraer(se)): ⊗*«Resulta imposible abstraerse AL encanto [...] con que la gran escritora aborda el tema»* (Caras [Chile] 13.10.97).

Abu Dabi. Forma adaptada a la ortografía y pronunciación españolas del nombre de la capital federal de los Emiratos Árabes Unidos y del emirato homónimo: *«Busca en vano [...] la ruta más corta de Abu Dabi a San Francisco»* (Fuentes *Cristóbal* [Méx. 1987]). Aunque el resultado de aplicar las normas de transcripción del árabe al español es *Abu Zabi*, no se recomienda el uso de esta forma, que carece de tradición y no se corresponde con la pronunciación generalizada de este topónimo en español: [ábu-dábi]. Debe evitarse asimismo el empleo de la grafía inglesa *Abu Dhabi*. El gentilicio recomendado es *abudabí* (pl. culto *abudabíes;* → PLURAL, 1c).

abudabí, *Abu Dhabi.* → Abu Dabi.

abuelo -la. Respecto de una persona, 'progenitor de su padre o de su madre'. No es propio del habla culta pronunciar la /b/ como una /g/ (→ b, 3): ⊗*agüelo.*

abuhardillado -da. → buhardilla.

Abuja. → Abuya.

a bulto. → bulto.

abundante. 'Copioso o que abunda' y 'que tiene gran cantidad de algo'. Con el segundo sentido, lleva un complemento precedido de *en* o, menos frecuentemente, *de: «Es [...] probable que el invierno sea frío y abundante EN nevadas»* (Picazo *Grillos* [Esp. 2000]); *«Se encontró sentado [...] en una habitación [...] abundante DE dibujos eróticos nepaleses»* (Cohen *Insomnio* [Arg. 1986]). Su sinónimo *abundoso,* de sentido y construcción similares, ha quedado relegado a la lengua literaria.

abundoso -sa. → abundante.

abur. → agur.

aburrir(se). 'Causar tedio o hartazgo' y, como pronominal, 'cansarse de algo o sentir tedio'. Con el primer sentido indicado, por tratarse de un verbo de «afección psíquica», dependiendo de distintos factores (→ LEÍSMO, 4a), el complemento de persona puede interpretarse como directo o como indirecto: *«El locutor hispano LO aburría profundamente [...], igual que LE aburría la seriedad funcionaril del laboratorio de química»* (Puga *Silencio* [Méx. 1987]).

abusar. 'Hacer uso de algo de modo excesivo o indebido', 'aprovecharse de alguien' y 'aprovecharse sexualmente de alguien'. Es intransitivo y se construye con un complemento introducido por *de: «En nuestro medio se ha abusado DE la autoridad»* (Materazzi *Salud* [Arg. 1991]); *«No estamos hechos para abusar unos DE otros»* (Hoy [Chile] 18-24.3.85). Debe evitarse su empleo como transitivo, debido posiblemente al influjo del inglés *to abuse:* ⊗*«Cuando ganamos un poquito de poder lo abusamos»* (Morales *Verdad* [EE. UU. 1979]). Es asimismo censurable el uso del participio *abusado,* sea en la pasiva perifrástica, sea como adjetivo: ⊗*«Fue abusada por su novio y un amigo de este»* (País [Col.] 14.10.97); en estos casos deben emplearse otras expresiones, como *sufrir abusos* o *ser víctima de abusos por parte de* alguien.

Abuya. Forma adaptada a la ortografía y pronunciación españolas del nombre de la capital de Nigeria: *«Los países africanos reunidos en Abuya, Nigeria, instrumentaron un plan que pretendía poner coto a la enfermedad»* (Granma [Cuba] 25.5.04). No debe usarse en español la grafía inglesa *Abuja.*

Abu Zabi. → Abu Dabi.

acaecer. 'Suceder'. Verbo irregular: se conjuga como *agradecer* (→ APÉNDICE 1, n.º 18).

acallar. 'Hacer callar' (→ callar(se)).

a cappella. Locución italiana que indica, en las acotaciones de las partituras musicales, que la música vocal polifónica debe ejecutarse sin acompañamiento instrumental; se emplea como extranjerismo crudo, respetándose su grafía y pronunciación originarias. Fuera de contextos tan específicos, se ha popularizado su uso para referirse, en general, al hecho de cantar sin acompañamiento instrumental; en esos casos se recomienda adaptarla gráficamente al español en la forma *a capela:* «*Sus seguidores cantan sus canciones a capela*» (*Tiempo* [Col.] 11.11.96). No debe usarse la grafía [⊗]*a capella*, que no es ni italiana ni española.

acariciar. 1. 'Rozar suavemente, casi siempre con la mano, [algo o a alguien]'. Se acentúa como *anunciar* (→ APÉNDICE 1, n.º 4).

2. Cuando el complemento directo es de persona, puede llevar, además, un complemento introducido por *en*, que expresa la parte concreta acariciada: «*Qué rico hueles —dijo Paloma, y LO acarició EN el cuello con su nariz*» (Bayly *Días* [Perú 1996]). Si el sustantivo que expresa la parte acariciada funciona como complemento directo, el complemento de persona pasa a ser indirecto: «*LE acaricia el sexo con suavidad e intenta besarla*» (Gamboa *Páginas* [Col. 1998]).

acaso. Como sustantivo masculino, 'casualidad': «*Quiso el acaso que pocos años más tarde me topara con el propio zar*» (Tibón *Aventuras* [Méx. 1986]). Se emplea más frecuentemente como adverbio de duda, con el sentido de 'quizá, tal vez': «*El anuncio de su muerte acaso no sea más que un truco*» (Gala *Petra* [Esp. 1980]). Forma parte de las locuciones *si acaso* y *por si acaso:* «*No vamos a solucionar nada, si acaso empeorar las cosas*» (ASantos *Trampa* [Esp. 1990]); «*Nicolasa, por si acaso, se fue a revisar sus existencias de yerbas y flores secas*» (Elizondo *Setenta* [Méx. 1987]). En el Ecuador, se emplea a veces como adverbio de negación equivalente a *no:* «*El difunto patrón grande también quiso sacarles. Acaso pudo*» (Icaza *Huasipungo* [Ec. 1934-61]). No es correcta su escritura en dos palabras ([⊗]*a caso*), por lo que no debe confundirse con la combinación de la preposición *a* y el sustantivo *caso* en la locución adverbial *a caso hecho* ('intencionadamente'): «*Lo asaltan a caso hecho*» (Romero *Vodevil* [Esp. 1979]).

acceder. 1. 'Consentir en lo que alguien solicita o propone', 'entrar a un lugar' y 'alcanzar o tener acceso a algo inmaterial'. Es intransitivo y se construye con un complemento con *a:* «*Cantillo accedió A encabezar una rebelión*» (*Proceso* [Méx.] 29.12.96); «*En el boleto figurará el sector AL que se*

podrá acceder» (*Tiempos* [Bol.] 4.3.97). En ningún caso debe suprimirse la preposición: [⊗]«*Corea del Sur accedió dar a Estados Unidos la oportunidad*» (*NHerald* [EE. UU.] 21.4.97); debió decirse *accedió A dar*.

2. En gran parte de América, especialmente en México y el área centroamericana, se ha extendido el uso del verbo transitivo [⊗]*accesar* (del ingl. *to access*) con el sentido de 'acceder [a información o datos contenidos en un sistema informático]': [⊗]«*El lector puede accesarla* [la información] *mediante un buscador que funciona con palabras claves*» (*Nación* [C. Rica] 7.4.97). Se trata de un anglicismo innecesario, que debe sustituirse por el verbo intransitivo español *acceder: El lector puede acceder a la información mediante...*

[⊗]accequible. → asequible, 2.

[⊗]accesar. → acceder, 2.

accesible. Adjetivo que se aplica a la persona o cosa a la que se puede acceder o llegar sin dificultad: «*Quería recurrir a Catalina, con la esperanza de que resultara más accesible que su hermano*» (Rovinski *Herencia* [C. Rica 1993]); «*Todos los niños podíamos tocar su tronco, arrebatarle las frutas accesibles*» (Balza *Mujer* [Ven. 1986]). Referido a persona, significa también 'que es de trato fácil o afable': «*Es un hombre normal, accesible, con el que una puede sentirse a gusto*» (Serrano *Vida* [Chile 1995]); referido a una idea o un escrito, 'comprensible o inteligible': «*Estaba escrito a mano con una letra enmarañada, pero accesible*» (Aguilar *Error* [Méx. 1995]). No es sinónimo de *asequible*, aunque ambas sean voces semánticamente próximas y se confundan frecuentemente en el uso. Mientras que *accesible* pertenece a la familia léxica derivada del verbo latino *accedere* ('llegar, acceder'), *asequible* procede de un derivado del verbo latino *assequi* ('conseguir, adquirir'); de ahí que para referirse a objetos que, por su precio moderado, pueden ser adquiridos sin dificultad, o con el sentido de '[precio] moderado', se use con preferencia *asequible*, y no *accesible* (→ asequible).

accésit. Latinismo procedente de la forma verbal latina *accessit* ('se acercó'), que se usa, como sustantivo masculino, con el sentido de 'recompensa inferior inmediata al premio en un certamen'. Debe escribirse con tilde por ser palabra llana acabada en consonante distinta de *-n* o *-s* (→ TILDE², 1.1.2 y 5.1). Su plural es *accésits* (→ PLURAL, 1h y k): «*Veinticuatro accésits y treinta y seis menciones especiales*» (MDíez *Expediente* [Esp. 1992]). No es correcta la forma esdrújula [⊗]*áccesit*.

acceso. 'Acción de acceder o llegar': «*Su acceso al alto sitial provocó hace siete años un movimiento de generalizada repulsa en el mundo democrático*» (*DPren-*

sa [Arg.] 4.5.92); 'entrada o paso': *«La finca del Parlamento tiene más de un acceso»* (*VGalicia* [Esp.] 23.11.91); y 'ataque o acometida repentina': *«Yo tuve entonces un acceso de cólera inenarrable»* (Jodorowsky *Danza* [Chile 2001]). Se pronuncia [akséso, akzéso]. No debe confundirse con *absceso* ('acumulación de pus'; → absceso).

acechanza. 1. 'Acción de acechar (observar o esperar cautelosamente con algún propósito)': *«Sometida a la vigilancia del padre y a la acechanza viciosa de las monjas, apenas si lograba completar medio folio del cuaderno escolar encerrada en los baños»* (GaMárquez *Amor* [Col. 1985]). Aunque emparentado etimológicamente con *asechanza* ('engaño o trampa'; → asechanza, 1), ambos términos fueron especializando sus usos y hoy no deben confundirse. Si bien en zonas de seseo estas dos palabras se pronuncian de la misma manera, deben distinguirse adecuadamente en la escritura. 2. Tampoco debe confundirse hoy el verbo *acechar* ('observar o esperar cautelosamente con algún propósito') con *asechar* ('urdir asechanzas o engaños'), aunque ambos tienen su origen en el mismo verbo latino. El verbo *asechar* casi no se emplea en la actualidad; la mayoría de los usos documentados hoy de formas escritas de este verbo son, en realidad, casos de traslado a la escritura de la pronunciación seseante de *acechar*: ⊗*«Vélez y Español* [...] *lo asechan, uno en cada esquina»* (*Nación* [Arg.] 29.6.92).

acefalia. 'Carencia de cabeza' e 'inexistencia de jefe en una sociedad o comunidad'. Se pronuncia [asefália, azefália], con diptongo entre las dos vocales finales. No es correcta la forma con hiato ⊗*acefalía* (→ -cefalia).

aceitar. 'Untar con aceite'. Se acentúa como *peinar* (→ APÉNDICE 1, n.º 12).

aceite. 'Líquido graso'. Es voz masculina: *el aceite*. Debe evitarse en el habla culta su uso como femenino: ⊗*la aceite*.

ACENTO. Hay que distinguir entre el acento prosódico, que es el mayor relieve con que se pronuncia una determinada sílaba dentro de una palabra, y el acento gráfico u ortográfico —también llamado *tilde*—, que es el signo con el cual, en determinados casos, se representa en la escritura el acento prosódico.

1. *Acento prosódico.* A lo largo de la cadena hablada no todas las sílabas se pronuncian con igual relieve. El realce con que se pronuncia una sílaba con respecto a las demás que la acompañan se denomina acento prosódico, también llamado de intensidad, tónico o fonético. Así, en la palabra *gato*, el acento prosódico recae sobre la primera sílaba: [gáto]; y en la oración *Dame mi libro* el acen-

to prosódico recae en la primera sílaba del verbo y del sustantivo: [dáme | mílibro] (el posesivo *mi*, que carece de acento propio, se une al sustantivo *libro*, con el que forma un grupo acentual). La sílaba sobre la que recae el acento prosódico se denomina sílaba tónica o acentuada, y la que carece de él, átona o inacentuada.

1.1. *Palabras tónicas y átonas.* Todas las palabras pronunciadas de manera aislada tienen acento prosódico. Sin embargo, dentro de la cadena hablada, no todas las palabras se pronuncian con acento. Así, dependiendo de si en el discurso se pronuncian normalmente con acento o sin él, se distinguen dos clases de palabras: acentuadas o tónicas e inacentuadas o átonas.

a) Palabras tónicas. En español son tónicas las siguientes clases de palabras: los sustantivos; los adjetivos; los verbos; la gran mayoría de los adverbios; los pronombres personales *yo, tú, él, ella, ello, nosotros/as, vosotros/as, nos* (en el plural mayestático), *vos, ellos/as, usted/es, mí, ti, sí, conmigo, contigo* y *consigo;* los demostrativos; los posesivos, cuando no aparecen antepuestos al sustantivo (*mío, tuyo, suyo, nuestro, vuestro,* y sus femeninos y plurales); los interrogativos y exclamativos; el relativo *cual/es;* los indefinidos; los numerales; algunas conjunciones (normalmente las derivadas de adverbios, como la concesiva *así* o la temporal *apenas*), y la preposición *según.* Los adverbios terminados en *-mente* son las únicas palabras que se pronuncian, de manera natural y no enfática, con dos sílabas tónicas: la que corresponde al adjetivo del que derivan y la del elemento compositivo *-mente,* cuya primera sílaba es tónica: *HÁbilMENte, aLEgreMENte* (sobre la acentuación gráfica de estas palabras, → TILDE[2], 4.2).

b) Palabras inacentuadas o átonas. Algunas palabras carecen de sílaba tónica, por lo que se unen, a efectos de pronunciación, a la palabra tónica que las sigue o a la que las precede, formando con ella un grupo acentual. Estas voces que carecen de independencia fónica se denominan «palabras clíticas» o «clíticos»; si se agrupan con la palabra tónica siguiente, se llaman «proclíticos»: *en mi casa* [enmikása] (la preposición y el posesivo, que son átonos, son aquí palabras proclíticas); y si lo hacen con la palabra tónica precedente, se llaman «enclíticos»: *dímelo* [dímelo] (los pronombres personales átonos *me* y *lo* son, en este caso, palabras enclíticas; los pronombres enclíticos se escriben siempre unidos al verbo). En español son átonas las siguientes clases de palabras: los artículos *el, la, lo, los, las;* las conjunciones; los adverbios *tan* y *medio;* los pronombres personales *me, te, se, lo, la, le, los, las, les, nos, os;* las preposiciones, excepto *según;* los posesivos antepuestos al nombre, sean formas apocopadas o no (*mi, tu, su, nuestro, vuestro,* y sus femeninos y plurales); los relativos, salvo *cual/es*, y algunas fórmulas de tratamiento, como *don, fray, san, sor*. También suele ser átono el primer elemento de los nombres de pila compuestos: *José Luis* [joseluís], *María Luisa* [marialuísa]) y el de otras expresiones compuestas: *tres mil* [tresmíl], *veintidós mil* [beintidosmíl], *boca abajo* [bokabájo], *cuesta arriba* [kuestarríba], etc. Sobre la acentuación gráfica de las expresiones compuestas escritas en varias palabras, → TILDE², 4.5.

1.2. Palabras agudas, llanas o graves, esdrújulas y sobresdrújulas. Según el lugar que ocupa en ellas la sílaba tónica, las palabras se clasifican en agudas, llanas o graves, esdrújulas y sobresdrújulas.

a) Las palabras agudas son aquellas cuya última sílaba es tónica: *reLOJ, aVIÓN, iGLÚ*.

b) Las palabras llanas o graves son aquellas cuya penúltima sílaba es tónica: *LÁpiz, BLANco, carTEra*.

c) Las palabras esdrújulas son aquellas cuya antepenúltima sílaba es tónica: *PÁjaro, esDRÚjulo, SÁbado*.

d) Las palabras sobresdrújulas son aquellas en las que es tónica alguna de las sílabas anteriores a la antepenúltima: *CÓmetelo, haBIÉNdosenos, LLÉvesemela*. En español solo son sobresdrújulas las palabras compuestas de una forma verbal y dos o tres pronombres enclíticos.

2. Acento gráfico u ortográfico. → TILDE².

ACENTUACIÓN. 1. *Acentuación prosódica.* → ACENTO, 1.

2. *Acentuación gráfica u ortográfica.* → TILDE².

acentuar(se). 'Poner acento' y 'dar, o adquirir, mayor intensidad o importancia'. Se acentúa como *actuar* (→ APÉNDICE 1, n.º 7).

acerbo -ba. 'Áspero o agrio': «*Sus ropas despedían un olor acerbo*» (Mendoza *Ciudad* [Esp. 1986]); «*Se desahogaron con críticas acerbas contra la dirección actual del partido*» (*Rumbo* [R. Dom.] 1.9.97). No debe confundirse la forma masculina de este adjetivo con el sustantivo *acervo* ('conjunto de bienes'; → acervo).

acerca. acerca de. Locución preposicional que introduce el complemento que expresa el tema o asunto de que se trata: «*Poco o nada se pudo averiguar acerca de las causas de la tragedia*» (Arias *Silencio* [Esp. 1991]). Es incorrecto suprimir la preposición *de*: [⊗]«*Me obligó también a revisar mis ideas [...] acerca el arte*» (*Tiempos* [Bol.] 2.2.97). Se escribe siempre en dos palabras, *acerca de*, por lo que no debe confundirse con la locución *cerca de* ('casi'), precedida de la preposición *a* (→ cerca, 1): «*Baviera ha acogido a cerca de 60 000 refugiados*» (*Vanguardia* [Esp.] 30.7.95).

acérrimo -ma. → acre.

acertar. 1. 'Adivinar o resolver correctamente [algo]', 'alcanzar algo o a alguien con un disparo

o un golpe', 'tener acierto o tino en algo' y 'encontrar lo que se busca'. Verbo irregular: v. conjugación modelo (→ APÉNDICE 1, n.º 16).

2. Cuando significa 'alcanzar algo o a alguien con un disparo o un golpe', lo normal es usarlo como intransitivo, con un complemento precedido de *a*, que expresa la persona o cosa alcanzada, y que a menudo va representado, concurrentemente o no, por el pronombre de dativo *le(s)*: «*Ramón Barrera, en un intento de acertar A una pieza, alcanzó en una pierna a su compañero de cacería*» (*Mundo* [Esp.] 17.10.94); «*Le había enseñado unas palabras mágicas para acertarLE A un pájaro con una piedra*» (GaMárquez *Amor* [Col. 1985]). A menudo lleva un segundo complemento, introducido por *en*, que expresa la parte concreta alcanzada: «*Holliday le acertó a Billy EN el pecho*» (Cela *Cristo* [Esp. 1988]). Si el complemento de *acertar* son los sustantivos genéricos *blanco* o *diana*, se usa la preposición *en*: «*Aunque dispare no es capaz de acertar EN el blanco*» (GaBadell *Funeral* [Esp. 1975]). Con este mismo significado, *acertar* se usa también, aunque más raramente, como transitivo: «*No pudo impedir que la alcachofa [...] le acertara el ojo derecho*» (Marsé *Muchacha* [Esp. 1978]); «*Una vez acerté un colorado de doce puntas en la cabeza*» (Guido *Invitación* [Arg. 1979]).

3. Cuando significa 'tener acierto o tino en algo', es intransitivo y se construye con un complemento precedido de la preposición *en*: «*El Barcelona acertó EN tres de sus cuatro primeros lanzamientos*» (*Vanguardia* [Esp.] 16.10.95); «*El presidente Samper ha acertado EN encontrar a un hombre que ofrece todas las garantías*» (*Tiempo* [Col.] 13.9.96). En algún caso es también válido, con este sentido, el uso transitivo: «*Clifford Robinson acertó dos tiros libres*» (*Siglo* [Pan.] 7.11.00).

4. *acertar a* + infinitivo. 'Conseguir hacer algo' y 'suceder por casualidad la acción denotada por el infinitivo': «*Está borracho y no acierta A hilar las palabras*» (GaMay *Operación* [Esp. 1991]); «*Estaba ella esperando el autobús, cuando acertó A pasar por ahí un loco*» (*Nacional* [Ven.] 18.4.97). No se debe suprimir la preposición: [⊗]«*En eso acertó llegar el negrito Memín*» (*Siglo* [Pan.] 29.5.01).

acervo. 'Conjunto de bienes, especialmente de carácter cultural, que pertenecen a una colectividad': «*Como esta voz hay muchas que día a día se suman al acervo del idioma español*» (Moscoso *Hablemos* [Ec. 1972]). No debe confundirse este sustantivo con la forma masculina del adjetivo *acerbo* ('áspero'; → acerbo).

achampanado -da, achampañado -da. → champán.

Achkabad. → Asjabad.

ácimo -ma. Referido a pan, 'que no tiene levadura': «*El menú turístico de siempre: huevos duros, pan* *ácimo, té negro*» (Leguineche *Camino* [Esp. 1995]). Es igualmente válida la variante *ázimo*, más cercana a la etimología (→ c, 2.2): «*Sigal enseña a hacer unas crepas de pan ázimo*» (*NHerald* [EE. UU.] 17.4.97).

acimut. 'Ángulo que con el meridiano forma el círculo vertical que pasa por un punto de la esfera celeste o del globo terráqueo'. Es igualmente válida la grafía *azimut* (→ c, 2.2). Su plural es *acimuts* o *azimuts* (→ PLURAL, 1h).

aclarar(se). 'Hacer(se) más claro'. Cuando se usa como transitivo, con el sentido de 'hacer comprensible o no dudoso [algo]', no es correcto anteponer la preposición *de* al complemento directo (→ DEQUEÍSMO, 1b): «*Quiero aclararle que ella no es ninguna ladrona*» (Mendoza *Satanás* [Col. 2002]); y no [⊗]*aclararle DE que.*

acmé. 'Momento de máxima intensidad de una enfermedad' y, en general, 'punto culminante de un proceso'. En el español actual se usa preferentemente en masculino, forma que se ha impuesto sobre el género femenino etimológico: «*La psicoterapia está contraindicada en el acmé de la psicosis*» (Castilla *Psiquiatría* 2 [Esp. 1980]). Es voz aguda. No es correcta la forma llana [⊗]*acme* (pron. [⊗][ákme]).

acné. 1. 'Enfermedad de la piel'. La forma llana *acne* carece de uso en la actualidad. Hoy se dice *acné*, con acentuación aguda por influjo del francés.
2. En el español actual se emplea casi exclusivamente en masculino: «*El acné y las manchas de la piel se esfuman*» (*Prensa* [Guat.] 24.5.97). Es hoy raro, pero admisible, su uso con el género femenino etimológico: «*El capítulo no finaliza sin tratar problemas de interés cotidiano como [...] la acné y la alergia*» (Brusco *Comer* [Arg. 1987]). Lo que no debe hacerse es emplear ambos géneros conjuntamente: [⊗]*el acné rosácea* (debe decirse *el acné rosáceo* o *la acné rosácea*).

acomedirse. 1. 'Ofrecer ayuda o prestarse a hacer un servicio'. Verbo irregular: se conjuga como *pedir* (→ APÉNDICE 1, n.º 45).
2. Se utiliza en el habla coloquial de casi todos los países americanos y va normalmente seguido de un complemento precedido de la preposición *a*, que expresa el servicio que se presta: «*Se acomidieron a limpiar la iglesia y los santos*» (Vega *Marcelina* [Méx. 1993]). Existe también la variante *comedirse* (→ comedirse).

acompañanta. → acompañante.

acompañante. Como adjetivo ('que acompaña'), tiene una sola terminación, válida para ambos géneros: *el/la pianista acompañante*. Consecuentemente, como sustantivo, referido a persona, es común en cuanto al género (*el/la acompañante*; → GÉNERO², 1a y 3c): «*Morales bailoteaba en un rin-*

cón oscuro del salón con la acompañante que se había llevado al barco» (Andrade *Dios* [Arg. 1993]). No es normal el femenino *acompañanta*, salvo para referirse, coloquialmente, a la mujer que acompaña a otra como señora de compañía: «*Las señoras [...] no parecían sus iguales, sino las acompañantas y servidumbre de una princesa*» (Valera *Genio* [Esp. 1897]).

acompañar(se). Con el sentido de 'estar o ir una persona en compañía [de otra], o una cosa unida [a otra]', es transitivo: «*El asistente que LOS acompaña saca una botella*» (Souza *Mentira* [Perú 1998]). También puede funcionar como intransitivo pronominal, seguido de un complemento introducido por *de* o *con*: «*Los tres se acompañaron DE guardaespaldas*» (*Mundo* [Esp.] 20.2.95); «*Esto obliga a que las direcciones formales se acompañen CON instrucciones o mapas*» (Barrios *Familia* [Ven. 1993]).

aconsejar(se). 1. Cuando significa 'dar consejo', es transitivo y el complemento de persona es directo si no se hace explícito el consejo ofrecido: «*Le daba de comer, lo aseaba, LO aconsejaba*» (Aguilera *Pelota* [Ec. 1988]); si se explicita el consejo, este es el complemento directo y el complemento de persona pasa a ser indirecto: «*LE aconsejó que no fuera tonta*» (Rausch/Bay *Anorexia* [Arg. 1990]). Es incorrecto anteponer *de* al complemento directo (→ DEQUEÍSMO): [⊗]«*Nuestros abuelos nos aconsejaban DE quemar las casas*» (Burgos *Rigoberta* [Guat. 1983]); correcto: *nos aconsejaban quemar las casas*.
2. Con el significado, más raro, de 'tomar o pedir consejo', es pronominal y la persona de quien se toma consejo se expresa mediante un complemento introducido por *de* o *con*: «*Las leyes bárbaras [...] son abundantes en disposiciones contra los hechiceros y contra los que se aconsejan DE ellos*» (CBaroja *Brujas* [Esp. 1961]); «*Se aconsejaba CON duques de su privanza*» (Villalonga *Bearn* [Esp. 1956]).

acontecer. 'Suceder'. Verbo irregular: se conjuga como *agradecer* (→ APÉNDICE 1, n.º 18).

a contrario sensu. Loc. lat. que significa 'en sentido contrario': «*De semejante manera, pero a contrario sensu, un acto moral o jurídicamente deshonesto no puede volverse lícito por la buena intención del sujeto*» (Ramis *Esencia* [Ven. 2002]). Es incorrecto su uso sin preposición: [⊗]*contrario sensu.*

acopiar. 'Reunir [cosas] en cantidad'. Se acentúa como *anunciar* (→ APÉNDICE 1, n.º 4).

acoquinar(se). 'Acobardar(se)': «*La violencia policial que arrasaba pueblos enteros en el interior del país para acoquinar a la oposición*» (GaMárquez *Vivir* [Col. 2002]). No debe confundirse con *apoquinar* ('pagar'; → apoquinar).

acordar(se). 1. Verbo irregular: se conjuga como *contar* (→ APÉNDICE 1, n.º 26).

2. Es transitivo (*acordar* [algo]) en las acepciones siguientes:

a) 'Decidir o determinar [algo]': «*Acordaron los turnos de guardia*» (Sepúlveda *Viejo* [Chile 1989]); «*La juez acordó proseguir la averiguación*» (*Nacional* [Ven.] 17.9.96). Con este sentido, no es normal hoy, y debe evitarse, su empleo como intransitivo con complemento preposicional: ⊛«*Acordaron en firmar la renovación del convenio*» (*Tiempos* [Bol.] 5.4.97); mejor: *Acordaron firmar la renovación*.

b) En el español de América se mantiene vivo el uso transitivo de *acordar* con el sentido de 'conceder u otorgar': «*Atraídos por los muchos favores y privilegios que los príncipes reinantes le acordaban a la clase comercial*» (Fuentes *Espejo* [Méx. 1992]). Este uso era normal en el español clásico, pero ha desaparecido del español peninsular actual.

3. Cuando significa 'tener presente algo en la memoria', en la lengua general culta funciona como intransitivo pronominal y va seguido de un complemento con *de* (*acordarse* de algo): «*¿Te acordás DE que lo hablamos unas cuantas veces?*» (Benedetti *Primavera* [Ur. 1982]); «*¿Os acordáis DE cuando a Miguel se le rompió el micrófono?*» (Montero *Amo* [Esp. 1988]). Aunque ya desde antiguo es frecuente omitir la preposición *de* cuando el complemento es una oración subordinada, especialmente en la lengua oral y coloquial (*Me acordé que..., ¿Te acordás cuando...?*), se recomienda mantenerla en la lengua escrita. Los verbos *acordar* y *recordar* comparten este significado, pero en la lengua general culta se construyen de modo diferente: *acordar*, como se acaba de explicar, es intransitivo pronominal (*acordarse* de algo), mientras que *recordar* (→ recordar(se), 2a) es transitivo (*recordar* [algo]).

4. En el habla de algunas zonas de América y de España pervive un uso antiguo de *acordar*, como intransitivo no pronominal, con el sentido de 'caer en la cuenta o darse cuenta': «*Sin darme cuenta, empecé a procurar que nuestros horarios coincidieran. Y cuando acordé me había convertido en tu desconocido protector*» (Aguilera *Pelota* [Ec. 1988]); «*Tan absorto iba pensando en sus cosas que se fue quedando rezagado, y cuando quiso acordar era noche cerrada*» (MñzMolina *Jinete* [Esp. 1991] 252).

5. hacer acordar. En algunos países de América se usa a veces *acordar* con el sentido de 'recordar' en construcciones causativas con el verbo *hacer*:

a) Unas veces como transitivo (*acordar* [algo]): «*Me hiciste acordar a mi abuela*» (FdzTiscornia *Lanus* [Arg. 1986]). En este caso es preferible, y mayoritario en el ámbito hispánico, el uso de *recordar* (*me recordaste a mi abuela*; → recordar(se), 2c).

b) Otras veces como intransitivo, seguido de un complemento con *de* (*acordar* de algo): «*Me hace acordar DE Sasalma*» (Gamboa *Páginas* [Col. 1998]). También en este caso lo más aconsejable es usar

el verbo *recordar* (*Me recuerda a Sasalma*; → recordar(se), 2c) o la construcción normal de *acordar* como intransitivo pronominal (*Hace que me acuerde de Sasalma*).

acorde. 1. Dicho de una cosa, 'en consonancia o conformidad con otra'. Se construye con un complemento introducido por *con* o, menos frecuentemente, *a* y, por tratarse de un adjetivo, debe concordar en número con el sustantivo al que se refiere: «*Esto último parece más acorde CON su personalidad de hombre fanático*» (Mendoza *Verdad* [Esp. 1975]); «*No hubo ofertas acordes A la calidad genética del ejemplar*» (*Observador* [Ur.] 10.9.96). Debe evitarse el empleo de *acorde con* o *acorde a* como locuciones invariables de sentido equivalente a *según* o *de acuerdo con*: ⊛«*El municipio no recibe ayudas acorde con su condición*» (*Canarias 7* [Esp.] 4.12.00).

2. Dicho de una persona, 'conforme con otra o de la misma opinión'; en este caso, el complemento va introducido siempre por *con;* puede aparecer, además, un segundo complemento, introducido por *en*, que expresa aquello en lo que existe conformidad: «*Acorde CON él EN que la libertad constituye "el más preciso de todos los bienes"*» (Orozco *Teólogos* [Méx. 2001]).

acordeón. 'Instrumento musical de viento formado por un fuelle y un pequeño teclado'. Es voz masculina en el uso culto mayoritario: *el acordeón*.

ACORTAMIENTO. 1. Procedimiento de abreviación que consiste en eliminar las sílabas finales de una palabra para crear otra nueva: *bici* por *bicicleta, cine* por *cinematógrafo, profe* por *profesor, súper* por *supermercado, macro* por *macroinstrucción, moto* por *motocicleta, foto* por *fotografía, taxi* por *taxímetro*, etc. También existen, aunque en menor número, casos de acortamiento por supresión de sílabas iniciales: *bus* por *autobús, fago* por *bacteriófago*.

2. La mayoría de los acortamientos mantienen el género de la palabra completa: *la foto* por *la fotografía, el cine* por *el cinematógrafo;* hay alguna excepción, como *el cromo* por *la cromolitografía*. Los acortamientos, cuando son sustantivos, suelen seguir las reglas generales de formación del plural (→ PLURAL, 1): *las fotos, las anfetas, los buses;* pero algunos de ellos, como *súper* e *híper*, se mantienen invariables: *los híper, los súper*. Cuando son adjetivos, lo normal es que permanezcan invariables: *películas porno* ('pornográficas').

A Coruña. → La Coruña.

acostar(se). 1. Cuando significa 'tumbar(se)', 'irse a la cama' e 'inclinar(se)', es irregular y se conjuga como *contar* (→ APÉNDICE 1, n.º 26): *acuesto, acuestas, acuesta*, etc. Cuando significa 'acercar(se) a la costa', es regular: *acosto, acostas, acosta*, etc. Con este último sentido, se construye a menudo con un complemento de lugar precedido de *a*: «*Por el lado oeste de la isla acostan A una diminuta playa*» (Sampedro *Sirena* [Esp. 1990] 379).

2. Aunque el empleo de *acostarse* con el sentido de 'ponerse u ocultarse el Sol o la Luna' se ha tachado a menudo de calco del francés *se coucher (le soleil)*, resulta más natural considerarlo una metáfora coincidente con la que en francés cuajó en expresión usual. Así lo sugiere la existencia de ejemplos de este uso en español, al menos, desde el siglo XIII: «*La luna luz mayor mente en la parte que es do se acuesta el Sol*» (*Semejanza* [Esp. 1223]).

acostumbrar(se). 1. Cuando significa 'habituar(se)', se construye con un complemento con *a*: «*Amanda* [...] *lo acostumbró A comer de todo*» (Allende *Casa* [Chile 1982]); «*Se acostumbró A las argollas*» (MtnRecuerda *Arrecogías* [Esp. 1980]).

2. Cuando significa 'soler', va seguido de un infinitivo, que puede ir o no precedido de la preposición *a*: «*Ella no acostumbraba ir a misa*» (Pitol *Juegos* [Méx. 1982]); «*La gente no acostumbra A revelar sus verdaderas intenciones*» (Esquivel *Deseo* [Méx. 2001]). Ambas son construcciones válidas, con preferencia hoy por la construcción con *a*.

acre. 'Áspero y picante al gusto o al olfato' y 'agrio o desabrido'. Su superlativo es *acérrimo* (del lat. *acerrimus;* → -érrimo): «*El agua acérrima y helada*» (Mistral *Tala* [Chile 1938]). Esta forma, superlativa en su origen, se usa hoy casi siempre como adjetivo en grado positivo con el sentido de 'muy fuerte o muy firme', referido a ideas o sentimientos, o a la persona que los tiene: «*Céspedes se declaró siempre "acérrimo abolicionista"*» (Vitier *Sol* [Cuba 1975]).

acrecentar(se). 'Aumentar [algo]' y, como pronominal, 'crecer'. Verbo irregular: se conjuga como *acertar* (→ APÉNDICE 1, n.º 16), esto es, diptongan las formas cuya raíz es tónica (*acreciento, acrecientas,* etc.), pero no aquellas cuya raíz es átona (*acrecentamos, acrecentáis,* etc.). Son, por tanto, incorrectas las formas sin diptongo cuando la raíz es tónica: ⊗*acrecento,* ⊗*acrecentas,* etc.

acrecer(se). 1. Verbo irregular: se conjuga como *agradecer* (→ APÉNDICE 1, n.º 18).

2. Como transitivo, significa 'aumentar': «*Si lo que se pretende es* [...] *acrecer el número de peregrinos, entiendo que la propuesta más acertada sea convertir en autopista el antiguo Camino de Santiago*» (*Abc* [Esp.] 19.8.89). Como intransitivo, pronominal y no pronominal, significa 'crecer': «*Frente al miedo del otro, su propia persona se acrecía*» (Carpentier *Siglo* [Cuba 1962]); «*En el pueblo, acreció entonces la actividad*» (Delibes *Ratas* [Esp. 1962] 141).

acreditar(se). Como transitivo, 'probar la certeza o realidad [de algo]' y 'demostrar que [alguien o algo] es lo que representa o parece'. Además del complemento directo, suele llevar un complemento predicativo introducido por *como* o *de*: «*Portaba una credencial que lo acreditaba COMO subcomandante*» (*Excélsior* [Méx.] 23.9.96); «*Confesó Nieva que esta medalla "nos acredita DE trabajadores"*» (*Abc* [Esp.] 19.6.97). Como pronominal, significa 'lograr fama o reputación' y suele llevar un predicativo introducido por *como*: «*Un restorán que se acredite* [...] *COMO el mejor de la zona*» (Goytisolo *Estela* [Esp. 1984]).

acreedor -ra. Dicho de una persona, 'que merece algo'. Se construye con un complemento introducido por *a* o *de*: «*Se me comenzó a percibir como un legítimo acreedor AL escarnio colectivo*» (Collyer *Habitante* [Chile 2002]); «*Se hizo acreedora DE la simpatía y la estima de cuantos la conocían*» (*Abc* [Esp.] 14.1.78).

acrobacia. 'Pirueta o ejercicio espectacular'. Es voz llana cuyas dos últimas vocales forman diptongo; no es correcta la forma con hiato ⊗*acrobacía*.

ACRÓNIMO. 1. Es, por un lado, el término formado por la unión de elementos de dos o más palabras: *teleñeco*, de *televisión* y *muñeco; docudrama*, de *documental dramático; Mercosur*, de *Mercado Común del Sur*. Por otro lado, también se llama acrónimo a la sigla que se pronuncia como una palabra: *OTAN, ovni, sida* (→ SIGLA). Es muy frecuente que estos últimos, tras una primera fase en que aparecen escritos con mayúsculas por su originaria condición de siglas (*OVNI, SIDA*), acaben por incorporarse al léxico común del idioma y se escriban con letras minúsculas (*ovni, sida*), salvo, naturalmente, la inicial cuando se trata de nombres que exigen la escritura de esta letra con mayúscula (*Unesco, Unicef*). Los acrónimos suelen omitir para su formación los artículos, las preposiciones y las conjunciones que aparecen en la denominación completa, salvo si son necesarios para facilitar su pronunciación: *ACUDE* (por *Asociación de Consumidores y Usuarios de España*), *pyme* (por *pequeña y mediana empresa*).

2. La formación de siglas y acrónimos es un fenómeno muy extendido en países anglosajones, especialmente en ámbitos científico-técnicos. Así, se han incorporado a nuestro idioma numerosas palabras que son, originalmente, siglas o acrónimos ingleses: *radar*, por *ra*[dio] *d*[etecting] *a*[nd] *r*[anging]; *láser*, por *l*[ight] *a*[mplification by] *s*[timulated] *e*[mission of] *r*[adiation]; *púlsar* o *pulsar*, de *puls*[ating st]*ar*. En algunos casos, los acrónimos de origen extranjero se han adaptado o traducido al español: decimos *sida* (*síndrome de inmunodeficiencia adquirida*), y no *aids* (*adquired immuned deficiency syndrome*); *OTAN* (*Organización del Tratado del Atlántico Norte*), y no *NATO* (*North Atlantic Treaty Organization*) (→ SIGLA, 6).

3. Una vez incorporados al léxico común, los acrónimos forman el plural siguiendo las reglas generales de su formación en español (→ PLURAL, 1): *ovnis, ucis, radares, transistores.*

4. La mayoría de los acrónimos formados por la unión de elementos de dos o más palabras han adoptado el género masculino, incluso cuando, en la traducción, la palabra núcleo de la expresión extranjera abreviada es femenina; así, se dice *un púlsar,* a pesar de que *estrella* (ingl. *star*) es femenino; *un quásar,* a pesar de que *fuente* (ingl. *source*) es femenino. A veces, el masculino se explica por sobrentenderse un concepto masculino elidido: *el* [rayo] *láser,* a pesar de que *luz* (ingl. *light*) es femenino. Por el contrario, los acrónimos que se originan a partir de siglas adoptan normalmente el género de la palabra núcleo de la denominación completa: *la uci* (porque *unidad* es palabra femenina), *el sida* (porque *síndrome* es palabra masculina) (→ SIGLA, 4).

5. Solo los acrónimos que se han incorporado al léxico general y que, por tanto, se escriben con minúsculas, admiten su división con guion de final de línea y se someten a las reglas de acentuación gráfica en español: *lá- / ser, ra- / dar.*

6. Los acrónimos se leen como se escriben, sin desarrollar los elementos abreviados.

acrópolis. 'Sitio más alto y fortificado de las ciudades griegas'. Es voz femenina: *la acrópolis.*

acta. 'Relación escrita de lo acordado en una junta' y 'certificación'. Es voz femenina: *«Arreglábamos la correspondiente acta para darle visos de legalidad»* (Palou *Carne* [Esp. 1975]). Al comenzar por /a/ tónica, exige el uso de la forma *el* del artículo definido si entre ambos elementos no se interpone otra palabra (→ el, 2.1), pero los adjetivos deben ir en forma femenina: *«Firmaron el acta protocolaria»* (*Proceso* [Méx.] 17.11.96). En cuanto al artículo indefinido, aunque no se considera incorrecto el uso de la forma plena *una,* hoy es mayoritario y preferible el uso de la forma apocopada *un* (→ uno, 1): *«Levanté un acta que fue firmada por el vicepresidente»* (*Nacional* [Ven.] 20.12.96). Lo mismo ocurre con los indefinidos *alguno* y *ninguno: algún acta, ningún acta.* El resto de los adjetivos determinativos debe ir en femenino: *esta acta, la otra acta, toda el acta,* etc.

actitud. 'Postura del cuerpo, especialmente la determinada por un estado de ánimo': *«Se mantenían de pie, en una actitud algo displicente, porque las genuflexiones se consideraban poco viriles»* (Allende *Eva* [Chile 1987]); y 'disposición de ánimo': *«Se ha producido un cambio sustancial en la actitud de los fieles»* (Zaragoza *Religiones* I [Esp. 1993]). No debe confundirse con *aptitud* ('capacidad'; → aptitud).

actor -triz. 1. Con el sentido de 'persona que interpreta un papel en una obra teatral o cinematográfica', el femenino de *actor* es *actriz: «En su adolescencia soñó con ser actriz»* (Rovinski *Herencia* [C. Rica 1993]). Lo mismo ocurre cuando toma el sentido figurado de 'persona que finge o exagera': *«Felice es una actriz a tiempo completo, en ningún momento deja de actuar»* (Quintero *Danza* [Ven. 1991]).

2. En terminología jurídica significa '[parte] demandante en un juicio'; en ese caso su femenino es siempre la forma regular *actora* (→ GÉNERO², 3f): *«En el ámbito de este pleito no podría determinarse cuál es el nivel de tarifas que está autorizad[a] a percibir la empresa actora»* (*NProvincia* [Arg.] 29.4.97).

3. Con el sentido general de '[persona] que interviene o toma parte en algo', se emplea normalmente el femenino regular *actora: «La eficacia de las actoras del movimiento feminista se centra en la realización de las actividades promovidas por estas agencias»* (Parada *Reflexiones* [Méx. 1993]).

actora. → actor, 2 y 3.

actuar. 'Obrar'. V. conjugación modelo (→ APÉNDICE 1, n.º 7). En este verbo, y en todos los acabados en *-uar* que siguen su modelo de conjugación, la *u* que precede a la desinencia es tónica en todas las formas que llevan el acento prosódico en la raíz: *actúo, actúas, actúa, actúan, actúe, actúes, actúen.* Para la regla general sobre la acentuación de los verbos terminados en *-uar,* → averiguar, 2.

acuario. 1. 'Depósito grande de agua donde se conservan vivos animales o vegetales acuáticos' y 'edificio destinado a la exhibición de animales acuáticos vivos': *«Se agregará otro acuario, exclusivo para tiburones»* (*Clarín* [Arg.] 15.1.97). Es la forma hispanizada de la voz latina *aquarium.* Su plural es *acuarios* (→ PLURAL, 1a). Debe evitarse la semiadaptación ⊛*aquárium,* así como la grafía híbrida ⊛*acuárium,* que no es ni latina ni española.

2. Procedente del latín *Aquarius,* significa 'undécimo signo del Zodíaco' y '[persona] nacida bajo el signo de Acuario'. Sobre su empleo con mayúscula inicial, → MAYÚSCULAS, 4.12.

⊛acuárium. → acuario.

acuatizaje, acuatizar. → amarar.

acuciar. 'Apremiar o incitar' e 'inquietar o desazonar'. Se acentúa como *anunciar* (→ APÉNDICE 1, n.º 4).

acuerdo. 1. de acuerdo con. Locución preposicional que significa 'según o conforme a': *«El agente, de acuerdo CON el sumario, se llamaba Leandro Pornoy»* (GaMárquez *Crónica* [Col. 1981]); *«Todo sucedió de acuerdo CON el plan previsto»* (Pombo *Metro* [Esp. 1990]). Esta es la forma preferida en la lengua culta, tanto de España como de América, aunque existe también la variante *de acuerdo a,* más frecuente en América que en España, surgida posiblemente por influjo del inglés *according to* y solo válida si lo que introduce se refiere a cosas: «*Aquello que en la vida real es o debe ser reprimido de acuerdo A la moral reinante* [...] *encuentra en ella refugio*» (VLlosa *Verdad* [Perú 2002]); «*Nosotros continuaremos de acuerdo A lo planeado*» (Allende *Ciudad* [Chile 2002]). Cuando la locución introduce un sustantivo de persona y significa 'con arreglo o conforme a lo que dice u opina esa persona', el uso culto solo admite *de acuerdo con*: «*De acuerdo CON Einstein, esta debía de ser de 1745 segundos de arco*» (Volpi *Klingsor* [Méx. 1999]).

2. *de acuerdo a.* → 1.

a cuestas. → cuesta.

acuidad. 'Agudeza': «*La observó con la misma acuidad con que había buscado, minutos antes, manchas en su ropa*» (Padilla *Jardín* [Cuba 1981]). Nada tiene que ver con *agua*, por lo que no debe confundirse con *acuosidad* ('calidad de acuoso'; → acuosidad).

acuosidad. 'Cualidad de acuoso': «*La acuosidad del espárrago estropea el aliñado de la ensalada*» (Vergara *Comer* [Esp. 1981]). No debe confundirse con *acuidad* ('agudeza'; → acuidad).

acusar. Cuando significa 'imputar [a alguien] un delito o una falta', la persona acusada es el complemento directo y el delito se expresa mediante un complemento introducido por *de* o *por*: «*Fue acusado DEL hurto de un cerdo*» (Picó *Filo* [P. Rico 1993]); «*El púgil había sido acusado POR el robo de tres cajas de cervezas*» (*Expreso* [Perú] 1.8.87). La persona o institución a la que se denuncia el delito se expresa mediante un complemento introducido por *ante*: «*Me amenazaban con acusarme ANTE mi padre*» (Alou *Aportación* [Esp. 1991]). En gran parte de América, se utiliza a menudo, en este caso, la preposición *con*: «*Lo acusó CON el presidente Kardoux de tolerar el narcotráfico*» (Victoria *Casta* [Méx. 1995]).

adagio. **1.** 'Sentencia breve, por lo común de carácter moral': «*En este caso no es procedente ese adagio de que para muestra basta un botón*» (*Proceso* [Méx.] 7.7.96). Se pronuncia [adájio]. Aunque coincide formalmente con el italianismo *adagio* (→ 2), nada tiene que ver con él.

2. Voz italiana que se usa internacionalmente en el lenguaje musical para indicar que la ejecución debe realizarse con movimiento lento. También se emplea, como sustantivo masculino, para designar dicho movimiento o el fragmento que se ejecuta de ese modo. Por tratarse de un extranjerismo crudo, conserva su pronunciación originaria ([adáyo]) y debe escribirse con resalte tipográfico: «*Obra llena de sorpresas, como el* adagio *y el bellísimo trío para dos violines y violonchelo*» (*País* [Esp.]

1.12.87). Se desaconseja la pronunciación ⊗[adájio], que es la que corresponde a la voz española *adagio* (→ 1).

adaptar(se). 'Acomodar(se) o ajustar(se) a algo o a alguien, haciendo las modificaciones oportunas': «*Más que inventar, adaptó y combinó estilos*» (Paz *Sombras* [Méx. 1983]); «*La inteligencia es la capacidad de adaptarse a circunstancias nuevas*» (FdzOrdóñez *España* [Esp. 1980]). No debe confundirse con *adoptar* ('hacer propio [algo]'; → adoptar).

ad calendas graecas. Loc. lat. (pron. [ad-kaléndas-grékas]) que significa literalmente 'para las calendas griegas', o sea, 'para un momento que no ha de llegar': «*Hassan II, un maestro en el arte de ganar tiempo, retrasó ad calendas graecas la celebración del referéndum sobre el Sahara*» (Leguineche *Camino* [Esp. 1995]).

⊗**addenda.** → adenda.

Addis Abeba. → Adís Abeba.

⊗**adducción,** ⊗**adductor -ra.** → aducir, 4.

adecuar(se). 'Acomodar(se) o adaptar(se)'. En el uso culto se acentúa preferentemente como *averiguar* (→ APÉNDICE 1, n.º 6): «*Los hechos históricos se adecuan a los intereses más diversos*» (Vega *Estado* [Chile 1991]); pero hoy es frecuente, y también válida, su acentuación como *actuar* (→ APÉNDICE 1, n.º 7): «*El organismo adecúa sus respuestas a las estimulaciones y posibilidades del medio*» (Pinillos *Psicología* [Esp. 1975]).

Adelaida. Forma española del nombre de la ciudad australiana que en inglés se escribe *Adelaide*: «*Australia, campeona en 1986, recibe a Yugoslavia en Adelaida*» (*Abc* [Esp.] 11.3.87).

Adelaide. → Adelaida.

adelante. **1.** Adverbio de lugar que significa 'hacia delante, más allá'. En el español de España solo se emplea normalmente con verbos de movimiento, como corresponde a su etimología (de la prep. de movimiento *a* + el adv. de situación *delante*): «*Pero sigamos adelante hasta encontrar un claro*» (Landero *Juegos* [Esp. 1989]). Para reforzar la idea de movimiento, se usa a veces precedido de las preposiciones *hacia* o *para*: «*Se inclinó vehementemente HACIA adelante*» (Schwartz *Conspiración* [Esp. 1982]); «*Como en un vídeo cuyas imágenes pasaras velozmente, PARA adelante y PARA atrás*» (Delgado *Mirada* [Esp. 1995]). En estos casos, es preferible el uso del adverbio *delante* (*para delante, hacia delante*), pues *adelante* ya lleva implícita en su forma la idea de movimiento.

2. Cuando significa 'en la parte delantera o en los primeros puestos', puede emplearse también con verbos de estado: «*Me siento adelante con Paco, el chofer*» (Gallegos *Pasado* [C. Rica 1993]); *Se puso* *adelante*. En estos casos, *adelante* puede combinarse con adverbios como *tan, más, muy*, etc.: *No te pongas tan adelante; Si hay sitio, siéntate más adelante*. En el español de América, *adelante* se usa con mucha más frecuencia que en España para indicar estado o situación ('en el lugar que está delante'), y aparece con normalidad en contextos en los que un español emplearía *delante* (→ delante): «*Tomaron lugar mis padres en los extrapontines del auto, [...] mientras don Homero tomaba el suyo en el asiento de adelante*» (Fuentes *Cristóbal* [Méx. 1987]).

3. En el español de América, en registros coloquiales o populares, no es infrecuente que *adelante* vaya seguido de un complemento con *de*: [⊗]«*La mujer se puso adelante del auto para evitar que avanzara*» (*Clarín* [Arg.] 30.1.97). Pero, en general, es uso rechazado por los hablantes cultos y se recomienda evitarlo en el habla esmerada; en esos casos debe emplearse *delante*.

4. Por su condición de adverbio, no se considera correcto su empleo con posesivos: [⊗]*adelante mío*, [⊗]*adelante suyo*, etc. (debe decirse *delante de mí, delante de él*, etc.).

5. En el habla esmerada debe evitarse la forma [⊗]*alante*, usada con frecuencia en la lengua popular e incluso entre hablantes cultos en situaciones informales: [⊗]«*El que se atiene a esos postulados va para alante*» (*Onda Cero* [Esp., corpus oral] 5.5.97).

6. en adelante. 'A partir del momento que se toma como referencia': «*No creo que desde ahora en adelante tenga que dividir a mis amigos en dos clases*» (Lezama *Oppiano* [Cuba 1977]). No es correcta la expresión [⊗]*en lo adelante*: [⊗]«*En lo adelante van necesitar más de un chofer por autobús*» (*Listín* [R. Dom.] 20.10.97).

7. hasta adelante. → hasta, 4.

adenda. 'Conjunto de adiciones al final de un escrito'. Es adaptación gráfica de la voz latina *addenda*. Se recomienda su uso en femenino: «*Testigo de este cambio de visión es su volumen de poesías* Oda a la urna electoral, *con la adenda final*» (Gamboa *Páginas* [Col. 1998]). Se desaconseja el uso de la grafía no adaptada [⊗]*addenda*.

adentro. 1. Adverbio de lugar que, con verbos de movimiento explícito o implícito, significa 'hacia la parte interior': «*Enseguida la condujo adentro*» (Montero *Trenza* [Cuba 1987]); «*Lo he empujado ahí adentro*» (Hernández *Naturaleza* [Esp. 1989]). También se emplea para indicar estado o situación, con el significado de 'en la parte interior', aunque ello es más frecuente en América que en España, donde para expresar situación lo normal es usar *dentro* (→ dentro): «*Ya estás adentro y eres incapaz de salir*» (Volpi *Días* [Méx. 1994]); «*Lo llevo tan adentro*» (Sampedro *Sonrisa* [Esp. 1985]). Puede combinarse con las preposiciones *de, desde, hacia, hasta, para* o *por*, nunca con la preposición *a*, ya incluida en la forma de este adverbio: [⊗]*Nos fuimos a adentro* (correcto: *Nos fuimos adentro*). En España, precedido de preposición, es más normal el uso de *dentro*.

2. En el español de América, en registros coloquiales o populares, no es infrecuente que *adentro* vaya seguido de un complemento con *de*: [⊗]«*Lo encontraron calcinado adentro de su automóvil*» (*Clarín* [Arg.] 22.10.02). Pero, en general, es uso rechazado por los hablantes cultos y se recomienda evitarlo en el habla esmerada; en esos casos debe emplearse *dentro*.

3. Por su condición de adverbio, no se considera correcto su empleo con posesivos: [⊗]*adentro mío*, [⊗]*adentro suyo*, etc. (lo correcto es *dentro de mí, dentro de él*, etc.).

4. Como sustantivo, se usa en plural, generalmente precedido de posesivo, con el sentido de 'parte interior': «*El árbol estaba totalmente seco y con los adentros huecos*» (Elizondo *Setenta* [Méx. 1987]); «*Se dijo para sus adentros que no compensaba el riesgo*» (Mendoza *Verdad* [Esp. 1975]).

adepto -ta. 'Partidario o seguidor de una persona o una idea'. El complemento va introducido por *a* o *de*: «*Los adeptos A una secta suelen esforzarse en distinguirse del resto de la sociedad*» (Tusell *Geografía* [Esp. 1995]); «*Itten era un adepto DE las doctrinas teosóficas*» (*Mundo* [Esp.] 19.9.94).

[⊗]**adestrar(se).** → adiestrar(se).

adeudar. 'Deber [algo] a alguien' y, en contabilidad, 'cargar [una cantidad] en el debe de una cuenta'. La *u* del grupo *eu* es átona en todas las formas de este verbo. V. conjugación modelo (→ APÉNDICE 1, n.° 14).

adherir(se). 1. 'Pegar(se) o unir(se)'. Verbo irregular: se conjuga como *sentir* (→ APÉNDICE 1, n.° 53).

2. Cuando significa 'sumarse a un dictamen, una propuesta, una opinión, un partido, etc.', es intransitivo y se construye con un complemento precedido de *a*; puede usarse en forma pronominal —construcción más habitual en España y en gran parte de América— o en forma no pronominal —construcción frecuente en Colombia y en los países del Cono Sur—: «*Un grupo de pintores de muy diversas procedencias se adhieren AL nuevo movimiento*» (Colorado *Pintura* [Esp. 1991]); «*No adhiero A tus teorías*» (Donoso *Casa* [Chile 1978]).

3. Sobre la división de esta palabra a final de renglón, → GUION² o GUIÓN, 2.4.

ad hoc. Loc. lat. (pron. [ad-ók], no [⊗][ad-hók]) que significa literalmente 'para esto'. Se emplea como locución adjetiva con el sentido de 'adecuado, apropiado, dispuesto especialmente para un fin':

«*Guardando el cable en el compartimento ad hoc*» (CInfante *Habana* [Cuba 1986]); y como locución adverbial, con el sentido de 'a propósito para la ocasión': «*El lugar adecuado para dar explicaciones es la comisión creada ad hoc en esta Cámara*» (*Mundo* [Esp.] 15.6.95).

ad hóminem. Loc. lat. que significa literalmente 'al hombre, a la persona'. Se aplica al razonamiento o argumento que trata de confundir al adversario oponiéndole sus propias opiniones o actos, o, más frecuentemente hoy, al argumento que va dirigido contra la persona y no contra sus tesis: «*Algunos libelistas* [...] *han embestido contra el juez Moreno* [...] *mediante argumentos ad hóminem, groseras injurias y procaces insultos*» (*País* [Esp.] 29.10.97).

ad honórem. Loc. lat. que significa literalmente 'para honor'. Se emplea, como locución adjetiva, con el sentido de '[cargo u ocupación] meramente honorífico': «*Entiendo que es usted cónsul ad honórem, es decir, honorario*» (Neruda *Confieso* [Chile 1973]); y como locución adverbial, con el sentido de 'sin retribución alguna, por solo la honra': «*Encargaron a un vecino en cada manzana para que, ad honórem y con apremios de multa, velara por que los habitantes de las casas y tiendas de la ciudad tuvieran limpios sus frentes*» (Puyo *Bogotá* [Col. 1992]). No es correcta la forma ⊗*ad honores*.

adicción. 'Dependencia del consumo de alguna sustancia o de la práctica de una actividad'. Puede llevar un complemento con *a* que expresa lo que causa la adicción: «*La adicción A la heroína es un hábito que acaba por destruir al que lo adquiere*» (Pinillos *Psicología* [Esp. 1975]). No debe confundirse con *adición* ('añadido o suma'; → adición).

adición. 1. 'Acción y efecto de añadir' y 'suma': «*Con la adición de fertilizantes químicos, las cosechas aumentan*» (MGyves *Agrobiotecnología* [Méx. 1994]); «*La adición y la sustracción son operaciones inversas*» (MtzMontero *Didáctica* [Esp. 2000]). No debe confundirse con *adicción* ('dependencia'; → adicción).

2. Se desaconseja su empleo con el sentido de 'nota con el importe de lo que se ha consumido en un restaurante u otro local público', como se hace a veces en los países del Río de la Plata por calco del francés *addition*: ⊗*«La propina suele estar incluida en la adición*» (Dios *Miami* [Arg. 1999]); el término tradicional en español es *cuenta*.

3. A veces se dice indebidamente ⊗*en adición (a)* en lugar de *además (de)*, por calco censurable del inglés *in addition (to)*: ⊗*«Lo más grave es que es un marino que, en adición, es edecán del presidente del Congreso*» (*Caretas* [Perú] 26.12.96); ⊗*«En adición a esto, los comités* [...] *con facilidad se transforman en teatros de grandilocuencia*» (*Hoy* [El Salv.] 11.10.00).

adicto -ta. 1. Cuando significa 'partidario acérrimo de alguien o algo', el complemento va introducido por *a* o, más raramente, *de*: «*Una organización política adicta AL régimen*» (Morón *Venezuela* [Ven. 1994]); «*Los fanáticos que aparecieron como adictos DE Savonarola y DE su tiranía monjil*» (Mujica *Bomarzo* [Arg. 1962]).

2. Cuando significa 'dependiente del consumo de alguna sustancia o de la práctica de una actividad', se construye con *a*: «*El paciente bulímico es un adicto A la comida*» (Rausch *Dietas* [Arg. 1996]). No debe introducirse este complemento con *de*: ⊗*«El número de adictos DE esta droga ha aumentado*» (*Tiempo* [Col.] 21.10.96).

adiestrar(se). 1. Verbo regular que significa 'hacer(se) diestro en algo' y 'ejercitarse en algo'. Se construye a menudo con un complemento introducido por *en*, que expresa el arte o la disciplina que se aprende o se ejercita: «*Se adiestraron EN el manejo de las armas*» (Arenas *Buenos Aires* [Arg. 1979]); «*Eran adiestradas EN el difícil arte de las cortesanas*» (Fisas *Historias* [Esp. 1983]). También es frecuente que lleve un complemento de finalidad con *para*: «*Un abogado corporativo adiestrado PARA defender otros intereses*» (Sánchez *Cita* [P. Rico 1996]). No es correcto introducir este complemento de finalidad con *a*: ⊗*«Me adiestraron A componer en mi interior un ritmo, una cadencia, que acariciaba mi conciencia*» (*Vanguardia* [Esp.] 30.6.95).

2. Ha desaparecido de la norma culta actual el verbo sinónimo *adestrar(se)*, variante de *adiestrar(se)* usada hasta finales del siglo XVIII; de ahí que hoy no se consideren correctas formas sin diptongo como ⊗*adestrar*, ⊗*adestrando*, ⊗*adestramos*, etc.

Adiguea, adigués -sa, Adiguesia. → Adigueya.

Adigueya. Forma recomendada en español para el nombre de esta república de la Federación Rusa, que también se conoce como *Adiguesia* o *Adiguea*: «*Adigueya puede presentar pretensiones territoriales a la provincia de Stávropol*» (*País*@ [Esp.] 15.8.99). No debe usarse en español la grafía inglesa *Adygeya*. El gentilicio recomendado es *adigués*.

ad infínitum. Loc. lat. que significa 'hasta el infinito', esto es, 'indefinidamente': «*Tú eras su único tema, y se enredaba ad infínitum en los recuerdos de vuestra vida juntos*» (Larreta *Volavérunt* [Ur. 1980]).

adiós. Interjección que se emplea como fórmula de despedida y que también puede expresar decepción, sorpresa, incredulidad o la irreparabilidad de un daño. Debe evitarse, por anticuada, la grafía ⊗*a Dios*. Puede usarse como sustantivo y, en ese caso, su plural es *adioses* (→ PLURAL, 1f): «*No quise despedidas ni adioses*» (Aldecoa *Mujeres* [Esp. 1994]).

Adís Abeba. Forma adaptada a la ortografía y pronunciación españolas del nombre de la capital de Etiopía: *«Tres oficiales del Ejército somalí* [...] *desvían al aeropuerto de Adís Abeba (Etiopía) un avión de las líneas aéreas de Somalia» (Mundo@* [Esp.] 14.10.00). Es preferible esta forma a la grafía *Addis Abeba,* adaptación del amárico *Addis Ababa.*

adjunto -ta. 1. 'Que está o va unido a otra cosa': *«Según consta en la documentación adjunta a la querella, los contactos eran hechos por teléfono» (Hoy* [Chile] 14-20.4.97). Como adjetivo, debe concordar en género y número con el sustantivo al que se refiere: *Le envío adjuntas las fotografías, Adjuntos van los expedientes que me solicitó;* pero en el lenguaje administrativo es frecuente el uso de la forma masculina singular *adjunto* con valor adverbial y, por tanto, invariable, especialmente a comienzo de oración: *«Adjunto se envían fotocopias de los documentos solicitados» (Cebrián Rusa* [Esp. 1986]). No es empleo censurable, ya que este uso adverbial es normal en otros adjetivos (*hablar alto, correr rápido,* etc.).

2. Pospuesto a un nombre de cargo y referido a la persona que lo ocupa, 'que ayuda en sus funciones al titular': *«La nombró directora adjunta de su gabinete» (Feo Años* [Esp. 1993]). Es frecuente su uso como sustantivo: *el adjunto, la adjunta.* El nombre del cargo puede ir introducido por la preposición *a* o, menos frecuentemente, *de: «Mercedes Vásquez, adjunta* AL *director general sectorial de Consultoría Jurídica» (Universal* [Ven.] 15.9.96); *«El adjunto* DEL *presidente para Asuntos de Seguridad Nacional» (Clarín* [Arg.] 21.2.79).

3. El anglicismo *attachment,* muy usado en informática con el sentido de 'documento o archivo que se adjunta a un mensaje electrónico', es innecesario y debe sustituirse por expresiones españolas como *(archivo) adjunto* o *anexo: «Traía* [el virus Melisa] *un archivo adjunto que, al ser ejecutado, abría una lista de sitios pornográficos» (Universal@* [Ven.] 24.4.02). No es admisible el uso de ⊗*atachar* ni de su participio ⊗*atachado* —creados a partir del verbo inglés *to attach*—, que deben sustituirse, respectivamente, por los términos españoles *adjuntar* o *anexar* y *adjunto* o *anexo.*

⊗**ad látere.** → a látere.

adlátere. 'Persona que acompaña habitualmente a otra, a la que, por lo general, está subordinada': *«Los dos adláteres del comisario dieron las buenas noches» (Mendoza Verdad* [Esp. 1975]). Es común en cuanto al género (→ GÉNERO[2], 1a y 3c): *el/la adlátere.* Más raramente se usa como adjetivo, con el significado de 'contiguo' o 'subordinado': *«En proporción también directa a los cierres de fábricas de automóviles y de industrias adláteres, ascendió abruptamente el índice del desempleo» (Grande Fábula* [Esp.

1991]). La palabra *adlátere* surge por deformación de la locución latina *a látere* 'al lado' (→ a látere), en la que la preposición originaria *a* acaba confundiéndose con *ad* ('junto a'). Existe también la variante *alátere,* más cercana a la etimología, pero mucho menos frecuente. No es correcto el singular regresivo ⊗*adláter.*

ad líbitum. Loc. lat. que significa 'a voluntad, a discreción': *«Era* [...] *el único día semanal en que se permitía beber ad líbitum y sin remordimientos» (Chavarría Rojo* [Ur. 2002]).

admirar(se). 1. Es transitivo cuando significa 'contemplar con deleite [algo o a alguien]' y 'tener en singular estimación [a alguien o algo]': *«Los guardias* LO *admiraron con la boca abierta» (Jodorowsky Pájaro* [Chile 1992]). También es transitivo con el sentido de 'causar sorpresa': *«Aquellas palabras* LO *admiraron más aún» (Torbado Peregrino* [Esp. 1993]); no es correcto anteponer la preposición *de* cuando el sujeto es una oración introducida por *que* (→ DEQUEÍSMO, 1a): ⊗*Me admira* DE *que hayas venido;* debe decirse *Me admira que...*

2. Como pronominal significa 'asombrarse' y se construye con *de: «Manuel* [...] *se admiró* DE *que aún vivieran» (Salvador Ecuador* [Ec. 1994]).

ad náuseam. Loc. lat. que significa literalmente 'hasta la náusea', esto es, 'en exceso, hasta resultar molesto': *«"Contra el ciclón* [...] *no hay más que tres elementos: clavos, velas y agua", lema que repitió ad náuseam» (CInfante Habana* [Cuba 1986]).

adolecer. 1. Verbo irregular: se conjuga como *agradecer* (→ APÉNDICE 1, n.º 18).

2. En su acepción más habitual, 'tener algún defecto o sufrir de algún mal', es intransitivo y lleva un complemento introducido por *de,* que expresa el defecto o el mal: *«El tono que empleaba Pura en todos sus comentarios* [...] *adolecía* DE *insolencia» (MtnGaite Fragmentos* [Esp. 1976]); *«Los hijos adolecíamos* DE *taras neuróticas» (Chávez Batallador* [Méx. 1986]).

3. Es impropio usar este verbo con el significado de 'carecer': ⊗*«Adolecen de un entrenamiento adecuado» (Tiempo* [Col.] 21.1.97). Aunque no son incorrectas oraciones como *Adolecía de falta de coherencia,* debe advertirse que la expresión resulta más clara y directa si se sustituye por *Adolecía de incoherencia* o *Carecía de coherencia.*

adonde. 1. Adverbio relativo de lugar que expresa la dirección de un movimiento. Es palabra átona y por ello se escribe sin tilde, a diferencia del adverbio interrogativo o exclamativo *adónde* (→ adónde). Funciona, a modo de conjunción, introduciendo oraciones de relativo con antecedente o sin él: *«Desciende a los infiernos, adonde va a buscarlo la Diosa Madre» (Cousté Biografía* [Arg. 1978]);

«Regresamos adonde nos esperaba el taxi» (VLlosa *Tía* [Perú 1977]). También puede escribirse en dos palabras: *a donde*. Aunque hasta ahora se venía recomendando un uso especializado de ambas grafías: *adonde* —con o sin antecedente expreso— y *a donde* —sin antecedente expreso—, esta recomendación no ha cuajado en el uso y hoy se admite como correcto el empleo indistinto de ambas formas: *«Esperamos nerviosos el mediodía en el lugar a donde hemos sido conducidos»* (Laín *Descargo* [Esp. 1976]); *«Vaya a donde quiera, descanse»* (Andrade *Dios* [Arg. 1993]).

2. En el español actual debe evitarse el uso arcaico de *adonde* o *a donde* para indicar situación ('en donde'): ⊗*«El remisero estaba [...] a pocas cuadras de las calles Rivas y Misiones, a donde lo esperaba un cliente»* (*Clarín* [Arg.] 10.2.97); ⊗*«Andrés Trapiello ha escrito buenas y curiosas anécdotas de ese bar, adonde entrevisté a Italo Calvino»* (*Mundo* [Esp.] 15.12.96). En estos casos debe usarse el adverbio relativo *donde,* opcionalmente precedido de *en* (→ donde, 4).

3. Como preposición (*adonde*) o locución prepositional (*a donde*) se utiliza, en la lengua coloquial, con el sentido de 'junto a' o 'a casa de': *«El mozárabe regresó adonde Guacelmo»* (Torbado *Peregrino* [Esp. 1993]); *«Beatriz y Vicente se han ido a donde su tía»* (Chase *Pavo* [C. Rica 1996]); *«Esa misma tarde volvió adonde Prato»* (UPietri *Oficio* [Ven. 1976]). Con este mismo sentido puede usarse también *donde* (→ donde, 6).

4. No es correcto usar este adverbio precedido de preposición: ⊗*«El club de los corazones solitarios..., [...] hacia adonde algunos [...] miraban entre la nostalgia y la ironía»* (SchzOstiz *Infierno* [Esp. 1995]). En estos casos debe suprimirse la preposición o emplear el adverbio relativo *donde* (→ donde, 2).

5. *adonde quiera.* → adondequiera.

adónde. 1. Adverbio interrogativo o exclamativo que significa 'a qué lugar'. Es tónico y por ello se escribe con tilde, a diferencia del adverbio relativo *adonde* (→ adonde). Introduce enunciados interrogativos o exclamativos directos y subordinadas interrogativas o exclamativas indirectas: *«¿Y adónde llegaremos?»* (Ocampo *Cornelia* [Arg. 1988]); *«¡Adónde vamos a ir a parar, señores!»* (Cossa *Criado* [Arg. 1986]); *«No sé adónde ir»* (*NHerald* [EE. UU.] 9.4.97); *¡Mira adónde nos ha llevado tu intransigencia!* No hay razones para censurar la escritura de este adverbio en dos palabras, documentada desde siempre en todo tipo de textos; así pues, son igualmente aceptables las grafías *adónde* y *a dónde: «Esas seducciones, ¿qué significaban, a dónde conducían?»* (Edwards *Anfitrión* [Chile 1987]); *«No sé a dónde queréis llegar los dos»* (BVallejo *Trampas* [Esp. 1994]).

2. En el español actual debe evitarse el uso arcaico de *adónde, a dónde* sin valor de movimiento: ⊗*«Me preguntó Carlitos, mi hijo, que adónde había estado»* (LpzPáez *Herlinda* [Méx. 1993]); ⊗*«Matilde ¿a dónde estás?»* (VV. AA. *Vida* [Chile 1986]). En estos casos debe usarse hoy el adverbio *dónde,* opcionalmente precedido de *en* (→ dónde, 4).

3. No es correcto usar este adverbio precedido de preposición: ⊗*«Nunca se llega tan lejos como cuando no se sabe hacia adónde se va»* (*Vanguardia* [Esp.] 2.12.95); ⊗*«Corro sin despedirme, sin saber hacia a dónde voy»* (Pinto *Despertar* [C. Rica 1994]). En estos casos debe usarse el adverbio *dónde* (→ dónde, 2). La anteposición de preposición no es incorrecta cuando *adónde* encabeza oraciones interrogativas indirectas que constituyen término de preposición: *«Violeta no tiene idea de a dónde van a parar sus tapices»* (Serrano *Vida* [Chile 1995]); *«Le interroga acerca de adónde va»* (Castilla *Psiquiatría* 1 [Esp. 1979]).

adondequiera. 1. Adverbio de lugar que significa 'a cualquier sitio'. Se usa normalmente seguido del relativo *que: «Había decidido seguirla adondequiera que fuese»* (Volpi *Klingsor* [Méx. 1999]). Con este sentido puede emplearse también *dondequiera* (→ dondequiera).

2. No se admite su escritura en dos palabras, por lo que no debe confundirse con la combinación ocasional del adverbio relativo *adonde* y la primera o tercera personas del singular del presente de subjuntivo del verbo *querer* (*adonde quiera*), que significa 'al lugar al que desee': *«¡Se puede ir adonde quiera, en barco, en avión o en patinete, no le necesito!»* (Marsé *Embrujo* [Esp. 1993]).

adoptar. 'Recibir como hijo [al que no lo es naturalmente]': *«La idea de adoptar un niño empieza a tomar importancia»* (Souza *Mentira* [Perú 1998]). Con este sentido, el complemento directo de persona, aun siendo inespecífico, puede ir precedido de la preposición *a: «Es mucho más fácil adoptar A un niño recién nacido»* (*País* [Esp.] 11.7.80). También significa 'hacer propia [una doctrina o idea]': *«Posteriormente Inglaterra adoptó la reforma gregoriana»* (*Tiempo* [Col.] 1.6.90); y 'tomar [una determinada postura o actitud]': *«Debido a los nervios adoptó una postura algo incómoda al sentarse frente a él»* (GaSánchez *Historia* [Esp. 1991]). No debe confundirse con *adaptar(se)* ('acomodar(se) o ajustar(se)'; → adaptar(se)).

adormecer(se). 'Dormir(se) superficialmente'. Verbo irregular: se conjuga como *agradecer* (→ APÉNDICE 1, n.° 18).

adornar(se). 'Poner(se) adornos'. Suele llevar un complemento introducido por *con* o *de: «No trates de adornar CON mentiras la realidad»* (*NHerald* [EE. UU.] 30.6.97); *«Las personas curiosas solían* *adornarlos* DE *dibujos hechos con un clavo caliente*» (Olivas *Cocina* [Perú 1996]).

ad quem. Loc. lat. (pron. [ad-kuém]) que significa literalmente 'hasta el cual'. Se aplica al término o fecha que marca el final de un período o un proceso: *El año ad quem de composición de esta obra es 1517;* «*En su fuga de lo humano* [al arte del que hablamos] *no le importa tanto el término ad quem, la fauna heteróclita a que llega, como el término a quo, el aspecto humano que destruye*» (Ortega *Deshumanización* [Esp. 1925]). Se opone a *a quo* (→ a quo).

adquirente, adquiriente. → adquirir, 2.

adquirir. 1. 'Pasar a tener'. Verbo irregular: v. conjugación modelo (→ APÉNDICE 1, n.º 17).

2. El adjetivo, usado frecuentemente como sustantivo, que se aplica a la persona que adquiere es *adquirente* (del lat. *adquirens, -entis,* participio de presente de *adquirere*): «*Sus usuarios no necesariamente son compradores o adquirentes del producto*» (*Prensa* [Nic.] 3.5.97). La forma *adquiriente,* también válida, es menos frecuente: «*La empresa adquiriente utilizará ese teatro para ofrecer servicios gastronómicos*» (*Dedom* [R. Dom.] 3.8.96).

adscribir(se). 1. 'Inscribir(se)' y 'atribuir o asociar [una cosa] a otra'. Solo es irregular en el participio, que tiene dos formas: *adscrito* y *adscripto.* La forma usada en la mayor parte del mundo hispánico es *adscrito;* pero en algunas zonas de América, especialmente en la Argentina y el Uruguay, sigue en pleno uso la grafía etimológica *adscripto* (→ p, 5): «*Es embajador adscripto a la Presidencia de la República*» (*Abc* [Par.] 6.10.00). La *-p-* se mantiene en todas las zonas en la grafía del sustantivo que designa la acción de adscribir(se): *adscripción* (no [⊗]*adscrición*). Aunque en la pronunciación corriente no suele pronunciarse la *-d-,* no es admisible su pérdida en la escritura: [⊗]*ascribir,* [⊗]*ascri(p)to,* [⊗]*ascripción.*

2. Cuando significa 'inscribirse', se construye como intransitivo pronominal, con un complemento con *a,* en España y la mayor parte de América: «*Calvo Sotelo no se había significado nunca por adscribirse A una tendencia*» (Tusell *Transición* [Esp. 1991]); pero en los países del Cono Sur es habitual la construcción no pronominal: «*Mora adscribe A la línea de Adolfo Zaldívar en la DC*» (*Hoy* [Chile] 8-14.12.97).

adscripción. → adscribir(se), 1.

adsorber. En física y química, dicho de un cuerpo, 'retener en su superficie [moléculas de un fluido o de sustancias disueltas en él]': «*La propiedad que hemos observado en la sustancia arcillosa de adsorber el colorante azul de metileno*» (FdzChiti *Cerámica* [Arg. 1982]). No debe confundirse con *absorber* ('atraer y retener en el interior'; → absorber).

aducción. → aducir, 2.

aducir. 1. Hoy solo se usa con el sentido de 'alegar [pruebas o razones]': «*No es lícito aducir su testimonio para probar una tesis*» (FdzSuárez *Pesimismo* [Esp. 1983]). Es irregular y se conjuga como *conducir* (→ APÉNDICE 1, n.º 24). No debe confundirse con *abducir* ('alejar del plano de simetría del cuerpo' y, dicho de un extraterrestre, 'secuestrar'; → abducir).

2. El sustantivo correspondiente es *aducción,* que significa 'acción de aducir pruebas o razones': «*La aducción de razones con que despreciar una cosa que realmente no debía desecharse*» (HTerrón *Equitación* [Esp. 1889]); 'movimiento de acercamiento de un miembro u otro órgano al plano que divide el cuerpo en dos partes simétricas': «*En decúbito ventral se produce flexión y aducción de los brazos*» (Cibeira/Zancolli/Zancolli *Parálisis* [Arg. 1991]); y 'transporte o conducción, especialmente de agua': «*El túnel de aducción llevará las aguas del río Chancay* [...] *hacia la casa de máquinas de la central*» (*Expreso* [Perú] 22.4.90). Es incorrecta la grafía [⊗]*aducción*. No debe confundirse con *abducción* ('secuestro extraterrestre' y 'movimiento de alejamiento del plano de simetría del cuerpo'; → abducir, 2).

3. El adjetivo correspondiente, usado frecuentemente como sustantivo, es *aductor* ('que aduce' y '[músculo] que realiza los movimientos de aducción'): «*Sentí un tirón en el aductor derecho después de una jugada en la que quedé abierto de piernas*» (*País* [Ur.] 4.3.01). No debe confundirse con *abductor* ('que abduce'; → abducir, 3).

4. Deben evitarse las grafías que mantienen la *-dd-* etimológica: [⊗]*adducción,* [⊗]*adductor.*

aductor -ra. → aducir, 3.

adueñarse. 'Apoderarse de algo'. Es intransitivo pronominal y lleva un complemento con *de:* «*El silencio y la quietud se adueñaban DE la casa*» (Allende *Eva* [Chile 1987]). Cuando el complemento se expresa mediante un pronombre, se emplea a veces como transitivo: «*Lo que ella hizo fue utilizar dinero público, pero sin ánimo de adueñárseLO*» (*Cambio 16* [Esp.] 9.4.90), en lugar de la construcción intransitiva *adueñarse de él.*

advenimiento. → advenir, 2.

advenir. 1. 'Venir o llegar' y 'suceder'. Verbo irregular: se conjuga como *venir* (→ APÉNDICE 1, n.º 60): «*La inflación fue aplastada, pero advino "la peor crisis económica desde la Gran Depresión"*» (Estefanía *Economía* [Esp. 1995]). No debe confundirse con *avenir* ('poner(se) de acuerdo' y 'acceder'; → avenir(se)), como ocurre en este ejemplo: [⊗]«*El subsecretario solo se advino a opinar en la cuestión de orden administrativa*» (*Abc* [Par.] 10.9.96).

2. El sustantivo que corresponde a *advenir* es *advenimiento* ('venida o llegada'): «*El advenimiento del comunismo le permitiría regresar a Buenos Aires como* *un héroe»* (Soriano *León* [Arg. 1986]). No debe confundirse con *avenimiento,* sustantivo que corresponde al verbo *avenir(se):* ⊗«*El resultado... es un advenimiento entre dos impulsos contrarios»* (*Abc* [Esp.] 15.3.96).

⊗**adversión.** → adverso, 2 y aversión.

adverso -sa. 1. 'Contrario o desfavorable': «*Adams se mostró adverso a ese reconocimiento*» (Ocampo *Testimonios* [Arg. 1977]); «*Los Houston Rockets remontaron un marcador adverso*» (*Clarín* [Arg.] 19.1.97).

2. El sustantivo ⊗*adversión* no pertenece, como su forma pudiera hacer creer, a la familia léxica de *adverso,* sino que es, en realidad, una variante antigua, y hoy desaconsejada, de *aversión* ('rechazo o repugnancia'; → aversión).

advertir. 1. Verbo irregular: se conjuga como *sentir* (→ APÉNDICE 1, n.º 53).

2. Cuando significa 'darse cuenta [de algo] o reparar [en algo]', es transitivo: «*Nadie advirtió la presencia de la señora*» (Mendoza *Verdad* [Esp. 1975]); «*En cuanto entró en el refectorio, advirtió que había alguien más aparte de los dos comensales*» (Hernández *Naturaleza* [Esp. 1989]). En este caso, *advertir* no lleva nunca complemento indirecto, ni explícito ni implícito, y es incorrecto su uso con la preposición *de* (→ DEQUEÍSMO, 1b): ⊗*advirtió DE QUE había alguien más.*

3. Cuando significa 'poner algo en conocimiento de alguien', puede construirse de dos modos:

a) *Advertir* [a alguien] DE algo: «*Jamás advirtió a Lucía DEL asedio de que era objeto*» (Maqua *Invierno* [Esp. 1992]). El objeto de la advertencia puede ir también introducido por *sobre* o *acerca de.* Si la advertencia es una oración subordinada encabezada por la conjunción *que,* es correcto el empleo conjunto de la preposición y la conjunción: «*Me ha advertido DE QUE tiene una cita a las ocho*» (Hidalgo *Azucena* [Esp. 1988]). En esta construcción el complemento de persona es directo, pues funciona como sujeto de la pasiva: «*Ramiro Chan Tun [...] fue advertido DE QUE no podrá volver a bucear*» (*DYucatán* [Méx.] 24.7.96). Por ello, cuando este complemento es un pronombre átono de tercera persona, deben emplearse las formas *lo(s), la(s):* «*Al salir LA advertí DE QUE faltaban unos cuantos escalones*» (TBallester *Filomeno* [Esp. 1988]).

b) *Advertir* [algo] a alguien. El objeto de la advertencia se expresa mediante un complemento directo y el complemento de persona es indirecto: «*LE advertimos los riesgos a que se exponía*» (Valladares *Esperanza* [Cuba 1985]). Este régimen es el habitual cuando el complemento directo es una oración subordinada introducida por la conjunción *que,* y especialmente cuando la intención es admonitoria o amenazante: «*La abrazó, la llenó de*

besos y le advirtió que pronto tendría la menstruación» (Allende *Casa* [Chile 1982]); «*Te advierto que esta vez voy a reclamarte hasta el último céntimo*» (Salom *Vuelo* [Esp. 1980]).

4. Cuando *advertir* significa 'aconsejar [algo] a alguien', es transitivo; lo que se aconseja se expresa mediante un complemento directo y, naturalmente, se construye sin preposición; el complemento de persona es indirecto: *LE advirtió* [= le aconsejó] *QUE no invirtiera en ese negocio si no quería perder dinero.*

Adygeya. → Adigueya.

aeda. → aedo.

aedo. 'Cantor épico de la antigua Grecia': «*Los aedos no tenían que contar la prehistoria de sus héroes*» (Trías *Encuentro* [Esp. 1990]). La variante *aeda,* tomada tardíamente del francés, es igualmente válida: «*Ellos llevan la historia a cuestas, como antes de la aparición del libro los aedas*» (Ruffinelli *Guzmán* [Ur. 2001]).

aeración, ⊗**aereación,** ⊗**aereador,** ⊗**aerear(se).** → airear(se).

aero-. Elemento compositivo prefijo que significa 'aire', como en *aerodinámica, aerofagia, aerofobia;* o 'aéreo', como en *aeroclub, aeronáutica, aeropuerto.* No debe utilizarse como elemento prefijo la forma ⊗*aereo-* (⊗*aereopuerto,* ⊗*aereonáutica,* etc.), error debido al influjo del adjetivo *aéreo* ('del aire o de la aviación').

aeróbic o **aerobic. 1.** La voz inglesa *aerobics* ('técnica gimnástica consistente en realizar ejercicio físico aeróbico al ritmo de la música') se ha adaptado al español con dos acentuaciones: la llana *aeróbic,* mayoritaria y acorde con la pronunciación del étimo inglés, y la aguda *aerobic* [aerobík], también válida aunque menos frecuente. En algunos países americanos se ha optado por traducir la voz inglesa como *(ejercicios) aeróbicos* o *(gimnasia) aeróbica:* «*El instructor de aeróbicos le ordena al alumno arquear la espalda*» (*Tiempo* [Col.] 11.11.96); «*La modelo transmitirá a los invitados [...] conocimientos de aeróbica en el agua*» (*Caras* [Chile] 9.6.97).

2. No debe confundirse con *aerobismo* ('deporte consistente en correr al aire libre'; → aerobismo).

aeróbico -ca. → aerobio, 2.

aerobics. → aeróbic o aerobic.

aerobio -bia. 1. Adjetivo que significa 'que precisa oxígeno para vivir o para producirse'. Se aplica tanto a organismos vivos como a actividades o procesos: «*Las mitocondrias son similares a algunas bacterias aerobias*» (Altschuler *Hijos* [Ur. 2002]); «*Los procesos aerobios son más efectivos, pero mucho más caros, porque necesitan energía para mantener la aireación*» (Ederra *Botánica* [Esp. 1996]). Se opone a *anaerobio* (→ anaerobio, 1).

2. Existe también el adjetivo derivado *aeróbico*, sinónimo de *aerobio*, que se usa con preferencia a este en referencia a actividades o procesos, y se aplica asimismo a lo pertenece o relativo a estos: «*Se ha demostrado que el ejercicio aeróbico incrementa el metabolismo y la temperatura*» (Téllez *Trastornos* [Méx. 1995]); «*La prueba de esfuerzo indirecto sirvió para medir la capacidad aeróbica de cada uno*» (*Universal* [Ven.] 17.4.88). Se opone a *anaeróbico* (→ anaerobio, 2). Sobre su uso referido a *gimnasia* o *ejercicios*, en lugar del anglicismo *aeróbic*, → aeróbic o aerobic.

aerobismo. En América del Sur, especialmente en los países del Río de la Plata, 'deporte que consiste en correr al aire libre': «*Sí, me mantengo bien, aerobismo... esas cosas...*» (Rovner *Premio* [Arg. 1981]). En otras zonas del mundo hispánico se emplean, con este sentido, la voz inglesa *jogging* o el falso anglicismo *footing*. Se recomienda sustituir estos términos foráneos por el sustantivo *aerobismo* o por los verbos *trotar* (raro en España aplicado a personas, pero frecuente en América con este sentido) y *correr*: «*Vuelvo a casa y salgo a trotar*» (*Época* [Chile] 11.7.97); «*Si sale a correr al parque, al mes tiene diez amigos que corren*» (Aguilar *Error* [Méx. 1995]).

aeroclub. → club.

aerofagia. → -fagia.

aeromozo -za. En algunos países de América, 'persona que atiende a los pasajeros en un avión'. Aunque hasta hace poco esta profesión era propia solo de mujeres, en la actualidad también es tarea desempeñada por hombres; así pues, es lícito el uso de la forma masculina *aeromozo*.

⊗**aeropagita,** ⊗**aerópago.** → areópago.

aerosol. 'Envase que contiene un gas a presión, mezclado con un líquido, que permite expulsar este pulverizado': «*Cargaron sus bolsos con aerosoles y se largaron a garabatear las paredes de Buenos Aires*» (Ramos/Lejbowicz *Corazones* [Arg. 1991]). Con este mismo sentido es muy frecuente el empleo de la voz inglesa *spray*, que debe adaptarse al español en la forma *espray* (pl. *espráis*; → PLURAL, 1d): «*Los radicales rociaron con un espray a uno de los mediadores*» (*Mundo* [Esp.] 25.5.96); «*Encontraron cohetes pirotécnicos, guantes de látex, espráis, grilletes*» (*País@* [Esp.] 17.6.01). No debe usarse el plural inglés *sprays*, ni la grafía híbrida ⊗*esprays*.

aerostato o **aeróstato.** 'Aeronave que flota en el aire'. Ambas acentuaciones son válidas, aunque, como en el resto de las palabras con esta misma terminación, la forma llana *aerostato* está desplazando en el uso a la forma esdrújula *aeróstato*, que es la conforme con la prosodia grecolatina.

afanar(se). Cuando significa 'poner empeño en conseguir algo', es intransitivo, normalmente pronominal, y se construye con un complemento precedido de *en* o *por*: «*Me afané EN buscar lugares adecuados para mis conciertos*» (Carreras *Autobiografía* [Esp. 1989]); «*El Gobierno se afana POR controlar los excedentes de liquidez*» (*Hora* [Guat.] 10.6.97). Debe evitarse la construcción con *a*: ⊗«*Los militares rusos se afanan A realizar las últimas compras*» (*Vanguardia* [Esp.] 31.8.94).

afección. 'Enfermedad'. Lleva a menudo un adjetivo o un complemento especificativo con *de*: «*Murió de una afección pulmonar*» (*Abc* [Esp.] 27.9.82); «*El asma es una afección de los bronquios*» (Pelta/Vivas *Alergia* [Esp. 1995]). También tiene otros significados menos usuales, como 'pasión del ánimo' y 'afición o apego': «*La psiquis del hombre siempre ha revelado una particular afección por los héroes*» (Rolla *Familia* [Arg. 1976]). Aunque de significado próximo en contextos médicos, no debe confundirse con *afectación* ('hecho de resultar afectado un órgano'; → afectación).

afectación. Significa, por un lado, 'falta de sencillez y espontaneidad': «*Los artistas no saben hablar claro y la inmodestia y afectación deforman su carácter*» (Serrano *Dios* [Col. 2000]); y, por otro, 'acción y efecto de afectar o hecho de resultar afectado', en los distintos sentidos del verbo *afectar* ('producir alteración o daño' y, en lenguaje jurídico o administrativo, 'destinar'): «*El salto productivo se verifica sin afectación de otras actividades que compiten con la agricultura*» (*Clarín* [Arg.] 17.4.97); «*Yazov fue nombrado este año ministro adjunto de Defensa encargado del delicado tema de la afectación del personal militar*» (*País* [Esp.] 1.6.87). Aunque de significado próximo en contextos médicos, no debe confundirse con *afección* ('enfermedad'; → afección); el término *afectación* es válido siempre que se refiera al hecho de resultar afectado un órgano corporal por accidente o enfermedad: «*La reacción inflamatoria que acompaña a la infección es muy acusada, con una gran afectación de los ganglios linfáticos*» (*Mundo* [Esp.] 24.9.94).

afectar. 1. Cuando significa 'aparentar o simular', es transitivo: «*Jutta, mientras afectaba buscar el paquete, estaba recogiendo algunas cosas*» (Sastre *Hombres* [Esp. 1991]).

2. Con el sentido de 'producir o tener efecto, normalmente negativo, sobre una persona o cosa', es también transitivo. En este caso, cuando el complemento directo es de cosa pueder ir también precedido de la preposición *a* (→ a², 1.2h): «*Una prolongada sequía afectó la zona*» (*Vistazo* [Ec.] 9.7.97); «*Es raro que el insomnio afecte A la salud física*» (Rapado *Salud* [Esp. 1999]).

3. Con el sentido de 'conmover o impresionar', es un verbo de «afección psíquica», por lo que, dependiendo de distintos factores (→ LEÍSMO, 4a), el complemento de persona puede interpretarse como directo o como indirecto: *«Sentía que todo aquello LO afectaba solo muy superficialmente»* (PzReverte *Maestro* [Esp. 1988]); *«También LE afectó el pesado maquillaje»* (LpzNavarro *Clásicos* [Chile 1996]).

afecto -ta. 1. Se construye con un complemento con *a* cuando significa 'aficionado o partidario': *«No soy afecto A las teorías conspirativas»* (Ferla *Drama* [Arg. 1985]); 'adscrito o laboralmente vinculado': *«Toda falta de urbanidad del personal afecto AL servicio público será severamente reprimida»* (*Circulación* [Esp. 1985]); y, en derecho, 'sometido o sujeto a algo, especialmente a una carga u obligación': *«Las indemnizaciones que no están afectas A impuestos son las que corresponden a los años de servicio»* (*Mercurio* [Chile] 6.2.04). **2.** Se construye con un complemento con *de* cuando significa, en medicina, 'afectado por algún tipo de alteración morbosa': *«Las pacientes afectas DE depresión mayor difieren de las distímicas por la gravedad de su alteración»* (PzLópez *Menopausia* [Esp. 1992]).

afeitar(se). 'Cortar(se) a ras [el pelo de cualquier parte del cuerpo]'. Se acentúa como *peinar* (→ APÉNDICE 1, n.º 12).

afer. → *affaire*.

aferrar(se). 1. 'Agarrar(se) o asir(se) fuertemente': *«Le aferré la mano con el garfio de la mía»* (RBastos *Vigilia* [Par. 1992]). Cuando quiere especificarse la parte por la que se toma el objeto o la persona asidos, se emplean las preposiciones *de* o *por*: *«Yo aún LA aferraba DE un brazo»* (Kociancich *Maravilla* [Arg. 1982]); *«Montoya LO aferró POR el hombro»* (Gasulla *Culminación* [Arg. 1975]). Como pronominal, lleva un complemento con *a* o, menos frecuentemente, *de*: *«Nos aferramos A lo científico y objetivo»* (Cardoza *Guatemala* [Guat. 1985]); *«Sus esposas marchitas tenían que aferrarse DE su brazo para no tropezar»* (GaMárquez *Amor* [Col. 1985]). **2.** En el sentido figurado de 'insistir o empeñarse en algo', lleva un complemento con *a*: *«La mayoría de la gente se aferra A vivir con el mero objeto de seguir existiendo»* (Castilla *Psiquiatría* 2 [Esp. 1980]); no debe introducirse este complemento con la preposición *en*: ⊛*«Pujol se aferraba EN proclamar que creía en la inocencia de Cullell»* (*Mundo* [Esp.] 22.11.94).

affaire. Voz francesa que se emplea ocasionalmente en español con el sentido de 'negocio o asunto ilícito o escandaloso' y 'relación amorosa irregular'. En español puede sustituirse, en el primer caso, por términos como *caso, asunto* o *escándalo*; y, en el segundo, por *aventura (amorosa)* o, más coloquialmente, *lío*. En el español medieval y clásico

existió el término *afer* con el sentido de 'asunto, negocio o quehacer'; es voz hoy desaparecida, pero que bien pudiera recuperarse como adaptación gráfica moderna del galicismo.

affiche. → cartel[1], 2.

⊛**affidávit.** → afidávit.

afgani. → Afganistán.

Afganistán. Forma tradicional española del nombre de esta república del sudoeste de Asia. No debe usarse en español la grafía inglesa *Afghanistan*. Su gentilicio es *afgano;* la forma *afgani* es únicamente el nombre de la moneda oficial, no el gentilicio.

afgano -na, *Afghanistan.* → Afganistán.

⊛**aficción.** → afición.

afiche. → cartel[1], 2.

afición. 'Inclinación o gusto por algo o alguien'; normalmente lleva un complemento precedido de *a* o *por*: *«Tenía afición A la pintura desde que era muy niño»* (Évora *Alea* [Cuba 1996]); *«Laura sabía de mi vieja afición POR el cine nacional»* (Alatriste *Vivir* [Méx. 1985]). También significa 'actividad que se realiza por gusto': *«Una de mis aficiones es la mecánica»* (*Vistazo* [Ec.] 4.9.97); y, como sustantivo colectivo de persona, 'conjunto de seguidores o aficionados, especialmente los de un equipo deportivo': *«También está rendida la afición del Extremadura con sus jugadores argentinos»* (*Universal* [Ven.] 7.4.97). No es correcta la grafía ⊛*aficción*.

afidávit. Adaptación gráfica del latinismo *affidavit* ('dio fe'), incorporado al español a través del inglés, que se usa, como sustantivo masculino, con el sentido de 'documento legal que sirve como testimonio o declaración jurada ante un tribunal, o como garantía o aval en otros casos': *«Los abogados notarios normalmente cobran $20 por autenticar cada afidávit»* (*Vocero*@ [P. Rico] 7.12.03). Debe escribirse con tilde por ser palabra llana acabada en consonante distinta de *-n* o *-s* (→ TILDE[2], 1.1.2 y 5.1). Su plural es *afidávits* (→ PLURAL, 1h y k). Se desaconseja el uso de la grafía semiadaptada ⊛*affidávit*.

afiliación. → afiliar(se), 2.

afiliar(se). 1. 'Inscribir(se) en una entidad u organización': *«Susana se afilió al Partido del Trabajo»* (Azúa *Idiota* [Esp. 1986]). Se acentúa como *anunciar* (→ APÉNDICE 1, n.º 4). Con este sentido, es también válida, aunque infrecuente, la variante *filiar(se)* (→ filiar(se)). **2.** La acción y el efecto de afiliar(se) se denominan *afiliación: «Reivindicaron una mayor afiliación de los trabajadores a las centrales sindicales»* (*Vanguardia* [Esp.] 2.5.95). No debe confundirse con *filiación* ('dependencia de una doctrina, tendencia política, etc.'; → filiación), como ocurre en este ejemplo: ⊗«*Cabría asignarle una afiliación romántica, pero su impronta más marcada le emparenta con el modernismo*» (*Abc* [Esp.] 29.11.91).

áfilo -la o **afilo -la.** En botánica, 'carente de hojas'. La forma etimológica esdrújula *áfilo* es la preferida en el uso y la más recomendable; pero también es válida la forma llana *afilo*.

afirmar(se). 'Poner(se) firme' y 'ratificarse en lo dicho'. Cuando significa 'decir o asegurar [algo]' es transitivo y, por tanto, el complemento directo no debe ir precedido de la preposición *de* (→ DEQUEÍSMO, 1b): *Afirmó que vendría*, no ⊗*Afirmó DE que vendría.*

aflautar(se). 'Hacer(se) más aguda la voz o un sonido'. Se acentúa como *causar* (→ APÉNDICE 1, n.º 10).

aflicción. 'Pesar': «*No pude contener los sollozos y terminé abrazándolo lleno de aflicción*» (Cuauhtémoc *Grito* [Méx. 1992]). No es correcta la grafía ⊗*aflición.*

afluente. → afluir, 2.

afluir. 1. 'Desembocar o ir a parar' y, dicho de personas, 'acudir en gran número a un lugar'. Verbo irregular: se conjuga como *construir* (→ APÉNDICE 1, n.º 25). Su participio, *afluido*, se escribe sin tilde (→ TILDE², 2.1.1 y 2.1.2).

2. El adjetivo correspondiente es *afluente* ('que afluye'), voz que también se emplea como sustantivo con el sentido de 'arroyo o río secundario que desemboca en otro'. Esta forma procede del latín *affluens, -entis* (participio de presente de *affluere*): «*Se deberá calcular el caudal afluente por cuenca*» (DzDorado *Ordenamiento* [Arg. 1993]). A diferencia de lo que ocurre con los adjetivos derivados de otros compuestos de *fluir* (→ confluir, influir), no se ha generalizado en el uso la variante ⊗*afluyente*, que, por tanto, debe ser evitada.

⊗afluyente. → afluir, 2.

aforar. Cuando significa 'dar u otorgar un fuero [a una persona o a un lugar]', es irregular y se conjuga como *contar* (→ APÉNDICE 1, n.º 26): *afuero, afueras, afuera*, etc. Cuando significa 'dar o tomar a foro [una heredad]', 'determinar o calcular la cantidad, el valor o la capacidad [de algo]' y 'calibrar [un instrumento de medida]', es regular: *aforo, aforas, afora*, etc.

a fortiori. Loc. lat. que significa propiamente 'con mayor razón, a mayor abundamiento': «*Cuanto se afirme de la radio, podrá afirmarse "a fortiori" de la televisión*» (GaJiménez *Televisión* [Esp. 1965]). Desde antiguo comenzó a usarse con el sentido de 'a la fuerza', del que carecía en latín: «*¿Seré yo culpa-*

do / si moriré por vos, dona gentil, / non digo "a fortiori", mas de grado?» (Santillana *Sonetos* [Esp. 1438-55]); «*En las solteras a fortiori* [...], *el climaterio significa, biológicamente, la no utilización de un sistema orgánico fundamental en este sexo*» (Marañón *Climaterio* [Esp. 1919-36]). No conviene abusar de este uso, que, aunque antiguo, es impropio.

afrentar(se). Cuando significa 'ofender' es un verbo de «afección psíquica» y, por ello, dependiendo de distintos factores (→ LEÍSMO, 4a), el complemento de persona puede interpretarse como directo o como indirecto: «*Otros LO afrentan con opiniones hoscas*» (Herrera *Casa* [Ven. 1985]); «*A los moros no LES afrenta que uno se muestre desconfiado*» (Eslava *Unicornio* [Esp. 1987] 67). En algunas zonas de América, especialmente en México, se usa también como intransitivo pronominal, con el sentido de 'avergonzarse', seguido de un complemento con *de*: «*Todos* [estudiaron]. *Por eso ahora se afrentan DE mí*» (Carballido *Fotografía* [Méx. 1984]). No debe confundirse con *afrontar* ('hacer frente o enfrentarse'; → afrontar).

África del Sur. Esta expresión debe usarse para designar la zona sur del continente africano, que incluye varios países, y no como nombre alternativo de la república de *Sudáfrica* (→ Sudáfrica): «*Tales son las vastas extensiones de África del Sur, África del Norte y, sobre todo, de la América Central*» (Alonso *Plantas* [Esp. 1980]).

afrikáner. 'Descendiente de los colonos holandeses de Sudáfrica y, en general, blanco sudafricano de lengua afrikáans'. Referido a persona, se emplea frecuentemente como sustantivo. Aunque se usa a menudo el plural anglicado *afrikáners*, en español se recomienda la forma *afrikáneres* (→ PLURAL, 1g).

afrodisíaco -ca o **afrodisiaco -ca.** → -íaco o -iaco.

afrontar. 'Hacer frente o enfrentarse [a algo]': «*Intrépido, afrontó sin vacilar riesgos y peligros*» (Salvador *Ecuador* [Ec. 1994]). No debe confundirse con *afrentar* ('ofender'; → afrentar(se)).

afuera. 1. Adverbio de lugar que, con verbos de movimiento explícito o implícito, significa 'hacia el exterior del sitio en que se está o de que se habla': «*No, primero acompáñame afuera*» (Alatriste *Vivir* [Méx. 1985]); «*Lucas vuelve a mirar afuera*» (Cabal *Vade* [Esp. 1982]). En España, indicando movimiento, se usa también con frecuencia el adverbio *fuera* (→ fuera): «*Continúo empujando hasta que salimos fuera*» (Mañas *Kronen* [Esp. 1994]). Se emplea asimismo sin idea de movimiento, con el sentido de 'en el exterior del sitio en que se está o de que se habla', aunque ello es más frecuente en América que en España, donde para expresar situación lo normal es usar *fuera*: «*Se oyeron sonidos afuera*» (Belli *Mujer* [Nic. 1992]). Puede ir precedido de las preposiciones *de, desde, hacia, hasta, para* o *por*, nunca de la preposición *a*, ya incluida en la forma de este adverbio: [⊗]*de dentro a afuera* (correcto: *de dentro afuera*). En España, precedido de preposición, es más normal el uso de *fuera*. **2.** En el español de América, en registros coloquiales o populares, no es infrecuente que *afuera* vaya seguido de un complemento con *de*: [⊗]«*Sacó el balón afuera del campo de juego*» (*Tiempos* [Bol.] 4.12.96). Pero, en general, es uso rechazado por los hablantes cultos y se recomienda evitarlo en el habla esmerada; en esos casos debe emplearse *fuera*. **3.** Como sustantivo, se usa en plural con el sentido de 'periferia, alrededores de una población'. Con verbos de estado, el complemento adverbial puede ir precedido indistintamente por las preposiciónes *en* o *a*: «*Vivía* EN *las afueras de Malinalco*» (Velasco *Regina* [Méx. 1987]); «*Ya casi estamos* A *las afueras del pueblo*» (RdgzJuliá *Cruce* [P. Rico 1989]).

agá o **aga. 1.** Originalmente, 'individuo que, en ciertos países musulmanes, desempeña una jefatura, especialmente de carácter militar': «*El agá hizo arrojar por sobre las murallas el siniestro crucifijo*» (Lugones *Milagro* [Arg. 1906]). Hoy se emplea como mero título honorífico o de nobleza. Esta voz de origen turco presenta dos acentuaciones en español, la aguda etimológica *agá* (pl. *agás;* → PLURAL, 1b) y la llana *aga* (pl. *agas;* → PLURAL, 1a), también válida.

2. *agá* (o *aga*) *kan* o *jan.* 'Título del jefe espiritual de una de las ramas de los musulmanes chiíes'. La pronunciación etimológica del segundo elemento de esta locución es [ján], voz del turco antiguo que significa 'señor o príncipe'; de ahí la grafía *agá* (o *aga*) *jan*, válida, aunque muy minoritaria. Más usual es la pronunciación [kán], que justifica la grafía *agá* (o *aga*) *kan*, la más recomendable en español, pues la voz *kan* se documenta ya desde antiguo como nombre del jefe o príncipe de los tártaros (→ kan). No debe escribirse [⊗]*khan*, grafía que corresponde a otros idiomas, como el inglés o el francés. Como ocurre con todos los títulos de dignidad o cargo, no es obligatoria, aunque sí frecuente, su escritura con mayúscula inicial (→ MAYÚSCULAS, 4.31 y 6.9); así, puede escribirse *agá* (o *aga*) *kan* o *Agá* (o *Aga*) *Kan*. Lo que no está justificado es escribir con mayúscula solo uno de los dos elementos de la locución: [⊗]*agá* (o *aga*) *Kan*.

Agana. → Agaña.

Agaña. Forma española del nombre de la capital de la isla de Guam: «*Un boeing 747* [...] *se estrelló ayer en la isla de Guam* [...], *a unos cinco kilómetros del aeropuerto internacional de Agaña*» (*Universal*@ [Ven.] 6.8.97). No debe usarse en español la forma inglesa *Agana*.

agarrar(se). 1. 'Asir(se) fuertemente'. Cuando quiere especificarse la parte por la que se toma el objeto o la persona asidos, se emplean las preposiciones *de* o *por*: «*Pacheco lo agarró* DE *la manga*» (Madrid *Flores* [Esp. 1989]); «*Selva lo agarró* POR *las solapas*» (Cohen *Insomnio* [Arg. 1986]). Como pronominal, lleva un complemento con *a* o *de*: «*Se agarró* A *su cuello*» (Memba *Homenaje* [Esp. 1989]); «*Ximena se agarra* DEL *sillón*» (*Familia* [Ec.] 14.4.03). **2.** Como intransitivo, normalmente no pronominal, significa 'quedar sujeto o adherirse'; en este caso suele llevar un complemento con *en*: «*Las suelas confeccionadas con materiales duros no agarran* EN *el terreno*» (Gracia *Caza* [Esp. 1996]).

agave. 'Maguey o pita'. Aunque es válido su uso en ambos géneros, es mayoritario y preferible el masculino: «*El mezcal y el tequila,* [...] *procesados a partir de agaves mexicanos, son de origen colonial*» (Aguirre *Antropología* [Méx. 1986]). Es voz llana: [agábe]; no es correcta la forma esdrújula [⊗]*ágave.*

agenciar(se). 'Proporcionar [algo] a alguien' y 'obtener o conseguir'. Se acentúa como *anunciar* (→ APÉNDICE 1, n.º 4).

agilitar(se). → agilizar(se).

agilizar(se). 'Hacer(se) ágil'. Existe desde antiguo el sinónimo *agilitar*, cuyo uso, aunque mucho menos frecuente que *agilizar*, pervive en algunos países como el Ecuador o Bolivia: «*Baquero solicita que se agilite cualquier trámite de donaciones internacionales*» (*ByN* [Ec.] 11.1.98).

agobiar(se). 1. 'Hacer soportar a alguien una carga excesiva' y, como pronominal, 'sentir agobio'. Se acentúa como *anunciar* (→ APÉNDICE 1, n.º 4). **2.** Por tratarse de un verbo de «afección psíquica», dependiendo de distintos factores (→ LEÍSMO, 4a), el complemento de persona puede interpretarse como directo o como indirecto: «*La culpa* LO *agobiaba*» (Verbitsky *Vuelo* [Arg. 1995]); «*Su rostro* [de Regina] *continuaba reflejando el intenso dolor que* LE *agobiaba*» (Velasco *Regina* [Méx. 1987]).

agorar. 'Predecir o anunciar [un mal]'. Verbo irregular: se conjuga como *contar* (→ APÉNDICE 1, n.º 26). En las formas que diptongan, debe escribirse diéresis sobre la -*u*-: *agüero, agüeras*, etc.

agraciar. 'Favorecer [a alguien] con alguna gracia o merced' y, en un sorteo, 'premiar'. Se acentúa como *anunciar* (→ APÉNDICE 1, n.º 4).

agradecer. 1. 'Sentir o manifestar gratitud'. Verbo irregular: v. conjugación modelo (→ APÉNDICE 1, n.º 18). Son incorrectas las formas que trasladan a la escritura la pronunciación seseante, trocando las grafías *c* y *z* por *s*: ⊗*agradeser*, ⊗*agradesco*, etc.

2. En el español general es mayoritario su uso como transitivo y suele llevar, además, un complemento indirecto (*agradecer* [algo] a alguien): «*Deberías agradecerme el paseo*» (Cabrujas *Americano* [Ven. 1986]). En el español de América se emplea también, con frecuencia, como intransitivo, seguido de un complemento con *por* (*agradecer* a alguien POR algo): «*La imperfección le complacía tanto que agradecía a Dios POR los innumerables pecados de su prójimo*» (Serrano *Dios* [Col. 2000]).

agradecido -da. 'Que siente o manifiesta gratitud'. La persona a la que se debe gratitud suele expresarse mediante un complemento introducido por *a* o *con*: «*Tavito tenía sus razones para sentirse agradecido A Trujillo*» (VLlosa *Fiesta* [Perú 2000]); «*Me sentí agradecidísimo CON ella*» (LpzPáez *Herlinda* [Méx. 1993]); con poca frecuencia se usa hoy la preposición *de* para introducir este complemento: «*Me siento muy agradecido DE la Secretaría de Deportes por haberme regalado el pasaje*» (*Listín* [R. Dom.] 22.7.97). El hecho que motiva la gratitud se expresa mediante un complemento con *por* o, menos frecuentemente, *de*: «*La artista nos sonrió, visiblemente agradecida POR nuestra intervención*» (Dou *Luna* [Ven. 2002]); «*Terminábamos abrazados mirando los volcanes, agradecidos DE tenerlos enfrente y DE estar vivos para mirarlos*» (Mastretta *Vida* [Méx. 1990]).

agrafia o **agrafía.** 'Incapacidad para escribir, debida a una lesión cerebral'. Ambas formas son válidas y tienen su justificación: *agrafia*, por analogía con otros trastornos que implican la pérdida de una capacidad, como *afasia* ('incapacidad para hablar'), *agnosia* ('incapacidad para reconocer seres u objetos'), *apraxia* ('incapacidad de realizar movimientos'), etc.; *agrafía*, por analogía con otras palabras formadas con el elemento compositivo *-grafía*: *biografía, criptografía, fotografía*, etc. Se recomienda *agrafia*, forma preferida por los profesionales de la medicina, campo al que pertenece esta voz. El adjetivo correspondiente es *ágrafo*, no ⊗*agrafo*.

ágrafo -fa. → agrafia o agrafía.

agravante. 'Que aumenta la gravedad de algo': «*El ácido salicílico puede producir un efecto agravante en algunas enfermedades alérgicas*» (Aguilar *Dieta* [Esp. 1995]). Cuando este adjetivo se sustantiva, puede hacerlo en masculino o en femenino, dependiendo del género del sustantivo que se supone elidido —el (*factor, elemento*, etc.) *agravante*, la (*circunstancia, razón*, etc.) *agravante*—: «*Si afuera el tumulto era grande, adentro no ocurría menos, con el agravante de una ventilación escasa*» (Sánchez *Héroe* [Col. 1988]); «*Es una agravante del dolor el conocer la bon-*

dad de un ser del que luego te ves privado» (Aguilera *Caricia* [Méx. 1983]). En el lenguaje jurídico, es preferible su empleo en femenino, puesto que en este ámbito la voz *agravante* es sinónima de la construcción *circunstancia agravante* ('motivo legal para aumentar la responsabilidad penal del condenado'): «*El fiscal calificó los hechos como delito de asesinato con la agravante de parentesco*» (*Abc* [Esp.] 18.7.97).

agraviar. 'Causar agravio'. Se acentúa como *anunciar* (→ APÉNDICE 1, n.º 4).

agredir. 'Atacar'. Aunque tradicionalmente se ha considerado verbo defectivo, en el español actual ha extendido su empleo a todos los tiempos y personas de la conjugación; así, las formas que carecen de la vocal *-i-* en su desinencia (*agrede, agredamos, agreda*, etc.), consideradas antes incorrectas, son hoy normales en todo el ámbito hispanohablante: «*Polo es derrumbado por una turba que lo agrede a mansalva*» (MtnCampo *Carreteras* [Méx. 1976]).

agremiar(se). 'Reunir(se) en gremio'. Se acentúa como *anunciar* (→ APÉNDICE 1, n.º 4).

agriar(se). 'Poner(se) agrio'. En el uso mayoritario se acentúa como *enviar* (→ APÉNDICE 1, n.º 5): «*El importante cargo de portera agría tremendamente el genio*» (Verdaguer *Pipa* [Esp. 1980]). También es válida, aunque menos frecuente, su acentuación como *anunciar* (→ APÉNDICE 1, n.º 4): «*El vino no se zarandea ni se puede poner al lado del mar porque se agria*» (Barnet *Gallego* [Cuba 1981]).

agrícola. 'De la agricultura': «*Descuidó tanto las exportaciones como el desarrollo agrícola*» (*Hoy* [Chile] 5-11.1.87). No debe usarse en su lugar el adjetivo ⊗*agricultural*, calco censurable del inglés: ⊗«*El latín, lengua en la cual estaba escrito todo el gran conocimiento agricultural romano*» (Brusco *Comer* [Arg. 1987]).

⊗**agricultural.** → agrícola.

agrio -gria. 'Ácido'. Su superlativo es *agrísimo*, y no ⊗*agriísimo* (→ -ísimo, 2e).

agua. 1. 'Sustancia líquida inodora, incolora e insípida en estado puro'. Este sustantivo es femenino. Al comenzar por /a/ tónica, exige el uso de la forma *el* del artículo definido si entre ambos elementos no se interpone otra palabra (→ el, 2.1), pero los adjetivos deben ir en forma femenina: «*Podía verse a lo lejos el agua clara*» (Regás *Azul* [Esp. 1994]). En cuanto al artículo indefinido, aunque no se considera incorrecto el uso de la forma plena *una*, hoy es mayoritario y preferible el uso de la forma apocopada *un* (→ uno, 1): «*Se internaron en un agua muy mansa*» (Villena *Burdel* [Esp. 1995]). Lo mismo ocurre con los indefinidos *alguno* y *ninguno*: *algún agua, ningún agua*. El resto de los adjetivos determinativos debe ir en femenino: *esta agua, toda el agua, mucha agua*, etc. Con el diminutivo *agüita* deben usarse las formas *la* y *una*, pues el acento ya no recae en la /a/ inicial: «*La "agüita de panela"* [...] *no sustituye a la leche*» (Traversa *Cine* [Arg. 1984]); «*Te vas a tomar una agüita de ortiga con cinamón*» (Gamboa *Páginas* [Col. 1998]).

2. **hacer agua** o **hacer aguas.** *Hacer agua* significa, dicho de un barco, 'ser invadido por este elemento a través de alguna grieta o abertura': «*Desde la partida de Palos la nao capitana hacía agua*» (RBastos *Vigilia* [Par. 1992]); y, en sentido figurado, 'mostrar debilidad o comenzar a fracasar': «*La economía nacional ya hacía agua*» (Mendoza *Niñez* [Perú 1994]). *Hacer aguas*, por su parte, significa 'orinar': «*Algunos* [...] *lanzan botellas o hacen aguas en las gradas o en cualquier otro rincón del recinto*» (*País* [Esp.] 2.12.85). Aunque se recomienda seguir manteniendo esta distinción, hoy, debido a su extensión, se admite también el uso de *hacer aguas* con el sentido metafórico, ya mencionado, de 'mostrar debilidad o comenzar a fracasar': «*Las malas lenguas aseguran que su matrimonio hace aguas*» (*Tiempo* [Esp.] 16.7.90).

3. **agua dulce.** → aguadulce.

4. **agua dura.** → aguadura.

5. **agua fuerte.** → aguafuerte.

6. **agua nieve.** → aguanieve.

7. **agua viento.** → aguaviento.

aguachacha. → aguachirle.

aguachirle. 'Bebida o alimento líquido insípido y sin sustancia'. Al igual que su variante centroamericana *aguachacha*, es voz femenina: *la aguachirle, la aguachacha*. Puesto que, a diferencia de *agua*, no comienza por /a/ tónica, no debe usarse con la forma *el* del artículo (→ el, 2.1): [⊗]*el aguachirle*.

aguada. 'Técnica pictórica en la que se emplean colores diluidos en agua' y 'pintura realizada con esta técnica': «*Era conocida por cultivar* [...] *el dibujo y la pintura, sobre todo el pastel y la aguada*» (Perucho *Dietario* [Esp. 1985]). Se recomienda su empleo en sustitución de la voz francesa *gouache* o de su adaptación [⊗]*guache*.

aguadulce. En Costa Rica y Colombia, 'cocción de agua y panela'. Es sustantivo femenino y se escribe siempre en una sola palabra: «*Hija, mirá a ver cómo la aguadulce alcanza pa todos*» (Buenaventura *Diestra* [Col. 1960]). No debe confundirse *la aguadulce* con *el agua dulce*, 'agua de poco o ningún sabor, por contraposición a la del mar o a las minerales': «*Es bien sabido que el agua dulce pesa más que el agua salada*» (*Nacional* [Ven.] 20.12.96).

aguadura. 'Enfermedad de las caballerías': «*Infosura o aguadura: Es la inflamación de todas las partes*

blandas contenidas dentro del casco» (HTerrón *Equitación* [Esp. 1889]). Es sustantivo femenino y se escribe siempre en una sola palabra: *la aguadura*. No debe confundirse con *el agua dura*, 'agua que contiene carbonatos y bicarbonatos de calcio y magnesio': «*Trece de los quince pueblos beben un agua dura y de muy poca calidad*» (*NCastilla* [Esp.] 1.12.00).

aguafuerte. **1.** Cuando significa 'disolución concentrada de ácido nítrico en agua' y 'técnica de grabado en metal que utiliza esta sustancia', se emplea como sustantivo masculino: «*Utilizó aguafuerte diluido en aguatinta para algunos de sus mejores grabados*» (*Abc* [Esp.] 1.3.96); «*En 1965 aprendió el aguafuerte con el pintor Joan Vilacasas*» (*Vanguardia* [Esp.] 8.4.94). Procede de la locución nominal femenina *agua fuerte*, que se usaba con la forma *el* del artículo, al ser *agua* una palabra con /a/ tónica inicial (→ el, 2.1): «*¡Hay que tocar el aro con el agua fuerte y calibrar la piedra!*» (VInclán *Tirano* [Esp. 1927]). Con el tiempo, ambas palabras han acabado fundiéndose en una sola de género masculino. Hoy es rara y desaconsejable su escritura en dos palabras.

2. Cuando significa 'lámina obtenida por el grabado al aguafuerte' y 'estampa hecha con esta lámina', se escribe siempre en una sola palabra y se usa en ambos géneros, con predominio claro del masculino: «*Qué escena, santo Dios, para un aguafuerte goyesco*» (Laín *Descargo* [Esp. 1976]); «*El pobre Roberto Arlt publicaba en las columnas del diario El Mundo sus Aguafuertes porteñas*» (Barnatán *Frente* [Arg. 1989]).

aguamanos. 'Aguamanil'. Es voz masculina: *el aguamanos*.

aguamarina. 'Piedra preciosa de color parecido al agua del mar'. Es voz femenina y se escribe siempre en una sola palabra: *la aguamarina*. Puesto que, a diferencia de *agua*, no comienza por /a/ tónica, no debe usarse con la forma *el* del artículo (→ el, 2.1): [⊗]*el aguamarina*.

aguamiel. **1.** 'Agua mezclada con miel o alguna sustancia dulce'. Con este sentido es, como *miel*, de género femenino: «*La recolección de la miel en las colmenas y su utilización para el logro de aguamieles alcohólicas*» (MtnMunicio *Bioquímica* [Esp. 1985]). Puesto que no comienza por /a/ tónica, debe usarse con la forma *la* del artículo femenino (→ el, 2.1): *la aguamiel*.

2. Cuando significa 'jugo del maguey, del que, por fermentación, se obtiene el pulque', se usa normalmente en masculino: «*En el aguamiel vieron los aztecas la leche materna*» (Ramírez *Infancia* [Méx. 1975]).

aguanieve. 'Agua que cae de las nubes mezclada con nieve'. Es voz femenina: «*Caía una aguanieve* *y yo me regodeaba pensando qué bien se está aquí dentro del restaurante, que no nos mojamos»* (Cebrián *Rusa* [Esp. 1986]). Es incorrecto su uso en masculino: ⊗*el aguanieve.* Aunque se aconseja su escritura en una sola palabra, también es admisible la grafía en dos palabras: *agua nieve.* En ese caso, debe usarse el artículo *el* (*el agua nieve*), al ser *agua* un sustantivo femenino que comienza por /a/ tónica (→ el, 2.1). No debe confundirse con *aguanieves* ('pájaro'; → aguanieves).

aguanieves. 'Pájaro más comúnmente conocido como lavandera'. Es voz femenina: *«Hubiera escrito la fábula del cuco y la aguanieves»* (Landero *Juegos* [Esp. 1989]). No debe confundirse con *aguanieve* ('precipitación de agua y nieve'; → aguanieve).

aguar. → aguar(se).

aguardar. 1. Con el sentido de 'esperar en un sitio a que [alguien o algo] llegue o a que suceda [algo]', es transitivo en el español culto general: *«En el salón de visitas LOS aguardaban unos cincuenta guardias»* (Valladares *Esperanza* [Cuba 1985]); *«El juez [...] aguarda las campanadas de las doce»* (Mojarro *Yo* [Méx. 1985]). No obstante, en gran parte de América, especialmente en México, Centroamérica y el Caribe, no es infrecuente su uso como intransitivo, seguido de un complemento con *por,* uso que también se documenta ocasionalmente en España: *«Al llegar Cruz a su vivienda encuentra un joven robusto que evidentemente aguardaba POR él»* (Santander *Extensionista* [Méx. 1978]); *«Mientras aguardaba POR sus pertenencias, Stephane Gagne [...] mostraba su conformidad con el registro»* (*FVigo* [Esp.] 15.6.01). Es uso que cuenta con antecedentes clásicos, aunque en algunos casos puede deberse hoy al influjo del inglés *to wait for.* Se recomienda la construcción transitiva (*aguardar* [algo o a alguien]), que es la mayoritaria en el uso culto. **2.** Cuando significa 'tener esperanza [en que algo suceda] o creer [que sucederá]', es transitivo y va seguido de un infinitivo o de una oración introducida por *que*: *«Con renovado ardor aguardaba ver de nuevo la catedral»* (FdzSpencer *Pueblo* [R. Dom. 1997]); *«En lo más íntimo aguarda que el firmamento caiga sobre la Tierra»* (Chamorro *Muerto* [Esp. 1984]). Si lo que significa es 'dar tiempo a que algo suceda antes de hacer otra cosa', es intransitivo y en ese caso el infinitivo o la oración introducida por *que* van precedidos de la preposición *a*: *«Sin aguardar A despejarme por completo me precipité sobre el cuaderno»* (Quintero *Danza* [Ven. 1991]); *«Susan aguardó A que bebiera agua fría para preguntarle [...] si había encontrado algo»* (Ponte *Contrabando* [Cuba 2002]). **3.** Cuando significa, dicho de una cosa, 'estarle reservada a alguien o haberle de ocurrir en el fu-

turo', es intransitivo; el complemento de persona es indirecto: *«Todavía LE aguardaban más sorpresas a Rochas»* (Cabouli *Terapia* [Arg. 1995]).

aguardiente. 'Licor'. Es voz masculina: *el aguardiente.*

aguardillado -da. → buhardilla.

aguarrás. 'Disolvente de pinturas'. Es voz masculina: *el aguarrás.* Su plural es *aguarrases* (→ PLURAL, 1f).

aguar(se). 'Añadir agua [a otro líquido]' y, referido a una diversión u otra cosa agradable, 'estropear(se)'. En el área centroamericana significa también 'dar de beber [al ganado]'. Se acentúa como *averiguar* (→ APÉNDICE 1, n.° 6). Se escriben con diéresis todas las formas en las que *-gu-* va delante de *e: agüe, agües,* etc.

aguatinta. 'Variedad de grabado al aguafuerte'. Aunque tradicionalmente se ha considerado de género femenino, hoy, por influjo de *aguafuerte* (→ aguafuerte), es frecuente su empleo en masculino. Se admite su uso en ambos géneros: *«Las aguatintas de Eduardo Chillida [...] pueden admirarnos»* (*Abc* [Esp.] 8.11.91); *«El de Dora Maar es el más complejo y esquemático de los aguatintas picassianos»* (*Abc* [Esp.] 25.7.97).

aguaviento. 'Lluvia con viento fuerte'. Es voz masculina: *«Brincaban festivos bajo el aguaviento»* (Hayen *Calle* [Méx. 1993]). Aunque se aconseja su escritura en una sola palabra, también es admisible la grafía *agua viento.* No debe confundirse con *aguavientos* ('planta'; → aguavientos).

aguavientos. 'Planta perenne de la familia de las Labiadas'. Es voz masculina: *el aguavientos.* No debe confundirse con *aguaviento* ('lluvia acompañada de viento'; → aguaviento).

⊗**agüelo -la.** → abuelo.

águila. 'Ave rapaz'. Es voz femenina: *«Ensayaban nuevos vuelos las águilas reales»* (Argüelles *Letanías* [Esp. 1993]). Al comenzar por /a/ tónica, exige el uso de la forma *el* del artículo si entre ambos elementos no se interpone otra palabra (→ el, 2.1), pero los adjetivos deben ir en forma femenina: *«¡El águila bicéfala!»* (SchzFerlosio *Años* [Esp. 1993]). En cuanto al indefinido, aunque no se considera incorrecto el uso de la forma plena *una,* hoy es mayoritario y preferible el uso de la forma apocopada *un* (→ uno, 1): *«Un águila posada sobre un nopal»* (Fuentes *Cristóbal* [Méx. 1987]). Lo mismo ocurre con los indefinidos *alguno* y *ninguno: algún águila, ningún águila.* El resto de los adjetivos determinativos debe ir en femenino: *esa águila, la otra águila,* etc.

Aguilar de Campoo. *Campoo* debe escribirse sin tilde por ser palabra llana terminada en vocal, ya que, a efectos ortográficos, se considera que dos vocales iguales forman siempre hiato (→ TIL-DE², 1.1.2 y 2.2.1a).

agujerar(se). → agujerear(se).

agujerear(se). 'Hacer(se) uno o más agujeros'. Menos frecuente, pero también válida, es la variante *agujerar*, usada junto a *agujerear* en México y algunos países centroamericanos: «*Las orejas* [...] *agujeradas para llenarlas de aretes hasta arriba*» (Rossi *María* [C. Rica 1985]).

agur. Interjección que, procedente del latín *augurium*, ha pasado al español a través del vasco como fórmula de despedida. Se admite también la variante *abur*.

a gusto, ⊛**agusto.** → gusto, 3.

ahijar. 'Adoptar [un hijo ajeno]' y, dicho de una planta, 'retoñar'. Se acentúa como *aislar* (→ APÉNDICE 1, n.º 9). La hache intercalada no exime de la obligación de tildar la -*i*- para marcar el hiato en las formas en que esta vocal es tónica (→ TILDE², 2.2.2b): *ahíjo, ahíjas, ahíja, ahíjan, ahíje, ahíjes, ahíjen.*

ahilar(se). 'Hacer(se) más fino o tenue'. Se acentúa como *aislar* (→ APÉNDICE 1, n.º 9). La hache intercalada no exime de la obligación de tildar la -*i*- para marcar el hiato en las formas en que esta vocal es tónica (→ TILDE², 2.2.2b): *ahílo, ahílas, ahíla, ahílan, ahíle, ahíles, ahílen.*

ahincar(se). 'Hincar(se) o fijar(se)' y 'esforzarse o perseverar con ahínco'. Se acentúa como *aislar* (→ APÉNDICE 1, n.º 9). La hache intercalada no exime de la obligación de tildar la -*i*- para marcar el hiato en las formas en que esta vocal es tónica (→ TILDE², 2.2.2b): *ahínco, ahíncas, ahínca, ahíncan, ahínque, ahínques, ahínquen.*

ahitar(se). 'Poner(se) ahíto'. Se acentúa como *aislar* (→ APÉNDICE 1, n.º 9). La hache intercalada no exime de la obligación de tildar la -*i*- para marcar el hiato en las formas en que esta vocal es tónica (→ TILDE², 2.2.2b): *ahíto, ahítas, ahíta, ahítan, ahíte, ahítes, ahíten.*

ahorita. Diminutivo de *ahora*, usado frecuentemente en el habla coloquial de amplias zonas de América: «*Me encantaría, pero ahorita estoy apuradísimo*» (Bayly *Días* [Perú 1996]). Aún más coloquial es la variante *horita*: «*Horita viene el soplón con gente que te va a botar*» (Paz *Huelga* [Cuba 1981]). Ambas formas admiten sufijos diminutivos: *ahoritita, ahoritica, horitita.* No son correctas las grafías sin *h*: ⊛*aorita,* ⊛*orita*. En Puerto Rico y la República Dominicana se distingue entre *ahora* ('en este momento') y *ahorita* ('dentro de un rato').

ahuchar. En España, 'guardar en una hucha o ahorrar' y, en algunos países de América, especialmente en Colombia, 'azuzar'. Se acentúa como *aunar*

(→ APÉNDICE 1, n.º 11). La hache intercalada no exime de la obligación de tildar la -*u*- para marcar el hiato en las formas en que esta vocal es tónica (→ TILDE², 2.2.2b): *ahúcho, ahúchas, ahúcha, ahúchan, ahúche, ahúches, ahúchen.*

ahumar(se). 'Exponer al humo', 'desprender humo' y 'llenar(se) de humo'. Se acentúa como *aunar* (→ APÉNDICE 1, n.º 11). La hache intercalada no exime de la obligación de tildar la -*u*- para marcar el hiato en las formas en que esta vocal es tónica (→ TILDE², 2.2.2b): *ahúmo, ahúmas, ahúma, ahúman, ahúme, ahúmes, ahúmen.*

ahusar(se). 'Adelgazar(se) en forma de huso'. Se acentúa como *aunar* (→ APÉNDICE 1, n.º 11). La hache intercalada no exime de la obligación de tildar la -*u*- para marcar el hiato en las formas en que esta vocal es tónica (→ TILDE², 2.2.2b): *ahúso, ahúsas, ahúsa, ahúsan, ahúse, ahúses, ahúsen.*

aimara. 'De un pueblo indígena que habita la región del lago Titicaca'. Referido a persona, se emplea frecuentemente como sustantivo. También como sustantivo designa la lengua hablada por este pueblo. El plural es *aimaras*: «*Las peladas montañas de los indios aimaras*» (Donoso *Elefantes* [Chile 1995]), y no hay razón para usarlo como invariable (→ PLURAL, 2.2): ⊛*los aimara*. Aunque a veces se emplea la forma aguda ⊛*aimará*, la forma mayoritaria y preferible es la llana *aimara* [aimára], que es, además, la usada en los países andinos donde se ubican estas comunidades indígenas. Se desaconseja la grafía ⊛*aymara*, por no ajustarse a las reglas ortográficas del español actual.

airar(se). 'Llenar(se) de ira'. Se acentúa como *aislar* (→ APÉNDICE 1, n.º 9). Puede llevar un complemento introducido por *contra*: «*CONTRA nadie sabe airarse o indignarse sino solamente contra sí misma*» (Izquierdo *Imitación* [Ven. 1967]). No debe confundirse con *airear(se)* ('ventilar(se)'; → airear(se)).

airbag. Voz tomada del inglés *air bag* o *air-bag*, que designa el dispositivo de seguridad para los ocupantes de un automóvil consistente en una bolsa que se infla en caso de colisión violenta: «*Ha salvado la vida gracias a que funcionó el airbag*» (*Abc* [Esp.] 2.9.97). En español debe decirse [airbág], acomodando su pronunciación a su grafía. Su plural es *airbags* (→ PLURAL, 1h). Como alternativas al anglicismo existen el calco *bolsa de aire* y las traducciones *cojín de aire* y *colchón de aire*: «*Las bolsas de aire con problemas son las que están en el lado del conductor*» (*Nacional* [Ven.] 12.9.00); «*Esta última versión lleva de serie el cojín de aire, el ABS y el aire acondicionado*» (*Mundo* [Esp.] 15.2.95); «*El colchón de aire ha salvado la vida a casi 2300 personas en los últimos diez años*» (*NDía* [P. Rico] 28.11.97).

airear(se). 1. 'Ventilar(se)', 'dar publicidad [a algo]' y, como pronominal, dicho de una persona, 'tomar el aire': «*La ropa de cama estaba amontonada sobre una silla frente a la puerta abierta, para que se aireara*» (Steimberg *Espíritu* [Arg. 1981]); «*Cuando la oposición aireó el escándalo, retiraron la adjudicación*» (*Abc* [Esp.] 18.4.89); «*Se encontraban tan pesados que necesitaban caminar, airearse*» (FdzCubas *Ágatha* [Esp. 1994]). No debe confundirse con *airar(se)* ('llenar(se) de ira'; → airar(se)). Es incorrecta la grafía [⊗]*aerear(se)* para el infinitivo y, consecuentemente, no son correctas las formas conjugadas que comienzan por *aer-*: [⊗]*aereaba*, [⊗]*aereó*, etc.

2. Con respecto a derivados de este verbo, como *aireación* ('acción y efecto de airear(se)') y *aireador* ('que airea'), deben evitarse las grafías incorrectas [⊗]*aereación* y [⊗]*aereador*. Sí es correcto, en cambio, el sustantivo *aeración* —formado sobre el latín *aer* ('aire')—, que es variante, poco usada, de *aireación*: «*Los sólidos suspendidos* [...] *que aún tiene el líquido se agitan dentro de una cámara de aeración en la que se inyecta aire a presión*» (DzDorado *Ordenamiento* [Arg. 1993]).

aislar(se). 'Apartar(se)' y 'proteger(se)'. La *i* del grupo *ai* es tónica en las formas de este verbo que llevan el acento prosódico en la raíz. V. conjugación modelo (→ APÉNDICE 1, n.º 9).

Aix-la-Chapelle. → Aquisgrán.

ajaceite. → ajiaceite.

ajengibre. → jengibre.

ajenidad. 'Cualidad de ajeno'. Es incorrecta la forma [⊗]*ajeneidad* (→ -dad, e).

ajeno -na. Cuando significa 'sin relación o pertenencia a algo o alguien', '[persona] indiferente a algo o ignorante de ello' o 'carente o libre de algo', se construye normalmente con un complemento introducido por *a*: «*No me gusta discutir mi trabajo con personas ajenas A la profesión*» (Pedrero *Invierno* [Esp. 1989]); «*El cochero dormita ajeno A la confusión*» (Britton *Siglo* [Pan. 1995]); «*Crearía un mundo ajeno A cualquier influencia de la realidad exterior*» (Bonilla *Luz* [Esp. 1994]); es raro hoy introducir estos complementos con la preposición *de*: «*Supersticiosamente ajeno DE lo que llaman política, se había alejado de su contacto*» (Aparicio *César* [Esp. 1981]).

ají. 'Pimiento americano muy picante'. Su plural es *ajíes* o *ajís* (→ PLURAL, 1c). Es vulgar, y debe evitarse, el plural [⊗]*ajises*.

ajiaceite. 'Salsa hecha a base de aceite y ajo': «*Dejados macerar* [los boquerones] *luego toda la noche, con ajiaceite*» (Domingo *Sabor* [Esp. 1992]). Existen también las variantes *ajoaceite* y *ajaceite*: «*De Cataluña quizá parte el "all-i-oli"*, [...] *que encontró va-*

riantes en el ajiaceite de Castilla, el ajoaceite de Aragón, el ajo arriero del País Vasco y otras» (Brusco *Comer* [Arg. 1987]); «*Los cazadores le enseñarán a guisar el conejo de monte, con ajaceite*» (Beltrán *Pueblos* [Esp. 2000]). El nombre más extendido hoy es, no obstante, *alioli*, adaptación del catalán (→ alioli).

ajoaceite. → ajiaceite.

ajonjolí. 'Sésamo'. Su plural es *ajonjolíes* o *ajonjolís* (→ PLURAL, 1c).

ajusticiar. 'Aplicar [a un reo] la pena de muerte'. Se acentúa como *anunciar* (→ APÉNDICE 1, n.º 4).

al. La preposición *a*, seguida del artículo *el*, se contrae en la forma *al*: *Vamos al médico; Me llegó al alma*. Cuando *el* forma parte de un nombre propio y, por consiguiente, se escribe con mayúscula, no se realiza la contracción en la escritura, aunque sí suele hacerse en la lengua oral: *Vamos a El Salvador* [alsalbadór]. Tampoco se realiza la contracción si el artículo inicia el título de una obra: *Las críticas a El señor de los anillos han sido excelentes*. El artículo que antecede normalmente a los sobrenombres o apodos se escribe con minúscula y no forma parte del nombre propio; de ahí que se realice la contracción cuando va precedido de la preposición: *Aplaudieron al Cordobés, que realizó una estupenda faena* (no [⊗]*a El Cordobés*).

ala, alá. → hala, 1.

[⊗]**alahuí,** [⊗]**alahuita.** → alauí.

al alimón, [⊗]**alalimón.** → alimón.

alambre. 'Hilo de metal'. Es voz masculina: *el alambre*.

[⊗]**alante.** → adelante.

alarma. 'Señal que avisa de un peligro' e 'inquietud motivada por un peligro'. Aunque ha vacilado en género en épocas pasadas, hoy solo es normal su uso en femenino: *la alarma*, no [⊗]*el alarma*.

Alaska. Estado del noroeste de los Estados Unidos de América. El gentilicio recomendado es *alaskeño* o *alasqueño*: «*Los proyectos del congresista alasqueño Don Young*» (Méndez *Limbo* [P. Rico 1997]).

alaskeño -ña, alasqueño -ña. → Alaska.

a látere. Loc. lat. que significa literalmente 'al lado'. Su uso en español está restringido a la locución nominal *legado a látere* ('cardenal designado por el papa para representarlo en determinadas funciones'): «*De mayor importancia fueron las concesiones de D. Juan de Poggio, legado a látere de Julio III*» (GaBarreno *Hospitales* [Esp. 1991]). Es invariable en plural: *legados a látere*. De esta locución deriva el sustantivo *adlátere* o *alátere* (→ adlátere); pero la locución latina debe escribirse siempre en dos palabras y con la preposición *a* originaria; así, no es admisible, en este caso, la forma ®*ad látere:* ®«*El nuevo papa nombró cinco legados* ad látere *para que viajasen por Europa*» (VCasas *Isabel* [Esp. 1987]).

alátere. → adlátere.

alauí. 1. 'De la actual dinastía reinante en Marruecos': «*El soberano alauí se alojó en la suite real del céntrico hotel*» (*País* [Esp.] 1.10.89). Este adjetivo deriva del nombre del yerno de Mahoma, Alí, del que esta dinastía se proclama descendiente. El plural asentado en la lengua culta es *alauíes* (→ PLURAL, 1c). Con este sentido, también es válida, aunque menos frecuente, la variante *alauita:* «*Este es el argumento preferido del monarca alauita*» (*Cambio 16* [Esp.] 23.4.90). **2.** También significa 'de una rama del chiismo que preconiza la divinidad de Alí, yerno de Mahoma': «*Las graves manifestaciones de protesta de la comunidad alauí en Turquía se extienden a la capital*» (*Mundo* [Esp.] 15.3.95); pero con este sentido suele usarse más la forma *alauita:* «*Assad es miembro de la secta minoritaria de los alauitas, una ramificación del chiismo*» (Leguineche *Camino* [Esp. 1995]). **3.** Ni *alauí* ni *alauita* deben emplearse con el significado de 'marroquí', como sucede en este ejemplo: ®«*Las subvenciones destinadas a los pescadores que faenan en los caladeros alauitas se han incrementado*» (*Vanguardia* [Esp.] 2.10.95). **4.** Son incorrectas las grafías ®*alahuí* y ®*alahuita.*

alauita. → alauí.

albalá. 'Cédula del rey u otra autoridad en que se concedía alguna merced o se hacía constar algo'. Esta voz de origen árabe se usa hoy mayoritariamente en masculino, aunque también es válido su empleo con el género femenino etimológico: «*El albalá es un título al portador canjeable por agua en cualquier acequia pública*» (LpzGómez *Riegos* [Esp. 1951]); «*Previamente habían obtenido una albalá*» (CBaroja *Judíos* I [Esp. 1961] 77). Su plural es *albalaes* (→ PLURAL, 1b).

albóndiga. 'Bola de carne o pescado que se come guisada o frita'. No debe usarse la forma ®*almóndiga,* propia del habla popular de algunas zonas.

álbum. 'Libro en blanco en el que se conservan fotografías, sellos u otros objetos semejantes' y 'estuche o carpeta con uno o más discos sonoros'. Su plural es *álbumes* (→ PLURAL, 1h y k): «*Solo poseo dos álbumes donde aparecen fotos de mis dos hijas*» (Chávez *Batallador* [Méx. 1986]). Son incorrectos el singular ®*álbun* y el plural ®*álbunes.*

Albuquerque. Ciudad del estado de Nuevo México (Estados Unidos): «*El presidente estadounidense se ha retirado a Albuquerque, Nuevo México, para preparar el próximo debate electoral*» (*Universal* [Ven.] 15.10.96). No debe confundirse con *Al-*

burquerque ('municipio de Badajoz, en España'; → Alburquerque).

Alburquerque. Municipio de la provincia de Badajoz (España): «*Castillo de Alburquerque (Badajoz)*» (Chueca *Arquitectura* [Esp. 1965]). No debe confundirse con *Albuquerque* ('ciudad de Nuevo México, en los Estados Unidos'; → Albuquerque).

®**alcahué.** → cacahuate.

Alcalá de Guadaíra o **de Guadaira.** El nombre de esta localidad andaluza presenta dos acentuaciones válidas, que han convivido a lo largo del tiempo. El nombre oficial actual corresponde a la forma con hiato [guadaíra], que es la habitual en la pronunciación local. No obstante, la usual entre los demás hispanohablantes es la forma con diptongo [guadáira]. El gentilicio es *alcalareño.*

alcalareño -ña. → Alcalá de Guadaíra o de Guadaira.

alcalde -desa. 'Primera autoridad de un municipio'. El femenino es *alcaldesa:* «*Le interesaba tomar el poder y ser alcaldesa*» (*Tiempos* [Bol.] 19.1.97). No debe usarse como común en cuanto al género (→ GÉNERO², 1a): ®*la alcalde.*

álcali. 'Hidróxido metálico que se comporta como una base fuerte': «*Los álcalis y las cenizas vegetales son cáusticas*» (FdzChiti *Cerámica* [Arg. 1982]). En el español actual se ha impuesto la acentuación esdrújula, por lo que debe evitarse la forma aguda ®*alcalí.*

alcanzar. Seguido de un infinitivo precedido de la preposición *a,* significa 'lograr o conseguir lo que el infinitivo expresa': «*Desde el pasillo alcancé A divisar la cama*» (Cano *Abismo* [Col. 1991]). No debe suprimirse la preposición: ®*alcancé divisar.*

alcuzcuz. → cuscús.

al derredor, alderredor. → alrededor.

ale. → hala.

aleatoriedad. 'Cualidad de aleatorio'. Son incorrectas las formas ®*aleatoridad* y ®*aleatoreidad* (→ -dad, c).

aleatorio -ria. 'Que depende del azar o no sigue una pauta definida': «*La grabación de las conversaciones se realizó de forma aleatoria*» (*Mundo* [Esp.] 11.11.95). Referido a música, designa aquella en la que se deja a la libre elección del ejecutante algún elemento: «*En el estudio de Milán se llevarían además a cabo las primeras tentativas de música electrónica aleatoria*» (Marco *Música* [Esp. 1993]). Es impropio su uso con el sentido de 'dudoso o discutible': ®«*Es muy aleatoria esa situación de dar por válida una encuesta que se pueda utilizar*» (*Hoy* [El Salv.] 5.2.97).

®**alegadamente.** → alegar.

alegar. Cuando significa 'exponer [hechos, méritos, etc.] para fundamentar una disculpa o una pretensión', es transitivo: «*Tengo que alegar que en ningún momento bajé del vehículo*» (Chavarría *Rojo* [Ur. 2002]). Es incorrecto usar su participio *alegado* con el sentido de 'supuesto o presunto', calco censurable del inglés *alleged* ('afirmado pero aún no probado'): ⊗«*Aplazan la rebaja de fianza a alegada madre secuestradora*» (*NDía* [P. Rico] 14.11.00). Lo mismo cabe decir del adverbio ⊗*alegadamente:* ⊗«*El truco para robarle el dinero fue la puerta que alegadamente no cerraba bien*» (*Listín* [R. Dom.] 3.9.97); debió decirse *presuntamente* o *supuestamente*.

alegrar(se). 1. Cuando significa 'causar alegría', es verbo de «afección psíquica» y, por ello, dependiendo de distintos factores (→ LEÍSMO, 4a), el complemento de persona puede interpretarse como directo o como indirecto: «*Freddy LOS alegraba mucho con sus ocurrencias*» (Vergés *Cenizas* [R. Dom. 1980]); «*También LE alegró que el dormitorio volviera a ser común*» (Pitol *Vida* [Méx. 1991]). Lo que motiva la alegría es, en esta construcción, el sujeto gramatical, por lo que no debe ir precedido de preposición: *Le alegra que hayas venido*, no ⊗*Le alegra DE que hayas venido* (→ DEQUEÍSMO, 1a).

2. Como pronominal (*alegrarse*), significa 'sentir alegría' y se construye con un complemento introducido por *de: Se alegra DE que hayas decidido venir;* no se debe, en este caso, suprimir la preposición (→ QUEÍSMO, 1a): ⊗*Se alegra que hayas decidido venir*.

alegreto, ⊗**alegretto.** → *allegretto*.

alegro. → *allegro*.

Alejandreta. Forma tradicional española del nombre de esta ciudad de Turquía. «*Un barco con 2200 toneladas de cenizas contaminadas con cromo VI [...] se hundió el lunes frente a Alejandreta (Turquía)*» (*País*@ [Esp.] 8.9.04). El topónimo tradicional sigue vigente, por lo que resulta preferible a *Iskenderun*.

alelí. → *alhelí*.

aleluya. Interjección que expresa júbilo. Cuando se sustantiva, con este sentido, se usa normalmente en masculino: «*Tomás llevaba aún la carta en las manos y un aleluya en los ojos*» (Argüelles *Letanías* [Esp. 1993]). Cuando significa 'canto litúrgico de alegría, que gira en torno a la palabra *aleluya*', puede usarse en ambos géneros, aunque hoy suele ser más normal el masculino: «*El coro cantaba el aleluya*» (*Mundo* [Esp.] 17.10.94). En el resto de las acepciones ('pareado de octosílabos de carácter popular', 'hoja o pliego que contiene estampas con aleluyas impresas' y 'planta malvácea'), se usa en femenino: «*Salinas leyó en alta voz unas aleluyas que había escrito en honor de Blecua*» (*País* [Esp.] 22.3.03);

«*Las famosas aleluyas, pliegos de cordel o ancas de Valencia y Cataluña, también relatan el giro del tiempo*» (Agromayor *España* [Esp. 1987]); «*Las hojas de la aleluya tienen sabor acedo muy agradable*» (FQuer *Plantas* [Esp. 1962]).

alemanda. Adaptación gráfica de la voz francesa *allemande*, que designa cierta danza de origen alemán: «*Leonor no sabía [...] bailar el minué, la alemanda o la contradanza*» (Alonso *Flor* [Esp. 1991]).

Alemtejo. → Alentejo.

alentar. 'Fomentar o estimular [algo]', 'dar aliento o animar [a alguien]' y 'respirar'. Verbo irregular: se conjuga como *acertar* (→ APÉNDICE 1, n.º 16).

alentejano -na. → Alentejo.

Alentejo. Forma tradicional española del nombre de esta región de Portugal, que se usa siempre con artículo antepuesto: «*Estos pinares se localizan en las costas del Alentejo y del Algarve, en Portugal*» (VV. AA. *Bosques* [Esp. 1998]). No debe utilizarse en español la grafía portuguesa *Alemtejo*. El gentilicio es *alentejano:* «*El mismo narrador confiesa adorar la cocina alentejana*» (*Espéculo* [Esp.] 6.03).

alérgeno. 'Sustancia que provoca reacciones alérgicas'. Aunque también se ha usado la forma llana ⊗*alergeno*, debe preferirse la forma esdrújula, como corresponde a la pronunciación correcta de las voces formadas con el elemento compositivo *-geno* ('que genera o produce'): *electrógeno, halógeno, lacrimógeno,* etc.

alerta. 1. Voz procedente de la locución interjectiva italiana *all'erta*, con la que se instaba a los soldados a ponerse en guardia ante un ataque. Con valor interjectivo se usa también en español, como voz de aviso o alarma: «*"¡Alerta!", se oye en la plaza, y léperos y guerrilleros corren al ver que se acerca la escuadra de guardas nocturnos*» (Aridjis *Adiós* [Méx. 1989]). Cuando la interjección se sustantiva, lo hace en masculino: «*Por la alta reja [...] entraban [...] los "alertas" de los centinelas*» (DzFernández *Venus* [Esp. 1929]).

2. Como sustantivo, con los sentidos de 'aviso o llamada de atención para prevenirse ante un posible riesgo o daño' y 'situación de vigilancia o atención, especialmente en prevención de un posible riesgo o daño', se usa en ambos géneros, con predominio del femenino: «*Aunque sea yo el único que denuncie lo que está pasando, tengo que dar el alerta a los cubanos*» (Matos *Noche* [Cuba 2002]); «*Muchas voces [...] han dado la alerta pidiendo reducir el despilfarro mundial de energía*» (Butteler *Ecología* [Perú 1996]); «*El campo murciano y las tierras aledañas viven una vez más la zozobra de una alerta extrema y el peligro de nuevas inundaciones*» (*Abc* [Esp.] 14.10.86).

3. Se usa también como adjetivo de una sola terminación, con el significado de 'vigilante y atento' y, como corresponde a los adjetivos, lo normal es que concuerde en número con el sustantivo al que acompaña: «*Un soplo de aire frío de tormenta movía los espíritus alertas*» (UPietri *Oficio* [Ven. 1976]). No obstante, también se usa como adjetivo invariable en número: «*Don Mario, los hombros encogidos, dobladas las rodillas, los ojos alerta, miraba al cielo*» (Delibes *Madera* [Esp. 1987]). En épocas pasadas se usó como adjetivo de dos terminaciones (*alerto, -ta*), pero la forma *alerto* para el masculino resulta hoy anticuada: «*El hombre va confiado, pero alerto*» (Asturias *Burgos* [Guat. 1929]).

4. Cuando funciona como complemento verbal, la forma *alerta*, sin variación de número, puede ser considerada un adverbio, con el sentido de 'en actitud de atenta vigilancia'. Se usa normalmente con verbos como *estar, poner, vivir, mantener, continuar, permanecer*, etc.: «*Los colombianos deberían estar alerta*» (*Tiempo* [Col.] 12.6.97); «*Los hombres permanecen alerta en sus puestos de combate*» (Bojorge *Aventura* [Arg. 1992]). Puesto que la mayoría de estos verbos admiten como complemento un adjetivo en función de predicativo (*estar/vivir/mantener/continuar/permanecer*, etc., *despierto*), también es posible interpretar en estos casos la forma *alerta* como adjetivo invariable, según el uso comentado antes (→ 3). Precisamente porque estos verbos admiten como complemento predicativos adjetivos, es igualmente válido en estos casos utilizar el adjetivo *alerta* con variación de número: «*Los mexicanos debemos estar alertas frente a las disputas de poder*» (*Excélsior* [Méx.] 19.6.96); «*A Juan lo desconcertó que en ese páramo donde los bichos vivían alertas al peligro, las ovejas siguieran pastando, indiferentes a todo*» (Martínez *Perón* [Arg. 1989]).

alerto -ta. → alerta, 3.

alfa. 'Primera letra del alfabeto griego'. Es voz femenina y, aunque comienza por /a/ tónica, el artículo que la antecede mantiene la forma *la* (→ el, 2.3a): «*Utilizamos la alfa privativa en palabras tales como arracionalidad*» (Chiozza *Cuerpo* [Arg. 1976]). No debe usarse hoy la grafía con *ph*: [⊗]*alpha*. En cambio, cuando adquiere el sentido metafórico de 'principio u origen', funciona como sustantivo masculino, a menudo dentro de la expresión *(el) alfa y (el) omega*: «*La agonía* [...] *nos conduce hacia los extremos del tiempo, nos enfrenta con el alfa y el omega*» (Dávila *Contribución* [Esp. 1975]).

ALFABETO. → ABECEDARIO.

alfanje. 'Sable corto y corvo'. No es correcta la grafía [⊗]*alfange*.

alfaquí. Entre los musulmanes, 'doctor o sabio de la ley'. Su plural es *alfaquíes* o, raro, *alfaquís* (→ PLU-

RAL, 1c). Acerca de su escritura con mayúscula inicial, → MAYÚSCULAS, 4.31 y 6.9.

alférez. Con el sentido de 'oficial de categoría inmediatamente inferior a la de teniente', es común en cuanto al género (→ GÉNERO², 1a y 3k): *el/la alférez*.

alfiler. 'Clavo metálico muy fino'. Es voz masculina: *el alfiler*.

alfoz. 'Antigua división administrativa y judicial del reino de Castilla'. Aunque en sus orígenes se empleó en ambos géneros, en el español moderno es exclusivamente masculino: «*El célebre monasterio de San Pedro de Eslonza estuvo emplazado en el antiguo alfoz de León*» (Villanueva *Cantabria* [Esp. 2000]).

algarada. 'Tumulto o alteración del orden público producidos por un grupo de personas, normalmente como protesta política': «*Hubo huelgas y algaradas, ardieron algunos conventos y los obreros fueron readmitidos*» (Mendoza *Ciudad* [Esp. 1986]). También se emplea con el sentido de 'bullicio o griterío', aunque si es de carácter alegre o festivo, debe preferirse el uso de *algazara* (→ algazara).

Algarbe. → Algarve.

Algarve. Aunque desde época medieval y hasta bien entrado el siglo XX han convivido las grafías *Algarbe* y *Algarve* para denominar esta región del sur de Portugal, y a pesar de que la grafía con *-b* es la más próxima a la etimología (del ár. *al-garb* 'occidente'), en el uso actual se ha impuesto *Algarve*, forma que coincide con la grafía de este nombre en portugués. Se usa siempre precedido de artículo: «*Las tierras del Algarve se confundían con las de Huelva*» (Gopegui *Real* [Esp. 2001]).

algazara. 'Bullicio o griterío, especialmente el de carácter alegre o festivo': «*No estaba ya la noche para algazaras ni lucimiento de disfraces con aquel muerto de por medio*» (Ramírez *Baile* [Nic. 1995]). No debe usarse con el significado de 'tumulto o alteración del orden por motivos políticos', sentido que corresponde a *algarada* (→ algarada).

alguacil. 'Funcionario subalterno de un ayuntamiento o un juzgado'. Por su terminación, es común en cuanto al género (*el/la alguacil;* → GÉNERO², 1a y 3i): «*La alguacil M.ª Jesús Furió cuenta su caso*» (*Mundo*@ [Esp.] 1.4.01). Existe también, aunque se usa menos, el femenino específico *alguacila*, que en épocas pasadas designaba a la mujer del alguacil, pero que hoy designa también a la mujer que ocupa este cargo. Se desaconseja, por desusado, el femenino [⊗]*alguacilesa*.

alguacila. → alguacil.

alguien. Pronombre indefinido que significa 'alguna persona': *Alguien me dijo que ya no vivías aquí.*

Solo se usa en esta forma, que gramaticalmente es masculina singular: *Alguien desconocido preguntó por ti* (no **alguien desconocida*). No admite complementos partitivos: [⊗]*alguien de vosotros*, [⊗]*alguien de los asistentes;* en estos casos debe emplearse el indefinido *alguno: alguno de vosotros, algunos de los asistentes.* Sin embargo, sí admite complementos precedidos de la preposición *de* que simplemente delimitan o restringen la denotación del indefinido: «*Era menester que alguien de su familia fuese a recogerlo*» (González *Dios* [Méx. 1999]).

alguno -na. **1.** El indefinido *alguno(s), alguna(s)* puede funcionar como adjetivo: *Vinieron algunas personas;* o como pronombre: *Alguno lo sabrá.* Como adjetivo, toma la forma *algún* ante sustantivos masculinos, los preceda inmediatamente o no: *algún problema, algún buen amigo.* Su femenino *alguna* se apocopa normalmente en *algún* ante sustantivos que comienzan por /a/ tónica: *algún águila, algún hacha* (aunque no se considera incorrecto, hoy es infrecuente en estos casos el uso de la forma plena *alguna: alguna águila, alguna hacha*); pero si entre el indefinido y el sustantivo se interpone otra palabra, no se produce la apócope: *alguna majestuosa águila, alguna afilada hacha.* También cuando el adjetivo va pospuesto debe concordar en femenino con el sustantivo: *algún águila majestuosa, algún hacha afilada* (no [⊗]*algún águila majestuoso,* [⊗]*algún hacha afilado*).

2. alguno que otro. En esta locución determinativa es opcional la apócope del indefinido: «*Sólo oía, a lo lejos, el mar y alguno que otro carro*» (VLlosa *Tía* [Perú 1977]); «*Se oía a veces algún que otro quejido*» (JmnzLozano *Grano* [Esp. 1988]).

3. Si *alguno* va seguido de un complemento plural introducido por *de*, aunque la concordancia del verbo vacila a veces entre el singular (de acuerdo con el indefinido) y el plural (de acuerdo con el núcleo del complemento), en la lengua culta debe preferirse la concordancia del verbo con el indefinido, esto es, en singular: «*Alguno de los invitados rehusó el convite*» (Teitelboim *País* [Chile 1988]), y no [⊗]*alguno de los invitados rehusaron.*

4. Si *alguno* va seguido de un complemento con *nosotros, vosotros* o *ustedes,* la concordancia del verbo vacila entre el singular (de acuerdo con el indefinido) y el plural (de acuerdo con el pronombre personal): «*Si alguno de vosotros quiere servirme* [...], *que me siga*» (Benítez *Caballo 1* [Esp. 1984]); «*Gregorio llamó ayer por la tarde preguntando si alguno de vosotros podéis ir a buscarle*» (FdzCastro *Novia* [Esp. 1987]). Ambas concordancias son válidas, aunque en la lengua culta resulta preferible la primera. Pero si el complemento no está expreso, sino que va implícito, el verbo ha de ir necesariamente en plural: «*Seguro que alguno tenéis un reloj de los que cronometran con precisión*» (VV. AA. *Física*

[Esp. 1995]). En estos casos no debe usarse el indefinido *alguien* (→ alguien): [⊗]*alguien de vosotros,* [⊗]*alguien de ustedes.*

5. Cuando el indefinido *alguno* va pospuesto al sustantivo, tiene sentido negativo y equivale a *ninguno: No hay impedimento alguno por mi parte,* equivalente a *No hay ningún impedimento por mi parte.* Esto ocurre también en locuciones adverbiales del tipo *en modo alguno, de modo alguno, en parte alguna,* etc. [= en ningún modo, de ningún modo, en ninguna parte, etc.]. Cuando estas locuciones van pospuestas al verbo, exigen que este vaya en forma negativa: «*El Gobierno de la isla no puede aceptar de modo alguno esa política*» (*Proceso* [Méx.] 1.12.96); «*La palabra hamburguesa no aparece en parte alguna*» (*Vanguardia* [Esp.] 30.5.95); por el contrario, cuando se anteponen al verbo, este va en forma afirmativa: *En parte alguna aparece la palabra hamburguesa.*

alhelí. 'Planta ornamental' y 'flor de esta planta'. El plural asentado en la lengua culta es *alhelíes* (→ PLURAL, 1c). Mucho menos frecuente, aunque válida, es la grafía *alelí.*

aliar(se). **1.** 'Unir(se) para conseguir un fin'. Se acentúa como *enviar* (→ APÉNDICE 1, n.º 5).

2. Puede llevar un complemento introducido por *con* o, menos frecuentemente, *a:* «*Un giro imprevisto de las cosas alía al españolismo tradicional CON el antes execrable separatista*» (*Mundo* [Esp.] 29.4.96); «*La pureza lírica se alía A la subversión moral*» (Paz *Sombras* [Méx. 1983]).

alias. Se usa pospuesto al nombre verdadero de una persona y delante de su sobrenombre o apodo, con el sentido de 'por otro nombre': «*Yo estaba buscando a Marcos González Alcántara, alias el Negro*» (Ibargüengoitia *Crímenes* [Méx. 1979]). Como sustantivo masculino significa 'apodo o sobrenombre, esto es, nombre que suele añadirse o sustituir al nombre verdadero de una persona y que se basa en alguna característica física o moral de esta': «*Por su porte enfático se había ganado el alias de "el Marqués"*» (Tomás *Orilla* [Esp. 1984]). Su uso es especialmente frecuente en el lenguaje policial, para referirse al apodo o sobrenombre de los delincuentes. A menudo el nombre usado como alias se escribe con resalte tipográfico, en cursiva o entre comillas. La voz *alias* es invariable en plural (→ PLURAL, 1f): *los alias.* No debe confundirse con *seudónimo* ('nombre falso usado por un artista en lugar del suyo propio'; → seudónimo): [⊗]«*José Irazu, que literariamente utiliza el alias de Bernardo Atxaga, fue galardonado ayer tarde con el Premio Nacional de Narrativa*» (*Abc* [Esp.] 1.6.89). El artículo que suele anteceder a los alias debe escribirse con minúscula inicial (→ MAYÚSCULAS, 4.4).

⊗alibustre. → ligustro.

alicate. 'Herramienta a modo de tenaza pequeña': «*Doña Lila cortó el fleje del paquete con un alicate*» (Aguilar *Golfo* [Méx. 1986]). Se usa con frecuencia en plural (*los alicates*) designando un solo objeto (→ PLURAL, 2.5): «*Me libró de la bota cortándola con unos alicates*» (Pedraza *Pasión* [Esp. 1990]). No es correcto el uso de la forma de plural con artículo o determinante singular: ⊗*el alicates*.

alícuota. '[Parte] proporcional': «*Una parte alícuota del galardón la recibe también nuestra Academia*» (*Abc* [Par.] 6.10.00). También se usa como sustantivo femenino: «*El aumento de los ingresos permitiría reducir este año la alícuota del IVA al 20%*» (*Clarín* [Arg.] 2.4.97). Es palabra esdrújula, por lo que son incorrectas la grafía sin tilde y la pronunciación llana correspondiente: ⊗*alicuota*, ⊗[alikuóta].

aligátor. Adaptación gráfica de la voz inglesa *alligator*, usada también en francés, que se emplea ocasionalmente en español para designar al caimán ('reptil parecido al cocodrilo'). Hoy es mayoritaria la pronunciación llana basada en el inglés; se desaconseja, por desusada, la forma aguda ⊗*aligator* (pron. ⊗[aligatór]), basada en la pronunciación francesa. Su plural es *aligátores* (→ PLURAL, 1g): «*Los cocodrilos y los aligátores o caimanes pueden distinguirse por la morfología de la cabeza*» (VV. AA. *Zoología* [Esp. 2002] 576). Aunque es adaptación admitida, se recomienda usar con preferencia la voz *caimán*, de mayor tradición y frecuencia en español.

aligustre. → ligustro.

alimentar. → alimentar(se).

alimentario -ria. 'De la alimentación o de los alimentos': «*¿Cómo puedo darme cuenta de que tengo* [...] *un trastorno alimentario?*» (Rausch/Bay *Anorexia* [Arg. 1990]); «*Se espera un buen comportamiento de los precios alimentarios*» (*Vanguardia* [Esp.] 1.6.94). No debe confundirse con *alimenticio* ('que alimenta'; → alimenticio).

alimentar(se). 'Dar alimento' y, como pronominal, 'tomar alimento'. Tanto en el uso transitivo como en el pronominal, suele llevar un complemento introducido por *de* o *con*: «*Los alimentarán CON suero*» (*Tiempo* [Col.] 1.12.87); «*La mendiga se alimentaba DE lo que encontraba en las papeleras*» (*País* [Esp.] 2.8.84).

alimenticio -cia. 'Que alimenta o sirve para alimentar': «*La cultura árabe valoraba mucho el poder alimenticio y energético de esta planta*» (Suñer *Botica* [Esp. 2000]); «*El juez puede fijar que el autor reciba una pensión alimenticia*» (Medina *Doctrina* [Ven. 1984]). A menudo significa también 'de la alimentación o de los alimentos', aunque para este sentido se recomienda usar con preferencia el adjetivo *alimentario* (→ alimentario).

alimón. *al alimón.* 'Conjuntamente entre dos': «*¿Quién de los dos se lo comunicó?, ¿lo hicieron al alimón?*» (*Cambio 16* [Esp.] 14.5.90). No debe escribirse en una sola palabra: ⊗*alalimón*.

alinear(se). **1.** 'Colocar(se) en línea', 'vincular(se) a un bando u opinión' y, en deportes, 'incluir [a un jugador] en un equipo para un partido'. Con los dos primeros sentidos suele llevar, además del complemento directo, un complemento introducido por *con* o, menos frecuentemente, *a*: «*Tiende a alinear el eje de rotación CON la perpendicular a la eclíptica*» (Maza *Astronomía* [Chile 1988]); «*Castro no exporta revoluciones ni se alinea A una superpotencia hostil*» (*Proceso* [Méx.] 2.2.97). **2.** En todas las formas en las que el acento recae en la raíz *aline-*, la vocal tónica es la *-e-*: *alineo* [alinéo], *alineas* [alinéas], *alinea* [alinéa], *alinee* [alinée], etc. Son, pues, incorrectas las formas en las que, por influjo del sustantivo *línea*, se desplaza el acento a la *-i-*: ⊗*alíneo*, ⊗*alíneas*, ⊗*alínea*, ⊗*alínee*, etc., así como su pronunciación con cierre de la /e/ átona resultante en /i/: ⊗[alínio], ⊗[alínias], ⊗[alínia], ⊗[alínie], etc., pronunciación que a veces llega a reflejarse en la escritura. Los mismos errores deben evitarse en el resto de los verbos acabados en *-linear*, como *delinear, desalinear, entrelinear, interlinear* y *linear*.

alioli. 'Salsa hecha a base de aceite y ajo': «*La salsa alioli se prepara simplemente ligando aceite de oliva con ajo y dándole el punto de sal*» (Arguiñano *Recetas* [Esp. 1996]). Es adaptación gráfica de *allioli*, nombre catalán de esta salsa (de *all i oli* 'ajo y aceite'). Debe escribirse en una sola palabra, sin guion intermedio: ⊗*ali-oli*. Esta salsa recibe también en español los nombres de *ajiaceite, ajoaceite* y *ajaceite* (→ ajiaceite).

aliquebrar(se). 'Quebrar(se) las alas'. Verbo irregular: se conjuga como *acertar* (→ APÉNDICE 1, n.° 16).

aliviar(se). 'Hacer(se) más liviano' y 'descargar [a alguien] de un peso'. Se acentúa como *anunciar* (→ APÉNDICE 1, n.° 4).

allegretto. Voz italiana, diminutivo de *allegro* (→ allegro), que se usa internacionalmente en el lenguaje musical para indicar que el pasaje al que se refiere debe ejecutarse con movimiento menos vivo que el *allegro*. También se emplea, como sustantivo masculino, para designar dicho movimiento o el fragmento que se ejecuta de ese modo. Por tratarse de un extranjerismo crudo, debe escribirse con resalte tipográfico: «*La música del allegretto lo invadió con una paz que compensaba todas las tristezas del pasado*» (Martínez *Evita* [Arg. 1995]). Aunque en italiano se pronuncia [al.legrét.to], en español suele pronunciarse corrientemente [alegréto], simplificando las consonantes dobles. Alguna vez se ha usado la forma adaptada *alegreto*. No son admisibles las grafías ⊗*alegretto* o ⊗*allegreto*, que no son ni italianas ni españolas.

allegro. Voz italiana que se usa internacionalmente en el lenguaje musical para indicar que el pasaje al que se refiere debe ejecutarse con movimiento moderadamente vivo. También se emplea, como sustantivo masculino, para designar dicho movimiento o el fragmento que se ejecuta de ese modo. Por tratarse de un extranjerismo crudo, debe escribirse con resalte tipográfico: «*Su estructura, reducida a dos movimientos, un* allegro *y un tema con variaciones, no era nueva en la música occidental*» (*País* [Esp.] 3.1.81). Aunque en italiano se pronuncia [al.légro], en español suele pronunciarse corrientemente [alégro], simplificando la consonante doble. A veces se emplea la forma adaptada *alegro*.

allemande. → alemanda.

allende. Se usa normalmente antepuesto a un sustantivo, con el sentido de 'más allá de o al otro lado de'. Entre *allende* y el sustantivo que introduce puede aparecer la preposición *de*, si bien el uso sin preposición es claramente mayoritario: «*Tenemos muy mala prensa allende las fronteras*» (MtzMediero *Juana* [Esp. 1982]); «*Difundir la música folclórica boliviana allende DE nuestras fronteras*» (*Tiempos* [Bol.] 4.9.01).

alligator. → aligátor.

alma. 'Parte inmaterial de los seres humanos', 'persona o cosa que da vida o impulso a algo' y 'persona o habitante'. Es voz femenina: «*Soy bálsamo de los cuerpos y consuelo de las almas*» (Márquez *Suerte* [Esp. 1995]). Al comenzar por /a/ tónica, exige el uso de la forma *el* del artículo si entre ambos elementos no se interpone otra palabra (→ el, 2.1), pero los adjetivos deben ir en forma femenina: «*Ascendíamos escalón tras escalón con el alma encogida*» (FdzCubas *Altillos* [Esp. 1983]). En cuanto al indefinido, aunque no se considera incorrecto el uso de la forma plena *una*, hoy es mayoritario y preferible el uso de la forma apocopada *un* (→ uno, 1): «*Violeta no es un alma sencilla*» (Serrano *Vida* [Chile 1995]). El resto de los adjetivos determinativos debe ir en femenino: *esta alma, toda el alma*, etc.

alma máter. 1. Loc. lat. que significa literalmente 'madre nutricia'. Se emplea, como locución nominal femenina, para referirse metafóricamente a una universidad, aludiendo a su función proveedora de alimento intelectual: «*Constituí una "Asociación de Amigos de la Universidad de Madrid", cuyo fin principal era la ayuda moral y material a nuestra alma máter*» (Laín *Descargo* [Esp. 1976]). Desde el punto de vista etimológico, lo más correcto, y también lo más recomendable en el uso culto, es decir *la alma máter*, y no ⊗*el alma máter*, ya que la palabra *alma* es en latín un adjetivo, no un sustantivo, y el artículo *la* únicamente se transforma en *el* ante sustantivos femeninos que comienzan por /a/ tónica (→ el, 2.1).

2. Es impropio, aunque frecuente hoy, el uso de esta locución con el sentido de 'persona que da vida o impulso a algo': ⊗«*Es el gerente y alma máter del mayor proyecto empresarial organizado nunca por un sindicato español*» (*Cambio 16* [Esp.] 5.11.90). Este uso impropio se debe a la confusión entre el adjetivo latino *alma* (fem. de *almus* 'que nutre o alimenta') y el sustantivo español *alma* (del lat. *anima*). Al considerar erróneamente la palabra *alma* como un sustantivo, se antepone en estos casos la forma *el* del artículo.

almíbar. 'Azúcar disuelto en agua y cocido al fuego'. En la lengua culta actual es solo de género masculino, por lo que debe evitarse su uso en femenino: *el almíbar*, no ⊗*la almíbar*.

almiranta. → almirante.

almirante. Con el sentido de 'oficial general de la Armada', es común en cuanto al género (→ GÉNERO², 1a y 3k): *el/la almirante*. El femenino *almiranta*, aplicado históricamente a la nave en la que viajaba el almirante o jefe de una armada, flota o escuadra, no es normal referido a persona.

almirez. 'Mortero pequeño de metal'. Es voz masculina: *el almirez*.

⊗almóndiga. → albóndiga.

almorávid. → almorávide.

almorávide. 'De una tribu del Atlas que llegó a dominar toda la España árabe de 1093 a 1148'. Referido a persona, se usa frecuentemente como sustantivo: «*De aquí salieron los almorávides y los almohades para invadir España*» (Leguineche *Camino* [Esp. 1995]). La variante *almorávid* está en desuso. Las formas ⊗*almoravide* (pron. [almorabíde]) y ⊗*almoravid* (pron. [almorabíd]) son antietimológicas y no se consideran válidas.

almorzar. 'Comer [algo] como almuerzo' y 'tomar el almuerzo'. Verbo irregular: se conjuga como *contar* (→ APÉNDICE 1, n.º 26).

almud. 'Medida de capacidad para áridos'. Es voz masculina: «*Su caballo [...] se conformaría con medio almud de avena en grano*» (Quintero *Danza* [Ven. 1991]).

alocución. 'Discurso, normalmente breve, en especial el que dirige un superior a sus inferiores': «*En la parte final de su alocución, el jefe comunal se comprometió a mantener un diálogo constructivo con los concejales*» (*NProvincia* [Arg.] 16.4.97). No significa 'modo de hablar o expresarse', sentido que corresponde a las voces *elocución* (→ elocución) y *locución* (→ locución): ⊗«*Lo que es evidente en la alocución castellana es que las formas pasivas quitan fluidez*» (Miguel *Perversión* [Esp. 1994]).

áloe o **aloe**. 'Planta utilizada en medicina y cosmética'. La forma esdrújula *áloe* es la más cercana a la etimología y la preferida en el uso culto. Pero también se usa, y es válida, la forma llana *aloe* [alóe].

⊗**alpha.** → alfa.

alquilar. 'Ceder, o adquirir, temporalmente el uso [de algo] por un precio convenido'. El sujeto puede ser tanto quien cede algo en alquiler como quien lo toma. Así, una oración como *Pedro alquiló el piso a su hermano*, fuera de contexto, es ambigua, ya que puede significar tanto que Pedro tomó en alquiler el piso de su hermano, como que Pedro cedió a su hermano en alquiler un piso de su propiedad.

alrededor. **1.** Adverbio que significa 'en torno a algo' o 'por el perímetro de algo'. Suele ir seguido de un complemento precedido de la preposición *de: Se sentaron alrededor del fuego; Daban vueltas alrededor de la plaza*. Cuando precede a cantidades, forma con *de* una locución preposicional que significa 'aproximadamente': *Asistieron al acto alrededor de trescientas personas*. Aunque puede escribirse también en dos palabras (*al rededor*), es preferible y mayoritaria la grafía simple. Han caído en desuso y, por tanto, deben evitarse hoy las formas *alderredor* y *al derredor*. No es correcta la forma ⊗*alredor*. En la lengua literaria se usa también la locución *en derredor*, de igual significado: «*Miré en derredor, por si alguien había visto mi gesto*» (Larreta *Volavérunt* [Ur. 1980]). **2.** Como sustantivo significa 'contorno, lugar situado en torno a algo'. En este caso se escribe siempre en una sola palabra y se usa normalmente en plural: *Le gustaba pasear por el parque y sus alrededores*. Al tratarse de un sustantivo, es correcto su empleo precedido de posesivo: *La gente grita a su alrededor; Miré los edificios de mi alrededor*. **3.** También es legítimo el uso del adverbio seguido de los posesivos plenos *mío, tuyo, suyo*, etc.: «*Mira mi padre alrededor suyo*» (Fuentes *Cristóbal* [Méx. 1987]). Se justifica este uso porque el adverbio *alrededor* está formado por la contracción *al* seguida del sustantivo *rededor* ('contorno'): «*Se trata de ir bordando todo el rededor*» (Tudela/Herrerías *Costura* [Méx. 1988]).

alta. **1.** Como sustantivo, 'autorización que da el médico para la reincorporación de un paciente a la vida ordinaria' e 'inscripción en un registro oficial'. Es de género femenino: «*Hay que señalar las altas de los tres [jugadores] que estaban lesionados*» (*Abc* [Esp.] 14.1.78). Al comenzar por /a/ tónica,

exige el uso de la forma *el* del artículo si entre ambos elementos no se interpone otra palabra (→ el, 2.1), pero los adjetivos deben ir en forma femenina: «*Serán los abuelos los que se hagan cargo del niño una vez que reciba el alta médica*» (*NCastilla* [Esp.] 28.4.99). En cuanto al indefinido, aunque no se considera incorrecto el uso de la forma plena *una*, hoy es mayoritario y preferible el uso de la forma apocopada *un* (→ uno, 1): *El médico ha firmado hoy un alta solamente*. Lo mismo ocurre con los indefinidos *alguno* y *ninguno: algún alta, ningún alta*. Cuando *alta* es adjetivo (→ alto, 1), ni el artículo ni el indefinido cambian su forma femenina normal: *la alta cumbre, una alta prioridad* (no ⊗*el alta cumbre*, ⊗*un alta prioridad*). **2. dar de alta** o **dar el alta** a alguien. Cuando se utiliza la expresión *dar de alta*, la persona que recibe el alta médica se expresa mediante un complemento directo, como demuestra el hecho de que sea el sujeto de la construcción pasiva: «*Ana fue dada de alta por el médico*» (Aguilera *Caricia* [Méx. 1983]); por lo tanto, si este complemento se expresa mediante un pronombre átono de tercera persona, deben usarse las formas *lo(s), la(s)*: «*Cuando LA dieron de alta, su padre se consagró a su cuidado*» (Quintero *Danza* [Ven. 1991]). Pero si se emplea la construcción *dar el alta*, el complemento de persona es indirecto, siendo *el alta* el complemento directo; por tanto, en este caso, si el complemento de persona se expresa mediante un pronombre átono de tercera persona, debe usarse *le(s)*: «*Todavía [ella] estaba muy débil, no sabía cuándo LE darían el alta*» (Alfaya *Traidor* [Esp. 1991]).

Altái. Forma adaptada a la ortografía y pronunciación españolas del nombre de esta república de la Federación Rusa: «*Al menos 10 000 escolares de la ciudad siberiana de Gorno Altaisk, en la república de Altái, no asistieron ayer a clase*» (*FVigo* [Esp.] 7.2.01). Dado que se trata de una forma transcrita del ruso, lengua que utiliza un alfabeto no latino, debe someterse a las reglas de acentuación del español y escribirse con tilde, por ser palabra aguda acabada en vocal (→ TILDE[2], 1.1.1. y 6.2). El gentilicio es *altaico*.

altaico -ca. → Altái.

altamar. 'Parte del mar que está a bastante distancia de la costa': «*El suelo se movía como la cubierta de un barco en altamar*» (Jodorowsky *Pájaro* [Chile 1992]). Aunque todavía es mayoritaria la grafía en dos palabras *alta mar*, no es infrecuente y resulta preferible la grafía simple *altamar*, ya que, normalmente, el primer elemento del compuesto se hace átono y ambas palabras se pronuncian como si fueran una sola. Como evidencia el género del adjetivo, este compuesto es femenino: *la altamar, la alta mar* (y no ⊗*el altamar*, ⊗*el alta mar*).

álter ego. Loc. lat. que significa literalmente 'el otro yo'. Se emplea, como locución nominal masculina, con el sentido de 'persona en quien otra tiene absoluta confianza y, por ello, puede hacer sus veces sin restricción alguna': «*El propio Chubais y su álter ego en el Ejecutivo ruso, Boris Nemtsov, reniegan de una realidad que ha ahogado desde hace más de cinco años a la economía de este país*» (*Abc* [Esp.] 26.8.97); y 'persona real o ficticia en quien se reconoce o se ve un trasunto de otra': «*Una niña (álter ego de la autora) conduce la narración*» (*Proceso* [Méx.] 15.12.96). Es invariable en plural (→ PLURAL, 1k): *los álter ego*.

alteridad. → otredad, 2.

alto -ta. 1. 'De altura o estatura por encima de lo normal': *Me gustan los edificios altos; Pedro es un joven alto;* 'situado en un plano elevado': *Los pisos altos tienen más luz;* dicho de una magnitud, 'de valor o grado elevado en relación con lo normal o esperable': *Tengo la tensión alta;* y 'de categoría, calidad o importancia superior a lo normal': *Ocupa un alto puesto en su empresa.*

2. Para expresar la noción comparativa de superioridad en relación con este adjetivo, pueden usarse dos formas:

a) *superior.* Procede del comparativo latino *superior* y se usa en todos los sentidos de *alto* antes referidos, salvo en el relativo a la altura o estatura, en que se emplea exclusivamente *más alto* (→ b): *En el piso superior se celebraba una fiesta; El coste ha sido superior a los beneficios; Es miembro del Tribunal Superior de Justicia.* Cuando la comparación es expresa, el término de referencia va introducido por la preposición *a:* «*El agua retorna al mar a una temperatura superior A la de entrada*» (LpzBonillo *Medio* [Esp. 1994]). Puesto que es una forma de valor comparativo, es incompatible su uso con otras marcas de grado como *más:* ⊗«*Arriesgó porque se sentía más superior*» (*Vanguardia* [Esp.] 19.5.94). Al igual que su antónimo *inferior,* se combina con *muy,* y no con *mucho:* «*El cacao alemán es muy superior al cacao español*» (Romero *Vodevil* [Esp. 1979]).

b) *más alto.* Es obligado su empleo cuando la noción comparada es la altura o estatura: *Pedro es más alto que su hermano;* además, alterna en el uso con *superior* cuando se comparan otras nociones, como la elevación, el grado o la categoría: *Vive en el piso más alto de su edificio; Mi tensión ocular es más alta que la tuya; Fue distinguido con la más alta condecoración de la República.* Cuando la comparación es expresa, el segundo término va introducido por la conjunción *que:* «*Las vacas tienen un nivel de colesterol más alto QUE los reproductores*» (Raunelli *Genética* [Perú 1994]); o por la preposición *de,* si se trata de una oración de relativo sin antecedente expreso que denota, no una entidad distinta, sino grado o cantidad en relación con la magnitud que se compara: «*Era más alto DE lo que parecía en las fotos*» (Rojo *Matar* [Esp. 2002]).

3. Además de *muy alto* y *altísimo,* existe la forma superlativa *supremo,* que posee el significado enfático especial de 'superior en grado sumo'. Solo se emplea en aquellos sentidos en que puede usarse el adjetivo *superior:* «*Dijo algo con gesto de supremo desdén*» (Mojarro *Yo* [Méx. 1985]); «*Estos lustres son los que modernamente permiten lograr efectos artísticos de calidad suprema*» (FdzChiti *Cerámica* [Arg. 1982]); «*El asunto puede llegar luego al Tribunal Supremo de Estados Unidos*» (*País* [Esp.] 30.5.97).

4. *alto el* (o *al*) *fuego.* La palabra *alto* es también una interjección usada para ordenar a alguien que detenga su marcha o interrumpa su actividad: «*¡Alto!* [...] *¡Deténgase!*» (Cuzzani *Pitágoras* [Arg. 1988]). De ahí deriva su empleo como sustantivo, con el sentido de 'detención o parada': «*Hicimos un alto para descansar*» (Quintero *Danza* [Ven. 1991]). Esta voz forma parte de la expresión *alto el fuego,* que puede ser asimismo locución interjectiva: «*¡Alto el fuego! ¡Ya no disparen!*» (Velasco *Regina* [Méx. 1987]); o nominal, con el sentido de 'suspensión de las acciones militares en una contienda': «*En noviembre de 1973 se firmó el alto el fuego entre Egipto e Israel*» (*País* [Esp.] 30.12.80). Como sustantivo, se aconseja mantenerlo invariable en plural: *los alto el fuego.* En gran parte de América, y ocasionalmente en España, se emplea la variante *alto al fuego:* «*El jefe de las llamadas Autodefensas Unidas de Colombia dijo que estaba dispuesto a pactar un alto al fuego con la guerrilla*» (*Clarín* [Arg.] 22.1.02).

Alto Karabaj. → Nagorno Karabaj.

altorrelieve. 'Relieve en el que las figuras salen del plano más de la mitad de su bulto': «*En 1959 ejecutó un altorrelieve en aluminio fundido*» (Carrillo *Pintura* [Méx. 1981]). Su plural es *altorrelieves.* Aunque se aconseja su escritura en una sola palabra, también es admisible la grafía *alto relieve* (pl. *altos relieves*): «*Produciremos bajos relieves, altos relieves y esculturas completas*» (*Proceso* [Méx.] 27.10.96). La grafía simple debe escribirse con *-rr-* (→ r, 3), de modo que no es correcta la forma ⊗*altorelieve.*

Alto Volta. → Burkina Faso.

aludir. 'Hacer referencia a algo o a alguien'. Se construye normalmente como intransitivo, con un complemento precedido de *a:* «*El presidente peruano aludió A la posibilidad de nuevos atentados*» (*Clarín* [Arg.] 24.4.97); «*Todos esos nuevos vocablos aluden A realidades nuevas*» (Miguel *Perversión* [Esp. 1994]). Pero, con sujeto de persona, se emplea a veces como transitivo, como demuestra su aparición en construcciones pasivas: «*Había pasado de ser aludido con un irrespetuoso "ese hombre" a ser motejado con la ambigua tacha de "desdichado"*» (Ayerra

Lucha [Esp. 1984]). El uso transitivo solo es normal cuando el complemento directo es un pronombre: «*Yo no me atrevía a mentar a Belinha ni a su hija, ni siquiera a aludir*LAS» (TBallester *Filomeno* [Esp. 1988]).

alvéolo o alveolo. 'Celdilla o cavidad'. La forma esdrújula *alvéolo* es la más cercana a la etimología y la preferida en el uso culto. Pero también se usa con frecuencia, y es válida, la forma llana *alveolo* [albéolo].

alzacuello. 'Tira de material rígido que se ciñe al cuello, propia del traje eclesiástico': «*Con alzacuello y siempre parsimonioso, Godínez Flores indica además que la solidaridad nutre a la caridad y a la fe*» (*Proceso* [Méx.] 10.11.96). La forma *alzacuellos,* inicialmente solo plural, ha comenzado a usarse también como singular: «*El cura* [...] *se ajusta por enésima vez el alzacuellos y comienza un discurso*» (Llamazares *Río* [Esp. 1990]).

alzhéimer. 'Demencia senil progresiva y crónica'. Cuando esta palabra se utiliza dentro de las expresiones *enfermedad de Alzheimer* o *mal de Alzheimer,* debe escribirse con mayúscula inicial y sin tilde, respetando la grafía del apellido del neurólogo alemán que investigó esta dolencia: «*Este filme* [...] *se acerca al drama de la enfermedad de Alzheimer*» (*Vanguardia* [Esp.] 16.2.95). Pero si se utiliza aisladamente para referirse a dicha enfermedad, por lo que ha de escribirse con minúscula inicial y con tilde: «*Los médicos creen que los casos del alzhéimer se triplicarán en 50 años*» (*VGalicia*@ [Esp.] 20.8.03). Aunque la pronunciación etimológica alemana es [alts.hái-mer], en español se pronuncia normalmente como se escribe: [alséimer, alzéimer].

amadrinar. → madrina, 2.

amainar. 1. Se acentúa como *bailar* (→ APÉNDICE 1, n.º 8).

2. Como transitivo, 'recoger [las velas] de una embarcación': «*Mandé amainar todas las velas*» (RBastos *Vigilia* [Par. 1992]); y 'moderar o aplacar': «*La compañía de mi madre amainará el dolor*» (Bain *Dolor* [Col. 1993]).

3. Como intransitivo, dicho del viento o de un temporal, 'perder fuerza', usado a menudo en sentido figurado: «*Lejos de amainar, el temporal arrecia*» (*Vanguardia* [Esp.] 28.4.95); «*Esta rivalidad entre cubanos amaina en "ciertos" temas*» (*NHerald* [EE. UU.] 14.7.97). No debe usarse como pronominal: ⊗*El viento se ha amainado,* error debido al influjo del verbo sinónimo *aplacarse.*

amanecer. 1. Verbo irregular: se conjuga como *agradecer* (→ APÉNDICE 1, n.º 18).

2. Como intransitivo impersonal, significa 'salir el Sol o empezar a aparecer la luz del día': «*¿Y*

a qué hora amanece?» (Alou *Aportación* [Esp. 1991]). No es impersonal, en cambio, cuando significa 'iniciarse', dicho de la mañana o del día: «*La mañana amaneció serena*» (HdzNorman *Novela* [P. Rico 1977]); 'llegar a un lugar, situación o condición, o estar en ellos, cuando sale el Sol': «*Estefanía y yo amanecimos ateridos*» (Paso *Palinuro* [Méx. 1977]), y 'pasar la noche en vela haciendo algo': «*Allá se abrazó con un gigante y con él amaneció bailando*» (Jara *Princesa* [Chile 1971]).

amaraje. → amarar.

amarar. Dicho de un hidroavión o de un vehículo espacial, 'posarse en el agua': «*¿Y si un desperfecto nos obliga a amarar en pleno océano?*» (Tibón *Aventuras* [Méx. 1986]). El español dispone de otros verbos con el mismo sentido e igualmente aceptables, como *amarizar* y *acuatizar:* «*Secuestraron un pequeño avión de turismo y amarizaron cerca de las costas de Florida*» (*Proceso* [Méx.] 8.12.96); «*La ensenada de Manzanillo, donde acuatizaban los hidroaviones*» (GaMárquez *Amor* [Col. 1985]). Existe también *amerizar,* formado sobre *amerizaje,* adaptación gráfica del francés *amerrissage:* «*Había seleccionado una nave* [...] *capaz de amerizar en el océano*» (*Vanguardia* [Esp.] 21.7.94). Mientras *acuatizar* solo se usa en el español de América, los otros verbos se extienden por todo el ámbito hispánico. Cada uno de ellos cuenta con su correspondiente nombre de acción: *amaraje, amarizaje, amerizaje* y *acuatizaje.*

amargor. 'Sabor amargo': «*Las* [aceitunas] *verdes se ponen con sosa y agua fría a remojo para quitarles el amargor*» (Vergara *Comer* [Esp. 1981]). También se utiliza con el significado de 'disgusto o pesadumbre': «*Me dejó amargor esta visita*» (Olaizola *Guerra* [Esp. 1983]). No obstante, para este último sentido se usa con preferencia la voz *amargura:* «*En un comienzo creí que tu tristeza y tu amargura eran auténticas*» (Mendoza *Satanás* [Col. 2002]).

amargura. → amargor.

amarillar(se), amarillear(se). → amarillecer(se), 2.

amarillecer(se). 1. 'Poner(se) amarillo'. Verbo irregular: se conjuga como *agradecer* (→ APÉNDICE 1, n.º 18). Como intransitivo, con el sentido de 'ponerse amarillo', se usa casi exclusivamente en forma no pronominal: «*Algunos campos que amarillecían cercano ya el otoño*» (Nasarre *País* [Esp. 1993]).

2. Existen también los verbos sinónimos, de conjugación regular, *amarillear(se)* y *amarillar(se).* Ambos pueden usarse como intransitivos pronominales o no pronominales, aunque lo normal es su empleo en forma no pronominal: «*La arena amarilleaba de nuevo y el río parecía dorado*» (Saer *Entenado* [Arg. 1988]); «*Apenas divisó su cara, amari-*

llando a la luz del farol» (VLlosa *Fiesta* [Perú 2000]). De los tres verbos, el más usado en todo el ámbito hispánico es *amarillear*.

amarizaje, amarizar. → amarar.

amateur. 1. Voz francesa (pron. [amatér]) que se usa con cierta frecuencia en español con el sentido de '[persona] que realiza una actividad por placer, no de modo profesional ni remuneradamente' y, en especial, '[deportista] que practica un deporte sin recibir por ello remuneración directa'. También significa, en referencia a una actividad o a una categoría deportiva, 'de aficionados'. Se opone, pues, a *profesional*. Se recomienda sustituirlo, en lo posible, por las expresiones españolas *aficionado* (o *de aficionados* o *para aficionados*, cuando se refiera a una actividad o a una categoría deportiva) y *no profesional*: «*Defendemos el deporte de aficionados*» (*Proceso* [Méx.] 21.7.96); «*La prueba de fondo en carretera para aficionados fue uno de los campeonatos del mundo de ciclismo*» (*País* [Esp.] 2.9.77). **2.** Este galicismo ha dado lugar al derivado *amateurismo* (pron. [amateurísmo]), que significa 'condición de aficionado o no profesional' y 'práctica no profesional de una actividad o de un deporte': «*En el binomio profesionalismo-amateurismo, descubrieron los mercantilistas la oportunidad de ganar dinero*» (Cagigal *Deporte* [Esp. 1975]).

amateurismo. → *amateur*, 2.

Amazonia o **Amazonía.** La región de América del Sur correspondiente a la cuenca del río Amazonas recibe en español los nombres de *Amazonia* o *Amazonía*. La forma *Amazonia* es la más extendida en el uso general, tanto en España como en América; pero también se usa, especialmente en el Perú, el Ecuador y Venezuela, la forma *Amazonía*.

ambages. Sustantivo masculino que se usa en plural con el significado de 'rodeos o circunloquios', por lo general en la construcción *sin ambages*: «*Tienes razón, mamá —aceptó sin ambages—, sé que está haciendo trampas*» (Olivera *Enfermera* [Méx. 1991]); «*Todos abordamos con ambages y eufemismos el embarazoso tema*» (*País* [Esp.] 1.6.88). No es correcta la grafía ⊗*ambajes*.

Amberes. Forma tradicional española del nombre de esta ciudad belga: «*Freudenberg también identificó en Amberes numerosas huellas humanas petrificadas*» (Cardeñosa *Código* [Esp. 2001]). No deben usarse en español ni la forma inglesa *Antwerp* ni la neerlandesa *Antwerpen* ni la francesa *Anvers*. Para el gentilicio existen las formas *amberino* y *antuerpiense*, este último derivado del latín medieval *Antuerpiensis* (de *Antuerpia*, nombre latino usado también ocasionalmente en español en épocas pasadas).

amberino -na. → Amberes.

ambidextro -tra. → ambidiestro.

ambidiestro -tra. '[Persona] que usa con la misma habilidad las extremidades de los dos lados': «*Soy originalmente zurdo, aunque he logrado ser ambidiestro para gran cantidad de tareas*» (*Tiempo* [Col.] 19.5.97). Igualmente válida es la forma *ambidextro*, más cercana al étimo latino, pero menos frecuente en el uso actual: «*Permíteme decirte que soy ambidextro, y no zurdo*» (Quintero *Danza* [Ven. 1991]).

ambigú. Adaptación gráfica de la voz francesa *ambigu*, que se usa en español con los sentidos de 'comida compuesta de platos normalmente fríos que se sirven todos a la vez y espacio donde se disponen' y 'lugar de un local de espectáculos donde se sirven bebidas y cosas de comer'. Su plural es *ambigús* (→ PLURAL, 1c).

ambos -bas. 1. Adjetivo que significa 'los dos, uno y otro': «*Midiendo la distancia entre ambos lugares obtuvo el perímetro y el radio terrestres*» (Maza *Astronomía* [Chile 1988]). También funciona como pronombre, con el sentido de 'las dos personas o cosas mencionadas o consabidas': «*Ella se acerca como una autómata hasta él, y ambos miran el patio de butacas*» (MFoix *Abrazos* [Esp. 1984]); «*La producción de estrógenos se incrementa inicialmente en ambos sexos*» (Barrera/Kerdel *Adolescente* [Ven. 1976]). No debe confundirse con *sendos* ('uno para cada persona o cosa mencionada'; → sendos). Su significado es dual, es decir, implica conjuntamente a los dos referentes, por lo que no se recomienda su empleo como término de la preposición *de* en las construcciones partitivas (⊗*uno de ambos*, ⊗*cada uno de ambos*, ⊗*ninguno de ambos*, etc.): ⊗«*En ninguno de ambos hermanos se encuentran síntomas de torturas ni malos tratos*» (*Abc* [Esp.] 20.11.83); en estos casos es preferible usar *los dos: En ninguno de los dos hermanos...*

2. En el español actual, el adjetivo *ambos* no debe ir precedido ni seguido de artículo ni de ningún otro determinante; así, aunque secuencias como *los ambos navíos, sus ambas manos, estos ambos ladrones, ambas las ciudades, ambos sus ojos*, etc., hayan sido normales en el español medieval y clásico, hoy son ajenas a la norma culta estándar; en el español actual se dice *ambos navíos, ambas manos, ambos ladrones*, etc.

3. *ambos (a) dos.* Esta locución, sinónima de *ambos*, era muy frecuente en el español medieval y clásico, más con preposición (*ambos a dos*) que sin ella (*ambos dos*), y en estas dos formas ha pervivido hasta nuestros días: «*Ambas a dos terminarían diciendo [...] lo contrario*» (Verges *Cenizas* [R. Dom. 1980]); «*El trueno fue Juncal Rivero y su madre, de negro y plata ambas dos*» (*Vanguardia* [Esp.] 2.11.95). Por su carácter redundante, está en retroceso en el habla culta y se desaconseja su empleo.

ameba. 'Protozoo unicelular': «*Al analizar sus heces se encontraron abundantes amebas*» (Vijnovsky *Dudas* [Arg. 1988]). Esta es la forma usada mayoritariamente en todo el ámbito hispánico, salvo en México, donde se emplea la variante *amiba*: «*La amiba no tiene forma, parece una gota de gelatina suave*» (Gánem *Caminitos* [Méx. 2001]).

amedrantar(se). → amedrentar(se).

amedrentar(se). **1.** 'Atemorizar(se)': «*Lo amenazó con pistola y todo, para amedrentarlo*» (Hayen *Calle* [Méx. 1993]). No es normal, y debe evitarse, su uso con el sentido de 'amenazar'.

2. Existe desde antiguo la variante *amedrantar(se)*, que siempre ha sido minoritaria y, por tanto, menos recomendable que *amedrentar(se)*. No es correcta la forma ⊗*amedentrar(se)*.

amenazar. **1.** Cuando significa 'anunciar o hacer ver a alguien que se le va a provocar un daño', presenta dos construcciones posibles, ambas transitivas:

a) El complemento directo es la persona amenazada y el daño se expresa mediante un complemento precedido de *con* o, si es un sustantivo, también *de*: «*Su esposa LO amenazó CON abandonarlo*» (*Tiempo* [Col.] 4.9.97); «*La mujer* [...] *contó que LA amenazaron DE muerte*» (*Clarín* [Arg.] 9.4.97).

b) El complemento directo indica el daño, mientras que la persona amenazada se expresa mediante un complemento indirecto, aunque este se omite a menudo por consabido: «*A él se LE amenazó QUE si no colaboraba* [...] *lo consignarían como responsable*» (*Prensa* [Guat.] 13.5.97); «*Las guerrillas amenazaron represalias*» (*Universal* [Ven.] 15.10.96). Es construcción menos frecuente que la anterior, pero igualmente válida.

2. Cuando significa, dicho de cosa, 'dar muestras de ir a sufrir un daño', puede funcionar como transitivo: «*El conflicto amenazaba eternizarse*» (HdzPadilla *Política* [Méx. 1988]); o como intransitivo, con un complemento precedido de *con*: «*Estructuras que se creían muy sólidas* [...] *amenazan CON el derrumbe*» (Ayerra *Lucha* [Esp. 1984]). Cuando significa 'poner en riesgo [algo o a alguien]', es transitivo: «*La abdicación estadounidense produciría un terremoto político que amenazaría intereses vitales*» (*Clarín* [Arg.] 3.2.97).

3. Con el sentido de 'augurar o presagiar [algo negativo]', es transitivo: «*Está oscureciendo, el cielo amenaza tormenta*» (Ribera *Sangre* [Esp. 1988]). El mal también puede presentarse como sujeto, en construcción intransitiva, con el sentido de 'ser probable o inminente': «*Cuando amenaza lluvia, cojeo con dolor*» (Montero *Capitán* [Cuba 2002]).

amenguar. **1.** Se acentúa como *averiguar* (→ APÉNDICE 1, n.° 6). Se escriben con diéresis todas las formas en las que *-gu-* va delante de *e*: *amengüe*, *amengües*, etc.

2. Puede ser transitivo, con el sentido de 'reducir o hacer más pequeño [algo]': «*Nada se hizo por anular o amenguar el terrible abismo entre los vencedores y los vencidos*» (Laín *Descargo* [Esp. 1976]); o intransitivo, con el sentido de 'reducirse o hacerse más pequeño': «*Algunas voces fueron cesando y el griterío amenguó*» (Otero *Temporada* [Cuba 1983]). En este último caso, es incorrecto su empleo en forma pronominal: ⊗*El griterío se amenguó*.

3. Hoy es más frecuente el uso de *menguar* (→ menguar), especialmente como intransitivo.

América. **1.** Debe evitarse la identificación del nombre de este continente con los Estados Unidos de América (→ Estados Unidos, 4), uso abusivo que se da sobre todo en España.

2. No existe razón alguna para censurar el plural *las Américas*, que tiene larga tradición en español y resulta una denominación expresiva válida, alusiva a las distintas áreas o subcontinentes (América del Norte, Centroamérica y América del Sur): «*La iglesia de San Pedro Claver, el primer santo de las Américas*» (GaMárquez *Vivir* [Col. 2002]). Este plural expresivo está también presente en la locución *hacer las Américas*, usada en España con el sentido de 'hacer fortuna en América'.

América Central. → Centroamérica.

América del Norte. → Norteamérica.

América del Sur. → Sudamérica.

América Latina. → Latinoamérica.

americanidad. 'Cualidad o condición de americano'. Es incorrecta la forma ⊗*americaneidad* (→ -dad, e).

americano -na. → Estados Unidos, 4.

amerindio -dia. → indio, 2.

amerizaje, amerizar. → amarar.

amiba. → ameba.

amígdala. 'Órgano en forma de almendra de los dos situados a cada uno de los lados del velo del paladar': «*La garganta está congestionada y sobre las amígdalas se ven pequeños puntos blancos*» (Buscarons *Homeopatía* [Arg. 2000]). No debe utilizarse el plural *amígdalas* para nombrar la afección consistente en la inflamación de estos órganos: ⊗«*Con amígdalas y todo* [...] *hicimos un loco amor en su cama de enferma*» (Gala *Invitados* [Esp. 2002]). La inflamación de las amígdalas se denomina *amigdalitis* y, más comúnmente, *anginas* (→ angina).

amigo -ga. 'Que tiene afecto o inclinación por alguien o algo'. Tiene dos superlativos válidos: *amicísimo* (del lat. *amicissimus*), hoy relegado a la lengua literaria, y *amiguísimo*, formado sobre *amigo* y más frecuente en el uso (→ -ísimo, 4): «*Excelente amigo mío durante los años de nuestra convivencia*

en el Colegio del Beato Juan de Ribera y amicísimo desde que en 1934 caí de nuevo por Valencia» (Laín *Descargo* [Esp. 1976]); «¡Usted y yo vamos a ser amiguí-
simas!» (LTena *Renglones* [Esp. 1979]).

aminorar(se). Como transitivo, 'reducir [algo]'
y, como intransitivo, a veces pronominal, 'disminuir o menguar': «*El tiovivo había aminorado su velocidad*» (Alou *Aportación* [Esp. 1991]); «*El fluir de
sus entrañas no cesaba ni aminoraba*» (María *Fábrica* [Méx. 1980]); «*Tenía que hacerlo ahora, ahora que
se aminoraban los sollozos, y podía hablar*» (Belli *Mujer* [Nic. 1992]). Para el uso transitivo existe la variante *minorar*, de escaso empleo en la lengua general.

amnistía. 'Derogación retroactiva de la consideración de un acto como delito, que conlleva la
anulación de la correspondiente pena': «*Un cambio de gobierno en España trajo consigo la amnistía para
los prisioneros políticos*» (Vega *Crónicas* [P. Rico
1991]). No debe confundirse con *indulto* ('anulación o conmutación de una pena'; → indulto): en
la amnistía se anula el delito mismo y, consiguientemente, la pena, mientras que en el indulto se anula solo la pena, pero el delito permanece.
Por la misma razón, no deben confundirse los verbos *amnistiar* ('conceder una amnistía') e *indultar*
('conceder un indulto').

amnistiar. 1. 'Conceder una amnistía'. Se acentúa como *enviar* (→ APÉNDICE 1, n.º 5).
  2. Sobre las diferencias entre *amnistiar* e *indultar*,
→ amnistía.

amo -ma. En general, 'dueño o poseedor de algo'.
El femenino *ama* —que significa, además, 'criada
principal de una casa' y 'mujer que amamanta al
hijo de otra'—, al comenzar por /a/ tónica, exige
el uso de la forma *el* del artículo (→ el, 2.1): «*Una
niña todavía amamantada por el ama Antonia*»
(GmzOjea *Cantiga* [Esp. 1982]). En cuanto al indefinido, aunque no se considera incorrecto el uso
de la forma plena *una*, hoy es mayoritario y preferible el uso de la forma apocopada *un* (→ uno, 1):
«*Elena se había convertido en un ama de casa perfecta*»
(Díaz *Piel* [Cuba 1996]). Lo mismo ocurre con los
indefinidos *alguno* y *ninguno*: *algún ama, ningún ama*.
El resto de los adjetivos determinativos debe ir en
femenino: *esa ama, la otra ama*, etc.
  2. Forma parte de distintas locuciones nominales, usadas tradicionalmente solo en femenino, como *ama de casa* ('mujer que se ocupa de las tareas
de su casa') o *ama de llaves* ('empleada que dirige
los asuntos domésticos de una casa'). Nada impide que, si es un hombre quien desempeña estas labores, se emplee el masculino *amo* (*amo de casa,
amo de llaves*): «*El ama o el amo de casa* [...] *cuidan
ante todo de que la cocina y los baños resplandezcan de
limpieza*» (*Vistazo* [Ec.] 18.9.97).

amoblar. → amueblar.

amohinar(se). 'Poner(se) triste o mohíno'. La *i*
del grupo /oi/ es tónica en las formas de este verbo en las que el acento prosódico recae en la raíz.
En estas formas, la hache intercalada no exime de
la obligación de tildar la *i* para marcar el hiato (→
TILDE², 2.2.2b): *amohíno, amohínas, amohína, amohí-
nan, amohíne, amohínes, amohínen*.

amolar(se). 'Afilar' y 'fastidiar(se)'. Verbo irregular: se conjuga como *contar* (→ APÉNDICE 1, n.º 26),
esto es, diptongan las formas cuya raíz es tónica
(*amuelo, amuelas*, etc.) —que coincide con las del
verbo regular *amuelar* ('recoger el trigo limpio'; →
amuelar), con el que no debe confundirse—, pero
no diptongan las formas cuya raíz es átona (*amo-
lamos, amoláis, amolado*, etc.).

amoníaco o **amoniaco.** → -íaco o -iaco.

amor. *de* o *con mil amores*. 'Con mucho gusto, de
muy buena voluntad': «*Con la autorización necesaria del Congreso, concedida de mil amores*» (PzTamayo *Ciencia* [Méx. 1991]); «*Si estuviera en mis manos..., sabes que lo haría con mil amores*» (Grosso *Zanja*
[Esp. 1961]). Ambas locuciones son válidas, aunque *de mil amores* es de uso más frecuente.

amortecer(se). 'Apagar(se)'. Verbo irregular: se
conjuga como *agradecer* (→ APÉNDICE 1, n.º 18).

amortiguar(se). 'Reducir(se) la fuerza o intensidad de algo'. Se acentúa como *averiguar* (→ APÉN-
DICE 1, n.º 6). Se escriben con diéresis todas las
formas en las que -*gu*- va delante de *e: amortigüe,
amortigües*, etc.

ampáyer. Adaptación gráfica del inglés *umpire*,
usada en algunas zonas de América, especialmente en México, Centroamérica y el Caribe, para designar a la persona que, en el béisbol, dirige la marcha del juego y decide la validez de las jugadas
dudosas: «*Toleró cuatro carreras* [...] *antes de ser expulsado en la séptima entrada por el ampáyer*» (*Zócalo*@ [Méx.] 1.5.04). Su plural es *ampáyeres* (→ PLU-
RAL, 1g). Se recomienda usar con preferencia las
voces españolas *árbitro* o *juez*, de sentido equivalente.

ampliar(se). 'Hacer(se) más amplio'. Se acentúa
como *enviar* (→ APÉNDICE 1, n.º 5).

Ámsterdam. Aunque el nombre neerlandés de la
capital de los Países Bajos es *Amsterdam* —sin tilde y con pronunciación aguda: [amsterdám]—,
en español está generalizada la pronunciación esdrújula [ámsterdam], por lo que este topónimo
debe escribirse con tilde (→ TILDE², 1.1.3): «*Un in-
cisivo monólogo lleno de sombras y nieblas, como los
canales de Ámsterdam*» (*Abc* [Esp.] 7.4.03). En el
habla esmerada debe evitarse la pronunciación
⊗[ásterdam].

amueblar. 'Dotar de muebles [un edificio o alguna parte de él]'. Es regular, a diferencia de la variante, también válida, pero menos frecuente, *amoblar,* que es irregular y se conjuga como *contar* (→ APÉNDICE 1, n.° 26).

amuelar. 'Recoger el trigo ya limpio en la era, formando el muelo'. Este verbo regular no debe confundirse con el irregular *amolar* ('afilar' y 'fastidiar(se)'; → amolar(se)), con el que coincide en algunas formas de la conjugación.

amustiar(se). 'Poner(se) mustio'. Se acentúa como *anunciar* (→ APÉNDICE 1, n.° 4).

ánade. 'Ave palmípeda'. Como nombre de la especie, puede usarse en ambos géneros: «*Chillaban los ánades salvajes*» (Moix *Arpista* [Esp. 2002]); «*Se pasaba horas mirando* [...] *las ánades reales*» (Pozo *Novia* [Esp. 1995]). Aunque el género etimológico es el femenino, hoy se emplea mayoritariamente en masculino (*el ánade blanco, los ánades blancos*). En femenino singular, al comenzar por /a/ tónica, exige el uso de la forma *el* del artículo si entre ambos elementos no se interpone otra palabra (→ el, 2.1), pero los adjetivos deben ir en forma femenina: *el ánade blanca* (y no ⊗*la ánade blanca*), *las ánades blancas.*

anaeróbico -ca. → anaerobio, 2.

anaerobio -bia. 1. Adjetivo que significa 'que no precisa oxígeno para vivir o para producirse'. Se aplica tanto a organismos vivos como a actividades o procesos: «*El proceso lo llevaban a cabo microorganismos anaerobios*» (Jarabo *Energía* [Esp. 1984]); «*La digestión anaerobia consiste en la fermentación de residuos vegetales o animales y agua en ausencia de oxígeno*» (Pardo *Fuentes* [Esp. 1993]). Se opone a *aerobio* (→ aerobio, 1). Es incorrecta la forma ⊗*anerobio.*

2. Existe también el adjetivo derivado *anaeróbico,* sinónimo de *anaerobio,* que se usa con preferencia a este en referencia a actividades o procesos, y se aplica asimismo a lo perteneciente o relativo a estos: «*Las bacterias aerobias dejan de actuar y se inicia el proceso anaeróbico de putrefacción del agua*» (Vásquez *Ecología* [Méx. 1993]); «*La capacidad anaeróbica se encuentra notablemente disminuida en las personas mayores*» (Marcos *Salud* [Esp. 1989]). Se opone a *aeróbico* (→ aerobio, 2).

anafe. 'Hornillo, generalmente portátil'. Es voz masculina: «*En el anafe crujía el cisco encendido*» (Vergés *Cenizas* [R. Dom. 1980]). Esta es la forma más cercana a la etimología, pero también es válida la variante *anafre:* «*Con una bacinica por excusado y un anafre eléctrico por cocina*» (Jodorowsky *Pájaro* [Chile 1992]).

anafre. → anafe.

anales. 'Relación de sucesos por años'. Este sustantivo masculino se usa siempre en plural.

analfabeto -ta. '[Persona] que no sabe leer ni escribir' y, por extensión, 'ignorante o inculto'. Este adjetivo, usado a menudo como sustantivo, tiene dos terminaciones, una para cada género: «*El indio Trinidad era analfabeto y desconocía la aritmética*» (Chao *Altos* [Méx. 1991]); «*Se cree que soy una analfabeta*» (Marsé *Rabos* [Esp. 2000]). No debe usarse la forma *analfabeta* para el masculino, como si fuese común en cuanto al género (→ GÉNERO², 1a): ⊗«*Este es el héroe de millones, un analfabeta funcional que falla goles*» (*Excélsior* [Méx.] 14.9.01).

análisis. En general, 'examen o estudio pormenorizado de algo'. En el español actual es siempre masculino: *el análisis,* no ⊗*la análisis.* No varía en plural (→ PLURAL, 1f): *los análisis.*

analógico -ca. 'Que se basa en la analogía': «*Un razonamiento analógico nos lleva fatalmente a conceder la sensibilidad a los seres de morfología y actividad similar a la nuestra*» (PSuñer/Rodrigo *Fisiología* [Esp. 1956]); y, referido a un dispositivo, en oposición a *digital,* 'que procesa o transmite la información en forma de magnitudes físicas de variación continua': «*Las televisiones digitales serán más parecidas a una computadora que a un televisor analógico*» (*Vistazo* [Ec.] 9.7.97). Con este último sentido no debe usarse el adjetivo *análogo* (→ análogo).

análogo -ga. 1. 'Semejante'. El complemento que expresa aquello con lo que se establece la semejanza se introduce con la preposición *a:* «*Lo que se necesita es algo intelectual que sea análogo A la virtud cívica*» (Aguilera *Hombre* [Esp. 1995]).

2. Para referirse al dispositivo en el que la información se procesa o transmite en forma de magnitudes físicas de variación continua, debe usarse el adjetivo *analógico* (→ analógico).

ananá. 'Planta originaria de América del Sur y, especialmente, su fruto, más conocido como piña'. Esta voz, procedente del guaraní *naná* e introducida en español a través del portugués *ananás,* se usa sobre todo en la Argentina y el Uruguay, y es de género masculino: «*Agregar el ananá cortado en cubitos*» (Bonfiglioli *Arte* [Arg. 1990]). Su plural es *ananás* (→ PLURAL, 1b). A veces se usa la forma *ananás* para el singular, cuyo plural, en ese caso y según las normas, debería ser *ananases* (→ PLURAL, 1f).

ananás. → ananá.

anatema. 'Excomunión', 'reprobación o condena' y 'maldición o imprecación'. Aunque se ha usado en ambos géneros, hoy es mayoritario y preferible el masculino: «*Recordó los anatemas de tío Felipe Neri* [...], *clamando* [...] *contra los excesos de la horda*» (Delibes *Madera* [Esp. 1987]).

anatematizar. 'Excomulgar [a alguien]' y 'reprobar o condenar [algo o a alguien]': *«El tercer canon del Concilio de Nicea anatematizaba a quienes abogaban por la abolición de la esclavitud»* (Fasano *Derrota* [Ur. 1980]). Aunque se emplea a veces la variante reducida *anatemizar*, debe preferirse la forma etimológica *anatematizar*.

anatemizar. → anatematizar.

Ándalus. **1.** Transcripción del nombre dado por los árabes a España. Debe usarse para referirse a todo el territorio peninsular que quedó bajo dominio musulmán durante la Edad Media, y no solamente a la región española denominada *Andalucía*: *«Se cantaban* [las jarchas] *por todas las gentes del Ándalus, si bien la moderna Andalucía era su tierra preferente»* (MndzPidal *Cantos* [Esp. 1951] 229). Ha de ir acompañado de artículo masculino: *el Ándalus*. Si se emplea con el artículo árabe *al*, lo que es hoy más frecuente, este debe escribirse con minúscula y unido con guion al nombre *Ándalus*, de acuerdo con las normas de transcripción de nombres propios árabes precedidos por su artículo: *«Sobreviene la destrucción del Califato y la fragmentación de al-Ándalus en los pequeños reinos de taifas»* (Marías *España* [Esp. 1985]). La denominación *al-Ándalus* no debe ir precedida del artículo español: ⊗*el al-Ándalus*.

2. El gentilicio es *andalusí* (pl. *andalusíes;* → PLURAL, 1c), no ⊗*andalucí*: *«Los astrónomos andalusíes adaptaron las tablas de los movimientos medios planetarios al calendario lunar musulmán»* (Samsó *Calendarios* [Esp. 1981]). No debe usarse el gentilicio *andalusí* ('de la España musulmana') como sinónimo de *andaluz* ('de Andalucía').

andalusí. → Ándalus, 2.

andar. 'Moverse, normalmente caminando'. Verbo irregular: v. conjugación modelo (→ APÉNDICE 1, n.º 19). Las formas con la raíz irregular *anduv-* del pretérito perfecto simple o pretérito de indicativo (*anduve, anduviste,* etc.), pretérito imperfecto o pretérito de subjuntivo (*anduviera* o *anduviese, anduvieras* o *anduvieses,* etc.) y futuro de subjuntivo (*anduviere, anduvieres,* etc.), son las únicas admitidas hoy en la norma culta. Así pues, no se consideran correctas las formas de estos tiempos con la raíz regular *and-*: ⊗*andé,* ⊗*andaste,* ⊗*andara* o ⊗*andase,* ⊗*andaras* o ⊗*andases,* etc.

androfobia. 'Aversión a los hombres': *«Se diría que padece de androfobia, aunque su trabajo la seduzca, la excite»* (*Clarín*@ [Arg.] 24.1.99). El adjetivo correspondiente es *andrófobo* o *androfóbico* ('que padece o implica androfobia'): *«Ultrafeministas andrófobas»* (*Correo*@ [Esp.] 10.11.00); *«Cobran* [las feministas] *por* [...] *predicar su catecismo androfóbico»*

(Ameztoy *Escuela* [Esp. 2001]). No debe confundirse con *homofobia* ('aversión a los homosexuales'; → homofobia) ni con *androginia* ('hermafroditismo'; → androginia).

androfóbico -ca, andrófobo -ba. → androfobia.

⊗**androgenia.** → androginia.

andrógeno. 'Hormona que induce la aparición de los caracteres sexuales secundarios masculinos': *«Los andrógenos u hormonas masculinas intervienen en la regulación de las características sexuales masculinas»* (Marcos *Salud* [Esp. 1989]). No debe confundirse con *andrógino* ('hermafrodita' y 'sexualmente ambiguo'; → androginia, 2).

androginia. **1.** 'Hermafroditismo': *«La metáfora sagrada aludía a una primitiva androginia de Adán, quien fue privado de sus atributos femeninos en pro de la construcción de una compañera independiente»* (Cousté *Biografía* [Arg. 1978]); y 'ambigüedad sexual': *«La androginia es un nuevo concepto de belleza que va a más. Figuras estilizadas con los rasgos sexuales secundarios poco marcados* [...] *son una novedad que avanza con fuerza»* (GmnzBartlett *Deuda* [Esp. 2002]). Es incorrecta la forma ⊗*androgenia*. No debe confundirse con *androfobia* ('aversión a los hombres'; → androfobia).

2. El adjetivo correspondiente, usado también como sustantivo, es *andrógino* ('hermafrodita' y 'sexualmente ambiguo'): *«Un andrógino realizaba el sueño máximo de todo individuo: poseer al mismo tiempo los dos sexos»* (Jodorowsky *Pájaro* [Chile 1992]); *«El ideal femenino cambió* [...] *la sensualidad de las mujeres curvilíneas por la de las mujeres andróginas, que escondían las formas de su cuerpo»* (Urrea *Chanel* [Esp. 1997]). No debe confundirse con *andrógeno* ('hormona masculina'; → andrógeno) ni con *andrófobo* ('que padece o implica aversión a los hombres' → androfobia).

anea. → enea.

anegar(se). 'Inundar(se)'. Es hoy regular en la mayor parte del ámbito hispánico: *anego, anegas, anega,* etc. Se desaconseja su conjugación como irregular, según el modelo de *acertar* (→ APÉNDICE 1, n.º 16), no infrecuente en algunos países de América: ⊗*«Se le aniegan los ojos de lágrimas»* (*Caretas* [Perú] 6.2.97).

anejo -ja. **1.** Es variante de *anexo* con los sentidos de 'unido o agregado', 'vinculado o aparejado' (→ anexo, 1) y, en anatomía, 'parte adjunta a un órgano o tejido' (→ anexo, 3).

2. Como sustantivo masculino, presenta, además, dos sentidos específicos:

a) 'Núcleo de población dependiente administrativamente de otro': *«En el territorio metropolitano existen varios asentamientos que conforman unidades* *territoriales diferenciadas: cabeceras parroquiales, barrios, anejos, comunas y áreas agrícolas»* (VV. AA. *Quito* [Ec. 1994]).

b) 'Cada uno de los libros que se publican como complemento de una revista científica': *«Véase Américo Castro, "El pensamiento de Cervantes". Anejos de la* Revista de Filología Española, *Madrid, 1925»* (Rosales *Cervantes* I [Esp. 1960]).

⊗**anerobio -bia.** → anaerobio.

anestesiar. 'Poner anestesia'. Se acentúa como *anunciar* (→ APÉNDICE 1, n.º 4). Debe evitarse la pronunciación ⊗[anastesiár], que se oye a veces en el habla popular.

aneurisma. 'Dilatación anormal de un sector del sistema vascular'. Es válido su uso en ambos géneros (*el/la aneurisma*), aunque hoy es mayoritario y preferible el masculino: *«Se consolida el uso de catéteres para tratar los aneurismas»* (*Mundo* [Esp.] 1.6.95). No es propia del habla culta la forma ⊗*neurisma.*

anexar(se). 1. 'Unir o adjuntar [una cosa] a otra'. Lleva un complemento con *a*, que expresa aquello a lo que se une o adjunta lo designado por el complemento directo: *«Cuando los ingleses anexaban algún país A su inmenso imperio, lo primero que hacían era construir inodoros»* (*País* [Col.] 19.5.97); el complemento con *a* se omite a menudo por consabido: *«Los interesados deben enviar una solicitud por escrito y anexar su currículum»* (*DYucatán* [Méx.] 4.9.96). Se usa a menudo en forma pronominal: *«Considera el movimiento israelí para anexarse territorios como una ocupación»* (*NHerald* [EE. UU.] 24.7.00). Es de uso más frecuente en América que en España, donde, referido a territorios, se prefiere *anexionar(se)* (→ anexionar(se)) y, referido a datos o escritos, *adjuntar.*

2. La variante verbal *anejar* casi no se usa en el español actual, no así el adjetivo *anejo, -ja* ni el sustantivo *anejo,* plenamente vigentes (→ anejo).

anexionar(se). 'Incorporar o agregar [una cosa], especialmente un territorio] a otra'. Lleva un complemento con *a*, que expresa aquello a lo que se agrega o incorpora lo designado por el complemento directo: *«Poco después de que Hitler anexionara Austria AL Reich alemán, Gödel perdió su puesto»* (Volpi *Klingsor* [Méx. 1999]). Se usa a menudo en forma pronominal: *«Italia se anexionaba los territorios de Trento e Istria»* (Tusell *Geografía* [Esp. 1995]). En muchos países de América se usa con preferencia el verbo sinónimo *anexar* (→ anexar(se)).

anexo -xa. 1. Adjetivo que, referido a espacios o dependencias y a escritos o documentos, significa 'unido o agregado'; y, referido a otras cosas, casi siempre inmateriales, 'vinculado o aparejado'. Nor-

malmente va seguido de un complemento introducido por *a*, que puede omitirse por consabido: *«La cantina se hallaba en una sala anexa AL comedor del barco»* (Satué *Carne* [Esp. 1991]); *«Unos recibieron el título de "vecinos", con los derechos anexos»* (Arenas *Buenos Aires* [Arg. 1979]). Referido a dependencia o documento, es frecuente su uso como sustantivo masculino: *«Primero hubo que construir un anexo en el patio trasero»* (FdzCastro *Novia* [Esp. 1987]); *«El convenio de Chicago tiene varios anexos»* (*Granma* [Cuba] 6.96). En todos estos casos es válida la variante *anejo,* más frecuente como adjetivo que como sustantivo: *«Encendía la luz del cuarto de baño anejo a la alcoba»* (Azancot *Amores* [Esp. 1980]); *«La política [...] debe representar la búsqueda del bien común, con los valores que le son anejos: la seguridad, el bienestar, la salud, la justicia, la libertad»* (*Hora* [Guat.] 19.3.97); *«El documento tiene aneja una lista de parteras y médicos»* (Picó *Caimito* [P. Rico 1989]); *«El informe, que tiene 69 páginas y varios anejos explicativos, es denso»* (*País* [Esp.] 1.2.88). En España alternan ambas formas, mientras que en el español americano suele preferirse la variante *anexo.*

2. En el Perú y Chile, *anexo* se emplea también, como sustantivo masculino, con el sentido de 'línea telefónica conectada a una central': *«Diego cogió el teléfono de la portería y marcó el anexo de la dirección»* (Bayly *Días* [Perú 1996]). En este caso no se emplea la variante *anejo.*

3. Como sustantivo masculino, y usado casi siempre en plural, significa, en anatomía, 'parte adjunta a un órgano o tejido': *«Son muchísimas las enfermedades que pueden afectar al ojo y a sus anexos»* (Barreiro/DzBarreiro *Farmacia* [Arg. 1996]). Con este sentido se usa también la variante *anejo: «Se han de estudiar mediante ecografía los anejos uterinos»* (GaReal *Ginecología* [Esp. 1999]).

angina. Normalmente en plural, 'inflamación de las amígdalas': *«Tuvo anginas y catarros frecuentes»* (Vijnovsky *Dudas* [Arg. 1988]). Es menos frecuente su uso en singular: *«Un líquido excelente para hacer buches y gárgaras contra las enfermedades de la boca y la garganta, especialmente contra la angina»* (Ronald *Frutoterapia* [Col. 1998]). En la lengua coloquial de algunos países, como España o México, el plural *anginas* se utiliza también como sinónimo de *amígdalas* ('órganos situados en la garganta'; → amígdala): *«En cuanto se le inflaman un poco las anginas le sube mucho la fiebre»* (MñzMolina *Sefarad* [Esp. 2001]).

angolano -na. → angoleño.

angoleño -ña. 'De Angola, país de África'. Este es el gentilicio mayoritario en todo el ámbito hispánico, salvo en Cuba, donde se prefiere la forma *angolano: «Se han dado algunas concesiones a angole-*

ños, etíopes, ecuatoguineanos y marroquíes» (LpzGarrido *Derecho* [Esp. 1991]); «*Un ruso o un angolano poseían más derechos que un habanaviejero del Callejón del Chorro*» (Valdés *Vida* [Cuba 1996] 108).

Angora. → Ankara.

angustiar(se). 1. 'Causar, o sentir, angustia'. Se acentúa como *anunciar* (→ APÉNDICE 1, n.º 4).

2. Por tratarse de un verbo de «afección psíquica», dependiendo de distintos factores (→ LEÍSMO, 4a), el complemento de persona puede interpretarse como directo o como indirecto: «*No es su problema existencial lo que más LO angustia y atormenta*» (*Hora* [Guat.] 2.7.97); «*A Tita LE angustiaba mucho no poder cancelar esta presentación*» (Esquivel *Agua* [Méx. 1989]).

anhídrido -da. '[Compuesto químico] producido por la combinación de oxígeno con un elemento no metal'. Es voz esdrújula en el uso mayoritario; se desaconseja la forma llana ⊗*anhidrido* [anidrído].

animar(se). Con el sentido de 'estimular o incitar a la acción', es verbo de influencia (→ LEÍSMO, 4b) y lleva un complemento directo de persona y un complemento con *a* o *para*: «*Emeterio LO animó A hacer el viaje a España*» (González *Dios* [Méx. 1999]); «*LA animaron PARA que se bajara*» (Montero *Trenza* [Cuba 1987]). Como intransitivo pronominal, con el sentido de 'decidirse', lleva un complemento con *a*: «*Diego se animó A hablar*» (Bayly *Días* [Perú 1996]).

Ankara. Aunque la forma tradicional española del nombre de la capital de Turquía es *Angora*, hoy se emplea la forma turca *Ankara*: «*En Ankara, Haig ha sido recibido por el jefe del Estado turco*» (*Abc* [Esp.] 14.5.82); no obstante, el nombre tradicional sigue presente en la denominación de diversas especies de animales, como *gato, cabra* o *conejo de Angora*, y es también como se denomina la lana que se obtiene del pelo de este último animal.

anoche. 'En la noche de ayer a hoy'. Se escribe siempre en una palabra: «*Anoche agoté mi última bota de vino*» (Salom *Casas* [Esp. 1986]). Aunque no es incorrecta la locución *ayer* (*por/en/a la*) *noche* (→ ayer, 2), el uso prefiere *anoche* por su brevedad. No debe confundirse con *anteanoche* ('en la noche de anteayer a ayer'; → anteanoche).

anochecer. 1. Verbo irregular: se conjuga como *agradecer* (→ APÉNDICE 1, n.º 18).

2. Como intransitivo impersonal, significa 'ponerse el Sol o llegar la noche': «*Es tarde, y casi anochece*» (Souza *Mentira* [Perú 1998]). No es impersonal, en cambio, cuando significa, dicho del día, 'llegar al momento en el que se pone el Sol': «*El día 5 en la capital anochece con el alivio de las bombillas*» (Revilla *Guatemala* [Guat. 1976]); y 'llegar a

un lugar, situación o condición, o estar en ellos, cuando se pone el Sol': «*La mujer que anochece y amanece todos los días en la tierra de las masacres*» (*Tiempo* [Col.] 13.9.96).

anofeles o **anófeles.** 'Mosquito transmisor del paludismo'. Ambas acentuaciones son válidas: la forma llana *anofeles* [anoféles], mayoritaria en el uso, se debe al influjo del francés *anophèle*, mientras que la forma *anófeles* conserva la acentuación esdrújula del étimo latino (del lat. cient. *Anopheles*).

anorac. → anorak.

anorak. 'Chaqueta impermeable con capucha'. Su plural es *anoraks* (→ PLURAL, 1h): «*Deslizándose gentilmente por la nieve, con sus anoraks de colores*» (Landero *Juegos* [Esp. 1989]). Se desaconseja, por minoritaria, la variante *anorac*. No es correcta la grafía ⊗*anorack*.

anoticiar(se). Se acentúa como *anunciar* (→ APÉNDICE 1, n.º 4). Es propio del habla coloquial americana y se emplea con los sentidos siguientes:

a) Como transitivo significa 'comunicar o informar' y, al igual que *informar* (→ informar(se)), puede construirse, bien con complemento directo de persona y un complemento preposicional con *de*: «*La concejala no fue anoticiada DE la reunión*» (*Tiempos* [Bol.] 19.1.97); bien con complemento directo de cosa e indirecto de persona: «*Me anoticiaron que* [mi país] *seguía dividido entre unitarios y federales*» (Fogwill *Cantos* [Arg. 1998]).

b) Como intransitivo pronominal significa 'enterarse de algo' y lleva un complemento con *de*: «*Nuestro héroe se anoticia DE que el general* [...] *ha sido retirado del servicio activo*» (Martínez *Perón* [Arg. 1989]).

anquilosar(se). 'Causar, o sufrir, la imposibilidad o disminución de movimiento o, en sentido figurado, de avance o progreso': «*Esta artrosis que comenzó a anquilosarme a partir de los setenta y cinco*» (GaHortelano *Gramática* [Esp. 1982]). Debe evitarse la forma ⊗*enquilosar(se)*, vulgarismo extendido en el habla popular.

⊗**anseático -ca.** → hanseático.

ansiar. 'Desear con ansia'. Hoy se acentúa como *enviar* (→ APÉNDICE 1, n.º 5).

ansioso -sa. 'Que tiene ansia o deseo vehemente de algo'. Cuando el complemento es un sustantivo, va introducido normalmente por la preposición *de*, rara vez *por*: «*La Duquesa estaba ansiosa DE informaciones*» (Otero *Temporada* [Cuba 1983]); «*Emerge a la superficie ansiosa POR una bocanada de aire*» (*Granma* [Cuba] 3.97). Si el complemento es una oración, puede ir introducido indistintamente con *de* o *por*: «*Se notaba que estaban* [...] *ansiosos DE que llegara el momento de la partida*» (*Nación* [Arg.]

5.7.92); «*Noté que Sofían estaba ansioso* POR *regresar a la computadora*» (Souza *Mentira* [Perú 1998]).

Antártica, antártico -ca. → Antártida, 2.

Antártida. 1. Para denominar el conjunto de tierras situado en el polo sur terrestre son válidas las denominaciones *Antártida* y *Antártica*. La forma etimológica *Antártica*, derivada del adjetivo latino *antarcticus* ('opuesto al Ártico'), es de uso mayoritario en Chile, donde también forma parte del nombre de una de sus regiones (XII Región de Magallanes y de la Antártica Chilena): «*Se trataba de una misión especial para las bases estadounidenses en la Antártica*» (Verdugo *Casa Blanca* [Chile 2004]). La forma *Antártida* —surgida por analogía con la terminación en *-da* de otros topónimos como *Holanda, Nueva Zelanda, Atlántida*, etc.— es la única usada en España y la preferida en la mayor parte de América: «*El adelgazamiento de la capa de ozono en la Antártida*» (*Excélsior* [Méx.] 14.9.01).
2. Para el adjetivo solo es válida la forma *antártico: continente antártico, fauna antártica*.

anteanoche. 'En la noche de anteayer a ayer'. También puede usarse la locución *antes de anoche*, pero el uso prefiere *anteanoche* por su brevedad. En América también se emplea, y es válida, la variante *antenoche*: «*Movilizó a toda la casa y estuvo amasando hasta tarde antenoche*» (Donoso *Elefantes* [Chile 1995]). No debe confundirse con *anoche* ('en la noche de ayer a hoy'; → anoche).

anteayer. 'En el día anterior a ayer'. También puede usarse la locución *antes de ayer;* pero la grafía *anteayer* es la preferida en el uso por su brevedad. La variante *antier*, más cercana al étimo latino (lat. *ante heri*), es de uso corriente en algunos países de América, sobre todo en México y el área centroamericana, aunque en España no pertenece a la norma culta y solo se emplea en el habla rural o popular: «*La dependiente me preguntó qué me había parecido el mantón de Manila que antier me había comprado el general*» (Mastretta *Vida* [Méx. 1990]). Deben evitarse las formas ⊗*antiayer* y ⊗*antiyer*, ajenas a la norma culta en todo el ámbito hispánico.

anteceder. 'Ir delante o preceder'. Es transitivo y su complemento directo, aun no siendo de persona, suele ir introducido por la preposición *a* (→ a², 1.1l): «*Un desfile de músicos y danzantes* [...] *antecede* A *la batalla*» (Ruz *Mayas* [Méx. 1981]); «*Iban más confiados que un grupo que* LOS *antecedió*» (*Mundo* [Esp.] 20.8.94). No obstante, cuando no denota movimiento, sino estado, es predominante el uso de las formas pronominales de dativo, incluso en zonas no leístas: «*Al acto* LE *antecedió una marcha*» (*Granma* [Cuba] 3.97).

antediluviano -na. 'Anterior al diluvio universal' e, hiperbólicamente, 'antiquísimo': «*Tuvieron*

tiempo de [...] *meter en un rincón un antediluviano equipo de música*» (*Mundo* [Esp.] 15.1.95). Este adjetivo está formado con el prefijo *ante-*, que significa 'anterior'; no es correcta la forma ⊗*antidiluviano*, pues *anti-* significa 'contrario'.

ante merídiem. Loc. lat. que significa 'antes del mediodía'. Se pospone, normalmente en su forma abreviada *a. m.*, a las referencias horarias anteriores a las doce del mediodía. Solo es pertinente cuando en la indicación de las horas se utilizan los números del 1 al 12 (→ HORA², 2a): «*Va a reunirse a las 10 a. m. con el presidente del Seguro Social*» (*Universal* [Ven.] 15.10.96). Se opone a *post merídiem* (→ post merídiem).

antenoche. → anteanoche.

anteponer(se). 'Poner(se) una persona o cosa delante o por delante de otra'. Verbo irregular: se conjuga como *poner* (→ APÉNDICE 1, n.º 47). El imperativo singular es *antepón* (tú) y *anteponé* (vos), y no ⊗*antepone*.

anterior. 1. 'Que precede a otro en el tiempo o en el espacio'. No es, propiamente, un adjetivo comparativo, pues carece de forma positiva, a diferencia de lo que ocurre con *mayor, menor, mejor* y *peor*, comparativos respectivos de *grande, pequeño, bueno* y *malo;* por ello, *anterior* admite su combinación con *muy*, como corresponde a los adjetivos no comparativos, y no con *mucho* (→ mucho, 2): «*El origen de este estilo es muy anterior a Lavín*» (*Hoy* [Chile] 17-23.3.97).
2. Con sentido temporal, su término de referencia, cuando aparece, va introducido por la preposición *a*: «*El sábado anterior* A *Pentecostés llegó molesto*» (MDurán *Toque* [Col. 1981]). Al igual que el adverbio *antes*, no puede combinarse con cuantificadores de grado, como *más* (→ antes, 1): ⊗«*Unix es un sistema operativo bastante más anterior a la generalización de los ordenadores personales*» (*Voz*@ [Arg.] 5.6.02); aquí debió decirse, simplemente, *bastante anterior;* si se desea cuantificar la mayor o menor distancia temporal con respecto al momento de referencia, debe recurrirse a cuantificadores no gradativos como *algo, bastante, (un) poco* o *muy* (→ 1): «*La Revolución cubana es un poco anterior a mi juventud universitaria*» (Celorio *Contraconquista* [Méx. 2001]).
3. Con sentido espacial, se emplea a menudo en anatomía, dicho de zonas o partes del cuerpo, con el sentido de 'situado en la parte de delante'; y, en fonética, dicho de un sonido, 'que se articula en la parte anterior de la boca'. En estos casos, *anterior* (al igual que *adelante*) sí admite cuantificadores de grado: «*Esta ligera depresión coronada en su extremo más anterior por un abultamiento, el nódulo de Hensen*» (HdzCorvo *Morfología* [Cuba 1989]).

4. En el habla popular se emplea, en ocasiones, con valor adverbial, como mero sinónimo de *antes* o de *anteriormente*, uso que debe evitarse en el habla culta: ⊗«*Pero anterior a eso nosotros vivíamos en Casalta*» (*Entrevista* [Ven., corpus oral 1987]); aquí debió decirse *antes de eso* o *anteriormente a eso*.

antes. 1. Adverbio que denota prioridad en el tiempo o en el espacio: *Si vas a llegar antes, avísame; El doce va antes que el trece.* Normalmente va seguido de un complemento precedido de la preposición *de*: «*Quince días antes* DE *su muerte* [...] *manifestaba su desaliento*» (Boido *Einstein* [Arg. 1980]); no debe emplearse, en estos casos, la preposición *a*: ⊗«*Las inscripciones* [...] *se podrán efectuar treinta minutos antes* AL *inicio de las pruebas*» (*NProvincia* [Arg.] 6.4.97). En la lengua culta solo admite los cuantificadores *cuanto, mucho, bastante* o *(un) poco: Iré cuanto antes; Nos lo dijeron mucho antes; Pasé por allí bastante antes del accidente; Se fue (un) poco antes de llegar tú;* así pues, debe evitarse el uso de ⊗*más antes*, que se da en niveles no cultos, más en América que en España: ⊗«*Esta situación se debe arreglar lo más antes posible*» (*Tiempos* [Bol.] 28.1.97); en estos casos, el uso del adverbio *más* resulta superfluo, ya que *antes* equivale a *más pronto*.

2. Cuando se pospone a sustantivos de significado temporal precedidos de artículo, como *año, día, noche,* etc., tiene valor adjetivo y significa 'anterior': «*La noche antes se escucharon voces de muchas personas en el pasillo*» (Valladares *Esperanza* [Cuba 1985]); «*Cholo y Fernando llegaron a Roma el día antes*» (Feo *Años* [Esp. 1993]). En estos casos, *antes* no debe ir precedido de la preposición *de*: ⊗*la noche de antes,* ⊗*el día de antes.*

3. *antes que* o *antes de que.* Con significado temporal, ambas construcciones son válidas. En un principio, precediendo a la oración que expresa el acontecimiento que se toma como referencia, se usó solo la locución conjuntiva *antes que* (en latín, *ante quam, antequam*): «*Antes que ellas se levanten, pasemos delante dellas*» (MtzToledo *Corbacho* [Esp. 1438]). Cuando el término de referencia temporal es un sustantivo, un pronombre o un infinitivo, *antes* debe ir seguido de la preposición *de*: «*Antes* D'*estos quinze días* [...] / *Aquellos atamores a vos los pondrán delant*» (*Cid* [Esp. c1140]); «*Antes* DE *llegar se detuvieron en una posada a tomar un trago*» (UPietri *Oficio* [Ven. 1976]). Del cruce de *antes que* y *antes de*, surgió *antes de que*, variante de la locución conjuntiva que algunos gramáticos censuraron en un principio por dequeísta (→ DEQUEÍSMO), pero que hoy se acepta como válida. Así, es igualmente correcto decir *Llegará antes que anochezca* y *Llegará antes de que anochezca.* Cuando la locución expresa preferencia, solo es válida la forma *antes que*: «*Antes que verlo detrás de una reja* [...], *prefiero verlo muerto*» (Asenjo *Días* [Esp. 1982]); con este

último sentido, es posible la intercalación de elementos entre *antes* y *que: Antes muerto que vencido.*

4. *antes de anoche.* → anteanoche.

5. *antes de ayer.* → anteayer.

⊗**antiayer.** → anteayer.

anticuar(se). 'Dar aire antiguo [a algo]' y, como pronominal, 'quedarse antiguo'. Se acentúa como *actuar* (→ APÉNDICE 1, n.º 7).

⊗**antidiluviano -na.** → antediluviano.

antidopaje, *antidoping.* → dopaje, 2.

antier. → anteayer.

Antigua República Yugoslava de Macedonia. → Macedonia.

antigüedad. 1. Se escribe con minúscula inicial en la mayoría de sus acepciones ('cualidad de antiguo', 'tiempo de existencia de una cosa, o de permanencia de una persona en un empleo o cargo', 'objeto antiguo' y 'tiempo remoto'): «*Un puente de madera que fue levadizo* [...] *atestigua su antigüedad y fortaleza*» (Guzmán *País* [Arg. 1999]); «*Se conoce algún ejemplar de cerca de cinco mil años de antigüedad*» (FdzMartínez *Arqueología* [Esp. 1990]); «*Para venderle alguna antigüedad con que socorrerse*» (Larreta *Volavérunt* [Ur. 1980]); «*Desde la más remota antigüedad el ser humano ha sentido la necesidad de hacerse preguntas sobre la Naturaleza que le rodea*» (*Cultural* [Esp.] 17.10.02).

2. Se escribe con mayúscula inicial cuando significa 'Edad Antigua (etapa de la Historia que va desde la aparición de la escritura hasta la caída del Imperio romano)': «*Los hombres de la Antigüedad no tenían una idea optimista de la condición humana*» (*Universal* [Ven.] 1.9.96). Suele referirse especialmente a la época de la Grecia y la Roma clásicas, con frecuencia en la construcción *Antigüedad clásica* o *grecolatina.*

antiguo -gua. 'Que existe desde hace mucho tiempo' y 'que existió en tiempo remoto'. Su superlativo es *antiquísimo* (del lat. *antiquissimus*), no ⊗*antigüísimo.*

antinomia. 'Contradicción u oposición entre dos conceptos o principios': «*La antinomia entre la democracia y el liberalismo se manifiesta en una serie de contradicciones en el plano ideológico*» (Medina *Doctrina* [Ven. 1984]). Se pronuncia [antinómia], con diptongo entre las dos vocales finales. No es correcta, pues, la forma con hiato ⊗*antinomía.*

antioqueno -na. → Antioquía.

antioqueño -ña. → Antioquia.

Antioquia. Nombre de un departamento del noroeste de Colombia y de una ciudad ubicada en este departamento. Se pronuncia [antiókia] y se escribe sin tilde. No debe confundirse con *Antioquía* ('antigua capital de Siria'; → Antioquía). Su gentilicio es *antioqueño*.

Antioquía. Nombre tradicional español de la antigua capital de Siria, que se corresponde con la actual ciudad turca de *Antakia*. Se pronuncia [antiokía] y se escribe con tilde. No debe confundirse con *Antioquia* ('departamento y ciudad de Colombia'; → Antioquia). Su gentilicio es *antioqueno*.

antípoda. 1. Adjetivo de una sola terminación que significa '[lugar] situado en un punto diametralmente opuesto al de referencia' y, en sentido figurado, '[persona o cosa] totalmente contrapuesta a otra': «*Dos puntos de la superficie terrestre son antípodas si son los extremos de un segmento que pasa por el centro de la Tierra*» (VV. AA. *Matemáticas* [Esp. 1998]); «*La sexualidad no se resuelve ni con la castidad ni con la imagen antípoda: el desenfreno*» (Caparrós *Crisis* [Esp. 1977]).

2. Como sustantivo, referido a persona, se usa en ambos géneros, dependiendo del sexo del referente, tanto en sentido recto ('persona que habita en los territorios antípodas') como en sentido figurado ('persona totalmente contrapuesta a otra'): «*Nuestros antípodas no son australianos, sino neozelandeses*» (Leguineche *Tierra* [Esp. 2000]); «*Era una chica agradable; pero en muchos aspectos parecía la antípoda de Lisbeth*» (Liendo *Platos* [Ven. 1985]).

3. Como sustantivo, designando lugar, se usa indistintamente en ambos géneros, y normalmente en plural, tanto en sentido recto ('lugar de la Tierra situado en el punto diametralmente opuesto al de referencia') como en sentido figurado ('postura o actitud diametralmente opuesta a otra'): «*Se habían ido a los antípodas para cortar caña en Queensland*» (Leguineche *Tierra* [Esp. 2000]); «*La moral política está siempre en las antípodas de la moral poética*» (Martínez *Perón* [Arg. 1989]). Hoy es más frecuente el femenino. Es también válido, aunque poco frecuente, el uso en singular: «*Es necesario haber leído parte de ellas antes de emprender el viaje a la antípoda de Cochabamba, en el otro lado del mundo*» (*Tiempos* [Bol.] 26.12.96). Es nombre común, no propio, por lo que no debe escribirse con mayúscula inicial.

4. Es palabra de una sola terminación, válida para ambos géneros, por lo que no es correcto el masculino [⊗]*antípodo*.

[⊗]**antípodo.** → antípoda, 4.

[⊗]**antiyer.** → anteayer.

antojarse. 1. 'Hacerse objeto del deseo vehemente, y normalmente caprichoso, de alguien'. Es intransitivo pronominal y se construye con un complemento indirecto obligatorio —expresado a través de los pronombres átonos de dativo *me*,

te, le(s), nos, os—, que se refiere a la persona que experimenta el antojo. El objeto del deseo funciona como sujeto y, por tanto, no debe ir precedido de preposición (*antojársele* algo a alguien): «*A su madre, durante el embarazo, se LE antojaron aceitunas*» (JmnzLozano *Grano* [Esp. 1988]); «*Se LE antojó ser actriz, como a todas*» (Memba *Homenaje* [Esp. 1989]). Debe evitarse en la lengua culta construirlo como *encapricharse*, es decir, con sujeto de persona y un complemento con *de* para expresar el objeto del antojo: [⊗]«*Maleva se antojó DE un automóvil modelo deportivo*» (*Siglo* [Pan.] 1.8.00); debió decirse *A Maleva se le antojó un automóvil deportivo*.

2. 'Presentarse ante el juicio de alguien con cierta cualidad' y, dicho de una acción o un hecho, 'presentarse ante el juicio de alguien como probable'. Es también intransitivo pronominal y se construye con un complemento indirecto obligatorio —expresado a través de los pronombres átonos de dativo *me, te, le(s), nos, os*—, que se refiere a la persona cuyo parecer se expresa. Aquello que se enjuicia es el sujeto y, por tanto, no debe ir precedido por preposición alguna: «*La política se LE antojaba un juego*» (*Abc* [Esp.] 19.4.86); «*Se ME antojó que estaba interpretando un papel que ella conocía perfectamente*» (GaMorales *Lógica* [Esp. 1990]), y no [⊗]*se me antojó DE QUE*. Este verbo no debe emplearse sin el pronombre de dativo: [⊗]«*Madrid se antojaba una escala decisiva*» (*Mundo* [Esp.] 7.9.94); [⊗]«*Se antoja al espectador que este debate [...] sería muy clarificador*» (*País* [Esp.] 18.11.97).

antuerpiense, *Antwerp, Antwerpen*. → Amberes.

anunciar(se). 'Dar a conocer [algo]' y, como pronominal, dicho de una persona, 'comunicar su llegada o presencia en un lugar'. V. conjugación modelo (→ APÉNDICE 1, n.º 4).

***Anvers*.** → Amberes.

año. Para expresiones como *los años veinte*, → década, 2.

***Aomen*.** → Macao.

[⊗]**aorita.** → ahorita.

apacentar(se). 'Dar pasto [al ganado]' y, como intransitivo, pronominal o no, 'pacer'. Verbo irregular: se conjuga como *acertar* (→ APÉNDICE 1, n.º 16).

apaciguar(se). 'Calmar(se) o sosegar(se)'. Se acentúa como *averiguar* (→ APÉNDICE 1, n.º 6). Se escriben con diéresis todas las formas en las que *-gu-* va delante de *e*: *apacigüe, apacigües*, etc.

apadrinar. → padrino, 2.

aparecer(se). 1. Verbo irregular: se conjuga como *agradecer* (→ APÉNDICE 1, n.º 18).

2. En el español general es intransitivo en todas sus acepciones:

a) 'Mostrarse o dejarse ver': «*Carmina no apareció por parte alguna*» (CInfante *Habana* [Cuba 1986]). Con este sentido se usa también como pronominal, especialmente en el español americano: «*El 23 de noviembre, como a las tres de la tarde, se aparecen los carceleros*» (Matos *Noche* [Cuba 2002]). Si la aparición es de carácter sobrenatural y hay complemento indirecto, se usa como intransitivo pronominal en todo el ámbito hispánico: «*En esa montaña se aparecía Dios a los pobladores antiguos*» (Torbado *Peregrino* [Esp. 1993]).

b) 'Ser hallado': «*El cuerpo y la hamaca del General Uribe no aparecieron*» (Herrera *Casa* [Ven. 1985]). Con este sentido es menos frecuente su uso en forma pronominal: «*Se aparecieron después en una gota de pus que le salió por el miembro unos [...] animalitos redondos [...], que no eran otros que los agentes de la gonorrea*» (Paso *Palinuro* [Méx. 1977]).

c) 'Cobrar existencia o darse a conocer por primera vez': «*Las moléculas eran inobservables hasta que apareció el ultramicroscopio*» (RdgzDelgado *Universo* [Esp. 1997]).

3. Debe evitarse su uso como transitivo, con el sentido causativo de 'hacer que [algo o alguien] aparezca': ⊗*El mago apareció un conejo.*

aparente. Este adjetivo significa, básicamente, 'que aparece a la vista, aunque pueda no ser o no sea real o verdadero': «*Sin que gesto alguno traicionara su aparente calma, apartó la cara del periódico para besar a la niña*» (VLlosa *Fiesta* [Perú 2000]); «*A las tres cuadras mi aparente prestancia se derrumbó*» (Serrano *Vida* [Chile 1995]); y 'visible o perceptible': «*Hiparco introdujo un esquema para estimar el brillo aparente de las estrellas*» (Maza *Astronomía* [Chile 1988]). Es rechazable su empleo con el sentido de 'obvio o evidente', calco semántico del inglés: ⊗*«Cuando agonizaba Leonid Brezhnev, era aparente que su candidato a la sucesión era Konstantin Chernenko*» (*Hoy* [Chile] 18-24.3.85).

⊗**apartahotel.** → apartotel.

apartamento. 'Vivienda independiente en un edificio de pisos, especialmente la que consta de pocas habitaciones': «*Él me llevó al apartamento que compartía con una pareja de estudiantes*» (Martini *Fantasma* [Arg. 1986]). No debe usarse con este sentido la forma *apartamiento*, que hoy solo es válida con el sentido de 'acción y efecto de apartar(se)': «*Su apartamiento del cargo originó fuertes controversias*» (*País* [Esp.] 1.12.85). Para denominar este tipo de vivienda se prefiere, en gran parte de América, el término *departamento*.

apartamiento. → apartamento.

aparte. 1. Puede funcionar como adverbio, como adjetivo, como sustantivo y como preposición:

a) Como adverbio significa 'en otro lugar': «*De entre ellos [los conejos], puso aparte algunos*» (Sánchez *Héroe* [Col. 1988]); y 'separadamente, por separado': «*Por su construcción hay que considerar aparte un grupo de consecutivas que la Gramática tradicional ha estimado como consecutivas "subordinadas"*» (RAE *Esbozo* [Esp. 1973] 553). Es redundante, y debe evitarse, el uso de *aparte* precedido de la preposición *por*, con el sentido de 'por separado': ⊗*«Compaq lanzó [...] un computador muy bien configurado pero sin monitor —que hay que comprar por aparte— por menos de mil dólares*» (*Tiempo* [Col.] 28.4.97); tampoco debe usarse con el sentido de 'por su cuenta o por su lado': ⊗*«Centroamérica busca, por aparte, un acercamiento con el Mercado Común del Sur*» (*Prensa* [Hond.] 10.3.97). Con verbos como *dejar*, *poner* y similares, *aparte* significa también 'fuera o al margen': «*Dejando aparte la moral, quizá su negativa daba de él una imagen equivocada*» (SchzEspeso *Alas* [Esp. 1985]). En estos casos, es frecuente la omisión del verbo, pudiendo quedar el adverbio antepuesto o pospuesto al sustantivo: «*La doctrina europeísta ha tenido, aparte su acierto o su error, una utilidad indiscutible*» (CSerraller *Paisajes* [Esp. 1998]); «*Pero bromas aparte, yo empiezo a sentir miedo*» (Tusquets *Mar* [Esp. 1978]). Como todos los adverbios, es invariable: ⊗*«Se han construido hermosos edificios en los que habitan los residentes ingleses y americanos, que viven allí casi enteramente apartes de los del país*» (*Hoy* [Chile] 5-11.5.86); debió decirse *viven allí casi enteramente aparte.*

b) Como adjetivo significa 'distinto o singular': «*Cada cosa de este mundo [...] era un caso aparte, una singularidad que no admitía comparaciones*» (Pombo *Metro* [Esp. 1990]). Es invariable en plural: «*La tarea de sistematizar la información mediante anuarios condujo a la Dirección General de Estadística a integrar, en publicaciones aparte, los datos relativos al comercio exterior*» (Peña *Visión* [Méx. 1994]).

c) Como sustantivo es masculino y se usa normalmente con los sentidos de 'palabras que, en un texto teatral, dicen uno o más personajes fingiendo que no las oyen los demás presentes en la escena' y 'conversación entre dos o más personas al margen de otras presentes': «*Lupita: (En uno de esos apartes obvios del teatro antiguo). ¡Qué manía tienen todos los hombres de preguntar lo mismo!*» (Castellanos *Femenino* [Méx. 1975]); «*La marquesa de Villaverde, en un aparte, le contestó: "Alteza, esto no es probable"*» (Herrero *Ocaso* [Esp. 1995]).

d) Forma la locución prepositiva *aparte de*, que significa 'con omisión de, al margen de': «*Aparte de esto, la situación general se va a agudizar con el aumento del desempleo*» (*Universal* [Ven.] 6.4.99); «*El pobre Andrade no sabe dónde está parado, aparte de que* *es cierto que le faltan bolas»* (Herrera *Casa* [Ven. 1985]). En la lengua culta debe evitarse el uso de la locución popular ⊗*fuera aparte (de):* ⊗*«Pero, fuera aparte de eso, no veas cómo se juntaban a hacer sus comentarios los camareros»* (Quiñones *Noches* [Esp. 1979]). Está muy extendido, y es válido, el empleo de *aparte de* con el sentido de 'además de': *«Aparte de Bizet, cultivaron la habanera los españoles Albéniz y Falla»* (Orovio *Música* [Cuba 1990]).

2. *Aparte* se escribe siempre en una sola palabra. No debe confundirse con la combinación ocasional de la preposición *a* y el sustantivo *parte: «Se trata de un camino que no conduce a parte alguna»* (*País* [Esp.] 6.10.77).

3. ⊗*por aparte.* → 1a.

apartheid. Voz neerlandesa que significa 'apartamiento, separación' y que en afrikáans —variedad del neerlandés que se habla en Sudáfrica— adquirió el sentido específico de 'segregación racial'. Solo es aceptable el empleo del extranjerismo crudo —que debe escribirse con resalte tipográfico y pronunciarse [apartjéid], con hache aspirada— para referirse al sistema político discriminatorio implantado en la República de Sudáfrica de 1948 a 1994: *«El Zaire de Mobutu ha sido uno de los grandes valedores de Savimbi, igual que la Suráfrica del apartheid»* (*País* [Esp.] 8.5.97). No debe extenderse su uso a otros contextos, pues en español existen términos como *racismo, discriminación* o *segregación,* perfectamente equivalentes.

apartotel. 'Hotel de apartamentos': *«Una amable periodista [...] me ayudó a trasladarme a un apartotel»* (Gala *Invitados* [Esp. 2002]). Esta es la grafía recomendada para este acrónimo tomado del inglés —de *apart*[ment] + [h]*otel*—, pues ⊗*aparthotel* contiene un grupo *th* ajeno al sistema gráfico español. Se desaconseja, por minoritaria, la forma ⊗*apartahotel.*

apasionar(se). 1. 'Causar pasión o afición extrema'. Por tratarse de un verbo de «afección psíquica», dependiendo de distintos factores (→ LEÍSMO, 4a), el complemento de persona puede interpretarse como directo o como indirecto: *«Le gustaba Tagore. LA apasionaba»* (Palou *Carne* [Esp. 1975]); *«A los nueve años LE apasionaba la lectura»* (LpzNavarro *Clásicos* [Chile 1996]).

2. Como pronominal (*apasionarse*), con el sentido de 'sentir pasión o afición extrema por alguien o algo', se construye con las preposiciones *por* o *con: «Ya nadie se apasiona POR un diputado»* (*Clarín* [Arg.] 17.2.97); *«Hace muy poco me he apasionado CON la informática»* (*Abc* [Esp.] 15.11.96).

apelar. Con el sentido de 'recurrir a una autoridad superior para que revoque o enmiende una decisión considerada injusta', puede usarse como intransitivo, con un complemento introducido por *de* o *contra,* que expresa la cuestión que se desea revisar: *«La defensa de Ortiz apeló DE la decisión»* (*Tiempo* [Col.] 17.7.97); *«Por creerla injusta, había apelado CONTRA una resolución del juzgado»* (*Vanguardia* [Esp.] 18.8.94). Pero hoy es más frecuente su uso como transitivo: *«Anunció que apelará la sentencia»* (*Clarín* [Arg.] 28.2.97); *«La resolución fue apelada por el letrado Patxi Rezola ante la Audiencia»* (*DVasco* [Esp.] 7.2.01).

apenas. 1. Como adverbio significa 'difícilmente, casi no': *«El animal apenas respiraba»* (Sepúlveda *Viejo* [Chile 1989]); y 'escasamente o solo': *«Después habló [...] del aspecto ajado y áspero de su piel, tan lozana hacía apenas unos años»* (Otero *Temporada* [Cuba 1983]). En algunas zonas de América se usa con frecuencia para señalar que la acción designada por el verbo se acaba de producir o está comenzando a producirse: *«La tragedia apenas comienza, señor»* (Fuentes *Ceremonias* [Méx. 1989]); *«El dependiente apenas estaba metiendo la llave en la puerta»* (González *Dios* [Méx. 1999]). Es también una conjunción temporal que significa 'en cuanto, en el momento en que': *«Apenas anochece, tengo ganas de retirarme y dormir»* (Mendoza *Verdad* [Esp. 1975]). Es hoy infrecuente y desaconsejable su escritura en dos palabras: ⊗*a penas.*

2. *apenas si.* Equivale a *apenas* con los sentidos de 'casi no' y 'escasamente o solo': *«Estaba tan cansado que apenas si podía respirar»* (Llamazares *Lluvia* [Esp. 1988]); *«La chica parece indemne, apenas si tiene un par de arañazos»* (Ribera *Sangre* [Esp. 1988]). El *si* de esta locución es conjunción (→ si), no adverbio, por lo que no debe escribirse con tilde: ⊗*apenas sí.*

apéndice. 'Cosa adjunta o añadida a otra', 'parte del cuerpo animal unida o contigua a otra' y 'prolongación del intestino ciego'. Este sustantivo es masculino en el español general culto: *el apéndice.*

apendicitis. 'Inflamación del apéndice'. Como todas las voces que contienen el sufijo *-itis* ('inflamación'), es de género femenino: *la apendicitis.*

apercibir(se). 1. Es transitivo en los casos siguientes:

a) Cuando significa 'preparar(se) o disponer(se)'. Se emplea normalmente en construcción reflexiva y seguido de un complemento con *a* o *para: «Yo me apercibí A protegerla de no se sabe qué agresiones»* (Conget *Mujeres* [Esp. 1989]); *«Apercibiéndose PARA lo peor, trató de mantenerse sereno»* (Ducoudray *Ojos* [C. Rica 1992]).

b) Cuando significa 'advertir [a alguien] de algo'. Además del complemento directo de persona, lleva un complemento con *de,* que expresa el objeto de la advertencia: *«Apercibiéndolos [a Gregorio y Angelina] DE la necesidad de una inmediata despedida»*

(Landero *Juegos* [Esp. 1989]). En el lenguaje jurídico, este sentido general se especializa en 'advertir [a alguien] de las consecuencias que se seguirán de sus actos u omisiones': «*El Ministerio del Interior apercibe DE inhabilitación a Martín Berrocal*» (*País* [Esp.] 17.12.80).

c) Cuando significa 'percibir o notar [algo]': «*Nuestro cura apercibió el primero la humana polvareda*» (Gracia *Republicanas* [Esp. 1984]). Es más frecuente, en este caso, el uso de la construcción intransitiva pronominal *apercibirse DE* algo (→ 2).

2. Hoy se emplea casi exclusivamente como intransitivo pronominal, con el sentido de 'percatarse o darse cuenta de algo', y se construye con un complemento con *de*: «*Casandra se apercibió DE que había tres hombres*» (SchzEspeso *Alas* [Esp. 1985]). En el habla esmerada no debe suprimirse la preposición (→ QUEÍSMO, 1a): [⊗]*se apercibió que*.

apersonado -da. → apersonarse, 1.

apersonarse. 1. El significado, hoy desusado, de 'engalanarse o vestirse con esmero' ha perdurado en el adjetivo *apersonado* que, precedido normalmente de los adverbios *bien* o *mal,* significa 'de buena (o mala) presencia': «*Hombre de unos cuarenta años, bien apersonado*» (OArmengol *Aviraneta* [Esp. 1994]).

2. Hoy se emplea sobre todo en América, como variante preferida de *personarse* (→ personarse), con el sentido general de 'presentarse personalmente en un lugar'. El complemento de lugar va precedido de *en* o *a*: «*Chalukián se había apersonado EN la peluquería con una orquídea*» (Cohen *Insomnio* [Arg. 1986]); «*Se apersonaron A la comisaría de la Victoria para denunciar el suceso*» (VLlosa *Tía* [Perú 1977]).

3. En Colombia y el Ecuador se usa también con el sentido de 'hacerse cargo de un asunto'; en este caso se construye con un complemento introducido por *de*: «*Quería que el Gobierno del doctor Ospina se apersonara DE este justo reclamo del partido conservador*» (Alape *Paz* [Col. 1985]).

4. En México y algunos países de Centroamérica se emplea alguna vez con el sentido de 'ir a ver a alguien para hablar con él', caso en el que el interlocutor se expresa mediante un complemento introducido por *con*: «*Le ordeno a usted* [...] *que, antes de abandonar la oficina, se apersone CON el ministro Valencia*» (Chávez *Batallador* [Méx. 1986]).

apertrechar(se). → pertrechar(se).

apertura. 1. Sobre la diferencia entre *apertura* y *abertura,* → abertura, 1.

2. A partir del sustantivo *apertura* ('acción de abrir'), se ha formado el verbo [⊗]*aperturar*, que ha empezado a utilizarse en los últimos años como equivalente de *abrir*: [⊗]«*Ordeno que esos contenedores sean aperturados y revisados*» (*DHoy* [Ec.] 8.7.97);

[⊗]«*Ayer domingo la Cooperativa Agraria de Producción Casa Grande aperturó sus Terceros Juegos de Verano*» (*Comercio* [Perú] 14.1.75). Es especialmente frecuente en el lenguaje bancario, donde se ha puesto de moda la expresión [⊗]*aperturar una cuenta,* en lugar de *abrir una cuenta*. Su uso no está justificado y debe evitarse.

[⊗]**aperturar.** → apertura, 2.

apetecer. 1. Verbo irregular: se conjuga como *agradecer* (→ APÉNDICE 1, n.º 18).

2. Como intransitivo, dicho de algo, 'ser deseado por alguien'. La persona que siente el deseo se expresa mediante un complemento indirecto: «*¿LE apetecen unas rodajitas de percebitos a la vinagreta?*» (Ussía *Tratado* II [Esp. 1994]). En Andalucía, se usa a menudo como pronominal: «*¿Y sabes lo que se me apetece? Un vasito de té moruno*» (Vázquez *Narboni* [Esp. 1976]).

3. Como transitivo, 'desear': «*Perdóneme, pero no apetezco absolutamente nada*» (Plaza *Cerrazón* [Ur. 1980]); este uso es hoy poco frecuente y ha quedado prácticamente relegado a la lengua literaria.

aplanchar. → planchar.

aplaudir. 1. 'Dar palmas para manifestar aprobación o entusiasmo [hacia algo o alguien]'. Se acentúa como *causar* (→ APÉNDICE 1, n.º 10).

2. Su complemento directo es la persona o cosa aplaudida: «*A su arribo, las gentes LO aplaudieron sin desmayo*» (*Tiempo* [Col.] 14.1.75). Puede construirse con complemento indirecto de persona y directo de cosa: «*Pues LE aplaudo la habilidad. Lo ha hecho muy bien*» (Nieva *Señora* [Esp. 1980]).

aplicabilidad. 'Cualidad de aplicable': «*El Gobierno estudia la aplicabilidad de los convenios suscritos en el pasado*» (*Tiempos* [Bol.] 15.2.97). No debe usarse en su lugar la forma [⊗]*aplicatividad*.

aplicar(se). 1. En español significa, como transitivo, 'poner [una cosa] sobre otra', 'emplear o poner en práctica [algo] con un fin determinado' y 'referir o asignar [un nombre] a alguien o algo': «*El doctor* [...] *aplicó su oído al pecho del niño*» (Araya *Luna* [Chile 1982]); «*Hay que aplicar la inteligencia PARA demostrarles amor*» (Cuauhtémoc *Grito* [Méx. 1992]); «*En los primeros trabajos publicados se le aplicó el nombre de ponosis*» (Marcos *Salud* [Esp. 1989]). Como intransitivo pronominal significa 'poner el máximo esfuerzo e interés en realizar algo' y lleva un complemento introducido por *a* o, menos frecuentemente, *en*: «*Me apliqué A una tediosa labor de limpieza*» (Bojorge *Aventura* [Arg. 1992]); «*El jardinero deberá aplicarse EN conservar la mayor cantidad posible de ramas jóvenes*» (Tiscornia *Arbustos* [Arg. 1978]).

2. No debe emplearse con el sentido de 'solicitar, especialmente por escrito', uso frecuente en el

español americano por calco del inglés *to apply*: [⊗]*aplicar a un trabajo*, [⊗]*aplicar a una beca*. Lo mismo cabe decir del uso de *aplicación* por *solicitud*, calco censurable del inglés *application*.

[⊗]**aplicatividad.** → aplicabilidad.

apocalipsis. 1. Cuando se refiere al título del último libro canónico del Nuevo Testamento, se escribe con mayúscula: «*También a San Juan se le atribuye el Apocalipsis o Revelación*» (Garrido *Esoterismo* [Esp. 1983]). Cuando significa 'fin del mundo', se escribe con minúscula: «*¿Seguirá existiendo* [el tiempo] *después del apocalipsis?*» (*Abc* [Esp.] 9.6.97). **2.** Aunque alguna vez se emplea con el género femenino etimológico, es hoy mayoritario y preferible su uso en masculino.

apófisis. 'Parte saliente de un hueso'. Es voz femenina: «*Pulsaba una a una las apófisis de las vértebras*» (Delibes *Madera* [Esp. 1987]). No debe confundirse con *hipófisis* ('órgano de secreción situado en la base del cráneo'; → hipófisis).

apologeta. 'Persona que cultiva la apologética (parte de la teología que se ocupa de demostrar y defender la verdad de los dogmas del cristianismo)': «*Los apologetas hacen esforzadamente la defensa del cristianismo*» (Marías *Filosofía* [Esp. 1941-70]). Aunque por razones históricas solo se documenta su uso en masculino —ya que la teología ha sido tradicionalmente cultivada por hombres— es, por su terminación, común en cuanto al género (→ GÉNERO², 1a y 3b): *el/la apologeta*. No debe confundirse con *apologista* (→ apologista), voz que pertenece a la misma familia léxica, pero de sentido más general; así, no debe decirse, por ejemplo, [⊗]*los apologetas del liberalismo*, sino *los apologistas del liberalismo*.

apologista. 'Que hace apología o defensa de alguien o algo'. Referido a persona, se emplea normalmente como sustantivo: «*Ni se afilia al grupo de los detractores ni al de los apologistas*» (Melón *Significación* [Esp. 1959-60]). Por su terminación, es común en cuanto al género (→ GÉNERO², 1a y 3b): *el/la apologista*. Aunque pertenece a su misma familia léxica, no significa lo mismo que *apologeta* (→ apologeta).

apoplejía. 'Parálisis'. A diferencia de otras palabras con la misma terminación, que admiten dos acentuaciones (*hemiplejia* o *hemiplejía, paraplejia* o *paraplejía*, etc.; → -plejia o -plejía), solo es válida en este caso la forma *apoplejía*.

apoquinar. 'Pagar, generalmente de mala gana': «*¡Empiece por apoquinar las consumiciones que me ha hecho!*» (Rellán *Crónica* [Esp. 1985]). No debe confundirse con *acoquinar(se)* ('acobardar(se)'; → acoquinar(se)).

aposta. Coloquialmente, 'adrede, con intención deliberada': «*La ventana parecía hecha aposta para amores contrariados*» (GaMárquez *Vivir* [Col. 2002]). Es preferible esta forma, hoy mayoritaria, a la grafía en dos palabras *a posta*.

apostar(se). 1. Es irregular y se conjuga como *contar* (→ APÉNDICE 1, n.º 26) cuando significa:

a) 'Pactar con otro(s) que quien tenga razón en una discusión, obtenga la victoria o acierte el resultado de un juego o contienda deportiva gana [algo convenido, especialmente una cantidad de dinero]'. Con este sentido, es transitivo —lo que se juega en la apuesta se expresa mediante un complemento directo, aunque es frecuente su uso como absoluto, con complemento directo implícito— y lleva además con frecuencia otro complemento, precedido de la preposición *a*, que expresa el resultado que se aventura: «*Te apuesto cien dólares A que es cubana*» (Ott *Dientes* [Ven. 1999]); en la lengua cuidada, no debe prescindirse de la preposición: [⊗]*Te apuesto que es cubana*. Es frecuente su uso en forma pronominal (*apostarse* algo) y, en ese caso, la persona con la que se hace la apuesta se expresa, no mediante un complemento indirecto, como en el caso anterior, sino con un complemento precedido de *con*: «*Se apostó una cena CON los amigos a que llamaba Cojoncio al hijo*» (Cela *Colmena* [Esp. 1951-69]). Si se trata de una contienda deportiva o juego en el que existen varias opciones, aquella por la que se apuesta se expresa mediante un complemento precedido de *a* o *por*: «*Puede además poner en juego su suerte, apostando A su número preferido*» (*Universal* [Ven.] 6.4.99); «*Los yanquis no apuestan nunca POR un caballo que ya ha caído*» (VqzMontalbán *Galíndez* [Esp. 1990]).

b) 'Dar por cierto [algo]'. Con este sentido, es también transitivo. El complemento directo suele ser una subordinada introducida por *que*: «*Ezequiel optó por callarse la boca. No podía apostar que el tono no fuera a traicionarlo*» (Cohen *Insomnio* [Arg. 1986]).

c) 'Manifestar confianza u optar por alguien o algo'. En este caso, es intransitivo y se construye con un complemento precedido de *por* o, más raramente, *a*: «*Antic apostó POR sus hombres más técnicos*» (*Abc* [Esp.] 8.9.97); «*Toda mi vida he apostado A esos valores*» (Viñas *Lisandro* [Arg. 1985]). El complemento puede ser una oración subordinada introducida por *que*: «*Muy pocos apostaban POR QUE el Partido Popular llegaría al poder*» (*Mundo* [Esp.] 21.9.96); en ese caso es incorrecto escribir *porque*, en una sola palabra (→ porque, 2b).

2. Es regular cuando significa 'poner(se) en un determinado lugar con algún fin': «*En el templo, los soldados revisan los rincones y se apostan estratégicamente*» (Santander *Milagro* [Méx. 1984]).

a posteriori. Loc. lat. que significa literalmente 'por lo que viene después'. En el ámbito de la filosofía, se emplea para referirse al conocimiento inductivo, esto es, al que se adquiere a partir de la experiencia, ascendiendo de los efectos a las causas: «*El conocimiento puede ser a priori o a posteriori. El primero es el que no funda su validez en la experiencia; el segundo es el que se deriva de ella*» (Marías *Filosofía* [Esp. 1941-70]). En la lengua general significa 'con posterioridad a un hecho o una circunstancia determinados': «*Cambió las reglas de juego a posteriori*» (*Tiempo* [Col.] 4.9.97); «*Sus lamentaciones a posteriori son tan válidas como inútiles*» (*Rumbo* [R. Dom.] 20.10.97). Se opone a *a priori* (→ a priori).

apóstrofe. 'Invocación vehemente a una segunda persona': «*¡Aléjate del yo, Simón, y créeme! ¡El yo quema! (Juan Anido dejó de hablar después de este apóstrofe)*» (MFoix *Quincena* [Esp. 1988]); e 'insulto o dicterio': «*Ante el alud de apóstrofes y de ultrajes, retrocedió, temeroso, el público*» (Mujica *Escarabajo* [Arg. 1982]). Aunque en el español clásico se usaba a menudo con el género femenino etimológico, hoy se emplea exclusivamente en masculino. No debe confundirse con *apóstrofo* ('signo ortográfico'; → APÓSTROFO).

APÓSTROFO. Signo ortográfico auxiliar en forma de coma alta ('), que apenas se usa en el español actual.

1. Como usos propios de la lengua española, se distinguen principalmente dos:

a) Para indicar, en ediciones actuales no modernizadas de textos antiguos, sobre todo poéticos, la elisión de la vocal final de determinadas palabras (preposiciones, artículos, conjunciones) cuando la que sigue empieza por vocal: *d'aquel* (por *de aquel*), *l'aspereza* (por *la aspereza*), *qu'es* (por *que es*).

b) Para reflejar, en la escritura, la supresión de sonidos que se produce en ciertos niveles de la lengua oral. Aparece con frecuencia en textos literarios cuando el autor desea reproducir el habla de personajes de escasa cultura: «*Sacúdete el vestidito, m'ija, pa'que se nos salga el mal agüero*» (Hayen *Calle* [Méx. 1993]).

2. Se conserva en la reproducción de nombres o expresiones pertenecientes a lenguas en las que se mantiene el uso moderno del apóstrofo, como el catalán, el inglés, el francés o el italiano: *L'Hospitalet de Llobregat, O'Connor, c'est la vie, D'Annunzio*.

3. Hay que evitar los siguientes usos del apóstrofo, ajenos al español, y que se deben al influjo del inglés:

a) Cuando aparece en sustitución de las dos primeras cifras de un año: [⊗]*'82* por *1982*. Si se desea hacer la abreviación, lo que es frecuente en la expresión de acontecimientos relevantes celebra-

dos en ciertos años, no debe utilizarse el apóstrofo: [⊗]*Barcelona '92* (Juegos Olímpicos). Basta con las dos últimas cifras del año, que pueden unirse o no con guion a la palabra precedente: *Barcelona 92* o *Barcelona-92*.

b) Cuando se usa, seguido de una *s*, para indicar el plural de una sigla: [⊗]*ONG's*. El plural de las siglas es invariable en español: *las ONG* (→ SIGLA, 3).

4. No debe utilizarse el apóstrofo para separar las horas de los minutos: [⊗]*las 20'30 h*. En este caso, se recomienda el empleo del punto, aunque también se admiten los dos puntos (→ PUNTO, 4.1 y DOS PUNTOS, 2.1).

5. Tampoco debe usarse para separar, en los números, la parte entera de la parte decimal: [⊗]*3'1416*. En este caso ha de emplearse preferentemente la coma (→ COMA^2, 4), aunque también se admite el uso del punto (→ PUNTO, 4.4).

6. No debe confundirse con *apóstrofe* ('invocación vehemente' e 'insulto'; → apóstrofe).

apotegma. 'Dicho breve y sentencioso': «*"El adjetivo, cuando no da vida, mata", reza el conocido apotegma de Vicente Huidobro*» (Celorio *Contraconquista* [Méx. 2001]). Es de género masculino y no debe confundirse con el sustantivo femenino *apotema* ('perpendicular que va del centro de un polígono regular a uno de sus lados'; → apotema).

apotema. 'Perpendicular que va desde el centro de un polígono regular a uno cualquiera de los lados' y 'altura de las caras triangulares de una pirámide regular': «*¿Cuánto mide la apotema de un pentágono regular de lado 10 cm?*» (VV. AA. *Matemáticas* [Esp. 1998]); «*En una pirámide regular la apotema de las caras laterales mide 9 cm*» (VV. AA. *Matemáticas* [Esp. 1998]). Es de género femenino y no debe confundirse con el sustantivo masculino *apotegma* ('dicho breve'; → apotegma).

apoteósico -ca. → apoteosis, 2.

apoteosis. **1.** 'Exaltación o momento culminante' y, en teatro, 'escena final espectacular'. Es voz femenina: *la apoteosis*.

2. Para el adjetivo ('grandioso o espectacular'), son válidas las formas *apoteósico* —mayoritaria en el uso y, por tanto, preferible— y *apoteótico*: «*El triunfo fue apoteósico*» (*Vanguardia* [Esp.] 30.1.95); «*El pueblo [...] no le otorgó el recibimiento apoteótico que se le había dispensado a Madero*» (Leyva *Piñata* [Méx. 1984]).

apoteótico -ca. → apoteosis, 2.

apreciar(se). 'Percibir', 'estimar o valorar' y, como pronominal, dicho de una moneda, 'aumentar su valor'. Se acentúa como *anunciar* (→ APÉNDICE 1, n.º 4).

aprehender. 'Apresar o capturar [a alguien]', 'capturar [algo, especialmente mercancía de contrabando]' y 'captar [algo] por medio del intelecto o de los sentidos': «*Había muerto al intentar aprehender a un grupo de terroristas*» (Mastretta *Vida* [Méx. 1990]); «*La Guardia Civil aprehendió 760 kilos de resina de hachís*» (*País* [Esp.] 30.8.97); «*La clave de toda poética consiste en aprehender la realidad*» (Quintero *Danza* [Ven. 1991]). Aunque comparte etimología con *aprender*, ambos verbos tienen hoy usos diferenciados y no deben confundirse (→ aprender(se)).

aprehensivo -va. 'De la facultad mental de aprehender' y 'capaz de aprehender o captar algo' (→ aprehender): «*La función aprehensiva de la sensopercepción*» (Castilla *Psiquiatría* 1 [Esp. 1979]). No debe confundirse con *aprensivo* ('[persona] que siente aprensión o miedo infundado o excesivo a sufrir daños o enfermedades'; → aprensivo).

apremiar. **1.** 'Acuciar o meter prisa [a alguien]'. Se acentúa como *anunciar* (→ APÉNDICE 1, n.° 4).

2. Además del complemento directo de persona, suele llevar un complemento oracional introducido por *para* o, menos frecuentemente, *a*: «*Bill apremia a Abby PARA que acepte el matrimonio*» (LpzNavarro *Clásicos* [Chile 1996]); «*Delfina apremia a José A que venga a San Juan*» (Picó *Filo* [P. Rico 1993]). También puede usarse como absoluto: «*Estos asuntos son muy graves y el tiempo apremia*» (FnGómez *Coartada* [Esp. 1985]).

aprender(se). Cuando significa 'adquirir el conocimiento de algo por medio del estudio o la experiencia', es transitivo si lo que se aprende se expresa mediante un sustativo, e intransitivo, con un complemento con *a*, si lo que se aprende se expresa mediante un infitivo: «*David aprende la técnica del retrato*» (Marsé *Rabos* [Esp. 2000]); «*Allí aprendimos a pescar*» (Montero *Tú* [Cuba 1995]). Cuando significa 'memorizar [algo]', es transitivo y lleva normalmente un pronombre concordado con el sujeto: «*Rogelio se aprendió de memoria esa parte del texto*» (Olivera *Enfermera* [Méx. 1991]). Aunque comparte etimología con *aprehender*, ambos verbos tienen hoy usos diferenciados y no deben confundirse (→ aprehender).

aprendiz. 'Persona que aprende un arte u oficio'. Por su terminación, es común en cuanto al género (*el/la aprendiz*; → GÉNERO², 1a y 3i): «*El actor tenía entre sus objetivos llevarse a la cama a la aprendiz de estrella*» (RCruz *Fiestas* [Esp. 2001]). Pero se usa también, incluso en el nivel culto, el femenino específico *aprendiza*: «*La antigua aprendiza de reina tuvo libertad para seleccionar a los comensales*» (GaMárquez *Años* [Col. 1967]).

aprendiza. → aprendiz.

aprensivo -va. Dicho de una persona, 'que siente aprensión o miedo infundado o excesivo a sufrir daños o enfermedades': «*La dolencia de la pitonisa no era contagiosa, pero el barbero era muy aprensivo*» (Mendoza *Ciudad* [Esp. 1986]). No debe confundirse con *aprehensivo* ('de la facultad mental de aprehender'; → aprehensivo).

aprestar(se). Puede emplearse como transitivo, con el sentido de 'preparar o disponer [algo] para su uso': «*Aprestó su arma y apuntó con cuidado a la paletilla delantera*» (VzqFigueroa *Tuareg* [Esp. 1981]). Es más frecuente su uso como pronominal, seguido de un complemento introducido por *a* o *para*: «*Los representantes diplomáticos* [...] *se aprestaban también A partir*» (*Universal* [Ven.] 15.4.97); «*Moza se aprestó también PARA el ataque*» (Faner *Flor* [Esp. 1986]). No debe omitirse la preposición: ⊗«*El Gobierno nacional se apresta estrechar la vigilancia sobre las casas de cambio*» (*Tiempo* [Col.] 2.4.97).

apretar(se). 'Oprimir o estrechar' y 'juntar(se) estrechamente'. Verbo irregular: se conjuga como *acertar* (→ APÉNDICE 1, n.° 16), esto es, diptongan las formas cuya raíz es tónica (*aprieto, aprietas*, etc.), pero no aquellas cuya raíz es átona (*apretamos, apretáis*, etc.). Son, pues, incorrectas las formas sin diptongo cuando la raíz es tónica: ⊗*apreto*, ⊗*apretas*, etc.

apretazón. 'Apretura o estrujamiento'. Es voz femenina, usada en el habla coloquial de la mayoría de los países americanos: «*Lo que más le molestaba era la apretazón del pecho*» (Montero *Trenza* [Cuba 1987]).

a priori. Loc. lat. que significa literalmente 'por lo que precede'. En el ámbito de la filosofía, se emplea para referirse al conocimiento deductivo, esto es, al que se adquiere independientemente de la experiencia, yendo de las causas a los efectos y de lo universal a lo particular: «*El conocimiento puede ser a priori o a posteriori. El primero es el que no funda su validez en la experiencia; el segundo es el que se deriva de ella*» (Marías *Filosofía* [Esp. 1941-70]). En la lengua general significa 'con anterioridad a un hecho o a una circunstancia determinados': «*No podemos descartarlo a priori*» (Volpi *Klingsor* [Méx. 1999]); «*Quiso evitar "juicios a priori"*» (*Mundo* [Esp.] 29.4.96). Se opone a *a posteriori* (→ a posteriori).

aprisa. 'Rápidamente o con celeridad': «*Se dirige aprisa hacia la taberna*» (Chacón *Voz* [Esp. 2002]). Es preferible esta forma, hoy mayoritaria, a la grafía en dos palabras *a prisa*.

aprobar. **1.** 'Dar por bueno [algo]' y 'dar a alguien, o conseguir alguien, la calificación de aprobado en una prueba'. Verbo irregular: se conjuga como *contar* (→ APÉNDICE 1, n.° 26).

2. Con el segundo sentido indicado, puede construirse de tres modos:

a) Aprobar [a alguien] EN una prueba o materia: «*Tengo que agradecerles que me aprobaran EN la prueba que nos hicieron para prorrogar el contrato»* (MtzBallesteros *Pisito* [Esp. 1990]). En este caso, la persona que supera la prueba o materia se expresa mediante un complemento directo.

b) *Aprobar* [una prueba o materia] a alguien: *Le aprobaron las Matemáticas.* La persona que supera la prueba o materia se expresa mediante un complemento indirecto.

c) *Aprobar* alguien [una prueba o materia]: *«Debía estudiar esa noche entera si quería aprobar el examen»* (CInfante *Habana* [Cuba 1986]). Aquí la persona que supera la prueba o materia es el sujeto de la oración. Esta es la construcción más frecuente hoy.

apropiarse. **1.** 'Apoderarse'. Se acentúa como *anunciar* (→ APÉNDICE 1, n.º 4).

2. Puede ser transitivo: *«Nadie debe apropiarse esa "etiqueta"»* (*Abc* [Esp.] 22.11.96); o intransitivo, con un complemento de régimen introducido por *de*, construcción mayoritaria en el uso actual: *«Brasil se apropió DEL terreno de juego»* (*Observador* [Ur.] 8.2.97).

apropósito. 'Breve pieza teatral de circunstancias': *«Recuerdo también haber visto representar* Las ventas de Cárdenas, *pequeño sainete, entremés o apropósito»* (Baroja *Vuelta* [Esp. 1944-49]). Es sustantivo masculino y se escribe siempre en una sola palabra. No debe confundirse con la locución *a propósito* ('adecuado' y 'adrede'; → propósito, 1).

aprovechar(se). **1.** Cuando significa 'utilizar [algo] de modo provechoso', es transitivo: *«Aprovechando la oscuridad, se dejaba meter mano por un chiquillo moreno»* (Paz *Materia* [Bol. 2002]). No debe anteponerse la preposición al complemento directo: [⊗]*«Trabajaba aprovechando DE todas las horas útiles»* (*Caretas* [Perú] 7.8.97). A menudo se usa como absoluto, con el complemento directo implícito o sobrentendido; en ese caso suele llevar un complemento preposicional con *para*: *«Aprovechó PARA darle un izquierdazo en el abdomen»* (Jodorowsky *Pájaro* [Chile 1992]); en algunos países americanos, especialmente en Chile, se emplea a veces para ello la preposición *de*, uso menos recomendable que el de *para*, preferido en la lengua culta de todo el ámbito hispánico: [⊗]*«Jorge aprovechó DE tomar unos días de vacaciones después de la reunión»* (*Época* [Chile] 6.4.97); mejor *aprovechó PARA tomar unos días de vacaciones*.

2. Es muy frecuente su empleo como intransitivo pronominal, con el sentido de 'sacar provecho de algo o de alguien, generalmente con astucia o abuso'. En este caso va seguido de un complemento con *de*: *«No permitas que se aprovechen DE ti»* (*NHerald* [EE. UU.] 9.4.97). Es minoritario y menos recomendable su uso en forma no pronominal: [⊗]*«Existen personas que aprovechan DE estos conflictos para iniciar conspiraciones»* (*Tiempos* [Bol.] 20.1.97), en lugar de *SE aprovechan DE estos conflictos* o *aprovechan estos conflictos* (→ 1).

3. Como intransitivo no pronominal significa 'servir de provecho': *«Al astrólogo Botello no le aprovechó su astrología»* (Fuentes *Ceremonias* [Méx. 1989]).

aprovisionar(se). 'Abastecer(se)'. Además del complemento directo, suele llevar un complemento introducido por *de* o, menos frecuentemente, *con*: *«La flota fue aprovisionada DE combustible por un petrolero»* (Scheina *Iberoamérica* [EE. UU. 1987]); *«El consumidor debe ser asesorado, para que se aprovisione CON carne fácil de cocinar»* (Raunelli *Genética* [Perú 1994]).

aptitud. 'Capacidad o idoneidad para algo': *«De su madre heredó una gran aptitud musical»* (Castilla *Psiquiatría* 2 [Esp. 1980]). No debe confundirse con *actitud* ('postura'; → actitud).

a pulso. → pulso.

[⊗]**aquárium.** → acuario, 1.

aquejar. **1.** Verbo transitivo que significa, dicho de una enfermedad o un mal, 'afectar o causar daño': *«Desde hacía varios años LO aquejaban problemas de impotencia»* (Chavarría *Rojo* [Ur. 2002]). El complemento directo de cosa puede ir opcionalmente precedido de *a* (→ a², 1.2h), siendo mayoritaria la presencia de la preposición: *«Es muy fácil entender un mal que aqueje AL cuerpo»* (Britton *Siglo* [Pan. 1995]); *«Los problemas que aquejan [...] el mundo musical de nuestro país»* (Melo *Notas* [Méx. 1990]).

2. Es impropio su empleo con el sentido de 'padecer': [⊗]*El paciente aqueja una amnesia persistente.*

aquel -lla -llo. Demostrativo.

1. Sobre su uso con o sin tilde, → TILDE², 3.2.1.

2. Sobre el uso de *aquel* ante sustantivos femeninos que comienzan por /a/ tónica ([⊗]*aquel águila*, [⊗]*aquel hacha*), → el, 2.2.

aquende. Se usa antepuesto a un sustantivo, con el sentido de 'más acá de o a este lado de'. Entre *aquende* y el sustantivo que introduce puede aparecer la preposición *de*, si bien se prefiere el uso sin preposición: *«Una amueblada mistonga para putas de allende y aquende el mar»* (Najenson *Memorias* [Arg. 1991]); *«Todo era pura broma y farsa con la que quiso horripilar algún chusco a las autoridades de allende y aquende DE los Pirineos»* (OArmengol *Aviraneta* [Esp. 1994]).

aquerenciarse. **1.** Se acentúa como *anunciar* (→ APÉNDICE 1, n.º 4).

2. Dicho especialmente de un animal, 'tomar querencia a un lugar'; el lugar se expresa mediante un complemento con *en*, y no con *a*: *«El toro se aquerenció EN chiqueros»* (*País* [Esp.] 15.5.80). Más raramente se emplea con el sentido de 'encariñarse', caso en el que lleva un complemento introducido por *con*: *«Solo a ella se le puede ocurrir aquerenciarse CON una boa»* (Rossi *María* [C. Rica 1985]).

aquiescente. 'Que consiente o autoriza': *«El muchacho mueve la cabeza, quién sabe si aquiescente o du-*

bitativo» (Merino *Choz* [Esp. 1987]). Este adjetivo procede del latín *acquiescens, -entis* (part. de presente de *acquiescere* 'asentir'). No se considera correcta la forma [⊗]*aquiesciente*.

Aquisgrán. Forma tradicional española del nombre de esta ciudad de Alemania: «*El alcalde de Aquisgrán* [...] *no se limitó en su discurso a las palabras de bienvenida»* (*País* [Esp.] 1.6.84). No debe usarse en español la forma alemana *Aachen* ni la francesa *Aix-la-Chapelle*.

a quo. Loc. lat. (pron. [a-kuó]) que significa literalmente 'desde el cual'. Se aplica al término o fecha que señala el inicio de un período o un proceso: «*Carecen de la conciencia de lejanía histórica, tan necesaria para disponer de un término a quo respecto del cual considerarse decaídos»* (DzCorral *Rapto* [Esp. 1953-74]). Se opone a *ad quem* (→ ad quem).

ara. en aras de. Locución preposicional que significa 'en favor de o en interés de': «*La mujer hipotecaba su presente en aras de un futuro glorioso»* (MtnGaite *Usos* [Esp. 1987]). La palabra *ara* es un sinónimo culto de *altar;* así pues, en su sentido originario y propio esta locución introduce el sustantivo que expresa aquello en cuyo beneficio u honor se hace algo, que normalmente implica un sacrificio; el complemento expresa, pues, aquello que se favorece o propicia: *en aras del bien común, en aras de la justicia*, etc. No debe usarse, por tanto, como simple conjunción final, con el sentido de 'para o a fin de que': [⊗]«*La Fiscalía recibió una copia del reciente dictamen de la Contraloría* [...], *en aras de que inicie las investigaciones del caso»* (*Nación* [C. Rica] 16.11.96). Es incorrecto sustituir la preposición *de* por *a* ([⊗]*en aras a*): [⊗]«*La fórmula ofrecida por el presidente del Congreso,* [...] *en aras a la rapidez, ha sido la del llamado trámite de lectura única»* (*País* [Esp.] 1.6.85).

árabe. 1. Adjetivo (también sustantivo, referido a persona) que significa, etimológicamente, 'de Arabia, península situada en el sudoeste de Asia' y, en general, 'de la etnia o pueblo semita de lengua árabe que, originario de la península arábiga, se extendió por otras zonas de Asia y África y llegó a dominar, en la Edad Media, gran parte de España': «*Una Ramala destrozada por la guerra entre árabes e israelíes fue la cuna de la pequeña Yasmin»* (*País* [Esp.] 24.9.02); «*La agricultura está basada principalmente en los sistemas de regadíos, muchos de ellos heredados de los árabes»* (Armendáriz *Cocina* [Esp. 2001]). Se aplica hoy a los países de etnia y lengua mayoritariamente árabe, y a todo lo pertenecionte o relativo a ellos: «*Hemos detenido a muchos oficiales y agentes infiltrados en Afganistán desde países árabes, Irán y Pakistán»* (*País* [Esp.] 1.12.85). También significa, como sustantivo masculino, 'lengua de los árabes': «*Le oigo hablar un idioma semita,*

no sé si el árabe o el hebreo» (Tibón *Aventuras* [Méx. 1986]).

2. El adjetivo *árabe* no es sinónimo de *islámico* o *musulmán: árabe* es un concepto étnico-lingüístico, que hace referencia a una etnia y a una lengua, mientras que *islámico* o *musulmán* son conceptos que hacen referencia a una religión (→ islam, 2 y musulmán). Así, hay personas o países de religión musulmana o islámica que no son de etnia y lengua árabe (por ejemplo, Turquía, Afganistán o Irán son países islámicos, pero no árabes, pues su población mayoritaria no es árabe ni habla árabe) y, viceversa, puede haber personas de etnia y lengua árabe que no profesen la religión islámica.

Arabia Saudí. → Arabia Saudita.

Arabia Saudita. Forma mayoritariamente usada en Hispanoamérica para referirse a este país situado en la península de Arabia; su gentilicio es *saudita:* «*El programa de mañana prevé una reunión con dignatarios sauditas»* (*DPrensa* [Arg.] 4.5.92). En España, en cambio, es mayoritaria la forma *Arabia Saudí*, cuyo gentilicio es *saudí* (pl. culto *saudíes;* → PLURAL, 1c): «*Los saudíes estaban dispuestos a dar la vuelta al campo con tal de ganar el partido»* (*Vanguardia* [Esp.] 1.7.94).

arañar. 1. 'Raspar o rasgar [algo o a alguien] con las uñas o algún instrumento ligeramente punzante'. Cuando el complemento directo es de persona, puede llevar, además, un complemento con *en*, que expresa la parte concreta arañada: «*La Pinzona se arroja a ellos y LOS araña»* (MtnRecuerda *Engañao* [Esp. 1981]); «*LO arañó EN el cuello»* (*NDiario*[@] [Nic.] 19.8.02). Si el sustantivo que expresa la parte arañada funciona como complemento directo, el complemento de persona pasa a ser indirecto: «*La doñita LE arañó el rostro»* (*Siglo* [Pan.] 5.2.97).

2. Existe también la variante *aruñar*, propia del habla coloquial y popular de algunas zonas.

a rastras. → rastra.

arbitrariedad. 'Cualidad de arbitrario' y 'acto dictado solo por la voluntad o el capricho': «*Todo esto comenzó por la "arbitrariedad" y "prepotencia" de las autoridades»* (*País* [Esp.] 30.8.97). Es incorrecta la forma [⊗]*arbitraridad* (→ -dad, c). No debe confundirse con *discrecionalidad* ('cualidad de discrecional'; → discrecionalidad).

árbitro -tra. 1. 'Persona encargada de decidir y solucionar un conflicto entre distintas partes' y 'profesional que vela por el cumplimiento del reglamento en un encuentro deportivo'. El femenino es *árbitra:* «*Creo que las mujeres* [...] *no deben ser árbitras de la NBA»* (*País* [Esp.] 1.11.97). No debe emplearse la forma masculina para referirse a una mujer: [⊗]*la árbitro*.

2. Con los sustantivos referidos a seres sexuados que han comenzado a usarse en femenino en los últimos años, no funciona ya, de manera espontánea, la norma que tradicionalmente asigna a los sustantivos femeninos que comienzan por /a/ tónica la forma *el* del artículo (→ el, 2.1 y 2.3b). Así, la mayoría de los hablantes dicen *la árbitra*, marcando el género de forma regular en el artículo, a la vez que queda explícito este en la terminación femenina del sustantivo: *«Pitó sin dudar la árbitra principal»* (*Universal*@ [Ven.] 22.12.97). Lo mismo ocurre con el indefinido, que suele usarse en la forma plena *una*: *«Es la primera vez que una árbitra panameña participa en una olimpiada»* (*Prensa*@ [Pan.] 14.9.00).

arborecer. Dicho de una planta, 'hacerse árbol'. Verbo irregular: se conjuga como *agradecer* (→ APÉNDICE 1, n.º 18).

archidiócesis. → arquidiócesis.

archivolta. → arquivolta.

arcoíris. 'Arco de colores que se forma cuando los rayos del Sol se reflejan en las gotas de lluvia': *«El viento arrastró una cortina de agua iluminada por un arcoíris triunfal»* (Paso *Palinuro* [Méx. 1977]). Aunque aún es mayoritaria la grafía *arco iris* (pl. *arcos iris*), es preferible la forma simple *arcoíris*, pues el primer elemento de este tipo de compuestos suele hacerse átono, dando lugar a que las dos palabras se pronuncien como una sola. Es invariable en plural (→ PLURAL, 1f): *los arcoíris.*

arder. 'Quemarse'. Cuando se emplea figuradamente con el sentido de 'estar muy agitado por un sentimiento o pasión', se construye con un complemento con *de* o *en*: *«Su cuerpo entero arde DE vergüenza»* (Santiago *Sueño* [P. Rico 1996]); *«Margolín ardía EN impaciencia»* (Chao *Altos* [Méx. 1991]).

ardiente. 'Que arde' y 'vehemente'. Tiene dos superlativos válidos: *ardentísimo*, que conserva la raíz del adjetivo latino, y *ardientísimo*, formado sobre *ardiente* (→ -ísimo, 3): *«El beso ardentísimo que nos quebranta los huesos»* (Aleixandre *Espadas* [Esp. 1932]); *«La pasión ardientísima en que el poeta se quemó»* (Asturias *Fiumi* [Guat. 1931]).

área. 'Espacio comprendido entre ciertos límites'. Es voz femenina: *«Los temas abarcan todas las áreas»* (*País* [Esp.] 9.1.97). Al comenzar por /a/ tónica, exige el uso de la forma *el* del artículo si entre ambos elementos no se interpone otra palabra (→ el, 2.1), pero los adjetivos deben ir en forma femenina: *«Se inicia un movimiento general para ocupar toda el área escénica»* (Paz *Paraíso* [Cuba 1976]). En cuanto al indefinido, aunque no se considera incorrecto el uso de la forma plena *una*, hoy es mayoritario y preferible el uso de la forma apocopada *un* (→ uno, 1): *«Una mujer recostada en un área iluminada»* (Fuentes *Ceremonias* [Méx. 1989]). Lo mismo ocurre con los indefinidos *alguno* y *ningu-*

no: algún área, ningún área. El resto de los adjetivos determinativos debe ir en femenino: *esa área, toda el área*, etc.

areola o **aréola.** 'Círculo rojizo alrededor de una herida o del pezón'. Esta palabra era esdrújula en latín, de ahí la forma *aréola*: *«Se acordó de aquellos pezones de aréola morada»* (Pozo *Novia* [Esp. 1995]). Pero en el español actual se está generalizando el uso de la forma llana *areola* [aréola]: *«Se debe fortificar la piel de la areola del pezón desde dos meses antes del parto»* (Barreiro/DzBarreiro *Farmacia* [Arg. 1996]). También se usa, con el mismo sentido, la voz *aureola* (→ aureola, 2).

areópago. 1. Como nombre del tribunal superior de la antigua Atenas, debe escribirse con mayúscula: *«Ese dogma que echó para atrás a los griegos cuando san Pablo se lo explicó en el Areópago»* (Gala *Invitados* [Esp. 2002]). Si se utiliza con el sentido, a veces irónico, de 'reunión de expertos o personas con autoridad en un ámbito determinado', se escribe con minúscula: *«Siempre me faltó desparpajo para pedir por mí mismo la admisión en el eximio areópago»* (Laín *Descargo* [Esp. 1976]). Es incorrecta la forma ⊗*aerópago*, sobre la que puede haber influido el elemento compositivo *aero-* ('aire'). **2.** El sustantivo derivado *areopagita* significa 'juez del Areópago': *«Los areopagitas [...] ocupaban ya sus asientos cavados en la roca»* (PzUrbel *Pablo* [Esp. 1940]). Se usa frecuentemente en aposición a nombres propios, como apodo o sobrenombre, caso en el que se escribe con mayúscula (→ MAYÚSCULAS, 4.4): *«Tradujo a los grandes autores de la línea platónica, como Plotino y Dionisio Areopagita»* (Garrido *Esoterismo* [Esp. 1983]). Es incorrecta la forma ⊗*aeropagita*.

Argel. → Argelia.

Argelia. Nombre del país norteafricano cuya capital es *Argel*: *«Los tres consulados franceses en Argelia (Argel, Orán y Annaba) han sido cerrados hasta nueva orden»* (*Vanguardia* [Esp.] 2.9.94). El gentilicio de ambos topónimos, país y capital, es *argelino*.

argelino -na. → Argelia.

argot. 'Jerga'. Su plural es *argots* (→ PLURAL, 1h).

argüir. 'Alegar o argumentar'. Verbo irregular: se conjuga como *construir* (→ APÉNDICE 1, n.º 25). Su participio, *argüido*, se escribe sin tilde (→ TILDE², 2.1.1 y 2.1.2).

aridecer(se). 'Hacer(se) árido'. Verbo irregular: se conjuga como *agradecer* (→ APÉNDICE 1, n.º 18). Como intransitivo, puede usarse en forma pronominal o no pronominal: *La tierra (se) arideció debido a la falta de lluvias.*

arma. 'Instrumento destinado a atacar o a defenderse'. Es voz femenina: *«No creo que los compañe-*

ros hayan depuesto las armas» (Montaño *Andanzas* [Méx. 1995]). Al comenzar por /a/ tónica, exige el uso de la forma *el* del artículo si entre ambos elementos no se interpone otra palabra (→ el, 2.1), pero los adjetivos deben ir en forma femenina: «*Encañonaron al policía y le arrebataron el arma reglamentaria*» (*Abc* [Esp.] 3.6.89). En cuanto al indefinido, aunque no se considera incorrecto el uso de la forma plena *una*, hoy es mayoritario y preferible el uso de la forma apocopada *un* (→ uno, 1): «*La serenidad en Luis era un arma seductora*» (González *Dios* [Méx. 1999]). Lo mismo ocurre con los indefinidos *alguno* y *ninguno*: *algún arma, ningún arma*. El resto de los adjetivos determinativos debe ir en femenino: *esa arma, la otra arma*, etc.

armagnac. → armañac.

armañac. Adaptación gráfica de la voz francesa *armagnac*, 'aguardiente de uva que se produce en Armagnac, comarca de Francia': «*Sufren una grave crisis en el sector del armañac*» (*Vanguardia* [Esp.] 21.5.94). Su plural es *armañacs* (→ PLURAL, 1h).

armazón. 'Pieza o conjunto de piezas que constituyen el sostén o la estructura de algo'. Es válido su uso en ambos géneros: «*Una jaula construida con el armazón de alambres de una vieja falda*» (Donoso *Casa* [Chile 1978]); «*Las paredes prefabricadas tenían por dentro una armazón de hierros*» (Valladares *Esperanza* [Cuba 1985]).

armonía. 'Combinación de sonidos acordes' y 'amistad o concordia'. Esta es la grafía normal en el español actual. La variante *harmonía*, que conserva la *h-* del étimo latino, es hoy desusada y, por ello, desaconsejable. Lo mismo cabe decir de todas las palabras pertenecientes a su familia léxica: *armónico, armonioso, armonizar*, etc., preferibles a *harmónico, harmonioso, harmonizar*, etc.

armónico -ca, armonioso -sa, armonizar. → armonía.

armonio. 'Órgano pequeño que funciona con fuelle'. Es adaptación al español de la voz francesa de grafía latinizante *harmonium*. Su plural es *armonios* (→ PLURAL, 1a): «*El dulce lamentar de los armonios* [...] *en el interior de los templos*» (Grande *Fábula* [Esp. 1991]). Debe preferirse la variante hispanizada *armonio* a la forma latinizante *armónium*. Se desaconsejan, por desusadas, las grafías con la *h-* etimológica *harmonio* y *harmónium*.

armónium. → armonio.

aroma. 'Olor muy agradable'. En el español actual se emplea exclusivamente en masculino: «*A su paso esparcía un aroma afrutado*» (Hayen *Calle* [Méx. 1993]). Debe evitarse hoy su uso en femenino (⊗*la aroma*), debido en muchos casos al influjo del catalán.

arpa. 1. 'Instrumento musical de cuerda'. La variante *harpa*, que conserva la *h-* etimológica, ha caído en desuso y debe evitarse.

2. Es voz femenina: «*El ruido alegre* [...] *de las arpas sonoras*» (RmzHeredia *Rayo* [Méx. 1984]). Al comenzar por /a/ tónica, exige el uso de la forma *el* del artículo si entre ambos elementos no se interpone otra palabra (→ el, 2.1), pero los adjetivos deben ir en forma femenina: «*Así fue como trajeron de Viena el arpa magnífica*» (GaMárquez *Amor* [Col. 1985]). En cuanto al indefinido, aunque no se considera incorrecto el uso de la forma plena *una*, hoy es mayoritario y preferible el uso de la forma apocopada *un* (→ uno, 1): «*La música de un arpa endemoniada*» (Chaviano *Casa* [Cuba 1999] 178). El resto de los adjetivos determinativos debe ir en femenino: *esta arpa, la otra arpa*, etc.

arpía. 'Ave fabulosa con rostro de mujer' y 'mujer perversa': «*Esa vieja era una arpía, que había destrozado su vida*» (Alatriste *Vivir* [Méx. 1985]). También es válida, aunque mucho menos frecuente, la variante *harpía*, que conserva la *h-* etimológica: «*Eres una harpía dispuesta a quedarte con Ramón a toda costa*» (Beccaria *Luna* [Esp. 2001]).

arpillera. 'Tejido basto de estopa'. Hoy es minoritaria y desaconsejable la variante *harpillera*.

arquidiócesis. 'Diócesis arzobispal': «*Obispo auxiliar de la arquidiócesis de Lima*» (*Comercio* [Perú] 6.10.02). Esta es la forma mayoritariamente usada en todo el ámbito hispánico, salvo en España, donde se emplea la variante *archidiócesis*, que se pronuncia con sonido /ch/, tal como se escribe: «*El clero de la archidiócesis está tan dividido como su feligresía*» (*Vanguardia* [Esp.] 2.6.95).

arquitecto -ta. 'Persona capacitada para ejercer la arquitectura'. El femenino es *arquitecta* (→ GÉNERO[2], 3a): «*Era una arquitecta de unos cuarenta años*» (Fogwill *Cantos* [Arg. 1998]). No debe emplearse el masculino para referirse a una mujer: ⊗*la arquitecto*.

arquivolta. 'Conjunto de molduras que decoran un arco'. También es válida, aunque mucho menos frecuente, la variante *archivolta*.

arraigar(se). 1. Como intransitivo, dicho de una planta, 'echar raíces' y, dicho de algo no material, especialmente de una virtud, un vicio o una costumbre, 'hacerse muy firme'; como transitivo, 'hacer que [algo] se haga firme y difícil de extirpar'. Se acentúa como *bailar* (→ APÉNDICE 1, n.º 8).

2. Lo normal es usarlo como intransitivo no pronominal: «*Otro pensamiento arraigaba en mi mente*» (GaMorales *Lógica* [Esp. 1990]); pero también es válido, y frecuente en el español americano, su empleo en forma pronominal: «*La cultura afrovenezolana se arraiga en una tierra muy fértil*» (Piquet *Cul-*

tura [Ven. 1982]). Cuando lleva un complemento de lugar, este va introducido por la preposicion *en*, y no *a*: [⊗]«*Vecinos en muchos casos muy arraigados A sus barrios*» (*Mundo* [Esp.] 15.1.96); debió decirse *arraigados EN sus barrios*.

arramblar. En España, 'llevarse algo de manera violenta, codiciosa o indebida'. Se usa normalmente como intransitivo, con un complemento precedido de *con*: «*Visiblemente excitados arramblan CON las cortinas, la tapicería de los sillones, los tapetes de las mesas*» (Caballero *Quinteto* [Esp. 1996]). Aunque posible, es raro su uso como transitivo: «*No se llevaron ni el equipo de música ni otros objetos de valor, pero sí arramblaron el chaqué oficial de diputado foral*» (*País* [Esp.] 2.8.80). Esta es la forma etimológica y más recomendable, aunque también se admite la variante coloquial *arramplar*: «*En cuanto te descuidabas, arramplaban hasta con las peanas de los santos*» (Berlanga *Gaznápira* [Esp. 1984]).

arramplar. → arramblar.

arras. 'Señal que se da como garantía en un contrato' y 'conjunto de trece monedas que simbólicamente intercambian los contrayentes durante la ceremonia católica del matrimonio'. Este sustantivo femenino se usa siempre en plural, por lo que debe evitarse el singular [⊗]*arra*.

arrasar. 'Destruir por completo'. Puede ser transitivo: «*Con su fuego arrasan la vida*» (Miralles *Dragón* [Esp. 2002]); o intransitivo, con un complemento introducido por *con*: «*Caminaba como siempre, arrasando CON todo lo que se encontraba en su camino*» (Prada *Hora* [Méx. 1979]).

[⊗]**arrascar(se).** → rascar(se).

arrebañar(se). Aún sigue vigente su sentido originario de 'unir(se) en rebaño': «*Los arrebañaron en el patio*» (Scorza *Tumba* [Perú 1988]). De ahí derivan los significados posteriores de 'juntar y recoger [algo] sin dejar nada' y 'apurar el contenido [de un plato o vasija]', para los que el habla culta prefiere hoy el uso de *rebañar* (→ rebañar).

arrebato. 'Acción de arrebatarse' y 'furor causado por la vehemencia de alguna pasión': «*Allí la abraza y la besa en arrebato fogoso y peliculero*» (ASantos *Estanquera* [Esp. 1981]). Es poco frecuente su uso como sinónimo de *rebato*: *tocar a arrebato* (→ rebato).

arreciar(se). 'Dar, o cobrar, fuerza o vigor'. Se acentúa como *anunciar* (→ APÉNDICE 1, n.º 4).

arrecir(se). 'Entumecer(se) por causa del frío'. Es verbo defectivo que solo se emplea en aquellas formas cuya desinencia empieza por *i*: «*Los árboles inmóviles como fantasmas arrecidos en medio de la nieve*» (Llamazares *Lluvia* [Esp. 1988]).

arremangar(se). → remangar(se).

arremedar. → remedar.

arrendar. **1.** Este infinitivo corresponde a dos verbos diferentes: uno significa 'ceder, o adquirir, temporalmente el uso [de algo] por un precio convenido'; el otro, 'atar [a un caballo] por las riendas'. Ambos son irregulares y se conjugan como *acertar* (→ APÉNDICE 1, n.º 16).

2. Con el primer sentido indicado, el sujeto puede ser tanto quien cede algo en arriendo como quien lo toma. Así, una oración como *Pedro arrendó el piso a su hermano*, fuera de contexto, es ambigua, ya que puede significar tanto que Pedro tomó en arriendo el piso de su hermano, como que Pedro cedió a su hermano en arriendo un piso de su propiedad.

arrepentirse. 'Lamentar haber hecho o dejado de hacer algo' y 'volverse atrás en una decisión'. Verbo irregular: se conjuga como *sentir* (→ APÉNDICE 1, n.º 53).

arrevesado -da. → enrevesado.

[⊗]**arrevolver(se).** → revolver(se).

arriar. 'Bajar [algo que está izado]'. Se acentúa como *enviar* (→ APÉNDICE 1, n.º 5).

arriba. **1.** Adverbio de lugar que, con verbos de movimiento explícito o implícito, significa 'hacia lugar o parte superior': «*Vamos arriba, mi amor*» (Gamboa *Páginas* [Col. 1998]); «*Una noche miré arriba y descubrí las estrellas*» (Landero *Juegos* [Esp. 1989]). También puede usarse sin idea de movimiento, con el significado de 'en lugar o parte superior': «*Me esperaba arriba, en la sección de comestibles*» (Edwards *Anfitrión* [Chile 1987]); «*El servicio* [...] *dormía arriba, en el ático*» (Mendoza *Ciudad* [Esp. 1986]). Frecuentemente aparece precedido de las preposiciones *de, desde, hacia, para* o *por*, nunca de la preposición *a*, ya incluida en la forma de este adverbio: [⊗]*Le miró de abajo a arriba* (correcto: *de abajo arriba*).

2. En el español de América, en registros coloquiales o populares, no es infrecuente que *arriba* vaya seguido de un complemento con *de*: [⊗]«*Le dejó unas revistas del corazón arriba de la cama*» (*Guambia* [Ur.] 27.3.04). Pero, en general, es uso rechazado por los hablantes cultos y se recomienda evitarlo en el habla esmerada; en esos casos debe emplearse *encima*.

3. Por su condición de adverbio, no se considera correcto su empleo con posesivos: [⊗]*arriba mío*, [⊗]*arriba suyo*, etc. (debe decirse *encima de mí, encima de él*, etc.).

arribismo. → arribista.

arribista. '[Persona] cuyo único interés es triunfar de forma rápida y sin escrúpulos': «*Los políticos arribistas* [...] *también han de enfrentarse a la opinión pú-*

blica» (*Proceso* [Méx.] 14.7.96). Aunque la palabra francesa de la que proviene se escribe con *v* (*arriviste*) —pues deriva del francés *arriver* 'llegar'—, en español debe escribirse con la *b* propia de la familia léxica de *arribar*, equivalente español de aquel verbo francés. Es, pues, incorrecta la grafía ⊛*arrivista*. Lo mismo cabe decir del sustantivo correspondiente *arribismo* (no ⊛*arrivismo*).

arroba. Unidad tradicional de medida de capacidad y de masa, cuyo símbolo (@) se ha popularizado en los últimos tiempos por ser el que aparece, en las direcciones de correo electrónico, entre el nombre que identifica al usuario y el sitio de Internet donde está ubicado su servidor de correo: *jperez@rae.es*. Sobre el empleo de este símbolo para referirse conjuntamente a individuos de ambos sexos (⊛*l@s niñ@s*), → GÉNERO², 2.2.

arrogarse. 'Atribuirse [una facultad, un derecho, un mérito, etc.]': «*Te bastó quererla para arrogarte el derecho a comprarla*» (Piñera *Siameses* [Cuba 1990]). No debe confundirse con *abrogar* ('abolir'; → abrogar) ni con *irrogar* ('causar [un daño]'; → irrogar).

arroz. 'Planta gramínea y, especialmente, su fruto en forma de granos pequeños y oblongos'. Es voz masculina: *el arroz*.

arte. 1. 'Actividad humana que tiene como fin la creación de obras culturales', 'conjunto de habilidades, técnicas o principios necesarios para realizar una determinada actividad', 'instrumento que sirve para pescar' y 'maña o habilidad'. Este sustantivo, que era femenino en latín, puede usarse en ambos géneros, teniendo en cuenta que, en el español actual, cuando va en singular, lo normal es usarlo en masculino: «*El cine es el séptimo arte*» (*Abc* [Esp.] 5.1.96); «*Velázquez establece un principio del arte moderno*» (Fuentes *Esto* [Méx. 2002]); «*Sigue bloqueando la prohibición de las volantas, que son un arte de pesca* [...] *esquilmador y antiecológico*» (*Mundo* [Esp.] 30.5.96); y, cuando va en plural, lo normal es usarlo en femenino: «*Aprendió con provecho las artes marciales*» (Otero *Temporada* [Cuba 1983]); «*Es necesaria una reordenación de las artes de pesca*» (*País* [Esp.] 11.7.80); «*Te has acostumbrado a conseguir algunas cosas con muy malas artes*» (Carrión *Danubio* [Esp. 1995]). No obstante, con el sentido preciso de 'conjunto de normas y principios para hacer bien algo', es normalmente femenino, incluso en singular, y así se habla de *arte amatoria*, *arte cisoria*, *arte métrica* o *arte poética*. En el español actual, si se usa en femenino singular, debe llevar la forma *el* del artículo, por ser palabra que comienza por /a/ tónica (→ el, 2.1): *el arte poética*, no ⊛*la arte poética*.

2. ⊛*estado del arte.* Calco censurable del inglés *state of the art*: ⊛«*Se tendrá la inestimable ocasión de ver allí* [...] *los desarrollos más avanzados, el estado del arte*

de nuestras variadas tecnologías» (*Abc* [Esp.] 12.7.96). En español, se recomienda sustituirlo por las expresiones *estado* o *situación actual*, *últimos avances* o *estado de la cuestión*, según los casos.

arterioesclerósico -ca, arterioesclerosis, arterioesclerótico -ca, arteriosclerósico -ca. → arteriosclerosis, 1.

arteriosclerosis. 1. 'Endurecimiento de las arterias'. También es correcta la forma *arterioesclerosis*, algo menos frecuente. Para el adjetivo derivado son válidas las formas *arterio(e)sclerótico* y *arterio(e)sclerósico*, con clara preferencia en el uso por la primera.

2. Esta voz está formada sobre el griego *artería* ('arteria') y no debe confundirse con *aterosclerosis* (→ aterosclerosis), tipo más común de arteriosclerosis, que se debe a la formación de ateromas.

artritis. 'Inflamación de las articulaciones'. Esta voz contiene el sufijo de origen griego *-itis* ('inflamación'); no debe confundirse con *artrosis* ('enfermedad degenerativa'; → artrosis).

artrosis. 'Enfermedad degenerativa de las articulaciones'. Esta voz contiene el sufijo de origen griego *-sis* ('estado irregular, enfermedad'); no debe confundirse con *artritis* ('inflamación de las articulaciones'; → artritis).

aruñar. → arañar, 2.

asaetar. → asaetear.

asaetear. 'Disparar saetas [contra alguien o algo]'. Hoy se emplea casi siempre con el sentido figurado de 'acosar o molestar insistentemente [a alguien] con algo' y suele llevar un complemento introducido por *a* o *con*: «*Me dejo asaetear A preguntas por un joven que hace gala de un divertido desparpajo*» (Calle *Viaje* [Esp. 2001]); «*¿Dónde está ese fraile, que me asaetea CON cartas y documentos?*» (Salom *Casas* [Esp. 1986]). Menos frecuente, pero válida, es la variante *asaetar*: «*Lo verás, asaetado a preguntas por parte de los residentes*» (JmnzDiego *Memorias* [Esp. 2002]).

ascendencia. 'Conjunto de ascendientes o antecesores de alguien': «*Louis Leakey todavía excluía totalmente a los australopitecos de Suráfrica de nuestra ascendencia*» (Arsuaga *Enigma* [Esp. 2001]); y 'procedencia u origen de algo o alguien': «*Su madre era de ascendencia mexicana*» (Carrillo *Posada* [Méx. 1980]); «*En Toscana se sigue un* [arte] *románico de directa ascendencia romana*» (Bassegoda *Atlas* [Esp. 1989]). Significa también, en lenguaje técnico, 'movimiento ascendente': «*La persistencia de las condensaciones provocadas por la ascendencia del aire sobre las laderas*» (Albentosa *Clima* [Esp. 1991]). Aunque tradicionalmente se ha censurado su empleo con el significado de 'influencia sobre algo o alguien', sentido que se atribuía en exclusiva a la voz *ascendiente* (→ ascendiente), es uso extendido hoy en todo el ámbito hispánico y no hay motivo para su censura: «*Era respetado, contaba con ascendencia sobre los nobles del norte*» (Otero *Temporada* [Cuba 1983]); «*Se sabía la ascendencia que tenía entre los médicos*» (LTena *Renglones* [Esp. 1979]).

ascendente. Como adjetivo, 'que asciende': «*Caminaba por un estrecho pasillo ascendente*» (Andahazi *Piadosas* [Arg. 1999]); con este sentido también es válido, aunque poco frecuente, el uso de la variante *ascendiente*. Como sustantivo, significa, en astrología, 'constelación o signo del Zodiaco que asciende sobre el horizonte en el momento en que va a realizarse una predicción, especialmente el que corresponde al momento del nacimiento de una persona': «*Para levantar un horóscopo tiene que establecerse el ascendente*» (Samsó *Calendarios* [Esp. 1981]). No debe usarse con los sentidos de 'persona de la que otra desciende' (⊛*Tengo ascendentes indios*) ni 'influencia sobre alguien o algo' (⊛*Tiene mucho ascendente sobre sus hermanos*); en estos casos hay que emplear *ascendiente* (→ ascendiente) o *ascendencia* (→ ascendencia): *Tengo ascendientes indios* o *ascendencia india; Tiene mucho ascendiente* o *mucha ascendencia sobre sus hermanos*.

ascender. 1. Verbo irregular: se conjuga como *entender* (→ APÉNDICE 1, n.º 31).

2. Cuando significa 'subir', en el sentido de 'ir o llegar a un lugar más alto', es intransitivo y suele llevar complementos de origen y destino: «*El aire cálido asciende DESDE la superficie HASTA la nube*» (Picazo *Grillos* [Esp. 2000]). A veces se construye con un complemento precedido de *por,* que expresa el lugar que se recorre durante el ascenso: «*Jano lo vio ascender POR la cuesta que conducía a los invernaderos*» (Colinas *Año* [Esp. 1990]). En el uso transitivo, este complemento con *por* se transforma en el complemento directo (→ 3).

3. Es transitivo cuando significa 'recorrer [un lugar] que implica una subida o ascenso': «*Mientras ascendíamos la empinada cuesta de la Avenida del Tibidabo*» (Alou *Aportación* [Esp. 1991]). El complemento que funciona como directo en esta construcción funciona como complemento preposicional precedido de *por* en el uso intransitivo (→ 2). Es también transitivo con el sentido de 'poner [a alguien] en un lugar, puesto o categoría superior': «*En 1829, Juan Manuel de Rosas lo ascendió a brigadier general*» (Guzmán *País* [Arg. 1999]).

ascendiente. Como adjetivo, 'que asciende': «*Deberá seguir conduciendo a Gran Bretaña por la pendiente ascendiente*» (DPrensa [Arg.] 19.4.92); con este sentido se recomienda usar con preferencia la forma *ascendente*. Como sustantivo, 'persona de la que otra desciende': «*Los ascendientes de su madre fueron expulsados por ser católicos*» (VLlosa *Fiesta* [Perú

2000]); e 'influencia sobre alguien o algo': «*Es* [...] *un líder con enorme ascendiente sobre las masas*» (*Semana* [Col.] 21-28.1.97). No debe usarse con el sentido de 'signo del Zodiaco que asciende sobre el horizonte en un momento dado' (⊛*Tenía el ascendiente en Géminis*), que corresponde únicamente al sustantivo *ascendente* (→ ascendente).

asechanza. 1. 'Engaño o trampa para hacer daño a alguien': «*El desprevenido no sabía que era el escogido para la asechanza y generalmente dos o tres se aliaban contra él*» (Adoum *Ciudad* [Ec. 1995]). Aunque emparentado etimológicamente con *acechanza* ('acción de acechar, esto es, observar a escondidas'; → acechanza, 1), ambos términos fueron especializando sus usos y hoy no deben confundirse. Si bien en zonas de seseo estas dos palabras se pronuncian de la misma manera, deben distinguirse adecuadamente en la escritura.

2. El verbo *asechar* ('urdir asechanzas o engaños') casi no se emplea en la actualidad. En zonas de seseo, no deben confundirse sus formas con las del verbo *acechar,* aunque ambos derivan del mismo verbo latino (→ acechanza, 2).

asediar. 'Cercar [un lugar fortificado] para conseguir su rendición' y 'acosar [a alguien] con pretensiones'. Se acentúa como *anunciar* (→ APÉNDICE 1, n.º 4).

asegurar(se). 1. Con el sentido de 'poner [algo] a cubierto por medio de la contratación de un seguro', es transitivo y, además del complemento directo, suele llevar un complemento introducido por *contra,* que expresa el peligro que se previene: «*Le aseguramos* [...] *sus posesiones CONTRA toda clase de daños o pérdidas*» (Paso *Palinuro* [Méx. 1977]); la cantidad cubierta se expresa mediante un complemento con *en* o *por*: «*Se asegura las rodillas EN ciento cincuenta millones de pesetas*» (*Abc* [Esp.] 14.5.82); «*Decidió contratar una póliza para asegurar su vida POR un monto de 22 millones de dólares*» (*Caras* [Chile] 29.9.97).

2. Con el sentido de 'afirmar [algo] con seguridad', es transitivo; no debe anteponerse la preposición *de* al complemento directo (→ DEQUEÍSMO, 1b): ⊛«*El ministro de Salud* [...] *aseguró DE que está controlado el brote de cólera*» (NHerald [EE. UU.] 17.2.97); debió decirse *aseguró que*.

3. Con el sentido de 'cerciorarse', es intransitivo pronominal y se construye con un complemento con *de*: «*Babette se aseguró DE que la venda estuviera bien sujeta*» (Andahazi *Piadosas* [Arg. 1999]). En el habla esmerada no debe suprimirse la preposición (→ QUEÍSMO, 1a): ⊛*se aseguró que la venda...*

asentar(se). 1. Verbo irregular: se conjuga como *acertar* (→ APÉNDICE 1, n.º 16).

2. Cuando significa 'situar(se) o apoyar(se) en un determinado lugar', se construye con un comple-

mento precedido de *en* o *sobre*, y puede ser transitivo: «*No podía asentar su codicia SOBRE bases firmes*» (Marcos *Fantasma* [Méx. 1986]); o intransitivo, tanto pronominal como no pronominal: «*La mayoría* [de las casas] *se asentaban SOBRE pilotes*» (GaMárquez *Amor* [Col. 1985]); «*La grúa había asentado EN terreno falso*» (Montaño *Cenizas* [Méx. 1990]).

asentir. 'Mostrarse de acuerdo con lo que otro ha afirmado o propuesto'. Verbo irregular: se conjuga como *sentir* (→ APÉNDICE 1, n.º 53).

asequible. 1. Adjetivo que significa 'que se puede conseguir o adquirir': «*El objetivo de este nuevo centro de Cáritas* [...] *es ofrecer a los ancianos un alojamiento asequible A su economía*» (*Vanguardia* [Esp.] 27.3.94); referido a precio, 'moderado': «*Una amplia gama de tarjetas, con precios asequibles PARA cualquier bolsillo*» (Bustos *Multimedia* [Esp. 1996]); 'que se puede derrotar': «*Jugará la primera eliminatoria ante el Vevey suizo, un rival asequible*» (*País* [Esp.] 1.10.86); y 'comprensible o fácil de entender': «*Ni siquiera las otras ramas de las humanidades* [...] *han podido preservar esa visión integradora y un discurso asequible AL profano*» (VLlosa *Verdad* [Perú 2002]). Como se ve en los ejemplos, puede llevar un complemento con *a* o *para*. Conviene evitar su empleo con el sentido de 'que permite un fácil acceso o entrada' o, referido a persona, 'afable o de buen trato', sentidos que corresponden al adjetivo *accesible* (→ accesible): ⊗«*Madrid es fácilmente asequible por autopistas*» (Rojo *Hotel* [Bol. 1988]); ⊗«*Presenta al curandero como un ser asequible, comprensivo*» (*NCastilla* [Esp.] 15.6.02). **2.** Se pronuncia [asekíble], no ⊗[aksekíble], como ocurre a veces por cruce con *accesible*, error que se refleja en la grafía ⊗*accequible*, documentada en zonas de seseo: ⊗«*Habrá que diseñar e impulsar una política que* [...] *trate de hacer más accequible el conocimiento en salud*» (Vasco *Estado* [Col. 1988]).

aserrar. → serrar.

aserrín. 'Conjunto de partículas que se desprenden de la madera cuando se sierra'. Esta es la forma normal y mayoritaria en el español de América: «*Un muchacho soñoliento barría el aserrín lleno de puchos y suciedades*» (VLlosa *Tía* [Perú 1977]). En el habla culta de España se emplea exclusivamente la forma *serrín*: «*Evocó a Daniel en la sierra, la boina espolvoreada de serrín*» (Delibes *Madera* [Esp. 1987]).

asesorar(se). Como transitivo, 'dar consejo o dictamen [a alguien]': «*LO asesoró en materia de seguridad*» (*Proceso* [Méx.] 1.12.96). El complemento que expresa el asunto puede ir introducido por *sobre*, *en* o *acerca de*. Como intransitivo pronominal, con el sentido de 'tomar consejo o consultar', suele llevar un complemento introducido por *con* o,

más raramente, *de*, que se refiere al consejero o consultor: «*Se asesoraron CON personalidades y organismos de mi país antes de escribir*» (Balza *Mujer* [Ven. 1986]); «*Para facilitar su tarea, se asesoró DE los hermanos Ed y Bad Masterson*» (LpzNavarro *Clásicos* [Chile 1996]).

asfixiar(se). 'Producir, o sufrir, asfixia'. Se acentúa como *anunciar* (→ APÉNDICE 1, n.º 4) y se pronuncia [asfiksiár]. Es incorrecta la grafía ⊗*axfisiar*, así como las pronunciaciones ⊗[aksfisiár] o ⊗[aksfiksiár]. Lo mismo cabe decir de las palabras de su misma familia, como *asfixia* ('suspensión o dificultad en la respiración') o *asfixiante* ('que asfixia').

As(h)gabad, As(h)gabat, Ashjabad, Ashk(h)abad. → Asjabad.

asignatura. 'Materia que forma parte de un plan de estudios': «*La asignatura era obligatoria para los estudiantes de la Facultad de Medicina*» (Trabulse *Orígenes* [Méx. 1994]). No debe confundirse con *signatura* ('señal distintiva'; → signatura).

asimismo. 1. 'También': «*Afinaron sus delicados instrumentos las tañedoras de laúd. Comparecieron asimismo las danzarinas, los equilibristas y el narrador de historias fantásticas*» (Moix *Sueño* [Esp. 1986]). Con este sentido, hoy es mayoritaria y preferible la grafía simple *asimismo*, aunque también se admite la grafía en dos palabras *así mismo*: «*Le informó así mismo de cuál había sido la causa de la derrota*» (Velasco *Regina* [Méx. 1987]). La forma simple se escribe sin tilde, por lo que no es correcta la grafía ⊗*asímismo*. **2.** La secuencia *así mismo* puede ser también el resultado de la unión del adverbio de modo *así* y el adverbio *mismo* usado con valor enfático. En este caso, cuando el significado de la expresión es claramente modal ('de la misma forma, de la misma manera'), solo puede escribirse en dos palabras: «*¿Representamos una entidad libre y soberana? ¿Sí? Pues así mismo lo haremos sentir*» (MtnMoreno *Respuesta* [Méx. 1994]); «*—Hay mucha confusión. Muertos, ahorcados, aplastados por las avalanchas... Los partes son terribles. —Cuéntaselo así mismo al General*» (Martínez *Perón* [Arg. 1989]). **3.** Estas expresiones adverbiales no deben confundirse con la secuencia *a sí mismo*, formada por la preposición *a*, el pronombre reflexivo *sí* y el adjetivo *mismo*: «*Sonríe mucho, parece gustarse a sí mismo y no tiene complejos*» (*País* [Esp.] 1.12.87).

asíndeton. En retórica, 'omisión de conjunciones con fines expresivos'. Es invariable en plural (→ PLURAL, 1g): *los asíndeton*.

asir(se). 1. 'Agarrar(se) o sujetar(se)'. Verbo irregular: v. conjugación modelo (→ APÉNDICE 1, n.º 20). **2.** Como transitivo, además del complemento directo, lleva con frecuencia un complemento introducido por *de* o *por,* que expresa la parte por la que se sujeta a la persona o cosa asida: *«José Luis la asió DE la mano y la consoló»* (Gironella *Hombres* [Esp. 1986]); *«Alguien asió a Alicia POR la muñeca»* (LTena *Renglones* [Esp. 1979]).

3. Como pronominal, se construye siempre con un complemento introducido por *a* o *de: «Teobaldo se asió A un tobillo de la dama»* (GaHortelano *Gramática* [Esp. 1982]); *«Me así con fuerza DEL brazo de José»* (FdzCubas *Hermana* [Esp. 1980]).

asistenta. → asistente.

asistente. 1. Como adjetivo —del participio activo de *asistir* ('acudir a un lugar' y 'ayudar')—, tiene una sola terminación, válida para ambos géneros: *público* o *profesor asistente, delegación* o *secretaria asistente.* Consecuentemente, como sustantivo, con los sentidos de 'persona que asiste a un acto' y 'persona que ocupa un cargo o puesto auxiliar a las órdenes de otra', es común en cuanto al género (*el/la asistente;* → GÉNERO², 1a y 3c): *«Aparecen algunos nombres de las asistentes al festejo»* (Miralles *Cortés* [Méx. 2001]); *«Era la asistente personal de Leonel Gonzales»* (*Caretas* [Perú] 14.9.00). En España, el femenino *asistenta* solo se usa para designar a la mujer que realiza trabajos domésticos por horas: *«Sus casas [...] relucen de limpias y aseadas, pese a no disponer de asistenta»* (Carbonell *Televisión* [Esp. 1992]).

2. Se usa con frecuencia referido a cargos docentes o de investigación, por calco del inglés *assistant: «En 1953 fue designado profesor asistente de técnicas murales»* (Carrillo *Pintura* [Méx. 1981]).

3. *asistente social.* 'Persona titulada cuya misión es prevenir y solucionar problemas de índole social'. Esta locución, al igual que su núcleo *asistente,* es común en cuanto al género (*el/la asistente social*): *«Paula, una asistente social de 37 años, tiene una hija de 13 meses»* (*Clarín* [Arg.] 17.4.97). Se desaconseja, en el uso culto, el femenino ⊗*asistenta social.*

Asjabad. Forma recomendada del nombre de la capital de Turkmenistán. Es preferible a *Ashjabad,* menos acorde con el sistema gráfico del español. No deben usarse las grafías *Ashk(h)abad* o *Achkabad,* que corresponden a transcripciones del inglés o del francés. Últimamente circulan también las grafías *As(h)gabat* y *As(h)gabad,* más cercanas al original turcomano.

askenazí o **askenazi.** '[Judío] oriundo de Europa central y oriental' y 'de los askenazíes'. Tiene dos acentuaciones válidas, la etimológica aguda *askenazí* (pl. culto *askenazíes;* → PLURAL, 1c) y la llana *askenazi* (pl. *askenazis*): *«Los judíos ortodoxos son mayoritariamente askenazíes»* (DzVelasco *Hombres* [Esp. 1995]); *«En esa época los sefardíes se consideraban por encima de los judíos orientales, los as-*

kenazis pobres de las aldeas judías de Polonia y de Ucrania» (MñzMolina *Sefarad* [Esp. 2001]). Las grafías con -*k*- responden a la transcripción al español del étimo hebreo; también son válidas, aunque menos frecuentes, las grafías con -*qu*-, en las que el sonido velar /k/ se representa del modo que es normal en las palabras españolas (→ q, 2): *«La otra gran oleada inmigratoria fue la de los judíos europeos, los asquenazíes»* (VV. AA. *Cocina* [Arg. 1996]). En el Cono Sur se emplea a veces la variante *eskenazi* o *esquenazi,* frecuente como apellido, pero desaconsejable como nombre común para designar esta rama del pueblo judío.

asma. 'Enfermedad de los bronquios'. Es voz femenina: *«Marcel había suspirado tanto ahí, con esa asma terrible»* (Bryce *Vida* [Perú 1981]). Al comenzar por /a/ tónica, exige el uso de la forma *el* del artículo si entre ambos elementos no se interpone otra palabra (→ el, 2.1), pero los adjetivos deben ir en forma femenina: *«A los dos años de edad lo atacó por vez primera el asma crónica»* (*Granma* [Cuba] 3.97). En cuanto al indefinido, aunque no se considera incorrecto el uso de la forma plena *una,* hoy es mayoritario y preferible el uso de la forma apocopada *un* (→ uno, 1): *«Sufría de un asma cardíaca»* (*Tiempo* [Col.] 28.4.97). Lo mismo ocurre con los indefinidos *alguno* y *ninguno: ningún asma.* El resto de los adjetivos determinativos debe ir en femenino: *esa asma.*

asociar(se). 1. 'Unir(se) o juntar(se) para un fin' y 'relacionar(se) mentalmente una cosa con otra'. Se acentúa como *anunciar* (→ APÉNDICE 1, n.º 4).

2. Con ambos sentidos suele llevar un complemento introducido por *con* o *a: «Esta compañía se asoció CON otras de Hispanoamérica»* (*DYucatán* [Méx.] 8.9.96); *«El consumidor asocia la marca A una imagen y no A un producto»* (*Vanguardia* [Esp.] 16.12.95).

asolar. 1. Infinitivo de dos verbos transitivos etimológicamente diversos:

a) 'Arrasar o destruir completamente [un lugar]'. Procede del latín *assolare* ('derribar o echar al suelo'), es irregular y se conjuga como *contar* (→ APÉNDICE 1, n.º 26); por tanto, la vocal *o* de la raíz diptonga cuando es tónica: *«Las fuerzas de Carlos V [...] saquean y asuelan Roma»* (Cardoza *Guatemala* [Guat. 1985]); pero no diptongan las formas en que la raíz es átona: *«Muchas veces asolamos poblados [...]. Tras nuestro paso apenas quedaban cenizas»* (Arenales *Arauco* [Esp. 1992]).

b) Dicho del sol, la sequía o el calor, 'secar [un campo]'. Este verbo, formado sobre el sustantivo español *sol,* es regular y, por tanto, no diptonga en ninguna de sus formas: *«Ha montado el Partido del Agua para luchar contra la sequía que asola la zona»* (*Tiempo* [Esp.] 29.5.95).

2. La distinción entre uno y otro verbo está desapareciendo: ambos comparten el sentido profundo de 'destruir por completo' y tienden a conjugarse como regulares. Por tanto, hoy son normales en la lengua culta las formas *asolo, asolas,* etc., también para el primero de los verbos indicados: «*El tifón Linda* [...] *asola Vietnam y Tailandia*» (Picazo *Grillos* [Esp. 2000]).

asombrar(se). 1. Cuando significa 'causar asombro', por tratarse de un verbo de «afección psíquica», dependiendo de distintos factores (→ LEÍSMO, 4a), el complemento de persona puede interpretarse como directo o como indirecto: «*El relato* LO *asombró*» (GaMárquez *Amor* [Col. 1985]); «*A Camargo* LE *asombró el cúmulo de horas que podía estar inmóvil ante el telescopio*» (Martínez *Vuelo* [Arg. 2002]). Lo que causa el asombro es el sujeto de la oración y, por tanto, no debe ir precedido de preposición (→ DEQUEÍSMO, 1a): [⊗]*Me asombra* DE *que...* (debe ser: *Me asombra que...*).
2. Como pronominal ('sentir asombro'), suele llevar un complemento con *de* o *por*: «*Me asombro* DE *que* [la modelo] *no sea Aída*» (PRossi *Solitario* [Ur. 1988]); «*Nadie se asombra* POR *ello*» (Aparicio *César* [Esp. 1981]).

asosegar(se). → sosegar(se).

aspaventar. 1. 'Espantar [algo o a alguien] haciendo aspavientos' y 'hacer aspavientos'. Verbo irregular: se conjuga como *acertar* (→ APÉNDICE 1, n.º 16). Solo diptongan las formas cuya raíz es tónica: *aspaviento, aspavientas,* etc. No deben diptongarse, por tanto, las formas cuya raíz es átona: [⊗]*aspavientó,* [⊗]*aspavientando,* etc.
2. Pertenecen a la misma familia léxica el sustantivo *aspaviento* y los adjetivos *aspaventero* y *aspaventoso.* Deben evitarse, para estos últimos, las formas con diptongo [⊗]*aspavientero* y [⊗]*aspavientoso.* Asimismo, en el habla culta, deben evitarse, en todas las palabras de esta familia, las deformaciones que cambian la *-v-* en *-m-* o la *a-* inicial en *e-,* propias del habla popular de amplias zonas del ámbito hispánico: [⊗]*aspamentar* o [⊗]*espamentar* por *aspaventar;* [⊗]*aspam(i)ento* o [⊗]*espam(i)ento* por *aspaviento;* [⊗]*aspamentero* o [⊗]*espamentero* por *aspaventero;* y [⊗]*aspamentoso* o [⊗]*espamentoso* por *aspaventoso.*

aspaventero -ra, aspaventoso -sa, aspaviento. → aspaventar.

áspero -ra. 'Que carece de suavidad al tacto por tener la superficie desigual'. Tiene dos superlativos válidos: *aspérrimo* (del lat. *asperrimus;* → -érrimo), de escaso uso en el español actual, y *asperísimo,* formado sobre *áspero* y más frecuente en el uso: «*¿Por qué esta aspérrima vida española?*» (Zunzunegui *Baroja* [Esp. 1960]); «*Comparten con los retratados por*

el documental unas condiciones de vida asperísimas» (Miranda *Palabras* [Ven. 1994]).

áspic. 'Plato frío, especialmente de carne o pescado, que se presenta cubierto de gelatina en un molde'. Su plural es *áspics* (→ PLURAL, 1h), que, al igual que el singular, debe llevar tilde (→ TILDE², 1.1.2).

áspid. 'Serpiente venenosa': «*Volvió a enloquecer con el fastuoso veneno de su áspid egipcio*» (Moix *Sueño* [Esp. 1986]). Es masculino y su plural es regular (→ PLURAL, 1g): *los áspides.* Existe también la variante *áspide,* de escaso uso en la actualidad: «*Una Cleopatra con un áspide de fantasía enroscado en el cuello*» (Ramírez *Baile* [Nic. 1995]). Es voz llana: [áspid], no [⊗][aspíd].

áspide. → áspid.

aspirar. Con el sentido de 'pretender o desear', es intransitivo y se construye con un complemento con *a*: «*No aspiro* A *acumular una fortuna*» (*Caras* [Chile] 9.6.97). Es incorrecto omitir la preposición: [⊗]«*Barrios aspira competir en los Juegos Bolivarianos*» (*Nacional* [Ven.] 10.4.97).

asquenazí o **asquenazi.** → askenazí o askenazi.

assistant. → asistente, 2.

ASTERISCO. Signo ortográfico auxiliar en forma de estrella (*), que se coloca en la parte superior del renglón. Se emplea en los casos siguientes:
a) Como signo de llamada para notas al margen o a pie de página (los asteriscos de llamada pueden escribirse también encerrados entre paréntesis, aunque hoy es raro):

Beethoven* compuso una única ópera, titulada Fidelio**.

---

* *Bonn, 1770-Viena, 1827.*
** *Estrenada en Viena en 1805, durante la ocupación francesa de la ciudad.*

Dado el efecto antiestético que puede producir la acumulación de asteriscos en una misma página, cuando haya necesidad de hacer varias llamadas, lo más recomendable es utilizar números arábigos.
b) En obras de gramática, se utiliza para indicar que una determinada construcción es «agramatical», es decir, imposible, por incumplir alguna de las reglas del sistema de la lengua: **Sus estos ojos;* **Quiero que yo vaya a París.*
c) En informaciones o comentarios etimológicos, sirve para indicar, antepuesto a una voz, que se trata de un vocablo hipotético, fruto de una reconstrucción, cuya existencia se supone aunque no se haya documentado por escrito: **bava,* **appariculare.*

astil. 'Mango de algunas herramientas': «*Habían inventado los antiguos mexicanos un huso compuesto de* *un astil y un disco»* (Mompradé/Gutiérrez *Indumentaria* I [Méx. 1981]). Es voz aguda: [astíl]; debe evitarse la acentuación llana ⊗*ástil,* debida probablemente al cruce con *mástil.*

Astracán. Forma tradicional española del nombre de esta ciudad y región administrativa de Rusia: *«La mayoría de las capturas se destinarán a las piscifactorías de la región de Astracán»* (*Mundo*[@] [Esp.] 9.7.03). También es tradicional y correcta la grafía *Astrakán: «Fue* [...] *en la región de Astrakán donde, parece ser, nació la cultura del vino»* (Plasencia/Villalón *Vinos* [Esp. 1994]). No debe usarse en español la grafía inglesa *Astrakhan;* tampoco la forma ⊗*Astraján,* que aun siendo la forma que resulta de aplicar las normas de transcripción del ruso al español, carece de tradición en nuestro idioma. Este topónimo da nombre a un tipo de piel que se caracteriza por tener el pelo rizado; en ese caso, como nombre común, se escribe con minúscula inicial (→ MAYÚSCULAS, 6.3b): *«Un gabán negro con cuello de astracán»* (Mendoza *Ciudad* [Esp. 1986]).

Astrakán, *Astrakhan.* → Astracán.

⊗**astraza.** → estraza.

asumir. Significa, básicamente, 'tomar para sí o hacerse cargo [de algo no material, especialmente una tarea o una responsabilidad]' y 'aceptar o reconocer [algo no material]': *«Rútila asumió otra vez el mando»* (Aguilera *Pelota* [Ec. 1988]); *«Hay que sedimentar ese dolor* [...], *asumirlo, aceptarlo, vivir con él»* (*Vistazo* [Ec.] 9.7.97); *«¿Por qué no asumían con naturalidad su condición de mestizos?»* (Pitol *Juegos* [Méx. 1982]). En el siglo XIX amplía sus sentidos por influjo probable del inglés y en el español actual significa también 'adoptar o adquirir [algo no material]': *«Manchester asumió una expresión de fastidio»* (Otero *Temporada* [Cuba 1983]); *«Su piel se asedaba, asumía una tersura vegetal»* (Delibes *Madera* [Esp. 1987]); y 'dar por sentado o por cierto': *«Los liberales piensan de otra forma, siempre y cuando asumamos que los liberales piensan»* (*Información* [EE. UU.] 1996).

asustar(se). 1. Cuando significa 'causar susto', por tratarse de un verbo de «afección psíquica», dependiendo de distintos factores (→ LEÍSMO, 4a), el complemento de persona puede interpretarse como directo o como indirecto: *«LO asusto y se va»* (Vázquez *Narboni* [Esp. 1976]); *«Una mujer a quien no LE asusta la vida»* (Canto *Ronda* [Arg. 1980]).

2. Como pronominal, con el sentido de 'sentir susto', lleva un complemento introducido por *de, con* o *por: «Mi hija se asusta DE todo»* (Barrera/Kerdel *Adolescente* [Ven. 1976]); *«Se asusta CON la sangre»* (Santander *Ramona* [Méx. 1981]); *«No se asustan POR nada»* (*Tiempo* [Esp.] 29.5.95).

⊗**atachado -da,** ⊗**atachar.** → adjunto, 3.

atajo. 1. 'Camino más corto que el principal para llegar a un sitio': *«La niña se fue por el atajo de los arbustos»* (Alberto *Eternidad* [Cuba 1992]). Pertenece a la familia de *atajar,* que proviene, a su vez, de *tajar* ('cortar'). Es incorrecta, con este sentido, la grafía *hatajo.*

2. Es variante gráfica de *hatajo* ('grupo'; → hatajo).

atalaya. Cuando significa 'torre vigía' y 'altura desde la que se divisa mucho espacio de tierra o mar', es femenino: *«Mi personaje hubiese deseado* [...] *dedicarse a mirar el mar desde aquella atalaya»* (Díaz *Piel* [Cuba 1996]); así pues, con este sentido no es correcto su uso en masculino. Sí se usa en masculino con el sentido, poco frecuente hoy, de 'hombre que vigila desde una atalaya': *«Los atalayas apostados en el Panecillo descubrieron* [...] *movimientos sospechosos en la montaña»* (Salvador *Ecuador* [Ec. 1994]).

atañer. 1. Dicho de una cosa, 'afectar o concernir a alguien o algo'. Verbo irregular: se conjuga como *tañer* (→ APÉNDICE 1, n.º 56).

2. Es intransitivo y se construye siempre con un complemento indirecto: *«Esta es una cuestión que atañe A la seguridad de la ciudadanía»* (Valladares *Esperanza* [Cuba 1985]); *«Cualquier cosa que ocurra LE atañe a él directamente»* (Ocampo *Testimonios* [Arg. 1977]). Es incorrecto introducir este complemento con una preposición distinta de *a:* ⊗*«De asuntos que atañen CON el movimiento armado, no se habló nada»* (Alape *Paz* [Col. 1985]).

atardecer. 'Empezar a caer la tarde'. Verbo irregular: se conjuga como *agradecer* (→ APÉNDICE 1, n.º 18). Se trata, por su significado, de un verbo impersonal, por lo que solo se usan las terceras personas del singular, además de las formas no personales (infinitivo, gerundio, participio).

ataviar(se). 'Vestir(se) y adornar(se)'. Se acentúa como *enviar* (→ APÉNDICE 1, n.º 5).

atemorizar(se). 1. 'Causar temor'. Por tratarse de un verbo de «afección psíquica», dependiendo de distintos factores (→ LEÍSMO, 4a), el complemento de persona puede interpretarse como directo o como indirecto: *«Yo LO atemorizaba con mi vitalidad»* (Moncada *Hombre* [Esp. 1990]); *«Este mundo LES atemorizaba»* (Esquivel *Agua* [Méx. 1989]).

2. Como pronominal, con el sentido de 'sentir temor', lleva un complemento introducido por *con, por* o, menos frecuentemente, *de: «¿No se atemoriza CON asuntos difíciles?»* (Fingermann *Psicología* [Arg. 1946-74]); *«No se atemorizan POR la aparición de ningún síntoma»* (Carrión *Danubio* [Esp. 1995]); *«Siguió su camino, sin atemorizarse DE aquellas cosas que dan temor»* (Dieste *Muriel* [Esp. 1943]).

atender. 1. Verbo irregular: se conjuga como *entender* (→ APÉNDICE 1, n.° 31).

2. Puede construirse como transitivo, o como intransitivo seguido de un complemento introducido por *a*, cuando se usa con los significados siguientes:

a) 'Ocuparse una persona de algo que está a su cargo': «*Como no iba a atender el trabajo yo sola, necesitaba una empleada*» (FnGómez *Bicicletas* [Esp. 1982]); «*Todo el mundo debe atender A su obligación*» (Cebrián *Rusa* [Esp. 1986]). Cuando, con este mismo sentido, el complemento es de persona, se construye siempre como transitivo (→ 3).

b) 'Prestar atención a algo para poder captarlo o entenderlo': «*Juan Carlos parece atender la explicación que uno de los hombres le da*» (Pavlovsky *Laforgue* [Arg. 1983]); «*Ella no atendía A sus palabras*» (Mendoza *Ciudad* [Esp. 1986]).

c) 'Responder a una señal o una llamada': «*Alejo siempre atiende el teléfono*» (Fresán *H.ª argentina* [Arg. 1991]); «*No atendía AL teléfono*» (FdzCubas *Altillos* [Esp. 1983]).

d) 'Dar respuesta favorable a una petición, una necesidad, una queja, etc.': «*Atendían sus mínimos caprichos*» (Vicent *Balada* [Esp. 1987]); «*Sin atender AL ruego de su hija,* [...] *Amadora buscó atropelladamente la llave de la habitación*» (Castro *Fiebre* [Esp. 1994]).

3. Se construye únicamente como transitivo cuando significa 'ocuparse [de alguien], satisfaciendo sus necesidades o demandas': «*Nos faltaba únicamente un mozo para atender a los clientes*» (Mutis *Ilona* [Col. 1988]); «*En invierno, cuando vienen con amigos, yo los atiendo*» (Guido *Invitación* [Arg. 1979]).

4. Se construye como intransitivo en las acepciones siguientes:

a) 'Tener algo en cuenta o tomarlo en consideración'. Va seguido de un complemento precedido de *a*: «*No había querido atender A razones*» (Trías *Encuentro* [Esp. 1990]); «*Si atendieran A mis verdaderas cualidades,* [...] *me darían la oportunidad de representar a un resucitado*» (Quintero *Danza* [Ven. 1991]). No obstante, en gran parte de América, con el complemento *razones*, se usa normalmente sin preposición: *atender razones.*

b) En España, 'llamarse de una determinada manera'. Va siempre seguido de un complemento precedido de *por*: «*Se nos ha perdido un perro* [...]. *Es marrón, pequeño* [...] *y atiende POR Óscar*» (*Canarias 7* [Esp.] 9.2.01).

5. No debe confundirse con *tender* ('ofrecer [algo] a alguien extendiendo el brazo'): ⊗«*Le atendió una hoja donde decía que Sofian Merino era el beneficiario*» (Souza *Mentira* [Perú 1998]).

atenerse. 'Ajustarse o sujetarse a alguna cosa'. Verbo irregular: se conjuga como *tener* (→ APÉN-DICE 1, n.° 57). El imperativo singular es *atente* (tú) y *atenete* (vos), y no ⊗*atiénete.*

atentar. 'Cometer, o constituir, un atentado contra una persona, una cosa o una ley o principio'. Es verbo intransitivo y se construye con un complemento precedido de *contra*: «*Cuando tu esposo te pida algo que atente CONTRA tu pureza, no participes*» (González *Dios* [Méx. 1999]). No debe usarse la preposición *a* para introducir el complemento: ⊗«*Se decide* [...] *denunciar todos los hechos que atenten A las libertades individuales*» (*País* [Esp.] 10.10.80).

atento -ta. 1. Cuando significa 'con la atención o el interés puestos en alguien o algo', lleva un complemento introducido por *a*: «*Todos estuvieron muy atentos A las palabras iniciales de Sari Bermúdez*» (*Excélsior* [Méx.] 1.9.00); no es normal, y resulta desaconsejable, introducir ese complemento con *en*: ⊗«*Yo participé en diversas actividades de las familias* [...], *pero siempre atento EN lo que ocurría en relación a la televisión*» (Barrios *Familia* [Ven. 1993]). Cuando significa 'amable o cortés', puede llevar un complemento introducido por *con*, que expresa la persona objeto del buen trato: «*Elisa estuvo atenta CON los invitados*» (Gala *Invitados* [Esp. 2002]).

2. *atento a.* 'Teniendo en cuenta, o habida cuenta de'. Locución antigua formada sobre el participio irregular de *atender*, que pervive hoy en el lenguaje político-administrativo y periodístico de los países del Cono Sur. Aunque originariamente se construía como participio absoluto, sin preposición, y concordaba con el sustantivo que introducía (*atenta la demanda, atentas las causas,* etc.), hoy se usa en la forma invariable *atento a*: «*Atento a las inquietudes transmitidas por los secretarios generales* [...], *se resuelve declarar en estado de alerta a todo el movimiento obrero*» (*Clarín* [Arg.] 25.1.79).

atenuante. 'Que disminuye la gravedad de algo': «*El juez* [...] *dictaminó que esos eran factores atenuantes y que reducían la responsabilidad de Dube*» (*Clarín* [Arg.] 11.4.97). Cuando este adjetivo se sustantiva, puede hacerlo en masculino o femenino, dependiendo del género del sustantivo que se supone elidido —*el (factor) atenuante, la (circunstancia) atenuante*—: «*El pianista de Santa tenía por lo menos el atenuante de ser ciego y feo*» (Paranaguá *Ripstein* [Méx. 1997]); «*Hay que tener en cuenta la atenuante de los condicionamientos culturales del momento*» (*Vanguardia* [Esp.] 15.11.94). En el lenguaje jurídico, es preferible su empleo en femenino, puesto que en este ámbito la voz *atenuante* es sinónima de la construcción *circunstancia atenuante* ('motivo legal para disminuir la responsabilidad penal del condenado'): «*El fiscal le aplicó la atenuante de arrepentimiento espontáneo*» (*Mundo* [Esp.] 12.9.95).

atenuar(se). 'Reducir(se) la intensidad o fuerza de algo'. Se acentúa como *actuar* (→ APÉNDICE 1, n.º 7).

aterir(se). 'Pasmar(se) de frío'. Se trata de un verbo defectivo, puesto que solo se usan las formas cuya desinencia empieza por *i:* «*Acercaba su cuerpo al fuego o al sol cuando le atería el frío*» (FReyes *Anatomía* [Esp. 1992]). *Aterir(se) de frío* es un pleonasmo admisible.

ateroesclerosis, ateroesclerótico -ca. → aterosclerosis.

aterosclerosis. 'Arteriosclerosis debida a la formación de ateromas'. Los ateromas son acumulaciones de fibras y lípidos, especialmente colesterol, en la pared interna de los vasos sanguíneos. También es correcta la forma *ateroesclerosis,* algo menos frecuente. Como adjetivo derivado se emplea únicamente *atero(e)sclerótico.* No debe confundirse con *arteriosclerosis* (→ arteriosclerosis).

aterosclerótico -ca. → aterosclerosis.

aterrar(se). Este infinitivo corresponde a dos verbos diferentes:

a) 'Aterrorizar(se)'. En este caso es regular. Por tratarse de un verbo de «afección psíquica», dependiendo de distintos factores (→ LEÍSMO, 4a), el complemento de persona puede interpretarse como directo o como indirecto: «*El cambio LA aterra*» (Antognazza *Vida* [Arg. 1993]); «*A mi madre LE aterraba verme así*» (Asenjo *Días* [Esp. 1982]).

b) 'Derribar o echar por tierra' y 'cubrir(se) de tierra'. Como otros verbos derivados de *tierra* (*soterrar, desterrar, enterrar,* etc.), es irregular y se conjuga como *acertar* (→ APÉNDICE 1, n.º 16): «*El destrozo de la humilde casa que el huracán atierra*» (LpzPeláez *Vida* [Esp. 1916]).

atestar(se). 1. Este infinitivo corresponde a tres verbos diferentes:

a) 'Llenar(se) completamente'. En el español clásico, era irregular y se conjugaba como *acertar* (→ APÉNDICE 1, n.º 16): «*Aguarda que se atieste de gente la sinagoga*» (Quevedo *Poesías* [Esp. 1597-1645]); en el español actual, se tiende a la conjugación regular: «*Los libros que atestan estas vitrinas*» (Hernández *Naturaleza* [Esp. 1989]). Puede llevar un complemento introducido por *de* o *con:* «*Las veredas* [...] *se atestaban DE niños, señoras y caballeros*» (Arenas *Buenos Aires* [Arg. 1979]); «*Arcones atestados CON misteriosas prendas*» (Najenson *Memorias* [Arg. 1991]).

b) 'Atestiguar [algo]'. En este caso es regular: «*Atesto que este niño puede ocuparse, sin inconveniente para su salud, como obrero*» (Sarmiento *Paidología* [Esp. 1914]).

c) 'Dar con la cabeza'. En este caso es regular, se usa como intransitivo y lleva un complemento precedido de *contra: El toro atesta CONTRA la barrera.*

2. No deben confundirse con *asestar* ('propinar [un golpe]'): ⊗«*Al golpe mortal atestado por las revelaciones del escándalo Recruit, se han sumado unas medidas fiscales devastadoras*» (*Abc* [Esp.] 25.7.89).

atestiguar. 'Declarar [algo] como testigo' y 'ofrecer pruebas [de algo]'. Se acentúa como *averiguar* (→ APÉNDICE 1, n.º 6). Se escriben con diéresis todas las formas en las que -*gu*- va delante de *e: atestigüe, atestigües,* etc.

atiborrar(se). 'Llenar(se) con exceso': «*Los grandes almacenes habían atiborrado las vitrinas con lo más vistoso de sus existencias*» (Mendoza *Verdad* [Esp. 1975]). Es errónea la forma ⊗*atiforrar(se),* debida quizá al cruce con *forrar(se):* ⊗«*Esta carne de ahora tiene mucho merme desde que las atiforran* [a las ovejas] *de piensos compuestos*» (Berlanga *Gaznápira* [Esp. 1984]).

⊗**atiforrar(se).** → atiborrar(se).

atmósfera. 'Capa de aire que rodea la Tierra'. Esta palabra solo se usa hoy con acentuación esdrújula, única, por tanto, que debe considerarse correcta (→ -sfera). La forma llana etimológica *atmosfera* [atmosféra] está en desuso y debe evitarse.

atracar(se). 1. Con el sentido de 'arrimar(se) de costado una embarcación a otra o a tierra', suele llevar un complemento introducido por *en* o *a,* que expresa el lugar del atraque: «*Las unidades de la Armada* [...] *atracaron EN el puerto de Palamós*» (*Abc* [Esp.] 28.4.86); «*La gran goleta atracada A los acantilados se columpiaba sobre las aguas*» (Padilla *Jardín* [Cuba 1981]).

2. Cuando significa 'hartar(se) comiendo', lleva un complemento con *de:* «*Emeterio atracó DE pimentón al pobre animal*» (MDíez *Fuente* [Esp. 1986]); «*Debía atracarse DE comida antes de ir al gimnasio*» (*Proceso* [Méx.] 21.7.96). Introducir este complemento con *a* se considera vulgar.

atraer(se). 1. Dicho de una persona o de una cosa, 'conseguir o hacer que [algo o alguien] se acerque, movido por una fuerza física, por deseo o por interés' y, en forma pronominal, 'ganarse la simpatía o el favor [de alguien]'. Verbo irregular: se conjuga como *traer* (→ APÉNDICE 1, n.º 58). Solo el gerundio de este verbo se escribe con -*y*-: *atrayendo;* por tanto, son incorrectas las formas personales con -*y*- en lugar de -*j*-, que se usan a veces por influjo de la conjugación de otros verbos como *leer:* ⊗*atrayeron,* en lugar de *atrajeron,* ⊗*atrayera* o ⊗*atrayese* en lugar de *atrajera* o *atrajese,* etc.

2. Cuando significa 'hacer que alguien sienta atracción', es verbo de «afección psíquica»; por ello, dependiendo de distintos factores (→ LEÍSMO, 4a), el complemento de persona puede interpretarse como directo o como indirecto:

«*Nada* LA *atrae, y en todas sus respuestas se evidencia una indiferencia absoluta por todo lo que la rodea*» (Vijnovsky *Dudas* [Arg. 1988]); «*Agnes lo observaba,* LE *atraía esa actitud ligera y honesta*» (Bain *Dolor* [Col. 1993]).

atrás. 1. Adverbio de lugar que, con verbos de movimiento explícito o implícito, significa 'hacia la parte posterior': «*Echó la cabeza atrás*» (Durán *Revolución* [Ven. 1978]); «*Desaparecí sin mirar atrás*» (Jaramillo *Tiempo* [Pan. 2002]). Puede ir precedido de las preposiciones *de, desde, hacia, para* o *por,* nunca de la preposición *a,* ya incluida en la forma de este adverbio: [⊗]*Volvamos a atrás* (correcto: *Volvamos atrás*). También puede usarse indicando estado o situación, con el significado de 'en la parte que queda detrás': *Atrás no se oye bien; «Él* [...] *hizo de copiloto y ella* [...] *se sentó atrás*» (*Clarín* [Arg.] 8.1.97). En estos casos, es sustituible por el adverbio *detrás* (→ detrás). Cuando se combina con algún adverbio como *tan, más, muy,* etc., solo es posible el uso de *atrás: No te sientes tan atrás; Ponte más atrás.* **2.** En el español de América, en registros coloquiales o populares, no es infrecuente que *atrás* vaya seguido de un complemento con *de:* [⊗]*«¿Ven esa ventana abierta, atrás de los escombros? Mi tía escapó por allí*» (*Expreso* [Perú] 1.8.87). Pero, en general, es uso rechazado por los hablantes cultos y se recomienda evitarlo en el habla esmerada; en esos casos debe emplearse *detrás.* **3.** Por su condición de adverbio, no se considera correcto su uso con posesivos: [⊗]*atrás mío,* [⊗]*atrás suyo,* etc. (debe decirse *detrás de mí, detrás de él,* etc.). **4.** Como ocurre con otros adverbios, en el español de algunas zonas de América se usa a veces con sufijo diminutivo, dando lugar a la forma *atrasito* (no [⊗]*atracito*): «*Más atrasito venía otra carreta*» (Draghi *Noches* [Arg. 1953]). **5. hasta atrás.** → hasta, 4.

atravesar(se). 1. 'Cruzar o pasar a través de algo', 'traspasar', 'poner(se) de través', 'meterse en medio' y 'atragantársele algo a alguien'. Verbo irregular: se conjuga como *acertar* (→ APÉNDICE 1, n.º 16). **2.** Cuando significa 'cruzar o pasar a través de algo', puede funcionar como transitivo: «*Algunos tubos plateados que atraviesan la habitación*» (Volpi *Días* [Méx. 1994]); «*Solange y Florence atraviesan la calle para reunirse con ellos*» (Arel *Jardín* [Ur. 1985]); o como intransitivo, caso en el que suele llevar un complemento precedido de *por,* que expresa el lugar o circunstancia por los que se pasa: «*Los cables de la luz que atraviesan* POR *la avenida*» (Ferré *Batalla* [P. Rico 1993]); «*La astronomía atraviesa* POR *su período más oscuro*» (Scolarici *Astronomía* [Arg. 1978]). También como transitivo puede llevar, ade-

más del complemento directo, un complemento precedido de *por:* «*Si tenemos que cruzar una ladera que nos sugiera riesgo de alud,* LA *atravesaremos* POR *la parte más alta*» (VV. AA. *Supervivencia* [Esp. 1993]).

atrezo. Adaptación gráfica de la voz italiana *attrezzo,* 'conjunto de objetos y enseres necesarios para una representación escénica': «*Pondrán a disposición de los actores* [...] *los escasos elementos de atrezo que necesitan*» (GmzArcos *Queridos* [Esp. 1994]). Es inadmisible la grafía [⊗]*atrezzo,* que no es ni italiana ni española. Aunque se admite el uso del italianismo adaptado, no debe olvidarse la existencia de la voz española *utilería* (→ utilería), que significa lo mismo y es la usada con preferencia en el español americano.

atribuir(se). 'Determinar, a menudo sin seguridad, que algo o alguien es causa, origen o autor [de una cosa]' y 'adjudicar(se) una determinada cualidad'. Verbo irregular: se conjuga como *construir* (→ APÉNDICE 1, n.º 25). Su participio, *atribuido,* se escribe sin tilde (→ TILDE², 2.1.1 y 2.1.2).

atrofiar(se). 'Producir, o padecer, atrofia'. Se acentúa como *anunciar* (→ APÉNDICE 1, n.º 4).

atronar. Como intransitivo, 'producir un ruido ensordecedor' y, como transitivo, 'aturdir o ensordecer [a alguien] a causa de un ruido muy intenso'. Verbo irregular: se conjuga como *contar* (→ APÉNDICE 1, n.º 26), esto es, diptongan las formas cuya raíz es tónica (*atrueno, atruenas,* etc.), pero no aquellas cuya raíz es átona (*atronamos, atronáis,* etc.). Son, por tanto, incorrectas las formas sin diptongo cuando la raíz es tónica: [⊗]*atrono,* [⊗]*atronas,* etc.

attachment. → adjunto, 3.

attrezzo. → atrezo.

aturrullar(se). → aturullar(se).

aturullar(se). 'Turbar(se) o embarullar(se)': «*En otra ocasión fue el doctor Andújar quien la aturulló*» (Gironella *Hombres* [Esp. 1986]). También es válida, aunque menos frecuente, la variante *aturrullar(se):* «*No soy un hombre de palabra fácil y me aturrullo con facilidad*» (VqzMontalbán *Galíndez* [Esp. 1990]).

auditorio. Además de 'conjunto de oyentes', significa 'sala de conciertos, conferencias y otros actos públicos': «*El auditorio se cerrará provisionalmente en octubre*» (*Abc* [Esp.] 25.7.89). Su plural es *auditorios* (→ PLURAL, 1a). Debe preferirse esta forma hispanizada a la variante etimológica latina *auditórium.*

auditórium. → auditorio.

aula. En un centro docente, 'sala donde se dan las clases'. Es voz femenina: «*Las verdaderas revolucio-*

nes se hacen en las aulas» (Paso *Palinuro* [Méx. 1977]). Al comenzar por /a/ tónica, exige el uso de la forma *el* del artículo si entre ambos elementos no se interpone otra palabra (→ el, 2.1), pero los adjetivos deben ir en forma femenina: «*Estaba encerrado en el aula vecina*» (Sábato *Abaddón* [Arg. 1974]). En cuanto al indefinido, aunque no se considera incorrecto el uso de la forma plena *una*, hoy es mayoritario y preferible el uso de la forma apocopada *un* (→ uno, 1): «*Me introdujeron en un aula desierta*» (Azancot *Amores* [Esp. 1980]). Lo mismo ocurre con los indefinidos *alguno* y *ninguno: algún aula, ningún aula.* El resto de los adjetivos determinativos debe ir en femenino: *esa aula, la otra aula, toda el aula*, etc.

aullar. 'Dar aullidos'. Se acentúa como *aunar* (→ APÉNDICE 1, n.º 11).

aumentar. 'Incrementar(se)'. Puede ir acompañado de un complemento introducido por *en* o *de*, que expresa el aspecto en el que se aumenta: «*En la adolescencia, la glándula pituitaria aumenta DE peso*» (Barrera/Kerdel *Adolescente* [Ven. 1976]); «*Los accidentes viales han aumentado EN importancia*» (Cibeira *Bioética* [Arg. 1997]). Cuando el complemento es una expresión cuantitativa, puede ir o no precedido de la preposición *en*: «*Se aumentó EN unas pesetas* [...] *el haber de los catedráticos de Universidad*» (Laín *Descargo* [Esp. 1976]); «*Se aumentará la sesión cinco minutos por día*» (Sintes *Peligros* [Esp. 1975]).

aunar(se). 1. 'Unir(se) o poner(se) de acuerdo'. La *u* del grupo *au* es tónica en las formas de este verbo que llevan el acento prosódico en la raíz. V. conjugación modelo (→ APÉNDICE 1, n.º 11).

2. Puede llevar un complemento introducido por *con* o, menos frecuentemente, *a*: «*No es fácil aunar lo artístico CON lo funcional*» (FdzChiti *Estética* [Arg. 1991]); «*AL diseño hay que aunar la técnica*» (*Abc* [Esp.] 12.5.88).

aupar(se). 'Levantar(se)'. Se acentúa como *aunar* (→ APÉNDICE 1, n.º 11).

aureola. 1. 'Círculo luminoso alrededor de la cabeza de los santos' y, figuradamente, 'brillo que da la fama o el prestigio'. Debe evitarse hoy la forma etimológica esdrújula ⊗*auréola*, pues los hispanohablantes se decantaron, hace ya muchos siglos, por la acentuación llana para esta voz.

2. Se usa también con el sentido de 'círculo rojizo alrededor del pezón': «*El nuevo tipo de implante solo está contraindicado en las mujeres cuya aureola mamaria es de pequeñas dimensiones*» (*Vanguardia* [Esp.] 27.3.94), aunque para ello es más usual la voz *areola* (→ areola o aréola).

auriga. En la Grecia y la Roma antiguas, 'conductor de un carro tirado por caballos'. Es voz llana:

[aur*í*ga]. No es correcta la pronunciación esdrújula ⊗[áuriga].

ausentismo. 'Abstención de la asistencia a un trabajo o de la realización de un deber'. Esta forma, derivada del adjetivo *ausente*, es la usada con preferencia en el español americano: «*A pesar de mi ausentismo crónico* [...], *aprobé las materias fáciles del primer año*» (GaMárquez *Vivir* [Col. 2002]). En España, en cambio, se emplea mayoritariamente la voz *absentismo*, formada sobre el adjetivo latino *absens, -entis*: «*El absentismo laboral ha ido en aumento*» (*Mundo* [Esp.] 8.8.96).

auspiciar. 'Patrocinar o favorecer'. Se acentúa como *anunciar* (→ APÉNDICE 1, n.º 4).

austríaco -ca o **austriaco -ca.** → -íaco o -iaco.

autenticar. 'Certificar la autenticidad [de algo, especialmente un documento]': «*Las actas aprobadas serán autenticadas con la firma del presidente*» (*Unión Europea* [Esp. 1996]); «*Se requiere un documento sellado y autenticado con todas las de la ley*» (Reyes *Carnaval* [Col. 1992]). Este verbo se documenta ya en el español medieval y sigue plenamente vigente en el lenguaje legal y administrativo, especialmente en América. Con este mismo sentido se ha creado modernamente el verbo *autentificar*, que se considera también válido y es el usado con preferencia en el español de España y de buena parte de América: «*Si el cuadro se compra a un particular, debe autentificarlo un experto*» (Prada *Tempestad* [Esp. 1997] 272).

autentificar. → autenticar.

auto-. 1. Elemento compositivo prefijo de origen griego, que se une a sustantivos o a verbos y significa 'de o por sí mismo': *autobiografía* ('biografía de una persona escrita por ella misma'), *autoestima* ('estima propia'), *autopropulsión* ('movimiento conseguido por la propia fuerza motriz'), *autoeditar* ('componer e imprimir textos o gráficos con un ordenador o una computadora personal'). Hay verbos que admiten el uso conjunto del *se* reflexivo en función de complemento directo (→ se, 1b) y del prefijo de sentido reflexivo *auto-: autocensurarse, automedicarse, autoconvencerse*, etc.; en estos casos, emplear el prefijo *auto-* es lícito si, en caso de no hacerlo, no queda claro que es el sujeto quien ejerce sobre sí mismo y voluntariamente la acción denotada por el verbo: en «*Se autolesionó antes de ser capturado*» (*Abc* [Esp.] 4.9.89), no hay duda de que el sujeto se provocó la lesión por voluntad propia, frente a *Se lesionó antes de ser capturado*, en que la lesión pudo ser fortuita. También es admisible la concurrencia del *se* reflexivo y el prefijo *auto-* cuando se busca deshacer la posible ambigüedad de sentido planteada por la confluencia formal de la construcción reflexiva con la de pasiva refleja (→ se, 2.1b): en *«El grupo se autodenomina La Farem Petar»* (Azúa *Diario* [Esp. 1987]), queda claro que son los integrantes del grupo los que se aplican a sí mismos ese nombre, frente a *El grupo se denomina* La Farem Petar, que puede equivaler a *El grupo es denominado* [por otros] La Farem Petar. Fuera de estos casos, el uso conjunto del pronombre reflexivo y el prefijo *auto-* no es aconsejable y, desde luego, es inadmisible cuando el verbo solo puede tener interpretación reflexiva: [⊗]*autosuicidarse*. El prefijo reflexivo *auto-* es siempre incompatible con el refuerzo reflexivo tónico *a sí mismo*: [⊗]*se autoconvenció a sí mismo*.

2. Acortamiento de *automóvil* usado como elemento compositivo prefijo para generar voces que tienen que ver con este tipo de vehículos, como *autoescuela* ('lugar donde se aprende a manejar automóviles'), *autopista* ('carretera donde los automóviles circulan a gran velocidad') o *autocine* ('recinto al aire libre donde se proyecta una película que se puede seguir desde el interior de un automóvil').

autoclave. 'Aparato para la esterilización por vapor a presión y altas temperaturas'. Se usa en ambos géneros, con predominio hoy del masculino: *«La esterilización se realiza en el autoclave»* (Pozuelo/PzPérez *Técnicas* [Esp. 2001]); *«Las autoclaves horizontales son las preferidas en la industria pesquera»* (Farro *Industria* [Perú 1996]).

autodidacto -ta. '[Persona] que se instruye por sí misma'. Aún sigue vigente su uso originario como adjetivo de dos terminaciones, una para cada género: *«Murray era un erudito autodidacto»* (*País* [Esp.] 2.4.89); *«Habla con la seguridad que le da ser una autodidacta»* (*Universal* [Ven.] 15.10.96). Pero hoy es más frecuente usar la forma *autodidacta* también para el masculino: *«Un emigrante listo y autodidacta»* (Llamazares *Río* [Esp. 1990]); *«Este arquitecto indio autodidacta estaba construyendo las magníficas iglesias de Potosí»* (Fuentes *Espejo* [Méx. 1992]).

autoenfoque. → autofoco.

autoestop, autoestopista. → autostop.

autofoco. Adaptación de la voz inglesa *autofocus*, 'dispositivo de enfoque automático de una cámara': *«Aconsejamos [...] elegir para comenzar cámaras simples, sin autofoco»* (Costa *Fotografía* [Chile 1993]). Su plural es *autofocos* (→ PLURAL, 1a), pero permanece invariable cuando aparece en aposición a otro sustantivo: *cámaras autofoco, sistemas autofoco*. Se recomienda el uso de esta adaptación en lugar de la forma etimológica *autofocus*. No obstante, sería más exacto y, por ello, preferible emplear en español el término *autoenfoque*, ya que la palabra

española que corresponde, en este contexto, al inglés *focus* es *enfoque*, y no *foco*.

autofocus. → autofoco.

autografiar. 'Escribir [en algo] una firma autógrafa'. Se acentúa como *enviar* (→ APÉNDICE 1, n.º 5).

[⊗]**automación.** → automática y automatización.

autómata. 'Máquina dotada de un mecanismo que le permite moverse, en particular la que imita la figura y movimientos de un ser animado, normalmente humano'. Se usa muy a menudo en comparaciones referidas a persona para expresar que esta actúa de modo mecánico, sin reflexión o sin voluntad. Referido a una máquina, puede emplearse como epiceno masculino (→ GÉNERO², 1b): *«Fulguraba en la habitación un autómata [...]. Representaba una dama [...] sentada y tocando un clavicémbalo»* (Perucho *Pamela* [Esp. 1983]); aunque no es extraño su uso como común (→ GÉNERO², 1a): *«Ahí están, ajenos a la mezcolanza, marfiles japoneses del siglo XIX, [...] una autómata con la cara ajada por el tiempo»* (*País* [Esp.] 21.4.97). En comparaciones referidas a mujer, no faltan ejemplos de su uso en masculino: *«Entró en el dormitorio serena como un autómata»* (Rossetti *Alevosías* [Esp. 1991]); pero lo normal es que funcione como común (*el/la autómata*; → GÉNERO², 1a y 3b): *«Entré como una autómata y me dejé caer en un sillón»* (Allende *Eva* [Chile 1987]).

automática. 'Ciencia y técnica que trata de la automatización de los procesos mediante la sustitución del operador humano por dispositivos mecánicos o electrónicos': *«La unión de 25 entidades de la industria sideromecánica vinculadas a la electrónica, la metalurgia, la informática, la electrónica, la automática»* (*Granma* [Cuba] 8.97). No debe usarse en su lugar la forma [⊗]*automación*, calco del inglés *automation*: [⊗]*«Con el auge de la automación [...] se han construido autómatas, juguetes y máquinas de calcular»* (*Granma* [Cuba] 8.97). No debe confundirse con *automatización* ('acción y efecto de automatizar'; → automatización) ni con *automoción* ('facultad de moverse por sí mismo' y 'sector de la actividad relacionado con los automóviles'; → automoción).

automatización. 'Acción y efecto de automatizar o hacer automático algo': *«Se pronunció además por la automatización del proceso electoral»* (*Universal* [Ven.] 9.10.96). No debe usarse en su lugar la forma [⊗]*automación*, calco del inglés *automation*: [⊗]*«Lo rentable es incrementar el grado de automación de los circuitos productivos»* (*País* [Esp.] 29.9.77).

automoción. 'Facultad de lo que se mueve por sí mismo': *«Hacia mí se inclinó con especial cuidado, dando a entender su desconfianza ante mis posibilidades de* automoción» (Gala *Invitados* [Esp. 2002]); y, más frecuentemente, 'sector de la actividad relacionado con los automóviles': «*Trabajó durante siete años en la empresa de automoción Pegaso*» (*Abc* [Esp.] 6.8.89). Nada tiene que ver con la forma ⊗*automación,* calco censurable del inglés *automation* (→ automática y automatización).

automotor -ra, automotriz. → motor, 2.

automovilista. 'Persona que conduce un automóvil': «*El automovilista* [...] *paga por usar carreteras sin baches*» (*Prensa* [Nic.] 24.5.97). Es un sustantivo común en cuanto al género (→ GÉNERO², 1a y 3b): *el/la automovilista.* No significa 'del automovilismo o de los automóviles', sentido que corresponde al adjetivo *automovilístico;* no debe decirse, pues, ⊗*industria automovilista,* sino *industria automovilística.*

automovilístico -ca. → automovilista.

autoría. → paternidad.

autorizar. Cuando significa 'permitir', como otros verbos de influencia que van seguidos de un infinitivo introducido por *a* (→ LEÍSMO, 4b), lleva un complemento directo de persona: «*Quiere que yo* LO *autorice* A *salir a pescar*» (Chavarría *Rojo* [Ur. 2002]); puede construirse también con un sustantivo de acción como complemento directo, y en ese caso, el complemento de persona pasa a ser indirecto: «*LE autorizó la visita*» (Palou *Carne* [Esp. 1975]).

autoservicio. 'Sistema de venta en el que el cliente toma directamente lo que le interesa' y 'establecimiento donde el cliente se sirve a sí mismo': «*Los despachadores* [...] *serían reemplazados por la modalidad extranjera de autoservicio*» (*Siglo* [Pan.] 30.6.01); «*Come en el autoservicio del centro*» (*Mundo* [Esp.] 15.3.95). Debe evitarse el uso del anglicismo *self-service,* así como el de la forma híbrida ⊗*autoservice* (pron. [autosérbis]), documentada en países como la Argentina y el Uruguay. No debe escribirse en dos palabras ni con guion intermedio: ⊗*auto servicio,* ⊗*auto-servicio.*

autostop. La voz francesa *auto-stop* o *autostop* ('modo de viajar por carretera solicitando transporte a los automovilistas que transitan') se ha incorporado al español en las formas *autostop* y *autoestop,* ambas válidas: «*Han recurrido a todo tipo de medios, desde la bicicleta al autostop, para acudir a sus puestos de trabajo*» (*Vanguardia* [Esp.] 2.12.95); «*Las recogió en su coche cuando hacían autoestop*» (*País* [Esp.] 2.8.85). La grafía etimológica *autostop* es la más usada y, también, la más recomendable. Debe evitarse la grafía con guion ⊗*auto-stop.* Para referirse a la persona que lo practica, se admiten las formas *autostopista* y *autoestopista.*

autostopista. → autostop.

Auvergne, **auvernés -sa.** → Auvernia.

Auvernia. Forma tradicional española del nombre de esta región del sur de Francia: «*La llegada de nuestra hermana que vive en Auvernia*» (Cortázar *Reunión* [Arg. 1983]). No debe usarse en español la forma francesa *Auvergne.* El gentilicio recomendado es *auvernés:* «*Un africano* [...] *no será jamás tan francés como un auvernés, un picardo o un bretón*» (*Clarín* [Arg.] 3.3.97).

auxiliar(se). 1. 'Dar auxilio [a alguien]' y, como pronominal, 'valerse o ayudarse de algo'. Hoy se acentúa como *anunciar* (→ APÉNDICE 1, n.º 4). Son desusadas, y deben evitarse, las formas conjugadas según el modelo de *enviar* (→ APÉNDICE 1, n.º 5): ⊗*auxilío,* ⊗*auxilías,* etc.

2. Con el segundo sentido indicado se construye con un complemento introducido por *de* o *con:* «*Los juzgados militares se auxilian* DE *los juzgados civiles*» (*Excélsior* [Méx.] 18.9.96); «*Hay que auxiliarse* CON *linternas*» (*Granma* [Cuba] 12.96).

⊗**avalanzar(se).** → abalanzarse.

avaluar. 'Valuar'. Se acentúa como *actuar* (→ APÉNDICE 1, n.º 7).

avemaría. 1. 'Plegaria que comienza en latín con las palabras *ave Maria,* que usó el arcángel en su salutación a la Virgen'. Es sustantivo femenino: «*Inició la declamación de una apresurada avemaría*» (Aparicio *César* [Esp. 1981]). Aunque *avemaría* comienza por /a/ átona, el uso, antes frecuente, de la grafía en dos palabras —*ave maría*— que exigía el empleo de la forma *el* del artículo al ser *ave* una voz con /a/ tónica inicial (→ el, 2.1)— ha hecho normal y admisible que, en singular, cuando va inmediatamente precedido del artículo, este tome la forma *el* (o *un,* si se trata del numeral o el indefinido): «*Después de rezar el avemaría, se santiguó*» (Landero *Juegos* [Esp. 1989]); «*Casi no podía completar un avemaría*» (Larreta *Volavérunt* [Ur. 1980]). No obstante, se recomienda el uso, gramaticalmente más correcto, de *la avemaría, una avemaría.* En plural debe decirse *las avemarías, unas avemarías,* nunca ⊗*los avemarías,* ⊗*unos avemarías.* Se escribe en una sola palabra y con inicial minúscula. Solo cuando se refiere al título de una obra musical realizada sobre el texto de esta oración, se escribe en dos palabras y con mayúscula inicial: «*Ofrecerá* [...] *obras de fácil audición, como el "Ave María" de Schubert*» (*Mundo* [Esp.] 8.8.96).

2. La expresión *ave María,* a veces con el adjetivo *Purísima,* se emplea, aunque cada vez con menos frecuencia, como interjección que denota asombro o extrañeza y como salutación al entrar en una casa: «*¡Ave María, qué extraño es este lugar!*» (Vivanco *Libres* [Chile 1971]); «*—¡Ave María!*

—*llamó Sole*—. *¿No hay nadie?*» (González *Dios* [Méx. 1999]). Es, además, la fórmula introductoria del sacramento católico de la confesión: «—*Ave María Purísima.* —*Sin pecado concebida.* —*Padre, hace tres días que no me confieso*» (Rossetti *Alevosías* [Esp. 1991]). En todos estos casos, se escribe siempre en dos palabras.

avenencia, ⊗**aveniencia.** → desavenencia.

avenimiento. → avenir(se), 4 y 5.

avenir(se). 1. Verbo irregular: se conjuga como *venir* (→ APÉNDICE 1, n.º 60). El imperativo singular es *avén* o *avente* (tú) y *avení* o *avenite* (vos), y no ⊗*aviene* o ⊗*aviénete.*

2. Es transitivo cuando significa 'poner de acuerdo [a personas enfrentadas]': «*Tratará de avenir a las partes para que celebren un convenio amistoso*» (*Proceso* [Méx.] 24.11.96).

3. Es intransitivo pronominal y suele llevar un complemento introducido por *con* cuando significa, dicho de una persona, 'llevarse bien con otra, o estar conforme con algo' y, dicho de una cosa, 'concordar o armonizar con otra': «*Juancito no se avenía* CON *la pérdida*» (Lugones *Almitas* [Arg. 1936]); «*La mezquindad no se aviene* CON *la tolerancia*» (*Excélsior* [Méx.] 27.7.96). Cuando significa 'acceder a una propuesta o petición' es también intransitivo pronominal y se construye con *a*: «*Manuelita se avino* A *posar en el estudio varias tardes*» (Larreta *Volavérunt* [Ur. 1980]).

4. El sustantivo que corresponde a *avenir(se)* es *avenimiento* ('acuerdo, acción y efecto de avenir(se)'): «*No habrá un avenimiento que conduzca al restablecimiento de relaciones diplomáticas entre ambos países*» (*Tiempos* [Bol.] 20.11.96).

5. No debe confundirse *avenir* con *advenir* ('llegar o suceder'; → advenir) ni *avenimiento* ('acuerdo') con *advenimiento* ('llegada'; → advenir, 2).

aventar(se). 'Echar al viento [algo, especialmente el grano trillado]', 'airear(se)', 'ahuyentar o expulsar', 'escaparse' y, en algunos países de América, 'lanzar(se)'. Verbo irregular: se conjuga como *acertar* (→ APÉNDICE 1, n.º 16): *aviento, avientas, avienta,* etc. Son, por tanto, incorrectas las formas sin diptongo cuando la raíz es tónica: ⊗*avento,* ⊗*aventas,* etc.

avergonzar(se). 1. 'Causar vergüenza' y, como pronominal, 'sentir vergüenza'. Verbo irregular: se conjuga como *contar* (→ APÉNDICE 1, n.º 26). En las formas que diptongan, debe escribirse diéresis sobre la -*u*-: *avergüenzo, avergüenzas, avergüenza,* etc.

2. Por tratarse de un verbo de «afección psíquica», dependiendo de distintos factores (→ LEÍSMO, 4a), el complemento de persona puede interpretarse como directo o como indirecto: «*Podía jurar*

sobre *la Biblia que no había hecho nada que* LA *avergonzara*» (Vergés *Cenizas* [R. Dom. 1980]); «*LE avergonzaba* [a ella] *haberse comportado de forma tan melodramática*» (Belli *Mujer* [Nic. 1992]). Es incorrecto anteponer *de* al sujeto oracional (→ DEQUEÍSMO, 1a): ⊗*Le avergüenza* DE *que... (debe ser: Le avergüenza que...).*

3. Como pronominal (*avergonzarse*), en cambio, se construye a menudo con un complemento introducido por *de*: «*Todo el mundo se avergonzaba* DE *tío Ramón*» (Mendicutti *Palomo* [Esp. 1991]); «*Se avergonzaba* DE *no poder llorar*» (Elizondo *Setenta* [Méx. 1987]). Cuando el complemento es oracional, puede ir también precedido de *por*: «*Se avergonzaba* POR *no haber pensado también en aquella solución*» (Moix *Sueño* [Esp. 1986]).

averiar(se). 'Causar, o sufrir, una avería'. Se acentúa como *enviar* (→ APÉNDICE 1, n.º 5).

averiguar. 1. 'Descubrir [algo] haciendo las pesquisas necesarias'. V. conjugación modelo (→ APÉNDICE 1, n.º 6). La *u* que precede a la desinencia es átona en todas las formas de este verbo: *averiguo* [aberíguo], *averiguas* [aberíguas], etc. Se escriben con diéresis todas las formas en las que -*gu*- va delante de *e: averigüe, averigües,* etc.

2. En general, los verbos que terminan en -*guar* y en -*cuar* (salvo *anticuar*) se acentúan según este modelo de conjugación; el resto de los verbos terminados en -*uar* (salvo *estatuar*) se acentúan como *actuar: actúo* [aktúo], *actúas* [aktúas], etc. Son excepción los verbos *adecuar, colicuar, evacuar, licuar* y *promiscuar,* para los que se admiten ambos modelos de conjugación.

aversión. 'Rechazo o repugnancia frente a alguien o algo': «*En su aversión* AL *progreso la Iglesia no estaba sola*» (Mendoza *Ciudad* [Esp. 1986]). Si lleva complemento, este va normalmente precedido de *a,* aunque también puede introducirse con *por, hacia* o, más raramente, *contra*: «*En ella se gestaba una profunda aversión* POR *el hijastro*» (Elizondo *Setenta* [Méx. 1987]); «*Siempre he sentido aversión* HACIA *los uniformes*» (Quintero *Danza* [Ven. 1991]); «*Hay una manifiesta aversión* CONTRA *ciertos grupos de inmigrantes*» (Puyol *Población* [Esp. 1995]). Se desaconseja, por desusada, la variante ⊗*adversión,* cuyo uso hoy puede estar influido por el cruce con el sustantivo sinónimo *animadversión*: «⊗*De Emilio Recabarren añora su honestidad y su adversión por la mentira*» (*Hoy* [Chile] 28.11-4.12.79).

avestruz. 'Ave corredora de gran tamaño'. Es voz masculina: «*Me acordé de Óscar, el pequeño avestruz de peluche que mi padre me regaló*» (Montero *Tú* [Cuba 1995]). Por influjo del género de la palabra *ave,* se comete a menudo el error de usarla en femenino: ⊗*la avestruz.*

avezado -da. Con el sentido de 'ducho o experto', la materia o asunto que se domina se expresa con un complemento introducido por *en*: «*Otra avezada EN la esgrima verbal es Luisa María Cuculiza*» (*Caretas* [Perú] 7.9.00); cuando significa 'acostumbrado', el complemento, normalmente un infinitivo, se introduce con *a*: «*Carros* [...] *con cuatro o seis pares de mulas avezadas A llevar mucha carga*» (Luján *Espejos* [Esp. 1991]).

aviar(se). 'Preparar(se) o arreglar(se)'. Se acentúa como *enviar* (→ APÉNDICE 1, n.° 5).

Avignon. → Aviñón.

Aviñón. Forma tradicional española del nombre de esta ciudad de Francia: «*El Festival de Aviñón cumple este verano medio siglo*» (*Mundo* [Esp.] 1.7.96). No debe utilizarse en español la forma francesa *Avignon*. El gentilicio recomendado es *aviñonés*: «*Algunas de las mejores tablas de la escuela aviñonesa*» (Lafuente *Pintura* [Esp. 1946-53]).

aviñonés -sa. → Aviñón.

avisar. Con el sentido de 'advertir o hacer saber algo a alguien', puede construirse de dos formas: **a)** *Avisar* [a alguien] DE algo. El contenido del aviso se expresa mediante un complemento introducido por la preposición *de*: *Avisaron al embajador DE la llegada del presidente*. Si este complemento es una oración subordinada introducida por la conjunción *que*, es correcto el empleo conjunto de la preposición y la conjunción: *Avisaron al embajador DE QUE el presidente había llegado*. El complemento de persona es, en esta construcción, el complemento directo, pues funciona como sujeto de la pasiva: *El embajador fue avisado DE la llegada del presidente*. Por ello, cuando este complemento es un pronombre átono de tercera persona, deben emplearse las formas *lo(s), la(s)*: «*Una doncella LA avisó DE QUE la llamaban por teléfono*» (Grandes *Aires* [Esp. 2002]). **b)** *Avisar* [algo] a alguien. El contenido del aviso se expresa mediante un complemento directo y el complemento de persona es indirecto: «*¿Quién LE avisó mi llegada?*» (Melgares *Anselmo* [Esp. 1985]). Este régimen es el habitual cuando el aviso se expresa a través de una oración subordinada encabezada por la conjunción *que* o un pronombre, y especialmente cuando la intención es admonitoria o amenazante: «*Cierta mañana de calor terrible LE avisaron QUE lo habían ascendido a mayor*» (Martínez Perón [Arg. 1989]); *Te aviso QUE me estoy cansando de tus impertinencias; Se LO avisó*.

aviso. *sobre (el) aviso*. 'Alerta ante algo sobre lo que se ha recibido un aviso'. Se usa normalmente con los verbos *estar* o *poner*: «*Una llamada anónima puso sobre aviso a los socorristas*» (Montaño *Cenizas* [Méx. 1990]). No se admite la grafía simple

⊗*sobreaviso*. También existe la variante *sobre el aviso*, hoy en desuso: «*Hora es de que me conozcáis de veras y os ponga sobre el aviso de que soy la Coconito*» (Nieva *Delirio* [Esp. 1978]).

avocar. Dicho de una autoridad gubernativa o judicial, 'reclamar para sí [una cuestión que correspondería resolver o tratar a otra inferior]': «*El rey avoca la causa al Consejo de Indias*» (Lopetegui/Zubillaga *Iglesia* [Esp. 1965]). Este verbo es transitivo y no es correcto su uso como pronominal (⊗*avocarse*), como ocurre a veces por confusión con *abocar(se)* ('dedicarse de lleno a una actividad'; → abocar(se), 3).

⊗**axfisia,** ⊗**axfisiante,** ⊗**axfisiar(se).** → asfixiar(se).

ay. Interjección que expresa dolor o sorpresa. Se usa a menudo como sustantivo masculino. Su plural es *ayes* (→ PLURAL, 1d).

ayatolá o **ayatola.** 'Alta autoridad religiosa chií'. La forma aguda *ayatolá* es la que refleja la pronunciación etimológica árabe y la usada mayoritariamente en España; su plural es *ayatolás* (→ PLURAL, 1b). En la mayor parte de América se emplea como voz llana: *ayatola* [ayatóla], pl. *ayatolas*. Sobre su escritura con mayúscula o minúscula inicial, → MAYÚSCULAS, 4.31 y 6.9.

ayer. **1.** Adverbio que significa 'en el día que precede inmediatamente a hoy'. También se emplea como sustantivo, con el sentido de 'tiempo pasado', a menudo en el plural expresivo *ayeres*: «*¿Quién no ha gritado alguna vez el nombre de una mujer perdida en sus ayeres?*» (Asturias *Hombres* [Guat. 1949-53]).

2. El adverbio *ayer* lleva a menudo un complemento que ciñe la referencia temporal a una parte concreta del día y que va generalmente introducido por las preposiciones *por, en* o, más raramente, *a* (→ a², 6): «*Murió ayer POR la mañana*» (Collyer *Habitante* [Chile 2002]); «*Ayer EN la tarde le dije que íbamos a venir*» (MtnCampo *Carreteras* [Méx. 1976]); «*Están llegando grupos de obreros desde ayer A la noche*» (Posse *Pasión* [Arg. 1995]). También es posible el uso de expresiones más breves, ya existentes en el español clásico, en las que *tarde* y *noche*, funcionando como adverbios, se posponen directamente a *ayer*: «*Fidel Castro llegó ayer tarde a Santiago*» (*Tiempo* [Col.] 11.11.96); «*Ayer noche estuve limpiando este sitio*» (Cohen *Muerte* [Esp. 1993]). En cambio, no ha prosperado la expresión reducida *ayer mañana*, también con precedentes clásicos, tal vez debido a que el término *mañana* es polisémico y significa tanto 'tiempo que transcurre desde que amanece hasta mediodía' como 'en el día que seguirá inmediatamente al de hoy', sentido este último antónimo de *ayer*: «*Llevo* [...]

sin probar bocado desde ayer mañana» (Pombo *Metro* [Esp. 1990]). La expresión *ayer* (*por/en/a la*) *noche* convive con la forma sinónima *anoche,* mayoritaria en todo el ámbito hispánico.

[⊗]**aymara.** → aimara.

ayuda. Cuando significa 'acción de ayudar' y 'persona o cosa que sirve de ayuda', es femenino: *«Viajó para lograr la ayuda de sus súbditos»* (Otero *Temporada* [Cuba 1983]); *«Un hijo es una ayuda para los padres»* (Noriega *Aborto* [Méx. 1981]). Pero cuando este sustantivo se refiere a persona ('ayudante'), el género dependerá del sexo del referente (→ GÉNERO², 1a y 3b): *el/la ayuda de cámara.*

ayudanta. → ayudante.

ayudante. Como adjetivo ('que ayuda'), tiene una sola terminación, válida para ambos géneros: *entrenador* o *enfermera ayudante.* Consecuentemente, como sustantivo, 'persona que desempeña tareas auxiliares a las órdenes de otra', es común en cuanto al género (*el/la ayudante;* → GÉNERO², 1a y 3c): *«Al principio lo hacía sola, después le exigí una ayudante»* (Naranjo *Caso* [C. Rica 1987]). No es normal, en la lengua culta, el femenino *ayudanta,* usado a veces en referencia a la mujer que realiza tareas domésticas u oficios manuales.

ayudar(se). 1. Cuando significa 'ofrecer ayuda a alguien', se ha generalizado su uso como transitivo en gran parte del dominio hispanohablante. Además del complemento directo de persona, suele llevar un complemento con *a,* si lo que sigue es un infinitivo, o con *a* o *en* si lo que sigue es un sustantivo: *«Alguien LO ayudó A incorporarse»* (JmnzEmán *Tramas* [Ven. 1991]); *«Un psiquiatra [...] puede definir el perfil del asesino y ayudar A su captura»* (LpzNavarro *Clásicos* [Chile 1996]); *«Tenía perros amaestrados que LO ayudaban EN sus fechorías»* (Villoro *Noche* [Méx. 1980]). Es incorrecto omitir la preposición: [⊗]*«Ayudaron revitalizar el teatro chileno»* (*Hoy* [Chile] 7-13.1.81). En ciertas zonas no leístas, sin embargo, se mantiene su uso como intransitivo, conservando el dativo con que se construía en latín (lat. *adiutare*): *«Su hijo Leoncio LE ayuda* [a ella] *a vivir»* (*Hoy* [El Salv.] 30.1.97) (→ LEÍSMO, 4e). **2.** Con el sentido de 'valerse [de alguien o algo] como ayuda', es intransitivo pronominal y se construye con un complemento introducido por *de* o *con: «Navegaba por el centro del río, ayudándose DE una larga pértiga»* (Torbado *Peregrino* [Esp. 1993]); *«No se ayudaba CON ningún bastón»* (Montero *Trenza* [Cuba 1987]).

azafato -ta. 'Persona que atiende a los pasajeros en un avión u otro medio de transporte' y 'persona contratada para dar información y ayudar a los participantes de congresos, exposiciones, etc., o que asiste al presentador y al público en un pro-

grama de televisión'. Al ser labores tradicionalmente desempeñadas por mujeres, hasta no hace mucho solo existía la forma femenina *azafata;* dado que hoy también las realizan hombres, se ha creado, y es plenamente válido, el masculino *azafato: «Trabajaba como azafato en la tienda del pabellón de Arabia Saudí»* (*País* [Esp.] 30.10.02). Para referirse al auxiliar de vuelo se emplea en gran parte de América el término *aeromozo* (→ aeromozo). En México y algunos países del área centroamericana se llama *edecán* al auxiliar de congresos o exposiciones (→ edecán).

azahar. 'Flor blanca del naranjo y otros cítricos': *«Las jaulas cubiertas con trapos parecían fantasmas dormidos bajo el olor caliente de los azahares nuevos»* (GaMárquez *Amor* [Col. 1985]). No debe confundirse con *azar,* voz de sentido muy diferente ('casualidad'; → azar).

azar. 'Casualidad': *«El azar es una forma sutil del Destino»* (Jodorowsky *Pájaro* [Chile 1992]). No debe confundirse con *azahar,* voz de sentido muy diferente ('flor del naranjo';→ azahar).

azarar(se). → azorar(se).

Azerbaidjan, Azerbaijan. → Azerbaiyán.

Azerbaiyán. 1. Forma española del nombre de este país de Asia, antigua república soviética: *«Armenia se blindó ayer frente a su vecino y enemigo Azerbaiyán»* (*País* [Esp.] 30.8.97). No deben utilizarse en español las grafías *Azerbaijan* (inglés) ni *Azerbaidjan* (francés); tampoco la simplificación [⊗]*Azerbayán.* Su gentilicio es *azerbaiyano: «Este puente fue asaltado el día 22 por una multitud exaltada de azerbaiyanos»* (*País* [Esp.] 1.12.88). **2.** También se utiliza como gentilicio la forma *azerí,* aunque, en rigor, esta voz designa estrictamente a los habitantes pertenecientes a la etnia mayoritaria. El plural preferido en la lengua culta es *azeríes* (→ PLURAL, 1c): *«Los armenios azeríes quieren la independencia»* (*Nación* [Arg.] 10.7.92). Como sustantivo masculino, *azerí* designa también la lengua oficial que se habla en esta república asiática.

azerbaiyano -na, azerí. → Azerbaiyán.

ázimo -ma. → ácimo.

azimut. → acimut.

azorar(se). 'Causar, o sentir, turbación o desasosiego': *«No tengo que volverme hacia atrás para saber que me está mirando. A veces me azora tanta insistencia»* (Egido *Corazón* [Esp. 1995]); *«Temió azorarse, tartamudear y por fin detenerse paralizado por el canguelo»* (Arrabal *Torre* [Esp. 1982]). Se dice también, aunque menos frecuentemente, *azarar(se): «La vas a azarar de tanto mirarla»* (RGodoy *Mujer* [Esp. 1990]).

azúcar. **1.** 'Sustancia cristalizada usada para endulzar'. Es válido su uso en ambos géneros, aunque, si va sin especificativo, es mayoritario su empleo en masculino: «*Mientras revolvíamos el azúcar, Alfonso tomó la palabra*» (Ibargüengoitia *Crímenes* [Méx. 1979]); «*Se trató sin éxito de facilitar la inmigración de colonos* [...] *para fomentar el cultivo de la azúcar*» (Silvestrini/LSánchez *Puerto Rico* [P. Rico 1987]). Cuando lleva un adjetivo especificativo, este puede ir asimismo en cualquiera de los dos géneros, aunque suele predominar el femenino: «*Les preparaban una exquisita compota acaramelada con azúcar prieta*» (Sarduy *Pájaros* [Cuba 1993]); «*Puedes aromatizar la nata con azúcar avainillado*» (Arguiñano *Recetas* [Esp. 1996]). En plural, lleve o no especificativo, es claramente mayoritario el masculino: «*Ponga el agua a calentar e incorpore ambos azúcares*» (Domingo *Sabor* [Esp. 1992]). También es predominantemente masculino con el sentido de 'hidrato de carbono simple', tanto en singular como en plural.

2. Este sustantivo tiene, además, la particularidad de admitir su uso con la forma *el* del artículo y un adjetivo en forma femenina, a pesar de no comenzar por /a/ tónica: «*Se ponen en una ensaladera las yemas y el azúcar molida*» (Ortega *Recetas* [Esp. 1972]). Se trata de un resto del antiguo uso de la forma *el* del artículo ante sustantivos femeninos que comenzaban por vocal, tanto átona como tónica, algo que era normal en el español medieval (→ el, 2.1).

azud. 'Presa pequeña en un río' y 'noria para sacar agua de un río'. Aunque se admite su uso en ambos géneros, es mayoritario y preferible el masculino: «*Un azud en el Adaja garantizará caudal a estos municipios del sur de la comarca*» (*NCastilla* [Esp.] 1.12.00). Existe también, con este significado, la forma *azuda*, de género femenino y muy escaso uso en la actualidad.

azuda. → azud.

azumbre. 'Medida de capacidad para líquidos'. Es válido su uso en ambos géneros: «*Con derecho a llevarse gratis* [...] *un azumbre de vino*» (Torbado *Peregrino* [Esp. 1993]); «*Este licor se fabrica poniendo* [...] *media libra de almendras de albaricoque en una azumbre de agua*» (Esquivel *Agua* [Méx. 1989]).

b

b. 1. Segunda letra del abecedario español y del orden latino internacional. Su nombre es femenino: *la be.* En América recibe también los nombres de *be alta* y *be larga.* Su plural es *bes.* Representa el sonido consonántico bilabial sonoro /b/. Este mismo sonido lo representa también la *v* (→ v) y, a veces, la *w* (→ w).

2. Cuando la *b* va seguida de *s* y de otra consonante, su pronunciación se relaja, pero en el habla esmerada debe evitarse su desaparición: ⊗[astrúso] por *abstruso*, ⊗[astraér] por *abstraer*. No obstante, la reducción del grupo *-bs-* a *-s-* se ha fijado en la escritura en algunos casos, como ha ocurrido en *obscuro, subscribir, substancia, substitución, substraer,* y sus compuestos y derivados, que hoy se escriben mayoritariamente solo con *-s-: oscuro, suscribir, sustancia, sustitución, sustraer,* etc.

3. No es propia de la pronunciación culta la vocalización de la /b/ ante consonante: ⊗[ausolúto] por *absoluto*, ni su cambio por los sonidos /k/ o /g/: ⊗[aksolúto], ⊗[agsolúto]. También debe evitarse la pronunciación de la /b/ ante /u/ como una /g/: ⊗[aguélo] por *abuelo*, ⊗[guéno] por *bueno*. No obstante, esta pronunciación se ha fijado en algún caso en la escritura, dando lugar a variantes gráficas admitidas: *buhardilla/guardilla.*

babel. 'Desorden y confusión'. Es válido su uso en ambos géneros, aunque existe una clara preferencia por el femenino: «*Vivía pues nuestro hombre en medio de una babel de libros*» (RBastos *Vigilia* [Par. 1992]); «*Ni beato ni beatillas se aclaran en el babel en que Vuestra Merced los ha sumido*» (Alviz *Son* [Esp. 1982]). Con este sentido es nombre común y no debe escribirse con mayúscula inicial. Se escribe con mayúscula, en cambio, como nombre de la ciudad en la que, según el relato bíblico, se construyó la mítica torre, símbolo de la confusión de lenguas: «*Bruselas es una gran torre de Babel en la que predominan el inglés y el francés*» (*País* [Esp.] 1.6.88).

baby-sitter. 'Persona que trabaja cuidando niños pequeños mientras los padres están fuera'. Se recomienda sustituir esta voz inglesa por el término español *niñera* (con la especificación *por horas*, en el caso de que quiera distinguirse de la niñera a tiempo completo): «*De vez en cuando, los huéspedes [...] requieren los servicios de una niñera mientras disfrutan de una noche solos*» (Santiago *Sueño* [P. Rico 1996]). En el caso de que sea un hombre el que se dedique a cuidar niños, debe usarse el masculino *niñero*: «*Deja fuera* [este cartel] *a los hombres que cargan niños, sean padres, abuelos, tíos, vecinos o niñeros*» (*Brecha* [Ur.] 13.6.97). En España se usa coloquialmente la voz *canguro*, que es común en cuanto al género (→ GÉNERO², 1a): *el/la canguro.*

bacalao. 'Pez comestible'. Es errónea la forma ⊗*bacalado*, que a veces se emplea por ultracorrección.

bacará. 1. Adaptación gráfica de la voz francesa *baccara*, 'cierto juego de naipes': «*Se gastó tres millones de dólares [...] en el bacará*» (Fuentes *Cristóbal* [Méx. 1987]). Es igualmente válida la forma *bacarrá*, más usada en España que *bacará*: «*Se arruinó jugando al bacarrá*» (Cela *Cristo* [Esp. 1988]).

2. Adaptación gráfica de la voz francesa *baccarat*, 'cristal fabricado en la ciudad francesa de Baccarat': «*Cae al suelo la copa, el bacará se hace mil pedazos*» (Puig *Beso* [Arg. 1976]).

bacarrá, baccara, baccarat. → bacará.

bachiller. 'Persona que ha cursado los estudios de enseñanza media' y, en algunos países, 'persona que ha recibido el grado universitario inferior'. Por su terminación, tiende a funcionar hoy como común en cuanto al género (*el/la bachiller*; → GÉNERO², 1a y 3g): «*Anna Lührmann, una bachiller verde de apenas 19 años, es la más joven en un Parlamento cuya media de edad es de 49,3 años*» (*País* [Esp.] 25.9.02). En el español clásico se usó el femenino *bachillera*, casi siempre con intención humorística o despectiva, forma que aún pervive y se usa, en algunas zonas, sin connotaciones negativas: «*Su madre [...] se preocupó por que estudiara, al punto que hoy en día es una bachillera con muchas intenciones de profesionalizarse en turismo*» (*Prensa*@ [Nic.] 20.11.02).

bachillera. → bachiller.

background. La voz inglesa *background* se emplea con cierta frecuencia en español con los sentidos de 'conjunto de circunstancias vitales, conocimientos o experiencias que han contribuido a la formación de una persona' y 'orígenes o antecedentes de una situación'. Se recomienda usar en su lugar términos españoles de sentido equivalente, como *formación, bagaje, conocimiento(s), experiencia(s)* o *antecedentes*, según convenga: «*Maica era una mujer de una formación intelectual y humana muy* superior a la del ambiente en que había optado por vivir» (Tomás *Orilla* [Esp. 1984]); «El contacto con los griegos supuso la adquisición de un bagaje tecnológico y cultural que permitió la construcción de ciudades modernas» (CSerraller *Arte* [Esp. 1997]); «En el Archivo General de la Nación se inició [...] el estudio de los antecedentes culturales de la población negra de México» (Aguirre *Antropología* [Méx. 1986]). Tampoco es necesario el anglicismo para designar la zona posterior o más alejada del espectador, o situada más allá de lo visible, pues en español se dice *fondo, segundo plano* o *trasfondo*.

back-up. → copia de seguridad.

bacon, bacón. → beicon.

bádminton. La voz inglesa *badminton* ('deporte que se juega con raquetas ligeras') ha conservado en su adaptación al español la pronunciación esdrújula etimológica, por lo que debe escribirse con tilde. Es incorrecta la grafía ⊗*badmington,* que no es ni inglesa ni española.

baffle. → bafle.

bafle. Adaptación gráfica de la voz inglesa *baffle,* 'dispositivo que facilita la mejor difusión y calidad del sonido de un altavoz'. Con este sentido puede usarse también la expresión *pantalla acústica:* «Para equilibrar estas deficiencias cada vez es más frecuente el empleo de dos altavoces y de pantallas acústicas o bafles» (Cebrián *Información* [Esp. 1995]). Por extensión, se usa con frecuencia en el lenguaje corriente para designar el propio altavoz: «Un mueble claro con un tocadiscos y dos bafles en el suelo» (Gándara *Distancia* [Esp. 1984]). En estos casos es preferible el uso de los términos *altavoz* [Esp.] y *altoparlante, parlante* o *bocina* [Am.], que gozan de mayor tradición en nuestro idioma: «Dejo que la música de Vivaldi salga por los altavoces» (Amestoy *Ederra* [Esp. 1982]); «El altoparlante anunció que el huracán había cambiado de rumbo» (Donoso *Elefantes* [Chile 1995]); «Esta vez, por el parlante, llega música folclórica» (Cossa *Compadritos* [Arg. 1985]); «Las bocinas del tocadiscos tocan Here comes the sun» (MtnCampo *Carreteras* [Méx. 1976]). No debe usarse en español la grafía inglesa *baffle.*

Bagdad. Capital de Iraq: «Bagdad soporta los bombardeos más intensos desde que comenzó la guerra» (Razón [Esp.] 1.4.03). Es incorrecta la forma ⊗*Bagdag.* Su gentilicio es *bagdadí* (pl. culto *bagdadíes;* → PLURAL, 1c): «Los bagdadíes utilizan el viejo sistema del boca a boca» (País [Esp.] 1.12.88).

bagdadí. → Bagdad.

baguete. Adaptación gráfica propuesta para la voz francesa *baguette,* 'barra de pan larga y estrecha': «Una baguete con un huevo a la plancha en el medio (típica de la zona del barrio Latino) [cuesta] 2,5 euros»

(Voz@ [Arg.] 28.6.04). Debe pronunciarse de acuerdo con la grafía propuesta: [bagéte]. Es voz femenina y su plural es *baguetes* (→ PLURAL, 1a).

baguette. → baguete.

Bahrain. → Bahréin.

Bahréin. País del sudoeste de Asia: «Un apagón eléctrico afectó el lunes a los residentes de Bahréin» (NHerald@ [EE. UU.] 23.8.04). Dado que se trata de una forma transcrita del árabe, lengua que utiliza un alfabeto no latino, debe someterse a las reglas de acentuación del español y escribirse con tilde, por ser palabra aguda acabada en *-n* (→ TILDE², 1.1.1. y 6.2). La grafía *Bahrain* es la usada en inglés y, aunque corresponde a la transcripción de la forma árabe culta, no es la que debe usarse en español, pues no refleja la pronunciación más extendida en nuestro idioma. El gentilicio recomendado es *bahreiní* (pl. culto *bahreiníes;* → PLURAL, 1c).

bahreiní. → Bahréin.

bailar. 'Moverse al ritmo de una música'. La *i* del grupo *ai* es átona en todas las formas de este verbo. V. conjugación modelo (→ APÉNDICE 1, n.º 8).

baipás. 1. Adaptación gráfica propuesta para la voz inglesa *by-pass,* 'conexión artificial realizada quirúrgicamente para salvar la obstrucción de una vena o arteria'. Su plural es *baipases* (→ PLURAL, 1f). Por su arraigo entre los profesionales de la medicina, se admite el uso del anglicismo adaptado, aunque existen equivalentes españoles como *puente (aorto)coronario* o *derivación (aorto)coronaria:* «La realización del puente coronario [...] lleva generalmente de una hora y media a dos horas» (Universal [Ven.] 3.11.96); «Nuestro objetivo último es reemplazar la derivación coronaria tradicional por un procedimiento que no requiera cirugía» (País [Esp.] 29.5.01).

2. También se emplea el anglicismo, en el ámbito de las obras públicas, con el sentido de 'vía que rodea un núcleo urbano' y 'tubería o canal para desviar una corriente de agua u otro fluido'. Es preferible, en estos casos, el uso de los equivalentes españoles *(vía de) circunvalación* o *(canal de) derivación,* respectivamente: «La circunvalación está proyectada conforme a [...] una densidad de tráfico de 6000 vehículos diarios» (NCastilla [Esp.] 6.5.99); «La construcción del canal de derivación precisa la expropiación de unos cien mil metros cuadrados» (VGalicia [Esp.] 23.11.91).

bajá. 'Título honorífico musulmán, originariamente aplicado a ciertos altos funcionarios otomanos'. Su plural es *bajás* (→ PLURAL, 1b). Acerca de su escritura con mayúscula inicial, → MAYÚSCULAS, 4.31 y 6.9.

bajamar. 'Marea baja' y 'tiempo que dura la marea baja'. Se escribe siempre en una sola palabra y es de género femenino: «*Aprovechando la bajamar, Pepone había deslizado la barca al interior de la cueva*» (Regás *Azul* [Esp. 1994]). Es incorrecto su uso en masculino: ⊗*el bajamar*.

bajante. Cuando significa 'tubería de desagüe para la bajada de aguas' y, en algunos países de América, 'conducto para la bajada de basuras', se usa en ambos géneros: «*Quedaron taponados los bajantes de varios edificios*» (*Vanguardia* [Esp.] 30.9.94); «*Un conducto que lleva a la bajante de la red de desagüe*» (Cusa *Energía* [Esp. 1998]); «*Cogió al recién nacido, fue al pasillo y lo lanzó por el bajante de la basura*» (Allende *Eva* [Chile 1987]). En América significa también 'descenso del nivel de la aguas' y, con este sentido, se usa solo en femenino: «*La bajante del río podrá percibirse mañana miércoles*» (*NProvincia* [Arg.] 6.5.97).

bajar(se). 1. Cuando significa 'ir o pasar de un lugar a otro más bajo' es intransitivo (a menudo pronominal) y suele llevar complementos de origen (*de, desde*) y destino (*hasta, hacia*): «*Los niños [...] bajarán DESDE Urgull HASTA San Telmo*» (*DVasco* [Esp.] 18.1.01); «*¡Bájate DE los muebles, demonio!*» (Ponte *Contrabando* [Cuba 2002]). A veces se construye con un complemento precedido de *por*, que expresa el lugar que se recorre durante la bajada: «*Bajan POR las escaleras*» (Mendoza *Satanás* [Col. 2002]). En el uso transitivo, este complemento con *por* se transforma en el complemento directo (→ 2). **2.** También puede construirse como transitivo, con el sentido de 'recorrer [un lugar] que implica una bajada o descenso': «*El Polaquito saltó al bajar la cuesta*» (Díaz *Piel* [Cuba 1996]). El complemento directo funciona como complemento con *por* en el uso intransitivo (→ 1). Es asimismo transitivo cuando significa 'hacer que [algo o alguien] baje': «*El Ayuntamiento no bajará los impuestos*» (*Mundo* [Esp.] 8.8.95).

bajo -ja. 1. 'De poca altura o estatura': *Come en una mesa baja; Era bastante bajo para su edad;* 'situado en un plano cercano al suelo o a la superficie de referencia': *Los pisos bajos suelen ser oscuros;* dicho de una magnitud, 'de valor o grado poco elevado en relación con lo normal o esperable': *Tengo la tensión baja; Ese mercado tiene precios muy bajos;* y 'de categoría, calidad o importancia inferiores a lo normal': *Ocupó los puestos más bajos dentro de la empresa.*
1.1. Existen dos formas para el comparativo de *bajo:*
a) inferior. Procede del comparativo latino *inferior* y se usa en todos los significados de *bajo* antes referidos, salvo en el relativo a la altura o estatura, en que se emplea exclusivamente *más bajo*

(→ b): *En el piso inferior se celebraba una fiesta; El coste ha sido inferior a los beneficios; Esta tela es de inferior calidad.* Cuando la comparación es expresa, el término de referencia va introducido por la preposición *a:* «*El número de bañeras y duchas era inferior AL de los residentes*» (LTena *Renglones* [Esp. 1979]). Puesto que es una forma de valor comparativo, es incompatible su uso con otras marcas de grado como *más:* ⊗«*En el nivel más inferior, [...] un pórtico con columnas nos conduce a través una rampa ascendente al nivel intermedio*» (*Terralia* [Esp.] 9.02). Al igual que su antónimo *superior*, se combina con *muy* y no con *mucho:* «*El desayuno suele ser de valor calórico muy inferior al de las otras comidas*» (Grande *Nutrición* [Esp. 1988]).
b) más bajo. Es obligado su empleo cuando la noción comparada es la altura o estatura: *Pedro es más bajo que su hermano;* además, alterna en el uso con *inferior* cuando se comparan otras nociones, como la elevación, el grado o la categoría: *Vive en el piso más bajo de su edificio; Mi tensión es más baja cuando no tomo café; Ocupa en la empresa un puesto más bajo que el de su hermano.* Cuando la comparación es expresa, el segundo término va introducido por la conjunción *que:* «*Los niveles de renta de sus alumnos son más bajos QUE los catalanes*» (*Vanguardia* [Esp.] 21.4.94); o por la preposición *de*, si se trata de una oración de relativo sin antecedente expreso que denota, no una entidad distinta, sino grado o cantidad en relación con la magnitud que se compara: «*Es más bajo DE lo que pensé, pero más musculoso*» (Serrano *Vida* [Chile 1995]).
1.2. Además de *muy bajo* y *bajísimo*, existe la forma superlativa *ínfimo*, que posee el significado enfático especial de 'sumamente bajo'. Solo se emplea en aquellos sentidos en que puede usarse el adjetivo *inferior:* «*Aunque su atuendo era de calidad ínfima, iba aseado*» (Mendoza *Ciudad* [Esp. 1986]); «*Aceptaba billetes emitidos en la capital a precios ínfimos*» (Esquivel *Agua* [Méx. 1989]). No debe usarse con el sentido de 'sumamente pequeño', significado que corresponde a *mínimo* (→ pequeño, 3): ⊗«*Se levanta y recoge en un estante de su amplio despacho un libro de tamaño ínfimo*» (*País* [Esp.] 2.4.87). No debe combinarse este superlativo con cuantificadores comparativos como *más, menos* o *tan* (⊗*más ínfimo*, ⊗*menos ínfimo*, ⊗*tan ínfimo*): ⊗«*El gasto de los consumidores registró el más ínfimo incremento de los últimos siete meses*» (*NHerald* [EE. UU.] 3.6.97); debió decirse *el más bajo incremento.*
2. La forma *bajo* funciona también como adverbio, con el sentido de 'en voz baja' o 'con poca intensidad de sonido': «*Habló tan bajo que no oí su respuesta*» (FnGómez *Viaje* [Esp. 1985]); «*Apaga el transistor, que estaba sonando muy bajo*» (ASantos *Moro* [Esp. 1985]). No es propio del habla culta su empleo en lugar del adverbio *abajo:* ⊗«*Naides*

8

diría q'eres el José Manue [sic] *de allá bajo*» (LpzAlbújar *Matalaché* [Perú 1928]). La construcción adverbial *por bajo* es válida, aunque de uso menos frecuente que su equivalente *por debajo*, y, aunque no sea muy habitual en la lengua culta de hoy, puede ir seguida de un complemento con *de: «Batió por bajo al guardameta*» (*DVasco* [Esp.] 3.6.01); «*Alisándose el pelo que ahora asomaba por bajo de la toca*» (FdzSantos *Extramuros* [Esp. 1978]). Es frecuente su empleo en el lenguaje taurino, con el sentido de 'por debajo de los cuernos', con valor adverbial o adjetivo: «*El toreo por bajo, rodilla en tierra, se emplea para recoger y someter toros broncos o huidos*» (Moral *Corrida* [Esp. 1994]). Forma parte también de la locución adverbial *por lo bajo*, que significa 'en voz baja', 'con disimulo' y, referido a un cálculo, 'considerando el mínimo probable': «*Ríen y hablan por lo bajo*» (Santana *Isabel* [Ven. 1992]); «*Los compañeros de parranda se reían por lo bajo de las estupideces del viejo*» (*Siglo* [Pan.] 30.6.01); «*Tirando por lo bajo, en España debe de haber unas 300 000 prostitutas*» (*Mundo* [Esp.] 27.12.96). Con los dos primeros sentidos, en la lengua coloquial de España se emplean también las expresiones *por lo bajini(s)* o *por lo bajines*: «*Se estaba riendo por lo bajinis*» (Mendicutti *Palomo* [Esp. 1991]); «*Lo dicen los editores por lo bajini*» (*Abc* [Esp.] 20.12.96); «*Algunos comentarios por lo bajines hablan de la corrida de Samuel Flores*» (*Mundo* [Esp.] 20.8.94).

3. Con pronunciación átona, *bajo* es también una preposición que equivale a *debajo de* (→ debajo): *Se sentó bajo el sauce del jardín; Colocó las zapatillas bajo la cama.* También expresa situación de dependencia o sometimiento con respecto a lo denotado por el sustantivo que sigue: *Los menores bajo tutela judicial residirán en centros especiales; La India estuvo varias décadas bajo el dominio colonial británico; Declaró bajo juramento;* ocultación o disimulo: *Siempre escribe bajo seudónimo; Escondía sus verdaderas intenciones bajo una apariencia afable;* y, en una gradación, valor inferior al que se toma como referencia: *Estamos a diez grados bajo cero.* Puede significar, además, 'durante la vigencia o mandato de lo expresado a continuación': *España fue, bajo los Austrias, la primera potencia europea; Bajo la dictadura, muchos tomaron el camino del exilio;* y 'desde un enfoque u opinión determinados': *Bajo este nuevo enfoque, mejorarán las estrategias de venta; Bajo mi punto de vista, no hay razones para preocuparse.* Precediendo a palabras como *nombre, designación* o equivalentes, sirve para introducir el nombre que corresponde a aquello de que se habla: *Fue elegido papa bajo el nombre de Juan XXIII; Los incunables están clasificados bajo la etiqueta de «raros».* No debe usarse la preposición *bajo* con el sentido de 'con arreglo a, conforme a, de acuerdo con': [⊗]«*Las conductas delictivas relacionadas con el tráfico de sustan-*

cias estupefacientes podrán ser punibles bajo el derecho internacional» (*Tiempo* [Col.] 13.9.96).

4. [⊗]*bajo la base de.* → base, 2.

5. *por (lo) bajo.* → 2.

bajorrelieve. 'Relieve en que las figuras resaltan poco del plano': «*En su lado oriental descubrí un bajorrelieve románico*» (Tibón *Aventuras* [Méx. 1986]). Su plural es *bajorrelieves.* Aunque se aconseja su escritura en una sola palabra, también es admisible la grafía *bajo relieve* (pl. *bajos relieves*): «*Produciremos bajos relieves, altos relieves y esculturas completas*» (*Proceso* [Méx.] 27.10.96). La grafía simple debe escribirse con *-rr-* (→ r, 3), de modo que no es correcta la forma [⊗]*bajobrelieve.*

baladí. 'De poca importancia'. El plural preferido en la lengua culta es *baladíes* (→ PLURAL, 1c).

baladronada. 'Bravuconada o fanfarronada'. Deriva del adjetivo, hoy desusado, *baladrón* ('fanfarrón'). Existe también la forma *balandronada,* derivada de *balandrón,* variante menos recomendable por incluir una *-n-* antietimológica.

balandronada. → baladronada.

bálano o **balano.** 'Glande' y 'crustáceo que vive fijo sobre las rocas'. Ambas acentuaciones son válidas, aunque la forma esdrújula etimológica es la preferida en el uso.

balaustrada. → balaustre o balaústre, 2.

balaustre o **balaústre. 1.** 'Columnilla de las varias que forman una barandilla o antepecho'. La forma con diptongo, *balaustre* [ba - láus - tre], es la más usada entre los hablantes cultos, pero también se considera aceptable la forma con hiato *balaústre* [ba - la - ús - tre]. Debe evitarse en español la forma [⊗]*balustre,* propia de otras lenguas como el catalán o el francés.

2. La barandilla formada con balaustres se llama en español *balaustrada,* no [⊗]*balustrada.*

balay. En América, 'cesta de mimbre'. Su plural es *balayes* (→ PLURAL, 1d).

balbucear. → balbucir.

balbucir. 'Hablar, o decir [algo], con pronunciación dificultosa y vacilante': «*Zanobbi reculaba, tropezando, [...] balbuciendo*» (Mujica *Bomarzo* [Arg. 1962]). Es un verbo defectivo, ya que no se usan ni la primera persona del singular del presente de indicativo ni el presente de subjuntivo; estas formas se suplen con las correspondientes del verbo regular *balbucear,* de uso más frecuente: «*¿Crees que te miento o que balbuceo idioteces?*» (Jodorowsky *Pájaro* [Chile 1992]).

balde. 1. *de balde.* En el español medieval, esta locución significaba 'gratis' y también 'inútilmente o en vano'. Ambos significados han pervivido en el español de América: «*Ya no tendremos quien nos deshollíne y nos friegue las casas de balde*» (Cabada *Agua* [Méx. 1981]); «*Te disfrazaste de balde, no va a haber baile*» (Ramírez *Baile* [Nic. 1995]). En España, la locución *de balde* se usa solo como equivalente de 'gratis', mientras que para 'inútilmente' se emplea *en balde* (→ 2).

2. en balde. 'Inútilmente o en vano': «*En balde vamos a esperar que el país salga de su indigencia inmerecida*» (*Abc* [Par.] 6.10.00). En algunas zonas de América se emplea también, con este sentido, la locución *de balde* (→ 1).

balé. → *ballet.*

balear. → Islas Baleares.

ballet. **1.** Voz francesa (pron. [balé]) que significa 'danza clásica' y 'compañía que interpreta este tipo de danza'. Por tratarse de un extranjerismo crudo, debe escribirse con resalte tipográfico. Su plural es *ballets*: «*Los artistas plásticos más célebres han colaborado en los montajes de piezas teatrales,* ballets *y óperas*» (*País* [Esp.] 2.8.87).

2. Aunque es palabra asentada en el uso internacional con su grafía originaria, puede adaptarse fácilmente al español en la forma *balé* (pl. *balés*): «*Di clases de balé*» (CInfante *Habana* [Cuba 1986]).

ballottage. → balotaje.

baloncesto. Calco de la voz inglesa *basketball*, 'deporte de equipo que consiste en introducir el balón en la cesta o canasta del contrario, situada a cierta altura': «*El baloncesto ha sido el deporte favorito de los confinados*» (Picó *Día* [P. Rico 1994]). Su uso está asentado en todo el ámbito hispánico, por lo que resulta más recomendable que las adaptaciones gráficas con las que convive en el español americano, como *básquetbol* o *basquetbol* y *básquet* (→ básquetbol o basquetbol).

balonvolea. → voleibol o vóleibol.

balotaje. Adaptación gráfica de la voz francesa *ballottage,* usada en los países del Río de la Plata con el sentido de 'segunda vuelta que se realiza, en ciertos sistemas electorales, entre los dos candidatos más votados en la primera, cuando ninguno de ellos ha obtenido la mayoría requerida': «*Sin balotaje ningún partido alcanzará las mayorías para gobernar*» (*Observador* [Ur.] 11.12.96). En español debe pronunciarse tal como se escribe: [balotáje]. No son admisibles grafías híbridas como ⊗*ballotaje* o ⊗*balottage*, que no son ni francesas ni españolas. Aunque se admite el uso del galicismo adaptado, se recomienda emplear con preferencia la expresión española *segunda vuelta*: «*Esa colectividad política resolvió respaldar la candidatura de Jorge Batlle, en la segunda vuelta de la elección presidencial*» (*País* [Ur.] 4.3.01).

⊗**balottage.** → balotaje.

balsismo. 'Deporte que consiste en descender en balsa por aguas rápidas'. Voz propuesta en sustitución del anglicismo *rafting*. Se ha formado a partir del sustantivo *balsa* (equivalente español del inglés *raft*) más el sufijo *-ismo*, presente en otros términos españoles que designan prácticas deportivas, como *senderismo, piragüismo, paracaidismo* o *andinismo*.

⊗**balustrada,** ⊗**balustre.** → balaustre o balaústre.

bambú. 'Planta gramínea de tallo leñoso, ligero y resistente'. El uso culto prefiere el plural *bambúes*, pero también es correcta la forma *bambús* (→ PLURAL, 1c).

banal. 'Trivial o sin importancia': «*No me rebajaré a una sola discusión con él, ni siquiera a una conversación banal*» (Bayly *Mujer* [Perú 2002]). Es voz tomada del francés *banal* ('común u ordinario'). No es correcta la grafía ⊗*vanal*, error debido al influjo del adjetivo *vano* ('falto de contenido o fundamento'), palabra con la que no tiene ninguna relación etimológica. Por la misma razón son incorrectas las grafías con *v-* de sus derivados *banalidad, banalizar* y *banalización*.

banda. Significa, entre otras cosas, 'grupo organizado de gente armada, especialmente con fines delictivos' y 'pandilla de jóvenes con tendencia al comportamiento agresivo': «*Se vieron acosados por una banda de muchachos*» (Ribeyro *Geniecillos* [Perú 1983]). En el área centroamericana se usa, especialmente con el segundo sentido, la voz *mara*: «*Los vecinos manifiestan que la bala aparentemente provino de una riña entre "maras"*» (*Hoy* [El Salv.] 3.9.96). Debe evitarse, por innecesario, el anglicismo *gang*.

bandolina. → mandolina.

Bangladés. Aunque la grafía más extendida del nombre de este país del sur de Asia es *Bangladesh* (transcripción del bengalí que debe escribirse en una sola palabra, y no ⊗*Bangla Desh*), se propone su plena adaptación a la ortografía y pronunciación españolas en la forma *Bangladés*. Esta grafía hispanizada tiene la ventaja de propiciar un gentilicio acorde con el sistema gráfico del español, *bangladesí* (pl. culto *bangladesíes*; → PLURAL, 1c): «*Se convirtió en la tercera mujer gobernante de un país musulmán —junto a la paquistaní Benazir Butto y la bangladesí Begum Zia—*» (*Mundo* [Esp.] 21.9.95). Aunque a veces se ha usado *bengalí* como gentilicio, esta forma corresponde, en realidad, al topónimo *Bengala*, región que incluye, además del territorio del actual Bangladés, el estado indio de Bengala Occidental.

Bangladesh, bangladesí. → Bangladés.

Bania Luka. Forma adaptada a la ortografía y pronunciación españolas del nombre de esta ciudad de Bosnia-Herzegovina: «*En Bania Luka votó la presidenta serbobosnia en funciones*» (*País*@ [Esp.] 15.9.96). En el uso actual está asentada su escritura en dos palabras. Se desaconseja el uso de la grafía serbocroata *Banja Luka,* que no refleja en español la correcta pronunciación de este topónimo.

Banja Luka. → Bania Luka.

banjo. → banyo.

banyo. La voz inglesa *banjo* ('instrumento musical de cuerda, de caja redonda y largo mástil') se ha adaptado al español en las formas *banyo* y *banjo,* ambas válidas. Se recomienda la forma *banyo,* pues refleja la pronunciación etimológica, que es también la más extendida entre los hispanohablantes. A la forma *banjo,* que conserva la grafía etimológica y es la más frecuente en la escritura, le corresponde en español la pronunciación [bánjo].

baño (de) María. 'Método de calentamiento suave consistente en introducir el recipiente con lo que ha de calentarse dentro de otro con agua colocado al fuego'. La expresión originaria es *baño de María* —con la preposición que corresponde anteponer a todo complemento de un sustantivo—, pues en su origen parece estar la referencia a María, hermana de Moisés, considerada la primera alquimista de la historia; con el tiempo, se acentúa la tendencia a suprimir la preposición *de,* uso hoy mayoritario. Se emplea generalmente en la construcción *a(l) baño (de) María,* aunque en algunos países de América aparece también precedida de la preposición *en: «Se cierran los envases y se ponen al baño de María»* (VV. AA. *Matanza* [Esp. 1982]); «*Una vez tapados los frascos se colocan a baño María*» (LpzRamírez *Hongos* [Méx. 1986]); «*Corrió a la cocina por el vino de Burdeos que había dejado en baño María*» (Esquivel *Agua* [Méx. 1989]). Al estar escasamente presente en la conciencia de los hablantes actuales la relación de esta expresión con el nombre propio de mujer, hoy es frecuente y aceptable la escritura con minúscula inicial *baño maría: «Deshaz al baño maría el chocolate*» (Arguiñano *Recetas* [Esp. 1996]). Si se mantiene la preposición *de,* la escritura con minúscula (*baño de maría*) es rara y menos justificable.

baobab. 'Longevo árbol africano de grandes dimensiones'. Su plural es *baobabs* (→ PLURAL, 1h).

baptismo. → baptista, 2.

baptista. 1. Adjetivo, usado sobre todo en España, que significa 'de la doctrina religiosa protestante que sostiene que el bautismo solo deben recibirlo los adultos': «*Procede de una familia protestante valenciana y es pastor baptista de toda la vida*» (*País* [Esp.] 1.12.85). Referido a persona, se usa frecuen-

temente como sustantivo y es común en cuanto al género (→ GÉNERO², 1a y 3b): *el/la baptista.* En la mayor parte de América se usa, con este sentido, la forma *bautista* (→ bautista).

2. De *baptista* deriva el sustantivo *baptismo,* nombre que se da en España a la doctrina protestante antes descrita. En el uso actual no deben confundirse *baptismo* y *bautismo,* palabra esta última que designa el primero de los sacramentos cristianos.

baptisterio. 'Lugar del templo cristiano, o edificio anejo, donde se administra el sacramento del bautismo': «*Esta obra fue un encargo para el baptisterio de Florencia*» (CSerraller *Arte* [Esp. 1997]). Menos frecuente, pero también válida, es la forma *bautisterio: «Llevé a Wílmar a conocer la iglesia* [...] *donde me bautizaron y, salvo el bautisterio, todo estaba igual*» (Vallejo *Virgen* [Col. 1994]).

baqueano -na. → baquiano.

baquiano -na. Adjetivo usado especialmente en los países de América del Sur, que significa 'experto o entendido': «*Gustavo jamás había conocido a alguien tan baquiano como Josefina Viveros a la hora de zambullirse en la marejada de una reunión social*» (Donoso *Elefantes* [Chile 1995]); y, normalmente como sustantivo, 'experto en caminos y atajos, que sirve de guía para transitarlos': «*Fuera de los baquianos, no había quien hubiera conocido aquellos parajes*» (UPietri *Oficio* [Ven. 1976]). Esta es la forma preferida en países como Colombia y Venezuela; pero existe también, y es igualmente válida, la variante *baqueano,* mayoritaria en los países del Cono Sur: «*Nos han matado al baqueano y seguimos perdidos*» (Cortázar *Reunión* [Arg. 1983]).

barahúnda. 'Ruido y confusión grandes'. También es válida la grafía *baraúnda.* Es errónea la forma ⊗*barahúnta,* error debido al cruce con *marabunta* ('conjunto de gente alborotada y tumultuosa').

barajar. En sentido recto, 'mezclar los naipes antes de repartirlos'. De ahí procede el uso figurado de 'considerar varias posibilidades antes de decidir algo': «*Su cerebro creativo barajaba diversas posibilidades*» (Allende *Eva* [Chile 1987]). No debe usarse con el sentido de 'considerar', en referencia a una sola cosa: ⊗*«El presidente baraja recurrir a un referéndum*» (*Vanguardia* [Esp.] 2.12.95). Se dice también *barajear,* aunque en el uso culto se prefiere *barajar.*

barajear. → barajar.

baraúnda. → barahúnda.

barbacuá. Variante formal de *barbacoa* ('parrilla'), esta voz se emplea en los países del Río de la Plata con el significado de 'estructura para secar las hojas de yerba mate'. Su plural es *barbacuás* (→ PLURAL, 1b).

barbilampiño -ña. 'Que no tiene barba o que tiene poca': «*Enrique Ponce, con su carita barbilampiña y sus papos rosados, parece un angelito barroco*» (*Mundo* [Esp.] 25.5.95). Como sustantivo, designa al varón adulto sin barba o de poca barba: «*Bien que sabe distinguir entre un barbudo y un barbilampiño*» (Maqua *Invierno* [Esp. 1992]). También se dice, simplemente, *lampiño*, término que significa, además, 'sin vello o con poco vello en el cuerpo'. No debe confundirse con *imberbe* (dicho de un joven, 'que aún no tiene barba'; → imberbe).

bargueño. 'Mueble de madera con muchos cajones': «*Ese reloj y esa medalla estaban guardados en un cajoncillo de un bargueño del salón*» (Delgado *Mirada* [Esp. 1995]). Esta es la forma mayoritaria y preferible, ya que se corresponde con la grafía de la población toledana de Bargas, cuyo gentilicio da nombre a este mueble; pero existe también, aunque se usa poco, la variante gráfica *vargueño*: «*Los armarios, los vargueños, las camas [...] salieron volando en la noche*» (Coronado *Fabuladores* [Méx. 1984]).

barísfera o **barisfera.** → -sfera.

barman. 1. Voz tomada del inglés *barman*, que significa 'persona que sirve bebidas alcohólicas en la barra de un bar, generalmente especializada en la preparación de combinados': «*La costumbre es dejar a los mozos y el barman el 15% del total de la cuenta*» (Dios *Miami* [Arg. 1999]). Es un préstamo útil, ya que su significado no coincide exactamente con el de la voz tradicional española *camarero*, de sentido más general, pues así se denomina también a la persona encargada de servir las mesas de un bar o un restaurante. En Centroamérica, México o Colombia, este anglicismo alterna en el uso con la voz tradicional *cantinero*: «*Pertenecía a esa clase de cantineros que no hacen preguntas, pero que tienen una memoria infalible respecto a las preferencias y caprichos alcohólicos de los parroquianos. El barman ideal*» (Mutis *Ilona* [Col. 1988]). En Estados Unidos y Puerto Rico se emplea a veces, con este sentido, la voz angloamericana *bartender*, cuyo uso se desaconseja, en favor de *barman*, por razones de unidad.
2. El plural, en español, debe ser *bármanes* (→ PLURAL, 1g): «*Camareros, bármanes y asimilados*» (Rubio *Recursos* [Esp. 2001]). Así pues, han de evitarse el plural invariable [⊗]*los barman*, el plural inglés *barmen* y el falso plural inglés [⊗]*barmans*.
3. Aunque esta palabra incluya en su forma la voz inglesa *man* ('hombre'), se recomienda usarla en español como sustantivo común en cuanto al género (→ GÉNERO², 1a y 3h); por tanto, si es una mujer quien desempeña este oficio, debe decirse *la barman*, evitando el uso del falso femenino inglés [⊗]*barwoman* (en inglés, la mujer que sirve en la barra de un bar se denomina *barmaid*).

BARRA. Signo ortográfico auxiliar, del que existen diversos tipos:
1. *Barra (/).* La barra propiamente dicha consiste en una línea diagonal que se traza de arriba abajo y de derecha a izquierda. Se usa en los casos siguientes:
a) Sustituye a una preposición en expresiones como *120 km/h* [= kilómetros por hora], *Real Decreto Legislativo 1/1995 de 24 de marzo* [= primer decreto de 1995], *salario bruto 1800 euros/mes* [= euros al mes]. En este uso se escribe sin separación alguna de los signos gráficos que une.
b) Colocada entre dos palabras, o entre una palabra y un morfema, indica la existencia de dos o más opciones posibles. En este caso tampoco se escribe entre espacios y puede sustituirse por paréntesis (→ PARÉNTESIS, 2c): *El/los día/s pasado/s; Querido/a amigo/a.*
c) Forma parte de algunas abreviaturas: *c/* (por *calle*), *c/c* (por *cuenta corriente*) (→ ABREVIATURA, 6d).
d) Se utiliza para separar la mención de día, mes y año en la expresión numérica de las fechas: *15/2/2000*, para lo que también pueden emplearse guiones o puntos (→ FECHA, 2c).
e) En obras lingüísticas, la representación de los fonemas y las transcripciones fonológicas se encierran entre barras: *el fonema /s/, /kláƀe/*. Para las transcripciones fonéticas se usan los corchetes (→ CORCHETE, 2d).
f) También se emplea para separar los versos en los textos poéticos que se reproducen en línea seguida. En este caso, la barra se escribe entre espacios: «*¡Si después de las alas de los pájaros, / no sobrevive el pájaro parado! / ¡Más valdría, en verdad, / que se lo coman todo y acabemos!*» (Vallejo *Poemas* [Perú 1923-38]).
g) En las transcripciones de portadas de textos antiguos, señala un cambio de línea en el original, y también se escribe entre espacios: *QVINTA / PARTE DE FLOR / DE ROMANCES NVE / uos, nunca hasta agora impressos.*
h) En obras de ortografía, se utiliza para marcar el final de renglón cuando se deben hacer indicaciones sobre la división correcta de palabras a final de línea, o sobre la conveniencia o no de separar en líneas diferentes determinadas palabras o elementos: *Las abreviaturas compuestas de más de un elemento no podrán separarse en líneas diferentes; así, será incorrecto separar S. / M. por Su Majestad.*
i) En matemáticas significa 'dividido por', tanto en las divisiones —uso en que equivale al símbolo ÷ o a los dos puntos: *15/3* [= 15 ÷ 3 o 15 : 3; 'quince dividido por tres']—, como en los quebrados o fracciones —uso en que equivale a la raya horizontal con la que también se representa este tipo de números: *3/4* ('tres cuartos')—. La barra debe escribirse pegada a los números.

j) En informática, se emplea para separar las distintas páginas jerarquizadas de una dirección electrónica: *http://www.rae.es/nivel1/adiccio.htm.*

2. *Barra doble* (*//*). Se usa en los casos siguientes:

a) Para señalar el cambio de estrofa en los textos poéticos que se reproducen en línea seguida. En este caso, se escribe entre espacios: *«¡Más valdría, en verdad, / que se lo coman todo y acabemos! // ¡Haber nacido para vivir de nuestra muerte!»* (Vallejo *Poemas* [Perú 1923-38]).

b) Para indicar el cambio de párrafo o el cambio de página en las ediciones de textos antiguos que ofrecen información sobre la disposición formal del original. En este último caso, la doble barra va seguida del número del folio o de la página correspondiente: *[...] honrras e faziendas //35 destruyen los que a sabiendas fazen pies de los costados.* Como se ve, la doble barra se escribe separada por un espacio del texto que se transcribe, y sin separación con respecto al número que la acompaña.

c) En informática, separa la sigla del protocolo de comunicación (normalmente *http*, del inglés *hyper text transport protocol*) de la dirección electrónica: *http://www.rae.es.*

3. *Barra inversa* (**). Se usa en algunos sistemas operativos para separar los nombres de los diferentes directorios o carpetas jerarquizados: *c:\consulta\acento\tilde.doc.*

4. *Barra vertical* (*|*). Tiene diversos usos convencionales, entre los que cabe destacar los siguientes:

a) En obras sobre versificación clásica, separa los distintos pies métricos que componen los versos.

b) En obras lingüísticas, marca la existencia de una pausa menor dentro de un enunciado: *Hay excepciones en eso | como en todo.*

5. *Doble barra vertical* (*‖*). Suele usarse en los casos siguientes:

a) En diccionarios y otras obras de carácter lexicográfico, para separar los distintos significados o acepciones de las palabras o expresiones que se definen.

b) En la edición de textos poéticos, para señalar la cesura o pausa interior del verso determinada por el ritmo: *«De los sos ojos ‖ tan fuertemientre llorando»* (*Cid* [Esp. c1140]).

c) En obras lingüísticas, para marcar la existencia de una pausa mayor dentro de un texto: *Pedro se levantó temprano. ‖ Antes de salir, | se dio una ducha rápida.*

bartender, ⊗*barwoman.* → barman.

base. 1. *a base de.* Locución preposicional que, seguida de un sustantivo, expresa que lo denotado por este es el fundamento o componente principal: *«Los* [tallarines] *verdes [...] están hechos a base de albahaca»* (Cisneros *Mestizaje* [Perú 1995]). También significa 'por medio de o valiéndose de': *«Tan-*

tos y tantos aparatos que usamos a diario y que funcionan a base de electricidad» (Claro *Sombra* [Chile 1995]). Seguida de un infinitivo, significa 'a fuerza de, esto es, a consecuencia de la acción reiterada denotada por el verbo': *«Sabrás que* [las pieles] *las flexibilizaban a base de masticarlas»* (VV. AA. *Supervivencia* [Esp. 1993]). Es incorrecto, en cualquiera de estos casos, el uso de ⊗*en base a* (→ 3), como ocurre en este ejemplo: ⊗*«Se encuentran listos para bloquear los caminos y defender sus cultivos en base a palos, machetes, piedras y hondas»* (*Tiempos* [Bol.] 5.4.97).

2. ⊗*bajo la base de.* Es error por *sobre la base de* (→ 3): ⊗*«Se organizaron el 22 de octubre de 1991 bajo la base de que solo unidos y trabajando en colectivo podrían sobrevivir en la selva»* (*Prensa* [Guat.] 26.6.96).

3. *con base en.* Precede a la expresión del lugar en el que se concentran instalaciones o equipos, generalmente militares, y que sirve de punto de partida para las distintas operaciones: *«La aviación "nacional", con base en el aeródromo de Tablada, se adueñó del aire»* (Gironella *Millón* [Esp. 1961]). En el primer tercio del siglo XX comenzó a usarse, en el lenguaje jurídico, con el sentido de 'con apoyo o fundamento en': *«De parte de los detractores del Almirante, se sostiene, con base en testimonios que figuran en el juicio de sucesión, que el descontento sólo se manifestó en la "Santa María"»* (Vela *Mito* [Guat. 1935]); *«Este tratado sólo podría ser realizado con base en el Derecho internacional»* (Puente *Derecho* [Esp. 1962]). De ahí ha pasado a otros ámbitos y está hoy bastante extendido, más en América que en España: *«Aquí vemos aparecer, con base en los estudios del astrónomo copernicano Felipe Lansbergio, los desarrollos ulteriores de la teoría heliocentrista»* (Trabulse *Orígenes* [Méx. 1994]); *«Con base en una previsión de la evolución económica internacional, fija sus criterios normativos»* (Vuskovic *Crisis* [Chile 1990]). No hay razones lingüísticas para censurar su empleo en estos casos, pues la noción de 'apoyo o fundamento' está presente en la palabra *base*, y las preposiciones *con* y *en* están bien utilizadas; no obstante, en el uso culto se prefieren otras fórmulas más tradicionales, como *sobre la base de, en función de, basándose en, a partir de, de acuerdo con, según*, etc. Sí es censurable la locución de sentido equivalente ⊗*en base a*, en la que las preposiciones *en* y *a* no están justificadas: ⊗*«La petición se hizo en base a investigaciones policiales españolas»* (*País* [Esp.] 1.10.87). Podría tratarse de un calco del italiano *in base a*, única lengua de nuestro entorno en la que se documenta —desde finales del siglo XIX— esta locución, ya que en inglés se dice *on the basis of* y en francés *sur la base de.*

4. ⊗*en base a.* → 3.

5. *sobre la base de.* → 3.

baseball. → béisbol o beisbol.

[⊛]**básket,** *basketball,* [⊛]**básketbol** o [⊛]**basketbol.** → baloncesto y básquetbol o basquetbol.

Baskiria. → Baskortostán.

Baskortostán. Forma adaptada a la ortografía y pronunciación españolas del nuevo nombre de esta república de la Federación Rusa. Antes de la disolución de la URSS, el nombre tradicional era *Baskiria:* «*El Ballet Popular de la República Autónoma de Baskiria se creó en 1939*» (*País*[@] [Esp.] 3.9.80). Son preferibles estas grafías, plenamente adaptadas, a las que contienen el grupo *-sh-*, ajeno al sistema gráfico del español.

Basora. Forma tradicional española del nombre de esta ciudad iraquí: «*En Basora, el puerto iraquí, no olía ya a los perfumes de Simbad el Marino*» (Leguineche *Camino* [Esp. 1995]). La forma *Basra,* que coincide con la transcripción del nombre árabe, es la que se usa en inglés, pero no debe reemplazar en español a la forma tradicional. El gentilicio recomendado es *basorí* (pl. culto *basoríes;* → PLURAL, 1c).

basorí. → Basora.

básquet. → baloncesto y básquetbol o basquetbol.

básquetbol o **basquetbol.** La voz inglesa *basketball* ('baloncesto') se ha adaptado gráficamente en el español americano con dos acentuaciones, ambas válidas. La forma esdrújula *básquetbol* mantiene la pronunciación etimológica y es la más extendida en el uso: «*Tiene extraordinarias condiciones para triunfar en el básquetbol*» (*Abc* [Par.] 16.10.00); pero también se emplea, especialmente en México, la forma aguda *basquetbol* [basquetból]: «*Por puro aburrimiento practicaba mucho basquetbol*» (*Proceso* [Méx.] 20.10.96). El acortamiento *básquet,* igualmente válido, ha de escribirse con tilde por ser palabra llana acabada en consonante distinta de *-n* o *-s* (→ TILDE², 1.1.2). Se desaconsejan, por su menor uso, las grafías semiadaptadas [⊛]*básketbol* (o [⊛]*basketbol*) y [⊛]*básket,* que mantienen la *-k-* etimológica. La adaptación gráfica del anglicismo convive en América con el calco *baloncesto* (→ baloncesto), única forma usada en España.

Basra. → Basora.

bastar(se). 1. Dicho de una persona o una cosa, 'ser suficiente, sin ayuda de otra, para algo'. Es intransitivo y lleva un complemento de finalidad con *para* o, menos frecuentemente, *a:* «*Una sola respuesta me bastaría PARA justificar el esfuerzo de resistir*» (Quintero *Danza* [Ven. 1991]); «*Si sus buenas razones no bastaran A convencerles, ahí estarían siempre las metralletas*» (*País* [Esp.] 30.12.80). Cuando el sujeto es de persona, se usa a menudo en forma pronominal, con intención enfática: «*Yo me basto, sin ayuda de nadie, para acabar la revolución*» (Herrera *Casa* [Ven. 1985]).

2. También puede construirse como impersonal y, en ese caso, lleva un complemento introducido por *con:* «*Bastaría CON dar un golpe a la lápida para romperla*» (Millás *Mujeres* [Esp. 2002]); a menudo lleva complemento indirecto: «*¿No LES basta CON el reconocimiento que les tributamos?*» (*Prensa* [Nic.] 15.6.97). También como impersonal, se emplea con valor casi interjectivo para poner fin a lo que expresa el complemento, que va precedido de la preposición *de:* «*Ya basta DE estados de excepción*» (*Excélsior* [Méx.] 19.6.96).

basto -ta. 1. 'Grosero o tosco': «*Pedro Vicario estaba en la puerta, [...] con el cuchillo basto que él mismo había fabricado con una hoja de segueta*» (GaMárquez *Crónica* [Col. 1981]). No debe confundirse con *vasto* ('amplio'; → vasto).

2. [⊛]*dar a basto.* → abasto, 2.

bat. → bate.

bate. La voz inglesa *bat* ('palo con el que se golpea la pelota en deportes como el béisbol') se ha adaptado al español en la forma *bate,* cuyo uso está ya sólidamente asentado en la mayor parte del ámbito hispánico: «*Rentería, famoso entre los hinchas [...] por sus atrapadas y buen brazo, está mostrando que también tiene fuerza a la hora de empuñar el bate*» (*Tiempo* [Col.] 17.7.96). Debe evitarse el empleo de la forma inglesa, aún frecuente en países como México.

batey. En los ingenios de azúcar de las Antillas, 'zona de viviendas y otras edificaciones'. Su plural es *bateyes* (→ PLURAL, 1d).

batiscafo. 'Embarcación sumergible'. Es voz llana: [batiskáfo]; no es correcta la forma esdrújula [⊛]*batíscafo.*

bautista. Sustantivo, poco usado, que significa 'persona que bautiza': «*Él había sido el bautista de ese grupo generacional*» (Laín *Descargo* [Esp. 1976]). Por antonomasia, y escrito con mayúscula inicial, designa a san Juan, precursor de Cristo, al que bautizó en el río Jordán. Además, en el español de América, significa también, como adjetivo, 'de la doctrina religiosa protestante que sostiene que el bautismo solo deben recibirlo los adultos': «*La federación de iglesias bautistas de Estados Unidos les dio todo el apoyo*» (*DAméricas* [EE. UU.] 21.6.97). Referido a persona, se usa frecuentemente como sustantivo común en cuanto al género (*el/la bautista;* → GÉNERO², 1a y 3b): «*Los católicos son tan cristianos como los luteranos, los bautistas [...] y todos los que creen en Jesucristo*» (*Familia* [Ec.] 1.10.01). En España se usa, con este sentido, la forma *baptista* (→ baptista).

bautisterio. → baptisterio.

Bavaria. → Baviera.

bávaro -ra. → Baviera.

Baviera. Forma española del nombre del estado germano que en alemán se llama *Bayern*: «*Los padres lo habían llevado a Eichstätt, en Baviera, para conocer a los abuelos*» (Martínez *Evita* [Arg. 1995]). La forma *Bavaria*, que procede del nombre latino, es la que se usa hoy en inglés, pero no debe sustituir en el español actual a la forma asentada *Baviera*. El gentilicio es *bávaro*.

bayonesa. En España, 'pastel de hojaldre relleno de cabello de ángel'. No debe usarse esta voz para designar la salsa hecha con aceite y huevo (→ mayonesa).

Bayreuth. Ciudad de Alemania. Se pronuncia [báiroit]. Nada tiene que ver con *Beirut* ('capital del Líbano'; → Beirut).

bazooka. → bazuca.

bazuca. 'Lanzagranadas portátil'. De entre las diferentes adaptaciones gráficas que circulan de la voz inglesa *bazooka*, la más recomendable es *bazuca*, forma que se aproxima a la pronunciación etimológica, ajustándose, al mismo tiempo, a la ortografía española: «*Tres granadas fueron disparadas con una bazuca contra un convento franciscano*» (*Clarín* [Arg.] 7.4.97). Se desaconsejan, en pro de la unidad, otros intentos de adaptación, como ⊗*bazoca* o ⊗*bazoka*. Aunque se documenta también su uso en masculino, es mayoritario y preferible el femenino.

beba. → bebé o bebe, 3.

bebé o bebe. 1. 'Niño pequeño, especialmente el que aún mama'. Procede del francés, lo que explica la acentuación aguda de *bebé*, única forma que se usa en España. En algunas zonas de América, especialmente en el Cono Sur, se usa más la forma llana *bebe* [bébe].

2. En España, *bebé* funciona generalmente como sustantivo epiceno masculino (→ GÉNERO², 1b): «*En la mochila de Carolina apareció un bebé muerto. La niña era de Carolina*» (*Mundo* [Esp.] 20.11.96); en América, salvo en los países del Río de la Plata (→ 3), tanto la forma aguda como la llana se usan a menudo como sustantivos comunes en cuanto al género (→ GÉNERO², 1a): «*Dijo que la bebé estaba viva*» (*Tiempo* [Col.] 16.11.94); «*Tanto la madre como la bebe fueron trasladadas al hospital*» (*DAméricas* [EE. UU.] 14.4.97).

3. En el Río de la Plata, la forma llana se usa normalmente con dos terminaciones (*el bebe, la beba*): «*Franco sacó a la beba de su camita*» (*Abc* [Par.] 19.12.96).

4. El diminutivo regular de la forma aguda *bebé*, que casi no se usa en la práctica, es *bebecito*: «*Miles de bebecitos de plástico*» (*Tiempo* [Col.] 1.12.91). El diminutivo de la forma llana *bebe*, que tiene bastante uso en América y comienza a extenderse también en España, es *bebito*: «*Es madre de un bebito de 2 meses*» (*Clarín* [Arg.] 11.1.97).

bechamel, *béchamel*, bechamela. → besamel.

bedel. 'Empleado subalterno en un centro de enseñanza, en un centro oficial o en un museo'. Por su terminación, es común en cuanto al género (*el/la bedel*; → GÉNERO², 1a y 3i): «*Las cartas fueron retiradas al instante por una bedel autorizada*» (*País* [Esp.] 16.6.99). A veces se usa, y es válido, el femenino específico *bedela*.

bedela. → bedel.

beefsteak. → bistec.

beeper. → busca, 2.

behaviorismo, behaviorista. → conductismo.

beicon. La voz inglesa *bacon* ('panceta ahumada') se ha adaptado al español en las formas *beicon* —que adapta la grafía a la pronunciación inglesa original— y *bacón* —que conserva la grafía original, con pronunciación a la española—: «*Me comí un bocadillo de carne con lechuga, tomate, pepinillos y beicon*» (Pedrero *Invierno* [Esp. 1989]); «*Los huevos y el bacón tienen colesterol*» (*Abc* [Esp.] 5.2.78). La forma *beicon* es hoy mayoritaria y, por ello, preferible. Dada su frecuencia en países como España, se admite el uso del extranjerismo adaptado, aunque es siempre preferible el empleo de equivalencias españolas tradicionales, como *tocino* —usada, con este sentido, en países como México, Chile o Ecuador—, *tocineta* —en países como Cuba, Colombia y Venezuela— y, en general, *panceta ahumada*: «*Desayunaba diariamente un par de huevos fritos, tocino [...] y dos tazas de café con leche*» (*Hoy* [Chile] 18-24.8.86); «*Frijoles blancos con tocineta*» (Barnet *Gallego* [Cuba 1981]); «*Para que la panceta ahumada conserve la forma de los moldes, elijan una sin nada de grasa*» (Botana *Recetas* [Arg. 1999]).

beige. → beis.

Beijing. → Pekín.

Beirut. Capital del Líbano. Su gentilicio es *beirutí* (pl. culto *beiruties*; → PLURAL, 1c): «*Los beiruties toleraban la presencia de los carros de combate sirios*» (Leguineche *Camino* [Esp. 1995]).

beirutí. → Beirut.

beis. La voz francesa *beige* (pron. [béʒ]), que significa '[color] castaño claro', se ha adaptado en el español de España en la forma *beis*. Es invariable en plural: «*Abundarán entre las invitadas los tonos beis y los azules*» (*País* [Esp.] 4.10.97). En América no se emplea esta adaptación, sino que se utiliza únicamente la voz extranjera, con su grafía y pronunciación originarias: «*Su colección será en rojo, negro y* beige» (*Tiempo* [Col.] 16.4.94).

béisbol o **beisbol.** 'Deporte en el que los jugadores han de recorrer ciertos puestos o bases de un circuito, en combinación con el lanzamiento de una pelota desde el centro de dicho circuito'. La voz inglesa *baseball* se ha adaptado al español con dos acentuaciones, ambas válidas. La forma *béisbol*, que conserva la acentuación llana etimológica, es la usada en España y gran parte de América, mientras que en países como México, Guatemala, Colombia, Venezuela, Cuba y la República Dominicana se prefiere la forma aguda *beisbol* [beisból]. Existe también el calco *pelota base*, que en varios países de América, especialmente en el área caribeña, se usa reducido a *pelota*: «*Desistió de sus deseos de actuar en la pelota venezolana*» (*Nacional* [Ven.] 5.10.00).

[⊗]**belarruso -sa**, *Belarus*, [⊗]*Belarús*, [⊗]**belaruso -sa.** → Bielorrusia.

Belau. → Palaos.

Belice. Forma española del nombre de este país de Centroamérica: «*El gobierno estadounidense recomendó ayer a sus ciudadanos que abandonen Belice ante la llegada del huracán*» (*Nacional* [Ven.] 2.10.00). No debe usarse en español la grafía inglesa *Belize*. El gentilicio es *beliceño*: «*La negociación bilateral jurídica propuesta por los beliceños*» (*Siglo* [Guat.] 7.10.97).

beliceño -ña. → Belice.

Belize. → Belice.

Belmopán. Capital de Belice. Debe escribirse con tilde por ser voz aguda terminada en -*n* (→ TILDE², 1.1.1).

Benarés. Forma tradicional española del nombre de esta ciudad de la India: «*Me hubiese gustado haber vivido siempre en el mismo sitio, como Kabir en Benarés*» (Ferrero *Opium* [Esp. 1986]). No hay razón para sustituir la forma tradicional por la transcripción del nombre vernáculo *Varanasi*.

bencina. 'Gasolina'. Es preferible esta forma a la variante *benzina*, poco usada y menos acorde con el sistema gráfico del español (→ c, 2.2).

bendecir. 1. 'Alabar o ensalzar [a Dios, o a alguien o algo beneficioso]', 'conceder Dios la gracia divina [a algo o a alguien]', 'invocar [en favor de alguien o algo] la bendición divina' y 'consagrar [algo] al culto divino'. Verbo irregular: se conjuga como *decir* (→ APÉNDICE 1, n.º 28), salvo en el futuro simple o futuro de indicativo y en el condicional simple o pospretérito, cuyas formas son regulares: *bendeciré, bendecirás, bendecirá*, etc., y *bendeciría, bendecirías, bendeciría*, etc.; y en la segunda persona del imperativo no voseante, que es *bendice* (tú).

2. Su participio es *bendecido*, única forma que debe usarse en la formación de los tiempos compuestos y de la pasiva perifrástica: «*El ilustrísimo señor obispo de la diócesis había bendecido los amores entre el famoso abogado* [...] *y la bella señorita*» (TBallester *Filomeno* [Esp. 1988]); «*La obra fue bendecida por monseñor Ángel Garachana Pérez*» (*Prensa* [Hond.] 31.1.97). La forma *bendito*, que procede del participio latino *benedictus*, solo se usa hoy como adjetivo y como sustantivo: «*Un poco de agua bendita no le puede hacer mal*» (Allende *Eva* [Chile 1987]); «*Tú dormías como un bendito en la butaca*» (Mendoza *Verdad* [Esp. 1975]); así como en la fórmula desiderativa *bendito sea...*: «*Benditos sean, me repetía, bendita sea la policía madrileña*» (Grandes *Edades* [Esp. 1989]).

bendito -ta. → bendecir, 2.

beneficencia. 'Asistencia a los necesitados'. Es errónea la forma [⊗]*beneficiencia*.

beneficiar(se). 1. 'Proporcionar, u obtener, beneficio'. Se acentúa como *anunciar* (→ APÉNDICE 1, n.º 4).

2. Cuando significa 'obtener beneficio', es intransitivo pronominal y se construye con un complemento introducido por *de* o, menos frecuentemente, *con*: «*Santa Rosa es un activo centro comercial que se beneficia DE su condición fronteriza*» (Cuvi *Ecuador* [Ec. 1994]); «*Era evidente que alguien se beneficiaba CON su encierro*» (LTena *Renglones* [Esp. 1979]).

[⊗]**beneficiencia.** → beneficencia.

beneficio de inventario. 1. 'Facultad que la ley concede al heredero de una herencia de aceptarla sin quedar obligado a pagar a los acreedores del difunto más de lo que importe la herencia misma, para lo cual debe hacerse inventario de ella': «*El heredero que tenga en su poder los bienes de la herencia* [...] *y quiera utilizar el beneficio de inventario* [...] *deberá manifestarlo al Juez competente*» (*Código civil* [Esp. 1889]).

2. **a beneficio de inventario.** Locución adverbial que, en sentido recto, significa, referido al hecho de aceptar una herencia, 'acogiéndose a la facultad legal antes descrita (→ 1)': «*La herencia podrá ser aceptada pura y simplemente, o a beneficio de inventario*» (*Código civil* [Esp. 1889]). A menudo alude figuradamente al hecho de aceptar algo siempre que los perjuicios no sean mayores que los beneficios, o tomando únicamente los beneficios, y no los compromisos o las obligaciones que comporta: «*—¡Dichoso usted que heredó más de un millón de dólares! —¡Y un millón de ideas! Los Lucero no aceptamos la herencia como nuestros ex socios, a beneficio de inventario*» (Asturias *Papa* [Guat. 1954]). Tiene también los sentidos derivados de 'con cautela y reserva': «*Aunque sus relaciones anecdóticas son muy*

apreciables, algunos detalles hay que tomarlos a beneficio de inventario» (Fuente *H.ª eclesiástica* II [Esp. 1855-75]); y 'con despreocupación o a la ligera': *«Estaba decidido a tomar todo aquel asunto a beneficio de inventario, con lo que bien podía permitirme cualquier audacia o exceso»* (Ayala *Cabeza* [Esp. 1949]). A veces se usa, impropiamente, precedido de la preposición *con*: ⊗*«Aun cuando deban tomarse con beneficio de inventario los juicios formulados por su autor»* (*Bicentenario* [Chile] 2002).

Benelux. Acrónimo formado por la unión de la primera sílaba del nombre de los países integrantes de esta unión económica: *BÉlgica, Países Bajos* (en neerlandés, *NEderland*) *y LUXemburgo: «En 1947 nació el Benelux, el primer ejemplo de integración aduanera»* (Bahamonde *Real Madrid* [Esp. 2002]). No es un nombre alternativo de los Países Bajos (→ Países Bajos).

bengalí. 'De Bengala, territorio que comprende el actual Bangladés y el estado indio de Bengala Occidental' y 'de Bangladés'. El plural preferido en la lengua culta es *bengalíes* (→ PLURAL, 1c): *«Los cascos azules bengalíes permanecen encerrados en sus refugios»* (*Mundo* [Esp.] 27.11.94). Con el segundo sentido indicado, se recomienda usar la forma *bangladesí* (→ Bangladés).

Benín. El nombre de este país de África debe escribirse con tilde en español por ser voz aguda terminada en *-n* (→ TILDE², 1.1.1): *«Arará es un término genérico para definir a los esclavos provenientes de Dahomey, hoy llamado Benín»* (Évora *Orígenes* [Cuba 1997]). El gentilicio recomendado es *beninés: «Ha contactado con organizaciones de africanos para que localicen a benineses que vivan en Madrid»* (*Mundo* [Esp.] 30.9.95).

beninés -sa. → Benín.

benjuí. 'Bálsamo aromático procedente de cierto árbol tropical'. Su plural es *benjuís* (→ PLURAL, 1c).

benzina. → bencina.

berberí, berberisco -ca. → bereber o beréber, 2.

berbiquí. 'Herramienta para taladrar'. Su plural es *berbiquíes* o *berbiquís* (→ PLURAL, 1c).

bereber o beréber. 1. 'De Berbería, nombre dado antiguamente a la región del norte de África'. Hoy se emplea para designar a los individuos pertenecientes al pueblo más antiguo de los que habitan esta región africana. Tanto la forma aguda *bereber* [berebér] como la llana *beréber* son correctas, pero en el uso actual se prefiere la primera. El plural es *bereberes* y *beréberes*, respectivamente. También es válida, aunque poco frecuente, la forma *berebere*, cuyo plural es también *bereberes*.

2. Los términos *berberisco* y *berberí* (pl. *berberíes;* → PLURAL, 1c) son históricos, pues se refieren a los individuos de este pueblo en épocas pasadas, cuando estaba vigente el topónimo *Berbería*. De estos dos, hoy solo se emplea *berberisco: «El propio Cervantes, al ser apresada la galera Sol por los corsarios berberiscos, conoció el mercado de los esclavos cristianos»* (Tibón *Aventuras* [Méx. 1986]).

berebere. → bereber o beréber, 1.

berilio. 'Metal de número atómico 4': *«En su construcción se usa con frecuencia una aleación metálica hecha de berilio y cobre»* (Ayllón *Meteorología* [Méx. 1996]). Este raro metal se encuentra en el mineral llamado *berilo* (→ berilo); estas dos voces no deben confundirse.

berilo. 'Mineral cuyas principales variedades son la esmeralda y la aguamarina': *«Con la mano derecha daba vueltas a los berilos del collar»* (Pombo *Héroe* [Esp. 1983]). No debe confundirse con *berilio* ('metal'; → berilio), voz que designa uno de sus componentes.

bermuda. → bermudas.

bermudas. 'Pantalón o bañador amplio que llega a la altura de la rodilla'. Se usa en ambos géneros, y normalmente en plural con sentido singular (→ PLURAL, 2.5): *«Se sacó las bermudas y el polo»* (Souza *Mentira* [Perú 1998]); *«Vestía blusa y bermudas estampados»* (*Vanguardia* [Esp.] 18.8.94). En plural es más frecuente el femenino (*unas bermudas*), mientras que en singular es más frecuente el masculino (*un bermudas*). Con este sentido, es nombre común, no propio, por lo que no debe escribirse con mayúscula inicial si no lo exige la puntuación. También se usa, aunque menos, la forma *bermuda* (*un/una bermuda*): *«Llamaron la atención los esmóquines con falda o bermuda»* (*País* [Esp.] 1.9.96).

besalamano. 'Carta breve que contiene la abreviatura *b. l. m.* (*besa la mano*), redactada en tercera persona y sin firma': *«Hay, según casos y aspectos, la carta normal y la reservada, [...] el besalamano o el saluda»* (Llanos *Discurso* [Esp. 1945]). Este sustantivo masculino se escribe siempre en una sola palabra. No debe confundirse con *besamanos* ('saludo consistente en besar o acercarse a la boca la mano de la persona a quien se saluda'; → besamanos).

besamanos. 'Saludo de respeto que consiste en besar o acercarse a la boca la mano derecha de la persona a quien se saluda': *«El rey saludó cordialmente a Dolors con un besamanos»* (Boadella *Memorias* [Esp. 2001]); y 'acto público de saludo a una alta autoridad, en muestra de adhesión': *«En el saludo y el besamanos del entreacto se puso de manifiesto el desprecio de las señoras de los generales y almirantes hacia "la actriz que vivía con Perón"»* (Posse *Pasión*

[Arg. 1995]). No debe confundirse con *besalamano* ('carta breve sin firma'; → besalamano). No es correcto el singular [⊗]*besamano*.

besamel. La voz francesa *béchamel* ('salsa hecha con harina, leche y mantequilla') se ha adaptado al español en las formas *besamel* y *bechamel*, ambas válidas. Es preferible la primera, pues refleja mejor la pronunciación etimológica. Existen también las variantes *besamela* y *bechamela*, muy poco usadas.

besamela. → besamel.

besar. 'Tocar con los labios'. Es transitivo; cuando el complemento directo es de persona, puede llevar, además, un complemento introducido por *en*, que expresa la parte concreta que se besa: «*LA besé exigiéndole que no se moviese*» (Martini *Fantasma* [Arg. 1986]); «*La retuve y LA besé EN la mejilla*» (VLlosa *Tía* [Perú 1977]). Si la parte besada funciona como complemento directo, el complemento de persona pasa a ser indirecto: «*Se acercó a la pianista* [...] *y LE besó la cabeza*» (Chase *Pavo* [C. Rica 1996]).

best seller. → superventas.

bey. En el Imperio turco, 'gobernador'. Su plural es *beyes* (→ PLURAL, 1d).

Bhutan, [⊗]Bhután. → Bután.

bianual. 'Que se produce dos veces al año': «*El ya mencionado banquete bianual que el alcalde de Madrid ofrece a los embajadores* [...], *justo antes de Navidad y antes del verano*» (Urbina *Arte* [Esp. 1989]). No debe confundirse con *bienal* ('que dura dos años' y 'que se produce cada dos años'; → bienal).

bibelot. Voz tomada del francés *bibelot*, 'figura pequeña usada como adorno'. Su plural es *bibelots* (→ PLURAL, 1h): «*Han ido vendiendo todos los muebles, bibelots, cuadros y demás decorados*» (Fuentes *Cristóbal* [Méx. 1987]). Como equivalentes españoles pueden usarse los términos *figurita, figurilla* o *adorno*.

biblia. Cuando designa el texto sagrado de los cristianos, se escribe con mayúscula inicial (→ MAYÚSCULAS, 4.15): «*Yo fui evangélico y conozco y leo la Biblia*» (*Tiempo* [Col.] 15.9.96); pero cuando designa uno cualquiera de los ejemplares impresos en que se contiene este texto, se escribe con minúscula: «*Requisó el gran libro negro, que era una biblia en alemán*» (Onetti *Viento* [Ur. 1979]). También se escribe con minúscula en el resto de los casos ('obra que se considera la máxima autoridad en una materia' y, como adjetivo invariable, referido a papel, 'muy fino'): «*No entiendo por qué se hizo de esta novela una biblia feminista*» (VLlosa *Verdad* [Perú 2002]); «*Podrá ordenar que editen sus obras completas en papel biblia*» (Edwards *Anfitrión* [Chile 1987]).

bibliomancia. → -mancia o -mancía.

bicefalia. → -cefalia.

bíceps. 'Músculo que tiene dos porciones o cabezas'. Es invariable en plural (→ PLURAL, 1f): *los bíceps*. Es incorrecta la grafía sin tilde [⊗]*biceps* (→ TILDE², 1.1.2).

bicicrós, [⊗]bicicross. → ciclocrós.

bidé. Adaptación gráfica de la voz francesa *bidet*, 'pila baja destinada al aseo de las partes íntimas'. Su plural es *bidés* (→ PLURAL, 1a): «*En el Palacio Real no hay bidés*» (Nieva *Nosferatu* [Esp. 1993]).

bidet. → bidé.

Bielorrusia. Forma española del nombre de este país de Europa, antigua república soviética: «*Desde Polonia se podrá cooperar cómodamente con Rusia, Ucrania y Bielorrusia*» (*Razón* [Esp.] 22.4.04). No hay razón para sustituir la forma española por la transcripción del nombre vernáculo *Belarus*, ni aunque se hispanice mediante la tilde escribiendo [⊗]*Belarús*. El gentilicio es *bielorruso* (y no [⊗]*belaruso* ni [⊗]*belarruso*): «*Superó* [...] *a la bielorrusa Natalia Sasanovich, que se llevó el bronce*» (*Excélsior* [Méx.] 25.9.00).

bielorruso -sa. → Bielorrusia.

biempensante. 'Que piensa de acuerdo con las ideas tradicionalmente dominantes de signo conservador'. Se escribe siempre en una sola palabra: «*Dos principales imputaciones se me hacían entre los biempensantes*» (Laín *Descargo* [Esp. 1976]). Aunque frecuente en el uso, debe evitarse la grafía [⊗]*bienpensante*, ya que la ortografía española exige la escritura de *m* ante *p*.

bien. 1. Como adverbio de modo significa 'correcta y adecuadamente': *Cierra bien la ventana, por favor*; 'satisfactoriamente': *No he dormido bien esta noche*; 'en buena forma o con buena salud': *Desde que hago ejercicio me encuentro muy bien*. El comparativo es *mejor*: *Cierra mejor la ventana, por favor*; *Espero dormir mejor esta noche*; *Desde que hago ejercicio me encuentro mejor*. No debe usarse *más bien* como comparativo: [⊗]*Ahora duermo más bien que antes*. Este uso incorrecto no debe confundirse con los usos correctos de la locución adverbial *más bien* (→ 6). Sí es admisible el uso de *más bien* en oraciones exclamativas suspendidas de sentido ponderativo: *¡Hoy he dormido más bien...!* [= muy bien]. El comparativo *mejor* no admite su combinación con otras marcas de grado como *más*: [⊗]*Hoy he dormido más mejor que ayer*. Admite la anteposición del intensificador *mucho*: *Hoy he dormido mucho mejor*; pero no de *muy*: [⊗]*Hoy he dormido muy mejor*. Como todos los adverbios, el comparativo adverbial *mejor* es invariable, por lo que no es correcto hacerlo concordar con el adjetivo plural al que modifica: [⊗]«*Los campesinos paraguayos son los mejores asistidos* *del mundo»* (*Abc* [Par.] 6.10.00); debió decirse *los mejor asistidos*. El superlativo absoluto, además de *muy bien*, es *óptimamente*, que posee un matiz enfático especial, pues significa 'de la mejor manera posible': «*La sabina aprovecha óptimamente los escasos recursos hídricos de que dispone*» (VV. AA. *Bosques* [Esp. 1998]). Al ser un superlativo absoluto, no admite su combinación con otras marcas de grado: ⊗*muy óptimamente,* ⊗*más óptimamente*.

2. Antepuesto a un adjetivo o a otro adverbio, funciona como intensificador enfático, con valor equivalente a *muy*: «*Pues está bien claro*» (Marsé *Muchacha* [Esp. 1978]); «*Yo me vine a dormir porque era bien tarde*» (MtnCampo *Carreteras* [Méx. 1976]).

3. Repetido ante dos o más elementos de una oración, señala distintas posibilidades de las cuales solo se realiza una: «*Son temas sobre los cuales hay que formar opinión, bien para apoyarlos, bien para realizarlos*» (Villarreal *Género* [Col. 1993]). El sentido disyuntivo puede reforzarse anteponiendo la conjunción *o*: «*O bien un edificio suyo, o bien otro que yo haya tomado prestado*» (Izaguirre *1965* [Ven. 2002]).

4. Como adjetivo invariable significa 'de buena posición social': «*Vivían en Miraflores, balneario de la gente bien*» (Ribeyro *Geniecillos* [Perú 1983]); «*El tango fue llevado a Europa por esos "niños bien" y la alta sociedad de allá la* [sic] *adoptó con entusiasmo, creyendo que era una danza de la alta sociedad de acá*» (Feldman *Guión* [Arg. 1996]).

5. bien que. Locución conjuntiva concesiva equivalente a 'aunque': «*La emoción continúa presente como tema de estudio en la psicología actual, bien que no en el modo mentalista en que Wundt situara su análisis*» (Pinillos *Psicología* [Esp. 1975]). Con este mismo sentido, se emplea más frecuentemente la locución *si bien* (→ 7). No debe usarse la forma híbrida ⊗*si bien que*.

6. más bien. Locución adverbial que se usa con distintos valores:

a) Para introducir una rectificación o una matización: «*Y de nuevo la sensación de extrañeza, que no era penosa sino más bien excitante*» (Pombo *Metro* [Esp. 1990]).

b) Con el sentido de 'en cierto modo, de alguna manera': «*Eran las cuatro de la tarde, hora más bien infrecuente para citas en Villa Rosa*» (Mutis *Ilona* [Col. 1988]).

c) También significa 'mejor o preferentemente': «*Si yo fuera usted, utilizaría más bien el argumento contrario*» (Schwartz *Conspiración* [Esp. 1982]).

7. si bien. Locución conjuntiva concesiva equivalente a 'aunque': «*Concluí que, si bien todos eran republicanos, no se inclinaban a la izquierda radical*» (TBallester *Filomeno* [Esp. 1988]); «*Son inofensivos, si bien un poco molestos*» (Najenson *Memorias* [Arg. 1991]). Con este mismo sentido, se emplea

también, aunque con menos frecuencia, la locución *bien que* (→ 5). No debe usarse la forma híbrida ⊗*si bien que*.

bienal. 1. Como adjetivo, 'que dura dos años': «*Obliga* [el deficiente abonado] *a continuar con los barbechos bienales o trienales*» (GaCortázar/GlzVega *España* [Esp. 1994]); más frecuentemente, 'que se produce cada dos años': «*Pedía la disolución del actual Parlamento y proclamaba la necesidad de efectuar elecciones bienales*» (Otero *Temporada* [Cuba 1983]); y, dicho específicamente de una planta, 'que vive más de un año y no pasa de dos': «*Las herbáceas bienales son las que viven entre uno y dos años*» (Fabio *Jardinería* [Arg. 1999]). Deriva del sustantivo *bienio* ('periodo de dos años') y no debe confundirse con *bianual* ('que se produce dos veces al año'; → bianual).

2. Como sustantivo femenino, 'exposición o certamen que se celebra cada dos años': «*Es importante destacar la participación en la bienal de diseñadores de todo el Ecuador*» (*Trama* [Ec.] 3.2.01). Se escribe con mayúscula inicial cuando forma parte del nombre oficial de un certamen o exposición (→ MAYÚSCULAS, 4.23).

⊗**bienpensante.** → biempensante.

bienquerer. 1. 'Querer bien o estimar'. Verbo irregular: se conjuga como *querer* (→ APÉNDICE 1, n.º 49). Se usa casi exclusivamente su participio *bienquerido*: «*A ti, España bienquerida, nosotros Madre te llamamos*» (Fuentes *Naranjo* [Méx. 1993]).

2. La forma *bienquisto*, considerada tradicionalmente participio irregular de *bienquerer*, solo se usa como adjetivo ('que goza de aprecio o estimación'), y se construye a veces con un complemento introducido por *de*, que expresa la persona de cuyo aprecio se goza: «*Para* [...] *ser bienquisto DE los poderosos, pronunció dos conferencias en el Ateneo*» (*Abc* [Esp.] 15.4.89). Se admite, aunque no se recomienda, la grafía en dos palabras *bien quisto*, pues la forma *quisto*, participio arcaico de *querer*, no funciona nunca hoy como palabra independiente.

3. Sobre el adjetivo *bienquisto* se ha formado el verbo regular *bienquistar(se)* ('reconciliar(se)'), que se construye normalmente con un complemento precedido de *con*: «*El único procedimiento de bienquistarse CON él, de merecer su aplauso, sería morir en acción de guerra*» (Delibes *Madera* [Esp. 1987]). Su participio es *bienquistado* (no *bienquisto*): «*Bienquistado con todo el grupo de Delia, les seguía a todas partes a costa de mi salud*» (Guelbenzu *Río* [Esp. 1981]).

bienquistar(se), bienquisto -ta. → bienquerer.

bienvenido -da. 1. 'Recibido con agrado': «*Tus ideas son bienvenidas*» (Belli *Mujer* [Nic. 1992]). También se emplea como saludo cortés: «*Buenas noches, bienvenido, doctor*» (Vilalta *Mujer* [Méx. 1981]). Es preferible esta forma, hoy mayoritaria, a la grafía en dos palabras *bien venido*.

2. Como sustantivo femenino se escribe siempre en una sola palabra y significa 'saludo de recibimiento cortés a una persona': «*Los cancilleres americanos le dieron la bienvenida*» (Martínez *Evita* [Arg. 1995]).

bife, biftec. → bistec.

big bang. Expresión inglesa con la que se designa la explosión que, según cierta teoría cosmogónica, dio origen al universo. Por tratarse de una antonomasia, suele escribirse con mayúscula inicial (→ MAYÚSCULAS, 4.27). Ya se documenta en español el calco *gran explosión*, preferible al anglicismo crudo: «*Llegaron a la conclusión de que estaban captando el remanente de la radiación de la Gran Explosión*» (Altschuler *Hijos* [Ur. 2002]).

bikini. 'Traje de baño femenino de dos piezas'. Esta grafía, mayoritaria en el uso, es también la etimológica, pues esta voz procede del topónimo *Bikini*, nombre de un atolón de las islas Marshall; se considera también válida la grafía adaptada *biquini*. Es voz masculina en todo el ámbito hispánico, salvo en la Argentina, donde se usa en femenino: «*Ya no me voy a poder poner un biquini en mi vida*» (Grandes *Aires* [Esp. 2002]); «*Todos los días salía a navegar luciendo diminutas bikinis*» (Wornat *Menem-Bolocco* [Arg. 2001]).

billón. Voz procedente del francés *billion*, 'un millón de millones (10^{12})'. Es inaceptable su empleo en español con el sentido de 'mil millones', que es el que tiene la palabra *billion* en el inglés americano. Para este último sentido, debe emplearse la voz *millardo* (→ millardo), procedente también del francés, o la equivalencia española *mil millones*.

bimensual. 'Que tiene lugar dos veces al mes': «*Solía divertirse observándola durante aquellas opíparas meriendas, más o menos bimensuales*» (Pombo *Héroe* [Esp. 1983]). No debe confundirse con *bimestral* ('que tiene lugar cada dos meses'; → bimestral).

bimestral. 'Que tiene lugar cada dos meses': «*Vuelve a salir la revista, con cadencia bimestral*» (Gallego *Grabado* [Esp. 1990]); y 'que corresponde a dos meses': «*Después de registrar la lectura del medidor, apareció el consumo bimestral*» (*DYucatán* [Méx.] 1.9.96). No debe confundirse con *bimensual* ('que tiene lugar dos veces al mes'; → bimensual).

biochip. → chip, 1.

biografiar. 'Escribir la biografía [de alguien]'. Se acentúa como *enviar* (→ APÉNDICE 1, n.º 5).

biósfera o **biosfera.** → -sfera.

bíper. → busca, 2.

biquini. → bikini.

Birmania. Aunque la denominación oficial de este país asiático ha adoptado la forma vernácula *Myanmar*, sigue siendo mayoritario y preferible en español el uso del topónimo tradicional *Birmania*, al menos en los textos de carácter no oficial. En estos últimos se recomienda recordar la denominación tradicional, junto con el nuevo nombre oficial. El gentilicio es *birmano*, que deriva del nombre tradicional y designa también la etnia mayoritaria de este país, así como su lengua oficial: «*El Gobierno birmano dice que no tiene planes de liberar a la líder opositora*» (*País* [Esp.] 20.6.03).

birmano -na. → Birmania.

bis. Como adverbio significa 'dos veces': «*En el corral de mi casa hay guayabita del Perú / Y cada vez que la como (bis) / Me hace el estómago purupupú*» (Piquet *Cultura* [Ven. 1982]). Es frecuente su uso como adjetivo pospuesto a un número, para referirse al segundo de los elementos de una serie identificados con dicho número: «*Derogación de los artículos 145 y 145 bis del Código Penal Federal*» (Velasco *Regina* [Méx. 1987]). Como sustantivo masculino designa la pieza ofrecida al final de una actuación musical para corresponder a los aplausos del público: «*Aplaudió* [el público] *con insistencia hasta obtener un bis esplendoroso: el preludio del último acto de Lohengrin*» (*Vanguardia* [Esp.] 20.10.94). El plural del sustantivo es *bises* (→ PLURAL, 1f). No debe confundirse con *vis* (→ vis, 2).

biscocho. → bizcocho.

biscote. Adaptación gráfica de la voz francesa *biscotte*, 'rebanada de pan tostado al horno, que se conserva durante largo tiempo': «*Los biscotes son más calóricos porque contienen menos agua*» (*Cuerpo* [Esp.] 9.98).

biscotte. → biscote.

bisector -triz. En geometría, referido a un plano o a una recta, 'que divide en dos partes iguales'. Es adjetivo de dos terminaciones: *plano bisector, recta bisectriz*. No es correcto el uso de *bisectriz* referido a sustantivos masculinos: ®*plano bisectriz*. El femenino *bisectriz* es también un sustantivo que designa la recta que divide un ángulo en dos partes iguales: *la bisectriz de un ángulo*.

Bishkek. → Biskek.

Biskek. Forma recomendada en español del nombre de la capital de Kirguistán, antes conocida como *Frunze*: «*La oposición de Kirguistán, que controla ya la mitad sur del país, centró ayer sus esfuerzos en Biskek, la capital*» (*NEspaña*® [Esp.] 24.3.05). No debe usarse en español la transcripción inglesa *Bishkek*.

®bisnes. → business.

bisnieto -ta. Respecto de una persona, 'hijo de su nieto'. Menos usada, pero igualmente válida, es la forma *biznieto.*

bísquet. Adaptación gráfica de la voz inglesa *biscuit,* usada en México para designar cierto bollo de sabor ligeramente salado. Su plural es *bísquets* (→ PLURAL, 1h). Es palabra llana, como su étimo inglés, por lo que tanto el singular como el plural deben escribirse con tilde (→ TILDE², 1.1.2): «*Cortar los bísquets* [...], *barnizar y hornear a calor mediano*» (Chávez *Nutrición* [Méx. 1993]).

bisté. → bistec.

bistec. Adaptación gráfica de la voz inglesa *beefsteak,* 'filete de carne de vaca'. Su plural es *bistecs* (→ PLURAL, 1h): «*Sintió como si su carne fuera uno de esos bistecs que venden en el súper*» (Villoro *Noche* [Méx. 1980]). Menos frecuente, pero también válida, es la variante *bisté* (pl. *bistés;* → PLURAL, 1a): «*Siempre veía a la vaca a punto de ser sacrificada cada vez que cortaba un bisté*» (CInfante *Habana* [Cuba 1986]). En la zona del Río de la Plata está generalizada la forma *bife* (adaptación del ingl. *beef*), cuyo plural es *bifes:* «*En el menú se pueden encontrar* [...] *bifes al estilo local*» (Dios *Miami* [Arg. 1999]). Se desaconseja, por minoritaria, la adaptación *biftec.* Es errónea la grafía ⊗*bisteck,* que no es ni inglesa ni española.

bistró. Adaptación gráfica de la voz francesa *bistro* o *bistrot,* 'restaurante francés modesto': «*Me contó su historia en un bistró de la rue Cambronne*» (Cortázar *Final* [Arg. 1945-64]). Su plural es *bistrós* (→ PLURAL, 1b).

bistrot. → bistró.

bisturí. 'Instrumento quirúrgico para realizar incisiones'. Su plural es *bisturíes* o *bisturís* (→ PLURAL, 1c).

bit. Voz tomada del inglés *bit* —acrónimo de *bi*[nary digi]*t*—, que significa, en informática, 'unidad de medida de información equivalente a la elección entre dos posibilidades igualmente probables'. Su plural es *bits* (→ PLURAL, 1h): «*El pequeño cable de cobre* [...] *permite transmisiones de hasta 9600 bits por segundo*» (*Tiempo* [Col.] 19.5.97). No debe confundirse con *byte* ('unidad de información compuesta de ocho bits'; → *byte*). Existe también la forma hispanizada *bitio,* de escaso empleo.

bitácora. 'Armario, junto al timón, donde está la brújula'. Se emplea a menudo en la locución *cuaderno de bitácora,* 'libro en que se apunta el rumbo, la velocidad, las maniobras y demás accidentes de la navegación'. A partir de esta expresión, se ha tomado la voz *bitácora* para traducir el término inglés *weblog* (de *web* + *log(book);* abreviado, *blog*), que significa 'sitio electrónico personal, actualizado

con mucha frecuencia, donde alguien escribe a modo de diario o sobre temas que despiertan su interés, y donde quedan recopilados asimismo los comentarios que esos textos suscitan en sus lectores'. La equivalencia *(cuaderno de) bitácora* se halla bastante difundida en español y traduce con precisión el término inglés *log(book):* «*Los corresponsales de guerra italianos ofrecen nuevas perspectivas del conflicto iraquí a través de sus cuadernos de bitácora en Internet*» (*País* [Esp.] 2.9.04); «*No es cosa de broma esto de las bitácoras, como también se conoce a tales webs*» (*Luna* [Esp.] 14.3.03). Para hacer más explícita su vinculación con Internet (como hace el inglés *weblog*), podría usarse el término *ciberbitácora* o, como ya hacen algunos, *ciberdiario* (→ ciber-): «*Como en otras ocasiones, no le quedó otra opción que publicar el hallazgo en su ciberdiario*» (*Mundo*@ [Esp.] 25.4.02); no obstante, este último término tiene el inconveniente de que también se emplea como equivalente de *periódico digital.*

bíter. Adaptación gráfica de la voz alemana e inglesa *bitter* ('amargo'), que designa en español una bebida amarga que suele tomarse como aperitivo: «*Bebe mucho té, zumos y algún bíter*» (*País* [Esp.] 2.6.86). Su plural debe ser *bíteres* (→ PLURAL, 1g).

bitio. → bit.

bitter. → bíter.

bivac, bivouac. → vivac.

bizarría. → bizarro.

bizarro -rra. En español significa 'valiente, esforzado': «*Llega el capitán Andrés Cuevas, un bizarro combatiente al mando de un pelotón*» (Matos *Noche* [Cuba 2002]); y 'lucido, airoso': «*Vuestra juventud reverdecerá más bizarra y galana que nunca*» (Luján *Espejos* [Esp. 1991]). Debe evitarse su empleo con el sentido de 'raro o extravagante', calco semántico censurable del francés o del inglés *bizarre:* ⊗«*—Es un nombre bizarro. —No cuando se ha nacido en Sídney y se es australiana*» (Leyva *Piñata* [Méx. 1984]). Tampoco debe emplearse *bizarría* con el sentido de 'rareza o extravagancia'.

bizcocho. 'Dulce preparado con harina, huevos y azúcar': «*Les sugiero que prueben* [...] *el bizcocho de guineo*» (*Siglo* [Pan.] 23.1.97). También significa 'loza o porcelana después de la primera cochura y antes de ser barnizada o esmaltada' y 'objeto hecho de este material': «*Todavía en 1976 se hacían dos cochuras, una para el bizcocho (cocción sin vidriado) y la segunda para el vidriado plumbífero*» (Seseña *Cacharrería* [Esp. 1997]). Existe también la variante *biscocho,* hoy desusada.

Bizerta. Forma tradicional española del nombre de esta ciudad de Túnez: «*Perrin había invitado a

Lartilleux a pasar tres días de licencia en el prostíbulo más caro de Bizerta» (Chao *Altos* [Méx. 1991]). No debe usarse en español la forma francesa *Bizerte*.

Bizerte. → Bizerta.

biznieto -ta. → bisnieto.

blandir. 'Mover [un objeto, especialmente un arma] agitándolo con la mano'. Aunque antes se consideraba verbo defectivo, pues solo se usaban las formas cuya desinencia comenzaba por *i*, hoy se emplean con normalidad todas las formas de la conjugación: *«Saca un cuchillo de resorte y lo blande»* (Nieva *Zorra* [Esp. 1988]); *«Blanden sus cuchillos como alfanjes»* (Gené *Ulf* [Arg. 1988]).

blasfemar. 'Decir blasfemias o maldecir'. Es intransitivo y puede llevar un complemento introducido por *contra* o, más raramente, *de*: *«Es una forma de blasfemar CONTRA los dioses»* (Alegre *Sala* [Esp. 1982]); *«Blasfemas DE mi mujer a tu antojo»* (Romero *Vodevil* [Esp. 1979]).

blazer. → bléiser.

bléiser. Adaptación gráfica de la voz inglesa *blazer*, 'chaqueta deportiva de tela': *«Una sofisticada mujer vestida toda de azul, bléiser, falda larga»* (*Vanguardia* [Esp.] 2.11.95). Se escribe con tilde por ser voz llana acabada en consonante distinta de *-n* o *-s* (→ TILDE², 1.1.2). Su plural debe ser *bléiseres* (→ PLURAL, 1g). No es aceptable la forma ⊗*blazier*, que no tiene ninguna justificación etimológica. Se admite su uso en ambos géneros, pues si bien predomina el masculino, en ocasiones se contagia del género femenino del sustantivo *chaqueta*.

blíster. Voz tomada del inglés *blister (pack)*, 'envase consistente en una lámina sobre la que va pegada una cubierta de plástico transparente con cavidades en las que se alojan los distintos artículos': *«Unidad fotovoltaica Kontact, preparada para su venta en autoservicio. El blíster contiene una fotocélula capaz de generar una corriente eléctrica»* (Cusa *Energía* [Esp. 1998]). En español debe escribirse con tilde por ser voz llana terminada en consonante distinta de *-n* o *-s* (→ TILDE², 1.1.2). Su plural es *blísteres* (→ PLURAL, 1g).

blister (pack). → blíster.

bloc. Adaptación gráfica de la voz inglesa *block*, 'conjunto de hojas de papel sujetas por un lado de modo que puedan desprenderse con facilidad'. Su plural es *blocs* (→ PLURAL, 1h): *«Llegó Enrique [...] con una tonelada de pequeñísimos blocs de papel blanco»* (Bryce *Vida* [Perú 1981]). El uso de la voz española *bloque*, con este sentido, no ha triunfado y debe evitarse. Sí hay que usar *bloque* (y no *block* ni *bloc*) para los sentidos de 'manzana de casas', 'edificio que comprende varias casas' y 'sillar artificial hecho de hormigón': *«El edificio más próxi-*

mo, un bloque de viviendas de cinco pisos, quedó [...] destrozado» (*Vanguardia* [Esp.] 30.10.95); *«Poseen techo de chapa acanalada, paredes de bloques, revestidas en su frente por ladrillo visto, y pisos cerámicos»* (*NProvincia* [Arg.] 12.5.97).

block. → bloc.

blof, blofear, blofero -ra. → bluf.

blog. → bitácora.

bloomer. → blúmer.

bloque. → bloc.

blue jean. → vaquero, 2.

blues. **1.** Voz inglesa (pron. [blús]) que designa la forma musical propia del folclore de los afronorteamericanos y, también, cada una de las canciones que pertenecen a este tipo de música. Por tratarse de un extranjerismo crudo, debe escribirse con resalte tipográfico: *«El parentesco del guaguancó [...] con géneros musicales de otros ámbitos, como [...] el blues norteamericano o el cante jondo»* (Évora *Orígenes* [Cuba 1997]). Es invariable en plural: *«A Johnny no le gustan gran cosa los blues»* (Cortázar *Reunión* [Arg. 1983]).

2. Aunque es palabra asentada en el uso internacional con su grafía originaria, puede adaptarse fácilmente al español en la forma *blus* (pl. *bluses*; → PLURAL, 1f): *«Había sorprendido al muchacho de Austin ensayando una versión envenenada de un conocido blus»* (Delgado *Balada* [Ur. 1991]). Esta adaptación ha dado ya derivados, como el adjetivo *blusero*, que significa '(de(l) blus': *«Se trata de una trasnochada balada blusera»* (*Clarín* [Arg.] 9.10.00). Este mismo derivado, usado como sustantivo, designa al intérprete de esta música, por lo que equivale al anglicismo *bluesman*: *«Era un blusero que en algunos de sus solos tenía mucho de B. B. King»* (*Época* [Chile] 21.2.97).

bluesman. → blues, 2.

bluf. Adaptación gráfica de la voz inglesa *bluff*, 'montaje destinado a impresionar, que posteriormente se revela falso' y 'persona o cosa revestida de un prestigio que posteriormente se revela falto de fundamento': *«La "modernidad" socialista es un puro bluf»* (*Abc* [Esp.] 19.8.89). En los países centroamericanos, México, las Antillas y Colombia se usa la adaptación *blof*, también válida. Su plural es *blufs* y *blofs*, respectivamente (→ PLURAL, 1h). Se admite el uso del anglicismo adaptado, aunque se recomienda sustituirlo, en lo posible, por equivalentes españoles como *engaño*, *mentira*, *montaje*, *invento* o similares. También se usa el extranjerismo con los sentidos de 'dicho jactancioso que carece de fundamento' y, en los juegos de cartas, 'envite falso que se hace con mal juego para engañar al resto de los jugadores'. Para estos sentidos existen equivalentes españoles como *baladronada* o *fanfarronada* y, en el juego de cartas, *farol*. Las adaptaciones gráficas han dado ya derivados en el español americano, como *blufear, blofear* ('fanfarronear' y, en los juegos de naipes, 'envidar con mal juego para engañar al resto de los jugadores') y *blufero, blofero* ('persona que blufea o blofea').

bluff. → bluf.

blúmer. Adaptación gráfica de la voz inglesa *bloomer,* 'prenda interior femenina que cubre desde la cintura o las caderas hasta el comienzo de los muslos': «*Raúl subió la falda hasta dar con el diminuto blúmer*» (JmnzEmán *Tramas* [Ven. 1991]). Se usa en algunos países americanos como Cuba, Venezuela o la República Dominicana, junto a otros términos sinónimos más tradicionales, como *pantaleta* [Ven. y R. Dom.] o *pantalón* [Cuba]. Ha de escribirse con tilde, por ser palabra llana acabada en consonante distinta de *-n* o *-s* (→ TILDE², 1.1.2). Se desaconseja la adaptación [⊗]*blumen,* que se aleja de la pronunciación y la grafía etimológicas. Su plural debe ser *blúmeres* (→ PLURAL, 1g). Aunque se acepta el uso del anglicismo adaptado, se recomienda usar con preferencia las voces españolas tradicionales propias de cada país para designar esta prenda.

blus, blusero -ra. → blues, 2.

bluyín. → vaquero, 2.

boa. Cuando significa 'serpiente americana de gran tamaño', aunque alguna vez se ha usado en masculino, es de género femenino, como en latín: «*Los soldados habían matado a machetazos a las apacibles boas*» (Allende *Ciudad* [Chile 2002]). Cuando significa 'prenda en forma de serpiente, para adorno o abrigo del cuello', aunque hace años se usaba siempre con el género masculino que tiene esta voz en francés, hoy es más frecuente el femenino: «*Con el manguito en alto y el boa de plumas [...], parecían palomas moñudas de buche alto*» (GmzSerna *Automoribundia* [Esp. 1948]); «*Una boa de plumas ciñe su cuello*» (Hernández *Secreter* [Esp. 1995]).

boardilla. → buhardilla.

boca. *a boca de jarro,* [⊗]*a boca jarro.* → bocajarro.

bocabajo. Adverbio que significa 'con el vientre hacia el suelo': «*Estaba llorando de rabia en el dormitorio, tirada bocabajo en la cama*» (GaMárquez *Amor* [Col. 1985]); y 'en posición invertida': «*La cámara de Lombardía era particularmente difícil, se llevaba al revés porque en su visor las cosas se veían bocabajo*» (RdgzMárquez/MtzUceda *Televisión* [Esp. 1992]). También se escribe en dos palabras (*boca abajo*), grafía que aún sigue siendo mayoritaria; sin embargo, puesto que el primer elemento es átono y ambos se pronuncian como si fueran una sola palabra, se recomienda la grafía simple *bocabajo*.

bocajarro. *a bocajarro.* Referido a la acción de disparar, 'desde muy cerca': «*Les disparó a bocajarro tras apedrearlos*» (*Razón* [Esp.] 20.11.01); y, con verbos como *preguntar* o *decir,* 'de improviso o por sorpresa': «*Pensé en preguntarle a bocajarro si sospechaba del Capitán*» (Montero *Capitán* [Cuba 2002]). No es correcta la grafía en tres palabras [⊗]*a boca jarro.* La expresión originaria *a boca de jarro* sigue viva y es frecuente en el español de algunos países de América: «*—¿Se acuerda usted de Trujillo? —le pregunta Urania, a boca de jarro*» (VLlosa *Fiesta* [Perú 2000]).

bocarriba. Adverbio que significa 'con la espalda hacia el suelo': «*La pelirroja está tumbada bocarriba en la cama*» (Marsé *Rabos* [Esp. 2000]); 'con la abertura o boca hacia arriba': «*Se quitó el sombrero, lo puso bocarriba en el muelle por si quisieran echarle una moneda*» (GaMárquez *Amor* [Col. 1985]); y, refiriéndose a objetos con dos caras, 'con la cara principal hacia arriba': «*Las cartas bocarriba*» (Onetti *Viento* [Ur. 1979]). También se escribe en dos palabras (*boca arriba*), grafía que aún sigue siendo mayoritaria; sin embargo, puesto que el primer elemento es átono y ambos se pronuncian como si fueran una sola palabra, se recomienda la grafía simple *bocarriba*.

boceras. En España, 'bocazas, que habla de más o jactanciosamente': «*Usted quédese callado, es demasiado boceras*» (GaBadell *Funeral* [Esp. 1975]). Etimológicamente relacionado con *boca,* esta es la forma originaria y más recomendable, aunque existe también la variante *voceras,* con influjo de *voz:* «*¡Pero calla, voceras, que estás incomodando!...*» (SchzFerlosio *Jarama* [Esp. 1956]).

bocoy. 'Barril grande'. Su plural es *bocoyes* (→ PLURAL, 1d).

bodi. Adaptación gráfica propuesta para la voz inglesa *body,* 'prenda ajustada de una sola pieza, que cubre el tronco y se abrocha en la entrepierna': «*Sofi lleva una minifalda negra y un bodi*» (Mañas *Kronen* [Esp. 1994]). Su plural es *bodis* (→ PLURAL, 1e). No es válido el plural [⊗]*bodys,* que no es ni inglés ni español.

body. → bodi.

bóer. Voz tomada del neerlandés *boer* ('campesino'), que significa, referida a persona, 'descendiente de los antiguos colonos holandeses de Sudáfrica' y, referida a cosa, 'de los bóeres': «*El dirigente bóer que desmanteló el régimen del* apartheid *puso en libertad a Nelson Mandela*» (*País* [Esp.] 27.8.97); «*La nación bóer ha perdido también su país*» (*Mundo* [Esp.] 16.3.94). En español ha de escribirse con tilde por ser palabra llana terminada en consonante distinta de *-n* o *-s* (→ TILDE², 1.1.2). Su plural debe ser *bóeres* (→ PLURAL, 1g).

Bofutatsuana. Forma española del estado africano administrativamente dependiente de Sudáfrica: «*La ultraderecha ha criticado duramente a los medios que asistieron a la muerte de tres miembros del Movimiento de Resistencia Afrikáner (MRA) en Bofutatsuana*» (*Mundo* [Esp.] 16.3.94). No debe usarse en español la grafía inglesa *Bophuthatswana*.

Bogotá. Nombre habitual abreviado de la ciudad de *Santafé de Bogotá*, capital de Colombia. A diferencia de lo que sucede con otras poblaciones homónimas (→ Santa Fe), se considera válida en este caso, por razones históricas, la escritura del primer elemento en una sola palabra: «*La nueva Constitución de 1991 rebautizó oficialmente a la ciudad con el nombre de Santafé de Bogotá, mezcla del nombre colonial con el republicano*» (Puyo *Bogotá* [Col. 1992]). El gentilicio es *bogotano* o *santafereño*.

bogotano -na. → Bogotá.

bohardilla. → buhardilla.

boicot. Adaptación gráfica de la voz inglesa *boycott*, 'acción destinada a entorpecer o impedir que una persona o empresa desarrolle normalmente su actividad, a menudo como medida de presión'. Su plural es *boicots* (→ PLURAL, 1h): «*Como resultado de los boicots organizados, se logró la rebaja de tarifas*» (Gordon *Crisis* [Méx. 1989]). No ha triunfado, y debe evitarse, la adaptación ⊗*boicó*. Igualmente válido, aunque menos frecuente, es el sinónimo *boicoteo*, derivado del verbo *boicotear*.

boicoteo. → boicot.

boiler. Voz inglesa, usada con cierta frecuencia en el español de México, para designar el aparato de uso doméstico que sirve para calentar el agua corriente. Es anglicismo innecesario, por existir las voces españolas *calentador* y *caldera*, de sentido equivalente: «*Le pregunté por qué no instalaba de una vez calentador y tina de baño*» (Ibargüengoitia *Crímenes* [Méx. 1979]); «*La explosión de una caldera de gas* [...] *se debió a un escape en la red de suministro*» (*Mundo* [Esp.] 15.12.95). En Bolivia y los países del Cono Sur se usa, con este sentido, la voz *calefón*: «*Vendía heladeras y calefones*» (Canto *Ronda* [Arg. 1980]); en Chile, más frecuentemente *cálifon(t)*. En España, si se trata de un aparato eléctrico, se denomina *termo*: «*Y dúchate, si quieres; el termo está enchufado*» (Salom *Piel* [Esp. 1976]).

Bojador. Forma tradicional española del nombre de esta ciudad del Sáhara: «*Los traficantes trasladan los tablones de esta madera desde el norte de Marruecos hasta Bojador*» (*País*@ [Esp.] 9.2.04). No debe usarse en español la forma francesa *Boujdour*.

bol. Adaptación gráfica de la voz inglesa *bowl*, que designa un tipo de recipiente redondo y sin asas: «*Le trajeron un gran bol lleno de una humean-*

te sopa de pollo» (Donoso *Elefantes* [Chile 1995]). Se documenta en español desde finales del siglo XIX. Es, pues, anglicismo asentado, aunque no deben olvidarse equivalencias más tradicionales como *tazón, cuenco* o *escudilla*. Su plural es *boles* (→ PLURAL, 1g): «*Volvimos con la cena en una bandeja: boles con copos de maíz*» (Borges *Libro* [Arg. 1975]). No debe usarse para el plural la forma ⊗*bols*, y aún menos para el singular, como ocurre a veces en el español rioplatense: ⊗«*En un bols se lleva esta salsita a la mesa*» (Bonfiglioli *Arte* [Arg. 1990]). Se desaconseja, por minoritaria, la adaptación ⊗*boul*.

Bologna. → Bolonia.

Bolonia. Forma española del nombre de esta ciudad de Italia: «*De Florencia a Bolonia, manejó ella todo el tiempo*» (Chavarría *Rojo* [Ur. 2002]). Existe también la variante *Boloña*, válida, pero minoritaria en el uso actual: «*Módena está a media hora en tren de Boloña*» (*Domingo* [Chile] 18.7.04). No debe usarse en español la grafía italiana *Bologna*. El gentilicio es *boloñés*. Este adjetivo se aplica además a un tipo de salsa: «*Albóndigas de trigo en salsa boloñesa*» (Chávez *Nutrición* [Méx. 1993]).

Boloña, boloñés -sa. → Bolonia.

bombacha. En los países del Cono Sur, 'pantalón de perneras anchas que se ajustan en los tobillos' y 'prenda interior femenina que cubre desde la cintura o las caderas hasta las ingles'. Se usa también en plural con sentido singular (→ PLURAL, 2.5): *Se sacó la(s) bombacha(s)*. Con el primer sentido indicado, en otras zonas del ámbito hispánico se emplean las variantes masculinas *bombacho* y *bombache* (→ bombacho).

bombache. → bombacho.

bombacho. 'Pantalón de perneras anchas que se ajustan en los tobillos'. Se usa normalmente en plural con sentido singular (→ PLURAL, 2.5): *Vestía un(os) bombacho(s) de seda verde*. En zonas del Caribe se usa también la forma *bombache(s)* y en los países del Cono Sur se prefiere la variante femenina *bombacha(s)*.

Bombay. Forma tradicional española del nombre de esta ciudad de la India: «*Beiras y Nogueira parten hacia Bombay para asistir al Foro Social Mundial*» (*VGalicia* [Esp.] 15.1.04). Aunque actualmente la denominación oficial de esta ciudad ha adoptado la forma local *Mumbai*, sigue siendo preferible en español el uso del topónimo tradicional.

bombero -ra. 'Persona que trabaja en la extinción de incendios y otras tareas de salvamento'. El femenino es *bombera* (→ GÉNERO², 3a): «*Hay gobernadoras civiles,* [...] *presidentas y directoras de empresa,* [...] *bomberas*» (*País* [Esp.] 2.2.88). No debe emplearse el masculino para referirse a una mujer: [⊗]*la bombero*.

bongó. 'Instrumento musical caribeño de percusión'. Su plural es *bongós* (→ PLURAL, 1b): «*Se afinaban tambores —posiblemente tumbadoras y bongós—*» (CInfante *Habana* [Cuba 1986]). Es voz aguda, por lo que, con este sentido, no se considera válida la forma llana *bongo* [bóngo], que corresponde, en realidad, al término que designa una embarcación de fondo plano para el transporte fluvial, típica de algunos países americanos como Colombia y Venezuela: «*En lancha son seis horas. En bongo más del doble*» (*Universal* [Ven.] 9.7.96).

boniato. 'Planta y, especialmente, su tubérculo comestible'. Esta es la forma usada en el español general culto. Se desaconseja la variante [⊗]*buniato*, deformación propia del habla popular. Existe también la forma *moniato*, frecuente en el levante español por ser esta la voz usada en catalán para designar este tubérculo.

bonísimo -ma. → bueno, 3b.

bonsái. 'Planta ornamental atrofiada mediante una técnica de origen japonés'. Aunque la grafía *bonsay* se adapta mejor a la ortografía del español (→ i, 5b), la forma asentada en el uso es *bonsái*. Su plural es *bonsáis*, que, al igual que el singular, debe escribirse con tilde (→ TILDE², 1.1.1).

bonsay. → bonsái.

boom. → bum, 2.

boomerang. → búmeran o bumerán.

Bophuthatswana. → Bofutatsuana.

borceguí. 'Botín rústico'. Su plural es *borceguíes* o *borceguís* (→ PLURAL, 1c).

borda. *fuera (de) borda.* → fuera, 4.

Bordeaux. → Burdeos.

bordo. 1. *a bordo.* El sustantivo *bordo* ('costado de la nave') forma parte de la locución adverbial *a bordo*, que significa 'al o en el interior de una nave o, por extensión, de un medio de transporte': «*El dentista ayudó a subir a bordo el sillón portátil*» (Sepúlveda *Viejo* [Chile 1989]); «*La espera en el coche o a bordo de un taxi*» (Marías *Corazón* [Esp. 1992]). Se escribe siempre en dos palabras, incluso cuando, precedida de la preposición *de*, funciona como locución adjetiva: «*No extrañaba la comida de a bordo*» (Polimeni *Luca* [Arg. 1991]); no se admite, pues, la grafía [⊗]*abordo*.

2. *fuera (de) bordo.* → fuera, 4.

bordó. → Burdeos.

Bosnia-Herzegovina. Aunque el nombre oficial de esta república europea es *Bosnia y Herzegovina*, es más habitual su escritura con guion intermedio, grafía que hace inequívoca la referencia a un solo país: «*Tuvieron una entrevista con el embajador de Bosnia-Herzegovina en Buenos Aires*» (*Clarín* [Arg.] 11.10.00). La grafía con -z- es mayoritaria y está plenamente asentada, por lo que se desaconseja el uso de la variante con -c- [⊗]*Bosnia-Herzegovina*. El gentilicio habitual es *bosnio*: «*Los serbios bosnios reiteraron oficialmente su rechazo a la división territorial propuesta por el grupo de contacto, plan que establece un 49% del territorio de Bosnia-Herzegovina para los serbios bosnios y el 51% para los musulmanes y los croatas*» (*Vanguardia* [Esp.] 16.2.95). El gentilicio *bosnioherzegovino* tiene, por el momento, escasa difusión.

Bosnia y Herzegovina. → Bosnia-Herzegovina.

bosnio -nia, bosnioherzegovino -na. → Bosnia-Herzegovina.

bote. *a* o *de bote pronto.* La locución adverbial o adjetiva *a bote pronto* significa, en algunos deportes como el fútbol o el tenis, 'golpeando la pelota justo después de que haya botado': «*Un golazo de Ivars, que enganchó una pelota a bote pronto*» (*Marca*@ [Esp.] 30.3.02). En México y varios países centroamericanos se dice normalmente *de bote pronto*: «*Con un disparo de bote pronto derrotó al portero*» (*Prensa*@ [Hond.] 9.1.97). Del lenguaje deportivo ha pasado a la lengua general con el sentido de 'sobre la marcha o improvisadamente': «*Se reafirmó en lo que había declarado a bote pronto sobre la noche del crimen*» (Gala *Invitados* [Esp. 2002]). A veces se modifica esta locución convirtiéndola, erróneamente, en [⊗]*a voz de pronto*.

botonadura. 'Juego de botones de una prenda de vestir': «*La botonadura de la camisa era de coral*» (Mendoza *Ciudad* [Esp. 1986]). También es válida la variante *abotonadura*, usada con preferencia en algunos países de América: «*Guerrera [...] con abotonadura de oro*» (VLlosa *Fiesta* [Perú 2000]).

Botsuana. Forma adaptada a la ortografía y pronunciación españolas del nombre de este país africano: «*La India, el Congo y Botsuana necesitan todo el dinero que se pueda recaudar*» (*País* [Esp.] 11.9.97). No debe usarse en español la grafía inglesa *Botswana*. El gentilicio recomendado es *botsuano*.

botsuano -na, *Botswana.* → Botsuana.

bouillabaisse. → bullabesa.

Boujdour. → Bojador.

[⊗]***boul.*** → bol.

boulevard. → bulevar.

[⊗]***bouqué, bouquet.*** → buqué.

bourbon. → burbon.

boutade. → butade.

box. 1. Del inglés *to box* ('boxear'), se emplea en muchos países de América para designar el deporte de lucha entre dos púgiles: «*Tal y como ocurre en las peleas de box al sonar la campana, los contendientes se separaron al instante*» (Velasco *Regina* [Méx. 1987]). Aunque se documenta ya en la primera mitad del siglo XX, se recomienda usar con preferencia la forma *boxeo,* mayoritaria en América y única conocida en España.

2. Del inglés *box* ('caja'), se emplea en español con diversos sentidos:

a) En una cuadra o hipódromo, 'compartimento para un solo caballo': «*Este caballo ha aparecido muerto esta semana en su box*» (*País* [Esp.] 10.10.80).

b) En un circuito de carreras, 'zona destinada a la asistencia técnica de los vehículos en carrera': «*El Simca* [...] *terminó guardado en el box debido a que le explotó el motor*» (*Tiempo* [Col.] 15.9.96).

c) En un hospital, 'compartimento reservado a los enfermos ingresados en urgencias o que necesitan estar aislados': «*Consta de once boxes de exploración independientes para pacientes que precisen estar encamados por su situación clínica o funcional*» (*Emergencias* [Esp.] 6.00).

d) En diversos establecimientos, 'compartimento para ofrecer atención individualizada': «*Contamos con boxes de atención particularizada*» (*Clarín* [Arg.] 3.7.87). Con este sentido es preferible emplear voces españolas como *compartimento, cabina, apartado, reservado,* etc.

e) En el béisbol, 'montículo donde se sitúa el lanzador para realizar los lanzamientos': «*Alex Fernández, desde el box, y Charlie Johnson, bate en mano, guiaron a los Marlins a una victoria 2-1 sobre los Expos de Montreal*» (*DAméricas* [EE. UU.] 21.6.97).

f) Es superfluo y rechazable su empleo en lugar de las expresiones españolas *apartado* (o *casilla*) *postal* o *de correos.*

3. El plural es *boxes* (→ PLURAL, 1f).

boycott. → boicot.

boy scout. → escultismo, 2.

bracmán. → brahmán.

brahmán. 'Sacerdote hindú'. Se pronuncia [bramán]. Esta voz de origen sánscrito debe escribirse con tilde en español, por ser palabra aguda acabada en -*n* (→ TILDE², 1.1.1). Su plural es *brahmanes* (→ PLURAL, 1g). Esta es la forma preferida y la más cercana a la etimología; las variantes *bracmán* y *brahmín* están en desuso.

brahmín. → brahmán.

brake. → breque.

Brandeburgo. Forma española del nombre de esta ciudad de Alemania, que sigue plenamente vigente y es mayoritaria en el uso: «*Centenares de neonazis intentaban reagruparse en Brandeburgo*» (*Mundo* [Esp.] 11.11.96). La forma *Brandemburgo,* adaptación plena a la ortografía española del nombre

alemán *Brandenburg,* es también válida (→ m, 2 y n, 2): «*El sindicato alemán inició hace cuatro semanas los paros* [...], *primero en Sajonia, y luego en Berlín y Brandemburgo*» (*Mundo*@ [Esp.] 30.6.03). Se desaconseja la forma semiadaptada ⊗*Brandenburgo,* que va contra la regla ortográfica española que prescribe la escritura de *m* ante *b.* El gentilicio es *brandeburgués* o *brandemburgués.*

brandeburgués -sa, Brandemburgo, brandemburgués -sa, *Brandenburg*. → Brandeburgo.

brandi. Adaptación gráfica propuesta para la voz inglesa *brandy,* que se usa en español para designar, por razones legales, el coñac elaborado fuera de Francia. Su plural es *brandis* (→ PLURAL, 1e): «*Se habían tomado tres brandis cada uno*» (GaMárquez *Amor* [Col. 1985]). No es válido el plural ⊗*brandys,* que no es ni inglés ni español.

brandy. → brandi.

branquial. 'De las branquias': «*Los peces tienen respiración branquial*» (Haro *Biología* [Esp. 1991]). No debe confundirse con *braquial* ('del brazo'; → braquial) ni con *bronquial* ('de los bronquios'; → bronquial).

braquial. 'Del brazo': «*El perímetro braquial resulta útil para estimar la masa muscular*» (Rausch/Bay *Anorexia* [Arg. 1990]). No debe confundirse con *branquial* ('de las branquias'; → branquial).

braquicefalia. → -cefalia.

Brasil. Esta es la única grafía válida en español del nombre de este país de América; no debe usarse la forma inglesa *Brazil.* El gentilicio recomendado y mayoritario en todo el ámbito hispánico es *brasileño:* «*Ganó* [Pelé] *tres campeonatos mundiales con la selección brasileña*» (Galeano *Fútbol* [Ur. 1995]). Esta forma alterna en algunos países de América con *brasilero,* adaptación del gentilicio en portugués *brasileiro:* «*Serviría de guía un brasilero de nombre César Santos, quien había pasado la vida en esa región*» (Allende *Ciudad* [Chile 2002]). Es impropio usar *carioca* como gentilicio de Brasil (→ carioca).

brasileiro -ra, brasileño -ña, brasilero -ra, *Brazil*. → Brasil.

brécol. → brócoli.

Brema. → Bremen.

Bremen. Aunque el nombre tradicional español de esta ciudad de Alemania, capital del estado homónimo, es *Brema,* hoy se emplea la forma alemana *Bremen:* «*La estación de ferrocarril de Bremen estaba atestada de pasajeros*» (*País* [Esp.] 22.3.03).

breque. Adaptación de la voz inglesa *brake* ('freno'), usada en el área andina y algunos países centroamericanos para designar el freno de los trenes. A partir de este sustantivo se han formado los derivados *brequear* ('frenar') y *brequero* ('guardafrenos'): «*Los maquinistas y los brequeros del Ferrocarril se han comprometido a impedir que la tropa llegue a Cerro de Pasco*» (Scorza *Tumba* [Perú 1988]). No debe olvidarse que los términos españoles equivalentes son *freno, frenar* y *guardafrenos,* respectivamente.

brequear, brequero. → breque.

breve. en breve. Locución adverbial que significa 'muy pronto o dentro de poco tiempo': «*En breve quedaría todo ello obsoleto*» (Collyer *Pájaros* [Chile 1995]). A veces se emplea impropiamente en español como equivalente de *brevemente, en suma, en resumen* o *en pocas palabras,* por calco censurable de la expresión francesa *(en) bref:* ⊗«*Recordemos en breve la historia: el rey Herodes vivía...*» (Alborch *Malas* [Esp. 2002]); ⊗«*En breve: en las circunstancias sociopolíticas del país el proyecto de desarrollo económico no podía sino adoptar la forma capitalista dependiente*» (Pereyra *Estado* [Méx. 1979]).

bricolage. → bricolaje.

bricolaje. Adaptación gráfica de la voz francesa *bricolage,* 'actividad manual mediante la que se realizan pequeñas obras de carpintería, fontanería, electricidad, etc., o se fabrican objetos para la propia vivienda sin acudir a profesionales': «*Este último material es el que acostumbran a emplear los aficionados al bricolaje que deciden construir ellos mismos sus colectores solares*» (Cusa *Energía* [Esp. 1998]). Aunque en algunos países americanos se emplea el extranjerismo crudo, con su grafía y pronunciación originarias (*bricolage,* pron. [bricoláʒ]), no hay razón para que esta palabra quede excluida del proceso de adaptación seguido por las voces francesas terminadas en *-age* que se han incorporado al español, y que se han adaptado siempre con la terminación *-aje* (pron. [áje]): *bagaje, masaje, menaje,* etc.

Brindis. → Bríndisi.

Bríndisi. Aunque el nombre tradicional español de esta ciudad de Italia es *Brindis,* hoy se emplea la forma italiana *Brindisi,* que en español debe escribirse *Bríndisi,* con tilde, por ser palabra esdrújula (→ TILDE², 1.1.3).

briófito -ta o **briofito -ta.** → -fito.

británico -ca. → Gran Bretaña y Reino Unido.

broccoli. → brócoli.

brocheta. Adaptación gráfica de la voz francesa *brochette,* 'varilla en la que se ensartan pedazos de carne u otros alimentos, normalmente para asarlos' y 'plato consistente en trozos de alimento que se sirven ensartados en una brocheta': «*Haz las bro-*

chetas colocando las verduras, el cordero y la manzana, alternando los trozos» (Arguiñano *Recetas* [Esp. 1996]). La forma *broqueta,* de igual sentido, ha caído en desuso.

brochette. → brocheta.

brócoli. 'Variedad de col común, parecida a la coliflor, pero de color verde'. Es adaptación gráfica de la voz italiana *broccoli* (pl. de *broccolo* 'pella de algunas berzas'). Aunque es etimológicamente un plural, en español se usa como singular: «*Limpiar el brócoli, separarlo en ramitos chicos y blanquearlo*» (Botana *Recetas* [Arg. 1999]). Su plural es *brócolis.* Esta es hoy la forma preferida por los hispanohablantes, aunque también se usa con frecuencia la forma más propiamente española *brécol:* «*Lava el brécol, saca sus brotes y cuécelo en agua hirviendo con sal*» (Arguiñano *Recetas* [Esp. 1996]). Existe asimismo la variante *bróculi,* hoy minoritaria.

bróculi. → brócoli.

bróker. Voz tomada del inglés *broker,* 'persona que actúa como intermediario por cuenta ajena en operaciones comerciales, de seguros o bursátiles'. En español ha de escribirse con tilde por ser palabra llana terminada en consonante distinta de *-n* o *-s* (→ TILDE², 1.1.2). El plural debe ser *brókeres* (→ PLURAL, 1g). Aunque se admite el uso del anglicismo adaptado, se recomienda sustituirlo en lo posible por expresiones españolas de sentido equivalente, como *agente* o *intermediario financiero, de seguros* o *bursátil,* o *corredor de seguros* o *de bolsa.*

bronquial. 'De los bronquios': «*Un hermano asmático llevaba una vida totalmente restringida por su afección bronquial*» (Rausch *Dietas* [Arg. 1996]). No debe confundirse con *branquial* ('de las branquias'; → branquial).

bronquiolo o **bronquíolo.** 'Pequeño conducto de los varios en que se dividen los bronquios'. Las palabras españolas con esta terminación (del sufijo diminutivo latino *-olus*) presentan dos acentuaciones, ambas válidas: una esdrújula, que es la etimológica, y otra llana. La más usada en este caso es la llana *bronquiolo.*

broqueta. → brocheta.

bruneano -na. → Brunéi.

Brunéi. Nombre usual del sultanato de Brunéi Darussalam, país de Asia. En español debe escribirse con tilde por ser palabra aguda terminada en vocal (→ TILDE², 1.1.1): «*El presidente me anunció que se iba a Brunéi*» (Comercio@ [Perú] 10.9.04). El gentilicio recomendado es *bruneano.*

bruñir. 'Sacar lustre [a algo]'. Verbo irregular: se conjuga como *mullir* (→ APÉNDICE 1, n.° 42).

-bs-. → b, 2.

budín. → pudin o pudín.

buen. → bueno, 1.

buenaventura. 'Buena suerte' y 'adivinación de la suerte futura de las personas por las rayas de la mano': «*Lo achacó a su esperanza de buenaventura, a su optimismo*» (GmzOjea *Cantiga* [Esp. 1982]); «*Se fugó a América con una gitana española dedicada a leer la buenaventura*» (Moix *Vals* [Esp. 1994]). Es preferible esta forma, hoy mayoritaria, a la grafía en dos palabras *buena ventura*.

buenamoza. → bueno, 4.

⊗buenhumor. → humor, 1.

buenmozo. → bueno, 4.

bueno -na. 1. 'De carácter apacible y bondadoso': «*Pascual era un chico bueno*» (Palou *Carne* [Esp. 1975]); 'gustoso o apetecible': «*La paella, para que salga buena, tiene que contener un poco de arroz "socarrat"*» (Vergara *Comer* [Esp. 1981]); '[persona o cosa] de calidad, que reúne todas las condiciones exigibles para cumplir bien su función': «*Se piensa que el buen escritor hace una buena novela*» (Umbral *Mortal* [Esp. 1975]); 'sano': «*Cuando yo llegaba a ver al enfermo, me dice que ya está bueno*» (Fisas *Historias* [Esp. 1983]); y 'conveniente': «*Estar siempre encerrado no es bueno*» (Gamboa *Páginas* [Col. 1998]). Se apocopa siempre en la forma *buen* cuando precede a un sustantivo masculino singular, aunque entre ambos se interponga otra palabra: *mi buen amigo, un buen primer libro*. No se apocopa, sin embargo, cuando lo que se interpone entre el adjetivo y el sustantivo es la preposición *de: el bueno de Pedro*. La apócope es opcional si *bueno* aparece antepuesto y coordinado con otro adjetivo: «*Con qué gusto encontraba a mi bueno y viejo compañero del primer arreo*» (Güiraldes *Segundo* [Arg. 1926]); «*Dalmau le ha hecho a Franco un buen y último servicio*» (Umbral *Leyenda* [Esp. 1991]).

2. Existen dos formas para el comparativo de *bueno*:

a) mejor. Procede del comparativo latino *melior* y se usa en todos los significados de *bueno* antes referidos, aunque en los sentidos de 'bondadoso' y de 'gustoso o apetecible' se emplea con preferencia *más bueno* (→ b): «*A la iglesia se viene a rezar, a pedir a Dios ser mejor, para poder dar más*» (Santander *Milagro* [Méx. 1984]); «*Las almejas [a la] marinera estarían mejor sin tanto tomate y ajo*» (Vergara *Comer* [Esp. 1981]); «*Tal vez tengan una casa mejor, un coche mejor y mejores camisas, pero dentro de esas camisas está el mismo hombre que usaba ropa de peor calidad unos años atrás*» (Cappa *Intimidad* [Arg. 1996]); «*Claro que siempre es mejor ser un pirata que un asesino*» (Cebrián *Rusa* [Esp. 1986]). El segundo término de comparación debe ir introducido

por la conjunción *que:* «*Su mujer no era mejor QUE yo*» (Millás *Mujeres* [Esp. 2002]); o por la preposición *de*, si se trata de una oración de relativo sin antecedente expreso que denota, no una entidad distinta, sino grado o cantidad en relación con la magnitud que se compara: «*La droga se ha disuelto mejor DE lo que esperaba*» (Martínez *Vuelo* [Arg. 2002]). En ninguno de estos casos debe emplearse la preposición *a* para introducir el término de comparación: ⊗«*El futuro, pues, será otro y mejor A aquel que imaginó el asturiano valiente*» (*Mundo* [Esp.] 19.7.96); debió decirse *mejor QUE aquel que imaginó*. Puesto que es de por sí una forma comparativa, es incompatible su uso con otras marcas de grado como *más:* ⊗«*Yo calculé la dignidad de mi ajuste y me largué. Es más mejor así*» (Prada *Hora* [Méx. 1979]). Admite la anteposición del intensificador *mucho:* «*Sería mucho mejor que te suspendieran*» (ASantos *Vis* [Esp. 1992]); pero no de *muy:* ⊗«*Los conocimientos y el buen gusto de aquellos españoles musulmanes* [...] *hicieron posible que* [...] *este* [el vino] *fuera abundantísimo y* [...] *de muy mejor calidad*» (Plasencia/Villalón *Vinos* [Esp. 1994]); debió decirse *mucha mejor calidad*.

b) más bueno. Se emplea con preferencia a *mejor* para formar el comparativo de *bueno* en el sentido de 'bondadoso': «*Nunca he conocido a nadie más bueno que él*» (Valladares *Esperanza* [Cuba 1985]). También es correcto su empleo para formar el comparativo de *bueno* en el sentido de 'gustoso o apetecible': «*Algunas personas piensan que, cocidos* [los garbanzos] *en la misma agua del remojo, salen más buenos*» (Domingo *Sabor* [Esp. 1992]).

3. Además de *muy bueno*, existen otras tres formas correctas para el superlativo de *bueno*:

a) buenísimo. Superlativo regular, formado sobre el adjetivo español *bueno* + el sufijo superlativo *-ísimo* (→ -ísimo): «*Conmigo siempre ha sido buenísimo*» (Benedetti *Primavera* [Ur. 1982]); «*Es una idea buenísima y original*» (AMillán *Guardapolvo* [Esp. 1990]). Es hoy forma mucho más usada que *bonísimo* (→ b).

b) bonísimo. Superlativo irregular, formado con la raíz del adjetivo latino *bonus* + el sufijo superlativo *-ísimo:* «*A esta Basi la temo, es bonísima, pero se enrolla como una persiana*» (MtnGaite *Fragmentos* [Esp. 1976]); «*Ella me enseñó a hacer el cordero con patatas al horno, que es bonísimo*» (Castro/Alcántara/Colón *Cocina* [R. Dom. 1996]). Esta forma está cayendo en desuso y hoy se prefiere *buenísimo* (→ a).

c) óptimo. Forma procedente del superlativo latino *optimus*, que significa 'bueno en grado sumo': «*Reunía* [el local] *condiciones óptimas para la perpetración de un atraco*» (Tomás *Orilla* [Esp. 1984]); «*Continuaron* [...] *siendo óptimos monteros*» (Donoso *Casa* [Chile 1978]). Se usa casi exclusivamente en la lengua escrita.

Ninguna de estas tres formas admite marcas de grado, puesto que son de por sí superlativas; por tanto, es incorrecto su empleo en combinación con *muy, más, menos* o *tan*: [⊗]*muy buenísimo,* [⊗]*más buenísimo,* [⊗]*menos buenísimo,* [⊗]*tan buenísimo,* [⊗]*muy óptimo,* [⊗]*más óptimo,* [⊗]*menos óptimo,* [⊗]*tan óptimo.*

4. buen mozo, buena moza. 'Guapo, de buena presencia': «*No era feo ni buen mozo, gordo ni flaco*» (Vergés *Cenizas* [R. Dom. 1980]); «*Yo era una buena moza en mis tiempos*» (Azancot *Amores* [Esp. 1980]). En países como Chile, Colombia, Venezuela y el Perú es frecuente su escritura en una sola palabra: «*Era un moreno alegre y buenmozo*» (Allende *Eva* [Chile 1987]); «*¿Cómo se va a ir sola en un barco una mujer buenamoza y casada?*» (Herrera *Casa* [Ven. 1985]). En plural es *buenos mozos* (o *buenosmozos*) y *buenas mozas* (o *buenasmozas*): «*Allen usurpaba el tranco de las más buenas mozas para decirles algo*» (Dolina *Ángel* [Arg. 1993]); «*Abundan los programas y anuncios sobre la existencia de* [...] *"jóvenes buenosmozos" para el consuelo de una "dama"*» (Sandner *Sida* [Ven. 1990]).

buey. 'Macho vacuno castrado'. Su plural es *bueyes* (→ PLURAL, 1d).

Búfalo. Forma adaptada a la ortografía y pronunciación españolas del nombre de esta ciudad de los Estados Unidos: «*Se trasladaron posteriormente a Búfalo*» (*Teknokultura* [P. Rico] 8.01). No debe usarse en español la forma inglesa *Buffalo.*

bufé. 'Conjunto de platos calientes y fríos dispuestos sobre una mesa para que cada persona se sirva a su gusto': «*Nos habían dejado un bufé preparado y cenamos antes de acostarnos*» (Feo *Años* [Esp. 1993]). Es adaptación gráfica de la voz francesa *buffet* ('aparador'). Su plural es *bufés* (→ PLURAL, 1a). Aunque comparte etimología con la palabra *bufete* ('despacho de abogado' y 'escritorio con cajones'; → bufete), no debe confundirse con ella.

bufete. 'Despacho de un abogado' y 'mesa con cajones usada como escritorio': «*Presidía un bufete célebre por sus clientes millonarios*» (Rovinski *Herencia* [C. Rica 1993]); «*Tomando asiento ante el bufete, empezó a hojear los papeles que esperaban turno sobre la carpeta*» (Trías *Encuentro* [Esp. 1990]). Es adaptación gráfica de la voz francesa *buffet* ('aparador'). Su plural es *bufetes* (→ PLURAL, 1a). No es correcto su empleo con el sentido que corresponde a *bufé* ('conjunto de platos calientes y fríos dispuestos en la mesa para que cada comensal se sirva a su gusto'; → bufé), adaptación de la misma voz francesa, pero de significado muy diverso.

Buffalo. → Búfalo.

buffet. → bufé y bufete.

buganvilia. 'Arbusto trepador con brácteas de diversos colores y flores pequeñas': «*Floreció la tumba con unas buganvilias cortadas en el jardín del presbiterio*» (Carpentier *Siglo* [Cuba 1962]). Esta es la forma usada con preferencia en la mayor parte de América; en España y algunos países americanos se emplea normalmente la forma *buganvilla,* más cercana a la etimología, pues esta voz procede del nombre del navegante francés que la trajo a Europa desde América, el conde de Bougainville: «*El viento levantó a su alrededor un tumulto de pétalos de buganvilla*» (Grandes *Aires* [Esp. 2002]). No es correcta la grafía [⊗]*bugambilia.*

buganvilla. → buganvilia.

buhardilla. 'Ventana que se levanta por encima del tejado de una casa' y 'espacio situado bajo el tejado, de techo normalmente inclinado'. Esta es la forma mayoritariamente usada en todo el ámbito hispánico. También son válidas, aunque de uso mucho menos frecuente, las variantes *bohardilla, boardilla* y *guardilla.* Lo mismo cabe decir del adjetivo derivado *abuhardillado* y sus variantes *abohardillado, aboardillado* y *aguardillado.*

Bujumbura. → Buyumbura.

buldócer. Adaptación gráfica propuesta para la voz inglesa *bulldozer,* 'máquina de gran potencia, con una pieza delantera móvil para remover obstáculos'. Su plural es *buldóceres* (→ PLURAL, 1g): «*No podemos mandar a Antillana de Acero los buldóceres*» (*Granma* [Cuba] 5.96).

bulevar. Adaptación gráfica de la voz francesa *boulevard,* 'calle ancha con un paseo central arbolado': «*Le prohibieron la entrada a los cafés del bulevar*» (Alberto *Eternidad* [Cuba 1992]). Su plural es *bulevares* (→ PLURAL, 1g). No es aceptable la forma híbrida [⊗]*bulevard,* que no es ni francesa ni española.

bulimia. 'Gana desmedida de comer'. Es errónea la forma [⊗]*gulimia,* debida al cruce con *gula.*

bullabesa. Adaptación gráfica de la voz francesa *bouillabaisse,* 'sopa de pescados y crustáceos, que se sirve con rebanadas de pan': «*Nadie podría hacer una paella, unos espaguetis boloñesa, una bullabesa*» (Domingo *Cocina* [Esp. 1996]).

bulldozer. → buldócer.

bullente. → bullir.

bullir. 'Hervir'. Verbo irregular: se conjuga como *mullir* (→ APÉNDICE 1, n.º 42). El adjetivo derivado es *bullente* ('que bulle'), no [⊗]*bulliente: «Se formó un bullente círculo de hombres y mujeres*» (Gasulla *Culminación* [Arg. 1975]).

bulto. **a bulto.** 'Aproximadamente o de manera imprecisa'. Se escribe siempre en dos palabras: «*Ni siquiera me dio tiempo a ver a bulto todo cuanto tenía allí atesorado*» (Armas *Madrid* [Esp. 1994]).

bum. **1.** Interjección onomatopéyica utilizada para imitar el ruido de un golpe o de una explosión: «*Una chispa o una palabra soez, y ¡bum!, todos al infierno*» (Marsé *Embrujo* [Esp. 1993]). **2.** Adaptación gráfica de la voz inglesa *boom* ('estruendo, estallido'), usada con el sentido de 'éxito o auge repentino de algo': «*Tuvo cierta resonancia antes del bum de la novela latinoamericana, cuando el minibum* [...] *de la novela social española*» (Semprún *Autobiografía* [Esp. 1977]). Su plural es *bums* (→ PLURAL, 1h).

búmeran o **bumerán.** La voz inglesa *boomerang* ('arma arrojadiza que, cuando no da en el blanco, vuelve al punto de partida') se ha incorporado al español con dos acentuaciones, ambas válidas. En varios países americanos, como la Argentina, México o el Ecuador, se conserva la pronunciación esdrújula etimológica, que debe representarse en español con la grafía *búmeran*: «*La brillante maniobra* [...] *se está transformando en un búmeran*» (Wornat *Menem-Bolocco* [Arg. 2001]); en cambio, en España y otras partes de América es más frecuente la pronunciación aguda que refleja la grafía *bumerán*: «*El objeto era demasiado pesado y tenía una forma demasiado atípica para ser un bumerán*» (*Vanguardia* [Esp.] 16.2.95). No debe usarse la forma híbrida [⊗]*bumerang*, que no es ni inglesa ni española. La forma esdrújula es invariable en plural: *los búmeran*; el plural de la forma aguda es *bumeranes* (→ PLURAL, 1g).

búngalo o **bungaló.** La voz inglesa *bungalow* ('casa pequeña de una sola planta, que suele construirse en lugares de vacaciones') se ha adaptado gráficamente al español con dos acentuaciones, ambas válidas. La forma esdrújula *búngalo* mantiene la pronunciación etimológica y es la usada en varios países de América, como la Argentina, Chile o México: «*Graciosos búngalos descansan a la sombra de las palmeras de coco*» (Tibón *Aventuras* [Méx. 1986]); en cambio, en otros países americanos y en España se usa la forma aguda *bungaló*, por influjo de la pronunciación francesa del término inglés: «*Puede haber también bungalós, que suelen ser más confortables*» (VV. AA. *Matemáticas* [Esp. 1998]). Los purales respectivos son *búngalos* y *bungalós* (→ PLURAL, 1a y b).

bungalow. → búngalo o bungaló.

[⊗]*buniato.* → boniato.

búnker. 'Pequeña construcción defensiva' y, en especial, 'refugio blindado, por lo general subterráneo, para protegerse de los bombardeos': «*Las autoridades nazis deciden concentrar gran parte de los trabajos en un búnker secreto en Berlín*» (Volpi *Klingsor* [Méx. 1999]). Es voz tomada del alemán *Bunker*. En español debe escribirse con tilde por ser palabra llana terminada en consonante distinta de *-n* o *-s* (→ TILDE², 1.1.2). Su plural es *búnkeres* (→ PLURAL, 1g): «*Los civiles de Grozni viven aterrorizados en búnkeres*» (*Mundo* [Esp.] 9.1.95). Se desaconseja, por minoritaria, la grafía [⊗]*búnquer*.

buqué. Adaptación gráfica de la voz francesa *bouquet*, 'aroma de un vino': «*Los vinos* [...] *son carnosos y concentrados, con un buqué intenso*» (*Capital*@ [Arg.] 26.9.04); y 'pequeño ramo de flores': «*Los buqués ganadores eran de orquídeas y pequeños capullos de rosas de varios colores*» (*Hola*@ [Esp.] 31.3.04). Su plural es *buqués* (→ PLURAL, 1a). No son admisibles formas híbridas como [⊗]*buquet* o [⊗]*bouqué*, que no son ni francesas ni españolas.

burbon. Adaptación gráfica propuesta para la voz inglesa *bourbon*, 'güisqui de maíz, originario de los Estados Unidos'. Su plural debe ser *búrbones* (→ PLURAL, 1g).

Burdeos. Forma tradicional española del nombre de esta región y ciudad de Francia. No debe utilizarse en textos españoles la forma francesa *Bordeaux*, ni para el topónimo ni, escrito con inicial minúscula (→ MAYÚSCULAS, 6.3b), para designar la variedad de vino procedente de esta región francesa o el color semejante al del vino tinto. En todos estos casos debe usarse la forma española *burdeos*: «*Un burdeos de un rojo cardenalicio acompañó la cena*» (Perucho *Pamela* [Esp. 1983]); «*La corbata burdeos* [...] *amenazaba con descomponer la pulcra figura del científico*» (Quevedo *Genes* [Cuba 1996]). Referido al color, en los países del Río de la Plata, se utiliza también la forma *bordó*, adaptación gráfica de la voz francesa: «*Un hombre calvo, de uniforme bordó, le alcanzó una ficha*» (Soriano *León* [Arg. 1986]).

bureau. → buró.

Buriatia. Forma adaptada a la ortografía y pronunciación españolas del nombre de esta república de la Federación Rusa: «*Al menos 800 personas fueron evacuadas en las aldeas cercanas a un depósito de municiones que ha estallado en la república de Buriatia*» (*Mundo*@ [Esp.] 20.7.01). No debe usarse en español la grafía inglesa *Buryatia*. El gentilicio recomendado es *buriato*.

buriato -ta. → Buriatia.

Burkina Faso. Nombre actual del país antes llamado *Alto Volta*. Su gentilicio es *burkinés*: «*Este incidente fue visto por las autoridades burkinesas como un intento de atentado contra la vida de Sankara*» (*Abc* [Esp.] 9.4.85). No se admiten como gentilicios ni [⊗]*burkinabé*, calco rechazable del francés, ni [⊗]*burkinabés*, formado a partir del anterior. Se desaconseja el gentilicio *voltense*, por corresponder a la antigua denominación.

burkinés -sa. → Burkina Faso.

buró. 1. Adaptación gráfica de la voz francesa *bureau*, 'mueble para escribir, con un cuerpo superior con cajones y casillas, que se cierra mediante un tablero abatible o con una cubierta de tablillas articuladas': «*Allí la esperaba, sentado detrás de un buró, un oficial mestizo*» (Valladares *Esperanza* [Cuba 1985]); en algunas organizaciones políticas, 'órgano colegiado de dirección': «*Al día siguiente solo tenían que madrugar los miembros del buró de la Internacional*» (Feo *Años* [Esp. 1993]); y, en México, 'mesa de noche': «*Sole estiró el brazo y encendió la lámpara de su buró*» (González *Dios* [Méx. 1999]). Su plural es *burós* (→ PLURAL, 1b).
2. Es innecesario, y debe evitarse, el empleo de este galicismo en lugar de los términos españoles *oficina* o *agencia*: ⊗«*Lo contrató en el buró de turismo del hotel Copacabana*» (*Granma* [Cuba] 12.9.96); ⊗«*Desean establecer burós de noticias en la Isla*» (*DAméricas* [EE. UU.] 12.2.97).

Buryatia. → Buriatia.

busca. 1. Sustantivo femenino que significa 'búsqueda': «*La busca serena, apacible y en ocasiones lúdica de la verdad*» (Marías *España* [Esp. 1985]). Su uso es más frecuente en locuciones: *en busca de, a la busca de, a la busca y captura de*. También se emplea en la locución nominal *orden de busca y captura*. Se considera igualmente válida la fórmula *orden de búsqueda y captura*, ya que los sustantivos *busca* y *búsqueda* son sinónimos. Puesto que *busca* es un sustantivo, es perfectamente correcto su uso con posesivos: *en mi* (*tu, su,* etc.) *busca* o *en busca mía* (*tuya, suya,* etc.).
2. Sustantivo masculino, creado por acortamiento de *buscapersonas* ('aparato portátil para recibir mensajes a distancia'): «*Durante la representación sonó el busca*» (Feo *Años* [Esp. 1993]). Se usa sobre todo en España. En muchos países de América se emplea el término inglés *beeper*, que debe adaptarse al español en la forma *bíper*: «*Mantienen una constante comunicación* [...] *a través del teléfono, fax y mensajes por medio del bíper*» (*Abc* [Par.] 27.10.96).

buscapersonas. → busca, 2.

buscapiés. 'Cohete que, encendido, corre por la tierra entre los pies de la gente': «*Salió disparada hacia el patio, como un buscapiés enloquecido*» (Esquivel *Agua* [Méx. 1989]). Es invariable en plural (→ ciempiés, 1 y PLURAL, 1f): *los buscapiés*. No es correcto el singular regresivo ⊗*buscapié*.

buscar. 1. 'Tratar de encontrar [algo o a alguien]'. Sobre la presencia de la preposición *a* ante su complemento directo, → a^2, 1.1h y 1.2a.
2. No hay razones para censurar el uso figurado de este verbo, con el sentido de 'procurar, pretender o esforzarse por conseguir [algo]', seguido de infinitivo o de una subordinada introduci-

da por *que*, uso tachado a veces de galicado, pero que se documenta ya en textos medievales: «*Debemos buscar que esos incentivos económicos y sociales sean viables*» (*Nacional* [Ven.] 24.7.00); «*Hizo una mueca, buscando cambiar de tema*» (VLlosa *Fiesta* [Perú 2000]). No es correcto anteponer al complemento la preposición *de:* ⊗*Se buscó DE integrar la vasta región homogénea patagónica con la polarizada del sur bonaerense*» (Gioja *Planeamiento* [Arg. 1980]).

business. 1. Voz inglesa cuyo uso es innecesario en español por existir, con plena vigencia, los equivalentes *negocio* o *actividad comercial*. Es igualmente superfluo el uso de la adaptación gráfica ⊗*bisnes:* ⊗«*Nuestra mayor preocupación es hacer buenos bisnes*» (*Prensa* [Nic.] 8.9.97).
2. business class. Se recomienda traducir esta expresión, que se refiere a un tipo de pasaje aéreo, por *clase preferente* o *clase ejecutiva:* «*Arrastró la maleta hasta el mostrador de clase preferente*» (Cohen *Muerte* [Esp. 1993]); «*Fue acusado de haber cambiado su tiquete de clase ejecutiva* [...] *por dos de línea económica*» (*Tiempo* [Col.] 4.9.96).

búsqueda. *orden de búsqueda y captura.* → busca, 1.

bustrófedon, bustrofedon o **bustrofedón.** 'Manera de escribir trazando un renglón de izquierda a derecha y el siguiente de derecha a izquierda'. Procede del latín *bustrophedon* (pron. [bustrofédon]), que a su vez procedía del griego *boustrophedón*. La tendencia a hacer esdrújulas muchas voces cultas ha dado lugar a una forma *bustrófedon*, que es hoy la preferida: «*El pérfido duende de la escritura, maestro en los artificios del bustrófedon y el anagrama*» (Paz *Sombras* [Méx. 1983]). También son válidas las formas etimológicas *bustrofedon* y *bustrofedón*.

butade. Adaptación gráfica propuesta para la voz francesa *boutade*, 'salida extravagante e ingeniosa, de intención a menudo provocadora': *Oscar Wilde era un maestro de la butade.* Debe pronunciarse de acuerdo con la grafía propuesta: [butáde]. Su plural es *butades* (→ PLURAL, 1a).

Bután. Forma adaptada a la ortografía y pronunciación españolas del nombre de este país de Asia. No debe usarse en español la grafía inglesa *Bhutan*, ni la semiadaptada ⊗*Bhután*. El gentilicio es *butanés*: «*Uno de los promotores de la campaña* [...] *es el director de Salud de Bután,* [...] *quien dice estar alarmado por el creciente número de jóvenes butaneses que adquieren el hábito de fumar*» (*Nación*@ [Arg.] 14.4.05).

butanés -sa. → Bután.

Buyumbura. Forma adaptada a la ortografía y pronunciación españolas del nombre de la capital de Burundi: «*Los combates se intensificaron hoy en Bujumbura, capital de Burundi*» (*Granma*@ [Cuba] 15.7.03). No debe usarse en español la forma inglesa *Bujumbura*, que no refleja la adecuada pronunciación de este topónimo.

buzoneo. En sustitución del anglicismo *mailing,* usado con frecuencia, sobre todo en España, para designar el envío masivo de correspondencia personalizada realizado por una empresa o una institución, se propone el término *buzoneo:* «*Se ha producido el buzoneo de medio millón de cartas en Madrid en las que Rafael Vera* [...] *enumera algunas medidas eficaces*» (*Abc* [Esp.] 4.8.89). También designa, en España, el reparto de propaganda por los buzones particulares: «*Gastan muchísimo dinero y esfuerzo en sus campañas de imagen; sus ejércitos de esclavos ambulantes se dedican a un constante buzoneo*» (Salarru-

llana *Sectas* [Esp. 1990]). El verbo correspondiente es *buzonear.*

by-pass. → baipás.

byte. Voz inglesa (pron. [báit]) que designa, en informática, el carácter o unidad de información compuesto de ocho bits: «*Un* byte *es la unidad común de almacenamiento, compuesta a su vez por ocho dígitos binarios (0 y 1) o bits*» (Ferrer *Dibujo* [Esp. 1997]). Su plural es *bytes* (pron. [báits]). Por tratarse de una unidad de medida de circulación internacional, se emplea normalmente como extranjerismo crudo, con su grafía y pronunciación originarias, aunque no debe olvidarse que el equivalente español de este anglicismo es *octeto:* «*El "genio" de la familia de robots domésticos norteamericanos es el "Bob"* [...], *con una memoria de tres millones de octetos*» (*Abc* [Esp.] 14.10.86).

C

c. 1. Tercera letra del abecedario español y del orden latino internacional. Su nombre es femenino: *la ce* (pl. *ces*).

2. Representa tres sonidos consonánticos distintos:

2.1. Cuando precede a las vocales *a, o, u* (*casa, comer, cuerdo*), va ante consonante (*cráneo, acción, acné*) o está en posición final de palabra (*frac, vivac, chic*), representa el sonido velar oclusivo sordo /k/. Este sonido lo representan también las letras *k* y *q* (→ k y q). En la pronunciación esmerada debe evitarse la articulación de este sonido como interdental (⊗[ázto] por *acto*, ⊗[baztéria] por *bacteria*), así como su pérdida (⊗[aféto] por *afecto*, ⊗[deféto] por *defecto*) o su vocalización (⊗[direisión, direizión] por *dirección*).

2.2. Cuando precede a las vocales *e, i*, representa dos sonidos distintos, según las zonas:

a) En las hablas del centro, norte y este de España representa el sonido interdental fricativo sordo /z/: *cena* [zéna], *aciago* [aziágo].

b) En las hablas del suroeste peninsular español, en Canarias y en toda Hispanoamérica representa el sonido predorsal fricativo sordo /s/ (*cena* [séna], *aciago* [asiágo]). Este fenómeno recibe el nombre de «seseo» (→ SESEO).

Ambos sonidos pueden representarse también mediante la letra *z* (→ z). De hecho, algunas palabras pueden escribirse indistintamente con *c* o con *z*: *ácimo/ázimo, cigoto/zigoto, cinc/zinc*, etc.; y hay palabras, casi todas de origen extranjero, que, por razones normalmente etimológicas, se escriben solo con *z* ante *e, i* (aunque, en las palabras españolas, lo normal sea escribir *c* en esta posición), como *azimut, elzevir, enzima* ('fermento'), *nazi, razia, zéjel, zen, zepelín, zigurat, zigzag, zipizape*, etc., y nombres propios como *Azerbaiyán, Zimbabue, Ezequiel, Zenón* o *Zeus*.

3. Los derivados de nombres propios de persona que contienen una *z* en su última sílaba pueden escribirse indistintamente con *c* o con *z* ante *e, i*: «*El somocismo fue también un fenómeno económico*» (*Prensa* [Nic.] 6.6.97); «*Fue encarcelado por sus presuntos vínculos con el somozismo*» (*Universal@* [Ven.] 22.10.96).

4. La letra *c* seguida de la letra *h* forma el dígrafo *ch* (→ ch).

caballo. *a mata caballo.* → matacaballo.

cabaré. Adaptación gráfica de la voz francesa *cabaret*, 'local de diversión nocturna en el que se ofrecen espectáculos': «*Surgió el cabaré atendido por meseritas que impresionaban en su papel de ángeles caídos*» (Chávez *Batallador* [Méx. 1986]). Su plural es *cabarés* (→ PLURAL, 1a). Se desaconseja la adaptación ⊗*cabarete* (pl. ⊗*cabaretes*), que no ha cuajado en el uso culto.

cabaret. → cabaré.

caber. 1. Verbo irregular: v. conjugación modelo (→ APÉNDICE 1, n.º 21).

2. En la lengua general actual se usa únicamente como intransitivo, con los sentidos siguientes:

a) Dicho de una persona o de una cosa, 'poder contenerse en un lugar o pasar por él': «*Quería* [...] *saber si la corona de flores* [...] *cabría por la puerta*» (Mastretta *Vida* [Méx. 1990]); y, dicho de una cosa, 'tener el tamaño suficiente para que alguien o algo pueda contenerse dentro de ella o pasar por ella': «*Estaba gordísima y no le cabía la ropa*» (Carrión *Danubio* [Esp. 1995]).

b) 'Ser posible'. El sujeto puede ser un sustantivo, una oración de infinitivo o una oración subordinada introducida por *que*: «*Y ante eso no cabe otra postura que dimitir*» (*País* [Esp.] 3.6.80); «*Dentro de este conjunto cabría distinguir varios grupos*» (Chaparro *Integración* [Ven. 1991]); «*Cabe que el juez diga que la decisión adoptada por él es jurídicamente correcta, pero moralmente injusta*» (Atienza *Justicia* [Esp. 1993]). También puede significar 'ser preciso o necesario': «*Sin embargo, cabe señalar la posible existencia de efectos estacionales en estos meses*» (*Hoy* [Chile] 19-25.1.83).

c) Dicho de una cosa, 'tocarle o corresponderle a alguien'. Se construye con un complemento indirecto: «*Ignoramos qué parte LE cupo en la ruptura a la Unión Soviética*» (Fasano *Derrota* [Ur. 1980]).

3. *no caber duda.* → duda, 2.

4. *no caber en sí de alegría, gozo* o un nombre similar. 'Sentir en grado sumo lo que dicho nombre expresa'. Debe hacerse concordar el pronombre tónico con el sujeto de *caber*: «*¡A ratos no quepo en mí de dicha!*» (Parra *Palace* [Chile 1990]).

cabeza rapada. Calco de la voz inglesa *skinhead*, 'integrante de un grupo violento de extrema derecha, que se caracteriza por llevar el pelo rapado'. Es común en cuanto al género (*el/la cabeza rapa-*

da; → GÉNERO², 1a y 3b) y su plural es *cabezas rapadas: «Los cabezas rapadas provocaron y amedrentaron al resto de los pasajeros»* (*Vanguardia* [Esp.] 2.9.95). La existencia de este calco hace innecesario el uso en español de la voz inglesa, así como el de su acortamiento *skin.*

cabila. 'Tribu de bereberes': *«Había costado muchas vidas mantener el orden en las cabilas del Rif»* (Paniagua *España* [Esp. 1988]). Es voz llana: [kabíla], por lo que no se considera válida la forma esdrújula [⊗]*cábila.* Carecen de justificación y deben evitarse las grafías con *k-:* [⊗]*kabila,* [⊗]*kábila.*

cablegrafiar. 'Transmitir [un mensaje] por cable'. Se acentúa como *enviar* (→ APÉNDICE 1, n.º 5).

cabo. Con el sentido de 'militar o policía de categoría inmediatamente superior a la de soldado o agente', es común en cuanto al género (*el/la cabo;* → GÉNERO², 1a y 3k): *«La cabo Elizabeth Cansinos se acercó al lugar»* (*Clarín* [Arg.] 30.1.97). Para referirse a la categoría intermedia entre cabo raso y cabo mayor se emplean las locuciones *cabo primero* o *cabo (de) primera,* ambas comunes en cuanto al género (*el/la cabo primero* y *el/la cabo (de) primera;* → GÉNERO², 1a y 3k): *«La cabo primero de la Guardia Civil [...] denunció [...] un trato discriminatorio»* (*País* [Esp.] 17.2.02); *«Llegaba alguien con cuatro estrellas en el hombro, te tocaba con una varita mágica inversa y quedabas convertido en un cabo primera»* (Millás *Articuentos* [Esp. 2001]).

cabra. 1. 'Rumiante de pequeño tamaño con cuernos curvados hacia atrás'. La forma *cabra* se emplea como epiceno femenino (→ GÉNERO², 1b) para referirse a cualquier animal de la especie, sea macho o hembra: *«También se mostraron otros animales, como cabras, caballos y aves ornamentales»* (*Tiempo* [Col.] 1.12.87). Para designar específicamente al macho se usan, en la lengua general, las expresiones *macho cabrío, cabrón* o *chivo;* no obstante, en algunos países americanos y algunas regiones de España se emplea también el masculino *cabro,* normal en el español medieval y clásico: *«Cabras silvestres y uno que otro cabro cimarrón»* (Mojarro *Yo* [Méx. 1985]).

2. *cabra montés* o *montesa.* → montés.

cabriolé. Adaptación gráfica de la voz francesa *cabriolet,* 'carruaje ligero descapotable' y 'antiguo capote con mangas o aberturas para sacar los brazos': *«El cabriolé de don José, con galope de paseo, dio la vuelta en la plaza»* (Elizondo *Setenta* [Méx. 1987]); *«Llamó a la doncella, pidió su cabriolé, especie de manto que entonces se usaba»* (Galdós *Corte* [Esp. 1873]). Su plural es *cabriolés* (→ PLURAL, 1a).

cabriolet. → cabriolé.

cabro. → cabra.

cacahuate. 1. 'Planta y, especialmente, su fruto seco comestible'. Esta forma —la más próxima a la etimología (del náhuatl *cacahuatl*)— es la única usada en México y la preferida en la mayoría de los países americanos donde se utiliza esta voz: *«Se masajea la cara con aceite de cacahuates»* (Ronald *Frutoterapia* [Col. 1998]). En España solo se emplea la variante *cacahuete: «Pidió un güisqui con hielo y unos cacahuetes»* (Rossetti *Alevosías* [Esp. 1991]). Las formas [⊗]*alcahué* (con pl. [⊗]*alcahués* o [⊗]*alcahueses*) y [⊗]*cahué* (con pl. [⊗]*cacahués* o [⊗]*cacahueses*) son propias del habla popular de España y deben evitarse en la lengua culta. Tampoco es correcta la forma [⊗]*cacahuet,* usada a veces en el nivel culto.

2. Para referirse a esta planta, y especialmente a su fruto, en amplias zonas de América se usa la voz *maní* (→ maní).

cacahuete. → cacahuate.

cachar. → cácher.

caché. 1. Adaptación gráfica de la voz francesa *cachet,* usada en español con los sentidos de 'distinción o elegancia': *«Hay quien nace [...] con estilo y caché»* (Vergés *Cenizas* [R. Dom. 1980]); y 'cotización o remuneración de un artista': *«¿Qué méritos reúne el retoño de la cantante [...] para tener un caché en televisión de 1 500 000 pesetas?»* (Díaz *Televisión* [Esp. 1999]). En ambos casos es masculino, por lo que no debe confundirse con el uso, como sustantivo femenino, del adjetivo *caché* (→ 2). Su plural es *cachés* (→ PLURAL, 1a): *«Los cachés de los artistas han subido de un modo espectacular»* (*Abc* [Esp.] 6.12.96). Aunque se admite el uso del galicismo adaptado, no hay que olvidar que existen términos españoles equivalentes, como *elegancia* o *distinción,* para el primer sentido, y *cotización,* para el segundo.

2. Se usa en informática, como adjetivo invariable, para referirse a la memoria de rápido acceso, situada entre el procesador y la memoria principal: *«Existen dos tipos de memoria caché: primaria y secundaria»* (Pimentel *Multimedia* [Perú 1997]). También se emplea como sustantivo femenino: *«Un genuino Pentium Pro, a 200 MHz de velocidad, con [...] caché interna»* (*Mundo* [Esp.] 13.4.97). En este caso, es voz tomada del inglés *cache (memory),* con acentuación aguda por influjo del galicismo *caché.* En español se usan también, con este sentido, las expresiones *antememoria* o *memoria intermedia.*

cachemir. → cachemira.

cachemira. 1. Sustantivo femenino que designa un tejido hecho con lana de cabra de Cachemira (territorio situado al oeste del Himalaya) o con otra lana similar. También son correctas y frecuentes las variantes masculinas *cachemir* y *casimir.* No son admisibles en español otras grafías, como [⊗]*cachemire*, [⊗]*cashemire*, [⊗]*cashmere* y [⊗]*cashemir*, influidas por las formas francesa (*cachemire*) e inglesa (*cashmere*).

2. Los gentilicios de Cachemira son *cachemir* (pl. *cachemires*) y *cachemiro, -ra* (pl. *cachemiros, -ras*): «*Los cachemires promusulmanes perdieron el miedo*» (Leguineche *Camino* [Esp. 1995]); «*Los separatistas cachemiros no mostraron escrúpulos*» (*Mundo* [Esp.] 23.8.95).

cácher. En el béisbol, 'jugador situado detrás del bateador y que recibe la pelota cuando este no la golpea': «*El cácher titular mexicano* [...] *disparó tres inatrapables* [...] *e impulsó tres carreras*» (*Universal*[@] [Méx.] 29.4.02). Es adaptación gráfica de la voz inglesa *catcher*, usada en varios países americanos en lugar de *receptor*, término equivalente en español y también ampliamente documentado en América: «*En el encuentro con los Angelinos, el receptor se partió el dedo pulgar de su mano derecha*» (*Nacional* [Ven.] 26.7.00). Aunque se recomienda usar con preferencia la voz española *receptor*, es admisible el empleo del anglicismo adaptado *cácher* (pl. *cácheres*), pues en amplias zonas de América está asentado el uso del verbo *cachar* (del ingl. *to catch*) con el sentido general de 'tomar, agarrar, pillar': «*Cada bando cree* [...] *que podrá cachar el poder y gobernar a la sociedad sin alianzas*» (*Excélsior* [Méx.] 8.6.96); «*¿Y si me cachan? ¿Y si me denuncian?*» (Viezzer *Hablar* [Bol. 1977]); «*Ni picha, ni cacha, ni deja batear*» (*Hoy* [El Salv.] 28.2.97). No debe usarse el extranjerismo crudo *catcher*.

cachet. → caché.

cacica. → cacique.

cacique. 'Autoridad máxima en una comunidad de indios' y 'persona que ejerce un poder abusivo o excesiva influencia en una comunidad rural'. Por su terminación, es común en cuanto al género (*el/la cacique*; → GÉNERO², 1a y 3c): «*Tocando fondo y solo llevados por la fuerza de la cacique*» (Posse *Pasión* [Arg. 1995]). Existe también, y es válido, el femenino *cacica*: «*Pizarro decidió volver: visitó entonces a la cacica, que lo agasajó*» (Salvador *Ecuador* [Ec. 1994]).

cacto. → cactus.

cactus. 'Planta de tallo globoso con espinas, propia de climas desérticos'. Es invariable en plural (→ PLURAL, 1f y k): «*Los cactus son hijos del desierto*» (Aparicio *Retratos* [Esp. 1989]). Esta forma, procedente del nombre científico dado por Linneo a este género de plantas, es la de uso mayoritario. Es igualmente correcta la variante *cacto* (pl. *cactos*), procedente del latín *cactos*, tomada a su vez del griego *káktos*: «*Este pequeño cacto crece en los cercos*» (Lira *Medicina* [Perú 1985]).

caddie, caddy. → cadi.

cadi. Adaptación gráfica propuesta para la voz inglesa *caddie* o *caddy*, 'persona que lleva los palos a un jugador de golf'. Su plural es *cadis* (→ PLURAL, 1e).

cadí. Entre los musulmanes, 'juez de causas civiles'. El plural preferido en la lengua culta es *cadíes* (→ PLURAL, 1c). Acerca de su escritura con mayúscula inicial, → MAYÚSCULAS, 4.31 y 6.9.

caer(se). 1. 'Ir o inclinarse hacia abajo por la fuerza de la gravedad' y 'perder el equilibrio hasta dar en tierra'. Verbo irregular: v. conjugación modelo (→ APÉNDICE 1, n.º 22). Este verbo es intransitivo en la lengua culta general.

2. Cuando significa 'perder el equilibrio hasta dar en tierra', puede usarse en forma pronominal y no pronominal: «*Tropezó y cayó de rodillas*» (VLlosa *Tía* [Perú 1977]); «*Se cayó de cabeza y se mató*» (Paso *Palinuro* [Méx. 1977]).

3. No pertenece a la lengua culta general, y debe evitarse, el uso de este verbo como transitivo, con los sentidos de 'dejar caer o tirar [algo o a alguien] al suelo': [⊗]*Ten cuidado, que vas a caer el jarrón.*

4. *caer en (la) cuenta.* 'Darse cuenta de algo'. Esta locución verbal va siempre seguida de un complemento introducido por *de*: «*Luego cayó en la cuenta DE su error*» (GaMárquez *Amor* [Col. 1985]). En el habla esmerada, no debe suprimirse la preposición (→ QUEÍSMO, 1g): [⊗]«*Viendo "La noche prohibida" se cae en la cuenta que desenfado no le falta*» (*Caretas* [Perú] 26.12.96); debió decirse *se cae en la cuenta DE que.* Esta locución presenta dos variantes, con y sin artículo; la primera de ellas (*caer en la cuenta*) es la más extendida entre los hispanohablantes, mientras que la segunda (*caer en cuenta*) solo se documenta en algunos países de América: «*Su rostro es atónito e irresoluto al caer en cuenta de que se trata de su propia sombra*» (Purroy *Desertor* [Ven. 1989]).

[⊗]**caki.** → caqui.

cal. 1. *cal y canto.* Locución nominal masculina que significa 'mezcla de piedras y argamasa para construir muros': «*El aparejo es de tapias de cal y canto*» (Villanueva *Cantabria* [Esp. 2000]). Es también válida la grafía simple *calicanto*, frecuente en el español de América: «*Se había abierto una grieta en el muro de calicanto del fondo*» (GaMárquez *Vivir* [Col. 2002]).

2. *a cal y canto.* Con verbos como *cerrar* y similares, 'de forma que no sea posible o no esté permitido entrar o salir': «*Las taquillas fueron cerradas a cal y canto*» (*Abc* [Esp.] 18.4.89). En esta locución adverbial es raro el uso de la grafía simple *calicanto*: «*Ese sábado de gloria cerró a calicanto el camerino*» (Alberto *Eternidad* [Cuba 1992]).

®**calcamonía.** → calcomanía.

calcañal. → calcañar.

calcañar. 'Parte posterior de la planta del pie'. Es preferible esta forma a la de sus variantes *calcañal* y *carcañal,* de uso menos frecuente en el habla más culta.

calcografiar. 'Estampar [algo] por medio de la calcografía'. Se acentúa como *enviar* (→ APÉNDICE 1, n.º 5).

calcomanía. 'Estampa engomada sobre un papel, que puede trasladarse a otras superficies': *«Lucen una calcomanía pegada a sus vitrinas»* (Lux *Chile* [Chile 1997]). Debe evitarse en la lengua culta la variante popular ®*calcamonía.*

Calcuta. Forma tradicional española del nombre de esta ciudad de la India: *«Jóvenes de distintas partes del mundo toman té con galletas bajo el abierto cielo de Calcuta»* (Calle *Viaje* [Esp. 2001]). Aunque la denominación oficial actual ha adoptado la forma bengalí *Kolkata,* sigue siendo preferible el uso en español del topónimo tradicional, plenamente vigente. El gentilicio recomendado es *calcutense.*

calcutense. → Calcuta.

calé. Como adjetivo, o como sustantivo referido a persona, 'gitano': *«Solo hay cien estudiantes universitarios de raza calé»* (Mundo [Esp.] 3.4.94); *«Los calés convierten cada entierro en un jaleo de cante»* (Tiempo [Esp.] 29.5.95). No debe confundirse con el sustantivo *caló* ('lengua de los gitanos españoles'; → caló).

caleidoscopio. 'Tubo a través del cual se ven imágenes simétricas multiplicadas que cambian al girarlo' y 'conjunto diverso y cambiante de cosas'. Se admite también la forma *calidoscopio,* menos frecuente en el uso.

calentar(se). 1. 'Poner(se) caliente'. Verbo irregular: se conjuga como *acertar* (→ APÉNDICE 1, n.º 16).

2. Este verbo es transitivo o intransitivo pronominal en la mayoría de sus acepciones; sin embargo, se usa como intransitivo no pronominal cuando significa, dicho de un deportista, 'realizar ejercicios de calentamiento': *«Ordenadamente se pusieron a calentar en grupo, avenida arriba»* (Gándara *Distancia* [Esp. 1984]).

Cali. El nombre de esta ciudad colombiana es voz llana: [káli]. No es correcta, pues, la forma aguda ®*Calí* (pron. ®[kalí]).

calicanto. → cal.

calidoscopio. → caleidoscopio.

calientapiés. 'Aparato destinado a calentar los pies'. Es invariable en plural (→ ciempiés, 1 y PLURAL, 1f). Es incorrecto el singular regresivo ®*calientapié.*

caliente. 'Que tiene o produce calor'. Tiene dos superlativos válidos: *calentísimo,* que conserva la raíz del adjetivo latino y es mayoritario en el uso culto, y *calientísimo,* formado sobre *caliente* (→ -ísimo, 3) y usado con normalidad en algunos países de América.

calificado -da. Adjetivo que, referido a persona, significa 'competente o especialmente preparado para realizar una determinada actividad': *«Cuentan con espías calificados y confiables para vigilar todo en este penal»* (Matos *Noche* [Cuba 2002]); y, referido a actividad o profesión, 'que requiere una preparación específica': *«Auge de la construcción y del empleo no calificado»* (País [Col.] 6.7.96). También significa, dicho de una mayoría, 'que representa una fracción superior a la mitad': *«La propuesta [...] fue rechazada por una mayoría calificada de los legisladores»* (Pérez *Derecho* [Col. 2000]). Este es el término normalmente usado en América, mientras que en España se prefiere, en todos estos casos, el empleo del sinónimo *cualificado:* *«Son profesionales cualificados»* (Abc [Esp.] 24.5.96); *«No ejercerán otras tareas menos cualificadas»* (Mundo [Esp.] 26.1.94); *«El Acta Única establece que las disposiciones sean aprobadas por simple mayoría cualificada, y no por unanimidad»* (Arroyo *Reto* [Esp. 1990]).

caligrafiar. 'Escribir [algo] con hermosa letra'. Se acentúa como *enviar* (→ APÉNDICE 1, n.º 5).

calima. → calina.

calina. 'Niebla tenue que enturbia el aire y suele producirse por vapores de agua'. Esta es la forma originaria y aún vigente en el uso: *«A lo lejos, la calina desdibuja los contornos de los montes»* (Silva *Rif* [Esp. 2001]); pero hoy es mayoritaria la forma *calima,* surgida posteriormente por influjo de *bruma:* *«El cuerpo de Blanca surgiendo de la calima por la senda del balneario»* (Campos *Desierto* [Esp. 1990]).

callar(se). Como intransitivo, a menudo pronominal, significa 'no hablar': *«No quise informar de tal situación, y me callé»* (Proceso [Méx.] 17.11.96). Es transitivo cuando significa 'omitir o no decir [algo]': *«Don Agustín calló la verdad principal»* (Morón *Gallo* [Ven. 1986]). En los últimos tiempos se está extendiendo su uso con el sentido causativo de 'hacer callar [a alguien]': *«Va a Leonardo y va a hablar, pero lo calla un gesto de él»* (Wolff *Balsa* [Chile 1984]); este sentido se ha expresado tradicionalmente en la lengua culta con el verbo *acallar:* *«Los frailes suplican, pero son pronto acallados»* (BVallejo *Detonación* [Esp. 1977]).

callicida. 'Sustancia que elimina los callos'. Es voz masculina: *«Allí se mantienen viejos frascos de yodo, vetustos callicidas, una tijera oxidada»* (Merino *Orilla* [Esp. 1985]).

calmuco -ca, Calmuquia. → Kalmukia.

caló. 'Variedad del romaní que hablan los gitanos españoles': «*En caló "lagarto" es "bejarí"*» (Pozo *Noche* [Esp. 1995]). Este sustantivo masculino no debe confundirse con el adjetivo *calé* ('gitano'; → calé).

calofriar(se), calofrío, calosfriar(se), calosfrío. → escalofrío.

calor. 'Sensación que se experimenta ante una temperatura elevada' y 'propiedad del ambiente y de determinados cuerpos de producir dicha sensación'. Es voz masculina en la lengua general culta: «*A esa hora el calor lo pone a uno medio zonzo*» (Flores *Siguamonta* [Guat. 1993]). Su uso en femenino, normal en el español medieval y clásico, se considera hoy vulgar y debe evitarse. El femenino puede aparecer también en textos literarios, con finalidad arcaizante.

calumniar. 'Acusar [a alguien] falsamente'. Se acentúa como *anunciar* (→ APÉNDICE 1, n.º 4).

cámara. → camarógrafo.

camarín. → camerino.

camarógrafo -fa. 'Persona técnicamente cualificada para manejar una cámara de cine o de televisión': «*Un camarógrafo lo está filmando*» (Dolina *Ángel* [Arg. 1993]). En España se prefiere la denominación *cámara*, que es común en cuanto al género (*el/la cámara;* → GÉNERO², 1a y 3b): «*Un fotógrafo y un cámara de televisión recogieron la imagen de los dos hombres*» (*Abc* [Esp.] 28.12.83). No debe usarse, por innecesaria, la voz inglesa *cameraman.*

Camberra, camberrano -na. → Canberra.

cambiar(se). 1. 'Poner(se) en otro estado o situación'. Se acentúa como *anunciar* (→ APÉNDICE 1, n.º 4).

2. Cuando significa 'dar [dinero] y recibir el equivalente en monedas más pequeñas o de otro país', lleva un complemento introducido por *en*: «*Es mejor que cambiar pesos EN dólares*» (Fuentes *Cristóbal* [Méx. 1987]). Cuando el cambio es de una divisa por otra, el complemento también puede ir introducido por *a* o *por*: «*La banca no cobrará comisión por cambiar pesetas A euros*» (*País* [Esp.] 29.10.97); «*Pasó a la caja a cambiar dólares POR moneda nacional*» (*Nación* [C. Rica] 7.2.97).

3. Para el uso de *descambiar* por *cambiar,* → descambiar.

Cambodia. → Camboya.

Camboya. Forma tradicional española del nombre de este país de Asia: «*Vietnam retiró ayer a su principal comando militar de Camboya*» (*Tiempo* [Col.] 1.7.98). No deben usarse en textos españoles ni la forma jemer *Kampuchea* ni la inglesa

Cambodia. El gentilicio recomendado es *camboyano.*

camboyano -na. → Camboya.

cameraman. → camarógrafo.

[⊗]**camerín.** → camerino.

camerino. 'Habitación donde los artistas se visten y se preparan para actuar' y además, en América, 'vestuario de recintos deportivos': «*Tras la función fue a saludar a los camerinos a las intérpretes*» (*País* [Esp.] 4.10.97); «*El árbitro dio por terminado el partido y ambos equipos huyeron hacia los camerinos custodiados por la policía*» (Ribeyro *Atiguibas* [Perú 1995]). En ambos casos se usa también la voz *camarín*, preferida en Bolivia y los países del Cono Sur: «*Cuando canté en el Teatro Municipal* [...], *otra vez me esperaban rosas en el camarín*» (Serrano *Vida* [Chile 1995]); «*La tristeza invadió el camarín aurirrojo y los futbolistas se retiraron impotentes del terreno de juego*» (*Abc* [Par.] 14.11.96). Es errónea la forma [⊗]*camerín*, fruto del cruce entre las dos voces correctas.

camicace. → kamikaze.

camino. *camino a* o *de.* 'Yendo hacia o en dirección a'. Lo más frecuente en el conjunto del ámbito hispánico es *camino de*: «*Camino DEL asilo, se sumergió en un sopor de reflexiones*» (Dou *Luna* [Ven. 2002]); no obstante, en el español de América se dice también con frecuencia, y es igualmente válido, *camino a*: «*Camino A casa, nos refirió su peripecia*» (Collyer *Habitante* [Chile 2002]).

campin. Adaptación gráfica propuesta para la voz inglesa *camping*, 'zona acotada en que está permitido acampar y que cuenta con diversas instalaciones y servicios' y 'actividad que consiste en acampar en este tipo de lugares'. Su plural debe ser *cámpines* (→ PLURAL, 1g). La voz *campin* se considera un anglicismo lícito, ya que el término español *campamento*, que podría funcionar como equivalente, se usa para referirse más específicamente al militar, al juvenil o al montado por cualquier persona o grupo de personas en lugar despoblado, sin infraestructura previa. Para referirse a la actividad, existe el equivalente español *campismo*: «*Quienes decidan alargar su estancia en el país podrán disfrutar* [...] *de una de las opciones más naturales y atractivas: el campismo*» (*Granma* [Cuba] 5.97); aunque es un término más genérico que *campin*, pues puede referirse también a la acampada libre. El adjetivo o sustantivo derivado es *campista*: «*La temporada campista acostumbra a inaugurarse* [...] *por Semana Santa*» (*Vanguardia* [Esp.] 27.3.94); «*Duchas: Una por cada 60 campistas*» (Ruiz *Acampar* [Esp. 1993]).

camping. → campin.

campismo, campista. → campin.

campo. 1. *a campo través, a campo traviesa, a campo travieso, campo a través, campo a traviesa.* Locuciones adverbiales que significan 'dejando el camino y atravesando el campo': «*Dos motoristas marchaban a campo través a su encuentro*» (Aparicio *César* [Esp. 1981]); «*Fue una corta caminata a campo traviesa*» (Otero *Temporada* [Cuba 1983]); «*Bajando un pastor de su invernal,* [...] *a campo travieso,* [...] *se paró un instante*» (Pereda *Peñas* [Esp. 1895]); «*Llevo diez días huyendo campo a través*» (Landero *Juegos* [Esp. 1989]); «*López y yo iremos campo a traviesa*» (Val *Hendaya* [Esp. 1981]). Todas son válidas, pero las preferidas en el uso son *campo a través* y *a campo traviesa.* La forma *a campo travieso* está en desuso. Son incorrectas las fórmulas ⊗*a campo a través* y ⊗*a campo atraviesa.*
2. *campo a través.* 'Deporte que consiste en correr campo a través': «*Ganó el Cross de las Naciones, oficioso y ahora oficial campeonato del mundo de campo a través*» (GaCandau *Madrid-Barça* [Esp. 1996]). Esta locución nominal es el equivalente español del término inglés *cross-country,* usado comúnmente en su forma abreviada *cross.* Si se desea emplear el término *cross,* es preferible usarlo en la forma adaptada *cros* (→ ciclocrós y motocrós).
3. *campo santo.* → camposanto.

camposanto. 'Cementerio católico': «*Avancé hasta el centro del camposanto y vi la enorme cruz de piedra que marcaba la tumba*» (*Caretas* [Perú] 23.1.97). Es preferible esta forma, hoy mayoritaria, a la grafía en dos palabras *campo santo.* Su plural es *camposantos.*

campus. 'Conjunto de terrenos y edificios pertenecientes a una universidad'. Se trata de un latinismo tomado del inglés, que comenzó a usarse en español a mediados del siglo XX. Es invariable en plural (→ PLURAL, 1f): «*Los universitarios de los campus madrileños son mayoritariamente optimistas*» (*Mundo* [Esp.] 20.2.96).

can. → kan.

canaca. → canaco.

canaco -ca. 'De un pueblo indígena habitante de diversas islas de Oceanía, especialmente de Nueva Caledonia': «*Los jornaleros españoles sustituían a los canacos, traídos del Pacífico bajo engaño*» (Leguineche *Tierra* [Esp. 2000]). Referido a persona, se usa frecuentemente como sustantivo. Esta es la forma recomendada y la que mejor se ajusta a la ortografía española. Se desaconsejan otras grafías, como ⊗*kanako* y ⊗*kanake,* de menor tradición en español. Se usa normalmente como adjetivo de dos terminaciones, una para cada género; no obstante, la forma en *-a* (*canaca,* ⊗*kanaka*) se usa también, aunque raramente, como palabra de una sola terminación, válida para ambos géneros: «*La Francia, protectora de Otaiti, cuidaría de cristianizar a los canacas*» (Galdós *Vuelta* [Esp. 1906]).

canal. Aunque en el español antiguo, al igual que en latín, se documenta su uso indistinto en ambos géneros, en el español actual es voz masculina o femenina dependiendo de sus acepciones:
a) Es masculino cuando significa 'cauce artificial para la conducción de agua' o 'cauce natural de poca anchura': «*Cinco puentes cruzaban el canal*» (Mendoza *Ciudad* [Esp. 1986]); 'estrecho marítimo': «*El TGV bajo el canal de la Mancha une ya París y Londres en tres horas*» (*Vanguardia* [Esp.] 15.11.94); 'banda de frecuencia en que emite una estación de televisión o radio': «*Se sienta a ver una película argentina en el canal hispano*» (Santiago *Sueño* [P. Rico 1996]); y, en general, 'vía o conducto': «*La vesícula biliar tiene la misma derivación embriológica que el canal intestinal*» (Sintes *Peligros* [Esp. 1975]).
b) Se usa mayoritariamente en femenino cuando significa 'res abierta en canal': «*Estas canales de cordero* [...] *proceden de mataderos clandestinos*» (*País* [Esp.] 17.12.80); 'conducto que recibe y vierte el agua de los tejados': «*Tenía prevista la huida, descolgándose por una canal a la que se accedía desde la ventana del cuarto de baño*» (Tomás *Orilla* [Esp. 1984]); 'paso estrecho entre montañas o surco abierto en la cara de una montaña': «*El sendero comienza a subir bastante, en dirección a la canal que se ve a la izquierda del pico de la Miel*» (Pliego *Excursiones* [Esp. 1992]); 'artesa para dar de comer o beber al ganado': «*Ovejas y corderos trotan dentro —alrededor de las canales con comida—*» (Berlanga *Gaznápira* [Esp. 1984]).
c) Se usa en ambos géneros cuando significa 'parte más profunda y limpia de la entrada de un puerto': «*El transatlántico de los jueves,* [...] *que casi podía tocarse con las manos cuando pasaba por el canal del puerto*» (GaMárquez *Amor* [Col. 1985]); «*Dragado de la canal del puerto de Huelva*» (*BOE* [Esp.] 18.10.01, 11130); y 'cavidad longitudinal': «*Abrió la vitrina, con una de las llavecitas asiladas en el canal de sus pechos grandiosos*» (Mujica *Escarabajo* [Arg. 1982]); «*Le enseñó* [...] *el tatuaje* [...] *que llevaba justo en el nacimiento de la canal de las tetas*» (Cela *Cristo* [Esp. 1988]).

canalón. 'Conducto que recibe y vierte el agua de los tejados': «*Corrieron hacia el portalón sorteando* [...] *los chorros de agua que arrojaban los canalones a la plaza*» (Mendoza *Ciudad* [Esp. 1986]). Procede del aumentativo de *canal* (→ canal) y no debe confundirse con *canelón* ('pasta, dulce o labor de pasamanería en forma de tubo'; → canelón).

Canberra. El nombre de la capital de Australia mantiene en el uso mayoritario de los hispanohablantes la grafía original inglesa *Canberra*: «*El acta de nacimiento de este preproyecto data de la reunión celebrada en Canberra*» (Tamames *Economía* [Esp. 1992]). Es también válida, aunque menos frecuente, la variante *Camberra*, adaptada a la norma ortográfica española que prescribe la escritura de *m* ante *b* (→ m, 2 y n, 2). El gentilicio es *canberrano* o *camberrano*: «*Al dar en el reloj las cuatro y media del viernes, los canberranos se ponen al volante de su coche*» (Leguineche *Tierra* [Esp. 2000]).

canberrano -na. → Canberra.

cancán. Adaptación gráfica de la voz francesa *cancan*, que designa una danza frívola y muy movida, típica de coristas: «*Levantaban al unísono una pierna, agitando sus traseros y enaguas en un frenético cancán*» (Donoso *Elefantes* [Chile 1995]); también designa la enagua con volantes almidonados para ahuecar la falda: «*Muñecas grotescas con peluca y cancán*» (*Mundo* [Esp.] 20.11.95). En español debe llevar tilde por ser palabra aguda acabada en -*n* (→ TILDE², 1.1.1). Se escribe en una sola palabra; no es válida la grafía en dos palabras o con guion intermedio: ⊗*can can*, ⊗*can-can*.

canciller. 1. Sustantivo que designa distintos cargos políticos según las zonas. Referido a Alemania o Austria, 'presidente del Gobierno': «*El canciller alemán Helmuth Kohl acogió ayer favorablemente la decisión de los obispos*» (*País* [Esp.] 28.1.98). En muchos países hispanoamericanos, 'ministro encargado de las relaciones con otros países': «*Reina se hizo acompañar del canciller Delmer Urbizo*» (*Tribuna* [Hond.] 9.7.97). Referido al Reino Unido, se usa el título de *canciller del Exchequer* para designar al ministro de Hacienda: «*El canciller del Exchequer, Kenneth Clarke, lamentó [...] el colapso de la institución bancaria*» (*Vanguardia* [Esp.] 28.2.95). Puede significar también 'jefe de la secretaría de una representación diplomática', 'rector de una universidad' y 'secretario de una diócesis'.

2. Es un sustantivo común en cuanto al género (*el/la canciller;* → GÉNERO², 1a y 3g): «*Varios ministros, entre ellos la canciller de Colombia, María Emma Mejía*» (*NHerald* [EE. UU.] 10.2.97). No es correcto el femenino ⊗*cancillera*.

3. La variante antigua *chanciller* y su derivado *chancillería* solo deben usarse hoy en sentido histórico, esto es, para referirse al antiguo tribunal superior de justicia del reino de Castilla o a sus miembros: «*A la chancillería de Valladolid habían llegado unos papeles inquisitoriales*» (OArmengol *Aviraneta* [Esp. 1994]).

cancillería. → canciller.

canelón. Como adaptación del italiano *cannellone*, designa la lámina de pasta que se enrolla en forma de tubo y se rellena: «*Rellena los canelones con la masa de atún o bonito*» (Arguiñano *Recetas* [Esp. 1996]). Esta voz designa también un dulce alargado que lleva canela: «*Caían los confites, los canelones, los cacahuates y la fruta*» (Leyva *Piñata* [Méx. 1984]); y cada una de ciertas labores de pasamanería en forma de tubo: «*Se había puesto el traje de gala, con todos los canelones y flecos de la gloria*» (Alberto *Eternidad* [Cuba 1992]). No debe confundirse con *canalón* ('canal que recoge y vierte el agua de los tejados'; → canalón).

canesú. 'Parte superior de una prenda de vestir, a la que se pegan el cuello y las mangas'. Es preferible y mayoritario el plural *canesús* (→ PLURAL, 1c).

⊗**cangrena,** ⊗**cangrenarse.** → gangrenarse.

canguro. → *baby-sitter*.

cánnabis o **cannabis.** 'Cáñamo índico, usado como estupefaciente'. Si se mantiene la pronunciación esdrújula etimológica, debe escribirse con tilde: «*El cánnabis es la sustancia consumida con mayor frecuencia*» (*DVasco* [Esp.] 4.5.99). Se admite también la pronunciación llana [kannábis], a la que corresponde la grafía sin tilde *cannabis*. En esta palabra y en todas las de su misma familia léxica (*cannabáceo, cannáceo,* etc.) se mantiene la -*nn*- etimológica. Aunque hoy es más frecuente su uso en masculino, también se admite su empleo con el género femenino etimológico: «*Aquello que lo espantaba de la cannabis no era la pérdida del eje que gobernaba su razón, sino, al contrario, la agudización de su juicio crítico*» (Andahazi *Piadosas* [Arg. 1999]).

canónico -ca. Adjetivo que significa 'hecho con arreglo a los cánones eclesiásticos o establecido por ellos': «*Habían cohabitado antes de su matrimonio canónico*» (Picó *Caimito* [P. Rico 1989]); 'que se ajusta a un canon o modelo ideal': «*Son escritores canónicos, apegados a un modelo literario*» (*Proceso* [Méx.] 7.7.96); y '[derecho] que regula la organización de la Iglesia católica': «*Según el derecho canónico, este hombre no es un mártir ni mucho menos*» (Ibargüengoitia *Atentado* [Méx. 1975]). No debe confundirse con el sustantivo *canónigo* ('eclesiástico de una catedral' y 'planta herbácea'; → canónigo).

canónigo. 'Eclesiástico con cargo y prebenda en una catedral': «*Llegó a ser canónigo de la catedral de su ciudad natal*» (Gallego *Grabado* [Esp. 1990]); y 'planta herbácea con cuyas hojas se hacen ensaladas': «*Pertenecen a este grupo escarolas, canónigos, berros, endibias*» (Armendáriz *Cocina* [Esp. 2001]). Este sustantivo masculino no debe confundirse con el adjetivo *canónico* ('que se ajusta a un canon' y '[derecho] que regula la Iglesia católica'; → canónico).

cansar(se). 1. Cuando significa 'causar cansancio psíquico o aburrimiento', por tratarse de un verbo de «afección psíquica», dependiendo de distintos factores (→ LEÍSMO, 4a), el complemento de persona puede interpretarse como directo o como indirecto: «*Sólo su hijo no LA cansa*» (PRossi *Solitario* [Ur. 1988]); «*A Liza LE cansa un poco tanta música*» (Aguilera *Caricia* [Méx. 1983]). Con sujeto de persona, también puede construirse con un complemento introducido por con: «*Me cansaron CON sus encuestas y sus inventos*» (*Clarín* [Arg.] 12.1.97). **2.** Cuando significa 'sentir cansancio o aburrimiento', es intransitivo pronominal y lleva normalmente un complemento introducido por de o con: «*Llegué a cansarme DE Nueva York*» (*Universal* [Ven.] 8.1.97); «*Uno se cansa CON tanta enumeración*» (*Hoy* [Chile] 7-13.12.83). **3.** En oraciones negativas se emplea con el sentido de 'realizar con insistencia una acción' y el complemento se introduce por la preposición de: «*Nunca nos cansaremos DE advertir que esta alianza no significa identidad*» (Fasano *Derrota* [Ur. 1980]); y no por en: ⊗«*No nos cansamos EN repetir que urge promover inversiones nuevas*» (*Hora* [Guat.] 3.11.00).

cantabile. Voz italiana (pron. [kantábile]) que se usa internacionalmente en el lenguaje musical para referirse al pasaje que debe ejecutarse de modo suave y expresivo, acentuando la melodía. También se emplea, como sustantivo masculino, para designar dicho modo de ejecución o el fragmento así ejecutado. Por tratarse de un extranjerismo crudo, se escribe sin tilde, como en italiano, y con resalte tipográfico: «*El primer movimiento era tranquilo, [...] con un* cantabile *que hacía las delicias de Estefanía*» (Paso *Palinuro* [Méx. 1977]). A veces se usa la grafía adaptada *cantábile*, escrita sin resalte tipográfico y con tilde: «*El carácter cantábile que es inherente a la música de Mozart*» (*Abc* [Esp.] 30.8.96). Raramente se emplea, con este sentido, la equivalencia española *cantable* (→ cantable, 2).

cantábile. → *cantabile.*

cantable. 1. Como adjetivo, 'que se puede cantar': «*Como género cantable y bailable, la guaracha seguiría unida al teatro bufo*» (Évora *Orígenes* [Cuba 1997]). Como sustantivo masculino, 'letra de cada una de las partes cantadas de una obra teatral o musical' y 'parte de una obra teatral o musical en la que se canta': «*Peralta Barnuevo [...] utilizó esta clase de estrofa en algunos cantables de sus obras de teatro*» (NTomás *Métrica* [Esp. 1956]); «*Era capaz de escribir la letra de un cantable en un santiamén*» (*Abc* [Esp.] 10.5.96). **2.** Seguramente para evitar la confusión con los sentidos anteriores, es raro el empleo de *cantable* como traducción del italianismo *cantabile* (→ *cantabile*).

cantante. 'Persona que se dedica a cantar profesionalmente'. Por su terminación, es común en cuanto al género (*el/la cantante*; → GÉNERO², 1a y 3c): «*Estuvo casado con la cantante Irma Céspedes*» (*Expreso* [Perú] 1.10.90). El femenino *cantatriz* (que etimológicamente corresponde al masculino *cantador*) es desusado en español y se desaconseja su empleo. Su uso ocasional hoy, normalmente referido a la cantante de ópera o de canto clásico, se debe más al influjo de otras lenguas, como el italiano o el francés: «*La gran cantatriz Catherine Malfitano*» (*Abc* [Esp.] 4.10.96).

cantatriz. → cantante.

cantiga o **cántiga.** 'Composición poética destinada al canto'. El uso de la forma esdrújula *cántiga* es hoy raro, pero admisible. Es más usual y recomendable la forma llana *cantiga* [kantíga].

cantilena. → cantinela.

cantinela. 'Copla breve' y, coloquialmente, 'repetición insistente y normalmente molesta de un tema o frase': «*Vinieron [...] a echarme la eterna cantinela de quejas de los criollos*» (Fuentes *Naranjo* [Méx. 1993]). Esta forma, con trueque de consonantes, es hoy mayoritaria, aunque aún pervive la forma etimológica *cantilena*: «*Se abrazó con su Magdalena, que lo esperaba con su vieja cantilena: no desistas*» (Serrano *Dios* [Col. 2000]).

Cantón. Forma tradicional española del nombre de esta provincia de China y de su capital: «*Durante la llamada "Guerra del Opio" [...] los barcos de su majestad británica [...] bombardearon Cantón*» (*DAméricas* [EE. UU.] 28.6.97). Las formas *Guangdong* y *Guangzhou* (para la provincia y la capital, respectivamente) son el resultado de la transcripción de los caracteres chinos al alfabeto latino según el sistema «pinyin», desarrollado en China a partir de 1958 con el fin de unificar los diversos sistemas aplicados por distintos países. Se recomienda seguir usando en español el topónimo tradicional, cuyo gentilicio es *cantonés*: «*Somos hijos de un cantonés y una mujer hindú*» (Ferrero *Bélver* [Esp. 1981]).

cantonés -sa. → Cantón.

cañí. 'De raza gitana'. Su plural es *cañís* (→ PLURAL, 1c).

caparazón. 'Cubierta externa y dura, especialmente la que protege el cuerpo de algunos animales'. En la norma culta de España es siempre masculino: «*El caparazón de la tortuga había sido pintado de carmín*» (Mendoza *Ciudad* [Esp. 1986]); pero en gran parte de América, especialmente en los países del Cono Sur, el femenino es normal en la lengua culta: «*Se llevó al oído la caparazón del caracol*» (Najenson *Memorias* [Arg. 1991]).

capaz. 1. Se construye de modos diversos, según sus diferentes significados:

a) Cuando significa 'que tiene espacio suficiente para contener algo', se construye con un complemento introducido por *para*: «*Una bañera a ras del suelo, capaz PARA dos o tres personas*» (Madrid *Flores* [Esp. 1989]); sin complemento, significa 'espacioso, que puede contener muchas cosas': *Los cajones eran bastante capaces.*

b) Cuando significa, referido a persona o a cosa, 'que puede hacer algo o producir un determinado efecto', se construye con un complemento introducido por *de*: «*El vicepresidente era capaz DE cualquier cosa*» (UPietri *Oficio* [Ven. 1976]); «*Los barbitúricos también son capaces DE producir alucinaciones*» (Valbuena *Toxicomanías* [Esp. 1986]).

c) Cuando significa 'que es apto o adecuado para algo', se construye con un complemento introducido por *para*: «*Es la persona más capaz PARA regir los destinos de la capital*» (*Tiempo* [Col.] 4.9.97); «*El colesterol es un poderoso agente antitóxico y especialmente capaz PARA oponerse a la destrucción de los glóbulos rojos*» (Sintes *Peligros* [Esp. 1975]); sin complemento, significa 'que posee talento o grandes aptitudes': «*Tudjman declaró ayer que el primer ministro sería una persona capaz*» (*Vanguardia* [Esp.] 30.10.95).

2. No debe confundirse con *susceptible* (→ susceptible): *capaz* expresa que alguien o algo posee la capacidad de realizar una acción, es decir, tiene un sentido activo; mientras que *susceptible* expresa la capacidad de alguien o algo de recibir una acción o padecerla, es decir, tiene sentido pasivo; así, en ⊗«*Un plan de trabajo [...] capaz de ser desarrollado en un período constitucional*» (*Tribuna* [Hond.] 18.6.97), debió decirse *susceptible de ser desarrollado* o *que pueda ser desarrollado;* mientras que en ⊗«*Un espectáculo televisivo susceptible de interesar a la audiencia*» (*Telos* [Esp.] 1-3.04), debió decirse *capaz de interesar a la audiencia.*

3. *(es) capaz que.* En el habla coloquial de muchos países americanos se utiliza el adjetivo *capaz,* precedido del verbo *ser* en tercera persona, con el sentido de 'posible o probable': «*Es capaz que si Alfonso se entera, me mata*» (López *Vine* [Méx. 1975]); «*Si no lo hacía, era capaz que la vieja me echara de la casa*» (Burgos *Rigoberta* [Guat. 1983]). En esta construcción, el uso de la preposición *de* ante la conjunción *que* es un caso de dequeísmo (→ DEQUEÍSMO) y debe evitarse: ⊗«*Si la gente se indigna, capaz DE que se puede derogar la ley de amnistía también*» (Dorfman *Muerte* [Chile 1995]). Frecuentemente se prescinde del verbo *ser* y se utiliza *capaz que* como locución adverbial, con el sentido de 'probablemente, seguramente, quizá': «*Si se lo despepito todo de un riendazo, capaz que se pone a disparar como loco*» (Flores *Siguamonta* [Guat. 1993]); «*Cuan-*do venga a presentárnosla, capaz que te enamorás de ella*» (Gené *Ulf* [Arg. 1988]); «*¿Qué andarás haciendo? No me lo digas, capaz que tu marido me amenaza con cortarme la lengua si no le suelto el chisme*» (Mastretta *Vida* [Méx. 1990]). Aunque por lo general esta construcción va seguida de un verbo en indicativo, también es posible el subjuntivo, como ocurre en Chile: «*Con tanto cacareo se le va a espantar la criatura y capaz que nazca alelada*» (Allende *Casa* [Chile 1982]).

capela. *a capela.* → a cappella.

Cape Town. → Ciudad del Cabo.

capitán -na. Con el sentido general de 'persona que capitanea o dirige un grupo o una nave', se usa normalmente como sustantivo de dos terminaciones, una para cada género: «*Cristina Gómez, capitana de [...] la selección española*» (*País* [Esp.] 2.3.03); «*Soy la capitana de esa barca*» (LpzPáez *Herlinda* [Méx. 1993]). Cuando designa específicamente el grado de la escala militar inmediatamente inferior al de comandante, puede usarse también el femenino *capitana,* pero lo normal es que funcione como común en cuanto al género (*el/la capitán;* → GÉNERO², 1a y 3k): «*La capitán Lisa Weidenbush [...] asegura que EE. UU. ha sido "sensible" a esas críticas*» (*País* [Esp.] 15.4.03).

capó. Adaptación gráfica de la voz francesa *capot,* 'cubierta del motor del automóvil': «*El conductor levantó el capó y se inclinó sobre el motor*» (Aparicio *Retratos* [Esp. 1989]). Su plural es *capós* (→ PLURAL, 1b).

capot. → capó.

⊗**cappa.** → kappa.

cappuccino. → capuchino.

capuchino. Adaptación gráfica de la voz italiana *cappuccino,* 'café con espuma de leche': «*Bebían capuchino y comían pasteles*» (Fuentes *Cristóbal* [Méx. 1987]). No es admisible la forma ⊗*capuccino,* que no es ni italiana ni española.

caquéctico -ca. 'De la caquexia (desnutrición extrema)' o, dicho de una persona, 'que padece caquexia': «*Se presentó un paciente muy delgado, casi caquéctico*» (Sandner *Sida* [Ven. 1990]). También se emplea, aunque menos, la forma *caquéxico,* análoga a la de otros derivados de sustantivos acabados en *-xia,* como *anoréxico* (de *anorexia*) o *disléxico* (de *dislexia*): «*No eran viejos caquéxicos, amarillentos y desdentados*» (Sarduy *Pájaros* [Cuba 1993]).

caquéxico -ca. → caquéctico.

caqui. 1. 'Árbol de origen oriental y, también, su fruto comestible': «*Hay naranjos, caquis, higueras, vides*» (Boadella *Memorias* [Esp. 2001]); '[color] que varía entre el amarillo ocre y el verde grisáceo' y, dicho de cosa, 'que tiene este color': «*Revisa una y otra vez el pantalón oscuro y la camisa caqui*» (Montaño *Andanzas* [Méx. 1995]). Tanto para el árbol y el fruto como para el color existe la variante *kaki*, de uso menos frecuente. Deben evitarse otras grafías como ⊛*caki* o ⊛*kaqui*.

2. Como nombre de color, puede concordar en número con el sustantivo al que se refiere o permanecer invariable (→ COLORES, 2): «*Reservistas en bicicleta con* [...] *monos caquis y verdes*» (Leguineche *Camino* [Esp. 1995]); «*Vestían overoles caqui*» (Aguilar *Golfo* [Méx. 1986]).

cara. 1. *de cara a.* Locución preposicional usada con sentidos diversos:

a) 'Frente a, mirando en dirección a': «*Permanece callado, de cara a la pantalla vacía*» (Volpi *Klingsor* [Méx. 1999]). En España también se usa sin la preposición *de*: «*Pasaron la noche cara a la pared*» (Rubio *Sal* [Esp. 1992]).

b) 'Con vistas a': «*La propuesta de Lula* [...] *fue la ganadora de la votación sobre el rumbo que seguirá el Partido de los Trabajadores de cara a las elecciones del próximo año*» (*Clarín* [Arg.] 1.9.97). En España también se usa sin la preposición *de*: «*El cielo, cara a la primavera, se pintaba de azul celeste*» (Asenjo *Días* [Esp. 1982]).

c) Aunque es frecuente en el lenguaje periodístico, no se recomienda el empleo de *(de) cara a* con el sentido de 'ante': ⊛«*Con esto se pone fin, al menos cara a la opinión pública, a la controversia suscitada*» (*Abc* [Esp.] 3.6.86). Es preferible, en estos casos, usar la preposición *ante*.

d) Tampoco debe emplearse con el sentido de 'en relación con': ⊛«*A cambio de lo que los iraquíes califican de "valiosa, coherente y honesta" actitud española de cara a Oriente Próximo, el régimen de Bagdad ofrece* [...] *dos cosas a España*» (*País* [Esp.] 12.2.80).

2. *cara dura.* → caradura.

carácter. 1. 'Conjunto de rasgos característicos' y 'signo de la escritura'. Es voz llana y se pronuncia [karákter], no ⊛[karaktér]. En el plural, el acento prosódico pasa de la *a* a la *e: caracteres* (pron. [karaktéres]), no ⊛*carácteres*.

2. *de carácter* + adjetivo. → CONCORDANCIA, 3.11.

caradura. 1. Como adjetivo, 'sinvergüenza, descarado': «—*Lo que tiene que sufrir un superior. —Será caradura*» (Ayerra *Lucha* [Esp. 1984]). Se usa muy a menudo como sustantivo común en cuanto al género (*un/una caradura;* → GÉNERO², 1a y 3b): «*¿Quién nos asegura que no era simplemente un caradura?*» (Cebrián *Rusa* [Esp. 1986]). Aunque también es válida su escritura en dos palabras, se recomienda la grafía simple, cuyo plural es *caraduras*.

2. Como sustantivo femenino, 'osadía o atrevimiento'. Puede escribirse en una o en dos palabras, pero en este caso es más frecuente la grafía en

dos palabras: «*Su marido le había dicho que tenía mucha cara dura por atreverse a salir en pantalla*» (*Tiempo* [Esp.] 16.7.90); «*Astuto y seductor, logró combinar estas características con una enorme dosis de audacia y caradura*» (Fuentes *Espejo* [Méx. 1992]).

carbunclo. Del lat. *carbunculus* ('carboncillo', diminutivo de *carbo* 'carbón') derivan en último término tres palabras españolas: *carbúnculo, carbunclo* y *carbunco*, todas ellas documentadas desde la Edad Media y vigentes en el uso actual. Las tres se han usado históricamente con los mismos significados, aunque las preferencias por una forma u otra para los distintos sentidos se han ido decantando con el tiempo:

1. La forma *carbúnculo*, la más cercana al étimo latino, es la menos usada hoy y solo con el sentido de 'piedra preciosa de color rojo encendido': «*Mi condición de experto me permitió discernir, en el chispear de las gemas, el rojo del carbúnculo*» (Mujica *Escarabajo* [Arg. 1982]).

2. La forma *carbunclo* se emplea en el español general actual con dos sentidos, a saber:

a) 'Piedra preciosa de color rojo encendido', a menudo referido metafóricamente a los ojos: «*Un perro chico, de pelaje manchado,* [...] *ojos parecidos a pequeños carbunclos, me gruñó con furia*» (Edwards *Anfitrión* [Chile 1987]).

b) 'Enfermedad grave del ganado, transmisible al hombre': «*Se produjo una epidemia de carbunclo y murieron todos los animales*» (Jodorowsky *Pájaro* [Chile 1992]). Con este sentido es mayoritario hoy, y preferible, el uso de *carbunco* (→ 3).

3. La forma *carbunco*, surgida a fines de la Edad Media como variante de *carbunclo*, se usa en el español general actual solamente para designar la enfermedad del ganado: «*Pasteur descubrió las vacunas de la rabia y del carbunco*» (Pelta/Vivas *Alergia* [Esp. 1995]). También se usa con este sentido, aunque menos, la forma *carbunclo* (→ 2).

4. Finalmente, en algunos países de América, especialmente en Costa Rica, las formas *carbunclo* y *carbunco* designan también al cocuyo, insecto coleóptero que emite luz en la oscuridad: «*Los carbunclos se escondían en los bordes de los muros*» (Chase *Pavo* [C. Rica 1996]).

carbunco. → carbunclo, 3 y 4.

carbúnculo. → carbunclo, 1.

carcaj. 'Recipiente para flechas que se lleva colgado del hombro': «*La flecha lanzada ya no vuelve a su carcaj*» (Serrano *Dios* [Col. 2000]). Su plural es *carcajes* (→ PLURAL, 1g). La variante *carcax* carece de uso en la actualidad.

carcamal. Coloquialmente, 'persona vieja': «*María Rosa es joven, y nosotros, unos carcamales, ¿no te das cuenta?*» (Mendoza *Verdad* [Esp. 1975]). En gran parte de América se emplea con este sentido la forma *carcamán*: «*¿Con el carcamán ese? ¡Pero si tiene como cincuenta años!*» (Santander *Ramona* [Méx. 1981]).

carcamán. → carcamal.

carcañal. → calcañar.

carcax. → carcaj.

cardíaco -ca o **cardiaco -ca.** → -íaco o -iaco.

cárdigan. 'Chaqueta deportiva de punto'. Debe permanecer invariable en plural (*los cárdigan*), ya que no existen en español sustantivos sobresdrújulos (→ PLURAL, 1g).

CARDINALES. 1. Los numerales cardinales expresan cantidad en relación con la serie de los números naturales, incluido el cero, que expresa ausencia de cantidad. Normalmente funcionan como adjetivos: *He leído cinco libros este verano;* pero pueden funcionar también como pronombres: —*¿Necesitas rotuladores? —Sí, tráeme dos;* o como sustantivos, cuando se emplean para nombrar las cifras o los números: *Has escrito un nueve un poco raro; El número premiado es el mil trescientos veintidós.* Suelen incluirse en la serie de los numerales cardinales algunas palabras que, al igual que estos, expresan cantidad exacta, pero que, a diferencia de ellos, son sustantivos, como es el caso de *millar, millón, millardo, billón, trillón* y *cuatrillón* (→ 6). A continuación se ofrece la serie completa:

NÚMERO O CIFRA	NUMERAL CARDINAL
0	cero
1	uno, *fem.* una; *apocopado:* un (→ 4).
2	dos
3	tres
4	cuatro
5	cinco
6	seis
7	siete
8	ocho
9	nueve
10	diez
11	once
12	doce
13	trece
14	catorce
15	quince
16	dieciséis
17	diecisiete
18	dieciocho
19	diecinueve
20	veinte
21	veintiuno, *fem.* veintiuna; *apocopado:* veintiún

NÚMERO O CIFRA	NUMERAL CARDINAL
22, 23, *etc.*	veintidós, veintitrés, *etc.*
30	treinta
31	treinta y uno, *fem.* treinta y una; *apocopado:* treinta y un
32, 33, *etc.*	treinta y dos, treinta y tres, *etc.*
40	cuarenta
41	cuarenta y uno, *fem.* cuarenta y una; *apocopado:* cuarenta y un
42, 43, *etc.*	cuarenta y dos, cuarenta y tres, *etc.*
50	cincuenta
60	sesenta
70	setenta
80	ochenta
90	noventa
100	cien(to) (→ ciento)
101	ciento uno, *fem.* ciento una; *apocopado:* ciento un
102, 103, *etc.*	ciento dos, ciento tres, *etc.*
110	ciento diez
111, 112, *etc.*	ciento once, ciento doce, *etc.*
120	ciento veinte
121	ciento veintiuno, *fem.* ciento veintiuna; *apocopado:* ciento veintiún
122, 123, *etc.*	ciento veintidós, ciento veintitrés, *etc.*
130	ciento treinta
131	ciento treinta y uno, *fem.* ciento treinta y una; *apocopado:* ciento treinta y un
132, 133, *etc.*	ciento treinta y dos, ciento treinta y tres, *etc.*
200	doscientos, *fem.* doscientas
300	trescientos, *fem.* trescientas
400	cuatrocientos, *fem.* cuatrocientas
500	quinientos, *fem.* quinientas
600	seiscientos, *fem.* seiscientas
700	setecientos, *fem.* setecientas
800	ochocientos, *fem.* ochocientas

NÚMERO O CIFRA	NUMERAL CARDINAL
900	novecientos, *fem.* novecientas
1000	mil (*también, como sust.,* un millar)
1001	mil uno, *fem.* mil una; *apocopado:* mil un
1002, 1003, *etc.*	mil dos, mil tres, *etc.*
1010, 1011, *etc.*	mil diez, mil once, *etc.*
1020	mil veinte
1021	mil veintiuno, *fem.* mil veintiuna; *apocopado:* mil veintiún
1022, 1023, *etc.*	mil veintidós, mil veintitrés, *etc.*
1030	mil treinta
1031	mil treinta y uno, *fem.* mil treinta y una; *apocopado:* mil treinta y un
1100	mil cien
1101	mil ciento uno, *fem.* mil ciento una; *apocopado:* mil ciento un
1102, 1103, *etc.*	mil ciento dos, mil ciento tres, *etc.*
1200, 1300, *etc.*	mil doscientos, *fem.* mil doscientas; mil trescientos, *fem.* mil trescientas, *etc.*
2000	dos mil
2001	dos mil uno, *fem.* dos mil una; *apocopado:* dos mil un
2002, 2003, *etc.*	dos mil dos, dos mil tres, *etc.*
2010, 2011, *etc.*	dos mil diez, dos mil once, *etc.*
2020	dos mil veinte
2021	dos mil veintiuno, *fem.* dos mil veintiuna; *apocopado:* dos mil veintiún
2022, 2023, *etc.*	dos mil veintidós, dos mil veintitrés, *etc.*
2100	dos mil cien
2101	dos mil ciento uno, *fem.* dos mil ciento una; *apocopado:* dos mil ciento un
2102, 2103, *etc.*	dos mil ciento dos, dos mil ciento tres, *etc.*
3000, 4000, *etc.*	tres mil, cuatro mil, *etc.*
10 000, 11 000, *etc.*	diez mil, once mil, *etc.*
20 000	veinte mil
21 000	veintiún mil, *fem.* veintiún mil *o* veintiuna mil (→ 3)

NÚMERO O CIFRA	NUMERAL CARDINAL
30 000	treinta mil
31 000	treinta y un mil, *fem.* treinta y un mil *o* treinta y una mil (→ 3)
40 000, 50 000, *etc.*	cuarenta mil, cincuenta mil, *etc.*
100 000	cien mil
200 000, 300 000, *etc.*	doscientos mil, *fem.* doscientas mil; trescientos mil, *fem.* trescientas mil, *etc.*
1 000 000	un millón
1 000 001	un millón uno, *fem.* un millón una; *apocopado:* un millón un
1 000 100	un millón cien
1 001 000	un millón mil
2 000 000	dos millones
10 000 000	diez millones
100 000 000	cien millones
1 000 000 000	mil millones *o* un millardo (→ millardo)
1 000 000 000 000	un billón (→ billón)
10^{18}	un trillón (→ trillón)
10^{24}	un cuatrillón

2. Hay cardinales simples —de *cero* a *quince,* todas las decenas (*diez, veinte, treinta,* etc.), *cien(to),* *quinientos* y *mil*— y cardinales compuestos, los formados por la fusión o suma de varios cardinales simples. De los compuestos, se escriben hoy en una sola palabra los correspondientes a los números 16 a 19 y 21 a 29, así como todas las centenas: *dieciséis, dieciocho, veintiuno, veintidós, doscientos, cuatrocientos,* etc. Las grafías complejas ⊗*diez y seis,* ⊗*veinte y uno,* ⊗*cuatro cientos,* etc., son anticuadas y deben evitarse. A partir de treinta, los cardinales compuestos que corresponden a cada serie se escriben en varias palabras y se forman, bien por coordinación, bien por yuxtaposición de cardinales simples; así, los correspondientes a la adición de unidades a las decenas se escriben interponiendo entre los cardinales simples la conjunción *y: treinta y uno, cuarenta y cinco, noventa y ocho,* etc.; el resto se forma por mera yuxtaposición: *ciento dos, mil cuatrocientos treinta, trescientos mil veintiuno,* etc. No obstante lo dicho, por analogía con la serie de los cardinales compuestos de *diez* y de *veinte,* se documentan casos de grafía simple en los correspondientes a otras decenas (*treintaicinco, cuarentaitrés, cincuentaiocho,* etc.): «*Olvidé a Frieda y la versión treintaidós de esta su letanía*» (Onetti *Viento* [Ur. 1979]); «*Era la una y cincuentaicinco minutos*» (Martini *Fantasma* [Arg. 1986]);

pero todavía son mayoritarias las grafías complejas (*treinta y cinco, cuarenta y tres, cincuenta y ocho,* etc.). Son vulgares los compuestos correspondientes a la primera decena en los que se ha simplificado el diptongo: [⊛]*diciséis,* [⊛]*dicisiete,* [⊛]*diciocho,* [⊛]*dicinueve.* Tampoco son admisibles formas como [⊛]*treinticinco,* [⊛]*cuarentiocho,* [⊛]*cincuentiuno,* etc., en las que se ha eliminado la *-a* final de la decena. Tanto en la grafía como en la pronunciación esmerada debe mantenerse el diptongo que hay en los compuestos de *veinte* (→ veintiuno), así como en *treinta* y sus compuestos (→ treinta); son, pues, vulgares formas como [⊛]*ventidós,* [⊛]*trenta* o [⊛]*trentaicinco,* en lugar de *veintidós, treinta* y *treinta y cinco* (o *treintaicinco*). Por último, los cardinales correspondientes a la séptima y a la novena centenas son *setecientos* y *novecientos,* respectivamente (y no [⊛]*sietecientos* ni [⊛]*nuevecientos*).

3. Los cardinales, cuando son sustantivos, son siempre masculinos: *el tres, un millón.* Cuando funcionan como adjetivos o como pronombres carecen de variación de género, a excepción de *uno* y sus compuestos (→ uno, 2), que tienen formas específicas para el femenino: *una, veintiuna, treinta y una,* etc.; y de los correspondientes a las centenas, a partir de *doscientos,* cuyos femeninos adoptan la terminación *-cientas* (salvo *quinientos,* que tiene forma propia y cuyo femenino es *quinientas*): *doscientas, trescientas,* etc. El género del numeral lo determina el sustantivo al que se refiere: *De las trescientas páginas que tiene el libro, me he leído cuarenta y una.* En el caso de las centenas, el cardinal en función adjetiva debe concordar necesariamente en género con el sustantivo al que cuantifica, tanto si lo precede inmediatamente (*doscientos kilos, trescientas toneladas*) como si entre ellos se interpone otro elemento, por ejemplo, la palabra *mil,* si se trata de numerales complejos (*doscientos mil kilos, trescientas mil toneladas*). En lo que se refiere al cardinal *uno* y sus compuestos, la concordancia es obligada cuando el numeral precede inmediatamente al sustantivo: *treinta y un kilos, veintiuna toneladas* (no [⊛]*veintiún toneladas*); pero si entre el numeral y el sustantivo femenino se interpone la palabra *mil,* la concordancia de género es opcional (→ uno, 2.2): *veintiún mil toneladas* o *veintiuna mil toneladas.*

4. Cuando el cardinal *uno* y sus compuestos se anteponen, en función adjetiva, a un sustantivo masculino, adoptan siempre la forma apocopada *un: un libro, veintiún soldados, ciento un opositores.* También es normal la apócope de la forma femenina *una* cuando el numeral precede a un sustantivo femenino que comienza por /a/ tónica: *un águila, veintiún hachas, ciento un armas;* pero no se considera incorrecto, aunque en la lengua actual es muy poco frecuente, utilizar en estos casos la

forma plena *una* (→ uno, 2.1): *una águila, veintiuna hachas, ciento una armas.* Solo es correcta la apócope ante sustantivos; así pues, no debe decirse [⊛]*el treinta y un por ciento,* sino *el treinta y uno por ciento.*

5. Cuando se usan como sustantivos, los cardinales sí presentan variación de número y adoptan el plural que les corresponde según su forma (*ceros, unos, doses, treses, cuatros, cincos, seises,* [...] *dieces, onces, doces, treces,* etc.): «*Toda la historia empezó con una partida de dados, si antes de la tercera salen cinco seises te mato*» (Cela *Cristo* [Esp. 1988]); «*El cazador Rosario me sirvió cinco cartas: me tocaron tres doces*» (Scorza *Tumba* [Perú 1988]). Cuando son adjetivos o pronombres, carecen de variación de número; por su significado, el cardinal *uno* solo se refiere a sustantivos singulares: *Tengo solo un abrigo; Este mes solo me han puesto una multa;* los demás cardinales, puesto que indican siempre cantidad superior a la unidad, solo se refieren a sustantivos plurales: *Necesito que me prestes mil doscientos euros; Este mes ya llevo tres multas.* El cardinal *cero* constituye un caso especial, pues aunque expresa ausencia de cantidad, se antepone siempre, como adjetivo, a sustantivos plurales: «*De regreso a París, me encontré con* [...] *cero pesos en la cuenta bancaria*» (Jodorowsky *Danza* [Chile 2001]).

6. Las voces *millar, millón, millardo, billón, trillón* y *cuatrillón* son sustantivos, a diferencia de los demás cardinales, cuya función primaria es adjetiva; por lo tanto, cuando estos numerales cuantifican por sí solos a un sustantivo, este debe ir necesariamente precedido de la preposición *de: un millón DE personas, dos billones DE pesos;* pero si, por formar parte de un numeral complejo, van seguidos de otros cardinales, el sustantivo cuantificado no va precedido de preposición: *un millón doscientas mil personas.* Lo mismo sucede si se escriben con números: *1 000 000 DE personas, 1 200 000 personas.* Además, estos sustantivos numerales, cuando se usan en singular, deben ir siempre precedidos de un determinante: *Acudieron UN millón doscientas mil personas* (no [⊛]*Acudieron millón doscientas mil personas*); *Mañana te devolveré EL millón de pesos que me prestaste.* El caso de *mil* es especial, puesto que pertenece a ambas categorías: *mil* es el adjetivo cardinal correspondiente al número 1000: *mil casas, mil personas;* mientras que el plural *miles* es un sustantivo masculino sinónimo de *millares* (→ mil): *miles de euros, muchos miles de personas,* etc.

7. Cuando la cuantificación es imprecisa, los numerales cardinales se combinan con las expresiones *y tantos* e *y pico* (→ pico, 2).

8. Además de su uso propio para expresar cantidad, los cardinales se emplean a menudo, en el lenguaje corriente, para expresar orden, reemplazando en su función a los ordinales (→ ORDINA-LES): «*Un pibe se cayó desde el piso once y se salvó*» (Rovner *Pareja* [Arg. 1976]). Este fenómeno es tanto más frecuente cuanto mayor es el número de orden que debe expresarse; así, frente a expresiones como el *quincuagésimo séptimo aniversario,* de carácter marcadamente culto, en la que se ha utilizado el ordinal propiamente dicho, encontramos con mucha más frecuencia, en la lengua corriente, *el cincuenta y siete aniversario.* Lo que no debe hacerse, en ningún caso, es mezclar ambas series, ordinales y cardinales, como ocurre en este ejemplo: ⊗«*Se realizó* [...] *un homenaje a Roque Sáenz Peña con motivo de cumplirse el trigésimo un aniversario de su muerte*» (Arenas *Buenos Aires* [Arg. 1979]); debió decirse el *trigésimo primer aniversario* o *el treinta y un aniversario.* Aunque el uso de los cardinales con valor ordinal es más frecuente cuando se refieren a números altos, también se da en referencia a números bajos; así, se dice tanto *piso siete* como *séptimo piso* o *piso séptimo.* En cuanto a su colocación, los cardinales con valor ordinal se anteponen a los sustantivos que designan acontecimientos, aniversarios o celebraciones, pero se posponen en el resto de los casos; así, se dice la *cuarenta y una edición del festival, el treinta y cinco aniversario,* pero no **la treinta y cinco página,* sino la *página treinta y cinco.* Cuando el cardinal con valor ordinal se pospone a un sustantivo femenino, es posible la concordancia de género: la *página doscientas, la habitación trescientas doce;* pero suele ser más frecuente el uso en aposición del sustantivo masculino que corresponde al nombre del número: la *página doscientos, la habitación trescientos doce.* De manera general y sistemática se emplean siempre los cardinales para expresar orden en la designación de los años: *(año) mil novecientos noventa y ocho, (año) dos mil uno,* etc.; y de los días del mes: *tres de diciembre, cuatro de octubre,* etc., aunque para referirse al día uno puede usarse también el ordinal *primero* (→ primero, 3). En el caso de las series de papas y reyes con igual nombre, se utilizan, en la escritura, los números romanos (→ NÚMEROS, 3), que se leen como ordinales hasta el número diez (aunque en este último caso puede usarse también el cardinal): *Felipe IV* (se lee *Felipe cuarto*), *Enrique VIII* (*Enrique octavo*), *Alfonso X* (*Alfonso décimo* o *diez*); pero a partir del diez se leen siempre como cardinales: *Luis XVI* (*Luis dieciséis*), *Juan XXIII* (*Juan veintitrés*). Para referirse a los siglos, del I al X se usan indistintamente cardinales y ordinales, con preferencia culta por estos últimos: *siglo I* (se lee *siglo primero* o *siglo uno*), *siglo II* (*siglo segundo* o *siglo dos*), etc.; pero del siglo XI en adelante, el uso general solo admite los cardinales: *siglo XI* (se lee *siglo once*), *siglo XVIII* (*siglo dieciocho*), *siglo XXI* (*siglo veintiuno*), etc.

9. Los numerales que corresponden a las decenas se utilizan pospuestos a la palabra *año* para expresar la década correspondiente: *los años treinta* (→ década, 2).

carear(se). 'Poner(se) cara a cara [una persona] con otra para aclarar la verdad': «*Lo carearon con otro petrolero preso*» (*Proceso* [Méx.] 14.7.96); «*Los otros dos periodistas no se carearon con él por no considerarlo necesario el magistrado*» (*País* [Esp.] 1.6.85). No debe confundirse con *cariar(se)* ('producir caries' y 'estropearse por la caries'; → cariar(se)).

carecer. 'Tener falta de algo'. Verbo irregular: se conjuga como *agradecer* (→ APÉNDICE 1, n.º 18). Se construye con un complemento introducido por *de,* al igual que el adjetivo *carente* y el sustantivo *carencia*: «*Yo, en cambio, carezco DE esa experiencia*» (Pitol *Juegos* [Méx. 1982]); «*Justiniano era un borrachín carente DE todo estilo*» (Donoso *Casa* [Chile 1978]); «*Yo era plenamente consciente de su carencia DE sentido*» (GaMorales *Lógica* [Esp. 1990]).

Carelia. Forma tradicional española del nombre de esta república de la Federación Rusa: «*También se han descubierto importantes yacimientos* [...] *en Carelia*» (*País* [Esp.] 20.10.97). Aunque en el uso actual es frecuente la grafía *Karelia,* se prefiere la forma tradicional. El gentilicio es *carelio.*

carelio -lia. → Carelia.

carencia, carente. → carecer.

carey. 'Cierta tortuga de mar' y 'materia córnea que se obtiene de sus escamas'. Su plural es *careyes* (→ PLURAL, 1d).

cargazón. 'Cargamento' y 'pesadez sentida en alguna parte del cuerpo'. Es voz femenina: «*De sus viajes al centro* [...] *volvía con una cargazón de libros de segunda mano*» (Kociancich *Maravilla* [Arg. 1982]); «*Tal vez así le corría la cargazón estomacal,* [...] *el revoltijo de las tripas*» (Asturias *Maladrón* [Guat. 1969]).

cariar(se). 'Producir caries' y, como pronominal, dicho de un diente, 'estropearse por efecto de la caries': «*Le vi los dientes cariados a través de una sonrisa de burla*» (Somers *Retrato* [Ur. 1990]). Se acentúa como *enviar* (→ APÉNDICE 1, n.º 5). No debe confundirse con *carear(se)* ('poner(se) cara a cara para aclarar la verdad'; → carear(se)): ⊗«*Puede ocasionar lesiones y molestias en el pulmón,* [...] *muelas careadas*» (Marcos *Salud* [Esp. 1989]); debió decirse *muelas cariadas.*

caribú. 'Reno salvaje de Canadá'. Su plural es *caribúes* o *caribús* (→ PLURAL, 1c).

caries. 'Erosión producida por bacterias en el esmalte de los dientes': «*Le habían extraído la* [muela] *de al lado, perfectamente sana, sin una caries*» (Valladares *Esperanza* [Cuba 1985]). Es invariable en plural (→ PLURAL, 1f): *las caries*. No existe el singular [⊗]*carie*.

carillón. 'Grupo de campanas que producen una melodía': «*Se acercó a la pianola de 30 teclas —una por campana— que hace sonar el carillón*» (*Clarín* [Arg.] 24.4.97); y 'reloj con carillón': «*Dejó al mayordomo dando cuerda de nuevo al carillón*» (SchzEspeso *Alas* [Esp. 1985]). Aunque se acepta la variante *carrillón*, debe preferirse la forma *carillón*, más cercana a la etimología (del fr. *carillon*) y mayoritaria en la lengua culta.

carioca. 'De Río de Janeiro (ciudad de Brasil)': «*La policía carioca patrulla el centro comercial de Río de Janeiro*» (*Granma* [Cuba] 1.10.02). Es impropio su empleo con el sentido más general de 'brasileño', error frecuente en el lenguaje deportivo: [⊗]«*Brasil tuvo ayer sus primeras dificultades [...]. La selección carioca logró remontar un partido que perdía por dos goles en el descanso*» (*País* [Esp.] 18.6.97).

carmesí. 'Del color de la grana'. Su plural es *carmesíes* o *carmesís* (→ PLURAL, 1c).

carné. 1. Adaptación gráfica de la voz francesa *carnet*, 'tarjeta que acredita la identidad de su propietario o su pertenencia a una asociación, o que lo faculta para ejercer ciertas actividades': «*¡Un carné oficial del Partido Comunista!*» (Jodorowsky *Pájaro* [Chile 1992]). Su plural es *carnés* (→ PLURAL, 1a). **2.** En algunos países de América, como Colombia, Venezuela o Bolivia, ha comenzado a circular en los últimos años el verbo [⊗]*carnetizar*, con el significado de 'proveer [a alguien] de carné', así como el derivado sustantivo [⊗]*carnetización*: [⊗]«*La decisión [...] de carnetizar a las personas indocumentadas en las áreas urbanas*» (*Tiempos* [Bol.] 20.11.96); [⊗]«*Hoy se dará inicio al censo, control y carnetización de trabajadores extranjeros fronterizos*» (*Nacional* [Ven.] 6.2.97). Se trata de usos no tradicionales rechazados por la norma culta de esas zonas, por lo que se recomienda seguir empleando las expresiones habituales en español en estos casos, como *proveer de carné*, *expedir el carné*, *hacer el carné*, etc.

[⊗]**carnecería.** → carnicería.

carnero. Término usado en la lengua general culta para designar al macho de la oveja: «*Mancornados, de ocho en ocho, los carneros cruzaron el río*» (Scorza *Tumba* [Perú 1988]). No obstante, en algunos países americanos, como Colombia o Venezuela, se usa asimismo, con este sentido, la voz *ovejo*, que se oye también en algunas regiones de España: «*También llevaba ofrendas terrenales: gallinas, quesos, un ovejo*» (Quintero *Danza* [Ven. 1991]).

carnestolendas. 'Carnaval'. Este sustantivo femenino se usa siempre en plural, por lo que debe evitarse el singular [⊗]*carnestolenda*.

carnet, [⊗]**carnetización,** [⊗]**carnetizar.** → carné.

carnicería. 'Establecimiento donde se vende carne' y 'matanza': «*Se había encontrado con la señora Wiener en la carnicería*» (Ribeyro *Geniecillos* [Perú 1983]); «*Eran tantos los muertos que a veces pensaba que no iban a quedar testigos de tan horrenda carnicería*» (Delibes *Madera* [Esp. 1987]). *Carnicería* es la forma etimológica, derivada de *carnicero*, y como la mayor parte de las voces de la familia léxica de *carne* (del lat. *caro, carnis*) presenta la raíz *carni-*: *carnicero, carnificar, carniforme, carnívoro*, etc. Debe evitarse en el habla culta la forma [⊗]*carnecería*, documentada en el español medieval y clásico, pero relegada hoy al habla popular de algunas zonas de España.

Carolina del Norte. Forma tradicional española del nombre de este estado de los Estados Unidos de América: «*Una pequeña ciudad de Carolina del Norte*» (*Mundo* [Esp.] 9.2.03). No debe usarse en español la forma inglesa *North Carolina*.

Carolina del Sur. Forma tradicional española del nombre de este estado de los Estados Unidos de América: «*Se recuerda el huracán Hugo, que en 1989 devastó algunas áreas de Carolina del Sur*» (*Ahora* [R. Dom.] 21.7.03). No debe usarse en español la forma inglesa *South Carolina*.

carpaccio. → carpacho.

carpacho. Adaptación gráfica propuesta para la voz italiana *carpaccio*, 'plato de lonchas finas de carne o pescado crudos': «*En las entradas ofrecen [...] carpacho de lomito o salmón*» (*Nacional*@ [Ven.] 5.12.03).

carraspear. 'Emitir una especie de tosecilla voluntaria para aclarar la garganta'. Es errónea la forma [⊗]*garraspear*, así como el sustantivo [⊗]*garraspera*.

carrillón. → carillón.

carrousel. → carrusel.

carrusel. Adaptación gráfica de la voz francesa *carrousel*, 'espectáculo en el que varios jinetes ejecutan vistosas evoluciones': «*A las monterías sucedían magníficos carruseles en el picadero de Carlos V*» (Moix *Vals* [Esp. 1994]); y 'atracción de feria que consiste en una rueda de caballitos': «*Nos montamos en un caballito del carrusel*» (Paso *Palinuro* [Méx. 1977]). También se usa con los sentidos de 'plataforma giratoria' y 'presentación consecutiva e ininterrumpida de algo': «*Y en una discoteca, atacados mis sentidos por el estruendo y por un enfurecido carrusel de luces, me pareció encontrarme*» (*Mundo* [Esp.] 3.10.94); «*Anuncian un carrusel de acontecimientos*» (*Rumbo* [R. Dom.] 29.9.97).

carst, cárstico -ca. → karst.

cartagenero -ra. 'De alguna de las poblaciones llamadas, en América o España, Cartagena': «*Lau-*

ra estaba casada con Fernando Toledo Silva, un simpático cartagenero de buena familia» (Britton *Siglo* [Pan. 1995]). Se exceptúan los habitantes de la comuna chilena de Cartagena, llamados *cartageninos*. No debe confundirse *cartagenero* con *cartaginés* o *cartaginense* ('de Cartago'; → cartaginés).

cartagenino -na. → cartagenero.

cartaginense. → cartaginés, 1.

cartaginés -sa. 1. 'De Cartago, antigua ciudad del norte de África': *«Los cartagineses enviaron a Asdrúbal con treinta elefantes enmascarados»* (Fuentes *Naranjo* [Méx. 1993]). Esta es la forma mayoritaria y preferible, aunque también se usa la variante *cartaginense: «Uno de aquellos estandartes que los romanos perdieron a manos de los habilidosos cartaginenses»* (Quintero *Danza* [Ven. 1991]). **2.** También significa 'de Cartago, ciudad y provincia de Costa Rica': *«Daniel Gamboa apelará el fallo del tribunal cartaginés»* (*Nación* [C. Rica] 23.1.97). **3.** No debe confundirse con *cartagenero* ('de Cartagena'; → cartagenero).

cartel¹. 1. 'Lámina de papel que se exhibe con fines publicitarios o informativos'. Con este sentido es palabra aguda: *cartel* [kartél]. No es válida, en este caso, la acentuación ⊗*cártel*, que sí es variante admisible de *cartel* con el sentido de 'organización ilícita' (→ cartel² o cártel). **2.** Cuando el cartel se exhibe con fines publicitarios, en algunos países americanos se emplea también la voz *afiche*, adaptación del francés *affiche: «Recordó un afiche de toros de la época del franquismo»* (Chavarría *Rojo* [Ur. 2002]). Cuando el cartel se coloca en una pared interior, con fines meramente decorativos, se suele utilizar más la palabra *póster* (del ingl. *poster*), que en español debe escribirse con tilde por ser palabra llana acabada en -*r* (→ TILDE², 1.1.2); su plural es *pósteres* (→ PLURAL, 1g): *«Aún tenemos tus pósteres pegados en las paredes»* (Sierra *Regreso* [Esp. 1995]).

cartel² o **cártel.** 'Organización ilícita que trafica con drogas o con armas' y 'convenio entre empresas para evitar la competencia'. Procede del alemán *Kartell* [kartél]. En español son válidas tanto la acentuación etimológica aguda *cartel* (pl. *carteles*), mayoritaria en el conjunto del ámbito hispánico, como la llana *cártel* (pl. *cárteles*), si bien se recomienda la primera. Puesto que se trata de un nombre común, debe escribirse con inicial minúscula: *el cartel de Cali*.

cárter. En los automóviles, 'pieza que protege determinados mecanismos y recoge el aceite utilizado en la lubricación del motor'. Su plural es *cárteres* (→ PLURAL, 1g).

cartero -ra. 'Persona cuyo oficio es repartir las cartas del correo'. El femenino es *cartera* (→ GÉNE-

RO², 3a): *«Gemma García, una cartera de 28 años que hará historia al convertirse en la primera mujer española que dispute el Dakar en moto»* (*Mundo*@ [Esp.] 27.11.03). No debe emplearse el masculino para referirse a una mujer: ⊗*la cartero*.

cartografiar. 'Trazar el mapa [de una superficie]'. Se acentúa como *enviar* (→ APÉNDICE 1, n.º 5).

cartomancia. → -mancia o -mancía.

casabe. 'Torta hecha con harina de mandioca o yuca que se consume en algunas zonas de América'. Esta grafía, que refleja en la escritura la pronunciación seseante propia del español americano, es hoy mayoritaria frente a *cazabe*, grafía original, pero minoritaria en el uso actual.

casaquinta. En algunos países de América, especialmente en los del Río de la Plata, 'casa con amplio parque o jardín': *«Una cuadra antes de llegar a su escondite, una casaquinta en medio de un barrio de clase media, los ladrones desaparecieron»* (*Clarín* [Arg.] 11.10.00). También puede escribirse en dos palabras: *«Una confortable casa quinta en la pintoresca y fresca zona de Las Nubes»* (Ramírez *Baile* [Nic. 1995]). Los plurales respectivos son *casaquintas* y *casas quintas*.

casar(se). Con el sentido de 'unirse en matrimonio a otra persona', es intransitivo, normalmente pronominal, aunque también se usa en forma no pronominal; el complemento se introduce con la preposición *con: «La obligó a casarse CON su tío José María»* (*Hoy* [Chile] 19-25.5.97); *«Juan Manuel, el mayor, casó a los 22 años CON su prima»* (Picó *Filo* [P. Rico 1993]).

casba. 'Barrio antiguo de las ciudades árabes del norte de África': *«Abrió el paquete que contenía cuanto había adquirido en las tiendas de la casba»* (VqzFigueroa *Tuareg* [Esp. 1981]). Esta es la grafía más adecuada en español para la voz árabe *qasabah* ('ciudadela'). Se desaconsejan las grafías *casbah* o *kasbah*, transcripciones propias de otras lenguas como el francés o el inglés.

casbah. → casba.

Cascaes. Forma tradicional española del nombre de esta ciudad de Portugal: *«Aquella canción que había aprendido de su madre, un agosto en Cascaes»* (MtnGaite *Fragmentos* [Esp. 1976]). Es preferible a *Cascais*, que es el nombre en portugués.

Cascais. → Cascaes.

cascarria. 'Barro seco que queda pegado a la parte baja de la ropa y, por extensión, suciedad que queda adherida a algo'. Se usa normalmente en plural: *«Quién iba a querer comprales* [sic] *a todos esos rotos pilientos con cascarrias en el ombligo»* (Fuentes *Cristóbal* [Méx. 1987]). Existe, desde antiguo, la variante *cazcarria*, vigente en el uso de España:

«Pasó el párroco riéndose y mirándose el hábito manchado de cazcarrias» (Miró *Cerezas* [Esp. 1910-26]).

casete. 1. Adaptación gráfica de la voz francesa *cassette,* 'cajita de plástico que encierra una cinta magnética para el registro y reproducción de sonidos o imágenes u otro tipo de datos' y, por extensión, en amplias zonas del ámbito hispánico, 'aparato grabador y reproductor de casetes'. Con el primer sentido, es válido su uso en ambos géneros: *«Paró la grabadora, extrajo el casete, introdujo otro y presionó una tecla como si disparara»* (Díaz *Piel* [Cuba 1996]); *«Coloqué una casete de música de cámara»* (Fogwill *Cantos* [Arg. 1998]). Con el segundo sentido, solo se emplea en masculino: *«Con la otra mano tanteo el casete. Lo abro bruscamente, introduzco la cinta ahí»* (GaSánchez *Alpe d'Huez* [Esp. 1994]). En masculino se utiliza también como acortamiento coloquial de *radiocasete* (→ 2b). Su plural es *casetes* (→ PLURAL, 1a): *«Ponía sus casetes de música religiosa a todo volumen»* (Hora [Guat.] 10.6.97). Se desaconseja, por minoritaria, la adaptación ⊗*caset.* Son inadmisibles formas híbridas como ⊗*casette* o ⊗*cassete,* que no son ni francesas ni españolas.
2. La adaptación *casete* forma parte de los compuestos siguientes:
a) *Pasacasete.* En el Río de la Plata, 'aparato grabador y reproductor de casetes'. Es masculino: *«Episodios como el robo en la vivienda de un comisario, la sustracción de un pasacasete a un concejal [...] dan muestras ciertas de la coyuntura imperante»* (NProvincia [Arg.] 21.10.97).
b) *Radiocasete.* 'Aparato electrónico que consta de una radio y un casete'. Se usa solo en masculino: *«Una pareja que bailaba al compás de la música de un radiocasete»* (Montero *Tú* [Cuba 1995]).
c) *Videocasete.* En masculino, 'aparato para grabar y reproducir cintas de video (o vídeo)': *«Las tres cámaras estaban conectadas [...] a un videocasete instalado en la oficina»* (NEspaña@ [Esp.] 8.5.02); y, como sustantivo de ambos géneros, 'cinta de video': *«Se confiscaron dos revistas y un videocasete pornográficos»* (Observador [Ur.] 16.1.97); *«Ante la ola de violencia que invade [e]l mercado de las videocasetes, [...] la Cámara de los Comunes aprobó una ley contra la indiscriminada difusión de cintas que pregonan la agresividad»* (Abc [Esp.] 24.12.83).
3. El derivado femenino *casetera* se usa en diversos países americanos, como Colombia, México, la Argentina o Chile, con el sentido de 'aparato grabador y reproductor de casetes': *«Le compré una casetera y él se compró unos casetes»* (Vallejo *Virgen* [Col. 1994]). Este derivado ha dado lugar, a su vez, al compuesto *videocasetera* ('aparato grabador y reproductor de cintas de video'): *«La gavilla juvenil se había apoderado de una videocasetera»* (NProvincia [Arg.] 1.3.97).

casetera. → casete.
cash. → efectivo, 4.
cash flow. Voz inglesa que se usa, en economía, con el sentido de 'magnitud contable que se obtiene de la suma de beneficios y amortizaciones, y que mide la liquidez o la rentabilidad de una empresa'. Debe sustituirse en español por el calco *flujo de caja:* *«El flujo de caja al final del ejercicio ha sido de 8448 millones»* (Abc [Esp.] 12.5.88); *«Los bancos podrán calificar a sus deudores según sus flujos de caja»* (Expreso [Perú] 9.4.97).
casi. 1. Adverbio que significa 'no totalmente, pero faltando poco para ello'. Suele preceder al elemento oracional al que modifica: *«Había un territorio casi despoblado»* (Salvador *Ecuador* [Ec. 1994]); *«Casi llegué a creer que me hallaba junto a Evelyne»* (Cano *Abismo* [Col. 1991]). También, aunque raras veces, puede ir pospuesto: *«Se sentía más bien importante, guerrillera casi»* (Belli *Mujer* [Nic. 1992]). Se emplea asimismo para atenuar una exhortación o una afirmación, por cortesía o por inseguridad: *Casi quédate a comer y así saludas a mi esposa; «¡Casi era mejor dejarla que hiciera lo que le diera la gana!»* (Parrado *1905* [Cuba 1984]); *«A la vista de los anteriores datos casi habría que pensar en una eficacia negativa»* (Pinillos *Psicología* [Esp. 1975]).
2. Delante de adjetivos o sustantivos puede usarse también la forma *cuasi,* más cercana a la etimología (del lat. *quasi*): *«Era un cacique legendario con poderes cuasi mágicos»* (Arenales *Arauco* [Esp. 1992]); *«La línea naviera se benefició de un cuasi monopolio en el transporte»* (Tiempo [Col.] 1.6.90). Esta misma forma puede funcionar como prefijo y escribirse unida al término al que modifica: *«Se va a pasar de un Estado centralista a un Estado cuasifederal»* (FdzOrdóñez *España* [Esp. 1980]).
3. *casi que.* A veces se interpone la conjunción *que* entre *casi* y la parte de la oración a la que modifica. Este uso aparece ya en el español medieval y clásico, es bastante frecuente hoy en algunos países de América y se da también en España. En la mayoría de los casos el *que* es superfluo y aparece sobre todo en el habla coloquial, especialmente cuando *casi* tiene valor atenuativo: *«La labor de informar se ha convertido casi que en un sinónimo de muerte, persecución y destierro»* (DSur [Col.] 30.4.04); *«Casi que estoy tentada de alquilarte para llamar a mi sereno»* (SchzFerlosio *Jarama* [Esp. 1956]); *«Fui yo quien te arrastró hasta aquí y ahora casi que lo lamento»* (CInfante *Tigres* [Cuba 1964-67]). En el uso más culto y formal este *que* expletivo no suele aparecer.
caso. 1. *caso de.* → 3.
2. *en cuyo caso.* → cuyo, 5.
3. *en (el) caso de.* Locución que introduce la condición necesaria para que se verifique lo expresado en la oración principal. Va seguida de un nom-

bre de acción, un infinitivo o una subordinada precedida de *que*. En el habla esmerada, no debe omitirse la preposición *de* (→ QUEÍSMO, 1e): ⊗«*Es posible un envío simbólico de tropas en caso que Vietnam lo solicite*» (*Clarín* [Arg.] 21.2.79); debió decirse *en caso DE que*. Con el mismo sentido existe la locución *caso de*: «*Caso de que no esté esperando la visita de alguien, ¿no le importaría que la cambiáramos a una habitación individual?*» (MtnGaite *Nubosidad* [Esp. 1992]); tampoco aquí puede suprimirse la preposición.

⊗**cassete, cassette.** → casete.

cast. 'Relación de personajes de una obra dramática o cinematográfica y de los actores que los encarnan'. Se recomienda sustituir esta voz inglesa por los equivalentes españoles *reparto* o *elenco*: «*Pep Munné encabeza el reparto de esta obra*» (*Vanguardia* [Esp.] 9.11.94); «*Estuvo secundada por un elenco de primer nivel, con Marlon Brando en el mejor momento de su carrera*» (LpzNavarro *Clásicos* [Chile 1996]). No debe confundirse con *castin* ('proceso de selección para un reparto'; → castin).

castaño. *pasar de castaño oscuro.* 'Sobrepasar los límites tolerables': «*Esto ya pasa de castaño oscuro: hay colillas flotando hasta dentro del túrmix*» (MtnGaite *Nubosidad* [Esp. 1992]). En esta locución, *castaño oscuro* es la designación de un solo color, dentro de la gama del castaño; no debe decirse, pues, ⊗*pasar de castaño a oscuro,* como si se tratase de dos colores diferentes.

CASTELLANO. → ESPAÑOL.

castin. Adaptación gráfica propuesta para la voz inglesa *casting,* 'proceso de selección del reparto de una película o de los participantes en un espectáculo'. Su plural debe ser *cástines* (→ PLURAL, 1g).

casting. → castin.

casual. 1. En español significa 'fortuito, que sucede por casualidad': «*El hombre no pudo realizar un descubrimiento casual de este proceso tan valioso*» (Aguilar *Hombre* [Méx. 1988]). Debe evitarse su uso en los sentidos de 'informal' y 'esporádico u ocasional', calcos semánticos censurables del inglés *casual*: ⊗«*Entre los productos se incluye una línea completa de ropa casual*» (*NHerald* [EE. UU.] 19.1.98); ⊗«*El hotel [...] incluye piscina olímpica, jacuzzi y un restaurante casual*» (*NDía* [P. Rico] 28.11.97); ⊗«*Estaban elaborando un informe sobre "sexo casual"*» (*Clarín* [Arg.] 7.3.97).
2. En España se emplea *por un casual* como equivalente de *por casualidad* en registros coloquiales, humorísticos o irónicos: «*Mi amor, ¿este ser insignificante es por un casual el criado?*» (AMillán *Guardapolvo* [Esp. 1990]). Fuera de esta expresión, no debe usarse *casual* como sinónimo de *casualidad* ('circunstancia que no se puede prever ni evitar';

→ casualidad): ⊗«*Da el casual que somos serios*» (*Abc* [Esp.] 5.5.89).

casualidad. 1. 'Combinación de circunstancias que no se pueden prever ni evitar': «*No hay casualidades sino destinos*» (Sábato *Héroes* [Arg. 1961]). Deriva de *casual,* por lo que no debe usarse en vez de *causalidad,* que es voz relacionada con *causa* (→ causalidad).
2. *por casualidad.* 'De manera casual o fortuita': «*Una pareja lo encontró por casualidad*» (*Vanguardia* [Esp.] 4.5.94). En preguntas, puede tener también el significado de 'acaso, quizá': «*¿Por casualidad aquí es el número doscientos setenta y tres, departamento siete?*» (Vilalta *Mujer* [Méx. 1981]). En la lengua coloquial se usa también la fórmula *de casualidad:* «*Yo me enteré de casualidad*» (Feo *Años* [Esp. 1993]).
3. *dar la casualidad.* → dar(se), 11.

casualmente. 'Por casualidad, impensadamente': «*Existen épocas [...] en que nada ocurre casualmente*» (Cano *Abismo* [Col. 1991]). A veces se emplea, sobre todo en América, con el sentido de 'precisamente, justamente': «*Lo que tenemos que hacer casualmente es rescatar y divulgar lo más posible nuestra comida*» (Salazar *Comida* [Perú 1995]).

casus belli. Loc. lat. (pron. [kásus-béli]) que significa literalmente 'caso o motivo de guerra' y, en sentido amplio, 'motivo que desencadena un conflicto cualquiera'. Se emplea como locución nominal masculina: «*Como socios que siempre podrán separarse sin crear un casus belli*» (*Mundo* [Esp.] 29.4.96). Es invariable en plural (→ PLURAL, 1k): *los casus belli.*

catarí. → Qatar.

catatonía o **catatonia.** 'Síndrome caracterizado por la pérdida de tono muscular y la ausencia de voluntad': «*Una postración tan mórbida que en más de una ocasión llegó a catatonía*» (Moix *Vals* [Esp. 1994]); «*Sus constantes migrañas, que lo sumían en un estado de catatonia [...], tampoco hacían que la convivencia con él fuese sencilla*» (Volpi *Klingsor* [Méx. 1999]). Ambas acentuaciones son válidas, si bien la forma con hiato *catatonía* es la más acorde con la acentuación propia de las voces que contienen la terminación *-tonía* (del gr. *tonós* 'tono, tensión'), como *atonía, distonía, hipertonía, hipotonía, hipertonía, monotonía* y *sintonía.*

catcher. → cácher.

cátchup. → kétchup.

catequista. 'Persona que imparte catequesis (instrucción en la doctrina cristiana)': «*Trabaja para la Iglesia como catequista*» (*Hoy* [Chile] 11-17.7.84). Es común en cuanto al género (→ GÉNERO², 1a y 3b): *el/la catequista.* Es siempre un sustantivo, por lo que no es correcto su empleo como adjetivo para referirse a lo perteneciente o relativo a la catequesis: ⊗*«Las fachadas no solamente se hicieron para demostrar la riqueza de la iglesia y sus benefactores; tuvieron una finalidad didáctica y catequista»* (Carrillo *Pintura* [Méx. 1981]); para ello deben usarse los adjetivos *catequético* o *catequístico.*

cáterin. Adaptación gráfica propuesta para la voz inglesa *catering,* 'servicio de suministro de comidas y bebidas a aviones, trenes, colegios, etc.'. Es invariable en plural (→ PLURAL, 1g): *los cáterin.*

catering. → cáterin.

católico -ca. 'Del catolicismo'. Su superlativo tradicional es *catolicísimo:* «*¿Cómo se le ocurre venir a la catolicísima España?*» (*Abc* [Esp.] 14.5.82). Existe también, y es válida, la forma *catoliquísimo,* que conserva el sonido /k/ de *católico:* «*Los catoliquísimos "nacionales" no se distinguieron por su bravura justiciera*» (*Proceso* [Méx.] 1.9.96).

cátsup. → kétchup.

caucasiano -na, caucásico -ca. → Cáucaso.

Cáucaso. Cadena montañosa situada en el sureste de Europa y región que la rodea. Como gentilicio son válidos tanto *caucasiano* como *caucásico:* «*El único oficial que conocemos es el sobrecargo, un joven gigante caucasiano que masca un poco de inglés*» (Tibón *Aventuras* [Méx. 1986]); «*Esta región [...] ha acogido centenares de miles de refugiados y emigrantes rusos y caucásicos*» (*Vanguardia* [Esp.] 16.6.95). El adjetivo *caucásico* se aplica también a la raza blanca, por suponerla originaria del Cáucaso: «*Solo cuatro millones eran de raza caucásica, tanto españoles peninsulares como criollos*» (Fuentes *Espejo* [Méx. 1992]). Con este último sentido no es normal, y resulta desaconsejable, el uso de *caucasiano.*

causa. 1. a causa de. Locución que introduce la causa o motivo de lo que se expresa en la oración principal. En el habla esmerada, no debe omitirse la preposición, como se hace a veces cuando esta locución introduce una subordinada precedida de *que* (→ QUEÍSMO, 1e): ⊗*«Tenía las mejillas medio coloradas a causa que mi madre lo alimentaba bien»* (VV. AA. *Vida* [Chile 1986]); debió decirse *a causa DE que.* Existe la locución sinónima *por causa de,* menos frecuente y en la que tampoco debe omitirse la preposición: «*Los sindicatos han culpado a la dirección de Renfe de estos incidentes por causa DE que no han informado debidamente a los usuarios*» (*Abc* [Esp.] 8.6.89).

2. por causa de. → 1.

causal. 1. Adjetivo que significa 'que se refiere a la causa o se relaciona con ella': «*Admitimos que los fenómenos están en relación de forma causal*» (Lucas

Sociología [Esp. 1996]). No debe confundirse con *casual* ('fortuito'; → casual).

2. En América se emplea *causal* como sustantivo femenino sinónimo de *causa:* «*Pero esta no puede ser la única causal del empate entre Racing y Ferro*» (*Clarín* [Arg.] 21.12.87). Es muy frecuente en el lenguaje jurídico, aunque no privativo de él. Debe evitarse su uso en masculino: ⊗*el causal.*

causalidad. 'Relación de causa a efecto': «*En la historia siempre hay una cadena de causalidad*» (*Abc* [Esp.] 19.4.96). No debe confundirse con *casualidad* ('circunstancia fortuita'; → casualidad).

causar. 'Ser la causa [de algo]'. La *u* del grupo *au* es átona en todas las formas de este verbo. V. conjugación modelo (→ APÉNDICE 1, n.° 10).

cautivar. Cuando significa 'ejercer irresistible influencia en el ánimo de alguien', por tratarse de un verbo de «afección psíquica», dependiendo de distintos factores (→ LEÍSMO, 4a), el complemento de persona puede interpretarse como directo o como indirecto: «*¿No suministraba pruebas evidentes de hasta dónde LO cautivaba mi Febo?*» (Mujica *Escarabajo* [Arg. 1982]); «*LE cautivó tu finura*» (*Hoy* [El Salv.] 8.9.97).

cayac, ⊗cayak. → kayak.

cazabe. → casabe.

cazatalentos. Calco del inglés *head-hunter* o *talent scout,* 'persona dedicada a buscar individuos idóneos para ser contratados por empresas necesitadas de ellos'. Es común en cuanto al género (→ GÉNERO², 1a y 3k): *un/una cazatalentos.* La existencia de este calco hace innecesario el empleo de las expresiones inglesas. No debe usarse la traducción literal ⊗*cazador de cabezas.*

cazcarria. → cascarria.

CD. Sigla del inglés *compact disc* ('disco compacto'; → (disco) compacto): «*Uno puede poner en un CD toda una enciclopedia*» (Pimentel *Multimedia* [Perú 1997]); también designa el aparato con que se leen estos discos: «*El primer componente es el conector de entrada para CD*» (Bustos *Multimedia* [Esp. 1996]). Se usa en masculino, pues este es el género del sustantivo *disco,* equivalente español del inglés *disc* (→ SIGLA, 4). En español debe leerse [sedé, zedé]; se desaconseja la pronunciación ⊗[sidí], propia del inglés, a pesar de su extensión en algunas zonas de América. Como corresponde a las siglas, se escribe con letras mayúsculas y, en la lengua escrita, es invariable en plural (→ SIGLA, 3), aunque oralmente sí suele añadirse la /s/ de plural ([sedés, zedés]): «*Localizó uno de los CD que quería poner*» (*Época* [Esp.] 11.8.97). A partir de la lectura española de la sigla se ha creado el sustantivo *cedé* (pl. *cedés*): «*En las tiendas ya se vendían cedés con* *canciones sobre el tema*» (PzReverte *Reina* [Esp. 2002]). Se desaconseja la forma ⊗*cidí*, por corresponder a la lectura inglesa de la sigla. En cualquier caso, se recomienda usar con preferencia el equivalente español *(disco) compacto*.

CD-ROM. Sigla del inglés *compact disc read-only memory* ('disco compacto de solo lectura'), que designa el disco compacto de gran capacidad que almacena información no modificable para su procesamiento por un sistema informático. Se usa en masculino, pues este es el género del sustantivo *disco,* equivalente español del inglés *disc* (→ SIGLA, 4). Como corresponde a las siglas, se escribe con letras mayúsculas y es invariable en plural (→ SIGLA, 3): «*Los CD-ROM se han convertido en un elemento imprescindible en el mundo de los ordenadores*» (Bustos *Multimedia* [Esp. 1996]). A partir de la lectura española de la sigla se ha creado el sustantivo *cederrón* (pl. *cederrones*): «*Falta una versión de Chiquito en cederrón*» (*Mundo* [Esp.] 15.10.95). Se desaconseja la lectura ⊗[sidirrún], influida por la pronunciación inglesa de esta sigla. Con este mismo sentido se usa también la forma abreviada *CD* (→ CD).

cebiche. 'Plato hecho con pescado o marisco crudo en adobo, típico de varios países americanos': «*Comían un cebiche hecho de erizos*» (García *Mundo* [Perú 1994]). Se escribe también *ceviche:* «*Don Eduardo comía* [...] *ceviche*» (Bryce *Magdalena* [Perú 1986]). Existen, y son válidas, las variantes *seviche* y *sebiche* (la menos usada), que trasladan a la escritura la pronunciación con seseo propia del español de América y de buena parte de España (→ SESEO).

cebra. 'Équido africano con listas transversales pardas o negras'. Se desaconseja, por desusada, la grafía ⊗*zebra.*

cebú. 'Bovino doméstico originario del sur de Asia'. Su plural es *cebúes* o *cebús* (→ PLURAL, 1c).

ceca. de la ceca a la meca. Con verbos de movimiento como *ir* o *andar,* significa 'de una parte a otra, resolviendo asuntos'. Aunque a veces se escriben *ceca* y *meca* con mayúscula inicial, por su supuesta condición de nombres de lugar, es mayoritaria y preferible su escritura con minúsculas: «*A ti te puede gustar andar de la ceca a la meca, pero a nosotros no*» (MDíez *Fuente* [Esp. 1986]). Debe evitarse, en zonas de seseo, escribir esta locución con s-: ⊗*de la seca a la meca.* En otros tiempos se decía también *de ceca en meca,* variante hoy desusada.

CECEO. Consiste en pronunciar la letra *s* con un sonido similar al que corresponde a la letra *z* en las hablas del centro, norte y este de España (→ z, 2a); así, un hablante ceceante dirá [káza] por *casa,* [zermón] por *sermón,* [perzóna] por *persona.* El ce-

ceo es un fenómeno dialectal propio de algunas zonas del sur de España y está mucho menos extendido que el seseo (→ SESEO).

cedé. → CD.

cederrón. → CD-ROM.

-cefalia. Elemento compositivo sufijo (del gr. *kephalé* 'cabeza') que forma sustantivos femeninos que designan cualidades o estados relacionados con la cabeza: *hidrocefalia* ('dilatación anormal del encéfalo'), *macrocefalia* ('tamaño excesivo de la cabeza'), etc. Las dos vocales finales forman diptongo, no hiato: [sefália, zefália], no ⊗[sefalía, zefalía]; por tanto, en todas las palabras que lo contienen la *i* es átona y no debe llevar tilde: *acefalia, bicefalia, braquicefalia, dolicocefalia,* etc.

cegar(se). 'Quitar o nublar la vista', 'ofuscar(se)' y 'obstruir(se) un conducto'. Verbo irregular: se conjuga como *acertar* (→ APÉNDICE 1, n.º 16).

Ceilán, ceilandés -sa, ceilanés -sa. → Sri Lanka.

⊗céjel. → zéjel.

⊗Celanda, ⊗celandés -sa, ⊗Celandia. → Zelanda.

célebre. 'Famoso'. Su superlativo es *celebérrimo* (→ -érrimo).

celíaco -ca o **celiaco -ca.** → -íaco o -iaco.

⊗celota, ⊗celote. → zelote.

celtibérico -ca, celtiberio -ria. → celtíbero o celtibero.

celtíbero -ra o **celtibero -ra.** 'De un pueblo hispánico prerromano'. Referido a personas, se usa frecuentemente como sustantivo. Ambas acentuaciones son válidas y se documentan ya en latín; la esdrújula *celtíbero* es la preferida en el uso y, por tanto, la más recomendable. La voz sinónima *celtiberio* ha caído en desuso y debe evitarse. Referido a cosas, se utiliza también el adjetivo *celtibérico:* «*Se han encontrado* [...] *los restos de una edificación celtibérica*» (*País* [Esp.] 2.8.80).

cenit o **cénit.** 'Punto más alto del hemisferio celeste' y, en sentido figurado, 'apogeo o punto culminante'. En los textos astronómicos y, en general, en la norma culta, se prefiere la forma aguda etimológica *cenit,* pero hoy es frecuente, y también válida, la forma llana *cénit.* Las variantes gráficas con *z-* son hoy infrecuentes y, por tanto, menos recomendables.

cenotafio. 'Monumento funerario en el que no está enterrada la persona a la que se dedica': «*Se colocaron ofrendas florales en el cenotafio que contiene los nombres de los bahienses caídos en combate*» (*NProvincia* [Arg.] 3.4.97). No debe usarse con el sentido que corresponde a otros monumentos funerarios que sí sirven de enterramiento, como *mausoleo, sepulcro, panteón* o *túmulo*.

cent. 1. 'Centésima parte de un euro': *El cent es la fracción del euro*. Es sustantivo masculino y su plural es *cents* (→ PLURAL, 1j). Este es el nombre que se ha adoptado en el seno de la Unión Europea para denominar supranacionalmente la fracción de la moneda común europea. Salvo en documentos de circulación internacional, se recomienda usar el equivalente tradicional en nuestro idioma, que es *céntimo*.

2. No debe usarse la palabra *cent* para designar la fracción del dólar. Esta voz inglesa debe traducirse al español como *centavo* (→ centavo).

centavo. 1. 'Centésima parte de diferentes unidades monetarias': «*Sube dos pesos la renta básica y dos centavos por llamada el servicio medido*» (*Proceso* [Méx.] 24.11.96). Los términos *céntimo* (→ céntimo) y *centavo*, si bien representan un mismo valor, no son intercambiables: la fracción centésima de cada moneda recibe oficialmente uno de estos dos nombres. De ahí que deba evitarse utilizar el término *centavo* para monedas cuya fracción oficial es el céntimo: [⊗]*40 centavos de euro* (correcto: *40 céntimos de euro*).

2. La abreviatura de *centavo* es *cent.: 1 cent.* ('un centavo'). Se escribe sin tilde y seguida de punto (→ ABREVIATURA, 6a y d). No debe confundirse con la abreviatura de *céntimo*, que se escribe con tilde (*cént.*), ni con el sustantivo *cent*, que es el nombre oficial supranacional de la fracción del euro (→ cent). El plural de la abreviatura *cent.* es irregular, *cts.*, y coincide con el plural de la abreviatura de *céntimo*; así pues, *23 cts.* puede leerse *23 centavos* o *23 céntimos*.

centellar. → centellear.

centellear. 'Despedir destellos vivos y rápidos': «*Vuelvo a ver el espejito centelleando en el jardín*» (Marsé *Muchacha* [Esp. 1978]). Es igualmente válida, aunque mucho menos frecuente, la forma *centellar*: «*La turbulencia atmosférica es la responsable de que las estrellas parezcan centellar*» (Fierro *Mundos* [Méx. 1997]).

céntimo. 1. 'Centésima parte de varias unidades monetarias': «*La Electricidad de Caracas perdió cinco céntimos de bolívar*» (*Universal* [Ven.] 6.11.96). Los términos *céntimo* y *centavo* (→ centavo), si bien representan un mismo valor, no son intercambiables: la fracción centésima de cada moneda tiene oficialmente uno de estos dos nombres. De ahí que deba evitarse utilizar el término *céntimo* para monedas cuya fracción oficial es el centavo: [⊗]*40 céntimos de dólar* (correcto: *40 centavos de dólar*).

2. La abreviatura de *céntimo* es *cént.: 1 cént.* ('un céntimo'). Se escribe con tilde y seguida de pun-

to (→ ABREVIATURA, 6a y d). No debe confundirse con la abreviatura de *centavo*, que se escribe sin tilde (*cent.*), ni con el sustantivo *cent*, que es el nombre oficial supranacional de la fracción del euro (→ cent). El plural de la abreviatura *cént.* es irregular, *cts.*, y coincide con el plural de la abreviatura de *centavo;* así pues, *25 cts.* puede leerse *25 céntimos* o *25 centavos*.

centinela. Cuando significa 'soldado que vela haciendo vigilancia' y, por extensión, 'persona que vigila', se usa hoy como sustantivo común en cuanto al género (*el/la centinela;* → GÉNERO², 1a y 3b): «*El centinela [...] apartó la barrera*» (Semprún *Autobiografía* [Esp. 1977]); «*Sus ojos se cruzaron con los de la joven centinela*» (Cerezales *Escaleras* [Esp. 1991]). Cuando significa 'vigilancia', es femenino: «*Rosa había sustituido a su madre en aquella centinela*» (Gándara *Distancia* [Esp. 1984]).

centralizar. 'Reunir [varias cosas] en un centro común' y 'hacer depender de un centro común o de un poder central': «*El poder político y militar decisorio del planeta se centralizó en una sola nación*» (*Semana* [Col.] 16-23.7.96). No debe emplearse en lugar de *centrar*, como ocurre en este ejemplo: [⊗]«*Otro de los factores que centraliza la atención de los inversores es el precio del petróleo*» (*País* [Esp.] 1.4.89).

centrar(se). 1. Significa, en general, 'poner(se) en el centro' y 'poner el centro [de algo] en un sitio'; además, como pronominal, 'tener algo el centro en un sitio' y, muy frecuentemente, 'dirigir el interés o la atención hacia algo concreto'. Lleva normalmente un complemento con *en*: «*Su interés se centró EN la obtención del acero*» (Portillo *Energía* [Esp. 1985]). El uso de la locución preposicional *en torno a*, en lugar de *en*, resulta superfluo y debe evitarse: [⊗]«*El tema deberá centrarse EN TORNO A la promoción económica y social de Extremadura*» (*País* [Esp.] 1.6.84).

2. Acerca del uso de *centralizar* por *centrar*, → centralizar.

Centroamérica. Tanto *América Central* como *Centroamérica* son designaciones correctas del conjunto de países situados en el istmo centroamericano: Belice, Guatemala, Honduras, El Salvador, Nicaragua, Costa Rica y Panamá. Debe escribirse siempre en una sola palabra, pues el primer elemento se comporta como un prefijo; no es aceptable, pues, la grafía [⊗]*Centro América*. No debe confundirse con *Mesoamérica* (→ Mesoamérica). México no forma parte de América Central, sino de América del Norte (→ Norteamérica).

centro comercial. 'Complejo o edificio en el que se concentra un gran número de tiendas': «*Fue desactivada una bomba en un exclusivo centro comercial de la capital*» (*Vistazo* [Ec.] 16.10.97). En algunos países de América, especialmente en la Argentina, se usa con el mismo significado la construcción *centro de compras*: «*Todos los centros de compras de Buenos Aires y alrededores están en reformas*» (*Clarín* [Arg.] 10.2.97). La existencia de estos equivalentes españoles hace innecesario el uso de las expresiones inglesas *shopping center* o *shopping mall*, así como el de sus abreviaciones *shopping* y *mall*.

ceñir(se). 'Rodear estrechamente [algo]' y 'ajustar(se)'. Verbo irregular: v. conjugación modelo (→ APÉNDICE 1, n.º 23).

cequí. 'Antigua moneda de oro'. Es incorrecta la forma ⊗*cequín*. Su plural culto es *cequíes*, aunque también se admite *cequís* (→ PLURAL, 1c).

cerca. 1. Adverbio que significa 'en lugar o tiempo próximos'. Normalmente se construye seguido de un complemento con *de* que expresa el término de referencia: «*Había pasado la infancia en un pueblo cerca DE Málaga*» (Pitol *Juegos* [Méx. 1982]); «*Estamos cerca DEL final*» (*Nación* [C. Rica] 13.2.97). No debe usarse, en estos casos, la preposición *a*: ⊗«*Custodiaban un coche cargado de explosivos cerca A una de las pistas*» (*Abc* [Esp.] 23.8.89). Forma la locución preposicional *cerca de*, que se emplea, seguida de una expresión cuantitativa, con el sentido de 'casi': «*Esperé cerca de una hora*» (Volpi *Días* [Méx. 1994]); «*El número de hogares asociados se había elevado ya a cerca de 3 millones*» (Getino *Mirada* [Arg. 1996]). **2.** Por su condición de adverbio, no se considera correcto su uso con posesivos: ⊗*cerca mío*, ⊗*cerca suyo*, etc. (debe decirse *cerca de mí*, *cerca de él*, etc.). **3.** No es correcta la forma ⊗*cercas*, creada por influjo de otros adverbios como *lejos*. **4.** Puede usarse en forma diminutiva (*cerquita*, no ⊗*cerquitas*) y superlativa (*cerquísima*).

⊗**cercas.** → cerca, 3.

cerciorarse. 'Asegurarse de la verdad de algo'. Rige un complemento con *de*: «*Después de cerciorarse DE que el animal estaba dormido* [...], *llamó al Rebe*» (Jodorowsky *Pájaro* [Chile 1992]); en el habla esmerada no debe omitirse la preposición (→ QUEÍSMO, 1a): ⊗«*La Fiscalía se cerciorará que esa investigación sea real*» (*Tribuna* [Hond.] 28.6.97).

céreo -a. → cerúleo.

cerner(se). 1. 'Cribar [algo] con el cedazo' y, como pronominal, dicho de un ave, 'mantenerse sobre un mismo lugar batiendo las alas' y, dicho de un mal, 'amenazar de cerca'. Verbo irregular: se conjuga como *entender* (→ APÉNDICE 1, n.º 31). La vocal *e* de la raíz diptonga cuando es tónica: *cierno*, *ciernes*, etc. **2.** Aunque comparten muchas de sus formas, *cerner* y el verbo sinónimo *cernir* (→ cernir(se)) son de conjugaciones distintas. Pertenecen únicamente a

cerner las formas *cernés* (vos), *cernemos* y *cernéis* (vosotros), del presente de indicativo; el futuro simple o futuro de indicativo *cerneré*, *cernerás*, etc.; el condicional simple o pospretérito *cernería*, *cernerías*, etc.; y las formas de imperativo *cerné* (vos) y *cerned* (vosotros).

cernir(se). 1. 'Cerner(se)'. Verbo irregular: se conjuga como *discernir* (→ APÉNDICE 1, n.º 29). La vocal *e* de la raíz diptonga cuando es tónica: *cierno*, *ciernes*, etc. Son erróneas las formas en las que la *e* átona de la raíz se transforma en *i*: ⊗*cirniera*, ⊗*cirniese*, ⊗*cirniere*, ⊗*cirniendo*, etc., en lugar de *cerniera*, *cerniese*, *cerniere*, *cerniendo*, etc. **2.** Aunque comparten muchas de sus formas, *cernir* y el verbo sinónimo *cerner* son de conjugaciones distintas. Pertenecen únicamente a *cernir* las formas *cernís* (vos/vosotros) y *cernimos*, del presente de indicativo; el futuro simple o futuro de indicativo *cerniré*, *cernirás*, etc.; el condicional simple o pospretérito *cerniría*, *cernirías*, etc.; y las formas de imperativo *cerní* (vos) y *cernid* (vosotros).

cerrar. 'Hacer que [algo] deje de estar abierto' y, como pronominal, 'dejar de estar abierto'. Verbo irregular: se conjuga como *acertar* (→ APÉNDICE 1, n.º 16).

cerúleo -a. Dicho del color azul, 'propio del cielo despejado': «*Laqueó de prusia muros, puertas y piano. Marino y cerúleo para los ortogonales muebles de madera*» (Sarduy *Pájaros* [Cuba 1993]); y, dicho de cosa, 'de color azul cerúleo': «*Tantos peces que yo hurté, con habilidad, al mar cerúleo*» (FdzSpencer *Pueblo* [R. Dom. 1997]). Procede del latín *caeruleus* ('del color del cielo') y nada tiene que ver con la palabra *cera*; es, pues, impropio, aunque frecuente hoy, usarlo para referirse al color de la cera o a lo que tiene un color o un aspecto como de cera: ⊗*palidez cerúlea*, ⊗*rostro cerúleo*; en estos casos debe usarse el adjetivo *céreo*: «*Las gentes tienen el color de la tierra* [...], *si la trabajan, o la palidez cérea de los reclusos*» (LpzRubio *Puerta* [Esp. 1986]).

cesación. → cese.

cesantear. A partir del adjetivo *cesante* ('que ha dejado de desempeñar un empleo o cargo, o ha sido privado de él'), se ha creado el verbo *cesantear*, que se usa en el lenguaje periodístico y administrativo de varios países americanos con el sentido de 'despedir [a alguien] del trabajo': «*La empresa decidió cesantear por eso al conductor y al supervisor de turno*» (*Clarín* [Arg.] 2.2.97). Es verbo transitivo, que no ha de confundirse con *cesar* (→ cesar).

cesar. En la lengua culta formal, este verbo es intransitivo en todas sus acepciones: **a)** Dicho de algo, 'terminarse o dejar de producirse': «*El viento cesó de pronto*» (GaMárquez *Amor* [Col. 1985]); «*También cesaron los cánticos*» (Vicent *Balada* [Esp. 1987]).

b) 'Dejar de hacer algo'. En este caso, se construye con un complemento con *de* seguido de un infinitivo, o de un complemento con *en* seguido de un nombre de acción: «*Ella cesa DE llorar*» (Carballido *Cartas* [Méx. 1975]); «*De pronto, Miguel cesó EN sus caricias*» (GaSánchez *Historia* [Esp. 1991]).

c) Dicho de una persona, 'dejar de desempeñar un empleo o cargo': «*En Francia cambiaron al ministro del Interior; cesó Deferre y nombraron a Pierre Joxe*» (Feo *Años* [Esp. 1993]). A menudo va seguido de un complemento introducido por *en*, que expresa el empleo o cargo: «*José Luis Cebrián cesa EN la dirección de ABC*» (*País* [Esp.] 6.10.77). Cuando este complemento no es el nombre del cargo, sino el sustantivo que designa a la persona que lo desempeña, el complemento se introduce por *como* o, más raramente, *de:* «*Sotillos volvió a RNE cuando cesó COMO portavoz*» (Díaz *Radio* [Esp. 1992]); «*Rovira cesó DE consejero delegado*» (*Vanguardia* [Esp.] 2.7.95). Aunque es uso frecuente en el lenguaje periodístico, debe evitarse en el habla esmerada el empleo de este verbo como transitivo ('expulsar [a alguien] del cargo o empleo que ocupa'): ⊗«*El Consejo de Ministros de ayer cesó a José Víctor Sevilla*» (*País* [Esp.] 2.2.84); en estos casos debe emplearse el verbo *destituir* (→ destituir). En algunos países de América, se utiliza como transitivo el verbo *cesantear* (→ cesantear).

cese. 'Acción y efecto de cesar', tanto en el sentido de 'dejar de desempeñar un cargo' como en el de 'dejar de producir(se) algo': «*Los comentarios se limitaban a pedir el cese del entrenador*» (*Proceso* [Méx.] 3.11.96); «*Consiguió el cese de los ataques ingleses a las colonias y puertos españoles*» (Otero *Fundamentalismos* [Esp. 2001]). El complemento debe ir introducido por la preposición *de*, no *a:* ⊗«*El Gobierno de Sri Lanka y la guerrilla Tamil observan, desde ayer, un cese A las hostilidades en el norte y este de la isla*» (*Mundo* [Esp.] 9.1.95). El sustantivo femenino *cesación* tiene igual sentido: «*La cesación de actividades de hoy se limita al ámbito oficial*» (*Tiempo* [Col.] 11.2.97); pero se usa mucho menos, especialmente en referencia a cargos o funciones.

⊗**ceta.** → z, 1.

⊗**ceugma.** → zeugma.

ceviche. → cebiche.

ch. 1. Dígrafo que, por representar un solo sonido, es considerado desde 1803 cuarta letra del abecedario español (→ ABECEDARIO, 2). Su nombre es femenino: *la che* (pl. *ches*).

2. En el español general representa el sonido consonántico palatal africado /ch/, aunque en algunas hablas dialectales de Hispanoamérica y del sur de España se hace fricativo y se pronuncia de forma semejante a la *sh* inglesa.

3. Como todos los dígrafos, es indivisible en la escritura, de manera que sus componentes no pueden separarse con guion de final de línea: *ace- / char*, no ⊗*acec- / har*.

4. La forma mayúscula del dígrafo *ch* es *Ch*, es decir, solo la primera de las letras que lo componen debe escribirse con mayúscula (→ MAYÚSCULAS, 1.2). Igualmente se escribe solo la *c* mayúscula cuando este dígrafo forma parte de una sigla: *PCCh* por *Partido Comunista de China* (→ SIGLA, 5c).

chachachá. 'Baile de origen cubano derivado de la rumba y el mambo'. Su plural es *chachachás* (→ PLURAL, 1b): «*Nadie iba a oír chachachás*» (CInfante *Habana* [Cuba 1986]). Se desaconseja su escritura en varias palabras, con o sin guion intermedio: ⊗*cha-cha-cha*, ⊗*cha-cha-chá*, ⊗*cha cha cha*, ⊗*cha cha chá*.

chacolí. 'Vino ligero que se hace en el País Vasco, Cantabria y Chile'. Su plural es *chacolís* (→ PLURAL, 1c).

Chad. Forma adaptada a la ortografía española del nombre de este país de África. No debe usarse en español la forma francesa *Tchad*. Su gentilicio es *chadiano:* «*El líder chadiano Ueddei, herido grave por los libios*» (*Abc* [Esp.] 2.11.86).

chadiano -na. → Chad.

chalé. Adaptación gráfica de la voz francesa *chalet*, 'edificación de una a tres plantas, con jardín, destinada a vivienda unifamiliar': «*El chalé ocupa un cuarto de manzana*» (*Clarín* [Arg.] 11.10.00). Aunque todavía es frecuente, más en América que en España, el uso de la grafía original *chalet* (pl. *chalets*), resulta preferible la forma adaptada, cuyo plural es *chalés* (→ PLURAL, 1a). La otra adaptación posible, ⊗*chalé*, no ha cuajado en el uso culto y se emplea solo en el habla coloquial, normalmente con intención humorística.

chalet. → chalé.

chalota. → chalote.

chalote. 'Planta liliácea cuyos bulbos, de sabor parecido a la cebolla, se emplean como condimento'. Esta forma, la más cercana a la etimología (del fr. *échalote*), se usa en ambos géneros: «*El chalote [...] tiene gajos como el ajo*» (Suñer *Botica* [Esp. 2000]); «*Rehogar en una nuez de mantequilla la chalote picada finamente*» (Pozuelo/PzPérez *Técnicas* [Esp. 2001]). Se usa más la variante *chalota*, que es solo femenina, como el étimo francés: «*Se rehogan las chalotas con mantequilla*» (*Vanguardia* [Esp.] 30.11.95).

champagne. → champán.

champán. Adaptación gráfica de la voz francesa *champagne*, 'vino espumoso originario de la región francesa de Champagne': «*En la sentina hay seis cajones de champán*» (Fogwill *Cantos* [Arg. 1998]). Su plural es *champanes* (→ PLURAL, 1g). Es también válida la adaptación *champaña*, que, al igual que *champán*, se usa en masculino en la mayor parte del mundo hispánico: «*Cuando veamos esos millones, yo pongo el champaña*» (Rovinski *Herencia* [C. Rica 1993]); no obstante, por influjo de la *-a* final, en algunos países americanos como México, Colombia y Venezuela, se usa normalmente en femenino: «*Pensé en los maravillosos efectos de la champaña*» (Salazar *Selva* [Col. 1991]). Paralelamente, el adjetivo tiene dos formas correctas: *achampanado* y *achampañado*.

champaña. → champán.

champú. Adaptación gráfica de la voz inglesa *shampoo*, 'jabón líquido para lavar el cabello': «*Separó sin problemas el aroma del champú del olor suave del jabón de tocador*» (Gamboa *Páginas* [Col. 1998]). Su plural es *champús* (→ PLURAL, 1c). Es inadmisible la forma híbrida ⊗*shampú*, que no es ni inglesa ni española.

chance. Voz tomada del francés o del inglés *chance*, que significa 'oportunidad'. Su uso, esporádico en España, está muy extendido en América, donde se emplea en ambos géneros: «*No le dan la chance de hacerse a un lado*» (O'Donnell *Escarabajos* [Arg. 1975]); «*Siempre había querido estudiar en la Nacional, [...] pero la vida nunca le dio el chance*» (Gamboa *Páginas* [Col. 1998]). En Colombia se usa también para designar un tipo de lotería: «*Las loterías [...] tienen 15 días para fijar el valor máximo que se puede apostar en el chance*» (*Tiempo* [Col.] 18.4.97). Es extranjerismo adaptado, que debe pronunciarse a la española: [chánse, chánze]. Aunque admisible, dada su amplia extensión en América, se recomienda usar con preferencia las voces españolas *oportunidad, ocasión* o *posibilidad*, perfectamente equivalentes.

canciller, cancillería. → canciller, 3.

chándal. En España, 'conjunto de dos prendas para uso deportivo, que cubren la parte superior y la inferior del cuerpo'. Su plural es *chándales* (→ PLURAL, 1g): «*Familias de esas que visten todas con chándales*» (Hidalgo *Azucena* [Esp. 1988]).

Chang Jiang. → Yangtsé.

chantillí. Adaptación gráfica de la voz francesa *chantilly*, que significa 'nata batida usada en pastelería' y 'encaje de bolillos de malla hexagonal'. Su plural es *chantillís* (→ PLURAL, 1c).

chantilly. → chantillí.

chapeau. → chapó.

chapó. Adaptación gráfica de la voz francesa *chapeau*, usada en España como interjección para expresar admiración: «*Todo un ejemplo de profesionalidad [...]. Chapó*» (*Abc* [Esp.] 10.4.87). También se emplea, como sustantivo masculino, para designar una modalidad del juego del billar.

chapurrar. → chapurrear.

chapurrear. 'Hablar imperfectamente [una lengua ajena]' y 'decir [algo] en un idioma ajeno que se habla imperfectamente': «*El Capitán, un sujeto simpático que chapurreaba bastante bien el español*» (Britton *Siglo* [Pan. 1995]); «*Ha chapurreado en francés alguna broma acerca de su edad*» (GaSánchez *Alpe d'Huez* [Esp. 1994]). Es igualmente válida, pero mucho menos frecuente, la variante *chapurrar*: «*Regresan chapurrando el alemán*» (Tibón *Aventuras* [Méx. 1986]).

chaqué. Adaptación gráfica de la voz francesa *jaquette*, 'prenda masculina de etiqueta': «*Apareció Anastasio, vestido con el chaqué de su padre*» (Araya *Luna* [Chile 1982]). Su plural es *chaqués* (→ PLURAL, 1a). La otra adaptación posible, ⊗*chaquet*, no ha triunfado y debe evitarse.

charme. → encanto.

charque. → charqui.

charqui. En el área andina y el Cono Sur, 'carne salada y seca': «*Bajo las sombrillas de ponchos que se armaban para matear y masticar el charqui de mediodía*» (Fogwill *Cantos* [Arg. 1998]). Es preferible esta forma, hoy mayoritaria, a la variante *charque*.

⊗**chartear.** → chárter, 2.

chárter. 1. '[Vuelo] fletado al margen de los vuelos regulares' y '[autobús] contratado al margen de los servicios regulares'. Es voz tomada del inglés *charter*, que en español debe escribirse con tilde por ser palabra llana acabada en *-r* (→ TILDE², 1.1.2): «*Tomaron el chárter que los conducía a Bogotá*» (*Tiempo* [Col.] 11.11.96). Aunque es frecuente su uso como invariable en plural (*vuelos chárter, los chárter*), se recomienda seguir las reglas de la morfología española y emplear la forma *chárteres* para el plural tanto del sustantivo como del adjetivo (→ PLURAL, 1g): «*Cada fin de semana de huelga le supondrá dejar de transportar, solo en vuelos chárteres, 26 000 pasajeros*» (*País* [Esp.] 18.6.97). En el español de algunas zonas de América, especialmente en los Estados Unidos, en lugar del anglicismo, se emplea el adjetivo *fletado*: «*Fundador de una compañía de vuelos fletados*» (*NHerald* [EE. UU.] 17.4.97).

2. En algunos países de América se ha acuñado el verbo ⊗*chartear* (del ingl. *to charter*) con el sentido de 'alquilar o fletar [un medio de transporte]': ⊗«*Viajó en un avión charteado*» (*Clarín* [Arg.] 12.2.97). Es anglicismo innecesario, que debe sustituirse por los verbos españoles *fletar* o *alquilar*, perfectamente equivalentes.

chasis o chasís. Adaptación gráfica de la voz francesa *châssis*, 'armazón o bastidor, especialmente el de un vehículo de motor'. En España y amplias zonas de América se usa la forma llana *chasis* (pron. [chásis]); pero en México, el área centroamericana y algunos países de América del Sur, se emplea la forma aguda *chasís*, que conserva la acentuación etimológica. La forma *chasis* permanece invariable en plural, mientras que el plural de *chasís* es *chasises* (→ PLURAL, 1f): «*El piloto argentino adelantó que probará dos chasis*» (*Clarín* [Arg.] 30.1.97); «*Los buses desbaratados continúan circulando por nuestras calles, porque no hay chasises para reponerlos*» (*Tiempo* [Col.] 2.1.88). No es aceptable la grafía ⊗*chassis*, que no es ni francesa ni española.

chasque. → chasqui.

chasqui. 'En el Imperio incaico, mensajero': «*Los chasquis, mensajeros de los incas, eran capaces de cubrir, en relevos, hasta 180 kilómetros diarios*» (Ferrer *Información* [Méx. 1997]). En algunos países de América del Sur se emplea como sinónimo de *emisario* o *mensajero*: «*Se había mandado un chasqui a la estancia "Cerro Paulino"*» (Guzmán *País* [Arg. 1999]). Existe también, aunque se usa menos, la forma *chasque*.

⊗**chassis, châssis.** → chasis o chasís.

chat. Voz tomada del inglés *chat* ('charla'), que significa 'conversación entre personas conectadas a Internet, mediante el intercambio de mensajes electrónicos' y, más frecuentemente, 'servicio que permite mantener este tipo de conversación'. Es voz masculina y su plural es *chats* (→ PLURAL, 1h): «*Los españoles se conectan a los chats una media de 6,3 días al mes*» (*Teknokultura* [P. Rico] 8.01). Es anglicismo asentado y admisible, aunque se han propuesto sustitutos como *cibercharla* o *ciberplática* (→ ciber-). Está igualmente asentado el uso del verbo derivado *chatear*, 'mantener una conversación mediante el intercambio de mensajes electrónicos'.

chatear. → chat.

Chatila. Forma adaptada a la ortografía y pronunciación españolas del nombre de este campo de refugiados palestinos en el Líbano: «*El principal escenario de los combates fue ayer el campo de Chatila*» (*País* [Esp.] 1.6.85). No debe usarse en español la forma inglesa *Shatila*, aunque responda a la transcripción del nombre árabe.

chauvinisme, **chauvinismo, chauvinista.** → chovinismo.

checar. → chequear.

checheno -na. 'De Chechenia, república de la Federación Rusa'. Este es el gentilicio asentado en el uso actual: «*Putin siempre ha rechazado oficialmente cualquier negociación con los independentistas chechenos*» (*FVigo* [Esp.] 26.10.02). Se desaconsejan otras formas de uso minoritario, como ⊗*chechenio* o ⊗*chechén*.

checo -ca. → República Checa.

checoeslovaco -ca, Checoeslovaquia, checoslovaco -ca. → Checoslovaquia.

Checoslovaquia. El nombre de esta antigua nación europea tiene dos formas válidas, *Checoslovaquia* y *Checoeslovaquia;* pero es mayoritaria y preferible la primera. Lo mismo cabe decir de su gentilicio: *checoslovaco* es preferible a *checoeslovaco*.

chef. Voz tomada del francés *chef* ('jefe'), que se emplea en español con los sentidos de 'jefe de cocina de un restaurante' y, especialmente, 'cocinero profesional de grandes dotes y reconocido prestigio'. Es común en cuanto al género (*el/la chef;* → GÉNERO², 1a y 3j): «*"Hay gente que dice que no le gusta el chocolate", murmura la chef, increíblemente esbelta*» (*NHerald* [EE. UU.] 17.4.97). Su plural es *chefs* (→ PLURAL, 1h).

cheik. → jeque.

chelista, chelo. → violonchelo.

chequear. 1. 'Someter [algo o a alguien] a examen, control o verificación'. Este verbo, adaptación del inglés *to check* ('comprobar'), está muy extendido en todo el ámbito hispánico, por lo que no cabe censurar su empleo, aunque no debe olvidarse que existen verbos españoles como *revisar, comprobar, examinar, controlar, verificar, cotejar* y otros, perfectamente equivalentes. En México se emplea la variante *checar*.

2. A partir de *chequear* se ha formado el sustantivo *chequeo*, que significa 'examen o comprobación' y, en especial, 'reconocimiento médico general'. Su uso está igualmente generalizado y es aceptable, sin olvidar que existen, según los casos, los equivalentes españoles *control, examen, inspección, comprobación* y *reconocimiento (médico)* o *revisión (médica)*.

chequeo. → chequear, 2.

Chequia. → República Checa.

cherkés -sa. → Cherkesia.

Cherkesia. Segundo elemento del nombre de la república de la Federación Rusa cuya denominación completa es *Karacháyevo-Cherkesia* (→ Karacháyevo-Cherkesia), y que a veces se emplea como nombre abreviado de esta: «*Prosigue el goteo de muertos [...] y víctimas anónimas como las habidas el sábado en Cherkesia*» (*País*@ [Esp.] 26.3.01). No se recomienda el empleo de esta forma para referirse a la región histórica de *Circasia* (→ Circasia). Su gentilicio es *cherkés:* «*Con los rusos conviven hoy tártaros, turcos, cherkeses, georgianos y armenios*» (Terán *Geopolítica* [Esp. 1951]).

Chernóbil. Forma adaptada a la ortografía española del nombre de esta localidad de Ucrania. Esta es la pronunciación etimológica y, por tanto, la más recomendable. Al ser transcripción de una lengua que utiliza un alfabeto no latino, debe someterse a las reglas de acentuación y escribirse con tilde por ser voz llana acabada en consonante distinta de -*n* o -*s* (→ TILDE[2], 1.1.2 y 6.2): «*Uno de los operarios de la central nuclear de Chernóbil* [...] *dejó que descendiera demasiado el nivel de reactividad*» (SchzRon *Ciencia* [Esp. 1995]). No debe usarse en español la forma inglesa *Chernobyl*.

Chernobyl. → Chernóbil.

chic. Voz tomada del francés *chic*, que significa, como sustantivo, 'elegancia o distinción' y, como adjetivo, 'elegante y a la moda'. Aunque, como en francés, tiende a usarse como adjetivo invariable, se recomienda el plural *chics* (→ PLURAL, 1h): *Esos zapatos son muy chics.*

chicha. *de chicha y nabo.* En el uso coloquial de España, 'de poca importancia, despreciable': «*Ese juez de chicha y nabo no puede tener dos días aquí a la policía asustando a mi familia*» (*Vanguardia* [Esp.] 9.11.94). Está ganando terreno en el uso actual la variante *de chichinabo*: «*Le acusaron de haberles ocultado datos en su solicitud de un crédito de chichinabo*» (SchzOstiz *Infierno* [Esp. 1995]).

chichinabo. *de chichinabo.* → chicha.

chicle. 'Pastilla masticable que no se traga': «*¿Vende acaso dulces, [...] chicles o helados?*» (Parra *Obscenidad* [Chile 1984]). Esta forma llana (pron. [chíkle]) es la usada mayoritariamente en todo el ámbito hispánico. Se desaconsejan otras variantes minoritarias, de pronunciación aguda, como ⊗*chiclet* (pron. ⊗[chiklét]) o ⊗*chiclé*.

chiffonnier. → chifonier.

chiflar(se). 1. Cuando significa 'gustar mucho', es intransitivo y se construye siempre con un complemento indirecto de persona: «*A su esposa* [...] *LE chiflan las porcelanas antiguas*» (*Abc* [Esp.] 6.3.85). **2.** Cuando significa 'silbar', puede ser intransitivo: «*No se puede chiflar y comer pinole*» (González *Dios* [Méx. 1999]); o transitivo: «*La gente LA chifló, a tal punto que Mateyko tuvo que salir a defenderla*» (Wornat *Menem-Bolocco* [Arg. 2001]). **3.** Como intransitivo pronominal, 'volverse loco': «*Yo insisto en que el hombre se chifló de pies a cabeza*» (MDurán *Toque* [Col. 1981]); «*Se chifla POR la chica de "Topacio"*» (Carbonell *Televisión* [Esp. 1992]).

chifonier. Adaptación gráfica de la voz francesa *chiffonnier*, 'cómoda alta y estrecha con cajones': «*Retocó frente al espejo del chifonier el maquillaje que oscurecía su color*» (Ramírez *Baile* [Nic. 1995]). Su plural es *chifonieres* (→ PLURAL, 1g). También es válida, aunque se usa menos, la adaptación *sifonier*

(pl. *sifonieres*): «*Su depiladora eléctrica, su sifonier de palo rosa*» (Lindo *Ley* [Esp. 1995]). Debe evitarse en el habla culta la forma ⊗*sinfonier,* que incluye una -*n*- antietimológica.

chií. 'Del chiismo, rama del islamismo que considera a Alí sucesor de Mahoma' y, normalmente como sustantivo, 'partidario del chiismo'. Se escribe con tilde por ser voz aguda acabada en vocal (→ TILDE[2], 2.2.2a). El plural asentado en la lengua culta es *chiíes* (→ PLURAL, 1c). Es igualmente válida la forma *chiita,* que debe escribirse sin tilde por tratarse de una palabra llana acabada en vocal (→ TILDE[2], 2.2.2a). No son admisibles en español las grafías con *sh-* inicial, debidas al influjo del inglés: ⊗*shií,* ⊗*shiita.*

chiita. → chií.

chinche. 'Insecto de picadura nocturna muy irritante' y 'chincheta, clavo pequeño de cabeza plana y circular'. Aunque el étimo latino es masculino, cambió de género ya en latín vulgar y en español ha sido siempre femenino en el uso culto mayoritario de todo el ámbito hispánico: «*Las chinches los obligaron a dejar las camas y dormir sobre la mesa de billar*» (Fuentes *Espejo* [Méx. 1992]); «*Deja el póster colgado de una chinche*» (Rovner *Premio* [Arg. 1981]); pero no es infrecuente su uso en masculino, incluso entre hablantes cultos: «*Atormentado por* [...] *los zancudos y los chinches*» (Allende *Eva* [Chile 1987]); «*Eso me permitió descubrir un papelito clavado en mi puerta con un chinche*» (Bryce *Vida* [Perú 1981]). Cuando significa 'persona molesta y pesada', es común en cuanto al género (→ GÉNERO[2], 1a): *Eres un/una chinche.*

chip. 1. Voz tomada del inglés *chip*, que significa, como sustantivo masculino, 'placa diminuta de material semiconductor que incluye un circuito integrado'. Su plural, así como el de las voces que lo contienen, como *biochip* y *microchip*, se forma añadiendo una -*s* (→ PLURAL, 1h): *chips, biochips* y *microchips.* **2.** También se emplea, como adjetivo, para referirse a las patatas fritas al estilo inglés, esto es, cortadas en rodajas muy finas y, especialmente, a las de fabricación industrial: «*Pollo a la plancha con patatas chips*» (GtzSerantes *Salud* [Esp. 2002]).

chirriar. 'Producir un chirrido'. Se acentúa como *enviar* (→ APÉNDICE 1, n.º 5).

chisgarabís. 'Mequetrefe'. Es común en cuanto al género (→ GÉNERO[2], 1a): *un/una chisgarabís.* Su plural es *chisgarabises* (→ PLURAL, 1f).

Chisinau. Forma recomendada en la actualidad del nombre de la capital de Moldavia: «*El prestigioso Ballet Nacional de Moldavia nació en el año 1957, en la ciudad de Chisinau*» (*Ideal*@ [Esp.] 18.7.04). Es adaptación gráfica del nombre original moldavo.

Se desaconseja el uso de grafías anteriores, como *Kichinev, Kishin(i)ev* o *Kishiniov*, procedentes de transcripciones del nombre ruso.

chisporroteante. → chisporrotear.

chisporrotear. Dicho del fuego o de un cuerpo encendido, 'despedir chispas reiteradamente': «*Los gruesos leños chisporrotean en la chimenea*» (Edwards *Anfitrión* [Chile 1987]). Sus derivados son *chisporroteo* y *chisporroteante*. Son deformaciones vulgares que deben evitarse las formas ⊗*chisporretear* y ⊗*chisporrear*, y sus derivados correspondientes ⊗*chisporreteo*, ⊗*chisporreo* y ⊗*chisporreante*.

chisporroteo. → chisporrotear.

chocar(se). Cuando significa 'encontrarse violentamente una cosa o persona con otra', en el español general es intransitivo —pronominal o, más frecuentemente, no pronominal— y se construye con un complemento introducido por *con* o *contra*: «*Al levantarse, Karl chocó* CON *una mesa*» (Galeano *Días* [Ur. 1978]); «*Se chocaron* CONTRA *un carro que venía*» (Vallejo *Virgen* [Col. 1994]). En algunas zonas de América, este complemento va a menudo sin preposición, en función de complemento directo: «*Una joven en motoneta* [...] *chocó nuestro taxi cuando salíamos a cenar y quedó muy golpeada*» (*Caretas* [Perú] 30.10.97). También es transitivo cuando tiene el sentido causativo de 'hacer que [una cosa] choque con otra', uso más frecuente en América que en España: «*Chocó su copa con la de su amigo*» (Jaramillo *Tiempo* [Pan. 2002]); en algunos países americanos, este uso transitivo es frecuente incluso cuando el choque es involuntario: «*James Ballard choca su auto contra el del matrimonio Remington*» (*Hoy* [Chile] 27.1-2.2.97).

chofer o **chófer.** **1.** 'Persona cuyo oficio es conducir automóviles'. Ambas acentuaciones son válidas. La forma aguda *chofer* [chofér] (pl. *choferes*) —acorde con la pronunciación del étimo francés *chauffeur*— es la que se usa en América: «*Un carrazo que manejaba un chofer uniformado de azul*» (VLlosa *Tía* [Perú 1977]). En España se emplea la forma llana *chófer* (pl. *chóferes*): «*Alquiló un gran automóvil, con chófer*» (TBallester *Filomeno* [Esp. 1988]). **2.** Por su forma, es común en cuanto al género (→ GÉNERO², 1a y 3g): *el/la chofer*. Es raro, pero admisible, el femenino *choferesa*: «*Beatriz, la choferesa del vehículo*» (*Nación* [C. Rica] 27.5.96).

choferesa. → chofer o chófer.

chóped. Adaptación de la voz inglesa *chopped*, que designa cierto embutido elaborado a base de carne de vacuno, cerdo o pavo. Su plural debe ser *chópedes* (→ PLURAL, 1g).

choque. La existencia de la voz española *choque* hace innecesario el uso del anglicismo *shock*, su

equivalente en inglés, con el sentido de 'depresión súbita de las funciones vitales, producida generalmente por graves traumatismos o conmociones intensas': «*La glucosuria elevada es indicadora de diabetes, estado de choque y traumatismos craneoencefálicos*» (Rosales/Reyes *Enfermería* [Méx. 1982]). Igualmente innecesario es el uso de la palabra inglesa con el significado de 'emoción o impresión fuerte': «*Se hallaba otra vez bajo un terrible choque emocional*» (Leguineche *Camino* [Esp. 1995]). Para este sentido general, pueden usarse en español, además de *choque*, otros términos, como *conmoción, impresión, sorpresa* o *impacto*.

chor. → short, 1.

choucroute, ⊗**choucrut.** → chucrut.

chovinismo. Adaptación gráfica de la voz francesa *chauvinisme*, 'exaltación desmesurada de lo nacional frente a lo extranjero': «*No me desagrada el amor de la gente por su ciudad, cuando no se trata de obtuso chovinismo*» (Conget *Mujeres* [Esp. 1989]). Es preferible esta forma, que refleja la pronunciación hoy mayoritaria y acorde con la del étimo francés, a la variante *chauvinismo*, más fiel a la grafía francesa, pero que no refleja la pronunciación más extendida en el español actual. Lo mismo cabe decir de los derivados *chovinista* (preferible) y *chauvinista*.

chucrut. Adaptación gráfica de la voz francesa *choucroute* (del al. *Sauerkraut*), que significa 'col blanca fermentada en salmuera': «*Otros se abalanzan* [...] *sobre la rubia cerveza bávara, sobre el chucrut*» (*DPrensa* [Arg.] 10.5.92). Es incorrecta la forma ⊗*choucrut*, que no es ni francesa ni española. Su plural es *chucruts* (→ PLURAL, 1h).

chut. → chutar(se), a.

chutar(se). Del inglés *to shoot* ('disparar'), este verbo se usa con dos sentidos en español:
a) En el lenguaje futbolístico, 'lanzar fuertemente el balón con el pie, normalmente hacia la meta contraria'. En algunos países de América, especialmente en Chile, usan la variante *chutear*, que ha dado incluso el derivado *chuteador* ('futbolista' y 'bota del futbolista'). No debe usarse la forma semiadaptada ⊗*shotear*, creada a partir del inglés *shot* ('disparo'). El anglicismo está perdiendo terreno en favor de equivalentes más propiamente españoles, como *disparar, tirar, lanzar* o, en algunos países americanos, *patear*, que resultan siempre preferibles. Para designar la acción de chutar, existen los sustantivos masculinos *chut* (pl. *chuts*; → PLURAL, 1h) y *chute* (pl. *chutes*; → PLURAL, 1a).
b) En España, en la jerga de los drogadictos, significa 'inyectar(se) [droga]'. En este caso, el sustantivo que designa la acción del verbo es únicamente *chute*.

chute, chuteador -ra, chutear. → chutar(se).

Chuvasia. Forma adaptada a la ortografía y pronunciación españolas del nombre de esta república de la Federación Rusa: «*Nacido en la República de Chuvasia*» (*País*@ [Esp.] 4.12.99). Se desaconseja la grafía *Chuvashia*, transcripción del nombre ruso que contiene el grupo -*sh*-, ajeno al sistema gráfico del español. Tampoco debe usarse la forma *Chuvachia*. El gentilicio recomendado es *chuvasio*.

chuvasio -sia. → Chuvasia.

ciar. 1. 'Remar hacia atrás' y, por extensión, 'retroceder'. Se acentúa como *enviar* (→ APÉNDICE 1, n.º 5). **2.** Sobre la acentuación gráfica de las formas del pretérito perfecto simple o pretérito *cie/cié, cio/ció*, del presente de indicativo *ciais/ciáis* y del presente de subjuntivo *cieis/ciéis*, → TILDE², 1.2.

ciber-. 1. Elemento compositivo prefijo, creado por acortamiento del adjetivo *cibernético*, que forma parte de términos relacionados con el mundo de las computadoras u ordenadores y de la realidad virtual: *ciberespacio, cibernauta*, etc. Se recomienda su uso en la creación de nuevos términos pertenecientes al ámbito de las comunicaciones por Internet, lo que permite sustituir por voces propias numerosos anglicismos que circulan hoy en español. A continuación se ofrecen algunos ejemplos de la gran productividad de este prefijo en nuestros días: «*Una de las características del ciberarte es precisamente esa: su intangibilidad*» (*Mundo* [Esp.] 15.12.96); «*El cibercafé es un disco-bar que ofrece conexiones públicas a Internet*» (*Mundo* [Esp.] 1.6.97); «*El programa más comentado en esto de las cibercharlas es Internet Phone*» (*Nacional* [Ven.] 1.7.96); «*Uno de los principales peligros serán los cibercriminales*» (*Mundo* [Esp.] 2.2.97); «*Pretendemos tener a nuestro ciberlector informado en todo momento*» (*Mundo* [Esp.] 10.10.96); «*De la muerte de Asturias a la cibernovela*» (*Hora* [Guat.] 3.5.97). Debe evitarse su escritura con la grafía anglicada ⊗*cyber*-. **2.** En muchos casos, el sentido que aporta este elemento compositivo puede expresarse mediante el adjetivo *electrónico* pospuesto al sustantivo correspondiente (→ electrónico): *mensaje electrónico, buzón electrónico, comercio electrónico*, etc.

ciborio. 'Baldaquino que corona un altar o tabernáculo': «*El altar se situaba bajo un ciborio sobre columnas, esculpido y pintado con multitud de figuras*» (CSerraller *Arte* [Esp. 1997]); y 'copa ornamentada, especialmente el copón donde se guardan las hostias consagradas': «*Abrazado tú al ciborio como san Tarsicio*» (Goytisolo *Señas* [Esp. 1966]). No debe confundirse con *cimborio* o *cimborrio* ('cuerpo cilíndrico que sirve de base a una cúpula'; → cimborrio).

cicerón -na. Por alusión al escritor y orador latino Cicerón, 'persona de gran elocuencia'. Normalmente se usa solo en masculino, aunque hay algún ejemplo clásico del femenino *cicerona*: «*Persuasivas ciceronas*» (Tirso *Amazonas* [Esp. 1632]). No debe confundirse con *cicerone* ('guía'; → cicerone).

cicerone. 'Persona que acompaña a los visitantes de un lugar y les explica lo más notable o interesante de este'. Este sustantivo, tomado del italiano y procedente del nombre en esta lengua del escritor y orador latino Cicerón, es común en cuanto al género (*el/la cicerone*; → GÉNERO², 1a y 3c): «*Mi pequeña cicerone me comunicó las leyendas que interpretaban el hecho*» (BCasares *Trama* [Arg. 1948]). Es incorrecto, con este sentido, el femenino *cicerona*. Aunque etimológicamente alude al mismo personaje, no debe confundirse con *cicerón* ('persona de gran elocuencia'; → cicerón).

ciclocrós. Adaptación gráfica propuesta para la voz inglesa *cyclo-cross*, 'carrera de bicicletas por terreno accidentado': «*El guipuzcoano David Seco revalidó el título de campeón de España de Ciclocrós en categoría sénior*» (*Mundo*@ [Esp.] 12.1.03). En América se usa el término *bicicrós*: «*Su gran pasión, después del bicicrós, es cantar rap*» (*Tiempo* [Col.] 13.9.96). Se desaconseja el uso de las grafías híbridas ⊗*ciclocross* y ⊗*bicicross*.

⊗cidí. → CD.

cielorraso. 'Techo interior plano y liso': «*Cayeron pedazos de yeso del cielorraso y descubrieron la estructura de madera*» (Steimberg *Espíritu* [Arg. 1981]). Su plural es *cielorrasos* (→ PLURAL, 1a). Es incorrecta la grafía ⊗*cieloraso*. Aunque se aconseja su escritura en una sola palabra, también es admisible la grafía en dos palabras *cielo raso*, cuyo plural es *cielos rasos*: «*Los cielos rasos están manchados con el pipí de las ratas*» (Herrera *Casa* [Ven. 1985]).

ciempiés. 1. 'Invertebrado de cuerpo dividido en segmentos, con un par de patas en cada uno': «*Tenía una cicatriz en la frente, como un ciempiés*» (Landero *Juegos* [Esp. 1989]). Esta voz, al igual que todos los compuestos cuyo último elemento es *pies* —plural de *pie*—, como *buscapiés, calientapiés, milpiés, reposapiés*, etc., permanece invariable en plural, a pesar de ser polisílaba aguda terminada en -*s* (→ PLURAL, 1f): «*Los ciempiés son animales alargados, delgados y aplanados*» (Cabezas *Entomología* [Méx. 1996]). El hecho de ser ya un plural el segundo elemento del compuesto, así como la asociación de la terminación -*pieses* con el plural vulgar de *pie* (→ PLURAL, 1a), ha hecho que los hablantes cultos rechacen las formas ⊗*ciempieses*, ⊗*buscapieses*, ⊗*calientapieses*, ⊗*milpieses*, ⊗*reposapieses*, etc.

2. Es incorrecta la grafía ⊗*cienpiés* (→ n, 2), así como el singular regresivo ⊗*ciempié*.

3. La variante *cientopiés,* empleada con cierta frecuencia en textos antiguos, está en desuso.

cien. → ciento.

⊗**cientista.** En algunos países de América, especialmente en Chile, se usa a veces esta voz en las construcciones ⊗*cientista social* y ⊗*cientista político,* para designar, respectivamente, al estudioso de la sociología y al estudioso de la política. Se trata de calcos de las expresiones inglesas *social scientist* y *political scientist.* Hay que advertir que el equivalente español del inglés *scientist* es *científico,* no ⊗*cientista,* y que para los sentidos señalados existen las voces españolas *sociólogo* y *politólogo,* que son las que deben usarse en estos casos.

ciento. 1. 'Diez veces diez'. Este numeral cardinal (→ CARDINALES), usado como adjetivo, se apocopa en la forma *cien* cuando antecede al sustantivo, aunque entre ambos se interponga otro adjetivo: *cien barcos, cien briosos corceles.* También se apocopa ante sustantivos de significación numeral como *millón, millardo, billón, trillón* y *cuatrillón: cien millones, cien billones,* etc. Cuando forma parte de numerales compuestos, solo se apocopa ante *mil: cien mil;* pero se escribe en su forma plena en el resto de los numerales: *ciento uno, ciento dieciséis, ciento treinta y cuatro,* etc.

2. Usado como sustantivo para designar el número correspondiente (solo o en aposición a *número*), o cuando funciona como pronombre, en la lengua actual se prefiere claramente la forma apocopada *cien:* «*Buscó con obstinación su gol número cien*» (*Vanguardia* [Esp.] 24.10.94); «*Uno dos, tres, cuatro... hasta el cien*» (María *Fábrica* [Méx. 1980]); «*El resto, cerca de cien, serán entregadas entre mayo y julio*» (*DVasco* [Esp.] 13.3.01). Solo se mantiene hoy el uso de la forma plena *ciento* en locuciones, frases hechas y refranes, así como en la expresión de los porcentajes (→ 3): *cientos de* + sustantivo ('centenares de': *Cientos de personas acudieron a la manifestación*), *ciento y la madre* ('muchos': *Éramos ciento y la madre*), *Quien hace un cesto hace ciento,* etc. No existe el plural *cienes,* salvo para hacer referencia al guarismo: *Escribe dos cienes en este papel.* Así pues, es incorrecto un ejemplo como el siguiente: ⊗«*No se les ocurra incrementar los precios de la canasta básica, porque mataría de hambre a cienes de nicaragüenses de clase humilde*» (*Prensa* [Nic.] 12.5.97); debió decirse *cientos de nicaragüenses.*

3. En la expresión de los porcentajes ha de utilizarse siempre la fórmula *por ciento:* «*En un noventa por ciento se trataba de cartas enviadas a los periódicos*» (Cano *Abismo* [Col. 1991]); no se considera correcto, en estos casos, el uso de la forma apocopada *cien:* ⊗*el noventa por cien.* Pero cuando el por-

centaje expresa totalidad son igualmente válidas las expresiones *ciento por ciento* (preferida en América), *cien por ciento* y *cien por cien* (preferida en España): «*A cada gambeteador se le exige el ciento por ciento de eficacia*» (Cappa *Intimidad* [Arg. 1996]); «*Utilizar este recurso natural en el cien por ciento de los casos es una necesidad imperiosa*» (Mendoza *Níñez* [Perú 1994]); «*El calor es pegajoso, la humedad del cien por cien*» (Sierra *Regreso* [Esp. 1995]). En todos estos casos *por ciento* se escribe en dos palabras, a diferencia del sustantivo *porciento* ('porcentaje'; → porciento). Es incorrecta la apócope del numeral *uno* y sus compuestos cuando no van antepuestos a un sustantivo (→ uno, 2.1); por tanto, no debe decirse ⊗*el treinta y un por ciento,* sino *el treinta y uno por ciento.*

4. Para la concordancia con el verbo cuando el sujeto es un porcentaje (*el diez por ciento de los encuestados contestó/contestaron*), → CONCORDANCIA, 4.8.

cientopiés. → ciempiés, 3.

cierne. en cierne(s). La locución *en cierne* significa, referido a ciertas plantas, 'en flor': «*Coger los zarcillos de las parras en cierne, los higos aún lechosos, las almendras no cuajadas*» (Miró *Padre* [Esp. 1921]). Hoy es más frecuente su uso con el sentido figurado de 'aún en fase de formación', normalmente en la forma plural *en ciernes:* «*Había ya entonces una burocracia en ciernes*» (Collyer *Pájaros* [Chile 1995]); con igual sentido también es válida, aunque menos frecuente, la forma *en cierne:* «*Cualquier cosa era mucho para mí entonces, pobre periodista en cierne*» (CInfante *Habana* [Cuba 1986]).

cierto -ta. 'Verdadero o indudable'. Tiene dos superlativos válidos: *certísimo,* que conserva la raíz del adjetivo latino, y *ciertísimo,* formado sobre *cierto* (→ -ísimo, 3): «*Concibió en su corazón certísima confianza de hallar lo que pretendía*» (RBastos *Vigilia* [Par. 1992]); «*Es ciertísima la ruta que con sus normas nos ofrece Quintiliano*» (Osorio *Eco* [Méx. 1989]).

cigoto. 'Célula resultante de la unión del gameto masculino con el femenino'. Esta es la grafía más frecuente y recomendable, pues se acomoda mejor al sistema gráfico español (→ c, 2.2); pero se admite también la variante *zigoto.*

⊗**cigurat.** → zigurat.

cilandro. → cilantro.

cilantro. 'Hierba que suele usarse como condimento'. Esta es hoy la forma de uso más frecuente en España y en la mayor parte de América; pero en algunos países americanos, como Costa Rica, Nicaragua, Honduras, Guatemala, el Perú o el Ecuador, se prefiere la variante *culantro.* La forma *cilandro,* también válida, se usa muy poco. Esta misma hierba recibe el nombre de *coriandro,* voz más cercana al étimo latino *coriandrum.*

cima. 1. 'Parte más alta de algo, especialmente de una montaña': *«Deberá ascender en dirección a la cima del volcán»* (Salvador *Ecuador* [Ec. 1994]). En zonas de seseo, no debe confundirse con *sima* ('cavidad profunda'; → sima). **2.** [⊗]*por cima.* 'Por encima'. Aunque era muy frecuente en el español medieval y clásico, hoy solo es propio del habla popular y debe evitarse en la lengua culta: [⊗]*«Tuvo el marinero que echarme por cima dos o tres cubos de agua»* (Quiñones *Noches* [Esp. 1979]).

cimborio. → cimborrio.

cimborrio. En arquitectura, 'cuerpo cilíndrico que sirve de base a una cúpula' y 'cúpula de cierta elevación': *«La torre de la catedral y su cimborrio componen el perfil del casco antiguo de Zamora»* (*España* [Esp. 1996]). Esta es la forma más frecuente y recomendable, aunque con igual sentido existe la variante *cimborio.* No debe confundirse con *ciborio* ('baldaquino que corona un altar' y 'copón'; → ciborio).

cimbrar(se). 'Mover(se) con movimiento ondulante': *«Las matronas adormecidas por la siesta se cimbran en las hamacas de sus porches»* (Donoso *Elefantes* [Chile 1995]). Esta es la forma que se emplea con preferencia en el español de América; en España, en cambio, es mayoritaria la variante *cimbrear(se): «Montó al niño sobre ella y cimbreó alocadamente la cintura»* (Delibes *Madera* [Esp. 1987]).

cimbrear(se). → cimbrar(se).

cimentar(se). 'Poner los cimientos [de un edificio o una obra]' y 'sustentar(se)'. Actualmente admite dos conjugaciones: una irregular, según el modelo de *acertar* (→ APÉNDICE 1, n.º 16), con diptongación de las formas con raíz tónica: *«Quien cimienta su casa sobre peña»* (SchzFerlosio *Años* [Esp. 1993]); y otra regular, sin diptongación: *«Esta concepción se cimenta en la filosofía pitagórica»* (*Prensa* [Nic.] 27.1.97). Hoy es mayoritaria la conjugación regular.

cinc. 'Metal de número atómico 30'. Es igualmente válida la variante *zinc,* más cercana a la etimología (→ c, 2.2). El plural es *cincs* o *zincs* (→ PLURAL, 1h), a pesar de que normas académicas anteriores prescribieran el plural anómalo *cines* o *zines: «De todos los zincs que corren por el comercio, el de Lieja es el que pasa por mejor»* (Sáez *Metalurgia* [Esp. 1856]); *«Todos los cincs son igualmente utilizables»* (Yesares *Grabado* [Esp. 1935]).

cineclub. → club.

cinesi-. → kinesi-.

cingalés -sa. → Sri Lanka.

cíngaro -ra. 'Gitano'. Es igualmente válida la variante *zíngaro,* más cercana a la etimología (→ c, 2.2).

Cintra. → Sintra.

Circasia. 1. Forma tradicional española del nombre de la región del Cáucaso situada entre el mar Negro y el mar Caspio, que comprende Georgia, Armenia, Azerbaiyán y parte de Rusia: *«La ciudad de Tejutepeque, conocida como la "Circasia salvadoreña" por la belleza de sus mujeres, celebra los festejos patronales»* (*Hoy*[@] [El Salv.] 18.10.03). Su gentilicio es *circasiano: «El cómitre buscaba al amigo íntimo para que descargara el látigo circasiano sobre la espalda del culpable»* (Leguineche *Tierra* [Esp. 2000]). Para referirse a esta región en su conjunto, se desaconseja el uso del nombre ruso *Cherkesia,* que sí es válido, en cambio, como segundo elemento del nombre de una de las actuales repúblicas de la Federación Rusa (→ Karacháyevo-Cherkesia). **2.** Municipio colombiano: *«Lejos de allí, en Circasia, Quindío, 21 000 habitantes empiezan a vivir el ocaso del café»* (*País* [Col.] 22.5.97).

circasiano -na. → Circasia, 1.

circón. 'Silicato de circonio'. Es igualmente válida la variante *zircón* (→ c, 2.2).

circonio. 'Elemento químico de número atómico 40'. Es igualmente válida la variante *zirconio* (→ c, 2.2).

circonita. 'Gema artificial de óxido de circonio'. Es igualmente válida la variante *zirconita* (→ c, 2.2).

circuir. 'Rodear o cercar'. Verbo irregular: se conjuga como *construir* (→ APÉNDICE 1, n.º 25). Su participio, *circuido,* se escribe sin tilde (→ TILDE², 2.1.1 y 2.1.2).

circum-. → circun-.

circun-. Elemento compositivo prefijo procedente del latín *circum-* ('alrededor de'): *circunlocución, circunnavegación, circunvolución.* En las voces en que este elemento aparece ante *-s-,* como *circunscribir, circunspección* o *circunstancia,* no debe reducirse el grupo *-ns-* a *-s-:* [⊗]*circuscribir,* [⊗]*circuspección,* [⊗]*circustancia.* Ante *b* o *p* adopta la forma *circum-: circumboreal, circumpolar.*

circunscribir(se). 'Limitar(se)'. Solo es irregular en el participio, que tiene dos formas: *circunscrito* y *circunscripto.* La forma usada en la mayor parte del mundo hispánico es *circunscrito;* pero en algunas zonas de América, especialmente en la Argentina y el Uruguay, sigue en pleno uso la grafía etimológica *circunscripto* (→ p, 5): *«La otra piedra de tono similar, el lapislázuli, estaba circunscripta a las familias reales»* (Crea *Curación* [Arg. 1995]). Sin embargo, la *-p-* se mantiene en todas las zonas en el sustantivo *circunscripción.* Aunque la *n* del grupo

-ns- se relaja a menudo en la pronunciación, debe evitarse su pérdida en la escritura (→ n, 3); son, pues, inaceptables las grafías ⊛*circuscribir(se),* ⊛*circuscri(p)to* y ⊛*circuscripción.*

circunscripción. → circunscribir(se).

circunstanciar. 'Determinar las circunstancias [de algo]'. Se acentúa como *anunciar* (→ APÉNDICE 1, n.º 4). Es incorrecta la forma ⊛*circustanciar.*

circunvalación. 'Acción de circunvalar o rodear un lugar': «*Ha cumplido* [el barco] *en 1980 la primera circunvalación al continente sudamericano*» (*DPrensa* [Arg.] 5.5.92); y 'vía que rodea un núcleo urbano': «*Con sus motos ocuparon todos los carriles de esta circunvalación*» (*Mundo* [Esp.] 20.4.95). Pertenece a la familia de *circunvalar* ('rodear [un lugar]'). No debe confundirse con *circunvolución* ('giro o vuelta' y 'pliegue sinuoso de la corteza cerebral'; → circunvolución).

circunvolar. 'Volar alrededor [de algo]'. Verbo irregular: se conjuga como *contar* (→ APÉNDICE 1, n.º 26).

circunvolución. 'Giro o vuelta, especialmente en el aire': «*El cisne rebelde vuelve a girar en torno a la nave capitana en circunvoluciones cuyas figuras el Almirante no alcanza a comprender*» (RBastos *Vigilia* [Par. 1992]); y 'pliegue sinuoso, especialmente los de la corteza cerebral': «*Las circunvoluciones del cerebro se van haciendo gradualmente más complejas*» (Pinillos *Psicología* [Esp. 1975]). Pertenece a la familia de *circunvolar* ('volar alrededor [de algo]'). No debe confundirse con *circunvalación* ('acción de circunvalar o rodear un lugar' y 'vía que rodea un núcleo urbano'; → circunvalación).

⊛**circus-.** → circun-.

⊛**circuscribir(se),** ⊛**circuscripción,** ⊛**circuscri(p)to -ta.** → circunscribir(se).

cisma. 'División o separación en el seno de una Iglesia o religión, o en un grupo o comunidad'. Aunque en épocas pasadas se usó en ambos géneros, en el español actual es siempre masculino: «*Tras el cisma del protestantismo, la Iglesia católica buscaba las vías de consolidación de su poder*» (Colorado *Pintura* [Esp. 1991]).

Císter. Aunque la pronunciación etimológica del nombre de esta orden religiosa de origen francés es aguda, hoy es mayoritaria la pronunciación llana, a la que corresponde la grafía con tilde *Císter:* «*La habilidad con que los monjes del Císter habían transformado las ciénagas y bosques de Europa en campos de cultivo*» (Rojo *Matar* [Esp. 2002]).

Ciudad del Cabo. Nombre español de la capital legislativa de la República de Sudáfrica: «*A Ciudad del Cabo se la conocía como la taberna de los mares*» (*País* [Esp.] 8.3.03). No debe usarse en español la forma inglesa *Cape Town.*

Ciudad Ho Chi Minh. Nombre actual de la ciudad vietnamita llamada anteriormente *Saigón:* «*Cuando volví en 1982, Saigón ya había cambiado de nombre y se llamaba Ciudad Ho Chi Minh*» (Leguineche *Camino* [Esp. 1995]). Dado que el nombre genérico *ciudad* forma parte del nombre propio, debe escribirse con mayúscula inicial (→ MAYÚSCULAS, 4.7). Suele pronunciarse con *h* aspirada.

clac. → claque.

claque. Voz tomada del francés *claque*, 'grupo de personas a las que se paga para aplaudir en un espectáculo' y, por extensión, 'grupo de personas que aplauden o animan a alguien incondicionalmente'. Es de género femenino, al igual que en francés: «*Durante su discurso, la claque lo interrumpía para gritar las consignas dadas por el Partido*» (Valladares *Esperanza* [Cuba 1985]). No debe confundirse con el sustantivo masculino *claqué* ('baile'; → claqué). Es válida, aunque se usa menos, la variante *clac* (pl. *clacs;* → PLURAL, 1h), forma adaptada a partir de la pronunciación original francesa.

claqué. Adaptación gráfica de la voz francesa *claquette*, 'baile en el que se marca el ritmo con el tacón y la punta de los zapatos, reforzados con láminas de metal'. Es de género masculino: «*Comenzaron a bailar en los años cuarenta, cuando el "one step" y el claqué hacían furor*» (*Abc* [Esp.] 27.11.87). No debe confundirse con el sustantivo femenino *claque* ('personas a quienes se paga por aplaudir'; → claque).

claquette. → claqué.

claror. 'Luz o claridad'. Se ha usado en ambos géneros. En el español medieval era normalmente femenino, pero hoy es mayoritario su empleo con el género masculino etimológico: «*Estaban los tres* [...] *esperando el primer claror del alba*» (LTena *Renglones* [Esp. 1979]). En algunos hablantes, el uso en femenino (⊛*la claror*) puede deberse al influjo del catalán.

clasificar(se). 1. Como transitivo, 'distribuir [cosas o personas] por clases', a menudo con un complemento con *en*, que expresa la clase: «*Esto hace que* [...] *las drogas puedan clasificarse EN legales e ilegales*» (Castilla *Psiquiatría 2* [Esp. 1980]); e 'incluir [algo o a alguien] dentro de una clase', a veces con un complemento introducido por *como:* «*Dionisio lo clasificó inmediatamente en la categoría de los faquires*» (SchzDragó *Camino* [Esp. 1990]); «*Bioquímicamente hablando las vitaminas se clasifican COMO coenzimas*» (Chávez *Nutrición* [Méx. 1993]).

2. Como intransitivo pronominal, 'conseguir los resultados necesarios para participar o continuar en una competencia o competición', normalmente con un complemento introducido por *para* (y no *a*): «*Nos clasificamos* PARA *el Mundial de México*» (Maradona *Diego* [Arg. 2000]); y 'obtener determinado puesto en una competencia o competición', con un complemento introducido por *en*: «*Por equipos, España se clasificó* EN *el octavo lugar*» (*País* [Esp.] 13.4.79). En muchos países de América es normal su uso como intransitivo no pronominal: «*Los cameruneses* [...] *también clasificaron para la cita mundialista*» (*Universal* [Ven.] 8.9.96); «*Nosotros* [...] *aspiramos a clasificar en el cuarto lugar*» (*Clarín* [Arg.] 24.4.97).

clave. **1.** Cuando significa 'clavecín, instrumento de cuerda y teclado', es de género masculino: «*Doña Ana y doña Catalina tocaban el clave a cuatro manos*» (Faner *Flor* [Esp. 1986]). Es femenino en el resto de sus acepciones ('código de signos para la transmisión de mensajes secretos', 'elemento que sirve para comprender algo difícil o enigmático', 'elemento básico o fundamental de algo', 'signo que se pone al principio del pentagrama' y, normalmente en plural, 'instrumento musical de percusión que consiste en dos palos pequeños que se golpean rítmicamente'): «*La comunicación se establecía usando la clave de Morse*» (Valladares *Esperanza* [Cuba 1985]); «*La ubicación de estas notas en el pentagrama dependerá de la clave empleada*» (Barmat/Ramos *Música* [Arg. 1999]); «*La imaginación activa es la clave de una visión amplia*» (Jodorowsky *Danza* [Chile 2001]); «*Al ritmo de palmadas que coinciden con el golpe de las claves*» (Évora *Orígenes* [Cuba 1997]). **2.** Se usa frecuentemente en aposición a otro sustantivo, para indicar el carácter fundamental o decisivo de lo denotado por este: *tema clave, palabra clave, fecha clave*, etc. Si el sustantivo al que se refiere es plural, *clave* puede permanecer invariable o adoptar también forma plural, con funcionamiento plenamente adjetivo (→ PLURAL, 2.4): «*Algunos de ellos serán piezas clave de la conspiración contra el Führer*» (Volpi *Klingsor* [Méx. 1999]); «*En esta palabra radica uno de los conceptos claves de nuestro tiempo*» (Lledó *Días* [Esp. 1994]).

claxon. 'Bocina eléctrica'. Su plural es *cláxones*, y no ⊗*cláxons* (→ PLURAL, 1g).

clic. **1.** Onomatopeya usada para reproducir un sonido seco y breve, generalmente metálico: «*Se oyó el clic del bolso al cerrarse*» (TBallester *Filomeno* [Esp. 1988]). También se usa, en informática, con el sentido de 'pulsación que se hace en alguno de los botones del ratón de una computadora u ordenador'. Su plural es *clics* (→ PLURAL, 1h): «*Con solo algunos clics del ratón es posible lograr el expediente completo*» (NHerald [EE. UU.] 21.4.97). No debe usarse en español la grafía inglesa *click*. **2.** Para designar la acción consistente en pulsar alguno de los botones del ratón, se emplea

normalmente la locución *hacer clic*: «*Una vez que se visualiza el icono de la aplicación, basta con hacer clic sobre él*» (VV. AA. *Informática* [Esp. 1998]). Su uso está más extendido y es más recomendable que el de las formaciones recientes *clicar* y *cliquear*.

clicar. → clic, 2.

cliché. Voz tomada del francés *cliché*, 'plancha que se utiliza para reproducir múltiples copias de los textos o imágenes grabados en ella', 'negativo fotográfico' y 'estereotipo o lugar común': «*No le importa* [...] *utilizar procedimientos más modernos e incluso mecánicos (clichés tipográficos)*» (Gallego *Grabado* [Esp. 1990]); «*Es el nuevo revelado de un viejo cliché*» (Benet *Saúl* [Esp. 1980]); «*¿Estás repitiendo el cliché del profesor maduro que seduce a una alumna ingenua?*» (Donoso *Elefantes* [Chile 1995]). También es válida, aunque se usa menos, la adaptación *clisé*, más cercana a la pronunciación del étimo francés: «*Tenía que llevar los clisés de una publicación del Partido a una imprenta cercana*» (Alfaya *Traidor* [Esp. 1991]); «*No se trata de un estudio superficial, tramposo, repetidor de clisés gastados*» (Melo *Notas* [Méx. 1990]).

click. → clic.

clienta. → cliente.

cliente. 'Persona que utiliza los servicios de un profesional o una empresa'. Por su terminación, es común en cuanto al género (*el/la cliente*; → GÉNERO[2], 1a y 3c): «*Las vendedoras* [...] *la tenían por una cliente modelo*» (Mendoza *Ciudad* [Esp. 1986]). Existe también, y es válido, el femenino *clienta*, muy usado incluso en el nivel culto: «*De los países vecinos acudían cada vez más clientas ricas, con gusto exigente y refinado*» (Mutis *Ilona* [Col. 1988]).

clima. 'Conjunto de condiciones atmosféricas propias de una región': «*Es una región de clima muy cálido y torrenciales lluvias*» (Orovio *Música* [Cuba 1990]); y 'ambiente': «*El clima de confusión que reinaba no ayudó en nada a aclarar la situación*» (Silvestrini/LSánchez *Puerto Rico* [P. Rico 1987]). No debe confundirse con *clímax* ('culminación o punto más alto'; → clímax).

climácico -ca. → clímax.

climatérico -ca. 'Del climaterio (período de la vida humana en el que cesa la actividad genital reproductora)': «*En 1939 Werner describió el síndrome climatérico masculino*» (PzLópez *Menopausia* [Esp. 1992]). No debe confundirse con *climático* ('del clima' → climático).

climático -ca. 'Del clima': «*Es una zona deprimida,* [...] *de duras condiciones climáticas*» (Seseña *Cacharrería* [Esp. 1997]). No debe confundirse con *climácico* ('del clímax'; → clímax) ni con *climatérico* ('del climaterio'; → climatérico).

climatología. 'Estudio del clima' y 'conjunto de las características propias del clima de una región determinada': «*La meteorología estadística es la base de la climatología*» (Ayllón *Meteorología* [Méx. 1996]); «*Aquí solo podemos sembrar lo que la tierra y la climatología nos permiten*» (*Abc* [Esp.] 1.5.89). No debe usarse para referirse al estado del tiempo atmosférico en un lugar y un momento dados: ⊗«*Esta cuarta etapa* [...] *se desarrolló entre manifestaciones de agricultores y mala climatología*» (*Abc* [Esp.] 15.4.89); debió decirse *mal tiempo* o *malas condiciones atmosféricas*. No debe confundirse con *meteorología* ('ciencia que estudia los fenómenos atmosféricos'; → meteorología).

clímax. Con el sentido de 'punto más alto o culminación de un proceso', es masculino: «*La tendencia agresiva de Verlaine en el clímax de la embriaguez se hace más evidente*» (Vega *Así* [Col. 1981]). Pero en el lenguaje científico, con el sentido de 'situación óptima de un ecosistema dadas las condiciones del medio en que se desarrolla', se usa con el género femenino etimológico: «*Si la vegetación corresponde además a la clímax de la región considerada, se puede hablar de un suelo climácico o edafoclímax*» (PzSáenz *Geografía* [Esp. 1960]). Como se ve en el ejemplo, el adjetivo correspondiente a *clímax* es *climácico*. Ni *clímax* debe confundirse con *clima* ('condiciones atmosféricas de un lugar' y 'ambiente'; → clima), ni *climácico* con *climático* ('del clima'; → climático). El plural es invariable (→ PLURAL 1f): *los clímax* o, en la acepción técnica, *las clímax*.

⊗**clin.** → crin.

clínex. Adaptación gráfica de la voz inglesa *kleenex*, marca registrada que ha pasado a usarse genéricamente con el sentido de 'pañuelo de papel desechable': «*Ella misma lo limpió con un clínex*» (Paso *Palinuro* [Méx. 1977]). Es invariable en plural (→ PLURAL, 1f): *los clínex*.

clip. Voz tomada del inglés *clip*, 'pequeño alambre doblado varias veces sobre sí mismo, que sirve para sujetar papeles': «*Escribí un papelito* [...] *y lo dejé abrochado con un clip junto a un billete de cincuenta libras*» (Fogwill *Cantos* [Arg. 1998]). Es anglicismo asentado y su plural es *clips* (→ PLURAL, 1h). También se usa esta voz como acortamiento de *videoclip* (→ videoclip).

clíper. Adaptación gráfica de la voz inglesa *clipper*, que se usa en español con los sentidos de 'buque de vela, rápido y ligero': «*La penicilina cruzó el Atlántico a bordo de un clíper*» (*Vanguardia* [Esp.] 10.3.94); y 'avión grande de pasajeros, para vuelos transoceánicos': «*El avión se transformaba en* [...] *el gigantesco clíper de la Pan American*» (Paso *Palinuro* [Méx. 1977]). Su plural debe ser *clíperes* (→ PLURAL, 1g).

clipper. → clíper.

cliquear. → clic, 2.

clisé. → cliché.

CLÍTICOS. → ACENTO, 1.1b y PRONOMBRES PERSONALES ÁTONOS.

cloche. Adaptación gráfica de la voz inglesa *clutch*, que se usa en países como Cuba, la República Dominicana, Venezuela y Colombia: «*El elegante movimiento de sus piernas jugando con el freno y el cloche*» (Vergés *Cenizas* [R. Dom. 1980]). Aunque innecesario, es anglicismo asentado en esas zonas; pero no debe olvidarse que el término español equivalente es *embrague*.

clóset. Voz tomada del inglés americano *closet* ('armario'), que se usa en la mayor parte de América con el sentido de 'armario construido en el hueco de una pared'. Es anglicismo asentado en el español americano. Su plural es *clósets* (→ PLURAL, 1h): «*No tocó la ropa de Gustavo, ordenada en los clósets, porque no quería que la acusara de entrometida*» (Donoso *Elefantes* [Chile 1995]). En español, ambas formas, singular y plural, deben escribirse con tilde (→ TILDE², 1.1.2). En los países del Río de la Plata se usa, con este sentido, el galicismo *placar* (→ placar), mientras que en España se emplea únicamente la expresión *armario empotrado*.

club. Voz tomada del inglés *club*, 'sociedad fundada por un grupo de personas con intereses comunes' y 'lugar donde se reúnen los miembros de estas sociedades'. Se introdujo a comienzos del siglo XIX y es anglicismo asentado. Desde el inicio, el plural ha vacilado entre la forma *clubs*, coincidente con el plural inglés, y la forma *clubes*, derivada de la regla tradicional que prescribía el plural en -*es* para las palabras acabadas en consonante: «*¿O es que esos farisaicos lores no beben los domingos en sus clubs?*» (Signes *Darwin* [Esp. 1980]); «*Se formaron clubes de variada índole*» (Chávez *Batallador* [Méx. 1986]). Ambos plurales se consideran válidos; consecuentemente, se admiten las dos formas para los compuestos que contienen esta voz: *aeroclubs* o *aeroclubes*, *cineclubs* o *cineclubes*, *teleclubs* o *teleclubes* y *videoclubs* o *videoclubes*.

clutch. → cloche.

Cnosos. Forma asentada en español del nombre de esta ciudad griega: «*En el palacio de Cnosos, las doncellas* [...] *abrazaban a los adolescentes en los festines*» (Vicent *Balada* [Esp. 1987]). Se desaconsejan, por minoritarias, las variantes *Gnosos* y *Knosos*. No deben usarse en español las grafías *Cnossos*, *Knossos*, propias del inglés.

Cnossos. → Cnosos.

coach. Voz inglesa que significa 'persona que prepara o adiestra a otra en algo, especialmente en la práctica de un deporte'. Su uso es innecesario en español, por existir términos como *entrenador* y *preparador*, de sentido equivalente.

[⊗]**coadyudar.** → coadyuvar.

coadyuvar. 'Contribuir o ayudar a la consecución de algo'. Es intransitivo y se construye con un complemento introducido por *a* o, a veces, *en*: «*La consigna es coadyuvar A una gestación más feliz*» (RdgzEglis *Educación* [Arg. 1985]); «*Manifiesto mi voluntad de coadyuvar EN la aclaración de esta situación*» (*Proceso* [Méx.] 17.11.96). Son incorrectas las formas [⊗]*coadyudar* o [⊗]*coayudar*, fruto del cruce con *ayudar*.

coaligarse. → coligarse.

cobaya. 'Conejillo de Indias'. Como nombre de la especie, esto es, con independencia del sexo del animal, puede usarse en ambos géneros, si bien existe cierta preferencia por el femenino: «*Jenner* [...] *eligió dos cobayas humanas: una joven lechera* [...] *y el hijo de un jornalero*» (*Abc* [Esp.] 10.5.96); «*Si inyectamos* [...] *el* [suero] *de un hombre en un cobaya, conseguimos que este elabore anticuerpos*» (Aguilera *Hombre* [Esp. 1995]). Con el mismo sentido, y también con independencia del sexo del animal, se emplea el sustantivo masculino *cobayo*: «*En el* [cruce] *de un cobayo de pelo negro y corto con otro de pelo blanco y largo, la descendencia es homogénea*» (Haro *Biología* [Esp. 1991]).

coccígeo -a. → coxis.

cóccix. → coxis.

cocer(se). 1. 'Guisar [algo] con agua hirviendo', 'hervir' y 'prepararse o tramarse algo'. Verbo irregular: se conjuga como *mover* (→ APÉNDICE 1, n.º 41): *cuezo, cueces, cuece*, etc. Es extremadamente vulgar, y debe evitarse, conjugar este verbo según el modelo de *agradecer*: [⊗]*cuezco*, [⊗]*cuezca*, [⊗]*cuezcamos*, etc.

2. En zonas de seseo, debe evitarse su confusión con el verbo regular *coser* ('unir con hilo'; → coser).

cochambre. 'Suciedad o porquería'. Es válido su uso en ambos géneros, pero predomina claramente el femenino: «*Lo mejor será poner un poco de orden y barrer esta cochambre*» (MDurán *Toque* [Col. 1981]); «*Se debe tener mucho cuidado en la limpieza de la grasa y el cochambre que el mueble pueda haber acumulado*» (Lesur *Barniz* [Méx. 1992]).

Cochinchina. Esta es la forma correcta del nombre de esta región de Vietnam: «*Los senadores Diez, Errázuriz y Ominami en visita oficial a Camboya, Birmania, Afganistán y Cochinchina*» (*Hoy* [Chile] 30.12.96-5.1.97). La forma *Conchinchina* es una deformación popular empleada coloquialmente para referirse a un lugar muy lejano no precisado: «*Dos y dos son cuatro en Lima y en la Conchinchina*» (Bryce *Magdalena* [Perú 1986]). No debe utilizarse esta segunda forma para referirse estrictamente a este lugar de Vietnam.

cociente. 1. 'Resultado de una división matemática': «*El coste laboral unitario es el cociente entre los salarios y la productividad*» (*Mundo* [Esp.] 20.6.96). Se desaconseja la variante [⊗]*cuociente*, pues, aunque más cercana a la etimología (del lat. *quotiens, -entis*), es hoy muy minoritaria.

2. *cociente intelectual* o *de inteligencia*. 'Número que expresa la inteligencia relativa de una persona y que se determina dividiendo su edad mental por su edad física': «*Su hijo tenía un cociente intelectual elevado*» (Penella *Hijo* [Arg. 1995]). Es asimismo válida la expresión *coeficiente intelectual* (o *de inteligencia*), pues la voz *coeficiente* designa la expresión numérica de una propiedad basada en la relación entre dos magnitudes: «*Su coeficiente intelectual* [...] *era bastante bajo*» (*Rumbo* [R. Dom.] 20.10.97).

cocktail. → coctel o cóctel.

[⊗]**cocreta.** → croqueta.

coctel o **cóctel.** 1. 'Bebida compuesta de licores mezclados' y 'fiesta en la que se toma esta bebida'. La voz inglesa *cocktail* se ha adaptado al español con dos acentuaciones, ambas válidas. La forma llana *cóctel* (pl. *cócteles*), que refleja la pronunciación etimológica, es la única usada en España y la preferida en los países del Cono Sur: «*Lola cogió de una bandeja circulante un cóctel de champán*» (Rossetti *Alevosías* [Esp. 1991]). En el resto de América esta forma alterna con la aguda *coctel* [koktél] (pl. *cocteles*): «*Nos presentaron en un coctel*» (Vilalta *Mujer* [Méx. 1981]). Son inadmisibles grafías como [⊗]*coktail*, [⊗]*coctail* o [⊗]*coktel*, que no son ni inglesas ni españolas. Por la misma razón no es válido el plural híbrido [⊗]*cóctels*.

2. *cóctel* (o *coctel*) *molotov*. → molotov.

codiciar. 'Desear con ansia'. Se acentúa como *anunciar* (→ APÉNDICE 1, n.º 4).

coeficiente intelectual. → cociente, 2.

coetáneo -a. 'De la misma edad o contemporáneo'. El complemento va introducido por *de*: «*Eran personas mayores, coetáneas DE la tía*» (Belli *Mujer* [Nic. 1992]). No deben usarse para ello otras preposiciones, como *a* o *con*.

[⊗]**coexión,** [⊗]**coexionar.** → cohesión.

cofrada. → cofrade, 2.

cofrade. 1. 'Persona que pertenece a una cofradía'. Es voz llana: [kofráde]. La forma esdrújula *cófrade* no es propia del habla culta, salvo en Chile, donde se usa con normalidad: «*Aún te veo en las reuniones de camaradería* [...], *haciendo correr, de cófrade a cófrade, tus revistas humorísticas*» (Freire *Tevedécada* [Chile 1990]).

2. Es común en cuanto al género (*el/la cofrade;* →
GÉNERO², 1a y 3c): «*Eran fechas de alegre laboriosidad
para las cofrades*» (GmzOjea *Cantiga* [Esp. 1982]).
El femenino *cofrada*, documentado en el español
clásico, carece de uso en la actualidad.

coger(se). 1. Cuando significa 'sujetar o asir', es
transitivo y la parte concreta por la que se sujeta
la cosa o a la persona asidas se expresa mediante un
complemento con *de* o *por:* «*LO cogió DE la mano*»
(Vergés *Cenizas* [R. Dom. 1980]); «*LA cogí POR las
muñecas*» (Salisachs *Gangrena* [Esp. 1975]). Si la
parte asida funciona como complemento directo,
el complemento de persona pasa a ser indirecto:
«*LE cogió la mano*» (Mendoza *Satanás* [Col. 2002]).
2. Como pronominal, con el sentido de 'sujetarse o agarrarse', se construye siempre con un complemento introducido por *a* o *de:* «*Entra el tipo. Oli-
via se coge A su brazo*» (Vallejo *Cangrejos* [Esp. 1980]);
«*Mi acompañante se cogía DE mi brazo emocionada*»
(Zarraluki *Historia* [Esp. 1994]).
3. Debe evitarse en la lengua culta el uso de *coger* por *caber:* ⊗«*Como sardinas en banasta,* [...] *las rodillas del uno contra las rodillas del otro, no cogíamos,
oiga*» (Delibes *Guerras* [Esp. 1975] 262).

cognac. → coñac.

cohesión. 'Unión': «*Aquel incidente daba cohesión
al grupo, lo fortalecía*» (SchzOstiz *Infierno* [Esp.
1995]). Este sustantivo y el verbo derivado *cohe-
sionar* se pronuncian [koesión] y [koesionár], respectivamente. Son incorrectas las pronunciaciones ⊗[koeksión] y ⊗[koeksionár], y las grafías
correspondientes ⊗*co(h)exión* y ⊗*co(h)exionar*.

cohibir(se). 'Refrenar(se) o reprimir(se)'. La *i*
del grupo /oi/ es tónica en las formas de este
verbo que llevan el acento prosódico en la raíz:
[ko - í - bo], [ko - í - bes], etc., pero [koi - bí - mos],
[koi - bís]. La hache intercalada no exime de la
obligación de tildar la *-i-* para marcar el hiato en
las formas en que esta vocal es tónica (→ TIL-
DE², 2.2.2b): *cohíbo, cohíbes, cohíbe, cohíben; cohíba,
cohíbas, cohíban.*

Coímbra. Aunque en portugués el nombre de esta
ciudad de Portugal se escribe sin tilde, en español
debe llevarla por contener un hiato de vocal abierta átona y vocal cerrada tónica (→ TILDE², 2.2.2b):
«*Alguna vez ha dicho que hubiera querido morir en
Coímbra*» (*País*@ [Esp.] 23.12.01). El gentilicio es
conimbricense.

coitus interruptus. Loc. lat. que significa literalmente 'coito interrumpido'. Se usa, como locución nominal masculina, para designar el método anticonceptivo que consiste en interrumpir
el coito antes de la eyaculación: «*Freud interpretó la
angustia como una consecuencia de la insatisfacción
de la libido, producida por prácticas como el coitus*

interruptus» (Saiz *Ansiedad* [Esp. 1993]). Es invariable en plural (→ PLURAL, 1k): *los coitus interruptus.*

cok, coke. → coque.

⊗**coktail,** ⊗**coktel.** → coctel o cóctel.

colaborar. 'Trabajar con otro o ayudarlo en la
realización de una obra'. En el español general
culto es intransitivo y suele llevar un complemento introducido por *con*, que expresa la persona con quien se colabora: «*Los editores* [...] *le
pedían que siguiera colaborando CON ellos*» (GaMárquez *Vivir* [Col. 2002]). El asunto en el que se
colabora se expresa con un complemento introducido por *en* o, raramente, *a:* «*¿No era su deber
colaborar EN la defensa de su patria?*» (Volpi *Klingsor*
[Méx. 1999]); «*Deseaba colaborar A disminuir las
pérdidas que tenía el almacén*» (*Hoy* [El Salv.]
11.10.00). En el habla coloquial de algunos países americanos, especialmente en Colombia, el
complemento de persona, cuando es pronominal, se expresa a menudo mediante un pronombre de dativo, uso que no se ha generalizado y
conviene evitar en el habla formal: ⊗«*Quería que
yo LE colaborara*» (*Tiempo* [Col.] 1.7.96); mejor *colaborara CON él.*

colaje. Adaptación gráfica propuesta para la voz
francesa *collage*, 'técnica pictórica consistente en
pegar sobre lienzo o tabla materiales diversos' y
'obra realizada con esta técnica': «*Un sugestivo ejemplo es "Emplaçament" —título que alude al breve colaje central—*» (*Abc* [Esp.] 13.12.91). Aunque se documenta también la adaptación ⊗*colage*, debe
preferirse la grafía con *-j-* por analogía con el resto de las voces francesas terminadas en *-age* que se
han incorporado al español, y que se han adaptado siempre con la terminación *-aje* (pron. [áje]):
bagaje, bricolaje, masaje, etc.

colar(se). 'Pasar [un líquido] por un utensilio para
quitarle las partes sólidas', 'introducir(se) a escondidas o sin permiso en alguna parte' y 'equivocarse'.
Verbo irregular: se conjuga como *contar* (→ APÉN-
DICE 1, n.° 26).

colega. 'Compañero de profesión, especialmente
entre profesionales liberales': «*El experto en arqueología primitiva se despidió de su colega*» (Donoso *Elefantes* [Chile 1995]). Es común en cuanto al género (→ GÉNERO², 1a y 3b): *el/la colega.* No debe
confundirse con *homólogo* ('[persona] que ejerce
un cargo equivalente al de otra'; → homólogo):
⊗«*El presidente soviético se entrevistará con su colega
francés, François Mitterrand*» (*VGalicia* [Esp.]
30.10.91).

colegiar(se). 'Inscribir(se) en un colegio profesional'. Se acentúa como *anunciar* (→ APÉNDICE 1,
n.° 4).

colegir. **1.** 'Inferir o deducir'. Verbo irregular: se conjuga como *pedir* (→ APÉNDICE 1, n.º 45).

2. Además del complemento directo, suele llevar otro complemento introducido por *de* o, a veces, *por*: «*DE ahí coligieron los diputados que "debía excluirse la búsqueda de datos"*» (*País* [Esp.] 1.2.89); «*POR lo sucedido después se puede colegir la condición impuesta por Bolívar para ir a luchar al Perú*» (*Información* [EE. UU.] 1996).

cólera. Cuando significa 'ira', es femenino: «*Respira profundamente, tratando de controlar la cólera que hierve en sus entrañas*» (Santiago *Sueño* [P. Rico 1996]); es masculino cuando designa cierta enfermedad epidémica: «*Uno de los niños contrajo el cólera y se recuperó muy pronto*» (GaMárquez *Amor* [Col. 1985]).

colgar(se). **1.** Como transitivo, 'sujetar [algo], generalmente por su parte superior, sin que toque el suelo'; como intransitivo no pronominal, 'estar sujeto a algo, generalmente por la parte superior, sin tocar el suelo'; y, como intransitivo pronominal, 'agarrarse de algo para evitar tocar el suelo'. Verbo irregular: se conjuga como *contar* (→ APÉNDICE 1, n.º 26).

2. Suele ir a menudo acompañado de un complemento introducido por *de* o *en*, que expresa el lugar en el que se sujeta o pone lo colgado: «*Se quita la chaqueta y la cuelga DE una percha*» (Sirera *Indian* [Esp. 1991]); «*Se saca el saco y lo cuelga EN una percha*» (Rovner *Premio* [Arg. 1981]); o de un complemento introducido por *de* o *por*, que expresa la parte por la que se sujeta lo colgado: «*Me tuvieron colgado DE los pies durante dos días*» (*Proceso* [Méx.] 14.7.96); «*¿Sabes que lo colgaron POR los pies?*» (Leguina *Nombre* [Esp. 1992]).

colibrí. 'Pájaro americano de pequeño tamaño'. Su plural es *colibríes* o *colibrís* (→ PLURAL, 1c).

colicuar(se). 'Derretir(se) juntas dos o más sustancias'. Se acentúa preferentemente como *averiguar* (→ APÉNDICE 1, n.º 6), aunque también se admite su acentuación como *actuar* (→ APÉNDICE 1, n.º 7).

coliflor. 'Variedad de col formada por pellas blancas'. Aunque en muchas partes de América se emplea a veces en masculino, es voz femenina en el uso culto mayoritario de todo el ámbito hispánico: «*Nunca más faltó en la mesa familiar una sopa de gallina o [...] una coliflor fresca*» (Jodorowsky *Pájaro* [Chile 1992]).

coligarse. **1.** 'Unirse o aliarse'. Es intransitivo pronominal y se construye con un complemento introducido por *con*: «*Los socialistas necesitan coligarse CON otros dos partidos para formar Gobierno*» (*País* [Esp.] 1.12.86). No es normal introducir este complemento con *a*: ⊗«*Se consideran institutos coligados A la Santa Sede*» (*Abc* [Esp.] 19.6.97).

2. Aunque *coligarse* es la forma etimológica (del lat. *colligare*), resulta igualmente válida y es hoy más frecuente la variante *coaligarse*.

colindante. 'Contiguo'. Se construye con la preposición *con*: «*Las regiones colindantes CON El Salvador y Honduras*» (*Prensa* [Guat.] 8.7.96), y no con la preposición *a*: ⊗«*Se han habilitado varios campos colindantes A esa carretera como zona de aparcamiento*» (*DNavarra* [Esp.] 29.4.99). Lo mismo cabe decir del verbo correspondiente *colindar*: «*dos cosas colindan*» o «*colinda una CON otra*».

collage. → colaje.

Colonia. Forma tradicional española del nombre de esta ciudad de Alemania: «*La iglesia parroquial [...] era una versión de bolsillo de la catedral de Colonia*» (GaMárquez *Vivir* [Col. 2002]). No debe usarse en español la forma alemana *Köln*, ni la grafía *Kolonia*, solo válida como nombre de una de las principales ciudades de Micronesia.

color. **1.** Cuando significa 'cualidad de los seres por la cual impresionan la retina de modo diferente según cómo reflejen los rayos luminosos' y 'cada uno de los distintos modos en que puede percibirse esta cualidad', es masculino en la lengua general culta: «*En otoño, las arboledas van perdiendo el color verde*» (Merino *Orilla* [Esp. 1985]). Su uso en femenino, normal en el español medieval y clásico, es ajeno hoy a la norma culta y debe evitarse. El femenino puede aparecer también en textos literarios, con finalidad arcaizante. Sí es normal su empleo en femenino, en países como Chile o el Ecuador, para designar cierto colorante alimentario: «*Se fríe la cebolla con la color, y se añade a las lentejas*» (Huneeus *Cocina* [Chile 1989]).

2. ⊗*a color.* → 4.

3. *(de) color (de).* La fórmula completa ha quedado fosilizada en la expresión *de color de rosa*, que, además de su sentido recto, tiene el figurado de 'halagüeño o feliz': «*No siempre sus diálogos eran de color de rosa*» (Gironella *Hombres* [Esp. 1986]). Fuera de esta expresión, se emplea muy raramente *de color de*, fórmula que exige siempre que el sustantivo que sigue no sea de los que designan únicamente un color, sino de aquellos que designan primariamente una flor, un fruto, una sustancia o un objeto que tienen ese color característico: «*El cabello corto le sentaba bien, [...] pero ya no era de color de miel, sino de aluminio*» (GaMárquez *Amor* [Col. 1985]). Pero lo más habitual es emplear la construcción *de color* + nombre de color: «*Alcancé a distinguir dos objetos extraños de color café*» (Ibargüengoitia *Crímenes* [Méx. 1979]); o, simplemente, *color* + nombre de color: «*Miré a través de la ventana el cielo color rojo sangre*» (Díaz *Piel* [Cuba 1996]).

4. *en color.* Locución adjetiva que se aplica a los sustantivos *película, fotografía, dibujo, cine, televisión* o *televisor*, por oposición a *en blanco y negro*, y significa 'que reproduce los colores': «*Al que iban dejando entrar de la calle le mostraban un álbum de fotografías en color*» (Vallejo *Virgen* [Col. 1994]). No debe usarse, en estos casos, la preposición *a*: ⊗*fotografías a color*, ⊗*televisor a color*. Sí se emplea esta preposición, en cambio, en la locución *a todo color* ('con gran variedad de colores'): «*Jaime, el librero, vendía unas láminas de anatomía a todo color*» (Gironella *Hombres* [Esp. 1986]).

COLORES. 1. *Género.* Los nombres de color, cuando se usan como sustantivos, son siempre masculinos: *el verde, el amarillo, el rojo,* etc. Cuando funcionan como adjetivos, si son de dos terminaciones (*blanco, -ca; negro, -gra; rojo, -ja; amarillo, -lla,* etc.), se usa la forma masculina o la femenina según sea el género del sustantivo al que modifican: *falda roja, pantalón negro.* Pero si, para designar matices, el nombre de color se halla a su vez modificado por otro, o por un adjetivo como *claro, oscuro* o similares, lo normal, de acuerdo con el uso mayoritario, es usar ambos términos en masculino, incluso en referencia a un sustantivo femenino: «*Leichtlinii, de gran flor rojo oscuro*» (Alonso *Plantas* [Esp. 1980]); se supone, en estos casos, la elisión del sustantivo masculino *color;* no obstante, también es posible la concordancia en femenino: «*La tierra era marrón clara*» (Bolaño *Detectives* [Chile 1998] 369).

2. *Plural.* Para el plural, los nombres de color siguen las pautas siguientes:

a) Cuando funcionan como sustantivos, hacen el plural de acuerdo con las reglas generales (→ PLURAL, 1), esto es, *los blancos, los rosas, los carmesíes* o *carmesís, los azules, los marfiles, los grises,* etc.: «*La piel cremosa y suave, el largo pelo oscuro, el azul desteñido de los tejanos se pierden y se desvanecen absorbidos en los rosas, los malvas, los azules intensos del tapiz*» (Tusquets *Mar* [Esp. 1978]). Si, para designar matices, el nombre de color lleva en aposición otro sustantivo, este último permanece invariable: *los verdes botella, los grises perla,* etc.

b) Cuando funcionan como adjetivos, hay que distinguir entre los nombres que designan únicamente colores, los cuales concuerdan siempre con el sustantivo al que modifican (*faldas rojas, pantalones verdes, ojos azules,* etc.), y los nombres que designan primariamente una flor, un fruto, una sustancia o un objeto que tienen ese color característico, los cuales pueden usarse en aposición y permanecer invariables en plural (*ojos malva, faldas naranja, camisas añil,* etc.) o concordar con el sustantivo, con funcionamiento plenamente adjetivo (*ojos malvas, faldas naranjas, camisas añiles,* etc.). Si, para designar matices, un nombre de

color se halla a su vez modificado por otro, o por un adjetivo como *claro, oscuro* o similares, lo normal es mantener ambos elementos invariables en singular, de acuerdo con el uso mayoritario (*pantalones verde botella, ojos azul claro,* etc.): «*Grotescos tanques flotantes que van contaminando las aguas azul turquesa*» (Bojorge *Aventura* [Arg. 1992]); «*Ha depositado las bolsas sobre las losetas gris perla de la cocina*» (Azúa *Diario* [Esp. 1987]); «*Es un arbusto de lento crecimiento, con hojas verde oscuro*» (Marsigno *Jardinería* [Arg. 1991]).

columpiar(se). 'Balancear(se) en un columpio'. Se acentúa como *anunciar* (→ APÉNDICE 1, n.º 4).

coma[1]. Este sustantivo es femenino cuando designa el signo ortográfico (→ COMA[2]): «*Lo aprueba, sin modificar una coma, pero cambia la fecha*» (Anson *Don Juan* [Esp. 1994]); es masculino cuando significa 'estado patológico caracterizado por pérdida de conciencia y sensibilidad': «*Quizá la mujer había entrado en un coma del que no saldría*» (Martínez *Vuelo* [Arg. 2002]).

COMA[2]. Signo de puntuación (,) que indica normalmente la existencia de una pausa breve dentro de un enunciado. Se escribe pegada a la palabra o el signo que la precede y separada por un espacio de la palabra o el signo que la sigue. No siempre su presencia responde a la necesidad de realizar una pausa en la lectura y, viceversa, existen en la lectura pausas breves que no deben marcarse gráficamente mediante comas. Aunque en algunos casos el usar la coma en un determinado lugar del enunciado puede depender del gusto o de la intención de quien escribe, existen comas de presencia obligatoria en un escrito para que este pueda ser correctamente leído e interpretado. A continuación se exponen los usos normativos de la coma.

1. USOS LINGÜÍSTICOS

1.1. *Para delimitar incisos.* Deben utilizarse dos comas, una delante del comienzo del inciso y otra al final. En este caso, la coma sí indica pausa y el inciso se lee en un tono más grave que el del resto del enunciado. La mayor parte de las veces puede alternar, en este uso, con la raya (→ RAYA) y con los paréntesis (→ PARÉNTESIS, 2a). Los incisos pueden ser:

1.1.1. Aposiciones explicativas: *Cuando llegó Adrián, el marido de mi hermana, todo se aclaró.*

1.1.2. Adjetivos explicativos pospuestos al sustantivo u oraciones adjetivas explicativas: *Los soldados, cansados, volvieron al campamento con dos horas de retraso* (se explica que los soldados estaban cansados, de ahí que se retrasaran); o *La casa, que está al borde del mar, es muy luminosa* (se explica que la casa de la que se habla está al borde del mar). Por el contrario, si el adjetivo o la oración adjetiva tienen función especificativa, no se escriben entre comas: *Los soldados cansados volvieron al campamento con dos horas de retraso* (se especifica que, del total de los soldados, algunos, los que estaban cansados, llegaron con retraso); o *La casa que está al borde del mar es muy luminosa* (se especifica que, de entre todas las casas que hay en una zona determinada, se habla de la que está situada al borde del mar).

1.1.3. Expresiones u oraciones de carácter accesorio, sin vinculación sintáctica con los elementos del enunciado en el que se insertan: *Tus rosquillas, ¡qué delicia!, son las mejores que he probado en mi vida; Se presentó a comer, dime tú si no es para matarlo, con diez amigotes y sin avisar.*

1.1.4. Cualquier otra clase de comentario, explicación o precisión a algo dicho: *Toda mi familia, incluido mi hermano, estaba de acuerdo; El buen gobernante, según sostenía un célebre político, debe estar siempre preparado para abandonar el poder.*

1.2. Para separar o aislar elementos u oraciones dentro de un mismo enunciado

1.2.1. La coma separa los elementos de una enumeración, siempre que estos no sean complejos y ya contengan comas en su expresión, pues, en ese caso, se utiliza el punto y coma (→ PUNTO Y COMA, 3a): *Ayer me compré dos camisas, un pantalón, una chaqueta y dos pares de zapatos.*

Cuando la enumeración es completa o exhaustiva, el último elemento va introducido por una conjunción (*y, e, o, u, ni*), delante de la cual no debe escribirse coma:

Es un chico muy reservado, estudioso y de buena familia.

No le gustan las manzanas, las peras ni los plátanos.

¿Quieres té, café o manzanilla?

Si la enumeración es incompleta y se escogen solo algunos elementos representativos, no se escribe conjunción alguna ante el último término, sino coma. La enumeración puede cerrarse con *etcétera* (o su abreviatura *etc.*), con puntos suspensivos (→ PUNTOS SUSPENSIVOS, 2g) o, en usos expresivos, simplemente con punto:

Acudió toda la familia: abuelos, padres, hijos, cuñados, etc.

Estamos amueblando el salón; hemos comprado el sofá, las alfombras, la lámpara...

Todo en el valle transmite paz: los pájaros, el clima, el silencio.

1.2.2. Se separan mediante comas los miembros gramaticalmente equivalentes dentro de un mismo enunciado. Al igual que en el caso anterior, si el último de los miembros va introducido por una conjunción (*y, e, o, u, ni*), no se escribe coma delante de esta:

Llegué, vi, vencí.

Estaba preocupado por su familia, por su trabajo, por su salud.

No te vayas sin correr las cortinas, cerrar las ventanas, apagar la luz y echar la llave.

No obstante, existen casos en que la conjunción sí puede ir precedida de coma (→ 2).

1.2.3. Se aíslan entre comas los sustantivos que funcionan como vocativos, esto es, que sirven para llamar o nombrar al interlocutor: *Javier, no quiero que salgas tan tarde; Has de saber, muchacho, que tu padre era un gran amigo mío; Venid aquí inmediatamente, niños.* Cuando los enunciados son muy breves, se escribe igualmente coma, aunque esta no refleje pausa alguna en la lectura: *No, señor; Sí, mujer.*

1.2.4. Se escriben entre comas las interjecciones o locuciones interjectivas: *Bah, no te preocupes; No sé, ¡ay de mí!, cuánto tiempo más voy a poder soportarlo.*

1.2.5. Se escribe coma para separar el sujeto de los complementos verbales cuando el verbo está elidido por haber sido mencionado con anterioridad o estar sobrentendido:

Su hijo mayor es rubio; el pequeño, moreno.

Los que no tengan invitación, por aquella puerta.

Nueve por tres, veintisiete.

1.2.6. Se escribe coma delante de cada una de las oraciones o elementos coordinados encabezados por adverbios correlativos que funcionan como conjunciones distributivas o disyuntivas, como *bien..., bien...; ora..., ora...; ya..., ya...*: *Organizaremos la fiesta, bien en tu casa, bien en la mía; «Medio atarantado dentro del huevo de metal, ora oliéndose a sí mismo, ora las exudaciones de las láminas»* (Fuentes *Cristóbal* [Méx. 1987]); *«Habrá quienes estén de acuerdo con el jeque Abdula, ya porque se quieran ir al desierto con él, ya porque compartan su pesimismo sobre el futuro»* (Schwartz *Conspiración* [Esp. 1982]).

También se escribe coma delante de la correlación disyuntiva *o bien..., o bien* (a veces, uno de los dos términos se encabeza simplemente con *o*): *«Al dar la pelota en uno de los nervios del lomo de la piel holandesa, o bien rebotaba tan fulmínea, o bien perdía su elasticidad»* (Lezama *Paradiso* [Cuba 1966]); *«Los adultos, [...] a partir de cierta edad, o bien tenían los síntomas sin las enfermedades, o algo peor: enfermedades graves con síntomas de otras inofensivas»* (GaMárquez *Amor* [Col. 1985]).

Se separan por comas las oraciones yuxtapuestas de sentido distributivo: *Unos se ganaban la vida cazando, otros pescando, los más cultivando los campos;* también las expresiones correlativas que reproducen un mismo esquema gramatical, propias de dichos populares o fórmulas fijas: *Hecha la ley, hecha la trampa; Ojo por ojo, diente por diente.*

1.2.7. Es conveniente escribir coma delante de *excepto, salvo* y *menos*: *«Todo me irrita, excepto la soledad»* (Millás *Desorden* [Esp. 1988]); *«Cristina siempre estaba a mano, salvo cuando se daba una comilona* de ratones» (Rossi *María* [C. Rica 1985]); «*Los pobres lo perdonan todo, menos el fracaso*» (Sepúlveda *Viejo* [Chile 1989]).

1.2.8. Se escribe coma delante de las conjunciones o locuciones conjuntivas que unen las oraciones incluidas en una oración compuesta, en los casos siguientes:

a) Ante oraciones coordinadas adversativas introducidas por *pero, mas, aunque, sino (que): Hazlo si quieres, pero luego no digas que no te lo advertí.*

b) Ante oraciones consecutivas introducidas por *conque, así que, de manera que*, etc.: *Prometiste acompañarla, así que ahora no te hagas el remolón.*

c) Ante oraciones causales lógicas o explicativas, también llamadas «de la enunciación»: *Ha llovido, porque está el suelo mojado.* Por el contrario, las causales puras o reales, también llamadas «del enunciado», no se introducen mediante coma: *El suelo está mojado porque ha llovido.* La diferencia entre un tipo de causales y otro es que las causales propiamente dichas expresan la causa real del hecho enunciado en la principal (*El suelo está mojado porque ha llovido:* la lluvia es la causa real de que el suelo esté mojado), mientras que las lógicas o explicativas no introducen la causa real de lo expresado en la oración principal, sino el hecho que permite al que habla afirmar o enunciar la oración principal (*Ha llovido, porque está el suelo mojado:* lo que me lleva a afirmar que ha llovido es que el suelo está mojado).

1.2.9. Se escribe coma para separar los dos términos de la construcción copulativa intensiva *no solo..., sino (también)...: Sus palabras fueron consideradas ofensivas no solo por mí, sino (también) por todos los presentes.*

1.2.10. Cuando se invierte el orden regular de las partes de un enunciado, anteponiendo al verbo elementos que suelen ir pospuestos, se escribe coma detrás del bloque anticipado en los casos siguientes:

a) En las oraciones simples, cuando los complementos circunstanciales preceden al verbo, salvo que sean muy cortos: *En aquellos calurosos días de principios del verano pasado, la convivencia era idílica* (pero *En casa no puedo estudiar*). Cuando otros complementos verbales (directos, indirectos, complementos de régimen, etc.) anticipan su aparición, no debe escribirse coma cuando la intención es destacar o enfatizar el elemento anticipado: *Vergüenza debería darte; Muy contento estás tú.* Sin embargo, cuando el elemento anticipado simplemente expresa el tema del que se va a decir algo, la coma es opcional: *De dinero, no hablamos nunca / De dinero no hablamos nunca; Carne, no suelo comer mucha / Carne no suelo comer mucha.* En este último caso, la presencia de la coma es más conveniente cuanto más largo es el fragmento anticipado: *La cos-*

tumbre de hacer regalos a los niños cuando terminan las clases, nunca la hemos seguido en mi casa.

b) En las oraciones compuestas, cuando la subordinada adverbial precede a la principal: *Si vas a llegar tarde, no dejes de avisarme; Aunque no lo creas, es verdad; Antes de entrar, dejen salir; Dicho esto, el diputado bajó del estrado.* También en estos casos, si la subordinada es muy breve, puede prescindirse de la coma: *Si lo sé no vengo.*

1.2.11. Se escribe coma detrás de determinados enlaces como *esto es, es decir, a saber, pues bien, ahora bien, en primer lugar, por un/otro lado, por una/otra parte, en fin, por último, además, con todo, en tal caso, sin embargo, no obstante, por el contrario, en cambio* y otros similares, así como detrás de muchos adverbios o locuciones adverbiales que modifican a toda la oración y no solo a uno de sus elementos, como *efectivamente, generalmente, naturalmente, por regla general*, etc.: *Por lo tanto, los que no tengan invitación no podrán entrar al recinto; no obstante, podrán seguir el acto a través de pantallas instaladas en el exterior. Naturalmente, los invitados deben vestir de etiqueta.* Si estas expresiones van en medio de la oración, se escriben entre comas: *Estas palabras son sinónimas, es decir, significan lo mismo; los antónimos, en cambio, tienen significados opuestos.*

Cuando las locuciones son de carácter anunciativo, es posible sustituir la coma por los dos puntos si se desea realizar una pausa mayor, de intención enfática (→ DOS PUNTOS, 1.7): *Me voy ahora mismo de aquí; es más: no pienso volver nunca.*

1.2.12. Se escribe coma detrás de los complementos encabezados por locuciones preposicionales de valor introductorio, del tipo *en cuanto a, respecto de, con respecto a, en relación con, con referencia a, a tenor de*, etc.: *En cuanto a ti, no quiero volver a verte; A tenor de lo visto, no creo que cambie mucho la situación.* De la misma manera, se pone coma detrás de los elementos encabezados por locuciones preposicionales o adverbiales de valor condicional, concesivo, final, causal, etc.: *En ese caso, nos quedaremos en casa; A pesar de todo, conseguimos nuestro objetivo; Para eso, hubiera sido mejor que no hablaras; Aun así, nadie te lo va a agradecer.*

1.2.13. Se escribe coma delante de una palabra que se acaba de mencionar cuando se repite para introducir una explicación sobre ella: *Se compró la mejor moto que había en el mercado, moto que, a los pocos meses, acabó olvidada y polvorienta en el garaje.*

1.2.14. La palabra *etcétera* (o su abreviatura *etc.*) se separa con coma del resto del enunciado: «*Los bailes populares como la sardana, la jota, etcétera, estaban proscritos*» (Mendoza *Ciudad* [Esp. 1986]); «*Los bailes autóctonos, las peregrinaciones, etc., perduran hasta nuestros días*» (Leyva *Piñata* [Méx. 1984]).

1.2.15. Se escriben entre comas los sobrenombres o seudónimos cuando se mencionan tras el nombre verdadero: «*Se celebra hoy el 150 aniversario de la muerte de Simón Bolívar, el Libertador*» (*País* [Esp.] 17.12.80); *José Martínez Ruiz, Azorín, perteneció a la generación del 98.* Al contrario que estos, los sobrenombres que no pueden utilizarse solos, sino que deben ir necesariamente acompañados del nombre propio, se unen a este sin coma: *Alfonso II el Casto, Guzmán el Bueno, Lorenzo el Magnífico.*

1.2.16. Es conveniente escribir entre comas la mención del autor cuando se pospone al título de la obra: *La escultura* El pensador, *de August Rodin, es la más conocida de su autor.*

1.2.17. En la datación de cartas y documentos, se escribe coma entre el lugar y la fecha: *Santiago, 8 de enero de 1999; En Cartagena, a 16 de marzo de 2000;* o entre el día de la semana y el del mes: *Lunes, 23 de enero de 2002* (→ FECHA, 6).

1.2.18. En las direcciones, en España se escribe coma entre el nombre de la calle y el número del inmueble: *Calle del Sol, 34; Avenida de la Constitución, número 2.*

1.2.19. Se separan mediante coma el nombre de una colección y el número del volumen correspondiente: *Biblioteca de Autores Españoles, 24; Colección Melibea, 5.*

1.2.20. Se usa la coma para separar los componentes de un nombre o expresión cuando, para integrarlos en una lista alfabética (bibliografía, índice, etc.), se ha invertido el orden normal de sus elementos:

BELLO, Andrés: *Gramática...*
CUERVO, Rufino José: *Diccionario de construcción...*
— *acentuación, reglas de*
— *puntuación, signos de*

1.3. *Para distinguir entre sentidos posibles de un mismo enunciado.* Una misma secuencia de palabras puede tener varios significados dependiendo de cómo esté puntuada: *Me he vestido, como me indicaron* (me indicaron que me vistiera) / *Me he vestido como me indicaron* (me indicaron cómo debía vestirme). Si no se coloca coma detrás de *mientras*, esta palabra es conjunción: *Mientras hizo lo que debía y todo salió bien, no hubo problemas;* si va seguida de una coma, es un adverbio de tiempo: *Mientras, hizo lo que debía y todo salió bien.* Algo parecido ocurre con *luego*, que puede ser adverbio ('después, más tarde'): *Yo no estuve allí luego, me lo perdí;* o conjunción consecutiva ('así que, por lo tanto'): *Yo no estuve allí, luego me lo perdí.* De la misma manera, el adverbio *así* pasa de ser un conector oracional cuando va seguido de coma ('entonces, por consiguiente'): *Así, no hubo quien lo convenciera,* a ser un modificador verbal cuando no la lleva ('de esa manera'): *Así no hubo quien lo convenciera.*

2. USO CON LAS CONJUNCIONES COPULATIVAS Y DISYUNTIVAS

El uso de la coma es incompatible con las conjunciones *y, e, ni, o, u* cuando este signo se utiliza para separar elementos de una misma serie o miembros gramaticalmente equivalentes dentro de un mismo enunciado (→ 1.2.1 y 1.2.2). Sin embargo, hay otros casos en que no solo el uso conjunto de la coma y la conjunción es admisible, sino necesario:

2.1. En una relación compuesta de elementos complejos que se separan unos de otros por punto y coma, delante de la conjunción que introduce el último de ellos se escribe una coma (o también un punto y coma; → PUNTO Y COMA, 3a): *En el armario colocó la vajilla; en el cajón, los cubiertos; en los estantes, los vasos, y los alimentos, en la despensa.*

2.2. Se escribe coma delante de estas conjunciones cuando la secuencia que encabezan enlaza con todo el predicado anterior, y no con el último de sus miembros coordinados:

Pagó el traje, el bolso y los zapatos, y salió de la tienda.

No sé si ir de vacaciones a Francia o Italia, o quedarme en casa.

2.3. Cuando se enlazan miembros gramaticalmente equivalentes dentro de un mismo enunciado, si el último de ellos es semánticamente heterogéneo con respecto a los anteriores (es decir, no introduce un elemento perteneciente a la misma serie o enumeración), por indicar normalmente una conclusión o una consecuencia, se escribe coma delante de la conjunción: *Pintaron las paredes de la habitación, cambiaron la disposición de los muebles, pusieron alfombras nuevas, y quedaron encantados con el resultado.*

2.4. Es frecuente, aunque no obligatorio, que entre oraciones coordinadas se ponga coma delante de la conjunción cuando la primera tiene cierta extensión y, especialmente, cuando tienen sujetos distintos: *La mujer salía de casa a la misma hora todas las mañanas, y el agente seguía sus pasos sin levantar sospechas; O vienes conmigo antes de que pierda la paciencia, o te quedas aquí para siempre.*

2.5. Cuando la conjunción *y* tiene valor adversativo (equivalente a *pero*), puede ir precedida de coma: *Le aconsejé que no comprara esa casa, y no hizo caso.*

2.6. Debe escribirse coma delante o detrás de cualquiera de estas conjunciones si inmediatamente antes o después hay un inciso o cualquier otro elemento que deba ir aislado por comas del resto del enunciado: *Mi abuelo, que era un gran aficionado a la poesía, y el maestro del pueblo fundaron una revista literaria; Puedes venir con nosotros o, por el contrario, quedarte en casa todo el día.*

3. Usos incorrectos

3.1. Es incorrecto escribir coma entre el sujeto y el verbo de una oración, incluso cuando el sujeto está compuesto de varios elementos separados por comas: ⊗*Mis padres, mis tíos, mis abuelos, me felicitaron ayer.* Cuando el sujeto es largo, suele hacerse oralmente una pausa antes del comienzo del predicado, pero esta pausa no debe marcarse gráficamente mediante coma: *Los alumnos que no hayan entregado el trabajo antes de la fecha fijada por el profesor* ‖ *suspenderán la asignatura.*

Dos son las excepciones a esta regla: cuando el sujeto es una enumeración que se cierra con *etcétera* (o su abreviatura *etc.*) y cuando inmediatamente después del sujeto se abre un inciso o aparece cualquiera de los elementos que se aíslan por comas del resto del enunciado. En esos casos aparece necesariamente una coma delante del verbo de la oración: *El novio, los parientes, los invitados, etc., esperaban ya la llegada de la novia; Mi hermano, como tú sabes, es un magnífico deportista.*

3.2. No debe escribirse coma delante de la conjunción *que* cuando esta tiene sentido consecutivo y va precedida, inmediatamente o no, de *tan(to)* o *tal*: «*Dependían tanto uno del otro que la confianza era imposible*» (Saer *Entenado* [Arg. 1988]); «*La situación había llegado a tal punto que ya no era posible ocultarla*» (UPietri *Visita* [Ven. 1990]).

3.3. No se escribe coma detrás de *pero* cuando precede a una oración interrogativa o exclamativa: *Pero ¿dónde vas a estas horas?; Pero ¡qué barbaridad!*

3.4. El uso de la coma tras las fórmulas de saludo en cartas y documentos es un anglicismo ortográfico que debe evitarse; en español se emplean los dos puntos (→ DOS PUNTOS, 1.4): ⊗*Querido amigo, / Te escribo esta carta para comunicarte...* Debe ser: *Querido amigo: / Te escribo esta carta para comunicarte...*

4. Usos no lingüísticos

En las expresiones numéricas escritas con cifras, la normativa internacional establece el uso de la coma para separar la parte entera de la parte decimal. La coma debe escribirse en la parte inferior del renglón, nunca en la parte superior: $\pi = 3{,}1416$. Pero también se acepta el uso anglosajón del punto, normal en algunos países hispanoamericanos (→ PUNTO, 4.4): $\pi = 3.1416$.

comadrón -na. 'Persona facultada para asistir a las parturientas'. Aunque es profesión normalmente asociada a las mujeres, junto al femenino *comadrona* existe y es correcto el masculino *comadrón*: «*Cuando vino al mundo el duque de Borgoña, vemos como comadrón al doctor Clément*» (Fisas *Historias* [Esp. 1983]). Para denominar a estos profesionales, se usa también el término *partero* (fem. *partera*).

comandanta. → comandante.

comandante. 'Jefe militar de categoría inmediatamente inferior a la de teniente coronel', 'militar que ejerce el mando en un puesto o destacamento' y 'piloto al mando de un avión'. Es común en cuanto al género (*el/la comandante;* → GÉNERO[2], 1a y 3c y k): «*Resuelve seducir a la comandante del campo de concentración*» (Ocampo *Testimonios* [Arg. 1977]). No es normal el femenino *comandanta.*

comedianta. → comediante.

comediante. 'Actor y, en especial, el de comedia' y 'persona que finge o hace teatro'. Por su terminación, es común en cuanto al género (*el/la comediante;* → GÉNERO[2], 1a y 3c): «*Fue, indiscutiblemente, la comediante estelar de Hollywood*» (*Universal* [Ven.] 6.4.99); «*Terminé diciéndole a gritos que [...] era una comediante*» (Sábato *Túnel* [Arg. 1948]). Existe también, y es válido, el femenino *comedianta*: «*Ese estilo que consagró como comedianta de primera a Marilyn Monroe*» (*Abc* [Esp.] 26.5.97).

comedirse. 1. 'Moderarse o contenerse' y, en gran parte de América, 'ofrecer ayuda o prestarse a hacer un servicio'. Verbo irregular: se conjuga como *pedir* (→ APÉNDICE 1, n.° 45). Con el segundo sentido, existe la variante *acomedirse* (→ acomedirse).

2. Cuando significa 'moderarse', puede llevar un complemento precedido de *en*: «*Hay que comedirse EN las palabras de la controversia*» (SchzFerlosio *Años* [Esp. 1993]); cuando significa 'ofrecer ayuda', lleva un complemento precedido de *a*: «*El dueño se comidió A hacernos entrar para que nos diera el sol*» (Che/Granado *Viaje* [Arg. 1992]).

comenzar. 'Dar comienzo o principio'. Verbo irregular: se conjuga como *acertar* (→ APÉNDICE 1, n.° 16).

comerciar. 1. 'Negociar comprando y vendiendo'. Se acentúa como *anunciar* (→ APÉNDICE 1, n.° 4).

2. Es intransitivo y se construye con un complemento introducido por *en* o *con*: «*Estableció una línea de vapores de Buenos Aires a Asunción para comerciar EN yerba y madera*» (Zaefferer *Navegación* [Arg. 1987]); «*En este tiempo empezaron los mexicanos a comerciar CON plumas*» (Aguilera *Arte* [Méx. 1977]).

cometa. Cuando significa 'astro formado por un núcleo poco denso y una atmósfera luminosa', es masculino: «*Entre los objetos más bellos y notables del sistema solar se cuentan los cometas*» (Maza *Astronomía* [Chile 1988]); es femenino cuando significa 'juguete que, sujeto a un hilo, se hace volar en el aire': «*Imaginaba que volaban una cometa azul en un cielo muy alto*» (Souza *Mentira* [Perú 1998]).

comezón. 'Picor en alguna parte del cuerpo' y 'desazón'. Es voz femenina: «*Lo miraba embelesado, sintiendo la comezón de la envidia*» (Sepúlveda *Viejo* [Chile 1989]).

[⊗]**comfort.** → confort.

cómic. Voz tomada del inglés *comic,* 'secuencia de viñetas con desarrollo narrativo' y, más frecuentemente, 'libro o revista que contiene esas viñetas'. Su plural es *cómics* (→ PLURAL, 1h): «*Hasta los personajes de los cómics que publican los diarios argentinos festejaron ayer la renuncia del ministro de Economía*» (*País* [Esp.] 2.4.89). En español, ambas formas, singular y plural, deben escribirse con tilde (→ TILDE², 1.1.2). Aunque es anglicismo asentado y aceptable, no hay que olvidar que existen equivalentes españoles como *tira cómica, historieta, muñequito(s)* [Cuba], *comiquita(s)* [Ven.] o *monitos* [Méx.]. En España existe además el término *tebeo* ('revista de viñetas narrativas, especialmente la dirigida a los niños').

comicios. 'Elecciones para designar cargos políticos'. Este sustantivo masculino se usa siempre en plural, por lo que debe evitarse el singular [⊗]*comicio*.

COMILLAS. 1. Signo ortográfico doble del cual se usan diferentes tipos en español: las comillas angulares, también llamadas latinas o españolas («»), las inglesas (" ") y las simples (' '). Las comillas inglesas y las simples se escriben en la parte alta del renglón, mientras que las angulares se escriben centradas. En los textos impresos, se recomienda utilizar en primera instancia las comillas angulares, reservando los otros tipos para cuando deban entrecomillarse partes de un texto ya entrecomillado. En este caso, las comillas simples se emplearán en último lugar: «*Antonio me dijo: "Vaya 'cacharro' que se ha comprado Julián"*». Las comillas se escriben pegadas a la primera y la última palabra del período que enmarcan, y separadas por un espacio de las palabras o signos que las preceden o las siguen; pero si lo que sigue a las comillas de cierre es un signo de puntuación, no se deja espacio entre ambos.

2. *Usos*

a) Para enmarcar la reproducción de citas textuales. Si el texto que se reproduce consta de varios párrafos, antes era costumbre colocar comillas de cierre al comienzo de cada uno de ellos (salvo, claro está, en el primero, que se inicia con comillas de apertura):

Dice Rafael Lapesa en su obra Historia de la lengua española, *a propósito de los germanos:*
«*En el año 409 un conglomerado de pueblos germánicos —vándalos, suevos y alanos— atravesaba el Pirineo y caía sobre España* [...].
»*Así quedó cumplida la amenaza que secularmente venía pesando desde el Rhin y el Danubio*».

Hoy, lo normal es reproducir la cita con sangrado respecto del resto del texto y generalmente en un cuerpo menor. En ese caso, ya no son necesarias las comillas:

Dice Rafael Lapesa en su obra Historia de la lengua española, *a propósito de los germanos:*
En el año 409 un conglomerado de pueblos germánicos —vándalos, suevos y alanos— atravesaba el Pirineo y caía sobre España [...].
Así quedó cumplida la amenaza que secularmente venía pesando desde el Rhin y el Danubio.

Cuando se intercala un comentario del transcriptor de la cita, este debe enmarcarse entre rayas (→ RAYA, 2.5), sin necesidad de cerrar las comillas para volverlas a abrir después del inciso: «*Es imprescindible —señaló el ministro— que se refuercen los controles sanitarios en las fronteras*».

También se encierran entre comillas las palabras textuales que se reproducen dentro de un enunciado en estilo indirecto: «*Desde Medicus Mundi reconocieron ayer sentir "impotencia y congoja" por este asesinato y exigieron "un compromiso de las autoridades para el esclarecimiento de estos graves hechos"*» (*País*[@] [Esp.] 12.6.00). La inclusión, a través de las comillas, de un texto literal dentro de un enunciado en estilo indirecto es aceptable siempre y cuando no se incumpla alguna de las condiciones impuestas por el estilo indirecto, como, por ejemplo, la correlación de tiempos verbales o los cambios en determinados pronombres o adverbios. No sería aceptable, por tanto, un enunciado como el siguiente: [⊗]*Mi madre nos recomendó que «no salgáis a la calle sin abrigo»*.

b) Para encerrar, en las obras literarias de carácter narrativo, los textos que reproducen de forma directa los pensamientos de los personajes: «*"¡Hasta en latín sabía maldecir el pillastre!", pensó el padre*» (Clarín *Regenta* [Esp. 1884-85]). Cuando los pensamientos del personaje ocupan varios párrafos, se colocan comillas de cierre al comienzo de cada uno de ellos (salvo, claro está, en el primero, que se inicia con comillas de apertura):

«*"¡Oh, a él, a don Álvaro Mesía le pasaba aquello! ¿Y el ridículo? ¡Qué diría Visita, [...] qué diría el mundo entero!*
"*Dirían que un cura le había derrotado. ¡Aquello pedía sangre! Sí, pero esta era otra". Si don Álvaro se figuraba al Magistral vestido de levita, acudiendo a un duelo a que él le retaba... sentía escalofríos*» (Clarín *Regenta* [Esp. 1884-85]).

c) Para indicar que una palabra o expresión es impropia, vulgar, procede de otra lengua o se utiliza irónicamente o con un sentido especial: *Dijo que la comida llevaba muchas «especies»; En el salón han puesto una «boiserie» que les ha costado un dineral; Parece que últimamente le va muy bien en sus «negocios»*. En textos impresos en letra redonda es más frecuente y recomendable reproducir los extranjerismos crudos en letra cursiva que escribirlos entrecomillados.

d) Cuando en un texto manuscrito se comenta un término desde el punto de vista lingüístico, este se escribe entrecomillado: *La palabra «cándido» es esdrújula.* En los textos impresos, en lugar de usar las comillas, se escribe el término en un tipo de letra diferente al de la frase en que va inserto (en cursiva si el texto normal va en redonda, o en redonda si el texto normal va en cursiva).

e) En obras de carácter lingüístico, las comillas simples se utilizan para enmarcar los significados: *La voz* apicultura *está formada a partir de los términos latinos* apis *'abeja' y cultura 'cultivo, crianza'.*

f) Se usan las comillas para citar el título de un artículo, un poema, un capítulo de un libro, un reportaje o, en general, cualquier parte dependiente dentro de una publicación; los títulos de los libros, por el contrario, se escriben en cursiva cuando aparecen en textos impresos en letra redonda (o viceversa, en redonda si el texto normal va en cursiva): *Ha publicado un interesante artículo titulado «El léxico de hoy» en el libro* El lenguaje en los medios de comunicación, *libro en el que han participado varios autores.*

3. *Combinación con otros signos*

a) Los signos de puntuación correspondientes al período en el que va inserto el texto entre comillas se colocan siempre después de las comillas de cierre: *Sus palabras fueron: «No lo haré»; pero al final nos ayudó.*
¿De verdad ha dicho «hasta nunca»?

b) El texto que va dentro de las comillas tiene una puntuación independiente y lleva sus propios signos ortográficos. Por eso, si el enunciado entre comillas es interrogativo o exclamativo, los signos de interrogación y exclamación se escriben dentro de las comillas: *Le preguntó al conserje: «¿Dónde están los baños, por favor?».*
«¡Qué ganas tengo de que lleguen las vacaciones!», exclamó.
De esta regla debe excluirse el punto, que se escribirá detrás de las comillas de cierre cuando el texto entrecomillado ocupe la parte final de un enunciado o de un texto (→ c).

c) Cuando lo que va entrecomillado constituye el final de un enunciado o de un texto, debe colocarse punto detrás de las comillas de cierre, incluso si delante de las comillas va un signo de cierre de interrogación o de exclamación, o puntos suspensivos:
«No está el horno para bollos». Con estas palabras zanjó la discusión y se marchó.
«¿Dónde te crees que vas?». Esa pregunta lo detuvo en seco.
«Si pudiera decirle lo que pienso realmente...». A Pedro no le resultaba fácil hablar con sinceridad.
En el caso de que deba colocarse una llamada de nota que afecte a todo el texto entrecomillado, esta debe colocarse entre las comillas de cierre y el punto:
Rafael Lapesa señalaba que «es muy discutido el posible influjo de las lenguas indígenas en la pronunciación del español de América»[1].

[1] Historia de la lengua española, *p. 545.*

Si la nota solo hace referencia a la última palabra del texto entrecomillado, la llamada debe colocarse delante de las comillas de cierre:
Rodolfo Lenz llegó a afirmar que el habla vulgar de Chile era «principalmente español con sonidos araucanos[1]*».*

[1] *El araucano o mapuche es la lengua que hablaban los naturales de la antigua región de Arauco, en la zona central de Chile.*

commodity. Voz inglesa que se usa ocasionalmente en español, en el ámbito de la economía, con el sentido de 'producto objeto de comercialización'. Se emplea más frecuentemente el plural *commodities,* normalmente en referencia a las materias primas o a los productos básicos. Es anglicismo innecesario, que debe sustituirse por equivalentes españoles como *mercancía(s), artículo(s)* o *bienes de consumo, productos básicos, materias primas,* según los casos.

como. Palabra átona que, como tal, debe escribirse sin tilde, a diferencia del adverbio interrogativo o exclamativo *cómo* (→ cómo). Puede funcionar como adverbio, como conjunción y como preposición.

1. Adverbio

a) Como adverbio relativo de modo, puede llevar o no antecedente explícito; el antecedente puede ser un sustantivo (*modo, manera, forma,* etc.) o un adverbio (*tal, así*): *La manera como canta Juan no me gusta; Lo hice tal como me dijiste; Se queda así como está; Pinté la casa como tú querías.* Se hace tónico, aunque sigue escribiéndose sin tilde, cuando se coordina con otro adverbio relativo y no es el último elemento de la coordinación: *Me vestiré como y cuando yo quiera.*

b) Cuando precede a una expresión de cantidad, tiene valor aproximativo: *Te estuve esperando como una hora; Esa calle está como a tres cuadras de aquí.* De este valor aproximativo se pasa fácilmente al valor atenuativo, que resulta admisible cuando la intención del hablante es rebajar el grado de certeza con respecto a lo que se expresa a continuación: *Tu hijo es un chico como muy tímido* (lo que quiere decir es que «parece muy tímido», no tanto afirmar que lo sea realmente). Sin embargo, debe evitarse el uso de este *como* cuando resulta claramente superfluo, lo que no es infrecuente en el registro coloquial: [⊗]*La comida estaba como muy sabrosa;* [⊗]*Me siento como muy cansada.* En estos casos, el adverbio *como* no añade nada al enunciado, ni conceptual ni afectivamente. Lo mismo ocurre con la construcción *ser como que...*, frecuente en la lengua coloquial de países como la Argentina, uso igualmente superfluo, que debe evitarse en el habla esmerada: [⊗]*«Es como que él está esperando»* (Parodi *Astrología* [Arg. 1996]); [⊗]*«Es como que estoy totalmente desilusionado con la vida y con la gente»* (Polimeni *Luca* [Arg. 1991]).

c) Seguido de gerundio, es correcto su empleo con valor aproximativo o atenuativo: *Ella, como queriendo disculparse, me hizo un gesto con la mano;* pero se trata de un galicismo incorrecto cuando el significado de la secuencia es causal: [⊗]*No pagó la multa como considerándola injusta;* debe decirse *No pagó la multa por considerarla injusta.*

d) *a como dé lugar.* Locución adverbial que se usa en gran parte de América y algunas zonas de España con el sentido de 'del modo que sea, cueste lo que cueste': *«Los sacaré de ahí a como dé lugar y luego nos marcharemos»* (Chao *Altos* [Méx. 1991]); *«La dignidad debe ser mantenida y defendida a como dé lugar»* (MDurán *Toque* [Col. 1981]).

e) *como quiera.* → comoquiera.

f) *tal (y) como.* → tal, 1.

2. Conjunción

a) Introduce el término de comparación en las construcciones comparativas de igualdad, normalmente en correlación con *tan(to)* (→ tanto, 1.1): *Andrés es rubio como su padre; Gasta tanto como gana; Es tan hábil como mentiroso.* Precedida del verbo *haber* y seguida de un infinitivo, la conjunción *como* tiene valor ponderativo: *«No hay como* [= cosa mejor que] *ponerse a trabajar para resolver los problemas»* (Ayerra *Lucha* [Esp. 1984]). Estos enunciados con el verbo *haber* seguido de infinitivo deben distinguirse de otros de estructura similar, pero semánticamente muy diferentes, en los que se usa el adverbio interrogativo *cómo* (→ cómo, 1): *«Aquí no hay cómo hacer una limpieza a fondo»* (Adoum *Ciudad* [Ec. 1995]); este enunciado equivale a *Aquí no hay modo de hacer una limpieza a fondo.*

b) En correlación con el adverbio *tanto* forma una conjunción compuesta discontinua de valor copulativo: *Invitaron a la fiesta tanto a Juan como a Pedro* [= a Juan y a Pedro]. Si los elementos que se suman están en singular y funcionan como sujeto, el verbo ha de ir en plural y concordando en persona con el pronombre que corresponda (→ concordancia, 4.4): *Tanto Juan como tú debéis ir a la reunión; Tanto tú como yo somos responsables de lo sucedido.* En este tipo de correlaciones, no sería gramaticalmente incorrecta la expresión conjunta

del *como* conjuntivo y del *como* modal, en oraciones del tipo *El sustantivo puede funcionar tanto como sujeto como como complemento directo;* no obstante, en esos casos, para evitar la cacofonía, suele preferirse el uso de otras estructuras, como la coordinación copulativa o disyuntiva, o la sustitución del *como* conjuntivo por *cuanto* (→ cuanto, 1.3.4 y 1.3.5): *El sustantivo puede funcionar como sujeto y como complemento directo; El sustantivo puede funcionar como sujeto o como complemento directo; El sustantivo puede funcionar tanto como sujeto cuanto como complemento directo.*

c) Puede introducir oraciones causales: *Como no he estudiado, me han suspendido;* o condicionales: *Como no estudies más, no aprobarás.*

d) Funciona como conjunción completiva equivalente a *que* (→ que, 2.1), introduciendo oraciones subordinadas sustantivas de complemento directo. Hoy solo es normal su empleo con los verbos de percepción *ver* y *oír,* y sus sinónimos: *«Ya verás como no va a pasar nada»* (ASantos *Estanquera* [Esp. 1981]); *«El día se inicia con una mañana helada, después llueve y hasta puede nevar, pero siempre observará como la luz del sol va aumentando»* (*Nacional* [Ven.] 12.1.97); *«Oyó como se abría una puerta y vio entrar a un soldado»* (Chamorro *Cruz* [Esp. 1992]); *«Se escucha como varias voces empiezan a contestar a este último grito»* (López *Vine* [Méx. 1975]). Su uso con otros verbos resulta hoy algo forzado y, en su lugar, se prefiere la conjunción *que:* en la actualidad no diríamos *Me dijo como no podía pagarme,* sino *Me dijo que no podía pagarme.* Con este valor conjuntivo, *como* es átono y se escribe sin tilde. No obstante, se hace a veces tónico por contaminación con el adverbio interrogativo de sentido modal *cómo* (→ cómo, 1), ya que, con verbos de percepción, como es el caso de *ver* y *oír,* la noción de modo, aunque secundaria, está también presente en los enunciados; así, en la oración *Vio como los policías saltaban la valla,* la percepción del hecho en sí [= vio que los policías saltaban la valla] es indisociable del modo en que se ejecuta la acción [= vio de qué modo los policías saltaban la valla]. Pero a pesar de pronunciarse tónico, el *como* conjuntivo debe seguir escribiéndose sin tilde para diferenciarlo del adverbio interrogativo *cómo.* Esta distinción es en algunos casos determinante a la hora de interpretar correctamente un enunciado: en *Ya verás como canta Juan* se transmite al interlocutor la seguridad de que Juan va a cantar, mientras que en *Ya verás cómo canta Juan* se pondera anticipadamente ante el interlocutor la forma de cantar de Juan.

e) Introduce oraciones exclamativas independientes de valor enfático y sentido irónico, contrario a su significado literal: *¡Como para fiestas estoy yo ahora!* [= no estoy para fiestas]; *¡Como que* *me van a dejar mis padres!* [= no me van a dejar mis padres].

f) Seguido de la preposición *para* + infinitivo, o de *para que* + verbo en subjuntivo, introduce la consecuencia posible o esperable de lo expresado con anterioridad: *«Se sabía* [...] *con el encanto suficiente como para embelesar a Joaquín»* (Elizondo *Setenta* [Méx. 1987]); *«Era un local lo bastante amplio como para que pudieran entrenar allí dos docenas de boxeadores»* (Memba *Homenaje* [Esp. 1989]). La mayor parte de las veces tiene simplemente valor ponderativo y puede suprimirse sin que cambie el sentido del enunciado.

g) Se antepone a la conjunción condicional *si* para formar construcciones en las que se establece una comparación irreal o supuesta: *Habló como si todos le entendiéramos.* En ocasiones, el constituyente subordinado se simplifica en secuencias del tipo *como si tal cosa, como si nada, como si no.*

h) Forma la locución conjuntiva *como que,* que tiene un valor causal explicativo: *Lo conozco muy bien, como que he sido su vecino durante veinte años.* Con este mismo valor suele encabezar oraciones enfáticas de réplica: —*Tienes ojeras.* —*¡Como que llevo dos noches sin dormir!* Es un catalanismo que debe evitarse en español utilizar esta locución conjuntiva cuando la oración causal se antepone a la principal: ⊗*Como que estas personas trabajan más horas, es lógico que se les pague mejor.* En este caso debe usarse simplemente *como* (→ 2c) o la locución causal *puesto que.* También se emplea la locución *como que* con valor modal o atenuativo: *El niño hace como que juega; Se sentía como que había caído en una trampa.*

i) En algunas zonas de América, especialmente en el Cono Sur, se emplea la construcción *como ser,* precedida de coma, para introducir una ejemplificación (en el resto del mundo hispánico se diría *como es, como son*): *«Puede dársele algún estimulante, como ser café, adrenalina, cafeína, etc.»* (Azar *Border* [Arg. 1980]); *«No se pueden comer juntas dos proteínas diferentes, como ser carne y huevos»* (Pettron *Dieta* [Chile 1992]). Es un uso frecuente en la lengua culta de esas zonas y se considera válido.

3. Preposición

a) Significa 'en calidad de' o 'en concepto de': *Como presidente del Gobierno, le corresponde convocar elecciones; Pusieron su casa como aval del préstamo.*

b) Funciona a modo de preposición cuando se antepone a un complemento predicativo. Con el verbo *considerar* y otros sinónimos como *estimar, juzgar,* etc., es opcional la presencia de *como* ante este complemento. Cuando el predicativo es un sustantivo, es muy frecuente la anteposición de *como,* que suele tener valor aproximativo o atenuativo: *«El trabajo siempre se consideró como un castigo»* (Chacel *Barrio* [Esp. 1976]); *Considero a Juan como*

mi hijo. Cuando el predicativo es un adjetivo, aunque no se considera incorrecto su empleo, existe una clara preferencia en la lengua culta actual por la construcción sin *como: «El Nenúfar considera ilegítimas tus nupcias»* (Ferrero *Bélver* [Esp. 1981]); *«¡Qué pocos considerarían como patriótica esta abnegación!»* (GGalán *Bobo* [Esp. 1986]). Por el contrario, se considera un anglicismo sintáctico que debe evitarse el uso superfluo de *como* cuando introduce el predicativo de verbos como *nombrar, denominar, elegir, declarar(se)* y similares: ⊗*Lo nombraron como concejal del Ayuntamiento;* ⊗*Lo han elegido como delegado de curso;* debe decirse *lo nombraron concejal, lo han elegido delegado.*

c) Se considera anglicismo rechazable el uso prepositivo de *como* con el sentido de 'en el papel de': ⊗*Aurora Bautista como Juana la Loca* (mejor *en el papel de Juana la Loca*).

cómo. 1. Adverbio interrogativo o exclamativo. Es tónico y se escribe con tilde para diferenciarlo de la palabra átona *como* (→ como). Encabeza oraciones interrogativas o exclamativas directas: *¿Cómo te encuentras?; ¡Cómo aguantó el chaparrón!;* o indirectas: *No sé cómo te llamas; Me encanta cómo escribes; No hay cómo convencerlo de que venga.* Puede constituir por sí solo un enunciado: *¿Cómo?;* *¡Cómo!,* o quedar al final como único elemento de la oración subordinada: *Quisiera hacerlo, pero no sé cómo.*

2. El valor semántico más frecuente de *cómo* es el modal ('de qué manera, de qué modo'), pero se usa también correctamente con valor causal, frecuentemente en la forma *¿cómo es que...?: ¿Cómo no me lo dijiste?* [= ¿por qué no me lo dijiste?]; *¿Cómo es que nadie lo impidió?* [= ¿por qué nadie lo impidió?].

3. Cuando aparece precedido de la preposición *según,* o del verbo *depender* o el adverbio *independientemente* seguidos de la preposición *de,* se recomienda escribirlo con tilde, ya que en estos casos suele ser tónico y se interpreta normalmente como interrogativo: *«Eso, según cómo se mire, es una ventaja o un inconveniente»* (Andrade *Dios* [Arg. 1993]); *«Todo depende de cómo acabe este asunto»* (Leguina *Nombre* [Esp. 1992]); *«Continuaremos la evaluación independientemente de cómo esté el proceso de la alianza»* (*País* [Esp.] 20.10.97). No obstante, en estos casos el adverbio puede tener también valor relativo, por lo que no se considera incorrecto escribirlo sin tilde: *Según cómo lo hagas...* [= según de qué modo lo hagas] o *Según como lo hagas...* [= según el modo en que lo hagas].

4. En el español antiguo era normal el uso exclamativo de *cómo* seguido de un verbo, para intensificar adjetivos: *¡Cómo es cortés aqueste honbre!»* (DzToledo *Fedrón* [Esp. 1446-47]). Este uso antiguo aún pervive en el español de América:

«*¡Cómo eres artificiosa!, pero a mí no me engañas, niña*» (Magaña *Signos* [Méx. 1951]). En el español de España este uso ha desaparecido en favor de *qué* (se diría *¡Qué cortés es este hombre!*) y *cómo* solamente se emplea en la actualidad como intensificador verbal: *¡Cómo llovía el día de mi boda!* Sin embargo, tanto en América como en España es hoy normal, en la lengua coloquial, el uso de *cómo* para introducir enunciados exclamativos de valor ponderativo con adjetivos o adverbios precedidos de la preposición *de*: «*¡Cómo estará de contento tu padre!*» (Araya *Luna* [Chile 1982]); «*¡Cómo estaremos de mal, Petrita!*» (Olmos *Marina* [Esp. 1995]), oraciones que equivalen, respectivamente, a *¡Qué contento estará tu padre!* y *¡Qué mal estaremos, Petrita!* También se emplea esta misma estructura exclamativa de valor ponderativo con sustantivos precedidos de la preposición *de*: *¡Cómo está de peras el árbol!* (estructura sinónima de *¡Cuántas peras tiene el árbol!*); *¡Cómo está de gente el estadio!* (equivalente a *¡Cuánta gente hay en el estadio!*).

5. En zonas del Caribe se emplea expletivamente el adverbio *cómo* en enunciados interrogativos con el verbo *gustar*: «*—¿Cómo te gusta Bedford? —Es muy bonito*» (Santiago *Sueño* [P. Rico 1996]). En el resto del mundo hispánico se diría, simplemente, *¿Te gusta Bedford?*

6. A veces se usa el adverbio exclamativo *cómo* seguido de la conjunción *que* para expresar disconformidad o extrañeza ante lo expresado por el interlocutor. En estos casos, la conjunción *que* se explica por la elisión del verbo *decir*: *¡Cómo [dices] que no me entero!*; *¡Cómo [dices] que no te ayude!* Es frecuente esta construcción con la simple negación: *¡Cómo que no!* No se debe intercalar la preposición *de* entre el adverbio *cómo* y la conjunción *que* (→ DEQUEÍSMO): ⊗«*—¿Y cuál es su preocupación, señora? —¿Cómo DE que cuál?*» (Mojarro *Yo* [Méx. 1985]).

7. Es habitual el empleo de *cómo* seguido del adverbio *no,* con significado afirmativo equivalente a *sí, claro*. Se emplea normalmente como respuesta cortés a una petición: «*—¿Puedo echar un vistazo? —Sí. Cómo no. Pase*» (RRosa *Sebastián* [Guat. 1994]). En realidad, se trata de una construcción abreviada de enunciados exclamativos más amplios en los que *cómo* tiene valor causal: *¡Cómo no vas a poder echar un vistazo!* [= por qué no vas a poder echar un vistazo]. La expresión *cómo no* también se emplea como refuerzo enfático de una afirmación, con el sentido de 'naturalmente', en enunciados que no constituyen respuesta a un interlocutor: «*Confiaba, ¡cómo no!, en sus propias fuerzas*» (Gironella *Hombres* [Esp. 1986]). En algunas zonas de América la secuencia *cómo no* se usa irónicamente como negación rotunda: *—¿Me prestas tu automóvil? —¡Cómo no!* [= de ninguna manera].

8. Precedido de artículo, este adverbio se sustantiva: «*¿Dónde está la explicación del qué y el cómo de la reforma?*» (*Universal* [Ven.] 3.11.96).

comoquiera. 1. Adverbio de modo que significa 'de cualquier manera': «*La opinión parlamentaria se trocó, y no comoquiera, sino invirtiéndose totalmente*» (Suárez *Sueños* III [Col. 1923]). Este adverbio ha de escribirse hoy en una sola palabra, por lo que no debe confundirse con la combinación ocasional del adverbio relativo *como* seguido de la primera o tercera personas del singular del presente de subjuntivo del verbo *querer,* que significa 'del modo que desee' la persona designada por el sujeto: «*Déjala que sea como quiera. Si ha de cambiar, pues ya cambiará*» (Mendoza *Verdad* [Esp. 1975]).

2. *comoquiera que.* La locución *comoquiera que* puede tener dos valores:

a) Seguida de subjuntivo, es una locución conjuntiva que significa 'de cualquier modo que': «*Quienquiera que seas, comoquiera que te llames..., te quiero*» (Vallejo *Latidos* [Esp. 1980]).

b) Seguida de indicativo, es una locución conjuntiva causal que significa 'dado que, puesto que': «*Comoquiera que siempre me dirigía a ella con palabras dulces, conoció en mis intenciones que ningún daño quería causar a los suyos*» (Arenales *Arauco* [Esp. 1992]).

Comoras. Forma tradicional española del nombre de este país africano. Al estar constituido por un grupo de islas, se usa normalmente con el artículo antepuesto *las*: «*Abas Yusuf admitió ayer su derrota [...] en las presidenciales de las Comoras*» (*País*@ [Esp.] 17.3.96). En el uso actual alterna con la forma francesa *Comores,* pero debe preferirse la forma española. El gentilicio es *comorense*: «*Los soldados comorenses que vigilan la entrada están al mando de Ibrahim Papa*» (*Mundo* [Esp.] 5.10.95).

Comores. → Comoras.

compact (disc), compacto. → (disco) compacto.

compadecer(se). 1. Verbo irregular: se conjuga como *agradecer* (→ APÉNDICE 1, n.° 18).

2. En la acepción más usual de 'sentir lástima', puede ser transitivo: «*Todo el mundo compadece a un comensal solitario*» (Hidalgo *Azucena* [Esp. 1988]); o intransitivo pronominal, caso en el que se construye con un complemento introducido por la preposición *de*: «*Se compadecía DE los muchachos y los visitaba en la escuela los domingos por la mañana*» (Martínez *Perón* [Arg. 1989]). Cuando significa 'armonizar o estar de acuerdo', se construye como pronominal y lleva un complemento introducido por *con*: «*Con voz suplicante que no se compadece CON la energía y violencia de sus movimientos, el comendador prosigue*» (Pitol *Juegos* [Méx. 1982]).

comparación. *en comparación.* 'Comparando'. El elemento de comparación se introduce con la preposición con: «*Le pareció el paraíso en comparación CON el convento*» (Allende *Eva* [Chile 1987]); se desaconseja el uso de *a* o *de*: ⊗«*Es un disco bien acústico en comparación A los trabajos anteriores*» (*Nacional* [Ven.] 10.4.97); ⊗«*El actual salario es raquítico en comparación DE la carestía de la vida*» (*D Yucatán* [Méx.] 28.10.96).

comparar. Cuando significa 'examinar atentamente [una cosa o a una persona] para establecer las semejanzas o diferencias con otra', junto al complemento directo, lleva un complemento introducido por *con*: «*Compararían aquellas huellas digitales CON las que figuraban en la oficina*» (Chavarría *Rojo* [Ur. 2002]). Cuando significa 'establecer una relación de semejanza [entre una persona o cosa] y otra', el complemento preposicional puede ir introducido por *con* o *a*: «*¡Qué locura, comparar a un bebé CON una pieza de caza!*» (Penerini *Aventura* [Arg. 1999]); «*Su fuerza y su energía podían compararse A las de un varón*» (GmnzBartlett *Deuda* [Esp. 2002]).

comparecencia. → comparecer, 2.

comparecer. 1. Dicho de una persona, 'presentarse en un lugar, llamada o convocada por otra'. Verbo irregular: se conjuga como *agradecer* (→ APÉNDICE 1, n.º 18).

2. El sustantivo derivado es *comparecencia* ('acción y efecto de comparecer'), no ⊗*comparecimiento*: «*El senador [...] pidió la comparecencia de otros testigos*» (Olivera *Enfermera* [Méx. 1991]). Es incorrecta la forma sincopada ⊗*comparencia*: ⊗«*Solicitó que se aplazase la comparencia dado su estado anímico*» (*Vanguardia* [Esp.] 30.9.95). La forma ⊗*comparición* es anticuada y debe evitarse en el uso actual.

3. El adjetivo derivado es *compareciente* ('que comparece'), usado frecuentemente como sustantivo: «*El compareciente dijo que efectivamente entregó esos documentos a la autoridad investigadora*» (*D Yucatán* [Méx.] 6.11.96).

compareciente, ⊗comparecimiento, ⊗comparencia, ⊗comparición. → comparecer.

compartimento. 'Cada una de las partes en que se divide un espacio': «*Se vio montado en el compartimento de un tren*» (Argullol *Razón* [Esp. 1993]). Es igualmente válida la variante *compartimiento*, de uso algo menos frecuente: «*Coincidimos en el compartimiento del tren con una mujer y su hijo*» (MtnGarzo *Historias* [Esp. 1999] 92).

compartimiento. → compartimento.

compeler. 1. 'Obligar [a alguien] a hacer algo'. La forma *compeler* es la etimológica y la autorizada por el uso en español a lo largo de los siglos. Es incorrecto adscribir este verbo a la tercera conjugación y emplear el infinitivo ⊗*compelir* o las formas a él asociadas, como ⊗*compeliré*, ⊗*compelid*, etc., en lugar de *compeleré*, *compeled*, etc.

2. Además del complemento directo de persona, lleva un complemento introducido por *a*: «*Si se les ha predicado la fe de forma pacífica [...], su legítimo superior puede compelerlos A convertirse*» (Beuchot *Filósofos* [Méx. 1992]). En el habla esmerada no debe suprimirse la preposición: ⊗«*El suspenso del final de una secuencia o episodio compele ver su resolución*» (LpzPumarejo *Telenovela* [Esp. 1987]).

compendiar. 'Reducir a compendio'. Se acentúa como *anunciar* (→ APÉNDICE 1, n.º 4).

compensar. 1. Es transitivo cuando significa 'dar algo en resarcimiento de un daño', y puede construirse de dos formas:

a) El complemento directo es de persona y el daño se expresa mediante un complemento introducido por *de* o *por*: «*Con aquel gesto dominical querían [...] compensarLA DE las calaveradas de su marido*» (Egido *Corazón* [Esp. 1995]); «*Una palabra nada más para compensarLOS POR tantos días de extrañamiento*» (Martínez *Perón* [Arg. 1989]).

b) El complemento directo expresa el daño, mientras que el de persona pasa a ser complemento indirecto: «*Podrá requerirle que LE compense los daños que le ocasionó*» (Maldonado/Negrón *Derecho* [P. Rico 1997]).

2. Sobre todo en España, se emplea como intransitivo con el sentido de 'merecer la pena', con complemento indirecto de persona: «*A nadie LE compensa ahorrar*» (*Abc* [Esp.] 10.4.87).

competencia. Este sustantivo femenino pertenece a la familia léxica de dos verbos distintos, *competer* y *competir*:

a) Corresponden a *competer* (→ competer) los significados de 'incumbencia': «*La Comisión aclaró que no es de su competencia dar trámite a ese tipo de queja*» (*D Yucatán* [Méx.] 9.9.96); 'cosa que compete o incumbe a alguien': «*Isabel, que se ha reservado entre sus competencias la de administrar las rentas del reino, nombra nuevos contadores*» (VCasas *Isabel* [Esp. 1987]); y 'cualidad de competente o idóneo': «*La costurera de la calle Brasil era de una competencia extraordinaria*» (Araya *Luna* [Chile 1982]).

b) Corresponden a *competir* (→ competir) los significados de 'rivalidad entre quienes se disputan algo': «*No hay motivo para obviar nuestra sorda competencia*» (RdzJuliá *Cruce* [P. Rico 1989]); 'conjunto de los rivales o competidores': «*Los colegas de la competencia nos odian*» (Andrade *Dios* [Arg. 1993]); 'acción y efecto de competir': «*En islas de pequeñas dimensiones la competencia por unos recursos y un espacio reducidos conduc[e] a un enfrentamiento ecológico*» (Llobera/Valladares *Litoral* [Esp. 1989]); y 'prueba o torneo deportivo en el que compiten entre sí los distintos participantes': «*Comparten su alegría tras obtener las medallas de oro, plata y bronce [...] en la competencia de lanzamiento de disco*» (*Uni-*

versal [Ven.] 6.4.99). Con este último sentido se usa muy raramente en España, donde se prefiere para ello el término *competición* (→ competición).

competente. **1.** Adjetivo perteneciente a la familia léxica de *competer* (→ competer), que significa '[persona o entidad] que tiene competencias o atribuciones en una determinada materia': «*Los organismos competentes del Estado deben impedir la comercialización de estos productos*» (VV. AA. *Vitivinicultura* [Perú 1991]); y '[persona] que tiene capacidad y preparación para el desarrollo de una actividad': «*Era un espadachín muy competente*» (Azúa *Diario* [Esp. 1987]). Puede llevar un complemento precedido de la preposición *en*: «*Los ministros competentes EN materia de Medio Ambiente acudirán esta semana a Berlín*» (*Vanguardia* [Esp.] 3.4.95).
2. No debe confundirse con *competitivo* ('de la competición o competencia' y 'capaz de competir'; → competitivo), como ocurre en este ejemplo: [⊗]«*Vestido de saco y corbata* [...], *Martínez dijo adiós al béisbol más competente del mundo*» (*Prensa* [Nic.] 19.6.97).

competer. **1.** Dicho de una cosa, 'corresponder o incumbir a alguien o algo'. Se construye siempre con un complemento indirecto: «*A la mujer LE competen actividades rutinarias*» (Tamayo *Hombre* [Ven. 1993]).
2. Se trata de un verbo regular, por lo que no debe confundirse su conjugación con la del irregular *competir* ('rivalizar'; → competir), con el que comparte únicamente las formas del pretérito imperfecto o copretérito de indicativo *competía, competían,* pero no el resto. Por tanto, corresponden a este verbo las formas *compete(n), competió, competieron, competerá(n), competería(n), competa(n), competiera(n)* o *competiese(n)* y *competiere(n),* y no *compite(n), compitió, compitieron, competirá(n), competiría(n), compita(n), compitiera(n)* o *compitiese(n)* y *compitiere(n),* que pertenecen a *competir.*
3. El sustantivo que corresponde a este verbo es *competencia* (→ competencia), forma que también corresponde a *competir.*

competición. 'Acción y efecto de competir': «*La competición por los recursos escasos puso en peligro el proceso de acumulación y se intensificó la lucha de clases*» (Petras *Estado* [EE. UU. 1987]); y 'prueba o torneo deportivo en el que compiten entre sí los distintos participantes': «*Tras la jornada de descanso de ayer, hoy se reanuda la competición de natación con las pruebas de 400 metros libres*» (*País* [Esp.] 2.8.84). Estos mismos significados los tiene la voz *competencia* (→ competencia), que es la usada con preferencia en el español americano para referirse a la prueba deportiva.

competir. **1.** 'Contender o rivalizar'. Verbo irregular: se conjuga como *pedir* (→ APÉNDICE 1,

n.º 45). Debe evitarse la confusión con el verbo regular *competer,* debida a la coincidencia de ciertas formas en la conjugación de ambos verbos (→ competer, 2).
2. Suele llevar un complemento introducido por *con,* y menos frecuentemente por *contra,* que expresa el rival: «*Es también un muchacho alegre y despierto, quien compite CON su primo en travesuras y fantasías*» (Herrera *Casa* [Ven. 1985]); «*No pudo competir CONTRA nuestro candidato*» (Ferré *Batalla* [P. Rico 1993]).
3. Los sustantivos que corresponden a este verbo son *competencia* (→ competencia) y *competición* (→ competición).

competitivo -va. Adjetivo perteneciente a la familia léxica de *competir* (→ competir), que significa 'de (la) competición o competencia': «*Lo recuerdo absorto en varios libros sobre ciclismo competitivo*» (GaSánchez *Alpe d'Huez* [Esp. 1994]); 'capaz de competir': «*El Eurostar* [...] *ofrece unos precios muy competitivos*» (*Vanguardia* [Esp.] 15.11.94); 'que compite o tiene tendencia a competir': «*El curita le dijo que yo había nacido muy poco competitivo, que no había en mí ni el más mínimo asomo de líder nato*» (Bryce *Magdalena* [Perú 1986]); y 'que implica o supone gran rivalidad o competencia': «*Esa es la base del triunfo en una ciudad tan competitiva como Nueva York*» (*Nación* [C. Rica] 5.11.96). No debe confundirse con *competente* ('con competencias o atribuciones'; → competente).

complacer(se). **1.** 'Satisfacer [un deseo]', 'acceder a lo que [alguien] desea', 'causar satisfacción' y, como pronominal, 'encontrar placer en algo'. Verbo irregular: se conjuga como *agradecer* (→ APÉNDICE 1, n.º 18).
2. Cuando significa 'causar satisfacción o placer a alguien', se comporta como un verbo de «afección psíquica»; por tanto, dependiendo de distintos factores (→ LEÍSMO, 4a), el complemento de persona puede interpretarse como directo o como indirecto: «*Saber que inspiraban terror era algo que LOS complacía*» (Valladares *Esperanza* [Cuba 1985]); «*LE complacían los obsequios y no desdeñaba el dinero*» (Ferla *Drama* [Arg. 1985]).

complejidad. 'Cualidad de complejo': «*No negaba la complejidad del problema*» (Belli *Mujer* [Nic. 1992]). Es preferible a *complexidad,* voz poco usada, pero que parece estar recuperando cierta vigencia, especialmente en algunas zonas de América, por influencia del inglés *complexity.*

complementariedad. 'Cualidad o condición de complementario'. La forma [⊗]*complementaridad,* que hoy goza de cierta vigencia, tal vez por analogía con el inglés *complementarity,* es incorrecta. Tampoco es correcta la forma [⊗]*complementareidad* (→ -dad, c).

complementario -ria. 'Que completa o perfecciona algo'. El complemento va introducido por *a* o *de*: «*Nota complementaria A su obra monográfica*» (Aguirre *Antropología* [Méx. 1986]); «*Esta línea de investigación puede considerarse complementaria DE los trabajos de Hydén*» (Ardila *Psicología* [Col. 1975]). Cuando se emplea con el sentido de '[color] que, mezclado con otro, da el color blanco' o, en matemáticas, referido a un arco o ángulo, el complemento va introducido por *de*: «*La melancolía es el color complementario DE la ironía*» (*Abc* [Esp.] 5.7.96); «*Un ángulo será complementario DE otro adyacente cuando sumados den 90°*» (Ferrer *Dibujo* [Esp. 1997]).

complejidad. → complejidad.

complexión. 'Constitución física': «*Impresionaba por su desfachatez, su complexión esmirriada y sus mechas oxigenadas*» (*Hoy* [Chile] 13-19.1.97). Debe evitarse su uso como sinónimo de *tez*, registrado en algunas zonas de América por calco del inglés *complexion*: [⊗]«*Rostros verdosos de complexión cerúlea*» (Otero *Temporada* [Cuba 1983]).

cómplice. 'Colaborador en un acto delictivo o en una acción, normalmente reprobable'. El complemento que expresa el hecho va introducido por *de, en* o, menos frecuentemente, *con*: «*Le rogué que se hiciera cómplice DE mi plan*» (Jodorowsky *Danza* [Chile 2001]); «*No podemos ser cómplices EN este acto de injusticia*» (*Mundo* [Esp.] 25.4.94); «*Otros Gobiernos exteriores no deben ser cómplices CON la forma en que quiere resolver el conflicto el Gobierno español*» (*Proceso* [Méx.] 21.7.96). El complemento de persona puede ir precedido de las preposiciones *de* o *con*: «*Es un socio, un cómplice DE Bernasconi*» (*Clarín* [Arg.] 8.7.97); «*Ellos pueden ser cómplices CON la señora alcaldesa*» (*Siglo* [Pan.] 3.11.00).

complot. 1. Voz tomada del francés *complot*, 'conjuración o conspiración de carácter político o social'. Su plural es *complots* (→ PLURAL, 1h): «*Se suceden una serie de siniestros complots de la CIA*» (Vega *Estado* [Chile 1991]). Aunque a veces se usa la adaptación *compló* (pl. *complós*), se considera preferible mantener la *-t* final etimológica, de acuerdo con la pronunciación mayoritaria. Si bien es galicismo de ya larga tradición en nuestro idioma (se documenta desde principios del siglo XIX), no hay que olvidar que existen términos españoles de sentido similar, como *conspiración, confabulación, conjuración* o *intriga*.

2. Ha formado el derivado *complotar(se)*, que significa 'confabularse o tramar una conjura, por lo general con fines políticos', y se usa más en América que en España: «*Complotan para derrocar al gobierno del pueblo*» (Skármeta *Cartero* [Chile 1986]); «*¿Es que todos ustedes se complotan para amargarle la vida a una?*» (Gorostiza *Puente* [Arg. 1949]). El participio *complotado* se emplea a menudo como sustantivo, con el sentido de 'persona que toma parte en un complot': «*Los complotados utilizaron unos 100 kilogramos de dinamita*» (*Universal* [Ven.] 6.4.99). Para este último sentido, existe también, aunque se usa menos, la voz *complotista*: «*Según él, los complotistas [...] siguen "sin descansar en la tremenda lucha por el poder"*» (*Proceso* [Méx.] 2.2.97).

complotado -da, complotar(se), complotista. → complot, 2.

componente. 1. Adjetivo que significa 'que forma parte de un todo'. Se usa normalmente como sustantivo. En ese caso, referido a persona, es sinónimo de *miembro* o *integrante* y es común en cuanto al género (*el/la componente*; → GÉNERO², 1a y 3c): «*Dejó a Carolina [...] discutiendo [...] con la madre de una de las componentes de la compañía*» (FdzCastro *Novia* [Esp. 1987]). Cuando no se refiere a persona, es sinónimo de *ingrediente* o *elemento* y, salvo excepciones (→ 2), es masculino: «*El oxígeno usado en la respiración se transforma en un componente del dióxido de carbono*» (Vázquez *Plantas* [Méx. 1987]).

2. En matemáticas, se usa como sustantivo femenino para nombrar cada una de las partes en que se descompone un objeto matemático, como, por ejemplo, un vector, y se emplea frecuentemente en meteorología para referirse a la dirección de los vientos: «*Vientos flojos con predominio de la componente oeste*» (*NCastilla* [Esp.] 13.5.99). No debe extenderse este uso en femenino a otros ámbitos, como ocurre en los ejemplos siguientes: [⊗]«*Esta unidad coordina todas las componentes del computador*» (Pérez/Pino *Computación* [Chile 1982]); [⊗]«*Se intenta justificar la revitalización de la UEO como medio de fortalecimiento de la componente europea de la OTAN*» (*País* [Esp.] 2.8.88).

componer(se). 1. 'Formar(se) o constituir(se)'. Verbo irregular: se conjuga como *poner* (→ APÉNDICE 1, n.° 47). El imperativo singular es *compón* (tú) o *componé* (vos), y no [⊗]*compone*.

2. Cuando se usa como pronominal, rige un complemento con *de*: «*La pinza se compone DE dos ramas articuladas*» (Beltrán *Mujer* [Esp. 1983]). Es incorrecto usar *por* para introducir este complemento: [⊗]«*La matrícula se compone POR alumnos de las villas Rosario, Esperanza, El Progreso y El Porvenir*» (*NProvincia* [Arg.] 12.3.97); debió decirse *se compone de* o *está compuesta por*.

compost. 'Humus artificial'. Es invariable en plural (→ PLURAL, 1j): «*Nunca se ha de emplear en los compost material que no esté completamente podrido*» (Alonso *Plantas* [Esp. 1980]).

comprehensivo -va. → comprensivo, 1.

comprensivo -va. 1. 'Abarcador, que comprende o contiene algo'; la especificación del contenido se hace por medio de un complemento introducido por *de*: «*Faltaba una gramática que fuera comprensiva DE todos los fenómenos del euskera*» (*País* [Esp.] 1.10.84); cuando no lleva complemento especificativo del contenido, suele usarse con preferencia la forma etimológica *comprehensivo*: «*El documental no busca una interpretación comprehensiva o global de la época, sino el retrato personal de un monarca ilustrado*» (Ruffinelli *Guzmán* [Ur. 2001]); «*Un sistema jurídico* [...] *se caracteriza porque es comprehensivo (pretende autoridad para regular cualquier tipo de conducta)*» (Atienza *Justicia* [Esp. 1993]). **2.** También significa 'que comprende o entiende': «*Otro conjunto de informaciones que tienen como función guiar la lectura comprensiva del receptor*» (Pascual/Alcalde/Castro *Lengua* [Esp. 1997]); y, referido a persona, 'dado a comprender y respetar las actitudes y opiniones ajenas': «*Han sido muy comprensivos y pacientes*» (Jaramillo *Tiempo* [Pan. 2002]). En estos casos no se emplea hoy la forma etimológica *comprehensivo*.

comprobar. 'Verificar'. Verbo irregular: se conjuga como *contar* (→ APÉNDICE 1, n.º 26).

compulsión. 1. 'Impulso o necesidad irresistible de hacer algo': «*Él tenía una incomprensible compulsión a subirse a todos los árboles*» (Puga *Silencio* [Méx. 1987]). No debe confundirse con *convulsión* ('sacudida o agitación violenta'; → convulsión, 1). **2.** Su derivado, *compulsivo*, significa 'que muestra o implica compulsión': «*¿Cómo reconocer a un comprador compulsivo fácilmente?*» (*Tiempo* [Col.] 4.9.97); «*El ritmo contagió a los asistentes un compulsivo deseo de bailar*» (VLlosa *Tía* [Perú 1977]). No debe confundirse con *convulsivo* ('de (la) convulsión o que la implica'; → convulsión, 2).

compulsivo -va. → compulsión, 2.

compungir(se). 1. 'Causar gran pena' y 'entristecerse'. Aunque a veces se ha considerado defectivo, suponiendo que solo se usaba en aquellas formas cuya desinencia comienza por *i,* en realidad se emplea en todas las formas de la conjugación: «*Aquella música nos compunge, y para gozar de ella tenemos que llorar*» (Ortega *Deshumanización* [Esp. 1925]); «*¿Y ahora te compunges?*» (Terán *Eulalia* [Col. 1982]). **2.** Por tratarse de un verbo de «afección psíquica», dependiendo de distintos factores (→ LEÍSMO, 4a), el complemento de persona puede interpretarse como directo o como indirecto: *El llanto de su hijo LA compunge; A mi madre siempre LE ha compungido que haya personas sin hogar.*

computador -ra. 'Máquina electrónica capaz de realizar un tratamiento automático de la información y de resolver con gran rapidez problemas matemáticos y lógicos mediante programas informáticos'. Estas formas son las usadas mayoritariamente en el español de América, por influjo del inglés *computer*. Según las zonas, existen distintas preferencias: en la mayoría de los países de América se prefiere el femenino *computadora*, mientras que el masculino *computador* es de uso mayoritario en Chile y Colombia. En España se usa preferentemente el término *ordenador*, tomado del francés *ordinateur*.

computadorizar. → computarizar.

computarizar. 'Someter [algo] al control o tratamiento de una computadora o de un sistema informatizado': «*Está trabajando* [la biblioteca] *en procura de computarizar su catálogo*» (*NProvincia* [Arg.] 6.10.97). Esta es la forma más usada en todo el ámbito hispánico, aunque también existe *computadorizar*, menos frecuente, quizá por su excesiva longitud: «*Todos los volúmenes* [...] *han sido microfilmados y computadorizados*» (*País* [Esp.] 1.12.85). Se desaconseja la forma ⊗*computerizar*, adaptación directa del inglés *to computerize*.

concebir. 'Formar [un hijo] en el útero' y 'formar [algo] en la mente'. Verbo irregular: se conjuga como *pedir* (→ APÉNDICE 1, n.º 45).

concejal. 'Miembro de una corporación municipal'. Por su terminación, puede usarse como común en cuanto al género (*el/la concejal*; → GÉNERO², 1a y 3i): «*La concejal y ex dirigente sindical* [...] *anunció que este año se realizarán dos campañas de prevención*» (*Tiempos* [Bol.] 15.2.97). Pero el uso mayoritario ha consolidado el femenino específico *concejala*: «*La concejala del bloque justicialista* [...] *dijo que se cobraría una tasa solidaria*» (*NProvincia* [Arg.] 11.2.97).

concejala. → concejal.

concejo. 'Ayuntamiento o corporación municipal': «*El concejo de Lima proyecta ejecutar diversas obras*» (*Expreso* [Perú] 28.7.97); y 'término municipal': «*El artista pintó en aquellos lugares del concejo vecino a Gijón algunas de sus mejores obras*» (*Abc* [Esp.] 9.8.96). Procede del latín *concilium* ('reunión o asamblea'), y no debe confundirse con *consejo* ('órgano para asesorar o tomar decisiones'; → consejo). Los miembros de un concejo son *concejales;* los de un consejo, *consejeros.*

⊗**concencia.** → conciencia.

conceptualizar. 'Formar idea o concepto [de algo]': «*El no disponer de una teoría cuántica de la gravedad, necesaria para conceptualizar un universo tan pequeño y denso, oscurece la visión del principio*» (Claro *Sombra* [Chile 1995]). No debe confundirse con *conceptuar* ('considerar'; → conceptuar): ⊗«*Los alumnos conceptualizan el tabaco como nocivo para la salud*» (Becoña/Palomares/García *Tabaco* [Esp. 1994]); debió decirse *conceptúan* o *consideran.*

conceptuar. 1. 'Formar una opinión [de algo o alguien], o considerar[lo] de un determinado modo'. Se acentúa como *actuar* (→ APÉNDICE 1, n.º 7).

2. Suele llevar, además del complemento directo, un complemento predicativo, introducido a veces por *como* o *de: «Exponemos lo que conceptuamos MÁS INTERESANTE para el aficionado»* (Tiscornia *Arbustos* [Arg. 1978]); *«Tienden a conceptuar el alcoholismo COMO una drogadicción»* (Aguirre *Antropología* [Méx. 1986]); *«Se podrían muy bien conceptuar DE míticos o mágicos»* (Arrabal *Torre* [Esp. 1982]). No debe confundirse con *conceptualizar* ('formar ideas o conceptos'; → conceptualizar).

concernir. 1. Dicho de una cosa, 'afectar o interesar a alguien, o tener que ver con algo'. Verbo irregular: se conjuga como *discernir* (→ APÉNDICE 1, n.º 29). No es correcta la forma de infinitivo ⊗*concerner.*

2. Normalmente se usa como intransitivo, caso en el que lleva siempre un complemento indirecto: *«La libertad concierne A todos los hombres»* (Melo *Notas* [Méx. 1990]); *«Justiniana nunca se equivoca en asuntos que conciernen AL placer»* (VLlosa *Elogio* [Perú 1988]); *«También LES concierne fomentar alternativas que solucionen el problema»* (*Universal* [Ven.] 21.1.97).

3. Sin embargo, en los últimos tiempos, probablemente por influjo de otros verbos de significado similar como *afectar,* se documenta en algunas zonas un uso transitivo de *concernir,* especialmente en la forma de participio *concernido: «Los magistrados escucharon las alegaciones de las tres partes concernidas»* (*Expreso* [Perú] 15.4.92); *«Amador estaba personalmente concernido y quería saber»* (Savater *Caronte* [Esp. 1981]). En estos casos es más habitual y recomendable usar otros participios, como *afectado* o *interesado,* según los casos.

concertar(se). 'Acordar [algo] con alguien' y 'poner(se) de acuerdo o armonizar(se)'. Verbo irregular: se conjuga como *acertar* (→ APÉNDICE 1, n.º 16).

Conchinchina. → Cochinchina.

conciencia. 1. Los términos *conciencia* y *consciencia* no son intercambiables en todos los contextos. En sentido moral, como 'capacidad de distinguir entre el bien y el mal', solo se usa la forma *conciencia: «Mi conciencia fue la más cruel de mis jueces... ¡nunca me perdonó!»* (Olivera *Enfermera* [Méx. 1991]); con este sentido forma parte de numerosas locuciones *como tener mala conciencia, remorderle* [a alguien] *la conciencia, no tener conciencia* ('no tener escrúpulos'), *tener cargo de conciencia,* etc. Con el sentido general de 'percepción o conocimiento', se usan ambas formas, aunque normalmente se prefiere la grafía más simple: *«Tengo conciencia de mis limitaciones»* (Ocampo *Cornelia* [Arg. 1988]).

Es errónea la forma ⊗*concencia,* usada a veces en el habla popular.

2. El adjetivo correspondiente, en todos los casos, es *consciente,* y su antónimo, *inconsciente.* No son correctas las formas ⊗*conciente* ni ⊗*inconciente.* El adjetivo *consciente* se construye con el verbo *estar* cuando significa 'que no se ha perdido el conocimiento': *«Su vida no corre peligro y está consciente, según el parte médico»* (*Vanguardia* [Esp.] 2.6.95); y con el verbo *ser* cuando significa 'saber algo o tener conciencia de ello': *«Rivas [...] es consciente DE que en la cita olímpica estarán los mejores»* (*País* [Col.] 16.7.96); no obstante, en el español americano no es infrecuente, en este caso, el uso de *estar: «Está consciente DE que tendrá que trabajar duro»* (*Caras* [Chile] 29.9.97). Como se ve por los ejemplos, la preposición *de* que introduce el complemento de este adjetivo no debe omitirse cuando lo que sigue es una oración precedida de la conjunción *que* (→ QUEÍSMO).

3. El verbo correspondiente ('hacer que [alguien] sea consciente de algo') es *concienciar* (no ⊗*concienzar*), y se acentúa como *anunciar* (→ APÉNDICE 1, n.º 4): *«Se conciencia a los padres del estado de su hijo»* (*Mundo* [Esp.] 3.7.97); en América se usa también la forma *concientizar: «¡Aquí necesitamos gente como ustedes para concientizar al pueblo!»* (Palencia *Camino* [Ven. 1989]). Los sustantivos son, respectivamente, *concienciación* y *concientización.*

concienciación, concienciar, concientización, concientizar. → conciencia.

conciliar. 'Poner de acuerdo [a dos o más personas entre sí]' y 'hacer compatibles [cosas opuestas entre sí]'. Se acentúa como *anunciar* (→ APÉNDICE 1, n.º 4).

cónclave. 'Junta de cardenales para elegir nuevo papa'. Hoy solo se usa la forma esdrújula *cónclave.* La etimológica llana *conclave* ha caído en desuso y debe evitarse.

concluir. 1. 'Terminar o acabar'. Verbo irregular: se conjuga como *construir* (→ APÉNDICE 1, n.º 25). Su participio, *concluido,* se escribe sin tilde (→ TILDE², 2.1.1 y 2.1.2).

2. Se usa a veces con el sentido de 'cerrar o alcanzar [un acuerdo o pacto]': *«El 1 de octubre Brasil y los Estados Unidos concluyeron un acuerdo secreto para la defensa inmediata del continente»* (Scheina *Iberoamérica* [EE. UU. 1987]). En estos casos es más normal y resulta preferible emplear otros verbos, como *cerrar* o *alcanzar.*

CONCORDANCIA. 1. Es la coincidencia obligada de determinados accidentes gramaticales (género, número y persona) entre distintos elementos variables de la oración. Se pueden distinguir dos tipos de concordancia:

a) Concordancia nominal (coincidencia de género y número). Es la que establece el sustantivo con el artículo o los adjetivos que lo acompañan: *LA blancA palomA; esOS librOS viejOS;* el pronombre con su antecedente o su consecuente: *A tus hijAS LAS vi ayer; Les di tu teléfono a los chicos;* o el sujeto con el atributo, con el predicativo o con el participio del verbo de la pasiva perifrástica: *Mi hijO es UN santO; ELLA se encontraba cansadA; EsAS casAS fueron construidAS a principios de siglo.*

b) Concordancia verbal (coincidencia de número y persona). Es la que se establece entre el verbo y su sujeto: *ESOS cantAN muy bien.*

2. REGLAS GENERALES

a) La coordinación de dos o más sustantivos o pronombres en singular, siempre que cada uno de ellos se refiera a un ente distinto, forma un grupo que concuerda en plural con el adjetivo o el pronombre, o con el verbo del que son sujeto: *«Rehogar la cebolla Y la zanahoria PICADAS durante quince minutos»* (Pozuelo/PzPérez *Técnicas* [Esp. 2001]); *«El oxígeno, el hidrógeno y el carbono LOS proporciona el medio»* (LpzTorres *Horticultura* [Méx. 1994]); *«La sal y el agua SON gratis»* (Martínez *Evita* [Arg. 1995]).

b) La coordinación de dos o más sustantivos o pronombres de diferente género gramatical forma un grupo que concuerda en masculino con el adjetivo o con el pronombre: *«Se fríen las rajitas junto con la cebolla y el ajo PICADOS»* (Ramos *Platillos* [Méx. 1976]); *«Ahora la casa y el jardín eran OTROS»* (Mendoza *Verdad* [Esp. 1975]).

c) Si entre dos o más elementos coordinados figura un pronombre de segunda persona (y ninguno de primera), la concordancia con el verbo y con los demás pronombres se establece en segunda persona del plural o, en las zonas del mundo hispánico donde no se usa el pronombre *vosotros,* sino *ustedes,* en tercera persona del plural: *«La niña y tú COBRARÉIS lo que es VUESTRO»* (Leguina *Nombre* [Esp. 1992]); *«Murphy y tú SON unos testigos peligrosísimos»* (VLlosa *Fiesta* [Perú 2000]); si hay un pronombre de primera persona, la concordancia se establece en primera persona del plural: *«¿Te acuerdas de aquel día en que BAILAMOS Chema, tú y yo?»* (Diosdado *Trescientos* [Esp. 1991]).

3. CASOS ESPECIALES EN LA CONCORDANCIA NOMINAL

3.1. Determinante único para varios sustantivos. Cuando se coordinan dos o más nombres concretos cuyos referentes son entidades distintas, lo normal y recomendable es que cada uno de ellos vaya precedido de su propio determinante: *«Consiguieron que LA madre y LA hija se repusieran de las contusiones»* (Allende *Casa* [Chile 1982]); *«Este permiso podrá ser disfrutado indistintamente por LA madre o EL padre»* (*Estatuto* [Esp. 1985]); *«Se hizo uso ilegal de MI capital y MIS acciones bursátiles»* (*Proceso*

[Méx.] 9.2.97); y no ⊗*«EL diestro y toro se funden en una sola figura»* (*Clarín* [Arg.] 17.3.97); ⊗*«Dejé MI cartera y llaves en la silla de la entrada»* (*Época* [Chile] 1.7.96). Pero existe la posibilidad de que dos o más sustantivos coordinados lleven un solo determinante, el cual debe concordar en género y número con el sustantivo más cercano; esta posibilidad se da cuando los sustantivos coordinados se refieren a la misma cosa o persona: *«La manera de preparar LA mamadera o biberón»* (VV. AA. *Mamar* [Arg. 1983]); *«Según LA esposa y representante de Mingote, Isabel Vigiola»* (*País* [Esp.] 1.2.89); cuando llevan un adjetivo antepuesto que califica a todos ellos: *«Construyó también un horno criollo para cocer su propio pan y pizza a la piedra»* (Chavarría *Rojo* [Ur. 2002]); y cuando los sustantivos se conciben como una unidad y se refieren a partes de un mismo conjunto o a aspectos parciales de un todo: *«En mérito a VUESTRO empeño y dedicación»* (Ventosilla *Mariscal* [Perú 1985]); *«LAS ventanas y balcones estaban herméticamente cerrados»* (Mendoza *Verdad* [Esp. 1975]); *«Esta medida [...] debería ir acompañada de mejoras en LA seguridad y control de los barcos»* (*FVigo* [Esp.] 15.6.01).

3.2. Adjetivo pospuesto a varios sustantivos. Cuando un adjetivo califica a dos o más sustantivos coordinados y va pospuesto a ellos, lo más recomendable es que el adjetivo vaya en plural y en masculino, si los sustantivos son de distinto género: *«Tiene el pelo y la barba ENMARAÑADOS»* (Matos *Noche* [Cuba 2002]); *«Apareció [...] vestida con traje y mantilla BLANCOS»* (Hernández *Secreter* [Esp. 1995]). Si concordase solo con el último de los sustantivos, se generarían casos de ambigüedad, pues podría interpretarse que el adjetivo únicamente se refiere al más cercano: *vestida con traje y mantilla BLANCA* (¿el traje y la mantilla son blancos, o solo es blanca la mantilla?). No obstante, cuando los sustantivos coordinados se conciben como una unidad, de la que cada uno de ellos designa un aspecto parcial, el adjetivo puede concordar en género y número con el más próximo: *«La gente de origen y habla FRANCESA predomina en la provincia de Quebec»* (*Tiempo* [Col.] 1.7.98).

3.3. Adjetivo antepuesto a varios sustantivos. Cuando un adjetivo califica a varios sustantivos coordinados y va antepuesto a ellos, lo normal es que concuerde solo con el más próximo, tanto en género como en número: *«Distribuía [...] esteroides anabolizantes [...] a deportistas sin la PRECEPTIVA autorización y control médicos»* (*Vanguardia* [Esp.] 1.6.94); *«La INDISPENSABLE vigilancia y control nocturnos brillan por su ausencia»* (*NProvincia* [Arg.] 5.3.97). No es correcto, en la mayoría de los casos, poner en plural el adjetivo antepuesto si se coordinan sustantivos en singular: ⊗*«Gudú será [...] el gran destructor de SUS PROPIOS reino y dinastía»* (*Abc*

[Esp.] 29.11.96); debió decirse SU PROPIO *reino y dinastía*. Solo en algunos casos, si los sustantivos coordinados son nombres propios de persona o cosa, o nombres apelativos de persona, el adjetivo antepuesto va en plural: «*Allí estaba* [...] *Ernestina con su marido, Luis de la Rosa, más los dos hijos de estos, los* SIMPÁTICOS *Paco y Toni*» (*Vanguardia* [Esp.] 30.6.95); «*Lepprince me hizo pasar* [...] *a saludar a* SUS FUTURAS *esposa y suegra*» (Mendoza *Verdad* [Esp. 1975]).

3.4. Adjetivo pospuesto a sustantivos unidos por la conjunción o. Cuando un adjetivo califica a dos o más sustantivos unidos por la conjunción *o* y va pospuesto a ellos, deben distinguirse dos casos:

a) Cuando la conjunción *o* es propiamente disyuntiva, esto es, denota exclusión, alternativa o contraposición entre los referentes designados por los sustantivos que une, lo más recomendable es que el adjetivo vaya en plural y en masculino, si los sustantivos son de distinto género, para dejar claro que el adjetivo califica a todos ellos: «*Hay veces en que un tobillo o una muñeca* ROTOS *no muestran alteración exterior*» (Almeida *Niño* [Arg. 1975]); «*Cada vez que mueren un hombre o una mujer* VIEJOS [...], *toda una biblioteca muere con ellos*» (Fuentes *Espejo* [Méx. 1992]); «*Hubo un silencio, el silencio o la pausa* NECESARIOS *para que quien ha insultado pueda retroceder y congraciarse sin retirar el insulto*» (Marías *Corazón* [Esp. 1992]). Solo en contextos en que no haya duda de que el adjetivo se refiere a todos los sustantivos coordinados es admisible, aunque menos recomendable, que el adjetivo concuerde solo con el más próximo: «*El baño o la ducha* DIARIA *son altamente beneficiosos para quien los practica*» (VV. AA. *Tercera edad* [Esp. 1986]); «*El padre o la madre* FUMADORA *se ha de esconder en el lavabo para sustraerse a la mirada inquisidora de sus propios hijos*» (*Vanguardia* [Esp.] 1.6.94).

b) Cuando la conjunción *o* denota identidad o equivalencia, es decir, une sustantivos que se refieren a una misma realidad, el adjetivo ha de aparecer en singular y en masculino, si los sustantivos son de diferente género. Lo normal, en estos casos, es que el segundo sustantivo vaya sin determinante: «*El aerógrafo o pistola* USADO *debe ser adecuado al compresor*» (FdzChiti *Cerámica* [Arg. 1982]); «*Doña Elisa entró acompañada de un trompo o peonza* TRAVIESO *y* JUGUETÓN *que era Ana*» (Luján *Espejos* [Esp. 1991]).

3.5. Varios adjetivos coordinados en singular que modifican a un sustantivo plural. Cuando se hace referencia a varios entes de la misma clase mediante un único sustantivo en plural, asignando a cada uno de ellos una característica diferente, los adjetivos coordinados, normalmente pospuestos, van en singular, pues cada uno de ellos afecta a uno solo de dichos entes: «*A su nacimiento concurrieron*

[...] *por igual las* RAZAS BLANCA *y* NEGRA» (HdzNorman *Novela* [P. Rico 1977]). Cuando los adjetivos van antepuestos, resulta forzado referirlos a un sustantivo plural: [⊗]*el Antiguo y Nuevo Testamentos,* [⊗]*a medio* (o, en América, *a mediano*) *y largo plazos;* en estos casos se recomienda poner el sustantivo en singular y, si lleva determinante, repetirlo ante cada adjetivo: *el Antiguo y el Nuevo Testamento; a medio* (o *a mediano*) *y largo plazo*. Si lo que se coordinan son ordinales, → 3.6.

3.6. Varios ordinales coordinados que modifican a un mismo sustantivo. Cuando varios numerales ordinales modifican, coordinados, a un mismo sustantivo, designan forzosamente una pluralidad de seres, pues cada ordinal señala un elemento distinto dentro de una serie. Si los ordinales van pospuestos, lo normal es que el sustantivo vaya en plural: «*El ascensor llegó abarrotado desde los* SÓTANOS *primero y segundo*» (Marsillach *Ático* [Esp. 1995]); si los ordinales van antepuestos, el sustantivo puede ir en singular o en plural, con cierta preferencia en el uso por el singular: «*Adiviné la escena desde el ascensor, entre el cuarto y sexto* PISO» (Onetti *Viento* [Ur. 1979]); «*Se había empeñado en invitar allí a toda la tertulia* [...] *para leerles el primero y segundo* ACTOS *de un drama*» (PzReverte *Maestro* [Esp. 1988]). Para la concordancia entre sujeto y verbo en estos casos, → 4.6.

3.7. Cardinal en función de ordinal. Cuando un numeral cardinal con flexión de género se pospone, con valor de ordinal, a un sustantivo femenino, puede aparecer en masculino, concordando con el sustantivo elidido *número*, o en femenino, concordando directamente con el sustantivo al que se refiere: *página doscientos* o *página doscientas* (→ CARDINALES, 8).

3.8. Construcciones partitivas. Las construcciones partitivas están formadas por un primer elemento, que ha de ser un cuantificador, y un segundo elemento, introducido por la preposición *de*, que es, bien un sustantivo precedido de determinante, bien un pronombre; el primer elemento designa la parte, mientras que el segundo designa el todo: *una de las participantes, la mitad del público, muchos de nosotros*, etc. Si ambos elementos tienen flexión de género, debe haber concordancia forzosa entre ellos: «*Rusa educada en Estados Unidos, Meir* [...] *fue* UNA *de* LAS FIRMANTES *de la declaración de independencia de Israel*» (GmnzBarlett *Deuda* [Esp. 2002]); «*Lidia Ariza* [...] *dijo que se considera* UNA *de* LAS MEJORES ACTRICES *de este país*» (*Dedom* [R. Dom.] 14.1.97); por tanto, cuando se utilizan cuantificadores con flexión de género (*uno -na, muchos -chas, varios -rias*, etc.), no es correcto usar el femenino en la designación de la parte y el masculino en la designación del todo, aunque con ello se pretenda señalar que la parte aludida pertenece a un colectivo mixto: ⊗«*Se escucharon las proposiciones de Míriam Orellana*, [...] UNA *de* LOS ACADÉMICOS *invitados*» (*Hoy* [Chile] 7-13.12.83); ⊗«*Usted es* UNA *de* LOS ALUMNOS *más brillantes de que goza la Facultad*» (Bain *Dolor* [Col. 1993]); debió decirse, respectivamente, *una de las académicas invitadas, una de las alumnas más brillantes.*

3.9. *Sustantivos epicenos.* La concordancia debe establecerse siempre en función del género gramatical del sustantivo, y no en función del sexo del referente (→ GÉNERO², 1b).

3.10. *alteza, majestad, señoría, excelencia*, etc. Con estos tratamientos de respeto, los determinantes y adjetivos adyacentes van en femenino, de acuerdo con el género gramatical de estos sustantivos e independientemente del sexo del referente: «*Nos dirigimos efusivamente a* VUESTRA *excelencia para manifestarle nuestra gratitud*» (Alape *Paz* [Col. 1985]); «*Su* GRACIOSA *Majestad* BRITÁNICA *Jorge VI le pedía a sir Winston Churchill que formara un nuevo gabinete*» (Val *Hendaya* [Esp. 1981]). Sin embargo, el adjetivo en función de atributo o de predicativo, al igual que otros elementos no adyacentes, como los pronombres, aparece en el género que corresponde al sexo del referente: «*Sus señorías estaban* ENFRASCADOS *en el Parlamento en una ardua discusión*» (Cacho *Asalto* [Esp. 1988]).

3.11. *de tipo* o *de carácter* + adjetivo. Estas construcciones se posponen a un sustantivo para asignarle, de manera indirecta, una determinada característica. El adjetivo que expresa dicha característica ha de ir en masculino singular, pues debe concordar con las palabras *tipo* o *carácter:* «*Con tal de no tener mayores discusiones de tipo* ECONÓMICO» (Esquivel *Deseo* [Méx. 2001]); «*Es una pintura de carácter* SIMBÓLICO» (Leguineche *Tierra* [Esp. 2000]); no es correcto hacer concordar el adjetivo con el sustantivo que precede a toda la construcción: ⊗«*La situación puede obedecer a una razón de tipo* ESTRATÉGICA» (*NProvincia* [Arg.] 13.4.97); ⊗«*Los estudios de impacto ambiental* [...] *han permitido acciones de carácter* CORRECTIVAS» (*Universal* [Ven.] 17.4.88).

3.12. *lo* + adjetivo + *que*. El adjetivo de esta estructura enfática debe concordar en género y número con el sustantivo al que se refiere: «*Esto demuestra lo* ESPABILADAS *que son las* MOZAS *de la comarca*» (Beltrán *Pueblos* [Esp. 2000]). Es incorrecto inmovilizar dicho adjetivo en masculino singular: ⊗«*Hago esta sugerencia por lo* PERJUDICIAL *que son las pérdidas de clase*» (*Época* [Chile] 22.7.96); debió decirse *lo perjudiciales que son.*

3.13. *(el) uno con (el) otro, (la) una a (la) otra*, etc. Los indefinidos *uno* y *otro*, opcionalmente precedidos de artículo y separados entre sí por una preposición (*a, con, de, en*, etc.), aparecen como refuerzo en las construcciones recíprocas: *hablan mal*

el uno del otro, se apoyan unas a otras, confían los unos en los otros, etc. Si la reciprocidad se establece entre seres de distinto sexo, lo normal y recomendable es que ambos indefinidos vayan en masculino: «*Acababan de celebrar las bodas de oro matrimoniales, y no sabían vivir ni un instante* EL UNO *sin* EL OTRO» (GaMárquez *Amor* [Col. 1985]); «*Se besan, se abrazan, intentan fundirse* EL UNO *con* EL OTRO, [...] *él le aprieta las nalgas, ella tira de sus brazos*» (Sierra *Regreso* [Esp. 1995]); no obstante, aparecen ejemplos ocasionales, incluso entre escritores de prestigio, en que cada indefinido va en un género distinto: «*Desde un principio se hicieron mucha gracia el uno a la otra*» (Marsé *Rabos* [Esp. 2000]).

4. CASOS ESPECIALES EN LA CONCORDANCIA VERBAL

4.1. *Sujeto de varios elementos en singular unidos por una conjunción copulativa.* Debe tenerse en cuenta lo siguiente:

a) Si los elementos coordinados se refieren a entidades distintas, el verbo va en plural: «*Su voz y su gesto* HAN HECHO *nido en mi corazón*» (Matos *Noche* [Cuba 2002]); «*En el patio* CRECÍAN *un magnolio y una azalea*» (Mendoza *Ciudad* [Esp. 1986]); pero si dichos elementos se conciben como una unidad, de la que cada uno de ellos designa un aspecto parcial, el verbo puede ir también en singular: «*El desorden y la algarabía* ES *total*» (Leñero *Mudanza* [Méx. 1979]); en ese caso es frecuente que solo lleve determinante el primero de los elementos coordinados: «*La dirección y realización* CORRIÓ [...] *a cargo de Manolo Bermúdez*» (Díaz *Radio* [Esp. 1992]). El verbo suele ir asimismo en singular cuando el sujeto va pospuesto y los elementos coordinados son sustantivos abstractos o no contables, especialmente si aparecen sin determinación: «*Me* GUSTA *el mambo y el merengue*» (GaRamis *Días* [P. Rico 1986]); «*Solo me* QUEDA *ánimo y tiempo para responderle lo que sigue*» (*Proceso* [Méx.] 20.10.96).

b) Si los elementos coordinados se refieren a una misma cosa o persona, el verbo irá necesariamente en singular: «*La actriz y cantante* ESTÁ *bastante molesta*» (*Universal* [Ven.] 17.4.88).

c) Si los elementos coordinados son gramaticalmente neutros, como infinitivos, oraciones sustantivas o pronombres neutros, el verbo va en singular: «*No creo que sumar y restar* SEA *lo suyo*» (Sierra *Regreso* [Esp. 1995]); «*Le* GUSTA *que la quieran y que la apoyen*» (*Tiempo* [Esp.] 3.12.90); «*Ni aquello ni esto* HUBIERA SIDO *posible*» (*Abc* [Esp.] 25.1.85); pero si los elementos neutros coordinados se conciben o presentan en el enunciado como realidades diferenciadas, contrastadas o enfrentadas, el verbo irá en plural: «*Informar y opinar son los dos fines específicos y diferenciales del periodismo*» (MtzAlbertos *Noticia* [Esp. 1978]).

4.2. Sujeto de un elemento en singular unido a otro por junto con, además de, así como. Cuando a un elemento en singular le sigue otro, asociado a él mediante los nexos *además de, junto con, así como,* y todo el conjunto se antepone al verbo, este puede aparecer en singular, entendiendo que solo el primer elemento es, estrictamente, el sujeto oracional: «*Fermín, junto con la madre, la* ARRASTRA *hacia afuera*» (Gambaro *Malasangre* [Arg. 1982]); «*El saxo, así como otros instrumentos de viento y numerosos objetos culturales de forma alargada,* ES *tenido por símbolo fálico*» (Quezada *Mensaje* [Chile 1992]); o en plural, entendiendo que esos nexos funcionan a modo de conjunción copulativa y dan lugar, por tanto, a un sujeto plural: «*Ese sacerdote, junto con otros nueve,* CRUZARON *la puerta e* INICIARON *la marcha*» (Velasco *Regina* [Méx. 1987]); «*La velocidad de salida de la Tierra así como la de llegada a Marte* SON *también demasiado elevadas*» (RzGopegui *Hombres* [Esp. 1996]); en el caso de que el elemento que no lleva el nexo sea el que aparece inmediatamente antes del verbo, este solo podrá ir en singular: «*Junto con Roca, Mitre* DOMINÓ *la escena nacional del fin del siglo*» (Giardinelli *Oficio* [Arg. 1991] 276). Si todo el conjunto se pospone al verbo, o un elemento aparece delante y otro detrás, el verbo va asimismo en singular: «*En mi habitación ahora* DORMÍA *mi hija Angélica, junto con su compañero*» (Bolaño *Detectives* [Chile 1998] 378); «*HACE falta una gran perspicacia así como un innegable don de la oportunidad*» (GaSánchez *Alpe d'Huez* [Esp. 1994]); «*Además de dos monjitas,* ASISTÍA *el capellán del colegio*» (Araya *Luna* [Chile 1982]).

4.3. Sujeto de un elemento en singular unido a otro por la preposición con. Si un elemento en singular va inmediatamente seguido de un complemento de compañía precedido de *con,* lo normal en la lengua general actual es que el verbo vaya en singular, entendiendo el complemento preposicional como un simple circunstancial: «*Don Floro con sus hombres* PREPARA *una mesa*» (Candelaria *Guadalupe* [Col. 1975]). No obstante, puede admitirse la concordancia en plural con el verbo, entendiendo que la preposición funciona a modo de conjunción copulativa: «*LLEGARON al puerto el padre con el hijo*» (Gutiérrez *Copa* [Chile 1968]); «*El doctor con su esposa* LLEGABAN *tarde*» (Lezama *Oppiano* [Cuba 1977]); de esta concordancia existen ya ejemplos en el español medieval y clásico, y hoy se da con cierta frecuencia en algunas zonas de América. La posibilidad de poner el verbo en plural en estos casos ha dado lugar a una construcción especial, extendida en varios países de América y, en España, en zonas de influencia del catalán, que consiste en poner el verbo en primera persona del plural cuando el sujeto es un «yo» elidido que lleva asociado un complemento precedido de *con,* pre-

sente en la oración: «*Dile a la Rubia que* CON PABLO ESTUVIMOS *haciendo el elogio más subido que puede hacerse por dos poetas de una dama ausente*» (Asturias *Carta* [Guat. 1950]); «*Vos sabés, Tita, que* CON ANA MARÍA FUIMOS *una pareja que nos quisimos mucho*» (Pavlovsky *Potestad* [Arg. 1985]). En ambos ejemplos el contexto permite determinar con claridad que en la acción están implicados solo dos individuos, el yo que habla y la persona que se menciona en el complemento preposicional; así, las construcciones resaltadas en los ejemplos equivalen, respectivamente, a *yo y Pablo estuvimos, yo y Ana María fuimos;* pero en muchos otros casos la construcción resultará ambigua, pues en el español general se interpreta que el sujeto del verbo en primera persona del plural es un «nosotros» (quien habla y alguien más), al que se sumaría la persona mencionada en el complemento preposicional; por ello, aun siendo normal en el habla culta de algunas áreas del mundo hispánico, se recomienda evitar esta construcción en aquellos casos en que el hablante perciba el riesgo de no ser correctamente interpretado.

4.4. Sujeto de dos elementos en singular unidos por tanto... como. El verbo debe ir en plural: «*Tanto mi hermano como su novia* IBAN *pendientes de la carretera*» (VqzMontalbán *Soledad* [Esp. 1977]).

4.5. Sujeto de varios elementos en singular unidos por una conjunción disyuntiva. Debe tenerse en cuenta lo siguiente:

a) Cuando la conjunción *o* es propiamente disyuntiva y une, por tanto, elementos referidos a entes distintos, el verbo puede ir en singular o en plural. Si la disyunción se presenta como excluyente, obligando a seleccionar como sujeto uno solo de los elementos coordinados, el verbo va en singular: «*Una misma opinión es diferentemente valorada si la* EXPRESA *un hombre o una mujer*» (Orúe/Gutiérrez *Fútbol* [Esp. 2001]). Si la disyunción expresa indiferencia, presentando, simplemente, distintos sujetos posibles, el verbo puede ir indistintamente en singular o en plural: «*Solo un idiota o un ciego* PODRÍA *confundirla con su melliza*» (Andahazi *Piadosas* [Arg. 1999]); «*Seguramente mi madre o mi abuela* HABÍAN IDO *a casa de algún vecino, porque la puerta de casa estaba ligeramente entornada*» (Llongueras *Llongueras* [Esp. 2001]). Si los sustantivos van seguidos de un adjetivo en plural (→ 3.4a), el verbo irá forzosamente en plural: «*El oído o el ojo humanos no* PERCIBEN *tal distorsión*» (Neri *Satélites* [Méx. 1991]). Si la conjunción *o* une los dos últimos elementos de una enumeración no exhaustiva, el sujeto representa la suma de todos los elementos de la enumeración y el verbo va, por tanto, en plural: «*Julio Espinosa, Ana Fernández, Gonzalo González o Pedro Hernández* SON *algunos de los que conforman la lista de autores*» (*Canarias 7* [Esp.] 17.5.99).

b) Cuando la conjunción *o* denota identidad o equivalencia, el verbo debe ir en singular, ya que los elementos coordinados se refieren a la misma cosa: «*El quejigo o roble encinigo no FORMA grandes masas*» (VV. AA. *Bosques* [Esp. 1998]).

4.6. *Sujeto de un solo sustantivo al que van referidos varios adjetivos ordinales.* Aunque el sustantivo esté en singular (→ 3.6), el verbo irá en plural: «*La primera y segunda división CONSERVARÁN su representación actual*» (*Nación* [C. Rica] 11.4.97).

4.7. *Sujeto de nombre colectivo.* Los sustantivos colectivos son aquellos que, en singular, designan un conjunto de seres pertenecientes a una misma clase (*gente, clero, familia, rebaño, hayedo, cubertería,* etc.); los colectivos denotan por sí mismos la clase de seres a la que pertenece el conjunto (la gente se compone de personas, el clero de clérigos, la familia de parientes, etc.). Cuando uno de estos sustantivos funciona como sujeto, el verbo debe ir en singular, así como los pronombres o adjetivos a él referidos: «*El rebaño se ALEJA definitivamente*» (Bojorge *Aventura* [Arg. 1992]); «*Esa misma gente PREFIERE que LA embauquen a sentirse DEFRAUDADA*» (Esquivel *Deseo* [Méx. 2001]); a veces, sobre todo cuando sujeto y verbo están alejados por la existencia de elementos interpuestos o incisos, el verbo va indebidamente en plural, al realizarse la concordancia de acuerdo con el sentido plural del nombre colectivo, y no con su condición gramatical de sustantivo singular: [⊗]«*Esa gente nos ESTÁN masacrando*» (RdzgJuliá *Peloteros* [P. Rico 1997]); [⊗]«*La gente que componía todas esas regiones de Santander del Sur, sur de Bolívar y parte de Antioquia FUERON muy afectadas por la violencia oficial*» (Calvo *Colombia* [Col. 1987]); debió decirse *nos ESTÁ masacrando* y *FUE muy afectada*, respectivamente. La concordancia en plural sí es admisible cuando se pasa de una oración a otra, pues en ese caso al segundo verbo le corresponde, en realidad, un sujeto plural tácito: «*La gente se acercaba y en cuanto VEÍAN la escena CHILLABAN*» (Llongueras *Llongueras* [Esp. 2001]); «*Preguntábamos a la gente cómo se IMAGINABAN que era Manuel Rodríguez*» (Ruffinelli *Guzmán* [Ur. 2001]), esto es, *cómo se imaginaban* [ellos] *que era...* En las oraciones copulativas con *ser* cuyo atributo no es un adjetivo, sino un sustantivo, tanto el verbo como el atributo van en plural: «*Esta gente SON asesinos*» (*Universal* [Ven.] 7.4.97); pero si el atributo es un adjetivo, es incorrecta la concordancia en plural: [⊗]«*La gente aquí SON desordenados*» (Santiago *Sueño* [P. Rico 1996]); debió decirse *La gente aquí ES desordenada.* Cuando en el colectivo está incluida la persona que habla o a quien se habla, es normal en el habla coloquial poner el verbo en primera o segunda persona del plural: «*La gente de teatro nos CONFORMAMOS con poco y nada*» (*Clarín* [Arg.] 12.2.97); «*A los pocos días, toda la*

familia NAVEGÁBAMOS por el Atlántico» (Olmos *Marina* [Esp. 1995]); «*La gente mayor siempre HABLÁIS de la vida*» (Gala *Ulises* [Esp. 1975]).

4.8. *Sujeto de cuantificador* + de + *sustantivo en plural.* Los sustantivos cuantificadores son aquellos que, siendo singulares, designan una pluralidad de seres de cualquier clase; la clase se especifica mediante un complemento con *de* cuyo núcleo es, normalmente, un sustantivo en plural: *la mitad de los animales, la mayoría de los profesores, una minoría de los presentes, el resto de los libros, el diez por ciento de los votantes, un grupo de alumnos, un montón de cosas, infinidad de amigos, multitud de problemas,* etc. La mayor parte de estos cuantificadores admiten la concordancia con el verbo tanto en singular como en plural, dependiendo de si se juzga como núcleo del sujeto el cuantificador singular o el sustantivo en plural que especifica su referencia, siendo mayoritaria, en general, la concordancia en plural: «*Hacia 1940 la mayoría de estos poetas HABÍA ESCRITO lo mejor de su obra*» (Paz *Sombras* [Méx. 1983]); «*La mayoría de los visitantes HABÍAN SALIDO*» (Marías *Corazón* [Esp. 1992]); «*Una veintena de personas OCUPABA la sala*» (Chavarría *Rojo* [Ur. 2002]); «*Una veintena de curiosos OBSERVABAN de lejos a un piquete*» (PzReverte *Maestro* [Esp. 1988]); sin embargo, cuando el verbo lleva un atributo o un complemento predicativo, solo es normal la concordancia en plural: «*La mayoría de estos asesinos SON muy inteligentes*» (Mendoza *Satanás* [Col. 2002]); «*La inmensa mayoría de las casas PERMANECÍAN vacías*» (Savater *Caronte* [Esp. 1981]). Los sustantivos cuantificadores que se usan sin determinante (*infinidad, cantidad, multitud*) establecen la concordancia obligatoriamente en plural, pues, en realidad, forman con la preposición *de* una locución que determina al sustantivo plural, que es el verdadero núcleo del sujeto: «*Infinidad de católicos DESATENDIERON semejante orden pontificia*» (Vidal *Ocultismo* [Esp. 1995]); «*Cantidad de organizaciones se DEDICAN a [...] ayudar a personas que han sido víctimas de abuso sexual*» (*NHerald* [EE. UU.] 21.10.97).

4.9. *Sujeto de nombre común en plural con verbo en primera o segunda persona del plural.* Cuando el sujeto es un sustantivo plural y se desea señalar que en su referencia está incluida la persona que habla o a quien se habla, el verbo se pondrá, respectivamente, en primera o en segunda persona del plural: «*Los cubanos TOMAMOS café por la mañana*» (Matos *Noche* [Cuba 2002]); «*¡Vaya, todos los chicos SOIS iguales!*» (Llongueras *Llongueras* [Esp. 2001]).

4.10. *Concordancia verbal en oraciones copulativas.* → ser, 2.1.1.

4.11. uno de los que + verbo. La presencia de dos elementos en esta construcción, uno singular (*uno*) y otro plural (*los que*), hace que se vacile entre poner el verbo en singular o en plural: *«Uno de los que LOGRÓ llegar a la orilla* [...] *hubo de lanzarse de nuevo al agua»* (*País* [Esp.] 11.10.80); *«Uno de los que VOTARON en contra fue el ex ministro sin cartera»* (*País* [Esp.] 2.2.84). La concordancia gramaticalmente más correcta es la que lleva el verbo en plural, pues el sujeto es, en estos casos, el relativo plural *los/las que;* pero se admite también la concordancia en singular. Si esta construcción forma parte del atributo de una oración copulativa y el sujeto del verbo *ser* es un pronombre de primera o de segunda persona del singular (*yo, tú/vos*), el verbo de la oración de relativo debe ir en tercera persona, preferentemente del plural, aunque también se admita el singular: *«Yo era uno de los que PUGNABAN para que la Basílica se constituyera en diócesis autónoma»* (*Proceso* [Méx.] 3.11.96); *«Yo fui uno de los que BESÓ su mano»* (Serrano *Dios* [Col. 2000]); no es correcto poner el verbo en primera o segunda persona del singular: [⊗]*«Vos eras uno de los que ESTABAS con la gente que huyó»* (*Semana* [Col.] 1-8.10.96).

4.12. *yo soy de los que, tú eres* o *vos sos de los que* + verbo. Se trata de una construcción partitiva en la que se ha elidido el indefinido *uno* (*soy* [uno] *de los que, eres/sos* [uno] *de los que*), por lo que la concordancia se atiene a los mismos criterios expresados en el párrafo anterior (→ 4.11); así, el verbo de la oración de relativo deberá ir, preferentemente, en tercera persona del plural, en concordancia estricta con su sujeto gramatical, que es el relativo plural *los/las que: «Soy de los que PIENSAN que solo la vida intensamente vivida merece la pena»* (Rojo *Matar* [Esp. 2002]); menos recomendable, aunque admisible, es poner el verbo en tercera persona del singular, concordando con el indefinido elidido *uno: «Yo soy de los que CREE que a la historia no la para nadie»* (Herrera *Casa* [Ven. 1985]); pero debe evitarse la concordancia en primera o segunda persona del singular: [⊗]*«Soy de los que PIENSO que este es un proceso que se tiene que hacer bien»* (*Vanguardia* [Esp.] 18.8.94).

4.13. *yo soy el que* (o *quien*), *tú eres* o *vos sos el que* (o *quien*) + verbo. Se trata de oraciones copulativas enfáticas cuyo atributo es una oración de relativo sin antecedente expreso. Si el sujeto del verbo *ser* es un pronombre de primera o de segunda persona del singular (*yo, tú/vos*), el verbo de la oración de relativo puede ir, bien en tercera persona del singular, en concordancia estricta con su sujeto gramatical (*el/la que* o *quien*), opción mayoritaria en el habla culta: *«Yo soy el que MANDA acá»* (Soriano *León* [Arg. 1986]); bien en primera o segunda persona del singular, concordando con el sujeto del verbo *ser*, opción habitual en el habla coloquial y que expresa mayor implicación afectiva por parte del hablante: *«Por primera vez en mi vida yo soy la que TENGO el control»* (Santiago *Sueño* [P. Rico 1996]).

Si se invierte el orden y la oración de relativo antecede al verbo *ser*, es menos frecuente que el verbo aparezca en primera o segunda persona; así, es más normal decir *El que manda soy yo* que *El que mando soy yo.* Cuando el sujeto de *ser* es un pronombre de primera o segunda persona del plural (*nosotros, vosotros*), el verbo de la oración de relativo no va nunca en tercera persona, sino que la concordancia se establece siempre con el pronombre personal: *«Nosotros somos los que MANDAMOS»* (Chase *Pavo* [C. Rica 1996]).

concordar. 'Estar de acuerdo' y 'poner(se) de acuerdo'. Verbo irregular: se conjuga como *contar* (→ APÉNDICE 1, n.º 26).

concreción. 'Acción y efecto de concretar(se)': *«Cada nivel comprende un grado mayor de especificidad, concreción y penetración que el anterior»* (Sagasti *Instrumentos* [Perú 1981]). No es correcta la grafía [⊗]*concrección* ni la pronunciación correspondiente [⊗][konkreksión, konkrekzión].

concubino -na. 'Persona que vive en concubinato con otra'. Junto al femenino *concubina*, existe y es correcto el masculino *concubino*, de uso normal en varios países de América: *«Rosemarie Hafenstein* [...] *es la única responsable del asesinato de su ex concubino, el austriaco Anton Ribaritz»* (*Abc* [Par.] 19.12.96).

concurrir. Es intransitivo y se construye de diversas formas según sus acepciones:

a) Cuando significa 'acudir a un sitio donde se reúnen varias personas', el complemento de lugar va introducido por *a: «Alberto no concurría A cabarets ni discotecas»* (Chavarría *Rojo* [Ur. 2002]).

b) Cuando significa 'reunirse o coincidir en un lugar', el complemento se introduce con *en: «Hay en Cuba una magnífica generación de escritores* [...] *que concurren EN una ciudad a un tiempo pequeña y metropolitana»* (Celorio *Contraconquista* [Méx. 2001]); *«¿Cuántas caras concurren EN cada vértice?»* (VV. AA. *Matemáticas* [Esp. 1998]).

c) Cuando significa 'tomar parte en un concurso o elección', el complemento puede ir introducido por *en* o *a: «Por primera vez, una oposición a un régimen comunista ha sido autorizada a concurrir EN unas elecciones»* (*Abc* [Esp.] 4.6.89); *«Ningún partido de izquierda concurría A las elecciones»* (*País* [Esp.] 1.4.85).

d) Con el sentido de 'convenir o estar de acuerdo', el asunto se expresa mediante un complemento con *en: «Los activistas agroecologistas* [...] *están en contra de las patentes sobre "formas de vida", y EN eso concurren con muchos otros ecologistas»* (MtzAlier *Obstáculos* [Perú 1993]).

e) Con el sentido de 'contribuir o influir conjuntamente', va seguido de un sustantivo introducido por *a* o *en*, o de un infinitivo o una subordinada introducidos por *a*: «*Este libro* [...] *reúne trabajos de distinta naturaleza que concurren* A *un fin unitario*» (*Hoy* [Chile] 26.5-1.6.97); «*Factores principales que concurren* EN *la contaminación de la vegetación*» (LpzBonillo *Medio* [Esp. 1994]); «*Una constitución diáfana, riquezas expresivas y hábil factura* [...] *concurren* A *nutrir su obra*» (*Proceso* [Méx.] 7.7.96).

condecir(se). 1. Dicho de una cosa, 'concertar o armonizar con otra'. Verbo irregular: se conjuga como *decir* (→ APÉNDICE 1, n.° 28). Por su significado, se trata de un verbo terciopersonal, de modo que no se usa en imperativo. En el futuro simple o futuro de indicativo y en el condicional simple o pospretérito, son también admisibles las formas regulares *condecirá(n)* o *condeciría(n)*, junto a las irregulares *condirá(n)* y *condiría(n)*.

2. Es un verbo intransitivo. Normalmente se usa en forma no pronominal: «*La gravedad con que hablaba no condecía con el tono festivo de sus palabras*» (Azancot *Amores* [Esp. 1980]); pero no faltan ejemplos de su uso como pronominal: «*Tanta dramaticidad* [...] *no se condice con la inspiración melódica*» (*Nación* [Arg.] 4.7.92).

condescender. 1. Verbo irregular: se conjuga como *entender* (→ APÉNDICE 1, n.° 31).

2. Cuando significa 'acomodarse voluntariamente a los deseos de otro', se construye normalmente con un complemento precedido de *a* o, más esporádicamente, *en*: «*El espíritu de Zacarías compareció ante Bietka diciéndole que* [...] *si condescendía* A *yacer con él podría incluso materializarse y vivir a su lado*» (Cousté *Biografía* [Arg. 1978]); «*Él la escuchaba sonriente, seguro del enorme poder de sus puños, condescendiendo* EN *dejarse arañar el pecho*» (Gasulla *Culminación* [Arg. 1975]). Si el núcleo del complemento es un sustantivo, también puede ir precedido de *con*: «*Se ve obligado a condescender* CON *el gusto del enfermo o a perder la casa*» (MñzCalvo *Farmacia* [Esp. 1994]).

3. Cuando significa 'rebajarse a hacer algo que se considera indigno o humillante', se construye con un complemento precedido de *a*: «*Los filósofos condescienden* A *interesarse por la muerte para minimizarla o certificar su inexistencia*» (Savater *Invitación* [Esp. 1982]).

4. Cuando significa 'ser condescendiente o tolerante con algo', se construye con un complemento precedido de *con*: «*La democracia, más aún cuando es frágil e imperfecta, no puede darse el lujo de condescender* CON *actitudes y actos que la ponen en grave riesgo*» (*Proceso* [Méx.] 15.9.96).

condición. 1. Con el sentido de 'requisito o circunstancia indispensable para algo', lleva implícita la idea de anterioridad; así pues, debe evitarse, por redundante, la forma *precondición*, salvo que expresamente se use con el sentido de 'condición previa a otra u otras condiciones'.

2. Es calco censurable del inglés su empleo con el sentido de 'trastorno o enfermedad': [⊗]«*Ha habido un aumento en el número de agentes* [...] *que sufren alguna condición mental*» (*NHerald* [EE. UU.] 15.3.98).

3. a condición de. Locución conjuntiva que precede a la expresión de una condición. Cuando esta se expresa mediante una oración introducida por *que*, no debe suprimirse la preposición *de* (→ QUEÍSMO): *Todo el mundo es libre de no ir a condición* DE *que lo avise antes* (no [⊗]*a condición que lo avise antes*). Lo mismo cabe decir de la construcción *con la condición de*, de sentido equivalente: *Te acompañaré con la condición* DE *que me invites* (no [⊗]*con la condición que me invites*).

4. con la condición de. → 3.

condicionante. 1. 'Que condiciona'. Cuando este adjetivo se sustantiva, puede hacerlo en masculino o en femenino, dependiendo del género del sustantivo que se supone elidido —*el (factor) condicionante, la (circunstancia) condicionante*—, siendo predominante el masculino: «*El peso es un condicionante de la evolución cerebral de los recién nacidos*» (*Mundo* [Esp.] 12.12.96); «*Se espera obtener además un diagnóstico acerca de* [...] *cuáles son las condicionantes sociales de esos alumnos*» (*Observador* [Ur.] 21.6.96).

2. Es incorrecto el uso de *condicionante* como sinónimo de *condición* ('circunstancia indispensable para que se dé otra'): [⊗]«*Es necesario conocer las condicionantes que el municipio pone para la construcción en ese sitio*» (Lesur *Albañilería* [Méx. 1991]).

condolerse. 1. 'Compadecerse o sentir lástima'. Verbo irregular: se conjuga como *mover* (→ APÉNDICE 1, n.° 41).

2. Se construye normalmente con un complemento introducido por las preposiciones *de* o *por*: «*El General se conduele* DE *aquel pobre vicario*» (Martínez *Perón* [Arg. 1989]); «*Se conduele más* POR *la muerte de un solo oligarca que* POR *la muerte diaria de miles de pobres*» (Alape *Paz* [Col. 1985]).

conducir(se). 1. 'Guiar o dirigir' y 'comportarse de una determinada manera'. Verbo irregular: v. conjugación modelo (→ APÉNDICE 1, n.° 24). Como ocurre en todos los verbos terminados en *-ducir*, en el habla descuidada se escuchan a veces formas regularizadas en el pretérito perfecto simple o pretérito de indicativo, que no son correctas: [⊗]*conducí*, [⊗]*conduciste*, [⊗]*condució*, etc., en lugar de *conduje, condujiste, condujo*, etc.; en el pretérito imperfecto o pretérito de subjuntivo: [⊗]*conduciera* o [⊗]*conduciese*, etc., en lugar de *condujera* o *condujese*, etc.; y en el futuro de subjuntivo: [⊗]*conduciere*, [⊗]*conducieres*, etc., en lugar de *condujere, condujeres*, etc.

2. En los últimos tiempos, se ha extendido el uso de este verbo con el sentido de 'dirigir la transmisión [de un programa de radio o televisión] en el que participan personas invitadas y que se compone de distintas secciones': «*Unas horas antes la banda entera había estado en el programa de TV conducido por la actriz Verónica Castro*» (Ramos/Lejbowicz *Corazones* [Arg. 1991]). Consecuentemente, se llama *conductor* o *conductora* a la persona que dirige la transmisión de este tipo de programas: «*El periodista Iñaki Gabilondo, director y conductor del programa de radio "Hoy por hoy", es entrevistado esta noche por Mari Pau Domínguez*» (*Mundo* [Esp.] 7.9.94); «*Radio Recreo es un programa de entretenimientos, con el toque especial que caracteriza a sus conductores*» (*Abc* [Par.] 27.10.96). Es uso que, aunque pueda estar en alguna medida influido por el inglés, ha de considerarse válido, pues supone una derivación del sentido general de 'llevar o manejar [un asunto o negocio]', que también tiene este verbo en español: «*Su mano inmisericorde había conducido autoritariamente los asuntos del Reino*» (Otero *Temporada* [Cuba 1983]). Sin embargo, se aconseja evitar el uso abusivo del verbo *conducir* y el sustantivo *conductor* como simples sinónimos, respectivamente, de *presentar* y *presentador,* cuando se trata de programas de radio o televisión que no poseen las características antes señaladas: ®*conducir un noticiero* o *informativo,* ®*conductor del noticiero* o *informativo.*

3. Es calco inadmisible del inglés *to conduct an orchestra* la expresión ®*conducir una orquesta;* en español se dice *dirigir:* «*Tenía una foto suya dirigiendo la orquesta, con el pelo sobre la frente y las manos exaltadas*» (Mastretta *Vida* [Méx. 1990]).

conductibilidad. → conductividad.

conductismo. 'Escuela o método psicológico que se basa en el estudio de la conducta en términos de estímulo y respuesta': «*Watson [...] hizo del reflejo condicionado la unidad explicativa fundamental del conductismo*» (Pinillos *Psicología* [Esp. 1975]). Es el equivalente español de la voz inglesa *behaviourism* (de *behaviour* 'conducta, comportamiento'). El adjetivo correspondiente es *conductista,* que, referido a persona, se usa frecuentemente como sustantivo: «*Los conductistas no ignoran los factores genéticos y su influencia en la conducta*» (Estébanez *Tendencias* [Esp. 1982]). La existencia de estas voces totalmente españolas hace innecesario y, por tanto, desaconsejable el uso en español de las formas híbridas *behaviorismo* y *behaviorista.* No son correctas las formas ®*conductivismo* ni ®*conductivista.*

conductista. → conductismo.

conductividad. 'Cualidad de conductivo' y 'propiedad de los cuerpos de transmitir calor o electricidad': «*La conductividad térmica del neopreno es*

similar a la de la clorofibra» (Bueno *Mountain bike* [Esp. 1992]). Ya desde el siglo XIX, tal vez por influjo del francés *conductibilité,* se ha empleado también con este sentido la voz *conductibilidad:* «*Solamente pueden utilizarse materiales con buena conductibilidad térmica*» (Portillo *Energía* [Esp. 1985]); no obstante, es preferible y más exacto usar *conductividad,* pues *conductibilidad* se ha formado a partir de *conductible,* cuyo verdadero significado es 'conducible, que puede ser conducido', y no 'que puede conducir o transportar'.

®**conductivismo,** ®**conductivista.** → conductismo.

conductor -ra. → conducir(se), 2.

conectar(se). Con el sentido de 'unir(se) o enlazar(se)' y 'establecer relación o poner(se) en comunicación', se construye con un complemento introducido por *con* o *a:* «*Conectábamos nuestra red* CON *la francesa para efectuar intercambios*» (Albentosa *Clima* [Esp. 1991]); «*Ase el pilar de la cama como si la conectara* A *la tierra*» (Santiago *Sueño* [P. Rico 1996]); «*Mucha gente conectaba* CON *Radio España*» (Díaz *Radio* [Esp. 1992]); «*No es ni puede ser el único medio a través del cual me conecto* A *la sociedad*» (*Época* [Chile] 3.10.97).

cónfer. Forma imperativa del verbo latino *conferre,* que significa literalmente 'compara'. Remite a la consulta de un determinado texto o pasaje y se utiliza siempre en sus formas abreviadas *cf., cfr., cónf.* y *cónfr.* (→ APÉNDICE 2), las dos últimas hoy en desuso: «*Sobre la distinción entre discurso de la información y ficción literaria, cfr. el conocido y discutido texto de John Searle*» (Escudero *Malvinas* [Arg. 1996]). Estas abreviaturas deben leerse «cónfer» y no ®«confróntese». Si se usa como sustantivo masculino, es invariable en plural (→ PLURAL, 1k): *Aún tengo que revisar los «cónfer» de mi tesis.*

conferenciar. Dicho de un grupo de personas, 'reunirse para tratar algún asunto'. Se acentúa como *anunciar* (→ APÉNDICE 1, n.° 4).

conferir. 'Conceder o prestar [algo no material] a algo o a alguien'. Verbo irregular: se conjuga como *sentir* (→ APÉNDICE 1, n.° 53).

confesar(se). 1. 'Reconocer y declarar [una culpa o algo que se mantenía oculto o en secreto]'; dicho de un sacerdote, 'oír la confesión [de un penitente]'; 'manifestar culpas o secretos ante alguien' y 'reconocer y declarar ser algo, o estar de una determinada manera'. Verbo irregular: se conjuga como *acertar* (→ APÉNDICE 1, n.° 16).

2. Cuando significa 'manifestar culpas o secretos ante alguien' se construye como intransitivo pronominal: «*Mire, padre, yo me confieso de tener malos pensamientos*» (Cela *Cristo* [Esp. 1988]); «*Florentino Ariza se confesó con su madre*» (GaMárquez *Amor*

[Col. 1985]). Es muy raro su uso como intransitivo no pronominal: «*Cuando confesaba con él por las mañanas, le repugnaba el vaho de su aliento tibio oliendo a café*» (González *Dios* [Méx. 1999]). También se usa como intransitivo pronominal cuando significa 'reconocer y declarar ser algo, o estar de una determinada manera'; en estos casos se construye con un predicativo: «*Se confesó CULPABLE de los dos asesinatos*» (Quevedo *Genes* [Cuba 1996]); «*Jaime Concha, rugiendo de dolor y de vergüenza, se confesó DERROTADO*» (VLlosa *Tía* [Perú 1977]). Constituye un anglicismo sintáctico que debe evitarse el uso superfluo de *como* para introducir este predicativo (→ como, 3b): ⊗«*Si bien Vargas Llosa se confesó como un adicto al cine* [...], *reconoció que los medios audiovisuales no lo han cambiado*» (*Caretas* [Perú] 17.10.96); aquí bastaba decir *se confesó adicto al cine*.

confesionario. 'Recinto aislado de las iglesias en cuyo interior se coloca el sacerdote para oír las confesiones'. Esta es la forma más frecuente en el uso actual, pero es igualmente válida la variante *confesonario*.

confesonario. → confesionario.

confeti. Adaptación gráfica del plural italiano *confetti* ('confites'), que en español se usa en singular, como nombre colectivo, con el sentido de 'conjunto de pedacitos de papel de varios colores que se arrojan en celebraciones festivas': «*De los balcones cae una lluvia* [...] *de serpentinas y confeti*» (Agromayor *España* [Esp. 1987]). También puede denominarse *confeti* a cada pedacito de papel, lo que justifica el plural *confetis*: «*Arrojando confetis y serpentinas sobre los estudiantes* [...], *Helena se ganó a la muchachada*» (*Tiempo* [Col.] 11.11.99). No es correcto el plural híbrido ⊗*confettis*, que no es ni español ni italiano.

confetti. → confeti.

confiable. '[Persona o cosa] digna de confianza o de la que se puede uno fiar': «*En un clima así, nadie está seguro. Ninguna policía es confiable*» (*Universal* [Ven.] 8.9.96); «*Ya hay datos confiables sobre la suerte que corrió Fidel Castro*» (Matos *Noche* [Cuba 2002]). Es el término usado con preferencia en América, mientras que en España se emplea únicamente el sinónimo *fiable* (→ fiable).

confianza. 'Esperanza firme'. Se construye a menudo con un complemento precedido de *en*: «*El país todavía se hallaba desgarrado, titubeante, sin mayor confianza EN el porvenir*» (Chávez *Batallador* [Méx. 1986]). No debe suprimirse la preposición (→ QUEÍSMO, 1c): ⊗«*Tengo confianza que mi primera incursión empresarial será positiva*» (*Excélsior* [Méx.] 5.9.00); debió decirse *tengo confianza EN que mi primera incursión...*

confiar(se). 1. Se acentúa como *enviar* (→ APÉNDICE 1, n.º 5).

2. Cuando significa 'encargar a alguien el cuidado o la atención [de una persona o cosa]' y 'comunicar [algo] a una persona en la que se tiene confianza', además de llevar complemento directo, exige la presencia de un complemento indirecto: «*El Presidente ME confió UNA TAREA y esa es mi función*» (*Clarín* [Arg.] 19.1.97); «*LE confié EL RESULTADO de mis cálculos*» (Araya *Luna* [Chile 1982]).

3. Cuando significa 'tener confianza en alguien o algo' y 'tener la esperanza firme de que algo suceda', es intransitivo y se construye con un complemento introducido por *en*: «*Confiaba EN él*» (Memba *Homenaje* [Esp. 1989]); «*Confío EN que la verdad se imponga*» (Vega *Estado* [Chile 1991]). En el habla esmerada, cuando el complemento es una subordinada introducida por *que*, no debe suprimirse la preposición (→ QUEÍSMO, 1b): ⊗«*Confía que con la sentencia termine la pesadilla*» (*Excélsior* [Méx.] 7.8.96).

4. Como intransitivo pronominal (*confiarse*), significa 'actuar sin tomar las debidas precauciones': «*Mi rival se confió. Vino a rematarme con la guardia abierta. Vi el claro y le encajé un tortazo*» (Martínez *Perón* [Arg. 1989]); y 'contar los problemas propios a otra persona': «*De regreso a casa, se confió A su marido*» (Delibes *Madera* [Esp. 1987]). En este último caso, el complemento de persona se introduce por *a*, no por *con*; así, en ⊗«*Cuando le di ocasión, se confió CONMIGO en esta cuestión*» (Olaizola *Guerra* [Esp. 1983]), debió decirse *se confió A mí*.

confidencialidad. 'Cualidad de confidencial'. Es incorrecta la forma ⊗*confidenciabilidad*.

confidenta. → confidente.

confidente. 'Persona a la que otra confía sus secretos' y 'espía'. Por su terminación, es común en cuanto al género, y así se usa mayoritariamente en el habla culta (*el/la confidente*; → GÉNERO², 1a y 3c): «*La viuda solitaria que en un tiempo fue la confidente de sus amores reprimidos*» (GaMárquez *Años* [Col. 1967]). Se desaconseja el femenino *confidenta*, que tuvo cierto uso en el siglo XIX, pero que no se ha consolidado en el nivel culto.

confinar. Con el sentido de 'ser contiguo o limitar', es intransitivo y lleva un complemento introducido por *con*: «*Otros mil proyectos que parecen confinar CON la utopía*» (Tibón *Aventuras* [Méx. 1986]). Con el sentido de 'obligar a vivir en un lugar o a mantenerse dentro de unos límites' y 'recluir', es transitivo y suele llevar un complemento de lugar introducido por *en* o, menos frecuentemente, *a*: «*Sánchez Mazas fue confinado durante meses EN su casa*» (Cercas *Soldados* [Esp. 2001]); «*Cuando las confinan A celdas solitarias, las* *desnudan completamente»* (Valladares *Esperanza* [Cuba 1985]).

confíteor. Latinismo procedente de la forma verbal latina *confíteor* ('confieso'), palabra con la que empieza la oración *Yo confieso* en latín. En español se usa, como sustantivo masculino, para referirse a dicha oración. Debe escribirse con tilde por ser voz esdrújula (→ TILDE², 1.1.3): *«Reza el gloria patri y el confíteor»* (Leyva *Piñata* [Méx. 1984]). Es invariable en plural (→ PLURAL, 1k): *los confíteor.*

conflictivo -va. 1. Adjetivo que significa 'que genera o plantea conflicto(s)' y se dice también del tiempo, la situación o la circunstancia 'en que hay uno o muchos conflictos': *«Ciertas decisiones conflictivas han sido aplazadas "sine díe"»* (Aparicio *César* [Esp. 1981]); *«Fue una época muy conflictiva, en la que Sebas se metió en muchos líos»* (Hidalgo *Azucena* [Esp. 1988]). No debe usarse, en su lugar, el término ⊗*conflictuado,* participio de ⊗*conflictuar* (→ 2): ⊗*«Un gasoducto que deberá atravesar la conflictuada región del Cáucaso»* (*País* [Col.] 12.11.97); debió decirse *la conflictiva región.* Conviene distinguir entre *conflictivo* y *conflictual;* este último es el término que debe usarse como adjetivo relacional para referirse a lo perteneciente o relativo al conflicto o a los conflictos: *«Como novedad importante de esta ley, [...] además de la elevación a categoría legal del concepto y de la tipología conflictuales, [...] debe mencionarse la posibilidad de recurrir indistintamente a la huelga o a cualquiera de las medidas de solución del conflicto»* (*Estatuto* [Esp. 1985]).

2. Se desaconseja el uso del verbo ⊗*conflictuar,* creado en época reciente a partir del sustantivo *conflicto* —probablemente por influjo del inglés *to conflict*—, documentado en algunos países americanos como la Argentina, Chile, Bolivia, el Perú o Colombia: ⊗*«Posiciones [...] que han estado conflictuando las relaciones internacionales de las repúblicas del centro y del sur»* (*Tiempos* [Bol.] 5.9.00); ⊗*«Firmaban negocios a diestra y siniestra sin conflictuarse con la camarilla [...] que gobernaba para su provecho»* (*Caretas* [Perú] 12.6.97). En el español general se emplean, según los casos, las expresiones *crear* o *generar conflictos, hacer(se) conflictivo, entrar en conflicto, dificultar, complicar* o similares.

⊗**conflictuado -da, conflictual,** ⊗**conflictuar.** → conflictivo.

confluente. → confluir, 3.

confluir. 1. Dicho de dos o más cosas o personas, 'ir a parar a un mismo sitio'. Verbo irregular: se conjuga como *construir* (→ APÉNDICE 1, n.º 25). Su participio, *confluido,* se escribe sin tilde (→ TILDE², 2.1.1 y 2.1.2).

2. Suele construirse con un complemento introducido por *con: «El arte efímero confluye CON el arte conceptual»* (FdzChiti *Estética* [Arg. 1991]). Asimismo puede llevar un complemento de lugar encabezado por *en* o, muy raramente, *a: «Mantenía la mirada fija en las dos entradas que confluían EN las taquillas»* (MtzReverte *Gálvez* [Esp. 1979]); *«En el atrio de la primera planta miraron las puertas cerradas que confluían A él, sin saber qué hacer»* (Zaragoza *Concerto* [Esp. 1981]). A veces, cuando indica dirección, el complemento puede ir precedido de *hacia: «Las lágrimas caían ya torrencialmente de aquellos ojos verdes, inundaban las mejillas, [...] confluían HACIA los enfebrecidos labios rojos»* (GaHortelano *Gramática* [Esp. 1982]).

3. El adjetivo correspondiente es *confluyente* ('que confluye'): *«Se trata [...] de una ciudad que ha crecido encerrada en su espina dorsal como una fortaleza natural limitada por dos ríos confluyentes»* (*País* [Esp.] 2.9.97). Igualmente correcta, aunque ligeramente menos usada, es la variante *confluente,* más cercana en su forma al participio de presente latino del que deriva este adjetivo, *confluens, -entis: «Aquellos distintos medios confluentes llegan hasta las mismas puertas de Barquisimeto»* (Tamayo *Hombre* [Ven. 1993]).

confluyente. → confluir, 3.

conformar(se). Cuando significa 'darse por satisfecho', es intransitivo pronominal y se construye con un complemento introducido por *con: «Los testigos falsos ya no se conforman CON veinticinco pesos»* (Espinosa *Jesús* [Méx. 1995]). Con el sentido de 'ajustar(se)' o acomodar(se)', suele llevar un complemento con *a* o, más raramente, *con: «Quien no se conformaba A la regla pública era un desarreglado»* (*Vanguardia* [Esp.] 21.5.94); *«Se promueve que todos se conformen CON la regla a la que pertenece la mayoría»* (Téllez *Trastornos* [Méx. 1995]).

conforme. 1. Como adjetivo, con el sentido de 'correspondiente o acorde', se construye con un complemento introducido por *con* o, muy raramente, *a: «Estamos tratando de crear un nuevo partido político más conforme CON la realidad nacional»* (*Tiempo* [Col.] 10.4.97); *«Si cada uno se creyera obligado [...] a resistir a las leyes que no fueran conformes A sus ideas particulares»* (PBarba *Filosofía* [Esp. 1983]). Referido a persona y con sentido equivalente a *de acuerdo,* el complemento va introducido por *con* o *en: «Se mostraron conformes CON dar muerte al rabí»* (Benítez *Caballo 1* [Esp. 1984]); *«Todos estuvieron conformes EN seguirnos»* (OArmengol *Aviraneta* [Esp. 1994]). Con el sentido de 'satisfecho', suele llevar también un complemento introducido por *con: «Nunca están conformes CON lo que tienen»* (*Abc* [Par.] 27.11.96).

2. Como preposición, significa 'con arreglo a o según' y se emplea normalmente formando la locución *conforme a*: «*Conforme* AL *art. 78, "en cada Cámara habrá una Diputación Permanente"*» (VV. AA. *Grupo* [Esp. 2001]); pero también es posible su uso sin *a*: «*Conforme el parte oficial,* [...] *Montoya y cuatro individuos más balearon* [...] *a Fernando Estrada*» (*Siglo* [Guat.] 6.5.97).

3. Como conjunción, significa 'con arreglo a como, de la misma manera que o a medida que': «*Conforme el fantasma se desvanecía, el alivio crecía dentro del cuerpo de Tita*» (Esquivel *Agua* [Méx. 1989]).

confort. 1. Aunque existen desde antiguo en español el verbo *confortar* ('dar ánimo, vigor o consuelo') y el adjetivo *confortable* ('que conforta o anima'), el sustantivo masculino *confort* se introdujo a mediados del siglo XIX a través del francés, con el sentido de 'comodidad o bienestar material': «*Del confort de las habitaciones del Rambag volví a la austeridad de mi celda*» (Leguineche *Camino* [Esp. 1995]). En consecuencia, el adjetivo *confortable* pasó también a significar, desde ese momento, 'que proporciona confort o comodidad': «*El hombre estaba sentado en un confortable sillón*» (Contreras *Nadador* [Chile 1995]). Aunque se trata de un galicismo asentado, no hay que olvidar que existen en español voces sinónimas como *comodidad* o *bienestar*.

2. En español *confort* es palabra aguda (pron. [konfórt]), como su étimo francés; así pues, deben evitarse tanto la grafía anglicada ⊗*comfort* como la pronunciación llana ⊗[kónfort].

3. No debe usarse la forma ⊗*disconfort* como sinónimo de *incomodidad, molestia* o *malestar*, como se hace a veces por influjo del inglés *discomfort*.

confrontar(se). 1. Cuando significa 'comparar' y 'enfrentar o poner frente a frente', es transitivo y suele llevar un complemento introducido por *con*: «*Méndez confronta estas líneas* CON *otro pasaje de Martí*» (Vitier *Sol* [Cuba 1975]); «*Es un caso sin precedentes que confronta nuevamente a Austria* CON *su pasado nazi*» (*País* [Esp.] 9.1.97).

2. Cuando significa 'enfrentarse o hacer frente a alguien o algo', puede usarse como intransitivo, pronominal o no, y lleva, en ese caso, un complemento introducido normalmente por *con*: «*Sus tropas no se confrontaron* CON *un ejército enemigo*» (*Clarín* [Arg.] 30.1.97); «*Ellos, a su vez, evitaron confrontar públicamente* CON *el ministro*» (*Clarín* [Arg.] 9.7.01); a veces se utiliza también la preposición *a*: «*Se confronta* A *un asunto* [...] *que no podrá resolverse*» (VV. AA. *Narcotráfico* [Col. 1991]). En gran parte de América, con este sentido, se utiliza frecuentemente como transitivo: «*Es cierto que confrontas una situación difícil, pero eso no te faculta para maldecir a tu propia mujer*» (Piñera *Siameses* [Cuba 1990]).

confucianismo. 'Conjunto de creencias y prácticas religiosas establecidas por Confucio'. Es igualmente válida, aunque algo menos frecuente, la variante *confucionismo*. Los adjetivos derivados son *confuciano* y *confucionista*.

confuciano -na, confucionismo, confucionista. → confucianismo.

confundido -da. → confundir(se), 4.

confundir(se). 1. Como transitivo, con el sentido de 'tomar equivocadamente [a una persona o cosa] por otra', además del complemento directo, suele llevar un complemento precedido por *con*: «*Confundí un montón de plumas sucias de gallina* CON *un ángel*» (Quintero *Danza* [Ven. 1991]). También se construye como transitivo con el sentido causativo de 'hacer que [alguien] se equivoque': «*A Nixon* LO *confundieron al comunicarle que el escenario sería oscuro y que, por lo tanto, debía vestir un traje claro*» (Freire *Tevedécada* [Chile 1990]).

2. Cuando significa 'causar turbación o perplejidad a alguien', por tratarse de un verbo de «afección psíquica», dependiendo de distintos factores (→ LEÍSMO, 4a), el complemento de persona puede interpretarse como directo o como indirecto: «*La risa que soltó el italiano* LA *confundió un tanto*» (Dou *Luna* [Ven. 2002]); «*También* LE *confundía* [a la doctora] *el lenguaje de altos vuelos y la bien cuidada ortografía e irreprochable sintaxis de la carta*» (Chao *Altos* [Méx. 1991]).

3. Como intransitivo pronominal, significa 'equivocarse', normalmente con un complemento con *de* o, más raramente, *en*: «*Se confundió* DE *habitación*» (Soriano *León* [Arg. 1986]); «*El Gobierno "se está confundiendo* EN *la política antiterrorista"*» (*Vanguardia* [Esp.] 18.8.94); y 'fundirse o mezclarse', con un complemento precedido de *con, en* o *entre*: «*El ruido de las busetas se confunde* CON *el de los camiones*» (*Tiempo* [Col.] 6.9.96); «*Escena y público se confundían* EN *una misma intriga*» (*País* [Esp.] 11.10.80); «*Apartándose de Epistemo, se confundió* ENTRE *los malabaristas*» (Moix *Sueño* [Esp. 1986]).

4. Su participio es *confundido*, única forma que debe usarse en la formación de los tiempos compuestos y de la pasiva perifrástica: *Su amabilidad me ha confundido; Fue confundida con su hermana gemela*. También puede funcionar como adjetivo: «*Bajaron a tierra confundidos con el resto del pasaje*» (*País* [Esp.] 28.9.77). Solo cuando significa 'desconcertado, sin saber qué hacer ni qué decir' es intercambiable por el adjetivo *confuso* (→ confuso): «*Se le nota confundido e indeciso, pues no sabe bien qué hacer*» (*Tiempo* [Col.] 1.12.91); pudo decirse *se le nota confuso e indeciso*.

confuso -sa. Adjetivo (del lat. *confusus*, part. de *confundere* 'confundir') que significa, referido a persona, 'desconcertado, sin saber qué hacer ni qué decir': «*Iba el presidente abatido, confuso, al borde de la desesperación*» (*Hora* [Guat.] 8.4.97); con este sentido, es intercambiable por *confundido* (→ confundir(se), 4). Sin embargo, cuando significa 'poco claro o difícil de comprender o distinguir', no puede ser sustituido por *confundido*: «*Se cernía sobre mi hermano una amenaza tan confusa como tremenda*» (GaMorales *Sur* [Esp. 1985]); «*Se oye el ruido de camiones que pasan cerca; gritos confusos en otro idioma*» (Corrieri *Fuera* [Cuba 1978]). A pesar de su etimología, *confuso* no funciona nunca como participio de *confundir(se)*, por lo que no debe emplearse para formar los tiempos compuestos ni la pasiva perifrástica de este verbo.

congeniar. Dicho de dos o más personas, 'llevarse bien por tener caracteres o gustos coincidentes'. Se acentúa como *anunciar* (→ APÉNDICE 1, n.° 4).

congraciar(se). 'Disponer favorablemente [a una persona] con otra' y 'atraerse la benevolencia o el afecto de alguien'. Se acentúa como *anunciar* (→ APÉNDICE 1, n.° 4).

congratular(se). Como transitivo, 'felicitar': «*Este rotativo congratula al Senado* [...] *por haber aprobado la ley de Educación*» (*Dedom* [R. Dom.] 6.2.97). Como intransitivo pronominal, 'felicitarse o alegrarse', con un complemento con *por* o *de*: «*Se congratulaba POR el esfuerzo realizado*» (Bain *Dolor* [Col. 1993]); «*Se congratulaban DE que no habían perdido un hijo*» (Alatriste *Vivir* [Méx. 1985]). No es correcto introducir este complemento con la preposición *con*, ni usarlo como sinónimo de *congraciarse*: ⊗«*Bermúdez se congratula CON el apoyo que está recibiendo la empresa*» (*FVigo* [Esp.] 28.3.01); ⊗«*Un asistente puso en funcionamiento* [el juguete] *con el fin de congratularse con el nieto pródigo*» (Rubio *Sal* [Esp. 1992]).

congresal. Es variante americana de *congresista* (→ congresista, 1) y de *congresual* (→ congresual).

⊗**congresional.** → congresual.

congresista. 1. 'Persona que participa en un congreso científico, político, etc.' y 'miembro del Congreso (cámara legislativa)': «*En el congreso de química* [...] *el opúsculo de Cannizaro* [...] *fue tomado en consideración por los congresistas*» (RdgzRíos *Evolución* [Esp. 1981]); «*Había sido presidente del Partido Dominicano, congresista y ministro*» (VLlosa *Fiesta* [Perú 2000]). En los países del área andina y el Cono Sur, se emplea también, con ambos significados, la voz *congresal*: «*Entre los temas que abordarán los congresales destacan: "Nuestro continente y su oferta turística"*» (*Hoy* [Chile] 28.11-4.12.79); «*Esta situación solo podría darse en el caso de que los congresales renovadores y ubaldinistas superasen mañana en número al miguelismo*» (*Clarín* [Arg.] 21.10.87).

2. Debe evitarse el uso de *congresista* como adjetivo referido a cosas; para ello deben usarse las formas *congresual* o *congresal* (→ congresual), o bien el complemento preposicional *del congreso*.

congresual. En España, 'del congreso (asamblea periódica de miembros de una asociación) o Congreso (cámara legislativa)': «*A la cita congresual socialista asistirán 200 alcaldes*» (*Vanguardia* [Esp.] 27.2.94); «*Se refirió al acuerdo congresual que deja abierta la puerta a una eventual descentralización de la Seguridad Social*» (*Vanguardia* [Esp.] 22.3.94). En algunos países de América se emplea la forma *congresal*, casi siempre en referencia a la cámara legislativa: «*En la última sesión congresal se fijó esta fecha*» (*Tiempos* [Bol.] 11.12.96). Se desaconseja la forma ⊗*congresional*, calco censurable del inglés *congressional*.

conimbricense. → Coímbra.

conllevar. Es transitivo y significa 'implicar o suponer': «*La invalidez conllevaba demasiado sufrimiento*» (Serrano *Corazón* [Chile 2001]); y 'sobrellevar o soportar [algo o a alguien penoso o molesto]': «*No es fácil conllevar la áspera evidencia de nuestros propios límites*» (Liberman *Mahler* [Arg. 1982]). No es correcto su uso como sinónimo de *llevar*: ⊗«*Esa actitud bélica lo conllevó A enfrentarse con el Gobierno*» (*DAméricas* [EE. UU.] 15.4.97).

conmigo. → PRONOMBRES PERSONALES TÓNICOS, 1.

conmover(se). 1. 'Emocionar(se)' y 'mover(se) fuertemente'. Verbo irregular: se conjuga como *mover* (→ APÉNDICE 1, n.° 41).

2. Con el primer sentido indicado es un verbo de «afección psíquica»; por ello, dependiendo de distintos factores (→ LEÍSMO, 4a), el complemento de persona puede interpretarse como directo o como indirecto: «*El personaje que LA conmueve más es la pequeña que lleva en su mano izquierda un hatillo*» (Arel *Jardín* [Ur. 1985]); «*A Lucas Chevieux* [...] *a veces LE conmovía su propia eficiencia*» (Fresán *H.ª argentina* [Arg. 1991]).

conmutar. 'Cambiar [una cosa] por otra' y, más a menudo, 'sustituir [penas o castigos impuestos] por otros menos graves'. Además del complemento directo, lleva un complemento precedido de la preposición *por* y, más raramente, *con*: «*La pena capital le fue conmutada POR la de 30 años de cárcel*» (Valladares *Esperanza* [Cuba 1985]); «*Este tercer componente* [...] *podría conmutarse en su factura CON otros*» (Traversa *Cine* [Arg. 1984]). No es sinónimo de *transformar*: ⊗«*El contoneo que conmutaba su cuerpo en una sombra*» (Satué *Carne* [Esp. 1991]).

conocer(se). 1. Verbo irregular: se conjuga como *agradecer* (→ APÉNDICE 1, n.° 18).

2. Cuando significa 'saber cómo es [algo o alguien]' y 'tener trato [con alguien]', es transitivo:

«*Conozco el camino*» (Hernández *Naturaleza* [Esp. 1989]); «*Mateo no conoce a su hijo*» (Gironella *Hombres* [Esp. 1986]). También es transitivo cuando significa 'saber o tener noticia [de algo]': «*Dijo que no conocía la existencia de bandas paramilitares*» (*Clarín* [Arg.] 3.2.97); con este sentido, es incorrecto utilizar *conocer* como intransitivo, seguido de un complemento con *de*, error achacable al cruce con *saber:* ⊗«*Varios diputados* [...] *conocieron* DE *la existencia del video*» (*Hoy* [Chile] 3-9.2.97); lo correcto es *conocieron la existencia* o *supieron de la existencia.*

3. Es intransitivo cuando se usa, en el lenguaje del derecho, con el sentido de 'ocuparse de un asunto', caso en el que lleva un complemento con *de:* «*La justicia penal militar, y no la ordinaria, sería la competente para conocer* DE *estos casos*» (*Tiempo* [Col.] 15.4.97).

4. En la acepción de 'tener trato con alguien', en el habla de algunas zonas pervive un uso antiguo como intransitivo pronominal, seguido de un complemento precedido de *con*: «*Se conoció* CON *Roger cuando tocaba en el grupo Smile*» (*Clarín* [Arg.] 16.1.79); lo normal, en el español general actual, es el uso transitivo (→ 2): *Conoció a Roger cuando...*

conque. **1.** Conjunción ilativa que se utiliza para enunciar una consecuencia natural de lo que acaba de decirse: «*Este árabe es peligrosísimo, conque mucho cuidado*» (Lezama *Oppiano* [Cuba 1977]). Puede emplearse también encabezando una frase exclamativa o interrogativa, para expresar sorpresa o censura ante el interlocutor: «*Conque eres bordadora y remendadora, pues mira, estoy por decirte que vengas un día a casa, tenemos trabajo para ti*» (Vázquez *Narboni* [Esp. 1976]); «*Ah, ¿conque llamáis Cigüeña a Gerardo, eh?*» (Delibes *Madera* [Esp. 1987]).

2. En la lengua coloquial, se usa también como sustantivo masculino con los sentidos de 'condición con que se hace o se promete una cosa' y 'quid de la cuestión': «*Testó él* [...] *a favor de su esposa, con el conque de que si ella moría su herencia pasaba a los paisanos*» (Asturias *Papa* [Guat. 1954]); «*Ya me las apañaría pa exigir ganao de recibo, que aquí está el conque, Marquitos, en el ganao*» (DzCañabate *Paseíllo* [Esp. 1970]). El plural es *conques.*

3. Se escribe siempre en una sola palabra, por lo que no debe confundirse con las secuencias siguientes:

a) La preposición *con* seguida del relativo *que*: «*Lo bien que les caen a los dos los flamantes trajes grises con que* [= con los que, con los cuales] *van a presentarse en el teatro*» (Cortázar *Reunión* [Arg. 1983]).

b) La preposición *con* seguida de la conjunción *que* que encabeza las oraciones sustantivas subordinadas: «*Con que nos pongamos de acuerdo en una sola cuestión es suficiente, compañeros*» (Santander *Corrido* [Méx. 1982]). En estos casos la secuencia es sustituible por la preposición *con* seguida del verbo en infinitivo: *Con ponernos de acuerdo en...*

c) La preposición *con* seguida del pronombre interrogativo o exclamativo tónico *qué:* «*¿Con qué entusiasmo o ganas podría yo hacerlo sabiendo que la Ibarguren está allí?*» (Posse *Pasión* [Arg. 1995]); «*¡Mira con qué sale ahora!*» (Olmos *Marina* [Esp. 1995]).

consanguineidad. → consanguinidad.

consanguinidad. 'Condición de consanguíneo'. Procedente del latín *consanguinitas*, se documenta en épocas tempranas del español: «*E este casamiento asimesmo fue después por el papa Ynoçençio partido, porque eran muy çercanos en deudo e consanguinidad*» (Escavias *Repertorio* [Esp. 1467-75]). Es preferible esta voz, de larga tradición y mayoritaria en el uso, al sustantivo *consanguineidad*, creación reciente y formalmente correcta a partir del adjetivo *consanguíneo* (→ -dad, d): «*Las diferencias en el tipo físico entre los seres humanos se derivan del grado de consanguineidad de la población*» (Navarro/DzMartínez *Ética* [Esp. 1997]). Son incorrectas las formas ⊗*cosanguinidad* y ⊗*cosanguineidad.*

consciencia, consciente. → conciencia.

consecuente. Cuando significa 'que va después o es consecuencia de otra cosa', se construye con un complemento con *a*: «*El silencio posee la propiedad de valorar los sonidos precedentes y consecuentes A él*» (Muñoz/Gil *Radio* [Esp. 1986]). Con el significado de '[persona] cuya conducta guarda correspondencia lógica con los principios que profesa', suele llevar un complemento introducido por *con*, que expresa dichos principios: «*Consecuente* CON *esas ideas, al joven Camaran no le gustaban las damiselas etéreas*» (Caso *Peso* [Esp. 1994]).

conseguir. 'Obtener o lograr [algo]'. Verbo irregular: se conjuga como *pedir* (→ APÉNDICE 1, n.º 45).

consejería. 'Cargo de consejero': «*Desempeñó bastantes años la consejería delegada del Banco de Santander*» (Otero *Fundamentalismos* [Esp. 2001]); 'sede u oficina de un consejo': «*El joven secretario privado del presidente Samper* [...] *acaba de ser encargado de la Consejería para la Seguridad Nacional*» (*Semana* [Col.] 1-8.10.96); y, en España, 'departamento de gobierno de una comunidad autónoma': «*Este es un balance rápido de lo realizado por cada una de las consejerías del Gobierno regional*» (*Mundo* [Esp.] 1.7.96). En algunos países de América significa también 'asesoramiento': «*El equipo de profesionales* [...] *debe estar suficientemente preparado para brindar apoyo y consejería tanto al paciente como a los familiares*» (Ruiz *Atención* [Chile 1994]). Solo cuando forma parte del nombre completo de un organismo o entidad, se escribe con mayúscula inicial (→ MAYÚSCULAS, 4.14). No debe confundirse con conserjería ('empleo de conserje y lugar donde se ubica'; → conserjería).

consejo. 'Recomendación que se hace a alguien para su bien': «*Solo un consejo: no aceptes ese dinero*» (Diosdado *Trescientos* [Esp. 1991]); y 'órgano formado por un grupo de personas para asesorar o tomar decisiones sobre una materia o administrar una entidad': «*Se entrevistaría con los integrantes del consejo directivo*» (*Clarín* [Arg.] 3.7.87). Procede del latín *consilium* ('órgano consultivo y deliberativo'), y no debe confundirse con *concejo* ('ayuntamiento o corporación municipal'; → concejo). Los miembros de un consejo son *consejeros;* los de un concejo, *concejales.*

consensar. → consensuar.

consenso. 'Acuerdo adoptado por consentimiento entre todos los miembros de un grupo': «*Se procura el consenso para evitar la violencia abierta*» (Ostolaza *Política* [P. Rico 1989]). Es palabra castellanizada desde antiguo, por lo que no debe usarse el latinismo ⊗*consensus.*

consensuar. 'Adoptar [una decisión] por consenso'. Se acentúa como *actuar* (→ APÉNDICE 1, n.º 7): «*Los aliados europeos consensúan el nombre de un candidato*» (*Vanguardia* [Esp.] 2.11.95). En México y el área centroamericana se usa con cierta frecuencia, y es válida, la variante *consensar:* «*Se consensó con los partidos políticos la eliminación de los escrutinios locales*» (*Tribuna* [Hond.] 22.7.97).

⊗**consensus.** → consenso.

consentir. 1. Verbo irregular: se conjuga como *sentir* (→ APÉNDICE 1, n.º 53).

2. Cuando significa 'permitir', se construye normalmente como transitivo: «*¿Se imagina que, a mí, pudiera tratarme nadie con esos modales? Jamás lo consentiría*» (Nieva *Baile* [Esp. 1990]). A menudo lleva también un complemento indirecto de persona: «*Tampoco es bueno consentirles todo a los niños*» (Sampedro *Sonrisa* [Esp. 1985]).

3. Cuando significa 'aceptar lo que otro solicita o propone', se construye como intransitivo con un complemento precedido de *en:* «*Consentir EN proposición semejante habría de traerme problemas*» (Romero *Declaración* [Ven. 1988]). Es calco del inglés *to consent to,* y debe evitarse la construcción con *a:* ⊗«*Es necesario que las partes involucradas consientan A su otorgación*» (Maldonado/Negrón *Derecho* [P. Rico 1997]). Cuando el complemento es una subordinada, en la lengua esmerada no debe omitirse la preposición (→ QUEÍSMO, 1b): *Consentí EN* [= acepté] *que fuéramos juntos al médico.* Existe, sin embargo, una clara tendencia a suprimir la preposición, reforzada por el hecho de que si el sujeto de la principal no coincide con el sujeto de la subordinada, el significado se acerca en ese caso a

'permitir', acepción con la que es normal la construcción transitiva (→ 2): *Consentí EN* [= acepté] *que me dejaras sola,* frente a *Consentí* [= permití] *que me dejaras sola.*

4. Es transitivo, con complemento directo de persona, cuando significa 'mimar [a alguien] o ser muy indulgente [con él]': «*A los locos con poder hay que consentirlos, doctor*» (Dorfman *Muerte* [Chile 1995]).

conserjería. 'Empleo de conserje': «*La conserjería de un gran hotel es una profesión que exige una meticulosa preparación*» (Poza *Servicios* [Esp. 1993]); 'espacio que ocupa el conserje': «*Se acercó a la conserjería y preguntó si su reserva había sido registrada*» (Soriano *León* [Arg. 1986]). No debe confundirse con *consejería* ('cargo de consejero', 'oficina de un consejo asesor o de gobierno' y 'asesoramiento'; → consejería).

conservadorismo. → conservadurismo.

conservadurismo. 'Doctrina de los partidos conservadores' y 'actitud conservadora': «*El país sufre un verdadero ataque de conservadurismo*» (*Hoy* [Chile] 2-8.6.97). Es preferible esta forma, mayoritaria en el conjunto del ámbito hispánico, a la variante *conservadorismo,* que se emplea a veces en algunos países de América del Sur, especialmente en el área rioplatense: «*No es lo mismo la derecha del conservadorismo inglés que la del laborismo*» (Ferla *Drama* [Arg. 1985]).

considerar. Con el sentido de 'juzgar o estimar', es transitivo y, además de su complemento directo, suele llevar un complemento predicativo, introducido a veces por *como* (→ como, 3b): «*No consideraban el flamenco UN ARTE a la altura*» (*Tiempo* [Esp.] 5.3.90); «*Sus familiares y amigos los consideran COMO achaques banales*» (Vega *Así* [Col. 1981]). Cuando el complemento es una oración, no debe ir introducido por la preposición *de* (→ DEQUEÍSMO, 1b): ⊗«*Consideramos DE que el contratista [...] debería comunicarse primero con Alianza*» (*Hoy* [El Salv.] 26.6.96); debe decirse *Consideramos que...*

consigo. → PRONOMBRES PERSONALES TÓNICOS, 1 y sí, 3.

consiguiente. 1. Con el sentido de 'que va después o es consecuencia de otra cosa', se construye con un complemento con *a:* «*La reacción consiguiente A una propuesta de este tipo puede ser de graves consecuencias*» (FdzChiti *Estética* [Arg. 1991]).

2. de consiguiente. → 3.

3. por consiguiente. 'Como consecuencia': «*Acaso encontró que el gesto no estaba bastante justificado y, por consiguiente, volvió a retirar la mano*» (Ruffinelli *Infamias* [Ur. 1981]). La forma *por el consiguiente* ya no se usa hoy. La variante *de consiguiente,* muy empleada en los siglos XVIII y XIX, es muy rara en la actualidad: «*De consiguiente, los negocios andaban mal en la urbe*» (Tamayo *Hombre* [Ven. 1993]).

consistir. 'Ser', 'estar formado' y 'ser efecto de una causa'. En cualquiera de sus acepciones, rige un complemento con *en*: «*Mi trabajo consistía EN hacer planillas de jornales*» (Araya *Luna* [Chile 1982]); y no *de*: ⊗«*La flotilla consistía DE ocho barcos y dos aviones*» (*Nacional* [Ven.] 19.5.97).

consolar(se). 1. 'Aliviar(se) de una pena o un sufrimiento'. Verbo irregular: se conjuga como *contar* (→ APÉNDICE 1, n.º 26). **2.** Se construye a menudo con un complemento introducido por *de*, que expresa la causa del sufrimiento: «*Construyeron un mundo sinuoso, sosegado y lumínico, donde las lámparas, los muebles, el equipo de música, los libros consuelan DE las punzantes escenas exteriores*» (Balza *Mujer* [Ven. 1986]); si el complemento es el sustantivo *pena, sufrimiento, desgracia* u otro similar, también puede ir precedido de la preposición *en*: «*Una buena indemnización, que los socorra y los consuele algo EN su desgracia*» (Valera *Carta* [Esp. 1904]). **3.** Por tratarse de un verbo de «afección psíquica», dependiendo de distintos factores (→ LEÍSMO, 4a), el complemento de persona puede interpretarse como directo o como indirecto: «*Estefanía llora. El doctor LA consuela*» (Paso *Palinuro* [Méx. 1977]); «*LE consoló que, por lo menos, su piel estuviese tensa y sin arrugas*» (Padilla *Jardín* [Cuba 1981]).

consonar. 'Estar en consonancia'. Verbo irregular: se conjuga como *contar* (→ APÉNDICE 1, n.º 26).

constituir(se). 1. 'Formar o componer [algo]', 'ser algo', 'dotar(se) de una nueva condición o estado' y 'reunirse'. Verbo irregular: se conjuga como *construir* (→ APÉNDICE 1, n.º 25). Su participio, *constituido*, se escribe sin tilde (→ TILDE², 2.1.1 y 2.1.2). **2.** Cuando significa 'dotar(se) de una nueva condición o estado', se construye con un complemento predicativo introducido por *como* o *en*: «*Los socialistas italianos aspirarían a constituirse al menos COMO una tercera fuerza que pudiera ser árbitro en la política italiana*» (*País* [Esp.] 27.9.77); «*Con su labia se constituyó EN representante autorizado de los nocturnos intereses de Carrizales*» (Elizondo *Setenta* [Méx. 1987]).

constreñir(se). 'Obligar(se)' y 'limitar(se)'. Verbo irregular: se conjuga como *ceñir* (→ APÉNDICE 1, n.º 23). Aunque la *n* del grupo *-ns-* se relaja a menudo en la pronunciación, en la lengua culta actual no se admite su pérdida en la escritura (→ n, 3): ⊗*costreñir*.

construir. 'Fabricar o edificar'. Verbo irregular: v. conjugación modelo (→ APÉNDICE 1, n.º 25). Su participio, *construido*, se escribe sin tilde (→ TIL-

DE², 2.1.1 y 2.1.2). Aunque la *n* del grupo *-ns-* se relaja en la pronunciación en ciertas zonas, especialmente en España, en la lengua culta actual no se admite su pérdida en la escritura (→ n, 3): ⊗*costruir*.

consubstanciarse. → consustanciarse.

cónsul. 'Diplomático encargado de defender a los ciudadanos de su país en una ciudad extranjera'. Por su terminación, es común en cuanto al género (*el/la cónsul;* → GÉNERO², 1a y 3i): «*El Gobierno designó a la cónsul hondureña en México* [...] *para investigar el asunto*» (*Siglo* [Pan.] 1.8.00). En algunos países de América se usa a veces el femenino *consulesa*: «*La consulesa en Barcelona está en Asunción*» (*Abc* [Par.] 31.10.00).

consulesa. → cónsul.

consultar. Cuando significa 'examinar [un asunto] con otra persona para conocer su opinión', el asunto se expresa mediante un complemento directo y el complemento de persona es indirecto o va precedido de *con*: «*Toda la familia LE consultaba sus problemas económicos*» (VqzMontalbán *Soledad* [Esp. 1977]); «*Consultaron CON sus comunidades las decisiones de mayor trascendencia*» (*Proceso* [Méx.] 20.10.96). Si el asunto no está expreso, el complemento de persona pasa a ser directo ('pedir parecer o consejo [a alguien]'): «*Sus hermanos siempre LA consultaban antes de tomar una decisión importante*» (*Siglo* [Guat.] 11.5.97).

consulting. Voz inglesa que se emplea ocasionalmente en español con los significados de 'asesoramiento técnico o profesional' y 'empresa que proporciona este tipo de asesoramiento'. Es anglicismo innecesario, que debe sustituirse por las voces españolas *consultoría*, válida para ambos sentidos, y *consultora*, para designar la empresa: «*El banco se centrará en brindar servicios de consultoría a los Gobiernos de los países pobres*» (*Vanguardia* [Esp.] 2.5.95); «*El asesinado* [...] *trabajaba en una consultoría de su pueblo natal*» (*DAméricas* [EE. UU.] 25.7.97); «*Porter es el dueño de la consultora Monitor*» (*Clarín* [Arg.] 13.11.00).

consustanciarse. 'Unirse íntimamente una persona o cosa con otra hasta hacerse una sola'. Se acentúa como *anunciar* (→ APÉNDICE 1, n.º 4). También puede escribirse *consubstanciarse* (→ sustancia).

contabilizar. Su significado original es 'apuntar o registrar [una partida o una cantidad] en un libro de cuentas', a menudo usado en sentido figurado: «*En un Estado industrial fundado en la esclavitud,* [...] *el dueño está obligado a contabilizar en sus gastos de producción el importe de la compra de sus esclavos*» (GaOviedo *Derecho* [Esp. 1946]); «*Bien es verdad que no había semana sin víctima, pero los ca-*

dáveres se contabilizaban como accidentes laborales»
(Azúa *Diario* [Esp. 1987]). En los últimos tiempos
ha ampliado su sentido y hoy se usa con más frecuencia con los significados de 'contar [algo] o calcular [su número]': «*La Policía chontaleña contabi-
lizó 60 delitos*» (*Prensa* [Nic.] 2.4.02); e 'incluir [algo]
en un cómputo': «*García contabilizaba la jugada
en la incalculable marca de sus tiros a puerta fallidos*»
(GaHortelano *Cuáles* [Esp. 1995]).

contactar(se). Con el sentido de 'establecer contacto o comunicación con alguien', suele ser
intransitivo no pronominal —uso mayoritario en
España— o pronominal —uso más frecuente en
América—, y va seguido de un complemento introducido por *con*: «*Consiguió contactar* CON *el médico*» (GmzMontoya *Cirugía* [Esp. 1995]); «*Reina
viene en persona a contactarse* CON *los zapatistas*»
(Serrano *Corazón* [Chile 2001]). Menos frecuente,
pero también válido, es su uso como transitivo:
«*Se le envió con la misión de contactar* A *Garnier y
obtener el permiso de traducción de su obra*» (MtzGil
Hidrogeología [Esp. 1990]).

contado. *por de contado.* → descontado.

contagiar(se). **1.** Se acentúa como *anunciar*
(→ APÉNDICE 1, n.º 4).

2. Es transitivo cuando significa 'transmitir por
contagio una enfermedad o un estado de ánimo',
y puede construirse de dos formas:

a) Lo contagiado se expresa mediante el complemento directo y la persona a la que afecta el
contagio, mediante el indirecto: «*Sostiene que ella
lo engañaba* [...] *y que le contagió una enfermedad ve-
nérea*» (Martínez *Vuelo* [Arg. 2002]).

b) La persona contagiada se expresa mediante el
complemento directo y lo que se contagia, mediante un complemento de régimen introducido
por *de*: «*Quise que un amigo* [...] *me contagiara* DE *he-
patitis*» (Alatriste *Vivir* [Méx. 1985]).

3. Es pronominal cuando significa 'adquirir por
contagio una enfermedad o un estado de ánimo',
y se construye con un complemento de régimen
con *de*: «*Las gallinas se contagiaron* DE *moquillo*»
(Allende *Casa* [Chile 1982]). También es pronominal cuando significa, dicho de una enfermedad
o de un estado de ánimo, 'pasar de una persona
a otra': «*La brucelosis se contagia a través de los animales*» (*País* [Esp.] 2.4.84).

container. → contenedor.

contaminar(se). 'Alterar(se) nocivamente la pureza o las condiciones normales de algo'. Suele llevar un complemento introducido por *con* o *de*: «*Las
aguas se contaminan* CON *basura doméstica*» (*Siglo*
[Pan.] 30.6.01); «*Su habla se contamina* DE *palabras
que ha copiado de libros españoles*» (Martínez *Vuelo*
[Arg. 2002]).

contar. **1.** Como transitivo, 'referir oralmente
[algo]' y 'determinar el número [de algo]'; como
intransitivo, 'decir los números', 'tener valor o importancia', 'confiar en poder disponer de alguien
o algo en caso de necesidad' y 'tener en cuenta o
tomar en consideración algo o a alguien'. Verbo
irregular: v. conjugación modelo (→ APÉNDICE 1,
n.º 26).

2. Cuando significa 'tener años de edad', puede
funcionar como transitivo: «*Abandonamos la aldea
cuando yo contaba siete años*» (FdzCubas *Altillos* [Esp.
1983]); o como intransitivo, caso en el que se construye con un complemento introducido por la preposición *con*: «*Arriola Roque, quien contaba* CON
30 años, fue sorprendido en su negocio por Vargas Fallas»
(*Nación* [C. Rica] 13.2.97).

[⊗]**contéiner.** → contenedor.

contemporaneidad. 'Cualidad de contemporáneo' y 'época contemporánea'. Son incorrectas las
formas [⊗]*contemporanidad* y [⊗]*contemporaniedad*
(→ -dad, d).

contendedor -ra. → contender, 2.

contender. **1.** 'Luchar'. Verbo irregular: se conjuga como *entender* (→ APÉNDICE 1, n.º 31).

2. Para referirse a la persona que participa en una
contienda, se emplea en el español general actual
la voz *contendiente*: «*El saludo entre los dos contendientes fue frío*» (*NDía* [P. Rico] 5.1.98). El derivado *contendedor* ha desaparecido prácticamente del
uso actual, mientras que su forma sincopada, *contendor*, muy frecuente en el español medieval y clásico, sigue viva en algunos países de América: «*La
precaria salud del líder rumano Nicolae Ceaucescu ha
desatado una fiera lucha por el poder en su país. Una
de las contendoras es su esposa Elena*» (*Hoy* [Chile]
5-11.5.86).

contendiente, contendor -ra. → contender, 2.

contenedor. 'Recipiente de grandes dimensiones
destinado al almacenamiento y transporte de mercancías o al depósito de residuos diversos': «*En todas las playas existen contenedores para los residuos más
comunes*» (VV. AA. *Ecología* [Esp. 1996]). La existencia de esta voz española hace innecesario el uso
de la voz inglesa *container*, así como el de su adaptación [⊗]*contéiner*.

contener(se). 'Llevar o tener [algo] dentro', 'poner freno [a algo]' y, como pronominal, dicho de
una persona, 'dominarse o frenarse'. Verbo irregular: se conjuga como *tener* (→ APÉNDICE 1,
n.º 57). El imperativo singular es *contén* (tú) y *con-
tené* (vos), y no [⊗]*contiene*.

contento. 'Alegría o satisfacción': «*Todavía me du-
raba el contento por saberlo mejorado*» (Cortázar *Reunión* [Arg. 1983]). Forma parte de la expresión *pon-*

derativa *loco de contento*, que significa 'muy contento': «*¿Y no se puso loca de contento con el broche de oro que le regalaste?*» (Piñera *Niñita* [Cuba 1992]). En esta expresión, equivalente a *loco de alegría*, la palabra *contento* es un sustantivo (y no el adjetivo *contento, -ta*); por tanto, debe permanecer invariable aunque el referente sea femenino o plural: *loca de contento, locos de contento, locas de contento,* y no ⊗*loca de contenta,* ⊗*locos de contentos,* ⊗*locas de contentas.*

conterráneo -a. → coterráneo.

contestar. 1. Cuando significa 'responder [algo] a lo que alguien dice o pregunta', es transitivo; la respuesta se expresa mediante un complemento directo y la persona a quien se dirige, con un complemento indirecto: «*Nosotros LE contestamos que no*» (*Tiempo* [Col.] 21.1.97). No debe anteponerse la preposición *de* al complemento directo (→ DEQUEÍSMO, 1b): ⊗*«Me contestó DE que precisa la planilla de contribución»* (*País* [Ur.] 4.10.01). A veces se elide el complemento directo, pero el complemento de persona sigue siendo indirecto: «*Adiós, guardaespaldas —exclamó ella. No LE contestó*» (Tomás *Orilla* [Esp. 1984]). En ocasiones, el verbo funciona como intransitivo y la respuesta se expresa mediante un complemento precedido de *con*: «*LE contesté CON un gruñido*» (Bolaño *Detectives* [Chile 1998] 512).
2. Cuando significa 'dar respuesta a la pregunta, llamada o comunicación de alguien', puede construirse con complemento directo o con un complemento precedido de la preposición *a*: «*Jamás contestó las preguntas que hacían sobre su vida*» (Azuela *Casa* [Méx. 1983]); «*El procesado contestó A sus preguntas*» (*País* [Esp.] 3.6.97); «*La gerencia del Wyndham no contestó las llamadas de este diario*» (*NDía* [P. Rico] 23.10.97); «*Nadie contestaba A las llamadas del timbre*» (*Mundo* [Esp.] 15.1.96).

contexto. 'Entorno lingüístico de una palabra, frase o fragmento considerados, del que depende muchas veces su sentido': «*Hay palabras que adquieren nuevos sentidos por su aparición reiterada en un determinado contexto sintáctico:* suerte *pasó a significar 'buena suerte' en contextos como* Deséame suerte» (Pascual/Alcalde/Castro *Lengua* [Esp. 1997]); y, por extensión, 'situación o conjunto de circunstancias en las que se sitúa algo': «*En este contexto histórico y cinematográfico se ubica la película*» (LpzNavarro *Clásicos* [Chile 1996]). Debe evitarse su uso superfluo: ⊗*«Se trata [...] de continuar con el proceso de vertebración del sector agrario español para que aumente su peso específico en el contexto de la Comunidad Económica Europea»* (*Abc* [Esp.] 28.5.89). No es correcto su empleo como equivalente de *texto*: ⊗*La sentencia no se ajusta al contexto de la ley.*

contigo. → PRONOMBRES PERSONALES TÓNICOS, 1.

contiguo -gua. 'Que está al lado'. El complemento va introducido por *a*: «*Vivía en el cuarto contiguo A la oficina*» (GaMárquez *Vivir* [Col. 2002]). Debe evitarse introducir este complemento con *de.*

⊗**contimás.** → más, 1.8c.

continuar. 'Proseguir'. Se acentúa como *actuar* (→ APÉNDICE 1, n.º 7).

continuo. Como sustantivo, 'sucesión o serie compuesta de partes entre las que no hay separación': «*Vitrinas, armarios y estanterías formaban un continuo a lo largo de las cuatro paredes*» (Hernández *Naturaleza* [Esp. 1989]). Su plural es *continuos* (→ PLURAL, 1a): «*Cantor se estaba refiriendo a continuos aritméticos y, en particular, a conjuntos lineales de puntos*» (Tarrés *Topología* [Esp. 1994]). Es preferible esta forma hispanizada a la variante etimológica latina *contínuum*, que, por su parte, ha de escribirse con tilde por ser palabra esdrújula, ya que existe hiato entre las dos vocales iguales (→ HIATO, 1).

contínuum. → continuo.

contra. 1. Esta preposición puede usarse como sustantivo femenino con los sentidos siguientes:
a) 'Inconveniente o dificultad': «*Muertos y viejos no: son demasiadas contras*» (Gambaro *Envido* [Arg. 1983]); «*La gente en el mundo que no habrá tenido ni tiene más que penas y contras y aburrimientos*» (Quiñones *Noches* [Esp. 1979]).
b) En amplias zonas de América, 'antídoto': «*Solo falta leer un poco sobre los Borgia y las lavativas y contras rarísimas que se hacían Gemetius y el emperador Claudio*» (Obando *Paraíso* [C. Rica 2001]).
c) En boxeo, 'golpe no directo': «*No logró más que una buena contra de izquierda al final del segundo "round"*» (*Abc* [Esp.] 15.6.89).
d) En esgrima, 'parada que consiste en un movimiento circular rapidísimo de la espada': «*—¿No es peligroso ofrecerle dos veces al adversario esa apertura? [...] —En absoluto, señora mía. Siempre y cuando se domine la contra de tercia*» (PzReverte *Maestro* [Esp. 1988]).
e) Expresa disposición o actitud contraria en distintas locuciones, como *a la contra, hacer la contra, llevar la contra,* etc.
2. Cuando, también como sustantivo, se usa contrapuesto a *pro* con el sentido de 'desventaja', es masculino: «*Sopesé los pros y los contras de ambas líneas de acción*» (Bolaño *Detectives* [Chile 1998] 61). Se desaconseja su uso como invariable en plural: ⊗*los pro y los contra,* ⊗*los pro y contra.*
3. Además, existen otros usos de *contra* como sustantivo femenino por acortamiento de compuestos formados con esta preposición:
a) Acortamiento de *contratapa* ('carne de vaca que está entre la babilla y la tapa'): «*Culata de contra:*

[...] *resulta más jugosa que la contra pero su aspecto es peor por los tendones y nervios internos que posee*» (Pozuelo/PzPérez *Técnicas* [Esp. 2001]).

b) Acortamiento de *contraventana* ('puerta que cierra sobre la vidriera de una ventana'): «*Cerró las contras del salón, que quedó totalmente a oscuras*» (Casares *Dios* [Esp. 1996]).

c) Acortamiento de *contrarrevolución*, para designar a la guerrilla nicaragüense contrarrevolucionaria activa en la década de los ochenta: «*Ni apoya a la contra ni defiende a los sandinistas*» (Rovinski *Herencia* [C. Rica 1993]). Como adjetivo significa 'de la contra': «*Hasta 1984 no hará pública su conexión con las organizaciones contras*» (Pozas *Revolución* [Esp. 1988]). Referido a persona significa 'integrante de ese movimiento guerrillero' y, en ese caso, es común en cuanto al género (→ GÉNERO², 1a): «*Facilitar la reincorporación de los antiguos contras a la vida civil*» (*Prensa* [Hond.] 20.6.96). Aunque, como otros acortamientos, se usa a veces como invariable, se recomienda el plural *contras*, tanto para el adjetivo como para el sustantivo: *guerrilleros contras, los contras*.

4. ⊗*contra más*, ⊗*contra menos*. → más, 1.8a y menos, 7a.

5. *en contra*. Locución adverbial (o, también, adjetiva) que significa 'en oposición o en sentido contrario': «*Dice que aquella beatificación no ha sido llevada con rigor y que él vota en contra*» (Umbral *Leyenda* [Esp. 1991]). Lleva normalmente un complemento introducido por *de*: «*No diré nada, va en contra DE las reglas*» (Serrano *Corazón* [Chile 2001]); «*Si fuera posible, camine en contra DEL tránsito*» (*Granma* [Cuba] 9.97). En esta locución *contra* es, en realidad, un sustantivo; por ello, cuando este complemento es un pronombre personal (*en contra de mí, en contra de ellos*, etc.), es posible sustituirlo por el posesivo correspondiente, tanto antepuesto (*en mi contra, en su contra*, etc.) como pospuesto (*en contra mía, en contra suya*, etc.), ya que los sustantivos sí se combinan con posesivos: «*Pero la realidad está en tu contra*» (Martínez *Vuelo* [Arg. 2002]); «*Las palabras se vuelven en contra tuya*» (ASantos *Trampa* [Esp. 1990]). Como se ve, el posesivo pospuesto debe ir en femenino (*en contra mía, en contra tuya, en contra suya*, etc.), concordando con el género del sustantivo *contra* (→ 1); así pues, no es correcta su combinación con posesivos masculinos: ⊗*en contra mío*, ⊗*en contra tuyo*, ⊗*en contra suyo*, etc.

contra-. Elemento compositivo prefijo que denota oposición o contraposición: *contracultura, contraejemplo, contraespionaje;* o superposición: *contraventana, contrachapado*. Unido a sustantivos que denotan rango o categoría, implica un rango o categoría inferior al designado por el sustantivo base: *contralmirante, contramaestre*. Como el resto de los elementos compositivos prefijos, debe escribirse

unido sin guion a la palabra base; es, pues, incorrecto escribirlo separado o con guion intermedio: ⊗*Detener la contra reforma agraria*» (*Semana* [Col.] 30.10-5.11.00); debió escribirse *la contrarreforma*.

contraalmirante. → contralmirante.

contracorriente. 1. 'Corriente que fluye en sentido contrario a otra': «*Desde el oeste arriba, con rumbo opuesto a las nombradas, la contracorriente ecuatorial del Pacífico*» (Salvador *Ecuador* [Ec. 1994]). Es sustantivo femenino y se escribe siempre en una palabra.

2. *a contracorriente*. 'En contra de la corriente' o, en sentido figurado, 'en contra de la opinión o la costumbre general': «*El mar [...] los empuja hacia atrás, a contracorriente*» (RBastos *Vigilia* [Par. 1992]); «*Se trata de un inventor primitivo, [...] un navegante a contracorriente*» (*Abc* [Esp.] 18.10.96). Es incorrecto su empleo con la preposición *en*: ⊗*«Un poco en contracorriente de la perorata antimultinacionales que había en ese momento en todo el mundo*» (*Cambio 16* [Esp.] 9.4.90). No es válida la grafía en tres palabras ⊗*a contra corriente*. Con el mismo sentido puede usarse la locución *contra corriente* (→ corriente, 2).

3. ⊗*en contracorriente*. → 2.

contradecir(se). 1. Dicho de una persona, 'decir lo contrario [de algo dicho por otro, o por uno mismo], o negar que sea cierto' y, dicho de una cosa, 'desmentir [algo] o demostrar que no es cierto'. Verbo irregular: se conjuga como *decir* (→ APÉNDICE 1, n.º 28), salvo en la segunda persona del singular del imperativo no voseante, cuya forma es *contradice* (tú), y no ⊗*contradí*. No obstante, en el futuro simple o futuro de indicativo y en el condicional simple o pospretérito, junto a las formas irregulares, se emplean con normalidad, en ciertas zonas, las formas regulares: *contradiré* o *contradeciré, contradirás* o *contradecirás*, etc.; *contradiría* o *contradeciría, contradirías* o *contradecirías*, etc. El participio es *contradicho*, no ⊗*contradecido*.

2. El complemento directo puede expresar lo que se niega o desmiente: «*El jefe de obras contradice la versión de los directivos de la constructora*» (*Mundo* [Esp.] 25.4.94); o bien la persona que ha realizado la afirmación que se niega o desmiente: «—*Los argentinos, en cambio, no emigraban. —Sí que emigraban. La gente del Chacho y de Varela claro que emigraba [...] —LO contradijo Moncho*» (*Nación* [Arg.] 28.6.92).

contraer(se). 'Celebrar [el contrato de matrimonio]', 'pasar a tener [una deuda, una enfermedad, un hábito, un compromiso, etc.]', 'reducir(se) en tamaño' y 'limitar(se) o reducir(se) a una sola cosa'. Verbo irregular: se conjuga como *traer* (→ APÉNDICE 1, n.º 58).

contrafagot. 'Instrumento de viento una octava más grave que el fagot'. Su plural es *contrafagots* (→ PLURAL, 1h). Menos usada, pero también válida, es la variante *contrafagote* (pl. *contrafagotes*).

contrafagote. → contrafagot.

contrahacer. 'Hacer una copia [de algo], indistinguible del original' e 'imitar'. Verbo irregular: se conjuga como *hacer* (→ APÉNDICE 1, n.º 36). El imperativo singular es *contrahaz* (tú) y *contrahacé* (vos), y no ⊗*contrahace*. La hache intercalada no exime de la obligación de tildar la *-i-* tónica para marcar el hiato en las formas *contrahíce* y *contrahízo* (→ TILDE², 2.2.2b).

contralmirante. 'Oficial general de la Armada'. Es común en cuanto al género: *el/la contralmirante* (→ GÉNERO², 1a y 3c y k). Es preferible esta forma a la variante *contraalmirante*.

contraluz. 1. 'Vista o aspecto de las cosas desde el lado opuesto a la luz'. Se usa en ambos géneros, si bien hoy predomina claramente el masculino: «*En el contraluz* [...] *de la entrada vio recortarse la silueta del hombre*» (Andrade *Dios* [Arg. 1993]); «*Se había acercado sin que nos diéramos cuenta, al amparo de la contraluz*» (Martínez *Evita* [Arg. 1995]). **2.** Se emplea frecuentemente en la locución adverbial *a contraluz* ('estando lo mirado situado de espaldas a la luz'): «*Fidel la observó, de perfil y a contraluz*» (Guelbenzu *Río* [Esp. 1981]). No debe escribirse separado ni con guion intermedio: ⊗*a contra luz*, ⊗*a contra-luz*. Menos frecuente, pero también válida, es la forma *al contraluz*: «*La vi convertida en una silueta patética recortada al contraluz*» (José Keaton [Esp. 1991]).

contrapelo. *a contrapelo.* 'En sentido contrario al natural del pelo' y, figuradamente, 'en sentido contrario al normal o mayoritario': «*El otro preparaba más espuma para afeitarlo a contrapelo*» (Martini *Fantasma* [Arg. 1986]); «*He tenido la sensación de ir a contrapelo, de que no me seguían*» (*Cambio 16* [Esp.] 20.8.90). Puede llevar un complemento con *de*: «*El primero de estos frutos es un separatismo a contrapelo DE los intereses vitales del País Vasco*» (FdzSuárez *Pesimismo* [Esp. 1983]). No es válida la grafía ⊗*a contra pelo.*

contrapié. *a contrapié.* 'En posición forzada o con el pie cambiado'. Se usa frecuentemente en sentido figurado: «*Ambas exposiciones cogieron a contrapié al grupo de diputados de UCD, que no supieron contestar a los argumentos presentados*» (*País* [Esp.] 10.7.80). No es válida la grafía ⊗*a contra pie.*

contraponer(se). 1. 'Oponer(se) dos cosas contrarias o diversas, o una a otra, para evidenciar su contraste' y 'oponer [una cosa] a otra para contrarrestar su efecto'. Verbo irregular: se conjuga como *poner* (→ APÉNDICE 1, n.º 47). El imperativo

singular es *contrapón* (tú) y *contraponé* (vos), y no ⊗*contrapone*. **2.** Suele llevar un complemento precedido de *a*: «*Esa interpretación no se contrapone A la anterior*» (Paranaguá *Ripstein* [Méx. 1997]). A veces, aunque no es lo normal, cuando existe idea de comparación o contraste, el complemento preposicional va introducido por *con*: «*Los resultados de esas y otras influencias fueron configurando las particularidades de una cocina que se caracteriza por sus contrastes* [...]. *El dulce combina con lo ácido o lo salado, el interior blando y tierno se contrapone CON el exterior crocante y lo caliente con lo frío*» (Brusco *Comer* [Arg. 1987]). **3.** El sustantivo que designa la acción de contraponer(se), *contraposición*, puede ir seguido de un complemento introducido por *a* o *con*; normalmente aparece en las construcciones *en contraposición a* o *con*, y *por contraposición a*: «*La paz es así un estado de alivio, EN contraposición A la violencia, que es la violación de la ley, la moral y las buenas costumbres*» (Bonilla *Violencia* [Col. 1995]); «*Las áreas agrícolas identificadas con este término son las más valoradas, EN contraposición CON los pampones, que tienden a sufrir los efectos de las heladas*» (Ossio *Comidas* [Perú 1996]); «*POR contraposición A la sociedad primitiva, la sociedad industrial es una sociedad compleja*» (VV. AA. *Sociedad* [Esp. 1990]).

contraposición. → contraponer(se), 3.

⊗**contrarevolución.** → contrarrevolución.

contrariar(se). 'Actuar en contra [de los deseos de alguien]' y, como pronominal, 'disgustarse o molestarse'. Se acentúa como *enviar* (→ APÉNDICE 1, n.º 5).

contrario -ria. 1. Con el sentido de 'opuesto o completamente diverso', lleva un complemento introducido por *de* o *a*: «*Estaban junto al féretro del lado contrario DE donde yo estaba*» (LpzPáez *Herlinda* [Méx. 1993]); «*Es todo lo contrario A mi papá*» (Parodi *Astrología* [Arg. 1996]). **2.** Cuando significa 'nocivo o dañino' y 'en desacuerdo', el complemento va introducido por *a*: «*Desinfección es la destrucción de los microorganismos patógenos* [...] *por los distintos medios mecánicos, físicos o químicos contrarios A su vida y desarrollo*» (Rosales/Reyes *Enfermería* [Méx. 1982]); «*Dos tercios de los británicos se dicen contrarios A la moneda única*» (*País* [Esp.] 20.9.97). **3.** *al contrario.* 'Al revés o de manera opuesta'. El término de referencia puede ir introducido por *de* o *que*: «*Al contrario DE las otras alumnas,* [...] *Fermina Daza iba siempre con la tía soltera*» (GaMárquez *Amor* [Col. 1985]); «*Al contrario QUE en la cocina, el desorden en la sala lucía descomunal*» (Serrano *Corazón* [Chile 2001]). El mismo sentido tiene la locución *por el contrario*, pero en este caso no se expresa el término de referencia: «*Por el contrario,* *no lo consideras una enfermedad»* (VLlosa *Fiesta* [Perú 2000]). Existe también la variante *por lo contrario*, mucho menos usual que las anteriores: *«Londres ha sufrido intensamente* [...]. *París, por lo contrario, no ha sido bombardeada»* (Tibón *Aventuras* [Méx. 1986]).

4. de lo contrario. 'De no ser así o en caso contrario': *«Lo salvó su casi perfecto inglés, de lo contrario se hubiese perdido irremediablemente»* (Quesada *Banana* [Hond. 2000]).

5. por el (o **lo**) **contrario.** → 3.

contrarreloj. 1. Como adjetivo, '[carrera, generalmente ciclista] en que los participantes se clasifican según el tiempo que emplean en llegar a la meta': *«La carrera comenzó con una prueba contrarreloj»* (*NHerald* [EE. UU.] 28.7.97). Es invariable en plural: *«Sé de ciclistas a los que les sucedió otro tanto, sobre todo en pruebas contrarreloj»* (GaSánchez *Alpe d'Huez* [Esp. 1994]). Se usa frecuentemente como sustantivo femenino y, en ese caso, su plural es *contrarrelojes* (→ PLURAL, 1g): *«Fue segundo en las dos contrarrelojes de la Vuelta»* (*País* [Esp.] 9.10.97). Es también admisible, aunque menos recomendable, su escritura en dos palabras: *«Jan Ullrich, la gran revelación de la prueba contra reloj»* (*DYucatán* [Méx.] 1.9.96); *«En la contra reloj individual el triunfo fue para Carlos Humberto Cabrera»* (*Tiempo* [Col.] 16.5.92).

2. Mientras que el adjetivo y el sustantivo pueden escribirse en una o en dos palabras, la locución adverbial es *contra reloj*, escrita siempre en dos palabras: *La carrera se disputó contra reloj.* No debe usarse esta locución precedida de la preposición *a:* ⊗*a contra reloj.* Es frecuente su empleo metafórico con el sentido de 'con suma urgencia o con un plazo de tiempo perentorio': *«Los cancilleres trabajaban contra reloj para tratar de alcanzar un acuerdo antes del mediodía de hoy»* (*Clarín* [Arg.] 7.10.00).

3. Como locución adjetiva y adverbial, se emplea también, con los sentidos arriba indicados, la expresión *contra el reloj*: *«La victoria contra el reloj de González Linares, en Forest, la patria de Merckx»* (GaSánchez *Alpe d'Huez* [Esp. 1994]); *«Los norteamericanos juegan contra el reloj, preocupados por controlar la inmigración y el tráfico de drogas que vienen de la isla»* (*NHerald* [EE. UU.] 9.3.97).

contrarrevolución. 'Movimiento destinado a combatir una revolución': *«No creo en los mesianismos sandinistas ni en la contrarrevolución que dirige Reagan»* (VqzMontalbán *Galíndez* [Esp. 1990]). Como todas las voces con prefijo, debe escribirse en una sola palabra, sin guion intermedio: ⊗*contra-revolución.* No es correcta la grafía ⊗*contrarevolución* (→ r, 3).

contraseña. En informática, 'secuencia de caracteres que permite el acceso a un sistema': *«He actualizado el sistema operativo y ahora no me pide la contraseña para acceder al escritorio»* (*País* [Esp.] 1.5.03).

No debe emplearse, por innecesaria, la voz inglesa *password*. Además de *contraseña*, existen otras alternativas al anglicismo, como *código de seguridad*, *código* o *clave de acceso* y *clave personal*.

contravenir. 1. 'Obrar en contra [de una ley, una orden o un precepto]'. Verbo irregular: se conjuga como *venir* (→ APÉNDICE 1, n.º 60). El imperativo singular es *contravén* (tú) o *contravení* (vos), y no ⊗*contraviene.*

2. Este verbo era originalmente intransitivo, y se construía con un complemento precedido de *a:* *«Estas cosas que hago no son de burlas, sino muy de veras, porque de otra manera sería contravenir A las órdenes de caballería, que nos mandan que no digamos mentira alguna»* (Cervantes *Quijote* I [Esp. 1605]). En el siglo XVIII comienza a documentarse el cambio de este verbo de intransitivo a transitivo y, aunque aún queda algún resto del régimen primitivo, lo normal, y lo más recomendable, es usarlo hoy como transitivo: *«No se atrevía a contravenir la prohibición de su médico de mezclar el alcohol con sus tranquilizantes»* (Pitol *Vida* [Méx. 1991]).

contribuir. 1. 'Ayudar, junto con otros, a la consecución de un fin' y 'dar algo, especialmente una cantidad de dinero, junto con otros, para un fin'. Verbo irregular: se conjuga como *construir* (→ APÉNDICE 1, n.º 25). Su participio, *contribuido*, se escribe sin tilde (→ TILDE², 2.1.1 y 2.1.2).

2. El complemento de finalidad debe ir introducido por *a:* *«Él nunca ha contribuido mucho AL mantenimiento de Rosalinda»* (Santiago *Sueño* [P. Rico 1996]); nunca por *con:* ⊗*«Las dunas de Baní han contribuido durante miles [de] años CON el equilibrio ecológico de la bahía»* (*Listín* [R. Dom.] 3.9.97).

contrición. 'Arrepentimiento': *«Hizo ante su confesor un acto de contrición profunda»* (GaMárquez *Amor* [Col. 1985]). No es correcta la grafía ⊗*contricción* ni la pronunciación correspondiente ⊗[kontriksión, kontrikzión].

⊗**contrimás.** → más, 1.8c.

controvertir. 1. Verbo irregular: se conjuga como *sentir* (→ APÉNDICE 1, n.º 53).

2. Normalmente se usa como transitivo, con el sentido de 'discutir [algo] sobre lo que existen opiniones contrapuestas': *«Resulta frecuente la actitud de tomar distancia de las distintas corrientes ideológicas o doctrinarias que controvierten el fundamento de la propiedad privada»* (Adrogué *Derecho* [Arg. 1991]); pero también puede usarse como intransitivo, con el sentido de 'discutir sobre algo defendiendo opiniones contrapuestas': *«Se le sustrae a la democracia uno de sus ingredientes esenciales, la capacidad de la gente de controvertir con sus representantes»* (*Nacional* [Ven.] 10.4.97).

convalecencia. → convalecer.

convalecer. 'Recobrar las fuerzas perdidas por una enfermedad'. Verbo irregular: se conjuga como *agradecer* (→ APÉNDICE 1, n.º 18). Aunque procede del latín *convalescere*, en el español actual debe evitarse el uso de grafías con el grupo *-sc-* etimológico, tanto en el verbo como en sus derivados; por consiguiente, no se consideran hoy correctas las formas ⊗*convalescer,* ⊗*convalescencia* ni ⊗*convalesciente,* en lugar de las normales *convalecer, convalecencia* ('recuperación tras una enfermedad') y *convaleciente* ('que convalece').

convaleciente. → convalecer.

convencer. **1.** Es un verbo regular: *convenzo, convenza, convenzamos,* etc.; debe evitarse conjugarlo según el modelo irregular de *agradecer:* ⊗*convezco,* ⊗*convezca,* ⊗*convezcamos,* etc.

2. Con el sentido de 'mover con razones [a alguien] para que crea o haga algo', es un verbo de influencia (→ LEÍSMO, 4b) y lleva un complemento directo de persona y un complemento con *de* o, si es una oración, también con *para:* «*Él LOS convencía DE su inocencia*» (Araya *Luna* [Chile 1982]); «*Yo LOS convencí DE que se unieran a los cristeros*» (Ibargüengoitia *Atentado* [Méx. 1975]); «*Los convencí PARA esperar y agarrar a toda la pandilla*» (Leguina *Nombre* [Esp. 1992]). Es incorrecto omitir la preposición (→ QUEÍSMO, 1b): ⊗«*Yo la convencí que comiera*» (*Hora* [Guat.] 24.6.97).

3. Cuando no hay complemento preposicional, funciona como verbo de «afección psíquica» y, por lo tanto, dependiendo de distintos factores (→ LEÍSMO, 4a), el complemento de persona puede interpretarse como directo o como indirecto. Si el sujeto es agente y *convencer* toma el sentido de 'hacer cambiar de opinión o actitud', suele funcionar como transitivo: «*Benito Díaz LO convenció y se reincorporó al fútbol español*» (GaCandau *Madrid-Barça* [Esp. 1996]). Con un sujeto no agente y con un sentido próximo a 'parecer bien o satisfacer', suele ser intransitivo: «*A la Madre de Dios no LE convence que muevan su venerada imagen del pago de Luján*» (Mignone *Iglesia* [Arg. 1986]).

4. Cuando significa 'llegar a aceptar o creer algo, tras haber reflexionado sobre ello', es intransitivo pronominal y lleva un complemento introducido por *de:* «*Quizá se convenzan DE que, efectivamente, no sabes nada*» (Benedetti *Primavera* [Ur. 1982]). No debe suprimirse la preposición (→ QUEÍSMO, 1a): ⊗«*Terminará por convencerse que no cuenta con el apoyo que le dicen las encuestas*» (*Universal* [Ven.] 17.4.88).

convenir. **1.** Dicho de algo, 'ser bueno o útil para alguien o algo'; dicho de personas, 'estar de acuerdo' y 'acordar [algo]'. Verbo irregular: se conjuga como *venir* (→ APÉNDICE 1, n.º 60). El imperativo singular es *convén* (tú) o *convení* (vos), y no ⊗*conviene.*

2. Cuando significa 'estar de acuerdo con alguien en algo' es intransitivo. Suele llevar un complemento precedido de *con* y, además, un complemento precedido de *en,* que expresa aquello en lo que se está de acuerdo: «*EN eso* [en que el viaje había valido la pena] *convenía CON Leonor*» (Pitol *Juegos* [Méx. 1982]). En el habla esmerada, no debe suprimirse la preposición (→ QUEÍSMO, 1b): «*Los críticos convinieron EN que se trataba de un libro de prosa cargado de los más altos méritos literarios*» (Chávez *Batallador* [Méx. 1986]); y no ⊗*Los críticos convinieron que se trataba de un libro...* Pero este verbo tiene también usos transitivos, por lo que no siempre se incurre en queísmo cuando se dice *convenir que...* (→ 3).

3. Es transitivo cuando significa 'decidir [algo] de acuerdo con alguien': «*Mi amiga convino el arriendo de su estudio*» (Delgado *Sub-América* [Ven. 1992]); «*Convino por teléfono con don Amedio un almuerzo de los tres para el día siguiente*» (TBallester *Filomeno* [Esp. 1988]). El complemento directo puede ser una oración precedida de la conjunción *que:* «*Ambos convinieron QUE la noticia del cese se haría pública después de ese acto*» (Herrero *Ocaso* [Esp. 1995]). Aunque están próximas, esta acepción no debe confundirse con la intransitiva 'estar de acuerdo con alguien en algo' (→ 2).

converger. **1.** 'Concurrir, juntarse en un mismo punto varias cosas'. Menos frecuente, pero también correcto, es su sinónimo *convergir.* Las formas de la conjugación de ambos verbos son idénticas, salvo en unos pocos casos. Pertenecen a *converger* las formas *convergés* (vos), *convergemos, convergéis* (vosotros), del presente de indicativo; el futuro *convergeré, convergerás,* etc.; el condicional o pospretérito *convergería, convergerías,* etc.; y las formas *convergé* (vos) y *converged* (vosotros) del imperativo. Por su parte, pertenecen a *convergir* las formas *convergimos, convergís* (vos/vosotros), del presente de indicativo; el futuro *convergiré, convergirás,* etc.; el condicional o pospretérito *convergiría, convergirías,* etc.; y las formas *convergí* (vos) y *convergid* (vosotros) del imperativo. Ambos son verbos regulares, por lo que deben evitarse las formas que cambian la *e* de la raíz en *i:* ⊗*convirgió,* ⊗*convirgieron,* ⊗*convirgiera,* etc. (en lugar de *convergió, convergieron, convergiera,* etc.).

2. Se construye normalmente con la preposición *en:* «*Todas aquellas líneas solo convergían EN un punto*» (Ayerra *Lucha* [Esp. 1984]). Cuando prima la idea de dirección ('dirigirse varias cosas hacia un mismo punto'), suele construirse con *hacia* o *sobre:* «*Todos los ojos comenzaron a converger SOBRE Díaz Amaya*» (UPietri *Oficio* [Ven. 1976]); «*Buques de la VI Flota convergen HACIA la zona*» (*País* [Esp.] 1.2.87).

convergir. → converger.

conversar. 'Mantener una conversación'. En el uso general culto es intransitivo y suele llevar un complemento introducido por *con*, que expresa la persona con la que se conversa: «*Con mucho gusto conversaré CON usted*» (Jodorowsky *Danza* [Chile 2001]); el tema de la conversación, si se hace explícito, se expresa mediante un complemento introducido por *sobre, de* o *acerca de:* «*Aprovecho para conversar con Celia SOBRE los acontecimientos*» (Matos *Noche* [Cuba 2002]). No obstante, en el español de buena parte de América no es infrecuente su construcción como verbo transitivo: «*Ya hemos conversado ese asunto, no creo que haga falta repetirlo*» (Aguilar *Golfo* [Méx. 1986]).

convertir(se). 1. 'Transformar(se) en algo'; 'hacer que [alguien] cambie, o cambiar [uno mismo], de religión' y 'pasar [algo] de un sistema de medida a otro'. Verbo irregular: se conjuga como *sentir* (→ APÉNDICE 1, n.º 53).

2. Con el último sentido indicado, se construye con un complemento introducido por *a* o *en:* «*Para esta serie se toma el saldo en cuenta corriente convertido A pesos*» (Basáñez *Pulso* [Méx. 1990]); «*Yo entregaba dólares aquí en mi país. Es decir, no los convertía EN pesos*» (*Semana* [Col.] 15-22.10.96).

3. En deportes, especialmente en baloncesto, se emplea con el sentido específico de 'realizar con acierto [un lanzamiento]', consiguiendo los puntos correspondientes': «*España: 30 tiros convertidos de 75 intentos [...]; 16 tiros libres convertidos de 22 lanzados*» (*País* [Esp.] 16.9.77). Se trata de un uso admisible, derivado del sentido general que tiene este verbo, ya que aquí subyace la idea de que los lanzamientos se convierten en tantos. También es admisible su empleo, generalizado en gran parte de América, con el sentido de 'marcar o conseguir [un tanto o gol]': «*El capitán de Suecia [...] convirtió el primer gol del partido*» (Galeano *Fútbol* [Ur. 1995]).

convicción. 'Convencimiento': «*Tuvo la convicción de que ese era el verdadero asesino*» (Liendo *Platos* [Ven. 1985]); 'idea profundamente arraigada que rige el pensamiento o la conducta': «*Aplaudía a los oradores que defendían con ahínco sus convicciones revolucionarias*» (Tibón *Aventuras* [Méx. 1986]). Se pronuncia [kombiksión, kombikzión]. Debe evitarse en la pronunciación culta la pérdida del sonido interior /k/: ⊗[kombisión, kombizión], así como la pronunciación vulgar ⊗[kombinsión, kombinzión]. No son correctas, por tanto, las grafías ⊗*convición* y ⊗*convinción*.

convidar. Con el sentido de 'invitar', es transitivo y en el español general culto se construye normalmente con un complemento directo de persona y un complemento precedido de *a* que expresa el objeto de la invitación: «*LO convido A*

café» (Barnatán *Frente* [Arg. 1989]); «*LA convidé A salir*» (Wolff *Laura* [Chile 1986]). En algunas zonas, especialmente en los países del Río de la Plata, el complemento preposicional va introducido también por *con:* «*LO convidan CON cigarros, cerveza y chicha*» (Galeano *Días* [Ur. 1978]). Además, en el habla coloquial de México, Bolivia y el Perú es normal que, si lo que se ofrece es algo de comer o beber, el complemento de persona sea indirecto y lo ofrecido se exprese mediante un complemento directo: «*ConvídenLE un café, sean caritativos*» (VLlosa *Tía* [Perú 1977]).

⊗**convinción.** → convicción.

conviviente. 'Que convive': «*Se reconoce el acceso de los convivientes a viviendas de protección oficial en condiciones similares a las impuestas para los cónyuges*» (Mendoza *Parejas* [Esp. 1997]). Esta es la forma correcta del adjetivo, usado frecuentemente como sustantivo, que corresponde al verbo *convivir*, del mismo modo que *malviviente, superviviente* o *viviente* son las formaciones correspondientes a *malvivir, supervivir* y *vivir*, respectivamente. No se considera correcta la variante ⊗*convivente*.

convocar. 'Citar para acudir a un lugar o acto determinado'. Verbo transitivo que puede construirse de varias formas:

a) Con complemento directo de persona, caso en el que la actividad a la que se convoca se expresa mediante un complemento con *a:* «*Compañeros, LOS convoco A una huelga de hambre*» (Bayly *Días* [Perú 1996]).

b) Las personas a las que va dirigido el llamamiento no se explicitan, y la actividad a la que se convoca pasa a funcionar como complemento directo: «*Existen suficientes motivos para convocar una huelga general*» (*Rumbo* [R. Dom.] 17.11.97).

convoy. 'Conjunto de vehículos que cubren un recorrido con escolta'. Su plural es *convoyes* (→ PLURAL, 1d).

convulsión. 1. 'Contracción violenta e involuntaria de los músculos': «*Llevaba tres días en la enfermería, con convulsiones y fiebre*» (Dou *Luna* [Ven. 2002]); y 'sacudida o agitación violenta, especialmente de carácter social o político': «*El país está corriendo el riesgo de una grave convulsión social*» (*Abc* [Par.] 16.10.00). No debe confundirse con *compulsión* ('impulso irresistible'; → compulsión, 1).

2. Su derivado, *convulsivo*, significa 'de (la) convulsión o que la implica': «*Sus óperas [...] expresan una época convulsiva, en la cual nacen las crisis del mundo actual*» (Zanders *Ópera* [Ven. 1992]); «*Tuve un ataque de llanto convulsivo*» (Posse *Pasión* [Arg. 1995]). No debe confundirse con *compulsivo* ('que muestra o implica compulsión'; → compulsión, 2).

3. *tos convulsiva.* Se denomina así la que da por accesos violentos, intermitentes y sofocantes: «*Amelia presentía cuál podría ser el final de aquella palidez transparente y de aquella tos convulsiva que brotaba del pecho como un torrente devastador*» (Argüelles *Letanías* [Esp. 1993]). También se emplea esta expresión para denominar la enfermedad infecciosa más conocida como *tosferina* (→ tosferina), uno de cuyos principales síntomas son los accesos de tos convulsiva: «*El cuadro clínico de tos convulsiva es conocido por muchas personas que la han padecido o visto padecer a sus hijos*» (Prats *Vacunas* [Esp. 1979]). En la Argentina se dice *tos convulsa*, en lugar de *tos convulsiva*: «*La tos convulsa es una enfermedad infectocontagiosa provocada por un bacilo*» (*Clarín* [Arg.] 12.3.79). Con este mismo sentido se emplea a veces, tanto en América como en España, el galicismo *coqueluche* (→ coqueluche).

convulsivo -va. → convulsión, 2 y 3.

convulso -sa. 1. 'Que sufre convulsiones o sacudidas violentas': «*La filipina, atada y amordazada como tú, sollozaba convulsa y temblorosa*» (MtnVigil *Defensa* [Esp. 1985]); «*Le toca vivir en el París convulso y bohemio de entreguerras*» (*Caretas* [Perú] 10.4.97); y 'que presenta gran agitación o excitación': «*Aquellas alucinaciones manejaron mi mente convulsa por la emoción [...] con un vértigo exagerado*» (Armas *Madrid* [Esp. 1994]). No debe confundirse con *convulsivo* ('de (la) convulsión o que la implica'; → convulsión, 2). **2. *tos convulsa.*** → convulsión, 3.

cónyuge. 'Consorte'. Es común en cuanto al género: *el/la cónyuge* (→ GÉNERO², 1a y 3c). Se pronuncia [kónyuje], no ⊗[kónyuge]; por tanto, no es correcta la grafía ⊗*cónyugue*.

coñac. Adaptación gráfica de la voz francesa *cognac,* que designa un tipo de aguardiente de alta graduación, de origen francés. Su plural es *coñacs* (→ PLURAL, 1h): «*Bebieron varios coñacs en la cantina del aeródromo*» (Mendoza *Ciudad* [Esp. 1986]). La adaptación ⊗*coñá*, propuesta durante algún tiempo junto a *coñac*, no ha cuajado en la lengua escrita y se desaconseja su empleo.

coolie. → culi o culí.

cooperar. 'Obrar conjuntamente para un mismo fin'. Es intransitivo y lleva un complemento de persona introducido por *con*: «*El peatón está en el deber de cooperar CON las autoridades de Tránsito*» (*Hoy* [El Salv.] 26.6.96). La finalidad perseguida se expresa mediante un complemento precedido de *en* o, menos frecuentemente, *a* o *para*: «*Los padres de familia iban a cooperar EN el nuevo programa*» (*Proceso* [Méx.] 22.12.96); «*El hombre coopera A enriquecer esta diversidad*» (Claro *Sombra* [Chile 1995]);

«*Todos cooperamos PARA asar los corderos*» (Araya *Luna* [Chile 1982]).

copec. → kopek.

Copenhagen. → Copenhague.

Copenhague. Grafía asentada en español del nombre de la capital de Dinamarca: «*Nació en Dinamarca [...], a medio camino entre Copenhague y Elsinor*» (VLlosa *Verdad* [Perú 2002]). Se desaconseja, pues, la grafía simplificada ⊗*Copenague*. No debe usarse en español la forma inglesa *Copenhagen* ni el híbrido ⊗*Copenhaguen*.

copia de seguridad. 'Duplicado de un archivo informático que se guarda en previsión de la pérdida o destrucción del original': «*Sería conveniente que hiciera una copia de seguridad de estos archivos*» (Bustos *Multimedia* [Esp. 1996]). Esta es la expresión que debe usarse en español en sustitución del anglicismo *back-up* o *backup*. Se dice también, especialmente en América, *(copia de) resguardo* o *respaldo*.

copiar. 'Reproducir con exactitud [una cosa]' e 'imitar [algo o a alguien]'. Se acentúa como *anunciar* (→ APÉNDICE 1, n.º 4).

coprofagia. → -fagia.

copyright. Voz inglesa que significa 'derecho de explotación y reproducción de una obra intelectual, artística o científica'. En español debe sustituirse por la equivalencia *derecho(s) de autor* o *derecho(s) de edición*: «*La infracción del derecho de autor de una obra se castiga con detención de tres meses a un año*» (Medina *Doctrina* [Ven. 1984]); «*Se reservarán para el autor derechos de edición*» (*País* [Esp.] 1.12.84). Como convención internacional se usa la palabra inglesa, o su símbolo ©, en la contraportada de los libros, precedido del nombre del titular de los derechos.

coque. Adaptación gráfica de la voz inglesa *coke*, 'combustible sólido que resulta de calcinar ciertas clases de carbón mineral': «*La combustión incompleta de la hulla produce coque y alquitrán*» (Aguilar *Hombre* [Méx. 1988]). Es preferible esta forma a la variante *cok*, también válida, pero menos frecuente.

coqueluche. Voz tomada del francés, que se emplea a veces en español para designar la enfermedad más conocida como *tosferina* (→ tosferina) o *tos convulsiva* (→ convulsión, 3). Es voz femenina: «*Las poblaciones fronterizas [...] se unirán este sábado 12 de abril en una campaña binacional de inmunización contra la coqueluche*» (*Tiempos* [Bol.] 10.4.97). En español debe pronunciarse tal y como se escribe: [kokelúche].

coral. Es masculino cuando significa 'celentéreo que vive en colonias, cuyo esqueleto calcáreo pulimentado se usa en joyería': «*Bajo el mar se pueden* *encontrar algas y corales gigantescos»* (Lux *Chile* [Chile 1997]); y 'composición vocal propia del culto protestante o composición instrumental basada en este canto': *«Piezas musicales tradicionalmente asociadas a la Navidad, como el coral de [...] Bach»* (*Hoy* [Chile] 9-15.12.96). En cambio, es femenino cuando significa 'orfeón, agrupación de personas para cantar en coro': *«Morales organizó una coral de más de cien voces»* (Évora *Orígenes* [Cuba 1997]). Con el sentido de 'serpiente americana muy venenosa', se documenta su uso en ambos géneros, siendo mayoritario el masculino en México y algunos países del área centroamericana y predominante el femenino en el resto del ámbito hispánico: *«En el parque habitan [...] el tigrillo, la boa, la coral y varias especies de lagartijas»* (Cuvi *Ecuador* [Ec. 1994]); *«Otras víboras igualmente mortíferas como el coral»* (Ruz *Mayas* [Méx. 1981]).

córam pópulo. Loc. lat. que significa literalmente 'en presencia del pueblo', esto es, 'en público': *«Que se declare esta nulidad flagrante y demostrada "córam pópulo", y ambos podrán casarse ya con quien les plazca»* (*Vanguardia* [Esp.] 30.12.95).

CORCHETE. 1. Signo ortográfico doble ([ ]) que se utiliza, por lo general, de forma parecida a los paréntesis que incorporan información complementaria o aclaratoria. Los corchetes se escriben pegados a la primera y la última palabra del período que enmarcan, y separados por un espacio de las palabras o signos que los preceden o los siguen (hay algunas excepciones; → 2c); pero si lo que sigue al corchete de cierre es un signo de puntuación, no se deja espacio entre ambos.

2. Usos

a) Cuando dentro de un enunciado que va entre paréntesis es preciso introducir alguna precisión o nota aclaratoria: *Una de las últimas novelas que publicó Galdós (algunos estudiosos consideran su obra* Fortunata y Jacinta *[1886-87] la mejor novela española del siglo XIX) fue* El caballero encantado *(1909).* Este orden de inclusión se invierte en las fórmulas matemáticas o químicas, donde los corchetes encierran operaciones que contienen otras ya encerradas entre paréntesis: *[(4 + 2) × (5 + 3)] − (6 − 2)* (→ PARÉNTESIS, 2h).

b) En libros de poesía, se coloca un corchete de apertura delante de las últimas palabras de un verso cuando no se ha transcrito en una sola línea y se termina, alineado a la derecha, en el renglón siguiente:

> *Y los ritmos indóciles vinieron acercándose,*
> *juntándose en las sombras, huyéndose y*
>   *[buscándose.*

(Silva *Obra* [Col. 1880-95]).

c) En la transcripción de un texto, se emplean para marcar cualquier interpolación o modifica-

ción en el texto original, como aclaraciones, adiciones, enmiendas o el desarrollo de abreviaturas: *Hay otros [templos] de esta misma época de los que no se conserva prácticamente nada; Subió la cue[s]ta con dificultad. [En el original,* cuenta*]; Acabose de imprimir el A[nno] D[omini] de 1537.* Al desarrollar abreviaturas, no se deja espacio de separación ante los corchetes de apertura.

d) En obras de carácter lingüístico, se usan para encerrar las transcripciones fonéticas: [dwéṇde], transcripción fonética de *duende*. Para las transcripciones fonológicas se emplean las barras (→ BARRA, 1e).

e) Se usan tres puntos entre corchetes para indicar, en la transcripción de un texto, que se ha omitido un fragmento del original: *«Pensé que él no pudo ver mi sonrisa [...] por lo negra que estaba la noche»* (Rulfo *Páramo* [Méx. 1955-80]).

3. Combinación con otros signos. Es idéntica a la de los paréntesis (→ PARÉNTESIS, 3).

Corea. Grafía española que debe usarse en el nombre de los países asiáticos de Corea del Norte y Corea del Sur: *«Corea era una antigua colonia japonesa que fue dividida, en 1948, en dos partes»* (Tusell *Geografía* [Esp. 1995]). No debe usarse en español la grafía inglesa *Korea.* El gentilicio es *coreano,* o bien *norcoreano* y *surcoreano.*

coreano -na. → Corea.

coreografiar. 'Hacer la coreografía [de un espectáculo de danza o baile]'. Se acentúa como *enviar* (→ APÉNDICE 1, n.º 5).

coriza. 1. Cuando significa 'calzado rústico de cuero', es femenino: *«La actual abarca [...] es la modernización de la antigua coriza de piel de cabra de los pastores castellanos y cántabros»* (Faus *Montaña* [Esp. 1963]).

2. Cuando significa 'catarro nasal', aunque a veces se vea usado en masculino, le corresponde también el género femenino, que es, además, el etimológico: *«Fiebre del heno. También llamada coriza espasmódica»* (Buscarons *Homeopatía* [Arg. 2000]).

córner. Voz tomada del inglés *corner,* que significa, en el fútbol, 'salida del balón por la línea de meta, tras haber tocado en un jugador del equipo que defiende esa meta, y que provoca el saque del equipo atacante desde la esquina correspondiente del campo' y 'saque que se efectúa tras un córner'. Su plural debe ser *córneres* (→ PLURAL, 1g): *«En los córneres era el encargado de cuidar el primer palo»* (*País* [Esp.] 2.4.88). Para designar el saque, son más recomendables las expresiones españolas *saque de esquina* [Esp.] y *tiro de esquina* [Am.].

Cornualles. Forma tradicional española del nombre de este condado de Inglaterra: *«El globo aerostático [...] tenía previsto despegar esta mañana de Cor-*

nualles, en el suroeste de Inglaterra» (*Mundo*@ [Esp.] 3.9.03). No debe usarse en español la forma inglesa *Cornwall* (→ Cornwall), solo aplicable a una ciudad canadiense.

cornúpeta. 'Animal dotado de cuernos' y, por antonomasia, 'el toro de lidia'. Es común en cuanto al género (*el/la cornúpeta;* → GÉNERO², 1a y 3b), aunque, por referirse comúnmente al toro, se usa casi siempre en masculino: *«Fernando mató al cornúpeta de una estocada corta»* (Tapia *Toreo* [Esp. 1992]). Debe evitarse el falso masculino ⊗*cornúpeto.*

Cornwall. Ciudad canadiense de la provincia de Ontario, homónima en inglés del condado de Inglaterra cuyo nombre español es *Cornualles* (→ Cornualles).

coronel. 'Jefe militar de categoría inmediatamente inferior a la de general de brigada'. Es común en cuanto al género (→ GÉNERO², 1a y 3k): *el/la coronel.* No es normal el femenino *coronela.*

coronela. → coronel.

corporeidad. 'Cualidad de corpóreo': *«Tuviste la imagen física de tu corporeidad y te sentiste segura»* (Salazar *Selva* [Col. 1991]). Aunque en el verbo de la misma familia, *corporeizar* (→ corporeizar(se)), el uso ha impuesto también la forma sin diptongo *corporizar,* no ha ocurrido lo mismo con el sustantivo abstracto; es, pues, incorrecta la forma ⊗*corporidad* (→ -dad, d).

córpore insepulto. Loc. lat. que significa literalmente 'con el cuerpo sin sepultar'. Se dice de la misa o funeral que se celebra con el cadáver presente: *«Se celebró un funeral córpore insepulto»* (*País* [Esp.] 29.9.77). Como la locución española equivalente es *de cuerpo presente,* a veces se emplea erróneamente la locución latina precedida de la preposición *de:* ⊗*misa de córpore insepulto.* El adjetivo *insepulto* se escribe en una sola palabra, de modo que no es correcta la grafía ⊗*córpore in sepulto.*

corporeizar(se). 'Dar cuerpo [a algo no material]' y, como pronominal, dicho de algo no material, 'tomar cuerpo'. Se acentúa como *peinar* (→ APÉNDICE 1, n.º 12): *«Dicha agrupación sinfónica corporeiza la cálida severidad de la música de Chávez»* (*Proceso* [Méx.] 1.9.96); pero se documenta asimismo, en la lengua culta, la conjugación como *descafeinar* (→ APÉNDICE 1, n.º 13): *«Hasta las ideas se les corporeízan»* (Umbral *Mortal* [Esp. 1975]). También se dice *corporizar(se): «Los fantasmas [...] se corporizaban»* (Verbitsky *Vuelo* [Arg. 1995]).

⊗**corporidad.** → corporeidad.

corporizar(se). → corporeizar(se).

corpus. 1. 'Conjunto de datos o textos de un mismo tipo que sirve de base a una investigación'. Es invariable en plural (→ PLURAL, 1f y k): *«En el caso de corpus demasiado abundantes se hace necesario tomar solamente una muestra»* (Quezada *Mensaje* [Chile 1992]). No debe usarse, como ocurre por influjo del inglés, el plural latino ⊗*corpora.*

2. 'Festividad católica en que se conmemora la institución de la eucaristía'. Es abreviación de la expresión latina *Corpus Christi.* Debe escribirse con mayúscula inicial (→ MAYÚSCULA, 4.19).

corregir(se). 'Eliminar [un error] o limpiar [algo] de errores', 'modificar [algo] erróneo', 'enmendar [a alguien o a uno mismo] de un comportamiento o idea equivocados o inconvenientes' y 'leer, para calificarlo, [un ejercicio o examen]'. Verbo irregular: se conjuga como *pedir* (→ APÉNDICE 1, n.º 45). Se escriben con *g* todas las formas de este verbo en las que el sonido /j/ aparece ante *e* o *i*: *corrige* (no ⊗*corrije*), *corregimos* (no ⊗*correjimos*), etc.

⊗**correntísimo -ma.** → corriente, 1.

corresponder(se). 1. Con el sentido de 'responder proporcionalmente a la atención o el trato recibidos', es normalmente intransitivo y lleva un complemento introducido por *a* o un pronombre de dativo referido a la persona a quien se corresponde: *«Dominguita [...] correspondió A sus insinuaciones»* (Herrera *Casa* [Ven. 1985]); *«Fermina no LE correspondió [a Hildebranda] con ningún comentario»* (GaMárquez *Amor* [Col. 1985]). Más raramente funciona como transitivo: *«Agradezco los regalos y trataré de corresponderLOS en la medida de nuestra pobreza»* (Fuentes *Ceremonias* [Méx. 1989]); *«Bien sabes que [sus sentimientos] no son correspondidos»* (Cano *Abismo* [Col. 1991]).

2. Cuando significa 'ser proporcional, adecuado o estar en consonancia', es intransitivo y lleva un complemento introducido por *con* (lo habitual, si el verbo va en forma pronominal) o *a* (lo normal cuando el verbo va en forma no pronominal): *«Está naciendo una sensibilidad que se corresponde CON los nuevos tiempos»* (RdzgCobos *Cartas* [Arg. 1994]); *«Procediendo de un modo incivilizado como corresponde A nuestro estilo de lucha»* (Matos *Noche* [Cuba 2002]).

3. Con el sentido de 'tocar o pertenecer', es intransitivo y va acompañado de un complemento indirecto: *«La victoria LE correspondió a Unión por 1 a 0»* (*NProvincia* [Arg.] 15.12.97); *«Correspondió A J. T. trasladar el cadáver»* (Montero *Capitán* [Cuba 2002]).

correvedile. → correveidile.

correveidile. 'Persona que lleva y trae chismes': *«Por el tren diariamente iban y venían los mensajeros, los correveidiles, los buscones»* (UPietri *Oficio* [Ven. 1976]); 'persona que lleva mensajes de parte de otro, especialmente en asuntos amorosos': *«En cier-*

to modo era culpable por ponerla de correveidile entre él mismo y Estela» (Vergés *Cenizas* [R. Dom. 1980]). Es común en cuanto al género (→ GÉNERO[2], 1a y 3k): *el/la correveidile*. Existe la variante *correvedile*, muy poco usada.

corriente. 1. Como adjetivo, 'común u ordinario': «*El lenguaje corriente a veces llama sentido común a esa capacidad*» (*Universal* [Ven.] 3.11.96). Su superlativo es *corrientísimo*, no ⊛*correntísimo*.

2. contra corriente. 'En sentido contrario al de la corriente' y, figuradamente, 'en contra de la opinión o la costumbre general' o 'luchando contra graves inconvenientes y dificultades'. Es locución adverbial o adjetiva: «*Le gustaba ir contra corriente. Siempre contra la dirección marcada*» (Palou *Carne* [Esp. 1975]); «*La alegría legislativa de algunas comunidades autónomas ha llevado a despropósitos y luchas contra corriente*» (*Abc* [Esp.] 3.6.86). Se escribe siempre en dos palabras y no debe anteponérsele la preposición *a*: ⊛*a contra corriente*. Es equivalente a la locución *a contracorriente* (→ contracorriente).

corrientísimo -ma. → corriente, 1.

corroer(se). 'Desgastar(se) lentamente'. Verbo irregular: se conjuga como *roer* (→ APÉNDICE 1, n.º 50). De las tres formas admitidas para la primera persona del presente de indicativo (*corroo, corroigo* o *corroyo*) y para todo el presente de subjuntivo (*corroa, corroiga* o *corroya; corroas, corroigas* o *corroyas*, etc.), son preferibles, por ser las más usuales, *corroo, corroa, corroas*, etc.

corsé. Adaptación gráfica de la voz francesa *corset*, 'prenda interior femenina que ciñe el cuerpo desde debajo del pecho hasta las caderas': «*Nana, desátame el corsé*» (González *Dios* [Méx. 1999]). Su plural es *corsés* (→ PLURAL, 1a).

corset. → corsé.

cortacircuitos. 'Aparato que interrumpe automáticamente la corriente eléctrica': «*Empalme con conmutador rotativo y doble juego de cortacircuitos*» (Parés *Instalador* [Esp. 1974]). El singular es *cortacircuitos*, no ⊛*cortacircuito*. Se escribe en una sola palabra, sin guion intermedio. No debe confundirse con *cortocircuito* ('circuito eléctrico accidental'; → cortocircuito).

cortaplumas. 'Navaja pequeña'. Es voz masculina en el uso culto general: «*Le saca punta al arco con un cortaplumas*» (Rovner *Concierto* [Arg. 1981]). En algunas zonas de América, especialmente en Chile, se emplea en femenino, a veces sin la *-s* final: *la cortapluma(s)*.

cortocircuito. 'Circuito de resistencia muy pequeña, especialmente el que se produce por contacto accidental entre dos conductores': «*El fuego se inició por un cortocircuito*» (*Prensa* [Nic.] 31.12.01).

Es errónea la forma ⊛*cortacircuito*, que se usa a veces por confusión con *cortacircuitos* ('aparato que interrumpe la corriente eléctrica'; → cortacircuitos). Se escribe en una sola palabra, sin guion intermedio. El plural es *cortocircuitos*.

coruñés -sa. → La Coruña.

⊛cosanguineidad, ⊛cosanguinidad. → consanguinidad.

coser. 'Unir con hilo'. Verbo regular: *coso, coses*, etc. En zonas de seseo, debe evitarse su confusión con el verbo irregular *cocer* ('hervir'; → cocer(se)).

cosmos. 'Universo': «*Esa materia es la que proporciona densidad al cosmos*» (Millás *Articuentos* [Esp. 2001]). Como palabra independiente no es válida la forma ⊛*cosmo*. Tampoco debe perder la *-s* final cuando se le añaden los prefijos *macro-* y *micro-*: debe decirse *macrocosmos* y *microcosmos*, y no ⊛*macrocosmo* ni ⊛*microcosmo*. Sí pierde la *-s*, en cambio, cuando actúa como elemento compositivo prefijo: *cosmología, cosmonauta, cosmovisión*, etc.

costa. 1. Además de significar 'orilla del mar', este sustantivo femenino se usa en plural con el significado de 'gastos ocasionados por un proceso judicial': «*El condenado* [...] *permanecerá un año en prisión y deberá pagar las costas judiciales*» (*País* [Esp.] 1.2.84). Sin embargo, esta voz no suele usarse con el sentido general de 'gasto que ocasiona algo', para lo cual se emplean los sustantivos masculinos *costo*, preferido en América, y *coste*, preferido en España (→ costo, 1).

2. En singular forma parte de algunas locuciones, como *a costa de* ('a cambio de o a expensas de'), no ⊛*a costas de*: «*El pacto se había sellado a costa de mi felicidad y la de Eduardo*» (Martínez *Perón* [Arg. 1989]); y *a toda* (o *cualquier*) *costa* ('por encima de cualquier obstáculo, sin reparar en los gastos ni en el esfuerzo'): «*Quería, a toda costa, que aprendiera inglés*» (Allende *Casa* [Chile 1982]). En textos americanos se documentan ocasionalmente variantes de estas locuciones en las que, en lugar de *costa*, aparecen los sinónimos *coste* o *costo* (→ costo, 1): «*Los extranjeros que usufructuaron la riqueza cubana a costo de la miseria de los cubanos*» (*Siglo* [Pan.] 26.6.01); «*Son lamentables las maniobras del oficialismo para dejar libre a todo costo el camino para una nueva reelección de su ídolo Alberto Fujimori*» (*Caretas* [Perú] 29.8.96); «*Era característica de los homosexuales varones el espíritu sumiso, conservador, amante a todo coste de la paz, sobre todo a coste de la perpetuación de su propia marginación*» (Puig *Beso* [Arg. 1976]).

costar. 1. Dicho de una cosa, 'conseguirse pagando por ella un determinado precio, material o inmaterial' y 'resultar difícil o trabajosa'. Verbo irregular: se conjuga como *contar* (→ APÉNDICE 1, n.º 26).

2. Es un verbo intransitivo, que se construye siempre con un complemento adverbial cuantitativo, que expresa el costo o precio; el complemento de persona, si lo lleva, es siempre indirecto: *«No LE costó una sola peseta»* (Aparicio *Retratos* [Esp. 1989]); *«A Frida LE cuesta mucho concebirse como pintora»* (Bartra *Frida* [Méx. 1987]).

coste. 1. 'Gasto que ocasiona algo'. → costo, 1
2. *a coste de, a todo* (o *cualquier*) *coste.* → costa, 2.

costo. 1. 'Gasto que ocasiona algo': *«El costo de una licencia dependerá del precio alcanzado en la subasta»* (*Prensa* [Guat.] 13.1.97); *«El costo moral del empleo era más peligroso para mí que el costo político»* (GaMárquez *Vivir* [Col. 2002]). Este es el término usado mayoritariamente en el español de América, mientras que en España se usa más, con este sentido, el sinónimo *coste: «El coste de la matrícula en las universidades americanas varía notablemente»* (*Vanguardia* [Esp.] 14.4.94); *«Huye como gato escaldado de toda decisión que tenga un coste político»* (*País* [Esp.] 1.11.97).
2. *a costo de, a todo* (o *cualquier*) *costo.* → costa, 2.

⊗**costreñir(se).** → constreñir(se).

⊗**costruir.** → construir.

coterráneo -a. '[Persona] de la misma tierra que otra'. La forma *conterráneo*, más cercana a la etimología (del lat. *conterraneus*), es hoy de uso muy minoritario.

cotidianeidad. → cotidianidad.

cotidianidad. 'Cualidad de cotidiano': *«El relato pasa de la insultante y rutinaria cotidianidad al terreno de la fantasía»* (*Proceso* [Méx.] 29.9.96). Esta es la voz regularmente formada a partir del adjetivo *cotidiano* (→ -dad, e), y la preferida en el habla culta. También se admite la forma *cotidianeidad*, por su uso frecuente en España y América. Es incorrecto escribir y pronunciar ⊗*cotidianeidad*.

cotidiano -na. 'De todos los días'. Esta es la forma generalizada en el uso actual; la variante *cuotidiano*, más cercana al étimo latino, debe evitarse por desusada.

couché. → cuché.

coupé. → cupé.

couplet. → cuplé.

couscous. → cuscús.

cowboy. → vaquero, 1.

coxígeo -a. → coxis.

coxis. 1. 'Último hueso de la columna vertebral'. La forma *coxis*, quizá por su más fácil pronunciación y escritura, es más usual en la lengua general, mientras que la variante etimológica *cóccix* (del lat. *coccyx*) es más frecuente en escritos especializados.

2. La forma *coxis* no lleva tilde por ser llana acabada en *-s*, mientras que *cóccix* debe llevarla por ser llana acabada en consonante distinta de *-n* y *-s* (→ TILDE[2], 1.1.2). Ambas formas son invariables en plural (→ PLURAL, 1f): *los coxis, los cóccix*.
3. El adjetivo derivado de *coxis* es *coxígeo;* el de *cóccix, coccígeo*.

coy. En una embarcación, 'lona suspendida que sirve de cama a bordo'. Su plural es *coyes* o *cois* (→ PLURAL, 1d).

crac. 1. Voz onomatopéyica con que se imita el sonido de algo que se quiebra. No debe usarse para ello la grafía *crack*, ajena al sistema gráfico español.
2. Se recomienda utilizar también la grafía *crac* para adaptar la voz inglesa *crack*, usada en español con los sentidos de 'cocaína tratada, que se consume en pequeños cristales o piedrecitas que crujen al quemarse' y 'deportista o artista de extraordinaria calidad'. Es preferible, no obstante, emplear en lo posible equivalencias españolas, como *cocaína en piedra*, para la droga, y *fuera de serie, número uno, as* o *fenómeno*, para el deportista o artista destacado.
3. En español se usa también la voz *crac* con el significado de 'quiebra financiera o comercial'. No debe usarse para ello la voz inglesa *crack*, ya que, además de no ser española, tampoco es el término no correcto en inglés, lengua en la que, con este sentido, se usa *crash* y no *crack*. No hay que olvidar, en todo caso, el sinónimo español *quiebra: «Poniendo a las empresas afectadas al borde de la quiebra financiera»* (Benegas *Estrategia* [Esp. 1984]).
4. El plural de *crac*, para todos los sentidos, es *cracs* (→ PLURAL, 1h).

crack. → crac.

crátera o **cratera.** En la Grecia y la Roma antiguas, 'vasija ancha para mezclar agua y vino'. Aunque la forma llana *cratera* (pron. [kratéra]) es la que mantiene la acentuación etimológica, en el uso es hoy mayoritaria la forma esdrújula *crátera*.

crawl. → crol.

crear(se). 'Producir(se) algo que no existía': *«Los dioses decidieron crear un ser humano para que los adorase»* (RdgzDelgado *Universo* [Esp. 1997]); *«Está embarcado en un proyecto para crear una empresa de servicios generales»* (*Hoy* [Chile] 12-18.5.97); *«Se ha creado un clima extraño»* (Alegre *Sala* [Esp. 1982]). En el uso actual, no debe confundirse con *criar(se)* ('procurar el nacimiento y desarrollo [de un ser vivo]', 'originar o producir espontáneamente [algo]' y 'crecer o desarrollarse'; → criar(se)).

creatura. → criatura.

crecer(se). 1. Como intransitivo no pronominal, 'aumentar' y 'criarse'; y, como pronominal, dicho de una persona, 'cobrar mayor ánimo o atrevimiento'. Verbo irregular: se conjuga como *agradecer* (→ APÉNDICE 1, n.º 18).

2. Cuando significa 'aumentar', se usa normalmente como intransitivo no pronominal: «*En la época de invierno, cuando el cauce del río crece, la situación es más grave*» (*Hoy* [El Salv.] 30.1.97); así pues, con este sentido, se desaconseja su empleo en forma pronominal: [⊗]«*Sin avisar, el cauce se crece y se desborda por alcantarillas y huecos*» (*Universal* [Ven.] 15.9.96).

3. Cuando significa 'cobrar mayor ánimo o atrevimiento', va seguido en ocasiones de un complemento con *en* o *ante*, que expresa la circunstancia en que la persona se crece: «*No se dejaba hundir por las pejigueras, al contrario, se crecía EN las dificultades*» (SchzOstiz *Infierno* [Esp. 1995]); «*Soy, lo que se dice, un tipo que se crece ANTE la adversidad*» (Bryce *Vida* [Perú 1981]).

4. Se usa raramente como transitivo, con el sentido causativo de 'hacer crecer [algo] o criar[lo]': «*Tenemos que recrear a estas personas de manera distinta y volver a crecerlas, de manera distinta también, como el árbol podado vuelve a crecer sus ramas*» (Rosales *Cervantes* I [Esp. 1960]).

creciente. Como sustantivo, es masculino cuando significa 'intervalo entre el novilunio y el plenilunio' y 'figura heráldica que representa una luna en cuarto creciente': «*Una cámara corriente puede proporcionar magníficas vistas del crepúsculo con el creciente lunar*» (Oliver *Astrónomo* [Esp. 1992]); «*Los primeros panecillos semilunares fueron fabricados en 1689 en Viena, en señal de triunfo sobre el creciente, cuando los turcos levantaron el sitio de la ciudad imperial*» (Tibón *Aventuras* [Méx. 1986]). Es femenino cuando significa 'crecida o aumento del caudal de un río' y 'subida del agua del mar por efecto de la marea': «*La gente abandonó sus viviendas ante la creciente del río*» (*Tiempo* [Col.] 11.11.96); «*En cuanto comenzaba la creciente, ordenaba a sus hombres salir con sus balleneras*» (Zaefferer *Navegación* [Arg. 1987]).

creer(se). 1. Se conjuga como *leer* (→ APÉNDICE 1, n.º 39). Hoy no es propio de la lengua culta intercalar una *-y-* entre las dos vocales iguales cuando el acento recae en la primera de ellas: [⊗]*creye,* [⊗]*creyen,* [⊗]*creyemos,* etc.

2. Cuando significa 'tener por cierta la existencia de algo o de alguien' y 'tener confianza en algo o en alguien', es intransitivo y se construye con un complemento precedido de *en*: «*Yo también creo EN los Reyes Magos, ¿sabes?*» (Diosdado *Trescientos* [Esp. 1991]); «*Yo no creo EN las huelgas*» (Shand *Sastre* [Arg. 1982]).

3. Cuando significa 'tomar por cierto [lo que alguien dice]', es transitivo y puede usarse en forma

no pronominal (*No creo tu versión de los hechos*) o pronominal (*No me creo tu versión de los hechos*). Normalmente se construye con un complemento directo que expresa lo que se toma por cierto: «*Le dije que Frou-Frou era la mujer que me había acabado de criar cuando murió mi madre. Blanche LO creyó*» (Montero *Tú* [Cuba 1995]); además, puede aparecer un complemento indirecto, que expresa la persona que dice lo que se toma por cierto: «*Ninguno de los delegados LE creyó una palabra*» (Teitelboim *País* [Chile 1988]). Cuando aparece únicamente el complemento de persona, este puede interpretarse de dos modos: como indirecto, suponiendo una omisión del complemento directo por consabido: «*La rubia más alta respondió "sí" [...]. Nadie LE creyó*» (*Clarín* [Arg.] 3.2.97); o como directo: «*Lo dijo con tanta seriedad que todo el mundo LA creyó*» (Ocampo *Cornelia* [Arg. 1988]). Esta última construcción, perfectamente correcta, admite sin problemas la pasiva: «*En sus ojos brillaba la necesidad de ser creída*» (Mendoza *Verdad* [Esp. 1975]).

4. Cuando significa 'opinar o pensar [algo]' y 'tener la impresión o la sospecha [de algo]', es también transitivo: «*Creo que ha llegado el momento de que nos conozcamos mejor*» (Moncada *Hombre* [Esp. 1990]); «*Creo que eso nos lo contó Susie*» (Derbez *Usos* [Méx. 1988]). Es, pues, incorrecto anteponer *de* al complemento directo (→ DEQUEÍSMO, 1b): [⊗]*Creo DE que ha llegado el momento...* Es propio del habla popular, y no recomendable en el habla culta, usar este verbo, en estos casos, en forma pronominal: [⊗]*Me creo que ha llegado el momento...;* [⊗]*Me creo que eso nos lo contó Susie.*

5. Cuando significa 'considerar que [alguien o algo] es o está de una determinada manera, o estar convencido de ello' se construye con un complemento directo y un complemento predicativo o adverbial: «*No LA creo CAPAZ de una maquinación así*» (Contreras *Nadador* [Chile 1995]); «*Si lo desea, puede nombrar uno [un defensor]. Pero LO creo INNECESARIO*» (Arrau *Digo* [Chile 1981]); «*SE cree UN SEDUCTOR*» (AMillán *Oportunidad* [Esp. 1991]); «*Ella ME cree CON MI PADRE ahora mismo*» (Marías *Corazón* [Esp. 1992]).

CREMA. → DIÉRESIS.

crep. → crepe y crepé.

crepa. → crepe.

crepe. 1. Voz tomada del francés *crêpe,* 'tortita frita en sartén, hecha de harina, huevo y leche'. Su plural es *crepes* (→ PLURAL, 1a). Es válido su uso en ambos géneros, aunque se recomienda mantener el género femenino etimológico: «*De postre es casi una obligación elegir las crepes*» (Dios *Miami* [Arg. 1999]); «*Haz la crema para los crepes mezclando bien todos los ingredientes*» (Arguiñano *Recetas* [Esp.

1996]). No debe confundirse con el sustantivo masculino *crepé* ('tejido y goma rugosos'; → crepé). También es válida, aunque se usa menos, la adaptación *crep* (pl. *creps;* → PLURAL, 1h), basada en la pronunciación del étimo francés. En países como México, el Ecuador o Colombia se usa también la variante *crepa*, que es siempre femenina. En varios países de América, especialmente en el Cono Sur, se emplea más habitualmente el término masculino *panqueque* (adaptación del ingl. *pancake*).

2. Para designar el establecimiento donde se hacen y venden crepes, debe emplearse la voz *crepería*.

crepé. 1. Voz tomada del francés *crêpe*, 'tejido rugoso de lana, seda o algodón' y 'goma rugosa empleada en la confección de suelas de zapatos': «*Una atroz blusita de crepé*» (Fuentes *Cristóbal* [Méx. 1987]); «*Sus zapatos abotinados* [...] *de suela de crepé*» (MtnGaite *Usos* [Esp. 1987]). Es masculino, como en francés, y no debe confundirse con *crepe* (→ crepe). Se usa también pospuesto al sustantivo *papel* para designar el que tiene la misma apariencia rugosa del tejido: «*Parecía querer arrancarse y lanzar lejos la gorguera de papel crepé y la armadura de cartón*» (Ramírez *Baile* [Nic. 1995]).

2. Para designar el tejido, es también válida la adaptación *crep*, que refleja la pronunciación del étimo francés, y cuyo plural es *creps* (→ PLURAL, 1h): «*Ella venía como para cortar el aliento* [...], *con un vestido de crep negro de vuelo interminable*» (Guelbenzu *Río* [Esp. 1981]).

crêpe. → crepe y crepé.

crepería. → crepe, 2.

crescendo. 1. Voz italiana que se usa internacionalmente en el lenguaje musical para indicar que el pasaje al que se refiere debe ejecutarse aumentando gradualmente la intensidad del sonido. Se emplea frecuentemente como sustantivo masculino, con el sentido de 'aumento gradual en la intensidad de un sonido' y, en general, 'aumento progresivo de algo'. Por tratarse de un extranjerismo crudo, conserva su pronunciación originaria ([kreshéndo]) y debe escribirse con resalte tipográfico: «*La anomia permanente de la política argentina se agudizó en un "crescendo" irrefrenable*» (Ferla *Drama* [Arg. 1985]).

2. *in crescendo.* Locución adverbial italiana que significa 'aumentando progresivamente': «*Las caricias van "in crescendo" y también crece la excitación de Rubén*» (O'Donnell *Escarabajos* [Arg. 1975]). A veces, en lugar de la preposición italiana *in*, se emplea la española *en*, dando lugar a la locución ⊗*en crescendo*, poco recomendable por su carácter híbrido. Equivale a los gerundios españoles *creciendo* o *aumentando (progresivamente)* y a la construcción *en aumento*.

cretáceo -a. → cretácico.

cretácico -ca. Como sustantivo y escrito con mayúscula inicial (→ MAYÚSCULAS, 4.26), 'tercer período de la era mesozoica' y, como adjetivo, 'del Cretácico'. Es igualmente válida la variante *cretáceo*, más cercana a la etimología, pero algo menos frecuente en el uso.

criar(se). 1. Se acentúa como *enviar* (→ APÉNDICE 1, n.° 5).

2. Hoy se usa con los sentidos de 'alimentar [a una cría] durante la primera fase de su desarrollo': «*Las mujeres crían a menudo [a] sus bebés exclusivamente con leche de coco*» (Ronald *Frutoterapia* [Col. 1998]); 'procurar el nacimiento y desarrollo [de animales o plantas]': «*Antonio Gavilán también criaba gallos de pelea*» (Seseña *Cacharrería* [Esp. 1997]); 'originar o producir [algo] espontáneamente': «*Mi padre criaba granos como higos chumbos*» (Cela *Cristo* [Esp. 1988]); y, como pronominal, dicho de un ser vivo, 'crecer y desarrollarse': «*Aquí nací y aquí me crié*» (Cossa *Compadritos* [Arg. 1985]). Por tanto, aunque los verbos *criar* y *crear* comparten etimología (del lat. *creare*), en el uso actual no deben confundirse (→ crear(se)).

3. Sobre la acentuación gráfica de las formas del pretérito perfecto simple o pretérito *crie/crié*, *crio/crió*, del presente de indicativo *criais/criáis* y del presente de subjuntivo *crieis/criéis*, → TILDE², 1.2.

criatura. 'Niño pequeño' y 'ser creado'. Esta es la forma más extendida hoy en el habla general culta: «*No ha sido una máquina dotada de respiración la que ha inventado el lenguaje, sino una criatura reflexiva*» (Lledó *Días* [Esp. 1994]); no obstante, con el sentido filosófico de 'ser creado', la variante *creatura*, más cercana al étimo latino, sigue vigente en el uso, especialmente en América: «*Si Locke puede afirmar una absoluta igualdad entre los hombres* [...] *es porque todos* [...] *son por igual creaturas hechas por el soberano de los cielos*» (Marcos *Fantasma* [Méx. 1986]); «*La crueldad, banalidad, morbosidad y extravagancia que denotan sus creaturas son tales que abren un abismo difícilmente franqueable por el lector*» (VLlosa *Verdad* [Perú 2002]).

cricket. → críquet.

crin. 'Conjunto de cerdas que tienen algunos animales en la cerviz'. Se usa frecuentemente en plural. Aunque en latín clásico era voz masculina, en el español general culto, desde la época medieval, es mayoritario su uso en femenino: *la crin, las crines*. No obstante, en algunos países de América y en el habla de algunas regiones españolas se usa ocasionalmente con el género masculino etimológico: «*Había una calavera con las cuencas vacías* [...] *y unos mechones de crin mohoso en la nuca*» (Allende *Casa* [Chile 1982]). La variante ⊗*clin*, frecuente en el español medieval y clásico, ha desaparecido de la lengua culta actual y se desaconseja su empleo.

crioscopia o crioscopía. 'Estudio de las leyes de congelación de las disoluciones' y 'determinación del peso molecular de una sustancia por la variación del punto de congelación de sus disoluciones'. Ambas acentuaciones son válidas (→ -scopia o -scopía).

criptón. 'Gas noble de número atómico 36'. Es igualmente válida la variante *kriptón* (→ k).

críquet. Adaptación gráfica propuesta para la voz inglesa *cricket*, 'juego de pelota que se practica con paletas de madera': «*Jugaba muy bien al críquet*» (Perucho *Pamela* [Esp. 1983]).

crisma. Es voz femenina cuando significa 'cabeza': «*Aquí no se rompen la crisma elaborando teorías*» (Chase *Pavo* [C. Rica 1996]). Cuando significa 'mezcla de aceite y bálsamo usada para ungir', es válido su uso en ambos géneros, aunque hoy se prefiere el masculino: «*Antes de imponerle el sagrado crisma, le preguntó cómo se llamaba*» (Fisas *Historias* [Esp. 1983]), «*El sacerdote había puesto la crisma en la nuca de Paco*» (Sender *Réquiem* [Esp. 1953]).

critérium. Latinismo tomado del francés que se usa, como sustantivo masculino, con los sentidos de 'torneo de carácter no oficial en el que participan deportistas de alto nivel' y, en hípica, 'carrera en la que compiten potros nacidos en el mismo año para determinar cuál es el mejor de su generación'. Su plural es *critériums* (→ PLURAL, 1h y k): «*Victorias como profesional: diez (sin incluir critériums)*» (*País* [Col.] 29.7.97).

criticar. 'Hacer crítica(s) [sobre alguien o algo]'. Es transitivo: «*Beethoven no escuchaba ni la* [música] *de él y nadie LO criticó por eso*» (Rovner *Concierto* [Arg. 1981]); cuando el complemento directo es de cosa, puede aparecer un complemento indirecto de persona: «*Censuró a quienes LE critican su pasión por el golf*» (*NProvincia* [Arg.] 1.4.97).

croché. Adaptación gráfica de la voz francesa *crochet* ('gancho'), que se usa con dos sentidos en español:

a) 'Labor de punto que se hace con aguja de gancho': «*Nuestros soldados, en lugar de ir al campo de batalla llevando los fusiles en alto, van a esgrimir las agujas de hacer croché*» (PzCarmona *Piedra* [Arg. 1970]). Aunque se admite el uso del galicismo adaptado, no hay que olvidar que su equivalente español es *ganchillo*: «*Temía terminar sus días haciendo ganchillo en un asilo para solteronas de buena familia*» (Allende *Casa* [Chile 1982]).

b) En boxeo, 'golpe dado de abajo arriba con el brazo en forma de gancho': «*Así daba Perico Fernández el croché de izquierda, así*» (*País* [Esp.] 2.6.85).

Con este sentido es preferible usar el equivalente español *gancho*: «*Liles tumbó a Mercado con un gancho de derecha*» (*NHerald* [EE. UU.] 21.4.97).

crochet. → croché.

croissant, ⊗**croissantería.** → cruasán.

crol. Adaptación gráfica de la voz inglesa *crawl*, que designa cierto estilo de natación: «*Imaginando lo excitante que debe ser* [...] *nadar correctamente a crol*» (MtnGaite *Nubosidad* [Esp. 1992]). Sobre la adaptación se ha creado el derivado *crolista* ('nadador de crol'), que es común en cuanto al género (*el/la crolista*; → GÉNERO², 1a y 3b): «*El crolista ruso Alexander Popov o el espaldista español Martín López Zubero*» (*País* [Esp.] 25.8.97).

crolista. → crol.

Cro-Magnon. → Cromañón.

Cromañón. La grafía original *Cro-Magnon* para nombrar esta gruta situada al sur de Francia está siendo desplazada en el uso actual, incluso en textos especializados, por la forma adaptada *Cromañón*: «*1868: Se encuentran los fósiles de Cromañón, cerca de Les Eyzies*» (Arsuaga *Enigma* [Esp. 2001]). Debe escribirse con inicial minúscula cuando se utiliza, como nombre común, para designar a los homínidos en ella encontrados: «*Los cromañones "inventaron" el arte en las cavernas*» (Cardeñosa *Código* [Esp. 2001]).

crómlech. 'Monumento megalítico formado por grandes piedras dispuestas en círculo o semicírculo': «*El crómlech es un círculo de piedras asociado con el culto al Sol*» (CSerraller *Arte* [Esp. 1997]). Esta voz de origen bretón o galés, introducida en español a través del francés, debe escribirse con tilde por ser llana terminada en consonante distinta de -*n* o -*s* (→ TILDE², 1.1.2). En español debe pronunciarse como se escribe: [krómlech]. Es invariable en plural (→ PLURAL, 1i): *los crómlech*.

cromolitografiar. 'Hacer cromolitografías [de algo]'. Se acentúa como *enviar* (→ APÉNDICE 1, n.º 5).

cromósfera o cromosfera. → -sfera.

croqueta. 'Masa rebozada y frita'. Es errónea la forma ⊗*cocreta*, usada a veces en la lengua popular.

cros. → campo, 2.

cross, cross-country. → campo, 2.

croupier. → crupier.

cruasán. Adaptación gráfica de la voz francesa *croissant*, 'bollo de hojaldre en forma de media luna'. Su plural es *cruasanes* (→ PLURAL, 1g): «*Hoteles con sábanas limpias, cruasanes recién hechos, pan crujiente*» (SchzDragó *Camino* [Esp. 1990]). Es voz masculina, como en francés: *un cruasán*, no ⊗*una cruasán*. Para designar el establecimiento especializado en la elaboración y venta de cruasanes, ha de emplearse el derivado español *cruasantería*, no el híbrido ⊗*croissantería*. Para designar este tipo de bollo, se emplea en los países del Río de la Plata la voz *medialuna* (→ medialuna).

cruasantería. → cruasán.

cruel. '[Persona] que se deleita en hacer sufrir o ver sufrir a otros' y '[cosa] que causa sufrimiento'. Tiene dos superlativos válidos: *crudelísimo* (del lat. *crudelissimus*) y *cruelísimo*, formado sobre *cruel* (→ -ísimo, 4): «*Se conquistó* [...] *Teruel, tras crudelísima batalla*» (Beltrán *Pueblos* [Esp. 2000]); «*La ignominiosa, inacabable y cruelísima agonía de Voltaire*» (GaHortelano *Cuento* [Esp. 1987]).

cruento -ta. 'Sangriento': «*Hubo en Curzola un combate cruento*» (Mujica *Escarabajo* [Arg. 1982]). Es impropio su empleo como sinónimo de *cruel:* ⊗«*Lo único que he tenido por parte de la institución es una cruenta burla, ya que me están pagando una cantidad que no es la indicada*» (*Prensa* [Nic.] 30.4.02).

crupier. Adaptación gráfica de la voz francesa *croupier*, 'empleado de un casino encargado de dirigir el juego, repartir los cartas y controlar las apuestas'. Es común en cuanto al género (→ GÉNERO[2], 1a y 3g): *el/la crupier*. Su plural es *crupieres* (→ PLURAL, 1g): «*Surgen escuelas para crupieres*» (*Proceso* [Méx.] 10.11.96).

csárdás. → zarda.

⊗**cuadraplejia** o ⊗**cuadraplejía,** ⊗**cuadrapléjico -ca.** → cuadriplejia o cuadriplejía.

cuádriceps. 'Músculo dividido en cuatro partes, situado en la parte anterior del muslo'. Es invariable en plural (→ PLURAL, 1f): *los cuádriceps*. Es voz esdrújula, por lo que debe escribirse con tilde (→ TILDE[2], 1.1.3). No es correcta la forma llana antietimológica ⊗*cuadríceps*, usada a veces por analogía con los términos bisílabos *bíceps* y *tríceps*.

cuadrienal, cuadrienio. → cuatrienio.

cuadriga. 'Carro tirado por cuatro caballos'. Es voz llana: [kuadríga]; no es correcta la forma esdrújula ⊗*cuádriga*.

cuadrilátero. 'Espacio cuadrado limitado por cuerdas para la práctica del boxeo': «*Estuvo a punto de tirar la toalla y de retirarse del cuadrilátero*» (*Vistazo* [Ec.] 6.11.97). Debe preferirse esta voz española al anglicismo *ring*.

cuadrimotor. → cuatrimotor.

cuadriplejia o **cuadriplejía.** 'Parálisis que afecta a las cuatro extremidades'. Ambas acentuaciones son válidas (→ -plejia o -plejía). Se usa sobre todo en América, especialmente en la Argentina: «*Mural repartido en todos los clubes* [...] *para prevenir las cuadriplejias*» (Cibeira *Bioética* [Arg. 1997]). En España se emplea más el sinónimo *tetraplejia*.

No se admite la forma ⊗*cuadraplejia* o ⊗*cuadraplejía* ni, consecuentemente, su derivado ⊗*cuadrapléjico;* debe decirse *cuadripléjico* o *tetrapléjico*.

cuadripléjico -ca. → cuadriplejia o cuadriplejía.

cuadriplicar. → cuadruplicar.

cuadrivio. 'Conjunto de las cuatro artes matemáticas (aritmética, música, geometría y astrología o astronomía), que, junto con el trivio, constituía los estudios universitarios en la Edad Media': «*Las universidades proponían los estudios medievales tradicionales del trivio (gramática, retórica y lógica) y el cuadrivio (geometría, aritmética, música y astronomía)*» (Fuentes *Espejo* [Méx. 1992]). Existe también la variante etimológica latina *quadrívium*, que en español debe escribirse con tilde por ser palabra llana acabada en consonante distinta de *-n* o *-s* (→ TILDE[2], 1.1.2).

cuadrumano -na o **cuadrúmano -na.** '[Mamífero] en cuyas cuatro extremidades el dedo pulgar es oponible a los demás'. Ambas acentuaciones son válidas: la etimológica esdrújula *cuadrúmano* y la llana *cuadrumano*, hoy mayoritaria por influjo de la pronunciacion del sustantivo base *mano*.

cuádruple. Numeral multiplicativo correspondiente al número cuatro (→ MULTIPLICATIVOS). En lo que respecta a su uso, se comporta igual que *doble* (→ doble).

cuadruplicar. 'Multiplicar por cuatro': «*Un cachorro bien alimentado deberá duplicar su peso a la semana y cuadruplicarlo a la tercera semana*» (Azar *Border* [Arg. 1980]). Esta es la forma mayoritaria en el uso culto y la más recomendable, por ser la más cercana a la etimología (del lat. *quadruplicare*). Menos usadas, pero también válidas, son las variantes *cuadriplicar* y *cuatriplicar*, con influjo de *triplicar:* «*El número de accionistas británicos se ha cuadriplicado*» (*Tiempo* [Col.] 1.12.87); «*Se duplicaba el derecho de importación sobre [e]l azúcar y se cuatriplicaba el del café*» (Silvestrini/LSánchez *Puerto Rico* [P. Rico 1987]).

cuádruplo -pla. → MULTIPLICATIVOS, 2.

⊗**Cuauhtémoc.** → Cuauhtémoc.

cuákero -ra. → cuáquero.

cual. Aunque su pronunciación puede ser átona o tónica, se escribe siempre sin tilde —a diferencia de *cuál* (→ cuál)— cuando presenta los siguientes valores:

1. CON PRONUNCIACIÓN ÁTONA:

1.1. Pronombre relativo que se emplea en las expresiones de valor concesivo *sea cual sea, sea cual fuere, fuera* (o *fuese*) *cual fuera* (o *fuese*), en las que *cual* equivale a 'el que, la que'. Tanto el relativo *cual* como el verbo *ser* deben concordar en número con el sujeto correspondiente: «*Los terroristas, sea* *cual sea su procedencia, necesitan de la amplificación de sus actos»* (Bonilla *Violencia* [Col. 1995]); *«Sean cuales fueren las razones, la práctica del silencio me parece injusta»* (Perucho *Dietario* [Esp. 1985]); *«Mis palabras, fueran cuales fuesen, se volverían inexorablemente contra mí»* (GaMorales *Lógica* [Esp. 1990]). Es, pues, incorrecto el uso invariable de estas expresiones con sujeto plural: ⊛*«Creo que lo que es criticable es que hagas las cosas mal, sea cual sea»* (*Tiempo* [Esp.] 30.4.90).

1.2. También con variación de número, se usa en correlación con *tal* (→ tal, 1) en construcciones de valor modal en las que *cual* equivale a *(y) como:* *«Se muestra en la pantalla tal cual es»* (*Tiempo* [Esp.] 14.5.90); *«Ese mismo don de la naturaleza de ver las cosas tales cuales son»* (GmzSerna *Automoribundia* [Esp. 1948]). No obstante, en la lengua actual es frecuente su uso inmovilizado en singular, aunque se refiera a un sustantivo plural: *«El contexto ha hecho que los medios de comunicación se muestren tal cual son»* (*Proceso* [Méx.] 24.11.96). No debe usarse conjuntamente con *como:* ⊛*«Soy en mi casa tal cual como aparezco en público»* (*NProvincia* [Arg.] 13.3.97); debió decirse *tal cual* o *tal como.* Aunque se daba con más frecuencia en épocas pasadas, hoy puede usarse también sin el acompañamiento de *tal:* *«Mi alma estaba inundada de dolor y sentimientos de amargura, cuales no he sentido en toda mi vida»* (Leñero *Martirio* [Méx. 1981]).

1.3. Aunque no es frecuente, puede aparecer en correlación con el adverbio *tan,* con valor equivalente a *como* o *cuanto:* *«Ese cuerpo está compuesto por órganos tan delicados cuales son el corazón, el hígado, las glándulas»* (*Abc* [Esp.] 20.11.83).

1.4. Se usa también para introducir una explicación o ejemplificación de lo mencionado en el antecedente, con el que debe concordar en número: *«Cabe otra alternativa, cual es tomar una postura intermedia conjugando los dos factores»* (Marcilla *Instrumentos* [Esp. 1997]); *«La fiscalidad directa [...] se halla estructurada [...] en dos impuestos principales, cuales son el Impuesto sobre la Renta de las Personas Físicas y el Impuesto sobre Sociedades»* (*Abc* [Esp.] 16.6.96). Con antecedente plural, no debe permanecer invariable: ⊛*«No se trataba de pequeños pueblos, sino de grandes poblaciones, cual son casi todas las que constituyen la provincia»* (Pirala *Historia* [Esp. 1868]); debió decirse *cuales son.* Solo aparece en la lengua escrita, pues en el habla corriente se emplea, en su lugar, *como.*

1.5. La forma invariable *cual* es un adverbio relativo que se emplea con valor modal equivalente a *como* (→ como, 1a): *«Las fuentes se animan cual doncellas vivas»* (Aridjis *Comedia* [Méx. 1989]). Es uso arcaico que solo pervive en la lengua literaria. Puede usarse en correlación con el adverbio *tal:* *«Solo ahora comienzo a vivir tal cual siempre soñé»* (Fux

Danza [Arg. 1992]). Seguido de la conjunción *si, cual* introduce oraciones subordinadas modales en las que se establece una comparación con un hecho irreal o supuesto, lo que exige que el verbo subordinado vaya en subjuntivo: *«Escaparon por la salida opuesta, cual si hubieran cometido un crimen»* (Mujica *Escarabajo* [Arg. 1982]).

2. CON PRONUNCIACIÓN TÓNICA:

2.1. Precedido de artículo y, por tanto, con variación de género y número, forma el pronombre relativo compuesto *el cual, la cual, lo cual, los cuales, las cuales.* Se usa siempre con antecedente explícito. Con preposición o sin ella, puede encabezar oraciones explicativas: *«Algo parecido decía Lenin, para el cual el dinero es el nervio de la guerra»* (Arrabal *Torre* [Esp. 1982]); *«Te preguntó por tus andanzas, las cuales le narraste con menos aspaviento del que Pierrepont usó contigo»* (Otero *Temporada* [Cuba 1983]). Solo puede encabezar oraciones especificativas cuando va precedido de preposición: *«Mira este periódico, plantea cosas con las cuales estoy completamente de acuerdo»* (Leis *Sol* [Pan. 1976]). Es incorrecto su uso sin artículo: ⊛*«Nava tiene seis hijos, tres de cuales aún dependen de él»* (*Proceso* [Méx.] 14.7.96). Cuando el antecedente es una oración, es obligado usar la forma neutra *lo cual: «Era guapo y disponía de dinero, lo cual le facilitaba el éxito con determinadas mujeres»* (Alfaya *Traidor* [Esp. 1991]).

2.1.1. En casi todos los contextos puede usarse en su lugar el relativo *que,* más frecuente en el habla corriente. Pero es obligatorio el uso de *cual* en los siguientes casos:

a) En complementos partitivos: *«Dijo que tiene otros cuatro hijos, dos de los cuales son gemelos»* (*Universal* [Ven.] 2.1.89). Sí puede sustituirse *cual* por el relativo *que* si el complemento partitivo antecede al núcleo: *Tiene cuatro hijos, de los que dos son gemelos.*

b) En cláusulas absolutas: *«"Yo no puedo luchar sola contra Thérèse [...]". Dicho lo cual, Evelyne se volvió bruscamente y se refugió en mi pecho»* (Cano *Abismo* [Col. 1991]).

c) Como término de locuciones preposicionales, como *a consecuencia de, gracias a, a pesar de,* etc.: *«Fernando sufrió graves heridas a consecuencia de las cuales falleció posteriormente»* (León *Lecuona* [Cuba 1995]); *«Melanie seguía perdiendo peso, a pesar de lo cual el terapeuta insistía en no obligarla con la comida»* (Rausch *Dietas* [Arg. 1996]).

d) Como término de la preposición *según: «El conductismo se basa en el principio según el cual todo tipo de conductas son aprendidas»* (Saiz *Ansiedad* [Esp. 1993]). Solo si el complemento introducido por *según* está regido por el verbo de la subordinada relativa y el pronombre relativo antecede inmediatamente al verbo, el relativo *cual* puede sustituirse por *que: El reglamento según el que se rige esta institución es claro al respecto;* pero incluso en estos casos sigue siendo más normal el uso de *cual: El reglamento según el cual se rige...*

2.1.2. Lo que no debe hacerse nunca es emplear conjuntamente *cual* y *que:* ⊗«*Pierce* [...] *no tiene uno de los elementos mentales más seductores de Sabatini, el cual que era su garra, su fiereza*» (*Universal* [Ven.] 3.11.96); ⊗«*Van a dejar de dárselo, lo cual que me parece un error*» (*País* [Esp.] 29.9.97). Es también incorrecto el empleo de *lo cual que* en lugar de *por lo cual:* ⊗«*Ha vuelto sin manta de la que tirar, lo cual que no le va a contar nada a la juez*» (*Mundo* [Esp.] 3.3.95).

2.2. Aunque es hoy infrecuente, también puede usarse como adjetivo relativo antepuesto a un sustantivo: «*Estava en mi propósito de ir a Barçelona por la mar, en la cual ciudad me davan nuevas de que Sus Alteças estavan*» (RBastos *Vigilia* [Par. 1992]); «*La tercera razón es el fin último que movió al papa cuando concedió esos reinos de Indias a los reyes de España, el cual fin no fue otro* [...] *más que la predicación de la fe cristiana*» (Beuchot *Filósofos* [Méx. 1992]). Lo normal en la lengua actual es la posposición del relativo: *ciudad en la cual..., fin que no fue otro...*

2.3. Sin artículo, forma parte de distintas locuciones o expresiones:

a) *a cual más.* → cuál, 7.

b) *cada cual.* Locución pronominal indefinida, equivalente a *cada uno* y usada con valor generalizador: «*Si lo que se arriesga es el propio pellejo, cada cual es dueño del suyo*» (Corrieri *Fuera* [Cuba 1978]). También se dice *cada quien* (→ quien, 3).

c) *cual más, cual menos.* → cuál, 3.

d) *que si tal y (que si) cual.* Expresión con la que se alude de forma vaga a lo dicho por otro, a lo que no se le concede valor: «*Empezó a decir que si no sería mala tanta competición, que tenía el hígado delicado,* [...] *que le daba miedo apretar y que si tal y que si cual*» (Gándara *Distancia* [Esp. 1984]).

e) *tal cual.* Puede funcionar como locución determinativa de valor indefinido, con el significado de 'algún que otro': «*Hubo tal cual militar que tomó más de lo debido*» (Alape *Paz* [Col. 1985]). No es normal su uso en plural. Habitualmente funciona como locución adverbial, con el sentido de 'así como es o como está, sin cambiar nada': «*Publicaré tal cual su historia, línea por línea*» (Martínez *Perón* [Arg. 1989]); «*El rodaballo, por ejemplo, va al horno tal cual*» (Domingo *Sabor* [Esp. 1992]).

f) *tal para cual.* Locución adjetiva que funciona como atributo en oraciones copulativas y significa, dicho de dos personas, 'iguales o semejantes': «*Son tal para cual, pensó, el mismo anhelo y la misma desesperación*» (Mendoza *Ciudad* [Esp. 1986]).

g) *tal por cual.* Locución eufemística usada como insulto equivalente a *hijo de puta.* Existía ya con

este valor en el español clásico y hoy pervive sobre todo en el español americano: «*Ojalá no hubiera jamás otro tarado tal por cual que apareciera en su vida*» (Azuela *Casa* [Méx. 1983]); «*Ese tal por cual tenía de las quico y caco, no sería nada extraño que resucitase cada vez que él lo asesinara*» (Aguilera *Pelota* [Ec. 1988]); «*¡A la mierda mandé a una tal por cual que se me arrejuntó y resultó encinta!*» (Asturias *Hombres* [Guat. 1949-53]).

h) *un tal y un cual.* Locución pronominal con que se alude de manera vaga a las críticas que alguien emite sobre otra persona: «*Puede que yo sea lo que dicen por ahí que soy, un tal y un cual. Me la trae floja, cada uno tiene su vena*» (CBonald *Noche* [Esp. 1981]).

cuál. Palabra tónica que, a diferencia de *cual* (→ cual), se escribe con tilde. Su plural es *cuáles.* Deben evitarse las formas populares o rurales ⊗*cuálo(s),* ⊗*cuála(s),* impropias del habla culta. Presenta los siguientes valores:

1. Pronombre interrogativo que se usa para preguntar por la identidad de una persona o cosa de entre varias posibles. Puede introducir enunciados interrogativos directos u oraciones subordinadas interrogativas indirectas: «*¿Cuál fue la verdadera causa de la muerte de la niña?*» (Salom *Piel* [Esp. 1976]); «*Dígame cuáles son mis opciones reales*» (Benedetti *Primavera* [Ur. 1982]). A veces se emplea en enunciados exclamativos, especialmente en la fórmula *cuál no sería* (o *fue,* o *será,* etc.): «*—¿Y qué solución le ves al asunto? —La nuestra. ¡Cuál va a ser! La revolución*» (Gironella *Hombres* [Esp. 1986]); «*Cuál no sería su angustia cuando descubrió que el teléfono estaba descompuesto*» (Martínez *Evita* [Arg. 1995]); «*¡Cuáles no habrían de ser mi horror y mi consternación cuando ella se arrojó en mis brazos en el momento en que entré!*» (Panero *Lugar* [Esp. 1976]).

2. En la lengua escrita, *cuál(es)* se usa a veces correlativamente al inicio de cláusulas diferentes, con valor indefinido equivalente a *uno(s)..., otro(s):* «*Ninguno va vacío;* [...] *cuál con los trastos de cocina, cuál con los toldos y las estacas*» (Carrasquilla *Marquesa* [Col. 1928]).

3. *cuál más, cuál menos.* Locución pronominal indefinida de valor cuantitativo, que significa 'unos más y otros menos, todo el mundo': «*Cuál más, cuál menos puede aportar algún documento, una foto, una grabación*» (*Hoy* [Chile] 19-25.1.83). Debido a que en esta locución *cuál* tiende a pronunciarse átono, es frecuente y admisible su escritura sin tilde: «*Cual más, cual menos, todos llevan sangre española en sus venas*» (Mojarro *Yo* [Méx. 1985]). También se dice *quién más, quién menos* (→ quién, 6).

4. Antepuesto a un sustantivo, funciona como adjetivo interrogativo. En ese caso equivale a *qué* (→ qué), y su uso es mucho más frecuente en América que en España: «*—Queremos ver a la muchacha.*

—*¿Cuál muchacha?*» (Fuentes *Cristóbal* [Méx. 1987]); «*Oyó hablar a las primas con naturalidad de cuáles parejas de la familia seguían haciendo el amor*» (GaMárquez *Amor* [Col. 1985]); «*Sabía de cuál imbécil me estaba hablando*» (Grandes *Edades* [Esp. 1989]).

5. Sigue teniendo valor interrogativo y, por tanto, se escribe con tilde cuando va precedido de la preposición *según*, o del verbo *depender* o el adverbio *independientemente* seguidos de la preposición *de*: «*El tipo de carbonato* [...] *se diagnosticará según cuál sea el color de llama que dé a la prueba*» (FdzChiti *Diagnóstico* [Arg. 1986]); «*Todo depende de cuál sea el problema*» (*NHerald* [EE. UU.] 28.7.97); «*Los desconocidos trabajan a destajo cada día, independientemente de cuál sea el recorrido de la etapa*» (*Mundo* [Esp.] 19.7.96).

6. Es arcaico el uso de *cuál* como adverbio exclamativo equivalente a *cómo*: «*¡Cuál gritan esos malditos!*» (Zorrilla *Tenorio* [Esp. 1844-52]).

7. a cuál más. Locución adverbial de valor ponderativo, que se antepone a un adjetivo referido a varias personas o cosas, para indicar que todas ellas compiten en presentar en grado sumo la cualidad expresada por el adjetivo: «*Trabajaba rodeado de viejas funcionarias, a cuál más fea*» (Galeano *Días* [Ur. 1978]); «*Serán los encargados de resolver todo tipo de crímenes, a cuál más misterioso*» (*Abc* [Esp.] 1.3.96). A pesar de ser tónico, al haber perdido en la locución su valor interrogativo, se escribe frecuentemente sin tilde: «*Ha lanzado el libro con sobrecubiertas en cuatro colores, a cual más chillón*» (*País* [Esp.] 1.12.88); «*Me lo impidió la entrada de dos mellizas a cual más hermosa*» (CInfante *Delito* [Cuba 1995]). El adjetivo ha de ir en singular, puesto que va referido al singular *cuál*, a pesar de aludir a una pluralidad de seres; no debe usarse, pues, con el adjetivo en plural: ⊗«*Una sala central rodeada por tres cuartos a cual más oscuros*» (*Tiempo* [Col.] 10.4.97). No es correcto anteponer al adjetivo la preposición *de*: ⊗«*Luego han surgido otras versiones. A cual más DE contradictorias*» (*Tiempo* [Col.] 31.10.96). Es incorrecta la expresión ⊗*a cada cual más*, fruto del cruce de *a cual más* y *cada cual*: ⊗«*Cada día que pasa genera nuevos episodios a cada cual más insólito*» (*Mundo* [Esp.] 11.2.94).

cualificado -da. → calificado.

⊗**cuálo -la.** → cuál.

cualquier. → cualquiera, 1.

cualquiera. 1. Adjetivo indefinido que denota que la persona o cosa a la que se refiere es indeterminada. Cuando va antepuesto al sustantivo, tanto si este es masculino como femenino, adopta la forma apocopada *cualquier,* aunque entre ambos se interponga otra palabra: «*Daría cualquier cosa por saber con qué cara ha leído la carta*» (MtnGaite *Nu-*

bosidad [Esp. 1992]); «*Cualquier buen leninista sabe cómo adaptarse a los cambios*» (*DAméricas* [EE. UU.] 2.5.97). Ocasionalmente puede aparecer la forma plena *cualquiera* ante sustantivos femeninos, algo frecuente en el español de Chile: «*Cualquiera palabra que dijera en clase el profesor la relacionaba rápidamente con mi sombrero*» (Araya *Luna* [Chile 1982]).

2. Puede funcionar como pronombre, designando, siempre en singular, a una persona indeterminada: «*Cualquiera pudo matarlo*» (Cebrián *Rusa* [Esp. 1986]). Frecuentemente adquiere el sentido generalizador de 'todo el mundo': «*Cualquiera se daría cuenta y se asustaría*» (VLlosa *Tía* [Perú 1977]). También se emplea para expresar la imposibilidad de realizar la acción designada por el verbo: «*¡Qué nochecita! Cualquiera pega ojo*» (ASantos *Estanquera* [Esp. 1981]). Puede denotar asimismo 'cosa indeterminada e indistinta', pero en ese caso lleva siempre un complemento partitivo, sea explícito o implícito: «*La famosa basílica era más pobre que cualquiera de las mezquitas andaluzas*» (Torbado *Peregrino* [Esp. 1993]). Puede ir seguido del relativo *que* y un verbo en subjuntivo: «*Cualquiera que os oiga se va a creer que tenéis un lirón entre las piernas*» (MtzMediero *Vacaciones* [Esp. 1991]). Cuando va seguido del verbo *ser*, adquiere valor concesivo equivalente a *sea cual sea, sea cual fuere*: «*Un hacha es de inestimable valor, cualquiera que sea su tamaño*» (Artigas *Sobrevivencia* [Chile 1991]); en este caso no debe suprimirse el *que*: ⊗*cualquiera sea su tamaño.* Con este mismo sentido, *cualquiera* puede ir también pospuesto al verbo *ser*, construcción culta y poco frecuente: «*Siempre termino mis ensayos, sea cualquiera su extensión*» (Laín *Descargo* [Esp. 1976]).

3. El plural del adjetivo y del pronombre *cualquiera* es *cualesquiera* (no ⊗*cualesquieras*): «*Eran ya dos los ciudadanos cualesquiera que [...] hallábanse dispuestos a aguardar el cadáver de su enemigo*» (Grande *Fábula* [Esp. 1991]); «*Abjuro todas las herejías contenidas en cartas, comunicados* [...] *y cualesquiera otros documentos que yo firmé*» (Leñero *Martirio* [Méx. 1981]). Aunque no es frecuente hoy, cuando el plural *cualesquiera* va antepuesto, inmediatamente o no, al sustantivo, puede adoptar la forma apocopada *cualesquier*: «*Inaudible para cualesquier otros oídos que no fuesen los de Regina*» (Velasco *Regina* [Méx. 1987]). A menudo se utiliza erróneamente la forma del singular para el plural: ⊗«*No se debe, cualquiera que sean las circunstancias, admitir que se denigre el nivel del debate*» (*DYucatán* [Méx.] 12.9.96). Aún más inadmisible resulta el empleo de la forma del plural para el singular: ⊗«*En nuestro país la tortura o cualesquiera otro acto vejatorio están prohibidos*» (*Dedom* [R. Dom.] 19.12.96).

4. Si *cualquiera* va seguido de un complemento con *nosotros, vosotros* o *ustedes*, la concordancia del verbo vacila entre el singular (de acuerdo con el indefinido) y el plural (de acuerdo con el pronombre personal): «*La denuncia es cierta, cualquiera de nosotros puede verificarla*» (Caparrós *Crisis* [Esp. 1977]); «*Si cualquiera de nosotros creamos una opinión no acorde con la verdad, tarde o temprano acabaremos pagándolo*» (*Cambio 16* [Esp.] 8.1.90). Ambas concordancias son válidas, aunque en la lengua culta se prefiere claramente la primera.

5. Precedido siempre del indefinido *un*, *cualquiera* funciona como sustantivo con el sentido de 'persona de poca importancia o indigna de consideración'. Es común en cuanto al género (→ GÉNERO², 1a): «*Prada no era un cualquiera. Había sido embajador*» (Madrid *Flores* [Esp. 1989]); «*Eso de que Misia Eumelia [...] estuviese haciendo dulces para vender como una cualquiera era como para no creerlo*» (Herrera *Casa* [Ven. 1985]). Se usa con más frecuencia en masculino, pues la femenino *una cualquiera* tiene habitualmente el sentido de 'mujer de moral sexual relajada': «*Que se busque una cualquiera como tú para sus cochinadas*» (Esquivel *Agua* [Méx. 1989]). El plural del sustantivo *cualquiera* es *cualquieras* (no ⊗*cualesquieras*): «*Cómo iba a dejar que te corrompieras con unas cualquieras*» (Terán *Eulalia* [Col. 1982]).

cuan. Adverbio relativo átono, apócope de *cuanto* (→ cuanto, 1.3.4), que debe escribirse sin tilde, a diferencia del adverbio interrogativo o exclamativo *cuán* (→ cuán). Se emplea antepuesto a adjetivos o a adverbios, en oraciones comparativas de valor ponderativo, con sentido equivalente a *todo lo* + adj. o adv. + *que*: «*Aparece tumbado cuan largo es sobre la moqueta*» (*Abc* [Esp.] 12.5.88); «*Estoy trabajando cuan arduamente puedo para acelerar este proceso*» (*DYucatán* [Méx.] 23.7.96). En correlación con *tan*, se usa para introducir el segundo término de una comparación de igualdad: «*Resultó mortal para las únicas dos personas que jamás comieron tan detestable cuan ponzoñoso bocado*» (Fuentes *Cristóbal* [Méx. 1987]); en estos casos también puede emplearse la forma plena *cuanto* (→ tanto, 1.2 y cuanto, 1.3.4), aunque lo normal, en el habla corriente, es usar *como* (→ como 2a). A veces *tan* está sobrentendido: «*La otra [patita] posada sin miramientos sobre un hermoso cuan antiguo adoquín de la plaza oaxaqueña*» (Fuentes *Cristóbal* [Méx. 1987]). Esta forma apocopada no puede anteceder a los comparativos *mejor, peor, menor, mayor,* etc., ni a los adverbios *más, menos* y *antes;* en todos estos casos ha de emplearse la forma plena *cuanto.*

cuán. Adverbio interrogativo o exclamativo tónico, apócope de *cuánto* (→ cuánto, 3), que debe escribirse con tilde, a diferencia del adverbio relativo *cuan* (→ cuan). Generalmente se emplea, antepuesto a adjetivos o a adverbios, en enunciados exclamativos de valor ponderativo: «*¡Cuán absurda me pareció entonces la existencia que el destino le ha deparado a mi patrona!*» (Vega *Crónicas* [P. Rico 1991]); «*¡Cuán lejos estamos ya de quienes afirmaban que la música de los negros apenas podía llamarse "música"*» (Ortiz *Música* [Cuba 1975]); hoy es más normal, en estos casos, el empleo de *qué* (→ qué, 1.3). Aunque no es frecuente, *cuán* puede aparecer también en enunciados interrogativos: «*¿Cuán legítimo es considerado un Estado por sus "ciudadanos"?*» (PzBrignoli *Centroamérica* [C. Rica 1985]); «*¿Cuán lejos se puede llevar, sin que desaparezca del todo el referente figurativo?*» (*Abc* [Esp.] 18.10.96). Esta forma apocopada no puede anteceder a los comparativos *mejor, peor, menor, mayor,* etc., ni a los adverbios *más, menos* y *antes;* en todos estos casos ha de emplearse la forma plena *cuánto.*

cuando. Palabra átona, que debe escribirse sin tilde, a diferencia del adverbio interrogativo o exclamativo *cuándo* (→ cuándo). Presenta los valores siguientes:

1. Adverbio relativo que introduce oraciones adjetivas de significado temporal. En este caso, se relaciona siempre con un antecedente: «*Llegó el momento cuando Eloísa [...] adivinó que su amigo no andaba del todo bien*» (Chávez *Batallador* [Méx. 1986]); «*Este año, cuando se cumplen 150 del natalicio de Cervantes [...], se le rinde homenaje de la única manera posible*» (*Granma* [Cuba] 8.97); «*Tres prisioneros esperan el amanecer, cuando serán ejecutados*» (Cabrera *Cine* [Esp. 1999]). Su uso es más frecuente cuando la oración adjetiva es explicativa y más raro cuando es especificativa. En todos los casos es sustituible por el relativo *(el) que*, precedido de la preposición *en: Llegó el momento en (el) que Eloísa...; Este año, en (el) que se cumplen...,* etc.

2. Sin antecedente, introduce oraciones subordinadas adverbiales de tiempo, con el sentido de 'en el momento en que': «*Voy allí cuando me canso de la comida de mi cocinero*» (RRosa *Sebastián* [Guat. 1994]); «*Cuando lo supe, suspiré de alivio*» (RBastos *Vigilia* [Par. 1992]). Si estas oraciones expresan tiempo futuro o hipotético, se construyen en el español moderno con el verbo en subjuntivo; no se considera correcto hoy el uso, en estos casos, del futuro de indicativo ni del condicional o pospretérito, que deben reemplazarse, respectivamente, por el presente de subjuntivo y por el pretérito imperfecto o pretérito de subjuntivo: ⊗«*¡Qué terror cuando se le presentará* [correcto: *presente*] *la candela y cuando empezará* [correcto: *empiece*] *a cubrirle el frío sudor de la muerte!*» (GaBadell *Funeral* [Esp. 1975]); ⊗*Estaría dispuesto a hacerlo cuando ella querría* [correcto: *quisiera*]. La aparición en estas oraciones del futuro de indicativo era normal en el español medieval y clásico, y hoy se da a veces en el español hablado en Cataluña y en zonas de Aragón por influjo del catalán. Por el contrario, sí es normal en el español general el uso del futuro de indicativo en las oraciones enfáticas de relativo: *«Será entonces cuando entrarán en acción las fuerzas del orden»* (Velasco *Regina* [Méx. 1987]); pero en estos casos es también posible, e incluso más frecuente, usar el subjuntivo: *Será entonces cuando entren en acción...* Se hace tónico, aunque sigue escribiéndose sin tilde, cuando se coordina con otro adverbio relativo y no es el último elemento de la coordinación: *Trabajaré como, cuando* (pron. [kuándo]) *y donde yo quiera.*

3. Funciona como conjunción causal, con el sentido de 'puesto que, ya que': *«Debe ser así, cuando tú lo dices»* (Rojas *Hidalgo* [Esp. 1980]).

4. Tiene valor concesivo cuando significa 'a pesar de que, siendo así que': *«Todavía se dice de manera absurda que los hombres y las mujeres son diferentes, cuando lo importante es señalar sus semejanzas en sentimientos»* (Barrera/Kerdel *Adolescente* [Ven. 1976]).

5. Tiene valor condicional cuando significa 'si o en caso de que': *«Bohr es encantador, pero no cuando uno lo tiene cerca todo el día»* (Volpi *Klingsor* [Méx. 1999]).

6. Seguida del adverbio de negación *no,* equivale a veces a *si no: «El más somero análisis de la situación hacía suponer que el riesgo era mínimo, cuando no inexistente»* (Semprún *Autobiografía* [Esp. 1977]).

7. Seguida de un sustantivo, funciona a modo de preposición, con el sentido de 'en el tiempo o momento de': *«A Picasso se le hizo director del Prado cuando la guerra»* (*Mundo* [Esp.] 24.9.94).

8. aun cuando. Locución conjuntiva concesiva equivalente a *aunque: «Aun cuando no era tiempo de espárragos, había que encontrarlos a cualquier precio»* (GaMárquez *Amor* [Col. 1985]). En esta locución la palabra *aun* se escribe sin tilde (→ TILDE², 3.2.4). Es, pues, incorrecta la grafía ⊗*aún cuando.*

9. cuando más. → más, 1.7.

10. cuando menos. → menos, 6.

11. de cuando en cuando, de cuando en vez, de vez en cuando. 'Cada cierto tiempo'. Aunque en estas locuciones *cuando* es tónico, debe escribirse sin tilde, pues no es interrogativo ni exclamativo: *«También yo tengo, de cuando en cuando, derecho a descansar»* (Gala *Ulises* [Esp. 1975]); *«Era una región que de cuando en vez frecuentaba la guerrilla»* (Calvo *Colombia* [Col. 1987]); *«Mira de vez en cuando su reloj»* (Pavlovsky *Galíndez* [Arg. 1975]).

cuándo. 1. Adverbio interrogativo o exclamativo de tiempo. Es palabra tónica que debe escribirse con tilde, a diferencia del adverbio relativo y de la conjunción *cuando* (→ cuando). Introduce enunciados interrogativos o exclamativos directos, y oraciones subordinadas interrogativas o exclamativas indirectas: *«¿Cuándo te vas a la montaña?»* (Collyer *Pájaros* [Chile 1995]); *«¡Dios mío! ¡Cuándo acabará todo!»* (Márquez *Némesis* [Esp. 1990]); *«Le pregunté cuándo se iba»* (Salisachs *Gangrena* [Esp. 1975]); *«Y vaya a saber cuándo mejorará el transporte de superficie»* (*Cronista* [Arg.] 7.7.92).

2. Puede ir precedido de las preposiciones *de, desde, hacia, hasta* y *para: «Y eso que usted ha leído ¿de cuándo es?»* (Alonso *Supremísimo* [Esp. 1981]); *«¿Desde cuándo no nos vemos?»* (Cabrujas *Americano* [Ven. 1986]); *¿Hacia cuándo crees que estará listo el informe?; «No sé hasta cuándo nos va a tener aquí el comando»* (RBastos *Hijo* [Par. 1960]); *«¿Para cuándo es la boda?»* (Maqua *Invierno* [Esp. 1992]).

3. Cuando aparece precedido de la preposición *según,* o del verbo *depender* o el adverbio *independientemente* seguidos de la preposición *de,* se recomienda escribirlo con tilde, ya que en estos casos suele ser tónico y se interpreta normalmente como interrogativo: *Según cuándo terminemos, podremos acompañarte o no; «Le expliqué que dependía de cuándo terminara la reunión de la Internacional Socialista»* (Feo *Años* [Esp. 1993]); *«El anuncio de la salida de Pérez, independientemente de cuándo se materialice, significa el término de una batalla»* (*Hoy* [Chile] 17-23.11.97). No obstante, en estos casos el adverbio puede tener también valor relativo, por lo que no se considera incorrecto escribirlo sin tilde: *Según cuando llegue...* [= según a qué hora llegue] o *Según cuando llegue...* [= según la hora a la que llegue].

4. Se usa, repetido, con valor distributivo equivalente a *unas veces..., otras veces...: «Me constaba que él, cuándo por lo rudo de su educación, cuándo por su mucha franqueza, no guardaba cortesías con nadie»* (Guzmán *Águila* [Méx. 1926-28]).

5. Precedido de artículo se sustantiva y significa 'tiempo o momento': *«Walters no dijo el cómo ni el cuándo de la operación norteamericana»* (Feo *Años* [Esp. 1993]).

6. ¿de cuándo (acá)? Se usa en interrogaciones retóricas para manifestar asombro o indignación ante lo expresado a continuación: *«¿De cuándo ibas a tomar tú la iniciativa de mover el culo del asiento de la televisión?»* (Caballero *Quinteto* [Esp. 1996]); *«¿Y de cuándo acá eres mi juez?»* (Aguilera *Caricia* [Méx. 1983]).

cuandoquiera. cuandoquiera que. Locución conjuntiva temporal que significa 'siempre que o en cualquier momento en que': *«Dondequiera y cuandoquiera que el Consejo de Seguridad decida actuar contra una amenaza a la seguridad, todos los países miembros están obligados a prestar ayuda»* (*País* [Esp.] 8.10.02). En el habla esmerada, no debe prescindirse de la conjunción *que:* ⊗*cuandoquiera el Consejo de Seguridad decida...* El primer elemento de esta locución conjuntiva ha de escribirse hoy en una sola palabra (*cuandoquiera*), por lo que no debe confundirse con la combinación ocasional del adverbio relativo *cuando* y la primera o tercera persona del presente de subjuntivo del verbo *querer*, que significa 'en el momento que desee': «*Una cosa es que una mujer pueda hacer lo que quiera y otra es que le sea posible hacerlo cuando quiera y con quien quiera*» (Rossetti *Alevosías* [Esp. 1991]).

⊗cuantimás. → más, 1.8c.

cuanto -ta. 1. Como palabra átona, que debe escribirse sin tilde a diferencia de *cuánto* (→ cuánto), presenta los valores siguientes:

1.1. ADJETIVO

1.1.1. Con variación de género y número (*cuanto, cuanta, cuantos, cuantas*) y antepuesta a un sustantivo, funciona como adjetivo relativo, con sentido equivalente a *todo el* + sust. + *que*: «*Traté de entregar a María cuanto dinero* [= todo el dinero que] *llevaba en el bolsillo*» (Chávez *Batallador* [Méx. 1986]); «*Tomó cuantas medidas* [= todas las medidas que] *juzgó necesarias para protegerla*» (Ribera *Sangre* [Esp. 1988]). Con nombres contables, se emplea a veces en singular con sentido plural: «*No descansó recorriendo cuanta tienda de antigüedades* [= todas las tiendas de antigüedades que] *había en México*» (Paso *Palinuro* [Méx. 1977]).

1.1.2. Antepuesto a los adjetivos *más* y *menos*, el adjetivo *cuanto* introduce estructuras comparativas proporcionales, llamadas así porque en ellas se indica el incremento o la disminución progresiva de dos magnitudes paralelas: «*Cuantas más horas ven la televisión, mayor es su agresividad*» (*Vanguardia* [Esp.] 16.10.95); «*Cuanto menos dinero tenía, más pan consumía*» (Donoso *Elefantes* [Chile 1995]). En estas estructuras, *cuanto* debe concordar en género y número con el sustantivo núcleo de la comparación: *Cuanta más paciencia tengas...*, y no ⊗*Cuanto más paciencia tengas... Cuanto* también introduce estructuras comparativas proporcionales cuando es pronombre (→ 1.2.3) y cuando es adverbio (→ 1.3.2). Para el uso, en estos casos, de *mientras, entre* y *contra*, → más, 1.8a y menos, 7a.

1.1.3. El adjetivo *cuanto* se usa, en correlación con *tanto* (→ tanto, 1.2), para introducir el segundo término de una comparación de igualdad referida a cantidad: «*Que me pusieran tantas inyecciones cuantas ventanas había en la casa*» (Bryce *Vida* [Perú 1981]). También introduce el segundo término en las comparativas de igualdad como pronombre (→ 1.2.2) y como adverbio (→ 1.3.4).

1.1.4. En plural, precedido de los indefinidos *unos/as, algunos/as* y *otros/as*, forma una locución adjetiva indefinida, en la que *cuanto*, a pesar de ser tónico, se escribe igualmente sin tilde: «*Va a estar unos cuantos días en la cárcel*» (Morales *Verdad*

[EE. UU. 1979]); «*Solo algunos cuantos allegados estaban en contacto con él*» (UPietri *Oficio* [Ven. 1976]); «*Tiene preparadas otras cuantas sorpresas*» (*Tiempo* [Col.] 7.4.97).

1.2. PRONOMBRE

1.2.1. También con variación de género y número, *cuanto* puede funcionar como pronombre relativo, con antecedente expreso o sin él: «*Esa delación te va a valer una covacha con* [...] *jazmines en tiesto cuantos* [= (todos) los que] *tú quieras*» (Nieva *Coronada* [Esp. 1982]); «*Hombre muy querido por cuantos* [= (todos) los que] *le conocían*» (*País* [Esp.] 27.6.97); «*Miraba alelada y absorta cuanto* [= (todo) lo que] *me rodeaba*» (GaMorales *Lógica* [Esp. 1990]). Normalmente lleva como antecedente expreso el indefinido *todo*: «*Podía ver todo cuanto ocurría a pocos metros*» (Regás *Azul* [Esp. 1994]); «*Mis pies se hunden en el fango y salpican a todos cuantos me rodean*» (Alou *Aportación* [Esp. 1991]).

1.2.2. El pronombre *cuanto* se usa también en correlación con *tanto* (→ tanto, 1.2) para introducir el segundo término de una comparación de igualdad referida a cantidad: «*Les gusta* [...] *tener el mayor número posible de mujeres, tantas cuantas pueden mantener*» (Mansilla *Excursión* [Arg. 1870]).

1.2.3. Antepuesto a los adjetivos *más* y *menos*, el pronombre *cuanto* introduce estructuras comparativas proporcionales: «*Cuantos menos seamos alrededor de la mesa, más posibilidades de acuerdo rápido habrá*» (Schwartz *Conspiración* [Esp. 1982]). El segundo segmento de estas estructuras comparativas proporcionales puede ir opcionalmente precedido de *tanto*; así, puede decirse igualmente *Cuantos menos seamos, tantas más posibilidades de acuerdo habrá*. La presencia de *tanto* es más frecuente cuando el segmento introducido por *cuanto* va pospuesto: *Habrá tantas más posibilidades de acuerdo cuantos menos seamos*.

1.2.4. En plural, siguiendo a *unos/as, algunos/as, otros/as*, forma una locución pronominal indefinida (equivalente, respectivamente, de *unos pocos, algunos pocos* y *otros pocos*), en la que *cuanto*, a pesar de ser tónico, debe escribirse sin tilde: «*Al periódico llegan miles de cartas y solo se publican unas cuantas*» (Bayly *Días* [Perú 1996]); «*Hay infinidad de ejemplos, citaremos solo algunos cuantos*» (Matute/Matute *Perfil* [Méx. 1992]); «*Puso sobre ella* [la paja] *varios pellejos de oveja* [...] *y dejó otros cuantos amontonados a un lado*» (Torbado *Peregrino* [Esp. 1993]).

1.3. ADVERBIO

1.3.1. La forma *cuanto*, sin variación de género ni de número, funciona como adverbio relativo de cantidad, con sentido equivalente a *todo lo que*: «*Retraso cuanto puedo la decisión de ir a la cama*» (Azúa *Diario* [Esp. 1987]); «*Le aconsejó que llorara cuanto quisiera*» (GaMárquez *Amor* [Col. 1985]).

1.3.2. El adverbio *cuanto,* antepuesto a adjetivos o adverbios comparativos como *mejor, peor, mayor, menor, antes, más* y *menos,* introduce estructuras comparativas proporcionales: «*Cuanto peor iban las cosas,* [...] *más apurábamos las salidas nocturnas*» (Leguina *Nombre* [Esp. 1992]); «*Cuanto más cerca se ha estado, más fuerte es el odio*» (*Proceso* [Méx.] 3.11.96); «*Cuanto antes lo haga, mejor será para ambos*» (Aguilera *Caricia* [Méx. 1983]). El segundo segmento de estas estructuras correlativas puede ir opcionalmente precedido de *tanto,* construcción muy habitual en la lengua antigua y que hoy pervive en el nivel culto: «*Hay una relación entre las dimensiones de la cuenca y el número de anillos: cuanto mayor es aquella, tantos más anillos posee*» (Sérsic *Marte* [Arg. 1976]). La presencia de *tanto* es más frecuente cuando el segmento introducido por *cuanto* va pospuesto: «*Un abogado tiene en su imaginación tantos más trucos cuanto más experto es en las lides judiciales*» (Fisas *Historias* [Esp. 1983]).

1.3.3. Fuera de estas estructuras comparativas, la expresión *cuanto antes* significa 'lo más pronto posible': «*Deseaba que se fuera cuanto antes*» (Larreta *Volavérunt* [Ur. 1980]). Con este mismo sentido se usó, en otras épocas, la forma *cuanto más antes,* que no pertenece a la norma culta actual y debe evitarse hoy: «*Semejantes ejemplos, capaces de corromper la inocencia del pueblo más virtuoso, deben desaparecer de sus ojos cuanto más antes*» (Jovellanos *Memoria* [Esp. 1790]).

1.3.4. En correlación con *tan* (→ *tanto,* 1.2), se usa a veces el adverbio *cuanto* —en lugar de *como*— para introducir el segundo término de una comparación de igualdad: «*El libro, tan original cuanto heterodoxo, es objeto de acerba crítica*» (Etayo *Caminos* [Esp. 1988]); también puede emplearse, en este caso, la forma apocopada *cuan* (→ cuan). Fuera de este uso, cuando *cuanto* se antepone a adjetivos o adverbios no comparativos, toma siempre la forma *cuan.*

1.3.5. En correlación con *tanto* (→ *tanto,* 4), *cuanto* puede funcionar como nexo coordinante, con el mismo valor que *como* (→ como, 2b): «*El interés de los pioneros, tanto en etnología cuanto en lingüística, se concentra en el campo controvertido de la religión*» (Aguirre *Antropología* [Méx. 1986]).

1.3.6. *cuanto más.* → más, 1.8.

1.3.7. *cuanto menos.* → menos, 7.

1.4. EN LOCUCIONES

1.4.1. *cuanto más que.* Locución conjuntiva que significa 'con mayor motivo teniendo en cuenta que': «*Él no me conoce a mí, ni yo le conozco a él: ¿qué señas le daré? Cuanto más que ni aun el camino sé para ir allá*» (Somers *Retrato* [Ur. 1990]).

1.4.2. *en cuanto.* Posee distintos valores:

a) Locución conjuntiva temporal que significa 'tan pronto como': «*En cuanto me reciba, nos casamos*» (Piglia *Respiración* [Arg. 1980]). En el habla coloquial va con frecuencia seguida de la conjunción *que,* uso desaconsejado, con este sentido, en el habla esmerada: «*Lo más prudente es alejarse de aquí en cuanto que el semáforo se ponga verde*» (PzMerinero *Días* [Esp. 1981]); preferible *en cuanto el semáforo se ponga verde.*

b) Antepuesta a un sustantivo sin determinante, funciona a modo de preposición y significa 'como, en calidad de': «*Si la amenaza es de tal magnitud como para poner en peligro su vida y libertad en cuanto nación*» (Navarro/DzMartínez *Ética* [Esp. 1997]). Puede aparecer seguida de la conjunción *que:* «*El asunto le preocupaba bastante más, lo normal en cuanto que poeta humano*» (SchzOstiz *Infierno* [Esp. 1995]). Es incorrecto el uso, con este sentido, de ⊗*en cuanto a:* ⊗«*Las "ligas amateurs" tendrán como objetivo primordial el fútbol en cuanto a actividad humana destinada a la formación juvenil*» (*País* [Esp.] 5.8.77); debió decirse *en cuanto actividad humana.*

c) Locución conjuntiva causal que significa 'porque': «*Cualquier teólogo de nuestros días calificaría de aberración las medidas brutales de expulsión y de acoso a los cristianos nuevos, en cuanto niegan los efectos igualitarios del primer sacramento de la Iglesia*» (*País* [Esp.] 28.1.98). Puede aparecer seguida de la conjunción *que:* «*La Virgen es el gran icono nacional en cuanto que representa el ideal amoroso de los adultos*» (*País* [Esp.] 2.6.86). Con este sentido es más normal y recomendable el uso de *por cuanto* (→ 1.4.5).

1.4.3. *(en) cuanto a.* Locución preposicional que significa 'por lo que se refiere a, en lo que respecta a': «*En cuanto a Pepita, siempre supo ejercitarse en la paciencia de mantenerse en un segundo plano*» (Larreta *Volavérunt* [Ur. 1980]). Con este sentido, es muy raro hoy el uso de *cuanto a:* «*Cuanto a medicamentos, aparte los vasculares, uso todos los apropiados para estimular el intestino*» (León *Cristo* [Esp. 1941]).

1.4.4. *en tanto en cuanto.* → tanto, 6.

1.4.5. *por cuanto.* Locución conjuntiva causal que significa 'porque': «*Se recomienda consumirla cruda* [...], *por cuanto en la cocción pierde hasta un 50% de su valor vitamínico*» (Ronald *Frutoterapia* [Col. 1998]). No debe decirse ⊗*por cuanto que.*

1.4.6. *tanto más (cuanto) que.* → tanto, 14.

2. Como palabra tónica, la forma *cuanto* es un sustantivo masculino que significa 'cantidad de energía emitida o absorbida por un átomo o una molécula, proporcional a su frecuencia de radiación': «*Cuando una molécula absorbe un cuanto, la energía comprometida en este evento puede tener varios destinos*» (Castro/Handel/Rivolta *Actualizaciones* [Arg. 1981]). Se escribe sin tilde por ser voz llana acabada en vocal (→ TILDE[2], 1.1.2). Su plural es *cuantos.* Es preferible la grafía hispanizada *cuanto* al latinismo *quántum.* No debe usarse la grafía semiadaptada ⊗*quanto.*

cuánto -ta. Palabra tónica, que debe escribirse con tilde, a diferencia de *cuanto* (→ cuanto, 1). Presenta los valores siguientes:

1. Con variación de género y número (*cuánto, cuánta, cuántos, cuántas*) y antepuesta a un sustantivo, funciona como adjetivo interrogativo o exclamativo de cantidad. Introduce enunciados interrogativos o exclamativos directos, y oraciones subordinadas interrogativas o exclamativas indirectas: «*¿Cuánta plata quieres que te preste?*» (Bayly *Días* [Perú 1996]); «*¡Cuánto tiempo sin verte!*» (Vázquez *Narboni* [Esp. 1976]); «*Le preguntó cuántos libros había leído en esos diez años*» (Carrión *Danubio* [Esp. 1995]); «*Imaginá con cuánta ansiedad entré*» (Martínez *Perón* [Arg. 1989]).

2. También con variación de género y número, cuando no va antepuesta a un sustantivo, funciona como pronombre interrogativo o exclamativo de cantidad e introduce el mismo tipo de enunciados señalados en el párrafo anterior: «*Si es verdad que cada hombre tiene una estrella [...], ¿cuántas has apagado?*» (Vallejo *Virgen* [Col. 1994]); «*Le mostró tres bolígrafos y le preguntó cuántos había*» (*País* [Esp.] 2.6.87); «*¡Cuántas se habrán extraviado en la vacilación de su retentiva!*» (Mujica *Escarabajo* [Arg. 1982]); «*¡Mira cuánto estás destruyendo para doblegarme!*» (Jodorowsky *Pájaro* [Chile 1992]).

3. La forma *cuánto*, sin variación de género ni número, funciona como adverbio interrogativo o exclamativo de cantidad: «*¿Cuánto pesará el Padre Provincial?*» (Pombo *Héroe* [Esp. 1983]); «*¡Cuánto me alegro de verte!*» (Vázquez *Narboni* [Esp. 1976]). Puede anteceder a los comparativos *mejor, peor, mayor, menor* y a los adverbios *más* y *menos*: «*¡Cuánto mejor no estarías dando clase!*» (Berlanga *Gaznápira* [Esp. 1984]); «*¿Cuánto más puede pesar?*» (Quintero *Danza* [Ven. 1991]). Precediendo a otros adjetivos o adverbios, toma la forma *cuán* (→ cuán). Con artículo antepuesto, se sustantiva: «*Solo Dios sabrá exactamente el cuánto, el cómo y el porqué*» (*Abc* [Par.] 6.10.00). La fórmula interrogativa *¿a cuánto?* se emplea para interrogar sobre el precio de algo: «*¿A cuánto está el pescado?*» (RRosa *Sebastián* [Guat. 1994]). Con la fórmula *¿a cuántos estamos?* se pregunta por el día de la fecha correspondiente: «*¿A cuántos estamos hoy? Ah, sí, a 7 de abril*» (Chacel *Barrio* [Esp. 1976]).

4. Cuando aparece precedido de la preposición *según*, o del verbo *depender* o el adverbio *independientemente* seguidos de la preposición *de*, tiene valor interrogativo, es tónico y se escribe con tilde si equivale a 'qué cantidad o en qué medida': «*Un mes o más, según cuánto te fumes*» (Fogwill *Cantos* [Arg. 1998]); «*El largo del corte dependerá de cuánto se encoge el pescado durante el precocimiento*» (Farro *Industria* [Perú 1996]); *Debes ahorrar más, independientemente de cuánto ganes*. En cambio, si equivale

a '(todo) lo que', tiene valor relativo, es átono y se escribe sin tilde (→ cuanto, 1): «*Según cuanto queda transcrito, la parásita que en Europa determina la enfermedad que nos ocupa, no tiene frutos de invierno*» (Ascárate *Insectos* [Esp. 1893]); «*Nada puedo ofrecerte porque dependo de cuanto quieran ofrecerme los demás*» (Moix *Arpista* [Esp. 2002]).

cuáquero -ra. 'De una doctrina religiosa nacida en Inglaterra a mediados del siglo XVII'. Esta es la grafía asentada y mayoritaria en el español actual; se desaconseja, por desusada, la forma *cuákero*.

cuásar. → quásar.

cuasi, cuasi-. → casi, 2.

cuatrienal. → cuatrienio.

cuatrienio. 'Período de cuatro años' e 'incremento del sueldo que se obtiene por cada cuatro años de servicio'. Esta es la forma más usada, aunque es igualmente válida la variante *cuadrienio*, más cercana a la etimología, pero de escaso empleo. Lo mismo sucede con los adjetivos respectivos *cuatrienal* y *cuadrienal*.

cuatrimotor. '[Avión] provisto de cuatro motores': «*El viaje a Honduras se realizó en un cuatrimotor*» (*País* [Esp.] 15.9.77). En algunos países de América, se usa con frecuencia la variante *cuadrimotor*: «*Un cuadrimotor a hélice, dotado de ultramodernos equipos electrónicos para observación e información*» (*Tiempo* [Col.] 16.4.94); o bien se emplea el sinónimo *tetramotor*: «*Entramos en el vientre del espléndido tetramotor subiendo por una escalera móvil*» (Tibón *Aventuras* [Méx. 1986]).

cuatriplicar. → cuadruplicar.

Cuauhtémoc. Nombre de pila masculino, tomado del que tenía el último rey azteca de México, y nombre de una localidad del estado mexicano de Chihuahua. Debe escribirse con tilde por ser voz llana terminada en consonante que no es ni *-n* ni *-s* (→ TILDE², 1.1.2): «*La principal zona manzanera del país se ubica en los municipios de Cuauhtémoc y Guerrero*» (*Estatal*@ [Méx.] 20.9.04). No es correcta la grafía ⊗*Cuahutémoc*.

cubalibre. 'Mezcla de una bebida alcohólica, normalmente ron, con refresco de cola'. Es voz masculina en la mayor parte del ámbito hispánico, aunque en algunos países como México, Venezuela y Chile se usa en femenino: «*El Viejo le ofrece una copa y él pide un cubalibre*» (Pozo *Noche* [Esp. 1995]); «*Pasaron una bandeja con bebidas, y ella volvió a tomar otra cuba libre*» (Pitol *Vida* [Méx. 1991]). Debe preferirse la escritura en una sola palabra, cuyo plural es *cubalibres*, a la grafía separada (pl. *cubas libres*) o con guion intermedio.

cubrir(se). 1. 'Ocultar(se) o tapar(se)' y 'llenar(se) de algo la superficie de una cosa'. Su participio es irregular: *cubierto*.

2. Con el segundo sentido indicado, se construye con un complemento con *de* o *con*: «*Todo el jardín se cubrió* DE *pensamientos violetas*» (Cohen *Muerte* [Esp. 1993]); «*También embalsamó el cadáver y lo cubrió* CON *un baño de cera*» (Otero *Temporada* [Cuba 1983]).

cuché. Adaptación gráfica de la voz francesa *(papier) couché,* '[papel] satinado y barnizado que se emplea principalmente en revistas y obras que llevan grabados o fotografías': «*Dos suplementos, en papel cuché, para reproducir páginas históricas de otros tiempos*» (*Proceso* [Méx.] 22.9.96).

cuchichear. 'Hablar o decir [algo] en voz baja': «*Un ordenanza cuchicheó algo al oído del secretario*» (VqzFigueroa *Tuareg* [Esp. 1981]). No debe confundirse con *cuchichiar* (dicho de la perdiz, 'cantar'; → cuchichiar).

cuchichiar. Dicho de la perdiz, 'cantar'. Se acentúa como *enviar* (→ APÉNDICE 1, n.º 5): «*La mansa perdiz cuchichía en el otero*» (Cela *Pirineo* [Esp. 1965] 286). No debe confundirse con *cuchichear* ('hablar en voz baja'; → cuchichear).

cucú. Onomatopeya del canto del cuco o cuclillo. Su plural es *cucús* (→ PLURAL, 1c).

cuenta. 1. Con el sentido de 'depósito de dinero en una entidad financiera', se utiliza muy frecuentemente de modo abreviado: *a/c, e/c, cta., c/, c/c, cta. cte., s/c* (→ APÉNDICE 2).

2. a cuenta (de). Significa 'como anticipo, o a cambio, de algo que se debe, o como anticipo de un ingreso futuro'; lleva a menudo un complemento especificador precedido de la preposición *de*: «*La señorita ha dado una cantidad a cuenta y promete pagar hoy mismo en mi oficina*» (Hayen *Calle* [Méx. 1993]); «*Aquellos artículos se los había mandado el palomero a cuenta* DE *la renta anual*» (Landero *Juegos* [Esp. 1989]); «*Figranvisa repartirá, a partir de hoy, un dividendo a cuenta* DE *los beneficios de este ejercicio de 24,6 pesetas netas por acción*» (*País* [Esp.] 1.10.88). *A cuenta de* significa también 'con motivo de o a propósito de': «*Al día siguiente, tuvimos en casa una primera trifulca a cuenta de mi detención*» (Leguina *Nombre* [Esp. 1992]); «*Empezaron a gastar bromas a cuenta de los prisioneros*» (Benítez *Caballo 1* [Esp. 1984]). No debe confundirse, como ocurre a menudo, con *por cuenta de* (→ 10): ⊗«*Serán a cuenta del comprador los gastos, arbitrios e impuestos que ocasione el otorgamiento de la presente*» (*Mundo* [Esp.] 17.1.03); debió decirse *por cuenta del comprador.*

3. *a* o *en fin de cuentas*. → fin, 3.

4. *caer en (la) cuenta*. → caer(se), 4.

5. *dar(se) cuenta*. → dar(se), 15.

6. *de cuenta de*. → 10.

7. *estar fuera de cuenta(s)*. → 11.

8. *habida cuenta*. → haber, 5d.

9. *hacer(se) (de) cuenta*. → hacer(se), 10.

10. *por cuenta de*. Esta locución va siempre seguida de un sustantivo que expresa o implica persona, y significa 'corriendo con los gastos la persona que se indica': «*Usted no se haga ilusiones de que va a firmar artículos ni a viajar por cuenta de este periódico*» (Carrión *Danubio* [Esp. 1995]); «*Me ofreció otra copa (por cuenta de la casa) y se quedó callada*» (TBallester *Filomeno* [Esp. 1988]). Cuando se refiere específicamente al hecho de trabajar, significa 'como asalariado o por encargo de la persona o entidad que se indica': «*¿Ha trabajado alguna vez por cuenta de algún Gobierno extranjero?*» (VqzMontalbán *Galíndez* [Esp. 1990]). Puede significar, asimismo, 'a cargo de o bajo la responsabilidad de la persona o entidad que se indica': «*La animación corre por cuenta de Pipo Cipolatti*» (Ramos/Lejbowicz *Corazones* [Arg. 1991]). También se dice, aunque hoy es ya poco frecuente, *de cuenta de*: «*La organización, el cuidado y la prodigalidad necesarios en viajes con tales fines corrían de cuenta de gobernantes y palatinos*» (HCollantes *Discurso* [Esp. 1950]). *Por cuenta de* (o *de cuenta de*) no deben confundirse, como ocurre a menudo, con *a cuenta de* (→ 2): ⊗«*¿Qué diferencia hay entre repartir plata o puestos por cuenta de recomendaciones parlamentarias?*» (*Semana* [Col.] 16-22.10.00); aquí debió decirse *a cuenta de recomendaciones parlamentarias.*

11. *salir de cuenta(s)*. En España, dicho de una mujer, 'cumplir el período de gestación sin haber dado a luz'. Tanto *salir de cuenta* como *salir de cuentas* son expresiones válidas, aunque hoy es mucho más frecuente la segunda. Lo mismo cabe decir de las expresiones *estar fuera de cuenta* y *estar fuera de cuentas,* ambas válidas.

12. *tener* o *traer cuenta*. En España, dicho de una cosa, 'ser útil o conveniente': «*Como el asado de cerdo es buenísimo frío, [...] tiene cuenta asar más cantidad y reservar un trozo para tomar frío*» (Ortega *Recetas* [Esp. 1972]); «*La mayoría de ellos opinaba que hasta que tuvieran el porvenir resuelto no traía cuenta echarse novia formal*» (MtnGaite *Usos* [Esp. 1987]). *Tener cuenta* no debe confundirse con *tener en cuenta* (→ 13).

13. *tener* o *tomar en cuenta* [algo o a alguien]. 'Tener[lo] presente o considerar[lo]': «*Aviraneta nunca tuvo en cuenta las opiniones de sus contrarios*» (OArmengol *Aviraneta* [Esp. 1994]); «*A María Rosa él no la tomaba en cuenta porque [...] siempre la vio y la vería como a una sirvienta*» (Elizondo *Setenta* [Méx. 1987]). *Tener en cuenta* no debe confundirse con *tener cuenta* (→ 12). Es incorrecto anteponer *de* al complemento directo (→ DEQUEÍSMO, 1b): ⊗«*Téngase en cuenta* DE *que este foro cuenta con nueve lenguas oficiales*» (*Vanguardia* [Esp.] 17.6.94); debió decirse *téngase en cuenta que...*

cuesta. *a cuestas.* 'Sobre los hombros o las espaldas': «*El hombre, con su piedra a cuestas, nada dice*» (Mojarro *Yo* [Méx. 1985]). Es incorrecta su escritura en una sola palabra.

cuidado. 1. 'Atención o vigilancia'. Cuando se usa con el verbo *tener,* puede ir seguido de un complemento introducido por dos preposiciones: **a)** *Tener cuidado de* [algo o alguien]. Es sinónimo de *cuidar,* 'estar a cargo de alguien o algo para que no sufra perjuicio': *Ten cuidado* DEL *niño mientras voy al mercado* [= cuídalo]. **b)** *Tener cuidado con* [algo o alguien]. Es sinónimo de *cuidarse,* 'precaverse de alguien o algo que puede causar daño': *Ten cuidado* CON *el niño, que es muy travieso* [= cuídate de él]. **2.** La locución *estar* o *dejar (a)* X *al cuidado de* Y puede ser interpretada de dos formas: X *es cuidado por* Y o Y *es cuidado por* X. Así, puede decirse tanto *Dejé a mi hermano al cuidado del negocio* como *Dejé el negocio al cuidado de mi hermano.* En este ejemplo no hay ambigüedad posible, pues solo uno de los factores (*mi hermano*) puede ser agente de la acción de «cuidar» implícita en el sustantivo *cuidado.* Pero si ambos factores (X e Y) son seres animados y, por tanto, posibles agentes de la acción, sí se producen enunciados ambiguos: *Dejé al abuelo al cuidado del niño* (¿quién cuida a quién?). Son razones contextuales o extralingüísticas las que permiten eliminar, en la mayoría de los casos, la ambigüedad (en esta oración es más lógico interpretar que el abuelo es quien cuida al niño, y no a la inversa, si se trata de un niño de corta edad).

cuidar(se). 1. Cuando se usa con el sentido de 'estar a cargo de alguien o algo para que no sufra perjuicio', puede construirse de dos formas: **a)** Como transitivo (*cuidar* [algo o a alguien]); el complemento verbal es directo: *Cuida la granja de sus abuelos; Cuida a sus hermanos pequeños.* **b)** Como intransitivo (*cuidar* DE algo o alguien); se construye con un complemento introducido por la preposición *de: Cuida* DE *sus hermanos pequeños; Cuida* DE *la granja de sus abuelos.* **2.** Cuando el complemento es un infinitivo o una oración subordinada introducida por *que,* significa 'procurar que se lleve a cabo la acción expresada por el verbo subordinado'. En ambos casos el complemento debe ir precedido de la preposición *de:* «*Hacían sus adquisiciones y cambalaches con calma, cuidando* DE *sacar el máximo rendimiento a la propina de papá Telmo*» (Delibes *Madera* [Esp. 1987]); «*Cuando salía, [...] cuidando* DE *que no lo viera ni su cochero, le daba la plata para los gastos*» (GaMárquez *Amor* [Col. 1985]). **3.** Como pronominal (*cuidarse*), significa 'mirar por la propia salud' y 'precaverse o protegerse de alguien o algo que puede causar daño'; en este último caso se construye siempre con un complemento precedido de la preposición *de: Cuídate* DE *ese tipo, que no es de fiar.*

cuis. → cuy.

culantro. → cilantro.

culi o **culí.** La voz inglesa *coolie,* nombre dado por los colonos ingleses de la India y China al trabajador o criado nativo, y que también se usa, en general, para designar al trabajador de origen oriental, se ha adaptado al español con dos acentuaciones, ambas válidas. La forma llana *culi* (pl. *culis*) refleja la pronunciación inglesa etimológica: «*Un elefante enloquecido dio muerte a varios culis*» (Leguineche *Camino* [Esp. 1995]). La forma aguda *culí* (pl. *culíes* o *culís;* → PLURAL, 1c), que se explica por influjo de la pronunciación francesa del anglicismo, está bastante extendida en América: «*El culí chino se convirtió en un obrero de jornal miserable*» (Moreno *Historia* [Cuba 1983]).

culminar. Como transitivo, 'dar fin [a una tarea]': «*El Congreso deberá culminar la aprobación del Código Minero*» (*Tiempos* [Bol.] 13.2.97); como intransitivo, con el sentido de 'llegar al final o al punto culminante', lleva un complemento introducido por *en* o *con:* «*Un paso importante en el proceso que culminaría* EN *el referéndum sobre la independencia*» (*País* [Esp.] 28.8.77); «*El proceso culmina* CON *la edificación de las grandes catedrales*» (Tamayo *Hombre* [Ven. 1993]). No debe emplearse como pronominal: [⊗]«*El TSJC es el órgano jurisdiccional en el que se culmina la organización judicial en Cataluña*» (*Vanguardia* [Esp.] 17.6.94).

culot. → culote, 2.

culote. 1. Adaptación gráfica de la voz francesa *culotte,* que se usa en España con el significado de 'calzón acolchado que usan los ciclistas': «*Participaron dos muchachos federados de un club ciclista de Burgos, con sus bicicletas de aluminio, [...] su culote y sus mocasines negros de badana*» (Delibes *Vida* [Esp. 1989] 84). En algunos países americanos se emplea con el sentido de 'prenda interior femenina en forma de pantalón corto'. **2.** Adaptación gráfica de la voz francesa *culot,* 'parte posterior maciza de ciertos proyectiles': «*La Unión Española de Explosivos facilitaba a Franco los cartuchos, abrillantados en la base o culote*» (Anson *Don Juan* [Esp. 1994]).

culotte. → culote, 1.

culpar. 'Echar la culpa [a algo o a alguien]'. Es transitivo y el complemento directo, aun siendo de cosa, va precedido de *a;* suele llevar, además, un complemento con *de* o *por,* que expresa aquello de lo que la persona o cosa son culpables: «*Cambra culpó* DE *su derrota* A *la abstención*» (*País*

[Esp.] 2.4.89); «*No podemos culparLOS POR tratar de aprovechar las oportunidades que se les presentan*» (Britton *Siglo* [Pan. 1995]).

cum laude. Loc. lat. que significa literalmente 'con alabanza, con elogio'. Como locución adjetiva, se aplica a la máxima calificación académica, encareciendo aún más su distinción: «*Su hermano Jairo, sobresaliente cum laude en el doctorado*» (Delibes *Madera* [Esp. 1987]). Como locución adverbial, se usa con verbos relacionados con la obtención de algún grado académico, como *graduarse, licenciarse, doctorarse, calificar,* etc.: «*La calificaron cum laude*» (LTena *Renglones* [Esp. 1979]). Se emplea también como sustantivo masculino: «*Su tesis había obtenido el cum laude*» (LTena *Renglones* [Esp. 1979]). No es correcta la forma ⊗*cum laudem.* Es invariable en plural (→ PLURAL, 1k): *los cum laude.*

cumpleaños. 'Aniversario del nacimiento de una persona': «*El año pasado invité a mi hermana para su cumpleaños*» (Gamboa *Páginas* [Col. 1998]). Su forma es la misma en singular y en plural: *el/los cumpleaños;* no es correcto el singular ⊗*cumpleaño.* No debe confundirse con *onomástico* u *onomástica* ('día del santo de una persona'; → onomástico).

cumplir. Cuando significa 'ejecutar o llevar a efecto según lo convenido', puede funcionar como transitivo: «*Cumplió su compromiso de subir al estrado*» (*Tiempo* [Col.] 24.9.96); o como intransitivo, con un complemento introducido por *con:* «*Voy a darte el resto cuando cumplas CON tu parte*» (Martínez *Vuelo* [Arg. 2002]).

⊗**cuociente.** → cociente, 1.

cuota de audiencia. 'Porcentaje de participación de un medio de comunicación o un programa en el índice general de audiencia': «*En marzo, TV3 obtuvo en Cataluña una cuota de audiencia de un 23,1%*» (*Vanguardia* [Esp.] 8.4.94). También se dice *porcentaje de audiencia* o *cuota de pantalla.* La existencia de estas expresiones españolas hace innecesario el uso del anglicismo *share.* No debe confundirse con *índice de audiencia* ('seguidores de un medio de comunicación en un período de tiempo determinado'; → índice de audiencia).

cuotidiano -na. → cotidiano.

cupé. Adaptación gráfica de la voz francesa *coupé,* 'coche de caballos cerrado y de dos plazas' y 'automóvil cerrado de dos puertas y línea deportiva': «*El Opel Tigra se ha convertido en el cupé deportivo con más éxito en Europa*» (*Vanguardia* [Esp.] 2.7.95). Su plural es *cupés* (→ PLURAL, 1a). Para designar el carruaje, es masculino en todo el ámbito hispánico; pero cuando designa el automóvil, es masculino en todas las zonas, salvo en la Argentina, donde se usa en femenino: «*La cupé Fuego se

estrelló contra una columna de alumbrado*» (*Clarín* [Arg.] 11.1.97).

cuplé. Adaptación gráfica de la voz francesa *couplet,* 'canción corta y ligera, que se canta en teatros y otros locales de espectáculo': «*Empiezan a dar vueltas cantando el cuplé y riendo*» (Piñera *Niñita* [Cuba 1992]). Su plural es *cuplés* (→ PLURAL, 1a). Son inadmisibles formas híbridas como ⊗*couplé* o ⊗*cuplet,* que no son ni francesas ni españolas. Para designar al cantante de cuplés, se emplea la voz *cupletista,* común en cuanto al género (→ GÉNERO², 1a y 3b): *el/la cupletista.*

Curaçao. → Curazao.

curar(se). 'Sanar'. Cuando se usa como transitivo, el complemento directo puede ser la herida o dolencia; en ese caso, el complemento de persona es indirecto: «*Amílcar LE cura las heridas*» (Pavlovsky *Cámara* [Arg. 1979]). Si la dolencia no se explicita o si se expresa mediante un complemento precedido de la preposición *de,* el complemento de persona funciona como directo (→ LEÍSMO, 4d): «*Habían venido [...] a que LOS curara DE sus enfermedades*» (*DYucatán* [Méx.] 28.10.96).

curasao, Curasao. → Curazao.

curazaleño -ña. → Curazao, 1.

Curazao. 1. El nombre de esta isla de las Antillas neerlandesas tiene dos grafías válidas en español: *Curazao* y *Curasao.* La primera es mayoritaria en la escritura, tanto en España como en América: «*Las primeras goletas de Curazao zarpaban a hurtadillas*» (GaMárquez *Vivir* [Col. 2002]); «*La policía venezolana libera a los 79 rehenes del DC-9 retenidos en Curazao*» (*País* [Esp.] 1.8.84). En zonas de seseo ambas formas se pronuncian del mismo modo, pero en las zonas no seseantes de España debe tenerse en cuenta que a cada grafía le corresponde una pronunciación distinta: *Curazao,* pron. [kurazáo], y *Curasao,* pron. [kurasáo]. Se desaconseja el uso en textos españoles del nombre de origen portugués *Curaçao.* El gentilicio mayoritario y recomendado es *curazoleño,* aunque también se documenta ocasionalmente la forma *curazaleño:* «*¿No le inventaron también que era hijo de una lavandera curazoleña?*» (Herrera *Casa* [Ven. 1985]).

2. También son válidas ambas grafías, *curazao* y *curasao,* para designar el licor hecho con corteza de naranja y otros ingredientes: «*Las crepas, rociadas con coñac, curazao y otros licores preciosos*» (Tibón *Aventuras* [Méx. 1986]); «*Un señorito de San Andrés desafiaba a otro de Pontevedra a quién se bebía más curasao*» (PBazán *Cristiana* [Esp. 1890]).

curazoleño -ña. → Curazao, 1.

Curdistán, curdo -da. → Kurdistán.

curri. Adaptación gráfica propuesta para la voz inglesa de origen tamil *curry*, 'condimento originario de la India compuesto por una mezcla de polvo de diversas especias': «*Sazonar con la sal, la pimienta y el curri*» (Pozuelo/PzPérez *Técnicas* [Esp. 2001]). El plural es *curris* (→ PLURAL, 1e). Es incorrecta la forma ⊗*currie*, falso singular creado a partir del plural inglés *curries*.

⊗**currícula, currículo.** → currículum vítae.

currículum vítae. **1.** Loc. lat. que significa literalmente 'carrera de la vida'. Se usa como locución nominal masculina para designar la relación de los datos personales, formación académica, actividad laboral y méritos de una persona: «*Me pidieron que mandara el famoso currículum vítae con todo detalle*» (Salinas *Carta* [Esp. 1948]). La pronunciación corriente del segundo elemento es [bíte], en la que el diptongo latino *ae* se pronuncia como *e*, rasgo típico del latín vulgar; pero también se pronuncia [bítae], como corresponde a la pronunciación del latín clásico. Ambas son válidas. En cambio, no es admisible la pronunciación ⊗[bítae]. A menudo se emplea prescindiendo del segundo elemento: «*En un párrafo de su currículum consta su licenciatura en Económicas*» (*Vanguardia* [Esp.] 22.3.94); pero, en ese caso, es preferible emplear la voz adaptada *currículo* (→ 2). Esta locución es invariable en plural (→ PLURAL, 1k): *los currículum vítae*. No debe usarse el plural latino ⊗*currícula*. Tampoco es aceptable el empleo de ⊗*currícula* como sustantivo femenino con el sentido de 'plan de estudios': ⊗«*Tiene acceso a un banco de información de todas las universidades, las carreras que imparten y la currícula de cada una de ellas*» (*Excélsior* [Méx.] 5.9.96); para ello ha de usarse la voz *currículo*. **2.** El primer elemento de esta locución se ha hispanizado en la forma *currículo*, con un plural regular *currículos* (→ PLURAL, 1k). Esta voz se usa con los significados de 'currículum vítae': «*Infoempleo analiza el currículo facilitado por los aspirantes*» (*País* [Esp.] 29.4.97); 'historial profesional': «*Tiene un largo y brillante currículo en el campo de la docencia*» (*Vanguardia* [Esp.] 2.12.95); y 'plan de estudios': «*El planteamiento de Caplan se incorporó al currículo escolar de 300 escuelas*» (*Tiempo* [Col.] 15.9.96).

⊗**currie, curry.** → curri.

cursar. **1.** Como transitivo, 'estar matriculado y seguir las clases [de una asignatura o unos estudios determinados]': «*Cursaba el cuarto de primaria*» (Montaño *Cenizas* [Méx. 1990]); o 'tramitar [una solicitud, una instancia, un expediente, etc.] o enviar[los] a su destinatario': «*Su Gobierno cursó una nota oficial a los Estados Unidos*» (*Granma* [Cuba] 7.96). No debe emplearse en la lengua esmerada con el sentido debilitado, cercano al de un verbo comodín, de 'hacer, efectuar o llevar a cabo': ⊗«*Con*

ocasión de la visita que el alcalde cursó a la zona el pasado 29 de enero*» (*Mundo* [Esp.] 20.2.96); ⊗«*Cursaron un llamamiento a los productores del mar del Norte*» (*País* [Esp.] 1.2.86). **2.** Es raro y desaconsejable su empleo como intransitivo, referido a los sustantivos *año* o *mes*, en lugar de *correr* o de fórmulas como *en curso* o *del corriente*: ⊗«*En el año que cursa* [...] *las escuelas bolivarianas se incrementarán de 580 a 1500*» (*Nacional* [Ven.] 2.10.00). **3.** En el lenguaje médico está asentado su uso como intransitivo, con el sentido de 'desarrollarse o seguir su curso una enfermedad o proceso morboso', a menudo con un complemento introducido por *con* (o *sin*), que expresa los síntomas: «*Los envenenamientos de corta incubación cursan* CON *vómitos y con diarreas*» (Toharia *Setas* [Esp. 1985]). Sin embargo, no es normal y debe evitarse su uso con el sentido de 'padecer o sufrir' y sujeto de persona: ⊗«*No se han demostrado alteraciones diferentes en pacientes infectados por VIH o en aquellos que cursan con SIDA*» (Conte *Manifestaciones* [Chile 1994]).

cursi. 'Que pretendiendo ser elegante, resulta afectado, ridículo o de poco gusto'. Su superlativo es *cursilísimo*, con el interfijo *-l-* presente en otros derivados de *cursi*, como *cursilería* o *cursilada* (→ -ísimo, 2c): «*Esa cursilísima metáfora de llamar al sexo de la mujer la "fruta prohibida"*» (Leyva *Piñata* [Méx. 1984]).

Cusco. → Cuzco.

cuscús. Adaptación gráfica de la voz francesa *couscous*, 'plato típico magrebí, hecho con sémola en grano cocida al vapor y condimentada de maneras diversas': «*Moría recordando el sabor del cuscús*» (Alberto *Eternidad* [Cuba 1992]). No es correcta la grafía con guion ⊗*cus-cus*. Su plural debe ser *cuscuses* (→ PLURAL, 1f). Esta es hoy la grafía mayoritaria, aunque, al ser voz de origen árabe, existían ya en el español clásico formas como *cuzcuz* y *alcuzcuz* (esta última con amalgama del artículo árabe *al*), que hoy son minoritarias, pero también válidas: «*El cuzcuz, de origen árabe, se consume en todo el continente africano*» (Olivas *Cocina* [Perú 1996]); «*A las seis de la tarde tomamos una sopa, luego alcuzcuz con carnero*» (OArmengol *Aviraneta* [Esp. 1994]).

cusqueño -ña. → Cuzco.

custodiar. 'Tener [algo o a alguien] bajo custodia'. Se acentúa como *anunciar* (→ APÉNDICE 1, n.° 4)

cúter. Adaptación gráfica de la voz inglesa *cutter*, que designa cierto utensilio que se usa para cortar: «*Un destornillador,* [...] *un cúter, una pila de petaca y un trabajo minucioso para construir un ventilador*» (*Mundo* [Esp.] 12.7.94); y un tipo de embarcación de vela: «*El ejemplo que él ponía era el relato del patrón de un cúter*» (Adoum *Ciudad* [Ec. 1995]). Es incorrecto su uso en femenino: [⊗]*una cúter*. Su plural debe ser *cúteres* (→ PLURAL, 1g).

cutter. → cúter.

cuy. En América del Sur, 'conejillo de Indias': «*Palomina metió el cuy en la jaula*» (Bayly *Días* [Perú 1996]). En los países del Cono Sur se usa la forma *cuis* para el singular: «*Es fácil reconocer organismos individuales en una persona, en un cuis* [...] *o en un roble*» (Vattuone *Biología* [Arg. 1992]). Su plural es *cuyes* y *cuises*, respectivamente (→ PLURAL, 1d y 1f). Este mismo animal se llama *cuye* (singular regresivo del plural *cuyes*) en Chile y *cuyo* en México y algunos países del área centroamericana.

cuyo -ya. 1. Adjetivo relativo posesivo, que, por ser átono, debe escribirse sin tilde, a diferencia del interrogativo *cúyo* (→ cúyo). Se construye siempre con un antecedente explícito, que expresa el poseedor, y se antepone al sustantivo que denota lo poseído, con el que debe concordar en género y número: «*Se asomó a una ventana a través de cuyos cristales se podía ver la televisión*» (Marsillach *Ático* [Esp. 1995]); «*Espero que esa fidelidad alcance no solo a mis descendientes, sino a todos aquellos en cuyas manos pudiera caer*» (Larreta *Volavérunt* [Ur. 1980]). Cuando precede a varios sustantivos coordinados, solo concuerda con el primero (→ CONCORDANCIA, 3.1): «*Había acudido a él* [...], *cuya juventud y talante le iban a permitir mangonearlo a su antojo*» (Regás *Azul* [Esp. 1994]); y no [⊗]*cuyos juventud y talante*.

2. El relativo *cuyo* puede expresar el mismo tipo de nociones semánticas que el posesivo, las cuales no se limitan a la idea de posesión o pertenencia; así, es válido el empleo de *cuyo* en todos aquellos casos en que podría usarse un posesivo en sustitución de un complemento nominal con *de: las consecuencias del terremoto / sus consecuencias / el terremoto cuyas consecuencias; la aprobación del plan / su aprobación / el plan cuya aprobación; el fin de las negociaciones / su fin / las negociaciones cuyo fin; por causa de la crisis / por su causa / la crisis por cuya causa*, etc.

3. Aunque lo más frecuente es que *cuyo* se refiera a un poseedor expresado en tercera persona, nada impide que su antecedente sea una primera o una segunda persona (*yo, tú, nosotros* o *vosotros*); se trata, no obstante, de usos muy esporádicos, limitados a textos poéticos o muy literarios: «*¿Por ventura nosotros, para cuyo uso todas estas cosas fueron criadas* [...], *cerraremos las orejas a sus mandamientos?*» (Granada *Guía* [Esp. 1567]); «*Me extraña que tú también hayas perdido la razón, tú, entre cuyos antepasados se encuentran los primeros habitantes de esta región*» (Aridjis *Comedia* [Méx. 1989]).

4. Este relativo es poco usado en la lengua hablada, donde suele preferirse el uso del relativo *que* combinado con un verbo de posesión: *Se casó con*

la chica que tiene un padre catedrático (en lugar de *cuyo padre es catedrático*). Incluso en la lengua escrita es frecuente, aunque menos elegante, el uso de otras posibilidades, como su sustitución por las estructuras equivalentes con *del que* o *del cual: Esta sinfonía, de la que* (o *de la cual*) *acabamos de escuchar la versión más famosa, es una de las cumbres de la música clásica* (en lugar de *cuya versión más famosa acabamos de escuchar*). Deben evitarse en el habla culta otras soluciones, como el empleo del relativo *que* seguido del posesivo *su* o del artículo: [⊗]*Ayer te llamó la chica que su padre es médico;* [⊗]*Me gusta el árbol que la flor es blanca.*

5. A pesar de que existen algunos ejemplos en autores clásicos, hoy no se considera correcto emplear *cuyo* con el simple valor de *el cual*, lo que se hace a veces para recuperar el antecedente cuando este queda lejos o es una oración, o una expresión compleja, que se resume en una sola palabra: [⊗]«*Su sortija haría buen juego con un pendiente de la "Bella Medusa"... Ya sabe usted, la del robo de la calle Luciente, de cuyo suceso usted debe poseer más detalles que nosotros*» (Carrere *Torre* [Esp. 1923]); sería más adecuado decir *del cual suceso* o, más frecuentemente hoy, *suceso del cual* (→ cual, 2.2). En la lengua actual ha quedado un resto de este valor de *cuyo* en la expresión *en cuyo caso*, que se documenta abundantemente desde el primer tercio del siglo XVIII: «*Yo temí que, después de todo, no fuera mi madre, en cuyo caso solo me cabía esperar de ella una buena tunda*» (Mendoza *Ciudad* [Esp. 1986]). Aunque debido a su extensión y a sus antecedentes clásicos no se censura su empleo, se recomienda usar en su lugar un demostrativo: *en ese caso, en tal caso;* o los relativos *(el) que* o *el cual: caso en (el) que, caso en el cual.*

6. Es hoy raro y exclusivamente literario el empleo de *cuyo* como atributo en oraciones con el verbo *ser*: «*Dejemos la palabra a José Gómez Robleda, cuyas son las siguientes proposiciones*» (Aguirre *Antropología* [Méx. 1986]); lo normal es usar *de quien, del cual* o *del que.*

7. en cuyo caso. → 5.

cúyo -ya. Pronombre interrogativo posesivo, que, por ser tónico, se escribe con tilde, a diferencia del relativo *cuyo* (→ cuyo). Equivale a *de quién* y carece prácticamente de uso en la actualidad. Se empleaba normalmente como atributo en oraciones con el verbo *ser*: «*Preguntóme cúya era la espada que llevaba al lado*» (Quevedo *Buscón* [Esp. 1626]); «*¿Cúya es la culpa? ¿De ella?*» (PzAyala *Belarmino* [Esp. 1921]).

Cuzco. Nombre de una ciudad, una provincia y un departamento del Perú: «*Soy del Cuzco por mi ascendencia paterna*» (Ocampo *Testimonios* [Arg. 1977]). En el Perú se usa con preferencia la grafía

Cusco, de muy escasa presencia en el resto de América y sin uso en España: «*Para viajar de Lima a Cusco se requerían dos semanas a caballo*» (Scorza *Tumba* [Perú 1988]). Las dos formas son igualmente válidas, aunque ha de tenerse en cuenta que *Cuzco* es la más extendida en el conjunto de los países hispánicos. Paralelamente, son correctos los gentilicios *cuzqueño* y *cusqueño.* Este topónimo puede usarse acompañado de artículo o sin él.

cuzcuz. → cuscús.

cuzqueño -ña. → Cuzco.

⊗**cyber-.** → ciber-.

cyclo-cross. → ciclocrós.

⊗**czarda.** → zarda.

d

d. 1. Quinta letra del abecedario español y cuarta del orden latino internacional. Su nombre es femenino: *la de* (pl. *des*). Representa el sonido consonántico dental sonoro /d/.

2. Lo más destacable en relación con la pronunciación de este sonido es su debilitamiento en posición intervocálica, especialmente notable en la terminación -*ado* propia de los participios de los verbos de la primera conjugación y de algunos nombres. En el habla coloquial de algunas zonas, especialmente en España, el debilitamiento es extremo y llega con frecuencia a la total omisión de la /d/, fenómeno que debe evitarse en el habla esmerada: ⊛[kansáo] por *cansado*, ⊛[peskáo] por *pescado*. Aún más vulgar y rechazable resulta la pérdida de la /d/ en las terminaciones -*ido*, -*ida*: ⊛[komío] por *comido*, ⊛[benía] por *venida*.

3. También es extremadamente débil la pronunciación de la /d/ final de palabra, que en el habla poco esmerada de algunas zonas de España tiende a perderse: ⊛[madrí, usté, berdá], por *Madrid, usted, verdad*; en realidad, en la pronunciación normal se articula una /d/ final muy relajada, apenas perceptible. En zonas del centro de España, algunos hablantes cambian por /z/ el sonido /d/ en final de sílaba o de palabra, pronunciación que debe evitarse en el habla esmerada: ⊛[azkirír] por *adquirir*, ⊛[birtúz] por *virtud*. Entre hablantes catalanes es frecuente pronunciar la /d/ final como una /t/, por influjo del catalán: [berdát] por *verdad*.

Dacca. Aunque actualmente se propone la grafía *Dhaka* para el nombre de la capital de Bangladés, resulta preferible la grafía anterior, *Dacca*, ya asentada y mejor acomodada al sistema gráfico español: «*Un impiadoso tornado devastó cuanto se opuso a su avance en las cercanías de Dacca*» (*NProvincia* [Arg.] 15.10.97).

dactilografiar. 'Escribir a máquina'. Se acentúa como *enviar* (→ APÉNDICE 1, n.º 5).

-dad. Sufijo de origen latino que en español forma, a partir de adjetivos, sustantivos abstractos de cualidad: *artificialidad* ('cualidad de artificial'), *vistosidad* ('cualidad de vistoso'). La forma -*dad* aparece solamente detrás de las consonantes *n*, *l* o *r* en sustantivos que proceden directamente del latín, como *cristiandad, crueldad, igualdad, maldad, vecin-* *dad, verdad,* etc., o en creaciones tempranas en castellano, como *hermandad, liviandad* y *ruindad;* pero no se emplea en la actualidad en la creación de sustantivos abstractos a partir de adjetivos. Hoy, este sufijo, dependiendo del adjetivo al que se une, adopta las variantes -*idad*, -*edad* o -*eidad*. Si bien su comportamiento no es siempre predecible, pueden darse las siguientes reglas generales orientativas:

a) Los adjetivos bisílabos acabados en vocal suelen tomar la variante -*edad*: *bosquedad, bastedad, bronquedad.* Los sustantivos de este grupo que terminan en -*idad* suelen proceder directamente del latín, y no del adjetivo bisílabo español más el sufijo -*dad*: *claridad* (del lat. *claritas*), *sanidad* (del lat. *sanitas*), *santidad* (del lat. *sanctitas*), *simplicidad* (del lat. *simplicitas*).

b) Los adjetivos bisílabos acabados en consonante toman normalmente la forma -*idad*: *banalidad, gracilidad, locuacidad.*

c) Los adjetivos terminados en -*io*/-*ío*, bisílabos o no, toman la forma -*iedad*: *obviedad, vaciedad, transitoriedad,* etc., salvo *solidaridad* (→ solidaridad) y *subsidiaridad* (→ subsidiariedad), cuya forma anómala se debe al influjo de otras lenguas.

d) Los adjetivos terminados en -*eo*, bisílabos o no, toman la variante -*eidad*: *heterogeneidad, espontaneidad, simultaneidad.*

e) El resto de los adjetivos de más de dos sílabas forman generalmente sustantivos acabados en -*idad*: *confidencialidad, alcalinidad, aromaticidad.*

f) Los adjetivos que contienen en su forma el sufijo -*ble* adoptan la terminación -*bilidad*: *inteligibilidad, audibilidad, culpabilidad.*

dado -da. 1. Participio de *dar*. Para su uso en construcción absoluta, seguido de un sustantivo (*dadas las circunstancias...*), → dar(se), 3.

2. *dado que.* → dar(se), 4.

Daghestan. → Daguestán.

Daguestán. Forma adaptada a la ortografía y pronunciación españolas del nombre de esta república de la Federación Rusa: «*Una copia de la cinta sobre Daguestán* [...] *fue enviada por las autoridades rusas a las españolas*» (*Mundo* [Esp.] 18.3.04). No debe usarse en español la forma inglesa *Daghestan*. Como gentilicios son válidos *daguestano* y *daguestaní* (pl. culto *daguestaníes*; → PLURAL, 1c), con preferencia por este último: «*Lenin reconoció la república confederada de chechenos y daguestaníes*» (*Vanguardia*@ [Esp.] 3.9.04).

daguestaní, daguestano -na. → Daguestán.

daiquirí o daiquiri. 'Cóctel hecho con zumo de limón, ron y azúcar'. La acentuación etimológica es *daiquirí*, ya que el nombre de esta bebida procede del barrio de Daiquirí, situado en el municipio cubano de El Caney. Esta forma aguda se conserva en amplias zonas de América: «*El llamado mojito es mejor que el daiquirí*» (*Nacional* [Ven.] 1.9.97). La forma llana *daiquiri* es la única usada en España y también se emplea en países americanos como la Argentina o Chile: «*Está bueno el daiquiri*» (Marsillach *Aniversario* [Esp. 1992]). Ambas formas son válidas. El plural es *daiquirís* y *daiquiris*, respectivamente (→ PLURAL, 1c y a).

Dajla. Forma adaptada a la ortografía y pronunciación españolas del nombre actual de la ciudad del Sáhara Occidental antes conocida como *Villa Cisneros*: «*El pesquero "Martínez Álvarez" [...] ha sido conducido al puerto de Dajla*» (*Mundo*@ [Esp.] 20.2.03). No debe usarse en español la transcripción francesa *Dakhla*.

Dakhla. → Dajla.

Dakota del Norte. Forma tradicional española del nombre de este estado de los Estados Unidos de América. No debe usarse en español la forma inglesa *North Dakota*.

Dakota del Sur. Forma tradicional española del nombre de este estado de los Estados Unidos de América. No debe usarse en español la forma inglesa *South Dakota*.

dalái lama. 'Supremo dirigente espiritual y político del Tíbet'. Aunque se ve escrito con frecuencia con guion intermedio (*dalái-lama*), se recomienda su escritura en dos palabras independientes, como ocurre con otros compuestos binominales ya asentados en el uso (→ GUION[2] o GUIÓN, 1.1.2a). El núcleo del compuesto es la palabra *lama,* por lo que solo este elemento debe llevar la marca de plural: *los dalái lamas.* El primer elemento ha de escribirse con tilde en español por ser palabra aguda terminada en vocal (→ TILDE[2], 1.1.1). En cuanto a su escritura con mayúscula inicial, → MAYÚSCULAS, 4.31 y 6.9.

dancing. Voz inglesa que se emplea con cierta frecuencia en países como Colombia, Venezuela o Puerto Rico con el sentido de 'local público donde se baila'. Es anglicismo innecesario, que puede sustituirse por equivalentes españoles como *baile, salón de baile, sala de baile* o *discoteca.*

dandi. Adaptación gráfica de la voz inglesa *dandy,* 'hombre que se distingue por su extremada ele-

gancia'. Su plural es *dandis* (→ PLURAL, 1e): «*En menos de un mes los convirtió en unos pequeños dandis*» (Zarraluki *Silencio* [Esp. 1994]). Debe evitarse en español el uso del plural inglés *dandies,* así como el de la forma ⊗*dandys,* que no es ni inglesa ni española. El sustantivo correspondiente es *dandismo,* no ⊗*dandysmo.*

dandy, ⊗dandysmo. → dandi.

danés -sa. 'De Dinamarca' y, como sustantivo masculino, 'idioma de Dinamarca'. También es válida la forma *dinamarqués,* rara vez usada en referencia al idioma: «*El dinamarqués Soren Hansen conquistó ayer el torneo abierto irlandés de golf*» (*Listín* [R. Dom.] 1.7.02).

Dantzig, Danzig, Dánzig. → Gdansk.

dar(se). 1. 'Entregar(se) u ofrecer(se)'. Verbo irregular: v. conjugación modelo (→ APÉNDICE 1, n.º 27). La forma de subjuntivo *dé* se escribe con tilde para distinguirla de la preposición *de* (→ TILDE[2], 3): «*No llamen a la policía hasta que él dé señales de vida*» (MtnVigil *Defensa* [Esp. 1985]); en cambio, la forma *di* del pretérito perfecto simple o pretérito de indicativo no lleva tilde por ser monosílaba y no existir ninguna palabra átona que se escriba igual y con la que pueda confundirse: «*Di orden de que dejen entrar al público a la sala*» (Vilalta *Mujer* [Méx. 1981]). La primera persona del singular del presente de indicativo (*doy*), cuando va seguida de un pronombre clítico —algo frecuente en la lengua antigua y que hoy se da a veces con intención arcaizante (→ PRONOMBRES PERSONALES ÁTONOS, 3a)—, mantiene la grafía *y* en interior de palabra, aunque represente un sonido vocálico (→ i, 5c): «*Impongo al confesante penitencia de oraciones, doyle la absolución, hágole la señal de la cruz*» (Labarca *Butamalón* [Chile 1994]).

2. En su acepción más habitual, 'entregar [algo] a alguien', la persona que recibe lo que se da se expresa mediante un complemento indirecto; por lo tanto, si se trata de un pronombre átono de tercera persona, este debe ser siempre *le(s): «A su hermana LE dieron una casita de las del Gobierno*» (Vergés *Cenizas* [R. Dom. 1980]); es, pues, incorrecto usar *la(s)* cuando el referente es femenino (→ LAÍSMO): ⊗«*Se preocupaban por defender la lengua y darLA una proyección social y cultural*» (*País* [Esp.] 1.12.87).

3. El participio *dado, -da* se emplea con frecuencia en construcción absoluta, seguido de un sustantivo, con el sentido de 'teniendo en cuenta lo que dicho sustantivo expresa'. En esta construcción, el participio debe concordar en género y número con el sustantivo: «*Dada la imposibilidad de una transcripción total, resumiremos el ejemplo*» (Feldman *Guión* [Arg. 1996]); «*Dados el nivel de precios de la zona y la especulación reinante, los ingresos po-*

drían alcanzar los 4000 millones» (Bahamonde *Real Madrid* [Esp. 2002]). Es incorrecto inmovilizar el participio en forma masculina singular: ⊗«*Mientras unos* [...] *se muestran a favor de su construcción —dado los beneficios que su puesta en marcha puede reproducir—, otros la consideran nociva*» (*País* [Esp.] 11.9.77).

4. dado que. Locución conjuntiva que, seguida de un verbo en indicativo, significa 'puesto que': «*No era mío, dado que lo había encontrado por azar*» (Piglia *Respiración* [Arg. 1980]). Seguida de un verbo en subjuntivo, significa 'si o en el caso de que', pero es uso raro en la lengua actual: «*No quiero decir en pocas palabras lo que solo se explicaría diciendo muchas, dado que tenga explicación y no sea ensueño mío*» (Valera *Carta* [Esp. 1885]). No es correcto interponer una preposición entre los dos elementos de esta locución (⊗*dado a que*, ⊗*dado de que*): ⊗«*Tienen una amplia experiencia combativa, dado a que eran miembros de las fuerzas armadas*» (*Prensa* [Nic.] 21.10.97).

5. dar + algunos sustantivos abstractos de sentimiento como **pena, vergüenza, miedo, risa, rabia,** etc. Todas estas expresiones suelen ir seguidas de un sustantivo o de una oración subordinada (con infinitivo o con un verbo en forma personal introducido por la conjunción *que*), que expresa lo que causa el sentimiento de pena, vergüenza, rabia, etc. Si se expresa por medio de una oración, la causa del sentimiento puede ir precedida o no de la preposición *de*; así, puede decirse igualmente *Le da vergüenza que lo vean así* o *Le da vergüenza DE que lo vean así; Nos da rabia verte en ese estado* o *Nos da rabia DE verte en ese estado*. Si se trata de un sustantivo, solo *pena* admite con naturalidad la preposición *de: Me da pena tu hermano* o *Me da pena DE tu hermano*. No obstante, en cualquiera de estos casos suele preferirse en la lengua culta la construcción sin *de*.

6. dar(se) abasto. → abasto, 2.

7. dar de alta o **dar el alta** a alguien. → alta, 2.

8. dar de comer, de beber, etc. Cuando este verbo forma parte de las locuciones *dar de comer, dar de beber* (o cualquier otro verbo que implique 'alimentar'), la persona a quien se ofrece comida o bebida funciona como complemento indirecto; por tanto, si el complemento está expresado por medio de un pronombre átono de tercera persona, este debe ser *le(s)*: «*LE dio de comer boñiga de vaca y* [...] *la envolvió en mantas*» (Allende *Casa* [Chile 1982]).

9. dar(se) de sí. Esta locución tiene dos significados:

a) 'Ensancharse o perder tensión'. Con este sentido se aplica a cosas materiales, preferentemente a tejidos y prendas de vestir, y solo se usa en tercera persona, también en forma pronominal: *Este*

traje (se) ha dado mucho de sí. En España se usa también como transitivo, con el sentido de 'hacer más ancho': *Como hagas eso, vas a dar de sí el traje.*

b) 'Rendir o producir'. Con este sentido, puede aplicarse tanto a cosas (*La reunión no ha dado más de sí*) como a personas (*Si se esfuerzan, aún pueden dar más de sí*). Por lo general, se emplea únicamente en tercera persona, tanto del singular como del plural. Si el sujeto es una primera o una segunda persona, deben usarse las formas correspondientes del pronombre reflexivo: *Estoy agotada y no doy más de mí; Si no puedes dar más de ti, abandona.* No es normal su empleo con la primera y segunda personas del plural.

10. dar gana(s). → gana, 2.

11. dar la casualidad, dar la impresión. Ambas locuciones se construyen seguidas de un complemento precedido de la preposición *de*, que normalmente está constituido por una oración subordinada introducida por la conjunción *que*: «*Dio la casualidad DE QUE el preso que compartía la celda con él se había mudado y quedaba su lugar vacante*» (Valladares *Esperanza* [Cuba 1985]); «*A veces daba la impresión DE QUE también ella se olvidaba de quién era*» (GaMárquez *Amor* [Col. 1985]). Debe evitarse, en el habla esmerada, la supresión en estos casos de la preposición *de* (→ QUEÍSMO, 1g): ⊗*dio la casualidad que...*, ⊗*daba la impresión que...*

12. dar la (real o **realísima) gana.** → gana, 3.

13. dar [a una persona o cosa] **por** + adjetivo o participio (**dar por muerto, dar por supuesto, dar por sentado,** etc.). 'Declarar[la] o considerar[la] lo que expresa el adjetivo o participio'. El adjetivo o participio, que actúa a modo de complemento predicativo, debe concordar en género y número con el complemento directo del verbo *dar*: «*¿A qué vamos, si ya nos dan por muertos?*» (*Prensa* [Nic.] 21.4.97); «*Es una de esas realidades que se dan por sentadas*» (PzTamayo *Ciencia* [Méx. 1991]); «*Hacía tiempo que muchos la daban por perdida*» (Moix *Arpista* [Esp. 2002]).

14. dar que hablar, decir, etc. → que, 1.8.

15. dar(se) cuenta. Esta locución verbal va siempre seguida de un complemento precedido de la preposición *de*. Como no pronominal, *dar cuenta de* una cosa o de una persona, significa 'darle fin o acabar con ella': «*Blanca* [...] *daba cuenta DE un chuletón de ternera a la brasa*» (Tomás *Orilla* [Esp. 1984]); «*Mientras Nick daba cuenta DE su rival, yo* [...] *me debatía en una rara pesadilla*» (Quintero *Danza* [Ven. 1991]); o 'informar a alguien sobre ella': «*Él me dio cuenta DE que un francés había escrito una vida de aquel caballero fusilado*» (Rojas *Hidalgo* [Esp. 1980]). Como pronominal, *darse cuenta de* algo, significa 'advertirlo o percatarse de ello': «*Nacha se dio cuenta DE que Tita estaba mal*» (Esquivel *Agua* [Méx. 1989]). Debe evitarse, en el habla esmerada, la supresión de la preposición *de* cuando el complemento es una oración subordinada introducida por la conjunción *que* (→ QUEÍSMO, 1g): ⊗«*Enseguida se dio cuenta que se había hecho daño*» (*Vanguardia* [Esp.] 1.6.94); debió decirse *se dio cuenta DE que...* Por otra parte, no es admisible en la lengua general culta la forma ⊗*darse de cuenta:* ⊗*Su amigo se estaba muriendo y no se dieron de cuenta.*

16. dar alguien *(su) palabra.* Esta locución lleva normalmente un complemento precedido de la preposición *de,* que suele estar constituido por una oración subordinada introducida por la conjunción *que:* «*Freddy me había dado su palabra DE QUE se estaría quieto por lo menos un año*» (Vergés *Cenizas* [R. Dom. 1980]). En el habla esmerada no debe omitirse la preposición *de* (→ QUEÍSMO, 1g): ⊗*me había dado su palabra que...*

17. dar tiempo. → tiempo, 2.

18. dar (la) vuelta. En el español de América se usa la locución *dar vuelta* como equivalente de *girar:* «*Dio vuelta a la derecha y recorrió tres o cuatro cuadras*» (Pitol *Vida* [Méx. 1991]). Cuando significa específicamente 'girar o volver algo', puede construirse de dos modos:

a) Si se considera *vuelta* como complemento directo de *dar,* el complemento que expresa lo que se gira o vuelve es indirecto y debe ir precedido de la preposición *a:* «*El lector da vuelta A la hoja y se sienta a leer*» (Vilalta *Historia* [Méx. 1978]); «*Cuando el tocador lo estima conveniente le da vuelta A su tambor, percutiendo sobre el otro parche*» (Évora *Orígenes* [Cuba 1997]).

b) Si se considera que *vuelta* forma parte del verbo y que toda la locución funciona unitariamente como un verbo transitivo, el complemento que expresa lo que se gira o vuelve es directo y, por tanto, si es de cosa, no va precedido de preposición: «*Dio vuelta la cabeza para buscar a su colega*» (Donoso *Elefantes* [Chile 1995]); «*Pero apenas daba vuelta la página, Evita se me perdía de vista*» (Martínez *Evita* [Arg. 1995]). Esta última es la construcción más habitual en los países del Cono Sur.

La locución *dar vuelta* [algo] o a algo es equivalente de *dar la vuelta* a algo —única construcción usada en España y empleada también en América—, en la que *la vuelta* es complemento directo, y lo que se gira o vuelve, indirecto: «*Le dio la vuelta a la postal para contemplar de nuevo el bullicioso río*» (Marsé *Embrujo* [Esp. 1993]); «*Romina les dio la vuelta a las páginas del libro*» (Ocampo *Cornelia* [Arg. 1988]).

debacle. 'Desastre'. Es voz femenina, como en francés, lengua de donde la hemos tomado: «*El diario habla de la debacle norteamericana en Saigón*» (Collyer *Pájaros* [Chile 1995]). Es palabra llana [debákle], por lo que son incorrectas tanto la grafía como la pronunciación esdrújulas ⊗*débacle,* motivadas quizá por la errónea interpretación del acento agudo de la grafía francesa *débâcle.*

debajo. 1. Adverbio de lugar que significa 'en lugar o parte inferior'. Va generalmente seguido de un complemento con *de* que expresa el lugar de referencia: «*Yo estaba mirando debajo DEL piano*» (Paso *Palinuro* [Méx. 1977]). Cuando el complemento con *de* está explícito, en el habla coloquial o popular americana se emplea indebidamente el adverbio *abajo* en lugar de *debajo* (→ abajo, 3).

2. Por su condición de adverbio, no se considera correcto su uso con posesivos: ⊗*debajo mío,* ⊗*debajo suyo,* etc. (debe decirse *debajo de mí, debajo de él,* etc.).

⊗**debastar.** → desbastar y devastar.

debatir(se). 1. Con el sentido de 'discutir', la lengua culta prefiere su empleo como transitivo: «*Los creadores debaten las nuevas teorías sobre el arte*» (Ynduráin *Clasicismo* [Esp. 2000]). Últimamente se está generalizando su empleo como intransitivo, con el sentido de 'mantener un debate', caso en el que el tema de discusión se expresa mediante un complemento con *sobre:* «*Rajoy acepta debatir SOBRE un nuevo modelo de televisión*» (*País* [Esp.] 30.10.02).

2. Como intransitivo pronominal, con el sentido de 'luchar con denuedo', lleva un complemento introducido por *en* o *entre:* «*Colombia se debate EN una profunda crisis política*» (*Vanguardia* [Esp.] 2.8.95); «*Encuentro fascinantes sus situaciones y personajes que se debaten ENTRE lo moral y lo amoral*» (*Universal* [Ven.] 6.4.99).

deber. 1. Es regular; no son correctas las formas sincopadas del futuro y del condicional simple o pospretérito, ⊗*debrá,* ⊗*debría,* etc., normales en el español clásico, pero sentidas hoy como vulgares.

2. Funciona como auxiliar en perífrasis de infinitivo que denotan obligación y suposición o probabilidad:

a) *deber* + infinitivo. Denota obligación: «*Debo cumplir con mi misión*» (Mendoza *Satanás* [Col. 2002]). Con este sentido, la norma culta rechaza hoy el uso de la preposición *de* ante el infinitivo: ⊗«*Debería DE haber más sitios donde aparcar sin tener que pagar por ello*» (*Mundo* [Esp.] 3.4.94).

b) *deber de* + infinitivo. Denota probabilidad o suposición: «*No se oye nada de ruido en la casa. Los viejos deben DE haber salido*» (Mañas *Kronen* [Esp. 1994]). No obstante, con este sentido, la lengua culta admite también el uso sin preposición: «*Marianita, su hija, debe tener unos veinte años*» (VLlosa *Fiesta* [Perú 2000]).

debut. Voz tomada del francés *début,* 'primera actuación en público de un artista o un deportista, o primera presentación de un espectáculo'. Su plural es *debuts* (→ PLURAL, 1h): «*El triunfo de estos novilleros llegó en sus respectivos debuts en Madrid y Sevilla*» (*Mundo* [Esp.] 4.5.94). Se desaconseja, por minoritaria, la adaptación ⊛*debú*. Es galicismo de larga tradición en español, que ha dado derivados como *debutar* o *debutante,* aunque no hay que olvidar que existen términos españoles equivalentes, como *estreno* o *presentación.*

década. **1.** Los términos *década* y *decenio* significan, ambos, 'período de diez años consecutivos'; pero mientras que *decenio* se usa para designar el período de diez años comprendido entre dos años cualesquiera, *década* designa en especial el período de diez años referido a cada una de las decenas del siglo (años diez, veinte, treinta, etc.). Es muy frecuente expresar los decenios tomando como límites años que terminan en la misma cifra: «*El fecundo decenio andaluz (1578-1588) se interrumpió cuando* [...] *tuvo que trasladarse a Segovia*» (*Abc* [Esp.] 13.12.91); pero hay que saber que esta costumbre implica una inexactitud, ya que esos límites comprenden, en realidad, once años y no diez, pues en el cómputo se incluye tanto el primer año como el último. Se recomienda mayor precisión en la indicación de los decenios, como se ejemplifica a continuación: «*El carácter brillante y apolíneo del decenio operístico, 1775-1784, del compositor*» (*País* [Esp.] 1.12.87). **2.** En cuanto a las diez décadas de cada siglo, cada una de ellas comienza en un año acabado en 1 y termina en un año acabado en 0; así, la primera década del siglo XX es la que va de 1901 a 1910; la segunda, de 1911 a 1920; la tercera, de 1921 a 1930, etc.

Es habitual utilizar expresiones como *los años veinte, la década de los treinta, los cuarenta,* etc., referidas a los decenios que comprenden los años de cada siglo que tienen la misma cifra en su decena; así, la expresión *los años veinte* alude conjuntamente a los años comprendidos entre 1920 y 1929, ambos inclusive. En estos casos, se desaconseja poner en plural el cardinal referido a la decena: ⊛«*A través de los veintes y de los treintas, muchos poetas de talento* [...] *trabajaban en otros estilos*» (*Hora* [Guat.] 14.7.97). Tampoco deben usarse fórmulas como ⊛*los 20s* o ⊛*los 20's,* copiadas del inglés. En el español de América, en la construcción *la década de...,* aparece a veces en singular el artículo que acompaña al cardinal: *la década del treinta,* en lugar de *la década de los treinta,* construcción esta última más habitual y recomendable.

decaer. 'Ir a menos'. Verbo irregular: se conjuga como *caer* (→ APÉNDICE 1, n.º 22).

decatlón. → pentatlón.

decenio. → década, 1.

decimoprimero -ra. → undécimo.

decimosegundo -da. → duodécimo.

decir. **1.** 'Comunicar [algo] con palabras'. Verbo irregular: v. conjugación modelo (→ APÉNDICE 1, n.º 28). El imperativo singular es *di* (tú) y *decí* (vos), y no ⊛*dice.* La forma *di* del imperativo no lleva tilde, ya que se trata de un monosílabo y no existe ninguna palabra átona que se escriba igual y con la que pueda confundirse (→ TILDE², 3). Aunque raramente se encuentra en la lengua escrita, en hablantes de bajo nivel cultural pueden oírse formas con diptongo, como ⊛*dijieron,* ⊛*dijiera,* etc. (en lugar de *dijeron, dijera,* etc.), inadmisibles en el habla culta. En la actualidad, la voz apocopada arcaica *diz* carece de uso como forma de tercera persona del singular del presente de indicativo ('dice'), pero ha quedado fosilizada en la expresión de sentido adverbial *dizque* (o, a veces, *diz que*), rara hoy en España, pero de uso frecuente en el español de amplias zonas de América (→ dizque). **2.** En su uso normal y más habitual ('comunicar [algo] con palabras'), este verbo es transitivo, por lo que es incorrecto anteponer *de* al complemento directo (→ DEQUEÍSMO, 1b): ⊛«*Limonier a mí me dijo DE que el señor* [...] *le había dado una pistola*» (*Caretas* [Perú] 29.8.96); debió decirse *me dijo que...* A menudo lleva también un complemento indirecto, que expresa la persona a quien se comunica lo dicho; cuando este complemento se expresa mediante un pronombre átono de tercera persona, este debe ser siempre *le(s)*: «*A Alba LE dijeron que su padre había sido un noble caballero*» (Allende *Casa* [Chile 1982]); es, pues, incorrecto usar *la(s)* cuando el referente es femenino (→ LAÍSMO): ⊛«*Yo LA dije: pierda cuidao, que sin lentes y entre dos luces, como si no hubiera visto nada*» (Berlanga *Gaznápira* [Esp. 1984]). **3.** *decir de* + infinitivo. En el habla coloquial, *decir* se usa a veces como intransitivo, seguido de la preposición *de* y un infinitivo, con el sentido de 'proponer o sugerir': «*Busco la pensión Unzué, me dijeron DE preguntar por don Justo, el encargado*» (Posse *Pasión* [Arg. 1995]); «*Yo dije DE mandarte a la escuela pública, pero ella se emperró en mandarte con esos cuervos*» (Mendizábal *Antoñito* [Esp. 1990]). En registros formales se prefiere usar la construcción transitiva normal *decir que* + verbo en forma personal: *me dijeron QUE PREGUNTARA..., yo dije QUE TE MANDÁRAMOS...* **4.** Cuando se usa con el sentido de 'hablar, o dar noticia, de algo o de alguien', es intransitivo y se construye con un complemento precedido de la preposición *de*: «*Dime DE mis hijas y mi mujer*» (Chávez *Batallador* [Méx. 1986]). **5.** *ni que decir tiene.* → que, 2.18.

6. A la familia de este verbo pertenece el adjetivo *dicente* ('que dice'), que procede del latín *dicens, -entis* (participio de presente de *dicere*) y se usa frecuentemente como sustantivo: «*Conoce el dicente que Tadeo de la Bastida y un hermano suyo estuvieron en el ejército español del general Blake*» (OArmengol *Aviraneta* [Esp. 1994]). En Colombia, se usa la variante admitida *dicente,* referida a cosas, como sinónimo de *elocuente*: «*El detalle es curioso y muy diciente de lo que son en verdad la inteligencia y la conciencia japonesas*» (*Tiempo* [Col.] 11.1.87). No debe confundirse con *discente* ('que recibe enseñanza'; → discente).

decodificación, decodificador -ra, decodificar. → descodificar.

⊗decolaje. → ⊗decolar.

⊗decolar. Adaptación del francés *décoller,* usada con cierta frecuencia en algunos países de América, especialmente en el Cono Sur: ⊗«*Explotó* [el Boeing] *poco después de decolar del aeropuerto Kennedy hacia París*» (*Época* [Chile] 22.7.96). Es galicismo innecesario, que debe sustituirse por el verbo español *despegar.* Lo mismo hay que decir del sustantivo ⊗*decolaje* (del fr. *décollage*), cuyo equivalente español es *despegue.*

decoloración, decolorante. → decolorar(se), 1.

decolorar(se). 1. 'Quitar [a algo] el color' y, como pronominal, 'perder el color': «*Hay necesidad de quitar el tinte viejo decolorando o blanqueando la madera*» (Lesur *Barniz* [Méx. 1992]); «*La luz se degrada hacia los neutros y el cuadro se decolora*» (BVallejo *Diálogo* [Esp. 1984]). Mucho menos frecuente, pero también válida, es la variante *descolorar(se)*: «*Las copas de los pinos más altos se descoloraban y perdían su dibujo al hundirse en la esparcida blancura*» (FdzFlórez *Bosque* [Esp. 1943]). Los respectivos sustantivos derivados son *decoloración* y *descoloramiento*: «*La decoloración de la piel es muy lenta*» (Cortázar *Glenda* [Arg. 1980]); «*Se asiste melancólicamente al descoloramiento de los cuadros*» (*País* [Esp.] 11.10.80). Para referirse a lo que tiene la virtud de quitar el color, solo existe la voz *decolorante*: «*Los decolorantes son altamente corrosivos y tóxicos*» (Lastra *Restaurar* [Esp. 1999]). **2.** Existe también el verbo sinónimo *descolorir(se),* que es defectivo, pues solo se conjuga en las formas cuya desinencia empieza por *i*: «*Hasta los carteles* [...] *se han descolorido desde que el sueño acabó*» (Leguineche *Camino* [Esp. 1995]). De su participio deriva el adjetivo *descolorido* ('de color pálido o poco intenso'): «*Era el mismo rostro descolorido, fino, de rasgos hermosos, que yo conocía tanto*» (Edwards *Anfitrión* [Chile 1987]).

decrecer. 'Menguar o disminuir'. Verbo irregular: se conjuga como *agradecer* (→ APÉNDICE 1, n.º 18). Es intransitivo no pronominal: «*La luz decrecía*» (Serrano *Vida* [Chile 1995]).

decreto ley. 'Disposición legislativa promulgada por el ejecutivo sin haberla sometido al órgano correspondiente'. Se recomienda su escritura sin guion (→ GUION² o GUIÓN, 1.1.2a). Su plural es *decretos leyes* (→ PLURAL, 2.4).

dedicar(se). Cuando significa 'tener como ocupación o profesión una determinada actividad', es intransitivo pronominal y la actividad se expresa mediante un complemento introducido por *a*: «*El 40 por ciento de la población se dedica A la agricultura*» (*Clarín* [Arg.] 11.10.00); y no *en*: ⊗«*Las cooperativas que se dedican EN la exploración de minerales*» (*Tiempos* [Bol.] 13.12.96).

deducir. 1. 'Inferir o sacar [una determinada conclusión]' y 'restar o detraer [una cantidad] de otra'. Verbo irregular: se conjuga como *conducir* (→ APÉNDICE 1, n.º 24). **2.** Con el primer sentido, además del complemento directo, lleva a menudo otro complemento precedido de *por* o *de*: «*POR la luz dedujo que era cerca del mediodía cuando sintió bajar al animal*» (Sepúlveda *Viejo* [Chile 1989]); «*DE esta correspondencia deduje fácilmente que María de Fátima no era feliz*» (TBallester *Filomeno* [Esp. 1988]). Con el segundo sentido, se construye siempre con un complemento introducido por *de*: «*El temor es que el empleador deduzca DEL sueldo de su empleada el aporte que en el futuro deberá pagar*» (*Clarín* [Arg.] 12.3.97).

de facto. Loc. lat. (pron. [de-fákto]) que significa literalmente 'de hecho', esto es, 'sin reconocimiento jurídico, por la sola fuerza de los hechos': «*Taiwán está separada de facto de China desde la llegada a la isla de los nacionalistas del Kuomintang*» (*DAméricas* [EE. UU.] 17.6.97). Se opone a *de iure* (→ de iure).

defender(se). 1. 'Proteger(se) de un daño'. Verbo irregular: se conjuga como *entender* (→ APÉNDICE 1, n.º 31). **2.** Además del complemento directo, lleva habitualmente otro complemento introducido por *de* o *contra*: «*¿Juras defenderla DE sus enemigos?*» (López *Vine* [Méx. 1975]); «*Éramos un bloque compacto defendiéndonos CONTRA todos los agresores*» (Shand *Farsa* [Arg. 1981]).

defenestrar. 'Arrojar [a alguien] por la ventana' y, en sentido figurado, 'destituir o expulsar de un cargo': «*En 1969 estuvo a punto de ser defenestrado el rector de la Universidad de Barcelona*» (Tusell *España* [Esp. 1989]). Es incorrecta la forma ⊗*desfenestrar,* así como el sustantivo ⊗*desfenestración.*

déficit. Latinismo tomado del francés, que comenzó a usarse a finales del siglo XVIII, en el ámbito económico, con el sentido de 'diferencia negativa entre ingresos y gastos'; fuera de este ámbito, significa 'insuficiencia o escasez'. Su plural es *dé-*

ficits (→ PLURAL, 1h y k): «*La mayoría de los países están afrontando la crisis con grandes déficits públicos*» (FdzOrdóñez *España* [Esp. 1980]).

deflación. 1. 'Descenso del nivel de precios': «*La deflación no era considerada una noticia del todo positiva, sino más bien un reflejo del menor poder de consumo de la población*» (*Clarín* [Arg.] 3.4.97). Se pronuncia [deflasión, deflazión]. No es correcta la grafía ⊗*deflacción* ni la pronunciación correspondiente ⊗[deflaksión, deflakzión].

2. Adjetivos derivados son *deflacionario* y *deflacionista*, que significan 'de (la) deflación' y, especialmente el segundo, 'que tiende a producirla': «*También señalan el efecto deflacionario del déficit de la balanza de pagos*» (Voltes *Peseta* [Esp. 2001]); «*Hay situación deflacionista en todos los países*» (*País* [Esp.] 27.8.97); «*El Gobierno no ha pensado practicar una política deflacionista*» (*Tiempo* [Col.] 1.6.90).

deflagrar. Dicho de una sustancia, 'arder súbitamente con llama y sin explosión': «*La pólvora nitrocelulosa arde deflagrando, sin producir explosión*» (*Abc* [Esp.] 4.7.74). Aunque extendido en el lenguaje periodístico, es impropio su uso con el sentido de 'estallar', así como el del sustantivo derivado *deflagración* como 'explosión': ⊗«*El RDX estaba colocado para actuar como reforzador del resto del explosivo y aumentar los efectos de la deflagración*» (*Vanguardia* [Esp.] 2.5.95).

defoliar. 'Provocar la caída de las hojas [de una planta]': «*No es conveniente defoliar con sulfato de cobre o de zinc, ya que la defoliación es rápida*» (Almaguer *Fruticultura* [Méx. 1998]). Se acentúa como *anunciar* (→ APÉNDICE 1, n.º 4). También se dice, aunque menos, *desfoliar*: «*Los árboles de esa zona están desfoliados por el paso de los monos*» (Che/Granado *Viaje* [Arg. 1992]). No debe confundirse con *exfoliar* ('dividir en láminas' y 'eliminar las células muertas'; → exfoliar(se)).

deforestación. → deforestar.

deforestar. 'Despojar [un terreno] de plantas y árboles'. Es preferible esta forma, mayoritaria en el uso, a la variante *desforestar*, también válida. Lo mismo cabe decir del sustantivo derivado *deforestación*, preferible a *desforestación*.

deformar(se). → deforme, 2.

deforme. 1. '[Persona o cosa] cuya forma se aparta de lo normal o debido, o carece de proporción y armonía'. Existe también, aunque se usa menos, la variante *disforme*, de connotación más neutra, menos peyorativa: «*Pero no son locos lindos; son locos disformes, esperpénticos*» (Benedetti *Primavera* [Ur. 1982]). La voz *disforme* puede tener también el sentido de 'desmesurado o enorme': «*¡Un confesor!... No estaría malo, que debe tener un disforme costal de pecados sobre su conciencia*» (VInclán *Sacrilegio* [Esp.

1927]). No pertenecen al uso culto actual las variantes ⊗*desforme* y ⊗*diforme*.

2. El verbo correspondiente es *deformar(se)* ('alterar(se) la forma de algo'). No pertenecen al uso culto actual las variantes ⊗*desformar(se)* y ⊗*disformar(se)*.

defraudar. 1. 'Decepcionar a alguien' y 'eludir el pago [de una cantidad] de modo fraudulento'. Se acentúa como *causar* (→ APÉNDICE 1, n.º 10). Es errónea la forma ⊗*desfraudar*.

2. Con el primer sentido, por tratarse de un verbo de «afección psíquica», dependiendo de distintos factores (→ LEÍSMO, 4a), el complemento de persona puede interpretarse como directo o como indirecto: «*La vi tan entusiasmada con la idea que no quise defraudarLA*» (Mendoza *Verdad* [Esp. 1975]); «*Mi padre me está costeando la carrera [...]; sería crimen que LE defraudara*» (Olivera *Enfermera* [Méx. 1991]).

degollar. 'Cortar la garganta [a una persona o animal]'. Verbo irregular: se conjuga como *contar* (→ APÉNDICE 1, n.º 26). En las formas que diptongan, debe escribirse diéresis sobre la *-u-*: *degüello, degüellas*, etc.

de iure. Loc. lat. (pron. [de-yúre]) que significa literalmente 'de derecho', esto es, 'con reconocimiento jurídico, legalmente': «*Ni de iure ni de facto pertenecieron jamás [los indios] al Imperio romano*» (Beuchot *Filósofos* [Méx. 1992]). También puede escribirse, aunque es menos frecuente, *de jure*: «*Pronto se convertirá de jure en lo que ya es de facto*» (*NHerald* [EE. UU.] 24.7.00). Se opone a *de facto* (→ de facto).

dejar. Con el sentido de 'permitir', va seguido de infinitivo o de una subordinada introducida con *que*: «*Así como estás, no te dejo ir a ninguna parte*» (Aguilera *Pelota* [Ec. 1988]); «*Dejemos que se vaya*» (Mendoza *Satanás* [Col. 2002]). El complemento de persona puede ser directo o indirecto (→ LEÍSMO, 4b). Debe evitarse el empleo de la expresión *dejar saber* con el sentido de 'informar o hacer saber', calco censurable del inglés *let know*: ⊗«*Fuentes judiciales dejaron saber que el ex ministro Maurice Papon será juzgado*» (*Nacional* [Ven.] 11.7.97).

de jure. → de iure.

del. La preposición *de*, seguida del artículo *el*, se contrae en la forma *del*: *He visto al hijo del vecino*. Cuando *el* forma parte de un nombre propio y, por consiguiente, se escribe con mayúscula, no se realiza la contracción en la escritura, aunque sí suele hacerse en la lengua oral: *Mi nuevo vecino es de El Paso* [delpáso]. Tampoco se realiza la contracción si el artículo inicia el título de una obra: *La lectura de El Aleph me fascinó*. El artículo que antecede normalmente a los sobrenombres o apodos se escribe con minúscula y no forma parte del nombre propio; de ahí que se realice la contracción cuando va precedido de la preposición: *Subastaron un cuadro del Greco* (y no ⊗*de El Greco*). Si en un enunciado coinciden dos secuencias consecutivas de la preposición y el artículo, se recomienda realizar la contracción solo en la segunda: *«Tasan el valor de la mercadotecnia por encima de el del marco institucional»* (*Excélsior* [Méx.] 1.11.96).

delante. 1. Adverbio de lugar que significa 'en la parte anterior', 'enfrente' o 'en presencia de alguien'. Se usa normalmente seguido de un complemento con *de* que expresa el término de referencia: *«Delante DEL espejo, me pregunto si ella tuvo que mentir tanto como yo»* (Marsillach *Aniversario* [Esp. 1992]); *«No digas malas palabras delante DE una dama»* (VLlosa *Tía* [Perú 1977]). Cuando el complemento con *de* está explícito, en el habla coloquial o popular americana se emplea indebidamente el adverbio *adelante* en lugar de *delante* (→ adelante, 3).
2. Por su condición de adverbio, no se considera correcto su uso con posesivos: ⊗*delante mío*, ⊗*delante suyo*, etc. (debe decirse *delante de mí, delante de él*, etc.). En el habla popular de la zona andina (el Perú, Bolivia y el Ecuador) se usa con posesivos antepuestos, en construcciones precedidas de la preposición *en* (más raramente *por*): ⊗*Riñó al niño en mi delante.* Se recomienda evitar esta construcción en el habla esmerada.

delegar. 1. Dicho de una persona, 'autorizar [a otra] para que haga algo en su lugar'. Lleva un complemento de finalidad con *para* y el complemento de persona es directo: *«Solicité a Maruja que ME delegase PARA cubrir dicha fuente, como corresponsal de paz literaria»* (Delgado *Sub-América* [Ven. 1992]).
2. Es más frecuente su uso con complemento directo de cosa y el sentido de 'traspasar [ciertos derechos, privilegios u obligaciones] a otra persona'; la persona a quien se traspasan esos derechos u obligaciones se expresa preferentemente en la lengua culta mediante un complemento con *en*: *«Su padre delegó EN ella los poderes para el gobierno de la casa»* (GaMárquez *Amor* [Col. 1985]); pero no es infrecuente que el complemento de persona sea indirecto: *«El vicepresidente Martínez, A quien LE delegó el mando in extremis»* (Ferla *Drama* [Arg. 1985]).

deleitar(se). 1. Se acentúa como *peinar* (→ APÉNDICE 1, n.º 12).
2. Como transitivo, 'causar deleite [a alguien]'. Además del complemento directo suele llevar un complemento introducido por *con*: *«Nos deleitó CON mil anécdotas»* (Che/Granado *Viaje* [Arg. 1992]).
3. Como pronominal, 'sentir deleite'. Suele construirse seguido de un gerundio, o de un complemento introducido por *con* o *en*: *«Pueden deleitarse CONTEMPLANDO la paloma de Picasso»* (Antognazza *Vida* [Arg. 1993]); *«Se deleitan CON mi sufrimiento»* (Puerta *Astrología* [Col. 1994]); *«Deleitándose EN la contemplación del remolino gigantesco»* (Argullol *Razón* [Esp. 1993]).

delicatesen. Adaptación gráfica propuesta para la voz inglesa *delicatessen* (tomada del plural alemán *Delikatessen* 'exquisiteces'), que significa 'alimentos selectos'. La voz española *exquisiteces* es capaz de suplirlo en la mayoría de los contextos: *«Ofrecía toda clase de licores y exquisiteces»* (Edwards *Anfitrión* [Chile 1987]). No obstante, su extensión en el uso y el hecho de designar también un tipo determinado de establecimiento hacen aconsejable su adaptación. En español se emplea con dos sentidos:
a) Al ser un plural en origen, se usa normalmente, como sustantivo femenino plural, con el sentido de 'manjares selectos': *unas delicatesen;* rara vez se utiliza en singular, referido a un solo manjar: *«Es* [la leche] *tan escasa que se vende como delicatesen a precios carísimos»* (*Listín* [R. Dom.] 26.6.97). Es uso que puede considerarse aceptable, aunque es preferible utilizar en ese caso el singular español *exquisitez.*
b) Como sustantivo de ambos géneros, significa 'establecimiento donde se venden manjares selectos'. Es invariable en plural: *el/la delicatesen, los/las delicatesen.*

delicatessen. → delicatesen.

delinear(se). 'Dibujar(se) o perfilar(se)': *«En esas novelas en donde delinea el contorno del mundo, resulta sorprendentemente escabullidizo»* (Puga *Silencio* [Méx. 1987]). Son incorrectas las formas en las que se acentúa la *-i-*: ⊗*delíneo*, ⊗*delíneas*, ⊗*delínea*, ⊗*delínee*, etc., así como las pronunciaciones ⊗[delínio], ⊗[delínias], ⊗[delínia], ⊗[delínie], etc. (→ alinear(se), 2).

delírium trémens. Loc. lat. que significa literalmente 'delirio tembloroso'. Se emplea como locución nominal masculina para designar el síndrome de abstinencia que sufren los alcohólicos crónicos, caracterizado por delirio acompañado de temblores y alucinaciones: *«La descripción de esa enfermedad* [el alcoholismo] *se limitaba a los cuadros psicóticos que podía producir, como el delírium trémens»* (Valbuena *Toxicomanías* [Esp. 1986]). Es invariable en plural (→ PLURAL, 1k): *los delírium trémens.*

demagogia. 'Práctica política consistente en ganarse con halagos el favor popular': *«He visto a muchas personas decentes ceder ante la demagogia de esos líderes frustrados»* (Zaldívar *Capablanca* [C. Rica 1995]). Es incorrecta la acentuación ⊗*demagogía.*

demás. **1.** Adjetivo o pronombre indefinido invariable que designa siempre la parte restante respecto de un todo. Significa '(lo) restante, (lo) otro' y se escribe siempre en una sola palabra.

a) Como adjetivo, se antepone a sustantivos en plural o a nombres colectivos en singular, precedido siempre por el artículo o por un posesivo: «*A la demás gente le sorprende*» (Diosdado *Ochenta* [Esp. 1988]); «*Poseía* [...] *algo que sus demás hermanas no tenían más que de palabra*» (Donoso *Casa* [Chile 1978]).

b) Puede sustantivarse mediante los artículos *los*, *las*, o con la forma neutra *lo* cuando se refiere a cosas diversas: «*Cuando caía uno de nuestros compañeros, corríamos los demás a arrebatarle la capa*» (Moix *Sueño* [Esp. 1986]); «*Todo lo demás, el casco, el peto, la coraza y la espada corta, convertían a nuestro comandante en una bestia de metal*» (Fuentes *Naranjo* [Méx. 1993]).

c) Únicamente va sin artículo cuando, como adjetivo o pronombre, cierra una enumeración: «*Cornisas, capiteles y demás elementos clásicos se intercalan en el texto con absoluta naturalidad*» (Gallego *Grabado* [Esp. 1990]); «*Se conformará un bloque de dirigentes locales con empresarios, autoridades, clase política y demás*» (*Tiempo* [Col.] 1.12.87).

2. No debe confundirse con *de más*, secuencia formada por la preposición *de* y el adverbio de cantidad *más* (→ más, 1.10): *Me han devuelto un peso de más*.

demasiado -da. **1.** Como adjetivo significa 'que excede de lo necesario o conveniente' y se antepone siempre al sustantivo, con el que debe concordar en género y número: «*Me pregunto si no habrás leído demasiadas novelas*» (Ferré *Batalla* [P. Rico 1993]). Como adverbio, la forma *demasiado* es invariable y significa 'excesivamente': «*Tu tío Genaro fuma y habla demasiado*» (Díaz *Neruda* [Chile 1991]); «*Las orcas son demasiado inteligentes para caer en la trampa*» (*Geo* [Esp.] 6.95). Cuando, como adverbio, se antepone a un adjetivo, no debe concordar con este, puesto que los adverbios son invariables: ⊗«*Hay personas que tienen síntomas, pero estos no son demasiados incómodos*» (*Mundo* [Esp.] 13.2.97); debió decirse *demasiado incómodos*. Hay contextos en que delante de un adjetivo puede darse un uso concordado (como adjetivo) y no concordado (como adverbio) de *demasiado;* pero en cada caso el sentido del enunciado es diferente: *Tiene demasiadas malas costumbres* [= tiene un número excesivo de malas costumbres]; aquí *demasiado* modifica en bloque a *malas costumbres* y debe concordar, como adjetivo que es, con el sustantivo *costumbres;* frente a *Tiene demasiado malas costumbres* [= tiene costumbres excesivamente malas]; aquí *demasiado* modifica únicamente al adjetivo *malas* y, como adverbio que es, debe permanecer invariable.

2. Hoy no es propio del habla culta y debe evitarse interponer la preposición *de* entre *demasiado* y el adjetivo o adverbio al que modifica: ⊗«*En la moto se viene demasiado de bien*» (SchzFerlosio *Jarama* [Esp. 1956]).

demo. Voz tomada del inglés *demo* (acortamiento de *demonstration* 'demostración'), que significa 'muestra de una grabación musical o de un programa informático con fines promocionales o publicitarios'. En el español de América es mayoritariamente masculina: «*Los chicos tocaron las canciones del demo y algunas otras*» (Ramos/Lejbowicz *Corazones* [Arg. 1991]); mientras que en España se usa más en femenino: «*Debe generar un archivo de configuración* [...] *o utilizar el que viene con la demo del programa*» (Bustos *Multimedia* [Esp. 1996]).

demoler. 'Derribar'. Verbo irregular: se conjuga como *mover* (→ APÉNDICE 1, n.º 41).

demoníaco -ca o **demoniaco -ca.** → -íaco o -iaco.

demostración. 'Acción y efecto de demostrar' y 'muestra o exhibición': «*La Academia de Ciencias le mandó una carta, invitándolo a realizar una demostración*» (Saer *Ocasión* [Arg. 1988]); «*Me recibieron con demostraciones de alegría*» (Araya *Luna* [Chile 1982]). En algunos países de América, por influjo del inglés *demonstration*, se usa a veces *demostración* con el sentido de 'reunión pública, generalmente al aire libre, para reclamar algo o protestar por algo': «*Surgió la idea de hacer una demostración frente a la Embajada uruguaya*» (Benedetti *Primavera* [Ur. 1982]). Conviene recordar que, en español, se emplea normalmente para ello el término *manifestación*: «*Dos días más tarde, con autorización del Gobierno, se inició la manifestación*» (Jodorowsky *Pájaro* [Chile 1992]).

demostrar. 'Hacer ver la verdad [de algo] mediante un razonamiento o prueba' y 'mostrar o hacer patente [algo, especialmente un sentimiento]'. Verbo irregular: se conjuga como *contar* (→ APÉNDICE 1, n.º 26).

denar. 'Unidad monetaria del país cuyo nombre oficial provisional es Antigua República Yugoslava de Macedonia'. Es voz masculina. Su plural es *denares* (→ PLURAL, 1g). No debe emplearse en su lugar la voz *dinar*, nombre de otras monedas europeas, africanas y asiáticas.

denegar. **1.** Verbo irregular: se conjuga como *acertar* (→ APÉNDICE 1, n.º 16).

2. En su sentido propio, 'rechazar o no conceder [algo que se pide]', es transitivo: «*El juez de primera instancia deniega nuevamente la libertad provisional pedida por la defensa*» (*Hoy* [Chile] 14-20.7.97). No obstante, con cierta frecuencia, incluso en autores de prestigio, se emplea como intransitivo, con el sentido de 'negar o decir que no, especialmente mediante gestos': «—*¿Sabes ya dónde vamos?* —*Gervasio denegó con la cabeza*» (Delibes *Madera* [Esp. 1987]); «*¿Quieres formar en el pelotón? (Larra deniega, estremecido, pero sigue marcando el paso con creciente intensidad)*» (BVallejo *Detonación* [Esp. 1977]).

denominar. 1. 'Dar [a algo o a alguien] un determinado nombre'. Además del complemento directo, lleva un complemento predicativo: «*En el argot carcelario lo denominamos "el artículo setenta"*» (Palou *Carne* [Esp. 1975]). Debe evitarse anteponer *como* a este complemento predicativo (→ como, 3b): ⊗«*Todos tenemos prioridades u obligaciones que se contradicen entre sí. Lo denominamos como conflicto de interés*» (*Universal* [Ven.] 9.10.96).

2. Con el fin de diferenciar el complemento directo del predicativo, el primero de ellos va, a menudo, precedido de la preposición *a*, aunque no se refiera a persona: «*Esta cadena de prelaciones [...] justifica por sí sola que V haya decidido denominar A ese texto el Primer Génesis*» (Goytisolo *Estela* [Esp. 1984]). Esta circunstancia ha favorecido que *denominar* con complemento directo de cosa admita, además de la construcción pasiva refleja, la construcción impersonal (→ se, 2.1): «*Se DENOMINAN conectivas o conectores aquellas partículas que sirven para unir o conectar entre sí proposiciones*» (VV. AA. *Filosofía* [Esp. 1998]); «*Se DENOMINAN así A los minerales filonianos solidificados*» (Crea *Curación* [Arg. 1995]). Lo que no debe hacerse es mezclar ambas construcciones: ⊗«*En los orígenes institucionales del cristianismo se denominan supersticiosos a aquellos que rezaban y ofrecían sacrificios para que sobreviviera la memoria de sus muertos*» (*Mundo* [Esp.] 5.3.94); debió decirse *se denomina supersticiosos a aquellos que...* o *se denominan supersticiosos aquellos que...* Por lo que respecta a los pronombres objeto, se recomienda emplear las formas de acusativo *lo(s), la(s)*, si bien cuando dicho pronombre va precedido de la marca de impersonalidad *se*, se admite que tome la forma *le(s)* (→ LEÍSMO, 4f): «*A semejante recurso, José Luis Martínez LO denomina "adjetivación de signo contrario"*» (Celorio *Contraconquista* [Méx. 2001]); «*Se contaban con los dedos de la mano los desterrados o deportados, como SE LES denominó durante la dictadura de Ibáñez*» (Teitelboim *País* [Chile 1988]).

denostar. 1. 'Proferir denuestos [contra una persona o cosa], o hablar muy mal [de ella]'. Verbo irregular: se conjuga como *contar* (→ APÉNDICE 1, n.º 26): *denuesto, denuestas*, etc. Son, por tanto, incorrectas las formas sin diptongo cuando la raíz es tónica: ⊗«*Parece olvidar que vive de la benevolencia de los demás, entre ellos de esos jubilados a los que*

denosta» (*Mundo* [Esp.] 25.5.96); debió decirse *denuesta*.

2. Es transitivo, por lo que se construye con un complemento directo (precedido de *a* cuando es de persona): «*Dedicó la mayor parte de su campaña a denostar a los oligarcas del poder*» (*Hoy* [Chile] 18-24.11.96); «*Salieron denostando el "arte moderno"*» (FdzChiti *Estética* [Arg. 1991]). No es correcto su uso como intransitivo, seguido de un complemento con preposición: ⊗«*Así también podría denostar DE la vacuna Salk*» (*Caretas* [Perú] 19.9.95); ⊗«*Denostaron CONTRA este diario y sus periodistas*» (*Abc* [Par.] 31.10.00); debió decirse *denostar la vacuna* y *denostar este diario y a sus periodistas*, respectivamente.

dentar. 'Dotar de dientes'. Verbo irregular: se conjuga como *acertar* (→ APÉNDICE 1, n.º 16).

dentífrico. 'Pasta para limpiar la dentadura'. Son erróneas las formas ⊗*dentrífrico* y ⊗*dentrífico*.

dentro. 1. Adverbio de lugar que significa 'en la parte interior'. Lleva siempre un complemento con *de*, explícito o implícito, que expresa el lugar de referencia: «*Se oye su voz rota por las dos balas que lleva dentro*» (ASantos *Estanquera* [Esp. 1981]); «*Algo se desmoronó dentro DE su cabeza*» (Martínez *Evita* [Arg. 1995]). Cuando el complemento con *de* está explícito, en el habla coloquial o popular americana se emplea indebidamente el adverbio *adentro* en lugar de *dentro* (→ adentro, 2). Aunque *dentro* se usa normalmente con verbos que indican estado o situación, también se utiliza con frecuencia con verbos de movimiento y puede ir precedido de las preposiciones *de, desde, hacia, hasta, para* o *por*: «*No venía DE dentro de la casa, sino por la parte del jardín*» (CBonald *Noche* [Esp. 1981]); «*Suelta el perro y corre HACIA dentro de la casa*» (Santiago *Sueño* [P. Rico 1996]).

2. Puede usarse también precedido de la preposición *a*: «*Los habitantes de la casa se volvían a dentro riñendo a la sirvienta*» (Goytisolo *Estela* [Esp. 1984]), pero en ese caso es preferible y mayoritario hoy el empleo del adverbio simple *adentro*.

3. Por su condición de adverbio, no se considera correcto su uso con posesivos: ⊗*dentro mío*, ⊗*dentro suyo*, etc. (debe decirse *dentro de mí, dentro de él*, etc.).

4. Seguido de la preposición *de* y un sustantivo de significado temporal, forma una locución preposicional que expresa el tiempo que falta para que algo suceda o tenga lugar: «*Dentro de diez minutos estoy allí*» (CBonald *Noche* [Esp. 1981]). El uso en estos casos de la preposición *en* está influido por el inglés y, a pesar de su extensión, debe ser evitado: ⊗«*Si Raúl no aparece en cinco minutos, me largo*» (Mendizábal *Cumpleaños* [Esp. 1992]).

denunciar. 'Notificar [un delito o irregularidad]'. Se acentúa como *anunciar* (→ APÉNDICE 1, n.º 4).

depauperar(se). 'Empobrecer(se)' y, en medicina, 'debilitar(se)': «*El equilibrio presupuestario no se puede conseguir* [...] *depauperando los servicios públicos*» (*Mundo* [Esp.] 15.10.96). El sustantivo correspondiente es *depauperación*. Se desaconsejan, por innecesarios, ⊛*depauperizar(se)* y ⊛*depauperización*.

⊛**depauperización,** ⊛**depauperizar(se).** → depauperar(se).

depender. 'Estar subordinado a una instancia superior', 'estar condicionado por algo' y 'necesitar de alguien o algo para vivir o para funcionar con normalidad'. Es intransitivo y lleva, en todos los casos, un complemento con *de*: «*Todo dependerá* DE *los precios*» (*Caretas* [Perú] 5.12.96); «*Yo no dependo* DE *nadie*» (Martín *Poder* [Esp. 1984]). A veces se usa indebidamente *en*, por influjo del inglés: ⊛«*La cantidad de trabajo necesario aumenta dependiendo* EN *su edad*» (*DAméricas* [EE. UU.] 8.4.97).

dependienta. → dependiente.

dependiente. Como adjetivo ('que depende'), tiene una sola terminación, válida para ambos géneros: *individuo/persona dependiente*. Consecuentemente, como sustantivo, con el sentido de 'empleado que atiende a los clientes en una tienda', puede funcionar como común en cuanto al género (*el/la dependiente;* → GÉNERO², 1a y 3c): «*La dependiente me preguntó qué me había parecido el mantón de Manila que antier me había comprado el general*» (Mastretta *Vida* [Méx. 1990]); pero el uso mayoritario ha consolidado el femenino específico *dependienta*: «*Dejé la farmacia a cargo de la dependienta*» (Ibargüengoitia *Crímenes* [Méx. 1979]).

deponer. 1. 'Dejar o abandonar [algo, especialmente las armas o una actitud]', 'quitar [a alguien] del puesto que ocupa', 'declarar ante un juez' y 'evacuar el vientre'. Verbo irregular: se conjuga como *poner* (→ APÉNDICE 1, n.º 47). El imperativo singular es *depón* (tú) y *deponé* (vos), y no ⊛*depone*.
2. Cuando significa 'quitar [a alguien] del puesto que ocupa', además del complemento directo, lleva a veces otro complemento introducido por *de*, que expresa el puesto o cargo: «*Para no deponer al Rey* DEL *trono, fingieron creer que no había huido a Varennes*» (*Abc* [Esp.] 28.6.89).

depositar. 'Poner'. Cuando el complemento directo es algo no material va acompañado siempre de un complemento introducido por *en:* «*La familia no se equivocó al depositar su confianza* EN *la policía*» (*Vanguardia* [Esp.] 30.9.95). No es correcto introducir este complemento con *a* o sustituirlo por un pronombre de dativo: ⊛«*Los directivos del club Dragón* LE *depositaron la "responsabilidad" de li-*

derar al equipo» (*Prensa* [Hond.] 31.10.00); debió decirse *depositaron en él.*

depreciar(se). 'Rebajar(se) el valor de algo'. Se acentúa como *anunciar* (→ APÉNDICE 1, n.º 4).

deprisa. 'Rápidamente, con celeridad': «*Qué deprisa lees*» (FnGómez *Viaje* [Esp. 1985]). Aunque se recomienda su escritura en una sola palabra, también es admisible la grafía en dos palabras: «*Se puso de prisa el sombrero*» (Zaldívar *Capablanca* [C. Rica 1995]).

⊛**deprivación.** Calco de la voz inglesa *deprivation*, que aparece en textos médicos por una mala traducción del inglés: ⊛«*Al dejar de fumar aparece un síndrome de deprivación*» (Rapado *Salud* [Esp. 1999]); ⊛«*Otros procedimientos terapéuticos empleados para combatir la depresión* [...] *son la electroconvulsionterapia y la deprivación del sueño*» (Marcos *Salud* [Esp. 1989]). Debe sustituirse por los términos *privación, abstinencia, falta* o *carencia,* según los casos.

de profundis. Loc. lat. que significa literalmente 'desde las profundidades'. Tiene su origen en un salmo penitencial que comienza con esas mismas palabras: *De profundis clamavi ad te, Domine* ('Desde lo profundo, clamé a ti, Señor'). La preposición *de* se escribe con mayúscula inicial cuando se usa como locución nominal masculina referida al salmo mismo o al acto en que se reza: «*Las monjas rezan arrodilladas un De profundis*» (Azorín *Voluntad* [Esp. 1902]). Se escribe con minúscula cuando funciona como locución adverbial: «*¡Resurge de profundis!*» (Pereda *Sotileza* [Esp. 1885-88]).

DEQUEÍSMO. Es el uso indebido de la preposición *de* delante de la conjunción *que* cuando la preposición no viene exigida por ninguna palabra del enunciado.
1. Se incurre en dequeísmo en los siguientes casos:
a) Cuando se antepone la preposición *de* a una oración subordinada sustantiva de sujeto. El sujeto de una oración nunca va precedido de preposición y, por tanto, son incorrectas oraciones como ⊛*Me alegra* DE QUE *seáis felices* (correcto: *Me alegra* QUE *seáis felices*); ⊛*Es seguro* DE QUE *nos quiere* (correcto: *Es seguro* QUE *nos quiere*); ⊛*Le preocupa* DE QUE *aún no hayas llegado* (correcto: *Le preocupa* QUE *aún no hayas llegado*); ⊛*Es posible* DE QUE *nieve mañana* (correcto: *Es posible* QUE *nieve mañana*). Algunos de estos verbos, cuando se usan en forma pronominal (*alegrarse, preocuparse,* etc.), sí exigen un complemento precedido de la preposición *de*. En ese caso, el uso conjunto de la preposición y la conjunción es obligatorio: *Me alegro* DE QUE *seáis felices,* y no ⊛*Me alegro* QUE *seáis felices; Me preocupo* DE QUE *no os falte nada,* y no ⊛*Me preocupo* QUE *no os falte nada* (→ QUEÍSMO, 1a).

b) Cuando se antepone la preposición *de* a una oración subordinada sustantiva de complemento directo. Esto ocurre, sobre todo, con verbos de «pensamiento» (*pensar, opinar, creer, considerar,* etc.), de «habla» (*decir, comunicar, exponer,* etc.), de «temor» (*temer,* etc.) y de «percepción» (*ver, oír,* etc.). El complemento directo nunca va precedido de la preposición *de* y, por tanto, son incorrectas oraciones como ⊗*Pienso DE QUE conseguiremos ganar el campeonato* (correcto: *Pienso QUE conseguiremos ganar el campeonato*); ⊗*Me dijeron DE QUE se iban a cambiar de casa* (correcto: *Me dijeron QUE se iban a cambiar de casa*); ⊗*Temo DE QUE no llegues a tiempo* (correcto: *Temo QUE no llegues a tiempo*); ⊗*He oído DE QUE te casas* (correcto: *He oído QUE te casas*).

c) Cuando se antepone la preposición *de* a una oración subordinada que ejerce funciones de atributo en oraciones copulativas con el verbo *ser*. Este complemento, por lo general, no va precedido de preposición y, por tanto, son incorrectas oraciones como ⊗*Mi intención es DE QUE participemos todos* (correcto: *Mi intención es QUE participemos todos*).

d) Cuando se inserta la preposición *de* en locuciones conjuntivas que no la llevan: ⊗*a no ser DE QUE* (correcto: *a no ser QUE*), ⊗*a medida DE QUE* (correcto: *a medida QUE*), ⊗*una vez DE QUE* (correcto: *una vez QUE*).

e) Cuando se usa la preposición *de* en lugar de la que realmente exige el verbo: ⊗*Insistieron DE QUE fuéramos con ellos* (correcto: *Insistieron EN QUE fuéramos con ellos*); ⊗*Me fijé DE QUE llevaba corbata* (correcto: *Me fijé EN QUE llevaba corbata*).

2. Los verbos *advertir, avisar, cuidar, dudar* e *informar,* en sus acepciones más comunes, pueden construirse de dos formas: *advertir* [algo] a alguien y *advertir* DE algo [a alguien]; *avisar* [algo] a alguien y *avisar* DE algo [a alguien]; *cuidar* [algo o a alguien] y *cuidar* DE algo o alguien; *dudar* [algo] y *dudar* DE algo; *informar* [algo] a alguien (en América) e *informar* DE algo [a alguien] (en España). Por tanto, con estos verbos, la presencia de la preposición *de* delante de la conjunción *que* no es obligatoria (→ advertir, avisar, cuidar(se), dudar, informar(se)).

3. Un procedimiento que puede servir en muchos de estos casos para determinar si debe emplearse la secuencia de «preposición + *que*», o simplemente *que,* es el de transformar el enunciado dudoso en interrogativo. Si la pregunta debe ir encabezada por la preposición, esta ha de mantenerse en la modalidad enunciativa. Si la pregunta no lleva preposición, tampoco ha de usarse esta en la modalidad enunciativa: ¿*DE qué se preocupa?* (*Se preocupa DE que...*); ¿*Qué le preocupa?* (*Le preocupa que...*); ¿*DE qué está seguro?* (*Está seguro DE que...*); ¿*Qué opina?* (*Opina que...*); ¿*EN qué insistió el instructor?* (*Insistió EN que...*); ¿*Qué dudó* o *DE qué dudó el testigo?*

(*Dudó que...* o *dudó DE que...*); ¿*Qué informó* [Am.] o *DE qué informó* [Esp.] *el comité?* (*Informó que...* [Am.] o *informó DE que...* [Esp.]).

4. *antes (de) que, después (de) que, con tal (de) que.* → antes, 3; después, 2 y tal, 2.

de quita y pon. → quitar.

derbi. Adaptación gráfica de la voz inglesa *derby,* usada en España con los sentidos de 'prueba hípica, especialmente la que se celebra anualmente y en la que corren ejemplares de pura sangre de tres años de edad' y, más habitualmente, 'encuentro deportivo entre equipos de la misma región o con gran rivalidad': «*A todo el mundo le hace ilusión jugar un derbi*» (*Vanguardia* [Esp.] 30.9.95). Su plural es *derbis* (→ PLURAL, 1e). Aunque por su arraigo en el español de España se admite el uso del anglicismo adaptado, no debe olvidarse la existencia de la equivalencia *clásico,* frecuente en el español americano: «*El título del campeonato español se lo jugarán hoy* [...] *en el clásico del fútbol ibérico Real Madrid y Atlético de Madrid*» (*Tiempo* [Col.] 16.5.92).

derby. → derbi.

derecho. 'Posibilidad legal o moral de hacer algo'. Se construye con *a* o *de*: «*No pude continuar defendiendo mi derecho A quedarme con el bebé*» (Millás *Mujeres* [Esp. 2002]); «*Él tenía todo el derecho DE quedarse solo*» (Mendoza *Satanás* [Col. 2002]).

derivar(se). Con el sentido de 'provenir', es intransitivo (pronominal o no) y lleva un complemento de origen con *de*: «*El aumento de contraste no deriva DE un refuerzo de colores*» (Costa *Fotografía* [Chile 1993]); «*Esta amenaza se deriva DE varios factores*» (*País* [Esp.] 25.9.96). Cuando significa 'encaminarse a otro lugar, desviándose del rumbo original', es intransitivo no pronominal y lleva un complemento de destino con *hacia,* menos frecuentemente, *a*: «*La conversación derivó HACIA temas menos dramáticos*» (Savater *Caronte* [Esp. 1981]). De este sentido deriva el actual de 'desembocar o transformarse una cosa en otra distinta', caso en el que el complemento va introducido por *en*: «*La desazón derivaba EN languidez*» (Longares *Romanticismo* [Esp. 2001]). Como transitivo, con el sentido causativo de 'hacer que [algo o alguien] tome un rumbo determinado, desviándose del original', el complemento directo suele ir acompañado de un complemento con *hacia* o *a*: «*Como el director estaba ocupado, LOS derivaron A mi despacho*» (Verbitsky *Vuelo* [Arg. 1995]).

dermis. 'Capa de la piel'. Es femenino: *la dermis.*

derredor. *al derredor, en derredor.* → alrededor.

derrengar(se). 'Dañar(se) gravemente el espinazo'. Aunque en el español clásico era irregular y se conjugaba como *acertar* (→ APÉNDICE 1, n.º 16), hoy es regular y, por consiguiente, la segunda *e* de la raíz no diptonga en ninguna de sus formas: *derrengo, derrengas, derrenga,* etc.

derretir(se). 'Fundir(se)'. Verbo irregular: se conjuga como *pedir* (→ APÉNDICE 1, n.º 45).

derrocar. 'Derribar o hacer caer [algo o a alguien, especialmente un Gobierno o a una persona que gobierna]'. Hasta finales del siglo XIX se documentan ejemplos de su primitiva conjugación irregular, según el modelo de *contar* (→ APÉNDICE 1, n.º 26): «*El tiempo que los muros altísimos derrueca no privará este libro de su sabiduría*» (Darío *Prosas* [Nic. 1896-1901]). Hoy este verbo es regular y, por consiguiente, no diptonga en ninguna de sus formas: «*Es el clamor del pueblo, no las trompetas, el que derroca las murallas*» (Gala *Petra* [Esp. 1980]); «*Abdalá necesita que lo derroquen violentamente para hacer lo que más le gusta: salir llorando*» (*Vistazo* [Ec.] 6.2.97).

derruir(se). 'Derribar o destruir' y, como pronominal, 'caerse o venirse abajo'. Verbo irregular: se conjuga como *construir* (→ APÉNDICE 1, n.º 25). Su participio, *derruido,* se escribe sin tilde (→ TIL-DE², 2.1.1 y 2.1.2).

desabastecer(se). 'Desproveer [un lugar o a una población] de productos necesarios' y, como pronominal, dicho de un lugar o una población, 'quedarse sin productos necesarios'. Verbo irregular: se conjuga como *agradecer* (→ APÉNDICE 1, n.º 18).

desabrir(se). 'Hacer desagradable [algo, especialmente un alimento]' y 'disgustar(se) o molestar(se)'. Es verbo regular, de escaso uso en la actualidad: «*Un viento duro desabría aún más su trabajo*» (Zunzunegui *Chiplichandle* [Esp. 1940]); «*La más pequeña incorrección por parte de un compañero, o una leve descortesía cometida por un amigo, le desabrían hondamente*» (Azorín *Discurso* [Esp. 1924]). Aunque a veces ha sido considerado defectivo, suponiendo que solo se usaba en aquellas formas cuya desinencia comienza por *i,* tanto en el español antiguo como en el actual se documentan formas en que no se cumple este requisito: «*Estimar verdades, aunque desabran, verdaderamente es gusto real*» (Paravicino *Oración* [Esp. 1633]); «*Mi ideal ahora, en lo tocante al estilo, es escribir a la pata la llana. Lo elegante me desabre*» (Azorín *Posdata* [Esp. 1959] 1343).

desacertar. 'Errar o no acertar'. Verbo irregular: se conjuga como *acertar* (→ APÉNDICE 1, n.º 16).

desafiar. 'Retar'. Se acentúa como *enviar* (→ APÉNDICE 1, n.º 5).

desaforar(se). 'Quitar [a alguien] un fuero o privilegio' y, como pronominal, 'descomedirse o actuar sin freno'. Verbo irregular: se conjuga como *contar* (→ APÉNDICE 1, n.º 26): *desafuero, desafueras,* etc.; pero *desaforamos, desaforáis,* etc.: «*¡A mí no me desafuera nadie sino el pueblo!*» (Díaz *Neruda* [Chile 1991]). Son, por tanto, incorrectas las formas sin diptongo cuando la raíz es tónica: [⊗]*desaforo,* [⊗]*desaforas,* [⊗]*desafora,* etc.

desagradecer. 'No corresponder debidamente [a un beneficio]'. Verbo irregular: se conjuga como *agradecer* (→ APÉNDICE 1, n.º 18).

desahuciar. 'Quitar [a un enfermo] toda esperanza de curación' y 'desalojar [a un inquilino] mediante una acción legal'. En cuanto al acento, la desinencia *-iar* sigue el modelo de *anunciar* (→ APÉNDICE 1, n.º 4) y el grupo *-au-,* el de *causar* (→ APÉNDICE 1, n.º 10): *desahucio, desahucias, desahucia,* etc.; por tanto, no son correctas formas como [⊗]*desahucío,* [⊗]*desahucías,* etc., ni [⊗]*desahúcio,* [⊗]*desahúcias,* etc. La *h* intercalada va detrás de la primera *a,* y no detrás de la *s:* [⊗]*deshauciar.*

desairar. 'Humillar'. Se acentúa como *bailar* (→ APÉNDICE 1, n.º 8).

desalentar(se). 'Desanimar(se)'. Verbo irregular: se conjuga como *acertar* (→ APÉNDICE 1, n.º 16).

desalinear(se). 'Hacer que [algo o alguien] deje de estar alineado': «*La permanencia de este reflejo anormal extiende las extremidades superiores, pero lateralizando el cuerpo y desalineando la pelvis*» (Cibeira/Zancolli/Zancolli *Parálisis* [Arg. 1991]). Son incorrectas las formas en las que se acentúa la *-i-:* [⊗]*desalíneo,* [⊗]*desalíneas,* [⊗]*desalínea,* [⊗]*desalínee,* etc., así como las pronunciaciones [⊗][desalínio], [⊗][desalínias], [⊗][desalínia], [⊗][desalínie], etc. (→ alinear(se), 2).

desambiguar. 'Hacer que [una palabra, una frase o un texto] dejen de ser ambiguos'. Se acentúa como *averiguar* (→ APÉNDICE 1, n.º 6). Se escriben con diéresis todas las formas en las que *-gu-* va delante de *e: desambigüe, desambigües,* etc.

desamoblar. → desamueblar.

desamueblar. 'Dejar sin muebles [un edificio o parte de él]'. Es regular, a diferencia de la variante, también válida, pero menos frecuente, *desamoblar,* que es irregular y se conjuga como *contar* (→ APÉNDICE 1, n.º 26).

desandar. 'Retroceder o volver atrás'. Verbo irregular: se conjuga como *andar* (→ APÉNDICE 1, n.º 19).

desanimar(se). 1. Cuando significa 'quitar [a alguien] el ánimo o las ganas de hacer algo', el complemento de persona es directo y va acompañado a veces de un complemento introducido por *de* (no por *a* o *para*), que indica la acción de cuya realización se disuade a alguien: «*Los dejé hablar. No LOS desanimé*» (Fuentes *Naranjo* [Méx. 1993]); «*Este decepcionante resultado* [...] *desanimó* [...] *a mu-*

chos investigadores DE *proseguir el estudio»* (Ríos *Decisión* [Esp. 1989]). Como pronominal, con el sentido de 'perder el ánimo, las ganas o la esperanza', puede llevar también ese complemento con *de*: *«Ándate pronto, antes de que me desanime* DE *soltarte y te saque la insolencia»* (Alegría *Mundo* [Perú 1941]). **2.** Se emplea más raramente con el sentido de 'desincentivar [algo] o no favorecer[lo]', también como transitivo: *«La carga del factor trabajo* [...] *no debe recaer totalmente sobre la empresa si se quiere no desanimar la contratación laboral»* (FdzOrdóñez *España* [Esp. 1980]).

desaparecer(se). **1.** Verbo irregular: se conjuga como *agradecer* (→ APÉNDICE 1, n.º 18). **2.** Cuando significa 'dejar de estar en un lugar o dejar de estar a la vista' y 'dejar de existir', es intransitivo; en la lengua culta es mayoritario su uso en forma no pronominal, tanto en España como en América: *«El cadáver desapareció»* (Cohen *Insomnio* [Arg. 1986]); pero en el español americano no es infrecuente su uso como intransitivo pronominal: *«Salió ayer en la mañana a comprar unos chorizos en Benedetti y se desapareció sin recoger sus corotos»* (Herrera *Casa* [Ven. 1985]). **3.** En el español de América se usa a menudo como transitivo, con el sentido causativo de 'hacer que [algo o alguien] desaparezca': *«Tratamos de convencer a mi madre de que es imposible que papá vuelva a estar entre nosotros (lo desaparecieron en el 74)»* (Benedetti *Césped* [Ur. 1995]); este uso convive con la estructura causativa normal *hacer desaparecer*: *«¿Por qué no me pregunta si soy partidario de que caigan presos los que hicieron desaparecer a mil personas en Chile?»* (Vega *Estado* [Chile 1991]).

desapercibido -da. 'Inadvertido o no percibido'. Hoy se emplea casi exclusivamente en la expresión *pasar desapercibido* ('no ser notado o percibido'), tomada del francés en el siglo XIX: *«La ley pasó desapercibida en aquel momento»* (*Abc* [Par.] 6.10.00). Este adjetivo se usaba en el español medieval y clásico con los significados de 'desprovisto' y 'desprevenido': *«Como los tomaron desapercibidos, hirieron muchos de ellos»* (Cortés *Cartas* [Esp. 1519-26]); pero su empleo con estos sentidos comienza a decaer a partir del siglo XVIII y hoy solo está vivo el uso influido por el francés que, aunque tradicionalmente censurado por galicista, se ha asentado durante los últimos siglos y forma parte hoy de la norma culta. Esta moderna acepción también está legitimada por el uso de *apercibir* como 'percibir' o de *apercibirse* como 'darse cuenta' (→ apercibir(se)).

desaprobar. 'No aprobar'. Verbo irregular: se conjuga como *contar* (→ APÉNDICE 1, n.º 26).

desarrapado -da. → desharrapado.

desasir(se). 'Soltar(se)'. Verbo irregular: se conjuga como *asir* (→ APÉNDICE 1, n.º 20).

desasosegar(se). **1.** 'Causar desasosiego' y, como pronominal, 'sentir desasosiego'. Verbo irregular: se conjuga como *acertar* (→ APÉNDICE 1, n.º 16). **2.** Con el primer sentido indicado, por tratarse de un verbo de «afección psíquica», dependiendo de distintos factores (→ LEÍSMO, 4a), el complemento de persona puede interpretarse como directo o como indirecto: *«Todos los lugares le parecen sospechosos hoy, demorarse en ellos* LA *desasosiega»* (Arel *Jardín* [Ur. 1985]); *«Resuelta en su decisión* [...], *hubo de reconocer en la turbulencia que* LE *desasosegaba la mano del amor»* (Longares *Romanticismo* [Esp. 2001]).

desatender. 'No prestar atención [a alguien o algo]'. Verbo irregular: se conjuga como *entender* (→ APÉNDICE 1, n.º 31).

desatornillador. → desatornillar.

desatornillar. 'Quitar los tornillos [de algo], dándoles vueltas': *«Cada vez que desatornilles o despegues una pieza, sepárala con cuidado de las otras»* (VV. AA. *Tecnología* [Esp. 1995]). Es también válida la forma *destornillar*, preferida en la mayor parte de América y que también se usa, aunque menos, en España: *«Alguna bisagra destornillada y colgante»* (Onetti *Astillero* [Ur. 1961]). Para designar la herramienta son válidas las formas *destornillador* y *desatornillador*, aunque esta última es menos frecuente: *«Golpeó el cristal de la ventana con el mango del destornillador»* (Fogwill *Cantos* [Arg. 1998]); *«Estuvo a punto de ser lesionado con un desatornillador»* (*DYucatán* [Méx.] 17.7.96).

desavenencia. 'Falta de acuerdo': *«Las desavenencias surgidas a última hora parecen haber retrasado la consignación de la propuesta»* (*Universal* [Ven.] 7.4.97). Es errónea la forma ⊗*desaveniencia*. Su antónimo es *avenencia* ('acuerdo, conformidad'), no ⊗*aveniencia*.

desavenir(se). 'Desacordar(se) o enemistar(se)'. Verbo irregular: se conjuga como *venir* (→ APÉNDICE 1, n.º 60).

desayunar(se). Cuando significa 'tomar algo como desayuno', hoy se usa normalmente como transitivo: *«Desayunó café con leche y un bollo»* (*País* [Esp.] 2.12.85); pero aún pervive el antiguo uso intransitivo, normalmente pronominal, en el que lo que se desayuna se expresa mediante un complemento precedido de *con*: *«Se desayunaba* CON *medio litro de orujo»* (Agromayor *España* [Esp. 1987]); *«Desayunaba* CON *un guiso de hígado»* (GaMárquez *Crónica* [Col. 1981]). En el sentido figurado de 'enterarse de una noticia a primera hora del día', se construye de este mismo modo: *«México se desayuna*

CON *nuevo grupo alzado en armas*» (*Universal* [Ven.] 30.6.96). Con el sentido, también figurado y poco usual hoy, de 'enterarse de algo que ya saben otros hace tiempo', el complemento va precedido normalmente de la preposición *de*: «*Pues en este momento me desayuno yo* DE *semejante historia*» (SchzFerlosio *Jarama* [Esp. 1956]).

desazón. 'Inquietud o desasosiego'. Es voz femenina: «*Padeció por primera vez la desazón del regreso*» (GaMárquez *Amor* [Col. 1985]).

desbastar. 'Quitar las partes más bastas [a algo]': «*Cuando quiera colocar una piedra y no asiente bien, desbaste o labre un poco la superficie*» (Lesur *Albañilería* [Méx. 1991]); 'eliminar la tosquedad o rudeza [de alguien]': «*¿Tú has leído a Proust? ¿No? ¿Nunca? Estás todavía por desbastar*» (Rojas *Hidalgo* [Esp. 1980]). No debe confundirse con *devastar* ('destruir'; → devastar). Son incorrectas y deben evitarse las formas ⊗*desvastar* y ⊗*debastar*.

descafeinar. 'Quitar la cafeína [del café]' y, en sentido figurado, 'mermar o atenuar los componentes característicos [de algo]'. La *i* del grupo *ei* es tónica en las formas de este verbo que llevan el acento prosódico en la raíz. V. conjugación modelo (→ APÉNDICE 1, n.º 13).

descambiar. 1. 'Deshacer un cambio o trueque'. También es válido su uso, frecuente en la lengua coloquial de España, con el sentido de 'devolver una compra', ya que, en definitiva, se trata de deshacer un cambio previo realizado en el momento de la adquisición, al entregar dinero a cambio del artículo: «*La niña de nueve años hizo su reclamación para que le descambiaran el producto*» (*Canarias 7* [Esp.] 7.5.99). En el habla popular de algunos países americanos, y en algunas hablas dialectales de España, se usa también con el sentido de 'cambiar billetes o monedas grandes por dinero menudo, o viceversa': ⊗*¿Puedes descambiarme este billete de mil?* En el español estándar general se emplea, en este caso, el verbo *cambiar*.
2. Se acentúa como *anunciar* (→ APÉNDICE 1, n.º 4).

⊗**descapacidad,** ⊗**descapacitado -da.** → discapacitado.

descarriar(se). 'Apartar(se) del camino adecuado'. Se acentúa como *enviar* (→ APÉNDICE 1, n.º 5).

descender. 1. 'Bajar'. Verbo irregular: se conjuga como *entender* (→ APÉNDICE 1, n.º 31).
2. Cuando significa 'ir o pasar de un lugar a otro más bajo' es intransitivo y suele llevar complementos de origen y destino: «*Suspiré de placer al notarla* [el agua] *descender* DESDE *la cabeza* HASTA *los dedos de los pies*» (Nasarre *País* [Esp. 1993]). A veces se construye con un complemento precedido de la preposición *por*, que expresa el lugar que se recorre durante el descenso: «*Su largo tendón desciende* POR *el lado interno de la pierna*» (HdzCorvo *Morfología* [Cuba 1989]); «*Un obrero desciende* POR *unas escaleras*» (Bueno *Mountain bike* [Esp. 1992]). En el uso transitivo, este complemento con *por* se transforma en el complemento directo (→ 3).
3. Se usa menos frecuentemente como transitivo, con el sentido de 'recorrer [un lugar] que implica una bajada o descenso': «*Descendió la escalera y en su góndola se alejó por el río*» (Mujica *Escarabajo* [Arg. 1982]). El complemento directo en esta construcción funciona como complemento preposicional precedido de *por* en el uso intransitivo (→ 2). Es también transitivo cuando significa 'poner [algo o a alguien] en un lugar más bajo': «*Descendieron el sarcófago hasta su posición final*» (Otero *Temporada* [Cuba 1983]); «*Traté de descenderlo de las alturas artísticas en las que peroraba al terreno mediocre de los asuntos prácticos*» (VLlosa *Tía* [Perú 1977]).

desceñir(se). 'Desatar(se)'. Verbo irregular: se conjuga como *ceñir* (→ APÉNDICE 1, n.º 23).

descerrar. 'Abrir'. Verbo irregular: se conjuga como *acertar* (→ APÉNDICE 1, n.º 16).

descodificación, descodificador -ra. → descodificar.

descodificar. 'Aplicar inversamente las reglas de su código [a un mensaje codificado] para obtener la forma primitiva de este' y, en general, 'descifrar': «*Las señales nerviosas son descodificadas por el córtex*» (Pinillos *Psicología* [Esp. 1975]). La variante *decodificar* es igualmente correcta: «*Debe decodificar el mensaje*» (Antognazza *Vida* [Arg. 1993]). Lo mismo ocurre con *de(s)codificación* y *de(s)codificador*.

descolgar(se). 'Quitar [algo] de donde está colgado' y 'bajar o dejar(se) caer de un lugar alto, especialmente utilizando cuerdas o algo similar'. Verbo irregular: se conjuga como *contar* (→ APÉNDICE 1, n.º 26).

descollar. 'Sobresalir'. Verbo irregular: se conjuga como *contar* (→ APÉNDICE 1, n.º 26): *descuello, descuellas*, etc.; pero *descollamos, descolláis*, etc.; por tanto, son incorrectas las formas sin diptongar cuando el acento recae en la raíz: ⊗«*En esta ruptura de tendencia y consiguiente crecimiento descollan los medios convencionales*» (*Vanguardia* [Esp.] 30.6.95); debió decirse *descuellan*.

descoloramiento, descolorar(se), descolorido -da, descolorir(se). → decolorar(se).

descomedirse. 'Perder el comedimiento'. Verbo irregular: se conjuga como *pedir* (→ APÉNDICE 1, n.º 45).

descomponer(se). 'Desordenar(se), estropear(se) o corromper(se)' y 'separar(se) las diversas partes de un todo'. Verbo irregular: se conjuga como *po-*

ner (→ APÉNDICE 1, n.º 47). El imperativo singular es *descompón* (tú) y *descomponé* (vos), y no ⊗*descompone*.

desconcertar(se). **1.** 'Turbar(se) o sorprender(se)'. Verbo irregular: se conjuga como *acertar* (→ APÉNDICE 1, n.º 16).

2. Cuando significa 'turbar o sorprender', por tratarse de un verbo de «afección psíquica», dependiendo de distintos factores (→ LEÍSMO, 4a), el complemento de persona puede interpretarse como directo o como indirecto: «LO *desconcerté y me reí*» (Delgado *Mirada* [Esp. 1995]); «*A ella* LE *desconcertaba más el que yo no pudiera distinguir un clavel de una rosa*» (Gándara *Distancia* [Esp. 1984]).

desconfiar. **1.** 'No confiar'. Se acentúa como *enviar* (→ APÉNDICE 1, n.º 5).

2. Es intransitivo y se construye con un complemento de régimen introducido por *de*: «*Aún desconfía* DE *nosotros*» (Chao *Altos* [Méx. 1991]). Es incorrecto usar *en*, error debido al influjo del verbo antónimo *confiar*, que sí se construye con esta preposición: ⊗«*El País Valenciano ha desconfiado* EN *las candidaturas autonomistas*» (*Triunfo* [Esp.] 18.6.77). En el habla esmerada, cuando el complemento es una subordinada introducida por *que*, no debe suprimirse la preposición (→ QUEÍSMO): «*Desconfiaba* DE *que el enemigo secular hubiera sido derrotado*» (Longares *Romanticismo* [Esp. 2001]), y no ⊗*desconfiaba que*.

desconforme, desconformidad. → disconforme.

desconocer. 'No conocer o no reconocer [algo o a alguien]'. Verbo irregular: se conjuga como *agradecer* (→ APÉNDICE 1, n.º 18).

desconsolar(se). 'Causar o sentir desconsuelo'. Verbo irregular: se conjuga como *contar* (→ APÉNDICE 1, n.º 26).

descontado -da. *por descontado.* Como locución adverbial independiente, 'por supuesto o sin duda': «*Por descontado, este trato no está exento de condiciones*» (Mendoza *Ciudad* [Esp. 1986]); y en la locución verbal *dar* [algo] *por descontado*, 'considerar[lo] seguro o indiscutible': «*Da por descontada la victoria*» (MtnGaite *Fragmentos* [Esp. 1976]. La variante originaria *por de contado* apenas se emplea hoy.

descontar. 'Quitar [una cantidad] de otra'. Verbo irregular: se conjuga como *contar* (→ APÉNDICE 1, n.º 26).

descontinuar. **1.** 'Interrumpir la continuidad [de algo]': «*Los niños están descontinuando sus estudios, porque los padres* [...] *los están sacando de las escuelas*» (*Prensa* [Nic.] 14.7.97). Se acentúa como *actuar* (→ APÉNDICE 1, n.º 7). También se dice *discontinuar*.

2. En el español de amplias zonas de América se emplea con el sentido de 'descatalogar o dejar de fabricar [una mercancía]': «*Es el helicóptero más usado en el mundo, pero fue descontinuado en 1977*» (*Tiempo* [Col.] 13.9.96). Es uso debido al influjo del inglés *to discontinue*, pero se considera válido por su arraigo en el español americano.

descordar. 'Desencordar [un instrumento]' y 'herir [al toro] en la médula espinal'. Verbo irregular: se conjuga como *contar* (→ APÉNDICE 1, n.º 26).

descornar(se). **1.** Verbo irregular: se conjuga como *contar* (→ APÉNDICE 1, n.º 26).

2. Referido a un animal, significa 'romper(se) los cuernos': «*Los mejores* [toros] *eran descornados y puestos en cautiverio*» (Guzmán *País* [Arg. 1999]). En la lengua coloquial de España se usa como pronominal, referido a persona, con el sentido figurado de 'esforzarse mucho o trabajar sin descanso': «*Echó una ojeada al malabarista que se descornaba en la pista ganándose los garbanzos*» (PzMerinero *Días* [Esp. 1981]). Existe también la variante coloquial *escornar(se)*, que sigue el mismo modelo de conjugación: «*Yo no me estoy escornando de la mañana a la noche para que la gente se muera de hambre*» (Delibes *Voto* [Esp. 1978] 68).

descreer. **1.** 'No creer, o dejar de creer, en algo o en alguien' y 'desconfiar de algo o de alguien'. Se conjuga como *leer* (→ APÉNDICE 1, n.º 39).

2. En la lengua actual es intransitivo y se construye con un complemento introducido por *en* o *de*, que expresa aquello en lo que no se cree o de lo que se desconfía: «*A medida que descreía* EN *su porvenir como músico* [...], *había descubierto en sí mismo una ilimitada disposición a la docilidad*» (MñzMolina *Invierno* [Esp. 1987]); «*Él mismo, durante años, descreyó* DE *su fuerza*» (Saer *Ocasión* [Arg. 1988]).

describir. 'Referir las características [de algo]' y 'trazar o dibujar [algo]'. Solo es irregular en el participio, que tiene dos formas: *descrito* y *descripto*. La forma usada en la mayor parte del mundo hispánico es *descrito;* pero en algunas zonas de América, especialmente en la Argentina y el Uruguay, sigue en pleno uso la grafía etimológica *descripto* (→ p, 5): «*En los textos precedentes, hemos descripto en forma sumaria distintas etapas del desarrollo del lenguaje cinematográfico*» (Feldman *Realización* [Arg. 1979]). Sin embargo, la *-p-* se mantiene en todas las zonas en el resto de la familia léxica de este verbo: *descripción, descriptivo, descriptor*, etc.

descuajaringar(se). 'Descoyuntar(se)'. Es igualmente válida la forma *descuajeringar(se)*, preferida en el español de América, aunque las dos se usan a ambos lados del Atlántico: «*Me apretaba la mano hasta descuajaringármela*» (Egido *Corazón* [Esp. 1995]); «*Una silla rota que amenazaba con descuaje-*

ringarse de un momento a otro» (Vergés *Cenizas* [R. Dom. 1980]).

descuajeringar(se). → descuajaringar(se).

descubrir(se). 'Destapar', 'hallar' y 'dar(se) a conocer'. Su participio es irregular: *descubierto*.

descuidar(se). 1. Con el sentido de 'no cuidar [de alguien o de algo] o no atender[lo] con la diligencia debida', es transitivo: *«No descuidés a Eduardo. Las mujeres chilenas son unas águilas»* (Martínez Perón [Arg. 1989]). **2.** Funciona como intransitivo, casi siempre pronominal, con el sentido de 'dejar de tener la atención puesta en algo', a menudo seguido de un complemento introducido por *de* o *en*: *«España tuvo que atacar descuidándose DE su defensa»* (*Mundo* [Esp.] 20.6.96); *«Fidel Castro no se descuida EN echar su cuarto a espadas apareciendo como el más moderado de los gobernantes»* (Alape *Paz* [Col. 1985]).

desdecir(se). 1. Verbo irregular: se conjuga como *decir* (→ APÉNDICE 1, n.º 28), salvo en la segunda persona del singular del imperativo no voseante, cuya forma es *desdice* (tú), y no ⊗*desdí.* No obstante, en el futuro simple o futuro de indicativo y en el condicional simple o pospretérito, junto a las formas irregulares, se emplean con normalidad, en ciertas zonas, las formas regulares: *desdiré o desdeciré, desdirás o desdecirás,* etc.; *desdiría o desdeciría, desdirías o desdecirías,* etc. El participio es *desdicho,* no ⊗*desdecido.* **2.** Es intransitivo cuando significa 'desmerecer o desentonar' y, como pronominal, 'retractarse'; en ambos casos se construye con un complemento introducido por la preposición *de,* que puede omitirse por consabido: *«Se trata de una edición que no desdice DE los objetivos de la Oficina»* (*Granma* [Cuba] 9.97); *«La modelo se desdijo DE todo»* (*Caras* [Chile] 12.5.97). Es transitivo cuando significa 'desmentir [algo o a alguien]': *«Hizo una magnífica investigación, que desdijo la realizada por Rubén»* (*Proceso* [Méx.] 27.10.96); *«Cómo desdecir a Mao y a tantos otros»* (*Abc* [Esp.] 14.9.97).

desdentar. 'Dejar sin dientes'. Verbo irregular: se conjuga como *acertar* (→ APÉNDICE 1, n.º 16).

desear. 'Querer [algo] con vehemencia'. Se usa a menudo en la construcción *estar deseando* + infinitivo o subordinada introducida por *que,* con el sentido de 'tener muchas ganas [de hacer algo o de que algo suceda]': *«Yo estaba deseando irme»* (Millás *Mujeres* [Esp. 2002]); *«Sé que estás deseando que yo te diga algo»* (Castillo *Bolero* [Ven. 1990]). El complemento es directo y, por tanto, no debe ir precedido de la preposición *de* (→ DEQUEÍSMO, 1b): ⊗*«Estaban deseando DE casarse»* (Quiñones *Noches* [Esp. 1979]); ⊗*«Estoy deseando DE que se largue»* (Mendizábal *Yerba* [Esp. 1989]).

desecha. → desecho, 2.

desechar. 'Excluir o desestimar [algo o a alguien]' y 'retirar [algo] del uso'. A diferencia de *deshacer,* ninguna de las formas de *desechar* se escribe con hache intercalada: *desecho, desechas, desechado,* etc. (y no ⊗*deshecho,* ⊗*deshechas,* ⊗*deshechado,* etc.); por lo tanto, no debe confundirse, por ejemplo, la forma *desecho* —primera persona del singular del presente de indicativo de *desechar*— con *deshecho* —participio de *deshacer* ('descomponer'; → deshacer(se))—: *«Susana recibe lo que yo desecho»* (Serrano *Vida* [Chile 1995]); a diferencia de *«Cuando llegó la madrugada, habían hecho y deshecho varias veces el ovillo del amor»* (Millás *Desorden* [Esp. 1988]). La forma *desecho* ('residuo'; → desecho) es también un sustantivo.

desecho. 1. En el español general, el sustantivo masculino *desecho* significa 'acción de desechar' y 'residuo o cosa que se desecha': *«Contra las paredes se apilaban toneles, material de limpieza, envases y muebles de desecho»* (Landero *Juegos* [Esp. 1989]); *«Conmigo, la bolsa plástica para botar los desechos y hacerlos desaparecer en cualquier basurero de la calle»* (Serrano *Vida* [Chile 1995]). Al igual que el verbo del que deriva (→ desechar), se escribe sin hache intercalada; por lo tanto, con este sentido, la grafía ⊗*deshecho:* ⊗*«A menos que se trate de una piltrafa, de un despojo o de un deshecho, la pieza carece de interés para el buitre»* (*Abc* [Esp.] 21.11.87). **2.** En muchas zonas de América, *desecho* significa también 'senda que se desvía o sale de la principal para abreviar camino o rodear un obstáculo': *«Es asombroso verlos* [a los aborígenes] *atravesar atajos y desechos que ni bajo pleno sol dan ganillas de trotearlos»* (Buitrago *Visto* [Nic. 1936?] 23). Deriva también, en este caso, del verbo *desechar,* que los cronistas de Indias del siglo XVI usaban con el sentido de 'evitar o salvar un camino intransitable, o demasiado largo o fatigoso': *«La habían rompido* [la calzada] *en aquel mal paso, e con trabajo lo pasaron, desechándolo por otra parte»* (FdzOviedo *Indias* [Esp. 1535-57]). También se ha usado, con este sentido, la forma femenina *desecha: «Una albarrada hallaron hecha / y el paso con maderos ocupado. / No tiene aquel camino otra desecha, / que el cerro casi en torno era tajado»* (Ercilla *Araucana* I [Esp. 1569]). Tampoco son correctas, con este sentido, las grafías con -*h*- (⊗*deshecho,* ⊗*deshecha*), que se deben al influjo del participio de *deshacer(se)* (→ deshacer(se) y deshecho).

de seguida, de seguido. → seguido, 3.

desembocar. Dicho de un curso de agua o de una vía o camino, 'terminar su recorrido en un lugar' y, en general, 'tener algo un determinado desenlace'. Es intransitivo y lleva un complemento precedido de *en*: *«Nos dirigimos hacia la carretera que* *desembocaba* EN *el muelle*» (Montero *Capitán* [Cuba 2002]); «*Pronto nuestra relación desembocó* EN *una ruptura*» (Larreta *Volavérunt* [Ur. 1980]). Se desaconseja usar la preposición *a* para introducir este complemento: [⊗]*El camino desemboca* A *la carretera*.

desembravecer(se). 'Amansar(se)'. Verbo irregular: se conjuga como *agradecer* (→ APÉNDICE 1, n.º 18).

desemejante. 'Diferente'. El complemento puede ir introducido por *a* o *de*: «*No hay en Europa un país* [...] *que tenga maneras y costumbres tan desemejantes* A *las de los demás países*» (Val *Hendaya* [Esp. 1981]); «*El gobernante de Bucareli es desemejante* DE *los supuestos y novísimos rebeldes*» (*Proceso* [Méx.] 24.11.96).

desempedrar(se). 'Arrancar las piedras [de algo que está empedrado]' y, como pronominal, dicho del cielo, 'despejarse de nubes'. Verbo irregular: se conjuga como *acertar* (→ APÉNDICE 1, n.º 16).

desencerrar(se). Dicho de una persona, 'sacar [algo o a alguien], o salir ella misma, de un encierro'. Verbo irregular: se conjuga como *acertar* (→ APÉNDICE 1, n.º 16).

desencordar. 'Quitar las cuerdas [a un instrumento musical]'. Verbo irregular: se conjuga como *contar* (→ APÉNDICE 1, n.º 26). También se dice *descordar* (→ descordar).

desencuevar. 'Sacar [a un animal o a una persona] de una cueva o escondite'. A diferencia de lo que ocurre con su antónimo *encuevar* (→ encuevar(se)), del que existe la variante más antigua *encovar*, este verbo carece de la variante análoga *desencovar*.

desentenderse. 'No ocuparse de algo o de alguien, o no prestarle atención'. Verbo irregular: se conjuga como *entender* (→ APÉNDICE 1, n.º 31).

desenterrar. 'Sacar [algo o a alguien] de su entierro'. Verbo irregular: se conjuga como *acertar* (→ APÉNDICE 1, n.º 16).

desentorpecer. 'Quitar la torpeza o el impedimento'. Verbo irregular: se conjuga como *agradecer* (→ APÉNDICE 1, n.º 18).

desentumecer(se). 'Quitar o perder el entumecimiento'. Verbo irregular: se conjuga como *agradecer* (→ APÉNDICE 1, n.º 18). Con el mismo sentido, existe el verbo regular *desentumir(se)*.

desentumir(se). → desentumecer(se).

desenvainar. 'Sacar [un arma blanca] de su vaina': «*Él mismo desenvaina su sable*» (Ortega *Invitados* [Esp. 1996]). Se acentúa como *bailar* (→ APÉNDICE 1, n.º 8). En la lengua actual, no debe confundirse con *desvainar* ('sacar [una legumbre] de su vaina'; → desvainar).

desenvolver(se). 'Quitar la envoltura [a algo]', 'desarrollar(se)' y, como intransitivo pronominal, 'actuar con desenvoltura'. Verbo irregular: se conjuga como *mover* (→ APÉNDICE 1, n.º 41). Su participio es irregular: *desenvuelto*.

desesperar(se). 1. Con el sentido de 'perder la esperanza de que algo suceda', es intransitivo y lleva un complemento con *de*, que expresa aquello que ya no se espera: «*Ya desesperaba* DE *encontrar a Joaquín cuando Madame le envió un mensaje*» (Britton *Siglo* [Pan. 1995]).
2. Cuando significa 'exasperarse o perder la paciencia o la tranquilidad', es intransitivo pronominal: «*Grito y me desespero*» (Naranjo *Caso* [C. Rica 1987]). En este caso, puede llevar un complemento con *de* o *por*, que expresa la causa de la desesperación: «*Nos desesperamos* DE *ver que permanecen no resueltos* [...] *problemas políticos perennes*» (Rangel *Salvaje* [Ven. 1976]); «*Los periodistas se desesperan* POR *la falta de noticias*» (*Proceso* [Méx.] 29.12.96).
3. Cuando significa 'exasperar a alguien o hacerle perder la paciencia o la tranquilidad', por tratarse de un verbo de «afección psíquica», dependiendo de distintos factores (→ LEÍSMO, 4a), el complemento de persona puede interpretarse como directo o como indirecto: «*Que pusiera a sus rivales incómodos, que* LOS *desesperara*» (*Vanguardia* [Esp.] 17.4.95); «*A mi cuñado* LE *desespera su gusto por los pájaros*» (Belli *Mujer* [Nic. 1992]).

[⊗]**desestabilidad.** → inestabilidad, 2.

[⊗]**desestimiento.** → desistimiento.

desfallecer. 'Quedarse sin fuerzas'. Verbo irregular: se conjuga como *agradecer* (→ APÉNDICE 1, n.º 18).

desfasaje. 'Desfase o desajuste': «*Los diarios norteamericanos publican la noticia con un desfasaje de veinticuatro horas*» (Escudero *Malvinas* [Arg. 1996]). Este derivado de *desfasar*, formado por analogía con la voz francesa *déphasage*, está extendido en algunas zonas de América, especialmente en los países del Río de la Plata. Aunque no se censura su empleo, se recomienda usar con preferencia el término *desfase*, que es el mayoritariamente usado en el conjunto del ámbito hispánico.

desfase horario. Para sustituir el anglicismo *jet lag* ('conjunto de trastornos físicos que se producen en el organismo tras un viaje, cuando existe una importante diferencia entre la hora del lugar de partida y la del lugar de llegada'), se recomienda usar en español la expresión *desfase horario*: «*Desorientación, irritabilidad, cansancio e imposibilidad de dormir o permanecer despierto son síntomas habituales del síndrome de desfase horario*» (*Integral* [Esp.] 7.95). En los países del Río de la Plata se dice *desfasaje horario* (→ desfasaje).

desfavorecer. 'Perjudicar o no favorecer'. Verbo irregular: se conjuga como *agradecer* (→ APÉNDICE 1, n.º 18).

[⊛]**desfenestración,** [⊛]**desfenestrar.** → defenestrar.

desfoliar. → defoliar.

desforestación, desforestar. → deforestar.

[⊛]**desformar(se),** [⊛]**desforme.** → deforme.

[⊛]**desfraudar.** → defraudar.

desgobernar(se). 'No gobernar o gobernar mal', 'descoyuntar(se)' y, como intransitivo pronominal, 'desmandarse o salirse de su sitio'. Verbo irregular: se conjuga como *acertar* (→ APÉNDICE 1, n.º 16).

desgraciar(se). 'Estropear(se) o malograr(se)'. Se acentúa como *anunciar* (→ APÉNDICE 1, n.º 4).

desguarnecer(se). 'Dejar, o quedarse, sin guarnición o protección'. Verbo irregular: se conjuga como *agradecer* (→ APÉNDICE 1, n.º 18).

desguince. → esguince.

déshabillé. → salto de cama.

deshacer(se). 'Descomponer(se)' y, como pronominal, 'librarse de algo o alguien' y 'prodigar con vehemencia manifestaciones de una emoción o sentimiento'. Verbo irregular: se conjuga como *hacer* (→ APÉNDICE 1, n.º 36). El imperativo singular es *deshaz* (tú) y *deshacé* (vos), y no [⊛]*deshace*. Su participio, *deshecho(s), deshecha(s)*, se escribe, al igual que el resto de las formas de este verbo, con hache intercalada, por lo que no debe confundirse con *desecho, desechas, desecha* —formas del presente de indicativo del verbo *desechar* ('excluir o desestimar'; → desechar)— ni con los sustantivos *desecho(s), desecha(s)* ('residuo' y 'senda'; → desecho): *«Su trenza se había deshecho y el pelo le caía sobre los hombros»* (Aguilar *Error* [Méx. 1995]); a diferencia de *«Susana recibe lo que yo desecho»* (Serrano *Vida* [Chile 1995]); y de *«—Eres un desecho —lo injurió Leonor»* (Aguilar *Error* [Méx. 1995]).

desharrapado -da. 'Pobre y andrajoso'. La forma etimológica, relacionada con el sustantivo *harapo*, se escribe con *h* intercalada y es la usada mayoritariamente en la lengua culta; pero también se admite la grafía *desarrapado*.

[⊛]**deshauciar.** → desahuciar.

deshecho -cha. 1. Participio del verbo *deshacer(se)* ('descomponer(se)'; → deshacer(se)): *«Me tumbé en la cama deshecha»* (Portal *Pago* [Esp. 1983]); *«Los muebles estaban deshechos y había por todas partes escorias de cristal y fotografías rotas»* (Ferrero *Bélver* [Esp. 1981]). Además de los sentidos derivados de *deshacer(se)* significa, como adjetivo referido a la llu-

via o a un temporal, 'impetuoso o violento': *«Así terminó la azorada vida del docto y virtuoso prelado mallorquín, que, en medio de la deshecha borrasca, supo conservar su ecuanimidad de carácter»* (PMartí *Visionarios* [Esp. 1930]). Al igual que el verbo del que deriva, este adjetivo se escribe con hache intercalada; por tanto, son incorrectas, en estos casos, las grafías [⊛]*desecho,* [⊛]*desecha:* [⊛]*«Matrimonios rotos, vidas desechas»* (*Hoy* [Chile] 25-31.1.84); estas grafías corresponden a palabras pertenecientes a la familia léxica del verbo *desechar* (→ desechar y desecho).

2. La forma femenina *deshecha,* como sustantivo, es la variante modernizada del término *desfecha* ('copla o canción breve que cierra otro poema'): *«Cuando incluye romances viejos sueltos, traen el adobo de un villancico o una deshecha, en los cuales se acusa la pluma de poetas cortesanos»* (RdgzMoñino *Discurso* [Esp. 1968]). Puesto que el nombre de esta composición deriva de *desfacer* (forma antigua de *deshacer*), debe escribirse con hache intercalada; así pues, no se considera válida, con este sentido, la grafía [⊛]*desecha.*

3. Para el empleo indebido de [⊛]*deshecho,* [⊛]*deshecha,* como sustantivos, con el sentido de 'senda para abreviar camino o rodear un obstáculo', → desecho, 2.

deshelar(se). 'Licuar(se) lo que está helado'. Verbo irregular: se conjuga como *acertar* (→ APÉNDICE 1, n.º 16).

desherbar. 'Quitar las hierbas perjudiciales [de un lugar]': *«Lo mandan a desherbar, y arranca las matas para dejar la yerba bien aporcada»* (Carrasquilla *Tiempos* [Col. 1935-36]). Este verbo es irregular y se conjuga como *acertar* (→ APÉNDICE 1, n.º 16), esto es, con diptongo en las formas cuya raíz es tónica (*deshierbo, deshierbas,* etc.), pero sin diptongación en las formas cuya raíz es átona (*desherbamos, desherbáis, desherbado,* etc.). Existe también la variante regular *deshierbar,* preferida en la actualidad, que presenta diptongo en todas las formas de su conjugación: *«Las lajas que deshierbaba Vicente Cochocho ya no se podían deshierbar, porque los pisos de los corredores y patios eran de cemento estéril»* (Parra *Memorias* [Ven. 1929]). En el español americano se usa con frecuencia, con este sentido, el verbo *desyerbar,* que, a diferencia de *desherbar,* es regular (*desyerbo, desyerbas, desyerba,* etc.): *«Ella misma podaba y desyerbaba el platanillo de las jardineras»* (Aguilar *Golfo* [Méx. 1986]).

desherrar. 'Quitar los hierros [a alguien que está aprisionado] o las herraduras [a un caballo]'. Verbo irregular: se conjuga como *acertar* (→ APÉNDICE 1, n.º 16).

deshierbar. → desherbar.

deshuesar. 'Quitar los huesos [de una carne o de una fruta]': *«Pida al proveedor que deshuese el pollo si usted no lo sabe hacer»* (Pirolo/Pirolo *Dietas* [Arg. 1990]). Este verbo es regular y presenta el diptongo -*hue*- en todas sus formas, a diferencia de la variante *desosar*, más antigua y menos usada hoy, que es irregular y se conjuga como *contar* (→ APÉNDICE 1, n.° 26), esto es, diptongan las formas cuya raíz es tónica —que incorporan ante el diptongo una hache intercalada y vienen a coincidir con las formas del verbo regular *deshuesar*—: *deshueso, deshuesas*, etc.; pero no diptongan las formas cuya raíz es átona: *desosamos, desosáis, desosado*, etc.

deshumedecer(se). 'Quitar, o perder, la humedad'. Verbo irregular: se conjuga como *agradecer* (→ APÉNDICE 1, n.° 18).

desiderata. 1. 'Conjunto de cosas que se desean' y, especialmente, 'lista de libros cuya adquisición se propone en una biblioteca'. Aunque procede de un plural neutro latino, en español es un sustantivo femenino: *«El Plan de Desarrollo español es una desiderata de intenciones positivas»* (Alonso *Situación* [Esp. 1990]). Su plural es *desideratas*: *«La medida de suspender el servicio de desideratas (solicitudes de adquisición de títulos por parte de los lectores) se tomó durante el mes de diciembre»* (*País* [Esp.] 6.1.01). **2.** Hoy no se recomienda usar esta forma como plural del sustantivo masculino *desiderátum* (→ desiderátum).

desiderátum. 'Aspiración o deseo que aún no se ha cumplido'. Es voz masculina: *«Para que este desiderátum resulte posible es imprescindible contar con equipos de ultrasonidos que cubran todas las posibilidades técnicas»* (Dexeus/Carrera *Riesgo* [Esp. 1989]). Aunque no es infrecuente el uso del plural latino *desiderata*, hoy se recomienda aplicar a este latinismo las reglas de formación del plural que rigen para el resto de las palabras (→ PLURAL, 1h y k): *los desiderátums*.

desinteresarse. Verbo intransitivo pronominal que significa, dicho de una persona, 'dejar de tener interés por algo o alguien'. Se construye con un complemento introducido por *de*, que expresa aquello por lo que se deja de sentir interés: *«Parecía empezar a desinteresarse DE la discusión»* (Andrade *Dios* [Arg. 1993]); *«El alcalde y la comitiva se desinteresaron DE nosotros»* (VLlosa *Tía* [Perú 1977]). Por influjo del régimen del sustantivo *desinterés* y del verbo antónimo *interesarse*, se emplean a veces las preposiciones *por* o *en*, en general, menos recomendables: *«Los malos resultados no tardaron en llegar y Conchita se desinteresó POR el tenis»* (*Mundo* [Esp.] 20.2.95); *«Connery terminó con la productora Eon [...], desinteresándose EN continuar encarnando un personaje que había degenerado paulatinamente en marioneta»* (LpzNavarro *Clásicos* [Chile 1996]).

desistimiento. 'Acción y efecto de desistir': *«Bastaría el desistimiento de la acción para poner término a tanto proceso»* (Vega *Estado* [Chile 1991]). Es incorrecta la forma ⊗*desestimiento*.

desistir(se). 'Abandonar [una idea o propósito]'. En el uso general culto es intransitivo no pronominal y lleva un complemento con *de*: *«Pensó escribirle, pero luego desistió DEL propósito»* (GaMárquez *Amor* [Col. 1985]); no debe encabezarse este complemento con *en*: ⊗*«El Madrid no ha desistido EN el empeño de incorporarlo a su plantilla»* (*Vanguardia* [Esp.] 16.6.95). En algunos países americanos, como Chile o México, se usa también en forma pronominal: *«No se va a saber siempre que este señor se desista de hacer declaraciones cuando lo sueltes»* (Dorfman *Muerte* [Chile 1995]).

desleal. 'Que obra sin lealtad'. Puede llevar un complemento introducido por *a* o *con*: *«Ellos no habían cometido delitos ni eran desleales AL rey»* (Lorandi *Ley* [Arg. 2002]); *«No quise ser desleal CON su recuerdo»* (Contreras *Campeón* [Perú 1985]).

desleír(se). 1. 'Disolver(se) en un líquido'. Verbo irregular: se conjuga como *sonreír* (→ APÉNDICE 1, n.° 55). Debe evitarse conjugar este verbo según el modelo de *leer* (→ APÉNDICE 1, n.° 39); por tanto, son incorrectas las formas que contienen una -*y*-: ⊗*desleyera* o ⊗*desleyese*, ⊗*desleyeron*, ⊗*desleyendo*, etc., en lugar de las correctas *desliera* o *desliese, deslieron, desliendo*, etc. **2.** Se construye normalmente con un complemento introducido por *en* o *con*: *«Se deslíe EN caldo, se espesa con miga de pan, se sala y se le da un par de hervores a la lumbre»* (Tejera *Pan* [Esp. 1993]); *«En la sopera se pone la crema, se deslíe CON un poco de sopa»* (Ramos *Platillos* [Méx. 1976]).

deslenguar(se). 'Cortar la lengua [a alguien]' y, como pronominal, 'perder las formas, hablando con descaro y descortesía'. Se acentúa como *averiguar* (→ APÉNDICE 1, n.° 6). Se escriben con diéresis todas las formas en las que -*gu*- va delante de *e*: *deslengüe, deslengües*, etc.

desliar. 'Deshacer [algo] que está liado' y 'quitar las heces o lías [al vino]'. En cuanto al acento, sigue el modelo de *enviar* (→ APÉNDICE 1, n.° 5).

deslucir(se). 'Quitar, o perder, gracia, atractivo o lustre'. Verbo irregular: se conjuga como *lucir* (→ APÉNDICE 1, n.° 40).

desmembrar(se). 'Separar(se) los miembros o partes de un todo'. Este verbo admite dos conjugaciones, una irregular, según el modelo de *acertar* (→ APÉNDICE 1, n.° 16), esto es, con diptongación en las formas cuya raíz es tónica (*desmiembro, desmiembras*, etc.): *«¿O reciclarlo, o venderlo, o desmembrarlo como se desmiembra una unidad cualquiera, para armarla de otro modo?»* (Donoso *Elefantes*

[Chile 1995]); y otra regular, que no diptonga en ninguna de sus formas (*desmembro, desmembras,* etc.): «*Pero el Imperio de los Maurya se desmembra rápidamente y algunas dinastías locales se independizan*» (CSerraller *Arte* [Esp. 1997]).

desmemoriar(se). 'Perder, o hacer perder, la memoria'. Se acentúa como *anunciar* (→ APÉNDICE 1, n.º 4).

desmentido -da. Como sustantivo, 'acción y efecto de desmentir públicamente algo' y 'comunicado en que se desmiente algo'. El masculino *desmentido* es la forma más usada en el conjunto del ámbito hispánico: «*La oficina de prensa de Diana envió un desmentido a la redacción*» (*Caras* [Chile] 1.9.97). El femenino *desmentida* es frecuente en los países del Río de la Plata: «*La primera reacción oficial fue una tibia desmentida*» (*Clarín* [Arg.] 9.5.97). No es correcta la forma ⊗*desmentís*, error debido al cruce con el sustantivo sinónimo *mentís* (→ mentís).

desmentir. 'Decir o demostrar que [algo] es mentira o que [alguien] miente'. Verbo irregular: se conjuga como *sentir* (→ APÉNDICE 1, n.º 53).

desmerecer. 1. Verbo irregular: se conjuga como *agradecer* (→ APÉNDICE 1, n.º 18).

2. Normalmente se usa como intransitivo, con los sentidos de 'perder mérito o valor': «*Su toreo, tan pródigo en adornos, desmerecía al llegar a la suerte suprema*» (Tapia *Toreo* [Esp. 1992]); y, dicho de una persona o cosa, 'ser inferior a otra con la que se compara'; en este último caso, lleva un complemento con *de,* que expresa el término de comparación: «*El resultado no desmerecía DE lo que lograba Alejandro*» (Jodorowsky *Pájaro* [Chile 1992]).

3. También puede usarse como transitivo, con el sentido de 'quitar o restar mérito o valor [a alguien o algo]': «*Sin desmerecer a sus rivales, el único contrincante de Miguel es él mismo*» (*Mundo* [Esp.] 12.7.94); «*De Julieta no quería ni hablar: adolecía de una trivialidad que la desmerecía mucho ante sus ojos*» (Otero *Temporada* [Cuba 1983]).

desmirriado -da. → esmirriado.

desnudismo. → nudismo.

desobedecer. 'No hacer lo que [alguien o algo] ordena'. Verbo irregular: se conjuga como *agradecer* (→ APÉNDICE 1, n.º 18). En lo que respecta a su uso con pronombres átonos de tercera persona, se comporta igual que *obedecer* (→ obedecer, 2).

desobstruir(se). 'Quitar(se) la obstrucción'. Verbo irregular: se conjuga como *construir* (→ APÉNDICE 1, n.º 25). Su participio, *desobstruido,* se escribe sin tilde (→ TILDE², 2.1.1 y 2.1.2).

desoír. 'No hacer caso [de un consejo, una petición, una orden, etc.] o de lo que [alguien] acon-

seja, pide, etc.'. Verbo irregular: se conjuga como *oír* (→ APÉNDICE 1, n.º 43). Debe escribirse con tilde para marcar el hiato (→ TILDE², 2.2.2b); es, por tanto, incorrecta la grafía sin tilde ⊗*desoir*.

desolar(se). 'Asolar o destruir' y 'afligir(se)'. Verbo irregular: se conjuga como *contar* (→ APÉNDICE 1, n.º 26).

desoldar(se). 'Quitar(se) la soldadura'. Verbo irregular: se conjuga como *contar* (→ APÉNDICE 1, n.º 26).

desollar(se). 'Quitar la piel [a alguien, o a una parte de su cuerpo]' y, como pronominal, 'sufrir una desolladura'. Verbo irregular: se conjuga como *contar* (→ APÉNDICE 1, n.º 26), esto es, diptongan las formas cuya raíz es tónica: *desuello, desuellas,* etc.; pero no las formas cuya raíz es átona: *desollamos, desolláis, desollado,* etc.

desorden. En español significa 'confusión o falta de orden' y 'disturbio o alteración del orden público'. Es incorrecto su empleo con el sentido que corresponde a las voces *trastorno, dolencia* o *enfermedad,* error frecuente en textos médicos por calco del inglés *disorder:* ⊗«*Anunció en la misma revista el hallazgo del gen de la ataxia de Friedriech, un desorden del sistema nervioso*» (*Abc* [Esp.] 20.12.96).

desosar. → deshuesar.

despabilado -da, despabilar(se). → espabilado.

despedir(se). 'Expulsar o expeler' y 'decir adiós a alguien o algo'. Verbo irregular: se conjuga como *pedir* (→ APÉNDICE 1, n.º 45).

desperdiciar. 'Desaprovechar'. Se acentúa como *anunciar* (→ APÉNDICE 1, n.º 4).

despernar(se). 'Cortar o herir las piernas [a alguien]' y 'cansarse de mucho andar o mover las piernas'. Verbo irregular: se conjuga como *acertar* (→ APÉNDICE 1, n.º 16).

despertar(se). 'Sacar, o salir, del sueño'. Verbo irregular: se conjuga como *acertar* (→ APÉNDICE 1, n.º 16). Deben evitarse las formas vulgares con cierre de la vocal anterior al diptongo (⊗*dispierto,* ⊗*dispiertan,* etc., en lugar de *despierto, despiertas,* etc.): ⊗«*¡Ora!... Yaqui jijo del maíz, dispierta*» (Rubín *Rezagados* [Méx. 1991]).

desplacer. 1. 'Disgustar o desagradar'. Verbo irregular: se conjuga como *agradecer* (→ APÉNDICE 1, n.º 18). Con el mismo tipo de irregularidad, aunque menos frecuente en el uso, existe la variante *displacer.*

2. Como sustantivos ('disgusto o desagrado') existen y son válidos *desplacer* y *displacer,* siendo mucho más frecuente este último: «*Cuánto desplacer se infiltra en la vida, cuán teñido de hiel está todo*» (Otero *Temporada* [Cuba 1983]); «*El archiduque siente un vértigo que a punto está de sumirle en una sensación de displacer*» (Moix *Vals* [Esp. 1994]).

desplegar(se). 'Desdoblar(se) o extender(se)'. Verbo irregular: se conjuga como *acertar* (→ APÉNDICE 1, n.º 16), esto es, diptongan las formas cuya raíz es tónica: *despliego, despliegas*, etc.; pero no las formas cuya raíz es átona: *desplegamos, desplegáis, desplegado*, etc.

despoblar(se). 'Dejar, o quedarse, sin población'. Verbo irregular: se conjuga como *contar* (→ APÉNDICE 1, n.º 26).

desposar(se). **1.** Cuando significa 'casar [a alguien]', es transitivo: «*A doña Inés LA desposaste con uno de vuestros capitanes*» (Arrau *Digo* [Chile 1981]). **2.** Cuando significa 'casarse', puede ser transitivo: «*Mis amigas* [...] *quisieran viajar, tener muchos siervos, desposar a un rey*» (VLlosa *Elogio* [Perú 1988]); o intransitivo pronominal, con un complemento introducido por *con*: «*Se desposará CONTIGO y luego tendréis muchos hijitos*» (Omar *Hoy* [Esp. 1989]).

desposeer(se). 'Privar(se) de alguna posesión'. Se conjuga como *leer* (→ APÉNDICE 1, n.º 39).

despreciar. 'Tratar [a alguien] con desprecio' y 'no valorar o no tener en cuenta [algo]'. Se acentúa como *anunciar* (→ APÉNDICE 1, n.º 4).

desprestigiar(se). 'Quitar, o perder, el prestigio'. Se acentúa como *anunciar* (→ APÉNDICE 1, n.º 4).

desproveer. 'Despojar [a alguien] de algo'. Se conjuga como *leer* (→ APÉNDICE 1, n.º 39). Tiene dos participios, uno irregular, *desprovisto*, mayoritario en la lengua culta: «*La dobló tanto* [la revista] *que la había desprovisto de la flexibilidad que un abanico requiere*» (Rossetti *Alevosías* [Esp. 1991]); y otro regular, *desproveído*, también válido, pero menos usado: «*Condenó al melómano a la pena de ser desproveído de su aliento*» (Grande *Fábula* [Esp. 1991]).

después. **1.** Adverbio que denota posterioridad temporal, espacial o jerárquica: *La policía llegó mucho después; Después del uno va el dos; Después de mi padre, mi hermano es el mejor jugador de póquer que conozco*. Pospuesto a sustantivos de significado temporal precedidos de artículo, como *año, día*, etc., tiene valor adjetivo y significa 'posterior': «*Les doy cita para el día después de la huelga*» (*Mundo* [Esp.] 26.1.94); «*Fue a acompañarla la semana después del entierro de papá*» (Rovinski *Herencia* [C. Rica 1993]). En estos casos, *después* no debe ir precedido de la preposición *de*: ⊗*el día de después*, ⊗*la semana de después*. En su lugar puede también emplearse el adjetivo *siguiente*, que puede llevar un complemento con *a*: *el día siguiente A la huelga, el día siguiente AL entierro*.

2. *después que* o *después de que*. Con significado temporal, ambas construcciones son válidas. En un principio, precediendo a la oración que expresa el acontecimiento que se toma como referencia, se usó solo la locución conjuntiva *después que* (en latín, *post quam, postquam*): «*E después que esto ovo fecho, dixo que quería tornar para su tierra*» (*Sendebar* [Esp. 1253]). Cuando el término de referencia temporal no es una oración con verbo en forma personal, sino un sustantivo, un pronombre o un infinitivo, ha de usarse el adverbio *después* seguido de la preposición *de*: «*Estábamos todos sentados en el corredor tomando el sol después de comer*» (González *Dios* [Méx. 1999]). Del cruce de *después que* y *después de* surgió *después de que*, variante de la locución conjuntiva que algunos gramáticos censuraron en un principio por dequeísta (→ DEQUEÍSMO), pero que hoy se considera válida. Así, es igualmente correcto decir *Después que te fuiste, llamó tu hermano* y *Después de que te fuiste, llamó tu hermano*.

3. Se combina con los adverbios antepuestos *mucho, bastante* y *(un) poco*, como adverbio comparativo equivalente a *más tarde*: «*Un poco después la policía arresta a una vieja gitana coja*» (Mañas *Kronen* [Esp. 1994]).

desquebrajar(se). → resquebrajar(se).

desquiciar(se). 'Sacar, o salirse, de quicio'. Se acentúa como *anunciar* (→ APÉNDICE 1, n.º 4).

destemplar(se). → templar(se).

desteñir(se). 'Quitar, o perder, el tinte' y 'manchar con su color una cosa [a otra]'. Verbo irregular: se conjuga como *ceñir* (→ APÉNDICE 1, n.º 23).

desternillarse. 'Romperse las ternillas'. Hoy se usa casi exclusivamente con el sentido figurado de 'reírse mucho', normalmente en la construcción *desternillarse de risa*: «*Se desternillaba de risa ante la pesadísima broma*» (LTena *Renglones* [Esp. 1979]). Está formado sobre el sustantivo *ternilla* ('cartílago'); no es correcta, pues, la forma ⊗*destornillarse*, debida al cruce con *tornillo*.

desterrar(se). 'Expatriar(se)' y 'desechar'. Verbo irregular: se conjuga como *acertar* (→ APÉNDICE 1, n.º 16).

destituir. **1.** 'Expulsar [a alguien] del cargo que ocupa'. Verbo irregular: se conjuga como *construir* (→ APÉNDICE 1, n.º 25). Su participio, *destituido*, se escribe sin tilde (→ TILDE², 2.1.1 y 2.1.2).

2. Se construye a menudo con un complemento introducido por *de*, que expresa el cargo: «*El Presidente los ha metido en cintura e incluso a algunos de ellos los ha destituido DE sus cargos*» (*Prensa* [Nic.] 1.9.97). Cuando este complemento no es el nombre del cargo, sino el sustantivo que designa a la persona que lo desempeña, el complemento se introduce por *como*: «*Fue* [...] *destituido COMO jefe de*

Instrucción Política del Ministerio del Interior» (Valladares *Esperanza* [Cuba 1985]).

3. No debe confundirse este verbo transitivo, cuyo complemento directo designa a la persona que es expulsada de su cargo, con los intransitivos *cesar* y *dimitir* (→ cesar y dimitir).

destornillador, destornillar. → desatornillar.

⊗**destornillarse.** → desternillarse.

destreza. 'Habilidad o pericia': «*Conducía con destreza innegable*» (Goytisolo *Estela* [Esp. 1984]). No debe usarse el término ⊗*dexteridad* (del fr. *dextérité*), galicismo innecesario que no aporta ningún matiz al significado de la voz española.

destroyer. → destructor.

destructor. 'Buque de guerra rápido': «*La Marina peruana [...] ha movilizado un destructor portamisiles*» (*Expreso* [Perú] 1.9.97). Debe evitarse, por innecesario, el uso de la voz inglesa *destroyer*, así como el de su adaptación gráfica ⊗*destróyer*.

destruir(se). 'Reducir(se) a pedazos o destrozar(se)'. Verbo irregular: se conjuga como *construir* (→ APÉNDICE 1, n.º 25). Su participio, *destruido*, se escribe sin tilde (→ TILDE², 2.1.1 y 2.1.2).

desubstanciar(se). → desustanciar(se).

desustanciar(se). 'Quitar, o perder, la sustancia'. Se acentúa como *anunciar* (→ APÉNDICE 1, n.º 4). También puede escribirse *desubstanciar(se)* (→ sustancia).

desvainar. 'Sacar [una legumbre] de su vaina'. Se acentúa como *bailar* (→ APÉNDICE 1, n.º 8): «*Se desvainan los guisantes*» (Ortega *Recetas* [Esp. 1972]). En la lengua actual, no debe confundirse con *desenvainar* ('sacar [un arma blanca] de su vaina'; → desenvainar).

desvaír(se). 'Quitar, o perder, el color, la fuerza o la intensidad'. Verbo irregular: se conjuga como *construir* (→ APÉNDICE 1, n.º 25), salvo en el presente de indicativo, en el que la segunda persona del singular es *desvaes* (y no ⊗*desvayes*) y la tercera del singular y del plural, respectivamente, *desvae* y *desvaen* (no ⊗*desvaye* ni ⊗*desvayen*): «*Pasa el tiempo, se desvae la erudición, nos baja a nosotros la fiebre creadora*» (Umbral *Mortal* [Esp. 1975]); «*El golfo y la bahía, el cabo, el mar, la isla se desvaen*» (Alberti *Momento* [Esp. 1937-38]); consecuentemente, la segunda persona del imperativo no voseante es *desvae* (tú) y no ⊗*desvaye* (tú). No obstante, lo normal es que se empleen solo las formas cuya desinencia empieza por *i*: «*Veía a sus clientes y a sus compañeros como si todo estuviese sucediendo al otro lado de un cristal empañado, tras una leve gasa que desvaía las figuras*» (Merino *Orilla* [Esp. 1985]); «*Imaginé que, aunque no me hubiera olvidado, mi recuerdo se habría desvaído*» (TBallester *Filomeno* [Esp. 1988]).

desvanecer(se). 'Evaporar(se) o deshacer(se)'. Verbo irregular: se conjuga como *agradecer* (→ APÉNDICE 1, n.º 18).

desvariar. 'Delirar'. Se acentúa como *enviar* (→ APÉNDICE 1, n.º 5): «*A veces su cerebro desvaría*» (Salisachs *Gangrena* [Esp. 1975]). No deben trasladarse a la escritura las particularidades propias de la pronunciación de cada zona, por lo que no se consideran válidas las formas ⊗*difarear* y ⊗*difariar*, que se documentan a veces en el español de Chile: ⊗«*Comienzas a difarear, y eso ya no me espanta*» (Wolff *Laura* [Chile 1986]).

⊗**desvastar.** → desbastar y devastar.

desvelar(se). Infinitivo de dos verbos etimológicamente diversos:

a) 'Quitar o impedir el sueño [a alguien]' y, como pronominal, 'perder alguien el sueño o no poder conciliarlo': «*Me desvelaban por la noche los recuerdos*» (Salom *Vuelo* [Esp. 1980]). Está relacionado con *velar* ('estar sin dormir el tiempo destinado al sueño', del lat. *vigilare*).

b) 'Quitar el velo que cubre [algo]': «*Se desvela la estatua en bronce de Trujillo*» (VLlosa *Fiesta* [Perú 2000]); y, en sentido figurado, 'descubrir o revelar [algo oculto o desconocido]': «*Le desveló el secreto de sus proyectos cinematográficos*» (Armas *Madrid* [Esp. 1994]). Existe también, tanto para el sentido recto como para el figurado, la variante *develar*, de uso mayoritario en el español americano: «*Los presidentes procedieron a develar sendas placas de bronce para inaugurar una obra*» (*Vistazo* [Ec.] 23.1.97); «*El sastre [...] ha develado algunos detalles del traje de gala*» (*Vida* [Par.] 15.5.04); en España, en cambio, se usa poco y solo en sentido figurado. Se desaconseja, por innecesaria, la forma ⊗*develizar*, usada en México y algunos países centroamericanos con el sentido de 'quitar el velo': «*La estatua fue develizada el 1 de julio de 1930*» (*DYucatán* [Méx.] 1.9.96).

desvestir(se). 'Desnudar(se)'. Verbo irregular: se conjuga como *pedir* (→ APÉNDICE 1, n.º 45).

desviar(se). 'Apartar(se) del camino'. Se acentúa como *enviar* (→ APÉNDICE 1, n.º 5).

desvirtuar(se). 'Quitar, o perder, la virtud o el valor'. Se acentúa como *actuar* (→ APÉNDICE 1, n.º 7).

desyerbar. → desherbar.

detener(se). 'Parar(se)'. Verbo irregular: se conjuga como *tener* (→ APÉNDICE 1, n.º 57). El imperativo singular es *detén* (tú) y *detené* (vos), y no ⊗*detiene*.

detentar. 'Poseer o retener [algo, especialmente un título o cargo] ilegítimamente': «*Eran los militares quienes detentaban el control del aparato de go-*

bierno» (Gordon *Crisis* [Méx. 1989]); *«La Iglesia está usufructuando o detentando (que tiene más connotación culpable) el patrimonio artístico nacional»* (*Mundo* [Esp.] 24.9.94). Es incorrecto usar este verbo cuando la posesión es legítima: ⊗*«Detentando España la presidencia de la CE [...], la Comisión ha decidido celebrar esta segunda reunión plenaria en nuestro país»* (*Abc* [Esp.] 18.8.89).

determinación. 'Decisión firme'. El complemento va normalmente precedido de la preposición *de*: *«Sofía tomó la determinación DE divorciarse»* (Bain *Dolor* [Col. 1993]); pero con infinitivo, a veces se usa también *a*: *«No sentía temor alguno, sino una helada determinación A vender muy cara su vieja piel»* (PzReverte *Maestro* [Esp. 1988]).

detonante. Como sustantivo ('agente capaz de producir una detonación' y 'hecho desencadenante'), es masculino en el uso culto general: *«El detonante de su expulsión fue Immanuel Kant, ídolo de su profesor de Filosofía»* (Chavarría *Rojo* [Ur. 2002]). Debe evitarse su uso en femenino: ⊗*la detonante*.

detraer. 'Restar o sustraer [algo, especialmente una cantidad de dinero]'. Verbo irregular: se conjuga como *traer* (→ APÉNDICE 1, n.° 58).

detrás. **1.** Adverbio de lugar que significa 'en la parte posterior'. Se emplea normalmente seguido de un complemento con *de* que expresa el lugar de referencia: *«La luna desapareció detrás DE las nubes»* (Martínez *Evita* [Arg. 1995]). Cuando el complemento con *de* está explícito, en el habla coloquial o popular americana se emplea indebidamente el adverbio *atrás* en lugar de *detrás* (→ atrás, 2).
2. Por su condición de adverbio, no se considera correcto su uso con posesivos: ⊗*detrás mío*, ⊗*detrás suyo*, etc. (debe decirse *detrás de mí, detrás de él*, etc.). En el habla popular de la zona andina (el Perú, Bolivia y el Ecuador) se usa con posesivos antepuestos, en construcciones precedidas de la preposición *en* (más raramente *por*): ⊗*Se colocó en su detrás*. Se recomienda evitar esta construcción en el habla esmerada.

detrito. 'Resultado de la descomposición de una masa sólida' y, en general, 'residuo o desperdicio'. Se usa normalmente en plural: *«Todo el mundo es un sumidero de detritos»* (PRossi *Solitario* [Ur. 1988]). Es igualmente válida la variante etimológica latina *detritus*, que permanece invariable en plural (→ PLURAL, 1f y k): *los detritus*.

detritus. → detrito.

deus ex máchina. Loc. lat. (pron. [déus-eks-mákina]) que significa literalmente 'dios [bajado al escenario] por medio de una máquina'. Hace referencia a un artificio del teatro griego que consistía en hacer descender sobre la escena, por medio de una tramoya, a un dios que resolvía felizmente

la situación. En el ámbito de la teoría literaria, se emplea como locución nominal masculina para referirse a la persona o situación que, dentro de una obra, resuelve de modo inesperado y, por lo común, inverosímil una situación difícil o que ha llegado a un punto muerto. Se usa, por extensión, para designar la persona o cosa capaz de resolver con facilidad situaciones críticas: *«Este déficit cero viene a ser el deus ex máchina que promueve la estabilidad en la economía y propicia su crecimiento»* (*Cinco*@ [Esp.] 3.6.05). Es invariable en plural (→ PLURAL, 1k): *los deus ex máchina*.

devaluar(se). 'Rebajar(se) el valor [de algo]'. Se acentúa como *actuar* (→ APÉNDICE 1, n.° 7).

devastar. 'Destruir completamente': *«Los bombardeos aliados devastaban la ciudad»* (Volpi *Klingsor* [Méx. 1999]). No debe confundirse con *desbastar* ('quitar lo basto'; → desbastar). Son incorrectas y deben evitarse las formas ⊗*debastar* y ⊗*desvastar*.

devedé. → DVD.

develar, ⊗develizar. → desvelar(se), b.

devenir. **1.** 'Suceder o acaecer' y 'llegar a ser'. Verbo irregular: se conjuga como *venir* (→ APÉNDICE 1, n.° 60).
2. Cuando significa 'llegar a ser', se construye con un complemento predicativo, a veces introducido por *en*: *«El derecho de asilo ha devenido INSTITUCIÓN CONSTITUCIONAL»* (LpzGarrido *Derecho* [Esp. 1991]); *«El Sabina ciudadano devino EN estrella de la música popular»* (*Tiempo* [Col.] 24.9.96).

de visu. Loc. lat. que significa literalmente 'de vista' y se emplea con el sentido de 'con los propios ojos': *«Basta remitirse a los cronistas de la época que, de visu o de oídas muy directas, establecen sin apelación la contumacia del sujeto en cuestión»* (Arrau *Digo* [Chile 1981]).

devolver(se). 'Restituir' y, como pronominal, en el español de América, 'volverse o darse la vuelta'. Verbo irregular: se conjuga como *mover* (→ APÉNDICE 1, n.° 41). Su participio es irregular: *devuelto*.

⊗dexteridad. → destreza.

Dhaka. → Dacca.

di. → dar(se), 1 y decir, 1.

día. **1.** ⊗*a(l) día de hoy.* → hoy.
2. *buen día* o *buenos días.* La fórmula de saludo que se emplea durante la mañana es, en el español general, *buenos días*. No obstante, en algunos países de América del Sur se utiliza también la fórmula *buen día*: *«Buen día, abuelo»* (Daulte *Noche* [Arg. 1994]).
3. *el otro día.* 'En uno de los días últimos pasados': *«El otro día me quedé dormida en la agencia»* (Paso *Palinuro* [Méx. 1977]). Debe evitarse el uso

de esta locución en plural para referirse a un único día, que se da en zonas del Caribe y del Río de la Plata: ⊗*«Los otros días [...] se me acercó una señora muy bonita con la que soñé y, acariciándome el pelo, me dijo»* (Ocampo *Cornelia* [Arg. 1988]).

4. medio día. → mediodía.

diabetes. 'Enfermedad metabólica'. Es voz llana: [diabétes], aunque en algunos países de América se oiga a menudo como esdrújula: ⊗[diábetes]. Debe evitarse la deformación popular ⊗*diabetis*.

diablesa. → diablo.

diablo -bla. 1. 'Demonio'. El femenino es *diabla*: *«Figuras prácticamente idénticas a las santas reaparecen ahora como diablas»* (Fuentes *Espejo* [Méx. 1992]). Con posterioridad a *diabla*, se creó el femenino *diablesa*, menos usado pero también válido: *«Estaba [...] la duquesa de Argyll, vestida de diablesa»* (RCruz *Fiestas* [Esp. 2001]).

2. a la diabla. 'De manera descuidada o sin esmero': *«Acompáñeme hasta mi auto, que dejé estacionado a la diabla»* (VLlosa *Loco* [Perú 1993]). No debe decirse ⊗*a la diablo*.

diácono -nisa. En la religión cristiana, 'eclesiástico de grado inmediatamente inferior al de sacerdote'. El femenino, posible en Iglesias cristianas que admiten la ordenación de mujeres, es *diaconisa*, que deriva directamente del latín: *«Diana Jones [...] fue nombrada diaconisa en 1991»* (*Vanguardia* [Esp.] 30.7.95).

diálisis. 'Separación de moléculas, por ósmosis, a través de una membrana' y 'depuración artificial de la sangre'. Es voz femenina e invariable en plural (→ PLURAL, 1f): *la diálisis, las diálisis*.

DÍAS DE LA SEMANA. 1. Los sustantivos que designan los cinco primeros días de la semana permanecen invariables en plural: *los lunes, los martes, los miércoles, los jueves, los viernes* (→ PLURAL, 1f); los otros dos forman el plural añadiendo -*s: los sábados, los domingos*.

2. No deben escribirse con mayúscula inicial, salvo que su posición en el texto así lo exija (→ MAYÚSCULAS, 6.1).

3. En el español americano es bastante frecuente que aparezcan en aposición a la palabra *día*, uso normal en el español medieval y clásico del que también quedan restos en algunas zonas de España: *«Aquella fue mi última conversación con ella, el día miércoles de la semana pasada»* (Serrano *Corazón* [Chile 2001]); *«Esta romería se ha celebrado el día lunes de Pascua de Pentecostés»* (*DNavarra* [Esp.] 20.5.99).

diástole. 'Movimiento de dilatación del corazón'. Los diccionarios de la Academia lo calificaron de masculino hasta fines del XIX, lo que explica su frecuente uso con ese género en textos de esa época.

Pero hoy solo se considera correcto el femenino, que es, por otra parte, el género etimológico: *«Durante la diástole, las cavidades cardiacas se llenan de sangre»* (Marcos *Salud* [Esp. 1989]).

dicente, diciente. → decir, 6.

diente. 1. ⊗*a regaña dientes.* → regañadientes.

2. entre dientes. 'Articulando las palabras de modo poco perceptible'. Se usa con verbos como *decir, hablar* y similares: *«Se marchó sin despedirse, farfullando entre dientes incomprensibles protestas»* (MtzPisón *Ternura* [Esp. 1985]). Es incorrecta la grafía simple ⊗*entredientes*.

DIÉRESIS. Signo ortográfico auxiliar, también llamado *crema*, representado por dos puntos (¨) que se disponen horizontalmente sobre la vocal a la que afectan. En español tiene los usos siguientes:

a) Debe colocarse obligatoriamente sobre la *u* para indicar que esta vocal ha de pronunciarse en las combinaciones *gue* y *gui: vergüenza, pingüino*. Debe escribirse también sobre las letras mayúsculas: BILINGÜE, LINGÜÍSTICA. En ediciones actuales de textos antiguos no modernizados, también puede encontrarse este signo escrito sobre la *u* en las combinaciones *que, qui*, con esta misma finalidad: *qüestión, qüistión* (en lugar de la forma moderna *cuestión*).

b) En textos poéticos, la diéresis puede colocarse sobre la primera vocal de un diptongo para indicar que las vocales que lo componen deben pronunciarse en sílabas distintas; así, la palabra a la que afecta y, en consecuencia, el verso en que aparece cuentan con una sílaba más a efectos métricos: *«¡Oh! ¡Cuán süave resonó en mi oído / el bullicio del mundo y su rüido!»* (Espronceda *Diablo* [Esp. 1840-41]). Esta licencia poética se llama también *diéresis*.

diestro -tra. 'Hábil'. Tiene dos superlativos válidos: *destrísimo*, que conserva la raíz del adjetivo latino, y *diestrísimo*, formado sobre *diestro* y más frecuente en el uso (→ -ísimo, 3): *«Las habilidades de este destrísimo torero navarro»* (Tapia *Toreo* [Esp. 1992]); *«El autor del poema, manejador diestrísimo de la fórmula "los duelos se tornan gozos"»* (Salinas *Cantar* [Esp. 1945]).

diezmar. 'Causar gran mortandad [de personas, animales o plantas]': *«Las pestes y epidemias diezmaban la población»* (Mosterín *Derechos* [Esp. 1995]). Es impropio su uso con el sentido general de 'mermar o disminuir': ⊗*«De ahí que sean muchas las películas españolas que no están bien estructuradas, dramatizadas y dialogadas, lo que diezma la calidad media de nuestro cine»* (*País* [Esp.] 2.10.88).

⊗**difarear,** ⊗**difariar.** → desvariar.

diferenciar(se). 1. 'Hacer diferencia [entre dos personas o cosas]' y, como pronominal, 'ser diferente de otro'. Se acentúa como *anunciar* (→ APÉNDICE 1, n.º 4).

2. Tanto en el uso transitivo como en el pronominal, suele construirse con un complemento introducido por *de*: «*Es fundamental diferenciar la pena DE la angustia*» (Serrano *Vida* [Chile 1995]); y no con: ⊗«*La fotografía publicitaria* [...] *ha dado como resultado una fotografía claramente diferenciada CON los otros modelos fotográficos*» (Susperregui *Fotografía* [Esp. 2000]). Puede llevar, además, un complemento introducido por *en* o *por,* que expresa la causa de la diferencia: «*Se diferencia de él EN que no posee una mente intuitiva*» (*NHerald* [EE. UU.] 21.10.97); «*Se diferenciaba de las restantes damas POR la singularidad de sus devociones*» (Mujica *Escarabajo* [Arg. 1982]).

diferente. Adjetivo sinónimo de *distinto.* En estructuras comparativas o contrastivas, se comporta igual que este (→ distinto).

diferir. **1.** 'Aplazar [un acto]' y, como intransitivo, 'ser diferente' y 'disentir o no estar de acuerdo'. Verbo irregular: se conjuga como *sentir* (→ APÉNDICE 1, n.º 53).

2. Como intransitivo se construye a menudo con un complemento introducido por *de*: «*Sus deseos no difieren DE los míos*» (Arias *Silencio* [Esp. 1991]). Suele llevar, además, un complemento encabezado por *en* o, más raramente, *por*: «*Los hechos sociales no difieren solo EN calidad de los hechos psíquicos*» (Aguirre *Antropología* [Méx. 1986]); «*A veces, una solución difiere de otra POR haber favorecido* [...] *alguna* [prestación] *en detrimento de otras*» (Ricard *Diseño* [Esp. 1982]).

difluente. → difluir, 2.

difluir. **1.** 'Derramarse o extenderse'. Verbo irregular: se conjuga como *construir* (→ APÉNDICE 1, n.º 25). Su participio, *difluido,* se escribe sin tilde (→ TILDE², 2.1.1 y 2.1.2).

2. El adjetivo correspondiente es *difluente* ('que se derrama o extiende'), que procede del latín *diffluens, -entis* (participio de presente de *diffluere*): «*Indelebles manchones que salpican la peripecia dramática y la contaminan con su difluente viscosidad*» (Goytisolo *Reivindicación* [Esp. 1970]). A diferencia de lo que ocurre con los adjetivos derivados de otros compuestos de *fluir* (→ confluir, influir), no se ha generalizado en el uso la variante ⊗*difluyente,* que, por tanto, debe ser evitada.

⊗**difluyente.** → difluir, 2.

⊗**diforme.** → deforme, 1.

digerir. 'Transformar [un alimento] en sustancias asimilables por el organismo'. Verbo irregular: se conjuga como *sentir* (→ APÉNDICE 1, n.º 53).

dignarse. 'Tener a bien [hacer algo]'. Se construye con infinitivo: «*El inválido no se digna mirarla*» (VLlosa *Fiesta* [Perú 2000]). Es hoy frecuente, incluso entre hablantes cultos, anteponer al infinitivo la preposición *a,* uso que no hay por qué censurar: «*Mamá Elena ni siquiera se dignó A recibirla*» (Esquivel *Agua* [Méx. 1989]). Es incorrecto emplear *en*: ⊗«*Conti no se dignó EN sopesar las ofertas de Dalmau*» (Satué *Carne* [Esp. 1991]).

digresión. 'Ruptura del hilo del discurso con algo vagamente relacionado': «*Esta larga digresión, en apariencia desconexa con el enunciado del capítulo, era necesaria para aclarar posiciones*» (Caparrós *Crisis* [Esp. 1977]). Procede del latín *digressio* ('separación o desvío'); es, pues, errónea la forma ⊗*disgresión,* debida al cruce con el prefijo *dis-.*

diligenciar. 'Tramitar'. Se acentúa como *anunciar* (→ APÉNDICE 1, n.º 4).

diluir(se). **1.** 'Disolver(se)'. Verbo irregular: se conjuga como *construir* (→ APÉNDICE 1, n.º 25). Su participio, *diluido,* se escribe sin tilde (→ TILDE², 2.1.1 y 2.1.2).

2. Se construye normalmente con un complemento introducido por *en* o *con*: «*Llenó de agua un vaso y diluyó EN el líquido las gotas de un elixir marrón*» (VqzMontalbán *Galíndez* [Esp. 1990]); «*No conviene emplear impermeabilizantes que se diluyen CON agua*» (Lesur *Albañilería* [Méx. 1991]).

diluviar. 'Llover intensamente'. Se acentúa como *anunciar* (→ APÉNDICE 1, n.º 4).

dimisionario -ria. → dimitir, 3.

dimitir. **1.** 'Renunciar a algo, especialmente a un cargo'. Hoy funciona mayoritariamente como intransitivo, y suele construirse con un complemento precedido de la preposición *de,* que expresa aquello a lo que se renuncia: «*El teniente coronel había pensado en dimitir DE todos sus puestos y retirarse del ejército*» (*Hoy* [Chile] 3-9.10.79); no obstante, aún queda algún resto de su antiguo uso como transitivo: «*¿Quién ha facultado a vuestra excelencia a dimitir un mando que legítimamente tiene?*» (Arenas *Buenos Aires* [Arg. 1979]).

2. No debe confundirse con el verbo transitivo *destituir* ('expulsar de un empleo o cargo'; → destituir), como ocurre en este ejemplo: ⊗«*Desde 1968, Alfredo Di Stéfano fue entrenador de los siguientes equipos: Elche (fue dimitido posteriormente); Boca Juniors (le hizo campeón)*» (*Abc* [Esp.] 14.5.82); debió decirse *fue destituido.*

3. Su participio *dimitido* no debe usarse como adjetivo para referirse a la persona que dimite: ⊗«*Una mujer sustituye al ministro dimitido Yamashita*» (*Abc* [Esp.] 26.8.89); para ello hay que usar el término *dimisionario*: «*Las palabras del presidente dimisionario no contribuyeron a mejorar el clima general*» (*Abc* [Esp.] 10.4.87).

dinamarqués -sa. → danés.

dinamo o **dínamo.** 1. 'Máquina que transforma energía mecánica en eléctrica, o viceversa'. Ambas acentuaciones son correctas. Este término surge, en la mayoría de las lenguas europeas, por acortamiento de la expresión *(máquina) dinamoeléctrica,* origen que justifica en español la forma llana *dínamo.* La forma esdrújula *dínamo* se explica por influjo del griego *dýnamis* ('fuerza').

2. Desde su origen se ha usado en ambos géneros: «*La dinamo (o el dinamo) no es otra cosa que un ovillejo de alambres que se mueve rapidísimamente en presencia de los polos de un imán*» (Echegaray *Ciencia* [Esp. 1870-1905]). En España está hoy generalizado su uso en femenino, pero en muchas zonas de América sigue siendo frecuente su empleo en masculino. Se recomienda el femenino, por ser este el género que corresponde tanto al sustantivo sobrentendido *máquina* como a la voz griega *dýnamis.*

dinar. 'Moneda de diversos países árabes y de la antigua Yugoslavia'. Es voz aguda: [dinár]; no es correcta, pues, la forma ⊛*dínar.* Su plural es *dinares* (→ PLURAL, 1g), no ⊛*dínares.*

dintel. 'Parte superior de una puerta o ventana que se apoya en soportes verticales': «*Es muy alto y se da con la cabeza en el dintel de las puertas*» (Cela *Cristo* [Esp. 1988]); y, en determinadas disciplinas, 'valor máximo de un estímulo por encima del cual deja de producir su efecto normal': «*Los ultrasonidos son los que sobrepasan el dintel de percepción del oído humano*» (Cebrián *Información* [Esp. 1995]). No debe confundirse con *umbral* ('parte inferior del hueco de una puerta'; → umbral), que es, justamente, la parte opuesta: ⊛«*Sabe que del dintel hasta mi mesa se cuentan cinco escalones y nueve pasos*» (*Abc* [Esp.] 21.6.96).

dionisíaco -ca o **dionisiaco -ca.** → -íaco o -iaco.

diplodoco. 'Dinosaurio de cabeza pequeña y cuello y cola muy largos'. Su plural es *diplodocos:* «*Los pelicosaurios, los estegosaurios y los diplodocos*» (Tibón *Aventuras* [Méx. 1986]). Es igualmente válida la variante etimológica grecolatina *diplodocus,* que permanece invariable en plural (→ PLURAL, 1f y k): «*¿Cómo van a tener esa cabeza los diplodocus?*» (Azúa *Diario* [Esp. 1987]).

diplodocus. → diplodoco.

diploma. 'Título'. Aunque termina en *-a,* es masculino: *el diploma.*

DIPTONGO. 1. Es la secuencia de dos vocales distintas que se pronuncian dentro de la misma sílaba: *vien - to, a - cei - te, cau - sa, sua - ve.* Desde el punto de vista fonético, en español pueden dar lugar a diptongos las siguientes combinaciones vocálicas: vocal abierta (*a, e, o*) + vocal cerrada (*i, u*) átona; vocal cerrada átona + vocal abierta; y vocal cerrada + otra vocal cerrada distinta (es decir, las secuencias *iu* o *ui*): a*u*la, c*u*adro, cant*á*is, p*ei*ne, andr*oi*de, justic*i*a, c*ie*lo, func*i*ón, c*iu*dad, desc*ui*do, va*c*uo. Aunque, en el habla, la secuencia de dos vocales abiertas —especialmente cuando ninguna de ellas es tónica (*petróleo, raedera*)— puede articularse como diptongo, esta combinación vocálica se considera siempre hiato desde el punto de vista normativo (→ HIATO, 1).

2. De las secuencias anteriores, se pronuncia siempre como diptongo el grupo formado por una vocal abierta tónica y una cerrada átona (en ese orden): *Sainz, teméis, voy, causa.* Pero, por lo general, aparte de este grupo, una misma combinación vocálica de las mencionadas en el párrafo anterior se pronuncia, en unas palabras, dentro de la misma sílaba —diptongo— y, en otras palabras, en sílabas diferentes —hiato—; por ejemplo, la secuencia *ie* se pronuncia como diptongo en la palabra *miedo* (*mie - do*) y suele pronunciarse como hiato, al menos en España y algunas zonas de América, en *rieron* (*ri - e - ron*). Por otra parte, algunas de estas combinaciones vocálicas (las formadas por una vocal cerrada átona y una abierta tónica, o por dos vocales cerradas diferentes) pueden, en una misma palabra, fluctuar en su pronunciación entre el hiato y el diptongo, dependiendo de diversos factores, como el mayor o menor esmero en la pronunciación, el origen geográfico o social del hablante, etc.; así ocurre, por ejemplo, en *gratuito,* que puede pronunciarse con diptongo (*gra - tui - to*) o con hiato (*gra - tu - i - to*), y en *cruel* (*cruel* o *cru - el*). Dada esta variabilidad, se ha optado por establecer una serie de convenciones sobre qué ha de considerarse diptongo y qué ha de considerarse hiato a la hora de acentuar gráficamente las palabras. Así, cada secuencia vocálica será considerada siempre un hiato o siempre un diptongo al colocar las tildes, con independencia de su pronunciación real dentro de la palabra (→ TILDE², 2.1.1 y 2.2.1).

3. La *h* intercalada no influye en absoluto en la consideración como diptongo o como hiato de una secuencia vocálica. Así, hay grupos de vocales con *h* intermedia que forman diptongo: a*h*ijado, a*h*umar, pro*h*ibir, y otros que forman hiato: a*h*ínco, turbo*h*élice, pro*h*íbe.

4. Debe evitarse en el habla la reducción del diptongo a una sola vocal: ⊛[ulójio] por *Eulogio,* ⊛[kontíno] por *continuo,* ⊛[bénte] por *veinte,* ⊛[trénta] por *treinta.* En el caso de los numerales compuestos de las series del *veinte* y del *treinta,* esta monoptongación es común, incluso entre personas cultas, pero es conveniente evitarla en la pronunciación esmerada: ⊛[bentikuátro] por *veinticuatro,* ⊛[trentaidós] por *treinta y dos.* Son extremadamente vulgares los casos de cierre de la *e* en *i:* ⊛[bintikuátro]. También debe evitarse pronunciar como

diptongos algunas combinaciones vocálicas que son siempre hiatos en la dicción culta: ⊗[golpiár] por *golpear*, ⊗[kuéte] por *cohete* (→ HIATO, 4).

diputado -da. 'Persona elegida como representante en una cámara legislativa'. El femenino es *diputada* (→ GÉNERO², 3a): «*Maricela fue diputada local por el PRI*» (*Proceso* [Méx.] 22.12.96). No debe emplearse el masculino para referirse a una mujer: ⊗*la diputado*.

director -ra. **1.** 'Que dirige'. Referido a persona, el femenino es *directora* y se usa frecuentemente como sustantivo: «*La directora comenzaba a recibir discretas presiones del Ministerio de Educación*» (Chavarría *Rojo* [Ur. 2002]); referido a cosa, el femenino recomendado es *directriz*, aunque también se usa, y es válida, la forma *directora*: «*Expuso las líneas directrices de la política exterior norteamericana*» (*Abc* [Esp.] 2.11.86); «*Para cumplir una función directora* [...] *se necesita, además, una propuesta positiva*» (Ynduráin *Clasicismo* [Esp. 2000]). No debe usarse el femenino *directriz* referido a sustantivos masculinos: ⊗«*Aparecen las primeras logias* [...], *con un pensamiento directriz*» (Ferla *Drama* [Arg. 1985]). **2.** El femenino *directriz* se usa, además, como sustantivo con el sentido de 'instrucción o norma general': «*El Reino Unido aplica las directrices comunitarias sobre limitación de las emisiones de contaminantes*» (Pardo *Fuentes* [Esp. 1993]); y, en geometría, 'línea o figura que determina las condiciones de generación de otra': «*Si la directriz es una curva cónica, se generará un cilindro*» (Ferrer *Dibujo* [Esp. 1997]).

directriz. → director.

dírham. 'Unidad o fracción monetaria de varios países árabes'. Su plural es *dírhams* (→ PLURAL, 1h). También es válida, aunque se usa menos, la variante *dírhem* (pl. *dírhems*). Su origen árabe explica la pronunciación de ambas formas con *h* aspirada (→ h, 2).

dírhem. → dírham.

discapacidad. → discapacitado.

discapacitado -da. '[Persona] que no puede realizar ciertas actividades debido a la alteración de sus funciones intelectuales o físicas'. Formado por calco del inglés *disabled*, es neologismo asentado en nuestro idioma. Se desaconseja la forma ⊗*descapacitado*, variante antietimológica y de muy poco uso. El sustantivo abstracto es *discapacidad*, no ⊗*descapacidad*.

discente. 'Que recibe enseñanza': «*Suspensión de los cursos e inmediata dispersión de todos sus docentes y discentes*» (Laín *Descargo* [Esp. 1976]). No debe confundirse con *dicente* ('que dice'; → decir, 6).

discernir. **1.** Verbo irregular: v. conjugación modelo (→ APÉNDICE 1, n.º 29).

2. Con el sentido de 'diferenciar', normalmente se usa como transitivo y suele ir acompañado de un complemento introducido por *de*: «*Algunas* [mujeres] *poseen cierto gusto* [...] *e incluso son capaces de discernir lo artístico DE lo espurio*» (Alou *Aportación* [Esp. 1991]). Pero también puede usarse como intransitivo: «*Mintieron porque habían dejado de discernir entre mentira y verdad*» (Martínez *Evita* [Arg. 1995]). **3.** Cuando significa 'percibir con claridad', es transitivo: «*Bastó un solo parpadeo de esos ojos expresivos para que Mario discerniera la tristeza tras la cordialidad*» (Skármeta *Cartero* [Chile 1986]).

disc jockey. → disyóquey.

(disco) compacto. Equivalente español del inglés *compact (disc)*, que designa el disco óptico que permite almacenar gran cantidad de información acústica o visual. Puede usarse la expresión completa o solo el término *compacto*: «*El disco compacto ha supuesto una mejora de la calidad de sonido*» (Cebrián *Información* [Esp. 1995]); «*La orquesta de guitarras presentará en breve su compacto con piezas de repertorio*» (*Proceso* [Méx.] 29.9.96). Debe evitarse, por innecesario, el uso en español del anglicismo crudo *compact (disc)*. Con igual sentido se emplean la sigla *CD* o el sustantivo *cedé* (→ CD) y también, en el caso de discos que almacenan información visual además de acústica, *CD-ROM* o *cederrón* (→ CD-ROM). Para designar el aparato que permite reproducir los discos compactos, se emplea la expresión *reproductor* o *lector de (discos) compactos* y también, abreviadamente, *CD* o *cedé: Me han regalado un CD portátil.*

disconforme. **1.** 'No conforme': «*El agricultor está disconforme con las tasaciones que se le hacen de los siniestros*» (*Abc* [Esp.] 27.11.87). Esta es la forma hoy mayoritaria en todo el ámbito hispánico. La variante *desconforme* ha perdido vigencia en el uso actual. **2.** El sustantivo correspondiente es *disconformidad* ('falta de conformidad o acuerdo'): «*Pagaba el precio que le pedían sin asomo de disconformidad*» (Mendoza *Ciudad* [Esp. 1986]). La variante *desconformidad*, frecuente hasta el siglo XIX, carece de uso en la actualidad. **3.** Son también válidas las voces *inconforme* e *inconformidad*, preferidas en algunos países americanos, especialmente en México: «*Se mostró inconforme con el hecho de que se haya relegado a segundo plano al balompié en las dos últimas Olimpíadas*» (*DYucatán* [Méx.] 12.9.96); «*La inconformidad con el golpe de Estado es generalizada*» (Soler *Panamá* [Pan. 1989]). Para designar la acción de mostrarse inconforme se usa en México el verbo *inconformarse*: «*El dirigente* [...] *se inconforma no porque pretenda encabezar las demandas del pueblo, sino porque va* *perdiendo el control de los productores*» (*DYucatán* [Méx.] 9.9.96).

®**disconfort.** → confort, 3.

discontinuar. → descontinuar.

discordar. 1. 'No estar de acuerdo o no armonizar'. Verbo irregular: se conjuga como *contar* (→ APÉNDICE 1, n.º 26). **2.** Suele llevar un complemento precedido de *con* o, más raramente, *de*: «*No se conocían de ellos historias de amoríos ni hecho alguno que discordase CON la dorada mediocridad de su vida campesina*» (GmzOjea *Cantiga* [Esp. 1982]); «*Olivi también discuerda DE muchos espirituales EN la cuestión de la validez de la renuncia de San Pedro Celestino V*» (PMartí *Visionarios* [Esp. 1930]). Como se ve en este último ejemplo, a veces lleva también un complemento con *en,* que expresa aquello en lo que no se está de acuerdo.

discreción. 'Reserva o prudencia' y 'sensatez de juicio': «*Decidí buscar un lugar cercano que me permitiera espiar con discreción*» (MDíez *Expediente* [Esp. 1992]); «*Leopoldo Calvo-Sotelo ejerció con discreción su papel de presidente en funciones*» (Sotillos *1982* [Esp. 2002]). Es incorrecta la forma ®*discreción* y las pronunciaciones correspondientes ®[diskreksión, diskrekzión]. Tampoco son correctas las grafías con *-cc-* de derivados como *discrecional* o *indiscreción.* No debe confundirse con *discrecionalidad* ('cualidad de discrecional'; → discrecionalidad).

discrecionalidad. 'Cualidad de discrecional', esto es, de lo no sometido a regla, sino al criterio de una persona o autoridad: «*Los jueces de instrucción tienen absoluta discrecionalidad para decretar la prisión incondicional*» (*Vanguardia* [Esp.] 2.2.95). No debe confundirse con *arbitrariedad,* pues *arbitrario* significa 'contrario a la justicia, la razón o la ley, dictado por solo la voluntad o el capricho': ®«*Mustafá fue expulsado. SOS Racismo cree que los policías actuaron con discrecionalidad*» (*Mundo* [Esp.] 3.3.95); debió decirse *con arbitrariedad.* Tampoco debe confundirse con *discreción* ('reserva o prudencia'; → discreción).

discrepar. 'Estar en desacuerdo con alguna persona o cosa'. En el uso culto se construye con un complemento introducido por *de*: «*Discrepo DE algunas de sus ideas*» (Cabal *Vade* [Esp. 1982]); «*Quizá el Generalísimo discrepe DE usted*» (Val *Hendaya* [Esp. 1981]). Indebidamente se usa a veces la preposición *con*: ®«*El diputado* [...] *discrepó CON esta apreciación*» (*VGalicia* [Esp.] 23.11.91).

®**discursión.** → discusión.

discusión. 'Acción y efecto de discutir': «*Podríamos entrar en una discusión filosófica sobre la justificación del pago de intereses*» (Barrantes *Análisis* [Perú 1993]). Es incorrecta la forma ®*discursión,* debida probablemente al cruce con *discurso* (sustantivo derivado del verbo *discurrir*).

discutir. 'Contraponer opiniones sobre algo'. Puede ser transitivo: «*Discutieron la conveniencia de comprar algunos libros de ocultismo*» (Paso *Palinuro* [Méx. 1977]); o intransitivo, caso en el que lleva un complemento con *sobre, de* o *acerca de*: «*Discutieron DE platos y DE precios*» (Cohen *Muerte* [Esp. 1993]); «*Un grupo de diplomáticos hipócritas discutían SOBRE la paz*» (Jodorowsky *Danza* [Chile 2001]).

disentir. 1. 'No estar de acuerdo con alguien o algo'. Verbo irregular: se conjuga como *sentir* (→ APÉNDICE 1, n.º 53). **2.** Suele llevar un complemento introducido por *de*: «*Cossío disiente rotundamente DE las opiniones apuntadas*» (Tapia *Toreo* [Esp. 1992]). No debe utilizarse *con* para introducir este complemento: ®«*Emilio Oliva* [...] *disentía CON el presidente*» (*País* [Esp.] 2.6.88). Puede llevar, además, otro complemento introducido por *en,* que expresa el punto concreto de desacuerdo: «*EN esto disiento del profesor Alonso Montero*» (*País* [Esp.] 1.2.85).

disfagia. → -fagia.

®**disformar(se), disforme.** → deforme.

disfrutar. 1. Cuando significa 'sentir placer a causa de algo' es normalmente intransitivo y se construye con un gerundio, o con un complemento introducido por *de* o *con,* que expresa la causa del disfrute: «*Disfruta mirando ese mar enfurecido*» (Vázquez *Narboni* [Esp. 1976]); «*Farnesio y él irían a acompañarlo para* [...] *disfrutar DEL clima sano*» (UPietri *Visita* [Ven. 1990]); «*Disfrutó CON la comprobación de saberse protegido*» (Andrade *Dios* [Arg. 1993]). También es válida la construcción transitiva, con el sentido de 'obtener placer [de algo]': «*Disfruté la compañía*» (Boullosa *Duerme* [Méx. 1994]). **2.** Con el significado de 'tener algo bueno o placentero' puede ser transitivo: «*Desde que concibió la idea de construirlos, ya no disfrutaba ningún momento de sosiego*» (Aguilera *Pelota* [Ec. 1988]); o, más comúnmente, intransitivo, con un complemento introducido por *de*: «*Yo disfrutaba DE todos los lujos*» (Hernández *Secreter* [Esp. 1995]).

®**disgresión.** → digresión.

disgustar(se). 'Causar un disgusto' y, como pronominal, 'enojarse'. En la primera acepción, por tratarse de un verbo de «afección psíquica», dependiendo de distintos factores (→ LEÍSMO, 4a), el complemento de persona puede interpretarse como directo o como indirecto: «*Los retenes* [...] *tienen que incorporarse y no pueden dormir. Esto LOS disgusta*» (Valladares *Esperanza* [Cuba 1985]); «*A Maricusa LE disgustó el aspecto de los dos hombres*» (Herrera *Casa* [Ven. 1985]).

disimular. Como transitivo, 'ocultar [lo que se piensa o se siente realmente]': «*Debe hacer grandes esfuerzos para disimular el miedo*» (*Nacional* [Ven.] 19.1.97); y 'ocultar o hacer menos visible [algo o a alguien]': «*Levantó la tabla del cuarto de la biblioteca que disimulaba la entrada hacia un compartimiento secreto*» (Chao *Altos* [Méx. 1991]). Como intransitivo, 'fingir desconocimiento o indiferencia ante algo': «—*¿De qué conquistas hablas? —No disimules... Me consta que las has tenido*» (BVallejo *Música* [Esp. 1989]). No debe confundirse con *simular* ('hacer parecer real [lo que no lo es]'; → simular): ⊗«*Heroínas que mueren al mismo tiempo de amor y de curiosos males, representadas por obesas artistas que mal pueden disimular tisis*» (*Clarín* [Arg.] 20.2.97).

⊗**diskete,** ⊗**disketera,** *diskette*. → disquete.

disminuir(se). 1. Como transitivo, 'hacer menor' y, como intransitivo, pronominal o no, 'hacerse menor'. Verbo irregular: se conjuga como *construir* (→ APÉNDICE 1, n.º 25). Su participio, *disminuido*, se escribe sin tilde (→ TILDE², 2.1.1 y 2.1.2).

2. Como intransitivo lo normal es usarlo como no pronominal: «*Su poder de concentración disminuía año tras año*» (GaMárquez *Amor* [Col. 1985]); no obstante, en el español de América no es infrecuente su uso como intransitivo pronominal: «*Mientras por una parte va sufriendo una erosión y se disminuye, por otra va creando y crece*» (Otero *Temporada* [Cuba 1983]). Puede ir acompañado de un complemento introducido por *en* o *de*, que expresa el aspecto en que se disminuye: «*Mi mano disminuye DE tamaño al contacto directo con los enanos*» (JmnzEmán *Tramas* [Ven. 1991]); «*Su voz va disminuyendo EN volumen y claridad hasta convertirse en un balbuceo imperceptible*» (Navajas *Agonía* [Col. 1977]). Cuando el complemento es una expresión cuantitativa, puede ir o no precedido de la preposición *en*: «*La producción de huevos ha disminuido EN un 20% por efecto del calor*» (*Mundo* [Esp.] 23.8.95); «*Las ventas a particulares disminuyeron un 33%*» (*Vanguardia* [Esp.] 2.8.95).

disociar(se). 'Separar(se)'. Se acentúa como *anunciar* (→ APÉNDICE 1, n.º 4).

disolver(se). 1. 'Deshacer(se)'. Verbo irregular: se conjuga como *mover* (→ APÉNDICE 1, n.º 41). Su participio es también irregular: *disuelto*.

2. Este verbo transitivo suele llevar, además del complemento directo, un complemento introducido por *en* o *con*: «*Lo disolvía EN agua de rosas*» (Vicent *Balada* [Esp. 1987]); «*La disolvemos* [la resina] *CON nitro al 50%*» (Lastra *Restaurar* [Esp. 1999]).

disonar. 1. 'Sonar mal', 'resultar chocante o extraño' y 'estar en desacuerdo'. Verbo irregular: se conjuga como *contar* (→ APÉNDICE 1, n.º 26).

2. Cuando significa 'estar en desacuerdo' suele llevar un complemento introducido por *de*: «*Las dos voces del actor, la grabada y la viva, disuenan, se desencuentran*» (*País* [Esp.] 1.4.85); «*Abundan los hechos que disuenan DE una interpretación asociacionista estricta*» (Pinillos *Psicología* [Esp. 1975]).

disparar. Cuando significa 'hacer que un arma despida su carga', además del complemento directo —que puede ser el arma, el proyectil o la palabra *tiro*, y que a menudo se omite por consabido—, suele llevar un complemento indirecto o un complemento preposicional introducido por *contra* o *sobre*, que expresa el objetivo del disparo: «*LE dispararon cinco tiros*» (Cela *Cristo* [Esp. 1988]); «*Que nadie LE dispare a ese venado*» (RRosa *Sebastián* [Guat. 1994]); «*No podría disparar CONTRA nadie más que CONTRA ella*» (Belli *Mujer* [Nic. 1992]); «*¿Es que te van a hacer disparar SOBRE un hombre indefenso?*» (Laín *Descargo* [Esp. 1976]). Para expresar el destinatario del disparo, nunca deben usarse los pronombres *lo(s), la(s),* incluso en el caso de que el complemento directo se omita por sobrentendido (→ LEÍSMO, 4d): ⊗*Si el preso intenta escapar, no LO dispares;* debe decirse *no LE dispares.* Por la misma razón, no son aceptables usos en pasiva en los que el sujeto es la persona que recibe el disparo: ⊗«*Un aficionado fue disparado en la boca*» (*Mundo* [Esp.] 15.6.96).

displacer. → desplacer.

display. Voz inglesa cuyo uso es innecesario en español por existir alternativas propias para cada una de sus acepciones:

a) En su sentido más general, equivale a los términos españoles *despliegue, exhibición* o *demostración,* que son los que deben usarse.

b) En ciertos aparatos electrónicos, como teléfonos, calculadoras, equipos de música, etc., 'pequeña pantalla donde se ofrece información visual sobre su funcionamiento'. En español puede sustituirse por las expresiones *pantalla de visualización* o *visualizador.*

c) En el lenguaje publicitario, 'mueble o soporte en que se exhibe un producto para su promoción y venta'. El equivalente español es *expositor.*

disponer(se). 1. 'Poner(se) o colocar(se)', 'mandar u ordenar', 'preparar(se)', 'tener' y 'servirse de alguien o algo'. Verbo irregular: se conjuga como *poner* (→ APÉNDICE 1, n.º 47). El imperativo singular es *dispón* (tú) y *disponé* (vos), y no ⊗*dispone.*

2. Cuando significa 'preparar(se)', es transitivo y funciona a menudo con complemento directo reflexivo, caso en el que va seguido de una subordinada de infinitivo introducida por la preposición *a* (*disponerse a* + infinitivo, 'prepararse para hacer algo, especialmente de modo inmediato'): «*El Lentes se dispuso A manipular la cerradura*»

(MDíez *Fuente* [Esp. 1986]). En ningún caso debe suprimirse la preposición: ®«*Castro se puede dar el lujo de controlar lo que Aznar haga o se disponga hacer con respecto a su régimen*» (*DAméricas* [EE. UU.] 21.4.97).

3. Cuando significa 'tener algo' y 'servirse de alguien o algo con total libertad', funciona como intransitivo no pronominal y va seguido de un complemento introducido por la preposición *de*: «*Ni siquiera disponía* DE *un lugar para instalarse*» (Chávez *Batallador* [Méx. 1986]); «*Esta es la casa de mi madre, dispongo* DE *ella porque no está mi familia*» (Canto *Ronda* [Arg. 1980]). En ningún caso debe suprimirse la preposición, algo que indebidamente se hace cuando, con los sentidos indicados, este verbo es el núcleo de una oración de relativo: ®«*Le cortaron las líneas de teléfono* QUE *dispone para comunicarse con su familia*» (*Razón* [Esp.] 21.1.02); debió decirse *las líneas* [...] DE QUE *dispone*.

®**disque.** → dizque.

®**disquet.** → disquete.

disquete. Adaptación gráfica de la voz inglesa *diskette*, 'disco flexible para almacenar datos informáticos': «*Si quieres grabar un archivo en un disquete formateado, tienes que meter el disquete en la unidad de disco*» (Teso *Informática* [Esp. 1993]). Debe evitarse la adaptación ®*disquet*, que no goza de aceptación generalizada. Se desaconseja, por minoritaria, la forma semiadaptada ®*diskete*. El dispositivo donde se inserta el disquete para su grabación o lectura se denomina *disquetera*, no ®*disketera*.

disquetera. → disquete.

distanciar(se). 'Alejar(se)'. Se acentúa como *anunciar* (→ APÉNDICE 1, n.º 4).

distender(se). 'Aflojar(se) o relajar(se)'. Verbo irregular: se conjuga como *entender* (→ APÉNDICE 1, n.º 31). Es incorrecto adscribir este verbo a la tercera conjugación y emplear el infinitivo ®*distendir*, que produce formas como ®*distendimos*, ®*distendís* (vos/vosotros), en lugar de *distendemos*, *distendés* (vos) y *distendéis* (vosotros), en el presente de indicativo; ®*distendiré*, ®*distendirás*, etc., en lugar de *distenderé*, *distenderás*, etc., en el futuro simple o futuro de indicativo; ®*distendiría*, ®*distendirías*, etc., en lugar de *distendería*, *distenderías*, etc., en el condicional simple o pospretérito; y ®*distendí* (vos), ®*distendid* (vosotros), en lugar de *distendé* y *distended*, en el imperativo.

distinto -ta. 1. Adjetivo que significa 'que no es igual'. Forma estructuras de sentido comparativo o contrastivo, en las que el término de comparación se introduce unas veces con las preposiciones *a* y *de*, y otras con la conjunción *que*.

a) Se usan indistintamente las preposiciones *a* y *de* cuando el segundo término es un nombre, un pronombre o un grupo nominal, incluidos los que integran una oración de relativo: «*Yo no fui distinta* DE *mi madre*» (Castellanos *Femenino* [Méx. 1975]); «*Era algo muy distinto* DE *eso lo que recordaba Thérèse*» (Cano *Abismo* [Col. 1991]); «*Es el lugar y el momento de hacer algo distinto* DE *lo que se hizo*» (Cormillot/Lombardini *Beber* [Arg. 1994]); «*Marcela era muy distinta* A *aquellas chicas*» (Andrade *Dios* [Arg. 1993]); «*Por eso me duele que tú seas tan distinta* A *mí*» (Marsillach *Aniversario* [Esp. 1992]); «*Lo que sentía por ella era distinto* A *lo que sentía por mi padre*» (Asenjo *Días* [Esp. 1982]). En estos casos no debe emplearse la conjunción *que*. Ahora bien, si el primer término es toda una oración, el sustantivo que aparece como segundo término se introduce únicamente mediante la conjunción *que: Es distinto beber cerveza* QUE *vino* (no ®*A* o ®*DE vino*); *Me siento distinta llevando falda* QUE *pantalón* (no ®*A pantalón*); en estos casos se sobreentiende en el segundo término el mismo verbo que aparece en el primero: *Es distinto beber cerveza que* [beber] *vino; Me siento distinta llevando falda que* [llevando] *pantalón.* Cuando el segundo término es un número solo se usa *de*: «*Los cuerpos reales tienen dimensiones distintas* DE *cero*» (Fierro *Mundos* [Méx. 1997]).

b) Si el segundo término es una oración subordinada con verbo en infinitivo, lo normal es que vaya introducido por la conjunción *que*, aunque también puede usarse para ello la preposición *a*: «*Es distinto construir puentes o carreteras* QUE *hablar del Hacedor en tres minutos*» (GaBadell *Funeral* [Esp. 1975]); «*Comer en la huerta de Valencia es distinto* A *hacerlo en la de Murcia*» (Vergara *Comer* [Esp. 1981]). Pero si el segundo término es una oración subordinada con verbo en forma personal, aunque no es gramaticalmente incorrecto usar *que*, se prefiere el empleo de la preposición *a* para evitar la cacofonía que produciría la confluencia con el *que* comparativo con el *que* introductor de la oración subordinada: *Es distinto que bailes conmigo* A *que bailes con tu novio* (mejor que *Es distinto que bailes conmigo* QUE *que bailes con tu novio*, aunque esta última fórmula no es gramaticalmente incorrecta).

c) Si el segundo término es un complemento preposicional o una expresión adverbial, solo es válido el uso de la conjunción *que*: «*Es distinto en Guipúzcoa* QUE *en Vizcaya*» (*Cambio 16* [Esp.] 24.12.90); *En el norte de la provincia hace un tiempo distinto* QUE *aquí.*

2. La forma *distinto* puede funcionar también como adverbio, caso en el que significa 'de manera distinta': «*He creído oír el ascensor, que ahora suena distinto, más metálico, desde que suprimieron la cabina aquella de caoba y cristales esmerilados*» (MtnGaite *Nubosidad* [Esp. 1992]).

distraer(se). 1. 'Desviar o apartar [algo] de su sitio', 'divertir(se) o entretener(se)' y 'desviar, o perder, la atención'. Verbo irregular: se conjuga como *traer* (→ APÉNDICE 1, n.º 58).

2. Con los dos últimos sentidos indicados, es un verbo de «afección psíquica»; por ello, dependiendo de distintos factores (→ LEÍSMO, 4a), el complemento de persona puede interpretarse como directo o como indirecto: «*Con un rápido poder de persuasión LO distraía y le quitaba la pistola*» (Rossi *María* [C. Rica 1985]); «*Los ágiles caballos, los oblicuos alfiles y la reina todopoderosa LE distraían*» (Ribeyro *Geniecillos* [Perú 1983]).

distribuir(se). 'Repartir(se)'. Verbo irregular: se conjuga como *construir* (→ APÉNDICE 1, n.º 25). Su participio, *distribuido*, se escribe sin tilde (→ TILDE², 2.1.1 y 2.1.2).

disuadir. 'Convencer [a alguien] para que desista de una idea o propósito'. Además del complemento directo de persona, lleva un complemento con *de*: «*No hizo absolutamente nada para disuadirLOS DE su empeño*» (*Vanguardia* [Esp.] 2.2.94). Es incorrecto suprimir la preposición (→ QUEÍSMO, 1b): ⊗«*Costó disuadirlo que no acompañara al poeta en su vuelo de regreso*» (Teitelboim *País* [Chile 1988]); debió decirse *disuadirlo DE que*. Es impropio su empleo con complemento directo de cosa, con el sentido de 'evitar [algo] o hacer desistir [de algo]': ⊗«*A fin de combatir y disuadir el ingreso de nuevos inmigrantes ilegales*» (*Hoy* [El Salv.] 1.4.97).

disyóquey. Adaptación gráfica propuesta para la expresión inglesa *disc jockey*, 'persona que selecciona y pone discos en una fiesta, discoteca o programa de radio'. Es común en cuanto al género (→ GÉNERO², 1a y 3e): *el/la disyóquey*. Su plural es *disyoqueis* (→ PLURAL, 1d). Existe también la forma española *pinchadiscos,* aunque hoy no es frecuente su empleo, al menos para designar al disyóquey profesional: «*El pinchadiscos pone un bolero, y la pista de baile se despeja*» (Santiago *Sueño* [P. Rico 1996]).

disyuntiva. 'Situación en que debe elegirse entre dos opciones que se excluyen mutuamente': «*Ante la disyuntiva de tener que descuidar a su cónyuge o a sus hijos, no lo duden ni un segundo: ¡descuiden a sus hijos!*» (Cuauhtémoc *Grito* [Méx. 1992]). Se debe evitar simplificar su significado y utilizar *disyuntiva* con los sentidos de '(única) opción' o 'situación comprometida': ⊗«*Si [...] hubiera tomado otra actitud [...], yo no habría tenido más disyuntiva que acatar su jurisdicción*» (Alape *Paz* [Col. 1985]).

divergir. **1.** 'Discrepar' y, dicho de dos líneas o superficies, 'irse apartando'. Puesto que es un verbo regular, conserva la raíz *diverg-* en todos los tiempos; son incorrectas formas como ⊗*divirgió,* ⊗*divirgieron,* ⊗*divirgiera,* etc., en lugar de *divergió, divergieron, divergiera,* etc. Asimismo, es incorrec-

to adscribir este verbo a la segunda conjugación y emplear el infinitivo ⊗*diverger,* que produce formas como ⊗*divergemos,* ⊗*divergés* (vos), ⊗*divergéis* (vosotros), en lugar de *divergimos, divergís* (vos/vosotros), en el presente de indicativo; ⊗*divergeré,* ⊗*divergerás,* etc., en lugar de *divergiré, divergirás,* etc., en el futuro simple o futuro de indicativo; ⊗*divergería,* ⊗*divergerías,* etc., en lugar de *divergiría, divergirías,* etc., en el condicional simple o pospretérito; y ⊗*divergé* (vos), ⊗*diverged* (vosotros), en lugar de *divergí* y *divergid,* en el imperativo.

2. Suele llevar un complemento introducido por *de*: «*La opinión de Lenin divergió DE la opinión de Trotsky*» (Mariátegui *Partido* [Perú 1925]); y no *con*: ⊗«*Los países que integran el "núcleo" duro de la Unión Europea, CON los cuales vamos progresivamente divergiendo*» (*Mundo* [Esp.] 13.4.95).

divertimento. **1.** 'Acción y efecto de divertirse' y 'diversión o pasatiempo': «*Yo creo en la ironía, la risa, el divertimento*» (*Ratonera* [Esp.] 1.02); «*Aquellas tertulias eran el único divertimento en aquel pueblo*» (GmzOjea *Cantiga* [Esp. 1982]). Con ambos sentidos es igualmente válida, aunque menos frecuente hoy, la variante *divertimiento*: «*Eligen este lugar para su descanso y divertimiento*» (*Abc* [Esp.] 19.8.89); «*Despojar del gorro a un quinto [...] y desaparecer acto seguido [...] constituía un divertimiento*» (Delibes *Madera* [Esp. 1987]).

2. La forma *divertimento* significa, además, 'obra artística o literaria de carácter ligero' y 'composición musical para un número reducido de instrumentos': «*"L'isola degli schiavi" es un malicioso divertimento de Pierre Marivaux*» (*Vanguardia* [Esp.] 20.10.94); «*El divertimento, una pieza típica del clasicismo haydiniano, fue muy bien recibido por el público*» (*Abc* [Par.] 25.9.96). En estos casos no es recomendable emplear la forma *divertimiento*.

divertimiento. → divertimento.

divertir(se). **1.** 'Entretener(se) o recrear(se)'. Verbo irregular: se conjuga como *sentir* (→ APÉNDICE 1, n.º 53).

2. Por tratarse de un verbo de «afección psíquica», dependiendo de distintos factores (→ LEÍSMO, 4a), el complemento de persona puede interpretarse como directo o como indirecto: «*Como es tan gracioso, LOS divierte bastante*» (Armas *Barbuchín* [Guat. 1965]); «*A mi padre LE divierte y la deja seguir hablando*» (Guido *Invitación* [Arg. 1979]).

⊗dividí. → DVD.

dividir(se). 'Partir(se) o separar(se) en partes', 'repartir o distribuir' y, en aritmética, 'averiguar cuántas veces una cantidad, llamada dividendo, contiene a otra, llamada divisor'. Con este último sentido, lleva un complemento introducido por *entre* o *por*: «*La suma de estos diámetros nos da 78; esto* lo dividimos ENTRE 2 y nos sale 39» (Díaz *Bosque* [Méx. 1982]); «*Sume luego todos los puntos y divida POR once*» (*Abc* [Esp.] 12.7.89).

divisible. Cuando significa, referido a un número entero, 'que puede dividirse por otro dando como cociente una cantidad entera', el divisor suele ir introducido con la preposición *por*: «*Serán bisiestos los años cuyo número sea divisible POR 4*» (Maza *Astronomía* [Chile 1988]). Menos frecuente, pero también válido, es usar la preposición *entre*.

DIVISIÓN DE PALABRAS AL FINAL DE RENGLÓN. → GUION² o GUIÓN, 2.

divorciar(se). Como transitivo, 'disolver [un matrimonio]'; como pronominal, 'obtener el divorcio'. También se usa figuradamente con el sentido de 'separar(se) personas o cosas estrechamente vinculadas'. Se acentúa como *anunciar* (→ APÉNDICE 1, n.º 4).

dizque. En el español de amplias zonas de América sigue vigente el uso de esta expresión, procedente de la amalgama de la forma apocopada arcaica *diz* ('dice', tercera persona del singular de presente de indicativo del verbo *decir*) y la conjunción *que*. Se usa normalmente como adverbio, con el sentido de 'al parecer o supuestamente': «*Eran protestantes dizque muy civilizados*» (Azuela *Casa* [Méx. 1983]); «*El otro día se estaba rasgando este maldito las vestiduras porque dizque unos sicarios habían matado a un senador de la República*» (Vallejo *Virgen* [Col. 1994]). También se emplea como adjetivo invariable, antepuesto siempre al sustantivo, con el sentido de 'presunto o pretendido': «*Frente al prócer se alzaba en su desmesura idiota el tren elevado, el dizque metro, inacabado*» (Vallejo *Virgen* [Col. 1994]); «*Mandonea fanfarrón el dizque actuario, ahuecando la voz para que suene solemne*» (Hayen *Calle* [Méx. 1993]). En la forma de este adverbio ya se incluye la conjunción *que*, por lo que no es necesario repetirla, como hacen algunos hablantes al interpretar erróneamente que *dizque* equivale a *dicen*: ⊗«*Al preguntarle un amigo [...] cómo estaba, dizque QUE le contestó: "envejeciendo dulcemente"*» (*Tiempo* [Col.] 1.7.98). Aunque aún se documenta la grafía en dos palabras *diz que*, es siempre preferible la grafía simple *dizque*. No se considera correcta la grafía ⊗*disque*, que traslada a lo escrito la pronunciación seseante. En ciertas zonas de Venezuela se usa coloquialmente la variante *ique*, y en el habla rural de México, con el mismo sentido, se emplea la expresión *quesque* (amalgama de *que es que*): «*Ya sabía que ibas a venir, me lo dijo Pancho, quesque a buscar trabajo*» (Santander *Corrido* [Méx. 1982]).

Djakarta. → Yakarta.

Djerba. → Yerba.

Djibouti. → Yibuti.

do. 'Nota musical'. → PLURAL, 1l y MAYÚSCULAS, 6.2.

doble. 1. Numeral multiplicativo correspondiente al número dos (→ MULTIPLICATIVOS).

2. Como adjetivo significa 'que consta de dos elementos iguales': «*El cuello está dentro de una tira doble que bordea el escote*» (Tudela/Herrerías *Costura* [Méx. 1988]); y 'dos veces mayor en cantidad': «*Solía guardarle ración doble de postre*» (MtzPisón *Ternura* [Esp. 1985]). Como sustantivo significa 'cantidad dos veces mayor' y se usa habitualmente precedido del artículo *el*: «*Aunque ganara el doble, gastaría el doble en divertirse por ahí*» (Daneri *Cita* [Arg. 1983]); con este sentido no es correcto usarlo precedido de *lo*: ⊗«*El crédito bancario crecerá lo doble que la economía nacional*» (*Universal*@ [Ven.] 6.10.03). También, normalmente con artículo, puede funcionar como adverbio, con el sentido de 'dos veces más': «*Su mera presencia hace que los jugadores corran el doble*» (*Vanguardia* [Esp.] 25.1.94).

3. Como sustantivo o como adverbio, *(el) doble* puede ir seguido de un complemento introducido por *de* que especifica la cualidad o la cosa de que se trata: «*Si hubiese contratado camareros profesionales, me habrían salido el doble DE caros*» (Prada *Tempestad* [Esp. 1997] 267); «*Eran mucho más grandes, para el doble DE pasajeros*» (Giardinelli *Oficio* [Arg. 1991] 273). Dado que posee sentido comparativo, a menudo se explicita el segundo término de comparación, que va introducido por la conjunción *que*: «*Comía el doble QUE antes*» (Donoso *Elefantes* [Chile 1995]); «*Tenía que pensar el doble de rápido QUE Rosita*» (Memba *Homenaje* [Esp. 1989]); o por la preposición *de*, si denota, no una entidad distinta, sino grado o cantidad en relación con la magnitud que se compara: «*Le pago el doble DE lo que ha recibido*» (MtzSalguero *Combate* [Bol. 2002]); «*El paciente estaba tomando una dosis doble DE la prescrita*» (Abad *Epilepsia* [Esp. 1981]). No debe usarse *a* para introducir este complemento: ⊗«*Los cables que suspenden la cabina [...] no han de deslizarse cuando esta soporte una carga doble A la normal*» (*Abc* [Esp.] 28.5.89); debió decirse *doble DE la normal*.

doblez. Aunque se documenta su uso indistinto en ambos géneros, es palabra mayoritariamente masculina cuando significa 'parte que se dobla o pliega de una cosa' y 'señal dejada por un pliegue': «*¿Qué habría dentro de aquel doblez de la tela?*» (González *Dios* [Méx. 1999]); y femenina cuando significa 'hipocresía o falsedad': «*La mentira, la doblez, la manipulación y la amenaza desvirtúan la primitiva oferta*» (Salarrullana *Sectas* [Esp. 1990]).

dólar. Adaptación gráfica de la voz inglesa *dollar*, 'unidad monetaria de los Estados Unidos de América y de otros países del mundo'. Debe escribirse con tilde y su plural es *dólares* (→ PLURAL, 1g), no ⊗*dólars*. No debe confundirse con *tólar* ('moneda eslovena'; → tólar).

doler(se). **1.** 'Causar o hacer sentir dolor' y 'sentir o manifestar dolor o queja por algo'. Verbo irregular: se conjuga como *mover* (→ APÉNDICE 1, n.º 41). **2.** Con el primer sentido indicado, es intransitivo no pronominal y se construye normalmente con un complemento indirecto de persona: «*A Sandra LE dolía el estómago*» (Bryce *Vida* [Perú 1981]); es incorrecto usar *la(s)* cuando el referente es femenino (→ LAÍSMO): ⊗*LA duele que te vayas sin despedirte*. **3.** Con el segundo sentido indicado, es intransitivo pronominal y lleva un complemento precedido de la preposición *de*, que expresa la causa del dolor: «*Lleva la ropa hecha trizas, el pelo revuelto y se duele DE los riñones*» (Herrera *Cero* [Esp. 1976]); «*Montúfar se duele DE que el Gobierno de Carrera no haya lamentado la muerte de Larreinaga*» (*Hora* [Guat.] 8.4.97).

dolicocefalia. → -cefalia.

dollar. → dólar.

dolor. 'Sensación molesta y aflictiva en una parte del cuerpo'. Dicha parte se expresa mediante un complemento introducido por *de* o *en*: «*Helena se quejaba de un fuerte dolor DE cabeza*» (Britton *Siglo* [Pan. 1995]); «*Marco Sandy tiene un dolor EN la espalda*» (*Prensa* [Bol.] 1.2.03); no es correcto usar la preposición *a*: ⊗*«Tome píldoras del doctor Witt y quítese el dolor A los riñones*» (*Hoy* [Chile] 19-25.10.83).

doméstico -ca. En español significa 'de la casa o del hogar' y '[animal] que vive en compañía del hombre'. Debe evitarse su empleo metafórico con el sentido de 'nacional o de la nación', claramente influido por el inglés: ⊗*«Los vuelos domésticos son más numerosos [...] que los internacionales*» (*Mundo* [Esp.] 15.12.96); ⊗*«Le había pedido al FMI que se le diera "una altísima prioridad [...] al problema doméstico"*» (*Hoy* [Chile] 25.4-1.5.84). En el primer caso debió decirse *vuelos nacionales* (o, en la Argentina, *vuelos de cabotaje*) y, en el segundo, *problema interno*.

domiciliar(se). 'Autorizar [pagos o cobros] a través de una entidad bancaria' y, como pronominal, 'establecer alguien su domicilio en un lugar'. Se acentúa como *anunciar* (→ APÉNDICE 1, n.º 4).

domínica o **dominica.** En el lenguaje eclesiástico, 'domingo' y 'escrituras que se leen en el oficio de cada domingo'. Su acentuación etimológica y más recomendable es la esdrújula: «*Durante el periodo comprendido entre el viernes de Dolores y la domínica de Cuasimodo*» (Olivas *Dulces* [Perú 1996]). También es válida la forma llana *dominica* [do-

miníka], menos usual y que tiene el inconveniente de coincidir con la forma femenina del adjetivo *dominico* (→ dominico).

dominicano -na. Tiene dos significados: 'de la República Dominicana' y 'de la Orden de Santo Domingo'. Con el último sentido se usa más y es preferible la voz *dominico* (→ dominico).

dominico -ca. 'De la Orden de Santo Domingo': «*La enciclopedia medieval del fraile dominico Johannes de Geminiano*» (Trabulse *Orígenes* [Méx. 1994]). Es voz llana: [dominíko]. La forma esdrújula *domínico* no es propia del habla culta, salvo en Chile, donde se usa con normalidad. No debe usarse este adjetivo como sinónimo de *dominiqués* ('de Dominica'; → dominiqués).

dominico-. Elemento compositivo prefijo que significa 'de la República Dominicana': «*En las regiones de salud cercanas a la frontera dominico-haitiana [...], se montó una vigilancia permanente*» (*Listín* [R. Dom.] 7.5.97). Para su escritura con o sin guion intermedio, → GUION² o GUIÓN, 1.1.3a. No debe usarse esta forma, aislada, como gentilicio, función que corresponde al adjetivo *dominicano* (→ dominicano).

dominiqués -sa. 'De Dominica, país caribeño situado en la isla del mismo nombre'. No debe confundirse con *dominicano* ('de la República Dominicana'; → dominicano).

dominó o **dómino.** 'Juego de mesa' y 'traje con capucha'. Esta voz conserva mayoritariamente en español la acentuación aguda que tiene en francés, de donde la hemos tomado. Solo en Puerto Rico es normal la forma esdrújula *dómino*. Su plural es *dominós* o *dóminos* (→ PLURAL, 1a y b).

domo. 'Cúpula': «*Se acercó con Eva a los grandes ventanales para ver llegar el rosicler del alba sobre el domo del Congreso*» (Posse *Pasión* [Arg. 1995]). Es masculino, como el francés *dôme*, voz de la que deriva. A veces se emplea, indebidamente, como sinónimo de *catedral*, por influjo del italiano *duomo*: ⊗*el domo de Milán*.

donde. **1.** Adverbio relativo de lugar que introduce oraciones subordinadas con antecedente o sin él: «*Fueron hasta la casa donde él se alojaba*» (Alfaya *Traidor* [Esp. 1991]); «*Yo iré donde tú vayas*» (Chao *Altos* [Méx. 1991]). Es palabra átona que debe escribirse sin tilde, a diferencia del adverbio interrogativo o exclamativo *dónde* (→ dónde). Se hace tónico, aunque sigue escribiéndose sin tilde, cuando se coordina con otro adverbio relativo y no es el último elemento de la coordinación: *Trabajaré donde* (pron. [dónde]) *y cuando yo quiera*. **2.** Puede ir precedido de las preposiciones *a, de, desde, en, hacia, hasta, para* y *por,* con las que se indican distintas relaciones de lugar (destino, origen, situación, dirección, tránsito): «*Vámonos a donde tú quieras*» (Herrera *Casa* [Ven. 1985]); «*Yo podría olvidar* [...] *los lugares de donde vengo*» (Labarca *Butamalón* [Chile 1994]); «*En una esquina hay una cantina desde donde se oye la algarabía de los clientes*» (Gallegos *Pasado* [C. Rica 1993]); «*No vas a poder cazar en donde ya sabes*» (RRosa *Sebastián* [Guat. 1994]); «*Corrimos hacia donde yacía, ya muerto, el ciervo colorado*» (Guido *Invitación* [Arg. 1979]); «*El escritor va hasta donde se encuentra la televisión*» (López *Vine* [Méx. 1975]); «*Su decisión entreabrió una puerta por donde cabía el mundo entero*» (GaMárquez *Amor* [Col. 1985]). La preposición *a* puede soldarse a este adverbio, dando lugar a la forma *adonde* (→ adonde): «*Llévame adonde tú vayas*» (Omar *Hoy* [Esp. 1989]).

3. Cuando el verbo implica movimiento, para indicar destino, pueden emplearse las formas *a donde* (o *adonde;* → adonde, 1) y *donde: Iré a donde tú vayas / Iré donde tú vayas; La casa adonde te llevo está cerca / La casa donde te llevo está cerca*. Debe evitarse hoy el uso de *a donde* (o *adonde*) para indicar 'lugar en donde' (→ adonde, 2): ⊗*El apartamento a donde vivo es grande*.

4. Para indicar estado o situación ('lugar en donde'), es opcional el uso de la preposición *en* ante el relativo *donde*, aunque, cuando no hay antecedente, suele ser más frecuente la ausencia de preposición: *Ponlo donde quieras / Ponlo en donde quieras; La habitación en donde duermo es pequeña / La habitación donde duermo es pequeña*.

5. Es arcaico, y debe evitarse hoy, el uso de *donde* con antecedente temporal: ⊗*Fueron años donde se pasaron calamidades;* ⊗*Será al atardecer donde se producirán los chubascos más fuertes*. En estos casos deben usarse los relativos *(el) que* o *el cual* precedidos de la preposición correspondiente, o bien, si lo admite la sintaxis de la frase, el adverbio relativo *cuando: Fueron años en (los) que / durante los cuales se pasaron calamidades; Será al atardecer cuando se producirán los chubascos más fuertes*.

6. En el habla coloquial se usa a veces como preposición, con el sentido de 'junto a' o 'a casa de': «*Luego fue donde Freddy y se lo contó todo*» (Vergés *Cenizas* [R. Dom. 1980]); «*Violeta fue donde Marcelina a preguntarle qué pasaba*» (Serrano *Vida* [Chile 1995]); «*Voy donde el abuelo*» (ASantos *Vis* [Esp. 1992]).

7. *donde quiera.* → dondequiera.

dónde. 1. Adverbio interrogativo o exclamativo de lugar. Es palabra tónica que debe escribirse con tilde, a diferencia del adverbio relativo *donde* (→ donde). Introduce enunciados interrogativos o exclamativos directos, y oraciones subordinadas interrogativas o exclamativas indirectas: «*¡Estás muy moreno! ¿Dónde has estado?*» (Morena *Silencios* [Esp. 1995]); «*Yo he pasado luego noches mucho mejores que aquellos días. ¡Dón-*

de va a parar!» (Moncada *Otoño* [Esp. 1993]); «*No sé dónde querés ir*» (Rovner *Sueños* [Arg. 1985]); «*¡Y mira dónde he ido a parar!*» (*Mundo* [Esp.] 1.3.94). Puede constituir por sí solo un enunciado: —¿*Quieres ponerte allí?* —¿*Dónde?*, o quedar al final como único elemento de la oración subordinada: *Me gustaría irme de vacaciones, pero no sé dónde*.

2. Puede ir precedido de las preposiciones *a, de, desde, en, hacia, hasta, para* y *por*, con las que se indican distintas relaciones de lugar (destino, origen, situación, dirección, tránsito): ¿*A dónde me llevas?; ¿De dónde venís?; ¿Desde dónde han llamado?; ¿En dónde vive?; ¿Hacia dónde se dirige?; ¿Hasta dónde piensa llegar?; ¿Para dónde vas?; ¿Por dónde se ha ido?* La preposición *a* puede soldarse a este adverbio, dando lugar a la forma *adónde* (→ adónde).

3. Cuando el verbo implica movimiento, para indicar destino, pueden emplearse las formas *a dónde* (o *adónde;* → adónde, 1) y *dónde*, aunque es más frecuente el uso con preposición: ¿*Adónde vamos? / ¿Dónde vamos?; No sé adónde me llevan / No sé dónde me llevan*. Debe evitarse hoy el uso de *a dónde* (o *adónde*) para indicar estado o situación (→ adónde, 2): ⊗¿*A dónde está el director?*

4. Con verbos que no implican movimiento, sino estado o situación, es opcional el uso de la preposición *en* ante el adverbio, aunque suele ser más frecuente la ausencia de preposición: ¿*Dónde ha estado todo este tiempo? / ¿En dónde ha estado todo este tiempo?*

5. Cuando aparece precedido de la preposición *según*, o del verbo *depender* o el adverbio *independientemente* seguidos de la preposición *de*, se recomienda escribirlo con tilde, ya que en estos casos suele ser tónico y se interpreta normalmente como interrogativo: «*Otros acostumbran a emplear distinto lenguaje según dónde se encuentren*» (*Tiempo* [Esp.] 16.4.90); «*Todo depende de dónde te pongas*» (SchzOstiz *Infierno* [Esp. 1995]); «*Todos los cuerpos tienen masa, independientemente de dónde se encuentren*» (VV. AA. *Física* [Esp. 1995]). No obstante, en estos casos el adverbio puede tener también valor relativo, por lo que no se considera incorrecto escribirlo sin tilde: *Según dónde se encuentre...* [= según en qué lugar se encuentre] o *Según donde se encuentre...* [= según el lugar en que se encuentre].

6. En oraciones subordinadas de infinitivo dependientes de los verbos *haber* y *tener,* hay vacilación entre la pronunciación tónica y átona de este adverbio. En estos casos puede interpretarse como interrogativo y escribirse con tilde, o como relativo sin antecedente expreso y escribirse sin ella: *No tengo dónde* [= a qué lugar] *ir / No tengo donde* [= lugar al que] *ir; En este pueblo no hay dónde* [= en qué lugar] *comer decentemente / En este pueblo no hay donde* [= lugar en el que] *comer decentemente*.

7. Precedido de artículo, se sustantiva: «*Aquí no vamos a sugerir el dónde y cómo de esta ruptura*» (Coronado *Fabuladores* [Méx. 1984]).

dondequiera. 1. Adverbio indefinido de lugar que significa, con verbos de estado, 'en cualquier parte': «*La gente deja su ropa dondequiera* [...]: *no quieren colgar nada en el armario*» (Santiago *Sueño* [P. Rico 1996]). Con verbos de movimiento significa 'a cualquier parte': «*Dondequiera que íbamos nuestra fama nos precedía*» (Saer *Entenado* [Arg. 1988]). En este caso resulta más apropiado el uso de *adondequiera* (→ adondequiera). *Dondequiera* se emplea muy frecuentemente como antecedente del relativo *que: dondequiera que estés, dondequiera que vayas*. No debe suprimirse el relativo en estos casos: ⊗«*Dondequiera se le dé un golpe* [al tambor], *resuena por todas partes*» (*Abc* [Esp.] 2.11.86). **2.** Este adverbio ha de escribirse hoy en una sola palabra, por lo que no debe confundirse con la combinación ocasional del adverbio relativo *donde* y la primera o tercera persona del presente de subjuntivo del verbo *querer*, que significa 'en el lugar o al lugar que desee': «*Es inhumano quitar a un individuo su derecho a vivir donde quiera*» (*Hoy* [Chile] 19-25.10.83); «*Se puede usted ir* [...] *donde quiera*» (MtzReverte *Gálvez* [Esp. 1979]).

donjuán. 'Seductor de mujeres': «*Waitzenbecker tenía fama de donjuán*» (Pombo *Metro* [Esp. 1990]). Aunque es admisible su escritura en dos palabras (*don juan*), se recomienda la grafía simple *donjuán*, que, además de ser mayoritaria en el uso, permite su empleo en plural: «*No olvides que los donjuanes tienen la vejez muy triste*» (Pozo *Novia* [Esp. 1995]).

dopaje. 1. 'Administración de sustancias estimulantes para potenciar el rendimiento del organismo con fines competitivos': «*Un castigo de dos meses por dopaje lo mantuvo fuera de las canchas*» (*Nación* [C. Rica] 11.4.97). Se ha creado a partir del verbo *dopar* (del ingl. *to dope* 'drogar') y es el término que debe usarse en español como equivalente de la voz inglesa *doping*. **2.** Existe, asimismo, el adjetivo invariable *antidopaje*, que significa 'destinado a evitar el dopaje': *controles antidopaje*. Es el equivalente español del término inglés *antidoping*.

doping. → dopaje, 1.

dormir(se). Dicho de una persona o un animal, 'estar en el estado de reposo periódico en que se suspende toda actividad corporal voluntaria', 'quedarse dormido' y 'hacer que [alguien] se quede dormido'. Verbo irregular: v. conjugación modelo (→ APÉNDICE 1, n.º 30).

dosier. Adaptación gráfica de la voz francesa *dossier*, 'conjunto de documentos sobre un asunto que se

guardan juntos'. Su plural es *dosieres* (→ PLURAL, 1g): «*Una rápida ojeada por los dosieres judiciales nos diría cuánta gente se pudre en la cárcel*» (*Mundo* [Esp.] 10.5.96). Pueden usarse también los equivalentes españoles *expediente* o *carpeta*.

DOS PUNTOS. Signo de puntuación (:) que representa una pausa mayor que la de la coma y menor que la del punto. Detienen el discurso para llamar la atención sobre lo que sigue, que siempre está en estrecha relación con el texto precedente. Se escriben pegados a la palabra o el signo que los antecede, y separados por un espacio de la palabra o el signo que los sigue.

1. *Usos lingüísticos*

1.1. Preceden a una enumeración de carácter explicativo: *Ayer me compré dos libros: uno de Carlos Fuentes y otro de Cortázar.*

1.2. Cuando, por interés, se anticipan los elementos de la enumeración, los dos puntos sirven para cerrarla y dar paso al concepto que los engloba: *Natural, sana y equilibrada: así debe ser una buena alimentación.*

1.3. Preceden a la reproducción de citas o palabras textuales, que deben escribirse entre comillas e iniciarse con mayúscula (→ MAYÚSCULAS, 3.3c): *Ya lo dijo Ortega y Gasset: «La claridad es la cortesía del filósofo».*

1.4. Se emplean tras las fórmulas de saludo en el encabezamiento de cartas y documentos. En este caso, la palabra que sigue a los dos puntos, y que inicia el cuerpo de la carta, se escribe con inicial mayúscula y en renglón aparte (→ MAYÚSCULAS, 3.3a): *Muy señor mío: / Le agradeceré que en el plazo más breve posible...* Es costumbre anglosajona, que debe evitarse en español, utilizar la coma en lugar de los dos puntos: ⊗*Querido amigo, / Te escribo esta carta para comunicarte...*

1.5. Sirven para separar una ejemplificación del resto de la oración: *De vez en cuando tiene algunos comportamientos inexplicables: hoy ha venido a la oficina en zapatillas.*

1.6. En textos jurídicos y administrativos, como decretos, sentencias, bandos, edictos, certificados o instancias, se colocan después del verbo que presenta el objetivo fundamental del documento y que va escrito con todas sus letras en mayúscula (→ MAYÚSCULAS, 2.2d). La primera palabra que sigue a dicho verbo se escribe con inicial mayúscula y en párrafo aparte (→ MAYÚSCULAS, 3.3b): *CERTIFICA: / Que D. José Álvarez García ha seguido con aprovechamiento el Curso...* Solamente en este caso los dos puntos son compatibles con la conjunción subordinante *que*.

1.7. Sirven para marcar una pausa enfática tras locuciones de carácter introductorio como *a saber, ahora bien, pues bien, esto es, dicho de otro modo, en otras palabras, más aún...,* y no precisan que la oración que los sigue se inicie con mayúscula: *Nunca me ha molestado colaborar. Dicho de otro modo: me gusta ayudar a los demás; ¿Recuerdas lo que te conté de Ramiro? Pues bien: ha vuelto a hacerlo.* En la mayoría de estos casos los dos puntos son sustituibles por la coma. La diferencia entre el uso de uno u otro signo está en que con la coma el énfasis desaparece y la expectación creada en el lector con respecto a lo que se va a decir es menor.

1.8. Se usan también para conectar oraciones relacionadas entre sí sin necesidad de emplear otro nexo. Son varias las relaciones que pueden expresar:

a) Causa-efecto: *Se ha quedado sin trabajo: no podrá ir de vacaciones este verano.*

b) Conclusión, consecuencia o resumen de la oración anterior: *El arbitraje fue injusto y se cometieron demasiados errores: al final se perdió el partido.* En este caso se usa también el punto y coma (→ PUNTO Y COMA, 3b).

c) Verificación o explicación de la oración anterior, que suele tener un sentido más general: *La paella es un plato muy completo y nutritivo: tiene la fécula del arroz, las proteínas de sus carnes y pescados, y la fibra de sus verduras.* En este caso se usa también el punto y coma (→ PUNTO Y COMA, 3b).

1.9. En títulos y epígrafes es frecuente su uso para separar el concepto general del aspecto parcial del que va a tratarse: *La literatura medieval: estudio comparativo de los principales motivos recurrentes.*

1.10. Separan los epígrafes internos de un libro del texto que los sigue, cuando este comienza en la misma línea: *La Revolución industrial: Su origen hay que situarlo en Gran Bretaña, alrededor de 1780, cuando...* Para ello se usa también la raya precedida de un punto (→ RAYA, 2.8a).

1.11. Es incorrecto escribir dos puntos entre una preposición y el sustantivo o sustantivos que esta introduce: ⊗*En la reunión había representantes de: Bélgica, Holanda y Luxemburgo;* ⊗*La obra estuvo coordinada por: Antonio Sánchez.*

2. Usos no lingüísticos

2.1. Se emplean para separar las horas de los minutos en la expresión de la hora. No debe dejarse espacio de separación entre los dos puntos y las cifras colindantes: *15:30 h* (para esto se usa también el punto; → PUNTO, 4.1).

2.2. Indican división en expresiones matemáticas. En este caso, se escriben con espacio de separación respecto de las cifras colindantes: *8 : 2 = 4.* En este uso alternan con la barra (→ BARRA, 1i) y con el símbolo ÷.

dossier. → dosier.

dotar. Verbo transitivo en todas sus acepciones:

a) 'Dar dote [a una mujer]': *«Una modesta suma con que dotar a la hija»* (Mesonero *Escenas* [Esp. 1842-51]).

b) 'Proporcionar recursos [a algo, especialmente a una institución]': *«A su muerte [...] dota una cátedra en la Universidad de Londres»* (LpzFanjul *Vaivenes* [Esp. 1987]).

c) 'Proveer [a una persona o cosa] de algo que no tenía'. Lo donado se expresa mediante un complemento introducido por *de* o, menos frecuentemente, *con*: *«Al crear Dios al hombre LO dotó DE libre albedrío»* (Matute/Matute *Perfil* [Méx. 1992]); *«Haciendo abstracción de las imperfecciones CON que LA dotó la madre naturaleza»* (Cano *Abismo* [Col. 1991]). Es frecuente y admisible que el complemento directo vaya precedido de la preposición *a*, aún siendo un nombre de cosa (→ a², 1.2h): *«Había intentado dotar A mis palabras de la mayor naturalidad del mundo»* (FdzCubas *Ágatha* [Esp. 1994]).

dote. Cuando significa 'conjunto de bienes aportados por la mujer al matrimonio o por la religiosa al convento', es válido su uso en ambos géneros, aunque hoy predomina claramente el femenino, que es, además, el género etimológico: *«La dote nupcial de las georgianas incluía un tablero de ajedrez»* (*País* [Esp.] 1.10.85). Cuando significa 'cualidad personal' es siempre femenino y se emplea normalmente en plural: *«Posee unas dotes de comunicador innegables»* (DzVelasco *Hombres* [Esp. 1995]).

dracma. 1. 'Moneda griega'. Con este significado admite ambos géneros: *«Sé que no tiene ni una dracma»* (Espinosa *Jesús* [Méx. 1995]); *«Le quiso devolver el dracma griego al mocito»* (Lezama *Oppiano* [Cuba 1977]). Se recomienda el género femenino, que es el etimológico.

2. Cuando significa 'unidad de medida equivalente a la octava parte de una onza', solo se usa en femenino: *«Mercurio precipitado negro, de doce granos hasta media dracma»* (MñzCalvo *Farmacia* [Esp. 1994]).

dramático -ca. En español significa 'del drama (género literario)' y 'que tiene caracteres de drama'. No debe usarse con el sentido de 'drástico o espectacular', como se hace a veces por influjo del inglés *dramatic*: ⊗*«Se propone un "dramático aumento" de la facturación»* (*Mundo* [Esp.] 28.7.95); debió decirse *un espectacular aumento.* Lo mismo cabe decir del adverbio *dramáticamente,* que no debe usarse con el sentido que corresponde a las voces españolas *drásticamente* o *espectacularmente:* ⊗*«Los vínculos científicos entre los dos países vecinos se redujeron dramáticamente»* (*Granma* [Cuba] 4.97); ⊗*«Si las elecciones locales pudieran convertirse en referendos sobre el liderazgo de Gingrich, los chances de los demócratas mejorarían dramáticamente»* (*NHerald* [EE. UU.] 28.4.97).

Dresde. Forma tradicional española del nombre de esta ciudad de Alemania: *«La Filarmónica de Dresde determina en gran parte la vida cultural de esta* *capital sajona*» (*Excélsior* [Méx.] 14.9.01). No debe usarse en español la forma alemana *Dresden*.

Dresden. → Dresde.

dribbling, driblador -ra. → driblar.

driblar. Del inglés *to dribble*, se usa en el fútbol y otros deportes y significa 'esquivar un jugador [a otro] para no dejarse arrebatar la pelota': «*Dribló al portero y disparó a puerta*» (*Mundo* [Esp.] 9.1.95). En algunos países como el Perú, Chile o la Argentina se emplea la variante *driblear*: «*Barbadillo driblea a uno, dos hombres*» (Bryce *Vida* [Perú 1981]). Es hoy más habitual y recomendable el uso de otros verbos de significado equivalente, como *gambetear*, en el español americano, especialmente en el Cono Sur, y *regatear*, en España. Esta recomendación afecta también a otras voces de la misma familia; así, para referirse al jugador, son preferibles *gambeteador* y *regateador*, en lugar de *driblador* o *dribleador*; para referirse a la acción, *gambeteo* y *regateo* (también *regate*); y para referirse al efecto, *gambeta* y *regate*. Para estos dos últimos sentidos, no deben usarse ni el anglicismo crudo *dribbling* ni intentos de adaptación como [⊗]*dribling* o [⊗]*driblin*.

dribleador -ra, driblear. → driblar.

dualidad. 'Existencia de dos caracteres o fenómenos distintos en una misma persona o en un mismo estado de cosas': «*Esa dualidad entre el hombre apacible y el que se supone agresivo generará numerosas situaciones cómicas*» (*Vanguardia* [Esp.] 16.5.95). No significa 'doblez o falsedad', sentido que corresponde a *duplicidad* (→ duplicidad): [⊗]«*¿Cómo se justifica que, convencido del carácter criminal de la acción de las fuerzas armadas, pronunciase discursos haciendo su panegírico? ¿No hay una dualidad en ese proceder?*» (Mignone *Iglesia* [Arg. 1986]).

Dubái. El nombre de este emirato árabe y de su capital debe escribirse con tilde en español, por ser voz aguda acabada en vocal (→ TILDE², 1.1.1 y 6.2): «*Los sudamericanos enfrentarán a Japón* [...] *en Dubái por los cuartos de final de la competición juvenil*» (*Comercio*@ [Perú] 10.1.03).

duda. 1. 'Estado de indecisión o de falta de certeza' y 'cosa que provoca dicho estado o lo implica'. Este sustantivo femenino forma parte, en singular o en plural, de diversas locuciones. Así, se usa normalmente en singular en *sin duda* ('con toda seguridad'): «*Sin duda, todo recuerdo es doloroso*» (Ocampo *Cornelia* [Arg. 1988]); *estar fuera de duda* ('ser seguro o indiscutible'): «*La oportunidad de la consulta está fuera de duda*» (*Vanguardia* [Esp.] 16.9.95); y en *no caber* (o *haber*) *duda* (→ 2): «*No cabe duda de que Khamuas lo conocía*» (Mujica *Escarabajo* [Arg. 1982]); «*Einstein estaba equivocado, no había duda*» (Villoro *Noche* [Méx. 1980]). Se emplea

normalmente en plural en las expresiones *estar hecho un mar de dudas* ('dudar mucho o tener muchas dudas'): «*Porque estoy hecha un mar de dudas*» (Alviz *Son* [Esp. 1982]); y en la expresión, propia del español de varios países de América, *por (si) las dudas* ('por si acaso'): «*Sospecho que no lo hizo adrede, pero por si las dudas, todos nos volvimos para ver a papá*» (Alatriste *Vivir* [Méx. 1985]); «*El gaucho se persigna por las dudas*» (Ocampo *Testimonios* [Arg. 1977]). Esta distribución refleja el uso mayoritario, lo que no implica que no se documenten, en algunas de estas locuciones, usos contrarios a la tendencia mayoritaria, que no hay por qué considerar incorrectos: «*Todo aquello no era más que una estúpida broma urdida, sin dudas, por alguna de las dos pequeñas arpías*» (Andahazi *Piadosas* [Arg. 1999]); «*La eficacia conseguida con este sistema está fuera de dudas*» (Bueno *Mountain bike* [Esp. 1992]); «*No había dudas de que este modo de vida era su destrucción*» (Padilla *Jardín* [Cuba 1981]); «*Acerca de su gravedad no me cabían dudas*» (Aldecoa *Mujeres* [Esp. 1994]).

2. *no caber* (o *no haber*) *duda*. Se trata de locuciones sinónimas, que significan 'ser algo absolutamente cierto o indiscutible'. Ambas se construyen con un complemento precedido de la preposición *de*, que expresa aquello sobre lo que se tiene absoluta certeza, y que a menudo se omite por consabido. A veces, estas locuciones llevan incrementos enfáticos (*la menor duda, ninguna duda*, etc.): «*No necesita reír para probarme que es inteligente, Williams. No me cabe la menor duda* DE *ello*» (Vilalta *Historia* [Méx. 1978]); «*—¿Y llegará a ser una pianista excelsa? —*DE *eso no hay la menor duda*» (Piñera *Niñita* [Cuba 1992]). Ha de evitarse en la lengua culta la supresión de la preposición *de* que debe preceder al complemento: [⊗]«*Luis es un golfo, eso no cabe duda*» (FnGómez *Bicicletas* [Esp. 1982]); debió decirse DE *eso no cabe duda*. Esta supresión indebida es especialmente frecuente cuando el complemento es una oración subordinada introducida por la conjunción *que* (→ QUEÍSMO, 1g): [⊗]«*¿Acaso hay duda que fue torturada?*» (*Caretas* [Perú] 4.9.97); [⊗]«*No cabe duda que la paz engendra riqueza*» (*Hora* [Guat.] 8.4.97); debió decirse *acaso hay duda* DE *que* y *no cabe duda* DE *que*, respectivamente.

dudar. 1. Cuando significa 'tener dudas o desconfiar', puede construirse de dos modos:

a) Como intransitivo, con un complemento introducido por *de*: *Dudo* DE *su honestidad*. Esta es la única construcción posible cuando el complemento verbal es un sustantivo (no se dice **Dudo su honestidad*). Si el complemento es una oración subordinada introducida por la conjunción *que*, es correcto el empleo conjunto de la preposición y la conjunción: *Dudo* DE QUE *sea honesto*.

b) Como transitivo. En este caso, el complemento verbal es directo y se construye sin preposición. Esta es la construcción habitual cuando el complemento es una oración subordinada introducida por la conjunción *que* o un pronombre átono de tercera persona: *Dudo QUE haya dicho la verdad; LO dudo.* Pero también es correcta, en estos casos, la construcción con preposición (→ 1a): *Dudo DE QUE haya dicho la verdad; Dudo DE ello.* **2.** Con el sentido de 'vacilar o estar indeciso', se usa normalmente como intransitivo y se construye preferentemente con las preposiciones *en* o *entre* (esta última, cuando se hacen explícitas las distintas opciones): *No dudes EN acudir a mí si tienes problemas; Dudo ENTRE ir o no ir.* Pero se usa como transitivo cuando el complemento es un pronombre o una oración interrogativa indirecta introducida por la conjunción *si: Cómprate esa casa, no LO dudes; Aún duda SI comprarse un abrigo nuevo.*

duermevela. 'Sueño ligero'. Es válido su uso en ambos géneros: «*Pasó varias horas en una agitada duermevela*» (Contreras *Nadador* [Chile 1995]); «*En su angustioso duermevela atribuía la desgracia de la enfermedad a un castigo divino*» (MñzMolina *Sefarad* [Esp. 2001]).

dumpin. Adaptación gráfica propuesta para la voz inglesa *dumping,* que se utiliza en economía con el sentido de 'práctica de competencia desleal que consiste en vender a precios inferiores al costo, para adueñarse del mercado': «*Prácticas desleales de comercio, como son los subsidios y el dumpin*» (*Prensa* [Nic.] 10.12.03).

dumping. → dumpin.

Dunkerque. Aunque en el nombre de esta ciudad y puerto de Francia han alternado desde siempre en el uso español las grafías *Dunquerque* y *Dunkerque,* hoy es mayoritaria y preferible la grafía *Dunkerque,* que coincide con la que tiene este nombre en francés: «*Trabajé en Dunkerque denodadamente y fui de los últimos en embarcarme*» (TBallester *Filomeno* [Esp. 1988]). No es admisible la grafía ⊗*Dunkerke,* que no es ni francesa ni española. La forma inglesa *Dunkirk* solo es válida en español como nombre de una ciudad del estado de Nueva York (→ Dunkirk).

Dunkirk. Ciudad del estado de Nueva York. Aunque es también la forma inglesa de *Dunkerque,* no debe utilizarse con este valor en textos españoles (→ Dunkerque).

Dunquerque. → Dunkerque.

duodécimo -ma. 1. Como adjetivo ordinal significa 'que sigue inmediatamente en orden al undécimo': «*Era la noche de mi duodécimo cumpleaños*» (Campos *Desierto* [Esp. 1990]). Esta es la forma etimológica y la preferida en el uso culto, aunque hoy es muy frecuente la forma analógica *decimosegundo,* también válida (→ ORDINALES, 2c y 3). **2.** El ordinal *duodécimo* puede funcionar asimismo como numeral fraccionario, con el sentido de 'doceavo' (→ FRACCIONARIOS, 2): «*Unidad inglesa de medida que equivale a la duodécima parte del pie: pulgada*» (Ramírez *Baile* [Nic. 1995]). Esto no significa que el fraccionario *doceavo* pueda, a la inversa, funcionar como ordinal; no debe decirse, pues, ⊗*el doceavo piso,* sino *el duodécimo piso* (→ FRACCIONARIOS, 5).

dúplex. Voz procedente del adjetivo latino *duplex,* que significa 'doble'. Como adjetivo o como sustantivo masculino, se emplea modernamente con los significados de '[sistema técnico de comunicaciones] que permite transmitir y recibir información simultáneamente', sentido tomado del francés: «*Permanecen enlazados con su emisora central mediante línea microfónica dúplex*» (Muñoz/Gil *Radio* [Esp. 1986]); y '[piso o apartamento] de dos plantas unidas por una escalera interior', sentido tomado del inglés norteamericano: «*Había adquirido un bonito dúplex cerca del centro*» (Val *Duato* [Esp. 1998]). Debe escribirse con tilde por ser voz llana terminada en consonante distinta de *-n* o *-s* (→ TILDE², 1.1.2). Es invariable en plural (→ PLURAL, 1f): *los dúplex.*

dúplice. → MULTIPLICATIVOS, 3.

duplicidad. 'Doblez o falsedad' y 'cualidad de dúplice o doble': «*Confiesa su temprana indignación ante la cobardía y duplicidad de sus padres*» (MtnGaite *Nubosidad* [Esp. 1992]); «*Allí hubo un consenso de ideas y voluntades para evitar duplicidad de esfuerzos*» (NDía [P. Rico] 19.11.97). No debe confundirse con *dualidad* ('coexistencia de dos caracteres o fenómenos distintos en una misma cosa o persona'; → dualidad): ⊗*«Era un muchacho vigoroso y a veces se portaba como una damisela. Esa duplicidad me enternecía*» (GGalán *Bobo* [Esp. 1986]). Asimismo, es incorrecto utilizar la voz *duplicidad* en el sentido de 'coincidencia o similitud': ⊗*«Pero el nombre de Melchiot no es la única duplicidad entre el Madrid y el Milan* [sic]» (*País* [Esp.] 29.4.97).

duplo -pla. → MULTIPLICATIVOS, 2.

durar. 'Ocupar cierta cantidad de tiempo'. Lo normal es que el complemento de tiempo no lleve preposición: «*La ropa me dura muchos años*» (*Vistazo* [Ec.] 18.12.97); pero puede ir también precedido de *por:* «*El amor duró por muchos años*» (*Expreso* [Perú] 22.4.90).

Dusambé. Forma adaptada a la ortografía y pronunciación españolas del nombre de la capital de Tayikistán: «*El comunicado denuncia la ocupación en Dusambé de la agencia oficial de noticias iraní IRNA*»

(*País*@ [Esp.] 8.12.92). Se desaconseja el uso en español de la transcripción inglesa *Dushanbe*.

Dushanbe. → Dusambé.

dux. 'Príncipe o magistrado supremo de las repúblicas de Venecia y Génova'. En la norma culta está asentado su empleo como invariable en plural (→ PLURAL, 1f): «*Llegamos así* [...] *a la fachada lateral de San Marcos, vecina de la Puerta de la Carta del palacio de los dux*» (Mujica *Bomarzo* [Arg. 1962]).

DVD. Sigla del inglés *digital versatil* (o, antes, *video*) *disc*, que designa el disco óptico con gran capacidad para el almacenamiento de datos, sean estos imágenes o sonido. En español designa tanto el disco como el aparato que sirve para reproducir su contenido: «*Una entrevista incluida en el DVD que ahora se lanza*» (*Página 12* [Arg.] 20.3.04); «*La consola* [...] *es ahora superada por los escáneres y el DVD*» (*País* [Esp.] 17.3.03). En español debe leerse [deubedé] o [debedé], dependiendo del nombre con que se denomine la letra *v* (→ v, 1); se desaconseja la pronunciación ⊛[dividí], propia del inglés, a pesar de su extensión en algunas zonas de América. Como corresponde a las siglas, se escribe con letras mayúsculas y, en la lengua escrita, es invariable en plural (→ SIGLA, 3): «*Se sortearán entre los concursantes cinco DVD del filme*» (*País* [Esp.] 3.4.03). A partir de la lectura española de la sigla, se han creado los sustantivos *devedé* (pl. *devedés*), en América, y *deuvedé* (pl. *deuvedés*), en España: «*En los devedés, memorables representaciones operísticas*» (Glantz *Rastro* [Méx. 2002]); «*Yo podría haber vivido con Eduardo comprando deuvedés*» (Gopegui *Lado* [Esp. 2004] 133); se desaconseja la forma ⊛*dividí*, por corresponder a la lectura inglesa de la sigla.

e

e¹. 1. Sexta letra del abecedario español y quinta del orden latino internacional. Su nombre es femenino: *la e;* su plural, *es* o *ees,* siendo más recomendable el primero.

2. Representa el sonido vocálico /e/. Forma parte, junto con la *a* y la *o,* de las llamadas vocales abiertas o fuertes.

3. Debe evitarse en la pronunciación el cierre de la /e/ átona en /i/ (⊛[pidír] por *pedir,* ⊛[bistído] por *vestido*), fenómeno que se produce con más frecuencia cuando la /e/ aparece ante otra vocal abierta: ⊛[piór] por *peor,* ⊛[tiátro] por *teatro,* ⊛[golpié] por *golpeé.* El deseo de evitar este defecto explica la tendencia a «corregir» equivocadamente la correcta terminación en *-io, -ia* de algunas palabras, sustituyendo la *i* por una *e:* ⊛*espúreo* por *espurio,* ⊛*geráneo* por *geranio.* Debido también a este mismo fenómeno de ultracorrección, es frecuente que algunos hablantes americanos y de zonas noroccidentales de España sustituyan la correcta terminación en *-iar* de muchos verbos por *-ear:* ⊛*cambear,* ⊛*vacear,* en lugar de *cambiar, vaciar,* con la consiguiente creación de formas verbales erróneas en la conjugación de estos verbos: ⊛*yo vaceo,* ⊛*tú cámbeas,* etc., en lugar de *yo vacío, tú cambias,* etc.

e². → y².

e-. → electrónico.

ebrio -bria. 1. '[Persona] que está bajo los efectos de un consumo excesivo de alcohol': «*Yo no dejaba de reír, estaba completamente ebria*» (Villena *Burdel* [Esp. 1995]); «*La gente bebía vino sin limitarse, no faltaba un ebrio que recitara versos de Neruda*» (Jodorowsky *Danza* [Chile 2001]). Es incorrecto su uso como sinónimo de *alcohólico* ('persona adicta al alcohol'): ⊛*«La falta de consumo de alcohol en algunos ebrios está causando el síndrome de abstinencia*» (*Hoy* [El Salv.] 6.10.00).

2. También significa, en sentido figurado, 'poseído o trastornado por una fuerte emoción', con un complemento introducido por *de* que indica la causa del trastorno: «*Estaba ebrio DE victoria*» (Borges *Libro* [Arg. 1975]).

eccema. 'Afección cutánea que produce descamación en la piel'. Es preferible esta grafía, más acorde con el sistema gráfico del español, a la también válida *eczema.* Es voz masculina: *el eccema.*

echar. → echar(se).

echarpe. Voz tomada del francés *écharpe,* 'prenda femenina en forma de paño rectangular, que se lleva sobre los hombros'. Aunque en francés es palabra femenina, en español se usa siempre en masculino: «*Se cubría los hombros con un echarpe*» (MDíez *Fuente* [Esp. 1986]).

echar(se). 1. 'Tirar(se)', 'tender(se)' y 'hacer salir [a alguien] de un lugar'. No debe escribirse con *h* inicial, error frecuente en las formas de presente *echo, echas, echa,* por homofonía con las formas del participio de *hacer* (*hecho, hecha*).

2. *echar(se) a* + infinitivo. Perífrasis que indica el comienzo de la acción expresada por el infinitivo. En el español general, forma construcciones intransitivas y su empleo solo es normal con ciertos infinitivos (*echar(se) a correr, echar(se) a volar, echar(se) a andar/caminar, echarse a temblar, echarse a reír, echarse a llorar*): «*Iba a echar a correr cuando lo detuvo una voz a sus espaldas*» (Padilla *Jardín* [Cuba 1981]); «*Se echa a reír incontenible mente*» (Ulive *Dorado* [Ur. 1989]). Es raro en España, pero bastante común en algunas zonas de América, el uso de *echar a* en construcciones transitivas, con el sentido de 'hacer que [algo o alguien] empiece a moverse o a funcionar': «*El muchacho echó a andar su máquina*» (Mastretta *Vida* [Méx. 1990]). Debe evitarse el uso de esta construcción con infinitivos que no impliquen movimiento, con el simple sentido de 'comenzar': ⊛*«Echaron a haber problemas*» (Alape *Paz* [Col. 1985]).

3. ⊛*echar a faltar.* → 4.

4. *echar (de) menos.* Locución verbal transitiva que significa 'notar la falta [de alguien o algo]': «*Es usted buena persona, Fischer, LO echaré de menos*» (Collyer *Pájaros* [Chile 1995]). La variante *echar menos,* frecuente en otras épocas, está hoy en desuso: «*Se echó menos la socorrida solución de un artículo del Diccionario*» (Casares *Idioma* [Esp. 1944]). Igualmente correcta es la expresión *echar en falta:* «*Si decidía retirarme al dormitorio, nadie me echaría en falta*» (FdzCubas *Altillos* [Esp. 1983]); se desaconseja ⊛*echar a faltar,* construcción influida por el catalán *trobar a faltar.*

5. *echar en falta.* → 4.

eclesial. 'De la Iglesia en general, entendida como el conjunto de todos los fieles': «*Juan Pablo II pre-*

sentó su acción [la de una católica seglar malgache] *como un modelo del papel de la mujer en la vida eclesial*» (*Abc* [Esp.] 1.5.89). Aunque de significado próximo, no es sinónimo de *eclesiástico* ('del clero'; → eclesiástico).

eclesiástico -ca. Como adjetivo, 'de la Iglesia en cuanto organización, entendida como el conjunto de las personas que pertenecen al clero': «*El respaldo eclesiástico fue bien recibido por el Gobierno*» (*Clarín* [Arg.] 2.4.97); como sustantivo masculino, 'hombre que ha recibido las órdenes sagradas': «*El acto manual había sido concebido por Dios para indemnizar a los eclesiásticos por el voto de castidad*» (VLlosa *Tía* [Perú 1977]). En su uso adjetivo, aunque de significado próximo, no es sinónimo de *eclesial* ('de la Iglesia como el conjunto de todos los fieles'; → eclesial).

eclipse. 'Ocultación total o parcial de un astro por interposición de otro cuerpo celeste': «*Seres temibles bajaban a la Tierra durante los eclipses solares*» (Ruz *Mayas* [Méx. 1981]). Es masculino y no debe confundirse con los femeninos *elipse* ('figura geométrica curva'; → elipse) y *elipsis* ('eliminación de alguna parte del discurso'; → elipsis).

eclíptica. → MAYÚSCULAS, 4.13.

ecto-. Elemento compositivo prefijo que significa 'fuera o exterior': *ectodermo, ectoparásito, ectoplasma.* Es incorrecto escribir con *h-* las palabras formadas con este elemento compositivo, confundiéndolo con *hecto-* ('cien'; → hecto-).

ecuador. → MAYÚSCULAS, 4.13.

eczema. → eccema.

edecán. En México y algunos países del área centroamericana, 'persona contratada para dar información y ayudar a los participantes de congresos, exposiciones, etc.'. Es común en cuanto al género (*el/la edecán*; → GÉNERO², 1a y 3h): «*La edecán se acercó a mí para darme papel y lápiz*» (Cuauhtémoc *Grito* [Méx. 1992]).

edema. 'Hinchazón de una parte del cuerpo causada por acumulación de líquidos'. Es voz masculina, a pesar de su terminación: «*Sobre los tobillos, un edema azulado y volcánico parecía a punto de estallar*» (Martínez *Evita* [Arg. 1995]). No debe confundirse con *enema* ('lavativa'; → enema).

edil. 'Miembro de una corporación municipal'. Por su terminación, es común en cuanto al género (*el/la edil;* → GÉNERO², 1a y 3i): «*Las protestas de la edil se unen a las de los vecinos*» (*Mundo* [Esp.] 3.10.94). En algunos países de América, como el Uruguay, se ha asentado, en el uso culto, el femenino específico *edila*: «*Ana de Armas, edila del Foro Batllista, ratificó, en parte, las sospechas de Trigo*» (*País* [Ur.] 18.6.01).

edila. → edil.

editorial. Cuando significa 'artículo no firmado que expresa la opinión de la dirección de un periódico', es masculino: «*Hay que destacar el editorial de primera página que ayer escribió* Le Monde» (*País* [Esp.] 2.2.84). Es femenino, en cambio, cuando significa 'casa editora': «*Algunas editoriales han publicado trabajos relacionados con este tema*» (Cabezas *Entomología* [Méx. 1996]).

editorializar. 'Publicar un editorial'. Es intransitivo y suele llevar un complemento precedido de *sobre:* «*Este periódico vuelve a editorializar* SOBRE *la acumulación de basura en las calles*» (*Dedom* [R. Dom.] 26.9.96). No es normal y debe evitarse su uso como transitivo: ⊗«*Editorializó con humor la democrática búsqueda de una alternativa al PSOE*» (*Abc* [Esp.] 29.1.85).

efectividad. 'Cualidad de efectivo', en el doble sentido del término *efectivo,* esto es, 'cualidad de ser real, verdadero, no quimérico, no nominal': «*Estos manejos presupuestarios solo son un maquillaje sin efectividad*» (*Abc* [Esp.] 24.5.89); y 'cualidad de lo que causa efecto': «*La efectividad del refuerzo disminuye con el paso del tiempo*» (Ardila *Psicología* [Col. 1975]). Con este último sentido se recomienda usar con preferencia la voz *eficacia* (→ eficaz, 2): *La eficacia del refuerzo disminuye con el paso del tiempo.* No debe usarse *efectividad* como sinónimo de *eficiencia* (→ eficiente, 2): ⊗«*La falta de idoneidad y efectividad* [de Javier Saiz] *que alegó De Jorge llevaron al juez a considerar al jefe de servicio "cómplice de una mala actuación profesional"*» (*NCastilla* [Esp.] 13.5.99).

efectivo -va. 1. Como adjetivo, posee dos acepciones fundamentales: 'real o verdadero': «*Se ha pactado un aumento efectivo del 8 por ciento*» (*Vanguardia* [Esp.] 19.5.94); y, aplicado a cosas, 'eficaz, capaz de lograr el efecto que se desea': «*Hablaremos ahora sobre el más efectivo antídoto contra la corrupción*» (*Hoy* [El Salv.] 12.5.97), aunque en este último caso se recomienda usar con preferencia el adjetivo *eficaz* (→ eficaz, 1): *Hablemos ahora sobre el más eficaz antídoto...* No debe usarse *efectivo,* referido a personas, como sinónimo de *eficiente* (→ eficiente, 1): ⊗«*Simpático el tipo del café, efectivo, nada de estarte contando su vida ni metiéndose en la tuya*» (Bryce *Vida* [Perú 1981]).

2. Como sustantivo masculino, se usa en los sentidos siguientes:

a) Como singular colectivo, significa 'número de hombres que tiene una unidad militar': «*Para una invasión que contaba con un efectivo de siete mil guerrilleros españoles*» (Chacón *Voz* [Esp. 2002]).

b) Se usa siempre en plural con el sentido de 'totalidad de las fuerzas militares o similares que se hallan bajo un solo mando o reciben una misión conjunta'; puede referirse tanto a hombres como a recursos materiales, si bien lo primero es lo más habitual: «*China reducirá sus efectivos militares en un millón de hombres durante los dos próximos años*» (Martini *Fantasma* [Arg. 1986]); «*Hasta que se hizo de noche, trabajaron cinco helicópteros y dos hidroaviones, entre otros efectivos*» (*Vanguardia* [Esp.] 15.9.94). También significa 'conjunto de personas que integran una plantilla': «*Este plan supone para la planta de Linares una reducción de efectivos del 70%, al pasar de los 2437 empleados que tiene actualmente a los 941*» (*Mundo* [Esp.] 16.3.94).

3. De los usos sustantivos indicados ha surgido el empleo incorrecto del singular *efectivo* con el sentido de 'individuo componente de un efectivo': ⊗«*Borja Santos y otro efectivo de una dependencia policial* [...] *fueron dados oficialmente ese día como "desaparecidos"*» (*Universal* [Ven.] 3.9.96). En estos casos deben emplearse sustantivos más concretos, como *policía, soldado*, etc.

4. Como sustantivo masculino significa también 'dinero en monedas o billetes': *No disponía de efectivo y tuve que pagar con tarjeta.* Suele usarse precedido de la preposición *en*: «*Salió de su casa sin la indumentaria para correr ni dinero EN efectivo*» (Rausch *Dietas* [Arg. 1996]). No debe usarse, por innecesaria, la voz inglesa *cash*.

efectuar(se). 'Realizar(se) o producir(se) una acción'. Se acentúa como *actuar* (→ APÉNDICE 1, n.º 7).

eféméride. → efemérides, 2.

efemérides. 1. Como sustantivo femenino plural (*las efemérides*), significa 'relación de los hechos notables ocurridos cada día' y, en astronomía, 'conjunto de tablas que indican la posición que ocupan cada día el Sol, la Luna y los planetas': «*No la he visto tampoco citada* [esta batalla] *en las efemérides de los almanaques de pared*» (PValdés *Novela* [Esp. 1921]); «*Las posiciones de los astros "móviles" siempre se conocen situándolos sobre los mapas mediante las coordenadas que facilitan las efemérides*» (Oliver *Astrónomo* [Esp. 1992]).

2. El plural *efemérides* se usa frecuentemente para referirse al conjunto de hechos notables que merecen recordarse y celebrarse cada vez que se cumple su aniversario: «*Amenizaba las veladas de Palacio con poemas cívicos que celebraban con exaltación las efemérides patrias*» (Pitol *Juegos* [Méx. 1982]). Cuando se hace referencia a uno solo de estos hechos, o a su conmemoración, corresponde usar el singular *efeméride*: «*Hace 30 años* [...] *nacía la radiodifusión española.* [...] *Una serie de actos quieren darle realce a tan esperada efeméride*» (Díaz *Radio* [Esp. 1992]). No obstante, hoy es muy frecuente, y se considera válido, el empleo de *efemérides* como forma de singular (*la efemérides*): «*Aquella efemérides fue re-*

cordada con una sesión solemne bajo la presidencia de S. M. el Rey D. Alfonso XIII*» (Torroja *Obra* [Esp. 1984]).

3. Esta voz ha de referirse siempre a hechos notables acaecidos en el pasado, cuya conmemoración se celebra en el presente; por tanto, no es correcto su empleo con el sentido de 'hecho notable o destacado que se acaba de producir': ⊗«*Envuelto en los ecos del escándalo, casi pasó inadvertida la efemérides de que Valdano dispuso, por vez primera, de toda su artillería*» (*Vanguardia* [Esp.] 24.10.94).

eficacia. → eficaz, 2.

eficaz. 1. Dicho de cosa, 'que produce el efecto propio o esperado': «*El zumo es eficaz en las afecciones febriles*» (Ronald *Frutoterapia* [Col. 1998]); y dicho de persona, 'competente, que cumple perfectamente su cometido': «*Sara era una comadrona eficaz*» (Gironella *Hombres* [Esp. 1986]). Para este último sentido es más recomendable emplear la voz *eficiente* (→ eficiente).

2. El sustantivo correspondiente es *eficacia*, cuyo uso es preferible a *efectividad* (→ efectividad): «*Una mejor tecnología amplía la eficacia de la intervención humana sobre la naturaleza*» (VCenteno *Demografía* [Perú 1993]). También puede utilizarse referido a personas: «*Juan era servicial y su eficacia iba convirtiéndose en la envidia de mis amigos*» (Salisachs *Gangrena* [Esp. 1975]).

eficiencia. → eficiente, 2.

eficiente. 1. Dicho de persona, 'competente, que rinde en su actividad': «*Abandonó el edificio la eficiente enfermera*» (Velasco *Regina* [Méx. 1987]); y dicho de cosa, 'eficaz, capaz de lograr el efecto que se desea': «*¿No sería, además, un eficiente tapaboca para quien hubiera osado propagar el infundio?*» (Donoso *Casa* [Chile 1978]). En referencia a cosas es preferible usar los adjetivos *eficaz* (→ eficaz, 1) o *efectivo* (→ efectivo, 1). La expresión *causa eficiente* se emplea en filosofía con el sentido de 'primer principio productivo de un efecto': «*El ocasionalismo consiste en afirmar que solamente existe una causa eficiente, que es Dios*» (Mindán *Filosofía* [Esp. 1969]).

2. El sustantivo correspondiente es *eficiencia*: «*Le sorprendió la eficiencia de las dos mujeres*» (Chao *Altos* [Méx. 1991]). También es válido, en este caso, el empleo de *eficacia* (→ eficaz, 2). No debe emplearse *eficiencia* por *efectividad* (→ efectividad).

efigiar. 'Representar [a alguien] en efigie'. Se acentúa como *anunciar* (→ APÉNDICE 1, n.º 4).

efigie. 'Imagen o representación, normalmente de una persona': «*En mayo circulará el nuevo billete de cinco mil pesos, el que llevará la efigie de Gabriela Mistral*» (*Hoy* [Chile] 7-13.1.01). No debe confundirse con *esfinge* ('ser fabuloso, mitad humano y mitad león'; → esfinge).

efluente. → efluir, 2.

efluir. 1. Dicho de un líquido o de un gas, 'fluir o escaparse hacia el exterior'. Verbo irregular: se conjuga como *construir* (→ APÉNDICE 1, n.º 25). Su participio, *efluido*, se escribe sin tilde (→ TILDE², 2.1.1 y 2.1.2).

2. El adjetivo correspondiente es *efluente* ('que efluye'), voz que se emplea normalmente como sustantivo, con el sentido de 'caudal de agua residual que sale de una planta industrial'. Esta forma procede del latín *effluens, -entis* (participio de presente de *effluere*): «*Fue puesto en marcha ayer un nuevo y moderno equipo de tratamiento de efluentes en las instalaciones de la futura planta de preprocesamiento de líquidos cloacales*» (*NProvincia* [Arg.] 8.3.97). A diferencia de lo que ocurre con los adjetivos derivados de otros compuestos de *fluir* (→ confluir e influir), no se ha generalizado en el uso la variante ⊗*efluyente*, que, por tanto, debe ser evitada.

⊗efluyente. → efluir, 2.

égida. 1. 'Protección o amparo'. Se emplea generalmente en la construcción *bajo la égida de*: «*Una operación militar humanitaria bajo la égida de las Naciones Unidas*» (*Universal* [Ven.] 6.11.96). La forma esdrújula *égida*, acorde con el étimo latino, es la única usada en el español actual; la llana *egida* [ejí-da], acorde con la acentuación del étimo griego y en la que puede haber influido la pronunciación francesa de esta voz, está en desuso y debe evitarse.

2. Es impropio su empleo con el significado de 'mandato': ⊗«*Todo nos recuerda a Franco, la incuria y la desidia que durante su égida desgarró la vida cotidiana*» (*Mundo* [Esp.] 22.11.94).

3. Tampoco es correcto su uso con el significado de 'huida, exilio o emigración', error debido a su confusión con *hégira* (→ hégira, 2): ⊗«*La égida de tantos demócratas chilenos que no han conseguido olvidar la brutal represión*» (*Abc* [Esp.] 13.9.96).

⊗egido. → ejido.

⊗égira. → hégira.

Éire. → Irlanda.

ejido. 'Campo común de un pueblo, lindante con él': «*Nunca pastó en el ejido ni dio vueltas a la noria*» (MDíez *Fuente* [Esp. 1986]). En el Río de la Plata se emplea también con el sentido de 'término municipal', generalmente en la expresión *ejido urbano*: «*Los estudios realizados permitieron detectar agua apta para consumo en el propio ejido urbano*» (*NProvincia* [Arg.] 3.7.97). Es voz llana: [ejí-do]. No es correcta la forma esdrújula ⊗*éjido* ni la grafía ⊗*egido*.

Ekaterimburgo. Forma tradicional española del nombre de esta ciudad de la Federación Rusa: «*Faltaba investigar si la familia enterrada en Ekaterimburgo era la del zar*» (Quevedo *Genes* [Cuba 1996]).

No deben usarse en español ni la forma inglesa *Yekaterinburg* ni la híbrida ⊗*Yekaterinburgo*.

el. 1. Artículo determinado, también llamado definido. Antecede siempre al sustantivo y su función principal es asociar el contenido semántico de este con un referente concreto, consabido por los interlocutores: *El cartero ha pasado hoy un poco más tarde;* o con un referente genérico: *El cerdo es un animal doméstico.* Se trata de una palabra átona, que se escribe, por tanto, sin tilde, a diferencia del pronombre personal *él*, que es tónico y se escribe con tilde (→ TILDE², 3): *Él me dijo que vendría.* En español, el artículo presenta variación de género y número; estas son sus formas: *el, la* (masculino y femenino singular, respectivamente), *los* y *las* (masculino y femenino plural, respectivamente). Hay que señalar, no obstante, que la forma *el* es en determinados casos y por herencia histórica, una variante del artículo femenino *la* (→ 2.1). Por su parte, *lo* suele considerarse como artículo neutro por su capacidad de sustantivar adjetivos y determinadas oraciones de relativo: *lo malo, lo que está mal;* para muchos lingüistas se trata, en cambio, de un pronombre.

2. *Uso ante sustantivos femeninos que comienzan por /a/ tónica*

2.1. El artículo femenino *la* toma obligatoriamente la forma *el* cuando se antepone a sustantivos femeninos que comienzan por /a/ tónica (gráficamente *a-* o *ha-*), con muy pocas excepciones (→ 2.3); así, decimos *el águila, el aula* o *el hacha* (y no ⊗*la águila*, ⊗*la aula* o ⊗*la hacha*). Aunque esta forma es idéntica a la del artículo masculino, en realidad se trata, en estos casos, de una variante formal del artículo femenino. El artículo femenino *la* deriva del demostrativo latino *illa*, que, en un primer estadio de su evolución, dio *ela*, forma que, ante consonante, tendía a perder la *e* inicial: *illa* > (*e*)*la* + consonante > *la*; por el contrario, ante vocal, incluso ante vocal átona, la forma *ela* tendía a perder la *a* final: *illa* > *el*(*a*) + vocal > *el*; así, de *ela agua* > *el*(*a*) *agua* > *el agua*; de *ela arena* > *el*(*a*) *arena* > *el arena* o de *ela espada* > *el*(*a*) *espada* > *el espada*. Con el tiempo, esta tendencia solo se mantuvo ante sustantivos que comenzaban por /a/ tónica, y así ha llegado a nuestros días. El uso de la forma *el* ante nombres femeninos solo se da cuando el artículo precede inmediatamente al sustantivo, y no cuando entre ambos se interpone otro elemento: *el agua fría*, pero *la mejor agua; el hacha del leñador*, pero *la afilada hacha*. En la lengua actual, este fenómeno solo se produce ante sustantivos, y no ante adjetivos; así, aunque en la lengua medieval y clásica eran normales secuencias como *el alta hierba* o *el alta cumbre*, hoy diríamos *la alta hierba* o *la alta cumbre*: «*Preocupa la actitud de la alta burocracia*» (*Tiempos* [Bol.] 11.12.96).

Incluso si se elide el sustantivo, sigue usándose ante el adjetivo la forma *la*: «*La Europa húmeda* [...] *no tiene necesidad de irrigación, mientras que la árida, como España, está obligada a hacer obras*» (Tortolero *Agua* [Méx. 2000]). Ante sustantivos que comienzan por /a/ átona se usa hoy, únicamente, la forma *la*: *la amapola, la habitación*. Ha de evitarse, por tanto, el error frecuente de utilizar la forma *el* del artículo ante los derivados de sustantivos femeninos que comienzan por /a/ tónica, cuando esa forma derivada ya no lleva el acento en la /a/ inicial; así, debe decirse, por ejemplo, *la agüita*, y no *el agüita*. Este mismo error debe evitarse en el caso de sustantivos femeninos compuestos que comienzan por /a/ átona, pero cuyo primer elemento, como palabra independiente, comienza por /a/ tónica; así, por ejemplo, debe decirse *la aguamarina*, y no *el aguamarina* (→ aguamarina).

2.2. La fuerte asociación que los hablantes establecen entre la forma *el* del artículo y el género masculino —unida al hecho de la apócope frecuente de las formas femeninas del indefinido *uno* y sus compuestos *alguno* y *ninguno* ante sustantivos femeninos que comienzan por /a/ tónica: *un alma, algún hada, ningún arma* (→ uno, alguno, ninguno)— provoca, por contagio, que se cometa a menudo la incorrección de utilizar las formas masculinas de los demostrativos *este, ese* y *aquel* delante de este tipo de sustantivos: *este agua*, *ese hacha*, *aquel águila*, cuando debe decirse *esta agua, esa hacha, aquella águila*. El contagio se extiende, en el habla descuidada, a otro tipo de adjetivos determinativos, como *todo, mucho, poco, otro*, etc.: «*Desde que nacemos estamos* [...] *con mucho hambre*» (*Nación* [Arg.] 1.7.92), en lugar de MUCHA *hambre*; «*El balón viajó por todo el área*» (*Mundo* [Esp.] 30.10.95), en lugar de TODA *el área*; «*Había poco agua y su coste era bajo*» (*Tecno* [Esp.] 3.01), en lugar de POCA *agua*. Hay que tener presente que el empleo de la forma *el* del artículo no convierte en masculinos estos sustantivos, que siguen siendo femeninos y, por consiguiente, exigen la concordancia en femenino de los adjetivos a ellos referidos; así pues, debe decirse *el águila majestuosa* (y no *el águila majestuoso*), *el acta constitutiva* (y no *el acta constitutivo*), etc. El uso erróneo de la forma masculina del adjetivo es más frecuente, pero igualmente inadmisible, cuando el adjetivo va antepuesto al sustantivo: «*Los niños* [...] *pueden distinguir cualquier diferencia fonética e integrarla en un único área del cerebro*» (*Abc* [Esp.] 10.7.97); debió decirse *una única área del cerebro*.

2.3. Hay algunas excepciones al uso de la forma *el* del artículo ante sustantivos femeninos que comienzan por /a/ tónica. A este respecto ha de tenerse en cuenta lo siguiente:

a) Se usa *la* y no *el* ante los nombres de las letras *a, hache* y *alfa*: «*La p con la a, pa*» (*País* [Esp.] 1.6.85); «*La hache es muda*» (Miguel *Perversión* [Esp. 1994]); *Apretando estas tres teclas se obtiene la alfa con iota suscrita;* ante los nombres propios de mujer, cuando llevan artículo (→ 4): «*Era la Ana de los días gloriosos*» (Aguilera *Caricia* [Méx. 1983]); y ante las siglas, cuando el núcleo de la denominación no abreviada (normalmente, la palabra representada por la primera letra de la sigla) es un sustantivo femenino que no comienza por /a/ tónica: «*La APA* [= Asociación de Padres de Alumnos] *ha tomado esta decisión*» (*Mundo* [Esp.] 1.3.94), ya que *asociación* es un sustantivo femenino cuya /a/ inicial es átona.

b) En el caso de los sustantivos que comienzan por /a/ tónica y designan seres sexuados, si tienen una única forma, válida para ambos géneros, se mantiene el uso de la forma *la* del artículo cuando el referente es femenino, ya que este es el único modo de señalar su sexo: *la árabe, la ácrata*. Si se trata, en cambio, de sustantivos de dos terminaciones, una para cada género, la tradición nos ha legado el uso de la forma *el* del artículo ante el nombre femenino, como en el caso de *ama* o *aya*: «*Ya vienen hacia ustedes el ama de llaves y dos mozos*» (Montaño *Andanzas* [Méx. 1995]); «*La señora paseaba con el aya y el doncel don Domènec, en las plácidas tardes de otoño*» (Faner *Flor* [Esp. 1986]). Sin embargo, en los sustantivos que, teniendo asimismo dos terminaciones, han comenzado a usarse solo recientemente en femenino, los hablantes, de forma espontánea, tienden a usar la forma *la* del artículo, pues se carece, en estos casos, de tradición heredada; es el caso de la palabra *árbitra* (→ árbitro), con la que los hablantes usan, espontáneamente, la forma *la* y no *el*: «*Pilar Guerra Lorenzo, la árbitra de 16 años que el pasado sábado fue agredida salvajemente en Valladolid,* [...] *medita no volver a dirigir ningún partido*» (*País* [Esp.] 4.2.99). Es muy probable que la razón de que los hablantes digan, espontáneamente, *la árbitra* (y no *el árbitra*) sea que, perdida ya toda conciencia de que la forma *el* ante nombres femeninos procede, por evolución, de un femenino *ela*, en el sistema actual, la forma *el* se asocia exclusivamente con el género masculino y *la* con el femenino; quizá por ello, en los nuevos usos, cuando el sustantivo se refiere a seres sexuados, tiende a rechazarse la aplicación de la antigua norma.

c) Cuando el artículo acompaña a topónimos femeninos que comienzan por /a/ tónica (→ 5), el uso es fluctuante. Con los nombres de continente se emplea la forma *el*: «*Existen* [...] *diferencias grandes entre el África, el Asia y la América Latina*» (*Tiempo* [Col.] 4.9.97); «*Los pueblos del África subsahariana no habían desarrollado movimientos nacio-*

nalistas» (Tusell *Geografía* [Esp. 1995]); en el caso de las ciudades o los países, en cambio, se emplea con preferencia la forma *la*, que incluso forma parte del nombre propio en el caso de *La Haya*: «*El Tribunal de La Haya rechazó la apelación libia*» (*Expreso* [Perú] 15.4.92); «*En la Ámsterdam lluviosa de ayer, este no era el único asunto*» (*Mundo* [Esp.] 12.9.95); «*Lo expulsaron de la Austria católica*» (Paso *Palinuro* [Méx. 1977]).

3. Uso ante posesivos. En el español general actual, no es normal, y debe evitarse, el empleo del artículo ante determinantes posesivos prenominales, algo habitual en el español medieval y que hoy se conserva en determinados dialectos y en el habla popular de ciertas zonas: ⊗«*A ese y a la su mujer los conocía mi Julio*» (Quiñones *Noches* [Esp. 1979]); ⊗«*Dos tiros tan solo le pegaron, por el su lado izquierdo: uno por el su cuello, otro por la su oreja*» (Vallejo *Virgen* [Col. 1994]).

4. Uso con antropónimos. En la lengua culta, los nombres propios de persona se emplean normalmente sin artículo: *Juan es un tipo simpático; No he visto a María desde el mes pasado*. La anteposición del artículo, en estos casos, suele ser propia del habla popular: «*Un señor mayor chiquiaba mucho a la María*» (Medina *Cosas* [Méx. 1990]). No obstante, hay zonas del ámbito hispánico, por ejemplo en Chile, donde esta anteposición se da también en el habla culta, habitualmente en registros coloquiales y especialmente ante nombres de mujer: «*Creo que las mujeres siguen siendo estupendas periodistas. Está la Patricia Verdugo, la Patricia Politzer*» (*Hoy* [Chile] 8-14.12.97). La anteposición del artículo al nombre propio es obligatoria cuando este se usa en plural, con finalidad generalizadora: «*Los Curros no tienen problemas y los Pacos sí*» (*Vanguardia* [Esp.] 30.7.95); o cuando, en singular, el nombre propio va seguido de complementos especificativos o lleva un calificativo antepuesto: «*El Pablo que yo conocía existió*» (Pavlovsky *Pablo* [Arg. 1987]); «*Como decía el gran Antonio Mingote en cierta ocasión* […]: *"Al cielo, lo que se dice ir al cielo, iremos los de siempre"*» (Ussía *Tratado* III [Esp. 1995]). Por otra parte, en todo el ámbito hispánico es habitual que los apellidos de mujeres célebres vayan precedidos de artículo: «*La Caballé preparó un recital "no demasiado largo"*» (*Abc* [Esp.] 14.10.86).

5. Uso con topónimos. Ciertos topónimos incorporan el artículo como parte fija e indisociable del nombre propio, como ocurre en *El Cairo, La Habana, La Paz, Las Palmas* o *El Salvador*. Muchos nombres de países, y el de algunos continentes, pueden emplearse con o sin artículo, como es el caso de *(el) Afganistán, (el) África, (la) Argentina, (el) Asia, (el) Brasil, (el) Camerún, (el) Canadá, (el) Chad, (la) China, (el) Congo, (el) Ecuador, (los) Estados Unidos, (la) India, (el) Líbano, (el) Pakistán, (el) Paraguay,*

(el) Perú, (el) Senegal, (el) Uruguay, (el) Yemen, etc. La preferencia mayoritaria por el uso con o sin artículo varía en cada caso, aunque con carácter general puede afirmarse que la tendencia actual es a omitir el artículo. Por otra parte, los nombres de comarcas, ríos, montes, mares y océanos van obligatoriamente introducidos por el artículo: *la Amazonia, la Mancha, el Orinoco, el Ebro, los Alpes, el Himalaya, el Mediterráneo, el Pacífico*, etc. En cuanto a si el artículo que acompaña a los topónimos se escribe con mayúscula o minúscula, y a su comportamiento cuando va precedido de las preposiciones *a* y *de*, → MAYÚSCULAS, 4.7. Al igual que ocurre con los nombres propios de persona, los de lugar geográfico que se usan normalmente sin artículo deben usarse obligatoriamente con él cuando llevan complementos especificativos o van precedidos de calificativos: «*Los visitantes europeos* […] *eran bien acogidos en el Buenos Aires del período independiente*» (Guzmán *País* [Arg. 1999]); «*El suelo ibérico se trasformará en puente de la vieja Europa con un mundo insólito, rico en la variedad de sus tierras, productos y razas*» (GaCortázar/GlzVesga *España* [Esp. 1994]).

6. Sobre la escritura con mayúscula o minúscula del artículo antepuesto a sobrenombres, apodos o seudónimos, → MAYÚSCULAS, 4.4; y a apellidos, → MAYÚSCULAS, 4.3.

7. Para las contracciones de preposición y artículo, → al y del.

8. Uso en construcciones partitivas. En construcciones partitivas del tipo «*la mayoría de, el resto de, la mitad de, el x por ciento de*, etc., + sustantivo», dicho sustantivo debe ir necesariamente precedido de artículo (o de otro determinante): *la mayoría de* LOS *alumnos, la mitad de* LOS *lápices, el resto de* SUS *hijos, el cuatro por ciento de* LOS *votantes*, etc. En la lengua cuidada debe evitarse la omisión del artículo en estos casos: ⊗«*La mayoría de productores los almacenan para la cosecha de primera*» (*Prensa* [Nic.] 11.6.97); ⊗«*Más de la mitad de familias carece de medios para tener una calefacción adecuada*» (*NCastilla* [Esp.] 12.1.01).

él. 1. Forma masculina del pronombre personal tónico de tercera persona del singular. Pese a ser un monosílabo, debe llevar tilde para distinguirse del artículo *el* (→ TILDE², 3.1): «*Él tenía el poder*» (Mastretta *Vida* [Méx. 1990]).

2. Sobre su funcionamiento dentro del conjunto de los pronombres tónicos y su aparición o elisión cuando es sujeto, → PRONOMBRES PERSONALES TÓNICOS.

El Aaiún. Forma adaptada a la ortografía y pronunciación españolas del nombre de la capital del Sáhara Occidental. Dado que el artículo forma parte del topónimo, no se amalgama en la escritura con las preposiciones *a* y *de* (→ al y del): «*Una vez estuvimos a punto de perdernos en el desierto, camino de El Aaiún*» (Silva *Alquimista* [Esp. 2000]). No deben usarse en español ni la forma francesa *Laâyoune* ni otras grafías como ⊛*L'Ayoune* o ⊛*El Ayoune*, que no son ni francesas ni españolas.

electo -ta. → elegir, 2.

electrochoque. 'Tratamiento de una perturbación mental mediante la aplicación de una descarga eléctrica': «*Había que averiguar qué alteraciones neurofisiológicas produce el electrochoque en el cerebro humano*» (VNágera *Depresión* [Esp. 1987]). Se recomienda el uso de este equivalente español en lugar de la voz inglesa *electroshock*.

electrodo. 'Extremo de un conductor en contacto con un medio, al que lleva o del que recibe una corriente eléctrica'. En español, por influjo del francés (*electrode*, pron. [elektród]), la única forma usada ha sido la llana *electrodo* [elektródo], aunque otras palabras españolas que terminan en *-odo* (del gr. *hodós* 'camino'), como *ánodo* o *cátodo*, son esdrújulas.

electrólisis o electrolisis. 'Descomposición de una sustancia en disolución por aplicación de corriente eléctrica'. Ambas acentuaciones son válidas (→ -lisis). Lo mismo cabe decir de la sustancia que se somete a este proceso, que puede ser *electrólito* o *electrolito*, si bien en el uso actual es más común esta última forma.

electrolito o electrólito. → electrólisis o electrolisis.

electromotor -ra, electromotriz. → motor, 2.

electrónico -ca. 1. Aunque primariamente significa 'perteneciente o relativo al electrón o a la electrónica', este adjetivo puede aplicarse también a todo lo que funciona o se produce a través de dispositivos o procedimientos electrónicos. Su empleo resulta, por ello, especialmente útil y conveniente para designar muchas realidades nuevas pertenecientes al ámbito de las comunicaciones a través de Internet (*banca electrónica, buzón electrónico, comercio electrónico, correo electrónico, edición electrónica, libro electrónico, página electrónica,* etc.): «*Las operaciones de banca electrónica pueden costar entre 500 y 1800 pesos*» (*Tiempo* [Col.] 17.7.97); «*También pueden escribir a nuestro buzón electrónico: minteresante@gyj.es*» (*Muy Interesante* [Esp.] 5.97); «*La seguridad ha sido [...] una de las mayores barreras para el desarrollo del comercio electrónico*» (*NCastilla* [Esp.] 24.5.99); «*Puede mandar un mensaje electrónico desde mi computador casero*» (*Hoy* [Chile] 17-23.7.84); «*Cancún [...] contará con su propia página electrónica*» (*DYucatán* [Méx.] 1.9.96). Estas expresiones permiten desterrar numerosos anglicismos que circulan hoy en español, en los que aparece una *e-*

antepuesta, abreviación extrema del adjetivo inglés *electronic: e-bank, e-business, e-commerce, e-mail,* etc., y que a veces se traducen al español posponiendo esa *e:* ⊛*comercio-e,* ⊛*banca-e,* etc. **2.** Con este mismo valor puede emplearse, en muchos casos, el elemento compositivo *ciber-* (→ ciber-): *ciberbanco, cibercomercio, ciberlibro, cibermensaje,* etc.

electroshock. → electrochoque.

elefante -ta. 'Mamífero de gran tamaño y provisto de trompa'. Para designar específicamente a la hembra, se usa la forma *elefanta*: «*La elefanta, preñada, no podía parir al elefantito*» (Jodorowsky *Danza* [Chile 2001]).

elegíaco -ca o elegiaco -ca. → -íaco o -iaco.

elegir. 1. 'Escoger'. Verbo irregular: se conjuga como *pedir* (→ APÉNDICE 1, n.º 45). Se escriben con *g* todas las formas de este verbo en las que el sonido /j/ aparece ante *e* o *i: elige* (no ⊛*elije*), *elegimos* (no ⊛*elejimos*), etc. **2.** El participio verbal es *elegido,* única forma que debe usarse en la formación de los tiempos compuestos y de la pasiva perifrástica: «*Ellas han elegido conscientemente este estilo de vida*» (Fuller *Dilemas* [Perú 1993]); «*La actriz Nuria Espert fue elegida ayer candidata española al premio Mujer Europea 1988*» (*País* [Esp.] 1.10.88). La forma *electo* (del part. lat. *electus*), considerada tradicionalmente participio irregular de *elegir,* es un adjetivo que significa 'que ha sido elegido para una dignidad o cargo y aún no ha tomado posesión': «*El alcalde electo de Barcelona [...] perfila un equipo de gobierno monocolor*» (*Vanguardia* [Esp.] 16.6.95). Por lo tanto, no debe utilizarse este adjetivo para formar los tiempos compuestos o la pasiva perifrástica de *elegir:* ⊛«*Fue electo alcalde un prestigioso general retirado*» (*Clarín* [Arg.] 13.11.00). **3.** Para su aparición en construcciones impersonales (*Se elegirá a los candidatos*) o de pasiva refleja (*Se elegirán los candidatos*), → se, 2.3.

elepé. La expresión inglesa *long play* ('disco fonográfico de vinilo de larga duración y 30 cm de diámetro') se representa habitualmente mediante la sigla *LP,* a partir de cuya lectura se ha creado el sustantivo masculino *elepé:* «*El ritmo de este elepé es caribeño*» (*Universal* [Ven.] 15.4.97). Su plural es *elepés* (→ PLURAL, 1a). Es preferible el uso de esta forma al de la sigla *LP* o el calco *larga duración.* Debe evitarse, por innecesaria, la expresión inglesa *long play.*

⊛**elicitar.** Adaptación innecesaria del verbo inglés *to elicit,* que aparece a veces en textos de psicología con el sentido que corresponde a los verbos españoles *provocar, suscitar* u *obtener,* según los casos: ⊛«*Tuvimos éxito con el procedimiento de elicitar discu-*

siones maritales reales y lograr el interés de las parejas
en la conversación» (*Psicología* [Chile] 2002); [⊗]«*Información elicitada de los estudiantes en vez de admi-
nistrada a los mismos*» (Becoña/Palomares/García
Tabaco [Esp. 1994]); en el primer caso debió decirse *provocar* o *suscitar discusiones* y, en el segundo,
información obtenida.

elipse. 'Curva plana de forma ovalada': «*La Tierra
gira alrededor del Sol según una órbita no circular, llamada eclíptica, que no es sino una elipse*» (Portillo *Energía* [Esp. 1985]). Es femenino y no debe confundirse
con el también femenino *elipsis* ('eliminación de
alguna parte del discurso'; → elipsis) ni con el masculino *eclipse* ('ocultación de un astro'; → eclipse).

elipsis. 'Eliminación de alguna parte de un enunciado lingüístico o de un discurso narrativo'. Es
femenino e invariable en plural (→ PLURAL, 1f):
«*Mejía no entendió casi nada; lo desorientaron las elipsis y la forma imprecisa en que le contaron los hechos*»
(Consiglio *Bien* [Arg. 2002]). No debe confundirse
con el también femenino *elipse* ('curva ovalada';
→ elipse) ni con el masculino *eclipse* ('ocultación
de un astro'; → eclipse).

élite o **elite.** Ambas acentuaciones son válidas. La voz
francesa *élite*, que significa 'minoría selecta o rectora'
y se pronuncia en francés [elít], se adaptó al español
en la forma llana *elite* [elíte]; pero la grafía francesa
élite, que circuló como extranjerismo durante un tiempo, dio lugar a que muchas personas pronunciasen
esta voz francesa interpretando la tilde a la manera
española, es decir, como palabra esdrújula. Aunque
esta pronunciación es antietimológica, es hoy la más
extendida incluso entre personas cultas; por ello, la
grafía *élite* y la pronunciación esdrújula correspondiente se consideran también correctas.

elixir o **elíxir.** 'Licor medicinal' y, en sentido figurado, 'remedio maravilloso'. La forma aguda *elixir* es mayoritaria en el uso, pero también es válida la variante llana *elíxir*, usada en algunos países
de América: «*Parece haber bebido el elíxir de la eterna
juventud*» (Volpi *Klingsor* [Méx. 1999]). El plural es
elixires y *elíxires* (→ PLURAL, 1g), respectivamente.

ello. 1. Forma neutra del pronombre personal tónico de tercera persona del singular. Procede del
demostrativo neutro latino *illud* y su correspondiente átono es *lo* (→ PRONOMBRES PERSONALES
ÁTONOS). En la lengua actual puede tener como
antecedente oraciones, pronombres o grupos nominales neutros y varios sustantivos de cosa considerados conjuntamente: *Me enfrenté con mi jefe y
pagué por ELLO; Si traen algo para mí, vendré por ELLO
más tarde; Tenía huevos, aceite y un par de patatas: con
ELLO preparé una tortilla.*
2. Sus propiedades sintácticas se han ido redu-
ciendo con el tiempo y usos que eran normales en

épocas pasadas han desaparecido del español general actual. Entre las funciones que puede ejercer
este pronombre, la más habitual es la de término
de preposición: «*Ana trató de localizarlos en cuanto
tuvo fuerzas PARA ELLO*» (Aguilera *Caricia* [Méx.
1983]). No puede funcionar como complemento
directo (para ello se emplea el pronombre átono
lo: —¿*Crees que dice la verdad? —Lo creo*, y no *⊗Ello
creo*), pero sí como complemento indirecto y, en
ese caso, no admite la coaparición del pronombre
átono correspondiente a esta función: «*Los hombres superiores son virtuosos y A ELLO debían también
sus dones*» (Otero *Temporada* [Cuba 1983]); no sería correcto decir *⊗a ELLO LE debían también sus dones.* Funciona muy raramente como sujeto, casi
siempre en la lengua culta escrita y, a menudo, con
valor conectivo equivalente a *lo cual*: «*Sé que* [el he-
cho] *fue casi atroz mientras duró* [...]. *ELLO no significa que su relato pueda conmover a un tercero*» (Borges
Libro [Arg. 1975]). También se utiliza en expresiones más o menos fijas con el verbo *ser*: «*Solo
quiero consolarte, hasta donde ello es posible*» (Bonmatí *Elena* [Esp. 1993]).

elocución. 'Modo de hablar o expresarse': «*Hablaba sin apresurarse, con una cadencia que, sumada a
su limpia elocución, resultaba arrulladora*» (VLlosa
Fiesta [Perú 2000]); con este sentido puede usarse asimismo el término *locución* (→ locución, 1).
Significa también 'acto de habla o expresión oral':
«*Se congregaban para oír la fulgurante, velocísima, casi
explosiva elocución de un pensamiento*» (Laín *Descargo*
[Esp. 1976]). No debe confundirse con *alocución*
('discurso breve'; → alocución).

elogiar. 'Hacer elogios [de alguien o algo]'. Se acentúa como *anunciar* (→ APÉNDICE 1, n.º 4).

elogio. 'Alabanza'. El complemento que expresa
el objeto de la loa puede ir introducido por *a* o *de*:
«*Y debajo, en latín, un elogio A los fundadores*» (LTena *Renglones* [Esp. 1979]); «*Quiroga hace un elogio
DE los indios*» (Beuchot *Filósofos* [Méx. 1992]).

elucubración. → elucubrar.

elucubrar. 'Elaborar [ideas] o imaginar, generai-
mente sin mucho fundamento'. Esta es la forma
mayoritaria en el uso general, aunque también es
válida la variante *lucubrar*. Lo mismo cabe decir de
los sustantivos derivados *elucubración* y *lucubración.*

e-mail. Término inglés que significa 'sistema de
transmisión de mensajes o archivos de un terminal a otro a través de redes informáticas', 'dirección para la recepción de mensajes enviados mediante este sistema' y 'mensaje así enviado'. Su uso
—así como el de su abreviación *mail*— es innecesario, por existir alternativas en español en todos estos casos. La más frecuente en el uso es el
calco *correo electrónico*, válido para todos los senti-

dos señalados: «*El proyecto incluye el uso de correo electrónico*» (*Nacional* [Ven.] 5.10.00); «*Este es mi correo electrónico: arodriguez@spin.com.mx*» (*Excélsior* [Méx.] 21.1.97); «*A través de un correo electrónico que hizo llegar al periódico, designó al periodista que le es más afín ideológicamente*» (*Semana* [Col.] 20-27.10.97). Su abreviatura es *c. e.* (→ APÉNDICE 2). Para referirse a la dirección, pueden emplearse también las expresiones *dirección electrónica* o *dirección de correo electrónico*; y, para el mensaje, *mensaje electrónico* (→ electrónico). También son válidos los términos *cibercorreo, ciberdirección* y *cibermensaje* (→ ciber-). Resulta inadmisible la adopción del recurso inglés consistente en utilizar una *e* (abreviatura extrema de *electronic*) a modo de sufijo o prefijo en español: [⊗]«*Les pasaremos el número de nuestra cuenta bancaria vía correo-e*» (*Caretas* [Perú] 14.11.96).

embadurnar(se). 'Untar(se)'. Suele construirse con un complemento introducido por *de* o *con*: «*Embadurnaba DE mantequilla la tostada de pan criollo*» (Sánchez *Cita* [P. Rico 1996]); «*La liberación de energías que se opera al embadurnarse CON arcilla es catártica*» (FdzChiti *Estética* [Arg. 1991]).

embargo. *sin embargo.* 'A pesar de ello'. Es locución adverbial de sentido adversativo: «*Estaba descalza y sin embargo no cojeaba*» (Marías *Corazón* [Esp. 1992]); «*No era culpable de nada y, sin embargo, arrastraba consigo las culpas del mundo*» (Martínez *Evita* [Arg. 1995]). Puede ocupar varios lugares en la oración y suele escribirse aislada por comas del resto del enunciado. Debe evitarse la grafía [⊗]*sinembargo,* usada ocasionalmente en algunos países de América.

embarnecer. 'Engordar'. Verbo irregular: se conjuga como *agradecer* (→ APÉNDICE 1, n.º 18).

embaucar. 'Engañar prevaliéndose de la ingenuidad del engañado'. Se acentúa como *causar* (→ APÉNDICE 1, n.º 10).

embaular(se). 'Meter en un baúl', 'engullir' y 'embolsar(se) [una cantidad de dinero]'. Se acentúa como *aunar* (→ APÉNDICE 1, n.º 11).

embebecer(se). 1. 'Entretener(se) o embelesar(se)'. Verbo irregular: se conjuga como *agradecer* (→ APÉNDICE 1, n.º 18). Este verbo —del que hoy se usa sobre todo su participio *embebecido* ('embelesado')— suele construirse con un complemento precedido de *en* o, menos frecuentemente, *con*, que expresa lo que motiva el embelesamiento: «*Allí, en el corredor y embebecido EN la contemplación del andén, veía a Ruiz Alonso*» (Rojas *Hidalgo* [Esp. 1980]); «*Se deleitaba y embebecía CON las canciones eróticas y quejumbrosas de los trovadores*» (PBazán *San Francisco* [Esp. 1882]).

2. Aunque procede de *embeber(se)* y, en su uso pronominal, los significados de estos dos verbos

están próximos, no son sinónimos y no deben confundirse (→ embeber(se), e).

embeber(se). En la lengua general, se usa, básicamente, con los sentidos siguientes:

a) 'Absorber [un líquido]': «*El papel, al embeberla* [la grasa], *puede incendiarse*» (Pirolo *Microondas* [Arg. 1989]).

b) 'Empapar': «*El continuo goteo embebe los gruesos colchones de musgos que tapizan el suelo*» (*Biológica* [Esp.] 9.98); «*Le taparon la cara con un pañuelo embebido EN un líquido glacial*» (GaMárquez *Años* [Col. 1967]). Como se ve en el último ejemplo, cuando el sujeto no es el líquido, este se expresa normalmente mediante un complemento introducido por la preposición *en*, aunque también se admite el uso de *con* o *de*: «*Si los hongos han penetrado el material, se embebe CON abundante líquido fungicida*» (Silberman *Pintor* [Arg. 1985]); «*Dicho tubo está cerrado por su parte inferior por un tapón* [...] *de arcilla embebida DE una solución de NaCl*» (PSuñer/Rodrigo *Fisiología* [Esp. 1956]).

c) 'Introducir(se) o incluir(se) una cosa en otra': «*No existe tampoco el peligro de la formación de incrustaciones ni depósitos de lino en las tuberías, embebidas en el hormigón*» (Cusa *Energía* [Esp. 1998]).

d) 'Absorber toda la atención o el interés [de alguien]': «*Había conocido el latido de una sensualidad que me embebía*» (Armas *Madrid* [Esp. 1994]).

e) Como pronominal, 'sumergirse completamente en algo, dedicando a ello toda la atención o el interés'. Se construye con un complemento precedido de la preposición *en*, aunque también puede admitirse el uso de *con*: «*Paquita se embebe EN el estudio de aquel galimatías*» (Palomino *Torremolinos* [Esp. 1971]); «*Estaba demasiado embebido CON su música como para perder el tiempo con otras relaciones afectivas*» (GaSánchez *Historia* [Esp. 1991]). Aunque su significado, con este sentido, está muy próximo al de *embebecerse* ('entretenerse o embelesarse'; → embebecer(se)) y puedan ser intercambiables en ciertos contextos, ambos verbos no son sinónimos y no deben confundirse; así pues, en un ejemplo como «*Anguita contó a un público asombrado y embebido la fábula de las lenguas*» (*País* [Esp.] 9.10.97), debió decirse mejor *embebecido*.

embellecer(se). 'Poner(se) bello' y, como intransitivo, 'ganar en belleza'. Verbo irregular: se conjuga como *agradecer* (→ APÉNDICE 1, n.º 18).

embestir. 'Lanzarse con ímpetu contra una persona o cosa hasta chocar con ella'. Verbo irregular: se conjuga como *pedir* (→ APÉNDICE 1, n.º 45). Puede ser transitivo: «*Un camión conducido por José Simbo embistió al motociclista*» (*Clarín* [Arg.] 8.2.79); «*El navío embistió un arrecife sumergido bajo las aguas*» (Bojorge *Aventura* [Arg. 1992]); o intransitivo, caso en el que se construye normalmente con un complemento introducido por *contra*: «*Utilizando el hombro como ariete embiste* CONTRA *la puerta y esta cede con facilidad*» (Quintero *Danza* [Ven. 1991]).

emblandecer(se). 'Ablandar(se) o reblandecer(se)'. Verbo irregular: se conjuga como *agradecer* (→ APÉNDICE 1, n.º 18).

emblanquecer(se). 'Poner(se) blanco'. Verbo irregular: se conjuga como *agradecer* (→ APÉNDICE 1, n.º 18).

emblema. 'Figura, acompañada de una leyenda, que se adopta como distintivo de una persona o colectividad' y, en general, 'cosa que es representación simbólica de otra'. En el español actual es masculino: «*Las miradas se concentraban en el escenario, embanderado con el emblema peronista*» (*Clarín* [Arg.] 19.1.97).

embobecer(se). 'Volver(se) bobo'. Verbo irregular: se conjuga como *agradecer* (→ APÉNDICE 1, n.º 18).

emborrachar(se). 'Poner(se) ebrio'. Suele llevar un complemento introducido por *con* o *de*: «*Emborracharlo* CON *cerveza sería tarea larga*» (Araya *Luna* [Chile 1982]); «*¿Verdad, Rosa, que no es lo mismo emborracharse* DE *vino que* DE *champán?*» (Ruiz *Rosas* [Esp. 1993]).

emboscar(se). 1. 'Ocultar(se), especialmente entre el ramaje, para atacar por sorpresa'. Se construye normalmente como intransitivo pronominal: «*Mira al escalador que trepa y se embosca entre las hojas*» (Castro *Fiebre* [Esp. 1994]); el uso transitivo —habitual en el español clásico— es raro hoy con este sentido: «*Era inútil emboscar media docena de peones con escopetas en los accesos a un potrero* [...]: *el intruso no aparecía*» (Walsh *Cuento* [Arg. 1951-61]). **2.** Cuando se usa como transitivo hoy suele tener el sentido de 'tender [a alguien] una emboscada': «*Los rebeldes separatistas tamiles emboscaron el domingo a una patrulla del ejército* [...] *y asesinaron a 22 soldados*» (*NHerald* [EE. UU.] 28.4.97).

embravecer(se). 'Enfurecer(se)'. Verbo irregular: se conjuga como *agradecer* (→ APÉNDICE 1, n.º 18).

embriagar(se). 'Poner(se) ebrio'. Suele llevar un complemento introducido por *con* o *de*: «*Virginia se embriagaba* CON *esos rostros gélidos*» (Contreras *Nadador* [Chile 1995]); «*Perdieron el sueño para embriagarse* DE *música*» (*Tiempo* [Col.] 2.1.88).

embrutecer(se). 'Volver(se) tosco o lerdo'. Verbo irregular: se conjuga como *agradecer* (→ APÉNDICE 1, n.º 18).

emigrar. Dicho de una persona, 'salir de su país, ciudad o pueblo para establecerse en otro': «*Muchos catalanes emigraron a Cuba*» (Mendoza *Ciudad* [Esp. 1986]); dicho de algunas especies animales, 'trasladarse a otro lugar en busca de mejores condiciones': «*Las aves emigraron en busca de otras primaveras*» (Bain *Dolor* [Col. 1993]). También es válida la variante *migrar*: «*Los campesinos se convirtieron en una población sin más recurso que migrar hacia las ciudades*» (Fasano *Derrota* [Ur. 1980]); «*Muchas especies de aguas frías migrarán a zonas más cercanas a los polos*» (Butteler *Ecología* [Perú 1996]).

eminencia. → eminente.

eminente. 'Que sobresale por su tamaño entre lo que lo rodea': «*Había colocado sus eminentes posaderas sobre el dócil muellaje de la banca*» (Rubín *Rezagados* [Méx. 1991]); y 'que sobresale por su valía o importancia': «*Contamos hoy con la presencia de una eminente investigadora científica norteamericana*» (VqzMontalbán *Galíndez* [Esp. 1990]). No debe confundirse con *inminente* ('[cosa] que está a punto de suceder'; → inminente). Asimismo, el sustantivo *eminencia* ('cualidad de eminente' y 'persona o cosa eminente') no debe confundirse con *inminencia* ('cualidad de inminente').

emoticon, **emoticón.** → emoticono.

emoticono. Adaptación gráfica propuesta para el acrónimo inglés *emoticon* (del ingl. *emot*[ion] 'emoción' + *icon* 'icono'), que significa 'combinación de signos presentes en el teclado de la computadora u ordenador, con la que se expresa gráficamente un estado de ánimo'. Su plural es *emoticonos*: «*La ausencia de contacto visual entre los interlocutores se intenta sustituir mediante la utilización de unos símbolos gráficos, basados en la combinación de signos de puntuación, denominados emoticonos*» (*Espéculo* [Esp.] 6.03). Es preferible a *emoticón* (pl. *emoticones*), ya que la voz española que equivale al inglés *icon* es *icono*, no *icón*.

empalidecer. 'Palidecer'. Verbo irregular: se conjuga como *agradecer* (→ APÉNDICE 1, n.º 18).

empapar(se). 1. Dicho de un cuerpo sólido, 'absorber [un líquido]': *La tierra empapa el agua;* en cambio, dicho de un líquido, 'impregnar [un sólido]': *El agua empapa la tierra*. En ambos casos es transitivo. **2.** Cuando significa 'impregnar(se)', suele llevar un complemento introducido por *de, en* o, menos frecuentemente, *con*: «*Vi cómo el vaquero se empapaba* DE *sangre*» (Gala *Invitados* [Esp. 2002]); «*La materia prima* [...] *se empapa* EN *agua para eliminar la suciedad*» (Farro *Industria* [Perú 1996]); «*Ella empapa mis mejillas* CON *sus lágrimas*» (Cuauhtémoc *Grito* [Méx. 1992]).

emparentar(se). 1. Como transitivo, 'establecer parentesco o relación [entre dos personas o cosas]' y, como intransitivo, dicho de persona, 'contraer parentesco con otra' y, dicho de cosa, 'tener relación con otra'. Este verbo admite dos conjugaciones: una irregular, según el modelo de *acer-*

tar (→ APÉNDICE 1, n.º 16), esto es, con diptongación en las formas cuya raíz es tónica (*empariento, emparientas*, etc.), y otra regular, sin diptongación (*emparento, emparentas*, etc.): «*Hay algo heroico en su conducta, algo que lo emparienta con los ídolos de su juventud*» (Volpi *Klingsor* [Méx. 1999]); «*Una fisonomía urbana que emparenta a Alhucemas con las ciudades españolas de los años cincuenta*» (Silva *Rif* [Esp. 2001]).

2. Cuando significa, dicho de una persona, 'contraer parentesco con otra', lo normal, en el habla culta, es su empleo como intransitivo no pronominal: «*Me hice amiga del muchacho, que me caía en gracia y me libraba de emparentar con los Alatriste*» (Mastretta *Vida* [Méx. 1990]). Pero no es infrecuente, sobre todo en América, su uso como intransitivo pronominal: «*Trató de emparentarse con Luis XIV pidiendo la mano de Mademoiselle de Conti*» (Tibón *Aventuras* [Méx. 1986]). Es general, en cambio, su uso como intransitivo pronominal cuando significa, dicho de una cosa, 'tener relación con otra': «*Su obra [...] se emparenta con la de don Pablo*» (*Abc* [Esp.] 19.4.96).

empavorecer. 'Causar, o sentir, gran pavor'. Verbo irregular: se conjuga como *agradecer* (→ APÉNDICE 1, n.º 18).

empecer. **1.** Dicho de una cosa, 'ser un obstáculo o impedimento para algo'. Verbo irregular: se conjuga como *agradecer* (→ APÉNDICE 1, n.º 18).

2. Se usa normalmente en oraciones negativas, y puede funcionar como transitivo: «*Lo que no empece la magnitud de su hazaña*» (RBastos *Vigilia* [Par. 1992]); o como intransitivo, caso en el que se construye con un complemento introducido por las preposiciones *a* o *para*: «*Nada de esto empece A que los sueños se cumplan*» (RBastos *Vigilia* [Par. 1992]); «*Lo que no empece PARA que sea una canallada, eso desde luego*» (Sastre *Análisis* [Esp. 1979]).

empedernir(se). 'Endurecer(se) mucho'. Este verbo es defectivo, ya que solo se conjuga en las formas cuya desinencia empieza por *i*: «*El godo impertérrito tramaba invasión sobre invasión [...]. La montonera pugnaba también y el conflicto más y más se empedernía*» (Lugones *Guerra* [Arg. 1905] 19).

empedrar. 'Cubrir [el suelo] con piedras'. Verbo irregular: se conjuga como *acertar* (→ APÉNDICE 1, n.º 16).

empeñar(se). **1.** Como transitivo, 'dejar [algo] en prenda como garantía de la devolución de un préstamo': «*Cogía joyas o libros antiguos para empeñarlos*» (Cerezales *Escaleras* [Esp. 1991]).

2. Como intransitivo pronominal, 'insistir con tesón en algo'. Lleva un complemento introducido por *en*: «*Me empeñé EN que aquellos poemas llegaran al extranjero*» (Valladares *Esperanza* [Cuba 1985]); y no por *con*: ⊗«*Malograron la preciosa oportunidad de crear una Nicaragua nueva y en vez de eso se empeñaron CON hacer una fotocopia de Cuba*» (*Prensa* [Nic.] 8.9.97). No debe omitirse la preposición ante la conjunción *que* (→ QUEÍSMO, 1a): ⊗«*Están empeñados que esta democracia no se mueva ni hacia adelante ni en profundidad*» (*País* [Esp.] 2.1.81); debió decirse *Están empeñados EN que...*

empequeñecer(se). 'Hacer(se) más pequeño'. Verbo irregular: se conjuga como *agradecer* (→ APÉNDICE 1, n.º 18).

emperador -triz. 'Soberano de un imperio'. El femenino etimológico y mayoritario en el uso es *emperatriz* (que también significa 'mujer del emperador'): «*Abrid, soy Su Majestad la emperatriz de Austria, reina de Hungría*» (Moix *Vals* [Esp. 1994]). Existe asimismo el femenino *emperadora*, menos aconsejable por su escaso uso: «*La emperadora Catalina II le concedió al gobernador moscovita [...] el privilegio de tener un teatro*» (*FVigo* [Esp.] 28.3.01).

emperadora. → emperador.

empezar. **1.** 'Comenzar'. Verbo irregular: se conjuga como *acertar* (→ APÉNDICE 1, n.º 16).

2. Si va seguido de un infinitivo, este va precedido de la preposición *a* cuando significa 'dar comienzo a la acción designada por el infinitivo': «*No recuerdo el momento en que empecé A llorar*» (Fresán *H.ª argentina* [Arg. 1991]); y con la preposición *por* cuando significa 'realizar en primer lugar la acción designada por el infinitivo': «*Al día siguiente, cambié el orden acostumbrado de mi paseo matinal y empecé POR acudir a la estafeta*» (Larreta *Volavérunt* [Ur. 1980]).

empobrecer(se). **1.** 'Hacer(se) pobre'. Verbo irregular: se conjuga como *agradecer* (→ APÉNDICE 1, n.º 18).

2. Como intransitivo, con el significado de 'hacerse pobre', se usa normalmente en forma pronominal: «*Los ricos se empobrecieron, los ladrones y los mendigos se fueron a los montes*» (Aridjis *Hombre* [Méx. 1989]); pero también es correcto su uso como no pronominal: «*La nobleza disponía cada día de menos oro, ellos eran quienes más gastaban y al no circular su oro todos empobrecían*» (Otero *Temporada* [Cuba 1983]).

empoderamiento. → empoderar(se).

empoderar(se). Calco del inglés *to empower*, que se emplea en textos de sociología política con el sentido de 'conceder poder [a un colectivo desfavorecido socioeconómicamente] para que, mediante su autogestión, mejore sus condiciones de vida'. Puede usarse también como pronominal: «*Se trata pues de empoderarnos, de utilizar los bienes y derechos conseguidos, necesarios para el desarrollo de los intereses propios*» (Alborch *Malas* [Esp. 2002]). El sustantivo correspondiente es *empoderamiento* (del ingl. *empowerment*): «*El empoderamiento de los pobres es la palabra clave*» (*Granma* [Cuba] 11.96). El verbo *empoderar* ya existía en español como variante desusada de *apoderar*. Su resucitación con este nuevo sentido tiene la ventaja, sobre *apoderar*, de usarse hoy únicamente con este significado específico.

emporcar(se). 'Ensuciar(se)'. Verbo irregular: se conjuga como *contar* (→ APÉNDICE 1, n.º 26).

empotrar(se). 'Meter [algo] en la pared o en el suelo de modo que quede fijo' e 'incrustar(se) en algo, especialmente al chocar violentamente con ello'. Suele construirse con *en*: «*Muerte de un camionero al empotrarse su vehículo EN un tráiler*» (*Mundo* [Esp.] 28.11.95). Pero también se usa *contra*, por contagio del régimen de *chocar*: «*Un taxi se empotró CONTRA una casa*» (*País* [Esp.] 3.8.77).

empower, empowerment. → empoderar(se).

emputecer(se). 'Prostituir(se)'. Verbo irregular: se conjuga como *agradecer* (→ APÉNDICE 1, n.º 18).

⊗emulsificante, ⊗emulsificar. → emulsionar.

emulsionar. 'Producir la dispersión [de un líquido] en otro no miscible con él': «*Agregar el aceite y batir hasta emulsionar*» (Imperio *Cocina* [Arg. 1994]). Debe evitarse el uso de ⊗*emulsificar*, creado por influjo del inglés *to emulsify*. Paralelamente, el derivado apropiado es *emulsionante*, no ⊗*emulsificante*.

enagua. 'Prenda de vestir femenina'. Se usa también en plural con sentido singular: «*Terminé de quitarle las enaguas*» (Allende *Casa* [Chile 1982]). En México y algunos países centroamericanos, se emplea también la forma *nagua*, más cercana a la etimología: «*Diecisiete niños de todas las edades y tamaños que se negaron, los primeros días, a separarse de las naguas de sus nanas*» (Flores *Siguamonta* [Guat. 1993]).

enaltecer. 'Ensalzar o elogiar [a alguien]' y 'hacer [a una persona o cosa] digna de estima o elogio'. Verbo irregular: se conjuga como *agradecer* (→ APÉNDICE 1, n.º 18).

enardecer(se). 'Excitar(se)'. Verbo irregular: se conjuga como *agradecer* (→ APÉNDICE 1, n.º 18).

encallecer(se). 'Endurecer(se)' y, como intransitivo pronominal, 'criar callos'. Verbo irregular: se conjuga como *agradecer* (→ APÉNDICE 1, n.º 18).

encandecer(se). 'Encender(se) hasta formar ascua'. Verbo irregular: se conjuga como *agradecer* (→ APÉNDICE 1, n.º 18).

encanecer(se). 1. 'Poner(se) cano'. Verbo irregular: se conjuga como *agradecer* (→ APÉNDICE 1, n.º 18).

2. Cuando significa 'ponerse cano', lo normal y más recomendable es usarlo como intransitivo no pronominal: «*El pelo encanece tempranamente*»

(Sandner *Sida* [Ven. 1990]); «*Antes de encanecer tenía el pelo castaño*» (Mendoza *Ciudad* [Esp. 1986]). Es minoritario su empleo como intransitivo pronominal: «*El pelo se encanece y cae*» (Marcos *Salud* [Esp. 1989]).

encantar. 1. Con el sentido de 'someter a poderes mágicos', es transitivo: «*María se acordaba de su voz, [...] que todo LO encantaba*» (Pombo *Metro* [Esp. 1990]).
2. Cuando significa 'gustar mucho', es intransitivo; lo que gusta o agrada funciona como sujeto y el complemento de persona es indirecto: «*A Fabio LE encanta crear complicaciones*» (Shand *Delmonte* [Arg. 1987]); «*A los griegos LES encantaba la mitología*» (*Mundo* [Esp.] 30.9.95).

encanto. 'Cualidad de resultar atractiva o agradable una persona o cosa': «*Decía que tío Ramón era un cafre [...], pero que tenía mucho encanto y mucho caché*» (Mendicutti *Palomo* [Esp. 1991]). La existencia de esta voz española hace innecesario el uso del francés *charme*.

encapricharse. 'Tener capricho por algo o alguien'. Se construye normalmente con un complemento introducido por *de*, *con* o, menos frecuentemente, *por*: «*Se han encaprichado DEL ático*» (Marsillach *Ático* [Esp. 1995]); «*Se encaprichó CON ella nada más verla*» (Memba *Homenaje* [Esp. 1989]); «*Cómo pudiste encapricharte tan fácilmente POR alguien con quien tenías tan poco en común*» (Cano *Abismo* [Col. 1991]). Cuando el complemento es oracional, puede ir introducido por *en*: «*Me encapriché EN que seas tú quien me lo diga*» (Santander *Milagro* [Méx. 1984]).

encarecer(se). 1. 'Aumentar de precio' y 'ponderar o alabar mucho [algo]'. Verbo irregular: se conjuga como *agradecer* (→ APÉNDICE 1, n.º 18).
2. Cuando significa 'aumentar de precio', puede ser transitivo: «*La porcelana es más elegante, pero encarece el producto*» (Hidalgo *Azucena* [Esp. 1988]); o intransitivo, caso en el que puede usarse tanto en forma pronominal, lo más frecuente, como en forma no pronominal: «*Cada día se encarecen más las cosas*» (MDurán *Toque* [Col. 1981]); «*La industria alemana quiere que [...] disminuya la demanda de trabajadores, para que los salarios no encarezcan*» (Mariátegui *Hugo* [Perú 1923]).
3. También se emplea hoy con el significado de 'pedirle o rogarle [algo] a alguien con insistencia o empeño', sentido equivalente al de la fórmula *rogar encarecidamente*: «*Le encarezco que lo haga con cuidado, no vaya a sucederle lo que a mí*» (TBallester *Filomeno* [Esp. 1988]); «*Se leían proclamas encareciendo a la gente que aprovechara el sol del día feriado*» (Martínez *Evita* [Arg. 1995]).

encarnecer. 'Engordar o hacerse más grueso'. Verbo irregular: se conjuga como *agradecer* (→ APÉNDICE 1, n.º 18). Este verbo intransitivo es de muy escaso uso: *María ha encarnecido en los últimos meses*. No debe confundirse con *escarnecer* ('burlarse'; → escarnecer) ni con *encarnizar(se)* ('encruelecer(se)'; → encarnizar(se)), como ocurre en este ejemplo: ⊗«*Las turbas se encarnecían en la matanza y el saqueo*» (León *Cristo* [Esp. 1941]); aquí debió decirse *se encarnizaban*.

encarnizado -da, encarnizamiento. → encarnizar(se), 2.

encarnizar(se). 1. Como transitivo, es muy raro su empleo y significa 'hacer que [algo o alguien] se vuelva feroz'. Se usa casi siempre como intransitivo pronominal, con el sentido de 'ensañarse con alguien, o dedicarse con furia a causar un daño'. Lleva normalmente un complemento introducido por *con*, *en* o *contra*: «*La desgracia se encarnizó* CON *David*» (CBonald *Noche* [Esp. 1981]); «*Nada tan repugnante para Spinoza como los denigradores del hombre, [...] que se encarnizan* EN *burlarse del hombre*» (Savater *Invitación* [Esp. 1982]); «*No queremos encarnizarnos* CONTRA *nadie*» (VLlosa *Conversación* [Perú 1969]).

2. De su participio deriva el adjetivo *encarnizado*, que significa 'feroz': «*Se presentaron en la casa hasta sus más encarnizados enemigos políticos*» (Allende *Casa* [Chile 1982]). El sustantivo correspondiente es *encarnizamiento* ('ensañamiento'): «*Las luchas entre las ciudades italianas han sido de espeluznante violencia y encarnizamiento*» (Marías *España* [Esp. 1985]). Son incorrectos los usos, con los sentidos indicados, de ⊗*encarnecido* y ⊗*encarnecimiento*, formas que corresponderían, en todo caso, al verbo *encarnecer* ('engordar'; → encarnecer), que prácticamente no se usa en la actualidad: ⊗«*Los Rampardal (millonarios de última hora y de primera categoría, rivales encarnecidos de los Pérez Berruguete)*» (Salisachs *Gangrena* [Esp. 1975]); ⊗«*No es aconsejable matar por encarnecimiento médico*» (Cibeira *Bioética* [Arg. 1997]); en estos casos debió decirse *rivales encarnizados* y *encarnizamiento médico*, respectivamente. Son asimismo incorrectas las formas ⊗*escarnizado* y ⊗*escarnizamiento*.

encausar. 'Proceder [contra alguien] judicialmente': «*La prueba podía ser suficiente para encausar al sospechoso*» (Quevedo *Genes* [Cuba 1996]). Se acentúa como *causar* (→ APÉNDICE 1, n.º 10). En zonas de seseo, no debe confundirse con *encauzar* ('encaminar'; → encauzar(se)).

encauzar(se). 'Dirigir(se) una corriente de agua por un cauce' y 'encaminar(se) o dirigir(se) algo por buen camino': «*Los bordes de cemento que encauzaban el arroyo le impedían salir*» (Vallejo *Virgen* [Col. 1994]); «*Los Gobiernos deben encauzar el uso de la ciencia*» (Butteler *Ecología* [Perú 1996]). Se acentúa como *causar* (→ APÉNDICE 1, n.º 10). En zonas de seseo, no debe confundirse con *encausar* ('proceder judicialmente'; → encausar).

enceguecer. 'Dejar, o quedar, ciego'. Verbo irregular: se conjuga como *agradecer* (→ APÉNDICE 1, n.º 18).

encender(se). 'Hacer que [algo] empiece a arder o a funcionar' y, como pronominal, 'ponerse a arder o a funcionar'. Verbo irregular: se conjuga como *entender* (→ APÉNDICE 1, n.º 31).

encerrar(se). 'Poner(se) en un sitio cerrado'. Verbo irregular: se conjuga como *acertar* (→ APÉNDICE 1, n.º 16).

encima. 1. Como adverbio de lugar, con el significado de 'en lugar o parte superior con respecto a algo', suele ir seguido de un complemento con *de* que expresa el lugar de referencia: «*Me duermo encima* DE *la mesa*» (ASantos *Pares* [Esp. 1989]). Cuando el complemento con *de* está explícito, en el habla coloquial o popular americana se emplea indebidamente el adverbio *arriba* en lugar de *encima* (→ arriba, 2). No es correcta la grafía ⊗*en cima*.

2. Por su condición de adverbio, no se considera correcto su uso con posesivos: ⊗*encima mío*, ⊗*encima suyo*, etc. (debe decirse *encima de mí*, *encima de él*, etc.).

encinta. Dicho de una mujer, 'embarazada'. Proviene del latín tardío *incincta* y su plural es *encintas*: «*Las dos hermanas anunciaron que estaban encintas*» (Jodorowsky *Pájaro* [Chile 1992]). No obstante, hoy es frecuente su uso como palabra invariable, a modo de adverbio ('en estado de preñez'), susceptible de ser usado también como adjetivo cuando se pospone a un sustantivo: «*Una fórmula de dopaje difícil de imaginar: dejar encinta a las jóvenes atletas para hacerlas abortar [...] acabados ya los certámenes*» (Vanguardia [Esp.] 17.12.94); «*Las mujeres encinta [...] deben evitar períodos prolongados de calor*» (Tiempo [Col.] 1.12.87). Se escribe siempre en una sola palabra: ⊗*en cinta*.

enclaustrar(se). 'Encerrar(se)'. Se acentúa como *causar* (→ APÉNDICE 1, n.º 10).

⊗**enclencle.** → enclenque.

enclenque. 'Débil o enfermizo'. Son erróneas las formas ⊗*enquencle* y ⊗*enclencle*.

enclisis. 'Unión de una palabra inacentuada a aquella que la precede'. Aunque el étimo griego es esdrújulo (*énklisis* 'inclinación'), solo se ha usado en español con acentuación llana: [enklísis]. Es invariable en plural (→ PLURAL, 1f): *las enclisis*.

ENCLÍTICOS. → ACENTO, 1.1b y PRONOMBRES PERSONALES ÁTONOS.

encomendar(se). 'Poner(se) bajo el cuidado o amparo de alguien'. Verbo irregular: se conjuga como *acertar* (→ APÉNDICE 1, n.º 16).

encomiar. 'Alabar encarecidamente'. Se acentúa como *anunciar* (→ APÉNDICE 1, n.º 4).

encontrar(se). 1. 'Hallar algo o a alguien', 'juzgar o considerar', 'hallarse en un determinado lugar, estado o situación' y 'juntarse dos o más personas habiéndolo acordado previamente'. Verbo irregular: se conjuga como *contar* (→ APÉNDICE 1, n.º 26). **2.** Cuando significa específicamente 'hallar algo o a alguien de forma inesperada o por casualidad', puede construirse como transitivo, normalmente con un pronombre concordado con el sujeto: «*A la entrada encontré a trabajadores de una empresa de ascensores*» (*Hoy* [Chile] 7-13.12.83); «*Nunca lo busqué,* ME *lo encontré*» (Urrea *Chanel* [Esp. 1997]); o, más frecuentemente, como intransitivo pronominal con un complemento introducido por *con:* «*Alguien llamó a la puerta. Abrió y* SE *encontró* CON *Ángela*» (Souza *Mentira* [Perú 1998]). **3.** ⊗*encontrar a faltar.* Calco de la expresión catalana *trobar a faltar:* ⊗«*En el plan económico del Gobierno se encuentran a faltar reformas estructurales*» (*Vanguardia* [Esp.] 30.9.95); en castellano se dice *echar de menos* o *echar en falta.*

encorar(se). 1. Como transitivo, 'hacer que [una herida] críe piel nueva'; y, como intransitivo (pronominal o no), dicho de una herida, 'criar piel nueva'. Verbo irregular: se conjuga como *contar* (→ APÉNDICE 1, n.º 26), esto es, diptongan las formas cuya raíz es tónica: *encuero, encueras,* etc., pero no diptongan las formas cuya raíz es átona: *encoramos, encoráis, encorado,* etc. **2.** Las formas con diptongo de *encorar(se)* coinciden con las del verbo regular *encuerar(se),* que se emplea en amplias zonas de América y del sur de España con el sentido de 'desnudar(se)': «*Su mujer acababa de encuerarse con un ritual sibarita y el catedrático no tenía dónde posar los ojos que no fuera la imagen de aquellas nalgas incontinentes*» (Alberto *Eternidad* [Cuba 1992]). También se usa hoy, especialmente en participio, con el sentido de 'vestirse con ropa de cuero': «*Adolescentes motorizados y encuerados constituían un ejército de ocupación destinado a barrer a todo el que se les pusiera por delante*» (Alou *Aportación* [Esp. 1991]).

encordar. 'Poner cuerdas [a algo, especialmente a un instrumento musical]' y 'atar o rodear con cuerdas'. Verbo irregular: se conjuga como *contar* (→ APÉNDICE 1, n.º 26).

encovar(se). → encuevar(se).

encrudecer(se). 'Hacer(se) áspero o cruel'. Verbo irregular: se conjuga como *agradecer* (→ APÉNDICE 1, n.º 18).

encubrir. 'Ocultar'. Su participio es irregular: *encubierto.*

encuerar(se). → encorar(se), 2.

encuevar(se). 'Meter(se) en una cueva'. Este verbo es regular y, naturalmente, lleva diptongo en todas sus formas. Existe también la variante *encovar(se)* —más antigua y menos usada hoy—, que admite dos conjugaciones: una irregular, según el modelo de *contar* (→ APÉNDICE 1, n.º 26), esto es, con diptongo en las formas cuya raíz es tónica (*encuevo, encuevas,* etc.); y otra regular, que no lleva diptongo en ninguna de sus formas (*encovo, encovas,* etc.). Así pues, a efectos prácticos, en todos los tiempos y personas es igualmente válido el uso de formas con diptongo y sin él, de las que son preferibles las primeras: *encuevo* o *encovo, encuevas* o *encovas, encueva* o *encova, encuevamos* o *encovamos,* etc.

endeble. 'Débil o flojo'. El superlativo puede ser *endebilísimo,* como corresponde a los adjetivos acabados en *-ble* (→ -ísimo, 1): «*Se forjó sobre endebilísimos cimientos y más bien al aire, toda una leyenda romántica*» (Unamuno *Recuerdos* [Esp. 1908]); o *endeblísimo,* excepción válida a dicha norma: «*Los versos han resultado endeblísimos*» (GmzRestrepo *Carta* [Col. 1893]).

endemoniar(se). 'Introducir los demonios en el cuerpo [de alguien]' e 'irritar(se) o encolerizar(se)'. Se acentúa como *anunciar* (→ APÉNDICE 1, n.º 4).

endeudar(se). 'Hacer contraer, o contraer uno mismo, una deuda'. Se acentúa como *adeudar* (→ APÉNDICE 1, n.º 14).

endibia. 'Variedad lisa de escarola'. Es igualmente válida la variante gráfica *endivia,* aunque etimológicamente está más justificada la grafía con *b.*

endivia. → endibia.

endocrino -na. 1. Como adjetivo (dicho de una glándula, 'que vierte directamente en la sangre las sustancias que segrega' y 'de las glándulas endocrinas o sus secreciones'), tiene dos terminaciones, una para cada género: *glándula endocrina, sistema endocrino.* Aunque en algunos países de América, como México, la Argentina o el Uruguay, se usa a veces en forma esdrújula (*endócrino*), se recomienda la forma llana *endocrino* [endokríno], mayoritaria en todo el ámbito hispánico. **2.** La forma *endocrino* se usa también, por acortamiento de *endocrinólogo,* para designar al médico especialista en endocrinología. Puede funcionar como común en cuanto al género, como es normal en los acortamientos (→ ACORTAMIENTO, 2 y GÉNERO², 1a): *el/la endocrino;* pero la influencia de la forma femenina del adjetivo hace que hoy sea normal llamar *endocrina* a la médica que ejerce esta especialidad (→ GÉNERO², 3a): «*Un examen algo más detallado a cargo de una endocrina*» (DCádiz@ [Esp.] 13.11.03).

endosar. 1. 'Pasar a alguien [una letra de cambio u otro documento de crédito], haciéndolo constar al dorso': «*Admitió haber endosado dos cheques*» (*Prensa* [Hond.] 26.6.96); y 'trasladar a alguien [una carga, trabajo o cosa no apetecible]': «*Me volvieron a endosar el fregoteo de los cacharros*» (Palou *Carne* [Esp. 1975]). Con el segundo sentido, exige un complemento con carga semántica negativa, por lo que es incorrecto un ejemplo como el siguiente: ⊗«*Los integrantes del equipo quisieron hacer patente su estima y agradecimiento al Licenciado Rolando Pineda Lam, a quien fue endosado el trofeo obtenido*» (*Hora* [Guat.] 23.1.97). **2.** Debe evitarse en español usar este verbo con los sentidos que corresponden al inglés *to endorse*, esto es, 'respaldar o apoyar': ⊗«*Este mensaje oficioso* [...] *no es endosado por todos los países industrializados e incluso ha recibido la oposición clara de algunos*» (*País* [Esp.] 11.10.80). Lo mismo cabe decir del sustantivo *endoso*, que no debe usarse en lugar de *apoyo* o *respaldo*: ⊗«*Esta proclama, además de recibir el endoso de la inmensa mayoría de los nicaragüenses, logró el respaldo expreso de la comunidad internacional*» (*Prensa* [Nic.] 11.6.97).

endósmosis o **endosmosis.** → ósmosis u osmosis.

endoso. → endosar, 2.

endurecer(se). 'Poner(se) duro'. Verbo irregular: se conjuga como *agradecer* (→ APÉNDICE 1, n.º 18).

enea. 'Planta cuyas hojas se emplean para hacer esteras y asientos de sillas'. Es igualmente válida, aunque algo menos frecuente, la variante *anea*.

enema. 'Lavativa (inyección de líquido por el ano con fines médicos)'. Aunque en países como la Argentina o México se emplea con cierta frecuencia en femenino, en el español actual es mayoritariamente masculino: «*Tras él, un enfermero con una gran jeringa dispuesto a ponerle un enema*» (*Caretas* [Perú] 6.2.97). No debe confundirse con *edema* ('hinchazón por acumulación de líquidos'; → edema).

enervar. Aún conserva el significado etimológico latino de 'debilitar o relajar': «*Viéndolo tan tranquilo y enervado disfrutando de la música, hicieron confianza*» (Rubín *Rezagados* [Méx. 1991]); pero hoy se emplea más frecuentemente con el significado de 'excitar o irritar', sentido que el francés añadió a esta voz en el siglo XIX, de donde pasó al español: «*Voy a tratar de seguir contándoselo de una forma suave* [...]. *Pero me enerva, no puedo evitarlo, esa actitud de sorna y desconfianza*» (VMatas *Suicidios* [Esp. 1991]). Es uso asentado en la norma culta y debe considerarse aceptable. Con este sentido, por tratarse de un verbo de «afección psíquica», dependiendo de distintos factores (→ LEÍSMO, 4a), el complemento de persona puede interpretarse como directo o como indirecto: «*LA enervaba María Ber-*

nal» (Aguilar *Error* [Méx. 1995]; «*Tus preguntas normales LE enervaban*» (GaMorales *Lógica* [Esp. 1990]).

enfadar(se). 'Causar enfado' y, como pronominal, 'pasar a tener enfado'. Con el primer sentido, es verbo de «afección psíquica», por lo que, dependiendo de distintos factores (→ LEÍSMO, 4a), el complemento de persona puede interpretarse como directo o como indirecto: «*Para enfadarLO, Irene solía recordarle que Nacho Casado tenía nombre de diseñador de moda*» (GaSánchez *Historia* [Esp. 1991]); «*Al chino LE enfadaba que el mono desperdiciara el arroz*» (Asturias *Alhajadito* [Guat. 1961]).

enfermar(se). Como transitivo, 'causar una enfermedad': «*Eso enferma la mente de los niños*» (Barrios *Familia* [Ven. 1993]). Como intransitivo, 'contraer una enfermedad'; en este caso, en América, se prefiere el uso como pronominal (*enfermarse*): «*No se les veía volverse viejas, ni enfermarse ni morir*» (GaMárquez *Amor* [Col. 1985]); mientras que en España lo normal es el uso no pronominal: «*Ha enfermado repentinamente del estómago*» (*País* [Esp.] 1.10.89).

enfeudar. 'Dar en feudo [un territorio]'. Se acentúa como *adeudar* (→ APÉNDICE 1, n.º 14). Con este sentido existe también, aunque se usa menos, el verbo *infeudar*, que sigue el mismo modelo de conjugación.

enfiteusis. 'Cesión perpetua o por largo tiempo del dominio útil de un inmueble'. Es voz femenina, como su étimo latino: «*Fue beneficiado por el Estado con una enfiteusis de 25 leguas cuadradas al otro lado del Salado*» (Guzmán *País* [Arg. 1999]).

enflaquecer(se). 1. 'Adelgazar' y 'debilitar(se)'. Verbo irregular: se conjuga como *agradecer* (→ APÉNDICE 1, n.º 18). **2.** Puede ser transitivo: «*Fui vestida de negro, tono que me enflaquece*» (Posse *Pasión* [Arg. 1995]); o intransitivo, caso en el que se emplea, en la mayor parte del ámbito hispánico, en forma no pronominal: «*Esta tristeza desequilibró mi organismo y enflaquecí mucho*» (Araya *Luna* [Chile 1982]); pero en algunos países de América, especialmente en el área andina, es normal su uso como intransitivo pronominal: «*Habrá cambiado con tantos días de encierro, debe haberse enflaquecido, a lo mejor lo tenían a pan y agua*» (VLlosa *Ciudad* [Perú 1962]).

enfrentar(se). Con el sentido de 'hacer frente a alguien o algo, especialmente a un problema o peligro', puede ser transitivo: «*¿Qué podemos hacer para enfrentar esta situación?*» (VV. AA. *Mamar* [Arg. 1983]); o, más frecuentemente, intransitivo pronominal, con un complemento introducido por *con* o *a*: «*Era la primera vez que me enfrentaba CON una cosa grande y peligrosa*» (Viezzer *Hablar* [Bol. 1977]); «*Juntos se enfrentaron A la policía*» (Vergés *Cenizas* [R. Dom. 1980]).

enfrente. 1. Adverbio de lugar que significa 'a o en la parte opuesta'. Puede usarse con verbos de movimiento o de estado: «*Llévelos enfrente con los demás*» (Campos *Carne* [Méx. 1982]); «*Ha de abandonar su celda corriendo* [...], *por el corredor que hay enfrente de su puerta*» (Sastre *Análisis* [Esp. 1979]). Suele llevar un complemento con *de* que expresa el término de referencia. Es también válido el uso de la locución adverbial *en frente,* escrita en dos palabras: «*Darío se para en frente de ella*» (Santiago *Sueño* [P. Rico 1996]); pero hoy es mayoritario y preferible el empleo de la grafía simple. En amplias zonas de América, se usa también, con este sentido, la locución *al frente* (→ frente, 2).
2. Por su condición de adverbio, no se considera correcto su uso con posesivos: [⊗]*enfrente mío,* [⊗]*enfrente suyo,* etc. (debe decirse *enfrente de mí, enfrente de él,* etc.).

enfriar(se). 'Poner(se) frío'. Se acentúa como *enviar* (→ APÉNDICE 1, n.º 5).

enfurecer(se). 1. 'Poner(se) furioso'. Verbo irregular: se conjuga como *agradecer* (→ APÉNDICE 1, n.º 18).
2. Cuando tiene el sentido intransitivo de 'ponerse furioso', suele usarse en forma pronominal: «*Nunca antes la he visto enfurecerse de esa manera*» (Gallegos *Pasado* [C. Rica 1993]); pero también es válido su uso como intransitivo no pronominal: «*Don Miguel enfureció de nuevo e iba ya a reprender a los jóvenes*» (Velasco *Regina* [Méx. 1987]). Puede llevar un complemento introducido por *con* o *contra,* que expresa la persona hacia la que se dirige la furia: «*Se enfureció CON el presentador*» (Carbonell *Televisión* [Esp. 1992]); «*Luego se enfureció CONTRA mí. ¡Qué cosas me gritaba!*» (Sampedro *Sonrisa* [Esp. 1985]). Lo que causa el enfurecimiento suele expresarse mediante un complemento encabezado con *por* o *de:* «*Otros se enfurecen POR la derrota de su favorito*» (Bonilla *Luz* [Esp. 1994]); «*Jean se enfurece DE celos*» (LpzNavarro *Clásicos* [Chile 1996]).

[⊗]**engangrenarse.** → gangrenarse.

engarfiar(se). 'Sujetar con un garfio' y 'poner(se) en forma de garfio'. Se acentúa como *anunciar* (→ APÉNDICE 1, n.º 4).

engrampadora, engrampar. → grapa, 1.

engrandecer(se). 'Hacer(se) más grande'. Verbo irregular: se conjuga como *agradecer* (→ APÉNDICE 1, n.º 18).

engrapadora, engrapar. → grapa, 1.

engreír(se). 'Envanecer(se)'. Verbo irregular: se conjuga como *sonreír* (→ APÉNDICE 1, n.º 55).

engrosar(se). 1. 'Engordar' y 'aumentar o hacer(se) más numeroso'. Puede conjugarse como regular (*engroso, engrosas, engrosa,* etc.); o como irregular, según el modelo de *contar* (→ APÉNDICE 1, n.º 26), esto es, con diptongación en las formas cuya raíz es tónica (*engrueso, engruesas,* etc.). Existe también la variante regular *engruesar(se),* que, como es natural, presenta diptongo en todas las formas de su conjugación. Así pues, a efectos prácticos, en todos los tiempos y personas es igualmente válido el uso de formas sin diptongo y formas con diptongo, de las que son más frecuentes las primeras: *engroso* o *engrueso, engrosas* o *engruesas, engrosa* o *engruesa, engrosamos* o *engruesamos,* etc.
2. Cuando son intransitivos, ambos verbos pueden usarse en forma pronominal, lo que es frecuente en América, y no pronominal, lo más normal en España: «*Con la edad casi todas* [las narices] *se engruesan, se ponen fláccidas, bulbosas*» (Allende *Eva* [Chile 1987]); «*En el desarrollo de la lesión, las capas de íntima y subíntima engrosan fuertemente*» (MtnMunicio *Discurso* [Esp. 1969]).

engruesar(se). → engrosar(se).

engullir. 'Comer y tragar con avidez'. Verbo irregular: se conjuga como *mullir* (→ APÉNDICE 1, n.º 42).

enhorabuena. 1. Se escribe en una sola palabra cuando se usa como sustantivo, con el significado de 'felicitación': «*Todos querían darle la enhorabuena al vencedor*» (*Época* [Chile] 28.7.97); o cuando, también como sustantivo, forma parte de la locución adverbial *de enhorabuena:* «*¡Estar siempre de enhorabuena!*» (Nieva *Nosferatu* [Esp. 1993]).
2. Puede escribirse en una o en varias palabras en los casos siguientes:
a) Cuando se emplea sola, con valor interjectivo, para felicitar a alguien. Hoy se prefiere su escritura en una sola palabra: «*Tiene su poco de sangre india, enhorabuena*» (Benedetti *Primavera* [Ur. 1982]).
b) Cuando se usa como adverbio en fórmulas de felicitación: «—*A lo mejor me caso.* —*Pues que sea enhorabuena*» (Landero *Juegos* [Esp. 1989]); «*Hale, que sea en hora buena*» (Berlanga *Gaznápira* [Esp. 1984]). En el uso actual se está imponiendo la grafía en una sola palabra.
c) Cuando, como adverbio, se usa para denotar aprobación o conformidad: «*Que venda enhorabuena al precio que más le acomode*» (Picó *Filo* [P. Rico 1993]); «*Si aún insistís en llamar a esto Justicia, llamadla en hora buena*» (Heredia *Fuente* [Méx. 1932]). También se prefiere, en este caso, la grafía simple.
3. Debe evitarse la variante [⊗]*norabuena,* ajena a la norma culta actual.

enjaguar. → enjuagar, 2.

enjaular. 'Encerrar en una jaula'. Se acentúa como *causar* (→ APÉNDICE 1, n.º 10).

enjuagar. 1. 'Aclarar o limpiar [algo] con agua u otro líquido': «*Una vez confeccionado el botijo, se debe enjuagar varias veces antes de almacenar el agua*» (Artigas *Sobrevivencia* [Chile 1991]). No debe confundirse con *enjugar* ('secar'; → enjugar).

2. La forma etimológica *enjaguar* —de la que deriva el actual *enjuagar*—, que se usó frecuentemente en otras épocas, pervive en el habla de algunas zonas de América. Se acentúa como *averiguar* (→ APÉNDICE 1, n.º 6).

enjugar. 'Secar': «*Saqué mi pañuelo y me enjugué el sudor*» (LpzPáez *Herlinda* [Méx. 1993]); y 'eliminar [una deuda o déficit]': «*Si hay pérdidas, se enjugan con las ayudas públicas que pagan todos los contribuyentes*» (*Vanguardia* [Esp.] 10.3.94). No debe confundirse con *enjuagar* ('aclarar con agua u otro líquido'; → enjuagar) ni utilizarse con el sentido opuesto de 'mojar o llenar de agua': [⊗]*con los ojos enjugados por las lágrimas*.

enjuiciar. 'Someter [una cuestión] a examen o juicio'. Se acentúa como *anunciar* (→ APÉNDICE 1, n.º 4).

enlabiar. 'Engañar o seducir con palabras dulces'. Se acentúa como *anunciar* (→ APÉNDICE 1, n.º 4).

enloquecer(se). 1. 'Volver(se) loco'. Verbo irregular: se conjuga como *agradecer* (→ APÉNDICE 1, n.º 18).

2. Con el sentido intransitivo de 'volverse loco', suele usarse en forma no pronominal: «*Casi enloquezco cuando nuestro común amigo Henri de la Riviére se puso a inventar otras artimañas para liberarme*» (Arroyo *Sentencia* [C. Rica 1991]); pero también es válido su uso como intransitivo pronominal, algo habitual en algunas zonas de América: «*Solo con verla los hombres se enloquecían*» (Gamboa *Páginas* [Col. 1998]).

3. Cuando significa 'volver loco a alguien', en el sentido de 'gustarle algo o alguien mucho', es verbo de «afección psíquica»; por ello, dependiendo de distintos factores (→ LEÍSMO, 4a), el complemento de persona puede interpretarse como directo o como indirecto: «*Desde niño LO enloquecían las batallas y otras cosas por el estilo*» (MDurán *Toque* [Col. 1981]); «*A las madres* [...] *LES enloquece la idea de ver a las hijas coronadas*» (*DAméricas* [EE. UU.] 6.2.97).

enlucir. 'Recubrir [algo, especialmente un muro] de yeso'. Verbo irregular: se conjuga como *lucir* (→ APÉNDICE 1, n.º 40).

en medio. → medio, 4.

enmendar(se). 'Corregir(se)'. Verbo irregular: se conjuga como *acertar* (→ APÉNDICE 1, n.º 16).

enmohecer(se). 1. 'Cubrir(se) de moho' o, figuradamente, 'inutilizar(se) por falta de uso'. Verbo

irregular: se conjuga como *agradecer* (→ APÉNDICE 1, n.º 18).

2. Cuando tiene el sentido intransitivo de 'cubrirse de moho o inutilizarse por falta de uso', normalmente se emplea en forma pronominal: «*En caso de que se enmohezcan, deséchelas por completo, ya que pueden tener sustancias tóxicas*» (Bobillo *Alimentación* [Esp. 1991]); menos frecuente, pero igualmente válido, es su uso como intransitivo no pronominal: «*Grúas, apisonadoras, maquinaria que enmohece bajo raídas fundas de lona*» (Goytisolo *Reivindicación* [Esp. 1970]).

enmudecer. 'Dejar, o quedarse, mudo o callado'. Verbo irregular: se conjuga como *agradecer* (→ APÉNDICE 1, n.º 18).

enmugrecer(se). 'Cubrir(se) de mugre'. Verbo irregular: se conjuga como *agradecer* (→ APÉNDICE 1, n.º 18).

ennegrecer(se). 'Poner(se) negro'. Verbo irregular: se conjuga como *agradecer* (→ APÉNDICE 1, n.º 18).

ennoblecer(se). 'Hacer(se) noble'. Verbo irregular: se conjuga como *agradecer* (→ APÉNDICE 1, n.º 18).

ennoviarse. En el habla coloquial, 'hacerse novio de alguien'. Se construye con un complemento introducido por *con*: «*Pese a lo cual se ennovió CON Mari Tere*» (Montero *Amo* [Esp. 1988]). Se acentúa como *anunciar* (→ APÉNDICE 1, n.º 4).

enojar(se). 1. Cuando significa 'causar enojo', es verbo de «afección psíquica», por lo que, dependiendo de distintos factores (→ LEÍSMO, 4a), el complemento de persona puede interpretarse como directo o como indirecto: «*Sus lágrimas* [...] *LO enojan*» (Santiago *Sueño* [P. Rico 1996]); «*Sospecho que LE enoja mi lentitud*» (RBastos *Hijo* [Par. 1960]).

2. Como intransitivo pronominal significa 'pasar a tener enojo' y se construye con un complemento introducido por *con* o, raro hoy, *contra*, que expresa el destinatario del enojo: «*El padre se volvió a enojar CON él*» (Santos *Pez* [P. Rico 1996]); «*Se veían bastante enojados CONTRA el gobernador*» (*DYucatán* [Méx.] 23.7.96). La causa del enojo se expresa mediante un complemento con *por* o, menos frecuentemente, *de*: «*¡Mira que enojarse POR una tontería!*» (Donoso *Elefantes* [Chile 1995]); «*No te me enojes DE estas zonceras que te digo*» (Goldenberg *Cartas* [Arg. 1987]).

enorgullecer(se). 1. 'Llenar(se) de orgullo'. Verbo irregular: se conjuga como *agradecer* (→ APÉNDICE 1, n.º 18).

2. En el español medieval y clásico existía el verbo intransitivo *orgullecer*, usado con el mismo sentido del actual *enorgullecerse*: «*E quando se uio tal, or-*

gulleció & cogió soberuia» (Alfonso X *Partidas* [Esp. 1256-63]). Debe evitarse emplear hoy este verbo antiguo en forma pronominal, en lugar del normal *enorgullecerse:* ⊗«*Sin orgullecernos, nuestro idioma es de los más agresivos, comparado con otros*» (*DYucatán* [Méx.] 21.1.97).

⊗**enquencle.** → enclenque.

⊗**enquilosar(se).** → anquilosar(se).

enrabiar(se). 'Poner(se) rabioso'. Se acentúa como *anunciar* (→ APÉNDICE 1, n.º 4).

enraizar. 'Arraigar'. Se acentúa como *aislar* (→ APÉNDICE 1, n.º 9).

enranciar(se). 'Poner(se) rancio'. Se acentúa como *anunciar* (→ APÉNDICE 1, n.º 4).

enrarecer(se). 'Hacer(se) menos denso un gas', 'contaminar(se) el aire' y 'volver(se) raro'. Verbo irregular: se conjuga como *agradecer* (→ APÉNDICE 1, n.º 18).

enredar(se). 'Liar(se)'. Es regular: *enredo, enredas*, etc.; son, pues, incorrectas las formas con diptongo ⊗*enriedo,* ⊗*enriedas,* etc.

enrevesado -da. 'Difícil o intrincado': «*Aún queda un largo y enrevesado camino por recorrer*» (Penella *Hijo* [Arg. 1995]). Esta es la forma mayoritaria en casi todo el ámbito hispánico, aunque en algunos países de América se emplea también la variante *arrevesado:* «*Tenía la letra más excitante y arrevesada que he conocido*» (Vallejo *Virgen* [Col. 1994]). La forma *revesado* ha caído en desuso.

⊗**enriedar(se).** → enredar(se).

enriquecer(se). 'Hacer(se) rico'. Verbo irregular: se conjuga como *agradecer* (→ APÉNDICE 1, n.º 18).

enrojecer(se). 'Poner(se) rojo' y, como intransitivo no pronominal, 'ruborizarse'. Verbo irregular: se conjuga como *agradecer* (→ APÉNDICE 1, n.º 18).

enronquecer(se). 1. 'Poner(se) ronco'. Verbo irregular: se conjuga como *agradecer* (→ APÉNDICE 1, n.º 18).

2. Con el sentido intransitivo de 'ponerse ronco', lo normal es usarlo en forma no pronominal: «*Gritaban hasta enronquecer por su campeón y agitaban banderitas chilenas*» (*Hoy* [Chile] 8-14.11.78); pero también es válido su empleo en forma pronominal: «*Diecisiete años endureciéndome sobre los caballos, enronqueciéndome de dar órdenes*» (Ulive *Dorado* [Ur. 1989]).

enrubiar(se). 'Poner(se) rubio'. Se acentúa como *anunciar* (→ APÉNDICE 1, n.º 4).

ensangrentar. 'Manchar de sangre'. Verbo irregular: se conjuga como *acertar* (→ APÉNDICE 1, n.º 16).

ensañarse. 'Deleitarse en causar el mayor daño posible a alguien o algo'. Se construye normalmente con un complemento introducido por *con* o *contra:* «*¿Para qué ensañarse CON Andrés, que ya bastante tenía con haber perdido?*» (Mastretta *Vida* [Méx. 1990]); «*Prefirió ensañarse CONTRA un país pequeño y pobre*» (*Prensa* [Guat.] 13.1.97); o, menos frecuentemente hoy, por *en:* «*¿Se ensañarán EN vosotras los militares?*» (Gracia *Republicanas* [Esp. 1984]).

ensayar. Cuando significa 'intentar o probar', suele llevar como complemento un infinitivo, precedido o no de la preposición *a:* «*Lánguido y exhausto, mi cuerpo ensayaba esconderse en el de Luciano*» (Serrano *Corazón* [Chile 2001]); «*Durante una semana ensayé A coger el metro un poco antes o un poco después sin ningún resultado*» (Millás *Articuentos* [Esp. 2001]).

enseguida. 'Inmediatamente a continuación': «*Hubo una breve pausa y enseguida atacó los compases iniciales de "Strangers in the night"*» (MntGaite *Nubosidad* [Esp. 1992]); y 'en muy poco tiempo': «*Los muertos aprenden a vivir enseguida*» (Marsé *Embrujo* [Esp. 1993]). Hoy es mayoritaria y preferible su escritura en una sola palabra, aunque también es válida la grafía *en seguida:* «*Los matrimonios se acostumbran en seguida a que todo les pase a ambos*» (Marías *Corazón* [Esp. 1992]).

enseñar. 1. Cuando significa 'mostrar [algo]' y 'hacer que alguien aprenda [algo]', es transitivo, siendo el complemento directo lo que se muestra o se enseña; suele llevar, además, un complemento indirecto de persona: «*LE enseñaba a Yolanda rincones que muy pocos podrían enseñarle*» (Vergés *Cenizas* [R. Dom. 1980]); «*Eso que tienes que aprender no TE LO enseñan en la universidad*» (TBallester *Filomeno* [Esp. 1988]). Con el segundo sentido, es frecuente que el complemento directo no esté expreso; en ese caso, el complemento de persona, si lo hay, sigue siendo indirecto: «*El colegio a donde van es bueno, LES enseñan bien*» (Andrade *Dios* [Arg. 1993]).

2. *enseñar a* + infinitivo. 'Hacer que alguien aprenda a hacer lo que el infinitivo expresa'. En este caso, el complemento de persona puede considerarse indirecto (uso mayoritario) o directo (minoritario, pero también válido): «*Toño la condujo bajo los álamos y allí [...] LE enseñó a hacer el amor*» (Donoso *Elefantes* [Chile 1995]); «*Desde que LO enseñó a leer, su madre le compraba los libros*» (GaMárquez *Amor* [Col. 1985]).

enser. 'Objeto necesario en una casa o para el ejercicio de una profesión'. Se usa normalmente en plural: «*Mi vecino fue sacando al corredor sus pocos enseres*» (Jaramillo *Tiempo* [Pan. 2002]); pero también se documenta, y es correcto, el singular *enser:* «*"Esto es cosa del muerto", me digo [...] cuando pienso en una mujer conocida como en un enser o en un apero*» (Umbral *Mortal* [Esp. 1975]).

ensoberbecer(se). 'Poner(se) soberbio'. Verbo irregular: se conjuga como *agradecer* (→ APÉNDICE 1, n.º 18).

ensombrecer(se). 'Oscurecer(se)'. Verbo irregular: se conjuga como *agradecer* (→ APÉNDICE 1, n.º 18).

ensoñar. 'Soñar o imaginar'. Verbo irregular: se conjuga como *contar* (→ APÉNDICE 1, n.º 26).

ensordecer. 'Causar, o contraer, sordera'. Verbo irregular: se conjuga como *agradecer* (→ APÉNDICE 1, n.º 18).

ensuciar(se). 'Manchar(se)'. Se acentúa como *anunciar* (→ APÉNDICE 1, n.º 4).

entallecer(se). Dicho de un vegetal, 'echar tallos'. Verbo irregular: se conjuga como *agradecer* (→ APÉNDICE 1, n.º 18).

entender(se). 1. Verbo irregular: v. conjugación modelo (→ APÉNDICE 1, n.º 31).

2. Es transitivo cuando significa 'comprender' y 'considerar u opinar'. En estos casos, es incorrecto anteponer *de* al complemento directo (→ DEQUEÍSMO, 1b): [⊗]*Los distintos Gobiernos están entendiendo DE que sí hay un problema» (Caras [Chile] 29.9.97); debió decirse *están entendiendo que...* Con el sentido específico de 'comprender o percibir con claridad [lo que alguien dice]', el complemento directo puede estar implícito; en ese caso, el complemento de persona sigue siendo indirecto: *A María no LE entiendo cuando habla.* Pero el complemento de persona es directo cuando el significado específico de *entender* es 'encontrar comprensible el comportamiento o la actitud [de una persona]': *A María no LA entiendo; me dijo que le encantaría ir a la fiesta y ahora dice que no le apetece.*

3. Como intransitivo, pronominal o no, se construye con distintas preposiciones:

a) *Entender DE:* 'Tener amplio conocimiento y experiencia en algo': «*Tú sólo entiendes DE vinos, DE coches y DE mujeres*» (Moncada *Caprichos* [Esp. 1992]); y, en oraciones de sentido negativo, 'hacer distingos o tener en cuenta': «*—Mi hija no tiene maldad, es una muchacha, señor. —Satanás no entiende DE edades*» (Lázaro *Humo* [Esp. 1986]).

b) *Entender EN:* Dicho de una autoridad competente, 'ocuparse de un asunto': «*Se realizó el análisis para presentarlo como prueba ante el juez federal que entiende EN la causa*» (*NProvincia* [Arg.] 21.10.97).

c) *Entenderse CON:* 'Comunicarse o llevarse bien con alguien' y 'encargarse de algo o manejarse con ello': «*Emma Bovary no se entiende CON su marido*» (Fuentes *Cristóbal* [Méx. 1987]); «*Nunca me entendí CON los negocios de la familia*» (Rovinski *Herencia* [C. Rica 1993]).

4. *bien entendido que.* Locución conjuntiva, documentada ya en el español clásico, que significa 'teniendo en cuenta que o con la advertencia de

que': «*Si alguno de los dos participaba por una razón con una cantidad mayor, aumentaría sus derechos de propiedad sobre la empresa en la misma proporción* [...], *bien entendido que ninguna aportación extraordinaria podía considerarse como deuda contraída por el otro socio con la sociedad*» (TBallester *Filomeno* [Esp. 1988]). Menos frecuente, pero también válida, es la locución equivalente *en el bien entendido de que:* «*Cuando firmaste aquellos papeles, firmaste también unos poderes según los cuales me cedías el usufructo de tu patrimonio con fines especulativos, en el bien entendido de que íbamos a un tercio de los beneficios*» (Azúa *Diario* [Esp. 1987]). Es impropia, por dequeísta (→ DEQUEÍSMO), la expresión [⊗]*bien entendido de que* y, por queísta (→ QUEÍSMO), [⊗]*en el bien entendido que.*

5. *en el bien entendido de que.* → 4.

entendido -da. 1. Adjetivo, usado más frecuentemente como sustantivo, que significa '[persona] que tiene grandes conocimientos en una determinada materia'. Se construye con un complemento introducido por la preposición *en:* «*A estas alturas usted ya será un entendido EN comunidades y mercados indígenas*» (Cuvi *Ecuador* [Ec. 1994]).

2. *mal entendido.* → malentendido.

3. *bien entendido que, en el bien entendido de que.* → entender(se), 4.

entenebrecer(se). 'Oscurecer(se)'. Verbo irregular: se conjuga como *agradecer* (→ APÉNDICE 1, n.º 18).

entente. 'Pacto o acuerdo'. Es voz femenina, como en francés, lengua de donde la hemos tomado: «*La entente permitió a Velasco Ibarra una cómoda mayoría legislativa*» (Salvador *Ecuador* [Ec. 1994]).

enterar(se). 'Informar(se) de algo'. Se construye con un complemento con *de:* «*Trató de localizar al presidente* [...] *para enterarlo DE todo lo acontecido*» (*Listín* [R. Dom.] 1.7.97). En el habla esmerada, no debe suprimirse la preposición (→ QUEÍSMO, 1): [⊗]«*Acabo de enterarme que he sido destituido*» (*Nacional* [Ven.] 12.9.96); debió decirse *Acabo de enterarme DE que...*

enternecer(se). 'Poner(se) tierno'. Verbo irregular: se conjuga como *agradecer* (→ APÉNDICE 1, n.º 18).

enterrar(se). 1. 'Poner(se) bajo tierra'. Verbo irregular: se conjuga como *acertar* (→ APÉNDICE 1, n.º 16), esto es, diptongan las formas cuya raíz es tónica (*entierro, entierras,* etc.): «*A los muertos se les entierra y en paz*» (GmzArcos *Queridos* [Esp. 1994]); pero no diptongan las formas cuya raíz es átona (*enterramos, enterráis, enterrado,* etc.): «*Lo enterramos en el panteón*» (Barnet *Gallego* [Cuba 1981]).

2. Las formas con diptongo de *enterrar(se)* coinciden con las del verbo regular *entierrar(se),* que se emplea en algunos países de América, especialmente en Chile, con el sentido de 'manchar(se) de tierra': «*Ellos se venían detrás al poco rato, hechos un asco pero felices, entierrados hasta las orejas*» (Collyer *Pájaros* [Chile 1995]); «*Estaba Estefanía recién nacida, directamente en suelo de tierra, como una pelotica de carne entierrada, sucita*» (Morón *Gallo* [Ven. 1986]).

entibiar(se). 'Poner(se) tibio'. Se acentúa como *anunciar* (→ APÉNDICE 1, n.º 4).

entierrar(se). → enterrar(se), 2.

entontecer(se). 1. 'Volver(se) tonto'. Verbo irregular: se conjuga como *agradecer* (→ APÉNDICE 1, n.º 18). **2.** Con el sentido intransitivo de 'volverse tonto', puede usarse en forma pronominal: «*No se entonteció con los años*» (Reyes *Letras* [Méx. 1946]); o no pronominal: «*El sochantre había entontecido con todos los sucesos de aquella mañana de bruma*» (Cunqueiro *Crónicas* [Esp. 1959] 45).

entorno. 'Ambiente, lo que rodea': «*¿No te parezco una extraña, aquí, fuera de nuestro entorno habitual?*» (Diosdado *Trescientos* [Esp. 1991]). Es sustantivo masculino y se escribe siempre en una sola palabra. No debe confundirse con la locución adverbial *en torno* ('alrededor'; → torno).

entorpecer(se). 'Volver(se) torpe' y 'dificultar u obstaculizar [algo]'. Verbo irregular: se conjuga como *agradecer* (→ APÉNDICE 1, n.º 18).

entrambos -bas. 'Ambos', usado como adjetivo o como pronombre: «*Al flaquito lo apretó Fundidor con entrambas manos por los hombros*» (Medina *Cosas* [Méx. 1990]); «*El general Sabino se ha llevado los secretos de entrambos*» (*Mundo* [Esp.] 10.1.94). Frecuente en épocas anteriores, hoy solo se emplea, ocasionalmente, en la lengua escrita, con intención arcaizante. Al igual que *ambos* (→ ambos, 2), usado como adjetivo, se antepone siempre al sustantivo y no debe ir precedido ni seguido de artículo ni de ningún otro determinante, aunque ello fuera uso común en épocas pasadas: [⊗]«*Era a su vez zurrado por las entrambas partes*» (Grande *Fábula* [Esp. 1991]). Aunque ese sea su sentido etimológico, esta palabra no es variante gráfica del sintagma preposicional *entre ambos,* por lo que no se considera correcto un uso como el siguiente: [⊗]«*El partido era auténtico derbi, pero en tono menor, porque entrambos clubes existen tantas diferencias que no cabe la posibilidad de que puedan hablarse de tú*» (*Razón* [Esp.] 26.11.01); aquí debió escribirse *entre ambos,* en dos palabras.

entrar. 1. 'Ir o pasar de fuera adentro'. Es intransitivo y el complemento que expresa el lugar, real o figurado, en el que entra el sujeto puede ir precedido de *en* —preposición preferida en España— o de *a* —preposición preferida en América—: «*Felí-*

citas entró EN el cuarto de su primo» (Argüelles *Letanías* [Esp. 1993]); «*De una patada rompe la cerradura y entra A mi cuarto*» (Gallegos *Pasado* [C. Rica 1993]). No ha pasado a la lengua culta general el uso transitivo de *entrar,* como sinónimo de *meter* o *introducir,* aunque se da con normalidad en algunas zonas de España y de América: «*La entraron en el camarote y la dejaron sobre la litera*» (Regás *Azul* [Esp. 1994]); «*Alguien fue a preguntarle si quería irse o que lo entraran a su choza*» (Collyer *Pájaros* [Chile 1995]). **2. entrar a** + infinitivo. 'Empezar a hacer lo que el infinitivo expresa': «*Antes de entrar A escribir el guión de algún tema que se proyecta filmar, conviene realizar algunas ejercitaciones*» (Feldman *Realización* [Arg. 1979]); en este caso no es correcto usar *en:* [⊗]«*Antes de entrar EN definir los distintos movimientos gastronómicos, vamos a ver qué es la creatividad*» (Armendáriz *Cocina* [Esp. 2001]).

entre. 1. Preposición. Cuando denota situación dentro del espacio real o figurado delimitado por las personas o cosas designadas, va seguida de un sustantivo en plural o de dos sustantivos unidos por la conjunción *y: Se sentó entre sus hermanos mayores; Lo puso entre la mesa y el sofá.* Cuando los elementos coordinados son un pronombre personal de primera o segunda persona del singular y un sustantivo, aunque en épocas pasadas fuera normal emplear las formas *mí, ti,* propias del complemento preposicional, en el español actual se usan siempre las formas pronominales de sujeto *yo, tú:* «*Ahora mediaba algo entre yo y el mundo*» (Nasarre *País* [Esp. 1993]); «*Nada se interpone entre tú y la muerte*» (Leguina *Nombre* [Esp. 1992]). Sucede del mismo modo cuando la preposición se emplea para establecer relación o comparación entre dos términos, o para denotar participación o cooperación: «*Esta es la diferencia entre tú y yo*» (Somoza *Caverna* [Cuba 2000]); «*El asunto podemos gobernarlo entre tú y yo*» (PzReverte *Maestro* [Esp. 1988]). **2.** [⊗]***entre que.*** No es propio del habla culta el uso de *entre que* como locución conjuntiva temporal equivalente a *mientras:* [⊗]«*Usté toca* [...]. *Y entre que eya le abre, ¡iríaaan!, la primera cachetáa es la suya*» (Guerra *Cuentos* [Esp. 1941-61]). **3.** Con el sentido de 'dentro de' es arcaísmo que se conserva en giros del tipo *pensar, decir, reír entre mí* (*sí,* etc.), con el sentido de 'en mi (su, etc.) interior o para mis (sus, etc.) adentros': «*"Eso es", dije entre mí*» (LpzPáez *Herlinda* [Méx. 1993]). Fuera de estos contextos, se conserva en el habla rural o popular de varios países americanos, incluso con sentido temporal, uso no recomendable en el habla culta: [⊗]«*Los transportistas están que se miran mal y entre poco se agarrarán a golpes*» (*Siglo* [Pan.] 7.5.97); debió decirse *dentro de poco.* **4. entre más.** → más, 1.8a. **5. entre menos.** → menos, 7a.

entreabrir(se). 'Abrir(se) un poco'. Su participio es irregular: *entreabierto*.

entrecerrar(se). 'Entornar(se)'. Verbo irregular: se conjuga como *acertar* (→ APÉNDICE 1, n.° 16).

entrecot. Adaptación gráfica de la voz francesa *entrecôte*, 'filete sacado de entre las costillas de la res'. Aunque en francés es de género femenino, en español se usa siempre en masculino. Su plural es *entrecots* (→ PLURAL, 1h): «*En la barbacoa de su casa, crepitan unos entrecots*» (*Vanguardia* [Esp.] 2.9.94). También existe, pero se usa poco, la adaptación *entrecote* (pl. *entrecotes*).

entrecote, *entrecôte*. → entrecot.

entre dientes, ⊗entredientes. → diente.

entrelinear. 'Interlinear': *Cuando lee un texto en otro idioma, siempre entrelinea el significado de las palabras que no conoce.* Son incorrectas las formas en las que se acentúa la *-i-*: ⊗*entrelíneo*, ⊗*entrelíneas*, ⊗*entrelínea*, ⊗*entrelínee*, etc., así como las pronunciaciones ⊗[entrelínio], ⊗[entrelínias], ⊗[entrelínia], ⊗[entrelínie], etc. (→ alinear(se), 2).

entre líneas, ⊗entrelíneas. → línea, 2.

entre medias, entremedias. → medio, 5.

⊗entre medio, ⊗entremedio. → medio, 6.

entremeter(se). 'Meter [una cosa] en medio de otra o poner(se) una persona o cosa entre otras': «*Se abalanzó hacia la enciclopedia, eligió el tomo octavo, [...] entremetió en él la foto*» (Cohen *Muerte* [Esp. 1993]); «*Otros se entremetieron entre los muertos, se fingieron muertos para escapar*» (Solares *Nen* [Méx. 1994]); y, como pronominal, 'intervenir alguien en un asunto que no le incumbe': «*No quieren que nadie se entremeta en su vida*» (Rausch *Dietas* [Arg. 1996]). Con este último sentido es hoy mayoritario el uso de *entrometer(se)*: «*Tuvo cuidado de no entrometerse demasiado en los problemas políticos*» (Serrano *Dios* [Col. 2000]). Lo mismo cabe decir de los adjetivos derivados *entremetido* y *entrometido*, mucho más frecuente este último: «*No tocó la ropa de Gustavo, [...] porque no quería que la acusara de entrometida*» (Donoso *Elefantes* [Chile 1995]); «*No faltaban transeúntes, curiosos, entrometidos y preguntones*» (Otero *Temporada* [Cuba 1983]).

entremetido -da. → entremeter(se).

entrenar(se). Como transitivo, 'preparar [a personas o animales] en una práctica, especialmente deportiva': «*El equipo ha hecho hoy uno de los mejores partidos desde que yo lo entreno*» (*Vanguardia* [Esp.] 19.5.94); y, como intransitivo, 'ejercitarse para practicar una actividad, especialmente un deporte'. Con este sentido se recomienda su uso en forma pronominal: «*La selección nacional se entrena en La Paz [...] bajo las órdenes del técnico español Antonio*

López» (*Tiempos* [Bol.] 23.1.97); no obstante, se admite también la construcción intransitiva no pronominal, que se va imponiendo en el uso actual: «*Actualmente entreno entre cuatro y seis horas diarias*» (*Cambio 16* [Esp.] 4.6.90).

entreoír. 'Oír [algo] sin percibirlo bien'. Verbo irregular: se conjuga como *oír* (→ APÉNDICE 1, n.° 43).

entretanto. 1. Adverbio de tiempo que significa 'mientras, mientras tanto': «*La extranjera, entretanto, se había puesto de pie antes que nadie pudiera reaccionar*» (Donoso *Casa* [Chile 1978]). Con este mismo sentido puede usarse la locución adverbial *entre tanto*, escrita en dos palabras: «*Medio mundo, entre tanto, protestaba contra la reanudación de los ensayos nucleares*» (*Vanguardia* [Esp.] 16.7.95). El uso se inclina hoy por la grafía simple. Con este mismo sentido puede emplearse la voz *ínterin* (→ ínterin).

2. *Entretanto* se usa también como sustantivo, precedido del artículo *el* o de cualquier demostrativo, con el sentido de 'ínterin o tiempo intermedio'. En este caso nunca se escribe en dos palabras: «*Como su espera se prolongó más de lo previsto, en el entretanto Estela sufrió una depresión*» (Vergés *Cenizas* [R. Dom. 1980]). En Chile se emplea también, con este sentido, el sustantivo *intertanto*: «*En el intertanto conoció a la que ahora es su esposa*» (*Hoy* [Chile] 12-18.5.97).

entretener(se). 1. 'Distraer(se)'. Verbo irregular: se conjuga como *tener* (→ APÉNDICE 1, n.° 57). El imperativo singular es *entretén* (tú) y *entretené* (vos), y no ⊗*entretiene*.

2. Cuando significa 'detener(se) un tiempo con algo o alguien, o haciendo algo', se construye con un gerundio o un complemento precedido de *en* o *con*: «*Me entretuve un poco HABLANDO con Adelaida*» (Gallego *Adelaida* [Esp. 1990]); «*No me entretuve EN investigar los motivos de su ausencia*» (Pedraza *Pasión* [Esp. 1990]); «*Después de saludar en la esquina de Mesones a un conocido que lo entretuvo CON quién sabe qué encomiendas, [...] entró*» (González *Dios* [Méx. 1999]).

3. Cuando significa 'distraer(se) o divertir(se)', se construye del mismo modo: «*Gonçalves entretuvo a los pasajeros HABLANDO y HABLANDO*» (Fresán *H.ª argentina* [Arg. 1991]); «*Los presos se entretienen EN ver pasar la vida y EN cantar canciones*» (Cela *Cristo* [Esp. 1988]); «*Lucina entretuvo a los niños CON un juego*» (Mastretta *Vida* [Méx. 1990]). Con este sentido, por tratarse de un verbo de «afección psíquica», dependiendo de distintos factores (→ LEÍSMO, 4a), el complemento de persona puede interpretarse como directo o como indirecto: «*Mandó llamar a Nehnefer, [...] para que [...] LA entretuviese con sus historias*» (Mujica *Escarabajo* [Arg.

1982]); «*Carolina había pasado los tres meses siguientes al suicidio de Sofía escribiendo cartas imaginarias a personajes imaginarios. Eso LE entretenía*» (Alegre *Locus* [Esp. 1989]).

entrever. 'Ver confusamente'. Verbo irregular: se conjuga como *ver* (→ APÉNDICE 1, n.º 61).

entristecer(se). 'Poner(se) triste'. Verbo irregular: se conjuga como *agradecer* (→ APÉNDICE 1, n.º 18).

entrometer(se), entrometido -da. → entremeter(se).

entumecer(se). 'Entorpecer(se) el movimiento de un miembro'. Verbo irregular: se conjuga como *agradecer* (→ APÉNDICE 1, n.º 18). Con el mismo sentido, existe el verbo regular *entumir(se)*.

entumir(se). → entumecer(se).

enturbiar(se). 'Poner(se) turbio'. Se acentúa como *anunciar* (→ APÉNDICE 1, n.º 4).

entusiasmar(se). 1. Con el sentido de 'infundir entusiasmo', es transitivo: «*Le hablaba maravillas de estas tierras y LO entusiasmó para que viniera*» (Wornat *Menem-Bolocco* [Arg. 2001]). **2.** Cuando significa 'gustar mucho', es verbo de «afección psíquica»; por tanto, dependiendo de distintos factores (→ LEÍSMO, 4a), el complemento de persona puede interpretarse como directo o como indirecto: «*Había perdido hasta el gusto por las jóvenes que antes LO entusiasmaban*» (Allende *Casa* [Chile 1982]); «*A ella no LE entusiasma hablar de su romance*» (*Clarín* [Arg.] 14.2.97). **3.** Como pronominal significa 'sentir entusiasmo' y suele llevar un complemento precedido de *con* o *por*, o un gerundio: «*El taxista se entusiasmó CON mi observación*» (MtzReverte *Gálvez* [Esp. 1979]); «*Un día se entusiasmaba POR el papel y al día siguiente cambiaba de opinión*» (LpzNavarro *Clásicos* [Chile 1996]); «*Se entusiasmó IMAGINANDO el fragor de la batalla*» (MtzPisón *Ternura* [Esp. 1985]).

enunciar. 'Expresar de manera precisa'. Se acentúa como *anunciar* (→ APÉNDICE 1, n.º 4).

envainar. 'Meter [un arma blanca] en su vaina'. Se acentúa como *bailar* (→ APÉNDICE 1, n.º 8).

envanecer(se). 1. 'Poner(se) vanidoso'. Verbo irregular: se conjuga como *agradecer* (→ APÉNDICE 1, n.º 18). **2.** Como pronominal, la causa del envanecimiento suele expresarse mediante un complemento con *de*: «*Hay quien se envanece, a falta de otra cosa, DE cojear más que nadie*» (FdzSuárez *Pesimismo* [Esp. 1983]); pero también puede ir introducido por *con* o *por*: «*Elena no se envanece CON el triunfo*» (VV. AA. *Palabra* [Esp. 1953]); «*No te envanezcas POR la fortaleza o la hermosura de tu cuerpo*» (Izquierdo *Imitación* [Ven. 1967]).

envejecer(se). 1. 'Hacer(se) o poner(se) viejo'. Verbo irregular: se conjuga como *agradecer* (→ APÉNDICE 1, n.º 18). **2.** Con el sentido intransitivo de 'hacerse o ponerse viejo', lo normal es usarlo en forma no pronominal: «*Si el trabajo realizado y su mantenimiento han sido adecuados, la madera envejecerá sin problemas*» (Lastra *Restaurar* [Esp. 1999]); pero también puede usarse en forma pronominal: «*Voy a ponerme al servicio del país para corregir uno de los grandes errores que cometemos los líderes políticos, que fue permitir que nuestras organizaciones se envejecieran*» (*Hoy* [Chile] 23-29.9.96).

enverdecer. 'Poner(se) verde o reverdecer'. Verbo irregular: se conjuga como *agradecer* (→ APÉNDICE 1, n.º 18).

envestidura, envestir(se). → investir(se), 3.

enviar. 'Hacer que [alguien o algo] se dirija o sea llevado a alguna parte'. V. conjugación modelo (→ APÉNDICE 1, n.º 5).

enviciar(se). 1. 'Hacer adquirir, o adquirir uno mismo, un vicio'. Se acentúa como *anunciar* (→ APÉNDICE 1, n.º 4). **2.** Suele llevar un complemento introducido por *con* o *en*: «*Se ha enviciado CON el teléfono erótico*» (*Mundo* [Esp.] 6.10.94); «*Un pecador que se envició EN los juegos de azar*» (Pozo *Noche* [Esp. 1995]).

envidiar. 'Tener envidia [de alguien o algo]'. Se acentúa como *anunciar* (→ APÉNDICE 1, n.º 4).

envilecer(se). 'Hacer(se) vil'. Verbo irregular: se conjuga como *agradecer* (→ APÉNDICE 1, n.º 18).

envolver(se). 1. 'Cubrir(se) o rodear(se) con algo'. Verbo irregular: se conjuga como *mover* (→ APÉNDICE 1, n.º 41). Su participio es irregular: *envuelto*. **2.** Además del complemento directo, lleva normalmente otro complemento precedido de *en* o *con*: «*Él cogió el diamante, lo envolvió EN un pañuelo blanco y guardó el envoltorio en el bolsillo*» (Mendoza *Ciudad* [Esp. 1986]); «*Se levanta sin decir ni una palabra y se envuelve la cabeza CON un velo largo*» (Puig *Beso* [Arg. 1976]).

enzima. 'Proteína que actúa como catalizador de las reacciones bioquímicas del metabolismo'. Aunque se documenta su uso en ambos géneros, es mayoritario y preferible el femenino: «*Las isoenzimas son diferentes formas moleculares de una misma enzima*» (MGyves *Agrobiotecnología* [Méx. 1994]). Con este sentido no es válida la grafía ⊗*encima*.

epidermis. 'Capa superior de la piel'. Es femenino: *la epidermis*.

epífito -ta o epifito -ta. → -fito.

epifonema. 'Exclamación o consideración que cierra un discurso'. En el español actual es masculino: «*El verso* [...] *se comporta como un epifonema condensador de los semas expuestos a lo largo del poema*» (*Espéculo* [Esp.] 6.03).

epiglotis. 'Lámina cartilaginosa que tapa la glotis en el momento de la deglución'. Es de género femenino: *la epiglotis*. Es voz llana: [epiglótis], no esdrújula: [⊗][epíglotis].

epigrama. 'Poema breve e ingenioso y generalmente satírico' y 'pensamiento expresado con brevedad y agudeza'. En el español actual es de género masculino: «*No había personaje de la Corte que resistiese uno de sus epigramas*» (Otero *Temporada* [Cuba 1983]). Es voz llana: [epigráma], no esdrújula: [⊗][epígrama].

equipar. → equipar(se).

equiparar(se). 'Considerar(se) o hacer(se) igual o equivalente a otra persona o cosa'. Además del complemento directo, suele llevar un complemento introducido por *a* o *con*: «*Él equipara su estatura* A *la de Lenin*» (Padilla *Jardín* [Cuba 1981]); «*Permitir ese estado de cosas equivalía a tolerar que Cortés en sus territorios se equiparara* CON *el monarca*» (Miralles *Cortés* [Méx. 2001]).

equipar(se). 'Proveer(se) de lo necesario'. Además del complemento directo, suele llevar un complemento introducido por *con* o, menos frecuentemente, *de*: «*Hay que equipar al lince* CON *un radiocollar*» (*Abc* [Esp.] 11.3.87); «*Me equipé* DE *vestidos de abrigo y militares*» (OArmengol *Aviraneta* [Esp. 1994]).

equivalente. → equivaler, 3.

equivaler. **1.** 'Ser igual'. Verbo irregular: se conjuga como *valer* (→ APÉNDICE 1, n.º 59).
2. Se construye con un complemento introducido por *a*: «*100 grados centígrados equivalen* A *212 grados Fahrenheit*» (FdzChiti *Hornos* [Arg. 1992]).
3. El adjetivo *equivalente,* por su parte, puede llevar un complemento introducido por *a* o, menos frecuentemente, *de*: «*En cada viaje al fondo del pozo Lartilleux conseguía extraer el equivalente* A *uno o dos tragos de agua*» (Chao *Altos* [Méx. 1991]); «*Aquellos regalos costaban el equivalente* DE *la ayuda militar anual que Washington concedía* [...] *al Estado dominicano*» (VLlosa *Fiesta* [Perú 2000]).

Ereván. Forma española recomendada del nombre de la capital de Armenia, también llamada *Eriván*: «*Mientras tanto, en Ereván, capital de la vecina República de Armenia, decenas de miles de personas desfilaron como protesta contra el decreto*» (*País* [Esp.] 1.12.89). No debe usarse la grafía inglesa *Yerevan,* ni su hispanización [⊗]*Yereván.*

erguir(se). 'Levantar(se) o poner(se) derecho'. Verbo irregular: v. conjugación modelo (→ APÉNDICE 1, n.º 32).

erigir(se). 'Levantar [un edificio]' y 'dar o tomar una categoría o carácter que antes no se tenía'. Con el último sentido indicado se construye con un complemento predicativo, introducido o no por *en*: «*Salvará a Grecia y la erigirá* EN *vencedora de sus vencedores*» (*Rumbo* [R. Dom.] 15.9.97); «*Nunca aspiré a erigirme* ÁRBITRO *de América*» (Leñero *Martirio* [Méx. 1981]).

Erín. → Irlanda.

eritema. 'Inflamación superficial de la piel'. Es voz masculina: *el eritema.*

Eriván. → Erevan.

errar. **1.** 'Equivocar(se)' y 'vagar por un lugar'. Verbo irregular: v. conjugación modelo (→ APÉNDICE 1, n.º 33). Solo son irregulares y comienzan por *ye-* las formas cuya raíz es tónica: *yerro, yerras,* etc. Por consiguiente, son incorrectas las formas con *ye-* cuando el acento de intensidad recae en la desinencia verbal y no en la raíz: [⊗]*yerramos,* [⊗]*yerráis,* [⊗]*yerraba,* etc.
2. En algunos países de América no es infrecuente su conjugación como regular, con ambos sentidos: «*Si nuestras previsiones no erran*» (Borges *Ficciones* [Arg. 1944-56]); «*Se trata de una noticia que, desde hace algún tiempo, erra de vez en cuando por la plana cablegráfica de los rotativos*» (Mariátegui *Vaticano* [Perú 1926]). En España, a veces se usa como regular cuando significa 'vagar': «*Los seres de carne y hueso que, como una multitud de sombras, erran por sus novelas, conviven en ellas con los dioses*» (*País* [Esp.] 4.9.77). No obstante, lo más habitual y recomendable es conjugar este verbo como irregular en todos los casos: «*El zurdo comenzó a fallar algunos tiros que habitualmente no yerra*» (*Época* [Chile] 5.11.97); «*Un iceberg casi tan grande como Mallorca se ha desprendido de los hielos de la Antártida y yerra a la deriva con rumbo a Sudamérica*» (*Vanguardia* [Esp.] 28.2.95).
3. Cuando significa 'equivocar(se)', puede construirse como transitivo, o como intransitivo seguido de un complemento introducido por *en*: «*El arma erró el blanco y el Macchi escapó*» (Scheina *Iberoamérica* [EE. UU. 1987]); «*El portero norteamericano erró* EN *el despeje*» (*Canarias 7* [Esp.] 22.1.01).

errático -ca. 'Errante, que va de una parte a otra sin tener asiento fijo': «*En su errático deambular verá cumplirse la antigua, ejemplar y evidente sentencia*» (*Vanguardia* [Esp.] 20.10.94); y 'que cambia de rumbo con frecuencia y sin fundamento': «*Lemos le podría imprimir algo de coherencia a la errática política de seguridad de este Gobierno*» (*Tiempo* [Col.] 15.9.96). No debe confundirse con *erróneo* ('equivocado o que contiene error'; → erróneo).

-érrimo -ma. Terminación presente en varios superlativos cultos que proceden directamente del latín: *acérrimo* (del lat. *acerrimus,* superl. de *acer* 'acre' y 'ardiente o violento'), *aspérrimo* (del lat. *asperrimus,* superl. de *asper* 'áspero'), *celebérrimo* (del lat. *celeberrimus,* superl. de *celeber* 'célebre'), *integérrimo* (del lat. *integerrimus,* superl. de *integer* 'íntegro'), *libérrimo* (del lat. *liberrimus,* superl. de *liber* 'libre'), *misérrimo* (del lat. *miserrimus,* superl. de *miser* 'mísero'), *nigérrimo* (del lat. *nigerrimus,* superl. de *niger* 'negro'), *paupérrimo* (del lat. *pauperrimus,* superl. de *pauper* 'pobre'), *pulquérrimo* (del lat. *pulcherrimus,* superl. de *pulcher* 'pulcro, hermoso') y *salubérrimo* (del lat. *saluberrimus,* superl. de *saluber* 'salubre'). Junto a la forma en *-érrimo,* algunos adjetivos presentan también un superlativo en *-ísimo* (→ -ísimo) creado sobre la forma española del adjetivo, como *asperísimo, negrísimo, pobrísimo* y *pulcrísimo,* igualmente válidos y aceptados en la norma culta; en otros casos, solo existe una forma (*libérrimo,* no existe *librísimo*) o solo se admite una de ellas en la norma culta (*misérrimo,* no ⊛*miserísimo*).

erróneo -a. 'Equivocado o que contiene error': «*Él sacó la impresión, quizá errónea, de que usted considera muy extraña esta desaparición*» (Val *Hendaya* [Esp. 1981]). No debe confundirse con *errático* ('errante'; → errático).

eructar. 'Expeler con ruido por la boca los gases del estómago'. Debe evitarse hoy la variante ⊛*erutar,* rechazada en el habla culta actual. No es correcta la forma ⊛*eruptar.* Por tanto, no se admiten para el sustantivo las formas ⊛*eruto* ni ⊛*erupto,* en lugar de *eructo.*

eructo. → eructar.

erudición. 'Amplio conocimiento basado en el estudio': «*Sé que no tengo su inteligencia y erudición, ni mucho menos su ingenio*» (Gallegos *Pasado* [C. Rica 1993]). Se pronuncia [erudisión, erudizión]. Es incorrecta la grafía ⊛*erudicción* y la pronunciación correspondiente ⊛[erudiksión, erudikzión].

⊛eruptar, ⊛erupto, ⊛erutar, ⊛eruto. → eructar.

esa. Demostrativo femenino. → TILDE[2], 3.2.1.

escabullirse. 'Escaparse'. Verbo irregular: se conjuga como *mullir* (→ APÉNDICE 1, n.º 42).

escalofriar(se). → escalofrío, 2.

escalofrío. 1. 'Sensación repentina de frío que pone la carne de gallina': «*Un escalofrío le hizo arrebujarse en el mantón*» (Mendoza *Ciudad* [Esp. 1986]); y 'sensación semejante producida por una emoción intensa': «*Aquellas órbitas vacías le produjeron un escalofrío de terror*» (PzReverte *Maestro* [Esp. 1988]). Existen también las variantes *calofrío* y *calosfrío,* de escaso uso en la lengua general culta.

2. De este sustantivo se deriva el verbo *escalofriar(se)* ('causar, o sentir, escalofríos'). Se acentúa como *enviar* (→ APÉNDICE 1, n.º 5). Las variantes *calofriar(se)* y *calosfriar(se),* que siguen este mismo modelo acentual, son de escaso uso en la actualidad.

escalpelo. 'Instrumento de cirugía en forma de cuchillo pequeño para hacer disecciones': «*El cirujano cortaba con su escalpelo*» (UPietri *Visita* [Ven. 1990]). No debe confundirse con *escarpelo* ('instrumento que usan carpinteros y escultores para limpiar y raspar las piezas'; → escarpelo).

escanciar. 'Servir [una bebida]'. Se acentúa como *anunciar* (→ APÉNDICE 1, n.º 4).

escanear. → escáner, 2.

escáner. 1. Adaptación gráfica de la voz inglesa *scanner,* que significa, en electrónica, 'dispositivo óptico que reconoce caracteres o imágenes' y, en medicina, 'aparato que produce una representación visual de secciones del cuerpo', 'prueba realizada con este aparato' y 'resultado de esta prueba'. Su plural es *escáneres* (→ PLURAL, 1g): «*Los escáneres estructurales del cerebro de estas personas [...] no muestran nada extraño*» (*Mundo* [Esp.] 3.4.97). Para referirse al dispositivo óptico se emplea en ocasiones la expresión *lector óptico (de caracteres).* El aparato médico se llama también *escanógrafo.*

2. Sobre esta adaptación se ha creado el verbo *escanear* ('pasar [algo] por un escáner').

escanógrafo. → escáner, 1.

escariar. 'Agrandar [un agujero] abierto en metal'. Se acentúa como *anunciar* (→ APÉNDICE 1, n.º 4).

escarmentar. 'Castigar [a alguien] para que se enmiende' y, como intransitivo, 'aprender de los errores propios o ajenos'. Verbo irregular: se conjuga como *acertar* (→ APÉNDICE 1, n.º 16).

escarnecer. 1. 'Burlarse [de alguien]'. Verbo irregular: se conjuga como *agradecer* (→ APÉNDICE 1, n.º 18).

2. Este verbo es transitivo, de modo que la persona de quien se hace burla se expresa mediante un complemento directo: «*Estos empezaron a escarnecerLO, a burlarse de él*» (LPortilla *Pensamiento* [Méx. 1992]). Su participio es *escarnecido:* «*La ley es a menudo escarnecida, la bondad pisoteada*» (Gasulla *Culminación* [Arg. 1975]); y el sustantivo derivado, *escarnecimiento:* «*Ordenó doña Inés que fueran sacados los cuerpos a exposición en sitio bien visible, para escarnecimiento de los que acudían a sus llamadas*» (Arenales *Arauco* [Esp. 1992]).

3. No debe confundirse *escarnecer* con *encarnecer* ('engordar'; → encarnecer) ni con *encarnizar(se)* ('encruelecer(se)'; → encarnizar(se)), del mismo modo que no debe confundirse *escarnecido* ('burlado') con *encarnizado* ('feroz'), ni *escarnecimiento* ('burla') con *encarnizamiento* ('ensañamiento').

escarnecido -da, escarnecimiento. → escarnecer, 2.

®**escarnizado -da,** ®**escarnizamiento.** → encarnizar(se), 2.

escarpelo. 'Instrumento de hierro con filo dentado que usan carpinteros y escultores para limpiar y raspar las piezas': «*El pastelero que esculpe el chocolate con escarpelo florentino*» (*País*@ [Esp.] 4.4.83). No debe confundirse con *escalpelo* ('instrumento de cirugía para hacer disecciones'; → escalpelo).

escautismo, escautista. → escultismo.

escay. Adaptación gráfica de la marca registrada *skai*, usada en España para designar cierto material sintético que imita el cuero: «*Ellas se sentaban en un sofá de escay negro*» (Aparicio *Retratos* [Esp. 1989]). Debe evitarse el uso de la forma no adaptada *skai*, así como el de la grafía ®*skay*.

escepticismo. → escéptico.

escéptico -ca. 'Del escepticismo (doctrina filosófica que sostiene la imposibilidad de alcanzar la verdad)': «*La filosofía escéptica, nihilista, ha sido una corriente fuerte en la filosofía occidental*» (Vásquez *Libertad* [Ven. 1987]); y '[persona] que no cree o finge no creer': «*Cuando algo grande se avecina, hasta el escéptico más firme vacila y se reblandece*» (Serrano *Dios* [Col. 2000]). Se pronuncia [eséptiko, eszéptiko]. Es incorrecta la grafía ®*excéptico* y la correspondiente pronunciación ®[ekséptiko, ekszéptiko]. Lo mismo cabe decir del derivado *escepticismo* (no ®*excepticismo*).

escisión. 'División o separación': «*No puede evitar sentir una clara escisión entre lo que siente y lo que está diciendo*» (Souza *Mentira* [Perú 1998]); y 'extirpación de un tejido o un órgano': «*La escisión de tejidos necrosados* [...] *favorece una rápida cicatrización*» (Rosales/Reyes *Enfermería* [Méx. 1982]). Se pronuncia [esisión, eszisión]. Es incorrecta la grafía ®*excisión* y la correspondiente pronunciación ®[eksisión, ekszisión].

esclarecer(se). 'Aclarar(se) o iluminar(se)'. Verbo irregular: se conjuga como *agradecer* (→ APÉNDICE 1, n.º 18).

esclerósico -ca. → esclerosis.

esclerosis. 'Endurecimiento patológico de un órgano o tejido'. El adjetivo correspondiente es *esclerótico*: «*Con formación de tejido conjuntivo rígido, esclerótico, que provoca un endurecimiento de la pared vascular*» (Sintes *Peligros* [Esp. 1975]). También es válida, aunque menos frecuente, la forma *esclerósico*: «*La lesión puede ser de naturaleza esclerósica*» (Marañón *Diagnóstico* [Esp. 1943]).

esclerótico -ca. → esclerosis.

esclusa. 'Compartimento construido en un canal de navegación que puede llenarse o vaciarse de agua según convenga, para salvar desniveles': «*Hasta el invento de la esclusa, solo podían construirse los canales en terreno llano*» (Torre *Transportación* [Méx. 1995]). Con este sentido, es incorrecta la grafía *exclusa*, que corresponde a la forma femenina del adjetivo desusado *excluso* ('excluido o rechazado'): ®«*Visitará las exclusas de Miraflores*» (*Siglo* [Pan.] 12.5.97).

escocer. 'Producir escozor'. Verbo irregular: se conjuga como *mover* (→ APÉNDICE 1, n.º 41).

escolaridad. 'Período de asistencia a un centro escolar': «*Estos tipos de agresión se manifiestan* [...] *en todos los estratos sociales de la población, aunque son más comunes en los sectores más pobres y de menor escolaridad*» (*Nación* [C. Rica] 27.11.96). No debe usarse en lugar de *educación*: ®«*Dada la baja calidad de nuestra escolaridad pública* [...], *muchos recién llegados a la industrialización, en vez de presionar a favor de la escuela de barrio, ambicionan para sus hijos la otra*» (*País* [Esp.] 2.3.80). Tampoco debe confundirse con *escolarización* ('acción y efecto de escolarizar'; → escolarización): ®«*La tasa de escolaridad primaria en 1977 era de 36,8% para hombres y 37,76% para mujeres*» (Villarreal *Género* [Col. 1993]).

escolarización. 'Acción y efecto de escolarizar, esto es, de proporcionar educación obligatoria': «*Las cifras de escolarización del nivel inicial ya marcan el éxito de la estrategia: en 1996 hubo 86 000 alumnos más* [...] *que en 1994*» (*Clarín* [Arg.] 11.1.97). No debe confundirse con *escolaridad* ('período de asistencia a un centro escolar'; → escolaridad).

escolta. Es femenino cuando significa 'acompañamiento de personas o vehículos que lleva alguien o algo para su protección': «*Eran transportados en camiones militares, seguidos por una escolta de coches y hombres armados*» (Volpi *Klingsor* [Méx. 1999]); «*Salieron juntas a recorrer tiendas, como si Carlota tuviera piernas y no precisara la escolta del mecánico*» (Salisachs *Gangrena* [Esp. 1975]). Cuando significa 'persona que trabaja como escolta', es común en cuanto al género (*el/la escolta*; → GÉNERO[2], 1a y 3b): «*Si me asomo a la ventana veo al escolta plantado delante del portal*» (Cebrián *Rusa* [Esp. 1986]).

esconder(se). 'Ocultar(se)'. Es regular: *escondo, escondes*, etc.; son, pues, incorrectas las formas con diptongo ®*escuendo,* ®*escuendes,* etc.

escoriación, escoriar(se). → excoriar(se).

escornar(se). → descornar(se).

escoutismo, escoutista. → escultismo.

escribido -da. → escribir, 1.

escribir. 1. 'Componer [un texto] por medio de la escritura' y, como intransitivo, 'expresarse por escrito'. Solo es irregular en el participio, que tiene hoy una única forma válida, *escrito*, a diferencia de otros verbos derivados del latín *scribere* (→ adscribir(se), describir, circunscribir(se), etc.), que presentan una variante con -pt-, de uso vigente en determinadas zonas de América (→ p, 5). Sus derivados *escritura*, *escritorio* y *escritor* tampoco admiten variantes con -pt-. Solo aparecen hoy estas formas en textos literarios ambientados en épocas pasadas, con intención arcaizante, o bien en textos escritos por catalanes, por influjo del catalán. El participio regular *escribido* solo es válido en la locución adjetiva de sentido irónico *leído y escribido*, que significa 'instruido o que presume de serlo': «*Yo también soy hombre leído y escribido*» (Paso *Palinuro* [Méx. 1977]).

2. Cuando se usa como transitivo, además del complemento directo suele llevar un complemento indirecto que expresa el destinatario de lo escrito: «*Escribí una carta a mi padre*» (Arenales *Arauco* [Esp. 1992]). Si se utiliza un pronombre átono de tercera persona para expresar el destinatario, este debe ser *le(s)*: «*La carta que LE escribí a Inés contándole que me había quedado sin plata resultó profética y muy útil*» (Bryce *Vida* [Perú 1981]). Nunca deben usarse los pronombres *lo(s)*, *la(s)*, incluso en el caso de que el complemento directo no esté expreso, por sobrentendido (→ LEÍSMO, 4d): [⊗]*LA he escrito varias veces y no me ha contestado.*

escuchar. 1. 'Poner atención o aplicar el oído para oír [algo o a alguien]': «*Recuerdo que escuché su revelación con horror*» (Chávez *Batallador* [Méx. 1986]); «*El psicoanalista [...] escuchó a Carlos Rodó sin impaciencia*» (Millás *Desorden* [Esp. 1988]). Por tanto, la acción de *escuchar* es voluntaria e implica intencionalidad por parte del sujeto, a diferencia de *oír*, que significa, sin más, 'percibir por el oído [un sonido] o lo que [alguien] dice': «*Oí un trueno. Empezaba a llover*» (Kociancich *Maravilla* [Arg. 1982]); «*Oí comentar que Nicolás también era estéril*» (Ribera *Sangre* [Esp. 1988]). Puesto que *oír* tiene un significado más general que *escuchar*, casi siempre puede usarse en lugar de este, algo que ocurría ya en el español clásico y sigue ocurriendo hoy: «*Óyeme agora, por Dios te lo ruego*» (Encina *Égloga* [Esp. 1497]); «*Óyeme y deja de leer ese periódico*» (Fuentes *Cristóbal* [Méx. 1987]). Menos justificable es el empleo de *escuchar* en lugar de *oír*, para referirse simplemente a la acción de percibir un sonido a través del oído, sin que exista intencionalidad previa por parte del sujeto; pero es uso que también existe desde época clásica y sigue vigente hoy, en autores de prestigio, especialmente americanos, por lo que no cabe su censura: «*Su terrible y espantoso estruendo cerca y lejos se escuchaba*» (Cervantes *Persiles* [Esp. 1616]); «*Chirriaron los fuelles, patinaron en el polvo las gomas, se desfondaron los frenos y se escucharon alaridos*» (Sarduy *Pájaros* [Cuba 1993]).

2. Es un verbo transitivo y, cuando el complemento directo es lo que se escucha, puede llevar, además, un complemento indirecto de persona:

«*Se sentaba a su lado, y LE escuchaba el relato de los episodios del día*» (Mujica *Escarabajo* [Arg. 1982]). Cuando no existe complemento directo de cosa, el de persona pasa a desempeñar esta función: «*Los demás han tratado de prevenirlo, pero usted no LOS escucha*» (Sophia *Arte* [EE. UU. 1996]); «*Hasta cuando Ángela [...] le reprochaba rabiosamente su estupidez y sus borracheras, él LA escuchaba sonriente*» (Gasulla *Culminación* [Arg. 1975]). Si *escuchar* se utiliza como verbo de percepción, esto es, como sinónimo de *oír* (→ 1), se comporta igual que este a la hora de seleccionar las formas de los pronombres átonos de tercera persona cuando va seguido de un infinitivo (→ LEÍSMO, 4c).

escultismo. 1. Voz creada a partir del verbo inglés *to scout* ('explorar') —con influjo probable del catalán *escoltisme*— para designar, en español, el movimiento juvenil de implantación internacional fundado en Inglaterra en 1908 con el nombre de «Boy Scouts»: «*Baden Powell, fundador del movimiento [...], utilizaba en Inglaterra un uniforme color verde. En 1920 se hizo oficial el uso del uniforme en los países donde había escultismo, pero en diferentes colores*» (*DYucatán* [Méx.] 9.9.96). Para designar este movimiento se usan también los términos *escutismo*, *escoutismo* y *escautismo;* pero la voz *escultismo* es la más extendida en el uso y, por ello, la más recomendable. Debe evitarse la forma [⊗]*scoutismo*, por contener un grupo inicial *sc-* ajeno al sistema gráfico español.

2. El adjetivo derivado es *escultista* ('del escultismo'): «*La Semana Scout en Valladolid [...] sirvió para fortalecer el espíritu escultista de los integrantes del movimiento*» (*DYucatán* [Méx.] 23.7.96). Referido a persona, se usa también como sustantivo común en cuanto al género (*el/la escultista;* → GÉNERO², 1a y 3b) para designar a la persona que pertenece a este movimiento: «*Francesco y Mickela forman parte de un grupo de escultistas italianos que llegaron ayer a Santiago*» (*VGalicia*[@] [Esp.] 26.8.04). Por tanto, *escultista* funciona como equivalente español del inglés (*boy* o *girl*) *scout*. En España se usa también el término *explorador* —pues el movimiento se implantó en este país con el nombre oficial de «Exploradores de España»—, que es el que aparece en la denominación de algunas asociaciones regionales: *Exploradores de Madrid, Exploradores de Murcia,* etc. Existen también los términos *escutista, escoutista* y *escautista,* derivados respectivos de *escutismo, escoutismo* y *escautismo* (→ 1). Debe evitarse la forma [⊗]*scoutista*, por contener un grupo inicial *sc-* ajeno al español.

escultista. → escultismo.

escupir. Cuando significa 'arrojar saliva [sobre alguien] en señal de desprecio', el complemento de persona es directo: «*LO escupía, le rasgaba la camisa y vociferaba enloquecida*» (VLlosa *Tía* [Perú 1977]).

escusa. 'Derecho que concede un ganadero a sus pastores para que puedan apacentar ganado propio como parte de la retribución': «*El pastor tiene el beneficio de la "escusa", que es el derecho a llevar con las ovejas y cabras de la cabaña un cierto número de propiedad personal*» (CBaroja *Pueblos* [Esp. 1946]). Es incorrecto usar esta grafía con el sentido de 'pretexto o disculpa', significado que corresponde en exclusiva a la voz *excusa* (→ excusa).

escusado -da. Como adjetivo, 'reservado o separado del uso común': «*El celador* [...] *se lleva consigo una vez por semana el jarro escusado*» (FdzSantos *Extramuros* [Esp. 1978]). Más frecuente es su uso como sustantivo masculino, con el sentido de 'retrete': «*Abdul rompió la postal y tiró los pedazos en el escusado*» (Mutis *Ilona* [Col. 1988]). La grafía con -*s*- es la etimológica, pues esta palabra pertenece a la familia léxica derivada del verbo latino *abscondere* ('esconder'). Sin embargo, es hoy más frecuente, tanto en su uso adjetivo como sustantivo, la grafía con -*x*-, por cruce con la familia de *excusar* (del lat. *excusare* 'disculpar'): «*La hizo entrar por una puerta excusada*» (UPietri *Visita* [Ven. 1990]); «*Se echó talco en las partes pudendas y la entrepierna, y, sentado en el excusado, esperó a Sinforoso*» (VLlosa *Fiesta* [Perú 2000]).

[⊗]**escusar(se).** → excusar(se).

escúter. Adaptación gráfica propuesta para la voz inglesa *scooter*, 'ciclomotor de ruedas pequeñas, con una plataforma para apoyar los pies y una plancha protectora en su parte delantera'. Su plural es *escúteres* (→ PLURAL, 1g): «*Las ventas del año 2000 fueron de unas 60 000 unidades, entre escúteres, motocicletas de marchas y automáticas*» (*País*@ [Esp.] 28.1.01). En algunos países americanos se emplea, con este sentido, la voz *motoneta*: «*Desapareció entre la nube de polvo que levantaron los gases de la motoneta*» (Alberto *Eternidad* [Cuba 1992]).

escutismo, escutista. → escultismo.

ese. Demostrativo masculino.
1. Sobre su uso con o sin tilde, → TILDE², 3.2.1.
2. Sobre su uso ante sustantivos femeninos que comienzan por /a/ tónica ([⊗]*ese área*, [⊗]*ese agua*), → el, 2.2.

esfacelo. 'Conjunto de tejidos gangrenados'. Aunque en griego esta palabra era esdrújula (*sphákelos* 'gangrena'), en español se ha usado siempre como llana, y así la recogen los diccionarios de medicina, campo al que pertenece esta voz: «*Siguen las lesiones ampollares de la piel, para dar lugar a los pocos días a zonas necróticas más o menos extensas y profundas, con esfacelos de partes blandas*» (Azar *Border* [Arg. 1980]).

esfinge. 'Ser fabuloso, con cabeza y pecho de mujer y cuerpo de león': «*Edipo libera a Tebas de la esfinge*» (Fuentes *Esto* [Méx. 2002]); y 'estatua en forma de león echado con cabeza humana, de carnero o de hal-cón, típica del arte egipcio': «*El cazador de reliquias martilleó sobre las esfinges*» (Leguineche *Camino* [Esp. 1995]). Es siempre femenino y se usa con frecuencia en construcciones comparativas para ponderar la inmovilidad o impasibilidad de una persona. No debe confundirse con *efigie* ('imagen o representación, normalmente de una persona'; → efigie).

esforzar(se). **1.** 'Someter [algo o a alguien] a un esfuerzo' y, como intransitivo pronominal, 'hacer esfuerzos para conseguir un fin'. Verbo irregular: se conjuga como *contar* (→ APÉNDICE 1, n.º 26).
2. Como intransitivo pronominal, suele llevar un complemento precedido de *en, por* o *para*, que expresa la finalidad del esfuerzo: «*No se esfuerza EN disimular su desagrado*» (Moncada *Mujeres* [Esp. 1988]); «*Andrea se esfuerza POR explicar a Hortensia hasta qué punto procura complacer al viejo*» (Sampedro *Sonrisa* [Esp. 1995]); «*Abrió los ojos y se esforzó PARA sonreír*» (Bayly *Días* [Perú 1996]).

esgrafiar. 'Trazar dibujos [en una superficie con capas de distintos colores] raspando con el grafio'. Se acentúa como *enviar* (→ APÉNDICE 1, n.º 5).

esgrima. 'Arte de manejar la espada y otras armas blancas'. Es voz femenina: *la esgrima*.

esguince. 'Torcedura violenta de una articulación', 'quiebro' y 'gesto con que se demuestra disgusto o desdén'. Es voz masculina en todas sus acepciones: «*Chillaba de dolor por el esguince de un brazo*» (Donoso *Elefantes* [Chile 1995]); «*En un descuido de la guardia, Mercedes hace un esguince y le sale al paso*» (Herrera *Casa* [Ven. 1985]); «*Lo dejó caer con un esguince de menosprecio*» (GaMárquez *Amor* [Col. 1985]). La variante *desguince* es hoy inusitada.

eskenazi. → askenazí o askenazi.

eslalon. Adaptación gráfica de la voz noruega *slalom*, que designa cierta prueba de esquí: «*La sueca Pernilla Wiberg ganó el eslalon de Morzine*» (*Vanguardia* [Esp.] 7.1.94). Se desaconseja la grafía semiadaptada [⊗]*eslálom*. El plural debe ser *eslálones* (→ PLURAL, 1g), no [⊗]*eslálons*.

eslip. Adaptación gráfica propuesta para la voz inglesa *slip*, que, aunque en inglés designa la prenda íntima femenina llamada en español *combinación*, se usa entre los hispanohablantes con el sentido que tiene este anglicismo en francés, esto es, 'calzoncillo ajustado que cubre el cuerpo desde debajo de la cintura hasta las ingles': «*Te bajó el pantalón a los tobillos y Raúl* [...] *hizo que tu eslip siguiera el mismo rumbo descendente*» (MtnVigil *Defensa* [Esp. 1985]). Su plural es *eslips* (→ PLURAL, 1h).

eslogan. Adaptación gráfica de la voz inglesa *slogan*, 'lema publicitario o político'. El plural debe ser *eslóganes* (→ PLURAL, 1g), no [⊗]*eslógans*: «*De nada valió hablarle* [...] *de eslóganes electorales*» (Dou *Luna* [Ven. 2002]).

esloti. Adaptación propuesta para la voz polaca *zloty*, 'unidad monetaria de Polonia': «*Polonia ha devaluado su moneda, el esloti, en un 17% frente al dólar*» (*País* [Esp.] 2.2.87). Deben evitarse formas como [⊗]*zloti* y [⊗]*sloti*, que no son ni polacas ni españolas.

Esmara. Forma adaptada a la ortografía y pronunciación españolas del nombre de esta ciudad del Sáhara Occidental: «*Esmara ha sido atada a dos provincias del sur de Marruecos*» (*País* [Esp.] 29.10.97). Se desaconseja el uso en español de la grafía [⊗]*Smara*.

Esmirna. Forma tradicional española del nombre de esta ciudad de Turquía: «*Shabbatai nació en Esmirna*» (Serrano *Dios* [Col. 2000]). El topónimo tradicional no ha perdido su vigencia en el uso, por lo que debe evitarse el empleo en español del nombre turco *Izmir*.

esmirriado -da. 'Flaco o raquítico'. La forma *desmirriado* está cayendo en desuso.

esmog. Adaptación gráfica propuesta para la voz inglesa *smog*, acrónimo de *sm*[oke] 'humo' + [f]*og* 'niebla'. Se emplea, sobre todo en América, para designar la niebla mezclada con humo y polvo en suspensión, propia de las ciudades industriales: «*El esmog te hace cerrar los ojos, casi llorar*» (Campos *Carne* [Méx. 1982]). Su plural es *esmogs* (→ PLURAL, 1h). Existe también el calco *neblumo*, de uso menos frecuente que el anglicismo: «*Hemos sido nosotros los causantes del neblumo, la mugre del aire*» (*Excélsior* [Méx.] 6.1.97).

esmoquin. 'Traje masculino de etiqueta'. Es adaptación al español de la voz inglesa *smoking*, adoptada por los franceses para nombrar este tipo de traje, cuya chaqueta se parece a la *smoking jacket* que se ponían los ingleses para fumar. Su plural es *esmóquines* (→ PLURAL, 1g), no [⊗]*esmóquins*: «*Llamaron la atención los esmóquines con falda*» (*País* [Esp.] 1.9.96).

esnifar. Del inglés *to sniff*, se usa en España con el sentido de 'aspirar por la nariz [una droga en polvo]': «*Prada terminó de esnifar una enorme raya de coca*» (Madrid *Flores* [Esp. 1989]). Debe evitarse la grafía con *s-* líquida [⊗]*snifar*.

esnob. Adaptación gráfica de la voz inglesa *snob*, '[persona] que imita con afectación las maneras, opiniones, etc., de aquellos a quienes considera distinguidos'. Su plural es *esnobs* (→ PLURAL, 1h): «*Nos llamó esnobs, niñas mimadas y burguesas de mierda*» (GaSoubriet *Bruna* [Esp. 1990]). La cualidad de esnob se denomina *esnobismo*. Debe evitarse la grafía con *s-* líquida [⊗]*snobismo*.

esnobismo. → esnob.

eso. Demostrativo neutro. → TILDE², 3.2.1.

esotérico -ca. 'Oculto o impenetrable para los no iniciados': «*Probablemente el brujo usaba lenguajes esotéricos*» (Ortiz *Música* [Cuba 1975]); y 'de las ciencias ocultas': «*Lo trae a la capital para que ejerza su medicina en la trastienda de una librería esotérica*» (Jodorowsky *Danza* [Chile 2001]). No debe confundirse con el adjetivo antónimo *exotérico* ('común o accesible al vulgo'; → exotérico).

espabilado -da. '[Persona] lista, viva y despierta'. También es válida la variante *despabilado*, menos frecuente en España, pero preferida en amplias zonas de América. Lo mismo cabe decir de *espabilar(se)* y *despabilar(se)*.

espabilar(se). → espabilado.

espaciar(se). 'Separar(se) dejando espacio'. Se acentúa como *anunciar* (→ APÉNDICE 1, n.º 4).

espada. Con los sentidos de 'matador de toros' y 'persona diestra en el manejo de la espada', es hoy común en cuanto al género (*el/la espada*; → GÉNERO², 1a y 3b): «*Imitaba el ejemplo del toro, cuando herido de muerte por el espada busca la querencia*» (Longares *Romanticismo* [Esp. 2001]).

espagueti. Adaptación gráfica del plural italiano *spaghetti*, que en español se usa como singular con el sentido de 'cilindro largo y fino hecho de pasta de trigo': «*Este era todo lo contrario; flaco como un espagueti*» (Valladares *Esperanza* [Cuba 1985]). Para el plural debe usarse la forma *espaguetis*. Deben evitarse formas híbridas tales como [⊗]*spagueti*, [⊗]*espaguetti* o [⊗]*spaguetti*, que no son ni italianas ni españolas.

[⊗]espamentar, [⊗]espamentero -ra, [⊗]espamento, [⊗]espamentoso -sa, [⊗]espamiento. → aspaventar, 2.

espantar(se). 'Causar, o sentir, espanto' y 'ahuyentar'. Cuando significa 'causar espanto', por tratarse de un verbo de «afección psíquica», dependiendo de distintos factores (→ LEÍSMO, 4a), el complemento de persona puede interpretarse como directo o como indirecto: «*Al principio, la idea LO espantaba*» (VLlosa *Fiesta* [Perú 2000]); «*LE espanta hacer algo que ponga en riesgo la estabilidad económica*» (*Clarín* [Arg.] 12.1.97).

ESPAÑOL. Para designar la lengua común de España y de muchas naciones de América, y que también se habla como propia en otras partes del mundo, son válidos los términos *castellano* y *español*. La polémica sobre cuál de estas denominaciones resulta más apropiada está hoy superada. El término *español* resulta más recomendable por carecer de ambigüedad, ya que se refiere de modo unívoco a la lengua que hablan hoy cerca de cuatrocientos millones de personas. Asimismo, es la denominación que se utiliza internacionalmente

(Spanish, espagnol, Spanisch, spagnolo, etc.). Aun siendo también sinónimo de *español*, resulta preferible reservar el término *castellano* para referirse al dialecto románico nacido en el Reino de Castilla durante la Edad Media, o al dialecto del español que se habla actualmente en esta región. En España, se usa asimismo el nombre *castellano* cuando se alude a la lengua común del Estado en relación con las otras lenguas cooficiales en sus respectivos territorios autónomos, como el catalán, el gallego o el vasco.

esparcir(se). 'Extender(se) lo amontonado'. Es incorrecto adscribir este verbo a la segunda conjugación y emplear el infinitivo ⊗*esparcer,* que produce formas como ⊗*esparcés* (vos), ⊗*esparcemos,* ⊗*esparcéis* (vosotros), en lugar de *esparcimos, esparcís* (vos/vosotros), en el presente de indicativo; ⊗*esparceré,* ⊗*esparcerás,* etc., en lugar de *esparciré, esparcirás,* etc., en el futuro; ⊗*esparcería,* ⊗*esparcerías,* etc., en lugar de *esparciría, esparcirías,* etc., en el condicional o pospretérito; y ⊗*esparcé* (vos), ⊗*esparced* (vosotros), en lugar de *esparcí, esparcid,* en el imperativo.

esparrin. Adaptación gráfica propuesta para la voz inglesa *sparring,* 'boxeador con el que se entrena el que prepara un combate', frecuentemente usada en sentido figurado: «*Entonces se me vino encima* [...] *el tamaño de la tragedia: la vida seguía pensando que yo era su esparrin*» (Alatriste *Vivir* [Méx. 1985]). Su plural debe ser *espárrines* (→ PLURAL, 1g).

especia. 'Sustancia vegetal aromática usada como condimento': «*Nos comeremos estos animales* [...] *sazonados con especias exóticas*» (VLlosa *Elogio* [Perú 1988]). No debe confundirse con *especie* ('clase o conjunto de seres semejantes'; → especie).

especie. 1. 'Clase o conjunto de seres semejantes': «*"El demonio..." pertenece a la rara especie de las obras maestras*» (*Abc* [Esp.] 5.4.96). Seguido de un complemento con *de,* significa 'persona o cosa similar a lo que expresa el núcleo del complemento': «*María instaló al niño en una especie de corral que ocupaba todo el centro del cuarto de estar*» (Pombo *Metro* [Esp. 1990]). No debe confundirse con *especia* ('sustancia vegetal usada como condimento'; → especia).

2. en especie. 'En frutos o géneros, y no en dinero': «*Los premios de este concurso bianual no son en metálico, sino en especie*» (*Abc* [Esp.] 13.9.96). También se usa, aunque menos, en plural: «*Un abogado cobró en especies*» (*Vanguardia* [Esp.] 27.3.94). Debe evitarse, por incorrecta, la forma ⊗*en especia(s).*

espécimen. 'Muestra o ejemplar'. Es voz esdrújula. En plural, el acento prosódico cambia de lugar: *especímenes* (no ⊗*espécimenes*). Por contagio del plural *especímenes,* en el que es tónica la *i,* se usa con frecuencia en singular la forma llana ⊗*especí-*

men [espesímen, espezímen], no admitida en la norma culta.

⊗**espectación.** → expectación.

espectacular. 'Llamativo o impresionante': «*El avance ha sido enorme, espectacular*» (Aguilar *Hombre* [Méx. 1988]). No debe usarse, con este sentido, el adjetivo *dramático* (→ dramático).

⊗**espectativa.** → expectativa.

esperar. 1. Con el sentido de 'permanecer en un sitio hasta que [alguien o algo] llegue o hasta que [algo] suceda', es transitivo en el español culto general: «*Mi abuelo LO esperaba en la estación de Córdoba*» (Fuentes *Esto* [Méx. 2002]); «*Desapareció mientras esperábamos el tren*» (Kociancich *Maravilla* [Arg. 1982]). No obstante, en gran parte de América, especialmente en el área caribeña, no es infrecuente su uso como intransitivo, seguido de un complemento con *por,* sin que exista matiz causal que lo justifique: «*Papá nos llevó a la estación. Nueve hijos esperábamos POR ti*» (Parrado *Bembeta* [Cuba 1984]); «*Dumbo velaba el caldo y esperaba POR el primer hervor*» (Montero *Tú* [Cuba 1995]). Aunque cuenta con algún antecedente clásico, en muchos casos puede deberse hoy al influjo del inglés *to wait for.* Se recomienda la construcción transitiva (*esperar* [algo o a alguien]), que es la mayoritaria en el uso culto.

2. Cuando significa 'tener esperanza [en que algo suceda] o creer que sucederá', es transitivo y va seguido de un infinitivo o de una oración introducida por *que:* «*Espero llegar a vieja sin arrugas*» (Allende *Eva* [Chile 1987]); «*Espero que todo te vaya bien*» (Gala *Invitados* [Esp. 2002]). Si lo que significa es 'dar tiempo a que algo suceda antes de hacer otra cosa', es intransitivo y en ese caso el infinitivo o la oración introducida por *que* van precedidos de la preposición *a:* «*Espera A conocerla, te digo, antes de ponerte celosa*» (Donoso *Elefantes* [Chile 1995]); «*Los oficinistas esperaban A que la lluvia terminara*» (Ponte *Contrabando* [Cuba 2002]).

3. Cuando significa, dicho de una cosa, 'estarle reservada a alguien o haberle de ocurrir en el futuro', es intransitivo; el complemento de persona es indirecto: «*En esa situación tan extraña LE esperan, al grumete, adversidades suplementarias*» (Saer *Entenado* [Arg. 1988]).

4. Hoy es ya raro su uso intransitivo con un complemento introducido por *en* y el sentido de 'tener esperanza en la ayuda de alguien o en algo': «*Adquirió mucho mérito esperando EN Dios contra toda esperanza humana*» (GaBadell *Funeral* [Esp. 1975]).

esperma. 'Semen' y 'cera derretida'. Aunque con los dos sentidos indicados se documenta su uso en ambos géneros, en el primer caso predomina claramente el masculino y, en el segundo, el femenino: «*Puede ocurrir que la madre haya sido inseminada con el esperma de un donante anónimo*» (Penella *Hijo* [Arg. 1995]); «*Sosteniendo con firmeza un cirio, cuya esperma le goteaba sobre el brazo*» (Ribeyro *Geniecillos* [Perú 1983]).

espermáfito -ta o **espermafito -ta.** → -fito.

espetaperro. *a espetaperro(s).* 'Súbita y precipitadamente': «*Martí Dasi se marchó a espetaperro para Ciutadella*» (Faner *Flor* [Esp. 1986]); «*El contador Calixto Pacheco, salido de Lima a espetaperros para escapar de unos acreedores*» (Labarca *Butamalón* [Chile 1994]). Debe evitarse, por desusada, la grafía en tres palabras ⊗*a espeta perro(s)*.

espiar. 'Observar secretamente [algo o a alguien]': «*Cogí el periódico y le hice un agujerito para espiar a Estefanía*» (Paso *Palinuro* [Méx. 1977]). Se acentúa como *enviar* (→ APÉNDICE 1, n.º 5). No debe confundirse con *expiar* ('pagar [por una culpa o delito]'; → expiar).

espiral. 'Curva que da vueltas alrededor de un punto, alejándose de él progresivamente' y, en sentido figurado, 'sucesión rápida y creciente de acontecimientos de un mismo tipo'. Aunque ocasionalmente se ve usada en masculino, es voz femenina en el uso culto mayoritario de todo el ámbito hispánico: «*Hizo una espiral con el dedo*» (Skármeta *Cartero* [Chile 1986]); «*Las tribulaciones económicas se ven agravadas por una espiral de violencia*» (*Tiempo* [Col.] 6.9.96).

espirar. 'Expulsar el aire de los pulmones': «*Inspirar echando la cabeza y los hombros hacia atrás. Al espirar, volver a la posición relajada*» (Rapado *Salud* [Esp. 1999]). No debe confundirse con *expirar* ('morir'; → expirar).

espiritual negro. → góspel.

⊗**esplanada.** → explanada.

espléndido -da. 'Magnífico': «*Este servicio va a obtener espléndidos resultados*» (Vega *Estado* [Chile 1991]); y 'generoso o desprendido': «*Era muy espléndido con las propinas*» (Rovinski *Herencia* [C. Rica 1993]). En este adjetivo y en el resto de las palabras de su misma familia léxica, como *esplendor* o *esplendoroso*, son incorrectas las grafías con *-x-*: ⊗*expléndido*, ⊗*explendor*, ⊗*explendoroso*.

esplendor, esplendoroso -sa. → espléndido.

esplín. Adaptación gráfica de la voz inglesa *spleen* ('melancolía') con que se designa el estado de ánimo caracterizado por el hastío de vivir: «*Hay que abandonar las penas y desechar el esplín*» (Candelaria *Golpe* [Col. 1980]). Es voz de poco uso en la actualidad.

espoliación, espoliador -ra, espoliar. → expoliar.

espolio. → expolio.

⊗**espónsor,** ⊗**esponsorización,** ⊗**esponsorizar.** → patrocinador.

espontaneidad. 'Cualidad de espontáneo'. Son incorrectas las formas ⊗*espontaniedad* y ⊗*espontanidad* (→ -dad, d).

espontáneo -a. 'Que se produce sin estímulo exterior o sin causa aparente': «*Fue una explosión popular, una sublevación espontánea*» (Paz *Sombras* [Méx. 1983]). En este adjetivo y en el resto de las palabras de su misma familia léxica, como *espontaneidad* o *espontáneamente*, son incorrectas las grafías con *-x-*: ⊗*expontáneo*, ⊗*expontaneidad*, etc.

⊗**espontanidad,** ⊗**espontaniedad.** → espontaneidad.

esporófito -ta o **esporofito -ta.** → -fito.

espray. → aerosol.

esprín. Adaptación gráfica propuesta para la voz inglesa *sprint*, que significa, en algunos deportes, especialmente en ciclismo, 'aceleración que realiza un corredor para disputar la victoria a otros, normalmente cerca de la meta'. Su plural debe ser *esprines* (→ PLURAL, 1g): «*Son rodadores natos que hacen el espectáculo en las llegadas, en esprines especiales*» (*País*@ [Col.] 6.8.02). El verbo correspondiente es *esprintar*, no ⊗*sprintar*; y para designar al corredor especialista en esprines ha de usarse la forma *esprínter* (adaptación del inglés *sprinter*), cuyo plural debe ser *esprínteres* (→ PLURAL, 1g), no ⊗*esprínters*.

esprintar, esprínter. → esprín.

espuma. Para designar el plato de consistencia esponjosa preparado con claras de huevo y otros ingredientes, se recomienda usar en español el término *espuma*, calco del francés *mousse*: «*Como postre, espuma de chocolate con fresas de temporada*» (*País* [Esp.] 17.5.04).

espurio -ria. 'Falso o ilegítimo': «*Discriminado por razones dudosas, espurias, ajenas a sus méritos*» (Grandes *Aires* [Esp. 2002]). Procede del latín *spurius*; es, pues, errónea la forma ⊗*espúreo*, que escriben por ultracorrección incluso personas cultas.

esquenazi. → askenazí o askenazi.

esquí. Adaptación gráfica de la voz noruega *ski*, 'patín largo para deslizarse por la nieve' y 'deporte practicado con estos patines'. Para el plural son válidas las formas *esquís* (hoy mayoritario) y *esquíes* (→ PLURAL, 1c): «*No sabe ponerse los esquís*» (Ribera *Sangre* [Esp. 1988]); «*Esa vez levanté las cuñas, pero los esquíes se me cruzaron*» (*Mundo* [Esp.] 26.1.95).

esquiar. 'Patinar con esquís'. Se acentúa como *enviar* (→ APÉNDICE 1, n.º 5).

esrilanqués -sa. → Sri Lanka.

esta. Demostrativo femenino. → TILDE², 3.2.1.

establecer(se). Como transitivo, 'fundar o instituir' y 'determinar u ordenar'; y, como intransitivo pronominal, 'situarse en un determinado lugar'. Verbo irregular: se conjuga como *agradecer* (→ APÉNDICE 1, n.º 18).

[⊗]**estadinense.** → Estados Unidos, 3.

estadio. 1. 'Recinto en que se celebran competencias o competiciones deportivas': «*El estadio está a reventar*» (Morena *Silencios* [Esp. 1995]). El uso del latinismo *stádium* es innecesario, y se debe más al influjo inglés que a razones cultistas: «*Salimos para el stádium El Campín, a ver el segundo juego entre el Millonarios y el Real Madrid*» (Che/Granado *Viaje* [Arg. 1992]). Es inadmisible la forma [⊗]*estádium*, que no es ni latina ni española.

2. También significa 'etapa o fase de un proceso': «*Su efecto letárgico y apaciguador iba cediendo paso a una fase de euforia activa, cuyo estadio siguiente era la sed*» (Aguilar *Golfo* [Méx. 1986]). Es errónea la acentuación [⊗]*estadío*, a pesar de ser frecuente en textos médicos.

[⊗]**estádium.** → estadio, 1.

estado. 1. Se escribe con inicial mayúscula cuando significa 'conjunto de los órganos de gobierno de un país soberano': «*La cooperación entre diversos órganos del Estado*» (*Siglo* [Pan.] 10.4.97); también cuando se refiere a la unidad política que constituye un país, o a su territorio: «*El derecho internacional no hace diferencia en cuanto al tamaño o la ubicación geopolítica de los Estados*» (Ortega *Paz* [Nic. 1988]). Forma parte de numerosas expresiones y locuciones: *jefe del Estado, secretario de Estado, golpe de Estado, razón de Estado, Estado de derecho,* etc.

2. Se escribe con minúscula en el resto de sus acepciones, incluida la que se refiere a la porción del territorio de un Estado cuyos habitantes se rigen, en algunos asuntos, por leyes propias (como ocurre con las demás entidades territoriales: *comunidad autónoma, departamento, provincia, región,* etc., que se escriben con inicial minúscula): «*En el estado de Oaxaca hubo elecciones extraordinarias*» (*Excélsior* [Méx.] 27.5.96).

Estados Unidos. 1. Nombre abreviado que se usa corrientemente para referirse al país de América del Norte cuyo nombre oficial es *Estados Unidos de América.* Puede usarse con artículo o sin él. Si se usa precedido de artículo, el verbo va en plural: «*Los Estados Unidos han pedido a Francia que aplace su decisión*» (*Vanguardia* [Esp.] 2.9.95). Si se emplea sin artículo, el verbo va en singular: «*Estados Unidos está preparado para abrir negociaciones*» (*Proceso* [Méx.] 2.2.97).

2. Es frecuente referirse a este país a través de su abreviatura: *EE. UU.* Puesto que se trata de una abreviatura, y no de una sigla, debe escribirse con puntos y con un espacio de separación entre los dos pares de letras. Existe también la sigla *EUA,* que, como corresponde a las siglas, se escribe sin puntos. No debe emplearse en español la sigla *USA,* que corresponde al nombre inglés *United States of America.*

3. El gentilicio recomendado, por ser el de uso mayoritario, es *estadounidense,* aunque en algunos países de América, especialmente en México, se emplea con preferencia la forma *estadunidense,* también válida. Debe evitarse el empleo de la voz [⊗]*usamericano,* por estar formada sobre la sigla inglesa. Tampoco es aceptable la forma [⊗]*estadinense,* usada alguna vez en Colombia a propuesta de algunos filólogos, y que no ha prosperado. Coloquialmente se emplea la voz *yanqui* (→ yanqui), a menudo con matiz despectivo.

4. Está muy generalizado, y resulta aceptable, el uso de *norteamericano* como sinónimo de *estadounidense,* ya que, aunque en rigor el término *norteamericano* podría usarse igualmente en alusión a los habitantes de cualquiera de los países de América del Norte o Norteamérica (→ Norteamérica), se aplica corrientemente a los habitantes de los Estados Unidos. Pero debe evitarse el empleo de *americano* para referirse exclusivamente a los habitantes de los Estados Unidos, uso abusivo que se explica por el hecho de que los estadounidenses utilizan a menudo el nombre abreviado *América* (en inglés, sin tilde) para referirse a su país. No debe olvidarse que *América* es el nombre de todo el continente y son americanos todos los que lo habitan.

estadounidense, estadunidense. → Estados Unidos, 3.

estalactita. 'Roca calcárea con apariencia de cono invertido que se forma en el techo de una cueva': «*Del techo colgaban pequeñas estalactitas provocadas por la filtración*» (Valladares *Esperanza* [Cuba 1985]). El cruce con *estalagmita* ('roca en forma de cono formada en el suelo de una cueva') da lugar a la forma incorrecta [⊗]*estalagtita.*

estalagmita. 'Roca calcárea con apariencia de cono que se forma en el suelo de una cueva': «*Unas magníficas cuevas con estalactitas y estalagmitas*» (Agromayor *España* [Esp. 1987]). El cruce con *estalactita* ('roca en forma de cono formada en el techo de una cueva') da lugar a la forma incorrecta [⊗]*estalacmita.*

estallar. Se usa normalmente como intransitivo, con los sentidos de 'reventar de golpe con estruendo': «*Dos de las granadas estallaron dentro del perímetro del aeropuerto*» (*Universal* [Ven.] 8.1.97); 'reventar por estar demasiado lleno': «*No sé siquiera* [...] *si podías sentir mi ansiedad hinchándose como* *un globo a punto de estallar*» (Jaramillo *Tiempo* [Pan. 2002]); 'sobrevenir u ocurrir violentamente': «*Estalló una tormenta de viento y lluvia*» (Jodorowsky *Pájaro* [Chile 1992]); y 'manifestar repentina y violentamente un sentimiento', a menudo con un complemento con *en*: «*Se lleva las manos a la cabeza y estalla* EN *una risotada nerviosa*» (Bayly *Mujer* [Perú 2002]). Su uso como transitivo, con el significado de 'hacer que [algo] estalle', es menos frecuente: «*Andrés seguía ahí dirimiendo el asunto de unos obreros que querían estallar una huelga*» (Mastretta *Vida* [Méx. 1990]); «*Primero los estallan* [los ojos] *y después se los comen haciendo mucho ruido*» (Cela *Cristo* [Esp. 1988]). Es más habitual, en estos casos, emplear la construcción causativa *hacer estallar* o alguno de los verbos sinónimos transitivos, como *reventar* o, referido a un artefacto, *explosionar* (→ explosionar).

estambre. 'Lana que se compone de fibras largas' y 'órgano masculino de la flor'. Aunque en épocas pasadas del español se usó en ambos géneros, en el español actual es siempre masculino: «*Decidió darle utilidad al estambre en lugar de desperdiciarlo y rabiosamente tejió y lloró*» (Esquivel *Agua* [Méx. 1989]); «*El cáliz y la corola son parecidos, los estambres están soldados*» (Crespo *Plantas* [Arg. 1986]).

estampía. → estampida.

estampida. 1. 'Huida impetuosa, especialmente de un conjunto de animales': «*Logré huir de una estampida de búfalos en las praderas americanas*» (*Nacional* [Ven.] 7.1.97). En este uso como sustantivo, la lengua culta no admite la caída de la *-d-* intervocálica: [⊗]*Hubo una estampía*.

2. de estampida. Con verbos como *salir, huir* o similares, 'repentinamente, sin preparación ni anuncio alguno': «*Pico sale de estampida rumbo a la iglesia*» (Azar *Premio* [Méx. 1994]). La lengua culta prefiere hoy claramente esta forma; pero durante mucho tiempo solo se consideró válida la forma *de estampía*, razón por la cual esta variante, con la caída de la *-d-* intervocálica propia del habla popular, se documenta también en lengua culta: «*Tiraron las armas y salieron de estampía*» (Mendoza *Ciudad* [Esp. 1986]). También se emplea con la preposición *en*: «*Salí en estampida*» (GmnzBartlett *Serpientes* [Esp. 2002]).

3. en estampida. → 2.

estándar. Adaptación gráfica de la voz inglesa *standard*. Debe escribirse con tilde por ser palabra llana acabada en consonante distinta de *-n* o *-s* (→ TILDE², 1.1.2). Como adjetivo significa 'que sirve como modelo, patrón o referencia': «*Arnau va camino de convertirse en un héroe estándar*» (*Vanguardia* [Esp.] 25.1.94). Como sustantivo es masculino y se usa con los significados de 'nivel', referido a calidad, y 'modelo o patrón': «*El crecimiento econó-*

mico ayuda a mejorar el estándar de vida de las familias peruanas» (*Caretas* [Perú] 28.9.95); «*Tarjeta Sound-Blaster: es el estándar más extendido para manejo de sonido*» (Teso *Informática* [Esp. 1993]). En ambos casos, aunque como adjetivo no es infrecuente su uso con plural invariable, se recomienda el plural *estándares* (→ PLURAL, 1g): «*La cárcel de Chonchocoro tiene y conserva "todas las normas estándares internacionales"*» (*Tiempos* [Bol.] 23.1.97)]); «*La paga puede ser reducida si la labor se desarrolla por debajo de los estándares previstos*» (*Observador* [Ur.] 22.1.97).

estandarizar. 'Ajustar [algo o a alguien] a un patrón o tipo común': «*Introdujeron en su empresa técnicas para estandarizar y simplificar sus diseños*» (Salinas *Diseño* [Méx. 1992]). Puesto que está formado a partir de *estándar*, adaptación del inglés *standard*, no tiene hoy justificación la variante [⊗]*estandardizar*, que conserva la *-d* del étimo inglés. Menos admisibles aún son las grafías con *s-* líquida [⊗]*standarizar* y [⊗]*standardizar*.

estanqueidad. → estanquidad.

estanquidad. 'Cualidad de estanco': «*La estanquidad es un factor fundamental, y debe ser controlado antes de sumergir nuestra cámara*» (Bojorge *Aventura* [Arg. 1992]). Esta es la voz regularmente formada sobre el adjetivo *estanco* (→ -dad, e). El uso ha impuesto, sin embargo, la variante *estanqueidad*, de formación anómala y, aunque válida, menos recomendable en la lengua culta: «*Se logra esta estanqueidad aplicando a la unión roscada masillas selladoras*» (Portillo *Energía* [Esp. 1985]).

estar(se). 1. Verbo irregular: v. conjugación modelo (→ APÉNDICE 1, n.º 34). Deben evitarse las formas vulgares [⊗]*estea*, [⊗]*estean* para la tercera persona (singular y plural, respectivamente) del presente de subjuntivo, en lugar de las correctas *esté*, *estén*: [⊗]«*Estos señores es mejor que estean de testigos de mes palabras*» (Arguedas *Zorro* [Perú 1969]). Cuando la primera persona del singular del presente de indicativo (*estoy*) lleva pospuesta una forma pronominal átona —algo frecuente en la lengua antigua, pero raro hoy (→ PRONOMBRES PERSONALES ÁTONOS, 3a)—, debe mantenerse su escritura con *y*, aunque esta letra quede en interior de palabra (→ i, 5c): «*Estoyme deshaciendo / Qual la cera en el fuego*» (Cueva *Infantes* [Esp. 1579]). En el imperativo de segunda persona del singular, se usa siempre en forma pronominal: «*Por favor, Miguel, estate tranquilo*» (Rovinski *Herencia* [C. Rica 1993]); «*Estate en la puerta de la calle a las cinco en punto*» (Leguina *Nombre* [Esp. 1992]).

2. Su función principal es la de atribuir al sujeto una determinada cualidad o estado, función que también desempeña el verbo *ser*. En general, se usa el verbo *estar* cuando la característica que se atribuye al sujeto es considerada por el que habla como el resultado de una acción, transformación o cambio, real o supuesto, o se considera como no permanente, vinculada a una situación espacio-temporal determinada; si, por el contrario, la característica que se atribuye al sujeto es considerada inherente a este o estable, o se presenta la cualidad sin más, ajena a toda idea de proceso o cambio, con la única finalidad de incluir al sujeto dentro de una determinada clase de seres, se utiliza normalmente el verbo *ser: Juan es vago* (la pereza forma parte de sus rasgos de carácter) / *Juan está vago* (no lo es normalmente, sino que pasa por un período de pereza); *Pedro está viudo* (se considera que puede dejar de estarlo, si se vuelve a casar) / *Pedro es viudo* (se presenta este estado como permanente o, simplemente, se está clasificando a Pedro dentro de la clase de los viudos); *Tomás está calvo* (la característica se presenta como resultado de un proceso) / *Tomás es calvo* (se describe sin más al sujeto, incluyéndolo en la categoría de las personas calvas). Esta diferencia explica el hecho de que existan adjetivos que solo pueden combinarse con el verbo *ser*, por ejemplo, los de procedencia, que siempre designan características inherentes (*Soy cacereña*, y no **Estoy cacereña*), del mismo modo que existen otros adjetivos que solo pueden combinarse con el verbo *estar*, por designar estados que son siempre el resultado de una acción o proceso (*El jarrón está roto*, y no **El jarrón es roto; Estoy muy satisfecho*, y no **Soy muy satisfecho*). Por otra parte, existen casos en que el uso de uno u otro verbo implica cambios de significado en el atributo; así, no quiere decir lo mismo *Juan es listo* ('inteligente') que *Juan está listo* ('preparado'); *La moto es nueva* (todavía no ha sido usada) / *La moto está nueva* (está usada, pero no lo parece), etc.

3. Puede llevar también complementos adverbiales, con el sentido de 'hallarse en un determinado lugar, tiempo, situación o circunstancia': *Estamos aquí desde ayer; Mi padre está durmiendo todavía; María está en el cine; Juan está al frente de la empresa; El pueblo está al norte de la provincia.* Se usa en primera persona del plural, con un complemento con *a*, para expresar la temperatura, o el día de la semana o del mes: *Estamos A 5° bajo cero; Estamos A lunes; Estamos A 24 de julio;* y con un complemento con *en*, para expresar el mes, la estación o el año: *Estamos EN marzo; Estamos EN primavera; Estamos EN 1998.* Para expresar el precio de un artículo, el complemento puede ir precedido de *a* o *en: Los tomates están A un euro el kilo; La casa está EN 25 millones.* Para señalar la profesión o el cargo de una persona, el complemento puede ir introducido por *de* o *como: Estuvo DE director en el instituto; Está COMO cocinero en el Ritz.*

4. estar al + infinitivo. Expresa que está a punto de realizarse la acción denotada por el infinitivo. En España solo es normal con los verbos *caer* y *llegar*, con el sentido de 'estar a punto de presentarse': «*La policía está al caer*» (Salisachs *Gangrena* [Esp. 1975]); «*¿Por qué no pones la mesa? Papá está al llegar y ya sabes cómo llega*» (Vázquez Narboni [Esp. 1976]); pero en el español de América su empleo es mucho más general: «*Ahora vámonos, que mi hermana está al regresar con su marido*» (CInfante *Habana* [Cuba 1986]); «*El viaje estaba al terminar*» (Chávez *Batallador* [Méx. 1986]).

5. estar (al) pendiente. → pendiente, 2.

6. estar de más → más, 1.10.

7. estar + gerundio. Forma una perífrasis durativa, que presenta la acción en el curso de su desarrollo: «*Durante semanas estuvimos discutiendo el asunto*» (Volpi *Klingsor* [Méx. 1999]); «*Para ti está siendo peor que una horrible borrachera, lo sé*» (GaSánchez *Alpe d'Huez* [Esp. 1994]). Esta perífrasis durativa puede aparecer también en forma pasiva, dando lugar a la pasiva perifrástica *estar siendo* + participio, construcción que a menudo ha sido considerada un calco censurable del inglés, pero que es perfectamente posible y correcta en español, aunque sea menos frecuente que las construcciones activas o que la pasiva refleja: «*Me pidió* [...] *que llevara en mi tripulación, convenientemente disfrazado y con el mayor disimulo, a un rabino judío que estaba siendo buscado por la Inquisición*» (RBastos *Vigilia* [Par. 1992]); «*John Polidori tuvo la inquietante certeza de que estaba siendo observado*» (Andahazi *Piadosas* [Arg. 1999]); «*Era evidente que estaba siendo acosado y atacado por el otro*» (Guelbenzu *Río* [Esp. 1981]).

8. estar para + infinitivo. Significa 'estar a punto o en disposición de realizar(se) lo expresado por el infinitivo': «*Supo que estaba para morir*» (Cousté *Biografía* [Arg. 1978]); «*¿Está para llover?*» (Gala *Petra* [Esp. 1980]); «*¡Imagínese si estoy para poner los cuernos a nadie!*» (JmnzDiego *Memorias* [Esp. 2002]). En algunos países de América, se usa también, en estos casos, *estar por* (→ 9).

9. estar por + infinitivo. En el español general significa, por un lado, 'estar lo designado por el sujeto pendiente de recibir la acción expresada por el infinitivo': «*La gran biografía de Rodolfo Usigli aún está por escribirse*» (*Proceso* [Méx.] 29.9.96); y, por otro, con sujeto de persona, 'sentir la tentación, o tener la intención, de realizar la acción designada por el infinitivo': «*Casi estoy por pedirle un autógrafo*» (Sierra *Regreso* [Esp. 1995]); «*Hace meses que estoy por venir a verlos, Martín*» (Bryce *Vida* [Perú 1981]). En algunos países de América, además, es frecuente su empleo con el sentido de 'estar a punto de + infinitivo': «*Su hijo me está enloqueciendo, a veces estoy por perder la calma*» (Darío *Dama* [Ven. 1989]); «*En estas tierras —dije—, piensan que* *quien está por morir prevé lo futuro»* (Borges *Libro* [Arg. 1975]); *«Es martes y está por llover»* (*Clarín* [Arg.] 9.10.00); con este sentido es más general el uso de *estar para* (→ 8).

10. *estar siendo* + participio. → 7.

estárter. 1. Adaptación gráfica de la voz inglesa *starter*, 'dispositivo que facilita el arranque en frío del motor aumentando la proporción de gasolina en la mezcla'. No es sinónimo de *estrangulador*, pues este término designa propiamente el dispositivo que facilita el arranque en frío del motor disminuyendo la cantidad de aire en la mezcla. Su plural debe ser *estárteres* (→ PLURAL, 1g). En la Argentina, en lugar del anglicismo, se emplea el término español *cebador*: *«Subió al coche, tiró del cebador. [...] Por un instante creyó que el motor no arrancaría»* (BCasares *Serafín* [Arg. 1962]).

2. No debe usarse la voz *estárter* con el sentido de 'persona encargada de dar la salida a los participantes en una carrera', ya que para ello existe la expresión española *juez de salida*: *«El juez de salida da dos voces antes de dar el disparo de partida»* (Mansilla *Ciclismo* [Esp. 1995]).

estasis. 'Estancamiento de la sangre o de otro líquido en alguna parte del cuerpo': *«La inmovilización articular origina [...] estasis del líquido sinovial»* (Rosales/Reyes *Enfermería* [Méx. 1982]). Es voz llana (pron. [estásis]) y de género femenino. No debe confundirse con el sustantivo masculino *éxtasis* ('estado de exaltación'; → éxtasis, 1).

estatalización, estatalizar. → estatizar.

estático -ca. 'Que no se mueve': *«Cayó fulminado por un infarto mientras pedaleaba en una bicicleta estática»* (*Vanguardia* [Esp.] 30.9.94); y 'que no cambia': *«El arte popular no es del todo estático»* (MtzPeñaloza *Arte* [Méx. 1981]). No debe confundirse con *extático* ('del éxtasis o que lo implica'; → éxtasis, 2).

estatificación, estatificar, estatización. → estatizar.

estatizar. 'Hacer que [algo] pase a estar bajo el control o la administración del Estado': *«Podemos nacionalizar los depósitos bancarios, estatizar el comercio exterior»* (Ferla *Drama* [Arg. 1985]). *Estatizar* —probablemente influido por el francés *étatiser*— es la forma más usada en América. En España se prefiere *estatalizar*, derivado del adjetivo *estatal*: *«La inconveniencia de estatalizar la empresa farmacéutica»* (*País* [Esp.] 1.11.80). Es también correcto, aunque poco frecuente y, por ello, menos recomendable, el verbo *estatificar*: *«Quienes [...] no han intentado estatificar los medios de producción no son socialistas genuinos»* (Rangel *Tercermundismo* [Ven. 1982]). Lo mismo cabe decir de los sustantivos de acción derivados *estatización, estatalización* y *estatificación.*

estatuar. 'Representar [a alguien] en estatua'. Se acentúa como *averiguar* (→ APÉNDICE 1, n.º 6).

estatuir. 'Establecer o determinar'. Verbo irregular: se conjuga como *construir* (→ APÉNDICE 1, n.º 25). Su participio, *estatuido*, se escribe sin tilde (→ TILDE², 2.1.1 y 2.1.2).

estatus. 'Estado de una cosa dentro de un marco de referencia' y 'posición social'. Es adaptación gráfica de la voz inglesa *status* (del lat. *status* 'estado o condición'): *«Emitió la actual Constitución Política de la República, que reconoce el estatus de ciudadana para la mujer»* (GaQuesada *Participación* [Col. 1993]); *«A esto se sumó, además, el alarde de un estatus y un tren de vida a los que la mayoría de los ciudadanos de este país no tienen acceso»* (*Siglo* [Guat.] 7.10.97). Es invariable en plural (→ PLURAL, 1f): *los estatus.* Es anglicismo arraigado y aceptable, aunque no deben olvidarse términos españoles equivalentes como *condición, posición, estado.*

estay. 'Cabo que sujeta la cabeza de un mástil para que no caiga hacia popa'. Su plural es *estáis* o *estayes* (→ PLURAL, 1d).

este. 1. Demostrativo masculino.

a) Sobre su uso con o sin tilde, → TILDE², 3.2.1.

b) Sobre su uso ante sustantivos femeninos que comienzan por /a/ tónica (⊗*este agua*, ⊗*este área*), → el, 2.2.

2. Punto cardinal. → MAYÚSCULAS, 4.13.

estentóreo -a. Dicho de un sonido, 'muy fuerte y retumbante': *«Los cofrades escucharon el balido estentóreo de una cabra»* (MDíez *Fuente* [Esp. 1986]). No debe confundirse con el adjetivo *estertóreo* ('con estertores'; → estertóreo). Es incorrecta la forma ⊗*ostentóreo*, fruto del cruce con *ostentoso* ('llamativo por su suntuosidad o aparatosidad'; → ostentoso).

éster. 'Compuesto orgánico que resulta de sustituir un átomo de hidrógeno por un radical alcohólico'. Es voz llana, por lo que no se considera válida la grafía sin tilde ⊗*ester* ni la pronunciación aguda que le corresponde: ⊗[estér]. Su plural es *ésteres* (→ PLURAL, 1g): *«Los aceites naturales que contienen ésteres de ácidos insaturados se conocen como aceites secantes»* (*Abc* [Par.] 2.12.02).

estertóreo -a. 'Con estertores': *«Sigue un ronquido estertóreo»* (Paso *Palinuro* [Méx. 1977]). No debe confundirse con *estentóreo* ('[sonido] fuerte y retumbante'; → estentóreo).

⊗esteticién. → esteticista.

esteticista. Como sustantivo común en cuanto al género (*el/la esteticista*; → GÉNERO², 1a y 3b), significa 'profesional especialista en tratamientos de belleza': *«Me di un masaje lento y cuidadoso, cuya técnica me había enseñado la esteticista que cuida de mi cuerpo»* (Pedraza *Pasión* [Esp. 1990]). La existencia de esta voz hace innecesario el uso en español del galicismo [⊗]*esteticién*, adaptación del francés *esthéticien* (fem. *esthéticienne*).

esthéticien, esthéticienne. → esteticista.

estigma. 'Marca o señal en el cuerpo' y 'desdoro o mala fama'. Es voz masculina: *el estigma.*

estilóbato. 'Macizo corrido sobre el cual se apoya una columnata': «*La columna no tiene basa; el fuste apoya directamente sobre el estilóbato*» (CSerraller *Arte* [Esp. 1997]). Es voz esdrújula, como en latín, y así se emplea mayoritariamente entre los hablantes cultos. Debe evitarse la forma llana [⊗]*estilobato* (pron. [⊗][estilobáto]).

estimular. 1. Como verbo de influencia (→ LEÍSMO, 4b), con el sentido de 'incitar [a alguien] a hacer algo', lleva un complemento directo de persona y un complemento con *a*: «*Marcela LO estimulaba A redoblar el esfuerzo*» (Andrade *Dios* [Arg. 1993]). **2.** Cuando significa 'despertar el interés o el deseo de actividad de alguien', por tratarse de un verbo de «afección psíquica», dependiendo de distintos factores (→ LEÍSMO, 4a), el complemento de persona puede interpretarse como directo o como indirecto: «*LO estimulaban los obstáculos y escollos*» (Mujica *Bomarzo* [Arg. 1962]); «*La admiración de los jóvenes poetas LE estimulaba*» (Jodorowsky *Danza* [Chile 2001]).

estirar. 1. El significado más general de este verbo es, como transitivo, 'alargar o extender [algo]', normalmente tensándolo, alisándolo o haciendo que deje de estar doblado o encogido': «*Unas manos le estiraron la piel de las sienes*» (Chavarría *Rojo* [Ur. 2002]); «*Nos echamos atrás en nuestras sillas y estiramos las piernas*» (Silva *Rif* [Esp. 2001]). El hecho de que el modo de estirar una cosa sea, en muchos casos, tirar de sus extremos (*estirar una sábana, estirar una cuerda,* etc.) ha propiciado su confusión con el uso intransitivo de *tirar* seguido de un complemento con *de* (*tirar DE algo,* 'atraerlo'; → tirar, 2). Esta confusión es frecuente en el habla popular, pero debe evitarse en el habla culta: [⊗]«*Herr Wogge giró el picaporte y estiró de él*» (Val *Hendaya* [Esp. 1981]); debió decirse *tiró de él.* **2.** *estira y afloja.* → tirar, 3.

esto. Demostrativo neutro. → TILDE², 3.2.1.

estor. Adaptación gráfica de la voz francesa *store,* 'cortina de una sola pieza, que se recoge verticalmente': «*Cómo recuperar un mueble viejo, [...] hacer un estor o retapizar una silla*» (*País* [Esp.] 16.1.98). Este galicismo es de uso frecuente en España y raro en América. Su plural es *estores* (→ PLURAL, 1g).

estrabismo. 'Defecto ocular': «*Gruesos cristales diluyentes parecían haber corregido el estrabismo*» (VqzMontalbán *Soledad* [Esp. 1977]). Es incorrecta la grafía [⊗]*extravismo,* debida al influjo de *extraviar,* palabra con la que no guarda ninguna relación etimológica.

estrangulador -ra, estrangulamiento. → estrangular.

estrangular. 'Ahogar [a alguien] oprimiéndole el cuello': «*El asesino la pudo estrangular con las manos*» (Quevedo *Genes* [Cuba 1996]); y 'dificultar o impedir [algo]': «*Se comprometió ante la comunidad internacional a estrangular el narcotráfico en Bolivia*» (*Tiempos* [Bol.] 3.2.97). Es incorrecta la grafía [⊗]*extrangular,* así como la pronunciación correspondiente [⊗][ekstrangulár]. Lo mismo cabe decir de las palabras que pertenecen a esta misma familia léxica, como *estrangulador* o *estrangulamiento.*

estraperlo. 'Comercio ilegal de artículos intervenidos por el Estado': «*Aquí vivíamos del estraperlo, usted lo sabe*» (FnGómez *Viaje* [Esp. 1985]). Procede del acrónimo *Straperlo,* nombre de un juego de azar fraudulento que intentaron introducir en España en 1935 dos individuos llamados Strauss y Perlo. Hoy no debe usarse la forma etimológica [⊗]*straperlo.* Es incorrecta la grafía [⊗]*extraperlo,* ya que el prefijo *extra-* nada tiene que ver en la formación de esta palabra.

Estrasburgo. Forma tradicional española del nombre de esta ciudad de Francia: «*En 1963 la Convención de Estrasburgo ya se había referido a los derechos de patentabilidad de los procedimientos microbiológicos*» (SchzRon *Ciencia* [Esp. 1995]). No deben usarse en español ni la forma francesa *Strasbourg* ni la alemana *Strassburg;* tampoco la híbrida [⊗]*Strasburgo.* El gentilicio es *estrasburgués:* «*Ese curioso rubor permanente y moteado que adorna las mejillas de los estrasburgueses*» (FdzCubas *Hermana* [Esp. 1980]).

estrasburgués -sa. → Estrasburgo.

estratega. 'Persona versada en estrategia'. Es común en cuanto al género (*el/la estratega;* → GÉNERO², 1a y 3b): «*El entrenador era un estratega*» (Cappa *Intimidad* [Arg. 1996]); «*Mi mujer se las sabe todas* [...], *toda una estratega*» (MDurán *Toque* [Col. 1981]). Hoy es raro y, por ello, desaconsejable el masculino *estratego.*

estratego. → estratega.

estratósfera o **estratosfera.** → -sfera.

estraza. *papel de estraza.* 'Papel basto y sin blanquear': «*Lo despertó depositando sobre sus piernas un gran paquete envuelto en papel de estraza*» (Jodorowsky *Pájaro* [Chile 1992]). No es correcta la forma [⊗]*astraza,* usada a veces en los países del Río de la Plata.

estregar(se). 'Frotar(se) o restregar(se)'. Este verbo, de menor uso hoy que sus sinónimos *frotar(se)* o *restregar(se),* se conjuga preferentemente en la lengua culta como irregular, según el modelo de *acertar* (→ APÉNDICE 1, n.º 16), es decir, con diptongación en las formas cuya raíz es tónica (*estriego, estriegas,* etc.): «*Una zamba lava la vajilla en el chorro;*

otra estriega ropas en una batea» (Carrasquilla *Tiempos* [Col. 1935-36]). Pero en el español de América no es raro su empleo como regular, que ha de considerarse también válido: *«Muestra signos de cansancio. Se estrega suavemente los ojos»* (Calvo *Colombia* [Col. 1987]).

estremecer(se). 'Hacer temblar' y, como pronominal, 'temblar'. Verbo irregular: se conjuga como *agradecer* (→ APÉNDICE 1, n.º 18).

estreñir(se). Dicho de algo, 'dificultar [en alguien] la evacuación intestinal' y, como pronominal, 'padecer estreñimiento'. Verbo irregular: se conjuga como *ceñir* (→ APÉNDICE 1, n.º 23).

estrés. Adaptación gráfica de la voz inglesa *stress,* 'tensión provocada por situaciones agobiantes y que origina reacciones psicosomáticas': *«En situaciones de estrés aumenta la necesidad de calcio»* (Aguilar *Dieta* [Esp. 1995]). Su plural, poco usado, es *estreses* (→ PLURAL, 1f). De la adaptación española derivan el verbo *estresar(se)* ('causar, o sufrir, estrés') y el adjetivo *estresante* ('que causa estrés'). No deben usarse grafías con *s-* líquida, como ⊗*stres,* ⊗*stresante* o ⊗*stresar.*

estresante, estresar(se). → estrés.

estriar(se). 'Formar(se) estrías en algo'. Se acentúa como *enviar* (→ APÉNDICE 1, n.º 5).

estríper. → estriptis o estriptís, 2.

estriptis o **estriptís. 1.** Para adaptar gráficamente al español la voz inglesa *striptease* ('espectáculo erótico en el que una persona se va desnudando poco a poco al compás de la música'), se proponen las formas *estriptis* y *estriptís*: *«A lo mejor luego te hace hacer estriptis»* (Pedrero *Invierno* [Esp. 1989]); *«Lo que quería era hacer un estriptís»* (Gamboa *Páginas* [Col. 1998]). La forma llana *estriptis* (pron. [estríptis]) refleja la pronunciación inglesa etimológica y es invariable en plural (→ PLURAL, 1f): *los estriptis.* La forma aguda *estriptís* se debe al influjo de la pronunciación francesa del anglicismo, y su plural es *estriptises* (→ PLURAL, 1f).

2. Con el sentido de 'persona que se dedica profesionalmente a desnudarse en público', se documenta ya en varios países de América, como el Perú o Chile, la voz *estriptisero*: *«Déjate de llamar artista a lo que en buen peruano se llama estriptisera de tres por medio»* (VLlosa *Tía* [Perú 1977]). También puede usarse el término *estríper* (pl. *estríperes;* → PLURAL, 1g), adaptación gráfica de la voz inglesa *stripper,* que es común en cuanto al género (→ GÉNERO², 1a y 3g): *el/la estríper.*

estriptisero -ra. → estriptis o estriptís, 2.

estudiante. 'Persona que cursa estudios en un centro de enseñanza'. Por su terminación, es común en cuanto al género (*el/la estudiante;* → GÉNERO², 1a y 3c): *«¿Cómo una estudiante tan prometedora podía*

haberse convertido en una simple ama de casa?» (FdzCubas *Ágatha* [Esp. 1994]). No es propio del habla culta el femenino ⊗*estudianta.*

estudiar. 'Aplicar la inteligencia para aprender [algo]', 'observar [algo] para comprenderlo' y 'recibir enseñanzas en un centro docente'. Se acentúa como *anunciar* (→ APÉNDICE 1, n.º 4).

esvástica. Adaptación gráfica de la voz sánscrita *svastika,* 'cruz gamada': *«Usaban [...] guerrera con correaje y brazalete con la esvástica»* (Val *Hendaya* [Esp. 1981]). En gran parte de América se usa la forma *suástica*: *«Se discute si la cruz [...] pudo ser anterior a Jesucristo, en el caso de que procediera de la suástica —la cruz gamada griega—»* (Ferrer *Información* [Méx. 1997]). Debe evitarse en español el uso de la grafía inglesa *swastika,* así como el de la forma ⊗*svástica,* con un grupo inicial *sv-* ajeno al sistema gráfico español.

et álii. Loc. lat. que significa literalmente 'y otros'. Se utiliza, con valor semejante al de *etcétera,* pero referido a personas: *«El movimiento de haitianos, jamaicanos, dominicanos, puertorriqueños, et álii, a los Estados Unidos y capitales europeas ha reducido el promedio total de coste de la mano de obra»* (Moreno *Historia* [Cuba 1983]). Aparece normalmente en repertorios bibliográficos, tras el nombre de un autor, para indicar que la obra en cuestión ha sido realizada, además, por otras personas. Es frecuente que aparezca en su forma abreviada *et ál.* (→ APÉNDICE 2).

etario -ria. 'Relativo a la edad': *«La composición etaria de una población será también un factor que influirá en el tamaño de la epidemia»* (Villalobos *Epidemiología* [Chile 1994]); y 'de una determinada edad': *«Los síntomas pueden ser atribuidos erróneamente a problemas emocionales, tan frecuentes en este grupo etario»* (Barrera/Kerdel *Adolescente* [Ven. 1976]). Es incorrecta la forma ⊗*etáreo.*

etcétera. Procedente de la expresión latina *et caetera* (literalmente 'y el resto, y las demás cosas'), se usa en español para cerrar enumeraciones incompletas. En la escritura va siempre precedida de una coma y se emplea frecuentemente en su forma abreviada *etc.* (y no ⊗*ect.*): *«Pero antes quiero decir quién soy yo, de qué me ocupo, etcétera»* (Sábato *Héroes* [Arg. 1961]); *«Exposición a medicamentos: clorpromazina, quinidina, antibióticos, etc.»* (Conte *Manifestaciones* [Chile 1994]). Como sustantivo masculino, admite calificativos y tiene forma de plural: *«Las efigies atormentadas de Paganini, Dante, Virgilio, Chopin, Don Juan e infinitos etcéteras»* (Mujica *Escarabajo* [Arg. 1982]).

etíope. 'De Etiopía'. Aunque durante algún tiempo se dio también como válida la forma llana *etíope* [etíope], en el uso actual solo se admite la forma etimológica esdrújula *etíope.*

eucalipto. 'Árbol de hojas colgantes y olorosas' y 'extracto que se obtiene de sus hojas'. Su plural es *eucaliptos*: «*Los eucaliptos habían sido abatidos hacía años*» (Ribeyro *Geniecillos* [Perú 1983]). Menos frecuente, pero también válida, es la forma *eucaliptus*, adaptación gráfica del latín botánico *eucalyptus*, nombre científico de este género de árboles. Esta última forma es invariable en plural (→ PLURAL, 1f): «*¡Qué bonitos están los eucaliptus y los cipreses!*» (Vázquez *Narboni* [Esp. 1976]).

eucaliptus. → eucalipto.

euclidiano -na. 'Del matemático griego Euclides o de sus principios': «*¿Cuántos puntos hay en una línea recta en el espacio euclidiano?*» (Volpi *Klingsor* [Méx. 1999]). Es incorrecta la forma ⊗*euclideano*.

Éufrates. El nombre de este río del sudoeste de Asia es una palabra esdrújula cuyas dos primeras vocales forman diptongo, por lo que la tilde debe escribirse sobre la vocal abierta (→ TILDE², 1.1.3 y 2.1.3): «*El hombre fue ocupando los valles circundantes a los grandes ríos, como el Tigris, el Éufrates y el Nilo*» (Torre *Transportación* [Méx. 1995]). No son correctas la grafía y la pronunciación con hiato ⊗*Eúfrates*.

eurasiático -ca. → euroasiático.

euro. 1. 'Moneda de la Unión Europea'. Como el resto de las monedas, es un nombre común y debe escribirse con minúscula: «*Los bolsistas tendrán que seguir muy de cerca la cotización del euro*» (*NCastilla* [Esp.] 24.5.99). Su plural es *euros*.

2. La voz *euro* carece de abreviatura y su representación abreviada se realiza mediante un símbolo. El más utilizado es €, pero también se usa el símbolo trilítero *EUR*. Como todos los símbolos, son invariables en plural y se escriben sin punto. Sobre su colocación delante o detrás de la cifra a la que acompañan, → SÍMBOLO, 5b.

3. La fracción del euro recibe los nombres de *céntimo* (→ céntimo) y *cent* (→ cent). Para referirse a la fracción del euro no debe usarse el término *centavo* (→ centavo).

euroasiático -ca. 'De Eurasia (Europa y Asia consideradas como un todo geográfico)'. Es preferible esta forma, más frecuente en el uso, a la variante *eurasiático*, también válida.

europeizar(se). 'Dar, o tomar, carácter europeo'. Se acentúa como *descafeinar* (→ APÉNDICE 1, n.º 13).

éuscaro -ra, euskara. → euskera.

euskera. 1. Sustantivo masculino que el castellano ha tomado del vasco con el sentido de 'lengua vasca': «*El nuevo espíritu promovió sistemáticamente el cultivo literario del euskera*» (Paniagua *España* [Esp. 1987]). La grafía castellanizada *eusquera*, también válida, es menos frecuente. La denominación vasca *euskara*, variante preferida en esta lengua, no se emplea en castellano.

2. Como adjetivo significa 'de la lengua vasca' y es de una sola terminación, válida para ambos géneros: «*La tabla siguiente muestra la analogía entre los nombres euskeras de las divisiones administrativas del País Vasco*» (Ninyoles *Idiomas* [Esp. 1977]).

3. Junto al vasquismo *euskera* siguen vigentes en el uso las voces *vasco* y *vascuence*, nombres tradicionales en castellano para referirse a esta lengua y que también se usan como adjetivos ('del País Vasco' y 'de la lengua vasca'): «*Los socialistas siguen defendiendo la actual ley del vascuence como 'el marco adecuado para el desarrollo del bilingüismo real existente en Navarra'*» (*DNavarra* [Esp.] 20.5.99); «*La pérdida en español moderno de distintas consonantes sonoras [...] es consecuencia del contacto con el vasco*» (*País* [Esp.] 20.7.80).

4. La forma *éuscaro*, usada con cierta frecuencia hasta mediados del siglo XX como sustantivo masculino o como adjetivo de dos terminaciones (*éuscaro -ra*), ha caído en desuso: «*El éuscaro o vasco carece de monumentos escritos*» (MndzPelayo *Heterodoxos* [Esp. 1880-81]); «*Lenguas similares a la éuscara tuvieron en la Península, antes de la dominación romana, una extensión muy amplia*» (Lapesa *Lengua* [Esp. 1942]).

eusquera. → euskera, 1.

evacuar. 'Desalojar o vaciar [un lugar]', 'expeler [excrementos]' y, en lenguaje administrativo, 'tramitar [algo]' y 'realizar [consultas]'. En el uso culto se acentúa preferentemente como *averiguar* (→ APÉNDICE 1, n.º 6): «*Los dos hombres se ocupan de cambiar un catéter que evacua la orina*» (Fernández *Memoria* [Esp. 1994]); pero hoy es frecuente, y también válida, su acentuación como *actuar* (→ APÉNDICE 1, n.º 7): «*El niño evacúa varias veces al día*» (VV. AA. *Mamar* [Arg. 1983]).

evaluar. 'Determinar el valor [de algo]' y 'examinar y calificar las aptitudes o conocimientos [de alguien]'. Se acentúa como *actuar* (→ APÉNDICE 1, n.º 7). Con el primer sentido, se dice también *valuar* (→ valuar).

evanecer(se). 1. 'Desvanecerse o esfumarse'. Verbo irregular: se conjuga como *agradecer* (→ APÉNDICE 1, n.º 18): «*De golpe, en ese cubo hermético donde estábamos solos, donde podía hacer cualquier cosa, se evaneció mi deseo*» (Aguinis *Cruz* [Esp. 1970]). Es intransitivo, hoy casi siempre pronominal. Existe también la variante regular *evanescer*, que normalmente solo se conjuga en las formas en que la *c* va seguida de *e* o *i*: «*Todo se ha evanescido en nuestra mente*» (Azorín *Valencia* [Esp. 1941] 8).

2. Los derivados se han formado a partir de *evanescer*: *evanescencia* y *evanescente*; son, por tanto, incorrectas formas como ⊗*evanecencia* y ⊗*evanecente*.

evanescencia, evanescente, evanescer(se).
→ evanecer(se).

eventual. 1. Normalmente antepuesto al sustantivo, 'que puede darse o suceder, o no': «*Una eventual recaída podía ocasionarme graves problemas*» (FdzMartínez *Drogadicto* [Esp. 1981]); y, generalmente pospuesto al sustantivo, 'circunstancial u ocasional': «*El Congreso del Trabajo se organiza a partir de "comisiones" que desarrollan tareas permanentes o eventuales*» (Trejo *Movimiento* [Méx. 1979]). Referido a trabajador, contrato o empleo, significa 'que no es fijo': «*Intentó buscar algún humilde trabajo eventual*» (Landero *Juegos* [Esp. 1989]). Aunque a veces sus significados puedan estar próximos, no es sinónimo de *provisional* o *temporal:* ⊗«*Diez museos* [...] *han aportado este bien nutrido conjunto de pinturas que servirán de complemento eventual a las habituales del Museo del Prado*» (*País* [Esp.] 5.1.78). **2.** El adverbio *eventualmente* significa, con propiedad, 'de manera eventual o circunstancial': «*La diarrea estival, que eventualmente aqueja a los cachorros,* [...] *debe consultarse de inmediato*» (Azar *Border* [Arg. 1980]). A menudo adquiere el sentido de 'opcionalmente o a voluntad': «*Un decorado al que eventualmente se le pueden ir incorporando los elementos no eróticos que se desee*» (Goytisolo *Estela* [Esp. 1984]). No debe utilizarse con el significado de 'al final o finalmente', calco censurable del inglés *eventually:* ⊗«*Tal vez por eso Castro terminó eventualmente desterrando al Che de Cuba*» (*DAméricas* [EE. UU.] 15.4.97). Tampoco es apropiado el sentido de 'provisional o temporalmente': ⊗«*El internacional sólo pareció sentirse cómodo cuando ocupó eventualmente la plaza de Iván Rocha, que abandonó el terreno durante siete minutos a causa de una lesión*» (*Mundo* [Esp.] 3.10.94).

eventualmente. → eventual, 2.

Everest o Éverest. Pico más elevado del Himalaya, que debe su nombre al topógrafo británico George Everest (1790-1866). Ambas grafías se consideran válidas: la esdrújula *Éverest*, por corresponder a la pronunciación etimológica: «*Fue el primer escalador no nepalés que subía al Éverest*» (Torres *Conquista* [Esp. 1990]); la aguda *Everest* (pron. [eberést]), por ser la más extendida en el uso de gran parte del ámbito hispánico: «*El Everest se había descubierto en 1852*» (Faus *Andar* [Esp. 1999]).

evidencia. 'Certeza clara y manifiesta de la verdad o realidad de algo': «*Acepté ser asesor del EZLN ante la evidencia de que mis objeciones anteriores al zapatismo ya no tenían fundamento*» (*Excélsior* [Méx.] 2.4.96). Además de designar la cualidad abstracta, este sustantivo tiene el significado concreto de 'cosa evidente, esto es, clara y manifiesta': «*No obedeció mi familia al olvidadizo comerciante, pero sí, en cambio, adquirió su pasmosa tranquilidad para negar*

evidencias» (FdzCubas *Altillos* [Esp. 1983]). El hecho de designar con un mismo sustantivo una cualidad abstracta y sus manifestaciones concretas es algo normal y ocurre en muchos otros casos (por ejemplo, *banalidad*, que significa tanto 'trivialidad o falta de sustancia' como 'cosa trivial'; o *tontería*, que significa tanto 'estupidez' como 'cosa estúpida'). Esto no justifica el empleo indiscriminado en español de la voz *evidencia* como sinónimo de *prueba* o *indicio*, calco censurable del inglés *evidence:* en inglés, *evidence* es toda prueba (circunstancial, testimonial, material, documental, etc.) que se alega en un proceso judicial; en español, solo sería aceptable como sinónimo de *prueba evidente*, esto es, prueba clara y manifiesta; así, no resultan apropiados usos como los siguientes: ⊗«*Las evidencias que se han aportado no parecen en todo caso muy convincentes*» (Ninyoles *Idiomas* [Esp. 1977]); ⊗«*Las circunstancias y las evidencias eran claras en contra del Dr. Sittón*» (*Siglo* [Pan.] 12.5.97).

evidenciar(se). 'Hacer(se) evidente'. Se acentúa como *anunciar* (→ APÉNDICE 1, n.º 4).

evocar. 'Traer [algo] a la memoria' y 'llamar [a los espíritus]': «*Busquemos en la memoria; evoquemos ayeres*» (Bonfiglioli *Arte* [Arg. 1990]); «*Adivinaba el porvenir, evocaba a los muertos*» (Cousté *Biografía* [Arg. 1978]). Debe evitarse su uso galicado con el sentido de 'mencionar': ⊗«*Respecto a las bajas entre las filas del ejército argelino, el diario no facilita ningún dato,* [...] *mientras otras fuentes extraoficiales evocan un número de 40 muertos*» (*Vanguardia* [Esp.] 30.3.95).

ex. 1. Prefijo autónomo de valor adjetivo, procedente de una preposición latina, que se antepone a sustantivos o adjetivos con referente de persona para significar que dicha persona ha dejado de ser lo que el sustantivo o el adjetivo denotan. Se escribe separado de la palabra a la que se refiere, a diferencia del resto de los prefijos, y sin guion intermedio: «*Mi hijo no se fue solo, sino con su padre y mi ex suegra*» (Díaz *Piel* [Cuba 1996]); «*El ex alto cargo de Obras Públicas aseguró que con su misiva solo pretendía agilizar procedimientos administrativos*» (*Mundo* [Esp.] 5.10.96). No se recomienda su empleo antepuesto a sustantivos o adjetivos referidos a cosas: «*Presidenta del comité de mujeres de esta república ex soviética de Asia Central*» (*Mundo* [Esp.] 23.8.95); «*Las mayores incertidumbres las plantea la ex URSS*» (Puyol *Migraciones* [Esp. 1993]). En ese caso es preferible el uso de adjetivos como *antiguo, anterior,* o de adverbios como *anteriormente:* esta antigua república soviética, esta república anteriormente soviética, la antigua URSS. Se escribe siempre con minúscula, aun cuando acompañe a sustantivos escritos con inicial mayúscula. No debe confundirse con el prefijo inseparable *ex-* ('fuera' [→ ex-).

2. También funciona como sustantivo denotando la persona que ha dejado de ser cónyuge o pareja sentimental de otra: «*Mi ex y yo éramos dos enemigos sin ganas de pelear*» (Rovinski *Herencia* [C. Rica 1993]). Es invariable en plural: *Todos mis ex se parecen.*

ex-. Prefijo que, con el significado de 'fuera, más allá', forma parte de muchas palabras: *extender, extraer, excomunión*, etc. También significa, en algunos casos, 'privación': *exánime*. No debe confundirse con el prefijo autónomo *ex* (→ ex).

exa-. Elemento compositivo prefijo que significa 'un trillón (10^{18}) de veces'. Unido a nombres de unidades de medida forma el múltiplo correspondiente: *exatonelada, exagramo*. Su símbolo es *E: Et* ('exatonelada'), *Eg* ('exagramo'). No debe confundirse con *hexa-* ('seis'; → hexa-).

ex abrupto. Loc. lat. que significa 'de repente, de improviso': «*El título de "Presencias reales" queda aclarado con las palabras citadas, y sus dos primeras páginas nos introducen, "ex abrupto", en esa misma órbita*» (*Abc* [Esp.] 6.12.91). De esta locución deriva el sustantivo masculino *exabrupto* ('dicho inesperado e inconveniente'), que debe escribirse siempre en una sola palabra: «*Fue tan inesperado el exabrupto que los circunstantes se desconcertaron*» (Aguilera *Pelota* [Ec. 1988]).

ex aequo. Loc. lat. (pron. [eks-ékuo] o [eks-aékuo]) que significa literalmente 'en pie de igualdad'. Se usa con el sentido de 'con igual mérito para compartir un premio o distinción': «*Ada Salas [...] y Alejandro Céspedes [...] han sido los ganadores ex aequo del IX Premio de Poesía Hiperión*» (*Mundo* [Esp.] 16.3.94). Es incorrecta la grafía con guion ⊗*ex-aequo.*

⊗**exagonal,** ⊗**exágono -na.** → hexágono.

examinar(se). Cuando significa 'someter(se) a una prueba para evaluar los conocimientos sobre una materia', el complemento que expresa esta puede ir introducido por *de* o *en*: «*Me examino DE física*» (GtzAragón *Morirás* [Esp. 1992]); «*Los examinaba EN las cuatro oraciones y EN la doctrina, notando a los que las ignoraban para enseñárselas después*» (Lopetegui/Zubillaga *Iglesia* [Esp. 1965]).

exantema. 'Erupción de la piel'. Es voz masculina: *el exantema.*

exasperar(se). 1. 'Irritar(se) o enfurecer(se)'. Cuando no funciona como pronominal, por tratarse de un verbo de «afección psíquica», dependiendo de distintos factores (→ LEÍSMO, 4a), el complemento de persona puede interpretarse como directo o como indirecto: «*Billie [...] LA exasperaba hasta lo indecible*» (Pitol *Juegos* [Méx. 1982]); «*LE exaspera que aquello no termine nunca*» (Pitol *Juegos* [Méx. 1982]).

2. Con el sentido de 'agravar o agudizar', es transitivo: «*Sus terribles soledades de nieve [...] le exasperaban ahora la ausencia de su hijo*» (Lezama *Oppiano* [Cuba 1977]).

ex cátedra. → ex cáthedra.

ex cáthedra. Loc. lat. (pron. [eks-kátedra]) que significa literalmente 'desde la cátedra', en referencia a la silla (lat. *cathedra*) de San Pedro, desde la que se considera que el papa habla de modo infalible para sentar doctrina: «*El papa es infalible cuando habla ex cáthedra, es decir, cuando define solemnemente verdades de fe y costumbres*» (VV. AA. *Religión* [Esp. 1996]). De ese uso particular ha pasado a la lengua general —escrita frecuentemente con la grafía hispanizada *ex cátedra*—, donde significa 'con autoridad' o, peyorativamente, 'en tono magistral o dogmático': «*Se creía un experto en el tema vasco, del que hablaba ex cátedra*» (Feo *Años* [Esp. 1993]).

exceder(se). 1. Cuando significa, dicho de una persona o cosa, 'superar [a otra]', es transitivo y el complemento directo, aun siendo de cosa, va precedido de *a* (→ a², 1.1l): «*El ingreso excede AL gasto*» (*Excélsior* [Méx.] 21.10.96). Suele llevar además un complemento con *en* que expresa el aspecto en el que se produce el exceso: «*Le excedo [a usted] EN experiencias mundanas*» (TBallester *Filomeno* [Esp. 1988]). Como intransitivo pronominal equivale a 'ir más allá de lo conveniente' y lleva un complemento del mismo tipo: «*Se excedió EN la dosis*» (BVallejo *Diálogo* [Esp. 1984]).

2. Cuando significa 'sobrepasar cierto límite', admite dos construcciones: una transitiva, en la que el límite lo expresa un complemento directo: «*Se organizaron bailes, cuyo renombre llegó a exceder los ámbitos literarios*» (Dolina *Ángel* [Arg. 1993]); otra intransitiva, en la que el límite se expresa con un complemento introducido por *de*: «*Cualquier decisión excede DEL propósito de esta Memoria*» (Sampedro *Día* [Esp. 1995]).

excepción. Este sustantivo forma parte de la locución preposicional *a excepción de*, que significa 'exceptuando' algo o a alguien: «*Serán suspendidas todas las actividades públicas y privadas, a excepción de los servicios de emergencia*» (*Tiempos* [Bol.] 4.9.01). También se utiliza en la construcción absoluta *excepción hecha de*, de significado equivalente: «*La implantación de los nuevos productos, excepción hecha de la patata, fue muy lenta*» (Domingo *Cocina* [Esp. 1996]). Es incorrecto decir ⊗*a excepción hecha de*, fruto de un cruce entre ambas.

⊗**excepticismo,** ⊗**excéptico -ca.** → escéptico.

exceptuar. 'Excluir'. Se acentúa como *actuar* (→ APÉNDICE 1, n.º 7).

⊗**excisión.** → escisión.

excitar(se). 1. Con el sentido de 'provocar o estimular [un sentimiento o pasión]', es transitivo; el sentimiento se expresa mediante un complemento directo y, a veces, aparece también un complemento indirecto, que expresa la persona que lo experimenta: «*Almacenaba objetos raros que LE excitaran la imaginación*» (Vicent *Balada* [Esp. 1987]). Cuando significa 'despertar deseo sexual [en alguien]', es también transitivo y se construye con un complemento directo de persona: «*Cuando un hombre de mi edad encuentra una hembra que LO excita, no la deja escapar tan fácilmente*» (Shand *Transacción* [Arg. 1980]). **2.** Con el sentido de 'producir un estado de nerviosismo, irritación o entusiasmo', funciona como los llamados verbos de «afección psíquica»; por ello, dependiendo de distintos factores (→ LEÍSMO, 4a), el complemento de persona puede interpretarse como directo o como indirecto: «*El desafío LO excitaba*» (Saer *Ocasión* [Arg. 1988]); «*Actuaba prevenido, viejo, como si LE excitara comprobar que no tenía nada que temer*» (Satué *Desierto* [Esp. 1985]). **3.** Se emplea en ocasiones con el sentido de 'instar, exhortar o incitar'. Como otros verbos de influencia (→ LEÍSMO, 4b), lleva un complemento directo de persona y un complemento con *a*: «*Contreras [...] excitaba a los vecinos A construir casas de tapias y tejas*» (*Prensa* [Nic.] 26.4.97).

EXCLAMACIÓN (SIGNOS DE). → INTERROGACIÓN Y EXCLAMACIÓN (SIGNOS DE).

exclaustrar(se). 'Hacer salir, o salirse, del claustro'. Se acentúa como *causar* (→ APÉNDICE 1, n.º 10).

excluir(se). 'Poner(se) fuera de un lugar o situación'. Verbo irregular: se conjuga como *construir* (→ APÉNDICE 1, n.º 25). Su participio, *excluido*, se escribe sin tilde (→ TILDE², 2.1.1 y 2.1.2).

exclusive. → inclusive, 1.

excoriación. → excoriar(se), 2.

excoriar(se). 1. 'Producir(se) excoriación o lesión superficial en la epidermis'. Se acentúa como *anunciar* (→ APÉNDICE 1, n.º 4). **2.** Para este verbo, y para el sustantivo correspondiente *excoriación*, son válidas las variantes gráficas *escoriar(se)* y *escoriación;* pero son preferibles las formas con *-x-*, más cercanas al étimo latino *excoriare* ('quitar la piel').

excusa. 'Acción de excusar(se)' y 'pretexto o disculpa': «*Solía rechazar esas invitaciones con absurdas excusas*» (Contreras *Nadador* [Chile 1995]). No debe usarse, con este sentido, la grafía ⊗*escusa*, que sí es válida, en cambio, con otro significado ('derecho que concede un ganadero a sus pastores para que puedan apacentar ganado propio como parte de la retribución'; → escusa).

excusado -da. 1. 'Innecesario', normalmente en la construcción *excusado es* + infinitivo: «*Excusado es decir que las metáforas y gongorismos de los del 27 poca semejanza tenían con Góngora*» (Aranda *Surrealismo* [Esp. 1981]). Con este sentido, no es correcta la grafía ⊗*escusado*. **2.** También es variante gráfica, muy frecuente hoy, de *escusado* (como adjetivo, 'reservado' y, como sustantivo masculino, 'retrete'; → escusado).

excusar(se). 1. Verbo transitivo usado con los significados siguientes: **a)** 'Alegar motivos para justificar [una falta o a la persona que la comete]': «*No voy a excusar mi fracaso culpándola a ella*» (Gasulla *Culminación* [Arg. 1975]); «*A última hora excusó su ausencia por problemas de salud*» (*País* [Esp.] 1.4.89); «*Si mi padre me encontraba alguna vez en la calle, ella me excusaba diciendo que me había enviado a algún recado*» (Alou *Aportación* [Esp. 1991]). Cuando el complemento directo de persona es reflexivo (*excusarse*), normalmente se acompaña de un complemento con *por* o, menos frecuentemente *de*, que expresa la falta, o de un complemento precedido de *con* o *ante*, que expresa la persona ante quien uno se justifica: «*Tras excusarse CON Romero, ambos salieron del café*» (PzReverte *Maestro* [Esp. 1988]); «*Max se excusó ANTE Malta POR faltar esa semana*» (Contreras *Nadador* [Chile 1995]); «*Solo la Boa y el Canela se excusaron DE no asistir*» (Azuela *Casa* [Méx. 1983]). **b)** 'Perdonar o disculpar [algo] o ser indulgente [con alguien] que ha causado o va a causar alguna molestia': «*Este país entero parecía, y excúseme la frase, una gran plasta de mierda comida por las moscas*» (Vergés *Cenizas* [R. Dom. 1980]); «*¿Me excusas un instante? [...] Voy al baño y ya vengo*» (Mendoza *Satanás* [Col. 2002]). **c)** 'Eludir [algo] o eximir [a alguien] de algo, normalmente alegando un pretexto o disculpa': «*¿Puede el individuo excusar su responsabilidad personal, diciendo que no es él quien actúa verdaderamente?*» (Vásquez *Libertad* [Ven. 1987]). Cuando el complemento directo de persona es reflexivo (*excusarse*), lleva además un complemento con *de* que expresa aquello que la persona elude hacer: «*Amigo de la princesa difunta, el tenor lírico Luciano Pavarotti se excusó DE cantar durante el funeral*» (*NProvincia* [Arg.] 4.9.97). Este es el sentido que tiene el verbo en expresiones como *excusar la asistencia* a una determinada convocatoria: «*Excusaron su asistencia por encontrarse de viaje*» (*FVigo* [Esp.] 18.5.99). Igualmente válida es la expresión contraria *excusar la inasistencia* o *la ausencia*, donde el sentido del verbo es el más general de 'alegar motivos para justificar [una falta]', señalado como primera acepción (→ a). **d)** 'No hacer [algo] por considerarlo innecesario'. El complemento directo es normalmente un verbo en infinitivo: «*Las palabras parecer y parecido están definidas de manera tan perfecta y clara en nuestros diccionarios* [...] *que excuso extenderme sobre ello*» (*Abc* [Esp.] 3.6.85). Frecuentemente seguido del verbo *decir*, con intención ponderativa: «*Excuso decirte que la señora Cervera ha hecho prodigios de habilidad y de buen gusto*» (Perucho *Pamela* [Esp. 1983]).

e) 'Evitar [una molestia o un daño]': «*Yo mandé luego degollarlos por excusarles padecimientos*» (Eslava *Unicornio* [Esp. 1987] 110).

2. Este verbo se escribe siempre con *-x-;* la grafía ⊗*escusar* debe considerarse una falta de ortografía y no una variante gráfica admitida.

exégesis o exegesis. 'Interpretación'. Ambas acentuaciones son válidas, pero el uso mayoritario y la etimología hacen preferible la forma esdrújula *exégesis*. Es invariable en plural (→ PLURAL, 1f): *las exégesis*. Igual fluctuación acentual presenta el sustantivo referido a la persona que interpreta un texto, que puede ser *exégeta* o, menos frecuentemente, *exegeta* [eksejéta].

exégeta o exegeta. → exégesis o exegesis.

exento -ta. → eximir.

exequátur. Latinismo procedente de la forma verbal latina *exequatur* ('ejecútese'), que se emplea en español, como sustantivo masculino, con los sentidos de 'autorización que otorga el jefe de un Estado a un cónsul extranjero para que pueda ejercer en dicho Estado las funciones propias de su cargo' y 'autorización de la autoridad civil de un Estado a la circulación en su territorio de una bula o un rescripto pontificio'. Debe escribirse con tilde por ser voz llana acabada en consonante distinta de *-n* o *-s* (→ TILDE², 1.1.2): «*Concedido el exequátur de estilo a Hans Werner Briner para el ejercicio de sus funciones como cónsul honorario de Suiza en Maracaibo*» (*Universal* [Ven.] 6.11.96). Se pronuncia [eksekuátur]. Es invariable en plural (→ PLURAL, 1k): *los exequátur*.

exequias. 'Honras fúnebres'. Este sustantivo femenino se usa siempre en plural, por lo que debe evitarse el singular ⊗*exequia*.

exfoliar(se). 'Dividir(se) en láminas o escamas' y 'eliminar [de la piel] las células muertas': «*La mejor manera de tener un cutis perfecto es exfoliarlo cada día*» (*Dunia* [Esp.] 7.95). Se acentúa como *anunciar* (→ APÉNDICE 1, n.° 4). No debe confundirse con *de(s)foliar* ('provocar la caída de las hojas'; → defoliar).

⊗**exhorbitante.** → exorbitante.

exhortar. 'Incitar [a alguien] a algo con razones y ruegos'. Como otros verbos de influencia (→ LEÍSMO, 4b), lleva un complemento directo de persona y un complemento con *a*: «*Mi tía* [...] LO *exhortó* A *continuar su tarea*» (Araya *Luna* [Chile 1982]).

⊗**exhuberancia,** ⊗**exhuberante.** → exuberante.

exilar(se). → exiliar(se).

exiliar(se). 'Expulsar [a alguien] de un territorio' y, como pronominal, 'expatriarse'. Se acentúa como *anunciar* (→ APÉNDICE 1, n.° 4). Existe la variante *exilar*, de uso menos frecuente.

eximente. 1. 'Que exime': «*La objeción ha sido considerada causa eximente de los delitos militares que se les imputan*» (*País* [Esp.] 1.10.86). No es correcta la forma ⊗*eximiente*.

2. Cuando este adjetivo se sustantiva, puede presentar género masculino o femenino, dependiendo del género del sustantivo que se supone elidido: *el* (*factor, elemento,* etc.) *eximente, la* (*causa, circunstancia,* etc.) *eximente*. En el lenguaje jurídico, es preferible su empleo en femenino, puesto que en este ámbito la voz *eximente* es sinónima de la construcción *circunstancia eximente* ('motivo legal para librar de responsabilidad criminal al acusado'): «*Todos los inculpados mayores de 70 años deben ser sometidos a exámenes mentales para determinar si padecen locura o demencia, que son las únicas eximentes frente a un eventual juicio*» (*DNavarra* [Esp.] 11.1.01).

eximir. 'Liberar [a alguien] de obligaciones o culpas'. Su participio es *eximido*: «*Pido ser eximido de esa comisión*» (Santander *Corrido* [Méx. 1982]). La forma *exento* (del lat. *exemptus,* participio del verbo *eximere*) es en español un adjetivo que significa 'libre de algo' y 'aislado o independiente': «*Nadie estaba exento de fallos*» (Rojo *Matar* [Esp. 2002]); «*Martínez Montañés* [...] *hizo* [...] *un tipo de Inmaculada que como escultura exenta le dio más fama que sus retablos*» (*Prensa* [Nic.] 17.12.97). Es incorrecto emplear *exento* en la formación de los tiempos compuestos o de la pasiva perifrástica: ⊗«*Debe ser exento de responsabilidad*» (*Abc* [Esp.] 18.5.82); debió decirse *eximido*.

exlibris. 'Sello que se estampa en un libro para hacer constar el nombre de su propietario'. Este sustantivo masculino procede de la locución latina *ex libris* (literalmente 'de (entre) los libros'), que solía escribirse en el libro seguida del nombre del propietario, para indicar que ese ejemplar era «de los libros de Fulano de Tal». Como locución, debe escribirse en dos palabras, pero para el sustantivo se recomienda la grafía simple *exlibris* (como ocurre con *exvoto* o *exabrupto*, otros sustantivos procedentes de locuciones latinas): «*Hasta me encargué un bonito exlibris para recalcar mi posesión*» (*Mundo* [Esp.] 20.4.96). No obstante, también se admite la escritura en dos palabras: «*Algunos de los ejemplares* [...] *poseen el ex libris manuscrito de su poseedor*» (Trabulse *Orígenes* [Méx. 1994]). Es invariable en plural (→ PLURAL, 1f): *los exlibris*.

exoftalmia o **exoftalmía.** → oftalmia u oftalmía.

exorbitante. 'Excesivo o exagerado': *«Le exigieron una cantidad exorbitante de dinero que no pudo pagar»* (*NProvincia* [Arg.] 21.7.97). Es incorrecta la grafía [⊗]*exhorbitante*, ya que *órbita*, voz con la que está etimológicamente emparentado este adjetivo, se escribe sin hache.

exósfera o **exosfera.** → -sfera.

exósmosis o **exosmosis.** → ósmosis u osmosis.

exotérico -ca. 'Común o accesible al vulgo': *«El Mahayana agrega a su tradición común o exotérica otra de carácter iniciático»* (Garrido *Esoterismo* [Esp. 1983]). No debe confundirse con el adjetivo antónimo *esotérico* ('oculto o impenetrable para los no iniciados'; → esotérico).

expandir(se). 'Dilatar(se)' y 'extender(se)': *«El aire se enfría al expandirse»* (Ayllón *Meteorología* [Méx. 1996]); *«Algunos jóvenes de Alemania expandían la moda de juzgar el mundo por el rasero del sentimiento»* (Alonso *Flor* [Esp. 1991]). Es de la tercera conjugación, por lo que no es correcto el infinitivo [⊗]*expander* ni las formas del presente de indicativo [⊗]*expandés* (vos), [⊗]*expandemos*, [⊗]*expandéis* (vosotros) (correcto: *expandimos, expandís* (vos/vosotros)); del futuro [⊗]*expanderé*, [⊗]*expanderás*, [⊗]*expanderá*, etc. (correcto: *expandiré, expandirás, expandirá*, etc.); del condicional o pospretérito [⊗]*expandería*, [⊗]*expanderías*, [⊗]*expandería*, etc. (correcto: *expandiría, expandirías, expandiría*, etc.); y del imperativo [⊗]*expandé* (vos), [⊗]*expanded* (vosotros) (correcto: *expandí, expandid*).

expatriar(se). 'Hacer abandonar [a alguien], o abandonar uno mismo, la patria'. Puede acentuarse como *anunciar* (→ APÉNDICE 1, n.º 4): *«Se expatrian y van lejos de su país natal a trabajar»* (Asturias *Regresión* [Guat. 1928]); o como *enviar* (→ APÉNDICE 1, n.º 5): *«Tendrán dramáticas consecuencias cuando al despuntar el siglo XVI [...] se expatríe a los moriscos»* (GaCortázar/GlzVesga *España* [Esp. 1994]).

expectación. 'Inquietud o ansiedad que genera la espera de algo que interesa': *«El panel de expertos [...] ha llegado a una conclusión unánime después de varios días de expectación»* (*Mundo* [Esp. 30.1.97]; y 'curiosidad o interés': *«Desde esta región se siguió con expectación la alocución presidencial de anoche»* (*País* [Col.] 22.5.97). A veces se usa incorrectamente con el sentido de 'esperanza o expectativa', especialmente en plural, por calco censurable del inglés *expectation* (→ expectativa): [⊗]*«Altos coeficientes de mortalidad y morbilidad, con muy bajas expectaciones de vida»* (Aguirre *Antropología* [Méx. 1986]). No es correcta la grafía [⊗]*espectación*.

expectativa. Significa 'espera' cuando forma parte de las construcciones *a la expectativa* o *en expectativa*: *«La nación entera está a la expectativa de los re-*

sultados que de este diálogo puedan desprenderse» (*Prensa* [Nic.] 30.6.97); *«En Pamplona recalaron don Carlos y Conchita, en expectativa de mejores tiempos»* (Laín *Descargo* [Esp. 1976]). En otros contextos significa 'esperanza o posibilidad razonable de que algo suceda': *«Los niños quedaban expuestos a mayores riesgos de enfermedades, lo que disminuía sus expectativas de vida»* (Silvestrini/LSánchez *Puerto Rico* [P. Rico 1987]); *«Ante la expectativa de una subida gradual del precio de la divisa a lo largo del año, todavía vale la pena seguir endeudándose en dólares»* (*Expreso* [Perú] 15.4.92). No debe confundirse con *expectación* ('inquietud o ansiedad que genera la espera de algo que interesa'; → expectación): [⊗]*«Su respuesta era esperada con expectativa»* (*Vanguardia* [Esp.] 30.9.95). Es incorrecta la grafía [⊗]*espectativa*.

expedir. 'Dar curso o salida [a un documento o una orden]' y 'enviar': *«Me dijo el vicecónsul que acababa de recibir la autorización de expedirme un pasaporte»* (Semprún *Autobiografía* [Esp. 1977]); *«La tardanza en expedir las mercancías provocaba su descomposición»* (Bosch *Sueño* [Méx. 1987]). Verbo irregular: se conjuga como *pedir* (→ APÉNDICE 1, n.º 45). No debe confundirse con *expender* ('vender al público'; → expender).

expender. 'Vender al público': *«Expendían helados, jícamas o pepinos en carritos de mano»* (Rubín *Rezagados* [Méx. 1991]). Este verbo regular no debe confundirse con el irregular *expedir* ('dar curso' y 'enviar'; → expedir), como ocurre en el siguiente ejemplo: [⊗]*«La oficina donde se expende el certificado se encuentra en la misma sede del tanatorio»* (*Mundo* [Esp.] 2.8.94); debió decirse *expide*.

expiar. 'Pagar la pena impuesta [por una culpa o delito]': *«¡Que expíe ahora sus pecados!»* (Ortega *Invitados* [Esp. 1996]). Se acentúa como *enviar* (→ APÉNDICE 1, n.º 5). No debe confundirse con *espiar* ('acechar'; → espiar).

expirar. 'Morir' y 'acabarse un período de tiempo': *«Las últimas escenas que mostraban a Cathy expirando en su lecho de muerte»* (LpzNavarro *Clásicos* [Chile 1996]); *«El plazo expira el 25 de noviembre»* (*Tiempo* [Col.] 2.1.89). No debe confundirse con *espirar* ('expulsar el aire aspirado'; → espirar).

explanada. 'Espacio de terreno llano': *«La terminal de tartanas era una explanada alfombrada de estiércol»* (Mendoza *Verdad* [Esp. 1975]). Es incorrecta la grafía [⊗]*esplanada*.

[⊗]**espléndido -da,** [⊗]**explendor,** [⊗]**explendoroso -sa.** → espléndido.

éxplicit. Latinismo que se emplea en las descripciones bibliográficas, como sustantivo masculino, con el sentido de 'últimas palabras de un escrito o de un impreso antiguo'. Debe escribirse con tilde por ser palabra esdrújula (→ TILDE², 1.1.3): *«El* *"datnos del vino" en el éxplicit del* Mio Cid *no apoya esta hipótesis»* (MndzPidal *Poesía* [Esp. 1924-57]). La pronunciación que le corresponde en español es [éksplisit, éksplizit], pero no es infrecuente oír la pronunciación latinizante [éksplikit]. Aunque, por influjo de recomendaciones anteriores, se usa todavía como invariable en plural (*los éxplicit*), se aconseja acomodar esta palabra a la regla general y usar la forma *éxplicits* para el plural (→ PLURAL, 1h y k).

explosionar. Este verbo puede usarse como intransitivo, con el sentido de 'estallar o hacer explosión': *«El año pasado explosionó una granada en el garaje de la vivienda del mandatario»* (*Prensa* [Hond.] 10.3.97); o como transitivo, con el significado de 'hacer que [algo] explote': *«Fuerzas de la Guardia Civil explosionaron dos artefactos colocados bajo los vehículos del alcalde y del concejal de Urbanismo»* (*País* [Esp.] 30.9.97). Con el primer sentido, intransitivo, es preferible el uso de *explotar* (→ explotar), *estallar* (→ estallar) o *hacer explosión: La bomba explotó/estalló/hizo explosión,* mejor que *explosionó.*

explotar. 1. Solo es transitivo cuando significa 'sacar provecho o servirse [de algo o alguien]': *«En la cárcel, los comisarios políticos explotaban esta situación [...] para coaccionar al prisionero»* (Valladares *Esperanza* [Cuba 1985]).

2. Es intransitivo cuando significa 'estallar o hacer explosión': *«Un artefacto de fabricación casera explotó ayer de madrugada»* (*Vanguardia* [Esp.] 14.4.94). Debe evitarse el uso de este verbo en construcción transitiva con el significado de 'hacer que [algo] estalle': ⊗*«Los desconocidos [...] explotaron un artefacto en las oficinas administrativas»* (*Universal* [Ven.] 9.10.96); en estos casos, es preferible utilizar el verbo *explosionar* (→ explosionar) o construcciones causativas como *hacer explotar* (o *estallar*) [algo]: *«El grupo subversivo hizo explotar esta madrugada una carga de diez kilos de dinamita»* (*País* [Col.] 8.7.97); *«Una mujer hizo estallar una bomba que llevaba consigo»* (*Mundo* [Esp.] 1.7.96).

expoliación, expoliador -ra. → expoliar, 2.

expoliar. 1. 'Despojar [a alguien o algo] de forma violenta o ilegal'. Se acentúa como *anunciar* (→ APÉNDICE 1, n.° 4).

2. Para este verbo, y para las palabras de su familia *expoliación* y *expoliador,* son válidas, respectivamente, las grafías *espoliar, espoliación* y *espoliador.* Pese a esta duplicidad —derivada de la existencia en latín de dos verbos de sentido similar: *exspoliare/spoliare*—, el uso se ha decantado por las formas con *-x-,* que son hoy las preferidas.

expolio. 'Acción de expoliar', 'conjunto de bienes expoliados' y 'conjunto de bienes que quedaban para la Iglesia al morir el clérigo que los poseía'.

Para el último sentido indicado es mayoritaria y preferible la grafía *espolio* (del lat. *spolium,* que también significa 'despojo'). Para el resto de los sentidos se prefiere la forma *expolio.*

exponer(se). 'Poner [algo] a la vista', 'declarar o manifestar [algo]' y 'poner(se) en peligro o bajo la acción de un agente'. Verbo irregular: se conjuga como *poner* (→ APÉNDICE 1, n.° 47). El imperativo singular es *expón* (tú) y *exponé* (vos), y no ⊗*expone.*

⊗**expontáneo -a,** ⊗**expontaneidad.** → espontáneo.

exprés. Adaptación gráfica de la voz inglesa, y también francesa, *express,* que se usa en español, como adjetivo invariable, con los sentidos siguientes:

a) Dicho de una olla o de una cafetera, 'que funciona a presión, permitiendo acortar el tiempo de cocción': *«En aquellos tiempos no había cafeteras exprés»* (Palou *Carne* [Esp. 1975]). Referido a olla, es sustituible por la locución adjetiva *de presión* (y no ⊗*a presión; →* a², 4): *«Los tamales no deben cocerse en olla de presión»* (Ramos *Platillos* [Méx. 1976]).

b) Dicho del café, 'preparado con una cafetera exprés': *«Una copa* [de] *vino, agua y un café exprés»* (*Vanguardia* [Esp.] 19.5.94). Con este sentido es preferible el uso de la forma *expreso* (pl. *expresos*), que admite también su uso como sustantivo: *«Sofían pide un expreso con un vaso de agua»* (Souza *Mentira* [Perú 1998]).

c) Dicho de un tipo de tren de viajeros, 'que circula de noche y solo se detiene en las principales estaciones del trayecto': *«El tren exprés hacia Viena sale dentro de unos minutos»* (Romero *Vodevil* [Esp. 1979]). Con este sentido es preferible el uso de la forma *expreso* (pl. *expresos*), que admite también su uso como sustantivo: *«Tras descarrilar, el expreso fue alcanzado por un pequeño tren local de pasajeros»* (*Vanguardia* [Esp.] 2.7.95). También se aplican los adjetivos *exprés* o *expreso* al autobús que realiza su trayecto sin paradas intermedias.

d) Referido a un servicio de correos, de transporte o de envío de mercancías, 'rápido o urgente': *Servicio exprés, con entrega de la mercancía antes de 24 horas.* Puede sustituirse por la forma *expreso* (pl. *expresos*), que también admite su uso como sustantivo para designar el propio envío: *«Se haría enviar a Mallorca* [la correspondencia] *por correo expreso»* (Ferré *Batalla* [P. Rico 1993]); *Los expresos son más baratos que los certificados.*

expreso, express. → exprés.

⊗**exprofesamente.** → ex profeso.

ex profeso. 'A propósito, deliberadamente'. Procede de la locución latina *ex professo,* que se ha adaptado al español simplificando la doble ese: *«El manojo de llaves bien pudo ser colocado ex profeso en las fosas»* (*Expreso* [Perú] 23.8.93). A partir de la locución se ha creado el adverbio simple *exprofeso*, de uso frecuente y, por tanto, admisible: «*Los troncos mostraban señales de haber sido cortados exprofeso*» (Monetta *Ischigualasto* [Arg. 1993]). Ni la locución ni el adverbio simple deben usarse precedidos de la preposición *de:* ⊗*de ex profeso*, ⊗*de exprofeso*. No se admite, por innecesaria, la forma ⊗*exprofesamente*.

expropiar. 'Privar a alguien de la titularidad [de un bien] a cambio de una indemnización'. Se acentúa como *anunciar* (→ APÉNDICE 1, n.º 4).

extasiar(se). 'Causar, o sentir, éxtasis o embeleso'. Se acentúa como *enviar* (→ APÉNDICE 1, n.º 5).

éxtasis. 1. 'Estado de exaltación o suspensión de los sentidos provocado por un sentimiento religioso, de alegría o de admiración': «*Fue bastante difícil mantener en éxtasis al público*» (*Universal* [Ven.] 17.4.88); y 'cierta droga química': «*Se comprueba el consumo de éxtasis*» (*Tiempo* [Col.] 19.5.97). Es de género masculino e invariable en plural (→ PLURAL, 1f): *los éxtasis*. No debe confundirse con el sustantivo femenino *estasis* ('estancamiento de un líquido corporal'; → estasis).

2. El adjetivo correspondiente es *extático* ('del éxtasis o que lo implica'): «*La potencia alucinógena de ciertas plantas se ha usado como una vía para vivir experiencias extáticas*» (Arroyo *Yoga* [Méx. 1990]). No debe confundirse con *estático* ('que no se mueve'; → estático).

extático -ca. → éxtasis, 2.

extender(se). 'Desplegar o desdoblar', 'hacer que [algo] ocupe más espacio o llegue hasta un determinado lugar' y, como intransitivo pronominal, 'ocupar un determinado espacio'. Verbo irregular: se conjuga como *entender* (→ APÉNDICE 1, n.º 31).

extenuar(se). 'Debilitar(se)'. Se acentúa como *actuar* (→ APÉNDICE 1, n.º 7).

extra. 1. Como adjetivo significa 'extraordinario', en un doble sentido: 'superior', referido a calidad o a tamaño, y 'adicional'. Es invariable en plural cuando significa 'superior', tanto en calidad (*Yo solo uso aceites extra*) como en tamaño (*Los huevos extra son los más caros*). Cuando significa 'adicional', aunque no faltan ejemplos de uso invariable, se prefiere hoy el plural en *-s*: «*Esto de hacer horas extras mata*» (Daneri *Matar* [Arg. 1981]); «*Muchas personas luchan arduamente contra los kilos extras que llevan encima*» (*Tiempo* [Col.] 7.1.88).

2. Como sustantivo, el plural es siempre *extras* y el género varía según las distintas acepciones:

a) 'Persona que aparece en una película y se limita a figurar, sin hablar'. Es común en cuanto al género (→ GÉNERO², 1a y 3b): *un/una extra*.

b) En España, 'paga extraordinaria que reciben los trabajadores en verano y Navidad'. Es femenino: *la extra*.

c) 'Cosa extraordinaria, fuera de lo ordinario o habitual'. Se emplea normalmente en plural y, en el uso general, es masculino: «*Si se suman varios extras al sueldo base, los ingresos pueden ascender a dos millones mensuales*» (*Mundo* [Esp.] 7.6.94); pero en algunos países americanos se usa en femenino: «*Unos pesillos nada más, don Manuel, para las extras. Lo de siempre: propinas, untar la mano a uno que otro*» (Rovinski *Herencia* [C. Rica 1993]).

extra-. Prefijo que significa 'fuera de', como en *extrajudicial, extraordinario, extramuros;* o 'sumamente', como en *extraplano, extralargo, extrafino*. Como es norma en los prefijos, se escribe unido sin guion a la palabra base, o con guion intermedio si se une a una sigla o a una palabra que comienza por mayúscula: «*Clinton confirma a Menem su respaldo para que el país se convierta en aliado extra-OTAN*» (*Abc* [Esp.] 17.10.97); «*Deberemos estar en condiciones de conquistar el voto favorable de siete senadores extra-Concertación*» (*Hoy* [Chile] 10-16.11.97).

extradición. 'Entrega de una persona por parte de las autoridades de un Estado a las de otro que la reclama judicialmente': «*La extradición es una medida de cooperación internacional en la represión de la delincuencia*» (LpzGarrido *Derecho* [Esp. 1991]). No es correcta la grafía ⊗*extradicción* ni la pronunciación correspondiente ⊗[ekstradiksión, ekstradikzión], error achacable al influjo de *dicción*.

⊗extradir. → extraditar.

extraditar. Dicho de un Gobierno, 'conceder la extradición [a un reclamado por la justicia de otro país]': «*No podía ser extraditado por no existir un tratado en ese sentido entre México y España*» (Pitol *Vida* [Méx. 1991]). Este verbo, creado a partir del inglés *extradite*, es el más usado, tanto en América como en España. Se desaconseja, por minoritaria, la voz ⊗*extradir* (part. ⊗*extradido*).

extraer. 'Sacar'. Verbo irregular: se conjuga como *traer* (→ APÉNDICE 1, n.º 58).

⊗extrangulador -ra, ⊗extrangulamiento, ⊗extrangular. → estrangular.

extrañar(se). 1. Es transitivo cuando significa 'encontrar extraño [algo]': «*Al principio extrañaron la casa nueva*» (SchzOstiz *Infierno* [Esp. 1995]); y 'echar de menos [a alguien o algo]': «*Le dijo entre sollozos que lo necesitaba, que LO extrañaba*» (Martínez *Perón* [Arg. 1989]).

2. Cuando significa 'causar extrañeza', es intransitivo. El sujeto es un sustantivo inanimado, un infinitivo o una subordinada introducida por *que* y lleva además un complemento indirecto de persona: «*LE extraña que yo quiera tantos lujos para mi fusilamiento*» (Arroyo *Sentencia* [C. Rica 1991]). El sujeto nunca debe ir precedido de preposición (→ DEQUEÍSMO, 1a): ⊗*Le extraña DE que...*

3. Como intransitivo pronominal significa 'sentir extrañeza' y suele llevar un complemento con *de* que expresa lo que la causa: «*Después nos extrañamos* DE *que la juventud* [...] *reaccione con violencia*» (*Vanguardia* [Esp.] 25.1.94). Es incorrecto suprimir la preposición (→ QUEÍSMO, 1a): [⊗]«*No sé cómo se extrañan que lo diga yo*» (*Tiempo* [Esp.] 9.4.90); debió decirse *se extrañan* DE *que...*

[⊗]**extraperlo.** → estraperlo.

extrasístole. 'Latido anormal e irregular del corazón'. Es voz femenina, al igual que *sístole* y *diástole* (→ sístole y diástole): «*¿Qué sensaciones padecerá un feto ante una extrasístole o un paro cardíaco de la madre?*» (Benenzon *Musicoterapia* [Arg. 1981]).

extravertido -da. 'Sociable y comunicativo': «*Ella es una persona muy sociable y extravertida*» (*Hoy* [Chile] 24-30.12.84). Este adjetivo se ha formado con el prefijo de origen latino *extra-*, que significa 'fuera de'. Por influjo de su antónimo *introvertido* (→ introvertido), se ha creado la variante *extrovertido*, que es hoy la forma más usada: «*Son simples, extrovertidos, sanos y despreocupados*» (Cabrera *Cine* [Esp. 1999]). Aunque ambas se consideran válidas, en la lengua culta se prefiere la forma *extravertido*.

extraviar(se). 'Perder(se)'. Se acentúa como *enviar* (→ APÉNDICE 1, n.º 5).

[⊗]**extravismo.** → estrabismo.

extrovertido -da. → extravertido.

exuberancia. → exuberante.

exuberante. 'Muy abundante': «*La zona rural tiene una hermosísima y exuberante vegetación*» (*Universal* [Ven.] 7.4.97). Es incorrecta la grafía [⊗]*exhuberante*. Lo mismo sucede con el sustantivo *exuberancia* ('abundancia'), que no debe escribirse [⊗]*exhuberancia*.

exvoto. 'Objeto que se deposita en un santuario o iglesia en agradecimiento a un bien concedido, por lo general, una curación, y suele representar la figura del órgano o miembro sanado': «*Sobre la sacristía gótica, cientos de pequeños exvotos* [...] *cuelgan y se balancean como medallas*» (Volpi *Klingsor* [Méx. 1999]). Aunque procede de la locución latina *ex voto* ('por voto'), en el español actual debe escribirse en una sola palabra y sin guion intermedio.

f

f. 1. Séptima letra del abecedario español y sexta del orden latino internacional. Su nombre es femenino: *la efe* (pl. *efes*). Representa el sonido consonántico labiodental fricativo sordo /f/. **2.** Debe evitarse su pronunciación vulgar como /j/ o como /z/: [⊗][ajuéra] por *afuera,* [⊗][zelípe] por *Felipe.*

fa. 'Nota musical'. → PLURAL, 1l y MAYÚSCULAS, 6.2.

facies. En medicina, 'aspecto del semblante motivado por alguna enfermedad o alteración del organismo' y, en geología, 'conjunto de caracteres presentes en un objeto o estrato geológico, que generalmente refleja sus condiciones de formación'. Es voz femenina, como en latín, e invariable en plural (→ PLURAL, 1f): «*Usted advirtió que la facies de la niña denotaba infección*» (Olivera *Enfermera* [Méx. 1991]); «*Esta facies está caracterizada por la presencia de piroxeno*» (Banda/Torné *Geología* [Esp. 1997]).

facineroso -sa. 'Delincuente habitual': «*Los facinerosos, que iban en dos automóviles, secuestraron al chofer*» (*Expreso* [Perú] 30.1.97). No es correcta la forma [⊗]*fascineroso.*

facsímil. 1. Como sustantivo masculino, 'reproducción exacta de un escrito o un dibujo'; como adjetivo, 'facsimilar, hecho en facsímil'. Es igualmente válida, aunque menos frecuente, la variante *facsímile.* El plural de ambas formas es *facsímiles* (→ PLURAL, 1a y g). **2.** Aunque no es frecuente, tanto *facsímil* como *facsímile* pueden emplearse como sinónimos de *fax* (→ fax), ya que esta palabra procede precisamente de la abreviatura del inglés *facsimile:* «*Los servicios principales* [...] *serán la distribución de televisión y facsímil, telefonía SCPC y transmisión de datos a diferentes velocidades*» (Neri *Satélites* [Méx. 1991]); «*Muchas de estas denuncias vienen por facsímile*» (*ByN* [Ec.] 4.1.98).

facsímile. → facsímil.

factible. 'Posible, que puede hacerse o realizarse': «*Es factible construir un buen anteojo astronómico*» (Scolarici *Astronomía* [Arg. 1978]); «*Lo mejor será aplazar la reunión hasta mañana por la mañana, y que cada cual traiga una propuesta factible*» (FdzCastro *Novia* [Esp. 1987]). Este adjetivo no admite complementos preposicionales. La aparición de *factible* con un complemento introducido por la preposición *de* se debe al uso indebido de este adjetivo en lugar de otros como *susceptible* (→ susceptible), *capaz* (→ capaz), *fácil* o similares, que sí admiten este tipo de complemento; así, en «*Los beneficios obtenidos* [...] *sí son factibles de distribución entre los accionistas*» (*País* [Esp.] 1.10.87), debió decirse *susceptibles de distribución;* en [⊗]«*Un grupo de países bálticos revitalizados, fuertes, factibles de integrarse a la OTAN y a la Unión Europea*» (*DAméricas* [EE. UU.] 14.10.97), debió decirse *capaces* o *con posibilidades de integrarse;* en [⊗]«*Las débiles pruebas en su contra eran factibles de burlar por una defensa habilidosa*» (Liendo *Platos* [Ven. 1985]), debió decirse *fáciles de burlar.* En estos casos no debe sustituirse *factible* por *posible,* ya que este último adjetivo tampoco admite complementos preposicionales (→ posible, 1).

factótum. Latinismo procedente del latín medieval *factotum* (de *fac totum* 'hazlo todo'), que significa 'persona de confianza que desempeña todo tipo de menesteres'. Su plural es *factótums* (→ PLURAL, 1h y k): «*Los insultos* [...] *que ha recibido* [...] *uno de los factótums del PRI no los ha recibido nadie*» (*Proceso* [Méx.] 2.2.97).

facultar. 1. 'Dar [a alguien] poder, derecho o capacidad para algo'. Se construye con un complemento directo de persona y un complemento de finalidad con *para:* «*La ley LO faculta PARA apelar ante una Sala*» (*Prensa* [Guat.] 12.4.97); no es aconsejable usar *a* para introducir este complemento: [⊗]«*La ley faculta a los partidos A cesar a sus concejales*» (*País* [Esp.] 2.5.80). Es incorrecta la construcción con complemento directo de cosa e indirecto de persona ([⊗]*facultar algo a alguien*): [⊗]«*Una supuesta línea independiente que LE faculta criticar los "errores y excesos" de su principal aliado*» (*Tiempos* [Bol.] 2.2.97); debió decirse *lo faculta para criticar.* **2.** No debe usarse en lugar de *facilitar* ('hacer posible la ejecución o consecución [de algo]'): [⊗]*Un sistema político basado en las libertades* [...] *facultaría la solución de aquellos problemas*» (País [Esp.] 17.9.77).

-fagia. Elemento compositivo sufijo que forma sustantivos a los que aporta el significado de 'acción de comer o tragar': *antropofagia* ('acción o práctica de comer carne humana'), *coprofagia* ('acción o práctica de comer excrementos'), *necrofagia* ('acción o práctica de comer cadáveres o carroña'), *disfagia* ('dificultad o imposibilidad de tragar'), etc. Hoy solo se admite la pronunciación [fájia] para este sufijo, acorde con la acentuación latina. La pronunciación [⊗][fajía], acorde con la acentuación griega, no es normal hoy y debe evitarse: [⊗]*antropofagía*, [⊗]*coprofagía*, etc.

fagot. 'Instrumento de viento, hecho de madera y con boquilla de caña'. Su plural es *fagots* (→ PLURAL, 1h). Menos usada, pero también válida, es la variante *fagote* (pl. *fagotes*).

fagote. → fagot.

fair play. → juego, 1.

[⊗]**fakir.** → faquir.

Falkland. → Malvinas.

fallecer. 'Morir'. Verbo irregular: se conjuga como *agradecer* (→ APÉNDICE 1, n.º 18). Solo es normal utilizarlo con sujeto de persona.

falta. 1. *a falta de.* 'Careciendo de o faltando': «*A falta de sillas, se sentaron algunos al borde de la cama y otros en la mesa*» (Jodorowsky *Pájaro* [Chile 1992]). Puesto que entre las acepciones de *faltar* se encuentra la de 'tener que transcurrir el tiempo que se indica para que se realice algo' —*Falta una hora para que llegue el tren*—, no hay razón para censurar el uso de *a falta de* con complementos temporales: «*El conjunto andaluz [...] empató a falta de un minuto para el final del partido*» (*DNavarra* [Esp.] 3.1.01).

2. *echar en falta.* → echar(se), 4.

3. *hacer falta.* Dicho de una persona o cosa, 'ser necesaria'. Debe establecerse la concordancia entre *hacer* y su sujeto, la persona o cosa necesarias: «*Para arreglar el mundo hacen falta muchas cabezas despejadas*» (Barnet *Gallego* [Cuba 1981]). No es correcto el uso de *hacer* como invariable: [⊗]«*Hacía falta ganas y empuje para adentrarse en una aventura como esta*» (*Abc* [Esp.] 14.7.89).

faltar. 1. En todas sus acepciones ('no existir o no estar presente en un lugar', 'tener que transcurrir el tiempo que se indica para que se realice algo', 'hacer falta', 'tratar a alguien de modo ofensivo' y 'no cumplir con lo debido') es intransitivo, por lo que es incorrecto su empleo con los pronombres de acusativo *lo(s), la(s)*: [⊗]«*A todos [los relojes] LOS faltó la precisión de los instrumentos del Observatorio Nacional*» (Revilla *Guatemala* [Guat. 1976]); debió decirse LES *faltó la precisión*.

2. Cuando significa 'no cumplir con lo debido', el deber se expresa con un complemento precedido de *a*: «*Nunca he querido faltar A la honradez política*» (FdzOrdóñez *España* [Esp.] 1980). De aquí deriva la locución *faltar al respeto* ('ser irrespetuoso'): «*No le faltés AL respeto a mi mamá*» (Ramírez

Baile [Nic. 1995]); en gran parte de América se suele prescindir de la preposición: «*Es como faltarle el respeto al lector*» (Bolaño *Detectives* [Chile 1998] 523).

3. *faltar* (*por* o, a veces, *que*) + infinitivo. 'Estar algo o alguien pendiente de que se le haga lo que el infinitivo expresa'. Con este significado, *faltar* admite dos construcciones:

a) El sujeto es la persona o cosa que está a la espera y el infinitivo va precedido de *por*: «*Faltan muchas cosas POR pulir*» (*Mundo* [Esp.] 28.7.94); a veces el infinitivo puede ir también precedido de *que*: «*Faltan muchas cosas QUE investigar*» (*NProvincia* [Arg.] 12.3.97). Debe establecerse la concordancia entre *faltar* y su sujeto, como se ve en los ejemplos; así pues, es incorrecto usar *faltar* como invariable: [⊗]«*Falta por cumplimentar unos pequeños trámites*» (*Vanguardia* [Esp.] 1.7.94); debió decirse *faltan por cumplimentar*. No es propio del habla culta usar *de* en lugar de *por*: [⊗]«*Si acaso serán cinco comunidades las que faltan DE electrificar*» (*Proceso* [Méx.] 21.7.96).

b) El infinitivo es el sujeto y, por tanto, no va precedido de preposición ni del relativo *que;* en este caso, *faltar* va siempre en tercera persona del singular, concordando con el infinitivo: «*Solo falta corregir pequeñas cosas*» (*País* [Esp.] 11.10.80).

4. [⊗]*echar a faltar.* → echar(se), 4.

5. [⊗]*encontrar a faltar.* → encontrar(se), 3.

fan. 1. Voz tomada del inglés *fan*, acortamiento de *fanatic*, que se usa, como sustantivo común en cuanto al género (*el/la fan;* → GÉNERO², 1a), con el sentido de 'admirador o seguidor entusiasta de alguien' o 'aficionado entusiasta de algo'. Es anglicismo asentado, a pesar de que existen palabras españolas que, en la mayoría de los casos, pueden sustituirlo, como *admirador, seguidor, aficionado, forofo, hincha* (en deportes de equipo, especialmente en fútbol), *incondicional, entusiasta* o, incluso, *fanático*.

2. Aunque está generalizado el uso del plural inglés *fans*, se recomienda acomodar esta palabra a la morfología española y usar *fanes* para el plural (→ PLURAL, 1g), igual que ocurre en *flan*, pl. *flanes* o *yen*, pl. *yenes*: «*Va en una simple silla de manos, pero a hombros de seis de sus fanes femeninas*» (Sampedro *Sirena* [Esp. 1990] 308).

fantasma. 1. 'Imagen de una persona muerta que se aparece a los vivos'. Aunque en el español medieval y clásico se usó mayoritariamente en femenino —de lo que aún quedan vestigios en el habla popular y, a veces, literaria—, en el español general actual es de género masculino: «*La abuela apareció como un fantasma en el cuarto de las mellizas*» (Martínez *Vuelo* [Arg. 2002]). Debe evitarse, en el habla culta, la forma [⊗]*pantasma*, que se registra en el habla popular de algunas regiones.

2. Como adjetivo, significa 'falso o irreal' y, dicho de un lugar, 'deshabitado'. Aunque a veces se usa como invariable, lo normal es que concuerde en número con el sustantivo al que se refiere: «*Los raptores tienen cuentas en paraísos fiscales del exterior, a nombre de empresas fantasmas*» (*Nacional* [Ven.] 24.7.00); «*Veía ranchos de terrón y pueblos fantasmas*» (Galeano *Días* [Ur. 1978]).

faquir. 'Santón musulmán o hindú que practica la mortificación corporal' y 'artista de circo que exhibe mortificaciones corporales'. La grafía *faquir* es la preferida en el uso culto; se desaconseja la forma [⊗]*fakir,* que carece de justificación etimológica. Con el segundo sentido indicado, es común en cuanto al género (*el/la faquir;* → GÉNERO², 1a y 3g): «*Llegó a decirle, refiriéndose a la facilidad con que Irene se causaba daño: "Chica, pareces una faquir masoquista"*» (GaSánchez *Historia* [Esp. 1991]).

faralá. 'Volante que adorna la ropa'. Este sustantivo masculino se usa normalmente en plural (→ PLURAL, 1b): «*Jamás llevarán con gracia los faralaes, y la bata de cola les quedaría francamente mal*» (*Mundo* [Esp.] 16.7.94).

farandola o **farándola.** 'Danza provenzal'. Es voz tomada del francés (procedente, a su vez, del provenzal) y su acentuación etimológica y mayoritaria en el uso es llana: *farandola* [farandóla]. Por influjo de la palabra *farándula* ('ambiente nocturno y bohemio'; → farándula), con la que no debe confundirse pese a su origen común, se admite también la forma esdrújula *farándola.*

farándula. 'Grupo ambulante de actores' y, en general, 'ambiente nocturno y bohemio relacionado con el mundo del espectáculo'. Tomada del provenzal, esta voz se ha usado siempre con acentuación esdrújula, única, por tanto, admisible. Aunque tienen el mismo origen, no debe confundirse con *farandola* ('danza provenzal'; → farandola o farándola).

fárrago. 'Conjunto de cosas o ideas desordenadas'. Aunque en latín era voz llana, en español se ha usado siempre con acentuación esdrújula.

fasces. Sustantivo plural con que se designa la insignia de los cónsules romanos formada por un haz de varas con un hacha. Aunque a veces se ha usado en femenino, es voz culta que debe emplearse con el género masculino etimológico: «*En sus muros pueden verse todavía las consignas de Mussolini, los fasces y las cruces gamadas*» (Leguineche *Camino* [Esp. 1995]).

fascinar. 'Atraer irresistiblemente' y 'gustar mucho'. Por tratarse de un verbo de «afección psíquica», dependiendo de distintos factores (→ LEÍSMO, 4a), el complemento de persona puede interpretarse como directo o como indirecto: «*El* *engaño LO fascina*» (*Mundo* [Esp.] 13.6.94); «*A Milos LE fascinaba esa mezcla de ingenuidad, insolencia y ternura*» (LpzNavarro *Clásicos* [Chile 1996]).

[⊗]**fascineroso -sa.** → facineroso.

fast food. 1. Expresión inglesa que se usa con los sentidos de 'comida que se prepara en muy poco tiempo' y 'establecimiento donde se sirve este tipo de comida'. En español debe sustituirse por el calco *comida rápida,* en el primer caso, y por *restaurante de comida rápida,* en el segundo. En algunas zonas de América se emplea la expresión *comida al paso:* «*El conductor del vehículo estacionó frente a un restaurante de comida al paso*» (*País* [Col.] 22.7.97).

2. Cuando se trata de comida de baja calidad, se usan las expresiones *comida basura,* en España, y *comida chatarra,* en América, calcos ambas del inglés *junk food:* «*¿Y qué pasa si lo que le gusta a uno es la comida basura?*» (*Mundo* [Esp.] 16.5.96); «*Consumen comida chatarra, mayonesa plástica, jugos falsos*» (*Hoy* [Chile] 2-8.6.97).

fastidiar(se). 1. 'Molestar o causar fastidio a alguien', 'estropear(se) algo' y 'aguantarse o resignarse'. Se acentúa como *anunciar* (→ APÉNDICE 1, n.º 4).

2. Con el primer sentido indicado, es un verbo de «afección psíquica»; por ello, dependiendo de distintos factores (→ LEÍSMO, 4a), el complemento de persona puede interpretarse como directo o como indirecto: «*Casi muero triturado por un orangután de Sumatra, porque LO fastidié mucho*» (*Nacional* [Ven.] 7.1.97); «*LE fastidiaba que lo contradijeran*» (Ferla *Drama* [Arg. 1985]).

fatimí. 'Descendiente de Fátima, hija de Mahoma' y 'de los descendientes de Fátima'. Referido a persona, se emplea frecuentemente como sustantivo. El plural preferido en la lengua culta es *fatimíes* (→ PLURAL, 1c). Existe también la variante *fatimita,* menos frecuente, aunque igualmente válida.

fatimita. → fatimí.

[⊗]**fatricida.** → fratricida.

fauces. 'Parte posterior de la boca de un animal, especialmente si este es feroz': «*¿Por qué había sangre en las fauces [...] del lobo?*» (Martini *Fantasma* [Arg. 1986]). Ya en latín se usaba siempre en plural expresivo; así pues, no es normal y debe evitarse el singular [⊗]*fauce.*

[⊗]**fauvismo,** [⊗]**fauvista.** → fovismo.

favor. 1. *a favor.* Esta locución tiene tres significados diferentes:

a) 'En beneficio o provecho de alguien'. Con este sentido va siempre seguida de un complemento introducido por *de* (a veces suplido por un posesivo), que expresa la persona que resulta beneficiada: «*El tiempo quizá corra a favor DEL príncipe*» (*Universal* [Ven.] 3.9.96). Se dice también *en favor*: «*Esto era algo que no podía utilizar en su favor*» (Contreras *Nadador* [Chile 1995]).

b) 'Favorable(mente) o en apoyo de algo o alguien'. El complemento con *de* puede ser explícito o quedar sobrentendido: «*Harris es republicana e hizo campaña a favor DE Bush*» (*NDía* [P. Rico] 14.11.00); «*El resultado mostró un sensible incremento de votos a favor*» (*Granma* [Cuba] 11.97). Por influjo de la expresión antónima *en contra*, a veces, especialmente en América, se sustituye la preposición *a* por *en* y se dice *en favor (de)*; esta sustitución se ve favorecida por el uso normal de *en favor de* con el sentido de 'en beneficio o provecho de' (→ a), y resulta admisible cuando el complemento con *de* está explícito: «*Una refutación y un alegato en favor de la reapertura de relaciones con el régimen dominicano*» (VLlosa *Fiesta* [Perú 2000]); por el contrario, la sustitución de *a* por *en* resulta anómala y es desaconsejable cuando el complemento con *de* no está explícito: ⊗«*La bancada del PLN permitió a los congresistas que estaban en favor ir en sentido contrario al resto del grupo*» (*Nación* [C. Rica] 12.9.96).

c) 'En el mismo sentido que una fuerza o corriente y recibiendo, por tanto, su ayuda': «*Se fue caminando a favor del viento, como un velero*» (Alberto *Eternidad* [Cuba 1992]). Con este sentido no es admisible el uso de *en favor*: ⊗«*Siguió caminando en favor de la corriente*» (Zaragoza *Dios* [Esp. 1981]).

2. en favor. → 1.

3. favor de. En amplias zonas de América se emplea la expresión *favor de* seguida de infinitivo para hacer una petición cortés: «*Favor de no tirar sobre el pianista*» (Melo *Notas* [Méx. 1990]). Esta expresión no es sino una fórmula abreviada de oraciones exhortativas con el verbo *hacer*, como *haga(n) el favor de*.

favorable. 1. Cuando significa 'que favorece', la persona o cosa favorecida se expresa mediante un complemento con *a* o *para*: «*Los proyectos están suspendidos en tanto no haya una solución favorable A la empresa*» (*Proceso* [Méx.] 25.8.96); «*El empate es* [...] *el resultado más favorable PARA los intereses de España*» (*Vanguardia* [Esp.] 23.6.94).

2. Cuando significa 'con inclinación o buena disposición', lleva un complemento con *a*: «*Dos tercios son favorables A un referéndum sobre la república*» (*Universal* [Ven.] 8.1.97).

favorecer(se). 1. 'Ayudar(se) o beneficiar(se)' y, dicho de una cosa, 'mejorar el aspecto físico de alguien'. Verbo irregular: se conjuga como *agradecer* (→ APÉNDICE 1, n.º 18).

2. Cuando significa 'ayudar o beneficiar', se usa normalmente como transitivo, pues admite sin problemas la pasiva; por tanto, cuando el complemento directo es un pronombre átono de tercera persona, corresponde utilizar las formas *lo(s)*, *la(s)*: «*Brasil tiene la ventaja de contar con una diferencia de gol que LO favorece*» (*Clarín* [Arg.] 3.7.87); «*Se dice que el profesor LO favoreció*» (Matute/Matute *Perfil* [Méx. 1992]). Pero es también frecuente, incluso en zonas no leístas del ámbito hispánico, su empleo como intransitivo, conservando el dativo con el que se construía en latín (→ LEÍSMO, 4e), por lo que se considera igualmente correcto el uso de *le(s)*: «*Las esporas* [...] *pueden llegar a dar la vuelta al planeta si las condiciones LES favorecen*» (Crespo *Champiñón* [Arg. 1991]). Cuando significa 'mejorar el aspecto físico de alguien', admite también las dos construcciones: «*Ese peinado es el que más LO favorece*» (O'Donnell *Escarabajos* [Arg. 1975]); «*Marisa preguntó con una sonrisa desganada que* [...] *LE favorecía muchísimo*» (Marsillach *Ático* [Esp. 1995]).

3. Cuando se usa como pronominal, con el sentido de 'ayudarse o beneficiarse', se construye con un complemento introducido por *de*: «*Chile también se favorece DE este arancel desde 1991*» (VV. AA. *Vitivinicultura* [Perú 1991]).

fax. Voz tomada del inglés *fax* —abreviación de *facsimile* (*machine* o *transmission*)—, que significa 'aparato que permite transmitir por la línea telefónica escritos o gráficos' y 'documento transmitido o recibido mediante este aparato'. Se pronuncia [fáks]. Para los mismos sentidos existe la voz *telefax* (pron. [telefáks]), de uso menos frecuente. El plural es *faxes* (pron. [fákses]) y *telefaxes* (pron. [telefákses]), respectivamente (→ PLURAL, 1f): «*Alejandro siempre lee mis faxes*» (Serrano *Vida* [Chile 1995]). Sobre este sustantivo se ha creado el verbo *faxear* ('enviar [algo] por fax').

faxear. → fax.

fe. 1. 'Creencia o confianza'. Por ser monosílabo, se escribe sin tilde (→ TILDE², 1.2). Su plural es *fes*.

2. buena (o mala) fe. 'Buena (o mala) intención'. En vez de *buena* o *mala* pueden usarse, cuando convenga, los comparativos *mejor* o *peor*: «*Allí donde vamos, vamos de buena fe.* [...] *Por el camino más recto y con la mejor fe del mundo*» (MDíez *Fuente* [Esp. 1986]); «*Ni los consultorios sentimentales se dirigían a la chica "que iba para soltera" con otro propósito que el de insuflarle, de mejor o peor fe, la ilusión de que algún día podía dejar de serlo*» (MtnGaite *Usos* [Esp. 1987]). Es redundante y debe evitarse el uso conjunto de ambas formas del adjetivo: ⊗*mejor buena fe*, ⊗*peor mala fe*.

3. dar fe. 'Certificar o atestiguar'. Suele llevar un complemento introducido por *de*, preposición que no debe omitirse, como se hace a veces cuando el complemento es una subordinada introducida por *que* (→ QUEÍSMO, 1c): ⊗«*La notaría lo que hizo fue*

[...] *dar fe que estaban todas las actas*» (*Nacional* [Ven.] 19.5.97); debió decirse *dar fe DE que*.

[⊗]**febriciente.** → febricitante.

febricitante. Este adjetivo, usado también como sustantivo, procede del latín *febricitans, -antis* (participio de presente de *febricitare* 'tener fiebre') y significa 'febril o que tiene fiebre': «*Estas hojas en infusión sirven para poner enemas a los febricitantes*» (Lira *Medicina* [Perú 1985]). No se justifica el empleo, con este mismo sentido, de la forma [⊗]*febriciente,* documentada en los países del Cono Sur: [⊗]«*Montoya regresaba a la cabaña, llevando a la febriciente María asida por los hombros*» (Gasulla *Culminación* [Arg. 1975]).

FECHA. 1. Es la indicación del día, mes y año en que sucede o se hace algo. El orden de mención de cada uno de estos elementos varía según distintos modelos:

a) En los países latinos se utiliza habitualmente el orden ascendente, esto es, día, mes, año: *31 de diciembre de 1992.* Entre el día y el mes, así como entre el mes y el año, se intercala la preposición *de* (→ 3c). Por razones de unidad, se recomienda utilizar este modelo en todos los países de habla hispana.

b) En los países anglosajones, el orden habitual es mes, día, año: *diciembre 31 de 1992.* En este caso, no se utiliza preposición alguna entre el mes y el día. Aunque este modelo tiene cierto uso en Hispanoamérica y cuenta con algunos antecedentes hispanos, se desaconseja su empleo en español, debido hoy al influjo del inglés.

c) Las normas de la ISO (*International Organization for Standardization* 'Organización Internacional de Normalización') recomiendan el orden descendente, esto es, año, mes, día, sin preposición alguna entre cada uno de los elementos: *1992 diciembre 31.* Este modelo solo debe utilizarse en documentos de carácter científico o técnico de circulación internacional.

2. Las fechas pueden escribirse enteramente con letras, con una combinación de letras y números o solo con números:

a) No es habitual escribir las fechas enteramente con letras: *Veintiocho de septiembre de mil novecientos noventa y seis.* Solo es normal en documentos especialmente solemnes, escrituras públicas, actas notariales o cheques bancarios. El primer día del mes puede escribirse, en este caso, con el ordinal *primero* (→ primero), uso más habitual en América, o con el cardinal *uno,* uso más habitual en España.

b) El sistema más común combina letras y números; el día y el año se escriben con números arábigos, y el mes, con letras y siempre con inicial minúscula: *12 de octubre de 1492.* En documentos

antiguos era frecuente escribir con números romanos, a veces en minúscula, la indicación de día y año: «*Esta carta fue fecha domingo, a xxvi días de setiembre, anno Domini mcclviiii*» (*Documentos Castilla* [Esp. 1270]). Hoy solo es normal escribir los años con números romanos en los monumentos o placas conmemorativas, y siempre en mayúsculas.

c) Con mucha frecuencia, para abreviar, las fechas se escriben solo con números, separando las cifras correspondientes a día, mes y año con guiones, barras o puntos, y sin blancos de separación: *28-8-98; 16/III/1971; 8.6.00.* Como se ve por los ejemplos, el año puede aparecer indicado con sus cuatro cifras o solo con las dos últimas, y el mes, en números arábigos o romanos. Cuando el número que indica el mes o el día es inferior a diez, se recomienda no anteponer un cero a la cifra simple, salvo que ello sea necesario por razones técnicas (por ejemplo, en formularios informatizados) o de seguridad (para evitar alteraciones en la fecha en documentos bancarios o comerciales); así, es preferible escribir *5.7.99, 2-9-1940,* mejor que *05.07.99, 02-09-1940.*

3. En la expresión de las fechas se usan las preposiciones *a, en* y *de.*

a) La preposición *a* se antepone siempre a la indicación del día, tanto de la semana como del mes, cuando introduce un complemento del verbo *estar: Estamos A lunes* (la pregunta que corresponde es *¿A qué (día) estamos?*); *Estamos A 28 de septiembre* (la pregunta que corresponde es *¿A cuántos estamos?*). Si se utiliza el verbo *ser* para expresar la fecha, debe hacerse sin preposición y con el verbo en tercera persona del singular: *Es lunes; Es 15 de julio* (la pregunta correspondiente es *¿Qué día es hoy?*). También se emplea la preposición *a* ante la indicación del día cuando este se menciona sin artículo y es complemento de un verbo expreso o sobreentendido: *Expido el presente certificado A 3 de enero de 1998; [Firmado] En Madrid, A 8 de junio de 2000.* En el resto de los casos, la indicación del día va sin preposición y precedida de artículo: *Te llamaré el lunes; Comienzo mis vacaciones el 20 de junio.*

b) La preposición *en* antecede a la indicación del mes: *Estamos EN mayo;* o del año, si este no va acompañado del mes: *Nació EN 1978.* Hoy debe evitarse, por arcaico, el uso de *en* inmediatamente delante del día del mes: [⊗]*La ley se aprobó EN 3 de mayo;* lo normal, en estos casos, es usar el artículo: *La ley se aprobó el 3 de mayo.*

c) La preposición *de* se emplea entre la mención del día y el mes, y entre la del mes y el año: *Murió el 15 DE julio DE 1957.* También se usa la preposición *de* cuando se antepone al nombre del mes la palabra *mes: Estamos en el mes DE septiembre.* No es necesaria esta preposición si se antepone a la expresión numérica del año la palabra *año,* aunque en estilo literario o formal se pone a veces: *Murió en el año (DE) 1974.*

4. En relación con el uso del artículo *el* (y, en consecuencia, de la contracción *del*) delante de la expresión de los años, hay que tener en cuenta lo siguiente:

a) Del año 1 al 1100 es más frecuente el empleo del artículo, al menos en la lengua hablada: *Los árabes invadieron la Península en* EL *711.* Pero no faltan abundantes testimonios sin artículo en la lengua escrita: *«Ya en 206 a. de J. C. tiene lugar la fundación de Itálica»* (Lapesa *Lengua* [Esp. 1942]).

b) Del año 1101 a 1999 es claramente mayoritario el uso sin artículo: *Los Reyes Católicos conquistaron Granada en 1492,* si bien no dejan de encontrarse ejemplos con artículo: *«Nací en* EL *1964»* (RdgzJuliá *Cruce* [P. Rico 1989]). Si se menciona abreviadamente el año, suprimiendo los dos primeros dígitos, es obligatorio el empleo del artículo: *En* EL *92 se celebraron las Olimpiadas de Barcelona.*

c) A partir del año 2000, la novedad que supuso el cambio de millar explica la tendencia mayoritaria inicial al uso del artículo: *Fui al Caribe en el verano* DEL *2000* o *La autovía estará terminada en* EL *2010.* Sin embargo, en la datación de cartas y documentos no son tan marcadas las fluctuaciones antes señaladas y se prefiere, desde la Edad Media, el uso sin artículo: *14 de marzo de 1420.* Por ello, se recomienda mantener este uso en la datación de cartas y documentos del año 2000 y sucesivos: *4 de marzo de 2000.* Esta recomendación no implica que se considere incorrecto, en estos casos, el uso del artículo: *4 de marzo* DEL *2000.* Naturalmente, si se menciona expresamente la palabra *año,* resulta obligado anteponer el artículo: *5 de mayo* DEL *año 2000.*

5. Los años anteriores o inmediatamente posteriores al nacimiento de Jesucristo se acompañan de las abreviaturas *a. de J. C., a. de C.* o *a. C.* ('antes de (Jesu)Cristo') y *d. de J. C., d. de C.* o *d. C.* ('después de (Jesu)Cristo'): *211 a. C., 123 d. C.* No deben expresarse los años anteriores a Cristo mediante la colocación de un signo menos delante del año: ⊗*En -202 Escipión derrotó a Aníbal.*

6. En la datación de cartas y documentos es frecuente que, antes de la fecha, se mencione también el lugar en que se escriben. En estos casos, se pone coma entre el lugar y la fecha: *Quito, 21 de febrero de 1967; Firmado en Madrid, a 3 de enero de 2003.* También se escribe coma entre el nombre del día de la semana y la indicación del día, mes y año: *Hoy es sábado, 18 de agosto de 2001.*

7. Es incorrecto escribir con punto la expresión numérica de los años: ⊗*1.992,* ⊗*2.003.*

fedayín. Voz procedente del árabe, lengua en la que significa, literalmente, 'los que se sacrifican'. En español se emplea con el sentido de 'combatiente islámico' y se refiere especialmente al guerrillero palestino que lucha contra los israelíes. Aunque es etimológicamente un plural, siendo *feday* la forma árabe de singular, esta voz se ha acomodado ya a la morfología española, de modo que se usa *fedayín* para el singular y *fedayines* para el plural: *«Con estas palabras resumió un fedayín la situación»* (*Clarín* [Arg.] 21.2.79); *«A finales de 1994, Udai supervisó ya la formación del grupo de voluntarios fedayines»* (*Abc* [Esp.] 4.11.97). El singular debe escribirse con tilde por ser palabra aguda acabada en *-n* (→ TILDE², 1.1.1). Referido a cosa, significa 'de los fedayines' y es adjetivo de una sola terminación, es decir, se utiliza la misma forma para el masculino y para el femenino: *ataque fedayín, organización fedayín.*

feedback. Voz inglesa usada en distintas disciplinas científico-técnicas con los sentidos de 'retorno de parte de la energía o de la información de salida de un circuito o un sistema a su entrada', 'acción que el resultado de un proceso material ejerce sobre el sistema físico o biológico que lo origina' y, en general, 'modificación de la actitud o estrategia inicial en un proceso a partir del análisis de sus resultados'. Su uso es innecesario en español, pues las voces *retroalimentación, retroacción* y *realimentación* han ido reemplazando con éxito al anglicismo: *«El vapor de agua no dirige directamente el cambio global, pero aparece como agente decisivo dentro de los procesos de retroalimentación climática»* (Vásquez *Ecología* [Méx. 1993]); *«A su vez, la corteza también es capaz de estimular por sí misma al sistema reticular, con el que forma un importantísimo circuito de retroacción»* (Pinillos *Psicología* [Esp. 1975]); *«Una sociedad regida por sus principios de justicia sería una sociedad estable, produciéndose un efecto de realimentación que tiende a reforzar la adhesión a tales principios»* (Nino *Ética* [Arg. 1992]).

feeling. → filin.

felicitar(se). 1. Como transitivo, se construye de diferentes modos:

a) Cuando significa 'manifestar [a alguien] alegría o satisfacción por algún buen suceso que le atañe', lleva un complemento directo de persona: *«El jurado* [...] LA *felicitó unánimemente por la excelencia de su tesis»* (Olivera *Enfermera* [Méx. 1991]).

b) Cuando significa 'expresar el deseo de que alguien sea feliz en ocasión señalada', puede construirse con complemento directo de persona: *«LO felicitó* POR *su cumpleaños»* (Soriano *León* [Arg. 1986]); o con un complemento directo de cosa, que expresa la ocasión, y un complemento indirecto de persona: *«LE felicitaban el cumpleaños»* (Mendicutti *Palomo* [Esp. 1991]).

2. Como intransitivo pronominal, significa 'alegrarse' y lleva un complemento con *de* o *por* que expresa el motivo: «*Ludo se felicitó DE no haber salido esa noche*» (Ribeyro *Geniecillos* [Perú 1983]); «*Se felicitó POR haber tomado la decisión justa*» (GaMárquez *Crónica* [Col. 1981]).

femineidad. → feminidad, 2.

feminidad. 1. 'Cualidad de femenino': «*Era bella, delicada y culta, plena de feminidad*» (Hernández *Secreter* [Esp. 1995]). Se formó a partir del adjetivo antiguo *feminino* (del lat. *femininus*), con eliminación de una sílaba de la hipotética forma regular *femininidad*. No son válidas las formas con *e*, ⊛*femenidad* y ⊛*femeneidad*, creadas a partir de *femenino*. **2.** Con el mismo significado existe *femineidad*, derivado del cultismo *femíneo* (del lat. *femineus*): «*Su delicadeza y femineidad me sorprendieron*» (Quintero *Danza* [Ven. 1991]).

fenecer. Dicho de una persona, 'morir' y, dicho de una cosa, 'acabarse o desaparecer'. Verbo irregular: se conjuga como *agradecer* (→ APÉNDICE 1, n.º 18).

fénix. 'Persona o cosa exquisita o única en su especie'. Permanece invariable en plural: *los fénix* (→ PLURAL, 1f).

feriar. 'Vender, comprar o intercambiar [algo] en una feria' y 'no trabajar por tener días libres o de vacaciones'. Se acentúa como *anunciar* (→ APÉNDICE 1, n.º 4).

ferri. Adaptación gráfica propuesta para la voz inglesa *ferry*, 'nave que transporta vehículos y pasajeros, y enlaza dos puntos regularmente': «*En el ferri tuve tiempo de tomarme unas cuatro laticas bien frías con mi compadre Lincho*» (Carrera *Cuentos* [Ven. 1980]). Su plural es *ferris* (→ PLURAL, 1e). Debe evitarse en español el uso del plural inglés *ferries*, así como el de la forma ⊛*ferrys*, que no es ni inglesa ni española. Es anglicismo aceptado, aunque se recomienda usar con preferencia el equivalente español *tra(n)sbordador*.

ferry. → ferri.

ferviente. 'Fervoroso'. Tiene dos superlativos válidos: *ferventísimo*, que conserva la raíz del adjetivo latino, y *fervientísimo*, formado sobre *ferviente* (→ -ísimo, 3): «*Sus palabras de ferventísima exaltación*» (Castelar *Historia* [Esp. 1884]); «*Creyente fervientísimo, he hablado siempre en contra de los intermediarios entre mi Dios y yo*» (Blasco *Memorias* [Esp. 1903]).

fiable. '[Cosa o, menos frecuentemente, persona] de la que se puede uno fiar': «*No hay estadísticas fiables sobre estos datos*» (Rapado *Salud* [Esp. 1999]); «*Le juzgaban una persona sólida, honesta y fiable*» (LpzAlba *Relevo* [Esp. 2002]). Se usa sobre todo

en España; en América se prefiere el sinónimo *confiable* (→ confiable).

fiar(se). 1. 'Garantizar que [otra persona] cumplirá lo que promete, obligándose, si esta no cumple, a hacerlo en su lugar', 'vender [algo] sin cobrarlo hasta más adelante' y 'confiar'. Se acentúa como *enviar* (→ APÉNDICE 1, n.º 5). **2.** Sobre la acentuación gráfica de las formas del pretérito perfecto simple o pretérito *fie/fié, fio/fió*, del presente de indicativo *fiais/fiáis* y del presente de subjuntivo *fieis/fiéis*, → TILDE[2], 1.2. **3.** Cuando significa 'confiar', se usa normalmente como intransitivo pronominal y lleva un complemento introducido por *de*: «*Eres muy peligroso y no me fío DE ti*» (ASantos *Vis* [Esp. 1992]). Su uso como intransitivo no pronominal es dialectal o literario, y el complemento puede ir introducido por *de* o *en*: «*No fiaba DE más ojo que el suyo*» (Nácher *Guanche* [Esp. 1957]); «*Fía EN mí, que en poco meto en tu bolsa que te adeudo*» (Lázaro *Humo* [Esp. 1986]).

Fidji, ⊛***Fidyi.*** → Fiyi.

fiel. 'Que muestra fidelidad'. El complemento puede ir precedido de *a* o, más raramente, *con*: «*Somos fieles A la patria y A la familia*» (Barnet *Gallego* [Cuba 1981]); «*¿Tú has sido fiel CON Zoe todos estos años de casados?*» (Bayly *Mujer* [Perú 2002]). Su superlativo es *fidelísimo* (del lat. *fidelissimus;* → -ísimo, 4).

fierro. → hierro, 1.

fijar(se). 1. Cuando significa 'asegurar [un cuerpo] en otro', además del complemento directo lleva un complemento con *a* o *en*: «*El espléndido retrato que la viuda fijó A la pared*» (Alberto *Eternidad* [Cuba 1992]); «*La planta tiene raíces que la fijan EN la tierra*» (Fux *Danza* [Arg. 1992]). **2.** Como pronominal significa 'reparar en algo o darse cuenta de ello' y se construye con un complemento introducido por *en*: «*¿Te has fijado EN que fumas el cigarrillo hasta el filtro?*» (Serrano *Vida* [Chile 1995]); «*Me fijé EN cómo iba vestida Julia Carabias*» (*DYucatán* [Méx.] 4.9.96). En el habla esmerada, debe evitarse la omisión de la preposición (→ QUEÍSMO, 1a): «⊛*Me fijé que tenía un gran título colgado en la pared*» (*Hoy* [Chile] 17-23.7.84). A veces funciona a modo de interjección, con valor enfático, para llamar la atención del interlocutor o ponderar lo que se expone a continuación; suele aparecer en forma imperativa y se construye sin preposición: «*Al final no ha venido [...] y fíjate que tenía mucho interés en verte*» (Grandes *Aires* [Esp. 2002]); «*Fíjate qué partidas de dominó*» (ASantos *Trampa* [Esp. 1990]).

Fiji. → Fiyi.

Filadelfia. Forma tradicional española del nombre de esta ciudad de los Estados Unidos de América: «*Viajando de Filadelfia a Nueva York se admira del paisaje y la prosperidad de Nueva Jersey*» (Rangel *Salvaje* [Ven. 1976]). No debe usarse en español la forma inglesa *Philadelphia*.

file. Voz inglesa que significa 'archivador o carpeta para guardar documentos' y se usa con cierta frecuencia en Cuba y en algunos países del área centroamericana. Con el auge de la informática se ha extendido entre los hispanohablantes de otras zonas, ya que así se denominan también en inglés los archivos informáticos. En cualquiera de los casos, se trata de un anglicismo superfluo, ya que existen términos españoles como *carpeta, archivo* o *fichero,* perfectamente equivalentes y usados ya en los programas informáticos en español.

filiación. 'Conjunto de los datos identificativos de un individuo' y, en especial, 'procedencia de una persona respecto de unos determinados padres': «*Un SS me tomó la filiación y me dijo: Ya no eres Joan Escuer, eres el número 74181*» (*Vanguardia* [Esp.] 27.3.94); «*Florentino Ariza se quedó con el único apellido de su madre, si bien su verdadera filiación fue siempre de dominio público*» (GaMárquez *Amor* [Col. 1985]). También significa 'dependencia de una persona o cosa respecto de otra, especialmente respecto de una doctrina, corporación, tendencia política, etc.': «*Libraba una guerra con los separatistas del Partido de los Trabajadores del Kurdistán, una organización de filiación trotskista*» (*Proceso* [Méx.] 8.9.96). No debe confundirse con *afiliación* ('acción y efecto de afiliar(se)'; → afiliar(se), 2).

filial. Adjetivo que significa 'de hijo': «*Mi amor filial era casi idolatría*» (Hernández *Secreter* [Esp. 1995]); y, dicho de una entidad, 'que depende de otra principal', sentido en el que se usa más frecuentemente como sustantivo femenino: «*La filial española está estructurada en tres divisiones*» (*Tiempo* [Esp.] 1.1.90). Debe evitarse emplear en su lugar la voz *filiar,* que solo existe como verbo en español (→ filiar(se)): ⊗«*La empresa Domicen* [...]*, filiar de una compañía italiana*» (*Listín*@ [R. Dom.] 23.7.04).

filiar(se). 'Tomar la filiación o señas personales [de alguien]' y, raro, 'afiliar(se)': «*Al darle mi nombre, comenzó a filiarme*» (Rivera *Vorágine* [Col. 1924]); «*Se consagró animoso a crear un partido* [...]*, al que se filiaron bastantes vecinos del Albaicín*» (Garrido *Capitulaciones* [Esp. 1910]). Se acentúa como *anunciar* (→ APÉNDICE 1, n.º 4). Con el primer sentido no es válido el uso de *afiliar* (→ afiliar(se)).

filin. 1. Adaptación gráfica de la voz inglesa *feeling* ('sentimiento'), que en español designa un estilo musical romántico surgido en Cuba a mediados del siglo XX: «*Los autores cubanos se plantearían novedosas formas y giros melódicos en los años 50, dando lugar al filin*» (Évora *Orígenes* [Cuba 1997]).

2. No es necesario usar la voz inglesa *feeling* ni su adaptación *filin* con otros sentidos, para los que existen términos españoles equivalentes. Así, como 'buena sintonía o simpatía que se establece entre dos o más personas', sentido que tiene el anglicismo en «*Tiene buen feeling con Menem*» (*Proceso* [Méx.] 27.10.96), pueden emplearse los términos españoles *sintonía, química, entendimiento* o *compenetración;* en «*Tengo el feeling de que voy a ser compatible con Carlos*» (*NHerald* [EE. UU.] 11.9.97), pueden usarse *sensación, intuición* o *presentimiento;* y en «*Wolfgang* [...] *siempre transmite una gran energía, un feeling auténtico*» (*Universal* [Ven.] 8.9.96), el anglicismo es sustituible por *sentimiento.*

film(e). → película.

fin. 1. 'Término o acabamiento': «*Era el fin del verano*» (CInfante *Habana* [Cuba 1986]); y 'objetivo o finalidad': «*El fin no justifica los medios*» (Muñiz *Tragicomedia* [Esp. 1980]). Aunque su uso en femenino era muy habitual en la lengua antigua, hoy, en la lengua culta general, se emplea exclusivamente en masculino.

2. a fin de. Locución conjuntiva final que significa 'para o con objeto de'. Puede ir seguida de un infinitivo o de una oración encabezada por la conjunción *que:* «*Decidió volver a su casa, a fin de dar solución al penúltimo problema*» (Benet *Saúl* [Esp. 1980]); «*Taparon la oquedad con piedras, a fin de que no entrasen a molestar* [...] *los animales silvestres*» (Rubín *Rezagados* [Méx. 1991]). Con el mismo significado puede usarse *con el fin de:* «*Alfonso se acercó a mí con el fin de acompañarme*» (GaMorales *Lógica* [Esp. 1990]).

3. a fin de cuentas o **en fin de cuentas.** 'En definitiva': «*Es Apolinario Canales, a fin de cuentas, el que te embarcó en esta aventura*» (Edwards *Anfitrión* [Chile 1987]); «*¿No es cierto que el diablo por el cual se abogaba era, en fin de cuentas, un sujeto demasiado tratable?*» (Laín *Descargo* [Esp. 1976]). Ambas locuciones son correctas, pero en el uso existe una clara preferencia por la primera.

4. sin fin. → sinfín.

financiar. 'Sufragar los gastos [de algo]'. Se acentúa como *anunciar* (→ APÉNDICE 1, n.º 4).

finés -sa. 'De Finlandia'. Referido a persona, se usa frecuentemente como sustantivo: «*Aunque los fineses hablen de los suecos como si fueran imperialistas, en Suecia había campo, seguridad, futuro*» (Padilla *Jardín* [Cuba 1981]). Como sustantivo masculino, designa la lengua que hablan los habitantes de Finlandia: «*Hay quien le encuentra* [al turco] *un lejano parentesco con el húngaro y el finés*» (Tibón *Aventuras* [Méx. 1986]). Es, pues, sinónimo de *finlandés;* no obstante, en el uso suele preferirse la voz *finlandés* como gentilicio de Finlandia y *finés* como nombre del idioma que se habla en dicho país. Además, *finés* es el gentilicio de un antiguo pueblo que habitó diversos territorios del norte de Europa y fue el que dio nombre a Finlandia, valor este del que carece *finlandés*.

finlandés -sa. 'De Finlandia'. Referido a persona, se usa frecuentemente como sustantivo: «*Valentina, una finlandesa educadísima,* [...] *terminó también por transigir ante la evidencia*» (Palou *Carne* [Esp. 1975]). Como sustantivo masculino designa la lengua que hablan los habitantes de Finlandia: «*Es autora* [...] *del único libro existente en finlandés sobre arte español contemporáneo*» (*País* [Esp.] 2.3.80). Ambos sentidos los tiene también la voz *finés;* sobre la diferencia de uso entre *finés* y *finlandés,* → finés.

fiscal. Como adjetivo ('del fisco o del fiscal'), tiene una sola terminación, válida para ambos géneros: *ministerio/reforma fiscal.* Consecuentemente, como sustantivo, con el sentido de 'persona que, en un juicio, ejerce la acusación pública', es común en cuanto al género (*el/la fiscal;* → GÉNERO², 1a y 3i): «*La fiscal federal* [...] *acaba de imputar por cohecho y falsedad ideológica a ocho estudiantes*» (*NProvincia* [Arg.] 3.7.97). En algunos países de América se usa a veces el femenino específico *fiscala:* «*Con su dictamen, la fiscala reactivó el caso*» (*Abc* [Par.] 10.9.96).

fiscala. → fiscal.

fiscalidad. 'Sistema fiscal o conjunto de leyes relativas a los impuestos' y 'conjunto de impuestos': «*La UE estudiará si la fiscalidad vasca supone competencia desleal*» (*Mundo* [Esp.] 30.10.96); «*No está previsto modificar la fiscalidad de las prestaciones recibidas en el momento de la jubilación*» (*País* [Esp.] 24.9.97). No debe confundirse con *fiscalización* ('acción de vigilar con ánimo crítico'; → fiscalización).

fiscalización. 'Acción de fiscalizar, esto es, vigilar con ánimo crítico' y 'acción de ejercer el oficio de fiscal': «*Los supervisores luchan para transformar su función, convirtiéndola en una tarea de orientación y perfeccionamiento, en vez de una mera vigilancia y fiscalización*» (Lemus *Administración* [Arg. 1975]). No debe confundirse con *fiscalidad* ('sistema fiscal'; → fiscalidad), como ocurre en este ejemplo: ⁰«*Londres se opondrá también a todas las reglamentaciones para imponer tanto la armonización de la fiscalización del ahorro como la participación de los asalariados en la empresa*» (*Universal* [Ven.] 6.4.99).

fisiatra. → -iatra.

fisionomía, fisionómico -ca, fisionomista. → fisonomía.

fisonomía. 'Aspecto particular del rostro de una persona' y, en general, 'aspecto exterior de algo'. La variante *fisionomía,* más cercana al étimo latino, es de escaso uso en la actualidad y, por ello, menos recomendable. Lo mismo cabe decir de los derivados *fisonómico* ('de la fisonomía') y *fisonomista* ('que tiene facilidad para recordar y distinguir a las personas por su fisonomía'), preferibles a *fisionómico* y *fisionomista.*

fisonómico -ca, fisonomista. → fisonomía.

-fito -ta. Elemento compositivo sufijo (del gr. *phytón* 'planta'). Las voces españolas con esta terminación son cultismos científicos formados, en su mayoría, por la unión de dos elementos compositivos, uno prefijo y otro sufijo. En casi todas ellas se documentan dos acentuaciones, una esdrújula y otra llana, ambas válidas: *briófito* o *briofito, epífito* o *epifito, esporófito* o *esporofito, rizófito* o *rizofito,* etc. En el uso científico y más culto suelen prevalecer las formas esdrújulas, que son las etimológicas. Solo en la voz *sínfito,* que ya existía en griego y en latín, se documenta únicamente la forma esdrújula etimológica.

Fiyi. Forma adaptada a la ortografía y pronunciación españolas del nombre de este archipiélago y república independiente del Pacífico: «*La censura rige en Fiyi desde el día del golpe*» (*País* [Esp.] 2.10.87). No deben usarse en español ni la grafía inglesa *Fiji* ni la francesa *Fidji.* No son válidas ni la grafía ni la pronunciación ⁰*Fidyi.* El gentilicio es *fiyiano:* «*Muerto otro soldado fiyiano en un choque con Hezbolá*» (*Mundo* [Esp.] 7.6.94).

fiyiano -na. → Fiyi.

fláccido -da. → flácido.

flácido -da. 'Flojo o sin consistencia'. La forma etimológica *fláccido* (del lat. *flaccidus*), aún mayoritaria en la escritura, es válida, pero resulta preferible, por su simplicidad gráfica y articulatoria, la forma *flácido.* Lo mismo cabe decir de los sustantivos *flacidez* y *flaccidez.*

flagrante. 1. 'Evidente, que no admite refutación': «*Las actividades de los siete barcos kuwaitíes constituyen "*[...] *una prueba flagrante de su creciente apoyo al régimen iraquí*"*» (*País* [Esp.] 1.6.87); y '[delito] que se descubre mientras se está cometiendo': «*Los diputados* [...] *no pueden ser detenidos salvo en el caso de delito flagrante*» (*Mundo* [Esp.] 26.1.94). Existe también, con este último sentido, la forma *fragrante:* «*¿Qué es un delito fragrante?*» (*Hoy* [Chile] 6-12.10.97), de uso minoritario y, por tanto, desaconsejable. Estas formas no deben confundirse hoy con *fragante* ('oloroso'; → fragante, 1).

2. en flagrante. Como locución adverbial equivalente a *in fraganti* (→ in fraganti), es muy poco frecuente, a pesar de ser la verdadera adaptación al español de la expresión latina original *in flagranti (delicto):* «*Incidentes filmados casi en flagrante*» (Paranaguá *Ripstein* [Méx. 1997]).

⁰flamable. → inflamable.

flanquear. 'Estar situado al lado o a los lados [de alguien o algo]': «*Dos personajes notables flanquean a la anfitriona*» (Pitol *Juegos* [Méx. 1982]). Viene de *flanco* ('lado o costado') y no debe confundirse con *franquear* ('abrir o dejar libre el paso', 'atravesar [algo]' y 'poner sellos [a un envío postal]'; → franquear(se), 1).

flash. **1.** Voz inglesa (pron. [flásh]) que se usa en español con los sentidos de 'aparato que, mediante un destello, da la luz precisa para hacer una fotografía instantánea' y 'destello emitido por este aparato'. En el lenguaje periodístico significa 'noticia breve emitida con carácter urgente'. Su plural es *flashes*.
2. Aunque es palabra asentada en el uso internacional con su grafía originaria, puede adaptarse fácilmente al español en la forma *flas* (pl. *flases*; → PLURAL, 1f): «*Lo que me ha deslumbrado [...] han sido los fogonazos de varios flases fotográficos*» (Méndez *Rocker* [Esp. 2000]).

flashback. Voz inglesa (pron. [fláshbak]) que significa, en una película o en un texto literario, 'paso a una escena o episodio cronológicamente anterior al que se está narrando'. Por tratarse de un extranjerismo crudo, debe escribirse con resalte tipográfico. También es posible sustituirlo por expresiones españolas equivalentes, como *escena* o *secuencia retrospectiva*, *salto atrás* y, en retórica, *analepsis*: «*De ahí el choque narrativo y estilístico que suponen las secuencias retrospectivas del parricidio y la desfloración incestuosa*» (Triunfo [Esp.] 2.7.77); «*García Márquez utilizará la técnica del "salto atrás" para narrarnos parte del pasado de algunos de los secuestrados*» (Abc [Esp.] 17.5.96); «*En todo este engranaje que ha de servir para contar la historia juegan un papel fundamental las constantes analepsis ("flash-backs") que permiten al autor rememorar la adolescencia de la protagonista*» (Abc [Esp.] 30.8.96).

flauta. *flauta transversa, traversa* o *travesera*. 'Flauta que se toca colocándola de través, esto es, en posición transversal al cuerpo del ejecutante'. En España recibe el nombre de *flauta travesera*: «*Los nuevos instrumentos de los que dispone el centro son consecuencia de una previa movilización, como fue el caso de la flauta travesera*» (FVigo [Esp.] 28.3.01); en el español de América, en cambio, se la llama *flauta traversa*, quizá por influjo del nombre italiano de este instrumento (it. *flauto traverso*): «*Vio a una mujer y a un hombre tocando flautas traversas*» (Consiglio *Bien* [Arg. 2002]); en México se usa mayoritariamente la variante *flauta transversa*: «*Tambores, pífanos, flautas transversas y chirimías para la soldadesca*» (Reuter *Música* [Méx. 1980]).

flébil. 'Lamentable o triste': «*Hasta la flébil situación de Eduardo desmerecía después de leer la nota de su padre*» (Delibes *Madera* [Esp. 1987]). Es de uso exclusivamente literario. No significa 'débil'.

flirt. → flirtear.

flirtear. **1.** Del inglés *to flirt*, 'coquetear o manifestar interés amoroso o sexual por alguien, sin intención de comprometerse'. Es anglicismo asentado, introducido en español a finales del siglo XIX, aunque no hay que olvidar que el verbo *coquetear*, de mayor tradición en nuestro idioma, es perfectamente equivalente.
2. El sustantivo que designa la acción de flirtear es *flirteo*. No debe usarse para ello el anglicismo crudo *flirt*. Existen también, con mayor tradición en español, los sinónimos *coqueteo* y *devaneo*.

flirteo. → flirtear, 2.

florecer. 'Echar flor'. Verbo irregular: se conjuga como *agradecer* (→ APÉNDICE 1, n.º 18).

florería. → floristería.

⊛**florescente.** → fluorescente.

Florida. Aunque el nombre tradicional de este estado de los Estados Unidos de América es *la Florida*, en la actualidad se usa preferentemente sin artículo en casi todo el ámbito hispánico, salvo entre los hispanohablantes de los Estados Unidos y en algunos países caribeños, como Cuba y la República Dominicana, donde predomina el uso con artículo: «*Despegó ilegalmente de un pequeño aeropuerto [...] rumbo a Florida*» (VLlosa *Fiesta* [Perú 2000]); «*El veredicto sobre quién será el vencedor de la elección presidencial en la Florida*» (NHerald [EE. UU.] 14.11.00). El artículo no forma parte del nombre propio, por lo que no debe escribirse con mayúscula, salvo por razones de puntuación (→ MAYÚSCULAS, 4.7). En español es voz llana: [flórida]; debe evitarse, pues, la pronunciación esdrújula ⊛[flórida], que corresponde al inglés. El gentilicio es *floridano* (no ⊛*floridiano*): «*Los bateadores floridanos no pudieron aprovechar sus oportunidades*» (NHerald [EE. UU.] 14.4.97).

floridano -na. → Florida.

floristería. 'Tienda donde se venden flores y plantas de adorno': «*Onésima hubo de bajar a la floristería para proveer la despensa de lirios*» (MtzPisón *Ternura* [Esp. 1985]). Esta forma es la usada en España y algunos países americanos, como Venezuela, el Ecuador, Nicaragua, Honduras, Costa Rica y Guatemala; en el resto de América se dice *florería*: «*Fui a una florería del centro y le envié un ramo de rosas*» (VLlosa *Tía* [Perú 1977]).

fluctuar. 'Oscilar'. Se acentúa como *actuar* (→ APÉNDICE 1, n.º 7).

fluente. → fluir, 2.

fluir. **1.** Dicho de un líquido o un gas, 'correr o deslizarse'. Verbo irregular: se conjuga como *cons-*

truir (→ APÉNDICE 1, n.º 25). Sobre la acentuación gráfica de las formas verbales *flui/fluí* y *fluis/fluís*, → TILDE², 1.2. Su participio, *fluido*, frecuentemente usado como adjetivo y como sustantivo, se escribe sin tilde (→ TILDE², 2.1.1 y 2.1.2).

2. El adjetivo correspondiente es *fluyente* ('que fluye'): «*Marte quizás tuvo ríos y agua fluyente*» (Maza *Astronomía* [Chile 1988]). Igualmente correcta, aunque mucho menos frecuente en el uso, es la variante *fluente*, más cercana en su forma al participio de presente latino (*fluens, -entis*) del que deriva: «*El rojo casi compacto de las banderas simulaba un amazónico río de sangre; y el movedizo fulgor de las astas iluminadas, el cabrilleo externo de esa fluente inundación sangrienta*» (Laín *Descargo* [Esp. 1976]).

fluminense. Gentilicio de la provincia ecuatoriana de Los Ríos y también, junto a *carioca* (→ carioca), de la ciudad brasileña de Río de Janeiro.

fluorescente. 'Que tiene fluorescencia': «*Se acercaron a una dama con anteojos de marco fluorescente*» (Donoso *Elefantes* [Chile 1995]). En pronunciación esmerada deben articularse las dos vocales del diptongo: [fluoresénte, fluoreszénte], no ⊗[floresénte, floreszénte]. Es incorrecta la grafía ⊗*florescente*.

fluyente. → fluir, 2.

⊗fóbal. → fútbol o futbol.

foie-gras. → fuagrás.

folclor. → folclore.

folclore. Adaptación gráfica de la voz inglesa *folklore*, 'conjunto de costumbres, tradiciones y manifestaciones artísticas de un pueblo': «*La música de Pablo Guerrero* [...] *está enraizada en el folclore extremeño*» (*Vanguardia* [Esp.] 16.6.95). Existe también la variante *folclor*, más usada en América que en España: «*Es* [...] *un experto en folclor antioqueño*» (*Semana* [Col.] 15-22.10.96). Esta voz ha dado derivados como *folclórico* y *folclorista*. Son también válidas las formas que conservan la -*k*- etimológica: *folklor(e)*, *folklórico* y *folklorista*.

folclórico -ca, folclorista. → folclore.

fólder. Del inglés *folder*, se emplea en varios países americanos con el sentido de 'pieza rectangular, de cartón o plástico, que, doblada por la mitad, sirve para guardar o clasificar papeles'. Su plural debe ser *fólderes* (→ PLURAL, 1g): «*Un centenar de fólderes, que contienen las hojas de vida de los ex trabajadores*» (*Tiempo* [Col.] 11.11.96). Aunque se admite el uso de este anglicismo en el español americano, no hay que olvidar que el término español equivalente es *carpeta*.

foliar. 'Numerar los folios [de un libro o un cuaderno]'. Se acentúa como *anunciar* (→ APÉNDICE 1, n.º 4).

folíolo o **foliolo.** 'Hojita de las varias que forman una hoja compuesta'. Ambas acentuaciones son válidas, pero la etimología y el uso mayoritario señalan como preferible la forma esdrújula *folíolo*.

folk. 1. Voz tomada del inglés *folk*, que se usa, como adjetivo o como sustantivo masculino, con el sentido de '[música moderna] que está inspirada en temas o motivos de la música folclórica': «*Irlanda es una potencia mundial en la música, y no solo en el folk*» (*País* [Esp.] 3.5.97). Como adjetivo significa también 'de (la) música folk' y, aunque por influjo del inglés tiende a usarse como invariable, se recomienda el plural *folks* (→ PLURAL, 1j): *cantantes folks*.

2. Se emplea ocasionalmente en sociología y antropología con el sentido de 'tradicional o popular': «*Un ambicioso proyecto de investigación de la medicina folk en Yucatán y Michoacán*» (Aguirre *Antropología* [Méx. 1986]). Es, en estos casos, anglicismo innecesario, que debe sustituirse por los adjetivos españoles equivalentes.

folklor(e), folklórico -ca, folklorista. → folclore.

foniatra. → -iatra.

footing. → aerobismo.

fórceps. 'Instrumento médico en forma de tenaza, especialmente el que se usa en los partos difíciles'. Es invariable en plural (→ PLURAL, 1f): *los fórceps*. No es correcta la grafía sin tilde ⊗*forceps* (→ TILDE², 1.1.2).

forfait. Voz tomada del francés *forfait*, que se usa como sustantivo masculino, en el ámbito del turismo, con el sentido de 'abono que se paga por anticipado, a un precio global convenido, para el uso de un conjunto de servicios o de instalaciones' y, especialmente, 'abono para utilizar los remontes en una estación de esquí'. También se emplea en la locución adverbial o adjetiva *a forfait* ('a un precio global acordado'): *viajar a forfait, viaje a forfait*. Su plural es *forfaits* (→ PLURAL, 1h): «*El pertenecer a la federación correspondiente ofrece* [...] *rebajas en los refugios y comercios de deportes, forfaits de esquí, etc.*» (Faus *Andar* [Esp. 1999]). Aunque en francés se pronuncia [forfé], en español debe adaptarse la pronunciación a la grafía y decirse [forfáit]. Existen alternativas españolas al galicismo, como *paquete (turístico), abono (para los remontes)* o *precio global acordado*, según los contextos.

forint. → forinto.

forinto. Adaptación de la voz húngara *forint*, 'unidad monetaria de Hungría': «*El precio de ese viaje nostálgico por el metro de Budapest* [...] *será de 350 forintos*» (*Tiempo* [Col.] 24.9.96). Es de género masculino. Deben evitarse intentos de adaptación menos afortunados, como [⊗]*fórint* y [⊗]*forintio*. Tampoco es adecuada la traducción *florín,* que corresponde al nombre de otras monedas europeas.

formica o fórmica. Este sustantivo femenino, que designa cierta resina sintética utilizada para recubrir muebles, deriva del nombre de una marca registrada, de patente norteamericana. En español se emplea con dos acentuaciones, ambas válidas. La forma llana *formica* [formíka] es la usada mayoritariamente en casi todo el ámbito hispánico: «*Puso los vasos sobre una horrenda mesita de formica*» (Díaz *Piel* [Cuba 1996]); pero en el área andina y en los países del Río de la Plata se usa con preferencia la forma esdrújula *fórmica:* «*Sentado a la mesa de fórmica del boliche de Corrientes*» (Andrade *Dios* [Arg. 1993]). Debe evitarse en español la pronunciación inglesa [⊗][formáika].

foro. 'Reunión para discutir públicamente asuntos de interés' y 'lugar donde se celebra dicha reunión'. Debe preferirse esta forma hispanizada, cuyo plural es *foros* (→ PLURAL, 1k), a la variante etimológica latina *fórum.*

fortalecer(se). 'Hacer(se) más fuerte'. Verbo irregular: se conjuga como *agradecer* (→ APÉNDICE 1, n.º 18).

fórum. → foro.

forúnculo. 'Inflamación purulenta debida a la infección de un folículo piloso'. Es igualmente correcta la forma *furúnculo,* más cercana al étimo latino, pero menos frecuente en el uso.

forzar(se). 1. 'Hacer fuerza [sobre algo o alguien]' y 'obligar(se)'. Verbo irregular: se conjuga como *contar* (→ APÉNDICE 1, n.º 26), esto es, diptongan las formas cuya raíz es tónica (*fuerzo, fuerzas,* etc.), pero no aquellas cuya raíz es átona (*forzamos, forzáis,* etc.). Son, por tanto, incorrectas las formas sin diptongo cuando la raíz es tónica: [⊗]*forzo,* [⊗]*forzas,* etc.

2. Con el segundo sentido indicado, es también transitivo y, además del complemento directo, lleva un complemento precedido de *a* (→ LEÍSMO, 4b): «*Un dolor sordo, tenaz, le oprimía los músculos lumbares y LO forzaba A caminar doblado*» (Martínez *Evita* [Arg. 1995]).

fosforecer. 1. 'Emitir fosforescencia': «*¿No han visto cómo fosforecen las rocas por culpa de ciertos minerales?*» (Scorza *Tumba* [Perú 1988]). Verbo irregular: se conjuga como *agradecer* (→ APÉNDICE 1, n.º 18). Existe también la variante regular *fosforescer,* que normalmente solo se conjuga en las formas en que la *c* va seguida de *e* o *i:* «*Sus ojos de alucinado fosforescían con el fulgor de la trascendencia*» (LTena *Renglones* [Esp. 1979]).

2. Los derivados se han formado a partir de *fosforescer: fosforescencia* y *fosforescente;* son, por tanto, incorrectas formas como [⊗]*fosforecencia* y [⊗]*fosforecente.*

fosforescencia, fosforescente, fosforescer. → fosforecer.

foto de llegada. 'Fotografía usada para determinar el vencedor de una carrera cuando los participantes llegan a la meta muy igualados': «*No hubo foto de llegada desde la décima carrera*» (*Universal* [Ven.] 17.4.88). Se desaconseja el uso en español de la expresión inglesa *photo finish,* así como el del híbrido [⊗]*foto finish,* mitad español, mitad inglés.

[⊗]**foto finish.** → foto de llegada.

fotografiar. 'Hacer la fotografía [de alguien o algo]'. Se acentúa como *enviar* (→ APÉNDICE 1, n.º 5).

fotólisis o fotolisis. → -lisis.

fotolitografiar. 'Reproducir [dibujos o estampas] mediante fotolitografía'. Se acentúa como *enviar* (→ APÉNDICE 1, n.º 5).

fotósfera o fotosfera. → -sfera.

foulard. → fular.

fovismo. Adaptación al español de la voz francesa *fauvisme,* 'movimiento pictórico surgido en Francia a comienzos del siglo XX, caracterizado por el uso de colores puros en contrastes violentos': «*A las violencias de los ritmos enteros del color opone blancos y rosas espejeantes, más en relación con los nácares de Renoir que con los paroxismos del fovismo puro*» (*Abc* [Esp.] 6.12.91). Esta adaptación es la que corresponde a la pronunciación etimológica, pues en francés el grupo *au* suena como /o/. Debe evitarse, aunque se halle muy extendida, la adaptación híbrida [⊗]*fauvismo.* Consecuentemente, el derivado debe ser *fovista,* y no [⊗]*fauvista.*

frac. Voz tomada del francés *frac,* introducida en español a finales del siglo XVIII, que designa cierto traje masculino de ceremonia. Muy pronto se puso en circulación la variante *fraque,* mejor adaptada al español, pero cuyo uso ha sido siempre minoritario. El plural es *fracs* y *fraques,* respectivamente (→ PLURAL, 1h y a): «*Guardados en un baúl, [...] con olor a naftalina y humedad, se mantienen los fracs*» (Gallegos *Pasado* [C. Rica 1993]); «*Su vestido blanco serpenteando grácil entre fraques oscuros*» (Salisachs *Gangrena* [Esp. 1975]).

FRACCIONARIOS. 1. Los numerales fraccionarios, también llamados partitivos, expresan división de un todo en partes y sirven para designar una o varias de las fracciones iguales en que se ha dividido la unidad. Pueden ser adjetivos (la TERCERA *parte de los presentes*) o sustantivos (*un* TERCIO *de los presentes*). A continuación se ofrece una tabla con sus formas:

| NÚMERO | NUMERAL FRACCIONARIO | |
	sustantivo	*adjetivo*
1/2	mitad *o* medio	medio, *fem.* media
1/3	tercio	tercera (parte)
1/4	cuarto	cuarta (parte)
1/5	quinto	quinta (parte)
1/6	sexto	sexta (parte)
1/7	séptimo	séptima (parte)
1/8	octavo	octava (parte)
1/9	noveno	novena (parte)
1/10	décimo *o* décima	décima (parte)
1/11	onceavo *o* undécimo	onceava *o* undécima (parte)
1/12	doceavo *o* duodécimo	doceava *o* duodécima (parte)
1/13	treceavo	treceava (parte)
1/14	catorceavo	catorceava (parte)
1/20	veinteavo *o* vigésimo	veinteava *o* vigésima (parte)
1/30	treintavo *o* trigésimo	treintava *o* trigésima (parte)
1/56	cincuentaiseisavo	cincuentaiseisava (parte)
1/100	centésimo *o* centésima	centésima (parte)
1/1000	milésimo *o* milésima	milésima (parte)
1/10 000	diezmilésimo *o* diezmilésima	diezmilésima (parte)
1/100 000	cienmilésimo *o* cienmilésima	cienmilésima (parte)
1/1 000 000	millonésimo *o* millonésima	millónesima (parte)
1/2 000 000	dosmillonésimo *o* dosmillonésima	dosmillonésima (parte)

2. De los adjetivos, únicamente *medio* puede modificar directamente al sustantivo que expresa la cosa dividida, con el que debe concordar en género y número: *medio libro, media tortilla, dos medias naranjas.* El resto de los adjetivos fraccionarios se combinan exclusivamente con el sustantivo *parte* —de ahí que solo se empleen las formas femeninas— y requieren que el sustantivo que expresa la cosa dividida vaya precedido de la preposición *de: dos quintas partes* DE *la población, la milésima parte* DE *un segundo.* Los adjetivos fraccionarios que corresponden a los números tres a diez, así como los correspondientes a cien, a mil y sus múltiplos, y a millón y los suyos, coinciden en sus formas con los femeninos de los ordinales: *tercera, cuarta, quinta,* [...] *décima, centésima, milésima, diezmilésima, millonésima* (→ ORDINALES). El resto se forma hoy añadiendo al numeral cardinal el sufijo *-ava: treceava, catorceava, diecinueveava, veintiunava,* etc. Los correspondientes a los números once y doce, así como los correspondientes a las decenas, admiten ambas formas (*onceava* y *undécima; doceava* y *duodécima; veinteava* y *vigésima; treintava* y *trigésima,* etc.), aunque hoy suelen preferirse las primeras: *«El volumen sanguíneo corresponde a*

una doceava parte del peso corporal total» (Rosales/Reyes *Enfermería* [Méx. 1982]); *«Unidad inglesa de medida que equivale a la duodécima parte del pie»* (Ramírez *Baile* [Nic. 1995]); *«Equivale apenas a la treintava parte del interés civil y comercial»* (Suárez *Sueños* I [Col. 1911-25]); *«Los votos observados eran una trigésima parte del total»* (*Brecha* [Ur.] 10.1.97).

3. Los sustantivos fraccionarios se usan precedidos de determinante (artículo o numeral cardinal) y van normalmente seguidos de un complemento con *de,* que especifica la cosa dividida: *Repartió en vida la mitad* DE *sus bienes; Dos tercios* DE *los presentes votaron a favor.* Cada adjetivo fraccionario tiene su correspondiente sustantivo:

a) Al adjetivo *medio* le corresponde el sustantivo *mitad: la mitad de la tortilla.* El uso de *medio* como sustantivo fraccionario solo es normal en contextos matemáticos: *«La razón de dos segmentos homólogos en una semejanza es igual a: a) Un medio de la razón de semejanza»* (VV. AA. *Matemáticas* [Esp. 1998]).

b) El sustantivo que designa la tercera parte de una cosa es *tercio,* que originalmente era también adjetivo (*la tercia parte*): *«Para la votación se exigirá igualmente la mayoría de dos tercios»* (Guinea *Sindicatos* [Esp. 1977]).

c) En el resto de los casos, la forma de los sustantivos fraccionarios coincide con la de los adjetivos, con la salvedad de que el sustantivo es normalmente masculino y para el adjetivo solo se emplea la forma femenina: *cuarto, cuarta* (parte); *quinto, quinta* (parte); *sexto, sexta* (parte); *veintiunavo, veintiunava* (parte), etc. Solo los sustantivos fraccionarios correspondientes a diez, cien, mil y millón, y sus múltiplos, pueden ser masculinos —uso frecuente en América— o femeninos (*décimo o décima, centésimo o centésima, milésimo o milésima, millónésimo o millonésima*): «*Una diferencia de un décimo de milímetro podía ocasionar el recalentamiento del arma*» (García *Mundo* [Perú 1994]); «*Ni siquiera varió una décima de pulgada la dirección de su órgano más sensible*» (Panero *Lugar* [Esp. 1976]). Al igual que ocurre en el caso de los adjetivos (→ 2), para los correspondientes a las decenas pueden admitirse las formas propiamente fraccionarias, que terminan en *-avo,* o las que coinciden con los ordinales, pero estas últimas son de raro uso hoy: «*Casi un tercio del tamaño y casi un veinteavo de la masa de la Tierra*» (Altschuler *Hijos* [Ur. 2002]); «*El salario de los cilleros* [...] *solí[a] variar del décimo al vigésimo de los frutos*» (DmgzOrtiz *Clases* [Esp. 1973]).

4. Todos los numerales fraccionarios se escriben en una sola palabra, por lo que se consideran incorrectas las grafías con separación entre sus componentes: [⊗]*cien milésima,* [⊗]*diez millonésima.* En la escritura de los fraccionarios formados por adición del sufijo *-avo* a un cardinal terminado en *-a,* se recomienda reducir las dos vocales iguales a una sola: *cincuentavo,* mejor que *cincuentaavo.* En los formados por adición de este mismo sufijo a cardinales terminados en *-e,* debe mantenerse esta letra: *onceavo, doceavo, veinteavo,* etc.; las formas *onzavo, dozavo, veintavo,* etc., son anticuadas y no se recomienda su empleo. Cuando el sufijo *-avo* se añade a numerales terminados en *-o,* se mantiene esta letra: *dieciochoavo, veinticuatroavo,* etc.; no obstante, en los compuestos de ocho, puede también elidirse: *dieciochavo.*

5. Salvo *octavo* y sus compuestos, que son también ordinales, los numerales formados con el sufijo *-avo* son exclusivamente fraccionarios; por tanto, es incorrecto su empleo con valor ordinal: [⊗]*el quinceavo cumpleaños,* [⊗]*el diecinueveavo piso;* lo correcto es *el decimoquinto cumpleaños, el decimonoveno piso.*

fragante. **1.** 'Que despide buen olor': «*Deposita rosas fragantes en la tumba del poeta*» (*Hoy* [El Salv.] 26.6.96). En el uso actual no debe confundirse con *flagrante* ('evidente'; → flagrante, 1). Debe evitarse hoy la forma etimológica *fraurante,* que ha caído en desuso.

2. en fragante. Adaptación al español de la falsa locución latina *in fraganti* (→ in fraganti), que se

usó a veces en el español clásico: «*Acertaron a estar en la calle dos de la guarda del Pontífice, que dicen pueden prender en fragante*» (Cervantes *Persiles* [Esp. 1616]). Ha desaparecido de la lengua actual y no debe restituirse su empleo para evitar la confusión entre los adjetivos *fragante* y *flagrante,* usados hoy con sentidos muy diversos.

fragrante. → flagrante, 1 y fragante, 1.

fraguar(se). 'Forjar [un metal]', 'idear o tramar' y, dicho de una masa, 'endurecerse o tomar consistencia'. Se acentúa como *averiguar* (→ APÉNDICE 1, n.º 6). Se escriben con diéresis todas las formas en las que *-gu-* va delante de *e: fragüe, fragües,* etc.

Fráncfort. Forma tradicional española del primer componente del nombre de las ciudades alemanas de Fráncfort del Meno y Fráncfort del Óder: «*El equipo nacional llegó a la capital de Eslovenia en un vuelo con escala en Fráncfort*» (*Estrella* [Esp.] 21.1.04). Debe escribirse con tilde, por tratarse de una palabra llana terminada en consonante que no es ni *-n* ni *-s* (→ TILDE², 1.1.2). El topónimo tradicional sigue vigente en el uso, por lo que se desaconseja el empleo, en su lugar, de la forma alemana *Frankfurt.* El gentilicio es *francfortés:* «*Esa etapa no se le escapó a otro francfortés, a Marcuse*» (Duque *Suicidio* [Esp. 1984]).

francfortés -sa, *Frankfurt.* → Fráncfort.

franquear(se). **1.** Como transitivo, 'abrir [algo] o dejar libre [el paso]': «*Blanca nos franquea la puerta de su bonito chalé*» (Montero *Amo* [Esp. 1988]); «*Tras franquearle el paso, cerró la puerta*» (Goytisolo *Estela* [Esp. 1984]); 'atravesar [algo]': «*Con ligeras alas de amor franqueé estos muros*» (Parra *Palace* [Chile 1990]); y 'poner sellos [a un envío postal]': «*Han recibido cartas franqueadas con un sello de ese país*» (*Hoy* [Chile] 11-17.7.84). No debe confundirse con *flanquear* ('estar al lado o a los lados [de alguien o algo]'; → flanquear).

2. Como intransitivo pronominal, 'hablar francamente con alguien'. Se construye con un complemento precedido de *con:* «*Sería imprudente que se franqueara CON Marioli*» (Andrade *Dios* [Arg. 1993]); es raro su uso con complemento indirecto: «*Mi resolución está tomada, a menos que usted resuelva franqueárseME sin doblez*» (Lugones *Ojos* [Arg. 1924]).

fraque. → frac.

fratricida. Como sustantivo, 'persona que ha matado a su hermano': «*El fratricida se presentó armado con un rifle*» (*NProvincia* [Arg.] 1.3.97); y, como adjetivo, 'que causa o puede causar la muerte de un hermano': *guerra fratricida, odio fratricida,* etc. Este último sentido, censurado por algunos, está hoy plenamente asentado y debe considerarse válido. Son incorrectas las grafías [⊗]*fraticida* y [⊗]*fatricida.*

free lance. Expresión inglesa que, referida a un profesional, especialmente un periodista, un fotógrafo o un traductor, significa 'que trabaja por cuenta propia y vende sus trabajos a una empresa o a un medio de comunicación'. Se recomienda emplear, en su lugar, las expresiones españolas *independiente*, *autónomo* o *por libre*: «*Dos fotógrafos de la agencia parisiense LS* [...] *y un fotógrafo independiente* [...] *fueron puestos en libertad*» (*DAméricas* [EE. UU.] 6.9.97).

freezer. → frízer.

[⊗]**fregaplatos.** → friegaplatos.

fregar(se). 1. 'Limpiar [algo] frotando', 'frotar o restregar' y, en el español de muchas zonas de América, 'fastidiar(se) o jorobar(se)'. Verbo irregular: se conjuga como *acertar* (→ APÉNDICE 1, n.º 16); por lo tanto, deben diptongar las formas cuya raíz es tónica (*friego, friegas*, etc.), pero no aquellas cuya raíz es átona (*fregamos, fregáis*, etc.): «*Bueno, mi bien, friegas los platos y te vas*» (Vázquez Narboni [Esp. 1976]); «*Lo que me friega es su tranquilidad, la confianza que nos tiene*» (VLlosa *Tía* [Perú 1977]). Es vulgarismo propio del habla popular conjugar este verbo como regular: [⊗]*frego*, [⊗]*fregas*, [⊗]*frega*, etc. Esta misma incorrección debe evitarse en su derivado *refregar*. **2.** Este verbo forma parte de los compuestos *friegasuelos* (→ friegasuelos) y *friegaplatos* (→ friegaplatos).

[⊗]**fregasuelos.** → friegasuelos.

Freiburg. → Friburgo.

freír. 1. 'Guisar [algo] en aceite o grasa hirviendo'. Verbo irregular: se conjuga como *sonreír* (→ APÉNDICE 1, n.º 55). Sobre la acentuación gráfica de las formas del pretérito perfecto simple o pretérito *frio/frió* y del presente de subjuntivo *friais/friáis*, → TILDE², 1.2. **2.** Tiene dos participios: el regular *freído* y el irregular *frito*. Ambos se utilizan indistintamente en la formación de los tiempos compuestos (*he freído/he frito*) y de la pasiva perifrástica (*es freído/es frito*), aunque hoy es mucho más frecuente el empleo de la forma irregular: «*Le he frito también un par de huevos*» (Olmo *Iglesias* [Esp. 1984]); «*Aparte se habrá freído el tomate* [...] *con cebolla, todo muy despacio y removiendo bien*» (Toharia *Setas* [Esp. 1985]). En función adjetiva, sin embargo, solo se usa la forma *frito*, que puede ser también un sustantivo ('alimento frito'): «*Un bar en el que hacen unas sardinitas fritas que te mueres*» (Zarraluki *Silencio* [Esp. 1994]); «*Evitar en lo posible los fritos*» (Pirolo/Pirolo *Dietas* [Arg. 1990]). **3.** La materia que se utiliza para freír se expresa mediante un complemento precedido de *en* o *con*: «*Los pejerreyes* [...] *se fríen EN aceite bien caliente*» (Hu-

neeus *Cocina* [Chile 1989]); «*Las* [sartenes] *antiadherentes* [...] *serán muy útiles siempre que se quiera freír CON poco aceite*» (*Expreso* [Perú] 1.10.91). **4.** En varios países de América existe, con este mismo sentido, el verbo regular *fritar* (→ fritar).

frejol o **fréjol.** → frijol o fríjol.

frenesí. 'Delirio o exaltación violenta del ánimo'. Su plural es *frenesíes* o *frenesís* (→ PLURAL, 1c).

frente. 1. Sustantivo que, en el español actual, es femenino cuando significa 'parte superior de la cara': *Me dio un beso en la frente;* y masculino cuando significa 'parte anterior de algo': *El frente del templo estaba plagado de inscripciones;* 'primera línea de combate': *La vida era muy dura en el frente;* 'zona de contacto de dos masas de aire': *Se acerca un frente frío por el oeste;* y 'coalición de partidos u organizaciones con un objetivo común': *Los partidos de oposición formaron un frente contra el Gobierno.* **2. al frente.** En el español general, 'hacia delante': «*Yo sonreía levemente mirando al frente*» (Puértolas *Noche* [Esp. 1989]); o 'en la parte delantera o a la cabeza', caso en que suele llevar un complemento con *de*: «*El general se puso al frente DE sus tropas*» (Velasco *Regina* [Méx. 1987]); «*Adrián estaba al frente DE las operaciones*» (Andrade *Dios* [Arg. 1993]). En algunos países americanos se usa con el sentido de 'enfrente, en la parte opuesta': «*Sentaron a mi hermana Maud al frente de la Ruby y Gustavo*» (Donoso *Elefantes* [Chile 1995]); «*En cuanto los niños se acomodan al frente de los televisores,* [...] *hace sus quehaceres*» (Santiago *Sueño* [P. Rico 1996]); «*Se fue a visitar a Imelda Moraúr, que vive al frente de su casa*» (Morón *Gallo* [Ven. 1986]). **3. en frente.** → enfrente. **4. frente a.** 'Enfrente de': «*Clarita se sienta frente a su tío*» (Corrieri *Fuera* [Cuba 1978]); y 'ante': «*Se sintió indefenso y desprevenido frente a lo que parecía ser una gratuita barbarie*» (CBonald *Noche* [Esp. 1981]). **5. frente a frente.** Referido a personas, 'cara a cara': «*Se quedan un instante mirándose frente a frente*» (Gala *Petra* [Esp. 1980]). También se emplea con el sentido de 'exactamente enfrente', caso en el que suele ir seguida de un complemento con *de*: «*Frente a frente DE los balcones de mi prima había un palacio*» (GmzSerna *Automoribundia* [Esp. 1948]). A veces se usa la preposición *a* para introducir este complemento: «*Se situó frente a frente AL hombre fornido*» (Belli *Mujer* [Nic. 1992]). **6. frente por frente.** 'Exactamente enfrente una cosa de otra'. Suele llevar un complemento introducido por *de*: «*Las conseguía* [...] *en una farmacia pequeñita frente por frente DE su casa*» (Pombo *Metro* [Esp. 1990]); a veces se usa la preposición *a*: «*Le pedía al chofer que la soltara allí mismo, frente por frente A la entrada de la casa*» (Vega *Crónicas* [P. Rico 1991]).

Con este sentido puede emplearse también la locución *frente a frente* (→ 5). Pero no debe usarse *frente por frente* con el sentido de 'cara a cara': ⊗«*Más tarde se encontró en Puerto Rico, frente por frente con el General Cipriano Castro*» (Herrera *Casa* [Ven. 1985]); debió decirse *frente a frente*.

Fribourg. → Friburgo.

Friburgo. Forma tradicional española del nombre de esta ciudad suiza y de su homónima alemana: «*Husserl se ocupó de los problemas de ética y axiología especialmente en sus lecciones de Gotinga y Friburgo*» (Maliandi *Axiología* [Arg. 1992]). No deben usarse en español ni la forma alemana *Freiburg* ni la francesa *Fribourg*. El gentilicio es *friburgués*.

friburgués -sa. → Friburgo.

friegaplatos. Este sustantivo es masculino cuando significa 'máquina o producto para fregar la vajilla': «*Limpió también la nevera, el calentador y la parte frontal del friegaplatos*» (Millás *Desorden* [Esp. 1988]); es común en cuanto al género (*el/la friegaplatos;* → GÉNERO², 1a) cuando significa 'persona que trabaja lavando platos': «*Faustino Roldán es el* maître *y el camarero y, cuando el trabajo lo pide, el friegaplatos*» (Palomino *Torremolinos* [Esp. 1971]). Debe evitarse la forma ⊗*fregaplatos*, ya que este sustantivo se ha formado con la tercera persona del singular del presente de indicativo del verbo *fregar*, que es *friega* y no ⊗*frega* (→ fregar(se)).

friegasuelos. Sustantivo masculino que significa 'producto para fregar el suelo': *Este friegasuelos es muy potente.* Debe evitarse la forma ⊗*fregasuelos*, ya que este sustantivo se ha formado con la tercera persona del singular del presente de indicativo del verbo *fregar*, que es *friega* y no ⊗*frega* (→ fregar(se)).

frigidísimo -ma. Superlativo regular de *frígido* e irregular de *frío* (→ frío).

frijol o **fríjol.** 'Planta leguminosa, de fruto en vaina y semilla en forma de riñón'. También designa el fruto y, especialmente, la semilla. Tiene dos acentuaciones válidas: la aguda *frijol*, mayoritaria en el uso, y la llana *fríjol*. Es voz de uso general en América, aunque en los países de América del Sur, especialmente en la Argentina, el Uruguay y Chile, se emplea con preferencia el quechuismo *poroto*. Las variantes *frejol* y *fréjol* son menos usadas, salvo en el Ecuador (donde la forma *fréjol* alterna con *poroto*) y el Perú (donde se emplea con preferencia la aguda *frejol*). En España, los términos *frijol* y *frejol*, con sus variantes llanas, solo se emplean en algunas regiones, ya que los términos de uso general son *judía* y *alubia*.

frío -a. 'Que tiene una temperatura inferior a la ordinaria del ambiente'. Tiene dos superlativos válidos: *frigidísimo* (del lat. *frigidissimus*) y *friísimo*,

formado sobre *frío* y más frecuente en el uso (→ -ísimo, 2f y 4): «*Estábamos sumergidos en un denso vapor de agua frigidísima*» (LpzHaro *Yo* [Esp. 1930]); «*Me dio un beso friísimo*» (Alatriste *Vivir* [Méx. 1985]).

frisar. 1. 'Estar próximo a algo, normalmente a una edad'. Como intransitivo, se construía antaño con la preposición *con*: «*Frisaba la edad de nuestro hidalgo* CON *los cincuenta años*» (Cervantes *Quijote* I [Esp. 1605]); este uso se siente hoy anticuado y se desaconseja en favor de la construcción con *en*, general desde el siglo XVIII: «*Dos hombres, uno joven y otro frisando* EN *los cincuenta años, tomaban café*» (Belli *Mujer* [Nic. 1992]). **2.** Hoy es más frecuente el uso transitivo, en el que *frisar* equivale a 'tener aproximadamente [determinada edad]': «*Se mantiene en forma a pesar de estar frisando ya los cincuenta años*» (Mendoza *Satanás* [Col. 2002]).

fritar. Verbo regular que, como tecnicismo del arte cerámico y del vidrio, significa 'someter [los materiales vitrificables] a muy altas temperaturas': «*El esmalte por fritar se colocará en un crisol refractario, bien prensado*» (FdzChiti *Cerámica* [Arg. 1982]). En varios países de América y en algún habla dialectal española, se emplea también como sinónimo de *freír* (→ freír): «*La empanadera* [...] *fritaba cada pieza en una olla de hierro*» (DPrensa [Arg.] 25.5.92). Su participio es *fritado*.

frízer. Adaptación gráfica propuesta para la voz inglesa *freezer*, 'electrodoméstico para congelar y conservar alimentos'. Su plural debe ser *frízeres* (→ PLURAL, 1g). Por su arraigo en varios países americanos, especialmente en la Argentina, se admite el empleo del anglicismo adaptado, aunque no debe olvidarse que el equivalente español es *congelador*, voz de uso general en España y que el español americano no desconoce: «*Miró en el congelador, pero solo encontró un atado de rabanitos*» (Soriano *León* [Arg. 1986]).

frufrú. Onomatopeya del roce de la seda u otra tela semejante. Su plural es *frufrús* (→ PLURAL, 1c).

fruición. 'Goce o placer intensos': «*Recordó las pausas de su esposo* [...], *la fruición con la que se llevaba el tenedor a la boca*» (Obligado *Salsa* [Arg. 2002]). Es incorrecta la pronunciación ⊗[fruiksión, fruikzión], así como la grafía ⊗*fruicción*.

fruir. 1. 'Gozar'. Verbo irregular: se conjuga como *construir* (→ APÉNDICE 1, n.º 25). Sobre la acentuación gráfica de las formas verbales *frui/fruí* y *fruis/fruís,* → TILDE², 1.2. Su participio, *fruido*, se escribe sin tilde (→ TILDE², 2.1.1 y 2.1.2). **2.** Puede funcionar como transitivo: «*He llegado a apreciar mejor, a percibir mejor, a fruir mejor, los grises delicadísimos de mi tierra*» (Azorín *Madrid* [Esp. 1941]); o como intransitivo, con un complemento introducido por *de*: «*En Olimpia se detiene a fruir* DE *un valle junto a la colina de Kronos*» (Ortega *Personas* [Esp. 1904-16]).

Frunze. → Biskek.

frustración, frustrante. → frustrar(se).

frustrar(se). 1. 'Malograr(se) algo': «*No llegó a fijarse una fecha y ese viaje se frustró*» (*Tiempo* [Col.] 31.10.96); «*El dispositivo de defensa patriota frustró todas las tentativa*» (Bojorge *Aventura* [Arg. 1992]). **2.** Cuando significa 'causar frustración o decepción a alguien', es verbo de «afección psíquica»; por ello, dependiendo de distintos factores (→ LEÍSMO, 4a), el complemento de persona puede interpretarse como directo o como indirecto: «*¿Podrá dormir en el avión o se irá a desvelar recordando cómo* LO *frustraste?*» (Donoso *Morir* [Chile 1995]); «*Si nos ocultásemos demasiado bien,* LE *frustraríamos y el juego* [del escondite] *no tendría ninguna gracia*» (Penella *Hijo* [Arg. 1995]). Además, puede usarse como intransitivo pronominal, con el sentido de 'sentir frustración': «*No es nada singular que el violín sea un instrumento con el cual me realizo o me frustro*» (Castilla *Psiquiatría* 1 [Esp. 1993]). **3.** Es incorrecta la forma ⊗*fustrar*, así como todas las formas conjugadas basadas en este infinitivo inexistente. Los derivados son *frustración* y *frustrante*, no ⊗*fustración* ni ⊗*fustrante*.

frutecer. 'Fructificar'. De uso literario, es verbo irregular: se conjuga como *agradecer* (→ APÉNDICE 1, n.º 18).

fuagrás. Adaptación gráfica propuesta para la voz francesa *foie-gras* (también escrita *foie gras*), que se usa en español con el sentido de 'paté de hígado, generalmente de ave o cerdo': «*Les doy una barra de pan con fuagrás*» (SchzOstiz *Infierno* [Esp. 1995]). Su plural es *fuagrases* (→ PLURAL, 1f).

fuel, *fuel oil*. → fueloil.

fueloil. La expresión inglesa *fuel oil* ('combustible líquido derivado del petróleo, que se destina normalmente a la calefacción') se ha incorporado al español escrita en una sola palabra: *fueloil*. Esta es la forma preferida en el español americano, pero es igualmente válida la abreviación *fuel*, forma preferida en España, donde se usa también el calco *fuelóleo*. No debe usarse en español la grafía en dos palabras o con guion intermedio: ⊗*fuel-oil*.

fuelóleo. → fueloil.

Fuente Obejuna. Nombre oficial de este municipio de la provincia de Córdoba (España): «*Hoy* [Javier Ossorio] *vuelve a estrenar* Fuenteovejuna *en Fuente Obejuna*» (*DCórdoba*@ [Esp.] 24.8.04). La forma *Obejuna* parece ser corrupción de *Abejuna*, voz relacionada con *abeja* (y no con *oveja*), ya que esta localidad se llamó en época romana *Fons Mellaria*,

debido a su riqueza melífera y sus abundantes colmenas. Las grafías con *v* (*Fuente Ovejuna, Fuenteovejuna*) proceden de épocas de vacilación gráfica en que era frecuente encontrar una misma palabra escrita unas veces con *b* y otras con *v*. De hecho, en la famosa obra de Lope de Vega que lleva por título el nombre de esta localidad, el escritor madrileño escribió *Fuente Ovejuna*, que también se ha transcrito *Fuenteovejuna*, en una sola palabra. Su gentilicio es *melariense*.

Fuente Ovejuna, Fuenteovejuna. → Fuente Obejuna.

fuer. *a fuer de*. 'Por ser, o como consecuencia de ser, lo que expresa el adjetivo o sustantivo que sigue': «*No voy a llorar por mi padre. Pero a fuer de buen cristiano, que lo soy, no puedo sino compadecerme de su suerte*» (Fuentes *Naranjo* [Méx. 1993]); «*El viajero, a fuer de escéptico, es hombre sosegado y apacible*» (Llamazares *Río* [Esp. 1990]). La palabra *fuer* nada tiene que ver con *fuerza*, sino que es apócope arcaica de *fuero*. Es locución culta, propia de la lengua escrita, pero se usa a menudo con sentidos impropios; así, no equivale a otras locuciones como *a fuerza de*, *a base de* o *a riesgo de*, y tampoco es sinónima de *aunque*. Por su significado, puede preceder a adjetivos o sustantivos, pero no a verbos: ⊗«*A fuer de analizar con lupa los discursos institucionales del Monarca, le hemos acabado por encontrar las vueltas*» (*Mundo* [Esp.] 10.1.94).

fuera. 1. Adverbio de lugar que significa 'a o en la parte exterior del sitio en que se está o de que se habla'. Se construye con un complemento con *de*, explícito o implícito, que expresa el lugar de referencia. Se usa tanto con verbos de movimiento como de estado, y más en España que en América, donde, cuando va sin complemento explícito, se prefiere en general el uso de *afuera* (→ afuera): «*El único que estaba fuera era Mulay*» (VqzFigueroa *Tuareg* [Esp. 1981]); «*¿Voy a poder salir fuera* DE *este infierno?*» (LTena *Renglones* [Esp. 1979]). Cuando el complemento con *de* está explícito, en el habla coloquial o popular americana se emplea indebidamente el adverbio *afuera* en lugar de *fuera* (→ afuera, 2). Puede ir precedido de las preposiciones *de, desde, hacia, hasta, para* o *por*; pero nunca de *a*, ya que en ese caso se emplea el adverbio simple *afuera*: ⊗*Vamos a fuera* (correcto: *Vamos afuera*). **2.** ⊗*fuera aparte*, ⊗*fueraparte*. Debe evitarse en el habla culta el uso de esta construcción con el sentido de 'aparte o además': ⊗«*También me daba algunas veces, fuera aparte, un billete de los buenos*» (Quiñones *Noches* [Esp. 1979]). Se dice, simplemente, *aparte* o *además*. **3. *fuera de*.** 'Salvo, con la excepción de': «*Fuera de eso, no he encontrado otra manera de ganarme la vida*» (*Tiempo* [Esp.] 11.6.90).

4. *fuera (de) borda* o *fuera (de) bordo*. a) Como adjetivo, dicho de un motor, 'de pequeño tamaño y provisto de una hélice, que se coloca en la parte exterior de la popa de ciertas embarcaciones' y, dicho de una embarcación, 'que lleva este tipo de motor': «*Salía a toda velocidad por el río, con una lancha con motor fuera de borda*» (*Clarín* [Arg.] 17.2.97); «*El piloto de lanchas "fuera borda"*» (*DAméricas* [EE. UU.] 28.10.97). De entre ambas locuciones, en el uso actual se prefiere *fuera (de) borda*, escrita a menudo sin preposición. Es igualmente correcta su escritura en una sola palabra: «*Motoras [...] con motor fueraborda*» (*Vanguardia* [Esp.] 30.11.95). Es invariable en plural: *motores fueraborda*. Como adjetivo, no existe la grafía *fuerabordo*: ⊛*motor fuerabordo*, ⊛*lancha fuerabordo*.

b) Como sustantivo, *fueraborda* (o, menos frecuentemente, *fuera borda*) puede designar tanto el motor citado como la embarcación que lo lleva. En el primer caso es masculino: *Con un fueraborda la lancha correría más*. Cuando designa la embarcación, normalmente es masculino, pero también puede usarse como femenino: *Me he comprado un(a) fueraborda de 2 m de eslora*. Para designar la embarcación también se emplea *fuerabordo* (o, menos frecuentemente, *fuera bordo*), que es siempre masculino: «*Venía un fuerabordo del otro lado del cabo*» (Goytisolo *Señas* [Esp. 1966]). Se recomienda el uso de las grafías simples, cuyo plural es, respectivamente, *fuerabordas* y *fuerabordos*.

5. *fuera de sí*. Con el sentido de 'alterado o furioso', se construye normalmente con los verbos *estar* o *ponerse*. Es obligatorio variar el pronombre reflexivo según la persona a la que se refiera (→ sí, 3.3): «*Llorabas y temblabas, estabas fuera de ti*» (Hidalgo *Azucena* [Esp. 1988]).

fueraborda, fuerabordo. → fuera, 4.

⊛fueraparte. → fuera, 2.

fuerte. 'Que tiene fuerza'. Tiene dos superlativos válidos: *fortísimo*, que conserva la raíz del adjetivo latino y es mayoritario en el uso culto, y *fuertísimo*, formado sobre *fuerte* y más propio del habla coloquial (→ -ísimo, 3): «*Nos despertó repentinamente un estruendo fortísimo*» (Zaldívar *Capablanca* [C. Rica 1995]); «*Era corpulento y fuertísimo*» (Chao *Altos* [Méx. 1991]).

fugar(se). 'Huir'. En el uso culto general se usa como intransitivo pronominal: «*SE fugó con el dinero*» (Ramos/Lejbowicz *Corazones* [Arg. 1991]); pero en algunas zonas de América, especialmente en el Perú, el Ecuador y los países del Río de la Plata, no es infrecuente su empleo como intransitivo no pronominal, quizá por influjo del sinónimo *huir*: «*Desde que fugó de su país, Fujimori ha estado viviendo en Japón*» (*País* [Ur.] 12.7.01).

fular. Adaptación gráfica de la voz francesa *foulard*, 'tela de seda muy fina' y, más frecuentemente, 'pañuelo de cuello en forma de bufanda, hecho con esta tela': «*Vestía invariablemente al uso de un dandi decimonónico, luciendo fular, zapatos de charol blanco y un monóculo sin graduación*» (RzZafón *Sombra* [Esp. 2001]). Su plural es *fulares* (→ PLURAL, 1g). Debe evitarse la forma híbrida ⊛*fulard*, que no es ni francesa ni española.

full-time. → tiempo, 1.

función. *en función de*. Locución preposicional que significa 'según o dependiendo de': «*No amaré a los demás en función de sus aciertos o errores*» (Cuauhtémoc *Grito* [Méx. 1992]). Cuando va seguida de una subordinada sustantiva introducida por *que*, debe mantenerse la preposición *de* (→ QUEÍSMO, 1e): «*Los delitos flotantes están en función DE QUE sea cierta o no la versión de cada uno de los implicados*» (*Mundo* [Esp.] 15.10.95). Es incorrecto sustituir la preposición *de* por *a* (⊛*en función a*): ⊛«*La distribución se efectuará en función a los parlamentarios obtenidos por cada partido*» (*Tiempos* [Bol.] 8.4.97).

fungicida. '[Agente o sustancia] que destruye los hongos'. Se pronuncia [funjisída, funjizída]. No es correcta la forma ⊛*funguicida*.

fungir. 'Desempeñar una función, a veces sin tener el nombramiento preceptivo'. Es intransitivo y se construye con un complemento introducido por *de* o *como*: «*Fungía DE árbitro y colector de apuestas*» (Chavarría *Rojo* [Ur. 2002]); «*Fungía COMO asesor del entonces diputado Luis Almeida*» (*ByN* [Ec.] 11.1.98).

⊛funguicida. → fungicida.

furúnculo. → forúnculo.

⊛fustración, ⊛fustrante, ⊛fustrar(se). → frustrar(se).

fútbol o futbol. 1. 'Deporte de equipo que se juega con un balón que no puede tocarse con la mano ni los brazos'. La voz inglesa *football* se ha adaptado al español con dos acentuaciones, ambas válidas. La forma *fútbol*, que conserva la acentuación llana etimológica, es la de uso mayoritario en España y en la mayor parte de América. En México y el área centroamericana se usa la aguda *futbol* [futból]. Deben evitarse pronunciaciones vulgares como ⊛[fúlbol] o ⊛[fúrbol]. Tampoco es propia del habla culta la forma ⊛*fóbal*.

2. Existe también el calco *balompié*, que no ha gozado de mucha aceptación entre los hablantes y suele emplearse casi siempre por razones estilísticas, para evitar repeticiones en el discurso: «*En dos décadas de fútbol, [...] consiguió lo que ningún otro jugador logró en el balompié nacional*» (*Hoy* [Chile] 19-25.1.83).

fútil. 'De poca importancia'. Es voz llana. No es correcta la forma aguda ⊛*futil* (pron. ⊛[futíl]).

g

g. 1. Octava letra del abecedario español y séptima del orden latino universal. Su nombre es femenino: *la ge* (pl. *ges*), pron. [jé, jés]. **2.** Representa dos sonidos consonánticos distintos: **2.1.** Cuando precede a las vocales *a, o, u* (*gato, agorero, guante*), va en posición final de sílaba (*dogma, ignorar*) o agrupada con otra consonante (*glacial, gritar*), representa el sonido velar sonoro /g/. Este mismo sonido lo representa también el dígrafo *gu* ante las vocales *e, i;* en el dígrafo, la *u* no se pronuncia: [gérra] por *guerra*, [agijón] por *aguijón*. Ante estas mismas vocales, cuando la *g* y la *u* no forman dígrafo y tiene cada una sonido independiente, la *u* debe escribirse con diéresis (→ DIÉRESIS): *desagüe, pingüino, lingüística.* **2.1.1.** Se suele pronunciar un leve sonido consonántico cercano a una /g/ delante de los diptongos /ua/, /ue/, /ui/ cuando estos se escriben con *h* antepuesta, esto es, cuando van en posición inicial de palabra o en posición interior a comienzo de sílaba: [guéso, guébo, pariguéla, desguesár] por *hueso, huevo, parihuela, deshuesar*. Esta pronunciación ha quedado a veces fijada en la escritura, y así, algunas palabras que comienzan por *hua-, hue-* o *hui-* pueden escribirse también con *gua-, güe-* y *güi-* (→ h, 3). **2.1.2.** Debe evitarse el vulgarismo de pronunciar la /g/ como una /b/: ⊗[abujéro] por *agujero*. Tampoco es propio del habla culta pronunciar la /g/ como /j/ o como /z/, lo que algunos hablantes hacen cuando este sonido va en posición final de sílaba: ⊗[ijnoránte, iznoránte] por *ignorante*. **2.1.3.** Algunos términos, generalmente cultismos de origen griego, presentan la letra *g* en posición inicial seguida de una *n*. Debido a la dificultad de articulación de este grupo consonántico a comienzo de palabra, la *g* no suele pronunciarse, por lo que en la mayoría de estas voces se admite también la grafía sin la *g* inicial: *gneis/neis* (y su derivado *gnéisico/néisico*); *gnetáceo/netáceo; gnómico/nómico; gnomo/nomo; gnomon/nomon* (y sus derivados *gnomónica/nomónica* y *gnomónico/nomónico*); *gnóstico/nóstico* (y su derivado *gnosticismo/ nosticismo*). Solo el término filosófico *gnosis* y sus derivados *gnoseología* y *gnoseológico* (→ gnoseología) no admiten su escritura sin *g-*, seguramente para evitar su confusión con *nosología* (→ nosología) y su derivado *nosológico*.

2.2. Cuando la *g* precede a las vocales *e, i* (*gente, regir*) representa el sonido velar fricativo sordo /j/. Esta pronunciación es la normal en los dialectos del centro, este y norte de España, y en varias regiones de Hispanoamérica. Pero en los dialectos meridionales de la España peninsular, en Canarias y en amplias zonas de Hispanoamérica, existe una tendencia generalizada a la aspiración de este sonido: [hitáno, eskohér] por *gitano, escoger*. **2.2.1.** El sonido /j/ lo representa también la letra *j* ante cualquier vocal o en posición final de palabra (→ j) y, en algunos nombres propios y en sus derivados, la grafía arcaica *x* (→ x, 3 y 4).

gag. Voz tomada del inglés *gag*, que significa, en un espectáculo o en una película, 'efecto cómico rápido e inesperado'. Su plural es *gags* (→ PLURAL, 1h): «*Stan armaba toda la película, pensaba los gags, escribía los guiones*» (*Clarín* [Arg.] 11.4.97).

gagá. 'Que tiene las facultades mentales mermadas a causa de la edad'. Aunque se emplea a veces como adjetivo invariable, es preferible usar la forma *gagás* para el plural (→ PLURAL, 1b): «*Esa pandilla de viejos "gagás"*» (Casas *Antoñita* [Esp. 1953]).

galáctico -ca. 'De la galaxia': «*Como el Sol tiene una edad de 4600 millones de años, ha completado más de 20 giros en torno al centro galáctico*» (Maza *Astronomía* [Chile 1988]). Rara vez se emplea la forma *galáxico*, análoga a la de otros derivados de sustantivos acabados en *-xia*, como *anoréxico* (de *anorexia*) o *disléxico* (de *dislexia*).

galáxico -ca. → galáctico.

Galípoli. Forma tradicional española del nombre de esta ciudad de Turquía: «*El Mediterráneo desempeña en la I Guerra Mundial un papel todavía importante con el desembarco británico en la península turca de Galípoli*» (*País*@ [Esp.] 24.4.86). Aunque hoy es frecuente el uso de la grafía ⊗*Gallípoli*, resulta desaconsejable por la falta de adecuación entre su grafía y su pronunciación, que es [galípoli]. Es incorrecta la grafía ⊗*Gallipolli*.

Gallipoli. → Galípoli.

gametófito -ta o **gametofito -ta.** → -fito.

gana. 1. 'Deseo': «*Yo ya no tengo gana ninguna de emprender otra historia*» (Gala *Petra* [Esp. 1980]). Se usa más comúnmente en plural expresivo, con el mismo sentido que en singular: «*A veces me entran ganas de casarme de nuevo*» (Sepúlveda *Viejo* [Chile 1989]).

2. dar gana(s). Acompañando sin artículo al verbo *dar*, lleva siempre un complemento preposicional con *de: dar ganas* (o *gana*) DE algo. Para saber si el verbo *dar* debe concordar o no con el sustantivo *gana(s)*, ha de tenerse en cuenta lo siguiente:

a) Cuando en la oración hay otro sustantivo que expresa lo que provoca las ganas y que funciona como sujeto, *gana(s)* es el complemento directo de *dar* y, por tanto, no es obligada la concordancia de número entre ambos: «*Este frío* [...] *me da ganas de hibernar*» (Arel *Jardín* [Ur. 1985]); «*Las cebollas dan gana de comer*» (FQuer *Plantas* [Esp. 1962]).

b) Cuando no existe en la oración otro sustantivo que funcione como sujeto, esta función la desempeña *gana(s)*. En ese caso, el verbo *dar* debe ir en singular o en plural dependiendo de si se usa el singular *gana*, caso poco frecuente hoy: «*Y le daba gana de reír pensando en el viejo*» (Nácher *Guanche* [Esp. 1957]); o el plural *ganas*, que es hoy lo habitual: «*Me dan ganas de darle un par de bofetadas*» (Ocampo *Testimonios* [Arg. 1977]). En este último caso, probablemente por analogía con expresiones como *dar vergüenza, dar miedo*, etc. (→ dar(se), 5), que llevan siempre el verbo en singular, no se realiza a veces la obligada concordancia: [⊗]«*Hay momentos en los que da ganas de pedirle que se tome un descanso*» (*País* [Esp.] 30.12.80); debió decirse *dan ganas*.

3. dar la (real o realísima) gana. Locución verbal que significa 'querer'. Se emplea solo en singular: «*Voy donde me da la gana*» (Montero *Trenza* [Cuba 1987]); «*Están aquí porque les da la real gana*» (Guelbenzu *Río* [Esp. 1981]). Cuando va seguida de un infinitivo o de una oración subordinada precedida de la conjunción *que*, tan correcto es anteponer a estos elementos la preposición *de* como prescindir de ella: «*Ahora no me da la gana DE irme*» (BVallejo *Música* [Esp. 1989]); «*No le daba la gana hacerlo*» (Pitol *Juegos* [Méx. 1982]); «*No me da la gana DE que le entre aquí el telele*» (Herrera *Cero* [Esp. 1976]); «*Este árbol lo cortan porque a mí me da la gana que lo corten*» (Magaña *Signos* [Méx. 1951]).

4. mala gana. → malagana, 2 y 3.

ganapierde. 'Modo de jugar por el que gana quien pierde'. Aunque en el español clásico se documenta su uso en femenino, en el español actual es siempre masculino: «*Los españoles jugamos al ganapierde en las cloacas del Estado*» (*Mundo* [Esp.] 28.11.95).

gang. → banda.

gangrenarse. 'Padecer gangrena'. No se justifica el empleo de la forma prefijada [⊗]*engangrenarse*. Son erróneas las formas [⊗]*cangrena* y [⊗]*cangrenarse*, usadas a veces en el habla popular.

gangster. → gánster.

gánster. Adaptación gráfica de la voz inglesa *gangster*, 'miembro de una banda organizada de malhechores'. Su plural es *gánsteres* (→ PLURAL, 1g): «*Regresaba tarde y nervioso, como si viniese de encontrarse con un grupo de gánsteres*» (Obligado *Salsa* [Arg. 2002]). Ha dado derivados como el sustantivo *gansterismo* ('comportamiento propio del gánster') y el adjetivo *gansteril* ('de los gánsteres'). No deben usarse grafías con la secuencia etimológica *-ngs-*, de difícil articulación en español.

gansteril, gansterismo. → gánster.

gap. Voz tomada del inglés *gap* ('brecha'), que se usa ocasionalmente en español con el sentido de 'distancia excesiva entre dos realidades que se contrastan'. Su plural es *gaps* (→ PLURAL, 1h). En la mayoría de los casos es posible sustituir este anglicismo por equivalentes españoles como *brecha, distancia, separación* o *diferencia*. Para traducir la expresión inglesa *generation gap*, se recomiendan las expresiones españolas *brecha, abismo* o *salto generacional*.

garage. → garaje.

garaje. 'Local donde se guardan automóviles' y 'taller de reparación de vehículos': «*Andrés movió mi auto una tarde para sacar el suyo del garaje*» (Serrano *Vida* [Chile 1995]); «*Es un mecánico del garaje cercano, que se preocupa de que el coche esté a punto*» (LTena *Millón* [Esp. 1990]). Es adaptación gráfica de la voz francesa *garage*. Aunque en amplias zonas de América se emplea a menudo el extranjerismo crudo, con su grafía y pronunciación originarias (*garage*, pron. [garáʒ]), no hay razón para que esta palabra quede excluida del proceso de adaptación seguido por las voces francesas terminadas en *-age* que se han incorporado al español, y que se han adaptado siempre con la terminación *-aje* (pron. [áje]): *bagaje, brebaje, menaje*, etc.

garantir. 'Garantizar'. Poco frecuente en el español actual, es defectivo en la mayor parte del ámbito hispánico y solo se usan las formas cuya desinencia empieza por *i*. Sin embargo, en países como la Argentina o el Uruguay, se usa en todos los tiempos y personas de la conjugación: «*Le garanto que no vale la pena*» (Cohen *Insomnio* [Arg. 1986]).

garapiñar. 'Bañar [un alimento, especialmente frutos secos] en un almíbar que forma grumos al solidificarse': «*Plátanos garapiñados, chocolates, almendras incrustadas*» (Rossardi *Visita* [Cuba 1997]). Esta forma es la preferida en el español de América, mientras que en España se emplea la variante *ga-*

rrapiñar: «*Vendría la Navidad y comprarían turrones, almendras garrapiñadas y licores de marca*» (Landero *Juegos* [Esp. 1989]).

garrapiñar. → garapiñar.

[⊗]**garraspear,** [⊗]**garraspera.** → carraspear.

garrulo -la. Coloquialmente, 'rústico o zafio': «*Ahí dentro apesta a todos esos garrulos que no se lavan*» (Tomás *Orilla* [Esp. 1984]). No debe confundirse con *gárrulo* ('charlatán'; → gárrulo).

gárrulo -la. Dicho de un ave, 'que gorjea o canta mucho' y de una persona, 'charlatana': «*Golondrinas gárrulas, inquietas*» (Clarín *Regenta* [Esp. 1884-85]); «*Una mujer chismosa, gárrula, despepitándose por el palique*» (Ayerra *Lucha* [Esp. 1984]). No debe confundirse con *garrulo* ('zafio'; → garrulo).

garuar. En gran parte de América y en Canarias, 'lloviznar'. Se acentúa como *actuar* (→ APÉNDICE 1, n.º 7). Existe también la variante *garugar,* más propia del habla popular que de la lengua culta.

garugar. → garuar.

gaseoducto. → gasoducto.

gasoducto. 'Tubería para conducir a distancia gas combustible'. También se usa, con este mismo sentido, la forma *gaseoducto,* creada por analogía con *oleoducto* y favorecida por la secuencia vocálica *-eo-* presente en el adjetivo *gaseoso.* Aunque se aceptan ambas formas, se prefiere *gasoducto* por su correcta formación y su uso mayoritario.

gas oil. → gasoil.

gasoil. La expresión inglesa *gas oil* ('combustible líquido, derivado del petróleo, que se usa en los motores diésel') se ha incorporado al español escrita en una sola palabra: *gasoil.* En España, además de *gasoil,* se usa también el calco *gasóleo.* No debe usarse en español la grafía en dos palabras o con guion intermedio: [⊗]*gas-oil.*

gasóleo. → gasoil.

gastrónomo -ma. 'Persona experta en gastronomía, es decir, en el arte del buen comer': «*Un gran gastrónomo francés [...] hablaba de la fisiología del gusto*» (Cisneros *Mestizaje* [Perú 1995]). Aunque de sentido próximo, no significa lo mismo que *gurmé* ('[persona] que gusta de comer y beber exquisitamente'; → gurmé).

gay. Voz tomada del inglés *gay,* que significa, como adjetivo, 'homosexual' o 'de (los) homosexuales' y, como sustantivo masculino, 'hombre homosexual': «*Cunanan ha sembrado el pánico en la comunidad gay norteamericana*» (*Caras* [Chile] 21.7.97); «*Lo difícil para mí no ha sido construir a un gay, lo difícil es interpretar al ser humano complejo que hay en David*» (*Tiempo* [Col.] 7.4.97). Aunque entre los

hispanohablantes está extendida la pronunciación inglesa [géi], en español se recomienda adecuar la pronunciación a la grafía y decir [gái]. Su plural debe ser *gais* (→ PLURAL, 1d), y no [⊗]*gays:* «*Presidente de la Fundación Triángulo para la igualdad de gais y lesbianas*» (*País* [Esp.] 20.9.97); «*Un 22% ya no visita cuartos oscuros de los locales gais*» (*País* [Esp.] 1.12.88). Se desaconseja su uso como adjetivo invariable, frecuente por influjo del inglés: [⊗]«*Cuando iba a las discotecas gay se mezclaba con el público en general*» (*DAméricas* [EE. UU.] 19.7.97).

Gdansk. Esta ciudad pertenece desde el final de la Segunda Guerra Mundial a Polonia; por ello, el nombre alemán *Danzig* o *Dantzig* (en español, *Dánzig*), por el que era anteriormente conocida, ha sido reemplazado oficialmente por el nombre polaco *Gdansk* (pron. [gedánsk]): «*Era alemana y se llamaba Dánzig; ahora es polaca y su nombre es Gdansk*» (VLlosa *Verdad* [Perú 2002]). Aunque la grafía polaca presenta una tilde sobre la *n* (*Gdańsk*), debe prescindirse de ese signo en español.

géiser. Adaptación gráfica de la voz inglesa *geyser,* 'fuente termal intermitente, en forma de surtidor'. En español debe escribirse con tilde por ser voz llana acabada en consonante distinta de *-n* o *-s* (→ TILDE², 1.1.2). Su plural es *géiseres* (→ PLURAL, 1g): «*Otros organismos habitan en géiseres o aguas termales*» (Vásquez *Ecología* [Méx. 1993]).

geisha. 1. 'Joven nipona instruida en diversas artes con el fin de entretener a los hombres'. Voz japonesa (pron. [géisha]) que contiene un grupo consonántico *sh* ajeno al español, por lo que debe considerarse un extranjerismo crudo y escribirse con resalte tipográfico. Es incorrecta la pronunciación [⊗][jéisha], así como la grafía [⊗]*gheisha.*

2. Aunque es palabra asentada en el uso internacional con la grafía *geisha,* podría adaptarse fácilmente al español en la forma *gueisa.*

gemir. 'Emitir sonidos que expresan dolor o placer'. Verbo irregular: se conjuga como *pedir* (→ APÉNDICE 1, n.º 45).

gen. 'Secuencia de ADN que constituye la unidad funcional para la transmisión de caracteres hereditarios': «*Se han abierto las puertas a la posibilidad de descifrar la función de cada gen*» (Altschuler *Hijos* [Ur. 2002]). Existe también la variante *gene,* de uso frecuente en México y algunos países centroamericanos: «*Es posible incorporar un gene cualquiera al material genético de un virus*» (Gánem *Caminitos* [Méx. 2001]).

gene. → gen.

generador -ra. 1. 'Que genera'. Para el femenino, en la lengua general, se usa normalmente la forma *generadora:* «*Se salva así la actividad pesquera más generadora de empleo*» (*País* [Esp.] 16.4.97). Existe también el femenino *generatriz,* menos frecuente en el uso general, pero el único empleado en contextos matemáticos: *«En toda creación existe una idea generatriz»* (Ricard *Diseño* [Esp. 1982]); *«Calcular la fracción generatriz de un número decimal periódico cualquiera»* (VV. AA. *Matemáticas* [Esp. 1998]). Es incorrecto el uso de *generatriz* referido a sustantivos masculinos: [⊗]*núcleo generatriz.*

2. Como sustantivo, se usa el masculino *generador* con el sentido de 'máquina o aparato que genera energía': *«Alguien había puesto en marcha el generador de electricidad»* (Soriano *León* [Arg. 1986]); y el femenino *generatriz* con el sentido de 'línea o superficie que al girar sobre un eje genera una figura o un cuerpo geométrico': *«Si las generatrices fueran perpendiculares al plano de la directriz, el cilindro resultante sería de revolución»* (Ferrer *Dibujo* [Esp. 1997]).

general. Como sustantivo, con el sentido de 'oficial general del Ejército', es común en cuanto al género (→ GÉNERO², 1a y 3k): *el/la general.* No es normal el femenino *generala.*

generala. → general.

generatriz. → generador.

género¹. Esta palabra tiene en español los sentidos generales de 'conjunto de seres u objetos establecido en función de características comunes' y 'clase o estilo': *«El citado autor* [...] *ha clasificado los anuncios por géneros»* (Díaz *Radio* [Esp. 1992]); *«Ese género de vida puede incluso agredir a su salud mental»* (Grande *Fábula* [Esp. 1991]). En gramática significa 'propiedad de los sustantivos y de algunos pronombres por la cual se clasifican en masculinos, femeninos y, en algunas lenguas, también en neutros': *«El pronombre* él, *por ejemplo, indica género masculino»* (Casares *Lexicografía* [Esp. 1950]). Para designar la condición orgánica, biológica, por la cual los seres vivos son masculinos o femeninos, debe emplearse el término *sexo: «En el mismo estudio, las personas de sexo femenino adoptaban una conducta diferente»* (Barrera/Kerdel *Adolescente* [Ven. 1976]). Por tanto, las palabras tienen *género* (y no *sexo*), mientras que los seres vivos tienen *sexo* (y no *género*). No obstante, en los años setenta del siglo XX, con el auge de los estudios feministas, se comenzó a utilizar en el mundo anglosajón el término *género* (ingl. *gender*) con un sentido técnico específico, que se ha extendido a otras lenguas, entre ellas el español. Así pues, en la teoría feminista, mientras con la voz *sexo* se designa una categoría meramente orgánica, biológica, con el término *género* se alude a una categoría sociocultural que implica diferencias o desigualdades de índole social, económica, política, laboral, etc. Es en este sentido en el que cabe interpretar expresiones como *estudios de género, discriminación de géne-*

ro, *violencia de género,* etc. Dentro del ámbito específico de los estudios sociológicos, esta distinción puede resultar útil e, incluso, necesaria. Es inadmisible, sin embargo, el empleo de la palabra *género* sin este sentido técnico preciso, como mero sinónimo de *sexo,* según se ve en los ejemplos siguientes: [⊗]*«El sistema justo sería aquel que no asigna premios ni castigos en razón de criterios moralmente irrelevantes (la raza, la clase social, el género de cada persona)»* (*País*@ [Esp.] 28.11.02); [⊗]*«Los mandos medios de las compañías suelen ver como sus propios ingresos dependen en gran medida de la diversidad étnica y de género que se da en su plantilla»* (*Mundo* [Esp.] 15.1.95); en ambos casos debió decirse *sexo,* y no *género.* Para las expresiones *discriminación de género* y *violencia de género* existen alternativas como *discriminación* o *violencia por razón de sexo, discriminación* o *violencia contra las mujeres, violencia doméstica, violencia de pareja* o similares.

GÉNERO². **1.** Los sustantivos en español pueden ser masculinos o femeninos. Cuando el sustantivo designa seres animados, lo más habitual es que exista una forma específica para cada uno de los dos géneros gramaticales, en correspondencia con la distinción biológica de sexos, bien por el uso de desinencias o sufijos distintivos de género añadidos a una misma raíz, como ocurre en *gato/gata, profesor/profesora, nene/nena, conde/condesa, zar/zarina;* bien por el uso de palabras de distinta raíz según el sexo del referente (heteronimia), como ocurre en *hombre/mujer, caballo/yegua, yerno/nuera;* no obstante, son muchos los casos en que existe una forma única, válida para referirse a seres de uno u otro sexo: es el caso de los llamados «sustantivos comunes en cuanto al género» (→ a) y los llamados «sustantivos epicenos» (→ b). Si el referente del sustantivo es inanimado, lo normal es que sea solo masculino (*cuadro, césped, día*) o solo femenino (*mesa, pared, libido*), aunque existe un grupo de sustantivos que poseen ambos géneros, los denominados tradicionalmente «sustantivos ambiguos en cuanto al género» (→ c).

a) *Sustantivos comunes en cuanto al género.* Son los que, designando seres animados, tienen una sola forma, la misma para los dos géneros gramaticales. En cada enunciado concreto, el género del sustantivo, que se corresponde con el sexo del referente, lo señalan los determinantes y adjetivos con variación genérica: *el/la pianista; ese/esa psiquiatra; un buen/una buena profesional.* Los sustantivos comunes se comportan, en este sentido, de forma análoga a los adjetivos de una sola terminación, como *feliz, dócil, confortable,* etc., que se aplican, sin cambiar de forma, a sustantivos tanto masculinos como femeninos: *un padre/una madre feliz, un perro/una perra dócil, un sillón/una silla confortable.*

b) *Sustantivos epicenos.* Son los que, designando seres animados, tienen una forma única, a la que corresponde un solo género gramatical, para referirse, indistintamente, a individuos de uno u otro sexo. En este caso, el género gramatical es independiente del sexo del referente. Hay epicenos masculinos (*personaje, vástago, tiburón, lince*) y epicenos femeninos (*persona, víctima, hormiga, perdiz*). La concordancia debe establecerse siempre en función del género gramatical del sustantivo epiceno, y no en función del sexo del referente; así, debe decirse *La víctima, un hombre joven, fue trasladada al hospital más cercano,* y no [⊗]*La víctima, un hombre joven, fue trasladado al hospital más cercano.* En el caso de los epicenos de animal, se añade la especificación *macho* o *hembra* cuando se desea hacer explícito el sexo del referente: «*La orca macho permanece cerca de la rompiente [...], zarandeada por las aguas de color verdoso*» (Bojorge *Aventura* [Arg. 1992]).

c) *Sustantivos ambiguos en cuanto al género.* Son los que, designando normalmente seres inanimados, admiten su uso en uno u otro género, sin que ello implique cambios de significado: *el/la armazón, el/la dracma, el/la mar, el/la vodka.* Normalmente la elección de uno u otro género va asociada a diferencias de registro o de nivel de lengua, o tiene que ver con preferencias dialectales, sectoriales o personales. No deben confundirse los sustantivos ambiguos en cuanto al género con los casos en que el empleo de una misma palabra en masculino o en femenino implica cambios de significado: *el cólera* ('enfermedad') o *la cólera* ('ira'); *el editorial* ('artículo de fondo no firmado') o *la editorial* ('casa editora'). De entre los sustantivos ambiguos, tan solo *ánade* y *cobaya* designan seres animados.

2. Uso del masculino en referencia a seres de ambos sexos

2.1. En los sustantivos que designan seres animados, el masculino gramatical no solo se emplea para referirse a los individuos de sexo masculino, sino también para designar la clase, esto es, a todos los individuos de la especie, sin distinción de sexos: *El hombre es el único animal racional; El gato es un buen animal de compañía.* Consecuentemente, los nombres apelativos masculinos, cuando se emplean en plural, pueden incluir en su designación a seres de uno y otro sexo: *Los hombres prehistóricos se vestían con pieles de animales; En mi barrio hay muchos gatos* (de la referencia no quedan excluidas ni las mujeres prehistóricas ni las gatas). Así, con la expresión *los alumnos* podemos referirnos a un colectivo formado exclusivamente por alumnos varones, pero también a un colectivo mixto, formado por chicos y chicas. A pesar de ello, en los últimos tiempos, por razones de corrección política, que no de corrección lingüística, se está extendiendo la costumbre de hacer explícita en estos

casos la alusión a ambos sexos: «*Decidió luchar ella, y ayudar a sus compañeros y compañeras*» (*Excélsior* [Méx.] 5.9.96). Se olvida que en la lengua está prevista la posibilidad de referirse a colectivos mixtos a través del género gramatical masculino, posibilidad en la que no debe verse intención discriminatoria alguna, sino la aplicación de la ley lingüística de la economía expresiva; así pues, en el ejemplo citado pudo —y debió— decirse, simplemente, *ayudar a sus compañeros.* Solo cuando la oposición de sexos es un factor relevante en el contexto, es necesaria la presencia explícita de ambos géneros: *La proporción de alumnos y alumnas en las aulas se ha ido invirtiendo progresivamente; En las actividades deportivas deberán participar por igual alumnos y alumnas.* Por otra parte, el afán por evitar esa supuesta discriminación lingüística, unido al deseo de mitigar la pesadez en la expresión provocada por tales repeticiones, ha suscitado la creación de soluciones artificiosas que contravienen las normas de la gramática: [⊗]*las y los ciudadanos.*

2.2. Para evitar las engorrosas repeticiones a que da lugar la reciente e innecesaria costumbre de hacer siempre explícita la alusión a los dos sexos (*los niños y las niñas, los ciudadanos y ciudadanas,* etc.; → 2.1), ha comenzado a usarse en carteles y circulares el símbolo de la arroba (@) como recurso gráfico para integrar en una sola palabra las formas masculina y femenina del sustantivo, ya que este signo parece incluir en su trazo las vocales *a* y *o*: [⊗]*l@s niñ@s.* Debe tenerse en cuenta que la arroba no es un signo lingüístico y, por ello, su uso en estos casos es inadmisible desde el punto de vista normativo; a esto se añade la imposibilidad de aplicar esta fórmula integradora en muchos casos sin dar lugar a graves inconsistencias, como ocurre en [⊗]*Día del niñ@,* donde la contracción *del* solo es válida para el masculino *niño.*

3. Formación del femenino en profesiones, cargos, títulos o actividades humanas. Aunque en el modo de marcar el género femenino en los sustantivos que designan profesiones, cargos, títulos o actividades influyen tanto cuestiones puramente formales —la etimología, la terminación del masculino, etc.— como condicionamientos de tipo histórico y sociocultural, en especial el hecho de que se trate o no de profesiones o cargos desempeñados tradicionalmente por mujeres, se pueden establecer las siguientes normas, atendiendo únicamente a criterios morfológicos:

a) Aquellos cuya forma masculina acaba en *-o* forman normalmente el femenino sustituyendo esta vocal por una *-a: bombero/bombera, médico/médica, ministro/ministra, ginecólogo/ginecóloga.* Hay excepciones, como *piloto, modelo* o *testigo,* que funcionan como comunes: *el/la piloto, el/la modelo, el/la testigo* (no debe considerarse una excepción el sustantivo *reo,* cuyo femenino etimológico y aún vigente en el uso es *rea,* aunque funcione asimismo como común: *la reo*). También funcionan normalmente como comunes los que proceden de acortamientos: *el/la fisio, el/la otorrino.* En algún caso, el femenino presenta la terminación culta *-isa* (del lat. *-issa*), por provenir directamente del femenino latino formado con este sufijo: *diácono/diaconisa;* y excepcionalmente hay voces que tienen dos femeninos, uno en *-a* y otro con la terminación *-esa* (variante castellana de *-isa*): *diablo,* fem. *diabla* o *diablesa; vampiro,* fem. *vampira* o *vampiresa.*

b) Los que acaban en *-a* funcionan en su inmensa mayoría como comunes: *el/la atleta, el/la cineasta, el/la guía, el/la logopeda, el/la terapeuta, el/la pediatra.* En algunos casos, por razones etimológicas, el femenino presenta la terminación culta *-isa: profetisa, papisa.* En el caso de *poeta,* existen ambas posibilidades: *la poeta/poetisa.* También tiene dos femeninos la voz *guarda,* aunque con matices significativos diversos (→ guarda): *la guarda/guardesa.* Son asimismo comunes en cuanto al género los sustantivos formados con el sufijo *-ista: el/la ascensorista, el/la electricista, el/la taxista.* Es excepcional el caso de *modista,* que a partir del masculino normal *el modista* ha generado el masculino regresivo *modisto.*

c) Los que acaban en *-e* tienden a funcionar como comunes, en consonancia con los adjetivos con esta misma terminación, que suelen tener una única forma (*afable, alegre, pobre, inmune,* etc.): *el/la amanuense, el/la cicerone, el/la conserje, el/la orfebre, el/la pinche.* Algunos tienen formas femeninas específicas a través de los sufijos *-esa, -isa* o *-ina: alcalde/alcaldesa, conde/condesa, duque/duquesa, héroe/heroína, sacerdote/sacerdotisa* (aunque *sacerdote* también se usa como común: *la sacerdote*). En unos pocos casos se han generado femeninos en *-a,* como en *jefe/jefa, sastre/sastra, cacique/cacica.*

Dentro de este grupo están también los sustantivos terminados en *-ante* o *-ente,* procedentes en gran parte de participios de presente latinos, y que funcionan en su gran mayoría como comunes, en consonancia con la forma única de los adjetivos con estas mismas terminaciones (*complaciente, inteligente, pedante,* etc.): *el/la agente, el/la conferenciante, el/la dibujante, el/la estudiante.* No obstante, en algunos casos se han generalizado en el uso femeninos en *-a,* como *clienta, dependienta* o *presidenta.* A veces se usan ambas formas, con matices significativos diversos: *la gobernante* ('mujer que dirige un país') o *la gobernanta* (en una casa, un hotel o una institución, 'mujer que tiene a su cargo el personal de servicio').

d) Los pocos que terminan en *-i* o en *-u* funcionan también como comunes: *el/la maniquí, el/la saltimbanqui, el/la gurú.*

e) En cuanto a los terminados en *-y,* el femenino de *rey* es *reina,* mientras que los que toman modernamente esta terminación funcionan como comunes: *el/la yóquey.*

f) Los que acaban en *-or* forman el femenino añadiendo una *-a: compositor/compositora, escritor/escritora, profesor/profesora, gobernador/gobernadora.* En algunos casos, el femenino presenta la terminación culta *-triz* (del lat. *-trix, -tricis*), por provenir directamente de femeninos latinos formados con este sufijo: *actor/actriz, emperador/emperatriz.*

g) Los que acaban en *-ar* o *-er,* así como los pocos que acaban en *-ir* o *-ur,* funcionan hoy normalmente como comunes, aunque en algunos casos existen también femeninos en *-esa* o en *-a: el/la auxiliar, el/la militar, el/la escolar* (pero *el juglar/la juglaresa*), *el/la líder* (raro *lideresa*), *el/la chofer* o *el/la chófer* (raro *choferesa*), *el/la ujier, el/la sumiller, el/la bachiller* (raro hoy *bachillera*), *el/la mercader* (raro hoy *mercadera*), *el/la faquir, el/la augur.*

h) Los agudos acabados en *-n* y en *-s* forman normalmente el femenino añadiendo una *-a: guardián/guardiana, bailarín/bailarina, anfitrión/anfitriona, guardés/guardesa, marqués/marquesa, dios/diosa.* Se exceptúan *barón* e *histrión,* cuyos femeninos se forman a través de los sufijos *-esa* e *-isa,* respectivamente: *baronesa, histrionisa.* También se apartan de esta regla la palabra *rehén,* que funciona como epiceno masculino (*el rehén*) o como común (*el/la rehén*), y la voz *edecán,* que es común en cuanto al género (*el/la edecán;* → edecán). Por su parte, las palabras llanas con esta terminación funcionan como comunes: *el/la barman.*

i) Los que acaban en *-l* o *-z* tienden a funcionar como comunes: *el/la cónsul, el/la corresponsal, el/la timonel, el/la capataz, el/la juez, el/la portavoz,* en consonancia con los adjetivos terminados en estas mismas consonantes, que tienen, salvo poquísimas excepciones, una única forma, válida tanto para el masculino como para el femenino: *dócil, brutal, soez, feliz* (no existen las formas femeninas **dócila, *brutala, *soeza, *feliza*). No obstante, algunos de estos sustantivos han desarrollado con cierto éxito un femenino en *-a,* como es el caso de *juez/jueza, aprendiz/aprendiza, concejal/concejala* o *bedel/bedela.*

j) Los terminados en consonantes distintas de las señaladas en los párrafos anteriores funcionan como comunes: *el/la chef, el/la médium, el/la pívot.* Se exceptúa la voz *abad,* cuyo femenino es *abadesa.* Es especial el caso de *huésped,* pues aunque hoy se prefiere su uso como común (*el/la huésped*), su femenino tradicional es *huéspeda.*

k) Independientemente de su terminación, funcionan como comunes los nombres que designan grados de la escala militar: *el/la cabo, el/la brigada, el/la teniente, el/la brigadier, el/la capitán, el/la coro-*

nel, el/la alférez; los sustantivos que designan por el instrumento al músico que lo toca: *el/la batería, el/la corneta, el/la contrabajo;* y los sustantivos compuestos que designan persona: *el/la mandamás, el/la sobrecargo, un/una cazatalentos, un/una sabelotodo, un/una correveidile.*

l) Cuando el nombre de una profesión o cargo está formado por un sustantivo y un adjetivo, ambos elementos deben ir en masculino o femenino dependiendo del sexo del referente; por tanto, debe decirse *la primera ministra, una intérprete jurada, una detective privada,* etc., y no ⊛*la primera ministro,* ⊛*una intérprete jurado,* ⊛*una detective privado,* etc.: «*Me llamo Patricia Delamo y soy detective privada*» (Beccaria *Luna* [Esp. 2001]).

4. Género de los nombres de países y ciudades. En la asignación de género a los nombres propios de países y ciudades influye sobre todo la terminación, aunque son muy frecuentes las vacilaciones. En general puede decirse que los nombres de países que terminan en *-a* átona concuerdan en femenino con los determinantes y adjetivos que los acompañan: «*Serán los protagonistas de la Colombia del próximo siglo*» (*Tiempo* [Col.] 2.1.90); «*Hizo que la vieja España pensara sobre sus colonias*» (Salvador *Ecuador* [Ec. 1994]); mientras que los que terminan en *-a* tónica o en otra vocal, así como los terminados en consonante, suelen concordar en masculino: «*Para que* [...] *construyan juntos el Panamá del futuro*» (*Siglo* [Pan.] 15.5.97); «*El México de hoy ya no es el México de hace tres años*» (*Proceso* [Méx.] 19.1.97); «*La participación de Rusia en el Iraq que resultará de la guerra dependerá de si adopta una "postura constructiva" en la ONU*» (*Razón* [Esp.] 9.4.03). En lo que respecta a las ciudades, las que terminan en *-a* suelen concordar en femenino: «*Hallado un tercer foro imperial en la Córdoba romana*» (*Vanguardia* [Esp.] 10.3.94); mientras que las que terminan en otra vocal o en consonante suelen concordar en masculino, aunque en todos los casos casi siempre es posible la concordancia en femenino, por influjo del género del sustantivo *ciudad:* «*Puso como ejemplo de convivencia cultural y religiosa el Toledo medieval*» (*Vanguardia* [Esp.] 16.10.95); «*Ya vuela* [...] *sobre la Toledo misteriosa*» (Reyes *Letras* [Méx. 1946]); «*El Buenos Aires caótico de frenéticos muñecos con cuerda*» (Sábato *Héroes* [Arg. 1961]); «*Misteriosa Buenos Aires*» (Mujica *Buenos Aires* [Arg. 1985] tít.). Con el cuantificador *todo* antepuesto, la alternancia de género se da con todos los nombres de ciudades, independientemente de su terminación: «*—¿Lo sabías tú? —Bueno, Javier, lo sabe todo Barcelona*» (Mendoza *Verdad* [Esp. 1975]); «*Por toda Barcelona corre un rumor de llanto y de promesa*» (Semprún *Autobiografía* [Esp. 1977]). La expresión masculina «*el todo* + nombre de ciudad» se ha lexicaliza-

do en países como México y España con el sentido de 'élite social de una ciudad': «*Su pequeño bar es el lugar donde se reúne "el todo Barcelona"*» (Domingo *Sabor* [Esp. 1992]).

5. Sobre el género de abreviaturas, acortamientos, siglas y acrónimos, → ABREVIATURA, 4; ACORTAMIENTO, 2; SIGLA, 4; ACRÓNIMO, 4.

genesíaco -ca o **genesiaco -ca.** → -íaco o -iaco.

génesis. Es femenino cuando significa 'origen o principio': «*Indique las principales causas de la génesis y del desarrollo de los monopolios*» (Tamames *Economía* [Esp. 1992]). Es masculino cuando se refiere al título del primer libro del Antiguo Testamento y, en ese caso, debe escribirse con mayúscula inicial (→ MAYÚSCULAS, 4.15): «*En el Génesis, la serpiente ofrece a Eva una manzana*» (*Tiempo* [Col.] 28.4.97).

⊛**gengibre.** → jengibre.

genízaro. → jenízaro.

⊛**genjibre.** → jengibre.

gente. 1. En el español general, este sustantivo femenino se emplea como nombre colectivo no contable y significa 'personas': «*La gente acudía a su bar*» (Obligado *Salsa* [Arg. 2002]); «*En torno a nosotros había un grupo de gente joven que reía y voceaba*» (Salisachs *Gangrena* [Esp. 1975]). Como otros nombres colectivos, admite un plural expresivo, usado casi exclusivamente en la lengua literaria: «*Fue ella quien me introdujo en las cosas, en las comidas, en las gentes de aquí*» (Benedetti *Primavera* [Ur. 1982]). La divergencia gramatical entre su referente (plural) y su número gramatical (singular) puede dar lugar a errores de concordancia (→ CONCORDANCIA, 4.7).

2. En el español de ciertas zonas de América, especialmente en México y varios países centroamericanos, se usa también con el sentido de 'persona o individuo', es decir, como sustantivo contable y no colectivo: «*Luis era una gente muy caballerosa*» (*Prensa* [Nic.] 3.2.97); con este sentido, su uso en plural es obligado cuando se desea aludir a más de una persona: «*Alrededor de la tina, en la que podían caber cinco gentes, había muchas plantas*» (Mastretta *Vida* [Méx. 1990]). En España solo es normal el uso de *gente* con referente singular en la expresión *buena* (o *mala*) *gente,* que también se documenta en el español americano: «*Yo soy muy buena gente*» (Gala *Invitados* [Esp. 2002]); «*Tato, por su parte, no era mala gente*» (ÁlvzGil *Naufragios* [Cuba 2002]).

3. En el español coloquial de muchos países de América se emplea también, como adjetivo o como sustantivo, con el sentido de '[persona] honesta, amable y servicial' y '[persona] distinguida o de buena posición': «*Sería conveniente que llamara al doctor Pereyda* [...]; *él es muy gente y seguramente no le cobrará*» (Olivera *Enfermera* [Méx. 1991]); «*Ese es* para mí menos que nada, aunque estos caballeros hablen de él como si fuera gente» (Piglia *Respiración* [Arg. 1980]).

gentilhombre. 'Caballero al servicio del rey o de un noble'. Es masculino y se escribe siempre en una sola palabra. Su plural es *gentilhombres* (preferible) o *gentileshombres*: «*Los gentilhombres de cámara* [...] *bloquearon ciertos accesos*» (Otero *Temporada* [Cuba 1983]); «*Al llegar a México el virrey con una escolta de marinos, gentileshombres y soldados*» (Bosch *Sueño* [Méx. 1987]).

gentleman. Voz inglesa (pron. [yéntelman]) que se usa ocasionalmente en español para designar al hombre educado y de porte elegante. Con este sentido genérico es anglicismo innecesario, que debe sustituirse por la voz española *caballero*. Solo está justificado el empleo de la voz inglesa en referencia al típico caballero inglés. Como extranjerismo crudo conserva, en ese caso, su grafía y pronunciación originarias, y debe escribirse con resalte tipográfico: «*Mister Thompson era un* gentleman *irreprochable*» (TBallester *Filomeno* [Esp. 1988]). La expresión inglesa *gentlemen's* (o *gentleman's*) *agreement* ha de traducirse en español por *pacto de caballeros* o *pacto entre caballeros*.

geomancia. → -mancia o -mancía.

geranio. 'Planta ornamental'. Es errónea la forma ⊗*geráneo*, que se usa a menudo por ultracorrección.

gerenta. → gerente.

gerente. 'Persona que lleva la gestión administrativa de una empresa o institución'. Por su terminación, es común en cuanto al género (*el/la gerente;* → GÉNERO², 1a y 3c): «*Es la gerente de una compañía china*» (*Clarín* [Arg.] 3.4.97). No es normal el femenino *gerenta*.

geriatra. → -iatra.

gerifalte. Además de 'halcón de gran tamaño', significa, con sentido irónico y despectivo, 'jefe o autoridad': «*No me siento bien entre gerifaltes y nobles*» (Salom *Casas* [Esp. 1986]). Es incorrecta la grafía ⊗*jerifalte*.

⊗**gerigonza.** → jerigonza.

Gerona. Nombre tradicional en lengua castellana de la provincia y ciudad de Cataluña cuyo nombre en catalán es *Girona*. Salvo en textos oficiales, donde es preceptivo usar el topónimo catalán como único nombre oficial aprobado por las Cortes españolas, en textos escritos en castellano debe emplearse el topónimo castellano. El gentilicio, para todo tipo de textos, incluidos los oficiales, es *gerundense*.

gerundense. → Gerona.

geyser. → géiser.

Ghana. País de África: «*En el naufragio perecieron* [...] *dos marineros de Santo Tomé y uno de Ghana*» (*FVigo* [Esp.] 7.2.01). Dado que esta grafía está plenamente asentada en el uso español, no se recomienda su hispanización. El gentilicio es *ghanés*: «*El ciudadano ghanés detenido contaba con antecedentes policiales*» (*Canarias 7* [Esp.] 2.2.01).

ghanés -sa. → Ghana.

⊗**gheisa.** → geisha.

⊗**gheto, ghetto.** → gueto.

Ghizeh. → Guiza.

giganta. → gigante.

gigante. Como adjetivo ('de tamaño muy superior al normal'), tiene una sola terminación, válida para ambos géneros: *calamar/pantalla gigante;* pero cuando se usa como sustantivo, con los sentidos de 'ser fabuloso de tamaño descomunal' y 'persona de tamaño excepcional', es normal el femenino *giganta*: «*De rodillas ante la giganta (ahora medía dos metros y siete centímetros)*» (Jodorowsky *Pájaro* [Chile 1992]).

gilí. → gilipollas.

gilipollas. 'Tonto o idiota': «*Nuestro Raúl se ha convertido en un auténtico gilipollas*» (Mendizábal *Cumpleaños* [Esp. 1992]). Esta palabra vulgar, usada solo en España, así como otras voces de la misma familia, como *gilí* y *gilipollez*, y el sustituto eufemístico *gilipuertas*, se escriben siempre con *g-*.

gilipuertas. → gilipollas.

gillette. Con el sentido de 'hoja de afeitar desechable', se usa con cierta frecuencia en español la voz *gillette*, marca registrada que tiene su origen en el apellido del industrial estadounidense que la inventó. La existencia de los equivalentes españoles *cuchilla* u *hoja (de afeitar)* hace innecesario el uso de esta voz extranjera, que presenta además el inconveniente de la falta de correspondencia entre su grafía, ajena al sistema gráfico español, y su pronunciacion, [yilét].

⊗**gimkana,** ⊗**gincana.** → yincana.

gineta. → jineta, 1.

gira. 'Viaje por distintos lugares': «*Era necesario* [...] *fugarse del hogar y emprender una gira, a pie, alrededor del mundo*» (Araya *Luna* [Chile 1982]); y 'serie de actuaciones sucesivas de un artista o un grupo en diferentes localidades': «*Luego de esta actuación, el dúo Wayra iniciará una gira por el interior del país*» (*Expreso* [Perú] 1.10.91). Esta voz española es la que debe usarse en lugar de los galicismos *tour* y *tournée*. No debe confundirse con *jira* ('excursión campestre'; → jira).

girl scout. → escultismo, 2.

Girona. → Gerona.

giróstato o **girostato.** 'Volante que gira manteniendo constante su plano de rotación'. Término de la física que se emplea en ámbitos especializados, en los que se prefiere la forma esdrújula *giróstato,* conforme con la prosodia grecolatina; no obstante, como en el resto de las palabras con esta misma terminación, existe la variante llana *girostato,* también válida.

Giza, Gizeh. → Guiza.

glace. → glas.

glacé, ®**glaceado -da.** → glasé.

glacial. 'Extremadamente frío', referido normalmente a clima, o a las zonas o períodos en que hace este tipo de clima: «*¿Cuál es el origen de ese descenso de la temperatura y, por tanto, del inicio de una época glacial?*» (GaRamos *Fósiles* [Esp. 1987]). Se usa frecuentemente en sentido figurado: «*Me enfriaba el alma con la indiferencia glacial de su mirada*» (Vega *Crónicas* [P. Rico 1991]). No debe confundirse con *glaciar* (como sustantivo, 'masa de hielo acumulada en zonas de alta montaña' y, como adjetivo, 'del glaciar'; → glaciar); así, para referirse al período geológico caracterizado por temperaturas extremadamente frías, hay que decir *época* o *período glacial,* y no ®*época* o *período glaciar;* para referirse a la zona climática terrestre en que son más frías las temperaturas, lo correcto es decir *zona glacial,* y no ®*zona glaciar;* y los océanos que rodean cada uno de los polos terrestres se denominan, respectivamente, *océano Glacial Ártico* y *océano Glacial Antártico* (no ®*océano Glaciar*).

glaciar. Como sustantivo, 'masa de hielo acumulada en zonas de alta montaña, que tiene un lento movimiento de descenso': «*Este parque está ubicado en la zona de los glaciares más importantes de los Andes*» (Vattuone *Biología* [Arg. 1992]). Como adjetivo, 'del glaciar': «*La erosión glaciar actúa sobre las paredes y el fondo del valle*» (Banda/Torné *Geología* [Esp. 1997]). No debe confundirse con el adjetivo *glacial* ('extremadamente frío'; → glacial).

gladiola. → gladiolo o gladíolo, 2.

gladiolo o **gladíolo. 1.** 'Planta ornamental y, especialmente, su flor'. Tiene dos formas válidas: la esdrújula *gladíolo,* acorde con la etimología, y la llana *gladiolo,* hoy mayoritaria y más recomendable.
2. En algunos países de América, especialmente en México, Nicaragua, Puerto Rico y Venezuela, se usa la voz femenina *gladiola:* «*A cada una le entregaba una gladiola*» (Ramírez *Baile* [Nic. 1995]).
3. En el habla popular es frecuente el cambio de la *-l-* en *-r-,* lo que da lugar a formas como ®*gradiolo,* ®*gradiola,* que han de evitarse en la lengua culta.

glamor, glamoroso -sa, *glamour.* → glamur.

glamur. Adaptación gráfica propuesta para la voz inglesa *glamour,* introducida en español a través del francés, que significa 'encanto sofisticado': «*Puede que ella le ponga a la cosa más glamur y yo más concentración*» (*Mundo* [Esp.] 3.3.96). El adjetivo derivado es *glamuroso* ('que tiene glamur'). También es admisible el uso de *glamor,* variante formal que existe también en inglés: «*Ningún escritor ha tenido tanto éxito como West en destruir el viejo mito romántico del glamor de Hollywood*» (Ruffinelli *Infamias* [Ur. 1981]). Su derivado, *glamoroso,* se prefiere a *glamuroso* en el español de América. Debe evitarse la forma híbrida ®*glamouroso.*

glamuroso -sa. → glamur.

glas. '[Azúcar] pulverizado usado en repostería': «*Una vez hecho* [el bizcocho], *desmóldalo y decóralo con las guindas y azúcar glas*» (Arguiñano *Recetas* [Esp. 1996]). Es adaptación gráfica de la voz francesa *glace* ('hielo'). No debe confundirse con *glasé* ('jarabe hecho de azúcar glas'; → glasé). Este tipo de azúcar se denomina también en español *azúcar (de) lustre* y, en los países del Río de la Plata, *azúcar impalpable:* «*Una tarta de almendras al licor con bastante chocolate rallado* [...] *y la rociadura de azúcar de lustre*» (Romero *Declaración* [Ven. 1988]); «*Quedan muy lindos nevados con el azúcar impalpable*» (Botana *Recetas* [Arg. 1999]). Es incorrecta la forma ®*glass,* que no es ni francesa ni española.

glasé. 1. Adaptación gráfica de la voz francesa *glacé* ('brillante'), que en español se usa, como sustantivo masculino, con los sentidos de 'tafetán de mucho brillo': «*Colgaba de ella un traje de gasa negro, forrado de glasé*» (MtnGaite *Fragmentos* [Esp. 1976]); y, en repostería y confitería, 'jarabe hecho de azúcar glas y otros ingredientes, con el que se recubren algunos dulces y que forma sobre ellos una película transparente': «*Desmoldar y bañar con el glasé, que se hace mezclando el azúcar impalpable con el jugo de limón*» (Botana *Recetas* [Arg. 1999]). Para este último sentido también puede usarse la voz *glaseado,* del participio de *glasear,* verbo creado a partir del galicismo: «*Si añades* [al chocolate] [...] *un jarabe de agua y azúcar* [...], *obtendrás un chocolate más líquido, el glaseado de chocolate*» (Arguiñano *Recetas* [Esp. 1996]).
2. Es innecesario usar el galicismo *glasé* para referirse, como adjetivo, al alimento recubierto de un baño de azúcar o de cualquier otra sustancia que le da aspecto brillante, pues existen los equivalentes *glaseado* (no ®*glaceado*), *confitado* y *escarchado* (este último solo referido a frutas), que son participios, respectivamente, de *glasear, confitar* y *escarchar:* «*Entre a un restaurante y admire los patos glaseados y dorados*» (*NHerald* [EE. UU.] 9.3.97); «*Langosta roja con patatas confitadas al azafrán*» (*Mun-*

do [Esp.] 29.4.96); «*Postres con cremas, natas y guindas escarchadas*» (Chacel *Barrio* [Esp. 1976]).

3. La expresión francesa *marron glacé* puede sustituirse por su equivalente español *castaña confitada*: «*Llevaba galletitas inglesas para el té, castañas confitadas, aceitunas griegas, pequeñas delicias de salón que encontraba en los transatlánticos*» (GaMárquez *Amor* [Col. 1985]).

4. La palabra *glasé* no debe usarse como adjetivo para referirse al azúcar pulverizado que se usa en repostería, pues la adaptación correcta del francés es *azúcar glas* (→ glas).

®glass. → glas.

glicemia. → glucemia.

glicina. Con el sentido de 'planta de jardín que presenta racimos colgantes de flores azules, malvas o blancas', es igualmente correcta, aunque menos frecuente, la forma *glicinia*: «*Bajo el balcón engalanado por la glicina*» (Donoso *Casa* [Chile 1978]); «*El olor de las flores moradas de las glicinias*» (MñzMolina *Sefarad* [Esp. 2001]).

glicinia. → glicina.

glicólisis o glicolisis. 'Descomposición de la glucosa en el organismo'. Ambas acentuaciones son válidas (→ -lisis). También se dice *glucólisis* o *glucolisis*.

gloriar(se). 'Alabar o glorificar' y, como pronominal, 'presumir o jactarse'. Se acentúa como *enviar* (→ APÉNDICE 1, n.º 5).

glucemia. 'Presencia de glucosa en sangre': «*Las cifras de glucemia son cambiantes y dependen de la alimentación que tengamos*» (Mantecón *Dieta* [Méx. 1996]). En amplias zonas de América es mayoritaria la variante *glicemia*, más cercana al étimo francés *glycémie*: «*Tengo las cifras de glicemia dentro de los rangos normales*» (*Granma* [Cuba] 8.97).

glucólisis o glucolisis. → glicólisis o glicolisis.

gn-. → g, 2.1.3.

gneis. 'Roca de estructura pizarrosa e igual composición que el granito'. Menos frecuente, pero también válida, es la grafía *neis* (→ g, 2.1.3). Aunque a menudo se usa como invariable, se recomienda el plural *gneises* o *neises* (→ PLURAL, 1f): «*La primera es típica de los gneises pelíticos*» (Castro *Petrografía* [Esp. 1989]).

gnoseología. 'Teoría del conocimiento': «*Este panorama [...] exige una revisión de lo que entendemos por conocer. Los elementos de una nueva gnoseología pueden ser dichos como sigue*» (Umbral [Chile] 9.01). Este sustantivo, así como el cultismo *gnosis* ('conocimiento absoluto, especialmente de la Divinidad'), proceden de la voz griega *gnosis* ('conocimiento'). Aunque en el caso de otros cultismos

que empiezan por *gn-* se aceptan las variantes sin *g-* (*gnetáceo/netáceo, gnómico/nómico*, etc.; → g, 2.1.3), las voces *gnosis, gnoseología* y su derivado *gnoseológico* no admiten su escritura sin *g-*, posiblemente para evitar su confusión con *nosología* y *nosológico*, de diferente etimología y significado (→ nosología).

Gnosos. → Cnosos.

goal average. → golaveraje.

gobernanta. → gobernante, 2.

gobernante. 1. Como adjetivo ('que gobierna'), tiene una sola terminación, válida para ambos géneros: *partido/clase gobernante*. Consecuentemente, cuando se usa como sustantivo para designar a la persona que ejerce el gobierno de un territorio, es común en cuanto al género (*el/la gobernante*; → GÉNERO², 1a y 3c): «*También acompañaban a la gobernante* [Violeta Chamorro] *sus hijos Carlos y Pedro*» (*Prensa* [Hond.] 28.8.96).

2. Solo se usa el femenino *gobernanta* con el sentido de 'mujer que tiene a su cargo el personal de servicio en una casa, un hotel o una institución': «*Mayordomo y gobernanta se hallaban enzarzados en una oscura conversación*» (SchzEspeso *Alas* [Esp. 1985]).

gobernar. 'Mandar o dirigir'. Verbo irregular: se conjuga como *acertar* (→ APÉNDICE 1, n.º 16).

gobierno. Se escribe con inicial mayúscula cuando significa 'conjunto de las personas que gobiernan un Estado, formado por el presidente y sus ministros', tanto en singular como en plural: «*El jefe del Gobierno alemán* [...] *acelera sus esfuerzos para renovar y mejorar los lazos económicos con América Latina*» (*Universal* [Ven.] 15.9.96); «*A Bello alguien aún le reprocha haber desarrollado su obra bajo Gobiernos conservadores*» (Teitelboim *País* [Chile 1988]). Se escribe con minúscula en el resto de sus acepciones: «*Su padre delegó en ella los poderes para el gobierno de la casa*» (GaMárquez *Amor* [Col. 1985]); «*Ambas soberanas tenían en común* [...] *la firme creencia de estar asistiendo al final de la monarquía como forma de gobierno*» (Moix *Vals* [Esp. 1994]).

golaveraje. Adaptación gráfica de la expresión inglesa *goal average*, que significa, en ciertos deportes, especialmente en el fútbol, 'diferencia de tantos marcados y recibidos, que se utiliza para deshacer el empate entre equipos con el mismo número de puntos en la clasificación': «*A falta de seis jornadas, los cuatro puntos de ventaja más el golaveraje parecen suficientes*» (*Provincias*@ [Esp.] 3.4.05). Se pronuncia [golabéraje] y debe escribirse con *j*, como corresponde a las palabras españolas con esta terminación; por ello, no se considera válida la grafía ®*golaverage*, aunque esté gráficamente más próxima al étimo inglés, y tampoco resulta aceptable la expresión híbrida ®*gol average*. Aunque se admite el uso del anglicismo adaptado, se recomienda usar con preferencia la expresión española *diferencia* (*de goles, puntos, tantos,* etc.), de sentido equivalente: «*Una diferencia de goles superior a la de sus contrincantes hará que Gremio termine primero*» (*Universal* [Ven.] 15.4.97).

golpe de Estado. Calco de la expresión francesa *coup d'État,* 'usurpación violenta del gobierno de un país'. Este calco hace innecesario el uso del original francés, así como el de la voz alemana *putsch,* que aparece ocasionalmente en textos españoles. Debe evitarse asimismo el uso de los derivados híbridos ⊗*putschismo* y ⊗*putschista,* en lugar de las voces españolas *golpismo* y *golpista.*

goma. Es sustantivo femenino en todas sus acepciones. Cuando significa, en medicina, 'tumor de origen sifilítico', se recomienda mantener este mismo género, que es el etimológico, aunque a veces se emplee también en masculino: «*Las gomas sifilíticas del hígado*» (Vega *Así* [Col. 1981]); «*Más raro era el goma cerebral*» (Castilla *Psiquiatría 2* [Esp. 1980]).

gónada. 'Glándula sexual': «*En el hombre, la gónada embrionaria inicial* [...] *se diferencia como testículo en los embriones con cromosoma Y*» (Rubio *Genes* [Esp. 1989]). Es voz esdrújula y se pronuncia [gónada], no ⊗[gonáda]. Es incorrecta, pues, la grafía sin tilde ⊗*gonada* (→ TILDE², 1.1.3).

gong. Voz de origen malayo tomada del inglés *gong,* 'instrumento de percusión formado por un disco metálico suspendido, que vibra al ser golpeado por una maza'. Su plural es *gongs* (→ PLURAL, 1j): «*Todavía se escuchan los gongs de las 75 pagodas*» (Leguineche *Camino* [Esp. 1995]). Menos usada, pero también válida, es la hispanización *gongo* (pl. *gongos*): «*Han logrado sacar a la luz* [...] *cinco gongos y dos minicañones de bronce*» (*Muy Interesante* [Esp.] 6.97).

gongo. → gong.

⊗**gorgojear,** ⊗**gorgojeo.** → gorgotear y gorjear.

gorgorear. 'Hacer gorgoritos o quiebros con la voz en la garganta, especialmente en el canto': «*AMALIA (gorgoreando en mitad del mar). Lara, lara, laláaaaaaaa... laralaralara*» (Romero *Vodevil* [Esp. 1979]). No debe confundirse con *gorgotear* (dicho de un líquido, 'producir ruido dentro de una cavidad'; → gorgotear).

gorgotear. Dicho de un líquido o de un gas, 'producir ruido dentro de una cavidad'*:* «*Tenía poca sangre y apenas gorgoteó un poco en el fondo de la garganta*» (Gasulla *Culminación* [Arg. 1975]). El sustantivo correspondiente es *gorgoteo:* «*El silencio solo se vio turbado por el gorgoteo de un grifo*» (Mendoza *Verdad* [Esp. 1975]). No son correctas las formas

⊗*gorgojear* ni ⊗*gorgojeo,* debidas posiblemente al cruce con *gorjear* (→ gorjear). No debe confundirse con *gorgorear* ('hacer gorgoritos'; → gorgorear).

gorjear. Dicho de una persona o de un pájaro, 'emitir ruidos inarticulados con la garganta': «*Parece como si los pájaros gorjearan dentro de ti*» (Moncada *Otoño* [Esp. 1993]). El sustantivo correspondiente es *gorjeo:* «*Su voz cambia a un gorjeo jovial*» (Santiago *Sueño* [P. Rico 1996]). No son correctas las formas ⊗*gorgojear* ni ⊗*gorgojeo,* debidas posiblemente al cruce con *gorgotear* (→ gorgotear).

Gorki. Forma tradicional adaptada a la ortografía española del nombre con el que desde 1932 hasta 1990 se conocía la ciudad de Nizni Nóvgorod, por ser la ciudad natal del escritor Máximo Gorki: «*Fue justamente su crítica a la invasión soviética a ese país lo que lo llevó al confinamiento en Gorki*» (*Hoy* [Chile] 5-11.1.87). No debe usarse en español la grafía inglesa *Gorky.*

Gorky. → Gorki.

góspel. La voz inglesa *gospel* ('música religiosa propia de las comunidades afronorteamericanas' y 'canción perteneciente a este estilo musical') puede hispanizarse fácilmente en la forma *góspel,* escrita con tilde por ser palabra llana terminada en consonante distinta de *-n* o *-s* (→ TILDE², 1.1.2). Su plural debe ser *góspeles* (→ PLURAL, 1g). No obstante, para designar la canción es preferible emplear la expresión *espiritual negro* o, simplemente, *espiritual,* calcos del inglés *(Negro) spiritual:* «*Canta por igual* La Marsellesa *en París* [...] *que un espiritual negro*» (*Abc* [Esp.] 1.6.89). Menos recomendable es la expresión *negro espiritual,* que traslada al español el orden inglés, lengua en la que se antepone siempre el adjetivo al sustantivo.

Göteborg. → Gotemburgo.

Gotemburgo. Forma tradicional española del nombre de esta ciudad sueca: «*Volvo produce* [...] *autobuses que consumen gas natural para el sistema de transportes públicos de Gotemburgo*» (*Tiempo* [Col.] 11.11.96). El topónimo tradicional no ha perdido su vigencia en el uso, por lo que debe evitarse el empleo en español de la forma sueca *Göteborg.* El gentilicio es *gotemburgués.*

gotemburgués -sa. → Gotemburgo.

Gotinga. Forma tradicional española del nombre de esta ciudad de Alemania: «*Kroemer nació en Weimar, Alemania, y se doctoró en la Universidad de Gotinga*» (*Clarín* [Arg.] 11.10.00). No debe usarse en español la forma alemana *Göttingen.*

Göttingen. → Gotinga.

gouache. → aguada.

gourmet. → gurmé.

gozar. 1. Cuando significa 'sentir placer a causa de algo', es normalmente intransitivo y se construye con un gerundio o con un complemento introducido por *de* o *con*: «*Moctezuma gozaba bebiendo chocolate*» (Fuentes *Espejo* [Méx. 1992]); «*Salieron a gozar DE los árboles centenarios*» (Serrano *Vida* [Chile 1995]); «*El nene goza CON las tonterías de su papá*» (Santiago *Sueño* [P. Rico 1996]). Más rara, pero también válida, es la construcción transitiva: «*No puede dejar de gozar su cautiverio*» (Castillo *Bolero* [Ven. 1990]).

2. Con el significado de 'tener algo bueno o placentero', puede ser transitivo: «*La sociedad argentina, que goza hoy un amplio grado de libertad de información*» (*Cronista* [Arg.] 15.7.92); o, más comúnmente, intransitivo con un complemento introducido por *de*: «*Gozó DE merecida fama*» (Trabulse *Orígenes* [Méx. 1994]).

grabar. 'Marcar [un texto o dibujo] en una superficie mediante incisión u otro método': «*Hay en la tumba vacía una singular inscripción que él mandó grabar unos meses antes de su muerte*» (VMatas *Suicidios* [Esp. 1991]); y 'registrar [sonidos o imágenes] en un soporte': «*Se mudaron a un estudio llamado La Chapel donde grabaron tres canciones*» (*Tiempo* [Col.] 16.10.92). A veces el complemento directo es la superficie o el soporte en que se graba y lo grabado se expresa mediante un complemento introducido por *con*: «*Debemos grabarla* [la tumba] *CON su nombre*» (Serrano *Vida* [Chile 1995]). No debe confundirse con *gravar* ('imponer un gravamen o impuesto'; → gravar).

[⊗]**gradiola,** [⊗]**gradiolo.** → gladiolo o gladíolo.

graduar(se). 1. 'Dar [a algo] el grado conveniente', 'dividir y ordenar [algo] por grados' y, como pronominal, 'obtener un grado o título'. Se acentúa como *actuar* (→ APÉNDICE 1, n.º 7).

2. Con el último sentido indicado lleva normalmente un complemento introducido por *en*, cuando se refiere a la disciplina estudiada, o *de*, si se refiere a la profesión para la que faculta el título obtenido: «*Se graduó EN Matemáticas en 1957*» (*Universal* [Ven.] 9.10.96); «*Se graduó DE abogado en Barcelona*» (Vitier *Sol* [Cuba 1975]).

graffiti, graffito. → grafito.

grafila o **gráfila.** 'Orla de las monedas y medallas'. Ambas acentuaciones son válidas, sin que el uso muestre una clara preferencia por una u otra.

grafiti. → grafito.

grafito. 1. Con el sentido de 'inscripción o dibujo hecho en una pared', es adaptación de la voz italiana *graffito*, popularizada en español a través del inglés: «*En un sucio muro neoyorquino, una mujer francesa* [...] *leyó un grafito* [...]. *El grafito decía:*

"*La nostalgia ya no es lo que era*"» (*País* [Esp.] 1.10.85). Aunque menos usada que *grafiti* (→ 2), es la forma más correcta desde el punto de vista etimológico.

2. El uso frecuente del plural italiano *graffiti* ha dado lugar a que en español se emplee la adaptación *grafiti* con sentido singular: «*Otros vecinos pintan un grafiti*» (*País* [Ur.] 12.7.01). Se trata de un caso análogo al de *espagueti* (→ espagueti) y se considera válido, debido a su extensión. Su plural es *grafitis*: «*Unos grafitis de los miles que hay en las calles de Buenos Aires*» (Barnatán *Frente* [Arg. 1989]).

3. Cuando el texto ha sido pintado, y no realizado mediante incisión, puede sustituirse el extranjerismo por la voz española *pintada*, aunque su uso, muy frecuente en España y no desconocido en América, no está generalizado en todo el ámbito hispánico: «*En la vidriera de una sastrería, una pintada en letras amarillas decía NO SEA FORRO: HÁGASE RESPONSABLE DE SU CARA*» (Cohen *Insomnio* [Arg. 1986]). En Venezuela se emplea, con este sentido, la voz *pinta*.

gragea. 'Confite pequeño, normalmente en forma de bolita' y 'pequeña porción de medicamento en forma generalmente redondeada': «*Las toronjas se decoraban con grageas plateadas*» (Olivas *Dulces* [Perú 1996]); «*Acudió al médico, le recetó a Ignacio unas grageas*» (Gironella *Hombres* [Esp. 1986]). Es incorrecta la grafía [⊗]*grajea*.

grampa. → grapa, 1.

gran. → grande, 1.

Granada. Este es el nombre español del país caribeño que en inglés se llama *Grenada*. No debe usarse la forma inglesa en textos españoles: [⊗]«*No es casual que pocos días después del peor atentado en Beirut, Reagan haya decidido la invasión de Grenada*» (*Hoy* [Chile] 28.12.83-3.1.84). El gentilicio es *granadino*: «*Fidel y Mitchell se abrazaron junto a la escalerilla del IL-62* [...] *en el que viajó la delegación granadina*» (*Granma* [Cuba] 5.97).

granadino -na. → Granada.

Gran Bretaña. Nombre de la isla europea que comprende los territorios de Inglaterra, Gales y Escocia: «*Dejando a un lado las grandes islas de Gran Bretaña e Irlanda* [...], *los territorios insulares destacan por su escaso nivel de renta*» (RdgzPose *Marco* [Esp. 1995]). Dado que su territorio abarca la mayor parte del Reino Unido, suele utilizarse frecuentemente como nombre alternativo de este país: «*Hágase acompañar de los representantes de Estados Unidos y Gran Bretaña*» (VLlosa *Fiesta* [Perú 2000]). Aunque en la actualidad aparece preferentemente sin artículo, su uso con artículo es tradicional e igualmente correcto: «*El ministro de la Gran Bretaña ha-*

bía sobrevivido a la odisea con un estoicismo ejemplar» (GaMárquez *Amor* [Col. 1985]). Su gentilicio, *británico,* lo es también del topónimo *Reino Unido* (→ Reino Unido).

grande. 1. 'De tamaño, importancia, intensidad, dotes, etc., superiores a lo común o regular': *Vive en una casa grande; Torear siempre fue su gran sueño; Sintió un malestar grande; Es un gran poeta.* Referido a persona significa también, sobre todo en ciertas zonas de América, 'adulto, que ha alcanzado una edad suficiente': *«¿Qué piensas ser cuando seas grande?»* (Dolina *Ángel* [Arg. 1993]). Se apocopa en la forma *gran* cuando precede a un sustantivo singular, masculino o femenino, aunque entre ambos se interponga otra palabra: *mi gran amigo, una gran primera novela.* Aunque algunos gramáticos como Bello señalaban como normal el uso de *grande* ante sustantivos que comienzan por vocal (*un grande edificio*), hoy es general la apócope también en estos casos. La apócope es opcional si *grande* aparece antepuesto y coordinado con otro adjetivo: *«Saca del maletín un grande y anticuado altavoz»* (MFoix *Abrazos* [Esp. 1984]); *«Había ganado gran y merecido prestigio»* (Peña *Visión* [Méx. 1994]). No se produce apócope cuando *grande* va precedido de *más* o *menos*: *«Era el más grande genio teatral»* (Fuentes *Constancia* [Méx. 1989]).

2. Existen dos formas para el comparativo de *grande*:

2.1. mayor. Procede del comparativo latino *maior*: *«Londres es mayor que París»* (TBallester *Filomeno* [Esp. 1988]); *«Cada día es mayor la lucidez de mis versos»* (MDíez *Expediente* [Esp. 1992]); *«Cada vez es mayor en nuestro país el número de personas que viven solas»* (Zaragoza *Concerto* [Esp. 1981]).

a) El segundo término de comparación debe ir introducido por la conjunción *que*: *«Ella es mucho mayor* QUE *él pero no tanto como para ser su madre»* (Martínez *Vuelo* [Arg. 2002]); *«Había sido incapaz de decidir si el miedo era mayor* QUE *el frío»* (Millás *Mujeres* [Esp. 2002]); o por la preposición *de*, si se trata de una oración de relativo sin antecedente expreso que denota, no una entidad distinta, sino grado o cantidad en relación con la magnitud que se compara: *«La superficie es mucho mayor* DE *lo que me habías dicho»* (Arel *Jardín* [Ur. 1985]); *«La afluencia de invitados fue mayor* DE *la que estaba prevista»* (RCruz *Fiestas* [Esp. 2001]). En ninguno de estos casos debe emplearse la preposición *a* para introducir el término de comparación: [⊗]*«La actividad fue mayor* A *la del jueves»* (*Vanguardia* [Esp.] 16.9.95); [⊗]*«Paralizaron sus actividades por un plazo mayor* A *lo que contempla la ley»* (*Época* [Chile] 22.4.97); debió decirse *mayor* QUE *la del jueves, mayor* DE *lo que contempla la ley.* También se emplea la preposición *de* cuan-

do el término de referencia es un numeral o una expresión cuantitativa: *«Si la cifra es mayor* DE *140 mg/dl, usted es una persona diabética»* (Mantecón *Dieta* [Méx. 1996]). Tampoco debe emplearse en este caso la preposición *a*, error que se debe al cruce con *superior* (→ alto, 2a): [⊗]*«El* [cable] *conductor no tendría en este caso un diámetro mayor* A *sesenta centímetros»* (*Clarín* [Arg.] 16.1.79); debió decirse *mayor* DE o *superior* A.

b) Cuando *mayor* se emplea con valor comparativo, esto es, con el significado de 'que excede a otra cosa en tamaño, cantidad, calidad o intensidad' y, referido a persona, 'que excede en edad a otra', es incorrecta su combinación con otras marcas de grado como *más* o *tan*: [⊗]*Esta mesa es más mayor que la mía* (correcto: *más grande* o *mayor*); [⊗]*Mi hermano Pedro es más mayor que tú* (correcto: *mayor*); [⊗]*Su bondad es tan mayor como su inteligencia* (correcto: *tan grande*). No obstante, *mayor* tiene, dentro del campo de la edad, usos en que funciona, no como comparativo de *grande*, sino como un verdadero adjetivo en grado positivo. En estos casos sí puede admitir su combinación con marcas de grado como *más, muy, tan* (→ mayor, 2).

2.2. más grande. Alterna en el uso con *mayor* para formar el comparativo de *grande*, y su empleo es especialmente frecuente cuando se hace referencia al tamaño: *«Necesitamos un despacho más grande»* (Morales *Verdad* [EE. UU. 1979]); *«Te concedí mis favores y el más grande: ¡mi amistad!»* (Aguirre *Retablo* [Chile 1987]); *«¡Obtuve el amor del más grande de todos los conquistadores!»* (Moix *Sueño* [Esp. 1986]).

3. Además de *muy grande* y *grandísimo*, existe la forma superlativa *máximo*, que posee el significado enfático especial de '[lo] más grande posible': *«La altura máxima desde la que tú puedes caer es medio metro»* (Reina *Reflejos* [Esp. 1990]); *«El control se cumplió con la máxima severidad»* (Cortázar *Glenda* [Arg. 1980]). Para el superlativo *mayorcísimo,* → mayor, 3.

grandilocuencia. → grandilocuente.

grandilocuente. 'Que se expresa de manera enfática o solemne': *«No te pongas grandilocuente ni me hables de estatuas»* (Teitelboim *País* [Chile 1988]). Es incorrecta la forma [⊗]*grandielocuente*. El sustantivo es *grandilocuencia*, no [⊗]*grandielocuencia*.

grandullón -na. Adjetivo de uso coloquial que significa 'muy grande' y se aplica a personas, especialmente a quien está muy crecido para su edad o se comporta de un modo no adecuado a su edad: *«¿No eres un poco grandullón para andar todavía con estos juegos?»* (Marsé *Rabos* [Esp. 2000]). Es igualmente válida la forma *grandulón*, usada con preferencia en el español de América: *«La verdad es que* *ya está muy grandulón para estos chistes»* (Hayen *Calle* [Méx. 1993]).

grandulón -na. → grandullón.

granjear(se). 'Atraer [algo] en beneficio o perjuicio de alguien'. A menudo el complemento indirecto es reflexivo: *«Se granjeó la amistad de la mayoría de los criollos»* (Boullosa *Duerme* [Méx. 1994]). Hoy no se considera correcta la grafía ⊗*grangear(se)*.

grapa. 1. 'Pieza metálica que se utiliza para unir y sujetar cosas, como papeles, maderas, etc.': *«Extrajo de la carpeta un trío de folios cosidos con una grapa»* (Val *Hendaya* [Esp. 1981]). La forma *grapa* es la única usada en España y la preferida en el nivel culto en gran parte de América. No obstante, en países como la Argentina, el Uruguay, Colombia, Cuba y algunos países centroamericanos es normal la forma *grampa*. Como verbo, se utiliza en España *grapar*, mientras que en América se dice mayoritariamente *engrapar* o, en los países en los que es normal la forma *grampa*, *engrampar*. Para designar el utensilio con que se realiza esta operación, se usan, con la misma distribución que los verbos respectivos, las voces *grapadora*, *engrapadora* y *engrampadora*.

2. Adaptación gráfica de la voz italiana *grappa*, 'aguardiente obtenido del orujo de la uva': *«Luego pone una botella de grapa y una copa»* (Cossa *Compadritos* [Arg. 1985]).

grapadora, grapar. → grapa, 1.

grappa. → grapa, 2.

gratén. *al gratén.* → gratín.

grátil o **gratil.** 'Orilla de la vela por donde esta se sujeta al palo'. Esta voz, de origen incierto, tiene dos acentuaciones válidas en español. Parece que la acentuación primitiva era aguda (*gratil*), pero hoy es más usual, y por tanto preferible, la forma llana *grátil*.

gratín. *al gratín.* Adaptación de la locución francesa *au gratin*, que significa, dicho de un alimento preparado al horno, 'gratinado'. Es igualmente válida la adaptación *al gratén*.

gratis. Como adjetivo, 'gratuito': *«La sal y el agua son gratis»* (Martínez *Evita* [Arg. 1995]); y, como adverbio, 'gratuitamente, sin pagar nada': *«Nos alojaba gratis»* (Bryce *Vida* [Perú 1981]). Debe evitarse en el habla culta la expresión ⊗*de gratis*, que se debe al cruce entre las expresiones sinónimas *gratis* y *de balde* (→ balde, 1).

gratuidad. 'Cualidad de gratuito': *«Es necesario no renunciar a la gratuidad de la enseñanza»* (*DHoy* [Ec.] 12.17.97). No debe usarse la forma ⊗*gratuitidad*, a pesar de estar correctamente formada a partir de *gratuito*, pues el derivado de este adjetivo se ha formado por haplología ('eliminación de una sílaba semejante a otra contigua de la misma palabra').

gravar. 'Imponer un gravamen o impuesto [a alguien o a algo]': *«La decisión del Gobierno es no gravar los productos de la canasta familiar»* (*Tiempo* [Col.] 21.1.97). No debe confundirse con *grabar* ('marcar [algo] en una superficie mediante incisión' y 'registrar [sonidos o imágenes] en un soporte; → grabar).

Grenada. → Granada.

grill. Voz inglesa que se usa en español con los sentidos de 'utensilio de cocina, en forma de rejilla metálica, que se coloca sobre el fuego para asar alimentos' y 'restaurante donde se preparan asados de este tipo'. Es anglicismo innecesario, pues con ambos sentidos existe el equivalente español *parrilla*: *«Comemos y bebemos hasta que en la parrilla no queda ni un huesito»* (Galeano *Días* [Ur. 1978]); *«Fueron a comer a una parrilla de la Costanera»* (Posse *Pasión* [Arg. 1995]). Tampoco es necesario su empleo con el sentido de 'dispositivo situado en la parte superior del horno, que sirve para gratinar los alimentos', cuyo equivalente español es *gratinador*.

gripa. → gripe.

gripe. 'Enfermedad epidémica caracterizada por fiebre y síntomas catarrales'. Es voz femenina, como en francés, lengua de donde la hemos tomado: *«Creo que me ha venido una gripe fuerte»* (Bayly *Mujer* [Perú 2002]). En Colombia y México se emplea a menudo, con este sentido, la forma *gripa*: *«Lo que veía en los ojos de él no era nada definitivo [...], la gripa inclemente que comenzaba a golpearlo»* (Salazar *Selva* [Col. 1991]).

gritar. 'Dar gritos', 'hablar a gritos' y 'decir [algo] gritando'. El complemento de persona es siempre indirecto: *«Papá Crapaud salía detrás de ella y LE gritaba insultos»* (Montero *Tú* [Cuba 1995]); *«LE gritaba a todo el mundo»* (Rausch/Bay *Anorexia* [Arg. 1990]); así pues, no es correcto el uso de los pronombres de acusativo *lo(s)*, *la(s)* para expresar la persona a la que se dirigen los gritos: ⊗*«Le dijo a una profesora [...] que se callara y no LA gritara»* (*Entrevista* [Ven., corpus oral 1987]).

grivna. 'Unidad monetaria de Ucrania': *«Dobló las pensiones de 150 a 300 grivnas»* (*Mundo*@ [Esp.] 30.10.04). Es voz femenina. Deben evitarse otras grafías, como ⊗*jrivnia* o ⊗*hryvnia*, ajenas al sistema gráfico español.

grog. 'Bebida caliente hecha con ron u otro licor, agua, azúcar y limón'. Su plural es *grogs* (→ PLURAL, 1h).

groggy. → grogui.

grogui. Adaptación gráfica de la voz inglesa *groggy*, que significa, en boxeo, 'aturdido por los golpes' y, en general, 'aturdido o atontado por cualquier causa': «*Está un poco grogui por los medicamentos que deben suministrársele*» (*País* [Esp.] 2.12.86). Su plural es *groguis* (→ PLURAL, 1e). Son inadmisibles formas como ⊗*grogy* o ⊗*groggie*, que no son ni inglesas ni españolas.

grosso modo. Loc. lat. que significa 'aproximadamente o a grandes rasgos': «*El costo de la vida aquí corresponde, grosso modo, al de México*» (Tibón *Aventuras* [Méx. 1986]). Es incorrecto anteponer la preposición *a*: ⊗*a grosso modo*.

Grozni. Forma adaptada a la ortografía española del nombre de la capital de Chechenia: «*Tropas rusas asaltan el palacio presidencial de Grozni*» (*Mundo* [Esp.] 15.1.95). No debe usarse en español la forma inglesa *Grozny*, ni la transliteración *Groznyj*.

Grozny, Groznyj. → Grozni.

grueso -sa. 'Que excede del grosor normal'. Tiene dos superlativos válidos: *grosísimo*, que conserva la raíz del adjetivo latino, y *gruesísimo*, formado sobre *grueso* y más frecuente en el uso (→ -ísimo, 3): «*Estas púas no son otra cosa que pelos grosísimos*» (Alvarado *Ciencias* [Esp. 1957-74]); «*Los muros son gruesísimos*» (Ibargüengoitia *Crímenes* [Méx. 1979]).

gruñir. 'Emitir gruñidos'. Verbo irregular: se conjuga como *mullir* (→ APÉNDICE 1, n.º 42).

gruyer. Adaptación gráfica de la voz francesa *gruyère*, 'queso suave de origen suizo': «*La fábrica [...] semeja un queso gruyer carcomido por la metralla*» (*Mundo* [Esp.] 5.10.95). Su plural es *gruyeres* (→ PLURAL, 1g).

gruyère. → gruyer.

guaca. → huaca.

guacal. → huacal.

⊗**guache.** → aguada.

guaicurú. 'De cierto grupo de pueblos amerindios que habitan entre los ríos Paraguay y Paraná'. Referido a persona, se emplea frecuentemente como sustantivo. También como sustantivo designa la familia de lenguas hablada por estos pueblos. El plural preferido en la lengua culta es *guaicurúes* (→ PLURAL, 1c). No debe usarse como invariable (→ PLURAL, 2.2): ⊗*los guaicurú*.

gualda. → gualdo.

gualdo -da. 'Amarillo'. Es un adjetivo de dos terminaciones, una para cada género, por lo que, en registros esmerados, concuerda en género y número con el sustantivo al que acompaña: «*Un emblema de la muerte, mano de huesos que apaga la llama de un cirio, con lujos renacentistas sobre fondo gualdo*» (*Abc* [Esp.] 10.5.96); «*Anchas cenefas de flores rojas y gualdas*» (Hernández *Secreter* [Esp. 1995]). No

obstante, es frecuente el empleo de la forma *gualda* para ambos géneros: «*Los colores rojo y gualda [...] componen la bandera de España*» (*Abc* [Esp.] 27.12.96). Es uso válido, pues la mayoría de los adjetivos de color que derivan del nombre de una flor, como es el caso, suelen ser invariables en género: *rosa, malva, violeta*, etc.

Guangdong, Guangzhou. → Cantón.

guarache. → huarache.

guaraná. 'Cierto arbusto americano' y 'pasta obtenida a partir de sus semillas'. Su plural es *guaranás* (→ PLURAL, 1b).

guaraní. 'De un pueblo indígena americano que se extendía desde el Amazonas al Río de la Plata y hoy pervive en algunas zonas de América del Sur, especialmente en el Paraguay'. Referido a persona, se emplea frecuentemente como sustantivo. También como sustantivo designa la lengua hablada por este pueblo, así como la unidad monetaria paraguaya. El plural preferido en la lengua culta es *guaraníes* (→ PLURAL, 1c). No debe usarse como invariable (→ PLURAL, 2.2): ⊗*los guaraní*.

guarda. **1.** Este sustantivo es femenino cuando designa la 'acción de guardar', en el sentido de 'cuidar, custodiar o proteger'; equivale, por tanto, a *cuidado, custodia o protección*: «*El proyecto que nos ocupa vendría a sacrificar valores importantes, como la guarda de especies botánicas y zoológicas autóctonas y raras*» (*DPrensa* [Arg.] 28.4.92); «*La guarda de esta casa no puede seguir en manos de un hombre que se pasa la noche borracho*» (Asenjo *Días* [Esp. 1982]); «*En la sentencia de separación matrimonial me han concedido la guarda y custodia de mis hijos*» (Pérez/Trallero *Mujer* [Esp. 1983]). De ahí que al *ángel custodio*, el que se supone que Dios asigna a cada persona para su protección, se le llame más comúnmente *ángel de la guarda*: «*Si no ocurren más desgracias en ciclismo es porque tenemos un ángel de la guarda que nos protege*» (*Mundo* [Esp.] 19.7.95).

2. Es común en cuanto al género (*el/la guarda*; → GÉNERO², 1a) cuando significa 'persona encargada de la custodia o protección de algo' y, en el Río de la Plata, 'persona que vende o controla los boletos en un transporte público, especialmente en un tren': «*Solana y Loren estaban apoyados en el coche, hablando con el guarda del aparcamiento*» (Madrid *Flores* [Esp. 1989]); «*El guarda golpea la puerta del pasajero que está durmiendo o anuncia la estación próxima*» (Ocampo *Cornelia* [Arg. 1988]). A menudo va seguido de adjetivos especificativos como *forestal* o *jurado*: «*El helicóptero del Principado rescata el cadáver de una guarda forestal*» (*NEspaña*@ [Esp.] 15.10.02); «*Un guarda jurado de un coto de caza*» (*Mundo* [Esp.] 30.9.95).

3. También significa, en masculino, 'hombre encargado del cuidado de una casa o de una finca': «*Había un huerto de naranjos y limones y una choza de caña, donde vivía el guarda*» (RRosa *Sebastián* [Guat. 1994]). Para referirse a una mujer, se utiliza en este caso el femenino *guardesa* (→ guardés).

4. Aunque *guarda* procede de la misma raíz que *guardia* y sus significados están próximos, ambas palabras no son intercambiables (→ guardia).

guardarropa. Es masculino cuando significa 'lugar donde se depositan las prendas de abrigo en un local público', 'armario donde se guarda la ropa' y 'conjunto de vestidos de una persona': «*Obtuve un trabajo de ayudante en el guardarropa de un buen bar*» (Donoso *Elefantes* [Chile 1995]); «*Abrí el guardarropa y encontré dos sotanas colgando*» (Zaldívar *Capablanca* [C. Rica 1995]); «*Se adelantó el otoño y todos recurrieron al guardarropa de invierno*» (*Época* [Esp.] 15.9.97). Cuando significa 'persona a cuyo cargo está un guardarropa', es común en cuanto al género (→ GÉNERO², 1a): *el/la guardarropa*. Aunque a veces se emplea la forma *guardarropas* para el singular (*el guardarropas*), es preferible reservar esta solo para el plural.

guardés -sa. 'Persona encargada, junto con su cónyuge, de guardar una casa o una finca': «*Un buen guardés debía [...] tener dos cualidades básicas: eficacia y, sobre todo, fidelidad al señorito*» (*Mundo* [Esp.] 3.3.96); «*La abuela hacía solitarios y jugaba a la brisca con la guardesa y el hijo de la guardesa*» (Pombo *Héroe* [Esp. 1983]). El masculino *guardés*, formado por derivación regresiva del femenino *guardesa*, se usa muy poco; normalmente se prefiere, para el masculino, la forma *guarda* (→ guarda, 3). El plural *guardeses* designa al matrimonio que se ocupa en esta tarea: «*En su interior residían los guardeses de la Escuela de Danza María Victoria, un matrimonio de ancianos*» (*Mundo* [Esp.] 20.4.95).

guardia. 1. Este sustantivo es femenino en los siguientes casos:

a) Cuando significa 'acción de guardar', en el sentido de 'vigilar o defender'; equivale, por tanto, a *vigilancia* o *defensa*. Se utiliza frecuentemente en construcciones como *mantener la guardia, montar la guardia, bajar la guardia, poner o estar en guardia,* etc.: «*Por eso no abandoné la guardia, y siempre que pude lo vigilé*» (Mujica *Escarabajo* [Arg. 1982]); «*Ignacio montó la guardia para que no se colasen extraños*» (Gironella *Hombres* [Esp. 1986]); «*Conmovido, Manuel bajó la guardia y le habló con tono conciliador*» (Rovinski *Herencia* [C. Rica 1993]).

b) Cuando significa 'cuerpo de seguridad encargado de labores de vigilancia o defensa'. Si forma parte del nombre oficial del cuerpo, se escribe con mayúscula inicial y suele ir seguido de un adjetivo o complemento especificativo: «*Era oficial principal de la Guardia de Infantería*» (*Clarín* [Arg.] 9.5.97); «*La Guardia Civil rescató a la niña secuestrada*» (*Abc* [Esp.] 6.3.85).

c) Cuando significa 'servicio de vigilancia que prestan, por turnos, los miembros de una unidad militar o policial' y 'servicio que, en determinadas profesiones, se presta fuera del horario habitual': «*Se redoblaron las guardias porque la oscuridad total creaba dificultades*» (Valladares *Esperanza* [Cuba 1985]); «*En el hospital, lo recibió una médica de la guardia*» (Ramos/Lejbowicz *Corazones* [Arg. 1991]).

2. Es común en cuanto al género (→ GÉNERO², 1a) cuando significa 'persona que forma parte de un cuerpo o institución de guardia': «*La vieron con un guardia nacional*» (Darío *Dama* [Ven. 1989]); «*Fuerza [la película] la peripecia romántica de una guardia de prisiones y el recluso más peligroso al que vigila*» (*NCastilla* [Esp.] 24.5.99).

3. Aunque *guardia* procede de la misma raíz que *guarda* y sus significados están próximos, ambas palabras no son intercambiables (→ guarda). Son, por tanto, incorrectas expresiones como [⊗]*la guardia y custodia,* [⊗]*el ángel de la guardia,* [⊗]*guardia forestal,* [⊗]*guardia jurado.*

4. Guardia Civil. 'Cuerpo de seguridad encargado, principalmente, de mantener el orden público en las zonas rurales'. Con este sentido, es de género femenino y se escribe siempre en dos palabras y con mayúsculas iniciales: «*La Guardia Civil detuvo ayer a otras tres personas en Vizcaya por presunta vinculación con ETA*» (*Vanguardia* [Esp.] 2.3.95). Cuando se refiere a uno de sus miembros, funciona como común en cuanto al género (→ GÉNERO², 1a) y puede escribirse, en este caso con minúsculas, en una o en dos palabras: *un/una guardiacivil, un/una guardia civil.* Todavía es mayoritaria en el uso la grafía en dos palabras, cuyo plural es *guardias civiles:* «*Andalucía [...] no solo ha aportado políticos, sino también guardias civiles, jueces, maestros, funcionarios*» (*Tiempo* [Esp.] 26.2.90). No obstante, resulta preferible la grafía simple *guardiacivil,* cuyo plural es *guardiaciviles,* ya que el primer elemento de este tipo de compuestos suele hacerse átono, dando lugar a que las dos palabras originarias se pronuncien como si fueran una sola: «*En esto se ve también que Rueda, cuna de obispos, bachilleres, regidores y guardiaciviles, es villa de nombradía y muy principal*» (Berlanga *Gaznápira* [Esp. 1984]).

5. guardia marina. → guardiamarina.

guardiacivil. → guardia, 4.

guardiamarina. 'Alumno de uno de los dos últimos años en una escuela naval militar'. Es común en cuanto al género: *el/la guardiamarina* (→ GÉNERO², 1a y 3b). Aunque se admite su escritura en dos palabras (*guardia marina*), es mayoritaria y preferible la grafía simple *guardiamarina* (pl. *guardiamarinas*): «*Modificados los interiores para dar alojamiento a la tripulación y a los futuros guardiamarinas*» (*DPrensa* [Arg.] 5.5.92).

guardilla. → buhardilla.

guarecer(se). 1. 'Cobijar(se) o proteger(se)'. Verbo irregular: se conjuga como *agradecer* (→ APÉNDICE 1, n.º 18). **2.** Lleva a menudo un complemento precedido de la preposición *de*: «*Me crucé con un pordiosero que igualmente se guarecía DE la lluvia*» (Nasarre *País* [Esp. 1993]). No debe confundirse con *guarnecer* ('poner guarnición'; → guarnecer).

guarnecer. 1. 'Poner guarnición [a algo]', 'servir de adorno [a algo]' y, dicho de un soldado o conjunto de soldados, 'estar de guarnición [en un lugar]'. Verbo irregular: se conjuga como *agradecer* (→ APÉNDICE 1, n.º 18). **2.** Con el primer sentido indicado, se construye normalmente con un complemento introducido por *de* o *con*: «*Ocupa la princesa un estrado alto, guarnecido DE alfombras*» (VCasas *Isabel* [Esp. 1987]); «*Es suficiente con guarnecer el centro de la masa CON frutas o cremas congeladas*» (*Congelar* [Esp. 1976]). **3.** No debe confundirse con *guarecer(se)* ('cobijar(se)'; → guarecer(se)).

Guayana. 1. Región situada al noreste de Sudamérica, que engloba las actuales Surinam (antigua Guayana Holandesa), Guyana (antigua Guayana Británica), la Guayana Francesa y algunas áreas de Venezuela y Brasil. Puede usarse con artículo o sin él: «*Quieren poner un ranchito de vacas en la Guayana*» (MtnCampo *Carreteras* [Méx. 1976]); «*Balbino era un veterano de la selva, el mejor baquiano de Guayana*» (Quintero *Danza* [Ven. 1991]). El plural *Guayanas* se emplea en alusión a los distintos territorios que, con este mismo nombre y distintos especificadores, han conformado esta región: «*Entre los indios de las Guayanas el tabaco suele ser mascado*» (Ortiz *Contrapunteo* [Cuba 1963]). El gentilicio es *guayanés*: «*La trama se desarrolla en las impetuosas tierras guayanesas*» (*Nacional* [Ven.] 21.1.97). **2.** Aunque históricamente han alternado en la denominación de esta región las formas *Guayana* y *Guyana*, esta última debe reservarse hoy para el nombre del país independiente que anteriormente constituía la Guayana Británica (→ Guyana).

Guayana Francesa. Departamento francés de ultramar. No debe confundirse con la región de Guayana (→ Guayana) ni con la república de Guyana (→ Guyana). Se usa normalmente con artículo: «*Solo Guyana* [...], *Surinam y la Guayana Francesa* [...] *quedarían fuera de lo que Brasil ya bautizó como ALSA*» (*DYucatán* [Méx.] 4.9.96).

guayanés -sa. → Guayana.

gueisa. → *geisha*, 2.

⊗güemul. → huemul.

güero -ra. En México, dicho de una persona, 'de cabellos rubios': «*No eres güero como tu papá y tu hermana, sino moreno*» (Espinosa *Jesús* [Méx. 1995]). Se desaconseja, con este sentido, la grafía *huero*, de significado muy diferente ('vano o vacío'; → huero).

gueto. Adaptación gráfica de la voz italiana *ghetto*, 'barrio en que se confinaba a los habitantes judíos de una ciudad' y 'barrio o zona en que vive aislada una minoría, normalmente marginada': «*En torno a las grandes ciudades se han creado verdaderos guetos de segregación etnocultural*» (*Geo* [Esp.] 7.95). Deben evitarse las grafías híbridas ⊗*guetto* y ⊗*gheto*, que no son ni italianas ni españolas.

guiar(se). 1. 'Ir delante mostrando [a otro(s)] el camino' y, como pronominal, 'dejarse dirigir o llevar por algo'. Se acentúa como *enviar* (→ APÉNDICE 1, n.º 5). **2.** Sobre la acentuación gráfica de las formas del pretérito perfecto simple o pretérito *guie/guié*, *guio/guió*, del presente de indicativo *guiais/guiáis* y del presente de subjuntivo *guieis/guiéis*, → TILDE², 1.2. **3.** Cuando significa 'dejarse dirigir o llevar por algo' lleva un complemento introducido por *de* o *por*: «*El lector de novelas es fiel y no se guía DE modas*» (*Abc* [Esp.] 14.6.96); «*El jurado* [...] *se guió POR el corazón*» (Quevedo *Genes* [Cuba 1996]).

guion¹ o guión. 'Escrito que sirve de guía' y 'signo ortográfico'. La doble grafía, con o sin tilde, responde a las dos formas posibles de articular esta palabra: con diptongo (*guion* [gión]), caso en que es monosílaba y debe escribirse sin tilde; o con hiato (*guión* [gi - ón]), caso en que es bisílaba y se tilda por ser aguda acabada en *-n*. La articulación con diptongo es la normal en amplias zonas de Hispanoamérica, especialmente en México y en el área centroamericana; por el contrario, en otros países americanos, como la Argentina, el Ecuador, Colombia y Venezuela, al igual que en España, esta palabra se articula con hiato y resulta, pues, bisílaba. Debido a esta doble articulación, y con el objetivo de preservar la unidad ortográfica, en la última edición de la *Ortografía* académica (1999) se establece que toda combinación de vocal cerrada átona y abierta tónica se considere diptongo a efectos de acentuación gráfica. Por ello, en *guion* y otras palabras en la misma situación, como *ion, muon, pion, prion, Ruan, Sion* y *truhan*, se da preferencia a la grafía sin tilde, aunque se permite que aquellos hablantes que pronuncien estas voces en dos sílabas puedan seguir tildándolas (→ TILDE², 1.2).

GUION² O **GUIÓN.** Este signo ortográfico (-) no debe confundirse con la raya (—). Ambos se representan por medio de un trazo horizontal, pero el guion es de una longitud sensiblemente menor que la de la raya (→ RAYA). Para la doble acentuación de esta palabra, → guion¹ o guión. El guion se usa en los casos siguientes:

1. *Como signo de unión entre palabras u otros signos*
Se utiliza, bien para vincular, en determinados casos, los dos elementos que integran una palabra compuesta (*franco-alemán, histórico-crítico, bomba-trampa*), bien para expresar distintos tipos de relaciones entre palabras simples (*relación calidad-precio, dirección Norte-Sur, ferrocarril Madrid-Málaga*), caso en que funciona con valor de enlace similar al de una preposición o una conjunción. En ambos casos, cada uno de los elementos unidos por el guion conserva la acentuación gráfica que le corresponde como palabra independiente.

1.1. Puede unir nombres propios, nombres comunes y adjetivos:

1.1.1. Con los nombres propios, el guion se usa:
a) Para unir dos nombres de pila, cuando el segundo de ellos puede confundirse con un apellido: *Antonio-Marcos;* o para formar apellidos compuestos por la suma de dos simples: *Sánchez-Cano.*
b) Para establecer distintas relaciones circunstanciales entre nombres propios: *trasvase Tajo-Segura, enfrentamiento Agassi-Sampras.*

1.1.2. Con los nombres comunes, el guion se usa:
a) Para crear compuestos ocasionales mediante la unión de dos sustantivos, de los cuales el segundo actúa, en aposición, como modificador del primero, formando ambos un concepto unitario: *«Los dos nuevos edificios eran "viviendas-puente" [...]. Servían para alojar durante dos años —el tiempo que tardaba la Administración en hacer casas nuevas— a las familias que perdían sus pisos por grietas»* (*País@* [Esp.] 7.3.00). Este tipo de compuestos puede escribirse también sin guion, con espacio intermedio. Esto ocurre cuando la aparición conjunta de ambos sustantivos se generaliza en el uso y el concepto unitario que ambos designan pasa a formar parte del léxico asentado; así ha sucedido con expresiones como *sofá cama, ciudad dormitorio, hombre rana,* etc., que el *Diccionario* académico recoge sin guion.
b) Para establecer relaciones entre conceptos, que pueden ser fijas (*kilómetros-hora, calidad-precio, coste-beneficio*), o bien circunstanciales (*conversaciones gobierno-sindicatos*). En estos casos el guion tiene un valor de enlace similar al de una preposición o una conjunción (*kilómetros por hora, conversaciones entre gobierno y sindicatos*).
c) Con valor de conjunción copulativa, para unir dos sustantivos que tienen un mismo referente: *El director-presentador del programa ha dimitido esta mañana.* En estos casos, es preferible el uso de la conjunción copulativa: *El director y presentador...,* que expresa lo mismo y con igual economía de medios.

1.1.3. En lo que respecta a los adjetivos, es necesario distinguir el uso del guion en la unión de gentilicios (adjetivos que denotan nacionalidad u origen geográfico) y su empleo para unir otro tipo de adjetivos:
a) Cuando se trata de unir dos gentilicios, pueden separarse con guion o escribirse unidos sin guion. Si en el sustantivo al que se aplica el gentilicio compuesto se fusionan los caracteres propios de cada uno de los elementos que lo forman, no se escribe guion entre ellos: [ciudad] *hispanorromana,* [ciudadano] *francocanadiense,* [dialecto] *navarroaragonés.* En estos casos, el primer elemento del compuesto pierde el acento gráfico, si le correspondía llevarlo como palabra independiente: [escritor] *italofrancés.* Si lo que se desea es poner en relación dos adjetivos gentilicios que conservan su referencia independiente, se escribe guion entre ambos: [relaciones] *germano-soviéticas,* [frontera] *chileno-argentina,* [cumbre] *luso-española.* Aquí el guion funciona nuevamente con valor de enlace similar al de una preposición o una conjunción, y, como se ve en los ejemplos, el primer elemento permanece invariable, mientras que el segundo concuerda en género y número con el sustantivo; además, cada elemento conserva la acentuación gráfica que le corresponde como palabra independiente: [película] *ítalo-francesa.* En cualquiera de las dos situaciones, el primer gentilicio tiende a adoptar, si la tiene, la variante en *-o,* basada en muchos casos en la forma clásica (griega o latina) del gentilicio: *hispano-* ('español'), *luso-* ('portugués'), *anglo-* ('inglés'), *fino-* ('finés o finlandés'), *austro-* ('austríaco'), etc.
b) Cuando se trata de aplicar conjuntamente a un sustantivo dos adjetivos calificativos o relacionales, se escribe guion intermedio entre ambos adjetivos cuando cada uno de ellos conserva su forma plena: [análisis] *lingüístico-literario,* [lección] *teórico-práctica,* [cuerpos] *técnico-administrativos.* Como se ve en los ejemplos, el primer adjetivo permanece invariable en forma masculina singular, mientras que el segundo concuerda en género y número con el sustantivo al que se refiere, pero ambos conservan la acentuación gráfica que les corresponde como palabras independientes. Si el primer elemento no es ya un adjetivo independiente, sino un elemento compositivo átono que funciona como forma prefija, se une sin guion al segundo elemento: [análisis] *morfosintáctico,* [nivel] *socioeconómico,* [movimiento] *anarcosindicalista.*

1.2. Aunque normalmente los prefijos se unen directamente a la palabra base (*antinatural, prerre-*

volucionario, etc.), cuando el prefijo precede a una sigla o a una palabra que comienza por mayúscula, se escribe guion intermedio: *anti-OTAN, anti-Mussolini.* Cuando se desea unir en coordinación dos prefijos asociados a una misma palabra base, el primero de ellos se escribe de forma independiente y con guion, para evidenciar su condición de forma prefija y evitar, al mismo tiempo, la repetición de la base: *Se harán descuentos en casos de pre- o recontratación de servicios.*

1.3. Existe un uso del guion que puede denominarse estilístico, ya que se emplea con fines puramente expresivos:

a) Para separar el prefijo de su base, cuando se desea hacer hincapié en el valor semántico del precomponente: «*Las danzas de los areítos eran* [...] *miméticas, como lo son* [...] *las rituales, que constituyen una presentación mágica, pre-presentación o re-presentación*» (Ortiz *Música* [Cuba 1975]).

b) Para vincular varias palabras que quien escribe desea presentar como un todo unitario. Este uso es particularmente frecuente en textos filosóficos, para expresar conceptos complejos: «*Las dos terminaciones ontológicas cardinales que en ella describe Sartre —ser-para-sí, ser-para-otro— tienen en el "ser-para" su fundamento común*» (Laín *Teoría* [Esp. 1983] 645).

1.4. El guion también puede unir otras combinaciones gráficas:

a) Números, sean arábigos o romanos, para designar el espacio comprendido entre uno y otro: *las páginas 23-45; durante los siglos X-XII.* En la expresión de períodos, los años pueden estar escritos en su forma plena (*1998-1999*), o bien en forma abreviada, con omisión de las dos primeras cifras (*curso académico 71-72*). También es posible combinar la forma plena del primer año y la forma abreviada del segundo, siempre y cuando las dos primeras cifras de ambos coincidan; así, podrá escribirse *temporada 1992-93,* pero no ⊗*temporada 1999-00* (en este caso habría dos opciones válidas: *temporada 1999-2000* o *temporada 99-00*). El guion se emplea también en la expresión de las fechas, para separar los números relativos al día, mes y año (este último puede expresarse, igualmente, en forma plena o abreviada: *24-5-2000* o bien *24-5-00*). Con esta misma función puede utilizarse la barra e incluso el punto (→ FECHA, 2c). Pueden usarse guiones para separar las parejas o los tríos de las cifras que componen los números de teléfono: *593-12-83,* pero en estos casos es preferible la separación mediante espacios en blanco: *593 12 83.*

b) Letras (o palabras) y números, o prefijos y números: *DC-10* (modelo de avión), *Barcelona-92* (Juegos Olímpicos celebrados en Barcelona en 1992), *sub-18* (categoría deportiva), *super-8* (tipo de película cinematográfica), etc.

2. *Como signo de división de palabras a final de línea*

Cuando, por motivos de espacio, se deba dividir una palabra al final de una línea, se utilizará el guion de acuerdo con las siguientes normas:

2.1. El guion no debe separar letras de una misma sílaba; por tanto, el guion de final de línea debe ir colocado detrás de alguna de las sílabas que componen la palabra: *te- / léfono, telé- / fono* o *teléfo- / no.* Existe una excepción a esta regla, pues en la división de las palabras compuestas de otras dos, o en aquellas integradas por una palabra y un prefijo, se dan dos posibilidades:

a) Se pueden dividir coincidiendo con el silabeo de la palabra: *ma- / linterpretar, hispa- / noamericano, de- / samparo, rein- / tegrar.*

b) Se pueden dividir separando sus componentes: *mal- / interpretar, hispano- / americano, des- / amparo, re- / integrar.* Esta división solo es posible si los dos componentes del compuesto tienen existencia independiente, o si el prefijo sigue funcionando como tal en la lengua moderna; así, serían incorrectas divisiones etimológicas como ⊗*arz- / obispo,* ⊗*pen- / ínsula* o ⊗*arc- / ángel,* puesto que *arz-, pen-* y *arc-* no son partículas que hoy puedan considerarse prefijos. Tampoco es posible la división tras el prefijo si la forma a la que aparece unido no es una palabra que pueda funcionar de manera independiente; así, sería incorrecta una división como ⊗*in- / erme* ('indefenso o sin armas'), puesto que «erme» no quiere decir nada en español.

2.2. Dos o más vocales seguidas nunca se separan al final de renglón, formen diptongo, triptongo o hiato: *cau- / sa,* y no ⊗*ca- / usa; come- / ríais,* y no ⊗*comerí- /ais.* La única excepción se da si las vocales que van seguidas forman parte de dos elementos distintos de una palabra compuesta (→ 2.1b): *contra- / espionaje, hispano- / americano.*

2.3. Cuando la primera sílaba de una palabra es una vocal, no se dejará esta letra sola al final del renglón: *amis- / tad,* y no ⊗*a- / mistad.* Si la vocal va precedida de una *h,* sí puede dejarse esta primera sílaba a final de línea: *he- / rederos.*

2.4. Para dividir con guion de final de línea las palabras que contienen una *h* intercalada, se actuará como si esta letra muda no existiese, aplicando las mismas reglas que para el resto de las palabras; por lo tanto, no podrán romperse sílabas ni secuencias vocálicas, salvo que se trate de palabras compuestas que cumplan los requisitos expuestos en 2.1b: *adhe- / rente* (no ⊗*ad- / herente*), *inhi- / birse* (no ⊗*in- / hibirse*), *in- / humano, des- / hielo, co- / habitación* (→ 2.1), *cohi- / bir* (no ⊗*co- / hibir*), *al- / cohol* (no ⊗*alco- / hol*), *prohí- / ben* (no ⊗*pro- / híben*), *vihue- / la* (no ⊗*vi- / huela*) (→ 2.2); *ahu- / mar, alha- / raca* (→ 2.3). Hay una única restricción: en las palabras con hache intercalada no podrá aplicarse ninguna regla general que dé como resultado la presencia, a comienzo de renglón, de combinaciones gráficas extrañas; son, pues, inadmisibles divisiones como [⊗]*desi-* / *nhibición*, [⊗]*de-* / *shumanizar*, [⊗]*clo-* / *rhidrato*, [⊗]*ma-* / *hleriano*, pues, aunque se atienen a la regla de dividir las palabras por alguna de sus sílabas, dejan a principio de línea los grupos consonánticos *nh*, *sh*, *rh*, *hl*, ajenos al español.

2.5. Cuando la *x* va seguida de vocal, es indisociable de esta en la escritura, de forma que el guion de final de línea debe colocarse delante de la *x*: *bo-* / *xeo*, *Alei-* / *xandre*. Si va seguida de consonante, la *x* forma sílaba con la vocal precedente: *ex-* / *traño*, *ex-* / *ceso*.

2.6. En cuanto a la división a final de renglón de grupos de consonantes, debe tenerse en cuenta lo siguiente:

a) Los dígrafos *ch*, *ll* y *rr* no se pueden dividir con guion de final de línea, ya que representan, cada uno de ellos, un solo sonido: *ca-* / *lle*, *pe-* / *rro*, *pena-* / *cho*. La única excepción se da en el caso de que la grafía *rr* sea el resultado de añadir un elemento compositivo prefijo terminado en *-r* (*ciber-*, *hiper-*, *inter-*, *super-*) a una palabra que comienza por esta misma letra; en estos casos sí pueden separarse las dos erres con guion de final de línea: *ciber-* / *revolución*, *hiper-* / *realismo*, *super-* / *rápido*, *inter-* / *racial*, y no [⊗]*cibe-* / *rrevolución*, [⊗]*hipe-* / *rrealismo*, [⊗]*inte-* / *rracial*, [⊗]*supe-* / *rrápido* (→ r, 3). Por otro lado, al dividir palabras que contienen el dígrafo *rr* como resultado de añadir un prefijo u otro precompomento terminado en vocal a una palabra que comienza por *r-* (*infrarrojo*, *Villarreal*, *vicerrector*, etc.), si se desea colocar el guion de final de línea entre los dos elementos del compuesto, debe mantenerse la doble erre a comienzo de renglón, aunque el segundo elemento del compuesto se escriba con una sola erre como palabra independiente: *infra-* / *rrojo*, *Villa-* / *rreal*, *vice-* / *rrector*, y no [⊗]*infra-* / *rojo*, [⊗]*Villa-* / *real*, [⊗]*vice-* / *rector*.

b) Cuando en una palabra aparecen dos consonantes seguidas, iguales o diferentes, generalmente la primera pertenece a la sílaba anterior y la segunda a la sílaba siguiente: *con - ten - to*, *es - pal - da*, *per - fec - ción*. Son excepción los grupos formados por una consonante seguida de *l* o *r*, como *bl*, *cl*, *fl*, *gl*, *kl*, *pl*, *br*, *cr*, *dr*, *fr*, *gr*, *kr*, *pr*, *tr*, pues siempre inician sílaba y no pueden separarse: *de-* / *clarar*, *redo-* / *blar*, *incum-* / *plir*, *su-* / *primir*, *con-* / *trariado*. No obstante, cuando las secuencias *br* y *bl* surgen por la adición de un prefijo a otra palabra, sí pueden separarse, puesto que cada consonante pertenece a una sílaba distinta: *sub-* / *rayar*, *ab-* / *rogar*, *sub-* / *lunar*.

c) La secuencia de consonantes *tl* tiende a pronunciarse en sílabas distintas en la mayor parte de la España peninsular y en Puerto Rico: *at - las*, *at - le - ta*; en el resto de Hispanoamérica —especialmente en México y en los territorios donde se emplean con cierta frecuencia voces de origen náhuatl, en las que este grupo es inseparable (*tla - co - te*, *cen - zon - tle*)—, en Canarias y en algunas áreas españolas peninsulares, ambas consonantes se pronuncian dentro de la misma sílaba: *a - tlas*, *a - tle - ta*. Teniendo en cuenta estas diferencias, el grupo *tl* podrá separarse o no con guion de final de línea dependiendo de si las consonantes que lo componen se articulan en sílabas distintas o dentro de la misma sílaba: *at-* / *leta*, *atle-* / *ta*.

d) Cuando hay tres consonantes seguidas dentro de una palabra, se reparten entre dos sílabas, teniendo en cuenta la inseparabilidad de los grupos señalados como excepción (→ b), que siempre inician sílaba y no pueden separarse, y los grupos formados por las consonantes *st*, *ls*, *ns*, *rs*, *ds*, *bs*, que siempre cierran sílaba y tampoco deben separarse: *ist-* / *mo*, *sols-* / *ticio*, *cons-* / *trucción*, *supers-* / *ticioso*, *ads-* / *cripción*, *abs-* / *tenerse*. Así pues, la tercera consonante que se haya sumado a estos grupos formará parte de la sílaba anterior, en el caso de los grupos de consonante + *r* o *l* (→ b): *con-* / *glomerado*, *des-* / *plazar*, *con-* / *fraternizar*; o de la posterior, en el caso de los grupos detallados en este apartado: *cons-* / *tante*, *pers-* / *picaz*.

e) Cuando las consonantes consecutivas son cuatro, las dos primeras pertenecen a la primera sílaba y las otras dos, a la siguiente, y así deben separarse: *cons-* / *treñir*, *abs-* / *tracto*, *ads-* / *cribir*.

2.7. Es preferible no dividir con guion de final de línea las palabras procedentes de otras lenguas, a no ser que se conozcan las reglas vigentes para ello en los idiomas respectivos.

2.8. Las abreviaturas y las siglas no se dividen nunca en renglones diferentes. Solo los acrónimos (→ ACRÓNIMO) que se han incorporado al léxico general pueden dividirse con guion de final de línea: *lá-* / *ser*, *ov-* / *nis*.

2.9. Cuando coincide con el final de línea un guion de los que se usan para formar compuestos, debe repetirse este signo al comienzo de la línea siguiente, para evitar que quien lee considere que la palabra compuesta se escribe sin guion: *teórico-* / *-práctico*, *crédito-* / *-vivienda*. También es necesaria esta repetición del guion en los usos estilísticos que hemos reseñado en el párrafo 1.3. Por el contrario, de esta norma deben excluirse los nombres y apellidos compuestos, ya que, en ese caso, la mayúscula inicial del segundo componente indica de forma suficiente que el guion no es meramente indicativo de final de línea, al no existir en español la posibilidad de insertar letras mayúsculas dentro de una palabra: *Calvo-* / *Sotelo* no podría interpretarse más que como la partición de *Calvo-Sotelo,* y nunca de **CalvoSotelo.*

2.10. Las expresiones numéricas, tanto en romanos como en arábigos, deben escribirse enteras dentro de la misma línea: [⊗]*Juan XX- / III,* [⊗]*1 325 / 000 pts.*

2.11. Para la composición tipográfica de textos, suelen hacerse las recomendaciones siguientes:

a) Es conveniente evitar las particiones que generen voces malsonantes: *Chi- / cago;* o puedan dar lugar a malentendidos: *El Gobier- / no aprobó la ley.*

b) Se recomienda no dividir palabras de solo cuatro letras.

c) Se procurará evitar que, al dividir una palabra, queden al final o al principio de renglón dos sílabas iguales seguidas: *Me dijo que que- / ría ir al cine.*

d) Después de punto y seguido se procurará no dejar a final de línea una sílaba de menos de tres letras: *El sábado fuimos de excursión. Co- / mimos en una tasca muy barata.* Mejor: *Comi- / mos...*

e) La última línea de un párrafo no deberá tener menos de cinco caracteres, sin contar el signo de puntuación que corresponda.

3. *Uso en obras de contenido lingüístico*

3.1. El guion se usa para marcar la separación entre las sílabas que componen una palabra. En este caso, el guion se escribe siempre entre espacios en blanco: *ca - len - da - rio.*

3.2.1. Se escribe un guion delante de un segmento de palabra (sílaba, morfema, elemento compositivo, etc.) para indicar que va en posición final: *-illo, -idad, -ar.* En este caso, si a la sílaba que precede a dicho segmento le corresponde llevar tilde, esta se colocará sobre el guion: *-́fago (litófago).*

3.2.2. Si el guion se escribe pospuesto a un segmento de palabra, se indica que dicho segmento va en posición inicial: *post-, re-, cant-.*

3.2.3. Si un segmento de palabra se escribe entre guiones, se indica que dicho segmento va en interior de palabra: *-ec-, -in-, -bl-.*

guipur. Adaptación gráfica de la voz francesa *guipure,* 'tela de encaje de malla gruesa, en la que los motivos están separados por grandes huecos': *«A los noventa años arrastrará su belleza perdida como un vestido de guipur»* (Rossi *María* [C. Rica 1985]).

guipure. → guipur.

guirigay. 'Griterío y confusión'. Su plural es *guirigayes* o *guirigáis* (→ PLURAL, 1d).

güisquería. → güisqui.

güisqui. Adaptación gráfica de la voz inglesa *whisky* (o *whiskey,* en inglés escocés y americano), 'licor obtenido por destilación de ciertos cereales fermentados': *«Encendió un cigarrillo mientras esperaba un café y un segundo güisqui»* (Rossetti *Alevosías* [Esp. 1991]). Su plural es *güisquis* (→ PLURAL, 1e). Aunque sigue siendo mayoritario el uso del extranjerismo crudo —que debe escribirse siempre con resalte tipográfico—, la adaptación *güisqui* ha ganado terreno y resulta preferible, pues permite evitar los errores frecuentes que se cometen al intentar reproducir la grafía inglesa. Deben desecharse otros intentos de adaptación poco arraigados, como [⊗]*wisqui.* Para designar el establecimiento donde se sirven güisqui y otros licores, se recomienda el empleo de la forma *güisquería:* *«Un intento de atraco ocurrido durante la madrugada en una güisquería»* (*Abc* [Esp.] 17.11.83).

Guiza. Forma adaptada a la ortografía y pronunciación españolas del nombre de esta ciudad de Egipto, donde se encuentran la esfinge y las más famosas pirámides: *«El área de Guiza [...] es [...] uno de los puntos clave del turismo»* (*País*[@] [Esp.] 10.5.99). No deben usarse en español las transcripciones inglesas *Ghizeh, Gizeh, Giza.*

gulag. 'Campo de concentración de la antigua Unión Soviética'. Su plural es *gulags* (→ PLURAL, 1h).

[⊗]**gulimia.** → bulimia.

gurmé. Adaptación gráfica propuesta para la voz francesa *gourmet,* '[persona] que gusta de comer y beber exquisitamente'. Como sustantivo, es común en cuanto al género (→ GÉNERO[2], 1a y 3c): *el/la gurmé.* Como adjetivo, significa también, referido a cosa, 'exquisito o propio de un gurmé': *«Las ventrescas [...] son un producto gurmé a un precio muy bajo»* (*República*[@] [C. Rica] 14.4.03). Su plural es *gurmés* (→ PLURAL, 1a). Aunque de sentido próximo, no es voz sinónima de *gastrónomo* ('experto en gastronomía'; → gastrónomo).

gurú. En el hinduismo, 'maestro espiritual o jefe religioso' y, en general, 'persona a quien se reconoce como maestro o guía en un ámbito determinado'. Procedente del hindi, ha pasado a nuestra lengua a través del inglés o del francés. En español, la única forma admitida en la lengua culta es la aguda *gurú,* por lo que debe evitarse la forma llana [⊗]*guru.* Su plural es *gurús* o *gurúes* (→ PLURAL, 1c), con preferencia hoy por la primera forma: *«Para los gurús de la privatización, la globalización significaba la desaparición de las fronteras»* (*Caretas* [Perú] 10.7.97).

gustar. **1.** Cuando significa 'causar, o sentir, placer o atracción' es intransitivo y puede construirse de dos formas:

a) El sujeto es la causa del placer o la atracción, y la persona que lo siente se expresa mediante un complemento indirecto: *«Vos ME gustás mucho»* (Rovner *Pareja* [Arg. 1976]); *«LE gustaban la buena música y los buenos libros»* (Palou *Carne* [Esp.

1975]). Esta es la construcción normal en el habla corriente.

b) La persona que siente el placer es el sujeto y aquello que lo causa se expresa mediante un complemento introducido por *de: «Gustaba DE reunirse con amigos en su casa»* (UPietri *Oficio* [Ven. 1976]). Es construcción documentada sobre todo en la lengua escrita. Debe evitarse la omisión de la preposición *de*, frecuente cuando el complemento regido es un infinitivo: [⊗]*«Barcelona y Tenerife, dos conjuntos que gustan jugar al ataque»* (*Vanguardia* [Esp.] 22.3.94).

2. Como transitivo significa 'querer o desear' y su empleo es escaso fuera de fórmulas de cortesía: *«¿Gusta usted una cerveza?»* (Victoria *Casta* [Méx. 1995]); *«—¿Le molesto si escucho las noticias? —Haga como guste»* (Plaza *Cerrazón* [Ur. 1980]).

gusto. 1. Cuando significa 'afición o inclinación', se construye con la preposición *por: «Se produjo un renacimiento del gusto POR la zarzuela»* (Fisas *Historias* [Esp. 1983]). Cuando significa 'buen gusto, facultad de apreciar la belleza', se construye con *para: «Hizo gala de su buen gusto PARA vestir elegantemente a las mujeres»* (*Tiempo* [Col.] 17.7.97). Cuando significa 'agrado o placer', si va precedido del artículo *el*, se usa la preposición *de: «Se había dado el gusto DE irse con Johnny»* (Cortázar *Reunión* [Arg. 1983]); con otros determinantes, pueden usarse *en* o *de*, aunque en la lengua culta es mucho más frecuente la primera: *«Tengo mucho gusto EN ponerle estas líneas»* (Romero *Tragicomedia* [Esp. 1985]); *«Mucho gusto DE haberle conocido, profesor»* (VLlosa *Loco* [Perú 1993]).

2. No deben confundirse las construcciones *a mi* (*tu, su*, etc.) *gusto* y *para mi* (*tu, su*, etc.) *gusto*. La primera de ellas significa 'según mi (tu, su, etc.) deseo': *«Las cosas van a quedar arregladas a mi gusto»* (Shand *Sastre* [Arg. 1982]); la segunda significa 'en mi (tu, su, etc.) opinión': *«Hay gente que sostiene haber conocido señoritas hermosas e inteligentes, lo cual para mi gusto es demasiado»* (Dolina *Ángel* [Arg. 1993]). Es, pues, erróneo, un ejemplo como el siguiente: [⊗]*«Resulta demasiado breve, demasiado poético y, a mi gusto, totalmente prescindible»* (*Abc* [Esp.] 26.4.96); debió decirse *para mi gusto*.

3. a gusto. 'Cómodamente' y 'a placer, sin embarazo ni impedimento alguno': *«No puede uno pujar a gusto»* (López *Vine* [Méx. 1975]); *«Lástima que usted no pueda verme y reírse a gusto»* (VMatas *Suicidios* [Esp. 1991]). Es incorrecta la grafía simple [⊗]*agusto*.

4. mal a gusto. Esta locución, ajena a la lengua culta general, se emplea en algunas regiones de España con el sentido de 'a disgusto': *«Aquí, con la corriente de la puerta, estará usted mal a gusto»* (VInclán *Hija* [Esp. 1927-30]).

Guyana. Nombre del país de América del Sur que antes de su independencia constituía la Guayana Británica: *«La prevalencia del VIH entre mujeres embarazadas alcanza o supera el 2 por ciento en seis de dichos países: Bahamas, Belice, República Dominicana, Guyana, Haití, y Trinidad y Tobago»* (*Hoy* [R. Dom.] 11.12.03). No debe usarse hoy esta forma para referirse a la región de Guayana (→ Guayana). El gentilicio es *guyanés: «Técnicos guyaneses contribuirán al desarrollo arrocero en nuestro país»* (*Granma* [Cuba] 7.97).

guyanés -sa. → Guayana.

[⊗]**gymkana, *gymkhana.*** → yincana.

h

h. 1. Novena letra del abecedario español y octava del orden latino internacional. Su nombre es femenino: *la hache* (es una de las excepciones a la regla que exige el empleo de la forma *el* del artículo ante sustantivos femeninos que comienzan por /a/ tónica; → el, 2.1 y 2.3). Su plural es *haches*.

2. Esta letra no representa, en el español estándar actual, ningún sonido, aunque hasta mediados del siglo XVI se pronunciaba, en determinados casos (concretamente cuando procedía de *f* inicial latina), de forma parecida a como se pronuncia hoy la *h* aspirada inglesa. Esta aspiración aún se conserva como rasgo dialectal en Andalucía, Extremadura, Canarias y otras zonas de España y América. A veces, la aspiración llega casi a convertirse en el sonido velar fricativo sordo /j/, pronunciación que en algún caso tiene reflejo en la escritura; así ha ocurrido, por ejemplo, con el adjetivo *jondo* ('hondo', del lat. *fundus*), que se aplica al cante más genuinamente andaluz, caracterizado por su profundo sentimiento, o con el verbo *jalar*, variante de *halar* usada en varios países americanos, o con *jolgorio*, grafía hoy mayoritaria frente a la etimológica *holgorio*. En algunos extranjerismos usados corrientemente en español (tomados, por lo general, del inglés o del alemán, pero también de otras lenguas como el árabe), así como en algunos nombres propios extranjeros y sus derivados, la *h* se pronuncia también aspirada o con sonido cercano al de /j/: *hámster, holding, hachís, Hawái* (hawaiano), *Hegel* (hegeliano), etc.

3. En las palabras que contienen los diptongos /ua/, /ue/, /ui/ en posición inicial o en posición interior a comienzo de sílaba, y que se escriben con *h* antepuesta (*hua-, hue-, hui-*), se suele pronunciar ante el diptongo un leve sonido consonántico cercano a una /g/: [guéso, guébo, parigüéla, desguesár] por *hueso, huevo, parihuela, deshuesar*. Esta pronunciación ha quedado, a veces, fijada en la escritura, y así, algunas palabras que comienzan por *hua-, hue-* o *hui-* pueden escribirse también con *gua-, güe-* y *güi-*, como *huaca, huemul* o *huipil*, escritas también *guaca, güemul, güipil*.

4. El grupo *hi* en posición inicial de palabra seguido de una *e* tónica se pronuncia normalmente como el sonido palatal sonoro /y/ (→ y¹, 2a), salvo detrás de pausa o de palabra que termina en vocal, en que la pronunciación oscila entre [ié] y [yé]; así, es normal que palabras como *hierro, hielo, hierba, hiedra* se pronuncien [yérro, yélo, yérba, yédra]. También esta pronunciación se ha fijado en algún caso en la escritura, como ha ocurrido en *hiedra* y *hierba*, y en algunos derivados de esta última, que pueden escribirse también *yedra, yerba, yerbajo*, etc. En el Río de la Plata, las formas *hierba* y *yerba* no son simples variantes gráficas, sino que denotan cosas distintas: mientras que *hierba* designa cualquier planta pequeña de tallo tierno, *yerba* designa solo la que se emplea para preparar el mate.

Haarlem. Nombre de una ciudad de los Países Bajos: «*En Haarlem (Holanda) están aquellos que honran a un hombre llamado Lorenzo Coster*» (RdgzMárquez/MtzUceda *Televisión* [Esp. 1992]). Aunque en épocas pasadas se ha usado en este caso la grafía simplificada *Harlem,* hoy se emplea con preferencia la forma neerlandesa *Haarlem* para referirse a esta ciudad, reservando *Harlem* para designar el famoso barrio de Nueva York (→ Harlem). Se pronuncia con *h* aspirada.

habanero -ra. → La Habana.

hábeas corpus. 'Derecho de todo detenido a ser conducido ante un juez o tribunal para que este decida sobre la legalidad de la detención'. Es locución nominal masculina y tiene su origen en la frase latina *Habeas corpus ad subiiciendum* ('tengas tu cuerpo para exponer'), con la que comienza el auto de comparecencia: «*El hábeas corpus se ha convertido en una de las "soluciones" para disminuir el número de detenidos*» (*DHoy* [Ec.] 18.7.97). Suele utilizarse como complemento de sustantivos jurídicos como *ley, derecho, recurso,* etc.: «*Tuve que presentar un recurso de hábeas corpus*» (Alegría *Mundo* [Perú 1941]). La pronunciación correcta y más extendida del primer elemento de esta locución es [ábeas], no ⊛[abéas]. Es invariable en plural (→ PLURAL, 1k): *los hábeas corpus.*

haber. 1. Verbo irregular: v. conjugación modelo (→ APÉNDICE 1, n.º 35). Cuando funciona como impersonal (→ 3b y 4), la tercera persona del singular del presente de indicativo, en lugar de *ha,* adopta la forma especial *hay* (salvo en el uso con expresiones temporales; → 4.2); si a la forma *hay* se le añade un pronombre enclítico —algo frecuente en la lengua antigua, pero raro hoy (→ PRO-

NOMBRES PERSONALES ÁTONOS, 3a)—, debe mantenerse su escritura con *y,* aunque esta letra quede en interior de palabra (→ i, 5c): «*Las mafias no existen, pero haberlas, haylas*» (*Abc* [Esp.] 5.7.96). La primera persona del plural del presente de indicativo es *hemos,* y no la arcaica *habemos,* cuyo uso en la formación de los tiempos compuestos es hoy un vulgarismo propio del habla popular (→ 3). También es propio del habla popular el uso de *habemos* con el sentido de 'somos o estamos' (→ 4.1). Solo es normal hoy en la lengua culta el uso de *habemos* en el caso de la locución coloquial *habérselas* con alguien o algo (→ 5c). Asimismo, hoy son ajenas a la norma culta las formas de presente de subjuntivo [⊗]*haiga,* [⊗]*haigas,* etc., en lugar de *haya, hayas,* etc.: [⊗]«*Nunca he visto que naide que se haiga muerto, haiga vivío otra ve*» (González *Provisiones* [Cuba 1975]). En cuanto al imperativo, las formas heredadas del latín son *habe* y *habed,* aunque carecen de uso en la actualidad, pues este verbo, al haber sido desplazado con sentido posesivo por *tener* (→ 2), no se conjuga hoy en imperativo.

2. VERBO PERSONAL. El verbo *haber* procede del latín *habere,* que significa 'tener', y con este sentido se usó también en el español medieval y clásico: «*Unas casas quantas avíamos en Villa Nueva*» (*Carta* [Esp. 1289]); «*Habe paciencia si eres tú enojoso e grave a los otros en la tu conversación, et non eres así gracioso commo otros*» (Benedicto XIII *Consolaciones* [Esp. 1417]). Sin embargo, con este sentido, pronto perdió terreno en favor de *tener,* y *haber* se especializó en sus usos como auxiliar (→ 3) y como impersonal (→ 4). Su empleo hoy con el valor de *tener* es un arcaísmo lingüístico que solo se da en textos escritos, especialmente literarios, con intención arcaizante, o en expresiones jurídicas, normalmente en construcción pasiva: «*Juró exterminar a todos los fascistas que pudiese haber a la mano*» (León *Cristo* [Esp. 1941]); «*Los emigrantes españoles [...] pierden también a sus hijos, a veces, si son habidos de europea*» (*País* [Esp.] 6.10.77).

3. VERBO AUXILIAR. *Haber* es el principal verbo auxiliar en español, ya que se emplea para formar los tiempos compuestos de la conjugación. Para ello, se combinan todas las formas simples de *haber* con el participio en *-o* del verbo que se esté conjugando: *ha comprado, hemos querido, había venido,* etc. No debe usarse la forma arcaica *habemos* para formar la primera persona del plural del pretérito perfecto compuesto o antepresente de indicativo, como a veces ocurre en el habla popular: [⊗]«*Mía que si nos habemos equivocao y no lo afusilan aquí*» (RdzgMéndez *Bodas* [Esp. 1976]). Como auxiliar, forma parte también de las construcciones *haber de* y *haber que* + infinitivo:

a) ***haber de*** + infinitivo. En el español general, esta perífrasis denota obligación, conveniencia o necesidad de que el sujeto realice la acción expresada por el verbo —o, si el infinitivo es pasivo, de que le suceda lo expresado por el verbo— y equivale a *tener que,* fórmula preferida en el habla corriente: «*He de reconocer que al principio me incomodó la idea de encontrármelo durante la travesía*» (Padilla *Imposibilidad* [Méx. 1994]); «*Hubimos de esperar varios meses hasta conseguir recursos económicos*» (Laín *Descargo* [Esp. 1976]); «*La imagen de la Virgen hubo de ser retirada*» (*Hora* [Guat.] 14.7.97). A veces expresa, simplemente, acción futura: «*¡No he de morir hasta enmendarlo!*» (Cuzzani *Cortés* [Arg. 1988]); «*Ni siquiera la guerra habría de aliviar el temor y el respeto que imponía aquel valle a trasmano*» (Benet *Saúl* [Esp. 1980]). Tampoco en el caso de esta perífrasis es admisible en la lengua culta el uso de la forma *habemos* para la primera persona del plural del presente de indicativo: [⊗]«*Ahora los perdedores habemos de ahogar las penas en el vino y pensar en otras cosas*» (RdzgMéndez *Bodas* [Esp. 1976]); debió decirse *hemos de ahogar las penas.*

b) ***haber que*** + infinitivo. Funciona a modo de perífrasis impersonal y significa 'ser necesario o conveniente': «*Hay que buscar agua y provisiones*» (VqzFigueroa *Caribes* [Esp. 1988]); «*¿Y habrá que esperar mucho?*» (Cossa *Criado* [Arg. 1986]). Al ser impersonal, se conjuga solo en tercera persona del singular; por ello, si el verbo que le sigue es pronominal, no es correcto el uso del pronombre de primera persona del plural: [⊗]«*Todavía hay que esforzarNOS mucho más*» (*Proceso* [Méx.] 27.10.96); debió decirse *Todavía hay que esforzarSE mucho más.* Si se desea hacer explícita la participación de quien habla en la acción, puede usarse la construcción personal *tener que: Tenemos que esforzarnos mucho más.*

4. VERBO IMPERSONAL. Además de su empleo como auxiliar, el otro uso fundamental de *haber* es denotar la presencia o existencia de lo designado por el sustantivo que lo acompaña y que va normalmente pospuesto al verbo: *Hay alguien esperándote; Había un taxi en la puerta; Mañana no habrá función; Hubo un serio problema.* Como se ve en el primer ejemplo, en este uso, la tercera persona del singular del presente de indicativo adopta la forma especial *hay.* Esta construcción es heredera de la existente en latín tardío «*habere* (siempre en tercera persona del singular) + nombre singular o plural en acusativo». Así pues, etimológicamente, esta construcción carece de sujeto; es, por tanto, impersonal y, en consecuencia, el sustantivo pospuesto desempeña la función de complemento directo. Prueba de su condición de complemento directo es que puede ser sustituido por los pronombres de acusativo *lo(s), la(s): Hubo un problema* > *LO hubo; No habrá función* > *No LA habrá.* Puesto que el sustantivo que aparece en estas construciones es el complemento directo, el hecho de que dicho sustantivo sea plural no supone que el verbo haya de ir también en plural, ya que la concordancia con el verbo la determina el sujeto, no el complemento directo. Por consiguiente, en estos casos, lo más apropiado es que el verbo permanezca en singular, y así sucede en el uso culto mayoritario, especialmente en la lengua escrita, tanto en España como en América: «*Había muchos libros en aquella casa*» (Ocampo *Cornelia* [Arg. 1988]); «*Había unos muchachos correteando*» (VLlosa *Tía* [Perú 1977]); «*Hubo varios heridos graves*» (Valladares *Esperanza* [Cuba 1985]); «*Habrá muchos muertos*» (Chao *Altos* [Méx. 1991]). La misma inmovilidad en singular del verbo conjugado debe producirse en el caso de que *haber* forme parte de una perífrasis con *poder, soler, deber, ir a*, etc.: «*En torno de una estrella como el Sol puede haber varios planetas*» (Claro *Sombra* [Chile 1995]); «*En esta causa va a haber muchos puntos oscuros*» (MtzMediero *Bragas* [Esp. 1982]). No obstante, la excepcionalidad que supone la existencia de un verbo impersonal transitivo, sumado al influjo de otros verbos que comparten con *haber* su significado «existencial», como *estar, existir, ocurrir*, todos ellos verbos personales con sujeto, explica que muchos hablantes interpreten erróneamente el sustantivo que aparece pospuesto al verbo *haber* como su sujeto y, consecuentemente, pongan el verbo en tercera persona del plural cuando dicho sustantivo es plural: ⊗«*Hubieron muchos factores que se opusieron a la realización del proyecto*» (*Expreso* [Perú] 22.4.90); ⊗«*Entre ellos habían dos niñas embarazadas*» (*Caretas* [Perú] 1.8.96); incluso se ha llegado al extremo de generar una forma de plural ⊗*hayn* para el presente de indicativo, con el fin de establecer la oposición singular/plural también en este tiempo: ⊗«*En el centro también hayn cafés*» (Medina *Cosas* [Méx. 1990]). Paralelamente, se comete también el error de pluralizar el verbo conjugado cuando *haber* forma parte de una perífrasis: ⊗«*Dice el ministro que van a haber reuniones con diferentes cancilleres*» (*Universal* [Ven.] 6.11.96). Aunque es uso muy extendido en el habla informal de muchos países de América y se da también en España, especialmente entre hablantes catalanes, se debe seguir utilizando este verbo como impersonal en la lengua culta formal, de acuerdo con el uso mayoritario entre los escritores de prestigio.

4.1. ⊗*habemos.* Precisamente por su carácter impersonal, solo puede conjugarse en tercera persona del singular, de modo que si se desea expresar la presencia de primeras o segundas personas, no debe utilizarse, en la lengua culta, el verbo *haber*, aunque a veces se haga así en la lengua popular, recurriendo, para la primera persona del presente de indicativo, a la forma *habemos*: ⊗«*En México te-*

nemos escasez de líderes naturales. Los pocos que habemos somos combatidos por múltiples intereses» (*Proceso* [Méx.] 19.1.97); ⊗«*¿Cuántos habíais en la fiesta?*; debió haberse dicho *los pocos que somos* o *¿Cuántos estabais/erais en la fiesta?*

4.2. En el español actual, queda un resto del antiguo uso de *haber* como impersonal con complementos que expresan tiempo, caso en el que hoy se emplea normalmente el verbo *hacer* (→ hacer(se), 2). Se trata del uso de la forma *ha* del presente de indicativo pospuesta a una expresión temporal para referirse a un momento situado tanto tiempo atrás como indica el complemento: «*Diez años ha que soporto regaños y sarcasmos*» (Arrau *Digo* [Chile 1981]; «*Hubo una Compañía, muchos años ha, pero tuvieron que exiliarse*» (Palencia *Camino* [Ven. 1989]).

5. El verbo *haber* forma parte de distintas locuciones, de las que merecen comentario las siguientes:

a) *haber lugar.* Se construye normalmente con un complemento precedido de las preposiciones *a* o *para* y significa 'darse las condiciones para que se produzca lo expresado por el complemento': «*Con estas precisiones no había lugar A más conjeturas*» (Vega *Así* [Col. 1981]); «*Pero hay lugar PARA ser pesimistas*» (Rangel *Salvaje* [Ven. 1976]). Es más habitual su empleo en oraciones negativas. En el presente de indicativo alternan las formas *hay* y *ha*, esta última usada especialmente en el lenguaje jurídico: «*Moreiras alega que no ha lugar a la adopción de medidas legales*» (*Mundo* [Esp.] 28.7.94). No debe suprimirse la preposición que precede al complemento: ⊗«*El alcalde* [...] *dijo que si él tiene la voluntad de renunciar al cargo, no ha lugar la expulsión que ha pedido el Grupo Popular*» (*Abc* [Esp.] 17.2.87).

b) *haber menester.* → menester, 2a.

c) *habérselas* con una persona o una cosa. 'Enfrentarse a ella'. Solo en este caso está vigente y es correcto el uso de la forma *habemos* para la primera persona del plural: «*Nos las habemos con un verdadero profesional*» (Casares *Lexicografía* [Esp. 1950]); «*En este caso nos las habemos más bien con lo que podría llamarse un "religionista"*» (Tomasini *Lenguaje* [Méx. 1993]).

d) *habida cuenta.* Va siempre seguida de un complemento precedido de la preposición *de* y significa 'teniendo en cuenta lo expresado por el complemento'. El complemento puede ser un sustantivo o una oración subordinada introducida por la conjunción *que*: «*Habida cuenta DEL tiempo transcurrido ya en prisión, el Tribunal se mostraba clemente*» (FdzSantos *Extramuros* [Esp. 1978]); «*No sé cómo supe que era japonés y no chino, habida cuenta DE que la proporción entre chinos y japoneses en La Habana era abrumadora en favor de los primeros*» (CInfante *Habana* [Cuba 1986]). En la lengua esmerada, no debe suprimirse en ningún caso la preposición *de:* ⊗*«Valiente respuesta, habida cuenta la complejidad del asunto»* (*Mundo* [Esp.] 11.2.94); ⊗*«Esta posibilidad parece incluso más lógica* [...], *habida cuenta que los ingresos* [...] *serán mucho menores»* (*Abc* [Esp.] 14.5.82) (→ QUEÍSMO).

6. haber / a ver. No debe confundirse el infinitivo *haber* con la expresión homófona *a ver*, constituida por la preposición *a* y el infinitivo *ver*. *A ver* es una expresión fija que presenta distintos valores y usos (→ ver(se), 5), en muchos de los cuales puede reemplazarse por *veamos,* lo que pone de manifiesto su relación con el verbo *ver* y no con *haber: A ver con quién aparece mañana en la fiesta* [= Veamos con quién aparece mañana en la fiesta]; *A ver si te atreves a decírselo a la cara* [= Veamos si te atreves a decírselo a la cara].

7. no haber duda. → duda, 2.

hábitat. Voz procedente de la forma verbal latina *habitat* ('habita o vive'), introducida en español a través del inglés, que significa 'lugar de condiciones apropiadas para que viva un organismo, especie o comunidad animal o vegetal'. Su plural es *hábitats* (→ PLURAL, 1h y k): *«Estamos destruyendo sus hábitats de manera acelerada»* (Butteler *Ecología* [Perú 1996]).

habituar(se). 'Acostumbrar(se)'. Se acentúa como *actuar* (→ APÉNDICE 1, n.° 7).

habla. 'Facultad de hablar' y 'manera de hablar'. Es voz femenina: *«A esto puede responder* [...] *el gusto de Valle-Inclán por las hablas jergales»* (Ynduráin *Clasicismo* [Esp. 2000]). Al comenzar por /a/ tónica, exige el uso de la forma *el* del artículo si entre ambos elementos no se interpone otra palabra (→ el, 2.1), pero los adjetivos deben ir en forma femenina: *«Todo él era un tributo a la ordinariez: la panza innoble, el habla enfática»* (GaMárquez *Amor* [Col. 1985]). En cuanto al indefinido, aunque no se considera incorrecto el uso de la forma plena *una,* hoy es mayoritario y preferible el uso de la forma apocopada *un* (→ uno, 1): *«Un habla lenta y susurrante»* (UPietri *Oficio* [Ven. 1976]). Lo mismo ocurre con los indefinidos *alguno* y *ninguno: algún habla, ningún habla.* El resto de los adjetivos determinativos debe ir en femenino: *esa habla, la misma habla,* etc.

hablar. Cuando significa 'comunicarse con alguien por medio de palabras', es intransitivo y se construye con un complemento con *de, sobre* o *acerca de* que expresa el tema del que se habla, mientras que la persona a quien se habla se expresa mediante un complemento indirecto: *«Camargo LE hablaba DE la situación política»* (Martínez *Vuelo* [Arg. 2002]); o un complemento preposicional precedido de *con: «Aproveché para hablar CON él anoche SOBRE la posibilidad de que te instalaras en casa»* (Serrano *Co-*

razón [Chile 2001]). No obstante, en la lengua coloquial no es infrecuente su uso como transitivo cuando el tema del que se habla se expresa mediante un pronombre: *«No quiero hablar de eso ahora* [...]. *Luego cuando venga mi marido LO habla con él»* (Gamboa *Páginas* [Col. 1998]). Debe evitarse el uso transitivo de *hablar* como sinónimo de *decir:* ⊗*«Habla que están unidos y que los periodistas se inventan sus discusiones internas»* (*Tribuna* [Hond.] 17.4.97); debió decirse *Dice que están unidos...*

hacer(se). 1. Como transitivo, significa, básicamente, 'producir o fabricar' y 'realizar o ejecutar'; como pronominal, 'convertirse en algo o llegar a ser algo' (*Se hizo médico*) y 'fingir ser algo' (*Se hizo el muerto*); como intransitivo no pronominal, con un complemento con *de,* 'representar un papel' (*En la obra hacía DE reina*) y con un complemento con *por,* 'procurar hacer algo' (*Hizo POR venir, pero no llegó a tiempo*); y como intransitivo pronominal, con un complemento precedido de *con,* 'apoderarse de algo' (*Se hizo CON el bolso*), y con un complemento precedido de *a,* 'acostumbrarse a algo' (*Pronto se hizo A su nueva casa*). Verbo irregular: v. conjugación modelo (→ APÉNDICE 1, n.° 36). El imperativo singular es *haz* (tú) y *hacé* (vos), y no ⊗*hace.*

2. Para expresar circunstancias meteorológicas o los grados de temperatura atmosférica, así como cuando se utiliza con expresiones temporales para referirse a un momento situado tanto tiempo atrás como indica el complemento, funciona como impersonal, por lo que solo se conjuga en las formas de tercera persona del singular: *«A esa altura de la noche hacía bastante frío»* (Benedetti *Primavera* [Ur. 1982]); *«Fuera hace 50 grados bajo cero»* (Ortega *Artículos* [Esp. 1917-33]); *«Hace dos días ha amanecido loco furioso»* (Prada *Hora* [Méx. 1979]). En todos estos casos, es impropio hacer concordar el verbo *hacer* en plural cuando es plural el complemento: ⊗*«De día hacen 10 grados bajo cero»* (*Tribuno*@ [Arg.] 2.99); ⊗*«No ha aumentado desde hacen unos 30 años»* (*Tiempos* [Bol.] 31.3.97). Es redundante, y debe evitarse, el uso del adverbio *atrás* cuando *hacer* se construye con un complemento temporal: ⊗*«El concurso fue fallado hace dos años atrás»* (*País* [Ur.] 12.11.01); debió decirse *hace dos años* o *dos años atrás.*

3. En construcciones causativas, esto es, con el sentido de 'obligar a alguien a hacer algo o ser la causa de que alguien haga algo', va seguido, bien de una oración subordinada introducida por *que,* con el verbo en subjuntivo, bien de un infinitivo sin preposición: *«Hizo que la gitana abandonase a sus compañeros»* (Mendoza *Verdad* [Esp. 1975]); *«Me hizo reír, la última vez que lo vi»* (*Tiempo* [Col.] 12.6.97). No debe interponerse la preposición *de* entre *hacer* y el infinitivo, como ocurre a veces en el habla popular: ⊗«*¡Lo que nos ha hecho DE reír! ¡Las cosas que a él se le han ocurrío en la iglesia!*» (Benavente *Señora* [Esp. 1908]); ⊗«*Yo sé que les gusta hacerte DE rabiar y llamarte cosas feas*» (Zamora *Traque* [Esp. 1972]). Solo la expresión, en origen causativa, *hacerse (de) rogar*, que significa 'no acceder a lo que otro pide hasta que se le ha rogado con insistencia', admite ambas formas, con y sin preposición: «*Se hizo un poco DE rogar, pero accedió*» (Guelbenzu *Río* [Esp. 1981]); «*No me hago rogar mucho, acepto la invitación*» (Gallegos *Pasado* [C. Rica 1993]). En el español mexicano se dice *hacerse del rogar*: «*Regina no se hizo del rogar y comenzó a interpretar canciones de su más reciente repertorio*» (Velasco *Regina* [Méx. 1987]). En cuanto al uso de los pronombres personales átonos de tercera persona con *hacer* en estructuras de sentido causativo, → LEÍSMO, 4b.

4. En catalán y otras lenguas como el francés o el italiano se utiliza en muchas ocasiones el verbo *hacer* (*fer* en catalán, *faire* en francés y *fare* en italiano) en expresiones o locuciones en las que el español utiliza otros verbos de apoyo, como *dar, causar, pasar, poner*, etc. Así, por ejemplo, en catalán se dice *fer vacances* ('pasar las vacaciones o irse de vacaciones'), *fer un passeig* ('dar un paseo'), *fer impressió* ('dar o causar impresión'), *fer sensació* ('causar sensación'), etc. Debe evitarse cuidadosamente calcar expresiones de otros idiomas en lugar de utilizar las propias del español: ⊗«*Este año, correveidiles, portavoces [...] e intoxicadores de todos los tamaños no harán vacaciones*» (*Vanguardia* [Esp.] 19.5.94), en lugar de *no se irán de vacaciones*; ⊗«*Ellos hicieron cara de pocos amigos, pero tuvieron que aguantarse*» (*Opinión@* [EE. UU.] 20.10.04), en lugar de *pusieron cara de pocos amigos*, etc.

5. *hacer* (*bien* o *mal*). Cuando *hacer* significa 'actuar u obrar', se construye con adverbios valorativos como *bien* o *mal*, y lleva además un complemento precedido de la preposición *en*, que a menudo se omite por consabido: «*Hacen mal EN pelearse con el general Carranza*» (Mastretta *Vida* [Méx. 1990]). No debe emplearse la preposición *de* para introducir este complemento: ⊗«*Yo creo que Vilaseca hizo bien DE retirarse a mitad de travesía*» (*Vanguardia* [Esp.] 17.4.95).

6. *hacer falta*. → falta, 3.

7. *hacer mención*. → mención.

8. *hacer presente*. → presente.

9. *hacer público*. En esta construcción, que significa 'dar a conocer públicamente [algo]', el adjetivo *público* debe concordar en género y número con el sustantivo al que se refiere, esto es, con el complemento directo del verbo *hacer*: «*¿John F. Kennedy no hizo públicos sus devaneos sexuales?*» (*Excélsior* [Méx.] 18.1.97); «*El padre Magaldi hizo pública la fecha de la audición para el papel de Cristo*»

(Gamboa *Páginas* [Col. 1998]). No es correcto considerar *público* como adjetivo invariable en esta construcción: ⊗«*El Insalud hizo público ayer los nombramientos de cinco nuevos gerentes de hospitales*» (*Abc* [Esp.] 19.4.86).

10. *hacer(se) (de) cuenta*. La locución *hacer(se) cuenta* se emplea en España con los sentidos de 'darse cuenta o hacerse cargo' e 'imaginar o dar por hecho'; en ambos casos se construye con un complemento introducido por la preposición *de*, que puede omitirse por consabido: «*No se hacía cuenta DE su magnitud*» (Villena *Burdel* [Esp. 1995]); «*—Enséñamelo. —¿Para qué? Hazte cuenta DE que lo he roto*» (BVallejo *Trampas* [Esp. 1994]). Como se ve en este último ejemplo, si el complemento es una oración subordinada introducida por la conjunción *que*, en el habla esmerada debe mantenerse la preposición *de*, aunque sea frecuente suprimirla en la lengua coloquial (→ QUEÍSMO): ⊗«*Haz cuenta que lo echas a un pozo*» (Alviz *Son* [Esp. 1982]). En el español americano, con el sentido de 'fingir o imaginar', se usa en la forma *hacer(se) de cuenta*, y el complemento no va introducido por ninguna preposición: «*Pero si no quiere, haga de cuenta que no dije nada*» (Paso *Palinuro* [Méx. 1977]); «*Hacete de cuenta que sos un pájaro que levanta el vuelo*» (Puig *Beso* [Arg. 1976]).

11. *qué se hizo* (*de*) + sustantivo. Significa 'qué fue de o qué ocurrió con'. Desde los primeros tiempos de esta construcción alterna el uso como impersonal, seguida de un complemento con *de*: «*Santa María, ¿qué se fizo DE Esmeré, que en tan poca de ora lo perdimos?*» (*Otas* [Esp. 1300-25]); «*¿Qué se hizo DE Olga [...], qué se hizo DE Juanina?*» (Onetti *Viento* [Ur. 1979]); o como personal, caso en el que el sujeto es el mismo sustantivo que en la construcción impersonal va precedido de la preposición: «*¿Qué se fizo este huevo? ¿Quién lo tomó?*» (MtzToledo *Corbacho* [Esp. 1438]); «*¿Qué se hicieron los secuestradores que los militares fueron a buscar a Corinto?*» (Alape *Paz* [Col. 1985]).

12. *qué se le va a hacer, qué le voy a hacer*, etc. Frases con las que se manifiesta resignación ante algo inevitable: «*Si aciertas, bien; si no aciertas, qué se le va a hacer*» (*Tiempo* [Esp.] 2.7.90); «*Si mi iniciativa es aceptada, bien. Y si no, qué le voy a hacer*» (*NProvincia* [Arg.] 15.10.97). Es incorrecto el uso de *lo* en lugar de *le*: ⊗«*En España, los escasos períodos de democracia siempre han coincidido con épocas de crisis. [...] Qué lo vamos a hacer*» (*País* [Esp.] 2.1.81).

13. ⊗*solo* (o *solamente*) *hacer que* + infinitivo. Debe evitarse el empleo de esta construcción, en lugar de la normal *no hacer sino* (o *más que* u *otra cosa que*) + infinitivo: ⊗«*Este último capítulo solo hace que reafirmar la inocencia o culpabilidad de la patinadora*» (*Vanguardia* [Esp.] 2.2.94); debió decirse *no hace sino* (o *más que*) *reafirmar...*

hachemí. → hachemita.

hachemita. 'De la dinastía reinante hoy en Jordania': «*En la inauguración del Parlamento jordano, el monarca hachemita se comprometió* [...] *a continuar su apoyo a los palestinos*» (*Mundo* [Esp.] 3.12.95). La *h* suele pronunciarse con aspiración (→ h, 2). Existe el sinónimo *hachemí*, menos frecuente en el uso, cuyo plural culto es *hachemíes* (→ PLURAL, 1c). Debe evitarse el empleo de *hachemí* y *hachemita* como gentilicios de Jordania, pues su verdadero gentilicio es *jordano*.

hachís. 'Sustancia narcótica obtenida del cáñamo índico': «*Media docena de punks malolientes fumaban hachís*» (Fogwill *Cantos* [Arg. 1998]). Su origen árabe explica su pronunciación con *h* aspirada (→ h, 2). Esta es la forma asentada en la norma culta, por lo que deben evitarse otras grafías, como ⊗*haschisch*, ⊗*hashish*, ⊗*haschish* o ⊗*haxix*.

hacker. → pirata informático.

hala. 1. Interjección que se usa, sobre todo en España, para animar o apremiar a alguien a que realice una acción: *Hala, vete vistiendo que llegamos tarde;* para expresar sorpresa o admiración: *Hala, qué bonito es esto;* para subrayar una represalia ante algo que causa fastidio: *Pues si no te disfrazas, no vienes a la fiesta, hala;* y para expresar el carácter precipitado o persistente de un hecho: *Llegó y, hala, se puso a colocar los libros sin orden ni concierto; Y él, hala, venga a criticar a todo el mundo.* Se escribe normalmente con hache, aunque también es válida la forma *ala:* «*Pues, ala, empieza*» (Hidalgo *Hijas* [Esp. 1988]). Es voz llana: [ála]. Para expresar sorpresa o admiración también se emplea la voz aguda *alá*, escrita sin hache: *Alá, mira cómo llueve.* La forma *ala* se usa en algunas zonas de Colombia y Venezuela como interjección vocativa, para dirigirse a alguien o reclamar su atención.

2. Existe, además, la variante *hale,* que puede escribirse también sin hache: «*Pues hale, no perdamos tiempo*» (Sierra *Palomas* [Esp. 1990]); «*Ale, ale, póngase a escribir*» (Sastre *Kant* [Esp. 1989]).

halagar. Dicho de una persona, 'hacer o decir algo para agradar a otra' y, dicho de algo, 'causar agrado o satisfacción a alguien'. Por tratarse de un verbo de «afección psíquica», dependiendo de distintos factores (→ LEÍSMO, 4a), el complemento de persona puede interpretarse como directo o como indirecto: «*Mi viejo me sobornaba con regalos, sabés, y entonces yo LO halagaba*» (Daneri *Matar* [Arg. 1981]); «*Todo esto a ella* [...] *LE halagó y le hizo sospechar que poseía un hechizo*» (Cifuentes *Esmeralda* [Guat. 1987]). Cuando lleva un complemento directo que expresa un sentimiento o una parte del cuerpo, el complemento de persona es siempre indirecto: «*LE halago los oídos*» (Rubio *Sal* [Esp. 1992]).

hale. → hala.

half-time. → tiempo, 1.

hall. Voz inglesa que se emplea con frecuencia en español para designar la pieza o sala a la que se accede al entrar en una casa o un edificio. Se recomienda usar en su lugar los equivalentes españoles *vestíbulo, entrada* o *recibidor* (este último solo posible si se trata de una vivienda): «*En el vestíbulo del Hotel Chelsea, el conserje me saludó con la cordialidad de costumbre*» (Vicent *Balada* [Esp. 1987]); «*En el paragüero de la entrada* [...] *podrían caber de setenta a cien paraguas*» (Val *Hendaya* [Esp. 1981]); «*El cuadro pintado por Valencia, puesto en el recibidor, se convirtió en una visión insoportable*» (Liendo *Platos* [Ven. 1985]).

hambre. 'Gana y necesidad de comer' y 'escasez de alimentos'. Es voz femenina: «*Me entró de repente mucha hambre*» (MtnGaite *Nubosidad* [Esp. 1992]). Al comenzar por /a/ tónica, exige el uso de la forma *el* del artículo si entre ambos elementos no se interpone otra palabra (→ el, 2.1), pero los adjetivos deben ir en forma femenina: «*Luego vino el hambre, padre, el hambre física*» (Mendoza *Satanás* [Col. 2002]). En cuanto al indefinido, aunque no se considera incorrecto el uso de la forma plena *una*, hoy es mayoritario y preferible el uso de la forma apocopada *un* (→ uno, 1): «*En España se padecía un hambre angustiosa*» (Tusell *Geografía* [Esp. 1995]). Lo mismo ocurre con los indefinidos *alguno* y *ninguno: algún hambre, ningún hambre.* El resto de los adjetivos determinativos debe ir en femenino: *esa hambre, la misma hambre,* etc.

hámster. Voz tomada del alemán *Hamster*, 'pequeño roedor, semejante a un ratón'. En la pronunciación se mantiene la aspiración etimológica de la *h* inicial (→ h, 2). Su plural debe ser *hámsteres* (→ PLURAL, 1g): «*Conejos, hámsteres y gallos de pelea*» (Mendoza *Satanás* [Col. 2002]).

hándicap. 1. Voz tomada del inglés *handicap* ('desventaja'), que se emplea, en hípica y en algunos otros deportes, con el sentido de 'prueba en que se imponen desventajas a los mejores participantes, para igualar las posibilidades de todos': «*El resto del programa lo forman ocho pruebas, al haberse tenido que desdoblar el hándicap Las Vistillas*» (*Abc* [Esp.] 1.11.86). En el golf significa 'número de golpes adjudicados antes de empezar a jugar': «*De 0 a 18 de hándicap fue primera Cristina García Campo, con 72 golpes*» (*NProvincia* [Arg.] 13.3.97). Su plural es *hándicaps* (→ PLURAL, 1h). En la pronunciación se mantiene la aspiración etimológica de la *h* inicial (→ h, 2).

2. Es innecesario el uso de la voz inglesa con el sentido de 'situación desfavorable de una persona o cosa respecto de otra', por existir los equivalentes españoles *desventaja, obstáculo, impedimento* o, en contextos médicos, *discapacidad* o *minusvalía*. Tampoco debe usarse el verbo [⊗]*handicapar*, que puede sustituirse por *perjudicar, suponer una desventaja*, o *discapacitar*, según los casos. Para referirse a la persona que sufre una discapacidad o minusvalía deben emplearse en español los términos *discapacitado* o *minusválido*, siendo innecesario y rechazable el uso del anglicismo [⊗]*handicapado*.

[⊗]**handicapado -da,** [⊗]**handicapar.** → hándicap, 2.

Hanói. Dado que el nombre de esta ciudad de Vietnam es transcripción de una lengua escrita en alfabeto no latino, debe someterse a las reglas de acentuación gráfica del español y escribirse con tilde, por ser voz aguda acabada en vocal (→ TILDE², 1.1.1 y 6.2): «*El doctor Shigeru Omi* [...] *indicó en Hanói que existe la posibilidad de que los dos virus se encuentren, muten y desencadenen una pandemia mundial*» (*Comercio*@ [Perú] 28.1.04). Se pronuncia con *h* aspirada (→ h, 2).

hanseático -ca. 'De la Hansa, antigua confederación de ciudades del norte de Alemania para el fomento y protección de su comercio'. Se pronuncia normalmente con aspiración de la *h* (→ h, 2): [hanseátiko]. Es raro y desaconsejable el uso de la variante [⊗]*anseático*, derivada de *Ansa*, grafía antietimológica y de muy raro empleo para referirse a esta liga comercial.

hardware. Voz inglesa que se usa, en informática, para designar el conjunto de los componentes que integran la parte material de una computadora u ordenador. Puede sustituirse por expresiones españolas como *equipo (informático), componentes* o, en contextos muy especializados, *soporte físico* (en oposición al *soporte lógico*, que son los programas): «*Si su ordenador es un 486 o inferior* [...], *es mejor cambiar entero el equipo*» (*Mundo* [Esp.] 29.6.97).

harem. → harén.

harén. Entre los musulmanes, 'conjunto de mujeres que dependen de un jefe de familia' y 'departamento de la casa donde viven las mujeres'. Esta es la forma mayoritaria y preferible, por acomodarse mejor al sistema gráfico del español (→ m, 4). También es válida la grafía etimológica *harem* (pl. *harems;* → PLURAL, 1h).

harina. 'Polvo que resulta de la molienda del trigo y de otras semillas'. Es voz femenina: *la harina*, no [⊗]*el harina*.

Harlem. Barrio de la ciudad de Nueva York, situado al norte de Manhattan, que debe su nombre a la ciudad holandesa de *Haarlem*, con la que no debe confundirse (→ Haarlem). Se pronuncia con *h* aspirada (→ h, 2).

harmonía, harmónico -ca. → armonía.

harmonio. → armonio.

harmonioso -sa. → armonía.

harmónium. → armonio.

harmonizar. → armonía.

harpa. → arpa.

harpía. → arpía.

harpillera. → arpillera.

hartar(se). 1. Cuando significa 'llenar(se) completamente o atiborrar(se)' y, como pronominal, 'hacer algo abundante o insistentemente', se construye con un complemento introducido por *de*: «*Una fiesta pantagruélica, en la que todos se hartaron* DE *truchas, tilapias* [...] *y vinos del valle Napa*» (Martínez *Vuelo* [Arg. 2002]); «*No vi nada porque me harté* DE *llorar*» (LTena *Renglones* [Esp. 1979]). Coloquialmente se usa a veces la preposición *a*: «*Pero se hartó* A *vitaminas*» (Rossetti *Alevosías* [Esp. 1991]). **2.** Con el sentido de 'fastidiar o cansar', es verbo de «afección psíquica» y, por tanto, dependiendo de distintos factores (→ LEÍSMO, 4a), el complemento de persona puede interpretarse como directo o como indirecto: «*El viejo había conseguido hartar*LOS *al final, a todos*» (Collyer *Pájaros* [Chile 1995]); «*A un hombre, en el fondo de su alma, podían hartar*LE *estas ñoñeces*» (MtnGaite *Usos* [Esp. 1987]). **3.** Como pronominal, con el sentido de 'sentir cansancio o tedio', se construye siempre con *de*: «*Cuando me hartaba* DE *las matemáticas, cerraba el libro*» (TBallester *Filomeno* [Esp. 1988]).

[⊗]**haschisch,** [⊗]**haschish,** [⊗]**hashish.** → hachís.

hasta. 1. Preposición que se usa para expresar el término límite en relación con el tiempo, el espacio o la cantidad: *No lo tendré listo hasta el viernes; Corrió hasta la casa; Contaré hasta veinte; Vino hasta mí y me besó.* Seguida de infinitivo, o de la conjunción *que* antepuesta a un verbo en forma personal, introduce oraciones subordinadas temporales: *Grité hasta ponerme afónica; No me iré hasta que me pagues.* Es muy frecuente que, cuando la oración principal tiene sentido negativo, en la subordinada aparezca un *no* expletivo, esto es, innecesario, como refuerzo de la negación de la oración principal: *No se fue hasta que no llegó su padre; Se negó a confesar hasta que no llegó el juez.* Debido a lo arraigado de este uso, ha de considerarse admisible, aunque no hay que olvidar que el enunciado no necesita esta segunda negación: *No se fue hasta que llegó su padre; Se negó a confesar hasta que llegó el juez.* **2.** En algunas zonas de América, especialmente en México, en la zona costera del Ecuador, en América Central y en Colombia, se produce un fenómeno inverso, esto es, la supresión de la negación *no* delante del verbo en oraciones con *hasta*,

con lo que el enunciado puede interpretarse en sentidos diametralmente opuestos. Así, en estas zonas, una oración como *Se abre hasta las tres* puede significar que se cierra a las tres (sentido que tendría en el español general) o justamente lo contrario, que se abre a partir de las tres. Para evitar los casos de ambigüedad a que puede dar lugar, se recomienda acomodar el uso de *hasta* en estas zonas al del español general y colocar la negación correspondiente delante del verbo: *No se abre hasta las tres,* o bien dejar el verbo en forma afirmativa y sustituir la preposición *hasta* por *a: Se abre a las tres.*

3. Puede funcionar como adverbio con el sentido de 'incluso' y, en ese caso, es compatible con otras preposiciones: *Hasta por tu padre haría eso; Son capaces de trabajar hasta con cuarenta grados; Fui a buscarlo hasta a Cuenca* (distinto de *Fui a buscarlo hasta Cuenca*).

4. hasta adelante, hasta atrás. En la lengua general, los adverbios *adelante* y *atrás,* nunca se emplean precedidos de la preposición *hasta.* No obstante, en México es frecuente este uso con el sentido enfático especial de 'lo más adelante o lo más atrás posible': «*Venían llegando del panteón, cuando los que iban hasta adelante corrieron dando voces*» (Hayen *Calle* [Méx. 1993]); «*Fui a sentarme hasta atrás*» (Mastretta *Vida* [Méx. 1990]).

hastiar(se). 'Causar, o sentir, hastío'. Se acentúa como *enviar* (→ APÉNDICE 1, n.º 5).

hatajo. 'Pequeño grupo de ganado' y, despectivamente, 'grupo de personas o cosas': «*El alcalde regalaba a los novios* [...] *medio hatajo de merinas*» (Berlanga *Gaznápira* [Esp. 1984]); «*Son un hatajo de egoístas y poltrones*» (Paz *Sombras* [Méx. 1983]). Se recomienda usar con preferencia la grafía etimológica *hatajo* (de *hato,* 'envoltorio de ropa y objetos personales para ir de un sitio a otro' y 'grupo de ganado'), aunque también se admite la variante gráfica *atajo:* «*No sabéis de lo que es capaz este atajo de bestias*» (Mendoza *Ciudad* [Esp. 1975]).

Hawái. Archipiélago del océano Pacífico que es, desde 1959, uno de los estados de EE. UU. También se llama así la mayor de sus islas. El nombre inglés *Hawaii* debe hispanizarse en la forma *Hawái,* escrita con tilde por tratarse de una palabra aguda terminada en vocal (→ TILDE², 1.1.1): «*Cuando la bebé nació, su padre regresaba de Hawái*» (*Nación* [C. Rica] 16.4.97). Su gentilicio es *hawaiano.* Tanto el topónimo como el gentilicio se pronuncian con aspiración de la *h* (→ h, 2): [hauái, hauaiáno].

hawaiano -na, *Hawaii.* → Hawái.

[⊗]**haxix.** → hachís.

haz. 1. Cuando significa 'conjunto homogéneo de cosas alargadas atadas por el centro' y 'conjunto de rayos luminosos que emanan de un mismo punto',

procede del latín *fascis* ('fajo, manojo') y es, como su étimo latino, de género masculino: «*Sobre los haces de juncos esparcidos por el suelo*» (Torbado *Peregrino* [Esp. 1993]); «*Un haz de luz caía* [...] *sobre la habitación*» (Zaldívar *Capablanca* [C. Rica 1995]).

2. Cuando significa 'cara de una cosa habitualmente más visible o destinada a ser vista', procede del latín *facies* ('cara') y es, como su étimo, de género femenino, aunque al comenzar por /a/ tónica, le corresponde en singular la forma *el* del artículo (→ el, 2.1): «*Su color es verde en el haz y gris en el envés*» (Suñer *Botica* [Esp. 2000]); así pues, si lleva un adjetivo, este debe ir en forma femenina: *el haz tersa de la sábana.* Se emplea a veces en la construcción *haz de la Tierra* ('superficie de la Tierra'), que debe respetar la regla antedicha del artículo: *el haz de la Tierra,* no [⊗]*la haz de la Tierra,* como a veces se dice por influjo de la construcción sinónima, y más frecuente, *la faz de la Tierra.*

3. Cuando significa 'tropa formada', procede del latín *acies* ('fila de soldados'), que era femenino, género con el que debe usarse también en español: «*Pedro Bermúdez* [...] *entra, él solo, con la enseña del Campeador por entre las haces de jinetes valencianos*» (MndzPidal *Epopeya* [Esp. 1910-45]). A veces se ha usado indebidamente en masculino, por confusión con el sustantivo masculino *haz* (→ 1), del que toma la *h-* antietimológica.

4. haz de la Tierra. → 2.

hazmerreír. 'Persona que por su aspecto o conducta es objeto de diversión o burla de otros': «*Me dio pena verlo convertido en hazmerreír de todo el pueblo*» (Jodorowsky *Danza* [Chile 2001]). Su plural es *hazmerreíres* (→ PLURAL, 1g). Debe escribirse siempre con *-rr-* (→ r, 3) y con tilde (→ TILDE², 2.2.2b).

head-hunter. → cazatalentos.

hebraizar. 'Dar [a algo] carácter hebreo'. Se acentúa como *aislar* (→ APÉNDICE 1, n.º 9).

hecto-. Elemento compositivo prefijo que significa 'cien'. Toma la forma *hect-* cuando la palabra a la que se une empieza por vocal: *hectárea.* Suele unirse a nombres de unidades de medida, para designar unidades cien veces mayores: *hectómetro, hectolitro, hectogramo,* etc. En todas ellas, salvo en *hectómetro,* la /o/ de *hecto-* es átona; así, en la mayor parte del ámbito hispánico se usa la forma llana *hectolitro* [ektolítro]; pero en Chile está generalizada la forma esdrújula *hectólitro.* Es incorrecto escribir sin *h-* las palabras formadas con este elemento compositivo, confundiéndolo con *ecto-* ('fuera'; → ecto-).

heder. 'Despedir mal olor'. Verbo irregular: se conjuga como *entender* (→ APÉNDICE 1, n.º 31).

hegeliano -na. 'Del filósofo alemán Georg W. F. Hegel o del hegelianismo': «*Hay que aprender* *a desenredar la madeja del lenguaje hegeliano»* (Lledó *Días* [Esp. 1994]). Su pronunciación se deriva de la del apellido Hegel en alemán: [hegeliáno], con *h* aspirada (→ h, 2) y sonido velar sonoro /g/.

hégira. 1. 'Era musulmana'. Procede de una voz árabe que significa 'huida', pues fue la huida de Mahoma de La Meca a Medina el acontecimiento que se tomó como punto de partida para el cómputo de la era musulmana. Con este sentido se recomienda escribirlo con mayúscula inicial (→ MAYÚSCULAS, 4.26): *«Este año, el 1407 de la Hégira, dos millones de personas han llegado ya a la ciudad»* (*País* [Esp.] 2.8.87). Esta es la grafía de uso mayoritario, aunque la variante *héjira* también es válida: *«En el séptimo siglo de la Héjira, [...] transcribí con pausada caligrafía [...] los siete viajes de Simbad»* (Borges *Aleph* [Arg. 1949-52]). Es incorrecta la grafía [⊗]*égira*.

2. Es frecuente y admisible el empleo de *hégira* con el significado de 'huida o emigración' que tiene su étimo árabe. En este caso se escribe con minúscula: *«Tuvo que dirigir la hégira del pueblo mormón americano hasta Salt Lake en Utah»* (VqzMontalbán *Galíndez* [Esp. 1990]). No debe confundirse con *égida* ('protección o amparo'; → égida).

héjira. → hégira.

helar(se). 'Congelar(se)' y, como impersonal, 'hacer mucho frío, con temperaturas inferiores a cero grados'. Verbo irregular: se conjuga como *acertar* (→ APÉNDICE 1, n.º 16).

heliostato o **helióstato.** 'Aparato que refleja la luz solar'. Ambas acentuaciones son válidas, aunque, como en el resto de las palabras con esta misma terminación, la forma llana *heliostato* está desplazando en el uso a la forma esdrújula *helióstato*, que es la conforme con la prosodia grecolatina.

hematoma. 'Acumulación de sangre en un tejido por rotura de un vaso sanguíneo'. Es voz masculina: *el hematoma*.

hemiplejia o **hemiplejía.** → -plejia o -plejía.

hemólisis o **hemolisis.** → -lisis.

hemorroide. 'Almorrana'. Es voz femenina: *«La punzada se hizo más intensa y me lastimó la hemorroide»* (Alatriste *Vivir* [Méx. 1985]). La forma *hemorroides* es plural (*las hemorroides*), no singular ([⊗]*una hemorroides*).

henchir(se). 1. 'Llenar(se)'. Verbo irregular: se conjuga como *pedir* (→ APÉNDICE 1, n.º 45); así pues, las formas correctas de la tercera persona (singular y plural) del pretérito perfecto simple o pretérito de indicativo son *hinchió* e *hinchieron*, respectivamente; las del pretérito imperfecto o pretérito de

subjuntivo son *hinchiera* o *hinchiese*, *hinchieras* o *hinchieses*, *hinchiéramos* o *hinchiésemos*, etc.; las del futuro simple o futuro de subjuntivo son *hinchiere*, *hinchieres*, *hinchiéremos*, etc.; y la del gerundio es *hinchiendo*. En todos estos casos deben evitarse las formas en las que se suprime la *-i-* de la desinencia: [⊗]*hinchera*, [⊗]*hincheras*, [⊗]*hinchéramos*, [⊗]*hinchere*, [⊗]*hincheres*, [⊗]*hinchéremos*, [⊗]*hinchendo*, etc. El verbo irregular *henchir(se)* no debe confundirse, ni en su conjugación ni en su significado, con el regular *hinchar(se)* ('hacer aumentar de volumen'; → hinchar(se)). Únicamente coinciden en la primera persona del singular del presente de indicativo, que es *hincho* en ambos verbos.

2. Se construye a menudo con un complemento introducido por *de*: *«El poder de este tirano fue a más cada día, [...] hinchiendo DE temor a grandes y pequeños»* (MndzPidal *Epopeya* [Esp. 1910-45]); *«Tadeo, cada vez que iba a ese colegio, se henchía DE orgullo»* (Serrano *Vida* [Chile 1995]).

hendedura. → hendidura.

hender(se). 'Abrir(se) o rajar(se) un cuerpo sólido' y 'atravesar [un fluido]': *«Como si el aire se hiciera más duro de hender y la tierra más larga de caminar»* (UPietri *Visita* [Ven. 1990]). Verbo irregular: se conjuga como *entender* (→ APÉNDICE 1, n.º 31). Con el mismo significado, existe la variante *hendir*, también irregular, que se conjuga como *discernir* (→ APÉNDICE 1, n.º 29): *«La cabeza es aguzada y está sólidamente implantada, sin cuello, apta para hendir el agua sin resistencia»* (Vattuone *Biología* [Arg. 1992]). Ambos verbos presentan formas coincidentes en gran parte de su conjugación, pero tienen también formas propias; así, pertenecen únicamente a *hender* las formas *hendés* (vos), *hendemos*, *hendéis* (vosotros), del presente de indicativo; el futuro simple o futuro de indicativo *henderé*, *henderás*, etc.; el condicional simple o pospretérito *hendería*, *henderías*, etc.; y las formas de imperativo *hendé* (vos) y *hended* (vosotros). Por su parte, pertenecen a *hendir* las formas *hendimos*, *hendís* (vos/vosotros), del presente de indicativo; el futuro simple o futuro de indicativo *hendiré*, *hendirás*, etc.; el condicional simple o pospretérito *hendiría*, *hendirías*, etc.; y las formas de imperativo *hendí* (vos) y *hendid* (vosotros). Son incorrectas las formas [⊗]*hindió* e [⊗]*hindieron* para la tercera persona (singular y plural, respectivamente) del pretérito perfecto simple o pretérito de indicativo, pues las formas correctas, en el caso de ambos verbos, son *hendió* y *hendieron*.

hendidura. 'Corte en un cuerpo sólido que no lo divide del todo'. Es igualmente correcta, aunque menos frecuente, la forma *hendedura*.

hendir(se). → hender(se).

heñir. 'Sobar con los puños [la masa, especialmente la del pan]'. Verbo irregular: se conjuga como *ceñir* (→ APÉNDICE 1, n.º 23).

heredar. 1. Cuando significa 'pasar a poseer [algo] a la muerte de alguien', 'recibir [algo] de una situación anterior' y, dicho de un ser vivo, 'recibir [rasgos o caracteres] de sus progenitores', se construye con complemento directo de cosa y suele llevar, además, un complemento con *de: «Y eso LO heredó DE su abuelo»* (Caballero *Bisagras* [Ven. 1982]). **2.** Cuando significa 'pasar a poseer los bienes [de alguien]', el complemento directo expresa la persona de la que se hereda: *«Se sentía viejo, tenía la idea de que ninguno de sus tres hijos merecía heredarLO»* (Allende *Casa* [Chile 1982]). **3.** En México y Centroamérica es frecuente su empleo con el significado de 'legar [posesiones o bienes] a alguien'; el complemento directo es lo que se lega y el destinatario se expresa mediante un complemento indirecto: *«La idea de heredarLE todo a María Rosa no era posible»* (Elizondo *Setenta* [Méx. 1987]).

herir(se). 1. 'Producir(se) una herida'. Verbo irregular: se conjuga como *sentir* (→ APÉNDICE 1, n.º 53). **2.** Como transitivo, además del complemento directo de persona, puede llevar un complemento introducido por *en,* que expresa la parte concreta herida: *«Le dispararon y LO hirieron EN la cabeza»* (*Tiempos* [Bol.] 23.1.97). Si el sustantivo que expresa la parte herida funciona como complemento directo, el complemento de persona pasa a ser indirecto: *«El viento lo despeinó y LE hirió la piel»* (Martini *Fantasma* [Arg. 1986]).

hermafrodita. 1. 'Que tiene los dos sexos'. En el uso mayoritario actual es adjetivo de una sola terminación, válida para ambos géneros: *«Un demonio hermafrodita de poblada barba y arrogantes pechos femeninos»* (Cousté *Biografía* [Arg. 1978]); *«Hay plantas que [...] tienen flores hermafroditas»* (Ferreyra *Flora* [Perú 1979]). Referido a persona, se emplea normalmente como sustantivo masculino: *«Justo debajo de los testículos y antes del ano, tenía un perfecto sexo femenino. "¡Un hermafrodita!", exclamó consternado Serafín»* (Jodorowsky *Pájaro* [Chile 1992]). **2.** El masculino *hermafrodito,* documentado en el español medieval y clásico, es hoy inusitado y, por ello, desaconsejable, salvo cuando, como nombre propio y escrito, por tanto, con mayúscula inicial, se refiere al hijo de Hermes y Afrodita, origen etimológico de esta voz.

hermafrodito. → hermafrodita, 2.

hermanar(se). 'Unir(se)'. Se construye frecuentemente con un complemento introducido por *con: «El Ayuntamiento acaba de hermanarse CON un*

barrio de Sarajevo» (*Vanguardia* [Esp.] 2.10.95); y no por *a:* [⊗]*«Ha hermanado su talento A una sencillez impresionante»* (*Hora* [Guat.] 13.2.97).

herniarse. 'Pasar a padecer hernia'. Se acentúa como *anunciar* (→ APÉNDICE 1, n.º 4).

héroe -ína. 'Persona famosa por sus hazañas'. El femenino es *heroína: «Ahora Irene se sentía como esas heroínas de la mitología»* (GaSánchez *Historia* [Esp. 1991]). No debe usarse como común en cuanto al género (→ GÉNERO², 1a): [⊗]*la héroe.*

herpe. → herpes.

herpes. 'Enfermedad eruptiva de la piel'. Procede del latín *herpes* y hoy se emplea exclusivamente con el género masculino etimológico: *«El herpes genital es una de las enfermedades de transmisión sexual más contagiosas»* (*Mundo* [Esp.] 13.2.97). Es raro y desaconsejable el uso de la forma *herpe* para el singular.

herrar. 'Poner herraduras [a una caballería]' y 'marcar con hierro [algo o a alguien, especialmente al ganado]'. Verbo irregular: se conjuga como *acertar* (→ APÉNDICE 1, n.º 16).

herrumbre. 'Óxido del hierro'. Este sustantivo es femenino en la mayor parte del ámbito hispánico: *«La herrumbre tiñe las manos»* (Marsé *Rabos* [Esp. 2000]); pero en algunos países de América, como Costa Rica, se usa en masculino: *«La tinta del herrumbre se escurría por los tobillos»* (Ducoudray *Ojos* [C. Rica 1992]).

hervir. Como intransitivo, dicho de un líquido, 'producir burbujas por efecto del calor o de la fermentación' y, como transitivo, 'hacer hervir [un líquido]'. Verbo irregular: se conjuga como *sentir* (→ APÉNDICE 1, n.º 53).

hetaira. 'Cortesana de elevada condición en la antigua Grecia' y 'prostituta'. Esta es la forma mayoritaria y más cercana al étimo griego. La variante *hetera,* también válida, está cayendo en desuso.

hetera. → hetaira.

heterogeneidad. 'Cualidad de heterogéneo'. Son incorrectas las formas [⊗]*heterogenidad* y [⊗]*heterogeniedad* (→ -dad, d).

heterósfera o **heterosfera.** → -sfera.

hexa-. Elemento compositivo prefijo que significa 'seis': *hexágono* ('[polígono] de seis lados'), *hexasílabo* ('[verso] de seis sílabas'), *hexámetro,* (en la poesía grecolatina, '[verso] que consta de seis pies'), *hexápodo* ('[animal] de seis patas'). No debe confundirse con *exa-* ('un trillón de veces'; → exa-), por lo que no se consideran correctas grafías como [⊗]*exasílabo,* [⊗]*exámetro,* etc. Tampoco se aconseja hoy el empleo de las grafías [⊗]*exágono,* [⊗]*exagonal* (→ hexágono), aunque hayan sido tradicionalmente admitidas.

hexagonal. → hexágono.

hexágono -na. '[Polígono] de seis ángulos y seis lados': «*Las esbeltas torres hexágonas aragonesas*» (JRJiménez *Españoles* [Esp. 1942-58]). Se utiliza casi siempre como sustantivo masculino: «*Las abejas hacen hoy los mismos hexágonos que ya hacían cuando no existían los mamíferos*» (Ricard *Diseño* [Esp. 1982]). El uso culto mayoritario mantiene hoy la *h-* etimológica (→ hexa-), por lo que se desaconseja el empleo de la grafía ⊗*exágono,* admitida desde antiguo en el diccionario académico por su frecuente empleo en otras épocas. Lo mismo cabe decir del adjetivo *hexagonal,* grafía que debe preferirse a ⊗*exagonal.*

HIATO. 1. Es la secuencia de dos vocales que se pronuncian en sílabas distintas: *grú* - a, *pa* - *ís, ca* - *er, dis* - *cu* - *tí* - *ais.* Desde el punto de vista fonético, son hiatos las combinaciones de vocal abierta (*a, e, o*) átona + vocal cerrada (*i, u*) tónica: *raíz, laúd, reír, transeúnte, oír;* de vocal cerrada tónica + vocal abierta átona: *María, ríe, frío, cacatúa, acentúe, búho;* de dos vocales iguales: *azahar, poseer, chiita, alcohol;* y de dos vocales abiertas distintas: *caer,* a*orta, teatro, etéreo, coágulo, poeta* (aunque, en el habla, la secuencia de dos vocales abiertas —especialmente cuando ninguna de ellas es tónica— puede articularse como diptongo, esta combinación vocálica se considera siempre hiato desde el punto de vista normativo).

2. Las otras combinaciones posibles de dos vocales (salvo la secuencia de una vocal abierta tónica seguida de una cerrada átona, que forma siempre diptongo en español) se pueden pronunciar como hiatos o como diptongos (→ DIPTONGO, 1 y 2), dependiendo de diversos factores: las palabras concretas en las que se encuentren incluidas, el origen geográfico o social del hablante (→ 4 y 5), el mayor o menor esmero en la pronunciación, etc. Dada esta variabilidad, se ha optado por establecer una serie de convenciones sobre qué ha de considerarse diptongo y qué ha de considerarse hiato a la hora de acentuar gráficamente las palabras; así, las secuencias vocálicas distintas de las descritas en el primer párrafo se considerarán siempre diptongos a efectos de acentuación gráfica (→ TILDE², 2.1.1 y 2.2.1).

3. La *h* intercalada no influye en absoluto en la consideración como diptongo o como hiato de una secuencia vocálica; así, hay grupos de vocales con *h* intermedia que forman diptongo: a*h*ijado, a*h*umar, pro*h*ibir, y otros que forman hiato: a*h*ínco, turbo*h*élice, pro*h*íbe.

4. Tanto en España como en América existe una tendencia antihiática muy marcada en el habla popular, lo que provoca que determinadas secuencias vocálicas que son hiatos en el habla culta se pronuncien como diptongos entre hablantes poco instruidos, con el consiguiente cierre en el timbre de la vocal átona; así, en el habla esmerada, deben evitarse pronunciaciones como ⊗[golpiár] por *golpear,* ⊗[akordión] por *acordeón,* ⊗[kuéte] por *cohete,* ⊗[pelié] por *peleé,* etc. No obstante, en algunos países de América, particularmente en México, este cierre vocálico se da también en el nivel culto.

5. En amplias zonas de América es muy frecuente que se pronuncien como diptongos secuencias formadas por una vocal cerrada átona y una vocal abierta tónica, o por dos vocales cerradas distintas; estas mismas secuencias, por el contrario, se pronuncian mayoritariamente como hiatos en el español de España y de algunos países americanos, por ejemplo, la Argentina o el Ecuador. Así, en España y parte de América, la palabra *guion* se pronuncia como bisílaba ([gi - ón]), debido al hiato, mientras que en otras áreas americanas se pronuncia como monosílaba ([gión]), debido al diptongo; lo mismo sucede con *jesuita,* que vacila, según las zonas, entre el hiato ([je - su - í - ta]) y el diptongo ([je - suí - ta]). Sobre la acentuación gráfica de las palabras que incluyen estas combinaciones vocálicas, → TILDE², 2.1.

hibernal. → invernal.

hibernar. 1. Aunque en su origen era un verbo irregular, que se conjugaba como *acertar* (→ APÉNDICE 1, n.º 16), hoy se emplea únicamente como regular.

2. En la lengua antigua era sinónimo de *invernar* ('pasar el invierno en un lugar'; → invernar), pero en el uso actual significa, dicho de ciertos mamíferos, 'pasar el invierno en estado de hibernación o aletargamiento': «*Los Anfibios* [...] *son capaces de evitar las temperaturas más extremas hibernando*» (*H.ª natural Alvarado* VI [Esp. 1981] 119); se emplea a veces, en sentido figurado, con sujeto de persona: «*Este frío* [...] *me deja casera, me da ganas de hibernar, de quedarme en la cama hasta la próxima estación*» (Arel *Jardín* [Ur. 1985]). En los últimos tiempos se usa también como transitivo, con el significado de 'poner [a alguien] en estado de hibernación': «*La historia de un hombre que es hibernado después de una operación equivocada y despierta al cabo de doscientos años en un mundo inesperado*» (*Vanguardia* [Esp.] 2.9.94); o, referido a cosas, con el sentido de 'dejar [algo] temporalmente inactivo': «*La reunión de un grupo de personas con el objetivo único de lograr una serie de ideas,* [...] *que serán desechadas, aprobadas o hibernadas*» (Muñoz/Gil *Radio* [Esp. 1986]). El hecho de que *hibernar* se emplee también como transitivo hace innecesario y, por tanto, censurable el uso del neologismo ⊗*hibernizar.*

⊗hibernizar. → hibernar.

hidracida. 'Compuesto químico resultante de la combinación de un ácido con una amina': «*Entre los* [fitorreguladores] *de mayor utilización figuran los ácidos y la hidracida maleica*» (Carpena *Química* [Esp. 1981]). En su base está la palabra llana *acida* ('compuesto que contiene el grupo funcional -N₃'), por lo que *hidracida* debe pronunciarse también con acento en la penúltima sílaba: [idrasída, idrazída]. No es correcta la forma esdrújula ⊗*hidrácida*, explicable por el cruce con *ácido* y por el influjo de términos como *hidrácido* o *aminoácido*, que sí tienen este sustantivo esdrújulo en su base. No debe escribirse ⊗*hidrazida*.

hidrocefalia. → -cefalia.

hidrólisis o **hidrolisis.** → -lisis.

hidromancia. → -mancia o -mancía.

hidromiel. 'Agua mezclada con miel'. Esta voz, neutra en latín, es masculina en español: «*Párrafo aparte merece un subproducto de la miel, el hidromiel*» (Crea *Propóleo* [Arg. 1993]); a veces, por influjo de *miel*, se usa indebidamente en femenino: ⊗*la hidromiel*.

hidrósfera o **hidrosfera.** → -sfera.

hidroxilo. 'Radical formado por un átomo de hidrógeno y otro de oxígeno': «*Se sintetizaron nucleósidos que simplemente carecían del grupo hidroxilo*» (Carrasco *Virus* [Esp. 1996]). Es voz llana: [idroksílo]; no es correcta, pues, la forma esdrújula ⊗*hidróxilo*.

hiedra. 'Planta trepadora'. En este caso, la pronunciación como /y/ del grupo gráfico *hi-* (→ h, 4) ha dado lugar a la variante *yedra*, también válida, pero mucho menos frecuente en el uso.

hierba. 1. 'Planta pequeña de tallo tierno' y, especialmente, 'conjunto de hierbas que crecen en un terreno': «*Miro hacia el campo y tendida en la hierba está Vita*» (Navales *Cuentos* [Esp. 1991]). También se usa para referirse a la marihuana: «*Cuando fumaba hierba veía una luz verde alrededor de las cosas*» (MñzMolina *Invierno* [Esp. 1987]). La grafía *hierba* es la más generalizada en la lengua culta; pero también es válida la variante *yerba*: «*Descalzos sus pies para recibir el rocío que todavía impregnaba la yerba*» (Moix *Arpista* [Esp. 2002]). La grafía con *y-* es admisible en todos los derivados de *hierba* (→ h, 4): *hierbajo/yerbajo, hierbezuela/yerbezuela*, etc.

2. En los países del Cono Sur se emplea la grafía *yerba* para designar las hojas de la planta denominada *yerba mate*, de la que se hace la infusión llamada *mate*: «*Quedan tres frascos de Nescafé y cien bolsas de té. Sobra yerba*» (Fogwill *Cantos* [Arg. 1998]).

3. *hierba buena.* → hierbabuena.

4. *hierba luisa.* → hierbaluisa.

hierbabuena. 'Planta aromática que se emplea como condimento': «*He ido a que me dieran unas cebollas y un poco de hierbabuena*» (Mendoza *Ciudad* [Esp. 1986]). Es preferible esta forma, hoy mayoritaria, a la grafía en dos palabras *hierba buena*. Menos frecuente, pero igualmente válida, es la variante *yerbabuena*: «*El huerto olía intensamente a yerbabuena*» (Chao *Altos* [Méx. 1991]).

hierbaluisa. 'Planta aromática que se emplea en infusión': «*Aunque luego no haya colirio ni hierbaluisa que me alivie el ardor de las córneas*» (Armada *Esperanza* [Esp. 1994]). Es preferible esta forma, hoy mayoritaria, a la grafía en dos palabras *hierba luisa*. También es válida la variante *yerbaluisa*: «*Le llevaba de regalo unas bolsitas de yerbaluisa* [...] *para preparar infusiones*» (VLlosa *Tía* [Perú 1977]).

hierosolimitano -na. → Jerusalén.

hierro. 1. 'Metal maleable y resistente, muy empleado en la industria'; además, en general, 'objeto, instrumento o arma hechos con este metal' y, en especial, 'instrumento de hierro usado para marcar el ganado'. En el español de América es frecuente la variante *fierro*, que conserva la *f-* del étimo latino: «*La tetera era de fierro enlozado blanco*» (Donoso *Elefantes* [Chile 1995]); «*Venezuela alcanzó el crecimiento mediante la riqueza generada por sus vastas reservas naturales de petróleo y fierro*» (Fuentes *Espejo* [Méx. 1992]); en algunos países esta variante solo se da, en el habla culta, para designar el instrumento con el que se marca el ganado.

2. Aunque en otras ocasiones el hecho de que el grupo *hi-* seguido de *e* tónica se pronuncie normalmente como /y/ ha dado lugar a dobletes gráficos (→ h, 4), no es válida, con este sentido, la grafía *yerro* (→ yerro).

highball. → jaibol.

hijadalgo. → hijodalgo.

hijodalgo. 1. 'Hidalgo'. El femenino es *hijadalgo*: «*Se entroniza, entre almohadas y sobre los envoltorios del oro, la encumbradísima hijadalgo*» (Carrasquilla *Marquesa* [Col. 1928]). No son correctos los femeninos ⊗*hijodalga* e ⊗*hijadalga*.

2. El plural es *hijosdalgo* e *hijasdalgo*: «*No había reunión de hijosdalgo* [...] *donde no se sucediesen desde entonces los brindis*» (Fuentes *Naranjo* [Méx. 1993]); «*Y aquesa noble condesa / De moros captiva iría, / Y con muchas hijasdalgo, / Que están en su compañía*» (Sepúlveda *Romances* [Esp. 1580]). No son correctos los plurales ⊗*hijo(s)dalgos* e ⊗*hija(s)dalgas*.

⊗**hilación.** → ilación.

hinchar(se). 1. 'Hacer que [algo] aumente de volumen, llenándolo con un fluido, normalmente aire': «*Probablemente esté ensayando una nueva forma de hinchar globos*» (Carbonell *Televisión* [Esp. 1992]);

'inflamar(se)': «*La herida se ha hinchado, pero ya no sangra*» (VLlosa *Casa* [Perú 1966]); y 'hartar(se)': «*Nos hinchamos de marisco*» (Savater *Caronte* [Esp. 1981]). Este verbo regular no debe confundirse, ni en su conjugación ni en su significado, con el irregular *henchir(se)* ('llenar(se)'; → henchir(se)), con el que coincide únicamente en la primera persona del singular del presente de indicativo, que es *hincho* en ambos verbos.
2. Cuando significa 'hartar(se)', el complemento puede ir introducido por *de* o *a*: «*Me hincho DE llorar. Lloro por todo*» (Vázquez *Narboni* [Esp. 1976]); «*Nos hinchamos A llorar como magdalenas*» (*Mundo* [Esp.] 21.9.95).

hinchazón. 'Efecto de hincharse'. En el uso culto general ha sido siempre femenino: *la hinchazón.*

hindi. → hindú, 3.

⊗Hindostán. → Indostán.

hindú. 1. En sentido estricto significa 'del hinduismo o que profesa el hinduismo (religión predominante en la India)': «*Paseo la vista por las esculturas de las distintas divinidades del panteón hindú*» (Calle *Viaje* [Esp. 2001]); «*Como los budistas, los hindúes creen también que todos tenemos vidas pasadas*» (*Abc* [Par.] 2.12.02). El hecho de que la mayoría de la población de la India profese el hinduismo, junto con el deseo de evitar la ambigüedad del gentilicio *indio* (usado también para designar a los aborígenes del continente americano), explica que prácticamente desde su introducción al español en el último tercio del siglo XIX se haya usado también esta voz para designar a los naturales de la India. Este uso extensivo de *hindú* es admisible en contextos en que no exista riesgo de confusión con su sentido estrictamente religioso: «*De origen norteamericano, actualmente tiene nacionalidad hindú*» (*Abc* [Esp.] 4.9.89). El plural preferido en la lengua culta es *hindúes* (→ PLURAL, 1c).
2. Posteriormente, y debido seguramente a la polisemia del término *hindú*, se creó para los sentidos específicamente religiosos el término *hinduista*: «*Otro ejemplo lo ofrece el enfrentamiento entre tamiles hinduistas y cingaleses budistas en Sri Lanka*» (DzVelasco *Hombres* [Esp. 1995]).
3. No debe usarse el gentilicio *hindú* como nombre de la lengua mayoritaria de la India; el término correcto es *hindi*: «*También ha hecho innumerables traducciones del hindi*» (Bonfil *Simbiosis* [Méx. 1993]).

hinduista. → hindú, 2.

Hindustan. → Indostán.

híper. Sustantivo masculino creado por acortamiento coloquial de *hipermercado*. Es invariable en plural: «*Un proyecto* [...] *propone audiencias públicas para aprobar nuevos híper*» (*Clarín* [Arg.] 17.3.97).

Se trata de un elemento tónico e independiente, que se escribe con tilde por ser palabra llana acabada en -*r* (→ TILDE², 1.1.2). No debe confundirse con el elemento compositivo *hiper-* ('superioridad o exceso'; → hiper-).

hiper-. Elemento compositivo prefijo que se une a sustantivos y adjetivos denotando superioridad o exceso: *hipertensión, hiperactividad, hipercrítico, hipersensible*. Como el resto de los elementos compositivos prefijos, *hiper-* es átono y debe escribirse sin tilde y unido sin guion a la palabra base. No es correcta su escritura como elemento autónomo: ⊗«*Géneros de cine B de suyo híper violentos*» (*Vistazo* [Ec.] 16.10.97); debió escribirse *hiperviolentos*. No debe confundirse con el sustantivo *híper* ('hipermercado'; → híper).

hipérbato. → hipérbaton.

hipérbaton. En retórica, 'alteración del orden normal de las palabras en el discurso'. Existe también la variante *hipérbato*. Para ambas formas se recomienda el plural *hipérbatos*: «*Una sintaxis cuyas ramificaciones,* [...] *hipérbatos, tropos, antítesis, paradojas, me veía obligado a perseguir*» (TBallester *Saga* [Esp. 1972]). No debe confundirse con *hipérbole* ('exageración'; → hipérbole).

hipérbola. 'Curva cónica simétrica': «*Después pasa al estudio de temas geométricos más abstractos: el círculo, la parábola, la elipse y la hipérbola*» (Trabulse *Orígenes* [Méx. 1994]). No debe confundirse con *hipérbole* ('exageración'; → hipérbole).

hipérbole. 'Exageración': «*Aquello de "40 grados a la sombra" ha dejado de ser una hipérbole*» (*Mundo* [Esp.] 19.7.95). Aunque en el español clásico se usó ocasionalmente como masculino, hoy es siempre femenino. No debe confundirse con *hipérbola* ('figura geométrica'; → hipérbola) ni con *hipérbaton* ('alteración del orden normal de las palabras'; → hipérbaton).

hiperestesiar(se). 'Causar, o pasar a padecer, hiperestesia'. Se acentúa como *anunciar* (→ APÉNDICE 1, n.º 4).

hipertrofiar(se). 'Causar, o pasar a tener, hipertrofia'. Se acentúa como *anunciar* (→ APÉNDICE 1, n.º 4).

hipnosis. 'Estado de sueño artificial producido por hipnotismo': «*Los agentes pueden recordar, bajo la hipnosis, detalles que creen haber borrado de su mente*» (*País* [Esp.] 4.8.77). No debe confundirse con *hipnotismo* ('método para provocar sueño artificial'; → hipnotismo): ⊗«*Había seguido un curso de hipnosis por correspondencia*» (*Hoy* [Chile] 17-23.7.84).

hipnotismo. 'Método para provocar un estado de sueño artificial en que el hipnotizado obedece al hipnotizador': «*Quise entrevistar al doctor Forel, hijo de un maestro del hipnotismo médico*» (Tibón

Aventuras [Méx. 1986]). No debe confundirse con *hipnosis* ('sueño artificial producido por hipnotismo'; → hipnosis): ⊗«*Los curas me causan una especie de hipnotismo*» (*Mundo*@ [Esp.] 7.9.03).

hipocondría. 'Preocupación extrema por la salud, de carácter patológico'. No es correcta la forma con diptongo ⊗*hipocondria* [ipokóndria].

hipocondríaco -ca o **hipocondriaco -ca.** → -íaco o -iaco.

hipócrita. '[Persona] que actúa con hipocresía o falsedad' y, referido a cosa, 'del hipócrita'. Es adjetivo de una sola terminación, válida para ambos géneros: *silencio/actitud hipócrita*. Aunque en el español clásico se usó alguna vez, referido a cosa, como adjetivo de dos terminaciones (*hipócrito, -ta*): «*Jamás me contenté ni satisfice de hipócritos melindres*» (Cervantes *Parnaso* [Esp. 1614]), hoy es inusitado y desaconsejable el empleo del masculino ⊗*hipócrito*. Como sustantivo, referido a persona, es común en cuanto al género (→ GÉNERO², 1a y 3b): *Eres un/una hipócrita.*

hipófisis. 'Órgano de secreción interna situado en la base del cráneo': «*Tenía un tumor en la hipófisis, la glándula reguladora del flujo hormonal del cuerpo*» (*Caras* [Chile] 8.9.97). No debe confundirse con *apófisis* ('parte saliente de un hueso'; → apófisis).

hipogrifo. 'Animal fabuloso, mitad caballo, mitad grifo': «*Me pregunté quién era la Galatea* [...] *a la cual Palinuro le obsequiaba hipogrifos* [...] *y otros monstruos salidos de su imaginación*» (Paso *Palinuro* [Méx. 1977]). Es voz llana: [ipogrífo]; no es correcta, pues, la forma esdrújula ⊗*hipógrifo*.

hippie, hippy. → jipi.

Hispanoamérica. Nombre que recibe el conjunto de países americanos de lengua española: «*Se convirtió* [Viriato] *en un símbolo, que habría de repetirse múltiples veces a lo largo de la historia de España e Hispanoamérica*» (Fuentes *Espejo* [Méx. 1992]). Quedan, pues, excluidos de esta denominación los países de América en los que la lengua oficial no es el español. Su gentilicio, *hispanoamericano*, se refiere estrictamente a lo perteneciente o relativo a la América española y no incluye, por tanto, lo perteneciente o relativo a España: «*Un completo catálogo onomástico de autores españoles e hispanoamericanos*» (*Abc* [Esp.] 9.5.97).

hispanoamericano -na. → Hispanoamérica.

historiar. 'Contar o escribir la historia [de algo]'. Puede acentuarse como *anunciar* (→ APÉNDICE 1, n.º 4): *historio, historias, historia*, etc.; o como *enviar* (→ APÉNDICE 1, n.º 5): *historío, historías, historía*, etc. En la lengua culta suele preferirse la primera: «*Partidario de los banquetes según relato e historio en mi libro "Pombo", lo soy aun más de esas cenas de*

pocas personas» (GmzSerna *Automoribundia* [Esp. 1948]).

histrión -nisa. 'Actor teatral'. El femenino es *histrionisa* (no ⊗*histriona*): «*O es loca de remate, o una consumada histrionisa*» (Galdós *España* [Esp. 1908]).

hit. **1.** Voz inglesa que se emplea ocasionalmente en español con el sentido de 'canción, disco, libro, etc., de gran éxito popular'. Su uso es innecesario, ya que puede sustituirse por la expresión española *(gran) éxito*: «*Un texto muy afortunado* [...] *con todos los números para convertirse en un gran éxito popular*» (*Vanguardia* [Esp.] 17.6.94). La expresión inglesa *hit parade* es equivalente, en español, a *lista de éxitos*: «*La novela encabeza la lista de éxitos en la Feria del Libro de Madrid*» (*País* [Esp.] 2.6.89). **2.** En el béisbol, 'tiro que no es interceptado por la defensa del equipo contrario y permite al bateador alcanzar una base'. Con este sentido se recomienda su adaptación al español en la forma *jit* (pl. *jits*; → PLURAL, 1h), grafía que se documenta ya en la prensa mexicana: «*Todos los jugadores de los Dodgers batearon al menos un jit*» (*DYucatán* [Méx.] 1.9.96).

hitleriano -na. 'Del dictador alemán Hitler, o de su sistema político': «*Dos años después se creó la Gestapo, policía política hitleriana*» (Tusell *Geografía* [Esp. 1995]). Se pronuncia con *h* aspirada (→ h, 2), como el nombre propio alemán del que deriva.

hobby. Voz inglesa que se emplea con frecuencia en español con el sentido de 'actividad que se practica habitualmente, por mero entretenimiento, en los ratos de ocio'. Se recomienda usar en su lugar los equivalentes españoles *afición* o *pasatiempo*: «*Los miembros de la pareja pueden tener aficiones diversas, desde el bricolaje a la caza mayor*» (Penella *Hijo* [Arg. 1995]); «*Está dedicado a la caza y a su pasatiempo favorito, la cerrajería*» (Zaragoza *Concerto* [Esp. 1981]).

hockey. → jóquey.

hogaño. 'En esta época, en la actualidad' o 'en este año'. La variante *ogaño*, con pérdida de la *h*- etimológica (*hoc anno* 'este año'), aunque frecuente en épocas pasadas, es hoy minoritaria.

hoja de lata. → hojalata.

hojalata. 'Lámina de hierro o acero cubierta de estaño por las dos caras': «*Los envases de hojalata son los más usados en la industria*» (Farro *Industria* [Perú 1996]); y 'objeto de hojalata': «*Dos obreros de una fábrica de hojalatas artísticas* [...] *batieron el récord mundial de trabajo continuo*» (Martínez *Evita* [Arg. 1995]). También puede escribirse *hoja de lata*, en tres palabras, aunque es mucho menos frecuente: «*Cierta vasija, llamada sorbetera, hecha de hoja de lata*» (Olivas *Cocina* [Perú 1996]). No es admisible, sin embargo, la grafía ⊗*hojadelata*.

hojaldre. 'Masa de harina y manteca que, al cocerse, forma hojas delgadas superpuestas'. Aunque en épocas pasadas se usó en ambos géneros, en el español actual es siempre masculino: «*Estirar el hojaldre sobre la mesada enharinada*» (Botana *Recetas* [Arg. 1999]).

[⊗]**hojeada.** → ojear, 2.

hojear. 'Pasar rápidamente las páginas [de una publicación, libro o cuaderno] sin leerlas detenidamente': «*Un día cogí el libro de firmas del velatorio de mi marido y me puse a hojearlo*» (Millás *Mujeres* [Esp. 2002]). No debe confundirse con *ojear* ('echar una mirada rápida y superficial'; → ojear).

Holanda, holandés -sa. → Países Bajos, 2.

holding. Voz inglesa que se usa en economía con el sentido de 'sociedad financiera cuyo activo está constituido, básicamente, por acciones y participaciones en otras sociedades'. La mayor parte de las veces puede sustituirse por la palabra española *grupo*: «*El presidente del grupo francés Paribas, investigado por fraude*» (*Vanguardia* [Esp.] 30.12.95).

holgar(se). **1.** Verbo irregular: se conjuga como *contar* (→ APÉNDICE 1, n.º 26), esto es, diptongan las formas cuya raíz es tónica (*huelgo, huelgas*, etc.), pero no aquellas cuya raíz es átona (*holgamos, holgáis*, etc.).

2. En el español actual se emplea casi exclusivamente como intransitivo no pronominal, con los sentidos de 'estar ociosa' una persona y 'sobrar o ser inútil' una cosa: «*¿Te gustaría ser veraneante* [...] *y pasarte el día holgando y bebiendo vermú?*» (Cela *Pirineo* [Esp. 1965] 205); «*Huelga decir que no he inventado nada*» (Fisas *Historias* [Esp. 1983]). A veces se usa, eufemísticamente, con el sentido de 'mantener relaciones sexuales con alguien': «*Fue ella quien me confirmó que Mario trataba de inducir a Celia a liberarse* [..] *y que Celia* [...] *temía que fuera solamente* [...] *una petición de permiso, por parte de Mario, para holgar con otras mujeres*» (Guelbenzu *Río* [Esp. 1981]).

3. En obras literarias ambientadas en épocas pasadas se emplea, con intención arcaizante, con los sentidos —frecuentes en el español medieval y clásico, pero raros hoy— de 'divertirse o entretenerse' y 'alegrarse': «*Es muy bonito eso de decir que un cura es un fandanguero sólo porque viste hábito y le gusta farrear y holgarse cuando viene al caso*» (GaBadell *Funeral* [Esp. 1975]); «*Moctezuma es tan gran señor que se holgará de conocer a vuestro gran rey*» (Aridjis *Moctezuma* [Méx. 1980]). Con ambos sentidos se emplea, normalmente, en forma pronominal, aunque cuando significa 'divertirse o entretenerse', pueda usarse también en forma no pronominal.

holgorio. → jolgorio.

hollar. 'Pisar [algo] o poner el pie [sobre ello]'. Verbo irregular: se conjuga como *contar* (→ APÉNDICE 1, n.º 26), esto es, deben diptongar las formas cuya raíz es tónica (*huello, huellas*, etc.), pero no las formas con raíz átona (*hollamos, holláis, hollado*, etc.). No se considera correcta su conjugación como regular: [⊗]«*Puede convertirse en la primera mujer dentro del alpinismo estatal que holla el Manaslu*» (*DNoticias*[@] [Esp.] 4.4.02); debió decirse *que huella*.

hológrafo -fa. → ológrafo.

home run. → jonrón.

homofobia. 'Aversión hacia los homosexuales, tanto masculinos como femeninos': «*En la película de Ripstein, la figura de la "loca" no solo cuestiona la homofobia, sino que desafía los roles sexuales*» (Paranaguá *Ripstein* [Méx. 1997]). No significa 'aversión a los hombres', sentido que corresponde a la voz *androfobia* (→ androfobia). El adjetivo correspondiente es *homófobo* u *homofóbico* ('que padece o implica homofobia'), que no debe confundirse con *andrófobo* ('que padece o implica androfobia'): «*Se comportaba con los habituales rasgos de homófobo, misógino y hasta racista diluido que caracterizan al reaccionario civilizado*» (Méndez *Rocker* [Esp. 2000]); «*Un padre homofóbico y su hijo gay estrechan lazos cuando son asediados por un preso fugado*» (*Razón* [Esp.] 26.11.01).

homofóbico -ca, homófobo -ba. → homofobia.

homogeneidad. 'Cualidad de homogéneo'. Son incorrectas las formas [⊗]*homogenidad* y [⊗]*homogeniedad* (→ -dad, d).

homogeneización. → homogeneizar.

homogeneizar. 'Hacer homogéneo [algo]'. Se acentúa como *peinar* (→ APÉNDICE 1, n.º 12), esto es, la *i* del grupo *ei* es siempre átona: *homogeneizo, homogeneizas*, etc. (y no [⊗]*homogeneízo*, [⊗]*homogeneízas*, etc.): «*Es una tendencia que* [...] *homogeneiza las estrategias de mejoramiento de calidad y equidad educativa*» (*Umbral* [Chile] 9.01). También es válida la variante *homogenizar*, menos usada: «*Se homogeniza el ungüento y se agrega el resto de la grasa*» (Crea *Propóleo* [Arg. 1993]). Para el sustantivo son válidas las formas *homogeneización* y *homogenización*, esta última menos frecuente en el uso.

[⊗]**homogenidad,** [⊗]**homogeniedad.** → homogeneidad.

homogenización, homogenizar. → homogeneizar.

homólogo -ga. 'Correspondiente o análogo': «*No es una casualidad que las taigas norteamericanas sean mucho más ricas* [...] *que sus homólogas euroasiáticas*» (VV. AA. *Bosques* [Esp. 1998]); y '[persona] que ejerce un cargo equivalente al de otra': «*El pre-*

sidente Caldera propuso a su homólogo mexicano, Ernesto Zedillo, una asociación energética entre ambos países» (*Universal* [Ven.] 10.2.97). No debe confundirse con *homónimo* ('que lleva el mismo nombre'; → homónimo) ni con *colega* ('compañero de profesión'; → colega).

homónimo -ma. '[Persona o cosa] que lleva el mismo nombre que otra': «*Octubre se inicia con Fausto, drama lírico en cinco actos inspirado en la obra homónima de Goethe*» (*Caretas* [Perú] 1.8.96); y '[palabra] que, siendo idéntica a otra fonética y, por lo general, gráficamente, tiene distinto significado y origen': «*Corresponderá el primer grado de parentesco a los homónimos, como* vela *(de barco) y* vela *(bujía)*» (Casares *Discurso* [Esp. 1921]). Referido a persona, no debe confundirse con *homólogo* ('que ejerce un cargo equivalente al de otra persona'; → homólogo): ⊗«*El cabeza de lista del PSOE en las elecciones europeas, Fernando Morán, retó ayer a un debate cara a cara a su homónimo del PP, Abel Matutes*» (*Vanguardia* [Esp.] 21.5.94); debió decirse *su homólogo*.

⊗homóplato u **⊗homoplato.** → omóplato u omoplato.

homósfera u **homosfera.** → -sfera.

hondear. 'Tirar con honda'. No debe confundirse con *ondear* ('mover(se) formando ondas'; → ondear).

hongkonés -sa. → Hong Kong.

Hong Kong. Nombre tradicional en español para designar esta región administrativa especial de China. Los nombres *Xianggang* y *Hsiang Kang* son el resultado de transcribir los caracteres chinos al alfabeto latino según el sistema «pinyin», desarrollado en China a partir de 1958 con el fin de unificar los diversos sistemas aplicados por distintos países. No obstante, se recomienda usar en nuestro idioma el nombre tradicional español, cuyo gentilicio mayoritario y recomendado es *hongkonés*: «*Los coreanos, hongkoneses y taiwaneses invierten en Honduras [...] en las llamadas industrias manufactureras de exportación*» (*Nación* [C. Rica] 16.4.97). Se desaconseja la forma reducida ⊗*honkonés*, por separarse gráficamente del topónimo, y las formas ⊗*hon(g)kongués* y ⊗*hon(g)konguense*, por ser de uso minoritario. Tanto el topónimo como el gentilicio se pronuncian con *h* aspirada (→ h, 2).

Honolulu o **Honolulú.** El nombre de la capital de Hawái presenta dos acentuaciones válidas en español: la llana *Honolulu* [honolúlu], acorde con la pronunciación inglesa, y la aguda *Honolulú*, también válida. En ambos casos suele pronunciarse con *h* aspirada (→ h, 2).

honor. 1. en honor. Cuando significa 'como homenaje a alguien o algo', el complemento que ex-

presa la persona o cosa homenajeada va introducido por la preposición *de*: «*En honor DE tan distinguido huésped, se organizaron grandes festejos*» (Leyva *Piñata* [Méx. 1984]); aunque es menos recomendable, también puede usarse la preposición *a*: «*El festín en honor A nuestro gordito y feliz soberano se celebraba en una gran jaima*» (Vicent *Balada* [Esp. 1987]). Cuando significa 'en atención, o por respeto, a alguien o algo', se usan indistintamente ambas preposiciones: «*Don Luis Ortiz, quien en honor A sus anfitriones no lloró*» (LTena *Renglones* [Esp. 1979]); «*En honor DE la verdad, jamás he sido dado a lisonjas*» (Chávez *Batallador* [Méx. 1986]).
2. hacer honor. 'Demostrar ser digno de algo'. Lleva un complemento con *a*: «*Verduguez hace honor A su apellido*» (MtzSalguero *Combate* [Bol. 2002]).
3. hacer los honores. 'Agasajar a alguien' y 'manifestar aprecio por algo'. Lleva un complemento con *a*: «*Ázalea y Píndaro hacían los honores A los recién llegados*» (Aguilera *Pelota* [Ec. 1988]).

honoris causa. Loc. lat. que significa literalmente 'por razón o causa de honor'. Se aplica a la distinción o título, generalmente un doctorado, que se concede como reconocimiento a los méritos de la persona, sin que esta tenga que efectuar prueba alguna para conseguirlo: «*¿Sabía usted que Trujillo, aquel pedazo de analfabeto, fue nombrado doctor honoris causa por la Universidad de Pittsburgh?*» (VqzMontalbán *Galíndez* [Esp. 1990]). Se recomienda escribir ambos términos con minúscula inicial. En el lenguaje jurídico se aplica al aborto efectuado para salvaguardar la honra de la madre: «*Las mujeres que habiendo interrumpido voluntariamente su embarazo se acogen durante su defensa al aborto honoris causa*» (*Hoy* [Chile] 18-24.11.96).

honrar(se). 1. Como transitivo, 'dar muestras de respeto [a alguien]': «*Con vítores y palmas, honran a los vencedores*» (Britton *Siglo* [Pan. 1995]); 'hacer [a alguien] más digno de estimación y respeto': «*En un gesto que LO honra, les arrojó la renuncia*» (Fasano *Derrota* [Ur. 1980]); y 'dar [a alguien] algo que se considera un honor', caso en el que lleva, además del complemento directo, un complemento introducido por *con*: «*Nuestro rey Carlos nos honró CON medallas*» (Amestoy *Gernika* [Esp. 1995]).
2. El intransitivo pronominal *honrarse* significa 'tener a honra algo' y suele construirse con un complemento con *en* o *de* + infinitivo, o un sustantivo precedido de *con*: «*Me honro EN ofrecerle la Presidencia de la República*» (Viñas *Lisandro* [Arg. 1985]); «*Se honra DE ser uno de los clubes con deuda más baja*» (*País* [Esp.] 2.6.85); «*Tengo amigos homosexuales y me honro CON su amistad*» (Fisas *Historias* [Esp. 1983]).
3. Debe evitarse en español el uso de *honrar* como sinónimo de *cumplir* o *pagar*, calco del inglés *to honour*: ⊗«*Bruselas confía en que el Gobierno honre su*

compromiso de respetar plenamente el derecho comunitario» (País [Esp.] 9.10.97); ⊗*«Hernández nunca honró esa deuda» (Hoy* [El Salv.] 26.8.96).

hooligan. Voz inglesa (pron. [húligan]) que se usa en español para designar al hincha británico de comportamiento violento y agresivo. Con este sentido específico es admisible su empleo como extranjerismo crudo, con su grafía y pronunciación originarias, y con el plural inglés *hooligans*. Por su condición de extranjerismo no adaptado, debe escribirse con resalte tipográfico: *«Centenares de aficionados invadieron el campo de fútbol huyendo de los proyectiles lanzados por los "hooligans" que acompañaban a la selección de Inglaterra» (Vanguardia* [Esp.] 16.2.95). Se recomienda no extender su uso como sinónimo de *hincha violento* en general, e incluso se aconseja emplear esta expresión española, en lugar del anglicismo, para referirse también al hincha inglés: *«Margaret Thatcher ha dicho claramente que el problema de los hinchas violentos es ahora tan importante como el de Irlanda del Norte» (Abc* [Esp.] 3.6.85).

⊗**hoquedad.** → oquedad.

hora¹. 1. *a buena hora* o *a buenas horas*. Ambas locuciones sirven para expresar irónicamente que algo se produce cuando ya ha pasado el momento oportuno. En España es más frecuente *a buenas horas,* a menudo con el incremento *mangas verdes: «—Hemos encargado que consigan un reemplazo. —A buena hora» (Ribeyro Santiago* [Perú 1995]); *«¡A buenas horas se acordaba de legalizar la situación!» (José Keaton* [Esp. 1991]); *«—Y mi reputación, ¿qué? —A buenas horas, mangas verdes» (Mendizábal Cuponazo* [Esp. 1992]). También sirven para expresar la negativa o el rechazo del hablante ante lo que se enuncia a continuación: *«¡A buena hora dejo yo que todos sigan tu política!» (Rellán Crónica* [Esp. 1985]); *«A buenas horas le iba a avasallar nadie a él»* (MtnGaite *Fragmentos* [Esp. 1976]). Con el sentido de 'en un momento adecuado u oportuno, con tiempo suficiente', se usa solo *a buena hora: «Llegó* [usted] *a buena hora. Mi madre está por servir el almuerzo» (Montero Trenza* [Cuba 1987]). No debe confundirse con *en buena hora* (→ 3).

2. *de buena hora.* Esta locución adverbial, de poco uso en español, es traducción del francés *de bonne heure* y significa 'temprano': *«Saliste conmigo esta mañana, de muy buena hora» (SchsSinisterra Aguirre* [Esp. 1986]). Es preferible usar el adverbio español *temprano.*

3. *en buena hora.* Expresa conformidad o aprobación ante lo que se enuncia a continuación: *«Ya la propia avenida Eldorado, en buena hora adornada con grandes esculturas, tiene también su culto al desgreño» (Tiempo* [Col.] 16.11.94). No debe confundirse con *a buena hora* (→ 1).

4. *en hora buena.* → enhorabuena, 2.

5. *en mala hora.* Expresa desaprobación o disgusto ante lo que se enuncia a continuación: *«En mala hora vinieron» (VqzMontalbán Galíndez* [Esp. 1990]). No debe usarse la preposición *a* en lugar de *en:* ⊗*A mala hora le dije aquello.*

6. *hacer hora.* Se emplea con el mismo sentido que la locución de uso más general *hacer tiempo* ('entretenerse esperando a que llegue el momento oportuno para algo'): *«Estoy haciendo hora, el avión de Bob está atrasado» (Serrano Vida* [Chile 1995]). No debe confundirse con *hacer horas,* que significa 'hacer horas extraordinarias': *«Ganará menos. No podrá hacer horas» (Signes Ramos* [Esp. 1977]).

7. *hacer horas.* → 6.

8. *horas y horas* u *horas de horas.* Ambas locuciones significan 'durante horas, mucho tiempo seguido'. La primera es de uso más general, mientras que la segunda se emplea en algunos países de América, como el Perú, Chile, Venezuela, Colombia, Costa Rica y el Ecuador: *«Lo ven sentado, columpiándose suavemente en la mecedora, mudo y pasmado, horas de horas» (VLlosa Tía* [Perú 1977]).

9. *hora extra.* → extra, 1.

10. *hora pico* o *punta* y *hora valle.* → pico, 1; punta, 2; valle, 1.

HORA². 1. Es la indicación del momento en que sucede o se hace una cosa en relación con cada una de las veinticuatro partes en que se divide el día. La pregunta que corresponde a la indicación de la hora se formula, en la lengua general culta, en singular: *¿Qué hora es?* (en ella, la palabra *hora* tiene el sentido genérico de 'momento del día'). Su formulación en plural (*¿Qué horas son?*) es admisible, aunque menos recomendable, y se da con cierta frecuencia en algunos países de América, especialmente en el nivel popular: *«—¿Qué horas son, compa? —Van a dar las cinco» (Campos Carne* [Méx. 1982]). Solo es normal el plural en la frase hecha de intención reprobatoria *¿qué horas son estas?: «¿Cómo que qué horas son estas de llamar? ¡Pero si ha sido usted quien...!» (GaMay Operación* [Esp. 1991]). En la respuesta, el verbo va en singular si se trata de la una (*Es la una y diez*) y en plural en el resto de los casos (*Son las diez y media; Son las dos menos cuarto*).

2. Existen dos modelos diferentes para expresar la hora:

a) Aquel en que se emplean solo los números del 1 al 12 (o los numerales cardinales correspondientes), añadiendo, si es necesario, la indicación del tramo del día al que corresponde la hora expresada: «de la mañana» (desde que sale el sol hasta el mediodía, o desde la medianoche hasta que amanece): *A las nueve de la mañana hacía ya un calor insoportable; Me desperté a las tres de la mañana y ya no pude conciliar el sueño;* «de la tarde» (desde el mediodía hasta que el sol se pone): *Contraerán matrimonio mañana, a la una de la tarde;* «de la noche» (desde que anochece hasta la medianoche): *No llegaron hasta pasadas las nueve de la noche;* «de la madrugada» (desde la medianoche hasta que amanece): *A las tres de la madrugada el frío era insoportable.* No es correcta la expresión ®*doce de la tarde,* usada en lugar de *doce de la mañana, del día* o *del mediodía.* Para indicar las principales fracciones horarias se utilizan las expresiones *en punto, y cuarto, y media* y *menos cuarto;* en algunos países americanos, como Chile, Venezuela, el Perú, México y el Ecuador, en lugar de *menos cuarto* se emplea la fórmula *cuarto para...:* «*Era un cuarto para las diez*» (VLlosa *Conversación* [Perú 1969]); «*Al cuarto para la una cierra el templo*» (Elizondo *Setenta* [Méx. 1987]). El modelo de doce horas es el más utilizado cuando la hora se escribe con letras, y el más común en textos literarios y periodísticos. También puede usarse este sistema si se opta por escribir la hora con cifras; pero, en ese caso, para evitar ambigüedades, deben emplearse, tras los números, las abreviaturas *a. m.* (del lat. *ante merídiem* 'antes del mediodía') y *p. m.* (del lat. *post merídiem* 'después del mediodía'): *5.30 a. m.* ('cinco de la mañana o de la madrugada') y *5.30 p. m.* ('cinco de la tarde'). Para las doce de la mañana se recomienda el empleo de la abreviatura *m.* (del lat. *meridies* 'mediodía'): «*Estudiantes con carné, gratis antes de las 12 m.*» (*Tiempo* [Col.] 28.4.97).

b) Aquel en que se emplean los números del 0 (para las doce de la noche) al 23 (o los numerales cardinales correspondientes), que presenta la ventaja de no requerir precisiones adicionales, ya que a cada hora del día le corresponde un número diferente. Este modelo se expresa con preferencia en cifras, en lugar de letras, y se usa especialmente en contextos en que se requiere la máxima precisión con el mínimo de elementos: *El autobús saldrá a las 15.30 h de la plaza de Callao.* Aunque es menos común su empleo cuando la hora se escribe con letras, no faltan ejemplos de ello en determinados contextos: «*Ingresó el 10 de octubre de 1930, a las diecinueve horas*» (Baroja *Vuelta* [Esp. 1944-49]).

3. La hora puede expresarse en letras o en números:

a) En textos literarios y periodísticos, así como en cualquier otro tipo de texto en que la precisión horaria no es un factor de especial relevancia, la hora se escribe preferentemente con letras: *Me llamó a las diez y media para saber si había llegado bien.* En horarios, convocatorias, actas, informes técnicos o científicos y cualquier otro tipo de texto en que la precisión horaria es un factor relevante, se usan preferentemente los números: *La cena se servirá a las 22.30 en el comedor principal. Se ruega puntualidad.*

b) No es recomendable mezclar letras y números; así, es preferible escribir *las diez de la noche* que *las 10 de la noche.*

c) En el uso de letras o números influye también que se trate de horas exactas o aproximadas. En la expresión aproximada de las horas no suelen utilizarse números, sino letras, añadiendo fórmulas como *alrededor de, hacia, y pico* (→ pico, 2), *pasadas,* etc.: *Apareció por allí alrededor de las cinco de la tarde; Vendré hacia las ocho; Serían las dos y pico cuando salió; Eran las diez pasadas.* Cuando se expresan horas exactas, pueden usarse letras o números, teniendo en cuenta las preferencias antes señaladas en función del tipo de texto (→ a).

4. Si la hora se escribe con números, debe tenerse en cuenta lo siguiente:

a) Para separar las horas de los minutos, se usa el punto o los dos puntos (→ PUNTO, 4.1 y DOS PUNTOS, 2.1): *17.30, 17:30.*

b) Opcionalmente puede emplearse tras las cifras el símbolo *h* ('hora'), que, como todos los símbolos, debe escribirse sin punto (salvo que se trate del que marca el final del enunciado): *17.30 h* o *17:30 h.* También es posible desglosar la mención de horas y minutos, e incluso segundos, utilizando para ello los símbolos correspondientes: *La bomba se lanzó a las 15 h 24 min 12 s en un remoto paraje de Siberia.* Este desglose es común cuando se quiere expresar la duración exacta de un hecho: *El tiempo de cocción es de 2 h 40 min.*

c) Las horas en punto se expresan mediante dos ceros en el lugar que corresponde a los minutos: *22.00, 22:00.* Pueden omitirse los dos ceros si tras la indicación de la hora se escribe el símbolo *h* (→ b): *El acto comenzará a las 22 h.*

d) Cuando se usan las abreviaturas *a. m., m.* y *p. m.* (→ 2a), no debe añadirse el símbolo *h,* por ser evidente que se trata de una referencia horaria: *17.30 h* o bien *5.30 p. m.*

®**horfanato.** → orfanato.

®**horfandad.** → orfandad.

horita. → ahorita.

hormiguear. Dicho de alguna parte del cuerpo, 'localizarse en ella una sensación de hormigueo' y, dicho de una multitud de gente o animales, 'bullir o moverse': «*Las pantorrillas le hormigueaban horriblemente*» (Montero *Amo* [Esp. 1988]); «*Tenía que conseguir [...] ser vista entre la multitud de candidatas a casarse que hormigueaban [...] ante la misma encrucijada*» (MtnGaite *Usos* [Esp. 1987]). Debe evitarse en español su uso con el sentido de 'abundar o haber gran número de algo en un lugar', calco del francés *fourmiller:* ®«*En la metrópoli barcelonesa hormiguean pequeñas y medianas empresas especializadas*» (*Vanguardia* [Esp.] 6.7.94).

Hormuz. → Ormuz.

horrísono -na. 'Que con su sonido causa horror': «*El cielo se oscureció y un estruendo horrísono inició las descargas*» (Valladares *Esperanza* [Cuba 1985]). Se refiere siempre a realidades que producen sonido. Es impropio su uso como sinónimo de *horrible,* sin referencia alguna a sonido: [⊗]«*Tentadas en su momento de practicarse un aborto* [...] *tuvieron la virtud de vencer esa horrísona inclinación*» (*NProvincia*@ [Arg.] 21.4.05).

hórror vacui. Loc. lat. que significa literalmente 'horror al vacío'. Se emplea, en el campo del arte, para referirse a la tendencia a llenar todos los espacios de elementos decorativos. Es locución masculina: «*El genio local se manifiesta en los diseños ornamentales, con un hórror vacui que se exacerbará en el barroco*» (*Geo* [Esp.] 6.95). Su uso se ha extendido figuradamente a otros ámbitos: «*Una especie de hórror vacui, que es necesario llenar aunque sea con compañía indiferente y con palabras descoloridas*» (Donoso *Casa* [Chile 1978]).

hostia. 'Oblea que se consagra en la misa': «*Cuando el sacerdote levantó la hostia, a Felipe le pareció adivinar una presencia invisible*» (Solares *Nen* [Méx. 1994]). Vulgarmente se usa, en algunas zonas, con el sentido de 'golpe o bofetada': «*Me asesta una hostia en la frente*» (Quintero *Danza* [Ven. 1991]). En España forma parte de numerosas locuciones y expresiones malsonantes, como *mala hostia* ('mal humor o mala intención'), *a toda hostia* ('a toda velocidad'), *la hostia* ('el colmo o el acabose'), etc. También se usa *hostia(s)* como interjección para denotar sorpresa o enfado: «*¡Hostia, qué invento!*» (Tomás *Orilla* [Esp. 1984]). Se escribe siempre con *h-,* por lo que, en los usos indicados, es incorrecta la grafía [⊗]*ostia.*

hotentota. → hotentote.

hotentote. 'De una nación indígena de África suroccidental'. Se usa mayoritariamente como adjetivo de una sola terminación y, referido a persona, como sustantivo común en cuanto al género (*el/la hotentote;* → GÉNERO², 1a): «*Fascinado por las danzas hotentotes*» (Azúa *Diario* [Esp. 1987]); «*La grasa esteatopigia de las hotentotes*» (MtnSantos *Tiempo* [Esp. 1961]). Es muy raro, en la lengua culta, el uso de *hotentota* para el femenino: «*Una negra hotentota*» (Paso *Palinuro* [Méx. 1977]).

hoy. [⊗]*a(l) día de hoy.* Expresión innecesaria de estructura análoga al francés *aujourd'hui* ('hoy'), que se ha puesto de moda en los últimos años en el lenguaje periodístico y político-administrativo. Se recomienda emplear en su lugar las locuciones o expresiones tradicionales *hoy por hoy, hasta hoy, hasta ahora, hasta este momento,* etc.; o, sencillamente, *hoy, en el día de hoy, hoy en día, ahora* o *en la actua-*lidad, según los casos; así, en [⊗]«*El Atlético tampoco está a día de hoy para dárselas de equipo grande*» (*País* [Esp.] 21.4.97), pudo decirse *hoy por hoy* o *en estos momentos;* y en [⊗]«*El futuro político del país es probablemente al día de hoy el más incierto que ha visto en muchísimos años*» (*Tribuna* [Hond.] 24.5.97), se pudo decir, simplemente, *hoy.* No debe confundirse la locución temporal desaconsejada con el correcto uso de la secuencia *al día de hoy:* «*Esa simpatía se fue diluyendo hasta llegar al día de hoy, en que, si hubiere elecciones, el PAN no alcanzaría ni siquiera el ansiado 4%*» (*Hora* [Guat.] 13.2.97).

[⊗]**hryvnia.** → grivna.

Hsiang Kang. → Hong Kong.

huaca. Voz femenina de origen quechua con que se designan, en algunas zonas, los antiguos enterramientos o lugares sagrados de los indígenas, y que en varios países americanos significa también 'escondite, especialmente de objetos valiosos' y 'hoyo en que se depositan frutas verdes para que maduren'. Es igualmente válida la grafía *guaca* (→ h, 3).

huacal. En amplias zonas de América y en Canarias, 'especie de cesta o jaula formada de varillas de madera, que se utiliza para el transporte de mercancías delicadas'; y también, en América Central, 'vasija hecha del fruto leñoso de un árbol tropical llamado huacal o jícaro'. Es igualmente válida la grafía *guacal* (→ h, 3).

huarache. En México, 'sandalia tosca de cuero'. Es igualmente válida la grafía *guarache* (→ h, 3).

huemul. 'Cérvido de los Andes australes'. Se desaconseja, en la lengua culta, la grafía [⊗]*güemul.*

huero -ra. 'Vacío o vano'. Con este sentido, se desaconseja, en la lengua culta, la grafía *güero* ('rubio'; → güero): «*Empieza el tiroteo de lechugas podridas, jitomates aguados, huevos hueros (hueros, no güeros) contra la cara de los pacientes*» (Mojarro *Yo* [Méx. 1985]).

huésped. 1. El latín *hospes, -itis,* del que deriva esta voz, significaba en un principio 'persona que da alojamiento a otra', sentido al que se añadió después el de 'persona que se aloja en casa de otra'. El castellano *huésped* heredó ambos sentidos y llegó a significar, incluso, 'dueño de una posada o pensión': «*Preguntamos al huésped si había qué cenar*» (Alemán *Guzmán* [Esp. 1599]). Con el tiempo, y para evitar anfibologías, fue perdiendo el primero de los sentidos indicados, y hoy se usa casi exclusivamente con el segundo: «*Llevo ya tres días en Madrid como huésped de los marqueses del Paular*» (Perucho *Pamela* [Esp. 1983]). En biología, *huésped* significa 'organismo en el que se aloja un parásito': «*Se encontraron* [los parásitos] *cubiertos por una* *membrana formada por el huésped»* (*Biología* [Perú] 1-7.02). Este sentido se debe hoy al influjo del inglés *host* —voz que, aunque tomada del francés, procede del mismo étimo latino, y que, al contrario de lo ocurrido en español, solo ha conservado en inglés el sentido de 'anfitrión'—. Fuera de este ámbito, es preferible hoy reservar el término *huésped* para designar a quien recibe alojamiento, y denominar *anfitrión* al que lo proporciona.

2. Su femenino tradicional es *huéspeda,* que aún se documenta en la actualidad: *«Dejaba a su marido campo libre y hermoso para besar a su atractiva huéspeda»* (Pombo *Metro* [Esp. 1990]); pero hoy parece preferirse su uso como común (*el/la huésped;* → GÉNERO[2], 1a y 3j): *«A Mr. Lind se le ocurrió la peregrina idea de darle a la huésped un paseo nocturno en su nueva montura»* (Vega *Crónicas* [P. Rico 1991]).

huéspeda. → huésped, 2.

hugonote -ta. 'Calvinista francés' y, referido a cosa, 'de los hugonotes'. En su origen funcionó como adjetivo (o, referido a persona, también como sustantivo) de dos terminaciones, una para cada género, y así sigue usándose todavía hoy: *«Hija de un hugonote francés exiliado»* (*País* [Esp.] 22.3.03); *«Nació [...] en el seno de una familia hugonota»* (VV. AA. *Filosofía* [Esp. 1998]). No obstante, por analogía con lo que ocurre con la mayor parte de los adjetivos que terminan en *-e,* en el español actual tiende a usarse mayoritariamente como adjetivo de una sola terminación y, consecuentemente, como sustantivo común en cuanto al género (*el/la hugonote;* → GÉNERO[2], 1a y 3c): *«La reacción de odio suscitada en Francia con la destrucción de las colonias hugonotes [...] es enorme»* (Lopetegui/Zubillaga *Iglesia* [Esp. 1965]).

huir. 1. Verbo irregular: se conjuga como *construir* (→ APÉNDICE 1, n.º 25). Sobre la acentuación gráfica de las formas verbales *hui/huí* y *huis/huís,* → TILDE[2], 1.2. Su participio, *huido,* se escribe sin tilde (→ TILDE[2], 2.1.1 y 2.1.2).

2. Cuando se emplea como intransitivo, con el sentido de 'alejarse de algo o alguien por temor a recibir un daño' y 'escaparse de un lugar', lleva habitualmente un complemento con *de:* «*En 1933 huyó DE la Alemania nazi»* (González *Ética* [Méx. 1992]).

3. Aunque es más raro, también puede usarse como transitivo, con el sentido de 'evitar [algo o a alguien]': *«La ciudad es un piano incendiado y prostituido que solo yo supe hacer sonar. Pero ahora la huyo y la odio»* (Umbral *Mortal* [Esp. 1975]).

humarada. → humareda.

humareda. 'Abundancia de humo': *«El ajetreo del zoco, la humareda de las parrillas, la gente pululando por la calle»* (Silva *Rif* [Esp. 2001]). No es correcta la forma ⊗*humadera.* Existe la variante *humarada,* de uso poco frecuente: *«Saca un puro con ostentación y lo enciende, envolviéndose en una humarada»* (Nieva *Nosferatu* [Esp. 1993]).

humedecer(se). 'Poner(se) húmedo'. Verbo irregular: se conjuga como *agradecer* (→ APÉNDICE 1, n.º 18).

humor. 1. buen humor. 'Actitud alegre y complaciente': *«Al ver su buen humor, me atreví a hacerle preguntas sobre su trabajo»* (VLlosa *Tía* [Perú 1977]); *«Está de muy buen humor»* (MtzPisón *Ternura* [Esp. 1985]). A diferencia de la locución antónima *mal humor* (→ 2), se escribe siempre en dos palabras (incorrecto ⊗*buenhumor*).

2. mal humor. 'Actitud o disposición negativa e irritada': *«Se burlaban un poco de él, por sus arrebatos de mal humor»* (Allende *Casa* [Chile 1982]). Es correcta, aunque menos frecuente, su escritura en una sola palabra: *«Joaquín captó de inmediato el malhumor de su amigo»* (Britton *Siglo* [Pan. 1995]). La grafía unitaria se justifica por la existencia del verbo *malhumorar,* el adjetivo *malhumorado* y el adverbio *malhumoradamente,* que se escriben siempre en una sola palabra. En plural debe usarse *malos humores* y no ⊗*malhumores: «Y pese a los malos humores y a las heridas que se iban abriendo, [...] ninguno de los dos sectores quería que se hiciera el paro»* (*Cronista* [Arg.] 19.7.92).

humus. 'Capa superficial del suelo, constituida por la descomposición de materiales animales y vegetales'. Es invariable en plural (→ PLURAL, 1f): *«Las lombrices de tierra y su papel en la formación de los humus de tierras de cultivo»* (Alvarado *Darwin* [Esp. 1983]).

hurí. 'Mujer bellísima ofrecida a los bienaventurados como compañera en el paraíso musulmán'. El plural preferido en la lengua culta es *huríes* (→ PLURAL, 1c).

i

i. 1. Décima letra del abecedario español y novena del orden latino internacional. Su nombre es femenino: *la i* (pl. *íes*). Para distinguirla de la *i griega* (→ y¹) recibe también el nombre de *i latina*. **2.** Representa el sonido vocálico /i/. Forma parte, junto con la *u*, de las llamadas vocales cerradas o débiles. **3.** En posición inicial de palabra, seguida de otra vocal, se articula generalmente como el sonido palatal sonoro /y/ (→ y¹, 2a): [yatrojénia] por *iatrogenia*, [yóta] por *iota*, [yérba] por *hierba*, [yélo] por *hielo*. La pronunciación general antes descrita ha dado lugar a la existencia de variantes gráficas admitidas, como en el caso de *yerba* (→ hierba); en algunos casos, incluso, la grafía con *y-* es mayoritaria en el uso (→ yodo). **4.** Debe evitarse la pronunciación de la /i/ átona como /e/, vulgarismo extendido en el habla popular: ⊗[melitár] por *militar*. **5.** El sonido /i/ puede ser representado también por la letra *y*. Esto ocurre en los casos siguientes: **a)** Cuando se trata de la conjunción copulativa *y* (→ y²): *coser y cantar, este y aquel.* **b)** Cuando el sonido /i/ va en posición final de palabra y está precedido de otra vocal con la que forma diptongo, o de dos con las que forma triptongo: *muy, Uruguay* (hay algunas excepciones, normalmente en palabras procedentes de otras lenguas: *saharaui, bonsái, jai, samurái, agnusdéi*). **c)** En interior de palabra, cuando a una forma verbal terminada en *-y* se le añade un pronombre enclítico: *haylas, voyme, doyte.*

Fuera de estos casos, puede encontrarse la grafía *y* con valor vocálico en algunos topónimos y antropónimos (*Ayllón, Goytisolo, Ynduráin, Yrigoyen*, etc.), como vestigio de la antigua ortografía castellana, en que era frecuente el empleo de *y* con valor de /i/ en cualquier posición.

-íaco -ca o **-iaco -ca. 1.** Sufijo que forma adjetivos que indican relación con lo designado por el sustantivo base: *elegíaco* o *elegiaco* ('de la elegía'), *austríaco* o *austriaco* ('de Austria'). **2.** La acentuación etimológica latina es *-íaco* [í - a - ko], con hiato entre las dos vocales en contacto; pero también es correcta la acentuación llana *-iaco* [iá - ko], con diptongo en lugar de hiato. En el español americano, la norma culta prefiere la acentuación esdrújula ([maníako]); en el español de España es más corriente la pronunciación llana ([maniáko]). Se recomienda adecuar la grafía a la pronunciación, de modo que quien pronuncie un hiato escriba *-íaco* y quien pronuncie un diptongo escriba *-iaco.*

-iatra. Elemento compositivo sufijo, procedente de la voz griega *iatrós* ('médico'), que se une a distintas raíces griegas o latinas para formar sustantivos que designan profesionales de diversas especialidades médicas o sanitarias, como *fisiatra* ('especialista en fisiatría'), *foniatra* ('especialista en foniatría'), *geriatra, pediatra, podiatra, (p)siquiatra*, etc. Por su terminación, son todos comunes en cuanto al género (→ GÉNERO², 1a y 3b): *el/la foniatra, el/la pediatra*, etc. Aunque este sufijo ha vacilado entre la pronunciación con hiato [í - a - tra] —que da lugar a palabras esdrújulas (*foníatra, pedíatra*)— y la pronunciación con diptongo [iá - tra] —que forma palabras llanas (*foniatra, psiquiatra*)—, hoy solo son normales las formas llanas.

ibérico -ca. → ibero o íbero, 2.

ibero -ra o **íbero -ra. 1.** 'De Iberia' y, especialmente, 'de un pueblo hispánico prerromano que habitaba el Levante español'. La forma llana *ibero*, acorde con el étimo latino, es la preferida en el uso y la más recomendable; pero también se documenta, y es válida, la forma esdrújula *íbero*, acorde con el étimo griego. **2.** Normalmente se usa solo en relación con la antigua *Iberia*, nombre con que era conocida por los antiguos, primero, la parte oriental y, después, toda la Península Ibérica: «*Fue poblado ibero y ciudad romana*» (*País* [Esp.] 1.6.84); «*No existía el menor paralelismo entre lenguas y alfabetos de iberos y etruscos*» (Beltrán *Pueblos* [Esp. 2000]). No es recomendable su empleo como sinónimo actual de *español* o con el sentido de 'oriundo de la Península Ibérica'; para ello es preferible utilizar el adjetivo *ibérico*: «*Hijo ilegítimo de un emigrante ibérico*» (Sepúlveda *Viejo* [Chile 1989]); «*Es una de las arañas más espectaculares* [...] *de la fauna ibérica*» (*Biológica* [Esp.] 9.98).

Iberoamérica. Nombre que recibe el conjunto de países americanos que formaron parte de los reinos de España y Portugal: «*Don Juan Carlos destacó ayer, en la inauguración de la II Conferencia de Jus-*

ticia Constitucional de Iberoamérica, Portugal y España, que los tribunales constitucionales aseguran la primacía de la Constitución» (País [Esp.] 28.1.98). No debe usarse para referirse exclusivamente a los países americanos de lengua española, caso en que se debe emplear el término *Hispanoamérica* (→ Hispanoamérica). Su gentilicio, *iberoamericano*, se refiere normalmente solo a lo perteneciente o relativo a Iberoamérica, esto es, a los países americanos de lengua española y portuguesa: *«Los tiros del festival van, decididamente, por la música española, portuguesa e iberoamericana» (Abc* [Esp.] 16.8.96); pero en ocasiones incluye también en su designación lo perteneciente o relativo a España y Portugal: *«José Hierro obtuvo ayer el IV premio Reina Sofía de poesía iberoamericana» (Vanguardia* [Esp.] 2.6.95).

iberoamericano -na. → Iberoamérica.

ibídem. Latinismo que significa literalmente 'allí mismo, en el mismo lugar'. Se usa como adverbio en índices, notas o citas de impresos o manuscritos, para evitar repetir completa la referencia de una obra mencionada inmediatamente antes: *«Newton estaba entonces preocupado con otra "ocurrencia de su propia fantasía, sobre una manera de poner de manifiesto el movimiento diurno de la Tierra" (ibídem, 301)»* (GaDoncel *Principia* [Esp. 1983]). Su abreviatura es *ib.* o *ibíd.* (→ APÉNDICE 2). Es errónea la forma esdrújula ⊗*íbidem*.

ibis. 'Ave zancuda venerada por los antiguos egipcios'. En el español actual es masculino: *«Esperaba* [Cleopatra] *la llegada del ibis mensajero que le traería noticias de su amado»* (Mujica *Escarabajo* [Arg. 1982]). Es invariable en plural (→ PLURAL, 1 f): *los ibis.*

iceberg. Voz de origen neerlandés, incorporada al español a través del inglés, que significa 'gran masa de hielo que flota en el mar'. Su plural es *icebergs* (→ PLURAL, 1j): *«El océano Ártico no tenía icebergs»* (Ayllón *Meteorología* [Méx. 1996]). En España es extranjerismo totalmente integrado, ya que la grafía inglesa se pronuncia a la española: [izebérg] o, en zonas de seseo, [isebérg]. En cambio, en el español de América está consolidada la pronunciación inglesa [áisberg].

⊗**icona.** → icono o ícono, 1.

icono o ícono. 1. 'Representación pictórica religiosa propia de las iglesias cristianas orientales' y, en general, 'signo que mantiene una relación de semejanza con el objeto representado'; en informática, 'representación gráfica esquemática utilizada para identificar funciones o programas'. Tiene dos acentuaciones válidas: la llana *icono* (pron. [ikóno]) es la más próxima a la etimología (del gr. bizantino *eikón, -ónos,* a través del fr. *icône*) y la de uso mayoritario en España; en América, en

cambio, se usa más la esdrújula *ícono.* Debe evitarse en español el uso de la variante femenina ⊗*icona,* debida probablemente al influjo del italiano. **2.** Hoy se está extendiendo su empleo con el sentido de 'persona que se ha convertido en símbolo o representante de algo': *«Como icono del pop que es, Madonna reunió en escena instantáneas e imágenes que forman parte de la cultura popular de masas de nuestros días» (País@* [Esp.] 11.6.01).

iconoclasia. 'Doctrina religiosa que rechaza el culto a las imágenes sagradas' y 'actitud de los que rechazan la tradición heredada y la autoridad de las figuras que la representan'. Esta forma, creada a partir de las voces griegas *eikón, -ónos* ('imagen') y *klásis* ('rotura, acción de romper'), es la preferida en el uso más culto: *«Lo que se valoraba o maldecía en él era su iconoclasia, la insolencia con que las peores palabras malsonantes desplazaban en sus frases a las consideradas de buen gusto»* (VLlosa *Verdad* [Perú 2002]); pero es frecuente y válida la forma *iconoclastia,* formada a partir del adjetivo *iconoclasta:* *«En contra de la iconoclastia protestante, los teólogos trentinos defendieron la imagen religiosa como vehículo de incitación a la piedad»* (Colorado *Pintura* [Esp. 1991]).

iconoclastia. → iconoclasia.

ídem. Latinismo que significa literalmente 'lo mismo'. Se emplea como pronombre o adverbio para evitar la repetición de alguna palabra o frase ya mencionada: *«Francia tiene 2 fusiles por cada kilómetro suyo; España, ídem»* (Cortázar *Rayuela* [Arg. 1963]). En las citas bibliográficas significa 'el mismo' y se usa para evitar repetir el nombre de un autor ya citado. Su abreviatura es *íd.* (→ APÉNDICE 2).

idéntico -ca. 'Igual o muy parecido'. El término de comparación va introducido por la preposición *a:* *«Pero si eres idéntica A tu padre»* (Bain *Dolor* [Col. 1993]); *«Se había puesto unos zapatos idénticos A los que tú arrojaste* [...] *al fondo de un tarro de basura»* (Edwards *Anfitrión* [Chile 1987]). No debe usarse *con* para introducir este complemento: ⊗*«Aunque está emparentado con el problema de la mafia, no es idéntico CON él»* (*Excélsior* [Méx.] 10.9.00). El segundo término se introduce con *que* si no se refiere directamente al núcleo de la comparación (el objeto o magnitud que se compara): *«En España la música sufre idéntico proceso QUE en el resto de Europa»* (*País* [Esp.] 11.9.77).

idéntikit o identikit. Esta voz, tomada del inglés *identikit (picture),* se emplea en algunos países americanos, como la Argentina, el Uruguay o el Ecuador, con el sentido de 'imagen de una persona dibujada a partir de los rasgos físicos que describe quien la ha visto': *«La policía elaboró un idén-*

tikit del secuestrador» (*Clarín* [Arg.] 21.10.87). En la Argentina y el Uruguay es mayoritaria la pronunciación esdrújula etimológica, a la que corresponde la grafía con tilde *idéntikit*. En el Ecuador, por el contrario, es palabra aguda, por lo que también se considera válida la grafía sin tilde *identikit* (pron. [identikít]). No es correcta la grafía con guion ⊗*identi-kit*. Su plural es *idéntikits* o *identikits* (→ PLURAL, 1h). Aunque en los países señalados no cabe censurar su empleo por estar generalizado, no hay que olvidar que existen equivalentes españoles como *retrato hablado* (pl. *retratos hablados*), en el español de América, y *retrato robot* (pl. *retratos robot*; → PLURAL, 2.4), en España: «*Entregan un retrato hablado del hombre más buscado del momento*» (*Caras* [Chile] 9.6.97); «*La Policía* [...] *difunde el retrato robot de uno de los presuntos secuestradores*» (*Vanguardia* [Esp.] 30.9.95). También se documenta, ocasionalmente, la expresión *foto robot*: «*La policía trata de localizar a un hombre cuyas características físicas pueden ser las de esta foto robot*» (*Hora*@ [Guat.] 6.8.02).

⊗**ideosincracia,** ⊗**ideosincrasia.** → idiosincrasia.

id est. Expresión latina que significa literalmente 'esto es'. Se utiliza entre pausas para dar paso a una explicación de lo que se acaba de expresar: «*Hay ocasiones en que el redactor también se ve obligado a "redactar", id est, a "poner por escrito cosas sucedidas"*» (MtzAlbertos *Noticia* [Esp. 1978]). Es equivalente de expresiones españolas como *esto es, es decir, o sea*. Su abreviatura es *i. e.* (→ APÉNDICE 2).

idiosincrasia. 1. 'Conjunto de los rasgos y el carácter distintivos de un individuo o comunidad'. Son erróneas las formas ⊗*ideosincrasia,* ⊗*ideosincracia,* ⊗*idiosincracia,* ⊗*indiosincrasia* e ⊗*indiosincracia*.

2. Para el adjetivo son válidas las formas *idiosincrásico*: «*Los vascos conservan una estructura muy idiosincrásica*» (*País* [Esp.] 1.12.87); e *idiosincrático*: «*Esa misma crítica juzga esos mismos defectos como logros genuinos e idiosincráticos*» (*Vanguardia* [Esp.] 17.6.94).

idiosincrásico -ca, idiosincrático -ca. → idiosincrasia, 2.

idoneidad. 'Cualidad de idóneo'. Es incorrecta la forma ⊗*idoniedad* (→ -dad, d).

idóneo -nea. 'Adecuado'. Lleva un complemento introducido por *para*: «*Gilberto García es* [...] *un intérprete idóneo PARA la música de cámara*» (Melo *Notas* [Méx. 1990]); no por *a*: ⊗«*Disfrutan del utillaje y la calma idóneos A la creación artística*» (*Abc* [Esp.] 26.1.96).

⊗**idoniedad.** → idoneidad.

igloo. → iglú.

iglú. Voz de origen esquimal que significa 'vivienda en forma de media esfera confeccionada con bloques de nieve compacta' y '[tienda de campaña] de forma semiesférica'. Su plural es *iglús* o *iglúes* (→ PLURAL, 1c), con preferencia hoy por la primera forma. No debe usarse en español la grafía *igloo*, que corresponde a otras lenguas como el inglés o el francés.

ignorar. 'No saber [algo], o no tener noticia [de ello]': «*Siento la enfermedad, pero no comprendo su origen, ignoro su nombre y si es curable o no*» (Araya *Luna* [Chile 1982]); 'no hacer caso [de algo o de alguien]': «*Luis continúa trabajando e ignora a su mujer*» (Shand *Transacción* [Arg. 1980]). Con el segundo sentido es calco del inglés *to ignore*, admisible por estar asentado y muy extendido en el uso culto español y americano desde la primera mitad del siglo XX. No obstante, conviene recordar que, para el mismo significado, existen equivalencias propiamente españolas como *no hacer caso, hacer caso omiso, desdeñar, despreciar* o, solo referido a personas, *ningunear*.

igual. 1. Adjetivo que, dicho de una persona o cosa, significa 'que posee o presenta las mismas características que otra(s)'; y, dicho de una cosa, especialmente en contextos matemáticos, 'que equivale a otra'. En estructuras de sentido comparativo, el segundo término puede ir introducido por la conjunción *que* o por la preposición *a*. A este respecto ha de tenerse en cuenta lo siguiente:

a) Cuando el segundo término es un nombre, un pronombre o un grupo nominal, incluidos los que integran una oración de relativo, es igualmente válido usar *que* o *a*: «*Los padres son iguales QUE los hijos, pero con veinte años más*» (GmzPérez *Abc* [Esp. 1994]); «*Las condiciones de los gemelos son iguales A las de los otros niños*» (*Tiempo* [Col.] 17.7.96); «*Estos cables* [...] *son iguales QUE los que llevan los cascos*» (Bustos *Multimedia* [Esp. 1996]); «*Su relación conmigo era igual A la que yo siempre había tenido con mi madre*» (Lezama *Oppiano* [Cuba 1977]). Si lo que se expresa es una igualdad matemática, no se establece una comparación, sino una equivalencia, y se emplea solo la preposición *a*: «*Una onza es igual A 28,35 gramos*» (*Vanguardia* [Esp.] 16.8.95). Ahora bien, si el primer término de la comparación es toda una oración, el sustantivo que aparece como segundo término se introduce únicamente mediante la conjunción *que*: *No es igual comer caviar QUE patatas* (no ⊗*A patatas*); *No es igual ser alumno QUE profesor* (no ⊗*A profesor*); en estos casos se sobreentiende en el segundo término el mismo verbo que aparece en el primero: *No es igual comer caviar que* [comer] *patatas; No es igual ser alumno que* [ser] *profesor*.

b) Si el segundo término es una oración subordinada con verbo en infinitivo, se usará *que* y no *a*: «*Era igual continuar QUE regresar*» (Otero *Temporada* [Cuba 1983]); «*Solicitarla no es igual QUE conseguir-*

la» (Rubín *Rezagados* [Méx. 1991]). Pero si el segundo término es una oración subordinada con verbo en forma personal, aunque no es gramaticalmente incorrecto el uso de *que*, se prefiere el empleo de la preposición *a* para evitar la cacofonía que produciría la confluencia del *que* comparativo con el *que* introductor de la oración subordinada: *No es igual que vayas conmigo A que vayas con tu padre* (mejor que *No es igual que vayas conmigo QUE que vayas con tu padre,* aunque esta última fórmula no es gramaticalmente incorrecta). El uso tiende a sustituir estas estructuras por otras menos complejas, como la coordinación disyuntiva: *Es igual que vengas o que te quedes.*

c) Si el segundo término es un complemento preposicional o una expresión adverbial, solo es válido el uso de la conjunción *que: Es igual en América QUE en Europa; Es igual hoy QUE mañana.*

2. La palabra *igual* es también un adverbio que significa 'de la misma manera'. En este caso solo es posible usar la conjunción *que* para introducir el segundo término, y no *a* ni *como:* «*¿Qué he hecho, aparte de trabajar igual QUE una burra toda mi vida?*» (Márquez *Suerte* [Esp. 1995]); *Marta se porta igual QUE su hermana.* No debe decirse ⊗*Marta se porta igual A su hermana ni* ⊗*igual COMO su hermana.*

2.1. También forma la locución adverbial comparativa *igual de,* que se usa ante adjetivos, adverbios o sustantivos no contables con sentido equivalente a *tan(to).* Con *igual de* el segundo término va introducido por *que,* y no por *a* ni por *como:* «*Le suponía igual de hermético QUE ella*» (Longares *Romanticismo* [Esp. 2001]); «*No creo que nadie lo pueda desarrollar igual de bien QUE yo*» (*Tiempo* [Col.] 28.4.97); «*Los chistes de Mihura* [...] *tienen igual de gracia ahora QUE hace cuarenta años*» (*Tiempo* [Esp.] 14.5.90). Al ser adverbio, *igual* debe permanecer invariable: debe decirse *Esos chicos son igual de tímidos que su padre,* y no ⊗*iguales de tímidos que su padre.*

2.2. Forma parte de la locución conjuntiva *(al) igual que,* que significa 'de la misma manera que': «*Al igual que mi madre, también esta señora se adornaba las orejas con dos aros de oro*» (Azúa *Diario* [Esp. 1987]); «*Igual que ella, la vieja había ido a buscar algo de comer*» (González *Dios* [Méx. 1999]). No es correcta la forma ⊗*al igual de:* ⊗«*Bélgica pidió, al igual de Luxemburgo, un plazo de reflexión más amplio*» (*Universal* [Ven.] 15.4.97).

2.3. En la lengua coloquial de España se usa también este adverbio, seguido de un verbo en indicativo, con el significado de 'a lo mejor, posiblemente': «*Si cada vez que llamen a la puerta te vas a poner así, igual acabas mala del corazón*» (MtnGaite *Fragmentos* [Esp. 1976]); «*Tu hermana igual necesita ayuda*» (Vallejo *Hölderlin* [Esp. 1984]).

igualar(se). Como transitivo, 'hacer iguales [a dos personas o cosas] o [una] a otra', y como intran-

sitivo, pronominal o no, dicho de una cosa, 'ser igual a otra'. Suele construirse con un complemento introducido por *a* o *con:* «*El dinero que había conseguido gracias a su trabajo era lo único que la igualaba A los ricos de nacimiento*» (Urrea *Chanel* [Esp. 1997]); «*Las leyes condenatorias suizas igualan al fumador CON el adúltero*» (González *Habano* [Cuba 1998]); «*En este aspecto nada igualaba AL avión*» (Goytisolo *Estela* [Esp. 1984]); «*Ese todo se igualaba CON la nada*» (Lezama *Oppiano* [Cuba 1977]).

ilación. 'Acción de inferir o deducir' y 'conexión lógica': «*Ella comenzó a hablar en frases entrecortadas y sin ilación*» (Mutis *Ilona* [Col. 1988]). Este sustantivo proviene del latín *illatio* ('inferencia, deducción'). No es correcta la grafía ⊗*hilación,* debida al influjo de *hilar,* verbo con el que etimológicamente no guarda ninguna relación.

íleon. 'Porción del intestino delgado, entre el yeyuno y el ciego' y 'hueso de la cadera'. Para evitar confusiones entre ambas partes anatómicas, es preferible usar, con el segundo sentido, la voz *ilion* (→ ilion).

ilerdense. → Lérida.

ilíaco -ca o **iliaco -ca.** → -íaco o -iaco.

ilion. 1. 'Hueso de la cadera'. Es voz llana: [ílion]; no es correcta con este sentido la pronunciación aguda [ilión], que corresponde al topónimo *Ilión* ('Troya'; → Ilión).

2. Existe también la variante *íleon,* menos recomendable por existir un término homófono que designa una parte anatómica distinta ('porción del intestino delgado'; → íleon).

Ilión. Uno de los nombres de la antigua ciudad de Troya, derivado del de su fundador, Ilos, hijo de Tros. A pesar de que en griego era voz esdrújula, la acentuación tradicional en español es aguda, por lo que no debe usarse la grafía sin tilde ⊗*Ilion.*

Illes Balears. → Islas Baleares.

imam. → imán.

imán. Además de significar 'mineral que tiene la propiedad de atraer el hierro', esta palabra se usa también como adaptación al español del árabe *imam,* que significa 'persona que dirige la plegaria de los fieles musulmanes en la mezquita' y, entre musulmanes, 'guía o jefe espiritual': «*Fueron varios los líderes religiosos que organizaron la marcha:* [...] *obispos católicos, pastores bautistas, luteranos o evangelistas e imanes sunitas*» (*Clarín* [Arg.] 17.10.00). También se usa con frecuencia la grafía etimológica *imam,* cuyo plural asentado es *imames* (→ PLURAL, 1h): «*La Comisión Islámica califica de disparate el control de los imames*» (*País*@ [Esp.] 3.5.04).

imberbe. Referido a un joven, 'que aún no ha comenzado a crecerle la barba': «*Yo era otro crío aún* *imberbe que se las daba de hombre duro*» (GaSánchez *Alpe d'Huez* [Esp. 1994]). No debe confundirse con *barbilampiño* (dicho de un varón adulto, 'que no tiene barba o que tiene poca'; → barbilampiño).

imbuir(se). **1.** 'Infundir a alguien o algo, o a uno mismo un determinado carácter, idea o sentimiento'. Verbo irregular: se conjuga como *construir* (→ APÉNDICE 1, n.º 25). Su participio, *imbuido*, se escribe sin tilde (→ TILDE², 2.1.1 y 2.1.2). **2.** Es transitivo y se construye de dos modos: **a)** Con un complemento directo que expresa la persona o cosa imbuidas, y un complemento introducido por *de*, que expresa aquello de lo que resultan imbuidas: «*Todas las obras de Castles son distintas* [...], *lo que las imbuye* DE *un carácter postmoderno*» (*Tiempo* [Col.] 1.7.89); «*La eterna propensión de los peninsulares a mirar con recelo al sur* [...] *empujó a los gobernantes a imbuirse* DE *un espíritu intervencionista en el norte de África*» (GaCortázar/GlzVesga *España* [Esp. 1994]).

b) Con un complemento directo que expresa el carácter, idea o sentimiento que se transmite y un complemento indirecto que expresa la persona o cosa a la que se le transmite: «*Jacqueline procuraba imbuirle entonces algo de su odio hacia Nicolás*» (Pitol *Vida* [Méx. 1991]). A veces, en lugar de un complemento indirecto, lleva un complemento con *en*: «*Aceptaba todo menos la obstinación de papá León por imbuir* EN *aquella cabecita tan tierna la obligación de ser héroe*» (Delibes *Madera* [Esp. 1987]).

impacientar(se). 'Hacer perder la paciencia' y, como pronominal, 'perder la paciencia'. En el primer sentido, es verbo de «afección psíquica», por lo que, dependiendo de distintos factores (→ LEÍSMO, 4a), el complemento de persona puede interpretarse como directo o como indirecto: «*El niño* LA *impacientaba, por razones desconocidas*» (Canto *Ronda* [Arg. 1980]); «*Al joven* LE *impacienta el ruido que Pomme hace al morder una manzana*» (LpzNavarro *Clásicos* [Chile 1996]).

impaciente. Cuando significa 'que espera o desea algo con ansia', lo esperado se expresa mediante un complemento precedido de *por*: «*Contempla los acicalados bombones, impaciente* POR *probarlos*» (VLlosa *Fiesta* [Perú 2000]). No es normal hoy, y debe evitarse, introducir este complemento con *de*: ⊗*impaciente de probarlos*.

impactar. 'Hacer impacto en alguien o algo'. Puede ser transitivo: «*Dos balazos impactaron el automóvil en que viajaba Hung Pacheco*» (*Prensa* [Hond.] 7.4.97); o intransitivo, con un complemento introducido por *en* o *contra*: «*Los proyectiles impactaron* EN *el casco del guardacostas*» (*DPrensa* [Arg.] 19.5.92).

impasse. Voz francesa que significa 'situación de difícil o imposible resolución, o en la que no se produce ningún avance'. Su uso es innecesario en español, por existir las expresiones *callejón sin salida* o *punto muerto*, de sentido equivalente: «*Las posibilidades para encontrar una solución favorable podrían llegar a un callejón sin salida*» (*Siglo* [Guat.] 7.10.97); «*Francia es responsable del punto muerto en las negociaciones*» (*País* [Esp.] 11.9.77). A veces se utiliza erróneamente por *compás de espera*, expresión que significa, simplemente, 'detención temporal de un asunto'.

impedir. **1.** 'Estorbar'. Verbo irregular: se conjuga como *pedir* (→ APÉNDICE 1, n.º 45). **2.** Como otros verbos de influencia (→ LEÍSMO, 4b), además del complemento directo suele llevar un complemento indirecto, que exige el empleo de la forma *le(s)* si va representado por un pronombre átono de tercera persona: «*El mal tiempo* LE *impidió navegar*» (Chavarría *Rojo* [Ur. 2002]).

impeler. **1.** 'Empujar [algo o a alguien] haciendo que se mueva' e 'incitar [a alguien] a hacer algo'. La forma *impeler* es la etimológica y la sancionada por el uso en español a lo largo de los siglos. No se considera correcta la variante ⊗*impelir*, que produce formas como ⊗*impelimos*, ⊗*impelís* (vos/vosotros), en lugar de *impelemos, impelés* (vos), *impelís* (vosotros), en el presente de indicativo; ⊗*impeliré*, ⊗*impelirás*, etc., en lugar de *impeleré, impelerás*, etc., en el futuro simple o futuro de indicativo; ⊗*impeliría*, ⊗*impelirías*, etc., en lugar de *impelería, impelerías*, etc., en el condicional simple o pospretérito; e ⊗*impelí* (vos), ⊗*impelid* (vosotros), en lugar de *impelé* e *impeled*, en el imperativo. **2.** Con el sentido de 'incitar', como otros verbos de influencia (→ LEÍSMO, 4b), lleva un complemento directo de persona y un complemento con *a*: «*Algo* LA *impelía* A *seguir leyendo las cartas*» (Aguilera *Caricia* [Méx. 1983]).

impetrar. 'Pedir [algo] con ruegos'. Es transitivo: «*Habrá una función religiosa para impetrar la lluvia*» (Fisas *Historias* [Esp. 1983]). El complemento que expresa la persona destinataria de los ruegos va introducido por *de*, no por *a*: «*Todo yo temblaba,* [...] *impetrando* DE *la divinidad que aquello fuera un sueño*» (Larreta *Volavérunt* [Ur. 1980]).

impoluto -ta. 'Limpio o sin mancha': «*Lleva un traje blanco impoluto*» (Marsé *Embrujo* [Esp. 1993]). No debe confundirse con *incólume* ('que no ha sufrido daño'; → incólume).

imponer(se). Como transitivo, 'poner [algo] como carga u obligación', 'poner [algo] a alguien en una ceremonia, especialmente [un nombre o una condecoración]' y 'poner [dinero] a rédito o en depósito'; como intransitivo no pronominal, 'causar temor o respeto'; y como intransitivo pronominal, 'hacer valer alguien su autoridad o su poder' y 'vencer'. Verbo irregular: se conjuga como *poner* (→ APÉNDICE 1, n.º 47). El imperativo singular es *impón* (tú) e *imponé* (vos), y no [⊗]*impone*.

importar. Cuando significa, dicho de una persona o cosa, 'tener interés para alguien o suponerle preocupación', es intransitivo; el complemento de persona es indirecto: «*Ya no LE importaron las miradas ni las críticas; pero nadie la miró*» (Lynch *Dedos* [Arg. 1977]). Es, pues, incorrecto usar en estos casos los pronombres de acusativo *lo(s), la(s)*: [⊗]*No LA importa que te vayas.*

importunar. 'Incomodar o molestar'. Por tratarse de un verbo de «afección psíquica», dependiendo de distintos factores (→ LEÍSMO, 4a), el complemento de persona puede interpretarse como directo o como indirecto: «*Nadie LO importuna con preguntas reticentes*» (Herrera *Casa* [Ven. 1985]); «*Se sentó junto a ellos, luego de preguntarles si* [...] *LES importunaba su compañía*» (Aguilar *Error* [Méx. 1995]).

impresión. *dar la impresión.* → dar(se), 11.

imprimátur. Latinismo procedente de la forma verbal latina *imprimatur* ('imprímase'), que se emplea en español, como sustantivo masculino, con el sentido de 'licencia que da la autoridad eclesiástica para imprimir un escrito': «*Aunque obtengamos el "níhil óbstat" y el "imprimátur"* [...], *luego basta cualquier denuncia de particulares para que una obra sea retirada de la circulación*» (Sastre *Sangre* [Esp. 1965]). Es invariable en plural (→ PLURAL, 1k): *los imprimátur.*

imprimir. 'Marcar sobre papel u otra materia [un texto, un dibujo, etc.] por medios mecánicos o electrónicos' y 'dar a alguien o algo [un determinado carácter, estilo, etc.]'. Tiene dos participios: el regular *imprimido* y el irregular *impreso*. Aunque existe hoy una clara tendencia, más acusada en América que en España, a preferir el uso de la forma irregular *impreso*, ambos participios pueden utilizarse indistintamente en la formación de los tiempos compuestos y de la pasiva perifrástica: «*Habían impreso en su lugar billetes de a cien*» (GaMárquez *Amor* [Col. 1985]); «*La obra* [...] *circulaba dos años después de haber sido impresa en una ciudad protestante*» (Trabulse *Orígenes* [Méx. 1994]); «*En total se han imprimido 35 000 carteles*» (*Mundo* [Esp.] 11.11.96); «*Esta obra ha sido imprimida por La Torre de Papel*» (*Prensa* [Nic.] 21.10.97). En función adjetiva se prefiere en todo el ámbito hispánico la forma irregular *impreso*: «*Contempló una vez más la imagen impresa en la tarjeta postal*» (Martini *Fantasma* [Arg. 1986]).

improbar. 'Desaprobar o reprobar'. Verbo irregular: se conjuga como *contar* (→ APÉNDICE 1, n.º 26).

impulsar. Con el sentido de 'incitar', como otros verbos de influencia (→ LEÍSMO, 4b), lleva un complemento directo de persona y un complemento con *a*: «*¿Qué piensa que LO impulsó A hacerlo?*» (*Proceso* [Méx.] 20.10.96).

impune. Adjetivo que significa 'sin castigo': «*Ahora los mentirosos deberán responder por sus mentiras, ya no habrá más mentiras impunes*» (Ramírez *Alba* [Nic. 1985]). No es correcto el uso de *impune* seguido de un complemento con *a*, error debido a su confusión con *inmune* ('libre de algo perjudicial o molesto' e 'invulnerable'; → inmune): [⊗]«*No se trata de crear un ámbito impune A la Justicia*» (*País* [Esp.] 19.9.96); debió decirse *inmune*.

[⊗]**inaguración,** [⊗]**inagural,** [⊗]**inagurar.** → inaugurar.

in albis. Loc. lat. que significa literalmente 'en blanco'. Se usa con verbos como *quedarse, dejar, estar*, etc., con el sentido de 'sin comprender de lo que se trata': «*La mayoría de los lectores debe quedarse in albis*» (*Vanguardia* [Esp.] 16.7.95); 'sin saber qué decir': «*—Sí, me iba a hacer una pregunta. No sea tímido, hombre —anima el camarero a un Chalán que se ha quedado in albis*» (Ribera *Sangre* [Esp. 1988]); y 'sin lograr lo que se espera': «*De noche la cena se diferenciaba poco del desayuno. Y no fueron pocas las que me fui en blanco, in albis, a la cama*» (Asenjo *Días* [Esp. 1982]).

inapto -ta. 'No apto, que no cumple los requisitos exigidos o necesarios para algo': «*Lo declararon inapto por la escoliosis de la columna vertebral*» (Martínez *Perón* [Arg. 1989]). También puede referirse a cosas: «*Este veneno* [...] *invade los glóbulos rojos y los hace inaptos para fijar el oxígeno del aire sobre la hemoglobina*» (Sintes *Peligros* [Esp. 1975]). No tiene uso como sustantivo, a diferencia de *inepto* (→ 'necio o incapaz'), con el que no debe confundirse.

in artículo mortis. Loc. lat. que significa 'en el instante de la muerte, a punto de morir'. Puede usarse como locución adverbial: «*Este objeto, transmitido generalmente "in artículo mortis", es el que determina la condición de bruja*» (CBaroja *Brujas* [Esp. 1961]); o como locución adjetiva, especialmente referida al matrimonio que se contrae cuando uno de los cónyuges está en peligro de muerte.

inauguración, inaugural. → inaugurar.

inaugurar. 'Dar principio [a algo nuevo]'. Es incorrecto simplificar el diptongo *au* en *a* en la grafía de este verbo, así como en la de todas las palabras de su familia léxica: [⊗]*inagurar,* [⊗]*inaguración* (correcto: *inauguración*), [⊗]*inagural* (correcto: *inaugural*), etc.

inca. '[Individuo] perteneciente al imperio que a la llegada de los españoles a América se extendía desde el Ecuador hasta Chile y el norte de la Argentina, y cuya capital era Cuzco'. Esta es la grafía asentada en español desde que comenzó a usarse esta voz en el siglo XVI; se desaconseja, pues, la grafía ⊗*inka*. Salvo por motivos de puntuación, no hay razón para escribir esta palabra con mayúscula inicial (→ MAYÚSCULAS, 6.7). Referido a cosas, se recomienda el uso del adjetivo *incaico*, mayoritario en todo el ámbito hispánico, frente a *incásico*, usado a veces en algunos países americanos, especialmente en el Ecuador.

incaico -ca. → inca.

incapaz. Cuando significa '[persona o cosa] que no es capaz de hacer algo', se construye con un complemento introducido por *de*: «*Josefa es incapaz DE abandonarme*» (Gallegos *Pasado* [C. Rica 1993]); «*Rodeado de teléfonos disecados y radios muertas, incapaces DE emitir sonidos*» (Paz *Materia* [Bol. 2002]). Con el sentido de '[persona] que no es apta para algo', se construye con un complemento introducido por *para*: «*Nunca conocí a nadie menos sentimental, más incapaz PARA la ternura*» (TBallester *Filomeno* [Esp. 1988]). Sin complemento significa 'falto de talento': «*A lo mejor ya todo se ha perdido en manos de ese incapaz*» (UPietri *Visita* [Ven. 1990]).

incásico -ca. → inca.

incautar(se). 1. Dicho de una autoridad, 'apoderarse de bienes relacionados con actividades delictivas'. Se acentúa como *causar* (→ APÉNDICE 1, n.º 10).
2. En el habla culta se usa preferentemente como intransitivo pronominal, con un complemento de régimen introducido por *de*: «*La policía también se incautó DE un helicóptero*» (*Nación* [C. Rica] 12.9.96). No obstante, por influjo de verbos sinónimos como *confiscar* o *decomisar*, hoy es frecuente, y se considera válido, su uso como transitivo: «*Les incautaron tres dosis de cocaína*» (*Mundo* [Esp.] 5.10.95).

incendiar(se). 'Poner fuego [a algo]' y, como pronominal, 'pasar a arder'. Se acentúa como *anunciar* (→ APÉNDICE 1, n.º 4).

incensar. 'Dirigir con el incensario el humo del incienso [hacia alguien o algo]'. Verbo irregular: se conjuga como *acertar* (→ APÉNDICE 1, n.º 16), esto es, diptongan las formas cuya raíz es tónica: *incienso, inciensas*, etc.; pero no aquellas cuya raíz es átona: *incensamos, incensáis, incensado*, etc. El sustantivo que designa el objeto que sirve para incensar se denomina *incensario*, no ⊗*inciensario*.

incensario. → incensar.

incierto -ta. 'Falso' e 'inseguro o impreciso'. Tiene dos superlativos válidos: *incertísimo*, que conserva la raíz del adjetivo latino, e *inciertísimo*, formado sobre *incierto* (→ -ísimo, 3): «*Fueron mis*

primeros pasos en el nuevo e incertísimo camino» (Laín *Descargo* [Esp. 1976]); «*Su tarea se vuelve agobiadora y de incierto, inciertísimo resultado*» (*Segunda@* [Chile] 12.8.03).

íncipit. Latinismo procedente de la forma verbal latina *incipit* ('empieza'), que se emplea en las descripciones bibliográficas, como sustantivo masculino, con el sentido de 'primeras palabras de un escrito o de un impreso antiguo'. Debe escribirse con tilde por ser palabra esdrújula (→ TILDE², 1.1.3). La pronunciación que le corresponde en español es [ínsipit, ínzipit], pero es frecuente oír la pronunciación latinizante [ínkipit]. Aunque por influjo de recomendaciones anteriores se usa todavía como invariable en plural (*los íncipit*), se aconseja acomodar esta palabra a la regla general y usar la forma *íncipits* para el plural (→ PLURAL, 1h y k).

incitar. 'Mover o estimular [a alguien] para que ejecute algo'. Como otros verbos de influencia (→ LEÍSMO, 4b), lleva un complemento directo de persona y un complemento con *a*: «*Fue él quien LO incitó A escribir*» (Pitol *Juegos* [Méx. 1982]).

incluir(se). 1. 'Poner(se) dentro' y 'contener'. Verbo irregular: se conjuga como *construir* (→ APÉNDICE 1, n.º 25). Su participio, *incluido*, se escribe sin tilde (→ TILDE², 2.1.1 y 2.1.2).
2. Cuando el participio *incluido* funciona como adjetivo, debe concordar en género y número con el sustantivo al que se refiere: «*Voy a vender cuanto tengo, incluida mi yegua*» (Salom *Casas* [Esp. 1986]); «*Todo el mundo, incluidos los senderistas, eran fachos*» (Donoso *Elefantes* [Chile 1995]). Es, pues, incorrecto el uso invariable de *incluido*, achacable al influjo del adverbio *incluso* (→ incluso, 2): ⊗«*Las Fuerzas Armadas investigarán los casos, incluido ciertos retrasos a la hora de seguir estas anomalías*» (*Mundo* [Esp.] 19.7.96); debió decirse *incluidos ciertos retrasos*.
3. La forma *incluso* (del part. lat. *inclusus* 'incluido'), considerada tradicionalmente participio irregular de *incluir*, funciona hoy normalmente como adverbio y excepcionalmente como adjetivo, pero nunca como participio para formar los tiempos compuestos o la pasiva perifrástica (→ incluso).

inclusive. 1. Adverbio que propia y originariamente significa, pospuesto a un sustantivo, 'incluyendo entre lo considerado lo que designa dicho sustantivo': «*En Olivos cursé hasta tercer año inclusive*» (Martínez *Perón* [Arg. 1989]). Se usa con frecuencia en la fórmula *ambos inclusive*: «*En la primera* [sección] *de la lista, como usted ve, figuran los comprendidos entre los números 1 y 999, ambos inclusive*» (Benítez *Caballo* 1 [Esp. 1984]). Por ser adverbio, es invariable, de modo que no es correcto hacerlo concordar en número con el sustantivo al que se refiere: ⊗«*A partir de la casilla 4 y hasta la 11, ambas inclusives*» (*País* [Esp.] 2.6.85). Lo mismo cabe decir de su antónimo *exclusive*, de menor uso que *inclusive* y que significa exactamente lo contrario, esto es, 'excluyendo entre lo considerado lo que designa el sustantivo al que se refiere': «*Las imposiciones voluntarias vencidas, o que venzan antes de primero de enero próximo, tendrán derecho hasta dicho día exclusive a intereses de demora*» (Figuerola *Decretos* [Esp. 1868]).

2. Posteriormente comenzó a emplearse también con el mismo valor de adición enfática que el adverbio *incluso* (→ incluso, 2), uso que no cabe rechazar, pues tiene ya tradición en nuestro idioma y se documenta en escritores de prestigio: «*En otros tiempos, el coeficiente social de cada hombre era cosa inequívoca que adquiría, inclusive, plástica evidencia en el uniforme adscrito a cada clase y oficio*» (Ortega *Diálogo* [Esp. 1924]); «*Los tratadistas de óptica fisiológica han llegado inclusive a decirnos a última hora que aquí entran en juego dos órganos sensoriales*» (D'Ors *Horas* [Esp. 1923]); «*Fue inflexible inclusive con el ministro británico*» (GaMárquez *Amor* [Col. 1985]).

incluso -sa. 1. Adjetivo procedente del participio latino *inclusus* (de *includere* 'incluir'), que todavía se emplea hoy, aunque raramente, como sinónimo de *incluido, -da*. Al tratarse de un adjetivo, al igual que *incluido* (→ incluir(se), 2), debe concordar en género y número con el sustantivo al que se refiere: «*Se pasa por esta villa del obispado de Teruel, cuya población es de 400 vecinos, inclusas las masadas*» (Labordeta *Aragón* [Esp. 1983]). A pesar de su etimología, no funciona nunca como participio de *incluir,* por lo que no se usa en la formación de los tiempos compuestos ni de la pasiva perifrástica de este verbo: **He incluso tu nombre en la lista; *Tus peticiones fueron inclusas en el documento*.

2. La forma *incluso* funciona habitualmente como adverbio, con el sentido aditivo de 'también', pero, al igual que *hasta* (adverbio por el que puede sustituirse en la mayoría de los contextos), expresa siempre adición enfática a algo explícito o sobrentendido, de forma que el elemento que se añade está siempre situado en la parte más alta de una escala en la que se reconocen distintos grados: «*Vienen soldados y monjes, incluso obispos*» (Torbado *Peregrino* [Esp. 1993]); «*Prefiero incluso que fumes basuco*» (Vallejo *Virgen* [Col. 1994]); «*La perentoriedad de su anhelo lo llevaba a inventarse excusas incluso los fines de semana*» (Andrade *Dios* [Arg. 1993]); «*Les parecía recordar, incluso, que alguien durante la tarde lo había sugerido*» (Donoso *Casa* [Chile 1978]). Hoy se emplea a menudo, en estos mismos casos, el adverbio *inclusive* (→ inclusive, 2).

3. Seguido de un gerundio, o de la conjunción *si* y un verbo en forma personal, tiene en ocasiones valor concesivo ('aunque, aun en el caso de que' + verbo en subjuntivo): «*Incluso pasando por alto posibles rivalidades, me quedaría mal sabor de boca*» (Carreras *Autobiografía* [Esp. 1989]); «*Incluso si esto último fuera cierto, ello no podría servir de argumento definitivo*» (Tamames *Economía* [Esp. 1992]).

incólume. 'Que no ha sufrido daño': «*Había sobrevivido incólume a dos guerras*» (Allende *Eva* [Chile 1987]). Es impropio su empleo con el sentido de 'inmune o invulnerable': ⊗«*Las cigarras crepitan al sol, incólumes a la nostalgia*» (Cerezales *Escaleras* [Esp. 1991]). No debe confundirse con *impoluto* ('sin mancha'; → impoluto).

incomodar(se). 'Causar incomodidad, molestia o enfado' y, como pronominal, 'molestarse o enfadarse'. Con el primer sentido, como verbo de «afección psíquica», dependiendo de distintos factores (→ LEÍSMO, 4a), el complemento de persona puede interpretarse como directo o como indirecto: «*Aquel viejo canoso y tostado* [...] LO *incomodaba*» (UPietri *Oficio* [Ven. 1976]); «*Al general* LE *incomoda ser un actor secundario*» (Martínez *Evita* [Arg. 1995]).

⊗**inconciente.** → conciencia, 2.

inconformarse, inconforme, inconformidad. → disconforme.

inconsútil. 'Sin costuras': «*Ornados con trajes de gasa, ralos e inconsútiles*» (Romero *Declaración* [Ven. 1988]). Es voz llana; así pues, no debe escribirse sin tilde ni pronunciarse ⊗[inkonsutil]. No significa 'inconsistente o evanescente', ni es sinónimo de *sutil*, adjetivo con el que no guarda relación.

incordiar. 'Molestar o importunar'. Se acentúa como *anunciar* (→ APÉNDICE 1, n.° 4).

incrustar(se). 1. 'Introducir(se) en una superficie sólida'. No es correcta la forma ⊗*incrustar*.

2. Como transitivo puede construirse de dos formas:

a) Lo incrustado es el complemento directo y la superficie en la que se incrusta se expresa mediante un complemento introducido por *en*: «*Su capitán incrustó la proa* EN *el hielo*» (*Clarín* [Arg.] 16.1.79).

b) Lo incrustado se expresa con un complemento introducido por *en, de* o *con* y la superficie en la que se incrusta es el complemento directo. Esta construcción solo es normal en participio: «*Revestido de manto incrustado* EN *oro*» (Alonso *Supremísimo* [Esp. 1981]); «*Un gran medallón de oro macizo incrustado* DE *rubíes*» (Caso *Peso* [Esp. 1994]); «*Mesas incrustadas* CON *marfil y madreperla*» (Otero *Temporada* [Cuba 1983]).

inculcar. 'Infundir con ahínco [una idea, un sentimiento, etc.] en una persona'. El complemento de persona puede ser indirecto o ir encabezado por la preposición *en:* «*LE inculcó AL hijo toda esa basura*» (Puig *Beso* [Arg. 1976]); «*Ha sabido inculcar EN sus hijos el amor al oficio*» (Seseña *Cacharrería* [Esp. 1997]).

incurrir. 'Cometer un error o una falta' y 'atraerse un sentimiento desfavorable'. Es intransitivo y lleva un complemento introducido por *en:* «*No había incurrido ni EN delito ni EN herejía*» (Martini *Fantasma* [Arg. 1986]); «*No podía bajar las escaleras sin incurrir EN la ira de su abuelo*» (Lucas *Sociología* [Esp. 1996]). Es incorrecto su uso sin preposición, como si fuera transitivo: ⊗«*El incumplimiento que* [...] *incurrieron el Estado y la empresa privada*» (*Tiempos* [Bol.] 28.11.96); ⊗«*Las flagrantes contradicciones ideológicas incurridas por la causa monárquica*» (*Abc* [Esp.] 22.3.96). En el primer ejemplo debió decirse *el incumplimiento EN el que incurrieron* y, en el segundo, *las contradicciones EN las que incurrió la causa monárquica.*

indagar. 1. 'Tratar de averiguar [algo]'. En el uso culto general es transitivo: «*Firmemente decidido a indagar lo que estaba ocurriendo, salió de la vivienda*» (Velasco *Regina* [Méx. 1987]); «*Nadie fue hasta allí a indagar sus pretensiones*» (Collyer *Pájaros* [Chile 1995]). Puede llevar, además, un complemento introducido por *sobre* o *acerca de* que expresa la persona o cosa sobre la que se desea averiguar algo: «*Bacon se las había ingeniado para indagar más SOBRE la vida de Gödel*» (Volpi *Klingsor* [Méx. 1999]); «*Sigo a la gente para indagar cosas ACERCA DE ella*» (VMatas *Suicidios* [Esp. 1991]). Es frecuente su uso como absoluto, esto es, sin complemento directo explícito, con sentido semejante a *investigar:* «*Prometió seguir indagando por su cuenta para intentar ayudarme*» (Jiménez *Enigmas* [Esp. 2000]); «*Me encargasteis indagar sobre el recién llegado*» (Gala *Petra* [Esp. 1980]).
2. A menudo el complemento directo es una oración interrogativa directa o indirecta: «*¿Y qué experiencias son esas? —indagó Nagy con sincero interés*» (Collyer *Habitante* [Chile 2002]); «*Tampoco se le ocurrió indagar por qué Lucrecia no la había confiado al correo*» (MñzMolina *Invierno* [Esp. 1987]); pero, aunque en algunos contextos pueda intercambiarse por *preguntar,* no son verbos sinónimos; *preguntar* es hacer una pregunta a alguien para tratar de averiguar algo, mientras que *indagar* es, simplemente, tratar de averiguar algo, a menudo preguntando; por ello, *indagar* no puede construirse con complemento indirecto de persona, régimen que corresponde a *preguntar:* ⊗«*Indagó a los invitados sobre el problema de las cárceles en Colombia*» (*Tiempo* [Col.] 13.2.97); ⊗«*Tam-*

bién le indagó por los defectos de los integrantes de la terna y Mockus le había respondido» (*Tiempo* [Col.] 7.4.97).
3. Su confusión con *preguntar,* frecuente en el español de América, ha propiciado allí su uso como intransitivo, con un complemento precedido de *por,* poco aconsejable en la medida en que, como se ha explicado, *preguntar* e *indagar* no son exactamente sinónimos: ⊗«*Tres patrullas de la Policía Juvenil llegaron a las nueve de esa noche a indagar POR la suerte de 73 pequeños*» (*Tiempo* [Col.] 14.1.75); ⊗«*Ayer cuando indagamos POR él nos enteramos que estuvo mal*» (*Expreso* [Perú] 4.11.97).
4. En el lenguaje administrativo de algunas zonas de América, especialmente en los países del Río de la Plata, se usa como transitivo con el significado de 'interrogar o investigar [a alguien] por algún delito': «*El juez pidió el juicio político contra Bernasconi* [...], *para poder indagarlo por siete delitos*» (*Clarín* [Arg.] 19.5.97). Este uso debe ser evitado fuera del ámbito administrativo.

indemnización. → indemnizar, 2.

indemnizar. 1. 'Resarcir de un daño o perjuicio a alguien'. Es transitivo y puede construirse de dos formas:
a) En la construcción más frecuente, el complemento directo indica la persona indemnizada y el perjuicio se expresa mediante un complemento con *de* o *por:* «*Que el Gobierno* [...] *LOS indemnice DE las pérdidas que han sufrido*» (OArmengol *Aviraneta* [Esp. 1994]); «*En lugar de costear los gastos de hospitalización de mi hermana e indemnizarLA POR el daño ocasionado, despidió a mi papá*» (VV. AA. *Vida* [Chile 1986]).
b) También es correcta la construcción en la que el perjuicio es expresado por el complemento directo y la persona indemnizada por un complemento indirecto: «*Enriqueciendo la hermosa voz con la que la Naturaleza LE indemnizó su aspecto*» (Bonilla *Luz* [Esp. 1994]).
2. Es incorrecta la forma ⊗*indeminizar,* así como el sustantivo ⊗*indeminización,* en lugar de *indemnización.*

independiente. 1. Como adjetivo, '[persona o cosa] que no depende de otra', '[cosa] que no tiene conexión con otra' y '[persona] que sostiene su modo de pensar o de actuar sin admitir intervención ajena'. Suele llevar un complemento introducido por *de:* «*De ahí proviene el absurdo de considerar al hombre independiente DE Dios*» (Leñero *Martirio* [Méx. 1981]); «*El corazón es totalmente independiente DE mi voluntad*» (Carrión *Danubio* [Esp. 1995]); «*Tengo que acostumbrarme a ser un candidato independiente DE los partidos*» (*Mundo* [Esp.] 24.9.94).
2. Puede usarse con valor adverbial, seguido de un complemento con *de:* «*Independiente DE estas*

consideraciones muy personales, quiero decirte que todo lo que ha pasado en Chiapas me emociona» (Serrano *Corazón* [Chile 2001]); no obstante, en el español actual es mayoritario y preferible el uso, en estos casos, del adverbio *independientemente* o de la locución *con independencia: «Javier comenzó [...] a hablar independientemente* DE *que lo escuchara alguien»* (Quesada *Banana* [Hond. 2000]); *«Como si lo primordial fuera hablar, con independencia* DE *lo que se dijera»* (Millás *Desorden* [Esp. 1988]). Cuando el complemento de estas construcciones es una subordinada introducida por *que,* en el habla esmerada no debe omitirse la preposición *de* (→ QUEÍSMO, 1d): *«No podía pensar en otra cosa que no fuera el sexo, independientemente* DE *que se encontrara en Veracruz o en la Cochinchina»* (Esquivel *Deseo* [Méx. 2001]); y no ⊗*independientemente que...*

indexación. → indexar.

indexar. 1. En economía, 'poner en relación las variaciones [de un valor] con las de un índice de referencia': *«Se oponía a que la deuda rusa de 613 millones en rublos se indexe al dólar»* (*Caretas* [Perú] 9.10.97); y, en informática, 'registrar ordenadamente [datos] para elaborar un índice con ellos': *«Los datos [...] son formateados, codificados e indexados»* (Bustos *Multimedia* [Esp. 1996]). Este verbo, basado en el sustantivo latino *index* ('índice o catálogo'), se ha incorporado al español a través del inglés o del francés. El sustantivo correspondiente es *indexación: «La propuesta [...] incluye un sinceramiento del tipo de cambio que en la práctica supondría una indexación del dólar a la inflación»* (*Abc* [Par.] 7.11.00).
2. Existe también el verbo sinónimo *indizar,* derivado del sustantivo español *índice,* de uso mucho menos frecuente. No debe confundirse con *indiciar* ('dar indicios' y 'sospechar'; → indiciar). El sustantivo correspondiente es *indización: «Ha vuelto a plantear [...] su demanda de que en México se instaure la indización de precios y salarios»* (*Excélsior* [Méx.] 18.1.97). Es incorrecto el empleo, con este sentido, de *indiciación,* que pertenece a la familia de *indiciar:* ⊗*«La indiciación, cuando existe, se refiere a los salarios o a las pensiones»* (*Vanguardia* [Esp.] 17.12.94).

India. En español, el nombre de este país de Asia se usa preferentemente precedido de artículo: *«Un sismo demoledor sacudió ayer la India y Pakistán»* (*Siglo* [Pan.] 27.1.01). Su uso sin artículo, que se da especialmente en textos periodísticos y que puede deberse en parte al influjo del inglés, no es incorrecto, aunque sí minoritario y, por ello, menos recomendable: *«La primera ministra de India, Indira Gandhi, perdió las elecciones en 1977»* (*NHerald* [EE. UU.] 11.1.98). Su gentilicio es *indio* (→ indio), aunque también es admisible el uso de *hindú* (→ hindú).

Indianápolis. El nombre de esta ciudad de los Estados Unidos de América debe escribirse con tilde en español, por ser voz esdrújula y no plantear problemas de adecuación ortográfica a nuestro idioma: *«Tres aficionados canadienses [...] murieron esta madrugada de manera trágica antes del Gran Premio de Estados Unidos en Indianápolis»* (*Excélsior* [Méx.] 25.9.00).

Indias Occidentales. Nombre dado en los primeros tiempos al continente americano, en contraposición a las Indias Orientales, situadas en el sureste de Asia: *«De Sevilla salían todos los barcos con destino a las Indias Occidentales»* (Bonfil *Simbiosis* [Méx. 1993]). También se ha empleado, ocasionalmente, para designar el conjunto formado por las Bahamas, las Antillas Mayores y las Antillas Menores, uso influido en la actualidad por la denominación inglesa *West Indies* y admisible siempre que no haya posible confusión con la denominación tradicional de todo el continente: *«La isla de Granada, situada frente a las costas de Venezuela, forma parte del grupo de las Indias Occidentales británicas»* (*País@* [Esp.] 14.3.79).

indicar. 'Mostrar o significar [algo] con indicios y señales'. No es correcto anteponer la preposición *de* al complemento directo (→ DEQUEÍSMO, 1b): ⊗*«El presidente de la Cámara indicó* DE *que se han contactado a varias universidades»* (*Prensa* [Nic.] 12.5.97); debió decirse *indicó que...*

índice de audiencia. 'Número de personas que siguen un medio de comunicación o un programa en un período de tiempo determinado': *«Una serie sudamericana, la telenovela Topacio, que tiene los mayores índices de audiencia del canal»* (*Cambio 16* [Esp.] 5.11.90). Esta es la expresión española que hay que usar en sustitución del anglicismo *rating.* No debe confundirse con *cuota de audiencia* o *de pantalla* ('porcentaje de participación de un medio de comunicación o un programa en el índice general de audiencia'; → cuota de audiencia).

indiciado -da. → indiciar, 2.

indiciar. 1. Verbo, hoy desusado, que significaba 'dar indicios [de algo]' y 'sospechar [de alguien o algo] por indicios': *«La buena figura de la cabeza indiciaba el temperamento del celebro»* (Lope *Dorotea* [Esp. 1632]); *«Si hubiera el mundo que este indicia, / o le hallara Alejandro a la codicia»* (Lope *Mundo* [Esp. 1596-1603]). Se usó, en España, hasta mediados del siglo XIX, preferentemente en participio y seguido de un complemento introducido por *de:* *«Sentenciándome todas estas turbaciones a afrentosa muerte, indiciado* DE *ladrón y agora* DE *homicida»* (Tirso *Cigarrales* [Esp. 1624]); *«¿No hubo [...] derecho para abrir una carta escrita por una persona indicia-*

da DE *un crimen tan atroz?*» (Meléndez *Discursos* [Esp. 1791-1809]).

2. El participio *indiciado* comenzó pronto a usarse como sustantivo, con el sentido de 'sospechoso de un crimen o delito', uso que ha desaparecido en España, pero que pervive en algunos países de América: «*El indiciado será sometido a juicio*» (Medina *Doctrina* [Ven. 1984]).

3. Se acentúa como *anunciar* (→ APÉNDICE 1, n.º 4). No debe confundirse con *indizar* ('registrar [datos] ordenadamente para elaborar índices'; → indexar, 2), como ocurre en este ejemplo: ⊗«*Se indiciará* [el tipo de interés] *con el IPC de ese año*» (*País* [Esp.] 2.8.88); debió decirse *se indizará*.

indiferente. 'Que no se inclina a una persona o cosa más que a otra' y 'que no muestra interés o afecto por alguien o algo'. Suele construirse con un complemento introducido por *a, hacia* o *ante*: «*Desde que estoy enamorado soy indiferente A las estaciones, AL frío, AL calor, A la lluvia*» (PRossi *Solitario* [Ur. 1988]); «*Raúl pretende ser indiferente ANTE el halago*» (Matos *Noche* [Cuba 2002]). No debe usarse para ello la preposición *de*: ⊗«*Amnistía Internacional no quiere ser indiferente DE estos hechos*» (*Mundo* [Esp.] 22.11.94).

indignar(se). 1. Cuando significa 'causar indignación', es verbo de «afección psíquica»; por ello, dependiendo de distintos factores (→ LEÍSMO, 4a), el complemento de persona puede interpretarse como directo o como indirecto: «*A Juan Otáñez LO indignaban los triunfadores*» (Herrera *Casa* [Ven. 1985]); «*LE indignó que alguien se hubiera tomado la confianza de abrir la valija*» (Martínez *Evita* [Arg. 1995]).

2. Como intransitivo pronominal significa 'pasar a sentir indignación' y se construye con un complemento introducido por *con* o, menos frecuentemente, *contra*, que expresa el destinatario de la indignación: «*Matías a veces se indignaba CON su yerno*» (Gironella *Hombres* [Esp. 1986]); «*Los inocentes se indignan CONTRA el perverso*» (Nácar *Biblia* [Esp. 1965]). La causa de la indignación se expresa mediante un complemento con *por* o *de*: «*Doña Cecilia se indignó POR este error de protocolo*» (*Semana* [Col.] 1-8.12.97); «*Estos buenos hombres se indignaron DE nuestro proceder*» (Fuentes *Naranjo* [Méx. 1993]).

indio -dia. 1. 'De la India': «*El primer ministro indio, Atal Bihari Vajpayee, calculó que el sismo podría haber causado más de 2000 muertos*» (*Siglo* [Pan.] 27.1.01). Como gentilicio de la India es también admisible el uso de *hindú* (→ hindú) y de la variante *indo*, desusada en la lengua general, pero que pervive en el registro culto literario: «*Para el indo es injusta una constitución política que desconoce la norma cósmica de las castas*» (Ortega *Artículos* [Esp. 1917-33]).

2. El término *indio* es también el gentilicio de las poblaciones aborígenes del continente americano: «*Mi voz es como la de María Sabina, una india mazateca de México*» (Vargas *Pasado* [Méx. 2002]); «*En una revista folklórica se publicó un cuento popular de los indios de América del Norte*» (Verdaguer *Pipa* [Esp. 1980]). Es asimismo frecuente el uso del término *indígena*, debido en parte al matiz despectivo que ha adquirido la voz *indio* en algunos países de América: «*Esa es la ofrenda de los indígenas en San Juan Chamula*» (Serrano *Corazón* [Chile 2001]). Son alternativas correctas los términos *amerindio* e *indoamericano*, de uso más restringido: «*El cáncer no discrimina a negros, asiáticos, indoamericanos u otras minorías*» (*NHerald* [EE. UU.] 12.5.97); «*Los pobres rurales de Guatemala son minifundistas, trabajadores temporales sin tierras, pequeños agricultores amerindios*» (*Hora* [Guat.] 4.1.97).

⊗**indiosincracia**, ⊗**indiosincrasia.** → idiosincrasia.

⊗**indiscrección**, **indiscreción.** → discreción.

indisponer(se). 1. 'Causar, o padecer, indisposición' y 'enemistar(se)'. Verbo irregular: se conjuga como *poner* (→ APÉNDICE 1, n.º 47). El imperativo singular es *indispón* (tú) e *indisponé* (vos), y no ⊗*indispone*.

2. Con el significado de 'enemistar(se)', se construye normalmente con un complemento introducido por *con* o, menos a menudo, *contra*: «*A los seis años, se indispuso CON su maestra*» (Chavarría *Rojo* [Ur. 2002]); «*¿Cómo iba a darse cuenta si sólo se ocupa en indisponer a mi hermano CONTRA mí?*» (CBonald *Noche* [Esp. 1981]).

individualizar(se). → individuar(se).

individuar(se). 'Distinguir(se) o particularizar(se)'. Se acentúa como *actuar* (→ APÉNDICE 1, n.º 7). Es sinónimo de *individualizar(se)*, de uso hoy más frecuente.

indización, indizar. → indexar, 2.

indo -da. → indio, 1.

indo-. Elemento compositivo prefijo que significa 'indio'. Se usa en referencia tanto al país de Asia como a las poblaciones indígenas del continente americano: «*Condenó a muerte al escritor indobritánico Salman Rusdhie*» (Leguineche *Camino* [Esp. 1995]); «*Los indocubanos tenían caneyes de planta circular y bohíos de base rectangular*» (Ortiz *Música* [Cuba 1975]). Sin embargo, como elemento independiente, la voz *indo* solo significa 'de la India (país de Asia)' (→ indio, 1).

indoamericano -na. → indio, 2.

índole. 'Condición e inclinación natural de una persona' y 'naturaleza de una cosa'. Es voz femenina, como su étimo latino: «*La índole de su trabajo le había impedido formar un hogar*» (Allende *Eva* [Chile 1987]); «*El incentivo para preservar el acuerdo es más de índole política que económica*» (*Clarín* [Arg.] 17.3.97).

Indostán. Forma tradicional española del nombre antiguamente usado para referirse a la India. En el uso actual puede designar, bien la región septentrional de esta república asiática, bien el conjunto de territorios de lengua hindi o, incluso, todo el subcontinente indio. Se usa normalmente con artículo: «*La enana nos dijo que era sánscrito, el idioma mágico del Indostán*» (Jodorowsky *Pájaro* [Chile 1992]). No debe usarse en español la forma inglesa *Hindustan;* tampoco ⊗*Hindostán,* grafía de escasa tradición en español, a pesar de su mayor cercanía al étimo persa *Hindostan* ('tierra de los hindúes'). Aunque se han usado también las formas *indostaní* e *indostanés,* se recomienda para el gentilicio la forma *indostano:* «*También ellos, chinos, indostanos o árabes, son herméticos e indescifrables*» (Paz *Laberinto* [Méx. 1950-59]).

indostanés -sa, indostaní, indostano -na. → Indostán.

inducir. 1. 'Incitar [a alguien] a algo', 'causar o provocar indirectamente [algo]' y 'extraer [un principio general o una conclusión] a partir de hechos o datos particulares'. Verbo irregular: se conjuga como *conducir* (→ APÉNDICE 1, n.º 24).

2. Con el primer sentido indicado, como otros verbos de influencia (→ LEÍSMO, 4b), lleva un complemento directo de persona y un complemento con *a:* «*LO indujo A tomar esta postura*» (*Abc* [Par.] 25.9.96).

indultar. 1. 'Eximir a alguien de una pena'. Normalmente la persona indultada es el complemento directo y la pena se expresa mediante un complemento introducido por *de:* «*El régimen tuvo la suficiente prudencia como para indultar DE la pena de muerte a quienes habían sido condenados*» (Tusell *España* [Esp. 1989]). Menos frecuente, pero también correcta, es la construcción en la que el complemento directo expresa la pena: «*Doce años, cuatro meses y un día. Una condena que tiene todo el aspecto de ser a perpetuidad si el Gobierno [...] no LA indulta*» (*Mundo* [Esp.] 1.7.95).

2. Sobre las diferencias entre *indultar* y *amnistiar,* → amnistía.

indulto. 'Gracia por la cual se anula la pena impuesta por un delito, o se conmuta por otra menor': «*Franco ha enviado el indulto deliberadamente tarde*» (Umbral *Leyenda* [Esp. 1991]). No debe confundirse con *amnistía* ('derogación retroactiva de la consideración de un acto como delito'; → amnistía). Consiguientemente, tampoco deben con-

fundirse los verbos *indultar* ('conceder un indulto') y *amnistiar* ('conceder una amnistía').

inepto -ta. 'Necio o incapaz, sin condiciones ni aptitudes para algo': «*Cunde el rencor contra un gobierno inepto*» (Monsiváis *Ofensiva* [Méx. 1979]). A veces lleva un complemento con *para:* «*Era un hombre inepto PARA todo, menos PARA la perversidad*» (Martínez *Perón* [Arg. 1989]). También se usa como sustantivo: «*En la práctica resultó un inepto como administrador y como político*» (Rangel *Salvaje* [Ven. 1976]). No debe confundirse con *inapto* ('no apto'; → inapto).

inequidad. 'Desigualdad o falta de equidad': «*Una sociedad convencida de la inequidad del reparto de la renta y la riqueza carecerá del mínimo de cohesión social*» (FdzOrdóñez *España* [Esp. 1980]). No debe confundirse con *iniquidad* ('maldad o injusticia'; → iniquidad).

inerme. 'Indefenso o sin armas': «*Quien tiene espada gobierna y quien está inerme se somete y rinde tributo al jefe*» (Otero *Temporada* [Cuba 1983]). No debe confundirse con *inerte* ('sin vida o sin movimiento'; → inerte).

inerte. 'Sin vida o sin movimiento': «*Los atuneros matan centenas de tiburones para quitarles sus aletas y tirar sus inertes cuerpos al mar*» (*ByN* [Ec.] 30.11.97); e 'inactivo o incapaz de reacción': «*Contiene, junto a un sustrato de sustancias vegetales farmacológicamente inertes, una familia de alcaloides presidida por la morfina*» (Chiozza *Cuerpo* [Arg. 1976]). No debe confundirse con *inerme* ('indefenso o sin armas'; → inerme).

inescrutable. 'Que no se puede saber ni averiguar': «*Su postura seguía siendo un misterio inescrutable*» (Olivera *Enfermera* [Méx. 1991]). Es incorrecta la grafía ⊗*inexcrutable.* No debe confundirse con *inextricable* ('muy enmarañado'; → inextricable).

inestabilidad. 1. 'Falta de firmeza o de equilibrio': «*Eso significaría de nuevo la inestabilidad de nuestro precario régimen monárquico*» (Hernández *Secreter* [Esp. 1995]). Se ha formado a partir del sustantivo *estabilidad.* Existe también la voz *instabilidad* (del lat. *instabilitas*), cultismo que está cayendo en desuso: «*Con llegar a ese alto punto, ha llegado también al mayor grado de instabilidad*» (PSuñer/Rodrigo *Fisiología* [Esp. 1956]). Lo mismo sucede con el adjetivo *inestable,* formado a partir de *estable,* para el que se registra también la variante culta *instable* (del lat. *instabilis*), muy poco usada hoy.

2. Por analogía con las creaciones recientes *desestabilizar, desestabilizador* y *desestabilización* se emplea en ocasiones el sustantivo ⊗*desestabilidad,* cuyo uso debe rechazarse por innecesario (en español existe, ya desde el siglo XVI, la voz *inestabilidad*).

inestable. → inestabilidad, 1.

[⊗]**inexcrutable.** → inescrutable.

in extenso. Loc. lat. que significa, como adverbio, 'por extenso, ampliamente': «*El informe transcribía in extenso la carta de Mignone*» (Verbitsky *Vuelo* [Arg. 1995]); y, como adjetivo, 'amplio': «*Vamos a evitar una exposición in extenso del panorama pictórico barroco*» (Colorado *Pintura* [Esp. 1991]).

in extremis. Loc. lat. que significa 'en el último momento': «*Se salvó in extremis*» (Scorza *Tumba* [Perú 1988]); «*Washington protestó de estas veleidades de alianza in extremis*» (FdzSuárez *Pesimismo* [Esp. 1983]).

inextricable. 'Muy enmarañado, que no se puede desenredar': «*Hágase cargo de la inextricable maraña de textos diversos que componen un diario*» (*Canarias 7* [Esp.] 11.12.00). No es correcta la forma [⊗]*inextrincable*.

infalibilidad. 'Cualidad de infalible'. Es incorrecta la forma [⊗]*infabilidad* (→ -dad, f).

infante -ta. 1. Con los sentidos de 'hijo del rey' y 'título que por gracia real obtiene un pariente del rey', se usa la forma *infante* para el masculino y la forma *infanta* para el femenino: «*Después de una onerosa política bélica, [...] el infante Carlos es coronado rey de Nápoles y Sicilia*» (GaCortázar/GlzVega *España* [Esp. 1994]); «*La infanta era hija de Felipe IV y de su primera esposa, Isabel de Borbón*» (Luján *Espejos* [Esp. 1991]); «*Dos horas más tarde llega Carlos de Borbón Dos Sicilias, duque de Calabria [...], nombrado recientemente infante por don Juan Carlos*» (*Vanguardia* [Esp.] 16.3.95). Sobre su empleo con mayúscula inicial, → MAYÚSCULAS, 4.31 y 6.9. **2.** Cuando significa 'niño que aún no ha cumplido los siete años', lo más frecuente y recomendable es utilizar la forma *infante* tanto para el masculino como para el femenino: «*La infante yacía aún con vida*» (*Expreso* [Perú] 6.5.97). Debe tenerse cuidado de no utilizar el término *infante* con el sentido que tiene el inglés *infant*, ya que en esta lengua el término designa, no al niño menor de siete años, sino al recién nacido o al bebé que aún está en el período de lactancia. **3.** Cuando significa 'soldado de infantería', es común en cuanto al género (→ GÉNERO², 1a): *el/la infante de marina*.

infatuación, infatuado -da. → infatuar(se), 2.

infatuar(se). 1. 'Poner(se) fatuo o engreído': «*Nos ha subido a viajar con él sólo para tener ante quién infatuarse, porque se ha puesto como un pavo hinchado de orgullo*» (Boullosa *Duerme* [Méx. 1994]). Se acentúa como *actuar* (→ APÉNDICE 1, n.º 7). **2.** Debe evitarse en español el uso de sus derivados *infatuado* e *infatuación* como sinónimos de *encaprichado* y *encaprichamiento*, calcos censurables del inglés *infatuated* e *infatuation*: [⊗]«*Estaba seguro [...] de que el señor había descubierto su infatuación con la famosa Carmelina*» (Vega *Crónicas* [P. Rico 1991]); debió decirse *su encaprichamiento*.

infección, [⊗]infectación. → infectar(se), 2.

infectar(se). 1. Como transitivo, dicho de microorganismos patógenos como virus o bacterias, 'invadir [algo o a alguien]': «*El virus del sida ha infectado a 17 000 españoles*» (GaHernández *Encrucijada* [Esp. 1993]); y 'transmitir [a algo o a alguien] microorganismos patógenos': «*Nada más terminar con cada oveja hay que curarles las heridas y evitar que las moscas las infecten*» (*Turismo* [Esp.] 9.98); como pronominal, 'ser invadido por microorganismos patógenos', a veces con un complemento con *de:* «*Las cicatrices de las quemaduras volvían a abrirse y se infectaban*» (Fogwill *Cantos* [Arg. 1998]); «*Llegaron al extremo de infectarse DE sida por amor*» (*Mundo* [Esp.] 1.6.96). No debe confundirse con *infestar* ('invadir [algo o a alguien] en forma de plaga'; → infestar). **2.** El sustantivo que corresponde a *infectar* es *infección:* «*La causa puede ser una infección vírica, una infección bacteriana [...] y el uso prolongado de lentes de contacto*» (*Tiempos* [Bol.] 2.10.01). No es correcta la forma [⊗]*infectación*, error debido al cruce con *infestación*, sustantivo que corresponde a *infestar*.

inferior. → bajo, 1.1a.

inferir. 'Causar [un daño físico o moral]' y 'sacar [una consecuencia] a partir de algo'. Verbo irregular: se conjuga como *sentir* (→ APÉNDICE 1, n.º 53).

infernillo. → infiernillo.

infestación. → infestar, 2.

infestar. 1. Dicho de gran cantidad de individuos de una misma especie, 'invadir [algo o a alguien] en forma de plaga': «*Las garrapatillas también nos infestaban*» (Valladares *Esperanza* [Cuba 1985]). En participio, va normalmente seguido de un complemento con *de:* «*El terreno era umbrío, muy húmedo e infestado DE mosquitos*» (Mendoza *Ciudad* [Esp. 1986]). No debe confundirse con *infectar* (dicho de microorganismos patógenos, como virus o bacterias, 'invadir [una herida o un organismo] causando una infección'; → infectar(se)). **2.** El sustantivo que corresponde a *infestar* es *infestación:* «*La plaga es un coleóptero escolítido que se alimenta de los tejidos vegetales vivos que se encuentran bajo la corteza del árbol, y termina matándolo cuando la infestación es grande*» (Vázquez/Orozco *Destrucción* [Méx. 1989]). No debe confundirse con *infección*, sustantivo que corresponde a *infectar*.

infeudar. → enfeudar.

inficionar(se). 'Infectar(se) o contaminar(se)': «*Mitologías es uno de los libros más "legibles" de Barthes, pues está mínimamente inficionado de lo que más tarde sería la jerga estructuralista*» (Ruffinelli *Infamias* [Ur. 1981]). Es incorrecta la grafía ⊗*inficcionar(se)*.

in fíeri. Loc. lat. que significa 'en proceso de formación, haciéndose': «*El narrador* [...] *transforma su experiencia en literatura por medio de un discurso "in fíeri" que se va haciendo con ayuda de las observaciones de un amigo*» (*Abc* [Esp.] 23.2.96). Aunque en español el segundo elemento de esta locución tiende a pronunciarse llano ([in fiéri]), debe recordarse que la pronunciación latina correcta es esdrújula ([in fíeri]), de ahí que deba escribirse con tilde (→ TILDE², 1.1.3).

infiernillo. 'Pequeño aparato metálico usado para calentar o guisar'. Esta es la forma mayoritaria en todo el ámbito hispánico, incluida España, donde a veces se usa también la variante *infernillo*.

ínfimo -ma. → bajo, 1.2.

inflación. 1. 'Abundancia excesiva' y 'elevación del nivel general de los precios': «*La composición de la lista negociada ofrece una inflación de magistrados en el cupo de ocho abogados y juristas de prestigio*» (*País* [Esp.] 2.10.85); «*La inflación interanual se situaba en el 4,3 por ciento*» (*Vanguardia* [Esp.] 20.10.94). Se opone a *deflación* y se pronuncia [inflasión, inflazión]. No es correcta la grafía ⊗*inflacción* ni la pronunciación correspondiente ⊗[inflaksión, inflakzión]. 2. Tiene dos adjetivos derivados, *inflacionario* e *inflacionista*, ambos válidos, aunque de uso mayoritario el primero.

inflacionario -ria, inflacionista. → inflación.

inflamable. 'Que se inflama con facilidad': «*De mayorcito muestre al niño los peligros de jugar con sustancias inflamables*» (*Trabajadores* [Cuba] 19.12.03). Deriva del verbo *inflamar*, por lo que la forma ⊗*flamable*, usada a veces en algunos países de América, carece de justificación.

inflamar(se). 'Encender(se) algo que desprende llamas inmediatamente' y, en sentido figurado, 'enardecer(se) un sentimiento o la persona que lo experimenta'. El sentimiento puede ser expresado, bien por el complemento directo: «*Lo cual inflamó de nuevo la justa ira del padre*» (FdzCastro *Novia* [Esp. 1987]); bien por el sujeto del verbo, usado este como pronominal: «*Con solo saber que llega* [...] *se inflama mi deseo*» (Moix *Sueño* [Esp. 1986]); bien mediante un complemento introducido por *de* o, más raramente, *en*, en el caso de que el complemento directo o el sujeto expresen la persona que experimenta dicho sentimiento: «*Una tentadora mujer* [...] *que* [...] *inflama DE deseos a José*» (Herrera *Casa* [Ven. 1985]); «*Ellos se inflaman DE patriotismo*» (Ferla *Drama* [Arg. 1985]); «*Inflamada EN castos amores*» (Romero *Vodevil* [Esp. 1979]).

infligir(se). 'Causar(se) [un daño físico o moral] o imponer(se) [un castigo]': «*El movimiento insurgente le infligió una derrota sin paliativos*» (Fajardo *Epopeya* [Esp. 1990]); «*Un día papá me infligió una herida muy grande*» (Ferré *Batalla* [P. Rico 1993]). No debe confundirse con el verbo *infringir* ('quebrantar [una ley, un precepto o un acuerdo]'; → infringir), como ocurre en este ejemplo: ⊗«*Esta actitud demuestra que la parte española ha infligido los acuerdos adoptados en Argel*» (*País* [Esp.] 1.4.89); aquí debió decirse *infringido*. Deben evitarse asimismo los cruces entre ambos verbos, que dan lugar a las formas inexistentes ⊗*infrigir* y, sobre todo, ⊗*inflingir*.

⊗inflingir(se). → infligir(se).

influenciar. 1. 'Influir'. Se acentúa como *anunciar* (→ APÉNDICE 1, n.º 4). 2. Este verbo se introdujo en español en el siglo XIX, a partir del francés *influencer*, y se fue extendiendo a lo largo del siglo XX hasta generalizarse en todo el ámbito hispánico. Las diferencias entre *influenciar* e *influir* no son de significado, pues ambos verbos son sinónimos, sino de construcción. El verbo *influenciar* se usa como transitivo, muy a menudo en construcción pasiva: «*La naturaleza de estas sustancias, la dinámica vascular, diferencias de especie y genéticas, etc., son factores capaces de influenciar el metabolismo arterial*» (MtnMunicio *Discurso* [Esp. 1969]); «*Nadie piensa por un solo momento que las actitudes políticas de los generales puedan influenciar* [...] *la vida civil y política del Reino Unido*» (Garrigues *Política* [Esp. 1976]); «*No sé si* [...] *estoy demasiado influenciada por las escenas de amor de las películas*» (Belli *Mujer* [Nic. 1992]). Por su parte, *influir*, aunque puede usarse también como transitivo, se emplea normalmente como intransitivo (→ influir).

influente. → influir, 3.

influir. 1. 'Producir una persona o cosa ciertos efectos sobre otra'. Verbo irregular: se conjuga como *construir* (→ APÉNDICE 1, n.º 25). Su participio, *influido*, se escribe sin tilde (→ TILDE², 2.1.1 y 2.1.2). 2. Puede funcionar como transitivo, más frecuentemente en construcción pasiva: «*La pequeña burguesía lo influyó ideológicamente*» (Fasano *Derrota* [Ur. 1980]); «*Estudió en México la técnica de la pintura al fresco y fue influido por el muralismo mexicano*» (Bonfil *Simbiosis* [Méx. 1993]); cuando funciona como transitivo, *influir* puede reemplazarse por *influenciar* (→ influenciar). Lo más habitual, sin embargo, es que *influir* se utilice como intransitivo, con un complemento —que a menudo se omite, por consabido— introducido por las preposiciones *en* o *sobre*: «*¿Por qué tratas de influir EN tus amigos?*» (GaMorales *Lógica* [Esp. 1990]); «*El espíritu del experimentador también puede influir SOBRE la ma-*

teria» (Zaragoza *Concerto* [Esp. 1981]); «*Tal vez influyera el deseo de compartir con Raúl su experiencia de vida en el extranjero*» (Pitol *Juegos* [Méx. 1982]); cuando funciona como intransitivo, *influir* no es sustituible por *influenciar*.

3. El adjetivo correspondiente es *influyente* ('que influye' y 'que goza de mucha influencia'): «*He hablado con gente muy influyente en Madrid y comprenden mi caso*» (Gallego *Adelaida* [Esp. 1990]). La variante *influente*, más cercana en su forma al participio de presente latino del que deriva este adjetivo, *influens, -entis,* carece de vigencia en el español actual y, por tanto, se desaconseja su empleo.

influyente. → influir, 3.

informar(se). 1. Con el sentido de 'hacer saber algo a alguien', puede construirse de dos modos: **a)** *Informar* [a alguien] DE algo. La información se expresa mediante un complemento con *de* o *sobre: Informó* DE *su marcha a sus superiores; Informé al comité* SOBRE *la marcha del proyecto.* Si el complemento, en lugar de un sustantivo, es una oración subordinada encabezada por la conjunción *que,* es correcto el empleo conjunto de la preposición y la conjunción: *Informó a sus superiores* DE QUE *se marchaba.* El complemento de persona es, en esta construcción, el complemento directo, pues funciona como sujeto de la pasiva: *Sus superiores fueron informados de su marcha;* por ello, cuando este complemento es un pronombre átono de tercera persona, deben usarse las formas *lo(s), la(s):* «*Teresa* [...] LO *informaba despacio y con detalle del motivo de su visita*» (PzReverte *Reina* [Esp. 2002]). Este es el régimen habitual en la lengua culta de España y se da también entre hablantes cultos de América. **b)** *Informar* [algo] a alguien. La información se expresa mediante un complemento directo y va, por tanto, sin preposición. Este es el régimen habitual en la mayor parte de América: *Informó la novedad a sus superiores; Informó al jefe que llegaría con retraso.* En este caso, el complemento de persona es indirecto y, por ello, si se trata de un pronombre átono de tercera persona, debe usarse la forma *le(s)* (o *se,* si antecede a otro pronombre átono; → se, 1a): «LE *informaron que estaba detenido*» (VLlosa *Fiesta* [Perú 2000]); «*Sintió mucha pena cuando Tita* SE *lo informó*» (Esquivel *Agua* [Méx. 1989]). **2.** Como pronominal (*informarse*), significa 'hacer las gestiones necesarias para obtener una información' y lleva siempre un complemento con *de* o *sobre:* «*Me informé* DE *quién eras*» (ASantos *Vis* [Esp. 1992]); «*¿Lo que quiere saber es con qué grado de interés me informé* SOBRE *usted?*» (Contreras *Nadador* [Chile 1995]).

in fraganti. Locución originada por deformación de la expresión jurídica latina *in flagranti (delicto),* que significa 'en el mismo momento en que se comete un delito o, por extensión, cualquier acción censurable': «*Se había instalado aquí cerca* [...] *con objeto de espiar a su mujer y sorprenderla in fraganti*» (Landero *Juegos* [Esp. 1989]). Se usa con preferencia a las locuciones de sentido análogo *en flagrante* (→ flagrante) y *en fragante* (→ fragante, 2). No son correctas las formas [⊗]*en fraganti,* [⊗]*in fragante* ni [⊗]*in fragranti.* A partir de la locución, se ha creado el adverbio simple *infraganti,* cuyo uso se considera válido: «*Yo los había sorprendido infraganti*» (CInfante *Habana* [Cuba 1986]).

[⊗]**infrigir.** → infligir(se) e infringir.

infringir. 'Quebrantar [una ley, un precepto o un acuerdo]': «*A usted, don Modesto, le podrá parecer que infrinjo las disposiciones legales, y yo estoy de acuerdo, pero no soy el único*» (GaBadell *Funeral* [Esp. 1975]); «—*Quedan detenidos. —De ninguna manera. No estamos infringiendo la ley*» (Ramos/Lejbowicz *Corazones* [Arg. 1991]). No debe confundirse con *infligir(se)* ('causar(se) [un daño]'; → infligir(se)), como ocurre en este ejemplo: [⊗]«*En el séptimo asalto Hurtado le infringió otra herida en la frente*» (D*Américas* [EE. UU.] 25.6.97); debió decirse *le infligió.* No existe el verbo [⊗]*infrigir,* error achacable al cruce con *infligir:* [⊗]*Has infrigido nuestro pacto.*

infundir. 'Dotar a alguien [de una cualidad, un sentimiento o una idea]'. El complemento de persona puede ser indirecto o ir introducido por la preposición *en:* «*Me impulsaba a ir el deseo de infundir ánimo a Plutarco*» (Araya *Luna* [Chile 1982]); «*Procuró infundir* EN *sus discípulos las nociones de obediencia y templanza*» (Hernández *Naturaleza* [Esp. 1989]).

ingeniar(se). Como transitivo, 'inventar [algo] aplicando el ingenio' y, como pronominal, en la forma *ingeniárselas* o *ingeniarse,* 'aplicar el ingenio para conseguir algo'. Se acentúa como *anunciar* (→ APÉNDICE 1, n.º 4). Con el último sentido indicado, lleva un complemento introducido por *para:* «*Se las ingenió* PARA *escurrirse sin que nadie lo viera*» (*Excélsior* [Méx.] 1.11.96); «*Se ingenió* PARA *no abandonar el Buen Retiro*» (Mujica *Escarabajo* [Arg. 1982]).

ingeniero -ra. 'Persona capacitada para ejercer la ingeniería'. El femenino es *ingeniera* (→ GÉNERO², 3a): «*Una sola ingeniera agrónoma argentina* [...] *está asesorando a estos productores*» (*Nación* [Arg.] 27.6.92). No debe emplearse el masculino para referirse a una mujer: [⊗]*la ingeniero.*

[⊗]**ingerencia.** → injerir(se), 3.

ingerir. 1. 'Introducir por la boca [algo, especialmente comida o bebida] para hacerlo llegar al estómago': «*Sacó un tubo del bolsillo e ingirió dos cápsulas de algo*» (Millás *Desorden* [Esp. 1988]). Verbo

irregular: se conjuga como *sentir* (→ APÉNDICE 1, n.º 53). Se escriben con -g- todas las formas de este verbo: *ingiero* (no ⊗*injiero*), *ingerimos* (no ⊗*injerimos*), etc. No debe confundirse, pues, con *injerir(se)* ('inmiscuirse'; → injerir(se)), verbo que sigue el mismo modelo de conjugación que *ingerir*, pero que se escribe con -j- en todas sus formas (→ injerir(se)).

2. El sustantivo que designa la acción de *ingerir* es *ingestión*: «*Los que no murieron por causa del clima o de la ingestión de moluscos emigraron a otras latitudes por el estrecho de Gibraltar*» (Mendoza *Ciudad* [Esp. 1986]). También pertenece a la familia léxica de este verbo el sustantivo *ingesta* —en latín, neutro plural de *ingestus*, participio de *ingerere*—, que se introdujo en español en el siglo XIX, procedente probablemente del inglés, y cuyo sentido propio y originario es 'conjunto de alimentos y bebidas que se ingieren': «*Si una persona engorda es porque su ingesta calórica excede a sus necesidades energéticas*» (Barrera/Kerdel *Adolescente* [Ven. 1976]); «*Cuando la ingesta total de líquidos es mayor que su pérdida total, el peso corporal aumenta*» (Rosales/Reyes *Enfermería* [Méx. 1982]). Hoy se emplea, además, como sinónimo de *ingestión*: «*Si la madre continúa la ingesta de opiáceos, habrá que establecer lactancia artificial*» (Valbuena *Toxicomanías* [Esp. 1986]).

ingesta, ingestión. → ingerir, 2.

Inglaterra. Estrictamente es el nombre de uno de los cuatro territorios que integran el Reino Unido (→ Reino Unido): «*La crecida de 17 ríos en Inglaterra y Gales ha llevado a declarar la alerta máxima*» (*Vanguardia* [Esp.] 2.2.95); pero es frecuente, en el habla corriente, usarlo extensivamente para referirse a toda Gran Bretaña, isla que incluye además los territorios de Gales y Escocia, e incluso a todo el país, que incluye, junto a Gran Bretaña, el territorio de Irlanda del Norte: «*El duque de Edimburgo, consorte de la reina de Inglaterra, es sobrino nieto de la zarina*» (Quevedo *Genes* [Cuba 1996]). Su gentilicio, *inglés*, que es también el nombre del idioma oficial del país, se usa también, extensivamente, como gentilicio de Gran Bretaña o del Reino Unido.

inglés -sa. → Inglaterra.

ingresar. 'Entrar en un lugar o institución'. El complemento de lugar puede ir precedido de *en* —preposición preferida en España— o de *a* —preposición preferida en América—: «*A los doce años había ingresado EN un internado de Sigüenza*» (Alonso *Flor* [Esp. 1991]); «*Quique y yo ingresamos A la Universidad de Puerto Rico*» (GaRamis *Días* [P. Rico 1986]).

inguche, Inguchia. → Ingusetia.

Ingusetia. Forma adaptada a la ortografía y pronunciación españolas del nombre de esta república de la Federación Rusa: «*Los sitiadores se encontraban en los suburbios de Grozni, cuya población ha huido despavorida a Daguestán, Ingusetia y otras regiones vecinas*» (*Mundo* [Esp.] 29.12.94). Para referirse a los pobladores de este territorio se usó en tiempos pasados el término *inguches*, del que deriva el topónimo *Inguchia*, desaconsejable hoy en favor de *Ingusetia*. Se desaconseja, asimismo, la grafía no adaptada *Ingushetia*, usada en otras lenguas como el inglés. El gentilicio recomendado para este topónimo es *ingusetio*: «*Siguió, como el flujo de las mareas, la deportación de chechenos e ingusetios del Cáucaso y la de tártaros de Crimea*» (*País*@ [Esp.] 14.10.02).

ingusetio -tia, Ingushetia. → Ingusetia.

inherente. 'Que por su naturaleza está inseparablemente unido a otra cosa'. Lleva un complemento con *a*: «*He vacilado bastante antes de aceptar el honor y los riesgos inherentes A una candidatura presidencial*» (Viñas *Lisandro* [Arg. 1985]).

inhibir(se). 1. Como transitivo, 'reprimir': «*El excesivo brillo del cielo, el calor, LO inhibían*» (Balza *Mujer* [Ven. 1986]).

2. Como intransitivo pronominal, 'abstenerse de actuar en un asunto' y, dicho de un juez, 'declararse incompetente para el conocimiento de una causa'. En ambos casos puede llevar un complemento introducido por *en* o *de*: «*Las autoridades judiciales estadounidenses se inhibieron EN el caso por entender que no era de su competencia*» (*País* [Esp.] 3.1.81); «*Baltasar Garzón decidirá la próxima semana si se inhibe DE este caso en favor de la juez Ana Ferrer*» (*Vanguardia* [Esp.] 28.4.95).

inicialar. En algunos países de América, como la Argentina, Cuba o Puerto Rico, 'firmar [un documento] con las iniciales del nombre y el apellido'. También se emplea con el sentido de 'firmar provisionalmente [un documento], como paso previo a la firma definitiva': «*Cuba inicialó recientemente con Bélgica un acuerdo de promoción y protección de inversiones*» (*Granma* [Cuba] 5.97). No debe confundirse con *iniciar* ('empezar'; → iniciar(se)) ni con *inicializar* ('establecer los valores iniciales [de un programa o sistema informático]'; → inicializar).

inicializar. En informática, 'realizar las tareas previas y establecer los valores iniciales para que [un programa o sistema] pueda comenzar a funcionar': «*Al terminar de copiar todos los programas podrá ver una pantalla [...] que le indica los parámetros [...] que se guardarán en el archivo AUTOEXEC.BAT, para inicializar la tarjeta cada vez que se arranque el ordenador*» (Bustos *Multimedia* [Esp. 1996]). Es calco del inglés *to initialize*. No debe confundirse con *iniciar* ('empezar'; → iniciar(se)) ni con *inicialar* ('firmar con las iniciales'; → inicialar).

iniciar(se). 1. 'Empezar' e 'introducir(se) en el conocimiento o práctica de algo'. Se acentúa como *anunciar* (→ APÉNDICE 1, n.º 4). **2.** Con el primer sentido indicado, puede ser transitivo: «*El auto inicia la marcha*» (MtnCampo *Carreteras* [Méx. 1976]), o intransitivo pronominal: «*La mañana se inició con un revuelo en la calle*» (Allende *Eva* [Chile 1987]). No es correcto su uso como intransitivo no pronominal: *⊗La semana inició mal*, error debido al cruce con el verbo sinónimo *empezar,* que sí admite esta construcción. **3.** No debe confundirse con *inicializar* ('establecer los valores inciales [de un programa o sistema informático]'; → inicializar).

inicuo -cua. 'Malvado o injusto': «*No obstante el trato inicuo de que era objeto el esclavo* [...], *este constituyó el motor de la economía*» (Tamayo *Hombre* [Ven. 1993]). No debe confundirse con *inocuo* ('inofensivo'; → inocuo).

in illo témpore. Loc. lat. (pron. [in-ílo-témpore]) que significa literalmente 'en aquel tiempo'. Se usa con el sentido de 'en otros tiempos, hace mucho tiempo': «*De quien primero malicia el sacristán es del Caguetas,* [...] *a quien se le vio in illo témpore engolosinado con la Liboria*» (Berlanga *Gaznápira* [Esp. 1984]).

iniquidad. 'Injusticia o maldad': «*Creía que iba a obtener el cielo por el medio terrible de sufrir iniquidades*» (Allende *Casa* [Chile 1982]). No debe confundirse con *inequidad* ('desigualdad'; → inequidad).

injerencia. → injerir(se), 3.

injerir(se). 1. Verbo irregular: se conjuga como *sentir* (→ APÉNDICE 1, n.º 53). Todas las formas de este verbo se escriben con -*j*-, a diferencia de las que pertenecen a *ingerir,* verbo que sigue el mismo modelo de conjugación, pero que significa 'introducir [algo] en el organismo por la boca' (→ ingerir). **2.** Como transitivo, significa 'meter o introducir [una cosa] en otra': «*Timoneda* [...] *se percató de que las partes jocosas se podían desglosar e injerir EN otras comedias*» (Asensio *Itinerario* [Esp. 1965-71]); con este sentido puede emplearse también la variante *inserir* (→ inserir). Como intransitivo pronominal, significa 'entrometerse o inmiscuirse': «*La acusa de injerirse EN los problemas internos de la agencia*» (*País* [Esp.] 2.3.80). Como se ve en los ejemplos, este verbo se construye con un complemento introducido por *en.* **3.** El sustantivo que designa la acción de *injerir(se)* es *injerencia*: «*Se agudizó la injerencia externa en asuntos internos de los mexicanos*» (*Excélsior*

[Méx.] 21.10.96). Es incorrecta la grafía *⊗ingerencia,* falta de ortografía muy extendida, motivada por la confusión entre los homófonos *ingerir* e *injerir*.

injuria. 'Agravio u ofensa de palabra o de obra': «*Puede insultarme cuanto guste. Estoy acostumbrado a la injuria y a la calumnia*» (Cabal *Vade* [Esp. 1982]). No debe emplearse en español con el sentido de 'daño o lesión de carácter físico', calco censurable del inglés *injury,* frecuente en textos médicos: *⊗«De los 14* [pacientes] *restantes, 8 tuvieron injuria hepática*» (*Radiología* [Perú] 10.01).

injuriar. 'Agraviar [a alguien] con injurias': «*Injurió de modo obsceno al estupefacto señor*» (GmzOjea *Cantiga* [Esp. 1982]). No significa 'causar lesión o daño físico', por lo que no debe utilizarse este verbo para traducir el inglés *to injure;* en español, con ese sentido, se usan los verbos *dañar* o *lesionar.* Se acentúa como *anunciar* (→ APÉNDICE 1, n.º 4).

⊗inka. → inca.

in medias res. Loc. lat. que significa 'en pleno asunto, en medio de la acción' y se usa especialmente referida al modo de comenzar una narración: «*La fábula comienza in medias res, cuando el viajero está ya dentro del cielo, sin referir los episodios que precedieron a su ingreso*» (Asín *Escatología* [Esp. 1919]). Debe evitarse el uso de la forma *media* en lugar de la correcta *medias:* *⊗in media res.*

in memóriam. Loc. lat. que significa 'en memoria, en recuerdo', aludiendo a una persona ya fallecida: «*La Orquesta de Córdoba ha querido, "in memóriam", agradecerle al pianista sus desvelos*» (*Abc* [Esp.] 11.10.96); «*Acaban de salir de la Copa in memóriam "Pat" Shaw*» (*Hora* [Guat.] 24.6.97).

in mente. Loc. lat. que significa 'en la mente' o 'mentalmente': «*Con este fin in mente se encerró en sus aposentos*» (Mendoza *Ciudad* [Esp. 1986]); «*Revisé in mente cada una de mis danzas y todas me parecían muy pobres*» (Fux *Danza* [Arg. 1992]).

inminente. 'Que está a punto de suceder': «*Los periódicos* [...] *hablaban de la inminente caída de Trujillo*» (VLlosa *Fiesta* [Perú 2000]). No debe confundirse con *eminente* ('que sobresale por su tamaño o por su valía o importancia'; → eminente).

inmiscuir(se). 1. 'Meter(se) en un asunto o ámbito, especialmente cuando no hay razón o autoridad para ello'. Verbo irregular: se conjuga como *construir* (→ APÉNDICE 1, n.º 25). Su participio, *inmiscuido,* se escribe sin tilde (→ TILDE², 2.1.1 y 2.1.2). **2.** Se construye siempre con un complemento precedido de la preposición *en.* Es raro, pero correcto, su empleo como transitivo: «*¿Será posible desprenderse de la propia personalidad o, al menos, no* *inmiscuirla más de la cuenta* EN *una tarea de interpretación filosófica?»* (Lledó *Días* [Esp. 1994]); *«No me inmiscuya* EN *líos gratuitos»* (Medina *Cosas* [Méx. 1990]); pero lo más normal y frecuente es su empleo como pronominal, con el sentido de 'entrometerse': *«No quería inmiscuirse* EN *asuntos ajenos»* (MtnGaite *Fragmentos* [Esp. 1976]).

inmune. 'Libre o exento de algo considerado perjudicial o molesto' e 'invulnerable', frecuentemente con un complemento con *a*: *«El rechazo de la existencia de cotos vedados o zonas inmunes* A *la crítica»* (*Abc* [Esp.] 28.5.97); *«Se obtuvo una especie inmune* A *estas plagas»* (Butteler *Ecología* [Perú 1996]). En biología significa 'de la inmunidad biológica', sentido que corresponde también al adjetivo *inmunitario*: *«El mayor problema reside en la capacidad de los agentes patógenos para evadir la respuesta inmune»* (Carrasco *Virus* [Esp. 1996]). No debe confundirse con *impune* ('sin castigo'; → impune).

innocuidad, innocuo -cua, inocuidad. → inocuo.

inocuo -cua. 'Que no hace daño': *«Era un somnífero muy suave y absolutamente inocuo»* (Montero *Amo* [Esp. 1988]). La forma *innocuo*, que conserva la doble *n* etimológica, es también válida, aunque su uso es hoy minoritario. Lo mismo cabe decir de los sustantivos *inocuidad* e *innocuidad*. No debe confundirse con *inicuo* ('malvado'; → inicuo).

in pártibus (infidélium). Loc. lat. que significa literalmente 'en países de infieles'. En su sentido originario se aplica al obispo al que se le asigna una diócesis en territorio no cristiano, donde no reside y, en consecuencia, no ejerce: *«Se le ha asignado una diócesis desaparecida de Mauritania (Partenia). Se trata de un cargo "sin mando en tropa" conocido como obispo "in pártibus infidélium"»* (*Vanguardia* [Esp.] 16.1.95); de ahí ha extendido su sentido y se aplica, generalmente con sentido humorístico y en la forma abreviada *in pártibus*, a la persona que tiene un cargo, pero que no ejerce las funciones que le son inherentes: *«No es, tampoco, puramente honorífico e in pártibus, como de obispo con diócesis imaginaria»* (Carrasquilla *Marquesa* [Col. 1928]). No es correcta la expresión ⊗*in pártibus infidelius*.

in péctore. Loc. lat. que significa literalmente 'en el pecho' y se emplea para referirse a la persona que ya ha sido designada para un cargo, pero cuyo nombramiento no se ha hecho público todavía: *«Alain Juppé, ministro de Exteriores y primer ministro "in péctore", había pasado por el despacho del alcalde»* (*Mundo* [Esp.] 10.5.95).

in púribus. Locución que tiene su origen en la corrupción de la expresión latina *in puris naturálibus* (literalmente, 'en puro estado natural'). Significa 'completamente desnudo': *«La luz parpadeante del candil no se apagaba antes de que la Liboria se quedara in púribus»* (Berlanga *Gaznápira* [Esp. 1984]).

input. 1. Voz inglesa que se utiliza, en economía, con el sentido de 'elemento o bien necesario para la producción de otros bienes'. Se recomienda usar en su lugar el equivalente español *insumo*: *«Las editoriales debieron soportar el impacto devaluacionista sobre los insumos que utilizan para imprimir un texto: el papel y la tinta negra y de colores»* (*Universal* [Ven.] 15.9.96).

2. En otras disciplinas y, especialmente, en informática, 'conjunto de datos o información de entrada'. En este caso la voz inglesa puede reemplazarse por *entrada* (o *introducción*) *de datos* o *datos de entrada*, según los contextos.

inquirir. 1. 'Indagar o tratar de averiguar [algo], especialmente haciendo preguntas'. Verbo irregular: se conjuga como *adquirir* (→ APÉNDICE 1, n.º 17).

2. Se trata de un verbo transitivo: *«Es tarea del gramático inquirir no las significaciones de las voces, sino su uso»* (Abad *Géneros* [Esp. 1982]). Puede llevar también un complemento con *de*, que expresa la persona de la que se trata de obtener información: *«Ni luego me atreví nunca [...] a inquirir* DE *mi madre el sentido de aquella terrible escena»* (*Abc* [Esp.] 16.8.96). El complemento directo es muy frecuentemente una pregunta, por lo que en muchos casos es intercambiable por el verbo *preguntar*: *«Dugarte inquirió: "¿Está muerto?"»* (UPietri *Oficio* [Ven.] 1976]). Pero *inquirir* y *preguntar* no son verbos sinónimos ni se construyen igual (→ preguntar); es incorrecto usar *inquirir* con un complemento indirecto, en lugar del complemento con *de*, para expresar la persona a la que se pide información: ⊗*«Si se le inquiere, responde que en 1992 hubo un ciclo de teatro latinoamericano»* (*Vanguardia* [Esp.] 16.7.95); tampoco se debe usar *inquirir* como intransitivo, con complementos con *por* o *sobre*, régimen que corresponde igualmente a *preguntar*: ⊗*«Algún vecino le inquirió* SOBRE *el mal olor que salía de su vivienda»* (*País* [Esp.] 1.8.89); ⊗*«Uno de los asistentes inquirió* POR *las medidas que está tomando España»* (*País* [Esp.] 2.6.84).

⊗**insaboro -ra.** → insípido.

insania. 'Locura': *«Intentó internarla en un psiquiátrico de Córdoba, fraguando un certificado médico por insania»* (Wornat *Menem-Bolocco* [Arg. 2001]). Las dos vocales finales forman diptongo: [in - sá - nia]. Debe evitarse la forma con hiato ⊗*insanía*, que se aparta de la acentuación etimológica. La existencia de este sustantivo ya en el español clásico hace innecesaria la forma ⊗*insanidad.*

⊗**insanidad.** → insania.

inscribir(se). 'Grabar', 'apuntar(se) en un registro' y 'situar(se) dentro de algo'. Solo es irregular en el participio, que tiene dos formas: *inscrito* e *inscripto.* La forma usada en la mayor parte del mundo hispánico es *inscrito;* pero en algunas zonas de América, especialmente en la Argentina y el Uruguay, sigue en pleno uso la grafía etimológica *inscripto* (→ p, 5): «*Las chapas pueden llevar inscripta cualquier cosa*» (Lynch *Dedos* [Arg. 1977]). Sin embargo, la -*p*- se mantiene en todas las zonas en la grafía de los sustantivos derivados *inscripción* e *inscriptor.*

inscripción, inscriptor -ra. → inscribir(se).

inserir. 'Insertar o introducir [una cosa] en otra'. Verbo irregular: se conjuga como *sentir* (→ APÉNDICE 1, n.º 53): «*En 1947, Buñuel hizo el primer film comercial de su carrera,* [...] *donde* [...] *insiere una de las secuencias más pornográficas jamás filmadas*» (Aranda *Surrealismo* [Esp. 1981]). También puede emplearse, con este sentido, la variante *injerir* (→ injerir(se), 2).

insinuar(se). 1. 'Dar a entender [algo] sin más que indicarlo o apuntarlo ligeramente' y, como pronominal, dicho de una cosa, 'percibirse de manera vaga o imprecisa' y, dicho de una persona, 'dar a entender a otra el deseo de relaciones sexuales'. Se acentúa como *actuar* (→ APÉNDICE 1, n.º 7). **2.** Con el último sentido indicado, el complemento de persona va introducido por *a,* y no por *con:* «*En un club de este tipo es normal que* [las mujeres] *se insinúen A los clientes*» (*Abc* [Esp.] 31.10.97).

insípido -da. 'Que no tiene sabor': «*La droga es inodora, incolora e insípida*» (Barrera/Kerdel *Adolescente* [Ven. 1976]); y 'soso o sin gracia': «*Salpican el almuerzo de sonrisas bobas y charlas insípidas*» (Navales *Cuentos* [Esp. 1991]). No debe usarse en su lugar la forma ⊗*insaboro,* creada por analogía con *inodoro* e *incoloro.*

insistir. 'Repetir o hacer hincapié' y 'persistir'. Es intransitivo y se construye con un complemento introducido por *en:* «*Mi madre insistía EN que la rubia corpulenta era la amante de mi padre*» (Montero *Tú* [Cuba 1995]). Cuando el complemento es un sustantivo, también puede ir encabezado por *sobre:* «*Insistió SOBRE una futura entrevista con su hijo*» (LpzPáez *Herlinda* [Méx. 1993]). En el habla esmerada, no debe suprimirse la preposición (→ QUEÍSMO, 1b): ⊗«*El presidente insistió que las elecciones no fueron una derrota*» (*País* [Esp.] 9.7.97); debió decirse *insistió EN que...*

in situ. Loc. lat. que significa 'en el sitio, sobre el terreno': «*Los investigadores pueden realizar in situ*

cálculos geométricos» (*Tiempo* [Col.] 2.1.89); «*Fue el inventor del reportaje in situ, con reporteros que acudían al lugar del suceso*» (SchzGuzmán *Publicidad* [Esp. 1989]).

inspirar(se). 1. Cuando significa 'hacer nacer en alguien [sentimientos o ideas]', el complemento de persona puede ser indirecto o ir encabezado por la preposición *en:* «*A ella LE inspiraba desconfianza*» (Chavarría *Rojo* [Ur. 2002]); «*Aquellas reuniones especiales* [...] *tenían por fuerza que inspirar EN su hijo pensamientos universales*» (Pombo *Metro* [Esp. 1990]). **2.** Cuando significa 'sugerir [a alguien] ideas, especialmente para la composición de una obra artística' y 'guiar o impulsar [a alguien]', el complemento de persona es directo: «*Le gustaría tener una musa dramática que LO inspirara*» (*Vanguardia* [Esp.] 2.9.95); «*La pasión de la victoria LOS inspira*» (Fuentes *Naranjo* [Méx. 1993]). **3.** Como intransitivo pronominal, con el sentido de 'tomar inspiración en algo o tener como modelo algo', lleva un complemento con *en:* «*Sabe que el artista se inspiró EN un hecho real*» (Mendoza *Satanás* [Col. 2002]).

instabilidad, instable. → inestabilidad, 1.

instar. 'Pedir con apremio [a alguien] que haga algo'. Como otros verbos de influencia (→ LEÍSMO, 4b), lleva un complemento directo de persona y un complemento con *a:* «*Lo instó A que dijera lo que quería decir*» (GaMárquez *Amor* [Col. 1985]). En el habla esmerada, no debe suprimirse la preposición (→ QUEÍSMO, 1b): ⊗«*Buscará efectuar una reunión con los grupos de refugiados, a quienes se instará que retornen a espacios disponibles en las fincas ya adquiridas*» (*Siglo* [Guat.] 17.3.97); debió decirse *se instará A que retornen...*

instaurar. 'Establecer o instituir'. Se acentúa como *causar* (→ APÉNDICE 1, n.º 10).

instituir(se). 1. 'Fundar o establecer [algo]' y 'nombrar o declarar [a alguien] para el ejercicio de un cargo o papel'. Verbo irregular: se conjuga como *construir* (→ APÉNDICE 1, n.º 25). Su participio, *instituido,* se escribe sin tilde (→ TILDE[2], 2.1.1 y 2.1.2). **2.** Con el segundo sentido indicado, además del complemento directo, lleva un complemento predicativo, precedido a veces de la preposición *en:* «*La estabilidad política fue el mayor logro del régimen que Cánovas edificó con la ayuda del rey Alfonso XII, a quien la Constitución instituyó JEFE SUPREMO del ejército*» (GaCortázar/GlzVesga *España* [Esp. 1994]); «*Doña América y Laureano se instituyeron EN parte contraria*» (FdzCastro *Novia* [Esp. 1987]).

instruir(se). 1. 'Dar, o adquirir, conocimientos' y, dicho de un juez, 'tramitar [un procedimiento judicial]'. Verbo irregular: se conjuga como *cons-*

truir (→ APÉNDICE 1, n.º 25). Su participio, *instruido*, se escribe sin tilde (→ TILDE², 2.1.1 y 2.1.2).

2. Con el primer sentido indicado, tanto cuando es transitivo como cuando se usa como pronominal, lleva normalmente un complemento introducido por *en* o *sobre*, que expresa materia o disciplina: «*El viajero que se instruye EN la geografía chilena ha de encontrar a cada paso el nombre de los Andes*» (Barriga *Discurso* [Chile 1915]); «*Ella le enseñó a hablar correctamente y hasta lo instruyó SOBRE modales en la mesa*» (*Mundo* [Esp.] 15.1.95).

insumir. En el lenguaje económico, 'emplear o invertir [dinero]': «*Todo esto* [...] *no se puede realizar sin insumir fuertes cantidades de dinero*» (Echagüe *Tierra* [Arg. 1945] 179). En algunas áreas suramericanas, especialmente en los países del Río de la Plata, se emplea a menudo con el sentido causativo de 'hacer invertir [dinero, tiempo, esfuerzo, etc.]': «*Los gastos de secretarios y locomoción insumen esa cifra*» (*País* [Ur.] 18.6.01); «*Un viajecito al centro le insumía apenas diez minutos*» (Dolina *Ángel* [Arg. 1993]); «*Debíamos elegir los personajes de la cabalgata secular* [...], *lo cual insumiría meses de estudios y consultas*» (Mujica *Bomarzo* [Arg. 1962]); en estos casos, en el resto del ámbito hispánico se usan verbos como *requerir*, *exigir* o *llevar*.

integrar(se). 1. Cuando significa 'incorporar(se) a algo', el complemento de destino puede ir precedido de *en* —preposición preferida en España— o de *a* —preposición preferida en América—: «*En vez de suprimir la basa, la integra EN la escultura*» (CSerraller *Arte* [Esp. 1997]); «*Dejaron atrás muchas cosas para integrarse A la guerrilla*» (Matos *Noche* [Cuba 2002]).

2. Como transitivo, significa también, dicho de varios elementos, 'formar [un todo]' y, dicho de un elemento, 'formar parte [de un todo]': «*Prefiero desconocer los nombres de las personas que integraron la Comisión*» (Cagigal *Deporte* [Esp. 1975]); «*Rafael Hernández integró el grupo de pioneros que* [...] *realizó la Primera Exposición Industrial Argentina*» (Ferla *Drama* [Arg. 1985]); e, inversamente, dicho de un todo, 'incorporar o comprender [cosas diversas]': «*La ciencia electromagnética integra dos disciplinas complementarias y semejantes*» (Nitti *Comunicación* [Arg. 1993]). No debe emplearse *integrarse por* con el sentido de 'estar formado por': [⊗]«*Este Cuerpo se integra por el Rector, cinco profesores y cinco estudiantes por cada Facultad*» (*Theorethikos* [El Salv.] 7-12.01); debió decirse *está integrado por...*

íntegro -gra. 'Que no carece de ninguna de sus partes' y '[persona] recta o intachable'. Tiene dos superlativos válidos: *integérrimo* (del lat. *integerrimus*; → -érrimo), de uso muy culto, e *integrísimo*, formado sobre *íntegro*.

intención. 'Propósito': «*La intención fundamental de las leyes de Derecho de Autor es la de proteger los derechos e intereses de los creadores*» (Medina *Doctrina* [Ven. 1984]). No debe usarse como sinónimo de *intencionalidad* ('cualidad de deliberado'; → intencionalidad). En zonas de seseo, no debe confundirse con *intensión* ('primer tiempo en la articulación de un sonido'; → intensión): [⊗]«*No es su intensión mantener al país en la incertidumbre*» (*Tiempo* [Col.] 11.2.97).

intencionalidad. 'Cualidad de intencional o deliberado': «*Es mucho más fácil de conseguir* [la equidad] *en un concurso de salto de altura* [...] *que en un deporte de contacto físico en donde el árbitro tiene que juzgar incluso la intencionalidad de una entrada*» (Tusquets *Todo* [Esp. 1998]). Es incorrecto su uso con el sentido de *intención* (→ intención): [⊗]«*La intencionalidad de esta obra es demostrar que los mártires no son gente especial*» (*Época* [Chile] 22.4.97).

intendenta. → intendente.

intendente. 'Persona a cuyo cargo está la intendencia o administración de una entidad' y, en varios países americanos, 'jefe del gobierno municipal o regional'; en México, 'persona encargada de la limpieza, mantenimiento o vigilancia de una empresa o edificio'. Por su terminación, es común en cuanto al género (*el/la intendente*; → GÉNERO², 1a y 3c): «*La primera víctima fue Carlos Armando Sosa Rodríguez,* [...] *sobrino de la intendente Estela Torres*» (*Tiempo* [Col.] 2.1.89). No obstante, en algunos países de América se usa con normalidad el femenino *intendenta*: «*La arquitecta Marta Canese, candidata a intendenta municipal de Asunción por el PRF*» (*Abc* [Par.] 17.9.96).

intensión. En fonética, 'primer tiempo en la articulación de un sonido, en el que los órganos adquieren la posición característica para pronunciarlo': «*Una consonante implosiva es la que carece del tercer tiempo (distensión), y una consonante explosiva, la que carece del primer tiempo (intensión)*» (Quilis/Fernández *Fonética* [Esp. 1966] 26); y, en el campo de la lógica, 'conjunto de rasgos que componen el significado de un concepto': «*La comprensión (connotación, intensión) es el rasgo o conjunto de rasgos (notas conceptuales) de un concepto. La extensión, por su parte, es el conjunto de individuos a los cuales es aplicable el concepto*» (VV. AA. *Filosofía* [Esp. 1998]). En zonas de seseo, no debe confundirse con *intención* ('propósito'; → intención).

intentar. 'Procurar [algo]'. El complemento directo no debe ir introducido por la preposición *de* (→ DEQUEÍSMO): [⊗]«*Los hinchas corrieron intentando DE acompañar al pullman*» (*Tiempo* [Col.] 12.6.97); debió decirse *intentando acompañar*.

intercambiar. 1. 'Hacer un cambio recíproco': *«Los dos guardias intercambiaron furtivas miradas»* (Chavarría *Rojo* [Ur. 2002]). Cuando el sujeto designa conjuntamente a quienes realizan el intercambio, es frecuente reforzar el sentido recíproco usando un pronombre concordado con el sujeto: *«Rusos y norteamericanos SE intercambiaron ayer regalos»* (*Mundo* [Esp.] 1.7.95); *«NOS intercambiamos los libros»* (GaRamis *Días* [P. Rico 1986]). Si el sujeto designa solo a uno de los participantes en el intercambio, se construye con un complemento introducido por *con,* que expresa la persona con la que se realiza dicho intercambio: *«Durante su estancia en el país azteca intercambió opiniones CON personalidades mexicanas»* (*Abc* [Esp.] 9.4.85); o con un complemento precedido de *por,* que expresa lo que se obtiene a cambio: *«Del Perú le llegaba la plata y oro en polvo [...], riquezas que intercambiaba POR ropa y comestibles»* (Britton *Siglo* [Pan. 1995]). **2.** Se acentúa como *anunciar* (→ APÉNDICE 1, n.° 4).

interceder. 'Hablar en favor de alguien para conseguirle un bien o librarlo de un mal'. Es intransitivo y se construye normalmente con un complemento con *por,* que expresa la persona en favor de la que se habla, y con un complemento introducido por *ante* o, menos frecuentemente, *con,* que expresa la persona a la que se pide favor: *«Trató de interceder POR él ANTE Olga»* (Sánchez *Palacio* [Esp. 1995]); *«Dijimos a don Agustino que intercediera CON los senadores amigos para que mandaran amurallar el río»* (Navajas *Agonía* [Col. 1977]).

intercepción. → interceptación.

interceptación. 'Acción y efecto de interceptar': *«Reconoció haber impartido cursillos de interceptación de emisoras»* (*Mundo* [Esp.] 20.8.94). Con el mismo sentido existe la variante *intercepción: «El hombre de Medellín fue traído a Bogotá para que continuara con su labor de intercepción de llamadas»* (*Semana* [Col.] 1-8.12.97).

intercesión. 'Acción y efecto de interceder': *«La antesala de su despacho oficial hervía de familiares de presos ávidos de lograr su intercesión en favor de antiguos conocidos»* (Cercas *Soldados* [Esp. 2001]). No debe confundirse con *intersección* ('cruce'; → intersección).

interdisciplinar. → interdisciplinario.

interdisciplinaridad. → interdisciplinariedad.

interdisciplinariedad. 'Cualidad de interdisciplinario': *«La interdisciplinariedad es un aspecto central de los trabajos que abarcan este dominio»* (Marafioti *Significantes* [Arg. 1988]). Existe también la forma *interdisciplinaridad: «La interdisciplinaridad académica no se puede obviar»* (Hernaiz *Arte* [Esp. 1986]). Aunque esta última está formada

regularmente a partir del adjetivo *interdisciplinar,* el uso español y americano prefiere el término *interdisciplinariedad,* formado a partir de *interdisciplinario* (→ -dad, c y e).

interdisciplinario -ria. '[Estudio, proyecto, etc.] que requiere el concurso de varias disciplinas': *«Se programó un estudio interdisciplinario»* (RdgzEglis *Educación* [Arg. 1985]). Este es el adjetivo de uso mayoritario, aunque también se emplea, sobre todo en España, la forma *interdisciplinar: «Debemos tratar de lograr un enfoque interdisciplinar»* (*País* [Esp.] 29.4.97).

interés. 'Inclinación del ánimo hacia alguien o algo' y 'deseo de conseguir algo'. Suele llevar un complemento introducido por *en* o *por: «¿Quién tenía interés EN eliminarlo?»* (UPietri *Oficio* [Ven. 1976]); *«Ya no sentía vergüenza de su interés POR músicas comerciales y pegadizas»* (GaSánchez *Historia* [Esp. 1991]). Con el primer sentido, el complemento puede ir también precedido de *hacia: «Edmundo habría de sorprenderse notando un cierto interés HACIA la radio»* (Gopegui *Real* [Esp. 2001]).

interesar(se). 1. Cuando significa, dicho de una persona o cosa, 'ser motivo de interés para alguien', es intransitivo y el complemento de persona es indirecto: *«No LE interesa leer, no LE interesa el cine, no LE intereso yo»* (Martínez *Vuelo* [Arg. 2002]). Cuando significa 'hacer que [alguien] sienta interés por algo', es transitivo y el complemento de persona es directo: *«Fue el historiador Walther Laroche el primero en interesarLO en el culto del afiche»* (*País* [Ur.] 8.11.01).

2. Como intransitivo pronominal significa 'mostrar interés por alguien o algo' y se construye con *por* o, menos frecuentemente, *en: «Se interesó POR los estudios de los niños»* (Chavarría *Rojo* [Ur. 2002]); *«Me interesé EN aquella anciana de cabellos blancos»* (Pinto *Despertar* [C. Rica 1994]).

interface, ⊛*interfase.* → interfaz.

interfaz. La voz inglesa *interface,* que significa, en informática, 'conexión física y funcional entre dos aparatos o sistemas independientes', se ha adaptado al español en la forma *interfaz: «Su interfaz gráfica y capacidades de acceso a Internet facilitarán aún más el uso del PC»* (*Vanguardia* [Esp.] 30.8.95). Su plural es *interfaces* (→ PLURAL, 1g). Aunque no es infrecuente su uso en masculino, debe emplearse en femenino, ya que esta palabra incluye en su forma el sustantivo femenino *faz.* Con este sentido, no debe usarse la forma ⊛*interfase,* que no responde ni a la pronunciación ni a la estructura semántica del étimo inglés, que se ha formado con el sustantivo *face,* cuyo equivalente español es *faz,* no *fase.* Tampoco se aconseja usar con este significado el término ⊛*interficie.*

interfecto -ta. Su significado etimológico y propio es '[persona] muerta violentamente': «*El interfecto ofrecía signos inequívocos de haber fallecido por asfixia*» (CBonald *Noche* [Esp. 1981]). En el habla esmerada debe evitarse su uso con el sentido impropio de 'individuo del que se está hablando', frecuente, con intención humorística o despectiva, en el habla coloquial: ⊛«*"Su frescura es ideal para este tema", comenta el interfecto*» (*Mundo*@ [Esp.] 1.7.01).

interferir(se). 1. 'Intervenir o interponerse en algo, modificando o impidiendo su funcionamiento o desarrollo'. Verbo irregular: se conjuga como *sentir* (→ APÉNDICE 1, n.º 53).
2. Puede usarse como transitivo: «*Odiaba a los automovilistas y por eso interfería el funcionamiento de los semáforos*» (Dolina *Ángel* [Arg. 1993]); o, más frecuentemente, como intransitivo, pronominal o no, con un complemento precedido de *en*: «*No creo nunca haber interferido EN tu independencia*» (Poniatowska *Diego* [Méx. 1978]); «*He procurado no molestar ni interferirme EN tus planes*» (Cohen *Muerte* [Esp. 1993]). No debe sustituirse la preposición *en* por *con*: ⊛«*No permitas que el trabajo interfiera CON tu vida personal*» (*NHerald* [EE. UU.] 11.2.97).

⊛**interficie.** → interfaz.

ínterin. Adverbio de tiempo (del lat. *interim*) que significa 'entretanto': «*Pero, ínterin, había fundado dos centros de esquí*» (*Clarín* [Arg.] 24.4.97). Hoy es mucho más frecuente su empleo como sustantivo, normalmente en expresiones como *en el ínterin, en ese ínterin*, etc.: «*Mi madre, en el ínterin, aprovechó para agradecerme la dedicación de que hacía gala*» (Guelbenzu *Río* [Esp. 1981]). Es invariable en plural (→ PLURAL, 1g): *los ínterin*. Es incorrecta la forma aguda ⊛*interín*. No debe usarse la forma ⊛*ínterim*, cuya *-m* final se explica por influjo del étimo latino.

interior. 1. Como adjetivo, 'de dentro'. El término de referencia va introducido por la preposición *a*: «*Venus es también un planeta interior A la órbita terrestre*» (Maza *Astronomía* [Chile 1988]).
2. Como sustantivo, 'parte de dentro': «*El interior del templo era impresionante*» (Ferré *Batalla* [P. Rico 1993]). Se desaconseja emplear *al interior de*, en lugar de *en el interior de*, cuando no está presente la idea de movimiento o dirección: ⊛«*Persiste la corrupción al interior de la policía capitalina*» (*Excélsior* [Méx.] 18.9.96). Por el contrario, *al interior de* está bien empleado si expresa idea de dirección: «*Los conductores fueron obligados a dirigirse al interior de la casa*» (*Universal* [Ven.] 21.4.93); «*Miraba al interior de su jaula mágica*» (Araya *Luna* [Chile 1982]).

interlinear. 'Escribir entre las líneas [de un texto]' y 'poner interlíneas': «*Se prohíbe [...] interlinear, raspar, ni enmendar cosa alguna*» (*Real Decreto* [Esp. 1911]). Son incorrectas las formas en las que se acentúa la *-i-*: ⊛*interlíneo*, ⊛*interlíneas*, ⊛*interlínea*, ⊛*interlínee*, etc., así como las pronunciaciones ⊛[interlínio], ⊛[interlínias], ⊛[interlínia], ⊛[interlínie], etc. (→ alinear(se), 2).

intermediar. 'Actuar de intermediario'. Se acentúa como *anunciar* (→ APÉNDICE 1, n.º 4).

internar(se). 1. Como transitivo, 'realizar el ingreso [de alguien] en un lugar, como un hospital, una prisión, etc.': «*Odiaba a su tío porque LO internó en un manicomio*» (LTena *Renglones* [Esp. 1979]).
2. Como intransitivo pronominal, 'penetrar o avanzar hacia dentro en un lugar'. Lleva un complemento con *en* o *por*: «*Se internaron EN un bosque*» (FdzSpencer *Pueblo* [R. Dom. 1997]); «*Nos internamos POR las calles de la ciudad nueva*» (Silva *Rif* [Esp. 2001]). A veces, en el español de América, se emplea también *a*: «*Toda persona que se interna A territorio mexicano goza de las garantías que nosotros tenemos*» (*Proceso* [Méx.] 1.9.96).

Internet. 'Red mundial de computadoras u ordenadores interconectados mediante un protocolo especial de comunicación'. Funciona a modo de nombre propio, por lo que, en el uso mayoritario de todo el ámbito hispánico, se escribe con mayúscula inicial y sin artículo: «*Instalarán cabinas públicas con acceso a Internet*» (*Nacional* [Ven.] 10.4.97); «*Los adictos a Internet hablan sobre sus ventajas sin fin*» (*Mundo* [Esp.] 26.1.97). Si se usa precedido de artículo u otro determinante, es preferible usar las formas femeninas (*la, una*, etc.), por ser femenino el nombre genérico *red*, equivalente español del inglés *net*: «*Nadie puede asegurar cómo será la Internet del futuro*» (*Mundo* [Esp.] 15.6.97). En español es voz aguda ([internét]), por lo que debe evitarse la pronunciación esdrújula ⊛[ínternet], que corresponde al inglés.

ínter nos. Loc. lat. que significa 'entre nosotros, en confianza': «*He de decirle aquí, ínter nos, que mi mayor desilusión del trópico es que no he podido ahorrar dinero*» (Salinas *Carta* [Esp. 1946]). No debe usarse precedida de preposición: ⊛«*Porque, acá, para ínter nos, la cosa presentaba un cariz... que...*» (PzAyala *Belarmino* [Esp. 1921]). Aunque en la pronunciación de esta locución el primer elemento suele hacerse átono (pron. [internós]), se escribe con tilde por ser palabra llana terminada en *-r* (→ TILDE², 1.1.2). No debe emplearse la forma híbrida ⊛*entre nos*.

interponer(se). 1. 'Poner(se) en medio'. Verbo irregular: se conjuga como *poner* (→ APÉNDICE 1, n.º 47). El imperativo singular es *interpón* (tú) e *interponé* (vos), y no ⊛*interpone*.
2. Se construye a menudo con un complemento introducido por *en* o *entre*: «*El padre se interpone*

EN *su camino*» (Santander *Milagro* [Méx. 1984]); «*Tomó el candelabro, lo acercó a la ventana y, usando el sobre a guisa de pantalla, lo interpuso* ENTRE *la vela y el vidrio*» (Andahazi *Piadosas* [Arg. 1999]).

INTERROGACIÓN Y EXCLAMACIÓN (SIGNOS DE).

1. Los signos de interrogación (¿?) y de exclamación (¡!) sirven para representar en la escritura, respectivamente, la entonación interrogativa o exclamativa de un enunciado. Son signos dobles, pues existe un signo de apertura y otro de cierre, que deben colocarse de forma obligatoria al comienzo y al final del enunciado correspondiente; no obstante, existen casos en los que solo se usan los signos de cierre (→ 3a y d).

2. *Indicaciones sobre el uso correcto de ambos signos*

a) Los signos de apertura (¿ ¡) son característicos del español y no deben suprimirse por imitación de otras lenguas en las que únicamente se coloca el signo de cierre: [⊗]*Qué hora es?* [⊗]*Qué alegría verte!* Lo correcto es ¿*Qué hora es?* ¡*Qué alegría verte!*

b) Los signos de interrogación y de exclamación se escriben pegados a la primera y la última palabra del período que enmarcan, y separados por un espacio de las palabras que los preceden o los siguen; pero si lo que sigue al signo de cierre es otro signo de puntuación, no se deja espacio entre ambos: *Vamos a ver... ¡Caramba!, ¿son ya las tres?; se me ha hecho tardísimo.*

c) Tras los signos de cierre puede colocarse cualquier signo de puntuación, salvo el punto. Lógicamente, cuando la interrogación o la exclamación terminan un enunciado y sus signos de cierre equivalen a un punto, la oración siguiente ha de comenzar con mayúscula (→ MAYÚSCULAS, 3.4.1): *No he conseguido el trabajo. ¡Qué le vamos a hacer! Otra vez será.*

d) Los signos de apertura (¿ ¡) se han de colocar justo donde empieza la pregunta o la exclamación, aunque no se corresponda con el inicio del enunciado; en ese caso, la interrogación o la exclamación se inician con minúscula (→ MAYÚSCULAS, 3.4.2b): *Por lo demás, ¿qué aspecto tenía tu hermano?* *Si encuentras trabajo, ¡qué celebración vamos a hacer!*

e) Los vocativos y las construcciones u oraciones dependientes, cuando ocupan el primer lugar del enunciado, se escriben fuera de la pregunta o de la exclamación; pero si van al final, se consideran incluidos en ellas: *Raquel, ¿sabes ya cuándo vendrás? / ¿Sabes ya cuándo vendrás, Raquel?* *Para que te enteres, ¡no pienso cambiar de opinión! / ¡No pienso cambiar de opinión, para que te enteres!*

f) Cuando se escriben seguidas varias preguntas o exclamaciones breves, se pueden considerar como oraciones independientes, o bien como partes de un único enunciado. En el primer caso, cada interrogación o exclamación se iniciará con mayúscula: ¿*Quién era?* ¿*De dónde salió?* ¿*Te dijo qué quería?* ¡*Cállate!* ¡*No quiero volver a verte!* ¡*Márchate!*

En el segundo caso, las diversas preguntas o exclamaciones se separarán por coma o por punto y coma, y solo se iniciará con mayúscula la primera de ellas: *Me abordó en la calle y me preguntó:* ¿*Cómo te llamas?, ¿en qué trabajas?, ¿cuándo naciste?* ¡*Qué enfadado estaba!; ¡cómo se puso!; ¡qué susto nos dio!*

Cuando la exclamación está compuesta por elementos breves que se duplican o triplican, los signos de exclamación encierran todos los elementos: ¡*Ja, ja, ja!*

3. *Usos especiales*

a) Los signos de cierre escritos entre paréntesis se utilizan para expresar duda (los de interrogación) o sorpresa (los de exclamación), no exentas, en la mayoría de los casos, de ironía: *Tendría gracia (?) que hubiera perdido las llaves; Ha terminado los estudios con treinta años y está tan orgulloso (!).*

b) Cuando el sentido de una oración es interrogativo y exclamativo a la vez, pueden combinarse ambos signos, abriendo con el de exclamación y cerrando con el de interrogación, o viceversa: ¡*Cómo te has atrevido? / ¿Cómo te has atrevido!*; o, preferiblemente, abriendo y cerrando con los dos signos a la vez: ¿¡*Qué estás diciendo!? / ¡¿Qué estás diciendo?!*

c) En obras literarias es posible escribir dos o tres signos de exclamación para indicar mayor énfasis en la entonación exclamativa: ¡¡¡*Traidor!!!*

d) Es frecuente el uso de los signos de interrogación en la indicación de fechas dudosas, especialmente en obras de carácter enciclopédico. Se recomienda colocar ambos signos, el de apertura y el de cierre: *Hernández, Gregorio (¿1576?-1636)*, aunque también es posible escribir únicamente el de cierre: *Hernández, Gregorio (1576?-1636).*

interrogante. Cuando significa 'pregunta' y 'cuestión dudosa', se admite su uso en ambos géneros, aunque en el nivel culto es predominante el masculino: «*Tita sabía muy bien que todos estos interrogantes tenían que pasar* [...] *a formar parte del archivo de preguntas sin respuesta*» (Esquivel *Agua* [Méx. 1989]); «*No dudo que para todas las interrogantes que anteceden hay respuestas*» (*Universal* [Ven.] 3.11.96). Cuando significa 'signo de puntuación que señala la modalidad interrogativa de un enunciado', es siempre masculino.

intersección. 'Cruce de dos líneas, planos o cuerpos que se cortan entre sí': «*La capilla se alzaba en*

la intersección de las dos avenidas principales» (Ponte
Contrabando [Cuba 2002]). No debe confundirse
con *intercesión* ('acción de interceder'; → intercesión).

intertanto. → entretanto, 2.

intervalo. 'Tiempo o espacio entre dos límites'.
Es voz llana: [interbálo]. Es errónea la forma esdrújula ⊗*intérvalo.*

⊗**interveniente.** → intervenir, 2.

intervenir. 1. Como intransitivo, 'tomar parte en
un asunto' y, como transitivo, 'someter [algo] a
control o examen', 'someter [a alguien] a una operación quirúrgica' y, dicho de una autoridad, 'tomar temporalmente [una propiedad ajena]'. Verbo irregular: se conjuga como *venir* (→ APÉNDICE
1, n.º 60). El imperativo singular es *intervén* (tú) e
interviení (vos), y no ⊗*interviene.*
2. El adjetivo correspondiente es *interviniente* ('que
interviene'), que se usa frecuentemente como sustantivo: *«Los intervinientes, más que someterse a la fórmula de preguntas y respuestas, discuten entre sí»* (Mu-
ñoz/Gil *Radio* [Esp. 1986]). Son erróneas las formas
⊗*interveniente* e ⊗*intervinente.*

interview. → interviú.

⊗**intervinente, interviniente.** → intervenir, 2.

interviú. Adaptación gráfica de la voz inglesa
interview, 'entrevista periodística'. Aunque se ha
usado en ambos géneros (*el/la interviú*), es preferible
el femenino, por analogía con el género de la palabra española equivalente: *«Le hice una interviú
para el* Heraldo de Madrid*»* (Baroja *Vuelta* [Esp.
1944-49]). Su plural es *interviús* (→ PLURAL, 1c).
Tuvo cierto auge durante las décadas centrales del
siglo XX, pero hoy ha perdido terreno, mientras
que su equivalente español *entrevista* goza de plena vitalidad. Lo mismo cabe decir de sus derivados ⊗*interviuvar* e ⊗*interviuvador,* inusitados en la
actualidad frente a sus equivalentes españoles *entrevistar* y *entrevistador,* plenamente vigentes.

intimar. 1. En su uso más general, este verbo es
intransitivo y significa 'establecer con alguien una
relación de confianza y amistad': *«Se había esforzado por intimar con Mariana»* (Caso *Peso* [Esp.
1994]).
2. También se usa, como transitivo, con el sentido de 'exigir a alguien que haga algo, teniendo
autoridad o fuerza para hacérselo cumplir'. En
su construcción originaria y más recomendable, el
complemento directo expresa aquello que se exige y el indirecto la persona a quien se le exige: *«Desde allí Liniers intimó la rendición al general Guillermo
Carr Beresford»* (Arenas *Buenos Aires* [Arg. 1979]);
*«Le intimó presentarse, so pena de tomar medidas le-
gales»* (*Tiempo* [Col.] 16.10.92). No obstante, es

hoy frecuente —quizá por influjo del verbo *conminar,* de sentido análogo— construirlo con complemento directo de persona y un complemento
de régimen con *a* o *para: «Uno de ellos intimó a ambos A que se detuvieran»* (*Abc* [Par.] 17.9.96); *«Los in-
timé PARA que depusieran su actitud»* (*Clarín* [Arg.]
8.7.97). No debe confundirse con *intimidar* ('atemorizar'; → intimidar(se)).

intimidad. 'Ámbito íntimo, espiritual o físico,
de una persona o de un grupo': *«En la intimidad del
dormitorio, a veces Blanca le contaba anécdotas de él»*
(Allende *Casa* [Chile 1982]); *«Decidí la cena en la
intimidad con mi grupo de franceses»* (VNágera *Yo*
[Esp. 1985]). No es sinónimo de *privacidad* ('cualidad de privado o no público'; → privacidad).

intimidar(se). 'Atemorizar(se)': *«Humboldt los in-
timidaba con su vozarrón»* (Gamboa *Páginas* [Col.
1998]); *«Miró a Joaquín, quien se intimidó y escon-
dió la cabeza detrás del hombro de su hermana»* (Solares *Mártires* [Méx. 1997]). No debe confundirse
con *intimar,* en su acepción transitiva ('conminar
o exigir a alguien que haga algo'; → intimar).

⊗**intravertido -da.** → introvertido.

intricado -da. → intrincado.

intrincado -da. 'Enmarañado o enredado': *«Esa
intrincada trama de raíces del mangle [...] fija los se-
dimentos que arrastran los ríos»* (Tamayo *Hombre*
[Ven. 1993]); y 'complejo o complicado': *«Allí di-
señó un plan intrincado para asesinar en Paraguay al
"dictador fugitivo"»* (Martínez *Evita* [Arg. 1995]).
Este adjetivo procede del participio del verbo *in-
trincar* ('enmarañar(se) o complicar(se)'). Existe también la variante *intricado,* procedente del participio de *intricar,* forma más cercana a la etimología
(del lat. *intricare*), pero menos usada: *«Los quince
grandes han puesto a funcionar su intricado sistema de
neuronas»* (*FVigo* [Esp.] 7.2.01).

intrincar(se). → intrincado.

intríngulis. 'Dificultad o complicación' e 'intención solapada o razón oculta'. Es voz masculina:
el intríngulis.

introducir(se). 1. 'Meter(se)'. Verbo irregular: se
conjuga como *conducir* (→ APÉNDICE 1, n.º 24).
2. Normalmente se construye con un complemento precedido de la preposición *en: «Se introdujo
EN la parte de atrás»* (Castro *Fiebre* [Esp. 1994]); *«Los
introdujeron EN el vehículo»* (*Hoy* [Chile] 25.4-1.5.84).
En el español de América se emplea también,
con cierta frecuencia, la preposición *a: «Lo introdujeron A un taxi y se dieron a la fuga»* (*Hoy* [Chile]
25.4-1.5.84); *«¿Acaso no fui yo quien te introdujo A
ese mundo sensible?»* (Gallegos *Pasado* [C. Rica 1993]).
3. Es calco censurable del inglés *to introduce* usar
este verbo con el sentido de 'presentar [una per-

sona] a otra': ⊗«*Jim me ayudó mucho. Me introdujo a otros coaches y pude asistir a un sinnúmero de clínicas en universidades*» (*NDía* [P. Rico] 23.10.97).

introvertido -da. 'Retraído o poco comunicativo': «*Mi abuelo* [...] *era taciturno, introvertido*» (Zaldívar *Capablanca* [C. Rica 1995]). Este adjetivo se ha formado con el prefijo de origen latino *intro-* ('hacia adentro'), que implica movimiento, y no con *intra-* ('dentro de'), que denota estado o situación. No es correcta, pues, la forma ⊗*intravertido*.

intuir. 'Percibir [algo] que aún no se ha producido o sobre lo que no se tiene conocimiento cierto'. Verbo irregular: se conjuga como *construir* (→ APÉNDICE 1, n.º 25). Su participio, *intuido*, se escribe sin tilde (→ TILDE², 2.1.1 y 2.1.2).

inundar(se). Cuando significa 'llenar(se) de algo', el complemento puede ir introducido por *de* o, menos frecuentemente, *con*: «*Su frente se inundó DE sudor*» (Schwartz *Conspiración* [Esp. 1982]); «*Comenzaron a inundarte CON datos*» (Salazar *Selva* [Col. 1991]).

invariante. '[Magnitud, factor o propiedad de algo] que no cambia de valor al sufrir ese algo determinadas transformaciones': «*Siempre existirá algún factor fijo o una relación invariante entre factores*» (Carutti *Ascendentes* [Arg. 2001]). Cuando este adjetivo se sustantiva, puede hacerlo en ambos géneros: «*Una vez más, estamos frente a una invariante del espíritu humano*» (Paz *Sombras* [Méx. 1983]); «*La velocidad de la luz en el vacío es un invariante, su valor no cambia si la fuente que la emite se mueve con respecto al observador*» (Maza *Astronomía* [Chile 1988]).

inventariar. 'Hacer inventario [de algo]'. Se acentúa como *enviar* (→ APÉNDICE 1, n.º 5).

invernal. 'Del invierno': «*Construyen la vivienda invernal con piedras o con nieve*» (Vattuone *Biología* [Arg. 1992]). De mucho menor uso y exclusivamente literario es el sinónimo *hibernal*: «*Era una tarde hibernal, clara y vibrante de luz*» (Arguedas *Raza* [Bol. 1919]).

invernar. **1.** 'Pasar el invierno en un lugar'. Aunque ha sido tradicionalmente considerado verbo irregular, conjugado según el modelo de *acertar* (→ APÉNDICE 1, n.º 16), hoy se emplea exclusivamente como regular: «*El testarudo capitán penetra por los llanos occidentales, inverna cerca de Valencia*» (Morón *Venezuela* [Ven. 1994]). Su variante *ivernar* ha caído en desuso y debe evitarse. **2.** En el uso actual, el verbo *invernar* no debe confundirse con *hibernar* ('pasar el invierno en letargo'; → hibernar), como ocurre en este ejemplo: ⊗«*También se debe reconocer que la reactivación de este juicio invernado se ve presionado* [sic] *por el con-*

tragolpe del senador Kennedy» (*Hoy* [Chile] 23.2-1.3.87); debió decirse *hibernado* ('temporalmente inactivo').

inverso -sa. 1. 'Contrario o de sentido opuesto' y '[razón o relación] en la que el aumento de una magnitud supone la disminución de la otra'. El complemento va normalmente introducido por *a*: «*Caminando en sentido inverso A la salida*» (Cardoza *Guatemala* [Guat. 1985]); «*El deseo de verlo a solas aumentaba en razón inversa A mi seguridad*» (MtnGaite *Nubosidad* [Esp. 1992]). Menos frecuente, pero admisible, es usar *de*: «*Siguiendo en el regreso el sentido inverso DE las agujas del reloj*» (Moral *Corrida* [Esp. 1994]); «*Acaso el valor de un hombre esté en razón inversa DEL tamaño de su agenda*» (*Abc* [Esp.] 29.11.03). **2.** *a la inversa*. 'Al contrario'. Puede llevar un complemento con *de*: «*A la inversa DE los modernos, Whorf no nos propone leer un texto escondido debajo del texto lingüístico*» (Paz *Sombras* [Méx. 1983]).

invertir(se). 'Dar(se) la vuelta' y 'emplear [dinero o tiempo] en algo'. Verbo irregular: se conjuga como *sentir* (→ APÉNDICE 1, n.º 53).

investidura. → investir(se), 3.

investir(se). 1. 'Conferir [a alguien] una dignidad o un poder' y 'revestir(se) de una determinada cualidad o carácter'. Verbo irregular: se conjuga como *pedir* (→ APÉNDICE 1, n.º 45). **2.** Además del complemento directo, lleva habitualmente otro complemento introducido por *de* o *con*: «*No es que sea mucho, pero suficiente para investir, en París, DE prestigio moral a George Bush*» (*Abc* [Esp.] 14.7.89); «*Muestra su decisión de no investir nunca más, a nadie, CON la autoridad mayestática*» (Marcos *Fantasma* [Méx. 1986]). También puede llevar como complemento un predicativo, precedido o no de *como*: «*La Universitat de Barcelona invistió ayer COMO doctor honoris causa al norteamericano Edward Donnall Thomas*» (*Vanguardia* [Esp.] 1.6.94); «*Salvador Liona* [...] *se encuentra en Madrid* [...] *para investir a Gregorio Marañón y a Carlos Zurita doctores honoris causa de dicha Universidad*» (*País* [Esp.] 13.4.78). **3.** No es normal hoy, y debe evitarse, el uso de la variante antigua *envestir*, que era muy frecuente en el español medieval y clásico; por otra parte, la variante antigua *envestir* no debe confundirse con *embestir* ('lanzarse con ímpetu'; → embestir). De igual forma, para referirse a la acción, lo normal es usar hoy *investidura*, y no *envestidura*: «*Mientras tenía lugar la segunda votación para la investidura del sucesor de Suárez, el coronel Tejero tomó audazmente* [...] *el Congreso de los Diputados*» (Tusell *Transición* [Esp. 1991]).

invitar. 'Ofrecer a alguien algo por cortesía o amistad' e 'instar cortésmente o incitar [a alguien] a que haga algo'. Es transitivo y en el español general culto se construye con complemento directo de persona y un complemento precedido de *a* que expresa aquello a lo que se invita: «*Su papá LO invitó A un viaje por Europa*» (Mastretta *Vida* [Méx. 1990]); «*Él LA invita A un café, pero ella rechaza la invitación*» (LpzNavarro *Clásicos* [Chile 1996]). En algunas zonas, especialmente en los países del Río de la Plata, el complemento preposicional va introducido también por *con*: «*Lo invitó CON una cerveza*» (Consiglio *Bien* [Arg. 2002]). Además, en la lengua coloquial de varios países de América, especialmente México, Bolivia y el Perú, es normal que, si lo que se ofrece es algo de comer o beber, el complemento de persona sea indirecto y aquello a lo que se invita se exprese mediante un complemento directo: «*Ludo LES invitó un trago*» (Ribeyro *Geniecillos* [Perú 1983]).

in vitro. Loc. lat. que significa literalmente 'en vidrio'. Se emplea con el sentido de 'fuera del organismo, utilizando métodos experimentales en el laboratorio': «*Diversos métodos independientes comprobaron que la clave desc[i]frada in vitro funciona en los organismos*» (Rubio *Genes* [Esp. 1989]); «*Empiezan a ponerse en práctica nuevas formas de generar vida, como la inseminación artificial y la fertilización in vitro*» (*Universal* [Ven.] 3.11.96). Se opone a *in vivo* (→ in vivo).

in vivo. Loc. lat. que significa 'en el ser vivo'. Se emplea en referencia a los procedimientos de experimentación científica que se realizan con organismos vivos: «*El colesterol orgánico es susceptible de transformarse "in vivo" en metilcolantreno*» (Sintes *Peligros* [Esp. 1975]); «*Los estudios "in vivo" presentan una gran cantidad de problemas*» (Rodríguez/Gavilanes *Tecnologías* [Esp. 1988]). Se opone a *in vitro* (→ in vitro). No debe confundirse con *en vivo* ('estando con vida' y 'en directo'; → vivo).

iodado, iodo, ioduro. → yodo.

ion o **ión.** 'Átomo con carga eléctrica'. Sobre el uso de la grafía con o sin tilde, → guion¹ o guión.

ionósfera o **ionosfera.** → -sfera.

ipso facto. Loc. lat. (pron. [ípso-fákto]) que significa literalmente 'por el hecho mismo' y se usa con el sentido de 'inmediatamente o en el acto': «*A mi cara anterior se le borró ipso facto el pujante optimismo*» (Bryce *Vida* [Perú 1981]). Deben evitarse las pronunciaciones ⊗[íso-fákto] e ⊗[íkso-fákto]. No es correcto su uso precedida de preposición: ⊗*de ipso facto*.

ique. → dizque.

ir. → ir(se).

Irak. → Iraq.

Iraq. La grafía culta del nombre del país árabe que se asienta sobre los territorios de la antigua Mesopotamia es *Iraq*. Esta grafía resulta de aplicar las normas de transcripción del alfabeto árabe al español, según las cuales la letra *qāf* en la que termina este topónimo en árabe se representa en español mediante la letra *q*. La grafía *Iraq* es la que usan filólogos y arabistas de la talla de Ramón Menéndez Pidal, Miguel Asín Palacios y Emilio García Gómez, entre otros. No obstante, y debido probablemente a la anomalía que supone para el sistema gráfico español el uso de la letra *q* en posición final, desde muy temprana fecha se documenta también en español, y es válida, la grafía *Irak*. El gentilicio es, para ambas formas, *iraquí* y su plural, en la lengua culta, es *iraquíes* (→ PLURAL, 1c). No debe usarse la forma ⊗*irakí* para el gentilicio.

iraquí. → Iraq.

Irlanda. Nombre tradicional español de esta isla europea y del país que ocupa casi todo su territorio: «*Alemania, Irlanda, Holanda y Finlandia son los únicos cuatro países de la zona euro que incluyen los precios de la vivienda en propiedad*» (*País* [Esp.] 14.6.04). A veces se emplea, como alternativa estilística, el nombre poético *Erín*, casi siempre acompañado del epíteto *verde*: «*La verde Erín compite en crecimiento* [...] *con Nueva Zelanda y Corea del Sur*» (*Época* [Esp.] 16.6.97). No debe usarse en español el nombre gaélico *Éire*. El gentilicio es *irlandés*.

Irlanda del Norte. Territorio perteneciente al Reino Unido situado en el extremo nororiental de la isla de Irlanda: «*La ministra británica para Irlanda del Norte, Mo Mowlam, se reunió en Londres con representantes de los unionistas*» (*Nacional* [Ven.] 11.7.97). Se desaconseja usar *Úlster* (→ Úlster) como denominación alternativa. El gentilicio es *norirlandés*: «*Esposo de la norirlandesa Anetta Flanigan*» (*País* [Esp.] 24.11.04).

irlandés -sa. → Irlanda.

irradiar. 'Despedir [luz, calor u otra energía]'. Se acentúa como *anunciar* (→ APÉNDICE 1, n.º 4).

irreducible. → irreductible.

irreductible. 'Que no se puede reducir'. Aunque menos frecuente en el uso, es asimismo correcta la forma *irreducible*.

irrisión. 'Burla que se hace a costa de una persona o cosa' y 'persona o cosa objetos de esta burla': «*Me han puesto aquí para irrisión, para presidir consejos que nada resuelven*» (UPietri *Visita* [Ven. 1990]). Esta es la forma etimológica (del lat. *irrisio, -onis*). Debe evitarse en la lengua culta la forma popular ⊗*risión*.

irrogar. 'Causar [un perjuicio]': «*Sin reparar en los evidentes perjuicios que ello irrogaba*» (Avendaño *Perfiles* [Perú 1974]). Este verbo nunca se construye como pronominal ([⊗]*irrogarse*), como se hace a veces por confusión con *arrogarse* ('atribuirse [una facultad, un derecho, un mérito, etc.]'; → arrogarse).

ir(se). **1.** 'Moverse de un lugar hacia otro'. Verbo irregular: v. conjugación modelo (→ APÉNDICE 1, n.º 37). Las formas de imperativo propias de este verbo son *ve* (tú) e *id* (vosotros) y, para los usos pronominales, *vete* (tú) e *idos* (vosotros): «*¡Callaos los dos, callaos, y cuanto antes idos a la viña a hacer lo vuestro!*» (Melcón *Catalina* [Esp. 1995]). Debe evitarse, para el imperativo singular, el uso de la forma vulgar [⊗]*ves* y, para el imperativo plural, el uso del infinitivo [⊗]*iros* y el de la forma arcaica [⊗]*íos*: [⊗]«*Ves al cuarto de baño*» (*Mundo* [Esp.] 4.5.94); [⊗]«*Niños, iros a jugar*» (Cabal *Fuiste* [Esp. 1979]). El imperativo de *ir* carece de forma propia de voseo y en su lugar se usa el imperativo de *andar*, *andá* o *andate* (vos): «*Andá a buscar la máquina*» (Rovner *Foto* [Arg. 1977]); «*Andate y dejanos solos. Estoy hablando con tu hermana*» (Viñas *Maniobras* [Arg. 1985]). También el imperativo no voseante de *andar* sustituye, a menudo, al de *ir* en algunas zonas: «*Ándate al cine o lee un rato*» (Bryce *Vida* [Perú 1981]). Las formas del pretérito perfecto simple o pretérito de indicativo *fui* y *fue* son monosílabas y, por lo tanto, deben escribirse sin tilde (→ TILDE², 1.2). La primera persona del singular del presente de indicativo (*voy*), cuando va seguida de un pronombre clítico —algo frecuente en la lengua antigua y que hoy se da a veces con intención arcaizante (→ PRONOMBRES PERSONALES ÁTONOS, 3a)—, mantiene la grafía *y* en interior de palabra, aunque represente un sonido vocálico (→ i, 5c): «*¡Vete, vete fuera, culebrón de hijo, y voyme yo también a pedir consejo al cielo!*» (SchsSinisterra *Retablo* [Esp. 1985]).

2. La forma *vamos* es hoy la primera persona del plural del presente de indicativo: «*Laureano y yo nos vamos al jardín*» (Gallego *Adelaida* [Esp. 1990]); pero en el español medieval y clásico era, alternando con *vayamos*, forma de primera persona del plural del presente de subjuntivo: «*Si vos queréys que vamos juntos, pongámoslo, luego, por obra*» (Daza *Antojos* [Esp. 1623]). Como resto de su antiguo valor de subjuntivo, la forma *vamos* se emplea, con más frecuencia que *vayamos*, con finalidad exhortativa: «*Vamos, Johnny, vamos a casa que es tarde*» (Cortázar *Reunión* [Arg. 1983]); la forma de subjuntivo *vayamos*, con este sentido, ha quedado casi relegada a la lengua literaria: «*Vayámonos de aquí*» (Amestoy *Durango* [Esp. 1989]). Lo que no debe hacerse en ningún caso es emplear hoy la forma *vamos*, en lugar de *vayamos*, en contextos que exigen subjuntivo y

sin que exista, en el enunciado, intención exhortativa: [⊗]«*Tenemos una excelente relación* [...]. *Pero no es que vamos juntos para el cine*» (*Universal* [Ven.] 3.9.96); debió decirse *no es que vayamos*.

3. Al tratarse de un verbo de movimiento, es habitual que vaya acompañado de un complemento de lugar. Cuando el complemento expresa destino, debe ir precedido de *a*, *para* o *hasta*. Es propio del habla popular, y debe evitarse en la lengua culta, encabezar este complemento con *en* o *de* (lo que ocurre, normalmente, cuando se quiere decir *a casa de*): [⊗]«*Voy EN ca doña Manuela*» (González *Dios* [Méx. 1999]); [⊗]«*Ya que lo toma así, ¿por qué no va DE otra modista*» (Cortázar *Rayuela* [Arg. 1963]).

4. *ir a* + infinitivo. Perífrasis verbal que indica que la acción designada por el infinitivo se va a producir en un futuro más o menos inmediato: «*Vas a tener miles de problemas*» (Gamboa *Páginas* [Col. 1998]); muy a menudo implica propósito o intención por parte del sujeto: «*Te voy a leer una carta de mi padre*» (Jodorowsky *Pájaro* [Chile 1992]); a veces se emplea con finalidad exhortativa: «*Para empezar, vas a sentarte como un niño bueno*» (Vilalta *Nada* [Méx. 1975]); en ocasiones se emplea, especialmente en pasado, para indicar que lo expresado por el infinitivo es un hecho inesperado o inoportuno: *El asunto fue a salir por donde menos se esperaba*. En ningún caso debe suprimirse, en el habla culta, la preposición *a*: [⊗]«*Pero ¿se lo vas plantear ya?*» (FnGómez *Bicicletas* [Esp. 1982]); [⊗]*Vamos hablar del asunto*.

5. *ir a por.* → a², 2.

6. *ir* + gerundio. Perífrasis verbal que presenta la acción en su desarrollo: «*Ha sido un momento desagradable y punto, me dije, mientras iba poniéndome el pantalón*» (Bryce *Vida* [Perú 1981]). En imperativo, tiene a menudo valor incoativo, indicando comienzo de la acción: «*Ve añadiendo la leche poco a poco y sigue mezclando*» (Arguiñano *Recetas* [Esp. 1996]). No existe inconveniente para que el verbo principal de la perífrasis sea también *ir*: «*Entre el susurro de las voces dispares, mi alma se fue yendo hacia lo alto*» (Vallejo *Virgen* [Col. 1994]).

7. [⊗]*vaya que* + verbo en subjuntivo. En la lengua culta debe evitarse el empleo de *vaya que*, seguido de un verbo en subjuntivo, en lugar de *no vaya a ser que*: [⊗]«*Las personas dudamos en acudir, vaya que demos la lata*» (Enríquez *Estrés* [Esp. 1997]).

8. *vaya que* o *vaya (que) si* + verbo en indicativo. Estas fórmulas, todas válidas, se emplean para afirmar con más énfasis lo expresado por el verbo que sigue: «*¡Volvieron de vacaciones con pantalones modernos, vaya si me acuerdo!*» (Daneri *Cita* [Arg. 1983]); «*Y perdió, vaya que perdió: ¡siete a cinco!*» (Aparicio *Retratos* [Esp. 1989]); «*Lo leía, vaya que si lo leía*» (Pombo *Héroe* [Esp. 1983]).

9. Acerca del uso de *venir* por *ir*, → venir(se), 2.

Isfahán. Pese a que la forma tradicional española del nombre de esta ciudad de Irán es *Ispahán*, en el uso actual está siendo desplazada por la forma *Isfahán*, más cercana al étimo persa *Eṣfahān*: «*Vivió Sohrawardi en Isfahán estudiando a Avicena*» (Serrano *Dios* [Col. 2000]).

-ísimo -ma. 1. Sufijo de origen latino que se une a adjetivos calificativos y a algunos adverbios para formar el superlativo: *malísimo, blanquísimo, cerquísima.* Excepcionalmente se une a algunos sustantivos, con intención ponderativa: *campeonísimo.* Combinado con *-ble* da lugar a la terminación *-bilísimo: amabilísimo, confortabilísimo, notabilísimo.*

2. Aunque, en general, el español suele preferir, ya desde sus orígenes, la formación del superlativo absoluto mediante la anteposición del adverbio *muy* al adjetivo en grado positivo (*muy malo, muy blanco, muy cerca;* → mucho, 3), muchos adjetivos admiten también la adición del sufijo *-ísimo* de acuerdo con las siguientes reglas morfológicas:

a) Los adjetivos que terminan en las consonantes *-l, -r* y *-z* añaden el sufijo directamente: de *fácil, facilísimo;* de *cordial, cordialísimo;* de *feroz, ferocísimo;* de *sagaz, sagacísimo;* de *popular, popularísimo;* de *vulgar, vulgarísimo.* Son excepción los terminados en *-or,* que incorporan, además, el interfijo *-c-: mayorcísimo, trabajadorcísimo.*

b) Los adjetivos que terminan en *-n* incorporan normalmente el interfijo *-c-*: de *bribón, briboncísimo;* de *fregón, fregoncísimo;* de *joven, jovencísimo.* Es excepción *común,* que añade directamente el sufijo: *comunísimo.* También añade directamente el sufijo el sustantivo *campeón* (→ 1).

c) Los adjetivos terminados en una sola vocal suelen perder esta: de *listo, listísimo;* de *dulce, dulcísimo;* de *barroco, barroquísimo.* Es excepción *cursi,* cuyo superlativo es *cursilísimo.* No admiten el superlativo en *-ísimo* los adjetivos terminados en vocal tónica: de *carmesí, muy carmesí;* de *rococó, muy rococó.*

d) Los adjetivos terminados en los grupos vocálicos átonos *-ue, -uo/-ua* pierden la última vocal: de *tenue, tenuísimo;* de *ingenuo, ingenuísimo;* de *exigua, exigüísima.*

e) Los adjetivos terminados en los diptongos *-io/-ia* pierden las dos vocales: de *amplia, amplísima;* de *sucio, sucísimo;* de *seria, serísima;* de *agrio, agrísimo.*

f) Los adjetivos terminados en los hiatos *-ío/-ía* pierden la última vocal: de *frío, friísimo;* de *impía, impiísima.*

3. Muchos adjetivos que tienen en su raíz los diptongos *ie* o *ue* presentan en el superlativo formas sin diptongar que conservan la raíz del adjetivo latino correspondiente, como ocurre en *certísimo,*

fortísimo, novísimo o *ternísimo.* En la mayoría de los casos, estas formas alternan en el uso con otras que incorporan la raíz española del adjetivo, como *ciertísimo, fuertísimo, nuevísimo* o *tiernísimo,* igualmente válidas y, por lo general, más coloquiales; en algún caso, la forma con diptongo carece de aceptación en el habla culta de algunas zonas, pero es usada con normalidad en otras, como ocurre con *calientísimo,* forma comúnmente usada en algunos países de América, pero ajena a la norma culta en otras zonas del ámbito hispánico.

4. Otros superlativos proceden directamente del latín, como *amicísimo* (lat. *amicissimus*), *antiquísimo* (lat. *antiquissimus*), *crudelísimo* (lat. *crudelissimus*), *fidelísimo* (lat. *fidelissimus*), *sacratísimo* (lat. *sacratissimus*), *sapientísimo* (lat. *sapientissimus*) o *simplicísimo* (lat. *simplicissimus*). En algunos casos, estas formas cultas alternan con otras que incorporan la raíz española del adjetivo, como *amiguísimo, cruelísimo, sagradísimo* o *simplísimo,* igualmente válidas y a menudo más frecuentes en el uso.

5. Este sufijo forma ya superlativos absolutos, por lo que es incompatible con la anteposición a estos adjetivos de los adverbios *muy* (→ mucho, 3) y *más* (más, 1.1).

Iskenderun. → Alejandreta.

islam. 1. 'Religión fundada por Mahoma': «*Jerusalén es una ciudad sagrada no solamente para el judaísmo, sino también para el cristianismo y el islam*» (DzVelasco *Hombres* [Esp. 1995]); y 'conjunto de los pueblos que profesan el islam': «*Devasta literalmente* [el héroe] *media cristiandad y todo el islam*» (VLlosa *Verdad* [Perú 2002]). Para designar la religión, puede usarse también el término *islamismo*: «*Mike Tyson ha decidido convertirse al islamismo*» (*Mundo* [Esp.] 1.3.94). Como ocurre con el resto de los nombres de religiones, no hay por qué escribir estos términos con mayúscula inicial (→ MAYÚSCULAS, 6.6).

2. El adjetivo derivado *islámico* significa 'del islam o que profesa el islam': «*El día de fiesta islámico, o sea el viernes, es reemplazado por el domingo de los cristianos*» (Tibón *Aventuras* [Méx. 1986]); «*En algunos países islámicos se ha desarrollado una tendencia fundamentalista*» (Zaragoza *Religiones* II [Esp. 1993]). El mismo sentido, aunque distinta procedencia, tiene el término *musulmán* (→ musulmán); pero ni *islámico* ni *musulmán* son sinónimos de *árabe* ('del pueblo semita originario de la península arábiga'; → árabe, 2), error que ilustra esta cita: ⊗«*El primer signo del alfabeto islámico*» (*Arqueoweb* [Esp.] 12.01); debió decirse *alfabeto árabe.* Existe también el derivado *islamita,* sinónimo hoy desusado de *islámico,* y que no debe confundirse con *islamista* ('integrista musulmán'; → 3): «*La religión islamita marcó huellas indelebles en la teología de los ne-*

gros de las regiones africanas» (Ortiz *Negros* [Cuba 1906]).

3. El derivado *islamista* significa 'partidario de una aplicación integrista o rigorista del islam en la esfera política y social': «*El líder del régimen islamista de Teherán, el ayatolá Jamenei*» (*País* [Esp.] 3.5.97); «*El Gobierno de Argel pone en libertad a centenares de islamistas*» (*Vanguardia* [Esp.] 30.11.95). No debe usarse con el sentido que corresponde a *islámico* ('del islam'; → 2): [⊗]«*El premio* [...] *fue otorgado por una comisión de siete representantes de distintas religiones, entre ellas la islamista, cristiana y budista*» (*Prensa* [Nic.] 23.2.02); aquí debió decirse *la islámica*.

4. Con el sentido de 'estudioso especialista en el islam', se recomienda emplear el derivado *islamólogo*, mejor que *islamista*, que es preferible reservar para el sentido antes señalado (→ 3): «*El islamólogo y arabista recogió en Gijón el VIII Premio de Ensayo "Jovellanos"*» (*NEspaña*@ [Esp.] 5.4.02).

islámico -ca, islamismo, islamista, islamita, islamólogo -ga. → islam.

Islas Baleares. Nombre tradicional en lengua castellana de estas islas del Mediterráneo, así como de la provincia y de la comunidad autónoma que conforman. Salvo en textos oficiales, donde es preceptivo usar el topónimo catalán *Illes Balears* como único nombre oficial aprobado por las Cortes españolas para la provincia y la comunidad autónoma, en textos escritos en castellano debe emplearse el topónimo castellano. El gentilicio es *balear*: «*Una balear, directora de Política Lingüística*» (*País* [Esp.] 15.5.80).

isobara o **isóbara.** 'Curva que une los puntos de la Tierra que tienen la misma presión atmosférica'. Ambas acentuaciones son válidas: la llana *isobara*, que conserva la vocal tónica del étimo francés *isobare* (pron. [isobár]), es la más usada y, por tanto, la más recomendable, aunque también se admite la esdrújula *isóbara*.

isótopo o **isotopo.** 'Elemento químico que ocupa idéntico lugar que otros en la tabla periódica, por compartir todos un mismo número atómico'. Tiene dos acentuaciones válidas: la llana *isotopo*, muy poco usada, y la esdrújula *isótopo*, mayoritaria en el uso y, por tanto, preferible.

Ispahán. → Isfahán.

isquion. 'Hueso de la cadera': «*En su parte inferior se encuentran el isquion y las ramas pubianas*» (FReyes *Anatomía* [Esp. 1992]). Es voz llana: [ískion]. Debe evitarse la forma aguda [⊗]*isquión*.

israelí. 1. 'Del moderno Estado de Israel': «*El ex presidente israelí Haim Herzog murió ayer*» (*Tiempo* [Col.] 18.4.97). El plural recomendado en la lengua culta es *israelíes* (→ PLURAL, 1c).

2. Existe también la voz *israelita*, que es sinónima de *hebreo* o *judío*, tanto en sentido histórico ('del antiguo pueblo de Israel'): «*Jesús* [...] *era descendiente de David, el monarca israelita*» (FdzSuárez *Pesimismo* [Esp. 1983]); como en sentido religioso (referido a persona, 'que profesa la religión judía' y, referido a cosa, 'de los judíos'): «*Sos tan israelita, vos. Preferís compasión a sentencia*» (Cohen *Insomnio* [Arg. 1986]); «*Mi querido amo* [...] *fue enterrado con los judíos en el cementerio israelita*» (Villena *Burdel* [Esp. 1995]). No debe usarse la voz *israelita* como gentilicio del moderno Estado de Israel: [⊗]«*Un equipo de arqueólogos estadounidenses e israelitas*» (*DYucatán* [Méx.] 23.7.96).

israelita. → israelí, 2.

istmo. 'Lengua de tierra que une dos continentes, o una península con un continente'. La grafía correcta es *istmo*, pronunciada corrientemente [ísmo], ya que en posición final de sílaba precedida de *s*, la *t* no suele pronunciarse (→ t, 3). La forma [⊗]*itsmo* es incorrecta.

Ítaca. Isla griega en el mar Jónico. Aunque en griego es palabra llana, en español se pronuncia habitualmente como palabra esdrújula, de acuerdo con el étimo latino, por lo que debe escribirse con tilde (→ TILDE², 1.1.3): «*Pero Ítaca está en ruinas, Penélope ha sido violada y secuestrada, y Ulises no tiene más mar para continuar su viaje*» (Fuentes *Espejo* [Méx. 1992]). El gentilicio es *itacense*: «*Un pedazo de terracota en el que aparece escrito el nombre de Ulises, una prueba más, para los itacenses, de la autenticidad de su isla como patria del héroe viajero*» (*Mundo*@ [Esp.] 30.5.03).

itacense. → Ítaca.

ítalo -la. Adjetivo que significa 'italiano'. Es voz esdrújula, por lo que ha de escribirse con tilde: «*La prensa ítala destaca abiertamente el potencial de la escuadra*» (*Abc* [Esp.] 14.10.86). Cuando se une con guion a otro gentilicio (→ GUION² o GUIÓN, 1.1.3a), conserva su acentuación como elemento independiente y debe escribirse igualmente con tilde: «*Una coproducción ítalo-franco-alemana*» (LpzNavarro *Clásicos* [Chile 1996]). Si actúa como elemento compositivo, unido sin guion a otro gentilicio, se escribe sin tilde (→ italo-).

italo-. Elemento compositivo prefijo que significa 'italiano'. Cuando se une sin guion a otro gentilicio, es átono y se escribe sin tilde (→ GUION² o GUIÓN, 1.1.3a): *italoargentino, italonorteamericano;* pero si se une con guion intermedio, conserva su acentuación como elemento independiente y se escribe con tilde por tratarse de una palabra esdrújula (→ ítalo).

ítem. 1. Voz proveniente del adverbio latino *item* ('del mismo modo, también'). Su uso como adverbio, con el sentido de 'además', era muy frecuente en textos antiguos y hoy pervive en textos de carácter jurídico o de nivel muy culto, frecuentemente en la forma *ítem más*: «*No hice el menor caso de la requisitoria. Ítem más: Cuando dejé la Editora Nacional* [...], *mi situación económica* [...] *quedó considerablemente quebrantada*» (Laín *Descargo* [Esp. 1976]). De aquí deriva su uso como sustantivo masculino, con el sentido de 'apartado de los varios de que consta un documento, normalmente encabezado por dicha fórmula': «*El caso chileno será tratado en el ítem 35*» (*Hoy* [Chile] 23.2-1.3.87).

2. Hoy se ha revitalizado este término por influjo del inglés y su empleo es muy frecuente en diversas disciplinas científico-técnicas, especialmente en psicología, con el sentido de 'elemento o conjunto de elementos que constituyen una unidad de información dentro de un conjunto': «*La respuesta a cada ítem es evaluada con una calificación de 0 a 4 puntos*» (AFernández *Depresión* [Esp. 1988]).

3. En cualquiera de sus usos como sustantivo, su plural es *ítems* (→ PLURAL, 1h y k): «*El Código* [...] *consta de una decena de ítems*» (*Universal* [Ven.] 15.10.96); «*El test queda reducido a 20 ítems*» (RdgzMartos *Alcoholismo* [Esp. 1989]).

⊛**itsmo.** → istmo.

ivernar. → invernar.

Izmir. → Esmirna.

j

j. 1. Undécima letra del abecedario español y décima del orden latino internacional. Su nombre es femenino: *la jota* (pl. *jotas*).

2. Representa el sonido consonántico velar fricativo sordo /j/. Esta pronunciación es la normal en los dialectos del centro, este y norte de España y en varias regiones de Hispanoamérica. Pero en los dialectos meridionales de la España peninsular, en Canarias y en amplias zonas de Hispanoamérica, existe una tendencia generalizada a la aspiración de este sonido (→ h, 2): [muhér, hamón, tehádo] por *mujer, jamón, tejado*. El sonido /j/ lo representa también la letra *g* ante *e, i* (→ g, 2.2) y, en algunos nombres propios y sus derivados, la grafía arcaica *x* (→ x, 3 y 4).

jabalí -ina. 'Especie de cerdo salvaje'. Su plural es *jabalíes* o *jabalís* (→ PLURAL, 1c). Su femenino es *jabalina*: «*A las jabalinas no les gusta que les roben a sus pequeñuelos*» (Donoso *Casa* [Chile 1978]).

jacarandá o **jacaranda.** 'Árbol americano de flores tubulares de color violáceo'. La forma aguda [jakarandá], cuyo plural es *jacarandás* (→ PLURAL, 1b), se usa como masculino: «*Contemplaba los jacarandás desde las ventanas*» (Martínez *Evita* [Arg. 1995]). La variante llana [jakaránda], propia de México y algunos países del área centroamericana, es femenina: «*Las jacarandas comenzaban a teñirse de color violeta*» (Chao *Altos* [Méx. 1991]).

jactarse. 'Alabarse o presumir de algo'. Es intransitivo pronominal y se construye con un complemento con *de:* «*Se volvió a jactar DE que nos podía conseguir el carro de un amigo*» (Bryce *Vida* [Perú 1981]). En el habla esmerada, no debe suprimirse la preposición (→ QUEÍSMO, 1a): ⊛*se jactó que...*

jacuzzi. → yacusi.

jaguar. 'Felino americano de pelaje amarillo con manchas en forma de anillos negros'. Esta voz de origen guaraní puede escribirse de dos formas: *jaguar*, grafía mayoritaria en todo el ámbito hispánico y que se corresponde con la forma de esta palabra en portugués y en francés, desde donde ha pasado al español: «*De un zarpazo el jaguar tumbó al mono*» (Allende *Ciudad* [Chile 2002]); y *yaguar*, grafía usada esporádicamente en el área rioplatense y que puede explicarse, bien por influjo directo del étimo tupí-guaraní, que es *yaguará*, bien por

el traslado a la escritura de la pronunciación palatal que tiene la *j-* en portugués y en francés: «*Félidos como el gato onza, puma y yaguar*» (Castro/Handel/Rivolta *Actualizaciones* [Arg. 1981]). Ambas son válidas, pero debe tenerse en cuenta que a cada una le corresponde una pronunciación distinta en español: [jaguár] y [yaguár]. Deben evitarse las pronunciaciones llanas ⊛[jáguar] y ⊛[yáguar], debidas al influjo del inglés. En el área rioplatense se emplea también, en ocasiones, la forma *yaguareté* (más raramente, *jaguareté*), con la terminación *-eté*, que significa 'verdadero' en tupí-guaraní. A este animal se le conoce también como *tigre americano*, de ahí que en el español de América se le llame comúnmente *tigre*.

jaguareté. → jaguar.

jaibol. Adaptación gráfica de la voz inglesa *highball*, que se usa en México, Centroamérica y las Antillas con el sentido de 'bebida compuesta de un licor, mezclado con agua, soda o algún refresco, que se sirve en vaso largo y con hielo': «*Le pedí otro jaibol al mesero*» (Aguilar *Golfo* [Méx. 1986]). El plural es *jaiboles* (→ PLURAL, 1g).

Jakarta. → Yakarta.

Jakasia. Forma adaptada a la ortografía y pronunciación españolas del nombre de esta república de la Federación Rusa: «*Alexéi Lebed* [...] *resultó elegido el domingo gobernador de la gélida región de Jakasia*» (*Mundo* [Esp.] 3.12.96). No debe usarse en español la transcripción inglesa *Khakasia*. El gentilicio recomendado es *jakasio*.

jakasio -sia. → Jakasia.

Jamaica. País e isla de las Antillas. El gentilicio *jamaicano* es de uso general en todo el ámbito hispánico: «*En el repertorio tabaquero del restaurante figuraban unos aceptables Macanudos jamaicanos*» (VqzMontalbán *Soledad* [Esp. 1977]). Este gentilicio alterna en el español de América con el igualmente correcto *jamaiquino*, que apenas se utiliza en España: «*Tenía un novio jamaiquino*» (Paz *Materia* [Bol. 2002]).

jamaicano -na, jamaiquino -na. → Jamaica.

jan. → kan.

Járkov. Forma adaptada a la ortografía y pronunciación españolas del nombre de esta ciudad de

Ucrania. Es voz llana, que debe escribirse con tilde por terminar en consonante distinta de *-n* o *-s* (→ TILDE², 1.1.2): «*El protagonista* [...] *es un joven físico cubano que estudia en la Universidad de Járkov, Ucrania, y que decide fugarse a Occidente*» (*País@* [Esp.] 15.2.02). No debe usarse en español la transcripción inglesa *Kharkov*.

Jartum. Forma adaptada a la ortografía y pronunciación españolas del nombre de la capital de Sudán: «*Él siempre dijo que emprendería un largo viaje* [...] *desde Jartum hasta el lago Victoria*» (Marsé *Rabos* [Esp. 2000]). No deben usarse en español ni la grafía francesa *Khartoum* ni la inglesa *Khartum* ni la adaptación incorrecta [⊗]*Kartum*.

jazz. Voz inglesa (pron. [yás]), que designa el género musical de origen afronorteamericano caracterizado por los ritmos sincopados y la improvisación. Por tratarse de un extranjerismo crudo, debe escribirse con resalte tipográfico: «*La democracia había traído el* jazz *a España*» (Cebrián *Rusa* [Esp. 1986]). Ha formado derivados como el sustantivo *jazzista* (pron. [yasísta]), 'intérprete de *jazz*', y el adjetivo *jazzístico* (pron. [yasístico]), 'de(l) *jazz*'.

jean. → vaquero, 2.

jeep. → todoterreno, 2.

jefa. → jefe.

jefe. 1. 'Persona que manda sobre otras'. Por su terminación, es común en cuanto al género (*el/la jefe;* → GÉNERO², 1a y 3c): «*Campos fue en aquella ocasión la jefe de expedición*» (*Tiempo* [Col.] 11.1.87); pero cuando el jefe es una mujer ha sido siempre más frecuente el uso del femenino específico *jefa,* registrado en el diccionario académico desde 1837: «*Habían decidido promoverla a jefa de un área que no existía hasta entonces*» (Martínez *Vuelo* [Arg. 2002]). Sobre su escritura con mayúscula o minúscula inicial, → MAYÚSCULAS, 4.31 y 6.9.
2. Cuando *jefe* se usa en aposición a otro sustantivo, lo normal es que concuerde en número con este (→ PLURAL, 2.4): «*Eso lo repiten mucho los redactores jefes*» (Carrión *Danubio* [Esp. 1995]). Si el referente es una mujer, puede usarse indistintamente la forma común *jefe* o el femenino específico *jefa: redactora jefe* o *redactora jefa;* no es admisible la expresión [⊗]*redactor en jefe,* calco censurable del inglés *editor in chief*.

jengibre. 'Planta y, especialmente, su rizoma, que se utiliza como especia': «*Pele el jengibre, rállelo y agréguelo*» (VV. AA. *Cocina* [Cuba 1997]). Es preferible esta forma a su variante *ajengibre,* claramente en desuso. Son incorrectas las grafías [⊗]*genjibre,* [⊗]*gengibre* y [⊗]*jenjibre*.

Jenin. → Yenín.

jenízaro -ra. 'Soldado de un cuerpo turco de infantería que constituyó la guardia del sultán': «*Allí estaba Selim en el serrallo, con sus quinientas mujeres, sus eunucos, sus batallones de jenízaros*» (UPietri *Visita* [Ven. 1990]); y, en México, además, 'miembro del cuerpo de Policía': «*Mil motivos se esgrimirán quizá para fundar la represiva acción de los jenízaros, que prácticamente secuestraron a los manifestantes*» (*DYucatán* [Méx.] 21.1.97). Como adjetivo, significa 'de los jenízaros'. Esta es la grafía mayoritaria, aunque también es válida la variante *genízaro:* «*La escoltaba un piquete de genízaros*» (González *Dios* [Méx. 1999]).

[⊗]**jenjibre.** → jengibre.

jeque. Entre los musulmanes, 'señor que gobierna un territorio'. Se documenta con esta grafía en español desde el siglo XV. Deben evitarse las grafías *sheikh, sheik, sheij* o *cheik,* utilizadas en otras lenguas, como el inglés o el francés, para transcribir este arabismo. Para designar a la mujer de un jeque puede emplearse la forma *jequesa,* femenino análogo al de otros títulos, como *duquesa, marquesa,* etc.

jeremíaco -ca o **jeremiaco -ca.** → -íaco o -iaco.

[⊗]**jerifalte.** → gerifalte.

jerigonza. 'Lenguaje complicado y difícil de entender' y 'jerga'. Existe también la forma [⊗]*jeringonza,* pero su uso es más bien popular y no se recomienda en la lengua culta. Es incorrecta la grafía [⊗]*gerigonza*.

jerosolimitano -na. → Jerusalén.

jersey. 'Prenda de punto y con mangas que cubre desde el cuello a la cintura' y, en algunos países americanos, 'tejido de punto'. La voz inglesa *jersey* se ha adaptado al español en distintas formas. En España se emplea *jersey* (pl. *jerséis,* → PLURAL, 1d), que también tiene cierto uso en algunos países americanos: «*Iba siempre con pantalones vaqueros, blusas y jerséis anchos*» (GaSánchez *Historia* [Esp. 1991]); «*El Chino se metió en su overol gastado, se colocó el jersey manchado, el poncho espeso*» (Scorza *Tumba* [Perú 1988]); «*Prendas de terciopelo, jersey y otros materiales*» (Dios *Miami* [Arg. 1999]). No es correcto el singular [⊗]*jerséi,* ni los plurales [⊗]*jerseys* o [⊗]*jerseises.* Junto a *jersey,* existen las adaptaciones *yérsey* (pl. *yerseis*), usada sobre todo en América, y *yersi* (pl. *yersis*), propia de algunas zonas de Andalucía occidental: «*Se puso su yérsey marinero*» (Skármeta *Cartero* [Chile 1986]); «*El yersi granate que a tía Blanca se le había quedado chico*» (Mendicutti *Palomo* [Esp. 1991]). Se recomienda adaptar siempre la grafía a la pronunciación, de manera que quien pronuncie [jerséi] escriba *jersey,* quien pronuncie [yérsei] escriba *yérsey* y quien pronuncie [yérsi] escriba *yersi*.

Jerusalem. → Jerusalén.

Jerusalén. Forma española del nombre de la ciudad que se disputan palestinos e israelíes como capital de sus respectivos territorios nacionales: «*La Autoridad Nacional Palestina ha sido inflexible en su exigencia de que Jerusalén sea, íntegramente, la capital de su Estado*» (*Semana* [Col.] 9-15.10.00). Esta forma, completamente adaptada al sistema gráfico del español, es hoy mayoritaria y preferible, por lo que se desaconseja el uso de la variante *Jerusalem*. El gentilicio recomendado es *jerosolimitano*: «*Los jerosolimitanos la llamaban "Villa Argentina"*» (Najenson *Memorias* [Arg. 1991]), más frecuente hoy que *hierosolimitano*, basado en el nombre latino de esta ciudad.

jet lag. → desfase horario.

[⊛]**jilí,** [⊛]**jilipollas,** [⊛]**jilipuertas.** → gilipollas.

jineta. 1. Con el sentido de 'mamífero carnicero', es igualmente válida la variante *gineta*, también frecuente en el uso general: «*Las jinetas correteaban por entre las plantas del jardín y trepaban a los arbustos*» (Pardo *Beso* [Esp. 2001]); «*Pajarillos, víboras, conejos, ginetas*» (Gavilanes *Bosque* [Esp. 2000]). **2.** Como femenino de *jinete*, → jinete.

jinete. 'Persona que monta a caballo' y 'persona diestra en equitación'. Por su terminación, es común en cuanto al género (→ GÉNERO², 1a y 3c), de modo que para referirse específicamente a una mujer, lo normal y recomendable es usar la forma *jinete* con determinantes femeninos: «*El cansancio afectó el rendimiento de la jinete salvadoreña, y esta se tuvo que conformar con un octavo lugar*» (*Hoy* [El Salv.] 19.5.97). Es minoritario y desaconsejable el femenino [⊛]*jineta*, usado a veces en algunos países americanos. No hay que olvidar, no obstante, que para la mujer que monta a caballo existe también el término específico *amazona*: «*La amazona Victoria Heurtematte competirá en el concurso FEI Challenge*» (*Siglo* [Pan.] 14.6.01).

jipi. Adaptación gráfica propuesta para la voz inglesa *hippy* o *hippie*, que se aplica, como adjetivo, al '[movimiento] contracultural juvenil surgido en los Estados Unidos de América en los años sesenta del siglo XX': «*Andaba yo a la sazón pateándome Asia de cabo a rabo con las Tablas de la Ley del movimiento jipi metidas entre ceja y ceja*» (*Época* [Esp.] 10.2.97). Se usa sobre todo, como sustantivo común en cuanto al género (*el/la jipi;* → GÉNERO², 1a y 3d), para designar a la persona que sigue dicho movimiento o que adopta alguna de sus características o actitudes: «*Dos personajes femeninos —una jipi holandesa y una chica de túnica de lino y ojos espiritados—*» (SchzDragó *Camino* [Esp. 1990]). Como adjetivo significa también 'del movimiento jipi o de los jipis'. Existe asimismo el derivado *jipismo* ('actitud vital o estilo de vida de los jipis'):

«*Apesta a jipismo y a sesentayochismo*» (Mañas *Kronen* [Esp. 1994]).

jipismo. → jipi.

jira. 'Excursión para comer o merendar al aire libre': «*Extendía sobre el polvo del camino un mantel de cuadros, más propio para una alegre jira campestre que para aquel extraño momento*» (GmzOjea *Cantiga* [Esp. 1982]). No debe confundirse con *gira* ('viaje por diversos lugares' y 'serie de actuaciones sucesivas de un artista en distintas localidades'; → gira).

jit. → *hit,* 2.

[⊛]**jocketa, *jockette*.** → yoqueta.

***jockey*.** → yóquey.

***jogging*.** → aerobismo.

***Johannesburg*.** → Johannesburgo.

Johannesburgo. Forma tradicional española del nombre de esta ciudad de Sudáfrica, a la que corresponde la pronunciación [yohanesbúrgo], con *h* aspirada (→ h, 2): «*Fue localizada en Johannesburgo y la siguieron hasta Madrid*» (Puértolas *Noche* [Esp. 1989]). No deben usarse en español ni la forma inglesa *Johannesburg* ni la simplificación [⊛]*Johanesburgo*.

jolgorio. 'Regocijo o diversión bulliciosa'. También se usa, aunque poco, la forma etimológica *holgorio,* de la que deriva *jolgorio* (→ h, 2).

jonrón. Adaptación gráfica, muy extendida entre los hispanohablantes americanos, de la expresión inglesa *home run* (en el béisbol, 'jugada en la que el bateador golpea la pelota de tal manera que le permite hacer un circuito completo entre las bases y ganar una carrera'): «*Sammy Sosa conectó el vigésimo octavo jonrón de la temporada*» (*Universal* [Ven.] 16.7.96). Su plural es *jonrones* (→ PLURAL, 1g): «*Los Marlins han bateado cinco jonrones con 28 carreras*» (*País* [Col.] 14.10.97). Además de esta adaptación, se han acuñado voces españolas equivalentes, como *cuadrangular* o *vuelacerca:* «*Franco batea dos cuadrangulares*» (*Dedom* [R. Dom.] 13.9.96); «*El dominicano Gerónimo Berroa atizó su tercer vuelacerca de la temporada*» (*Universal* [Ven.] 7.4.97). La adaptación *jonrón* ha formado derivados como *jonronear* ('batear jonrones') y *jonronero* ('jugador que consigue jonrones con frecuencia').

jonronear, jonronero -ra. → jonrón.

jóquey. Adaptación gráfica propuesta para la voz inglesa *hockey,* 'deporte de equipo que se juega golpeando una pelota o un disco con un bastón'. No debe confundirse con *yóquey* ('jinete profesional'; → yóquey).

Jorasán. Forma tradicional española del nombre de esta provincia iraní, así como de la región histórica que abarca parte de Turkmenistán, de Afganistán y del propio Irán. Cuando se refiere a la región histórica, se usa normalmente precedida de artículo: «*Su padre era un panadero rico,* [...] *que arrastraba la liviana carga de sus días en tierras del Jorasán*» (Serrano *Dios* [Col. 2000]). La variante *Jurasán* es menos frecuente, pero también válida: «*El origen más remoto está en Persia, donde comían arcilla de Jurasán después de las comidas*» (Seseña *Cacharrería* [Esp. 1997]). No deben usarse en español las transcripciones inglesas *Khorasan* ni *Khurasan*.

[⊗]jrivnia. → grivna.

jubilar(se). Con el sentido de 'alcanzar la jubilación', es intransitivo pronominal en el uso culto de todo el ámbito hispánico: «*Allí hay personas que se jubilan a los 60 años*» (*Tiempo* [Col.] 16.10.92); en Chile, no obstante, se usa también como no pronominal: «*Al jubilar como profesor* [...], *le ofrecieron una invitación que no pudo rechazar*» (*Hoy* [Chile] 23.2-1.3.87).

judaizar. Como intransitivo, dicho de un converso al cristianismo, 'practicar en secreto la religión judía'. También, como transitivo, 'dar carácter judío [a algo]'. Se acentúa como *aislar* (→ APÉNDICE 1, n.º 9).

judo, judoca, [⊗]judoka. → yudo.

juego. 1. *juego limpio.* 'Conducta honrada en una competición o juego': «*El deporte es, en su recto sentido, fomento de la nobleza y del juego limpio*» (*Abc* [Esp.] 10.4.87). La existencia de esta expresión española hace innecesario el uso del anglicismo *fair play*.

2. *juego de rol.* → rol, 2.

juez. 'Persona con potestad para juzgar y sentenciar' y 'miembro de un jurado o tribunal'. Por su terminación, es común en cuanto al género (*el/la juez*; → GÉNERO², 1a y 3i): «*¿Cree usted que la juez Rosenda Sarmiento actuó bien?*» (*Siglo* [Pan.] 31.1.97); pero se usa también, incluso en el nivel culto, el femenino específico *jueza*: «*En el caso intervino la jueza Raquel Cosgaya*» (*NProvincia* [Arg.] 28.7.97).

jueza. → juez.

jugar(se). 1. Verbo irregular: v. conjugación modelo (→ APÉNDICE 1, n.º 38).

2. Cuando significa 'practicar un juego o un deporte', en la lengua culta se usa como intransitivo y el nombre del juego va con artículo y precedido de la preposición *a*: «*Jugaban AL fútbol de la mañana a la noche*» (Martínez *Evita* [Arg. 1995]); «*Mi madre no estaba, se había ido a jugar A LA canasta con las Caballero*» (Mendicutti *Palomo* [Esp. 1991]). No es uso propio de la lengua española suprimir el artículo, algo habitual entre hablantes catalanes por influjo de su lengua regional: [⊗]«*Los niños juegan A fútbol en la enseñanza primaria*» (*Vanguardia* [Esp.] 27.2.94). Con este mismo sentido, en el habla coloquial de amplias zonas de América, probable-

mente por calco del inglés (*to play tennis, to play football,* etc.), se usa a menudo como transitivo, esto es, sin que el sustantivo que denota el juego vaya precedido de preposición, además de no llevar artículo: «*Es empleado bancario y juega fútbol*» (Bryce *Vida* [Perú 1981]); «*Juntaba a sus paisanos para jugar cartas*» (Mastretta *Vida* [Méx. 1990]); es uso que, por su arraigo en el español americano, ha de considerarse válido.

3. En la lengua general es transitivo cuando significa 'llevar a cabo [una partida o un partido]': «*España y Uruguay jugaron un encuentro de los que antes se denominaban broncos y coperos*» (*País* [Esp.] 2.8.84); «*Se sentó a la mesa del viudo de Xius a jugar una partida de dominó*» (GaMárquez *Crónica* [Col. 1981]); y, normalmente en forma pronominal, 'apostar [algo] en un juego o arriesgar [algo]': «*España jugó su ser a una carta*» (FdzSuárez *Pesimismo* [Esp. 1983]); «*Su padre se jugó la dote y la herencia de su madre*» (Allende *Casa* [Chile 1982]); «*Era gente que se jugaba todo por lo que estaba haciendo*» (Verbitsky *Vuelo* [Arg. 1995]).

4. Cuando significa 'utilizar algo o a alguien como juguete' y 'tratar a alguien sin el respeto y la consideración que merece', es intransitivo y se construye con un complemento precedido de *con*: «*¿Quiere usted escucharme y dejar de jugar CON su anillo, que me pone nerviosa?*» (Paso *Palinuro* [Méx. 1977]); «*Me molesta por Rosa. Estás jugando CON ella y CON todos nosotros*» (Salom *Piel* [Esp. 1976]).

5. *jugar el* (o *un*) *papel.* Esta construcción es calco, ya antiguo, del francés *jouer le* (o *un*) *rôle* o del inglés *to play the* (o *a*) *role*: «*Nada me habría sido tan fácil como jugar el papel de traidor*» (Benet *Saúl* [Esp. 1980]); «*Estaba destinada a jugar un papel importante por no cir decisivo en mi vida*» (CInfante *Habana* [Cuba 1986]). Es uso ya muy arraigado en la lengua culta, por lo que no cabe censurarlo; no obstante, se recomienda utilizar con preferencia los verbos *hacer, desempeñar* o *representar,* según los casos, que son los verbos tradicionales en español en estos contextos. Por otra parte, no está justificado el uso sin determinante ([⊗]*jugar papel*): [⊗]«*Nada es real y ni siquiera la moral juega papel importante*» (*País* [Esp.] 15.5.80).

junior -ra. En la religión católica, 'religioso joven que, después de haber profesado, sigue sujeto a la enseñanza y obediencia del maestro de novicios': «*Entre los muertos se contaron cuatro jesuitas: dos sacerdotes, un junior y un novicio*» (GlzSuárez *Ecuador* V [Ec. 1894] 193). Se pronuncia [juníor, junióra] y su plural es *juniores, junioras.* Es voz que procede del latín eclesiástico y no debe confundirse con *júnior,* latinismo revitalizado por influjo del inglés, con el que comparte étimo latino (→ júnior).

júnior. 1. Voz procedente del comparativo latino *iunior* ('más joven'), cuyo uso actual en español se ha revitalizado por influjo del inglés *junior*. En español debe escribirse con tilde por ser voz llana terminada en consonante distinta de *-n* o *-s* (→ TILDE², 1.1.2). Aunque está notablemente extendida la pronunciación inglesa [yúnior], en español debe decirse [júnior], tal como se escribe, con sonido /j/ inicial, de forma análoga al término eclesiástico *junior* (pron. [juniór]), que procede del mismo étimo latino (→ junior). Se opone a *sénior* (→ sénior) y hoy se usa con los sentidos siguientes:

a) Se pospone al nombre propio de una persona para distinguirla de un pariente de más edad que tiene el mismo nombre, normalmente el padre: *«Julio Iglesias júnior edita su primer disco cantado en inglés»* (*DNavarra* [Esp.] 29.4.99). En español, para distinguir al hijo del padre se usa tradicionalmente la voz *hijo*, siempre preferible al anglicismo: *«La Dama de las Camelias, de Alejandro Dumas hijo»* (Cabrujas *Día* [Ven. 1979]).

b) En el ámbito deportivo, '[deportista] de la categoría inmediatamente inferior a la sénior': *«Federer, ex campeón júnior de Wimbledon, acabó con el reinado de Pete Sampras»* (*FVigo* [Esp.] 3.7.01). Como sustantivo, es común en cuanto al género (→ GÉNERO², 1a): *«La júnior Olga Sánchez y Eva Cruz entraron por delante de Sobrino»* (*Abc* [Esp.] 28.5.89). Como adjetivo significa también 'de los júniores': *«La plata se consiguió en la categoría júnior»* (*Abc* [Esp.] 27.9.82).

c) Referido a un profesional, 'de menor edad y, por tanto, con menos experiencia que otro': *«Mira por encima del hombro a algún crítico júnior»* (*Universal* [Ven.] 15.9.96). A veces designa al profesional de menor rango, independientemente de su edad.

2. Aunque para el plural suele emplearse mayoritariamente la forma anglicada ⊗*júniors*, se recomienda acomodar esta palabra a la morfología española y usar el plural *júniores* (→ PLURAL, 1g): *«Se han obtenido los campeonatos de Europa y del mundo júniores»* (*País* [Esp.] 1.8.84); *«Martina está jugando con insultante superioridad, como si los restantes jugadoras fuesen júniores a su lado»* (*Abc* [Esp.] 2.7.97).

junk food. → *fast food*, 2.

junkie, junky. → yonqui.

junto. 1. Su uso como adverbio, con el significado de 'al lado', es normal en países como México: *«Al trabajar con la lejía tenga junto una cubeta de agua»* (Lesur *Barniz* [Méx. 1992]). En otros países americanos y en España, este uso adverbial se da en el habla popular de algunas zonas, pero se rechaza en la lengua culta: *«La hizo recostarse en la cama, dijo que solo por sentirla allí junto»* (CBonald *Noche* [Esp. 1981]).

2. junto a. 'Al lado de o cerca de': *«Se arrodilló de nuevo junto a la cama»* (Belli *Mujer* [Nic. 1992]). También puede decirse *junto de*, pero es menos frecuente: *«Proceden a recostar el cadáver en la tierra, junto de un encino»* (Montaño *Andanzas* [Méx. 1995]).

3. junto con. 'En compañía de o con la colaboración de'. Cuando esta locución preposicional introduce un complemento de compañía que se suma a un sujeto singular, el verbo, si va pospuesto a ambos elementos, aparece a veces en plural, concertando con la pluralidad de referentes que suponen el sujeto y el complemento: *«Ella, junto con sus amigos, parecen haber atado todos los cabos sueltos»* (*Siglo* [Pan.] 12.6.97); pero lo más recomendable es poner el verbo en singular, concordando estrictamente con el sujeto gramatical (→ CONCORDANCIA, 4.2): *«Él, junto con sus hombres, dormía envuelto en una manta»* (Sánchez *Palacio* [Esp. 1995]).

4. junto de. → 2.

Jurasán. → Jorasán.

justipreciar. 'Apreciar o tasar'. Se acentúa como *anunciar* (→ APÉNDICE 1, n.º 4).

Juzestán. Forma adaptada a la ortografía y pronunciación españolas del nombre de esta región de Irán: *«Juzestán es una provincia rica en yacimientos de hidrocarburos, fronteriza con Irak»* (*Abc@* [Esp.] 18.4.05). También es válida, aunque algo menos frecuente, la variante *Juzistán*. No deben usarse en español las transcripciones inglesas *Khuzestan* o *Khuzistan*.

juzgar. 1. Cuando significa 'considerar', se construye con complemento directo y suele llevar, además, un complemento predicativo, introducido o no por *como*: *«Subsista [...] la pena de muerte, toda vez que tantos LA juzgan NECESARIA»* (HdzNorman *Novela* [P. Rico 1977]); *«De ahí a juzgarLOS COMO maestros hay mucho trecho»* (Zaldívar *Capablanca* [C. Rica 1995]).

2. Cuando significa, dicho de un tribunal o juez, 'someter a juicio [a alguien]', además del complemento directo de persona, suele llevar un complemento con *por* o *de*: *«El juez federal [...] LO juzgará POR injurias»* (*Clarín* [Arg.] 8.7.97); *«Tendrá que juzgar DE homicidio a Eurídice»* (*Expreso* [Perú] 23.8.93). Asimismo, dicho de un tribunal o juez, significa 'valorar la legalidad o ilegalidad [de una acción]'. En este caso el complemento directo expresa el presunto delito: *«Los tribunales militares pasaron a juzgar todos los delitos políticos»* (Fasano *Derrota* [Ur. 1980]).

3. Cuando significa 'valorar o emitir un juicio sobre algo o alguien', puede construirse como transitivo: *«La Iglesia no juzga las intenciones interiores de las personas»* (Ruffinelli *Guzmán* [Ur. 2001]); o como intransitivo, con un complemento de *de*: *«No juzgamos SOBRE la necesidad de la búsqueda de esta vía o de su acierto»* (*Nación* [C. Rica] 16.11.00); *«Se empezó [...] a juzgar DE cosas y personas desde la perspectiva de la política»* (Marías *España* [Esp. 1985]).

Juzistán. → Juzestán.

k

k. Duodécima letra del abecedario español y undécima del orden latino internacional. Su nombre es femenino: *la ka* (pl. *kas*). Representa el sonido consonántico velar oclusivo sordo /k/, que también puede ser representado por la *c* en determinadas posiciones (→ c, 2.1) y por la *q* (→ q, 2). Aparece en palabras procedentes de otras lenguas en las que se ha buscado respetar la ortografía originaria, o en voces transcritas de lenguas que emplean alfabetos no latinos, como el griego, el japonés o el ruso: *káiser, kappa, karaoke, kermés, kilo-, kiwi, Kremlin, kriptón, kurdo, anorak, búnker*. Muchas de ellas pueden también escribirse con *c* o con *qu*, como *quermés, quimono, criptón* o *curdo*.

Kabardia-Balkaria. Forma española recomendada para el nombre de esta república de la Federación Rusa, pues el nombre tradicional español del primer elemento es *Kabardia* (o *Kabarda*), del que deriva el gentilicio *kabardino*: «*El Instituto de Ciencias Marinas de Andalucía acogió* [...] *la exposición* [...] *del pintor Muhadin Kishev, de la república rusa de Kabardia-Balkaria*» (*Enredadera*@ [Esp.] 4.05). También se emplea la forma *Kabardino-Balkaria*, transcripción directa del nombre ruso: «*Algo similar podría decirse del Elbrus, en la república Kabardino-Balkaria*» (*Vanguardia* [Esp.] 30.5.95).

kabardino -na, Kabardino-Balkaria. → Kabardia-Balkaria.

⊗kabila, ⊗kábila. → cabila.

káiser. 'Emperador de Alemania y Austria'. Su plural es *káiseres* (→ PLURAL, 1g). Acerca de su escritura con mayúscula inicial, → MAYÚSCULAS, 4.31 y 6.9.

kaki. → caqui.

Kalmukia. Forma recomendada en español para el nombre de esta república de la Federación Rusa: «*También es el presidente de la República de la Federación Rusa de Kalmukia*» (*Tiempo* [Col.] 8.11.96). El gentilicio es *kalmuko*: «*Se trataba de un ejército tal vez abigarrado en exceso. Italianos,* [...] *rusos, ucranianos, armenios, tártaros de Crimea, kalmukos y hasta indios*» (Gironella *Hombres* [Esp. 1986]). El gentilicio tradicional era *calmuco*, lo que ha dado lugar a la creación de la forma adaptada *Calmuquia*, de muy escaso uso. Se desaconseja la variante ⊗*Kalmikia*, adaptación del inglés *Kalmykia*.

kalmuko -ka, *Kalmykia.* → Kalmukia.

kamikaze. Voz tomada del japonés, que designa al piloto nipón que, durante la Segunda Guerra Mundial, estrellaba aviones cargados de explosivos contra objetivos enemigos y, también, el avión usado de esta forma: «*Pueden actuar como lo hacían los kamikazes japoneses*» (*Cambio 16* [Esp.] 23.7.90); «*Pasó rozándonos por una carretera estrecha a la velocidad de un kamikaze sobre un acorazado yanqui*» (Leguineche *Camino* [Esp. 1995]). Por extensión, se usa hoy con el sentido de 'persona que realiza una acción temeraria que puede implicar su propia muerte' y 'terrorista dispuesto a perder la vida en el atentado que comete'; en estos casos, es común en cuanto al género (*el/la kamikaze;* → GÉNERO², 1a y 3c): «*Estamos conmocionados. Somos una familia pacífica", afirmó el suegro de la kamikaze*» (*VGalicia* [Esp.] 15.1.04). Hoy, con el último sentido indicado, se utiliza más la expresión *terrorista suicida*. Se usa frecuentemente en aposición: *piloto kamikaze, avión kamikaze, conductor kamikaze*. Como adjetivo, significa 'propio de un kamikaze': *acto kamikaze, comportamiento kamikaze*. Su plural es *kamikazes*, incluso cuando está usado en aposición (→ PLURAL, 2.4): *pilotos kamikazes* (no ⊗*pilotos kamikaze*). También es válida, aunque minoritaria hoy, la variante gráfica adaptada *camicace*. No son admisibles grafías híbridas como ⊗*kamicace* o ⊗*kamikace*. Para el uso de *z* ante *e*, → c, 2.2.

Kampuchea. → Camboya.

kan. 'Jefe o príncipe de los tártaros': «*La derrota del ejército del Kan se debió a que los japoneses fueron siempre feroces y temidos hombres de caballería*» (Bonfil *Simbiosis* [Méx. 1993]). Es voz de origen turco, documentada en español desde época medieval. La grafía *kan* es la única vigente en el uso, ya que la variante *can*, frecuente con este sentido hasta época clásica, es hoy inusitada, y la forma *jan*, más cercana al étimo turco, es muy minoritaria. No debe escribirse ⊗*khan*, grafía que corresponde a otros idiomas, como el inglés o el francés. Su plural es *kanes* (→ PLURAL, 1g). Sobre su escritura con mayúscula o minúscula inicial, → MAYÚSCULAS, 4.31 y 6.9.

⊗kanaka, ⊗kanake, ⊗kanako. → canaco.

kappa. Esta es la grafía recomendada para el nombre de la décima letra del alfabeto griego, que corresponde a la *k* en el latino. Se desaconseja la variante [⊗]*cappa*, poco usada y alejada de la transcripción del étimo griego.

[⊗]**kaqui.** → caqui.

Karacháevo-Cherkesia. → Karacháyevo-Cherkesia.

Karacháyevo-Cherkesia. Forma recomendada del nombre de esta república de la Federación Rusa, que resulta de transcribir al español el nombre original ruso: «*El problema ha surgido en el norte del Cáucaso, en la república de Karacháyevo-Cherkesia*» (*Mundo*[@] [Esp.] 24.5.99). También se emplea, y es válida, la forma *Karacháevo-Cherkesia*. Menos recomendable resulta, en cambio, la forma [⊗]*Karachái-Cherkesia*, pues el primero de sus elementos no es un topónimo, sino un gentilicio que designa a los individuos integrantes de una de las dos etnias mayoritarias que componen el país.

karate o kárate. 'Modalidad de lucha japonesa'. Tiene dos acentuaciones válidas en español: la llana *karate* [karáte] es la etimológica y la más extendida en América; en España es más habitual la esdrújula *kárate*. El derivado que designa la persona que lo practica puede escribirse *karateca* o *karateka*, con preferencia por la primera de estas formas.

karateca, karateka. → karate o kárate.

Karelia. → Carelia.

karst. 'Paisaje de relieve accidentado, originado por la erosión química de terrenos calcáreos'. Permanece invariable en plural (→ PLURAL, 1j): *los karst*. Este sustantivo masculino procede del topónimo *Karst*, nombre alemán de una región de Eslovenia constituida por mesetas calizas; de ahí que sea mayoritaria, y preferible, la grafía etimológica con *k-*, frente a *carst*, variante gráfica también documentada. Para el adjetivo derivado pueden usarse las formas *kárstico* y *cárstico*, siendo preferible la primera.

kárstico -ca. → karst.

[⊗]**Kartum.** → Jartum.

kasbah. → casba.

[⊗]**Katar.** → Qatar.

Kathmandu. → Katmandú.

Katmandú. Forma adaptada a la ortografía española del nombre de la capital de Nepal: «*Al llegar a Katmandú no tenía una sola rupia*» (Leguineche *Camino* [Esp. 1995]). No debe usarse en español la grafía inglesa *Kathmandu*.

kayak. 'Canoa de pesca usada por los esquimales' y 'embarcación deportiva usada en la prueba de velocidad del mismo nombre'. Es voz de origen esquimal, introducida en español a través del inglés. Su plural es *kayaks* (→ PLURAL, 1h): «*Solo los kayaks no ofrecían todas las cualidades de equilibrio deseables*» (*Pilletes* [Pan. 1928]). Se desaconseja, por minoritaria, la grafía *cayac*. No son admisibles grafías híbridas como [⊗]*kayac* o [⊗]*cayak*.

Kazajistán. Forma adaptada a la ortografía y pronunciación españolas del nombre de este país de Asia, antigua república soviética: «*El lanzamiento se efectuó* [...] *desde el cosmódromo de Baikonur, situado en Kazajistán y arrendado por Rusia*» (*Comercio* [Ec.] 22.12.01). La *i* que aparece como apoyo vocálico para evitar la confluencia de tres consonantes en la pronunciación está presente en los topónimos españoles que contienen el sufijo -*stán* ('país de'), como *Afganistán, Kurdistán, Tayikistán, Turkmenistán, Uzbekistán*, etc. Esta forma es la que mejor refleja la pronunciación real de este topónimo y resulta, por ello, preferible a *Kazajstán*. También se documenta la forma *Kazakstán*, muy minoritaria y, por ello, menos recomendable, a pesar de ser la transcripción más fiel del topónimo en la lengua del país. El gentilicio de *Kazaj(i)stán* es *kazajo*: «*El primer ministro kazajo* [...] *dijo que el traspaso de las redes de gas se concretará a fines de abril*» (*Clarín* [Arg.] 28.2.97). Y el de *Kazakstán, kazako*: «*Tiró a la lona al kazako Olzhas Orazaliyev*» (*Excélsior* [Méx.] 25.9.00).

kazajo -ja, Kazajstán, kazako -ka, Kazakstán. → Kazajistán.

kebab. 'Plato típico de Turquía y otras zonas de Oriente Próximo, consistente en carne asada en brocheta'. Su plural es *kebabs* (→ PLURAL, 1h).

[⊗]**kechua.** → quechua.

kéfir. 'Leche fermentada artificialmente'. Su plural es *kéfires* (→ PLURAL, 1g).

Kenia. Forma adaptada a la ortografía española del nombre de este país de África: «*El animalito* [...] *vive en zonas áridas de Kenia, Etiopía y Somalia*» (Gánem *Caminitos* [Méx. 2001]). No debe usarse en español la forma inglesa *Kenya*. El gentilicio mayoritario y recomendado es *keniano*: «*La gran favorita es la atleta keniana Lydia Cheromey*» (*Heraldo* [Col.] 31.12.04). También es válida la forma *keniata*, surgida probablemente del apellido de Yomo Kenyatta o Keniata, líder de la independencia y primer presidente del país: «*El keniata Peter Koech* [...] *estableció una nueva plusmarca mundial*» (*Abc* [Esp.] 4.7.89).

keniano -na, keniata, *Kenya*. → Kenia.

képi, [⊗]*kepí,* [⊗]*kepis.* → quepis.

kermés. Adaptación gráfica de la voz francesa de origen neerlandés *kermesse*, que significa 'verbena de carácter benéfico' y, en general, 'fiesta popular al aire libre': «*La kermés se organiza para obtener recursos para el sostenimiento de la institución*» (*DYucatán* [Méx.] 28.10.96). Esta forma, que conserva la *k*- etimológica, es la preferida en el uso, aunque también es válida la adaptación *quermés* (→ k). Existen asimismo, aunque se usan menos, las formas *kermese* y *quermese:* «*Ludo notó que la quermese comenzaba a despoblarse*» (Ribeyro *Geniecillos* [Perú 1983]). El plural, en cualquier caso, es *kermeses* o *quermeses* (→ PLURAL, 1a y f).

kermese, *kermesse*. → kermés.

kerosén, kerosene, keroseno, kerosín. → queroseno.

kétchup. 'Salsa de tomate condimentada con vinagre y especias'. Es voz de origen chino, que el español ha tomado del inglés, lengua en la que se escribe de tres formas: *ketchup* —la más cercana a la etimología y única usada en el inglés británico—, *catchup* y *catsup* —más comunes en el inglés americano—. En español se documentan las tres formas, que deben escribirse con tilde por ser palabras llanas acabadas en consonante distinta de -*n* o -*s* (→ TILDE[2], 1.1.2): *kétchup, cátchup* y *cátsup*. La más usada es *kétchup*.

Khakasia. → Jakasia.

⊗*khan.* → kan.

Kharkov. → Járkov.

Khartoum, Khartum. → Jartum.

Khorasan, Khurasan. → Jorasán.

Khuzestan, Khuzistan. → Juzestán.

kibboutz, kibbutz. → kibutz.

kibutz. 'Colonia agrícola israelí de producción y consumo comunitarios'. La voz hebrea *qibbuṣ* se ha adaptado al español a partir de la forma inglesa *kibbutz* o francesa *kibboutz*, pero simplificando la doble consonante; por tanto, deben evitarse en español las grafías que mantienen el grupo -*bb*- etimológico. Es invariable en plural, pues el añadido de una -*s* (⊗*kibutzs*) conformaría una secuencia impronunciable en español (→ PLURAL, 1j): «*Danzando para adultos en uno de los kibutz*» (Fux *Danza* [Arg. 1992]). No deben aplicarse en español reglas morfológicas de otras lenguas, por lo que no se admite el plural ⊗*kibutzim*, que presenta la terminación propia del hebreo para formar el plural de los sustantivos masculinos.

Kichinev. → Chisinau.

⊗*kilate.* → quilate.

Kilimanjaro. El nombre de esta montaña de Tanzania se pronuncia de dos formas en español, a cada una de las cuales corresponde una grafía diferente. En España, la grafía original inglesa *Kilimanjaro* se pronuncia tal como se escribe, esto es,

[kilimanjáro]; pero en gran parte de América es mayoritaria la pronunciación etimológica [kilimanyáro], que debe reflejarse en la escritura mediante la grafía *Kilimanyaro:* «*Un guía italiano también me comentó que están retrocediendo los glaciares del Kilimanyaro*» (*Unión*@ [Arg.] 10.3.03).

Kilimanyaro. → Kilimanjaro.

kilo. → kilogramo.

kilo-. Elemento compositivo prefijo que se antepone a unidades de medida para designar unidades mil veces mayores: *kilogramo, kilopondio, kilovatio*. La variante *quilo-* está en desuso.

kilogramo. 'Mil gramos'. Es voz llana en todo el ámbito hispánico (pron. [kilográmo]), salvo en Chile, donde se usa con normalidad la forma esdrújula *kilógramo:* «*Una masa que aquí en la Tierra tiene un peso de 1 kilógramo, en la "superficie" del Sol pesaría 28*» (Maza *Astronomía* [Chile 1988]). La variante *quilogramo* está en desuso. El acortamiento *kilo* (o, raro hoy, *quilo*) ha desplazado en el uso corriente a la forma plena: «*Deberé adelgazar, he aumentado dos kilos*» (Adoum *Ciudad* [Ec. 1995]). Su símbolo es *kg* (→ APÉNDICE 3).

kilómetro. 'Mil metros'. Es voz esdrújula. No es correcta la forma llana ⊗*kilometro* (pron. ⊗[kilométro]). Su símbolo es *km* (→ APÉNDICE 3). La variante *quilómetro* está en desuso.

kimono. 'Túnica japonesa con mangas anchas y largas'. Esta es la grafía originaria y más frecuente en el uso; también es válida la adaptación posterior *quimono* (→ k).

kínder. → kindergarten.

kindergarten. Voz tomada del alemán *Kindergarten*, 'centro educativo para niños en edad preescolar'. Su uso ha arraigado en casi toda la América hispanohablante, a menudo en la forma abreviada *kínder*, que debe escribirse con tilde por ser palabra llana terminada en consonante distinta de -*n* o -*s* (→ TILDE[2], 1.1.2). Su plural, en español, debe ser *kindergártenes* y *kínderes*, respectivamente (→ PLURAL, 1g): «*Espera tener la oportunidad de atender como se debe todas las escuelas, colegios y kínderes*» (*Tribuna* [Hond.] 11.7.97). Debe evitarse la forma espuria ⊗*kindergarden*. En el uso americano circulan también los calcos *jardín infantil, jardín de niños* y *jardín de infantes*, más recomendables que el germanismo. En España se usa el calco *jardín de infancia*. Tampoco debe olvidarse el término tradicional español *parvulario*, aún vigente tanto en España como en América.

kinesi-. Así comienzan varias palabras compuestas a partir de la voz griega *kínesis* 'movimiento', como *kinesiología* ('estudio del movimiento natural del cuerpo humano y del tratamiento de sus posibles afecciones'), *kinesiólogo* ('experto en kinesiología'), *kinesiológico* ('de la kinesiología') o *kinesi(o)terapia* ('terapia basada en movimientos activos o pasivos del cuerpo'); también son válidas, aunque menos frecuentes en el uso, las grafías con *qu-* (→ k): *quinesiología, quinesiólogo, quinesiológico* o *quinesi(o)terapia;* y con *c-: cinesiología, cinesiólogo, cinesiológico* o *cinesi(o)terapia.*

kiosco, [⊗]kiosko. → quiosco.

Kioto. Forma adaptada a la ortografía española del nombre de esta ciudad de Japón: *«El destino del protocolo de Kioto se perfila como uno de los temas controvertidos de las conversaciones de Bush con los líderes europeos»* (*País* [Ur.] 11.6.01). No debe usarse en español la grafía inglesa *Kyoto.*

kipá. Adaptación de la voz hebrea *kippah,* 'casquete redondo con que se cubren la cabeza los judíos practicantes'. Es voz femenina: *«El candidato del Likud se puso la kipá»* (*Mundo* [Esp.] 30.5.96). En español conserva la acentuación aguda etimológica, por lo que debe escribirse con tilde. Su plural es *kipás* (→ PLURAL, 1b).

kippah. → kipá

kirguís, Kirguisia, kirguiso -sa. → Kirguistán.

Kirguistán. 1. Forma recomendada del nombre de este país de Asia, antigua república soviética: *«La aportación de unidades militares de Kazajstán, Kirguistán, Uzbekistán y Tayikistán»* (*Mundo* [Esp.] 5.10.96). Esta es la grafía que mejor refleja en español la pronunciación real del topónimo ruso que se transcribe *Kyrgyzstan.* También se emplea la variante *Kirguizistán,* adaptación gráfica de la transcripción, con una *i* de apoyo que evita la confluencia de tres consonantes en la pronunciación, y que se justifica por analogía con la que aparece en otros topónimos españoles que contienen el sufijo -*stán* ('país de'), como *Uzbekistán* o *Tayikistán.* Se desaconseja, por su dificultad articulatoria, la forma *Kirguizstán.* Como denominación alternativa, existe la forma tradicional *Kirguisia,* claramente preferible a *Kirguizia,* ya que la pronunciación de esta última en el español de zonas no seseantes se aleja de la original. **2.** Como gentilicio se recomienda el tradicional *kirguís,* válido para ambos géneros: *«Todo el tiempo está pensando en kirguises, en caucasianos, en bielorrusos»* (Sábato *Héroes* [Arg. 1961]); *«La policía kirguís dispersa a cerca de 300 personas que se dirigían a la sede del Gobierno»* (*Vanguardia*[@] [Esp.] 23.3.05); o *kirguiso,* femenino *kirguisa: «Fuentes policiales kirguisas admitieron que unas diez personas murieron en los enfrentamientos»* (*Universal*[@] [Ven.] 21.3.05); ambos son preferibles a los también usados *kirguiz* y *kirguiz(i)o.* Se desaconsejan las variantes con *qu-,* por su desemejanza gráfica con el topónimo.

kirguiz, Kirguizia, kirguiz(i)o -z(i)a, Kirguizistán, Kirguizstán. → Kirguistán.

Kishin(i)ev, Kishiniov. → Chisinau.

kit. Voz tomada del inglés *kit,* 'juego de piezas para armar o montar un objeto' y 'conjunto de productos y utensilios, destinados a un mismo fin, que se venden juntos'. Su plural es *kits* (→ PLURAL, 1h): *«Vende kits de costura»* (*Nacional* [Ven.] 18.12.96). En la mayoría de los casos es sustituible por voces españolas como *juego, equipo* o *estuche.*

kitsch. Voz alemana (pron. [kích]) que, como sustantivo masculino, significa 'estética caracterizada por la mezcla de objetos heterogéneos pasados de moda y que se consideran de mal gusto' y, como adjetivo, 'del *kitsch* o que tiene sus características'. Es voz asentada en el uso internacional con su grafía y pronunciación originarias. Por tratarse de un extranjerismo crudo, debe escribirse con resalte tipográfico. Es invariable en plural (→ PLURAL, 1j): *«Sus piezas [...] emanan unos efluvios "kitsch"»* (*Abc* [Esp.] 19.1.96).

kivi. → kiwi.

kiwi. Voz de origen maorí, introducida en español a través del inglés, que designa un ave corredora de Nueva Zelanda, un arbusto trepador de origen chino y, más frecuentemente, su fruto comestible, de piel vellosa y pulpa verde: *«Quería ver los kiwis, el pájaro nacional neozelandés»* (*Vanguardia* [Esp.] 2.9.94); *«Todos los agricultores que pudieron sembrar kiwis»* (*Hoy* [Chile] 27.1-2.2.97). Esta es la grafía asentada en el uso y la más recomendable, por ser la que refleja la pronunciación mayoritaria hoy entre los hispanohablantes: [kíui] (→ w, 2b); se desaconsejan, por ello, las grafías *kivi* y *quivi,* de uso muy minoritario.

kleenex. → clínex.

klistrón. Adaptación gráfica propuesta para la voz inglesa *klystron,* 'tubo electrónico empleado para generar o amplificar microondas en comunicaciones y radares': *«En los tubos de propagación o guías, la excitación procede de un magnetrón o klistrón que engendra ondas de la frecuencia requerida»* (Terradas *Neologismos* [Esp. 1946]). Aunque en inglés es voz llana, en español se prefiere la forma aguda *klistrón* por analogía con el nombre de otros aparatos con esta misma terminación, como *ciclotrón, magnetrón* o *sincrotrón.* El plural es *klistrones* (→ PLURAL, 1g).

klystron. → klistrón.

knock-out. → nocaut.

Knosos, *Knossos.* → Cnosos.

know-how. → saber, 5.

Kolkata. → Calcuta.

Köln. → Colonia.

Komi. República de la Federación Rusa: «*A la misma conclusión se llegó tras los hallazgos descubiertos entre 1991 y 1993 en la república de Komi, en los montes Urales*» (Cardeñosa *Código* [Esp. 2001]). Su gentilicio es *komi,* válido para ambos géneros.

kopek. 'Moneda rusa, equivalente a la centésima parte de un rublo'. Es voz aguda: [kopék], no llana. Su plural es *kopeks* (→ PLURAL, 1h): «*Por el precio de unos pocos kopeks no se puede exigir demasiado*» (Quintero *Danza* [Ven. 1991]). También es válida, aunque se usa menos, la variante gráfica *copec* (pl. *copecs*). No se admiten, en cambio, las grafías ⊗*kopec* ni ⊗*kopeck.*

Korea → Corea.

Kosova, kosovar. → Kosovo o Kósovo.

Kosovo o Kósovo. El nombre de esta región situada al sur de Serbia, de población mayoritariamente albanesa y actualmente bajo administración de la ONU, presenta dos acentuaciones válidas en español. Cada una de ellas se basa en una de las dos lenguas que coexisten en este territorio: la llana *Kosovo* (pron. [kosóbo]) presenta la misma sílaba tónica que la forma albanesa *Kosova* (pron. [kosóba]) y ha sido la usada tradicionalmente en español; la esdrújula *Kósovo* refleja la pronunciación de este topónimo en serbocroata y se ha extendido, probablemente, por influjo del inglés. El gentilicio de uso general es *kosovar* (basado en el gentilicio albanés *kosovari*): «*Solana atribuyó [...] a la "falta de confianza" en las instituciones kosovares la casi nula participación de la minoría serbia en las legislativas del pasado sábado*» (*Tiempos* [Bol.] 20.10.04). Cuando es necesario distinguir la etnia, además de la procedencia, se utilizan los compuestos *albanokosovar* y *serbokosovar:* «*La ONU busca a un serbokosovar por tentativa de asesinato*» (*País*@ [Esp.] 9.8.02).

Kraína. → Krajina.

Krajina. Grafía asentada en el uso español actual del nombre de esta región de Croacia, proclamada unilateralmente por su población serbia, de 1991 a 1998, República Serbia de Krajina: «*Los serbios de Krajina retienen a 115 policías y soldados de la ONU como rehenes*» (*Vanguardia* [Esp.] 2.5.95). Aunque en serbocroata se pronuncia [kraína], en español debe decirse [krajína], adecuando su pronunciación a su grafía. Si se quiere respetar la pronunciación vernácula de este topónimo, se recomienda escribir en español *Kraína.*

kril. Adaptación gráfica de la voz inglesa de origen noruego *krill,* 'conjunto de crustáceos marinos diminutos que integran el zooplancton'.

krill. → kril.

kriptón. → criptón.

kuna. 'Unidad monetaria de Croacia'. Es voz femenina y su plural es *kunas:* «*El cura había gastado 170 000 kunas (25 000 euros) en 8 meses*» (*DMontañés*@ [Esp.] 26.4.05).

kung-fu. Voz tomada del inglés *kung-fu,* que designa un arte marcial de origen chino: «*El sistema de competición está basado en los aspectos técnicos, estéticos y educativos del kung-fu*» (*FVigo* [Esp.] 22.11.02). Esta es la grafía asentada en español y, por tanto, la más recomendable.

Kurdistán. Región de Asia donde se asienta el pueblo kurdo, repartida entre los Estados de Turquía, Irán, Iraq, Siria, Armenia y Azerbaiyán. Es mayoritario y preferible su uso con artículo antepuesto: «*Turquía obtuvo la soberanía de buena parte del Kurdistán*» (*Proceso* [Méx.] 8.9.96). Esta es la grafía asentada en el español actual; la variante *Curdistán,* usada en épocas pasadas, es hoy muy minoritaria y se desaconseja su empleo. Lo mismo cabe decir de los gentilicios respectivos *kurdo* (preferible) y *curdo.*

kurdo -da. → Kurdistán.

Kyoto. → Kioto.

l. 1. Decimotercera letra del abecedario español y duodécima del orden latino internacional. Su nombre es femenino: *la ele* (pl. *eles*). Representa el sonido consonántico apicoalveolar lateral /l/. **2.** Es normal que la pronunciación de la *l* en posición final de sílaba o de palabra se relaje; pero en el habla esmerada debe evitarse que esta /l/ relajada llegue a convertirse en una /r/: ⊗[bórsa] por *bolsa*, ⊗[mardíto] por *maldito*.

la. 1. 'Nota musical'. → PLURAL, 1l y MAYÚSCULAS, 6.2. **2.** Artículo determinado. → el. **3.** Pronombre personal átono. → PRONOMBRES PERSONALES ÁTONOS y LAÍSMO.

Laâyoune, ⊗L'Ayoune. → El Aaiún.

labor. 'Trabajo'. En español es femenino: *la labor*.

La Coruña. Nombre tradicional en lengua castellana de la provincia y ciudad de Galicia cuyo nombre en gallego es *A Coruña*. Salvo en textos oficiales, donde es preceptivo usar el topónimo gallego como único nombre oficial aprobado por las Cortes españolas, en textos escritos en castellano debe emplearse el topónimo castellano. El gentilicio es *coruñés*.

lacrimal. → lagrimal.

lady. 'Mujer que pertenece a la primera nobleza británica'. Esta voz inglesa (pron. [léidi]) se usa normalmente como fórmula de tratamiento, antepuesta sin artículo al nombre o apellido de la mujer correspondiente: «*Una lista de apellidos resonantes esmaltaba en el lado de nuestros huéspedes la continuidad del* establishment *del Reino Unido:* [...] *David Lea,* lady *Blackstone,* lady *Fretwell, entre otros*» (*País* [Esp.] 2.12.88). Por tratarse de un extranjerismo crudo, que conserva su grafía y pronunciación originarias, debe escribirse con resalte tipográfico. El plural de esta voz inglesa es *ladies* (pron. [léidis]).

lagaña. → legaña.

La Goleta. Nombre tradicional español de esta ciudad de Túnez: «*Estuvieron cuatro días fondeados en La Goleta, antepuerto de Túnez*» (Faner *Flor* [Esp. 1986]). No debe usarse en español la forma francesa *La Goulette*.

La Goulette. → La Goleta.

lagrimal. 1. Como adjetivo, 'de (las) lágrimas': «*El conducto nasolagrimal va del saco lagrimal a la nariz*» (Rosales/Reyes *Enfermería* [Méx. 1982]). Con este mismo sentido se usa también el adjetivo *lacrimal*: «*Los ojos, si los poseen, no tienen párpados ni glándulas lacrimales*» (Vattuone *Biología* [Arg. 1992]). **2.** Como sustantivo masculino, 'extremo del ojo por donde salen las lágrimas': «*Sacó un pañuelo del bolsillo del delantal y enjugó con él sus lagrimales*» (Bain *Dolor* [Col. 1993]). Con este sentido se desaconseja, por minoritario, el uso de *lacrimal*.

La Habana. El artículo que forma parte del nombre de la capital de Cuba debe escribirse con mayúscula (→ MAYÚSCULAS, 4.7): «*En un lugar céntrico de La Habana se alza un bello* [...] *monumento a los chinos "mambises"*» (Moreno *Historia* [Cuba 1983]). No se debe usar en español la grafía inglesa *La Havana*. Su gentilicio es *habanero*: «*Traían un par de direcciones de jóvenes pintores habaneros a quienes deseaban visitar*» (ÁlvzGil *Naufragios* [Cuba 2002]).

Laibach. → Liubliana.

LAÍSMO. 1. Es el uso impropio de *la(s)* en función de complemento indirecto femenino, en lugar de *le(s)*, que es la forma a la que corresponde etimológicamente ejercer esa función (→ PRONOMBRES PERSONALES ÁTONOS, 1).

2. Los pronombres *la, las* proceden, respectivamente, de las formas latinas de acusativo *illam, illas*. El acusativo es el caso de la declinación latina en el que se expresaba el complemento directo. Por ello, la norma culta del español estándar solo admite el uso de estas formas para dicha función: «LA *busqué* [a Constancia] *en los tres pisos*» (Fuentes *Constancia* [Méx. 1989]); «*Estas cosas muchos no* LAS *quieren creer*» (*Vanguardia* [Esp.] 6.7.94). No son correctos los usos ejemplificados a continuación, en los que la forma *la* funciona como complemento indirecto: ⊗«*Cuando abrió la Marcelina,* LA *dijeron: ¿Vive aquí Marcelina Domínguez?*» (JmnzLozano *Grano* [Esp. 1988]); ⊗«*Yo* LA *di un beso a Josefa*» (Pombo *Héroe* [Esp. 1983]).

3. El laísmo, al igual que otros fenómenos paralelos relacionados con el uso antietimológico de los pronombres átonos de tercera persona, como el leísmo y el loísmo, comienza a fraguarse en la Castilla primitiva durante la Edad Media (para las razones de su aparición, → LEÍSMO, 3), pero no consiguió extenderse a la variedad del castellano andaluz, por lo que no se trasladó al español atlántico (Canarias e Hispanoamérica). El área propiamente laísta se circunscribe básicamente a la zona central y noroccidental de Castilla. Aun así, por influencia de la norma culta estándar (→ 2), es patente la voluntad de los hablantes cultos de esas zonas y, sobre todo, de los escritores, de ajustarse al uso etimológico.

4. Hay ocasiones en que las incorrecciones o vacilaciones en el uso de los pronombres átonos de tercera persona no se deben a la tendencia dialectal señalada en el párrafo anterior, sino a la duda del hablante sobre el tipo de complemento —directo o indirecto— que rigen algunos verbos. Así, hay verbos que, incluso en zonas en las que los pronombres átonos distinguen funciones gramaticales, unas veces se construyen con pronombres de complemento directo —*lo(s)*, *la(s)*— y otras con pronombres de complemento indirecto —*le(s)*—, dependiendo de distintos factores (→ LEÍSMO, 4a, b, c y d); otros verbos están inmersos en un proceso de cambio de intransitivos (verbos que nunca se construyen con complemento directo) a transitivos (verbos que exigen la presencia de un complemento directo), y viceversa (→ LEÍSMO, 4e). Para resolver estos casos, debe acudirse a las entradas correspondientes a cada uno de los verbos que habitualmente plantean dudas. En cuanto a las oraciones impersonales con *se* seguido de pronombre átono (*Se le/la considera la mejor*), → LEÍSMO, 4f. Para casos de laísmo con semilocuciones verbales (*echar un vistazo*, *prender fuego*, etc.), → LOÍSMO, 5.

La Meca. 1. Aunque desde época medieval y hasta el siglo XVIII lo normal fue usar sin artículo el nombre de esta ciudad de Arabia Saudí, cuna de Mahoma, en el uso actual el artículo ha pasado a formar parte de este topónimo y debe escribirse con mayúscula (→ MAYÚSCULAS, 4.7): «*El peregrinaje a la ciudad santa de La Meca, en Arabia*» (*Abc* [Par.] 2.12.02). Cuando se utiliza con el sentido de 'lugar donde está el centro principal de una actividad', es nombre común y debe escribirse con minúsculas: «*Todo esto ocurría cuando Barcelona era la meca indiscutible del boxeo español*» (*Vanguardia* [Esp.] 27.2.94). El gentilicio es *mequí* (pl. culto *mequíes*; → PLURAL, 1c).

2. *de la ceca a la meca.* → ceca.

lamentar(se). 1. Como transitivo, 'sentir pena, contrariedad o arrepentimiento [por algo]'. La causa del lamento es el complemento directo: «*Lamentó el ademán provocador*» (Liendo *Platos* [Ven. 1985]); «*Lamento que nunca hayas sabido amar*» (Jodorowsky *Pájaro* [Chile 1992]). Es incorrecto anteponer *de* a este complemento como resultado del cruce con la construcción pronominal (→ 2 y

DEQUEÍSMO, 1b): [⊗]«*En el caso de TV3 solo cabe lamentar DE que el adelanto de horario de su programa se hiciera a costa de "Les coses com són"*» (*Vanguardia* [Esp.] 16.12.95); debió decirse *lamentar que el adelanto...*

2. Como intransitivo pronominal, 'manifestar pena, contrariedad o arrepentimiento'. La causa del lamento se expresa mediante un complemento con *de* o *por*: «*Treviño se lamentó DE que Tita se sintiera indispuesta*» (Esquivel *Agua* [Méx. 1989]); «*No se lamentó POR la falta de pan*» (Montero *Trenza* [Cuba 1987]).

languidecer. 'Ponerse lánguido'. Verbo irregular: se conjuga como *agradecer* (→ APÉNDICE 1, n.º 18).

lao. → Laos.

Laos. Forma tradicional española del nombre de este país de Asia: «*La política agresiva que el presidente Kennedy llevaba hasta entonces en relación con Vietnam, Laos y Cuba*» (Alonso *Imperio* [Méx. 2003]). La forma *lao* es el gentilicio de la etnia mayoritaria y el nombre de la lengua oficial: «*Sobre el tarjetón, redactado en francés y lao, figuraba el elefante de las tres cabezas*» (Leguineche *Camino* [Esp. 1995]). Aunque dicho gentilicio aparece en el nombre oficial vernáculo (traducido *República Democrática Popular Lao*), no debe usarse *Lao* como nombre abreviado del país. Su gentilicio es *laosiano*: «*La mujer laosiana tiene todo el derecho a desgarrar las ropas del varón y dejarlo en cueros*» (Leguineche *Camino* [Esp. 1995]).

laosiano -na. → Laos.

lapso. 'Tiempo entre dos límites': «*El brevísimo lapso que duró la tensión se le hizo interminable*» (Delibes *Madera* [Esp. 1987]). Es frecuente y admisible el uso de la locución redundante *lapso de tiempo*: «*Los patos actualizan su instinto de seguir a la madre en un lapso de tiempo muy corto*» (Pinillos *Psicología* [Esp. 1975]). Aunque tiene el mismo origen que *lapsus* ('equivocación'; → lapsus), conviene no confundir ambas palabras en el uso actual.

lapsus. 'Falta o equivocación que se comete por descuido': «*Quise creer que era un error o un lapsus*» (Marías *Corazón* [Esp. 1992]). Es invariable en plural (→ PLURAL, 1f y k): *los lapsus*. No debe confundirse con *lapso* ('intervalo de tiempo'; → lapso).

lapsus cálami. Loc. lat. que significa literalmente 'error de la pluma'. Se emplea como locución nominal masculina con el sentido de 'error involuntario que se comete al escribir': «*La explicación de esta frase como errata de imprenta o lapsus cálami debe rechazarse*» (Madariaga *Colón* [Esp. 1940-47]). Es invariable en plural (→ PLURAL, 1k): *los lapsus cálami*.

lapsus línguae. Loc. lat. que significa literalmente 'error de la lengua'. Se emplea como locución nominal masculina con el sentido de 'error involuntario que se comete al hablar': «*Un lapsus línguae, la inoportuna confusión de una palabra con otra, es con frecuencia muy reveladora de intenciones o preocupaciones reprimidas*» (Pinillos *Mente* [Esp. 1969]). La pronunciación corriente en español del segundo elemento es [língue], en la que el diptongo latino *ae* se pronuncia como *e*, rasgo típico del latín vulgar; pero también se pronuncia [línguae], como corresponde a la pronunciación del latín clásico. Ambas son válidas. Es invariable en plural (→ PLURAL, 1k): *los lapsus línguae*.

larga duración. → elepé.

lasagna. → lasaña.

lasaña. Adaptación gráfica de la voz italiana *lasagna*, 'plato compuesto de capas de pasta en las que se intercala carne picada mezclada con besamel': «*Terminó gustoso su lasaña*» (Serrano *Vida* [Chile 1995]).

láser. Voz tomada del inglés *laser* —acrónimo de *l*[ight] *a*[mplification by] *s*[timulated] *e*[mission of] *r*[adiation]—, que significa 'dispositivo electrónico que amplifica un haz de luz monocromático y coherente' y 'rayo o haz de luz emitido por un láser': «*Es un láser quirúrgico de alta potencia*» (GmzMontoya *Cirugía* [Esp. 1995]); «*Dispararon un potente láser desde la Tierra a un satélite de la Fuerza Aérea*» (*NHerald* [EE. UU.] 21.10.97). Con este último sentido, se usa frecuentemente en aposición: *rayo láser*. También se usa como adjetivo ('que funciona con láser' y 'del láser'): *impresora láser, tecnología láser*. En español debe escribirse con tilde por ser voz llana terminada en consonante distinta de -*n* o -*s* (→ TILDE², 1.1.2). Como sustantivo, el plural es *láseres* (→ PLURAL, 1g): «*El uso de láseres permitiría emplear la energía eléctrica con mayor eficiencia*» (Neri *Satélites* [Méx. 1991]); usado en aposición a *rayo* o como adjetivo, es invariable en plural: *rayos láser, impresoras láser*.

lasitud. → laso, 2.

laso -sa. 1. 'Cansado o falto de fuerzas': «*¿Qué hay de común entre aquel muchacho urgente y el hombre laso de ahora?*» (Zaldumbide *Égloga* [Ec. 1910]); dicho de hilo, 'sin torcer': «*Se le ponen unas hebras de seda lasa color marrón*» (Fortún *Bazar* [Esp. 1935]); y, dicho de pelo, 'lacio': «*Con su laso pelo castaño trenzado en rodete sobre la nuca*» (Soriano *Caza* [Esp. 1951]). Este adjetivo, poco usado en la actualidad, no debe confundirse con *laxo* ('flojo o sin tensión' y 'relajado o poco estricto'; → laxo, 1). **2.** Mayor uso tiene el sustantivo derivado *lasitud* ('cansancio o falta de fuerzas'): «*La energía que la lucha había inyectado en su cuerpo se estaba desvaneciendo ahora, dando paso a una gran lasitud; de pronto se sentía muy viejo y cansado*» (PzReverte *Maestro*

[Esp. 1988]). No debe confundirse con *laxitud*, sustantivo que corresponde al adjetivo *laxo* (→ laxo, 2).

latente. 'Oculto o aparentemente inactivo': «*Se forma una imagen latente; esta imagen no es visible y para observarla es necesario revelarla y fijarla*» (Costa *Fotografía* [Chile 1993]); «*Tal virus latente puede, de súbito, convertirse en activo y matar*» (Cotte *Sida* [Ven. 1988]). Este adjetivo procede del latín *latens, -entis* (participio de presente de *latere* 'estar oculto'). No debe confundirse con *latiente* ('que late'; → latiente): ⊗«*Los sustitutos paternos pueden tener, en vez de un latente corazón de músculo, uno hecho de cables y chips*» (*Universal*@ [Ven.] 25.4.05). Tampoco es correcto su empleo con el sentido opuesto de 'manifiesto o visible', significado que corresponde al adjetivo *patente*: ⊗«*Los óleos de sus últimas series* [...] *son una muestra latente de lo emocional en el artista*» (*Tiempo* [Col.] 11.2.97).

latiente. 'Que late': «*Se nos aparecía el corazón latiente de Santa Gema Galgani*» (*País* [Esp.] 2.8.86); «*En el cuerpo desollado y latiente había vida*» (RBastos *Vigilia* [Par. 1992]). Esta es la forma correcta del adjetivo que procede del participio activo del verbo *latir* ('dar latidos'). No debe confundirse con *latente* ('aparentemente inactivo'; → latente).

Latinoamérica. Nombre que engloba el conjunto de países del continente americano en los que se hablan lenguas derivadas del latín (español, portugués y francés), en oposición a la América de habla inglesa: «*El cálculo* [...] *de sujetos potenciales del derecho indígena colectivo es por ahora imposible, particularmente en Latinoamérica. En Canadá y Estados Unidos hay sistemas más formalizados de registro público*» (Clavero *Derecho* [Méx. 1994]). Es igualmente correcta la denominación *América Latina*. Para referirse exclusivamente a los países de lengua española es más propio usar el término específico *Hispanoamérica* (→ Hispanoamérica) o, si se incluye Brasil, país de habla portuguesa, el término *Iberoamérica* (→ Iberoamérica). Debe escribirse siempre en una sola palabra, de modo que no son correctas grafías como ⊗*Latino América* o ⊗*Latino-América*. Su gentilicio es *latinoamericano*.

latinoamericano -na. → Latinoamérica.

lato sensu. Loc. lat. que significa 'en sentido lato, en sentido amplio': «*Lato sensu, la inteligencia es una capacidad biológica de adaptación*» (Pinillos *Psicología* [Esp. 1975]); «*Incrementó con matices nuevos ese incipiente interés por la antropología lato sensu*» (Laín *Descargo* [Esp. 1976]). Son erróneas las formas ⊗*latu sensu* y ⊗*lato senso*. Se opone a *stricto sensu* (→ stricto sensu). También puede decirse *sensu lato*: «*El ánimo se inclina ante la realidad incontrovertible de una conducta criminal, sensu lato*» (Egido *Corazón* [Esp. 1995]).

lats. 'Unidad monetaria de Letonia'. Es voz masculina invariable en plural: *un lats, dos lats*. Debe evitarse el uso de ⊗*lat* para el singular.

⊗**latu sensu.** → lato sensu.

Latvia, Latvijas, ⊗**latvio -via.** → Letonia.

lauda. → laude, 2.

laudar. Dicho de un juez árbitro, 'fallar o dictar sentencia'. Se acentúa como *causar* (→ APÉNDICE 1, n.º 10).

laude. 1. Cuando significa 'alabanza', es voz femenina, como su étimo latino (*laus, laudis*), y se usa normalmente en plural: «*Se lanzaron a cantar* [...] *las laudes de Nuestro Señor Jesucristo*» (Mujica *Escarabajo* [Arg. 1982]). En plural, con el sentido de 'parte del oficio divino que se reza después de maitines', se usa hoy normalmente en masculino: «*Rezamos los laudes de la mañana, vamos a la misa y a las ocho de la mañana asistimos a nuestras clases*» (*Listín* [R. Dom.] 19.7.97).

2. Como sustantivo femenino, significa también 'lápida': «*En el claustro de la catedral de Badajoz puede admirarse la notable laude sepulcral*» (Miralles *Cortés* [Méx. 2001]). Existe, con este mismo sentido, la variante *lauda*: «*El muro del panteón de nobles muestra las bellas laudas sepulcrales*» (*Vanguardia* [Esp.] 31.8.94).

3. El acento de intensidad recae en la vocal abierta del diptongo ([láude]), de modo que no es correcta la pronunciación con hiato ⊗[laúde].

lauréola o **laureola.** Nombre de diversas plantas. Tiene dos acentuaciones válidas. La forma esdrújula *lauréola* conserva la acentuación etimológica: «*No disponemos de ningún análisis químico de la lauréola*» (FQuer *Plantas* [Esp. 1962]). Pero también se ha usado, y es válida, la forma llana *laureola* [laureóla]: «*Alrededor, macetas de brusco y laureola*» (Valera *Pepita* [Esp. 1874]).

Lausana. Forma tradicional española del nombre de esta ciudad suiza: «*Dekker* [...] *se emocionó cuando recogió el trofeo en el podio de la capital olímpica de Lausana*» (*Excélsior* [Méx.] 20.7.00). No debe usarse en español la forma francesa *Lausanne*.

Lausanne. → Lausana.

La Valeta. Forma tradicional española del nombre de la capital de Malta: «*Falleció tras sentirse mal en un bar de La Valeta, en la isla de Malta*» (*DNavarra* [Esp.] 5.5.99). No debe usarse en español la grafía original *La Valletta*, y menos aún la semiadaptación ⊗*La Valetta*. El artículo forma parte del nombre propio, por lo que debe escribirse con mayúscula inicial (→ MAYÚSCULAS, 4.7).

La Valletta. → La Valeta.

laxitud. → laxo, 2.

laxo -xa. 1. 'Que no está firme o tenso': «*Tenía los músculos hipotónicos, laxos*» (FdzMartínez *Drogadicto* [Esp. 1981]); y 'relajado o poco estricto': «*Si las reglas son demasiado rígidas o demasiado laxas, entonces surgen los problemas*» (Rausch *Dietas* [Arg. 1996]). No debe confundirse con *laso* ('cansado o falto de fuerzas' y, dicho de hilo o de pelo, 'sin torcer o lacio'; → laso, 1).

2. El sustantivo derivado es *laxitud*: «*Transcurridos unos días de cierta laxitud, el rigor retornó, más inflexible que antes*» (Delibes *Madera* [Esp. 1987]). No debe confundirse con *lasitud*, sustantivo que corresponde al adjetivo *laso* (→ laso, 2).

le. Pronombre personal átono (→ PRONOMBRES PERSONALES ÁTONOS y LEÍSMO).

leal. 'Que guarda lealtad a alguien o algo'. El complemento va introducido por *a* o, menos frecuentemente, *con*: «*Tienen que ser leales A su tiempo*» (TBallester *Filomeno* [Esp. 1988]); «*Noemí fue leal CON sus principios*» (*Semana* [Col.] 21-28.1.97).

leche. *mala leche.* → malaleche.

leer. 'Pasar la vista por [un texto escrito] para descifrarlo y comprender su significado'. Este verbo es regular desde el punto de vista morfológico, pero no desde el punto de vista gráfico-articulatorio, ya que el sonido vocálico /i/ de algunas desinencias, cuando queda entre vocales, se transforma en el sonido consonántico /y/; consecuentemente, en estas formas, la *-i-* pasa a escribirse *-y-*: *leyendo, leyó, leyeron, leyera, leyeras*, etc. V. conjugación modelo (→ APÉNDICE 1, n.º 39).

legaña. 'Líquido graso que segregan la mucosa y las glándulas de los párpados'. Esta es la forma preferida hoy en el habla culta de casi todo el ámbito hispánico, aunque en algunos países de América convive en el nivel culto con la variante *lagaña* o, como en Costa Rica, es esta la única forma usada: «*Entre legañas vio la silueta acercarse a su cama*» (Aguilar *Error* [Méx. 1995]); «*Luego de afeitarlo, removía con un paño tibio las lagañas*» (Ducoudray *Ojos* [C. Rica 1992]).

legitimación. → legitimar.

legitimar. 'Dar legitimidad [a algo o a alguien]': «*La aprobación de la Iglesia católica legitimaba las acciones del régimen ante el pueblo dominicano*» (VLlosa *Fiesta* [Perú 2000]). El sustantivo derivado es *legitimación*. Es innecesaria, y debe evitarse, la forma ⊗*legitimizar*, así como su derivado ⊗*legitimización*.

⊗**legitimización,** ⊗**legitimizar.** → legitimar.

LEÍSMO. 1. Es el uso impropio de *le(s)* en función de complemento directo, en lugar de *lo* (para el masculino singular o neutro), *los* (para el masculino plural) y *la(s)* (para el femenino), que son las formas a las que corresponde etimológicamente ejercer esa función (→ PRONOMBRES PERSONALES ÁTONOS, 1).

2. Los pronombres *le, les* proceden, respectivamente, de las formas latinas de dativo *illi, illis*. El dativo es el caso de la declinación latina en el que se expresaba el complemento indirecto. Por ello, la norma culta del español estándar establece el uso de estas formas para ejercer dicha función, independientemente del género del sustantivo al que se refiere el pronombre: «*Conocí a un cirujano plástico a quien LE conté mi problema*» (*Tiempo* [Col.] 1.12.87); «*Yo nunca LE conté a mi madre que había visto agonizando* [...] *al hijo del Ferroviario*» (Asenjo *Días* [Esp. 1982]); «*Al despedirlos LES di veinte pesos*» (Ibargüengoitia *Crímenes* [Méx. 1979]). Por tanto, son casos de leísmo usos como los siguientes, en los que *le* funciona como complemento directo: «*Era Huayna Cápac, según dicen muchos indios que LE vieron y conocieron, de no muy gran cuerpo*» (Salvador *Ecuador* [Ec. 1994]); [⊗]«*Los romanos* [...] *solían cocinarLE* [el cerdo] *entero*» (VV. AA. *Matanza* [Esp. 1982]). Debido a su extensión entre hablantes cultos y escritores de prestigio, se admite el uso de *le* en lugar de *lo* en función de complemento directo cuando el referente es una persona de sexo masculino: «*Tu padre no era feliz.* [...] *Nunca LE vi alegre*» (TBallester *Filomeno* [Esp. 1988]). Sin embargo, el uso de *les* por *los* cuando el referente es plural, aunque no carece de ejemplos literarios, no está tan extendido como cuando el referente es singular, por lo que se desaconseja en el habla culta: [⊗]«*Casi nunca LES vi con chicas*» (*Vistazo* [Ec.] 3.4.97). El leísmo no se admite de ningún modo en la norma culta cuando el referente es inanimado: [⊗]*El libro que me prestaste LE leí de un tirón;* [⊗]*Los informes me LES mandas cuando puedas.* Y tampoco se admite, en general, cuando el referente es una mujer: [⊗]*LE consideran estúpida*, aunque existen algunos casos en que el leísmo femenino de persona no se considera incorrecto (→ 4f y g).

3. El leísmo, al igual que otros fenómenos paralelos relacionados con el uso antietimológico de los pronombres átonos de tercera persona (→ LAÍSMO y LOÍSMO), surge en Castilla durante la Edad Media. Todos estos fenómenos parecen deberse al nacimiento, en época temprana de la evolución del castellano, de una tendencia que, a diferencia de lo que ocurría en latín, en lugar de distinguir funciones gramaticales a través de las distintas formas pronominales —*le(s)* para el complemento indirecto y *lo(s), la(s)* para el complemento directo—, tiende a diferenciar entre masculino y femenino, por un lado, y entre persona y cosa por otro; también influye en muchos casos la condición de contable o no contable del referente. Muy a grandes rasgos, la distribución, en este nuevo sistema, sería la siguiente: *le(s)* para el masculino de persona; *lo(s)* para el masculino de cosa, y *la(s)* para el femenino de persona y de cosa. El leísmo se docu-

menta desde los primeros textos medievales castellanos. No obstante, en el siglo XIII, época de la reconquista de casi toda Andalucía, este fenómeno no se hallaba lo suficientemente extendido como para instalarse en la norma andaluza y, por consiguiente, tampoco caló en el español atlántico (Canarias e Hispanoamérica). Así pues, y en líneas muy generales, suelen distinguirse dos zonas: una marcadamente leísta, que abarca el área central y noroccidental de Castilla —junto con focos aislados en ciertos países hispanoamericanos— y otra no leísta, que abarca la mayor parte del mundo hispánico.

4. El panorama, sin embargo, dista mucho de ser sencillo. Por una parte, el leísmo no es un fenómeno que se dé uniformemente en las zonas consideradas leístas; por otra, en las zonas no leístas se documentan casos de leísmo, algunos solo aparentes, explicables por distintas razones:

a) Los verbos llamados de «afección psíquica» —los que designan procesos que afectan al ánimo o producen acciones o reacciones emotivas, como *afectar, asustar, asombrar, convencer, divertir, impresionar, molestar, ofender, perjudicar, preocupar*, etc.—, dependiendo de distintos factores, admiten el uso de los pronombres de acusativo —*lo(s), la(s)*— y de los pronombres de dativo —*le(s)*—. La elección de unos u otros depende básicamente de si el sujeto es o no agente activo de la acción y del grado de voluntariedad que tiene o se le atribuye con respecto a la acción designada por el verbo: si el sujeto es animado y se concibe como agente de la acción, el complemento verbal suele considerarse directo y se usan los pronombres de acusativo (*A mi madre LA asombro cuando como mucho*); si el sujeto es inanimado o es una oración y, por tanto, no puede ser concebido como agente directo de la acción, el complemento se considera indirecto y se usan los pronombres de dativo (*A mi madre LE asombra mi apetito*). Por otro lado, con sujetos animados puede darse también esta alternancia, dependiendo de si la acción denotada por el verbo es realizada voluntariamente o no por el sujeto: *Su padre, que se había disfrazado, LO asustó* (le dio un susto a propósito) / *Su padre, que se había disfrazado, LE asustó* (el susto es involuntario; lo causa el hecho de ir disfrazado). Con sujetos no animados influyen también otros factores; por ejemplo, cuando el sujeto va antepuesto, es más frecuente el uso del pronombre de complemento directo (*Mi actitud LO decepcionó*), mientras que, cuando el sujeto va pospuesto, es más frecuente el uso del pronombre de complemento indirecto (*Nunca LE decepciona mi actitud*). La distribución antes señalada se documenta en zonas no leístas tanto españolas como americanas: «*Su hermano LO escandalizó*» (Alviz *Son* [Esp. 1982]); «*A mi madre LE* *escandalizaba que dijera aquellas blasfemias*» (Asenjo *Días* [Esp. 1982]); «*Agarra a una mujer que baila, LA asusta y luego se revuelca con el pintor encima de la barra del bar*» (Paranaguá *Ripstein* [Méx. 1997]); «*De pronto LE asustó morir*» (Pitol *Juegos* [Méx. 1982]). En el Perú y en los países del Cono Sur se usan de modo casi exclusivo con estos verbos las formas propias del complemento directo: «*La entrevista LO disgustaba*» (VLlosa *Ciudad* [Perú 1962]); «*Ese pensamiento LO preocupa*» (Guido *Incendio* [Arg. 1964]); «*A Max siempre LO asombraban estas pequeñas cosmogonías*» (Contreras *Nadador* [Chile 1995]).

b) Los llamados «verbos de influencia» —los que expresan acciones que tienen como objetivo influir en una persona para que realice una determinada acción, como *autorizar, ordenar, invitar* ('animar'), *permitir, exhortar,* etc.—, forman parte de la siguiente estructura: «verbo de influencia + complemento de persona + verbo subordinado, en infinitivo o precedido de *que,* o un nombre de acción»: *Le ordené ejecutar la sentencia / Le ordené que ejecutara la sentencia / Le ordené la ejecución de la sentencia.* El complemento de persona es indirecto con los verbos *permitir, prohibir, proponer, impedir, mandar* y *ordenar*: «*Esa experiencia LE permitió vivir a su manera*» (Alberto *Eternidad* [Cuba 1992]); «*LE prohibió salir de la capital hasta nueva orden*» (Tribuna [Hond.] 18.6.97); «*LE propuso hacer un viaje a la costa*» (Landero *Juegos* [Esp. 1989]); «*La penumbra LE impide ver con claridad*» (Schmidhuber *Ventana* [Méx. 1985]); «*Quién LE manda soltar pendejadas*» (Medina *Cosas* [Méx. 1990]); «*La Policía LES ordenó que no lo hicieran*» (*Clarín* [Arg.] 18.4.97). Por el contrario, el complemento de persona es directo con los verbos de influencia que llevan, además, un complemento de régimen, esto es, un complemento precedido de preposición, como *obligar A, invitar A, convencer DE, incitar A, animar A, forzar A, autorizar A,* etc.: «*Una barrera LOS obligó a desviarse*» (Fuentes *Cristóbal* [Méx. 1987]); «*LA convenció de que vendiera un anillo de brillantes*» (Allende *Casa* [Chile 1982]); «*Ella LO incitó a seguirla*» (Martini *Fantasma* [Arg. 1986]).

Los verbos *hacer* y *dejar*, cuando tienen sentido causativo, esto es, cuando significan, respectivamente, 'obligar' y 'permitir', siguen la misma estructura que los verbos de influencia: «verbo causativo + complemento de persona + verbo subordinado». Tanto *hacer* como *dejar* tienden a construirse con complemento directo si el verbo subordinado es intransitivo: «*Él LA hizo bajar a su estudio y le mostró el cuadro*» (Aguilera *Caricia* [Méx. 1983]); «*LO dejé hablar*» (Azuela *Tamaño* [Méx. 1973]); y tienden a construirse con complemento indirecto cuando el segundo verbo es transitivo: «*Alguien lo ayudó a incorporarse, lo es-*

timuló y hasta LE hizo tomar café» (JmnzEmán *Tramas* [Ven. 1991]); «*El alcaide de la cárcel LE dejaba tocar el banjo todas las mañanas*» (Cela *Cristo* [Esp. 1988]).

c) Cuando los «verbos de percepción» *ver* y *oír* se construyen con un complemento de persona y una oración de infinitivo en función de complemento predicativo, el complemento de persona es directo: «*LO vimos subirse a un taxi*» (Marías *Corazón* [Esp. 1992]); «*Nadie LA oyó gritar*» (Santiago *Sueño* [P. Rico 1996]); «*LA vi besarlo*» (Rossi *María* [C. Rica 1985]). No obstante, cuando el infinitivo es un verbo transitivo que lleva a su vez un complemento directo, no es raro usar los pronombres de dativo *le, les* para representar el complemento de persona: «*Yo también LE oí decir eso*» (Rulfo *Páramo* [Méx. 1955-80]); «*Una vez LE vi servir una ensalada*» (Puig *Beso* [Arg. 1976]). En estos casos, el complemento de persona presenta rasgos de complemento indirecto, como su conversión en *se* ante el pronombre que representa el complemento directo del infinitivo (→ se, 1a): *Vi a Pedro guardar el informe > SE LO vi guardar; Oí a María cantar una canción > SE LA oí cantar.* Sin embargo, cuando el complemento directo del infinitivo es una persona, el complemento de persona del verbo principal no admite ser representado por *se: Vi a Pedro abrazar a su padre > *SE LO vi abrazar; Oí a María insultar a su vecina > *SE LA oí insultar.*

d) Hay verbos que se construyen con complemento directo de cosa e indirecto de persona: *El camarero sirvió la cerveza a Pedro; Robaron el bolso a María; El atracador pegó una paliza a la dependienta; El acusado escribió una carta al juez; El médico curó la herida al torero,* etc. Con muchos de estos verbos es frecuente omitir el complemento directo por estar implícito o sobrentendido. Cuando esto ocurre, el complemento de persona, antes indirecto, pasa a funcionar como complemento directo si es posible la transformación en pasiva y el enunciado pasivo mantiene el mismo significado que el activo: *El médico curó al torero / El médico LO curó* (admite la pasiva sin cambio de significado: *El torero fue curado por el médico*). Si no es posible la pasiva, o si el enunciado pasivo implica un cambio de sentido con respecto a la oración activa, el complemento de persona sigue funcionando como complemento indirecto: *Escribí a mi hija / LE escribí* (ya que no es posible la pasiva **Mi hija fue escrita por mí*); *Abrió a su vecino / LE abrió* (no es posible la pasiva **Su vecino fue abierto* sin que implique un cambio de sentido).

e) Otro grupo que ofrece confusión es el formado por verbos que han cambiado o están cambiando su régimen, esto es, que se construían habitualmente en el español medieval con pronombres de dativo, como en latín, y que hoy están pasando a construirse mayoritariamente con pronombres de acusativo, como es el caso de *ayudar* u *obedecer*. Este proceso de cambio no se ha dado de manera uniforme en todas las áreas. Así, en las zonas no leístas del norte de España el régimen habitual es el dativo: «*Vidal LE ayudó. Y entre los dos lograron acercarlo al desmonte*» (Aparicio *Retratos* [Esp. 1989]); en América está prácticamente generalizado el acusativo, sobre todo en los países del Cono Sur: «*Natí LO ayudó a subir*» (RBastos *Hijo* [Par. 1960]); Andalucía y Canarias son zonas de vacilación: «*LO ayudó a subir*» (CBonald *Noche* [Esp. 1981]); «*Ella LE ayudó a recostarse en un sofá*» (MñzMolina *Invierno* [Esp. 1987]).

f) Es habitual que en las oraciones impersonales con *se* (→ se, 2.1a) el complemento directo, especialmente cuando es masculino, se exprese con las formas de dativo y no con las de acusativo, como correspondería a la función desempeñada: *Se LE considera el mejor actor de su tiempo; Se LES vio merodeando por la zona.* Parece demostrado que este tipo de oraciones se construían originariamente en castellano con pronombres de dativo. El uso de *le(s)* se ha mantenido mayoritariamente, tanto en España como en gran parte de América, cuando el complemento directo es masculino: «*A su bisabuelo hoy no le hubieran permitido vivir como vivió: se LE consideraría como un ejemplo de inmoralidad*» (TBallester *Filomeno* [Esp. 1988]); «*Se LE vio [al niño] algunas veces contento*» (VLlosa *Tía* [Perú 1977]); «*Se LE obligó a aceptar el régimen de encomienda*» (Fuentes *Ceremonias* [Méx. 1989]); «*En los puertos y rincones del Caribe se LE conoció siempre como Wito*» (Mutis *Ilona* [Col. 1988]); «*Al rey se LE veía poco*» (UPietri *Visita* [Ven. 1990]); sin embargo, cuando el complemento directo es femenino, lo normal es usar *la(s)*: «*Se LA veía muy contenta*» (VLlosa *Tía* [Perú 1977]); aunque no faltan ejemplos de *le(s)*: «*Tan enamorada se LE observaba, tan desencajadamente arrebolada se LE veía*» (Vergés *Cenizas* [R. Dom. 1980]). Se trata, pues, de un caso especial en el que se emplean desde los orígenes las formas de dativo en función de complemento directo. No obstante, muchos hablantes, conscientes de que la función que cumple el pronombre en ese tipo de oraciones es la de complemento directo, emplean en estos casos los pronombres de acusativo, uso generalizado en los países del Cono Sur: «*Se LO veía zigzaguear entre los autos*» (Cortázar *Reunión* [Arg. 1983]); «*¡No se LO puede andar molestando por trivialidades!*» (Magnabosco *Santito* [Ur. 1990]); «*Nunca se LO vio ladrar ni gruñir*» (Allende *Casa* [Chile 1982]).

g) Otro caso de leísmo generalizado en todo el mundo hispánico es el llamado «leísmo de cortesía». Se trata del uso de *le(s)* en función de complemento directo cuando el referente es un interlocutor al que se trata de *usted*. Este leísmo se justifica por el deseo de evitar la ambigüedad de sentido que acarrearía el uso de los pronombres de acusativo *lo(s), la(s)*, ya que estos podrían referirse tanto a un interlocutor presente como a una tercera persona no partícipe en la conversación: «*Ande, y discúlpelo* [a él], *que yo en seguida LE acompaño* [a usted]» (MDíez *Expediente* [Esp. 1992]); «*Que Dios LE acompañe y LE proteja. Yo aquí LE espero*» (Chao *Altos* [Méx. 1991]); «*¿Quiere que LE acompañe?* [Dirigido a una mujer]» (Rossetti *Alevosías* [Esp. 1991]). No obstante, también se documentan ejemplos en los que no se da este tipo de leísmo, especialmente en el Perú y los países del Cono Sur: «*LO acompaño, sargento*» (Scorza *Tumba* [Perú 1988]). Aunque el «leísmo de cortesía» no está tan generalizado cuando el interlocutor es femenino, debe considerarse aceptable, especialmente en fórmulas fijas de saludo o despedida del tipo *LE saluda atentamente* y similares.

5. En algunas zonas de España y América se producen casos de leísmo debidos al contacto del español con otras lenguas que se caracterizan por no contar con distinción de género y por marcar el número y el caso de forma muy diferente al español. Estas lenguas son el quechua, el aimara, el guaraní y el vasco. Las confusiones tienen su origen en la dificultad que plantea el uso correcto del español a los hablantes que normalmente se expresan en esas otras lenguas. En muchos casos estos usos no son exclusivos de los hablantes bilingües de escasa formación, sino que, en general, han pasado a formar parte del habla corriente de las respectivas zonas, pero no se consideran admisibles desde el punto de vista de la norma culta estándar (salvo el leísmo de persona con referente masculino singular; → 2):

a) En el Ecuador, el contacto con el quechua (allí llamado quichua) da lugar a la utilización exclusiva de *le(s)*, independientemente de la función sintáctica que desempeña el pronombre y del género de su antecedente: ⊗«*LE encontré acostada*» (Icaza *Cholos* [Ec. 1938] 176).

b) En las zonas andinas del Perú, Bolivia y el noroeste de la Argentina, el español ha convivido o convive con el quechua y el aimara. Como consecuencia de esta coexistencia, a veces se documentan en estas zonas usos de *le(s)* en función de complemento directo, tanto masculino como femenino, especialmente si el referente es animado: «*Los policías LE cogieron de la cintura, LE levantaron en vilo y LE lanzaron a la caja del camión*» (Ribeyro *Geniecillos* [Perú 1983]).

c) En el Paraguay, el guaraní es lengua oficial junto con el español. El bilingüismo es prácticamente general y la consecuencia principal de la influencia del guaraní en el español hablado en esta zona es el uso exclusivo de *le* con referentes tanto animados como inanimados, independientemente de la función sintáctica del pronombre y del género de su antecedente: ⊛«*Si vos esa pregunta* LE *trasladás a Oviedo y* LE *trasladás a Nenín Viveros Cartes y te dicen la misma cosa* [...], *quiere decir que es un verdadero genio, Nicolás*» (*Abc* [Par.] 19.12.96). En ciertas zonas del noreste de la Argentina, el español se halla en contacto con el guaraní, por lo que se encuentran manifestaciones leístas semejantes a las paraguayas. Sin embargo, no están tan extendidas entre las capas cultas por el influjo que en estas ejerce la norma estándar nacional, que rechaza fuertemente el leísmo.

d) En el País Vasco y norte de Navarra, zonas del norte de España en las que el español se halla en contacto con el euskera, se emplea *le(s)* para el complemento directo, con referente tanto animado como inanimado, y con independencia del género del antecedente: ⊛«*Ignoro si tiene usted hogar o no* LE *tiene*» (Unamuno *Niebla* [Esp. 1914]); ⊛«*Si no por Isabel, vaya si me echo novia allí, que* LE *conocí a una tal Rosita, sobrina de un cura, como para volverle loco a cualquiera*» (SchzMazas *Andía* [Esp. 1956]).

e) En el español hablado en Cantabria (España) se utiliza la forma *le* para el complemento directo masculino cuando el antecedente es un nombre singular contable, mientras que se utiliza como forma única *lo* cuando el antecedente del complemento directo es incontable, independientemente de su género y su número (→ LOÍSMO, 6b): ⊛*El coche* [contable] LE *compramos hace un año;* ⊛*La hierba* [no contable] LO *guardamos para el invierno.*

leitmotiv. Voz alemana, acuñada por el compositor Richard Wagner, que significa 'tema musical recurrente en una composición' y, por extensión, 'motivo central recurrente de una obra literaria o cinematográfica'. Puede sustituirse por las voces españolas *motivo* o *tema*, acompañadas de los adjetivos *conductor, central, principal* o *recurrente*: «*Es "una de las principales obras de música dramática del siglo XIX italiano". En ella hay motivos conductores a la manera wagneriana*» (Zanders *Ópera* [Ven. 1992]); «*La música abandona el tema recurrente para avanzar, siempre en el mismo tono subjetivo, a lo largo de todo el himno*» (Monleón *Gallina* [Esp. 1983]); «*El fútbol, junto con la actualidad política y la figura de su padre, fueron tres motivos centrales de los relatos que escribía*» (*Clarín* [Arg.] 30.1.97).

lejano -na. 'Que está lejos'. El complemento puede ir introducido por *a* o *de*: «*Apoyado en la pared más lejana* A *la pizarra*» (Somoza *Caverna* [Cuba 2000]); «*Cada día se sentía más lejana* DE *él*» (Tomás *Orilla* [Esp. 1984]).

lejos. 1. Adverbio que significa 'a gran distancia', en sentido espacial o temporal. Normalmente se construye seguido de un complemento con *de* que expresa el término de referencia: «*Vive lejos* DE *París*» (O'Donnell *Vincent* [Arg. 1982]); «*La profecía estaba lejos* DE *cumplirse*» (Gironella *Hombres* [Esp. 1986]).

2. Por su condición de adverbio, no se considera correcto su uso con posesivos: ⊛*lejos mío,* ⊛*lejos suyo,* etc. (debe decirse *lejos de mí, lejos de él,* etc.).

3. Seguido de la preposición *de* y antepuesto a un infinitivo, adquiere el significado de 'en lugar de': «*Lejos de decrecer, iba en aumento*» (Moix *Sueño* [Esp. 1986]). Este uso, censurado antes por galicista, pero ya asentado en nuestro idioma, se considera correcto.

4. El superlativo es, en el español general, *lejísimos*, aunque en algunas zonas de América se usa la forma *lejísimo*: «*Su casa* [...] *estaba ahora en Santos Suárez, por la Calzada de Jesús del Monte, lejísimo*» (CInfante *Habana* [Cuba 1986]). En la lengua coloquial se emplea también el aumentativo *lejotes* (en algunos países americanos, *lejote*).

5. de lejos. 'Con mucho, a gran distancia del resto': «*Lagoiro es, de lejos, el mejor distribuidor de la línea*» (Andrade *Dios* [Arg. 1993]). Se opone a *ni de lejos* (→ 6). Se desaconseja usar con este sentido la locución ⊛*por lejos.*

6. ni de lejos. 'De ningún modo, en absoluto': «*Ella no deseaba ni de lejos repetir lo de Carmelo*» (Vergés *Cenizas* [R. Dom. 1980]). Se opone a *de lejos* (→ 5).

lek. 'Unidad monetaria de Albania'. Es voz masculina y su plural es *leks* (→ PLURAL, 1h): «*El salario promedio de Albania oscila alrededor de los 21 000 leks*» (*Día@* [Arg.] 11.1.04).

Leningrado. → San Petersburgo.

lente. Es válido su uso en ambos géneros en cualquiera de sus acepciones, aunque las preferencias son distintas según las zonas; así, cuando significa 'pieza transparente que se emplea en instrumentos ópticos', en España se usa en femenino, mientras que en América alternan ambos géneros, con cierta preferencia por el masculino: «*La distancia entre el foco y el centro óptico de la lente se llama distancia focal*» (Portillo *Energía* [Esp. 1985]); «*Se acerca al intruso camarógrafo e intenta tapar el lente de la cámara*» (Alberto *Eternidad* [Cuba 1992]). Lo mismo cabe decir de la expresión *lente de contacto*, femenina en España y frecuentemente masculina en América. Cuando significa 'juego de dos lentes con armadura para corregir defectos de visión', se usa en plural y normalmente en masculino en todo el ámbito hispánico: «*Se quitó la barba postiza y los lentes ahumados*» (Mendoza *Ciudad* [Esp. 1986]). Con este último sentido hay algún ejemplo esporádico de femenino en España: «*Buscó las lentes en el bolso, se lamentó de lo poco que veía ya*» (Delgado *Mirada* [Esp. 1995]).

León. Nombre de una ciudad y una provincia de España, de una ciudad y un departamento de Nicaragua y de una ciudad de México. Hoy no se emplea esta forma como nombre español de la ciudad francesa de *Lyon* (→ Lyon). El gentilicio es *leonés*.

leonés -sa. → León.

Lérida. Nombre tradicional en lengua castellana de la provincia y ciudad de Cataluña cuyo nombre en catalán es *Lleida*. Salvo en textos oficiales, donde es preceptivo usar el topónimo catalán como único nombre oficial aprobado por las Cortes españolas, en textos escritos en castellano debe emplearse el topónimo castellano. El gentilicio, para todo tipo de textos, incluidos los oficiales, es *leridano*. También existe el gentilicio culto *ilerdense*, basado en el nombre latino de esta ciudad.

leridano -na. → Lérida.

lesbiano -na, lésbico -ca, lesbio -bia. → Lesbos.

Lesbos. Isla griega en el mar Egeo: «*A los tres días, extenuado por la luz abrasadora del sol,* [...] *arribó a la isla de Lesbos*» (Faner *Flor* [Esp. 1986]). También es conocida por el nombre de su capital, *Mitilene* (→ Mitilene). El gentilicio es *lesbio*, voz que, como sustantivo masculino, designa también el dialecto griego hablado en esta isla: «*Especie de cítara que usaban los lesbios*» (*Universal*@ [Ven.] 20.4.03). Los derivados *lesbiano* y *lésbico* se aplican hoy a lo perteneciente o relativo al lesbianismo ('homosexualidad femenina') o a las lesbianas ('mujeres homosexuales').

lesotense, *Lesotho*. → Lesoto.

Lesoto. Forma adaptada a la ortografía y pronunciación españolas del nombre de este país de África: «*El rey de Lesoto* [...] *fue coronado por su tío*» (*País* [Esp.] 1.11.97). Se desaconseja el uso en español de la grafía inglesa *Lesotho*. La forma recomendada para el gentilicio es *lesotense*, no ⊗*lesothense*.

letón -na. → Letonia.

Letonia. Forma tradicional española del nombre de este país de Europa, antigua república soviética: «*Que regrese a Letonia o adonde sea que nació*» (Donoso *Elefantes* [Chile 1995]). No debe usarse en español la forma vernácula *Latvijas* ni la inglesa *Latvia*. Su gentilicio es *letón*, que es también el nombre de su lengua oficial: «*El nivel del fútbol letón tal vez es inferior al del maltés*» (*Abc* [Esp.] 10.7.97). No debe usarse como gentilicio en español la forma ⊗*latvio*.

leu. 'Unidad monetaria de Rumanía y de Moldavia'. Es voz masculina y su plural es *leus* (→ PLURAL, 1a). Debe evitarse el uso del plural rumano *lei*, así como de la forma ⊗*leis*, creada a partir de aquel.

leudar. Como intransitivo, dicho de una masa, 'fermentar' y, como transitivo, 'dar fermento [a la masa]'. Se acentúa como *adeudar* (→ APÉNDICE 1, n.º 14).

lev. → leva.

leva. 'Unidad monetaria de Bulgaria'. Es voz femenina y procede del plural del nombre búlgaro *lev*. El plural español es *levas* (→ PLURAL, 1a): «*La compañía, cuyo capital asciende a 9,5 millones de levas* [...], *es propiedad de unas 20 empresas registradas en Bulgaria*» (*Mundo*@ [Esp.] 19.1.04). También se emplea la forma original *lev*, de género masculino, cuyo plural en español debe ser *levs* (→ PLURAL, 1h): «*¿De dónde van a sacar los 15 000 millones de levs?*» (*Mundo*@ [Esp.] 17.6.01). Se recomienda el uso de la primera forma, más acorde con el sistema gráfico del español.

liar(se). **1.** 'Atar o envolver' y 'enredar(se) o complicar(se)'. Se acentúa como *enviar* (→ APÉNDICE 1, n.º 5).

2. Sobre la acentuación gráfica de las formas del pretérito perfecto simple o pretérito *lie/lié, lio/lió*, del presente de indicativo *liais/liáis* y del presente de subjuntivo *lieis/liéis*, → TILDE[2], 1.2.

libido. 'Deseo sexual': «*A mí el vino me sube la libido*» (Bayly *Días* [Perú 1996]). Es voz llana: [libído]. No es correcta la forma esdrújula ⊗*líbido*, debida al influjo del adjetivo *lívido* ('amoratado' o 'pálido'; → lívido), con el que no debe confundirse.

librar(se). **1.** Cuando significa 'preservar(se) de alguien o algo no deseado, especialmente un trabajo, mal o peligro', lleva un complemento con *de*, que expresa lo indeseado: «*Como si yo fuera su mamá y tuviera que librarlo DE un castigo*» (Mastretta *Vida* [Méx. 1990]). Con el sentido de 'expedir [letras de cambio y otras órdenes de pago] a cargo de alguien que tenga fondos a disposición del librador', además del complemento directo, lleva un complemento introducido por *contra*, que expresa la persona a cuyo cargo se expide la orden: «*López debió librar tres cheques CONTRA los bancos de la provincia de Córdoba*» (*Clarín* [Arg.] 8.2.79).

2. El uso de *librarse* con el significado de 'entregarse o abandonarse' es galicismo o catalanismo que debe ser evitado: ⊗«*Atraviesa la puerta de cartón piedra del decorado, la cierra tras de sí y se libra a la carcajada*» (*Vanguardia* [Esp.] 31.8.94).

libre. 'Que tiene libertad' y 'desembarazado o exento de algo'. Su superlativo es *libérrimo* (→ -érrimo).

librecambio. 'Sistema económico que suprime las trabas al comercio internacional': «*En las negociaciones del GATT, defendió el librecambio*» (*Mundo* [Esp.] 3.3.96). Aunque también es válida su escritura en dos palabras (*libre cambio*), se recomienda la grafía simple *librecambio*, que ha generado ya derivados como *librecambismo* y *librecambista*.

librecambismo, librecambista. → librecambio.

licenciar(se). 'Dar, u obtener, el grado de licenciado o la licencia del servicio militar'. Se acentúa como *anunciar* (→ APÉNDICE 1, n.º 4).

licra. Adaptación gráfica propuesta para la voz inglesa *lycra*, marca registrada que designa un tejido sintético elástico, empleado en la confección de prendas de vestir: «*El jugador* [...] *aparece con mallas ajustadas de licra*» (*Vanguardia* [Esp.] 2.9.95).

licuar(se). 'Hacer(se) líquida una sustancia sólida o gaseosa'. En el uso culto se acentúa preferentemente como *averiguar* (→ APÉNDICE 1, n.º 6): «*Se licuan los tomates*» (Ronald *Frutoterapia* [Col. 1998]); pero es hoy frecuente, y también válida, su acentuación como *actuar* (→ APÉNDICE 1, n.º 7): «*Todo se licúa*» (*NHerald* [EE. UU.] 15.1.98).

licuefacción. 'Acción de licuar(se)': «*Se cumplió ayer nuevamente* [...] *el milagro de la licuefacción de la sangre de san Genaro*» (*FVigo* [Esp.] 3.5.99). Es incorrecta la forma [⊗]*liquefacción*.

líder. 'Persona que dirige u orienta a un grupo, que reconoce su autoridad' y 'persona, equipo o empresa situados a la cabeza en una clasificación'. Por su terminación, es común en cuanto al género (*el/la líder*; → GÉNERO², 1a y 3g): «*¡Qué mujer! Es una líder nata*» (Cuzzani *Zorro* [Arg. 1988]). En algunos países de América se usa a veces el femenino *lideresa*: «*La campaña dio oportunidad a los mexicanos de conocer a una lideresa indiscutible*» (*Proceso* [Méx.] 21.7.96).

liderato. → liderazgo.

liderazgo. 'Condición de líder y ejercicio de dicha condición': «*Los ingleses se han quedado atrás y han perdido el liderazgo en Europa*» (Ruffinelli *Guzmán* [Ur. 2001]); «*No puede ejercer ningún liderazgo en política porque no tiene coraje para admitir sus errores*» (*NProvincia* [Arg.] 13.3.97). En la mayor parte del ámbito hispánico existe también el sinónimo *liderato*, igualmente válido: «*El liderato se gana ante todo por la ascendencia intelectual y moral*» (Meléndez *Identidad* [P. Rico 1996]). Ambos términos son intercambiables, pero existen preferencias marcadas, según los contextos; así, en contextos sociales, económicos y políticos, se usa con preferencia el término *liderazgo*, mientras que en contextos deportivos se emplea mayoritariamente la forma *li-*

derato: «*Consolidó su liderato al frente del Mundial con su quinta victoria de la temporada*» (*País* [Ur.] 18.6.01).

lideresa. → líder.

lidiar. 'Torear [un toro]' y 'luchar o pelear'. Se acentúa como *anunciar* (→ APÉNDICE 1, n.º 4).

lifting. Voz inglesa que se usa con frecuencia en español con el sentido de 'operación de cirugía estética consistente en el estiramiento de la piel, generalmente de la cara y el cuello, para suprimir las arrugas'. Se recomienda sustituirlo por el equivalente español *estiramiento (facial)*: «*A pesar de su reciente estiramiento, siempre seguía visualizando su cuerpo como el de una anciana crucificada de arrugas*» (Sarduy *Pájaros* [Cuba 1993]); «*El propio cirujano no ha visto hacer nunca un buen estiramiento facial*» (GmzMontoya *Cirugía* [Esp. 1995]). En medicina, esta intervención se denomina técnicamente *ritidectomía* o *ritidoplastia*.

ligazón. 'Unión o enlace de una cosa con otra'. Es voz femenina: *la ligazón*.

light. Voz inglesa muy difundida en el español actual, que se usa, como adjetivo, con distintos sentidos. Para todos ellos existen alternativas españolas, por lo que se trata de un anglicismo evitable. Así, cuando significa, referido a una bebida o a un alimento, 'que tiene menos calorías de las habituales', puede sustituirse por *hipocalórico* o *bajo en calorías*: «*Con este rubro se incluyen alimentos hipocalóricos,* [...] *por contener menor cantidad de carbohidratos* [...] *o menor cantidad de grasas*» (Brusco *Comer* [Arg. 1987]); «*Las bebidas bajas en calorías estimulan el apetito*» (*Mundo* [Esp.] 23.5.96); cuando significa, referido al tabaco, 'que lleva una proporción menor de elementos nocivos', puede sustituirse por *bajo en nicotina* (o *bajo en nicotina y alquitrán*) e, incluso, por *ligero*: «*Royal Crown. Bajo en nicotina y alquitrán, con todo el sabor auténticamente inglés*» (Vicent *Balada* [Esp. 1987]). Figuradamente significa 'que carece de seriedad o profundidad' o 'que ha perdido gran parte de sus caracteres esenciales'; en esos casos puede sustituirse el anglicismo por los adjetivos españoles *suave*, *ligero*, *liviano*, *superficial*, *frívolo* o, incluso, *descafeinado*: «*Algunos juzgan* [el nuevo laborismo británico] *como un socialismo "descafeinado"*» (*Tiempo* [Col.] 12.6.97).

ligur. 'De Liguria': «*El piloto descubrió al marinero ligur todo lo que le había acontecido*» (RBastos *Vigilia* [Par. 1992]). En español es voz aguda: [ligúr]; no se considera correcta la forma llana [⊗]*lígur*, debida posiblemente al influjo del italiano *ligure*, pron. [lígure]. El plural español es *ligures*, no [⊗]*lígures*: «*Italianos, principalmente ligures, piamonteses y lombardos, se dirigían con preferencia al Plata*» (Zaefferer *Navegación* [Arg. 1987]).

ligustre. → ligustro.

ligustro. 'Arbusto muy usado para formar setos'. Esta es la forma más cercana a la etimología (del lat. *ligustrum*) y la usada normalmente en el español de América: «*¿Ustedes nunca pasaron la mano sobre un cerco de ligustro?*» (Viñas *Maniobras* [Arg. 1985]); en España se prefiere la variante *aligustre*: «*Se sentó entre los aligustres del jardín*» (Guelbenzu *Río* [Esp. 1981]). Es incorrecta la forma ⊗*alibustre*. La variante *ligustre* es muy poco frecuente.

Lilongüe. Forma adaptada a la ortografía y pronunciación españolas del nombre de la capital de Malaui. Se desaconseja el uso en español de la grafía inglesa *Lilongwe*.

Lilongwe. → Lilongüe.

limosina, ⊗limousina, *limousine*. → limusina.

limpiar. 'Quitar la suciedad [de algo]'. Se acentúa como *anunciar* (→ APÉNDICE 1, n.º 4).

limusina. Adaptación gráfica de la voz francesa *limousine*, 'automóvil lujoso de gran tamaño': «*Fleminga esperaba al volante de la limusina*» (GaHortelano *Gramática* [Esp. 1982]). En el español americano se usa también, aunque menos que *limusina*, la variante *limosina*: «*Guiaba una gran limosina*» (Alonso *Imperio* [Méx. 2003]). Debe evitarse la forma híbrida ⊗*limousina*, que no es ni francesa ni española.

lindar. Dicho de dos territorios o fincas, 'estar contiguos' y, en sentido figurado, dicho de dos cosas, 'estar muy próximas'. Se construye con un complemento introducido por *con*: «*La actitud de los hombres lindaba CON la hosquedad*» (Saer *Entenado* [Arg. 1988]). No debe usarse la preposición *en*, error debido al cruce con *rayar*: ⊗«*Hubo descalificaciones que lindaron EN el insulto*» (*Proceso* [Méx.] 27.10.96).

linde. 'Límite entre dos territorios o fincas contiguos' y 'término o fin de algo'. Es válido su uso en ambos géneros, aunque ha sido siempre mayoritario el femenino: «*Conversaban apoyados contra el tronco de un roble en la linde del bosque*» (Cercas *Soldados* [Esp. 2001]); «*Los matorrales y arbustos habían borrado los lindes de la finca*» (Mendoza *Ciudad* [Esp. 1986]).

línea. **1. en línea.** Locución adverbial, calco del inglés *on-line*, que significa 'en conexión directa con un sistema central' y, especialmente, 'a través de la conexión a Internet': «*Veremos bancos electrónicos que operen en línea*» (*Tiempo* [Col.] 17.7.97). Se emplea frecuentemente como locución adjetiva: «*Los servicios de información en línea [...] surgieron de una de las aplicaciones más importantes para la computadora personal*» (*Excélsior* [Méx.] 21.10.96). Se recomienda el uso de este calco en lugar de la expresión inglesa.

2. entre líneas. 'De forma no explícita, sino sobrentendida'. Se usa normalmente con los verbos *leer* o *decir*: «*Cada cual ha aprendido, a su manera, a leer entre líneas y descifrar eufemismos*» (*País* [Esp.] 17.9.77). Es incorrecta la grafía simple ⊗*entrelíneas*.

linear. 'Trazar las líneas [de algo] o bosquejar[lo]': «*Este también es laboratorio para encontrar la curva del deseo, linear lo inaudito, lo selecto, lo que está detrás de lo aparente...*» (GmzSerna *Automoribundia* [Esp. 1948]). Son incorrectas las formas en las que se acentúa la -i-: ⊗*líneo*, ⊗*líneas*, ⊗*línea*, ⊗*línee*, etc., así como las pronunciaciones ⊗[línio], ⊗[línias], ⊗[línia], ⊗[línie], etc. (→ alinear(se), 2).

linier. Voz tomada probablemente del catalán, que se usa en España, en algunos deportes como el fútbol, para designar al árbitro auxiliar que tiene bajo su control una línea del campo. Es común en cuanto al género (→ GÉNERO², 1a y 3g): *el/la linier*. Su plural es *linieres* (→ PLURAL, 1g). Hoy es más frecuente el uso de la locución *juez de línea*, que resulta preferible por estar generalizada en todo el mundo hispánico: «*El juez de línea estaba con el banderín listo*» (Gamboa *Páginas* [Col. 1998]). En México se dice también *abanderado* y, en Chile, *guardalínea*.

link. **1.** Voz inglesa de uso frecuente hoy, en el lenguaje informático, con el sentido de 'conexión que se establece entre dos elementos de un hipertexto'. Debe sustituirse por los términos españoles *enlace* o *vínculo*: «*Las partes del texto que aparecen resaltadas en color, denominadas enlaces, permiten, al hacer clic sobre ellas, obtener más información*» (VV. AA. *Informática* [Esp. 1998]); «*También ofrece vínculos con otros recursos en torno a Cataluña en Internet*» (*Vanguardia* [Esp.] 16.9.95).

2. Este anglicismo se emplea también, normalmente en la forma plural *links*, para designar el campo en el que se practica el golf. Debe sustituirse por las expresiones españolas *campo o cancha (de golf)*: «*Junto a uno de los 17 hoyos del campo de golf de Harare dos señoras [...] intercambian los últimos cotilleos*» (*Mundo* [Esp.] 12.7.94); «*Es la única cancha de golf pública de Palm Beach*» (Dios *Miami* [Arg. 1999]).

linóleo. Adaptación de la voz inglesa de grafía latinizante *linoleum*, que designa un tejido de yute impermeabilizado usado para recubrir suelos: «*Había en el suelo de linóleo una alfombra de lechuga podrida*» (Cohen *Insomnio* [Arg. 1986]). Su plural es *linóleos*. Debe preferirse esta forma hispanizada a la variante etimológica *linóleum*.

linóleum. → linóleo.

linotipo. 'Linotipia o máquina de componer'. Es sustantivo masculino: «*El silencio abrupto que mi entrada provocó en los linotipos y las máquinas de es-*

cribir se me anudó en la garganta» (GaMárquez *Vivir* [Col. 2002]). A veces, por influjo del género de *máquina* y de su sinónimo *linotipia*, se usa también en femenino «*Y al final no era ni un ropero, ni una mesa con cajones* [...]: *era una linotipo*» (Sábato *Abaddón* [Arg. 1974]).

Lion, lionés -sa. → Lyon.

Liorna. → Livorno

lipstick. → pintalabios.

®liquefacción. → licuefacción.

lis. 'Lirio' y 'forma heráldica de esta flor'. Aunque hasta el siglo XIX se usó solo en femenino, a partir del XX se emplea también con el género masculino etimológico: «*Los Farnese procedían de Francia, y lo confirmaban las lises de su blasón*» (Mujica *Bomarzo* [Arg. 1962]); «*En su reino habitan el lis, las princesas, la miel y el trébol de Francia*» (*Abc* [Esp.] 13.10.97). Con el segundo sentido indicado, es más frecuente el uso de la expresión *flor de lis.*

lisiar(se). 'Dejar, o quedar, lisiado'. Se acentúa como *anunciar* (→ APÉNDICE 1, n.º 4).

-lisis. Elemento compositivo sufijo (del gr. *-lýsis* 'solución'). Las voces españolas con esta terminación que proceden directamente del griego, o del griego a través del latín, son esdrújulas, pues conservan la acentuación etimológica: *análisis, catálisis, diálisis, parálisis.* El resto de las palabras con esta terminación, en su mayoría cultismos científicos, se han formado de la suma de dos elementos compositivos y en todas ellas se documentan dos acentuaciones: una esdrújula, por analogía con las voces griegas con esta terminación, y otra llana, debida quizá al influjo del francés. Ambas se consideran válidas: *electrólisis* o *electrolisis, fotólisis* o *fotolisis, glicólisis* o *glicolisis, hemólisis* o *hemolisis, hidrólisis* o *hidrolisis.*

listo -ta. ®*listo para sentencia.* → sentencia.

litas. 'Unidad monetaria de Lituania'. Es voz masculina: «*Piensa introducir la moneda nacional (el litas) y desarrollar el programa de privatizaciones*» (*País@* [Esp.] 16.2.93). Es invariable en plural (→ PLURAL, 1f): *un litas, dos litas.* Debe evitarse el uso de la forma ®*lita* para el singular.

litofotografiar. 'Reproducir [dibujos o estampas] mediante fotolitografía'. Se acentúa como *enviar* (→ APÉNDICE 1, n.º 5).

litografiar. 'Reproducir [algo] mediante litografía'. Se acentúa como *enviar* (→ APÉNDICE 1, n.º 5).

litósfera o **litosfera.** → -sfera.

lítote o **litote.** 'Figura retórica también llamada atenuación'. Tiene dos acentuaciones válidas: la esdrújula *lítote*, acorde con la acentuación latina (del lat. *litotes* [lítotes]), y la llana *litote*, acorde con la

acentuación griega (gr. *litótes*). En la acentuación llana puede haber influido también la pronunciación francesa de esta voz (fr. *litote* [litót]). Se recomienda la forma esdrújula, por ser la preferida en el uso. También son válidas, aunque poco frecuentes, las formas etimológicas terminadas en *-s: lítotes* o *litotes.*

lítotes o **litotes.** → lítote o litote.

Liubliana. Forma adaptada a la ortografía y pronunciación españolas del nombre de la capital de Eslovenia: «*Liubliana vio frustradas sus esperanzas de poder ingresar en la Alianza Atlántica en la primera ampliación*» (*Abc* [Esp.] 22.7.97). Se desaconseja el uso en español de la grafía eslovena *Ljubljana.* Tampoco debe usarse hoy el nombre alemán *Laibach*, con el que era conocida esta ciudad en otras épocas.

lívido -da. Etimológicamente significa 'amoratado', pero hoy es más frecuente, y se considera válido, su uso con el sentido de 'intensamente pálido': «*Destaca la enorme palidez de su cara, empolvada, lívida*» (Vallejo *Eclipse* [Esp. 1980]). No debe confundirse con el sustantivo femenino *libido* ('deseo sexual'; → libido).

livornés -sa. → Livorno.

Livorno. Aunque la forma tradicional española del nombre de esta ciudad italiana es *Liorna*, hoy se emplea con preferencia la forma italiana *Livorno*: «*Tuvimos que* [...] *demorarnos un par de días en Livorno y, en Génova, esperar* [...] *la llegada de un repuesto para el árbol de la hélice*» (Mutis *Ilona* [Col. 1988]). El gentilicio es *livornés*: «*Las andanzas de un capitán corsario* [...] *o unos judíos livorneses*» (*Vanguardia* [Esp.] 7.1.94)

Ljubljana. → Liubliana.

ll. 1. Dígrafo que, por representar un solo sonido, es considerado, desde 1803 decimocuarta letra del abecedario español (→ ABECEDARIO, 2). Su nombre es femenino: *la elle* (pl. *elles*).

2. Puede representar dos sonidos consonánticos distintos:

a) Actualmente, en la pronunciación normal de la mayor parte de los territorios de habla hispana, representa el sonido palatal central sonoro /y/ (→ y[1], 2a). La pronunciación como /y/ del dígrafo *ll* se denomina «yeísmo» (→ YEÍSMO).

b) En algunas zonas y, en general, entre hablantes de pronunciación esmerada, representa el sonido palatal lateral sonoro /ll/.

3. Debe evitarse la pronunciación de *ll* como /li/ (®[kabálio] por *caballo*), con la que algunos hablantes yeístas —aquellos que espontáneamente pronuncian la *ll* como si fuera una *y*— tratan de diferenciar, artificialmente, la pronunciación de ambas letras.

4. En las palabras españolas, como todos los dígrafos, es indivisible en la escritura, de manera que no pueden separarse sus componentes con guion de final de línea (→ GUION[2] o GUIÓN, 2.6a): *fa- / lleba*, no ⊛*fal- / leba*.

5. La forma mayúscula del dígrafo *ll* es *Ll*, es decir, solo la primera de las letras que lo componen debe escribirse en mayúscula (→ MAYÚSCULAS, 1.2).

llamar(se). En función del significado, debe tenerse en cuenta lo siguiente:

a) Con el sentido de 'dar voces o nombrar [a alguien] para atraer su atención', es siempre transitivo: «*Fue el propio Ambrosio quien LO llamó desde la puerta*» (CBonald *Noche* [Esp. 1981]).

b) Cuando significa 'establecer comunicación telefónica [con alguien]', está generalizado en todo el ámbito hispánico el uso transitivo: «*No hace mucho LO llamó por teléfono un tipo de voz imperiosa*» (Galeano *Días* [Ur. 1978]); «*LO llamó por teléfono para decirle que tenía su entera confianza*» (Herrero *Ocaso* [Esp. 1995]). No faltan, sin embargo, ejemplos de uso intransitivo, procedentes incluso de zonas no leístas: «*Marcel LE llamó por teléfono para decirle que Ana estaba muy mal*» (Aguilera *Caricia* [Méx. 1983]). Pero lo normal y más recomendable es interpretar como directo el complemento que expresa el destinatario de la llamada y usar, por tanto, las formas *lo(s)* y *la(s)* cuando se trate de un pronombre átono de tercera persona.

c) Significa también 'aplicar [a alguien o algo] una denominación o calificativo': «*Vino al mundo un niño a quien llamaron Rolf*» (Allende *Eva* [Chile 1987]); «*¡No llames víbora a mi mujer!*» (Gallego *Adelaida* [Esp. 1990]). Con este sentido era transitivo en latín y se construía con doble acusativo. Ya desde los orígenes el español vaciló entre usar en este caso las formas de dativo *le(s)* o las de acusativo *lo(s), l(a)s*, vacilación que se ha mantenido hasta la época actual: «*En España a la papa LE llaman patata*» (Huneeus *Cocina* [Chile 1989]); «*Presiento una hija y [...] LA llamaré Juana*» (Cabrujas *Acto* [Ven. 1976]). A pesar de esta vacilación tradicional, hoy se recomienda el uso de los pronombres *lo(s), la(s)*, pues el complemento que expresa la persona o cosa nombrada funciona como sujeto en la construcción pasiva: *La niña fue llamada Juana;* a esto se añade que el complemento predicativo, que es el que expresa el nombre o calificativo aplicado, solo puede referirse gramaticalmente a un sujeto o a un complemento directo, nunca a un complemento indirecto.

d) Es intransitivo cuando significa 'hacer saber, mediante golpes o distintos sonidos, que se desea entrar en un lugar': «*Apenas cuelga, llaman a la puerta*» (Martínez *Vuelo* [Arg. 2002]).

LLAVE. 1. Signo gráfico constituido por dos líneas sinuosas que, al juntarse, forman una pequeña punta en el centro. Se trata de un signo de los llamados dobles, ya que existe uno de apertura ({) y otro de cierre (}), aunque en su aplicación principal (→ 2) se usa únicamente uno de ellos.

2. Se utiliza principalmente en cuadros sinópticos o esquemas, para abarcar varios elementos —cada uno escrito en una línea diferente— que constituyen una enumeración a partir de un concepto dado, que es el que genera la apertura de la llave. Normalmente se emplea el signo de apertura, aunque en esquemas complejos pueden combinarse ambos. El concepto a partir del cual se genera la llave se coloca en el centro de esta, y en ningún caso deben escribirse dos puntos entre estos dos elementos. Para resaltar los elementos abarcados por este signo pueden usarse rayas o cualquier otro tipo de marcador:

$$\text{Consonantes} \left\{ \begin{array}{l} \text{— Sordas} \\ \text{— Sonoras} \end{array} \right.$$

Es posible utilizar el signo de cierre, si a partir de los elementos que componen la clasificación se quiere indicar el concepto que los abarca:

$$\left. \begin{array}{l} \textit{Paleolítico} \\ \textit{Mesolítico} \\ \textit{Neolítico} \end{array} \right\} \textit{Edad de Piedra}$$

3. También se emplean las llaves para presentar alternativas en un determinado contexto:

$$\textit{Prometo} \left\{ \begin{array}{l} \textit{venir mañana} \\ \textit{que vendré mañana} \end{array} \right\} \textit{a la fiesta.}$$

Si se prefiere presentar las alternativas escritas en línea seguida, estas deben separarse por medio de barras: «*Según la naturaleza del verbo en cuestión, presentan diversas posibilidades [...]: Prometo {venir mañana/que vendré mañana}*» (*GDLE* III [Esp. 1999] 3893).

Lleida. → Lérida.

llenar(se). 'Hacer que [algo o alguien] pase a estar lleno' y, como pronominal, 'pasar a estar lleno'. Suele llevar un complemento introducido por *de* o, menos frecuentemente, *con*: «*La atmósfera sentimental se llenó DE presagios*» (Millás *Mujeres* [Esp. 2002]); «*Pon el avecilla en el fondo de una maceta, llénala CON tierra y planta un rosal*» (Jodorowsky *Danza* [Chile 2001]).

llevar. 1. Cuando significa 'hacer que [una persona o cosa] llegue a otra persona, o a un determinado lugar o situación', además del complemento directo, suele llevar un complemento indirecto de persona o un complemento introducido por *a*, que expresa el lugar o situación: «*A Elodia LE llevaban recados los hombres de servicio*» (UPietri *Oficio* [Ven. 1976]); «*Encontró un taxi que lo llevó A su casa*» (Gamboa *Páginas* [Col. 1998]); «*El maldito vino es el que lo lleva A la perdición*» (Gallego *Adelaida* [Esp. 1990]).

2. Con el sentido de 'inducir [a alguien] a que crea o haga algo', como otros verbos de influencia (→ LEÍSMO, 4b), se construye con un complemento directo de persona y un complemento con *a:* «*Realizó diversas investigaciones* [...] *que* LO *llevaron* A *hacer importantes descubrimientos*» (Guzmán *País* [Arg. 1999]).

3. Significa también 'estar [durante un período de tiempo] en una misma situación o en un mismo lugar': «*Llevo treinta y cinco años encerrado por su culpa*» (Martínez *Perón* [Arg. 1989]); «*Lleva ya ocho días aquí*» (Paso *Palinuro* [Méx. 1977]). Si se hace referencia a una acción, lo normal es la construcción afirmativa con gerundio o la construcción negativa con *sin* + infinitivo: «*El hombre lleva tres días* BEBIENDO» (Mutis *Ilona* [Col. 1988]); «*Llevaba dos semanas* SIN APARECER *por el apartamento del barrio*» (Rovinski *Herencia* [C. Rica 1993]). Menos frecuente, pero también válida, es la construcción con *de* + infinitivo, documentada tanto en América como en España: «*Llevábamos cuatro años* DE *no* VERNOS» (Aguilar *Golfo* [Méx. 1986]); «*Llevo años* DE VIVIR *vicariamente*» (Leguina *Nombre* [Esp. 1992]). En algunas áreas americanas, en lugar de *llevar*, se usa, con este sentido, el verbo *tener* (→ tener(se), 3).

4. *llevar* + participio. Perífrasis que expresa la realización hasta un determinado momento de la acción designada por el participio y que esta aún continúa o puede continuar: «*De su recetario de cocina china lleva vendidas siete ediciones*» (*País* [Esp.] 1.2.84). El español estándar permite esta construcción solamente con verbos transitivos, con cuyo complemento directo, que debe estar explícito, concuerda en género y número el participio: «*Llevaba ya leídas las obras completas de Marx y parte de las de Lenin*» (Bryce *Vida* [Perú 1981]). Es incorrecto mantener invariable el participio: ⊗«*Llevo gastado unos 30 millones de sucres*» (*Vistazo* [Ec.] 6.11.97); debió decirse *Llevo gastados*.

llover. 1. Verbo irregular: se conjuga como *mover* (→ APÉNDICE 1, n.º 41).

2. En su sentido más común, 'caer agua de las nubes', funciona habitualmente como impersonal, de manera que solo es normal su empleo en las terceras personas del singular y en las formas no personales (infinitivo, gerundio y participio): «*Llovía, llovía sin parar*» (MtnGaite *Nubosidad* [Esp. 1992]). No obstante, también puede usarse como verbo personal: «*Llovieron copitos nevados de algodón*» (Fuentes *Cristóbal* [Méx. 1987]); el uso intransitivo personal únicamente es habitual en la lengua corriente cuando se desea indicar la cantidad concreta de agua caída, información que se expresa a través del sujeto de *llover: Durante la noche pasada han llovido en Madrid cinco litros por metro cuadrado.* Más frecuente es su empleo como ver-

bo personal con el sentido figurado de 'caer algo desde arriba como si fuera lluvia': «*No sé lo que pasó, solo que llovieron cristales*» (*Mundo* [Esp.] 3.4.94); «*Las armas no llueven del cielo como el maná*» (Zaragoza *Dios* [Esp. 1981]); y 'llegarle algo en abundancia a alguien': «*Le llovieron las ofertas*» (*Clarín* [Arg.] 8.2.79); «*Desde el público le llovieron insultos*» (Bayly *Días* [Perú 1996]). En la lengua literaria se usa a veces como personal transitivo: «*En Chile los días llovieron miseria, los días llovieron dolores, los días llovieron soledad*» (Serrano *Vida* [Chile 1995]).

lo. 1. Artículo neutro. → el, 1.

2. Pronombre personal átono. → PRONOMBRES PERSONALES ÁTONOS y LOÍSMO.

lobby. Voz inglesa que puede sustituirse en español por términos o expresiones de sentido equivalente:

a) Cuando significa 'grupo de personas influyentes, organizado para presionar en favor de determinados intereses', puede sustituirse por *grupo de presión* o, en algunas zonas de América, por *grupo de cabildeo:* «*Es un grupo de presión que trafica con influencias por estar bien situado cerca del poder*» (VqzMontalbán *Galíndez* [Esp. 1990]); «*Si los hispanos salen a votar en grandes cantidades hoy, podrían ayudarnos a decidir el voto, dijeron los miembros de ambos grupos de cabildeo*» (*NHerald* [EE. UU.] 3.6.97). El verbo inglés *to lobby* puede traducirse por *ejercer presión* o *presionar*, y también, como se hace en algunos países de América, por *cabildear:* «*Grupos de refugiados nicaragüenses iniciaron esta semana viajes a Washington para cabildear a favor de las leyes que decidirán su futuro como inmigrantes*» (*NHerald* [EE. UU.] 21.10.97). Para designar a la persona que forma parte de un grupo de presión, se utiliza en varios países de América el término *cabildero*, que funciona así como equivalente del inglés *lobbyst:* «*Desde esa posición, extendió su red de relaciones, jugando un papel clave como cabildero de la jerarquía eclesiástica ante el gobierno salinista*» (*Proceso* [Méx.] 25.8.96).

b) Cuando significa 'vestíbulo de un hotel y de otros establecimientos como cines, teatros, restaurantes, etc., especialmente si es grande', puede sustituirse por la voz española *vestíbulo*.

lobbyst. → lobby, a.

lock-out. Voz inglesa que significa 'cierre de una empresa decretado por sus dueños como medida de presión para que los trabajadores acepten sus condiciones'. Debe sustituirse por las equivalencias españolas *cierre* o *paro patronal:* «*Los hosteleros amenazan con un cierre patronal*» (*Mundo* [Esp.] 21.12.94).

loco -ca. *loco de contento.* → contento.

loco citato. Loc. lat. (pron. corriente [lóko-sitáto, lóko-zitáto]; pron. latinizante [lóko-kitáto]) que significa literalmente 'en el lugar citado'. Se emplea en citas, referencias, etc., para remitir a una obra o pasaje citados con anterioridad: «*Como dice Hermann (loco citato), "en cuanto se desarrolla un pensamiento religioso en sus consecuencias lógicas, entra en conflicto con otros que pertenecen igualmente a la vida de la religión"*» (Unamuno *Sentimiento* [Esp. 1913]). Suele usarse en abreviatura: *loc. cit.* o *l. c.* (→ APÉNDICE 2).

locomotor -ra, locomotriz. → motor, 2.

locución. 1. 'Acción de hablar o expresarse oralmente': «*La lengua, órgano musculoso* [...] *que interviene en la masticación, deglución y locución*» (FReyes *Anatomía* [Esp. 1992]); 'actividad del locutor': «*Impartirán el curso de locución radiofónica*» (*Nación* [C. Rica] 27.11.96); y 'modo de hablar o expresarse': «*Solo se echa de ver su ancianidad por su tarda y confusa locución*» (Olivas *Cocina* [Perú 1996]); con este último sentido puede usarse asimismo el término *elocución* (→ elocución). No debe confundirse con *alocución* ('discurso breve'; → alocución).

2. En gramática se llama *locución* a una combinación fija de palabras que funciona como una determinada clase (*locución nominal, adjetiva, verbal,* etc.) y cuyo significado no es la suma del que tienen sus componentes por separado: «*Noche toledana sí es locución, porque el hecho de conectar la "noche" con "Toledo" no justifica que con ambos vocablos se designe una "noche en la que no es posible dormir"*» (Casares *Lexicografía* [Esp. 1950]).

LOÍSMO. 1. Es el uso impropio de *lo(s)* en función de complemento indirecto masculino (de persona o de cosa) o neutro (cuando el antecedente es un pronombre neutro o toda una oración), en lugar de *le(s),* que es la forma a la que corresponde etimológicamente ejercer esa función (→ PRONOMBRES PERSONALES ÁTONOS, 1).

2. El pronombre *lo* procede de las formas latinas de acusativo singular *illum* (masculino) e *illud* (neutro), y *los,* de la forma de acusativo masculino plural *illos.* El acusativo es el caso de la declinación latina en el que se expresaba el complemento directo. Por ello, la norma culta del español estándar solo admite el uso de estas formas para desempeñar dicha función: «*Me LO encontré en la calle. Estaba muy contento*» (Parra *Tristán* [Chile 1994]); «*Esto Manuel LO comprendió muy bien*» (Gironella *Hombres* [Esp. 1986]); «*Yo LOS estrecho contra mi corazón y deseo se den cuenta de cuánto LOS amo*» (Posse *Pasión* [Arg. 1995]). No son aceptables en la norma culta usos como los ejemplificados a continuación, en los que *lo(s)* funciona como complemento indirecto: ⊗«*¿Tu identificación?, me dijo; y LO*

di mi acta de nacimiento» (*Excélsior* [Méx.] 8.6.96); ⊗*LOS dije que no se movieran de aquí.*

3. El loísmo, al igual que otros fenómenos paralelos relacionados con el uso antietimológico de los pronombres átonos de tercera persona, como el laísmo y el leísmo, comienza a fraguarse en la Castilla primitiva durante la Edad Media. Para las razones de su aparición, → LEÍSMO, 3. La incidencia del loísmo ha sido siempre muy escasa en la lengua escrita, especialmente en singular, y solo se documenta hoy en textos de marcado carácter dialectal. La marginación de este fenómeno dentro de la propia norma peninsular de España hizo que no se instalase en el español atlántico (Canarias e Hispanoamérica).

4. Con ciertos verbos y en ciertos contextos sintácticos, es posible que no esté claro para el hablante si el complemento verbal es directo o indirecto, lo que conduce, en ocasiones, a un uso erróneo de los pronombres átonos de tercera persona. Como reacción ante el leísmo aparente de determinadas construcciones, se incurre, en ocasiones, en loísmo o laísmo ultracorrectos. Para estos casos dudosos, → LEÍSMO, 4a, b, c, d y e. En cuanto a las oraciones impersonales con *se* seguido de pronombre átono (*Se le/lo considera el mejor*), → LEÍSMO, 4f.

5. Se aprecian usos loístas (y laístas) más frecuentes, incluso entre hablantes de cierta cultura, con verbos que se construyen con un sustantivo en función de complemento directo y que se comportan como semilocuciones verbales. Son casos del tipo de *echar un vistazo, prender fuego, sacar brillo,* etc. La secuencia formada por el verbo más el complemento directo puede ser sustituida normalmente por un verbo simple de significado equivalente, que lleva como complemento directo el elemento que funciona como indirecto en la semilocución: *echar un vistazo* [a algo (c. i.)] = *mirar* u *ojear* [algo (c. d.)]; *prender fuego* [a algo (c. i.)] = *quemar* [algo (c. d.)]; ello explica estos casos de loísmo que, no obstante, deben evitarse: ⊗*Acabo de terminar el trabajo, échaLO un vistazo si puedes;* ⊗*Una vez recuperados los informes, LOS prendieron fuego;* debió decirse *échaLE un vistazo* y *LES prendieron fuego.* No deben confundirse estos casos con los de verdaderas locuciones verbales formadas por un verbo y un sustantivo, como *hacer añicos* o *hacer polvo,* cuyo complemento sí es directo: *Tiró el jarrón y LO hizo añicos; La noticia de la muerte de Pedro LOS ha hecho polvo.*

6. Existe actualmente un loísmo dialectal distinto de los casos anteriormente señalados. Se trata del empleo de *lo* en la función que le corresponde (complemento directo), pero en casos en que la norma del español estándar emplearía otra forma pronominal de acuerdo con el género o el número del antecedente. Este loísmo se da en zonas en las que el español se halla o se halló en contacto con otras lenguas. No obstante, hay que señalar que, en general, los hablantes cultos de estas zonas emplean los pronombres átonos de acuerdo con la norma culta estándar (→ 2). Por tanto, los fenómenos señalados a continuación son sobre todo propios de hablantes de zonas rurales o pertenecientes a las capas populares de las ciudades.

a) En la zona andina del Perú, Bolivia y el noroeste de la Argentina, el español ha estado durante siglos en contacto con el quechua y el aimara. Estas lenguas no indoeuropeas se caracterizan por no contar con distinción de género y por marcar el número y el caso de forma muy diferente al español. Estas diferencias gramaticales tan profundas acarrean gran dificultad a los hablantes indígenas cuando se enfrentan al aprendizaje del español y produce fenómenos muy peculiares. El más llamativo es la utilización del pronombre *lo* como complemento directo, sin distinción de género ni número: [⊗]*Después toda la oveja me quitó y* LO *ha llevado a la hacienda;* [⊗]*No* LO *conozco a sus hermanos.*

b) En zonas del norte de España en contacto con el dialecto asturleonés oriental, el sistema de uso de los pronombres átonos de tercera persona se basa en la condición contable o no contable del antecedente, y no en la función sintáctica del pronombre. Así, en el español hablado en la zona central y oriental de Asturias, y en la mayor parte de Cantabria, se usa *lo* cuando el antecedente es un sustantivo no contable, incluso si este es femenino: [⊗]*La leche* LO *cuajaban para hacer queso.*

lonche. 1. La voz inglesa *lunch,* que se emplea ocasionalmente en español con el sentido de 'comida ligera que se toma al mediodía o a media tarde', se ha adaptado en varios países americanos en la forma *lonche: «Julius tomaba su lonche»* (Bryce *Mundo* [Perú 1970]). Esta adaptación ha dado incluso derivados como *lonchera* ('portaviandas o fiambrera'): *«Partía con mi lonchera* [...]*, estacionándome para comer en cualquier lugar»* (Serrano *Vida* [Chile 1995]); y *lonchería* ('establecimiento donde se sirven comidas ligeras'): *«Come perros calientes en una lonchería»* (Santana *Isabel* [Ven. 1992]). Se admite el uso del anglicismo adaptado, aunque no hay que olvidar que existen equivalentes tradicionales en español, como *almuerzo (ligero)* o, en países como Chile, *colación.*

2. Con el sentido de 'comida ligera que se ofrece a los invitados a una celebración' no debe usarse en español la voz inglesa *lunch,* pues existen equivalentes españoles como *refrigerio* o *aperitivo.*

lonchera, lonchería. → lonche, 1.

long play. → elepé.

look. Voz inglesa que se usa ocasionalmente en español con el sentido de 'imagen o aspecto de las personas o, menos frecuentemente, de las cosas'. Es anglicismo innecesario, que debe sustituirse por las voces españolas *imagen* o *aspecto: «¿Para lograr tu nueva imagen usaste silicona?»* (NHerald [EE. UU.] 7.2.97).

loor. 1. 'Alabanza o elogio': *«Antes y después de la misa cantan sencillas melodías de loor a María»* (Reuter *Música* [Méx. 1980]); *«¡Cuántos loores, cuántas alabanzas!»* (Miras *Brujas* [Esp. 1978]). Es frecuente su empleo precedido de la preposición *en* y seguido de un complemento introducido por *de* o, más raramente, por *a* que expresa a qué o a quién van dirigidas las alabanzas: *«Hablaban en loor* DEL *difunto»* (Bonfil *Simbiosis* [Méx. 1993]); *«La palabra principal de su vocabulario es "hurra", naturalmente gritada en loor* A *su ídolo»* (Teitelboim *País* [Chile 1988]).

2. [⊗]*en loor de multitud(es).* → olor, 2.

lord. 'Hombre que pertenece a la primera nobleza británica'. Es voz tomada del inglés y se usa normalmente como fórmula de tratamiento, antepuesta sin artículo al nombre o apellido del individuo correspondiente: *«El conservador lord Henry Plumb cederá la presidencia a un democristiano»* (Abc [Esp.] 15.6.89). A diferencia de *lady* —que se usa como extranjerismo crudo, pues conserva su grafía, su pronunciación y su plural originarios (→ *lady*)—, la palabra *lord* se considera adaptada al español, pues forma un plural *lores,* diferente del plural inglés *lords: «La Cámara de los Lores será abolida»* (VLlosa *Verdad* [Perú 2002]).

Louisiana. → Luisiana.

Lourdes. Grafía asentada en el uso español de la localidad francesa donde se encuentra el santuario de la Virgen del mismo nombre: *«Cerca ya de la frontera española, paramos en Lourdes y nos acercamos a la gruta de Bernadette»* (Leguina *Nombre* [Esp. 1992]). Es, además, un nombre de pila femenino y, en ese caso, se admite, aunque se usa poco, la grafía adaptada *Lurdes.* En todo caso, la pronunciación de ambas formas es la misma: [lúrdes].

LP. → elepé.

lubricante. → lubricar.

lubricar. 'Poner resbaladizo [algo] o engrasar[lo]': *«Estas horas a solas eran un bálsamo, un aceite que lubricaba los engranajes de su vida»* (Gamboa *Páginas* [Col. 1998]). También es válida, aunque menos frecuente, la forma *lubrificar: «Amador bebió un trago de vino para intentar lubrificar un poco su atenazada garganta»* (Savater *Caronte* [Esp. 1981]). Lo mismo cabe decir de los respectivos adjetivos derivados *lubricante* y *lubrificante.*

lubrificante, lubrificar. → lubricar.

luchar. 'Contender o pelear'. Puede llevar un complemento introducido por *contra* o, menos frecuentemente, *con*: «*Mi padre y mis hermanos mayores lucharon* CONTRA *el ejército invasor*» (Chao *Altos* [Méx. 1991]); «*Movía los brazos como aspas que luchasen* CON *enemigos que no se dejan ceñir*» (Lezama *Oppiano* [Cuba 1977]). El complemento que expresa la finalidad de la lucha va precedido de *por* o, si se trata de un complemento oracional, también de *para*: «*Somos revolucionarios armados que luchan* POR *la independencia*» (Zaragoza *Dios* [Esp. 1981]); «*Lucha* PARA *que la justicia reine en este injusto mundo*» (Jodorowsky *Pájaro* [Chile 1992]). Es incorrecto suprimir la preposición y construir este verbo como transitivo: ⊗«*Un triunfo extraordinario que nos permite ir a Chile a luchar la clasificación*» (*Expreso* [Perú] 12.9.97); debió decirse *luchar* POR *la clasificación*.

lucir(se). Como intransitivo no pronominal, 'dar luz' y 'brillar o resplandecer'; como intransitivo pronominal, dicho de una persona, 'quedar bien o tener éxito en algo'; como transitivo, 'exhibir(se)'. Verbo irregular: v. conjugación modelo (→ APÉNDICE 1, n.º 40).

lucubración, lucubrar. → elucubrar.

Luisiana. Forma tradicional española del nombre de este estado de los Estados Unidos de América. Aunque en épocas pasadas era habitual su uso con artículo, hoy aparece preferentemente sin él: «*Las deportaciones ya han comenzado en los estados de California y Luisiana*» (*DAméricas* [EE. UU.] 6.3.97). No debe usarse en español la grafía inglesa *Louisiana*.

luna. → MAYÚSCULAS, 4.11.

lunch. → lonche.

Lurdes. → Lourdes.

luthier. → lutier.

lutier. Adaptación gráfica propuesta para la voz francesa *luthier*, 'artesano que construye instrumentos musicales de cuerda': «*En el apartado de libros ilustrados destaca El lutier de Venecia*» (*Abc* [Esp.] 24.5.89). Su plural es *lutieres* (→ PLURAL, 1g). Debido a su extensión, se admite el uso del galicismo adaptado, aunque no hay que olvidar el término tradicional español *violero*, que tiene este mismo significado: «*Algunas veces parece que los únicos grandes violeros fueron los Amati, Stradivarius y Guarnerius*» (*Mundo* [Esp.] 11.2.94).

lycra. → licra.

Lyon. **1.** La forma tradicional *León*, usada en épocas pasadas para nombrar esta ciudad francesa —a menudo con el especificador *de Francia*—, ha sido sustituida en el uso actual por el original francés *Lyon*, que tiene la ventaja de designar un solo lugar, frente a la diversidad de los que llevan el nombre *León* en España y América (→ León): «*En los conventos de París y de Lyon*» (Galeano *Bocas* [Ur. 2004]). No es correcta la grafía con tilde ⊗*Lyón*, por dos razones: al tratarse de un nombre propio no adaptado al español, debe respetarse en todos los aspectos su grafía original (→ TILDE², 6.1) y, además, según las normas establecidas en la última edición de la *Ortografía* académica (1999), esta palabra es monosílaba, pues toda combinación de vocal cerrada átona y vocal abierta tónica se considera un diptongo a efectos de acentuación (→ TILDE², 1.2).

2. Aceptando que hoy por hoy esta es la forma mayoritariamente usada, debe señalarse la mejor adecuación al español de la grafía adaptada *Lion*, que no carece de tradición en nuestro idioma: «*El brazo principal del glaciar del Ródano llegaba hasta el emplazamiento actual de Lion*» (HdzPacheco *Geología* [Esp. 1927]); «*Del latín al francés, [...] Ginebra, 1606; Lion, 1608; Ruan, 1618*» (HqzUreña *Cultura* [R. Dom. 1936]). Esta adaptación resulta natural y es, por otra parte, la que ya se ha aplicado en el gentilicio, que es *lionés*, y no ⊗*lyonés*: «*El maestro lionés* [Paul Bocuse] *puso todo su genio en el festín*» (Domingo *Sabor* [Esp. 1992]).

m

m. 1. Decimoquinta letra del abecedario español y decimotercera del orden latino internacional. Su nombre es femenino: *la eme* (pl. *emes*). Representa el sonido consonántico nasal bilabial /m/.
2. Debe escribirse *m* delante de *b* y *p* (*ambiguo, campo*), mientras que se escribe *n* ante la letra *v* (*envío, invasión*). No obstante, hay algún caso en que, por respetarse las grafías etimológicas, puede aparecer *n* ante *b: Canberra, Gutenberg* (→ n, 2).
3. Aparece a principio de palabra seguida de *n* en voces formadas a partir del griego *mnéme* ('memoria'): *mnemónica, mnemotecnia, mnemotécnico*. Ante la difícil articulación de este grupo consonántico inicial, ajeno al sistema español, estas voces pueden escribirse también sin *m* (*nemónica, nemotecnia, nemotécnico*), pero en la lengua culta se usan con preferencia las grafías con *mn-*.
4. Aparece en posición final de palabra en algunos latinismos y voces procedentes de otras lenguas, como el árabe, el hebreo o el inglés: *álbum, currículum, tándem, islam, imam, harem, Míriam, film*, etc. Puesto que la *m* en esta posición es ajena al sistema español, algunas de estas voces se han adaptado gráficamente a nuestro idioma, dando lugar a variantes con *-n*, como ha sucedido con *imán* ('guía espiritual musulmán') o *harén*.

Maastricht. Aunque la forma tradicional española del nombre de esta ciudad de los Países Bajos es *Mastrique*, hoy se emplea la forma neerlandesa *Maastricht* (pron. original [mástrijt]): «*La cumbre de Birmingham de jefes de Estado de la Comunidad Europea debe impulsar la ratificación del tratado de Maastricht*» (*Tiempo* [Col.] 16.10.92). Debe evitarse el error frecuente de suprimir la *t* final: ⊗*Maastrich*.

macadam. → macadán.

macadán. 'Pavimento de piedra machacada'. Se recomienda el uso de esta forma, acomodada al sistema gráfico del español (→ m, 4), aunque también se admite la variante *macadam* (pron. [makadám]), más cercana a la etimología (de *Mac Adam*, apellido del ingeniero escocés que lo inventó). No se admiten las formas llanas ⊗*macadan* y ⊗*macádam*.

macaense. → Macao.

Macao. Forma tradicional española del nombre del territorio situado en la costa sureste de China, antigua colonia portuguesa, y de la ciudad homónima: «*Los inmigrantes chinos menos adinerados siempre han elegido Macao para asentarse*» (*Mundo*@ [Esp.] 31.1.00). No deben usarse en español ni la forma portuguesa *Macau* ni la china *Aomen*. El gentilicio es *macaense*: «*Los científicos macaenses confían en que el parque permitirá desarrollar medicamentos según los preceptos tradicionales*» (*Universal*@ [Ven.] 21.5.05)

Macau. → Macao.

Macedonia. Nombre tradicional en español de la región histórica que abarca la parte centro-sur de la península de los Balcanes, y que constituyó un poderoso reino en la Antigüedad clásica: «*Los primeros estados helenísticos que cayeron bajo el poder romano fueron Macedonia y Grecia*» (Colorado *Pintura* [Esp. 1991]). También se llama así una región del norte de la actual Grecia y, abreviadamente, el país que de manera oficial se conoce provisionalmente (hasta que se resuelvan las disputas con Grecia por el uso de este nombre) como Antigua República Yugoslava de Macedonia: «*1991: Macedonia aprueba en un plebiscito su independencia de Yugoslavia*» (*DYucatán* [Méx.] 8.9.96). El gentilicio es, en todos los casos, *macedonio*: «*La célebre alianza entre atenienses y macedonios realizada por Alejandro tras la muerte de su padre*» (Marcos *Fantasma* [Méx. 1986]); «*La OTAN dejó saber que las autoridades macedonias habían negado su responsabilidad en el ataque*» (*NCastilla* [Esp.] 30.3.01). También existe el adjetivo *macedónico*, solo aplicable a lo perteneciente o relativo al antiguo reino de Macedonia: «*Es el caso de las falanges macedónicas de Alejandro Magno*» (*Semana* [Col.] 16-22.10.00).

macedónico -ca, macedonio -nia. → Macedonia.

machamartillo. *a machamartillo*. Como locución adverbial, 'con más fuerza que esmero' y 'con firmeza': «*Un partido localista que defiende a machamartillo la españolidad de la ciudad*» (*Tiempo* [Esp.] 29.5.95); y, como locución adjetiva, 'firme, sin fisuras': «*Tú eres un liberal a machamartillo*» (Bayly *Días* [Perú 1996]). Es preferible esta forma, hoy mayoritaria, a la grafía en tres palabras *a macha martillo*.

macro. En informática, abreviación de *macroinstrucción* ('secuencia de instrucciones que se realizan automáticamente con una sola orden'). Es válido su uso en ambos géneros, con predominio del femenino: «*Las macros son la herramienta perfecta para realizar este tipo de trabajo de forma mucho más rápida y sencilla*» (Delgado/Gutiérrez *Office* [Esp. 2000]); «*También puede definir un macro y asignarle un botón*» (*NHerald* [EE. UU.] 30.6.97).

macrocefalia. → -cefalia.

macrocosmos. → cosmos.

madalena. → magdalena.

Madeira. Aunque la forma tradicional española del nombre de esta isla y del archipiélago al que pertenece es *Madera,* hoy se emplea la forma portuguesa *Madeira:* «*Dos días tardamos en llegar a Madeira*» (Martínez *Perón* [Arg. 1989]). Cuando se utiliza como nombre común para designar la variedad de vino allí elaborada, debe escribirse con minúscula inicial (→ MAYÚSCULAS, 6.3b): «*Patatas salteadas en madeira*» (Ducoudray *Ojos* [C. Rica 1992]).

Madera. → Madeira.

madrina. 1. 'Mujer que presenta y asiste a alguien que recibe un sacramento o un honor' y 'mujer que patrocina o preside un acto': «*Fue madrina de casamiento de mil seiscientas ocho parejas*» (Martínez *Evita* [Arg. 1995]). Es el femenino que corresponde, en el español general culto, al masculino *padrino* (→ padrino). Es minoritario y desaconsejable el uso de ⊗*padrina,* que hoy se debe, en muchos casos, al influjo del catalán, lengua en la que es el femenino de *padrí* ('padrino').

2. De la voz *madrina* deriva el verbo *amadrinar,* que significa, entre otras cosas, 'actuar una mujer como madrina [de alguien o algo]': «*La reina Victoria Eugenia* [...] *había amadrinado poco antes a Alberto, único hijo varón de los príncipes monegascos*» (RCruz *Fiestas* [Esp. 2001]). No es correcto el uso de este verbo con sujeto masculino, caso en el que ha de usarse la voz *apadrinar* (→ padrino, 2).

maestría. → máster, 2.

magacín. 1. Adaptación gráfica de la voz inglesa *magazine,* 'publicación periódica ilustrada que trata temas diversos' y, más frecuentemente, 'programa de radio o televisión de contenido muy variado': «*Publicada en su primera etapa hasta 1924, D'Ací i D'Allà fue el primer gran magacín gráfico catalán*» (LpzMondéjar *Fotografía* [Esp. 1997]); «*Delibes dirigirá y presentará los dos magacines estrella del canal*» (*País* [Esp.] 16.4.97). También es válida la grafía *magazín,* que conserva la *-z-* etimológica (→ c, 2.2): «*Estos magazines tienen un público específico*» (Cebrián *Información* [Esp. 1995]). Para evitar la

dispersión gráfica, se desaconseja el uso de la forma ⊗*magasín,* adaptación del francés *magasin.*

2. Aunque, por su extensión, se admite el uso del extranjerismo adaptado, no debe olvidarse que, con el primer sentido, existe la voz española *revista* y, con el segundo, la expresión *programa de variedades:* «*Su versatilidad le permite presentar espacios infantiles, concursos de toda índole y programas de variedades*» (RdgzMárquez/MtzUceda *Televisión* [Esp. 1992]).

magazín, magazine. → magacín.

magdalena. 'Mujer penitente o arrepentida' y 'bollo similar a un bizcocho pequeño'. Aunque en la pronunciación tiende a reducirse el grupo *-gd-* y se dice, a menudo, [madaléna], en el uso culto escrito aún se prefiere, claramente, la grafía *magdalena;* no obstante, se admite también la grafía simplificada *madalena.*

Maghreb, Maghrib. → Magreb.

magíster. Esta voz (del lat. *magíster* 'maestro') se usa hoy en varios países americanos con el sentido de 'título o grado universitario inmediatamente inferior al de doctor' y 'persona que lo posee': «*Es economista y administrador, con magíster en Planeación*» (*Tiempo* [Col.] 1.6.90); «*La socióloga y magíster en Desarrollo Educativo y Social*» (*Tiempo* [Col.] 11.11.96). Referido a título o grado, es masculino; referido a persona, es común en cuanto al género: *el/la magíster* (→ GÉNERO[2], 1a y 3g). En español se pronuncia [majíster]. Su plural es *magísteres* (→ PLURAL, 1g). Con este mismo sentido se emplea también la voz *máster* (→ máster).

magma. 'Masa ígnea en fusión existente en el interior de la Tierra' y 'masa informe o mezcla confusa'. Es voz masculina: *el magma.*

magneto. 'Generador eléctrico que funciona gracias a un imán'. Surge por abreviación de la expresión *máquina magnetoeléctrica,* lo que explica su inicial uso en femenino, aún vigente: «*Renqueaba la magneto; a la cuarta intentona, prendieron los cilindros*» (SchzFerlosio *Jarama* [Esp. 1956]). Pero hoy es cada vez más frecuente su empleo en masculino, influido por la terminación en *-o* de este sustantivo: «*La mucha lluvia parecía haber humedecido el magneto*» (SchzEspeso *Alas* [Esp. 1985]).

magnetofón. → magnetófono.

magnetófono. 'Aparato para registrar y reproducir sonidos'. La forma *magnetófono* es mayoritaria en el uso escrito y, en general, la preferida en la lengua culta; en el habla coloquial se usa más la forma *magnetofón,* también válida, de probable influjo francés.

magnetósfera o **magnetosfera.** → -sfera.

magníficat. 'Cántico religioso que reproduce el dirigido por la Virgen a Dios en la visita a su prima Isabel'. Su plural es *magníficats* (→ PLURAL, 1h y k), que, al igual que el singular, debe llevar tilde (→ TILDE², 1.1.3).

magnificencia. 'Liberalidad para grandes gastos' y 'grandiosidad'. Es errónea la forma ⊗*magnificiencia*. El adjetivo correspondiente es *magnificente*, no ⊗*magnificiente*.

magnificente. → magnificencia.

Magreb. Forma tradicional española del nombre del área del norte de África que comprende Marruecos, Argelia y Túnez y, considerada más ampliamente, también Libia, Mauritania y el Sáhara: «*Túnez no es ajeno a los problemas que acucian al Magreb y al mundo árabe*» (*Vanguardia*@ [Esp.] 26.6.04). No deben usarse en español las grafías *Maghrib* o *Maghreb*, empleadas en inglés y francés. Su gentilicio es *magrebí* y el plural preferido en la lengua culta, *magrebíes* (→ PLURAL, 1c): «*La Guardia Civil rescató ayer a 51 magrebíes que ocupaban una embarcación neumática*» (*País* [Esp.] 24.9.02). Debe evitarse hoy el uso de la variante anticuada *Mogreb*, así como el de su gentilicio *mogrebí*.

magrebí. → Magreb.

maguey. En algunos países americanos, 'planta vivaz oriunda de México'. Su plural es *magueyes* (→ PLURAL, 1d).

magullar. 'Producir contusiones [a algo o a alguien]': «*Magulló a patadas al director*» (Cabada *Agua* [Méx. 1981]). En el área centroamericana, México y Venezuela, es frecuente en la lengua popular la forma *mallugar*, especialmente referida a la fruta: «*Si no compra, no mallugue*» (Flores *Siguamonta* [Guat. 1993]). Pero en la lengua culta es mayoritaria la forma *magullar*.

Maguncia. Forma tradicional española del nombre de esta ciudad de Alemania: «*La elección se celebrará el próximo día 9 de junio en el congreso de Maguncia*» (*Vanguardia* [Esp.] 30.5.95). No deben usarse en español ni la forma alemana *Mainz* ni la francesa *Mayence*. El gentilicio es *maguntino*.

maguntino -na. → Maguncia.

maharajá. 1. El título que reciben los príncipes en la India presenta dos formas válidas en español. La etimológica *maharajá* (pronunciada, preferiblemente, sin aspiración de la *h*) es la preferida en el uso culto: «*El parasol* [...] *le sugirió el baldaquín de verano de un maharajá*» (Donoso *Elefantes* [Chile 1995]); pero también se admite la variante simplificada *marajá*: «*El marajá de Kaputala conoció a la malagueña en el Frontón Central de Madrid*» (Leguineche *Camino* [Esp. 1995]). Los plurales son *maharajás* y *marajás*, respectivamente (→ PLU-RAL, 1b): «*En un rincón meridional de la India el cristianismo sobrevivió gracias a la tolerancia de los maharajás hindúes*» (Tibón *Aventuras* [Méx. 1986]).

2. Paralelamente, el título que reciben sus esposas presenta también dos formas. La etimológica *maharaní* es la preferida en el uso culto: «*El maharajá y la maharaní de Jaipur fueron de los primeros en llegar al salón del Plaza*» (RCruz *Fiestas* [Esp. 2001]); pero también se admite la forma *marajaní* (no ⊗*marahaní*), creada por analogía con el masculino simplificado *marajá*. No se admite, en cambio, la grafía ⊗*majaraní*. El plural de las formas femeninas válidas es, respectivamente, *maharanís* o *maharaníes* y *marajanís* o *marajaníes* (→ PLURAL, 1c).

maharaní. → maharajá, 2.

mahonesa. → mayonesa.

maicena. Procedente del nombre de la marca registrada *Maizena*, se escribe con *c* y con minúscula cuando designa, en general, cualquier harina fina de maíz: «*La maicena se disuelve en cinco cucharadas de agua*» (Huneeus *Cocina* [Chile 1989]).

mail. → e-mail.

mailing. → buzoneo.

maillot. Voz tomada del francés *maillot*, que se usa en español con los sentidos de 'traje de baño femenino de una sola pieza': «*En una de las fotos estaba tío Ramón con dos o tres mujeres en maillot en una playa*» (Mendicutti *Palomo* [Esp. 1991]); 'camiseta ajustada que usan los ciclistas': «*El equipo básico del ciclista está compuesto de varias prendas: maillot, pantalón corto* [...] *y guantes*» (Mansilla *Ciclismo* [Esp. 1995]); y 'traje ajustado de una sola pieza, especialmente el usado para la práctica de actividades físicas como la danza o la gimnasia': «*Scarlatti le había roto el maillot de bailarina*» (Alberto *Eternidad* [Cuba 1992]). En español debe pronunciarse tal como se escribe: [maillót, maiyót]. Su plural es *maillots* (→ PLURAL, 1h). Con el primer sentido indicado, ha caído en desuso en favor de *bañador* o *traje de baño*. También puede usarse en su lugar la voz *malla*, más acorde con el sistema gráfico español, y frecuente en países como Chile y la Argentina para designar tanto la prenda de baño como el traje ajustado de una sola pieza: «*¿Cómo querés que vaya a la pileta sin malla?* [...], *¿o querés que me bañe con camisa y pantalón?*» (O'Donnell *Escarabajos* [Arg. 1975]); «*Le regalé entonces una malla de baile enteriza*» (Fux *Danza* [Arg. 1992]). En México, el traje ajustado de una sola pieza se denomina *payasito*: «*Ellen DeGeneres estuvo una vez más a la cabeza con un payasito de poliéster azul marino*» (*DYucatán* [Méx.] 12.9.96).

Mainz. → Maguncia.

maître. → metre.

maíz. 'Planta gramínea y, en especial, sus granos comestibles'. La vocal tónica es la *i*, que se escribe con tilde por formar, con la vocal contigua, un hiato de abierta átona y cerrada tónica (→ TIL-DE², 2.2.2b). Es, pues, una palabra bisílaba y se pronuncia [ma - ís, ma - íz]. Debe evitarse en el habla culta la pronunciación con diptongo ⊗[máis, máiz], que a veces se ve reflejada en la escritura con la grafía sin tilde ⊗*maiz*.

⊗**majaraní.** → maharajá, 2.

mal. **1.** Adjetivo, apócope de *malo*. → malo, 1.

2. Como adverbio de modo significa 'incorrecta o inadecuadamente': *Pedro se comporta siempre mal; Esta ventana cierra mal;* 'insatisfactoriamente': *La estratagema salió mal; Últimamente duermo mal;* 'desagradablemente': *El río huele mal a causa de los vertidos; Viste muy mal, no tiene gusto;* 'desfavorablemente': *Piensa mal y acertarás; Siempre habla mal del prójimo;* 'en baja forma, con mala salud': *Se encuentra mal desde que dejó de tomar esas pastillas;* y 'difícilmente': *Mal puede solucionarlo si no se le pone al corriente del problema.*

2.1. El comparativo de *mal* es *peor: Esta ventana cierra peor que antes; Cada vez duermo peor; Desde que no hago ejercicio me encuentro peor.* Es incorrecto el uso de ⊗*más mal* para el comparativo: ⊗«*Una de las cosas que más mal andan es la salud*» (*Caras* [Chile] 22.12.97); esta secuencia solo es admisible en la expresión lexicalizada *más mal que bien,* con el sentido de 'más bien mal': «*Se llevaba "más mal que bien" con los del lugar*» (*Mundo* [Esp.] 28.11.96), y en oraciones exclamativas suspendidas de sentido ponderativo: *¡Hoy he dormido más mal...!* [= muy mal]. El comparativo *peor* no admite su combinación con otras marcas de grado como *más:* ⊗*Hoy he dormido más peor que ayer.* Admite la anteposición del intensificador *mucho: Hoy he dormido mucho peor;* pero no de *muy:* ⊗*Hoy he dormido muy peor.* Como todos los adverbios, el comparativo adverbial *peor* es invariable, por lo que no es correcto hacerlo concordar con el adjetivo plural al que modifica: ⊗«*Eran* [...] *los peores pagados de este país*» (*Granma* [Cuba] 5.96); debió decirse *los peor pagados.*

2.2. El superlativo de *mal,* además de *muy mal* y *malísimamente,* es *pésimamente,* que posee un matiz enfático especial, pues significa 'de la peor manera posible': «*Toreó muy bien y mató pésimamente*» (Tapia *Toreo* [Esp. 1992]). Al ser un superlativo absoluto, no admite su combinación con otras marcas de grado: ⊗*muy pésimamente,* ⊗*más pésimamente.*

3. mal a gusto. → gusto, 4.

malagana. **1.** 'Indisposición o desfallecimiento'. Es voz femenina y se escribe en una sola palabra: «*Por guardar que convaleciesse de una malagana que le avía sobrevenido en Zaragoça, no quixo dexar a don*

Carlos» (FdzAvellaneda *Quijote* [Esp. 1614]). No debe confundirse con la secuencia escrita en dos palabras que aparece en las locuciones *mala gana* y *de mala gana* (→ 2 y 3).

2. mala gana. Locución nominal femenina que significa 'desgana': «*Lo haría, presumo, con cierta mala gana*» (Sas *Música* [Perú 1972]).

3. de mala gana. Locución adverbial que significa 'con resistencia y fastidio': «*Lo hicieron de mala gana*» (*Hoy* [Chile] 3-9.3.97).

⊗**Malaisia.** → Malasia.

malaleche. 'Persona de mala intención'. Como sustantivo, es común en cuanto al género: *un/una malaleche* (→ GÉNERO², 1a y 3c). También puede usarse como adjetivo. Se escribe en una sola palabra y no debe confundirse con la locución nominal femenina *mala leche,* que significa 'mala intención' y 'mal humor': «*Se me respetaba* [...] *porque, aunque fuera algo torpe, no tenía mala leche*» (FnGómez *Directivo* [Esp. 1995]); «*Los policías se ponen de muy mala leche cuando matan a alguno de los suyos*» (Ribera *Sangre* [Esp. 1988]).

malapata. 'Persona torpe y sin gracia'. Como sustantivo, es común en cuanto al género: *un/una malapata* (→ GÉNERO², 1a y 3b). También puede usarse como adjetivo. Se escribe en una sola palabra y no debe confundirse con la locución nominal femenina *mala pata,* que significa 'mala suerte': «*Tanto sufrimiento no podía ser posible y tanta mala pata no entraba en un solo cuerpo*» (Sepúlveda *Viejo* [Chile 1989]).

malasangre. 'Actitud aviesa o vengativa' y 'persona que manifiesta dicha actitud'. En el primer sentido, es femenino: *Tiene mucha malasangre.* En el segundo, es común en cuanto al género (*un/una malasangre;* → GÉNERO², 1a y 3c) y puede funcionar también como adjetivo: «*Eres de lo peorcito... [...] Criminal, malasangre y ahora cantante*» (Santana *Mirando* [Ven. 1991]). Es también correcta su escritura en dos palabras, lo que es más frecuente cuando se usa en el primero de los sentidos referidos: «*Podría generar mala sangre contra esa mayoría de distritos que no recibirán apoyo*» (*Caretas* [Perú] 18.1.96).

Malasia. Forma tradicional española del nombre de este país de Asia: «*Bolivia es el noveno productor de soya en el mundo, por encima de Malasia e Italia*» (*Tiempos* [Bol.] 13.11.00). Está actualmente formado por trece estados —once de ellos situados en la península de Malaca y dos en el norte de la isla de Borneo—, ninguno de los cuales se llama, específicamente, Malasia. No hay razón, pues, para sustituir como nombre del país el topónimo tradicional *Malasia* por la forma original *Malaysia,* ni por su hispanización ⊗*Malaisia.* El gentilicio es *malasio:* «*Los comentarios de Greenspan van dirigidos* al primer ministro malasio» (DAméricas [EE. UU.] 14.10.97). También se emplea como gentilicio del país el adjetivo *malayo,* que en sentido estricto designa a los individuos de la etnia oriunda de esta zona y, como sustantivo masculino, la lengua que hablan.

malasio -sia. → Malasia.

malasombra. 'Persona con mala suerte' y, sobre todo, 'persona con malas intenciones': «*Aquel malasombra era de los que se dedicaban a hacer cabronadas al prójimo*» (SchzOstiz *Infierno* [Esp. 1995]). Es común en cuanto al género (*un/una malasombra;* → GÉNERO[2], 1a y 3b) y puede funcionar también como adjetivo. Se escribe en una sola palabra y no debe confundirse con la locución nominal femenina *mala sombra,* que significa 'mala intención' y 'mala suerte': «*Él no lo hacía con mala sombra*» (Hidalgo *Azucena* [Esp. 1988]); «*Para huir de la mala sombra, los ocultistas de Flores fabricaron toda clase de amuletos*» (Dolina *Ángel* [Arg. 1993]).

Malaui. Forma adaptada a la ortografía española del nombre de este país de África: «*Friedemann Schrenk, Tim Bromage y otros publican el descubrimiento de una mandíbula hallada en Malaui*» (Arsuaga *Enigma* [Esp. 2001]). Aunque es frecuente y admisible la forma *Malawi,* se recomienda usar con preferencia la grafía hispanizada. Como gentilicio se propone la forma *malauí* (pl. *malauíes*), cercana a la del topónimo y de fácil articulación: «*La orden de las Hermanas de la Caridad que cada día alimenta [...] al pequeño y a otros 600 huérfanos malauíes*» (Mundo@ [Esp.] 2.6.02).

malauí, Malawi. → Malaui.

malayo -ya, Malaysia. → Malasia.

maldecir. 1. 'Proferir maldiciones'. Verbo irregular: se conjuga como *decir* (→ APÉNDICE 1, n.º 28), salvo en el futuro simple o futuro de indicativo y en el condicional simple o pospretérito, cuyas formas son regulares: *maldeciré, maldecirás, maldecirá,* etc. y *maldeciría, maldecirías, maldeciría,* etc.; y en la segunda persona del imperativo no voseante, que es *maldice* (tú).

2. Normalmente funciona como transitivo: «*Maldijo ese momento de debilidad*» (Rovinski *Herencia* [C. Rica 1993]); «*El cura se abalanzó iracundo contra los profanadores y los maldijo*» (MtnCampo *Carreteras* [Méx. 1976]); pero también puede usarse como intransitivo, a veces acompañado de un complemento introducido por *de:* «*Claudia no paraba de maldecir*» (Gamboa *Páginas* [Col. 1998]); «*Maldecía* DE *la Armada y* DE *sus cuadros*» (Delibes *Madera* [Esp. 1987]).

3. Su participio es *maldecido,* única forma que debe usarse en la formación de los tiempos compuestos y de la pasiva perifrástica: «*Alguien te ha maldeci-*

do» (Nieva *Zorra* [Esp. 1988]); «*Los violadores son maldecidos y castigados*» (Proceso [Méx.] 27.10.96). La forma *maldito,* que procede del participio latino *maledictus,* solo se usa hoy como adjetivo y como sustantivo: «*¡Sí, ese lugar maldito sigue allí...!*» (Cano *Abismo* [Col. 1991]); «*A lo mejor el siquiatra es un maldito*» (María *Fábrica* [Méx. 1980]); también en la fórmula desiderativa *maldito sea...* y en la locución interjectiva *maldita sea,* con la que se expresa enojo: «*¡Maldito, maldito sea quien da curso al pensamiento!*» (Herrera *Casa* [Ven. 1985]); «*¡Pues lo vas a aprender, maldita sea! ¡Voy a darte una lección!*» (GaMay *Alesio* [Esp. 1987]).

4. El adjetivo, también usado como sustantivo, que corresponde a *maldecir* es *maldiciente* ('[persona] que maldice o profiere maldiciones'): «*La autoridad se llevó casi en volandas a la maldiciente ciega y sus alaridos demenciales fueron eco lejano*» (GmzOjea *Cantiga* [Esp. 1982]). En contraste con lo que ha ocurrido en el caso del verbo *decir,* a cuya familia pertenecen las formas *dicente* y *diciente* (→ decir, 6), ambas válidas, no se ha generalizado en el uso la variante ⊗*maldicente* que, por tanto, debe ser evitada. No debe confundirse *maldiciente* con *maledicente* ('que acostumbra a hablar mal de los demás'; → maledicente).

maldiciente. → maldecir, 4.

maldito -ta. → maldecir, 3.

maledicente. '[Persona] que practica la maledicencia, esto es, que acostumbra a hablar mal de los demás': «*Ciertos maledicentes pensaban que el comercio no era sino un refugio de ladrones y reducidores, acusación que nunca fue comprobada*» (Dolina *Ángel* [Arg. 1993]). Este adjetivo, usado frecuentemente como sustantivo, deriva de *maledicencia* y no debe confundirse con *maldiciente* ('que maldice'; → maldecir, 4). No es correcta la forma ⊗*maledicente.*

maleducado -da. 1. '[Persona] que tiene mala educación'. El participio del verbo *maleducar* puede usarse como adjetivo o como sustantivo. Como adjetivo puede escribirse en una o en dos palabras, aunque la grafía simple es más recomendable: «*Eso no se dice, nena, no seas maleducada*» (Futoransky *Pe* [Arg. 1986]); «*¿Sabías que los médicos podían ser tan mal educados?*» (Mendizábal *Cumpleaños* [Esp. 1992]). Como sustantivo solo se admite la escritura en una sola palabra: «*Es usted un maleducado*» (Vallejo *Hölderlin* [Esp. 1984]).

2. No debe confundirse este adjetivo o sustantivo con la secuencia del adverbio *mal* seguido del participio del verbo *educar,* que se escribe siempre en dos palabras: «*A lo mejor le pasa porque es único hijo o porque está mal educado*» (VV. AA. *Salud* [Arg. 1978]).

malentender. 'Entender o interpretar equivocadamente'. Verbo irregular: se conjuga como *entender* (→ APÉNDICE 1, n.º 31).

malentendido. 'Mala interpretación, o equivocación en el entendimiento de algo': «*Todo empezó con un lamentable malentendido*» (Rellán *Crónica* [Esp. 1985]). Su plural es *malentendidos*, no ⊗*malosentendidos*: «*Surgen tensiones y malentendidos*» (Almeida *Niño* [Arg. 1975]). Con este sentido no debe escribirse en dos palabras, ya que no existe la palabra *entendido* como sustantivo: ⊗«*Es solo un mal entendido*» (*ByN* [Ec.] 2.11.97); por lo tanto, tampoco es admisible el plural ⊗*malos entendidos*: ⊗«*La cumbre de El Cairo supone un intento de superar malos entendidos*» (*Vanguardia* [Esp.] 2.2.95). Sí es posible la secuencia *mal entendido* cuando se trata del participio de *entender*, en función adjetiva, precedido del adverbio *mal*, que, por su naturaleza de adverbio, se mantiene invariable aunque el participio esté en plural: «*Ese criterio de ahorro mal entendido le cuesta muy caro al contribuyente*» (*País* [Esp.] 1.6.84); «*Opino que fueron celos mal entendidos*» (*Tiempo* [Esp.] 24.9.90).

malherir. 'Herir gravemente'. Verbo irregular: se conjuga como *sentir* (→ APÉNDICE 1, n.º 53).

malhumor. → humor, 2.

Mali o **Malí.** El nombre de este país de África se emplea con dos acentuaciones en español: la etimológica aguda *Malí*, que responde a la pronunciación de este topónimo en francés, lengua oficial del país; y la llana *Mali*, probablemente influida por el inglés. Ambas son válidas, aunque la llana *Mali* es la más frecuente hoy entre los hispanohablantes. Como gentilicio se recomienda la forma *maliense*, hoy mayoritaria, aunque también es válida la forma *malí*, cuyo plural culto es *malíes* (→ PLURAL, 1c): «*El gran músico maliense Salif Keita inauguró el 7 de julio el festival*» (*País@* [Esp.] 30.7.01); «*El movimiento iniciado por los malíes encerrados en Saint Bernard rompe con esta lógica*» (*Mundo* [Esp.] 23.8.96).

malí. → Mali o Malí.

maliciar(se). 'Malear(se) o echar(se) a perder' y 'sospechar [algo]'. Se acentúa como *anunciar* (→ APÉNDICE 1, n.º 4).

maliense. → Mali o Malí.

mall. → centro comercial.

mallugar. → magullar.

malo -la. 1. Adjetivo que significa, básicamente, '[persona] que no se comporta como debe, o que carece de bondad': «*Ha dicho que mi padre es malo y que se va a condenar*» (GaMorales *Sur* [Esp. 1985]); '[alimento] de sabor desagradable': «*Muchas personas* […], *acostumbradas a los guisos con aceite, en-*

cuentran malos los que se hacen con manteca» (Muro *Practicón* [Esp. 1891-94]); '[persona o cosa] de nula o escasa calidad, que no reúne las condiciones exigibles para cumplir bien su función': «*Más daño puede hacer un mal profesor que un buen presidente*» (*Nacional* [Ven.] 7.1.97); «*En mi familia es muy frecuente la mala letra*» (Alfaya *Traidor* [Esp. 1991]); 'enfermo': «*Uno de los niños se puso malo y se quedó un poco endeblillo*» (Quiñones *Noches* [Esp. 1979]); y 'nocivo o que causa disgusto': «*Fumar es malo*» (Gironella *Hombres* [Esp. 1986]). Se apocopa en la forma *mal* cuando precede a un sustantivo masculino singular, aunque entre ambos se interponga otra palabra: *mal presagio*, *un mal primer tiempo*. **2.** Existen dos formas para el comparativo de *malo*:

a) peor. Procede del comparativo latino *peior* y se usa en todos los sentidos de *malo* antes referidos: «*Eres peor que un asesino*» (Salisachs *Gangrena* [Esp. 1975]); «*Había adquirido la fama de ser* […] *uno de los peores profesores*» (Volpi *Klingsor* [Méx. 1999]); «*Cada día eran peores las noticias*» (UPietri *Visita* [Ven. 1990]); «*Tú sabes que es peor un bruto que un malo*» (Posse *Pasión* [Arg. 1995]). En los sentidos de '[persona] que carece de bondad' y '[alimento] de sabor desagradable', alterna con *más malo* (→ b). El segundo término de comparación debe ir introducido por la conjunción *que*: «*Separarse era una incomodidad peor* QUE *la de seguir viviendo como hasta entonces*» (Martínez *Vuelo* [Arg. 2002]); o por la preposición *de*, si se trata de una oración de relativo sin antecedente expreso que denota, no una entidad distinta, sino grado o cantidad en relación con la magnitud que se compara: «*Tendrás que soportar cosas peores* DE *las que puedas imaginar*» (Gasulla *Culminación* [Arg. 1975]). No debe emplearse la preposición *a* para introducir el término de comparación: ⊗«*Lamentó* […] *que el estado de cosas en la Corte Electoral estuviese* […] *peor* A *lo que estaba hace algunos días*» (*Vistazo* [Ec.] 20.3.97); debió decirse *peor* DE *lo que estaba*.

b) más malo. Alterna en el uso con *peor* para formar el comparativo de *malo* en el sentido de '[persona] carente de bondad': «*Era la cola de la montada. Y más malo que Judas*» (Asturias *Hombres* [Guat. 1949-53]). También es correcto su empleo para formar el comparativo de *malo* cuando se alude al sabor: «*Tomaría todos los remedios calladita, hasta el más malo, sin protestar, todo lo que recetara el médico*» (Bryce *Mundo* [Perú 1970]).

3. Además de *muy malo* y *malísimo*, existe la forma superlativa *pésimo*, que presenta el significado enfático especial de 'malo en grado sumo': «*No piense que tengo un gusto pésimo*» (GlzLeón *Viejo* [Ven. 1995]). Al ser un superlativo absoluto, no admite su combinación con otras marcas de grado: ⊗*muy pésimo*, ⊗*más pésimo*.

malquerer. 1. 'Tener mala voluntad, o querer mal, [a alguien o algo]'. Verbo irregular: se conjuga como *querer* (→ APÉNDICE 1, n.º 49): «*Yo no la malquiero, señorita, pero eso sí, no la entiendo*» (Gamboa *Páginas* [Col. 1998]). Su participio es *malquerido*, que puede usarse también como adjetivo: «*Byron la había humillado y malquerido*» (Villena *Burdel* [Esp. 1995]); «*Los jugadores se sienten malqueridos y el público se siente engañado*» (*Clarín* [Arg.] 17.4.97). **2.** La forma *malquisto*, considerada tradicionalmente participio irregular de *malquerer*, solo se usa como adjetivo ('que es objeto de animadversión'), y se construye a veces con un complemento introducido por *de*, que expresa la persona cuya animadversión se sufre: «*Malquisto* DE *casi toda la colonia, contaba con la amistad de los jesuitas*» (Lopetegui/Zubillaga *Iglesia* [Esp. 1965]). Se admite, aunque no se recomienda, la grafía en dos palabras *mal quisto*, pues la forma *quisto*, participio arcaico de *querer*, no funciona nunca hoy como palabra independiente. **3.** Sobre el adjetivo *malquisto* se ha formado el verbo regular *malquistar(se)* ('enemistar(se)'), que se construye normalmente con un complemento precedido de *con*: «*Trató de malquistar al médico* CON *los maridos*» (Sender *Réquiem* [Esp. 1953]). Su participio es *malquistado* (no *malquisto*): «*Se había malquistado con Prato*» (UPietri *Oficio* [Ven. 1976]).

malquistar(se), malquisto -ta. → malquerer.

maltraer. *a maltraer* o *a mal traer*. Normalmente con el verbo *traer*, y menos frecuentemente con *llevar* o *tener*, significa 'mortificar [a alguien]': «*Tú sabes que es Gabriela quien los trae a maltraer*» (Berlanga *Gaznápira* [Esp. 1984]); «*Maradona tuvo a maltraer a la enfermera que lo atendió*» (*NProvincia* [Arg.] 16.4.97). Aunque se aconseja el uso de la grafía más simple *a maltraer*, también se admite su escritura en tres palabras (*a mal traer*): «*Esta enfermedad gástrica que me trae a mal traer procede de aquella barrabasada médica*» (Olmo *Iglesias* [Esp. 1984]).

maltrato. 'Acción y efecto de maltratar': «*Se pueden denunciar episodios de maltrato o abuso contra niños y jóvenes*» (*NProvincia* [Arg.] 3.4.97). Su plural es *maltratos*: «*Informaron a la policía sobre los maltratos a los que eran sometidos los tres hijos de la pareja*» (*Universal* [Ven.] 15.9.96). Este sustantivo es equivalente en el uso a la secuencia formada por el adjetivo apocopado *mal* y el sustantivo *trato*: «*El mal trato físico y mental contra los niños es permanente en la ciudad*» (*País* [Col.] 21.10.97). En este caso, el plural es *malos tratos*: «*Volvió a sufrir de su marido abusos y malos tratos*» (*Vanguardia* [Esp.] 30.8.95). Hoy se ha generalizado el uso de *malos tratos* con el sentido de 'delito consistente en ejercer de modo continuado violencia física o psíquica sobre las personas con quienes se convive o que están bajo la guarda del agresor': «*Fue procesado* [el director de la cárcel] *en mayo por un presunto delito de malos tratos a un interno*» (*País* [Esp.] 1.12.89).

Malvinas. Forma tradicional española del nombre de estas islas situadas en el Atlántico sur, al este del estrecho de Magallanes: «*Malaspina queda ciertamente impresionado por las islas Malvinas*» (*Astronomía* [Esp.] 30.12.03). No debe usarse en español el nombre inglés *Falkland (Islands)*. El gentilicio mayoritario y recomendado es *malvinense*: «*Todas las mañanas iza la bandera sobre tierra malvinense*» (*Clarín* [Arg.] 2.4.01).

malvinense. → Malvinas.

mama. → mamá, 1.

mamá. 1. 'Madre'. Procede del latín *mamma*, pronunciado [máma], y así se dijo en español hasta el siglo XVIII. Después, por influjo del francés, comenzó a extenderse la pronunciación aguda *mamá*, hoy general en el uso culto de España y América. La forma llana *mama* persiste, no obstante, en el habla popular y rural. El plural de *mamá* es *mamás* (→ PLURAL, 1b), no [⊗]*mamases*. **2.** En España solo es normal su empleo para dirigirse a la madre en usos vocativos (*Mamá, me voy al cine*), para referirse a ella en la conversación entre miembros de la misma familia (*Me ha dicho mamá que recojas tu habitación*), en la conversación entre niños pequeños (*Mi mamá no me regaña nunca*) o cuando un adulto se dirige a un niño de pocos años (*Díselo a tu mamá*). En la conversación entre adultos, fuera del núcleo familiar se emplea el término *madre*: «*Mi madre atendía las gallinas*» (MtzMediero *Vacaciones* [Esp. 1991]). En América, en cambio, se emplea corrientemente *mamá* para referirse a la madre entre interlocutores adultos: «*Mi mamá compra todo en el supermercado que hay acá*» (Puig *Beso* [Arg. 1976]). **3.** Como diminutivos se emplean *mamaíta*, el más normal en España, y *mamita*, muy extendido en América. También responde a las reglas de formación de diminutivos, y es, por tanto, correcta, la forma *mamacita*, que en América suele alternar con *mamita* y *mamaíta*, y que en países como México es el diminutivo más frecuente. En todo el ámbito hispánico se usa también la forma hipocorística *mami*.

mambí -isa. En la guerra de la independencia cubana, 'insurrecto contra España': «*El padre fue general mambí*» (Barnet *Gallego* [Cuba 1981]). La forma *mambís* para el singular, también válida, está en desuso, no así su plural *mambises* (→ PLURAL, 1f), mucho más usado que *mambíes* (pl. del singular *mambí*): «*¿Y por qué razón no van a saber buenas las chuletas de sargento mambís?*» (VInclán *Hija* [Esp. 1927-30]); «*Los jefes mambises deciden realizar la* *invasión de la zona occidental» (Granma* [Cuba] 6.97). El femenino de ambas formas es *mambisa: «Unos pocos renegados que traicionaron la causa mambisa» (Granma* [Cuba] 6.97).

mambís -isa. → mambí.

mamey. 'Árbol americano' y 'fruto comestible de este árbol'. Su plural es *mameyes* (→ PLURAL, 1d).

mamut. Adaptación gráfica de la voz francesa *mammouth,* 'mamífero prehistórico de gran tamaño, parecido al elefante'. Su plural es *mamuts* (→ PLURAL, 1h), no ⊛*mamutes: «Los últimos mamuts lanudos fueron exterminados por los cazadores humanos del Mesolítico»* (Arsuaga *Enigma* [Esp. 2001]).

management. Voz inglesa, usada con cierta frecuencia en el lenguaje empresarial. Se trata de un anglicismo evitable, ya que equivale a los términos españoles *dirección, gestión* o *administración.* También significa 'cuerpo directivo de una empresa', caso en el que debe sustituirse por *dirección, gerencia* o *directiva.* Así, en *«Los empresarios pueden aportar su capacidad de* management» *(Cronista* [Arg.] 10.7.92), debió escribirse *capacidad de gestión;* en *«El* management *de la compañía, y ahí se incluye a todo el grupo que gestiona la empresa, controla* [...] *un 9 por 100 adicional» (Tiempo* [Esp.] 8.1.90), debió escribirse *La dirección de la compañía.*

mánager. 1. Voz tomada del inglés *manager,* con la que se designa al gerente o directivo de una empresa o sociedad y al representante de un artista o de un deportista: *«El mánager de una importante empresa industrial» (DPrensa* [Arg.] 26.4.92); *«Era mánager de Julio Iglesias en Miami» (Cambio 16* [Esp.] 29.10.90). En español debe escribirse con tilde por ser palabra esdrújula. Precisamente por ser esdrújula en singular, ha de permanecer invariable en plural (→ PLURAL, 1g): *los mánager.* Aunque suele pronunciarse [mánayer], como en inglés, en español debe adaptarse la pronunciación a la grafía y decirse [mánajer]. Es común en cuanto al género (→ GÉNERO², 1a y 3g): *el/la mánager.*

2. Por su extensión, se admite el uso del anglicismo adaptado, aunque es siempre preferible emplear equivalentes españoles como *director, gerente* o *administrador* (de una empresa o sociedad), *director técnico* (de un equipo deportivo), *representante* o *agente* (de un artista o un deportista) y *apoderado* (de un torero).

Manaos. Forma tradicional española del nombre de esta ciudad del noroeste de Brasil: *«Al bajar del avión en Manaos, sintieron el clima sobre la piel como una toalla empapada en agua caliente»* (Allende *Ciudad* [Chile 2002]). No hay razón para sustituir esta forma tradicional por la actual *Manaus* usada en portugués.

manatí. 'Mamífero acuático herbívoro'. Su plural es *manatíes* o *manatís* (→ PLURAL, 1c).

Manaus. → Manaos.

manchar(se). 'Ensuciar(se)'. La sustancia que ensucia se expresa mediante un complemento introducido por *de* o *con: «La mano se me manchó DE sangre»* (Flores *Siguamonta* [Guat. 1993]); *«Resbaló, manchó CON sangre la carrocería»* (Navarro *Alma* [Esp. 1995]).

Mánchester. Puesto que el nombre de esta ciudad de Inglaterra no plantea problemas de adecuación al sistema gráfico del español, puede incorporarse plenamente a nuestro idioma colocándole la tilde que le corresponde como palabra esdrújula: *«Los centros con más matrículas fueron de nuevo los británicos y los alemanes —Mánchester superó las 6500, Bremen y Múnich tuvieron unas 5000, y Londres y Manila casi 4000—» (Estrella@* [Esp.] 16.10.03).

-mancia o **-mancía.** Elemento compositivo sufijo que significa 'adivinación'. Aunque la forma con hiato *-mancía* (pron. [man - sí - a, man - zí - a]) es la que conserva la acentuación etimológica, está hoy en franco retroceso frente a la forma con diptongo *-mancia* (pron. [mán - sia, mán - zia]), que es la más extendida en el español moderno. Ocasionalmente se emplea como sustantivo femenino independiente, con el sentido de 'arte adivinatoria': *«Soy un poco esotérica, practico algunas mancias»* (Hidalgo *Hijas* [Esp. 1988]).

mancornar. 'Inmovilizar [una res] atándole un cuerno a la pata del mismo lado'. Verbo irregular: se conjuga como *contar* (→ APÉNDICE 1, n.° 26).

mandamás. En el habla coloquial, 'persona que tiene el mando o la autoridad'. Es común en cuanto al género (*el/la mandamás;* → GÉNERO², 1a y 3k): *«La tal Inmaculada* [...] *era la mandamás, la meritita jefa»* (Azuela *Casa* [Méx. 1983]). Su plural es *mandamases* (→ PLURAL, 1f): *«Que vengan* [...] *el director general y todos los mandamases»* (Palou *Carne* [Esp. 1975]).

mandar. 1. Como transitivo, se construye de formas diversas según su significado:

a) Con el sentido de 'dar la orden [de hacer algo]', el complemento directo es normalmente un infinitivo o una oración subordinada introducida por *que: «Mandó construir una choza de cañas para encerrar a los borrachos»* (Sepúlveda *Viejo* [Chile 1989]); *«Mi capitán me mandó que se lo dijera»* (Gamboa *Páginas* [Col. 1998]). Si se hace explícita la persona que recibe la orden, esta se expresa mediante un complemento indirecto (→ LEÍSMO, 4b): *«LE mandó que se deshiciera de los perros»* (Donoso *Casa* [Chile 1978]).

b) También significa 'enviar [a alguien] a un lugar o remitir [algo] a alguien': «*Llamó a uno de sus hijos y lo mandó a casa de José Govea*» (Elizondo *Setenta* [Méx. 1987]); «*¿Por qué no le mandas la carta al ministro de Agricultura?*» (Bayly *Días* [Perú 1996]). Con el sentido específico de 'enviar [a alguien] a que haga algo', además del complemento directo de persona, lleva un infinitivo o una subordinada introducida por *que*, precedidos, en este caso, de la preposición *a*: «*Pere quería que su hijo fuera un perfecto caballero y lo mandó A estudiar a Oxford*» (Mendoza *Verdad* [Esp. 1975]); «*Ella lo mandó A que fuera en busca de un quinqué*» (Montero *Trenza* [Cuba 1987]). En el español de España se mantiene la distinción entre ambos sentidos, de manera que cuando *mandar* significa 'ordenar [hacer algo]', el infinitivo o la subordinada con *que* no van precedidos de la preposición *a*, mientras que esta preposición es obligatoria cuando *mandar* significa 'enviar [a alguien] a que haga algo': *Le mandaron estudiar* [= le ordenaron que estudiara] y *Lo mandaron a estudiar* [= lo enviaron a algún lugar para que estudiara]. En el español de América, sin embargo, se cruzan ambas construcciones, de manera que también con el sentido de 'ordenar' aparece frecuentemente la preposición *a* ante el infinitivo o la subordinada con *que*: «*Mandó A construir debajo del mango una percha con un recipiente para el agua*» (GaMárquez *Amor* [Col. 1985]); «*El viejo mandó A que la degollaran allí mismo*» (Barnet *Gallego* [Cuba 1981]); «*Primero se negó a recibirlo, pero después lo mandó A llamar*» (UPietri *Visita* [Ven. 1990]); en España se diría *Mandó construir, mandó que la degollaran* y *lo mandó llamar*.

2. mandar(se) (a) cambiar, mandar(se) (a) mudar. En el español coloquial de varios países americanos, especialmente de América del Sur, se emplean estas expresiones con el significado de 'echar [a alguien] de un lugar': «*Con los peones nunca había problema, porque si uno se ponía liso, yo lo mandaba mudar y ya*» (Bayly *Días* [Perú 1996]); y, como pronominal, 'irse de un lugar': «*Estuve a punto de agarrar a patadas el tablero, abrir la portezuela y mandarme a cambiar*» (Edwards *Anfitrión* [Chile 1987]).

mandarina. 'Fruto parecido a la naranja, más pequeño y muy dulce'. No es correcta la forma ⊗*mondarina*, propia del habla popular y debida al cruce con *mondar* ('quitar la piel a las frutas').

mandolina. 'Instrumento musical de cuerda semejante a la bandurria': «*El concierto para mandolina y orquesta de Hasse*» (Steimberg *Espíritu* [Arg. 1981]). Esta es la forma etimológica (del it. *mandolino*, dim. de *mandola*) y mayoritaria en el uso, aunque también se admite la variante *bandolina*: «*Oír aquellos coros de bandolinas y violines*» (Barnet *Gallego* [Cuba 1981]).

manera. 1. 'Modo'. Cuando va seguido de una oración adjetiva, esta puede ser introducida por *en (la) que* o *como*: «*Hay cambios en la manera EN QUE hombres y mujeres se aman*» (*Vanguardia* [Esp.] 16.11.95); «*No me gusta la manera COMO ese padre está tratando a su hermana*» (UPietri *Oficio* [Ven. 1976]).

2. de la misma (o **de igual**) **manera.** Sirve para introducir una comparación de igualdad. El segundo término va introducido por *que* o, si es una oración, por *(en) que* o *como*: «*¿Le gustaría que su hija se enterara de la misma manera QUE usted?*» (Caparrós *Crisis* [Esp. 1977]); «*Los acueductos llevaron el agua de los valles fluviales a las áridas mesetas, de la misma manera EN QUE la ley y la lengua auspiciaron un creciente sentido de comunidad*» (Fuentes *Espejo* [Méx. 1992]); «*Muchos pacientes descubren que en su vida reaccionan de la misma manera COMO lo hicieron en el momento de nacer*» (Cabouli *Terapia* [Arg. 1995]).

3. de manera de. → 4.

4. de manera que. Esta locución conjuntiva, seguida de un verbo en indicativo, tiene sentido consecutivo ('así que'): «*Cuando ella terminó de hablar eran casi las seis, de manera que Wilson apenas tuvo tiempo de cenar un poquito*» (Vergés *Cenizas* [R. Dom. 1980]). Seguida de un verbo en subjuntivo, tiene sentido final ('para que, con el fin de que'): «*El aludido se rió, moviendo su cuerpo de manera que pareciese que esquivaba el dedo acusador*» (Argullol *Razón* [Esp. 1993]). En amplias zonas de América, se emplea la locución *de manera de* seguida de infinitivo, con sentido final: «*Se mezclan las dos substancias de manera de formar un todo homogéneo*» (Tiscornia *Plantas* [Arg. 1991]). Es incorrecto sustituir la preposición *de* por *a*: ⊗*«Cuyo objetivo no era otro que el de desviar la investigación de manera A culpar a personas inocentes*» (*Abc* [Par.] 31.10.00). Tampoco debe decirse ⊗*de manera de que*, cruce de las locuciones *de manera que* y *de manera de*: ⊗*«Un 80 % deberían completar sus bodegas con otr[o]s 10,7 millones de toneladas en los puertos del sur de Brasil, de manera de que el costo del flete final resulte razonable*» (*Nación* [Arg.] 9.7.92). No es recomendable, por redundante, el uso de la fórmula ⊗*de modo y manera que*: ⊗*«La madre y matrona tiene asegurada su protección y compañía, de modo y manera que no tiene necesidad de hacer llamada alguna*» (*Espéculo* [Esp.] 6.03). Aunque habitual en épocas pasadas, hoy no pertenece a la lengua culta general la locución *por manera que*, aunque aún se documenta en algunos países de América: «*Los beneficiarios del régimen se han encargado de satanizar a todos quienes no aprueban sus actos, por manera que el presidente sólo cree lo que le informan sus incondicionales*» (*DHoy* [Ec.] 5.2.97).

5. de cierta manera. 'De un modo determinado': «*Se metió los dedos en la boca de cierta manera y emitió diez silbidos*» (Donoso *Casa* [Chile 1978]). No debe confundirse con la locución adverbial *en cierta manera*, que significa 'en parte, de algún modo': «*Era* [...] *una belleza lejana y, en cierta manera, inalcanzable*» (Perucho *Pamela* [Esp. 1983]). La confusión antes señalada se ve en el siguiente ejemplo: ⊗«*Lo que se hizo hace diez años fue de cierta manera muy sencillo*» (*Proceso* [Méx.] 20.10.96); debió decirse *en cierta manera*.

6. en cierta manera. → 5.

7. por manera que. → 4.

8. sobre manera. → sobremanera.

maní. 'Cacahuate'. Esta voz de origen taíno se usa sobre todo en la zona caribeña y en los países de América del Sur. Su plural culto es *maníes* (→ PLURAL, 1c): «*Los crocantes son aquellos caracterizados por tener almendras, avellanas o maníes*» (Salinas *Alimentos* [Arg. 1988]). Se desaconseja el plural ⊗*manises*, propio del habla popular.

maníaco -ca o **maniaco -ca. 1.** 'De la manía (trastorno mental)' y '[persona] que padece esta enfermedad': «*Contar con datos del perfil de ADN* [...] *puede resultar útil para identificar a violadores y maníacos reincidentes*» (Quevedo *Genes* [Cuba 1996]). Ambas acentuaciones son correctas (→ -íaco o -iaco). No debe confundirse con *maniático* ('de costumbres extravagantes o exageradas'; → maniático).

2. Esta voz se asocia al término *depresivo* para referirse a la enfermedad mental caracterizada por la alternancia de períodos de excitación y de depresión del ánimo, y a la persona que la padece. El compuesto resultante puede escribirse con guion intermedio, caso en que cada palabra conserva su acento prosódico y, si lo hubiere, ortográfico: *enfermedad maníaco-depresiva;* o en una sola palabra, caso en que el primer formante del compuesto pierde su acento, tanto prosódico como gráfico: *enfermedad maniacodepresiva* (no ⊗*maníacodepresiva*). En ambos casos el primer elemento del compuesto se inmoviliza en forma masculina singular: *enfermedad maníaco-depresiva* (no ⊗*maníaca-depresiva*); *pacientes maniacodepresivos* (no ⊗*maniacosdepresivos*). No es correcta la grafía en dos palabras: ⊗*maníaco depresivo*.

maniatar. 'Atar las manos [a alguien]': «*Los guardias fueron maniatados con cinta adhesiva*» (*Observador* [Ur.] 5.4.97). Son incorrectos, por redundantes, usos como el siguiente: ⊗«*Se encontraba con las manos maniatadas con cables*» (*Crónica*@ [Arg.] 11.2.02). Es impropio el uso de *maniatar* como 'atar las manos y los pies', sentido para el que se emplea en español la expresión *atar de pies y manos:* «*Ahogado, al ser lanzado a un río, atado de pies y manos*» (*Tribuna* [Hond.] 17.4.97).

maniático -ca. '[Persona] que tiene costumbres extravagantes o una afición exagerada por algo':

«*Aquel hombre era un maniático de las joyas*» (Tomás Orilla [Esp. 1984]). No debe confundirse con *maníaco* ('de la manía'; → maníaco o maniaco).

manifestar(se). Como transitivo, 'declarar o dar a conocer [algo]' y, como intransitivo pronominal, 'dar alguien su opinión', 'mostrarse o aparecer' y 'participar en una manifestación'. Verbo irregular: se conjuga como *acertar* (→ APÉNDICE 1, n.º 16).

manipular. 'Operar [en algo] con las manos o con un instrumento cualquiera' y 'manejar': «*Tres paleontólogos manipulaban los residuos*» (Martínez Vuelo [Arg. 2002]); «*Protestemos civilizadamente, sin dejarnos manipular*» (*Prensa* [Guat.] 14.3.97). Es innecesaria y desaconsejable la forma ⊗*manipulear*, creada a partir del sustantivo *manipuleo*, usada en algunos países americanos, especialmente en la Argentina. Para el sustantivo se recomienda, en la lengua culta, *manipulación*, mejor que *manipuleo*.

manipuleo. → manipular.

maniquí. Como sustantivo masculino, 'figura de forma humana usada para la exhibición de ropa'; como sustantivo común en cuanto al género (*el/la maniquí;* → GÉNERO[2], 1a y 3d), 'persona encargada de exhibir modelos de ropa'. Su plural es *maniquíes* o *maniquís* (→ PLURAL, 1c).

mano. 1. 'Parte del cuerpo que comprende desde la muñeca hasta la punta de los dedos'. Es femenino: *la mano*. Para el diminutivo son válidas las formas *manito* y *manita*. Lo habitual en la formación de los diminutivos de nombres que acaban en *-a* o en *-o* es que el sufijo conserve la misma vocal final del sustantivo, independientemente de cuál sea el género gramatical de este: *la casa* > *la casita, el mapa* > *el mapita, el cuadro* > *el cuadrito, la moto* > *la motito*. En el caso de *mano*, excepcionalmente, se han generado ambas formas; así, *manito*, que mantiene la *-o* final del sustantivo, es la forma habitual en la mayor parte de América: «*Saluda a Cámara con el manito*» (Cuzzani Zorro [Arg. 1988]); y *manita*, que se ha generado atendiendo al género gramatical del sustantivo *mano*, y no a su vocal final, es la forma que se usa habitualmente en España y en México: «*Nomás se despidió con la manita*» (Monsiváis Ofensiva [Méx. 1979]). Menos frecuente es el diminutivo *manecita*, también correcto: «*Él, enamorado, apretaba más la tierna manecita*» (Derbez Usos [Méx. 1988]).

2. En México, *mano* (dim. *manito*) es acortamiento de *hermano*, usado, aunque cada vez con menos frecuencia, como tratamiento de confianza entre hombres: «*¡Cálmate, mano, ya se te subió!*» (Medina Cosas [Méx. 1990]); «*Nos han descosido todos los inventarios de los cuarteles, hermano, manito del alma*» (Paso Palinuro [Méx. 1977]).

3. a manos de alguien. 'Como consecuencia de la agresión de esa persona'. Normalmente con el verbo *morir* o sinónimos: «*Aquiles muere a manos de Pentesilea*» (Alegre *Sala* [Esp. 1982]). No debe confundirse con *en manos* (→ 4): ⊗«*La detención de Luis Morcillo* [...] *puede ayudar a poner a manos de la justicia a la persona que acompañó a Rafael López Ocaña a matar a Brouard*» (*País* [Esp.] 29.7.97); debió decirse *en manos de la justicia*.

4. en manos de alguien. 'Bajo su control o su responsabilidad': «*Media Francia estaba en manos de los alemanes*» (Caso *Peso* [Esp. 1994]); «*Sabe que todo depende de él. El futuro está en sus manos*» (Martini *Fantasma* [Arg. 1986]). No debe confundirse con *a manos* (→ 3): ⊗«*El zoólogo* [...] *ha muerto en manos de los traficantes de animales salvajes*» (*Abc* [Esp.] 23.8.89); debió decirse *a manos de los traficantes*.

mantener(se). 1. 'Alimentar(se)', 'costear(se) todo lo necesario para vivir o funcionar', 'sostener(se)' y 'permanecer, o hacer que [alguien o algo] permanezca, en un lugar o estado'. Verbo irregular: se conjuga como *tener* (→ APÉNDICE 1, n.º 57). El imperativo singular es *mantén* (tú) y *mantené* (vos), y no ⊗*mantiene*.

2. Con los dos primeros sentidos indicados, suele llevar un complemento introducido por *con* o *de*: «*Durante los siguientes días se negó a aceptar ningún alimento, la mantenían* CON *suero*» (Pitol *Vida* [Méx. 1991]); «*Estas familias se mantienen* CON *magras jubilaciones y pensiones*» (Steimberg *Espíritu* [Arg. 1981]); «*No sembraban ni se mantenían* DE *otra cosa más que de lo que pescaban y de las aves que cazaban*» (Olivas *Cocina* [Perú 1996]); «*Los monjes no poseen bienes materiales, se mantienen* DE *las limosnas de los fieles*» (Zaragoza *Religiones* I [Esp. 1993]).

manu militari. Loc. lat. que significa 'militarmente, por la fuerza de las armas': «*Marchó Bolívar a Guayaquil, a la que manu militari incorporó también a Colombia*» (Salvador *Ecuador* [Ec. 1994]); «*Las expulsiones manu militari* [...] *han sido el pan de cada día de estos emigrantes*» (*Mundo* [Esp.] 19.2.94). No debe usarse precedida de preposición: ⊗«*Los nuevos mandarines no nos permiten entrar en el edificio que controlan con manu militari*» (Díaz *Televisión* [Esp. 1999]).

manumiso -sa. → manumitir, 2.

manumitir. 1. 'Dar la libertad [a un esclavo]'. Su participio es *manumitido*, única forma que debe usarse en la formación de los tiempos compuestos y de la pasiva perifrástica: «*Ellas* [las esclavas moriscas] *fueron manumitidas con suma frecuencia, tras convertirse en concubinas*» (Vega *Influencia* [Perú 1996]).

2. La forma *manumiso* (del part. lat. *manumissus*), considerada tradicionalmente participio irregular de *manumitir*, solo funciona hoy como adjetivo y,

en ocasiones, como sustantivo, con el sentido de '[persona] que ha dejado de ser esclava': «*Los esclavos manumisos se perpetúan*» (Tibón *Aventuras* [Méx. 1986]); «*De sus amores con la negra Teresa, esclava de los Ascanio, nace el manumiso Santiago Blanco*» (Herrera *Casa* [Ven. 1985]).

manuscribir. 'Escribir a mano': «*Debió de manuscribir una obra completa sobre las cónicas, que se ha perdido*» (Etayo *Caminos* [Esp. 1988]). Solo es irregular en el participio: *manuscrito*. Puesto que el verbo, como tal, se usa muy raramente, el participio se emplea hoy casi exclusivamente como adjetivo ('que ha sido escrito a mano') y como sustantivo ('texto escrito a mano' y, en el ámbito de la edición, 'original, esto es, texto que aún no ha sido impreso'): «*Cuando llegara al apartamento encontraría sobre su mesa de trabajo una novela manuscrita, completamente terminada*» (Millás *Desorden* [Esp. 1988]); «*Cuando leí su manuscrito, redactado con tanto amor, le conté mi verdadera historia*» (Fogwill *Cantos* [Arg. 1998]). La forma *manuscripto*, que conserva la *-pt-* etimológica, ha desaparecido prácticamente del uso actual, incluso en zonas de América, como la Argentina y el Uruguay, donde es habitual que se mantengan, en estos casos, las formas con *-pt-* (→ p, 5).

manuscripto -ta, manuscrito -ta. → manuscribir.

mañana. 1. a, en, por la mañana. → a², 6.

2. ayer mañana. → ayer, 2.

3. de buena mañana. Locución adverbial, calco de la expresión francesa *de bon matin*, que se empleó en español entre los siglos XIII y XVI, para ser retomada después, en el siglo XX, por probable influjo del catalán *de bon matí*. Hoy se emplea esporádicamente en España con el sentido de 'temprano, en las primeras horas del día': «*Ayer de buena mañana* [Julio Anguita] *ya estaba desayunando con los contertulios de RNE*» (*Vanguardia* [Esp.] 21.5.94). En su lugar, pueden usarse otras expresiones, como *muy de mañana* o *muy temprano*.

maorí. 'Del pueblo aborigen de Nueva Zelanda'. Referido a persona, se emplea frecuentemente como sustantivo. El sustantivo designa también la lengua hablada por este pueblo. Su plural es *maoríes* o *maorís* (→ PLURAL, 1c).

mapa. 'Representación de la Tierra o parte de ella en una superficie plana'. En el español actual es masculino: *el mapa*.

mar. 1. 'Masa de agua salada'. Este sustantivo, neutro en latín, se ha usado en español en ambos géneros. En el español general actual es masculino: «*Estar cerca del mar, sobre el mar, por el mar. Siento ante él una sensación de libertad*» (VMatas *Suicidios* [Esp. 1991]); pero entre las gentes de mar (marineros, pescadores, etc.) es frecuente su empleo en femenino, que también abunda en poesía: «*¿Y en días de temporal, cuando las olas embisten, cuando la mar se pone brava?*» (Gironella *Hombres* [Esp. 1986]). De ahí que se emplee en femenino en las expresiones que describen su estado (*mar arbolada, mar calma, mar gruesa, mar picada, mar rizada, mar tendida,* etc.) o en locuciones propias del lenguaje marinero, como *alta mar* o *hacerse a la mar.* También es femenino en algunas otras frases o locuciones, como *cagarse en la mar* (para expresar enfado), *pelillos a la mar* (para expresar reconciliación) o *la mar de* ('mucho o muy'). Sin embargo, es masculino en *un mar de* ('abundancia o gran cantidad de'), que forma parte de las locuciones *estar hecho un mar de dudas* ('dudar mucho') o *estar hecho un mar de lágrimas* ('llorar mucho').

2. Cuando antecede al nombre propio de cada una de estas masas de agua delimitadas geográficamente, es siempre masculino y debe escribirse con minúscula inicial: *el mar Caribe, el mar Mediterráneo, el mar Rojo, el mar del Norte;* solo se escribirá con mayúscula inicial si forma parte de un nombre propio (→ MAYÚSCULAS, 4.7): «*Unos días en Mar del Plata le harán bien*» (Guido *Invitación* [Arg. 1979]).

3. *alta mar.* → altamar.

marabú. 'Ave zancuda africana' y 'arbusto espinoso de origen africano'. Su plural es *marabúes* o *marabús* (→ PLURAL, 1c).

maracuyá. 'Fruto de cierta planta trepadora procedente del Brasil'. Su plural es *maracuyás* (→ PLURAL, 1b).

⊗marahaní, marajá, marajaní. → maharajá.

maratón. 'Carrera pedestre de resistencia' y, en general, 'competición de resistencia o actividad larga e intensa'. Esta voz comenzó a circular en el primer tercio del siglo XX con género masculino; posteriormente, por influjo del género de *prueba* o *carrera,* se ha ido extendiendo su uso en femenino, también válido: «*Kurtis fue segundo en el maratón de Hong Kong*» (*Clarín* [Arg.] 3.7.87); «*Lo vimos de pantalón corto y cintillo corriendo una maratón*» (*Hoy* [Chile] 2-8.6.97). No debe usarse la grafía ⊗*marathón.*

maravedí. 'Antigua moneda española'. Desde antiguo se documentan tres plurales para esta palabra: *maravedís, maravedíes* y *maravedises.* Los dos primeros responden a la formación normal del plural de las voces acabadas en *-í* (→ PLURAL, 1c); de ellos, el más usado ha sido siempre *maravedís.* Más raro y menos recomendable por su apariencia vulgar es el plural *maravedises.*

maravillar(se). 1. Cuando significa 'causar admiración', al tratarse de un verbo de «afección psí-

quica», dependiendo de distintos factores (→ LEÍSMO, 4a), el complemento de persona puede interpretarse como directo o como indirecto: «*Siempre LO maravilló esta mujercita que jamás le pidió dinero*» (VLlosa *Fiesta* [Perú 2000]); «*A su esposa LE maravillaba escuchar una palabra recurrente: "Herodes"*» (VLlosa *Tía* [Perú 1977]). Es incorrecto anteponer *de* al sujeto oracional, error debido al cruce con la construcción pronominal (→ 2 y DEQUEÍSMO, 1a): ⊗*Lo maravilla DE que...* (debe ser *Lo maravilla que...*).

2. Como intransitivo pronominal significa 'sentir admiración' y se construye con un complemento con *de* o *ante*: «*Me maravillé DE que esa mujer* [...] *tuviera la piel tan firme*» (Allende *Casa* [Chile 1982]); «*Se maravilló ANTE lo que vieron sus ojos*» (*Excélsior* [Méx.] 1.11.96).

marcapaso. → marcapasos.

marcapasos. 'Pequeño aparato electrónico que estimula el corazón para mantener el ritmo cardíaco'. Es preferible esta forma, mayoritaria en el uso, a la también válida *marcapaso.* El plural de ambas formas es *marcapasos.*

marchand. → marchante.

marchante. Entre otros, esta voz tiene en español el sentido de 'comerciante en obras de arte': «*En torno a Balthus se creó un pequeño círculo de media docena de marchantes y de aficionados atentos ya a su trabajo*» (*Abc* [Esp.] 2.2.96). Es, pues, innecesario usar en su lugar la voz francesa *marchand.* Es común en cuanto al género (→ GÉNERO[2], 1a y 3c): *el/la marchante.*

maremagno. 'Confusión' y 'masa confusa y numerosa de personas o cosas': «*En el maremagno de la pasión* [...], *no descuidé la pequeña astucia personal*» (BCasares *Serafín* [Arg. 1962]); «*Cabría rebuscar y encontrar la fotocopia del dichoso informe en el maremagno de mis archivos de Soria*» (*Época* [Esp.] 28.4.97). Su plural es *maremagnos.* Debe preferirse esta forma hispanizada a la variante etimológica latina *maremágnum.* Se desaconseja el uso de la grafía en dos palabras *mare mágnum.*

maremágnum. → maremagno.

margen. En el español actual es masculino cuando significa 'espacio en blanco alrededor de lo escrito' (*el margen de la página*), 'espacio u ocasión para algo' (*el margen de actuación, el margen de confianza*) y 'diferencia prevista' (*el margen de beneficio, el margen de error*). Cuando significa 'orilla', puede usarse en ambos géneros, aunque es más habitual el femenino: «*Las tropas siguen avanzando por la margen derecha del río*» (Alape *Paz* [Col. 1985]); «*En el margen del río sinuosas luces rojas dejaban su estela*» (Arias *Silencio* [Esp. 1991]).

mari. → Mari-El.

mariachi. 'Música y baile populares mexicanos', 'conjunto de músicos que interpretan esta música vestidos a la usanza charra' y, también, 'cada uno de estos músicos': «*La música mexicana, en especial el mariachi, gusta mucho en España*» (*Excélsior* [Méx.] 20.7.00); «*Al fondo de la calle un mariachi tocaba "Guadalajara, Guadalajara"*» (LpzPáez *Herlinda* [Méx. 1993]); «*Hace dos semanas golpeamos a Vicente Fragoso, el mariachi que me ofendió*» (Olivera *Enfermera* [Méx. 1991]). La forma *mariachis* es solo plural: «*Suárez disfruta con el tequila y los mariachis*» (*Prensa* [Hond.] 26.6.96). Es inusual y desaconsejable la forma ⊗*mariache*.

Mari-El. Forma recomendada en español del nombre de esta república de la Federación Rusa, cuya transcripción literal es *Marij El*: «*El resto de los intérpretes* [...] *son parte de otra compañía: el Ballet de Mari-El de Rusia*» (*Universal*@ [Méx.] 4.10.03). Su gentilicio es *mari*, válido para ambos géneros; esta misma forma designa a los individuos de la etnia mayoritaria y a su lengua, también conocida como *cheremis*.

mariguana. → marihuana.

marihuana. 'Hojas del cáñamo índico que se fuman como droga'. Esta es la forma preferida en el uso culto de todo el ámbito hispánico; no obstante, en México y algunos países centroamericanos alterna en el uso con *mariguana*, también válida. No es correcta, en cambio, la forma ⊗*marijuana*.

Marij El. → Mari-El.

⊗**marijuana.** → marihuana.

marketing. → márquetin.

márquetin. Adaptación gráfica propuesta para la voz inglesa *marketing*, 'conjunto de estrategias empleadas para la comercialización de un producto y para estimular su demanda': «*Es el gran vendedor en este Gobierno suspendido en técnicas de márquetin*» (*Mundo* [Esp.] 27.12.96). Aunque, por su extensión, se admite el uso del anglicismo adaptado, se recomienda usar con preferencia la voz española *mercadotecnia*: «*Siendo componente fundamental de la mercadotecnia, la publicidad es más que un elemento auxiliar*» (Ferrer *Información* [Méx. 1997]). En muchos países americanos se emplea, con este sentido, la voz *mercadeo*: «*El vicepresidente de mercadeo y ventas de la división de impresión de IBM, Ralph Martino, estuvo en Colombia*» (*Tiempo* [Col.] 1.9.96).

Marrakech. Esta es la grafía más acorde con la transcripción al español del nombre de esta ciudad de Marruecos, pues la letra árabe *kaf* se transcribe como *k*: «*No iba más lejos de Génova y Marsella o, como mucho, Marrakech*» (Torres *Hombres* [Esp. 2004]); también es válida, aunque menos frecuente, la variante *Marraquech*. Se pronuncia tal como se escribe: [marrakéch], no ⊗[marrakésh]. Debe evitarse la grafía ⊗*Marrakesh*. El gentilicio es *marrakechí* o *marraquechí* (pl. culto *marrakechíes* o *marraquechíes*; → PLURAL, 1c).

marrakechí, Marraquech, marraquechí. → Marrakech.

marron glacé. → glasé, 3.

martillo. *a macha martillo.* → machamartillo.

mas. Conjunción adversativa equivalente a *pero*: «*No podía dejar de temblar, mas no era de miedo*» (Jodorowsky *Danza* [Chile 2001]). Su uso es hoy literario y arcaizante. En la lengua antigua equivalía también a *sino*: «*No es tiempo de aguardar, mas de poner pies en polvorosa*» (Silva *Celestina* [Esp. 1534]). Es palabra átona, por lo que debe escribirse sin tilde, a diferencia del adverbio, el adjetivo, el sustantivo y la conjunción copulativa *más* (→ más).

más. **1.** Adverbio comparativo que denota superioridad. Es palabra tónica, por lo que debe escribirse con tilde, a diferencia de la conjunción átona de sentido adversativo *mas* (→ mas). Normalmente precede a adjetivos o adverbios: *No he visto hombre más paciente; Tienes que hacerlo más rápidamente.* Cuando modifica a un sustantivo, *más* funciona como adjetivo: *Cada vez va más gente al teatro; Echa más garbanzos al puchero.* También puede funcionar como pronombre: *Me he comido el último plátano, ya no hay más.* Cuando la comparación es expresa, el segundo término va introducido por la conjunción *que*: «*La situación es ahora más grave QUE en la época del francés*» (Mendoza *Satanás* [Col. 2002]); o por la preposición *de*, si se trata de una oración de relativo sin antecedente expreso que denota, no una entidad distinta, sino grado o cantidad en relación con la magnitud que se compara: «*Cuando se forman más médicos DE los que se necesitan, se incurre en deshonestidades profesionales*» (*Abc* [Esp.] 19.4.86); «*Mi madurez se va acercando a la senectud mucho más rápidamente DE cuanto siempre temí*» (Moix *Sueño* [Esp. 1986]). No debe usarse *como* para introducir el segundo término de comparación: ⊗*No hay nada más gratificante COMO un buen libro;* debe decirse *No hay nada más gratificante QUE un buen libro.* También se usa la preposición *de* cuando el término de referencia es un numeral o una expresión cuantitativa, que expresan el límite sobrepasado: *En la fiesta había más DE doscientos invitados.*

1.1. El adverbio *más* únicamente se emplea ante adjetivos en grado positivo, siempre que denoten propiedades graduables (*más alto, más fuerte, más grave,* etc.; pero no ⊗*más caduco,* ⊗*más inmortal,* ⊗*más fundamental,* que no son adjetivos graduables). No debe usarse, pues, ante adjetivos en grado superlativo: [⊗]*«Josefa dice que besarse es lo más importantísimo de todo»* (Pombo *Héroe* [Esp. 1983]). Tampoco es correcto el empleo de *más* delante de adjetivos que ya son comparativos de por sí, como *peor, mejor, menor,* etc.: [⊗]*«Empiecen a podar más mejor»* (*Hoy* [Chile] 18-24.8.97); se exceptúa *mayor* en aquellos usos en que funciona como adjetivo en grado positivo (→ mayor, 2). Es igualmente incorrecto el uso de *más* ante adverbios de sentido comparativo, como *antes, después* o *luego*: [⊗]*«Esta situación se debe arreglar lo más antes posible»* (*Tiempos* [Bol.] 28.1.97); [⊗]*«Nos vemos más luego en el baile»* (Ramírez *Baile* [Nic. 1995]).

1.2. Cuando *más* acompaña a *nada, nadie, ninguno* y *nunca*, lo normal en el español general es la posposición de *más*: *«No hay nadie más en la habitación»* (Derbez *Usos* [Méx. 1988]); *«No me voy a levantar nunca más»* (Pavlovsky *Pablo* [Arg. 1987]); *«Nadie me preguntó nada más»* (Belli *Mujer* [Nic. 1992]); pero en el habla coloquial americana, especialmente en el área caribeña, y en el español de Andalucía y Canarias, es frecuente en estos casos la anteposición de *más*: *«Fuera de él no hay más nadie que pueda hacer algo»* (UPietri *Oficio* [Ven. 1976]); *«No la volví a besar más nunca»* (CInfante *Habana* [Cuba 1986]); *«Y no oí más nada»* (Carrera *Cuentos* [Ven. 1980]).

1.3. En el habla coloquial de Canarias y de algunas zonas de América, *más* se coloca a veces entre el artículo y el relativo *que*: *«Esa tarde pensé en varias maneras de matar a Micaela; la más que me gustaba era la de que se me cayera un martillo del segundo piso cuando ella fuera pasando»* (GaRamis *Días* [P. Rico 1986]). Lo normal en el español general es poner *más* detrás del relativo: *la que más me gustaba...*

1.4. En el Cono Sur se emplea la construcción *no* + verbo + *más* con el sentido de 'ya no + verbo': [⊗]*«Los valores han cambiado y no hay más necesidad* ['ya no hay necesidad'] *de los artesanos de antaño»* (*Hoy* [Chile] 7-13.1.81). Se trata, posiblemente, de un calco de la construcción italiana *non* + verbo + *più*, que debe evitarse en español.

1.5. *a más*. 'Además'. Su uso es correcto, aunque no muy frecuente: *«Y, a más, puede que quieras que baje al pueblo a comprar tabaco»* (LpzRubio *Puerta* [Esp. 1986]); *«Las argumentaciones de los otros, a más de escudarse en el afecto, terminaron abrumándolo»* (Vergés *Cenizas* [R. Dom. 1980]). En el español hablado por catalanes se emplea a veces repetido (*a más a más*), por influjo de su lengua regional.

1.6. [⊗]*contra más*. → 1.8a.

1.7. *cuando más*. 'A lo sumo': *«Aquel plano tenía que salir cuando más en dos tomas»* (Díaz *Piel* [Cuba 1996]). No debe usarse *cuanto más* (→ 1.8b) con este sentido.

1.8. *cuanto más*. **a)** Si *más* va seguido de un sustantivo, *cuanto* debe concordar con él en género y número: *«Cuanta más razón tienen, más lata dan»* (Schwartz *Conspiración* [Esp. 1982]); *«Cuantas más verdades tiene para decir, peor escribe»* (Piglia *Respiración* [Arg. 1980]). No debe prescindirse de *cuanto*: [⊗]*Más razón tienen, más lata dan*. Si lo que sigue a *más* es un adjetivo, *cuanto* permanece invariable: *«El hombre es sólo madera, cuanto más recia mejor»* (Sampedro *Sonrisa* [Esp. 1985]); y no [⊗]*cuanta más recia mejor*. *Mientras más* es variante coloquial aceptable de *cuanto más*: *«Mientras más franqueza haya entre nosotros, mejor nos entenderemos»* (Martínez *Evita* [Arg. 1995]); *«Mientras más rápida sea la respiración, menos durará el acto»* (Gala *Durmientes* [Esp. 1994]). Con la excepción de México y el área centroamericana, donde es normal entre hablantes de todos los niveles, la norma culta general rechaza el uso de *entre más* por *cuanto más*: *«Entre más vieja estoy menos entiendo la vida»* (Elizondo *Setenta* [Méx. 1987]). No es aceptable el uso de [⊗]*contra más* en lugar de *cuanto más*: [⊗]*«Contra más vieja, más loca»* (Quiñones *Noches* [Esp. 1979]).

b) *Cuanto más* es también una locución adverbial que significa 'con mayor motivo': *«Son capaces de matar a su padre. Cuanto más a un vecino»* (*Mundo* [Esp.] 25.4.94). No es propio del habla culta el uso de [⊗]*cuanto ni más*: [⊗]*«¿Cómo no va a saber curarse, cuanto ni más si no le duele nada?»* (Berlanga *Gaznápira* [Esp. 1984]). No debe confundirse con la locución *cuando más* (→ 1.7).

c) Deben evitarse las deformaciones populares [⊗]*cuantimás,* [⊗]*contimás* y [⊗]*contrimás*: [⊗]*«No tiene piedad ni para él mismo, cuantimás para nadie»* (Montaño *Andanzas* [Méx. 1995]); [⊗]*«No sabe ni freír un huevo, contimás hacer hallacas»* (Morón *Gallo* [Ven. 1986]); [⊗]*«Y contrimás decía que no, peor me ponía»* (Quiñones *Noches* [Esp. 1979]).

1.9. *de lo más* + adjetivo o adverbio. Equivale a *muy*: *«Te encuentro de lo más bien»* (CBonald *Noche* [Esp. 1981]). Cuando lo que sigue es un adjetivo, este concuerda en género y número con el sustantivo al que se refiere: *La despedida fue de lo más rutinaria y amistosa»* (Vergés *Cenizas* [R. Dom. 1980]); *«Oigo ruidos de lo más sospechosos»* (CBonald *Noche* [Esp. 1981]). En el español coloquial americano se suprime a veces, en estos casos, la preposición *de*: *«Rosalinda está lo más bien»* (Santiago *Sueño* [P. Rico 1996]); *«El viejo estaba hablando lo más tranquilo»* (Piglia *Respiración* [Arg. 1980]).

1.10. *de más*. Precedido de *lo* (*lo de más*), significa 'lo más importante' y se opone a *lo de menos*: *«Tuvieron que dejar no solo la comida y los vinos, que era lo de menos [...], lo de más era la situación y los compañeros que se morían»* (RmzHeredia *Rayo* [Méx. 1984]). *De más* es también una locución adverbial que significa 'de sobra, en demasía': *«Las cosas se* *amontonan... porque sobran... hay de más»* (Pavlovsky *Pablo* [Arg. 1987]). Forma parte, asimismo, de locuciones verbales como *hablar de más* ('decir cosas inconvenientes'): *«Uno de los conjurados habló de más»* (*Clarín* [Arg.] 17.2.97); y *estar de más* ('sobrar o estorbar'): *«Bibi estaba de más en su vida»* (Contreras *Nadador* [Chile 1995]). En todos estos casos se escribe en dos palabras. No debe confundirse con *demás* ('(lo) restante'; → demás).

1.11. [⊗]*de más en más.* Calco rechazable del francés *de plus en plus*: [⊗]*«Parecería de más en más perfilarse una tendencia por la que el sistema educativo resulta "también" un mecanismo de retroalimentación de una sociedad dual»* (*Nación* [Arg.] 8.7.92). En español se dice *cada vez más.*

1.12. *entre más.* → 1.8a.

1.13. *más bueno.* → bueno, 2b.

1.14. *más mayor.* → grande, 2.1b y mayor, 2.

1.15. *más o menos.* 'Aproximadamente': *«Los tres escritos decían más o menos lo mismo»* (Elizondo *Setenta* [Méx. 1987]). Con este sentido no debe suprimirse la conjunción *o*: [⊗]*«La ley data más menos de 1900»* (*Caras* [Chile] 14.4.97).

1.16. *mientras más.* → 1.8a.

1.17. *no más, nomás.* → no, 6.

1.18. *por más que.* 'Aunque': *«Por más que gritábamos, nunca aparecía nadie»* (Moncada *Otoño* [Esp. 1993]). No debe decirse [⊗]*por más de que*: [⊗]*«Usted le está pidiendo la renuncia al presidente Samper, por más de que diga que no»* (*Semana* [Col.] 1-8.10.96).

1.19. [⊗]*siempre más.* → siempre, 6.

1.20. [⊗]*si más no.* Entre hablantes catalanes se usa a veces esta expresión, calco del catalán *si més no*, en lugar de la correspondiente castellana *por lo menos*: [⊗]*«La siguiente anécdota sirve, si más no, para ilustrarlo»* (*Vanguardia* [Esp.] 13.2.94).

2. *Más* es también un sustantivo masculino que significa 'signo de la suma o adición' y 'signo que indica el carácter positivo de una cantidad'. En ambos casos se representa mediante el símbolo +. Es palabra tónica y se escribe con tilde, a diferencia de la conjunción adversativa *mas* (→ mas): *En esta suma falta el más.*

2.1. *más menos.* Nombre del signo matemático que se representa con el símbolo ±. No debe confundirse con la locución adverbial *más o menos* (→ 1.15).

3. *Más* funciona como conjunción copulativa cuando se coloca entre dos elementos o cantidades para indicar suma o adición: *Tres más dos son cinco.*

Mascat. → Mascate.

Mascate. Forma tradicional española del nombre de la capital de Omán: *«Los dirigentes de seis estados petroleros del Golfo aprobaron en Mascate, la capital de Omán, un acuerdo económico»* (*Mundo*@ [Esp.]

31.12.01). También se admite la forma *Mascat*, adaptación del árabe *Masqat*, de uso menos frecuente que el topónimo tradicional. No debe usarse en español la forma inglesa *Muscat*.

masculinidad. 'Cualidad de masculino'. No es correcta la forma [⊗]*masculineidad* (→ -dad, e), creada por analogía con *femineidad*.

mass media. → medio, 9.

máster. 1. Voz tomada del inglés *master*, que designa, en algunos países americanos, el grado universitario inmediatamente inferior al de doctor, así como la persona que lo posee. En español debe escribirse con tilde por ser palabra llana acabada en *-r* (→ TILDE², 1.1.2): *«Licenciado en Filosofía y en Derecho, máster en Teología, doctor en Derecho Internacional»* (*Vistazo* [Ec.] 18.12.97); *«No es grato para un veterano cacique [...] hacerle antesala para pedirle un puesto a un máster de Harvard de 30 años»* (*Semana* [Col.] 25.6-2.7.96). Con el mismo sentido se emplea también la voz *magíster* (→ magíster). El término *máster* designa además, en general, cualquier curso de posgrado, normalmente orientado a la inserción laboral, y a la persona que lo ha realizado: *«Empieza un máster en Museografía Etnográfica»* (*Vanguardia* [Esp.] 16.1.95); *«Es ingeniero industrial y máster en Administración de Empresas»* (*Vanguardia* [Esp.] 3.12.94). Referido a grado o curso, es masculino; referido a persona, es común en cuanto al género: *el/la máster* (→ GÉNERO², 1a y 3g).

2. Con sentidos equivalentes a los del anglicismo *máster* se emplea en gran parte de América la voz *maestría*: *«La Escuela Superior Técnica del Ejército ha creado la maestría en Transporte»* (*NProvincia* [Arg.] 3.4.97); *«La duración de las maestrías y doctorados es más variable»* (PzTamayo *Ciencia* [Méx. 1991]).

3. En el ámbito audiovisual se utiliza la voz inglesa *master* (o su adaptación gráfica *máster*) con el sentido de 'copia a partir de la cual se hacen las demás': *«Se obtiene un primer disco metálico que servirá de* master» (Bustos *Multimedia* [Esp. 1996]). Se recomienda sustituir este anglicismo por las equivalencias españolas *copia maestra* o *cinta matriz*.

4. En deportes como el tenis o el golf, se usa el plural inglés *masters* con el sentido de 'torneo en que solo participan jugadores que han alcanzado la categoría de maestros': *«Martina Navratilova se impuso a Arancha Sánchez Vicario en el Masters»* (*VGalicia* [Esp.] 23.11.91). Se recomienda sustituir este anglicismo por la equivalencia española *torneo de maestros*: *«Carlos Moyá y Sergi Bruguera, ambos participantes en el Torneo de Maestros, se situaron en los puestos séptimo y octavo»* (*Época* [Chile] 19.11.97).

5. El plural de *máster* debe ser, en español, *másteres* (→ PLURAL, 1g).

Mastrique. → Maastricht.

matacaballo. *a matacaballo.* 'Muy deprisa o atropelladamente': «*Un correo fue despachado a matacaballo hasta el centro de mando*» (Chao *Altos* [Méx. 1991]). Es preferible esta forma, hoy mayoritaria, a la grafía en tres palabras *a mata caballo*.

matar(se). 1. Como transitivo, 'quitar(se) la vida' y, como intransitivo pronominal, 'perder la vida'. Su participio, *matado*, se emplea en la formación de los tiempos compuestos y también, aunque raramente, en la pasiva perifrástica: «*Había matado a dos hombres*» (Savater *Caronte* [Esp. 1981]); «*El animal es mío. Fue matado en mi propiedad, ¿no, comisario?*» (RRosa *Sebastián* [Guat. 1994]). Para construir la pasiva de *matar* se emplea más habitualmente *muerto*, aunque este sea formalmente el participio de *morir*: «*Según la leyenda, Osiris, que era el esposo de Isis, fue muerto a traición por su propio hermano*» (Pedrero *Besos* [Esp. 1987]); «*Imposible saber cuántas personas fueron muertas o heridas por las balas*» (Velasco *Regina* [Méx. 1987]); ello se debe a la vigencia, en la construcción pasiva, del antiguo uso de *morir* como verbo causativo (→ morir(se), 2). **2.** Para lo referente a la ausencia o presencia de la preposición *a* ante el complemento directo, → a², 1.1d.

match. 1. Voz inglesa usada ocasionalmente en español, en el lenguaje deportivo. Es anglicismo innecesario, que debe sustituirse por los equivalentes españoles *partido* o *encuentro* y, en boxeo, *combate* o *pelea*. **2.** En tenis, las expresiones *match ball* y *match point* deben traducirse por *pelota de partido* y *punto de partido*, respectivamente: «*Se impuso por 2-6, 7-6 (8-6) y 6-4, después de superar dos pelotas de partido*» (*Mundo* [Esp.] 3.10.94); «*El chileno Marcelo Ríos salvó un punto de partido para coronarse campeón del torneo de tenis de Hamburgo*» (*DNavarra* [Esp.] 12.5.99). **3.** En golf, *match play* debe traducirse por *juego por hoyos*: «*Ganó el título de Campeón del Córdoba Golf* [...] *en modalidad de juego por hoyos*» (*Voz@* [Arg.] 22.9.03).

matiné. Adaptación gráfica de la voz francesa *matinée*, 'sesión o función de un espectáculo que tiene lugar por la mañana o a primeras horas de la tarde': «*Esto es teatro familiar para una matiné dominical*» (*Proceso* [Méx.] 10.11.96). No es correcto su uso en masculino: [⊗]*el matiné*.

matinée. → matiné.

matrimoniar(se). 'Casar(se)'. Se acentúa como *anunciar* (→ APÉNDICE 1, n.º 4).

maullar. 'Emitir maullidos'. Se acentúa como *aunar* (→ APÉNDICE 1, n.º 11): «*Alza el hocico del plato de leche y maúlla satisfecho*» (Cortázar *Glenda* [Arg. 1980]). Existe también, aunque se usa menos, la variante *mayar*: «*Un gato mayaba a la luna*» (VInclán *Corte* [Esp. 1927-31]). Los sustantivos que designan la voz que emite el gato son *maullido* y *mayido*, respectivamente.

maullido. → maullar.

máuser. 'Fusil de repetición'. Su plural es *máuseres* (→ PLURAL, 1g).

máximo -ma. 1. Adjetivo superlativo de *grande*. → grande, 3. **2.** Como sustantivo masculino, 'límite, valor, cantidad o punto máximos': «*La ración debe pesar un máximo de 500 ó 600 gramos*» (VV. AA. *Supervivencia* [Esp. 1993]). Con este sentido se emplea también, aunque raramente, el latinismo *máximum*: «*El máximum por semana será de cinco huevos frescos*» (Sintes *Peligros* [Esp. 1975]). Se recomienda el uso de la forma adaptada, cuyo plural es *máximos*: «*Los niveles de turbidez se situaron por debajo de los máximos permitidos*» (*NCastilla* [Esp.] 14.2.01).

máximum. → máximo, 2.

[⊗]**mayamero -ra,** [⊗]**Mayami.** → Miami.

mayar. → maullar.

Mayence. → Maguncia.

mayido. → maullar.

mayonesa. 'Salsa que se hace batiendo aceite y huevo': «*Nada más que en la mayonesa se gastaron catorce huevos*» (Skármeta *Cartero* [Chile 1986]). Es igualmente válida la forma *mahonesa*, más cercana a la etimología (de Mahón, capital de la isla de Menorca), pero menos frecuente en el uso: «*¿Quién se resiste a esa punta de espárrago con mahonesa?*» (Marsillach *Ático* [Esp. 1995]). No debe usarse, con este sentido, la voz *bayonesa*, que designa, en realidad, un tipo de dulce (→ bayonesa).

mayor. 1. Adjetivo comparativo de *grande*. → grande, 2.1. **2.** Dentro del campo de la edad, *mayor* funciona como adjetivo no comparativo con los valores siguientes: **a)** 'De no poca edad'. Se opone a *pequeño*: «*Los cambios* [...] *son más fáciles para los niños mayores que para los pequeños*» (Pinillos *Psicología* [Esp. 1975]). Así, un niño puede decir *Ya soy mayor*, queriendo expresar, simplemente, que ya no se considera pequeño. En este sentido *mayor* sí admite su combinación con marcas de grado como *más, muy* o *tan*: «*Cuando fui un poco más mayor, entré a trabajar de aprendiz en una tienda*» (*Abc* [Esp.] 2.11.86); «*Ya eres muy mayor para jugar a esconderte*» (Márquez *Suerte* [Esp. 1995]); «*¡Mira que tan mayor y todavía con chupete!*» (Ortiz *Luz* [Esp. 1976]). **b)** Puede usarse con el sentido más preciso de 'adulto': «*Cuando sea mayor me casaré con él y tendremos dos hijas*» (Salom *Piel* [Esp. 1976]). Obsérvese, a este respecto, la diferencia de sentido entre estas dos oraciones, ambas posibles y correctas: *Cuando seas mayor* [= cuando seas adulta], *podrás ponerte ese vestido* y *Cuando seas más mayor* [= cuando tengas más edad de la que tienes ahora], *podrás ponerte ese vestido.*

c) 'De edad avanzada': «*Es un hombre mayor, casi un anciano*» (FdzCubas *Ágatha* [Esp. 1994]). También en este caso admite su combinación con marcas de grado como *más, muy* o *tan*: «*El ver a mi padre triste, cansado, más mayor, me producía dolor*» (FdzMartínez *Drogadicto* [Esp. 1981]); «*Ella era una mujer muy mayor, casi una vieja*» (CInfante *Habana* [Cuba 1986]); «*Doña Rosaura, casi vieja, tan mayor como mi tía*» (GaMorales *Sur* [Esp. 1985]).

3. Para los sentidos antes señalados existe el superlativo coloquial *mayorcísimo*: «*Las atenciones de ese señor para ella mayorcísimo y perfectamente desconocido*» (FdzCastro *Novia* [Esp. 1987]).

4. al por mayor. Con verbos como *vender* o similares, 'en cantidad grande': «*Los socios estarán dedicados a la compra y venta de mercancías y provisiones al por mayor*» (Picó *Filo* [P. Rico 1993]). Se opone a *al por menor* (→ menor, 3). Se escribe siempre en tres palabras; no se admite la grafía [⊗]*al pormayor*.

mayorcísimo -ma. → mayor, 3.

mayoría. 1. 'Mayor parte de un conjunto de personas o cosas'. Lleva un complemento especificativo introducido por *de*, que a veces se omite por consabido. El núcleo de este complemento debe ser un sustantivo plural o un nombre colectivo: «*Cortaba por la mitad la mayoría DE LAS MAYÚSCULAS*» (Dou *Luna* [Ven. 2002]); «*La mayoría DE LA POBLACIÓN es chicana*» (Morales *Verdad* [EE. UU. 1979]). No debe emplearse con complementos que designan una cosa singular o no numerable: [⊗]«*El cerebro del hombre está cambiando de estructura a lo largo de la mayoría de la vida*» (*Mundo* [Esp.] 6.3.97); debió decirse *de la mayor parte de la vida.*

2. Para la concordancia con el verbo (*la mayoría de los alumnos estudia/estudian*), → CONCORDANCIA, 4.8.

3. Sobre la presencia o ausencia del artículo ante el núcleo del complemento (*la mayoría de los alumnos*, [⊗]*la mayoría de alumnos*), → el, 8.

MAYÚSCULAS. La escritura normal utiliza habitualmente las letras minúsculas, si bien, por distintos motivos, pueden escribirse enteramente con mayúsculas palabras, frases e incluso textos enteros (→ 2); pero lo usual es que las mayúsculas se utilicen solo en posición inicial de palabra, y su aparición está condicionada por distintos factores (→ 3 y 4).

1. *Cuestiones formales generales*

1.1. El empleo de la mayúscula no exime de poner la tilde cuando así lo exijan las reglas de acentuación (→ TILDE², 7): *ÁFRICA, África.* Única-

mente las siglas, que se escriben enteramente en mayúsculas, no llevan nunca tilde: *CIA* (del ingl. *Central Intelligence Agency*), y no [⊗]*CÍA*.

1.2. Cuando los dígrafos *ch, gu, ll* y *qu* se emplean en mayúscula al inicio de una palabra escrita con minúsculas, solo adopta forma de mayúscula el primero de sus componentes: *Chillida, Guinea, Llerena, Quevedo;* pero si los dígrafos forman parte de una palabra escrita enteramente en mayúsculas, deben ir en mayúscula sus dos componentes: *CHILLIDA, GUINEA, LLERENA, QUEVEDO.* Cuando los dígrafos forman parte de una sigla, se escribe en mayúscula solo el primero de sus componentes (→ SIGLA, 5c): *PCCh* (*Partido Comunista de China*).

1.3. La forma mayúscula de las letras *i* y *j* carece del punto que llevan en su grafía minúscula: *Inés, Javier.*

2. *Uso de mayúsculas en palabras o frases enteras*

2.1. Se escriben enteramente en mayúscula las siglas y algunos acrónimos: *ISBN, OTI, ONG.* Se escriben en minúscula, en cambio, los acrónimos que el uso ha convertido en sustantivos comunes: *láser, radar, uvi.* Cuando los acrónimos son nombres propios y tienen más de cuatro letras, solo se escribe en mayúscula la inicial: *Unicef, Unesco.* (→ SIGLA, 5b).

2.2. Se utiliza la escritura en mayúsculas con el fin de destacar determinadas frases o palabras dentro de un escrito. Así, suelen escribirse enteramente en mayúsculas:

a) Las palabras o frases que aparecen en las cubiertas y portadas de los libros impresos, así como los títulos de cada una de sus divisiones internas (partes, capítulos, escenas, etc.).

b) Las cabeceras de diarios y revistas: *EL UNIVERSAL, LA NACIÓN, TIEMPO.*

c) Las inscripciones en lápidas y monumentos.

d) En textos jurídicos y administrativos —decretos, sentencias, bandos, edictos, certificados o instancias—, el verbo o verbos que presentan el objetivo fundamental del documento: *CERTIFICA, EXPONE, SOLICITA.*

e) En textos de carácter informativo, las frases que expresan el contenido fundamental del escrito: *Por orden expresa de la dirección, se comunica a todos los empleados que, a partir de ahora, ESTÁ PROHIBIDO FUMAR DENTRO DE LAS DEPENDENCIAS DE LA EMPRESA.*

f) Los textos de los carteles de aviso, para asegurar su visibilidad: *SE RUEGA NO FUMAR; PROHIBIDO EL PASO.*

3. *Uso de mayúscula inicial exigido por la puntuación*. De acuerdo con la posición que la palabra ocupe en el escrito, la puntuación exige su escritura con mayúscula inicial en los casos siguientes:

3.1. Si se trata de la primera palabra de un escrito o va después de punto: *Hoy no iré. Mañana puede que sí.*

3.2. Si sigue a los puntos suspensivos, cuando estos cierran un enunciado: *Compramos mariscos, solomillos, vino... La cena resultó un éxito.* Pero si los puntos suspensivos no cierran el enunciado, sino que este continúa tras ellos, la palabra que los sigue se escribe con inicial minúscula: *Estoy pensando que... aceptaré; en esta ocasión debo arriesgarme.* (→ PUNTOS SUSPENSIVOS, 1).

3.3. Después de los dos puntos, debe comenzarse el texto con inicial mayúscula en los casos siguientes (→ DOS PUNTOS, 1.3, 1.4 y 1.6):

a) Tras los dos puntos que siguen a la fórmula de encabezamiento o saludo de una carta: *Muy señor mío: / Le agradeceré...*

b) Tras los dos puntos que siguen al verbo fundamental de un documento jurídico-administrativo: *CERTIFICA: / Que D. José Álvarez García ha seguido el Curso de Técnicas Audiovisuales...*

c) Tras los dos puntos que anuncian la reproducción de una cita o palabras textuales: *Pedro dijo: «No volveré hasta las nueve».*

3.4. En frases interrogativas y exclamativas existen dos posibilidades:

3.4.1. Si la pregunta o la exclamación constituyen la totalidad del enunciado, y sus signos de cierre equivalen a un punto, la primera palabra de la pregunta o la exclamación se escribe con inicial mayúscula, así como la palabra que inicia la oración siguiente:

¿En qué año nació tu abuelo? Si no me equivoco, tenía la misma edad que el mío.

¡Qué miedo pasamos ayer! Se nos hizo de noche mientras bajábamos de la montaña.

3.4.2. Si la pregunta o la exclamación constituyen solo una parte del enunciado, pueden darse dos casos:

a) La pregunta o la exclamación inician el enunciado. En este caso, la primera palabra que sigue a los signos de apertura (¿ ¡) se escribe con mayúscula y la que sigue a los signos de cierre (? !) se escribe con minúscula: *¿Qué sorpresas me deparará este día?, me pregunto ante el espejo cada mañana.* Esto ocurre también cuando se suceden varias preguntas o exclamaciones breves que pueden ser consideradas un único enunciado y separarse con signos de coma o de punto y coma: *¿Cómo te llamas?, ¿en qué trabajas?, ¿dónde naciste?*

b) La pregunta o la exclamación no están colocadas al comienzo del enunciado, sino que siguen a otra palabra o palabras que también forman parte de este. En ese caso, la primera palabra de la pregunta o de la exclamación (la que sigue a los signos de apertura) se escribe con minúscula:

Natalia, ¿puedes ayudarme?

Pero ¡qué alegría tan grande verte por aquí!

3.5. Antes era costumbre, en los poemas, emplear la mayúscula al principio de cada verso, razón por la cual las letras de esta forma tomaron el nombre de «versales» (mayúsculas de imprenta). En la poesía moderna, esta costumbre está en desuso.

4. *Uso de mayúscula inicial independientemente de la puntuación.* Se escriben con letra inicial mayúscula todos los nombres propios y también los comunes que, en un contexto dado o en virtud de determinados fenómenos (como, por ejemplo, la antonomasia), funcionan con valor de tales, es decir, cuando designan seres o realidades únicas y su función principal es la identificativa. En otras ocasiones, la mayúscula responde a otros factores, como la necesidad de distinguir en sentidos diversos de una misma palabra (mayúscula diacrítica), o a razones expresivas o de respeto (mayúscula de respeto). Se escriben con inicial mayúscula las palabras siguientes:

4.1. Los nombres propios de persona, animal y cosa singularizada: *Beatriz, Platero, Tizona* (espada del Cid).

4.2. Los nombres de divinidades: *Dios, Jehová, Alá, Afrodita, Júpiter, Amón.*

4.3. Los apellidos: *Jiménez, García, Mendoza.* Si un apellido español comienza por preposición, o por preposición y artículo, estos se escriben con minúscula cuando acompañan al nombre de pila (*Juan de Ávalos, Pedro de la Calle*); pero si se omite el nombre de pila, la preposición debe escribirse con mayúscula (*señor De Ávalos, De la Calle*). Si el apellido no lleva preposición, sino solamente artículo, este se escribe siempre con mayúscula, independientemente de que se anteponga o no el nombre de pila (*Antonio La Orden, señor La Orden*). También se escriben con mayúscula los nombres de las dinastías derivados de un apellido: *los Borbones, los Austrias,* salvo que se utilicen como adjetivos, caso en el que se escriben con minúscula: *los reyes borbones.* Por otra parte, deben conservar la mayúscula los apellidos de autores (a veces acompañados también del nombre de pila) cuando designan sus obras: «*Incendiaron la iglesia, y con ella las tres joyas pictóricas —un Goya [...], un Bayeu [...] y un José del Castillo*» (Laín *Descargo* [Esp. 1976]).

4.4. Los sobrenombres, apodos y seudónimos: *Manuel Benítez, el Cordobés; José Nemesio, alias el Chino; Alfonso X el Sabio; el Libertador; el Greco; el Pobrecito Hablador* (seudónimo del escritor Mariano José de Larra). El artículo que antecede a los seudónimos, apodos y sobrenombres, tanto si estos acompañan al nombre propio como si lo sustituyen, debe escribirse con minúscula: *Ayer el Cordobés realizó una estupenda faena;* por lo tanto, si el artículo va precedido de las preposiciones *a* o *de,* forma con ellas las contracciones *al* (→ al) y *del* (→ del): *Me gusta mucho este cuadro del Greco* (no

[⊗]*de El Greco*); *El pueblo llano adoraba al Tempranillo* (no [⊗]*a El Tempranillo*).

4.5. Los nombres comunes que, por antonomasia, se utilizan para designar a una persona en lugar del nombre propio: *el Mantuano* (por *Virgilio*), *el Sabio* (por *Salomón*), *el Magnánimo* (por el rey *Alfonso V*), así como los que se refieren, también por antonomasia, a Dios, a Jesucristo o a la Virgen: *el Creador, el Todopoderoso, el Mesías, el Salvador, la Purísima, la Inmaculada*.

4.6. Los nombres abstractos personificados, utilizados alegóricamente: *la Muerte, la Esperanza, el Mal*.

4.7. Los nombres propios geográficos (continentes, países, ciudades, comarcas, mares, ríos, etc.): *América, África, Italia, Canadá, Toledo, Lima, las Alpujarras, la Rioja* (comarca), *la Mancha* (comarca), *el Adriático, el Mediterráneo, el Orinoco, el Ebro, los Andes, el Himalaya*. Como se ve en los ejemplos, determinados nombres propios geográficos van necesariamente acompañados de artículo, como ocurre con las comarcas, los mares, los ríos y las montañas. En otros casos, como ocurre con determinados países, el uso del artículo es opcional: *Perú* o *el Perú* (→ el, 5). El artículo, en todos estos casos, debe escribirse con minúscula, porque no forma parte del nombre propio. Pero cuando el nombre oficial de un país, una comunidad autónoma, una provincia o una ciudad lleve incorporado el artículo, este debe escribirse con mayúscula: *El Salvador, La Rioja* (comunidad autónoma), *Castilla-La Mancha* (comunidad autónoma), *La Pampa, La Habana, Las Palmas*. Cuando el artículo forma parte del nombre propio no se realiza en la escritura la amalgama con las preposiciones *de* o *a*: *Mi padre acaba de regresar de El Cairo* (no [⊗]*del Cairo*); *Este verano iremos a El Salvador* (no [⊗]*al Salvador*).

Los nombres comunes genéricos que acompañan a los nombres propios geográficos (*ciudad, río, mar, océano, sierra, cordillera, cabo, golfo, estrecho*, etc.) deben escribirse con minúscula: *la ciudad de Panamá, el río Ebro, la sierra de Gredos, la cordillera de los Andes, el cabo de Hornos*. Solo si el nombre genérico forma parte del nombre propio, se escribe con mayúscula inicial: *Ciudad Real, Río de la Plata, Sierra Nevada, los Picos de Europa*. También se escriben con inicial mayúscula algunos de estos nombres genéricos cuando, por antonomasia, designan un lugar único y, por lo tanto, funcionan a modo de nombre propio. Estas antonomasias están lógicamente limitadas en su uso a la comunidad de hablantes que comparten una misma geografía, para los que la identificación de la referencia es inequívoca, como ocurre, por ejemplo, entre los chilenos, con *la Cordillera* (por la cordillera de los Andes) o, entre los españoles, con *la Península*

(por el territorio peninsular español) o *el Estrecho* (por el estrecho de Gibraltar). El hecho de escribir *Península Ibérica* con mayúsculas se debe a que con esta expresión nos referimos a una entidad de carácter histórico-político, y no a un mero accidente geográfico.

4.8. Las designaciones que, por antonomasia, tienen algunos topónimos y que se usan como alternativa estilística a su nombre oficial: *el Nuevo Mundo* (por *América*), *la Ciudad Eterna* (por *Roma*).

4.9. Los sustantivos y adjetivos que forman parte del nombre de determinadas zonas geográficas, que generalmente abarcan distintos países, pero que se conciben como áreas geopolíticas con características comunes: *Occidente, Oriente Medio, Cono Sur, Hispanoamérica, el Magreb*.

4.10. Los nombres de vías y espacios urbanos. Al igual que en el caso de los nombres geográficos, solo el nombre propio debe ir escrito con mayúscula, y no los nombres comunes genéricos que acompañan a este, como *calle, plaza, avenida, paseo*, etc., que deben escribirse con minúscula: *calle (de) Alcalá, calle Mayor, plaza de España, avenida de la Ilustración, paseo de Recoletos*. Sin embargo, se escribirán en mayúscula los nombres genéricos de vías o espacios urbanos procedentes del inglés: *Oxford Street, Quinta Avenida, Central Park*, como es usual en esa lengua.

4.11. Los nombres de galaxias, constelaciones, estrellas, planetas y satélites: *la Vía Láctea, la Osa Mayor, la Estrella Polar, Venus, Ganimedes*. Las palabras *Sol* y *Luna* solo suelen escribirse con mayúscula inicial en textos científicos de temática astronómica, en los que designan los respectivos astros: «*Entre la esfera de fuego y la de las estrellas fijas están situadas las esferas de los distintos planetas, empezando por la esfera de la Luna y, a continuación, las esferas de Mercurio, Venus, el Sol, Marte, Júpiter y Saturno*» (Torroja *Sistemas* [Esp. 1981]); pero, excepto en este tipo de textos, se escriben normalmente con minúscula: *El sol lucía esplendoroso esa mañana; Entra mucho sol por la ventana; Negros nubarrones ocultaron la luna por completo; Me pongo muy nervioso cuando hay luna llena*. La palabra *tierra* se escribe con mayúscula cuando designa el planeta: «*Dios le hizo ver las estrellas jamás vistas desde la Tierra*» (Fuentes *Naranjo* [Méx. 1993]); pero con minúscula en el resto de sus acepciones: *El avión tomó tierra; Esta tierra es muy fértil; He vuelto a la tierra de mis mayores*.

4.12. Los nombres de los signos del Zodiaco: *Aries, Géminis, Sagitario;* también los nombres alternativos que aluden a la representación iconográfica de cada signo: *Balanza* (por *Libra*), *Toro* (por *Tauro*), *Carnero* (por *Aries*), *Gemelos* (por *Géminis*), *Cangrejo* (por *Cáncer*), *Pez* (por *Piscis*), *Escorpión* (por *Escorpio*), *León* (por *Leo*), *Virgen* (por

Virgo). Se escriben con minúscula, en cambio, cuando dejan de ser nombres propios por designar, genéricamente, a las personas nacidas bajo cada signo: *Raquel es sagitario; Los géminis son muy volubles.*

4.13. Los nombres de los cuatro puntos cardinales (*Norte, Sur, Este, Oeste*) y de los puntos del horizonte (*Noroeste, Sudeste,* etc.), cuando nos referimos a ellos en su significado primario, como tales puntos, o cuando forman parte de un nombre propio: *La brújula señala el Norte; La nave puso rumbo al Noroeste; Corea del Norte; la Cruz del Sur.* También se escriben con mayúsculas los casos de *Polo Norte* y *Polo Sur.* Sin embargo, cuando los nombres de los puntos cardinales o de los puntos del horizonte están usados en sentidos derivados y se refieren a la orientación o la dirección correspondientes, se escribirán en minúscula: *el sur de Europa, el noroeste de la ciudad, el viento norte.* También se escribirán en minúscula estos puntos cuando estén usados en aposición: *latitud norte, hemisferio sur, rumbo nornoroeste.* En el caso de las líneas imaginarias, tanto de la esfera terrestre como celeste, se recomienda el uso de la minúscula: *ecuador, eclíptica, trópico de Cáncer.*

4.14. Los sustantivos y adjetivos que componen el nombre de entidades, organismos, departamentos o divisiones administrativas, edificios, monumentos, establecimientos públicos, partidos políticos, etc.: *el Ministerio de Hacienda, la Casa Rosada, la Biblioteca Nacional, el Museo de Bellas Artes, la Real Academia de la Historia, el Instituto Caro y Cuervo, la Universidad Nacional Autónoma de México, la Facultad de Medicina, el Departamento de Recursos Humanos, el Área de Gestión Administrativa, la Torre de Pisa, el Teatro Real, el Café de los Artistas, el Partido Demócrata.* También se escribe con mayúscula el término que en el uso corriente nombra de forma abreviada una determinada institución o edificio: *la Nacional* (por *la Biblioteca Nacional*), *el Cervantes* (por *el Instituto Cervantes*), *la Complutense* (por *la Universidad Complutense*), *el Real* (por *el Teatro Real*).

4.15. Los nombres de los libros sagrados y sus designaciones antonomásticas: *la Biblia, el Corán, el Avesta, el Talmud, la(s) Sagrada(s) Escritura(s).* También los nombres de los libros de la Biblia: *Génesis, Levítico, Libro de los Reyes, Hechos de los Apóstoles.*

4.16. Los sustantivos y adjetivos que forman parte del nombre de publicaciones periódicas o de colecciones: *La Vanguardia, Nueva Revista de Filología Hispánica, Biblioteca de Autores Españoles.*

4.17. La primera palabra del título de cualquier obra de creación (libros, películas, cuadros, esculturas, piezas musicales, programas de radio o televisión, etc.); el resto de las palabras que lo componen, salvo que se trate de nombres propios, deben escribirse con minúscula: *Últimas tardes con Teresa, La vida es sueño, La lección de anatomía, El galo moribundo, Las cuatro estaciones, Las mañanas de la radio, Informe semanal.* En el caso de los títulos abreviados con que se conocen comúnmente determinados textos literarios, el artículo que los acompaña debe escribirse con minúscula: *el Quijote, el Lazarillo, la Celestina.*

4.18. Los sustantivos y adjetivos que forman parte del nombre de documentos oficiales, como leyes o decretos, cuando se cita el nombre oficial completo: *Real Decreto 125/1983* (pero *el citado real decreto*), *Ley para la Ordenación General del Sistema Educativo* (pero *la ley de educación, la ley sálica,* etc.). También se escriben con mayúscula los nombres de los documentos históricos: *Edicto de Nantes, Declaración Universal de los Derechos Humanos.*

4.19. Los nombres de festividades religiosas o civiles: *Epifanía, Pentecostés, Navidad, Corpus, Día de la Constitución, Año Nuevo, Feria de Abril.*

4.20. Las advocaciones de la Virgen: *la Virgen de Guadalupe, la Virgen del Rocío.* También las celebraciones o festividades a ellas dedicadas: *el Rocío, el Pilar.*

4.21. Los nombres de órdenes religiosas: *el Carmelo, el Temple, la Merced.* También se escribe con mayúscula la palabra *Orden* cuando acompaña al nombre propio: *la Orden del Temple.*

4.22. Los nombres de marcas comerciales. Las marcas comerciales son nombres propios, de forma que, utilizados específicamente para referirse a un producto de la marca, han de escribirse con mayúscula: *Me gusta tanto el Cinzano como el Martini; Me he comprado un Seat;* pero cuando estos nombres pasan a referirse no exclusivamente a un objeto de la marca en cuestión, sino a cualquier otro con características similares, se escriben con minúscula: *Me aficioné al martini seco en mis años de estudiante* (al vermú seco, de cualquier marca).

4.23. Las palabras que forman parte de la denominación oficial de premios, distinciones, certámenes y grandes acontecimientos culturales o deportivos: *el Premio Cervantes, los Goya, la Gran Cruz de la Orden de Alfonso X el Sabio, la Bienal de Venecia, la Feria del Libro, los Juegos Olímpicos.* Por lo que respecta a los premios, cuando nos referimos al objeto material que los representa o a la persona que los ha recibido, se utiliza la minúscula: *Esa actriz ya tiene dos goyas; Ha colocado el óscar encima del televisor; Esta noche entrevistan al nobel de literatura de este año.*

4.24. Los sustantivos y adjetivos que forman el nombre de disciplinas científicas, cuando nos referimos a ellas como materias de estudio, y especialmente en contextos académicos (nombres de asignaturas, cátedras, facultades, etc.) o curriculares: *Soy licenciado en Biología; Me he matriculado en Arquitectura; El profesor de Cálculo Numérico es extraordinario.* Fuera de los contextos antes señalados, se utiliza la minúscula: *La medicina ha experimentado grandes avances en los últimos años; La psicología de los niños es muy complicada.* Los nombres de asignaturas que no constituyen la denominación de una disciplina científica reciben el mismo tratamiento que si se tratase del título de un libro o de una conferencia, esto es, solo la primera palabra se escribe con mayúscula: *Introducción al teatro breve del siglo XVII español, Historia de los sistemas filosóficos.* También se escriben con mayúscula los sustantivos y adjetivos que dan nombre a cursos, congresos, seminarios, etc: *1.er Curso de Crítica Textual, XV Congreso Mundial de Neonatología, Seminario de Industrias de la Lengua.*

4.25. La primera palabra del nombre latino de las especies vegetales y animales: *Pimpinella anisum, Felis leo* (los nombres científicos latinos deben escribirse, además, en cursiva). Se escriben también con mayúscula los nombres de los grupos taxonómicos zoológicos y botánicos superiores al género, cuando se usan en aposición: *orden Roedores, familia Leguminosas;* pero estos mismos términos se escriben con minúscula cuando se usan como adjetivos o como nombres comunes: *El castor es un mamífero roedor; Hemos tenido una buena cosecha de leguminosas.*

4.26. Los nombres de edades y épocas históricas, cómputos cronológicos, acontecimientos históricos y movimientos religiosos, políticos o culturales: *la Edad de los Metales, la Antigüedad, la Edad Media, la Hégira, el Cisma de Occidente, la Contrarreforma, la Primera Guerra Mundial, la Revolución de los Claveles, el Renacimiento.* Igualmente se escriben con mayúscula los sustantivos que dan nombre a eras y períodos geológicos: *Cuaternario, Mioceno, Pleistoceno, Jurásico.* El adjetivo especificador que acompaña, en estos casos, a los sustantivos *Revolución* e *Imperio* se escribe con minúscula: *la Revolución francesa, el Imperio romano.*

4.27. Determinados nombres comunes cuando, por antonomasia, designan una sola de las realidades de su misma clase: *el Diluvio* (referido al diluvio bíblico), *la Reconquista* (referida a la de los territorios ocupados por los musulmanes, llevada a cabo por los reinos cristianos peninsulares durante la Edad Media), *el Muro* (referido al que separaba en Berlín los sectores oriental y occidental).

4.28. Determinados nombres, cuando designan entidades o colectividades institucionales: *la Universidad, el Estado, el Ejército, el Reino, la Marina, la Judicatura, el Gobierno.* En muchos casos, esta mayúscula tiene una función diacrítica o diferenciadora, ya que permite distinguir entre acepciones distintas de una misma palabra: *Iglesia* ('institu-

ción') / *iglesia* ('edificio'), *Ejército* ('institución') / *ejército* ('conjunto de soldados'), *Gobierno* ('conjunto de los ministros de un Estado') / *gobierno* ('acción de gobernar'). La mayúscula diacrítica afecta tanto al singular como al plural: «*Europa es importante para los Gobiernos, pero sobre todo para los ciudadanos*» (*País* [Esp.] 9.1.97).

4.29. Los nombres de conceptos religiosos como *el Paraíso, el Infierno, el Purgatorio,* etc., siempre que se usen en su sentido religioso originario, y no en usos derivados o metafóricos, pues, en ese caso, se escriben con minúscula: *Aquella isla era un paraíso; La noche pasada fue un infierno.*

4.30. En textos religiosos, suelen escribirse con mayúscula, en señal de respeto, los pronombres personales *Tú, Ti, Sí, Vos, Él, Ella,* referidos a Dios o a la Virgen.

4.31. Los títulos, cargos y nombres de dignidad, como *rey, papa, duque, presidente, ministro,* etc., que normalmente se escriben con minúscula (→ 6.9), pueden aparecer en determinados casos escritos con mayúscula. Así, es frecuente, aunque no obligatorio, que estas palabras se escriban con mayúscula cuando se emplean referidas a una persona concreta, sin mención expresa de su nombre propio: *El Rey inaugurará la nueva biblioteca; El Papa visitará la India en su próximo viaje.* Por otra parte, por razones de respeto, los títulos de los miembros de la familia reinante en España suelen escribirse con mayúscula, aunque vayan seguidos del nombre propio de la persona que los posee, al igual que los tratamientos de *don* y *doña* a ellos referidos: *el Rey Don Juan Carlos, el Príncipe Felipe, la Infanta Doña Cristina.* También es costumbre particular de las leyes, decretos y documentos oficiales, por razones de solemnidad, escribir con mayúsculas las palabras de este tipo: *el Rey de España, el Jefe del Estado, el Presidente del Gobierno, el Secretario de Estado de Comercio.* Por último, es muy frecuente que los cargos de cierta categoría se escriban con mayúscula en el encabezamiento de las cartas dirigidas a las personas que los ocupan.

4.32. En textos de carácter publicitario, propagandístico o similar, es frecuente la aparición de mayúsculas no justificadas desde el punto de vista ortográfico, así como el fenómeno inverso, esto es, la aparición de minúsculas donde las normas prescriben la mayúscula. Estos usos expresivos o estilísticos, cuya finalidad es llamar la atención del receptor para asegurar así la eficacia del mensaje, no deben extenderse, en ningún caso, a otro tipo de escritos.

4.33. También es habitual que en textos pertenecientes a ámbitos particulares se escriban con mayúscula las palabras que designan conceptos de especial relevancia dentro de esos ámbitos. Así, por ejemplo, es normal ver escritos con mayúscula, en textos religiosos, palabras como *Sacramento, Bautismo, Misa;* o, en textos militares, las palabras *Bandera* o *Patria*. Estas mayúsculas, que no deben extenderse a la lengua general, obedecen únicamente a razones expresivas o de respeto.

5. Otros usos de las mayúsculas. Se escriben con mayúsculas los números romanos (→ NÚMEROS, 3), algunas abreviaturas (→ ABREVIATURA, 6b) y algunos símbolos (→ SÍMBOLO, 4).

6. Casos en que no debe usarse la mayúscula inicial. Se escriben con minúscula inicial, salvo que la mayúscula venga exigida por la puntuación (→ 3), las palabras siguientes:

6.1. Los nombres de los días de la semana, de los meses y de las estaciones del año: *lunes, abril, verano*. Solo se escriben con mayúscula cuando forman parte de fechas históricas, festividades o nombres propios: *Primero de Mayo, Primavera de Praga, Viernes Santo, Hospital Doce de Octubre*.

6.2. Los nombres de las notas musicales: *do, re, mi, fa, sol, la, si*.

6.3. Los nombres propios que se usan como nombres comunes. Es muy frecuente que determinados nombres propios acaben designando un género o una clase de objetos o personas. Esto ocurre en los casos siguientes:

a) Nombres propios de persona que pasan a designar genéricamente a quienes poseen el rasgo más característico o destacable del original: *Mi tía Petra es una auténtica celestina; Siempre vas de quijote por la vida; Mi padre, de joven, era un donjuán*.

b) Muchos objetos, aparatos, sistemas y productos que pasan a ser designados con el nombre propio de su inventor, de su descubridor, de su fabricante o de la persona que los popularizó o en honor de la cual se hicieron (*zepelín, roentgen, braille, quevedos, rebeca, napoleón*), o del lugar en que se producen o del que son originarios (*cabrales, rioja, damasco, fez*). Por el contrario, conservan la mayúscula inicial los nombres de los autores aplicados a sus obras (→ 4.3).

c) Nombres de marcas comerciales, cuando no designan ya un objeto o un producto de la marca, sino, genéricamente, cualquier objeto o producto de características similares (→ 4.22).

6.4. Los nombres comunes genéricos que acompañan a los nombres propios de lugar, sean geográficos (→ 4.7) o de espacios o vías urbanas (→ 4.10).

6.5. Los nombres de los vientos, salvo que estén personificados en poemas o relatos mitológicos: *céfiro, austro, bóreas, tramontana*.

6.6. Los nombres de las religiones: *catolicismo, budismo, islamismo, judaísmo*.

6.7. Los nombres de tribus o pueblos y de lenguas, así como los gentilicios: *el pueblo inca, los mayas, el español, los ingleses*.

6.8. Los tratamientos (*usted, señor, don, fray, san(to), sor, reverendo*, etc.), salvo que se escriban en abreviatura, caso en que se escriben con mayúscula: *Ud., Sr., D., Fr., Sto., Rvdo*. Solo cuando, por tradición, se han formado acuñaciones que funcionan como nombres propios, se escribirán estos tratamientos en mayúscula: *Fray Luis*, referido a *fray Luis de León; Sor Juana*, referido a *sor Juana Inés de la Cruz; Santa Teresa*, referido a *santa Teresa de Jesús*.

6.9. Los títulos, cargos y nombres de dignidad como *rey, papa, duque, presidente, ministro*, etc., se escriben con minúscula cuando aparecen acompañados del nombre propio de la persona que los posee, o del lugar o ámbito al que corresponden (*el rey Felipe IV, el papa Juan Pablo II, el presidente de Nicaragua, el ministro de Trabajo*), o cuando están usados en sentido genérico (*El papa, el rey, el duque están sujetos a morir, como lo está cualquier otro hombre*). Existen casos, sin embargo, en que estas palabras pueden escribirse con mayúsculas (→ 4.31).

me. Pronombre personal átono de primera persona del singular. Sobre los pronombres átonos y su funcionamiento, → PRONOMBRES PERSONALES ÁTONOS.

mea culpa. Loc. lat. que significa literalmente 'por mi culpa'. Se usa como fórmula para reconocer una culpa o error: «En la actualidad, mea culpa, sigo sin toga y muceta profesorales» (Laín *Descargo* [Esp. 1976]). Como locución nominal masculina, 'reconocimiento de una culpa o error': «Entonó el mea culpa y se confesó de "abusos intolerables" en el ejercicio de su misión» (Gironella *Hombres* [Esp. 1986]). No es correcto su uso en femenino: ⊗*la mea culpa*. Es invariable en plural (→ PLURAL, 1k): *los mea culpa*.

mecanografiar. 'Escribir [algo] a máquina'. Se acentúa como *enviar* (→ APÉNDICE 1, n.° 5).

mecer(se). 'Mover(se) acompasadamente y con movimiento de vaivén'. En el español actual es prácticamente exclusiva, en la lengua culta, la conjugación regular *mezo* (presente de indicativo), *meza, mezas*, etc. (presente de subjuntivo): «Lo abrazo, lo beso y luego lo mezo como si fuera un párvulo» (Jodorowsky *Danza* [Chile 2001]). Pero aún quedan restos, en algunas zonas, de la conjugación irregular según el modelo de *agradecer* (→ APÉNDICE 1, n.° 18), normal en el español medieval y clásico: «Dejarás que el caballo [...] te mezca sobre la silla empapada» (Fuentes *Artemio* [Méx. 1962]).

⊗**media.** Para su uso con el sentido de 'medios de comunicación', → medio, 9.

medialuna. 'Cosa en forma de media luna' y, en ciertas partes de América, especialmente en los países del Río de la Plata, 'pan o bollo en forma de media luna': «¿Se imaginan ahora una medialuna caliente con manteca...?» (Fogwill *Cantos* [Arg. 1998]).

El plural es *medialunas: «Había sacado el coche para comprar dos docenas de medialunas en una panadería»* (Rausch *Dietas* [Arg. 1996]). Aunque se aconseja su escritura en una sola palabra, también es admisible la grafía *media luna* (pl. *medias lunas*): *«Entra Alba con una bandeja sobre la cual hay medias lunas y una taza de café»* (Shand *Delmonte* [Arg. 1987]).

medianoche. 1. 'Doce de la noche': *«Poco después de la medianoche llegó el féretro»* (Montero *Trenza* [Cuba 1987]). Con este sentido, se aconseja su escritura en una sola palabra, aunque también se admite la grafía en dos palabras *media noche: «La votación se prolongó hasta la media noche del domingo»* (*Abc* [Esp.] 21.10.97). El plural es *medianoches* y *medias noches*, respectivamente: *«Casi todas las medianoches de sábado llegaba al destacamento»* (Onetti *Viento* [Ur. 1979]); *Me llama todas las medias noches.* Se escribe siempre en dos palabras en la locución *a media noche* ('en medio de la noche'): *«El otro día me desperté a media noche»* (ASantos *Vis* [Esp. 1992]). No debe confundirse este sustantivo con la combinación ocasional del adjetivo *medio* y el sustantivo *noche: «Juan de Soto pasó media noche razonando con él»* (UPietri *Visita* [Ven. 1990]).

2. Significa también 'bollo pequeño para bocadillos': *«Debía haber pedido una medianoche, ese sándwich habanero»* (CInfante *Habana* [Cuba 1986]). Su plural es *medianoches: «Abrió de nuevo el gran pañuelo azul, para repartir medianoches de queso»* (SchzEspeso *Alas* [Esp. 1985]). Aunque se aconseja su escritura en una sola palabra, también es admisible la grafía *media noche* (pl. *medias noches*): *«Con una cucharita de café se rellenan las medias noches»* (Ortega *Recetas* [Esp. 1972]).

mediar. 'Interceder o intervenir en un asunto entre varias personas, para ponerlas de acuerdo'. Se acentúa como *anunciar* (→ APÉNDICE 1, n.º 4).

médico -ca. 'Persona que ejerce la medicina'. El femenino es *médica* (→ GÉNERO², 3a): *«La médica quiere tratarle la cistitis con nitrato de plata»* (Futoransky *Pe* [Arg. 1986]). No debe emplearse el masculino para referirse a una mujer: ⊗*la médico.*

medida. 1. *a medida que.* Locución conjuntiva que expresa la progresión paralela de dos acciones: *«Lavinia fue perdiendo la calma a medida que hablaba»* (Belli *Mujer* [Nic. 1992]). No debe anteponerse la preposición *de* a la conjunción *que* (→ DEQUEÍSMO, 1d): ⊗*«El interés por los asuntos electorales [...] va aumentando a medida DE que se acercan las elecciones generales»* (*Prensa* [Nic.] 7.1.02). No debe confundirse con *en la medida (en) que* (→ 2).

2. *en la medida (en) que.* Locución conjuntiva que significa 'en la proporción en que o en correspondencia con el hecho de que': *«Todo está bien en la medida en que las cosas pueden estar bien en un país atorado en la crisis»* (Puga *Silencio* [Méx. 1987]); *«La*

verdad que quiero contarte no es particularmente escandalosa, y si lo es, lo es solo en la medida que toda verdad es escándalo»* (Lledó *Días* [Esp. 1994]). Es incorrecta la variante ⊗*en la medida de que:* ⊗*«Creo que* [su papel] *es importante en la medida de que se circunscriba a la facilitación del proceso»* (*Nacional* [Ven.] 26.7.00). No debe confundirse con *a medida que* (→ 1).

3. ⊗*(estar) en medida de.* Es construcción calcada del francés *être en mesure de*, que debe sustituirse por la española *(estar) en condiciones de* ('tener la posibilidad de'): ⊗*«Corretja no parecía en medida de ganar»* (*Tiempo* [Col.] 28.4.97).

4. ⊗*sobre medida.* Calco innecesario de la expresión francesa *sur mesure:* ⊗*ropa sobre medida;* la expresión propiamente española es *a (la) medida.*

medieval. → Medievo.

Medievo. 'Edad Media'. Debe escribirse con mayúscula inicial (→ MAYÚSCULAS, 4.26). Es igualmente válida la variante *Medioevo.* En cuanto al adjetivo correspondiente, en la lengua general actual predomina claramente *medieval* sobre *medioeval.* Para el resto de los derivados solo son normales las formas sin *-o-: medievalista, medievalismo, medievalizante, medievalizar.*

medio -dia. 1. Adjetivo que, antepuesto al sustantivo, significa 'igual a la mitad': *Se comió media sandía; Mide medio metro.* Se usa también con valor enfático, con el significado de 'gran parte': *Se enteró medio mundo.* Pospuesto al sustantivo significa 'situado entre dos extremos': *Nació en el seno de una familia de clase media; Realizó estudios medios en su ciudad natal;* o 'que corresponde a los caracteres más generales de su grupo': *El español medio no suele ir a la ópera.*

2. Adverbio que significa 'no enteramente, no del todo': *«Almudena ardía y estaba medio dormida»* (Gopegui *Real* [Esp. 2001]); *«La cama estaba a medio hacer»* (Maqua *Invierno* [Esp. 1992]). También se emplea irónicamente ante ciertos adjetivos de significado peyorativo, con intención enfática: *«La dependienta, que es medio tonta, no sabía qué ofrecerle»* (Aldecoa *Mujeres* [Esp. 1994]). El adverbio es siempre invariable, por lo que no es correcta la concordancia con el género del adjetivo al que modifica: ⊗*Está media loca.*

3. Como sustantivo masculino significa, entre otras cosas, 'conjunto de circunstancias culturales, económicas y sociales en que vive una persona' y 'conjunto de circunstancias o condiciones exteriores a un ser vivo que influyen en su desarrollo y en sus actividades': *«Lo primero que hay que hacer es dignificar la vida en el medio rural»* (*Mundo* [Esp.] 3.10.94); *«Los gorilas están de hecho muy imperfectamente adaptados a su medio»* (*País* [Esp.] 2.2.86). Para el segundo sentido, se usa más frecuentemente la locución *medio ambiente* (→ medioambiente).

4. en medio. 'En la parte central', 'en situación intermedia entre dos extremos' u 'obstruyendo o estorbando el paso'. Normalmente va seguida de un complemento introducido por *de: En medio* DEL *cuadro podía verse una figura orante; Ponte en medio* DE *la fila; Había un coche en medio* DE *la calle y no pudimos pasar*. No se admite la grafía ⊗*enmedio*. No debe sustituirse la preposición *de* por *a* para introducir el complemento: ⊗«*El decorado natural es una isla perdida en medio* AL *océano*» (Paranaguá *Ripstein* [Méx. 1997]); debió decirse *en medio* DEL *océano*.

5. entre medias. En el uso coloquial de España, 'en el espacio o tiempo intermedios': «*Un cromo repetido que se cuela entre medias de mis sueños*» (MtnGaite *Nubosidad* [Esp. 1992]). Es también válida, aunque menos frecuente, su escritura en una sola palabra: «*Los lunes* Opéra, *los martes* Comédie, *los sábados* Opéra Comique *y, entremedias, fiestas y cotillones*» (Caso *Peso* [Esp. 1994]).

6. ⊗entre medio, ⊗entremedio. Es ajeno a la lengua culta general el empleo de esta locución con el sentido espacial de 'en medio' o temporal de 'entre tanto, entre medias': ⊗«*Las quietas aguas del lago situado entre medio de un bosque*» (*Prensa* [Nic.] 1.12.97); ⊗«*Explica* [...] *que la mudanza no ha terminado, que entremedio vino el terremoto*» (*Hoy* [Chile] 25-31.3.85).

7. media noche. → medianoche.

8. medio ambiente. → medioambiente.

9. medio (de comunicación). 'Órgano destinado a la información pública'. Se emplea frecuentemente en plural: «*Imagínese que mañana denuncio esta presión en los medios de comunicación*» (VqzMontalbán *Galíndez* [Esp. 1990]); «*Las imágenes de Claudia han aparecido en todos los medios*» (*Vanguardia* [Esp.] 25.1.94). En plural suele emplearse a menudo la expresión *medios de comunicación de masas,* equivalente español del inglés *mass media:* «*En las sociedades tecnificadas los medios de comunicación de masas cumplen un objetivo insustituible*» (MtzAlbertos *Noticia* [Esp. 1978]). Es innecesario, y por tanto rechazable, el uso en español de la expresión inglesa *mass media,* así como el de su forma abreviada ⊗*media*.

10. medio día. → mediodía.

medioambiental. → medioambiente.

medioambiente. 'Conjunto de circunstancias o condiciones exteriores a un ser vivo que influyen en su desarrollo y en sus actividades': «*Muchas de estas restricciones pretenden proteger más los intereses especiales que proteger el medioambiente*» (*Hora* [Guat.] 8.4.97). Aunque aún es mayoritaria la grafía *medio ambiente,* el primer elemento de este tipo de compuestos suele hacerse átono, dando lugar a que las dos palabras se pronuncien como una sola; por ello, se recomienda la grafía simple *medioambiente,*

cuyo plural es *medioambientes*. Su adjetivo derivado es *medioambiental:* «*Este tráfico origina problemas medioambientales*» (LpzBonillo *Medio* [Esp. 1994]).

mediodía. 1. 'Momento en que está el Sol en el punto más alto de su elevación sobre el horizonte' y 'doce de la mañana': «*El mármol nos ciega con sus reverberaciones bajo el sol del mediodía*» (Leguineche *Camino* [Esp. 1995]); «*Era casi mediodía cuando desperté*» (Montero *Tú* [Cuba 1995]). También significa 'momento situado en las horas centrales del día': «*Me levantaba a prepararle el café y la comida de mediodía*» (Chirbes *Letra* [Esp. 1992]). Su plural es *mediodías:* «*Un aspecto de su trabajo fue ir, todos los mediodías, a comprar esas empanaditas*» (VLlosa *Tía* [Perú 1977]). Precedido de la preposición *a,* puede usarse con artículo o sin él: *a mediodía, al mediodía*. Esta voz es también sinónima de *Sur* y, en ese caso, se escribe con mayúscula en los mismos casos que los puntos cardinales (→ MAYÚSCULAS, 4.13): «*La Vera* [...] *es comarca tierna que mira al Mediodía*» (Agromayor *España* [Esp. 1987]).

2. Con cualquiera de estos sentidos, se escribe siempre en una palabra. No debe confundirse este sustantivo con la combinación ocasional del adjetivo *medio* y el sustantivo *día:* «*Duró medio día el combate*» (UPietri *Oficio* [Ven. 1976]).

medioeval, Medioevo. → Medievo.

medir(se). 1. Como transitivo, 'determinar la medida [de algo]' y 'confrontar(se) con algo o alguien'; y, como intransitivo, 'tener una determinada medida'. Verbo irregular: se conjuga como *pedir* (→ APÉNDICE 1, n.° 45).

2. El complemento que expresa la unidad de medida utilizada en el cómputo puede ir introducido por las preposiciones *en* o *por:* «*Las distancias se miden* EN *leguas*» (*Clarín* [Arg.] 3.7.87); «*La luz eléctrica emitida por una lámpara se mide* POR *lúmenes*» (Farro *Industria* [Perú 1996]).

meditar. 'Pensar con profunda atención en algo'. Puede ser transitivo: «*Agustín dijo que había que meditar el asunto*» (Elizondo *Setenta* [Méx. 1987]); o intransitivo, caso en el que se construye con un complemento con *sobre, en* o *acerca de:* «*Podré meditar* SOBRE *el destino que me ha sido reservado*» (Reyes *Carnaval* [Col. 1992]); «*Meditó* EN *su paternidad frustrada*» (Tomás *Orilla* [Esp. 1984]).

médium. 'Persona a la que se considera dotada de facultades para comunicarse con los espíritus'. Es común en cuanto al género: *el/la médium* (→ GÉNERO², 1a y 3j). Su plural es *médiums* (→ PLURAL, 1h y k): «*Volvieron a contar la historia del comercio de Teresa con toda clase de médiums, videntes y pitonisas*» (Pitol *Juegos* [Méx. 1982]).

médula o medula. 'Sustancia que se halla en el interior de los huesos'. Aunque la forma llana *medula* (pron. [medúla]) es la que conserva la acentuación etimológica, la forma esdrújula *médula* es hoy mayoritaria y, por ello, preferible.

meeting. → mitin.

mejicano -na. → mexicano.

Méjico. → México.

mejor. 1. Adjetivo comparativo de *bueno*. → bueno, 2a.

2. Adverbio comparativo de *bien*. → bien, 1.

3. a lo mejor, a la mejor. Coloquialmente, 'quizá, tal vez': «*Bueno, a lo mejor me expliqué mal*» (MDíez *Expediente* [Esp. 1992]). La primera forma es la más extendida en todo el mundo hispánico; la segunda es usual en México: «*Le voy a decir algo que a la mejor no debería contar*» (*Proceso* [Méx.] 26.1.97). A diferencia de sus equivalentes *quizá* y *tal vez*, que normalmente llevan el verbo en subjuntivo (aunque también admitan su uso con indicativo), *a lo mejor* y *a la mejor* llevan siempre el verbo en indicativo.

4. ⊗*más mejor*. → más, 1.1.

mejunje. 'Sustancia líquida o pastosa hecha con la mezcla de varios ingredientes'. Esta es la forma usada hoy en el habla culta de España: «*No daba abasto a componer mejunjes con los que aliviar sus males*» (Arenales *Arauco* [Esp. 1992]); pero en amplias zonas de América siguen vigentes en el uso las variantes *menjunje*, preferida en el Cono Sur, y *menjurje*, usada en Venezuela, México y algunos países centroamericanos: «*Un desolado menjunje servido en platos de cartón*» (Donoso *Elefantes* [Chile 1995]); «*Por su cabello, [...] todos los menjurjes que podían haberlo tornado sedoso, nunca habían pasado*» (Alatriste *Vivir* [Méx. 1985]). Son incorrectas las grafías con -g-: ⊗*me(n)junge* y ⊗*menjurge*.

membrecía. En muchos países americanos, 'condición de miembro' y 'conjunto de miembros': «*Cumplir con los criterios para obtener la membrecía en la unión monetaria económica de Europa*» (*Excélsior* [Méx.] 2.1.97); «*El éxito con que culminó la huelga [...] favoreció el aumento de la membrecía de esa federación*» (Gordon *Crisis* [Méx. 1989]). Aunque, debido al seseo (→ SESEO), está muy extendida en el uso la forma ⊗*membresía*, la grafía correcta es *membrecía*, ya que el sufijo español para formar este tipo de derivados es *-cía* (de *abogado, abogacía;* de *clero, clerecía*); la terminación *-sía* es propia de los sustantivos derivados de nombres o adjetivos que terminan en *-s: burguesía* (de *burgués*), *feligresía* (de *feligrés*).

memorando. 'Informe en que se recopilan hechos y razones que deben tenerse en cuenta en un determinado asunto': «*El presidente de la junta [...] envió un memorando a la comisión ejecutiva de la cámara*» (*NHerald* [EE. UU.] 14.4.97). Su plural es *memorandos*. Debe preferirse esta forma hispanizada a la variante etimológica latina *memorándum*.

memorándum. → memorando.

memorial. Como sustantivo, se usa en español con los sentidos de 'escrito en que se plantea una petición': «*Enviaron ayer un memorial al presidente Álvaro Arzú, para que en la agenda centroamericana con Bill Clinton [...] se dé prioridad al tema migratorio*» (*Siglo* [Guat.] 6.5.97); y 'relación escrita u oral de hechos pasados': «*Le recitó uno a uno el memorial de agravios contra la República*» (Delibes *Madera* [Esp. 1987]). El uso de este sustantivo con el significado de 'monumento conmemorativo' es calco desaconsejable del inglés: «*Hubo una nueva ofrenda floral ante el memorial de las víctimas del asedio de Leningrado*» (Feo *Años* [Esp. 1993]); en español es preferible decir *monumento (conmemorativo): «En la Plaza de Armas está el Monumento al Pueblo Indígena*» (Lux *Chile* [Chile 1997]).

Memphis. Ciudad del estado de Tennese (Estados Unidos): «*Cada 16 de agosto, Carlos viajaba a Memphis para conmemorar el aniversario de la muerte de Elvis*» (Fuentes *Esto* [Méx. 2002]). Debe su nombre a la ciudad del antiguo Egipto cuyo nombre en español es *Menfis* (→ Menfis).

ménage. → menaje.

menaje. Adaptación gráfica de la voz francesa *ménage*, 'conjunto de muebles y accesorios de una casa, en especial los utensilios de cocina y los usados en el servicio de mesa': «*Jacqueline abandonó casi la totalidad de su menaje de casa cuando decidió trasladarse*» (Pitol *Vida* [Méx. 1991]). No debe usarse la grafía etimológica con -g-, ya que las voces francesas terminadas en *-age* que se han incorporado al español se han adaptado siempre con la terminación *-aje: bagaje, bricolaje, masaje*, etc.

mención. 'Acción de nombrar o citar'. Este sustantivo femenino suele ir seguido de un complemento introducido por la preposición *de*: «*Ni un músculo facial se le alteró ante la mención DE aquel nombre aborrecible*» (Pitol *Vida* [Méx. 1991]). Se emplea frecuentemente en la construcción *hacer mención* de una persona o cosa ('nombrarla o referirse a ella'), que requiere asimismo un complemento introducido por *de*: «*Comenzó su informe haciendo mención DE los miles y miles de telegramas que [...] se habían recibido*» (Aparicio *César* [Esp. 1981]). Menos recomendable, aunque también válido, es el empleo de la preposición *a* para introducir el complemento de *(hacer) mención: «Parecía como si todos los males se curasen con la mención A aquellas antiguallas*» (MtnGaite *Usos* [Esp. 1987]); «*En dicho mensaje se hacía mención A su vida de bandolero*» (Velasco *Regina* [Méx. 1987]).

mendacidad. 'Cualidad de mendaz o mentiroso': «*Hizo gala [...] de su impostura y mendacidad*» (*Mundo* [Esp.] 15.1.95). No es correcto su uso como sinónimo de *mentira* ('dicho mentiroso'): [⊗]«*Nunca se sabrá si su negativa tuvo un fundamento real en su conciencia, o fue una mendacidad para atenuar la dureza y rigidez* [...] *de su deber social*» (GlzRuiz *Misión* [Esp. 1977]). No debe confundirse con *mendicidad* ('acción de mendigar'; → mendicidad).

mendicidad. 'Condición de mendigo' y 'acción de mendigar': «*No era implorante en el ejercicio de la mendicidad*» (Zarraluki *Silencio* [Esp. 1994]). No debe confundirse con *mendacidad* ('cualidad de mentiroso'; → mendacidad).

mendigo -ga. 'Persona que pide limosna'. Es voz llana: [mendígo]. Son erróneas, con este sentido, la grafía y la pronunciación esdrújulas [⊗]*méndigo*.

menester. 1. En el español actual, este sustantivo masculino se emplea con el sentido de 'trabajo u ocupación', aunque es voz anticuada que está cayendo en desuso: «*Todos juran y perjuran que la mujer asesinada ni era prostituta ni se había entregado nunca a ese menester*» (*Abc* [Esp.] 12.5.88).
2. Conserva el sentido antiguo de 'necesidad' en dos locuciones de uso vigente hoy en la lengua escrita y en el habla rural:
a) haber menester [algo]. 'Necesitar[lo]'. Se trata de una locución verbal transitiva, de modo que se construye con un complemento directo: «*Adquieren sus fondos con estas mercancías y compran lo que han menester con ellos*» (Cardozo *Guatemala* [Guat. 1985]); por lo tanto, no debe introducirse el complemento con la preposición *de*: [⊗]*No he menester* DE *tu ayuda*. Tampoco es correcto intercalar la preposición *de* entre verbo y sustantivo: [⊗]*Dan buen consejo al que lo ha* DE *menester*» (ASantos *Estanquera* [Esp. 1981]). Para la primera persona del plural del presente de indicativo, se usa preferentemente la forma *hemos*, si bien ocasionalmente aparece también la forma arcaica *habemos*: «*No hemos menester llegar hasta Petrarca para comprobar la existencia del depurado concepto sentimental y platónico que animó a la caballería*» (PBazán *San Francisco* [Esp. 1882]); «*Cuánta sabiduría habemos menester para retener nuestros prisioneros*» (Carrasquilla *Tiempos* [Col. 1935-36]).
b) ser menester. 'Ser preciso o necesario'. Se trata de una locución verbal intransitiva, de modo que el sustantivo o la oración que aparecen en el enunciado, generalmente pospuestos a la locución, desempeñan la función de sujeto; de ahí que el verbo *ser* haya de ir en singular o en plural dependiendo de si es singular o plural dicho sujeto: «*Era menester un salvoconducto*» (Marías *España* [Esp. 1985]); «*Ya no son menester más pruebas*» (Grande *Fábula* [Esp. 1991]).

Menfis. Ciudad del antiguo Egipto, situada en la cabecera del Nilo: «*La gran barca dorada tenía la proa dirigida a Menfis como en otras épocas del año se diri-*

giría *hacia Tebas*» (Moix *Arpista* [Esp. 2002]). No debe usarse en este caso la grafía inglesa *Memphis* (→ Memphis).

menguante. Como sustantivo, es masculino cuando significa 'intervalo entre el plenilunio y el novilunio': «*Licario* [...] *parecía mirar con un ojo la fruta cuyo color detonaba en el menguante lunar*» (Lezama *Oppiano* [Cuba 1977]). Es femenino cuando significa 'mengua del agua de un río por causa de la sequía', 'descenso del agua del mar por efecto de la marea' y, en general, 'decadencia o mengua de algo': «*Es tan grande la menguante del mar* [...] *que muchas veces queda media legua en seco*» (Ruz *Mayas* [Méx. 1981]).

menguar. 'Disminuir' y, dicho de la Luna, 'reducirse la parte iluminada visible desde la Tierra'. Se acentúa como *averiguar* (→ APÉNDICE 1, n.º 6). Se escriben con diéresis todas las formas en las que *-gu-* va delante de *e*: *mengüe, mengües*, etc. Con el primer sentido se dice también *amenguar* (→ amenguar).

menjunje, menjurje. → mejunje.

menor. 1. Adjetivo comparativo de *pequeño*. → pequeño, 2a.
2. *Menor* posee usos no comparativos, entre los que destacan los siguientes:
a) 'Que no ha alcanzado la edad adulta'. En este sentido es sinónimo de *pequeño*: «*El problema se complica cuando existen hijos menores*» (Salarrullana *Sectas* [Esp. 1990]).
b) 'De importancia o categoría secundarias': «*Ellos sobresalen en un grupo generacional que cuenta "con excelentes poetas menores"*» (Medina *Homenajes* [Ven. 1971]).
c) En oraciones negativas, precedido de artículo y antepuesto al sustantivo, equivale a *ninguno*: «*No hice al respecto el menor comentario*» (Mendoza *Verdad* [Esp. 1975]). En este uso alterna con *más mínimo* (→ pequeño, 3).
3. al por menor. Con verbos como *vender* o similares, 'en pequeñas cantidades': «*El comercio al por menor no demostró igual dinamismo*» (Puyo *Bogotá* [Col. 1992]). Se opone a *al por mayor* (→ mayor, 4). No debe confundirse con la locución *por menor* (→ 4). Se escribe siempre en tres palabras; no se admite la grafía [⊗]*al pormenor*.
4. por menor. Locución adverbial, hoy rara, que significa 'detalladamente, por extenso': «*No será necesario describir por menor la aceituna, por ser conocida de todos*» (FQuer *Plantas* [Esp. 1962]). No debe confundirse con la locución *al por menor* (→ 3). Se escribe siempre en dos palabras, lo que la distingue del sustantivo *pormenor* (→ pormenor).

menoría, menoridad. → minoría.

menos. 1. Adverbio comparativo que denota inferioridad. Normalmente precede a adjetivos o adverbios: *No he visto hombre menos prudente en mi vida; Ahora llueve menos intensamente.* Cuando modifica a un sustantivo, *menos* funciona como adjetivo: *Cada vez va menos gente al teatro; Hoy hace menos calor.* También puede funcionar como pronombre: *Ya queda menos para las vacaciones.* Cuando la comparación es expresa, el segundo término va introducido por la conjunción *que*: «*Era mi tía Manuela, una mujer reposada y mayor, menos bonita QUE mamá*» (Montero *Capitán* [Cuba 2002]); o por la preposición *de*, si se trata de una oración de relativo sin antecedente expreso que denota, no una entidad distinta, sino grado o cantidad en relación con la magnitud que se compara: «*El susto me duró menos DE lo que yo esperaba*» (GaMárquez *Vivir* [Col. 2002]). También se usa la preposición *de* cuando el término de referencia es un numeral o una expresión cuantitativa, que expresan el límite no sobrepasado: «*La huelga de hambre duró menos DE veinticuatro horas*» (Martínez *Vuelo* [Arg. 2002]).

2. al menos, a lo menos. Locuciones adverbiales que introducen una rectificación o salvedad a lo que se acaba de decir: «*No aparecían por allí casi nunca, al menos que yo recuerde*» (Mendicutti *Palomo* [Esp. 1991]); «*Eran [las estatuas] de gestos feos y disformes; a lo menos, l[a]s que yo he visto, todas eran así*» (*DHoy* [Ec.] 12.12.96). También significan 'aunque solo sea, como mínimo': «*Ahora déjame, al menos, morir en paz*» (Gasulla *Culminación* [Arg. 1975]); «*En cada comuna existirá, a lo menos, una Oficina Inscriptora*» (*Hoy* [Chile] 27.10-2.11.97). De las dos, la más usada es *al menos.* Ambas son equivalentes de *por lo menos* (→ 10).

3. a menos de. → 4.

4. a menos que. 'A no ser que'. Va seguida de un verbo en subjuntivo: «*Con el diputado Pérez Montoya no se riñe, a menos que uno esté dispuesto a jugarse la vida*» (Britton *Siglo* [Pan. 1995]). Si lo que sigue es un infinitivo, se emplea *a menos de*: «*No deben maltratar, ni disparar contra ningún invitado, a menos de ser atacados*» (Belli *Mujer* [Nic. 1992]). No es correcto el uso de ⊗*a menos de que,* fruto del cruce de ambas construcciones: ⊗«*Lo vi afectado, a menos de que el señor sea un actor de primerísima*» (*Proceso* [Méx.] 15.12.96).

5. ⊗contra menos. → 7a.

6. cuando menos. 'Por lo menos, como mínimo': «*Una vez por semana cuando menos, había podido ver a la muchacha de sus sueños*» (VLlosa *Tía* [Perú 1977]). No debe usarse en su lugar la expresión *cuanto menos* (→ 7b).

7. cuanto menos. a) Si *menos* va seguido de un sustantivo, *cuanto* debe concordar con él en género y número: «*Cuantas menos explicaciones se den a la mujer propia, mejor*» (VqzMontalbán *Galíndez* [Esp.

1990]); «*Cuantos menos años tiene el ejemplar investigado, más difícil es identificarlo*» (*País* [Esp.] 2.4.89). No debe prescindirse de *cuanto*: ⊗*Menos razón tienen, más lata dan.* Si lo que sigue a *menos* es un adjetivo, *cuanto* permanece invariable: «*Cuanto menos uniformes y monótonos sean los entornos, mayor resulta la capacidad de orientación*» (Estébanez *Tendencias* [Esp. 1982]). *Mientras menos* es variante coloquial aceptable de *cuanto menos*: «*Mientras menos sepas, mejor*» (Allende *Eva* [Chile 1987]); «*Mientras menos gente hallaba, más devoción sentía en su interior*» (Olivera *Enfermera* [Méx. 1991]). Con la excepción de México y el área centroamericana, donde es normal entre hablantes de todos los niveles, la norma culta general rechaza el uso de *entre menos* por *cuanto menos*: «*Entre menos personas sepan de mi viaje, menos vidas estarán en peligro*» (Chao *Altos* [Méx. 1991]). No es aceptable el uso de ⊗*contra menos* en lugar de *cuanto menos*: ⊗«*Contra menos me viera tan desmejorá, mejor*» (Quiñones *Noches* [Esp. 1979]).

b) No debe usarse *cuanto menos* con el sentido de 'por lo menos, como mínimo', que corresponde a *cuando menos* (→ 6): ⊗«*No cabe duda de que todas son, cuanto menos, originales*» (*Muy Interesante* [Esp.] 6.97); debió decirse *son, cuando menos, originales.*

8. entre menos. → 7a.

9. mientras menos. → 7a.

10. por lo menos. 'Como mínimo': «*Sofía tenía por lo menos veinte años menos que él*» (Puértolas *Noche* [Esp. 1989]). En la lengua coloquial es frecuente la supresión de la preposición *por*: «*Les sacó a todos lo menos tres cuerpos de ventaja*» (FdzCastro *Novia* [Esp. 1987]). También se usa para introducir una rectificación o salvedad a lo que se acaba de decir: «*Ahora se ha quedado dormido, o por lo menos ha cerrado los ojos y se hace el dormido*» (Cortázar *Reunión* [Arg. 1983]). Con estos mismos sentidos se emplean también las locuciones *al menos* y *a lo menos* (→ 2).

menospreciar. 'Tener [a alguien] en menos de lo que merece'. Se acentúa como *anunciar* (→ APÉNDICE 1, n.º 4).

menstruar. 'Tener la menstruación'. Se acentúa como *actuar* (→ APÉNDICE 1, n.º 7).

mentar. 'Nombrar o mencionar'. Verbo irregular: se conjuga como *acertar* (→ APÉNDICE 1, n.º 16), esto es, diptongan las formas cuya raíz es tónica (*miento, mientas,* etc.); pero no aquellas cuya raíz es átona (*mentamos, mentáis,* etc): «*Al que me mencione la palabra alcohol le miento la madre*» (Aguilar *Golfo* [Méx. 1986]). Debe evitarse el uso de formas con raíz tónica sin diptongar, error achacable quizá al deseo de evitar la coincidencia de formas con el verbo *mentir:* ⊗«*Cuando otros candidatos lo mentan, se indigna*» (*País* [Esp.] 1.6.87); debió decirse *lo mientan.*

mentir. 1. Verbo irregular: se conjuga como *sentir* (→ APÉNDICE 1, n.º 53).

2. En su acepción habitual de 'decir algo que no es cierto con intención de engañar', se emplea normalmente como intransitivo, de modo que el complemento que indica la persona a quien se miente es indirecto: «*Florentino Ariza LE mintió*» (GaMárquez *Amor* [Col. 1985]); la mentira se expresa, en este caso, mediante un complemento introducido por *sobre* o *acerca de*: «*Omitió información e incluso mintió SOBRE su vida*» (*País* [Esp.] 1.4.87); «*Muy bien pudo haberme mentido ACERCA DE su verdadera identidad*» (Quintero *Danza* [Ven. 1991]). Con este sentido es raro, pero admisible, su empleo como transitivo, caso en el que la mentira funciona como complemento directo del verbo: «*El padrino mintió que Perón había prohijado las visitas durante una semana, para poder quedarse a solas con Isabel*» (Martínez *Perón* [Arg. 1989]). También es transitivo cuando significa 'fingir o simular': «*Cuando había eludido también al arquero, descubrió que había un jugador en la línea del gol: Garrincha hizo como que sí, hizo como que no, mintió que pateaba al ángulo y el pobrecito se estrelló de narices contra el palo*» (Galeano *Fútbol* [Ur. 1995]).

mentís. 'Desmentido'. Es voz masculina: «*El texto del mentís soviético es el siguiente*» (*Abc* [Esp.] 26.12.82). Su plural, de acuerdo con las normas, es *mentises* (→ PLURAL, 1f): «*Después comenzó otra historia, con mentises y contradicciones*» (*Clarín*@ [Arg.] 23.4.00); pero es también frecuente, y admisible, su uso como invariable: «*Sin hacer caso de los mentís oficiales*» (*País* [Esp.] 1.4.85).

menú. 'Conjunto de platos que constituyen una comida', 'carta de un restaurante' y, en informática, 'conjunto de opciones que aparecen en pantalla'. El plural asentado en la lengua culta es *menús* (→ PLURAL, 1c): «*Pedí uno de los menús y una botella de burdeos*» (SchzOstiz *Ilusión* [Esp. 1989]). Se desaconseja el plural ⊗*menúes*.

menuet. → minué.

mequí. → La Meca.

mercadeo. → márquetin.

mercader. 'Comerciante'. Por su terminación, tiende a funcionar hoy como común en cuanto al género (*el/la mercader*; → GÉNERO², 1a y 3g): «*Madame Hollywood, la mercader del sexo más famosa del mundo*» (*País*@ [Esp.] 6.7.03). En el español medieval y clásico se usó el femenino *mercadera*, forma que aún pervive en algunos países de América: «*Expolia a las mercaderas, a los humildes trabajadores*» (*Abc* [Par.] 27.10.96).

mercadera. → mercader.

mercadotecnia. → márquetin.

merecedor -ra. 'Que merece', generalmente con un complemento con *de* que expresa lo merecido: «*Eres merecedora DE un destino mucho más elevado*» (Moix *Sueño* [Esp. 1986]). No es correcto introducir ese complemento con *a*: ⊗«*Será merecedor A un castigo severo*» (*Excélsior* [Méx.] 18.12.96).

merecer(se). 1. 'Ser digno [de un premio o de un castigo]'. Verbo irregular: se conjuga como *agradecer* (→ APÉNDICE 1, n.º 18).

2. Es transitivo: «*Tú mereces muchísimo más*» (Reina *Reflejos* [Esp. 1990]). Se construye frecuentemente con un pronombre concordado con el sujeto: «*Tú TE mereces toda la suerte del mundo*» (Vázquez *Narboni* [Esp. 1976]).

3. *merecer la pena.* → pena, 2.

merendar(se). 1. Como intransitivo, 'tomar la merienda'; como transitivo, 'tomar [algo] como merienda' y, en forma pronominal, 'derrotar [a alguien] con suma facilidad'. Verbo irregular: se conjuga como *acertar* (→ APÉNDICE 1, n.º 16).

2. Como intransitivo, puede llevar un complemento precedido de *con*, que expresa lo que se toma como merienda: «*Los restaurantes y bares del casco urbano desarrollaban ayer una actividad considerable para atender a una clientela dispuesta a merendar CON chocos*» (*FVigo* [Esp.] 10.5.99).

3. Cuando significa 'tomar [algo] como merienda', puede ir o no en forma pronominal, ya que a menudo se construye con un pronombre concordado con el sujeto: «*Meriendan algunas garnachas*» (Reuter *Música* [Méx. 1980]); «*Se merienda unos chuletones de no te menees*» (*DNavarra* [Esp.] 7.1.01).

mermar(se). Como transitivo, 'hacer que [algo] disminuya': «*Aquel drama* [...] *no mermó en nada su prestigio profesional*» (Allende *Casa* [Chile 1982]); y, como intransitivo, pronominal o no, 'disminuir algo o consumirse una parte de ello': «*La esclavitud mermó considerablemente*» (Picó *Filo* [P. Rico 1993]); «*No pierden nada de su calidad ni se merman en ningún aspecto*» (VV. AA. *Matanza* [Esp. 1982]). No debe usarse en su lugar el verbo *diezmar* ('causar gran mortandad'; → diezmar).

merodear. 'Vagar por las inmediaciones de algún lugar'. Es intransitivo y se construye con un complemento preposicional que expresa lugar: «*Habían pasado toda una mañana rastreando un venado que habían visto merodear CERCA del corral*» (Chao *Altos* [Méx. 1991]); «*Los caballeros merodean POR esta zona para recoger a sus damas*» (Galán/Garcimartín *Posada* [Esp. 1990]). Es también válida, aunque tiene menos tradición en nuestro idioma, la construcción transitiva, en la que el lugar es el complemento directo: «*Decidí merodear la casa del poeta*» (Skármeta *Cartero* [Chile 1986]).

mesar(se). 'Arrancar(se) [los cabellos, barbas u otros pelos del cuerpo] con las manos o tirar de ellos': «*Lloró sobre sus heridas y se mesó los cabellos como hacen las viudas en los grandes funerales de Tebas*» (Moix *Sueño* [Esp. 1986]); «*Escribía, fumaba, se mesaba una ceja y tanto si se reía como si protestaba parecía un manojo de nervios*» (Ekaizer *Vendetta* [Arg. 1996]). Es impropio su empleo con el sentido de 'pasar(se) repetidamente las manos por la barba, los cabellos o una parte del cuerpo': ⊛«*El conductor de delante* [...] *se mesa la calva*» (*País* [Esp.] 1.2.84).

⊛**mesmamente.** → mismamente.

⊛**mesmo -ma.** → mismo.

Mesoamérica. Denominación geohistórica que designa la parte de México y América Central en que se desarrollaron las grandes culturas prehispánicas: «*Cuando el conquistador español llegó en el siglo XVI, encontró en Mesoamérica un conjunto de rasgos culturales más o menos bien establecidos y con muchos elementos comunes*» (MtzPeñaloza *Arte* [Méx. 1981]). No es sinónimo de *Centroamérica* (→ Centroamérica).

mesocefalia. → -cefalia.

mesósfera o **mesosfera.** → -sfera.

mesosoprano. → mezzosoprano.

metamorfosis. 'Cambio o transformación'. Es voz llana: [metamorfósis]. Son erróneas la grafía y la pronunciación esdrújulas ⊛*metamórfosis.*

metempsícosis o **metempsicosis.** 'Transmigración del alma a otro cuerpo después de la muerte'. Tiene dos acentuaciones válidas: la llana *metempsicosis* [metempsikósis], acorde con el étimo latino, y la esdrújula *metempsícosis,* acorde con el étimo griego.

meteoro. 'Fenómeno atmosférico'. Aunque en griego era voz esdrújula (gr. *metéoron*), en español se ha usado siempre de modo mayoritario con la acentuación llana que corresponde a su étimo latino (lat. *meteorus,* pron. [meteórus]). Se desaconseja, por tanto, la forma esdrújula ⊛*metéoro.*

meteorología. 'Ciencia que estudia los meteoros o fenómenos atmosféricos': «*Las publicaciones sobre meteorología generalmente son muy técnicas*» (Ayllón *Meteorología* [Méx. 1996]). Es incorrecta la forma ⊛*metereología,* así como sus derivados ⊛*metereólogo,* ⊛*metereológico,* en lugar de *meteorólogo* y *meteorológico.* No debe confundirse con *climatología* ('características del clima de una región'; → climatología), ni usarse con el sentido de 'tiempo atmosférico', como ocurre en el siguiente ejemplo: ⊛«*Levantó los brazos al cielo bendiciendo su victoria y la benigna meteorología, que le protegió del mal tiempo que temía*» (*País* [Esp.] 22.7.96).

meteorológico -ca, meteorólogo -ga. → meteorología.

meter(se). 1. 'Introducir(se) dentro de una cosa o en alguna parte'. Se construye normalmente con un complemento de lugar introducido por *en:* «*Ángela se saca los zapatos y se mete EN la cama*» (Wolff *Álamos* [Chile 1986]). Menos general, pero también válido, es el uso de *a,* frecuente en el español americano: «*Cuando se metió A la cama, todavía temblaba*» (VLlosa *Elogio* [Perú 1988]).

2. Con el sentido de 'dedicar(se) a una actividad u oficio', el complemento, si es un sustantivo, va introducido por *de:* «*Mi padre me va a meter DE repartidor de telégrafos*» (FnGómez *Bicicletas* [Esp. 1982]); «*Se quiere meter DE aviador*» (Leñero *Mudanza* [Méx. 1979]); hoy se emplea, más a menudo, la preposición *a:* «*Pasó sus mocedades entre vaqueras y hortalizas hasta que decidió meterse A cochero*» (Herrera *Casa* [Ven. 1985]). Si el complemento es un infinitivo, va precedido de *a:* «*Se metían A servir aquí en Cadi*» (Quiñones *Noches* [Esp. 1979]). Referido a profesión o estado religioso, la construcción tradicional prescinde de toda preposición (*meter(se) monja, cura, fraile,* etc.); pero el uso actual mayoritario prefiere el uso con preposición (*meter(se) A monja, A cura, A fraile,* etc.): «*La que se metía monja lo hacía porque le daba la gana*» (MtnGaite *Usos* [Esp. 1987]); «*A lo mejor se mete A cura*» (Piñera *Siameses* [Cuba 1990]).

3. Cuando *meterse* significa 'aventurarse alguien a hacer algo que no es su ocupación habitual o para lo que no está capacitado', el complemento va precedido de *a:* «*¿Cómo es que ahora se mete A diseñadora de joyas?*» (*Tiempo* [Esp.] 19.11.90).

metomentodo. 'Entrometido': «*No quisiera parecerle un metomentodo*» (SchzOstiz *Ilusión* [Esp. 1989]). Es común en cuanto al género (→ GÉNERO², 1a y 3k): *un/una metomentodo.* También se utiliza como adjetivo: «*Evangelina estaba por botar a la muchacha (muy metomentodo, [...] según ella)*» (Vergés *Cenizas* [R. Dom. 1980]). En el uso mayoritario es invariable en plural: «*De buena gana les mandaba a tomar por el culo por cenizos y metomentodo*» (PzMerinero *Días* [Esp. 1981]).

metopa o **métopa.** En arquitectura, 'espacio entre dos triglifos'. Tiene dos acentuaciones válidas: la llana *metopa* [metópa], acorde con el étimo griego, es la de uso mayoritario y resulta, por ello, preferible; pero también es válida la esdrújula *métopa,* acorde con el étimo latino.

metre. Adaptación gráfica propuesta para la voz francesa *maître,* 'jefe de comedor de un restaurante': «*Le ocurre como al metre del gran restaurante, parece siempre más distinguido que el más aseñorado de los comensales*» (*Época* [Esp.] 11.8.97). Es común en cuanto al género (→ GÉNERO², 1a y 3c): *el/la metre.*

metrópoli. 'Ciudad principal y de grandes dimensiones' y 'Estado central, respecto de sus colonias': «*Esta es la única gran metrópoli sin un río o un lago*» (Fuentes *Cristóbal* [Méx. 1987]); «*La crítica radical a las disposiciones de la metrópoli sobre las colonias no alcanzaba el eco preciso*» (Satué *Carne* [Esp. 1991]). Existe también la variante etimológica *metrópolis* (del lat. *metropolis*, y esta, a su vez, del gr. *metrópolis*, derivado de *polis* 'ciudad'), de uso menos frecuente: «*Instituciones establecidas en la metrópolis pueden encontrar acomodo en la colonia*» (Clavero *Derecho* [Méx. 1994]).

metrópolis. → metrópoli.

mexicano -na. 1. Los naturales de la república americana denominada comúnmente *México* (el nombre oficial es *Estados Unidos Mexicanos*) se llaman *mexicanos*. No debe confundirse este gentilicio con *mexiquense*, que es como se denomina a la persona oriunda del estado de México, uno de los treinta y uno que conforman los Estados Unidos Mexicanos, ni con *mexiqueño*, que es el gentilicio de los naturales de la capital del país. **2.** Sobre la grafía *mejicano*, → México.

México. La grafía recomendada para este topónimo es *México*, y su pronunciación correcta, [méjiko] (no ⊗[méksiko]). También se recomienda escribir con *x* todos sus derivados: *mexicano, mexicanismo*, etc. (pron. [mejikáno, mejikanísmo, etc.]). La aparente falta de correspondencia entre grafía y pronunciación se debe a que la letra *x* que aparece en la forma escrita de este y otros topónimos americanos (→ Oaxaca y Texas) conserva el valor que tenía en épocas antiguas del idioma, en las que representaba el sonido que hoy corresponde a la letra *j* (→ x, 3 y 4). Este arcaísmo ortográfico se conservó en México y, por extensión, en el español de América, mientras que en España, las grafías usuales hasta no hace mucho eran *Méjico, mejicano*, etc. Aunque son también correctas las formas con *j*, se recomiendan las grafías con *x* por ser las usadas en el propio país y, mayoritariamente, en el resto de Hispanoamérica.

mexiquense, mexiqueño -ña. → mexicano.

mezzosoprano. 1. Voz italiana (pron. [medsosopráno]), que se usa en el ámbito musical con los significados de 'voz intermedia entre la de soprano y la de contralto' y 'cantante que posee este tipo de voz'. Por tratarse de un extranjerismo crudo, debe escribirse con resalte tipográfico. **2.** Aunque es palabra asentada en el uso internacional con su grafía originaria, se puede adaptar al español en la forma *mesosoprano*, puesto que el elemento compositivo *meso-* significa, precisamente, 'medio o intermedio'.

mi. 1. 'Nota musical'. → PLURAL, 1l; MAYÚSCULAS, 6.2; y TILDE², 3. **2.** Pronombre posesivo. → TILDE², 3.

mí. 1. Pronombre personal tónico de primera persona del singular. Pese a ser un monosílabo, debe llevar tilde para distinguirse del adjetivo posesivo *mi* (→ TILDE², 3.1): «*A mí me robaron mi hacienda*» (Bayly *Días* [Perú 1996]). **2.** Sobre su funcionamiento dentro del conjunto de los pronombres tónicos, → PRONOMBRES PERSONALES TÓNICOS.

miamense. → Miami.

Miami. Esta ciudad de los Estados Unidos de América recibe su nombre de los indios miamis, que habitaron en el pasado la zona de su asentamiento actual. En español debe decirse [miámi], no ⊗[maiámi] ni ⊗[mayámi], pronunciación que, aunque frecuente en el español de América, corresponde al inglés, no al español. Si no es aceptable pronunciarlo a la inglesa, tampoco lo es trasladar esta pronunciación a la escritura en la forma ⊗*Mayami*. Su gentilicio es *miamense*: «*Los miamenses que viajen a Santiago de Cuba en los próximos días deben tomar medidas de precaución*» (NHerald [EE. UU.] 25.6.97). No se admite el gentilicio ⊗*mayamero*, derivado del topónimo anglicado antes censurado.

miasma. 'Efluvio dañino que emana de materias en descomposición o aguas estancadas'. Se usa normalmente en plural. Conserva el género masculino que tiene en francés, de donde pasó al español a finales del siglo XVIII: «*Era allí donde se generaban los miasmas que apestaban los corazones*» (Pedraza *Pasión* [Esp. 1990]). Hoy se está extendiendo, incluso entre hablantes cultos, su uso en femenino, por influjo de la *-a* final: «*Las miasmas fétidas hirviendo de microorganismos asesinos*» (Donoso *Casa* [Chile 1978]).

Míchigan. Puesto que el nombre de este estado de los Estados Unidos de América y del lago homónimo no plantea problemas de adecuación al sistema gráfico del español, puede incorporarse plenamente a nuestro idioma colocándole la tilde que le corresponde como palabra esdrújula: «*John Kerry se apresta a incrementar mañana en los estados de Washington y Míchigan la cifra de delegados*» (Adelante@ [Cuba] 6.2.04).

microcefalia. → -cefalia.

microchip. → chip, 1.

microcosmos. → cosmos.

microfilm(e). → película.

micrófito -ta o microfito -ta. → -fito.

microscopia o microscopía. 'Técnica de construcción de microscopios' e 'investigación mediante el microscopio'. Ambas acentuaciones son válidas (→ -scopia o -scopía).

miedo. 1. 'Temor'. El complemento que expresa la causa del miedo puede ir introducido por *a* o *de*: «*Se hablaba del miedo A la muerte*» (Belli *Mujer* [Nic. 1992]); «*El miedo DE la muerte me despertaba a cualquier hora de la noche*» (GaMárquez *Vivir* [Col. 2002]). Cuando el complemento es una subordinada introducida por *que*, no debe omitirse la preposición (→ QUEÍSMO, 1c): «*No dormí por miedo A que me robaran*» (Araya *Luna* [Chile 1982]).

2. dar miedo. → dar(se), 5.

miembro. 1. 'Individuo que forma parte de un colectivo'. Normalmente se usa como epiceno masculino (→ GÉNERO², 1b), con independencia del sexo del referente: «*La esposa de Molins* [...] *es un miembro estratégico del equipo*» (*Mundo* [Esp.] 20.2.96). Pero hoy se está extendiendo su empleo como sustantivo común en cuanto al género (*el/la miembro*; → GÉNERO², 1a), uso que se admite como válido cuando se desee hacer explícito el sexo del referente: «*EH coloca en sus listas a una miembro de Haika encarcelada por Garzón*» (*Abc@* [Esp.] 2.4.01).

2. Cuando *miembro* se usa en aposición a un sustantivo plural, aunque puede permanecer invariable (*Estados miembro*), es preferible hacerlo concordar en número con dicho sustantivo: *los países miembros, los Estados miembros*, etc. (→ PLURAL, 2.4).

mientras. 1. Puede funcionar como adverbio de tiempo o como conjunción, expresando simultaneidad entre dos acciones. Como adverbio, es palabra tónica y se escribe aislada por comas del resto del enunciado: «*Desarmaron los instrumentos y los secaron. Ronald, mientras, se acariciaba la mejilla con el reverso de los dedos*» (Consiglio *Bien* [Arg. 2002]); idéntico sentido tiene la locución adverbial *mientras tanto*: «*La señora, mientras tanto, permanecía impávida y con cara de pocos amigos*» (López *Gorila* [Esp. 2001]). Como conjunción, en cambio, *mientras* es palabra átona y no se separa con coma del verbo que introduce: «*Todo esto lo revive Andrés mientras mezcla colores y aceites*» (Mendoza *Satanás* [Col. 2002]). Cuando introduce un verbo en subjuntivo, adquiere a menudo un matiz condicional: «*La polémica no se extinguirá mientras persista la palabra escrita*» (Liendo *Platos* [Ven. 1985]). Con valor temporal, no es recomendable en el habla culta posponer a *mientras* la conjunción *que*: ⊗«*Mientras QUE estaba en el Cusco, pasó de todo en Lima*» (*Expreso* [Perú] 4.6.97); es preferible *Mientras estaba en el Cusco...* También se usa *mientras* para contraponer dos acciones simultáneas, aunque en este caso es más frecuente y recomendable el uso de la locución conjuntiva *mientras que* (→ 3).

2. mientras más, mientras menos. → más, 1.8a y menos, 7a.

3. mientras que. Locución conjuntiva que se usa para contraponer dos acciones simultáneas, con sentido equivalente a 'en cambio': «*Muchos deplorarán esta revolución, mientras que otros la celebrarán*» (Varela *Conocer* [Chile 1988]). Con este mismo valor de contraposición puede usarse también la conjunción simple *mientras*: «*¿Por qué muchos se veían obligados a hacer cola para mal comer, mientras otros* [...] *comían en sus casas lo que les venía en gana?*» (Laín *Descargo* [Esp. 1976]); pero en este caso es más frecuente y recomendable el uso de la locución conjuntiva *mientras que*.

4. mientras tanto. → 1.

migrar. → emigrar.

mil. 1. Numeral cardinal que significa 'diez veces cien'. Puede funcionar como adjetivo: *El libro tiene mil páginas*; o como pronombre: *En el concierto éramos más de mil*. Se pospone a los cardinales que expresan unidades, decenas y centenas para formar los numerales correspondientes a su serie: *dos mil, cuarenta mil, doscientos mil*, etc.; pero para expresar la primera unidad de millar basta con emplear *mil*: «*Le ofrecí mil pesos para limar asperezas*» (Ibargüengoitia *Crímenes* [Méx. 1979]); por tanto, aunque documentada desde antiguo en América, no es normal, y resulta desaconsejable, la expresión ⊗*un mil*, de la que aún quedan vestigios en algunos países, especialmente en el área centroamericana y caribeña: ⊗«*Los 800 jurados fueron seleccionados de un listado inicial de un mil candidatos*» (*Prensa* [Nic.] 3.2.97). Al formar cardinales compuestos, no debe mezclarse *mil* con números expresados en cifras: ⊗*45 mil personas* (→ NÚMEROS, 2d).

2. Sobre la concordancia de género del numeral *uno* cuando se antepone a *mil* en la formación de numerales compuestos (*treinta y un mil* o *treinta y una mil personas*), → uno, 2.2.

3. Como sustantivo, es siempre masculino y, en singular, designa el propio número: *Después del 999 viene el (número) mil*. En plural, significa 'millares' y va normalmente seguido de un complemento especificativo introducido por la preposición *de*: «*Hay miles DE campesinos humildes que madrugan para sembrar*» (Mendoza *Satanás* [Col. 2002]); es incorrecto omitir la preposición: ⊗«*Matorrales de hojas impúdicamente verdes y amarillas, de miles colores y variaciones*» (Santos *Pez* [P. Rico 1996]); debió decirse *de miles DE colores*, o bien *de mil colores*, usando el adjetivo numeral *mil* (→ 1). Cuando *miles* va precedido de artículo o de cualquier otro determinante, deben usarse las formas masculinas, como corresponde al género de este sustantivo: «*Desde allí pude saludar* [...] *a LOS miles de personas que aguardaban*» (Carreras *Autobiografía* [Esp. 1989]).

4. Para expresar cantidades concretas, se desaconseja el uso del sustantivo *miles*, siendo mayoritario y preferible el empleo del adjetivo numeral *mil*; así, es mejor decir *tres MIL personas* que *tres MILES* *de personas*, mejor *3500 millones* (*tres* MIL *quinientos millones*), que *3,5* MILES *de millones*, etc.

5. En la formación de numerales compuestos, *mil* se escribe siempre como palabra independiente: *dos mil, cuarenta mil*, etc. (→ CARDINALES, 2). Sin embargo, en el lenguaje del montañismo se han formado los sustantivos *dosmil, tresmil, cuatromil, cincomil, seismil, sietemil* y *ochomil* para designar la montaña cuya cima se sitúa a una altura en metros comprendida entre la unidad de millar expresada y la siguiente; así, un *ochomil* es una montaña que mide entre ocho mil y ocho mil novecientos noventa y nueve metros: «*Francia fue la primera en adjudicarse un "ochomil", el Annapurna, en 1950 (8070 m)*» (Faus *Andar* [Esp. 1999]). Estas voces hacen el plural según las reglas generales (→ PLURAL, 1g), esto es, añadiendo *-es*: «*Sin olvidarnos de nuestro Aneto y otros cuantos tresmiles del Pirineo*» (Bueno *Mountain bike* [Esp. 1992]).

milamores. 1. 'Hierba anual de la familia de las Valerianáceas': «*Les dictó una lista de las flores más sabrosas, entre las que no faltaban el dondiego, la borbonesa, [...] la milamores [...] ni el zarapinto*» (MtzPisón *Ternura* [Esp. 1985]). Es sustantivo femenino y se escribe siempre en una sola palabra.

2. de o **con mil amores.** → amor.

mildéu. → mildiu o mildiú.

mildiu o **mildiú.** Adaptación de la voz inglesa *mildew*, que designa cierta enfermedad de la vid. Se recomienda la grafía *mildiu* [míldiu], que refleja la pronunciación etimológica. No obstante, en español es usual y admisible la forma aguda *mildiú*. También es válida, aunque su uso está menos extendido, la variante *mildéu*.

miligramo. 'Milésima parte de un gramo'. Esta palabra es mayoritariamente llana en todo el ámbito hispánico (pron. [miligrámo]), salvo en Chile, donde se usa con normalidad la forma esdrújula *milígramo*. Su símbolo es *mg* (→ APÉNDICE 3).

milímetro. 'Milésima parte de un metro'. Es voz esdrújula. No es correcta la forma llana [⊗]*milimetro* (pron. [⊗][milimétro]). Su símbolo es *mm* (→ APÉNDICE 3).

millardo. Adaptación gráfica de la voz francesa *milliard*, 'mil millones (10^9)': «*Los ingresos brutos [...] se situaron en 1,1 millardos (1146 millones) de dólares*» (*Nacional* [Ven.] 20.12.96). Es voz de reciente incorporación al español, cuyo uso es recomendable para desterrar el empleo de la palabra *billón* con este sentido, calco rechazable del inglés americano y que puede dar lugar a peligrosas confusiones (→ billón).

milord. Voz tomada del francés *milord* —y este, a su vez, del inglés *my lord* ('mi señor')—, que era el título que se daba en Francia a los lores y pares de

Inglaterra. En español se emplea como fórmula de tratamiento para dirigirse a un lord inglés: «*En dos semanas le preparo una expedición, milord*» (Alonso *Supremísimo* [Esp. 1981]). También designa cierto carruaje ligero con capota. El plural asentado en español es *milores*: «*Iban los milores y las manolas sin turistas a bordo*» (*Mundo* [Esp.] 16.7.94).

milpiés. 'Invertebrado de cuerpo dividido en segmentos, con dos pares de patas en cada uno'. Es invariable en plural (→ ciempiés, 1 y PLURAL, 1f): «*Los milpiés cuentan con un cuerpo elongado y delgado, con muchas patas*» (Cabezas *Entomología* [Méx. 1996]). Es incorrecto el singular regresivo [⊗]*milpié*.

mimbre. 'Mimbrera' y 'varita flexible que produce la mimbrera'. Es válido su uso en ambos géneros, con predominio del masculino: «*La mayoría de sus pobladores [...] viven de la madera y el mimbre*» (*Clarín* [Arg.] 17.10.00); «*Las mimbres del sillón ya no crujían*» (Egido *Corazón* [Esp. 1995]).

mimeografiar. 'Reproducir [algo] por medio del mimeógrafo'. Se acentúa como *enviar* (→ APÉNDICE 1, n.° 5).

mímesis o **mimesis.** 'Imitación'. Tiene dos acentuaciones válidas: la esdrújula *mímesis*, acorde con el étimo griego, y la llana *mimesis* [mimésis], acorde con el étimo latino. Se recomienda la forma esdrújula por ser mayoritaria en el uso.

miniar. 'Ilustrar [una obra] con miniaturas'. Se acentúa como *anunciar* (→ APÉNDICE 1, n.° 4).

mínimo -ma. 1. Adjetivo superlativo de *pequeño*. → pequeño, 3.

2. Como sustantivo masculino, 'límite, valor, cantidad o punto mínimos': «*El afectado debe dejar de respirar un mínimo de diez segundos*» (Estivill/Béjar *Insomnio* [Esp. 1997]). Con este sentido se emplea también, aunque raramente, el latinismo *mínimum*: «*Por debajo de este mínimum [...], la corriente es ineficaz*» (PSuñer/Rodrigo *Fisiología* [Esp. 1956]). Se recomienda el uso de la forma adaptada, cuyo plural es *mínimos*: «*Las pensiones que no alcancen los mínimos establecidos en la Seguridad Social se verán incrementadas*» (*Abc* [Esp.] 9.4.85).

mínimum. → mínimo, 2.

ministro -tra. 'Persona que tiene a su cargo un ministerio'. El femenino es *ministra* (→ GÉNERO[2], 3a): «*La ministra [...] dijo hoy que las condenas son una vergüenza*» (*DYucatán* [Méx.] 21.1.97). No debe emplearse el masculino para referirse a una mujer: [⊗]*la ministro*. El femenino de *primer ministro* es *primera ministra*, no [⊗]*primer ministra* (→ primero, 1) ni [⊗]*primer ministro*: «*La señora Thatcher [...] será la primera mujer que accede al cargo de primera ministra en Europa*» (*Clarín* [Arg.] 10.4.79). Sobre su escritura con mayúscula o minúscula inicial, → MAYÚSCULAS, 4.31 y 6.9.

minorar. → aminorar(se).

minoría. 1. 'Parte menor de un grupo' y 'menor edad legal de una persona'. Para la segunda acepción es frecuente utilizar la construcción *minoría de edad* o el sustantivo *minoridad,* vigente sobre todo en la América rioplatense. Ambas formas son preferibles a *menoridad* y *menoría,* apenas usadas hoy.

2. Para la concordancia con el verbo (*una minoría de los presentes votó/votaron*), → CONCORDANCIA, 4.8.

minoridad. → minoría.

minué. 1. Adaptación gráfica de la voz francesa *menuet,* 'danza francesa para dos personas, de moda en el siglo XVIII' y 'composición musical de compás ternario que acompaña esta danza'. Su plural es *minués* (→ PLURAL, 1a): «*Se tocaban* [...] *piezas clásicas, valses y minués*» (Silvestrini/LSánchez *Puerto Rico* [P. Rico 1987]). Debe evitarse la forma híbrida ⊗*minuet,* que no es ni francesa ni española.

2. La composición musical pasó a intercalarse entre los tiempos de la sonata, el cuarteto o la sinfonía y, en ese caso, suele denominarse con preferencia *minueto,* adaptación gráfica de la voz italiana *minuetto:* «*Había mandado a los músicos repetir tantas veces el minueto de Boccherini que lo tenía metido en la cabeza*» (Alonso *Flor* [Esp. 1991]).

minueto, minuetto. → minué.

mirar. 1. Cuando significa 'dirigir la vista a alguien o algo', puede ser transitivo o intransitivo:

a) En la construcción transitiva, el complemento directo de persona va precedido de la preposición *a,* no así el de cosa: «*Miró A su mujer con los ojos pidiendo socorro*» (Jodorowsky *Pájaro* [Chile 1992]); «*Jacob* [...] *mira las lomas con nostalgia*» (Pinto *Despertar* [C. Rica 1994]). Si este complemento es un pronombre átono de tercera persona, deben usarse las formas *lo(s), la(s):* «*Yo estaba mirando a Carlos.* [...] *LO miraba como si él fuera la música*» (Mastretta *Vida* [Méx. 1990]). Cuando el verbo lleva dos complementos, uno de persona y otro de cosa, el de persona funciona como indirecto y exige, por tanto, el empleo de la forma *le(s):* «*Yo estaba mirando a Carlos.* [...] *LE miraba las piernas*» (Mastretta *Vida* [Méx. 1990]). En expresiones como *mirar a los ojos* o *mirar a la cara* el complemento de persona es también directo: «*Le agarró el mentón y LA miró a los ojos*» (Canto *Ronda* [Arg. 1980]).

b) En la construcción intransitiva, la persona o cosa hacia la que se dirige la vista se expresa mediante un complemento con *a, hacia* o *para:* «*Los policías miraban A un punto fijo de la vereda*» (Andrade *Dios* [Arg. 1993]); «*Mira HACIA nosotros tomando muchas precauciones*» (Medina *Cosas* [Méx. 1990]); «*Lupe se encoge de hombros y mira PARA el suelo*» (Lindo *Ley* [Esp. 1995]).

2. Cuando significa 'cuidar de alguien o algo', es intransitivo y lleva un complemento precedido de *por:* «*Era hombre honrado y recto que miraba POR su rey*» (Bosch *Sueño* [Méx. 1987]); «*Es lógico que mire POR sus intereses*» (*DVasco* [Esp.] 23.7.96).

3. En el habla coloquial de algunas zonas, se emplea *mirar* seguido de la preposición *de* + infinitivo, con el sentido de 'procurar', uso que puede deberse, en algunos casos, al influjo del catalán: «*Usted mira DE ganarse honradamente unas pesetas cosiendo en casa*» (Marsé *Rabos* [Esp. 2000]).

miríada. 'Cantidad muy grande e indefinida': «*Sus ojos de niña se llenaron de luces al ver la miríada de bártulos cuidadosamente dispuestos en los anaqueles*» (Ducoudray *Ojos* [C. Rica 1992]). Es voz esdrújula, no llana, por lo que no es correcta la grafía sin tilde ⊗*miriada*

mis. → miss.

mísero -ra. 'Pobre o desdichado' y 'tacaño'. Su superlativo es *misérrimo* (→ -érrimo).

misil o **mísil.** 'Proyectil autopropulsado'. Del inglés *missile* (y este del lat. *missilis* 'arrojadizo'), tiene dos acentuaciones válidas en español. Aunque la forma llana *mísil* está más cerca de la pronunciación inglesa, resulta preferible la forma aguda *misil* [mísíl], de probable influjo francés, por ser la más extendida en el uso de todo el ámbito hispánico. Debe evitarse la grafía híbrida ⊗*missil,* que no es ni inglesa ni española.

Misisipi o **Misisipí.** En español, el nombre de este río de los Estados Unidos de América y del estado homónimo se usa con dos acentuaciones, ambas válidas. En épocas pasadas fue más frecuente la aguda *Misisipí,* aún vigente, pero hoy es mayoritaria la llana *Misisipi,* que coincide con la pronunciación del étimo inglés: «*Con mi fiebre de cuarenta grados por las sagas del Misisipi, empezaba a verle las costuras a la novela vernácula*» (GaMárquez *Vivir* [Col. 2002]); «*El tiempo que trabajó como grumete subiendo y bajando por el río Misisipi*» (Elizondo *Setenta* [Méx. 1987]). Debe evitarse en español el uso de la grafía inglesa *Mississippi.*

mismamente. Adverbio usado sobre todo en España, en el habla coloquial y popular, con el sentido de 'justamente o cabalmente', a menudo con valor enfático: «*Esto parece mismamente un guateque*» (ASantos *Estanquera* [Esp. 1981]); «*Es un borrachín y un bocazas, mismamente un charlatán de feria*» (Marsé *Rabos* [Esp. 2000]). A veces indica que lo expresado es solo un ejemplo de entre varios posibles: «*Usted, mismamente, se ha venido del pueblo a la ciudad*» (Landero *Juegos* [Esp. 1989]). Fuera del registro coloquial, no es recomendable su empleo. La forma arcaica ⊗*mesmamente* se siente hoy como vulgar y debe evitarse.

mismo -ma. 1. Como adjetivo, tiene variación de género y número —*mismo(s), misma(s)*— y se sitúa normalmente entre el artículo o el determinante y el sustantivo al que modifica: *el mismo día, esta misma semana, sus mismos hijos.* Puede indicar identidad, esto es, que la persona o cosa a la que nos referimos no es otra diferente: *«Era la misma persona que había visto en el convento de Valladolid»* (UPietri *Visita* [Ven. 1990]); o bien que, refiriéndonos a personas o cosas diversas, estas son iguales o muy semejantes: *«A todos les hizo el mismo regalo»* (GaCandau *Madrid-Barça* [Esp. 1996]); *«Casi todos los pacientes tenían la misma cara»* (GmzMontoya *Cirugía* [Esp. 1995]). Cuando forma parte de una estructura comparativa, el término de comparación va introducido por *que: «Tienes los mismos ojos QUE tu madre»* (Pedrero *Besos* [Esp. 1987]); *«Seguirá la misma estrategia QUE han usado durante toda su gestión gubernamental»* (*NDía* [P. Rico] 8.1.98). En México y el área centroamericana es frecuente, en textos periodísticos o de prosa divulgativa, emplear *mismo* (a menudo sin artículo) como antecedente del *que* relativo que introduce oraciones explicativas; es uso superfluo, que debe evitarse, pues el solo relativo basta: [⊗]*«Claro penal sobre Hugo Santana, MISMO QUE transformó Caballero con tiro potente»* (*Excélsior* [Méx.] 17.9.01); debió decirse, simplemente, *Claro penal sobre Hugo Santana, QUE transformó Caballero.* Cuando do *mismo* modifica a los sustantivos *manera, modo* u otros de igual sentido, el término de comparación, si es una oración, puede ir también introducido por *como* (→ manera, 2 y modo, 2). Pospuesto o, menos frecuentemente, antepuesto a un sustantivo, y obligatoriamente pospuesto a un pronombre, sirve también para indicar indiferencia en la elección entre varias posibilidades: *Ponte esa chaqueta misma, que llegamos tarde; Necesito un voluntario; a ver, tú mismo.*

2. A menudo se emplea como mero refuerzo enfático y puede ir antepuesto o pospuesto al sustantivo, a veces en forma diminutiva (*mismito*) o superlativa (*mismísimo*): *«Mis sorpresas comenzaron en la puerta misma del Club Alemán de la ciudad»* (Edwards *Anfitrión* [Chile 1987]); *«Me dejó con la espina clavada en el mismito centro de mi corazón»* (LpzPáez *Herlinda* [Méx. 1993]); *«Se atrevió a dar el paso de telefonearlo a la mismísima casa de su amante»* (Vergés *Cenizas* [R. Dom. 1980]). Puede seguir a un pronombre personal: *«Nosotros mismos nos condenamos al nacer»* (Britton *Siglo* [Pan. 1995]); su empleo es obligatorio tras un pronombre tónico que, a su vez, refuerza al reflexivo átono correspondiente: *«Muchas veces usted no SE cuida a SÍ MISMO»* (Sophia *Arte* [EE. UU. 1996]); aquí no sería posible *usted no se cuida a Sí;* sin embargo, en ausencia del pronombre átono, no es obligatorio añadir el

refuerzo *mismo: «Gracias al instinto de supervivencia cada uno cuida de SÍ»* (GmzPérez *Abc* [Esp. 1994]).

3. El adjetivo *mismo* puede sustantivarse, manteniendo los sentidos de identidad y de igualdad o semejanza que le son propios: *«Sus ideas reformistas solo cambian de posición, pero las son las mismas»* (Vitier *Sol* [Cuba 1975]). A pesar de su extensión en el lenguaje administrativo y periodístico, es innecesario y desaconsejable el empleo de *mismo* como mero elemento anafórico, esto es, como elemento vacío de sentido cuya única función es recuperar otro elemento del discurso ya mencionado; en estos casos, siempre puede sustituirse *mismo* por otros elementos más propiamente anafóricos, como los demostrativos, los posesivos o los pronombres personales; así, en [⊗]*«Criticó al término de la asamblea las irregularidades que se habían producido durante el desarrollo de la MISMA»* (*País* [Esp.] 1.6.85), pudo haberse dicho *durante el desarrollo de ESTA* o *durante SU desarrollo;* en [⊗]*«Serían citados en la misma delegación a efecto de ampliar declaraciones y ratificar las MISMAS»* (*Excélsior* [Méx.] 21.1.97), debería haberse dicho simplemente *ratificarLAS;* en [⊗]*«El que su acción fuera efímera, innecesaria, no resta a la MISMA su significado»* (*Abc* [Esp.] 29.9.74), hubiera sido mejor *no LE resta su significado.* A menudo, su simple supresión no provoca pérdida alguna de contenido; así, en [⊗]*«Este año llegaremos a un billón en exportaciones, pero el 70 por ciento de las MISMAS se centra en el mercado europeo»* (*Razón* [Esp.] 18.12.01), pudo decirse, simplemente, *el 70 por ciento se centra...*

4. Pospuesta a adverbios o locuciones adverbiales, la forma *mismo* funciona como adverbio en el español general. Se emplea como mero refuerzo enfático, por lo que a menudo aparece en la forma diminutiva expresiva *mismito: «Buscó un lugar para dormir, al lado mismo de la carretera»* (FdzCastro *Novia* [Esp. 1987]); *«Ahí mismito entra mi sobrino Gonzalo»* (Scorza *Tumba* [Perú 1988]). Puede denotar también elección indiferente entre varias posibilidades: *«Te llevaré a Lisboa. Cuando tú quieras, mañana mismo, esta noche»* (MñzMolina *Invierno* [Esp. 1987]). Son ajenos a la norma culta general los usos adverbiales de *mismo* con los sentidos de 'justamente o cabalmente' (→ mismamente) y de 'hasta o incluso', que se dan en algunas zonas de España y de América: *Con ese vestido parecía mismo una modelo; Mismo los ricos tienen que rendir cuentas a Dios.*

5. Debe evitarse el uso de la forma arcaica [⊗]*mesmo,* sentida hoy como vulgar.

6. así mismo. → asimismo.

7. lo mismo. Tiene distintos valores:

a) Cuando forma parte de estructuras comparativas, con el sentido de 'igual', bien con valor nominal ('la misma cosa'), bien con valor adverbial ('de la misma manera'), el segundo término de comparación va introducido por la conjunción *que:* «*Analizar el pasado no es lo mismo* QUE *auscultar el presente*» (*Vistazo* [Ec.] 20.3.97); «*Escucha lo mismo a los criados* QUE *a los huéspedes opulentos del hotel*» (*País* [Esp.] 21.5.97). En este caso, es incorrecto emplear *como* o *a* en lugar de *que:* ⊗«*Si se está de gozar, lo mismo será en la cama* COMO *en el suelo*» (Somers *Retrato* [Ur. 1990]); ⊗«*Pero no es lo mismo un delantero* A *un mediocampista*» (*Época* [Chile] 13.1.97).

b) Se usa en correlación con *que,* o más raramente *como,* con sentido equivalente a *tanto... como...,* para denotar la suma de dos nociones: «*La fermentación puede operarse lo mismo en caliente* QUE *en frío*» (Toharia *Setas* [Esp. 1985]); «*Su agradable sabor se aviene con todos los platos, tanto salados como dulces, lo mismo en repostería* COMO *en panificación*» (Bonfiglioli *Arte* [Arg. 1990]).

c) En España se usa, coloquialmente, con el sentido de 'tal vez o a lo mejor': «*Además, si te hablo lo mismo me cuelgas*» (Resino *Pop* [Esp. 1991]).

misoginia. 'Aversión a las mujeres': «*El antifeminismo está frecuentemente basado en la misoginia, pero el feminismo no se sustenta en el odio a los hombres*» (Alborch *Malas* [Esp. 2002]). Procede del griego *misogynía,* de *miso-* 'odio' + *gyné* 'mujer'. Su correlato léxico, esto es, el término que designa la aversión a los hombres es *androfobia* (→ androfobia), no *androginia,* voz de significado muy diferente ('hermafroditismo' y 'ambigüedad sexual'; → androginia). El adjetivo correspondiente a *misoginia* es *misógino,* no ⊗*misógeno.*

misógino -na. → misoginia.

miss. Voz inglesa, creada por abreviación de *mistress* ('señorita'). No es admisible su uso en español como fórmula de tratamiento, pues para ello debe usarse su equivalente *señorita,* incluso en referencia a una mujer de un país de habla inglesa: «*¿Y usted, señorita Watkins?*» (VqzRial *Isla* [Arg. 1991]). Es frecuente su empleo para designar a la ganadora de un concurso de belleza. En ese caso, se recomienda adaptarlo al español en la forma *mis,* plural *mises* (→ PLURAL, 1f): «*Todas se ríen como las aspirantes a Mis Universo, con sonrisa desbocada*» (*DAméricas* [EE. UU.] 6.2.97); «*Anguita plantea a los ayuntamientos que eliminen los concursos de mises*» (*Mundo* [Esp.] 25.5.95). No obstante, es siempre preferible emplear equivalentes españoles, como *reina (de belleza)* o *señorita,* como se hace en algunos países de América: «*Participé en la elección nacional de reinas de todo el país*» (*NProvincia* [Arg.] 4.2.97); «*Se impuso en una reñida competencia por la corona de señorita Colombia*» (*País* [Col.] 18.11.97).

Mississippi. → Misisipi o Misisipí.

Missouri. → Misuri.

míster. Voz tomada del inglés *mister* ('señor'), que se emplea coloquialmente en España, entre deportistas, para referirse al entrenador: «*Estoy de acuerdo con el míster, creo que ha sido mi mejor partido*» (*País* [Esp.] 18.11.97). Fuera de registros coloquiales, no es admisible su empleo y debe sustituirse por las voces españolas *entrenador, técnico* o *preparador.* También se usa para referirse al ganador de un concurso de belleza o culturismo. En español se escribe con tilde por ser palabra llana acabada en consonante distinta de *-n* o *-s* (→ TILDE², 1.1.2). Su plural debe ser *místeres* (→ PLURAL, 1g). No es admisible su empleo como fórmula de tratamiento, pues para ello debe usarse su equivalente *señor,* incluso cuando se refiera a un hombre de un país de habla inglesa: «*¿Le ha gustado nuestra autopista, señor Smith?*» (Dolina *Ángel* [Arg. 1993]).

mistificación, mistificador -ra. → mistificar.

mistificar. 'Falsear o falsificar'. Esta es la forma mayoritaria en el uso y más cercana a la etimología (del fr. *mystifier*), aunque también es válida la variante *mixtificar.* Lo mismo cabe decir de los derivados *mistificación/mixtificación* y *mistificador/mixtificador.*

Misuri. Forma adaptada a la ortografía y pronunciación españolas del nombre de este estado y río de los Estados Unidos de América: «*Danforth tiene la ventaja de vivir en un estado que será clave en la batalla por la presidencia, Misuri*» (*NHerald* [EE. UU.] 24.7.00). Debe evitarse en español el uso de la grafía inglesa *Missouri.*

mitad. 1. 'Cada una de las dos partes iguales en que se divide un todo': «*Le hace entrega [...] de cinco mil pesetas, la mitad para sus padres y la otra mitad para Carmen*» (Marsé *Embrujo* [Esp. 1993]); y 'parte que, en una cosa, equidista de sus extremos': «*Hacer una autopista justo por la mitad de la marisma*» (Pombo *Metro* [Esp. 1990]). Con el segundo sentido, comparte significado con el sustantivo masculino *medio* y, como este, puede formar parte de la locución preposicional *en mitad de,* que significa 'en la parte central': «*Abandonó el coche en mitad de la carretera y echó a correr*» (Gavilanes *Bosque* [Esp. 2000]).

2. Suele llevar un complemento con *de* que especifica la cualidad o la cosa de que se trata: «*Si yo tuviera la edad de ella, no sería ni la mitad* DE *agradable estar cerca de mí*» (*Clarín* [Arg.] 17.4.97); «*A mi edad, la mitad* DE *las cosas se me olvidan*» (Marsé *Rabos* [Esp. 2000]). Dado que posee sentido comparativo, a menudo se explicita el segundo término de la comparación, que va introducido por la conjunción *que:* «*La capital de México tenía la mitad de habitantes* QUE *ahora*» (*Caretas* [Perú] 5.12.96); «*El hombre corre [...] la mitad* QUE *el coyote*» (Landero *Juegos* [Esp. 1989]); o por la preposición *de,* si el segundo término se refiere también al núcleo de la comparación, esto es, directamente al objeto o magnitud que se compara: «*La paga que les asignaba era apenas la mitad* DE *la que recibían los pandilleros*» (Velasco *Regina* [Méx. 1987]).

3. Para la concordancia con el verbo (*la mitad de los alumnos estudia/estudian*), → CONCORDANCIA, 4.8.

4. Sobre la presencia o ausencia del artículo ante el núcleo del complemento (*la mitad de los alumnos,* [⊛]*la mitad de alumnos*), → el, 8.

Mitilene. Nombre de la capital de la isla griega de Lesbos: «*Aquel otro es eolio, quizá de Mitilene, en la isla de Lesbos*» (Mujica *Escarabajo* [Arg. 1982]). Este nombre se ha venido utilizando también para referirse al conjunto de la isla: «*Los turcos han desplegado seis buques de guerra y cazabombarderos en los alrededores de las islas de Híos y Mitilene*» (*País*[@] [Esp.] 13.2.96). No obstante, parece conveniente mantener la distinción.

mitin. Adaptación gráfica de la voz inglesa *meeting,* que se usa en español con el sentido de 'reunión de personas para escuchar discursos políticos': «*El Movimiento Comunal del Perú está organizando un mitin para el próximo domingo*» (Scorza *Tumba* [Perú 1988]). En España se usa a veces para designar el propio discurso: «*Pronunció un mitin ante cerca de 3000 personas*» (*Mundo* [Esp.] 7.6.94). La pronunciación llana [mítin] es hoy mayoritaria en todo el ámbito hispánico, por lo que se desaconseja la forma aguda [⊛]*mitín.* El plural es *mítines* (→ PLURAL, 1g). No debe emplearse con el sentido general de 'reunión, encuentro, concentración', para el que existen términos españoles como los señalados.

mixtificación, mixtificador -ra, mixtificar. → mistificar.

mízcalo. → níscalo.

mn-. → m, 3.

mnemotecnia, mnemotécnico -ca. → m, 3.

moaré. → muaré.

mobbing. Voz inglesa con que se designa el hostigamiento al que, de forma sistemática, se ve sometida una persona en el ámbito laboral, y que suele provocarle serios trastornos psicológicos. Debe sustituirse por el equivalente español *acoso laboral:* «*Un juzgado de Barcelona ha abierto* [...] *una causa por acoso laboral*» (*Mundo*[@] [Esp.] 10.9.02).

moca. 'Café de gran calidad procedente de la ciudad yemení del mismo nombre': «*Platos como* [...] *la tarta de moca*» (*Mundo* [Esp.] 13.6.03). Esta es la grafía tradicional en español, aunque también se emplea, y es válida, la grafía de influjo francés *moka.*

modelo. Con los sentidos de 'persona que posa para un artista' y 'persona que exhibe las creaciones de los modistas', es común en cuanto al género (→ GÉNERO², 1a y 3a): *el/la modelo.*

módem. Voz tomada del inglés *modem* —acrónimo de *mo*[dulator] + *dem*[odulator]—, que significa 'aparato que convierte las señales digitales en analógicas, y viceversa, necesario para la transmisión y recepción de datos a través de la red telefónica'. En español debe escribirse con tilde por ser llana acabada en consonante distinta de *-n* o *-s* (→ TILDE², 1.1.2). Su plural es *módems* (→ PLURAL, 1h): «*Pronto saldrán al mercado módems con mayor capacidad*» (*Mundo* [Esp.] 27.4.97).

modernidad. 'Cualidad de moderno' y 'época moderna': «*La modernidad de la galería, el calor de afuera, el aire artificialmente congelado de adentro, parecían agobiarlo*» (Fuentes *Constancia* [Méx. 1989]); «*Con este verso* [...] *entra en la modernidad la poesía en lengua inglesa*» (VqzMontalbán *Galíndez* [Esp. 1990]). No debe confundirse con *modernismo* ('afición a lo moderno' y 'cierto movimiento artístico'; → modernismo).

modernismo. 'Afición a las cosas modernas' y 'movimiento artístico y literario desarrollado en España e Hispanoamérica entre finales del XIX y principios del XX': «*Mis hermanas, entregadas a la tarea de aparentar cierta frivolidad, coquetería, sensualidad o modernismo, eran un espectáculo grotesco*» (Araya *Luna* [Chile 1982]); «*Su entusiasmo por Gaudí y por el Modernismo provocó en él un cambio radical de opinión sobre el racionalismo*» (*Mundo* [Esp.] 15.6.96). En esta segunda acepción se recomienda su escritura con mayúscula inicial (→ MAYÚSCULAS, 4.26). No debe confundirse con *modernidad* ('época moderna' y 'cualidad de moderno'; → modernidad): [⊛]«*Ningún pueblo puede disfrutar del modernismo sin energía eléctrica*» (*Listín* [R. Dom.] 19.5.97); [⊛]«*Su manera de manejar la escritura sigue siendo de un modernismo fascinante*» (*Vanguardia* [Esp.] 16.1.95); en ambos casos debió decirse *modernidad.*

modista. 'Persona que tiene por oficio diseñar o confeccionar prendas de vestir'. Como el resto de los sustantivos acabados en *-ista,* es común en cuanto al género (*el/la modista;* → GÉNERO², 1a y 3b): «*La prensa italiana no descarta la pista pasional en el asesinato del modista Gianni Versace*» (*Expreso* [Perú] 17.7.97); «*Se había jubilado María José Valero, la modista valenciana que* [...] *cosió el traje nupcial de la Infanta*» (*Época* [Esp.] 6.4.98). Para referirse a un hombre se usa también la forma *modisto,* creada a partir de *modista* y muy extendida en el uso: «*Parecía dibujada a cuatro trazos por los modistos de París*» (Landero *Juegos* [Esp. 1989]).

modisto. → modista.

modo. 1. 'Manera'. Cuando va seguido de una oración adjetiva, esta puede ser introducida por *en (el) que* o *como:* «*Echo de menos el modo* EN EL QUE *yo vivía*» (*Tiempo* [Esp.] 29.1.90); «*Era un hombre cor-*

pulento, a juzgar por el modo COMO *había distendido el somier»* (Azancot *Amores* [Esp. 1980]).

2. del mismo (o **de igual**) **modo.** Sirve para introducir una comparación de igualdad. El segundo término va introducido por *que* o, si es una oración, por *(en) que* o *como*: *«La derrota de Antonio* [...] *no fue interpretada en Roma del mismo modo* QUE *en Alejandría»* (Moix *Sueño* [Esp. 1986]); *«La Guardia Civil se dividió, del mismo modo* EN QUE *se escindió España toda»* (*Vanguardia* [Esp.] 19.5.94); *«El número de espectadores latinoamericanos se redujo aproximadamente a la mitad, de igual modo* COMO *sucedió con las salas»* (Getino *Mirada* [Arg. 1996]).

3. de modo de. → 4.

4. de modo que. Esta locución conjuntiva, seguida de un verbo en indicativo, tiene sentido consecutivo ('así que'): *«Sentí asco por el lugar, de modo que me puse a hacer la limpieza»* (RRosa *Sebastián* [Guat. 1994]). Seguida de un verbo en subjuntivo, tiene sentido final ('para que, con el fin de que'): *«Baja un poco la linterna de modo que ya no le encandile tanto»* (Daulte *Noche* [Arg. 1994]). En amplias zonas de América, especialmente en el Cono Sur, se emplea la locución *de modo de* seguida de infinitivo, con sentido final: *«El instrumental quirúrgico debe manipularse con guantes de goma gruesa, de modo de prevenir lesiones en las manos»* (Ruiz *Atención* [Chile 1994]). Es incorrecto sustituir la preposición *de* por *a*: ⊗*«Estamos recorriendo todo el país, de modo* A *adecuarnos a las ideas que maneja la mayor parte del sector opositor»* (*Abc* [Par.] 6.1.97). Tampoco debe decirse ⊗*de modo de que,* cruce de las locuciones *de modo que* y *de modo de:* ⊗*«Poner a régimen al Estado y hacerlo adelgazar, de modo de que pese menos en la economía del país»* (*País* [Ur.] 4.10.01).

5. de cierto modo. 'De un modo determinado': *«El lenguaje religioso es simplemente el lenguaje natural, solo que usado de cierto modo»* (Tomasini *Lenguaje* [Méx. 1993]). No debe confundirse con la locución adverbial *en cierto modo,* que significa 'en parte, de alguna manera': *«Todos se detienen sorprendidos y en cierto modo desilusionados»* (Cabal *Fuiste* [Esp. 1979]). La confusión antes señalada se ve en el siguiente ejemplo: ⊗*«La misa es, de cierto modo, una representación teatral»* (Santander *Milagro* [Méx. 1984]); debió decirse *en cierto modo.*

6. en cierto modo. → 5.

7. sobre modo. → sobremodo.

modus operandi. Loc. lat. que significa 'modo de obrar'. Se emplea como locución nominal masculina: *«Los individuos utilizaban en los distintos embarques el mismo modus operandi de ocultar la droga entre cargas de madera»* (*NProvincia* [Arg.] 12.3.97). Es invariable en plural (→ PLURAL, 1k): *los modus operandi.*

modus vivendi. Loc. lat. que significa literalmente 'modo de vivir'. Se emplea como locución nominal masculina para designar el arreglo de carácter provisional que se establece entre dos partes en conflicto mientras se encuentra una solución definitiva: *«Con el fin de evitar nuevos bloqueos, las instituciones acordaron* [...] *un modus vivendi aplicable hasta el reexamen de esta cuestión en la Conferencia Intergubernamental de 1996»* (*Unión Europea* [Esp. 1996]). En el lenguaje corriente ha pasado también a utilizarse con el sentido de 'modo de ganarse la vida': *«¿Cuándo se ha sentenciado a los incontables violadores de urnas que han hecho de esta actividad un modus vivendi desde 1928?»* (MtnMoreno *Respuesta* [Méx. 1994]). Es invariable en plural (→ PLURAL, 1k): *los modus vivendi.*

mofarse. 'Hacer burla de alguien o algo'. Hoy se construye casi exclusivamente como pronominal, con un complemento introducido por *de*: *«Yo me mofé* DE *ti, te escarnecí, te insulté con mi risa»* (Alberti *Adefesio* [Esp. 1976]); *«Has abandonado el trabajo* [...], *te mofas* DE *tu porvenir»* (Ribeyro *Geniecillos* [Perú 1983]). Aunque en épocas pasadas no era raro su uso como transitivo, hoy es minoritario y conviene evitarlo: ⊗*«Él se inclina hacia ella, un gesto que ella encuentra ofensivo, porque parece mofarla»* (Santiago *Sueño* [P. Rico 1996]).

mofle. Adaptación del inglés americano *muffler,* 'dispositivo que se acopla al tubo de salida de gases en algunos motores para amortiguar el ruido': *«Tiendas de autos, de carrocerías, de mofles»* (*Proceso* [Méx.] 1.9.96). Es voz usual en México, algunos países centroamericanos, Puerto Rico y Colombia, mientras que en el resto del ámbito hispánico se utiliza, con este sentido, el término *silenciador: «Los motores tienen que llevar un silenciador»* (Ekaizer *Vendetta* [Arg. 1996]).

Mogreb, mogrebí. → Magreb.

moiré. → muaré.

mojar(se). 1. Como transitivo, 'humedecer o empapar'. Además del complemento directo, suele llevar un complemento introducido por *con* o *de*: *«Mojó* CON *saliva su dedo cordial»* (Hayen *Calle* [Méx. 1993]); *«Con sus pelos lacios y mojados* DE *sudor»* (Otero *Temporada* [Cuba 1983]). Cuando el objeto se introduce en el líquido, se emplea *en: «Los grandes pedazos de pan mojados* EN *leche y azúcar»* (Caballero *Bisagras* [Ven. 1982]).

2. Como pronominal, 'humedecerse o empaparse'. Puede llevar un complemento introducido por *de, con* o *en: «Consiguió que se mojara* DE *agua el parabrisas»* (VqzFigueroa *Tuareg* [Esp. 1981]); *«Enloquecía de contento cuando me mojaba* CON *la lluvia»* (Arroyo *Sentencia* [C. Rica 1991]); *«Carolina se mojó* EN *sudor»* (Elizondo *Setenta* [Méx. 1987]).

moka. → moca.

Moldavia. Forma tradicional española del nombre de este país de Europa, antigua república soviética, así como de la región histórica que constituyó el antiguo principado homónimo, que comprendía territorios de la actual Rumanía: «*Solo en China, Pakistán, Moldavia y Vietnam se necesita aún licencia del Gobierno para trabajar con criptografía*» (*País* [Esp.] 10.4.03). Su gentilicio es *moldavo*: «*Un joven moldavo, Pietro Arkan, asesinó a un abogado en su residencia de Madrid*» (*Razón* [Esp.] 21.1.02). Se desaconseja el uso en español de la forma original vernácula *Moldova* y, en consecuencia, del gentilicio correspondiente ⊗*moldovo*.

moldavo -va, *Moldova*. → Moldavia.

moler. 'Convertir [algo] en polvo o trozos pequeños', 'cansar o fatigar mucho' y 'maltratar o destrozar'. Verbo irregular: se conjuga como *mover* (→ APÉNDICE 1, n.º 41).

molestar(se). 'Causar molestia' y, como pronominal, 'ofenderse o enfadarse ligeramente' y 'realizar un esfuerzo o tomarse determinada molestia'. Con el primer sentido indicado, es verbo de «afección psíquica», por lo que, dependiendo de distintos factores (→ LEÍSMO, 4a), el complemento de persona puede interpretarse como directo o como indirecto: «*Ordenó que nadie LO molestara*» (Martínez *Vuelo* [Arg. 2002]); «*A mi mamá no LE molestaba lo que yo hacía*» (Cabouli *Terapia* [Arg. 1995]).

molotov. En aposición a los sustantivos *cóctel* [Esp.] o *bomba* [Am.], designa un tipo de bomba incendiaria de fabricación casera: «*Un colegio electoral fue atacado con un cóctel molotov*» (*Mundo* [Esp.] 13.6.94); «*Arrojaron una bomba molotov contra el local*» (*Abc* [Par.] 20.10.00). A veces adopta por sí sola el valor de toda la construcción, y se usa en masculino o femenino según que el sustantivo elidido sea *cóctel* o *bomba*: «*Yo a las torres de marfil les meto un molotov*» (Bryce *Vida* [Perú 1981]); «*Una de las molotov dio en la ventana superior de la Sastrería Nabila*» (*Caretas* [Perú] 27.3.97). Procede del sobrenombre de un político soviético que participó en la Revolución rusa, apodado *Mólotov* (del ruso *mólot* 'martillo'), pero en español es nombre común y debe escribirse con minúscula. Aunque en ruso es voz esdrújula, en español se ha usado siempre con acentuación aguda, por lo que debe evitarse la forma esdrújula ⊗*mólotov*. No varía en el plural: *cócteles* o *bombas molotov* (→ PLURAL, 2.4).

monarca. 1. 'Soberano de un Estado'. Hoy se usa, y es válido, como común en cuanto al género (*el/la monarca*; → GÉNERO², 1a y 3b): «*Su hermano Jorge VI, padre de la monarca actual, le sucedió en el trono*» (*Mundo* [Esp.] 30.10.95).

2. El plural *monarcas* se emplea a menudo impropiamente para designar a la pareja formada por el monarca y su consorte: ⊗«*La visita de los monarcas españoles* [...] *irá precedida por la que efectuará* [...] *el presidente del Gobierno*» (*País* [Esp.] 29.9.77). En este caso debió decirse *los reyes españoles*. Solo en casos excepcionales a lo largo de la historia, como el de Isabel I de Castilla y Fernando II de Aragón, ambos cónyuges fueron jefes del Estado, es decir, monarcas al mismo tiempo: «*Ofreció su proyecto a los monarcas católicos Isabel y Fernando*» (Fuentes *Espejo* [Méx. 1992]).

3. En cuanto a su escritura con mayúscula inicial, → MAYÚSCULAS, 4.31 y 6.9.

⊗mondarina. → mandarina.

moniato. → boniato.

monitorear. A partir del sustantivo *monitor* (del ingl. *monitor* 'dispositivo o pantalla de control'), se han creado en español los verbos *monitorizar* y *monitorear,* con el sentido de 'vigilar o seguir [algo] mediante un monitor': «*Durante estos experimentos* [...] *se monitorizaron los cambios fisiológicos de los animales*» (*Mundo* [Esp.] 10.4.97); «*Desde la pantalla se puede monitorear la ubicación de las unidades de emergencia*» (*Clarín* [Arg.] 11.9.97). En España se emplea solo *monitorizar*, mientras que en América se usa casi exclusivamente *monitorear*, que ha adquirido incluso el sentido general de 'supervisar o controlar': «*La misión de la ONU* [...] *terminará con la salida de los oficiales que actúan monitoreando los acuerdos alcanzados entre las facciones*» (*Observador* [Ur.] 10.2.97). Derivados de los respectivos verbos son los sustantivos *monitoreo* y *monitorización,* con la misma distribución geográfica antes señalada.

monitoreo, monitorización, monitorizar. → monitorear.

monocromo -ma. 'De un solo color'. Se ha usado siempre en español con la acentuación llana que corresponde a su étimo latino *monochromos*. No debe emplearse la forma esdrújula ⊗*monócromo,* como se hace a veces por analogía con *polícromo* (→ polícromo o policromo), adjetivo de formación similar.

montar(se). 1. Cuando significa 'subir(se) a una caballería o a un vehículo' o 'pasear sobre ellos', puede construirse como transitivo: «*El día que pudo montar aquel caballo asesino fue un día de gloria para él*» (Egido *Corazón* [Esp. 1995]); «*Se acerca despreocupadamente montando una bicicleta nueva*» (Che/Granado *Viaje* [Arg. 1992]); o como intransitivo, con un complemento introducido por *en*: «*Montaron EN sus briosos corceles*» (Velasco *Regina* [Méx. 1987]).

2. Cuando el sustantivo que designa la caballería o vehículo no lleva determinante ni complemen-

to alguno, *montar* ha de construirse como intransitivo, con un complemento introducido por *en*, o, si se trata del sustantivo *caballo*, por *a*: *montar en moto, montar en bicicleta, montar en burro, montar a caballo*. No debe suprimirse la preposición: ⊗«*Cuando se sale a montar caballo por la playa desde Mamacona, se entra por un callejón*» (*Caretas* [Perú] 20.9.01).

monte de piedad. 'Establecimiento benéfico dedicado a conceder préstamos a bajo interés': «*Más que una casa de empeño, el Monte de Piedad es una institución nacional a la que generaciones de familias que viven al borde de la pobreza han acudido para conseguir dinero cuando pasan un mes difícil*» (*NHerald* [EE. UU.] 15.1.98). No debe confundirse con *montepío* ('depósito de dinero para la ayuda a viudas y huérfanos de un colectivo'; → montepío).

montepío. 'Depósito de dinero formado por las aportaciones de los miembros de un colectivo para socorrer a sus viudas y huérfanos', 'establecimiento público o particular fundado con este objeto' y 'pensión que se recibe de este': «*Dicha Unión organizó en 1908 una Asamblea Nacional de Fotógrafos Profesionales que* [...] *intentó resolver sus problemas mediante la creación de cooperativas, montepíos y economatos*» (LpzMondéjar *Fotografía* [Esp. 1997]). Hoy se escribe siempre en una sola palabra. No debe confundirse con *monte de piedad* ('establecimiento benéfico que concede préstamos a bajo interés'; → monte de piedad).

montés. 'Que se cría salvaje en el monte'. En el uso culto general es adjetivo de una sola terminación, válida para ambos géneros: «*Dos machos de gato montés pelean por una hembra*» (Vattuone *Biología* [Arg. 1992]); «*El bucardo o cabra montés pirenaica, extinguido a principios del año 2000*» (Delibes *Vida* [Esp. 2001]). Es poco frecuente el uso del femenino específico *montesa*.

montesa. → montés.

monzón. 'Viento que sopla alternativamente en direcciones opuestas, propio especialmente del océano Índico'. Aunque se ha usado en ambos géneros, hoy se emplea casi exclusivamente en masculino: «*Los monzones y brisas afectan únicamente las zonas costeras*» (Ayllón *Meteorología* [Méx. 1996]).

moratón. → moretón.

morbidez. 'Cualidad de mórbido', en el sentido de 'blando, suave': «*Se lavan la cara, los brazos y el pecho con leche de burra para suavizar la piel y conservar su morbidez*» (Perucho *Pamela* [Esp. 1983]). No debe usarse con el significado de 'enfermedad', sentido que corresponde a *morbosidad* (→ morbosidad): ⊗«*La singular peste descrita por el escritor portugués duplica además, sugestivamente, el rango alegórico de la morbidez: se trata de una epidemia de ceguera blanca*» (*Mundo* [Esp.] 15.6.96).

morbididad. → morbilidad.

morbilidad. 1. 'Número de personas que enferman en una población y período determinados': «*La variación estacional de la morbilidad y la mortalidad evidencia la relación entre clima y salud*» (Olivera *Salud* [Esp. 1993]). No debe confundirse con *morbosidad* ('enfermedades que caracterizan el estado sanitario de una comunidad'; → morbosidad, 2).

2. Con este sentido se emplea en ocasiones la voz *morbidad*, más cercana al étimo inglés *morbidity*, pero menos usada que *morbilidad* y, por ello, menos recomendable.

morbosidad. 1. 'Enfermedad': «*Participan de un doble carácter orgánico productor de morbosidad psíquica, epilepsia, idiocia, imbecilidad*» (Sarmiento *Paidología* [Esp. 1914]); y 'cualidad de morboso', en los sentidos de 'capaz de causar enfermedad', 'que provoca reacciones mentales moralmente insanas' y 'que siente inclinación por cosas desagradables': *La morbosidad del tabaco ha sido ampliamente demostrada*; «*Hay algunos programas* [de televisión] *con un alto grado de morbosidad en ese sentido, que constituyen una repugnante escuela de violencia*» (*DAméricas* [EE. UU.] 1-2.3.97); «*Los guardias, ebrios de morbosidad, disfrutaban con aquella tortura*» (Valladares *Esperanza* [Cuba 1985]). No debe confundirse con *morbidez* ('blandura o suavidad'; → morbidez).

2. También significa 'conjunto de enfermedades que caracterizan el estado sanitario de una comunidad': *Cada país deberá remitir a la OMS un informe sobre la morbosidad en su área, para que se pueda elaborar un mapa mundial de enfermedades*. No debe confundirse con *morbilidad* ('número de enfermos en una población y período determinados'; → morbilidad).

mordente. 1. 'Adorno musical' y 'sustancia que sirve para fijar los colores': «*Los nombres de tales adornos no dejan de ser, a veces, pintorescos: apoyaturas, mordentes,* [...] *volatinas, coloraturas, etc.*» (Caballero *Voz* [Méx. 1985]); «*Tenemos igualmente noticias del uso de mordentes como el alumbre y la alcaparrosa* [...], *que se empleaba para fijar o modificar el tono de los colorantes*» (Mompradé/Gutiérrez *Indumentaria* I [Méx. 1981]). En ambos casos se trata de un sustantivo masculino; así pues, esta voz no debe usarse como adjetivo derivado de *morder*, función que únicamente corresponde a la forma *mordiente* (→ mordiente, 1).

2. Con el sentido de 'sustancia que sirve para fijar los colores', se usa también la forma *mordiente* (→ mordiente, 2a).

morder(se). 'Clavar(se) los dientes' y 'gastar o corroer'. Verbo irregular: se conjuga como *mover* (→ APÉNDICE 1, n.º 41). El adjetivo derivado es *mordiente* (→ mordiente).

mordiente. 1. Adjetivo derivado del verbo *morder*, que significa 'que muerde', 'agresivo o hiriente' y 'corrosivo': «*Con un estilo mordiente y personal, sus imágenes ofrecían un cambio rotundo y un choque difícil de asimilar por los espectadores*» (Susperregui *Fotografía* [Esp. 2000]); «*Se escuchaba su voz sorda, mordiente como el ácido*» (Gasulla *Culminación* [Arg. 1975]). No debe utilizarse, con estos valores, la voz *mordente* (→ mordente, 1).

2. Como sustantivo tiene varios significados: **a)** 'Sustancia para fijar los colores': «*Tanto el lustre como el pigmento de decoración "sobre cubierta" deberán mezclarse con abundante porcentaje de un esmalte muy blando* [...] *que actuará como "mordiente" para fijar el óxido o el metal al esmalte durísimo de la porcelana*» (FdzChiti *Cerámica* [Arg. 1982]). Es de género masculino. Con este sentido se usa también la forma *mordente* (→ mordente).

b) 'Sustancia corrosiva utilizada para grabar los metales': «*Terminada la aplicación de los distintos mordientes, se procede al lavado de la plancha y a su retoque*» (Yesares *Grabado* [Esp. 1935]). Es de género masculino.

c) 'Agresividad, capacidad de morder o atacar': «*De insulso y carente de mordiente se podría calificar el juego desarrollado por las dos selecciones en los primeros minutos*» (*Mundo* [Esp.] 25.4.94). Con este sentido, se emplea en ambos géneros, aunque predomina el femenino: «*El dominio celeste hacía el partido sosote, porque los gallegos carecían de la más mínima mordiente*» (*Vanguardia* [Esp.] 21.4.94).

moretón. 'Cardenal (moradura de la piel)'. Esta es la forma originaria y la única usada en el español de América: «*Le tocó a ella ponerle emplastos en los moretones*» (Allende *Eva* [Chile 1987]); en España, *moretón*, forma preferida en zonas como Andalucía, Canarias o Cataluña, alterna con *moratón*, mayoritaria en el habla culta del centro peninsular: «*El paso del tiempo iba borrando de los pechos las marcas de los mordiscos y los moretones*» (Mendoza *Ciudad* [Esp. 1986]); «*Tiene un moratón en la frente*» (Merino *Choz* [Esp. 1987]).

morir(se). 1. Verbo irregular: se conjuga como *dormir* (→ APÉNDICE 1, n.º 30).

2. En la lengua general actual funciona como intransitivo, con el sentido de 'dejar de vivir', por lo que, lógicamente, no admite su construcción en pasiva. Cuando su participio, *muerto*, aparece en construcciones pasivas, lo hace, en realidad, con el sentido que corresponde a *matar* (→ matar(se), 1): «*Selicho fue muerto a golpes por sus propios funcionarios*» (Galeano *Días* [Ur. 1978]); se trata, en realidad, de un resto vigente del antiguo uso causativo de *morir* ('hacer que [alguien] deje de vivir', esto es, 'matar'), normal en épocas pasadas: «*¡Ciérrese la puerta de la venta! ¡Miren no se vaya nadie, que han*

muerto aquí a un hombre!» (Cervantes *Quijote* I [Esp. 1605]).

3. Con el sentido normal de 'dejar de vivir', se usa tanto en forma pronominal como no pronominal, y puede llevar un complemento con *de*, que expresa la causa de la muerte: «*Mariana se murió* DE *una cosa difícil de precisar*» (Aguilar *Error* [Méx. 1995]); «*Carlos murió el mes pasado*» (Corrieri *Fuera* [Cuba 1978]); solo si la muerte es violenta y ha sido provocada por un agente externo, no admite el uso pronominal: «*Un muchacho de catorce años ha muerto en Pamplona, abatido también por la violencia etarra*» (*Abc* [Esp.] 3.6.85).

4. Se construye normalmente en forma pronominal cuando significa 'sentir intensamente una sensación o un sentimiento', caso en el que lleva un complemento con *de*: «*A ver si comemos algo, Florence. Me muero* DE *hambre*» (Bryce *Magdalena* [Perú 1986]); «*Sus otros tres hijos se morirán* DE *envidia al oírlo*» (*Mundo* [Esp.] 23.8.95); también cuando significa 'desear intensamente algo o a alguien', caso en el que se construye con *por*: «*Me muero* POR *oír lo que les pasó allá*» (Morales *Verdad* [EE. UU. 1979]); «*Unas cuadras más abajo dos morochas se morían* POR *el hombre y se le ofrecían ante su puerta*» (Dolina *Ángel* [Arg. 1993]).

mortalidad. 'Cualidad de mortal' y 'número de defunciones en una población y período determinados': «*No tercia en la disputa sobre la inmortalidad o mortalidad de los demonios*» (Cousté *Biografía* [Arg. 1978]); «*La mortalidad entre sus pacientes es de un 40 por ciento*» (*Listín* [R. Dom.] 4.3.97). No debe confundirse con *mortandad* ('gran cantidad de muertes'; → mortandad).

mortandad. 'Multitud de muertes causadas por epidemia, guerra o cataclismo': «*La epidemia de cólera morbo* [...] *había causado en once semanas la más grande mortandad de nuestra historia*» (GaMárquez *Amor* [Col. 1985]). No debe confundirse con *mortalidad* ('defunciones en una población y período determinado'; → mortalidad): ⊗«*La mortandad infantil entre los blancos es de 13 de cada mil niños y entre los negros de 60 por cada mil*» (*Mundo* [Esp.] 10.5.96).

Mostar o Móstar. El nombre de esta ciudad de Bosnia-Herzegovina se emplea con dos acentuaciones en español. La acentuación aguda [mostár], a la que corresponde la grafía sin tilde *Mostar*, es la más recomendable, ya que es la que mejor refleja la pronunciación original en serbocroata; no obstante, es también frecuente, probablemente por influjo del inglés, la pronunciación llana [móstar], a la que corresponde la grafía con tilde *Móstar*.

mostrar(se). 'Exhibir(se)'. Verbo irregular: se conjuga como *contar* (→ APÉNDICE 1, n.º 26).

motejar. 'Aplicar [a alguien o algo] una denominación o calificativo despectivo o negativo'. El complemento directo va acompañado de un predicativo introducido por *de* (y no por *como*): «*El tío Camarillo LO motejó DE loco*» (Sánchez *Héroe* [Col. 1988]). No debe emplearse para indicar la atribución de una cualidad positiva.

motivar. **1.** Con el sentido de 'provocar u ocasionar [algo]', es transitivo: «*Esta muerte motivó un quiebre familiar*» (*Clarín* [Arg.] 2.4.01). También lo es cuando significa 'explicar los motivos [de una decisión]': «*La asamblea internacional motivó esta decisión afirmando que el riesgo de un conflicto "podría frenar toda posibilidad de desarrollo"*» (*País* [Esp.] 9.2.80).

2. Como verbo de influencia (→ LEÍSMO, 4b), con el sentido de 'incitar [a alguien] a hacer algo', se construye con un complemento directo de persona seguido de un infinitivo o, más raramente, un sustantivo de acción, introducidos por *a* o *para*: «*¿Qué LA motivó A inscribirse en el concurso?*» (*Nación* [C. Rica] 27.11.96); «*Este LO motiva PARA completar su obra*» (Maza *Astronomía* [Chile 1988]); «*Esto ha motivado a un sinnúmero de investigadores AL estudio intensivo de los genes*» (MGyves *Agrobiotecnología* [Méx. 1994]). Menos frecuentemente, el complemento directo puede ir seguido de una oración en subjuntivo precedida de *que* e introducida por *para* o *a*: «*Motivar a los bancos PARA QUE canalicen en parte su producto*» (*Nación* [Arg.] 10.7.92); «*Este convencimiento motivará a los atletas A QUE aprendan por sí mismos*» (Mora/GaRodríguez/Toro/Zarco *Psicología* [Esp. 2000]). No debe usarse *motivar a* con el sentido de 'ocasionar' (→ 1): ⊗«*Eso motiva A que algunas personas retornen a sus lugares de origen*» (*DYucatán* [Méx.] 23.7.96); debió decirse *motiva que algunas personas retornen*, o bien *motiva a algunas personas a retornar* o *a que retornen*.

3. Cuando significa 'estimular a alguien o despertar su interés', por tratarse de un verbo de «afección psíquica», dependiendo de distintos factores (→ LEÍSMO, 4a), el complemento de persona puede interpretarse como directo o como indirecto: «*El colegio no LO motivaba; era excelente en matemáticas y física pero no se interesaba por las otras materias*» (Maza *Astronomía* [Chile 1988]); «*A Javier Sotomayor no LE motiva mucho la idea de ser entrenador*» (*Granma* [Cuba] 9.96).

4. ⊗*motivado a.* Se desaconseja su uso como locución causal, en lugar de la general y asentada *debido a*: ⊗«*Posiblemente los acreedores de Aeropostal reciban menos recursos, motivado a la constitución de ese fideicomiso*» (*Universal* [Ven.] 9.10.96).

motivo. **1.** *con motivo de.* 'Con ocasión de' y 'a causa de': «*Fui a su apartamento en una ocasión, creo que con motivo de su cumpleaños*» (Liendo *Platos* [Ven.

1985]); «*Aquel día se encontraba en la enfermería, con motivo de una dolencia*» (Palou *Carne* [Esp. 1975]). Con el segundo sentido, se emplea también, aunque es menos frecuente, *por motivo de*: «*Renunció obligatoriamente al cargo por motivo de su divorcio*» (Ostolaza *Política* [P. Rico 1989]). No son correctas las formas ⊗*con motivo a* o ⊗*por motivo a*.

2. *por motivo de.* → 1.

motocarro. 'Vehículo de tres ruedas'. Es voz masculina: *el motocarro*.

motocrós. Adaptación gráfica propuesta para la voz francesa *motocross* —acrónimo de *moto*[cyclette] + ingl. *cross*[-country]—, que designa el deporte que consiste en carreras de motos por terreno accidentado: «*Los modelos de motocrós también han recibido mejoras*» (*Airbag* [Esp.] 18.7.04).

motocross. → motocrós.

motor -ra. **1.** 'Que mueve'. El masculino es *motor*; el femenino, *motora: sistema motor, actividad motora*. Para el femenino se usa también la forma *motriz*: «*Con disminución de la grasa corporal, mejora la actividad motriz*» (Marcos *Salud* [Esp. 1989]). Es incorrecto el uso de *motriz* referido a sustantivos masculinos: ⊗*impulso motriz*.

2. Lo mismo cabe decir de los adjetivos compuestos a partir de *motor*, como *automotor, electromotor, locomotor, sensomotor* y *(p)sicomotor*, que tienen dos femeninos: *automotora* y *automotriz, electromotora* y *electromotriz*, etc. Debe evitarse el error frecuente de usar los femeninos en *-triz* referidos a sustantivos masculinos.

motor-home. → roulotte.

motriz. → motor.

motu proprio. Loc. lat. que significa literalmente 'con movimiento propio'. Se usa con el sentido de 'voluntariamente o por propia iniciativa': «*Si alguien desea declarar motu proprio alguna cosa relacionada con el caso, que se quede*» (SchzFerlosio *Jarama* [Esp. 1956]). Debe respetarse la forma latina *proprio* para el segundo elemento, y no sustituirla por el adjetivo español *propio*: ⊗*motu propio*. Es incorrecto su empleo con preposición antepuesta: ⊗*de motu proprio*, ⊗*por motu proprio*.

mousaka. → musaca.

mouse. → ratón.

moussaka. → musaca.

mousse. → espuma.

mover(se). 'Desplazar(se) o cambiar de posición'. Verbo irregular: v. conjugación modelo (→ APÉNDICE 1, n.º 41).

mozarela. Adaptación gráfica propuesta para la voz italiana *mozzarella*, 'queso fresco hecho originalmente con leche de búfala': «*Reveló que EE. UU.*

quiere una cuota mayor de entrada de quesos y moza-rela» (*Listín@* [R. Dom.] 8.3.04).

mozzarella. → mozarela.

muaré. Adaptación gráfica de la voz francesa *moiré*, 'tela fuerte que forma aguas': «*Se sentó descuidada-mente, sin preocuparse por su falda de muaré negro»* (GmzOjea *Cantiga* [Esp. 1982]). También es válida la adaptación *moaré:* «*Tenía seis u ocho chalecos de moaré»* (Cela *Cristo* [Esp. 1988]).

mucho -cha. 1. Como adjetivo, significa 'abundante' y, como ocurre con la mayoría de los cuantificadores indefinidos, va antepuesto al sustantivo, con el que debe concordar en género y número: «*Había tragado mucha agua»* (CBonald *Noche* [Esp. 1981]); «*En muchos niños la enfermedad desaparece cuando crecen»* (*Familia* [Ec.] 14.4.03). Debe evitarse el empleo de la forma masculina *mucho* ante sustantivos femeninos que comienzan por /a/ tónica (→ el, 2.2): ⊛*mucho hambre.* Puede funcionar como pronombre, y en ese caso se refiere a seres ya mencionados o consabidos: «*Estuve llamando a todas las mujeres que conocía en París. No eran muchas, la verdad»* (Bryce *Vida* [Perú 1981]); «*No había mucho que comer»* (Hernández *Malditos* [Esp. 1995]).

2. La forma *mucho* funciona también como adverbio, con el significado de 'abundantemente o intensamente': «*Platicamos mucho y nos reímos mucho»* (Vargas *Pasado* [Méx. 2002]). En esta función, toma la forma apocopada *muy* cuando precede a un adjetivo o a un adverbio (→ 3), salvo que se trate de los comparativos *mejor, peor, mayor, menor, más, menos, antes* o *después,* casos en que, en la lengua culta actual, *mucho* conserva su forma plena: «*Salió el sol de nuevo, pero ya muy rojo y semioculto»* (Barnet *Gallego* [Cuba 1981]); «*Él estaba en el poder muy en contra de sus deseos»* (*Caretas* [Perú] 14.11.96); pero «*Tú estás mucho peor que yo»* (Obligado *Salsa* [Arg. 2002]); «*Su carrera se había iniciado mucho antes»* (*Clarín* [Arg.] 21.10.87). En la lengua medieval y clásica era normal combinar *muy* con los comparativos antes citados: «*Que si es mala la salida, / es muy peor la tornada»* (Cervantes *Numancia* [Esp. 1581]); «*Partió muy antes que yo»* (SFigueroa *Pasajero* [Esp. 1617]); pero la lengua culta actual rechaza este uso, que hoy solo se da en textos escritos, con intención arcaizante, o en la lengua rural o popular.

3. La forma apocopada *muy* se antepone a los adjetivos y adverbios para construir el grado superlativo: *muy grave, muy cerca.* La estructura resultante es equivalente del superlativo formado mediante la adición del sufijo *-ísimo* al adjetivo o adverbio: *gravísimo, cerquísima.* No se admite en la lengua culta actual, salvo con intención humorística o expresiva, el uso conjunto de ambos procedimientos (⊛*muy gravísimo,* ⊛*muy cerquísima*): ⊛«*Eso dijo la Mary, con muy poquísimo respeto»* (Mendicutti *Palomo* [Esp. 1991]).

4. *mucho más, mucho menos* + sustantivo. En este caso *mucho* es adjetivo y debe concordar con el sustantivo en género y número: «*Necesitan muchas más cosas* [= muchas cosas más]*»* (CBonald *Noche* [Esp. 1981]); no es correcto, pues, usarlo como invariable: ⊛«*Aparentaba mucho más edad de la que en realidad tenía»* (*NProvincia* [Arg.] 8.4.97); debió decirse *mucha más edad.*

5. *mucho mayor, mucho menor* + sustantivo. En este caso, *mucho* modifica en realidad a los adjetivos comparativos *mayor* o *menor,* por lo que es adverbio y debería, en rigor, permanecer invariable: «*Se recuperan con mucho mayor facilidad»* (Rausch/Bay *Anorexia* [Arg. 1990]); «*Vas a tener que conformarte con algo de mucho menor calidad»* (Donoso *Elefantes* [Chile 1995]); no obstante, quizá por influjo de la construcción anterior (→ 4), lo normal hoy es que *mucho* concuerde en género y número con el sustantivo: «*Los cambios se registran a mucha mayor velocidad»* (*Tiempo* [Col.] 19.5.97); «*Casi todas las plantas con hojas de colores requieren espacios o ambientes con mucha mayor iluminación»* (Marsigno *Jardinería* [Arg. 1991]). La concordancia no se produce nunca cuando el sustantivo va antepuesto: «*Esta generó una inestabilidad mucho mayor»* (*País* [Col.] 12.11.97); no se dice *una inestabilidad mucha mayor.*

6. *mucho muy.* → 7.

7. *muy mucho.* El adverbio *mucho* también se apocopa ante sí mismo, dando lugar a la expresión adverbial enfática de valor superlativo *muy mucho,* que significa 'muchísimo': «*Emprendí el segundo viaje cuidándome muy mucho de mantener la llama del velón a una distancia precisa de mi rostro»* (Díaz *Piel* [Cuba 1996]). Esta expresión se usa solo como modificador verbal y no se emplea, por tanto, antepuesta a adjetivos o adverbios: *muy mucho guapa* o *muy mucho lejos* no son construcciones posibles por la misma razón por la que no se dice *muchísimo guapa* o *muchísimo lejos.* Únicamente en México, en la lengua oral, se emplea ante adjetivos o adverbios una construcción enfática similar, con los mismos elementos, pero en orden inverso (*mucho muy*): «*La Asamblea fue mucho muy positiva»* (*Proceso* [Méx.] 29.9.96). Resulta anómalo, en esta construcción mexicana, el uso no apocopado de *mucho* ante el también adverbio *muy,* por lo que, si se desea enfatizar la estructura superlativa *muy* + adjetivo o adverbio, es preferible duplicar la forma apocopada: «*Sandra llevaba el pelo muy muy corto»* (Bryce *Vida* [Perú 1981]); «*El olor a rosas que su cuerpo despedía había llegado muy, muy lejos»* (Esquivel *Agua* [Méx. 1989]).

mucílago o **mucilago.** 'Sustancia viscosa'. Tiene dos acentuaciones válidas: la llana *mucilago* [musilágo, muzilágo], acorde con la pronunciación del étimo latino, y la esdrújula *mucílago,* mayoritaria en el uso y, por tanto, preferible.

muerto -ta. → matar(se) y morir(se).

muestra. Además de sus sentidos comunes y tradicionales en español ('parte o elemento de un conjunto que resultan representativos de él o que sirven para conocer o estudiar sus características', 'modelo que se ha de copiar o imitar' y 'prueba o demostración de algo'), en el último tercio del siglo XX ha comenzado a usarse también con el sentido de 'exposición o exhibición de obras artísticas o técnicas': «*El conocido pintor Henry Arias inaugurará hoy una muestra de su obra más reciente en la Galería Iber*» (*Tiempo* [Col.] 1.12.87); «*Rato inaugura hoy la muestra internacional dedicada a este tipo de vehículos*» (*Mundo* [Esp.] 20.11.96). Se trata, posiblemente, de un calco semántico de otras lenguas, como el catalán, el gallego o el italiano, en que la palabra *mostra* tiene ese valor, pues los términos tradicionales en español son *exposición, exhibición, feria* o *festival*, según los casos; no obstante, el uso de *muestra* con este valor es perfectamente admisible, pues en la base está el sentido de 'acción de mostrar' que corresponde, con toda propiedad, a este sustantivo.

muffler. → mofle.

⊗**mujahidin,** ⊗**mujaidín.** → muyahidín.

muladí. En la España musulmana, 'cristiano converso al islam'. El plural preferido en la lengua culta es *muladíes* (→ PLURAL, 1c).

mullir. 'Poner [algo] blando y esponjoso'. Verbo irregular: v. conjugación modelo (→ APÉNDICE 1, n.º 42).

multidisciplinar. → multidisciplinario.

multidisciplinario -ria. 1. 'Que abarca o afecta a varias disciplinas': «*En los trabajos participó un equipo multidisciplinario de arquitectos, ingenieros y personal técnico*» (*Universal* [Ven.] 30.6.96). En España se emplea también la voz *multidisciplinar*, que carece de uso en América: «*Los programas de estudios en los conservatorios deben favorecer la enseñanza multidisciplinar*» (*Abc* [Esp.] 13.12.96). **2.** Existen también los sinónimos *pluridisciplinario* y *pluridisciplinar*, menos frecuentes que los términos formados con el prefijo *multi-*.

MULTIPLICATIVOS. 1. Los numerales multiplicativos expresan multiplicación. Como adjetivos, denotan que el sustantivo al que se refieren —con el que deben concordar en género y número— se compone de tantas unidades o medidas iguales, o implica tantas repeticiones, como el numeral indica: *triple salto, habitaciones cuádruples*. Como sustantivos, son siempre masculinos, se emplean normalmente precedidos de artículo y significan 'cantidad x (dos, tres, cuatro, etc.) veces mayor': *el doble, el triple*. La serie de los multiplicativos es limitada:

NÚMERO	NUMERAL MULTIPLICATIVO
2	doble *y* duplo, *fem.* dupla
3	triple *y* triplo, *fem.* tripla
4	cuádruple *y* cuádruplo, *fem.* cuádrupla
5	quíntuple *y* quíntuplo, *fem.* quíntupla
6	séxtuple *y* séxtuplo, *fem.* séxtupla
7	séptuple *y* séptuplo, *fem.* séptupla
8	óctuple *y* óctuplo, *fem.* óctupla
9	nónuplo, *fem.* nónupla
10	décuplo, *fem.* décupla
11	undécuplo, *fem.* undécupla
12	duodécuplo, *fem.* duodécupla
13	terciodécuplo, *fem.* terciodécupla
100	céntuplo, *fem.* céntupla

2. Como se ve en el cuadro, algunos multiplicativos poseen dos formas: una acabada en *-e*, válida para ambos géneros (*parto doble, letra doble*); y otra terminada en *-o*, a la que corresponde un femenino en *-a* (*parto duplo, letra dupla*). No obstante, como adjetivos, solo se usan hoy las formas terminadas en *-e*. Como sustantivos, aunque son mayoritarias las formas en *-e* (*el doble, el triple*, etc.), aún se documenta el uso de las formas en *-o*: «*Con un porcentaje de ocupados en el sector agrario superior al duplo de la media europea*» (Alonso *Situación* [Esp.] 1990]); «*Las condenas* [...] *quedan reducidas a nueve años de cumplimiento, límite del triplo de la pena más grave, que es de tres años*» (*País* [Esp.] 29.10.97). En algunos países de América, el femenino *dupla* ha pervivido como sustantivo, con el significado de 'pareja, grupo de dos personas o cosas': «*Jorge Pedreros y Gloria Benavides hicieron buena dupla parodiando a Feliciano y la Simonetti*» (Freire *Tevedécada* [Chile 1990]).

3. Existen también las formas adjetivas *dúplice* y *tríplice*, equivalentes de *doble* y *triple*, pero son de nivel muy culto y de raro empleo.

4. En realidad, solo es normal el uso de los multiplicativos más bajos de la serie, especialmente *doble, triple* y *cuádruple*. A partir de nueve, son prácticamente inusitados; en su lugar, se emplea el numeral cardinal que corresponda, seguido de *veces mayor* o *veces más*, fórmula que sirve también para expresar la idea de multiplicación en aquellos casos en que no existe forma específica de multiplicativo: «*Si el premio hubiera sido diez veces mayor, no le habría quedado más remedio que sentarse a calcular la manera más ventajosa de invertirlo*» (Grandes *Aires* [Esp. 2002]); «*Un cuerpo allí pesaría 28 veces más que en la Tierra*» (Maza *Astronomía* [Chile 1988]).

Mumbai. → Bombay.

Múnich. El nombre de la ciudad de Alemania que en alemán se escribe *München* se ha incorporado al español a través de las adaptaciones francesa e inglesa de este topónimo, ya que la *ch* en posición final es ajena al sistema español. Puesto que la pronunciación llana [múnik o múnich] es hoy la más extendida, debe escribirse *Múnich,* con tilde, de acuerdo con las reglas de acentuación del español, a las que debe someterse como topónimo adaptado (→ TILDE[2], 6.2). El gentilicio correspondiente es *muniqués* (pl. *muniqueses*). Debe evitarse la pronunciación con diptongo ⊛[miúnik], propia del inglés.

munido -da. → munir(se).

munificencia. 'Generosidad o liberalidad'. No es correcta la forma ⊛*munificiencia*. El adjetivo correspondiente es *munificente* ('generoso o espléndido con el dinero'), no ⊛*munificiente.*

munificente. → munificencia.

muniqués -sa. → Múnich.

munir(se). 'Proveer(se)': «*Los cazadores deberán munirse de licencia de caza en los clubes de esa especialidad*» (*DPrensa* [Arg.] 24.4.92). Este verbo, tomado del francés *munir,* se documenta en español desde las primeras décadas del siglo XX, siempre en infinitivo o participio, pero no parece haberse generalizado en el uso; hoy tiene cierta vitalidad en algunas áreas americanas, especialmente en el Cono Sur, y es infrecuente en España. Es preferible emplear en su lugar los verbos tradicionales *proveerse, pertrecharse* o *armarse,* así como sus respectivos participios, *provisto, pertrechado* y *armado.*

muñir. 'Concertar o disponer [algo], generalmente por medios fraudulentos' y 'llamar o convocar'. Verbo irregular: se conjuga como *mullir* (→ APÉNDICE 1, n.º 42).

musaca. Para designar el plato originario del Mediterráneo oriental compuesto básicamente de berenjenas y carne picada gratinadas al horno, típico hoy de la cocina griega, se recomienda usar en español la grafía *musaca*: «*He hecho una musaca que estaba para chuparse los dedos*» (VqzMontalbán *Asesinato* [Esp. 1989] 116). Es válida también, aunque menos recomendable, la grafía *musaka*. Deben evitarse otras grafías, ajenas al sistema gráfico español, como *moussaka* o *mousaka,* que son las transcripciones usadas en francés y en inglés de la voz árabe originaria.

musaka. → musaca.

Muscat. → Mascate.

music hall. Esta voz inglesa, escrita también *music-hall,* se usa aún con cierta frecuencia en español con los sentidos de 'espectáculo de variedades', 'género al que pertenece este tipo de espectáculos' y 'local en el que se ofrecen'. Es anglicismo evitable, pues existen equivalentes españoles para todos los

sentidos indicados. Así, para designar tanto el espectáculo como el género, existen las expresiones *revista (musical)* y *espectáculo de variedades*: «*Boletos asegurados para cualquiera de las deslumbrantes revistas musicales en cartelera*» (Rovinski *Herencia* [C. Rica 1993]); «*Mi experiencia anterior en teatro, cine, revista, comedia y televisión*» (*Tiempo* [Esp.] 3.9.90); «*Un tío me llevó al Teatro Nacional para ver un espectáculo de variedades*» (*Nacional* [Ven.] 7.1.97); y para designar el local, existen las expresiones *teatro de variedades* y *teatro de revista*: «*Había debutado en un teatro de variedades de París*» (Mendoza *Ciudad* [Esp. 1986]); «*Un amigo me llevó a un teatro de revista*» (FnGómez *Viaje* [Esp. 1985]).

músico -ca. 'Persona que se dedica a la música'. El femenino es *música* (→ GÉNERO[2], 3a): «*La presencia de los jóvenes músicos y músicas de la Orquesta de Cámara Tupay*» (*Tiempos* [Bol.] 11.12.96). No debe emplearse el masculino para referirse a una mujer: ⊛*la músico.*

musulmán -na. '[Persona] que profesa la religión islámica': «*Fuese judío, musulmán o cristiano, el filósofo o científico había de prescindir de la revelación*» (Millás *Física* [Esp. 1983]); y 'de los musulmanes': «*Esta banda ultraderechista fue acusada de numerosos desmanes en cementerios hebreos y musulmanes*» (*Clarín* [Arg.] 2.4.97). Se introdujo durante la segunda mitad del siglo XVIII, a través del francés. En la mayoría de los contextos como adjetivo puede sustituirse por el sinónimo *islámico* (→ islam, 2): *países musulmanes/islámicos, religión musulmana/islámica, tradición musulmana/islámica,* etc. No es sinónimo de *árabe* (→ árabe, 2).

mutatis mutandis. Loc. lat. que significa 'cambiando lo que se deba cambiar': «*Lo mismo, mutatis mutandis, se puede decir de la cultura*» (Ocampo *Testimonios* [Arg. 1977]). El segundo elemento es *mutandis,* no ⊛*mutandi.*

muy. → mucho.

muyahidín. Voz procedente del árabe, lengua en la que significa, literalmente, 'los que luchan en la guerra santa'. En español se emplea con el sentido de 'combatiente islámico fundamentalista'. Aunque es etimológicamente un plural, siendo *muyahid* la forma árabe de singular, esta voz se ha acomodado ya a la morfología española, de modo que se usa *muyahidín* para el singular y *muyahidines* para el plural: «*El liberador muyahidín de Kabul fue el general de la Alianza del Norte Ahmed Shah Masoud*» (*NEspaña*@ [Esp.] 2.11.01); «*Los muyahidines parecen haber establecido ahora una verdadera estrategia de guerra*» (*Mundo* [Esp.] 8.8.95). El singular debe escribirse con tilde por ser palabra aguda acabada en -*n.* Referido a cosa, significa 'de los muyahidines' y es adjetivo de una sola terminación, es decir, se utiliza la misma forma para el masculino y para el femenino: *gobierno muyahidín, alianza muyahidín*. Como en otras voces procedentes del árabe, la *h* se pronuncia a menudo aspirada (→ h, 2). Aunque no se pronuncie con aspiración, no debe prescindirse en la escritura de la *-h-* etimológica, por lo que se desaconseja el uso de la grafía ⊛*muyaidín*. No son válidas en español las grafías con *-j-* en lugar de *-y-*, como ⊛*mujahidin* o ⊛*mujaidín*, que se deben al influjo de las transcripciones inglesas de esta voz.

Myanmar. → Birmania.

n

n. 1. Decimosexta letra del abecedario español y decimocuarta del orden latino internacional. Su nombre es femenino: *la ene* (pl. *enes*). Representa el sonido consonántico nasal alveolar /n/.

2. Delante de *b* nunca se escribe *n*, salvo en el caso de algunos nombres propios extranjeros en los que se respeta la grafía originaria, como *Gutenberg, Hartzenbusch* o *Canberra*. No deben escribirse con *n* ante *p* los compuestos con *bien* (→ biempensante).

3. La *n* seguida de *s* dentro de la misma sílaba se relaja en la pronunciación en ciertas zonas, pero debe evitarse su pérdida en el habla esmerada: ⊛[kostruír] por *construir,* ⊛[istaurár] por *instaurar.* Sin embargo, en el caso del prefijo latino *trans-* el uso admite, incluso con clara preferencia en muchos casos, su reducción a *tras-* (→ tras-). En el caso de *consciencia* se ha fijado en el uso la grafía simplificada *conciencia,* con pérdida de la *s* y no de la *n* (→ conciencia).

Nablus. El nombre tradicional español de esta ciudad de Cisjordania es *Naplusa: «En un discurso pronunciado en Naplusa, Cisjordania, Arafat amenazó con una nueva rebelión palestina» (DYucatán* [Méx.] 1.9.96); no obstante, el topónimo tradicional se está viendo desplazado en el uso actual por la forma árabe *Nablus* (pron. [náblus]): *«Los choques de mayor importancia se produjeron en la ciudad cisjordana de Nablus» (Clarín* [Arg.] 17.10.00). La variante aguda *Nablús* es menos aconsejable, por alejarse de la pronunciación etimológica. Es minoritaria y, por ello, desaconsejable la forma *Nabulus.*

Nabulus. → Nablus.

nacer. 'Empezar a existir'. Verbo irregular: se conjuga como *agradecer* (→ APÉNDICE 1, n.° 18).

nada. 1. Pronombre indefinido que significa 'ninguna cosa'. Los adjetivos a él referidos deben ir en masculino singular: *«Nada es nuevo en la vida»* (Paso *Palinuro* [Méx. 1977]); *«No observó nada extraño en el comportamiento del presunto asesino» (Abc* [Esp.] 27.11.87). Como se ve en el ejemplo anterior, cuando va pospuesto al verbo exige que este vaya en forma negativa, precedido del adverbio *no,* o, si no, que haya en la oración algún otro elemento negativo (*jamás, nunca, nadie,* etc.): *«Allí nunca ocurría nada»* (Quevedo *Genes* [Cuba 1996]); *«En esta ocasión nadie vio nada, nadie oyó nada» (Mundo*

[Esp.] 22.11.94); pero si va antepuesto al verbo, este no debe ir en forma negativa: *«Este hecho nada tiene de singular» (Abc* [Esp.] 21.6.86). Es, pues, incorrecto utilizar *nada* como sujeto antepuesto a un verbo en forma negativa, como ocurre a veces por influjo del catalán o del francés: ⊛*«Este es el camino y nada no nos moverá» (DTarragona@* [Esp.] 4.5.05); debió decirse *nada nos moverá.*

2. Como sustantivo ('no ser o carencia absoluta de ser'), es femenino: *«Todo lo que no conduce a la gloria o a la destrucción acaba por llevarnos a la nada, a la nada absoluta»* (Millás *Desorden* [Esp. 1988]).

3. *nada* + adjetivo o adverbio. La palabra *nada* es adverbio cuando se antepone, como modificador, a un adjetivo o a otro adverbio, significando 'en modo alguno o de ninguna manera': *«Las noticias que llegaban no eran nada halagüeñas»* (Arenales *Arauco* [Esp. 1992]); *«El licor no me sienta nada bien»* (Navajas *Agonía* [Col. 1977]). En Chile es normal la interposición de la preposición *de* entre *nada* y el adjetivo o adverbio al que modifica: *«No estuvo nada DE mal la escenita, [...] ¿no crees?»* (Wolff *Kindergarten* [Chile 1977]); *«Y ahora no sabía, en verdad, si había actuado con la cabeza. No estaba nada DE seguro»* (Edwards *Anfitrión* [Chile 1987]); en la lengua general culta se habría dicho *No estuvo nada mal* o *No estaba nada seguro,* respectivamente. No deben confundirse estos usos con aquellos en que *nada* depende de los verbos *haber* o *tener,* caso en que sí es general y obligada la presencia de la preposición *de* entre *nada* y el adjetivo que sigue (→ 4).

4. *nada de* + adjetivo. El pronombre *nada* puede ir seguido de un adjetivo precedido de la preposición *de* cuando depende de verbos como *haber* o *tener: «No había nada de satánico en sus procedimientos»* (Dolina *Ángel* [Arg. 1993]); *«Que te pregunte por tu mujer no tiene nada de particular»* (Hidalgo *Azucena* [Esp. 1988]). Cuando esta estructura depende del verbo *tener,* el adjetivo puede concordar en género y número con el sustantivo al que se refiere, que es el sujeto de *tener,* o quedar inmovilizado en masculino singular: *«Estas categorías no tienen nada de herméticas y estancadas»* (MtzAlberto *Noticia* [Esp. 1978]); *«Estas inmersiones no tenían nada de romántico»* (Bojorge *Aventura* [Arg. 1992]).

5. *nada que.* En el habla coloquial de gran parte de América se emplea la estructura *nada que* antepuesta a un verbo, con valor idéntico al adverbio de negación *no*: «*Pasaban los minutos, pasaban las horas, y nada que aparecía el avión*» (*Tiempo* [Col.] 12.6.97).

nadie. 1. Pronombre indefinido que significa 'ninguna persona': *Nadie me avisó de lo que había pasado*. Solo se usa en esta forma, que gramaticalmente es masculina singular: *Nadie cuerdo haría una cosa así* (no *nadie cuerda). No admite complementos partitivos: [⊗]*nadie de nosotros*, [⊗]*nadie de los presentes;* en estos casos debe emplearse el indefinido *ninguno: ninguno de nosotros, ninguno de los presentes*. Sin embargo, sí admite complementos precedidos de la preposición *de* que simplemente delimitan o restringen la denotación del indefinido: «*No le gustaba que nadie de la familia lo fuera a buscar a su trabajo*» (Lezama *Oppiano* [Cuba 1977]); «*No se relacionaba con nadie de la redacción*» (GaSánchez *Historia* [Esp. 1991]). Deben evitarse las formas vulgares [⊗]*nadien* y [⊗]*naide*.

2. *nadie más* o ***más nadie.*** → más, 1.2.

Nagorno Karabaj. Forma más extendida en español para denominar esta región autónoma de Azerbaiyán (adaptación leve de la transcripción del nombre ruso *Nagorni Karabaj*): «*Es necesario poner fin al conflicto de Nagorno Karabaj*» (*País* [Col.] 12.11.97). También se usa, y es válida, la expresión *Alto Karabaj* (que traduce el primer componente del nombre ruso, adjetivo que significa 'alto o montañoso'): «*El diálogo directo entre las autoridades de Azerbaiyán y las del Alto Karabaj*» (*País* [Esp.] 30.8.97)

nagua. → enagua.

[⊗]**naide.** → nadie.

naíf o **naif. 1.** '[Arte o artista] que se expresa con ingenuidad deliberada, imitando la sensibilidad infantil'. Es adaptación gráfica de la voz francesa *naïf* ('ingenuo'). Tiene dos acentuaciones válidas: la forma con hiato *naíf* [na - íf] refleja la articulación francesa etimológica y es, por tanto, la más recomendable, aunque también se admite la forma con diptongo *naif* [náif]. Su plural es *naífs* o *naifs* (→ PLURAL, 1h). La adaptación gráfica de esta voz al español hace innecesario el uso de la grafía francesa *naïf* y de su plural *naïves*. Es incorrecta la forma híbrida [⊗]*naïfs*, que no es ni francesa ni española.

2. El término *naíf* solamente es aplicable en español al estilo artístico. No es admisible su empleo con el sentido de 'ingenuo, espontáneo', por constituir un galicismo superfluo.

naïf. → naíf o naif.

nailon. 'Material sintético para fabricar tejidos'. La voz inglesa *nylon* (en su origen, una marca comercial registrada) se ha adaptado al español en dos formas: la llana *nailon* (pron. [náilon]), hoy mayoritaria, y la aguda *nilón*, vigente en el español de algunas zonas como Estados Unidos y Puerto Rico. No debe usarse la grafía [⊗]*nylón*, que no es ni inglesa ni española.

Nanjing. → Nankín.

Nankín. Forma tradicional española del nombre de esta ciudad del este de China: «*Lufthansa llegó a explotar una línea Berlín-Pekín-Nankín sobrevolando territorio soviético*» (PzSanEmeterio *Pilotos* [Esp. 1991]). La forma *Nanjing* es el resultado de la transcripción de los caracteres chinos al alfabeto latino según el sistema «pinyin», desarrollado en China a partir de 1958 con el fin de unificar los diversos sistemas aplicados por distintos países. Se recomienda seguir usando en español el topónimo tradicional.

Naplusa. → Nablus.

narguile o **narguilé.** 'Pipa oriental'. Tiene dos acentuaciones válidas en español: la llana *narguile*, mayoritaria en el uso, y la aguda *narguilé*, de influjo francés.

natividad. 'Nacimiento': «*Un río es una natividad eterna, renovación, limpieza y brío perpetuamente renovados*» (Fuentes *Naranjo* [Méx. 1993]). Solo debe escribirse con mayúscula cuando, por antonomasia, se refiere al nacimiento de Jesús (→ MAYÚSCULAS, 4.27): «*Ya se representa gráficamente en el siglo IV en las escenas pictóricas de la Natividad*» (*NHerald* [EE. UU.] 11.1.98).

naturalismo. 'Sistema filosófico que considera la naturaleza primer principio de la realidad', 'corriente literaria del siglo XIX e ideología determinista que presenta la realidad en sus más crudos aspectos' y 'tendencia artística a la representación realista de la naturaleza': *El empirismo es una de las fuentes del naturalismo filosófico;* «*Emilia Pardo Bazán, uno de los puntales literarios del naturalismo zoliano español*» (CSerraller *Paisajes* [Esp. 1998]); «*Su escultura fue un naturalismo descarnado*» (*Abc* [Esp.] 20.9.96). No debe confundirse con *naturismo* ('vuelta a la naturaleza y utilización de sustancias naturales para prevenir y curar enfermedades'; → naturismo).

naturismo. 'Doctrina que preconiza la vuelta a la naturaleza y la utilización de sustancias naturales para la prevención y curación de enfermedades': «*Cursos sobre acupuntura, sofrología, homeopatía y naturismo*» (*Vanguardia* [Esp.] 30.1.95). No debe confundirse con *naturalismo* ('sistema filosófico' y 'corriente literaria y artística del siglo XIX'; → naturalismo). Debe evitarse el uso de *naturismo* como sinónimo de *nudismo* ('práctica de desnudarse en público'; → nudismo), calco censurable del inglés *naturism*.

Navidad. 'Día en que se celebra el nacimiento de Jesús' y 'tiempo comprendido entre ese día y el día de Reyes'. Con el segundo sentido se usa frecuentemente en plural: «*Por Navidades llegó de vacaciones la plana mayor de* El Espectador» (GaMárquez *Vivir* [Col. 2002]). En ambos casos se escribe con mayúscula (→ MAYÚSCULAS, 4.19).

nazarí. 'De la dinastía que reinó en Granada del siglo XII al XV'. Referido a persona, se emplea frecuentemente como sustantivo. El plural preferido en la lengua culta es *nazaríes* (→ PLURAL, 1c). La variante *nazarita*, también válida, se usa menos.

nazarita. → nazarí.

Neandertal. Forma adaptada a la ortografía española del nombre de este valle de Alemania: «*La capacidad craneal del cráneo de Neandertal no difería* [...] *de la humana moderna*» (Arsuaga *Enigma* [Esp. 2001]). Aunque también se utiliza la grafía alemana *Neanderthal*, se recomienda el uso de la forma hispanizada. Cuando se emplea como nombre común para designar a los homínidos en él encontrados, debe escribirse con inicial minúscula: «*Hubo, pues, un período de coexistencia en Europa de neandertales y cromañones*» (Arsuaga *Enigma* [Esp. 2001]).

Neanderthal. → Neandertal.

neblina. 'Niebla baja y poco espesa'. Es errónea la forma ⊗*nieblina*.

neblumo. → esmog.

⊗**necesariedad.** → necesidad.

necesario -ria. 1. 'Indispensable, que hace falta'. Suele llevar un complemento introducido por *para*: «*Quiero hacer las disposiciones necesarias PARA el descargo de mi conciencia*» (Britton *Siglo* [Pan. 1995]); «*Envidio esa locura tan necesaria PARA provocar el olvido*» (Pinto *Despertar* [C. Rica 1994]). Cuando este complemento es nominal, también puede ir introducido por *a*: «*Esta prórroga me brinda la tranquilidad necesaria A toda creación*» (Rossi *María* [C. Rica 1985]).

2. ser necesario. → ser, 2.1.2.

necesidad. 'Hecho de ser necesario'. No se justifica el uso del término ⊗*necesariedad*, creado por analogía con *innecesariedad*: ⊗«*Reconocía la necesariedad de incluir siempre* [...] *alguna actuación propia*» (*Abc* [Esp.] 25.7.89); debió decirse *Reconocía la necesidad*.

necesitar. 'Tener necesidad de alguien o algo'. Se construye normalmente con complemento directo: «*Vamos a necesitar tres coches*» (Mastretta *Vida* [Méx. 1990]); aunque también es correcta la construcción intransitiva, con un complemento introducido por *de*: «*Don Raimondo necesitaba DE la soledad para concentrarse*» (Mujica *Escarabajo* [Arg.

1982]). Cuando lo necesitado se expresa mediante un infinitivo o una oración subordinada, solo es posible la construcción transitiva: «*Necesitaba pensar en otros para olvidarse de sí mismo*» (Souza *Mentira* [Perú 1998]); «*Necesito QUE me respondas ahora*» (Contreras *Nadador* [Chile 1995]).

necrofagia. → -fagia.

necromancia. 'Adivinación por evocación de los muertos'. Es más frecuente hoy la forma *nigromancia*. Sobre la acentuación, → -mancia o -mancía.

neerlandés -sa → Países Bajos.

negar(se). 1. Verbo irregular: se conjuga como *acertar* (→ APÉNDICE 1, n.º 16).

2. Cuando significa 'decir que [algo] no existe o no es verdad o no es como alguien cree o afirma' y 'no conceder [algo]' es transitivo: «*El líder socialista* [...] *negó su participación en los hechos*» (Paniagua *España* [Esp. 1988]); «*Una junta de médicos le negó el permiso* [para salir]» (Martínez *Perón* [Arg. 1989]). Es incorrecto anteponer *de* al complemento directo (→ DEQUEÍSMO, 1b): ⊗*Niega DE que haya sido él*; debió decirse *Niega que haya sido él*.

3. Cuando significa 'no acceder a hacer algo', es pronominal y se construye con un complemento precedido de la preposición *a*, que a menudo se omite por consabido: «*La esposa del senador se negó A que entraran en la habitación camarógrafos y fotógrafos*» (*Universal* [Ven.] 15.10.96).

negociar. 1. 'Comerciar' y 'tratar o discutir [un asunto] para procurar su mejor logro'. Se acentúa como *anunciar* (→ APÉNDICE 1, n.º 4).

2. Con el primer sentido indicado, lleva un complemento introducido por *con* o *en*, que expresa la mercancía con que se comercia: «*Negociaba CON frutos del país*» (VV. AA. *Vida* [Chile 1986]); «*Hasta el gobernador negociaba EN caucho*» (Rivera *Vorágine* [Col. 1924]).

negro -gra. 1. '[Cuerpo] cuya superficie no refleja ninguna radiación visible y, por tanto, no presenta ningún color'. Tiene dos superlativos válidos: *nigérrimo* (del lat. *nigerrimus;* → -érrimo), de nivel muy culto y raro empleo, y *negrísimo*, formado sobre *negro* y usado con normalidad en todos los niveles: «*Emerge de un mar nigérrimo y borrascoso*» (Tibón *Aventuras* [Méx. 1986]); «*La joven señora, de ojos y cabello negrísimos*» (UPietri *Oficio* [Ven. 1976]).

2. negro espiritual. → góspel.

negrusco -ca. → negruzco.

negruzco -ca. 'De color que tira a negro': «*Un horno de pan que con el uso se había puesto negruzco*» (Edwards *Anfitrión* [Chile 1987]). Es rara y, por tanto, desaconsejable la variante gráfica *negrusco*.

neis. → gneis.

nematodo. 'Gusano cuyo aparato digestivo consiste en un tubo recto que se extiende a lo largo del cuerpo'. Este término, creado sobre la voz griega *nematódes* ('filiforme'), se ha incorporado al español a través del francés *nématode* (pron. [nematód]) o del italiano *nematode* (pron. [nematóde]). En español es mayoritario el uso de la forma llana *nematodo*, acorde con la pronunciación etimológica: «*La bacteria Xenorhabdus* [...] *vive dentro de microscópicos gusanos terrestres denominados nematodos*» (*Tiempo* [Col.] 28.4.97); por tanto, no se considera correcta la forma esdrújula ⊗*nemátodo*.

némine discrepante. Loc. lat. que significa literalmente 'sin que nadie discrepe'. Se usa con el sentido de 'por unanimidad, sin oposición': «*Los cervantistas rigurosos, némine discrepante, afirmaron que había un* Quijote *antes de Rico y otro* Quijote *después de Rico*» (*Razón* [Esp.] 22.4.04).

nemotecnia, nemotécnico -ca. → m, 3.

⊗**neocelandés -sa.** → Nueva Zelanda.

neomejicano -na, neomexicano -na. → Nuevo México.

neoyorkino -na, neoyorquino -na. → Nueva York, 2.

neozelandés -sa. → Nueva Zelanda.

Nepal. País de Asia. Para el gentilicio, alternan en el uso y son igualmente válidas las formas *nepalés* y *nepalí* (pl. culto *nepalíes;* → PLURAL, 1c): «*Las mujeres nepalesas rezan a las diosas* [...] *de la fecundidad*» (Leguineche *Camino* [Esp. 1995]); «*Unos 140 soldados y policías nepalíes murieron* [...] *en un ataque de rebeldes maoístas*» (*País*@ [Esp.] 9.5.02).

nepalés -sa, nepalí. → Nepal.

neroli o **nerolí.** 'Esencia que se obtiene por destilación de las flores del naranjo'. Procede del francés *néroli* (pron. [nerolí]) y tiene dos acentuaciones válidas. Aunque la forma más cercana a la etimología es *nerolí*, con acentuación aguda, en el uso goza de cierta preferencia la forma llana *neroli* [neróli].

nerviosidad. 'Fuerza y actividad de los nervios' y, más frecuentemente, 'nerviosismo': «*El Cacho ponía de su parte su nerviosidad, su furia, su violencia en echar la pelota baja y arrinconada*» (Baroja *Zalacaín* [Esp. 1909]); «*Se adueñaba de la mayoría una sorda inquietud, un vago malestar, una nerviosidad incontrolable*» (Tibón *Aventuras* [Méx. 1986]). Deriva del adjetivo español *nervioso*. Para ambas acepciones existió también la forma *nervosidad* (del lat. *nervositas*), hoy desusada.

nerviosismo. 'Estado de excitación nerviosa': «*Azolar lo abrió* [el sobre] *con nerviosismo*» (Liendo

Platos [Ven. 1985]). La variante *nervosismo* es hoy rara y debe evitarse. En algunos países de América, con este mismo sentido, se usa con preferencia la voz *nerviosidad* (→ nerviosidad).

nervosidad. → nerviosidad.

nervosismo. → nerviosismo.

⊗**neurisma.** → aneurisma.

nevar. Como intransitivo impersonal, 'caer nieve' y, como transitivo, 'cubrir [una cosa] con algo, de modo que parezca que ha nevado sobre ella'. Verbo irregular: se conjuga como *acertar* (→ APÉNDICE 1, n.º 16), esto es, diptongan las formas cuya raíz es tónica (*nieva, nieve*, etc.); pero no aquellas cuya raíz es átona (*nevaba, nevará, nevaría*, etc.): «*¡Cómo me gusta Buenos Aires cuando nieva!*» (Cossa *Criado* [Arg. 1986]). No son propias del habla culta las formas sin diptongar cuando la raíz es tónica: ⊗*¡Cómo neva!; debe decirse ¡Cómo nieva!*

New England. → Nueva Inglaterra.

Newfoundland. → Terranova.

New Hampshire. → Nuevo Hampshire.

New Jersey. → Nueva Jersey.

New Mexico. → Nuevo México.

New Orleans. → Nueva Orleans.

New Providence. → Nueva Providencia.

New York, ⊗**newyorkino -na,** ⊗**newyorquino -na.** → Nueva York.

nícalo. → níscalo.

⊗**nieblina.** → neblina.

nigromancia. 'Adivinación por evocación de los muertos'. También se dice, aunque menos, *necromancia*. Sobre la acentuación, → -mancia o -mancía.

níhil óbstat. Loc. lat. que significa literalmente 'nada se opone' y es la fórmula que emplea la censura eclesiástica para aprobar la publicación de un libro. Se usa frecuentemente como sustantivo masculino, con el sentido general de 'beneplácito o aprobación': «*Ha de dar el "níhil óbstat" a esta representación antes de que la repitamos para el rey*» (Muñiz *Tragicomedia* [Esp. 1980]). Es invariable en plural (→ PLURAL, 1k): *los níhil óbstat*.

Nijmegen. → Nimega.

nilón. → nailon.

Nimega. Forma tradicional española del nombre de esta ciudad de los Países Bajos: «*Uno de los más destacados autores sobre bioética en el continente europeo, el profesor de Nimega Paul Sporken*» (*Acta* [Perú] 9-12.01). No debe usarse en español la forma neerlandesa *Nijmegen*.

nimio -mia. Aunque el adjetivo latino del que deriva significa 'abundante o excesivo', y con dicho sentido se usó este término en el español clásico, hoy se emplea normalmente con el sentido de 'insignificante o sin importancia': «*En aquella atmósfera tensa, rutinaria, de nimias novedades, la voz del moribundo reclamando música se impuso como una orden*» (Delibes *Madera* [Esp. 1987]). Este radical cambio semántico se produce a partir del sentido, raro hoy, pero frecuente en épocas pasadas, de 'minucioso o escrupuloso': «*Se sientan cómodamente para recrearse en sus hijas, a quienes estudian y analizan con nimio cuidado*» (Facundo *Chucho* [Méx. 1871]). También ha podido influir la semejanza formal con el adjetivo *mínimo*.

ninguno -na. 1. El indefinido *ninguno, ninguna* puede funcionar como adjetivo: *No tengo ninguna amiga actriz;* o como pronombre: *No ha venido ninguno.* Carece de uso en plural, salvo con sustantivos que se usan en plural con sentido singular: *No tengo ningunas gafas con esa forma;* en enunciados negativos de valor enfático: *Ya no somos ningunos niños;* o con plurales expresivos: *No tengo ningunas ganas de ir al cine.* Como adjetivo toma la forma *ningún* ante sustantivos masculinos, los preceda inmediatamente o no: *ningún caso, ningún buen amigo.* Su femenino *ninguna* se apocopa normalmente en *ningún* ante sustantivos que comienzan por /a/ tónica: *ningún águila, ningún hacha* (aunque también se admite, en estos casos, el uso de la forma plena *ninguna: ninguna águila, ninguna hacha*). Pero si entre el indefinido y el sustantivo se interpone otra palabra, no se produce la apócope: *ninguna majestuosa águila, ninguna afilada hacha.* También cuando el adjetivo va pospuesto debe concordar en femenino con el sustantivo: *ningún águila majestuosa, ningún hacha afilada* (no ⊗*ningún águila majestuoso,* ⊗*ningún hacha afilado*).
2. Si *ninguno* va seguido de un complemento plural introducido por *de,* la concordancia del verbo ha de hacerse con el indefinido, esto es, en singular, y no con el sustantivo plural: «*Ninguno de los chicos se enojó por la derrota*» (*NProvincia* [Arg.] 3.7.97), y no ⊗*Ninguno de los chicos se enojaron.*
3. Si *ninguno* va seguido de un complemento con *nosotros, vosotros* o *ustedes,* la concordancia del verbo vacila entre el singular (de acuerdo con el indefinido) y el plural (de acuerdo con el pronombre personal): «*Ninguno de nosotros era supersticioso*» (Allende *Casa* [Chile 1982]); «*Ninguno de nosotros queremos eso*» (*País* [Esp.] 5.8.77). Ambas concordancias son válidas, aunque en la lengua culta resulta preferible la primera. Pero si el complemento no está expreso, sino que va implícito, el verbo ha de ir necesariamente en plural: «*Ninguno sabemos nada sobre esos asuntos tan cautivadores*» (Marías

Corazón [Esp. 1992]). En estos casos no debe usarse el indefinido *nadie* (→ nadie): ⊗*nadie de vosotros,* ⊗*nadie de ustedes.*
4. Cuando el sustantivo al que modifica *ninguno* va pospuesto al verbo, este va necesariamente en forma negativa: se dice *Ningún amigo me ha acompañado,* pero *No me ha acompañado ningún amigo.* En este último caso, el indefinido *ninguno* puede ir pospuesto al sustantivo y es sustituible por *alguno: No me ha acompañado amigo ninguno,* de igual sentido que *No me ha acompañado amigo alguno.*

níscalo. En España, 'hongo comestible de color anaranjado'. Esta es la forma más extendida en el uso general; las formas *mízcalo* y *nícalo* son variantes regionales.

nivel. *a(l) nivel de.* El significado básico del sustantivo *nivel* es 'altura' y, en sentido figurado, 'categoría o rango'. Se usa con frecuencia en la locución *a(l) nivel de,* que significa, propiamente, 'a la altura de'. Cuando se refiere a altura física, es más normal el uso con artículo (*al nivel de*) que sin él (*a nivel de*), aunque se dan ambos: «*Se encontraban de nuevo al nivel de la calle*» (PzReverte *Maestro* [Esp. 1988]); «*El rostro sin sangre del jinete colgaba a nivel de los estribos*» (Quintero *Danza* [Ven. 1991]); en sentido figurado, en cambio, es más normal el uso sin artículo: «*Las voces que habían comenzado a nivel de cabo furriel fueron empinándose en el escalafón*» (Arrabal *Torre* [Esp. 1982]). Hoy se ha extendido enormemente el uso figurado de *a nivel de* + sustantivo, así como el de *a nivel* + adjetivo. Ambas construcciones son admisibles siempre que en ellas la palabra *nivel* conserve de algún modo la noción de 'altura' o de 'categoría u orden jerárquico': «*Han decidido establecer relaciones diplomáticas a nivel de embajada*» (HdzPadilla *Política* [Méx. 1988]); «*No existía un programa de rehabilitación a nivel nacional*» (Cibeira *Bioética* [Arg. 1997]). Por el contrario, la lengua cuidada rechaza su empleo cuando no está presente ninguna de estas nociones y se emplea, indebidamente, con los sentidos de 'con respecto a', 'en el ámbito de', 'entre' o, simplemente, 'en': ⊗«*A nivel de mucosas digestivas también hay gran irritación*» (Arranbide/Talamoni *Plaguicidas* [Arg. 1992]).

no. 1. Adverbio de negación. Se antepone al verbo para construir oraciones enunciativas negativas: *No pude hacer lo que me dijiste.* En respuesta a oraciones interrogativas, se emplea para negar o rehusar: —¿*Has visto a Clara?* —*No, acabo de llegar;* —¿*Me prestas el coche?* —*No, lo necesito para ir al trabajo.* Precede necesariamente al verbo cuando este va seguido de adverbios o pronombres de sentido negativo: *No llamas nunca* (pero *Nunca llamas*); *No lo haré jamás* (pero *Jamás lo haré*); *No quiero nada* (pero *Nada quiero*); *No lo sabe ninguno* (pero *Nin-*

guno lo sabe). Se escribe siempre sin tilde (⊗*nó*), a diferencia del adverbio de afirmación *sí* (→ sí).

2. No debe usarse antepuesto a un verbo dependiente de otro que ya tenga sentido negativo: ⊗*Quiso evitar que la empresa no entrase en bancarrota*, en lugar de *Quiso evitar que la empresa entrase en bancarrota*. Tampoco es correcto su empleo cuando en la oración hay elementos de sentido negativo antepuestos al verbo: ⊗*No te presentes aquí sin que no hayas hecho lo que te dije*, en lugar de *No te presentes aquí sin que hayas hecho lo que te dije*.

3. Se usa con valor meramente expletivo —y puede, por tanto, suprimirse sin que se altere el sentido del enunciado— en los casos siguientes:

a) Detrás de la conjunción *que* (→ que, 2.2.2), cuando esta introduce el segundo término de una comparación: *Es mejor reír que no llorar* (de igual sentido que *Es mejor reír que llorar*). El uso expletivo de *no* en este caso es especialmente frecuente cuando, de no interponer el adverbio, en la estructura comparativa confluirían dos *que* seguidos: *Es mejor que vengas que no que te quedes sola* (de igual sentido que *Es mejor que vengas que que te quedes sola*).

b) Detrás de verbos que expresan temor: *Temo no vayan a embargarme la casa*, de igual sentido que *Temo (que) vayan a embargarme la casa*.

c) En oraciones exclamativas cuantitativas, con valor enfático: *¡Cuánto no daría por ir contigo a ese viaje!*, de igual sentido que *¡Cuánto daría por ir contigo a ese viaje!*

d) Detrás de la preposición *hasta*, cuando esta introduce oraciones subordinadas temporales (→ hasta, 1).

e) Detrás de la locución adverbial *por poco* (→ poco, 8).

4. Se antepone a sustantivos o adjetivos abstractos, denotando inexistencia de lo designado por ellos: *Es partidario de la no violencia; Su actitud no beligerante le granjeó las simpatías de todos*. Se escribe separado y sin guion intermedio.

5. Puede sustantivarse y, en ese caso, su plural, en la lengua culta, es *noes* (→ PLURAL, 1b): *«Le entregas un cuestionario lleno de noes. Pero los noes no le gustan»* (VqzMontalbán *Galíndez* [Esp. 1990]).

6. no más, nomás. a) En el español de España, la locución *no más* solo se usa con el sentido de 'nada más, solamente', y se pospone a la palabra o conjunto de palabras a las que modifica: *«Una prueba no más a modo de ejemplo»* (País [Esp.] 24.8.77); *«Movido no más que por mi conciencia, expresé más de una vez con mi firma una actitud contraria a la política inmovilista y represiva del sistema»* (Laín *Descargo* [Esp. 1976]). Se emplea raramente, ya que en la lengua general se prefiere *nada más*.

b) En el español de América, el uso de *no más* es mucho más frecuente que en España y a menudo, especialmente en México, se escribe *nomás*, en

una sola palabra: *«Se trata nomás de ir a torear rancheros»* (Mojarro *Yo* [Méx. 1985]). Además del sentido general de 'nada más, solamente', se usa en América con otros valores. Así, se emplea como modificador verbal, especialmente en oraciones exhortativas, para dar mayor énfasis a la expresión: *«Contá, contá nomás cómo son esas hembras»* (Guido *Invitación* [Arg. 1979]); *«¡Entren, no más! —gritó la vieja»* (Allende *Casa* [Chile 1982]). Normalmente se pospone al verbo, aunque en México es muy frecuente su anteposición: *«Si te animas, nomás avísame con tiempo»* (Santander *Corrido* [Méx. 1982]). Con el mismo valor de refuerzo expresivo, se usa también como modificador adverbial: *«Volvió al rato el sirviente, y allí no más, desde el vano de la puerta, [...] dio su triste noticia»* (Ramírez *Baile* [Nic. 1995]); *«Ahora nomás llegará la señora»* (Plaza *Cerrazón* [Ur. 1980]). Por último, antepuesto a un verbo, se emplea también con el sentido de 'tan pronto como, en cuanto': *«Nomás le dabas la vuelta a una llavecita y salía el agua directo al lavamanos»* (González *Dios* [Méx. 1999]); *«Nomás entrar, pateó un cenicero»* (Ramos/Lejbowicz *Corazones* [Arg. 1991]). Se usa a veces en la forma diminutiva *nomasito*: *«Ahí nomasito, a la derecha»* (Serrano *Vida* [Chile 1995]).

7. no obstante. → obstante.

Nobel. 1. Nombre de los premios instituidos por el químico sueco Alfred Nobel. En su lengua de origen, el sueco, es palabra aguda ([nobél]), y así se recomienda pronunciarla en español, a pesar de que la pronunciación llana [nóbel] está muy extendida, incluso entre personas cultas. No debe confundirse gráficamente con el adjetivo *novel* ('principiante'; → novel).

2. Cuando se refiere al nombre del premio, se escribe con inicial mayúscula y es invariable en plural: *Los premios Nobel son los más prestigiosos del mundo; La ceremonia de entrega de los Nobel es muy vistosa*. Cuando se refiere a la persona que lo ha recibido, se escribe con minúscula y hace el plural en *-es: Al congreso acudieron cinco nobeles*.

nocaut. 1. Adaptación gráfica propuesta para la voz inglesa *knock-out*, que se usa, en boxeo, con los sentidos de 'golpe que deja fuera de combate' y 'derrota por fuera de combate': *«Blocker recibió un dramático nocaut de los puños de Terry Norris»* (Universal [Ven.] 21.4.93). Como adverbio significa 'fuera de combate': *«El Torito Mazzarone seguía nocaut»* (Cossa *Criado* [Arg. 1986]). Su plural es *nocauts* (→ PLURAL, 1h): *«Está invicto en cinco peleas y contabiliza cuatro nocauts»* (Prensa [Nic.] 3.5.97).

2. El verbo *noquear* es adaptación del inglés *to knock out* y significa, en boxeo, 'dejar [al adversario] fuera de combate' y, en la lengua general, 'dejar [a alguien] inconsciente con un golpe' o, por extensión, 'derrotar [a alguien] rápida y contundentemente': «*Goitía noqueó en el primer asalto al aragüeño José Álvarez*» (*Universal* [Ven.] 21.4.93); «*El Real Madrid* [...] *noqueó en pocos minutos a un Cáceres decepcionante*» (*Abc* [Esp.] 6.10.97).

noche. 1. *a, en, por la noche.* → a², 6.

2. *ayer noche.* → ayer, 2.

3. *la otra noche.* 'En una de las noches últimas pasadas': «*Le pedí que viniera a casa la otra noche*» (Marsillach *Ático* [Esp. 1995]). Debe evitarse el uso de esta locución en plural para referirse a un único día, que se da en zonas del Caribe y del Río de la Plata: [⊗]«*Siempre se me había estado insinuando,* [...] *hasta que las otras noches se me declaró en firme*» (CInfante *Habana* [Cuba 1986]).

4. *media noche.* → medianoche.

5. *Noche Buena.* → Nochebuena.

6. *Noche Vieja.* → Nochevieja.

Nochebuena. 'Noche de la víspera de Navidad': «*En dos días más llegará la Nochebuena*» (Araya *Luna* [Chile 1982]). Es preferible esta forma, hoy mayoritaria, a la grafía en dos palabras *Noche Buena.* Su plural es *Nochebuenas:* «*De esto habían pasado ya muchas Nochebuenas*» (González *Dios* [Méx. 1999]). Se escribe con inicial mayúscula (→ MAYÚSCULAS, 4.19).

Nochevieja. 'Última noche del año': «*Iríamos a pasar allí la Nochevieja*» (MñzMolina *Invierno* [Esp. 1987]). Es preferible esta forma, hoy mayoritaria, a la grafía en dos palabras *Noche Vieja.* Su plural es *Nocheviejas:* «*Las Nocheviejas todo el mundo acababa ronco de tanto gritar*» (Gala *Campos* [Esp. 1963]). Se escribe con inicial mayúscula (→ MAYÚSCULAS, 4.19).

nómada. 'Que va de un lugar a otro sin tener residencia fija'. Esta es hoy la forma mayoritaria en todo el ámbito hispánico, salvo en la Argentina y el Uruguay, donde suele preferirse la variante etimológica *nómade:* «*Eran nómadas del campo, vagaban por la región sin trabajo fijo*» (Allende *Casa* [Chile 1982]); «*Varios años vivieron como nómades en los pueblos del sur de Buenos Aires*» (Martínez *Perón* [Arg. 1989]).

nómade. → nómada.

no más, nomás. → no, 6.

nombrar. 1. 'Decir el nombre [de alguien o algo]', 'dar nombre [a alguien o algo]' y 'designar [a alguien] para un cargo, cometido, condecoración, etc.'. Es transitivo: «*Pensaron en César, pero ninguno LO nombró*» (Gironella *Hombres* [Esp. 1986]). Con el último sentido indicado, además del complemento directo, lleva un predicativo que indica el cargo, cometido o condecoración asignados: «*Lo nombraron* SUCESOR *del pobre don Pedro*» (Arrau *Digo* [Chile 1981]). Debe evitarse anteponer *como* a este complemento predicativo (→ como, 3b): [⊗]«*Nombró a Manglano* COMO *director de los servicios*

secretos» (*Vanguardia* [Esp.] 2.7.95); debió decirse *Nombró a Manglano director.*

2. Para su aparición en construcciones impersonales (*Se nombra a los delegados*) o de pasiva refleja (*Se nombran los delegados*), → se, 2.3.

nombre. 1. *a nombre de.* 'Con destino a alguien': «*Dejó un sobre lacrado a nombre de su madre*» (Puig *Beso* [Arg. 1976]); o 'a favor de alguien': «*Puso su cuenta de Estados Unidos a nombre de una amiga colombiana*» (*Clarín* [Arg.] 13.11.00). No debe usarse con el sentido de 'en representación de', valor que tuvo en épocas pasadas y para el que hoy se prefiere *en nombre de* (→ 2).

2. *en (el) nombre de.* 'En representación de alguien': «*Tras despedir a los otros invitados en nombre de la anfitriona, se retiró él mismo a su residencia*» (Larreta *Volavérunt* [Ur. 1980]); e 'invocando o tomando como fundamento moral algo o a alguien': «*¡Cuántas atrocidades en nombre de aquella maldita lucha!*» (Arenales *Arauco* [Esp. 1992]). Hoy es mucho más frecuente su uso sin artículo. No debe confundirse con *a nombre de* (→ 1).

nomenclador. → nomenclátor.

nomenclátor. 'Catálogo o lista de nombres propios, o de voces técnicas de una ciencia o disciplina': «*Sus propuestas apuntaban a la recuperación de nombres de la II República, pero* [...] *se ha optado por volver al nomenclátor anterior a 1931*» (*País* [Esp.] 10.7.80). Procede del sustantivo latino *nomenclator* y su plural, en español, es *nomenclátores* (→ PLURAL, 1g y k). Menos frecuente, pero también válida, es la variante hispanizada *nomenclador,* cuyo plural es *nomencladores:* «*Cierra el libro un glosario o nomenclador sobre términos frecuentemente utilizados en planeamiento educativo*» (Gioja *Planeamiento* [Arg. 1980]).

nomeolvides. 'Planta herbácea de flores azules y, especialmente, su flor'. Aunque se usa en ambos géneros, es hoy mayoritario y preferible el masculino: «*Symphytum officinale, como el heliotropo, la borraja y el nomeolvides, pertenece a la familia botánica de las borragináceas*» (*DPrensa* [Arg.] 16.5.92). Es invariable en plural (→ PLURAL, 1f).

nominar. 1. Del latín *nominare* ('dar nombre' y 'proponer o designar para una función o cargo'), proceden en español dos verbos: *nombrar* (→ nombrar), forma mayoritaria en todas las épocas del español, y el cultismo *nominar,* de uso más esporádico: «*Muchas palabras de origen africano habían pasado a ser utilizadas por los amos, sobre todo las que nominaban aspectos de la industria azucarera*» (Évora *Orígenes* [Cuba 1997]); «*Reservaba al Estado el derecho a nominar el clero que ocuparía posiciones en la jerarquía eclesiástica*» (Silvestrini/LSánchez *Puerto Rico* [P. Rico 1987]). En el español actual se ha revitalizado, por influjo del inglés, el uso de *nominar,* y hoy tiene también el sentido de 'proponer o de-

signar como candidato para algo': «*Ha sido nomi-
nado diez veces al premio de la Academia*» (*Expreso*
[Perú] 1.10.91).

2. Además del complemento directo, suele llevar un complemento predicativo: «*¿No ha temido
que lo nominen* CANDIDATO *a la Junta?*» (*Cambio 16*
[Esp.] 26.3.90). Debe evitarse anteponer *como* a
este complemento (→ como, 3b): ⊗«*Lo nominó
COMO candidato a diputado*» (*País* [Esp.] 2.2.85); debió decirse *Lo nominó candidato.*

non plus ultra. Loc. lat. que significa literalmente
'no más allá'. Tiene su origen en la expresión que,
según la leyenda, Hércules grabó en el estrecho de
Gibraltar para indicar que no había tierra más allá,
que ahí terminaba el mundo conocido. En español es locución nominal masculina y significa 'cosa
que ha alcanzado la máxima perfección, el no va
más': «*Una representación que, según la leyenda, era el
non plus ultra de su repertorio*» (VLlosa *Tía* [Perú
1977]). Es invariable en plural (→ PLURAL, 1k): *los
non plus ultra.*

noósfera o **noosfera.** → -sfera.

noquear. → nocaut, 2.

nor-. Elemento compositivo prefijo que significa
'norte o del norte':

a) Antepuesto a los nombres de los puntos cardinales *este* y *oeste,* y de los compuestos así formados, significa 'norte' y da lugar a los nombres de
los puntos del horizonte *noreste, noroeste, nornoreste* y *nornoroeste:* «*Soplaba noroeste y no se veía una
nube*» (Fogwill *Cantos* [Arg. 1998]); «*Los vientos serán moderados del Nornoreste*» (*País* [Esp.] 1.2.86).
Ante *este* aparece a menudo la variante *nord-,* dando lugar a la forma *nordeste,* de uso algo menos frecuente que *noreste,* pero igualmente válida: «*El nordeste soplaba más débil ahora, refrescando el ambiente*»
(Guelbenzu *Río* [Esp. 1981]). Sobre su escritura
con mayúscula inicial (→ MAYÚSCULAS, 4.13). También se antepone a los adjetivos *oriental* y *occidental,* dando lugar a los compuestos *nororiental* ('del
noreste') y *noroccidental* ('del noroeste').

b) Antepuesto a adjetivos gentilicios o derivados
de topónimos, significa 'del norte' y aparece por
igual ante vocal y ante consonante (*norcoreano,
norirlandés, norvietnamita, noryemení, noratlánti-
co,* etc.): «*Los norcoreanos empezaron a proveer a Irán
con misiles HY-2*» (*Vistazo* [Ec.] 20.3.97); «*La salida de la cuestión norirlandesa [...] se presenta como
la cuadratura del círculo*» (*País* [Col.] 22.7.97). No
debe emplearse, en estos casos, la variante *nord-:*
⊗*nordcoreano,* ⊗*nordirlandés,* etc. Son excepción los
adjetivos *americano* y *santandereano,* que toman la
forma prefija *norte-: norteamericano* y *nortesantandereano;* y *europeo* y *africano,* que admiten ambas
formas: *noreuropeo* y *norteuropeo; norafricano* [Am.]
y *norteafricano* (→ norte-).

⊗**norabuena.** → enhorabuena, 3.

noray. 'Poste en el que se aseguran las amarras de
los barcos'. Su plural es *noráis* o *norayes* (→ PLU-
RAL, 1d).

norcoreano -na. → Corea y nor-, b.

nord-. → nor-.

nor(d)este. → nor-, a.

norirlandés -sa. → Irlanda del Norte y nor-, b.

nornor(d)este, nornoroeste, noroeste.
→ nor- a.

norte. → MAYÚSCULAS, 4.13.

norte-. Elemento compositivo prefijo que, antepuesto a algunos adjetivos derivados de topónimos,
significa 'del norte'. Se une a *americano* y *santandereano* para formar los compuestos *norteamericano* ('de América del Norte') y *nortesantandereano*
('del Norte de Santander, departamento de Colombia'): «*Se parecía bastante a esos atléticos norteamericanos que se refugian en las montañas de Colorado*»
(Rojo *Matar* [Esp. 2002]); «*En la capital nortesan-
tandereana no existe la modalidad del taxímetro*» (*Tiempo* [Col.] 16.11.94). En el resto de los casos, adopta la forma *nor-* (→ nor-, b), salvo ante *africano* y
europeo, con el que pueden emplearse ambas variantes: «*Acaban de perder a uno de sus hijos en el frente norteafricano*» (Leguina *Nombre* [Esp. 1992]);
«*Como si se tratara de un paraje norafricano*» (Miralles
Cortés [Méx. 2001]); «*Los intereses geoestratégicos nor-
teuropeos fueron defendidos por la Armada*» (GaCor-
tázar/GlzVesga *España* [Esp. 1994]); «*De ahí que
aquellos tempranos turistas noreuropeos creyeran que se
trataba de cantos de flamencos*» (Évora *Orígenes* [Cuba
1997]). En España se prefiere la forma *norteafricano,* mientras que en América es mayoritario el uso
de *norafricano.*

Norteamérica. **1.** Tanto *América del Norte* como
Norteamérica son designaciones correctas del subcontinente americano que engloba el conjunto
de países situados al norte de México y al propio
México.

2. El uso de *Norteamérica* como sinónimo de Estados Unidos de América está bastante generalizado: «*En América, solamente la República Argentina tiene organizados sus cultivos usando tecnología
moderna, exceptuando Canadá y Norteamérica*» (Crespo *Champiñón* [Arg. 1991]). Aunque no sea censurable, dada su frecuencia, es preferible mantener la distinción de ambas denominaciones, *Estados
Unidos de América* para el país y *Norteamérica* o
América del Norte para todo el subcontinente, especialmente en contextos en que su referencia pueda ser ambigua.

3. Aunque el gentilicio *norteamericano* designa,
en rigor, a los habitantes de toda América del Nor-

te, se usa corrientemente como sinónimo de *estadounidense* (→ Estados Unidos, 4).

norteamericano -na. → Norteamérica, 3 y Estados Unidos, 4.

North Carolina. → Carolina del Norte.

North Dakota. → Dakota del Norte.

nos. 1. Pronombre personal átono (→ PRONOMBRES PERSONALES ÁTONOS).

  2. Pronombre personal tónico de primera persona que solían utilizar, refiriéndose a sí mismas, ciertas personas de muy alto rango como el rey, el papa o los obispos, en actos solemnes: «*Nos, por la gracia de Dios y de su Santa Sede Apostólica Obispo de esta Diócesis*» (Morón *Gallo* [Ven. 1986]). Se trata de un uso mayestático que, aunque común en épocas pasadas, hoy solo se emplea en textos literarios, precisamente con la intención de reflejar la lengua de esas épocas.

  3. ⊛*entre nos.* → ínter nos.

nosología. 'Parte de la medicina que describe y clasifica las enfermedades': «*Fenómenos como la salud, la enfermedad y la curación son coherentemente explicados a la luz de* [...] *una nosología y una terapéutica vitalistas*» (Lasprilla *Reflexiones* [Col. 1991]). Este término y su derivado *nosológico* se han formado sobre la voz griega *nósos* ('enfermedad'); no tienen, por tanto, ninguna relación con *gnoseología* ('teoría del conocimiento'; → gnoseología) y su derivado *gnoseológico*, palabras con las que no deben confundirse.

nosotros -tras. Pronombre personal tónico de primera persona del plural (→ PRONOMBRES PERSONALES TÓNICOS).

notoriedad. 'Cualidad de notorio' y 'fama'. No es correcta la forma ⊛*notoridad* (→ -dad, c).

Nouadhibou. → Nuadibú.

Nouakchott. → Nuakchot.

Nova Scotia. → Nueva Escocia.

novecientos -tas. 'Nueve veces cien'. No es correcta la forma ⊛*nuevecientos*.

novel. 'Que se estrena en una actividad': «*Marta lloraba, reía y suspiraba sola, como un padre novel en la antesala del paritorio*» (Longares *Romanticismo* [Esp. 2001]). Es voz aguda: [nobél]. No es correcta la forma llana ⊛*nóvel*. No debe confundirse con *Nobel* ('prestigioso premio internacional'; → Nobel).

noventayochista. 'De la generación del 98': «*Es esa atención a la realidad lo que caracteriza* [...] *a los noventayochistas*» (Ynduráin *Clasicismo* [Esp. 2000]). En la grafía de esta voz, que debe escribirse en una sola palabra, se mantiene la *y* propia de la conjunción copulativa.

noviar. En el habla coloquial de algunos países americanos, 'tener una relación de noviazgo con alguien'. Se acentúa como *anunciar* (→ APÉNDICE 1, n.º 4). Se construye con un complemento introducido por *con*: «*Enchinchó siete años a Georgina Letona y ahora la deja para noviar CONTIGO*» (Mastretta *Vida* [Méx. 1990]).

-ns-. → n, 3.

Nuadibú. Forma adaptada a la ortografía y pronunciación españolas del nombre de esta ciudad de Mauritania: «*Las causas de la escala técnica en Nuadibú, capital económica de Mauritania, no han sido explicadas*» (*País* [Esp.] 1.12.87). No debe usarse en español la grafía francesa *Nouadhibou*.

Nuakchot. Forma adaptada a la ortografía y pronunciación españolas del nombre de la capital de Mauritania: «*El régimen de Nuakchot ni siquiera ha anunciado la llegada de la misión de la ONU al país*» (*País* [Esp.] 1.12.87). No debe usarse en español la grafía francesa *Nouakchott*.

nudismo. 'Práctica de desnudarse en público': «*El hombre que practica el nudismo se libera de complejos*» (*Integral* [Esp.] 7.95). Es también válida, aunque menos frecuente, la voz *desnudismo*: «*Practican libremente el desnudismo en un extremo de la playa*» (*País* [Esp.] 2.8.84). No debe confundirse con *naturismo* ('vuelta a la naturaleza y utilización de sustancias naturales para prevenir y curar enfermedades'; → naturismo).

nuera. Término usado en la lengua general culta para referirse a la esposa del hijo de una persona: «*Las tensas relaciones entre suegra y nuera no llegaron nunca a suavizarse por completo*» (Moix *Vals* [Esp. 1994]); no obstante, en el habla coloquial y popular de varios países americanos, como Puerto Rico, República Dominicana, Colombia o Venezuela, así como en algunas regiones de España, se usa a veces, con este sentido, la voz *yerna*, formada a partir de *yerno* (→ yerno), masculino heterónimo de *nuera*: «*A la yerna le negaba la entrada y hasta el saludo*» (Vega *Crónicas* [P. Rico 1991]); es uso que debe evitarse en el habla culta formal.

nuero. → yerno.

⊛Nueva Celanda, ⊛Nueva Celandia. → Nueva Zelanda.

Nueva Delhi. Grafía plenamente asentada en el uso español del nombre de la capital de la India: «*La India anunció ayer que Francia retira a su embajador en Nueva Delhi*» (*País* [Esp.] 2.2.85). No es correcta la grafía ⊛*Nueva Dheli*. También se admite, aunque es minoritaria, la grafía adaptada *Nueva Deli*: «*Dos vacas sagradas interrumpen el tráfico en Nueva Deli*» (*Verdad*@ [Esp.] 7.5.05).

Nueva Deli. → Nueva Delhi.

Nueva Escocia. Forma tradicional española del nombre de esta provincia atlántica de Canadá: *«Su aparato fue detectado cuando sobrevolaba Nueva Escocia (este de Canadá)»* (*Tiempo* [Col.] 13.2.97). No debe usarse en español la denominación *Nova Scotia*, propia del inglés.

Nueva Hampshire. → Nuevo Hampshire.

Nueva Inglaterra. Forma tradicional española del nombre de esta región de los Estados Unidos de América, que comprende los estados de Connecticut, Maine, Massachusetts, Nuevo Hampshire, Rhode Island y Vermont: *«La demanda* [de ron] *era tan alta que se establecieron destilerías en Nueva York y en Nueva Inglaterra»* (*Prensa@* [Nic.] 20.10.03). No debe usarse en textos españoles la forma inglesa *New England*.

Nueva Jersey. Forma híbrida tradicionalmente usada en español para nombrar esta ciudad y este estado de los Estados Unidos de América: *«Las numerosas autopistas que atraviesan sus paisajes evocan ciudades como Nueva Jersey y Tokio»* (*Nacional* [Ven.] 12.1.97). Se pronuncia [nuéba-yérsi]. No debe usarse en español la forma inglesa *New Jersey*.

Nueva Orleans. Forma tradicional española del nombre de esta ciudad del estado de Luisiana (Estados Unidos): *«Esperó a que su hija Ofelia viniera de Nueva Orleans»* (GaMárquez *Amor* [Col. 1985]). Es incorrecto escribir *Orleans* con tilde (⊗*Orleáns*), pues las palabras agudas terminadas en *-s* precedida de otra consonante no la llevan (→ TILDE², 1.1.1). No debe usarse en español la forma inglesa *New Orleans*.

Nueva Providencia. Forma tradicional española de esta isla de las Bahamas: *«Otro grupo de bermudenses ocupó Nueva Providencia»* (Tibón *Aventuras* [Méx. 1986]). No debe usarse en español la forma inglesa *New Providence*.

Nueva York. 1. Forma tradicional española del nombre de este estado y ciudad de los Estados Unidos de América: *«Su papá se lo llevó a Nueva York»* (Santiago *Sueño* [P. Rico 1996]). No debe utilizarse, en textos españoles, el topónimo inglés *New York*.

2. La forma recomendada para el gentilicio es *neoyorquino*, por ser la que mejor se adapta a la ortografía española: *«Lo terrible sucedió una de esas noches neoyorquinas de mucho hielo»* (Donoso *Elefantes* [Chile 1995]). También es válida, aunque mucho menos frecuente, la variante *neoyorkino;* no son admisibles, sin embargo, las formas híbridas ⊗*newyorquino* o ⊗*newyorkino*.

Nueva Zelanda. País de Oceanía. Esta forma, única usada en España, alterna en el español de América con *Nueva Zelandia*, igualmente válida: *«El único país más alejado es Nueva Zelanda, pero no tenemos relaciones diplomáticas»* (VLlosa *Fiesta*

[Perú 2000]); *«¿Bastaba un ingeniero para representar a todos los ingenieros, incluso los de Nueva Zelandia?»* (Borges *Libro* [Arg. 1975]). Las grafías con la *z* etimológica (→ Zelanda) están plenamente asentadas, por lo que se desaconsejan las adaptaciones ⊗*Nueva Celanda* y ⊗*Nueva Celandia*. El gentilicio recomendado es *neozelandés*, no ⊗*neocelandés*.

Nueva Zelandia. → Nueva Zelanda.

⊗nuevecientos -tas. → novecientos.

nuevo -va. '[Cosa] recién hecha o aparecida', '[persona] recién incorporada a un lugar o un grupo' y '[cosa] poco o nada deteriorada por el uso'. Tiene dos superlativos válidos: *novísimo*, que conserva la raíz del adjetivo latino, es la forma tradicional y más usada para las dos primeras acepciones: *«Obra violenta cuya audaz y novísima técnica le daba una fuerza tremenda»* (Chávez *Batallador* [Méx. 1986]); *«los intelectuales que intervinieron, algunos de edad avanzada y otros considerados novísimos, hablaron de los inicios de la obra de nuestro compatriota»* (Hora [Guat.] 21.8.00); pero para el último sentido se usa más *nuevísimo:* *«Vi venir a Roibal, impecablemente vestido en un traje nuevísimo»* (Aguilar *Golfo* [Méx. 1986]).

Nuevo Hampshire. Forma recomendada en español del nombre de este estado de los Estados Unidos de América: *«Los demócratas afianzaron su victoria en [...] Virginia Occidental y Nuevo Hampshire»* (*Mercurio* [Chile] 4.11.04). En algunos países americanos se emplea a veces la variante femenina *Nueva Hampshire*, menos recomendable, al ser *estado* una palabra de género masculino: *«Un motel ubicado cerca de los límites entre los estados de Maine y Nueva Hampshire»* (DYucatán [Méx.] 1.9.96). Se pronuncia con *h* aspirada. Se desaconseja, a pesar de su frecuencia hoy, el uso en español de la forma inglesa *New Hampshire*.

Nuevo Méjico. → Nuevo México.

Nuevo México. Forma española del nombre de este estado de los Estados Unidos de América: *«El asteroide fue visto [...] desde un observatorio de Nuevo México»* (*Prensa* [Nic.] 25.7.02). Se pronuncia [nuébo-méjiko], no ⊗[nuébo-méksiko]. También es válida la grafía *Nuevo Méjico* (→ México): *«Se hicieron novios en Carrizoso, Nuevo Méjico»* (Cela *Cristo* [Esp. 1988]). No debe usarse en español la forma inglesa *New Mexico*. El gentilicio es *neomexicano* (o *neomejicano*): *«Aznar realizó estas consideraciones en un discurso ante las cámaras legislativas del estado de Nuevo México, en donde elogió a los neomexicanos»* (*Mundo@* [Esp.] 12.7.03).

NUMERALES. 1. Son las palabras que hacen referencia a los números. Según expresen cantidad, orden en una sucesión, multiplicación o división, se clasifican en cardinales (→ CARDINALES), ordinales (→ ORDINALES), multiplicativos (→ MULTIPLI-

CATIVOS) y fraccionarios o partitivos (→ FRACCIO-NARIOS).

2. Sobre cuándo deben utilizarse cifras y cuándo letras en la escritura de los números, → NÚMEROS, 1.

número. *sin número.* → sinnúmero.

NÚMEROS. Existen dos sistemas básicos para representar los números mediante signos: la «numeración arábiga», llamada así porque fue introducida en Occidente por los árabes, y la «numeración romana», heredada de los romanos. Además, los números pueden representarse mediante palabras, denominadas «numerales» (→ NUMERALES). En la numeración arábiga, cualquier número puede representarse mediante la combinación de solo diez signos, llamados cifras o dígitos: 0, 1, 2, 3, 4, 5, 6, 7, 8, 9; la numeración romana se basa en el empleo de siete letras del alfabeto latino, a las que corresponde un valor numérico fijo (→ 3.1). Debido a su mayor simplicidad, la numeración arábiga sustituyó en la Edad Media al sistema romano, que ya no se emplea en la actualidad, salvo en unos pocos casos (→ 3.2). En los textos escritos pueden emplearse tanto cifras como palabras (→ 1). Para el uso de cifras o de palabras en la indicación de la fecha y la hora, → FECHA, 2 y HORA², 3. Para la ortografía de los números escritos con cifras, → 2.

1. *Uso de cifras o de palabras.* La elección de cifras o de palabras en la escritura de los números depende de varios factores: el tipo de texto de que se trate, la complejidad del número que se deba expresar y el contexto de uso. Así, en general, en textos científicos y técnicos es más normal, por su concisión y claridad, el empleo de cifras, y resulta obligado cuando se trata de operaciones matemáticas, cómputos estadísticos, inventarios, tablas, gráficos o cualquier otro contexto en que el manejo de números es constante y constituye parte fundamental de lo escrito. Por las mismas razones de concisión y claridad, en carteles, etiquetas, titulares periodísticos y textos publicitarios es también general el empleo de cifras. Por el contrario, en obras literarias y textos no técnicos en general, resulta preferible y más elegante, salvo que se trate de números muy complejos, el empleo de palabras en lugar de cifras. A este respecto pueden ofrecerse las siguientes recomendaciones generales:

1.1. Se escribirán preferentemente con letras:

a) Los números que pueden expresarse en una sola palabra, esto es, del *cero* al *veintinueve*, las decenas (*treinta, cuarenta,* etc.) y las centenas (*cien, doscientos,* etc.): *Me he comprado cinco libros: tres ensayos y dos novelas; Este año tengo cincuenta alumnos en clase; A la boda acudieron trescientos invitados.*

b) Los números redondos que pueden expresarse en dos palabras (*trescientos mil, dos millones,* etc.):

Acudieron cien mil personas a la manifestación; Ganó tres millones en un concurso.

c) Los números que se expresan en dos palabras unidas por la conjunción *y* (hasta *noventa y nueve*): *Mi padre cumplió ochenta y siete años la semana pasada; En la Biblioteca de Palacio hay treinta y cinco manuscritos.*

No es recomendable mezclar en un mismo enunciado números escritos con cifras y números escritos con letra; así pues, si algún número perteneciente a las clases antes señaladas forma serie con otros más complejos, es mejor escribirlos todos con cifras: *En la Biblioteca de Palacio hay 35 manuscritos y 135 226 volúmenes impresos, 134 de ellos incunables.*

d) En textos no técnicos es preferible escribir con letras los números no excesivamente complejos referidos a unidades de medida. En ese caso, no debe usarse el símbolo de la unidad, sino su nombre: *Recorrimos a pie los últimos veinte kilómetros* (no ⊗*los últimos veinte km*). Cuando se utiliza el símbolo, es obligado escribir el número en cifras (→ 1.2d).

e) Todos los números aproximados o los usados con intención expresiva: *Creo que nació en mil novecientos cincuenta y tantos; Habría unas ciento cincuenta mil personas en la manifestación; ¡Te lo he repetido un millón de veces y no me haces caso!*

f) Los números que forman parte de locuciones o frases hechas: *No hay duda: es el número uno; Éramos cuatro gatos en la fiesta; Te da lo mismo ocho que ochenta; A mí me pasa tres cuartos de lo mismo.*

1.2. Se escribirán con cifras:

a) Los números que exigirían el empleo de cuatro o más palabras en su escritura con letras: *En verano la población asciende a 32 423 habitantes* (más claro y de comprensión más rápida que *treinta y dos mil cuatrocientos veintitrés*). En algunos documentos, como cheques bancarios, contratos, letras de cambio, etc., por razones de seguridad, la expresión en cifras va acompañada normalmente de la expresión en palabras: *Páguese al portador de este cheque la cantidad de veinticinco mil trescientos treinta y ocho euros.*

b) Los números formados por una parte entera y una decimal: *El índice de natalidad es de 1,5* (o *1.5,* en los países que usan el punto como separador decimal) *niños por mujer.* También en este caso, en cheques bancarios, contratos, letras de cambio, etc., la expresión numérica suele acompañarse de la expresión lingüística: *Páguese al portador de este cheque la cantidad de mil doscientos treinta y cuatro euros con veinticinco céntimos.* El sustantivo cuantificado por una expresión numérica decimal, incluso si esta designa cantidad inferior a la unidad, debe ir en plural: *0,5 millones de pesos* (y no ⊗*0,5 millón de pesos*).

c) Los porcentajes superiores a *diez: En las últimas elecciones votó el 84% de la población*. No debe dejarse espacio de separación entre el número y el signo %. Hasta el *diez* suele alternar el empleo de cifras o palabras en la indicación de los porcentajes: *El 3% (o tres por ciento) de los encuestados dijo no estar de acuerdo con la medida*. El símbolo % debe leerse siempre «por ciento», no ⊗«por cien», salvo en el caso del *100%*, que puede expresarse en letras de tres modos: *cien por cien, cien por ciento* o *ciento por ciento* (→ ciento, 3). No debe usarse el signo % cuando el porcentaje se expresa con palabras (⊗*el tres %*). Tanto si se escribe con cifras como con palabras, la expresión de los porcentajes debe quedar dentro de la misma línea: ⊗*3 / %*, ⊗*tres / por ciento*, ⊗*tres por / ciento*.

d) Los números referidos a unidades de medida, cuando van seguidos del símbolo correspondiente: *Madrid dista 40 km de Guadalajara; Mañana se alcanzarán los 35 ºC*. No se deben escribir en líneas diferentes la cifra y el símbolo: ⊗*40 / km*, ⊗*35 / ºC*.

e) Los números seguidos de la abreviatura del concepto que cuantifican: *5 cts*. ('cinco céntimos'), *45 págs.* ('cuarenta y cinco páginas'), *2 vols.* ('dos volúmenes'). No se deben escribir en líneas diferentes el número y la abreviatura: ⊗*5 / cts*.

f) Los números pospuestos al sustantivo al que se refieren (expresado o no mediante abreviatura), usados para identificar un elemento concreto dentro de una serie: *página 3 (o pág. 3), habitación 317 (o hab. 317), número 37 (o núm. 37), tabla 7, gráfico 15*, etc.

2. Ortografía de los números escritos con cifras. Para escribir correctamente los números expresados en cifras, debe tenerse en cuenta lo siguiente:

a) Al escribir números de más de cuatro cifras, se agruparán estas de tres en tres, empezando por la derecha, y separando los grupos por espacios en blanco: *8 327 451* (y no por puntos o comas, como, dependiendo de las zonas, se hacía hasta ahora: ⊗*8.327.451;* ⊗*8,327,451*). Los números de cuatro cifras se escriben sin espacios de separación: *2458* (no ⊗*2 458*). En ningún caso deben repartirse en líneas diferentes las cifras que componen un número: ⊗*8 327 / 451*.

b) Nunca se escriben con puntos, comas ni blancos de separación los números referidos a años, páginas, versos, portales de vías urbanas, códigos postales, apartados de correos, números de artículos legales, decretos o leyes: *año 2001, página 3142, código postal 28357*.

c) Para separar la parte entera de la decimal debe usarse la coma, según establece la normativa internacional: *El valor de π es 3,1416*. No obstante, también se admite el uso anglosajón del punto, extendido en algunos países americanos: *El valor de π es 3.1416*.

d) Las cantidades que tienen como base un sustantivo de significación numeral como *millón, millardo, billón, trillón* y *cuatrillón*, siempre que, al menos, las tres últimas cifras de su escritura en números sean ceros, podrán abreviarse mezclando el uso de cifras y letras en su escritura: *327 millones, 3,6 billones, 2 cuatrillones*. Son sustantivos, entre otras cosas, porque si se expresa el elemento que cuantifican, este debe ir precedido de la preposición *de: 327 millones* DE *habitantes, 2 millardos* DE *dólares*. Este método abreviado no es válido para las cantidades en miles, ya que *mil* no es un sustantivo (la forma sustantiva es *millar*), sino que forma parte de adjetivos numerales compuestos de dos palabras, en cuya escritura no deben mezclarse cifras y letras; así, no debe escribirse ⊗*154 mil personas* o ⊗*12 mil millones*, por la misma razón que no escribimos ⊗*30 y siete* ni ⊗*cincuenta y 4*. Debe escribirse *154 000 personas, 12 000 millones (o doce mil millones;* → 1.1b).

e) En la expresión abreviada de los numerales ordinales (→ ORDINALES), se utilizan cifras seguidas de letras voladas. Como corresponde a las abreviaturas, se escribirá punto entre la cifra y la letra volada (→ ABREVIATURA, 6d): 1.º (*primero*), 2.ª (*segunda*), 3.ᵉʳ (*tercer*).

3. Uso de los números romanos

3.1. La numeración romana se basa en el empleo de siete letras del alfabeto latino, a las que corresponde un valor numérico fijo: I (= 1), V (= 5), X (= 10), L (= 50), C (= 100), D (= 500), M (= 1000). Para escribir correctamente un número utilizando este sistema, es necesario tener en cuenta lo siguiente:

a) Aunque en textos antiguos se usaban a veces letras minúsculas para representar los números romanos, hoy deben utilizarse solo letras con forma mayúscula. Cuando se refieran a sustantivos escritos en minúscula, se recomienda escribirlos en versalitas (letras de figura mayúscula, pero del mismo tamaño que las minúsculas): *siglo V, páginas XIX-XXIII;* y en versales (letras mayúsculas de tamaño superior al de las minúsculas), cuando vayan solos o se refieran a sustantivos escritos con inicial mayúscula: *Alfonso X, II Congreso Internacional*. Cuando los números romanos se usan con valor ordinal, no deben acompañarse de letras voladas: ⊗*tomo VI.º*, ⊗*II.ª Guerra Mundial*.

b) No debe repetirse hoy más de tres veces consecutivas una misma letra; así, el número 333 se escribe en romanos *CCCXXXIII*; pero 444 no puede escribirse ⊗*CCCCXXXXIIII*; se escribe *CDXLIV*. No obstante, en la Antigüedad podían repetirse hasta cuatro veces consecutivas las letras *I* y *X*.

c) Nunca se repetirá dos veces una letra si existe otra que por sí sola representa ese valor; así, no puede escribirse ⊛*VV* para representar el número 10, porque ese valor lo representa la letra *X*.

d) Cuando una letra va seguida de otra de valor igual o inferior, se suman sus valores: *VI* (= 6), *XV* (= 15), *XXVII* (= 27).

e) Cuando una letra va seguida de otra de valor superior, se le resta a la segunda el valor de la primera: *IV* (= 4), *IX* (= 9), *XL* (= 40), *XC* (= 90), *CD* (= 400), *CM* (= 900).

f) El valor de los números romanos queda multiplicado por mil tantas veces como rayas horizontales se tracen encima: así, $\overline{L}$ (= 50 000), $\overline{\overline{M}}$ (= 1 000 000 000).

3.2. En la actualidad, solo se usan los números romanos, casi siempre con valor ordinal, en los casos siguientes:

a) En monumentos o lápidas conmemorativas, para indicar los años: *MCMXCIX* (= 1999). Esta costumbre está cayendo en desuso y actualmente es más normal usar la numeración arábiga.

b) Para indicar los siglos: *siglo XV, siglo XXI*. Se escriben siempre pospuestos al nombre. No deben usarse, en este caso, números arábigos: ⊛*siglo 21*.

c) Para indicar las dinastías en ciertas culturas: *los faraones de la XVIII dinastía*. Se escriben normalmente antepuestos al nombre. Pueden sustituirse por la abreviatura del numeral ordinal correspondiente: *la 18.ᵃ dinastía*.

d) En las series de papas, emperadores y reyes de igual nombre: *Juan XXIII, Napoleón III, Felipe IV*. Se escriben siempre pospuestos al nombre.

e) En la numeración de volúmenes, tomos, partes, libros, capítulos o cualquier otra división de una obra, así como en la numeración de actos, cuadros o escenas en las piezas teatrales: *tomo III, libro II, capítulo IV, escena VIII*. Se escriben pospuestos al nombre. En muchos de estos casos, pueden sustituirse por las abreviaturas, antepuestas o pospuestas, de los numerales ordinales correspondientes: *tomo 3.º o 3.ᵉʳ tomo, capítulo 12.º o 12.º capítulo;* e incluso por números cardinales, aunque en ese caso el número solo puede ir pospuesto al nombre: *tomo 3, volumen 2, capítulo 7*.

f) En la denominación de congresos, campeonatos, certámenes, festivales, etc.: *II Congreso Internacional de la Lengua Española, XXIII Feria del Libro de Buenos Aires*. Se escriben antepuestos al nombre. Si el número resulta excesivamente complejo, se prefiere, en su lugar, el uso de las abreviaturas de los numerales correspondientes: *78.º Campeonato Mundial de Ajedrez*.

g) Para numerar las páginas de secciones preliminares de una obra (prólogo, introducción, etc.), con el fin de distinguirlas de las del cuerpo central: *El autor cita a Cervantes en la página XVII del prólogo*. Se escriben pospuestos al nombre.

h) Para representar el mes en la expresión abreviada de las fechas (→ FECHA, 2c).

númerus clausus. Loc. lat. que significa literalmente 'número cerrado'. Se usa como locución nominal masculina para designar la limitación en el número de plazas establecido por un organismo o institución, por lo general de carácter docente: «*En cuanto al númerus clausus en los centros cuyas dotaciones no les permitan admitir más alumnos de los que puedan atender, no serán los centros quienes decidan, sino el Consejo General*» (País [Esp.] 25.10.80). Es invariable en plural (→ PLURAL, 1k): *los númerus clausus*.

Núremberg. Forma adaptada a la ortografía y pronunciación españolas del nombre de la ciudad de Alemania que en alemán se llama *Nürnberg*: «*Cada septiembre, Núremberg acogía los festivales del partido nazi*» (Volpi *Klingsor* [Méx. 1999]). La tilde es obligada por tratarse de una palabra esdrújula (→ TILDE², 1.1.3). Debe evitarse, por no adecuarse a la grafía española, la pronunciación ⊛[niúremberg], que trata de reproducir el sonido de la *ü* alemana. La forma tradicional *Nuremberga* ha caído en desuso.

Nuremberga, *Nürnberg*. → Núremberg.

nurse. 1. Voz tomada del inglés *nurse*, que se usa ocasionalmente en español con el significado de 'niñera extranjera': «*Al principio contaron con la ayuda de diferentes nurses, pero ninguna daba en la tecla*» (Penerini *Aventura* [Arg. 1999]). Se admite su empleo como extranjerismo adaptado, lo que exige adecuar su pronunciación a su grafía, diciendo [núrse]. No obstante, se recomienda usar con preferencia el término tradicional español *niñera*: «*Había estado unos meses al cuidado de una niñera francesa*» (Beccaria *Luna* [Esp. 2001]); o bien *institutriz*, si se refiere a la mujer encargada de la educación de los niños en el hogar: «*Educada por una institutriz británica, Mónica empezaba a comerse el mundo de los adultos*» (Polimeni *Luca* [Arg. 1991]).

2. También se emplea en ocasiones la voz inglesa *nursery* con los sentidos de 'sala de un hospital donde están los recién nacidos o, en una guardería, los bebés de pocos meses' y, en general, 'lugar donde se cuida y atiende a niños de corta edad'. Es anglicismo evitable, por existir los equivalentes españoles *sala de cunas, sala cuna* y *nido*, para la sala, y *guardería*, para el sentido más general: «*A las ocho podrán ver a la pequeña, una enfermera la presentará a través del cristal de la sala cuna*» (Bain *Dolor* [Col. 1993]); «*Acababa de dejar a su bebé en una guardería cuando fue tomada como rehén por un ladrón*» (Clarín [Arg.] 7.1.97).

nursery. → nurse, 2.

nutricio -cia. → nutritivo.

nutricional. 'De (la) nutrición': *«Mari Paz se encargaba de la educación nutricional»* (*Vanguardia* [Esp.] 21.4.94). No debe confundirse con *nutricio* o *nutritivo* ('que nutre'; → nutritivo): ⊗*«La idea era llegar a todos los sectores con productos de alto contenido nutricional y bajo costo»* (*ByN* [Ec.] 2.11.97); debió decirse *alto contenido nutritivo*.

nutrir(se). 'Alimentar(se)'. Suele llevar un complemento introducido por *de* o, menos frecuentemente, con: *«Pronto ese ser divino iba a nutrirse DE mi carne»* (Jodorowsky *Pájaro* [Chile 1992]); *«Nutría su ego CON las alabanzas de sus invitados»* (Liendo *Platos* [Ven. 1985]).

nutritivo -va. 1. 'Que nutre o sirve para nutrir': *«Se abona el terreno [...] para satisfacer las mayores exigencias de la planta en sustancias nutritivas»* (LpzTorres *Horticultura* [Méx. 1994]). Con este sentido puede usarse también la voz *nutricio*: *«El óvulo fecundado origina el embrión, mientras que la otra fecundación da lugar a un tejido nutricio llamado endosperma»* (Haro *Biología* [Esp. 1991]). Pero *nutritivo* significa también 'de gran poder alimenticio' y, en ese caso, no es sustituible por *nutricio*: *«Es* [el pescado] *un alimento muy sano y nutritivo»* (Mendoza *Niñez* [Perú 1994]).

2. No deben confundirse los adjetivos calificativos *nutricio* y *nutritivo* con el adjetivo de relación *nutricional* ('de (la) nutrición'; → nutricional): ⊗*«Esta medida se manifestará en un deterioro significativo del estado nutritivo tanto del niño como de la embarazada»* (*Hoy* [Chile] 19-25.1.83); debió decirse *estado nutricional*.

nylon, ⊗**nylón.** → nailon.

ñ

ñ. 1. Decimoséptima letra del abecedario español, que no existe en el orden latino internacional. Su nombre es femenino: *la eñe* (pl. *eñes*). Representa el sonido consonántico nasal palatal /ñ/.

2. Esta letra nació de la necesidad de representar un nuevo sonido, inexistente en latín. Determinados grupos consonánticos latinos como *gn, nn* o *ni* evolucionaron en las lenguas romances hacia un sonido nasal palatal. En cada una de estas lenguas se fue fijando una grafía distinta para representar este sonido: *gn* en italiano y francés, *ny* en catalán, *nh* en portugués. El castellano medieval escogió el dígrafo *nn*, que se solía representar abreviadamente mediante una sola *n* con una rayita más o menos ondulada encima; así surgió la *ñ*, adoptada también por el gallego. Esa rayita ondulada se llama «tilde», nombre dado también al acento gráfico (→ tilde[1]).

ñandú. 'Ave corredora sudamericana parecida al avestruz'. Su plural es *ñandúes* o *ñandús* (→ PLURAL, 1c).

ñu. 'Antílope africano'. Su plural es *ñus* o, más raro, *ñúes* (→ PLURAL, 1c).

O

o¹. 1. Decimoctava letra del abecedario español y decimoquinta del orden latino internacional. Su nombre es femenino: *la o* (pl. *oes*).

2. Representa el sonido vocálico /o/. Forma parte, junto con la *a* y la *e*, de las llamadas vocales abiertas o fuertes.

3. Deben evitarse en su pronunciación ciertos vulgarismos propios del habla popular, como el cierre de la /o/ átona en /u/ ([⊛][kulúmpio] por *columpio*, [⊛][kuéte] por *cohete*, [⊛][tuáya, tuálla] por *toalla*) o su cambio en /e/ ([⊛][eskúro] por *oscuro*, [⊛][sémos] por *somos*).

o². 1. Conjunción coordinante que tiene valor disyuntivo cuando expresa alternativa entre dos opciones: *¿Prefieres ir al cine o al teatro?* Otras veces expresa equivalencia: *El colibrí o pájaro mosca es abundante en esta región*. También se usa para coordinar los dos últimos elementos de una ejemplificación no exhaustiva, con un valor de adición semejante al de la conjunción *y: Acudieron a la fiesta muchos famosos, como periodistas, actores o futbolistas;* la conjunción *o* tiene por objeto señalar aquí que no se ha agotado la enumeración, que se han citado solo unos cuantos ejemplos de entre los varios posibles; sin este valor, no es admisible usar *o* en lugar de *y:* [⊛]*García Márquez o Vargas Llosa son dos de los más grandes representantes de la literatura en lengua española*. A menudo la disyuntiva que plantea esta conjunción no es excluyente, sino que expresa conjuntamente adición y alternativa: *En este cajón puedes guardar carpetas o cuadernos* (es decir, una u otra cosa, o ambas a la vez). En la mayoría de los casos resulta, pues, innecesario hacer explícitos ambos valores mediante la combinación *y/o* (→ y², 3).

2. La conjunción *o* toma la forma *u* cuando precede a una palabra que comienza por el sonido /o/: *No sé si la jarra es de latón u hojalata; Tendrá siete u ocho años*. La misma transformación se da si la conjunción va entre números: *Tendrá 7 u 8 años*.

3. Por razones de claridad, ha sido hasta ahora tradición ortográfica escribir la *o* con tilde cuando iba colocada entre números, para distinguirla del cero: *3 ó 4, 10 ó 12*. La escritura mecanográfica hace cada vez menos necesaria esta norma, pues la letra *o* y el cero son tipográficamente muy diferentes. No obstante, se recomienda seguir tildando la *o* en estos casos para evitar toda posible confusión. La *o* no debe tildarse si va entre un número y una palabra y, naturalmente, tampoco cuando va entre dos palabras: [⊛]*Había 2 ó más policías en la puerta* (correcto: *2 o más*); [⊛]*¿Quieres té ó café?* (correcto: *té o café*).

Oaxaca. 'Estado de México'. Se pronuncia [oajáka], no [⊛][oaksáka] (→ México). Su gentilicio es *oaxaqueño* [oajakéño].

obedecer. 1. Verbo irregular: se conjuga como *agradecer* (→ APÉNDICE 1, n.° 18).

2. Con el sentido de 'cumplir o llevar a cabo lo que dicta [una orden, norma o impulso] o lo que manda [una persona]', funciona hoy normalmente como transitivo: «*La tropa obedeció la orden de callarse*» (Fogwill *Cantos* [Arg. 1998]); «*Ellos obedecen a sus jefes militares*» (MtnCampo *Carreteras* [Méx. 1976]). Con este verbo es frecuente que el complemento directo de cosa vaya precedido de la preposición *a*: «*Solo obedecerían A la ley de la conciencia*» (*Clarín* [Arg.] 3.3.97); «*Alicia enrojeció vivamente y, obedeciendo A un impulso que no pudo dominar, se levantó y dejó con la palabra en la boca a Ignacio*» (LTena *Renglones* [Esp. 1979]). Si el complemento directo es un pronombre átono de tercera persona, corresponde usar las formas *lo(s), la(s)*: «*Pero todos LO obedecen a usted*» (Leñero *Martirio* [Méx. 1981]); «*Alfonso LA obedeció en el acto*» (VLlosa *Elogio* [Perú 1988]); «*Empezaron por dormírsele las piernas. No LA obedecían, no tenían fuerza*» (Boullosa *Duerme* [Méx. 1994]). No obstante, en amplias zonas no leístas del ámbito hispánico se conserva el régimen etimológico de este verbo, que en latín se construía con dativo; por tanto, es muy habitual y se considera igualmente correcto el empleo de *le(s)* para representar el complemento de persona de *obedecer* (→ LEÍSMO, 4e): «*Los gatos LE obedecían* [a ella] *y se quedaban dormidos esperándola*» (*Época* [Chile] 22.7.96); «*Los dos monstruos* [...] *obedecían a Dindi ciegamente, pero solo LE obedecían a él*» (Mujica *Escarabajo* [Arg. 1982]).

3. Es intransitivo cuando significa 'reaccionar de la forma esperada ante un agente o una acción externos'. Se construye siempre con un complemento precedido de la preposición *a*: «*Que la puerta obedeciera A la primera tracción de su mano le pareció un buen augurio*» (Fogwill *Cantos* [Arg.

1998]); «*No sé por qué no obedece AL tratamiento*» (Puig *Boquitas* [Arg. 1972]). Funciona igualmente como intransitivo y lleva un complemento con *a* cuando significa, dicho de una cosa, 'deberse a otra': «*La reestructuración horaria obedece A la necesidad de optimizar el servicio que se ofrece*» (*Abc* [Par.] 23.9.96); «*Mi viaje obedece A mi deseo de conocer directamente la salud de la familia*» (Bonmatí *Elena* [Esp. 1993]).

obertura. 'Pieza instrumental con que se abre o inicia una obra musical importante, como una ópera o un oratorio': «*La obertura para esta ópera es una pieza exquisita*» (Zanders *Ópera* [Ven. 1992]). No debe confundirse con *abertura* ni con *apertura* (→ abertura).

objeción. 'Reparo o argumento que se opone a una opinión o a una proposición': «*Antonio* [...] *no puso objeción alguna al matrimonio*» (Ferré *Batalla* [P. Rico 1993]). Es incorrecta la grafía ⊗*objección*.

objeto. *con (el) objeto de* o *al objeto de.* 'Para o con la finalidad de': «*Se comprometieron a presentar el padrón de electores con el objeto de que fuera depurado*» (*Expreso* [Perú] 1.10.90); «*Fue a ver a mi madre con objeto de ayudarla en lo que pudiera*» (Leyva *Piñata* [Méx. 1984]); «*Optó por instalarse en un pueblo de la costa, al objeto de lograr* [...] *una mayor concentración en su trabajo*» (Goytisolo *Estela* [Esp. 1984]). Todas son construcciones válidas, aunque es mayoritario el uso de *con (el) objeto de*. Si se emplea la preposición *a*, no es correcta la supresión del artículo (⊗*a objeto de*): ⊗«*Los demás servicios de seguridad del Estado deben ser profundamente reestructurados a objeto de desmilitarizarlos*» (*Hoy* [Chile] 25-31.1.84). Si lo que sigue a la preposición *de* es una oración precedida de la conjunción *que*, no debe omitirse dicha preposición (→ QUEÍSMO, 1e): ⊗«*La presidenta* [...] *decidió también suspender la sesión plenaria del jueves con el objeto que las comisiones se reunieran*» (*Hora* [Guat.] 13.2.97); debió decirse *con el objeto DE QUE*.

oblación. 'Ofrenda a la divinidad': «*Hicieron ante Dios oblación de su carne*» (Rosales *Cervantes* I [Esp. 1960]). No debe confundirse con *ablación* ('extirpación'; → ablación) ni con *ablución* ('lavatorio'; → ablución).

obligación. **1.** 'Aquello que alguien está obligado a hacer'. El complemento que especifica la obligación va introducido por *de*: «*Tenían la obligación DE concurrir a una subasta de carnes*» (Silvestrini/LSánchez *Puerto Rico* [P. Rico 1987]); y no por *a*: ⊗«*Obligación A concurrir a cursos especiales de educación*» (*Nación* [Arg.] 10.7.92).
2. No debe confundirse con *obligatoriedad* ('cualidad de obligatorio'; → obligatoriedad).

obligar(se). **1.** Cuando significa 'forzar [a alguien] a que haga algo', como otros verbos de influencia (→ LEÍSMO, 4b), se construye con un complemento directo de persona y otro complemento introducido por *a*, que expresa la obligación: «*¿Cómo obligar al pueblo A que tome partido por la guerrilla?*» (Alape *Paz* [Col. 1985]). Es incorrecto suprimir la preposición: ⊗«*Pretendió obligarlos laborar en ranchos y residencias particulares*» (*Proceso* [Méx.] 29.12.96).
2. Como pronominal significa 'comprometerse a cumplir algo' y se construye también con *a*: «*El sabio, por su parte, se obligaba A una sola cláusula* [...]: *debía entregarse en cuerpo y alma al Diablo*» (Cousté *Biografía* [Arg. 1978]).

obligatoriedad. 'Cualidad de obligatorio': «*El papa* [...] *reafirmó hoy la obligatoriedad del celibato para los sacerdotes católicos*» (*Clarín* [Arg.] 10.4.79). *Obligación*, en cambio, significa 'cosa que alguien está obligado a hacer'; así, se hablará de *la obligatoriedad del celibato*, pero de *la obligación de los sacerdotes de respetar el celibato*. No es correcto usar *obligatoriedad* con el significado de *obligación*: ⊗«*La obligatoriedad que tenía la NASA en lanzar el transbordador*» (*Abc* [Esp.] 5.5.89); las personas u organismos tienen *obligaciones*, no *obligatoriedades*.

oboe. 'Instrumento de viento'. Es palabra llana: [obóe]. Es incorrecta la forma esdrújula ⊗*óboe*.

obsceno -na. **1.** 'Ofensivo al pudor o a la moral sexual': «*Le enseñó una serie de dibujos obscenos relativos a las mujeres con las que se había acostado*» (Ribeyro *Geniecillos* [Perú 1983]). Hoy se emplea también con el sentido general de 'escandaloso o repulsivo desde el punto de vista moral', uso probablemente influido por el inglés: «*Sabía que no vivíamos en un mundo equitativo, pero ignoraba que el desequilibrio fuera tan obsceno*» (*Mundo* [Esp.] 19.7.96).
2. Aunque la *b* del grupo -*bs*- tiende a relajarse en la pronunciación, debe evitarse su pérdida en el habla esmerada (→ b, 2) y, naturalmente, en la escritura: ⊗*osceno*.

obscurantismo, obscurantista. → oscuro.

obscurecer(se). → oscurecer(se).

obscurecimiento, obscuridad, obscuro -ra. → oscuro.

obsequiar. **1.** 'Agasajar [a alguien] con algo' y 'hacer [un regalo] a alguien'. Se acentúa como *anunciar* (→ APÉNDICE 1, n.º 4).
2. Puede construirse con un complemento directo de persona y un complemento introducido por *con* que expresa el regalo: «*Yolanda LO obsequiaba CON un beso en los labios*» (Vergés *Cenizas* [R. Dom. 1980]); o con un complemento directo que expresa el regalo y un complemento indirecto que expresa la persona que lo recibe: «*Su Ma-*

jestad [...] LE *obsequiaría un juego de trajes de gala»* (Paz *Sombras* [Méx. 1983]), construcción esta última claramente mayoritaria en el español de América.

obstante. *no obstante.* Esta locución tiene dos valores:

a) Como locución adverbial, 'a pesar de lo dicho, sin que lo expresado con anterioridad sirva de impedimento'. Equivale a *sin embargo:* «*El trágico suceso tuvo, no obstante, sus visos irónicos»* (Ferré *Batalla* [P. Rico 1993]). Puede ocupar varios lugares en la oración y suele escribirse aislada por comas del resto del enunciado.

b) Como locución preposicional, 'a pesar de'. Suele ir seguida de un sustantivo o un infinitivo: «*Estos almuerzos, no obstante su regusto melancólico, jamás llegaban a poner a nadie incómodo»* (Pombo *Metro* [Esp. 1990]); «*No obstante tener un peso bastante superior al normal, era campeón en esas canchas»* (Araya *Luna* [Chile 1982]). Cuando va seguida de infinitivo, este puede ir o no precedido del artículo, aunque lo normal es que no lo lleve: *No obstante (el) tener...* Es raro, pero admisible, que vaya seguida de una oración subordinada encabezada por *que:* «*Los micronutrientes son vitales para las plantas, no obstante que la cantidad que absorben es pequeña»* (LpzTorres *Horticultura* [Méx. 1994]); normalmente, en esos casos, suele preferirse el uso de *a pesar de.* No debe usarse seguida de la preposición *de:* ⊗«*Se presentaron en mi contra testigos falsos y no obstante DE conocerse este hecho se aceptó su declaración»* (*Excélsior* [Méx.] 18.9.96); debió decirse *no obstante conocerse este hecho.*

obstar. Dicho de una cosa, 'impedir o ser un obstáculo'. Verbo intransitivo que se usa casi siempre en oraciones negativas y se construye con un complemento introducido por *para* o, menos frecuentemente, *a:* «*La escasez de calles no obstó PARA que se integrara al paisaje urbano una alameda sin álamos»* (Puyo *Bogotá* [Col. 1992]); «*El que la remuneración no se dé en dinero no obsta AL concepto del salario»* (GaOviedo *Derecho* [Esp. 1946]). Es incorrecto su uso como transitivo: ⊗*Su situación familiar no obsta que pueda trabajar.*

obstinar(se). 1. En el español general se usa como pronominal, con el sentido de 'mantenerse en una resolución sin dejarse vencer por ruegos, amonestaciones u obstáculos'. Se construye con un complemento introducido por *en:* «*Alicia le insistió en que se quedara un poco más* [...], *pero ella se obstinó EN marcharse»* (Pitol *Vida* [Méx. 1991]). Es incorrecto usar *a* para introducir este complemento: ⊗«*Si* [...] *se obstinan A seguir viviendo en el pasado, tendrán que caminar con pies de plomo»* (*Prensa* [Guat.] 13.1.97).

2. En el español coloquial de algunas zonas de América, especialmente en las Antillas y Vene-

zuela, se emplea como transitivo, con el sentido de 'hastiar': «*¡Ya me cansé, me cansé, me cansé de esta vaina! Oye... ¿tú no te cansas? ¿No te obstina todo esto?»* (Purroy *Desertor* [Ven. 1989]).

obstruir(se). 'Impedir, o quedar impedido, el paso por un sitio' e 'impedir [una acción]'. Verbo irregular: se conjuga como *construir* (→ APÉNDICE 1, n.º 25). Su participio, *obstruido,* se escribe sin tilde (→ TILDE², 2.1.1 y 2.1.2).

obtener. 'Conseguir'. Verbo irregular: se conjuga como *tener* (→ APÉNDICE 1, n.º 57). El imperativo singular es *obtén* (tú) y *obtené* (vos), y no ⊗*obtiene.*

obviar. 'Evitar o rehuir [un obstáculo o dificultad]'. Se acentúa como *anunciar* (→ APÉNDICE 1, n.º 4).

océano. 'Mar extenso'. Es voz esdrújula. No es admisible la forma llana ⊗*oceano* (pron. ⊗[oséano, ozéano]). Es nombre común, que debe escribirse con minúscula incluso cuando acompaña a un nombre propio: *el océano Atlántico, el océano Índico* (→ MAYÚSCULAS, 4.7).

ocluir(se). 'Cerrar(se) un conducto'. Verbo irregular: se conjuga como *construir* (→ APÉNDICE 1, n.º 25). Su participio, *ocluido,* se escribe sin tilde (→ TILDE², 2.1.1 y 2.1.2).

octeto. → *byte.*

ocupar(se). Como pronominal, presenta dos significados, a los que corresponden construcciones distintas:

a) Cuando significa 'dedicarse a un trabajo, ejercicio o tarea', se construye con un complemento encabezado por *en* o *de:* «*Sara se ocupa EN desempacar las copas»* (Leñero *Mudanza* [Méx. 1979]); «*Se ocupaba DE repartir consignas»* (Rojo *Matar* [Esp. 2002]).

b) Cuando significa 'prestar atención o cuidados a alguien o algo', se construye con un complemento introducido por *de:* «*En lugar de ocuparse DE su cliente, se acerca a la ventana»* (Gambaro *Sí* [Arg. 1981]); «*Tengo que ocuparme DE los geranios de la cocina»* (Vilalta *Nada* [Méx. 1975]).

Odesa. Forma española del nombre de esta ciudad del sur de Ucrania y de la provincia homónima: «*Después de enterrar a David, huyó hacia Ucrania y se estableció en Odesa»* (Jodorowsky *Pájaro* [Chile 1992]). Aunque es también frecuente la grafía *Odessa,* se recomienda usar con preferencia la forma adaptada a la ortografía española.

Odessa. → *Odesa.*

odiar. 'Sentir odio [por algo o alguien]'. Se acentúa como *anunciar* (→ APÉNDICE 1, n.º 4).

odre. 'Cuero cosido que sirve para contener líquidos'. Es voz masculina: «*Llenaron una de las ca-*

labazas del vino que tenían en un odre medio hundido dentro del río» (Torbado *Peregrino* [Esp. 1993]).

oeste. → MAYÚSCULAS, 4.13.

ofender(se). 1. Cuando significa 'herir el amor propio o la dignidad de alguien', es verbo de «afección psíquica», por lo que, dependiendo de distintos factores (→ LEÍSMO, 4a), el complemento de persona puede interpretarse como directo o como indirecto: *«Perdóneme si LA ofendo, pero su hijo no me importa absolutamente nada»* (Ulive *Dorado* [Ur. 1989]); *«A algunos sectores judíos LES ofende también el estudio de ADN de restos antiguos»* (Quevedo *Genes* [Cuba 1996]). **2.** Como intransitivo pronominal, significa 'sentirse humillado' y va acompañado de un complemento precedido por *por, con* o, más raramente, *de*, que expresa la causa de la ofensa: *«Uno no va a ofenderse POR lo que le digan»* (*Cronista* [Arg.] 10.7.92); *«Estefanía se ofendió CON mi vocabulario»* (Paso *Palinuro* [Méx. 1977]); *«Deberías ofenderte DE que te considerara idiota»* (Canto *Ronda* [Arg. 1980]).

offset. → ófset.

off the record. Expresión inglesa que se emplea en el lenguaje periodístico, como locución adverbial o adjetiva, para referirse al comentario que se hace de modo confidencial o extraoficial y que no puede divulgarse. Es anglicismo evitable, ya que puede sustituirse por la expresión española *a micrófono cerrado*, o por los términos *confidencial(mente)* o *extraoficial(mente)*: *«Otro comisionado [...] declaró a micrófono cerrado ante un grupo de periodistas que su interpretación era la contraria»* (*Mundo* [Esp.] 18.5.94). A veces se emplea también como sustantivo: *«He tratado de [...] respetar el* off the record *y mantener los pactos»* (*Tiempo* [Esp.] 9.4.90); en ese caso puede sustituirse por el sustantivo español *confidencialidad* o por la expresión *información confidencial*.

oficial. Como adjetivo ('no privado o particular, sino que emana o depende del Estado'), tiene una sola terminación, válida para ambos géneros: *título/ayuda oficial*. Consecuentemente, como sustantivo ('militar o policía de categoría superior a la de suboficial o a la de agente de la escala básica' y 'funcionario o empleado de categoría inmediatamente superior a la de auxiliar'), es común en cuanto al género (*el/la oficial*; → GÉNERO², 1a y 3i): *«A la puerta hay una oficial elegante y espigada»* (Silva *Rif* [Esp. 2001]). Existe también el femenino específico *oficiala*, que se emplea en España para designar, en los oficios manuales, a la operaria de categoría intermedia entre la de aprendiza y la de maestra: *«Las aprendizas y las oficialas eran contratadas por temporada»* (Vega *Mujer* [Esp. 1992]).

oficiala. → oficial.

oficiar. 'Celebrar [un acto litúrgico]' y 'actuar en calidad de algo'. Se acentúa como *anunciar* (→ APÉNDICE 1, n.º 4).

ofrecer(se). 1. 'Dar [algo] a alguien' y 'poner(se) a disposición de otra persona'. Verbo irregular: se conjuga como *agradecer* (→ APÉNDICE 1, n.º 18). **2.** Cuando se usa como pronominal, con complemento directo reflexivo, lleva además un complemento, normalmente un infinitivo, introducido por *a* o *para*: *«Yo me ofrecí A ir a comprarlo»* (LpzPáez *Herlinda* [Méx. 1993]); *«El arriero se ofreció PARA acompañarme hasta el tren»* (Allende *Casa* [Chile 1982]). También puede construirse con un predicativo, introducido por *de* o *como*: *«Me ofrecí DE voluntario y me aceptaron»* (Collyer *Pájaros* [Chile 1995]); *«Me ofrecí COMO voluntario para poder verte»* (Vilalta *Mujer* [Méx. 1981]).

ófset. Adaptación gráfica propuesta para la voz inglesa *offset*, que designa cierto procedimiento de impresión y la máquina que imprime por este procedimiento. Su plural es *ófsets* (→ PLURAL, 1h).

oftalmia u **oftalmía.** 'Inflamación de los ojos'. Tiene dos acentuaciones válidas: *oftalmia*, acorde con la acentuación latina y mayoritaria en el uso; y *oftalmía*, acorde con la acentuación griega, pero de uso minoritario. La misma fluctuación y preferencia de uso presentan los derivados *exoftalmia* (o *exoftalmía*) y *xeroftalmia* (o *xeroftalmía*).

ogaño. → hogaño.

ogra. → ogro.

ogro -esa. 1. Con el sentido de 'ser imaginario que se alimenta de carne humana', el femenino etimológico y más usado en la lengua culta es *ogresa* (del fr. *ogre*, fem. *ogresse*): *«En los cuentos folclóricos [...] aparecen las ogresas»* (Ramírez *Infancia* [Méx. 1975]). Pero, por analogía con el femenino en *-a* propio de los sustantivos cuyo masculino acaba en *-o* (→ GÉNERO², 3a), se emplea también el femenino regular *ogra*. **2.** Con el sentido de 'persona de mal carácter', suele emplearse el masculino para referirse a personas de ambos sexos: *«Penélope es un ogro»* (Gala *Ulises* [Esp. 1975]).

oír. 1. 'Percibir por el oído [un sonido] o lo que [alguien] dice'. Verbo irregular: v. conjugación modelo (→ APÉNDICE 1, n.º 43). Debe escribirse con tilde para marcar el hiato (→ TILDE², 2.2.2b); es, por tanto, incorrecta la grafía sin tilde ⊗*oir*. Para las diferencias entre *oír* y *escuchar*, → escuchar, 1. **2.** Se trata de un verbo transitivo y, cuando el complemento directo designa aquello que se oye, puede llevar, además, un complemento indirecto de persona: *«Nunca LE oí el menor reproche»* (Naranjo

Caso [C. Rica 1987]). Cuando no existe complemento directo de cosa, el de persona pasa a desempeñar esta función: «*No vemos realmente a Margarita y al joven, pero LOS oímos*» (Carballido *Cartas* [Méx. 1975]); «*Creés que no LA oí cuando te dijo que le gustaría hacerte qué sé yo qué*» (Shand *Transacción* [Arg. 1980]). En lo que respecta al uso de los pronombres átonos de tercera persona cuando *oír* va seguido de un infinitivo, → LEÍSMO, 4c.

3. Cuando el complemento directo es una oración subordinada, esta va introducida por *que* o por *como* (→ como, 2d): «*Oí QUE abría la cartera y encendía un cigarrillo*» (Onetti *Viento* [Ur. 1979]); «*Oí COMO mi madre y mi mujer entablaban un largo diálogo sobre las virtudes de cierta clase de pañales*» (CInfante *Habana* [Cuba 1986]); nunca por *de que* (→ DEQUEÍSMO, 1b): ⊗«*Me enfermé* [...] *de solo oír DE QUE al día siguiente iríamos a la casa del canónigo*» (LpzPáez *Herlinda* [Méx. 1993]).

4. La forma de imperativo singular no voseante *oye* se emplea frecuentemente como interjección, para llamar la atención sobre lo que se dice, a menudo con un matiz de enfado o represión: «*Ni se movió, oye. Se quedó como un pajarito*» (Sierra *Palomas* [Esp. 1990]); «*Oye, oye, Floro, aquí no me montáis un hospital de sangre*» (MDíez *Fuente* [Esp. 1986]). No es correcto utilizar, en estos casos, la forma ⊗*oyes*, que en realidad es la segunda persona del singular del presente de indicativo: ⊗«*¡Oyes, oyes! ¡A dónde crees que vas!*» (González *Dios* [Méx. 1999]).

ojalá. Interjección que expresa el deseo de que algo suceda: «*Ojalá sea para bien*» (MtzSalguero *Combate* [Bol. 2002]). El acento principal recae en la última sílaba, por lo que debe escribirse siempre como palabra aguda: *ojalá*.

ojeada. → ojear, 2.

ojear. 1. 'Mirar rápida y superficialmente [algo o a alguien]': «*La simple lectura de algunas páginas de una novela es suficiente para reconocer a su autor sin necesidad de haber ojeado antes la portada*» (*Abc* [Esp.] 29.11.91). Deriva de *ojo* y no debe confundirse con *hojear* ('pasar rápidamente las hojas [de una publicación o un libro]'; → hojear), aunque en algunos contextos puedan usarse ambos verbos, cada uno con su sentido propio: *Ojeó el libro* (le echó una mirada rápida) y *Hojeó el libro* (pasó rápidamente sus hojas, sin leerlas con detenimiento).

2. El derivado *ojeada* significa 'mirada rápida y superficial': «*Ludo echó una ojeada a su alrededor y distinguió la pensión Lourdes*» (Ribeyro *Geniecillos* [Perú 1983]). Se usa normalmente con el verbo *echar* o, con menos frecuencia, *dar*. Es incorrecta la grafía ⊗*hojeada* —error debido al influjo de *hojear*—, incluso cuando lo que se mira es un libro o revista que puede hojearse: ⊗«*¿Has traído los periódicos? Les voy a echar una hojeada*» (RGodoy *Mujer*

[Esp. 1990]); debió decirse *Les voy a echar una ojeada* o *Los voy a (h)ojear*.

ojo. *a ojos vistas.* 'De manera clara o patente': «*El negocio creció a ojos vistas*» (Elizondo *Setenta* [Méx. 1987]). No son correctas las variantes ⊗*a ojos vista* y ⊗*a ojos vistos*.

olé u ole. Interjección que se emplea para animar y aplaudir. Se pronuncia indistintamente como voz aguda o llana, por lo que son igualmente válidas las grafías *olé* y *ole*. La forma llana *ole* es además un sustantivo masculino que significa 'baile' y son típicos de Andalucía (España)'.

oler(se). Como transitivo, 'percibir [un olor]' y 'sospechar o presentir [algo]'; como intransitivo, 'exhalar un olor' y, en construcción impersonal, 'haber un determinado olor en un lugar'. Verbo irregular: v. conjugación modelo (→ APÉNDICE 1, n.º 44).

olimpiada u olimpíada. 1. 'Juegos deportivos universales que se celebran cada cuatro años'. Tiene dos acentuaciones válidas: la llana *olimpiada* [o - lim - piá - da], con diptongo entre las vocales en contacto, y la esdrújula *olimpíada* [o - lim - pí - a - da], con hiato en lugar de diptongo. En el español de España es mayoritaria la acentuación llana, mientras que en América se usan indistintamente ambas formas.

2. Se escribe con mayúscula inicial cuando alude a una (o unas) en concreto: «*Uruguay ganó la Olimpiada de Holanda*» (Galeano *Fútbol* [Ur. 1995]); «*Su padre* [...] *compitió en el boxeo de las Olimpíadas de 1948 y 1952*» (*DYucatán* [Méx.] 24.7.96). En el resto de los casos, se escribe con minúscula: «*Un caballo joven que te pueda hacer una olimpiada puede costarte unos ocho millones*» (*Tiempo* [Esp.] 1.10.90); «*Uno no puede prepararse para el éxito como si lo hiciera para las olimpíadas*» (*Clarín* [Arg.] 17.2.97).

3. Por analogía con el plural de la expresión sinónima *juegos olímpicos*, es frecuente y admisible el uso del plural *olimpiadas* (u *olimpíadas*) con sentido singular: «*Manzano viene de participar en las Olimpiadas de Atlanta*» (*Universal* [Ven.] 3.9.96).

4. Por extensión, puede designar también otras competiciones de carácter internacional: «*Nueva York será la sede de la próxima Olimpiada Teatral en el año 2000*» (*Mundo* [Esp.] 23.8.95).

ológrafo -fa. Dicho de un testamento, 'de puño y letra del testador' y, en general, dicho de un escrito, 'autógrafo'. Esta es hoy la forma mayoritaria en el uso, aunque también se emplea la variante *hológrafo*, que conserva la *h-* etimológica.

olor. 1. 'Efluvio de un cuerpo que impresiona el sentido del olfato': «*Las aceitunas se pudrieron y el olor nauseabundo del alpechín seguía corrompiendo el aire*» (Labarca *Butamalón* [Chile 1994]). A menudo va seguido de un complemento introducido por *a*, que especifica la clase de olor: «*El olor del boj, olor A perro mojado, estaba en la habitación*» (RRosa *Sebastián* [Guat. 1994]). Menos frecuente, pero también válido, es el uso de la preposición *de* para introducir este complemento: «*Un olor DE paja podrida flota en toda la casa*» (Saer *Ocasión* [Arg. 1988]). Como se ve en los ejemplos, es un sustantivo de género masculino. Debe evitarse su uso en femenino, frecuente en el español medieval, pero relegado hoy al habla popular y ajeno, por tanto, a la norma culta.

2. en olor de multitud(es). Locución adverbial que significa 'con la admiración y la aclamación de muchas personas, en medio del fervor y el entusiasmo de mucha gente': «*Ese año, en abril, regresó de la cita de mandatarios hemisféricos de Punta del Este en olor de multitud*» (*Expreso* [Perú] 9.7.97); «*La Real Sociedad, a pesar de no lograr la Copa del Rey, fue recibida en olor de multitud a su llegada a la capital donostiarra*» (*País* [Esp.] 2.4.88). A veces se usa con el plural expresivo *multitudes*: «*Y, cuando la imagen reflejaba el paso del descapotable negro en olor de multitudes, decía: ¡Mírenlo, mírenlo! ¡Es como un faraón! ¡Es como un Dios!*» (Aparicio *César* [Esp. 1981]). Su uso es bastante reciente y se origina por analogía con construcciones adverbiales formadas por *en olor de* + un sustantivo abstracto de cualidad. Estas construcciones existían ya en latín y los primeros testimonios en español proceden, precisamente, de traducciones medievales de la Biblia: «*Andat en amor assí cuemo Christo nos amó, e diosse él mismo por nos, hostia e offrenda a Dios en olor de mansedumbre* [lat.: *in odorem suavitatis*]» (*Nuevo Testamento I-j-6* [Esp. 1260]). En ellas la palabra *olor* está usada en sentido metafórico, pues se entiende que la cualidad expresada se exhala como un aroma, lo que es indicio o prueba de su existencia. Este uso metafórico es frecuente en textos medievales y clásicos, y se refiere normalmente a virtudes, aunque ocasionalmente, también, a cualidades negativas: «*La olor mansa de piadat de Nuestro Ssennor conorta los ssentidos del alma*» (Alfonso X *Setenario* [Esp. 1252-70]); «*Cuasi todos tus pasos y meneos tenían olor de soberbia, y todos iban vestidos de vanidad*» (Granada *Oración* [Esp. 1554]). De aquí deriva su empleo con el sentido de 'fama o reputación', recogido en el *Diccionario de Autoridades*: «*No dexó de difundirse en muchas partes el precioso olor de sus admirables perfecciones*» (Torres *Gregoria* [Esp. 1738] 325); así pues, la construcción *en olor de* equivale a 'con fama o reputación de': «*El mundo podrá tenerla a usted en olor de infalibilidad; yo, no*» (Galdós *Perfecta* [Esp. 1876]); «*Mata uno los* [enemigos] *que puede, y cae en olor de valentía*» (Montalvo *Catilinarias* [Ec. 1880-82]). Especialmente frecuente era la construcción *en olor de santidad* —como complemento, casi siempre, del verbo *morir*—, en cuyo origen, además de la metáfora aludida, cabe suponer que influyó la creencia extendida de que el cuerpo incorruptible de los santos exhala realmente, en el momento de la muerte, un olor especial. Esta construcción sigue vigente en el español actual: «*Muchos que en España vivían en olor de santidad, como el mercedario Blas de Ocampo, no más hubieron respirado el aire de Chile se vieron de tal modo transformados e irreconocibles que no cabía duda de que Satán era el que aquí dictaba la ley*» (Labarca *Butamalón* [Chile 1994]); «*Varios ecuatorianos de admirables virtudes, muertos en olor de santidad, iluminan con su apostolado social el siglo XIX*» (Salvador *Ecuador* [Ec. 1994]). Por analogía con estas construcciones ha surgido *en olor de multitud(es)*, que aunque presenta la particularidad de no estar formada con un sustantivo abstracto de cualidad, sino con el sustantivo concreto *multitud(es)*, sí responde al sentido de 'rodeado de, envuelto por' que tiene *en olor de* en textos del siglo XX: «*Inglaterra está ya en olor de melancolía por su pasado*» (Miquelarena *Inglaterra* [Esp. 1951]); «*"Nací —le contesté— en olor de diplomacia". Efectivamente, desde los corredores luminosos de la infancia hasta los umbrales oscuros de la adolescencia, la parafernalia diplomática acompañó mi despertar al mundo*» (*Tiempo* [Col.] 2.1.88); «*Utilizando la comparación con la reestructuración en la Unión Soviética, podría decirse que mientras Mijail Gorbachov llegó al poder en olor de esperanza, Salinas llega en olor de escepticismo*» (*País* [Esp.] 2.12.88). Su uso, pues, puede considerarse aceptable. El hecho de que el sentido recto, no metafórico, de la palabra *olor* dé lugar a interpretaciones jocosas de la locución *en olor de multitud(es)* ha hecho que, en los últimos años, muchas personas sustituyan *olor* por *loor*, palabra que, por significar 'elogio o alabanza', encaja mejor para el hablante actual con el valor de la locución; pero se trata de una ultracorrección que debe evitarse: ⊗«*Llegó anoche a la capital en loor de multitudes, en medio del júbilo desaforado de una gente que le aclamaba como al libertador*» (*País* [Esp.] 21.5.97); la construcción *en loor de* ('en alabanza de') es frecuente y correcta, pero va seguida siempre del sustantivo que expresa la persona o cosa a la que va dirigida la alabanza, no del sustantivo que expresa quién la realiza (→ loor, 1).

olvidar(se). 'Dejar de tener en la memoria algo o a alguien', 'dejar de tener afecto a alguien o algo' y 'no tener en cuenta algo o a alguien'. En el español general culto este verbo admite distintas construcciones:

a) Como transitivo, con sujeto de persona y un complemento directo que expresa lo olvidado (*olvidar* [algo o a alguien]): «*Matamoros Moreno había olvidado al asistente. ¿Lo había olvidado?*» (Fuentes *Cristóbal* [Méx. 1987]); «*No olvide arroparse bien*»

(Donoso *Casa* [Chile 1978]); «*Andrés olvidó que tenía partido*» (Mastretta *Vida* [Méx. 1990]); «*¿Has olvidado dónde estamos?*» (RRosa *Sebastián* [Guat. 1994]). Cuando significa 'dejar [algo] en un sitio por descuido', además del complemento directo, puede llevar opcionalmente un pronombre átono concertado con el sujeto: «*ME olvidé la llave*» (Daulte *Noche* [Arg. 1994]).

b) Como intransitivo pronominal, con sujeto de persona y un complemento introducido por *de*, que expresa lo olvidado (*olvidarse DE algo o alguien*): «*Creía que ya me había olvidado DE aquella mujer*» (Quintero *Danza* [Ven. 1991]); «*No se olvide DE pedirle un aumento a su señor padre*» (Bayly *Días* [Perú 1996]); «*Me olvidé DE que existía el Museo del Prado*» (Galeano *Días* [Ur. 1978]); «*Me olvido DE dónde están las cosas*» (Montero *Trenza* [Cuba 1987]). Aunque ya desde antiguo es frecuente omitir la preposición *de* cuando el complemento es una oración subordinada, especialmente en la lengua oral y coloquial (*Me olvidé que..., Me olvido dónde...*), se recomienda mantenerla en el habla esmerada.

c) Es también correcta la construcción intransitiva pronominal *olvidársele* algo a alguien, en la que el sujeto es lo olvidado y la persona que olvida se expresa mediante un complemento indirecto: «*Se LE olvidaron [a mi madre] sus otros hijos*» (Rossi *María* [C. Rica 1985]); «*Se LES olvidó borrar el letrero*» (Serrano *Vida* [Chile 1995]); «*¿Ya se TE olvidó que te estamos haciendo el favor de tenerte aquí?*» (Victoria *Casta* [Méx. 1995]). Es incorrecto anteponer la preposición *de* al sujeto (→ DEQUEÍSMO, 1a): [⊗]*Se me olvida DE que...*

ombudsman. Voz sueca que significa 'alto funcionario público encargado de proteger los derechos fundamentales de los ciudadanos ante los poderes públicos'. Debe sustituirse en español por las denominaciones propias de cada país: *defensor del pueblo*, en España y en la mayor parte de América del Sur; *defensor de los derechos humanos*, en México y algunos países centroamericanos; *defensor de los habitantes*, en Costa Rica; y *procurador de los derechos humanos*, en Guatemala. Si el cargo lo desempeña una mujer, deben usarse las formas femeninas de las distintas denominaciones: *la defensora del pueblo, la procuradora de los derechos humanos*, etc. Para los usos extensivos en que esta palabra se refiere a la figura que defiende los derechos de otros colectivos, se recomienda emplear la voz *defensor*, seguida del complemento especificativo correspondiente: *defensor del lector, defensor del consumidor*, etc.

omega. 'Última letra del alfabeto griego'. Es voz femenina: «*Los cuellierguidos estudiantes daban a entender que, desde la alfa a la omega, les estorbaba lo negro*» (Navarro *Cervantes* [Esp. 1905]). En cambio, cuando adquiere el sentido metafórico de 'fin o

parte final', funciona como sustantivo masculino, a menudo dentro de la expresión *(el) alfa y (el) omega*: «*Hegel [...], en la descripción de lo que media entre el alfa y el omega, es determinista*» (Ynduráin *Clasicismo* [Esp. 2000]).

ominoso -sa. 'De mal agüero': «*El transcurrir del tiempo convirtiose en algo ominoso que entrañaba funestos presagios*» (Velasco *Regina* [Méx. 1987]); y 'abominable': «*Ahí, bien clara en el espejo, estaba la viva imagen del ominoso abogado*» (Kociancich *Maravilla* [Arg. 1982]). Es incorrecta la forma [⊗]*ominioso*.

ómnibus. 'Vehículo de transporte colectivo por carretera'. En España significa también 'tren que para en todas las estaciones'. Es invariable en plural (→ PLURAL, 1f): «*Empleados que corrían hacia los ómnibus y los tranvías*» (Ribeyro *Geniecillos* [Perú 1983]). No se considera válida la forma aguda antietimológica [⊗]*omnibús* ni su plural [⊗]*omnibuses*.

omnisciencia. 'Conocimiento de todas las cosas': «*El individuo singular se encuentra colocado frente a Dios, al cual se atribuye la omnisciencia, la omnipotencia, la infinitud*» (Vásquez *Libertad* [Ven. 1987]). No es correcta la forma [⊗]*omniscencia*. El adjetivo que se aplica a la persona que posee omnisciencia es *omnisciente*, no [⊗]*omniscente*: «*Siendo todos omniscientes, haremos preguntas por el placer de oírnos a nosotros mismos*» (Landero *Juegos* [Esp. 1989]).

omnisciente. → omnisciencia.

omóplato u **omoplato.** 'Hueso de la espalda'. Tiene dos acentuaciones válidas: la esdrújula *omóplato*, acorde con la del étimo latino, y la llana *omoplato* [omopláto], acorde con la del étimo griego. Es preferible la forma esdrújula por ser mayoritaria en el uso. Son incorrectas las grafías con h- [⊗]*homóplato* u [⊗]*homoplato*.

ondear. 'Moverse formando ondas': «*La túnica ondeaba al viento*» (Moix *Arpista* [Esp. 2002]); y 'mover o agitar [algo] formando ondas': «*Los despidió en la estación ondeando su pañuelo*» (Bain *Dolor* [Col. 1993]). Deriva de *onda* ('curva en forma de ese') y se escribe siempre sin *h*; no debe confundirse, pues, con *hondear* ('disparar con honda'), verbo de escaso uso en la actualidad y que deriva de *honda* ('tira de cuero o cuerda empleada para lanzar piedras').

ónice. 'Ágata listada de colores alternativamente claros y muy oscuros'. Es de género masculino: «*Amabas la pirita, los ónices, los ópalos cambiantes*» (Rossi *María* [C. Rica 1985]). También es correcta, e igualmente frecuente, la variante gráfica *ónix*, de igual género, y que permanece invariable en plural (→ PLURAL, 1f): *los ónix*.

oniromancia. → -mancia o -mancía.

ónix. → ónice.

on-line. → línea, 1.

onomancia. → -mancia o -mancía.

onomástico -ca. 'Del nombre propio o de los nombres propios': «*Debe su nombre de pila a su padre, aficionado a las rarezas onomásticas*» (*Hoy* [Chile] 23.2-1.3.87); «*Completa el libro un índice onomástico*» (*Vanguardia* [Esp.] 14.4.94). Como sustantivo, con el sentido de 'día del santo de una persona', se usa en España la forma femenina *onomástica,* mientras que en América se emplea el masculino *onomástico:* «*Además de su onomástica celebraba ya su sesenta y cinco cumpleaños*» (Delgado *Mirada* [Esp. 1995]); «*El saludo de siempre* [...] *para todos aquellos que celebran su cumpleaños o su onomástico*» (*Prensa* [Hond.] 26.6.96). No debe confundirse con *cumpleaños* ('aniversario del nacimiento de una persona'; → cumpleaños). El sustantivo femenino *onomástica* significa además, en todo el ámbito hispánico, 'ciencia que estudia los nombres propios' y 'conjunto de nombres propios': *especialista en onomástica, la onomástica visigótica.*

oósfera u **oosfera.** → -sfera.

opcional. 'Que no es obligatorio, sino que puede elegirse o no': «*Dentro del seminario, hasta ahora no ha habido ningún movimiento a favor del celibato opcional*» (*País* [Esp.] 15.3.80). Es sinónimo de *optativo:* «*Su aplicación es obligatoria para los Estados miembros, pero optativa para los agricultores*» (Tamames *Economía* [Esp. 1992]). No obstante, existen ciertos contextos en los que se emplea con preferencia uno de estos adjetivos, y no ambos indistintamente; así, referido a materias de estudio, se usa de forma casi exclusiva el adjetivo *optativo* (*asignaturas* o *materias optativas*), a menudo sustantivado: «*Deberán anotarse año tras año las materias optativas escogidas y cursadas por el alumno*» (Lemus *Administración* [Arg. 1975]); «*Impartía la optativa de Teatro en el instituto donde trabajo*» (*Ratonera* [Esp.] 11.00). Para referirse a las prestaciones suplementarias que pueden añadirse a las básicas al adquirir algo, se emplea normalmente el adjetivo *opcional:* «*La promoción está dotada de plazas de garaje y trasteros, ambos opcionales*» (*Mundo* [Esp.] 17.1.03); «*La chaqueta* [del traje húmedo] *puede ser con o sin cierre, más un chaleco interior opcional*» (Bojorge *Aventura* [Arg. 1992]).

open. → abierto.

ópere citato. Loc. lat. (pron. corriente [ópere-sitáto, ópere-zitáto]; pron. latinizante [ópere-kitáto]) que significa 'en la obra citada'. Se emplea para remitir, en las referencias bibliográficas, a una obra citada con anterioridad. Suele aparecer en su forma abreviada *óp. cit.* (→ APÉNDICE 2): «*Citado en C. Arnson, óp. cit., p. 44*» (Gordon *Crisis* [Méx. 1989]).

opimo -ma. 'Rico o abundante'. Es voz llana: [opímo]. Es incorrecta la forma esdrújula [⊗]*ópimo,* error debido al cruce con *óptimo,* superlativo de *bueno.*

opinar. 1. Como intransitivo significa 'hablar de algo manifestando una opinión' y suele llevar un complemento introducido por *de* o *sobre,* que expresa el tema sobre el que se opina: «*No quiero opinar* DE *la historia reciente, sino hablar de mi caso*» (*Tiempo* [Esp.] 30.4.90); «*Lamento que un canciller de otro país opine* SOBRE *problemas internos de los ecuatorianos*» (*Expreso* [Perú] 21.5.97).
2. Como transitivo significa 'expresar [una opinión]'. El complemento directo es la opinión expresada y, normalmente, es una oración subordinada introducida por *que:* «*Lucha opinaba que lo mejor era calmarse*» (Esquivel *Deseo* [Méx. 2001]). Es incorrecto anteponer *de* al complemento directo (→ DEQUEÍSMO, 1b): [⊗]*Opino* DE *que...*

oponer(se). Como transitivo, 'poner [a una persona o cosa] contra otra o en contra de otra' y, como intransitivo pronominal, 'ser contraria una persona o cosa a otra' y 'estar una cosa en relación de oposición con otra'. Verbo irregular: se conjuga como *poner* (→ APÉNDICE 1, n.º 47). El imperativo singular es *opón* (tú) y *oponé* (vos), y no [⊗]*opone.*

Oporto. Forma tradicional española del nombre de esta ciudad de Portugal: «*Regresó de su paseo de cada tarde con una botella de vino de Oporto*» (RzZafón *Sombra* [Esp. 2001]). No debe usarse en español la forma portuguesa *Porto.* Cuando se usa, como nombre común, para referirse al vino que allí se produce, se escribe con minúscula inicial (→ MAYÚSCULAS, 6.3b): «*Los temores que inquietaban a Florentino Ariza* [...] *se disiparon con la copa de oporto del aperitivo*» (GaMárquez *Amor* [Col. 1985]).

oportunidad. 'Cualidad de oportuno, esto es, de lo que se presenta y actúa en el momento conveniente' y 'ocasión favorable o conveniente': «*Ella consideraba la oportunidad de narrarle la violación de que había sido objeto*» (Tomás *Orilla* [Esp. 1984]); «*Había tenido en la mano la oportunidad de ser rico*» (Sánchez *Palacio* [Esp. 1995]). No debe confundirse con *oportunismo* ('actitud de aprovechar a toda costa las circunstancias para obtener el mayor beneficio'; → oportunismo).

oportunismo. 'Actitud que consiste en aprovechar al máximo las circunstancias para obtener el mayor beneficio posible, sin tener en cuenta principios ni convicciones'. Se usa sobre todo en el ámbito político y tiene connotaciones negativas: «*Pero cambiar de bando así es de un oportunismo repugnante*» (*Tiempo* [Col.] 11.2.97). No debe confundirse con *oportunidad* ('cualidad de oportuno'; → oportunidad), como ocurre frecuentemente en la prensa deportiva: [⊗]«*La gran virtud de Uruguay* *anoche era su notable sentido del oportunismo» (Clarín* [Arg.] 3.4.97); ⊗«*El once celtiña construyó su victoria en tres minutos, gracias al oportunismo de su delantero balcánico» (Mundo* [Esp.] 20.2.95); en estos casos debe decirse *oportunidad, sentido de la oportunidad* e, incluso, si el contexto lo permite, *acierto o tino.*

optar. 1. En el uso normal actual es intransitivo y rige diferentes preposiciones, dependiendo de su significado:

a) Con el sentidos de 'aspirar a conseguir algo, especialmente un cargo, empleo o premio', lleva un complemento con *a: «Rosa Paz le preguntó si optaría A la reelección como secretario general»* (LpzAlba *Relevo* [Esp. 2002]).

b) Con los sentidos de 'decidirse por algo' y 'escoger', lleva normalmente un complemento con *por* que expresa lo decidido o escogido: *«Los tres optaron POR el silencio»* (Val *Hendaya* [Esp. 1981]); *«Al otro día optaste POR que te llamara Tito»* (Chavarría *Rojo* [Ur. 2002]). Si tras la preposición *por* va una oración subordinada introducida por *que*, no debe escribirse *por que* en una sola palabra (→ porque, 2b): ⊗«*Optamos porque nos llevaran a otro de los ranchos» (DYucatán* [Méx.] 1.9.96). Puede llevar también un complemento con *entre,* que expresa las opciones disponibles: *«Tendré que optar ENTRE arrojarla o arrojarme yo por el balcón»* (Trías *Encuentro* [Esp. 1990]); *«Podemos optar ENTRE tres modalidades»* (Maldonado/Negrón *Derecho* [P. Rico 1997]).

2. Es hoy raro y, por ello, desaconsejable su uso como transitivo, aun siendo este el régimen etimológico: ⊗«*Desean convertirse en candidatos para optar cargos de elección popular» (Hoy* [El Salv.] 28.2.97); ⊗«*La conducta optada es fruto de un proceso de interacción e interpretación» (Umbral* [Chile] 9.01).

optativo -va. → opcional.

óptimamente. → bien, 1.

optimar. → optimizar.

optimizar. Calco admitido del inglés *to optimize,* que se emplea en español a partir del último cuarto del siglo XX, normalmente en textos técnicos especializados, con el sentido de 'obtener el máximo rendimiento o provecho [de algo]': *«Tenemos que optimizar cada centavo» (Proceso* [Méx.] 14.7.96); y, más raro, 'mejorar [algo] al máximo': *«Muchos atletas de élite se someten a toda clase de sistemas y métodos para optimizar su rendimiento deportivo» (Hoy* [Chile] 25-31.7.84). La variante *optimar,* creada a partir del adjetivo español *óptimo,* ha perdido la batalla frente a *optimizar* y se emplea escasamente: *«Todos se muestran de acuerdo con la necesidad de optimar los recursos» (Vanguardia* [Esp.] 20.10.94).

óptimo -ma. → bueno, 3c.

opus. 'Obra musical numerada'. Este latinismo, neutro en latín, se usa en español mayoritariamente en masculino: *«Su cuerpo fue* [...] *despedido con un susurrante opus 106 de Beethoven» (Vanguardia* [Esp.] 16.1.95). Es invariable en plural (→ PLURAL, 1f).

oquedad. 'Hueco': *«Al pasar los ojos por los titulares de la primera página se le abrió una oquedad en el estómago»* (Delibes *Madera* [Esp. 1987]). Pese a que deriva de *hueco,* no es correcta la grafía con *h-* ⊗*hoquedad.*

orden. 1. En el español actual, se usa en masculino cuando significa 'colocación o disposición apropiada' (*Es muy amante del orden*), 'serie o sucesión' (*el orden alfabético*), 'categoría o nivel' (*el orden senatorial*), 'estilo arquitectónico' (*el orden corintio*), 'grupo taxonómico' (*el orden Primates*) y 'sacramento del sacerdocio' (*el orden sacerdotal*). En femenino, cuando significa 'mandato' (*Dio la orden de continuar*), 'instituto religioso, militar o civil' (con mayúscula inicial: *la Orden de la Merced, la Orden del Temple, la Orden de Isabel la Católica*) y 'cada uno de los grados del orden sacerdotal' (normalmente en plural: *las órdenes sagradas*).

2. en orden a. Significa, por un lado, 'en lo tocante a, en lo que respecta a': *«La perjudicial influencia que la generalización del uso de la bicicleta ha producido en orden a las excursiones lejos de la ciudad»* (MtnGaite *Usos* [Esp. 1987]). En el lenguaje político y administrativo se usa a menudo con el significado de 'para o con el fin de', sentido que ya tenía en el español clásico y es, por tanto, admisible, aunque modernamente pueda estar influido por el inglés *in order to: «Les interesa sobremanera alcanzar algún tipo de colaboración en orden a potenciar sus respectivas cuotas de mercado» (Abc* [Esp.] 6.10.97).

3. orden de busca y captura. → busca, 1.

4. orden del día. Es locución masculina cuando significa 'lista ordenada de temas que se deben tratar en una reunión': *«Otro punto del orden del día fue tratar el asunto pendiente de los deportes colectivos» (DHoy* [Ec.] 7.10.97); y femenina cuando significa 'orden que se da cada día a los cuerpos del Ejército': *«Prueba de lo afirmado fue la felicitación que por la orden del día del Ministerio de Defensa se expresó al brigadier general José María Rivas»* (Alape *Paz* [Col. 1985]). También se usa en femenino en la expresión *estar a la orden del día* ('estar de moda, ser muy usual'): *«Los extremismos de todo tipo están a la orden del día» (Excélsior* [Méx.] 18.1.97).

ordenador. → computador.

ordenanza. Con el sentido de 'empleado que desempeña funciones subalternas', es común en cuanto al género (→ GÉNERO², 1a y 3b): *el/la ordenanza.*

ordenar(se). 1. Este verbo es transitivo cuando significa:

a) 'Poner [algo] en orden': «*Ordené los papeles y comencé a copiarlos*» (Martínez *Evita* [Arg. 1995]).

b) 'Mandar a alguien [que haga algo]': «*Ella iba a ordenar a sus peones la labranza del día*» (Aguilera *Caricia* [Méx. 1983]). El complemento directo es normalmente un infinitivo o una subordinada introducida por *que*: «*El gobernador les ordenó abandonar la isla*» (Herrera *Casa* [Ven. 1985]); «*Quisiera que le ordenara a Juan Pérez QUE se retire*» (Donoso *Casa* [Chile 1978]). Ni el infinitivo ni la oración subordinada deben ir precedidos de la preposición *a*: ⊗«*Ordenó a Pallomari A que renegara de su testimonio*» (*NHerald* [EE. UU.] 12.5.97).

c) 'Conferir [a alguien] las órdenes religiosas'. Se construye con un complemento directo de persona y lleva normalmente un predicativo: «*El prelado* [...] *LO ordenó SACERDOTE*» (*Hora* [Guat.] 28.8.97). Es también correcto, pero menos frecuente, que el predicativo vaya precedido de la preposición *de*: «*Había escuchado predicar a Clavigero, todavía no ordenado DE sacerdote*» (Osorio *Eco* [Méx. 1989]).

2. Es intransitivo pronominal cuando significa 'recibir las órdenes sagradas' y se construye asimismo con predicativo, precedido o no de la preposición *de*: «*Entra en el seminario y se ordena SACERDOTE*» (*Abc* [Esp.] 26.1.96); «*Me ordené DE sacerdote y pasé a Roma*» (Aridjis *Jinetes* [Méx. 1989]).

3. En el español de América se usa a menudo con el sentido de 'pedir o encargar [comida o bebida] en un establecimiento público', quizá por influjo del inglés *to order;* es uso extendido que cabe considerar admisible: «*Se sentaron en una mesa y Poncho ordenó dos cafés con leche*» (Gamboa *Páginas* [Col. 1998]).

ORDINALES. 1. Los numerales ordinales expresan orden o sucesión en relación con los números naturales e indican el lugar que ocupa, dentro de una serie ordenada, el elemento al que se refieren. Por lo tanto, no cuantifican al sustantivo, como los cardinales, sino que lo identifican y lo individualizan dentro de un conjunto ordenado de elementos de la misma clase. Generalmente son adjetivos, y pueden ir antepuestos o pospuestos al sustantivo, aunque suele ser más frecuente la anteposición: *Vivo en el primer piso; Acabo de terminar el capítulo segundo de mi nueva novela.* Pueden ser pronombres: *He llegado la cuarta en la prueba de natación;* y algunos, como *primero*, pueden funcionar también como adverbios: *Primero ordena tu habitación.* A diferencia de los cardinales, todos los ordinales presentan variación de género y número: *primero(s), primera(s), vigésimo(s), vigésima(s)*, etc. A continuación se ofrece un cuadro con la representación numérica (en arábigos y romanos) y la representación lingüística de los ordinales:

ARÁBIGO*	ROMANO	NUMERAL ORDINAL*
1.º (1.ᵉʳ), 1.ª	I	primero (*apocopado* primer), *fem.* primera
2.º, 2.ª	II	segundo, *fem.* segunda
3.º (3.ᵉʳ), 3.ª	III	tercero (*apocopado* tercer), *fem.* tercera
4.º, 4.ª	IV	cuarto, *fem.* cuarta
5.º, 5.ª	V	quinto, *fem.* quinta
6.º, 6.ª	VI	sexto, *fem.* sexta
7.º, 7.ª	VII	séptimo, *fem.* séptima (*también* sétimo, -ma)
8.º, 8.ª	VIII	octavo, *fem.* octava
9.º, 9.ª	IX	noveno, *fem.* novena (*hoy raro* nono, -na)
10.º, 10.ª	X	décimo, *fem.* décima
11.º, 11.ª	XI	undécimo, *fem.* undécima (*también, modernamente,* decimoprimero *o* décimo primero; *apocopado* decimoprimer *o* décimo primer; *fem.* decimoprimera *o* décima primera)
12.º, 12.ª	XII	duodécimo, *fem.* duodécima (*también, modernamente,* decimosegundo *o* décimo segundo, *fem.* decimosegunda *o* décima segunda)
13.º (13.ᵉʳ), 13.ª	XIII	decimotercero *o* décimo tercero (*apocopado* decimotercer *o* décimo tercer), *fem.* decimotercera *o* décima tercera
14.º, 14.ª, *etc.*	XIV	decimocuarto *o* décimo cuarto, *fem.* decimocuarta *o* décima cuarta, *etc.*
20.º, 20.ª	XX	vigésimo, *fem.* vigésima
21.º (21.ᵉʳ), 21.ª	XXI	vigesimoprimero *o* vigésimo primero (*apocopado* vigesimoprimer *o* vigésimo primer), *fem.* vigesimoprimera *o* vigésima primera
22.º, 22.ª, *etc.*	XXII	vigesimosegundo *o* vigésimo segundo, *fem.* vigesimosegunda *o* vigésima segunda, *etc.*

ARÁBIGO*	ROMANO	NUMERAL ORDINAL*
28.°, 28.ª	XXVIII	vigesimoctavo *o* vigésimo octavo, *fem.* vigesimoctava *o* vigésima octava
30.°, 30.ª	XXX	trigésimo, *fem.* trigésima
31.° (31.ᵉʳ), 31.ª, *etc.*	XXXI	trigésimo primero (*apocopado* trigésimo primer), *fem.* trigésima primera, *etc.*
40.°	XL	cuadragésimo
50.°	L	quincuagésimo
60.°	LX	sexagésimo
70.°	LXX	septuagésimo
80.°	LXXX	octogésimo
90.°	XC	nonagésimo
100.°	C	centésimo
101.° (101.ᵉʳ), 101.ª	CI	centésimo primero (*apocopado* centésimo primer), *fem.* centésima primera
120.°, 120.ª	CXX	centésimo vigésimo, *fem.* centésima vigésima
134.°, 134.ª	CXXXIV	centésimo trigésimo cuarto, *fem.* centésima trigésima cuarta
200.°	CC	ducentésimo
300.°	CCC	tricentésimo
400.°	CD	cuadringentésimo
500.°	D	quingentésimo
600.°	DC	sexcentésimo
700.°	DCC	septingentésimo
800.°	DCCC	octingentésimo
900.°	CM	noningentésimo
1000.°	M	milésimo
1248.°	MCCXLVIII	milésimo ducentésimo cuadragésimo octavo
2000.°	MM	dosmilésimo
3000.°, *etc.*	MMM	tresmilésimo, *etc.*
10 000.°	X̄	diezmilésimo
100 000.°	C̄	cienmilésimo
500 000.°	D̄	quinientosmilésimo
1 000 000.°	M̄	millonésimo

* Cuando no se hace explícito, se entiende que el femenino se forma sustituyendo la -*o* final por una -*a* y, en el caso de la expresión numérica abreviada, sustituyendo la ° volada por una ª de la misma clase.

2. Existen ordinales simples, los que tienen forma propia, y ordinales compuestos, los formados por la suma de numerales simples.

a) Son ordinales simples los correspondientes a los números 1 al 10 (para 11 y 12, → c): *primero, segundo, tercero*, etc.; los correspondientes a todas las decenas (del 20 al 90): *vigésimo, trigésimo, cuadragésimo*, etc.; y los correspondientes a todas las centenas (del 100 al 900): *centésimo, ducentésimo, tricentésimo*, etc. También son simples los ordinales correspondientes a 1000 y a las potencias superiores, que se forman añadiendo al numeral cardinal correspondiente la terminación -*ésimo: milésimo, millonésimo, billonésimo*, etc.

b) El resto de los ordinales son compuestos y se forman por yuxtaposición o por fusión de formas simples. Así, los correspondientes a las series de las decenas y las centenas se forman posponiendo al ordinal de orden superior los ordinales correspondientes a los órdenes inferiores: *decimotercero,*

vigesimocuarto, trigésimo noveno, ducentésimo segundo, tricentésimo cuadragésimo noveno, etc. Los ordinales compuestos de la serie de los millares, los millones, los billones, etc., en la práctica inusitada, se forman prefijando al ordinal simple el cardinal que lo multiplica, y posponiendo los ordinales correspondientes a los órdenes inferiores: *dosmilésimo, quinientosmilésimo, milmillonésimo, tresmilésimo tricentésimo cuadragésimo quinto*, etc.

c) Los ordinales correspondientes a los números 11 y 12 presentan hoy dos formas: las etimológicas simples *undécimo* y *duodécimo*, que son las preferidas en el uso culto, y las compuestas *decimoprimero* y *decimosegundo*, creadas modernamente por analogía con la forma que adoptan los ordinales del resto de las series (*vigesimoprimero, vigesimosegundo, trigésimo primero, trigésimo segundo*, etc.).

3. De los ordinales compuestos, los correspondientes a la primera y a la segunda decena se pueden escribir en una o en dos palabras, siendo hoy mayoritaria la grafía simple (*decimotercero, decimocuarto, vigesimoprimero, vigesimoctavo,* etc.). A partir de la tercera decena solo se emplean las grafías complejas (*trigésimo primero, cuadragésimo segundo, quincuagésimo tercero,* etc.). Si el ordinal se escribe en dos palabras, el primer elemento mantiene la tilde que le corresponde como palabra independiente: *vigésimo segundo;* pero si se escribe en una sola palabra, el ordinal no debe llevar tilde, pues no le corresponde llevarla según las reglas de acentuación (→ TILDE², 1): *vigesimosegundo* (no [⊗]*vigésimosegundo*). Los ordinales compuestos escritos en una sola palabra solo presentan variación de género y número en el segundo componente: *vigesimoprimera, vigesimoprimeros, vigesimoprimeras;* pero si se escriben en dos palabras, ambos componentes son variables: *vigésima primera, vigésimos primeros, vigésimas primeras.*

4. Los ordinales *primero* y *tercero* se apocopan en las formas *primer* y *tercer* cuando preceden a un sustantivo masculino, aunque entre ambos se interponga otra palabra; esta apócope también se produce cuando forman parte de ordinales compuestos: *el primer ministro, mi tercer gran amor; el vigesimoprimer aniversario.* La apócope es opcional si el ordinal aparece antepuesto y coordinado con otro adjetivo: *mi primero y último amor* o *mi primer y último amor.* Constituye un arcaísmo, que debe evitarse en el habla culta actual, la apócope de estos ordinales ante sustantivos femeninos: [⊗]*la primer vez,* [⊗]*la tercer casa.*

5. El ordinal correspondiente al número 50 es *quincuagésimo* (del lat. *quinquagesimus*), no [⊗]*cincuentésimo.* Han caído en desuso los ordinales con la terminación *-eno* (salvo *noveno,* forma preferida hoy frente a *nono*), frecuentes en el español medieval y clásico: *deceno, onceno, doceno* o *duodeno, treceno, veinteno,* etc. Cuando al ordinal *octavo* se prefija otro ordinal, se recomienda reducir las dos oes resultantes a una sola: *vigesimoctavo* (mejor que *vigesimooctavo*). Para las grafías *séptimo* y *sétimo,* → séptimo.

6. En la lengua corriente existe una marcada tendencia a evitar el uso de los ordinales, en especial los que se refieren a números altos, y a sustituirlos por los cardinales correspondientes (→ CARDINALES, 8).

7. No deben utilizarse como ordinales formas propias de los numerales fraccionarios o partitivos (→ FRACCIONARIOS, 5); así, no debe decirse [⊗]*el onceavo piso,* en lugar de *el undécimo piso.*

8. Para expresar abreviadamente los ordinales, se utilizan dos sistemas: la numeración romana (→ NÚMEROS, 3.1a) y la numeración arábiga seguida de letra volada (→ NÚMEROS, 2e); así, puede escribirse tanto *la XXIII edición del Festival de San Sebastián* como *la 23.ª edición del Festival de San Sebastián.* Cuando se utiliza el segundo procedimiento, hay que tener en cuenta que, salvo en el caso de las formas apocopadas *primer* y *tercer,* que llevan voladas las dos últimas letras del ordinal (*1.ᵉʳ, 3.ᵉʳ, 23.ᵉʳ*), en el resto de los casos únicamente va volada la última letra: *1.º, 2.º, 3.ª, 28.ª,* etc. No son aconsejables, pues, abreviaciones como *1.ᵉʳᵒ, 2.ᵈᵒ, 7.ᵐᵒ, 8.ᵛᵒ, 9.ⁿᵒ,* etc., usadas a veces en el español americano, probablemente por influjo de las correspondientes abreviaciones inglesas (*1st, 2nd, 3rd, 7th*). Como se ve por los ejemplos, se escribe un punto entre el número y la letra volada (→ ABREVIATURA, 6d).

Oregón. El nombre de este estado de los Estados Unidos de América debe escribirse con tilde en español, ya que entre los hispanohablantes está asentada la pronunciación aguda y es palabra terminada en *-n* (→ TILDE², 1.1.1): «*Intel posee plantas en Arizona, Nuevo México, Washington, California y Oregón*» (*Nación* [C. Rica] 28.12.96).

orensano -na. → Orense.

Orense. Nombre tradicional en lengua castellana de la provincia y ciudad de Galicia cuyo nombre en gallego es *Ourense.* Salvo en textos oficiales, donde es preceptivo usar el topónimo gallego como único nombre oficial aprobado por las Cortes españolas, en textos escritos en castellano debe emplearse el topónimo castellano. El gentilicio, para todo tipo de textos, incluidos los oficiales, es *orensano.*

orfanato. 1. 'Asilo de huérfanos': «*Estuvo en un orfanato*» (Gándara *Distancia* [Esp. 1984]). Esta es la voz mayoritaria usada en todo el ámbito hispánico. No es correcta la grafía con *h-* [⊗]*horfanato.*

2. La voz *orfelinato* es calco del francés *orphelinat* (del fr. *orphelin* 'huérfano'). Desde principios del siglo XX ha alternado con la formación propiamente española *orfanato,* cuyo uso es más recomendable. No obstante, la forma *orfelinato* se considera válida, puesto que goza de aceptación general en el uso culto español y, sobre todo, en el americano: «*Varios espías cabildeaban como niños expulsados de un orfelinato*» (Cohen *Insomnio* [Arg. 1986]).

3. En algunas zonas de América, especialmente en México y en el área andina, se emplea con preferencia la voz *orfanatorio:* «*No tuve papá, crecí en un orfanatorio*» (Paso *Palinuro* [Méx. 1977]).

orfanatorio. → orfanato, 3.

orfandad. 'Estado de huérfano': «*Llevaban más de treinta años de orfandad*» (Martini *Fantasma* [Arg. 1986]). Pese a que deriva de *huérfano,* no es correcta la grafía [⊗]*horfandad.*

orfelinato. → orfanato, 2.

organdí. 'Tela blanca de algodón muy fina y transparente'. Su plural es *organdíes* u *organdís* (→ PLURAL, 1c).

orgía. 'Fiesta en la que se cometen excesos de todo tipo'. Aunque en latín y en griego se acentuaba en la primera sílaba, en el español actual se usa exclusivamente la forma *orgía*, con acento en la *i* por influjo del francés *orgie* [orʒí].

[⊗]**orgullecerse.** → enorgullecer(se), 2.

Orinoquia u **Orinoquía.** La región de América del Sur correspondiente a la cuenca del río Orinoco recibe en español el nombre de *Orinoquia* u *Orinoquía,* por analogía con *Amazonia* y *Amazonía* (→ Amazonia o Amazonía). La forma con diptongo *Orinoquia* es la más extendida en el uso general: «*La conquista de la Orinoquia y de la Amazonia está todavía en proceso de planificación*» (Morón *Venezuela* [Ven. 1994]); pero en algunos países de América, especialmente en Colombia, alterna con la forma con hiato *Orinoquía:* «*Los organizadores* [...] *convocan a los investigadores sociales de la Orinoquía para que preparen y envíen sus ponencias*» (*Tiempo* [Col.] 11.2.97).

[⊗]**orita.** → ahorita.

Orleans. El nombre de la ciudad de Francia que en francés se escribe *Orléans* no lleva tilde en español, por tratarse de una palabra aguda acabada en *-s* precedida de otra consonante (→ TILDE², 1.1.1): «*Su talento y valentía destacaron en la liberación de la ciudad de Orleans del sitio de los ingleses*» (Vega *Mujer* [Esp. 1992]); es, pues, incorrecta la grafía [⊗]*Orleáns.*

Ormuz. Forma tradicional española del nombre de este estrecho situado en el golfo Pérsico: «*Irán* [...] *guarda en su poder la llave del estrecho de Ormuz*» (*Abc* [Esp.] 6.10.97). No debe usarse en español la grafía *Hormuz,* empleada en otras lenguas como el inglés.

ornitomancia. → -mancia o -mancía.

orquesta. 'Grupo de músicos que interpretan piezas musicales': «*Una pequeña orquesta del lugar animaba los bailes de los sábados*» (Fux *Danza* [Arg. 1992]). Existe también la variante culta *orquestra,* más cercana a la etimología (del lat. *orchestra*), que hoy solo se usa con el sentido de 'zona destinada al coro en los teatros griegos y romanos': «*El coro —que comenta con canciones rítmicas lo que pasa en la escena— no se mueve de la orquestra*» (DzPlaja *Literatura* [Esp. 1949]); por ello, no es apropiado usar derivados como [⊗]*orquestral* u [⊗]*orquestrar* en lugar de los normales *orquestal* ('de la orquesta') y *orquestar* ('adaptar para orquesta [una composición musical]' y 'organizar [algo complejo], normalmente en colaboración').

orquestal, orquestar, orquestra. → orquesta.

os. Pronombre personal átono de segunda persona del plural. Sobre los pronombres átonos y su funcionamiento, → PRONOMBRES PERSONALES ÁTONOS.

[⊗]**osceno -na.** → obsceno.

oscurecer(se). 'Poner(se) oscuro'. Verbo irregular: se conjuga como *agradecer* (→ APÉNDICE 1, n.º 18). También puede escribirse con la grafía etimológica *obscurecer* (→ oscuro).

oscuro -ra. 'Carente de luz' y, dicho de un color, 'que se acerca al negro'. Esta voz y todas las de su familia pueden escribirse de dos formas: conservando el grupo consonántico etimológico *-bs-* (*obscuro, obscuridad, obscurantismo,* etc.) o simplificando el grupo en *-s-* (*oscuro, oscuridad, oscurantismo,* etc.). Se recomiendan las grafías simplificadas, por ser más acordes con la articulación real de estas palabras y las más extendidas en el uso actual.

o sea. → ser, 6.

ósmosis u **osmosis.** 'Intercambio de sustancias líquidas a través de una membrana semipermeable'. Aunque también se usa la forma llana *osmosis,* en la mayor parte del mundo hispánico se prefiere la forma esdrújula *ósmosis.* Lo mismo cabe decir de sus derivados *endósmosis* o *endosmosis* y *exósmosis* o *exosmosis.* El adjetivo correspondiente es *osmótico:* «*El cambio objetivo más importante es el aumento de la presión osmótica del plasma*» (Puig *Sal* [Esp. 1981]).

osmótico -ca. → ósmosis u osmosis.

osobuco. Adaptación gráfica propuesta para la voz italiana *ossobuco,* 'corte del jarrete vacuno, con el hueso y la médula' y 'guiso hecho con esta carne': «*Un kilo* [...] *de osobuco o de espinazo de cordero*» (Huneeus *Cocina* [Chile 1989]).

ossobuco. → osobuco.

ostensible. 'Manifiesto o patente': «*Dolores, con ostensible indiferencia, tararea*» (Gambaro *Malasangre* [Arg. 1982]). No debe confundirse con *ostentoso* ('llamativo por su suntuosidad o aparatosidad'; → ostentoso).

ostentar. 'Llevar [algo] de modo que sea bien visible': «*Sobre el pecho ostentaba una cadena de oro*» (Mutis *Ilona* [Col. 1988]); 'hacer gala o alarde [de algo que se posee], con el fin de causar admiración', a menudo como absoluto, sin complemento directo explícito: «*A Ibáñez hijo no le gusta ostentar y hasta hace un año las oficinas de la empresa eran muy sencillas*» (*Caras* [Chile] 4.8.97); y 'poseer públicamente [algo considerado un honor o un privilegio, como un cargo relevante, un título, etc.]': «*Santiago Casares Quiroga ostentó la cartera de Marina y Gobernación*» (Paniagua *España* [Esp. 1988]); «*También la mujer podía ostentar el título de cacica*»

(Silvestrini/LSánchez *Puerto Rico* [P. Rico 1987]). Es impropio su empleo como mero equivalente de *tener*, sin que esté presente la idea de relevancia u honor: ⊗«*La ley Helms-Burton ostenta efectos supranacionales y extraterritoriales que violan los principios más elementales del derecho internacional*» (*Hoy* [Chile] 2-8.12.96); ⊗«*Todos estos cambios se compaginan con la extinción de los 15 escaños que ostentaba UCD*» (*País* [Esp.] 1.6.86).

⊗**ostentóreo -a.** → estentóreo.

ostentoso -sa. 'Llamativo por su suntuosidad o aparatosidad': «*Se compró un automóvil último modelo, [...] el más grande y ostentoso que se había visto nunca por esos lados*» (Allende *Casa* [Chile 1982]). No debe confundirse con *ostensible* ('manifiesto o patente'; → ostensible).

⊗**ostia.** → hostia.

otorrina. → otorrino.

otorrino. Acortamiento de *otorrinolaringólogo*, 'médico especialista en otorrinolaringología'. Como la mayoría de los acortamientos, funciona normalmente como sustantivo común en cuanto al género (→ GÉNERO[2], 1a y 3a): *el/la otorrino*. Es raro el femenino *otorrina*, que podría justificarse por analogía con el femenino *endocrina* (→ endocrino).

otredad. 1. 'Condición de ser otro': «*Descubre, mediante el autoerotismo, la otredad del cuerpo propio*» (*País* [Esp.] 11.9.77). Es voz correctamente formada a partir del indefinido *otro* (→ -dad, a). Son incorrectas las formas ⊗*otridad* y ⊗*otreidad*.

2. También se emplea, con este mismo sentido, la voz *alteridad,* cultismo formado sobre el latín *alteritas, -atis* ('diferencia'): «*La singularidad irreductible de cada individuo, la alteridad inevitable de cada quien*» (Paranaguá *Ripstein* [Méx. 1997]).

otro -tra. 1. '[Persona o cosa] diferente o adicional'. Puede funcionar como adjetivo: *Trataremos este aspecto en otro capítulo;* o como pronombre: *Ya tiene una casa. No necesita otra.* Debe evitarse el empleo de la forma masculina *otro* ante sustantivos femeninos que comienzan por /a/ tónica (→ el, 2.2): ⊗«*Y otro área más con contenedores para papel y cartón*» (*NCastilla* [Esp.] 24.5.99); debió decirse *otra área.*

2. Es compatible con el artículo (*la otra opción*) y con otros determinantes, como posesivos (*mi otro hijo*), demostrativos (*ese otro*), numerales (*otros tres*) o indefinidos (*algún otro tema, ninguna otra cosa, muchos otros u otros muchos*), a excepción del indefinido *un,* con el que no puede combinarse, a diferencia de lo que ocurre en otras lenguas romances, como el catalán, el francés o el italiano: ⊗«*TV3 y Canal 33 están emitiendo un otro partido distinto del que uno está viendo*» (*Vanguardia* [Esp.] 17.6.94).

3. Como adjetivo, suele aparecer, con un verbo en forma negativa, en construcciones de significado restrictivo cuyo segundo término va introducido por *que,* o, menos frecuentemente, por *sino* o *más que*: «*No cabía OTRA alternativa QUE la imaginación*» (Palou *Carne* [Esp. 1975]); «*No puede hacer OTRA cosa SINO esperar*» (Santiago *Sueño* [P. Rico 1996]); «*No sabes hacer OTRA cosa MÁS QUE seguir viviendo*» (Puga *Silencio* [Méx. 1987]).

4. *el otro día, la otra noche.* → día, 3 y noche, 3.

5. *(el) uno con (el) otro, (la) una a (la) otra,* etc. → CONCORDANCIA, 3.13.

Ottawa. Nombre de la capital de Canadá: «*El primero de marzo de 1999 entró en vigor el Tratado de Ottawa*» (*Hora* [Guat.] 19.9.00). La grafía original está asentada en el uso español, por lo que no se recomienda su hispanización.

Ouagadougou. → Uagadugú.

Ourense. → Orense.

outillage. → utillaje.

output. **1.** Voz inglesa que se utiliza, en economía, con el sentido de 'producto resultante de un proceso de producción'. Puede sustituirse por el equivalente español *producto (final)*: «*Se introducen actualmente [...] las técnicas de los cuadros de insumo-producto y la programación lineal*» (Prados *Síntesis* [Esp. 1967]); «*Los exhaustivos esfuerzos por [...] elevar al grado máximo el nivel de control de calidad, tanto de insumos cuanto de productos terminados*» (*Clarín* [Arg.] 21.12.87).

2. En otras disciplinas, especialmente en informática, se utiliza con el sentido de 'información ya procesada'. En este caso la voz inglesa puede reemplazarse por *salida de datos* o por *datos* (o *información*) *de salida,* según el contexto.

ovejo. → carnero.

overall. → overol.

overbooking. 'Venta de plazas, especialmente de hotel y de avión, en número superior al disponible'. Es anglicismo evitable, que puede sustituirse por términos españoles como *sobreventa* o *sobrecontratación*: «*Conseguir un asiento con tarifa económica es muy difícil y hay quejas por sobreventa*» (Lux *Chile* [Chile 1997]); «*El Gobierno y las comunidades autónomas [...] preparan una ofensiva contra la sobrecontratación de plazas hoteleras*» (*Vanguardia* [Esp.] 1.6.94).

overol. Adaptación gráfica de la voz inglesa *overall,* que se emplea en el español americano para designar el traje de trabajo de una sola pieza. Su plural es *overoles* (→ PLURAL, 1g): «*Vestían overoles caqui del sindicato petrolero*» (Aguilar *Golfo* [Méx. 1986]).

oxímoron. 'Recurso retórico consistente en combinar dos palabras o expresiones de significado opuesto'. Debe permanecer invariable en plural (*los oxímoron*), ya que no existen en español sustantivos sobresdrújulos (→ PLURAL, 1g). También se documenta, y es válido, el plural *oxímoros.*

ozonósfera u ozonosfera. → -sfera.

p

p. 1. Decimonovena letra del abecedario español y decimosexta del orden latino internacional. Su nombre es femenino: *la pe* (pl. *pes*). Representa el sonido consonántico bilabial oclusivo sordo /p/. **2.** Deben evitarse en la pronunciación deformaciones vulgares del sonido /p/, como su transformación en /k/ o /z/ o su vocalización (⊗[káksula] o ⊗[káusula] por *cápsula,* ⊗[adoztár] por *adoptar*), así como su pérdida (⊗[eklíse] por *eclipse,* ⊗[autósia] por *autopsia*). **3.** El grupo consonántico *ps,* resultado de la transcripción de la letra griega *psi,* aparece en posición inicial de palabra en numerosas voces cultas formadas sobre raíces o palabras griegas que comienzan por esa letra (*psyché* 'alma', *pseudo-* 'falso', *psitakkós* 'papagayo', etc.). En todos los casos se admite en la escritura la reducción del grupo *ps-* a *s-,* grafía que refleja mejor la pronunciación normal de las palabras que contienen este grupo inicial, en las que la *p-* no suele articularse: *sicología, sicosis, siquiatra, sitacismo, seudoprofeta,* etc. No obstante, el uso culto sigue prefiriendo las grafías con *ps-*: *psicología, psicosis, psiquiatra, psitacismo, pseudoprofeta,* etc., salvo en las palabras *seudónimo* y *seudópodo,* que se escriben normalmente sin *p-*. **4.** En algunas voces cultas de origen griego, o formadas sobre raíces griegas, se mantiene en posición inicial de palabra el grupo consonántico *pt,* especialmente en voces científico-técnicas: *pteridofito, pterodáctilo, ptosis,* etc. No obstante, lo más habitual ha sido que las palabras procedentes de voces o raíces con grupo *pt-* inicial en griego se hayan incorporado al español sin *p-*: *tisana, tialina, tialismo, Tolomeo, tomaína,* etc. **5.** La pronunciación de la *p* se relaja considerablemente en el grupo *pt* situado en interior de palabra, pero solo es corriente su pérdida en *séptimo* y *septiembre,* que se pronuncian a menudo en el habla espontánea, al menos en España, [sétimo] y [setiémbre]; por ello se admiten también las grafías *sétimo* y *setiembre,* aunque en el uso culto se siguen prefiriendo decididamente las grafías con *-pt-*. En todos los demás casos (*abrupto, aceptar, concepto, corrupto, Egipto, óptimo,* etc.), la reducción de *-pt-* a *-t-* debe evitarse tanto en la grafía como en la pronunciación. Son excepción los participios de los verbos pertenecientes a la familia de *escribir,* que por influencia de *escrito* (forma usual hoy frente a la anticuada *escripto*), se escriben preferiblemente sin *-p-*: *adscrito, descrito, inscrito, suscrito, transcrito,* etc.; no obstante, en algunas zonas de América, especialmente en la Argentina y el Uruguay, son de uso normal las formas con *-pt-*.

pabilo o **pábilo.** 'Mecha'. Tiene dos acentuaciones válidas: la forma llana *pabilo* [pabílo], que conserva la acentuación etimológica (del lat. vulg. *papilus,* pron. [papílus]), es la de uso mayoritario; pero también se emplea, y es válida, la forma *pábilo,* con acentuación esdrújula por influjo de *pábulo* ('alimento').

pacer. Dicho del ganado, 'comer hierba en los campos'. Verbo irregular: se conjuga como *agradecer* (→ APÉNDICE 1, n.º 18).

pachá. 'Bajá, título honorífico musulmán'. Su plural es *pachás* (→ PLURAL, 1b). Acerca de su escritura con mayúscula inicial, → MAYÚSCULAS, 4.31 y 6.9.

pachotada. → patochada.

pachulí o **pachuli.** 'Planta olorosa' y, especialmente, 'perfume obtenido de ella'. Del francés *patchouli,* se adaptó al español con la pronunciación aguda que tiene en esa lengua: «*Apestando a una hedionda combinación de sudor y pachulí*» (Savater *Caronte* [Esp. 1981]); pero hoy es frecuente, y también válida, la forma llana *pachuli* [pachúli]: «*Otro olor a incienso, a pachuli* [...] *conquistó los pulmones de cada uno de los asistentes*» (Rubio *Sal* [Esp. 1992]).

paciente. Como adjetivo ('que tiene paciencia'), tiene una sola terminación, válida para ambos géneros: *hombre/mujer paciente.* Consecuentemente, como sustantivo, con el sentido de 'persona que está bajo examen o tratamiento médico', es común en cuanto al género (*el/la paciente;* → GÉNERO², 1a y 3c): «*La paciente regresó a su casa y reanudó la vida normal*» (Gironella *Hombres* [Esp. 1986]). No es correcto el femenino ⊗*pacienta.*

pack. Voz inglesa que se usa con frecuencia en español con el sentido de 'conjunto de artículos iguales o similares que se agrupan, especialmente para su reparto o venta'. Es anglicismo evitable, ya que pueden emplearse en su lugar los términos *lote, paquete* o *envase,* según el contexto: «*Un lote de medicamentos y materiales hospitalarios fue entregado al director*» (*Abc* [Par.] 19.12.96); «*Dos cremas en un* *solo envase: una de día, protectora y otra de noche, reparadora»* (*Telva* [Esp.] 2.98).

⊗**padastro.** → padrastro.

paddle. → pádel.

padecer. 1. 'Sufrir'. Verbo irregular: se conjuga como *agradecer* (→ APÉNDICE 1, n.º 18). **2.** Cuando significa 'sufrir un daño o tener una enfermedad', puede funcionar como transitivo: «*Desde que era niño padece insomnio*» (MtnCampo *Carreteras* [Méx. 1976]); o como intransitivo con un complemento introducido por *de*: «*Un individuo padece DE insomnio y llega por ello a la consulta*» (Lasprilla *Reflexiones* [Col. 1991]). Cuando el complemento expresa, no la enfermedad o el daño, sino la parte del cuerpo que la sufre, debe ir siempre con *de*: «*Volski padece DEL estómago y siempre está de mal humor*» (BVallejo *Historia* [Esp. 1976]).

pádel. Adaptación gráfica propuesta para la voz inglesa *paddle (tennis)*, 'deporte parecido al tenis que se juega con palas de madera': «*Zonas comunes con jardines, piscinas y pistas de pádel*» (*Mundo* [Esp.] 23.3.01).

padrastro. 'Marido de la madre, respecto de los hijos tenidos antes por ella' y 'pedacito de pellejo junto a las uñas de las manos'. No son correctas las formas ⊗*padastro* y ⊗*padrasto*.

padrenuestro. 'Oración que empieza con las palabras *Padre Nuestro*': «*Lo obligó a arrodillarse y a rezar el padrenuestro*» (Piglia *Respiración* [Arg. 1980]). Todavía se documenta la grafía en dos palabras *padre nuestro* (pl. *padres nuestros*): «*Te absuelvo con una penitencia de diez padres nuestros*» (Gallegos *Pasado* [C. Rica 1993]); pero hoy es mayoritaria y preferible la grafía simple, cuyo plural es *padrenuestros*: «*Rezaba diez padrenuestros cada noche*» (*Mundo* [Esp.] 28.7.94).

⊗**padrina.** → madrina, 1 y padrino, 1.

padrino. 1. 'Hombre que presenta y asiste a alguien que recibe un sacramento o un honor, o que participa en un torneo o duelo' y 'hombre que patrocina o preside un acto'. El femenino que corresponde a *padrino* es, en la lengua general culta, *madrina*, no ⊗*padrina* (→ madrina, 1): «*Había nombrado padrino de boda al señor director*» (Palou *Carne* [Esp. 1975]). **2.** De la voz *padrino* deriva el verbo *apadrinar*, que significa, dicho de persona, 'actuar como padrino [de alguien o algo]'. Puede usarse tanto con sujetos masculinos como femeninos, aunque en este último caso se prefiere hoy el verbo *amadrinar* (→ madrina, 2): «*Un gitano apadrinó a un hijo de un guardia civil*» (Gironella *Hombres* [Esp. 1986]); «*Del matrimonio nació [...] una hija única [...], cuyo bautizo apadrinó la reina Isabel II*» (OArmengol *Aviraneta* [Esp. 1994]).

pagar(se). 1. Cuando significa 'satisfacer [lo que se debe] o sufragar [un gasto]', es transitivo: «*Paga tus impuestos y tus deudas de honor*» (Quintero *Danza* [Ven. 1991]); «*Para dejar mi equipaje pagué dos bolivianos*» (*Tiempos* [Bol.] 13.12.96). Además del complemento directo, puede llevar un complemento indirecto que expresa la persona que recibe el pago: «*LE pagaría a Cárceles los desperfectos*» (PzReverte *Maestro* [Esp. 1988]); «*Por cada kilo de cereza LES pagan treinta centavos*» (MtnCampo *Carreteras* [Méx. 1976]). Es frecuente omitir el complemento directo, por estar implícito o sobreentendido: «*No LE pagamos para que sea original, sino para que nos entretenga a la gente*» (VLlosa *Tía* [Perú 1977]). En estos casos, es posible reinterpretar el complemento de persona como directo (→ LEÍSMO, 4d), aunque se trata de una opción menos extendida en el uso y, por tanto, menos recomendable: «*El Safari es mío y al tractorista LO pago yo*» (Ibargüengoitia *Crímenes* [Méx. 1979]). Asimismo, *pagar* puede llevar un complemento introducido por *en* o *con*, que expresa el medio de pago: «*Le pagarían EN dólares*» (Fuentes *Cristóbal* [Méx. 1987]); «*Acabé pagando CON dólares mi comida*» (Nasarre *País* [Esp. 1993]). **2.** Cuando significa 'sufrir castigo por algo', puede construirse como transitivo: «*Que el Gobierno pague sus propios errores es lógico*» (*País* [Esp.] 3.8.77); o como intransitivo, construcción en la que la causa del castigo se expresa mediante un complemento con *por*: «*Pues si pecó, que pague POR ello*» (Reyes *Carnaval* [Col. 1992]). **3.** Cuando significa 'presumir de algo', es intransitivo pronominal y rige *de*: «*No me pago DE gabacho ni DE alcahuete*» (SchsSinisterra *Ñaque* [Esp. 1980] 147). **4.** En el español general actual el participio es *pagado*: «*Con creces he pagado la deuda que tenía con vuestro padre*» (Britton *Siglo* [Pan. 1995]); «*Usted me hizo una gauchada hace dos años. Queda pagada*» (Galeano *Días* [Ur. 1978]); «*Fui la actriz mejor pagada de la radio*» (Posse *Pasión* [Arg. 1995]). Pero en gran parte de América pervive en el uso coloquial el antiguo participio irregular *pago*, normalmente en función adjetiva: «*Es uno de los jugadores mejor pagos de la Liga*» (*Clarín* [Arg.] 19.1.97); «*Tenemos seguro y está pago. Si no fuera así, no podríamos circular*» (*Clarín* [Arg.] 23.10.00).

pago -ga. → pagar(se), 4.

paipái. 'Abanico en forma de pala'. Aunque la grafía *paipay* se adapta mejor a la ortografía del español (→ i, 5b), la forma asentada en el uso es *paipái*. Su plural es *paipáis*, que, al igual que el singular, debe escribirse con tilde (→ TILDE², 1.1.1). No debe escribirse en dos palabras ni con guion intermedio: ⊗*pai-pai*.

paipay. → paipái.

Países Bajos. 1. Nombre oficial de este país de Europa. Se usa normalmente con artículo: «*España, Reino Unido, Alemania, Francia y los Países Bajos son los que han participado de forma más intensa*» (Cuenca *Europa* [Esp. 2002]). Su gentilicio es *neerlandés*, que también se emplea, como sustantivo masculino, para designar el idioma: «*Tras lograr un convincente triunfo* [...] *sobre el también neerlandés Raemon Sluiter*» (*Mercurio* [Chile] 16.7.04); «*Se tradujo al inglés, al francés y al neerlandés*» (Tamames *Economía* [Esp. 1992]). **2.** El nombre *Holanda* designa estrictamente una región occidental de los Países Bajos, dividida en dos provincias, Holanda del Norte y Holanda del Sur: «*También en los Países Bajos, y sobre todo en la región de Holanda* [...], *grandes extensiones de la llanura interior se encuentran por debajo del nivel del mar*» (RdgzPose *Marco* [Esp. 1995]). No obstante, es frecuente y admisible emplearlo en el habla corriente para referirse a todo el país, uso que no debe extenderse a textos oficiales: «*Le preguntaban por su hija Máxima, la futura reina de Holanda*» (*Clarín* [Arg.] 20.6.01). Por esta razón, también se emplea comúnmente el término *holandés* como gentilicio del país y como nombre del idioma: «*Eurodiputados alemanes, holandeses y suecos reclamaron una reforma en profundidad de la PAC*» (*NCastilla* [Esp.] 1.3.01); «*Mi padre no entendía el holandés tan bien como yo*» (Semprún *Autobiografía* [Esp. 1977]).

[⊗]**pajama.** → pijama, 3.

Pakistán. Esta es la grafía más extendida en español para el nombre de este país asiático, que coincide, además, con la de su nombre oficial; se desaconseja, por ello, la grafía alternativa y minoritaria *Paquistán*. Este topónimo puede usarse precedido de artículo (*el Pakistán*), pero es claramente mayoritario su empleo sin él (→ el, 5). Como gentilicio son válidas las formas *pakistaní* y *paquistaní*, aunque por coherencia gráfica con el topónimo se aconseja usar con preferencia la forma *pakistaní*. El plural en la lengua culta es *pakistaníes* o *paquistaníes* (→ PLURAL, 1c).

pakistaní. → Pakistán.

Palaos. Forma tradicional española del nombre de estas islas de la Micronesia, que constituyen una república independiente: «*Vengo en designar embajador de España en la República de Palaos, con residencia en Manila, a don Ignacio Sagaz Temprano*» (*BOE* [Esp.] 5.4.03, 13307). No deben usarse en español ni la forma inglesa *Palau* ni la local *Belau*.

Palau. → Palaos.

paliar. 'Mitigar o suavizar'. Puede acentuarse como *anunciar* (→ APÉNDICE 1, n.º 4): «*Diferentes combinaciones farmacológicas que palian e incluso evitan el sín-*

drome de abstinencia» (Castilla *Psiquiatría* 2 [Esp. 1980]); o como *enviar* (→ APÉNDICE 1, n.º 5): «*Los alumnos confían en que la Universidad palíe las deficiencias en las instalaciones*» (*NCastilla* [Esp.] 5.12.00).

palidecer. 'Ponerse pálido'. Verbo irregular: se conjuga como *agradecer* (→ APÉNDICE 1, n.º 18).

palmarés. 'Lista de vencedores de una competición' e 'historial o relación de méritos'. Su plural es *palmareses* (→ PLURAL, 1f): «*Los dos equipos siguieron engrosando sus respectivos palmareses*» (*DVasco*@ [Esp.] 20.3.04).

panamá. 'Tejido de algodón adecuado para bordar' y 'sombrero de jipijapa'. Su plural es *panamás* (→ PLURAL, 1b).

pancake. → crepe, 1.

pandemonio. 'Lugar con mucho ruido y confusión': «*En las últimas horas esto fue un pandemonio*» (*Clarín* [Arg.] 13.11.00). Su plural es *pandemonios*. Debe preferirse esta forma hispanizada a la variante etimológica latina *pandemónium*.

pandemónium. → pandemonio.

panel. 1. Con los sentidos de 'tablero para mostrar anuncios y otras informaciones', 'grupo de personas seleccionadas para tratar en público un asunto', 'mesa redonda' y 'lista de jurados', es voz tomada del inglés *panel*: «*Un panel exhibe en esta misma sala los decorados de Sigfrido Burmann hechos para las obras representadas en el Teatro Español*» (*País* [Esp.] 1.6.84); «*Los dos profesores universitarios se reunieron con un panel de expertos creado por el alcalde de Miami*» (*NHerald* [EE. UU.] 5.5.97); «*Durante un panel sobre propiedad intelectual* [...] *se escucharon comentarios críticos hacia la Ley de Patentes*» (*NProvincia* [Arg.] 15.12.97); «*La destitución de este miembro del jurado podría representar otra derrota más para la defensa, que había expresado su satisfacción por la actual composición del panel*» (*Mundo* [Esp.] 3.3.95). En español es palabra aguda (pron. [panél]), por lo que debe evitarse la grafía [⊗]*pánel*, así como la pronunciación llana [pánel] propia del étimo inglés. **2.** Debe evitarse, por innecesario, el uso de *panel* o *pánel*, como sustantivo femenino, con el sentido de 'vehículo cerrado destinado al reparto de mercancías', que se da en México y algunos países centroamericanos por influjo del inglés americano *panel (truck)*. Se recomienda emplear en su lugar voces de mayor tradición en español, como *furgoneta* o *camioneta*.

Panjab. → Punyab.

panqueque. → crepe, 1.

[⊗]**pantasma.** → fantasma.

panteón. Voz que significa, entre otras cosas, 'monumento funerario destinado al enterramiento de más de una persona, normalmente de la misma familia': «*¿Me enterrarás en el panteón de tu familia?*» (FdzCubas *Ágatha* [Esp. 1994]); por tanto, es impropio su empleo para referirse a la tumba de una sola persona, aunque tenga carácter monumental: [⊗]«*El alcalde de Córdoba* [...] *y Lagartijo realizaron ayer una ofrenda floral ante el panteón del torero* [Manolete]» (*País* [Esp.] 30.8.97); en estos casos debe usarse la voz *mausoleo* ('sepulcro monumental').

panti. 1. Adaptación gráfica de la voz inglesa *panty,* que se usa con dos sentidos diferentes en español, según las zonas:

a) En España y algunos países de América, *panti(s)* significa 'prenda femenina, de tejido fino y muy elástico, que cubre de los pies a la cintura': «*Un traje de chaqueta escocés* [...], *un suéter fino* [...] *en amarillo, pantis también amarillos y un collarcito de perlas*» (Hidalgo *Azucena* [Esp. 1988]). En países como México, Cuba, Puerto Rico o Colombia se usa, con este sentido, el compuesto *pantimedia(s),* de género femenino: «*Su madre se había ahorcado con una pantimedia que colgó del tubo de un ropero*» (*DYucatán* [Méx.] 4.7.96).

b) En países como Puerto Rico, Panamá, Costa Rica o Venezuela, 'prenda interior femenina que cubre desde la cintura, o las caderas, hasta las ingles': «*¿Y viste sus sostenes? ¿Y viste sus panticitos así de chiquiticos...?*» (*Nación* [C. Rica] 12.9.96).

2. Con ambos sentidos se usa mayoritariamente en masculino (*el panti, los pantis*), aunque en algunas zonas de América es normal su empleo en femenino: «*La nieve arruinó la noche haciéndola caer sobre la berma, dejándola con las pantis destrozadas y una gran hinchazón en las rodillas*» (Souza *Mentira* [Perú 1998]). Su plural es *pantis* (→ PLURAL, 1e y 2.5). Debe evitarse en español el uso del plural inglés *panties,* así como el de la forma [⊗]*pantys,* que no es ni inglesa ni española.

pantimedia. → panti.

pantomima. 'Representación teatral a base de gestos y movimientos, sin palabras': «*¡Qué divertidas las pantomimas y qué brillantes los bailes!*» (Otero *Temporada* [Cuba 1983]); y 'farsa o fingimiento': «*Ahora simulaban una vez más haberlo olvidado, hacían la pantomima protocolaria*» (Mendoza *Ciudad* [Esp. 1986]). Es incorrecta la forma [⊗]*pantomina.*

panty. → panti.

papa. 1. 'Jefe supremo de la Iglesia católica' y 'persona de autoridad indiscutible en un ámbito'. Es voz llana, procedente del latín *papas.* El femenino es *papisa.* Puesto que la Iglesia católica no admite la ordenación de mujeres, con el primer sentido indicado normalmente se usa solo el masculino *papa;* el femenino *papisa* se emplea en referencia

a la única mujer que supuestamente ha ocupado la cátedra de san Pedro: «*La papisa Juana, una mujer que, según la fábula, ocupó el trono pontificio en el siglo IX*» (Fisas *Historias* [Esp. 1983]). Pero con el segundo sentido indicado sí es normal el uso en femenino: «*Es una alemana que se cree la papisa de la estética inglesa*» (Mujica *Escarabajo* [Arg. 1982]). Sobre su escritura con mayúscula o minúscula inicial, → MAYÚSCULAS, 4.31 y 6.9.

2. Como sustantivo masculino, significa también 'padre' (→ papá, 1).

3. Como sustantivo femenino, en América, Canarias y el sur de la España peninsular, significa 'patata': «*Los potajes y el rancho canario se preparan con carne de cerdo y papas*» (*España* [Esp. 1996]).

papá. 1. 'Padre'. Procede del latín *papa,* pronunciado [pápa], y así se dijo en español hasta el siglo XVIII. Después, por influjo del francés, comenzó a extenderse la pronunciación aguda *papá,* hoy general en el uso culto de España y América. La forma llana *papa* persiste, no obstante, en el habla popular y rural. El plural de *papá* es *papás* (→ PLURAL, 1b), no [⊗]*papases.*

2. En España solo es normal su empleo para dirigirse al padre en usos vocativos (*Papá, te ha llamado tu jefe*), para referirse a él en la conversación entre miembros de la misma familia (*Me ha dicho papá que no salgas sin decírselo*), en la conversación entre niños pequeños (*Mi papá me lee un cuento antes de dormir*) o cuando un adulto se dirige a un niño de pocos años (*Dáselo a tu papá*). En la conversación entre adultos, fuera del núcleo familiar se emplea el término *padre*: «*¿Conoció usted a su padre?*» (Tomás *Orilla* [Esp. 1984]). En América, en cambio, se emplea corrientemente *papá* para referirse al padre entre interlocutores adultos: «*Cuando yo era joven temblaba ante mi papá*» (Shand *Farsa* [Arg. 1981]).

3. Como diminutivos se emplean *papaíto,* el más normal en España, y *papito,* muy extendido en América. También responde a las reglas de formación de diminutivos, y es, por tanto, correcta, la forma *papacito,* que en América suele alternar con *papito* y *papaíto,* y que en países como México es el diminutivo más frecuente. En todo el ámbito hispánico se usa también la forma hipocorística *papi.*

papagayo. 'Ave tropical'. No es correcta la grafía [⊗]*papagallo.*

paparazi. Adaptación gráfica propuesta para la voz italiana *paparazzi,* plural de *paparazzo* ('fotógrafo de prensa que se dedica a hacer fotografías a los famosos sin su permiso'). En español se usa el plural etimológico para el singular, caso análogo al de otros italianismos como *espagueti* (→ espagueti): «*El paparazi fue detenido* [...] *y le velaron el rollo con* *dichas instantáneas» (Prensa@ [Pan.] 9.12.01). Su plural es, por tanto, *paparazis* (→ PLURAL, 1a). De acuerdo con la grafía adaptada, debe pronunciarse en español [paparási], en zonas de seseo, o [paparázi], en zonas no seseantes.

paparazzi. → paparazi.

paper. Voz inglesa que se usa con cierta frecuencia en algunas zonas de América, especialmente en el ámbito académico, con el sentido de 'escrito en el cual el autor desarrolla sus ideas sobre un tema determinado'. Es anglicismo superfluo, que debe sustituirse por términos españoles como *ensayo, comunicación, ponencia, informe* o, entre estudiantes, *trabajo*.

papisa. → papa, 1.

páprika o **paprika.** La voz húngara *paprika* ('pimiento rojo que, reducido a polvo, se usa como condimento') se emplea en español con dos acentuaciones, ambas válidas. La forma esdrújula *páprika* refleja la pronunciación etimológica y es la preferida en el uso culto: «*Con la punta de los dedos se unta la páprika por todo el pescado*» (Ortega *Recetas* [Esp. 1972]). Pero está también muy extendida la pronunciación llana [papríka], a la que corresponde la grafía sin tilde *paprika*: «*Espolvorear con queso rallado y paprika*» (Pirolo *Microondas* [Arg. 1989]). Aunque su equivalente en español es *pimentón*, es lícito emplear este extranjerismo para designar el condimento originario de Hungría.

papú. 'Aborigen de la isla de Nueva Guinea e islas vecinas'. El plural asentado en la lengua culta es *papúes* (→ PLURAL, 1c): «*Podemos compararnos con los papúes, con los zulúes o con los esquimales*» (*Abc* [Esp.] 16.6.96). Es asimismo el gentilicio del Estado independiente de Oceanía denominado Papúa-Nueva Guinea, que ocupa la mitad oriental de la isla de Nueva Guinea y un conjunto numeroso de pequeñas islas e islotes. Es igualmente válida la variante *papúa* (pl. *papúas*), pero no el singular ⊗*papúe*, creado erróneamente a partir del plural *papúes*.

papúa. → papú.

paquebote. Adaptación gráfica plenamente asentada de la voz francesa *paquebot* ('embarcación para el transporte de correo y pasajeros'). Durante mucho tiempo convivió en español con la forma etimológica ⊗*paquebot*, que hoy ha caído en desuso y conviene evitar.

Paquistán, paquistaní. → Pakistán.

par. *sin par.* 'Único o sin igual': «*Era un hombre culto [...] y un polemista sin par*» (*País* [Esp.] 10.10.80). Es admisible, aunque aún rara, la grafía simple *simpar*: «*Se desenvolvían por los ríos con la misma destreza que los peces, sorteando [...] pétreos obstáculos con simpar habilidad*» (Arenales *Arauco* [Esp. 1992]).

paradisíaco -ca o **paradisiaco -ca.** → -íaco o -iaco.

paradójico -ca. 'Que supone una paradoja': «*El logro de Vallejo me parecía paradójico, pues había conseguido exactamente lo contrario de lo que él se proponía*» (Paz *Sombras* [Méx. 1983]). Es incorrecta la grafía ⊗*paradógico*.

paragua. → paraguas.

paraguas. 'Utensilio portátil para resguardarse de la lluvia': «*El alcalde ordenó a uno de los reunidos que le sostuviera el paraguas para tener las manos libres*» (Sepúlveda *Viejo* [Chile 1989]). Es invariable en plural: *los paraguas* (→ PLURAL, 1f). Se recomienda la forma *paraguas* para el singular, por ser la mayoritariamente usada en el habla culta de todo el ámbito hispánico, aunque en algunos países, como Chile, se usa también el singular regresivo *paragua*.

paralelepípedo. 'Sólido limitado por seis paralelogramos, cuyas caras opuestas son iguales y paralelas': «*Ezequiel se detuvo a observar el edificio, un paralelepípedo de ladrillos con escaleras metálicas pintadas de verde*» (Cohen *Insomnio* [Arg. 1986]). Es incorrecta la forma reducida ⊗*paralepípedo*.

paralelogramo o **paralelógramo.** 'Cuadrilátero cuyos lados opuestos son paralelos entre sí'. Hoy se emplea mayoritariamente con la acentuación llana correspondiente a su étimo latino, pero en Chile se usa con preferencia la forma esdrújula *paralelógramo*, basada en la acentuación del étimo griego.

⊗**paralepípedo.** → paralelepípedo.

paralimpiada o **paralimpíada.** → paralímpico.

paralímpico -ca. 'De los juegos deportivos universales que se celebran cada cuatro años y en los que compiten atletas discapacitados'. Es voz tomada del inglés *paralympic*, acrónimo de *para*[plegic] + [o]*lympic*. Estos juegos se denominan *juegos paralímpicos* o *paralimpiada(s)* (para su acentuación y su escritura con mayúscula o minúscula inicial, → olimpiada u olimpíada): «*Los tres primeros países accederán directamente a los Juegos Paralímpicos de Atenas*» (*Solidaridad* [Esp.] 2.12.03); «*Esta madrileña apunta más alto: las Paralimpiadas de Atenas 2004*» (*Accesible* [Esp.] 4.01). Estas son las denominaciones más extendidas en el uso y las más acordes con la etimología; se desaconsejan, por ello, las variantes ⊗*par(a)olímpico* y ⊗*par(a)olimpíada*, creadas a posteriori a partir del prefijo de origen griego *para-* ('junto a'), usado a menudo en la creación de voces nuevas con el sentido de 'semejante a' lo designado por la palabra base.

⊗**paralís.** → parálisis.

parálisis. Sustantivo femenino que significa 'pérdida total o parcial de la capacidad de movimiento': «*Siento una parálisis parcial en el lado izquierdo*» (Aridjis *Adiós* [Méx. 1989]). En España existe la variante popular masculina ⊗*paralís,* que debe evitarse en el habla culta.

parangonar(se). 'Comparar(se)'. Además del complemento directo, lleva un complemento introducido por con: «*Alguien ha parangonado esta huelga* CON *la de los camioneros chilenos*» (*País* [Esp.] 3.8.77); no debe usarse *a* para introducir este complemento: ⊗«*El estilo de comediante de Lucille Ball fue parangonado* AL *del inmortal Charlie Chaplin*» (*Universal* [Ven.] 6.4.99).

paranomasia. → paronomasia.

⊗**paraolímpico -ca.** → paralímpico.

paraplejia o **paraplejía.** → -plejia o -plejía.

parásito -ta. '[Animal o vegetal] que vive a costa de otro'. Hoy se usa con la acentuación esdrújula correspondiente a su étimo griego; la forma llana ⊗*parasito,* basada en la acentuación latina, ha caído en desuso y debe evitarse.

pardusco -ca. → parduzco.

parduzco -ca. 'De color que tira a pardo': «*Un insecto parduzco*» (Najenson *Memorias* [Arg. 1991]). Es igualmente correcta, aunque algo menos frecuente, la variante *pardusco:* «*Mujeres de uniforme pardusco dirigen la circulación*» (Leguineche *Camino* [Esp. 1995]).

parecer(se). 1. Verbo irregular: se conjuga como *agradecer* (→ APÉNDICE 1, n.º 18).

2. En forma no pronominal, *parecer* se conjuga en todas las personas cuando significa 'tener determinada apariencia, o dar la impresión de ser o estar de una determinada manera'. En este caso el complemento de *parecer* puede ser, bien un sustantivo, un pronombre o un adjetivo, bien un infinitivo: «*Ya te dije antes que pareces un jipi*» (SchzDragó *Camino* [Esp. 1990]); «*Eran dos jovencitas que sin ser hermanas lo parecían*» (Velasco *Regina* [Méx. 1987]); «*Las nubes parecían muy bajas*» (Souza *Mentira* [Perú 1998]); «*Todas las madejas parecían enredarse en una sola*» (Rovinski *Herencia* [C. Rica 1993]). Puede llevar, además, un complemento indirecto: «*Tus textos* ME *parecen buenos*» (Santos *Pez* [P. Rico 1996]). Cuando *parecer* se construye con una oración subordinada sustantiva introducida por *que, como si* o *como que,* se conjuga siempre en tercera persona del singular y significa 'dar la impresión de ser cierto lo que expresa la oración subordinada': «*Parece* QUE *todo se ha resuelto bien*» (Morales *Verdad* [EE. UU. 1979]); «*Parece* COMO SI *te desagradara mi presencia*» (Omar *Hoy* [Esp. 1989]); «*Parece* COMO QUE *no me creyeras*» (Delibes *Mario* [Esp. 1966]). También en este caso puede llevar un complemento indirecto: «*ME parece que ya es demasiado tar-*

de» (Dolina *Ángel* [Arg. 1993]). Cuando se usa con complemento indirecto, el verbo *parecer* denota opinión, en lugar de mera percepción. La oración subordinada nunca va introducida por *de que* (→ DEQUEÍSMO, 1): ⊗«*Parece* DE QUE *ahí todo es imposible*» (*País* [Ur.] 4.10.01). No deben cruzarse ambas estructuras, la de verbo con variación de persona seguido de infinitivo (*Pareces trabajar mucho; Parecéis trabajar mucho*) y la de verbo inmovilizado en tercera persona del singular, seguido de una subordinada sustantiva (*Parece que trabajas mucho; Parece que trabajáis mucho*); por lo tanto, son incorrectas las oraciones con variación de persona en el verbo *parecer* y una oración subordinada sustantiva: ⊗«*El sol y el viento parecen que fabrican el día alegre*» (*Abc* [Esp.] 20.9.96); debió decirse *parece que fabrican* o *parecen fabricar.*

3. En forma pronominal significa 'asemejarse' y se emplea, bien con sujeto plural o coordinado, en construcción recíproca, bien con un complemento precedido de *a:* «*Fernando y Dioni se parecen mucho*» (SchzDragó *Camino* [Esp. 1990]); «*La casa se parecía* A *las que había visto en las ilustraciones de los cuentos*» (Aldecoa *Mujeres* [Esp. 1994]).

4. Aunque se conserva en la lengua popular, hoy se siente como anticuado en la lengua culta, y debe evitarse, el uso de *parecer(se)* con el sentido de 'aparecer(se) o dejarse ver en un lugar': «*Más de la mitad de los días no parecía por allí*» (PValdés *Novela* [Esp. 1921]).

parejo -ja. 1. Como adjetivo de dos terminaciones, una para cada género, significa 'semejante' e 'igualado': «*Los toreros [...] deberán tener méritos parejos*» (DzCañabate *Paseíllo* [Esp. 1970]); «*Las fuerzas están muy parejas entre el oficialista Partido Colorado y los liberales*» (*Tiempo* [Col.] 1.12.91). Como sustantivo se usa solo el femenino *pareja,* tanto con el sentido de 'conjunto de dos personas o cosas': «*Por el sendero se acercaba una pareja de carabineros*» (Edwards *Anfitrión* [Chile 1987]), como para designar al compañero de una persona, generalmente en el terreno sentimental: «*Ester y Augusta decidieron casarse vírgenes y buscan en su pareja protección y sustento*» (Fuller *Dilemas* [Perú 1993]); «*Su pareja de baile, el conde de Seyselle, estaba elogiando los frescos que decoraban la estancia*» (*Abc* [Esp.] 13.10.97); así pues, en el uso culto general es un sustantivo epiceno femenino (→ GÉNERO², 1b). No obstante, en algunos países de América, especialmente en Colombia, se utiliza coloquialmente el masculino *parejo* para designar al compañero de baile masculino: «*Numerosas parejas se entregaban confidencias al compás de la música. Pasó mucho tiempo antes que las piernas de Elisenda reaccionaran, pegándose tímidamente al cuerpo de su parejo*» (Sánchez *Héroe* [Col. 1988]).

2. correr parejas. Dicho de una cosa, 'ser igual o muy semejante a otra, estar a su misma altura'. Suele usarse con sujeto plural (dos cosas *corren parejas*) o con un complemento precedido de la preposición *con* (una cosa *corre parejas CON* otra). En el uso más culto, la locución contiene, inmovilizado, el sustantivo femenino plural *parejas*, independientemente de cuál sea el género y número del sustantivo que funciona como sujeto, con el que no tiene que concordar: «*Su aplastante erudición corre parejas con una imaginación tan efervescente como absoluta*» (*Abc* [Esp.] 12.7.96). Pero hoy es frecuente, y admisible, usar en la locución el adjetivo *parejo, -ja*, caso en el que sí debe haber concordancia de género y número con el sujeto: «*Su gusto por los sindicatos blancos corre parejo con su repudio a la política de masas organizadas*» (Córdova *Política* [Méx. 1979]). Esta locución rige la preposición *con*, y no *a*: [⊗]«*Los éxitos empresariales corren parejos A los fracasos sentimentales*» (*Mundo* [Esp.] 15.12.96).

PARÉNTESIS. 1. Signo ortográfico doble con la forma ( ) que se usa para insertar en un enunciado una información complementaria o aclaratoria. Los paréntesis se escriben pegados a la primera y la última palabra del período que enmarcan, y separados por un espacio de las palabras que los preceden o los siguen (hay algunas excepciones; → 2c y d); pero si lo que sigue al signo de cierre de paréntesis es un signo de puntuación, no se deja espacio entre ambos.

2. *Usos*

a) Cuando se interrumpe el enunciado con un inciso aclaratorio o accesorio: *Las asambleas (la última duró casi cuatro horas sin ningún descanso) se celebran en el salón de actos.* Aunque también las comas (→ COMA², 1.1) y las rayas (→ RAYA, 2.1) se utilizan para enmarcar incisos, el uso de los paréntesis implica un mayor grado de aislamiento del enunciado que encierran con respecto al texto en el que se inserta. Por ello, los incisos entre paréntesis suelen ser normalmente oraciones con sentido pleno y poca o nula vinculación sintáctica con los elementos del texto principal.

b) Para intercalar algún dato o precisión, como fechas, lugares, el desarrollo de una sigla, el nombre de un autor o de una obra citados, etc.: *El año de su nacimiento (1616) es el mismo en que murió Cervantes; Toda su familia nació en Guadalajara (México); La OPEP (Organización de Países Exportadores de Petróleo) ha decidido aumentar la producción de crudo; «Más obran quintaesencias que fárragos» (Gracián).*

c) Para introducir opciones en un texto. En estos casos se encierra entre paréntesis el elemento que constituye la alternativa, sea este una palabra completa, sea uno de sus segmentos: *En el documento se indicará(n) el (los) día(s) en que haya tenido lugar la baja; Se necesita chico(a) para repartir pedidos.* Como se ve en los ejemplos, los paréntesis que

añaden segmentos van pegados a la palabra a la que se refieren. En este uso, el paréntesis puede alternar con la barra (→ BARRA, 1b).

d) Para desarrollar las abreviaturas o reconstruir las palabras incompletas del texto original cuando se reproducen o transcriben textos, códices o inscripciones. Los elementos que se añaden van entre paréntesis y sin espacios de separación: *Imp(eratori) Caes(ari).* En estos casos se recomienda utilizar con preferencia los corchetes (→ CORCHETE, 2c).

e) En la reproducción de citas textuales, se usan tres puntos entre paréntesis para indicar que se omite un fragmento del original: «*Pensé que él no pudo ver mi sonrisa (...) por lo negra que estaba la noche*» (Rulfo *Páramo* [Méx. 1955-80]). En estos casos es más frecuente y recomendable el uso de los corchetes (→ CORCHETE, 2e).

f) Para encerrar, en las obras teatrales, las acotaciones del autor o los apartes de los personajes: «BERNARDA. *(Golpeando con el bastón en el suelo). ¡No os hagáis ilusiones de que vais a poder conmigo!*» (GaLorca *Bernarda* [Esp. 1936]).

INÉS.   *¡Ay, Jesús!*
BRÍGIDA.   *¿Qué es lo que os da?*
INÉS.   *Nada, Brígida, no es nada.*
BRÍGIDA.   *No, no; si estáis inmutada.*
    (Ya presa en la red está).
    ¿Se os pasa?
    (Zorrilla *Tenorio* [Esp. 1844]).

g) Las letras o números que introducen elementos de una clasificación o enumeración pueden escribirse entre paréntesis o, más frecuentemente, seguidas solo del paréntesis de cierre:
Los libros podrán encontrarse en los lugares siguientes:
(a) En los estantes superiores de la sala de juntas.
(b) En los armarios de la biblioteca principal.
O bien:
Los libros podrán encontrarse en los lugares siguientes:
a) En los estantes superiores de la sala de juntas.
b) En los armarios de la biblioteca principal.

h) En las fórmulas matemáticas o químicas, los paréntesis sirven para aislar operaciones que forman parte de una serie; para enmarcar operaciones que contienen otras ya encerradas entre paréntesis, se utilizan los corchetes (→ CORCHETE, 2a): $[(4 + 2) \times (5 + 3)] - (6 - 2).$

3. *Combinación con otros signos*

a) Los signos de puntuación correspondientes al período en el que va inserto el texto entre paréntesis se colocan siempre después del paréntesis de cierre:
Llevaban casados mucho tiempo (el año pasado cumplieron sus bodas de oro), pero nunca lograron entenderse.
¿Cuántos países integran la ONU (Organización de las Naciones Unidas)?
No debe colocarse ningún signo de puntuación que no fuera necesario si se suprimieran los pa-

réntesis; por ello, si el texto entre paréntesis está colocado entre el sujeto y el verbo de la oración, nunca debe escribirse coma después del paréntesis de cierre, pues es incorrecto que sujeto y verbo vayan separados por coma (→ COMA², 3.1): ⊗*Las asambleas (la última duró casi cuatro horas sin ningún descanso), se celebran en el salón de actos.*

b) El texto contenido dentro de los paréntesis tiene una puntuación independiente: *La manía de Ernesto por el coleccionismo (lo colecciona todo: sellos, monedas, relojes, plumas, llaveros...) ha convertido su casa en un almacén;* por ello, si el enunciado entre paréntesis es interrogativo o exclamativo, los signos de interrogación o de exclamación deben colocarse dentro de los paréntesis: *Su facilidad para los idiomas (¡habla con fluidez siete lenguas!) le ha abierto muchas puertas.*

c) Independientemente de que el texto entre paréntesis abarque todo el enunciado o solo parte de este, el punto se colocará siempre detrás del paréntesis de cierre (→ PUNTO, 3.1): *Se fue dando un portazo. (Creo que estaba muy enfadado).*

parienta. → pariente.

pariente. Respecto de una persona, 'miembro de su familia'. Por su terminación es común en cuanto al género (*el/la pariente;* → GÉNERO², 1a y 3c): *«No sabemos si la pariente es soltera, viuda, casada o celestina»* (Onetti *Viento* [Ur. 1979]). También existe el femenino específico *parienta,* menos usado en el nivel culto: *«Mi madre era parienta de los Albéniz»* (Perucho *Dietario* [Esp. 1985]). En España esta voz se usa también, coloquialmente, con el sentido de 'cónyuge'; en este caso, para el femenino se usa solo la forma en *-a: «La parienta estará enfadada por no haberme visto el pelo a la hora de comer»* (MñzMolina *Sefarad* [Esp. 2001]).

parking. → parquin.

párkinson. → parkinsonismo.

parkinsonismo. 'Trastorno neurológico caracterizado por el temblor rítmico de la cabeza y de los miembros': *«Los medicamentos anticolinérgicos usados para el tratamiento del parkinsonismo tienden a exacerbar la disquinesia tardía»* (Barrera/Kerdel *Adolescente* [Ven. 1976]). En los textos médicos es más frecuente la denominación *enfermedad de Parkinson,* donde la palabra *Parkinson* se escribe con mayúscula y sin tilde por tratarse del apellido del médico inglés que describió por vez primera esta enfermedad: *«La frecuente asociación de la enfermedad de Parkinson con el síndrome depresivo»* (AFernández *Depresión* [Esp. 1988]). En el lenguaje corriente lo más habitual es usar aisladamente este apellido, que pasa a convertirse así en un sustantivo común y, por consiguiente, ha de escribirse con minúscula inicial y con tilde: *«Mi compadre*

[...] *no va a morir* [...] *botando carbón. Quizá de párkinson, quizá de sífilis, quizá de cáncer, señora»* (Arguedas *Zorro* [Perú 1969]).

parlante. → parlar, 2 y 3.

parlar. 1. 'Hablar'. Este verbo procede del provenzal y está presente en el léxico español desde la época medieval. Frente al valor neutro de *hablar, parlar* está normalmente marcado en el uso actual general como informal, jocoso o despectivo: *«Para colmo de males, el chicato de mi yerno, que parla como un duque en siete idiomas»* (Najenson *Memorias* [Arg. 1991]); y a menudo se refiere al hecho de hablar de más o inoportunamente: *«Todo lo parlaba: malas noches, regodeos, enfermos, partos...»* (Sampedro *Sonrisa* [Esp. 1985]). Estos matices están presentes en los muchos derivados de esta voz, como los adjetivos *parlador, parlanchín* y *parlero* ('que habla mucho o de manera indiscreta'), el verbo *parlotear* ('hablar mucho y sin sustancia') o los sustantivos *parloteo, parlería* y *parleta* ('charla abundante e insustancial').

2. El adjetivo derivado *parlante* significa, simplemente, 'que habla', y no está teñido de los matices jocosos o despectivos que suele tener el verbo *parlar* (→ 1): *«He oído historias acerca de estatuas parlantes»* (Savater *Juliano* [Esp. 1981]). A veces se usa, sustantivado, como sinónimo de *hablante: «Los especialistas pronostican que los parlantes de lenguas indígenas seguirán aumentando en números absolutos»* (*Proceso* [Méx.] 12.1.97). En gran parte de América, significa también, como sustantivo, 'aparato para amplificar el sonido', a menudo en la forma *altoparlante: «Se instalaron potentes parlantes para acallar los cánticos de los subversivos»* (*Caretas* [Perú] 30.1.97); *«El altoparlante anuncia la salida del avión de San Juan»* (Tibón *Aventuras* [Méx. 1986]).

3. El adjetivo *parlante* se une también a elementos compositivos que designan un determinado idioma, para formar compuestos referidos a sus hablantes, como *hispanoparlante, angloparlante, catalanoparlante,* etc.: *«De esta precipitada mezcla vendría el habla de España y de más de 300 millones de hispanoparlantes en la América española y en los Estados Unidos»* (Fuentes *Espejo* [Méx. 1992]); *«Los comicios muestran la división del país entre los ucranianos y los empobrecidos rusoparlantes»* (*Mundo* [Esp.] 12.7.94). Aunque los compuestos con *parlante* se consideran aceptables, se recomiendan los equivalentes formados con *hablante* (*hispanohablante, anglohablante, catalanohablante,* etc.), ya que el uso de *parlante* con el sentido de '[persona] que habla una determinada lengua' es ni ha sido nunca frecuente en español (no se dice, normalmente, *los parlantes de español*). Estos compuestos deben escribirse en una sola palabra, sin guion intermedio.

parodiar. 'Hacer una parodia [de alguien o algo]'. Se acentúa como *anunciar* (→ APÉNDICE 1, n.º 4).

parolímpico -ca. → paralímpico.

paronomasia. 'Semejanza formal entre dos palabras' y 'figura retórica que consiste en juntar dentro de la frase voces de sonido semejante'. Esta es la forma etimológica y mayoritaria, y la que ha dado lugar a los derivados *paronimia* y *parónimo;* es, por ello, preferible a la variante *paranomasia,* de uso hoy minoritario.

parqué. Adaptación gráfica de la voz francesa *parquet,* 'entarimado hecho con maderas ensambladas' y 'recinto donde se celebran las sesiones bursátiles': «*Oí* [...] *los pies descalzos que se alejaban rechinando por el parqué recién lustrado*» (RRosa *Sebastián* [Guat. 1994]). Su plural es *parqués* (→ PLURAL, 1a): «*Los efectos que origina la actividad del banco emisor en los parqués*» (*País* [Esp.] 17.12.80).

parquet. → parqué.

parquin. Adaptación gráfica propuesta para la voz inglesa *parking,* 'lugar destinado al aparcamiento de automóviles'. Su plural debe ser *párquines* (→ PLURAL, 1g): «*El que ha salido en defensa de los párquines ha sido el concejal de Seguridad,* [...] *que asegura* [...] *que no hay ningún aparcamiento peligroso en la capital*» (*Cadena SER* [Esp., corpus oral] 3.11.96). Aunque, por su extensión, se admite el uso del anglicismo adaptado, se recomienda usar con preferencia voces españolas de sentido equivalente, como *aparcamiento,* en España: «*Caminó hacia su coche, situado en un aparcamiento cercano*» (Millás *Desorden* [Esp. 1988]); y, en América, según las zonas, *estacionamiento, parqueo, parqueadero y playa (de estacionamiento),* referida esta última, en especial, al situado en una explanada al aire libre: «*Estaba buscando el carro en el estacionamiento*» (Aguilera *Pelota* [Ec. 1988]); «*Estaban estacionados en los parqueos de la Presidencia*» (*Prensa* [Nic.] 24.7.97); «*El parqueadero de la Plaza de Toros estaba ya repleto*» (Gamboa *Páginas* [Col. 1998]); «*Mientras entraba a la playa de estacionamiento, verificaba* [...] *que el Dodge había sido lavado*» (VLlosa *Tía* [Perú 1977]).

PÁRRAFO (SIGNO DE). Signo ortográfico auxiliar (§) que se usa, seguido de un número, o de series de números y letras, para indicar divisiones internas dentro de los capítulos de una obra: *§ 12, § 32.2a;* o para remitir o aludir a ellas: «*La función deíctica y anafórica de los pronombres, de que hablamos en el § 2.5.1b*» (RAE *Esbozo* [Esp. 1973] 211). Debe dejarse siempre un espacio entre el signo y la numeración que lo acompaña. Cuando se hace referencia a más de un párrafo, el signo se duplica: «*Para los compuestos con numerales, véanse los §§ 2.9.3e y 2.9.5c*» (RAE *Esbozo* [Esp. 1973] 141).

partenaire. Voz francesa que se emplea ocasionalmente en español con los sentidos de 'persona que interviene como compañero o pareja de otra en una actividad, especialmente en un espectáculo' y 'persona que mantiene relaciones amorosas o sexuales con otra'. También se emplea con estos sentidos la voz inglesa *partner.* Son extranjerismos evitables, por existir los equivalentes españoles *compañero* o *pareja,* en el ámbito artístico o sentimental, y *socio,* en el ámbito empresarial: «*¿También se rió con Carmen Maura, su compañera de reparto?*» (*Tiempo* [Esp.] 12.3.90); «*Un tercio de esas mujeres resolvió el problema buscando una pareja sexual diez años más joven que ellas*» (PzLópez *Menopausia* [Esp. 1992]); «*Adolfo era mi socio en algunas empresitas de ese lugar*» (Victoria *Casta* [Méx. 1995]).

participar. 1. Es transitivo cuando significa 'comunicar [algo] a alguien': «*Les participo que fracasamos en nuestro intento de despertar a la pareja de volcanes*» (Velasco *Regina* [Méx. 1987]). No debe anteponerse preposición al complemento directo (→ DEQUEÍSMO, 1b): *Les participo DE que...*

2. En el resto de sus acepciones, es intransitivo y se construye con las preposiciones *en* o *de,* según los casos:

a) Cuando significa 'intervenir, junto con otros, en algo', se construye normalmente con la preposición *en:* «*Mario no participó EN la reunión por respeto a Lucero*» (Bain *Dolor* [Col. 1993]); en el español de América se usa también la preposición *de:* «*Felipe participaba DE aquellas revueltas, estaba segura*» (Belli *Mujer* [Nic. 1992]). Es incorrecto usar *a:* «*Participan A la Conferencia Nacional de Obispos Católicos 240 altas autoridades eclesiásticas*» (*DAméricas* [EE. UU.] 21.6.97).

b) También se construye con la preposición *en* cuando significa 'tener parte en una sociedad o negocio': «*Ambas sociedades participarán EN la nueva empresa al 50%*» (*País* [Esp.] 2.12.88). No obstante, no es infrecuente en el ámbito económico el uso transitivo, normalmente en participio: «*La nueva empresa estará participada en un 33 por 100 por cada una de las firmas mencionadas*» (*Abc* [Esp.] 28.4.86).

c) Con los sentidos de 'compartir algo con alguien' y 'tener algo en común con otros', se construye con *de:* «*Todo se ha vuelto terriblemente difícil para él y para mí, que en mi delirio participo DE su angustia*» (Pedraza *Pasión* [Esp. 1990]); «*Yo no participo DE esas ideas radicales*» (Sastre *Hombres* [Esp. 1991]).

d) Cuando significa, dicho de alguien, 'corresponderle una parte de algo que se reparte', se usan ambas preposiciones: «*Obliga hasta al más pobre a participar EN los gastos*» (Beltrán *Realidad* [Perú 1976]); «*Rojo nunca participó DE las suculentas ga-*

nancias que se generaron con dichas operaciones» (*Mundo* [Esp.] 4.5.94).

partidario -ria. 1. '[Persona] que apoya algo o a alguien'. Se construye con un complemento con *de* y se usa a menudo como sustantivo: «*El general se mostró partidario DE esa medida*» (*Tiempo* [Col.] 21.1.97); «*Madero y sus partidarios iniciaron las revueltas*» (Vargas *Pasado* [Méx. 2002]). Carece de valor peyorativo, a diferencia de *partidista* ('que manifiesta o implica partidismo, esto es, adhesión total a un partido, persona u opinión, que impide ser imparcial'; → partidista, 1), adjetivo con el que no debe confundirse.

2. Significa, además, 'de(l) partido o de (los) partidos': «*Buscó, fundamentalmente, el sí de Menem y Ruckauf, en guerra permanente por el liderazgo partidario*» (*Clarín* [Arg.] 17.5.01). Con este mismo sentido se emplea también, especialmente en América, el adjetivo *partidista* (→ partidista, 2).

partidista. 1. 'Que manifiesta o implica partidismo (adhesión total a un partido, opinión o persona, que impide ser imparcial)': «*Los socialistas denunciaron ayer el uso partidista y sectario de TV3 en favor de Miquel Roca*» (*Vanguardia* [Esp.] 2.2.95). A diferencia de *partidario* ('que apoya algo o a alguien'; → partidario, 1), no rige ningún complemento preposicional.

2. A menudo, especialmente en América, significa 'de(l) partido o de (los) partidos': «*Después de las elecciones democráticas del 2 de julio de 2000, [...] la vida partidista mexicana reveló su anacrónica insuficiencia*» (Fuentes *Esto* [Méx. 2002]). Con este sentido se usa también el adjetivo *partidario* (→ partidario, 2).

PARTITIVOS. → FRACCIONARIOS.

partner. → partenaire.

part-time. → tiempo, 1.

[⊗]**pasacaset, pasacasete.** → casete.

pasamano. → pasamanos.

pasamanos. 'Parte superior de la barandilla de una escalera' y 'barra o listón sujeto a la pared para ayudarse al bajar o subir una escalera': «*Vladimir tocó el pasamanos de la escalera*» (Ponte *Contrabando* [Cuba 2002]). Es asimismo válida, aunque menos frecuente, la forma *pasamano*: «*Las gradas eran muy empinadas, carecían de un pasamano para sujetarse*» (Allende *Ciudad* [Chile 2002]). El plural de ambas formas es *pasamanos* (→ PLURAL, 1a y f).

pasamontaña. → pasamontañas.

pasamontañas. 'Gorro que cubre la cabeza hasta el cuello, dejando al descubierto, al menos, los ojos y la nariz': «*En vez de la gorra de visera llevaba un pasamontañas que le escondía los rizos colorados*» (Cohen *Insomnio* [Arg. 1986]). Esta es la forma ma-

yoritaria y preferible, aunque en algunos países de América se usa también el singular *pasamontaña*: «*Se ha quitado el pasamontaña y veo sus enroscados cabellos de bacante*» (Chávez *Batallador* [Méx. 1986]). Se escribe siempre en una palabra y su plural es, en ambos casos, *pasamontañas* (→ PLURAL, 1a y f).

pasapuré. → pasapurés.

pasapurés. 'Utensilio de cocina que, mediante presión, reduce alimentos cocidos a puré'. Es invariable en plural (→ PLURAL, 1f): *los pasapurés*. También es válido el singular regresivo *pasapuré*.

paspartú. Adaptación gráfica de la voz francesa *passe-partout*, 'orla de cartón o tela que se pone entre un dibujo, pintura, fotografía, etc., y su marco': «*Era* [la fotografía] *redonda con un paspartú malva*» (Vázquez *Narboni* [Esp. 1976]). Su plural es *paspartús* (→ PLURAL, 1c).

passe-partout. → paspartú.

password. → contraseña.

pasterizar. → pasteurizar.

pasteurizar. 'Elevar la temperatura [de un líquido] sin que llegue a hervir, para destruir las bacterias nocivas'. Esta es la forma etimológica (del fr. *pasteuriser*, y este de *Pasteur*, apellido del químico francés que desarrolló este procedimiento), además de la más extendida en el uso; es, por ello, preferible a la variante *pasterizar*, de uso minoritario.

pata. *mala pata.* → malapata.

patchouli. → pachulí o pachuli.

paté. Voz tomada del francés *pâté*, 'pasta untable hecha generalmente de hígado de cerdo o aves': «*Adorna el paté con unas aceitunas rellenas cortadas por la mitad*» (Arguiñano *Recetas* [Esp. 1996]). Su plural es *patés* (→ PLURAL, 1a).

pâté. → paté.

paterfamilias. En la antigua Roma y, por extensión, en la actualidad, 'jefe o cabeza de familia': «*Tomasa recuerda los antecedentes: el parricidio y la adopción de Carmelo como nuevo paterfamilias*» (Paranaguá *Ripstein* [Méx. 1997]). Es invariable en plural (→ PLURAL, 1f): *los paterfamilias*. Aunque es también válida la grafía etimológica en dos palabras, *páter familias* —cuyo plural, como el de todas las locuciones latinas, es también invariable (→ PLURAL, 1k)—, se recomienda usar con preferencia la grafía simple *paterfamilias*.

paternidad. 'Condición de padre': «*Tampoco permitió que se dudara de la legítima paternidad del conde*» (Allende *Casa* [Chile 1982]). En sentido figurado, puede usarse como sinónimo de *autoría*, pero no de forma indiscriminada; es lícito hablar de la *paternidad* de cualquier tipo de creación (una idea, una obra de arte, un invento, etc.): «*Cuatro años des-*

pués sigue reivindicando la paternidad de la idea» (*Mundo* [Esp.] 13.4.96); «*El nombre de Gutenberg está indisolublemente unido a la invención de la imprenta, aunque el debate sobre la paternidad del invento aún esté abierto*» (SchzGuzmán *Publicidad* [Esp. 1989]); pero no lo es referirse a la *paternidad* de cualquier acción: ⊗«*Reivindicó la paternidad del incendio del edificio*» (*País* [Esp.] 11.12.79).

pátina. 'Capa de óxido que se forma en ciertos metales como el bronce' y 'capa que se forma con el tiempo sobre ciertos objetos, especialmente pinturas, y que suaviza su color': «*Se han recuperado los colores originales, pero se ha perdido la pátina del tiempo*» (*Vanguardia* [Esp.] 21.4.94). Es voz esdrújula, no llana, por lo que no es correcta la forma sin tilde ⊗*patina*.

patochada. 'Disparate, dicho necio o grosero': «*No estuvo mejor la patochada del ex guitarrista de Police*» (*Abc* [Esp.] 25.7.89). En varios países americanos se usa la variante *pachotada*: «*Le cuentan algún chiste, alguna pachotada sobre un personaje político o un artista*» (Souza *Mentira* [Perú 1998]).

patrocinador -ra. 1. '[Persona o entidad] que apoya o financia una actividad, frecuentemente con fines publicitarios': «*Hubo también pequeños patrocinadores que contribuyeron [...] a que el proyecto pudiera llevarse a cabo*» (Torres *Conquista* [Méx. 1990]). La existencia de esta voz española hace innecesario el uso del inglés *sponsor* y de su adaptación ⊗*espónsor*. Igualmente superfluos son los derivados ⊗*(e)sponsorizar* y ⊗*(e)sponsorización*, cuyos equivalentes tradicionales en español son *patrocinar* y *patrocinio*.

2. En muchos países americanos se usan los términos *auspiciador*, *auspiciar* y *auspicio*, igualmente válidos y preferibles al anglicismo: «*Una fiesta organizada por el auspiciador de su equipo*» (*País* [Col.] 29.7.97); «*La actividad es auspiciada por el Ministerio de Cultura, Juventud y Deportes*» (*Nación* [C. Rica] 17.3.97); «*Inútiles fueron los esfuerzos por conseguir el auspicio de una firma fabricante de cámaras y grabadores*» (Dolina *Ángel* [Arg. 1993]).

patrón -na. 1. Los sustantivos *patrón* y *patrono*, cuyo femenino es *patrona*, proceden del mismo étimo latino y comparten la mayoría de las acepciones referidas a persona, a saber, 'protector de una colectividad': «*Se rendirá homenaje a san Judas Tadeo, patrón de los hombres de prensa*» (*Expreso* [Perú] 1.10.91); «*San Honorato es el patrono de los panaderos españoles*» (Tejera *Pan* [Esp. 1993]); 'persona que emplea a otras para realizar un trabajo': «*La película describe la eterna lucha [...] entre el obrero y el patrón*» (LpzNavarro *Clásicos* [Chile 1996]); «*Los sujetos de la relación de trabajo son el trabajador y el patrono*» (*Universal* [Ven.] 9.10.96); 'persona que manda y dirige una embarcación pequeña': «*El patrón del*

barco estaba indignado*» (*VGalicia* [Esp.] 30.10.91); «*Los patronos de los barcos no están dispuestos [...] a entablar negociaciones*» (*País* [Esp.] 5.1.78); y, normalmente en femenino, 'persona que hospeda a otra(s) en una pensión o casa de su propiedad': «*La patrona de la pensión reclamaba destemplada su renta*» (Herrera *Casa* [Ven. 1985]). Con el sentido de 'miembro de un patronato (consejo que dirige o asesora una fundación de carácter benéfico o cultural)', se usa hoy, prácticamente en exclusiva, el término *patrono*: «*La Fundación Ramón Areces hizo pública también ayer la designación de Isidoro Álvarez como patrono vitalicio y presidente del consejo de patronato*» (*País* [Esp.] 2.8.89).

2. El masculino plural de *patrón* es *patrones*, mientras que el de *patrono* es *patronos*.

patrono -na. → patrón.

pautar. 'Establecer o marcar la pauta [de algo]' y 'pintar rayas horizontales y paralelas en [un papel]'. Se acentúa como *causar* (→ APÉNDICE 1, n.º 10). En el español de Chile se usa con más frecuencia, especialmente para el primer sentido, la variante *pautear*.

pautear. → pautar.

pavo real. 'Ave gallinácea cuyo macho tiene una cola de espléndido plumaje'. Su plural es *pavos reales*: «*Se veían pavos reales con la cola desplegada*» (Vicent *Balada* [Esp. 1987]). En gran parte de América, el primer elemento tiende a pronunciarse átono, por lo que se escribe a menudo con la grafía simple *pavorreal* (pl. *pavorreales*), fusión gráfica ya asentada en otros casos similares como *camposanto*, *guardiamarina*, *padrenuestro*, *caradura*, etc.: «*Los pavorreales eran heraldos de muerte*» (GaMárquez *Amor* [Col. 1985]).

pavorreal. → pavo real.

⊗**payama.** → pijama, 3.

pay per view. Expresión inglesa con que se designa el sistema de emisión televisiva en el que se paga por ver un determinado programa. Su uso es innecesario en español, ya que puede sustituirse por el calco *pago por visión*: «*Vía Digital también anunció ayer que el próximo domingo transmitirá en pago por visión dos partidos de Liga*» (*País* [Esp.] 30.9.97). En varios países de América, especialmente en México, utilizan la expresión *pago por evento*: «*El nuevo satélite [...] ofrecerá programación de pago por evento*» (*Excélsior* [Méx.] 23.9.96).

peatón -na. 'Persona que va a pie por una vía pública'. El femenino es *peatona* (→ GÉNERO², 3h): «*Solía recorrer la Avenida de los Presidentes de noche [...], buscando [...] una peatona propincua, una paseante*» (CInfante *Habana* [Cuba 1986]). No es correcto su uso como común: ⊗*una peatón*.

pecarí. 'Mamífero americano parecido a un jabato'. Su plural es *pecaríes* o, más raro, *pecarís* (→ PLURAL, 1c). Es voz aguda, por lo que no se consideran correctas ni la forma esdrújula ⊛*pécari* ni la llana ⊛*pecari*. No debe escribirse con *-k-*.

peccata minuta. Loc. lat. (pron. [pekáta-minúta]) que significa literalmente 'faltas pequeñas' y se usa como locución nominal con el sentido de 'error o falta leve'. Suele aparecer sin determinante, con verbos como *ser, considerar* y similares: «*En las diócesis cubanas fumar al alba y a cualquier hora es peccata minuta*» (González *Habano* [Cuba 1998]). Es invariable en plural (de hecho, en latín, *peccata* es el plural de *peccatum* 'falta, delito'): «*Había cometido algunas faltas* [...]; *pero eran errores veniales, peccata minuta*» (Egido *Corazón* [Esp. 1995]). También se emplea con el sentido de 'cosa pequeña o sin importancia': «*Los conflictos de intereses en los que pueden verse involucrados los periodistas son a veces peccata minuta comparados con los que afectan a los gestores y a los directivos de las empresas*» (Alsius *Dudas* [Esp. 1997]). No debe escribirse ⊛*pecata* en lugar de *peccata*. Tampoco es correcto el plural ⊛*pecatas minutas*.

pecíolo o **peciolo.** 'Tallito de la hoja'. Tiene dos acentuaciones válidas: la esdrújula *pecíolo,* que es la etimológica y la más recomendable, y la llana *peciolo* [pesiólo, peziólo], de uso frecuente.

peculio. Sustantivo masculino (del lat. *peculium*) que significa 'caudal o bienes que posee una persona': «*Gran parte de su peculio* [...] *provenía de la reventa mayorista de ropa usada*» (Donoso *Elefantes* [Chile 1995]). Por influjo del adjetivo *pecuniario* —que significa 'de(l) dinero', del lat. *pecuniarius,* derivado de *pecunia* 'dinero o moneda'—, se usa a veces la forma incorrecta ⊛*pecunio*.

pecunia, pecuniario -ria. → peculio.

pediatra. 'Médico que se ocupa de la salud y las enfermedades de los niños': «*Carlitos estaba con una erupción en las piernas y habría que llevarlo al pediatra*» (Cortázar *Glenda* [Arg. 1980]). Sobre su género gramatical y su acentuación, → -iatra. No debe confundirse con *podiatra* ('especialista en enfermedades de los pies'; → podiatra).

pedigree. → pedigrí.

pedigrí. Adaptación gráfica de la voz inglesa *pedigree,* que significa 'genealogía de un animal de raza' y se usa en ocasiones referida a personas o a cosas: «*Quiero que aproveches tu buena estampa, tus relaciones sociales, tu pedigrí aristocrático*» (Fuentes *Cristóbal* [Méx. 1987]). Su plural es *pedigríes* o *pedigrís* (→ PLURAL, 1c). Debe evitarse la forma ⊛*pedigré,* reflejo de la pronunciación francesa del anglicismo.

pedir. **1.** Verbo irregular: v. conjugación modelo (→ APÉNDICE 1, n.º 45).

2. Cuando significa 'solicitar o reclamar' es transitivo: «*En el mostrador pidió un vaso de pisco*» (Ribeyro *Geniecillos* [Perú 1983]); «*Cuando le dije que me iba a la cama* [...]*, me pidió dormir conmigo*» (Delgado *Mirada* [Esp. 1995]); «*Le pedí que se casara conmigo*» (Borges *Libro* [Esp. 1975]); el complemento directo nunca debe ir precedido de la preposición *de:* ⊛«*Me pidió DE casarse con ella* [con mi hija]» (Fogwill *Cantos* [Arg. 1998]); ⊛«*No me pida DE que convenza a mi pueblo de algo en lo que no creo*» (*Voz@* [Arg.] 9.2.03).

3. pedir por. Con el sentido específico de 'poner [un determinado precio] a una mercancía', además del complemento directo lleva un complemento precedido de *por:* «*Le piden seis mil liras POR un simple afeitado*» (Sampedro *Sonrisa* [Esp. 1985]). Lleva también un complemento con *por* cuando, como intransitivo, significa 'rezar por alguien o algo': «*Se celebraron algunas misas para pedir POR la paz*» (*Proceso* [Méx.] 22.12.96). En los países del Cono Sur se emplea *pedir por,* en lugar de *pedir* (→ 2), con el sentido de 'reclamar algo o en favor de alguien': «*No son politiqueros ni subversivos los que piden POR educación o haberes jubilatorios dignos*» (*Nación* [Arg.] 26.6.92). Debe evitarse en español el uso de *pedir por* con el significado de 'preguntar', algo frecuente entre hablantes catalanes y que se da también en algunas zonas de América, posiblemente por influjo del inglés *to ask for:* ⊛«*Poder resolver la mayor parte de sus relaciones con el banco a través de un teléfono donde no hay que pedir por nadie en concreto* [...] *es una ventaja notable*» (*Vanguardia* [Esp.] 24.10.94); ⊛«*Marcó el número de la Quinta de Olivos y pidió por el Presidente*» (*Clarín* [Arg.] 24.4.97).

peer(se). 'Expeler los gases del vientre por el ano'. Se conjuga como *leer* (→ APÉNDICE 1, n.º 39). Es intransitivo y se usa normalmente en forma pronominal: «*Tuvo una cuñada coja y tetona que se peía al dar el paso*» (Cela *Cristo* [Esp. 1988]).

pegar(se). **1.** Cuando significa 'dar [un golpe o una serie de ellos] a alguien', es transitivo; además del complemento directo, lleva un complemento indirecto de persona: «*Se volvió el ex boxeador hacia Charo y LE pegó dos bofetadas que la tiraron al suelo*» (VqzMontalbán *Soledad* [Esp. 1977]). A menudo se omite el complemento directo, por quedar implícito o sobrentendido; en ese caso, el complemento de persona, en la lengua culta de la mayor parte del ámbito hispánico, sigue considerándose indirecto: «*No es caso insólito que a un santo cualquiera sus devotos LE peguen y lo castiguen hasta que acceda al milagro que se le pide*» (Ortiz *Música* [Cuba 1975]). No obstante, en estos casos, es normal que los hablantes de ciertas zonas de España interpreten el complemento de persona como directo: [⊗]*«Nos dijo que su padre LA pegaba»* (*País*[@] [Esp.] 9.7.94); este uso, influido además por el régimen del verbo sinónimo *golpear,* que rige complemento directo de persona, solo se da en zonas laístas (→ LAÍSMO), por lo que se desaconseja en el habla culta. Lo mismo cabe decir si lo que recibe el golpe es una cosa: *«Creo que LE pego bien a la pelota»* (*Clarín* [Arg.] 16.1.79).

2. Con el sentido de 'pelear a golpes', se usa en forma pronominal y lleva un complemento precedido de *con*: *«Los inspectores se pegaron CON él para quitarle la bomba»* (*Abc* [Esp.] 17.2.87).

peinar(se). 'Desenredar(se) y componer(se) [el cabello]' y 'rastrear [una zona] minuciosamente'. Con el primer sentido, se usa frecuentemente con complemento directo reflexivo: *me peino, te peinas,* etc. La *i* del grupo *ei* es átona en todas las formas de este verbo. V. conjugación modelo (→ APÉNDICE 1, n.º 12).

[⊗]**pekarí.** → pecarí.

Pekín. El nombre tradicional en español para designar la capital de China es *Pekín* (también, raro hoy, *Pequín*). El nombre *Beijing* es resultado de la transcripción de los caracteres chinos al alfabeto latino según el sistema «pinyin», desarrollado en China a partir de 1958 con el fin de unificar los diversos sistemas de transcripción del chino aplicados por distintos países. Este sistema se puso en práctica oficialmente en 1979 y es hoy mayoritariamente utilizado por las agencias de prensa. No obstante, se recomienda usar en nuestro idioma el nombre tradicional español, cuyo gentilicio es *pekinés* (o *pequinés,* si se utiliza la grafía minoritaria *Pequín*).

pekinés -sa. → Pekín.

pelambre. 'Pelo abundante'. Es válido su uso en ambos géneros, aunque suele predominar el femenino: *«Con la pelambre alborotada y rascándose la nuca»* (Azuela *Casa* [Méx. 1983]); *«Desde el pelambre miraban dos ojillos»* (BCasares *Serafín* [Arg. 1962]). En Chile significa, además, 'murmuración o comentario malintencionado', acepción en la que es siempre masculino: *«¿Cuál es la diferencia entre un pelambre y un comentario realista?»* (*Hoy* [Chile] 23.2-3.3.97).

pelear(se). 1. Cuando significa 'luchar por algo o alguien', puede construirse de varias formas:

a) Es común a todo el ámbito hispánico la construcción intransitiva, en la que el motivo de la lucha se expresa mediante un complemento con *por* o, en caso de ser un complemento oracional, también con *para*: *«Él peleaba POR su tierra»* (Chao *Altos* [Méx. 1991]); *«Voy a pelear POR ser alcalde de Madrid»* (*Cambio 16* [Esp.] 5.3.90); *«Pienso pelear PARA evitarlo»* (Sánchez *Cita* [P. Rico 1996]).

b) Menos frecuente es la construcción transitiva, documentada más en América que en España, en la que el motivo de la lucha se expresa mediante un complemento directo: *«Pelearon cada voto hasta el último minuto»* (LpzAlba *Relevo* [Esp. 2002]); *«Tuve que rogarle que [...] si tenía algo que pelear con Rodolfo, LO peleara en privado»* (Mastretta *Vida* [Méx. 1990]).

2. Cuando significa 'luchar o enfrentarse con alguien de palabra u obra', es intransitivo y suele llevar un complemento introducido por *con* o *contra*: *«Vos nunca aprendiste bien a pelear CON los zurdos»* (Pavlovsky *Cámara* [Arg. 1979]); *«Se niega a pelear CONTRA los indígenas»* (Cardoza *Guatemala* [Guat. 1985]). Con ese sentido admite, asimismo, el uso pronominal: *«Miguel [...] se peleaba con los chicos del barrio»* (Steimberg *Espíritu* [Arg. 1981]).

pelicano -na. 'De pelo cano': *«Frutos, su hermano, también era pelicano»* (Delibes *Madera* [Esp. 1987]). Es voz llana: [pelikáno]. No debe confundirse este adjetivo con el sustantivo *pelícano* ('ave acuática'; → pelícano).

pelícano. 'Ave acuática con una especie de bolsa en el pico': *«Le hacen coro [...] los gritos de las gaviotas y los aleteos de los pelícanos»* (Rubín *Rezagados* [Méx. 1991]). Aunque en latín era voz llana (lat. *pelicanus,* pron. [pelikánus]), hoy solo se usa en español con acentuación esdrújula, lo que permite diferenciar este sustantivo del adjetivo *pelicano* ('de pelo cano'; → pelicano).

película. Esta voz española significa, entre otras cosas, 'obra cinematográfica': *«Wilder viaja a París en 1933, donde dirige su primera película»* (LpzNavarro *Clásicos* [Chile 1996]). Es, por tanto, la que ha de usarse con preferencia en español, y así ocurre en la lengua general. No obstante, entre los críticos cinematográficos se emplean con frecuencia los términos *film* (pl. *films*; → PLURAL, 1h) y *filme* (pl. *filmes*) —procedentes del inglés *film*—, que se consideran también válidos, pues han dado derivados como *filmar, fílmico, filmografía, filmoteca,* etc. Las formas anglicadas están asimismo en la base de los términos *microfilm(e)* ('película que contiene microfotografías') y *telefilm(e)* ('película para ser proyectada por televisión'), ambos incorporados ya al español. De las dos variantes, se prefieren las formas hispanizadas con *-e: filme, microfilme* y *telefilme*.

peligro. 'Riesgo de que suceda algún mal' y 'persona o cosa que implican dicho riesgo': *«Si no lo revelé antes fue por no exponerme ni exponerlos a ustedes a un peligro innecesario»* (Chao *Altos* [Méx. 1991]); *«¡Juntos son un peligro!»* (LTena *Renglones* [Esp. 1979]). No debe confundirse con *peligrosidad* ('cualidad de peligroso'; → peligrosidad).

peligrosidad. 'Cualidad de peligroso': «*Sobre la supuesta inocuidad o peligrosidad de estos productos, se ha discutido mucho*» (*País* [Esp.] 2.2.77). No debe usarse como sinónimo de *peligro* ('riesgo'; → peligro): [⊗]«*El Compostela contragolpeó con peligrosidad*» (*Vanguardia* [Esp.] 3.4.95).

pelo. [⊗]*a contra pelo.* → contrapelo.

pelota. 1. *pelota (base).* → béisbol o beisbol. **2.** *en pelota(s).* 'Desnudo, sin ropa'. La locución originaria era *en pelota*, al parecer etimológicamente relacionada con *pelo*. Posteriormente se creó la locución *en pelotas*, debido al cruce con el sustantivo *pelota* ('esfera, bola pequeña'), en posible alusión a los testículos. Ambas locuciones son correctas y se usan hoy con igual frecuencia: «*Se acuesta en pelota*» (Morón *Gallo* [Ven. 1986]); «*No sé qué les gusta tanto de esos indios en pelotas*» (Sepúlveda *Viejo* [Chile 1989]). Sin embargo, cuando incluye un adjetivo, la locución solo admite el singular: *en pelota picada, en pelota viva*.

pena. 1. *dar pena.* → dar(se), 5. **2.** *merecer* o *valer la pena.* Estas construcciones significan, dicho de una persona o de una cosa, 'ser valiosa, útil o digna de que se haga un esfuerzo por conseguirla' y, dicho de una acción o de un estado, 'estar bien empleado el esfuerzo que supone'. El sujeto puede ser un sustantivo —que debe concordar en número con *merecer* o *valer*—, un infinitivo o una oración subordinada introducida por la conjunción *que*: «*¿Vale la pena tanto alboroto?*» (Antognazza *Vida* [Arg. 1993]); «*Muchos anises valen la pena por el sabor popular de su botella*» (Domingo *Sabor* [Esp. 1992]); «*No merece la pena ser titiritero*» (Azúa *Diario* [Esp. 1987]); «*No vale la pena que le preguntes sobre este asunto*» (Arel *Jardín* [Ur. 1985]). Además del sujeto de la construcción —que expresa aquello que vale o merece la pena— aparece a menudo en el enunciado un complemento del sustantivo *pena*, introducido por la preposición *de*, que expresa en qué consiste dicha pena o esfuerzo: «*¿Quién es él ahora? Nadie que merezca la pena DE un recuerdo*» (MñzClares *Onégeses* [Esp. 1988]); «*Las poesías de los barundí valen la pena DE ser conservadas y estudiadas*» (Ortiz *Música* [Cuba 1975]); «*Esta historia bien vale la pena DE ser contada en detalle*» (Mutis *Ilona* [Col. 1988]); «*La vida valía la pena DE vivirse*» (VLlosa *Elogio* [Perú 1988]). Como se ve por los ejemplos, cuando el complemento de *pena* es un infinitivo, este tiene que estar en forma pasiva. No es correcto anteponer la preposición *de* al sujeto de *valer* o *merecer la pena*, como si estas construcciones fueran impersonales: [⊗]«*Valdría la pena DE que el Gobierno español dejase de alentar fechas utópicas*» (*País* [Esp.] 20.7.80); [⊗]«*No creo que valga la pena DE poner ejemplos*» (*Mundo* [Esp.] 30.10.96); [⊗]«*Son dos países que*

quizá no tengan excesivos partidarios, aunque bien merece la pena DE fijarse en ellos*» (Serrano *Coleccionismo* [Esp. 1979]). Las oraciones correctas serían, en cada caso, las siguientes: *Valdría la pena que el Gobierno...; No creo que valga la pena poner ejemplos; Bien merece la pena fijarse en ellos* (*fijarse en ellos* es el sujeto de *merece la pena*) o *Bien merecen la pena de fijarse en ellos* (el sujeto implícito de *merecen la pena* son los dos países antes aludidos, y *fijarse en ellos* es el complemento de *pena*). **3.** *so pena de.* Locución preposicional que significa 'bajo la amenaza o el riesgo de': «*Debía llegar puntual [...], so pena de multa*» (VLlosa *Tía* [Perú 1977]); «*No podía decir la verdad, so pena de que se corriera el rumor y lo acusaran a él de complicidad*» (ÁlvzGil *Naufragios* [Cuba 2002]). Cuando el término de la locución es una oración subordinada introducida por la conjunción *que*, no debe suprimirse la preposición *de* (→ QUEÍSMO, 1e): [⊗]«*El actual sistema no puede mantenerse por más tiempo, so pena que se quiera tener una seguridad mediocre*» (*Estrella*@ [Esp.] 28.4.05). La variante en dos palabras [⊗]*sopena de*, frecuente en otras épocas, ha caído en desuso y debe evitarse.

penal. 1. En la mayor parte de América, en algunos deportes como el fútbol, 'máxima sanción que se aplica a ciertas faltas cometidas por un jugador en el área de su equipo': «*El árbitro [...] sancionó un penal a favor del local*» (*Tiempo* [Col.] 19.5.97). Se pronuncia mayoritariamente [penál], con acentuación aguda, por lo que debe evitarse la forma llana [⊗]*pénal*. El plural es *penales* (→ PLURAL, 1g). **2.** En España se usa únicamente el término *penalti* [penálti] (adaptación gráfica del inglés *penalty*), que también se emplea ocasionalmente en América: «*Amonestó a Espinosa por protestar el penalti*» (*País* [Esp.] 2.5.80); «*El Táchira empató [...] mediante un penalti*» (*Tiempo* [Col.] 4.9.97). El plural es *penaltis* (→ PLURAL, 1e). Debe evitarse, por minoritaria, la forma esdrújula [⊗]*pénalti*. No debe usarse en español la grafía inglesa *penalty* ni su plural *penalties*; tampoco el plural híbrido [⊗]*penaltys*. **3.** Como variante estilística se usa en todo el ámbito hispánico la expresión *pena máxima*: «*La pena máxima la ejecutó Leiva y, de esta manera, llegó el único tanto del partido*» (*NProvincia* [Arg.] 21.7.97).

penalti, *penalty*. → penal.

pendiente. 1. Cuando significa 'que pende', 'que está en espera de algo' y 'atento a alguien o algo', el complemento va introducido por *de*: «*Este medallón pendiente DE su cuello*» (Portal *Pago* [Esp. 1983]); «*Proseguirán las negociaciones sobre los puntos pendientes DE acuerdo*» (Ortega *Paz* [Nic. 1988]); «*Nadie [...] parecía estar pendiente DE ella*» (Martini *Fantasma* [Arg. 1986]). No debe usarse con la preposición *a*: [⊗]*«Los naturópatas están pendientes A que el gobernador nombre los miembros de la Junta Examinadora»* (*NDía* [P. Rico] 8.1.98). **2. al pendiente.** En México, *pendiente* se usa también como sustantivo masculino, con el sentido de 'preocupación o inquietud' y 'asunto del que debe uno encargarse': *«Seguía con el pendiente de que algo le hubiera ocurrido a Marcos»* (Ibargüengoitia *Crímenes* [Méx. 1979]); *«Tengo que ir al despacho a resolver unos pendientes muy importantes»* (Alatriste *Vivir* [Méx. 1985]); de ahí la existencia, en el español mexicano, de la locución *al pendiente*, que significa 'con la atención, el cuidado o el interés puesto en algo' y que también se usa en otros países americanos: *«Ojalá el arbitraje no sea manipulado, vamos a estar muy al pendiente de ello»* (*Proceso* [Méx.] 15.9.96); *«Solo le cobrarían la mitad [...] a cambio de que estuviera al pendiente de recoger los documentos de las contribuciones»* (Hayen *Calle* [Méx. 1993]). La locución *al pendiente* es intercambiable en estos contextos por el adjetivo *pendiente*, que es la opción normal en el español general: *vamos a estar muy pendientes de ello, a cambio de que estuviera pendiente de recoger los documentos.*

penetrar(se). 1. Cuando significa 'entrar en un lugar o pasar al interior de un cuerpo', puede construirse como transitivo: *«Debemos penetrar estos laberintos»* (Claro *Sombra* [Chile 1995]); *«Esta radiación penetraba la materia»* (Ibarrola *Geocronología* [Esp. 1990]); pero lo más frecuente es su uso como intransitivo, con un complemento introducido por *en*: *«Penetré EN la casa»* (Mendoza *Verdad* [Esp. 1975]); *«El frío penetraba EN sus huesos»* (Gasulla *Culminación* [Arg. 1975]). También se usa la preposición *a*, más en América que en España: *«Habían logrado penetrar A la casa»* (Belli *Mujer* [Nic. 1992]); *«Evítese que el agua de las pepas penetre A los ojos»* (Lira *Medicina* [Perú 1985]). **2.** Como intransitivo pronominal, significa 'comprender a fondo algo' y se construye con *de*: *«Cuanto más nos penetremos DE esa verdad, más nos inclinaremos a alejar la filosofía de la escuela»* (Nitti *Comunicación* [Arg. 1993]).

penitenciar. 'Imponer [a alguien] una penitencia'. Se acentúa como *anunciar* (→ APÉNDICE 1, n.º 4).

penitenciaría. 'Cárcel': *«Fue condenado a un mes de prisión que cumplió en la penitenciaría del litoral»* (Salvador *Ecuador* [Ec. 1994]). Es incorrecta la forma [⊗]*penitenciería*.

Penjab. → Punyab.

Pennsylvania. → Pensilvania.

pensar. 1. Verbo irregular: se conjuga como *acertar* (→ APÉNDICE 1, n.º 16).

2. Es siempre transitivo cuando significa 'opinar o creer [algo]': *«Pienso que hice bien en venir»* (Araya *Luna* [Chile 1982]); 'tener la intención [de hacer algo]': *«En cuanto ustedes me lo permitan, pienso irme a casa a dormir»* (*Vanguardia* [Esp.] 2.2.94); y 'sacar [una conclusión] o tomar [una decisión] tras un examen o reflexión': *«He pensado que la mejor forma de dejar de fumar es conseguir no fumar el último pitillo»* (Landero *Juegos* [Esp. 1989]); *«He pensado que no hace falta que me devuelvas las dos mil pesetas»* (Lindo *Ley* [Esp. 1995]). En ningún caso el complemento directo puede ir precedido de la preposición *de* (→ DEQUEÍSMO, 1b): [⊗]*«Por la topografía especial de la ruta, se piensa DE que será vista por gran cantidad de aficionados»* (*Razón*[@] [Bol.] 9.5.05). **3.** Es intransitivo y se construye con un complemento con *en* cuando significa 'evocar o recordar': *«Cuando pienso EN el grupo, casi se me saltan las lágrimas»* (Nieva *Señora* [Esp. 1980]); 'tener en la mente algo o a alguien': *«¡Nunca piensas EN nosotros!»* (López *Vine* [Méx. 1975]); *«Solo piensan EN matar y EN que los maten»* (VqzFigueroa *Taberna* [Esp. 1994]); y 'dar vueltas a algo en la mente o reflexionar sobre ello': *«A veces pienso EN terminar todo esto»* (Morales *Verdad* [EE. UU. 1979]); *«Piense EN qué va a hacer con todo el dinero que se está ganando ahora»* (Salazar *Selva* [Col. 1991]). **4.** Con el sentido de 'evocar o recordar', se usa a veces como transitivo, sobre todo en textos literarios, para dotar al discurso de mayor expresividad: *«Ya sabes que te quiero, te pienso»* (Cohen *Muerte* [Esp. 1993]); *«Pienso la influencia que ese tipo tuvo en mis ideas»* (Daneri *Matar* [Arg. 1981]).

pensil o **pénsil.** Como adjetivo, 'colgante': *«A la derecha se levanta el severo palacio del Príncipe de Anglona y sus jardines pensiles»* (Chueca *Semblante* [Esp. 1951]); y, como sustantivo, 'jardín': *«Tenemos la iglesia de flores que es un pensil, un vergel»* (Gala *Días* [Esp. 1972]). Tiene dos acentuaciones válidas: la aguda *pensil* [pensíl], preferible por ser prácticamente la única usada hoy, y la etimológica llana *pénsil*, claramente en desuso.

Pensilvania. Forma tradicional española del nombre de este estado de los Estados Unidos de América: *«El senador republicano de Pensilvania podría presidir el Comité Judicial del Senado»* (*Mercurio* [Chile] 4.11.04). No debe usarse en español la grafía inglesa *Pennsylvania*. El gentilicio es *pensilvano*.

pensilvano -na. → Pensilvania.

pentagrama. 'Conjunto de cinco líneas paralelas sobre las que se escribe la música'. Es voz llana en el español actual. Debe evitarse la forma esdrújula *pentágrama*, hoy inusitada.

pentatlón. 'Conjunto de cinco pruebas atléticas practicadas por el mismo atleta'. Aunque su étimo griego *péntathlon* era esdrújulo, en español es palabra aguda: «*Maestra de educación física y ex campeona nacional argentina de salto y pentatlón*» (*NHerald* [EE. UU.] 11.2.97). Debe evitarse la grafía etimológica con -*th*-, ajena al sistema gráfico español. Lo mismo cabe decir de las formaciones analógicas *triatlón* ('conjunto de tres pruebas') y *decatlón* ('conjunto de diez pruebas').

peón -na. 'Jornalero que desempeña trabajos manuales no especializados'. El femenino es *peona* (→ GÉNERO², 3h): «*Las europeas no son como las peonas de tus haciendas*» (Herrera *Casa* [Ven. 1985]). No debe usarse como común en cuanto al género: ⊗*una peón*.

peor. 1. Adjetivo comparativo de *malo*. → malo, 2a.
2. Adverbio comparativo de *mal*. → mal, 2.1.
3. ⊗*más peor*. → más, 1.1.

peplo. 'Prenda de vestir femenina usada en la antigua Grecia': «*Llevaba una túnica de hilo con muchos pliegues que le caían desde los hombros como un peplo*» (GaMárquez *Amor* [Col. 1985]). De su étimo latino *peplum* deriva también la voz *péplum* ('película ambientada en la Antigüedad clásica'; → péplum).

péplum. Voz tomada del latín *peplum* (→ peplo), que significa, en el lenguaje del cine, 'película ambientada en la Antigüedad clásica': «*Una de las variantes de mayor éxito ha sido la llamada de romanos o péplum*» (Plaza/Redondo *Cine* [Esp. 1993]). Su plural es *péplums* (→ PLURAL, 1h y k).

peppermint. → pipermín.

pequeño -ña. 1. 'De tamaño inferior al considerado normal o conveniente': *Era un hombre pequeño; Esta tuerca no sirve, es pequeña;* 'de poca importancia, cantidad o intensidad': *Ha tenido un pequeño accidente; Han introducido pequeñas mejoras en el plan; Es un pequeño empresario de la construcción; Tengo un pequeño dolor en la espalda*. Referido a persona significa también 'no adulto, de poca edad': *Tiene tres hijos pequeños;* o 'de menos edad con respecto a otro(s)': *Su hermano pequeño es médico*. En estos dos últimos casos alterna en el uso con *menor* (→ menor, 2a): *Tiene tres hijos menores; Su hermano menor es médico*.
2. Existen dos formas para el comparativo de *pequeño*:
a) menor. Procede del comparativo latino *minor* y se usa en todos los sentidos de *pequeño* antes referidos (→ 1): «*En esa otra sala, menor y cerrada, se sintió aliviado*» (Martini *Fantasma* [Arg. 1986]); «*La congestión era menor en la avenida*» (García *Mundo* [Perú 1994]); «*Le metía mano al menor descuido*» (FnGómez *Bicicletas* [Esp. 1982]); «*Abel es unos años menor que su hermano*» (ASantos *Trampa* [Esp. 1990]). No obstante, referido a tamaño y a edad, se emplea

con preferencia el comparativo *más pequeño* (→ b). Cuando la comparación es expresa, el segundo término va introducido por la conjunción *que*: «*Soy dos años menor QUE tú*» (Collyer *Pájaros* [Chile 1995]); o por la preposición *de* si se trata de una oración de relativo sin antecedente expreso que denota, no una entidad distinta, sino grado o cantidad en relación con la magnitud que se compara: «*Si las medicinas se dan a una dosis menor DE la que se necesita, la persona no se curará*» (Valdivieso *Panza* [Méx. 1982]); «*El paro real es bastante menor DE lo que señalan las estadísticas*» (*Caretas* [Perú] 8.1.98). No debe emplearse la preposición *a* para introducir el término de comparación: ⊗«*La superficie de la Isla es cuatro veces menor A la del estado de California*» (*Granma* [Cuba] 4.97); ⊗«*El número de uniformados es menor A lo que indican las normas internacionales*» (*Vistazo* [Ec.] 20.11.97); debió decirse *menor QUE la del estado de California, menor DE lo que indican las normas*. También se emplea la preposición *de* cuando el término de referencia es un numeral o una expresión cuantitativa: «*Su amigo debía tomar una* [cápsula] *cada seis horas, por un período no menor DE cinco días*» (Belli *Mujer* [Nic. 1992]). Tampoco debe emplearse en este caso la preposición *a*, error que se debe al cruce con *inferior* (→ bajo, 1.1a), que sí se construye con esa preposición: ⊗«*El saldo favorable de la balanza comercial será este año menor A 3000 millones de dólares*» (*País* [Esp.] 2.4.89); debió decirse *menor DE* o *inferior A*.

b) más pequeño. Alterna en el uso con *menor* para formar el comparativo de *pequeño* cuando se alude a la edad y al tamaño: «*El apartamento era mucho más pequeño que aquel donde filmábamos*» (Díaz *Piel* [Cuba 1996]); «*Juana tenía mi edad, pero parecía más pequeña que yo*» (GaMorales *Sur* [Esp. 1985]).
3. Además de *muy pequeño* y *pequeñísimo*, existe la forma superlativa *mínimo*, que posee el significado enfático especial de 'pequeño en grado sumo': «*Que esa personita mínima, de físico de niño de cuarto de primaria, prometiera una paliza a dos sansones de cien kilos era delirante*» (VLlosa *Tía* [Perú 1977]). A diferencia de otras formas superlativas, *mínimo* sí admite su combinación con *más* cuando se usa en frases negativas —precedido de artículo y antepuesto al sustantivo— con valor ponderativo equivalente a *ninguno*: «*No existía ni la más mínima posibilidad de que Dominique y Jaime Rafael se encontrasen* [...] *en París*» (Leyva *Piñata* [Méx. 1984]). En este uso, *más mínimo* es sustituible por *menor* (→ menor, 2c). También se emplea en la expresión neutra *lo más mínimo*, que equivale a *nada*: «*No me importó lo más mínimo*» (FdzCubas *Altillos* [Esp. 1983]).

Pequín, pequinés -sa. → Pekín.

per áccidens. Loc. lat. que significa 'por accidente, circunstancialmente'. Es propia del lenguaje filosófico: «*El médico, per se, cura; per áccidens, escribe novelas*» (Mindán *Filosofía* [Esp. 1969]). Se opone a *per se* (→ per se).

per cápita. Loc. lat. que significa 'por cabeza, por individuo'. Se usa normalmente en referencia a una variable económica que se distribuye entre los componentes de un grupo: «*Los países que más gastaron per cápita en defensa en 1995 fueron Chile* [...], *Argentina* [...] *y Uruguay*» (*Universal* [Ven.] 9.10.96). Se aplica frecuentemente al sustantivo *renta*: «*Los países desarrollados tienen una alta renta per cápita*» (Tusell *Geografía* [Esp. 1995]).

percatarse. 'Darse cuenta de algo'. Rige un complemento con *de*: «*Jean Leroy se percató DE que le temblaban las manos*» (Montero *Trenza* [Cuba 1987]). Debe evitarse, en el habla esmerada, omitir la preposición (→ QUEÍSMO, 1a): ⊗*Se percató que...*

perceptor -ra. 'Que percibe'. Referido a persona, se usa a menudo como sustantivo: «*Esta "revolución monetaria"* [...] *perjudicó a los perceptores de rentas fijas*» (SchzGuzmán *Publicidad* [Esp. 1989]). No debe confundirse con *preceptor* ('persona encargada de la educación de un menor'; → preceptor).

perder(se). 1. 'Extraviar(se)' y 'no ganar'. Verbo irregular: se conjuga como *entender* (→ APÉNDICE 1, n.º 31).
2. Con el sentido de 'no ganar', el complemento que expresa el juego va normalmente introducido por *a* (aunque también puede usarse *en*): «*Perdí AL póquer*» (MñzMolina *Invierno* [Esp. 1987]); «*Se mató de un tiro en la sien al perder EN la ruleta rusa*» (CInfante *Habana* [Cuba 1986]). El complemento que expresa la diferencia en el tanteo debe introducirse con *por* (no *de*): «*No es un mal resultado perder POR quince puntos*» (*Vanguardia* [Esp.] 24.10.94); ⊗«*España perdía DE 8 puntos*» (*Mundo* [Esp.] 28.7.94).

perecer. 'Morir'. Verbo irregular: se conjuga como *agradecer* (→ APÉNDICE 1, n.º 18).

perenne. 'Continuo o incesante': «*Casi siempre exhibía en público su perenne mal humor*» (GmnzBartlett *Serpientes* [Esp. 2002]); y, en botánica, 'que dura más de dos años': «*Follaje perenne*» (Fabio *Jardinería* [Arg. 1999]). Es incorrecta la forma ⊗*peremne*.

performance. Voz inglesa usada con frecuencia en español, especialmente en los países de América del Sur. Es anglicismo evitable, pues en todos los casos pueden encontrarse términos españoles de sentido equivalente:
a) Cuando significa 'resultado obtenido en relación con los medios o el esfuerzo invertidos' o 'utilidad que rinde una persona o cosa', puede sustituirse por los términos españoles *resultado(s)* o *rendimiento*; así, en «*El ex ministro es la figura que necesita el Gobierno para mejorar su performance en las elecciones legislativas de octubre*» (*Clarín* [Arg.] 19.1.97), pudo decirse *mejorar su(s) resultado(s)*; en «*El motor* [...] *tiene mejor performance que el anterior*» (*Clarín* [Arg.] 24.4.97), debió decirse *mejor rendimiento*. En otros contextos puede sustituirse por *funcionamiento* o *comportamiento*, como en «*La reinserción del Perú y la buena performance de nuestra economía han permitido la disponibilidad de líneas de crédito de mediano plazo*» (*Expreso* [Perú] 21.5.97).
b) Se usa con frecuencia en el mundo del espectáculo para designar la acción de actuar o interpretar un papel o una pieza musical: «*Se convirtió en la actriz más joven en ganar un premio Tony, por su performance en la obra*» (*Clarín* [Arg.] 23.10.00); «*Es de destacar la performance del guitarrista Germán Daffunchio*» (Polimeni *Luca* [Arg. 1991]); en estos casos debe sustituirse por los términos españoles *actuación* o *interpretación*. También es innecesario su empleo con el sentido de 'representación (de teatro, danza, etc.)': «*Esa misma noche se realizará una performance de danza del grupo Pata de Cabra*» (*Caretas* [Perú] 17.10.96); en estos casos puede sustituirse el anglicismo por los términos españoles *espectáculo* o *representación*.

pergeñar. 'Trazar o esbozar': «*Pasaba incontables horas en su habitación, pergeñando fórmulas y teoremas*» (Volpi *Klingsor* [Méx. 1999]); y 'ejecutar o realizar': «*Pergeñó una ópera sobre un libreto de Luis Baralt*» (Zanders *Ópera* [Ven. 1992]). Se pronuncia [perjeñár]. Es incorrecta la pronunciación ⊗[pergeñár], así como la grafía ⊗*pergueñar*.

periferia. 'Contorno o alrededores'. Es voz llana: [periféria]. Es incorrecta la forma con hiato ⊗*periféria*.

periné. → perineo.

perineo. 'Zona situada entre el ano y los genitales'. Esta es la forma más cercana a la etimología (del lat. *perinaeon*); pero también es válida, e igualmente frecuente, la forma *periné*: «*Se acercó a la parturienta para concluir la atención* [...] *suturando los pequeños desgarros del perineo*» (Olivera *Enfermera* [Méx. 1991]); «*El obstetra concentra su atención en la protección del periné para evitar desgarros innecesarios*» (Beltrán *Mujer* [Esp. 1983]).

período o **periodo.** 'Espacio de tiempo'. Ambas acentuaciones son correctas: la esdrújula *período* [pe - rí - o - do], con hiato entre las vocales contiguas, que es la forma etimológica; y la llana, *periodo* [pe - rió - do], con diptongo en lugar de hiato. La preferencia de una u otra en la escritura debe adecuarse a la pronunciación: quien diga [período] debe escribir *período*, y quien diga [periódo] debe escribir *periodo*. Con el significado de 'menstruación', se usa solo la llana *periodo*.

perito -ta. Puede ser adjetivo ('experimentado o práctico en una materia') o sustantivo ('persona con titulación técnica'). En ambos casos el femenino es *perita* (→ GÉNERO², 3a): *«Aquella mujer, perita en finanzas»* (TBallester *Filomeno* [Esp. 1988]). Es voz llana: [períto]. Es errónea la forma esdrújula ⊗*périto.*

perjudicar. 'Ocasionar daño o menoscabo material o moral a alguien o algo'. La presencia de la *a* es opcional ante el complemento de cosa (→ a², 1.2h): *«Un buen estilo nunca perjudica A las buenas ideas»* (*Abc* [Esp.] 29.3.96); *«Esto ha perjudicado las finanzas sauditas»* (*Universal* [Ven.] 8.1.97). Al tratarse de un verbo de «afección», dependiendo de distintos factores (→ LEÍSMO, 4a), el complemento de persona puede interpretarse como directo o como indirecto: *«Le designaron los mismos jueces que LO perjudicaron en México»* (*País* [Ur.] 4.3.01); *«Es a él en definitiva a quien sí LE perjudica mi labor»* (Gamboa *Páginas* [Col. 1998]).

perjudicial. 'Que perjudica'. Se construye normalmente con un complemento introducido por *para*: *«Esa política puede ser perjudicial PARA la propia agricultura»* (Tamames *España* [Esp. 1976]). Aunque menos frecuente hoy, es también correcta la construcción con *a*, de larga tradición en nuestro idioma: *«Arrebatarle su papel sería muy perjudicial A mis propósitos»* (Araya *Luna* [Chile 1982]).

perjuicio. 'Daño o detrimento': *«Cuanto existe en la naturaleza puede ser motivo de beneficio o perjuicio para el hombre»* (Velasco *Regina* [Méx. 1987]). No debe confundirse con *prejuicio* ('juicio previo o idea preconcebida'; → prejuicio); así, debe decirse *daños y perjuicios*, no ⊗*daños y prejuicios.*

permanecer. 'Mantenerse en un lugar o estado'. Verbo irregular: se conjuga como *agradecer* (→ APÉNDICE 1, n.º 18).

permisibilidad. 'Cualidad de permisible (que se puede permitir)': *«Desde las nueve de la mañana, hora de comienzo de la permisibilidad del voto, numerosos socios acudieron a la puerta 13 del estadio madridista»* (*Abc* [Esp.] 11.10.82). No debe confundirse con *permisividad* ('cualidad de permisivo'; → permisividad): ⊗*«Apostó ayer por mostrar "nula permisibilidad" con la violencia»* (*Mediterráneo* [Esp.] 20.1.04).

permisividad. 'Cualidad de permisivo (que permite o consiente)' y 'tolerancia excesiva': *«Estas condiciones no se dan sin una cierta permisividad de la sociedad»* (VV. AA. *Narcotráfico* [Col. 1991]); *«Pedragosa reconoció una cierta laxitud y permisividad por parte de la Guardia Civil de Tráfico»* (*Vanguardia* [Esp.] 20.10.94). No debe confundirse con *permisibilidad* ('cualidad de permisible'; → permisibilidad). No es válida la forma ⊗*permisivismo*, de probable influencia italiana.

⊗**permisivismo.** → permisividad.

permitir(se). 1. Verbo transitivo que significa 'hacer posible [algo]': *«Logró fabricar el elíxir que permite [...] vivir mil años»* (Jodorowsky *Pájaro* [Chile 1992]); y, dicho de una persona, 'dar permiso u ofrecer la posibilidad [de que algo se produzca]': *«El gobierno permitió el establecimiento de templos protestantes»* (Quintero *Conflictos* [P. Rico 1986]). Como otros verbos de influencia (→ LEÍSMO, 4b), además del complemento directo suele llevar un complemento indirecto de persona: *«No LES permitieron la entrada a una discoteca»* (*Mundo* [Esp.] 4.5.94); *«A nadie LE permitiría que se cruzara en su camino»* (Elizondo *Setenta* [Méx. 1987]). No debe anteponerse la preposición *de* al complemento directo (→ DEQUEÍSMO, 1b): ⊗*«No permite DE que los extranjeros tengan propiedades»* (*Hoy* [El Salv.] 28.2.97). **2.** Como transitivo pronominal significa 'tomarse la libertad [de hacer algo]': *«No terminó su plato; al apartarlo, señalando las sobras, se permitió una broma»* (VLlosa *Tía* [Perú 1977]).

permutar. 'Cambiar [dos cosas entre sí] o [una cosa] por otra' Además del complemento directo, suele llevar un complemento precedido de *por* o, más raramente, *con*: *«Este edificio lo permutó posteriormente POR una herrería en la calle Tabares»* (VGalicia [Esp.] 30.10.91); *«Obligó al Municipio a solicitar fajas de terreno [...], comprándolas o permutándolas CON otras propiedades en la zona norte»* (VV. AA. *Arquitectura* [Ec. 1993]).

Pernambuco. Forma tradicional española del nombre de este estado de Brasil: *«En los estados de Pernambuco, Pará y Minas Gerais fueron identificadas graves violaciones de los derechos humanos»* (*País*@ [Esp.] 17.6.04). Aunque en el pasado era también el nombre de su capital, en la actualidad esta se llama *Recife* (→ Recife).

perniquebrar(se). 'Romper(se) una pierna o las dos'. Verbo irregular: se conjuga como *acertar* (→ APÉNDICE 1, n.º 16).

Perogrullo. Nombre propio compuesto de *Pero*, forma antigua de *Pedro*, y el adjetivo *grullo* ('cateto, palurdo'). Designa a un personaje inventado caracterizado tradicionalmente como simple por expresar lo evidente o comúnmente sabido: *«Para el guisado de liebre hay que tener, primero, la liebre, decía Perogrullo»* (*Excélsior* [Méx.] 1.11.96). Se usa a menudo en la locución adjetiva *de Perogrullo*, que significa 'obvio o notoriamente sabido': *«Ya es un lugar común y hasta una verdad de Perogrullo que la ciencia y la tecnología son las fuerzas responsables de la transformación del mundo de medieval en moderno»* (PzTamayo *Ciencia* [Méx. 1991]). Debe escribirse con inicial mayúscula y preferentemente en una sola palabra, aunque también se acepta la grafía *Pero Grullo*: «*Uno es responsable, verdad de Pero Grullo, desde que formalmente sale de la puericia*» (Laín *Descargo* [Esp. 1976]).

perpetuar(se). 'Hacer(se) perpetuo'. Se acentúa como *actuar* (→ APÉNDICE 1, n.º 7).

Perpignan. → Perpiñán.

Perpiñán. Nombre tradicional español de esta ciudad de Francia: «*Al salir de Perpiñán empezó a llover*» (Mendoza *Ciudad* [Esp. 1986]). No debe usarse en español la grafía francesa *Perpignan*. El gentilicio es *perpiñanés*: «*Nació en Saigón de un funcionario colonial perpiñanés y una vietnamita*» (*Vanguardia* [Esp.] 16.9.95).

perpiñanés -sa. → Perpiñán.

perro. ⊗*a espeta perro(s).* → espetaperro.

per se. Loc. lat. que significa 'por sí mismo, por su naturaleza': «*No pretendemos por eso afirmar que la moral es subjetiva per se*» (Ramis *Esencia* [Ven. 2002]). En lenguaje filosófico se opone a *per áccidens* (→ per áccidens). Solo puede usarse en referencia a la tercera persona gramatical.

perseguir. 'Seguir [a alguien]' y 'tratar de conseguir [algo]'. Verbo irregular: se conjuga como *pedir* (→ APÉNDICE 1, n.º 45).

perseverar. Dicho de persona, 'mantenerse constante en la prosecución de lo comenzado, en una actitud o en una opinión'. Es intransitivo y se construye con un complemento introducido por *en*: «*Él* [...] *perseveró EN sus asedios casi diarios*» (GaMárquez *Amor* [Col. 1985]). No es correcto omitir la preposición, construyendo el verbo como si fuera transitivo: ⊗«*El Extremadura perseveró su interpretación del juego*» (*País* [Esp.] 16.4.97). Dicho de cosa, significa 'permanecer en un estado o situación': «*Todo cuerpo persevera en su estado de reposo o de movimiento* [...] *a menos que la acción de alguna fuerza l[o] obligue a modificar dicho estado*» (VV. AA. *Física* [Esp. 1995]).

persignar(se). 'Hacer la señal de la cruz sobre la frente, la cara y el pecho'. Se usa casi exclusivamente como pronominal: «*Ven acá, persignémonos, recemos*» (VLlosa *Fiesta* [Perú 2000]). Procede del latín *persignare*, por lo que es incorrecta la forma ⊗*presignar(se)*, debida al cruce con el prefijo *pre-*. Debe evitarse la pronunciación vulgar ⊗[persinár(se)].

personalizar. 1. Como intransitivo, 'hacer referencia a una persona concreta al decir algo en general'. La persona aludida se expresa mediante un complemento precedido de *en*: «*De la derrota somos todos responsables y no hay que personalizar EN nadie*» (*Vanguardia* [Esp.] 2.10.95). Con este mismo sentido se usa a veces como transitivo, con un complemento directo que expresa lo dicho y un complemento opcional con *en*, que indica la persona aludida: «*Los sindicatos habían personalizado EN mí sus discrepancias con esta política*» (*Cambio 16* [Esp.] 15.1.90). También como transitivo significa 'dar personalidad o carácter personal [a algo]': «*Recorrí los aposentos* [...] *y grabé uno por uno los objetos minúsculos que personalizaban nuestra morada*» (Mendoza *Verdad* [Esp. 1975]). Es impropio usar este verbo sin referencia alguna a persona, como ocurre en este caso: ⊗«*Es importante personalizar la imagen ideológica abstracta en imágenes concretas: símbolos icónicos, banderas, cantos, danzas y desfiles*» (RdgzDelgado *Universo* [Esp. 1997]); aquí debió optarse por otros verbos, como *concretar* o *materializar*.

2. No debe confundirse con *personificar(se)* ('atribuir condición de persona [a un animal o una cosa]' y 'ser una persona representación de algo'; → personificar(se)): ⊗«*La reflotación de Nissan Motor Ibérica se personaliza en la figura de su presidente ejecutivo*» (*Tiempo* [Esp.] 19.3.90); debió decirse *se personifica*.

persona non grata. Loc. lat. que significa 'persona no grata' y se usa en referencia a la persona considerada indeseable por un Gobierno o institución: «*Yo había comenzado a ser persona non grata*» (Laín *Descargo* [Esp. 1976]). Normalmente se usa con el verbo *declarar*: «*Por nimiedades declaró persona non grata al embajador de Estados Unidos*» (Salvador *Ecuador* [Ec. 1994]). Esta locución latina solo es válida en singular, por lo que no debe usarse la fórmula ⊗*personas non gratas* para el plural; en ese caso es mejor usar el equivalente español *personas no gratas*: «*La Cámara Municipal ha declarado personas no gratas a las autoridades del MTC*» (*Universal* [Ven.] 7.4.97). No es admisible el empleo de ⊗*non grato* como adjetivo masculino, ya que mezcla el adverbio latino *non* y el adjetivo español *grato* (el masculino singular latino sería *gratus*): ⊗«*Promoverá que sea declarado non grato, para que no se le permita ingresar nuevamente a territorio nacional*» (*Prensa* [Hond.] 7.4.97); en esos casos debe usarse la locución completa *persona non grata*, o bien la equivalencia española *no grato*.

personarse. 'Presentarse personalmente en un lugar' y 'comparecer como parte interesada en un juicio o pleito'. Se construye con un complemento introducido por *en*: «*Esa misma tarde se personaron los dos EN el despacho de Arnau Puncella*» (Mendoza *Ciudad* [Esp. 1986]); «*La Dra. María del Carmen Solórzano se personó ayer EN la causa que se instruirá contra los supuestos implicados*» (*Prensa* [Nic.] 6.5.97). En el español de América se usa con preferencia la variante *apersonarse* (→ apersonarse).

personificar(se). 1. Como transitivo, 'atribuir condición de persona [a un animal o una cosa]': «*Una historia en la que intervienen personas o se "personifican" animales, vegetales o elementos inertes de la Naturaleza*» (Muñoz/Gil *Radio* [Esp. 1986]); 'representar [a un personaje] en una obra teatral o cinematográfica': «*Aparece el actor que personificó a Teo*» (Schmidhuber *Fuegos* [Méx. 1985]); y 'ser una persona representación o ejemplo máximo [de algo]': «*Fuimos educadas para personificar el orgullo de Roma*» (Moix *Sueño* [Esp. 1986]). Con este último sentido se usa también como pronominal, seguido de un complemento con *en*, que expresa la persona que es símbolo o representación de algo: «*EN él* [el jefe del Estado] *se personifica la "soberanía nacional"*» (FdzCarvajal *Sociedad* [Esp. 1970]). **2.** No debe confundirse con *personalizar* ('hacer referencia a una persona concreta al decir algo en general' y 'dar personalidad o carácter personal [a algo]'; → personalizar): ⊗«*Fue* [un debate] *duro y en un momento, especialmente cuando se personificaron los ataques, me dije, "¿en qué me metí?"*» (*Época* [Chile] 6.4.97); debió decirse *cuando se personalizaron los ataques*.

perspectiva. 'Técnica de representación de la realidad en una superficie plana': «*El realismo se hace intelectual en pintura gracias al descubrimiento de las leyes de la perspectiva*» (Bassegoda *Atlas* [Esp. 1989]); 'punto de vista': «*A Kieslovski no le interesa revisar el concepto de libertad desde una perspectiva política*» (LpzNavarro *Clásicos* [Chile 1996]); y, normalmente en plural, 'situación futura probable o previsible': «*Las perspectivas son favorables*» (*Universal* [Ven.] 27.10.96). Es incorrecta la forma ⊗*prespectiva*, fruto del cruce con *prospectiva* ('estudio de la evolución futura en una determinada materia'; → prospectivo), término con el que no debe confundirse.

persuadir(se). 1. Cuando significa 'inducir [a alguien] con razones a creer o hacer algo', como otros verbos de influencia (→ LEÍSMO, 4b), se construye con un complemento directo de persona y un complemento preposicional, introducido normalmente por *de*: «*He intentado persuadirLO DE la inutilidad de su protesta*» (Llongueras *Llongueras* [Esp. 2001]); «*Eso fue lo que LA persuadió DE que debía salir un tiempo de México*» (Aguilar *Golfo* [Méx. 1986]). Cuando el complemento preposicional es una oración, también puede ir introducido por *para*: «*Intentaba persuadirla PARA que se fuera a vivir con él*» (Rovinski *Herencia* [C. Rica 1993]). El uso de la preposición *a*, normal en otras épocas del idioma, es hoy raro y, por tanto, menos recomendable: «*Intentaría persuadir a Bossano A que cambiara de opinión*» (*País* [Esp.] 1.10.88). Es incorrecto omitir cualquiera de estas preposiciones e introducir la

oración subordinada solo con la conjunción *que,* como se hace en el siguiente ejemplo (→ QUEÍSMO, 1b): ⊗«*Los emisarios intentaron persuadir a Irak que renuncie a expulsar a los estadounidenses*» (*País* [Col.] 5.11.97). **2.** Como intransitivo pronominal significa 'convencerse de algo tras una reflexión' y se construye también con *de*: «*Me persuadí DE que el palacio sería el escondrijo más seguro*» (Prada *Tempestad* [Esp. 1997] 105). En el habla esmerada, no debe suprimirse la preposición (→ QUEÍSMO, 1a): ⊗«*Finalmente se persuadió que debía afrontar lo que era*» (*Caretas* [Perú] 21.12.95).

pertenecer. 1. 'Ser propiedad o formar parte de alguien o de algo'. Verbo irregular: se conjuga como *agradecer* (→ APÉNDICE 1, n.º 18). **2.** Es intransitivo y se construye siempre con un complemento indirecto: «*Pero estos secretos no LE pertenecían solo A ELLA, eran también de él*» (Savater *Caronte* [Esp. 1981]). No es correcto su empleo en forma pronominal: ⊗«*Aspira a que la tendencia a la que yo me pertenezco vuelva a competir con Jaime Nebot*» (*Vistazo* [Ec.] 6.2.97).

pertrechar(se). 'Abastecer(se) de lo necesario para algo'. El complemento puede ir introducido por *de* o *con*: «*Comienzan a pertrecharse DE armas y municiones*» (Évora *Alea* [Cuba 1996]); «*Los países beligerantes necesitaban pertrecharse CON ropa, acero, hierro, etc., para hacer frente a las necesidades de la guerra*» (Paniagua *España* [Esp. 1987]). En algunos países de América se usa con preferencia la variante *apertrechar(se)*: «*Rechazó que ese cuerpo castrense pretenda apertrecharse con nuevas armas*» (*Prensa* [Nic.] 23.2.02).

Perugia. Aunque la forma tradicional española del nombre de esta ciudad de Italia es *Perusa*, hoy se emplea mayoritariamente la forma italiana *Perugia* (pron. [perúya]): «*Viví tres meses en Perugia*» (Bryce *Vida* [Perú 1981]). Como gentilicio se sigue usando la forma *perusino*, derivada del topónimo tradicional: «*Los seguidores perusinos han anunciado que presentarán una querella-denuncia ante la Fiscalía de Perugia*» (*Estrella*@ [Esp.] 21.4.03).

Perusa, perusino -na. → Perugia.

pervertir(se). 'Viciar(se)'. Verbo irregular: se conjuga como *sentir* (→ APÉNDICE 1, n.º 53).

pesar. *a pesar de.* 'Contra la voluntad o el deseo de alguien': «*Estas cosas suceden a pesar de nosotros*» (Fuentes *Naranjo* [Méx. 1993]); y 'sin importar el inconveniente de algo': «*A pesar de los años, su presencia era siempre fresca*» (Zaldívar *Capablanca* [C. Rica 1995]). El sustantivo *pesar* puede ir precedido o seguido de un posesivo: «*Estaba lejos de sus hijos a su pesar*» (Giardinelli *Oficio* [Arg. 1991] 245); «*Enrojeció a pesar suyo*» (Mendoza *Ciudad* [Esp. 1986]).

Cuando la locución va seguida de una oración subordinada, no debe suprimirse la preposición *de* (→ QUEÍSMO, 1e): ⊗«*A pesar que habrá cambios, Lenarduzzi no quiso hablar de ellos*» (*Hoy* [El Salv.] 6.4.97); debió decirse *a pesar DE que habrá cambios*. Se escribe siempre en tres palabras, y no ⊗*apesar de*.

pescadería. 'Tienda donde se vende pescado': «*En una pescadería recomendada por el dueño de La Marqueta encargó una rascasa*» (VqzMontalbán *Soledad* [Esp. 1977]). Para designar a la persona que vende pescado se emplea el derivado *pescadero*. Estas son las formas pertenecientes a la norma culta del español general; en Navarra (España) y en zonas donde el español convive con el catalán se usan a veces las variantes dialectales *pescatería* y *pescatero*.

pescadero -ra, pescatería, pescatero -ra. → pescadería.

pésimamente. → mal, 2.2.

pésimo -ma. → malo, 3.

petersburgués -sa. → San Petersburgo.

petiso -sa. En los países del Cono Sur, 'de baja estatura' y 'caballo de poca alzada'. Para esta voz, procedente del portugués *petiz* ('niño'), existen las grafías *petiso* y *petizo*, ambas válidas: «*Probablemente Hamlet era petiso y gordo*» (Piglia *Respiración* [Arg. 1980]); «*Llevaba muy serio de la rienda un petiso adornado con flores sobre el que iba sentado su hijito*» (Arenas *Buenos Aires* [Arg. 1979]); «*Papá es petizo..., dicen que mi abuelo era alto*» (Pavlovsky *Laforgue* [Arg. 1983]); «*Se logran petizos de polo cruzados con pura sangre*» (Guzmán *País* [Arg. 1999]). Aunque la forma *petizo* está gráficamente más cerca del étimo portugués, es hoy mayoritaria y preferible la forma *petiso*, que refleja adecuadamente su pronunciación, tanto la etimológica —ya que la *z* portuguesa se pronuncia como una *s* sonora—, como la real motivada por el seseo.

petizo -za. → petiso.

Petrogrado. → San Petersburgo.

petrolero -ra. Como adjetivo, 'de(l) petróleo': «*El embargo árabe a las exportaciones petroleras causó* [...] *alarma entre los consumidores*» (*Universal* [Ven.] 17.4.88); y '[empresa o persona] dedicada a la industria o comercio del petróleo': «*Venezuela nacionalizó su industria petrolera este mismo año*» (*País* [Esp.] 5.5.76). No debe confundirse con *petrolífero* ('que contiene o produce petróleo'; → petrolífero).

petrolífero -ra. 'Que contiene o produce petróleo naturalmente': «*La proximidad de los pozos petrolíferos a las costas* [...] *permitió el transporte del crudo por mar*» (Pardo *Fuentes* [Esp. 1993]). No significa 'de(l) petróleo', sentido que corresponde a *petrolero* (→ petrolero); así, es impropio hablar de ⊗*embargo petrolífero*, ⊗*industria petrolífera*, ⊗*crisis petrolífera*, ⊗*prospección petrolífera*, etc.; en estos casos debe usarse el adjetivo *petrolero*.

Philadelphia. → Filadelfia.

photo finish. → foto de llegada.

piafar. Dicho de un caballo, 'alzar las patas delanteras dejándolas caer con fuerza': «*El caballo piafa al ser frenado bruscamente*» (Gambaro *Sol* [Arg. 1984]). No significa 'relinchar' ni 'resoplar': ⊗«*Horrorizó a los argentinos como una locomotora que pasase piafando ante una tropa de terneros pampeanos*» (*Mundo* [Esp.] 21.9.96).

piar. 1. Dicho de un pájaro, 'emitir su sonido característico' y, en la lengua coloquial, dicho de una persona, 'anhelar vivamente algo'. Se acentúa como *enviar* (→ APÉNDICE 1, n.º 5).

2. Con el segundo sentido indicado se construye con un complemento introducido con *por*: «*Qué putada, con lo que ella piaba POR un "nenu"*» (MtnGaite *Nubosidad* [Esp. 1992]).

3. Sobre la acentuación gráfica de las formas del pretérito perfecto simple (o pretérito) *pie/pié, pio/pió*, del presente de indicativo *piais/piáis* y del presente de subjuntivo *pieis/piéis*, → TILDE², 1.2.

picap. → picop.

picar. 1. Cuando significa, dicho de un animal, 'herir con el pico, morder o clavar el aguijón', la persona afectada funciona normalmente como complemento directo: «*LA picó una hormiga roja*» (Vijnovsky *Dudas* [Arg. 1988]); en ese caso, puede llevar además un complemento con *en*, que precisa el lugar de la picadura: «*LO picó una araña venenosa EN una pierna*» (VV. AA. *Vida* [Chile 1986]). Más rara es la construcción en la que el complemento directo es la parte que recibe la picadura, caso en el que el complemento de persona es indirecto: «*Lo obliga a hacer* [una excavación] *en un arenal, donde el calor lo vaya soasando y los zamuros LE piquen los ojos*» (Rivera *Vorágine* [Col. 1924]).

2. Cuando significa, dicho de una parte del cuerpo, 'localizarse en ella una sensación de picor', es intransitivo; la parte del cuerpo afectada funciona como sujeto y la persona que sufre el picor se expresa mediante un complemento indirecto: «*Sintió que LE picaba la nariz y empezó a estornudar*» (Soriano *León* [Arg. 1986]). Más coloquial es la construcción impersonal, en la que la parte del cuerpo se expresa mediante un complemento adverbial; el complemento de persona sigue siendo indirecto: *LE picaba EN la espalda y me pidió, por favor, que lo rascara*; «*Cada uno* [...] *se arrasque DONDE LE pique*» (Argüelles *Letanías* [Esp. 1993]).

picazón. 'Picor' y 'desazón o inquietud'. Es voz femenina: «*El frescor calmaba la picazón desesperante que me producían los hongos*» (Valladares *Esperanza* [Cuba 1985]).

pichar, picheo. → pícher, 2.

pícher. 1. En el béisbol, 'jugador encargado de lanzar la pelota al bateador'. Es adaptación gráfica de la voz inglesa *pitcher,* usada con frecuencia en el español americano. Su plural debe ser *pícheres* (→ PLURAL, 1g): «*Le pregunté quiénes han sido los cinco mejores pícheres nacionales*» (*Universal@* [Méx.] 29.1.02). Aunque se admite el uso del anglicismo adaptado, se recomienda usar con preferencia el equivalente español *lanzador,* documentado también ampliamente en los países con gran afición a este deporte, como Venezuela, México, Centroamérica y las Antillas: «*Fue un lanzador agresivo contra los bateadores*» (*Universal* [Ven.] 26.6.96). **2.** Del verbo inglés *to pitch* ('lanzar'), se ha creado en el español americano el verbo *pichar,* que significa, en el béisbol, 'tirar la pelota el lanzador al bateador': «*Ni picha, ni cacha, ni deja batear*» (*Hoy* [El Salv.] 28.2.97); de él deriva el sustantivo *picheo,* sinónimo del español *lanzamiento:* «*Son bien conocidas las acciones de las manos en el picheo o lanzamiento de pelotas pequeñas*» (HdzCorvo *Morfología* [Cuba 1989]).

picia. En algunas zonas de España, 'travesura o acción que causa daño o molestia': «*Por la noche, los mozalbetes urdirán alguna picia*» (*País* [Esp.] 2.6.85). No debe confundirse con *pifia* ('error'; → pifia).

pick-up. → picop.

pico. 1. *hora pico.* En la mayor parte de América, 'hora en la que se produce mayor aglomeración en los transportes o mayor demanda en el uso de determinados servicios'. El plural es *horas pico* (→ PLURAL, 2.4): «*En las horas pico, las guaguas deberán salir cada tres minutos*» (*Listín* [R. Dom.] 20.10.97). En Chile —donde la palabra *pico* es tabú lingüístico por designar el órgano sexual masculino— y en España se dice *hora punta* (→ punta, 2). **2.** *y pico.* Se pospone a un numeral cardinal (→ CARDINALES) cuando no se pueden o no se quieren precisar las fracciones inferiores de este: *treinta y pico, doscientos y pico, mil y pico* ('treinta y algunas unidades más', 'doscientos y algunas decenas o unidades más', 'mil y algunas centenas, decenas o unidades más'). Lo mismo ocurre con *y tantos/as,* que sirve para el mismo fin. El uso de cada una de estas expresiones es diverso: **a)** La expresión *y tantos/as* solo puede ir con decenas y, por consiguiente, solo señala imprecisión en las unidades: *treinta y tantos años, ciento cincuenta y tantas fichas.* En este uso, es intercambiable con *y pico: treinta y pico años, ciento cincuenta y pico fichas.* Cuando se pospone al numeral *veinte,* se amalgama gráficamente a este: «*Se acercó un joven de veintitantos años*» (Millás *Mujeres* [Esp. 2002]). **b)** La expresión *y pico* no solo puede ir con decenas, sino también con centenas, millares y todas las cantidades superiores: *noventa y pico libros, ciento y pico alumnos, seis mil y pico palabras.* Es admisible, aunque no recomendable, anteponer en estos casos la preposición *de* al sustantivo: *ciento y pico DE alumnos.* En Chile, debido al tabú lingüístico antes señalado (→ 1), solo se emplea la expresión *y tantos/as,* no siendo posible en este caso anteponer al sustantivo la preposición *de:* «*Una de las dieciocho mil y tantas* [lanzas] *que rodeaban el reducto del parque*» (Donoso *Casa* [Chile 1978]). También puede usarse *y pico* con unidades de medida temporal o espacial, siempre que sean descomponibles en unidades inferiores: «*Eran las cuatro y pico de la tarde*» (Bayly *Días* [Perú 1996]); «*Posiblemente alcanzase los dos metros y pico*» (Benítez *Caballo* 1 [Esp. 1984]). Cuando se pospone inmediatamente al numeral *veinte,* se amalgama gráficamente a este: «*Veintipico años atrás había ilustrado textos de Laura*» (Futoransky *Pe* [Arg. 1986]).

picop. Adaptación gráfica propuesta para la voz inglesa *pick-up,* usada con frecuencia en el español americano para designar el vehículo de transporte, de menor tamaño que un camión, con la parte de atrás descubierta. Esta adaptación se documenta ya en el español de México y de algunos países centroamericanos. Es válido su uso en ambos géneros y su plural es *picops* (→ PLURAL, 1h): «*Estos* [los delincuentes] *huyeron en el picop*» (*Hora* [Guat.] 4.1.97); «*Circulamos entre* [...] *grúas y picops importadas*» (Aguilar *Golfo* [Méx. 1986]). También se admite la adaptación *picap,* que refleja la pronunciación extendida de este anglicismo en otras zonas de América.

pie. 1. [⊗]*a contra pie.* → contrapié. **2.** *a pie(s) juntillas.* 'Con los pies juntos' y, más frecuentemente, casi siempre con el verbo *creer,* 'sin la menor duda'. La forma *a pie juntillas* (no [⊗]*a pie juntilla*) es la usada normalmente en el español de América, mientras que en España es más frecuente *a pies juntillas:* «*¿Debemos creerle a pie juntillas?*» (VLlosa *Verdad* [Perú 2002]); «*No es que crea a pies juntillas lo que me dice*» (TBallester *Filomeno* [Esp. 1988]). La variante *a pie juntillo* ha caído en desuso. **3.** *de a pie.* 'Que realiza su cometido sin utilizar ningún vehículo': «*Jinetes y soldados de a pie huyen a través de un camino escarpado*» (Quintero *Danza* [Ven. 1991]); y, por extensión, dicho de persona, 'normal y corriente': «*Soy solamente un ciudadano de a pie*» (*Vanguardia* [Esp.] 16.3.95). Es locución adjetiva; debe evitarse su uso con el sentido de 'andando', que corresponde a la locución adverbial *a pie:* «[⊗]*Que se vayan de a pie, esos turros*» (*Siglo* [Pan.] 2.7.97). **4.** *de pie.* 'Erguido y sosteniéndose sobre los pies': «*Aplaudían de pie gritando bravo*» (*Observador* [Ur.]

21.6.96). La forma ⊗*de pies*, normal en etapas anteriores del español, se siente hoy como vulgar y debe evitarse en el habla culta.

5. Para el diminutivo, en España se usa siempre la forma *piececito* (o *piececillo*, *piececico*, etc.), mientras que en América es normal y frecuente la forma *piecito*.

piercing. → pirsin.

pierrot. 'Persona o figura con el atuendo de Pierrot, personaje de la comedia del arte'. Su plural es *pierrots* (→ PLURAL, 1h).

pifia. 'Error o descuido': «*Con una sola pifia, el guardameta arruina un partido*» (Galeano *Fútbol* [Ur. 1995]); y, en varios países de América, 'mofa o burla' (de *pifiar* 'hacer mofa o burla de alguien'): «*El esfuerzo que hizo por adquirir cierta educación excitó el "escarnio y la pifia"*» (Valcárcel *Rebelión* [Perú 1947]). No debe confundirse con *picia* ('travesura'; → picia).

pifiar. 'Equivocarse o cometer una pifia', a menudo en la forma *pifiarla*: «*Husain "picó" la pelota al área para Claudio López, que pifió*» (*Clarín* [Arg.] 9.10.00); «*Huyyyy..., la pifié*» (Cappa *Intimidad* [Arg. 1996]). En algunos países de América significa también 'reprobar [a alguien] mediante silbidos': «*Cuando se presentaron los miembros del jurado, la asistencia los pifió*» (Teitelboim *País* [Chile 1988]). Se acentúa como *anunciar* (→ APÉNDICE 1, n.º 4).

pijama. 1. La voz inglesa *pyjamas* ('prenda para dormir, compuesta en general de dos piezas') se ha adaptado al español con dos grafías: *pijama* y *piyama*. La más frecuente en el uso de todo el ámbito hispánico es *pijama*, que en España se pronuncia [pijáma] y en América [piyáma]: «*Se quita el pijama y se pone un camisón malva*» (Melgares *Anselmo* [Esp. 1985]); «*Se levantó, se quitó el pijama y se bañó en la regadera*» (María *Fábrica* [Méx. 1980]). La grafía *piyama*, que refleja la pronunciación inglesa etimológica, solo se documenta en el español de América: «*Me dijo que no usaba piyama, que siempre dormía desnudo*» (Puig *Beso* [Arg. 1976]). Ambas grafías son válidas, pero cada una debe pronunciarse según la correspondencia entre grafías y sonidos propia del español; así, a *pijama* le corresponde la pronunciación [pijáma] y a *piyama*, la pronunciación [piyáma]. En español no deben usarse las formas con -*s* para el singular: ⊗*el pijamas*.

2. En España y en el Cono Sur americano, esta palabra se usa siempre en masculino, mientras que en el resto de América se usa mayoritaria o exclusivamente en femenino: «*Voy a ponerles la piyama*» (Mastretta *Vida* [Méx. 1990]).

3. No deben usarse otras formas, como ⊗*pajama* o ⊗*payama*, adaptaciones de la variante del inglés americano *pajamas*.

pilota. → piloto.

pilotar. 'Dirigir un buque, un automóvil, un avión, etc.'. Esta forma es la única usada en España, mientras que en el español de América se usa con preferencia o en exclusiva la variante *pilotear*: «*Con las manos quemadas y deformadas ya no volvió a pilotar ningún caza*» (Marsé *Rabos* [Esp. 2000]); «*Desde un avión elemental piloteado por el norteamericano William Knox Martin*» (GaMárquez *Vivir* [Col. 2002]).

pilotear. → pilotar.

piloto. 1. Con el sentido de 'persona que dirige una nave, un aparato aeronáutico o un vehículo de carreras', es común en cuanto al género (*el/la piloto*; → GÉNERO², 1a): «*Era una piloto seria y responsable, con un dominio total del helicóptero*» (*País* [Esp.] 1.6.86). No es normal el femenino *pilota*, aunque se ha usado alguna vez: «*Que una mujer implore ser pilota de un caza [...] parece un escándalo*» (*País* [Esp.] 2.4.87).

2. Pospuesto en aposición a otro sustantivo, indica que lo designado por este funciona como modelo o con carácter experimental; en este caso se usa sin variación de número (→ PLURAL, 2.4): «*Está previsto impulsar experiencias piloto que permitan anticipar soluciones*» (*Cambio 16* [Esp.] 29.5.95).

pimpón. Adaptación gráfica propuesta para la voz inglesa *ping-pong*, 'juego semejante al tenis que se practica sobre una mesa con palas pequeñas': «*Bajaron con sus raquetas de pimpón en la mano y sus pantaloncitos cortos*» (Carrión *Danubio* [Esp. 1995]). Para designar al jugador se ha creado el derivado *pimponista*: «*Pese a la juventud de los pimponistas señalados, se espera que compitan en óptimas condiciones*» (*Expreso* [Perú] 22.4.90). Existe también el equivalente español *tenis de mesa*, cuyo uso es preferible al anglicismo: «*La selección peruana de tenis de mesa se prepara para el Sudamericano de Bolivia*» (*Expreso* [Perú] 22.4.90). Al jugador, en ese caso, se le llama *tenismesista* o *tenimesista* (→ tenismesista).

pimponista. → pimpón.

pin. Voz tomada del inglés *pin*, que significa 'insignia o adorno pequeño que se lleva prendido en la ropa': «*En la bolsa de inscripción habrá [...] también un pin conmemorativo de plata*» (*NCastilla* [Esp.] 12.1.01); y, en algunas zonas de América, 'bolo (trozo alargado de madera con base plana)': «*El jugador Arturo Ahumada finalizó la faena derribando 1379 pines*» (*Siglo* [Pan.] 16.11.00). También se usa, en electrónica, con el sentido de 'patilla metálica de las varias que tiene un conector multipolar': «*Otros fabricantes marcan los cables que coinciden con el pin 1 del conector con un color rojo o azul*» (Bustos *Multimedia* [Esp. 1996]). Su plural, en español, es *pines* (→ PLURAL, 1g): «*Intercambio de camisetas, camisas, pines*» (*Prensa* [C. Rica] 1.7.03). Aunque se admite el uso de este anglicismo, se recomienda usar con preferencia los equivalentes españoles *insignia*, para el primer sentido, *bolo*, para el segundo, y *patilla* o *clavija*, para el uso en electrónica.

pinchadiscos. → disyóquey.

pinchar(se). 1. Cuando significa 'punzar o herir con algo agudo', es transitivo. El complemento directo puede ser la persona afectada: «*Ese hijo de puta LO pinchó con su espada*» (VqzFigueroa *Tuareg* [Esp. 1981]); en ese caso, puede llevar además un complemento con *en*, que precisa el lugar del pinchazo: «*Una mujer apareció; volcada sobre ella LA pincha EN un brazo*» (Cohen *Muerte* [Esp. 1993]). Si el complemento directo es la parte en la que se recibe el pinchazo, el complemento de persona pasa a ser indirecto: «*Un perejil hirsuto [...] LE pinchó los dedos*» (Ducoudray *Ojos* [C. Rica 1992]). También es transitivo con los sentidos de 'provocar' e 'incitar o estimular': «*Dice que escribe teatro cuando LO "pinchan"*» (*Hoy* [Chile] 17-23.7.84).
2. Cuando significa, dicho de una parte del cuerpo, 'localizarse en ella punzadas o pinchazos de dolor', es intransitivo; el sujeto es la parte del cuerpo afectada, mientras que el complemento de persona funciona como indirecto: «*A César LE pinchaba la próstata*» (Montero *Amo* [Esp. 1988]).
3. Con el sentido de 'sufrir un pinchazo o herirse con algo agudo', se construye en forma pronominal: «*Nerviosa, se pincha con la aguja*» (BVallejo *Detonación* [Esp. 1977]). Si se precisa el lugar concreto del pinchazo, este puede expresarse mediante un complemento preposicional con *en*, o sin preposición alguna: «*Si estoy solo y me pincho EN un dedo, el grito de dolor no tiene un carácter relacional fuera de mí*» (Castilla *Psiquiatría* 1 [Esp. 1979]); «*Se pinchó un dedo durante unas prácticas*» (*DYucatán* [Méx.] 20.12.97).

ping-pong. → pimpón.

pintalabios. 'Cosmético usado para colorear los labios, que suele presentarse en forma de barra guardada en un estuche': «*Me pidió que fuera en busca de un pintalabios de funda plateada*» (Marsé *Embrujo* [Esp. 1993]). También se emplean, con este sentido, el término *carmín* y las expresiones *barra* o *lápiz de labios* (en América, *lápiz labial*) y, en Cuba, *creyón de labios*: «*Otra quiere un beso y me deja el carmín marcado en los carrillos*» (Morena *Silencios* [Esp. 1995]); «*Sacando de su bolso un espejito y una barra de labios*» (Azancot *Amores* [Esp. 1980]); «*La audacia de [...] untarse colorete y usar creyón de labios*» (CInfante *Habana* [Cuba 1986]). La existencia de estos equivalentes hace innecesario el uso en español del inglés *lipstick* o del francés *rouge*.

piolé. → piolet.

piolet. Voz tomada del francés *piolet*, 'bastón de alpinista'. Su plural es *piolets* (→ PLURAL, 1h): «*Los grandes glaciaristas emplean dos piolets para ascender*» (Faus *Andar* [Esp. 1999]). También existe, y es válida, la adaptación *piolé* (pl. *piolés*), que refleja la pronunciación mayoritaria.

pipermín. Adaptación gráfica de la voz inglesa *peppermint*, 'licor de menta': «*He traído dos botellas de pipermín*» (AMillán *Raya* [Esp. 1991]). Su plural es *pipermines* (→ PLURAL, 1g). Debe evitarse la forma híbrida ⊗*pipermint*, que no es ni inglesa ni española. Aunque se acepta el uso del anglicismo adaptado, se recomienda usar con preferencia la equivalencia española *licor de menta*: «*Sostenía en la mano la diminuta copa de licor de menta con soda*» (Hernández *Secreter* [Esp. 1995]).

pirata informático. Traducción recomendada para la voz inglesa *hacker*, 'persona con grandes habilidades en el manejo de ordenadores, que utiliza sus conocimientos para acceder ilegalmente a sistemas o redes ajenos': «*Un pirata informático logró jaquear los sistemas de seguridad*» (*Clarín@* [Arg.] 19.6.05).

piromancia. → -mancia o -mancía.

pirósfera o **pirosfera.** → -sfera.

pirrarse. En España, 'desear con vehemencia una cosa'. Se construye con un complemento con *por*: «*Se pirra POR el café irlandés*» (*Vanguardia* [Esp.] 13.2.94). Es errónea la forma ⊗*pirriarse*. En el habla coloquial se usa a veces como intransitivo no pronominal, con funcionamiento análogo a *gustar* o *encantar*: «*Al general bonachón y mujeriego le pirraba ponerse delante de un micrófono*» (Díaz *Radio* [Esp. 1992]).

pírrico -ca. Este adjetivo deriva de Pirros, nombre del rey de una región de la antigua Grecia que consiguió dos victorias en sendas batallas en las que su ejército sufrió graves pérdidas; de ahí su significado originario, que es, referido a triunfo o victoria, 'obtenido con grave daño para el vencedor': «*Habrá una victoria pírrica, porque todos nos hundiremos juntos*» (*Abc* [Esp.] 31.1.78). Hoy ha ampliado sus sentidos y significa también '[triunfo] conseguido por un margen pequeño o después de un gran esfuerzo': «*Solo una racha de inspiración individual [...] permitió convertir una victoria pírrica en un triunfo desahogado*» (*Vanguardia* [Esp.] 30.10.95); y 'de poco o insuficiente valor en relación con el esfuerzo invertido': «*Salarios pírricos para los educadores*» (*Nacional* [Ven.] 24.7.00).

pirsin. Adaptación gráfica propuesta para la expresión inglesa *(body) piercing*, 'perforación hecha en una parte del cuerpo distinta del lóbulo de la oreja, para insertar pendientes, aros u otros ornamentos'. Su plural debe ser *pírsines* (→ PLURAL, 1g).

También puede sustituirse el anglicismo por expresiones españolas alternativas, como *perforación (corporal)*: «*La moda de las perforaciones corporales* (piercing) [...] *será regulada por una ley estatal.* [...] *Los establecimientos donde se realicen perforaciones deberán contar con cabinas para sus prácticas*» (*País@* [Esp.] 14.1.03); o *perforado: Se ha hecho un perforado en el ombligo.*

pirulí. 'Caramelo de forma cónica sujeto por un palito'. Su plural es *pirulís* (→ PLURAL, 1c).

pitch, pitcher. → pícher.

pitón. Este sustantivo es masculino en todas sus acepciones; también cuando designa cierta serpiente no venenosa de gran tamaño: «*Olaya estaba* [...] *enredada en círculos sobre sí misma como un pitón de escamas tatuadas*» (Lezama *Paradiso* [Cuba 1966]). Pero hoy es más frecuente su uso en femenino, por influjo del género del sustantivo *serpiente*, con el que aparece a menudo en aposición (*serpiente pitón*): «*Se fue a buscar a una de las pitones y se acercó con la serpiente en brazos*» (Montero *Trenza* [Cuba 1987]).

pívot. Voz tomada del francés *pivot* (con pronunciación llana probablemente influida por el inglés), que significa 'jugador de baloncesto cuya misión básica consiste en situarse en las cercanías del tablero para recoger rebotes o anotar puntos'. Es común en cuanto al género (→ GÉNERO², 1a y 3j): *el/la pívot.* Su plural es *pívots* (→ PLURAL, 1h): «*Ni los pívots llegaban a los rebotes, ni los aleros tiraban, ni el base dirigía*» (*Abc* [Esp.] 6.7.97). En español, ambas formas, singular y plural, deben escribirse con tilde (→ TILDE², 1.1.2). En algunos países de América, como la Argentina y México, se usa con este sentido el término *pivote,* que ya existe con otros sentidos en el español general y resulta más recomendable que *pívot,* pues es, en realidad, el equivalente formal en español de la palabra francesa: «*El pivote Alonzo Mourning aportó 15 tantos*» (*Clarín* [Arg.] 7.4.97).

pivote. → pívot.

píxel o **pixel.** La voz inglesa *pixel* ('elemento más pequeño de los que componen una imagen digital') se ha incorporado al español con dos acentuaciones, ambas válidas. La forma llana *píxel* refleja la pronunciación etimológica —mayoritaria en el conjunto del ámbito hispánico— y debe escribirse con tilde por acabar en consonante distinta de *-n* o *-s* (→ TILDE², 1.1.2). Su plural es *píxeles* (→ PLURAL, 1g): «*El monitor brinda mayor resolución debido a que la pantalla presenta más puntos o píxeles*» (*Enter* [Col.] 14.1.03). En algunos países como México se usa exclusivamente la forma aguda *pixel* (pron. [piksél]), cuyo plural es *pixeles.*

piyama. → pijama.

pizzicato. Voz italiana que se usa internacionalmente en el lenguaje musical, como adjetivo o como sustantivo masculino, con el sentido de '[fragmento correspondiente a un instrumento de arco] que debe ejecutarse pellizcando las cuerdas con los dedos'. Por tratarse de un extranjerismo crudo, conserva su pronunciación originaria ([pitsikáto]) y debe escribirse con resalte tipográfico: «*La parte básica, en los danzones mambeados, la realizan los violines en* pizzicato» (Orovio *Música* [Cuba 1990]).

placar. Adaptación al español de la voz francesa *placard,* usada en los países del Río de la Plata para designar el armario, normalmente ropero, construido en una pared. Su plural es *placares* (→ PLURAL, 1g): «*Dormitorios de generosas proporciones, con placares incluidos*» (*NProvincia* [Arg.] 12.5.97). En el resto de América se emplea el anglicismo *clóset* (→ clóset), mientras que en España la forma preferida es *armario empotrado.*

placard. → placar.

placer. 'Gustar o agradar'. Verbo irregular: se conjuga como *agradecer* (→ APÉNDICE 1, n.º 18): «*Averigua / si al Barón de Vasconcello / plació la silva que ayer / dediqué a sus mesnaderos*» (MñzSeca *Venganza* [Esp. 1918]); «*Era lógico que adorasen a Dios como les placiera más*» (Torbado *Peregrino* [Esp. 1993]). Junto a las formas *plació, placiera* o *placiese* y *placiere,* perviven en el uso literario actual, con intención arcaizante, las formas *plugo, pluguiera* o *pluguiese* y *pluguiere,* generales en el español medieval y clásico: «*A Dios mismo plugo preservarle para mayores destinos*» (RBastos *Vigilia* [Par. 1992]); «*¡Aun cuando pluguiera al cielo ponerme a prueba del dolor, [...] no dudaría de vuestra fidelidad!*» (SchzEspeso *Alas* [Esp. 1985]). Con la misma intención arcaizante, perviven las formas *plega* y *plegue* para la tercera persona del singular del presente de subjuntivo, en lugar del actual *plazca,* especialmente en la fórmula *plega* o *plegue a Dios: «¡Plegue al cielo que no tarde!*» (MñzSeca *Venganza* [Esp. 1918]).

plácet. Latinismo procedente de la forma verbal latina *placet* ('place o gusta'), que se usa en español, como sustantivo masculino, con los sentidos de 'aprobación que da un Gobierno a la persona designada para ejercer la representación diplomática de otro país en su territorio' y, en general, 'beneplácito o consentimiento'. Debe escribirse con tilde por ser palabra llana acabada en consonante distinta de *-n* o *-s* (→ TILDE², 1.1.2). El plural es *plácets* (→ PLURAL, 1h y k): «*El canciller [...] solicitó [...] los plácets de cinco embajadores*» (*Clarín@* [Arg.] 15.11.99).

plagiar. 'Copiar [obras ajenas], dándolas como propias' y, en gran parte de América, 'secuestrar [a alguien]'. Se acentúa como *anunciar* (→ APÉNDICE 1, n.º 4).

planchar. 'Quitar las arrugas [a algo, especialmente ropa] utilizando la plancha u otro utensilio adecuado': «*¿Me planchaste la camisa blanca?*» (Antognazza *Vida* [Arg. 1993]). En algunos países de América, especialmente en Colombia, se emplea también la variante *aplanchar*: «*Devolvían las camisas más limpias que si fueran nuevas, con los cuellos y los puños como hostias recién aplanchadas*» (GaMárquez *Amor* [Col. 1985]).

planning. Voz inglesa que se usa ocasionalmente en español con el sentido de 'organización de actividades u operaciones con arreglo a un plan o programa'. Es anglicismo innecesario, que debe sustituirse por los equivalentes españoles *plan, planificación, programa* o *programación*.

plañir. 'Llorar'. Verbo irregular: se conjuga como *mullir* (→ APÉNDICE 1, n.º 42).

⊗plastelina. → plastilina.

-plastia o **-plastía.** Elemento compositivo sufijo (del gr. *-plastía* 'acción de modelar o dar forma') que, unido a diferentes raíces, forma sustantivos que designan procedimientos de reconstrucción, generalmente quirúrgicos. Ambas acentuaciones son válidas. En el uso culto mayoritario predominan las formas con diptongo (*angioplastia, mamoplastia, rinoplastia*, etc.), pero en algunas zonas de América son normales las formas con hiato (*angioplastía, rinoplastía*, etc.).

plasticina. → plastilina.

plastilina. 'Cierta sustancia moldeable': «*El pequeño experimentará un placer nuevo si nos ponemos a modelar figuras en plastilina*» (Penella *Hijo* [Arg. 1995]). Procede del nombre de una marca registrada. No es correcta la forma ⊗*plastelina*. En algunas zonas de América, especialmente en Chile y Puerto Rico, usan la voz *plasticina*: «*Los materiales maleables, como el chicle, la plasticina o la greda*» (Claro *Sombra* [Chile 1995]).

playback. Voz inglesa que designa la sonorización de un número musical con una grabación hecha previamente. Se recomienda sustituirla en español por *(sonido) pregrabado*: «*No todo el mundo sería capaz de interpretar un papel operístico con un sonido pregrabado*» (Carreras *Autobiografía* [Esp. 1989]); *En televisión normalmente se canta en pregrabado*.

play-off. Voz inglesa que se usa en deportes como el baloncesto o el béisbol con el sentido de 'serie de encuentros de carácter eliminatorio, que se juega normalmente tras una fase liguera'. Es anglicismo evitable, ya que puede sustituirse por la voz española *eliminatoria(s)*: «*Fue el único equipo local que perdió su encuentro en el primer partido de las eliminatorias para el título de la ACB*» (DNavarra [Esp.]

29.4.99). Puesto que normalmente se utiliza este sistema en la última fase de los torneos, equivale en ocasiones a la expresión española *fase final*: «*Era necesario recuperar la confianza con vistas a la fase final de la NBA*» (*Universal* [Ven.] 15.4.97). En el golf se usa para designar el encuentro que se juega para deshacer un empate; en ese caso se recomienda sustituir el anglicismo por la expresión española *(partido de) desempate*.

pleamar. 'Marea baja' y 'tiempo que esta dura'. Es de género femenino: «*La pleamar llegará a alcanzar [...] una altura de hasta medio metro por encima de lo habitual*» (FVigo [Esp.] 7.2.01). Es incorrecto su uso en masculino: ⊗*el pleamar*.

plegar(se). **1.** 'Doblar(se)' y 'someter(se)'. Verbo irregular: se conjuga como *acertar* (→ APÉNDICE 1, n.º 16), esto es, diptongan las formas cuya raíz es tónica: *pliego, pliegas*, etc.; pero no aquellas cuya raíz es átona: *plegamos, plegáis*, etc. No son admisibles, en el habla culta, las formas sin diptongar cuando la raíz es tónica: ⊗*plego*, ⊗*plegas*, etc.

2. Cuando, como pronominal, significa 'someterse', se construye con un complemento precedido de *a* o, más raramente, *ante*: «*Que otros se plieguen A las mentiras y los engaños*» (*Granma* [Cuba] 11.97); «*Si se pliega ANTE dichas presiones, puede desatar las furias nacionalistas mejicanas*» (*Caretas* [Perú] 28.9.95).

pleitear. 'Litigar o contender judicialmente'. En el español actual es mayoritario su uso como intransitivo, caso en el que el objetivo del pleito se expresa mediante un complemento precedido de *por* o, si se trata de un complemento oracional, de *para*: «*Emprendió viaje a Bélgica para pleitear POR la sustanciosa herencia de Brabante*» (Fajardo *Epopeya* [Esp. 1990]); «*Los antiguos abogados de la familia empezaban a insinuar ya la posibilidad de pleitear PARA tratar de recuperar algo*» (FdzCastro *Novia* [Esp. 1987]). El uso transitivo es hoy minoritario: «*Ennobleció el boxeo, estudió anatomía, pleiteó impuestos*» (*Abc* [Esp.] 15.4.89).

-plejia o **-plejía.** Las palabras con esta terminación designan diferentes tipos de parálisis. Todas ellas, salvo *apoplejía* (→ apoplejía), tienen dos acentuaciones válidas: una con hiato entre las dos vocales finales, acorde con la pronunciación griega (*hemiplejía, paraplejía*, etc.), y otra con diptongo, acorde con la pronunciación latina (*hemiplejia, paraplejia*, etc.). En el español actual son más frecuentes las formas en *-plejia*.

pluma. *a vuela pluma.* → vuelapluma.

PLURAL. **1.** REGLAS DE FORMACIÓN DEL PLURAL. En español hay dos marcas para formar el plural de los sustantivos y adjetivos: *-s* y *-es*. Existe asimismo la posibilidad, aunque no es lo normal, de que permanezcan invariables. La elección de una de estas opciones debe ajustarse a las siguientes reglas:

a) *Sustantivos y adjetivos terminados en vocal átona o en -e tónica.* Forman el plural con -s: *casas, estudiantes, taxis, planos, tribus, comités.* Son vulgares los plurales terminados en -ses, como ⊗*cafeses,* en lugar de *cafés,* o ⊗*pieses,* en lugar de *pies.*

b) *Sustantivos y adjetivos terminados en -a o en -o tónicas.* Aunque durante algún tiempo vacilaron entre el plural en -s y el plural en -es, en la actualidad forman el plural únicamente con -s: *papás, sofás, bajás, burós, rococós, dominós.* Son excepción a esta regla los sustantivos *faralá* y *albalá,* y el adverbio *no* en función sustantiva, que forman el plural con -es: *faralaes, albalaes, noes.* También es excepción el pronombre *yo* cuando funciona como sustantivo, pues admite ambos plurales: *yoes* y *yos.* Son vulgares los plurales terminados en -ses, como ⊗*sofases.*

c) *Sustantivos y adjetivos terminados en -i o en -u tónicas.* Admiten generalmente dos formas de plural, una con -es y otra con -s, aunque en la lengua culta suele preferirse la primera: *bisturíes* o *bisturís, carmesíes* o *carmesís, tisúes* o *tisús, tabúes* o *tabús.* En los gentilicios, aunque no se consideran incorrectos los plurales en -s, se utilizan casi exclusivamente en la lengua culta los plurales en -es: *israelíes, marroquíes, hindúes, bantúes.* Por otra parte, hay voces, generalmente las procedentes de otras lenguas o las que pertenecen a registros coloquiales o populares, que solo forman el plural con -s: *gachís, pirulís, popurrís, champús, menús, tutús, vermús.* El plural del adverbio *sí,* cuando funciona como sustantivo, es *síes,* a diferencia de lo que ocurre con la nota musical *si,* cuyo plural es *sis* (→ l). Son vulgares los plurales terminados en -ses, como ⊗*gachises.*

d) *Sustantivos y adjetivos terminados en -y precedida de vocal.* Forman tradicionalmente su plural con -es: *rey,* pl. *reyes; ley,* pl. *leyes; buey,* pl. *bueyes; ay,* pl. *ayes; convoy,* pl. *convoyes; bocoy,* pl. *bocoyes.* Sin embargo, los sustantivos y adjetivos con esta misma configuración que se han incorporado al uso más recientemente —en su mayoría palabras tomadas de otras lenguas— hacen su plural en -s. En ese caso, la *y* del singular mantiene en plural su carácter vocálico y, por lo tanto, debe pasar a escribirse *i* (→ i, 5b): *gay,* pl. *gais; jersey,* pl. *jerséis; espray,* pl. *espráis; yóquey,* pl. *yoqueis.* Pertenecen a la etapa de transición entre ambas normas y admiten, por ello, ambos plurales las palabras *coy,* pl. *coyes* o *cois; estay,* pl. *estayes* o *estáis; noray,* pl. *norayes* o *noráis; guirigay,* pl. *guirigayes* o *guirigáis,* con preferencia hoy por las formas con -s. Son vulgares los plurales terminados en -ses, como ⊗*jerseises.*

e) *Voces extranjeras terminadas en -y precedida de consonante.* Deben adaptarse gráficamente al español sustituyendo la -y por -i: *dandi* (del ingl. *dandy*); *panti* (del ingl. *panty*); *ferri* (del ingl. *ferry*). Su plural se forma, como el de las palabras españolas con esta terminación (→ a), añadiendo una -s: *dandis, pantis, ferris.* No son admisibles, por tanto, los plurales que conservan la -y del singular etimológico: ⊗*dandys,* ⊗*pantys,* ⊗*ferrys.*

f) *Sustantivos y adjetivos terminados en -s o en -x.* Si son monosílabos o polisílabos agudos, forman el plural añadiendo -es: *tos,* pl. *toses; vals,* pl. *valses, fax,* pl. *faxes; compás,* pl. *compases; francés,* pl. *franceses.* En el resto de los casos, permanecen invariables: *crisis,* pl. *crisis; tórax,* pl. *tórax; fórceps,* pl. *fórceps.* Es excepción a esta regla la palabra *dux,* que, aun siendo monosílaba, es invariable en plural: *los dux.* También permanecen invariables los polisílabos agudos cuando se trata de voces compuestas cuyo segundo elemento es ya un plural: *ciempiés,* pl. *ciempiés* (no ⊗*ciempieses*); *buscapiés,* pl. *buscapiés* (no ⊗*buscapieses*), *pasapurés,* pl. *pasapurés* (no ⊗*pasapureses*).

g) *Sustantivos y adjetivos terminados en -l, -r, -n, -d, -z, -j.* Si no van precedidas de otra consonante (→ j), forman el plural con -es: *dócil,* pl. *dóciles; color,* pl. *colores; pan,* pl. *panes; césped,* pl. *céspedes; cáliz,* pl. *cálices; reloj,* pl. *relojes.* Los extranjerismos que terminen en estas consonantes deben seguir esta misma regla: *píxel,* pl. *píxeles; máster,* pl. *másteres; pin,* pl. *pines; interfaz,* pl. *interfaces; sij,* pl. *sijes.* Son excepción las palabras esdrújulas, que permanecen invariables en plural: *polisíndeton,* pl. *(los) polisíndeton; trávelin,* pl. *(los) trávelin; cáterin,* pl. *(los) cáterin.* Excepcionalmente, el plural de *hipérbaton* se hace *hipérbatos.*

h) *Sustantivos y adjetivos terminados en consonantes distintas de -l, -r, -n, -d, -z, -j, -s, -x, -ch.* Se trate de onomatopeyas o de voces procedentes de otras lenguas, hacen el plural en -s: *crac,* pl. *cracs; zigzag,* pl. *zigzags; esnob,* pl. *esnobs; chip,* pl. *chips; mamut,* pl. *mamuts; cómic,* pl. *cómics.* Se exceptúa de esta regla la palabra *club,* que admite dos plurales, *clubs* y *clubes* (→ club). También son excepciones el arabismo *imam* (→ imán), cuyo plural asentado es *imames,* y el latinismo *álbum* (→ álbum), cuyo plural asentado es *álbumes.*

i) *Sustantivos y adjetivos terminados en -ch.* Procedentes todos ellos de otras lenguas, o bien se mantienen invariables en plural: *(los) crómlech, (los) zarévich, (los) pech,* o bien hacen el plural en -es: *sándwich,* pl. *sándwiches; maquech,* pl. *maqueches.*

j) *Sustantivos y adjetivos terminados en grupo consonántico.* Procedentes todos ellos de otras lenguas, forman el plural con -s (salvo aquellos que terminan ya en -s, que siguen la regla general; → f): *gong,* pl. *gongs; iceberg,* pl. *icebergs; récord,* pl. *récords.* Se exceptúan de esta norma las voces *compost, karst, test, trust* y *kibutz,* que permanecen invariables en plural, pues la adición de una *-s* en estos casos daría lugar a una secuencia de difícil articulación en español. También son excepción los anglicismos *lord* y *milord,* cuyo plural asentado en español es *lores* y *milores,* respectivamente.

k) *Plural de los latinismos.* Aunque tradicionalmente se venía recomendando mantener invariables en plural ciertos latinismos terminados en consonante, muchos de ellos se han acomodado ya, en el uso mayoritario, a las reglas de formación del plural que rigen para el resto de las palabras y que han sido expuestas en los párrafos anteriores. Así pues, y como norma general, los latinismos hacen el plural en *-s,* en *-es* o quedan invariables dependiendo de sus características formales, al igual que ocurre con el resto de los préstamos de otras lenguas: *ratio,* pl. *ratios; plus,* pl. *pluses; lapsus,* pl. *lapsus; nomenclátor,* pl. *nomenclátores; déficit,* pl. *déficits; hábitat,* pl. *hábitats; vademécum,* pl. *vademécums; ítem,* pl. *ítems.* Únicamente se apartan hoy de esta tendencia mayoritaria los latinismos terminados en *-r* procedentes de formas verbales, como *cónfer, confíteor, exequátur* e *imprimátur,* cuyo plural sigue siendo invariable. También constituye una excepción la palabra *álbum* (→ h). En general, se aconseja usar con preferencia, cuando existan, las variantes hispanizadas de los latinismos y, consecuentemente, también su plural; así se usará *armonio* (pl. *armonios*) mejor que *armónium; currículo* (pl. *currículos*) mejor que *currículum; podio* (pl. *podios*) mejor que *pódium.* No deben usarse en español los plurales latinos en *-a* propios de los sustantivos neutros, tales como ⊛*córpora,* ⊛*currícula,* etc., que sí son normales en otras lenguas como el inglés. Las locuciones latinas, a diferencia de los latinismos simples, permanecen siempre invariables en plural: *los statu quo, los currículum vítae, los mea culpa.*

l) *Plural de las notas musicales.* Aunque a menudo se usan como invariables, su plural se forma añadiendo *-s,* salvo en el caso de *sol,* que forma el plural con *-es: dos, res, mis, fas, soles, las, sis.*

m) *Plural de los nombres de las letras.* → a¹, b, c, d, etc.

n) *Plural de los acortamientos.* → ACORTAMIENTO, 2.

ñ) *Plural de las abreviaturas.* → ABREVIATURA, 5.

o) *Plural de las siglas.* → SIGLA, 3.

p) *Plural de los símbolos.* → SÍMBOLO, 2c.

2. OTRAS CUESTIONES RELATIVAS AL PLURAL.

2.1. *Cambio de la vocal tónica.* La vocal tónica es la misma en el singular y en el plural, salvo en las palabras *espécimen, régimen* y *carácter,* en las que el acento cambia de lugar en el plural: *especímenes, regímenes* y *caracteres* [karaktéres].

2.2. *Nombres de tribus o etnias.* No hay ninguna razón lingüística para que los nombres de tribus o etnias permanezcan invariables en plural; así pues, estas palabras formarán su plural de acuerdo con sus características formales y según las reglas generales (→ 1): *los mandingas, los masáis, los mapuches, los hutus, los tutsis, los yanomamis, los bantúes, los guaraníes, los iroqueses, los patagones, los tuaregs.*

2.3. *Nombres de color.* → COLORES, 2.

2.4. *Unidades léxicas formadas por dos sustantivos.* En las construcciones nominales formadas por dos sustantivos, de los que el segundo actúa como modificador del primero, solo el primer sustantivo lleva marca de plural: *horas punta, bombas lapa, faldas pantalón, ciudades dormitorio, pisos piloto, coches cama, hombres rana, niños prodigio, noticias bomba, sofás cama, mujeres objeto, coches bomba, casas cuartel.* Igual ocurre en los compuestos ocasionales de este tipo, que se escriben con guion (→ GUION² o GUIÓN, 1.1.2a): «*Los dos nuevos edificios eran "viviendas-puente"* [...]. *Servían para alojar durante dos años —el tiempo que tardaba la Administración en hacer casas nuevas— a las familias que perdían sus pisos por grietas*» (*País*@ [Esp.] 7.3.00). Pero si el segundo sustantivo puede funcionar, con el mismo valor, como atributo del primero en oraciones copulativas, tiende a tomar también la marca de plural: *Estados miembros, países satélites, empresas líderes, palabras claves* (pues puede decirse *Estos estados son miembros de la UE; Esos países fueron satélites de la Unión Soviética; Esas empresas son líderes en su sector; Estas palabras son claves para entender el asunto*).

2.5. *Sustantivos que se usan en singular o en plural para designar un solo objeto.* Hay sustantivos que, por designar objetos constituidos por partes simétricas, se usan normalmente en plural para referirse a uno solo de dichos objetos. Es el caso de palabras como *gafas, pantalones, bragas, leotardos, tenazas, alicates, tijeras,* etc.: *Me encantan los pantalones que llevaste a la fiesta; Le rompió las gafas de un puñetazo; Necesito unas tenazas para sacar el clavo.* En estos casos resulta igualmente válido, aunque suele ser menos frecuente, el empleo de la forma de singular: *Me he manchado el pantalón; Esa gafa te favorece; Tráeme la tenaza que está sobre la mesa.* Hay otros casos, como el de *bigote* o *nariz,* en que se usa normalmente el singular, reservándose el plural para usos expresivos: *Me he afeitado el bigote; Me duele la nariz;* pero *Se atusaba los bigotes con parsimonia; Tiene unas narices enormes.* En las expresiones fijas suele predominar el uso en plural: *Estoy hasta las narices; La cosa tiene narices; Hace un frío de narices.*

2.6. *Adjetivos formados por prefijo + sustantivo.* Los adjetivos formados por la adición de un prefijo a un sustantivo son invariables en plural: *faros antiniebla* (no ⊛*faros antinieblas*), *máscaras antigás* (no ®*máscaras antigases*), *sistemas multifrecuencia* (no ®*sistemas multifrecuencias*). Algunos de estos adjetivos tienen como base un sustantivo plural, de ahí que presenten una -*s* final tanto en singular como en plural: *policía antidisturbios, policías antidisturbios*. Otros tienen dos formas admitidas, una con -*s* y otra sin -*s*, válidas tanto para el singular como para el plural: *mina* o *minas antipersona, mina* o *minas antipersonas*.

2.7. Compuestos formados por dos adjetivos unidos con guion. → GUION² o GUIÓN, 1.1.3.

2.8. Nombres propios. Puesto que los nombres propios, a diferencia de los comunes, no designan clases de seres, sino que sirven para identificar un solo ser de entre los de su clase, no suelen emplearse en plural. Sin embargo, al existir seres que comparten el mismo nombre propio, sí cabe usar este en plural para designar varios referentes: *Los Javieres que conozco son todos muy simpáticos; En América hay dos Córdobas, una en la Argentina y otra en México*. Al respecto, conviene tener en cuenta lo siguiente:

a) Los nombres de pila hacen el plural de acuerdo con las reglas generales (→ 1): *las Pilares, las Cármenes, los Pablos, los Raúles, los Andreses*.

b) Los apellidos se mantienen invariables cuando designan a los miembros de una misma familia: *Mañana cenamos en casa de los García; Los Alcover se han ido a vivir a Quito*. Cuando se emplean para designar un conjunto diverso de individuos que tienen el mismo apellido, el uso vacila entre mantenerlos invariables o añadirles las marcas propias del plural de acuerdo con su forma. La tendencia mayoritaria es mantenerlos invariables, sobre todo en el caso de apellidos que pueden ser también nombres de pila, para distinguir ambos usos: *Los Alonsos de mi clase son muy simpáticos* (nombre de pila) y *Los Alonso de mi clase son muy simpáticos* (apellido); o cuando se trata de apellidos que tienen variantes con -*s* y sin -*s*, como *Torre(s), Puente(s)* o *Fuente(s): En mi pueblo hay muchos Puente* (gente apellidada *Puente*) y *En mi pueblo hay muchos Puentes* (gente apellidada *Puentes*). Salvo en estos casos, los que terminan en vocal admiten con más naturalidad las marcas de plural que los que acaban en consonante: *En la guía telefónica hay muchísimos Garcías* (pero también *hay muchísimos García*), frente a *¿Cuántos Pimentel conoces?* (más normal que *¿Cuántos Pimenteles conoces?*). Los apellidos que acaban en -*z* se mantienen siempre invariables: *los Hernández, los Díez*.

c) Los nombres de dinastías o de familias notorias también vacilan. La mayoría tienden a permanecer invariables: *los Habsburgo, los Trastámara, los Tudor, los Borgia;* pero otros se usan casi siempre con marcas de plural: *los Borbones, los Austrias, los Capuletos*.

d) Cuando se usa una marca comercial para designar varios objetos fabricados por dicha marca, si el nombre termina en vocal, suele usarse con la terminación -*s* característica del plural, mientras que, si termina en consonante, tiende a permanecer invariable: *Hay tres Yamahas aparcadas en la puerta; Los Opel tienen un motor muy resistente*. Lo mismo ocurre con los nombres de empresas, cuando designan varios de sus establecimientos: *Últimamente han abierto muchos Zaras en el extranjero; Hay dos Benetton en Salamanca*. Si el nombre es compuesto, permanece invariable: *Los nuevos Corte Inglés de la ciudad son muy grandes*.

pluridisciplinar, pluridisciplinario -ria. → multidisciplinario.

plus. 'Gratificación que suele darse en circunstancias extraordinarias' y 'añadido o suplemento'. Su plural es *pluses* (→ PLURAL, 1f y k): «*Se deberán concluir acuerdos sobre las horas extraordinarias* [...] *y los pluses de peligrosidad*» (*Vanguardia* [Esp.] 2.11.95).

plusmarca, plusmarquista. → récord.

plus ultra. Loc. lat. que significa 'más allá'. Surge por oposición a *non plus ultra* (→ non plus ultra) y aparece como divisa en las columnas del escudo de España, en referencia al hallazgo del Nuevo Mundo. Se usa como locución adverbial: «*Una recta horizontal que proyecta hacia adelante, plus ultra, el sueño revolucionario que todo hombre esconde en su corazón*» (MtzAlbertos *Noticia* [Esp. 1978]); o como locución nominal masculina: «*Esos filósofos pasan del hombre al plus ultra de la metafísica*» (Rolla *Familia* [Arg. 1976]).

poblar(se). 1. 'Habitar u ocupar [un lugar]' y 'llenar(se) un lugar de personas o cosas'. Verbo irregular: se conjuga como *contar* (→ APÉNDICE 1, n.º 26), esto es, diptongan las formas cuya raíz es tónica: *pueblo, pueblas, puebla*, etc.; pero no aquellas cuya raíz es átona: *poblamos, pobláis, poblado*, etc. No son admisibles, en el habla culta, las formas sin diptongar cuando la raíz es tónica: ®*poblo*, ®*poblas*, ®*pobla*, etc.

2. Con el sentido de 'llenar(se)' se construye normalmente con un complemento introducido por *de* o *con*: «*Los cocteles se pueblan DE rumores*» (*Vistazo* [Ec.] 19.6.97); «*Juan Correa es un juglar de la pintura, alguien que ha sabido definir un territorio y poblarlo CON sus símbolos*» (*Abc* [Esp.] 15.11.91).

pobre. '[Persona] que no tiene lo necesario para vivir' y '[cosa] humilde o de poco valor'. Tiene dos superlativos válidos: *paupérrimo* (del lat. *pauperrimus*; → -érrimo), preferido aún en el uso culto, y *pobrísimo*, formado sobre *pobre*: «*Era joven y paupérrimo*» (Mendoza *Ciudad* [Esp. 1986]); «*Era una mujer pobrísima*» (VLlosa *Tía* [Perú 1977]).

poco -ca. 1. Como adjetivo significa 'escaso en cantidad, calidad o intensidad' y, como ocurre con la mayoría de los cuantificadores indefinidos, va antepuesto al sustantivo, con el que debe concordar en género y número: «*Saqué en limpio pocas cosas*» (Hidalgo *Azucena* [Esp. 1988]); «*Los criollos bebían poco vino*» (Olivas *Cocina* [Perú 1996]). Debe evitarse el empleo de la forma masculina *poco* ante sustantivos femeninos que comienzan por /a/ tónica (→ el, 2.2): [⊗]*poco hambre*. Puede funcionar como pronombre, y en ese caso se refiere a seres ya mencionados o consabidos: «*Tendrás que llevar una conducta aparentemente en armonía con lo que tú crees que son tus convicciones. Te quedan pocas*» (Benet *Saúl* [Esp. 1980]); «*Pocos sabían su verdadero nombre*» (CInfante *Habana* [Cuba 1986]). En plural, precedido del indefinido *unos*, se antepone a nombres contables, formando la locución determinativa *unos pocos*, que significa 'algunos, no muchos': «*En la plazuela solo quedaban unos pocos curiosos*» (Mendoza *Verdad* [Esp. 1975]). Es arcaísmo conservado en el habla popular interponer la preposición *de* entre la secuencia *unos pocos* y el sustantivo al que cuantifica, uso desaconsejable en el habla culta actual: [⊗]«*Cuentan con unos pocos DE metros sin asfaltar*» (*Abc* [Esp.] 6.8.89); [⊗]«*Yo ya me había acostado con él unas pocas DE veces*» (Quiñones *Noches* [Esp. 1979]). Esta misma locución puede funcionar también como pronombre: «*Todas las plantas acuáticas, menos unas pocas, son herbáceas*» (Tiscornia *Plantas* [Arg. 1991]); en ese caso, sí puede ir seguida de un complemento con *de*, que expresa el todo del que se considera solo una parte: «*Solo unas pocas de las 34 islas de la laguna están habitadas*» (*Vanguardia* [Esp.] 18.8.94); «*No estaba autorizado a vincularse más que con unos pocos de los cientos de refugiados españoles que todavía vivían en la URSS*» (*Brecha* [Ur.] 10.1.97).

2. La forma *poco* funciona también como adverbio, con el significado de 'menos de lo normal o necesario': «*¡Qué poco galante es usted, señor fiscal!*» (Arroyo *Sentencia* [C. Rica 1991]); «*Opina mucho y trabaja poco*» (Artigas *Sobrevivencia* [Chile 1991]). Precedido de *un* forma la locución adverbial *un poco*, que significa 'algo, no mucho': «*Ella es un poco tímida*» (Santiago *Sueño* [P. Rico 1996]).

3. La forma *poco* es también un sustantivo que significa 'cantidad pequeña'. Se usa precedido del indefinido *un* y va normalmente seguido de un complemento con *de*, cuyo núcleo es siempre un sustantivo no contable: «*Ahora beba un poco de agua y descanse*» (JmnzEmán *Tramas* [Ven. 1991]). Es arcaísmo conservado en el habla popular hacer concordar el sustantivo *poco* con el género del sustantivo que constituye el núcleo del complemento, uso desaconsejable en el habla culta actual: [⊗]«*En una poca de mantequilla, acitrone una de las cebollas*» (*Vanguardia*[@] [Méx.] 22.5.00); debió decirse *un poco de mantequilla*. Tampoco es aceptable sin la preposición *de*: [⊗]«*Haremos una poca bechamel clara*» (*Vanguardia* [Esp.] 16.6.95); debió escribirse *un poco de bechamel clara*.

4. *a poco.* Se emplea en México para expresar sorpresa o incredulidad, normalmente en oraciones interrogativas o exclamativas: «*¿A poco crees que los celadores te lo van a decir?*» (Campos *Carne* [Méx. 1982]).

5. *a(l) poco.* Con el sentido de 'poco tiempo después', es válido el uso de *a poco* y *al poco*: «*A poco los perdió de vista*» (Montaño *Andanzas* [Méx. 1995]); «*Al poco ya la había perdido de vista*» (Alou *Aportación* [Esp. 1991]). Normalmente ambas locuciones llevan un complemento introducido por *de*, que expresa el momento de referencia: «*A poco DE cabalgar toparon con el cortejo de la reina*» (UPietri *Visita* [Ven. 1990]); «*Al poco DE pasar Brunete reorganizaron la división*» (Barnet *Gallego* [Cuba 1981]). En el habla culta debe evitarse el uso popular de *a poco* con el sentido que corresponde a *por poco* (→ 8).

6. *de a poco.* Locución adverbial que se emplea en los países del Cono Sur en lugar de *poco a poco* ('lentamente'): «*¿Y no has pensado en contárselo de a poco, carta a carta?*» (Benedetti *Primavera* [Ur. 1982]).

7. [⊗]*de poco,* [⊗]*de pocas.* → 8.

8. *por poco.* Locución adverbial que expresa, seguida de un verbo en presente de indicativo, que estuvo a punto de suceder lo expresado por el verbo: «*En Masaya por poco me comen vivo*» (*Prensa* [Nic.] 6.5.97); equivale, por tanto, a *casi*. A veces se le añade un *no* expletivo (→ no, 3), que puede suprimirse sin que se altere el significado de la oración: «*Por poco NO soy devorado por las pirañas*» (*Nacional* [Ven.] 7.1.97), de idéntico sentido que *Por poco soy devorado por las pirañas* [= casi me devoran las pirañas]. No debe confundirse este *no* expletivo con el *no* que antecede de forma obligatoria al verbo para formar enunciados negativos: «*Por poco NO se escribe esta novela*» (Alberto *Eternidad* [Cuba 1992]) [= casi no se escribe esta novela]. Se desaconseja el uso del *no* expletivo, ya que puede generar ambigüedad en ciertos contextos; así, en *Por poco no ganó* podría entenderse que faltó muy poco para que no ganara (pero finalmente ganó), o bien que faltó muy poco para que ganara (pero finalmente no ganó). En el habla coloquial de México, esta locución va seguida a veces de un *y* expletivo: «*Le dio un abrazo [...] tan fuerte y afectuoso que por poco Y lo rompe*» (Leyva *Piñata* [Méx. 1984]). Con el mismo sentido de *por poco* existen en el habla popular otras formas, como [⊗]*a poco,* [⊗]*de poco,* [⊗]*de pocas* y [⊗]*por pocas,* cuyo uso se desaconseja en el habla culta: [⊗]«*—¿Cómo se encuentra? —Muy bien, bárbaro, a poco no la veo más, pero aquí me tiene dando guerra*» (Merino *Choz* [Esp. 1987]); [⊗]«*El segundo novillo de poco lo parte en dos al iniciar la faena de muleta*» (*País*

[Esp.] 27.8.97); ⊗«*Yeltsin, bautizado al nacer por un pope ebrio que por pocas le ahoga en la pila bautismal*» (*Excélsior* [Méx.] 21.10.96).

poder. 1. Verbo irregular: v. conjugación modelo (→ APÉNDICE 1, n.º 46). No es correcta la forma ⊗*puédamos*, en lugar de *podamos*, usada en el habla popular de algunas áreas americanas: ⊗«*Haz que nos regresen ya nuestras tierras y puédamos empezar a trabajarlas*» (Santander *Ramona* [Méx. 1981]).

2. Cuando significa 'vencer o dominar a alguien', funciona como intransitivo, con un complemento indirecto o un complemento precedido de *con* o *contra*: «*A Valente Zaragoza* LE *pudo ese desamparo, desvió la mirada*» (Vega *Marcelina* [Méx. 1993]); «*Corretja, por su parte, no pudo* CON *Boris Becker*» (*Vanguardia* [Esp.] 28.4.95); «*Con razón no pudimos* CONTRA *ellos*» (Purroy *Desertor* [Ven. 1989]). Pero cuando significa, específicamente, 'tener más fuerza que [alguien]' o vencer[lo] luchando cuerpo a cuerpo', es transitivo: *A pulsos, puedo a María > la puedo*. También es intransitivo, y se construye con un complemento precedido de *con*, cuando significa 'soportar algo o a alguien, o el peso de algo': «*No puedo* CON *Ana María. La quiero mucho y tengo mucho que agradecerle, pero intenta protegerme, que es algo que no soporto*» (Vázquez *Narboni* [Esp. 1976]).

3. *poder (ser) que* + subjuntivo. Esta construcción, que se da solo en tercera persona del singular, expresa posibilidad ('ser posible que'). En la norma culta española y americana, cuando el verbo *ser* está explícito, es posible conjugar el verbo *poder* en la mayor parte de los tiempos del indicativo (*pudo ser que, podía ser que, podría ser que, ha podido ser que*, etc.): «*También pudo ser que el artefacto estallara al golpear el sillón del limpiabotas*» (*Mundo* [Esp.] 3.4.94); «*Podría ser que estuviese muerto*» (Araya *Luna* [Chile 1982]); pero cuando el verbo *ser* está elidido, el verbo *poder* solo se conjuga en presente de indicativo, dando lugar a la expresión *puede que*, que se comporta en la práctica como una locución adverbial de sentido análogo a *quizá*: «*Puede que me arrepienta de lo que he hecho*» (VqzFigueroa *Taberna* [Esp. 1994]); «*Puede que tengas razón*» (Victoria *Casta* [Méx. 1995]); por tanto, en este caso no debe utilizarse el verbo *poder* en otros tiempos del indicativo distintos del presente: ⊗«*Podía que su misión consistiera en estar de licencia en la ciudad*» (Cohen *Insomnio* [Arg. 1986]). Tampoco es correcto utilizar, en esta construcción, la forma del presente de subjuntivo *pueda*, en lugar del indicativo *puede*: ⊗«*Pueda ser que algunos de ellos regresen esta semana*» (*Hoy* [El Salv.] 21.4.97); ⊗«*Pueda que Greenspan no esté promocionando el oro directamente*» (*NHerald* [EE. UU.] 2.3.97). *Pudiera ser que* es la única construcción con *poder* en subjuntivo aceptada en la norma culta, ya que funciona con igual valor que

la forma *podría* del indicativo: «*Pudiera ser que Antón, con sus preguntas, lo pusiera en aprietos*» (Landero *Juegos* [Esp. 1989]). A veces se usa, con intención enfática, la construcción redundante *poder ser posible*, fruto del cruce entre *poder ser* y *ser posible*: «*Ver nuevamente ese azoro en la cara de los adultos al mismo tiempo que murmuran: ¿Pero cómo puede ser posible?*» (Puga *Silencio* [Méx. 1987]).

4. *no poder (por) menos que* o *no poder (por) menos de* + infinitivo. 'No poder evitar lo expresado por el infinitivo'. Tanto en América como en España se emplean *no poder menos que* y *no poder menos de*, aunque en ambas zonas existe hoy una clara preferencia por la construcción con *que*: «*No pude menos* QUE *lanzar un chillido estridente*» (Edwards *Anfitrión* [Chile 1987]); «*No pude menos* DE *entrar en la librería para hojear el volumen*» (Ocampo *Testimonios* [Arg. 1977]); «*No pude menos* QUE *echarme a reír al oír la última frase*» (Leguina *Nombre* [Esp. 1992]); «*Cuando me negó la ayuda,* [...] *no pude menos* DE *decirle: —Maite, ¿qué te ha hecho la vida que tan resentida estás con ella?*» (Palou *Carne* [Esp. 1975]). En España se usa también, y es igualmente válida, la variante *no poder por menos*: «*No pude por menos que soltar una carcajada*» (Tomeo *Monstruo* [Esp. 1985]); «*Alicia no pudo por menos de admirarse*» (LTena *Renglones* [Esp. 1979]).

podiatra. 'Especialista en el tratamiento de las enfermedades de los pies': «*El problema* [del juanete] *puede ser hereditario o adquirido, de acuerdo con el doctor Javier Maribona, podiatra y cirujano*» (*NHerald*@ [EE. UU.] 5.10.02). Sobre su género gramatical y su acentuación, → -iatra. Es término de uso en América; en España se emplea, con este sentido, la voz *podólogo*. No debe confundirse con *pediatra* ('médico de niños'; → pediatra).

podio. 'Plataforma elevada donde se sitúa a alguien a quien se quiere otorgar preeminencia'. Su plural es *podios*: «*Ganador consecuente, siempre está en los podios*» (*Universal* [Ven.] 21.4.93). Debe preferirse esta forma hispanizada a la variante etimológica latina *pódium*.

pódium. → podio.

podredumbre, ⊗podrición, ⊗podrimiento, podrir(se). → pudrir(se).

poeta -tisa. 'Persona que escribe poesía'. El femenino tradicional y más usado es *poetisa*: «*Doctora, periodista y poetisa, fue presidenta de la Liga de Mujeres Albanesas*» (Alborch *Malas* [Esp. 2002]). Modernamente se utiliza también la forma *poeta* como común en cuanto al género (*el/la poeta*; → GÉNERO², 1a y 3b): «*Sor Juana, la poeta mestiza de México*» (Fuentes *Esto* [Méx. 2002]).

pogrom. → pogromo.

pogromo. Adaptación al español de la voz rusa *pogrom* ('destrucción, devastación'), que se usa con el sentido de 'matanza, acompañada de pillaje, realizada por una multitud enfurecida contra una colectividad, especialmente contra los judíos'. Su plural es *pogromos*: «*Las esperanzas mesiánicas no evitaron las muchas expulsiones y pogromos de la historia judía*» (Henríquez *Huevos* [R. Dom 2001]). Es incorrecta la forma ⊛*progromo*. Se desaconseja el uso en español de la grafía etimológica *pogrom*.

póker. → póquer.

polca. 'Danza folclórica de Bohemia': «*La polca y la java hacían furor en Europa*» (Mendoza *Ciudad* [Esp. 1986]). Con este sentido se usa también la variante *polka*. En la locución *el año de la polca* ('época remota') no se admite la variante con *-k-*.

pólder. 'Terreno pantanoso ganado al mar'. Su plural es *pólderes* (→ PLURAL, 1g).

policíaco -ca o **policiaco -ca. 1.** '[Obra narrativa] cuyo tema es el esclarecimiento de un crimen': «*Había visto muchas películas policíacas*» (MtnGaite *Fragmentos* [Esp. 1976]). También significa 'de la policía', pero con este sentido es más habitual y recomendable el uso de *policial* (→ policial).

2. Las dos acentuaciones son válidas, de modo que la preferencia por una u otra forma en la escritura dependerá de la pronunciación (→ -íaco o -iaco).

policial. 'De la policía': «*Rehuía la vigilancia policial*» (Moix *Vals* [Esp. 1994]). No debe aplicarse este adjetivo a la obra narrativa cuyo tema es el esclarecimiento de un crimen (⊛*novela policial*), sentido que corresponde a *policíaco* (→ policíaco o policiaco).

polícromo -ma o **policromo -ma.** 'De varios colores'. Se emplea con dos acentuaciones, ambas válidas: la esdrújula *polícromo*, acorde con el étimo griego *polýchromos*, y la llana *policromo* [polikrómo], por analogía con la acentuación llana de su contrario *monocromo* (→ monocromo) o, quizá, por influjo del francés. En el uso existe hoy clara preferencia por la forma esdrújula.

poliéster. Adaptación gráfica de la voz inglesa *polyester*, 'material sintético muy resistente, empleado en la fabricación de fibras o recubrimientos'. Su plural es *poliésteres* (→ PLURAL, 1g): «*La vestimenta de lino, algodón, lana y seda fue reemplazada por poliésteres, acrílicos y nailon*» (Gerula *Radiestesia* [Arg. 2001]).

polígloto -ta o **poligloto -ta. 1.** '[Texto] escrito en varias lenguas' y '[persona] que conoce o habla varias lenguas'. Tiene dos acentuaciones válidas: la esdrújula *polígloto*, acorde con el étimo griego *polýglottos*, y la llana *poligloto* [poliglóto], por influjo del francés *polyglotte* [poliglót]. Hoy existe clara preferencia por la forma esdrújula.

2. Aún sigue vigente su uso originario como adjetivo de dos terminaciones, una para cada género: «*Corrieron hacia el extraño polígloto*» (Jodorowsky *Pájaro* [Chile 1992]); «*Acompañados [...] por nuestra actriz más políglota*» (*Vanguardia* [Esp.] 21.7.94). Pero hoy es más normal usar la forma en *-a* también para el masculino: «*Un escritor multifacético y políglota*» (*Clarín* [Arg.] 21.12.87); «*Fue un reconocido políglota que llegó a hablar hasta siete idiomas*» (*Canarias 7* [Esp.] 25.5.99).

polio. → poliomielitis.

poliomielitis. 'Enfermedad que provoca atrofia y parálisis muscular'. Es voz femenina: *la poliomielitis*. No es correcta la forma ⊛*poliomelitis*. Su acortamiento, *polio*, es también femenino: *la polio*.

polisíndeton. En retórica, 'empleo repetitivo de conjunciones con fines expresivos'. Es invariable en plural (→ PLURAL, 1g): *los polisíndeton*.

polizón -na. 'Persona que viaja clandestinamente en un barco o un avión o, por extensión, en otro medio de transporte': «*Como tripulante o polizón, viajaré en el velero de Michael*» (Quintero *Danza* [Ven. 1991]). Se ha usado tradicionalmente como epiceno masculino (→ GÉNERO², 1b): «*Escapó del convento cuando [...] era novicia para saltar, de polizón y ataviada de hombre, a América*» (*País* [Esp.] 1.12.88). Pero comienza a usarse con normalidad el femenino *polizona*, morfológicamente correcto (→ GÉNERO², 3h). El masculino plural es *polizones* y el femenino, *polizonas*. No debe confundirse con *polizonte* ('agente de policía'; → polizonte).

polizonte. En el habla coloquial, con valor despectivo, 'agente de policía': «*Se abrió la puerta y apareció otro polizonte, un inspector*» (Marsé *Rabos* [Esp. 2000]). Solo se documenta su uso en masculino, aunque por su terminación podría usarse como común en cuanto al género (→ GÉNERO², 1a y 3c): *el/la polizonte*. No debe confundirse con *polizón* ('viajero clandestino en un barco o avión'; → polizón).

polka. → polca.

polo. 1. Cuando designa cada uno de los dos extremos del eje de rotación de la esfera terrestre, se escribe con minúscula inicial: «*El globo terrestre tiene una forma casi esférica [...], con un eje de rotación que queda definido por la posición de los polos terrestres norte y sur*» (Maza *Astronomía* [Chile 1988]). Sin embargo, para designar las regiones contiguas a dichos polos, se recomienda escribirlo con mayúscula inicial (→ MAYÚSCULAS, 4.13): «*El programa de TVE recorrerá el Polo Norte*» (*Mundo* [Esp.] 27.12.96).

2. polo acuático. → waterpolo.

polyester. → poliéster.

ponche. 1. Adaptación asentada de la voz inglesa *punch*, 'bebida hecha mezclando ron u otro licor con agua, limón y azúcar': *«El hombre bebía el ponche y seguía sin mirarme, acodado en la barra»* (MDíez *Expediente* [Esp. 1992]).

2. En el lenguaje del béisbol se emplea en sustitución del término inglés *strike-out*, 'jugada en la que el lanzador elimina al bateador tras tres lanzamientos seguidos sin que este golpee la pelota': *«Lo mejor del juego, el ponche de Cook a Lofton»* (*DAméricas* [EE. UU.] 8.5.97).

poner(se). 'Colocar(se)'. Verbo irregular: v. conjugación modelo (→ APÉNDICE 1, n.º 47). El imperativo singular es *pon* (tú) y *poné* (vos), y no ⊗*pone*.

poney, póney. → poni, 2.

poni. 1. Adaptación gráfica de la voz inglesa *pony*, 'caballo de una raza de poca alzada': *«Hemos alquilado un poni tibetano»* (Leguineche *Camino* [Esp. 1995]). Su plural es *ponis* (→ PLURAL, 1e). Debe evitarse en español el uso del plural inglés *ponies,* así como el de la forma ⊗*ponys*, que no es ni inglesa ni española.

2. Menos recomendable, por minoritaria, es la forma *póney* (pron. [pónei]), cuyo plural es *poneis* (→ PLURAL, 1d), adaptación de la variante inglesa desusada *poney*.

pony. → poni, 1.

pool. Voz inglesa usada con cierta frecuencia en español con los sentidos de 'asociación de personas o entidades que operan en un mismo sector para cooperar en beneficio mutuo': *«No tienen ni la más remota posibilidad de integrar un* pool *de productores en defensa de los precios de sus materias primas»* (Moreno *Historia* [Cuba 1983]); 'grupo de personas o entidades que se asocian con un fin común': *«Países hermanos integrados en este* pool *de países no alineados»* (Ramírez *Alba* [Nic. 1985]); y 'grupo de personas entre las que se reparte una tarea determinada dentro de una empresa': *«Él formaba parte del 'pool' de abogados que defendió al traficante Jorge Luis Ochoa Vásquez»* (*Tiempo* [Col.] 7.1.88). Se recomienda sustituirlo por equivalentes españoles como *consorcio, agrupación, cooperativa, grupo* o *equipo*, según convenga.

pop. Voz tomada del inglés *pop* —acortamiento coloquial de *popular* ('popular')—, que se usa, como adjetivo o como sustantivo masculino, con los sentidos de '[estilo musical] nacido a mediados del siglo XX, de carácter popular y ritmo marcado': *«Me gusta todo tipo de música, pero para cantar prefiero el pop»* (*Clarín* [Arg.] 8.1.97); y '[corriente artística] de origen norteamericano que se inspira en los aspectos más inmediatos de la sociedad de consumo': *«El pop es quizá el punto máximo de*

inflexión en cuanto al vaciamiento total de los valores tradicionales del arte» (CSerraller *Arte* [Esp. 1997]). Como adjetivo significa también 'de(l) pop'. Aunque, por influjo del inglés, tiende a usarse como adjetivo invariable, se recomienda el plural *pops* (→ PLURAL, 1h): *«Soltó al geniecillo de su inspiración con boleros, baladas, temas pops y otros géneros»* (*NDía* [P. Rico] 28.11.97).

popurrí. Adaptación del francés *pot pourri*, que se usa en español con los sentidos de 'mezcolanza de cosas diversas' y 'composición musical formada por fragmentos o temas de obras diversas'. Se desaconseja el uso de la forma llana ⊗*popurri* [popúrri], que se aparta de la acentuación aguda del étimo francés. No son válidas las formas ⊗*pupurri* y ⊗*pupurrí*. El plural es *popurrís* (→ PLURAL, 1c): *«La música invitó a esa nostalgia con aquellos popurrís de Agustín Lara»* (*Excélsior* [Méx.] 8.6.96).

póquer. Adaptación gráfica de la voz inglesa *poker*, que designa cierto juego de naipes: *«Sus compañeros jugaban interminables partidas de póquer»* (Delibes *Madera* [Esp. 1987]). Muy usada y también válida es la variante *póker*, que conserva la *-k-* etimológica: *«Tiene el instinto de un viejo jugador de póker»* (Martínez *Perón* [Arg. 1989]).

porcentaje. 1. 'Tanto por ciento': *«En los estratos medios también cayó el porcentaje de aprobaciones»* (Basáñez *Pulso* [Méx. 1990]). Esta es la forma más extendida en todo el ámbito hispánico, aunque también se usa a veces, especialmente en el área caribeña, el sinónimo *porciento* (→ porciento). Se escribe siempre en una sola palabra: ⊗*por centaje*.

2. Para algunas cuestiones relativas a la expresión de los porcentajes, → NÚMEROS, 1.2c.

porch. → porche.

porche. 'Espacio cubierto que en algunas casas precede a la entrada': *«Al llegar vimos a Eustacio sentado en el porche»* (LpzPáez *Herlinda* [Méx. 1993]). No debe usarse en español la grafía *porch*, que corresponde al inglés.

porciento. 'Porcentaje o tanto por ciento'. Aunque en todo el ámbito hispánico es mayoritario el uso del equivalente *porcentaje* (→ porcentaje), también es válida esta forma, documentada en algunos países de América, especialmente en el área caribeña: *«El porciento de crecimiento fue mayor en la población masculina»* (Quintero *Conflictos* [P. Rico 1986]). Debe escribirse en una sola palabra, a diferencia de la locución *por ciento* (→ ciento, 3), usada en la expresión de porcentajes, que se escribe siempre en dos palabras: *uno por ciento, sesenta por ciento*, etc.

porción. 'Parte que se segrega de un todo' y, coloquialmente, en algunas zonas, 'gran cantidad o gran número'. Es voz femenina, como su étimo latino: «*Le lleva una porción de helado a la boca*» (Souza *Mentira* [Perú 1998]); «*Me enseñó a hacer una porción de cosas*» (Longares *Corsé* [Esp. 1979]). Debe evitarse su uso en masculino, frecuente en el habla popular: [⊗]*un porción*.

porfiar. 'Insistir obstinadamente en algo'. Se acentúa como *enviar* (→ APÉNDICE 1, n.º 5).

pormenor. 'Detalle o aspecto secundario de un asunto'. Este sustantivo masculino se usa normalmente en plural y se escribe siempre en una sola palabra: «*Me expuso los pormenores del caso*» (Collyer *Pájaros* [Chile 1995]). No debe confundirse con las locuciones *al por menor* y *por menor* (→ menor, 3 y 4).

porque. 1. Conjunción subordinante átona que tiene los siguientes valores:

a) Se usa mayoritariamente como conjunción causal, para introducir la oración subordinada que expresa la causa de la acción designada por el verbo de la principal: «*Me tenéis envidia porque fui la única que se casó*» (MtzMediero *Vacaciones* [Esp. 1991]). Con este valor no se considera correcta hoy su escritura en dos palabras: [⊗]«*Prefiere adoptar el papel de villano por que es más efectivo*» (*Tiempo* [Col.] 15.4.97).

b) También se emplea como conjunción final, seguida de un verbo en subjuntivo, con sentido equivalente a *para que*: «*Hará lo que pueda porque su estancia en Suecia sea feliz*» (Sampedro *Congreso* [Esp. 1952]). En este caso se admite también su escritura en dos palabras: «*Hará lo posible por que se cure*» (Marías *Corazón* [Esp. 1992]).

2. No debe confundirse la conjunción *porque* con las secuencias siguientes, en que aparece escrito *por que* en dos palabras:

a) La combinación del pronombre relativo *que* precedido de la preposición *por*. Su identificación es fácil, ya que el relativo *que* admite la anteposición del artículo correspondiente (*el, la, los, las*) o puede sustituirse por otros relativos como *el cual, la cual, los cuales, las cuales*: «*La verdadera razón por que* [= por la que, por la cual] *quieres quedarte es Miguel*» (Allende *Casa* [Chile 1982]).

b) La combinación de la preposición *por* exigida por un verbo, un sustantivo o un adjetivo, seguida de la conjunción subordinante *que*: «*No había que preocuparse por que me volviera la destemplanza*» (Mendicutti *Palomo* [Esp. 1991]); «*Expresó su interés por que el decreto se lleve a cabo*» (*Abc* [Esp.] 15.11.97); «*Llegan incluso ansiosos por que nos lo creamos*» (*País* [Esp.] 9.10.97).

3. Tampoco debe confundirse *porque*, conjunción átona que se escribe sin tilde, con *porqué* ni con *por qué* (→ porqué).

porqué. 1. Sustantivo masculino que significa 'causa o motivo'. Se usa precedido de determinante

y su plural es *porqués*: «*No entiendo el porqué de esas letanías*» (Nieva *Zorra* [Esp. 1988]); «*La lucidez de su mente no alcanzaba a comprender los porqués de su hijastro*» (Elizondo *Setenta* [Méx. 1987]).

2. No debe confundirse con *por qué*, combinación de la preposición *por* y el pronombre o adjetivo interrogativo o exclamativo *qué*: «*¿Por qué me has hecho eso?*» (GaMorales *Lógica* [Esp. 1990]); «*Aún no sé por qué razón he venido*» (Volpi *Klingsor* [Méx. 1999]); «*—¡Que por qué! —exclamó*» (RRosa *Sebastián* [Guat. 1994]). Es incorrecto anteponer en estos casos el artículo *el*: [⊗]«*Seguramente tú tienes una teoría para explicar el por qué ocurre eso*» (*Cambio 16* [Esp.] 17.9.90). Obsérvese que, en esta oración, *por qué* no es sustituible por *motivo* o *razón*: **para explicar el motivo ocurre eso;* debió decirse *para explicar por qué ocurre eso*.

portaaviones. → portaviones.

portable. → portátil.

portátil. 'Movible y fácil de transportar': «*Hubiera querido una radio portátil para poder seguir las noticias*» (García *Mundo* [Perú 1994]). Debe preferirse este adjetivo, de larga tradición en español, al sinónimo *portable*, morfológicamente correcto, pero cuyo uso se debe hoy, en muchos casos, al influjo del inglés.

Port-au-Prince. → Puerto Príncipe.

portaviones. 'Buque de guerra para el transporte de aviones'. Aunque aún es mayoritaria la grafía *portaaviones*, se recomienda escribir *portaviones*, grafía que refleja mejor la articulación real de esta palabra, en la que las dos aes se pronuncian como una sola: «*El portaviones argentino tuvo que esperar hasta casi el amanecer*» (Scheina *Iberoamérica* [EE. UU. 1987]). Es invariable en plural (→ PLURAL, 1f): *los portaviones*. No es correcto el singular [⊗]*port(a)avión*.

Porto. → Oporto.

portorriqueño -ña. → puertorriqueño.

porvenir. 'Tiempo futuro' y 'situación futura en la vida de una persona, una empresa, etc.': «*Nunca se conoce lo que nos reserva el porvenir*» (Luján *Espejos* [Esp. 1991]); «*¿Qué ves en mi porvenir?*» (Aguirre *Retablo* [Chile 1987]). Es un sustantivo masculino y se escribe siempre en una sola palabra. No debe confundirse con la combinación de la preposición *por* seguida del infinitivo *venir*, que, pospuesta al verbo *estar*, indica que aún no ha llegado lo designado por el sujeto: «*Los cambios más profundos estaban aún por venir*» (Mendoza *Ciudad* [Esp. 1986]); ni con la locución adjetiva *por venir*, que, pospuesta a un sustantivo, significa 'futuro o venidero': «*Antes de escudriñar en ese tiempo por venir, conviene regresar al hervidero de la crisis*» (PzBrignoli *Centroamérica* [C. Rica 1985]). Esta locución adjetiva puede sustantivarse formando la expresión *lo por venir* ('el futuro, el porvenir'): «*Quizá en lo por venir los hombres sepan armonizar la fuerza y la piedad*» (Baroja *Vuelta* [Esp. 1944-49]).

pos. *en pos.* Esta locución se usa hoy seguida de un complemento con *de*, con valor preposicional análogo a *tras* ('en seguimiento de o en busca de'): «*Llevo muchos años en pos* DE *la verdad*» (Cerezales *Escaleras* [Esp. 1991]). El complemento puede ser un pronombre personal (*en pos de mí, en pos de él*, etc.): «*La joven lo siguió y subió en pos de él hasta el desván*» (Jodorowsky *Pájaro* [Chile 1992]); pero no debe usarse con posesivos (⊗*en pos mío*, ⊗*en pos suyo*, etc.): «⊗*En pos suyo arrastra a toda una nación*» (*Universal* [Ven.] 17.4.88); debió decirse *en pos de sí*.

pos-. **1.** Forma simplificada del prefijo de origen latino *post-*, que significa 'detrás de' o 'después de'. Puesto que la *t* precedida de *s* en posición final de sílaba, cuando va seguida de otra consonante, es de difícil articulación en español, se recomienda usar la forma simplificada *pos-* en todas las palabras compuestas que incorporen este prefijo, incluidas aquellas en las que el prefijo se une a voces que empiezan por vocal (aunque en ese caso la articulación de la *-t-* presente menos dificultades): *posmoderno, posdata, posoperatorio*, etc. No obstante, se consideran también válidas, aunque no se recomiendan, las grafías que conservan la forma etimológica *post-*: *postdata, postoperatorio*, etc. Solo en los casos en que este prefijo se une a palabras que comienzan por *s-* se aconseja conservar la *t*, para evitar la confluencia de dos eses en la escritura: *postsocialismo, postsurrealismo*. Naturalmente, cuando este prefijo se une a una palabra que comienza por *t-*, se mantiene la secuencia *-st-*: *postraumático, postónico*. **2.** Cuando este prefijo se une a una palabra que comienza por *r-*, no debe duplicarse esta letra, ya que, precedida de *s*, la *r* simple representa el sonido vibrante múltiple /rr/ (→ r, 2b). Debe escribirse, por tanto, *posromántico* y no ⊗*posrromántico*.

poseer. 'Tener'. Se conjuga como *leer* (→ APÉNDICE 1, n.º 39). El participio verbal es *poseído*, única forma que debe usarse en la formación de los tiempos compuestos y de la pasiva perifrástica: «*Los judíos ortodoxos han poseído desde hace tiempo gran influencia política*» (*DYucatán* [Méx.] 15.12.97); «*Sara es poseída por un malestar terrible*» (Arel *Jardín* [Ur. 1985]). La forma *poseso* (del part. lat. *possessus*), considerada tradicionalmente participio irregular de *poseer*, es un adjetivo, usado más frecuentemente como sustantivo, que significa '[persona] que está poseída por un espíritu': «*La mujer se agita como una posesa*» (Hernández *Malditos* [Esp. 1995]).

posesionar(se). Como transitivo, 'dar [a alguien] posesión de algo, normalmente de un cargo': «*El ministro de Desarrollo Económico* [...] *posesionó hoy al nuevo secretario nacional de Industria y Comercio*» (*Tiempos* [Bol.] 8.4.97). Como intransitivo pronominal, 'adueñarse de algo': «*Tita sintió que una violenta agitación se posesionaba* DE *su ser*» (Esquivel *Agua* [Méx. 1989]). En ambos casos rige un complemento con *de*, que puede omitirse por consabido, como se ve en el primer ejemplo. No es correcto usar *en* para introducir este complemento: ⊗«*Irá personalmente a posesionar* EN *su cargo al doctor Meléndez*» (*Dedom* [R. Dom.] 30.10.96).

poseso -sa. → poseer.

posible. **1.** Como adjetivo significa 'que puede ser o suceder, o que puede realizarse': «*Corrían rumores de una posible restauración monárquica*» (Gironella *Hombres* [Esp. 1986]); «*La única explicación posible de su degradación era el rencor*» (GaMárquez *Amor* [Col. 1985]). A diferencia de otros adjetivos que denotan posibilidad, facilidad o dificultad, como *imposible, fácil, difícil*, etc., *posible* no admite complementos preposicionales. Son, pues, incorrectos los usos de *posible* seguido de un complemento formado por la preposición *de* y un infinitivo transitivo sin complemento directo: ⊗«*No se había perdido simplemente un partido posible de ganar*» (*Clarín* [Arg.] 22.3.79); ⊗«*Por eso el 8% es posible de alcanzar*» (*País* [Esp.] 1.10.86), usos que, sin embargo, sí son normales con otros adjetivos: *imposible de encontrar, fácil de resolver, difícil de comprender*, etc. Es igualmente incorrecto el uso de *posible* seguido de un complemento formado por *de* y un infinitivo en forma pasiva, ya que el adjetivo que designa la posibilidad pasiva de recibir una acción es *susceptible* (→ susceptible), y no *posible*: ⊗«*Solo entre el 2 y el 3% de todo ese volumen está constituido por agua dulce, es decir, agua posible de ser utilizada por el hombre*» (Butteler *Ecología* [Perú 1996]); aquí debió decirse *susceptible de ser utilizada*. Naturalmente, tampoco es correcto si, en lugar de un infinitivo, aparece un nombre de acción: ⊗«*Anaheim posee una pequeña terminal de trenes, lo que la hacía posible de elección por parte de la feria, que solo podía trasladarse* [...] *a través de la red ferroviaria*» (Najenson *Memorias* [Arg. 1991]); también aquí debió decirse *susceptible de elección*.

2. *lo más, lo menos* + adjetivo + *posible*. En estructuras comparativas del tipo *lo más sano posible, lo menos escandaloso posible*, etc., *posible* debe permanecer invariable aunque el adjetivo que lo preceda vaya en plural, pues, en realidad, *posible* está modificando a la secuencia neutra *lo más* o *lo menos*: «*Los alimentos del mar deben consumirse lo más frescos posible*» (Huneeus *Cocina* [Chile 1989]) [= frescos lo más posible]; «*Debemos elaborar pro-*

cedimientos que sean lo menos costosos y lo más eficaces posible» (Becoña/Palomares/García *Tabaco* [Esp. 1994]) [= costosos lo menos posible y eficaces lo más posible]. Por el contrario, si, en estructuras similares, lo que precede a *más* o a *menos* no es el artículo neutro *lo*, sino un sustantivo, *posible* debe concordar en número con dicho sustantivo, pues es a este al que modifica: *«Deben tomarse las medidas más rigurosas posibles»* (*Tiempo* [Esp.] 26.3.90) [= las medidas más rigurosas que existan]; *«Lo ha escuchado referirse a Schimpanski en los términos más duros posibles»* (Volpi *Klingsor* [Méx. 1999]) [= en los términos más duros que existen].

posicionamiento. → posicionar(se).

posicionarse. Neologismo extendido en el lenguaje periodístico desde los años ochenta del siglo XX, cuyo uso resulta útil, como intransitivo pronominal, con el sentido de 'adoptar una determinada posición o actitud ante algo': *«El PNV [...] se ha posicionado claramente a favor del diálogo y la negociación con ETA»* (Benegas *Esnaola* [Esp. 1984]); *«Teresa, Carmela, Rosa, Sara, Lorena y Berta se posicionaron críticamente frente a la educación recibida»* (Fuller *Dilemas* [Perú 1993]). Resulta, en cambio, innecesario y afectado su uso como sinónimo de *colocar(se)* o *situar(se)*: ⊗*«Para seleccionar una opción del menú, posiciona el puntero y pulsa el botón»* (Teso *Informática* [Esp. 1993]); ⊗*«De Armas anhela este año posicionarse como el juvenil más sólido de Venezuela»* (*Universal* [Ven.] 8.1.97).

posponer. 'Colocar [a una persona o cosa] después de otra' y 'no hacer [algo] con idea de realizarlo después'. Verbo irregular: se conjuga como *poner* (→ APÉNDICE 1, n.º 47). El imperativo singular es *pospón* (tú) y *pospoé* (vos), y no ⊗*pospone*.

post-. → pos-.

⊗**Postdam.** → Potsdam.

poster, póster. → cartel[1], 2.

posteridad. 'Conjunto de las generaciones venideras': *«Ahí queda para la posteridad el espléndido inmueble»* (*Vanguardia* [Esp.] 2.1.95). No debe confundirse con *posterioridad* ('cualidad de posterior'; → posterioridad).

posterior. 1. 'Que va detrás en el espacio o después en el tiempo'. No es, propiamente, un adjetivo comparativo, pues carece de forma para el grado positivo, a diferencia de lo que ocurre con *mayor, menor, mejor* y *peor*, comparativos respectivos de *grande, pequeño, bueno* y *malo;* por ello, *posterior* admite su combinación con *muy,* como corresponde a los adjetivos no comparativos, y no con *mucho* (→ mucho, 2): *«Ese cuento del primer pecado fue una añadidura muy posterior»* (Espinosa *Jesús* [Méx. 1995]).

2. Con sentido temporal, su término de referencia, cuando aparece, va introducido por la preposición *a*: *«El impulso inicial de Inglaterra puede situarse en las dos décadas posteriores A 1783»* (*Rumbo* [R. Dom.] 28.7.97). Al igual que los adverbios *luego* y *después*, no puede combinarse con cuantificadores de grado, como *más:* ⊗*«Podría pensarse en una misma forma literaria, pero más posterior»* (Maldonado *Plegaria* [Esp. 1967]); aquí debió decirse, simplemente, *posterior;* o si se desea cuantificar la mayor o menor distancia temporal con respecto al momento de referencia, debe recurrirse a cuantificadores no gradativos como *algo, bastante, (un) poco* o *muy* (→ 1): *«En una carta bastante posterior dice que su primera embriaguez [...] fue a los dieciocho años»* (Vega *Así* [Col. 1981]).

3. Con sentido espacial, se emplea a menudo en anatomía, dicho de zonas o partes del cuerpo, con el sentido de 'situado en la parte de atrás'; y, en fonética, dicho de un sonido, 'que se articula en la parte posterior de la boca'. En estos casos, *posterior* (al igual que *atrás*) sí admite cuantificadores de grado: *«Una đ más posterior que la de padre se encuentra en vasco»* (Alonso *Estudios* [Esp. 1953]).

4. Se desaconseja, en el habla culta, el uso de *posterior* con valor adverbial, como mero sinónimo de *después* o de *posteriormente:* ⊗*«Se les entrega el cheque y, posterior a eso, ellos hacen una rendición de cuentas»* (*Encuesta* [Par., corpus oral 1993]); mejor *después de eso* o *posteriormente a eso*.

posterioridad. 'Cualidad de posterior (que va detrás o después)': *«La subordinada temporal puede indicar simultaneidad, anterioridad o posterioridad con respecto al predicado principal»* (Pascual/Alcalde/Castro *Lengua* [Esp. 1997]). No debe confundirse con *posteridad* ('generaciones venideras'; → posteridad): ⊗*«Mi libro será leído por la gente de hoy o por la posterioridad»* (Maza *Astronomía* [Chile 1988]).

⊗**posternarse.** → prosternarse.

post merídiem. Loc. lat. que significa 'después del mediodía'. Se pospone, normalmente en su forma abreviada *p. m.*, a las referencias horarias posteriores a las doce del mediodía. Solo es pertinente cuando en la indicación de las horas se utilizan los números del 1 al 12 (→ HORA[2], 2a): *«Hasta el sábado 13 de septiembre, a las 5 p. m.»* (*Tiempo* [Col.] 4.9.97). Si en la indicación de las horas se emplean los números del 0 al 23, su uso es innecesario y rechazable: ⊗*las 17 p. m.* Se opone a *ante merídiem* (→ ante merídiem).

post mórtem. Loc. lat. que significa 'después de la muerte'. Puede usarse como locución adjetiva o adverbial: *«Un tribunal belga reconoció como válido el matrimonio post mórtem realizado por una súbdita belga [...] tras la muerte, en accidente, de su novio»* (*País* [Esp.] 12.2.80); *«No quiere que sus hijos y* *nietos se lo reprochen post mórtem»* (Ussía *Tratado* II [Esp. 1994]).

postrero -ra. 'Último'. Es voz literaria que rara vez se emplea hoy fuera de textos escritos. Al igual que ocurre con su antónimo *primero* (→ primero, 1), debe apocoparse ante sustantivos masculinos en singular, adoptando la forma *postrer:* «*Convencidos hasta el postrer minuto de que no habían de morir*» (Fuentes *Naranjo* [Méx. 1993]). La apócope es opcional si *postrero* aparece antepuesto y coordinado con otro adjetivo: *el postrer(o) y definitivo adiós.* Constituye un arcaísmo que debe evitarse en el habla culta actual la apócope ante sustantivos femeninos: [⊗]*la postrer mañana.*

post scríptum. Loc. lat. que significa literalmente 'después de lo escrito'. Se emplea como locución nominal masculina con sentido equivalente a *posdata* ('texto que se añade a una carta concluida y firmada'): «*El post scríptum es autógrafo del duque de Lerma*» (Boronat *Moriscos* [Esp. 1901]). Es invariable en plural (→ PLURAL, 1k): *los post scríptum.* Su abreviatura es *P. S.* (→ APÉNDICE 2).

potenciar. 'Dar potencia o más potencia [a algo]'. Se acentúa como *anunciar* (→ APÉNDICE 1, n.º 4).

pot pourri. → popurrí.

Potsdam. Esta ciudad alemana, célebre por haber sido sede de la conferencia en la que Truman, Churchill y Stalin decidieron las condiciones de la capitulación de Alemania al término de la Segunda Guerra Mundial, se escribe *Potsdam,* no [⊗]*Postdam.*

pouf. → puf.

preanunciar. 'Anunciar [algo] de antemano'. Se acentúa como *anunciar* (→ APÉNDICE 1, n.º 4): «*El cuadro preanuncia el expresionismo*» (*Vanguardia* [Esp.] 13.2.94). También existe, aunque se usa menos, la variante *prenunciar* (del lat. *praenuntiare*): «*La estabilidad en los precios de los bonos prenunciaba que las tasas no iban a subir*» (*Clarín* [Arg.] 11.10.00). Los sustantivos correspondientes son *preanuncio* y *prenuncio,* respectivamente.

preanuncio. → preanunciar.

precariedad. 'Cualidad de precario'. Es incorrecta la forma [⊗]*precaridad* (→ -dad, c).

precaver(se). Como transitivo, 'prevenir [un peligro o daño], para guardarse de él y evitarlo': «*Los criterios anteriores apuntan* [...] *a precaver situaciones similares que puedan tener lugar en el futuro*» (*Hoy* [Chile] 25-31.8.97); y 'avisar [a alguien] de un peligro para que tome precauciones'; el peligro se expresa mediante un complemento introducido por *de* o *contra:* «*Un grotesco manuscrito* [...] *que presenta un maestro de primeras letras a sus discípulos para precaverlos DE la infernal víbora del Filosofismo*» (Méndez *Filosofía* [Esp. 1927]); «*Hoy se alzan voces para pre-*

cavernos CONTRA los riesgos de una nueva dominación alemana» (*Vanguardia* [Esp.] 17.12.94). Es mucho más frecuente, sin embargo, su uso como pronominal, con el sentido de 'tomar precauciones contra un peligro o daño': «*Les habló* [...] *de la República como sinónimo de caos y ateísmo, lo que indujo a Gervasio a precaverse CONTRA ella*» (Delibes *Madera* [Esp. 1987]); «*Deberá precaverse DE los inconvenientes originados por otros*» (*Clarín* [Arg.] 10.4.79).

preceder. 'Ir delante'. Es transitivo y su complemento directo va introducido por *a,* aunque exprese cosa (→ a², 1.1l): «*La respuesta no puede preceder A la pregunta*» (Nitti *Comunicación* [Arg. 1993]). El complemento directo exige el uso de las formas pronominales de acusativo *lo(s), la(s):* «*Huidobro LO precede en el tiempo*» (Paz *Sombras* [Méx. 1983]). No obstante, la presencia obligada de la preposición *a* ante este complemento favorece el uso de la forma de dativo *le(s),* frecuente incluso en zonas no leístas: «*Al inspector eclesiástico siempre LE precede* [...] *el olor del cubo con el cual se confiesa*» (RBastos *Vigilia* [Par. 1992]).

preceptor -ra. 'Persona encargada de la educación de un menor': «*Teníamos como preceptor a un sacerdote que recibía de mi padre casa, comida y paga*» (*País* [Esp.] 1.11.80). También, en la Argentina, 'celador o bedel en un centro de enseñanza media'. No debe confundirse con *perceptor* ('que percibe'; → perceptor).

preceptuar. 'Establecer [algo] como precepto'. Se acentúa como *actuar* (→ APÉNDICE 1, n.º 7).

preciar(se). 'Valorar o apreciar [algo]' y, como pronominal, 'presumir o jactarse de algo'. Se acentúa como *anunciar* (→ APÉNDICE 1, n.º 4).

precisar. Cuando significa 'requerir o necesitar', puede construirse como transitivo: «*La mujer casada no precisa la autorización de su marido para trabajar*» (Pérez/Trallero *Mujer* [Esp. 1983]); o, como intransitivo, con un complemento introducido por *de:* «*Se dio cuenta de que no precisaba DE nada ni DE nadie*» (Serrano *Dios* [Col. 2000]). Cuando lo necesitado se expresa mediante un infinitivo o una oración subordinada, solo es posible la construcción transitiva: «*Hacía años que no precisaba recibir lecciones de nadie*» (PzReverte *Maestro* [Esp. 1988]); «*Todo me parecía tan familiar que no precisaba QUE me explicaran nada*» (Ocampo *Cornelia* [Arg. 1988]).

preconcebir. 'Pensar o concebir de antemano [un plan o una idea]'. Verbo irregular: se conjuga como *pedir* (→ APÉNDICE 1, n.º 45).

precondición. → condición, 1.

predecir. 'Anunciar con antelación [algo que ha de suceder]'. Verbo irregular: se conjuga como *decir* (→ APÉNDICE 1, n.º 28), salvo en la segunda persona del singular del imperativo no voseante, cuya forma es *predice* (tú), y no ⊗*predí*. En el futuro simple o futuro de indicativo y en el condicional simple o pospretérito, son posibles tanto las formas irregulares como las regulares, con uso mayoritario hoy de estas últimas: *predeciré* o, raro, *prediré*, *predecirás* o, raro, *predirás*, etc.; *predeciría* o, raro, *prediría*, *predecirías* o, raro, *predirías*, etc. El participio es *predicho*, no ⊗*predecido*.

predisponer(se). **1.** 'Preparar(se) o disponer(se) anticipadamente para algo' e 'influir en el ánimo [de una persona] a favor o en contra de alguien o algo'. Verbo irregular: se conjuga como *poner* (→ APÉNDICE 1, n.º 47). El imperativo singular es *predispón* (tú) y *predisponé* (vos), y no ⊗*predispone*. **2.** Con el primer sentido indicado, se construye con un complemento introducido por *a* o, menos frecuentemente, *para*: «*Se predispuso A estar solícitamente a su lado*» (Ducoudray *Ojos* [C. Rica 1992]); «*La gangrena predispone* [...] *A la perforación vesicular*» (Pineda *Piedras* [Esp. 1991]); «*Justificaba entonces haber huido instintivamente de él o haberlo predispuesto PARA el fracaso*» (Contreras *Nadador* [Chile 1995]).

preeminencia. 'Superioridad o importancia': «*Las obras que reivindican la preeminencia del espíritu sobre la materia*» (Saer *Ocasión* [Arg. 1988]); y 'privilegio o ventaja de que goza alguien en razón de algún mérito o circunstancia': «*Los conquistadores y sus descendientes no dejaron de gozar de sus preeminencias sociales*» (Bosch *Sueño* [Méx. 1987]). Es incorrecta la grafía ⊗*preminencia*, influida posiblemente por el sustantivo *prominencia* ('elevación' y 'cualidad de prominente o destacado'; → prominencia). El adjetivo correspondiente es *preeminente*, no ⊗*preminente*.

⊗**preescribir,** ⊗**preescripción,** ⊗**preescriptible.** → prescribir.

preferible. 'Digno de preferirse'. Este adjetivo se usa frecuentemente precedido del verbo *ser* en estructuras de sentido comparativo. El segundo término de comparación va introducido normalmente por la preposición *a*, pero en ciertos casos es también admisible y, a veces, obligado, el uso de la conjunción *que*. A este respecto, debe tenerse en cuenta lo siguiente: **a)** Cuando el segundo término de comparación es un nombre o un grupo nominal, va introducido por la preposición *a*, y no por la conjunción *que*: *Es preferible el té AL café* (no ⊗*QUE el café*); *Es preferible lo malo conocido A lo bueno por conocer* (no ⊗*QUE lo bueno por conocer*). Este comportamiento se extiende a aquellos casos en los que en el grupo nominal correspondiente hay una oración de relativo: *Es preferible esto A lo que tú me propones* (no ⊗*QUE lo que tú me propones*).

b) Si el segundo término es un infinitivo o una oración de infinitivo, puede usarse la preposición *a* o la conjunción *que*, aunque en la lengua culta suele preferirse la preposición: «*Es preferible agredir A ser agredido*» (Ramírez *Infancia* [Méx. 1975]); «*Es preferible llevar ventaja QUE ir por detrás en la clasificación*» (*Vanguardia* [Esp.] 6.7.94).

c) Si el segundo término de comparación es una oración introducida por la conjunción *que*, solo es válido el uso de la preposición *a*: «*Es preferible que tú esperes A que lo haga ella*» (LpzPáez *Herlinda* [Méx. 1993]); «*Es preferible dejar A que lo dejen a uno*» (Barriguete *Vino* [Méx. 1996]).

d) Si el segundo término de comparación va precedido de preposición, es obligado el uso de la conjunción comparativa *que*: *Es preferible ir contigo QUE con ella* (no ⊗*A con ella*); *Es preferible dárselo a él QUE a su secretaria* (no ⊗*A a su secretaria*).

e) Si el segundo término de comparación es un adverbio, se prefiere la conjunción *que*, aunque no es incorrecto el uso de *a*: *Es preferible hoy QUE mañana* (también *A mañana*); *Es preferible tarde QUE nunca* (también *A nunca*).

f) Si el primer término no es el sujeto de *ser preferible*, sino el complemento directo de un verbo subordinado, es opcional el uso de *que* o de *a* en el segundo término de comparación, aunque es más habitual emplear *que*: *Es preferible tomar vino QUE/A cerveza*; *Es preferible leer poesía QUE/A novela*.

g) Debe tenerse en cuenta que, en la mayoría de los casos, el segundo término de comparación puede ir introducido por la locución *antes que*: *Es preferible el vino ANTES QUE la cerveza*; *Es preferible dárselo a él ANTES QUE a su secretaria*; *Es preferible leer poesía ANTES QUE novela*.

preferir. **1.** 'Anteponer [una persona o cosa] a otra'. Verbo irregular: sigue el modelo de *sentir* (→ APÉNDICE 1, n.º 53). **2.** Este verbo, al expresar preferencia, exige la comparación entre dos términos. El primer término, el que expresa el objeto de la preferencia, es el complemento directo del verbo *preferir* (*Hoy prefiero descansar*). El segundo término se expresa normalmente mediante un complemento introducido por la preposición *a*, pero en ciertos casos es también admisible y, a veces, obligado, el uso de la conjunción comparativa *que*. A este respecto, debe tenerse en cuenta lo siguiente: **a)** Cuando el segundo término de comparación es un grupo nominal, va introducido por la preposición *a*, y no por la conjunción *que*: *Prefiero la montaña A la playa* (no ⊗*QUE la playa*); *Prefiero lo malo conocido A lo bueno por conocer* (no ⊗*QUE lo bueno por conocer*). Este comportamiento se extiende a aquellos casos en los que en el grupo nominal correspondiente hay una oración de relativo: *Prefie-*

ro esto A lo que tú me propones (no ⊗*QUE lo que tú me propones*). En el caso de que el complemento directo sea de persona, y para evitar la anfibología resultante de la presencia de dos complementos con *a* —**Prefiero a Marcos a Luis*—, el complemento directo de persona prescinde de la preposición (→ a², 1.2d): *Prefiero Marcos a Luis*; o se emplean otras fórmulas, del tipo *Prefiero a Marcos antes que a Luis*; *Prefiero a Marcos y no a Luis*.

b) Si el segundo término es una oración de infinitivo, puede usarse la preposición *a* o la conjunción *que*, aunque en la lengua culta suele preferirse la preposición: «*Prefiero morir A continuar a tu lado*» (Salisachs *Gangrena* [Esp. 1975]); «*Prefiero perder un poco de guita con el perfume QUE llenarme los bolsillos con el olor a bosta*» (Redondos [Arg. 1997]).

c) Si el segundo término es una oración introducida por la conjunción *que*, solo es válido el uso de la preposición *a*: «*Preferimos que estén ellos A que haya un gobierno de derechas*» (*Cambio 16* [Esp.] 16.7.90).

d) Si el segundo término implica algún tipo de elipsis y va precedido de preposición, es obligado el uso de la conjunción comparativa *que*: *Prefiero ir contigo QUE con ella* (no ⊗*A con ella*).

e) Si el segundo término es un adverbio, se prefiere la conjunción *que*, aunque no es incorrecto el uso de *a*: *Prefiero antes QUE después* (también *A después*); *Prefiero tarde QUE nunca* (también *A nunca*).

f) Si el primer término no es el complemento directo de *preferir*, sino de un verbo subordinado, es opcional el uso de *a* o de *que* en el segundo término de comparación, siempre que este no sea un sintagma preposicional: *Prefiero tomar vino QUE/A cerveza*; *Prefería leer poesía QUE/A novela*.

g) En la mayoría de los casos, el segundo término de comparación puede ir introducido por la locución *antes que*: *Prefiere el vino ANTES QUE la cerveza*; *Prefiero ir contigo ANTES QUE con ella*; *Prefería leer poesía ANTES QUE novela*.

preguntar. 'Hacer preguntas o pedir información a alguien sobre un asunto'. Puede construirse de varias formas:

a) La duda que se plantea o el asunto sobre el que se pregunta se expresa mediante un complemento directo, y la persona a la que se dirige la pregunta, mediante un complemento indirecto: «*A las doñas ella les preguntaba siempre cosas de antes*» (Vergés *Cenizas* [R. Dom. 1980]); «*Gregorio les preguntó qué había sucedido*» (Padilla *Jardín* [Cuba 1981]). En la construcción pasiva correspondiente, el sujeto expresa la duda o asunto planteado: «*Le fue preguntado el parecer del presidente Suárez*» (*País* [Esp.] 13.4.78).

b) La duda que se plantea o el asunto sobre el que se pregunta se expresa mediante un complemento precedido de *por* o *sobre*: «*Me preguntó POR el origen y finalidad de ese cubo negro*» (Araya *Luna* [Chi-

le 1982]); «*Preguntó SOBRE el estado del tiempo*» (Aguilera *Caricia* [Méx. 1983]). En el español actual no es normal introducir este complemento con la preposición *de*, aunque este uso, frecuente en época medieval y clásica, se documenta hoy, esporádicamente, en algunas zonas de América: «*¿Pero no vas a preguntar DE la reforma judicial?*» (*Caras* [Chile] 4.8.97). En el español actual es una construcción intransitiva, por lo que, en caso de que se haga referencia a la persona a la que va dirigida la pregunta, esta se expresa mediante un complemento indirecto: «*Cuando veía a Elena ni siquiera LE preguntaba POR su salud*» (Martínez *Evita* [Arg. 1995]); «*LE pregunté SOBRE la situación que había encontrado el obispo Ruiz cuando llegó a vivir aquí*» (Serrano *Corazón* [Chile 2001]). El carácter intransitivo de esta construcción impide que el complemento de persona pueda funcionar como sujeto de una oración pasiva. No obstante, las construcciones pasivas con sujeto de persona son frecuentes en textos periodísticos y judiciales: «*Al ser preguntado sobre si Gilet fue el que [...] organizó el intento de soborno, eludió responder*» (*Mundo* [Esp.] 20.4.96); «*Mintió cuando fue preguntado por su domicilio*» (Tomás *Orilla* [Esp. 1984]). Estas construcciones encuentran su justificación en el latín, lengua en la que ambos complementos, el de asunto y el de persona, se podían expresar en acusativo, y en la que el complemento de persona podía ser sujeto de la oración pasiva. En español existen ejemplos desde época medieval: «*Eua fue preguntada / de Dios por qué pecara*» (LpzAyala *Rimado* [Esp. 1378-1406]); «*Él fue preguntado quál ciudat se gouierna meior*» (FdzHeredia *Vidas* [Esp. 1379-84]). Pese a la tradición de estas estructuras en nuestro idioma, se desaconseja su uso en el español actual, pues no existe la posibilidad de que, en la oración activa, la persona a quien se pregunta funcione como complemento directo: no se dice ⊗*Lo/La pregunté quién era*, salvo en casos achacables a fenómenos de loísmo y laísmo. Posiblemente, además, su frecuencia en el español de hoy se deba más bien a calcos del inglés o al influjo del verbo sinónimo *interrogar*, que sí admite complemento directo de persona.

prejuicio. 'Juicio previo o idea preconcebida, por lo general desfavorable': «*Examínalo todo sin prejuicios y aprende lo bueno de todo*» (Cuauhtémoc *Grito* [Méx. 1992]). No debe confundirse con *perjuicio* ('daño o detrimento'; → perjuicio).

preludiar. 'Ser el preludio o anuncio [de algo]'. Se acentúa como *anunciar* (→ APÉNDICE 1, n.º 4).

premiar. 1. 'Conceder un premio'. Se acentúa como *anunciar* (→ APÉNDICE 1, n.º 4).

2. Se trata de un verbo transitivo, cuyo complemento directo puede ser, bien la persona a quien se otorga el premio: «*A usted mismo lo premiaron con *la embajada de Italia» (Excélsior* [Méx.] 12.1.97); *«Fue premiado por su trabajo en televisión» (Vanguardia* [Esp.] 2.3.95); bien aquella actividad, obra o actitud que ha dado lugar al premio: *«Tuvo que salir a saludar durante los tres cuartos de hora que duraron los aplausos con que premiaron su actuación»* (Fisas *Historias* [Esp. 1983]).

premier. Adaptación gráfica de la voz francesa *première*, 'primera representación de un espectáculo o primera proyección de una película': *«El viernes 28 de febrero* [...] *será la premier de gala de la obra "Adiós, señorita Ruth"»* (*Prensa* [Hond.] 18.2.97). Aunque se admite el uso del galicismo adaptado, se recomienda usar con preferencia el equivalente español *estreno*: *«Hoy es el estreno mundial del nuevo largometraje de Walt Disney»* (*Tiempo* [Col.] 23.6.96). Si se refiere a la presentación de carácter restringido, previa al estreno para el público en general, debe usarse el término *preestreno*: *«Esta noche tendrá lugar en Madrid el preestreno de "Two much" (que se estrenará mañana viernes en Barcelona)»* (*Vanguardia* [Esp.] 30.11.95).

premier. Voz inglesa —abreviación de *premier minister*—, que se emplea ocasionalmente en español para designar al primer ministro del Reino Unido y, a veces, por extensión, al presidente del Gobierno de otros Estados. Es anglicismo superfluo, que debe sustituirse por los equivalentes españoles *primer ministro, presidente (del Gobierno)* o *canciller* (→ canciller), según convenga.

première. → premier.

[⊗]**preminencia,** [⊗]**preminente.** → preeminencia.

premio. 'Recompensa que se da por algún mérito o servicio'. El mérito o servicio se expresa normalmente mediante un complemento con *a*: *«He recibido el premio A todos mis esfuerzos»* (Pombo *Metro* [Esp. 1990]). Aunque menos frecuente, es también correcto el uso de las preposiciones *de* o *por*: *«En premio DE su virtud llega a casarse con la princesa»* (Tamayo *Hombre* [Ven. 1993]); *«Le dimos al estudiante el premio POR el mejor disfraz de la noche»* (Paso *Palinuro* [Méx. 1977]).

prender(se). 1. 'Apresar o capturar [a alguien]', 'sujetar(se) o enganchar(se)' y 'encender(se)'. El participio verbal es *prendido*, y esta es la forma que debe usarse hoy en la formación de los tiempos compuestos y de la pasiva perifrástica en todas sus acepciones, incluida la de 'apresar': *«¿Por qué nos han prendido a mi hija y a mí?»* (Miras *Brujas* [Esp. 1978]); *«Al caer la Policía sobre los conjurados, O'Donojú salió de Madrid, fue prendido en Jaén y se le formó Consejo de Guerra»* (OArmengol *Aviraneta* [Esp. 1994]).

2. Para el uso de *preso*, antiguo participio de *prender*, → preso.

prenunciar, prenuncio. → preanunciar.

preocupar(se). 1. Cuando significa 'causar temor o inquietud', por tratarse de un verbo de «afección psíquica», dependiendo de distintos factores (→ LEÍSMO, 4a), el complemento de persona puede interpretarse como directo o como indirecto, aunque es claramente mayoritario, en todo el ámbito hispánico, el uso de las formas pronominales de dativo: *«A ella estos asuntos no LA preocupaban»* (Vergés *Cenizas* [R. Dom. 1980]); *«No LE preocupa que lo maten»* (Martínez *Perón* [Arg. 1989]). La causa del temor o la inquietud es, en esta construcción, el sujeto gramatical, que no debe ir precedido de preposición (→ DEQUEÍSMO, 1a): *Le preocupa que...,* y no [⊗]*Le preocupa DE que...*

2. Como intransitivo pronominal significa 'sentir temor o inquietud por alguien o algo' y 'dedicar atención a alguien o algo'. Suele construirse con *por* o *de*: *«Esta vez no se preocuparía POR mi salud»* (Delgado *Mirada* [Esp. 1995]); *«¡Se preocupan DE mí!»* (Riaza *Retrato* [Esp. 1976]). Este complemento puede ser una oración subordinada introducida por *que*: *«Mis padres siempre se han preocupado POR QUE lea revistas y libros hispanos»* (CThorner *Trópico* [P. Rico 1951]); *«Cuando acometo un proyecto me preocupo DE QUE no falle nada»* (Shand *Sastre* [Arg. 1982]). Es incorrecto suprimir la preposición (→ QUEÍSMO, 1a): [⊗]*Me preocupo que no falle nada...,* así como escribir *por que* en una sola palabra (→ porque, 2b): [⊗]*Me preocupo porque no falle nada.* Con el sentido de 'sentir temor o inquietud', el complemento puede ir también precedido de *con,* opción correcta pero menos frecuente en el uso actual: *«No sé por qué tengo que preocuparme CON mi problema»* (MDurán *Toque* [Col. 1981]).

prerrequisito. → requisito.

presagiar. Dicho de una cosa, 'ser presagio o anuncio [de algo]' y, dicho de una persona, 'prever [una cosa futura]'. Se acentúa como *anunciar* (→ APÉNDICE 1, n.º 4).

prescindir. 'No contar con alguien o algo' y 'privarse de algo'. Se construye con un complemento introducido por *de*: *«Habían decidido utilizar la agresión directa y prescindir DE los insultos»* (Velasco *Regina* [Méx. 1987]); *«Generalmente prescindo DEL postre»* (Barnatán *Frente* [Arg. 1989]). Es incorrecto utilizar este verbo como transitivo y suprimir la preposición (→ QUEÍSMO, 1b): [⊗]*«Procuro prescindir el piano»* (*Abc* [Esp.] 10.5.96).

prescribir. 1. Como transitivo, 'preceptuar u ordenar [algo]': *«Sus pasos* [...] *conservaban la especial elasticidad casi automática que prescribían los reglamentos militares»* (Gasulla *Culminación* [Arg. 1975]); y como intransitivo, dicho de un derecho, de una acción o de una responsabilidad, 'extinguirse': *«Cuando* [...] *prescribiese el delito, se reunirían»* (Landero *Juegos* [Esp. 1989]). Solo es irregular en el participio, que tiene dos formas: *prescrito* y *prescripto*. La forma usada en la mayor parte del mundo hispánico es *prescrito;* pero en algunas zonas de América, especialmente en la Argentina y el Uruguay, sigue en pleno uso la grafía etimológica *prescripto* (→ p, 5): «*El tratamiento fisioterápico, en general, debe ser prescripto por el médico*» (Cibeira/Zancolli/Zancolli *Parálisis* [Arg. 1991]). Sin embargo, el adjetivo derivado *prescriptible* conserva la *-p-* en todo el ámbito hispánico.

2. El sustantivo que corresponde a *prescribir* es *prescripción:* «*El tío se retiró contra su voluntad, por prescripción médica*» (GaMárquez *Amor* [Col. 1985]); «*Un alto porcentaje de esos juicios, terminan por prescripción de la acción penal o por absolución*» (Medina *Doctrina* [Ven. 1984]). Ni el sustantivo *prescripción* ni el verbo *prescribir* deben confundirse con *proscripción* y *proscribir* ('prohibir' y 'declarar [a alguien] fuera de la ley'; → proscribir).

3. No es correcto escribir este verbo y sus derivados con *-ee-:* ⊗*preescribir,* ⊗*preescripción,* ⊗*preescriptible.*

prescripción. → prescribir, 2.

presenciar. 'Ver [un hecho] por hallarse presente mientras tiene lugar'. Se acentúa como *anunciar* (→ APÉNDICE 1, n.º 4).

presentar. Cuando significa 'dar a conocer [a alguien] a otra persona', lleva dos complementos de persona, uno directo y otro indirecto: «*¡Tampoco quise que* ME *presentara* AL *jorobado Caso y* ME LO *presentó!*» (Bryce *Magdalena* [Perú 1986]). Cuando ninguno de estos complementos es un pronombre, para evitar la anfibología resultante de la presencia de dos complementos con *a* —*El director presentó* AL *profesor A los alumnos*—, puede omitirse la preposición del complemento directo, siempre que este no sea un nombre propio (→ a², 1.2d): *El director presentó el profesor A los alumnos;* si el complemento directo es un nombre propio, debe mantenerse la preposición: *Presentó A Luis A los alumnos.* En el español de algunos países de América, especialmente en México, el complemento indirecto es sustituido a menudo por un complemento introducido por *con:* «*Aposté un mes de sueldo a que presentaba a Marina* CON *mis padres*» (Alatriste *Vivir* [Méx. 1985]).

presente. En las construcciones *hacer presente* ('comunicar [algo] a alguien') y *tener presente* ('conservar [algo o a alguien] en la memoria o tomar[lo] en consideración'), el adjetivo *presente* debe concordar en número con el sustantivo al que se refiere, es decir, con el complemento directo de *hacer* y *tener:* «*Es creciente la habilitación de las organizaciones de masas para hacer presentes sus demandas y aspiraciones*» (Vuskovic *Crisis* [Chile 1990]); «*Ya Menéndez Pidal insistió en la necesidad de tener presentes los diferentes grupos cristianos*» (Marías *España* [Esp. 1985]). No es correcto usarlo como invariable: ⊗«*López Mateos siempre tuvo presente los valores históricos*» (*Excélsior* [Méx.] 23.9.96).

presentir. 'Intuir'. Verbo irregular: se conjuga como *sentir* (→ APÉNDICE 1, n.º 53).

presidenta. → presidente.

presidente. 'Persona que preside algo' y, en una república, 'jefe del Estado'. Por su terminación, puede funcionar como común en cuanto al género (*el/la presidente;* → GÉNERO², 1a y 3c): «*La designación de la presidente interina logró aplacar la tensión*» (*Clarín* [Arg.] 10.2.97); pero el uso mayoritario ha consolidado el femenino específico *presidenta:* «*Tatiana, la presidenta del Comité, no le dejaba el menor espacio*» (ÁlvzGil *Naufragios* [Cuba 2002]). Sobre su escritura con mayúscula o minúscula inicial, → MAYÚSCULAS, 4.31 y 6.9.

presidio. 'Establecimiento penitenciario' y 'pena consistente en la privación de libertad'. Esta voz española no debe usarse como variante hispanizada del latinismo *presídium* (→ presídium).

presídium. 1. Voz de origen latino que, procedente del ruso, se usa con el sentido de 'órgano que rige una organización comunista, en especial el que regía el Sóviet Supremo de la antigua URSS': «*Parece lógico que el Sóviet Supremo elija a Gorbachov presidente del Presídium, cargo que equivale al de jefe del Estado*» (*País* [Esp.] 1.10.88); «*El Jemer Rojo* [...] *es dirigido por Khieu Samphan,* [...] *presidente del presídium durante el régimen de terror de Pol Pot*» (*Época* [Chile] 28.7.97).

2. También se usa, especialmente en México, para designar el conjunto de personas que preside una reunión y el lugar, generalmente elevado, donde se sitúa: «*Compartieron el presídium con integrantes del jurado calificador*» (*Excélsior* [Méx.] 8.6.96); «*Se abría paso entre la sonriente muchedumbre hasta llegar al presídium, donde Lauro Montaño* [...] *le cedió el micrófono*» (Olivera *Enfermera* [Méx. 1991]). En la mayoría de los países hispánicos es más normal usar, con este sentido, el término *presidencia:* «*Acompañaron al homenajeado en la presidencia del acto los académicos Fernando Lázaro Carreter y Luis Rosales*» (*Abc* [Esp.] 17.11.83); o el término *estrado,* en referencia al lugar: «*Izarra, tras ascender al estrado de la presidencia, esbozó su plan de gobierno*» (*NProvincia* [Arg.] 3.4.97).

3. Su plural es *presídiums* (→ PLURAL, 1h). Se desaconseja adaptar este latinismo en la forma *presidio,* voz que tiene significados tradicionales muy diferentes en español (→ presidio).

⊗**presignar(se).** → persignar(se).

presión. 1. En el lenguaje deportivo, 'acoso que un equipo ejerce sobre el adversario para dificultar sus acciones': «*La presión roja en el primer tiempo fue intensa, especialmente por el lado derecho de su ata-*

que» (*Siglo* [Guat.] 18.5.97). Es, pues, innecesario el uso en español de la voz inglesa *pressing*.

2. ⊗*olla a presión.* → a², 4.

preso -sa. 1. La forma *preso*, considerada tradicionalmente participio irregular de *prender*, es hoy un adjetivo, usado más frecuentemente como sustantivo, que significa 'prisionero o cautivo': «*Allí siempre había unas cuantas mujeres presas*» (Palou *Carne* [Esp. 1975]); «*Para un preso la fuga es una meta común*» (Tomás *Orilla* [Esp. 1984]). No obstante, en la construcción pasiva quedan aún restos del antiguo uso de *preso* como participio verbal de *prender* ('apresar'): «*Vuelto a Persia, fue preso y murió en suplicio*» (Marías *Filosofía* [Esp. 1941-70]); en este caso, es más recomendable el uso del participio regular *prendido* (→ prender(se), 1).

2. *preso de* + sustantivo. El antiguo participio de *prender* se usa a menudo hoy, seguido de un complemento agente introducido por *de*, con el sentido figurado de 'atrapado o dominado por algo, especialmente por una pasión o un sentimiento': «*Todos sus aliados vivían presos del mismo terror*» (Moix *Sueño* [Esp. 1986]). Esta construcción figurada es herencia del español medieval y clásico, en el que *preso* funcionaba normalmente como participio de *prender* ('atrapar'): «*Aquellos malos viejos, cuando fueron presos del amor de Susana*» (Cabrera *Consideraciones* [Esp. 1598]). El participio, en estos casos, debe concordar en género y número con el sustantivo al que se refiere. Ahora bien, ya en el siglo XVI se documenta el uso de la expresión *(ser) presa de* + sustantivo con el mismo sentido de '(ser) atrapado o dominado por lo que expresa dicho sustantivo'; en esta construcción la palabra *presa* es el sustantivo femenino que significa 'animal que es o puede ser cazado'; al ser *presa* un sustantivo epiceno (→ GÉNERO², 1b), puede referirse tanto a un sujeto masculino como femenino; en el habla más culta, se usa normalmente en singular, aunque su referente sea plural, al considerarse el conjunto de individuos al que va referido como si fuera una unidad, esto es, como una sola presa: «*Los estudiantes* [...] *eran presa del más completo desconcierto*» (Velasco *Regina* [Méx. 1987]). Aunque es menos frecuente, resulta también posible hacer concordar el sustantivo *presa* con el sujeto plural, considerando, en ese caso, que cada uno de los individuos a los que va referido constituye una presa: «*Los contagiados empezaban a tiritar* [...] *y a poco eran presas del estupor*» (Allende *Casa* [Chile 1982]). En resumen, tanto la construcción con participio concordado —*preso(s) del pánico*, referido a hombre(s); *presa(s) del pánico*, referido a mujer(es)— como la construcción con el sustantivo femenino *presa*, singular o plural —*presa(s) del pánico*, referido tanto a hombres como a mujeres— son válidas y tienen justificación desde el punto de vista lingüístico.

⊗**prespectiva.** → perspectiva.

pressing. → presión, 1.

prestar. Entre sus significados transitivos está el de 'entregar [algo] a alguien para que lo utilice temporalmente y después lo restituya': «*El que tenía el pie más pequeño* [...] *me prestó sus botas para que saliera*» (Orúe/Gutiérrez *Fútbol* [Esp. 2001]). El sujeto de *prestar* es la persona que entrega lo prestado, no la que lo recibe, de ahí que sean incorrectos ejemplos como el que sigue, en el que *prestar* se emplea erróneamente con el sentido de 'pedir o tomar prestado': ⊗«*Aparte del apoyo de la familia, nos vemos obligados a prestar dinero por varios lados o a pedir pequeños adelantos para ir cubriendo las necesidades básicas*» (*Prensa* [Guat.] 18.1.97).

prestigiar. 'Dar prestigio'. Se acentúa como *anunciar* (→ APÉNDICE 1, n.° 4).

presto -ta. Cuando significa 'diligente en la ejecución de algo', se construye con *en*: «*Presta* [la tía] EN *satisfacer los deseos de su sobrina*» (Cabada *Agua* [Méx. 1981]). Con el sentido de 'preparado o dispuesto', lleva un complemento introducido por *a* o *para*: «*Apareció también Set,* [...] *presto* AL *combate*» (Moix *Arpista* [Esp. 2002]); «*Les comunicó que estuvieran prestos* PARA *desembarcar*» (Delibes *Madera* [Esp. 1987]).

presumir. 1. Es transitivo cuando significa 'sospechar o suponer [algo]': «*Yo presumía que íbamos a la estancia, aunque él nada revelaba sobre sus intenciones*» (Gasulla *Culminación* [Arg. 1975]). Lo que se sospecha o supone se expresa mediante un complemento directo y, por tanto, no debe ir precedido de la preposición *de* (→ DEQUEÍSMO, 1b).

2. En el español mexicano *presumir* se usa también como transitivo con el sentido de 'mostrar [algo o a alguien] con orgullo o presunción': «*Decidió visitarlo lo más pronto posible, pues quería presumirle su incipiente bigote*» (Esquivel *Deseo* [Méx. 2001]).

3. Como intransitivo significa 'vanagloriarse' y se construye con *de*: «*Yo soy más americano que muchos que presumen* DE *serlo*» (Chao *Altos* [Méx. 1991]); «*Presume* DE *que el Ayuntamiento le ha puesto una parada de autobús justo a la puerta de su casa*» (Orúe/Gutiérrez *Fútbol* [Esp. 2001]). No es correcto, en este caso, prescindir de la preposición *de* (→ QUEÍSMO, 1b): ⊗«*Entraron al envite presumiendo tener soluciones de las que en realidad no disponían*» (*Mundo* [Esp.] 15.8.95). Téngase en cuenta, no obstante, que este verbo tiene también usos transitivos, por lo que no siempre se incurre en queísmo cuando se dice *presumir algo* o *presumir que...* (→ 1 y 2).

presuponer. 'Dar [algo] por sentado'. Verbo irregular: se conjuga como *poner* (→ APÉNDICE 1, n.° 47). El imperativo singular es *presupón* (tú) y *presuponé* (vos), y no ⊗*presupone*.

⊗**pretención.** → pretensión.

pretencioso -sa. 'Presuntuoso o que pretende ser más de lo que es' y 'que tiene o implica excesivas pretensiones': «*El muy pretencioso se las daba de filósofo*» (Quintero *Danza* [Ven. 1991]); «*Su objetivo* [...] *era mucho más pretencioso*» (Velasco *Regina* [Méx. 1987]). Este adjetivo se incorpora al español en el siglo XIX procedente del francés *prétentieux,* por lo que resulta lógica la adaptación con *-c-,* aunque el sustantivo *pretensión,* que viene del latín medieval, se escriba con *-s-.* Es, pues, preferible esta forma, de uso mayoritario tanto en España como en América, a la variante *pretensioso,* utilizada ocasionalmente en el español americano y, en España, normalmente por influjo del catalán.

pretensión. 'Acción de pretender' y 'deseo o ambición': «*No se le olvide eso, mi amigo, si es que tiene pretensiones de mando*» (Herrera *Casa* [Ven. 1985]). Esta voz procede del latín medieval *praetensio.* Debe evitarse la grafía ⊛*pretención,* debida modernamente a ultracorrección en zonas de seseo y al influjo del adjetivo *pretencioso* (→ pretencioso).

pretensioso -sa. → pretencioso.

preterir. 'Postergar'. Verbo irregular: se conjuga como *pedir* (→ APÉNDICE 1, n.º 45). Es verbo defectivo que solo se emplea en aquellas formas cuya desinencia empieza por *i;* en realidad, aparece casi exclusivamente en infinitivo y, sobre todo, en participio: «*En España sigue rigiendo la Ley de Propiedad intelectual de 10 de enero de 1879, que olvidó o pretirió adrede la especialidad de las cartas*» (Llanos *Discurso* [Esp. 1945]); «*Yo, muriéndome sin compasión en este asilo de ancianos y de locos, preterida y olvidada de los hombres*» (Romero *Declaración* [Ven. 1988]).

pretexto. **1.** *a pretexto de, bajo (el) pretexto de.* → 2. **2.** *con (el) pretexto de.* 'Alegando el pretexto de'. Esta locución puede usarse con artículo o sin él, con predominio hoy de la variante que sí lo lleva: «*Me volví, con el pretexto de tomar un cenicero*» (Díaz *Piel* [Cuba 1996]); «*Todo lo que se adquiere con pretexto de esa ley debe ser restituido*» (Beuchot *Filósofos* [Méx. 1992]). Son válidas también las locuciones sinónimas *so pretexto de* y *bajo (el) pretexto de:* «*Se dejó caer por casa so pretexto de interesarse por el estado de su viejo amigo*» (MDurán *Toque* [Col. 1981]); «*Regresa a América bajo el pretexto de ver a su hija*» (Santiago *Sueño* [P. Rico 1996]). En el siglo XIX y en la primera mitad del XX gozó de gran vitalidad la forma *a pretexto de,* hoy escasamente usada y, por ello, poco recomendable. Cuando cualquiera de estas locuciones va seguida de una subordinada introducida por *que,* no debe suprimirse la preposición *de* (→ QUEÍSMO, 1e): ⊛«*Los holocaustos no pueden ser prescritos ni legitimados so pretexto que se obedecía a una autoridad*» (Teitelboim *País* [Chile 1988]); debió decirse *so pretexto DE que.* **3.** *so pretexto de.* → 2.

prevalecer. **1.** 'Imponerse o triunfar una persona o cosa sobre otra'. Verbo irregular: se conjuga como *agradecer* (→ APÉNDICE 1, n.º 18). Se construye normalmente con un complemento precedido de *sobre:* «*¿Su circunstancia personal debe prevalecer de todos modos SOBRE el interés nacional?*» (*Mundo* [Esp.] 3.3.96). **2.** El adjetivo correspondiente es *prevaleciente* ('que prevalece'): «*La política prevaleciente en la segunda mitad del siglo fue otorgar títulos a quienes pudieran ofrecer garantía de desarrollo agrario*» (Picó *Filo* [P. Rico 1993]). Con este mismo significado se usa también el adjetivo *prevalente,* que deriva de *prevaler,* sinónimo, hoy poco usado, de *prevalecer* (→ prevaler(se), 2).

prevaleciente. → prevalecer, 2.

prevalente. → prevaler(se), 2.

prevaler(se). **1.** 'Prevalecer' y, como pronominal, 'valerse de algo que supone una ventaja'. Verbo irregular: se conjuga como *valer* (→ APÉNDICE 1, n.º 59). Con el segundo sentido indicado, el más frecuente, se construye con *de:* «*La buena mujer era charlatana* [...] *y se prevalía DE la inmovilidad a que condenaba a sus clientes*» (Mendoza *Verdad* [Esp. 1975]). **2.** El adjetivo correspondiente es *prevalente* ('que prevale o prevalece'): «*Existen antiguas inscripciones* [...] *que ofrecen testimonios acerca de la visión del mundo y el pensamiento religioso prevalentes entre los pueblos prehispánicos de idioma náhuatl*» (LPortilla *Pensamiento* [Méx. 1992]). Además de este significado, que comparte con *prevaleciente,* derivado de *prevalecer* (→ prevalecer, 2), la voz *prevalente* se emplea, en el lenguaje médico, para referirse a las patologías que presentan mayor prevalencia, esto es, mayor número de casos detectados: «*La incontinencia urinaria es prevalente entre las mujeres ancianas*» (Rapado *Salud* [Esp. 1999]).

⊛**preveer** → prever.

prevenir(se). **1.** 'Preparar(se) o disponer(se) para un fin', 'precaver(se) o defender(se) de un daño', 'prever [un daño]', 'advertir con antelación a alguien de algo' y, dicho de un reglamento, 'establecer u ordenar [algo]'. Verbo irregular: se conjuga como *venir* (→ APÉNDICE 1, n.º 60). El imperativo singular es *prevén* (tú) y *prevení* (vos), y no ⊛*previene.* **2.** Cuando significa 'advertir' admite dos construcciones, ambas válidas: **a)** La persona advertida se expresa mediante un complemento directo y la advertencia mediante un complemento preposicional introducido normalmente por *de, sobre* o *contra:* «*Es verdad, me preveniste DE todo esto*» (VLlosa *Loco* [Perú 1993]); «*Su certero instinto de mujer la previno SOBRE la naturaleza del impulso emotivo que gobernaba aquel arrebato*» (Rubín *Rezagados* [Méx. 1991]); «*Mi madre me pre-*

vino CONTRA ti» (Ortega *Invitados* [Esp. 1996]). El término de la preposición puede ser una oración subordinada introducida por *que:* «*Los mozos fueron prevenidos DE QUE, por el momento, la Ruby se atenía a un enigmático sistema que exigía poco trago y escasa comida»* (Donoso *Elefantes* [Chile 1995]). No es correcto, en estos casos, suprimir la preposición *de* (→ QUEÍSMO, 1b): ⊗«*La joven paró a una señora* [...], *y la previno QUE* [...] *en los centros comerciales o estacionamientos había gente que te abordaba»* (*Panamá*@ [Pan.] 21.5.04); aquí debió decirse *la previno DE QUE* o *le previno QUE* (→ b).

b) La advertencia se expresa mediante un complemento directo: «*Nada previene la proximidad de baches»* (*NProvincia* [Arg.] 22.4.97). Esta construcción es la más frecuente cuando la advertencia se expresa mediante una oración subordinada introducida por la conjunción *que;* en este caso, el complemento que designa la persona a la que se advierte es indirecto: «*LE previne QUE yo no sabía bailar»* (Borges *Libro* [Arg. 1975]). En estos casos, es incorrecto anteponer *de* a la conjunción *que* (→ DEQUEÍSMO, 1b): ⊗*Le previne* [a ella] *DE QUE yo no sabía bailar.*

3. No debe confundirse con *provenir* ('proceder'; → provenir).

prever. 'Ver [algo] con anticipación', 'conjeturar [algo futuro]' y 'disponer [lo necesario] para futuras contingencias'. Verbo irregular: se conjuga como *ver* (→ APÉNDICE 1, n.º 61): «*Piensan que quien está por morir prevé lo futuro»* (Borges *Libro* [Arg. 1975]). Es incorrecta la grafía ⊗*preveer,* debida al cruce con *proveer* ('suministrar'; → proveer(se)), cuyo modelo es *leer;* por tanto, son incorrectas formas como ⊗*prevee,* ⊗*preveyó,* ⊗*preveyendo,* etc., en lugar de *prevé, previó, previendo,* etc.: ⊗«*Un hombre que prevee su muerte con 10 años de anticipación y no cumple, no es serio»* (*Nacional* [Ven.] 12.1.97).

prez. 1. 'Honor, estima o consideración que se gana por una acción gloriosa'. Voz arcaica cuyo uso actual es exclusivamente literario. Era en origen un sustantivo masculino, como *precio,* con el que comparte étimo latino. Posteriormente, quizá por influjo de sinónimos como *honra* o *fama,* o del sustantivo *preces* (→ 2), comenzó a emplearse también en femenino y hoy se considera válido su uso en ambos géneros: «*En él se iba a restaurar todo el prez del famoso rey Artús»* (MndzPidal *Poesía* [Esp. 1924-57]); «*Ganándose así la prez de maestro de cantería eminente»* (GmzMoreno *Águilas* [Esp. 1941]).

2. Se usa raramente como singular del sustantivo femenino plural *preces* ('rezos u oraciones' y 'ruegos o súplicas'): «*Para escuchar al término del rosario la breve prez, la invariable fórmula, por la bienaventuranza de su madre»* (Benet *Saúl* [Esp. 1980]).

primero -ra. 1. Adjetivo ordinal que significa 'que ocupa el primer lugar en una serie'. Se apocopa en la forma *primer* cuando precede a un sustantivo masculino singular, aunque entre ambos se interponga otra palabra: *el primer ministro, mi primer gran amor.* La apócope es opcional si *primero* aparece antepuesto y coordinado con otro adjetivo: «*Schoenberg* [...] *escribe como si fuera el primero y último día de la creación»* (Melo *Notas* [Méx. 1990]); «*El final absurdo de su primer y último amigo lo dejó indiferente»* (Jodorowsky *Pájaro* [Chile 1992]). La apócope ante sustantivos femeninos es un arcaísmo que debe evitarse en el habla culta actual: ⊗*la primer vez.*

2. Cuando significa 'principal o más importante' admite el superlativo enfático *primerísimo:* «*Había figuras de primerísimo orden»* (*País* [Esp.] 1.6.85).

3. En América se emplea el ordinal *primero* para designar el primer día de cada mes: *primero de enero, primero de junio;* mientras que en España es más normal el uso del cardinal *uno: uno de enero, uno de junio.*

4. *Primero* tiene, además, uso como adverbio: *María llegó primero* [= en primer lugar]. Y, también como adverbio, aparece en correlación con *que* indicando preferencia: «*Primero me corto yo que dar un tajo [a] cualquiera»* (Boullosa *Duerme* [Méx. 1994]).

5. *primero que nada.* En el habla coloquial se emplea esta expresión con el sentido de 'antes de nada o antes que nada': «*Tengo que contarte, primero que nada, que la Ruby quedó hecha una ruina humana»* (Donoso *Elefantes* [Chile 1995]); «*Lo sagrado es primero que nada la celebración del origen»* (Fuentes *Cristóbal* [Méx. 1987]).

prime time. Expresión inglesa usada con frecuencia en el lenguaje de la radio y la televisión para designar la franja horaria de mayor audiencia. Debe sustituirse por las expresiones españolas *horario de máxima audiencia* u *horario estelar:* «*El contrato especifica que la serie debía emitirse en horario de máxima audiencia»* (*FVigo* [Esp.] 7.2.01); «*Se transmitía* [el programa] *en el horario estelar de la CBS»* (*DYucatán* [Méx.] 12.9.96).

prínceps. → príncipe.

príncipe. Como adjetivo, dicho de la edición de una obra, 'primera, cuando se han hecho varias': «*El texto reproduce la edición príncipe de 1624»* (*Abc* [Esp.] 10.5.96). No debe mantenerse invariable en plural: *ediciones príncipes,* no ⊗*ediciones príncipe.* Con el mismo sentido se emplea, aunque menos, el latinismo *prínceps,* que sí es invariable en plural (→ PLURAL, 1f): «*Barajando las posibles fechas de la edición príncps de la obra citada»* (GmzOjea *Cantiga* [Esp. 1982]).

principianta. → principiante.

principiante. Como adjetivo ('que principia o comienza'), tiene una sola terminación, válida para ambos géneros: *actor/actriz principiante.* Consecuentemente, como sustantivo, con el sentido de 'persona que empieza a aprender o ejercer un oficio o profesión', es común en cuanto al género (*el/la principiante;* → GÉNERO², 1a y 3c): «*Todo lo hace desmañadamente, equivocándose, como una principiante*» (Nieva *Corazón* [Esp. 1989]). Existe también el femenino *principianta*, más propio del habla coloquial o popular, poco usado en el nivel culto.

principiar. 'Comenzar'. Se acentúa como *anunciar* (→ APÉNDICE 1, n.º 4).

pringue. 'Grasa que sueltan determinados alimentos sometidos al fuego' y 'sustancia o suciedad grasienta y pegajosa'. Es válido su uso en ambos géneros: *el/la pringue.*

prisa. 1. *a prisa.* → aprisa.
2. *de prisa.* → deprisa.

prístino -na. 'Primigenio u original': «*Si se quiso devolver al puente su prístino aspecto, bastaba con repetir dimensiones y colocación*» (Beltrán *Pueblos* [Esp. 2000]). No es correcta la forma llana ⊗*pristino.* Es impropio su uso con el sentido de 'limpio o puro': ⊗*«Un proceso electoral prístino, sin los vicios que en el pasado han corrompido tantas conciencias*» (*Hoy* [El Salv.] 17.4.97).

⊗**privacía.** → privacidad.

privacidad. 'Cualidad de privado o no público': «*Violan* [al abrir su correspondencia] *su derecho a la información y a la privacidad de las comunicaciones*» (*Proceso* [Méx.] 15.9.96); y 'ámbito de la vida privada que se tiene derecho a proteger de cualquier intromisión': «*Cuida de tu privacidad atendiendo personalmente lo que te concierne*» (*NHerald* [EE. UU.] 11.9.97). No es sinónimo de *intimidad* ('ámbito íntimo, espiritual o físico, de una persona'; → intimidad), aunque ambos términos están semánticamente muy próximos y son intercambiables en algunos contextos: *derecho a la intimidad, derecho a la privacidad.* Debe evitarse la forma ⊗*privacía,* calco del inglés *privacy.*

privilegiar. 'Conceder privilegio(s)'. Se acentúa como *anunciar* (→ APÉNDICE 1, n.º 4).

pro. 1. Como sustantivo, 'provecho o ventaja'. Es masculino y su plural es *pros,* no ⊗*proes* (→ PLURAL, 1b): «*Estudiaba los pros y los contras*» (Chacel *Barrio* [Esp. 1976]). No debe usarse como invariable: ⊗*los pro.* Forma parte de la locución adjetiva *de pro,* que significa '[persona] de bien o que cumple con sus obligaciones': «*Todos querían servir a la gente de pro, a los apellidos de raigambre*» (Mendoza *Ciudad* [Esp. 1986]). Forma también la locución preposicional *en pro de* ('en favor de'): «*Su actitud no es un argumento en pro de la filosofía estoica que practicamos*» (Savater *Catón* [Esp. 1989]).
2. Como preposición, se antepone a sustantivos sin determinante y significa 'en favor o en beneficio de': *Fundación pro Real Academia Española;*

«*Habló de los comités pro general Campos*» (Mastretta *Vida* [Méx. 1990]). Se escribe siempre separada del sustantivo al que acompaña. No debe confundirse con el prefijo *pro-* (→ pro-).

pro-. 1. Prefijo que, en palabras de origen latino, aporta distintos significados: 'por, en vez de', como en *pronombre, procónsul;* 'ante o delante de', como en *prólogo, progenitura;* 'impulso hacia delante', como en *promover, propulsar;* 'multiplicación', como en *propagar, proliferar;* 'origen', como en *provenir, proceder;* 'contradicción o negación', como en *prohibir, proscribir.*
2. Hoy se une a adjetivos con el sentido de 'partidario o favorable': «*Es un líder moderado prooccidental*» (*País* [Esp.] 1.5.80); «*Las voces prorrepublicanas comienzan a oírse*» (*Mundo* [Esp.] 15.1.95). No debe confundirse con la preposición *pro* ('en favor de'; → pro, 2).

probar(se). 1. 'Someter [algo o a alguien] a prueba', 'demostrar la verdad [de algo]', 'saborear una pequeña cantidad de [alimento] para conocer su sabor' y 'poner(se) [una prenda de ropa] para ver cómo sienta'. Verbo irregular: se conjuga como *contar* (→ APÉNDICE 1, n.º 26).
2. *probar a* + infinitivo. 'Intentar hacer algo, o hacerlo para ver si da los frutos deseados': «*Los hombres prueban A imitarlo*» (MFoix *Abrazos* [Esp. 1984]); «*Desmonto una larga frase oxidada y pruebo A montarla al revés: ya no chirría, pero ya no dice lo mismo*» (Marsé *Muchacha* [Esp. 1978]). No debe suprimirse, en estos casos, la preposición *a:* ⊗*«Cuando vuelva a Argentina probaré hacer seviche con pejes reyes*» (Che/Granado *Viaje* [Arg. 1992]). No es propio de la norma culta del español usar *de* en lugar de *a:* ⊗*«El otro día* [...] *se me ocurrió hacerles una propuesta* [a mis lectores]: *prueben DE leer las manos dos veces*» (*Clarín* [Arg.] 21.2.79).

problemática. 'Conjunto de problemas pertenecientes a un ámbito o actividad determinados': «*La problemática educativa está vinculada a dos tipos de factores: los endógenos y los exógenos*» (Gioja *Planeamiento* [Arg. 1980]). Aunque admisible, conviene no abusar de su empleo, ya que en la mayoría de los casos puede sustituirse por el sustantivo plural *problemas: Los problemas educativos...* Es inadmisible su empleo cuando significa, simplemente, 'problema': ⊗*«Ambas patronales rechazaron cualquier idea que suponga un aumento de las jornadas festivas y que no resuelva la problemática del puente de diciembre*» (*Vanguardia* [Esp.] 16.5.95).

prócer. Como adjetivo, 'eminente o destacado' y, como sustantivo, 'persona ilustre y respetada'. Es voz llana en singular (*prócer*) y esdrújula en plural (*próceres*). No es correcta la forma aguda ⊗*prócer* (pron. [prosér, prozér]).

procero -ra o **prócero -ra.** 'Alto o elevado' y 'eminente'. Tiene dos acentuaciones válidas: la llana *procero*, acorde con el étimo latino *procerus*, y la esdrújula *prócero*, por influjo del adjetivo sinónimo *prócer* (→ prócer). La etimología y el uso mayoritario señalan como preferible la forma llana *procero*: «*Procedía de una familia procera, reducida a la pobreza por oponerse al régimen*» (Herrera *Casa* [Ven. 1985]). Su uso es hoy más frecuente en América que en España

PROCLÍTICOS. → ACENTO, 1.1b y PRONOMBRES PERSONALES ÁTONOS.

producibilidad. 'Cualidad de producible (que se puede producir)': *Fuera del laboratorio, la producibilidad de esta sustancia disminuye.* Es también válida la forma *productibilidad*, de creación más reciente y usada hoy con mayor frecuencia. No debe confundirse ninguno de estos términos con *productividad* ('cualidad de productivo'; → productividad).

producible. 'Que se puede producir': «*La central nuclear* [...] *ha producido* [...] *6556 Gwh de energía, lo que supone un factor de utilización del 74 por 100 con respecto a la máxima energía producible*» (*Abc* [Esp.] 28.5.89). Esta es la voz usada tradicionalmente y la de mayor vigencia, por lo que resulta preferible a la variante *productible*, también válida. Ninguno de estos términos debe confundirse con *productivo* ('que produce'; → productivo).

producir(se). 'Originar(se)', 'elaborar o crear' y 'dar [algo] como fruto'. Verbo irregular: se conjuga como *conducir* (→ APÉNDICE 1, n.º 24).

productibilidad. → producibilidad.

productible. → producible.

productividad. 'Cualidad de productivo (que produce o puede producir)' y, en economía, 'relación entre lo producido y los medios empleados': «*Se están estudiando algunas medidas destinadas a mejorar la productividad*» (*País* [Esp.] 2.2.85). No debe confundirse con *producibilidad* o *productibilidad* ('cualidad de producible'; → producibilidad).

productivo -va. 'Que produce o puede producir': «*Lo que ahora se impone es reactivar el aparato productivo nacional*» (*Tiempo* [Col.] 18.4.97). No debe confundirse con *producible* o *productible* ('que se puede producir'; → producible).

proferir. 'Decir [palabras, especialmente si son violentas]'. Verbo irregular: se conjuga como *sentir* (→ APÉNDICE 1, n.º 53).

profesar. Cuando significa 'tener [determinado sentimiento] hacia alguien o algo', además del complemento directo, lleva un complemento indirecto, o un complemento preposicional con *por* o *hacia*, que expresa el destinatario del sentimiento: «*Los jóvenes compositores LE profesan admiración*» (Melo *Notas* [Méx. 1990]); «*Nunca había profesado cariño POR aquel animal sucio*» (Mendoza *Ciudad* [Esp. 1986]); «*Debe ser la admiración que profeso HACIA lo que escribe*» (Bonilla *Luz* [Esp. 1994]).

profeta -tisa. 'Persona que posee el don de predecir hechos futuros'. El femenino es *profetisa*: «*¿Era una vidente, una profetisa?*» (Donoso *Elefantes* [Chile 1995]). No es normal su empleo como común en cuanto al género (→ GÉNERO², 1a y 3b): ⊛*la profeta.*

⊛**progromo.** → pogromo.

prohibir. 1. 'Vedar o impedir [el uso o realización de algo]'. La *i* del grupo /oi/ es tónica en las formas de este verbo que llevan el acento prosódico en la raíz. En estas formas, la presencia de la hache intercalada no exime de la obligación de tildar la *i* para marcar el hiato (→ TILDE², 2.2.2b): *prohíbo, prohíbes,* etc.

2. Como otros verbos de influencia (→ LEÍSMO, 4b), además del complemento directo suele llevar un complemento indirecto, que exige el empleo de la forma *le(s)* si va representado por un pronombre átono de tercera persona: «*Un guardia municipal LES prohibió jugar en los jardines*» (*Caretas* [Perú] 14.11.96), y no ⊛*LAS prohibió jugar* o ⊛*LOS prohibió jugar.*

prohijar. 'Adoptar [a alguien] por hijo' y 'acoger como propio [algo ajeno, como opiniones o ideas]'. La *i* del grupo /oi/ es tónica en las formas de este verbo que llevan el acento prosódico en la raíz. En estas formas, la presencia de la hache intercalada no exime de la obligación de tildar la *i* para marcar el hiato (→ TILDE², 2.2.2b): *prohíjo, prohíjas,* etc.

pro indiviso. 1. Loc. lat. que significa 'por indiviso, sin dividir' y se usa en referencia a los bienes que se poseen en comunidad, sin repartir: «*Hipotecada una finca pro indiviso por los condueños*» (*Ley hipotecaria* [Esp. 1909]); «*Hay comunidad cuando la propiedad de una cosa o de un derecho pertenece pro indiviso a varias personas*» (*Código civil* [Esp. 1889]).

2. A partir de la locución, se ha creado la forma simple *proindiviso*, que puede funcionar como adjetivo invariable o como adverbio: *Hemos vendido las fincas proindiviso que nos dejó mi padre; «Hay comunidad de bienes cuando la propiedad de una cosa o de un derecho pertenece proindiviso a varias personas*» (Maldonado/Negrón *Derecho* [P. Rico 1997]).

prójimo -ma. 1. Como sustantivo masculino (*el prójimo*), significa 'persona próxima, que por pertenecer al género humano debe ser objeto de caridad y solidaridad': «*Así lo hacen los que por amor se sacrifican en aras del bien de sus prójimos*» (Laín *Descargo* [Esp. 1976]). Se emplea muy a menudo en singular, con sentido genérico: «*La libertad consis-*

promediar

te en querer para el prójimo todo el bien que queremos para nosotros mismos» (Asenjo *Días* [Esp. 1982]).

2. Con el sentido de 'individuo', a menudo con matiz despectivo, y de 'cónyuge', se usan coloquialmente el masculino *prójimo* y el femenino *prójima*, dependiendo del sexo del referente: «*El Aventurero se fijó en el del bombardino, un prójimo de su estatura*» (Sánchez *Héroe* [Col. 1988]); «*Me costaba creer que aquella prójima pudiera ser una tentación*» (Egido *Corazón* [Esp. 1995]); «*Son viudos de buen ver que, tras la defunción de su prójima, se tienen que hacer cargo* [...] *de su prole huérfana*» (*Mundo* [Esp.] 5.10.95).

3. No debe usarse como adjetivo, con el sentido de 'cercano', empleo que corresponde al adjetivo *próximo: una persona próxima*, no ⊗*una persona prójima.*

promediar. 'Calcular el promedio [de algo]' y 'mediar o actuar como mediador'. Se acentúa como *anunciar* (→ APÉNDICE 1, n.º 4).

prominencia. 'Elevación o abultamiento': «*Contempló su cuello inclinado, la prominencia de las primeras vértebras*» (Somoza *Caverna* [Cuba 2000]); y 'cualidad de prominente o destacado': «*El hombre tolera mal la prominencia social de su prójimo*» (Giner *Teoría* [Esp. 2001]). Es incorrecta la forma ⊗*preeminencia*, fruto del cruce entre *prominencia* y *preeminencia* ('superioridad' y 'privilegio o ventaja en razón de algún mérito'; → preeminencia).

promiscuar. 'Participar indistintamente en cosas heterogéneas u opuestas' y 'comer, en días de Cuaresma, carne y pescado en una misma comida'. Se acentúa preferentemente como *averiguar* (→ APÉN-DICE 1, n.º 6): «*Unos colores enterizos, ya claros, ya oscuros, promiscuan en irregulares ayuntamientos*» (D'Ors *Horas* [Esp. 1923]); pero también se acepta su acentuación como *actuar* (→ APÉNDICE 1, n.º 7): «*Yo promiscuo, o promiscúo, que no sé a ciencia cierta cómo se pronuncia*» (PzAyala *Belarmino* [Esp. 1921]). Es verbo de la primera conjugación, por lo que no es correcta la forma ⊗*promiscuir.*

promover. 'Impulsar [algo], procurando su logro' y 'elevar [a alguien] a un cargo superior'. Verbo irregular: se conjuga como *mover* (→ APÉNDICE 1, n.º 41).

PRONOMBRES PERSONALES. Son los que hacen referencia a las tres personas gramaticales —primera: la persona que habla; segunda: la persona a quien se habla; y tercera: la que se refiere a cualquier otra persona o cosa—. Estos pronombres tienen formas átonas (→ PRONOMBRES PERSONALES ÁTONOS) y formas tónicas (→ PRONOMBRES PERSONALES TÓNICOS).

PRONOMBRES PERSONALES ÁTONOS. 1. *Formas.* Los pronombres personales átonos son aquellos que funcionan como complemento verbal no preposicional (*Ya TE LO he dicho*) o como formante de los verbos pronominales (*Ahora ME arrepiento*). Precisamente por su carácter átono, se pronuncian necesariamente ligados al verbo, con el que forman una unidad acentual. Estos pronombres carentes de independencia fónica se denominan, en general, «clíticos» (→ ACENTO, 1.1b): cuando anteceden al verbo (*ME encanta; LO dijo; SE fue*) se llaman «proclíticos»; cuando siguen al verbo (*ayúdaME, díSELO, veTE*) se llaman «enclíticos». A continuación se ofrece un cuadro con sus formas:

FORMAS DE LOS PRONOMBRES PERSONALES ÁTONOS		
PERSONA GRAMATICAL	SINGULAR	PLURAL
1.ª pers.	*me*	*nos*
2.ª pers.	*te*	*os**
3.ª pers. — compl. directo masc.	*lo* (también *le;* → LEÍSMO, 2)	*los*
3.ª pers. — compl. directo fem.	*la*	*las*
3.ª pers. — compl. directo o atributo neutro	*lo*	—
3.ª pers. — compl. indirecto	*le* (o *se* ante otro pron. átono; → se, 1a)	*les* (o *se* ante otro pron. átono; → se, 1a)
3.ª pers. — forma reflexiva	*se*	

* En América, en Canarias y en parte de Andalucía, no se usa el pronombre personal *vosotros* para la segunda persona del plural. En su lugar se emplea *ustedes*, que en esas zonas sirve tanto de tratamiento de confianza como de respeto (→ usted). Por lo tanto, los pronombres personales átonos del plural que se utilizan en esas zonas para la segunda persona son los que corresponden, gramaticalmente, a la tercera —*lo(s), la(s)* y *le(s)*—: *A ustedes, niños, LOS espero en casa* (frente a *A vosotros, niños, OS espero en casa*).

Como se ve en el cuadro, en las formas de primera y segunda persona solo se distingue entre singular y plural, y no existe una forma reflexiva específica: *ME gusta el cine* (no reflexivo) / *ME peino* (reflexivo). En la tercera persona existen formas distintas según el género, el número y la función sintáctica, así como una forma reflexiva específica, *se* (→ se, 1b, c y d), invariable en género y número: *LES gusta el cine* (no reflexivo) / *SE peinan* (reflexivo). La forma neutra *lo* se emplea cuando el antecedente es un pronombre neutro (*esto, eso, aquello*), toda una oración o el atributo en una oración copulativa: *Él no dijo ESO, LO dije yo; Que no quieras ir, LO comprendo; —¿Eran guapas? —Sí, LO eran.*

2. Ortografía de las formas verbales con clíticos. Por tratarse de formas átonas ligadas al verbo, los clíticos deben aparecer inmediatamente antepuestos o inmediatamente pospuestos a este (→ 3). Cuando van antepuestos (proclíticos), se escriben como palabras independientes: *TE LO dije*. Cuando van pospuestos (enclíticos), se escriben necesariamente soldados: *DÍMELO*. En este último caso, se producen en determinadas situaciones ciertas alteraciones fónicas que tienen reflejo en la escritura:

a) Delante del enclítico *nos* se pierde obligatoriamente la *-s* de la primera persona del plural del subjuntivo usado con valor de imperativo (subjuntivo exhortativo); así, *dejemos + nos = dejémonos* (no ⊗*dejémosnos*): «*Dejémonos de cuentos*» (LpzNavarro *Clásicos* [Chile 1996]).

b) Si se añade el pronombre *se* a una forma verbal terminada en *-s* —lo que sucede cuando la primera persona del plural del subjuntivo exhortativo lleva un segundo enclítico—, las dos eses resultantes se reducen a una sola; así, *pongamos + se + lo = pongámoselo* (no ⊗*pongámosselo*): *Pongámoselo fácil.*

Pero no se produce reducción si se añade *nos* a una forma verbal terminada en *-n*, lo que sucede en los casos en que este pronombre se une a la forma del plural *ustedes* del subjuntivo exhortativo (*digan + nos = dígannos*) o a algunos imperativos irregulares de segunda persona del singular (*pon + nos = ponnos; mantén + nos = mantennos*). En el caso del subjuntivo exhortativo, además, la *-nn-* permite distinguir la persona del plural de la del singular: *Dígannos* [ustedes] *la verdad*, frente a *Díganos* [usted] *la verdad.*

c) Cuando se añade *se* a una forma verbal terminada en *-n*, no debe trasladarse ni repetirse esta letra al final del conjunto formado por el verbo y el enclítico; así, *sienten + se = siéntense* (no ⊗*siéntesen* ni ⊗*siéntensen*). Es error propio del habla popular, como ilustra esta cita: «*“¿Qué prisa tienen? ¡Siéntensen!”. Se decía siempre* siéntensen, *que luego me han dicho que está muy mal dicho*» (Zamora *Tra-*

que [Esp. 1972]). Esta *-n* se añade también, en registros muy vulgares, al infinitivo empleado incorrectamente como imperativo: ⊗*Irsen*, en lugar de *Váyanse*; o a infinitivos cuyo sujeto es plural: ⊗*«¿Y tienen cara d'irsen sin probame los cháncharos?»* (Carrasquilla *Tiempos* [Col. 1935-36]).

d) La segunda persona del plural del imperativo *vosotros* pierde la *-d* final cuando se le añade el enclítico *os*; así, *estad + os = estaos* (y no ⊗*estados*): *Estaos quietos.* Es excepción la forma *idos*, imperativo poco usado de *irse* (→ ir(se), 1): «*Nada comprendéis. ¡Idos Juana, Inés, Marina...!, ¡idos todas!*» (Arrau *Digo* [Chile 1981]).

e) Se pierde la *-s* final del verbo en los casos —hoy raros y propios únicamente de la lengua escrita— en que una forma verbal de primera persona del plural va seguida del pronombre *os: suplicamos + os = suplicámoos*, y no ⊗*suplicamosos.*

3. Colocación de los clíticos con respecto al verbo. La colocación del pronombre átono delante o detrás del verbo no es libre, sino que está sometida a ciertas reglas, que han ido variando con el tiempo. Estas son las normas por las que se rige hoy la colocación de los clíticos en el español general culto:

a) Los clíticos se anteponen, en el uso corriente, a las formas simples de indicativo: *TE LO advierto: ME voy.* En la lengua escrita, generalmente a principio de oración o después de pausa, aparecen a veces pospuestos: «*Como si adivinara mi pensamiento, díjoME al punto: “La verdad es desnuda”*» (RBastos *Vigilia* [Par. 1992]); la expresión adquiere entonces un tono arcaizante, que solo está justificado si la intención es recrear el lenguaje de épocas pasadas. El uso pospuesto es asimismo un rasgo dialectal propio de determinadas zonas del noroeste de España: *VoyME enseguida; MarchoSE hace rato.* La posposición de los clíticos es imposible cuando el verbo va en forma negativa: **No díjoMELO.*

b) Los clíticos se anteponen también a las formas simples del subjuntivo, tanto a las independientes: *Ojalá LE concedan el premio; Quizá LO consiga;* como a las que dependen de otro verbo (explícito o implícito): *Espero que TE LO pienses; Que TE vaya bien.*

c) Los clíticos se posponen a las formas de imperativo y a las del subjuntivo exhortativo afirmativo: *HazLO; PonéTELO; DíganNOSLO; HágaSE la luz.* Es vulgar anteponer los clíticos al subjuntivo exhortativo cuando este no depende de otro verbo: ⊗«*¡SE callen, carajo, no es hora de conversa!*» (FnGómez *Viaje* [Esp. 1985]); debe decirse *cállenSE.* Sin embargo, la anteposición es obligada cuando el subjuntivo va en forma negativa o depende de otro verbo (explícito o implícito): *No LO hagan; Les ordeno que SE callen; Que SE vayan ahora mismo.*

d) Los clíticos se posponen a las formas simples de infinitivo y de gerundio: *Al mirarLO, sonrió; No conseguirás nada regañándoME*. Pero si el infinitivo o el gerundio forman parte de una perífrasis verbal, en la mayor parte de los casos los clíticos pueden colocarse también delante del verbo auxiliar de la perífrasis, que es el que aparece en forma personal: *Debo hacerLO / LO debo hacer; Tienes que llevárSELO / SE LO tienes que llevar; Vais a arrepentirOS / OS vais a arrepentir; Siempre está quejándoSE / Siempre SE está quejando; Siguió explicándoMELO / ME LO siguió explicando.*

La anteposición de los clíticos no es posible cuando el verbo auxiliar de la perífrasis es impersonal: *Hay que pedírSELO* (no **SE LO hay que pedir*); o si el verbo en forma no personal es el sujeto oracional pospuesto de verbos como *parecer, importar, convenir*, etc.: *Parecía entenderLO* (no **LO parecía entender*); *Conviene intentarLO* (no **LO conviene intentar*); *Importa denunciarLO* (no **LO importa denunciar*). Tampoco es normal la anteposición de clíticos con verbos que expresan creencia, temor, deseo, preferencia o conocimiento, como *creer, temer, desear, preferir, negar, afirmar*, entre otros: *Cree haberLO guardado* (más normal que *LO cree haber guardado*); *Prefiero ignorarTE* (más normal que *TE prefiero ignorar*); *Deseo irME* (más normal que *ME deseo ir*); *Negó saberLO* (más normal que *LO negó saber*), etc.

e) Lo dicho para las formas simples es válido también para las compuestas, teniendo en cuenta que la posposición o anteposición de los pronombres átonos se da siempre con respecto al auxiliar *haber*, dado que el participio, como norma general, no admite enclíticos (→ f); así, los pronombres átonos se anteponen al auxiliar en las formas compuestas de indicativo y de subjuntivo: *ME LO he imaginado; ¿SE habrá terminado la película?; Ojalá SE LO hayan concedido* (únicamente pervive el uso pospuesto en expresiones lexicalizadas, como *¡HabraSE visto!*); y se posponen en los infinitivos y gerundios compuestos: *Por haberLO terminado, recibirás un premio; Se fue habiéndoNOS dicho lo que quería.* Cuando el infinitivo compuesto forma parte de una perífrasis o depende de otro verbo con su mismo sujeto, los pronombres pueden posponerse al auxiliar *haber* o anteponerse al verbo conjugado, salvo en los mismos casos señalados para las formas simples (→ d): *Tenías que habérMELO dicho / ME LO tenías que haber dicho; Había que haberLO previsto* (pero no **LO había que haber previsto*); *Convenía habérSELO dicho* (pero no **SE LO convenía haber dicho*).

f) En el español actual, el participio no admite con normalidad la agregación de pronombres enclíticos; por ello, deben evitarse hoy usos como [⊗]*Había prometídoLE su apoyo*, en lugar del normal *LE había prometido su apoyo.* Más forzado aún resulta el uso de enclíticos con participios en función adjetiva que sustituyen a oraciones de relativo, como en [⊗]*El accidente ocurrídoLE ayer*, en lugar de *El accidente que LE ocurrió ayer*. Solo es admisible la agregación de enclíticos a un participio cuando aparece en coordinación con otro y no se repite el auxiliar: «*Y después de haber adorado a Dios y dádoLE gracias, se sentaron*» (Somers *Retrato* [Ur. 1990]).

4. Orden de las secuencias de clíticos. Un mismo verbo puede llevar dos y hasta tres pronombres clíticos, que se anteponen o posponen al verbo siempre en bloque, no pudiendo anteponerse unos y posponerse otros. El orden no es libre y se somete, básicamente, a la regla que establece que los pronombres de segunda persona preceden a los de primera persona y estos a los de tercera, salvo a la forma *se*, que precede a todas las demás (*se* + 2.ª pers. + 1.ª pers. + 3.ª pers.): «*Ay, Dios, que TE ME LO llevaste cuando más falta me hacía*» (Ayerra *Lucha* [Esp. 1984]); «*Cualquiera SE TE LA llevará delante de las narices*» (Aub *Calle* [Esp. 1961]); no son correctas, por tanto, secuencias como [⊗]*me se* o [⊗]*te se*, propias del habla popular: [⊗]«*No ME SE haga el pendejo, Balbicito, no me cojudee*» (Bayly *Días* [Perú 1996]).

5. Duplicación de complementos: coaparición del clítico y el complemento tónico. En español, los pronombres átonos aparecen a menudo dentro de la misma oración junto con el complemento tónico al que se refieren: *ME dijo A MÍ que me callara; LO sabe TODO.* La duplicación del complemento indirecto a través del pronombre átono es siempre posible y, en algunos casos, obligatoria, mientras que la del complemento directo está sujeta a muchas más restricciones. En el español general culto la coaparición del pronombre átono y el complemento tónico responde a las pautas siguientes:

5.1. Si el complemento tónico es también un pronombre personal, la coaparición del pronombre átono es obligatoria, tanto si el complemento es directo como indirecto: *ME castigaron a MÍ; A TI TE dieron el premio* (no **Castigaron a mí; *A ti dieron el premio*). Aunque son posibles, en estos casos, oraciones idénticas sin el complemento tónico (*Me castigaron; Te dieron el premio*), existen diferencias expresivas de importancia entre ambas posibilidades: la presencia del complemento tónico denota un propósito de contraste o discriminación, ausente de la oración en la que solo aparece el pronombre átono; así, en *Me castigaron a mí*, frente a *Me castigaron*, se subraya el hecho de que ha sido solo a mí, y no a otros igualmente merecedores de ello o más culpables que yo, a quien se ha castigado.

5.2. Si el complemento tónico no es un pronombre personal y aparece antepuesto al verbo, también es obligatoria la coaparición del pronombre átono, tanto si el complemento es directo como indirecto: *A TU HERMANO LO vi en el cine* (no **A tu hermano vi en el cine*); *LA TARTA LA llevo yo* (no **La tarta llevo yo*); *A MI MADRE LE he dicho la verdad* (no **A mi madre he dicho la verdad*); *A JUAN LE han denegado la beca* (no **A Juan han denegado la beca*). Deben diferenciarse estas construcciones, con el complemento tónico antepuesto y coaparición del pronombre átono, de aquellas en que la anteposición del complemento es enfática, contrastiva, en las que no coaparece el pronombre átono: *Un libro te daré, y no dos* (y no **Un libro te LO daré, y no dos*).

Pero si el complemento tónico aparece pospuesto al verbo, las condiciones para la coaparición del pronombre átono son diferentes según que el complemento sea directo o indirecto:

a) En el caso del complemento indirecto, la coaparición del pronombre átono es normalmente opcional y suele ser lo más frecuente, especialmente en la lengua oral: *No (LES) da importancia A LOS PROBLEMAS; (LES) he contado nuestro secreto A UNOS AMIGOS; (LE) han denegado la beca A JUAN; (LE) he dicho la verdad A MI MADRE*. E incluso hay verbos, como *gustar, encantar* y sinónimos, que exigen la presencia del pronombre átono junto con el complemento tónico: *¿LE gustan A TU HERMANA los bombones?* (y no **¿Gustan a tu hermana los bombones?*). En general, suele ser necesaria la duplicación en los verbos cuyo complemento indirecto designa, no al destinatario de la acción, sino al que la experimenta, como ocurre con los llamados verbos de «afección» (psíquica o física), como *molestar, divertir, interesar, cansar*, etc., y con muchos otros, como *parecer, resultar, convenir*, etc.: *LE molestó A TU PADRE que no vinieras; LE ha cansado A LA ABUELA el paseo; LE pareció bien AL JEFE nuestro plan; No LE conviene AL NIÑO comer tantos dulces*. No obstante, cuando la función de complemento indirecto es desempeñada por los cuantificadores universales *todo, nadie* o similares, la presencia del pronombre átono no resulta siempre necesaria: *Su decisión no (LE) gustó A TODO EL MUNDO; Sus palabras no (LE) molestaron A NADIE; (LES) cansó A TODOS con su discurso*.

b) En el español general, el complemento directo tónico pospuesto al verbo no suele admitir la coaparición del pronombre átono, salvo que se trate también de un pronombre personal, caso en el que es obligada (→ 5.1). Solo es normal la duplicación en todo el ámbito hispánico cuando el complemento directo tónico es el pronombre *todo*: *LO sé TODO; (LAS) conozco A TODAS;* cuando, con referente animado, el complemento directo es un numeral precedido de artículo: *(LOS) invité A LOS CUATRO;* o cuando se trata del indefinido *uno* y su referente es la persona que habla: *Si LA ven A UNA*

vacilar, enseguida se aprovechan. También favorecen la duplicación del complemento directo las oraciones de carácter enfático, como *Ya LO creo QUE VENDRÁ* o *¡Vaya si LAS castigo A LAS NIÑAS!* La duplicación del complemento directo en otros casos (*LO vi A JUAN; LA saludé A MARÍA*) es ajena a la norma culta de gran parte del ámbito hispánico, pero es normal en algunas regiones americanas, especialmente en los países del Río de la Plata: «*Al pasar la madre cerca del baño LA vio A MARIANA tomando comprimidos*» (Rausch/Bay *Anorexia* [Arg. 1990]).

6. ***Discordancias en el uso de los clíticos.*** Son dos las discordancias frecuentes en el uso de los clíticos:

a) A menudo, cuando el pronombre átono de dativo concurre en la oración con el complemento indirecto preposicional, se utiliza el singular *le,* aunque el referente sea plural; esta discordancia está extendida tanto en España como en América, incluso entre hablantes cultos, por lo que son frecuentes, aunque normativamente desaconsejables, oraciones como ⊗«*Colombia LE propuso A LOS GOBIERNOS de Estados Unidos y Venezuela una alianza*» (*Tiempo* [Col.] 18.4.97). En el uso esmerado se recomienda mantener la concordancia de número entre el pronombre átono y el sustantivo al que se refiere: «*Los mismos remedios de distracción que LES daba A SUS ENFERMOS*» (GaMárquez *Amor* [Col. 1985]).

b) En el español de muchos países de América, es frecuente, especialmente en registros populares o coloquiales, trasladar a la forma singular del pronombre átono de acusativo en función de complemento directo el rasgo de plural correspondiente al complemento indirecto, cuando este va representado por la forma invariable *se:* ⊗«*¡No entienden que este es mi espacio, es mi lugar! Cuántas veces quieren que SE LOS diga*» (Purroy *Desertor* [Ven. 1989]), en lugar de *Cuántas veces quieren que SE LO diga*. Aunque en algunos países esta transferencia indebida se ha extendido incluso entre hablantes cultos, se recomienda evitarla en el habla esmerada.

7. ***Otras consideraciones sobre el uso de los clíticos.***
a) Ciertos adjetivos que denotan facilidad, dificultad, probabilidad, merecimiento, relevancia o frecuencia, como *fácil, difícil, sencillo, complicado, cómodo, rápido, costoso, imposible, digno, importante, raro*, etc., o que denotan sensaciones o efectos producidos por una acción, como *aburrido, divertido, penoso, gratificante*, etc., admiten como complemento un infinitivo transitivo introducido por la preposición *de:* «*Me siento atrapado en una alternativa imposible de resolver*» (PRossi *Solitario* [Ur. 1988]); «*Demostró que la paz era un hueso duro de roer*» (*Mundo* [Esp.] 8.8.95); «*Este arbusto contiene un metal muy raro de encontrar en la natu-*

raleza» (*ByN* [Ec.] 9.11.97). En estas construcciones, el infinitivo transitivo tiene sentido pasivo (*problema fácil de resolver* = 'problema que puede ser resuelto fácilmente') y el sustantivo al que se refiere el adjetivo viene a ser el sujeto paciente tácito de dicho infinitivo. Es incorrecto en estos casos añadir al infinitivo transitivo el pronombre átono de complemento directo, cuyo antecente es el sustantivo al que se refiere el adjetivo: ⊗*Planteó cuestiones difíciles de resolverLAS* (en lugar de *Planteó cuestiones difíciles de resolver*). Este error se ve potenciado por el cruce de estructuras del tipo *Es fácil de hacer,* donde el infinitivo es complemento del atributo adjetivo, con otras como *Es fácil hacerlo,* en las que el infinitivo es el sujeto de la oración copulativa. Por otra parte, solo los infinitivos de verbos transitivos pueden ser complementos del adjetivo; por ello, no es aceptable en la lengua culta utilizar esta estructura con verbos intransitivos (que llevan complementos indirectos o complementos de régimen): ⊗*«Se trata de una música fresca y fácil de gustar a todo el mundo»* (*Abc* [Esp.] 23.2.96); ⊗*«¿Qué es lo más difícil de darse cuenta?»* (Puig *Beso* [Arg. 1976]); debió decirse: *Se trata de una música fresca, que es fácil que guste a todo el mundo* y *¿De qué es más difícil darse cuenta?,* respectivamente.

b) En cuanto a la aparición indebida de pronombres personales átonos en oraciones de relativo (⊗*Tenía un perro enfermo al que había que cuidarLO mucho*), → que, 1.3.

c) No puede haber correferencia parcial entre el clítico y el sujeto del verbo; por ello no es posible una oración como **Nos hice una cena riquísima* (el referente «yo» del sujeto es solo una parte del referente «nosotros» del complemento indirecto). Los referentes han de ser, o bien totalmente distintos, o bien totalmente coincidentes: *Os hice una cena riquísima* (sujeto «yo» y complemento indirecto «vosotros»); *Nos hicimos una cena riquísima* (el referente del sujeto y del complemento indirecto es «nosotros»).

d) Los clíticos no pueden coordinarse entre sí: **LOS y TE escuché.* Tampoco pueden coordinarse dos verbos y asociarles conjuntamente un solo clítico: **LA compré y coloqué en mi casa* (debe decirse *LA compré y LA coloqué en mi casa*). Solo es lícito coordinar las bases verbales si el pronombre va en posición preverbal y de la suma de los dos verbos resulta una acción unitaria y, normalmente, repetida: «*Un hilo de vida le corría al conde por los ojos sin vista (LOS abría y cerraba alternativamente, buscando el final de su vida)*» (Armas *Madrid* [Esp. 1994]).

8. Acerca de la confusión en el uso de las formas de tercera persona, → LAÍSMO, LEÍSMO y LOÍSMO.

9. Sobre la acentuación de formas verbales con enclítico, → TILDE², 4.3.

PRONOMBRES PERSONALES TÓNICOS. 1. *Formas.* Los pronombres personales tónicos son aquellos que pueden funcionar como sujeto (*Tú sabrás*), como atributo (*Los culpables son ELLOS*) o como término de preposición (*Mi hermano vendrá con NOSOTROS*). A continuación se ofrece un cuadro con sus formas:

FORMAS DE LOS PRONOMBRES PERSONALES TÓNICOS				
PERSONA GRAMATICAL			SINGULAR	PLURAL
1.ª pers.	sujeto o atributo		*yo*	*nosotros/as*
	término de preposición		*mí (conmigo)*	
2.ª pers.	sujeto o atributo		*tú, vos**	*vosotros/as**
	término de preposición		*ti (contigo), vos**	
3.ª pers.	sujeto o atributo	masc.	*él* — *usted***	*ellos* — *ustedes***
		fem.	*ella*	*ellas*
	sujeto	neutro	*ello*	—
	término de preposición	masc.	*él* — *usted***	*ellos* — *ustedes***
		fem.	*ella*	*ellas*
		neutro	*ello*	—
	término de preposición exclusivamente reflexivo		*sí (consigo)*	

* *Vos* y *vosotros* son formas pronominales no comunes a todos los hispanohablantes. Acerca de sus funciones y su ámbito geográfico de uso, → vos, vosotros.

** Aunque el pronombre *usted* se refiere siempre al interlocutor (2.ª persona), a efectos gramaticales funciona como un pronombre de 3.ª persona.

Salvo la primera y la segunda persona del singular (*yo, tú/vos, mí, ti*) y la forma *usted* (pl. *ustedes*), todos los pronombres personales tónicos tienen variación de género. La tercera persona del singular cuenta con la forma neutra *ello*, de uso muy restringido en español (→ ello). Solo la tercera persona posee una forma específica con sentido exclusivamente reflexivo, *sí* (→ 3 y sí, 3), invariable en género y número. Cuando la preposición que precede a *mí, ti, sí* es *con*, deben emplearse las amalgamas *conmigo, contigo* y *consigo*, de manera que no son correctas las secuencias ⊗*con mí*, ⊗*con ti*, ⊗*con sí*. Por otra parte, debe tenerse en cuenta que la preposición *entre* (→ entre, 1) y la preposición *según* (con el sentido de 'en [mi, tu, su, etc.] opinión') seleccionan las formas pronominales de sujeto, y no las de término de preposición: «*Lo que hablemos será entre TÚ y YO*» (Bain *Dolor* [Col. 1993]); «*En fin, que según TÚ, caso concluido*» (José *Keaton* [Esp. 1991]). Para las cuestiones relacionadas con cada pronombre, → yo, tú, vos, usted, etc.

2. Aparición u omisión del pronombre sujeto. El español es una lengua de sujeto no obligatorio (*Vino y nos dijo que no saliéramos a la calle*). Esto no significa, sin embargo, que la aparición o elisión del pronombre de sujeto sea aleatoria o indiferente. Por el contrario, es fácil reparar en que la aparición de sujetos pronominales explícitos es a veces anómala, mientras que, en otros casos, su presencia es posible o resulta imprescindible.

a) Cuando las formas de tercera persona *él, ella, ellos, ellas* funcionan como sujeto, solo pueden referirse a personas; por ello, cuando se hace referencia a cosas, en español no se emplea ningún pronombre personal explícito: *He leído tus últimos informes. Enhorabuena: son claros y ofrecen numerosos datos* (no **ELLOS son claros y ofrecen...*); así, en ⊗«*La decisión de la entrega la señalan las Farc, lo mismo que el sitio en que ELLA se produzca*» (*Tiempo* [Col.] 24.9.96), debió omitirse el pronombre *ella* o sustituirse por el demostrativo *esta*. No obstante, en ocasiones, el sujeto de cosa va modificado por un adjetivo, una aposición o una oración que posibilitan que el pronombre sujeto se haga explícito: *Compramos un sofá enorme: ocupaba ÉL SOLITO toda la habitación.*

b) El pronombre sujeto se hace explícito con finalidad contrastiva o cuando es el foco de la oración, caso en el que aparece normalmente detrás del verbo: «*YO* [y no tú u otra persona] *creo que en eso estuvo mal*» (Giardinelli *Oficio* [Arg. 1991] 162); «*Sé que ha sido ÉL porque tenemos una contraseña*» (Tomeo *Mirada* [Esp. 2003]).

c) También se hace explícito a menudo el pronombre sujeto para deshacer ambigüedades provocadas por la indistinción de las desinencias verbales en algunos tiempos. Así, las desinencias de la primera y la tercera persona del singular coinciden en el pretérito imperfecto o copretérito y en el condicional o pospretérito, además de coincidir en todos los tiempos del subjuntivo, lo que propicia la aparición de las formas *yo* y *él* (o *ella*): «*Mal podía ELLA preconizar una huelga de hambre teniendo el estómago lleno*» (Palou *Carne* [Esp. 1975]). Por otra parte, en ciertas variedades del español, con especial incidencia en el habla caribeña, la -*s* final se aspira, se debilita o se pierde, de manera que la segunda persona del singular puede llegar a converger oralmente con las formas de primera y de tercera, según los tiempos, lo que justifica la frecuencia con la que se hace explícito, en esas zonas, el sujeto *tú*: «*¿Qué TÚ quieres más que eso?*» (González *Provisiones* [Cuba 1975]).

d) En muchas ocasiones, las formas de los pronombres con variación de género aparecen para hacer explícito el sexo del referente: «*Un futuro esperanzado requiere cultivar el acuerdo, la reciprocidad, también entre NOSOTRAS y ELLOS*» (Alborch *Malas* [Esp. 2002]).

e) El pronombre *usted* (→ usted), por su parte, aparece con mucha frecuencia para reforzar la cortesía o deshacer la posible ambigüedad con respecto a un referente de tercera persona: «*Debe USTED partir a París en seguida*» (Mujica *Escarabajo* [Arg. 1982]).

3. Formas reflexivas. Un pronombre tiene sentido reflexivo cuando su antecedente es el sujeto (tácito o expreso) de la oración en que aparece: *La atraje hacia MÍ con suavidad; Tú solo piensas en TI mismo;* o bien el sujeto de una paráfrasis implícita en la secuencia en que aparece: *La confianza en TI mismo* [= tú confías en ti mismo] *fue la clave de tu triunfo.* Para la primera y la segunda persona no existen formas pronominales tónicas específicamente reflexivas, sino que, como ilustran los ejemplos anteriores, estas son las mismas que se emplean en cualquier complemento preposicional: *mí, ti, vos, nosotros/as, vosotros/as.* Solo la tercera persona posee una forma tónica específicamente reflexiva, el pronombre *sí* (→ sí, 3), invariable en género y número: «*Vladimir creyó tener ante SÍ al psiquiatra del lugar*» (Ponte *Contrabando* [Cuba 2002]); «*Tiene usted un bajo concepto de SÍ mismo*» (Collyer *Pájaros* [Chile 1995]); «*Aquellas flores le devolvieron* [...] *la confianza en SÍ misma*» (Ferré *Batalla* [P. Rico 1993]); «*Su dogma les permite* [...] *decidir, por SÍ mismos, la suerte de quienes les rodean*» (Volpi *Klingsor* [Méx. 1999]). Como se ve en varios de los ejemplos citados, junto a las formas pronominales con sentido reflexivo aparece frecuentemente el adjetivo *mismo*, como refuerzo, a veces opcional, a veces obligatorio (→ mismo, 2). No es infrecuente que aparezcan usadas con valor reflexivo las otras formas tónicas de tercera persona (*él, ella,* *ellos, ellas, usted, ustedes*), especialmente si hacen inequívoco este valor mediante el refuerzo *mismo: «La candidata lució guapa y segura de* ELLA *misma» (Prensa* [Hond.] 31.1.97); «*Póngase a pensar en* USTED *mismo y se dará cuenta de qué cantidad enorme de mensajes rigen su vida»* (Antognazza *Vida* [Arg. 1993]); *«Sánchez empezó a maldecir, como hablando con* ÉL *mismo, en palabras de grueso calibre» (Tiempo* [Col.] 13.9.96); no obstante, en el habla esmerada se recomienda emplear, en estos casos, la forma propiamente reflexiva: *La candidata lució guapa y segura de* SÍ *misma; Póngase a pensar en* SÍ *mismo; Sánchez empezó a maldecir, como hablando* CONSIGO *mismo.*

4. Duplicación de complementos: coaparición del clítico y el complemento tónico. No es obligatoria la presencia de un pronombre tónico en función de complemento directo o indirecto, pero, si aparece, es forzoso que aparezca también el pronombre átono correspondiente; sobre la coaparición de pronombres tónicos y clíticos y, en general, sobre la duplicación de complementos, → PRONOMBRES PERSONALES ÁTONOS, 5.

pronto -ta. 1. Como adjetivo, 'rápido' y 'dispuesto o preparado para obrar con rapidez'. Con el segundo sentido suele llevar un complemento introducido por *a* o, menos frecuentemente, *para: «Tus manos parecen palomas prontas* A *huir»* (Murillo *Custodia* [Esp. 1986]); *«Hombres y equipo debían estar prontos* PARA *entrar en acción»* (Velasco *Regina* [Méx. 1987]). Se usa más comúnmente como adverbio, con los sentidos de 'en breve' y 'temprano': *Pronto lo sabremos; Llegaré pronto.*

2. por de pronto, por lo pronto. 'Por el momento': *«¿Qué hacer?* [...] *Por de pronto, pensar»* (Piglia *Respiración* [Arg. 1980]); *«Por lo pronto, lo urgente era que saliera libre»* (Adoum *Ciudad* [Ec. 1995]). Ambas locuciones son válidas, aunque la segunda es la más frecuente. La variante *por el pronto* está en desuso y *por lo de pronto* solo es normal en el español hablado en Galicia (España).

3. por el pronto, por lo de pronto. → 2.

pronunciar(se). 'Articular o emitir oralmente [un sonido o conjunto de sonidos]' y, como pronominal, 'manifestar la opinión sobre algo'. Se acentúa como *anunciar* (→ APÉNDICE 1, n.º 4).

propagar(se). Significa 'multiplicar(se) por reproducción': *«Las Reservas Nacionales* [...] *sirven para cuidar y propagar especies de interés para el Estado»* (Butteler *Ecología* [Perú 1996]); 'hacer que [algo, especialmente una noticia o doctrina] se extienda o llegue a sitios distintos de aquel en que se produce' y, como pronominal, dicho de algo, especialmente de una noticia o doctrina, 'extenderse': *«En su país hay muchos millonarios que propagan las más novedosas religiones»* (Lezama *Oppiano* [Cuba 1977]); *«La insurrección se propaga»* (Herrera *Casa*

[Ven. 1985]). Aunque a veces es intercambiable con *propalar,* ambos verbos no son sinónimos (→ propalar).

propalar. Significa 'dar a conocer o difundir [algo oculto o poco conocido]': *«Fue la primera en propalar música de este joven grupo musical»* (*Expreso* [Perú] 1.10.90); por tanto, no es intercambiable en todos los contextos con *propagar,* que significa 'difundir' en sentido más amplio (→ propagar(se)); así, en ⊗*«La protesta de la burocracia se propaló por unas 40 ciudades»* (*NHerald* [EE. UU.] 1.11.00), debió decirse *se propagó* o *se extendió.*

propender. 'Inclinarse o tender hacia algo'. Se construye con un complemento introducido por *a* o, menos frecuentemente, *hacia: «Era de trato difícil y propendía* A *la soledad»* (Cela *Cristo* [Esp. 1988]); *«Las exigencias económicas y políticas actualmente parecen propender* HACIA *una conformación del Derecho de Propiedad tendencialmente libre»* (Adrogué *Derecho* [Arg. 1991]). Es impropio su uso con un complemento precedido de *por,* con sentido próximo a 'abogar o procurar': ⊗*«Las medidas propenden* POR *una mayor diversificación y desconcentración de las inversiones»* (*Tiempo* [Col.] 2.1.88).

propiciar. 'Favorecer [algo]'. Se acentúa como *anunciar* (→ APÉNDICE 1, n.º 4).

propileo. 'Galería con columnas a la entrada de un edificio': *«Construyeron un propileo o entrada monumental al recinto»* (CSerraller *Arte* [Esp. 1997]). Es voz llana [propiléo]; no es correcta la forma esdrújula ⊗*propíleo.*

proponer(se). 1. 'Presentar [algo] como propuesta', 'presentar [a alguien] para un empleo o cargo' y, como pronominal, seguido de un infinitivo, 'ponerse como meta [lo designado por el infinitivo]'. Verbo irregular: se conjuga como *poner* (→ APÉNDICE 1, n.º 47). El imperativo singular es *propón* (tú) y *proponé* (vos), y no ⊗*propone.*

2. Con el primer sentido indicado, y como ocurre con otros verbos de influencia (→ LEÍSMO, 4b), además del complemento directo suele llevar un complemento indirecto, que exige el empleo de la forma *le(s)* si va representado por un pronombre átono de tercera persona: *«Paul René* LES *propuso entrar en la farmacia»* (Montero *Trenza* [Cuba 1987]).

3. Con el segundo sentido indicado, el empleo o cargo se expresa mediante un complemento introducido por *para: «La Corte decidió proponerlo* PARA *ministro de un tribunal de apelaciones»* (*Observador* [Ur.] 8.2.97); o también por *como: «Juan II propuso* COMO *obispo a un nieto suyo»* (VCasas *Isabel* [Esp. 1987]).

propósito. 1. *a propósito.* Como locución adjetiva, 'adecuado'. Suele ir seguida de un complemento con *para*: «*Se frotaba cuidadosamente el cuerpo con un ungüento a propósito PARA repeler los insectos*» (Merino *Orilla* [Esp. 1985]). Como locución adverbial, 'deliberadamente': «*Supongo que lo habrá hecho a propósito*» (Márquez *Suerte* [Esp. 1995]). Y, como conector oracional, 'por cierto, viniendo al caso de lo que se dice o sucede': «*Me encanta ver bailar... A propósito, ¿qué tal le fue en el baile?*» (Belli *Mujer* [Nic. 1992]). Forma la locución preposicional *a propósito de*, que significa 'acerca de': «*Lo más indicado es continuar divagando a propósito de las ventajas de la resignación*» (Tomeo *Monstruo* [Esp. 1985]). Se escribe siempre en dos palabras. No debe confundirse con el sustantivo *apropósito* ('pieza teatral'; → apropósito).

2. de propósito. 'Deliberadamente': «*Habíamos aguardado de propósito un tiempo prudencial*» (*DPrensa* [Arg.] 24.4.92). Con este sentido es sinónima de *a propósito*, aunque bastante menos usual.

pro rata. → prorrata.

prorrata. 'Cuota o parte proporcional en un reparto': «*Al final quedó muy por debajo de una peseta al día la igualitaria prorrata de los miembros de aquella utópica comunidad de bienes*» (Laín *Descargo* [Esp. 1976]). Este sustantivo femenino tiene su origen en la locución latina *pro rata (parte)* 'según la (parte) calculada, en proporción'; pero la grafía *pro rata*, en dos palabras, ha caído en desuso y debe evitarse. No debe confundirse con *prorrateo* ('acción de prorratear'; → prorrateo).

prorrateo. 'Acción de prorratear o dividir proporcionalmente una cantidad': «*Repsol recuerda que tienen prioridad en el prorrateo*» (*País* [Esp.] 21.4.97); «*Las empresas puntualizaron que estas opciones están sujetas a prorrateo*» (*Excélsior* [Méx.] 22.9.96). No debe confundirse con *prorrata* ('cuota proporcional'; → prorrata).

proscribir. 1. 'Prohibir [algo]': «*La ingrata Ordenanza proscribe el uso de largos guantes de suave raso escarlata*» (GaHortelano *Gramática* [Esp. 1982]); y 'declarar [a alguien] fuera de la ley, condenándolo normalmente al exilio': «*Napoleón lo proscribe en 1801. Lo considera hombre peligroso*» (Núñez *Ensayos* [Ven. 1943-50]). Solo es irregular en el participio, que tiene dos formas: *proscrito* y *proscripto*. La forma usada en la mayor parte del mundo hispánico es *proscrito;* pero en algunas zonas de América, especialmente en la Argentina y el Uruguay, sigue en pleno uso la grafía etimológica *proscripto* (→ p, 5): «*Degradado militarmente, proscripto y vilipendiado*» (Ferla *Drama* [Arg. 1985]).

2. No debe confundirse con el verbo *prescribir* ('ordenar' y 'extinguirse un derecho o una responsabilidad'; → prescribir), como ocurre en este ejemplo: ⊗«*Las acciones pública y civil para perseguir esos delitos deben proscribir a los seis meses a partir del día en que [hubiesen] sido cometidos*» (*Dedom* [R. Dom.] 4.10.96); debió decirse *deben prescribir a los seis meses*.

3. El sustantivo que corresponde a *proscribir* es *proscripción*: «*El fallecimiento de Lenin (1924) y la implantación del estalinismo en la Unión Soviética acabarán en la proscripción del arte moderno*» (RdgzAguilera *Arte* [Esp. 1986]); «*Mitchell, tras su proscripción, cayó en el olvido*» (PzSanEmeterio *Pilotos* [Esp. 1991]). No debe confundirse con *prescripción*, sustantivo que corresponde al verbo *prescribir* (→ prescribir, 2).

proscripción. → proscribir, 3.

proseguir. 1. 'Seguir o continuar'. Verbo irregular: se conjuga como *pedir* (→ APÉNDICE 1, n.º 45).

2. Puede usarse como transitivo: «*La Comisión de Educación del Congreso prosiguió los debates*» (*Abc* [Esp.] 26.12.82); o como intransitivo, caso en el que puede llevar un complemento introducido por *con* o *en*, o un gerundio: «*El viento prosigue CON su acción devastadora*» (MtnCampo *Carreteras* [Méx. 1976]); «*Cuqueta prosiguió EN su esfuerzo*» (Herrera *Casa* [Ven. 1985]); «*Proseguí CAMINANDO en silencio*» (Díaz *Piel* [Cuba 1996]).

prospectivo -va. Como adjetivo, 'que se refiere al futuro o trata de conocerlo anticipadamente mediante la proyección de datos del presente': «*El objetivo del trabajo [...] es hacer un análisis prospectivo sobre la situación de los ancianos dentro de 15 años*» (*NCastilla* [Esp.] 1.12.00); como sustantivo femenino, 'análisis o estudio realizado con el fin de conocer la evolución futura en una determinada materia': «*Los métodos de prospectiva se aplican [...] a la ciencia y a la tecnología para tratar de anticipar los desarrollos científicos y tecnológicos futuros*» (Quintanilla/SchzRon *Ciencia* [Esp. 1997]). No debe confundirse con *perspectiva* ('técnica de representación de la realidad sobre un plano', 'punto de vista' y 'situación futura probable o previsible'; → perspectiva).

prosternarse. 'Arrodillarse o inclinarse por respeto': «*Ya antes la había visto [...] prosternarse delante de un crucifijo*» (Quintero *Danza* [Ven. 1991]). No es correcta la forma ⊗*posternarse*.

prostituir(se). 'Dedicar(se) a la prostitución'. Verbo irregular: se conjuga como *construir* (→ APÉNDICE 1, n.º 25). Su participio, *prostituido*, se escribe sin tilde (→ TILDE², 2.1.1 y 2.1.2).

protestar. 1. Es transitivo cuando significa 'declarar o proclamar [un propósito, creencia, etc.]': «*No faltaban quienes veían en su actitud un solapado afán por suceder a su primo en el trono, por más que el duque protestara la más absoluta carencia de tales aspiraciones*» (Fajardo *Epopeya* [Esp. 1990]); y 'hacer el protesto [de una letra de cambio]': «*En el* *banco solo veo caras crispadas de gente que protesta las letras de cambio»* (Gironella *Hombres* [Esp. 1986]).

2. En su sentido más habitual de 'manifestar disconformidad', se construye normalmente como intransitivo, con un complemento introducido por *contra* o, menos frecuentemente *de,* que expresa aquello con lo que no se está conforme: *«Peñita protestaba* CONTRA *ese modo de contemplar la vida»* (Rubín *Rezagados* [Méx. 1991]); *«Zobeido protestaba* DE *la comida»* (Herrera *Casa* [Ven. 1985]); o un complemento causal con *por: «Militantes del partido hindú de extrema derecha* [...] *protestaban* POR *el sacrificio de las vacas»* (Leguineche *Camino* [Esp. 1995]). Menos frecuente es la construcción transitiva: *«Obregón y un grupo de oficiales protestaron la designación»* (Chao *Altos* [Méx. 1991]).

proveer(se). **1.** Se conjuga como *leer* (→ APÉNDICE 1, n.º 39). Tiene dos participios: el regular *proveído* y el irregular *provisto.* Ambos se utilizan indistintamente en la formación de los tiempos compuestos (*he proveído* o *he provisto*) y de la pasiva perifrástica (*es proveído* o *es provisto*), así como en función adjetiva (*la información proveída* o *la información provista*), aunque hoy es mucho más frecuente el empleo de la forma irregular *provisto.*

2. Con el sentido de 'preparar o disponer [lo necesario] para un fin', se construye con complemento directo: *«¿Y quién es él para decidir si el convento debe cerrarse o no? Yo proveeré lo que sea necesario»* (FdzSantos *Extramuros* [Esp. 1978]). Lo más habitual hoy es usarlo con el sentido de 'proporcionar o suministrar [a alguien] lo que necesita, o dotar [a algo] de un accesorio o complemento'; en este caso, el complemento directo, frecuentemente reflexivo cuando designa persona, es el destinatario del suministro, mientras que lo suministrado se expresa mediante un complemento introducido por *de* o, más raramente, *con: «Nos hemos proveído* DE *pan de cazabí* [...] *y* DE *agua»* (Reyes *Carnaval* [Col. 1992]); *«Este local deberá estar provisto* DE *una mesa de trabajo»* (VV. AA. *Control* [Esp. 1989]); *«Los norcoreanos empezaron a proveer a Irán* CON *misiles HY-2»* (*Vistazo* [Ec.] 20.3.97).

3. Como intransitivo, se usa seguido de un complemento con *a,* con el sentido de 'atender al mantenimiento de algo u ocuparse de algo': *«La misión del Estado* [...] *es proveer* A *la satisfacción de intereses generales»* (*Hora* [Guat.] 28.2.97); *«Pretende proveer* A *la vida y bienestar de sí mismo y de los suyos»* (Dou *Sentido* [Esp. 1984]).

4. No debe confundirse con *prever* ('ver con anticipación'; → prever).

proveniente. → provenir, 3.

provenir. **1.** 'Proceder u originarse'. Verbo irregular: se conjuga como *venir* (→ APÉNDICE 1,

n.º 60). No debe confundirse con *prevenir* ('precaver' y 'prever'; → prevenir(se)).

2. Se construye con un complemento introducido por la preposición *de: «Pero tal información proviene* DE *fuentes poco fiables»* (Marsé *Embrujo* [Esp. 1993]).

3. El adjetivo correspondiente es *proveniente* ('que proviene'): *«El avión* [...] *había aterrizado esa mañana a las siete proveniente de La Paz»* (Serrano *Vida* [Chile 1995]). No son válidas las formas [⊗]*proviniente* ni [⊗]*provinente,* usadas a veces incluso por hablantes cultos y que se deben, por una parte, al influjo del cambio de la *-e-* en *-i-* que tienen las formas con raíz tónica de este verbo (*provine, provino,* etc.), y por otra, al hecho de que el adjetivo análogo derivado de *venir* sea *viniente,* terminación que aparece en los adjetivos derivados de otros verbos que acaban en *-venir,* como ocurre en *intervenir,* que da *interviniente* (→ intervenir, 2).

providenciar. Dicho de un juez, 'dictar [una resolución] para resolver asuntos sencillos o de trámite'. Se acentúa como *anunciar* (→ APÉNDICE 1, n.º 4).

⊗provinente, ⊗proviniente. → provenir, 3.

provisto -ta. → proveer(se), 1.

próximo -ma. Cuando significa 'cercano', el complemento se introduce con *a: «Fueron de paseo a las cascadas próximas* AL *pueblo»* (MtzSalguero *Combate* [Bol. 2002]); no es normal, y debe evitarse, introducir este complemento con *de:* [⊗]*«¿No será que la Iglesia está más próxima* DE *los que sufren las nuevas tiranías?»* (*País* [Esp.] 2.12.88).

ps-, pseudo-. → p, 3.

psicoanálisis. 'Método creado por Sigmund Freud para analizar y curar las enfermedades mentales'. Debe usarse siempre en masculino, como mayoritariamente se hace, por ser este el único género válido en el español actual para el sustantivo *análisis* (→ análisis): *«El psicoanálisis clásico era considerado el tratamiento de elección»* (Rausch/Bay *Anorexia* [Arg. 1990]). Debe evitarse su uso en femenino ([⊗]*la psicoanálisis*), achacable hoy al influjo de otras lenguas como el italiano, el francés o el catalán, en las que *análisis* y sus compuestos son de género femenino. También puede escribirse *sicoanálisis* (→ p, 3).

psicomotor -ra, psicomotriz. → p, 3 y motor, 2.

psiquiatra. → p, 3 y -iatra.

psoriasis. 'Dermatosis generalmente crónica'. Es femenino, al igual que el resto de las voces médicas que presentan la terminación griega *-(ia)sis: candidiasis, litiasis, midriasis,* etc. No es correcto su uso en masculino: [⊗]*el psoriasis*. También es válida, aunque menos frecuente, la grafía *soriasis* (→ p, 3): «*Se ha destacado la asociación de soriasis y de artritis soriática en pacientes con SIDA*» (Grisanti *Manifestaciones* [Chile 1994]).

pt-, -pt-. → p, 4 y 5.

pteridófito -ta o **pteridofito -ta.** → -fito.

pudding. → pudin o pudín.

pudin o **pudín.** 'Dulce hecho con bizcocho o pan deshecho en leche'. La voz inglesa *pudding* se ha adaptado al español de varias formas. La forma *pudin* [púdin], que conserva la acentuación llana etimológica, es la más usada en España; su plural es *púdines* (→ PLURAL, 1g). En América, en cambio, se prefiere la forma aguda *pudín* (pl. *pudines*) y, en especial, la variante *budín* (pl. *budines*). No es admisible la forma [⊗]*puding*, que no es ni inglesa ni española.

[⊗]**pudredumbre, pudrición, pudrimiento.** → pudrir(se).

pudrir(se). **1.** 'Descomponer(se) una materia orgánica'. Verbo irregular: v. conjugación modelo (→ APÉNDICE 1, n.º 48). En el español medieval y clásico, debido a la existencia de dos formas en el infinitivo (*podrir* y *pudrir*), alternaban formas con *u* y formas con *o* en la raíz. En el español actual, quedan algunos restos de esta antigua variación. En la norma culta de España se emplean exclusivamente las formas con -*u*- en toda la conjugación: *pudrir, pudría, pudrí, pudrirá, pudriría*, etc.; la única excepción es el participio *podrido*. En la norma culta de la mayor parte de América las formas con -*u*- son también las preferidas, pero en el infinitivo, así como, en menor medida, en algunas personas del presente, en el pretérito imperfecto o copretérito, el pretérito perfecto simple o pretérito, el futuro simple o futuro, el condicional simple o pospretérito y el imperativo, se admiten también las formas con -*o*- (*podrir, podría, podrí, podrirá, podriría*, etc.): «*Has enflaquecido, pierdes el pelo, tus dientes comienzan a podrirse, tus cartílagos están inflamados*» (Jodorowsky *Pájaro* [Chile 1992]). **2.** Para hacer referencia a la acción y el efecto de pudrir(se), los sustantivos más frecuentes en el uso actual son *podredumbre* y el cultismo *putrefacción*. Con el mismo significado existen las formas, también correctas, *pudrición* y *pudrimiento*. Las variantes [⊗]*pudredumbre*, [⊗]*podrición* y [⊗]*podrimiento* son anticuadas y deben evitarse en el uso actual.

puente. 'Construcción que permite salvar por encima un río, un foso o una vía de comunicación'. Aunque en el español medieval y clásico se usó mayoritariamente en femenino —de lo que aún quedan vestigios en el habla popular y, a veces, en

la literaria—, en el español general actual es de género masculino, al igual que su étimo latino: «*Comenzó a atravesar un puente para carretas*» (Jodorowsky *Pájaro* [Chile 1992]).

[⊗]**puenting.** → puentismo.

puentismo. Voz recomendada en sustitución de la forma híbrida [⊗]*puenting* (del sustantivo español *puent*[e] + el sufijo inglés -*ing*) para designar el deporte consistente en lanzarse al vacío desde un puente u otro lugar situado a gran altura, sujetándose a este mediante una cuerda atada al cuerpo. Está formada con un sufijo tradicional y productivo en español, presente en otros términos que designan prácticas deportivas: *ciclismo, senderismo, piragüismo, paracaidismo*, etc.

puercoespín. 'Roedor con el cuerpo cubierto de púas'. Aunque aún es mayoritaria la grafía *puerco espín*, el primer elemento de este tipo de compuestos suele hacerse átono, dando lugar a que las dos palabras se pronuncien como una sola; por ello, se recomienda la grafía simple *puercoespín*, cuyo plural es *puercoespines*: «*La emperatriz había ido a visitar a la baronesa* [...], *por cuya propiedad pululaban pájaros exóticos y puercoespines*» (Mendoza *Ciudad* [Esp. 1986]).

Puerto Príncipe. Forma tradicional española del nombre de la capital de Haití: «*Estallaron levantamientos en los ingenios de Puerto Príncipe* [...] *y hasta en la misma Habana*» (Évora *Orígenes* [Cuba 1997]). No debe usarse en español la forma francesa *Port-au-Prince*.

puertorriqueño -ña. 'De Puerto Rico'. Esta es la forma preferida actualmente tanto en España como en América. La variante *portorriqueño*, también válida, fue perdiendo vitalidad en la segunda mitad del siglo XX.

puf. Adaptación gráfica de la voz francesa *pouf*, 'asiento blando, normalmente de forma cilíndrica, sin patas ni respaldo'. Su plural es *pufs* (→ PLURAL, 1h): «*Había como veinte mil almohadones, cojines y pufs de distintos tamaños*» (José *Keaton* [Esp. 1991]).

pulcro -cra. 'Aseado' y 'esmerado'. Tiene dos superlativos válidos: *pulquérrimo* (del lat. *pulcherrimus*; → -érrimo) y *pulcrísimo*, formado sobre *pulcro*: «*Una materia blanca* [...], *brillante, pulquérrima*» (Chacel *Barrio* [Esp. 1976]); «*Rafa tiene* [...] *un aspecto pulcrísimo, una elegancia natural*» (Diosdado *Ochenta* [Esp. 1988]).

[⊗]**pulgatorio.** → purgatorio.

pulimento. 'Acción de pulir': «*El pulimento y el acabado restarían fuerza al material con que se confeccionó la obra*» (FdzChiti *Estética* [Arg. 1991]); y 'sustancia para pulir': «*Olía a pulimento para madera*»

(Allende *Casa* [Chile 1982]). Es admisible, pero menos frecuente y, por ello, menos recomendable, la variante *pulimiento*.

pulimiento. → pulimento.

pullman. → pulman.

pullover. → pulóver.

pulman. Adaptación gráfica de la voz inglesa *pullman*, de uso frecuente en el español americano con los sentidos de 'autobús o vagón de tren dotados de especiales comodidades' y 'asiento muy cómodo, normalmente abatible y con suspensión elástica, propio de los autobuses de lujo y de los vagones de primera clase'. Su plural es *púlmanes* (→ PLURAL, 1g): «*Eran* [los muebles] *como de púlmanes trenísticos europeos*» (Mendoza *Perro* [Méx. 1982]).

pulóver. Adaptación de la voz inglesa *pullover*, 'prenda de punto, cerrada y con mangas, que cubre desde el cuello hasta la cintura'. Su plural es *pulóveres* (→ PLURAL, 1g): «*Los turistas debieron recurrir a sus pulóveres y camperas*» (*Clarín* [Arg.] 10.2.97).

púlsar o **pulsar.** La voz inglesa *pulsar* —acrónimo de *puls*[ating st]*ar*—, que significa 'estrella que emite radiación muy intensa a intervalos cortos y regulares', se ha adaptado al español con dos acentuaciones. La forma llana *púlsar* conserva la acentuación etimológica: «*En el centro de la explosión se formó un púlsar*» (Altschuler *Hijos* [Ur. 2002]); pero también se usa, y es válida, la forma aguda *pulsar* (pron. [pulsár]): «*Algunas supernovas han formado un pulsar*» (Maza *Astronomía* [Chile 1988]). El plural es *púlsares* y *pulsares*, respectivamente (→ PLURAL, 1g): «*Los púlsares son objetos fascinantes de enorme densidad*» (Claro *Sombra* [Chile 1995]); «*Los pulsares son estrellas de neutrones*» (Maza *Astronomía* [Chile 1988]).

pulso. *a pulso.* 'Haciendo fuerza con la muñeca y la mano, sin apoyar el brazo en parte alguna, para levantar o sostener una cosa' y, en sentido figurado, 'con el propio esfuerzo, por los propios méritos'. Se escribe siempre en dos palabras: «*Los dominicanos que residían allí se habían ganado a pulso fama de trabajadores*» (Vergés *Cenizas* [R. Dom. 1980]).

punch. 1. Voz inglesa que se usa, en boxeo, con el sentido de 'golpe potente dado con el puño'. Es anglicismo superfluo, por existir los equivalentes españoles *puñetazo* o *pegada*: «*Tenía una pegada formidable y era un boxeador depurado*» (*DAméricas* [EE. UU.] 1.2.97). Se usa figuradamente con los sentidos de 'fuerza o brío con que se acomete algo' y 'capacidad de atracción'. En esos casos debe sustituirse por los equivalentes españoles *em-*

puje o *garra*, para el primer sentido, y *atractivo* o *gancho*, para el segundo; así, en «*El Athletic era el dueño de la situación, pero su proverbial ausencia de "punch" y la contrastada calidad de[l] Barcelona auguraban peligro*» (*Mundo* [Esp.] 3.3.96), debió decirse *ausencia de garra* o *empuje*; y en «*Con las cifras de la victoria en la mano, pudo verificarse que el nacionalismo agraviado no tenía* punch *electoral*» (*Caretas* [Perú] 18.1.96), debió decirse *no tenía gancho* o *atractivo electoral*.

2. Con el sentido de 'bebida que se hace mezclando un licor con azúcar, agua y frutas', debe usarse en español la adaptación *ponche* (→ ponche, 1).

Punjab. → Punyab.

punk. 1. Voz tomada del inglés *punk (rock)*, que se usa, como adjetivo o como sustantivo masculino, con el sentido de '[movimiento contracultural y musical] surgido en el Reino Unido en la década de los setenta, caracterizado por una actitud y una imagen agresivamente anticonvencionales': «*Vos viste el nacimiento del punk en Inglaterra*» (Polimeni *Luca* [Arg. 1991]). Como adjetivo significa también 'de(l) punk': «*La filosofía punk está relacionada con muchas otras*» (Polimeni *Luca* [Arg. 1991]); «*¡Es un grupo punk!*» (Alou *Aportación* [Esp. 1991]). Referido a persona, designa al seguidor de este movimiento y es común en cuanto al género (*el/la punk*; → GÉNERO², 1a y 3j): «*La punk de gruesas gafas que me atendió era la antítesis de la perfecta recepcionista*» (José *Keaton* [Esp. 1991]). En España se usa también la forma *punki*, adaptación del inglés *punky*: «*Un punki mató de una puñalada a un joven universitario*» (*Mundo* [Esp.] 3.12.96). Ambas formas deben pronunciarse en español tal como se escriben: [púnk, púnki].

2. Aunque, por influjo del inglés, la forma *punk* tiende a usarse como adjetivo invariable, se recomienda el plural *punks* (→ PLURAL, 1h), tanto para el adjetivo como para el sustantivo: «*Está muy interesado en conocer todos esos grupos punks*» (Alou *Aportación* [Esp. 1991]); «*Los punks seguían peleando*» (Fogwill *Cantos* [Arg. 1998]). El plural de *punki* es *punkis* (→ PLURAL, 1e): «*La Policía ha comenzado a buscar por los lugares frecuentados por los grupos punkis*» (*Mundo* [Esp.] 3.12.96).

punki, *punky.* → punk.

punta. 1. *de* o *en puntas.* → puntilla.

2. *hora punta.* 'Aquella en la que se produce mayor aglomeración en los transportes y mayor demanda en el uso de determinados servicios'. En España y Chile se dice *hora punta*: «*Coge el metro en una hora punta*» (VqzMontalbán *Soledad* [Esp. 1977]). El plural es *horas punta*. En el resto de América se dice *hora pico* (→ pico, 1).

puntilla. *de* o *en puntillas.* 'Sobre las puntas de los pies y sin apoyar los talones': «*Andrés se puso de puntillas para besarla*» (Grandes *Aires* [Esp. 2002]); y, en sentido figurado, 'procurando no hacer ruido o no llamar la atención': «*Optó por fingir una modestia que no posee* [...] *y pasar de puntillas por el cargo, para poder llegar a él en el futuro por la vía electoral*» (VqzRial *Enigma* [Arg. 2002]). La variante encabezada por la preposición *de* es la más frecuente en el uso, pero también es válida la forma *en puntillas:* «*Se puso en puntillas para murmurar unas palabras al oído de Hermógenes*» (Donoso *Casa* [Chile 1978]). En el español de América es normal emplear el diminutivo *puntitas:* «*Lucha caminó de puntitas para que su jefe no se diera cuenta de su presencia*» (Esquivel *Deseo* [Méx. 2001]); «*Yo recién andaba por el quinto piso y en puntitas de pie*» (Bryce *Vida* [Perú 1981]). A veces se usa la forma no diminutiva *de puntas, en puntas.* Estas expresiones aparecen a menudo con el incremento *de pie: en puntas de pie, en puntitas de pie,* etc.

puntita. *de* o *en puntitas.* → puntilla.

PUNTO. 1. Signo de puntuación (.) cuyo uso principal es señalar gráficamente la pausa que marca el final de un enunciado —que no sea interrogativo o exclamativo—, de un párrafo o de un texto. Se escribe sin separación de la palabra que lo precede y separado por un espacio de la palabra o el signo que lo sigue. La palabra que sigue al punto se escribe siempre con inicial mayúscula.

2. *Usos lingüísticos*

2.1. Recibe distintos nombres, según marque el final de un enunciado, un párrafo o un texto:

a) Si se escribe al final de un enunciado y a continuación, en el mismo renglón, se inicia otro, se denomina *punto y seguido,* nombre más lógico y recomendable que el también usual de *punto seguido.* Si el punto y seguido coincide con el final de una línea, se comienza a escribir en la siguiente con el mismo margen, sin sangrado inicial. El punto y seguido es, pues, el que separa los enunciados que integran un párrafo.

b) Si se escribe al final de un párrafo y el enunciado siguiente inicia un párrafo nuevo, se denomina *punto y aparte,* aunque en algunas zonas de América se dice *punto aparte.* La primera línea de cada párrafo debe tener un margen mayor que el resto de las líneas que lo componen, es decir, ha de quedar sangrada. Ejemplo:

> Estuvo rondando la casa varias horas, silbando claves privadas, hasta que la proximidad del alba lo obligó a regresar. En el cuarto de su madre, jugando con la hermanita recién nacida y con una cara que se le caía de inocencia, encontró a José Arcadio.
>
> Úrsula había cumplido apenas su reposo de cuarenta días, cuando volvieron los gitanos.

> Eran los mismos saltimbanquis y malabaristas que llevaron el hielo.
> (GaMárquez *Años* [Col. 1967]).

El punto y aparte es, pues, el que separa dos párrafos distintos, que suelen desarrollar, dentro de la unidad del texto, ideas o contenidos diferentes.

c) Si se escribe al final de un escrito o de una división importante del texto, se denomina *punto final.* No es correcta la denominación ⊗*punto y final,* creada por analogía de las correctas *punto y seguido* y *punto y aparte* (→ a y b).

2.2. Se escribe punto detrás de las abreviaturas, con muy pocas excepciones (→ ABREVIATURA, 6d): *Sra., Excmo., Ud.* Si la abreviatura incluye alguna letra volada, el punto se coloca delante de esta: *D.ª, 1.º.*

2.3. Actualmente las siglas no llevan puntos entre las letras que las componen (*OTAN*), salvo que formen parte de un enunciado escrito todo él en mayúsculas (→ SIGLA, 5a).

3. *Combinación con otros signos*

3.1. El punto se escribirá siempre detrás de las comillas, los paréntesis y las rayas de cierre: *Dijo: «Tú y yo hemos terminado». Tras estas palabras se marchó, dando un portazo. (Creo que estaba muy enfadada). En la calle la esperaba Emilio —un buen amigo—. Este, al verla llegar, sonrió.*

3.2. No debe escribirse punto tras los signos de cierre de interrogación o de exclamación, aunque con ellos termine el enunciado; está, pues, incorrectamente puntuada la secuencia siguiente: ⊗*¿Quieres darte prisa?. ¡Vamos a llegar tarde por tu culpa!. Pero ¿se puede saber qué estás haciendo?.* Solo debe escribirse punto si tras los signos de interrogación o de exclamación hay paréntesis o comillas de cierre: *Se puso a gritar como un loco (¡vaya genio que tiene el amigo!).*

Me preguntó muy serio: «¿De veras puedo contar contigo?».

3.3. Si el punto de una abreviatura coincide con el punto de cierre del enunciado, solo debe escribirse un punto, nunca dos: *A la boda fueron todos sus parientes: tíos, primos, sobrinos, etc. Fueron en total ciento veinte invitados.*

3.4. Nunca se escribe otro punto tras los puntos suspensivos cuando estos cierran un enunciado: *Le gusta todo tipo de cine: negro, histórico, de aventuras... Es un cinéfilo empedernido.*

4. *Usos no lingüísticos*

4.1. Para separar las horas de los minutos cuando se expresa numéricamente la hora: *8.30 h, 12.00 h.* Para ello se usan también los dos puntos (→ DOS PUNTOS, 2.1).

4.2. Para separar, en la expresión numérica de las fechas, las indicaciones de día, mes y año: *21.6.2000.* Para ello se usan también el guion o la barra (→ FECHA, 2c).

4.3. Colocado a media altura entre dos cantidades o expresiones matemáticas indica multiplicación: *5 · 4 = 20; 2 · (x + y) = 30.* En este uso, se escribe entre espacios. Con este mismo fin es más normal el uso del símbolo tradicional en forma de aspa (×).

4.4. En los números escritos con cifras, la normativa internacional establece el uso de la coma para separar la parte entera de la parte decimal: $\pi = 3,1416$ (→ COMA[2], 4); pero también se acepta el uso del punto, propio de países de habla inglesa y extendido en algunos países hispanoamericanos. El uso del punto como separador de la parte entera y la decimal se ha generalizado para señalar la ubicación de las emisoras de radio en el dial: *Radio Intercontinental, 104.9.*

5. *Usos incorrectos*

5.1. No debe escribirse punto tras las unidades de millar en la expresión numérica de los años, ni en la numeración de páginas, portales de vías urbanas y códigos postales, ni en los números de artículos, decretos o leyes: *año 1987; página 1150; avenida de Mayo, 1370; 28010 Madrid; Real Decreto 1099/1986.*

5.2. Aunque todavía es práctica común en los números escritos con cifras separar los millares, millones, etc., mediante un punto (o una coma, en los países en que se emplea el punto para separar la parte entera de la decimal), la norma internacional establece que se prescinda de él. Para facilitar la lectura de estos números, cuando constan de más de cuatro cifras se recomienda separar estas mediante espacios por grupos de tres, contando de derecha a izquierda: *52 345, 6 462 749.* Esta recomendación no debe aplicarse en documentos contables ni en ningún tipo de escrito en que la separación arriesgue la seguridad. No se utiliza nunca esta separación, ni tampoco el punto (→ 5.1), en la expresión numérica de los años, en la numeración de páginas, portales de vías urbanas y códigos postales, ni en los números de artículos, decretos o leyes.

5.3. A diferencia de las abreviaturas, los símbolos no llevan punto (→ SÍMBOLO, 2a).

5.4. Nunca se escribe punto tras los títulos y subtítulos de libros, artículos, capítulos, obras de arte, etc., cuando aparecen aislados y son el único texto del renglón:

Cien años de soledad

Tampoco llevan punto al final los nombres de autor en cubiertas, portadas, prólogos, firmas de cartas y otros documentos, o en cualquier otra ocasión en que aparezcan solos en un renglón.

PUNTOS SUSPENSIVOS. 1. Signo de puntuación formado por tres puntos consecutivos (...) —y solo tres—, llamado así porque entre sus usos principales está el de dejar en suspenso el discurso. Se escriben siempre pegados a la palabra o el signo que los precede, y separados por un espacio de la palabra o el signo que los sigue; pero si lo que sigue a los puntos suspensivos es otro signo de puntuación, no se deja espacio entre ambos. Si los puntos suspensivos cierran el enunciado, la palabra siguiente debe escribirse con mayúscula inicial: *El caso es que si lloviese... Mejor no pensar en esa posibilidad;* pero si no cierran el enunciado y este continúa tras ellos, la palabra que sigue se inicia con minúscula: *Estoy pensando que... aceptaré; en esta ocasión debo arriesgarme.*

2. *Usos*

a) Para indicar la existencia en el discurso de una pausa transitoria que expresa duda, temor, vacilación o suspense: *No sé si ir o si no ir... No sé qué hacer; Te llaman del hospital... Espero que sean buenas noticias; Quería preguntarte... No sé..., bueno..., que si quieres ir conmigo a la fiesta; Si yo te contara...*

b) Para señalar la interrupción voluntaria de un discurso cuyo final se da por conocido o sobrentendido por el interlocutor: *A pesar de que prepararon cuidadosamente la expedición, llevaron materiales de primera y guías muy experimentados... Bueno, ya sabéis cómo acabó la cosa.* Es especialmente frecuente este uso cuando se reproduce un refrán o un fragmento literario de sobra conocido: *Más vale pájaro en mano..., así que dámelo ahora mismo; Y en mitad de la fiesta, se subió a una mesa y comenzó a recitar: «Con diez cañones por banda...».*

c) Para evitar repetir la cita completa del título largo de una obra que debe volver a mencionarse: *La obra* Yo era un tonto y lo que he visto me ha hecho dos tontos, *de Rafael Alberti, está llena de grandes aciertos. Los versos de* Yo era un tonto... *contienen algunos de los mejores hallazgos expresivos del autor.*

d) Para insinuar, evitando su reproducción, expresiones o palabras malsonantes o inconvenientes: *¡Qué hijo de... está hecho!* A veces se colocan tras la letra inicial del término que se insinúa: *Vete a la m... No te aguanto más.*

e) Cuando, por cualquier otro motivo, se desea dejar el enunciado incompleto y en suspenso: *Fue todo muy violento, estuvo muy desagradable... No quiero seguir hablando de ello.*

f) Sin valor de interrupción del discurso, sino con intención enfática o expresiva, para alargar entonativamente un texto: *Ser... o no ser... Esa es la cuestión.*

g) Al final de enumeraciones abiertas o incompletas, con el mismo valor que la palabra *etcétera* o su abreviatura: *Puedes hacer lo que quieras: leer, ver la televisión, oír música...* Debe evitarse, por redundante, la aparición conjunta de ambos elementos:

⊗*Puedes hacer lo que quieras: leer, ver la televisión, oír música..., etc.*

⊗*Puedes hacer lo que quieras: leer, ver la televisión, oír música, etcétera...*

h) Entre corchetes [...] (→ CORCHETE, 2e) o entre paréntesis (...) (→ PARÉNTESIS, 2e), los puntos suspensivos indican la supresión de una palabra o un fragmento en una cita textual: *«Fui don Quijote de la Mancha y soy agora* [...] *Alonso Quijano el Bueno»* (Cervantes *Quijote* II [Esp. 1615]).

Si se quiere dejar claro que la reproducción de una cita textual no se hace desde el comienzo mismo del enunciado, es posible escribir puntos suspensivos al inicio de la cita, sin paréntesis ni corchetes, dejando un blanco de separación respecto de la palabra a la que preceden: *Al final de la obra, don Quijote pide «... un confesor que me confiese y un escribano que haga mi testamento».* Asimismo, cuando la reproducción de la cita queda incompleta por su parte final, es posible escribir puntos suspensivos, sin paréntesis ni corchetes y sin blanco de separación con respecto al texto que antecede, para indicar que el enunciado continúa más allá de la última palabra reproducida: *Al final de la obra, don Quijote pide «... un confesor que me confiese y un escribano que haga mi testamento...», evidenciando la cordura que le asiste en sus últimos momentos.*

3. *Combinación con otros signos*

a) Si los puntos suspensivos finalizan el enunciado, no debe añadirse a ellos el punto de cierre (se escribirán solo tres puntos): *Me encanta esta casa. Es hermoso despertarse y ver el sol, los árboles, la luz en las ventanas... Creo que volveré el año que viene;* pero si los puntos suspensivos van detrás de una abreviatura, se suma a ellos el punto que la cierra, de modo que se escribirán cuatro puntos en total (→ ABREVIATURA, 6d): *Algunas abreviaturas con tilde son pág., cód., admón....*

b) Tras los puntos suspensivos sí pueden colocarse otros signos de puntuación, como la coma, el punto y coma y los dos puntos, sin dejar entre ambos signos ningún espacio de separación: *Cuando decidas los colores, las telas, el tipo de mobiliario..., ven a verme y te haré el presupuesto.*

Mañana traerán la mesa, las sillas, los cuadros...; entonces sí parecerá una casa.

Pensándolo bien...: mejor que no se presente.

c) Los puntos suspensivos se escriben delante de los signos de cierre de interrogación o de exclamación si el enunciado interrogativo o exclamativo está incompleto: *¡Si te dije que...! Es inútil, nunca haces caso a nadie;* si está completo, los puntos suspensivos se escriben detrás, sin espacio de separación: *¿Me habrá traído los libros?... Seguro que sí.* Pueden darse casos en que se junten el punto de una abreviatura, los tres puntos suspensivos y el de los signos de cierre de interrogación o de exclamación: *—¿Viste a ese Sr....? —Sí, el Sr. González estuvo aquí ayer.*

PUNTO Y COMA. 1. Signo de puntuación (;) que indica una pausa mayor que la marcada por la coma

y menor que la señalada por el punto. Se escribe pegado a la palabra o el signo que lo precede, y separado por un espacio de la palabra o el signo que lo sigue. La primera palabra que sigue al punto y coma debe escribirse siempre con minúscula (la única excepción se da en obras de contenido lingüístico, en las que es práctica común separar con este signo de puntuación los diferentes ejemplos que se ofrecen, cada uno de los cuales, cuando se trata de enunciados independientes, comienza, como es natural, con mayúscula; de este uso excepcional y contrario a la norma que rige en la lengua general hay abundantes ejemplos en esta misma obra).

2. El punto y coma es, de todos los signos de puntuación, el que presenta un mayor grado de subjetividad en su empleo, pues, en muchos casos, es posible optar, en su lugar, por otro signo de puntuación, como el punto y seguido, los dos puntos o la coma; pero esto no significa que el punto y coma sea un signo prescindible.

3. *Usos*

a) Para separar los elementos de una enumeración cuando se trata de expresiones complejas que incluyen comas:

Cada grupo irá por un lado diferente: el primero, por la izquierda; el segundo, por la derecha; el tercero, de frente.

Se dieron cita el presidente ejecutivo, Francisco Ruiz; el consejero delegado, Pedro García; el vocal, Antonio Sánchez; y el secretario general, Juan González.

Cuando el último elemento de la relación va precedido por una conjunción, delante de esta puede usarse también la coma (→ COMA², 2.1).

b) Para separar oraciones sintácticamente independientes entre las que existe una estrecha relación semántica:

Era necesario que el hospital permaneciese abierto toda la noche; hubo que establecer turnos.

Todo el mundo a casa; ya no hay nada más que hacer.

En la mayor parte de estos casos, se podría utilizar el punto y seguido. La elección de uno u otro signo depende de la vinculación semántica que quien escribe considera que existe entre los enunciados. Si el vínculo se estima débil, se prefiere usar el punto y seguido; si se juzga más sólido, es conveniente optar por el punto y coma. También se podrían usar los dos puntos, puesto que casi siempre subyacen las mismas relaciones que expresan estos cuando conectan oraciones (→ DOS PUNTOS, 1.8).

c) Se escribe punto y coma delante de conectores de sentido adversativo, concesivo o consecutivo, como *pero, mas, aunque, sin embargo, por tanto, por consiguiente*, etc., cuando las oraciones que encabezan tienen cierta longitud: *Los jugadores se entrenaron intensamente durante todo el mes; sin embar-*

go, los resultados no fueron los que el entrenador esperaba.

Si el período encabezado por la conjunción es corto, se usa la coma; y si tiene una extensión considerable, es mejor utilizar el punto y seguido:

Vendrá, pero tarde.

Este año han sido muy escasos los días en que ha llovido desde que se sembraron los campos. Por consiguiente, lo esperable es que haya malas cosechas y que los agricultores se vean obligados a solicitar ayudas gubernamentales.

d) Se pone punto y coma detrás de cada uno de los elementos de una lista o relación cuando se escriben en líneas independientes y se inician con minúscula, salvo detrás del último, que se cierra con punto:

Conjugaciones en español:
— verbos terminados en -ar (primera conjugación);
— verbos terminados en -er (segunda conjugación);
— verbos terminados en -ir (tercera conjugación).

4. El plural del nombre *punto y coma* es invariable: *Coloque las comas y los punto y coma que considere necesarios en los siguientes enunciados.* No obstante, siempre puede recurrirse, para un plural inequívoco, a la anteposición del sustantivo *signos: Aquel texto estaba plagado de signos de punto y coma.*

PUNTUACIÓN. → SIGNOS ORTOGRÁFICOS.

puntual. 'Que llega o actúa a la hora precisa o convenida': *«Ya son casi las siete y Alfonso es muy puntual»* (GaMorales *Lógica* [Esp. 1990]); y 'exacto o preciso': *«Va dejando en su diario de viaje puntual noticia de las cosas vistas»* (*Abc* [Esp.] 9.2.96). No hay por qué censurar su empleo, muy extendido hoy, con el sentido de 'aislado o concreto, limitado a un caso individual': *«Es posible que se trate de un problema puntual, muy preciso y concreto»* (Quezada *Mensaje* [Chile 1992]).

puntuar. 'Poner [a un texto] los signos de puntuación', 'dar, u obtener, puntos o calificaciones'. Se acentúa como *actuar* (→ APÉNDICE 1, n.° 7).

Punyab. Forma adaptada a la ortografía y pronunciación españolas del nombre de un estado de la India y una provincia de Pakistán, así como de la región histórica que actualmente se divide entre ambos países. El uso del artículo es opcional y muy frecuente, especialmente cuando se hace referencia a toda la región: *«Los habitantes del Punyab, escenario de dos guerras entre la India y Pakistán, abandonan sus hogares ante el temor a una nueva confrontación»* (*Mundo*@ [Esp.] 14.10.99). A pesar de su frecuencia en la escritura, debe evitarse la grafía inglesa *Punjab* (y las variantes minoritarias *Panjab, Penjab*), dado que en español la letra *j* no representa el sonido palatal central sonoro /y/. El gentilicio es *punyabí* (pl. culto *punyabíes*; → PLURAL, 1c).

⊗**pupurri,** ⊗**pupurrí.** → popurrí.

purgatorio. 'Lugar en el que, según el catolicismo, las almas purgan sus culpas': *«En el purgatorio [...] ha pasado muchos siglos pagando sus culpas por hechos terribles»* (Serrano *Dios* [Col. 2000]). Debe evitarse la deformación popular ⊗*pulgatorio.*

purpurado. 'Cardenal de la Iglesia romana', en alusión al color púrpura de sus ropas: *«El Colegio Cardenalicio quedará compuesto así por 185 purpurados»* (*DNavarra* [Esp.] 29.1.01). No es correcto su uso en referencia a un obispo o a otro prelado.

pus. 'Líquido amarillento segregado por un tejido inflamado'. Este sustantivo es masculino en el uso culto de la mayor parte del ámbito hispánico: *«El pus [...] puede ocasionar gran tumefacción y dolor»* (Tagarano *San Bernardo* [Arg. 1987]). Su empleo en femenino no es propio del habla culta, salvo en México y algunos países del área centroamericana, donde alternan ambos géneros, y en Chile, donde se usa solo en femenino: *«La pus salía a través de la incisión»* (Rosales/Reyes *Enfermería* [Méx. 1982]); *«Eran [...] dos piernas pudriéndose en vida, [...] reventándose en su propia pus»* (Allende *Casa* [Chile 1982]).

putsch, ⊗***putschismo,*** ⊗***putschista.*** → golpe de Estado.

puzle, *puzzle.* → rompecabezas.

pyjamas. → pijama.

q

q. **1.** Vigésima letra del abecedario español y decimoséptima del orden latino internacional. Su nombre es femenino: *la cu;* su plural, *cus* (salvo en Chile, donde el plural habitual es *cúes*). **2.** En las palabras españolas esta letra se escribe siempre seguida de una *u,* con la que forma, ante las vocales *e, i,* un dígrafo que representa el sonido velar oclusivo sordo /k/; la *u* no se pronuncia en estos casos: *queso* [késo], *esquina* [eskína]. En cambio, sí se pronuncia la *u* en las locuciones latinas, pues conservan la pronunciación que tenía el grupo *qu* en latín: *ad quem* [ad-kuém], *quid pro quo* [kuíd-pro-kuó]. También se pronuncia la *u* en las pocas ocasiones en que el grupo *qu* aparece ante las vocales *a, o,* lo que ocurre en algunas voces científicas procedentes del inglés, como *quark* [kuárk] y *quásar* [kuásar], y en palabras o locuciones latinas, como *quáter* [kuáter], *quórum* [kuórum], *statu quo* [estátu-kuó]. Por otra parte, la *q* puede aparecer como letra independiente en la transcripción de nombres árabes, ya que es la grafía que debe usarse, según las normas de transcripción del alfabeto árabe al español, para representar la letra árabe llamada *qāf: Iraq* [irák], *Qatar* [katár]. **3.** El sonido /k/ lo representan también las letras *c* (→ c, 2.1) y *k* (→ k).

Qatar. Grafía recomendada para el nombre de este emirato situado en la península de Arabia. Esta forma es la que resulta de aplicar las normas de transcripción del alfabeto árabe al español, según las cuales la letra *qāf* con la que comienza este topónimo en árabe se representa en español mediante la letra *q.* Carece de tradición, y no se considera aceptable, la grafía ⊗*Katar.* Como gentilicio se usan las formas *catarí* y *qatarí,* ambas válidas: «*Acusados por las autoridades cataríes de llevar a cabo el atentado*» (*VGalicia*@ [Esp.] 3.6.04); «*La cadena de televisión qatarí asegura que el periodista fallecido ayer es un "mártir"*» (*Razón* [Esp.] 9.4.03). El plural preferido en lengua culta es *cataríes* o *qataríes* (→ PLURAL, 1c).

qatarí. → Qatar.

quadrívium. → cuadrivio.

⊗quanto, quántum. → cuanto, 2.

quark. Voz, tomada del inglés, con la que se designa una hipotética partícula elemental que compone otras partículas subatómicas y no existe de manera aislada. Se pronuncia [kuárk] (→ q, 2) y su plural es *quarks* (→ PLURAL, 1j): «*Los quarks, los átomos, las moléculas no tienen voluntad*» (Nitti *Comunicación* [Arg. 1993]).

quásar. Voz tomada del acrónimo inglés *quasar* (de *quas*[i stell]*ar* [radio source]), que designa un cuerpo celeste de pequeño tamaño y gran luminosidad. En español debe escribirse con tilde por ser voz llana acabada en consonante distinta de *-n* o *-s* (→ TILDE², 1.1.2). El plural es *quásares* (→ PLURAL, 1g): «*No todas las galaxias parecen alojar quásares*» (*Hoy* [Chile] 25-31.1.84). También es válida, aunque menos frecuente, la grafía adaptada *cuásar* (pl. *cuásares*): «*Los cuásares son objetos luminosos que se forman en el centro de las galaxias*» (*Muy Interesante* [Esp.] 2.97).

que. Palabra átona, que debe escribirse sin tilde a diferencia del pronombre, adjetivo o adverbio interrogativo o exclamativo *qué* (→ qué). Puede ser pronombre relativo (→ 1) o conjunción (→ 2).

1. PRONOMBRE RELATIVO

Encabeza oraciones subordinadas con antecedente explícito o implícito, y puede referirse tanto a personas como a cosas. Cuando va precedido de artículo forma el relativo compuesto *el que,* que varía en género y número de acuerdo con la palabra a la que se refiere: *el que, la que, lo que, los que, las que.*

1.1. Con antecedente implícito, se construye obligatoriamente con artículo y puede ir o no precedido de preposición, dependiendo de la función que, dentro de la oración principal, desempeñe la subordinada de relativo: «*EL QUE más ama puede más*» (Martínez *Evita* [Arg. 1995]); «*PARA LOS QUE defendían a los pumas* [...], *aquello fue inenarrable*» (Azuela *Casa* [Méx. 1983]).

1.2. Con antecedente explícito, encabeza oraciones adjetivas explicativas o especificativas y, dependiendo de la función que el relativo desempeñe en la oración subordinada, llevará o no preposición.

1.2.1. Cuando no lleva preposición, se construye siempre sin artículo, tanto en oraciones explicativas como especificativas: «*Yo, QUE estaba en quinto de primaria, fui a contarles a mis cuates* [...] *que los granaderos habían tumbado la puerta de mi escuela*»

(Derbez *Usos* [Méx. 1988]); «*Las noticias QUE vinieron fueron peores*» (UPietri *Oficio* [Ven. 1976]). Solo si la oración es explicativa y tiene valor apositivo, el relativo sin preposición va precedido de artículo: «*Este es mi primo Pedro. Bueno, Pichichi, EL QUE trabaja en el ministerio*» (MtzBallesteros *Pisito* [Esp. 1990]). Por influjo del inglés, se usa a veces incorrectamente un gerundio en lugar del relativo seguido del verbo en forma personal: ⊗«*Un taxista bonaerense sorprendió a todos al devolver una billetera conteniendo 20 000 pesos*» (*DAméricas* [EE. UU.] 7.2.97); debió decirse *QUE contenía*.

1.2.2. Cuando el relativo con antecedente explícito lleva preposición, la posibilidad de construirse con el artículo depende, por un lado, de si la oración es explicativa o especificativa y, por otro, de cuál sea la preposición:

1.2.2.1. En oraciones explicativas, *que* se construye obligatoriamente con artículo: «*Su primer novio formal, AL QUE amó con la pasión casi demente de que era capaz a los dieciocho años, escapó a su compromiso una semana antes de la fecha prevista para la boda*» (GaMárquez *Amor* [Col. 1985]); «*En otro salón, EN EL QUE ardía una chimenea, cotorreaban señoras de complicados peinados*» (Mendoza *Verdad* [Esp. 1975]). En estos casos, el relativo *el que* puede sustituirse por *el cual* (→ cual, 2.1) o, si el antecedente es de persona, también por *quien* (→ quien, 1).

1.2.2.2. En oraciones especificativas, *que* puede llevar artículo con todas las preposiciones y en todas las funciones, y ha de llevarlo necesariamente cuando el antecedente es de persona: «*Nunca engañaría a un hombre AL QUE amo*» (Ocampo *Cornelia* [Arg. 1988]); «*Por fin se fue y, naturalmente, lo hizo con una señorita CON LA QUE estaba liado desde hacía ya tiempo*» (RGodoy *Mujer* [Esp. 1990]). También aquí *el que* es sustituible por *el cual* o por *quien*. Si el antecedente no es de persona, el relativo con preposición puede construirse opcionalmente sin artículo en los siguientes casos:

a) Con las preposiciones *a, con, de, en* y *por*: «*La huelga general A QUE se refiere la sentencia se produjo el 16 de mayo de 1977*» (*País* [Esp.] 6.6.80); «*Para compensar la facilidad CON QUE abrió la envoltura de seda*» (Adoum *Ciudad* [Ec. 1995]); «*Te la daré* [la carta] *a cambio de la suma DE QUE hablamos*» (Aguilera *Caricia* [Méx. 1983]); «*La verdadera razón POR QUE quieres quedarte es Miguel*» (Allende *Casa* [Chile 1982]). En todos estos casos es igualmente posible el uso del relativo con artículo e, incluso, suele ser lo más habitual, especialmente en el caso de *por*, ya que la secuencia *por que* puede tener también otro valor (→ porque, 2b).

b) Cuando la oración de relativo es afirmativa: «*Consideró resuelto el asunto DE QUE se ocupaban* [...] *ciertos organismos internacionales*» (*Hoy* [Chile] 7-13.12.83), igual de válido que *el asunto DEL QUE*

se ocupaban. Si la subordinada es negativa, es obligado el uso del artículo ante el relativo: «*El erotismo es un tema DEL QUE no se ha hablado demasiado*» (*Tiempo* [Esp.] 3.9.90); y no *un tema DE QUE no se ha hablado*.

c) No se admite la supresión del artículo en las oraciones enfáticas de relativo: *Con esa piedra fue CON LA QUE golpearon al árbitro*, y no *Con esa piedra fue CON QUE golpearon...* Para la supresión de la preposición en estas construcciones, → 1.5.

1.3. En la lengua oral y, en general, en registros poco cuidados, aparece indebidamente en ocasiones un pronombre personal átono dentro de una oración de relativo, con el mismo referente y cumpliendo la misma función que el pronombre relativo: ⊗*Tenía un perro enfermo al QUE había que cuidarLO mucho*, en lugar de *Tenía un perro enfermo al que había que cuidar mucho;* ⊗«*Es una cosa QUE LA puedo compartir*» (*Clarín* [Arg.] 20.6.01), en lugar de *Es una cosa que puedo compartir*. A veces, el uso del pronombre átono lleva incluso a suprimir la preposición exigida por la función que cumple el relativo: ⊗*El hermano de tu amiga, que LO conocí ayer, es muy simpático*, en lugar de *AL QUE conocí ayer;* ⊗«*Existe* [...] *algo QUE LE llaman tecnología*» (*Proceso* [Méx.] 8.9.96), en lugar de *A LO QUE llaman tecnología*. La ausencia del pronombre con el relativo se suple, en el caso de los complementos circunstanciales o de régimen, introduciendo en la oración de relativo un pronombre personal tónico precedido de la preposición que debería llevar el relativo: ⊗*Voy a salir con el chico QUE te hablé ayer DE ÉL*, en lugar de *Voy a salir con el chico DEL QUE te hablé ayer*. Es un fenómeno similar al de la sustitución del relativo *cuyo* por el relativo *que* seguido de un posesivo (→ cuyo, 4): ⊗«*Existen productos como el DDT y el Paraquat* [...], *QUE SU uso ha sido prohibido*» (*Siglo* [Pan.] 10.4.97), en lugar de *CUYO uso ha sido prohibido*.

1.4. La preposición que antecede al relativo solo puede suprimirse cuando este realiza funciones de complemento circunstancial de tiempo, y siempre que su antecedente no necesite la preposición para desempeñar el mismo papel: *Estalló la guerra el año QUE se jubiló* o *EN QUE se jubiló* (pues puede decirse *Estalló la guerra ese año* o *EN ese año*); pero no sería correcta una oración como ⊗*El momento QUE estalló la bomba se produjo una gran confusión*, sino que debe ser *El momento EN QUE estalló la bomba...*, pues no puede decirse ⊗*La bomba estalló ese momento*, sino *EN ese momento*. Si el complemento no es de tiempo, no se admite la supresión de la preposición: ⊗*La casa QUE viví de niño ya no existe;* debe decirse *La casa EN QUE viví de niño*.

1.5. Cuando el antecedente lleva preposición, en el habla coloquial se tiende a suprimir la mención de esa misma preposición delante del relativo: [⊗]*EN la ciudad QUE vivo hay mucha contaminación;* [⊗]*DEL tema QUE hablamos ayer no me quedó clara una cosa;* en el habla esmerada debe repetirse la preposición: *En la ciudad EN (LA) QUE vivo...*; *DEL tema DE(L) QUE hablamos...* En el español de América y, en España, entre hablantes catalanes, esta supresión es frecuente en las oraciones enfáticas de relativo con el verbo *ser,* igual que ocurre en francés, razón por la cual algunos tratadistas han denominado *«que* galicado» a este fenómeno: *«Fue POR eso QUE recurrí a una gran amiga de ella»* (*País* [Col.] 19.5.97); *«CON este convencimiento fue QUE [...] se generó un nuevo concepto de construcción industrial»* (*Hoy* [Chile] 7-13.7.97). La construcción considerada más correcta exige, en estos casos, repetir la preposición ante el relativo, y que este lleve artículo: *Fue POR eso POR LO QUE..., CON este convencimiento fue CON EL QUE...* Esta construcción galicada es bastante frecuente cuando el antecedente del relativo es un adverbio de lugar, de tiempo o de modo: *«Es ALLÍ QUE organizan y entrenan a estos grupos contrarrevolucionarios»* (*NHerald* [EE. UU.] 28.7.97); *«Fue ENTONCES QUE noté, por el ardor, que tenía mordeduras en el dedo medio de la mano derecha»* (Valladares *Esperanza* [Cuba 1985]); *«Fue ASÍ QUE el almuerzo dominical terminó centrándose en el "caldu maní", sopa de refinada sustancia»* (*Tiempos* [Bol.] 9.3.97). En todos estos casos es preferible emplear el adverbio relativo correspondiente: *Es ALLÍ DONDE..., Fue ENTONCES CUANDO..., Fue ASÍ COMO...* Similares a este tipo de construcciones son las interrogativas perifrásticas con *ser* encabezadas por un adverbio interrogativo, habituales en América y, en España, entre hablantes catalanes, en las cuales *que* funciona a modo de conjunción: *«¿DÓNDE fue QUE lo vio?»* (Marsé *Embrujo* [Esp. 1993]); *«¿CUÁNDO fue QUE usted estudió a Marx?»* (Soriano *León* [Arg. 1986]); *«¿CÓMO fue QUE comenzó esta historia?»* (*Universal* [Ven.] 8.9.96). Es preferible, en estos casos, el uso de interrogativas no perifrásticas: *¿Dónde lo vio?; ¿Cuándo estudió usted a Marx?; ¿Cómo comenzó esta historia?*

1.6. El relativo *que* se emplea a veces con valor cuantitativo-ponderativo, equivalente a *cuánto:* *«¿Sabes las veces que me lo has leído?»* (Signes *Darwin* [Esp. 1980]); *«No sabés lo que me costó meterlos en el baño»* (Andrade *Dios* [Arg. 1993]). Cuando la ponderación se refiere a un adjetivo o a un adverbio, estos se intercalan entre el artículo neutro *lo* y el relativo *que: «¡Sé LO débil QUE es!»* (Wolff *Kindergarten* [Chile 1977]); *«Es increíble LO bien QUE se está aquí, LO a gusto QUE se siente el cuerpo»* (RGodoy *Mujer* [Esp. 1990]).

1.7. Es incorrecto el uso del relativo *que* seguido del posesivo *su* o del artículo, con el valor posesivo que corresponde a *cuyo* (→ cuyo, 4).

1.8. dar que + infinitivo (*dar que pensar, dar que hablar,* etc.). Locución verbal que indica que lo expresado por el sujeto provoca la acción denotada por el infinitivo: *«Eso siempre da que hablar»* (Figuero *UCD* [Esp. 1981]); *«La versión del ministro da que pensar»* (*Caretas* [Perú] 3.4.97). Aunque el *que* se pronuncie a veces tónico, se trata del pronombre relativo y, por tanto, debe escribirse sin tilde.

1.9. lo que es. → ser, 4.

1.10. uno de los que + verbo. → CONCORDANCIA, 4.11.

1.11. yo soy el que, tú eres el que, vos sos el que + verbo. → CONCORDANCIA, 4.13.

2. CONJUNCIÓN

2.1. Introduce oraciones subordinadas sustantivas en función de sujeto: *«No le gusta QUE su mujer trabaje»* (*Hoy* [Chile] 11-17.7.84); de complemento directo: *«¡Yo no quiero QUE te vayas!»* (Santiago *Sueño* [P. Rico 1996]); y de término de preposición, en secuencias que funcionan como complemento de un sustantivo o de un adjetivo, o como complemento de régimen de un verbo: *«Despertó su temor el hecho de QUE la tía Julia fuera boliviana»* (VLlosa *Tía* [Perú 1977]); *«Estoy segura de QUE lo lograrás»* (O'Donnell *Vincent* [Arg. 1982]); *«Gregorio insistió en QUE no necesitaba absolutamente nada»* (Padilla *Jardín* [Cuba 1981]).

2.1.1. Cuando la oración subordinada funciona como sujeto, puede ir opcionalmente precedida del artículo *el: «EL QUE hubiera una escena de amor pudo ser mera casualidad»* (GlzLeón *Viejo* [Ven. 1995]); *«QUE el asesino hubiera usado un cuchillo era muy significativo»* (Rojo *Matar* [Esp. 2002]).

2.1.2. Cuando la oración subordinada funciona como complemento directo de un verbo de «ruego» o «temor», se suprime a veces la conjunción *que: «Le rogué me permitiera acompañarla hasta la entrada»* (Cano *Abismo* [Col. 1991]); *«Ya me temo no termine nunca* [esta guerra]» (Umbral *Leyenda* [Esp. 1991]); sucede también, aunque más raramente, con verbos de «opinión»: *«El comunicado [...] eriza el cabello y supongo habrá espantado al ministro Belloch»* (*Mundo* [Esp.] 21.12.94). En todos estos casos, aunque no se censura la supresión de la conjunción, se considera preferible mantenerla: *Le rogué QUE me permitiera, me temo QUE no termine, supongo QUE habrá espantado.*

2.1.3. Es rechazable la supresión de la preposición delante de la conjunción *que* cuando aquella viene exigida por la función que la subordinada sustantiva ejerce dentro de la principal; así pues, es incorrecto decir [⊗]*estoy seguro que...,* en lugar de *estoy seguro DE que...,* [⊗]*me acordé que...,* en lugar de *me acordé DE que...,* etc. (→ QUEÍSMO).

2.1.4. Aún más censurable resulta la anteposición de la preposición *de* a la conjunción *que* cuando la subordinada sustantiva ejerce una función que no admite preposición; por tanto, no se debe decir ⊗*pienso DE que...,* sino *pienso que...;* ⊗*es posible DE que...,* sino *es posible que...,* etc. (→ DEQUEÍSMO).

2.1.5. Cuando, con el verbo *decir* y similares, entre la conjunción y la oración que esta introduce se intercala una oración condicional, en la lengua coloquial tiende a repetirse el *que* tras el inciso: «*Me dijo QUE, si no quería ir por las buenas, QUE acudiera a las autoridades*» (*NHerald* [EE. UU.] 2.3.97).

2.1.6. Delante de las oraciones interrogativas indirectas dependientes del verbo *preguntar,* es habitual en la lengua coloquial la presencia de un *que,* innecesario pero admisible, ante la conjunción *si* o el pronombre o adverbio interrogativo que introducen la subordinada: «*Nos pregunta QUE si nos gusta la exposición*» (Hidalgo *Azucena* [Esp. 1988]); «*Larrocha pregunta QUE qué significa eso*» (*País* [Esp.] 2.6.87); «*El oficial le preguntó QUE dónde estaba el sospechoso*» (Flores *Siguamonta* [Guat. 1993]), de igual sentido que *pregunta si nos gusta la exposición, pregunta qué significa eso, preguntó dónde estaba el sospechoso.* Cuando se utiliza *decir* con el sentido de 'preguntar', es igualmente superfluo el uso de *que* cuando la interrogativa va introducida por la conjunción *si:* «*Un día me dijo QUE si quería ir a la Liga del Cauca*» (*Tiempo* [Col.] 11.11.96), de igual sentido que *me dijo si quería ir...* Pero cuando la interrogativa dependiente de *decir* va introducida por un pronombre o un adverbio interrogativo, la presencia de *que* es obligatoria, para evitar la confusión con los usos en que *decir* significa 'comunicar', y no 'preguntar': «*Un señor llamó diciendo* [= preguntando] *QUE qué pasaba con su ordenador*» (*Mundo* [Esp.] 16.2.97); «*¡He dicho* [= preguntado] *QUE dónde está!*» (Mendizábal *Cuponazo* [Esp. 1992]); si en estos dos ejemplos se suprimiese la conjunción *que,* se interpretarían en un sentido diferente: *Un señor llamó diciendo* [= comunicando] *qué pasaba con su ordenador; He dicho* [= comunicado] *dónde está.*

2.2. Introduce el segundo término de una comparación propia, es decir, aquella en la que se comparan dos entidades diferentes en relación con una determinada noción o magnitud. La conjunción *que* va siempre precedida, inmediatamente o no, de un adjetivo o adverbio de sentido comparativo (*mejor, peor, mayor, menor, igual, más, menos, antes, después,* etc.) o de un sustantivo multiplicativo o fraccionario (*doble, triple, mitad,* etc.): *Tu automóvil es MEJOR QUE el mío; Su hermano pequeño es MÁS alto QUE él; Mi maleta llegó DESPUÉS QUE yo; Ahora gano el DOBLE QUE hace un año.* En cambio, se emplea la preposición *de,* y no la conjunción *que,* para introducir oraciones de relativo sin antecedente expreso que denotan, no una entidad distinta, sino grado o cantidad en relación con la magnitud que se compara: «*Le pagaré el DOBLE DE LO QUE marque*

el taxímetro» (Ribera *Sangre* [Esp. 1988]); «*El Viejo sabe del testigo MÁS DE LO QUE aparenta*» (Pozo *Noche* [Esp. 1995]); «*Me despierto varias horas ANTES DE LO QUE solía*» (Téllez *Trastornos* [Méx. 1995]). Obsérvese, a este respecto, la diferencia entre estos dos enunciados: *Eso importa MÁS QUE lo que tú dices* [=A importa más que B], frente a *Eso importa MÁS DE lo que tú dices* [=A importa más de lo que tú dices que importa].

2.2.1. El complemento de los adjetivos *inferior, superior, posterior* y *anterior* no va introducido por la conjunción *que,* sino por la preposición *a:* «*Mi capacidad de resistencia ante el pasado es inferior A la tuya*» (Moix *Arpista* [Esp. 2002]), y no ⊗*QUE la tuya.*

2.2.2. Cuando el segundo término de una comparación propia es una oración subordinada introducida a su vez por la conjunción *que,* es gramaticalmente impecable la emisión conjunta del *que* comparativo y el *que* introductor de la subordinada: «*Parece más positivo que él exista QUE QUE no exista*» (Cabrera *Cine* [Esp. 1999]). No obstante, para evitar la cacofonía, es habitual introducir entre ambas conjunciones un *no* expletivo (→ no, 3a): «*Mejor es eso QUE NO QUE a uno lo ignoren*» (Landero *Juegos* [Esp. 1989]). No debe sustituirse en estos casos el *que* comparativo por la preposición *a:* ⊗«*Es mejor que te llamen guapo A QUE te tachen de feo*» (*Tiempo* [Esp.] 28.5.90); este error se explica por el influjo de construcciones similares con *preferir* o *ser preferible,* cuyos complementos sí llevan la preposición *a* (→ preferir y preferible): *Prefiero que vengas A QUE te quedes; Es preferible que te llamen guapo A QUE te tachen de feo.* Lo que no debe hacerse en ningún caso es eliminar, sin más, el *que* conjuntivo: ⊗*Es mejor que salgas que te quedes en casa.*

También la conjunción comparativa *que* puede ir seguida del relativo *que: Tengo más cosas que alabarte QUE QUE criticarte; Hay más que perder QUE QUE ganar.* Tampoco es recomendable aquí suprimir uno de los dos *que:* ⊗*Tengo más cosas que alabarte QUE criticarte;* ⊗*Hay más que perder QUE ganar.* En casos como estos se aconseja evitar la cacofonía haciendo explícito el antecedente *cosas* y repitiéndolo en el segundo término de comparación: *Tengo más COSAS que alabarte QUE COSAS QUE criticarte; Hay más COSAS que perder QUE COSAS QUE ganar.*

2.2.3. Para el uso de *que* en construcciones de sentido comparativo con *preferir* y *ser preferible,* → preferir y preferible.

2.2.4. Para el uso de *que* como introductor del segundo término de comparación en estructuras comparativas con *igual,* → igual.

2.2.5. También se usa la conjunción *que* en estructuras contrastivas del tipo *yo que tú...; tú, al contrario que él...; o él, al revés que su hija...: «Yo QUE usted lo pensaría*» (Lynch *Dedos* [Arg. 1977]); «*Yo pienso, al contrario QUE mi admirado Manuel Hidal-*

go, que las guerras son muy peligrosas» (Mundo [Esp.] 12.5.99). No debe usarse en su lugar la preposición *de,* uso achacable en muchos casos al influjo de otras lenguas, como el catalán, donde se emplea en estas construcciones la preposición: ⊛*«Yo DE Leguina no dimitiría» (País* [Esp.] 1.4.85); ⊛*«Porque Yeltsin, al contrario DE Gorbachov, reniega del marxismo-leninismo» (Universal* [Ven.] 21.4.93); debió decirse *Yo QUE Leguina* y *Yeltsin, al contrario QUE Gorbachov.*

Pero si con *al contrario* y *al revés* el segundo término es un grupo nominal que encierra una oración de relativo, debe usarse *de* y no *que: Yo, al contrario DE lo que tú piensas, creo que es mejor así* (y no ⊛*Yo, al contrario QUE lo que tú piensas...); Eso se hará al revés DE como se dijo en un principio* (y no ⊛*Eso se hará al revés QUE como se dijo...*).

2.3. Introduce oraciones subordinadas consecutivas, normalmente en correlación con *tan(to)* o *tal: «Es TANTO lo que se ha popularizado este canario QUE hoy existen grandes criaderos»* (Wundt *Cría* [Arg. 1990]); *«Fue algo TAN sencillo QUE nunca le prestaste atención»* (Salazar *Selva* [Col. 1991]); *«El hecho adquirió TALES proporciones QUE [...] Jerusalén sufrió una conmoción»* (Benítez *Caballo* 1 [Esp. 1984]).

2.4. En determinadas expresiones coloquiales de valor ponderativo, se elide, por sobrentendido, el primer segmento de la consecutiva: *«El ministro está QUE trina»* (Leguina *Nombre* [Esp. 1992]); *«Pero si toreas QUE da gusto»* (MtzMediero *Lola* [Esp. 1988]). Se sobrentiende *tan enfadado,* en el primer caso, y *tan bien,* en el segundo.

2.5. Introduce oraciones subordinadas causales explicativas, con sentido equivalente a *porque: «Me voy, QUE tengo que vigilar a Rigoberto»* (Quintero *Esperando* [Cuba 1996]). Normalmente van pospuestas y la coma que precede a la oración introducida por *que* es obligatoria.

2.6. Introduce oraciones subordinadas finales, con sentido equivalente a *para que: «¡Quítate ese pelucón, QUE te veamos el pelo de costurera!»* (MtnRecuerda *Arrecogías* [Esp. 1980]); *«¡Ven que te vea!»* (Pombo *Metro* [Esp. 1990]).

2.7. Cuando se combina con una negación, adquiere sentido adversativo. Si precede a la negación, equivale a *y: «Esa* [bota] *sí es de él, QUE no mía»* (Boullosa *Duerme* [Méx. 1994]). Si sigue a una oración negativa, equivale a *sino: «Pepe, que eso tuyo no es color, QUE es barro de la Atalaya»* (Guerra *Cuentos* [Esp. 1941-61]).

2.8. Repetida o no, equivale a la conjunción *o* en expresiones de sentido concesivo: *QUE venga, QUE no venga* [= venga o no venga, 'aunque no venga'], *yo sí pienso ir a la fiesta; «Pero quieras QUE no* [= quieras o no, 'aunque no quieras'], *tiene sus días contados esta mentalidad»* (Ocampo *Testimonios* [Arg. 1977]).

2.9. Introduce oraciones independientes que expresan diversos matices, entre los que cabe destacar los siguientes:

a) Advertencia: *«¿Qué haces ahí arriba? ¡QUE te vas a caer!»* (Galán/Garcimartín *Posada* [Esp. 1990]).

b) Queja o lamentación: *¡QUE me pase esto a mí, a mis años!*

c) Deseo: *«¡QUE te vaya bien, Doroteo!»* (Scorza *Tumba* [Perú 1988]).

d) Asombro, generalmente en oraciones interrogativas: *«¿QUE no quiere gas? ¿Pues qué quiere?»* (Morales *Verdad* [EE. UU. 1979]).

e) Resumen de lo oído o de lo enunciado con anterioridad: *«O sea, QUE eres feliz»* (Pozo *Novia* [Esp. 1995]); *«Vamos, QUE no existe educación musical»* (*Vanguardia* [Esp.] 28.2.95).

f) Hipótesis, generalmente en oraciones interrogativas, con sentido equivalente a *si: ¿QUE no llegamos a tiempo?* [= si no llegamos a tiempo] *Pues nos volvemos.*

g) Precedido de la preposición *a,* manifiesta convencimiento sobre lo que se expresa a continuación: *«¿A QUE es preciosa?»* (VqzFigueroa *Taberna* [Esp. 1994]); *«A QUE te fusilan encima, idiota»* (MtzMediero *Lola* [Esp. 1988]); también se usa para incitar o retar al interlocutor a realizar una acción: *«¡A QUE no me alcanzas, Scaramouche!»* (Paso *Palinuro* [Méx. 1977]).

2.10. Se usa como refuerzo detrás de adverbios de afirmación como *sí, claro, naturalmente, seguro, seguramente,* etc.: *«Claro QUE tiene razón»* (Morales *Verdad* [EE. UU. 1979]); *«Naturalmente QUE te conmoví»* (Ocampo *Cornelia* [Arg. 1988]); *«Seguro QUE también te ha engañado»* (Parra *Tristán* [Chile 1994]). Con *sí* y *seguramente,* su presencia es opcional: *«Sí (QUE) funciona. Mirá»* (Fresán *H.ª argentina* [Arg. 1991]); *«Seguramente (QUE) este sabe algo»* (Alegre *Sala* [Esp. 1982]); pero cuando *sí* se usa irónicamente expresando negación, o forma parte de expresiones de carácter ponderativo, es obligada la presencia de *que: «¡Pues sí QUE estamos buenos!»* (GaBadell *Funeral* [Esp. 1975]); *«Déjeme ayudarle con estos mamotretos... ¡Caramba, pues sí QUE pesa el nuevo mundo!»* (Savater *Sinapia* [Esp. 1983]).

2.11. Es opcional su empleo detrás de *ojalá: «Ojalá (QUE) esto termine pronto»* (Montero *Trenza* [Cuba 1987]), aunque la lengua culta suele preferir la omisión de *que.*

2.12. También es opcional su presencia tras las locuciones adverbiales temporales *en esto, en eso: «En esto (QUE) salió la enfermera a reñirnos un poco [...] y se perdió la evocación»* (*País* [Esp.] 10.9.77); *«En eso (QUE) el mexicano se embroca un sarape [...] y, disfrazado de foldorista, grita»* (Mojarro *Yo* [Méx. 1985]).

En todos los casos señalados en que es opcional su empleo, su presencia es más propia del habla coloquial que del habla culta.

2.13. Forma parte de numerosas locuciones conjuntivas: *al punto que, a no ser que, antes (de) que* (→ antes, 3), *así que, comoquiera que* (→ comoquiera, 2), *con tal (de) que* (→ tal, 2), *dado que* (→ dar(se), 4), *de manera o modo que* (→ manera, 4 y modo, 4), *después (de) que* (→ después, 2), *dondequiera que* (→ dondequiera, 1), *en tanto que* (→ tanto, 7), *mientras que* (→ mientras, 3), *por más que* (→ más, 1.18), *puesto que, ya que,* etc.

2.14. Con los verbos *haber* y *tener*, y seguida de infinitivo, forma perífrasis verbales que expresan necesidad u obligación: *«¡Hay QUE seguir adelante!»* (Moncada *Otoño* [Esp. 1993]); *«Tenemos QUE encontrarlo»* (López *Vine* [Méx. 1975]).

2.15. Entre formas verbales idénticas de tercera persona del singular del presente de indicativo, forma parte de estructuras de valor reiterativo, en las que el segundo verbo aparece opcionalmente precedido de *te: «Esa pobre sigue llora QUE llora»* (Merino *Choz* [Esp. 1987]); *«Ella continuó llora QUE TE llora»* (Vergés *Cenizas* [R. Dom. 1980]); *«Todo el año trabajando, dale QUE dale»* (*Hoy* [Chile] 13-19.1.97).

2.16. Es uso popular, que debe evitarse en el habla culta, la presencia superflua de *que* en oraciones ponderativas encabezadas por *qué, cuánto* o *menudo:* ⊗*¡Qué simpático QUE es tu amigo!;* ⊗*¡Qué bien QUE canta este pájaro!;* ⊗*¡Cuánto trabajo QUE tengo esta semana!;* ⊗*¡Menuda cara QUE tienes!*

2.17. de que. a) En el habla popular se emplea como locución conjuntiva con el sentido de 'en cuanto, tan pronto como': ⊗*«De que el Picaza venga a la mili, ni se vuelve a acordar de ella»* (Delibes *Hoja* [Esp. 1986]). Es uso que hoy rechaza la norma culta.

b) Sobre el uso correcto o incorrecto de la preposición *de* ante la conjunción *que,* → DEQUEÍSMO y QUEÍSMO.

2.18. ni que decir tiene. Significa 'no hace falta decir(lo)' y funciona como locución adverbial equivalente a *por supuesto: «La oposición, ni que decir tiene, censuró unánimemente a los interpelados»* (*Tiempos* [Bol.] 2.2.97); *«Ni que decir tiene que este trabajo excelente les prestará un servicio inestimable»* (*Vanguardia* [Esp.] 2.6.95). En esta locución, *que* es conjunción átona que no debe tildarse.

2.19. no... más que. Seguido de una expresión cuantitativa, esta construcción significa 'solamente': *«No tiene más que 28 años»* (*Tiempo* [Col.] 1.12.91). No debe confundirse con *no... más de,* que expresa límite máximo, no cantidad exacta: *«En esa época Buenos Aires no tenía más de 25 cuadras»* (Zaefferer *Navegación* [Arg. 1987]).

3. como que. → como, 2h.

4. con que. → conque, 3.

5. por que. → porque, 2.

qué. 1. Palabra tónica, que debe escribirse con tilde a diferencia del pronombre relativo o de la conjunción *que* (→ que). Tiene los siguientes valores:

1.1. Pronombre interrogativo o exclamativo, que, referido siempre a cosas, introduce enunciados interrogativos o exclamativos directos, y oraciones subordinadas interrogativas o exclamativas indirectas: *«¿QUÉ te ha pasado?»* (Ferré *Batalla* [P. Rico 1993]); *«¡QUÉ me va usted a decir, si soy yo quien le aguanta!»* (Sampedro *Sonrisa* [Esp. 1985]); *«Ahora entiendo por QUÉ aceptaste acostarte con Arturo»* (Gamboa *Páginas* [Col. 1998]). Puede constituir por sí solo un enunciado: *«—¿Sabes una cosa? —¿QUÉ?»* (Padilla *Jardín* [Cuba 1981]). En estos casos, es frecuente en el habla coloquial la anteposición del artículo *el: «—Germán, esto no funciona. —¿EL QUÉ?»* (Marsillach *Ático* [Esp. 1995]); pero no es admisible en la lengua culta anteponer a este pronombre el artículo neutro *lo:* ⊗*«—No sé, fue un instante, un relámpago; y en ese relámpago sentí de nuevo... —¿LO QUÉ?»* (Mahieu *Gallina* [Arg. 1980]). En oraciones exclamativas, seguido de la preposición *de* y un sustantivo, sirve para ponderar la cantidad, con sentido equivalente a *cuánto: «¡QUÉ DE risitas y de guiños tuviste que soportar!»* (Savater *Catón* [Esp. 1989]). Este pronombre puede introducir oraciones interrogativas indirectas con verbo en infinitivo y dependientes de los verbos *tener* y *haber: «—¿A qué te dedicas, Juanito? [...] —Hace seis meses que me arruiné en el campo, y no tengo QUÉ hacer»* (Araya *Luna* [Chile 1982]); *«No había QUÉ comer, para variar, pero teníamos dignidad»* (Valdés *Vida* [Cuba 1996] 119). Este uso no ha de confundirse con las perífrasis verbales *haber que* o *tener que* seguidas de infinitivo, que expresan necesidad u obligación, en las que *que* es conjunción átona que debe escribirse sin tilde (→ que, 2.14): *«No tienes QUE hacer nada»* (Pedrero *Invierno* [Esp. 1989]); *«A él no le gustaba la tragonería, pero había QUE comer»* (GaBadell *Funeral* [Esp. 1975]).

1.2. Antepuesto a un sustantivo, y referido tanto a personas como a cosas, funciona como adjetivo interrogativo o exclamativo: *«¿QUÉ documento necesita?»* (Chao *Altos* [Méx. 1991]); *«QUÉ mujer tan extraordinaria»* (Marsé *Embrujo* [Esp. 1993]); *«No se podía saber en QUÉ lío estaba metida»* (Belli *Mujer* [Nic. 1992]); *«¡Y mire QUÉ flores más lindas!»* (Chase *Pavo* [C. Rica 1996]).

1.3. También puede funcionar como adverbio interrogativo o exclamativo, normalmente en oraciones exclamativas y antepuesto a un adjetivo o a otro adverbio: *«¿QUÉ te importa ya eso?»* (Amestoy *Ederra* [Esp. 1982]); *«¡QUÉ guapo estás!»* (AMillán *Guardapolvo* [Esp. 1990]); *«¡QUÉ bien jugaste, mamá!»* (Daneri *Matar* [Arg. 1981]).

1.4. Como el resto de los interrogativos, puede sustantivarse: *«Un episodio en el que es necesario distinguir el QUÉ del cómo»* (*Mundo* [Esp.] 23.8.96). Forma parte de las locuciones nominales *el qué dirán* ('la opinión de la gente'): *«Los príncipes no hacen* *nada y si hacen algo* [...] *es para no aburrirse y evitar el qué dirán» (Hoy* [Chile] 5-11.5.97); y *un no sé qué* ('algo que no se sabe explicar'): *«Los ricos tienen un no sé qué que les hace especiales» (Vanguardia* [Esp.] 10.8.94).

2. En la lengua coloquial es frecuente su uso con verbos de peso, medida o precio, con sentido equivalente a *cuánto: «¿QUÉ vale ese cirio?» (País* [Esp.] 2.11.80); *«—¿QUÉ pesa?* [...] *—Trescientos kilogramos» (Lugones Fuerza* [Arg. 1906]). Con el mismo valor se usa también con la palabra *años: «—¿QUÉ años tienes?* [...] *—Diecisiete, alteza» (Muñiz Tragicomedia* [Esp. 1980]). Sin embargo, no debe emplearse en el habla esmerada con el valor que corresponde a otros adverbios interrogativos como *dónde, cuándo* o *cómo,* algo no infrecuente en el habla coloquial: *⊗¿QUÉ vas, al cine?* (en lugar de *¿DÓNDE vas, al cine?*); *⊗¿QUÉ llegaste, ayer?* (en lugar de *¿CUÁNDO llegaste, ayer?*); *⊗¿QUÉ lo has hecho, con un martillo?* (en lugar de *¿CÓMO lo has hecho, con un martillo?*).

3. Sigue teniendo valor interrogativo y, por tanto, se escribe con tilde cuando va precedido de la preposición *según,* o del verbo *depender* o el adverbio *independientemente* seguidos de la preposición *de,* y puede ser sustituido por *lo que: «El hombre procede muy diferentemente según quién le mire y según QUÉ mire él»* (Albizu *Homilías* [Esp. 1917]); *«Todo depende de QUÉ queramos hacer»* (Rovner *Compañía* [Arg. 1993]); *Tienes que acabar tus estudios, independientemente de QUÉ quieras hacer en el futuro.*

4. Forma parte de numerosas fórmulas y locuciones:

a) *a qué santo* o *a santo de qué.* Fórmula que significa 'por qué, con qué motivo', con la que se manifiesta enfado o disconformidad ante el hecho que se expresa a continuación: *«A qué santo se mete a decirme que Inés está pensando abandonarme»* (Bryce *Vida* [Perú 1981]); *«¿A santo de qué viene citar los Evangelios?»* (Egido *Corazón* [Esp. 1995]).

b) *no hay de qué.* Fórmula con que se contesta a las expresiones de gratitud: *«—¡Y gracias por todo! —¡No hay de qué!»* (VqzFigueroa *Taberna* [Esp. 1994]).

c) *qué hay.* Fórmula de saludo: *«Qué hay, Fischer —me saludó»* (Collyer *Pájaros* [Chile 1995]).

d) *que para qué.* Expresión con que se pondera lo expresado con anterioridad: *«Tiene un talento que para qué, es todo un artista»* (SchzOstiz *Infierno* [Esp. 1995]).

e) *qué sé yo (qué).* Tiene valor indefinido y se usa para atenuar lo que se dice, para introducir una ejemplificación o para rematar el enunciado aludiendo vagamente a otras cosas que no se expresan: *«Y noté..., qué sé yo, como unos bultitos»* (BVallejo *Trampas* [Esp. 1994]); *«Era gente educada en Oxford, en Cambridge, qué sé yo»* (Bryce *Vida* [Perú 1981]);

«Y se bebía tintorro de Valdepeñas [...] *y copitas de Chinchón dulce con alfajores de Estepa. Y milhojas, y candelilla, bueno, qué sé yo qué»* (Zamora *Traque* [Esp. 1972]).

f) *qué tal.* Locución adverbial equivalente a *cómo: «¿Qué tal lo has pasado?»* (RGodoy *Mujer* [Esp. 1990]). Se emplea como fórmula de saludo, por abreviación de *¿qué tal estás?, ¿qué tal te va?,* etc.: *«Hola. ¿Qué tal?»* (ASantos *Moro* [Esp. 1985]). También se emplea para proponer algo al interlocutor: *«¿Qué tal un chupe de camarones?»* (Scorza *Tumba* [Perú 1988]).

g) *qué tan(to).* Locución adverbial equivalente, según los casos, a *cuán(to)* o a *cómo de,* que puede aparecer en oraciones interrogativas o exclamativas, tanto directas como indirectas. Era normal en el español medieval y clásico, y hoy pervive en amplias zonas de América: *«¿Qué tanto podrá desarrollarse el mercado bursátil en los próximos cinco años?»* (Prensa [Guat.] 8.7.96); *«¿Qué tan sofisticado es el equipamiento técnico que usted utiliza en sus presentaciones?»* (Caras [Chile] 26.5.97); *«Era mi costumbre* [...] *la de deshojar margaritas para saber qué tanto me amaba Estefanía»* (Paso *Palinuro* [Méx. 1977]); *«Depende de qué tan madrugador sea usted»* (Tiempo [Col.] 7.4.97).

h) *qué va.* Se usa como negación enfática: *«—¿Le pasa a usted algo? —¡Qué va! Estoy muy bien»* (Sampedro *Sonrisa* [Esp. 1985]).

i) *sin qué ni para qué.* Locución adverbial que significa 'sin motivo': *«Se desmaya Edelmiro sin qué ni para qué»* (Ramírez *Baile* [Nic. 1995]).

j) *y (a mí* o *eso) qué.* Expresa desprecio o indiferencia ante lo que se acaba de oír: *«—Todavía no ha oscurecido. —¿Y qué?»* (Ducoudray *Ojos* [C. Rica 1992]); *«—Julia sigue enferma.* [...] *—¿Y a mí qué?»* (Guelbenzu *Río* [Esp. 1981]); *«La gente no quería a los policías* [...] *¿Y eso qué? Él no se sacaba la mugre para que la gente lo respetara o lo quisiera»* (VLlosa *Tía* [Perú 1977]).

5. *por qué.* → porqué, 2.

Quebec. Nombre español de la ciudad y provincia canadienses cuyo nombre en francés es *Québec.* En español se escribe sin tilde por ser palabra aguda —como en francés (pron. [kebék])— y terminar en consonante distinta de *-n* o *-s* (→ TILDE², 1.1.1). Los gentilicios son *quebequés,* de uso mayoritario, y *quebequense.* No se admiten ⊗*quebequeño* ni ⊗*quebecense.*

quebequense, quebequés -sa. → Quebec.

quebrar(se). 'Partir(se) o romper(se)'. Verbo irregular: se conjuga como *acertar* (→ APÉNDICE 1, n.º 16).

quechua. 'De un pueblo indígena americano, componente principal del Imperio incaico, asentado hoy especialmente en zonas andinas del Perú, Bolivia y el Ecuador'. Como sustantivo masculino, 'lengua de los quechuas, la principal del Imperio incaico'. Esta es la forma mayoritaria en todo el ámbito hispánico, salvo en el Ecuador y en el noroeste de la Argentina, donde se prefiere la variante *quichua*. Deben evitarse la grafía ⊗*kechua* y la variante ⊗*quechue*. Salvo por motivos de puntuación, no hay razón para escribir esta palabra con mayúscula inicial (→ MAYÚSCULAS, 6.7). No es invariable en plural (→ PLURAL, 2.2): *los (indios) quechuas*, y no ⊗*los (indios) quechua*.

quedar(se). 1. Es verbo intransitivo; entre sus acepciones, merecen comentario las siguientes:

a) Con el sentido de 'pasar a estar de una determinada manera', se construye con un predicativo y puede usarse en forma pronominal o no pronominal: «*Luisa se quedó sola*» (MtnGaite *Fragmentos* [Esp. 1976]); «*Su padre había quedado impresionado por la santidad de su hijo*» (Serrano *Dios* [Col. 2000]).

b) Cuando significa 'ganarse una persona cierta fama como resultado de su comportamiento o de las circunstancias', se construye con un complemento introducido por *como* o *por*: «*¡Había quedado COMO una idiota!*» (GmnzBartlett *Serpientes* [Esp. 2002]); «*Hay un recurso retórico para mentir sin quedar POR embusteros*» (Duque *Suicidio* [Esp. 1984]).

c) Con el sentido de 'acordar', se construye hoy normalmente con un complemento introducido por *en*: «*Quedamos EN que la reina sería Melusa*» (Laguado *Guiñol* [Col. 1988]). Pero aún pervive, especialmente en países americanos como México o Colombia, el uso clásico con *de*: «*Quedaron DE mandarse una carta cada semana para estar en contacto*» (Gamboa *Páginas* [Col. 1998]). Es incorrecto suprimir la preposición: ⊗«*Acordamos una comida y quedamos que yo invitaba*» (*Excélsior* [Méx.] 25.7.00).

d) Con el sentido de 'pasar a tener la posesión de algo', se usa normalmente como intransitivo pronominal, con un complemento introducido por *con*: «*Me quedaré CON tu navaja hasta mañana*» (Shand *Sastre* [Arg. 1982]). Más coloquial, pero también admisible, es su uso como transitivo, frecuente sobre todo cuando el complemento es un pronombre: «*Cuando supo de las esmeraldas, quiso verlas y quedárseLAS*» (Fuentes *Naranjo* [Méx. 1993]).

2. Es impropio del habla culta su uso como sinónimo de *dejar*: ⊗*Quedé el abrigo en casa y ahora tengo frío*.

3. *quedar por* (o *que*) + infinitivo. Dicho de algo o alguien, 'no haber recibido aún la acción expresada por el infinitivo'. Naturalmente, debe establecerse la concordancia entre *quedar* y su sujeto: «*QUEDAN muchas COSAS por resolver*» (Moncada *Mujeres* [Esp. 1988]); «*Y esta es una parte de mi vida, QUEDAN muchas COSAS que contar*» (VV. AA. *Vida* [Chile 1986]); no es correcto mantener *quedar* como

invariable en singular: ⊗«*Al equipo del Calderón aún le queda por recibir partidas de la final de la Recopa*» (*Abc* [Esp.] 19.4.86); debió decirse *le quedan por recibir partidas*.

quehacer. 1. 'Tarea u ocupación': «*Era el único varón de su generación que quedaba allí, sin otro quehacer que atender las rentas*» (Benet *Saúl* [Esp. 1980]). Es sustantivo masculino y su plural es *quehaceres*: «*Pese a mis múltiples quehaceres, en esas semanas escribí un nuevo cuento*» (VLlosa *Tía* [Perú 1977]).

2. Se escribe siempre en una sola palabra, por lo que no debe confundirse con la secuencia formada por la conjunción *que*, o el relativo *que*, y el infinitivo *hacer*, que se escriben separados: «*Sé lo que tengo que hacer*» (UPietri *Visita* [Ven. 1990]); «*No había nada que hacer*» (Montero *Trenza* [Cuba 1987]).

QUEÍSMO. Es la supresión indebida de una preposición (generalmente *de*) delante de la conjunción *que*, cuando la preposición viene exigida por alguna palabra del enunciado.

1. No debe suprimirse la preposición en los casos siguientes:

a) Con verbos pronominales que se construyen con un complemento de régimen: *acordarse* DE algo, *alegrarse* DE algo, *arrepentirse* DE algo, *fijarse* EN algo, *olvidarse* DE algo, *preocuparse* DE o POR algo, etc.: *Me alegro DE QUE hayáis venido* (no ⊗*Me alegro QUE hayáis venido*); *Me olvidé DE QUE tenía que llamarte* (no ⊗*Me olvidé QUE tenía que llamarte*); *Te preocupaste DE o POR QUE no pasáramos calamidades* (no ⊗*Te preocupaste QUE no pasáramos calamidades*); *Se acordaba DE QUE en esa casa había vivido un amigo suyo* (no ⊗*Se acordaba QUE en esa casa había vivido un amigo suyo*); *Me fijé EN QUE tenía manchas en la cara* (no ⊗*Me fijé QUE tenía manchas en la cara*); *No me acordé DE QUE era tu cumpleaños* (no ⊗*No me acordé QUE era tu cumpleaños*). Algunos de estos verbos, cuando se usan en forma no pronominal, se construyen sin preposición, pues, en ese caso, la oración subordinada ejerce de sujeto o de complemento directo: *Me alegró QUE vinieras* (no ⊗*Me alegró DE QUE vinieras*); *Olvidé QUE tenía que ir al dentista* (no ⊗*Olvidé DE QUE tenía que ir al dentista*) (→ DEQUEÍSMO, 1a y b).

b) Con verbos no pronominales que se construyen con un complemento de régimen: *convencer* DE algo, *insistir* EN algo, *tratar* DE algo (en el sentido de 'procurarlo, intentarlo'), etc.: *Lo convencí DE QUE escribiera el artículo* (no ⊗*Lo convencí QUE escribiera el artículo*); *Insistió EN QUE nos quedáramos a cenar* (no ⊗*Insistió QUE nos quedáramos a cenar*); *Trato DE QUE estéis a gusto* (no ⊗*Trato QUE estéis a gusto*).

c) Con sustantivos que llevan complementos preposicionales: *Iré con la condición DE QUE vayáis a recogerme* (no ⊗*Iré con la condición QUE vayáis a re-*

cogerme); *Tengo* ganas DE QUE *llueva* (no [⊗]*Tengo ga-nas* QUE *llueva*); *Ardo en deseos* DE QUE *vengas a ver-me* (no [⊗]*Ardo en* deseos QUE *vengas a verme*).

d) Con adjetivos que llevan complementos pre-posicionales: *Estamos* seguros DE QUE *acertaremos* (no [⊗]*Estamos* seguros QUE *acertaremos*); *Estoy* con-vencido DE QUE *llegarás lejos* (no [⊗]*Estoy* convenci-do QUE *llegarás lejos*).

e) En locuciones como *a pesar* DE QUE (no [⊗]*a pe-sar* QUE), *a fin* DE QUE (no [⊗]*a fin* QUE), *a condición* DE QUE (no [⊗]*a condición* QUE), *en caso* DE QUE (no [⊗]*en caso* QUE), etc.

f) En la construcción *hasta el punto* DE QUE (no [⊗]*hasta el punto* QUE).

g) En las locuciones verbales *caber*, o *haber, duda* DE algo, *caer en la cuenta* DE algo, *darse cuenta* DE algo: *No cabe duda* DE QUE *es un gran escritor* (no [⊗]*No cabe duda* QUE *es un gran escritor*); *Pronto cayó en la cuenta* DE QUE *estaba solo* (no [⊗]*Pronto cayó en la cuen-ta* QUE *estaba solo*); *Nos dimos cuenta* DE QUE *era tar-de* (no [⊗]*Nos dimos cuenta* QUE *era tarde*). No deben confundirse las locuciones *caer en la cuenta, darse cuenta*, que exigen *de*, con *tener en cuenta*, que no exige la preposición: *No tiene en cuenta* QUE *nos esfor-zamos* (no [⊗]*No tiene en cuenta* DE QUE *nos esforzamos*).

2. Los verbos *advertir, avisar, cuidar, dudar* e *in-formar* en sus acepciones más comunes, pueden construirse de dos formas: *advertir* [algo] a alguien y *advertir* DE algo [a alguien]; *avisar* [algo] a al-guien y *avisar* DE algo [a alguien]; *cuidar* [algo o a alguien] y *cuidar* DE algo o alguien; *dudar* [algo] y *dudar* DE algo; *informar* [algo] a alguien (en Amé-rica) e *informar* DE algo [a alguien] (en España). Por tanto, con estos verbos, la presencia de la pre-posición *de* delante de la conjunción *que* no es obligatoria (→ advertir, avisar, cuidar(se), dudar, informar(se)).

3. Para determinar en cada caso si debe emplear-se la secuencia de «preposición + *que*» o simple-mente *que*, → DEQUEÍSMO, 3.

4. Para las expresiones formadas por el verbo *dar* seguido de algunos sustantivos abstractos que de-signan sentimiento, como *vergüenza, miedo, pena, rabia*, etc., → dar(se), 5.

5. *antes (de) que, después (de) que, con tal (de) que.* → antes, después, tal.

quejarse. Cuando significa 'manifestar discon-formidad o disgusto con algo o alguien', lleva un complemento con *de*: «*Me quejé* DE *mi empleo en la oficina jurídica*» (Kociancich *Maravilla* [Arg. 1982]). Si se especifica la persona ante la que se manifies-ta la queja, aparece, además, un complemento in-troducido por *a, ante* o, como se prefiere en cier-tas áreas americanas, *con*: «*Se quejó* A *los periodistas de que no había comido desde la noche del domingo*» (*País* [Esp.] 20.2.80); «*Se quejó* ANTE *Miguel de que estaba viviendo rodeada de fantasmas*» (GaSánchez

Historia [Esp. 1991]); «*Claudine se quejaba de esto* CON *Frou-Frou*» (Montero *Tú* [Cuba 1995]). Cuan-do significa 'manifestar un padecimiento', lleva asimismo un complemento con *de*, que expresa la parte del cuerpo que sufre el padecimiento, o bien el padecimiento mismo: «*Se quejaba* DEL *estómago*» (Fisas *Historias* [Esp. 1983]); «*Clara empezó a que-jarse* DE *jaqueca*» (Allende *Casa* [Chile 1982]).

quemarropa. *a quemarropa.* Como locución ad-verbial, en referencia a la acción de disparar, 'des-de muy cerca': «*Un joven dispara a quemarropa a otros dos hombres*» (*Tiempo* [Col.] 4.9.96). También se emplea, especialmente con el verbo *preguntar*, con el sentido de 'de modo brusco e inesperado': «*De pronto, le preguntó a quemarropa: ¿Eres virgen?*» (Jodorowsky *Pájaro* [Chile 1992]). Puede usarse como locución adjetiva: *disparo a quemarropa*. Hoy solo está vigente la grafía en dos palabras, por lo que no debe escribirse [⊗]*a quema ropa*.

quemazón. 'Ardor o sensación de quemadura', 'desazón' y 'acción y efecto de quemar(se)'. Es voz femenina: *la quemazón*.

quepí. → quepis.

quepis. La voz francesa *képi*, que designa cierto go-rro usado por militares o policías, se ha adaptado al español en dos formas, ambas válidas. La forma llana *quepis* (pron. [képis]) es la usada en España y en la mayor parte de América: «*Los escasos policías se acomodan el quepis*» (Herrera *Casa* [Ven. 1985]). La forma aguda *quepí*, que refleja la pronunciación etimológica, se usa en algunos países americanos como México o el Perú: «*Se acomodó el quepí lo me-jor que pudo y dio un fuerte tirón de la manga desga-rrada de su guerrera*» (Chao *Altos* [Méx. 1991]). La forma *quepis* es invariable en plural (→ PLURAL, 1f): «*Capas azules de gendarmes y sus vistosos quepis*» (Ga-llegos *Pasado* [C. Rica 1993]); mientras que el plu-ral de *quepí* es *quepís* (→ PLURAL, 1c): «*El Pesado y el Rubio se han tumbado de espaldas, los quepís sobre la cara*» (VLlosa *Casa* [Perú 1966]). En el uso están asentadas, y son mayoritarias, las grafías con *qu-*, por lo que deben evitarse las grafías [⊗]*kepis* y [⊗]*kepí*.

querer. 1. 'Desear o pretender [algo]' y 'sentir afec-to o amor [por alguien]'. Verbo irregular: v. con-jugación modelo (→ APÉNDICE 1, n.º 49). Son vul-gares las formas de futuro [⊗]*quedré,* [⊗]*quedrás*, etc., en lugar de *querré, querrás*, etc., así como las for-mas de presente de subjuntivo [⊗]*querramos,* [⊗]*que-rráis*, en lugar de *queramos, queráis*.

2. Su participio es *querido*. En la lengua actual, los únicos vestigios del antiguo participio irregu-lar *quisto* se encuentran en los adjetivos *bien quisto* y *mal quisto*, que hoy se escriben preferentemen-te en una sola palabra: *bienquisto, malquisto* (→ bien-querer, 2 y malquerer, 2).

quermés, quermese. → kermés.

querosén, querosene. → queroseno.

queroseno. Como adaptaciones del francés *kérosène* o del inglés *kerosene* ('fracción del petróleo usada para alumbrado y como combustible de los propulsores de chorro') existen en español las formas *querosene, querosén* y *queroseno;* todas ellas cuentan con variantes que conservan la *k-* etimológica (→ k): *kerosene, kerosén* y *keroseno*. La forma *queroseno/keroseno* es la única usada en España y no es inusual en el español americano: «*Claramunda prendió un quinqué de queroseno*» (SchzEspeso *Alas* [Esp. 1985]); «*Al acercarse a la hornilla de queroseno descubrieron la fuente del olor*» (Sepúlveda *Viejo* [Chile 1989]); pero en la mayor parte de América son más usuales las formas *kerosene/querosene* y *querosén/kerosén:* «*Al lado, un lamparín de kerosene*» (Bayly *Días* [Perú 1996]); «*Respiran y entra el olor a querosén mal quemado de los motores*» (Fogwill *Cantos* [Arg. 1998]). La forma *querosín/kerosín,* —adaptación de la variante *kerosine* (inglés) o *kérosine* (francés)— solo es normal en algunos países de Centroamérica, como Nicaragua o Panamá: «*Huele a kerosín en esa tienda*» (Ramírez *Baile* [Nic. 1995]).

querosín. → queroseno.

quesque. → dizque.

quiche. Voz tomada del francés *quiche,* 'pastel horneado hecho con una base de pasta sobre la que se pone una mezcla de huevos, leche y otros ingredientes'. Aunque en francés se pronuncia [kísh], en español debe adecuarse la pronunciación a la grafía y decirse [kíche]. Se admite su uso en ambos géneros: «*Masa quebrada igual que la quiche*» (Ortega *Recetas* [Esp. 1972]); «*Tengo antojo de comer pan de maíz y el quiche con albahaca*» (Serrano *Vida* [Chile 1995]). Su plural es *quiches* (→ PLURAL, 1a).

quichua. → quechua.

quid. 'Esencia o punto clave': «*Apeló al problema económico, el auténtico "quid" de la cuestión*» (*NProvincia* [Arg.] 5.3.97). Procede del pronombre interrogativo latino *quid* ('qué'). Se pronuncia corrientemente [kíd], aunque también es válida la pronunciación culta latinizante [kuíd]. Se usa únicamente en singular.

quídam. Latinismo procedente del pronombre indefinido latino *quidam* ('uno, alguno'), que se usa despectivamente en la lengua coloquial para referirse a un individuo desconocido, o cuyo nombre se desea omitir, a quien no se concede ninguna importancia o valor: «*El autor no es ningún quídam; es uno de los críticos y novelistas más reconocidos*» (Miguel *Perversión* [Esp. 1994]). Se pronuncia a la manera latina: [kuídam]. Su plural es *quídams* (→ PLURAL, 1h y k).

quid pro quo. Loc. lat. (pron. [kuíd-pro-kuó]) que significa literalmente 'algo a cambio de algo'. Se usa como locución nominal masculina con el sentido de 'cosa que se recibe como compensación por la cesión de otra': «*La demanda interpuesta por la UE contra el embargo lleva a algunos [a] criticar al presidente Clinton por haber suspendido los efectos del Título III de la Helms-Burton [...], sin un quid pro quo, esto es, sin nada a cambio por parte de la UE*» (*DAméricas* [EE. UU.] 11.2.97). También significa 'error que consiste en tomar a una persona o cosa por otra': «*Una sustitución de niñas [...] da lugar al quid pro quo*» (Alonso *Anotaciones* [Esp. 1922]). No es correcta la forma ⊗*qui pro quo.* Es invariable en plural (→ PLURAL, 1k): *los quid pro quo.*

quien. 1. Pronombre relativo, que, por ser palabra átona, debe escribirse sin tilde a diferencia del pronombre interrogativo o exclamativo *quién* (→ quién). Su plural es *quienes.* Equivale a *el que, la que,* y hoy se emplea siempre referido a personas o a entes personificados, nunca a cosas. Puede usarse con antecedente o sin él: «*Todos en la oficina conocían a Manuel, quien la visitaba y con el que sostenía interminables conversaciones telefónicas*» (Belli *Mujer* [Nic. 1992]); «*Quienes la conocieron y trataron quedaron confundidos*» (Pitol *Juegos* [Méx. 1982]); «*Será el Departamento de Estado quien controle la política hacia Nicaragua*» (*País* [Esp.] 2.12.86). Precedido de preposición, puede encabezar oraciones explicativas y especificativas: «*Musgrave, con quien comentó estas noticias, se rió de ella*» (Otero *Temporada* [Cuba 1983]); «*Se sentó a escribir una carta a la mujer con quien tuvo dos hijos*» (Morales *Verdad* [EE. UU. 1979]). Pero cuando, con antecedente explícito, va sin preposición, solo puede encabezar oraciones explicativas: «*Tanto Alemania como Italia ayudaban a los rebeldes, quienes ofrecían al mundo [...] la realidad de las dos Españas*» (TBallester *Filomeno* [Esp. 1988]); por tanto, no es correcto su empleo sin preposición en oraciones especificativas: ⊗*Aquellos viajeros quienes tengan billete pasarán en primer lugar.* Hoy no se considera correcto, aunque era normal en el español medieval y clásico, el uso de la forma singular *quien* referida a un antecedente plural: ⊗*Se pasa la vida de un lado para otro buscando celebridades con quien charlar*» (*DAméricas* [EE. UU.] 12.2.97); debió decirse *con quienes.* A veces adquiere cierto valor indefinido, equivalente a *alguno que:* «*Hubo quien aseguró haber visto al joven duque*» (Moix *Vals* [Esp. 1994]).

2. Cuando la oración subordinada depende de los verbos *haber* o *tener,* el relativo *quien* encabeza la subordinada si esta lleva el verbo en forma personal: «*Ya no hay quien nos dé órdenes*» (Ducoudray *Ojos* [C. Rica 1992]); «*Yo ya tengo quien me haga regalos*» (Mendizábal *Cumpleaños* [Esp. 1992]); pero si la oración subordinada lleva el verbo en infinitivo, se utiliza el interrogativo *quién* (→ quién, 2).

3. cada quien. Locución pronominal indefinida, equivalente a *cada uno* y usada con matiz generalizador: «*Cada quien debía velar por sus intereses*» (Otero *Temporada* [Cuba 1983]). También se dice *cada cual* (→ cual, 2.3b).

4. quien más, quien menos. → quién, 6.

quién. 1. Pronombre interrogativo o exclamativo, que, por ser palabra tónica, debe escribirse con tilde a diferencia del pronombre relativo *quien* (→ quien). Su plural es *quiénes*. Se refiere siempre a personas y puede introducir enunciados interrogativos o exclamativos directos y oraciones subordinadas interrogativas o exclamativas indirectas: «*¿Quién sos vos?*» (Martínez *Evita* [Arg. 1995]); «*¡Quién me lo iba a decir a mí cuando hice la primera comunión!*» (Nieva *Zorra* [Esp. 1988]); «*Respetaba a sus enemigos porque sabía quiénes eran*» (Morales *Verdad* [EE. UU. 1979]); «*¡Mira quién fue a hablar!*» (Rellán *Crónica* [Esp. 1985]). Puede constituir por sí solo un enunciado: «*—Alguien más lo sabe. —¿Quién?*» (VqzFigueroa *Tuareg* [Esp. 1981]); o quedar al final como único elemento de la oración subordinada: *Me gustaría decírselo a alguien, pero no sé a quién*. No es correcto el empleo de la forma singular *quién* referida a varias personas: [⊗]*Me pregunto quién serían aquellos individuos*.

2. El interrogativo *quién* encabeza las oraciones subordinadas de infinitivo dependientes de los verbos *haber* o *tener*: «*Sin deudas, porque no había con quién contraerlas*» (Sánchez *Héroe* [Col. 1988]); «*Ya tenía a quién explicar mis dudas*» (Aldecoa *Mujeres* [Esp. 1994]); pero si la oración subordinada lleva el verbo en forma personal, se emplea el relativo *quien* (→ quien, 2).

3. Como atributo del verbo *ser* en oraciones negativas, y seguido de una oración precedida de *para,* equivale a *nadie,* y toda la expresión adquiere el sentido de 'carecer de la capacidad o de la autoridad para algo': «*Tú no eres quién para decidir*» (Zaragoza *Dios* [Esp. 1981]).

4. Cuando aparece precedido de la preposición *según,* o del verbo *depender* o el adverbio *independientemente* seguidos de la preposición *de,* tiene valor interrogativo, es tónico y se escribe con tilde si equivale a 'qué persona': «*La ley funcionaba según quién fuera el encausado*» (SchzOstiz *Infierno* [Esp. 1995]); «*Mujer, depende de quién gane*» (FnGómez *Bicicletas* [Esp. 1982]); «*La educación, independientemente de quién la organice, tiene una dimensión social intrínseca*» (*Proceso* [Méx.] 27.10.96). En cambio, si equivale a 'la persona que', tiene valor relativo, es átono y se escribe sin tilde (→ quien, 1): «*Triste o alegre, según quien la baile*» (MDíez *Fuente* [Esp. 1986]); «*El éxito o fracaso de estos negocios depende de quienes los dirigen*» (Zúñiga *Fenómeno* [Perú 1995]);

«*La palabra sigue su curso independientemente de quien la escriba*» (San Juan [Esp.] 1-2.03).

5. En la lengua escrita, *quién(es)* se usa a veces correlativamente al inicio de cláusulas diferentes, con valor indefinido equivalente a *uno(s)..., otros(s):* «*Quién era cobrador de recibos del Gas, quién cobrador de una Mutua recreativa, quién cobrador de un alto club de campanillas*» (MtnSantos *Tiempo* [Esp. 1961]).

6. quién más, quién menos. Locución pronominal indefinida que significa 'unos más y otros menos, todo el mundo': «*Quién más, quién menos, todos se habrán dormido reprochándose por qué esa idea no se les cruzó por la cabeza a ellos*» (Fogwill *Cantos* [Arg. 1998]). Debido a que en esta locución *quién* suele pronunciarse átono, es muy frecuente, y admisible, su escritura sin tilde: «*Quien más, quien menos, todos están suspensos de una palabra de sus labios*» (Cabada *Agua* [Méx. 1981]). También se dice *cuál más, cuál menos* (→ cuál, 3).

quienquiera. 1. Pronombre indefinido que significa 'cualquiera'. Se usa normalmente como antecedente del relativo *que:* «*La primera mujer de mi padre, quienquiera que fuese, seguía sin saber nada de ella*» (Marías *Corazón* [Esp. 1992]). No debe prescindirse del relativo: [⊗]«*La gran diferencia está en que, quienquiera sea el ganador, el perdedor será el pueblo*» (*Tiempos* [Bol.] 11.12.96); debió decirse *quienquiera QUE sea*. Su plural es *quienesquiera:* «*Se dieron cuenta de QUE los extranjeros, quienesquiera que fueran, no eran fáciles de derrotar*» (Fuentes *Espejo* [Méx. 1992]). Su antigua forma apocopada *quienquier* ha desaparecido del uso actual.

2. Se escribe siempre en una sola palabra, por lo que no debe confundirse con la combinación del relativo *quien* y la tercera persona del singular del presente de subjuntivo del verbo *querer* (*quien quiera*), que significa 'el que quiera': «*Quien quiera alcanzar esa meta debe recurrir al único medio disponible*» (Arias *Silencio* [Esp. 1991]).

quilate. 'Unidad de peso para las piedras preciosas'. Esta voz de origen árabe nada tiene que ver con el elemento compositivo *kilo-*, por lo que no está justificada la grafía [⊗]*kilate*.

quilo. → kilogramo.

quilo-. → kilo-.

quimono. → kimono.

quinesi-. → kinesi-.

quintaesencia. 'Última esencia de una cosa, lo más puro y acendrado de ella': «*Sus corbatas de seda, la quintaesencia de la elegancia masculina*» (Figueras *Moda* [Esp. 1997]). Es preferible esta forma, hoy mayoritaria, a la grafía en dos palabras *quinta esencia*. Su plural es *quintaesencias:* «*Los que se creen destiladores de quintaesencias, solo buscan lo nuevo*» (Escárzaga *Claves* [Esp. 1997]).

quintaesenciar. 'Reducir [algo] a su quintaesencia'. Se acentúa como *anunciar* (→ APÉNDICE 1, n.º 4).

quiosco. 'Templete para celebrar conciertos al aire libre' y 'puesto de venta en la calle'. Esta es la grafía preferida en el uso culto, aunque también se emplea con frecuencia, y es válida, la forma *kiosco,* que conserva la *k-* etimológica (→ k); se desaconseja, por minoritaria, la grafía ⊛*kiosko.*

quirguís, quirguiso -sa. → Kirguistán.

quiromancia. → -mancia o -mancía.

quisto -ta. → querer, 2.

quitaipón. 1. 'Adorno que se pone en la testera de las cabezadas del ganado mular y de carga'. Es sustantivo masculino. También es válida la variante *quitapón.*

2. *de quitaipón.* → quitar.

quitapón. 1. Como sustantivo masculino, → quitaipón.

2. *de quitapón.* → quitar.

quitar. *de quita y pon.* '[Pieza o parte de un objeto] que está dispuesta para poderla quitar y poner': «*Cuando hubo postes y travesaño no eran de quita y pon*» (*Abc* [Esp.] 1.6.89); y '[prenda de ropa] que sustituye a otra de igual tipo en el uso': «*En el pobre armario de nuestras celdas, [...] donde apenas cabían nuestras escasas pertenencias y nuestros hábitos de quita y pon*» (Egido *Corazón* [Esp. 1995]). Las formas *de quitapón* (→ quitapón) y *de quitaipón* (→ quitaipón) han caído en desuso.

quivi. → kiwi.

quizá. Adverbio que expresa duda o probabilidad: «*Neruda es un gran poeta. Quizá el más grande de todos los poetas*» (Skármeta *Cartero* [Chile 1986]). Por analogía con otros adverbios acabados en *-s,* se creó la forma *quizás,* igualmente válida: «*Quizás Casiana tenga razón*» (Parrado *1905* [Cuba 1984]).

quizás. → quizá.

quórum. 'Número de individuos necesario para que un cuerpo deliberante tome ciertos acuerdos'. Aunque, por influjo de recomendaciones anteriores, aún es mayoritario el plural invariable *los quórum,* se aconseja acomodar esta palabra a la regla general y usar la forma *quórums* para el plural (→ PLURAL, 1h y k): «*Se exige que todo acuerdo de modificación de estatutos [...] se adopte con los quórums y mayorías mínimos que la Ley establece*» (*BOE* [Esp.] 9.6.98, 19027).

r

r. 1. Vigesimoprimera letra del abecedario español y decimoctava del orden latino internacional. Su nombre es femenino: *la erre* (o *ere*, si se quiere precisar que representa el sonido vibrante simple; → 2a); su plural es *erres* (o *eres*). El dígrafo *rr* (→ 3) se denomina *erre doble* o *doble erre*.

2. Representa dos sonidos consonánticos vibrantes distintos, según que la vibración sea simple o múltiple, lo que depende de su posición dentro de la palabra:

a) En posición intervocálica o precedida de consonante distinta de *n, l* o *s* (*cara, brazo, atrio*), representa el sonido apicoalveolar vibrante simple /r/. En posición final de sílaba o de palabra, la *r* se pronuncia como vibrante simple, a no ser que, por énfasis, el hablante la haga vibrante múltiple: *¡Qué arte tienes!* [ké árrte tiénes]; *Quiero comer* [kiéro comérr].

b) En posición inicial de palabra o precedida de las consonantes *n, l* o *s* (*reto, inri, alrededor, israelí*), representa el sonido apicoalveolar vibrante múltiple /rr/. Cuando la *r* aparece tras los prefijos *ab-, sub-* y *post-*, no forma sílaba con la consonante precedente, por lo que en estos casos representa también el sonido /rr/: *abrogar* [ab.rrogár], *subrayar* [sub.rrayár], *postromántico* [post.rromántiko]. En el caso del gentilicio *ciudadrealeño* ('de Ciudad Real [Esp.]'), la *r* no forma sílaba con la *d* precedente: [siudad.rrealéño, ziudad.rrealéño].

3. La letra *r*, duplicada, forma el dígrafo *rr*, que se emplea para representar el sonido vibrante múltiple /rr/ en posición intervocálica (*carro, terreno, arriba*). En las palabras compuestas con prefijo, debe escribirse *rr* si la posición del sonido vibrante múltiple es intervocálica: *infrarrojo, vicerrector, contrarréplica* (aunque estas mismas palabras, sin prefijo, se escriban con una sola *r: rojo, rector, réplica*). La grafía *rr*, por tratarse de un dígrafo, es indivisible en la escritura, de manera que no pueden separarse sus componentes con guion de final de línea: *pe-/rro*, no ⊗*per-/ro* (→ GUION² o GUIÓN, 2.6a). Solo cuando la grafía *rr* sea resultado de unir un elemento compositivo prefijo terminado en -*r* (*super-, hiper-, inter-, ciber-*) a una palabra que comienza con esta misma letra, podrá colocarse el guion de final de línea entre las dos erres —ateniéndonos a la regla que permite separar en líneas diferentes los elementos que forman parte de un compuesto

(→ GUION² o GUIÓN, 2.1b)—, ya que, en estos casos, la grafía *rr* no representa un solo sonido, sino dos, uno vibrante simple y otro vibrante múltiple; por tanto, palabras como *superrico* [su - per - rrí - ko] o *hiperresponsable* [i - per - rres - pon - sá - ble] podrán separarse así: *super- / rico, hiper- / responsable*.

4. No son propios del habla culta y deben, por tanto, evitarse los siguientes fenómenos relacionados con la pronunciación de la *r*:

a) Cambio de la /r/ en /l/: ⊗[tólpe] por *torpe*, fenómeno que también se produce a la inversa (→ l, 2).

b) Cambio de la /r/ en /s/: ⊗[kásne] por *carne*.

c) Pérdida de la /r/ en posición final de palabra: ⊗[señó] por *señor*.

d) Asimilación de la /r/ en posición final de sílaba a la consonante siguiente: ⊗[kuénno] por *cuerno*.

e) Pérdida de la /r/ intervocálica, que arrastra a veces a otras vocales, haciendo que desaparezcan o cambien su timbre: ⊗[pá] por *para*, ⊗[miá] por *mira*, ⊗[páese, páeze; páise, páize] por *parece*, ⊗[señá] por *señora*. Este fenómeno llega al límite en las formas de los verbos *haber, ser* y *querer*, cuando la *r* sigue a los diptongos *ie, ue*: ⊗[ubiás] por *hubieras*, ⊗[fuán] por *fueran*, ⊗[kiés] por *quieres*.

rabí. → rabino.

rabiar. 1. 'Padecer o sentir rabia'. Se acentúa como *anunciar* (→ APÉNDICE 1, n.º 4).

2. hacer rabiar. → hacer(se), 3.

rabino. 'Jefe espiritual de una comunidad judía'. Menos usual, aunque también válida, es la variante *rabí*, cuyo plural es *rabíes* o *rabís* (→ PLURAL, 1c).

radar. 'Sistema electrónico de localización'. Acrónimo del inglés *ra*[dio] *d*[etecting] *a*[nd] *r*[anging], se ha adaptado al español como voz aguda: [rradár]. Se desaconseja, por tanto, la forma llana ⊗*rádar*. El plural es *radares* (pron. [rradáres]) (→ PLURAL, 1g).

radiactividad. → radiactivo.

radiactivo -va. 'De la radiactividad' y '[cuerpo] cuyos átomos se desintegran espontáneamente'. Esta es la forma mayoritaria y preferible, aunque también es válida la variante *radioactivo*. Lo mismo cabe decir del sustantivo correspondiente, que puede ser *radiactividad* (preferible) o *radioactividad*.

radiar. 'Emitir [una radiación]', 'difundir [algo] por medio de las ondas electromagnéticas' y 'tratar [a un enfermo] con radiaciones'. Se acentúa como *anunciar* (→ APÉNDICE 1, n.º 4).

radio. 1. Este sustantivo es masculino cuando significa 'línea que va del centro de un círculo a cualquier punto de la circunferencia', 'hueso del brazo' y 'elemento químico radiactivo'. Como acortamiento de *radiotelegrama*, es también masculino; pero como acortamiento de *radiotelegrafista*, es común en cuanto al género (→ GÉNERO², 1a y 3a): *el/la radio.*

2. Es femenino cuando, por acortamiento de *radiodifusión*, significa 'transmisión mediante ondas hertzianas de programas destinados al público' o se emplea para designar alguna de las emisoras que se dedican a ello: «*La radio se impuso como el medio de comunicación de masas por excelencia*» (Puyo *Bogotá* [Col. 1992]). Cuando, por acortamiento de *radiorreceptor*, significa 'aparato con el que se escuchan los sonidos transmitidos mediante ondas hertzianas', se usa en ambos géneros, dependiendo de las zonas; así, en España es siempre femenino, género preferido también en los países del Cono Sur: «*Aragón no pudo soportarlo y apagó la radio*» (*Clarín* [Arg.] 12.2.97); pero en gran parte de América (México, Centroamérica, las Antillas, el Ecuador, Colombia y Venezuela) se usa normalmente en masculino: «*Encendieron el radio y oyeron la noticia una vez más*» (Gamboa *Páginas* [Col. 1998]). Cuando forma parte del nombre de una emisora concreta, se escribe con mayúscula inicial: «*La emisora Radio España Independiente se dirigió a los españoles como si nada hubiera ocurrido*» (Gironella *Hombres* [Esp. 1986]).

3. Para designar el elemento químico debe preferirse la forma hispanizada *radio* a la latinizante *rádium*: «*Hahn y Strassmann ensayan el único elemento semejante al radio: el bario*» (GtzJodrá *Química* [Esp. 1981]).

radioactividad, radioactivo -va. → radiactivo.

⊗radiocaset, radiocasete. → casete.

radiografiar. 'Hacer una radiografía [de algo o alguien]'. Se acentúa como *enviar* (→ APÉNDICE 1, n.º 5).

rádium. → radio, 3.

raer. 'Raspar'. Verbo irregular: se conjuga como *caer* (→ APÉNDICE 1, n.º 22). No obstante, en la primera persona del presente de indicativo y en todas las personas del presente de subjuntivo, junto a las formas que siguen el modelo de *caer* (en el indicativo, *raigo* y, en el subjuntivo, *raiga, raigas*, etc.), existen las formas *rayo* y *raya, rayas*, etc., menos usadas que las anteriores.

rafting. → balsismo.

raglan o **raglán.** 'Gabán con esclavina, típico de mediados del siglo XIX' y, en aposición a *manga*, 'la que nace en el cuello y cubre el hombro'. Procede del nombre de un almirante inglés, lord Raglan. En español se usa con dos acentuaciones, ambas válidas: la llana *raglan* [rráglan], acorde con la pronunciación del étimo inglés, y la aguda *raglán*, por influjo de la pronunciación francesa. También son válidas las variantes con *-n-* intercalada *ranglan* o *ranglán*.

ragoût. → ragú.

ragú. Adaptación gráfica de la voz francesa *ragoût*, 'guiso de carne con patatas y verduras': «*No se pierda el ragú de venado*» (*Mundo* [Esp.] 19.2.94). Su plural es *ragús* (→ PLURAL, 1c). Se desaconseja, por minoritaria, la adaptación ⊗*ragut*.

raid. 1. Voz tomada del inglés *raid*, 'prueba deportiva en la que los participantes miden su resistencia recorriendo largas distancias' y 'vuelo deportivo de larga distancia': «*El galo de 35 años demostró, con su sexta victoria en el raid, que no tiene rivales en este tipo de competencias*» (*Época* [Chile] 19.1.98); «*Alan Cobham, aviador civil y militar británico, que luego se haría mundialmente famoso por su raid a Ciudad del Cabo*» (PzSanEmeterio *Pilotos* [Esp. 1991]). En español debe pronunciarse tal como se escribe: [rráid]. Su plural ha de ser *raides*, como el de *red* es *redes* (→ PLURAL, 1g).

2. También significa 'ofensiva breve y repentina realizada por una fuerza militar en territorio enemigo': «*Se descartó la acción militar más esperada: un raid aéreo contra el lugar de lanzamiento de los misiles*» (*Clarín* [Arg.] 21.10.87). En este caso, es anglicismo evitable, ya que puede sustituirse por las voces españolas *ataque* o *incursión*, perfectamente equivalentes.

3. La voz *raid* es, por otra parte, la adaptación gráfica de la voz inglesa *ride*, que se usa en México y el área centroamericana con el sentido de 'viaje gratuito en un vehículo', normalmente en las construcciones *dar* o *pedir raid*: «*Negaba haber visto explosivos en su vehículo y conocer a Miguel Ángel Acuña, a quien, según sus palabras, le dio "raid" a altas horas de la noche de ese día*» (*Prensa* [Nic.] 12.1.97).

raigambre. 'Conjunto de raíces'. Es voz femenina: «*Una familia de honda raigambre evangélica*» (Vidal *Ocultismo* [Esp. 1995]).

raíl. Adaptación del inglés *rail*, 'carril de la vía férrea'. En español se usa mayoritariamente como palabra bisílaba, con hiato entre las vocales en contacto: *raíl* [rra - íl]. Se desaconseja, por tanto, la forma monosílaba ⊗*rail* [rráil], con diptongo en lugar de hiato, aunque sea esta la que conserva la acentuación etimológica. Su plural es *raíles* (→ PLURAL, 1g). No debe usarse el plural inglés *rails*. En América, con este sentido, se emplea normalmente la voz *riel* (→ riel).

rajá. 'Soberano índico'. Su plural es *rajás* (→ PLU-RAL, 1b). Acerca de su escritura con mayúscula inicial, → MAYÚSCULAS, 4.31 y 6.9.

rajatabla. *a rajatabla.* 'Estrictamente, de manera escrupulosa': «*Y el enfermo, a cumplir a rajatabla las órdenes del médico*» (*País* [Esp.] 4.6.03). Es preferible esta forma, hoy mayoritaria, a la grafía en tres palabras *a raja tabla.*

rali. Adaptación gráfica propuesta para la voz inglesa *rally* o la francesa *rallye*, 'prueba deportiva de resistencia, generalmente automovilística, que se celebra fuera de pista y normalmente por etapas': «*Dieciocho años cumplía el rali de Narón*» (*Galicia*@ [Esp.] 13.6.05). Su plural es *ralis* (→ PLURAL, 1e).

rallador, ralladura. → rallar.

rallar. 'Desmenuzar [algo] restregándolo contra un utensilio con agujeros de borde saliente': «*Lavar, pelar y rallar las zanahorias*» (Chávez *Nutrición* [Méx. 1993]). En la escritura de este verbo y de todos sus derivados, como *rallador* ('utensilio para rallar') o *ralladura* ('partículas que se obtienen al rallar algo'), son incorrectas las grafías con *-y-*, que corresponden al verbo *rayar(se)* ('hacer(se) líneas o rayas en algo', 'lindar o estar próximo a algo' y, como pronominal, 'trastornarse'; → rayar(se)).

rally, rallye. → rali.

rand. 'Unidad monetaria de la República de Sudáfrica y de otros países africanos'. Es voz masculina. Su plural es *rands* (→ PLURAL, 1j).

ranglan o ranglán. → raglan o raglán.

Rangún. Forma tradicional española del nombre de la capital de Birmania: «*Razali Ismail mantiene su visita prevista a Rangún*» (*Mundo*@ [Esp.] 5.6.03). Aunque el nombre oficial ha adoptado actualmente la forma birmana *Yangon*, sigue siendo preferible el uso del topónimo tradicional. En cualquier caso, si se emplea la forma birmana, en español debe escribirse *Yangón*, con tilde, por ser voz aguda acabada en *-n* (→ TILDE², 1.1.1).

ranking. → ranquin.

ranquin. Adaptación gráfica propuesta para la voz inglesa *ranking*, 'clasificación jerarquizada de personas o cosas': «*Ahí es nada, salir en el ranquin de los más espiados*» (*Mundo* [Esp.] 15.6.95). Su plural, en español, debe ser *ránquines* (→ PLURAL, 1g). Aunque, por su extensión, se admite el uso del anglicismo adaptado, se recomienda emplear con preferencia las expresiones españolas *lista, tabla clasificatoria, clasificación* o *escalafón*, según convenga.

rapapolvo. 'Reprimenda o regañina': «*Se había pasado la hora de regresar a casa, y empecé a temer el rapapolvo de mi padre*» (TBallester *Filomeno* [Esp. 1988]). No debe usarse el plural *rapapolvos* como forma de singular: ⊗*un rapapolvos.*

rapel o rápel. En montañismo, 'descenso rápido en el que se utiliza una cuerda doble sujeta en un anclaje por la que se desliza el alpinista'. Esta voz, adaptación gráfica del inglés *rappel* —procedente, a su vez, del francés—, presenta dos acentuaciones válidas. La forma sin tilde *rapel* ([rrapél]) refleja la acentuación etimológica, pues esta palabra es aguda tanto en inglés como en francés; no obstante, es muy frecuente, sobre todo en España, la acentuación llana [rrápel], a la que corresponde la grafía con tilde *rápel*, por terminar en consonante que no es *-n* ni *-s* (→ TILDE², 1.1.2): «*El rápel puede parecer una maniobra divertida, pero siempre es peligrosa*» (VV. AA. *Supervivencia* [Esp. 1993]). Su plural debe ser *rapeles* o *rápeles* (→ PLURAL, 1g).

rappel. → rapel o rápel.

rara avis. Loc. lat. que significa literalmente 'rara ave, ave extraña' y se emplea con el sentido de 'persona o cosa excepcional o difícil de encontrar'. Se recomienda su uso en femenino, como corresponde al sustantivo *avis* ('ave'): «*Von Laue había sido una rara avis entre los físicos alemanes de su generación*» (Volpi *Klingsor* [Méx. 1999]). No obstante, en registros menos esmerados no es infrecuente encontrarlo usado en masculino cuando se refiere a una persona o cosa de este género: «*Moulian se ha convertido en un rara avis dentro de los intelectuales chilenos*» (*Hoy* [Chile] 15-22.9.97).

rascar(se). 'Frotar(se) con las uñas'. No es propia del habla culta la forma ⊗*arrascar(se).*

rastra. *a rastras.* 'Arrastrando': «*Me acerco a rastras, apoyándome en los codos*» (Quintero *Danza* [Ven. 1991]); y 'a la fuerza o de mala gana': «*La sacó cariñoso de la cocina y se la llevó a rastras a tomarse un aperitivo*» (Herrera *Casa* [Ven. 1985]). No se admite, con estos sentidos, la grafía simple ⊗*arrastras.*

rastreabilidad. El término más adecuado en español para designar la posibilidad de rastrear el camino seguido por un producto comercial desde su origen hasta su destino final, así como el registro de todos los datos que permiten realizar dicho seguimiento, es *rastreabilidad*, ya documentado en nuestro idioma: «*La Comisión propuso nuevas normas sobre etiquetado y rastreabilidad*» (*Agrodigital*@ [Esp.] 25.1.02). Aunque con este sentido se emplea con más frecuencia la voz ⊗*trazabilidad* (del ingl. *traceability*), y a pesar de que este anglicismo se ha implantado también en otras lenguas como el francés (*traçabilité*) y el italiano (*tracciabilità*), se desaconseja su empleo en español, ya que el verbo *trazar*, del que derivaría en última instancia *trazabilidad*, no posee, a diferencia del inglés *to trace*, el sentido de 'rastrear o seguir la pista'.

rating. → índice de audiencia.

ratio. 'Razón o relación entre dos cantidades o magnitudes'. Este latinismo es etimológicamente femenino, y así se recomienda usarlo en español: «*Es fundamental conocer la ratio de habitantes por médico*» (Olivera *Salud* [Esp. 1993]); pero por influjo de la *-o* final se usa hoy frecuentemente en masculino, especialmente en el ámbito de la economía, donde también puede haber influido el género masculino del sustantivo *índice*: «*La entidad tiene unos ratios de solvencia y rentabilidad generalmente superiores a otras instituciones financieras*» (*Mundo* [Esp.] 7.9.94).

Ratisbona. Forma tradicional española del nombre de esta ciudad de Alemania: «*Biólogos de la Universidad de Ratisbona* [...] *han descubierto nuevas plantas vasculares endémicas en la isla de El Hierro*» (*Mundo@* [Esp.] 18.3.02). No debe usarse en español la forma alemana *Regensburg*.

ratón. Calco semántico del término inglés *mouse*, que se usa, en informática, para designar el pequeño dispositivo mediante el cual se maneja el cursor de la pantalla de la computadora u ordenador: «*Basta con tocar una tecla o, mejor aún, mover el ratón, para que el ordenador vuelva a su situación de trabajo*» (*Mundo* [Esp.] 26.1.97). La existencia de este calco hace innecesario el uso en español del término inglés.

Ravena o **Rávena.** Forma tradicional española del nombre de esta ciudad de Italia. Se emplea con dos acentuaciones, ambas válidas: la forma *Ravena* (pron. [rrabéna]) conserva la acentuación etimológica llana: «*Traía* [la carta] *timbres de Italia, estaba fechada en Ravena*» (Mutis *Ilona* [Col. 1988]); pero está muy extendida en español la pronunciación esdrújula, a la que corresponde la grafía con tilde *Rávena*: «*Empezaron a hablar de los encantos de Rávena*» (Villena *Burdel* [Esp. 1995]). No debe usarse en español la grafía italiana *Ravenna*. El gentilicio es *ravenés*: «*Tironearon de Giovanni, para tranquilizarlo, los estupefactos raveneses*» (Mujica *Escarabajo* [Arg. 1982]).

ravenés -sa, *Ravenna.* → Ravena o Rávena.

raviol. → ravioli, 2.

ravioli. 1. Voz tomada del italiano *ravioli* (pl. de *raviolo*), que en español se usa como singular para designar cada uno de los cuadraditos de pasta que se comen rellenos de carne, verdura, requesón u otros ingredientes. El plural, en español, debe ser *raviolis*: «*Estaba muy gracioso, con uno de mis delantales, cociendo raviolis*» (Grandes *Edades* [Esp. 1989]). Se trata de un caso análogo al de otros plurales italianos que han pasado a usarse como singulares en español (→ espagueti).

2. En el Río de la Plata se ha generalizado el uso del singular *raviol*, cuyo plural es *ravioles*: «*Se llevó un raviol a la boca*» (Andrade *Dios* [Arg. 1993]); «*Ir a comprar ravioles era una aventura*» (Galeano *Días* [Ur. 1978]).

RAYA. 1. Signo de puntuación representado por un trazo horizontal (—) de mayor longitud que el correspondiente al guion (-) (→ GUION[2] O GUIÓN), con el cual no debe confundirse. Cuando se usan dos rayas (una de apertura y otra de cierre) para introducir un inciso dentro de un período más extenso, estas se escriben pegadas a la primera y a la última palabra del período que enmarcan, y separadas por un espacio de la palabra o signo que las precede o las sigue; pero si lo que sigue a la raya de cierre es otro signo de puntuación, no se deja espacio entre ambos.

2. *Usos*

2.1. Para encerrar aclaraciones o incisos: *Para él la fidelidad —cualidad que valoraba por encima de cualquier otra— era algo sagrado.* Para esto pueden utilizarse también las comas (→ COMA[2], 1.1) o los paréntesis (→ PARÉNTESIS, 2a). Los incisos entre rayas suponen un aislamiento mayor con respecto al texto en el que se insertan que los que se escriben entre comas, pero menor que los que se escriben entre paréntesis. La raya de cierre en los incisos no se suprime aunque detrás de ella deba aparecer un punto o cualquier otro signo de puntuación: *Esperaba a Emilio —un gran amigo—. Lamentablemente, no vino.*
Esperaba a Emilio —un gran amigo—, que, lamentablemente, no vino.

2.2. Para introducir una nueva aclaración o inciso en un texto ya encerrado entre paréntesis: *Si desea más información sobre este tema (la bibliografía existente —incluso en español— es bastante extensa), deberá acudir a otras fuentes.* Para intercalar algún dato o precisión en un inciso escrito entre rayas, han de usarse los paréntesis (→ PARÉNTESIS, 2b): *Venezuela —primer lugar de tierra firme avistado por Colón en su tercer viaje a América (1498)— tenía, por aquel entonces, unos 300 000 habitantes.*

2.3. En la reproducción escrita de un diálogo, la raya precede a la intervención de cada uno de los interlocutores, sin que se mencione el nombre de estos: *—¿Cuándo volverás? —No tengo ni idea. —¡No tardes mucho! —No te preocupes. Volveré lo antes posible.* Normalmente, en las novelas y otros textos de carácter narrativo, las intervenciones de cada uno de los personajes se escriben en líneas distintas. Como se ve en el ejemplo, no debe dejarse espacio de separación entre la raya y el comienzo de cada una de las intervenciones.

2.4. En textos narrativos, la raya se utiliza también para introducir o enmarcar los comentarios y precisiones del narrador a las intervenciones de los personajes. En este uso debe tenerse en cuenta lo siguiente:

a) No se escribe raya de cierre si tras el comentario del narrador no sigue hablando inmediatamente el personaje: —*Espero que todo salga bien* —dijo Azucena con gesto ilusionado. / *A la mañana siguiente, Azucena se levantó nerviosa.*

b) Se escriben dos rayas, una de apertura y otra de cierre, cuando las palabras del narrador interrumpen la intervención del personaje y esta continúa inmediatamente después: —*Lo principal es sentirse viva* —añadió Pilar—. *Afortunada o desafortunada, pero viva.*

c) Cuando el comentario o aclaración del narrador va introducido por un verbo de habla (*decir, añadir, asegurar, preguntar, exclamar, reponer,* etc.), su intervención se inicia en minúscula, aunque venga precedida de un signo de puntuación que tenga valor de punto, como el signo de cierre de interrogación o de exclamación: —*¡Qué le vamos a hacer!* —exclamó resignada doña Patro (y no ⊗ —*¡Qué le vamos a hacer!* —Exclamó resignada doña Patro). Si la intervención del personaje continúa tras las palabras del narrador, el signo de puntuación que corresponda al enunciado interrumpido se debe colocar tras la raya que cierra el inciso del narrador: —*Está bien* —dijo Carlos—; *lo haré, pero que sea la última vez que me lo pides.*

d) Cuando el comentario del narrador no se introduce con un verbo de habla, las palabras del personaje deben cerrarse con punto y el inciso del narrador debe iniciarse con mayúscula: —*No se moleste.* —Cerró la puerta y salió de mala gana. Si tras el comentario del narrador continúa el parlamento del personaje, el punto que marca el fin del inciso narrativo se escribe tras la raya de cierre: —*¿Puedo irme ya?* —Se puso en pie con gesto decidido—. *No hace falta que me acompañe. Conozco el camino.*

e) Si el signo de puntuación que hay que poner tras el inciso del narrador son los dos puntos, estos se escriben también tras la raya de cierre: —*Anoche estuve en una fiesta* —me confesó, y añadió—: *Conocí a personas muy interesantes.*

2.5. Las rayas se usan también para enmarcar los comentarios del transcriptor de una cita textual: «*Es imprescindible* —señaló el ministro— *que se refuercen los sistemas de control sanitario en las fronteras*».

2.6. La raya sirve asimismo para introducir cada uno de los elementos de una relación que se escriben en líneas independientes. En este caso, debe dejarse un espacio en blanco entre la raya y el texto que sigue. A la hora de puntuar este tipo de relaciones, hay dos opciones:

a) Escribir con inicial minúscula cada uno de los conceptos, cerrando los enunciados con punto y coma, excepto el último, que se cerrará con punto:

Las funciones del lenguaje, según Jakobson, son seis:
— *expresiva;*
— *fática;*
— *conativa;*
— *referencial;*
— *poética;*
— *metalingüística.*

Cuando los elementos que se relacionan son simples, como ocurre en el ejemplo anterior, es posible eliminar la puntuación:

Las funciones del lenguaje, según Jakobson, son seis:
— *expresiva*
— *fática*
— *conativa*
— *referencial*
— *poética*
— *metalingüística*

b) Escribir con inicial mayúscula cada uno de los conceptos, cerrando los enunciados con punto, opción recomendada cuando la relación se compone de enunciados completos:

Entre los rasgos del castellano hablado en Aragón, sobresalen los siguientes:
— *La entonación es claramente ascendente y hay tendencia a alargar la vocal final.*
— *Se evita el acento en posición esdrújula.*
— *El sufijo diminutivo dominante es* -ico.
— *Se emplea mucho la partícula* pues.

La raya puede sustituirse, en estos casos, por letras con paréntesis, números u otros signos.

2.7. En listas alfabéticas, índices bibliográficos y otros repertorios, la raya al comienzo de una línea se usa para indicar que en ese renglón se omite, para no repetirlo, un elemento común ya expresado en la primera de sus menciones. También en este caso debe dejarse un espacio en blanco después de la raya:

Verbos intransitivos
— *irregulares*
— *regulares*
— *transitivos*

Tras la raya de sustitución no debe escribirse el signo de puntuación que sigue, si lo hubiere, a la expresión sustituida; así, en el ejemplo siguiente, no deben escribirse tras las rayas los dos puntos que sí aparecen, en la primera mención, tras el nombre del autor:

ORTEGA Y GASSET, J.: *Artículos* (1917-33).
— *Idea del teatro* (1946).
— *La rebelión de las masas* (1930).

2.8. La raya se usa precedida de un punto (.—) en los casos siguientes:

a) En los epígrafes internos de un libro, cuando el texto que sigue comienza en la misma línea:

Género de los sustantivos.— Por el género, los sustantivos se dividen en español en femeninos y masculinos. El género neutro no existe en español. Decimos que un nombre es femenino o masculino cuando...

b) En la edición de obras teatrales, para separar el nombre de cada uno de los personajes del texto de sus intervenciones:

MARÍA.—¿Dónde vas?
JUAN.—A dar una vuelta.

rayado -da, rayadura. → rayar(se), 5.

rayano -na. → rayar(se), 6.

rayar(se). 1. Como transitivo, 'hacer líneas o rayas [en algo]': «De pronto empieza furiosamente a rayar el papel» (García Paso [Col. 1988]); y, como transitivo o intransitivo pronominal, 'estropear(se) una superficie lisa o pulida con rayas o incisiones': «De esa forma se corre el riesgo de rayar la superficie» (Crea Curación [Arg. 1995]).
2. Cuando significa 'lindar con algo o estar próximo a algo', casi siempre en sentido figurado, se usa normalmente como intransitivo, seguido de un complemento precedido de en o, menos frecuentemente, con: «Se encerró en un mutismo arisco que rayaba EN la descortesía» (Montero Trenza [Cuba 1987]); «Es un estado de humor que raya CON el hastío» (Caretas [Perú] 12.6.97). A veces se suprime la preposición: «Los invitados expresaban su alegría con un entusiasmo que rayaba el paroxismo» (Argullol Razón [Esp. 1993]); pero lo normal, en el uso más culto, es mantenerla.
3. Otros usos intransitivos son, dicho de día, alba, etc., 'amanecer': «A veces me mantenía despierto hasta que rayaba el día» (Quintero Danza [Ven. 1991]); y 'alcanzar determinado nivel de perfección': «Ninguno de los dos equipos rayó a gran altura» (País [Esp.] 16.9.77).
4. En el habla coloquial de varios países de América, especialmente en el Cono Sur, y en el habla juvenil de España, se usa, como intransitivo pronominal (rayarse), con sentidos que van desde 'trastornarse o volverse loco' a 'enojarse o hartarse': «Un pibe se le puso al lado y empezó a bailar con ella. Pero la mina estaba casada, y el marido se rayó, lo encaró al pibe mal, y este sacó una navaja y le cortó el brazo» (Polimeni Luca [Arg. 1991]).
5. En este verbo y en todas las palabras de su familia léxica, como rayado ('con rayas' y, coloquialmente, 'loco'), rayadura ('acción de rayar(se)' y, coloquialmente, 'locura') o rayano (→ 6), son incorrectas las grafías con -ll-, que corresponden al verbo rallar ('desmenuzar [algo] restregándolo contra un utensilio metálico con agujeros de borde saliente'; → rallar).
6. El adjetivo derivado rayano ('que raya o linda') rige un complemento introducido por en o, más raramente, con: «Escrutaba la foto con un interés rayano EN la idolatría» (Díaz Piel [Cuba 1996]); «La escena es de una neutralidad erótica rayana CON la asexualidad» (RdzJuliá Cruce [P. Rico 1989]).

No es correcto introducir este complemento con a: ⊗interés rayano A la idolatría.

razia. Adaptación gráfica de la voz francesa de origen árabe razzia, 'incursión en territorio enemigo para destruir o saquear' y 'redada policial': «Las continuas razias de unos y otros solo permitieron el establecimiento de cultivos duraderos en las escasas tierras seguras» (Plasencia/Villalón Vinos [Esp. 1994]); «La Policía realizó una razia de proporciones la semana pasada» (Clarín [Arg.] 21.10.87). Acerca del uso de z ante i, → c, 2.2.

razón. 1. en razón de o **en razón a.** 'A causa de o debido a': «Me eligieron en razón de mis acreditados antecedentes» (GaHortelano Gramática [Esp. 1982]); «Solicitó que se le atenuara la pena en razón a su estado mental» (País [Esp.] 2.6.87); y 'dependiendo de o de acuerdo con': «El rendimiento de los equipos fotovoltaicos está en razón de su precio» (Cusa Energía [Esp. 1998]); «No se distribuyen [los diputados] en razón a los países de procedencia, sino por afinidades políticas» (GaAlvarado/Sotelo Servicios [Esp. 1995]). Ambas son válidas, pero en la lengua culta se prefiere claramente la primera.
2. sin razón. → sinrazón.

razzia. → razia.

re. 'Nota musical'. → PLURAL, 1l y MAYÚSCULAS, 6.2.

reabrir(se). 'Volver(se) a abrir'. Su participio es irregular: reabierto.

reacio -cia. 'Contrario a algo, o que muestra resistencia a hacer algo': «Eran totalmente reacios a dar limosna» (Chao Altos [Méx. 1991]). Es incorrecta la grafía ⊗rehacio.

realizar(se). Significa, como transitivo, 'llevar a cabo [algo]' y 'dirigir la ejecución [de una película o un programa de televisión]'; y, como intransitivo pronominal, 'sentirse satisfecho por haber logrado cumplir aquello a lo que se aspiraba'. Es calco censurable del inglés to realize usar este verbo con el sentido de 'darse cuenta': ⊗«Se trata [...] de sacudir el polvo que cubre nuestros relojes y realizar que hemos entrado en una nueva etapa histórica» (Hoy [El Salv.] 10.7.97).

⊗**reaño.** → redaño.

reaparecer. 'Volver a aparecer'. Verbo irregular: se conjuga como agradecer (→ APÉNDICE 1, n.º 18).

reargüir. → redargüir.

reasumir. 'Volver a asumir [algo]': «No fue un acierto del presidente de la República reasumir la jefatura de su partido» (NProvincia [Arg.] 6.5.97). No debe confundirse con resumir(se) ('reducir(se) a lo esencial'; → resumir(se)).

rebañar. 'Juntar y recoger [algo] sin dejar nada': «Una bandada de belicosos chiquillos rebaña los últimos *restos de nieve para guerrear»* (*Ideal* [Esp.] 11.1.03); y 'apurar el contenido [de un plato o vasija]': *«Me miró sorprendido al dejar la cuchara, después de rebañar el segundo platillo»* (MFoix *Don Juan* [Esp. 1992]). La lengua culta prefiere hoy esta forma a la variante *arrebañar* (→ arrebañar(se)).

rebasar. 'Pasar o exceder [cierto límite]', a veces con un complemento con *en* que expresa cantidad: *«Nada de lo que sigue rebasa los límites de lo natural»* (PzTamayo *Ciencia* [Méx. 1991]); *«La factura por petróleo rebasará esa cifra EN 5000 millones de dólares»* (*País* [Esp.] 2.8.80); y 'dejar atrás o adelantar': *«Hinault [...] destrozó el pelotón y rebasó a los demás escapados»* (*País* [Esp.] 6.6.80). Es impropio su uso como intransitivo, seguido de un complemento con *de*, error debido a su confusión con *pasar*: ⊗*«Su población no rebasa DE 6000»* (*DYucatán* [Méx.] 1.9.96). No debe confundirse con *rebosar* ('derramarse un líquido por encima de los bordes del recipiente que lo contiene' y 'estar completamente lleno'; → rebosar).

rebato. 'Convocación de los vecinos de un pueblo, a través del toque de campanas u otros medios, normalmente para defenderse de un peligro'. Se usa normalmente en la locución *tocar a rebato*, que, además de su sentido recto, tiene el figurado de 'dar la señal de alarma ante cualquier peligro': *«Esas campanas no servían para tocar a rebato»* (Gándara *Distancia* [Esp. 1984]); *«Se trajo una toalla del baño y, por si tocaban a rebato, dejó al alcance las tres prendas de su vestuario»* (GaHortelano *Momento* [Esp. 1972]). Es también válida, aunque rara hoy, la variante *arrebato*: *«Censuraban a cuantos nos atrevíamos a tocar a arrebato en lo que ellos alegaban era un "falso campanario"»* (*Tiempos* [Bol.] 8.1.97).

rebelar(se). Se usa normalmente como pronominal, con el sentido de 'sublevarse o negarse a obedecer': *«La población de Fez [...] se rebeló CONTRA los extranjeros»* (Silva *Rif* [Esp. 2001]); y 'oponer resistencia a algo': *«No podemos ni debemos rebelarnos ANTE los designios de Dios»* (Bain *Dolor* [Col. 1993]). Suele llevar un complemento precedido de *contra* o, también, *ante* o *frente a*. Es raro y desaconsejable introducir este complemento con la preposición *a*: ⊗*«Se rebelaron A las directrices marcadas por el directorio del partido»* (*Tiempo* [Col.] 10.4.97). También se usa a veces como transitivo, con el sentido de 'sublevar o causar indignación': *«El plan de reestructuración [...] ha rebelado a una fracción importante del electorado de izquierdas»* (*País* [Esp.] 2.4.84). No debe confundirse gráficamente con el verbo homófono *revelar(se)* ('descubrir(se) o manifestar(se) algo ignorado u oculto' y 'hacer visible la imagen impresa [en una placa o película fotográfica]'; → revelar(se)).

reblandecer(se). 'Ablandar(se)'. Verbo irregular: se conjuga como *agradecer* (→ APÉNDICE 1, n.º 18). El sustantivo correspondiente es *reblandecimiento*. Son incorrectas las formas ⊗*resblandecer(se)* y ⊗*resblandecimiento*.

reblandecimiento. → reblandecer(se).

rebosar. Como intransitivo, dicho normalmente de un líquido, 'derramarse por encima de los bordes del recipiente que lo contiene': *«Cuando llueve, normalmente el agua rebosa por el vado»* (*Mundo* [Esp.] 15.8.95); y, dicho de un recipiente o continente, 'estar tan lleno que el contenido sobrepasa sus bordes', frecuentemente en sentido figurado y con un complemento con *de* que expresa el contenido: *«Un arca dorada que rebosaba DE regalos»* (Martínez *Evita* [Arg. 1995]); *«El camarín rebosaba DE músicos»* (Ramos/Lejbowicz *Corazones* [Arg. 1991]). Con este último sentido, se usa también como transitivo: *«Recipientes azules que rebosaban mercurio»* (Durán *Revolución* [Ven. 1978]); *«Su vida personal rebosaba alegría»* (*Mundo* [Esp.] 21.12.94). También como transitivo, dicho de un líquido, 'sobrepasar los bordes [del recipiente que lo contiene]': *«Eso fue para nosotros la gota que rebosó la copa»* (Che/Granado *Viaje* [Arg. 1992]). No debe confundirse con *rebasar* ('pasar o exceder [cierto límite]' y 'dejar atrás o adelantar'; → rebasar) ni, en zonas de seseo, con *rebozar* ('cubrir [un alimento] con harina, huevo, etc., para freírlo'; → rebozar(se)).

rebozar(se). 'Cubrir [un alimento] con harina, huevo, etc., especialmente para freírlo' y 'cubrir(se) completamente de algo'. Suele llevar un complemento introducido por *en*, *de* o *con*, que expresa la materia del rebozado: *«Se rebozan EN huevo y pan rallado, y se fríen a fuego muy fuerte»* (Toharia *Setas* [Esp. 1985]); *«Se rebozan CON huevo y luego se fríen»* (Domingo *Sabor* [Esp. 1992]); *«Devorándome con sus morros de conejito, después de haberme rebozado DE azúcar»* (Rossetti *Alevosías* [Esp. 1991]). En zonas de seseo, no debe confundirse con *rebosar* ('derramarse un líquido por encima de los bordes del recipiente' y 'estar completamente lleno de algo'; → rebosar).

rebudiar. Dicho del jabalí, 'gruñir'. Se acentúa como *anunciar* (→ APÉNDICE 1, n.º 4).

rebullir(se). 'Moverse sin cambiar de lugar, especialmente por inquietud o incomodidad'. Verbo irregular: se conjuga como *mullir* (→ APÉNDICE 1, n.º 42). Es intransitivo y puede usarse tanto en forma pronominal como no pronominal: *«Los animales mismos se rebullían en los establos, quizás inquietos por el aullido de los perros»* (JmnzLozano *Grano* [Esp. 1988]); *«El niño rebulle y el viejo se alarma»* (Sampedro *Sonrisa* [Esp. 1985]).

recabar. 'Conseguir [algo] mediante petición o súplica': «*¿Quiere sugerirnos que los testimonios que hemos recabado son falsos?*» (Volpi *Klingsor* [Méx. 1999]); y 'pedir o reclamar [algo]': «*Lanzó un mensaje recabando ayuda de la resistencia*» (Valladares *Esperanza* [Cuba 1985]). Lleva a menudo un complemento con *de* que expresa la persona a quien se dirige la petición: «*El profesor Handzel recabó DE las autoridades sanitarias israelíes el apoyo necesario*» (*Abc* [Esp.] 14.10.86). No debe confundirse gráficamente con el verbo homófono *recavar* ('volver a cavar'), de escaso uso.

recaer. 1. 'Volver a caer, especialmente en una enfermedad o en un vicio' y, dicho especialmente de un premio o una responsabilidad, 'ir a parar en alguien'. Verbo irregular: se conjuga como *caer* (→ APÉNDICE 1, n.º 22).

2. Con el primer sentido indicado se construye normalmente con *en*: «*Castro recayó EN su enfermedad*» (Herrera *Casa* [Ven. 1985]). Con el segundo sentido, el complemento puede ir introducido por *en* o *sobre*: «*El comando de la operación recayó EN dos coroneles*» (Velasco *Regina* [Méx. 1987]); «*Todas las sospechas [...] recayeron SOBRE la cocinera*» (Tomeo *Monstruo* [Esp. 1985]).

recalentar(se). 'Volver a calentar' y 'calentar(se) en exceso'. Verbo irregular: se conjuga como *acertar* (→ APÉNDICE 1, n.º 16).

recapacitar. 'Reflexionar detenidamente sobre algo'. Hoy se usa casi siempre como intransitivo y puede llevar un complemento precedido de *sobre*, *acerca de* o *en*: «*¡Espero que recapacites y te des cuenta de lo que maquinas!*» (BVallejo *Caimán* [Esp. 1981]); «*Recapacitemos SOBRE las circunstancias que los han convertido en lo que son hoy*» (Palou *Carne* [Esp. 1975]); «*Recapacité EN la conveniencia de mantenerme calmado*» (Torres *Conquista* [Méx. 1990]). Puede usarse como transitivo, con el sentido de 'reconsiderar [una decisión]': «*La huelga [...] es inevitable y necesaria para que la empresa recapacite sus posturas*» (*Mundo* [Esp.] 29.12.94). No debe confundirse con *recapitular* ('recordar sumaria y ordenadamente [lo expuesto por extenso]'; → recapitular).

recapitular. 'Recordar sumaria y ordenadamente [lo expuesto por extenso]': «*Es ahora el momento de recapitular toda esa información que [...] ha sido expuesta de manera cuidadosa y pormenorizada*» (Quezada *Mensaje* [Chile 1992]). No debe confundirse con *recapacitar* ('reflexionar detenidamente sobre algo' y 'reconsiderar'; → recapacitar).

recatar(se). Como transitivo 'encubrir u ocultar' y, como intransitivo pronominal, 'mostrar recelo en tomar una resolución'. Con el segundo sentido, tradicionalmente se ha construido con *de*: «*No se recataban DE mostrar las pantorrillas*» (Men-

doza *Verdad* [Esp. 1975]); pero hoy es más frecuente la construcción con *en*: «*No se recataba Quesada EN mostrar su dolor*» (Montero *Amo* [Esp. 1988]).

recaudar. 'Cobrar [un impuesto]' y 'reunir [dinero]'. Se acentúa como *causar* (→ APÉNDICE 1, n.º 10).

recavar. → recabar.

recelar. Se construye como transitivo cuando equivale a *temer*, en el sentido de 'pensar que [algo malo] sucede, ha sucedido o sucederá': «*Acudió lo mejor de aquella colectividad encopetada, que ahora recelaba perder su influencia*» (Faner *Flor* [Esp. 1986]). En cambio, es intransitivo y lleva un complemento introducido por *de* cuando equivale a *desconfiar*: «*El público [...] recela DE lo que se le muestra*» (Miralles *Motín* [Esp. 2002]).

⊗recepcionar. A pesar de su frecuencia en el lenguaje administrativo y periodístico, se trata de un neologismo superfluo, pues no aporta novedades con respecto al verbo tradicional *recibir*: ⊗«*Permite enviar y recepcionar todo tipo de impresos*» (*Clarín* [Arg.] 10.4.79); ⊗«*Levantó un centro alto que Orvin Cabrera recepcionó perfecto*» (*Prensa* [Hond.] 3.3.97); ⊗«*Se recepcionan hasta 40 ó 50 llamadas diarias*» (*Expreso* [Perú] 1.8.87).

recibí. 'Fórmula o documento en que se confirma la recepción de un envío'. Su plural es *recibís*: «*Entregó al juez unas fotocopias de las dos facturas y recibís*» (Ekaizer *Vendetta* [Arg. 1996]).

recién. 1. Como adverbio, posee distintos valores:

a) En su uso más general, significa 'poco tiempo antes, hace muy poco' y se antepone a un participio en función adjetiva para señalar que la acción por él expresada se acaba de producir: «*Tengo café recién hecho*» (Soriano *León* [Arg. 1986]). Con este sentido, en la mayor parte de América se emplea también delante o detrás de verbos en forma personal, uso que no existe en el español de España: «*Mi tía Lola recién tuvo una niña*» (González *Dios* [Méx. 1999]); «*¿No hablabas recién del pragmatismo?*» (Serrano *Corazón* [Chile 2001]). No debe colocarse entre el auxiliar y el participio en los tiempos compuestos: ⊗«*Había recién egresado de la escuela*» (*Excélsior* [Méx.] 14.9.01); debió decirse *Recién había egresado*. *Recién* puede anteponerse asimismo a algunos adjetivos, procedentes de verbos, que expresan acción concluida: «*En mi habitación, recién limpia [...], me había estado maquillando*» (MtnGaite *Nubosidad* [Esp. 1992]); «*Antón, recién despierto, está acostado sobre un colchón en el piso*» (Shand *Delmonte* [Arg. 1987]).

b) En buena parte de América se usa, además, con el sentido de 'justamente o únicamente', combinado, por lo general, con adverbios o expresiones temporales: *«Recién ahora que lo rememoro y escribo me doy cuenta de que fue un sueño premonitorio»* (Bryce *Vida* [Perú 1981]); *«Usted se hizo famoso recién a mediados de los ochenta»* (Paz *Materia* [Bol. 2002]).

2. En algunos países americanos se usa también como locución conjuntiva temporal, con el sentido de 'tan pronto como o en cuanto': *«¿Recuerdas que te lo dije recién llegamos?»* (Solares *Nen* [Méx. 1994]).

3. No debe usarse como adjetivo antepuesto a un sustantivo: ⊗*«Con más aguante que Berzin, el recién ganador del Giro»* (*Mundo* [Esp.] 13.6.94); en estos casos debe emplearse el adjetivo *reciente: el reciente ganador.*

reciente. 'Que acaba de hacerse o de ocurrir'. Tiene dos superlativos válidos: *recentísimo,* que conserva la raíz del adjetivo latino, y *recientísimo,* formado sobre *reciente* y más frecuente en el uso (→ -ísimo, 3): *«Tenemos un ejemplo recentísimo»* (*País* [Esp.] 1.11.97); *«Perdió de vista todo lo ocurrido en su pasado recientísimo»* (Donoso *Elefantes* [Chile 1995]).

Recife. Nombre actual de la ciudad brasileña antes llamada *Pernambuco: «Lula visitó la favela de Brasilia Teimosa, una de las más antiguas de Recife»* (*Ideal* [Esp.] 11.1.03). La antigua denominación se mantiene como nombre del estado del que es capital Recife (→ Pernambuco).

recipiendario -ria. Procede del latín *recipiendus* ('el que ha de ser recibido'), de ahí su sentido originario de 'persona que es recibida solemnemente en una corporación, para formar parte de ella': *«Los dos académicos más recientes [...] salen a recoger al recipiendario»* (*Abc* [Esp.] 16.6.96). Hoy es cada vez más frecuente su empleo como equivalente de *receptor* ('que recibe'), sentido que, aunque opuesto al etimológico, se ha extendido en el habla culta y se considera aceptable: *«Fue recipiendario, de manos del gran mariscal de Ayacucho, de los pendones ganados al ejército invasor»* (Salvador *Ecuador* [Ec. 1994]). Son incorrectas las formas ⊗*recipendario,* ⊗*recipendiario* y ⊗*recipiendiario.*

reclamar. Como transitivo, 'pedir con firmeza o exigir': *«Íbamos de pueblo en pueblo oyendo a campesinos [...] reclamar justicia»* (Mastretta *Vida* [Méx. 1990]); y como intransitivo no pronominal, 'protestar': *«No vale la pena quejarse o reclamar»* (Adoum *Ciudad* [Ec. 1995]). Es calco del francés que debe evitarse en español el uso de la construcción *reclamarse de* algo o alguien con el sentido de 'proclamarse su partidario o deudor, o invocarlo como referente': ⊗*«El intervencionismo keynesiano ha pasado a la retaguardia y está considerado de muy mal gusto reclamarse de él»* (*País* [Esp.] 2.11.80). Tampoco

debe usarse en lugar de *proclamarse:* ⊗*«Va a solicitar el voto de todo el que se reclame de izquierda»* (*Mundo* [Esp.] 29.4.95).

recluir(se). 'Encerrar(se)'. Verbo irregular: se conjuga como *construir* (→ APÉNDICE 1, n.º 25). Su participio, *recluido,* se escribe sin tilde (→ TILDE[2], 2.1.1 y 2.1.2).

recomendar. 1. 'Aconsejar [algo] a alguien para su bien o provecho' y 'hablar a una persona en favor [de otra] para que la ayude'. Verbo irregular: se conjuga como *acertar* (→ APÉNDICE 1, n.º 16).

2. Con el segundo sentido indicado, se construye normalmente con dos complementos de persona: uno directo, que designa la persona en favor de la cual se habla, y otro indirecto, que designa la persona a quien se habla. Para evitar la anfibología resultante de la presencia de dos complementos con *a* —el directo de persona y el indirecto: *Recomendé A mi hermano A mi jefe*—, puede suprimirse la preposición del complemento directo: *Recomendé mi hermano A mi jefe* (→ a[2], 1.2d). En México se emplea también la solución, infrecuente en el resto del ámbito hispánico, de introducir por *con* el segundo complemento: *Recomendé A mi hermano CON mi jefe.*

recomenzar. 1. Verbo irregular: se conjuga como *acertar* (→ APÉNDICE 1, n.º 16).

2. Significa 'volver a comenzar': *«El primero venía a ponerse detrás de él, todos los otros lo seguían en el mismo orden, y el juego recomenzaba»* (Saer *Entenado* [Arg. 1988]). No debe emplearse con el sentido de 'reanudar o reemprender': ⊗*«Las obras se iniciaron en 1964, [...] pero fueron paralizadas 10 años después. En 1980, sin embargo, se decidió recomenzarlas a pesar de la oposición que el proyecto había ya levantado por sus consecuencias sobre el entorno natural»* (*País* [Esp.] 1.6.84).

recomponer(se). 'Componer(se) de nuevo' y 'reparar'. Verbo irregular: se conjuga como *poner* (→ APÉNDICE 1, n.º 47). El imperativo singular es *recompón* (tú) y *recomponé* (vos), y no ⊗*recompone.*

reconciliar(se). 'Restituir(se) la amistad o el entendimiento entre dos personas'. Se acentúa como *anunciar* (→ APÉNDICE 1, n.º 4).

reconducir. 'Devolver [algo] a la dirección adecuada'. Verbo irregular: se conjuga como *conducir* (→ APÉNDICE 1, n.º 24).

reconocer. 1. 'Identificar', 'someter a examen o reconocimiento', 'admitir como cierto o legítimo' y 'agradecer'. Verbo irregular: se conjuga como *agradecer* (→ APÉNDICE 1, n.º 18).

2. En todas las acepciones indicadas, es transitivo. Es incorrecto anteponer *de* al complemento directo (→ DEQUEÍSMO, 1b): ⊗*«Han reconocido DE que había una serie de contradicciones»* (*Prensa* [Nic.] 26.4.97); debió decirse *Han reconocido que...*

reconstituir(se). 'Volver a constituir' y 'volver(se) un organismo a su estado normal'. Verbo irregular: se conjuga como *construir* (→ APÉNDICE 1, n.º 25). Su participio, *reconstituido*, se escribe sin tilde (→ TILDE², 2.1.1 y 2.1.2).

reconstruir. 'Rehacer o volver a construir' y 'reproducir [algo] ya pasado'. Verbo irregular: se conjuga como *construir* (→ APÉNDICE 1, n.º 25). Su participio, *reconstruido*, se escribe sin tilde (→ TILDE², 2.1.1 y 2.1.2).

recontar. 'Volver a contar'. Verbo irregular: se conjuga como *contar* (→ APÉNDICE 1, n.º 26).

reconvenir. 1. 'Censurar o reprender [a alguien] por algo'. Verbo irregular: se conjuga como *venir* (→ APÉNDICE 1, n.º 60). El imperativo singular es *reconvén* (tú) y *reconvení* (vos), y no ⊗*reconviene*.

2. Se construye con un complemento directo de persona y, frecuentemente, con un segundo complemento, precedido de *por* o *sobre*, que expresa causa: «*Tanto el padre como la madre de Carlos lo reconvinieron POR su temeridad*» (FdzGuardia *Cuentos* [C. Rica 1901]); «*Para reconvenir a fauvistas y expresionistas [...] SOBRE las licencias de interpretación que se permiten*» (*Abc* [Esp.] 24.5.96). Hoy es raro el empleo de la preposición *de* para introducir este complemento: «*Don Jesús reconvino a Octavio DE verle un poco ajeno a su alegría*» (Trigo *Jarrapellejos* [Esp. 1914]).

3. No debe usarse con complemento directo de cosa, como sinónimo de *censurar* o *recriminar* [algo] a alguien: ⊗«*Un agente [...] le reconvino su permanencia en la zona de seguridad*» (*Melilla*@ [Esp.] 12.5.03).

reconvertir(se). 1. 'Transformar(se)'. Verbo irregular: se conjuga como *sentir* (→ APÉNDICE 1, n.º 53).

2. Se construye normalmente con un complemento introducido por *en*, que indica el resultado de la transformación: «*Algunos pioneros, pocos, se reconvirtieron EN profesionales de la informática*» (Teso *Informática* [Esp. 1993]). No debe usarse *a* para introducir este complemento: ⊗«*Quesnay se reconvirtió A estudioso de los temas económicos*» (Tamames *Economía* [Esp. 1992]).

récord. 1. Voz tomada del inglés *record*, 'marca o mejor resultado homologado en la práctica de un deporte'. Se utiliza frecuentemente en sentido figurado, fuera del ámbito deportivo. Su plural es *récords* (→ PLURAL, 1j): «*La BBC espera batir todos los récords de audiencia el lunes que viene con la entrevista a Diana*» (*Vanguardia* [Esp.] 16.11.95). En español, tanto el singular como el plural deben escribirse con tilde (→ TILDE², 1.1.2). En algunos países, especialmente en Chile, comienza a circular la forma *récor* (pl. *récores*), mejor adaptada al español y, por tanto, más recomendable que *récord*:

«*Alabada y criticada por la elección de sus obras es, sin embargo, reconocida por su habilidad para conseguir récores de espectadores*» (*Sur*@ [Chile] 25.4.01). Por su extensión, se considera aceptable el uso del anglicismo adaptado, aunque se recomienda emplear con preferencia los equivalentes españoles *marca*, *plusmarca* o *mejor registro*: «*Superó la marca que [...] tenía el excelente bastonista español Severiano Ballesteros*» (*Universal* [Ven.] 15.4.97); «*La búlgara Stefka Kostadinova estableció la plusmarca mundial de salto de altura*» (*País* [Esp.] 1.2.87); «*El mejor registro de esta nueva categoría quedó en manos de Juan Carlos Rossotti*» (*NProvincia* [Arg.] 6.4.97).

2. Con el sentido de 'deportista que ostenta la mejor marca en una especialidad deportiva, especialmente atlética' (en inglés, *record-holder*), debe emplearse la voz española *plusmarquista*, común en cuanto al género (*el/la plusmarquista;* → GÉNERO², 1a y 3b), y no los falsos anglicismos tomados del francés *recordman* o *recordwoman*: «*Peor resultado obtuvo la plusmarquista mundial, la keniana Tegla Loroupe*» (*Excélsior* [Méx.] 25.9.00).

3. La voz *récord* se usa también en aposición, con el sentido adjetivo de 'no logrado hasta el momento'. En este caso, aunque es frecuente dejarla invariable en plural, es posible y recomendable su empleo con marca de número (→ PLURAL, 2.4): «*Nuevamente se alcanzaban valores récords para varias categorías*» (*Clarín* [Arg.] 8.2.79).

4. Es calco rechazable del inglés el uso de *récord* con el sentido de 'registro escrito o historial', que se da en México, Centroamérica, Puerto Rico, Venezuela y el Ecuador: ⊗«*En su récord militar está el de haber sido miembro de la tenebrosa Seguridad del Estado*» (*Prensa* [Nic.] 12.1.97); ⊗«*Jairo Edú Montoya Sagastume [...] tenía récord delictivo: había sido capturado en cuatro oportunidades*» (*Siglo* [Guat.] 6.5.97); en ese caso deben usarse los equivalentes españoles *expediente*, *informe*, *historial* o *antecedentes (penales)*, según convenga.

recordar(se). 1. Verbo irregular: se conjuga como *contar* (→ APÉNDICE 1, n.º 26).

2. En el español general culto este verbo es transitivo (*recordar* [algo]) en sus acepciones más comunes:

a) 'Tener presente [algo] en la memoria': «*¿Recuerdas aquel auto rojo que tanto te gustaba?*» (Santander *Milagro* [Méx. 1984]). En el habla culta formal se desaconseja el uso de *recordar* en forma pronominal, ya sea como transitivo (*recordarse* [algo]): ⊗«*A veces no me recuerdo qué diablos hice ayer*» (*Hoy*@ [El Salv.] 15.6.03); ya sea como intransitivo seguido de un complemento con *de* (*recordarse de algo*): ⊗«*Me recuerdo yo DE las campañas antiaborto*» (*País* [Esp.] 15.9.77). Estos usos, normales en el español medieval y clásico, han quedado relegados al habla coloquial o popular de algunas zonas, tanto de España como de América (en algunos países como Venezuela o Chile, son usos frecuentes en el habla informal). También debe evitarse en la lengua culta formal su uso como intransitivo (*recordar de algo*), documentado en algunos países de América: ⊗«*En mis 30 años de experiencia en este valle no recuerdo DE la existencia de un archivo de lo que hemos hecho*» (VV. AA. *Vitivinicultura* [Perú 1991]). Los verbos *recordar* y *acordar* comparten este significado, pero en la lengua general culta se construyen de modo diferente: *recordar*, como se acaba de explicar, es transitivo (*recordar* [algo]), mientras que *acordar* (→ acordar(se), 3) es intransitivo pronominal (*acordarse* de algo).

b) Dicho de una persona, 'hacer que otra tenga presente [algo] en la memoria': «*Te recuerdo que la última vez gané yo*» (Cerezales *Escaleras* [Esp. 1991]).

c) Dicho de una persona o de una cosa, 'traer [otra] a la memoria de alguien, por su similitud con ella o por estar de algún modo relacionada con ella': «*Benigna, usted me recuerda a mi madre*» (Díaz Neruda [Chile 1991]); «*Esto me recuerda el caso de una señora que consultaba al doctor Bouvard sobre un remedio entonces en boga y le pedía su parecer*» (Fisas *Historias* [Esp. 1983]).

d) Dicho de una persona o de una cosa, 'asemejarse [a otra]': «*El caso recuerda el de la campesina Elvia Cortés*» (*VGalicia* [Esp.] 18.12.00). Es frecuente en este caso que el complemento directo de cosa vaya, como el de persona, precedido de la preposición *a*: «*Su tocado recuerda A los tocados clásicos*» (Gala *Ulises* [Esp. 1975]).

3. En algunos países, especialmente en el habla rural, pervive el uso antiguo de *recordar(se)* con el sentido de 'despertar(se)': «*A las cuatro y media de la madrugada tuve cólicos y asfixia. Me recordé sudando*» (Martínez *Perón* [Arg. 1989]).

recordman, recordwoman. → récord, 2.

recostar(se). 1. 'Apoyar(se) sobre algo, en posición inclinada'. Verbo irregular: se conjuga como *contar* (→ APÉNDICE 1, n.º 26).

2. Se construye normalmente con un complemento introducido por *en, sobre* o *contra*: «*Se recostó EN el árbol y la cubriste con tu brazo*» (Otero *Temporada* [Cuba 1983]); «*De la Rúa se recostó, en cambio, SOBRE la ladera opuesta*» (*Nación* [Arg.] 1.7.92); «*María Roberta se desmaquillaba frente a la luna del tocador, indiferente a la imagen de Raúl [...] recostado CONTRA el respaldo de la cama*» (Rovinski *Herencia* [C. Rica 1993]).

recrecer(se). Como transitivo, 'aumentar o acrecentar'; como intransitivo no pronominal, 'aumentar o crecer'; y como intransitivo pronominal, 'crecerse o cobrar bríos'. Verbo irregular: se conjuga como *agradecer* (→ APÉNDICE 1, n.º 18).

recrudecer(se). Referido a algo negativo, 'dar, o tomar, nuevo incremento'. Verbo irregular: se conjuga como *agradecer* (→ APÉNDICE 1, n.º 18).

recubrir(se). 1. 'Cubrir(se) por encima'. Su participio es irregular: *recubierto*.

2. Suele llevar un complemento introducido por *de* o *con*: «*Tras permanecer algún tiempo en el nido donde abrieron los ojos, se recubren DE un extraño pelo gris*» (Rubio *Sal* [Esp. 1992]); «*Si la humedad interior se debiera a fisuras del revoque exterior, recúbralas CON mezcla común tamizada*» (Silberman *Pintor* [Arg. 1985]).

recurrir. Cuando significa, en el lenguaje del derecho, 'entablar recurso contra una resolución', es admisible tanto la construcción intransitiva, con un complemento introducido por *contra*, como la transitiva: «*Tampoco era bien visto recurrir CONTRA la sentencia*» (Longares *Corsé* [Esp. 1979]); «*Podemos recurrir la sentencia*» (AMillán *Oportunidad* [Esp. 1991]).

redaño. 'Bríos o valor'. Se usa normalmente en plural: «*Para odiar hay que tener más redaños*» (Sampedro *Sonrisa* [Esp. 1985]). No es propia del habla culta la forma ⊗*reaño*, con pérdida de la /d/ intervocálica (→ d, 2).

redargüir. 'Replicar o argüir [algo] en contra de un argumento'. Verbo irregular: se conjuga como *construir* (→ APÉNDICE 1, n.º 25): «*Insulta al chófer vecino, impugna, niega, reniega, ataca, discute, arguye, redarguye*» (Aub *Gallina* [Esp. 1971]). Su participio, *redargüido*, se escribe sin tilde (→ TILDE², 2.1.1 y 2.1.2). Con el mismo sentido, se usa también el verbo *reargüir*: «*Alegué que perdería mis clases, pero rearguyó que doña Juanita necesitaba unas vacaciones*» (GaHortelano *Cuento* [Esp. 1987]).

rededor. → alrededor.

redistribuir(se). 'Distribuir(se) de nuevo'. Verbo irregular: se conjuga como *construir* (→ APÉNDICE 1, n.º 25). Su participio, *redistribuido*, se escribe sin tilde (→ TILDE², 2.1.1 y 2.1.2).

redituar. 'Rendir o producir [utilidad] periódicamente'. Se acentúa como *actuar* (→ APÉNDICE 1, n.º 7).

reducir(se). 1. 'Hacer(se) más pequeño', 'transformar(se) en algo de menor importancia o valor', 'limitar(se) o ceñir(se) a algo', 'someter [a alguien que ofrece resistencia]' y, en un vehículo, 'cambiar a una velocidad inferior'. Verbo irregular: se conjuga como *conducir* (→ APÉNDICE 1, n.º 24).

2. Con el primer sentido indicado, además del complemento directo puede llevar un complemento precedido de las preposiciones *a* o *en*, que expresa cantidad; se usa la preposición *a* cuando se indica la cantidad a la que se llega tras la reducción: «*Se comenzó con un presupuesto anual de 13*»

millones de pesetas y posteriormente el Ayuntamiento lo redujo A 12 millones» (*País* [Esp.] 2.4.89). Se emplea la preposición *en* cuando se indica la reducción que se practica o se produce: *«El ingreso medio se redujo EN una quinta parte»* (*Proceso* [Méx.] 21.7.96); este complemento también puede aparecer sin preposición: *«Tudor redujo su endeudamiento un 6,5%»* (*País* [Esp.] 1.12.87).

3. También se construye con un complemento con *a* cuando significa 'transformar(se) en algo de menor importancia o valor' y 'limitar(se) o ceñir(se) a algo': *«Incendiaron la casona del hato. La redujeron A cenizas»* (*Tiempo* [Col.] 2.1.88); *«La respuesta del ministro de Trabajo se redujo A una escueta carta»* (*País* [Esp.] 2.10.84).

reelección. → reelegir, 2.

reelegir. 1. 'Volver a elegir'. Verbo irregular: se conjuga como *pedir* (→ APÉNDICE 1, n.º 45). En España solo tiene un participio: *reelegido*. En casi toda América, además del regular *reelegido*, única forma válida para formar los tiempos compuestos de la conjugación, se usa también el irregular *reelecto* para formar la pasiva perifrástica, así como en función adjetiva: *«Martínez fue elegido por primera vez en 1935 y reelecto en 1939 y 1944»* (Gordon *Crisis* [Méx. 1989]); *«No tenemos duda de que el Presidente reelecto buscará hacer en lo sucesivo su política exterior»* (*Excélsior* [Méx.] 9.11.96). No resulta adecuado, en cambio, utilizar el participio irregular para formar los tiempos compuestos: ⊗*«Rodríguez tiene seis años al frente del gremio, lapso durante el cual se ha reelecto en dos ocasiones»* (*DYucatán* [Méx.] 9.9.96); debió decirse *se ha reelegido*.

2. No es admisible la grafía simplificada ⊗*relegir*. El sustantivo de acción correspondiente es *reelección*, que tampoco admite la grafía simplificada ⊗*relección*.

reencontrar(se). 'Volver(se) a encontrar'. Verbo irregular: se conjuga como *contar* (→ APÉNDICE 1, n.º 26). Tanto en el verbo como en el sustantivo de acción correspondiente, *reencuentro*, son admisibles las grafías reducidas *rencontrar(se)* y *rencuentro*. Se recomiendan, sin embargo, las grafías con *-ee-*, que son las preferidas en el uso.

reencuentro. → reencontrar(se).

reescribir. 1. 'Volver a escribir'. Tanto en el verbo como en el sustantivo correspondiente, *reescritura*, son admisibles las grafías reducidas *rescribir* y *rescritura*. Se recomiendan, sin embargo, las grafías con *-ee-*, que son las preferidas en el uso.

2. Solo es irregular en el participio, que tiene dos formas: *re(e)scrito* y *re(e)scripto*. La forma usada en la mayor parte del mundo hispánico es *re(e)scrito*; pero en algunas zonas de América, especialmente en la Argentina y el Uruguay, sigue en uso la gra-

fía etimológica *re(e)scripto* (→ p, 5). La grafía *rescripto* es general como sustantivo (→ rescripto).

reescritura. → reescribir, 1.

⊗**reestablecer,** ⊗**reestablecimiento.** → restablecer(se).

reexpedición. → reexpedir.

reexpedir. 'Expedir [algo] que se ha recibido'. Verbo irregular: se conjuga como *pedir* (→ APÉNDICE 1, n.º 45). Tanto en este verbo como en el sustantivo de acción correspondiente, *reexpedición*, no son admisibles las grafías simplificadas ⊗*rexpedir*, ⊗*rexpedición*.

referee. → réferi o referí.

referendo. 'Procedimiento jurídico por el que se someten al voto popular leyes o actos administrativos': *«El pueblo expresó su criterio en un referendo»* (*Excélsior* [Méx.] 21.10.96). Su plural es *referendos*. Debe preferirse esta forma hispanizada a la variante etimológica latina *referéndum*.

referéndum. → referendo.

réferi o **referí.** Adaptación gráfica de la voz inglesa *referee*, que se usa con frecuencia en el español americano para designar a la persona que, en un encuentro deportivo, cuida de la aplicación del reglamento: *«Una apreciación del réferi le dio el punto decisivo»* (*DYucatán* [Méx.] 23.7.96); *«Este referí no nos dio un penal»* (*Clarín* [Arg.] 28.2.97). Ambas acentuaciones son válidas, con preferencia por la forma esdrújula *réferi*, salvo en la Argentina, donde es mayoritaria la forma aguda *referí*, más acorde con la pronunciación del étimo inglés. El plural es *réferis* y *referís*, respectivamente. Aunque, por su extensión en el español americano, se admite el uso del anglicismo adaptado, se recomienda usar con preferencia el equivalente español *árbitro*.

referir(se). 1. Verbo irregular: se conjuga como *sentir* (→ APÉNDICE 1, n.º 53).

2. Cuando significa 'narrar', se construye con complemento directo: *«De golpe me refirió su historia»* (Mujica *Escarabajo* [Arg. 1982]). Es incorrecto anteponer *de* a dicho complemento (→ DEQUEÍSMO, 1b): ⊗*Refirió DE que había estado allí;* debe decirse *Refirió que había estado allí*.

3. Cuando significa 'mencionar o aludir a alguien o algo', es intransitivo pronominal y se construye siempre con un complemento introducido por *a*: *«Cuando la volví a ver nunca se refirió A aquella noche y yo tampoco lo mencioné siquiera»* (Shand *Sastre* [Arg. 1982]).

reflexionar. 'Pensar con profunda atención'. Normalmente es intransitivo y se construye con un complemento introducido por *sobre, acerca de* o, menos frecuentemente, *en*: *«Reflexioné SOBRE la experiencia vivida»* (Bojorge *Aventura* [Arg. 1992]); *«Me detuve a reflexionar EN lo que acababa de decir»*

(Cuauhtémoc *Grito* [Méx. 1992]). Más raro, aunque también correcto, es el uso transitivo: «*El Gobierno debió reflexionar su postura con más cuidado*» (*Proceso* [Méx.] 8.9.96).

refluir. Dicho de un líquido, 'volver hacia atrás' y 'repercutir favorable o desfavorablemente sobre alguien o algo'. Verbo irregular: se conjuga como *construir* (→ APÉNDICE 1, n.º 25). Su participio, *refluido*, se escribe sin tilde (→ TILDE², 2.1.1 y 2.1.2).

reforzar(se). 'Fortalecer(se)'. Verbo irregular: se conjuga como *contar* (→ APÉNDICE 1, n.º 26).

refregar(se). 'Volver a fregar' y 'frotar(se) con algo'. Verbo irregular: se conjuga como *acertar* (→ APÉNDICE 1, n.º 16; y fregar(se)).

refreír. 'Volver a freír' y 'freír muy bien o demasiado'. Verbo irregular: se conjuga como *sonreír* (→ APÉNDICE 1, n.º 55). Tiene dos participios: el regular *refreído* y el irregular *refrito*. Ambos se utilizan indistintamente en la formación de los tiempos compuestos (*he refreído* o *he refrito*) y de la pasiva perifrástica (*es refreído* o *es refrito*), aunque hoy es mucho más frecuente el empleo de la forma irregular: «*Se fríen en la manteca hasta que queden uniformemente doradas, se untan en frijol (que se habrá refrito en manteca y con caldo de los chipotles)*» (Ramos *Platillos* [Méx. 1976]). En función adjetiva, también son válidos ambos, aunque en este caso se emplea casi exclusivamente la forma irregular *refrito*, que puede ser también un sustantivo ('aceite frito con ajo, cebolla y otros ingredientes que se añaden en caliente a algunos guisos' y 'obra hecha a base de otras anteriores refundidas, que se hace pasar por nueva'): «*Un magma odorífero, cuyos orígenes serían escalones de madera fregada con lejía [...] y morcilla refrita*» (GaHortelano *Momento* [Esp. 1972]); «*Vierte el refrito encima del brécol, y listo para servir*» (Arguiñano *Recetas* [Esp. 1996]); «*No vamos a publicar un refrito*» (Bayly *Días* [Perú 1996]).

refrito. → refreír.

refugiar(se). 'Procurar(se) refugio'. Se acentúa como *anunciar* (→ APÉNDICE 1, n.º 4).

regaliz. 'Planta herbácea' y 'pasta hecha con el jugo de su rizoma'. El étimo latino es femenino y, de hecho, en el español primitivo se usó en un principio la forma femenina *regaliza*, que posteriormente perdió la -*a* por influjo de la terminación en -*z* del sinónimo de origen árabe *orozuz*. La forma *regaliz* adoptó pronto el género masculino con el que se usa hoy en la lengua general culta: «*Despachaba el chicle o el regaliz sin fijarse mucho en lo que hacía*» (Mendicutti *Fuego* [Esp. 1995]). Debe evitarse su uso en femenino (⊗*la regaliz*), achacable hoy, por lo general, al influjo de otras lenguas, como el catalán, donde el equivalente de esta voz mantiene el género etimológico.

regañadientes. *a regañadientes*. 'Con disgusto, de mala gana': «*La propietaria aceptó el arreglo a regañadientes*» (Ribeyro *Geniecillos* [Perú 1983]). No debe escribirse ⊗*a regaña dientes*.

regañar. Con el sentido de 'reprender o reconvenir', es transitivo: «*El padre LA regañó y le pidió excusas a Florentino Ariza*» (GaMárquez *Amor* [Col. 1985]).

regar. 'Esparcir agua [sobre algo]'. Verbo irregular: se conjuga como *acertar* (→ APÉNDICE 1, n.º 16).

Regensburg. → Ratisbona.

regenta. → regente, 2.

regente. 1. 'Que rige o gobierna'. Es adjetivo de una sola terminación, válida para ambos géneros: *planeta regente, reina regente*. Consecuentemente, como sustantivo, con el sentido de 'persona que rige o gobierna un territorio, especialmente una monarquía, por minoría de edad, ausencia o incapacidad del soberano', es común en cuanto al género (*el/la regente;* → GÉNERO², 1a y 3c): «*Ahora María Cristina es la regente y la infantita Isabel, nuestra reina*» (BVallejo *Detonación* [Esp. 1977]).

2. Funciona igualmente como común cuando significa 'persona que, sin ser la propietaria, está al frente de determinado tipo de establecimientos o negocios', pero en este caso se usa también con normalidad el femenino *regenta*, especialmente si se trata de un burdel: «*Doña Juana, su madre, aparece como regenta de un burdel*» (Posse *Pasión* [Arg. 1995]). El femenino *regenta* designa también, coloquialmente, a la mujer de un regente, y con este sentido aparece en el título de la famosa novela de Clarín, cuya protagonista era la esposa del regente ('magistrado que preside una Audiencia territorial') de Vetusta.

régimen. 'Sistema político', 'conjunto de normas, especialmente las relativas a la alimentación' y 'cierto tipo de dependencia gramatical'. En el plural el acento cambia de lugar: *regímenes*, no ⊗*régimenes*.

regimentar. 'Someter a régimen'. Aunque se ha considerado tradicionalmente verbo irregular, según el modelo de *acertar* (→ APÉNDICE 1, n.º 16), esto es, con diptongación en las formas cuya raíz es tónica (*regimiento, regimientas, regimienta*, etc.), en el español actual es más frecuente su conjugación como regular: «*El mismo Comte había ya sugerido que la técnica regimenta a la ciencia, y no al revés*» (Ortega *Artículos* [Esp. 1917-33]).

regir(se). Como transitivo, 'dirigir o gobernar'; como intransitivo no pronominal, 'estar vigente' y, como intransitivo pronominal, dicho de una persona, 'tener algo por norma o guía'. Verbo irregular: se conjuga como *pedir* (→ APÉNDICE 1, n.º 45).

regoldar. 'Eructar'. Verbo irregular: se conjuga como *contar* (→ APÉNDICE 1, n.º 26), esto es, la /o/ de la raíz diptonga en /ue/ cuando es tónica. Las formas diptongadas deben escribirse con diéresis en la *u* (*regüeldo, regüeldas*, etc.): «*Pegados unos con otros, uno regüelda, otro vomita*» (SchsSinisterra *Retablo* [Esp. 1985]). Las formas con raíz átona no diptongan: *regoldamos, regoldáis*, etc.

regresar(se). 1. Con el sentido de 'volver al lugar de partida', es intransitivo y se usa normalmente en forma no pronominal, aunque en varios países americanos, especialmente en el habla coloquial, es normal también su uso en forma pronominal: «*Estaba feliz porque Marcos había regresado*» (Ibargüengoitia *Crímenes* [Méx. 1979]); «*Se regresó al día siguiente en el primer tren*» (Adoum *Ciudad* [Ec. 1995]).

2. En gran parte de América se emplea también como transitivo, con los sentidos de 'devolver o restituir [algo] a quien lo tenía': «*Me ofreció un anillo* [...]. *Yo se lo regresé y le dije que mi amor por este pueblo era premio suficiente*» (Fuentes *Naranjo* [Méx. 1993]); y 'hacer que [algo o alguien] vuelva donde estaba': «*Habían huido, luego de asesinar a tres soldados que los regresaban a la prisión*» (VLlosa *Fiesta* [Perú 2000]).

rehacer(se). 'Volver a hacer' y, como pronominal, 'recuperarse'. Verbo irregular: se conjuga como *hacer* (→ APÉNDICE 1, n.º 36). El imperativo singular es *rehaz* (tú) y *rehacé* (vos), y no ⊗*rehace*. La hache intercalada no exime de la obligación de tildar la *-i-* tónica para marcar el hiato en las formas *rehíce* y *rehízo* (→TILDE[2], 2.2.2b).

⊗**rehacio -cia.** → reacio.

rehén. 'Persona a la que se retiene como garantía para obligar a alguien a hacer algo'. Aunque hay ejemplos de su uso como sustantivo epiceno masculino (→ GÉNERO[2], 1b): «*¿Cecilia, un rehén Cecilia?*» (Satué *Desierto* [Esp. 1985]), hoy se está consolidando su empleo como común (*el/la rehén*; → GÉNERO[2], 1a y 3h): «*Vamos a ver si conseguimos que entre en razón y suelte a las rehenes*» (Ribera *Sangre* [Esp. 1988]).

rehilar(se). 1. 'Hilar torciendo la hebra', 'pronunciar(se) con rehilamiento una consonante' y 'temblar'. Se acentúa como *descafeinar* (→ APÉNDICE 1, n.º 13). La hache intercalada no exime de la obligación de tildar la *-i-* para marcar el hiato en las formas en que esta vocal es tónica (→ TILDE[2], 2.2.2b): *rehílo, rehílas, rehíla, rehílan; rehíle, rehíles, rehílen*.

2. Con el sentido de 'temblar', existen las variantes *reilar*, desaconsejada por su escaso uso, y *rilar*: «*Las amarillentas barbitas rilaban como si las agitase el viento*» (Delibes *Madera* [Esp. 1987]).

rehuir. 1. Verbo irregular: se conjuga como *construir* (→ APÉNDICE 1, n.º 25). En cuanto a la acentuación de la secuencia vocálica /eu/, sigue el modelo de *rehusar* (→ APÉNDICE 1, n.º 15), esto es, la *-u-* es tónica en las formas de este verbo que llevan el acento prosódico en la raíz; por lo tanto, en estos casos, la *u* debe escribirse con tilde para marcar el hiato (→ TILDE[2], 2.2.2b): *rehúyo, rehúyes, rehúye, rehúyen; rehúya, rehúyas, rehúyan*. Las formas *rehuís* y *rehuí* llevan acento gráfico, porque son bisílabas agudas terminadas en *-s* y en vocal, respectivamente. Por el contrario, el participio, *rehuido*, se escribe sin tilde (→ TILDE[2], 2.1.1 y 2.1.2).

2. Significa 'tratar de evitar [algo o a alguien]' y, en la lengua culta general, funciona como transitivo: «*Ellos no me buscaban y yo LOS rehuía delicadamente para proteger mi libertad*» (Zaldívar *Capablanca* [C. Rica 1995]). No es normal, y debe evitarse, su uso como intransitivo seguido de un complemento con *de*: ⊗«*Rehúye DEL calificativo de pintor*» (*Época* [Chile] 31.1.97); debió decirse *Rehúye el calificativo de pintor*.

rehundir(se). 'Producir(se) en una superficie una depresión o concavidad' y 'hundir(se) o sumergir(se)'. Se acentúa como *rehusar* (→ APÉNDICE 1, n.º 15). La hache intercalada no exime de la obligación de tildar la *-u-* para marcar el hiato en las formas en que esta vocal es tónica (→ TILDE[2], 2.2.2b): *rehúndo, rehúndes, rehúnde, rehúnden; rehúnda, rehúndas, rehúndan*.

rehusar. 1. 'No aceptar'. La *u* del grupo /eu/ es tónica en las formas de este verbo que llevan el acento prosódico en la raíz. V. conjugación modelo (→ APÉNDICE 1, n.º 15). La hache intercalada no exime de la obligación de tildar la *-u-* para marcar el hiato en las formas en que esta vocal es tónica (→ TILDE[2], 2.2.2b): *rehúso, rehúsas, rehúsa, rehúsan; rehúse, rehúses, rehúsen*.

2. Hoy es transitivo: «*Cortés rehúsa la invitación*» (Márquez *Cortés* [Esp. 1990]); «*Obdulio rehúsa obedecer*» (García *Paso* [Col. 1988]). Es incorrecto su uso con complementos introducidos por *a* o *de*: ⊗«*Grupos de bandidos que rehúsan A deponer las armas*» (*Mundo* [Esp.] 15.6.96). Es igualmente incorrecto utilizarlo con el régimen de *negar*, esto es, como pronominal con un complemento introducido por *a*: ⊗«*Se rehúsan A cooperar hasta con la mano de obra*» (*Proceso* [Méx.] 21.7.96); debió decirse *Rehúsan cooperar*.

Reikiavik. Forma adaptada a la ortografía española del nombre de la capital de Islandia: «*Reikiavik pretende capturar 38 rorcuales aliblancos este año*» (*Abc*@ [Esp.] 17.8.03). No deben usarse en español ni la grafía islandesa *Reykjavík*, ni la inglesa *Reykjavik* ni formas híbridas como ⊗*Reikjavik* o ⊗*Reykiavik*.

reilar. → rehilar(se), 2.

reimprimir. 'Volver a imprimir'. Tiene dos participios: el regular *reimprimido* y el irregular *reimpreso,* con la misma distribución de uso que *imprimido* e *impreso* (→ imprimir).

reinar. 'Regir un Estado'. Se acentúa como *peinar* (→ APÉNDICE 1, n.º 12).

[⊗]**reinicializar.** → reiniciar(se), 3.

reiniciar(se). 1. 'Iniciar(se) de nuevo'. Se acentúa como *anunciar* (→ APÉNDICE 1, n.º 4).

2. No debe emplearse con el sentido de 'reanudar o reemprender': [⊗]*«Basso y su mujer estaban descansando en la banquina. Y en el momento en que reiniciaron el viaje, fueron atropellados»* (*Clarín* [Arg.] 12.2.97).

3. Para expresar la acción de 'volver a arrancar el sistema operativo [de una computadora u ordenador]', se recomienda usar este verbo, y no la forma [⊗]*reinicializar.*

Reino Unido. Nombre abreviado del Estado europeo formado por Escocia, Gales, Inglaterra e Irlanda del Norte, cuyo nombre oficial completo es Reino Unido de Gran Bretaña e Irlanda del Norte: *«Este boxeador había desafiado a los campeones de Francia, de Alemania y del Reino Unido»* (Mendoza *Ciudad* [Esp. 1986]). Su gentilicio es *británico,* que también lo es del territorio específico de Gran Bretaña (→ Gran Bretaña): *«Los laboristas del primer ministro británico, Tony Blair, subieron once puntos en relación con otra encuesta publicada hace una semana»* (*Nacional* [Ven.] 2.10.00).

reintegrar(se). Con el sentido de 'hacer que [alguien o algo] vuelva a un lugar, estado o situación', además del complemento directo, frecuentemente reflexivo, lleva un complemento introducido por *a* o, menos frecuentemente, *en: «Ya no hay quien lo reintegre AL redil»* (MDurán *Toque* [Col. 1981]); *«La necesidad de este país de reintegrarse EN la vida europea»* (*País* [Esp.] 1.12.89).

reír(se). 1. Verbo irregular: se conjuga como *sonreír* (→ APÉNDICE 1, n.º 55). Sobre la acentuación gráfica de las formas del pretérito perfecto simple o pretérito de indicativo *rio/rió* y del presente de subjuntivo *riais/riáis,* → TILDE², 1.2.

2. Puede funcionar como transitivo, con el sentido de 'celebrar con risa [algo]': *«Se la encontraría conversando con él, [...] riendo sus bromas»* (MtzPisón *Ternura* [Esp. 1985]); o como intransitivo, tanto pronominal como no pronominal, con el sentido de 'manifestar regocijo mediante sonidos y movimientos del rostro': *«Cambia de táctica, se ríe, le dice frases cariñosas»* (Gallegos *Pasado* [C. Rica 1993]); *«Alfredo ríe, afable»* (BVallejo *Música* [Esp. 1989]); en este caso, puede llevar un complemento precedido de la preposición *de* o *por,* que expresa la causa del regocijo: *«Todo Londres reía DE tan ingeniosa respuesta»* (Otero *Temporada* [Cuba 1983]); *«Les brillaban los ojos y se reían POR cualquier cosa»* (Grandes *Edades* [Esp. 1989]). Cuando equivale a 'burlarse de alguien o algo', se construye siempre como pronominal seguido de un complemento con *de: «Su hijo se reía DE él, DE sus gustos»* (Obligado *Salsa* [Arg. 2002]).

reivindicación. → reivindicar.

reivindicar. 'Reclamar [algo a lo que se cree tener derecho]', 'argumentar en favor de [algo o alguien]' y 'reclamar la autoría [de una acción]'. Es incorrecto reducir el diptongo *ei* a *e* en todas las formas de este verbo ([⊗]*revindicar*), así como en todos sus derivados: [⊗]*revindicación,* [⊗]*revindicativo,* etc.; en lugar de *reivindicación, reivindicativo,* etc.

reivindicativo -va. → reivindicar.

rejuvenecer(se). 'Remozar(se), dar o cobrar un aspecto más joven'. Verbo irregular: se conjuga como *agradecer* (→ APÉNDICE 1, n.º 18).

relación. en relación con o **con relación a.** 'A propósito de': *«Mahomed guardaba cierta desconfianza en relación con Galeb»* (Lezama *Oppiano* [Cuba 1977]); *«Mostraron discrepancias con relación a la conducción del régimen»* (Blanco *Revolución* [Ven. 2002]); y 'en comparación con': *«Aumentó [la inflación] por primera vez en relación con el mes anterior»* (*Universal* [Ven.] 3.11.96); *«Consideran que su comunidad ha sido la más perjudicada con relación a otras zonas afectadas»* (*País* [Esp.] 2.12.86). Las dos locuciones son válidas, no así [⊗]*en relación a,* resultado del cruce entre ambas.

relacionar(se). Cuando significa 'establecer o tener relación con una persona o cosa', el complemento va precedido de la preposición *con: «Nunca relacionó el alboroto distante CON la llegada del obispo»* (GaMárquez *Crónica* [Col. 1981]); *«Era una de esas raras ocasiones en que mi padre se relacionaba CON sus suegros»* (Zaldívar *Capablanca* [C. Rica 1995]). No es correcto usar la preposición *a,* como se hace con cierta frecuencia cuando el verbo va en participio: [⊗]*«Se especializa en todo lo relacionado AL motociclismo»* (*Vea* [P. Rico] 11-17.5.03).

[⊗]**relección,** [⊗]**relegir.** → reelegir, 2.

relieve. 1. alto relieve. → altorrelieve.

2. bajo relieve. → bajorrelieve.

reloj. contra (el) reloj. → contrarreloj.

relucir. 'Brillar o resplandecer'. Verbo irregular: se conjuga como *lucir* (→ APÉNDICE 1, n.º 40).

remake. Anglicismo evitable que puede sustituirse por los equivalentes españoles *(nueva) versión* o *adaptación,* según los casos. Así, en *«Esta película es un "remake" del cuento de Collodi»* (*Mundo* [Esp.] 3.12.95) o *«David Greene dirigió un mediocre* remake *televisivo de este clásico»* (LpzNavarro *Clásicos* [Chile 1996]), pudo decirse *versión* o *adaptación;* y en *«Tuvo la película* [...] *un enorme éxito, e incluso fue objeto, años más tarde, de un "remake"»* (*Abc* [Esp.] 4.7.89), pudo sustituirse el anglicismo por *nueva versión.*

remangar(se). 'Levantar(se) o recoger(se) hacia arriba [las mangas o la ropa]': *«Al ver que había ganado se remangó el vestido»* (Gamboa *Páginas* [Col. 1998]). Es igualmente válida y muy frecuente la variante *arremangar(se): «A veces se arremangaban los pantalones para mostrar una llaga»* (Ocampo *Cornelia* [Arg. 1988]).

remarcable. → remarcar, 2.

remarcar. 1. Verbo procedente del francés *remarquer,* existente también en otras lenguas como el catalán (*remarcar*) y el inglés (*to remark*), que se emplea con frecuencia en español con los sentidos de 'destacar o hacer notar' y 'recalcar': *«El concepto* [...] *contiene en sí mismo tres implicaciones que me parece significativo remarcar»* (Bucay *Cuentos* [Arg. 2002]); *«—Ese niño está perdido... —musitó el Viejo, remarcando las palabras como una confesión y una amenaza»* (MDíez *Oscurecer* [Esp. 2002]). Su uso está asentado hoy en todo el ámbito hispánico y se considera aceptable.

2. El galicismo *remarcable* (del fr. *remarquable*) se introdujo en español a fines del XVII y se usó con cierta frecuencia durante los siglos XVIII y XIX. A diferencia de lo ocurrido con el verbo *remarcar,* su empleo es hoy escaso y achacable en gran parte al influjo del inglés *remarkable,* por lo que se considera preferible el uso de los equivalentes *notable* o *destacable,* más propiamente españoles.

remedar. 'Imitar [a alguien o sus gestos]': *«Estudiaban sus movimientos para luego remedarla»* (Hayen *Calle* [Méx. 1993]). Esta es la forma preferida en el habla culta de todo el ámbito hispánico. En algunos países de América, como México o Colombia, se usa, a veces, la variante *arremedar: «En las afueras de la catedral, estaba el mimo arremedando, imitando en la forma de caminar a cuanto transeúnte desprevenido pasara»* (Vallejo *Virgen* [Col. 1994]).

remediar(se). 'Arreglar(se) un problema o una situación apurada'. Se acentúa como *anunciar* (→ APÉNDICE 1, n.º 4).

remendar. 'Reforzar [una prenda] con remiendos'. Verbo irregular: se conjuga como *acertar* (→ APÉNDICE 1, n.º 16).

remorder. 'Inquietar o desasosegar interiormente'. Verbo irregular: se conjuga como *mover* (→ APÉNDICE 1, n.º 41).

remover(se). 1. 'Mover [algo] agitándolo o dándole vueltas', 'mover(se) ligera y repetidamente' y 'quitar o apartar [algo o a alguien] de un lugar'. Verbo irregular: se conjuga como *mover* (→ APÉNDICE 1, n.º 41).

2. No hay por qué censurar su empleo con los sentidos de 'quitar [algo] de un lugar' y 'apartar [a alguien] de su cargo', suponiendo, erróneamente, que se trata de un calco del inglés *to remove: «Librar a este país de ese hombre, eso era lo principal. Removido ese obstáculo* [...], *se abriría una puerta»* (VLlosa *Fiesta* [Perú 2000]); *«Sus jefes tendrían la facultad de designar o remover coroneles y capitanes»* (Otero *Temporada* [Cuba 1983]). Son acepciones tradicionales en español, ya presentes en el étimo latino: *«Tales deven ser removidos de la aministraçión fasta que fagan buena penitençia»* (Cuéllar *Catecismo* [Esp. 1325]).

remunerar. 'Recompensar, normalmente con dinero, [un servicio o trabajo, o a la persona que lo realiza]': *«Está de acuerdo con que se remunere bien a los congresistas»* (*Tiempo* [Col.] 1.12.91). No debe confundirse con *renumerar* ('volver a numerar'; → renumerar).

renacer. 'Volver a nacer'. Verbo irregular: se conjuga como *agradecer* (→ APÉNDICE 1, n.º 18).

rencontrar(se), rencuentro. → reencontrar(se).

rendir(se). 1. 'Someter(se)', 'dejar de resistirse' y 'dar fruto o rendimiento'. Verbo irregular: se conjuga como *pedir* (→ APÉNDICE 1, n.º 45).

2. Con el segundo sentido indicado, se construye siempre como pronominal y lleva un complemento introducido por *a* o *ante: «Ahora el Gobierno se rinde A la verdad»* (*Expreso* [Ec.] 4.10.02); *«Caldera se rindió ANTE la evidencia y admitió el cambio»* (*Nacional* [Ven.] 10.4.97).

renegar. 'Abandonar una creencia' y 'rechazar o abominar'. Verbo irregular: se conjuga como *acertar* (→ APÉNDICE 1, n.º 16). En el español actual se construye normalmente como intransitivo, con un complemento introducido por *de: «Era un joven revolucionario que luego renegó DE su revolucionarismo y se pasó a Trujillo»* (VqzMontalbán *Galíndez* [Esp. 1990]); *«No reniego DE mis compañeros, más bien trato de comprenderlos»* (Benedetti *Césped* [Ur. 1995]). No es correcto introducir con *a* este complemento: ⊗*«El que reniega A la religión islámica es condenado a muerte»* (*Prensa*@ [Nic.] 8.10.01). Son raros hoy, pero admisibles, los ejemplos del uso transitivo: *«No renegar el triste nido de mis padres»* (Nieva *Delirio* [Esp. 1978]); *«Mientras que yo siga luchando, todas las personas queridas me reniegan»* (*Triunfo* [Esp.] 2.7.77). También se usa, sin complemento, con el sentido de 'refunfuñar': *«Colgó renegando, escandalizado como una damisela»* (GmnzBartlett *Serpientes* [Esp. 2002]).

renovar(se). 'Sustituir [algo viejo o usado] por algo nuevo' y 'dar, o adquirir, un aire o aspecto nuevo'. Verbo irregular: se conjuga como *contar* (→ APÉNDICE 1, n.º 26), esto es, diptongan las formas cuya raíz es tónica (*renuevo, renuevas*, etc.), pero no aquellas cuya raíz es átona (*renovamos, renováis*, etc.). Son, por tanto, incorrectas las formas sin diptongo cuando la raíz es tónica: ⊗*renovo*, ⊗*renovas*, etc.

rentar. En el español general significa, dicho de una cosa, 'producir [beneficio o utilidad]': «*Los locales que poseía en la ciudad de México* [...] *le rentaban todos juntos cuatro mil ducados anuales*» (Miralles *Cortés* [Méx. 2001]). En algunos países de América, especialmente en México, está asentado en la lengua culta el uso de *rentar* con el sentido de 'ceder o tomar [algo] en alquiler', por influjo del inglés *to rent*: «*Quedó a mi cargo la tarea de rentar La Vereda, vender la camioneta*» (Aguilar *Golfo* [Méx. 1986]); «*Compraron tierras o rentaron terrenos a sus propietarios originales*» (Chao *Altos* [Méx. 1991]). Es preferible, con este sentido, el uso del verbo *alquilar*, común a todo el ámbito hispánico.

rentrée. Voz francesa que se usa con cierta frecuencia en español con el sentido de 'vuelta o regreso a la actividad normal tras un período de ausencia, especialmente tras las vacaciones de verano': «*La paz ha presidido la "rentrée" escolar en Francia después del conflicto que se vivió hace siete meses*» (*Vanguardia* [Esp.] 15.9.94). Es galicismo evitable, que puede sustituirse por expresiones españolas como *inicio*, *reanudación* o *reapertura del curso* (*escolar, político*, etc.) o por *vuelta a la actividad* (*escolar, política*, etc.). También significa 'vuelta a la actividad pública de una persona, tras un período de ausencia': «*Tras seis meses de absoluto silencio*, [...] *Conde tenía que estar preparando algún tipo de* rentrée» (*Mundo* [Esp.] 16.7.94); en este caso puede sustituirse por *vuelta, regreso* o *reaparición*.

renumerar. 'Volver a numerar': *Si añades esa referencia, acuérdate de renumerar las notas a pie de página*. No debe confundirse con *remunerar* ('recompensar o retribuir [algo o a alguien]'; → remunerar).

renunciar. 1. 'Hacer dejación o privarse voluntariamente de algo'. Se acentúa como *anunciar* (→ APÉNDICE 1, n.º 4).

2. Se construye normalmente como intransitivo, con un complemento introducido por *a*: «*Esa tarde Videla renunció A la siesta*» (Gasulla *Culminación* [Arg. 1975]); «*Ella no renunció A ser madre*» (Bain *Dolor* [Col. 1993]). Es raro su uso como transitivo: «*Conminando al hijo del Sol* [...] *a renunciar su origen*» (Salvador *Ecuador* [Ec. 1994]).

reñir. 1. 'Reprender o regañar [a alguien]' y 'discutir o pelear con alguien'. Verbo irregular: se conjuga como *ceñir* (→ APÉNDICE 1, n.º 23).

2. Con el sentido de 'reprender', funciona como transitivo: «*Cuando LO reñí, me dijo que no era la primera vez*» (VLlosa *Elogio* [Perú 1988]). Cuando significa 'discutir o pelear' es intransitivo y suele llevar un complemento precedido de *con*: «*Fue expulsado* [...] *por reñir* CON *Bengoechea*» (*País* [Col.] 8.7.96).

reo -a. 'Persona acusada de un delito'. La forma *reo* funciona normalmente como común en cuanto al género (*el/la reo;* → GÉNERO[2], 1a y 3a): «*¡Que quede libre la reo!*» (Darío *Abrojos* [Nic. 1887]); pero existe también, y es válido, el femenino específico *rea*: «*Apeló ayer al Tribunal Superior de Justicia para impedir que se aplique la decisión del Gobierno de Israel de liberar a las reas*» (*Universal* [Ven.] 10.2.97).

reostato o **reóstato.** 'Instrumento para variar la resistencia de un circuito eléctrico'. Ambas acentuaciones son válidas, aunque, como en el resto de las palabras con esta misma terminación, la forma llana *reostato* está desplazando en el uso a la forma esdrújula *reóstato*, que es la conforme con la prosodia grecolatina.

repanchigarse, repanchingarse. → repantigarse.

repantigarse. 1. 'Arrellanarse en el asiento': «*Estaba en mangas de camisa, repantigado en el sofá*» (Ekaizer *Vendetta* [Arg. 1996]). Esta es la forma etimológica y la preferida en el uso culto; pero existe también, y es válida, la variante *repantingarse*: «*Lucifer se repantingó en la silla*» (Ayerra *Lucha* [Esp. 1984]).

2. Sinónimos de estos verbos son *repanchigarse* y *repanchingarse*, menos usados que los anteriores, pero también válidos: «*Se repanchiga en su silla*» (Madariaga *Muerte* [Esp. 1974]); «*Lee el periódico repanchingado en una butaca*» (RGodoy *Mujer* [Esp. 1990]).

repantingarse. → repantigarse.

reparar. Cuando significa 'darse cuenta de algo' y 'tener algo en consideración', es intransitivo y se construye con un complemento introducido por *en*: «*Mis amigos repararon de repente* EN *mi presencia*» (FdzCubas *Hermana* [Esp. 1980]); «*Usted no repare* EN *gastos y ponga su juicio en devolverme a mi marido*» (Sánchez *Héroe* [Col. 1988]). Aunque es frecuente omitir la preposición cuando el complemento es una subordinada introducida por *que* (→ QUEÍSMO, 1b), se recomienda mantenerla en la lengua esmerada: «*No reparaba* EN *que era cuatro años más viejo*» (SchzOstiz *Infierno* [Esp. 1995]).

repatriar(se). 'Hacer volver, o volver uno mismo, a la patria'. Puede acentuarse como *anunciar* (→ APÉNDICE 1, n.º 4): «*Nos queda una sola salida: marchar al consulado argentino y pedir que nos repatrien*» (Kociancich *Maravilla* [Arg. 1982]); o como *enviar* (→ APÉNDICE 1, n.º 5): «*Ha pedido al Gobierno español que repatríe a La Coruña al resto de la tripulación*» (*País* [Esp.] 1.6.86).

repelús. 'Sensación de frío, miedo o repugnancia'. Su plural es *repeluses* (→ PLURAL, 1f).

repensar. 'Reflexionar'. Verbo irregular: se conjuga como *acertar* (→ APÉNDICE 1, n.º 16).

repercutir. Con los sentidos de 'resonar' y 'causar una cosa efecto en otra', es intransitivo y se construye con un complemento introducido por *en* o *sobre*: «*Cualquier cambio en ellas repercute* EN *la vida total de la comunidad*» (Aguirre *Antropología* [Méx. 1986]); «*Los latidos de su corazón repercutían* SOBRE *su espalda*» (González *Dios* [Méx. 1999]). En el lenguaje económico se usa también como transitivo, con el sentido de 'hacer que [algo, especialmente un impuesto o gasto] recaiga o tenga efecto en otra cosa o persona': «*La empresa ha de soportar dichos pagos sin poder trasladar ni repercutir su importe al público*» (*Abc* [Esp.] 15.6.89). Fuera de la acepción económica, el uso transitivo debe ser evitado: [⊗]«*Estoy haciendo una labor que creo que es beneficiosa para el arte español y que también me repercute a mí a nivel personal*» (*País* [Esp.] 1.4.86); debió decirse *repercute* EN *mí*.

repetidor -ra. → repetir(se), 2.

repetir(se). 1. Como transitivo, 'volver a hacer [lo que se había hecho] o a decir [lo que se había dicho]'; y, como intransitivo pronominal, 'volver a suceder' y, dicho de una persona, 'hacer o decir siempre las mismas cosas'. Verbo irregular: se conjuga como *pedir* (→ APÉNDICE 1, n.º 45).

2. El adjetivo, usado frecuentemente como sustantivo, que se aplica en muchos países de América al alumno que repite curso, es *repitente*: «*Crear escuelas que entreguen elementos formativos,* "[...] *en las que no se eliminen ni los repitentes ni los que tienen menos de 5,5*"» (*Época* [Chile] 13.1.97). La forma *repitiente*, también válida, es menos frecuente: «*Número de repitientes y de egresados con relación a los inscritos*» (Rangel *Salvaje* [Ven. 1976]). Con este mismo sentido, en otros países, se usa la forma *repetidor*.

repitente, repitiente. → repetir(se), 2.

replegar(se). 'Volver a plegar o plegar muchas veces' y, como intransitivo pronominal, 'retirarse hacia el lugar de donde se ha salido'. Verbo irregular: se conjuga como *acertar* (→ APÉNDICE 1, n.º 16), esto es, diptongan las formas cuya raíz es tónica (*repliego, repliegas,* etc.); pero no las formas cuya raíz es átona (*replegamos, replegáis, replegado,* etc.); por tanto, son incorrectas las formas sin diptongar cuando la raíz es tónica ([⊗]*replego,* [⊗]*replegas,* etc.).

repoblar(se). 1. 'Volver a poblar(se)'. Verbo irregular: se conjuga como *contar* (→ APÉNDICE 1, n.º 26), esto es, diptongan las formas cuya raíz es

tónica (*repueblo, repueblas,* etc.), pero no aquellas cuya raíz es átona (*repoblamos, repobláis, repoblado,* etc.); por tanto, no son admisibles, en el habla culta, las formas sin diptongar cuando la raíz es tónica: [⊗]*repoblo,* [⊗]*repoblas,* etc.

2. Al igual que *poblar,* puede llevar un complemento introducido por *de* o *con*: «*Podría repoblar* DE *cóndores las altas cumbres*» (*NProvincia* [Arg.] 6.5.97); «*La Unión Europea se oponía a que las autoridades serbias repoblaran* CON *los refugiados serbios de Krajina la región de Kosovo*» (*Mundo* [Esp.] 23.8.95).

reponer(se). 1. Como transitivo, 'volver a poner' y 'responder o replicar'; como intransitivo pronominal, 'recuperarse'. Verbo irregular: se conjuga como *poner* (→ APÉNDICE 1, n.º 47). El imperativo singular es *repón* (tú) y *reponé* (vos), y no [⊗]*repone.*

2. Cuando significa 'responder o replicar', se usan normalmente las formas del pretérito perfecto simple o pretérito de indicativo (*repuse, repusiste,* etc.), y las de pretérito imperfecto o pretérito de subjuntivo (*repusiera* o *repusiese, repusieras* o *repusieses,* etc.), formas que, en el español medieval, pertenecían al pretérito de *responder.* En la lengua actual, sin embargo, el uso de *reponer* con este sentido se ha extendido a otros tiempos y formas: «*—Es muy tarde —repone ella*» (PzMerinero *Días* [Esp. 1981]).

3. Como pronominal lleva a menudo un complemento introducido por *de*: «*Creía que nunca se repondría* DE *la vergüenza de haber sido burlada*» (Pitol *Vida* [Méx. 1991]). No es correcto usar *a* para introducir este complemento, error debido al cruce con *sobreponerse* ('hacerse fuerte ante la adversidad'; → sobreponer(se)), que sí rige esa preposición: [⊗]«*Todo el mundo falla alguna vez. Lo importante es que nos repusimos al fallo*» (*DVasco* [Esp.] 27.4.99).

reposapiés. 'Objeto o pieza en que se apoyan los pies cuando se está sentado': «*La silla sí debe tenerla* [altura regulable], *o se debe usar un reposapiés para aquellos que lo precisen*» (*Mundo* [Esp.] 18.5.97). Es invariable en plural (→ ciempiés, 1 y PLURAL, 1f). Es incorrecto el singular regresivo [⊗]*reposapié.*

reprehender. → reprender.

reprender. 'Corregir o amonestar [a alguien]'. Esta es la forma generalizada hoy en todo el ámbito hispánico. La variante etimológica *reprehender* está cayendo en desuso.

represaliar. 'Castigar [a alguien] tomando represalias'. Se acentúa como *anunciar* (→ APÉNDICE 1, n.º 4).

reprobar. 1. 'Censurar o no aprobar'. Verbo irregular: se conjuga como *contar* (→ APÉNDICE 1, n.º 26).

2. Cuando este verbo significa 'no ser aprobado en un examen', es transitivo y puede construirse de dos modos:

a) *Reprobar* [a alguien] EN una prueba o materia. Aquí la persona que no supera la prueba o materia se expresa mediante un complemento directo: «*Pensé que el maestro de física me reprobaría*» (Olivera *Enfermera* [Méx. 1991]). Puede llevar además un complemento precedido de *en*, que denota la materia o la prueba en la que la persona ha sido reprobada: «*Estaba a punto de ser reprobada EN los exámenes finales*» (GaMárquez *Amor* [Col. 1985]).

b) *Reprobar* alguien [una prueba o materia]: «*Era estudioso y juguetón, nunca reprobó una materia*» (Cuauhtémoc *Grito* [Méx. 1992]). Aquí la persona que resulta reprobada es el sujeto de la oración.

Con este sentido se usa, en España y las Antillas, el verbo *suspender* (→ suspender).

reproducir(se). 'Producir(se) de nuevo', 'producir [una cosa que es copia de otra]', 'ser una cosa copia [de otra]' y, como intransitivo pronominal, dicho de los seres vivos, 'engendrar nuevos seres'. Verbo irregular: se conjuga como *conducir* (→ APÉNDICE 1, n.º 24).

reptil. 'Animal que repta'. Procede del latín *reptilis* [rréptilis], que se acentuaba en la primera sílaba. Sin embargo, la única forma vigente en el español actual es *reptil* [rreptíl], con acentuación aguda debida seguramente al influjo del francés. La forma llana *réptil* ha caído en desuso y debe evitarse.

República Árabe Saharaui Democrática. → Sáhara o Sahara, 2.

República Checa. Nombre oficial de este país de Europa. No hay razones para censurar, en textos de carácter no oficial, el uso de la forma *Chequia*, surgida por analogía con *Eslovaquia*: «*No se especifica durante cuánto tiempo tendrán que hacer méritos Polonia, Chequia, Hungría y Eslovaquia*» (*Mundo* [Esp.] 10.1.94). El gentilicio es *checo*.

repudiar. 'Rechazar [algo]' y 'rechazar legalmente [al cónyuge]'. Se acentúa como *anunciar* (→ APÉNDICE 1, n.º 4).

reputar(se). 'Juzgar(se) o considerar(se)'. Se construye con un complemento predicativo, introducido a veces por *como*, *de* o, menos frecuentemente, *por*: «*Me reputaba CONOCEDOR de todos los puertos*» (FdzSpencer *Pueblo* [R. Dom. 1997]); «*El paso se reputaba COMO peligroso*» (Guelbenzu *Río* [Esp. 1981]); «*Él les hizo desistir reputándolo DE innecesario*» (Rubín *Rezagados* [Méx. 1991]); «*Lo que ellos piensan que es bueno, yo lo reputo POR malo*» (Miras *Brujas* [Esp. 1978]).

requebrar. 'Lisonjear'. Verbo irregular: se conjuga como *acertar* (→ APÉNDICE 1, n.º 16).

requerir. **1.** 'Necesitar algo', 'pedir algo a alguien, especialmente cuando se tiene autoridad o legitimidad para ello', 'llamar [a alguien] o solicitar [su presencia]' y 'solicitar el amor [de alguien]'. Verbo irregular: se conjuga como *sentir* (→ APÉNDICE 1, n.º 53).

2. Cuando significa 'necesitar algo', se usa normalmente como transitivo: «*Se sumergió en él como en un texto críptico que requiriese varias lecturas*» (Pitol *Juegos* [Méx. 1982]); «*La secretaria queda unos segundos en actitud de espera. Cuando nota que ya no se la requiere, vuelve a su trabajo*» (Fernández *Memoria* [Esp. 1994]). Pero probablemente por analogía con *necesitar* (→ necesitar), que puede usarse como transitivo (*necesitar* [algo]) y como intransitivo (*necesitar* de algo), se está generalizando hoy, con este sentido, el uso de *requerir* como intransitivo, seguido de un complemento con *de*: «*La felicidad requiere DE la desdicha para equilibrarse, para volverse humana*» (Aguilar *Error* [Méx. 1995]).

3. Cuando significa 'pedir algo a alguien', lo que se pide puede expresarse por medio de un complemento directo, actuando el complemento de persona como indirecto: «*Dando muestras de suma cortesía, le requirió una entrevista privada*» (Mujica *Escarabajo* [Arg. 1982]); o bien el complemento de persona actúa como directo y lo que se pide se expresa mediante un complemento preposicional introducido por *para* o, menos frecuentemente, por *a*: «*Requirió a la Alcaldía PARA que pusiese coto a semejante ruina*» (Ayerra *Lucha* [Esp. 1984]); «*Se la requirió A cooperar con la policía*» (Ayala *Fondo* [Esp. 1962]).

4. A la familia de este verbo pertenece la voz *requirente*, derivada directamente del latín *requirens, -entis* (participio de presente de *requirere*), que se usa, en el ámbito del derecho, como adjetivo y como sustantivo, con el sentido de '[persona o entidad] que realiza un requerimiento': «*Posteriormente el Estado requirente formaliza la solicitud de extradición*» (*Tiempo* [Col.] 7.1.98); «*Dicha etiqueta solo es facilitada cuando el requirente prueba que es el titular del derecho autoral del filme*» (Getino *Mirada* [Arg. 1996]). No se consideran correctas las formas ⊗*requiriente* ni ⊗*requeriente*.

réquiem. 'Composición musical que se canta con el texto litúrgico de la misa de difuntos'. También se llama *réquiem* o *misa de réquiem* a la misa de difuntos. Su plural es *réquiems* (→ PLURAL, 1h y k): «*No todo fueron réquiems en la República de las Letras de México*» (*Excélsior* [Méx.] 14.9.01).

requirente, ⊗requiriente. → requerir, 4.

requisito. 'Condición necesaria para algo'. Esta palabra ya lleva implícita la idea de anterioridad; por tanto, la forma *prerrequisito* solo debe usarse si se refiere expresamente a un requisito previo a otro u otros requisitos; así, en Puerto Rico y otros países de América, se llama *prerrequisito* a la asignatura obligatoria y previa a otra que también lo es para alcanzar un grado: *Seminario de Derecho de la Persona y la Familia. Prerrequisito: Derecho de Familia. 3 créditos.*

resabiar(se). 1. 'Adquirir, o hacer adquirir, un vicio o mala costumbre': «*La etapa de la soltería vivida con placer y desahogo podía resabiar a la futura casada*» (MtnGaite *Usos* [Esp. 1987]). Se acentúa como *anunciar* (→ APÉNDICE 1, n.º 4).

2. El participio de este verbo es *resabiado*: «*Carecía de experiencia y de malicia, y no estaba, por tanto, resabiada*» (Alonso *Flor* [Esp. 1991]). No debe confundirse con *resabido* ('que se precia de entendido' y 'muy conocido'; → resabido).

resabido -da. Adjetivo que significa, referido a persona, 'que se precia de entendida' y, referido a cosa, 'muy conocida': «*Cuánto desprecio he experimentado al escuchar la labia ignorante de resabidos melómanos*» (*Abc* [Esp.] 6.12.91); «*No voy a entrar en la resabida cantinela del sexismo en el lenguaje*» (Miguel *Perversión* [Esp. 1994]). No debe confundirse con *resabiado*, participio del verbo *resabiar(se)* ('adquirir un vicio'; → resabiar(se)).

resarcir(se). 1. 'Dar, u obtener, una compensación por un daño o perjuicio'. Puede construirse de dos formas:

a) La persona que recibe la compensación se expresa mediante un complemento directo, que es a menudo reflexivo, y el daño o perjuicio se expresa mediante un complemento con *de* o *por*: «*Trama venganzas terribles para resarcirse DE esos sufrimientos*» (Pitol *Juegos* [Méx. 1982]); «*Nunca podremos resarcir a los negros POR todo el mal que les hicimos*» (Tibón *Aventuras* [Méx. 1986]).

b) El perjuicio es expresado por el complemento directo y la persona resarcida por un complemento indirecto: «*¡Qué era lo que había hecho! ¿Cómo resarcir el daño a Rosaura?*» (Esquivel *Agua* [Méx. 1989]).

2. No debe usarse con el sentido de 'congraciarse': ⊗«*Amaya, quien buscaba resarcirse con los aficionados, mostró una buena actitud*» (*DMéxico*@ [Méx.] 19.1.04).

⊗resblandecer(se), ⊗resblandecimiento. → reblandecer(se).

rescisión. 'Acción y efecto de rescindir (dejar sin efecto)': «*Los sindicatos plantearon la rescisión de unos 1100 contratos*» (*Mundo* [Esp.] 15.8.96). Es errónea la forma ⊗*rescinsión*.

rescribir. → reescribir.

rescripto. 'Escrito de respuesta de un soberano a una petición': «*Le consiguió un rescripto papal, por el que Paulo II le concedía el privilegio de altar portátil*»

(VCasas *Isabel* [Esp. 1987]). Procede del participio etimológico de *rescribir*, variante de *reescribir* (→ reescribir). Con este sentido, no se usa hoy la grafía simplificada *rescrito*. A diferencia de lo que ocurre con el participio, en este sustantivo no se admite la grafía con *-ee-* ⊗*reescripto*.

rescritura. → reescribir, 1.

resentir(se). 1. Verbo irregular: se conjuga como *sentir* (→ APÉNDICE 1, n.º 53).

2. Normalmente se usa como intransitivo pronominal (*resentirse*) y admite distintas construcciones, según sus diversos sentidos:

a) Cuando significa 'sentir dolor o molestias en alguna parte del cuerpo dañada con anterioridad, o a causa de un daño sufrido con anterioridad', se construye con un complemento introducido por *de*: «*Se resiente DEL tendón de Aquiles de su pierna izquierda*» (*Abc* [Esp.] 3.6.85); «*Patricio Camps se resintió DE su lesión y le tuvo que dejar el lugar a Pandolfi*» (*Clarín* [Arg.] 9.5.97).

b) Cuando significa, 'sufrir dolor, menoscabo o disgusto a causa de algo', suele construirse con un complemento introducido por las preposiciones *por*, *de* o *con*: «*Pulido se resintió POR un pelotazo en la espalda*» (*Nacional* [Ven.] 17.1.97); «*La obra de los Méndez Plancarte se resiente DEL espíritu apologético que la impregna*» (Osorio *Eco* [Méx. 1989]); «*El periodismo a menudo se resiente CON el protagonismo del periodista*» (Ruffinelli *Guzmán* [Ur. 2001]).

c) Cuando significa 'sentir animadversión contra algo o alguien por haber recibido de ellos un daño', se construye con un complemento precedido de *con* o *contra*: «*Carlos se resiente CON su mujer porque está hablando con una amiga justo en el momento en que él quería demostrarle cuánto la quiere*» (Antognazza *Vida* [Arg. 1993]); «*Se resiente CONTRA los que están debajo* [...] *de él en el escalafón de las opresiones*» (Meléndez *Identidad* [P. Rico 1996]).

3. También se usa como transitivo, especialmente en América, con el sentido de 'sufrir las consecuencias negativas [de algo] o sufrir [por algo]': «*Era casi blanca, y el suyo era una clase de racismo inverso que me encontraría muchas veces en el futuro; ella resentía no ser tan oscura como sus hermanas*» (CInfante *Habana* [Cuba 1986]); «*Raoul resentía la indiferencia de su mujer*» (Cifuentes *Esmeralda* [Guat. 1987]); «*Hubo de ser Hacón quien mayormente resintiera la angustia del fenómeno*» (Panero *Lugar* [Esp. 1976]). En algunos países, especialmente en la Argentina, se emplea también con el sentido de 'dañar o perjudicar': «*El tránsito aumentó de manera notable y el trepidar de las calles comenzó a resentir las viejas edificaciones*» (Bojorge *Aventura* [Arg. 1992]).

resfriado. → resfriar(se), 2.

resfriar(se). 1. 'Enfriar(se)'. Se acentúa como *enviar* (→ APÉNDICE 1, n.º 5).

2. Para denominar la enfermedad leve provocada por la exposición al frío, son válidos los términos *resfriado* y *resfrío*, este último de uso común en muchos países de América, pero raro en España: «*No quería pescar un resfrío con la camisa mojada*» (Belli *Mujer* [Nic. 1992]); «*No me gusta que andes desnudo por la casa. Puedes agarrar un resfriado*» (SchzEspeso *Mujer* [Esp. 1991]).

resfrío. → resfriar(se), 2.

residenciar(se). 'Pedir cuentas [a alguien] de su conducta en el desempeño de un cargo público' y 'establecer(se) en un lugar'. Se acentúa como *anunciar* (→ APÉNDICE 1, n.º 4).

resistir(se). Como transitivo significa 'soportar o aguantar [algo o a alguien]': «*Me he prometido resistir el dolor sin exteriorizarlo*» (Matos *Noche* [Cuba 2002]); «*No resistía estar a su lado y tener que vivir casi como extraños*» (Britton *Siglo* [Pan. 1995]). En cambio, es intransitivo pronominal cuando significa 'oponer resistencia a algo'; en este caso se construye con un complemento introducido por *a*: «*Hortensia debía resistirse AL amor del juez*» (Longares *Romanticismo* [Esp. 2001]); «*Oralia se resiste A abandonar la tibieza de su lecho*» (Hayen *Calle* [Méx. 1993]). Es incorrecto mezclar ambas construcciones, como se hace en el siguiente ejemplo, quizá por influjo del inglés *to resist*: [⊗]«*Los inmigrantes resisten aprender inglés, rechazan la educación*» (NHerald [EE. UU.] 14.7.97); debió decirse *se resisten a aprender*. Como intransitivo no pronominal, significa 'defenderse de un ataque o de un atacante', y a menudo lleva un complemento con *a*: «*Los conjurados saben que Gómez no resistirá A sus encantos*» (Herrera *Casa* [Ven. 1985]); «*Heroicos núcleos de elementos leales resisten A los sediciosos*» (FnGómez *Bicicletas* [Esp. 1982]).

resollar. 'Respirar fuertemente'. Verbo irregular: se conjuga como *contar* (→ APÉNDICE 1, n.º 26).

resolver(se). 1. Verbo irregular: se conjuga como *mover* (→ APÉNDICE 1, n.º 41). Su participio es irregular: *resuelto*.

2. Es transitivo cuando significa 'solucionar [algo]' y 'decidir [algo]': «*Trate de resolver sus problemas*» (*Prensa* [Guat.] 10.1.97); «*Resolvió no entrar a la puja final*» (*Vistazo* [Ec.] 20.11.97).

3. Es intransitivo pronominal cuando significa, dicho de una cosa, 'transformarse o venir a parar en otra', caso en el que se construye con un complemento precedido de la preposición *en*: «*Ella soltó una risita que se resolvió EN sonrisa distendida*» (CInfante *Habana* [Cuba 1986]); y, dicho de una persona, 'decidirse a hacer algo', caso en el que se construye con un complemento precedido de *a*: «*Los loqueros, atemorizados, no se resolvían A ponerle la camisa de fuerza*» (Delibes *Madera* [Esp. 1987]).

resonar. Dicho de un sonido, 'amplificarse y prolongarse por repercusión'. Verbo irregular: se conjuga como *contar* (→ APÉNDICE 1, n.º 26).

respecto. 1. *a ese* (o *este*) *respecto.* → 2.

2. *al respecto.* Locución adverbial que significa 'en relación con esto': «*Tengo un par de ideas en la cabeza al respecto*» (Chavarría *Rojo* [Ur. 2002]). Puede decirse igualmente *a este/ese respecto*: «*¿Qué puedo decirle de nuevo a este respecto?*» (Cano *Abismo* [Col. 1991]). También se usa *al respecto de* como locución preposicional: «*Saqué la impresión de que me consideraba equivocado al respecto del negocio vacuno*» (TBallester *Filomeno* [Esp. 1988]); pero en este caso se prefiere hoy *(con) respecto a/de* (→ 4).

3. *con respecto a* o *de.* → 4.

4. *respecto a* o *de.* 'En relación con o por lo que se refiere a'. Ambas locuciones preposicionales son válidas, siendo más frecuente hoy *respecto a*: «*Mis ansiedades respecto a Mariestela se han calmado*» (Rossi *María* [C. Rica 1985]); «*Respecto de la otra vez, advertí algunas diferencias*» (Silva *Alquimista* [Esp. 2000]). Las dos pueden usarse precedidas de la preposición *con*: «*Más adelante la distancia con respecto a su generación crecería*» (Mendoza *Satanás* [Col. 2002]); «*Las necesidades con respecto del otro van cambiando*» (Beccaria *Luna* [Esp. 2001]).

resplandecer. 'Despedir rayos de luz'. Verbo irregular: se conjuga como *agradecer* (→ APÉNDICE 1, n.º 18).

responder. 1. Verbo regular: su participio es *respondido*. Debe evitarse hoy el uso del antiguo participio irregular *respuesto*.

2. Cuando significa 'contestar', debe tenerse en cuenta lo siguiente:

a) Se construye normalmente como transitivo y, además del complemento directo, suele llevar un complemento indirecto que expresa la persona a la que se responde: «*Todas estas dudas le llevaron a responderLE a Diana que no*» (Colinas *Año* [Esp. 1990]). No deben usarse para expresar el complemento de persona los pronombres de acusativo *lo(s), la(s),* ni siquiera en el caso de que el complemento directo no esté expreso: «*No LE respondí*» (Serrano *Vida* [Chile 1995]).

b) Es incorrecto anteponer *de* al complemento directo (→ DEQUEÍSMO, 1b): [⊗]«*Les dije que vinieran, pero me respondieron DE que no tenían tiempo*». Téngase en cuenta, no obstante, que este verbo tiene también usos intransitivos, por lo que no siempre se incurre en dequeísmo cuando se dice *responder DE que...* (→ 3b).

c) Cuando se expresa aquello que origina la respuesta (*una pregunta, un test, una llamada,* etc.), puede construirse como transitivo o como intransitivo con un complemento introducido por *a*: «*¡Responda mi pregunta, coño!*» (VLlosa *Fiesta* [Perú 2000]);

«Siempre respondía A mis preguntas con la mayor claridad» (Allende *Eva* [Chile 1987]).

d) Cuando significa 'replicar a lo dicho por otra persona', se usan las antiguas formas de perfecto *repuse, repusiste, repuso, repusiera* o *repusiese*, etc., que hoy se adscriben al paradigma del verbo *reponer* (→ reponer(se), 2).

3. Es intransitivo cuando significa:

a) 'Ser una cosa consecuencia de otra' o 'acusar el efecto de algo'. Con este sentido se construye con un complemento introducido por *a:* «*Era posible que eso respondiera A la necesidad de mantener en la penumbra algunos aspectos de su vida»* (Souza *Mentira* [Perú 1998]); *«Es común que respondan AL tratamiento adecuado con rapidez»* (Barrera/Kerdel *Adolescente* [Ven. 1976]).

b) 'Asegurar algo haciéndose responsable de ello'. Se construye con un complemento introducido por *de:* «*Si no acepta, no respondo DE su seguridad personal»* (Britton *Siglo* [Pan. 1995]); *«Señor inspector, respondo DE QUE el señor Baldomir regresará a la comisaría cuando encuentre lo perdido»* (TBallester *Filomeno* [Esp. 1988]).

resquebrajar(se). 'Producir(se) hendiduras en algo': «*La escalera, de madera, comenzó a resquebrajarse»* (González *Dios* [Méx. 1999]). Esta es la forma mayoritariamente usada en el habla culta de todo el ámbito hispánico, por lo que debe preferirse a *desquebrajar(se),* variante que mantiene cierto uso en México y algunos países centroamericanos: «*La mañana aquella en que se desquebrajaron sus muros»* (Hayen *Calle* [Méx. 1993]).

restablecer(se). Como transitivo, 'volver a establecer [algo]' y, como intransitivo pronominal, 'recuperarse de un daño o una enfermedad'. Verbo irregular: se conjuga como *agradecer* (→ APÉNDICE 1, n.º 18). Tanto en este verbo como en el sustantivo correspondiente *restablecimiento* no son admisibles las grafías con *-ee-* ⊗*reestablecer,* ⊗*reestablecimiento.*

restablecimiento. → restablecer(se).

restaurant. → restaurante.

restaurante. 'Establecimiento público donde se sirven comidas para ser consumidas en el mismo local': «*¿Por qué no vamos a un restaurante de lujo?»* (Cebrián *Rusa* [Esp. 1986]). Esta voz, que procede del participio activo del verbo *restaurar* ('recuperar o reparar'), es el equivalente español del término francés *restaurant;* resulta, por ello, preferible al galicismo *restorán* (pl. *restoranes*), fruto del traslado a la escritura de la pronunciación del término francés: «*Salimos del restorán como a las siete»* (Mastretta *Vida* [Méx. 1990]). Debe evitarse la forma híbrida ⊗*restaurán,* que no es ni francesa ni española.

restaurar. 'Recuperar' y 'reparar'. Se acentúa como *causar* (→ APÉNDICE 1, n.º 10).

restituir. 'Devolver [algo] a alguien' y 'volver a poner [algo o a alguien] donde estaba'. Verbo irregular: se conjuga como *construir* (→ APÉNDICE 1, n.º 25). Su participio, *restituido,* se escribe sin tilde (→ TILDE², 2.1.1 y 2.1.2).

restorán. → restaurante.

restregar(se). 'Frotar(se) repetidamente y con ahínco'. Verbo irregular: se conjuga como *acertar* (→ APÉNDICE 1, n.º 16), esto es, diptongan las formas cuya raíz es tónica (*restriego, restriegas,* etc.), pero no las formas cuya raíz es átona (*restregamos, restregáis,* etc.): «*Polo se restriega la cara con la palma amarilla de su mano»* (MtnCampo *Carreteras* [Méx. 1976]); *«Vestía un traje campestre de ligero algodón que se mojaba mientras restregaba vigorosa sus pies»* (Santos *Pez* [P. Rico 1996]). A diferencia de lo que ocurre con *estregar* (→ estregar(se)), no son admisibles en la lengua culta las formas con raíz tónica y sin diptongo: ⊗*restrego,* ⊗*restrega,* ⊗*restregue,* etc.

resultante. Cuando este adjetivo se sustantiva, tomando el sentido de 'elemento que resulta de otros varios', se usa en ambos géneros, con predominio del femenino, especialmente en el ámbito de la física y las matemáticas: «*Si al desplazarse el cuerpo existe rozamiento, la resultante será la diferencia entre la fuerza aplicada y la de rozamiento»* (VV. AA. *Física* [Esp. 1995]); *«El Estado liberal es el resultante estructural e institucional de las revoluciones burguesas»* (VV. AA. *Sociedad* [Esp. 1990]).

resumir(se). Como transitivo, 'abreviar o reducir [algo, especialmente un texto o exposición] a lo esencial': «*Les resumí la historia de mi tórrido romance»* (Alatriste *Vivir* [Méx. 1985]); y 'poseer o concentrar las características esenciales [de algo]': «*El caso de Brinker resume la situación de buena parte de los jóvenes de este país»* (*Tiempo* [Col.] 31.10.96). Como intransitivo pronominal rige un complemento con *en* y significa 'reflejarse algo, en sus rasgos esenciales, en otra cosa': «*Todas las cadencias del mundo se resumían EN el vaivén de sus caderas»* (TBallester *Filomeno* [Esp. 1988]); y 'reducirse o consistir esencialmente en algo': «*En mi memoria aquel verano se resume EN unos pocos atardeceres de indolencia»* (MñzMolina *Invierno* [Esp. 1987]). No debe confundirse con *reasumir* ('volver a asumir [algo]'; → reasumir).

retahíla. 'Serie de muchas cosas'. Se escribe con tilde para marcar el hiato de vocal abierta átona y vocal cerrada tónica (→ TILDE², 2.2.2b). No son correctas ni la grafía sin tilde ⊗*retahila* ni la pronunciación ⊗[rretáila], con diptongo en lugar de hiato.

retardatario -ria. 'Que se opone o se resiste al avance o progreso'. Es calco del francés *retardataire* y se aplica normalmente a personas, como equivalente de *reaccionario* o *retrógrado*: «*La situación económica puede servir de argumento a los sectores retardatarios contra los reformistas*» (*País* [Esp.] 2.2.89). No debe confundirse con *retardatorio* ('que retrasa o ralentiza'; → retardatorio).

retardatorio -ria. 'Dilatorio, que retrasa o ralentiza un proceso': «*Sobre la posibilidad de que la posición de UCD tenga efectos retardatorios sobre el proceso autonómico, el señor Echanove manifestó*» (*País* [Esp.] 9.9.77). No debe confundirse con *retardatario* ('que se opone al avance o progreso'; → retardatario).

retemblar. 'Temblar con movimiento repetido'. Verbo irregular: se conjuga como *acertar* (→ APÉNDICE 1, n.º 16).

retener. 'Impedir que [algo] salga' y 'conservar'. Verbo irregular: se conjuga como *tener* (→ APÉNDICE 1, n.º 57). El imperativo singular es *retén* (tú) y *retené* (vos), y no ⊗*retiene*.

reteñir. 1. Esta es la forma de infinitivo de dos verbos etimológicamente diversos: uno transitivo, que significa 'volver a teñir', y otro intransitivo, que significa, dicho del metal o del cristal, 'producir un sonido vibrante'. Ambos presentan la misma irregularidad formal y se conjugan como *ceñir* (→ APÉNDICE 1, n.º 23).

2. Para el significado de 'producir un sonido vibrante', existe también, y es más recomendable, la variante *retiñir* (→ retiñir).

retiñir. Dicho del metal o del cristal, 'producir un sonido vibrante': «*La sirena de un barco que baja de Bilbao hace retiñir los cristales del balcón*» (Zunzunegui *Chiplichandle* [Esp. 1940]). Verbo irregular: se conjuga como *mullir* (→ APÉNDICE 1, n.º 42). Existe también, aunque es mucho menos frecuente, la variante *reteñir* (→ reteñir).

retorcer(se). 'Torcer(se) una cosa sobre sí misma de modo que tome forma helicoidal' y, dicho de una persona, 'doblarse o contorsionarse a causa del dolor o de la risa'. Verbo irregular: se conjuga como *mover* (→ APÉNDICE 1, n.º 41).

retornelo. → ritornelo.

retractar(se). Con el sentido de 'revocar expresamente lo que se ha dicho o desdecirse de ello', hoy se usa normalmente como intransitivo pronominal, con un complemento introducido por *de*: «*Maricarla se retractó DE su invitación*» (ÁlvzGil *Naufragios* [Cuba 2002]); la construcción transitiva, también válida, es hoy poco frecuente: «*Le pronosticaba a John Castles un futuro incierto, pero las esculturas que exhibe [...] me obligan a retractar mi argumento*» (*Tiempo* [Col.] 1.7.89).

retraer(se). 'Poner(se) en un lugar que está más atrás en el espacio o en el tiempo', 'apartar(se) de un intento' y 'aislarse o hacer vida retirada'. Verbo irregular: se conjuga como *traer* (→ APÉNDICE 1, n.º 58). Debe evitarse conjugar este verbo según el modelo de *leer* (→ APÉNDICE 1, n.º 39); son, pues, incorrectas formas como ⊗*retraí*, ⊗*retraíste*, ⊗*retrayó*, etc., en lugar de *retraje, retrajiste, retrajo*, etc.

retribuir. 'Recompensar'. Verbo irregular: se conjuga como *construir* (→ APÉNDICE 1, n.º 25). Su participio, *retribuido*, se escribe sin tilde (→ TILDE², 2.1.1 y 2.1.2).

retrotraer(se). 'Situar(se) en un tiempo pasado'. Verbo irregular: se conjuga como *traer* (→ APÉNDICE 1, n.º 58).

reuma o **reúma. 1.** 'Enfermedad que causa inflamación en las articulaciones'. Tiene dos acentuaciones válidas: *reuma* [rréu - ma], con diptongo entre las vocales en contacto, que es la forma etimológica y mayoritaria en el uso escrito; y *reúma* [rre - ú - ma], con hiato en lugar de diptongo, también válida.

2. Este sustantivo admite ambos géneros: *el/la reuma, el/la reúma*. En la lengua culta de la mayor parte del ámbito hispánico se prefiere su empleo en masculino, aunque en algunos países como México es normal, entre hablantes cultos, usarlo en femenino.

reunir(se). 'Juntar(se)'. Se acentúa como *rehusar* (→ APÉNDICE 1, n.º 15).

Reval. → Tallin.

revaluar(se). 'Volver a evaluar' y 'elevar(se) el valor de una moneda'. Se acentúa como *actuar* (→ APÉNDICE 1, n.º 7).

Revel. → Tallin.

revelación, revelado, revelador -ra. → revelar(se).

revelar(se). Como transitivo, 'descubrir o manifestar [algo ignorado u oculto]': «*Me reveló el lugar a cambio de mi dinero*» (Torbado *Peregrino* [Esp. 1993]); «*Su lúcida mirada revela un rico mundo interior*» (LpzNavarro *Clásicos* [Chile 1996]); y 'hacer visible la imagen impresa [en una placa o película fotográfica]': «*Más lejos está la tienda de material fotográfico donde revelaba mis carretes*» (Leguineche *Camino* [Esp. 1995]). Como pronominal, 'mostrarse o resultar': «*Este gesto de apaciguamiento se reveló ineficaz*» (*Tiempo* [Col.] 14.1.75). Como el resto de las palabras que pertenecen a su misma familia léxica (*revelación, revelado, revelador*, etc.), se escribe siempre con *v*. No debe confundirse, pues, con el verbo homófono *rebelar(se)* ('sublevar(se)'; → rebelar(se)).

revenir(se). Como intransitivo no pronominal, 'retornar'; como intransitivo pronominal, 'ponerse blando y correoso a causa de la humedad' y 'perder la frescura'. Verbo irregular: se conjuga como *venir* (→ APÉNDICE 1, n.º 60). El imperativo singular es *revén* (tú) y *revení* (vos), y no [⊛]*reviene*.

reventar(se). Como intransitivo, tanto pronominal como no pronominal, 'abrirse algo por no poder soportar la presión interior' y, como transitivo, 'hacer que [algo] estalle' y 'abrir [algo] de manera violenta'. Verbo irregular: se conjuga como *acertar* (→ APÉNDICE 1, n.º 16).

reverdecer. 'Dar o cobrar nuevo verdor'. Verbo irregular: se conjuga como *agradecer* (→ APÉNDICE 1, n.º 18).

reverenciar. 'Venerar o respetar'. Se acentúa como *anunciar* (→ APÉNDICE 1, n.º 4).

reverter. 1. 'Rebosar': «*Volvíose [...] con una taza humeante y colmada a reverter*» (PBazán *Tribuna* [Esp. 1883]). Verbo irregular: se conjuga como *entender* (→ APÉNDICE 1, n.º 31), esto es, diptongan las formas cuya raíz es tónica (*revierto, reviertes, revierte*, etc.), pero no aquellas cuya raíz es átona (*revertía, reverterá, revertería*, etc.).

2. Este verbo no debe confundirse con *revertir* ('venir a parar en otra cosa'; → revertir) ni en su conjugación ni en su significado, aunque coincida con él en algunas de sus formas. Pertenecen a *reverter*, las formas *revertés* (vos), *revertemos, revertéis* (vosotros), del presente de indicativo; *revertió, revertieron*, del pretérito perfecto simple o pretérito de indicativo; el futuro simple o futuro de indicativo *reverteré, reverterás*, etc.; el condicional simple o pospretérito *revertería, reverterías*, etc.; el pretérito imperfecto o pretérito de subjuntivo *revertiera* o *revertiese, revertieras* o *revertieses*, etc.; el futuro simple o futuro de subjuntivo *revertiere, revertieres*, etc., además de las formas de imperativo *reverté* (vos) y *reverted* (vosotros) y el gerundio *revertiendo*.

revertir. 1. Como intransitivo, dicho de una cosa, 'volver a un estado o condición anterior', 'venir a parar en otra cosa o redundar en su daño o beneficio' y, en derecho, 'volver a pertenecer a su antiguo dueño o pasar a un nuevo dueño'; como transitivo, 'hacer que [algo] revierta'. Verbo irregular: se conjuga como *sentir* (→ APÉNDICE 1, n.º 53), esto es, diptongan las formas cuya raíz es tónica (*revierto, reviertes, revierte*, etc.), pero no aquellas cuya raíz es átona (*revertía, revertirá, revertiría*, etc.): «*Una vez cumplida su función revierte a su condición primitiva*» (Pinillos *Psicología* [Esp. 1975]); «*La soberanía revertía al pueblo hasta tanto el rey pudiese regresar al trono*» (Silvestrini/LSánchez *Puerto Rico* [P. Rico 1987]).

2. Este verbo no debe confundirse con *reverter* ('rebosar'; → reverter) ni en su conjugación ni en su significado. Pertenecen a *revertir*, las formas *revertimos, revertís* (vos/vosotros), del presente de in-

dicativo; *revirtió, revirtieron*, del pretérito perfecto simple o pretérito de indicativo; el futuro simple o futuro de indicativo *revertiré, revertirás*, etc.; el condicional simple o pospretérito *revertiría, revertirías*, etc.; el pretérito imperfecto o pretérito de subjuntivo *revirtiera* o *revirtiese, revirtieras* o *revirtieses*, etc.; el futuro simple o futuro de subjuntivo *revirtiere, revirtieres*, etc., además de las formas de imperativo *revertí* (vos) y *revertid* (vosotros) y el gerundio *revirtiendo*.

revesado -da. → enrevesado.

revestir(se). 1. 'Recubrir(se)', 'dar, o tomar, un determinado carácter o apariencia' y 'presentar [un determinado aspecto, cualidad o carácter]'. Verbo irregular: se conjuga como *pedir* (→ APÉNDICE 1, n.º 45).

2. Con los dos primeros sentidos indicados, lleva a menudo un complemento introducido por *de*: «*En lo alto de la escalera [...] se encuentra una sala de recibir que pienso revestir DE espejos*» (Perucho *Pamela* [Esp. 1983]); «*La escena comienza a revestirse DE una magia sensual*» (Nieva *Carroza* [Esp. 1976]).

[⊛]**revindicación,** [⊛]**revindicar,** [⊛]**revindicativo -va.** → reivindicar.

revival. Voz inglesa que se usa con cierta frecuencia en español con el sentido de 'retorno de gustos, modas o tendencias propios de otras épocas': «*La cinta está siendo la fuente de inspiración del actual "revival" del cine romántico norteamericano*» (*Vanguardia* [Esp.] 16.11.95). Es anglicismo evitable, que puede sustituirse por voces españolas como *resurgimiento, recuperación, resucitación, renacimiento, retorno, regreso* o similares. A veces puede equivaler a *evocación, repetición* o *remedo*. Como adjetivo, aplicado a música o moda, significa 'propio de una época pasada': «*Los jóvenes se convierten en los mejores clientes de la ropa y la música "revival"*» (*Mundo* [Esp.] 3.12.95); en ese caso puede sustituirse por el adjetivo *retro*.

revolar. 'Volar haciendo giros' y 'levantar de nuevo el vuelo'. Verbo irregular: se conjuga como *contar* (→ APÉNDICE 1, n.º 26).

revolcar(se). 'Echar(se) sobre un lugar, dando vueltas y frotándose en él'. Verbo irregular: se conjuga como *contar* (→ APÉNDICE 1, n.º 26).

revolver(se). 'Mover [algo] mezclando sus elementos', 'desordenar' y, como intransitivo pronominal, 'moverse dando sacudidas', 'darse la vuelta' y 'hacer frente o enfrentarse a alguien'. Verbo irregular: se conjuga como *mover* (→ APÉNDICE 1, n.º 41). Su participio es irregular: *revuelto*. Hoy es ajena a la norma culta la variante [⊛]*arrevolver(se)*, relegada al habla popular de algunas zonas.

[⊛]**rexpedición,** [⊛]**rexpedir.** → reexpedir.

ⓧ**Reykiavik,** *Reykjavik,* *Reykjiavík.* → Reikiavik.

Rhein, Rhin. → Rin.

Rhodesia. → Rodesia.

Riad. Forma española del nombre de la capital de
Arabia Saudí: «*El secretario de Defensa de Estados Unidos* [...] *llegó ayer a Riad*» (*Universal* [Ven.] 15.9.96).
Debe evitarse la grafía *Riyad*, a pesar de ser la transcripción literal del árabe, por no corresponderse
en español con la pronunciación real de este topónimo. Tampoco debe usarse la transcripción inglesa *Riyadh*.

ribera. 'Margen u orilla de un río o mar': «*Al cabo
de cinco días llegué a la ribera de un río*» (SchsSinisterra *Naufragios* [Esp. 1992]). No debe confundirse
con su homófono *rivera* ('arroyo'; → rivera).

ricahembra. → ricohombre.

ricohombre. 1. 'Hombre que pertenecía a la alta
nobleza': «*No esperemos que el ricohombre del siglo XV
se complazca* [...] *en los deleites del labrador*» (Lapesa
Decires [Esp. 1954]). Se escribe siempre en una sola
palabra. El plural más frecuente es *ricoshombres*,
aunque también se usa, y es válido, *ricohombres*:
«*No se expedían ya títulos de barones ni de ricoshombres*» (DmgzOrtiz *Clases* [Esp. 1973]); «*El más culto
de los ricohombres españoles del siglo XV*» (Lapesa *Decires* [Esp. 1954]). **2.** El femenino es *ricahembra* (pl.
ricashembras o
ricahembras): «*Aquellas ricashembras que la poesía trata de pintar desfavorablemente*» (MndzPidal *Epopeya*
[Esp. 1910-45]).

ricota. Adaptación gráfica de la voz italiana *ricotta*,
usada en algunos países americanos, especialmente
en la Argentina, en lugar del equivalente español
requesón: «*Horneaba buñuelos de ricota y los repar-
tía*» (Ramos/Lejbowicz *Corazones* [Arg. 1991]).

ricotta. → ricota.

ride. → raid, 3.

riel. 'Barra pequeña de metal' y 'carril de la vía férrea': «*La pared estaría compuesta por tres paneles de madera,* [...] *montados en un riel metálico*» (Belli *Mujer*
[Nic. 1992]); «*Atravesé los rieles, cuyo temblor anun-
ciaba la peligrosa proximidad del tren*» (Díaz *Piel* [Cuba
1996]). Procede del catalán *riell.* Con el segundo
sentido, se usa con preferencia en España la voz de
origen inglés *raíl* (→ raíl).

rígor mortis. Loc. lat. que significa literalmente
'rigidez de muerte'. Se usa como locución nominal masculina para referirse a la rigidez que adquiere un cadáver a las pocas horas de la muerte:
«*El rígor mortis comenzaba a endurecer las extremidades de su víctima*» (Chao *Altos* [Méx. 1991]). El primer elemento se pronuncia [rrígor], no ⓧ [rigór].

rilar. → rehilar(se), 2.

rímel. Adaptación gráfica de la voz francesa *rimmel*
(en origen, marca registrada del producto creado
por Eugène Rimmel), que designa el cosmético
usado para embellecer y endurecer las pestañas.
Debe escribirse con tilde por ser voz llana acabada en consonante distinta de *-n* o *-s* (→ TIL-
DE[2], 1.1.2). Su plural es *rímeles* (→ PLURAL, 1g):
«*Trabajó largamente sus facciones con rímeles, sombras,
polvos estrellados*» (Aguilar *Error* [Méx. 1995]).

Rímini. En español, el nombre de esta ciudad de
Italia debe escribirse con tilde por ser palabra esdrújula (→ TILDE[2], 1.1.3): «*Yo viví unos días junto al
mar, el de Rímini, tan azul al mediodía, tan violeta por
la tarde...*» (Sampedro *Sonrisa* [Esp. 1985]).

rimmel. → rímel.

Rin. Forma tradicional española del nombre de
este río europeo: «*En un santiamén apareció en las
aguas del río Rin una inmensa arca flotante*» (Galeano
Bocas [Ur. 2004]). No deben usarse en español ni
la grafía francesa *Rhin* ni la alemana *Rhein.*

ring. → cuadrilátero.

Río de Janeiro. En español, la primera palabra
del nombre de esta ciudad y estado brasileños debe
escribirse con tilde para marcar el hiato (→ TIL-
DE[2], 2.2.2b): «*Tengo un pequeño zoológico en mi casa
de Río de Janeiro*» (Allende *Ciudad* [Chile 2002]).
Este topónimo está plenamente adaptado también
en su pronunciación, que en español es [rrío-de-
janéiro], y no, como hacen algunos por imitación
de la pronunciación portuguesa, ⓧ[rrío-de-yanéiro].
El gentilicio es *carioca* (→ carioca) o *fluminense*
(→ fluminense).

riposta. → ripostar.

ripostar. En el español de varios países de América, especialmente en la zona caribeña, se emplea
el galicismo *ripostar* (del fr. *riposter*) con el sentido
de 'responder o replicar, especialmente de manera airada' y 'devolver un golpe o contraatacar': «*Usted se vuelve hacia mí y quiere penetrar en mi destino.
Eso me obliga a ripostar, utilizando cuantas armas creo
tener*» (Lezama *Paradiso* [Cuba 1966]); «*Rechacé
su oferta cortésmente* [...]. *Ella ripostó con un amargo
discurso sobre la ingratitud filial*» (Dou *Luna* [Ven.
2002]). Aunque admisible por su empleo en la lengua culta de esa zona, es preferible usar en su lugar
las voces españolas equivalentes *responder, replicar*
o *contraatacar*, comunes a todo el ámbito hispánico. Lo mismo cabe decir del sustantivo correspondiente *riposta*, que puede reemplazarse por *respuesta, réplica* o *contraataque.*

ⓧ**risión.** → irrisión.

ritornello. → ritornelo.

ritornelo. Adaptación gráfica de la voz italiana *ritornello*, 'estribillo o fragmento que se repite en distintas partes de una composición' y 'fragmento instrumental que se intercala entre las partes vocales de una obra musical': «*Vuelve con la misma periodicidad que un ritornelo en un poema*» (Millás *Mujeres* [Esp. 2002]). También existe, aunque se usa menos, la adaptación *retornelo*: «*Acompasaba con sobrio retornelo musical la polifonía de los ropajes cortesanos*» (Mujica *Bomarzo* [Arg. 1962]). Como otros italianismos del ámbito musical, en las partituras aparece con su grafía originaria, indicando, normalmente, que debe repetirse la primera parte del aria. Fuera de las partituras, deben usarse las formas adaptadas *ritornelo* o *retornelo*.

rivera. 'Arroyo o río pequeño': «*Nos topamos con ella* [la basura] *en fuentes, miradores, riveras, senderos*» (*País*@ [Esp.] 14.7.01). No debe confundirse con *ribera* ('orilla de un río o mar'; → ribera).

Riyad, *Riyadh*. → Riad.

rizófito -ta o **rizofito -ta.** → -fito.

roast beef. → rosbif.

robalo o **róbalo.** 'Pez de carne muy apreciada, más comúnmente llamado lubina'. Esta voz, formada por metátesis de *lobarro* (derivado del latín *lupus* 'lobo', que se aplicó metafóricamente a este pez), tiene dos acentuaciones válidas: la etimológica llana *robalo* [rrobálo] y la esdrújula *róbalo* (quizá por influjo del pez llamado *sábalo*).

robar. Cuando significa 'tomar para sí [algo ajeno] sin la conformidad del dueño', lleva un complemento directo que expresa lo sustraído; la persona a la que se roba se expresa mediante un complemento indirecto: «*Una señora dice que usted* LE *robó su bolso*» (Alatriste *Vivir* [Méx. 1985]). Si el complemento directo no está explícito, el complemento de persona sigue siendo indirecto: «*Los ladrones entran en su hogar,* LE *roban, quieren matarla*» (GlzDuro *Neurosis* [Esp. 1989]). Solo cuando significa 'raptar' se construye con un complemento directo de persona: «*Viajaba con su hija* [...]. *Los indios* LA *robaron una noche, tal vez codiciando su belleza*» (Boullosa *Duerme* [Méx. 1994]). En el español de América, cuando no hay complemento indirecto, es frecuente usar este verbo en forma pronominal: «*Bini se robó el carro para darse el gusto de manejar*» (Chavarría *Rojo* [Ur. 2002]); «*La negativa familiar hizo que Piro Estrella se robara a mamá Paulina*» (VLlosa *Fiesta* [Perú 2000]).

robot. 1. 'Máquina programable capaz de realizar trabajos antes reservados solo a las personas'. Su plural es *robots* (→ PLURAL, 1h): «*En las industrias habrá más robots que hombres*» (*Tiempo* [Col.] 7.4.97).

2. *retrato* (o *foto*) *robot.* → identikit o identikit.

robustecer(se). 'Hacer(se) robusto'. Verbo irregular: se conjuga como *agradecer* (→ APÉNDICE 1, n.º 18).

rocanrol, rocanrolear, rocanrolero -ra. → rock and roll.

rociar. 1. 'Esparcir algo, especialmente un líquido, sobre alguien o algo'. Se acentúa como *enviar* (→ APÉNDICE 1, n.º 5).

2. La materia con que se rocía puede expresarse mediante un complemento directo: «*Lo primero que hice fue rociar alcohol en todo aquello*» (Barnet *Gallego* [Cuba 1981]); o, más frecuentemente, mediante un complemento introducido por *de* o *con*: «*Los jóvenes* [...] *asaltaron el vehículo y lo rociaron* DE *gasolina*» (*Mundo* [Esp.] 7.6.94); «*Llevó el cadáver hasta una zona boscosa, lo roció* CON *gasolina y le prendió fuego*» (*Vanguardia* [Esp.] 29.12.94).

rock. Voz inglesa que se usa como abreviación de *rock and roll* (→ rock and roll) y designa también cada uno de los estilos diversos derivados de ese género musical. Por tratarse de un extranjerismo crudo, debe escribirse con resalte tipográfico. Para el derivado se recomienda el empleo de la grafía adaptada *roquero* (y no ⊛*rockero*), que significa, como adjetivo, 'de(l) rock' y, como sustantivo, 'intérprete de *rock* o aficionado al *rock*': «*El rock es cultura, como las canciones de Lorena Cuerno Clavel, tal vez la mejor roquera de Centroamérica*» (*Hoy* [El Salv.] 6.1.97).

***rock and roll.* 1.** Expresión inglesa (pron. [rrók-an-rról] o [rrokanrról]), también escrita *rock-and-roll* o *rock 'n' roll*, que designa un género musical de ritmo muy marcado, nacido en los Estados Unidos en los años cincuenta, y el baile que se ejecuta con esta música. Por tratarse de un extranjerismo crudo, debe escribirse con resalte tipográfico: «*La cristiana, empujada por aquellos brazotes, se deslizaba bajo las piernas lustrosas del luchador, con los pasos del rock-and-roll*» (MFoix *Quincena* [Esp. 1988]).

2. Aunque es voz asentada en el uso internacional con su grafía originaria, se documenta ya a ambos lados del Atlántico la adaptación *rocanrol*, cuyo empleo es preferible al del anglicismo crudo: «*Es solo rocanrol, pero me gusta*» (Fresán *H.ª argentina* [Arg. 1991]). De esta adaptación derivan voces como *rocanrolero* ('de(l) rocanrol' e 'intérprete de rocanrol o aficionado al rocanrol') y *rocanrolear* ('tocar o bailar rocanrol'): «*Su carro andaba siempre repleto de rocanroleros*» (VLlosa *Cachorros* [Perú 1967]). Deben evitarse grafías híbridas, como ⊛*rockanrolero*, ⊛*rockanrollero*, ⊛*rockanrollear* o ⊛*rockanrolear*.

⊛rockanrolear, ⊛rockanrolero -ra, ⊛rockanrollear, ⊛rockanrollero -ra. → rock and roll, 2.

[⊗]**rockero -ra.** → *rock.*

rodapié. 'Tira protectora que se coloca en la parte inferior de paredes o muebles': «*Un gato* [...] *empezó a arañar el rodapié*» (CBonald *Noche* [Esp. 1981]). Su plural es *rodapiés,* no [⊗]*rodapieses.* No debe usarse el plural *rodapiés* como forma de singular: [⊗]*el rodapiés.*

rodar. 'Dar vueltas alrededor de un eje' y 'filmar [una película cinematográfica]'. Verbo irregular: se conjuga como *contar* (→ APÉNDICE 1, n.º 26).

Rodesia. Forma adaptada a la ortografía española del nombre de esta región de África, antigua colonia británica, que comprende los actuales Estados de Zambia (antigua Rodesia del Norte) y Zimbabue (antigua Rodesia del Sur): «*El caso más extremo fue el de Rodesia, hasta hace poco colonia inglesa*» (FdzMartínez *Arqueología* [Esp. 1990]). Se desaconseja el uso en español de la grafía inglesa *Rhodesia.*

roer. 'Consumir [algo] cortando trozos menudos con los dientes'. Verbo irregular: v. conjugación modelo (→ APÉNDICE 1, n.º 50). Este verbo presenta tres formas posibles para la primera persona del presente de indicativo (*roo/roigo/royo*) y para cada una de las personas del presente de subjuntivo (*roa/roiga/roya; roas/roigas/royas,* etc.); de ellas son preferibles y más usuales las expresadas en primer lugar: *roo* y *roa, roas,* etc.

rogar. 1. Verbo irregular: se conjuga como *contar* (→ APÉNDICE 1, n.º 26).

2. Es transitivo cuando significa 'pedir [algo] con súplicas' y, naturalmente, el complemento directo —que puede ser un sustantivo, un infinitivo o una oración subordinada introducida por *que*— nunca debe ir precedido de la preposición *de;* así pues, no se considera correcta una oración como [⊗]«*Le ruego DE informar al señor Presidente*» (Aguilar *Golfo* [Méx. 1986]), en lugar de *Le ruego que informe al señor Presidente* o, como prefiere el español americano, *Le ruego informar al señor Presidente.* Además, en el caso de que el complemento de *rogar* sea una oración subordinada con verbo en forma personal (*Te ruego que me perdones*), es posible suprimir la conjunción *que,* práctica común en la lengua escrita (→ que, 2.1.2): «*Le rogamos de la manera más atenta se sirva publicar la siguiente carta*» (*Proceso* [Méx.] 29.9.96).

3. Cuando significa 'pedir ayuda o protección para alguien mediante la oración', es intransitivo y se construye con un complemento introducido por la preposición *por: Ruega POR nosotros.*

4. *hacerse (de) rogar.* → hacer(se), 3.

rojo. [⊗]*vino rojo.* → tinto.

rol. 1. Adaptación gráfica de la voz inglesa *role* —tomada, a su vez, del francés *rôle*—, que se emplea, especialmente en sociología y psicología, con el sentido de 'papel o función que alguien o algo cumple': «*El rol materno no se puede sustituir cuando la mujer está en condiciones de asumirlo*» (Penerini *Aventura* [Arg. 1999]). Es anglicismo asentado, que se introdujo en español en el último tercio del siglo XIX. Aunque no se censura su empleo, se recomienda usar con preferencia los términos tradicionales españoles *papel* o *función,* perfectamente equivalentes. Es igualmente innecesario su uso con el sentido de 'parte de una obra dramática o cinematográfica que corresponde a un personaje', pues este significado lo tiene también la palabra española *papel:* «*La frase que pronuncia Fiennes en su papel de conde Almasy* [...] *refleja la idea central del filme*» (*Clarín* [Arg.] 17.2.97). La expresión [⊗]*jugar un rol* es calco rechazable del inglés *to play a role;* en español se dice *desempeñar un papel.*

2. *juego de rol.* 'Juego en el que los participantes actúan como personajes de una aventura de carácter misterioso o fantástico': «*La joven pudo ser víctima de un siniestro juego de rol*» (*Abc* [Esp.] 23.6.97). Es denominación asentada y admisible.

role, rôle. → rol.

rompecabezas. 'Juego que consiste en componer una determinada figura combinando pedazos de madera, cartón u otros materiales, en cada uno de los cuales hay una parte de la figura': «*Todo esto se me ocurrió armando un rompecabezas*» (Ocampo *Cornelia* [Arg. 1988]). Con el mismo sentido se emplea también la voz *puzle,* adaptación gráfica del inglés *puzzle:* «*La taracea es una técnica de marquetería, como un puzle*» (*DVasco*[@] [Esp.] 3.6.05). Se admite el uso del anglicismo adaptado, aunque se recomienda usar con preferencia el equivalente español *rompecabezas.*

romper(se). 'Quebrar(se) o estropear(se)'. Su participio es irregular: *roto.*

rompiente. Como sustantivo ('lugar en que choca y se deshace en espuma el agua del mar o de los ríos'), se usa en ambos géneros, con predominio hoy del femenino: «*Rastreaban en la rompiente buscando restos de naufragios ingleses*» (Fogwill *Cantos* [Arg. 1998]); «*Las olas saltaban sobre los rompientes en altas erupciones de espuma*» (MñzMolina *Invierno* [Esp. 1987]).

ropa. [⊗]*a quema ropa.* → quemarropa.

roquero -ra. → rock.

rosbif. Adaptación gráfica del inglés *roast beef* o *roast-beef,* que se emplea para designar la carne de vaca asada al estilo inglés. El plural es *rosbifs* (→ PLURAL, 1h): «*El apartado de charcutería mostraba apetitosas ensaladas y delicados rosbifs*» (GmzBartlett *Serpientes* [Esp. 2002]). Se desaconseja, por su escaso empleo, la adaptación [⊗]*rosbife* (pl. [⊗]*rosbifes*).

rosticceria, **rosticería.** → rotisería.

Róterdam. Forma adaptada a la ortografía y pronunciación españolas del nombre de la ciudad de los Países Bajos que en neerlandés se escribe *Rotterdam*. Aunque en neerlandés es voz aguda ([rroterdám]), en español está generalizada la pronunciación esdrújula [rróterdam], de ahí que la grafía adaptada deba escribirse con tilde: «*Las palabras de Hans Stam, director de desarrollo urbano de Róterdam, explican bien cuál es el argumento de la feria inmobiliaria*» (*Mundo*@ [Esp.] 12.4.04). Aunque poco frecuente aún, se recomienda usar la grafía adaptada y no la original neerlandesa.

rotisería. Adaptación gráfica de la voz francesa *rôtisserie*, que se emplea en los países del Cono Sur con el sentido de 'establecimiento donde se preparan y venden comidas para llevar, especialmente asados, fiambres y quesos': «*Fui a la rotisería en busca de comida y de una botella de vino*» (Kociancich *Maravilla* [Arg. 1982]). En México y el área centroamericana se emplea con este sentido la voz *rosticería*, posiblemente adaptación del italiano *rosticceria*.

rôtisserie. → rotisería.

Rotterdam. → Róterdam.

rotura. Para nombrar la acción y efecto de romper(se) existen dos sustantivos, *rotura* y *ruptura*, pero no son intercambiables. Cuando se trata de realidades materiales, se prefiere el uso de *rotura*: «*La rotura de la cadera me separó de Agustín*» (VLlosa *Fiesta* [Perú 2000]). Si se trata de realidades inmateriales, lo normal es usar *ruptura*: «*Me entregaron la carta oficial de ruptura de relaciones diplomáticas*» (Escudero *Malvinas* [Arg. 1996]).

Rouen. → Ruan o Ruán.

rouge. → pintalabios.

roulotte. 'Remolque acondicionado para cocinar y dormir en él'. Es galicismo innecesario, pues existen en español, con este sentido, el término *caravana* y las expresiones *casa* o *casilla rodante*, usadas estas últimas en varios países americanos para referirse tanto al remolque como al vehículo automóvil acondicionado como vivienda: «*Bajo un viento huracanado, calzamos con piedras la caravana*» (Leguineche *Camino* [Esp. 1995]); «*Está el caso de un niño norteamericano que* [...] *cayó de una casa rodante a una transitada autopista*» (*Hoy* [Chile] 19-25.10.83); «*El automóvil conducido por el periodista colisionó con una casilla rodante que era remolcada por una cosechadora*» (*NProvincia* [Arg.] 1.3.97). En España, si se trata de un vehículo automóvil, se usa el término *autocaravana*: «*La colisión provocó heridas de distinta consideración a los otros tres ocupantes de la autocaravana*» (*Vanguardia* [Esp.] 30.7.95). Para designar el vehículo se emplea a veces en español el anglicismo *motor-home*, que debe sustituirse igualmente por alguno de los equivalentes españoles señalados.

round. **1.** Voz inglesa que designa, en boxeo, cada una de las partes o tiempos de que consta un combate y se usa con frecuencia en sentido figurado, fuera del ámbito deportivo. Es anglicismo innecesario, que debe sustituirse por la voz española *asalto*: «*Yambito lo noqueó en el primer asalto*» (*Prensa* [Nic.] 3.5.97); «*Se llevó a las niñas, ignorante de que su ex mujer había llamado a la Policía para denunciarle. Terminaba el primer asalto*» (*Mundo* [Esp.] 15.10.95).

2. La expresión inglesa *round robin* ('torneo en el que cada uno de los participantes ha de jugar, por turno, con todos los demás'), usada con frecuencia en algunos países como Venezuela o la República Dominicana, debe sustituirse por la expresión española *todos contra todos*: «*Si pasamos al todos contra todos tendremos que resolver ciertos problemas de lesiones*» (*Nacional* [Ven.] 22.12.97).

royalty. Voz inglesa que se usa con frecuencia en español, normalmente en la forma plural *royalties*, para designar la cantidad que se paga al propietario de un derecho a cambio del permiso para ejercerlo y, en especial, el dinero que debe percibir el autor de una obra artística o el titular de una patente a cambio del permiso para su explotación comercial. Es anglicismo evitable, que puede sustituirse por equivalentes españoles como *regalía* (frecuente en el español americano), *canon* (si se refiere a una concesión gubernativa o a un derecho de dominio público) o *derechos* (*de autor, de autoría, de patente, de invención, de reproducción*, etc.): «*La Argentina intentará cobrar a esas multinacionales* [...] *un 3 por ciento de regalías por el petróleo de las aguas*» (*Clarín* [Arg.] 2.4.97); «*Renfe recibirá un canon por los derechos de paso que prestará al consorcio*» (*País* [Esp.] 21.4.97); «*Empezaba a cobrar derechos de autor y pronto ejercería de escritor*» (Alegre *Locus* [Esp. 1989]); «*El Gobierno egipcio percibe todos los derechos de reproducción de los objetos de la muestra*» (*Hoy* [Chile] 8-14.11.78).

rozar(se). **1.** Cuando significa 'tocar ligeramente algo o a alguien', se construye normalmente como transitivo: «*Mis dedos rozan su piel*» (Volpi *Días* [Méx. 1994]). Cuando el complemento directo es de persona, puede llevar, además, un complemento introducido por *en*, que expresa la parte concreta que recibe el roce: «*Cuando Crespo LA roza EN la mano, ella llora*» (*Clarín* [Arg.] 29.3.01). Si el sustantivo que expresa la parte rozada funciona como complemento directo, el complemento de persona pasa a ser indirecto: «*Una piedra* [...] *LE rozó la mandíbula*» (*Hoy* [Chile] 19-25.1.83). Asimismo, es normalmente transitivo cuando significa, en sentido metafórico, 'estar cerca [de un límite]': «*Los contactos sexuales rozaban el límite de lo decoroso*» (Volpi *Klingsor* [Méx. 1999]).

2. Puede construirse también como intransitivo, con un complemento introducido por *con* o *en*: «*El agua al caer roza* CON *las tuberías y las calienta*» (VV. AA. *Física* [Esp. 1995]); «*Todos conocemos el movimiento estudiantil, cuya pertinacia roza* EN *lo heroico*» (Tierno *España* [Esp. 1966-74]).

Ruan o **Ruán.** Nombre español de la ciudad de Francia que en francés se escribe *Rouen*. Sobre el uso de la grafía con o sin tilde, → guion[1] o guión.

Ruanda. Forma adaptada a la ortografía y pronunciación españolas del nombre de este país centroafricano: «*Francia envía 2500 soldados para detener el genocidio en Ruanda*» (*Vanguardia* [Esp.] 23.6.94). No debe usarse en español la grafía inglesa *Rwanda*. El gentilicio es *ruandés*: «*Un grupo de soldados japoneses obsequia a una mujer ruandesa con un lápiz de labios*» (*Mundo* [Esp.] 21.12.94).

ruandés -sa. → Ruanda.

rubeola o **rubéola.** 'Enfermedad infecciosa'. Ambas acentuaciones son válidas. Aunque *rubéola* es la forma etimológica, está ampliamente extendida, incluso entre los propios médicos, la forma llana *rubeola* (pron. [rrubeóla]). Se acepta también la variante *rubiola*, generalizada en los países caribeños.

rubí. 'Mineral duro, brillante y de color rojo'. Su plural es *rubíes* o *rubís* (→ PLURAL, 1c).

rubiola. → rubeola o rubéola.

rugbi. 1. Adaptación gráfica propuesta para la voz inglesa *rugby*, 'deporte de equipo que se practica con un balón ovalado'.

2. Para designar al jugador de rugbi se usa con frecuencia en los países del Río de la Plata la forma ⊛*rugbier*, con el sufijo *-er* propio del inglés para crear este tipo de derivados (aunque en inglés se usa, en este caso, la expresión *rugby player*). En español se emplea con este valor el sufijo *-ista* (*futbolista, golfista, tenista*, etc.), por lo que resulta más recomendable la forma *rugbista*, que también se documenta ya en el español americano: «*Se compró una mansión* [...] *para verse en secreto con su pareja, el rugbista inglés Mike Tindall*» (*Día*@ [Arg.] 11.9.97).

rugbista. → rugbi, 2.

rugby. → rugbi, 1.

Rumanía o **Rumania.** El nombre de este país europeo presenta en español dos acentuaciones, ambas válidas. La pronunciación con hiato [rru - ma - ní - a], a la que corresponde la grafía con tilde *Rumanía*, es mayoritaria en España y coincide con la pronunciación de este topónimo en lengua rumana; pero en amplias zonas de América es más frecuente la pronunciación con diptongo [rru - má - nia], a la que corresponde la grafía sin tilde *Rumania*.

rumiar. Dicho de un animal, 'masticar [el alimento previamente ingerido y devuelto a la boca]'; dicho coloquialmente de persona, 'masticar' y 'reflexionar detenidamente [sobre algo]'. Se acentúa como *anunciar* (→ APÉNDICE 1, n.º 4).

ruptura. → rotura.

Rwanda. → Ruanda.

S

s. 1. Vigesimosegunda letra del abecedario español y decimonovena del orden latino internacional. Su nombre es femenino: *la ese* (pl. *eses*).

2. Representa el sonido fricativo sordo /s/, que en español tiene muy variadas realizaciones, aunque son dos sus variantes principales:

a) /s/ apicoalveolar: Esta variedad es la más extendida en el español de España (domina en todo su territorio, excepto en Andalucía y Canarias) y se da también en zonas andinas del Perú y Colombia.

b) /s/ predorsal: Es característica de Andalucía, Canarias y la mayor parte de Hispanoamérica. Aunque presenta numerosas variedades, la más extendida es la predorsodental.

3. En algunas zonas del sur de España hay hablantes que pronuncian la letra *s* con un sonido similar al que corresponde a la letra *z* en las hablas del centro y del norte de la Península (→ z, 2a). Este fenómeno dialectal se conoce con el nombre de «ceceo» (→ CECEO).

4. En todos los dialectos del sur de España (andaluz, extremeño, murciano y canario) y en gran parte de Hispanoamérica, está muy extendido el fenómeno de la aspiración de la *s* en posición final de sílaba o de palabra: [pehkádo] por *pescado*, [íhla] por *isla*, [animáleh] por *animales*. En ocasiones, esta aspiración se hace tan fuerte que puede llegar a sonar como /j/: [bójke] por *bosque*, [únoj animáleh] por *unos animales*. En muchas zonas de estas mismas áreas llega a perderse totalmente en la pronunciación la -*s* final de palabra, dando como resultado, en algunos casos, la mayor abertura de la vocal precedente: [lo ómbre i la muhére], por *los hombres y las mujeres*. Los hablantes cultos de muchas de estas regiones tienden a restituir el sonido /s/ en posición final.

5. La aspiración de la *s* se ha extendido en algunas zonas a la -*s*- intervocálica (⊛[nohótro(h)] por *nosotros*, ⊛[éhe] por *ese*), e incluso a la *s*- inicial de palabra (⊛[heñoríta] por *señorita*), pronunciaciones que tienden a evitarse en el habla esmerada.

sabelotodo. 1. 'Persona que habla de cualquier tema pretendiendo saber siempre más que los demás': «*Es un sabelotodo de mierda que mira a los demás por encima del hombro*» (VqzMontalbán *Galíndez* [Esp. 1990]). Es común en cuanto al género (→ GÉNERO², 1a y 3k): *un/una sabelotodo*. También

se usa como adjetivo: «*Luego tenemos al profesor sabelotodo, que el primer día apachurra* [...] *la autoestima de los estudiantes*» (*Comunicación* [C. Rica] 3.12.01). En el uso mayoritario es invariable en plural, aunque también es válido el plural *sabelotodos*: «*Abundaban los sabelotodo que pontificaban con desconocimiento solo equiparable a la petulancia con que se expresaban*» (Rojo *Matar* [Esp. 2002]); «*Acusándolos de "sabelotodos" o manipuladores*» (Carutti *Ascendentes* [Arg. 2001]).

2. Como otras palabras compuestas, se pronuncia con un solo acento prosódico (el del último formante: [tódo]), que es el que se tiene en cuenta para la acentuación gráfica del compuesto (→ TILDE², 4.1): esta palabra se escribe sin tilde por ser llana y acabar en vocal; no es correcta, pues, la grafía ⊛*sábelotodo*.

saber. 1. Verbo irregular: v. conjugación modelo (→ APÉNDICE 1, n.º 51). Este verbo se conjuga del mismo modo en todas sus acepciones, de manera que, con el sentido de 'tener sabor a alguna cosa', la primera persona del presente de indicativo es *sé* (y no ⊛*sepo*); así pues, se dirá *Sé a sal* ('tengo sabor salado') de igual forma que se dice *Sé matemáticas* ('tengo conocimientos matemáticos'). Esta forma de primera persona del singular del presente de indicativo debe escribirse con tilde, para distinguirla del pronombre átono *se* (→ TILDE², 3).

2. Con el sentido de 'tener noticia de algo o estar informado de ello', se usa normalmente como transitivo: «*Apenas supo la noticia, llamó a Orvieto*» (Contreras *Nadador* [Chile 1995]); «*El poeta Rivera supo que su amigo no estaba del todo con él*» (Salazar *Selva* [Col. 1991]). Con este mismo sentido, puede funcionar también como intransitivo, con un complemento con *de*: «*La esposa de Browne se negó a explicar cómo supo DE la transexualidad de su marido*» (*Clarín* [Arg.] 20.2.97). Cuando el complemento de *saber* es una oración subordinada introducida por *que*, solo es posible la construcción transitiva, por lo que es incorrecto anteponer *de* a la conjunción que introduce el complemento directo (→ DEQUEÍSMO, 1b): ⊛«*Y se fijó en mí sin yo saber DE que él me estaba mirando*» (Quiñones *Noches* [Esp. 1979]); debió decirse *sin yo saber que...* Cuando significa 'tener o recibir noticias de alguien', funciona siempre como intransitivo, con un complemento con *de*: «*Su madre desapareció cuando él era un niño y jamás se supo* DE *ella*» (Aguilera *Caricia* [Méx. 1983]).

3. Cuando va seguido de infinitivo, significa 'tener habilidad o capacidad [para hacer algo]': «*Inés no sabe poner inyecciones, doctor*» (Bryce *Vida* [Perú 1981]). En algunas zonas de América, especialmente en el área andina, se utiliza también, al hablar de hábitos, como equivalente de *soler*: «*Durante años, ya de vuelta de esas tierras, cuando me encontraba en la proximidad de los puertos, me sabía venir la tentación de interrogar a los marinos que volvían de viaje*» (Saer *Entenado* [Arg. 1988]); no obstante, en estos casos, es mayoritario en la norma culta y, por tanto, preferible el uso de *soler*.

4. Cuando significa 'tener un determinado sabor', es intransitivo y el sabor se expresa mediante un complemento introducido por la preposición *a*: «*Hay que saber* A *algo. "Si yo sé* A *algo, mi sabor será para la tierra", decía Rimbaud*» (Umbral *Mortal* [Esp. 1975]); «*En Europa, [el cilantro] se utiliza poco y los franceses dicen que sabe* A *chinche*» (*País* [Col.] 11.7.97).

5. saber hacer. Esta locución nominal masculina significa 'habilidad para desenvolverse con tacto en cualquier situación' y 'conjunto de conocimientos y técnicas acumulados, que permite desarrollar con eficacia una actividad en el ámbito artístico, científico o empresarial': «*Aún le impresionaba* [a Irene] *la sangre fría, el savoir faire de Miguel en situaciones complicadas [...]. Un saber hacer que se manifestaba, por ejemplo, en la capacidad para contener su curiosidad respecto al maletín, sobre el que nada le había preguntado*» (GaSánchez *Historia* [Esp. 1991]); «*Pese a su saber hacer diplomático, Faivre d'Arcier no ha encontrado los recursos que busca en el ministerio*» (*Vanguardia* [Esp.] 16.7.95); «*Se trata de un documental [...] que revela un gran saber hacer cinematográfico*» (*País* [Esp.] 2.10.84); «*El saber hacer, con productividad y calidad, recupera su posición primordial en las empresas frente al* marketing *o a las habilidades financieras*» (*Mundo* [Esp.] 10.11.94). La existencia de esta locución española hace innecesario el uso del anglicismo *know-how*, muy usado en el ámbito empresarial, y del galicismo *savoir faire*. El inglés *know-how* no debe traducirse literalmente por ⊗*saber cómo*.

sabihondo -da. → sabiondo.

sábila. En gran parte de América, 'áloe': «*Me dio de beber sábila endulzada con miel*» (Quintero *Danza* [Ven. 1991]). Esta es la grafía más extendida, aunque también existe y es válida la variante gráfica *zábila*: «*Los chamanes aplicaron zábila en mis párpados*» (Vargas *Pasado* [Méx. 2002]).

sabio -bia. 'Que tiene sabiduría o grandes conocimientos'. Su superlativo es *sapientísimo* (del lat. *sapientissimus*; → -ísimo, 4).

sabiondo -da. Coloquialmente, '[persona] que presume de sabia sin serlo': «*Oye, sabionda, acuérdate de que aquello se gasta*» (ÁlvzGil *Naufragios* [Cuba 2002]). Lejos de ser una falta de ortografía, la forma *sabiondo* es la originaria, ya que esta voz parece proceder de la forma reconstruida del latín vulgar *sapibundus* (adjetivo derivado de *sapere* 'saber'); enseguida, y por influjo de *hondo* ('profundo'), surgió la variante *sabihondo*, que está desplazando en el uso culto actual a la forma originaria: «*Escribí un artículo refutando al sabihondo doctor, pero no me lo publicaron*» (TBallester *Filomeno* [Esp. 1988]).

sabor. *sin sabor.* → sinsabor.

Sabra. Nombre de un campo de refugiados palestinos en el Líbano: «*Un tribunal de Bruselas cita a Sharon como imputado por las matanzas de Sabra y Chatila*» (*Razón* [Esp.] 20.11.01). No es correcta la grafía ⊗*Shabra*, probablemente contagiada por la grafía inglesa *Shatila* (en español, *Chatila*), nombre del otro campo de refugiados conocido por la matanza de palestinos de septiembre de 1982.

sacerdote -tisa. 'Persona dedicada al servicio divino y facultada para celebrar las ceremonias propias del culto'. El femenino etimológico y tradicional es *sacerdotisa*, usado especialmente en referencia a religiones antiguas o no cristianas: «*Otra Aspasia —sacerdotisa de Venus en Ecbatana [...]— fue acusada de tratos con las potencias infernales*» (Cousté *Biografía* [Arg. 1978]); pero para referirse hoy a las mujeres que ejercen el sacerdocio en las Iglesias cristianas que lo permiten, se prefiere el uso de la forma *sacerdote*, que funciona en ese caso como común (*el/la sacerdote*; → GÉNERO², 1a y 3c): «*Las sacerdotes anglicanas están discriminadas*» (*País* [Esp.] 26.3.00).

saciar(se). 'Hartar(se) o satisfacer completamente [el hambre, la sed o cualquier otra necesidad física o espiritual]'. Se acentúa como *anunciar* (→ APÉNDICE 1, n.º 4).

Sáenz. Este apellido, al igual que *Sáez*, debe escribirse con tilde. Se trata, en ambos casos, de palabras bisílabas —pues la secuencia *ae*, formada por dos vocales abiertas, constituye siempre un hiato en español (→ HIATO, 1): [sá - enz, sá - ez]—, tienen acentuación llana y terminan en consonante que no es ni *-n* ni *-s* (→ TILDE², 1.1.2).

Sáez. → Sáenz.

sagrado -da. 'Que es objeto de veneración o culto religioso', 'del culto divino' y 'digno del máximo respeto'. Tiene dos superlativos válidos: *sacratísimo* (del lat. *sacratissimus*), preferido en el uso culto, y *sagradísimo*, formado sobre *sagrado* y más propio del habla coloquial (→ -ísimo, 4): «*Una función de antiquísimas y sacratísimas danzas surgidas del* *inconsciente colectivo»* (SchzDragó *Camino* [Esp. 1990]); *«Te lo puedo jurar por los sagradísimos huesos del pie de san Policarpo»* (Torbado *Peregrino* [Esp. 1993]).

sah. 'Rey de la antigua Persia, hoy Irán': *«El sah de Persia creó premios anuales para los maestros»* (*Hora* [Guat.] 3.5.97). Esta es la grafía recomendada en español para transcribir esta voz de origen persa. Se recomienda evitar las grafías anglicadas [⊗]*shah* y [⊗]*sha*.

Sáhara o Sahara. 1. 'Desierto del norte de África'. Ambas grafías son igualmente válidas, si bien a cada una le corresponde una pronunciación. La grafía más tradicional en español es *Sahara,* que corresponde a la pronunciación llana [saára]: *«En esta parte del Sahara abundan los pozos»* (Leguineche *Camino* [Esp. 1995]). La grafía *Sáhara,* que se va imponiendo en el español actual, corresponde a la pronunciación esdrújula [sáhara], con aspiración de la *h* por influjo de la pronunciación de este nombre en árabe (→ h, 2): *«Cruzaría el estrecho de Gibraltar y tal vez el desierto del Sáhara»* (Marsé *Embrujo* [Esp. 1993]). El artículo que antecede a este topónimo debe escribirse con minúscula.

2. Son tres los adjetivos derivados de este topónimo: *sahárico, sahariano* y *saharaui,* que pueden pronunciarse indistintamente con aspiración de la *h* o sin ella. Los dos primeros, *sahárico* y *sahariano,* se refieren, en general, a todo el territorio del Sáhara, mientras que *saharaui* se refiere solo al *Sáhara Occidental,* nombre con el que se designa hoy habitualmente el territorio de la antigua colonia española en el Sáhara, y donde los saharauis pretenden crear un país independiente bajo la denominación de *República Árabe Saharaui Democrática.* El adjetivo *sahárico* ('del Sáhara') es el menos frecuente de los tres y solo se usa en referencia a cosas (*polvo sahárico, clima sahárico*). Por su parte, *sahariano* ('del Sáhara') y *saharaui* ('del Sáhara Occidental') pueden usarse tanto en referencia a cosas (*viento sahariano, campamento saharaui*) como a personas (*nómadas saharianos, niños saharauis*). Cuando se refieren a persona, se usan también como sustantivos: *los saharianos, los saharauis.*

saharaui, sahariano -na, sahárico -ca. → Sáhara o Sahara, 2.

sahumar(se). 'Perfumar(se) con humo aromático'. Se acentúa como *aunar* (→ APÉNDICE 1, n.º 11). La hache intercalada no exime de la obligación de tildar la *-u-* para marcar el hiato en las formas en que esta vocal es tónica (→ TILDE², 2.2.2b): *sahúmo, sahúmas, sahúma, sahúman; sahúme, sahúmes, sahúmen.*

Saigón. → Ciudad Ho Chi Minh.

saíno. 'Especie de jabalí que vive en los bosques de América del Sur'. Es un sustantivo masculino: *«A veces cazaban algún saíno para los colonos»* (Sepúlveda *Viejo* [Chile 1989]). En áreas de seseo, por confusión con el adjetivo homófono *zaíno* (→ zaino o zaíno), se encuentra escrito a veces con *z-,* grafía que, para referirse a este animal, no es válida.

Saint John's Newfoundland. → San Juan de Terranova.

Saint Kitts and Nevis. → San Cristóbal y Nieves.

Saint Pierre et Miquelon. → San Pedro y Miquelón.

Saint Vincent and the Grenadines. → San Vicente y las Granadinas.

Sainz. Este apellido, al igual que *Saiz,* debe escribirse sin tilde. Se trata, en ambos casos, de palabras monosílabas —pues la combinación de una vocal abierta tónica y una vocal cerrada átona constituye siempre un diptongo en español (→ DIPTONGO, 2)— y los monosílabos no se acentúan gráficamente, salvo en los casos de tilde diacrítica (→ TILDE², 1.2 y 3.1).

Saiz. → Sainz.

Sajá. Forma adaptada a la ortografía y pronunciación españolas del nombre autóctono de la república de la Federación Rusa llamada anteriormente *Yakutia:* *«Había divergencias entre Moscú y Sajá, el nombre autóctono de Yakutia»* (*País* [Esp.] 20.10.97). La forma *yakuto,* también escrita *yacuto,* que designa estrictamente a la etnia de la que procede el antiguo nombre de esta república, se utiliza también como gentilicio: *«Establecidos cerca del Ártico, los yakutos fueron dominados por los rusos»* (*Nación*@ [Arg.] 15.9.97); *«Son turcos los yacutos en el helado norte de la Siberia»* (Tibón *Aventuras* [Méx. 1986]).

salación. → salazón, 2.

salacot. 'Sombrero rígido de copa redondeada, propio de países cálidos y de ciertos uniformes': *«El salacot, el uniforme y el correaje [...] colgaban del respaldo de una silla»* (Marsé *Rabos* [Esp. 2000]). Aunque para esta voz de origen tagalo se documentan numerosas variantes (con *-k-* en lugar de *-c-,* con *-r-* en lugar de *-l-,* o terminadas en *-f* o en *-v*), *salacot* es la forma mayoritaria y más recomendable. Su plural es *salacots* (→ PLURAL, 1h).

salame. → salami.

salami. 'Embutido de origen italiano'. Proveniente del plural de la voz italiana *salame,* en español esta forma se usa como singular (pl. *salamis*): *«Cargado con una docena de triquitraques del tamaño de un salami»* (Quintero *Danza* [Ven. 1991]). En los países del Cono Sur se usa el singular etimológico *salame* (pl. *salames*): «*El pan con salame ayuda a calmar el hambre*» (Collyer *Pájaros* [Chile 1995]).

salazón. 1. 'Acción de salar', 'método de conservación de alimentos a base de sal' y 'carne y pescado conservados con este método'. Es voz femenina: «*Otras formas de conservación* [...] *fueron la desecación, la salazón, el encurtido*» (Brusco *Comer* [Arg. 1987]); «*Deben evitarse* [...] *los embutidos, las salazones*» (Sintes *Peligros* [Esp. 1975]). **2.** En algunos países de América significa también 'infortunio o calamidad': «*Pero se plantó en su necedad y resultó en baloncha cuando rascaba los cuarenta. Y ya ve, no convenía. Esa fue la salazón*» (Flores *Siguamonta* [Guat. 1993]). Con este último sentido existe también la variante *salación*, de uso frecuente en Cuba, México y algunos países del área centroamericana: «*Fue ella quien trajo la salación al plano, echando a perder la toma uno*» (Díaz *Piel* [Cuba 1996]).

saliente. Como sustantivo ('parte que sobresale de una cosa'), en España se usa siempre en masculino, mientras que en gran parte de América alternan ambos géneros: «*Aferrándose con manos, pies y boca a los salientes de la pared*» (Rubín *Rezagados* [Méx. 1991]); «*El vestido se le había enganchado en la saliente de una roca*» (Quintero *Danza* [Ven. 1991]).

salir(se). 1. 'Pasar de dentro a fuera'. Verbo irregular: v. conjugación modelo (→ APÉNDICE 1, n.º 52). El imperativo singular es *sal* (tú) y *salí* (vos), y no ⊗*sale*. **2.** Cuando significa 'costar una cosa una determinada cantidad', el complemento que expresa el precio puede ir introducido por las preposiciones *a* o *por*: «*La entrada más asequible* [del Auditorio Nacional] *sale A dos mil al mes*» (*Abc* [Esp.] 11.10.96); «*Una hora de clase para una o dos personas sale POR 2700 pesetas*» (*Abc* [Esp.] 5.5.89).

salitre. 'Sustancia salina'. A diferencia de *sal*, es voz masculina: *el salitre*.

salival. 'De (la) saliva': «*El conducto salival se encuentra entre los extremos de los estiletes maxilares*» (Cabezas *Entomología* [Méx. 1996]). Existe también la variante *salivar*, de uso menos frecuente: «*La psique regulaba* [...] *para el Pavlov de esos años, la acción de las glándulas salivares*» (Pinillos *Psicología* [Esp. 1975]).

salivar. Además de un verbo ('producir saliva'), es variante aceptable del adjetivo *salival* (→ salival).

salmodiar. 'Cantar o decir [algo] con cadencia monótona'. Se acentúa como *anunciar* (→ APÉNDICE 1, n.º 4).

salobre. 'Que contiene sal, o que huele o sabe a sal': «*En aguas salobres con alto contenido en cloruros*

predominan las diatomeas» (Ederra *Botánica* [Esp. 1996]); «*La brisa marina traía el perfume salobre del mar*» (Perucho *Pamela* [Esp. 1983]). No debe confundirse con *salubre* ('bueno para la salud'; → salubre).

Salónica. Como nombre de esta ciudad griega han alternado tradicionalmente las formas *Salónica* y *Tesalónica*, siendo esta última la más cercana al original griego *Thessaloníke*. Ambas son válidas, aunque en el uso actual parece haber una tendencia a utilizar la forma *Tesalónica* para designar la ciudad de la Grecia antigua y la forma *Salónica* para designar la ciudad moderna: «*San Ambrosio anatematizó a Teodosio por su tiranía en Tesalónica*» (Vega *Estado* [Chile 1991]); «*Giscard d'Estaing llegó ayer a Porto Barras, un complejo turístico a unos 120 kilómetros de Salónica*» (*País* [Esp.] 20.6.03). El gentilicio que corresponde a ambas formas es *tesalonicense*: «*En la Tumba, el estadio tesalonicense, no había ningún aficionado del equipo del Pireo*» (*Abc* [Esp.] 21.10.97).

salpimentar. 'Adobar [un alimento] con sal y pimienta'. Verbo irregular: se conjuga como *acertar* (→ APÉNDICE 1, n.º 16), esto es, diptongan las formas cuya raíz es tónica (*salpimiento, salpimientas*, etc.), pero no las formas cuya raíz es átona (*salpimentamos, salpimentáis, salpimentado*, etc.); así pues, no se consideran correctas las formas con raíz tónica y sin diptongar: ⊗«*Se salpimentan las carnes finamente picadas*» (*Vanguardia* [Esp.] 30.3.95); debió decirse *salpimientan*.

salpullido, salpullir. → sarpullido.

salto de cama. 'Bata ligera de mujer que se viste al levantarse de la cama': «*Llevaba ropa interior de satén y un salto de cama abierto que le cubría los hombros y los brazos*» (Zarraluki *Historia* [Esp. 1994]). La existencia de esta locución española hace innecesario el uso de la voz francesa *déshabillé*.

salubre. 'Saludable o bueno para la salud': «*Pájaro envejecido prematuramente en una jaula no del todo salubre*» (Ribera *Sangre* [Esp. 1988]). Su superlativo es *salubérrimo* (→ -érrimo). No debe confundirse con *salobre* ('que contiene sal'; → salobre).

saludar(se). Cuando significa 'dirigir [a alguien], al encontrarlo o despedirse de él, palabras corteses' y 'enviar saludos [a alguien]', se construye en todo el ámbito hispánico como transitivo, con complemento directo de persona: «*Rufino LA saludó y le dijo: Aquí le traigo un nuevo amigo*» (Borges *Libro* [Arg. 1975]); «*Don Blanco se acerca a los extraños y haciéndoles varias reverencias LOS saluda*» (García *Paso* [Col. 1988]). No obstante, con este verbo es frecuente el llamado «leísmo de cortesía» (→ LEÍSMO, 4g), por lo que es admisible usar la forma de dativo *le(s)* al dirigirse a un interlocutor al que se trata de usted: «*Deseando mucho éxito en su labor, LE saluda cordialmente Eduardo Frei-Tagle*» (*Hoy* [Chile] 2-8.6.97). También se usa en forma pronominal, seguido de un complemento precedido de *con*, expresando reciprocidad: «*El delantero se saludó CON sus ex compañeros*» (*País* [Ur.] 11.6.01).

salvaguarda. 'Amparo o garantía'. Esta es la forma de uso mayoritario, aunque también es correcta, y frecuente, la variante *salvaguardia*.

salvaguardia. → salvaguarda.

Samarcanda. Forma tradicional española del nombre de esta ciudad de Uzbekistán: «*Había conocido durante sus legendarios viajes todas las grandes mezquitas y medersas del Islam, de Bagdad a Samarcanda*» (Silva *Rif* [Esp. 2001]). Esta es la grafía mayoritaria y resulta preferible a *Samarkanda* —influida seguramente por la forma inglesa *Samarkand*—, cuya *k* no se justifica etimológicamente, ya que la forma uzbeka es *Samarqand*.

Samarkanda. → Samarcanda.

samba. 1. 'Baile popular brasileño y su música'. Es voz femenina en la mayor parte del ámbito hispánico: «*Si hay algo que representa el espíritu brasileño es la samba*» (*País* [Esp.] 1.4.04); pero en algunos países como la Argentina o Cuba se usa normalmente en masculino, que es el género que tiene este sustantivo en portugués: «*Algunos espectadores, contagiados por el ritmo del samba y de las caderas de mulatas semidesnudas, bailaban en un improvisado carnaval*» (Kociancich *Maravilla* [Arg. 1982]). **2.** En zonas de seseo no debe confundirse con *zamba*, sustantivo femenino que designa una danza cantada típica de la Argentina: «*Este mismo paciente suele cantar la zamba "De mi madre" en los momentos más difíciles*» (Benenzon *Musicoterapia* [Arg. 1981]).

sambenito. 'Vestidura que llevaban los penitentes del tribunal de la Inquisición': «*Fue sacado de la cárcel del Santo Oficio con sambenito, coroza y una vela en las manos*» (Miralles *Cortés* [Méx. 2001]); y 'descrédito o calificación negativa que sufre una persona': «*Yo era uno de esos estudiantes a los que los profesores colgaban el sambenito de revoltoso*» (Mendizábal *Cumpleaños* [Esp. 1992]). Se escribe en una sola palabra y con minúscula inicial. No es correcta la grafía [⊗]*sanbenito*.

samurái. 'Antiguo guerrero japonés': «*Tenía los nervios bien templados de un samurái*» (Allende *Ciudad* [Chile 2002]). Aunque la grafía *samuray* se adapta mejor a la ortografía del español (→ i, 5b), la forma asentada en el uso es *samurái*. Su plural es *samuráis*, que, al igual que el singular, debe escribirse con tilde (→ TILDE², 1.1.1).

samuray. → samurái.

san. → santo.

Saná. Forma adaptada a la ortografía española del nombre de la capital del Yemen: «*Fuentes de la embajada de EE. UU. en Saná confirmaron la ocupación de Hanish Menor*» (*Mundo* [Esp.] 15.8.96). Se desaconseja la grafía *Sanaa*, usada en otras lenguas como el inglés.

Sanaa. → Saná.

[⊗]**sanbenito.** → sambenito.

sancristobaleño -ña. → San Cristóbal y Nieves.

San Cristóbal y Nieves. Forma española del nombre de este país de las Antillas: «*Queremos* [...] *saludar el ingreso a la Organización de Naciones Unidas de San Cristóbal y Nieves*» (Ortega *Paz* [Nic. 1988]). No debe usarse en español la forma inglesa *Saint Kitts and Nevis*, ni las híbridas [⊗]*Saint Kitts y Nevis* o [⊗]*San Cristóbal y Nevis*. Como gentilicio se recomienda la forma *sancristobaleño*.

sanctasanctórum. 'Parte más oculta y reservada de un lugar'. Es voz masculina: «*Los huelguistas llegaron ayer hasta el mismísimo sanctasanctórum de la economía francesa*» (*Mundo* [Esp.] 15.12.95). Tiene su origen en la locución latina *sancta sanctórum* (literalmente, 'parte o lugar más santo de los santos'), que es como se denominaba la parte interior y más sagrada del tabernáculo erigido por los judíos en el desierto y, después, del templo de Jerusalén. Se pronuncia corrientemente [santasantórum]. Es preferible la forma simple a la grafía en dos palabras *sancta sanctórum*. Su plural es *sanctasanctórums* (→ PLURAL, 1h y k).

[⊗]**sánduche.** → sándwich.

sándwich. Voz tomada del inglés *sandwich* —pronunciada corrientemente [sánduich o sánguich]— que designa el conjunto de dos o más rebanadas de pan, normalmente de molde, entre las que se ponen distintos alimentos. En español debe escribirse con tilde por ser palabra llana acabada en consonante distinta de *-n* o *-s* (→ TILDE², 1.1.2). Su plural es *sándwiches* (→ PLURAL, 1i): «*Toma té puro y come sándwiches de paté*» (Serrano *Vida* [Chile 1995]). Esta es la forma mayoritariamente usada por los hablantes cultos en todo el ámbito hispánico, aunque en algunos países americanos, especialmente en Colombia, Venezuela, Chile y el Perú, circulan adaptaciones como [⊗]*sánduche* o [⊗]*sánguche*, más propias de registros coloquiales y desaconsejadas en favor de la unidad. Con este mismo sentido, existe la palabra española *emparedado*, puesta en circulación en el último tercio del siglo XIX, cuyo uso es preferible al anglicismo: «*Me encontré instalada en una cafetería ante un enorme em-*

paredado y un vaso de leche» (Allende *Eva* [Chile 1987]).

sangre. *mala sangre.* → malasangre.

[⊗]**sánguche.** → sándwich.

sanguinolento -ta. 'Manchado de sangre o mezclado con ella': *«La médula ósea, un líquido sanguinolento y rico en grasa, estaba a punto para ser tratada»* (Carreras *Autobiografía* [Esp. 1989]). Es errónea la forma [⊗]*sanguinoliento.*

San Juan de Terranova. Forma tradicional española del nombre de esta ciudad de Canadá: *«Una patrullera canadiense zarpó el martes por la noche del puerto de San Juan de Terranova»* (*Mundo* [Esp.] 20.4.95). No debe usarse en español la forma inglesa *Saint John's Newfoundland.*

San Pablo. → São Paulo.

San Pedro y Miquelón. Forma española del nombre de este territorio francés compuesto por dos islas situadas al sur de Terranova: *«¿Cuántos turcos saben hoy que el resultado de otro referéndum francés [...] dependerá tal vez de lo que aporten los votos de la población de Reunión [...] o incluso el puñado de habitantes de San Pedro y Miquelón?»* (*Estrella*[@] [Esp.] 22.12.04). Es incorrecta la forma [⊗]*San Pedro y Miquelón.* No debe usarse en español la forma francesa *Saint Pierre et Miquelon.*

San Peterburgo. → San Petersburgo.

San Petersburgo. Forma tradicional española del nombre de esta ciudad de la Federación Rusa, conocida en otros momentos como *Petrogrado* o *Leningrado*: *«Viena, Múnich, Berlín, Leipzig, París y San Petersburgo fueron las ciudades más frecuentadas por los artistas simbolistas polacos»* (*País* [Esp.] 15.2.03). Esta forma está plenamente asentada en el uso español. Se desaconseja, por minoritaria, la variante *San Peterburgo*, a pesar de estar más cerca de la transcripción directa del ruso (*Sankt Peterburg*). No se considera correcta la forma simplificada [⊗]*San Petesburgo.* Su gentilicio es *petersburgués*: *«Era una belleza petersburguesa»* (CInfante *Habana* [Cuba 1986]).

sanseacabó. Interjección coloquial que se emplea para dar por terminado un asunto: *«¡No lo hagamos y sanseacabó!»* (Wolff *Álamos* [Chile 1986]). Es preferible esta forma, hoy mayoritaria, a la grafía en tres palabras *san se acabó.* No debe escribirse con guiones: [⊗]*san-se-acabó.*

Santa Fe. Nombre de una ciudad y una provincia de la Argentina, así como de la capital del estado norteamericano de Nuevo México. En ambos casos se escribe siempre en dos palabras y sin tilde, ya que el segundo elemento es monosílabo: *«Vine de Santa Fe, mi provincia natal, en 1899»* (Borges *Libro* [Arg. 1975]); *«José María Aznar concluyó esta*

tarde su visita a Santa Fe (Nuevo México)» (*Mundo*[@] [Esp.] 12.7.03). La grafía *Santafé* solo es válida para la capital de Colombia (→ Bogotá).

Santafé de Bogotá, santafereño -ña. → Bogotá.

santafesino -na. Gentilicio de la provincia argentina de Santa Fe y de su capital. No debe confundirse con *santafereño* ('de Santafé de Bogotá'; → Bogotá).

Santiago. Nombre propio que forma parte de varios topónimos de América y de España:

a) *Santiago de Chile.* El gentilicio es *santiaguino*: *«Su ubicación en Valparaíso es una importante señal de descentralización de la inmensa urbe santiaguina»* (Lux *Chile* [Chile 1997]).

b) *Santiago de Compostela* [España]. El gentilicio es *santiagués*: *«Otro partido [...] entre equipos gallegos, el Compostela y el Lugo, provocó la reclamación del equipo santiagués»* (*VGalicia* [Esp.] 30.10.91).

c) *Santiago de Cuba.* El gentilicio es *santiaguero*: *«Como buenas santiagueras, tenían entre sus componentes raciales ese elemento esencial etíope»* (CInfante *Habana* [Cuba 1986]).

d) *Santiago (de los Caballeros)* [República Dominicana]. El gentilicio es *santiaguero*: *«Había sido la amante de un santiaguero llamado Carmelo»* (Vergés *Cenizas* [R. Dom. 1980]). También, aunque con menor frecuencia, *santiagués* y *santiaguense*: *«El empresario santiagués Rubén Mera, propietario de Comercializadora Colonial Santo Domingo»* (*Listín* [R. Dom.] 30.10.97).

e) *Santiago del Estero* [Argentina]. El gentilicio es *santiagueño*: *«El río Dulce llevó el drama a la capital santiagueña»* (*Clarín* [Arg.] 17.2.97).

santiaguense, santiagueño -ña, santiaguero -ra, santiagués -sa, santiaguino -na. → Santiago.

santiguar(se). 'Hacer [sobre alguien] la señal de la cruz' y, como pronominal, 'hacerse cruces o mostrar asombro o escándalo'. Se acentúa como *averiguar* (→ APÉNDICE 1, n.º 6). Se escriben con diéresis todas las formas en las que *-gu-* va delante de *e*: *santigüe, santigües,* etc.

santo -ta. 1. En la religión cristiana, '[persona] que recibe culto universalmente tras ser reconocida por la Iglesia como persona de virtud y perfección'. Como tratamiento, se antepone al nombre de pila de las personas que han alcanzado dicha condición y, en ese caso, el masculino singular *santo* se apocopa en la forma *san*, salvo cuando antecede a los nombres *Domingo, Tomás, Tomé* y *Toribio*, a los que precede la forma plena *santo;* así, se dice *san Antonio, san Francisco,* pero *santo Domingo, santo Tomás.*

2. Como el resto de los tratamientos, las formas *santo, santa* o *san* se escriben con minúscula, salvo cuando se expresan con abreviaturas: *san Luis* o *S. Luis, santa Engracia* o *Sta. Engracia* (→ MAYÚSCULAS, 6.8). Se exceptúan algunas acuñaciones tradicionales que funcionan como nombres propios: *San Juan* (por *san Juan de la Cruz*), *Santa Teresa* (por *santa Teresa de Jesús*). También se escriben con mayúscula cuando forman parte de expresiones que deben ir escritas con mayúsculas, como nombres de vías urbanas, instituciones, edificios públicos o apellidos: *plaza de Santa Bárbara, Hermandad de San Roque, Hospital de San Rafael, Pedro San Martín.*

santotomense. → Santo Tomé y Príncipe.

Santo Tomé y Príncipe. Forma tradicional española del nombre de este país de África: «*El presunto máximo dirigente de ETA Militar podría ser expulsado en los próximos días a Santo Tomé y Príncipe*» (*País* [Esp.] 1.8.86). No debe usarse en español la forma portuguesa *São Tomé e Príncipe.* El gentilicio es *santotomense.*

San Vicente y las Granadinas. Forma española del nombre de este país de las Antillas: «*Cuba y San Vicente y las Granadinas establecieron relaciones diplomáticas el 26 de mayo de 1992*» (*Granma*[@] [Cuba] 29.4.04). No debe usarse en español la forma inglesa *Saint Vincent and the Grenadines,* ni la híbrida [®]*Saint Vincent y las Granadinas.* El gentilicio es *sanvicentino:* «*Los sanvicentinos se enfrentarán a Nicaragua* [...] *el 13 de junio*» (*Prensa*[@] [Nic.] 12.5.04).

sanvicentino -na. → San Vicente y las Granadinas.

São Paulo. Esta ciudad brasileña, capital del estado homónimo, es conocida en la mayor parte del ámbito hispánico por su nombre portugués, que lleva una virgulilla o tilde sobre la *a,* de la cual se recomienda no prescindir: «*Había viajado por Río, São Paulo y Bahía*» (Bryce *Vida* [Perú 1981]). No obstante, en el área del Río de la Plata se emplea con preferencia la traducción española *San Pablo:* «*En los suburbios populares de San Pablo, la ciudad más rica del Brasil*» (Galeano *Días* [Ur. 1978]).

São Tomé e Príncipe. → Santo Tomé y Príncipe.

saprófito -ta o **saprofito -ta.** → -fito.

sargenta. → sargento.

sargento. 'Suboficial de categoría inmediatamente superior a la de cabo'. Es común en cuanto al género (*el/la sargento;* → GÉNERO[2], 1a y 3k): «*Echó un vistazo sin demasiada fe a la libreta de la sargento Moncada*» (PzReverte *Reina* [Esp. 2002]). No es normal el femenino *sargenta.* Para referirse a la categoría intermedia entre sargento raso y sargento mayor se emplean las locuciones *sargento primero*

o *sargento (de) primera,* ambas comunes en cuanto al género (*el/la sargento primero* y *el/la sargento (de) primera.*

sarpullido. 1. 'Erupción cutánea': «*De adolescente tenía granos y todo tipo de sarpullidos en la cara*» (GaSánchez *Historia* [Esp. 1991]). Existe también la variante admitida *salpullido,* de uso frecuente en América: «*Productos faciales que quitan las arrugas, curan barros, espinillas y salpullidos*» (Tamayo *Hombre* [Ven. 1993]).

2. Existe también el verbo *sarpullir,* que significa 'causar sarpullido', y que cuenta también con la variante *salpullir.* Ambos son verbos irregulares y se conjugan como *mullir* (→ APÉNDICE 1, n.º 42).

sarpullir. → sarpullido, 2.

sartén. 'Utensilio de cocina para freír'. En el habla culta general de España es femenino: «*Echó los trocitos de cebolla en la sartén*» (Rojo *Matar* [Esp. 2002]); su uso en masculino es muy escaso y se restringe al habla popular de algunas regiones. En América, alternan ambos géneros, con predominio del masculino: «*Fregó el sartén y los platos*» (Vergés *Cenizas* [R. Dom. 1980]); «*En una sartén quedaban dos colas de iguanas carbonizadas*» (Sepúlveda *Viejo* [Chile 1989]).

sastre -tra. 'Persona que por oficio corta y cose vestidos'. Aunque por su terminación sería normal su uso como sustantivo común en cuanto al género (*el/la sastre;* → GÉNERO[2], 1a y 3c), el único femenino documentado para esta voz es *sastra,* registrado ya en el diccionario de Nebrija (1495): «*Me he quedado sin sastra, porque se ha casado*» (BVallejo *Música* [Esp. 1989]). No es normal, y debe evitarse, el femenino [®]*sastresa.*

satén. 'Tejido de raso': «*Alzó su capa forrada de satén rojo*» (Jodorowsky *Danza* [Chile 2001]). Existe también la variante *satín,* más cercana a la grafía etimológica (del fr. *satin*) y usada con preferencia en varios países de América: «*Se desgarró su bata de satín azul cielo*» (Fuentes *Cristóbal* [Méx. 1987]).

satín. → satén.

satisfacer. 1. 'Calmar o hacer desaparecer [algo, especialmente un deseo, una necesidad o una duda]' y 'dar gusto a alguien'. Verbo irregular: como compuesto del antiguo verbo *facer,* se conjuga como *hacer* (→ APÉNDICE 1, n.º 36). La única diferencia con *hacer* es que en el imperativo singular no voseante, además de *satisfaz,* es válida la forma *satisface.* Es incorrecto, aunque no infrecuente, incluso en la lengua escrita, conjugar este verbo como si fuera regular, usando formas como [®]*satisfací,* [®]*satisfaciera,* [®]*satisfaceré,* [®]*satisfacería,* etc., en lugar de *satisfice, satisficiera, satisfaré, satisfaría,* etc.

2. Con el segundo sentido indicado, es un verbo de «afección psíquica»; por ello, dependiendo de distintos factores (→ LEÍSMO, 4a), el complemento de persona puede interpretarse como directo o como indirecto: «*A Mojarrita no LO satisfizo demasiado la aclaración*» (CBonald *Noche* [Esp. 1981]); «*Quería revisar una vez más el documento; no LE satisfizo y quiso hacer unas enmiendas*» (Otero *Temporada* [Cuba 1983]).

saúco o **sauco.** 'Arbusto'. Tiene dos acentuaciones válidas: *saúco* [sa-ú-ko], con hiato entre las vocales contiguas, que es la forma preferida en España; y *sauco* [sáu-ko], con diptongo en lugar de hiato, que es la acentuación mayoritaria en gran parte de América.

saudí, saudita. → Arabia Saudita.

sauerkraut. → chucrut.

sauna. 'Baño de vapor' y 'local en que se pueden tomar estos baños'. En España se usa siempre en femenino: «*Los masajes y la sauna pueden ayudarle a descargar los músculos*» (Mansilla *Ciclismo* [Esp. 1995]). En el español de América alternan ambos géneros, aunque con predominio del masculino en la mayoría de los países: «*La señora está en el sauna*» (Serrano *Vida* [Chile 1995]); «*Luego de sudar en la sauna,* [...] *ha entrado al cuarto de masajes*» (Bayly *Mujer* [Perú 2002]).

savoir faire. → saber, 5.

saxo. → saxofón.

saxofón. 'Instrumento musical de viento'. Esta forma, adaptación gráfica al español del original francés *saxophone* (de *Sax,* nombre de su inventor + *-phone,* equivalente francés del elemento compositivo de origen griego *-fono* 'sonido'), es la usada con preferencia en todo el ámbito hispánico. También existe la variante *saxófono,* adaptación morfológica que incorpora la forma española del elemento compositivo sufijo. Es asimismo muy frecuente el acortamiento *saxo.*

saxófono. → saxofón.

sazón. 1. 'Estado en que algo ha alcanzado su perfección o madurez', 'ocasión o coyuntura', 'gusto que se percibe en un alimento' e 'ingrediente(s) con que se sazona un guiso'. Es voz femenina, como su étimo latino: «*Fue imposible encubrir por más tiempo la sazón de aquella bendita cosecha*» (Egido *Corazón* [Esp. 1995]); «*Esperan la sazón de reunirse otra vez*» (TBallester *Isla* [Esp. 1980] 146); «*La sazón de pimienta era tan fuerte* [...] *que me quemaba la boca*» (*Hoy* [Chile] 21-27.4.97); «*Un buen filete no requiere de ninguna sazón*» (*NHerald* [EE. UU.] 7.2.97). **2.** En algunos países de América, normalmente con los adjetivos *buena* o *rica,* significa también 'habilidad o buena mano para cocinar'. Con este sentido, en la lengua culta es también femenino: «*Es buen cocinero y tiene buena sazón*» (*Vistazo* [Ec.]

20.11.97); debe evitarse, pues, su uso en masculino: [⊗]*buen sazón.*

scanner. → escáner.

scooter. → escúter.

-scopia o **-scopía.** Elemento compositivo sufijo (del gr. *-skopía* 'acción de observar o examinar') que forma sustantivos femeninos que designan, por lo general, procedimientos de exploración visual o técnicas de diagnóstico mediante exploración visual: *artroscopia* o *artroscopía, laringoscopia* o *laringoscopía, microscopia* o *microscopía,* etc. Ambas acentuaciones son válidas. Las formas con hiato (*-ía*), acordes con la pronunciación etimológica griega, suelen ser las preferidas en el español americano; las formas con diptongo (*-ia*), acordes con la pronunciación latina, son las preferidas en España.

score. Voz inglesa que se usa ocasionalmente en el lenguaje deportivo con el sentido de 'número de puntos o tantos obtenidos por cada uno de los participantes que compiten en una prueba'. Es anglicismo innecesario, que debe sustituirse por los términos españoles *puntuación, tanteo* o *marcador:* «*María Rodríguez logró la mejor puntuación dentro de su categoría*» (*Mundo* [Esp.] 3.12.95); «*El equipo de Santiago cedió finalmente ante sus rivales por el tanteo de 88-76*» (*VGalicia* [Esp.] 30.10.91); «*El ex internacional Juan Carlos Cabanillas abrió el marcador a los 35 minutos*» (*NHerald* [EE. UU.] 17.2.97).

scout, [⊗]*scoutismo,* [⊗]*scoutista.* → escultismo.

script. **1.** Voz inglesa que significa 'texto en que se expone, con los detalles necesarios para su realización, el contenido de una película o de un programa de radio o televisión'. Es anglicismo innecesario, que debe sustituirse por el equivalente español *guion* (o *guión*): «*La primera versión del guión contenía incluso una anécdota real*» (*Vanguardia* [Esp.] 17.12.94). **2.** También se usa como abreviación de *script-clerk* o *script-girl,* términos ingleses con los que se designa a la persona que, en el rodaje de una película, está encargada de apuntar los pormenores de cada escena y es la responsable de que no haya fallos de continuidad; el anglicismo puede sustituirse, en este caso, por expresiones españolas como *secretario de rodaje,* la más usada en España, *supervisor de guion* o *anotador,* esta última preferida en América: «*Damos a continuación* [...] *una lista de rubros utilizados en la planificación y el establecimiento de los costos de una película:* [...] *secretario/a de rodaje*» (Feldman *Realización* [Arg. 1979]); «*—Va a hacer falta más polvo —advirtió la anotadora*» (Díaz *Piel* [Cuba 1996]).

se. Palabra átona invariable, que debe escribirse sin tilde, a diferencia de la forma tónica *sé,* que corresponde a la primera persona del singular del presente de indicativo de *saber* y a la segunda persona del singular del imperativo de *ser* (→ TILDE², 3). Hay que distinguir entre los usos pronominales de *se* (→ 1) y su empleo como indicador de oraciones impersonales y de pasiva refleja (→ 2):

1. *SE* PRONOMINAL

Como pronombre personal, invariable en género y número, tiene distintos valores:

a) Variante formal de *le(s)*. Cuando el pronombre de dativo *le(s)* precede a alguno de los pronombres de acusativo de tercera persona *lo(s), la(s)*, adopta la forma *se*: *LES compré caramelos* > *SE los compré; LE puse los zapatos* > *SE los puse*. En cuanto a la transferencia del rasgo plural del dativo invariable *se* al pronombre de acusativo que le sigue (*Les di un premio* > *⊗Se los di*), → PRONOMBRES PERSONALES ÁTONOS, 6b. Solo en casos esporádicos *se* es variante formal de los pronombres de acusativo *lo(s), la(s)*, como en *Llaman cobarde a María* > *LA llaman cobarde* > *SE lo llaman*; o en *Oí a las niñas cantar la canción* > *LAS oí cantar la canción* > *SE la oí cantar*.

b) Pronombre personal de tercera persona con valor reflexivo (el sujeto realiza la acción, o la manda realizar, sobre sí mismo) o recíproco (la acción la realizan varios individuos, los unos sobre los otros). En ambos casos el pronombre *se* puede desempeñar funciones de complemento directo o indirecto: *María se peina* (complemento directo reflexivo); *María se lava las manos* (complemento indirecto reflexivo); *Los novios se conocieron en un viaje* (complemento directo recíproco); *Ana y Luis se escriben cartas de amor* (complemento indirecto recíproco). En el uso reflexivo, puede añadirse el refuerzo tónico *a sí mismo*, siempre que sea el sujeto quien efectivamente realice la acción: *Se convenció a sí mismo de que podía ganar*, frente a *Se convenció* [gracias a los argumentos de otros] *de que podía ganar*. Hay verbos que admiten el uso conjunto del *se* reflexivo en función de complemento directo y del prefijo de sentido reflexivo *auto-* (→ auto-).

c) Pronombre personal de tercera persona con valor expresivo. Se trata del uso del *se* reflexivo (referido al sujeto de la oración), con función sintáctica similar a la del complemento indirecto, pero sin venir exigido por el verbo. Su presencia aporta matices expresivos de diferente tipo y a menudo su uso es expletivo, pudiendo suprimirse sin que la oración sufra cambios de significado: *Juan (se) merece un premio; María (se) leyó la novela de un tirón*.

d) Componente de las formas de tercera persona de los verbos pronominales. Hay verbos (*arrepentirse, quejarse*, etc.) que se construyen en todas sus formas con un pronombre átono reflexivo, que

no desempeña ninguna función sintáctica en la oración; la forma que corresponde a las terceras personas es *se*: *El moribundo se arrepintió de sus pecados; Los clientes se quejaron del trato recibido*. Algunos verbos son exclusivamente pronominales, como *arrepentirse, adueñarse, resentirse*, etc., y otros adoptan determinados matices significativos o expresivos en los usos pronominales, como *ir(se), dormir(se), salir(se)*, etc.: *Juan (se) salió de la reunión*. También se construyen necesariamente con el pronombre átono las acepciones pronominales que corresponden a la llamada «voz media», con la que se expresa que al sujeto le ocurre lo denotado por el verbo, sin que haya causa conocida o sin que esta importe, a veces por tratarse de una acción inherente a la naturaleza del sujeto: *El barco se hundió; En primavera los campos se llenan de flores*.

2. *SE* INDICADOR DE ORACIONES IMPERSONALES O DE PASIVA REFLEJA

2.1. La palabra *se* sirve hoy para formar dos tipos de oraciones: impersonales y de pasiva refleja.

a) En las ORACIONES IMPERSONALES, llamadas así por carecer de sujeto gramatical, la forma *se* precede siempre a un verbo en tercera persona del singular. Esta construcción puede darse con verbos intransitivos (*Se trabaja mejor en equipo*), con verbos copulativos (*Se es más feliz sin responsabilidades*), con verbos transitivos que llevan complemento directo de persona precedido de la preposición *a* (*Entre los gitanos se respeta mucho A los ancianos*) e incluso con verbos en voz pasiva (*Cuando se es juzgado injustamente, es necesario defenderse*). No debe ponerse el verbo en plural cuando la oración impersonal lleva un complemento directo plural, pues la concordancia de número solo se da entre el verbo y el sujeto, y no entre el verbo y el complemento directo; así, hoy no sería correcta una oración como *⊗Se vieron a muchos famosos en la fiesta*, en lugar de *Se vio a muchos famosos en la fiesta*. Tampoco es correcto hacer concordar el verbo de la oración impersonal con otro tipo de complementos preposicionales: *⊗Ayer se llegaron a los 50 ºC en Calcuta* (en lugar de *se llegó a los 50 ºC*); *⊗En la reunión se hablaron de temas importantes* (en lugar de *se habló de temas importantes*).

Acerca del uso, en estas oraciones, de la forma de dativo *le(s)* para el complemento directo de tercera persona (*A Juan SE LE vio contento en la fiesta; A los ganadores de este año SE LES considera los mejores en su campo*), → LEÍSMO, 4f.

b) En las ORACIONES DE PASIVA REFLEJA la forma *se* precede a un verbo en forma activa en tercera persona (singular o plural), junto al que aparece un elemento nominal, normalmente pospuesto, que funciona como su sujeto gramatical. Este elemento nominal suele denotar cosas o acciones, o personas indeterminadas: *Se hacen fotocopias; Se supone que ibas a venir; Se necesitan secretarias bilingües*. Si el sujeto lleva determinante o es un pronombre, puede ir antepuesto: *Las fotocopias se hacen en máquinas especiales; Al final, todo se sabe*. Por tratarse de una forma de pasiva, solo se da con verbos transitivos, y el verbo irá en singular o en plural según sea singular o plural el elemento nominal que actúe de sujeto: *«En los comercios especializados se vende la pasta de sésamo»* (Bonfiglioli *Arte* [Arg. 1990]); *«En ese kiosco [...] no se venden revistas políticas»* (Puig *Beso* [Arg. 1976])*.

Las oraciones de pasiva refleja tienen el mismo sentido que las oraciones de pasiva perifrástica (las construidas con «ser + participio»): *En la reunión se discutieron todos los temas pendientes = En la reunión fueron discutidos todos los temas pendientes*. Pero mientras la pasiva perifrástica admite con naturalidad un complemento agente (que se corresponde con el sujeto de la acción en la construcción activa), la pasiva refleja no suele llevarlo; así, lo normal es decir *Los apartamentos se vendieron en poco tiempo*, pero *Los apartamentos fueron vendidos en poco tiempo por agentes inmobiliarios*. El uso de la pasiva refleja con complemento agente solo se da, esporádicamente, en el lenguaje jurídico-administrativo: *«Los recursos se presentaron por el sector crítico y aún no ha habido respuesta»* (*Abc* [Esp.] 29.1.85); pero incluso en estos casos resulta más natural el empleo de la pasiva perifrástica: *Los recursos fueron presentados por el sector crítico*.

2.2. SE VENDEN CASAS O SE VENDE CASAS. Aunque tienen en común el omitir el agente de la acción, conviene no confundir las oraciones impersonales (carentes de sujeto y con el verbo inmovilizado en tercera persona del singular) y las oraciones de pasiva refleja (con el verbo en tercera persona del singular o del plural, concertando con el sujeto paciente). La confusión puede darse únicamente con verbos transitivos, pues son los únicos que pueden generar ambos tipos de oraciones: *Se busca a los culpables* (impersonal) / *Se buscan casas con jardín* (pasiva refleja).

En el castellano antiguo solo existían las oraciones de pasiva refleja, que no planteaban ningún problema cuando el sujeto denotaba cosa: *«Se cantan cosas torpes e malas»* (Cuéllar *Catecismo* [Esp. 1325])*; pero cuando el sujeto denotaba persona se producían casos de ambigüedad entre los significados reflexivo, recíproco y de pasiva refleja; así, una oración como *Se tratan bien los pobres* podía tener una interpretación reflexiva (a sí mismos), recíproca (entre sí) o de pasiva refleja (por alguien que no se menciona). Para evitar la ambigüedad se fue extendiendo la práctica de anteponer al sustantivo de persona la preposición *a*, cuando la ora-

ción debía interpretarse como pasiva refleja: *«Que se respeten A los prelados de la Iglesia»* (Palafox *Carta* [Esp. 1652]). Finalmente se inmovilizó el verbo en singular, dando lugar a la estructura impersonal con *se* del español actual: *«A pesar del régimen excepcional con que se trataba a los reclusos extranjeros»* (Chavarría *Rojo* [Ur. 2002]). Así pues, las oraciones impersonales nacen solo referidas a persona.

Hoy, según la norma culta mayoritaria, reflejada en escritores de prestigio de todo el ámbito hispánico, se utiliza la construcción impersonal (→ 2.1a) cuando el verbo transitivo lleva un complemento directo de persona determinado —y, por tanto, necesariamente precedido de la preposición *a*—: *«Allí estaba la campana con que se llamaba A los trabajadores»* (Araya *Luna* [Chile 1982]); *«Dio las instrucciones para que [...] se buscara A las adoratrices de la Vela Perpetua»* (Sánchez *Héroe* [Col. 1988]); y se usa la construcción de pasiva refleja (→ 2.1b) cuando el verbo transitivo lleva, en la versión activa de la oración, un complemento directo de cosa, o bien un complemento directo de persona no determinado —no precedido, por tanto, de la preposición *a* (→ *a*², 1.3b)—; esos complementos directos de la versión activa son los sujetos de la pasiva refleja: *«Se exponen tesis y se buscan argumentos que tengan fuerza persuasiva»* (Marafioti *Significantes* [Arg. 1988]); *«Se buscan jóvenes idealistas»* (*Tiempo* [Col.] 16.5.92).

De acuerdo con esta distribución de uso, la construcción impersonal no es normal ni aconsejable cuando el complemento directo denota cosa; no obstante, en algunas zonas de América, especialmente en los países del Cono Sur, se están extendiendo las construcciones impersonales con complemento directo de cosa, aunque su aparición es aún escasa en la lengua escrita: *«Es frecuente que se venda materias primas de baja calidad»* (FdzChiti *Hornos* [Arg. 1992]); en estos casos, la norma culta mayoritaria sigue prefiriendo la construcción de pasiva refleja: *«A esa hora solo se vendían cosas de comer»* (GaMárquez *Crónica* [Col. 1981]); *«Se vendían papas fritas, caramelos y salchichas en cada esquina»* (Allende *Eva* [Chile 1987]).

2.3. Algunos verbos transitivos, como *nombrar, elegir, seleccionar, contratar* y similares, admiten ambas construcciones y pueden dar lugar, sin reparos, a oraciones de pasiva refleja con sujeto de persona determinado; así, tan correcta es la oración de pasiva refleja *«Se elegirán los alcaldes por voto popular»* (*Tiempo* [Col.] 2.1.88), donde *los alcaldes* es el sujeto paciente de *se elegirán*, como la oración impersonal *«Se elegirá a las autoridades de la institución para el período 1997-1998»* (*Hoy* [El Salv.] 23.4.97), que carece de sujeto gramatical y en la que *las autoridades* es el complemento directo de *se elegirá*. Suele preferirse, en estos casos, la construcción impersonal, porque al ser imposible su interpretación reflexiva o recíproca no da lugar a enunciados ambiguos. Lo que no debe hacerse es mezclar ambas construcciones: ⊗«*Se elegirán a los cargos del partido*» (*Nación* [C. Rica] 27.11.96); debió decirse *Se elegirán los cargos* o *Se elegirá a los cargos.*

3. Acerca de la colocación de *se* en las perífrasis verbales (*Se puede arrepentir / Puede arrepentirse; Juan se tiene que ir / Juan tiene que irse; Se debe de vivir bien en Córdoba / Debe de vivirse bien en Córdoba,* etc.), → PRONOMBRES PERSONALES ÁTONOS, 3d.

4. Acerca de la incorrección de las secuencias ⊗*me se* y ⊗*te se,* → PRONOMBRES PERSONALES ÁTONOS, 4.

5. Acerca de la incorrección que consiste en trasladar o añadir al *se* enclítico la *-n* que caracteriza a las formas verbales de tercera persona del plural (⊗*siéntesen,* ⊗*siéntensen*), → PRONOMBRES PERSONALES ÁTONOS, 2c.

Sebastopol. Forma tradicional española del nombre de esta ciudad de Ucrania: «*Un grupo de almirantes y generales rusos destacados en el puerto de Sebastopol*» (*Universal* [Ven.] 21.1.97). Esta es la grafía asentada y mayoritaria, por lo que se desaconseja el uso de la variante *Sevastopol,* a pesar de ser más acorde con la transcripción del original ucraniano.

sebiche. → cebiche.

seco -ca. *en seco.* Con sustantivos como *limpieza* o *lavado,* y voces de su familia léxica, significa 'sin agua': «*Evite la limpieza en seco, pues puede propagar hongos*» (Silberman *Pintor* [Arg. 1985]). Es incorrecto usar la preposición *a:* ⊗*limpieza a seco.*

secoya. → secuoya.

secuenciar. 'Establecer [algo] en forma de serie o sucesión ordenada'. Se acentúa como *anunciar* (→ APÉNDICE 1, n.º 4).

secuoya. Adaptación gráfica de la voz inglesa *sequoia,* 'árbol de grandes dimensiones, originario de América del Norte': «*Encontramos árboles gigantes, como secuoyas y ciertos pinos de California*» (Vázquez *Plantas* [Méx. 1987]). Es también válida, aunque de uso minoritario, la variante *secoya:* «*Quiero ahora llevar, veloz, mi pensamiento hacia [...] las secoyas de Norteamérica*» (*País* [Esp.] 1.4.85). Debe evitarse la forma semiadaptada ⊗*secuoia.*

sedicente. **1.** Adjetivo que, antepuesto a un sustantivo o adjetivo referido a persona, indica que esta se atribuye a sí misma, impropiamente o sin derecho, la condición o cualidad que expresa ese sustantivo o adjetivo: «*Me encuentro ya mejor de mis achaques, pero con igual horror a la sociedad sedicente humana*» (Unamuno *Carta* [Esp. 1931]); «*El sistema democrático es superior en potencia a las barbaridades que en su nombre se consuman y a los pecados de sus sedicentes defensores*» (*Abc* [Esp.] 24.5.89). Se tra-

ta de un calco del francés *soi-disant* (de *soi* 'se, a sí mismo' + *disant* 'dicente, que dice'), cuya traducción literal sería «que se dice o llama a sí mismo» el nombre que se expresa a continuación. De este su sentido etimológico, que solo permite aplicar este adjetivo a nombres que se refieren a persona, ha pasado a aplicarse también a cosas, como equivalente de *(así) llamado* o *(mal) llamado, pretendido, supuesto:* «*Parece mentira que un hombre tan tradicionalista como el segundón se deje inficionar por esa métrica afrancesada, por esos sedicentes versos mechados de citas mitológicas*» (Aub *Calle* [Esp. 1961]); «*La sedicente objetividad y universalidad del conocimiento científico es puesta en entredicho*» (Ortega *Horizontes* [Esp. 2000]). Este desplazamiento de significado es antiguo y se produce ya en francés, por lo que, aunque injustificado desde el punto de vista del sentido literal de esta voz, no cabe su censura. Es errónea la forma ⊗*sediciente.*

2. Esta voz nada tiene que ver con el sustantivo *sedición* ('alzamiento contra la autoridad'), por lo que no debe confundirse con *sedicioso,* adjetivo que significa 'que incita a la sedición o toma parte en ella'.

seducir. **1.** 'Atraer o persuadir a alguien hasta rendir su voluntad'. Verbo irregular: se conjuga como *conducir* (→ APÉNDICE 1, n.º 24).

2. Por tratarse de un verbo de «afección psíquica», dependiendo de distintos factores (→ LEÍSMO, 4a), el complemento de persona puede interpretarse como directo o como indirecto: «*Juana LO sedujo a primera vista*» (Martínez *Perón* [Arg. 1989]); «*No LE seducía el poder*» (FdzSpencer *Pueblo* [R. Dom. 1997]).

sefaradí, sefaradita. → sefardí.

sefardí. '[Judío] descendiente de los expulsados de la Península Ibérica en el siglo XV' y, como sustantivo masculino, 'dialecto judeoespañol': «*Los sefardíes construyeron cuatro sinagogas*» (Tibón *Aventuras* [Méx. 1986]); «*Clases prácticas en sefardí*» (*Abc* [Esp.] 7.6.97). Deriva del hebreo *Sefarad,* topónimo bíblico que la tradición identificó con la Península Ibérica. Su plural es *sefardíes* (→ PLURAL, 1c). Con el primer sentido indicado, es asimismo válida, aunque menos frecuente, la forma *sefardita:* «*Perteneció a un miembro de la familia Rothschild casado con una sefardita*» (Fisas *Historias* [Esp. 1983]). Estas son las formas mayoritarias y más recomendables, aunque en el español de algunas zonas de América, especialmente en el Cono Sur, se usan también variantes que conservan la segunda *-a-* del topónimo hebreo (*sefaradí, sefaradita*): «*En el barco [...] venía una Shoske Trumper, casada con un sefaradí cojo*» (Jodorowsky *Pájaro* [Chile 1992]).

sefardita. → sefardí.

segar. 'Cortar con la hoz'. Verbo irregular: se conjuga como *acertar* (→ APÉNDICE 1, n.º 16).

seguido -da. 1. *a seguida.* → 2.

2. *a seguido.* 'Seguidamente, a continuación': «*El público se puso en pie y prorrumpió a seguido en los gritos de rigor*» (Gironella *Hombres* [Esp. 1986]). Con este mismo sentido, es válida, aunque menos frecuente hoy, la variante *a seguida:* «*Habré de pedir hoy inspiración y ayuda para las consideraciones generales que a seguida irán*» (Llanos *Discurso* [Esp. 1945]). **3.** *de seguida.* 'Seguido, sin interrupción': «*Bostezó de seguida dos veces*» (Isaacs *María* [Col. 1867]); e 'inmediatamente, enseguida': «*Su vuelta a España hubo de ser en 1517, entrando de seguida al servicio del rey Carlos*» (GmzMoreno *Águilas* [Esp. 1941]). Con este último sentido es hoy especialmente frecuente entre hablantes catalanes, por existir en catalán esta misma locución: «*Las alegrías de seguida pasan. Los sufrimientos duran*» (Mendoza *Verdad* [Esp. 1975]). No es normal, y debe evitarse, la grafía simple ⊗*deseguida.* Con ambos sentidos también se emplea hoy la variante *de seguido:* «*Nuestro viaje fue una continua cuenta de almas, leguas, bienes y dinero, pues pocas veces se habrán hecho tantos angustiosos cálculos y tan de seguido*» (Arenales *Arauco* [Esp. 1992]); «*La Barulli entró en materia de seguido*» (SchzOstiz *Infierno* [Esp. 1995]). **4.** *de seguido.* → 3. **5.** *en seguida.* → enseguida.

seguir(se). 1. 'Ir detrás o después [de algo o alguien]', 'continuar haciendo algo' y, como intransitivo pronominal, 'inferirse'. Verbo irregular: se conjuga como *pedir* (→ APÉNDICE 1, n.º 45). **2.** Cuando significa 'ir detrás o después', es transitivo y su complemento directo, tanto si es de persona como si es de cosa, va introducido por *a* (→ a², 1.1l): «*Amado sigue A la díscola santa* [...] *por las calles de la ciudad*» (*Abc* [Esp.] 5.5.89); «*La tristeza bárbara que siempre sigue A la alegría bárbara hizo su aparición*» (Atxaga *Tiempo* [Esp. 1995]). Si el complemento directo es un pronombre átono de tercera persona, deben usarse las formas *lo(s), la(s):* «*Su mismo coraje le impidió ver que Lauro LO seguía a prudente distancia*» (Olivera *Enfermera* [Méx. 1991]). No obstante, la presencia obligada de la preposición *a* ante este complemento favorece que también se emplee el pronombre *le(s),* incluso en zonas no leístas: «*Teresa LE siguió y se acomodó en un taburete*» (VqzRial *Isla* [Arg. 1991]). **3.** Como pronominal, su significado más habitual es el de 'inferirse' y se construye con *de:* «*La conclusión que se sigue DE todo ello no es, por supuesto, que tales investigaciones carecen de interés*» (Gomila *Evolución* [Esp. 1995]). Más restringido es el uso de *seguirse* con el significado de 'seguir o proseguir': «*¡Quién podrá encarecer la desolación, la amargura,* [...]

que por otros más largos y más desventurados años se siguieron!» (SchzFerlosio *Años* [Esp. 1993]); «*El maestro escribe en la madrugada* [...]. *Se sienta durante el amanecer y se sigue de largo hasta la mañana*» (*Proceso* [Méx.] 27.10.96).

seguro -ra. 1. *a buen seguro.* → 3. **2.** *a seguro.* 'A salvo': «*Nos tiramos al suelo hasta que pudimos salir de allí para ponernos a seguro*» (*País* [Esp.] 1.12.86). Es igualmente válida la locución sinónima *en seguro:* «*Siendo ella* [la paz] *quien pone en seguro las honras, las vidas y las haciendas*» (Marías *España* [Esp. 1985]). **3.** *de seguro.* 'Probablemente': «*De seguro este episodio producirá efectos perdurables*» (*País* [Esp.] 1.12.88); «*Una apertura a lo grande que de seguro les traerá muchos éxitos*» (*Paréntesis* [Ven.] 25.5.03). Con este sentido en España se usa más frecuentemente la locución *a buen seguro,* de escasa presencia en América: «*Ello tranquilizaría a buen seguro a los radioyentes*» (Gironella *Hombres* [Esp. 1986]). **4.** *en seguro.* → 2. **5.** *estar seguro.* 'No tener duda'. La persona o cosa sobre la que no se tiene duda se expresa mediante un complemento introducido por *de:* «*Estoy segura DE que la oirán*» (Padilla *Jardín* [Cuba 1981]). En el habla esmerada, no debe suprimirse la preposición (→ QUEÍSMO, 1d): ⊗*Estoy seguro que.* **6.** *ser seguro.* → ser, 2.1.2.

seísmo. → sismo.

seleccionar. 'Elegir'. Para su aparición en construcciones impersonales (*Se selecciona a los candidatos*) o de pasiva refleja (*Se seleccionan los candidatos*), → se, 2.3.

self-service. → autoservicio.

sembrar. 'Poner semillas en la tierra para que germinen'. Verbo irregular: se conjuga como *acertar* (→ APÉNDICE 1, n.º 16).

senderismo. 'Actividad deportiva que consiste en recorrer senderos campestres, por lo general en terrenos montañosos': «*El senderismo es especialmente recomendable para aquellas personas con espíritu de aventura y ganas de caminar*» (*Vanguardia* [Esp.] 21.5.94). Es voz formada sobre el sustantivo español *sendero,* más el sufijo *-ismo,* presente en otros términos españoles que designan prácticas deportivas, como *ciclismo, piragüismo, paracaidismo* o *andinismo.* La existencia de este término hace innecesario en español el uso de la voz inglesa *trekking.*

sendos -das. 1. Adjetivo distributivo que significa 'uno para cada una de las personas o cosas mencionadas': «*Junto a él, otros tres judíos, todos ellos arropados en sendos ropones de colores llamativos*» (Benítez *Caballo* 1 [Esp. 1984]). Por su propia significación, se usa solo en plural. **2.** No debe emplearse como equivalente de *dos* o *ambos,* sin valor distributivo: «⊗*Han robado en la* *farmacia y en el estanco, y parece que sendos atracos los cometió la misma persona.*

3. En el habla popular de muchas zonas de América se usa con el sentido de 'muy grande o descomunal', por lo que puede aparecer en singular: ⊗«*Proseguiste, alentado, por tu sendo disparate y dando con todo al traste*» (*Cancionero* [Arg. 1974]). Existen ejemplos similares en España, en textos del siglo XIX, pero es uso rechazado en la norma culta, tanto española como americana.

sénior. 1. Voz procedente del comparativo latino *senior* ('más viejo'), cuyo uso actual en español se ha revitalizado por influjo del inglés. En español debe escribirse con tilde por ser palabra llana terminada en consonante distinta de *-n* o *-s* (→ TILDE², 1.1.2). Se opone a *júnior* (→ júnior) y hoy se usa con los sentidos siguientes:

a) Se pospone al nombre propio de una persona, para distinguirla de un pariente de menor edad que tiene el mismo nombre, normalmente el hijo: «*Felipe González sénior volvió a casarse dos años después de fallecer Juana Márquez*» (Gutiérrez/Miguel *Ambición* [Esp. 1989]). Para distinguir al padre del hijo se usa tradicionalmente en español la voz *padre*, opción más recomendable: «*Alejandro Dumas padre lo convirtió en protagonista de dos de sus novelas*» (Vidal *Ocultismo* [Esp. 1995]).

b) En el ámbito deportivo, '[deportista] de la categoría superior, por edad o por méritos': «*Llegó a ser campeón de Galicia infantil, sénior y absoluto*» (*Mundo* [Esp.] 30.9.96). Como sustantivo, es común en cuanto al género (→ GÉNERO², 1a): «*La sénior Cristina Valle se adjudicó el Campeonato Internacional de Estoril*» (*Canarias 7* [Esp.] 30.4.99). Como adjetivo significa también 'de los séniores': «*Fuimos el mejor club gallego en categoría sénior*» (*VGalicia* [Esp.] 13.12.00).

c) Referido a un profesional, 'de mayor edad y, por tanto, de más experiencia que otro': «*El tercer punto de pesquisa queda bajo la responsabilidad del investigador sénior y de su auxiliar*» (Aguirre *Antropología* [Méx. 1986]). A veces designa al profesional de mayor rango, independientemente de su edad.

2. Aunque para el plural suele usarse mayoritariamente la forma anglicada ⊗*séniors*, se recomienda acomodar esta palabra a la morfología española y usar el plural *séniores* (→ PLURAL, 1g).

sensibilidad. 'Facultad de sentir': «*Un hombre dotado de sensibilidad para captar la realidad española*» (Cacho *Asalto* [Esp. 1988]); 'propensión a dejarse llevar de los afectos de compasión, humanidad y ternura': «*Estaba indignado por la falta de sensibilidad de "los mercaderes"*» (VLlosa *Tía* [Perú 1977]); y 'capacidad de respuesta a muy pequeños estímulos': «*El cero puede significar también que el valor que se busca existe, pero que se halla por debajo del límite de sensibilidad del aparato de medida*» (RdgzDelgado *Uni-*

verso [Esp. 1997]). No debe usarse para ninguno de estos sentidos el término ⊗*sensitividad,* calco innecesario y rechazable del inglés *sensitivity.*

sensible. → sensitivo.

⊗**sensitividad.** → sensibilidad.

sensitivo -va. 'De los sentidos o de las sensaciones': «*Se ignora muchísimo más de lo que se sabe acerca de este mal, que afecta a los impulsos sensitivos y motores del organismo*» (*VGalicia* [Esp.] 30.10.91); y 'dotado de sensibilidad o capacidad de sentir': «*El hombre es un ser sensitivo, es decir, capaz de captar sensaciones*» (Ricard *Diseño* [Esp. 1982]). Debe evitarse su uso con sentidos calcados del inglés *sensitive,* como 'impresionable o susceptible', 'capaz de sentimientos delicados o que se deja llevar fácilmente por las emociones': ⊗«*Entiendo bien el dolor [...] del presidente en funciones al desprenderse de sus bonsáis [...]. Quince centímetros de árbol pueden doler tanto al hombre sensitivo como los quince metros del mío*» (*Mundo* [Esp.] 15.2.96); o 'que cede fácilmente a la acción de ciertos agentes': ⊗«*Las personas que tienen ojos azules o verdes son más sensitivas a la luz que las de ojos negros*» (*Tiempo* [Col.] 7.4.97); en todos estos casos debe emplearse el adjetivo *sensible.* También son calcos rechazables del inglés los usos de *sensitivo* como equivalente de *delicado,* referido a un asunto o una situación: ⊗«*En un tema tan sensitivo se debe actuar con la mayor prudencia posible*» (*Siglo* [Pan.] 15.8.97); o como equivalente de *confidencial,* referido a información: ⊗«*Se trata de determinar con precisión a qué información sensitiva tuvo acceso el funcionario cuestionado*» (*Clarín* [Arg.] 20.2.97).

sensomotor -ra, sensomotriz. → motor, 2.

sensu lato. → lato sensu.

sensu sctricto. → stricto sensu.

sentar(se). 1. 'Acomodar(se) en un lugar, apoyando en él las nalgas' y, dicho de una cosa, especialmente un alimento o una prenda de ropa, 'caer bien o mal'. Verbo irregular: se conjuga como *acertar* (→ APÉNDICE 1, n.º 16).

2. Aunque, en sentido recto, *sentarse en la mesa* significa 'acomodarse encima de ella', esta expresión funciona también como equivalente de *sentarse a la mesa,* locución fija que significa 'sentarse frente a una mesa para comer, negociar, etc.'; así, son perfectamente correctos ejemplos como los siguientes: «*Andrés regresó a sentarse EN la mesa que compartíamos con los consuegros*» (Mastretta *Vida* [Méx. 1990]); «*De nuevo se volverán a sentar EN la mesa de negociaciones empresarios y trabajadores*» (*País* [Esp.] 31.8.77). Es más, cuando el sustantivo *mesa* lleva elementos específicos lo normal es usar la preposición *en: Se sentó en la mesa del fondo y pidió el menú; Para desayunar me siento siempre en la mesa que está junto a la ventana,* etc.

sentencia. Significa, entre otras cosas, 'resolución de un tribunal con la que se cierra un juicio': «*El presidente del tribunal dice que se va a dictar sentencia*» (Matos *Noche* [Cuba 2002]). Con este valor forma parte de la expresión *visto para sentencia,* que se emplea para indicar que el proceso judicial ha llegado a su fin y se está solo a la espera de la sentencia: «*El juicio a dos disidentes cubanos* [...] *quedó ayer visto para sentencia*» (*NHerald* [EE. UU.] 24.7.00). Debe evitarse la deformación ⊗*listo para sentencia.*

sentenciar. 'Dictar sentencia' y 'afirmar o aseverar'. Se acentúa como *anunciar* (→ APÉNDICE 1, n.º 4).

sentido. *sin sentido.* → sinsentido.

sentiente. → sentir(se), 4.

sentir(se). 1. 'Experimentar [una sensación]', 'percibir [algo] por los sentidos, especialmente por el oído o el tacto', 'percibir(se) en un determinado estado o situación' y 'lamentar'. Verbo irregular: v. conjugación modelo (→ APÉNDICE 1, n.º 53).
   2. En todas las acepciones indicadas, es transitivo. Es incorrecto anteponer *de* al complemento directo (→ DEQUEÍSMO, 1b): ⊗*Sentí DE que podía hacer algo.*
   3. Como otros verbos de percepción, plantea problemas a la hora de seleccionar las formas de los pronombres átonos de tercera persona cuando va seguido de un infinitivo (→ LEÍSMO, 4c).
   4. Pertenece a la familia de este verbo el adjetivo *sentiente* ('que siente'), forma que deriva directamente del latín *sentiens, -entis* (participio de presente de *sentire*) y es la preferida en el uso culto: «*La energía estimular solo es potencialmente estimulante; para que de hecho estimule precisa del otro término de la relación, el organismo sentiente*» (Pinillos *Psicología* [Esp. 1975]). No obstante, la variación vocálica que el verbo *sentir* presenta en su raíz —*sentimos, sintió*— ha favorecido la creación de la variante *sintiente,* también válida: «*Ponen especial énfasis en no dañar a ningún ser sintiente*» (Calle *Yoga* [Esp. 1990]).

señalar. Cuando significa 'manifestar o hacer notar' es transitivo y suele construirse con una oración subordinada precedida de *que*: «*Leonor señaló QUE la entrevista debía ser lejos de casa de los abuelos*» (Aguilar *Error* [Méx. 1995]). Es incorrecto anteponer *de* a este complemento (→ DEQUEÍSMO, 1b): ⊗«*Otros periodistas señalan DE que se trata efectivamente de un consejero de la Corona*» (*Clarín* [Arg.] 16.1.79).

septembrino -na. → septiembre.

septiembre. 'Noveno mes del año'. Existe también la variante *setiembre,* reflejo en la escritura de la relajación de la *p* en la articulación de esta voz (→ p, 5); pero en el uso culto se prefiere decididamente la forma etimológica *septiembre.* El de-

rivado *septembrino* conserva siempre la *-p-,* tanto en la pronunciación como en la escritura.

séptimo -ma. 'Que va después del sexto'. Existe también la variante *sétimo,* reflejo en la escritura de la relajación de la *p* en la articulación de esta voz (→ p, 5); pero en el uso culto se prefiere decididamente la forma etimológica *séptimo.* Todas las palabras de su misma familia (*séptuplo, septisílabo, septuagenario, septuagésimo* y *septingentésimo*) conservan siempre la *-p-,* tanto en la pronunciación como en la escritura.

sepultar. 1. 'Enterrar'. El participio verbal es *sepultado,* única forma que debe usarse en la formación de los tiempos compuestos y de la pasiva perifrástica: «*No recordaba el lugar donde lo había sepultado*» (Panero *Lugar* [Esp. 1976]); «*Las víctimas fueron sepultadas discretamente*» (Arrabal *Torre* [Esp. 1982]). También se usa el participio *sepultado* en función adjetiva: «*Sobre las nueve y cuarto de la noche de ayer fueron extraídos los cuerpos de dos de las personas sepultadas*» (*Abc* [Esp.] 20.9.86).
   2. La forma *sepulto* (del part. lat. *sepultus*), originalmente participio irregular de *sepultar,* ha sido relegada en el uso general por la forma regular y hoy se emplea exclusivamente en textos escritos y en función adjetiva: «*De un sepulto y plutónico rencor surgió la certidumbre de que no me servía para nada*» (Benet *Saúl* [Esp. 1980]).

sepulto -ta. → sepultar, 2.

sequoia. → secuoya.

ser. 1. Verbo irregular: v. conjugación modelo (→ APÉNDICE 1, n.º 54). Es incorrecto escribir con tilde las formas monosilábicas *fui* y *fue,* primera y tercera persona del singular, respectivamente, del pretérito perfecto simple o pretérito de indicativo (→ TILDE², 1.2). Sin embargo, sí debe llevar tilde el imperativo *sé* —*Sé bueno*— para distinguirlo del pronombre átono *se* (→ TILDE², 3). Si a la forma *soy,* primera persona del singular del presente de indicativo, se le añade un pronombre enclítico —algo frecuente en la lengua antigua, pero raro hoy (→ PRONOMBRES PERSONALES ÁTONOS, 3a)—, debe mantenerse su escritura con *y,* aunque esta letra quede en interior de palabra (→ i, 5c): *Soyle de gran ayuda, aunque no quiera reconocerlo.* La primera persona del plural del presente de indicativo es *somos,* y no ⊗*semos,* forma extremadamente vulgar: ⊗«*Nos moteja porque semos probes*» (Galdós *Fortunata* [Esp. 1885-87]); ⊗«*De veras que semos güeyes*» (Mojarro *Yo* [Méx. 1985]).
   2. Tiene diferentes valores:
   2.1. COPULATIVO. *Ser* es el verbo copulativo por excelencia y su función es la de afirmar del sujeto lo que significa el atributo: *Luisa es alta; Su padre es médico; Soy de Madrid.* Para las diferencias en-

tre *ser* y *estar* cuando el atributo es un adjetivo que expresa cualidad, → estar(se), 2.

2.1.1. Para establecer correctamente la concordancia del verbo *ser* en las oraciones copulativas, ha de tenerse en cuenta lo siguiente:

a) Como norma general, *ser* debe concertar con el sujeto en número y persona: «*Este club es una maravilla*» (Bayly *Días* [Perú 1996]); «*Algunas cosas son el colmo de la dificultad*» (Cortázar *Reunión* [Arg. 1983]); «*Vosotros sois gente que vive en Buenos Aires*» (León *Memoria* [Esp. 1970]); «*Ustedes son mi familia*» (Espinosa *Jesús* [Méx. 1995]).

b) No obstante, si el atributo es un pronombre personal, la concordancia, tanto de número como de persona, se establece necesariamente con este: «*Dios somos nosotros*» (Alviz *Son* [Esp. 1982]); «*Mi diaria preocupación sois vosotros*» (Maldonado *Latifundios* [Col. 1975]); «*El culpable soy yo*» (Darío *Dama* [Ven. 1989]).

c) Cuando el sujeto y el atributo son dos sustantivos que difieren en número, lo normal es establecer la concordancia con el elemento plural: «*Mi infancia son recuerdos de un patio de Sevilla*» (Machado *Campos* [Esp. 1907-17] 491); «*Todo eso son falacias*» (Ott *Dientes* [Ven. 1999]); «*La primera causa de regresión de la especie son las alteraciones de su hábitat*» (*DNavarra* [Esp.] 20.5.99). No obstante, en algunos casos es posible establecer la concordancia también en singular, en especial cuando uno de los dos sustantivos tiene significado colectivo, o cuando, siendo un plural morfológico, se refiere a un concepto unitario: «*Quienes desarrollaron la cultura de La Venta era gente de habla maya*» (Ruz *Mayas* [Méx. 1981]); «*El sueldo es tres mil dólares al mes*» (Donoso *Elefantes* [Chile 1995]); «*Las migas ruleras es un postre que se reserva para la cena*» (Vergara *Comer* [Esp. 1981]).

2.1.2. ser cierto, evidente, necesario, posible, preciso, probable, etc. En estas estructuras, el adjetivo, que expresa obligación, evidencia, probabilidad, etc., es el atributo y debe concordar en género y número con el sujeto, que, sea nominal u oracional, suele ir pospuesto: «*Es precisa la intervención del Estado para corregir los desequilibrios*» (Olivera *Salud* [Esp. 1993]); «*Son necesarias extraordinarias precauciones para conjurarlo*» (Cousté *Biografía* [Arg. 1978]); «*Es imposible escaparse de su olor*» (Salazar *Selva* [Col. 1991]); «*Es evidente que la porcelana es más elegante*» (Hidalgo *Azucena* [Esp. 1988]). No es correcto considerar estos adjetivos como invariables: ⊗«*Es preciso la devolución del dinero*» (*NProvincia*@ [Arg.] 6.5.05); debió decirse *es precisa*, puesto que el sustantivo *devolución* es femenino. En todos estos casos, cuando el sujeto es una oración subordinada, esta nunca debe ir precedida por la preposición *de* (→ DEQUEÍSMO, 1a): ⊗«*Es cierto DE que el nuevo Reglamento de Tránsito y Seguridad Vial* [...]»

contiene 157 sanciones» (*Hoy* [El Salv.] 26.6.96); debió decirse *Es cierto que...*

2.1.3. ser como que. → como, 1b.
2.1.4. ser menester. → menester, 2b.
2.1.5. ser preferible. → preferible.
2.1.6. ser víctima. → víctima, 3.

2.2. AUXILIAR
2.2.1. El verbo *ser* se emplea como auxiliar para formar la pasiva perifrástica de los verbos; para ello, las formas simples y compuestas del verbo *ser* se combinan con el participio del verbo que se está conjugando, el cual debe concordar en género y número con el sujeto de la oración: «*Alicia fue enterrada en el cementerio católico*» (Salisachs *Gangrena* [Esp. 1975]); «*Aquí todos los detenidos son respetados*» (*Tiempos* [Bol.] 4.12.96); «*Salomón había sido educado para vivir así*» (Elizondo *Setenta* [Méx. 1987]).

2.2.2. ser de + infinitivo. Esta construcción equivale a *deber ser* o *merecer ser* + el participio del verbo en infinitivo (*Es de agradecer* = debe ser o merece ser agradecido). Suele llevar como sujeto una oración: «*Es de agradecer que unos compañeros te otorguen un premio*» (*Mundo* [Esp.] 22.11.94). En el caso de que dicho sujeto sea un sustantivo, el verbo *ser* debe concordar con él en número: «*Un ministro de Guerra ambicioso y gordo siempre es de temer*» (Ribeyro *Geniecillos* [Perú 1983]); «*No son de extrañar los datos obtenidos por el Centro de Investigaciones Sociológicas*» (*Mundo* [Esp.] 17.7.97); por lo tanto, no es correcta una oración como ⊗«*No es de extrañar los comentarios entre el público de gradas*» (*País* [Esp.] 10.7.80).

2.3. INTRANSITIVO. ***Érase una vez...*** Como verbo intransitivo, tiene múltiples significados, entre ellos el de 'haber o existir', que es el que aparece en la expresión *érase (una vez)...*, con la que tradicionalmente se da comienzo a los cuentos. Aunque por tratarse de una expresión fosilizada, y por influjo de la expresión sinónima invariable *había una vez...*, puede usarse con el verbo inmovilizado en singular (*Érase una vez tres niños...*), es preferible establecer la concordancia en plural cuando el grupo nominal que sigue a *ser* —que funcionalmente es su sujeto— es plural: «*Éranse una vez unos ruidos horribles de cristales rotos*» (Riaza *Palacio* [Esp. 1982]); «*Éranse una vez un rey y una reina*» (Tusquets *Mar* [Esp. 1978]).

2.4. ENFÁTICO. En países como Venezuela, Colombia o el Ecuador, se emplea en ocasiones el verbo *ser* para realzar el significado del verbo que lo precede: ⊗«*Yo vengo es a plantear el ultimátum*» (Candelaria *Golpe* [Col. 1980]); ⊗«*Ahora todo el mundo viene y va es en el metro*» (*Entrevista* [Ven., corpus oral 1987]). Este uso de *ser* está extendido en el habla coloquial y popular, pero debe evitarse su empleo en el habla formal y en la lengua escrita.

3. como ser. → como, 2i.

4. *lo que es.* Construcción propia del habla coloquial que se emplea para presentar en primer lugar, con intención enfática, un determinado elemento de la oración: «*Lo que es gracia tiene muy poca, el pobrecito*» (Moix *Arpista* [Esp. 2002]); «*Llévate lo que quieras. Lo que es yo, iré vestida de Mignon*» (Donoso *Elefantes* [Chile 1995]); «*Pero firmar la paz como tú quieres,* [...] *no. Lo que es en mi casa, por lo menos, no*» (Gala *Invitados* [Esp. 2002]). Normalmente se usa como locución fija (*lo que es yo, lo que es tú,* etc.), pero a veces se hace concordar el verbo *ser* con el pronombre que lo sigue: «*Lloverá o no lloverá, pero lo que soy yo, no estoy dispuesto a moverme de aquí*» (Romero *Declaración* [Ven. 1988]).

5. ⊗*no siendo que.* Se emplea, en el habla coloquial y popular de algunas zonas, para justificar una precaución: ⊗«*Está completamente dormido* [...]. *Ah, lo único es que se lo adviertas a papá, si se levanta, no siendo que se le ocurra entrar en el despacho y lo despierte*» (MtnGaite *Fragmentos* [Esp. 1976]). En la lengua general culta se emplea en estos casos *no sea* (o *no vaya a ser*) *que* y, en pasado, *no fuera* (o *no fuera a ser*) *que.* También se considera vulgar el uso de ⊗*no siendo que* para introducir una salvedad, en lugar de *a no ser que:* ⊗«*Es imposible no pensar en nada, no siendo que te duermas*» (SchzFerlosio *Jarama* [Esp. 1956]). Ambos usos deben ser evitados en el habla esmerada.

6. *o sea,* ⊗*o séase.* La locución *o sea* equivale a *es decir* y sirve para introducir una explicación o precisión sobre lo que se acaba de expresar, o la consecuencia que se deriva de ello: «*Al día siguiente, o sea el lunes, me presenté* [...] *en la embajada polaca*» (Piglia *Respiración* [Arg. 1980]); «*Ya no creo que vuelva, o sea que nos podemos vestir*» (ASantos *Vis* [Esp. 1992]). No es correcta su escritura en una sola palabra: ⊗«*Flotan en tiempo de réquiem, osea, en cámara lenta*» (*Nacional* [Ven.] 11.4.97). Se trata de una locución fija y, por tanto, invariable en el español actual, por lo que conviene evitar el uso concordado cuando lo que sigue a *ser* es un sustantivo plural: ⊗«*La épica travesía dura setenta días, o sean mil seiscient[a]s ochenta horas*» (Tibón *Aventuras* [Méx. 1986]). La variante ⊗*o séase,* usada a veces en el habla popular, debe evitarse en la lengua culta: ⊗«*—Y también a los hijos de los hijos de los hijos. —O séase los biznietos*» (MtnSantos *Tiempo* [Esp. 1961]). No es obligatorio escribir coma detrás de esta locución, aunque es lo normal cuando introduce una explicación o paráfrasis del elemento precedente; por el contrario, si lo que introduce es una consecuencia, no suele ir seguida de coma.

7. *un sí es no es.* Locución adverbial que significa 'un tanto, algo': «*A la mirada espía de Barallobre respondió Bastida con un gesto de asombro, un sí es no es forzado*» (TBallester *Saga* [Esp. 1972]). En esta lo-

cución *sí* es adverbio, por lo que no debe escribirse sin tilde (→ TILDE², 3): ⊗*un si es no es.*

8. *es ahora que, es aquí que, es así que, es por esto que, fue entonces que,* etc. → que, 1.5.

Serbia. El nombre de esta república que hoy forma, junto con la de Montenegro, un Estado europeo, se ha usado con dos grafías en español: *Serbia* y *Servia.* Esta última ha caído en desuso, por lo que no se recomienda su empleo. El gentilicio correspondiente es *serbio* (o *servio,* grafía hoy desusada).

serbio -bia. → Serbia.

Serengeti. → Serengueti.

Serengueti. Forma adaptada a la ortografía y pronunciación españolas del nombre de este parque nacional de Tanzania. Se usa normalmente precedido de artículo: «*Estamos en el campamento Klein,* [...] *a tres kilómetros del Serengueti*» (*Abc* [Esp.] 24.12.83). No debe usarse en español la grafía inglesa *Serengeti.*

seriar. 'Ordenar [algo] formando series' y 'hacer [algo] en serie'. Se acentúa como *anunciar* (→ APÉNDICE 1, n.º 4).

serio -ria. 'Severo en el semblante' y 'grave'. Su superlativo es *serísimo* (→ -ísimo, 2e): «*Melanie iba serísima, totalmente ensimismada*» (Bryce *Huerto* [Perú 2002]); aunque también se documenta la forma con interfijo *seriecísimo:* «*Papá al centro, muy jovial, con sombrero; de un lado, seriecísima y con la timidez vistiéndole los huesos, mi mamá*» (Alatriste *Vivir* [Méx. 1985]).

serpa. Adaptación gráfica propuesta para la voz inglesa *sherpa,* 'de un pueblo de Nepal, que vive en las laderas del Himalaya'. Referido a persona, se usa frecuentemente como sustantivo y, dado que los naturales de este pueblo suelen participar como guías y porteadores en las expediciones al Himalaya, esta palabra significa, más específicamente, 'guía o porteador perteneciente al pueblo serpa': «*Dos días más tarde, el neozelandés Edmund Hillary y el serpa Tenzing Norgay tomaban el relevo*» (*As@* [Esp.] 5.7.05).

serrar. 'Cortar con sierra'. Verbo irregular: se conjuga como *acertar* (→ APÉNDICE 1, n.º 16). Es igualmente válida, aunque menos frecuente en la lengua culta, la variante *aserrar,* que presenta la misma irregularidad que *serrar.*

serrín. → aserrín.

Servia, servio -via. → Serbia.

servir(se). 1. 'Ser útil o a propósito para un determinado fin', 'estar al servicio de alguien', 'suministrar a un cliente [lo que ha pedido]', 'poner [comida o bebida] en el recipiente en el que va a consumirse' y, como intransitivo pronominal, 'valerse de algo' y 'tener a bien hacer algo'. Verbo irregular: se conjuga como *pedir* (→ APÉNDICE 1, n.º 45).

2. Cuando significa 'estar al servicio de alguien', es igualmente correcto su uso como transitivo y como intransitivo, de manera que el complemento de persona puede funcionar como complemento directo o como complemento indirecto: «*Recordaba bien a la mujer que* LO *sirvió durante más de veinte años*» (Allende *Eva* [Chile 1987]); «*No se atreve* [la dueña de la peluquería] *a protestar, ni contra la presencia de la peinadora, ni contra sus intervenciones, que siempre le parecen insolentes, por miedo a quedarse sin nadie que* LE *sirva*» (Castellanos *Femenino* [Méx. 1975]). Cuando significa 'suministrar a un cliente [lo que pide]', el complemento de persona es siempre indirecto, esté o no explícito el complemento directo: «*El camarero ríe, mientras* LE *sirve y cobra a René y Anselmo*» (Parrado *Muerte* [Cuba 1984]).

3. Cuando significa 'ser útil o a propósito para un fin', es intransitivo y se construye con un complemento introducido por *para*: «*Ser famoso solo sirve* PARA *que te guarden sitio en los restaurantes*» (*Tiempo* [Esp.] 23.4.90); no por *a*: [⊗]«*Consideró "positivo" todo lo que sirva* A *aclarar el caso*» (*País* [Esp.] 25.9.96). En este caso, el complemento de persona es siempre indirecto: «*El Campeonato Mundial* LE *sirvió* PARA *acumular toda la experiencia necesaria*» (*Clarín* [Arg.] 22.3.79).

4. Cuando significa 'ser usado para producir el efecto o utilidad de lo que expresa el complemento', es intransitivo, y dicho complemento puede ir encabezado por *de* o *como*: «*Estamos en la casa que sirve* DE *refugio a Antígona*» (Sastre *Hombres* [Esp. 1991]); «*Si mi cuerpo no sirve* COMO *escudo, al menos desviará la trayectoria de la bala*» (Quintero *Danza* [Ven. 1991]).

5. El pronominal *servirse* se construye con un complemento con *de* cuando significa 'valerse de algo o utilizarlo': «*Los sabuesos son decorativos; rara vez me sirvo* DE *ellos cuando salgo de cacería*» (VLlosa *Elogio* [Perú 1988]). Seguido de infinitivo, se emplea en la lengua literaria o administrativa con el sentido de 'tener a bien': «*Agradecemos de antemano la atención que se sirva dar a esta petición*» (*Proceso* [Méx.] 26.1.97).

SESEO. 1. Consiste en pronunciar las letras *c* (ante *e, i*) y *z* con el sonido que corresponde a la letra *s* (→ s, 2); así, un hablante seseante dirá [serésa] por *cereza*, [siérto] por *cierto*, [sapáto] por *zapato*.

2. El seseo es general en toda Hispanoamérica y, en España, lo es en Canarias y en parte de Andalucía, y se da en algunos puntos de Murcia y Badajoz. También existe seseo entre las clases populares de Valencia, Cataluña, Mallorca y el País Vasco, cuando hablan castellano, y se da asimismo en algunas zonas rurales de Galicia. El seseo

meridional español (andaluz y canario) y el hispanoamericano gozan de total aceptación en la norma culta.

sestercio. 'Cierta moneda romana'. Puesto que procede del latín *sestertius*, la grafía *sestercio* es la única correcta. No debe escribirse [⊗]*sextercio*, error debido seguramente al cruce con el ordinal *sexto*.

set. 1. Voz tomada del inglés *set*, que se usa en español con los sentidos siguientes:

a) 'Conjunto de objetos de las mismas características o destinados a un mismo fin': «*Así lo informó Melvin Antonio Rocha, [...] al recibir varios molinos y un set de repuestos*» (*Prensa* [Nic.] 1.4.97); «*Se prueba el set de sudadera y jeans*» (Santiago *Sueño* [P. Rico 1996]); «*Fernando Paulsen dona un set de camisas con poco uso a los Traperos de Emaús*» (*Hoy* [Chile] 30.12.96-5.1.97); «*Interpretaron un romántico set de boleros*» (*Nación* [C. Rica] 8.12.96). Con este sentido es preferible emplear las voces españolas *juego* (o *estuche*), *serie* o *conjunto*, según los casos.

b) 'Plató cinematográfico o televisivo': «*En un set de televisión, Natalia Denegri y Fernanda Villar llegaron a las manos*» (*Clarín* [Arg.] 19.1.97). Con este sentido es preferible el uso de los términos *plató* o *estudio*, más tradicionales en español y perfectamente equivalentes.

c) En el tenis y algunos otros deportes, 'cada una de las partes con tanteo independiente en que se divide un encuentro': «*La tenista española [...] comenzó jugando un primer set irregular*» (*Vanguardia* [Esp.] 21.4.94). Aunque con este sentido está generalizado el uso del anglicismo, no hay que olvidar que *manga* es el término español equivalente: «*En el cierre de la segunda manga, Gamonal conservó su servicio*» (*Época* [Chile] 5.11.97).

2. Su plural es *sets* (→ PLURAL, 1h): «*Tras cinco sets [...] consiguió clasificarse para la cuarta ronda*» (*Vanguardia* [Esp.] 2.7.95).

setiembre. → septiembre.

sétimo -ma. → séptimo.

seudo-. → p, 3.

seudónimo. 'Nombre utilizado por una persona en un determinado ámbito, en lugar del suyo verdadero, especialmente el usado por un escritor o un artista': «*Nacimiento del escritor francés Luis María Julián Viaud, más conocido por el seudónimo de "Pierre Loti"*» (*Abc* [Esp.] 16.1.87). No es voz sinónima de *alias* ('sobrenombre o apodo'; → alias). Aunque se admite la variante *pseudónimo*, se prefiere la grafía sin *p-* (→ p, 3). No debe confundirse con *sinónimo* ('palabra que tiene el mismo significado que otra'): [⊗]«*Aznar ha recorrido España pidiendo a gritos esos 176 escaños en el Con-*

greso. *Para ello agotó todos los seudónimos posibles: "Mayoría clara, contundente, suficiente"» (Mundo* [Esp.] 3.3.96).

Sevastopol. → Sebastopol.

severidad. → severo, 2.

severo -ra. 1. En español significa 'duro en el trato o castigo, o rígido en la observancia de una norma' y 'que denota severidad': «*Era mucho atreverse ante aquel hombre severo al que veía como padre y como esposo*» (UPietri *Visita* [Ven. 1990]); «*Era un hombre maduro y con aspecto severo*» (Cebrián *Rusa* [Esp. 1986]). Puede aplicarse también a las estaciones del año que tienen temperaturas extremas —*un invierno severo*—. Debe evitarse su uso como sinónimo de *grave, importante* o *serio,* calcos rechazables del inglés *severe:* ⊗«*En los asmáticos con un cuadro severo es esencial inhalar la medicación* [...] *en la media hora previa al ejercicio*» (*Mundo* [Esp.] 20.2.97); ⊗«*El PRI sufrió un severo debilitamiento electoral*» (*País* [Esp.] 17.7.97); en el primer caso debió decirse *grave* y, en el segundo, *importante* o *serio.*

2. De igual modo, el sustantivo abstracto *severidad* ('cualidad de severo') no debe usarse como sinónimo de *gravedad, magnitud* o *importancia:* ⊗«*El tamaño de la glándula no determina la severidad de los síntomas*» (*Mundo* [Esp.] 13.2.97); ⊗«*La severidad de la derrota sufrida* [...] *silenció ayer a los rebeldes tories*» (*País* [Esp.] 3.5.97).

seviche. → cebiche.

sexapil. Adaptación gráfica propuesta para la voz inglesa *sex-appeal,* 'poder de atracción física y sexual de una persona': «*A la hora de votar hay que enseñar los ojos, aunque se corra el riesgo de bizquear por culpa de algún interventor que combine* [...] *la conciencia política y el sexapil*» (*Mundo* [Esp.] 3.3.96).

sex-appeal. → sexapil.

sexi. Adaptación gráfica propuesta para la voz inglesa *sexy,* que se aplica, como adjetivo, a la persona o cosa que provoca atracción o deseo sexual: «*Entra Marta muy guapa, arreglada, elegante y sexi*» (AMillán *Oportunidad* [Esp. 1991]); «*Se pone en postura sexi al lado de la puerta*» (AMillán *Raya* [Esp. 1991]). Como sustantivo masculino significa 'atractivo sexual': «—*Pepe no me ha dejado porque yo no me arreglara.* [...] *Lo que pasa es que a una nunca le ha sobrado el dinero para ir a la última. Y, claro, se cruzó otra que sí iba.* —*Otra que tenía más sexi que tú y más idea*» (MtzBallesteros *Pisito* [Esp. 1990]). Su plural es *sexis* (→ PLURAL, 1e): «*Sus patrocinadores las instaron a utilizar en el uniforme de competición pantaloncitos más pequeños y sexis*» (GmzBartlett *Eva* [Esp. 2002]). Aunque, por su expresividad y su brevedad se acepta el uso del anglicismo adaptado, hay contextos en que es posible emplear equivalentes

españoles como *atractivo (sexual)* o *sensualidad,* para el sustantivo, y *provocativo, sensual* o *seductor,* para el adjetivo.

sexo. Para la distinción entre *sexo* y *género,* → género[1].

⊗**sex-simbol, *sex symbol*.** → símbolo sexual.

⊗**sextercio.** → sestercio.

sexy. → sexi.

-sfera. Elemento compositivo sufijo que forma parte de varios sustantivos que designan, por lo general, distintas zonas o capas de la Tierra y del Sol. En el español de América, por analogía con *atmósfera* (→ atmósfera), se prefiere la acentuación esdrújula en todas las palabras que lo contienen: *biósfera, estratósfera, hidrósfera,* etc. En el español de España, por el contrario, todas las palabras formadas con este elemento compositivo, salvo *atmósfera,* son llanas: *biosfera, estratosfera, hidrosfera,* etc.

⊗**sha.** → sah.

⊗**Shabra.** → Sabra.

⊗**shah.** → sah.

shampoo, ⊗**shampú.** → champú.

Shanghái. Ciudad del este de China. Esta grafía resulta de transcribir el original chino al alfabeto latino y, por tratarse de una transcripción, debe someterse a las reglas de acentuación gráfica del español (→ TILDE[2], 6.2), que obligan a tildar las voces agudas acabadas en vocal, incluidos, como es el caso, los diptongos: «*El puerto de Shanghái se convertirá en el primero del mundo*» (*Provincias*@ [Esp.] 28.12.04). No se considera válida la grafía ⊗*Shangái.*

share. → cuota de audiencia.

Shatila. → Chatila.

sheij, sheik, sheikh. → jeque.

sheriff. Voz inglesa (pron. [shérif]) con que se designa al representante de la justicia que se encarga de hacer cumplir la ley en los Estados Unidos de América y en ciertas regiones y condados británicos: «*La película arranca del hallazgo en el desierto de una estrella de "sheriff" herrumbrosa*» (*Mundo* [Esp.] 5.10.96). Aunque en referencia a estos países es lícito el uso del anglicismo crudo, con su grafía y pronunciación originarias, y escrito, por tanto, con resalte tipográfico, la mayor parte de las veces puede sustituirse sin problemas por el término español *comisario:* «*La oficina del comisario del Condado de Jackson y voceros del aeropuerto de Dubuque dijeron que hubo informes sin confirmar sobre un incendio de la nave*» (*Universal* [Ven.] 21.4.93).

sherpa. → serpa.

[⊗]**shií,** [⊗]**shiita.** → chií.

shock. → choque.

shoot. → chutar(se).

shopping center, shopping mall. → centro comercial.

short. 1. Anglicismo innecesario —usado frecuentemente en plural (*shorts*) con el mismo sentido que en singular— que debe sustituirse por su equivalente español *pantalón corto* (o *pantalones cortos*): «*Viste un sostén de bikini con pantalones cortos*» (Santiago *Sueño* [P. Rico 1996]). En Venezuela, donde está muy arraigado el uso del anglicismo, comienza a circular la adaptación gráfica *chor* (pl. *chores*): «*Uno de los vecinos* [...] *salió corriendo en chores y en chancletas para avisar a los bomberos*» (*Universal*[@] [Ven.] 12.5.97). **2.** En el béisbol se emplea la voz *short* —o *short stop*— con los sentidos de 'zona del campo ubicada entre la segunda y la tercera base' y 'jugador que ocupa esta zona'. Se recomienda usar en su lugar equivalencias españolas, documentadas ya en la prensa deportiva, como *campo corto*, para referirse a la zona, y *torpedero, parador en corto* o *paracorto*, para referirse al jugador: «*Se espera que en una semana esté en el equipo grande de los Tigres, reclamando su posición titular en el campo corto*» (*Siglo* [Pan.] 7.6.97); «*Puede hacer de todo: batear, correr, tirar, jugar como torpedero* [...] *e incluso lanzar*» (*NHerald* [EE. UU.] 9.3.97); «*Santiago Álvarez, jardinero derecho y quinto bate, y Evenecer Godínez, el parador en corto*» (*Proceso* [Méx.] 1.12.96); «*Los receptores no tienen que batear para ser valiosos, y mucho menos los paracortos*» (*Tiempo* [Col.] 4.9.96).

shot, [⊗]**shotear.** → chutar(se).

show. Anglicismo innecesario, pues su equivalente español *espectáculo* está plenamente vigente en el uso, tanto con el sentido recto de 'función pública destinada a entretener' como en el figurado de 'acción que causa escándalo': «*El espectáculo no había hecho más que comenzar*» (Alsius *Dudas* [Esp. 1997]); «*No se te ocurra, Marina, volver a montar otro espectáculo como este*» (Rubio *Sal* [Esp. 1992]). En sentido recto, el anglicismo puede sustituirse también, según los contextos, por *función, gala, número* o *exhibición*.

showman. Voz inglesa con la que se designa al presentador y animador de un espectáculo o programa de variedades. El femenino es *show-woman.* Para evitar el anglicismo se recomienda emplear en español el compuesto *animador(a)-presentador(a).* A veces se usa el calco *hombre espectáculo*: «*Es el perfecto* showman, *el hombre espectáculo*» (Carbonell *Televisión* [Esp. 1992]).

show-woman. → showman.

si. 1. Conjunción que, como el resto de las palabras de esta categoría, es átona, por lo que se escribe sin tilde, a diferencia del adverbio, el sustantivo y el pronombre personal *sí* (→ sí). Presenta los siguientes valores:

1.1. Conjunción condicional. Introduce la oración subordinada condicional, llamada «prótasis», que es la que expresa la condición que debe cumplirse para que se verifique lo enunciado en la oración principal, que se denomina «apódosis». Normalmente, en los enunciados condicionales, la subordinada antecede a la principal: *Si no vas a venir* (prótasis), *avísame antes* (apódosis). Las oraciones condicionales pueden ser de dos tipos:

1.1.1. «Reales». Se denominan así porque la condición expresada es un hecho posible o realizable. El verbo de la prótasis va en indicativo, en cualquiera de sus tiempos, salvo en el futuro simple o futuro, futuro compuesto o antefuturo, condicional simple o pospretérito y condicional compuesto o antepospretérito; el verbo de la apódosis va en indicativo o en imperativo: *Si llueve, me quedaré en casa; Si no hacías lo que él decía, se enfadaba; Si vas a salir, ponte el abrigo.* En el lenguaje administrativo se conserva aún el uso arcaico en la prótasis de los tiempos futuros de subjuntivo: *Si no se presentare el escrito en el plazo indicado, el demandante perderá sus derechos; Si el solicitante no hubiere acreditado suficientemente sus méritos, se considerará inválida su petición.*

1.1.2. «Irreales». Se denominan así porque la condición expresada se considera no realizada en el pasado, e irrealizable o improbable en el presente o en el futuro. El verbo de la prótasis va en subjuntivo.

a) Si la condición se refiere al presente o al futuro, la prótasis va en pretérito imperfecto o copretérito de subjuntivo y la apódosis en condicional simple o pospretérito: *Si me tocara/tocase la lotería, me compraría un coche.* Hoy resulta arcaico en este caso el uso en la apódosis de la forma en *-ra* del pretérito imperfecto de subjuntivo o copretérito: *Si me tocara/tocase la lotería, me comprara un coche.* En la lengua coloquial es frecuente hoy el empleo en la oración apódosis del pretérito imperfecto o copretérito de indicativo: *Si me tocara/tocase la lotería, me compraba un coche.* Debe evitarse el uso en la prótasis del condicional simple o pospretérito, propio de hablantes españoles del País Vasco y zonas limítrofes como Navarra, Burgos, Cantabria y La Rioja, y que también se da en algunas zonas de América: [⊗]*Si tendría dinero, me compraría un coche.*

b) Si la condición se refiere al pasado, la prótasis va en pretérito pluscuamperfecto o antepretérito de subjuntivo y en la apódosis se emplea este mismo tiempo, preferentemente la forma en *-ra*, aunque también se admite la forma en -*se*: *Si hubiera/hubiese tenido dinero, me hubiera/hubiese comprado un coche;* el condicional compuesto o antepospretérito: *Si hubieras/hubieses estudiado, habrías aprobado;* o el condicional simple o pospretérito: *Si hubiera/hubiese terminado los estudios, hoy tendría un trabajo mejor.* También en este caso debe evitarse el empleo en la prótasis del condicional compuesto o antepospretérito, que se da, como ya se ha indicado antes (→ a), entre hablantes de algunas zonas de América y del norte de España: [⊗]*Si lo habría sabido, te lo hubiera dicho.*

1.2. Tiene valor causal en oraciones como *Si ya te has comprometido, no puedes echarte atrás.* A menudo, la oración principal (que viene a ser la consecuencia de lo dicho en la oración encabezada por *si*) se expresa mediante un enunciado interrogativo, que en realidad funciona como una negación enfática: *Si ayer lo afirmaste delante de todos nosotros, ¿cómo lo niegas hoy?* [= no puedes negarlo hoy]; *Si no me cuentas lo que te pasa, ¿cómo quieres que te ayude?* [= no puedo ayudarte].

1.3. Conjunción que introduce oraciones interrogativas indirectas: *Le pregunté si sabía dónde vivías; Ya me enteraré de si lo sabe o no; Dudé si decírselo ahora o dejarlo para más adelante; No me dijo si iría o no a la fiesta; No sé si ir de vacaciones al mar o a la montaña.* Con el verbo *preguntar*, admite ir precedida de la conjunción subordinante *que: Me preguntó (que) si pensabas ir a la fiesta.*

1.4. Conjunción concesiva, equivalente a *aunque*: «*Pensar yo que don Quijote mintiese* [...] *no es posible, que no dijera él una mentira si le asaetearan*» (Cervantes *Quijote* II [Esp. 1615]). Este uso ha desaparecido casi totalmente de la lengua actual, en la que se prefiere en estos casos el empleo de *aunque* o de *así*: «*Ese no suelta el oro así le maten*» (Galán/Garcimartín *Posada* [Esp. 1990]).

1.5. Se usa con valor distributivo, encabezando enunciados contrapuestos: *Si hablo, malo; si me callo, peor.*

1.6. Se usa tras el adverbio *como* o la conjunción *que*, para expresar comparaciones: *Se vistió como si fuese a ir a una fiesta; Me hizo más ilusión que si me hubiera tocado la lotería.*

1.7. Conjunción que encabeza oraciones independientes, con valor enfático. Se usa en los siguientes casos:

a) En oraciones exclamativas, para expresar protesta o sorpresa ante lo dicho por el interlocutor: —*Podías haberme avisado de que hoy venía el inspector.* —*¡Pero si me acabo de enterar!;* —*Mi hija se casa este verano.* —*¡Si es casi una niña!*

b) Para reforzar una aseveración, a veces seguida de una oración con *que*, que expresa la consecuencia de dicha aseveración: *¡Si será bestia!;* *¡Si seré despistado que he olvidado dónde he puesto las llaves!*

c) Para introducir oraciones desiderativas, con sentido semejante al de *ojalá*: *¡Si pudiera convencerlo de que no he tenido yo la culpa!*

d) En oraciones interrogativas que expresan duda o posibilidad: *¿Si estaré yo equivocado?*

1.8. *apenas si.* → apenas, 2.

1.9. [⊗]*si más no.* → más, 1.20.

1.10. *si no.* → sino, 3.

1.11. *si que.* Es hoy raro, pero admisible, el empleo de la locución conjuntiva *si que* con valor equivalente a *aunque*: «*Se enredan en furibunda, si que también pacífica polémica*» (DzCañabate *Tertulia* [Esp. 1952]); «*La risa nacional estentórea, si que pasajera*» (Grande *Fábula* [Esp. 1991]). En cambio, es rechazable el uso de *si que* en lugar de *sino*, puesto de moda a fines del siglo XIX: [⊗]«*Téngase, pues, buen cuidado de tener a mano la Cafiaspirina, que no solo ahuyenta los dolores, si que posee también la acción reanimadora y estimulante de la cafeína*» (*Lecturas* [Esp.] 10.1930). Posiblemente derive esta construcción del uso antiguo de *si* con valor de conjunción adversativa equivalente a *sino*, normalmente en combinación con *también*: «*Porque gran agravio hacía / no solo a aquel que vendía, / si también al que compraba*» (Lope *Bamba* [Esp. 1590-98]).

2. Como sustantivo masculino, 'séptima nota de la escala musical': «*Oía sin cesar la Misa en si menor de Bach*» (GaSánchez *Historia* [Esp. 1991]). A pesar de ser tónico, se escribe siempre sin tilde. Su plural es *sis* (→ PLURAL, 1l).

sí. 1. Adverbio de afirmación. Se usa normalmente en respuesta a oraciones interrogativas, para contestar afirmativamente a lo preguntado o propuesto: —*¿Has visto mis llaves?* —*Sí, están sobre la mesa;* —*¿Te vienes al cine?* —*Sí.* En forma interrogativa, se dice en algunos países de habla hispana al descolgar el teléfono. También se emplea con valor enfático para reforzar una afirmación, frecuentemente seguido de la conjunción *que: Te ayudaré, sí, aunque sea lo último que haga; Esto sí que ha sido una sorpresa.* Seguido de *que* se emplea irónicamente para reforzar una negación: *Sí que la has hecho buena.*

2. Como sustantivo masculino, 'permiso o conformidad': «*Estela habló con sus padres para que le consintieran los amores y consiguió de ellos el sí tan deseado*» (Vergés *Cenizas* [R. Dom. 1980]). Su plural culto es *síes* (→ PLURAL, 1c); «*Las escasas posturas negativas* [...] *se tornaron síes*» (*País* [Esp.] 1.10.87).

3. *Sí* es también la forma tónica reflexiva de tercera persona, tanto del singular como del plural:

3.1. Su uso está sujeto a dos condiciones:

a) Siempre ha de ir precedido de preposición: *Pedro no daba más DE sí; Los asistentes no cabían EN sí de gozo; No podrá usted huir DE sí mismo.* Ante la preposición *con* adopta la forma *consigo: No olvide traer consigo todas sus pertenencias;* no es correcto, pues, el uso de la secuencia ⊗*con sí:* ⊗«*Los personajes no saben qué hacer con sí mismos*» (*Mundo* [Esp.] 25.5.96); debió decirse *consigo mismos*. No debe emplearse el pronombre reflexivo *sí* si no va precedido de preposición: ⊗«*También quienes se proponen ser sí mismos* [...] *forman, irremediablemente, parte de colectivos*» (*País* [Esp.] 2.10.85); aquí debió usarse la forma de sujeto *ellos: ser ELLOS mismos*.

b) Por ser un pronombre personal tónico exclusivamente reflexivo (→ PRONOMBRES PERSONALES TÓNICOS, 3), *sí* solo debe emplearse cuando el complemento posee sentido reflexivo, esto es, cuando el referente del pronombre es el mismo que el del sujeto de la oración en que aparece o que el de una paráfrasis implícita en la secuencia a la que pertenece: *MARÍA reclamó para sí las joyas de su madre; Yo lo veo seguro de sí mismo* (donde subyace la oración *ÉL está seguro de sí mismo*). No es recomendable emplear el reflexivo *sí* en oraciones impersonales con referente inespecífico o genérico; en esos casos, lo normal y preferible es usar el indefinido *uno* (→ uno, 1.3); así, en lugar de *Aquí se viene a hablar de sí mismo* resulta preferible decir *Aquí se viene a hablar de uno mismo*.

3.2. Para el uso, con sentido reflexivo, de las otras formas tónicas de tercera persona (*él, ella*, etc.), → PRONOMBRES PERSONALES TÓNICOS, 3.

3.3. No es recomendable el uso de la forma reflexiva *sí* para referirse a una primera o una segunda persona, tanto del singular como del plural: ⊗«*No sé qué decir, cómo expresarme, son sentimientos muy fuertes. Todavía no volví en sí*» (*Voz*@ [Arg.] 31.5.05); ⊗*Podías haberme dicho que no dabas más de sí;* ⊗«*Solo la mona y yo nos hallábamos fuera de sí*» (Vicent *Balada* [Esp. 1987]); debió decirse *volví en mí, no dabas más de ti, nos hallábamos fuera de nosotros*. No obstante, ha de tenerse en cuenta que el uso de estas locuciones no se da con normalidad en las personas de plural.

3.4. *de por sí.* La locución adverbial *de por sí*, que significa 'por su propia naturaleza', también debe variar según la persona gramatical a la que se refiera: «*Ella es estirada de por sí*» (Hidalgo *Azucena* [Esp. 1988]); «*Tengo la piel morena de por mí*» (SchzFerlosio *Jarama* [Esp. 1956]). No obstante, lo normal es usarla solo en tercera persona y utilizar, en el resto de los casos, la expresión equivalente *por naturaleza*.

4. *un sí es no es.* → ser, 7.

Siam. → Tailandia.

sicoanálisis. → psicoanálisis.

sicomoro o **sicómoro.** 'Cierta higuera originaria de Egipto'. Tiene dos acentuaciones válidas: la esdrújula *sicómoro*, acorde con el étimo latino, y la llana *sicomoro* [sikomóro], mayoritaria en el uso y, por tanto, preferible.

sicomotor -ra, sicomotriz. → p, 3 y motor, 2.

Sídney. La ciudad de Australia cuyo nombre en inglés es *Sydney* debe escribirse en español *Sídney*, puesto que, como topónimo adaptado, debe someterse a las normas de acentuación gráfica del español, que obligan a poner tilde a las palabras llanas terminadas en consonante distinta de *-n* o *-s* (→ TILDE², 1.1.2). No existe gentilicio español para este topónimo.

siempre. 1. En el español general significa 'en todo tiempo o en toda circunstancia': «*Viste siempre impecablemente*» (RRosa *Sebastián* [Guat. 1994]); y 'en todo caso o al menos': «*Si María Luisa protesta, siempre puedes decirle que los intermitentes de atrás todavía funcionan*» (Ribera *Sangre* [Esp. 1988]).

2. En el habla coloquial de algunos países de América se usa con el sentido de 'por fin o finalmente': «*¿Fueron siempre al cine?*» (Azar *Premio* [Méx. 1994]); «*—¿Siempre encontraron al cura?*» (Calvo *Colombia* [Col. 1987]).

3. En México, a veces se emplea *siempre* antepuesto a *sí* o *no*, como mero refuerzo enfático de la afirmación o la negación: «*Que siempre sí parece que se desposa la niña Sole con don Luis Valdés*» (González *Dios* [Méx. 1999]); «(*Julio abre la grabadora, saca la cinta y la tira a la basura). (Asombrado* [Toño]) *¿Qué, siempre no la vas a usar?*» (Santander *Corrido* [Méx. 1982]).

4. En Colombia se emplea como respuesta afirmativa, con un matiz dubitativo o atenuante: «*—¿Cómo amanece el hombre?* [...] *—Pues hombre,* [...] *algo bien, le pusimos una tablilla mejor y comió algo. —¿Pasó muy mala noche? —Siempre; se estaba quejando algo al principio, pero le dieron unas pastillas y se durmió*» (Calvo *Colombia* [Col. 1987]).

5. En algunos países de América, a veces se usa *siempre* como equivalente de *todavía* o de la perífrasis *seguir* + gerundio: ⊗«*—¿Recuerdas nuestro bar en la rue la Victoire?* [...] *¿Estará siempre Michel?* [= ¿estará todavía Michel, seguirá estando Michel?]» (Cossa *Criado* [Arg. 1986]). Este uso parece deberse al influjo de otras lenguas como el francés o el italiano, por lo que resulta preferible el empleo de los equivalentes más propiamente españoles.

6. ⊗*siempre más.* En algunos países de América se utiliza la construcción *siempre más* con el sentido de 'cada vez más': ⊗«*Entre estas libertades, la prensa asume siempre más importancia*» (*Hoy* [Chile] 5-11.5.86). Este uso parece deberse al calco de expresiones propias de otras lenguas, como el francés (*toujours plus*) o el italiano (*sempre più*). Debe preferirse el empleo de la construcción más propiamente española.

7. *siempre que.* Locución conjuntiva que tiene dos valores:

a) Temporal, con el sentido de 'en todos los casos o en todas las ocasiones en que'. La oración subordinada que introduce puede llevar el verbo en indicativo o, si la acción está orientada hacia el futuro, en subjuntivo: «*Yo, siempre que puedo, vengo*» (Gamboa *Páginas* [Col. 1998]); «*Vuelva siempre que pueda*» (BVallejo *Historia* [Esp. 1976]).

b) Condicional, con el sentido de 'con tal de que'. El verbo va siempre en subjuntivo: «*Puedes pescar cuanto quieras, siempre que nos entregues toda la pesca*» (Torbado *Peregrino* [Esp. 1993]).

8. *siempre y cuando.* Locución conjuntiva de valor condicional que significa 'con tal de que'. El verbo de la oración subordinada que introduce va siempre en subjuntivo: «*No me importa, siempre y cuando me dejen en paz*» (Gallegos *Pasado* [C. Rica 1993]).

9. *siempre y cuando que.* Del cruce de *siempre que* (→ 7b) y *siempre y cuando* (→ 8) se ha creado la locución conjuntiva *siempre y cuando que*, también válida, pero mucho menos usada que aquellas en la lengua culta y, por tanto, menos recomendable: «*La producción energética con cultivos es interesante desde diversos puntos de vista, siempre y cuando que esta actividad no entre en competencia con la alimentación*» (Pardo *Fuentes* [Esp. 1993]).

sifonier. → chifonier.

SIGLA. 1. Se llama sigla tanto a la palabra formada por las iniciales de los términos que integran una denominación compleja, como a cada una de esas letras iniciales. Las siglas se utilizan para referirse de forma abreviada a organismos, instituciones, empresas, objetos, sistemas, asociaciones, etc.

2. *Tipos de siglas según su lectura*

a) Hay siglas que se leen tal como se escriben, las cuales reciben también el nombre de acrónimos (→ ACRÓNIMO): *ONU, OTAN, láser, ovni.* Muchas de estas siglas acaban incorporándose como sustantivos al léxico común. Cuando una sigla está compuesta solo por vocales, cada una de ellas se pronuncia de manera independiente y conserva su acento fonético: *OEA* (*Organización de Estados Americanos*) se pronuncia [ó-é-á].

b) Hay siglas cuya forma impronunciable obliga a leerlas con deletreo: *FBI* [éfe-bé-í], *DDT* [dé-dé-té], *KGB* [ká-jé-bé]. Integrando las vocales necesarias para su pronunciación, se crean a veces, a partir de estas siglas, nuevas palabras: *elepé* (de *LP*, sigla del ingl. *long play* 'larga duración').

c) Hay siglas que se leen combinando ambos métodos: *CD-ROM* [se-de-rrón, ze-de-rrón] (sigla del ingl. *Compact Disc Read-Only Memory* 'disco compacto de solo lectura'). También en este caso pueden generarse palabras a partir de la sigla: *cederrón.*

3. *Plural.* Aunque en la lengua oral tienden a tomar marca de plural ([oenejés] = 'organizaciones no gubernamentales'), son invariables en la escritura: *las ONG;* por ello, cuando se quiere aludir

a varios referentes es recomendable introducir la sigla con determinantes que indiquen pluralidad: *Representantes de algunas/varias/numerosas ONG se reunieron en Madrid.* Debe evitarse el uso, copiado del inglés, de realizar el plural de las siglas añadiendo al final una *s* minúscula, precedida o no de apóstrofo: ⊗*CD's,* ⊗*ONGs.*

4. *Género.* Las siglas adoptan el género de la palabra que constituye el núcleo de la expresión abreviada, que normalmente ocupa el primer lugar en la denominación: *el FMI*, por el «Fondo» Monetario Internacional; *la OEA*, por la «Organización» de Estados Americanos; *la Unesco*, por la United Nations Educational, Scientific and Cultural «Organization» ('Organización de Naciones Unidas para la Educación, la Ciencia y la Cultura'). Las siglas son una excepción a la regla que obliga a utilizar la forma *el* del artículo cuando la palabra femenina que sigue comienza por /a/ tónica (→ el, 2.1 y 2.3a); así, se dice *la AFE* (y no ⊗*el AFE*), por «Asociación» de *Futbolistas Españoles*, ya que la palabra *asociación* no comienza por /a/ tónica.

5. *Ortografía*

a) Las siglas se escriben hoy sin puntos ni blancos de separación. Solo se escribe punto tras las letras que componen las siglas cuando van integradas en textos escritos enteramente en mayúsculas: *MEMORIA ANUAL DEL C.S.I.C.*

b) Las siglas presentan normalmente en mayúscula todas las letras que las componen (*OCDE, DNI, ISO*) y, en ese caso, no llevan nunca tilde; así, *CIA* (del ingl. *Central Intelligence Agency*) se escribe sin tilde, a pesar de pronunciarse [sía, zía], con un hiato que exigiría acentuar gráficamente la *i*. Las siglas que se pronuncian como se escriben, esto es, los acrónimos, se escriben solo con la inicial mayúscula si se trata de nombres propios y tienen más de cuatro letras: *Unicef, Unesco;* o con todas sus letras minúsculas, si se trata de nombres comunes: *uci, ovni, sida.* Los acrónimos que se escriben con minúsculas sí deben someterse a las reglas de acentuación gráfica (→ TILDE²): *láser.*

c) Si los dígrafos *ch* y *ll* forman parte de una sigla, va en mayúscula el primer carácter y en minúscula el segundo: *PCCh*, sigla de *Partido Comunista de China.*

d) Se escriben en cursiva las siglas que corresponden a una denominación que debe aparecer en este tipo de letra cuando se escribe completa; esto ocurre, por ejemplo, con las siglas de títulos de obras o de publicaciones periódicas: *DHLE*, sigla de *Diccionario histórico de la lengua española; RFE*, sigla de *Revista de Filología Española.*

e) Las siglas escritas en mayúsculas nunca deben dividirse con guion de final de línea.

6. *Hispanización de las siglas.* Siempre que sea posible, se hispanizarán las siglas: *OTAN*, y no

NATO; ONU, y no *UNO.* Solo en casos de difusión general de la sigla extranjera y dificultad para hispanizarla, o cuando se trate de nombres comerciales, se mantendrá la forma original: *Unesco,* sigla de *United Nations Educational, Scientific and Cultural Organization; CD-ROM,* sigla de *Compact Disc Read-Only Memory; IBM,* sigla de *International Business Machines.* Tampoco deben hispanizarse las siglas de realidades que se circunscriben a un país extranjero, sin correspondencia en el propio: *IRA,* sigla de *Irish Republic Army; KGB,* sigla de *Komitet Gosudárstvennoy Bezopásnosti.* La primera vez que se emplea una sigla en un texto, y salvo que sea de difusión tan generalizada que se sepa fácilmente interpretable por la inmensa mayoría de los lectores, es conveniente poner a continuación, y entre paréntesis, el nombre completo al que reemplaza y, si es una sigla extranjera, su traducción o equivalencia: *DEA* (*Drug Enforcement Administration,* departamento estadounidense de lucha contra las drogas); o bien escribir primero la traducción o equivalencia, poniendo después la sigla entre paréntesis: *la Unión Nacional Africana de Zimbabue* (*ZANU*).

7. *Lectura.* Las siglas se leen sin restablecer la expresión a la que reemplazan, siguiendo el procedimiento que requiera su forma (→ 2): lectura silábica, deletreo o lectura mixta.

8. Las siglas suelen omitir para su formación los artículos, las preposiciones y las conjunciones que aparecen en la denominación completa, salvo cuando se desea facilitar su pronunciación, convirtiéndolas en acrónimos (→ ACRÓNIMO, 1).

signatura. 'Señal, formada generalmente por números y letras, con que se marca algo con fines distintivos, especialmente los libros u otros documentos en las bibliotecas': «*La copia consta de cinco volúmenes que se hallan en la sección de manuscritos de la Biblioteca Nacional, con la signatura 3372-3376*» (CBaroja *Tecnología* [Esp. 1969]). Su uso ocasional con los sentidos de 'firma' o 'indicaciones de uso de un medicamento' es achacable al influjo del inglés *signature* y debe evitarse. No debe confundirse con *asignatura* ('materia de estudio'; → asignatura).

SIGNOS ORTOGRÁFICOS. Son todas aquellas marcas gráficas que, no siendo números ni letras, aparecen en los textos escritos con el fin de contribuir a su correcta lectura e interpretación. Cada uno de ellos tiene una función propia y unos usos establecidos por convención. Hay signos de puntuación y signos auxiliares.

a) *Signos de puntuación.* Sus funciones son marcar las pausas y la entonación con que deben leerse los enunciados, organizar el discurso y sus diferentes elementos para facilitar su comprensión, evitar posibles ambigüedades en textos que, sin su empleo, podrían tener interpretaciones diferentes, y señalar el carácter especial de determinados fragmentos de texto —citas, incisos, intervenciones de distintos interlocutores en un diálogo, etc.—. La información relativa al uso específico de cada signo se ofrece en su entrada correspondiente (→ COMA; COMILLAS; CORCHETE; DOS PUNTOS; INTERROGACIÓN Y EXCLAMACIÓN (SIGNOS DE); PARÉNTESIS; PUNTO; PUNTOS SUSPENSIVOS; PUNTO Y COMA; RAYA).

b) *Signos auxiliares.* Sus funciones son muy variadas y se explican en las entradas correspondientes a cada uno de ellos (→ APÓSTROFO; ASTERISCO; BARRA; DIÉRESIS; GUION^2 o GUIÓN; LLAVE; PÁRRAFO; TILDE^2).

sij. Voz de origen sánscrito que significa, como adjetivo, 'del sijismo, religión monoteísta fundada en la India en el siglo XVI, que combina elementos del hinduismo y del islamismo': «*Entre los últimos ataques se halla el efectuado el sábado por la noche contra un santuario sij en la localidad de Viram*» (*País* [Esp.] 2.12.85). Referido a persona significa 'seguidor del sijismo' y se usa frecuentemente como sustantivo: «*Hay que imaginar a un sij barbudo y enturbantado*» (Tibón *Aventuras* [Méx. 1986]). No deben usarse en español las grafías inglesas *sikh* o *sik* (esta última ya desusada en inglés). Aunque está generalizado el plural *sijs,* se recomienda acomodar esta palabra a la morfología española, añadiendo *-es* a la forma del singular (como ocurre con las escasas palabras españolas que terminan en *-j: boj,* pl. *bojes* o *reloj,* pl. *relojes*); se aconseja, pues, el plural *sijes* (→ PLURAL, 1g): «*Tantas batallas como han librado hombres de una veintena de ejércitos griegos, árabes, mongoles, sijes y británicos*» (*Mundo*@ [Esp.] 28.12.01).

sik, sikh. → sij.

silbar. 1. Cuando significa 'producir un silbido' es intransitivo: «*Yo silbaba al igual que un pajarito satisfecho*» (Quintero *Danza* [Ven. 1991]); «*Un obús silbó en el aire*» (VqzFigueroa *Tuareg* [Esp. 1981]). Pasa a emplearse como transitivo cuando significa 'entonar [una melodía] silbando': «*El público [...] salía del teatro silbando la melodía*» (León *Lecuona* [Cuba 1995]).

2. Con el sentido de 'manifestar desagrado o desaprobación [hacia algo o alguien] mediante silbidos', es también transitivo: «*El público donostiarra protestó y silbó la actuación de los jugadores*» (*País* [Esp.] 16.12.80); «*Cuando los jugadores colombianos entraron a la cancha, fueron silbados, abucheados, insultados*» (Galeano *Fútbol* [Ur. 1995]). No obstante, fuera de los países del Cono Sur, es frecuente emplear los pronombres de dativo cuando el complemento es de persona: «*La asamblea lo abucheó, LE silbó y no lo dejó hablar*» (*Proceso* [Méx.] 29.9.96).

silenciar. 'Callar [algo]' y 'hacer callar [a alguien]'. Se acentúa como *anunciar* (→ APÉNDICE 1, n.º 4).

sílex. 'Pedernal'. Es voz masculina y permanece invariable en plural: *los sílex* (→ PLURAL, 1f).

sílice. 'Mineral formado por silicio y oxígeno'. Ya en latín vacilaba su género. En español, aunque se documenta ocasionalmente en masculino, ha sido siempre femenino en el uso culto mayoritario: «*La sílice previene y mejora la arterioesclerosis*» (Núñez/Navarro *Mar* [Esp. 2001]).

sima. 'Cavidad grande y profunda en la tierra': «*Había encontrado un cráneo en una sima de la zona*» (*Mundo* [Esp.] 13.4.96). En zonas de seseo, no debe confundirse con *cima* ('parte más alta, especialmente de una montaña'; → cima).

SÍMBOLO. 1. Los símbolos son abreviaciones de carácter científico-técnico y están constituidos por letras o por signos no alfabetizables. En general, son fijados convencionalmente por instituciones de normalización y poseen validez internacional. No obstante, hay símbolos de uso tradicional que no han sido fijados por las instituciones de normalización, cuya validez se restringe muchas veces a ámbitos geográficos limitados; es el caso, por ejemplo, del símbolo *O* (*Oeste*), usado en el ámbito hispánico, y que, en el sistema internacional, es *W* (del ingl. *West*). Los símbolos más comunes son los referidos a unidades de medida (*m, kg, lx*), elementos químicos (*Ag, C, Fe*), operaciones y conceptos matemáticos (+, √, %), monedas (*$, £, ¥, €, CLP*) y puntos cardinales (*N, S, SE*). También se utilizan símbolos para denominar abreviadamente los libros de la Biblia: *Gn* (*Génesis*), *Ex* (*Éxodo*), *Lv* (*Levítico*). Para consultar la lista de los principales símbolos alfabetizables, → APÉNDICE 3. Para consultar la lista de los principales símbolos y signos no alfabetizables, → APÉNDICE 4.

2. *Diferencia con las abreviaturas.* Los símbolos constituidos por letras son semejantes a las abreviaturas, pero se distinguen de ellas en los aspectos siguientes:

a) Se escriben siempre sin punto: *cg* por *centigramo, N* por *Norte, He* por *helio*.

b) No llevan nunca tilde, aunque mantengan la letra que la lleva en la palabra que representan: *a* (y no ⊗*á*) por *área* y *ha* (y no ⊗*há*) por *hectárea*.

c) No varían de forma en plural: *25 km* por *veinticinco kilómetros, 2 C* por *dos carbonos*.

3. *Formación.* Suelen formarse con la primera letra de la palabra que representan: *N* por *Norte, H* por *hidrógeno, K* por el lat. cient. *kalium* ('potasio'); o con la primera letra de cada uno de los formantes, en el caso de las unidades de medida constituidas por un prefijo y una unidad simple: *kg* por *kilogramo, cm* por *centímetro*. En algunos casos, para evitar la confusión con otro símbolo, se añade a la inicial una segunda letra: *Fe* por el lat. *ferrum* ('hierro'), para evitar su confusión con la *F* de *flúor*.

4. *Mayúsculas y minúsculas.* Los símbolos de los puntos cardinales se escriben siempre con mayúscula, aunque estén constituidos por dos letras: *N, SE*. Los de los elementos químicos se escriben con una sola letra mayúscula: *C, O;* o, si están constituidos por dos letras, con una combinación de mayúscula y minúscula: *Ag, Fe*. Los de las unidades de medida se escriben normalmente con minúscula (*g, dm, ha*), salvo los de aquellas unidades que tienen su origen en nombres propios de persona, que se escriben con mayúscula: *N* por *newton* (de *Isaac Newton*), *W* por *vatio* (de *Jacobo Watt*); o los de aquellas que incorporan prefijos para formar múltiplos (unidades superiores a la establecida como referencia), ya que los símbolos de estos prefijos, con la excepción de *kilo-* (*k-*), *hecto-* (*h-*) y *deca-* (*da-*), se escriben con mayúscula: *M-* (*mega-*), *G-* (*giga-*), *T-* (*tera-*), etc.; por el contrario, los símbolos de los prefijos utilizados para formar submúltiplos (unidades inferiores a la establecida como referencia) se escriben siempre con minúscula: *d-* (*deci-*), *c-* (*centi-*), *m-* (*mili-*), etc. Por último, los símbolos de las unidades monetarias, cuando están constituidos por letras, se escriben con todos sus componentes en mayúscula: *ARP*, símbolo del peso argentino; *ECS*, símbolo del sucre ecuatoriano.

5. *Situación respecto de la cifra a la que acompañan*

a) Se escriben normalmente pospuestos y dejando un blanco de separación: *18 $, 4 km, 125 m², 4 H*. Se exceptúan el símbolo del porcentaje y el de los grados, que se escriben pegados a la cifra a la que acompañan: *25%, 12°*. Los grados de temperatura tienen una ortografía diversa, según que aparezca o no especificada la escala en que se miden; así, se escribirá *12°*, pero *12 °C* por *doce grados Celsius*.

b) Para las monedas, el uso en España prefiere la escritura pospuesta y con blanco de separación, como es normal en el resto de los símbolos: *3 £, 50 $;* en cambio, en América, por influjo anglosajón, los símbolos monetarios, cuando no son letras, suelen aparecer antepuestos y sin blanco de separación: *£3, $50*. Hay que tener siempre cuidado de no separar en renglones diferentes la cifra y el símbolo que la acompaña (⊗*3 / $*).

6. *Lectura.* Cuando se lee un símbolo, ha de desarrollarse toda la palabra representada, salvo que esté integrado en una fórmula química o matemática, en que lo normal es el deletreo: H_2O [áche-dós-ó], $2\pi r$ ([dós-pí-érre]).

símbolo sexual. Calco de la expresión inglesa *sex symbol*, 'persona a la que se considera, por su físico, la esencia o la representación del atractivo sexual': «*Thalberg propuso al símbolo sexual del momento, Clark Gable* [...], *para el papel de Fletcher*» (LpzNavarro *Clásicos* [Chile 1996]). Debe evitarse la forma ⊗*sex-símbol*, que no es ni inglesa ni española.

⊗**similaridad.** → similitud.

similitud. 'Semejanza': «*Este periódico insistió en la similitud de los casos cubano y nicaragüense*» (*DAméricas* [EE. UU.] 25.6.97). Es innecesario recurrir a la voz ⊗*similaridad*, calco rechazable del francés *similarité* o del inglés *similarity*.

simoníaco -ca o **simoniaco -ca.** → -íaco o -iaco.

simpar. → par.

simpatizar. En el español general significa 'sentir simpatía' y se usa como intransitivo, con un complemento introducido por *con*, que expresa la persona o cosa por la que se siente simpatía: «*Yo también simpatizaba* CON *De la Huerta*» (Chao *Altos* [Méx. 1991]). En el español de algunas áreas americanas, especialmente en México, las Antillas y América Central, *simpatizar* se emplea con el sentido de 'caer bien o suscitar simpatía' y se construye con un complemento indirecto: «*ME simpatiza tu mujer*» (Rovinski *Herencia* [C. Rica 1993]); «*LE simpatizaba su aire de caballero antiguo*» (Belli *Mujer* [Nic. 1992]). Se trata de un uso coloquial para el que el español general prefiere verbos como *agradar*, *gustar* o *complacer*.

simple. 'Sencillo' e 'ingenuo'. Tiene dos superlativos válidos: *simplicísimo* (del lat. *simplicissimus*) y *simplísimo*, formado sobre *simple* y más frecuente en el uso (→ -ísimo, 4): «*Ella podía evitarse* [...] *las molestias mensuales mediante una simplicísima operación*» (Fuentes *Constancia* [Méx. 1989]); «*Avanzaba ceñida por una simplísima túnica blanca*» (Puig *Beso* [Arg. 1976]).

simpleza. 'Cualidad de simple (tonto o necio)' y 'dicho o hecho necios': «*Pero ello no es óbice para que su obra última resulte* [...] *sobrecogedora en su despojamiento y extrema simplicidad, que no simpleza*» (*Abc* [Esp.] 5.5.89); «*Al hombre de mayor mérito puede escapársele una simpleza*» (González *Dios* [Méx. 1999]). No debe confundirse con *simplicidad* ('sencillez'; → simplicidad).

simplicidad. 'Cualidad de simple (sencillo o sin complicaciones)': «*El plan exige una gran simplicidad para que cada uno de ellos pueda reaccionar mecánicamente y sin errores*» (Cortázar *Reunión* [Arg. 1983]); «*Eran estos unos ingenios mecánicos de abrumadora simplicidad técnica*» (Azúa *Diario*

[Esp. 1987]). No debe confundirse con *simpleza* ('necedad'; → simpleza).

simposio. Voz tomada del griego *sympósion* ('banquete'), que se emplea con el sentido de 'conferencia o reunión de especialistas para tratar un determinado tema': «*El simposio reunió a especialistas de la India y México*» (Bonfil *Simbiosis* [Méx. 1993]). Su plural es *simposios*. Se aconseja evitar el latinismo ⊗*simpósium*, que no es de uso tradicional en español y se debe al influjo del inglés *symposium*.

⊗**simpósium.** → simposio.

simular. 'Hacer que [algo] parezca real no siéndolo': «*Mentir o simular que nada ha pasado contribuye al desconcierto de los pequeños*» (*Tiempo* [Col.] 15.9.96); «*El escenario simula una pequeña terminal de aeropuerto*» (Zúñiga *Asta* [Esp. 2001]). En ningún caso el complemento directo debe ir precedido de la preposición *a*: ⊗«*Miles de "ninots" simulan A chulos, putas, macarras, ladrones*» (*Vanguardia* [Esp.] 16.3.95). No debe confundirse con *disimular* ('ocultar [algo]' y 'fingir indiferencia'; → disimular): ⊗«*Se sentía cansada y con un leve dolor en el pecho que supo simular para no preocupar a doña Alejandra*» (Olivera *Enfermera* [Méx. 1991]).

simultaneidad. 'Cualidad de simultáneo'. Son erróneas las formas ⊗*simultaniedad* y ⊗*simultanidad* (→ -dad, d).

síndrome. 'Conjunto de síntomas característicos de una enfermedad'. Es voz esdrújula. No es correcta la forma llana ⊗*sindrome*, pron. [sindróme].

sinécdoque. 'Tropo que consiste en denominar la parte por el todo, o viceversa'. Es voz femenina: *la sinécdoque*.

sine díe. Loc. lat. que significa literalmente 'sin día'. Se emplea con el sentido de 'sin fijar una fecha o plazo': «*El juicio puede demorarse sine díe*» (Salarrullana *Sectas* [Esp. 1990]); «*Tal vez desee pedir un aplazamiento sine díe*» (Mendoza *Verdad* [Esp. 1975]).

sin embargo. → embargo.

sine qua non. Loc. lat. (pron. [sine-kuá-non] o [sine-kua-nón]) que significa literalmente 'sin la cual no'. Se emplea con el sentido de '[condición] que resulta indispensable para algo': «*La democracia es una condición sine qua non para pertenecer al Mercosur*» (*DAméricas* [EE. UU.] 4.3.97). Aunque el pronombre latino *qua* es femenino singular (pues en latín esta locución se aplicaba solo al sustantivo *condicio* 'condición'), en español esta expresión se ha lexicalizado y no solo se usa referida a *condición*, sino también a sustantivos similares de uno u otro género, como *característica*, *requisito*, etc., y tanto en singular como en plural: «*Esta evacuación es una de las condiciones sine qua non presentadas por*

Yasser Arafat para reanudar las negociaciones» (Van-guardia [Esp.] 22.3.94); *«La coordinación deviene un requisito sine qua non del trabajo en las regiones de refugio»* (Aguirre *Antropología* [Méx. 1986]). En estos casos es preferible usar los adjetivos españoles *indispensable* o *inexcusable*.

sinergia. 'Acción de dos o más causas cuyo efecto es superior a la suma de los efectos individuales'. Es voz llana, en la que las vocales finales forman diptongo: [sinérjia]. No es correcta la forma con hiato ⊗*sinergía*.

sinfín. 'Infinidad': *«Su cabeza zumba con un millón de voces, repitiendo un sinfín de acusaciones»* (Santiago *Sueño* [P. Rico 1996]). Es sustantivo masculino y se escribe siempre en una sola palabra. No debe confundirse con la locución adjetiva *sin fin*, escrita en dos palabras, que significa 'innumerable' o 'ilimitado': *«Ciudad de oportunidades sin fin, de nuevos ricos, de ostentación y boato»* (Britton *Siglo* [Pan. 1995]); *«En ese desierto sin fin me veía sentado en una pequeña silla de oro»* (RBastos *Vigilia* [Par. 1992]); y, dicho de una correa, una cadena o una cinta, 'que puede girar continuamente': *«Una actividad perfectamente graduada en una bicicleta ergométrica, en una cinta sin fin o en cualquier otro tipo de ergómetro»* (Marcos *Salud* [Esp. 1989]).

sínfito -ta. → -fito.

⊗**sinfonier.** → chifonier.

single. **1.** Voz inglesa que se usa con cierta frecuencia en español con los sentidos de 'disco fonográfico de corta duración, que normalmente contiene un solo tema musical en cada cara' y 'tema musical de la cara principal de un disco de este tipo'. Es anglicismo innecesario, pues en español está ya asentado, con ambos sentidos, el calco *sencillo*: *«Esta versión punk del famoso bolero fue escogida como el primer sencillo del disco»* (*Tiempo* [Col.] 4.9.96).

2. En el español americano es frecuente el empleo del anglicismo, normalmente en la forma plural *singles,* con el significado de 'partido de tenis en el que se enfrentan solo dos jugadores'. También en este caso resulta innecesario, ya que puede sustituirse por la voz española *individual(es)*: *«En el primer encuentro de individuales el surafricano Wayne Ferreira consiguió igualar la puntuación al imponerse al sueco Thomas Enqvist»* (*Universal* [Ven.] 7.4.97).

3. En el Cono Sur se emplea a veces la voz inglesa para referirse a la habitación de hotel que solo dispone de una cama individual. Es anglicismo evitable, pues este tipo de habitación se denomina en español *individual* o *sencilla*: *«Una habitación individual cuesta 3455 pesetas y una doble 6320»* (*Abc* [Esp.] 5.5.89); *«El alojamiento por noche va desde 60 000 pesos en habitación sencilla, hasta 107 000 la gran suite»* (*Tiempo* [Col.] 13.2.97).

sinnúmero. 'Infinidad, número incalculable': *«Un sinnúmero de cartas de padres con hijos drogados le pedían consejo»* (*Hoy* [Chile] 25.4-1.5.84). Es un sustantivo masculino y se escribe siempre en una sola palabra. No debe confundirse con la locución adjetiva *sin número*, escrita en dos palabras, que se usa pospuesta a un sustantivo y significa 'innumerable': *«Temía [...] que una ofensa a la gran sacerdotisa pudiese generar desgracias sin número»* (Moix *Sueño* [Esp. 1986]).

sino. **1.** Como sustantivo masculino, 'fatalidad o destino': *«¿Qué extraño sino me encadenó a él?»* (Gallegos *Pasado* [C. Rica 1993]).

2. Como conjunción adversativa, presenta los valores siguientes:

2.1. Se usa para contraponer un concepto afirmativo a otro negativo expresado antes: *«No me refiero al trabajo, sino a tu vida misma»* (Cortázar *Reunión* [Arg. 1983]). Cuando lo que se contrapone son oraciones con el verbo en forma personal, *sino* debe ir seguido de *que*: *«Prada no compraba la droga, sino que la vendía»* (Madrid *Flores* [Esp. 1989]).

2.2. Toma en ocasiones el valor de *excepto*: *«Sabes que no quiero a nadie sino a ti»* (Regás *Azul* [Esp. 1994]).

2.3. En correlación con *no solo*, denota adición de otro u otros miembros a la cláusula. Con frecuencia suele acompañarse del adverbio *también*: *«La mujer del César no solo debe ser honesta, sino parecerlo»* (*Siglo* [Pan.] 9.5.97); *«Le parecía que estaba enloqueciendo, no solo de miedo, sino también de aburrimiento»* (RRosa *Sebastián* [Guat. 1994]). No debe usarse en su lugar la locución conjuntiva *si que* (→ si, 1.11).

2.4. También puede tener un valor cercano a *más que, otra cosa que*: *«Buril no quería sino retornar a la sede de su dignidad y poder en la corte»* (RBastos *Vigilia* [Par. 1992]).

3. No debe confundirse la conjunción adversativa *sino* antes descrita con *si no*, secuencia formada por la conjunción *si* (→ si) seguida del adverbio de negación *no* (→ no): *«¿Y quién se lo dirá, si no lo hace usted?»* (*Mundo* [Esp.] 20.2.95); *«Tu actitud conmigo es bastante rara, si no insultante: me tratas como a un niño»* (Donoso *Elefantes* [Chile 1995]); *«No sé si no es mejor que fracase este encuentro»* (Plaza *Cerrazón* [Ur. 1980]). El segundo elemento de la secuencia —la negación *no*— es tónico, frente a la atonicidad de la conjunción adversativa *sino*.

sinónimo. 'Palabra que tiene el mismo significado que otra': *«Tanto las hortalizas como las verduras y las legumbres pertenecen al reino vegetal. Pero sus nombres, aunque usados con frecuencia como sinónimos, no* *lo son»* (Brusco *Comer* [Arg. 1987]). No debe confundirse con *seudónimo* ('nombre usado por una persona en lugar del suyo verdadero'; → seudónimo).

sinrazón. 'Acción hecha contra justicia y fuera de lo razonable o debido': *«Ha optado por la sinrazón de aumentar inmisericordemente las tasas impositivas»* (*Excélsior* [Méx.] 9.11.96). Es un sustantivo femenino y se escribe siempre en una sola palabra. No debe confundirse con la combinación de la preposición *sin* y el sustantivo *razón: «Esto lo ha hecho sentirse culpable sin razón»* (Britton *Siglo* [Pan. 1995]).

sinsabor. 'Pesar o disgusto': *«Pronto conoció el sinsabor de la derrota»* (*País* [Esp.] 1.2.85). Es un sustantivo masculino y se escribe siempre en una sola palabra. No debe confundirse con la combinación de la preposición *sin* y el sustantivo *sabor: «Obteniéndose un producto prácticamente inodoro y sin sabor alguno»* (Farro *Industria* [Perú 1996]).

sinsentido. 'Cosa absurda y que no tiene explicación': *«La carta era un sinsentido, pero lo que hice después fue un desatino»* (CInfante *Habana* [Cuba 1986]). Es un sustantivo masculino y se escribe siempre en una sola palabra. No debe confundirse con la combinación de la preposición *sin* y el sustantivo *sentido: «Apenas se dijeron siete u ocho frases sin sentido»* (Vergés *Cenizas* [R. Dom. 1980]).

sintiente. → sentir(se), 4.

Sintra. En el nombre de esta ciudad de Portugal han alternado desde siempre en español las grafías *Sintra,* que coincide con la forma portuguesa, y *Cintra;* pero hoy se usa prácticamente solo la primera: *«El grupo portugués Madredeus presentó ayer en Sintra su nuevo álbum»* (*País* [Esp.] 4.10.97).

sinvergüenza. 'Inmoral o descarado'. Este adjetivo, que puede usarse también como sustantivo, se escribe siempre en una palabra: *«¡Qué sinvergüenza eres, Manolito!»* (Suárez *Dios* [Esp. 1987]); *«Josefina Viveros se había portado toda la vida como una sinvergüenza»* (Donoso *Elefantes* [Chile 1995]). No debe confundirse con la secuencia formada por la preposición *sin* seguida del sustantivo *vergüenza,* que significa 'sin pudor': *«Recuperaban el deseo silvestre, sin ningún sentimiento de culpa, sin vergüenza alguna»* (Pozo *Novia* [Esp. 1995]).

sioux. → siux.

siquiatra. → p, 3 y -iatra.

sirvienta. → sirviente.

sirviente. 'Criado'. Por su terminación, puede funcionar como común en cuanto al género (*el/la sirviente;* → GÉNERO², 1a y 3c): *«Te has transformado en la sirviente de los Butler»* (Donoso *Elefantes* [Chile 1995]); pero el uso mayoritario ha consolidado

el femenino específico *sirvienta: «De niña fui pastora y, después, sirvienta»* (Romero *Declaración* [Ven. 1988]).

sismo. 'Terremoto'. Esta es la forma usada en América, mientras que en España se prefiere la variante *seísmo,* más cercana a la etimología (del gr. *seismós*).

sístole. 'Movimiento de contracción del corazón'. Es voz femenina, al igual que *diástole* (→ diástole): *«Durante la sístole, el corazón se vacía de sangre»* (VV. AA. *Biología* [Esp. 1995]).

sitiar. 'Cercar [un lugar] para impedir a quienes están en él salir o recibir ayuda'. Se acentúa como *anunciar* (→ APÉNDICE 1, n.º 4).

situar(se). 'Poner(se) en un determinado lugar'. Se acentúa como *actuar* (→ APÉNDICE 1, n.º 7).

siux. Adaptación gráfica propuesta para la voz francesa *sioux,* que significa, como adjetivo o como sustantivo común en cuanto al género (*el/la siux;* → GÉNERO², 1a y 3j), '[individuo] de un pueblo amerindio oriundo de los valles del norte del Misisipi': *«Puso en juego una tenacidad y un disimulo dignos de un siux»* (Mujica *Escarabajo* [Arg. 1982]). Como adjetivo significa también 'de (los) siux': *«Madrid empezó a parecerme una reserva siux»* (Abc [Esp.] 12.7.96). Es invariable en plural: *las costumbres siux, los siux* (→ PLURAL, 1f).

skai, ⊗***skay.*** → escay.

ski. → esquí.

skin, skinhead. → cabeza rapada.

Skopia. Nombre usado fundamentalmente por los medios de comunicación griegos para referirse al país cuya denominación oficial provisional es Antigua República Yugoslava de Macedonia (→ Macedonia). Es un error usar este nombre para referirse a su capital, cuyo nombre es *Skopie* (→ Skopie).

Skopie. Forma recomendada en español para el nombre de la capital del país cuya denominación oficial provisional es Antigua República Yugoslava de Macedonia (→ Macedonia): *«Las autoridades griegas decidieron ayer [...] cerrar su consulado en Skopie, la capital macedonia»* (País@ [Esp.] 17.2.94). No deben usarse en español las grafías *Skopje* ni *Skoplje,* transcripciones del macedonio y el serbocroata, respectivamente, pues no reflejan adecuadamente en español la pronunciación de este topónimo. No debe confundirse con la denominación *Skopia* (→ Skopia).

Skopje, Skoplje. → Skopie.

slalom. → eslalon.

slip. → eslip.

slogan. → eslogan.

⊗***sloti.*** → esloti.

⊗**Smara.** → Esmara.

smog. → esmog.

smoking. → esmoquin.

snack bar. 'Establecimiento donde se sirven aperitivos y comidas ligeras'. Es anglicismo evitable, que puede sustituirse por la voz española *cafetería*: «*Hay una cafetería con delicias dulces, ensaladas y otros platos para el almuerzo*» (Dios *Miami* [Arg. 1999]).

⊗**snifar.** → esnifar.

snob, ⊗**snobismo.** → esnob.

sobra. *de sobra.* 'En exceso o más de lo estrictamente necesario': «*Sé caballero y preséntame ahora a tu mujer. A ti ya te conoce de sobra*» (Gasulla *Culminación* [Arg. 1975]). Debe evitarse en español la forma ⊗*de sobras,* cuyo uso por parte de hablantes españoles se debe en muchos casos al influjo del equivalente catalán de esta locución (*de sobres*).

sobrasada. 'Embutido típico de Mallorca (España)'. Por falsa etimología se emplea a veces, en el habla popular, la forma ⊗*sobreasada,* desaconsejable en el habla culta.

⊗**sobreaviso.** → aviso.

sobrecargo. En un barco, 'persona que tiene bajo su responsabilidad el cargamento' y, en un avión, 'jefe de los auxiliares de vuelo'. Es común en cuanto al género (→ GÉNERO², 1a y 3k): *el/la sobrecargo.*

sobreentender, sobreentendido. → sobrentender.

⊗**sobreescribir,** ⊗**sobreescrito.** → sobrescribir, 2.

sobrehaz. 'Superficie o cara exterior de algo'. Es voz femenina (→ haz, 2): «*Ese recuerdo que azotaba la sobrehaz de su alma*» (Argüelles *Letanías* [Esp. 1993]).

sobrehilar. 'Dar puntadas [sobre el borde de una tela] para que no se deshilache'. Se acentúa como *descafeinar* (→ APÉNDICE 1, n.º 13). La hache intercalada no exime de la obligación de tildar la -*i*- para marcar el hiato en las formas en que esta vocal es tónica (→ TILDE², 2.2.2b): *sobrehílo, sobrehílas, sobrehíla, sobrehílan, sobrehíle, sobrehíles, sobrehílen.*

sobreimpresión, ⊗**sobreimpresionar.** → sobreimprimir, 2.

sobreimprimir. 1. 'Imprimir [algo] sobre un texto o una imagen, o hacer que aparezca superpuesto a ellos'. Tiene dos participios: el regular *sobreimprimido* y el irregular *sobreimpreso.* Para el uso de una y otra forma de participio, → imprimir.

2. Este verbo, procedente del ámbito de la imprenta, se emplea hoy también en otros campos como el cine, la fotografía o la televisión: «*El fondo, primero oscuro, se ilumina, y sobre la imagen se so-*

breimprime en letras rojas [...] *la palabra "¡FUNCIONA!"*» (GlzRequena/Ortiz *Espot* [Esp. 1995]). El sustantivo correspondiente es *sobreimpresión*: «*Combinando la sobreimpresión con la detención de la cámara se puede hacer aparecer y desaparecer una figura transparente*» (Plaza/Redondo *Cine* [Esp. 1993]). A partir de este sustantivo se ha generado el verbo ⊗*sobreimpresionar,* cuyo uso debe evitarse por innecesario: ⊗«*Las representaciones, en francés e inglés, contarán con un sistema de traducción al catalán mediante rótulos sobreimpresionados en una pantalla*» (*Vanguardia* [Esp.] 2.6.95).

sobremanera. 'En extremo, muchísimo': «*La viuda agradecía sobremanera los arrumacos del tonto*» (Argüelles *Letanías* [Esp. 1993]). Es preferible esta forma, hoy mayoritaria, a la grafía en dos palabras *sobre manera.* Es incorrecto su uso con preposición antepuesta: ⊗«*Se mostraba "complacido en sobremanera por la entrevista"*» (*Mundo* [Esp.] 8.12.94); ⊗«*Les preocupa de sobremanera la baja inversión en tecnología*» (*Abc* [Par.] 6.10.00).

sobremesa. 1. 'Tiempo en que se está a la mesa después de haber comido': «*Comen con él y la sobremesa resulta punzante y divertida*» (Anson *Don Juan* [Esp. 1994]). Este sustantivo femenino se escribe siempre en una sola palabra.

2. *de sobremesa.* Como locución adverbial, 'inmediatamente después de comer y sin levantarse de la mesa': «*De sobremesa, Marcos y yo tuvimos una conversación*» (Ibargüengoitia *Crímenes* [Méx. 1979]); y, como locución adjetiva, 'que tiene lugar durante la sobremesa': «*Después se tumbará en el sofá y mirará el magazine de sobremesa en el televisor*» (Bonilla *Luz* [Esp. 1994]). Como locución adjetiva significa también, dicho de un objeto, 'hecho a propósito para colocarlo sobre una mesa': «*Hundí el pitillo en el cenicero de sobremesa*» (José *Keaton* [Esp. 1991]). Con este último sentido también se admite, aunque no se recomienda, su escritura en tres palabras: *reloj de sobre mesa.*

sobremodo. 'Mucho, sobremanera': «*Esta novedad admira sobremodo al doctor Heredia*» (Briceño *Regente* [Ven. 1947-48]). Es preferible esta forma a la grafía en dos palabras *sobre modo.* Es incorrecto su uso con preposición antepuesta: ⊗*en sobremodo,* ⊗*por sobremodo,* etc. Ha caído en desuso en favor de *sobremanera* (→ sobremanera).

sobrentender. 'Entender [algo] que no está expreso'. Verbo irregular: se conjuga como *entender* (→ APÉNDICE 1, n.º 31). Aunque este verbo, así como el sustantivo correspondiente *sobrentendido,* puede escribirse también con -*ee*- (*sobreentender, sobreentendido*), hoy son más frecuentes, y también más recomendables, las grafías simplificadas.

sobrentendido. → sobrentender.

sobrepelliz. 'Vestidura blanca y corta que llevan los eclesiásticos sobre la sotana'. Aunque alguna vez se vea usada en masculino, es voz femenina en el uso culto mayoritario: «*No lograba despojarse de la sotana y de la sobrepelliz hasta que cerraban las puertas del templo*» (GaHortelano *Gramática* [Esp. 1982]).

sobreponer(se). 'Poner [una cosa] encima de otra' y, como intransitivo pronominal, 'alcanzar superioridad con respecto a otra persona o cosa' y 'hacerse fuerte ante un sentimiento, especialmente la pena, o ante la adversidad'. Verbo irregular: se conjuga como *poner* (→ APÉNDICE 1, n.º 47). El imperativo singular es *sobrepón* (tú) y *sobreponé* (vos), y no ⊗*sobrepone*.

sobrerrealismo, sobrerrealista. → surrealismo.

sobresalir. 'Destacar'. Verbo irregular: se conjuga como *salir* (→ APÉNDICE 1, n.º 52). El imperativo singular es *sobresal* (tú) y *sobresalí* (vos), y no ⊗*sobresale*.

sobrescribir. 1. 'Escribir [un texto] encima de algo' y 'poner el sobrescrito o dirección [en un sobre o pliego]'. Solo es irregular en el participio, que tiene dos formas: *sobrescrito* y *sobrescripto*. La forma usada en la mayor parte del mundo hispánico es *sobrescrito;* pero en algunas zonas de América, especialmente en la Argentina y el Uruguay, sigue en uso la grafía etimológica *sobrescripto* (→ p, 5).

2. Ni en este verbo ni en el sustantivo *sobrescrito* ('texto que se escribía en el sobre o en la parte exterior de un pliego cerrado, para darle dirección' y 'sobre con la dirección') se admite hoy la escritura con -*ee*-: ⊗*sobreescribir*, ⊗*sobreescrito*.

sobrescrito. → sobrescribir, 2.

sobreseer. 1. 'Suspender [una instrucción sumarial] o dejar sin curso ulterior [un procedimiento]' y 'cesar en el cumplimiento [de una obligación]'. Se conjuga como *leer* (→ APÉNDICE 1, n.º 39).

2. En el español actual se emplea normalmente como transitivo: «*La Justicia chilena terminó sobreseyendo y archivando la causa*» (*Clarín* [Arg.] 10.2.97). Aunque poco frecuente hoy, es también correcta la construcción intransitiva, en la que *sobreseer* se construye con un complemento introducido por *en*: «*Pidió a su sobrino que sobreseyese EN el proceso contra Pedro de Jérica*» (PMartí *Visionarios* [Esp. 1930]).

3. Aunque el hecho de suspender una instrucción sumarial implique la absolución de los acusados, no debe usarse *sobreseer* con el significado de *absolver*: se sobresee un proceso, una causa, un juicio, etc., y se absuelve a una persona; deben, pues, evitarse oraciones como ⊗«*El fiscal debe acusar o sobreseer a los procesados*» (*Observador* [Ur.] 17.9.96).

sobretodo. → todo, 9.

sobrevenir. 'Suceder de manera imprevista'. Verbo irregular: se conjuga como *venir* (→ APÉNDICE 1, n.º 60).

sobrevivencia, sobreviviente. → sobrevivir.

sobrevivir. 'Seguir existiendo después de la muerte de alguien, de la desaparición de algo o de un suceso'. Se construye con un complemento indirecto: «*A Lupe Gómez LE sobreviven sus hijos*» (*DYucatán* [Méx.] 23.7.96); «*Ernesto Samper dijo ayer que sobrevivió A un atentado*» (*Clarín* [Arg.] 14.2.97). Existe la variante cultista *supervivir*, de uso mucho menos frecuente: «*Una de las más antiguas lenguas de América, que supervivió arrinconada en la costa de Esmeraldas*» (Salvador *Ecuador* [Ec. 1994]). A diferencia del verbo, el sustantivo derivado *supervivencia* ('acción de sobrevivir') ha triunfado frente a *sobrevivencia*. Los adjetivos *superviviente* y *sobreviviente* ('que sobrevive') conviven en el uso culto. Es incorrecta la forma ⊗*supervivencia*.

sobrevolar. 1. 'Volar sobre [un lugar, una persona, etc.]'. Verbo irregular: se conjuga como *contar* (→ APÉNDICE 1, n.º 26).

2. Se trata de un verbo transitivo: «*Al poco rato sobrevolábamos, ya a bastante altura, los edificios y las torres céntricas*» (Edwards *Anfitrión* [Chile 1987]); por lo tanto, es incorrecto construirlo con *sobre, por* o *encima de*: ⊗«*Un helicóptero Sea King británico sobrevoló a toda velocidad sobre el lugar del derribo*» (Scheina *Iberoamérica* [EE. UU. 1987]); debió decirse *Sobrevoló a toda velocidad el lugar del derribo*.

⊗Sochimilco. → Xochimilco.

sofá. 'Asiento cómodo y mullido, con respaldo y brazos, para dos o más personas'. Su plural es *sofás* (→ PLURAL, 1b).

sofreír. 'Freír ligeramente'. Verbo irregular: se conjuga como *sonreír* (→ APÉNDICE 1, n.º 55). Tiene dos participios: el regular *sofreído* y el irregular *sofrito*. Ambos se utilizan indistintamente en la formación de los tiempos compuestos (*he sofreído* o *he sofrito*) y de la pasiva perifrástica (*es sofreído* o *es sofrito*), aunque hoy es mucho más frecuente el empleo de la forma irregular. En función adjetiva, sin embargo, solo se usa la forma *sofrito* —*cebolla sofrita*—, que se utiliza también como sustantivo ('condimento que se añade a un guiso, compuesto por diversos ingredientes fritos en aceite, especialmente cebolla o ajo'): «*Hay quien le añade guindilla al sofrito*» (Vergara *Comer* [Esp. 1981]).

sofrito. → sofreír.

software. Voz inglesa que se usa, en informática, con el sentido de 'conjunto de programas, instrucciones y reglas para ejecutar ciertas tareas en una computadora u ordenador'. Puede sustituirse por expresiones españolas como *programas (informáticos)* o *aplicaciones (informáticas)*, o bien, en contextos muy especializados, por *soporte lógico* (en oposición al *soporte físico;* → *hardware*): «*La Ley de Protección Jurídica de Programas de Ordenador* [...] *contrarrestará la piratería de programas informáticos*» (*Vanguardia* [Esp.] 14.1.94); «*El equipo mínimo aconsejable para poder ejecutar aplicaciones multimedia*» (Bustos *Multimedia* [Esp. 1996]).

soja. → soya.

sol. 1. 'Estrella luminosa'. → MAYÚSCULAS, 4.11. **2.** 'Nota musical'. → PLURAL, 1l y MAYÚSCULAS, 6.2.

solar. Este infinitivo pertenece a dos verbos diferentes, ambos transitivos: 'revestir [el suelo] con ladrillos, losas u otro material' y 'poner suelas [al calzado]'. Ambos son irregulares y se conjugan como *contar* (→ APÉNDICE 1, n.° 26).

solario. 'Terraza o lugar reservado para tomar el sol': «*El solario, con una capacidad para 200 personas, está dotado de varias duchas*» (*País* [Esp.] 1.8.86). Su plural es *solarios*. Debe preferirse esta forma hispanizada a la variante etimológica latina *solárium*.

solárium. → solario.

soldado. 'Persona que sirve en un ejército'. Es común en cuanto al género (*el/la soldado;* → GÉNERO², 1a y 3k): «*Prisión por insultar a una soldado*» (*NCastilla* [Esp.] 1.2.01). No existe, con este sentido, el femenino ⊗*soldada*.

soldar(se). 'Unir(se) sólidamente dos piezas'. Verbo irregular: se conjuga como *contar* (→ APÉNDICE 1, n.° 26), esto es, diptongan las formas cuya raíz es tónica: *sueldo, sueldas, suelda,* etc.; pero no las formas cuya raíz es átona: *soldamos, soldáis, soldado,* etc. Son, pues, incorrectas las formas con raíz tónica y sin diptongar: ⊗*soldo,* ⊗*soldas,* etc.

soler. Verbo irregular: se conjuga como *mover* (→ APÉNDICE 1, n.° 41). Se utiliza siempre seguido de un infinitivo, explícito o sobrentendido, para indicar el carácter habitual de la acción que dicho infinitivo expresa: «*A partir de entonces solíamos también besarnos junto a la ventana*» (Paso *Palinuro* [Méx. 1977]); «*El correo llega tan puntualmente como suele*» (FdzSantos *Extramuros* [Esp. 1978]). Se trata de un verbo defectivo que, por denotar acción habitual, no se usa en todos los tiempos de la conjugación: los más utilizados son el presente (*suelo, sueles,* etc.) y el pretérito imperfecto o copretérito de indicativo (*solía, solías,* etc.); entre los tiempos compuestos, cuyo uso es muy raro, el más usado es el pretérito perfecto compuesto o antepresente (*he solido, has solido,* etc.): «*De este tipo de sueños he solido olvidarme siempre, apenas recobrada la conciencia de la vigilia*» (Semprún *Autobiografía* [Esp. 1977]). Carece de formas de futuro, de condicional y de imperativo.

solicitar. 'Pedir [algo], especialmente de manera respetuosa o rellenando una solicitud o instancia' y 'requerir [a alguien]'. Con la primera acepción se construye con un complemento directo, que expresa aquello que se solicita, y con un complemento indirecto o un complemento introducido por *de,* que expresa la persona o entidad a la que se dirige la solicitud: «*Cárdenas LE solicitó una entrevista*» (Scorza *Tumba* [Perú 1988]); «*Castro solicitó DE nosotros* [...] *un cuantioso préstamo*» (Herrera *Casa* [Ven. 1985]). Cuando significa 'requerir', la persona requerida es el complemento directo: «*¡Compañero administrador, LO solicitan en recepción!*» (Díaz *Piel* [Cuba 1996]).

solidaridad. 'Actitud solidaria'. Esta voz se creó en el siglo XIX por adaptación del francés *solidarité* y está plenamente asentada en el uso actual. Por ello, debe evitarse el uso de la forma ⊗*solidariedad,* aunque esté bien formada sobre el adjetivo español *solidario* (→ -dad, c).

solidificar(se). 'Hacer(se) sólido un fluido': «*Las grasas* [...] *son líquidas a la temperatura ambiente, pero se solidifican con la refrigeración*» (Pettron *Dieta* [Chile 1992]). Es voz de la física y no es correcto su empleo con el sentido general de 'dar, o adquirir, firmeza o solidez': ⊗«*Los grandes pasos que se dieron para solidificar la democracia en el Paraguay*» (*Abc* [Par.] 8.12.96); para ello debe usarse el verbo *consolidar(se),* que también contiene el adjetivo *sólido* en su raíz: «*Con las elecciones se consolida la democracia*» (*Época* [Chile] 28.2.97).

soliviar(se). 'Alzar(se) ligeramente'. Se acentúa como *anunciar* (→ APÉNDICE 1, n.° 4).

solo, sólo. → TILDE², 3.2.3.

soltar(se). 'Desasir(se)'. Verbo irregular: se conjuga como *contar* (→ APÉNDICE 1, n.° 26).

sombra. *mala sombra.* → malasombra.

⊗**somelier, sommelier.** → sumiller.

sonar. 'Sistema de localización submarina mediante sonidos o ultrasonidos'. Procede del acrónimo inglés *so*[und] *na*[vigation and] *r*[anging], creado por analogía con *radar* (→ radar); por ello, resulta preferible su pronunciación como voz aguda en español, a la que corresponde la grafía sin tilde *sonar* (pron. [sonár]): «*Los ordenadores del centro de investigaciones marinas de Helsinki consiguieron traducir las señales del sonar y formar con ellas una silueta borrosa*» (*Mundo* [Esp.] 3.10.94). Su plural es *sonares* (→ PLURAL, 1g): «*Los sonares siguen sin detectar las señales electrónicas que emiten las grabadoras del vuelo*» (*DYucatán* [Méx.] 24.7.96). Se desaconseja, por tanto, el uso de la forma llana ⊗*sónar,* aun siendo más acorde con la pronunciación etimológica inglesa.

sonar(se). 1. 'Producir un sonido', 'resultar conocido' y 'limpiar(se) de mocos la nariz mediante una espiración violenta'. Verbo irregular: se conjuga como *contar* (→ APÉNDICE 1, n.º 26). **2.** Cuando significa 'limpiar(se) de mocos la nariz', es transitivo y el complemento directo puede ser *los mocos* o *la nariz*: «*Tras lo cual saca un pañuelo y se suena los mocos*» (Mañas *Kronen* [Esp. 1994]); «*Le ofreció su pañuelo para sonarse la nariz*» (González *Dios* [Méx. 1999]). No debe usarse, con este sentido, el verbo *soplar*, calco inaceptable del inglés *to blow one's nose*: ⊗«*Saca un pañuelo de papel de su cartera y se sopla la nariz*» (Santiago *Sueño* [P. Rico 1996]).

sondar. 'Introducir en el cuerpo de [una persona o animal] una sonda con diferentes fines terapéuticos': «*Durante el parto se manipula la vejiga sondando a la paciente*» (GaReal *Ginecología* [Esp. 1999]). También puede significar 'explorar mediante una sonda o instrumento adecuado [un medio] para averiguar sus características, su profundidad, etc.': «*El enemigo envió unas lanchas a sondar las orillas de la bahía*» (*Puerto Rico* [P. Rico 1939]); pero con este último sentido se prefiere hoy el uso de *sondear* (→ sondear, 1).

sondear. 1. 'Explorar mediante una sonda o instrumento adecuado [un medio] para averiguar sus características, su profundidad, etc.': «*Navegaba despacio para sondear el fondo del río*» (GaMárquez *Amor* [Col. 1985]). Con este mismo sentido se usa también, aunque menos, el verbo *sondar* (→ sondar). **2.** Significa, además, 'hacer un primer estudio [sobre algo] para hacerse una idea de ello': «*Ecuador y Perú sondearon el mercado ruso para la adquisición de aviones Kfir y Mig-29*» (*Brecha* [Ur.] 4.7.97); y 'tratar de averiguar algo [de alguien] de modo sutil o indirecto': «*Pía decidió sondear a Virucha antes de plantear el problema a su esposo*» (Longares *Romanticismo* [Esp. 2001]). En estos casos no es intercambiable con *sondar*.

sonreír(se). 'Reírse levemente y sin ruido'. Verbo irregular: v. conjugación modelo (→ APÉNDICE 1, n.º 55).

sonsera, sonso -sa. → zonzo.

soñar. 1. 'Representarse en la fantasía imágenes o sucesos mientras se duerme', 'imaginar que son reales cosas que no lo son' y 'desear persistentemente algo'. Verbo irregular: se conjuga como *contar* (→ APÉNDICE 1, n.º 26). **2.** Suele funcionar como intransitivo y construirse con un complemento introducido por *con*: «*Aída sueña CON hoteles vacíos, en una ciudad que no conoce*» (PRossi *Solitario* [Ur. 1988]); «*Claudio Z. sueña CON aprender a pilotar un avión*» (Alfaya *Traidor* [Esp. 1991]); cuando el complemento es un infinitivo, también puede ir introducido por *en*: «*Al-*

guna vez soñó EN ir a la capital» (UPietri *Oficio* [Ven. 1976]). Es igualmente correcto su uso como transitivo, construcción habitual en la lengua general cuando el complemento es una oración subordinada introducida por la conjunción *que*: «*Soñó QUE subía por las escaleras de un acueducto*» (GaVega *Años* [Cuba 1978]), y que también se emplea con frecuencia en la lengua literaria, con complementos nominales o pronominales: «*Lucía soñó un futuro color de rosa para Eusebio*» (Maqua *Invierno* [Esp. 1992]); «*El otro me soñó*» (Borges *Libro* [Arg. 1975]). **3.** En la lengua general culta, *soñar* no se emplea en forma pronominal; no obstante, la forma *soñarse* se registra con cierta frecuencia en el español coloquial americano y en algunas áreas dialectales del oeste español, también con un complemento introducido por *con*: «*Yo me sueño CON los goles que voy a meter*» (Gamboa *Páginas* [Col. 1998]).

⊗**sopena.** → pena, 3.

soplar. ⊗*soplarse la nariz.* → sonar(se), 2.

soriasis. → psoriasis.

sorprender(se). Cuando significa 'causar sorpresa', por tratarse de un verbo de «afección psíquica», dependiendo de distintos factores (→ LEÍSMO, 4a), el complemento de persona puede interpretarse como directo o indirecto: «*Ellos quieren sorprenderme con su ciencia, y soy yo quien LOS sorprende con la mía*» (Moix *Arpista* [Esp. 2002]); «*A Elisa LE sorprende la infantil pregunta*» (Guido *Invitación* [Arg. 1979]). Cuando significa 'pillar desprevenido' o 'descubrir [a alguien] en una determinada situación', el complemento de persona es siempre directo: «*El enemigo LOS sorprende entre la maraña de la selva*» (*Tiempo* [Col.] 15.9.96); «*LOS sorprendimos merodeando en la tienda del capitán*» (Salisachs *Gangrena* [Esp. 1975]). Como pronominal significa 'sentir sorpresa': «*Me sorprendí al ver que su dirección correspondía a un hotel*» (Serrano *Vida* [Chile 1995]).

sorpresivo -va. Aunque a veces se emplea como sinónimo de *sorprendente* ('que sorprende o admira'), se recomienda usarlo solo con el sentido de 'inesperado o que se produce por sorpresa': «*Al final de la tarde, tuve un sorpresivo y desagradable encuentro*» (Vega *Crónicas* [P. Rico 1991]); «*El sorpresivo ataque [...] nos dejó un saldo de 127 compañeros muertos*» (Santander *Corrido* [Méx. 1982]).

sosegar(se). 'Calmar(se)'. Verbo irregular: se conjuga como *acertar* (→ APÉNDICE 1, n.º 16). Existe también, con la misma irregularidad, la variante *asosegar(se)*, hoy desusada en la lengua culta.

sosia. → sosias.

sosias. 'Persona que tiene parecido con otra hasta el punto de poder ser confundida con ella'. Esta voz procede del nombre del personaje llamado Sosia de la comedia del autor latino Plauto titulada *Anfitrión*. La forma *sosias* es hoy la más frecuente, aunque aún sigue vigente la etimológica *sosia*: «*Un sosias de Michael Jackson ensaya envaradamente alguna de las posturas favoritas del cantante*» (*Cultural* [Esp.] 7.4.03); «*Una mujer que ambos supusieron francesa por ser [...] la sosia perfecta de Miou-Miou*» (Leyva *Piñata* [Méx. 1984]). Es común en cuanto al género (→ GÉNERO², 1a). Aunque la pronunciación etimológica es [sósia(s)], con diptongo entre las dos vocales contiguas, en algunos países de América del Sur se ha extendido la pronunciación con hiato *sosías*: «*Abelardo —mi copia, mi alter ego, mi sosías— vino a despedirse con emoción*» (Delgado *Sub-América* [Ven. 1992]).

sospechar. 1. Cuando significa 'imaginar [algo] por conjeturas o indicios', es transitivo: «*Julieta sabía o sospechaba mi intención de acostarme con ella*» (CInfante *Habana* [Cuba 1986]); «*Desde cualquier ventana sospecho que me espía Arón*» (Delgado *Mirada* [Esp. 1995]). Lo que se imagina o sospecha se expresa mediante un complemento directo y, por tanto, no debe ir precedido de la preposición *de* (→ DEQUEÍSMO, 1b): ⊗«*Sospechaban DE que la niña abandonada era nieta de la Teresa Pérez*» (*Mundo* [Esp.] 25.5.96). Téngase en cuenta, no obstante, que este verbo tiene también usos intransitivos, por lo que no siempre es incorrecto que el complemento de este verbo vaya precedido de la preposición *de* (→ 2).

2. Cuando significa 'considerar a alguien sospechoso de haber cometido un delito o falta' y 'desconfiar', es intransitivo. Se construye con un complemento con *de*, que expresa la persona o cosa puesta bajo sospecha: «*La vigilan, sospechan DE ella*» (Rivera *Amor* [Perú 1993]); «*Yo sospecho DE todas las respuestas fáciles a este tipo de problemas*» (Gánem *Caminitos* [Méx. 2001]); *Sospeché DE que aquel tipo fuese realmente quien decía ser*. El carácter intransitivo de estas construcciones no permite, en principio, que la persona o cosa puesta bajo sospecha pueda funcionar como sujeto de una oración pasiva; no obstante, en el español rioplatense son normales oraciones como «*Fue sospechado de traición*» (Ferla *Drama* [Arg. 1985]) o «*Era Quiroga uno de aquellos soldados leales y abnegados, cuya palabra no puede ser jamás sospechada*» (Gutiérrez *Rastreador* [Arg. 1884]). Aunque estos usos pasivos se documentan desde época medieval, y hasta principios del siglo XX se encuentran también en escritores españoles, resultan hoy anómalos, puesto que no existe una versión activa en la que la persona o cosa de la que se sospecha funcione como complemento directo: *Lo sospecharon de traición* o *Sospecharon su palabra*. En estos casos, el español general prefiere hoy la expresión *ser sospechoso de* o la construcción intransitiva activa: *Fue sospechoso de*

traición o *Era uno de aquellos soldados [...] de cuya palabra no puede jamás sospecharse.*

sostener(se). 'Sustentar(se)'. Verbo irregular: se conjuga como *tener* (→ APÉNDICE 1, n.º 57). El imperativo singular es *sostén* (tú) y *sostené* (vos), y no ⊗*sostiene*.

soterrar(se). 'Poner(se) bajo tierra' y 'esconder u ocultar'. Al igual que otros verbos relacionados con *tierra*, como *aterrar, desterrar, enterrar*, etc., este verbo es irregular y se conjuga como *acertar* (→ APÉNDICE 1, n.º 16); por lo tanto, diptongan las formas cuya raíz es tónica: *sotierro, sotierras*, etc. No obstante, se considera también correcta su conjugación como regular —esto es, sin diptongo—, frecuente en el español actual: «*Zozobra grande causa, por más que se soterre su presencia*» (*Proceso* [Méx.] 3.11.96).

sottovoce. Este adverbio italiano, que literalmente significa 'en voz baja', se usa con cierta frecuencia en español para indicar que algo se dice o se hace por lo bajo, con disimulo. Por tratarse de un extranjerismo crudo, conserva su pronunciación originaria ([sot.tovóche]) y debe escribirse con resalte tipográfico: «*No bien partieron los servidores reinició sus quejas*, sottovoce» (Mujica *Escarabajo* [Arg. 1982]). Es igualmente válida la grafía en dos palabras *sotto voce*: «*Cuando se decía de algún hombre, casi siempre "sotto voce": "Se entiende con Fulana", ya se sabía que se estaba acostando con ella*» (MtnGaite *Usos* [Esp. 1987]). Es incorrecto su uso precedido de preposición: ⊗«*A sotto voce han anticipado una baja de sus tipos en las próximas semanas*» (*País* [Esp.] 1.10.86). Pese a su difusión, conviene no olvidar el equivalente español *por lo bajo* o, en el habla coloquial de España, *por lo bajinis* (→ bajo, 2).

soufflé. → suflé.

South Carolina. → Carolina del Sur.

South Dakota. → Dakota del Sur.

souvenir. → suvenir.

sóviet o soviet. 'Consejo o agrupación de obreros y soldados durante la Revolución rusa' y 'órgano de gobierno que, en los distintos niveles, ejercía el poder en la antigua Unión Soviética'. Esta palabra de origen ruso se emplea en español con dos acentuaciones, ambas válidas. La pronunciación llana [sóbiet], a la que corresponde la grafía con tilde *sóviet*, es hoy la más extendida entre los hispanohablantes y se debe probablemente al influjo del inglés: «*Ruslan Jasbulatov, presidente del disuelto Sóviet Supremo de Rusia*» (*NCastilla* [Esp.] 7.6.94); pero en algunos países americanos, como México o Venezuela, se conserva la pronunciación etimológica aguda [sobiét], a la que corresponde la grafía sin tilde *soviet*: «*Gorbachov abrió una úlce-*

ra dentro del aparato digestivo del Soviet» (*Universal* [Ven.] 21.4.93). El plural es *sóviets* y *soviets*, respectivamente (→ PLURAL, 1h).

soya. La voz japonesa *shoyu* ('planta leguminosa procedente de Asia' y 'fruto comestible de esta planta') se introdujo en Europa a través del neerlandés con dos grafías, *soya* y *soja*, usadas ambas en español e igualmente válidas. En casi toda América se usa preferente o exclusivamente la forma *soya*: «*La producción de soya en Guatemala atraviesa problemas*» (*Hora* [Guat.] 28.2.97); mientras que en España y en el área del Río de la Plata se ha generalizado la forma *soja* (pron. [sója]): «*La cotización de la soja pegó ayer un nuevo salto*» (*Clarín* [Arg.] 2.4.97).

spaghetti, ⊗spagueti, ⊗spaguetti. → espagueti.

sparring. → esparrin.

speaker. 1. Voz inglesa con la que se designa al presidente de la Cámara de los Comunes británica o al de la Cámara de Representantes estadounidense. Es lícito su empleo, como extranjerismo crudo —escrito, por tanto, con resalte tipográfico—, en referencia a estos países, o a países anglófonos en los que se denomine así este cargo: «*Sería oportuno que*, siguiendo el modelo del *speaker británico*, *nuestro presidente del Congreso fuera elegido sin ningún contrincante significativo*» (*País* [Esp.] 10.3.79); «*La Cámara de Representantes de Estados Unidos opta por la reelección de su "speaker"*» (*Universal* [Ven.] 8.1.97). No obstante, resulta siempre preferible el empleo del equivalente español *presidente (de la Cámara)*: «*Sir Geoffrey Howe pasa a ser viceprimer ministro del Gobierno y presidente de la Cámara de los Comunes*» (*Abc* [Esp.] 25.7.89). **2.** Es innecesario el uso de la voz inglesa con el sentido de 'aparato electroacústico que sirve para amplificar el sonido' —abreviación del inglés *loud-speaker*—, pues para ello existen en español los términos *altavoz*, en España, y *altoparlante*, *parlante* o *bocina* en América. **3.** También es superfluo el anglicismo con el sentido, tomado del francés, de 'persona cuya profesión consiste en hablar por radio o televisión para dar noticias o presentar programas'; en español deben usarse, en este caso, los términos *locutor* o *presentador*.

speech. Anglicismo innecesario que debe sustituirse por sus equivalentes españoles *discurso* o *parlamento*: «*El compañero Fufaña echó un discurso de lo más bonito*» (Alape *Paz* [Col. 1985]); «*Acompañó su parlamento con una espléndida variedad de movimientos de cejas*» (MtzReverte *Gálvez* [Esp. 1979]). Cuando presenta connotaciones despectivas o irónicas, equivale al español *perorata*: «*Lanzó una perorata sobre enfermedades venéreas*» (VLlosa *Tía* [Perú 1977]).

spiritual. → góspel.

spleen. → esplín.

sponsor, ⊗sponsorización, ⊗sponsorizar. → patrocinador.

sport. Anglicismo evitable, por existir equivalentes para cada uno de los sentidos con los que se emplea en español esta voz inglesa: **a)** Con el sentido de 'actividad o ejercicio físico', debe usarse el equivalente español *deporte*: «*Al viejo se le ve encantado de poder practicar de nuevo su deporte favorito*» (VMatas *Suicidios* [Esp. 1991]). También cuando, precedido de *por*, significa 'por gusto o por mera diversión': «*Se trabajará por puro placer, por deporte*» (*Universal* [Ven.] 15.4.97). **b)** Cuando se usa como adjetivo, referido a atuendo o a prenda de vestir, con el sentido de 'cómodo e informal', puede sustituirse por los adjetivos españoles *informal* o *deportivo*: «*Los jóvenes prefieren la ropa informal*» (*DYucatán* [Méx.] 28.10.96) «*Vestía una falda floreada y una camisa deportiva*» (FdzCubas *Hermana* [Esp. 1980]). También puede sustituirse por *deportivo* cuando significa '[automóvil] que ha sido diseñado para alcanzar grandes velocidades': «*Subía entonces ella la capota de su carro deportivo*» (Cifuentes *Esmeralda* [Guat. 1987]). **c)** *de sport*. Como locución adjetiva (*ropa de sport, automóvil de sport*), equivale al adjetivo *sport*, por lo que puede sustituirse por los equivalentes españoles *informal* o *deportivo* (→ b). También puede funcionar como locución adverbial, con verbos como *ir* o *vestir*; en ese caso puede sustituirse por expresiones adverbiales, como *de manera informal, informalmente* o *con estilo deportivo*: «*Vestía de manera informal*» (*Proceso* [Méx.] 24.11.96); «*Julio se había vestido informalmente, pero con prendas que delataban una buena situación económica*» (Millás *Desorden* [Esp. 1988]).

spot. Anglicismo evitable, por existir equivalentes españoles para cada uno de los sentidos con los que se emplea en español esta voz inglesa: **a)** Cuando significa 'película de corta duración con fines publicitarios', puede sustituirse por los términos españoles *anuncio, cuña, comercial* o *aviso*, estos dos últimos usados con este sentido únicamente en América: «*Esos anuncios de ropa en l[os] que se lava un trapo con un detergente A y un detergente B*» (Sierra *Regreso* [Esp. 1995]); «*La cuña televisiva fue mandada a horarios nocturnos*» (*Tiempo* [Col.] 1.12.91); «*Su pelo rubio fino revolotea alrededor de su cara, como en los comerciales de champú*» (Santiago *Sueño* [P. Rico 1996]); «*Cortina musical y el aviso del aceite Cocinero, de los buenos el primero*» (Posse *Pasión* [Arg. 1995]). **b)** Cuando, por acortamiento del inglés *spotlight*, significa, en fotografía, cine o teatro, 'foco de luz potente y directa para iluminar una zona peque-ña', puede sustituirse por los términos españoles *foco, reflector* y *proyector* o *cañón (de luz)*: «*Aparece Lorca, en medio de la penumbra, iluminado por un foco directo*» (Guzmán *Llanto* [Esp. 1982]); «*Los actores saludan bailando, enfocados desde la sala por el reflector*» (Vilalta *Mujer* [Méx. 1981]); «*Invita a un hombre a que pase a la pista y se siente en una sillita de paja; el proyector de luz cae sobre mí*» (Fuentes *Naranjo* [Méx. 1993]); «*El cañón de luz resaltó una gran rueda en el fondo del escenario*» (SchzEspeso *Mujer* [Esp. 1991]).

c) En el lenguaje económico se usa la expresión *spot market* con el sentido de 'mercado en el que se negocian compras al contado y con entrega inmediata'. En este caso es preferible usar expresiones españolas como *mercado libre* o *mercado al contado*: «*El mercado libre de Róterdam* (spot market) *se encuentra a la baja en las últimas semanas*» (*País* [Esp.] 17.12.80); «*Las empresas* [...] *cuentan con mecanismos de cobertura que* [...] *les aseguran cubrir sus posiciones en el mercado al contado*» (*Vanguardia* [Esp.] 28.2.95).

spray. → aerosol.

sprint, ⊗sprintar, sprinter. → esprín.

Sri Lanka. Nombre actual de la antigua Ceilán: «*Sri Lanka elegirá hoy a su nuevo presidente*» (*Vanguardia* [Esp.] 9.11.94). El gentilicio tradicional *cingalés* resulta inapropiado, pues, en rigor, designa estrictamente a los individuos de la etnia mayoritaria y a su lengua; por ello, resultan preferibles, como gentilicios del país, las formas *ceilanés* o *ceilandés*: «*La organización no gubernamental ceilanesa "Sarvodaya" se encargará de atender a los niños de Sri Lanka que perdieron a sus padres*» (*Tiempos* [Bol.] 14.1.05); «*La novela* [...] *del canadiense de origen ceilandés Michael Ondaatje*» (*Clarín* [Arg.] 17.2.97). A raíz del cambio de denominación, comienza a circular el gentilicio *esrilanqués*, derivado del nuevo nombre: «*El asalto se saldó con la muerte de 13 guerrilleros* [...] *y de siete miembros de las fuerzas de seguridad esrilanquesas*» (*País*@ [Esp.] 25.7.01).

-st-. → t, 3.

stádium. → estadio, 1.

staff. Voz inglesa que se usa ocasionalmente en español con los sentidos de 'conjunto de los trabajadores fijos de un organismo o empresa' y, en especial, 'conjunto de las personas que ocupan los puestos de mayor relieve en una organización o empresa'. Es anglicismo evitable, pues, para el primer sentido, el español cuenta con términos como *personal* o *plantilla*: «*El escrito* [...] *fue* [...] *firmado por todo el personal del citado centro*» (*País* [Esp.] 1.3.80); «*La gente que aspiraba a formar parte de la plantilla del periódico tenía que entrevistarse primero con el director*» (GaSánchez *Historia* [Esp. 1991]);

y, para el segundo, pueden usarse expresiones como *plana mayor* o *equipo directivo*: «*Una comida a la que asistió el director del periódico y su plana mayor*» (Chávez *Batallador* [Méx. 1986]); «*Garro describió su relación personal con los miembros más importantes del equipo directivo del banco*» (Ekaizer *Vendetta* [Arg. 1996]).

Stalingrado. → Volgogrado.

stand. Voz inglesa que se usa con frecuencia en español con el sentido de 'instalación, dentro de una feria de muestras, para la exposición, promoción y venta de productos'. A pesar de su difusión, se recomienda usar en su lugar las voces españolas *pabellón*, si se refiere a un edificio o construcción de cierta envergadura, o *caseta* o *puesto*, si se refiere a una instalación de pequeñas dimensiones: «*El mayor aumento de la participación extranjera correspondió a España —con uno de los mayores pabellones de la feria—*» (*País* [Esp.] 18.9.77); «*Consiguió* [la Comunidad de Canarias] *con su caseta el primer premio de Fitur 88*» (*País* [Esp.] 2.2.88); «*Como centro comercial, tendrá* [...] *dos zonas de exposición con puestos semejantes a los de las ferias*» (*Vanguardia* [Esp.] 16.3.95).

standard. → estándar.

standing. Voz inglesa que se usa ocasionalmente en español con el sentido de 'categoría o nivel elevados, especialmente desde el punto de vista económico y social'. Suele aparecer en la construcción *de alto standing*. Es anglicismo evitable, ya que puede sustituirse por las voces españolas *categoría* o *nivel*, acompañadas opcionalmente de adjetivos ponderativos como *alto, elevado* o *grande*: «*Muchos profesionales, directivos de empresas y ejecutivos practican este mal hábito, lo mismo en restaurantes de categoría que en sus propias casas*» (Brusco *Comer* [Arg. 1987]); «*Viven en hoteles de alta categoría*» (DzÁlvarez *Geografía* [Esp. 1989]); «*Es un clásico de las tiendas de alto nivel de Miami*» (Dios *Miami* [Arg. 1999]).

starter. → estárter.

statu quo. Loc. lat. (pron. [estátu-kuó], no ⊗[estátu-kúo]) que significa literalmente 'en el estado en que'. Se emplea como locución nominal masculina con el sentido de 'estado de un asunto o cuestión en un momento determinado': «*¿Cómo es posible que usted haya osado romper el statu quo tan difícilmente establecido entre las comunidades y los propietarios?*» (Scorza *Tumba* [Perú 1988]). Es invariable en plural (→ PLURAL, 1k): *los statu quo*. No es correcta la forma ⊗*status quo*.

status. → estatus.

⊗status quo. → statu quo.

stock. Voz inglesa que se usa con cierta frecuencia en español con los sentidos de 'cantidad de mercancías que se tienen en depósito' y, en general, 'cantidad de algo disponible para uso futuro'. Aunque está bastante extendido en el lenguaje comercial, es anglicismo evitable, ya que, con el primer sentido, puede sustituirse por la voz española *existencias*, o por expresiones como *mercancías almacenadas* o *en depósito*: «*Ya me estoy viendo a los de la destilería trabajando a todo trapo por falta de existencias*» (Sierra *Regreso* [Esp. 1995]); «*Las mayores atribuciones* [...] *que la ley penal tributaria le otorgó a ese organismo les habría complicado la posibilidad de tener mercadería en depósito sin justificación*» (*Nación* [Arg.] 5.7.92); y, para el segundo sentido, existe el término español *reservas*: «*Las reservas de petróleo en Estados Unidos cayeron en más de 6,5 millones de barriles*» (*Universal* [Ven.] 12.9.96).

stop. Voz inglesa que significa 'parada' o, con sentido imperativo, 'alto o pare'. Un gran número de países la utilizan en la señal de tráfico que obliga, en un cruce, a detener el vehículo y ceder el paso, y así ocurre en España: «*El turismo* [...] *se saltó un stop y chocó con un camión*» (*Abc* [Esp.] 26.8.97). Sin embargo, en el español de América emplean a menudo en su lugar equivalentes españoles como *alto* o *pare*: «*No respetó la señal de alto*» (*DYucatán* [Méx.] 4.7.96); «*Chocó con un Chevrolet Blazer que* [...] *no se detuvo en una señal de* "*pare*"» (*NHerald* [EE. UU.] 12.2.97). También se emplea la voz inglesa para designar el botón o tecla que se pulsa para detener un mecanismo, caso en el que es preferible emplear el equivalente español *(botón de) parada*. En ningún caso debe emplearse el anglicismo para designar, simplemente, la parada o descanso en una actividad.

stopper. Voz inglesa que se usa, en el lenguaje del fútbol, con el sentido de 'centrocampista cuyas tareas son básicamente defensivas'. Debe sustituirse en español por equivalencias como *pivote* —forma preferida en España— o por los términos *medio(campista)*, *volante* o *centrocampista*, seguidos del adjetivo *defensivo* o del complemento especificador *de contención*: «*Quizás un doble pivote en el centro del campo permitiría a los hombres de las bandas ahorrar energías en el trabajo defensivo*» (*DVasco* [Esp.] 4.5.99); «*Un solo volante de contención tendrá la responsabilidad de neutralizar el juego del rival en el medio*» (*Observador* [Ur.] 6.5.97); «*Los delanteros paraguayos decepcionaron y los goles vinieron por intermedio del mediocampista de contención*» (*Universal* [Ven.] 8.1.97); «*Para enviar al campo al medio defensivo Ignacio Ambriz*» (*DYucatán* [Méx.] 9.9.96); «*El centrocampista defensivo Steffen Freund queda definitivamente descartado*» (*Universal* [Ven.] 30.6.96).

store. → estor.

®**straperlo.** → estraperlo.

Strasbourg, Strassburg. → Estrasburgo.

®**stres,** ®**stresante,** ®**stresar,** *stress.* → estrés.

stricto sensu. Loc. lat. que significa 'en sentido estricto': «*El patrimonio de la comunidad (stricto sensu) es un patrimonio en conservación*» (Maldonado/Negrón *Derecho* [P. Rico 1997]). Son erróneas las formas ®*strictu sensu* y ®*stricto senso*. Se opone a *lato sensu* (→ lato sensu). También puede decirse *sensu stricto*: «*Intentar predecir el futuro es tarea demasiado arriesgada como para planteársela sensu stricto*» (SchzRon *Ciencia* [Esp. 1995]).

strike-out. → ponche, 2.

stripper, striptease. → estriptis o estriptís.

stud. Voz inglesa que se usa con cierta frecuencia en algunos países americanos, como la Argentina, Chile y el Perú, con los sentidos de 'lugar en el que se crían y cuidan caballos, especialmente los destinados a las carreras' y 'conjunto de caballos que pertenecen a un mismo propietario'. Es anglicismo evitable, por existir las voces españolas *caballeriza* o *cuadra*, perfectamente equivalentes: «*Se multó en 50 000 pesos al propietario de la caballeriza El Yacaré*» (*Clarín* [Arg.] 22.3.79); «*Barilone, de la cuadra Rosales, parte en esta carrera como gran favorito*» (*País* [Esp.] 4.8.77).

suajili. Adaptación gráfica propuesta para la voz inglesa de origen árabe *swahili*, que significa, como sustantivo masculino, 'lengua del grupo bantú hablada en África oriental': «*A finales del siglo XV, el árabe y el suajili ya eran las lenguas importantes de toda la costa africana*» (Moral *Lenguas* [Esp. 2002] 411); y, como adjetivo, 'del pueblo que habla suajili': «*El primer manuscrito conocido de la poesía suajili* [...] *es del año 1728*» (Moral *Lenguas* [Esp. 2002] 411). Referido a persona, puede usarse como sustantivo común en cuanto al género (*el/la suajili;* → GÉNERO^2, 1a y 3d). Su plural es *suajilis* (→ PLURAL, 1a y 2.2).

suástica. → esvástica.

suazi. → Suazilandia.

Suazilandia. Forma adaptada a la ortografía y pronunciación españolas del nombre de este país de África: «*La decisión se adoptó tras una entrevista del primer ministro surafricano* [...] *con su homólogo de Suazilandia*» (*País* [Esp.] 1.4.84). No debe usarse en español la grafía inglesa *Swazilandia*. El gentilicio es *suazi*: «*El Gobierno de Suazilandia* [...] *ha prohibido que las jovencitas suazis tengan relaciones sexuales durante los próximos cinco años*» (*Mundo*@ [Esp.] 18.9.01).

subarrendar. 'Dar, o tomar, en arriendo [algo], cuando uno de los intervinientes en la operación es ya su arrendatario'. Verbo irregular: se conjuga como *acertar* (→ APÉNDICE 1, n.º 16).

subir(se). 1. Normalmente se construye como intransitivo, a menudo pronominal, con diferentes complementos preposicionales:

a) Cuando significa 'ir o llegar a un lugar más alto' suele llevar un complemento precedido de *a, hacia* o *hasta,* que expresa el lugar de destino: «*Mi hermano se quedó allá con la gente que se subió* AL *monte*» (Flores *Siguamonta* [Guat. 1993]); «*El humo del cigarrillo subía* HACIA *el techo*» (Marsillach *Ático* [Esp. 1995]). A veces se construye con un complemento precedido de *por,* que expresa, no el lugar de destino, sino el lugar que se recorre durante el ascenso: «*Comenzó a subir* POR *la escalera alfombrada*» (Salazar *Selva* [Col. 1991]). En el uso transitivo, este complemento con *por* se transforma en el complemento directo (→ 2).

b) Con el sentido de 'ponerse sobre algo' se construye con un complemento introducido por *a, en, sobre* o *encima de:* «*De un salto, se sube* A *una mesa*» (Laguado *Guiñol* [Col. 1988]); «*Me subí* EN *la mesa*» (Carballido *Cartas* [Méx. 1975]); «*Subió* SOBRE *una roca*» (Pinto *Despertar* [C. Rica 1994]); «*Me subo* ENCIMA DE *la cama*» (Vázquez *Narboni* [Esp. 1976]).

c) Cuando significa 'entrar en un vehículo' se construye con *a* o *en:* «*Se sube* A *mi carro*» (Bayly *Días* [Perú 1996]); «*Me subí* EN *el mismo tranvía*» (Allende *Casa* [Chile 1982]).

2. Es transitivo cuando significa 'recorrer [un lugar] que implica una subida o ascenso': «*Sube las escaleras*» (Gallegos *Pasado* [C. Rica 1993]). El complemento directo en esta construcción se transforma en un complemento preposicional precedido de *por* en el uso intransitivo (→ 1a). También es transitivo con el sentido de 'poner (más) alto o en alto': «*Alberto sube el volumen de la tele*» (Wolff *Laura* [Chile 1986]); «*En cuanto* LO *subimos a la camilla vomitó*» (*Abc* [Par.] 31.10.00).

sub iúdice. Loc. lat. (pron. corriente [sub-yúdise, sub-yúdize]; pron. latinizante [sub-yúdike]) que significa literalmente 'bajo el juez'. Se usa con el sentido de 'pendiente de resolución judicial': «*El tema se encuentra sub iúdice*» (*País* [Esp.] 1.12.88). También puede escribirse con la grafía *sub júdice: «Un Consejo de Ministros en el que tiene asiento un funcionario sub júdice»* (*Tiempo* [Col.] 31.10.96).

sub júdice. → sub iúdice.

subliminal. 'Que está o se produce por debajo del umbral de la conciencia y, por ello, solo es percibido inconscientemente': «*Las imágenes subliminales se introducen a base de fotogramas en un número menor del que puede ser captado conscientemente*» (Muñoz/Gil *Radio* [Esp. 1986]); y 'encubierto o implícito': «*Todos los discursos destilan un cierto mensaje subliminal: la culpa es de los jóvenes*» (*Mundo* [Esp.] 3.3.95). Existe también la variante *sublimi-*

nar, de escaso uso y, por tanto, menos recomendable.

subliminar. → subliminal.

subscribir, subscripción, subscriptor -ra. → suscribir(se).

subseguir. Dicho de una cosa, 'seguir inmediatamente a otra'. Verbo irregular: se conjuga como *pedir* (→ APÉNDICE 1, n.º 45).

subsidiar. 'Conceder un subsidio [a alguien o algo]'. Se acentúa como *anunciar* (→ APÉNDICE 1, n.º 4).

subsidiaridad. → subsidiariedad.

subsidiariedad. 'Cualidad de subsidiario': «*Allá ustedes si siguen confiando en la subsidiariedad del Estado*» (*Mundo* [Esp.] 15.3.96). También se usa la variante *subsidiaridad,* creada seguramente a partir del francés *subsidiarité* o del inglés *subsidiarity:* «*Seguiremos con la política de subsidiaridad, buscando descentralizar el nivel comunal, cooperativo o privado*» (*Clarín* [Arg.] 25.4.79). Se recomienda la forma *subsidiariedad,* por ser la formación regular a partir del adjetivo español *subsidiario* (→ -dad, c) y la de mayor frecuencia de uso.

substancia, substancial. → sustancia.

substanciar. → sustanciar.

substancioso -sa, substantivo -va, etc. → sustancia.

substitución, substituir, substitutivo -va, substituto -ta, etc. → sustituir.

substracción, substraendo, substraer. → sustraer(se).

substrato. → sustrato.

subvenir. 1. 'Ayudar a algo o costear sus gastos'. Verbo irregular: se conjuga como *venir* (→ APÉNDICE 1, n.º 60). El imperativo singular es *subvén* (tú) y *subvení* (vos), no ⊗*subviene.*

2. Es intransitivo y se construye con un complemento introducido por *a:* «*La filantrópica latifundista subvenía* AL *mantenimiento de un tercio de los seminaristas*» (VLlosa *Tía* [Perú 1977]). No debe emplearse con el sentido de 'paliar o subsanar': ⊗«*El Gobierno de la nación asumirá sus responsabilidades proveyendo los fondos necesarios* [...] *para subvenir a los problemas que el alud inmigratorio provoca en la autonomía catalana*» (*Mundo@* [Esp.] 20.2.05).

subvertir. 'Perturbar o trastornar [algo, especialmente el orden moral]'. Verbo irregular: se conjuga como *sentir* (→ APÉNDICE 1, n.º 53).

sub voce. Loc. lat. (pron. corriente [sub-bóse, sub-bóze]) que significa literalmente 'bajo la voz, bajo la palabra'. Se utiliza antepuesta a la palabra que aparece como lema o entrada de un diccionario o enciclopedia y bajo la cual se encuentra determinada información. Normalmente se emplea en su forma abreviada *s. v.* o *s/v* (→ APÉNDICE 2): «*El objeto sacro se aclara a la luz del* Diccionario de autoridades, [...] *s. v.* hyssopo» (Asensio *Itinerario* [Esp. 1965-71]).

subyacente. → subyacer, 3.

subyacer. 1. 'Yacer o estar debajo de algo' y, dicho de una cosa, 'estar oculta detrás de otra'. Verbo irregular: se conjuga como *yacer* (→ APÉNDICE 1, n.º 62).

2. Se construye con un complemento introducido por las preposiciones —ordenadas de mayor a menor frecuencia— *en, a, bajo* o *tras*: «*¿Qué subyace* EN *todo esto que parece generoso?*» (*Proceso* [Méx.] 24.11.96); «*Hay procesos perfectamente deterministas que subyacen* A *lo que ocurre*» (Maturana/Varela *Árbol* [Chile 1984]); «*La dulzura tímida que subyace* BAJO *los gritos de las gaviotas*» (Cerezales *Fuera* [Esp. 1995]); «*Para apreciar el Barroco se requiere un buen conocimiento de la complejidad que subyace* TRAS *su manifiesta abundancia*» (Garrido *Jardines* [Esp. 1997]).

3. El adjetivo correspondiente es *subyacente* ('que subyace'), que procede del latín *subiacens, -entis* (participio de presente de *subiacere*): «*Hizo como que no se percataba del resentimiento subyacente*» (Mujica *Escarabajo* [Arg. 1982]). Coincide, en su formación, con otros adjetivos derivados de compuestos de *yacer,* como *adyacente, circunyacente* e *interyacente.* A diferencia de lo que ha ocurrido con *yacer,* para cuyo adjetivo son válidas las formas *yacente* y *yaciente* (→ yacer, 2), en este caso no se ha generalizado en el uso la variante ⊗*subyaciente* que, por tanto, debe ser evitada.

suceder. 1. Cuando significa 'ir detrás' es verbo transitivo y su complemento directo, aun siendo de cosa, va precedido de la preposición *a* (→ a², 1.1l): «*El frío sucede* AL *calor, el beso* AL *llanto*» (Hernández *Secreter* [Esp. 1995]). El complemento directo exige el uso de las formas pronominales de acusativo *lo(s), la(s)*: «*Treinta sílabas que la anteceden y otras tantas que* LA *suceden*» (Fogwill *Cantos* [Arg. 1998]). No obstante, la presencia obligada de la preposición *a* ante este complemento favorece el uso de la forma de dativo *le(s),* frecuente incluso en zonas no leístas: «*A su fría y razonada locura* LE *sucedía una desesperación demoníaca*» (Gasulla *Culminación* [Arg. 1975]).

2. Cuando significa, dicho de un suceso, 'acontecer u ocurrir', es intransitivo. Se usa solo en tercera persona y suele llevar un complemento indirecto que expresa la persona a la que le ocurre lo expresado por el sujeto: «*Es el tipo de cosas que* LE *suceden siempre a Martín*» (Bryce *Vida* [Perú 1981]).

sucinto -ta. 'Breve o conciso': «*Hizo un relato sucinto de los trabajos efectuados*» (*Hoy* [Chile] 3-9.10.79); y 'pequeño': «*Abel lucía una sucinta tela de lino a modo de faldellín*» (Vicent *Balada* [Esp. 1987]). No es correcta la forma ⊗*suscinto.*

sud-. → sur-.

Sudáfrica. Forma mayoritaria y recomendada del nombre de este país de África: «*La primera vez que vio a Bertoldi y su mujer, en la embajada de Sudáfrica, les habló de Borges*» (Soriano *León* [Arg. 1986]). La variante *Suráfrica* es minoritaria y, por ello, menos recomendable. Paralelamente, el gentilicio mayoritario y preferible es *sudafricano,* mejor que *surafricano* (→ sur-, b). Para designar la parte sur del continente africano, debe usarse la expresión *África del Sur* (→ África del Sur).

sudafricano -na. → Sudáfrica.

Sudamérica. Tanto *América del Sur* como *Sudamérica* son designaciones geográficas válidas del subcontinente americano que engloba los países situados al sur del istmo de Panamá: «*Aislado en el corazón de Sudamérica [...], el Paraguay había sido la reserva colonial de los jesuitas*» (Fuentes *Espejo* [Méx. 1992]). La variante *Suramérica* es también válida, pero menos frecuente: «*Determinados países de Centroamérica y Suramérica temen las acentuadas presiones sobre sus bosques nativos*» (Pérez *Derecho* [Col. 2000]). Paralelamente, el gentilicio *sudamericano* es de uso más frecuente que *suramericano* (→ sur-, b).

sudamericano -na. → Sudamérica.

sudeste, sudoeste. → sur-, a.

suéter. Adaptación de la voz inglesa *sweater,* 'prenda de punto y con mangas que cubre desde el cuello hasta la cintura'. Su plural es *suéteres* (→ PLURAL, 1g): «*Enfundado [...] en varios suéteres y chaquetas para protegerse del frío*» (Glantz *Rastro* [Méx. 2002]).

sufí. 'Del sufismo, doctrina mística islámica'. Referido a persona, se emplea frecuentemente como sustantivo. El plural es *sufíes* o *sufís* (→ PLURAL, 1c).

suflé. Adaptación gráfica propuesta para la voz francesa *soufflé,* 'plato preparado con claras de huevo a punto de nieve y otros ingredientes, que al cocerse en el horno se infla y adquiere una consistencia esponjosa': «*Un suflé de pescado para empezar*» (AMillán *Oportunidad* [Esp. 1991]). Su plural es *suflés* (→ PLURAL, 1a).

sugerir. 'Proponer o aconsejar' y 'evocar o traer a la memoria'. Verbo irregular: se conjuga como *sentir* (→ APÉNDICE 1, n.º 53).

sugestión. Se emplea normalmente con el sentido de 'acción y efecto de sugestionar(se)': «*En va-*

rios experimentos con neurópatas se consiguen ampollas o hemorragias por sugestión» (*Tiempo* [Col.] 14.1.75). Aunque raro, es también válido su uso como sinónimo de *sugerencia: «No debe silenciarse la sugestión de Raúl Cosía de que Mata reciba una beca»* (Melo *Notas* [Méx. 1990]).

sui géneris. Loc. lat. que significa literalmente 'de su género o especie'. Se emplea con el sentido de 'singular o peculiar': *«Tenía un humor muy sui géneris»* (Arrabal *Torre* [Esp. 1982]). La pronunciación corriente en español es [sui-jéneris]. Debe evitarse la pronunciación ⊗[sui-yéneris].

sujeción. Cuando significa 'acción y efecto de sujetar(se)', va seguido a menudo de un complemento con *a: «La sujeción A la disciplina militar al parecer es mínima»* (*Proceso* [Méx.] 22.12.96). También significa 'elemento o medio que sujeta': *«El acordeón tenía sueltas sus sujeciones»* (Merino *Orilla* [Esp. 1985]). Es incorrecta la grafía ⊗*sujección*.

sumiller. Voz procedente del francés *sommelier*, 'persona encargada de los vinos y licores en un restaurante de lujo': *«Un buen sumiller hace rotar la bodega»* (Plasencia/Villalón *Vinos* [Esp. 1994]). Su plural es *sumilleres* (→ PLURAL, 1g). Es común en cuanto al género (*el/la sumiller;* → GÉNERO², 1a y 3g): *«"Es una combinación muy buena", afirma la sumiller estrella Andrea Immer»* (*Mundo* [Esp.] 3.1.03). Es voz que existía ya en el español clásico para designar el cargo de jefe de un servicio de palacio; por tanto, es rechazable, por innecesario, el uso hoy del original francés, así como el de su posible adaptación moderna ⊗*somelier*.

súmmum. Voz tomada del latín *summum* ('lo sumo'), que se usa siempre precedida de artículo con el significado de 'el colmo o el grado más alto de algo': *«Se supone que los tribunales de justicia son el súmmum de la virtud y de la sabiduría»* (*Tiempos* [Bol.] 13.12.96). Se usa solo en singular. Esta es la grafía hoy mayoritaria, aunque si se desea adaptar completamente este latinismo al español es preferible la forma *sumun*, sin tilde por ser llana acabada en *-n* (→ TILDE², 1.1.2), a *súmum*, con una *-m* final que no es normal en palabras españolas. La grafía adaptada ya se documenta en el uso: *«Apuesta por las camisas claras, aunque a veces se atreve con las negras, el sumun de la nueva progresía»* (*VGalicia* [Esp.] 22.10.04).

súmum, sumun. → súmmum.

suní. 'De la rama ortodoxa del islam, que sigue los preceptos de la *Sunna* o ley de Mahoma'. El plural asentado en la lengua culta es *suníes* (→ PLURAL, 1c). Es igualmente válida la forma *sunita*. Menos frecuentes y recomendables son las grafías *sunní* y *sunnita*.

sunita, sunní, sunnita. → suní.

súper. 1. Adjetivo invariable, creado a partir del elemento compositivo *super-*, que significa, dicho de gasolina, 'de octanaje superior al considerado normal': *nafta súper, gasolina súper*. Se usa frecuentemente como sustantivo femenino: *«La súper cuesta ya 76 pesetas»* (*País* [Esp.] 1.4.85). También se emplea, en la lengua coloquial, con el sentido de 'superior o magnífico': *«Hemos buscado un socio de calidad, un socio de clase súper»* (*NCastilla* [Esp.] 13.5.99); *«Tenemos un plan súper para esta noche»* (Alou *Aportación* [Esp. 1991]). Puede funcionar ocasionalmente como adverbio, con el sentido de 'magníficamente': *Lo pasamos súper en la fiesta*.

2. Sustantivo masculino, acortamiento coloquial de la voz *supermercado: «Sintió como si su carne fuera uno de esos bistecs que venden en el súper»* (Villoro *Noche* [Méx. 1980]). Es invariable en plural: *Han construido varios súper por aquella zona*.

3. En cualquiera de estos usos es un elemento tónico e independiente, que debe escribirse con tilde por ser voz llana acabada en *-r* (→ TILDE², 1.1.2). No debe confundirse con el elemento compositivo *super-* (→ super-).

super-. 1. Elemento compositivo prefijo que denota 'lugar situado por encima': *superciliar, superponer;* 'superioridad o excelencia': *superpotencia, superhombre;* o 'exceso': *superpoblación, superproducción*. En el español coloquial actual se usa con mucha frecuencia para añadir valor superlativo a los adjetivos o adverbios a los que se une: *superútil, superreservado, superbién*.

2. Como el resto de los elementos compositivos prefijos, *super-* es átono y debe escribirse sin tilde y unido sin guion a la palabra base. No se considera correcta su escritura como elemento autónomo: ⊗*«Se portan súper bien»* (*Tiempo* [Col.] 11.2.97). No debe confundirse con el adjetivo y el sustantivo *súper* (→ súper), que sí son palabras independientes.

superávit. Latinismo procedente de la forma verbal latina *superavit* ('excedió, sobró'), que comenzó a usarse en el lenguaje económico del siglo XVIII, como sustantivo masculino, con el sentido de 'cantidad en que los ingresos exceden a los gastos'. Debe escribirse con tilde por ser palabra llana acabada en *-t* (→ TILDE², 1.1.2). Fuera de este ámbito, significa 'exceso o abundancia'. Su plural es *superávits* (→ PLURAL, 1h y k): *«En la primera mitad de la década del ochenta se obtuvieron superávits»* (Fairlie *Relaciones* [Perú 1997]).

superior. → alto, 2a.

supermodelo. Para designar a la modelo muy cotizada de alta costura se documenta ya en español la voz *supermodelo: «La famosa supermodelo australiana Elle McPherson se encuentra actualmente en su país»* (*Hola* [Esp.] 1.6.95). Es, pues, innecesario el uso de la expresión inglesa *top model,* así como el de su abreviación *top.* Aunque normalmente se usa en referencia a mujeres, es voz común en cuanto al género (→ GÉNERO[2], 1a y 3a): *el/la supermodelo.*

superpoblar(se). 'Poblar(se) en exceso'. Verbo irregular: se conjuga como *contar* (→ APÉNDICE 1, n.º 26).

superponer(se). 1. 'Poner(se) una cosa encima de otra'. Verbo irregular: se conjuga como *poner* (→ APÉNDICE 1, n.º 47). El imperativo singular es *superpón* (tú) y *superponé* (vos), y no ⊗*superpone*. **2.** Lleva normalmente, además del complemento directo en el uso transitivo, un complemento indirecto, introducido por *a,* o un complemento introducido por *sobre:* «Pero AL *fracaso económico hay que superponer el éxito que entre los medios más progresistas y cultos consiguieron*» (Gallego *Grabado* [Esp. 1990]); «El mito helénico se superpone SOBRE *las referencias cristianas*» (*Abc* [Esp.] 3.12.83).

superrealismo, superrealista. → surrealismo.

superstición. 'Creencia contraria a la razón': «*Esa gente del campo es dada a la superstición*» (Britton *Siglo* [Pan. 1995]). Es errónea la grafía ⊗*superstición.*

superventas. Término aconsejado en sustitución del inglés *best seller* ('libro o disco de gran éxito y mucha venta'): «*La novela fue publicada en Noruega antes que "El mundo de Sofía", el superventas que le dio celebridad internacional*» (*Vanguardia* [Esp.] 30.11.95); «*El ciclo medio de vida de un superventas musical oscila entre los tres y los seis meses*» (Ferrer *Información* [Méx. 1997]).

supervivencia, ⊗superviviencia, superviviente, supervivir. → sobrevivir.

suponer(se). 1. 'Dar por sentado', 'conjeturar' e 'implicar o traer consigo'. Verbo irregular: se conjuga como *poner* (→ APÉNDICE 1, n.º 47). El imperativo singular es *supón* (tú) y *suponé* (vos), y no ⊗*supone.* **2.** Es un verbo transitivo. No es correcto anteponer *de* al complemento directo (→ DEQUEÍSMO, 1b): ⊗*Supuse* DE *que vendrías;* debió decirse *Supuse que vendrías.* **3.** Por calco del inglés *to be supposed to* + infinitivo, aparece a veces en el habla centroamericana la estructura pasiva ⊗*estar supuesto a* + infinitivo, expresión inadmisible en español, que debe sustituirse por *se espera que, está previsto que* o *se supone que* + verbo conjugado: ⊗«El Yambito está supuesto a pelear el sábado dos de marzo» (*Prensa* [Nic.] 30.1.97); debió decirse *se espera que el Yambito pelee, está previsto que pelee* o *se supone que peleará.*

suprarrealismo, suprarrealista. → surrealismo.

supremo -ma. → alto, 3.

sur. → MAYÚSCULAS, 4.13.

sur-. Elemento compositivo prefijo que significa 'sur o del sur': **a)** Antepuesto a los nombres de los puntos cardinales *este* y *oeste,* y de los compuestos así formados, significa 'sur' y da lugar a los nombres de los puntos del horizonte *sureste, suroeste, sursureste* y *sursuroeste:* «*Llegó a las montañas del sureste mexicano*» (Serrano *Corazón* [Chile 2001]); «*Cielo muy nuboso por la mañana,* [...] *con vientos moderados del Sursuroeste*» (*País* [Esp.] 2.2.87). A menudo adopta la forma *sud-,* dando lugar a las variantes *sudeste* y *sudoeste,* de uso algo menos frecuente, pero igualmente válidas: «*Traían telas desde Hong Kong, Singapur y otros lugares del sudeste asiático*» (Chavarría *Rojo* [Ur. 2002]); «*En la Cataluña agreste, sombría y brutal que se extiende al sudoeste de la cordillera pirenaica*» (Mendoza *Ciudad* [Esp. 1986]). Sobre su escritura con mayúscula inicial (→ MAYÚSCULAS, 4.13). También se antepone a los adjetivos *oriental* y *occidental,* dando lugar a los compuestos *suroriental* (o *sudoriental*), que significa 'del sureste', y *suroccidental* (o *sudoccidental*), que significa 'del suroeste'. **b)** Antepuesto a adjetivos gentilicios o derivados de topónimos, significa 'del sur' y puede aparecer tanto ante vocal como ante consonante: *suramericano, surafricano, surcoreano, survietnamita, suryemení, surasiático,* etc. Ante vocal puede usarse también la forma *sud-,* que en algunos casos da lugar a variantes mayoritarias, como en el caso de *sudamericano, sudafricano* y *sudasiático,* más frecuentes que *suramericano, surafricano* y *surasiático.*

Suráfrica, surafricano -na. → Sudáfrica.

Suramérica, suramericano -na. → Sudamérica.

surcoreano -na. → Corea y sur-, b.

sureste. → sur-, a.

surf. 1. Voz tomada del verbo inglés *to surf,* o creada por acortamiento del sustantivo inglés *surfing,* que designa el deporte acuático practicado sobre una tabla que se desliza sobre las olas: «*El baño de mar entre los ases del surf nos entretuvo hasta la hora del almuerzo*» (Leguineche *Camino* [Esp. 1995]). En español debe pronunciarse tal como se escribe: [súrf]. Para designar a la persona que practica este deporte se recomienda usar el derivado *surfista,* y no la voz inglesa *surfer* ni su calco ⊗*surfero:* «*La policía aseguró que el surfista fue tragado por el fuerte oleaje de esa zona costera*» (*Universal* [Ven.] 9.7.96). **2.** En algunos países de América, como el Perú o Colombia, se emplean las voces *tabla* y *tablista* para designar, respectivamente, el deporte y a quien lo practica: «*Hacía tabla aun en los meses más húmedos del invierno*» (VLlosa *Tía* [Perú 1977]); «*Playas con palmeras y tablistas en Hawái*» (*Caretas* [Perú]

10.4.97). Se recomienda extender el uso de estas equivalencias españolas a todo el ámbito hispánico.

surfer, surfing, surfista. → surf.

Surinam. Forma tradicional española del nombre de este país de América del Sur, antigua Guayana Holandesa: «*Los mejores jugadores de Holanda seguían siendo los veteranos Ruud Gullit y Frank Rijkaard, hijos de hombres* [...] *venidos de Surinam*» (Galeano *Fútbol* [Ur. 1995]). No debe usarse en textos españoles la forma neerlandesa *Suriname*. El gentilicio es *surinamés*: «*Cuando el próximo domingo 20 se enfrenten a los surinameses en el juego de vuelta*» (*Hora*@ [Guat.] 15.6.04).

Suriname, surinamés -sa. → Surinam.

suroeste. → sur-, a.

surrealismo. Del francés *surréalisme*, designa el movimiento artístico y literario surgido en Francia a comienzos del siglo XX y caracterizado por dar primacía al inconsciente y a lo irracional. La palabra francesa está formada con el prefijo *sur-*, cuyos equivalentes en español son los prefijos *sobre-, super-* o *supra-*; de ahí otros nombres como *sobrerrealismo, superrealismo* o *suprarrealismo*, que, aunque formalmente más adecuados, no han conseguido desplazar a *surrealismo*, denominación que se ha impuesto con claridad en todo el ámbito hispánico y resulta, por ello, la más recomendable. Lo mismo ocurre con *surrealista*, frente a las alternativas *sobrerrealista, superrealista* y *suprarrealista*.

sursureste, sursuroeste. → sur-, a.

susceptible. **1.** Cuando este adjetivo significa, dicho de una persona o de una cosa, 'que puede recibir o experimentar una determinada acción', se construye con un complemento introducido por *de*, que expresa dicha acción. El término de esta preposición puede ser un infinitivo pasivo, o de sentido pasivo, o un nombre de acción o efecto sin determinante: «*Eso le hacía acaso susceptible DE ser más amado que antes, pero también vulnerable*» (GaSánchez *Historia* [Esp. 1991]); «*Los perros son también susceptibles DE padecer el mal de las vacas locas*» (*País* [Esp.] 29.4.97); «*Todo problema matemático es susceptible DE solución*» (Volpi *Klingsor* [Méx. 1999]). No es correcto su empleo con infinitivos carentes de sentido pasivo, puesto que *susceptible* expresa la capacidad de recibir una acción, no de llevarla a cabo: ⊗«*Soldados sin carácter, susceptibles de colaborar en asesinatos y encubrimientos*» (*Proceso* [Méx.] 26.1.97); ⊗«*Sistemas antimisiles susceptibles de proteger todo el territorio*» (*País* [Esp.] 1.6.86); en estos casos debió emplearse el adjetivo *capaz* (→ capaz). Para introducir el complemento de *susceptible*, no debe usarse la preposición *a*: ⊗«*Las células cancerosas son menos susceptibles A ser reconocidas de forma eficiente por los vigilantes linfocitarios*» (*Mundo* [Esp.]

20.2.97). En muchas ocasiones, el uso erróneo de la preposición *a* se debe al empleo indebido de *susceptible* en lugar de adjetivos como *propenso, proclive, sensible* o *vulnerable*, que sí rigen esta preposición; así, en ⊗«*El individuo se hace susceptible A las enfermedades*» (*Listín* [R. Dom.] 30.6.97), debió decirse *propenso, sensible* o *vulnerable;* en ⊗«*Las personas depresivas suelen* [...] *ser más susceptibles A sentimientos de baja autoestima*» (*Psicología* [Chile] 2002), debió decirse *proclives;* en ⊗«*En esta edad el cerebro* [...] *es muy susceptible A los traumas emocionales*» (*Mercurio* [Chile] 8.3.04), debió decirse *sensible;* y en ⊗«*Terrenos muy susceptibles A la erosión*» (Vázquez/Orozco *Destrucción* [Méx. 1989]), debió decirse *sensibles* o *vulnerables*.

2. Cuando significa, referido a persona, 'que se ofende con facilidad', no lleva complemento: «*Había gente muy susceptible, incapaz de tolerar ironías*» (VLlosa *Tía* [Perú 1977]).

⊗**suscinto -ta.** → sucinto.

suscribir(se). **1.** 'Firmar [un escrito]', 'compartir [la opinión] de alguien' y, como pronominal, 'abonarse a algo'. Esta voz y todas las de su familia léxica pueden escribirse de dos formas: conservando el grupo consonántico etimológico *-bs-* (*subscribir, subscripción, subscriptor*) o simplificando el grupo en *-s-* (*suscribir, suscripción, suscriptor*). Se recomiendan las grafías simplificadas, por ser más acordes con la articulación real de estas palabras y las más extendidas en el uso actual.

2. Solo es irregular en el participio, que tiene dos formas: *suscrito* o *suscripto*. La forma usada en la mayor parte del mundo hispánico es *suscrito*, pero en algunas zonas de América sigue en pleno uso la grafía etimológica *suscripto* (→ p, 5): «*El acuerdo, suscripto en Madrid, dejaba sin efecto la zona de exclusión militar en torno al archipiélago*» (Escudero *Malvinas* [Arg. 1996]). Los sustantivos derivados *suscriptor* y *suscripción* conservan la *-p-* en todo el ámbito hispánico.

suscripción, suscriptor -ra. → suscribir(se).

suspender. Cuando este verbo significa 'dar a alguien la calificación de suspenso en una prueba', puede construirse de tres modos:

a) *Suspender* [a alguien] EN una prueba o materia: «*Llegó el fin de curso y me suspendieron EN todas las asignaturas*» (TBallester *Filomeno* [Esp. 1988]). Aquí la persona que recibe el suspenso se expresa mediante un complemento directo.

b) *Suspender* [una prueba o materia] a alguien: *El último año me suspendieron la Física*. Aquí la persona que recibe el suspenso se expresa mediante un complemento indirecto.

c) *Suspender* alguien [una prueba o materia]: «*En período de exámenes acudían masivamente a la consulta "estudiantes" que habían suspendido todas las asignaturas*» (VNágera *Depresión* [Esp. 1987]). Aquí la persona que resulta suspendida es el sujeto de la oración.

Con este sentido se usa, en la mayor parte de América, el verbo *reprobar* (→ reprobar, 2).

suspense. 1. 'Expectación por el desarrollo de una acción o suceso, especialmente en una película, obra teatral o relato': «*Toda la historia está llevada con una maestría inaudita,* [...] *manejando inteligentemente el suspense, la intriga, la zozobra del espectador*» (*Vanguardia* [Esp.] 2.8.95). Es voz tomada del inglés, presente también en otras lenguas como el francés; en español debe pronunciarse tal y como se escribe: [suspénse]. Se usa sobre todo en España, pues en el español de América se prefiere la voz *suspenso* (→ suspenso, 1).

2. ⊗*en suspense.* → suspenso, 2.

suspenso. 1. En el español de América, 'expectación por el desarrollo de una acción o suceso, especialmente en una película, obra teatral o relato': «*Admira la técnica de la disposición de los capítulos como ingeniosa manera de mantener el suspenso hasta el desenlace*» (HdzNorman *Novela* [P. Rico 1977]). En España se usa, en su lugar, la voz *suspense* (→ suspense).

2. *en suspenso.* 'En situación de aplazamiento o suspensión': «*Víctor dejó en suspenso la aceptación, balbuceando excusas poco convincentes*» (Argullol *Razón* [Esp. 1993]). No es correcta la variante ⊗*en suspense*: ⊗«*El asunto está en suspense, pero se espera un dictamen en fecha cercana*» (*País* [Esp.] 20.7.80).

sustancia. 'Esencia inmutable' y 'jugo alimenticio'. Esta voz y todas las de su familia léxica pueden escribirse de dos formas: conservando el grupo consonántico etimológico *-bs-* (*substancia, substancial, substanciar, substancioso, substantivo*, etc.) o simplificando el grupo en *-s-* (*sustancia, sustancial, sustanciar, sustancioso, sustantivo*, etc.). Se recomiendan las grafías simplificadas, por ser más acordes con la articulación real de estas palabras y las más extendidas en el uso actual.

sustanciar. 'Compendiar o extractar' y 'tramitar judicialmente [un asunto] hasta ponerlo en estado de sentencia'. Se acentúa como *anunciar* (→ APÉNDICE 1, n.º 4). También puede escribirse *substanciar* (→ sustancia).

sustituir. 1. Verbo irregular: se conjuga como *construir* (→ APÉNDICE 1, n.º 25). Su participio, *sustituido*, se escribe sin tilde (→ TILDE², 2.1.1 y 2.1.2).

2. Este verbo y todas las palabras de su familia léxica pueden escribirse de dos formas: conservando el grupo consonántico *-bs-* (*substitución, substituir, substitutivo, substituto, substitutorio*) o simplificando el grupo en *-s-* (*sustitución, sustituir, sustitutivo, sustituto, sustitutorio*). Se recomiendan las grafías simplificadas, por ser más acor-

des con la articulación real de estas palabras y las más extendidas en el uso actual.

3. Cuando significa, dicho de una cosa o de una persona, 'pasar a ocupar el lugar [de otra]', el complemento directo, aun refiriéndose a cosa, va precedido de la preposición *a* (→ a², 1.1l): «*Las palabras sustituyen A la realidad*» (Jodorowsky *Pájaro* [Chile 1992]). Cuando significa 'poner una cosa o a una persona en el lugar [de otra]', además del complemento directo lleva un complemento precedido de *por*: «*Un criado sustituyó el cenicero POR otro impoluto*» (Mendoza *Verdad* [Esp. 1975]). Si este segundo complemento se refiere a cosa, también admite la preposición *con*: «*Si usted no come carne roja, la puede sustituir CON carne de pavo molida*» (*NHerald* [EE. UU.] 15.1.98).

sustraer(se). 1. 'Robar' y 'apartar(se) de algo'. Verbo irregular: se conjuga como *traer* (→ APÉNDICE 1, n.º 58).

2. Este verbo y todas las palabras de su familia léxica pueden escribirse de dos formas: conservando el grupo consonántico etimológico *-bs-* (*substracción, substraendo, substraer*) o simplificando el grupo en *-s-* (*sustracción, sustraendo, sustraer*). Se recomiendan las grafías simplificadas, por ser más acordes con la articulación real de estas palabras y las más extendidas en el uso actual.

3. Cuando significa 'apartar(se) de algo', especialmente de un influjo o de una acción', se construye con un complemento directo (frecuentemente reflexivo) y con otro complemento introducido por las preposiciones *a* o *de*: «*No podré sustraerme AL encanto de tu rostro dolorido*» (Rossetti *Alevosías* [Esp. 1991]); «*Se sustrajo DE la pedantería y DE la abulia en la que tienden a permanecer los hombres famosos caídos en desgracia*» (Serrano *Dios* [Col. 2000]).

sustrato. 'Estrato subyacente'. Puede escribirse de dos formas: conservando el grupo consonántico etimológico *-bs-*: *substrato*; o simplificando el grupo en *-s-*: *sustrato*. Se recomienda la grafía simplificada, por ser más acorde con la articulación real de esta palabra y la más extendida en el uso actual.

sutil. 'Fino o tenue': «*Mi voz es un hilillo sutil destinado a la divinidad*» (Moix *Arpista* [Esp. 2002]); y 'agudo o perspicaz': «*¡Qué poco sutil eres, amiga mía! ¿No te das cuenta de que una cosa es lo mismo que la otra?*» (Donoso *Elefantes* [Chile 1995]). Es voz aguda [sutíl]; no es correcta, pues, la forma llana ⊗*sútil*.

suvenir. Adaptación gráfica propuesta para la voz francesa *souvenir*, 'objeto que sirve como recuerdo de la visita a un lugar'. Su plural es *suvenires* (→ PLURAL, 1g): «*Los suvenires que los turistas compran en París*» (Ramírez *Alba* [Nic. 1985]). Aunque se admite el uso del galicismo adaptado, se recomienda emplear en su lugar la voz española *recuerdo*: «*En la planta baja se venden postales, libritos, algunos recuerdos* kit[s]ch *del lugar*» (Agromayor *España* [Esp. 1987]).

[⊗]**svástica.** → esvástica.

swahili. → suajili.

swastika. → esvástica.

Swazilandia. → Suazilandia.

sweater. → suéter.

Sydney. → Sídney.

symposium. → simposio.

t

t. 1. Vigesimotercera letra del abecedario español y vigésima del orden latino internacional. Su nombre es femenino: *la te* (pl. *tes*). Representa el sonido consonántico dental oclusivo sordo /t/.

2. En el español de España, en posición final de sílaba, y especialmente si la sílaba es átona, la *t* suena como una /d/ fricativa en la pronunciación espontánea: [rrídmo] por *ritmo,* [admósfera] por *atmósfera;* pero es vulgar, y debe evitarse, pronunciar esta *t* como /z/: ⊗[rrízmo] por *ritmo.*

3. En posición final de sílaba precedida de *s,* la *t* no suele pronunciarse: [ísmo] por *istmo* (→ istmo). Puesto que la *t* del prefijo latino *post-* es de difícil articulación, resulta preferible utilizar la variante *pos-,* que suele ser también la de mayor frecuencia de uso; así pues, formas como *posdata* o *posoperatorio* son preferibles a *postdata* y *postoperatorio* (→ pos-).

4. Para la división silábica del grupo *-tl-,* → GUION² o GUIÓN, 2.6c.

tabla. 1. → surf, 2.
    2. *a raja tabla.* → rajatabla.

tablavela. En sustitución de las voces inglesas *windsurf* o *windsurfing* ('deporte que consiste en deslizarse por el agua sobre una tabla provista de una vela'), se documentan ya en español las formas *tabla a vela, tabla vela, tabla-vela* y *tablavela:* «*La sorpresa del día en el equipo español fue el excelente tercer puesto logrado en tabla a vela* [...] *por Eduardo Bellini*» (*País* [Esp.] 2.8.84); «*Los turistas pueden alquilar botes y equipo para practicar el esquí o la tabla-vela*» (Cuvi *Ecuador* [Ec. 1994]). De todas ellas, se recomienda la grafía simple *tablavela.* Para designar a la persona que practica este deporte se propone el término *tablavelista,* en sustitución de la forma híbrida *windsurfista:* «*El torneo* [...] *contó con la presencia de reconocidos veleristas y tablavelistas*» (*Listín*@ [R. Dom.] 3.8.04).

tablavelista. → tablavela.

tablazón. 'Agregado de tablas'. En el uso culto general ha sido siempre femenino: *la tablazón.*

tablista. → surf, 2.

tabloid. → tabloide.

tabloide. Adaptación asentada de la voz inglesa *tabloid,* 'periódico de formato más pequeño que el ordinario': «*Un tabloide alemán publicó también una fotografía de Diana en el momento de entrar en el vehículo*» (*País* [Esp.] 4.9.97).

tabú. 'Prohibición de tocar, mencionar o hacer algo por motivos religiosos, supersticiosos o sociales' y 'cosa sobre la que recae un tabú'. Su plural es *tabúes* o *tabús* (→ PLURAL, 1c).

tac. 1. Onomatopeya del sonido que producen ciertos movimientos acompasados. Cuando se emplea como sustantivo, es masculino y su plural es *tacs* (→ PLURAL, 1h).

2. Acrónimo procedente de la sigla *TAC* (*tomografía axial computarizada*), que designa el conjunto de imágenes seriadas de secciones de un órgano o tejido. Lo más adecuado, por tratarse en origen de una sigla, es usarlo con el género femenino que corresponde al núcleo de la expresión abreviada (*tomografía*), y así se emplea mayoritariamente en América: «*Siempre debe realizarse* [...] *una TAC para completar el diagnóstico*» (VV. AA. *Oftalmología* [Arg. 1991]). En España alternan ambos géneros, con predominio del masculino: «*Con el TAC se pueden detectar tumores de 2 mm*» (PzManga *Cáncer* [Esp. 1983]). Su plural es también *tacs* (→ ACRÓNIMO, 3).

tachar. Con el sentido de 'atribuir [a algo o alguien] una tacha o cualidad negativa', el complemento directo va acompañado de un predicativo introducido por *de:* «*El de la ventanilla de quejas me tachó DE loco*» (Mojarro *Yo* [Méx. 1985]); no es correcto introducir el predicativo con *como:* ⊗*Tachó COMO falsas sus afirmaciones.* No debe emplearse para indicar la atribución de una cualidad positiva: ⊗«*Al tacharse de estables las perspectivas, y ya no negativas,* [...] *no se considera probable una rebaja*» (*Nacional* [Ven.] 27.6.96).

Tachkent. → Taskent.

táctil. 'Del tacto'. Es palabra llana y debe escribirse con tilde. Es incorrecta la forma aguda ⊗*tactil* (pron. ⊗[taktíl]).

Tadjikistan, Tadzhikistan. → Tayikistán.

taekuondo. Adaptación gráfica propuesta para la expresión coreana *tae kwon do,* que designa el arte marcial de origen coreano que desarrolla especialmente las técnicas del salto. Es preferible esta grafía, mejor adaptada al español, a la variante etimológica *taekwondo,* aún mayoritaria en el uso:

«Cuando empezó a los siete años practicaba muchos deportes; ¿por qué se decidió por el taekwondo?» (*DNavarra* [Esp.] 20.5.99). En español debe escribirse en una sola palabra.

taekwondo. → taekuondo.

tahalí. 'Pieza de cuero que sirve para llevar colgada un arma blanca'. Su plural es *tahalíes* o *tahalís* (→ PLURAL, 1c).

[⊗]**tahilandés -sa,** [⊗]**Tahilandia.** → Tailandia.

taichí. Voz procedente del chino *tàijí,* que designa un tipo de gimnasia china caracterizado por la realización de movimientos lentos y coordinados. La grafía con tilde refleja la pronunciación aguda mayoritaria entre los hispanohablantes: *«Técnicas de yoga y taichí»* (*Universal* [Ven.] 10.2.97). Debe evitarse la grafía en dos palabras, con o sin guion: [⊗]*tai chi,* [⊗]*tai-chi.*

tailandés -sa. → Tailandia.

Tailandia. Forma adaptada a la ortografía y pronunciación españolas del nombre de este país del sureste asiático, antes llamado *Siam.* Su gentilicio es *tailandés.* No deben usarse las grafías anglicadas [⊗]*Thailandia,* [⊗]*thailandés,* ni las incorrectas [⊗]*Tahilandia,* [⊗]*tahilandés.*

Taipéi. El nombre de la capital de Taiwán debe escribirse con tilde por ser palabra aguda terminada en vocal (→ TILDE², 1.1.1). No existe gentilicio español para este topónimo.

Taiwán. El nombre chino de la isla de Formosa debe hispanizarse en la forma *Taiwán,* con tilde, como corresponde a la pronunciación aguda generalizada en español. El gentilicio es *taiwanés.*

taiwanés -sa. → Taiwán.

tajamar. 'Pieza de la pila de un puente que corta y reparte a ambos lados el agua de la corriente', 'parte de la proa que hiende el agua cuando la nave avanza' y, además, en algunos países de América, 'malecón' y 'dique pequeño'. A diferencia de *pleamar* (→ pleamar) y *bajamar* (→ bajamar), es de género masculino: *«Se sentaba en el primer tajamar del puente»* (Zaragoza *Dios* [Esp. 1981]); *«Los alemanes pasean por el tajamar»* (Herrera *Casa* [Ven. 1985]). Es incorrecto su uso en femenino: [⊗]*la tajamar.*

tajik, Tajikistan. → Tayikistán.

tal. 1. Como adverbio de modo significa 'así' y antecede a oraciones de sentido comparativo introducidas por *como* (→ como, 1a) o *cual* (→ cual, 1.5): *«Lo aceptaba tal como venía»* (Sastre *Jenofa* [Esp. 1986]); *«El partido se jugará tal cual está fijado»* (*Observador* [Ur.] 8.2.97). No es admisible su uso conjunto con ambos adverbios: [⊗]*«Soy en mi casa tal cual como aparezco en público»* (*NProvincia* [Arg.] 13.3.97); debió decirse *tal cual aparezco* o *tal como*

aparezco. Es muy frecuente, ya desde el español clásico, la fórmula *tal y como,* equivalente enfático de *tal como: «La tía Mary era tal y como se la había imaginado»* (Esquivel *Agua* [Méx. 1989]).

2. con tal (de) que. Esta locución de valor condicional puede usarse con la preposición *de* o sin ella: *«Le tiene sin cuidado la materia de la que está hecha con tal QUE se cotice con un mismo valor»* (Benet *Saúl* [Esp. 1980]); *«Lo que quieras, con tal DE QUE saques y entregues esos cartones»* (María *Fábrica* [Méx. 1980]). Ambas son igualmente válidas, pero en el uso culto se prefiere la construcción con *de.*

3. [⊗]**por tal de.** Aunque fue de uso común en épocas pasadas, la lengua culta rechaza hoy su empleo en lugar de la normal *con tal de* (→ 2): [⊗]*«Por tal de no ver ese programa, pues hago lo que sea»* (*TVE 2* [Esp., corpus oral] 25.10.83).

4. [⊗]**tal es así que.** En esta construcción de carácter ponderativo se emplea indebidamente el adverbio *tal* ('así, de esta manera', ponderativo de cualidad) en lugar del adverbio *tanto* ('de tal modo o en tal grado', ponderativo de cantidad): [⊗]*«A los extranjeros nos echaban la culpa de todo, y el país era un polvorín; tal es así que casi nos impiden salir»* (*NProvincia* [Arg.] 28.7.97); debió decirse *tanto es así...* (→ tanto, 13).

5. tal y como. → 1.

6. tal vez. 'Quizá, acaso': *«Tal vez lo soñé, tal vez vi sólo lo que quería ver»* (Delgado *Mirada* [Esp. 1995]). En América se emplea ocasionalmente la grafía simple [⊗]*talvez,* aún no asentada en la norma culta.

talibán -na. 1. 'De cierta milicia integrista musulmana'. Aunque en el dialecto del persa que se habla en Afganistán la forma *talibán* es plural (singular *talib*), esta voz se ha acomodado ya a la morfología española y se usa *talibán* para el singular y *talibanes* para el plural: *«El líder talibán estaba rodeado por las fuerzas que negociaban su rendición»* (*Prensa* [Nic.] 7.1.02); *«Los talibanes impusieron la ley islámica a la población»* (*Universal* [Ven.] 15.10.96). Se desaconseja el plural invariable [⊗]*los talibán.*

2. Aunque es frecuente su empleo como adjetivo de una sola terminación (*ejército talibán, milicia talibán*), se recomienda usar para el femenino la forma *talibana,* mejor acomodada a la morfología del español (como de *alemán, alemana;* de *holgazán, holgazana,* etc.; → GÉNERO², 3h): *«Fuentes talibanas dijeron que unos 35 civiles murieron en las agresiones»* (*Granma*[@] [Cuba] 10.10.01).

Tallin. Forma adaptada al español del nombre de la capital de Estonia: *«La perfecta interpretación de los dos conjuntos estonios, el Coro de Cámara y la Orquesta de Tallin»* (*Abc* [Esp.] 7.6.96). Esta forma ha desplazado en el uso actual al nombre alemán *Reval* (en español, *Revel*), con el que fue conocida esta ciudad en épocas pasadas. Es voz llana ([táyin, tállin]), de modo que no es correcta la forma aguda ⊗*Tallín*. No debe usarse en español la grafía estonia *Tallinn*.

Tallinn. → Tallin.

⊗**talvez.** → tal, 6.

también. 1. Adverbio que se usa para indicar que lo expresado en la palabra o secuencia a la que afecta se suma a lo dicho con anterioridad: «*Decile que escriba* [...]. *Decile también que desde ahora cuenta con nuestra casa*» (Cortázar *Reunión* [Arg. 1983]); «*No sé, yo también estoy confundido*» (Nieva *Zorra* [Esp. 1988]).
2. Aunque etimológicamente debe su origen a la suma del adverbio de cantidad *tan* y el adverbio de modo *bien*, hoy no deben confundirse. La secuencia *tan bien* se usa en estructuras comparativas (*Canta tan bien como su padre*) y consecutivas (*Canta tan bien que la ha contratado una orquesta*). Obsérvese, pues, la diferencia de significado entre dos oraciones como *Ella canta también, como su padre* y *Ella canta tan bien como su padre*.

tampoco. 1. Adverbio con que se niega una cosa después de haberse negado otra: «*No queremos la venganza, pero tampoco el olvido*» (Aguirre *Retablo* [Chile 1987]); «*Si es por eso, tampoco yo le guardo rencor*» (Cabal *Vade* [Esp. 1982]). Cuando va antepuesto al verbo, es incorrecto su uso seguido del adverbio *no*, esto es, con el verbo en forma negativa: ⊗«*Entonces tampoco no existía ninguna solicitud de mediación*» (*Semana* [Col.] 21-28.1.97); debió decirse *tampoco existía ninguna solicitud de mediación*. Sin embargo, sí se emplea con el verbo en forma negativa cuando va pospuesto al verbo: *Entonces no existía tampoco ninguna solicitud de mediación*.
2. No debe confundirse el adverbio de negación *tampoco* con la secuencia de *tan* (adverbio de cantidad) + *poco* (pronombre o adverbio de cantidad), que se usa en estructuras comparativas (*Gana tan poco como su padre*) y consecutivas (*Gana tan poco que ha tenido que vender su automóvil*).

tan. → tanto, 1.

tándem. Voz tomada del inglés *tandem*, que se usa en español, como sustantivo masculino, con los sentidos de 'bicicleta para dos personas, con dos asientos y dos juegos de pedales, situados uno detrás del otro' y 'conjunto de dos personas que colaboran en algo'. Su plural es *tándems* (→ PLURAL, 1h): «*Una prueba para tándems estuvo incluida en el calendario olímpico*» (Mansilla *Ciclismo* [Esp. 1995]).

tanga. 'Traje de baño o prenda íntima que deja las nalgas al descubierto'. En la mayor parte de América se usa en femenino: «*Aparece Cintia en traje de baño, una tanga estrecha*» (Wolff *Balsa* [Chile

1984]); en España, en cambio, es mayoritario el masculino: «*Un sostén y un tanga nuevos, sencillos y deportivos*» (Beccaria *Luna* [Esp. 2001]).

tángana o **tangana.** 'Riña o alboroto'. Ambas formas se usan y son válidas: «*En los últimos minutos se produjo una pequeña tángana entre los jugadores*» (*NCastilla* [Esp.] 18.11.02); «*Se organiza una tangana entre dos camareros*» (Díaz *Radio* [Esp. 1992]).

Tanganica. Forma tradicional española del nombre de este lago africano, homónimo de uno de los países que formaron la actual Tanzania: «*En 1954, Nyerere unió políticamente Zanzíbar y Tanganica*» (*Mundo* [Esp.] 3.12.95). Existe también la variante *Tanganika*, aunque se recomienda emplear con preferencia la grafía más tradicional. Debe evitarse, por minoritaria, la forma ⊗*Tangañica*. No deben usarse en español ni la forma inglesa *Tanganyika* ni la semiadaptación ⊗*Tanganyica*.

Tanganika, *Tanganyika*. → Tanganica.

tanto -ta. 1. Cuantificador indefinido que puede funcionar como adjetivo, como pronombre y como adverbio. Como adjetivo y como pronombre, presenta variación de género y número (*tanto, tanta, tantos, tantas*): «*Como ya le empezaba a doler la pierna, se tenía que parar cada tantos pasos*» (Landero *Juegos* [Esp. 1989]); «*Quiero que vengas conmigo a trancar todas las puertas.* [...] *Esta casa tiene tantas que siempre se me olvida alguna*» (Ulive *Dorado* [Ur. 1989]). Como adverbio, es invariable y adopta la forma plena *tanto* cuando modifica a un verbo: «*Uno de esos cofres de cemento que tanto odio*» (Gánem *Caminitos* [Méx. 2001]); y la forma apocopada *tan* ante adjetivos y adverbios, con algunas excepciones (→ 2): «*Jamás oí frases tan inteligentes*» (Moix *Arpista* [Esp. 2002]); «*No estoy de acuerdo con que te vayas tan lejos de la ciudad*» (Consiglio *Bien* [Arg. 2002]).
1.1. Se usa como cuantificador comparativo en las construcciones comparativas de igualdad. El segundo término va introducido por *como* (→ como, 2a): «*En nuestro cine, hay casi tantos curas COMO prostitutas*» (Miranda *Palabras* [Ven. 1994]); «*Esa noche se esfumó tan sigilosamente COMO había llegado*» (Martínez *Vuelo* [Arg. 2002]).
1.2. Se usa también en correlación con el relativo cuantitativo *cuanto* (→ cuanto, 1.1.3, 1.2.2 y 1.3.4): «*Debería contar con la potestad de votar por tantas personas CUANTAS se elijan en su circunscripción*» (*DHoy* [Ec.] 13.7.97); «*Los dioses que moraban en tan elevados CUANTO abruptos parajes montañosos*» (Torres *Conquista* [Méx. 1990]); no obstante, hoy, en la mayoría de estos casos, se usa normalmente *como* en lugar de *cuanto*: *tantas personas COMO se elijan, tan elevados COMO abruptos.*
1.3. También se emplea como cuantificador intensivo, seguido de una oración consecutiva

introducida por la conjunción *que* (→ que, 2.3): «*Había pasado tanta hambre QUE había perdido de vista toda proporción*» (Mendoza *Ciudad* [Esp. 1986]); «*Estaba tan débil QUE no me costó trabajo vencerlo*» (Mendoza *Satanás* [Col. 2002]); «*Lo estoy pasando tan mal QUE ya no comparto el ideario de Víctor*» (Marsé *Rabos* [Esp. 2000]).

2. El adverbio *tanto* no se apocopa cuando va precedido del indefinido *un*, formando la locución cuantificativa *un tanto* ('un poco'): «*El despacho de billetes es un lugar* [...] *un tanto siniestro*» (Silva *Rif* [Esp. 2001]); «*Se sienta un tanto provocativamente*» (MFoix *Abrazos* [Esp. 1984]). No se apocopa tampoco ante *más, menos, mayor, menor, mejor, peor*: «*Cuanto más avanzo, tanto más me hundo*» (Mendoza *Satanás* [Col. 2002]); «*Los ejemplares son tanto mayores cuanto más meridional es la estación*» (Llobera/Valladares *Litoral* [Esp. 1989]). No obstante, ante *mayor* sí se apocopa cuando este adjetivo carece de valor comparativo, en sentidos relacionados con la edad (→ mayor, 2): «*¡Mira que tan mayor y todavía con chupete!*» (Ortiz *Luz* [Esp. 1976]); «*Nunca había estado con un hombre tan mayor y con tanto poder*» (Wornat *Menem-Bolocco* [Arg. 2001]).

3. Cuando *tanto* antecede a *mayor, menor* o *más* seguidos de un sustantivo, lo normal hoy es que *tanto* se comporte como un adjetivo, concordando en género y número con el sustantivo: «*Se advierte tanta mayor dificultad al paso de los alimentos cuanto mayor es dicho estrechamiento*» (Moreno *Chequeo* [Esp. 1982]); «*A medida que ello ocurra, tanta más información tendrá que intercambiarse*» (GaBarreno *Medicina* [Esp. 1991]). No obstante, existen ejemplos, perfectamente correctos, en que *tanto* permanece invariable, debido a su condición de adverbio: «*Tanto mayor cientificidad tendrán implícitas* [las hipótesis] *cuanto mayor grado de predictibilidad presenten sus enunciados*» (Ramírez *Infancia* [Méx. 1975]). Esta fluctuación de la concordancia no se produce cuando el sustantivo antecede a la construcción con *tanto*: «*La elección de una u otra abertura adquiere una importancia tanto mayor cuanto menor es la distancia de enfoque*» (Pradera *Fotografía* [Esp. 1990]); no se dice *una importancia tanta mayor*.

4. En correlación con *como* (→ como, 2b), *tanto* forma una conjunción compuesta discontinua de valor copulativo y, si los elementos coordinados funcionan como sujeto, el verbo ha de ir en plural (→ CONCORDANCIA, 4.4): «*Tanto yo como mi hijo se lo agradecemos vivamente*» (Ocampo *Testimonios* [Arg. 1977]). También puede tener este mismo valor en correlación con *cuanto* (→ cuanto, 1.3.5): «*El interés de los pioneros, tanto en etnología cuanto en lingüística, se concentra en el campo controvertido de la religión*» (Aguirre *Antropología* [Méx. 1986]).

5. *de tanto en tanto*. 'De vez en cuando'. Aunque se trata de un calco de la locución catalana *de tant en tant*, cuenta con gran arraigo en castellano y no cabe su censura: «*El Rey mira atentamente el suelo, se inclina de tanto en tanto y recoge todo lo que encuentra*» (Gambaro *Envido* [Arg. 1983]). No obstante, debe recordarse que la locución propiamente castellana es *de cuando en cuando* o *de vez en cuando* (→ cuando, 11): «*El viejo género cómico reaparece de cuando en cuando*» (*País* [Esp.] 2.4.87).

6. *en tanto en cuanto*. Equivale a *en la medida en que*. Esta locución comenzó a usarse en el lenguaje jurídico a finales del siglo XIX y hoy se ha extendido a otros ámbitos: «*Una ley tiene fuerza en tanto en cuanto es justa*» (PBarba *Filosofía* [Esp. 1983]); «*Esa mujer* [...] *será dócil en tanto en cuanto nadie la humille*» (LTena *Renglones* [Esp. 1979]).

7. *en tanto (que)*. Equivale a *mientras (que)*: «*Brindó con un Campari seco, en tanto que Jacqueline lo hizo con un vaso de agua mineral*» (Pitol *Vida* [Méx. 1991]). Es frecuente, y admisible, la supresión de la conjunción *que*: «*La hegemonía era la regla, en tanto el control era la excepción*» (Basáñez *Pulso* [Méx. 1990]). Esta misma locución, seguida de sustantivo, se usa frecuentemente con el sentido de 'en calidad de, considerado como', calco rechazable del francés: [⊗]«*En tanto que americanos, nos gusta la gratificación instantánea*» (*Vanguardia* [Esp.] 17.6.94); debió decirse *en cuanto americanos* o *como americanos*.

8. *entre tanto*. → entretanto, 1.

9. *hasta tanto (que)*. Equivale a *hasta que*: «*Ni recibirá o escribirá a nadie hasta tanto que le lleguen instrucciones*» (MtnVigil *Curas* [Esp. 1968]). En los últimos años tiende a prescindirse absolutamente de la conjunción *que*, de forma que la locución se reduce a *hasta tanto*: «*La Junta gobernaría hasta tanto el monarca pudiese regresar a España*» (Silvestrini/LSánchez *Puerto Rico* [P. Rico 1987]). Al igual que ocurre con *hasta que* (→ hasta, 1), cuando el sentido de la oración precedente es negativo, *hasta tanto* va frecuentemente seguida de un *no* superfluo: «*No me voy a ir hasta tanto NO me lo diga el Presidente*» (*Clarín* [Arg.] 11.10.00); aunque, debido a su frecuencia, se considera uso admisible, no hay que olvidar que el enunciado no necesita esta segunda negación: *No me voy a ir hasta tanto me lo diga el Presidente*.

10. *qué tan(to)*. → qué, 4g.

11. *tan bien*. → también, 2.

12. *tan poco*. → tampoco, 2.

13. *tan(to) es así que*. La forma correcta de esta estructura de carácter ponderativo es *tanto es así que*, puesto que solo es normal la apócope de *tanto* ante adjetivos o adverbios, y no ante verbos: «*No le importan las oficiales limitaciones, tanto es así que la cola de su vestido alcanza una longitud de dos brazos*» (Mujica *Escarabajo* [Arg. 1982]). Pero no es infrecuente, incluso entre hablantes cultos, el uso de *tan es así que*: «*El resultado* [...] *fue alentador, tan* *es así que sus vecinos pronto lo imitaron*» (Crespo *Champiñón* [Arg. 1991]). No obstante, en el habla esmerada se recomienda decir y escribir *tanto es así que*. Sí es obligada la apócope, en cambio, cuando *tanto* va seguido inmediatamente del adverbio *así*: «*Tan así es que de 110 indultos en el mes de octubre de 1996 solo seis corresponden al fuero castrense*» (*Caretas* [Perú] 17.7.97).

14. tanto más (cuanto) que. 'Con mayor motivo teniendo en cuenta que': «*Fue una ceremonia apoteósica, tanto más cuanto que no procedía de las Fuerzas Armadas, sino de la población civil*» (Gironella *Hombres* [Esp. 1986]); «*Muchas de ellas son excelentes plantas de apartamento, tanto más que la mayor parte son cultivadas por los productores en invernadero templado*» (Alonso *Plantas* [Esp. 1980]). Ambas construcciones son válidas.

15. y tantos. → pico, 2.

Tanzania. El nombre de este país de África es *Tanzania*, con diptongo entre las dos vocales finales, no ⊗*Tanzanía*: «*Se ha extendido a países tan distintos como* [...] *Tanzania, China y Costa de Marfil*» (Sagasti *Autodeterminación* [Perú 1981]). El gentilicio es *tanzano*, no ⊗*tanzanio*: «*Puso veneno a los restos de su mujer para matar al animal, según la Policía tanzana*» (*Crónica* [Par.] 16.6.04).

tanzano -na. → Tanzania.

tañer. Como transitivo, 'tocar [un instrumento de percusión o de cuerda]' y, como intransitivo, dicho de una campana o un instrumento similar, 'sonar'. Verbo irregular: v. conjugación modelo (→ APÉNDICE 1, n.º 56). No se considera correcta en la lengua culta la variante ⊗*tañir*, usada a veces en la lengua popular, y que produce formas como ⊗*tañimos*, ⊗*tañís* (vos/vosotros), en lugar de *tañemos*, *tañés* (vos), *tañéis* (vosotros), en el presente de indicativo; ⊗*tañiré*, ⊗*tañirás*, etc., en lugar de *tañeré*, *tañerás*, etc., en el futuro simple o futuro de indicativo; ⊗*tañiría*, ⊗*tañirías*, etc., en lugar de *tañería*, *tañerías*, etc., en el condicional simple o pospretérito; y ⊗*tañí* (vos), ⊗*tañid* (vosotros), en lugar de *tañé* y *tañed*, en el imperativo.

tape. 1. Voz inglesa cuyo uso es innecesario en español por existir, con plena vigencia, los equivalentes *cinta* y *casete* (→ casete). Es igualmente superfluo el uso de *videotape*, que debe sustituirse por *cinta* (*de video* o *vídeo*), *videocinta* o *videocasete*.

2. masking tape. Anglicismo innecesarios que debe sustituirse en español por la expresión *cinta adhesiva*.

tapiar. 'Rodear [algo] con tapias' y 'tapar [un hueco] con un tabique'. Se acentúa como *anunciar* (→ APÉNDICE 1, n.º 4).

taquigrafiar. 'Escribir [algo] en taquigrafía'. Se acentúa como *enviar* (→ APÉNDICE 1, n.º 5).

tarantela. Adaptación gráfica de la voz italiana *tarantella*, 'baile napolitano de movimiento muy vivo' y 'música con que se ejecuta este baile': «*Bailando tarantelas pasarían la Nochebuena*» (Sampedro *Sonrisa* [Esp. 1985]).

tarantella. → tarantela.

tardar(se). 1. 'Emplear un tiempo determinado en hacer algo': «*La buena noticia tardó cinco años EN llegar*» (Penerini *Aventura* [Arg. 1999]); y 'emplear demasiado tiempo en hacer algo': «*María Luisa solía tardar EN responder*» (RRosa *Sebastián* [Guat. 1994]). Como se ve en los ejemplos, suele llevar un complemento introducido por *en*, que expresa la acción en la que se emplea el tiempo. En la lengua general, se usa hoy normalmente en forma no pronominal, aunque en algunas zonas de España y de América, sobre todo con el segundo sentido, perdura el uso pronominal que era habitual en el español medieval y clásico: «*No me tardo. Espérame en la puerta*» (Caballero *Bisagras* [Ven. 1982]); «*—Tu padre se tarda —dijo David—; ¿O no son las ocho todavía?*» (CBonald *Noche* [Esp. 1981]).

2. En las oraciones con *se* sin sujeto agente, el uso vacila entre la construcción impersonal, en la que no hay concordancia del verbo con el numeral que expresa el tiempo empleado: «*En aquellos tiempos se tardaba siete horas en viajar desde San José a México*» (Vargas *Pasado* [Méx. 2002]); y la construcción de pasiva refleja, en la que el complemento de tiempo funciona como sujeto y, por tanto, exige del verbo la concordancia en número: «*En conocer el mundo se tardan muchos años*» (TBallester *Filomeno* [Esp. 1988]). Ambas se consideran válidas, aunque en el uso más culto parece predominar la primera.

tarde. 1. a, en, por la tarde. → a², 6.

2. ayer tarde. → ayer, 2.

tarot. 'Baraja empleada en cartomancia'. Su plural es *tarots* (→ PLURAL, 1h). Su escritura con mayúscula inicial no está justificada, salvo por razones de puntuación.

Tartaria. Forma tradicional española del nombre de una extensa región histórica que comprendía la parte central y septentrional del continente asiático, habitada por los tártaros: «*Recorrió [Raimundo Lulio] repetidas veces Italia y Francia, [...] y se dice que llegó hasta Abisinia y Tartaria*» (Marías *Filosofía* [Esp. 1941-70]). En la actualidad se usa a veces este nombre para designar a la república autónoma rusa cuya capital es Kazán, pero, para evitar su confusión con la región histórica de Tartaria, de límites mucho más amplios, se recomienda usar la forma *Tartaristán* como nombre de la actual república rusa (→ Tartaristán).

Tartaristán. Forma recomendada en español como nombre de la república de la Federación Rusa cuya capital es Kazán: «*Repúblicas completa o parcialmente turcas dentro de la Federación Rusa son:* [...] *Chuvasia, Tartaristán (Tartaria)* [...], *Jakasia y Saja*» (*Cuadernos* [Esp. 1999] n.º 29, 10). Aunque la transcripción literal del ruso da lugar en español a la forma *Tatarstán*, debe tenerse en cuenta que los topónimos que presentan el sufijo *-stán* ('país de') suelen incorporar en español una *i* de apoyo para evitar la confluencia en la pronunciación de tres consonantes; se forman, además, a partir del gentilicio (*Afganistán, Kurdistán, Tayikistán, Uzbekistán*...), que, en este caso, es *tártaro*, de ahí la forma recomendada *Tartaristán*.

tártaro -ra. → Tartaria y Tartaristán.

Tashkent. → Taskent.

Taskent. Forma adaptada a la ortografía y pronunciación españolas del nombre de la capital de Uzbekistán: «*El acuerdo alcanzado ayer en Taskent establece que será el mando de las Fuerzas Armadas de la CEI el responsable de formar las unidades de cascos azules*» (*País*@ [Esp.] 17.7.92). Se desaconseja el uso en español de la transcripción inglesa *Tashkent*. También se documenta la forma *Tachkent*, menos recomendable que la adaptación *Taskent*, pues esta es la que mejor refleja la pronunciación más extendida hoy de este topónimo.

Tatarstán. → Tartaristán.

tatuar(se). 'Grabar(se) dibujos en la piel'. Se acentúa como *actuar* (→ APÉNDICE 1, n.º 7).

taxi. 'Automóvil de alquiler con conductor, provisto de taxímetro': «*Encontré un taxi no bien salí a la calle*» (Fogwill *Cantos* [Arg. 1998]). No debe usarse el plural *taxis* como forma de singular: ⊛*un taxis*.

Tayikistán. Forma adaptada a la ortografía y pronunciación españolas del nombre de este país del Asia central: «*El presidente de Tayikistán* [...] *advirtió el pasado miércoles de la preparación de esta ofensiva*» (*Mundo* [Esp.] 30.9.96). No deben usarse en español grafías inglesas como *Tajikistan, Tadjikistan* ni *Tadzhikistan,* ni sus correspondientes semiadaptaciones con tilde. Su gentilicio es *tayiko,* que también designa a los individuos de la etnia mayoritaria de este país: «*El ex presidente tayiko, hallado muerto en su cama*» (*País*@ [Esp.] 12.4.93). No se considera aceptable el uso del gentilicio inglés *tajik* ni el de su adaptación ⊛*tayik*.

tayiko -ka. → Tayikistán.

Tbilisi. → Tiflis.

Tchad. → Chad.

te. Pronombre personal átono de segunda persona del singular. Se escribe sin tilde, a diferencia del sustantivo tónico *té* (→ té). Sobre los pronombres átonos y su funcionamiento, → PRONOMBRES PERSONALES ÁTONOS.

té. 'Árbol cuyas hojas se emplean para infusiones y, especialmente, la propia infusión': «*Vos no sabés ni hacer un té de saquitos*» (Cuzzani *Zorro* [Arg. 1988]). Se escribe con tilde diacrítica, en oposición al pronombre de segunda persona del singular *te* y al nombre de la letra *t,* que se escriben sin tilde (→ TILDE², 3). Su plural, *tés,* se escribe también con tilde: «*Me cargan los tés sin gusto a té*» (Donoso *Elefantes* [Chile 1995]). No es aceptable la grafía galicada ⊛*thé*.

team. Voz inglesa que se usa con cierta frecuencia en algunos países de América con los sentidos de 'grupo de personas unidas para realizar una tarea común' y, en deportes, 'conjunto de personas que compiten juntas'. Es anglicismo superfluo, que debe sustituirse por las voces españolas *equipo* o *conjunto*: «*El equipo nacional demostró tener gran espíritu de lucha*» (*Prensa* [Nic.] 24.7.97); «*Breglia intentó minimizar la importancia que tiene Maradona en el conjunto argentino*» (*Clarín* [Arg.] 25.1.79). La expresión anglonorteamericana *dream team* ('equipo compuesto de grandes figuras') puede traducirse por *equipo de ensueño*: «*Kanu acabó en cuatro minutos con Brasil, el que se consideraba "el equipo de ensueño" de Atlanta-96*» (*Tiempo* [Col.] 4.9.96).

técnico -ca. 'Persona que posee los conocimientos especiales de una ciencia o arte'. El femenino es *técnica* (→ GÉNERO², 3a): «*Estudia magisterio y es técnica en computación*» (*Día*@ [Arg.] 30.10.03). No debe emplearse el masculino para referirse a una mujer: ⊛*la técnico*.

tedeum. 'Cántico religioso de acción de gracias que comienza con las palabras latinas *Te Deum*' y 'ceremonia o liturgia de acción de gracias': «*Entonó con fuerte voz un tedeum*» (Fisas *Historias* [Esp. 1983]). Debe escribirse sin tilde, pues la combinación *-eu-* se considera diptongo a efectos de acentuación (→ DIPTONGO, 2 y TILDE², 2.1.1). Su plural es *tedeums* (→ PLURAL, 1h y k): «*La imagen se expuso en altar público y se le celebraron tedeums y novenarios*» (González *Dios* [Méx. 1999]).

teja. *a toca teja.* → tocateja.

tejano -na. 1. Adjetivo que significa 'del estado norteamericano de Tejas'. → Texas.

2. La forma masculina *tejano* es también un sustantivo que designa un tipo de pantalón. → vaquero, 2.

Tejas. → Texas.

teleclub. → club.

telefax. → fax.

telefilm(e). → película.

telefonear. 1. Cuando significa 'llamar a alguien por teléfono', en el uso culto mayoritario funciona como intransitivo, de modo que la persona a la que se llama se expresa mediante un complemento indirecto: «*Esa noche LE telefoneó a Perla nada más que para escucharla hablar*» (Cortázar *Glenda* [Arg. 1980]). No obstante, en el habla culta se documenta también su uso como transitivo: «*Gustavo LA telefoneaba casi todos los días*» (Donoso *Elefantes* [Chile 1995]). **2.** Poco frecuente es su uso como transitivo, con el sentido de 'transmitir [algo] por teléfono': «*Antes de dirigirse a telefonear el parte a La Foudre, se permitió reflexionar*» (GaHortelano *Gramática* [Esp. 1982]).

telegrafiar. 'Comunicar [algo] por telégrafo'. Se acentúa como *enviar* (→ APÉNDICE 1, n.° 5).

telesilla. 'Conjunto de asientos suspendidos de un cable de tracción'. Es voz masculina: «*Los cables del telesilla quedan casi paralelos a la pista*» (Pliego *Excursiones* [Esp. 1992]). A veces se emplea en femenino, por influjo del género de *silla*: «*Otra propuesta que busca inversores derivó en el proyecto de instalar una telesilla*» (*Clarín* [Arg.] 3.3.97).

télex. 'Sistema telegráfico de comunicación' y 'mensaje transmitido por télex': «*Volví al hotel para transmitir una crónica por télex*» (Leguineche *Camino* [Esp. 1995]). Es voz llana que debe escribirse con tilde por terminar en consonante distinta de *-n* o *-s* (→ TILDE², 1.1.2). Es invariable en plural (→ PLURAL, 1f): *los télex*.

tema. En el español general culto, es voz masculina en la mayoría de sus acepciones ('asunto o materia', 'unidad de contenido de un libro o una materia de estudio', 'fragmento de una obra musical sobre el que se desarrolla una parte o toda la composición', 'canción' y, en gramática, 'parte de la palabra sobre la que se añaden las desinencias'): «*Tal era el tema del libro recién leído*» (Pitol *Juegos* [Méx. 1982]); «*Puentes está estructurada en un tema y cuatro variaciones*» (Melo *Notas* [Méx. 1990]); «*Parodi cantó un tema propio*» (*Clarín* [Arg.] 19.5.97). Con el sentido de 'manía o idea fija en la que alguien se obstina', se ha usado tradicionalmente en femenino: «*Ya le entró la tema de escandalizar por las recámaras*» (VInclán *Tirano* [Esp. 1927]); pero también se emplea en masculino, por contagio del género propio del resto de las acepciones.

temblar. 'Moverse con sacudidas rápidas y frecuentes'. Verbo irregular: se conjuga como *acertar* (→ APÉNDICE 1, n.° 16).

temer(se). 1. Con el sentido de 'tener miedo a alguien o a algo', puede construirse como transitivo: «*Decía que lo admiraba [a Ezequiel], pero yo sé que LO temía*» (Aparicio *Retratos* [Esp. 1989]); o como intransitivo, régimen mayoritario en el español americano: «*El gaucho LE teme a la ciudad*» (Borges *Aleph* [Arg. 1949-52]); «*Me obsesionaba [Blanche Dubois], la amaba y LE temía*» (*Clarín* [Arg.] 21.10.87); «*LE temían a la muerte*» (GlzLeón *Viejo* [Ven. 1995]). Cuando el complemento es una oración, es siempre directo: «*Temía QUE [el olor] contagiara la casa entera*» (Medina *Cosas* [Méx. 1990]); «*Temía romper el hechizo*» (Rovinski *Herencia* [C. Rica 1993]). Es incorrecto anteponer el complemento directo (→ DEQUEÍSMO, 1b): ⊗*Los activistas [...] temen DE que Tinoco [...] promueva la imagen de que en Nicaragua los riesgos políticos han desaparecido*» (*DAméricas* [EE. UU.] 21.6.97); tampoco es normal anteponer la preposición *a* cuando el complemento es una oración: ⊗*Me preguntó usted que si no temo A comparecer ante la oposición*» (*Excélsior* [Méx.] 13.9.96); ⊗*Temían A que la reducción horaria comporte baja salarial*» (*País* [Esp.] 19.9.96). **2.** Con el sentido de 'sentir temor o preocupación por algo o alguien', se construye como intransitivo, con un complemento introducido con *por*: «*Temo POR su futuro político*» (Britton *Siglo* [Pan. 1995]). **3.** Es transitivo, normalmente pronominal, con el sentido de 'sospechar o pensar que [algo malo] sucede, ha sucedido o sucederá': «*¡Ya ME LO temía! Están acá, otra vez*» (Plaza *Cerrazón* [Ur. 1980]); «*Mucho ME temo que no podrás asistir*» (Rossardi *Visita* [Cuba 1997]). **4. ser de temer.** → ser, 2.2.2.

templar(se). 'Dar el tono adecuado [a un instrumento]', 'entibiar(se)' y 'dar, o adquirir, temple o templanza'. Este verbo, así como su derivado *destemplar(se)* ('hacer perder, o perder uno mismo, el temple o la templanza'), es regular en el español general culto —*(des)templo, (des)templas*, etc.—: «*El sol suavísimo templa la atmósfera de un enero seco y frío*» (Labordeta *Aragón* [Esp. 1983]); «*Estas cosas destemplan un poco los nervios*» (Alegría *Perros* [Perú 1939]). No obstante, aún pervive, especialmente en América, la conjugación irregular según el modelo de *acertar* (→ APÉNDICE 1, n.° 16), esto es, con diptongación en las formas con raíz tónica —*(des)tiemplo, (des)tiemplas*, etc.—, conjugación que era general en el español medieval y clásico: «*Con Quevedo, la lengua española se tiempla como el acero*» (*Nacional* [Ven.] 26.7.00); «*Hay que besarlas todo el tiempo para que no se te destiemplen*» (Bryce *Mundo* [Perú 1970]). El uso mayoritario se inclina hoy por la conjugación regular, que es la más recomendable.

tendente. → tender(se), 3.

ténder. 1. Voz tomada del inglés *tender*, usada en español desde el siglo XIX con el sentido de 'depósito incorporado a la locomotora, o enganchado a ella, que lleva el combustible y el agua necesarios para alimentarla durante el viaje'. En español debe escribirse con tilde por ser palabra llana terminada en consonante distinta de -n o -s (→ TILDE², 1.1.2): «*En la estación de Paraguarí cargaron una locomotora y su ténder* [...] *con bombas de alto poder*» (RBastos *Hijo* [Par. 1960]). Su plural debe ser *ténderes* (→ PLURAL, 1g).

2. Esta voz se usa a veces en la Argentina con el sentido de 'tendedero portátil o extensible'. En este caso es siempre preferible usar el equivalente español *tendedero*.

tender(se). 1. Como transitivo, 'extender', 'tumbar(se)' y 'preparar [una trampa o engaño]'; como intransitivo, 'propender'. Verbo irregular: se conjuga como *entender* (→ APÉNDICE 1, n.º 31).

2. Con el último sentido indicado, se construye con *a*, si el complemento es una oración: «*Toda clase dominante tiende A perpetuar su poder*» (VqzMontalbán *Soledad* [Esp. 1977]); y con *a* o *hacia*, si el complemento es un sustantivo: «*El fascismo tiende A la arbitrariedad*» (Vega *Estado* [Chile 1991]); «*Si todo tiende HACIA un fin, todo ha de tender necesariamente al mejor fin*» (GmzPérez *Abc* [Esp. 1994]).

3. Para el adjetivo derivado ('que tiende a algún fin') son igualmente válidas las formas *tendente* y *tendiente*. La primera, más cercana en su forma al participio de presente latino *tendens, -entis*, es la preferida en España, mientras que la segunda es la mayoritaria en el español americano: «*Ojalá yo hubiera sido como él, tendente a la autoexculpación, feliz con las cosas sencillas*» (GmnzBartlett *Serpientes* [Esp. 2002]); «*Los esfuerzos del cartero tendientes a conseguir que Neruda danzara una vez más* [...] *fracasaron*» (Skármeta *Cartero* [Chile 1986]).

tendiente. → tender(se), 3.

tener(se). 1. 'Poseer', 'haber cumplido [una determinada edad]', 'sujetar(se) o mantener(se)' y 'experimentar [una sensación o sentimiento]'. Verbo irregular: v. conjugación modelo (→ APÉNDICE 1, n.º 57). El imperativo singular es *ten* (tú) y *tené* (vos), y no ⊗*tiene*.

2. Para el uso de la preposición *a* ante el complemento directo de persona cuando significa 'poseer', → a², 1.3f.

3. En gran parte de América, se usa también este verbo con el significado de 'haber pasado [un determinado período de tiempo] en una misma situación o en un mismo lugar': «*Higüey, municipio cabecera de la provincia Altagracia, tiene tres días sin energía eléctrica*» (*Dedom* [R. Dom.] 13.9.96); «*Tengo ya cuatro días en la guerra y no tengo carabina*» (Chao *Altos* [Méx. 1991]). Si se hace referencia a una acción, lo normal es la construcción afirmativa con gerundio, o la construcción negativa con

sin + infinitivo: «*Tengo quince días INTENTANDO conseguir una mínima intimidad, pero no hay manera*» (Cabrujas *Americano* [Ven. 1986]); «*Tenía días SIN COMER*» (UPietri *Visita* [Ven. 1990]). Menos recomendable es la construcción con *de* + infinitivo: ⊗«*La mafia del contrabando tiene años DE OPERAR dentro de la misma estructura de la institución*» (*Siglo* [Guat.] 2.4.97). En España y en algunos países americanos se usa, en estos casos, el verbo *llevar* en lugar de *tener* (→ llevar, 3).

4. tener + participio. El verbo *tener* se usa como auxiliar, seguido del participio de un verbo transitivo, con el mismo sentido que *haber* cuando forma los tiempos compuestos de la conjugación: «*Pues la mujer, según tengo oído* [= he oído], *estuvo sirviendo en su casa antes de casarse*» (Signes *Ramos* [Esp. 1977]). A menudo la construcción con *tener* añade un matiz de reiteración o insistencia: «*¡Le tengo dicho* [= le he dicho muchas veces] *que no me los deje subir al segundo piso, carajo!*» (Gamboa *Páginas* [Col. 1998]). A diferencia de *haber*, que se combina siempre con el participio en -o del verbo principal, en la construcción con *tener* el participio debe concordar en género y número con el complemento directo: «*Los pocos libros que hay aquí los tiene leídos y releídos*» (Carrasquilla *Marquesa* [Col. 1928]); «*¿Quién no tiene oídas historias de baqueanos que encuentran huellas donde nadie las supo ver?*» (Fogwill *Cantos* [Arg. 1998]); así pues, el participio no debe quedar inmovilizado en masculino singular: ⊗«*Estados Unidos* [...] *parece tener asegurado esta segunda plaza*» (*País* [Esp.] 21.6.77); debió decirse *tener asegurada*. Tampoco es admisible el uso de esta construcción con verbos intransitivos: ⊗«*No creas que yo no me tengo ida al sicoanalista*» (Futoransky *Pe* [Arg. 1986]).

5. tener que o **tener de** + infinitivo. Ambas perífrasis expresan obligación o necesidad, pero en el español actual solo se usa *tener que*: «*Te agradezco tu invitación, pero tengo que irme*» (Mendizábal *Cumpleaños* [Esp. 1992]). La perífrasis *tener de* era normal en el español medieval y clásico, pero hoy solo aparece en textos literarios, con intención arcaizante: «*¡Qué buena es nuestra Catalina, amado Hernando, y cuántas gracias tengo de darte por habérmela dejado por hija!*» (Melcón *Catalina* [Esp. 1995]).

6. tener cuidado. → cuidado, 1.

7. tener (en) cuenta. → cuenta, 12 y 13.

8. tener presente. → presente.

9. tener tiempo. → tiempo, 2.

tenienta. → teniente.

teniente. 1. Como sustantivo, con los sentidos de 'persona designada para asistir o sustituir a otra en su cargo' y 'oficial de categoría inmediatamente inferior a la de capitán', es común en cuanto al género (*el/la teniente*; → GÉNERO², 1a y 3c y k): «*El*

Pentágono mantenía ayer en vilo la celebración del Consejo de Guerra contra la teniente Kelly Flinn» (*País* [Esp.] 21.5.97). No es normal el femenino *tenienta*.

2. teniente de alcalde. En algunos países, como España o el Perú, 'concejal que desempeña diferentes tareas en nombre del alcalde': «*Al acto asistió el teniente de alcalde*» (*Alcoy* [Esp.] 14.11.02). No debe suprimirse la preposición: ⊗*teniente alcalde.*

tenimesista. → tenismesista.

tenismesista. 'Jugador de tenis de mesa': «*Los tenismesistas viajaron gracias al patrocinio de Coldeportes Nacional*» (*Tiempo* [Col.] 18.4.97). También se usa, y es válida, la forma *tenimesista*: «*Los tenimesistas fueron escogidos después de un proceso eliminatorio entre las mejores 8 raquetas de Panamá*» (*Siglo* [Pan.] 26.6.97). Es común en cuanto al género (→ GÉNERO², 1a y 3b): *el/la teni(s)mesista.*

tentar(se). 1. 'Palpar(se)', 'inducir [a alguien] a hacer algo que no debe' y, dicho de una cosa, 'resultar apetecible o atrayente [para alguien]'. Verbo irregular: se conjuga como *acertar* (→ APÉNDICE 1, n.° 16), esto es, diptongan las formas cuya raíz es tónica (*tiento, tientas,* etc.), pero no aquellas cuya raíz es átona (*tentamos, tentáis,* etc.). Son, por tanto, incorrectas las formas sin diptongo cuando la raíz es tónica: ⊗*tento,* ⊗*tentas,* etc.

2. Cuando significa 'inducir', el complemento directo es siempre, directa o indirectamente, de persona, por lo que debe ir introducido por *a*: «*El auge de la zona tentó A varias tiendas especializadas*» (Dios *Miami* [Arg. 1999]). Es frecuente que, además, lleve un complemento con *a* o *para*, que expresa la acción a la que se induce a la persona tentada: «*El único papel que podría tentar a la Garbo A volver* [...] *era el de Úrsula*» (*Expreso* [Perú] 22.4.90); «*La TV estatal de Italia lo tentó PARA encabezar un teleteatro*» (*Clarín* [Arg.] 11.1.97).

3. estar tentado, sentirse tentado, verse tentado. Estas construcciones suelen ir seguidas de un infinitivo introducido por *de*: «*Le confieso que estuve tentado DE hacerlo, pero pesó más el razonamiento que la tentación*» (TBallester *Filomeno* [Esp. 1988]); «*Me sentía tentada DE alcanzarle la valija*» (Lynch *Dedos* [Arg. 1977]); «*Se vio tentado DE acudir a su casa para demostrarle que la comprendía*» (Vergés *Cenizas* [R. Dom. 1980]). Menos recomendable, aunque también válido, es el uso de la preposición *a*, más normal con los verbos *sentirse* o *verse* que con *estar*: «*Me sentí tentado A obedecerle*» (Rojas *Hidalgo* [Esp. 1980]); «*La mejor manera de mantenerme en silencio sin aburrirme ni verme tentado A hacer ruido o hablarle fue asomarme al balcón*» (Marías *Corazón* [Esp. 1992]).

4. tentar a la suerte. 'Arriesgarse de forma temeraria': «*Ahora le aterra moverse. Ha tentado a la suerte más de lo que debía*» (Martínez *Perón* [Arg. 1989]).

Es incorrecto suprimir la preposición *a* en esta locución: ⊗«*Al psicópata le gustaba tentar la suerte, burlarse de sus perseguidores*» (*Abc* [Esp.] 22.9.97).

tentempié. 'Comida ligera para reponer fuerzas': «*Se había ido* [...] *sin tomar ni tan siquiera un tentempié*» (Hayen *Calle* [Méx. 1993]); y 'tentetieso': «*El niño* [...] *se concentra en los juguetes así desparramados:* [...] *un tentempié con cascabeles y un caballito basculante*» (Sampedro *Sonrisa* [Esp. 1985]). Su plural es *tentempiés.* Debe evitarse la grafía ⊗*tente-en-pie.*

tentetieso. 1. 'Muñeco que vuelve siempre a la posición vertical cuando se le tumba': «*Resistía como un tentetieso las acometidas de la arteriosclerosis*» (Longares *Romanticismo* [Esp. 2001]). Se escribe siempre en una sola palabra.

2. y tentetieso. Expresión coloquial usada en España que, precedida de un sustantivo, indica que, ante lo expresado por este, no queda más remedio que aguantarse: «*Si encontraba tres telarañas en la lámpara, bofetón y tentetieso*» (Zamora *Traque* [Esp. 1972]). El hecho de que conserve en parte su significado literal como imperativo de *tenerse tieso* ('mantenerse quieto o firme') justifica la validez de la grafía en tres palabras *y tente tieso*: «*Te metían en el calabozo de por vida y aquello era palo y tente tieso*» (*Cambio 16* [Esp.] 17.9.90).

teñir(se). 1. 'Cambiar(se) de color por impregnación de una materia colorante'. Verbo irregular: se conjuga como *ceñir* (→ APÉNDICE 1, n.° 23).

2. Además del complemento directo, suele llevar otro complemento introducido por *de* o, menos frecuentemente, *en,* que expresa el nuevo color: «*Las banderas tiñeron DE rojo y blanco las fachadas de los edificios*» (*Época* [Chile] 13.1.97); «*La he visto teñir EN blanco mis cabellos negros*» (Vega *Así* [Col. 1981]).

tequila. 'Bebida alcohólica mexicana que se obtiene del agave'. Es voz masculina en México, y con este género se emplea mayoritariamente en todo el ámbito hispánico: «*Acepté el tequila y el lechón al horno*» (Ibargüengoitia *Crímenes* [Méx. 1979]). Se desaconseja su uso en femenino.

tercero -ra. 'Que ocupa el tercer lugar en una serie'. Se apocopa en la forma *tercer* cuando precede a un sustantivo masculino singular, aunque entre ambos se interponga otra palabra: *su tercer hijo, tu tercer gran éxito.* La apócope es opcional si *tercero* aparece antepuesto y coordinado con otro adjetivo: «*Esta placa que nos tomaron a los compañeros del tercer y cuarto curso*» (Martínez *Perón* [Arg. 1989]); «*La sesión de la mañana del tercero y último día de la reunión había resultado de gran interés*» (Zaragoza *Concerto* [Esp. 1981]). El uso de la forma apocopada antepuesta a sustantivos femeninos es un arcaísmo que debe evitarse en el habla culta actual: ⊗*la tercer vez.*

terciar(se). **1.** 'Poner [algo] atravesado diagonalmente', 'intervenir o mediar en un asunto' y, como pronominal, dicho de ocasión u oportunidad, 'presentarse'. Se acentúa como *anunciar* (→ APÉNDICE 1, n.º 4). **2.** Con el sentido de 'intervenir o mediar', suele ir acompañado de un complemento introducido por *en*, si se refiere al asunto en discusión, o por *entre*, si hace referencia a los contendientes: «*El cura terció EN la discusión*» (Donoso *Elefantes* [Chile 1995]); «*Algunos pensaban que Europa debía terciar ENTRE los dos bloques*» (Puig *Unidad* [Esp. 1994]).

terminal. Como sustantivo, aunque vacila en género en todas sus acepciones, debe tenerse en cuenta lo siguiente:
a) Cuando significa 'extremo en que termina algo', se usa indistintamente en ambos géneros: «*Una gran cola, en cuyo extremo se hallan los terminales de los tubos de propulsión a chorro*» (Soublette *Mensajes* [Chile 2001]); «*El calor estimula los receptores de las terminales nerviosas*» (Rosales/Reyes *Enfermería* [Méx. 1982]).
b) Se usa asimismo en ambos géneros, con predominio del masculino, cuando significa 'dispositivo conectado a un ordenador o computadora central, al que puede enviar y del que puede recibir información': «*La biblioteca contará con su banco de datos y doscientos terminales de ordenador*» (*Abc* [Esp.] 23.8.89); «*La Justicia Electoral asignará a cada apoderado que lo solicite una terminal de computadora*» (*Abc* [Par.] 14.11.96).
c) Cuando significa 'conjunto de instalaciones situadas en el extremo de una línea de transporte o comunicación, o de un oleoducto', se usa predominantemente en femenino en la mayor parte del ámbito hispánico: «*Al bajarme del autobús en la terminal de Ticomán sentí el calorón*» (Ibargüengoitia *Crímenes* [Méx. 1979]); pero en algunos países como Chile, Colombia, el Perú o Venezuela se prefiere claramente el masculino: «*Al ingresar en el terminal lo vi charlando animadamente con el jefe de estación*» (Collyer *Pájaros* [Chile 1995]).
d) Cuando significa, en electrónica, 'extremo de un conductor preparado para facilitar su conexión con un aparato', es masculino: «*Conectamos dicho filamento y el cilindro a los terminales negativo y positivo de una batería*» (DzChávez *Física* [Perú 1997]).

termósfera o **termosfera.** → -sfera.

termostato o **termóstato.** 'Aparato que mantiene constante la temperatura'. Ambas acentuaciones son válidas, aunque, como en el resto de las palabras con esta misma terminación, la forma llana *termostato* está desplazando en el uso a la esdrújula *termóstato*, que es la conforme con la prosodia grecolatina.

Terranova. Nombre tradicional español de esta isla de Canadá, que también forma parte del nombre de la provincia de *Terranova y Labrador*: «*Dos pescadores españoles [...] desaparecieron cuando faenaban frente a las costas de Terranova*» (*País*@ [Esp.] 17.2.03). No debe usarse en español la forma inglesa *Newfoundland*.

Tesalónica, tesalonicense. → Salónica.

tesitura. 'Extensión de la escala tonal de una voz o instrumento musical': «*El canto se produce generalmente en tesitura aguda y hasta en falsete*» (Reuter *Música* [Méx. 1980]); y 'actitud o estado de ánimo': «*No se consideró en tesitura de dar una opinión*» (Rubio *Sal* [Esp. 1992]). Hoy se emplea más frecuentemente con el sentido de 'situación o circunstancia': «*Ha logrado pasar por esta vida sin tener que contradecir a nadie ni verse en la tesitura de ser contradicho por nadie*» (Moix *Vals* [Esp. 1994]). Debe evitarse su uso impropio como equivalente de *tesis* o *idea*: ⊗«*Alfonsín insistió en su tesitura. Para él, un tercer mandato de Menem sería "una ilegalidad"*» (*Clarín* [Arg.] 14.2.97).

test. **1.** Voz tomada del inglés *test*, 'prueba destinada a evaluar conocimientos o aptitudes, en la cual hay que elegir la respuesta correcta entre varias opciones previamente fijadas': «*Al final del test sume sus puntos y consulte nuestra escala de calificaciones*» (*Expreso* [Perú] 22.4.90). Se utiliza mucho en psicología con el sentido de 'prueba de carácter psicológico o psicotécnico para estudiar o evaluar una función': «*El test de Szonti tiende a la detección de los vectores pulsionales*» (Castilla *Psiquiatría 2* [Esp. 1980]). Aunque el plural en inglés es *tests*, la dificultad que entraña para el hablante hispano la articulación de esas tres consonantes finales hace más recomendable, en español, mantenerlo invariable en plural (→ PLURAL, 1j): «*En la primera visita se practican los test de Goodenough y Koch*» (Abad *Epilepsia* [Esp. 1981]). Fuera de estos sentidos específicos, no debe emplearse este anglicismo por existir las voces españolas *prueba, cuestionario, examen, análisis* (en ciertos contextos médicos) o *control*, perfectamente equivalentes. **2.** Por influjo del inglés *to test*, se han creado en español los verbos *testar* y *testear* —este último usado en el Cono Sur— con el sentido de 'someter [algo] a una prueba o control'. Son calcos innecesarios del inglés, ya que, con ese mismo sentido, existen en español los verbos *examinar, controlar, analizar, probar* o *comprobar*. Lo mismo cabe decir de los participios respectivos, *testado* y *testeado*. En aquellas zonas donde se usa el verbo *testear*, se ha creado el sustantivo *testeo*, que puede sustituirse por voces más tradicionales en español, como *comprobación, análisis* o *examen*.

testar, testear, testeo. → test, 2.

testigo. 1. Con el sentido de 'persona que da o puede dar testimonio de algo', es común en cuanto al género (*el/la testigo;* → GÉNERO², 1a y 3a): «*Cada vez que se refería a sí misma, la testigo hablaba en tercera persona*» (Martínez *Evita* [Arg. 1995]). No debe usarse la forma ⊗*testiga* para el femenino. **2.** Con el sentido de 'muestra que, en un análisis experimental, sirve como referencia', se usa en aposición, sin variación de número (→ PLURAL, 2.4): «*La identificación de la enfermedad virósica se hace por inoculación a plantas testigo*» (Haro *Biología* [Esp. 1991]).

testimoniar. 'Atestiguar o dar testimonio'. Se acentúa como *anunciar* (→ APÉNDICE 1, n.º 4).

testuz. En algunos animales, 'parte superior y posterior de la cabeza'. Este sustantivo, originariamente masculino, pasó a usarse también en femenino por influjo de *cabeza,* y hoy se admiten ambos: «*El toro* [...] *tenía una mancha blanca en el testuz*» (Aparicio *Retratos* [Esp. 1989]); «*Una piedra de gran tamaño le cayó en la testuz a uno de los elefantes*» (Fuentes *Naranjo* [Méx. 1993]).

tétano. → tétanos.

tétanos. 'Enfermedad grave producida por un bacilo'. Esta es la forma más cercana a la etimología (del gr. *tétanos*) y la preferida en el uso culto de España y algunos países americanos: «*Los menores también fueron vacunados contra el tétanos y el sarampión*» (*Abc* [Par.] 31.10.00); en otras zonas de América, como el Cono Sur, Cuba u Honduras, se emplea la variante *tétano*: «*Transmiten enfermedades tales como el cólera, el tétano, el carbunclo, la gangrena gaseosa y la tuberculosis*» (DzDorado *Ordenamiento* [Arg. 1993]).

tetramotor. → cuatrimotor.

tetraplejia o **tetraplejía.** 'Parálisis que afecta a las cuatro extremidades'. Ambas acentuaciones son válidas (→ -plejia o -plejía). En América, especialmente en la Argentina, es muy frecuente el uso del sinónimo *cuadriplejia* (→ cuadriplejia o cuadriplejía).

Texas. Grafía recomendada para el nombre de este estado norteamericano. Su pronunciación correcta es [téjas], no ⊗[téksas] (→ México). Se recomienda escribir asimismo con *x* el gentilicio correspondiente: *texano*. Son también válidas las grafías con *j* (*Tejas, tejano*), de uso mayoritario en España. Para referirse al pantalón vaquero, solo se admite la grafía con *j* (*tejano*), ya que, con este sentido, se usa solo en España (→ vaquero, 2).

⊗**thailandés -sa,** ⊗**Thailandia.** → Tailandia.

⊗**thé.** → té.

thriller. 'Obra cinematográfica o literaria que suscita expectación ansiosa por conocer el desenlace'. A pesar de su extensión en el uso, se recomienda sustituir esta voz inglesa por expresiones españolas como *película* o *novela de suspense* o, en América, *de suspenso*: «*"Desvío al Paraíso" es una película de suspense que no solo ambiciona entretener, inquietar y atemorizar*» (*Mundo* [Esp.] 16.7.94); «*Tampoco es una novela de suspenso, porque la historia no pretende sorprender al lector con situaciones insólitas que conduzcan hacia un desenlace inesperado*» (*Hoy* [Chile] 19-25.5.97).

ti. 1. Pronombre personal tónico de segunda persona del singular: «*Yo te defiendo a ti, pero tú a mí*» (Sampedro *Sonrisa* [Esp. 1985]). Es monosílabo y, por tanto, se escribe sin tilde. Debe evitarse el error frecuente de acentuarlo gráficamente (⊗*tí*), por analogía con los pronombres de primera y tercera personas *mí* y *sí*, que, aunque son también monosílabos, requieren la presencia de tilde diacrítica (→ TILDE², 3 y 3.1). **2.** Sobre su funcionamiento dentro del conjunto de los pronombres tónicos, → PRONOMBRES PERSONALES TÓNICOS.

tía. ⊗*no haber tu tía.* → tutía.

⊗**Tiblisi.** → Tiflis.

tic. 'Movimiento convulsivo e involuntario que se repite con frecuencia'. Su plural es *tics* (→ PLURAL, 1h).

ticket. → tique.

tictac. Onomatopeya del sonido del reloj. El sonido se representa gráficamente en palabras separadas o con guion intermedio: «*El tiempo comienza... ¡ya! Tic, tac, tic, tac, tic, tac*» (*NCastilla* [Esp.] 24.5.99); «*Esperaré convertido en un reloj que no hace tic-tac*» (Naranjo *Caso* [C. Rica 1987]); pero cuando se usa como sustantivo masculino, precedido de determinante, debe usarse la grafía simple *tictac*: «*No se oía en el taller más que* [...] *el tictac del reloj*» (Mujica *Escarabajo* [Arg. 1982]). Su plural es *tictacs* (→ PLURAL, 1h).

tiempo. 1. Para las expresiones inglesas *full-time* ('con jornada completa o con dedicación exclusiva'), *half-time* ('con media jornada') y *part-time* ('con dedicación parcial o no exclusiva'), existen los equivalentes españoles *a* o *de tiempo completo, a* o *de medio tiempo* y *a* o *de tiempo parcial,* respectivamente: «*Manuel estudiaba y trabajaba a tiempo completo como diseñador gráfico*» (Barrios *Familia* [Ven. 1993]); «*Estos artistas podían* [...] *trabajar de tiempo completo*» (Aguilera *Arte* [Méx. 1977]); «*Trabaja ahora, a medio tiempo, en una empresa familiar*» (Fuller *Dilemas* [Perú 1993]); «*En muchas familias, el trabajador de tiempo parcial es la madre*» (*DAméricas* [EE. UU.] 10.4.97). Las locuciones encabezadas por la preposición *a* son las más usadas en el conjunto del ámbito hispánico, aunque en amplias zonas de América, especialmente en México, se prefieren las que van encabezadas por *de*. Menos recomendable es el empleo de estas locuciones sin preposición, práctica frecuente en algunas zonas de América, probablemente por influjo del inglés, lengua en la que las expresiones equivalentes no llevan preposición: «*Estamos trabajando tiempo completo*» (*Nación* [C. Rica] 8.12.96); «*¿Necesitás completar tus horas sociales? ¿Un trabajo medio tiempo?*» (*Planeta* [El Salv.] 20.3.03). La existencia de estas locuciones hace innecesario el empleo en español de los anglicismos *full-time, half-time* y *part-time*.

2. dar o **tener tiempo.** Ambas construcciones se emplean para expresar la noción de 'ser suficiente el tiempo de que se dispone, para hacer algo' y van siempre seguidas de un infinitivo o un nombre de acción precedidos de preposición. La primera, *dar tiempo*, se construye siempre en tercera persona del singular y el complemento que la sigue va introducido por las preposiciones *a* o *de*: «*Doña Fina retrocede aprisa hasta el otro extremo de la habitación, pero no le da tiempo A salir*» (BVallejo *Lázaro* [Esp. 1986]); «*Ni siquiera le dio tiempo DE quitarse la camisa de dormir*» (GaMárquez *Amor* [Col. 1985]); la segunda, *tener tiempo*, lleva sujeto personal, de manera que se conjuga en todas las personas y su complemento va introducido por las preposiciones *de* o *para*: «*Aún no habían tenido tiempo DE cambiarse de ropa*» (GaMárquez *Amor* [Col. 1985]); «*Ahora tendría tiempo PARA meditar a solas sobre los recientes sucesos*» (PzReverte *Maestro* [Esp. 1988]).

tierno -na. '[Cosa] que se corta o parte fácilmente' y '[persona] cariñosa'. Tiene dos superlativos válidos: *ternísimo*, que conserva la raíz del adjetivo latino, y *tiernísimo*, formado sobre *tierno* y más frecuente en el uso (→ -ísimo, 3): «*Le pregunté con la curiosidad insaciable de mi edad ternísima*» (Mendoza *Ciudad* [Esp. 1986]); «*Un muchacho sin duda tierno, tiernísimo, demasiado cariñoso*» (Jaramillo *Tiempo* [Pan. 2002]).

tierra. → MAYÚSCULAS, 4.11.

Tiflis. Forma tradicional española del nombre de la capital de Georgia: «*—¿De qué parte de Georgia es usted? —De Tiflis, la capital*» (Tibón *Aventuras* [Méx. 1986]). No hay razón para sustituir la forma tradicional española por la transcripción del georgiano *Tbilisi*, ni por la forma híbrida ⊗*Tiblisi*.

tifo. → tifus.

tifus. 'Género de enfermedades infecciosas graves caracterizadas por fiebres altas'. Esta es la forma mayoritariamente usada en todo el ámbito hispánico: «*La lista de enfermedades transmitidas por insectos, desde el tifus hasta la malaria*» (Allende *Ciudad* [Chile 2002]). Es invariable en plural (→ PLURAL, 1f). En algunos países de América, especialmente en México y Colombia, esta forma convive con la variante *tifo*: «*El tifo se llevó a Margarita María Miniata*» (GaMárquez *Vivir* [Col. 2002]).

tigra. → tigre.

tigre -esa. 'Felino asiático de gran tamaño' y, en varios países de América, 'felino americano denominado jaguar en otras zonas'. Para designar específicamente al animal hembra, se utiliza, en la lengua general, el femenino *tigresa*, aunque en algunos países americanos es normal el femenino *tigra*: «*Una tarde dio por fin con la tigresa y la dejó seca de un certero disparo*» (Leguineche *Camino* [Esp. 1995]); «*Él no se atrevió a consolarla, sabiendo que habría sido como consolar una tigra atravesada por una lanza*» (GaMárquez *Amor* [Col. 1985]). En el español medieval y clásico era normal el uso de la forma *tigre* como común en cuanto al género (*el/la tigre*; → GÉNERO², 1a): «*Veo salir [...] a Transila, [...] brava como una leona y airada como una tigre*» (Cervantes *Persiles* [Esp. 1616]).

tijera. 1. 'Instrumento para cortar formado por dos hojas de acero cruzadas': «*Si es de plástico blando se puede cortar con tijera*» (Fabio *Jardinería* [Arg. 1999]). Se usa frecuentemente en plural con sentido singular (→ PLURAL, 2.5): «*La cinta elástica se había enredado en los cabellos y tuvo que cortarla con las tijeras*» (Regás *Azul* [Esp. 1994]).

2. de tijera. '[Objeto] compuesto por dos piezas articuladas en forma de tijera': «*María y José están sentados en sillas de tijera*» (Piñera *Pico* [Cuba 1990]). En esta locución no se admite el plural *tijeras*: ⊗*silla de tijeras*.

tildar. 'Poner tilde' y 'atribuir [a alguien o algo] una característica negativa'. La nota denigrativa va introducida por *de* (y no por *como*): «*Teme ser tildada DE ambiciosa*» (Chacel *Barrio* [Esp. 1976]). Es incorrecto su empleo con adjetivos de significado positivo: ⊗«*Un actor tildado de sexy como George Clooney*» (*Hoy* [Chile] 15-21.12.97). Tampoco debe usarse con el sentido general de 'calificar': ⊗«*Gilberto Siura, un evangélico, fue llevado [...] nada menos que al Vaticano, en lo que podría tildarse como una singular cita ecuménica*» (*Caretas* [Perú] 26.6.97).

tilde¹. 1. Se llama *tilde* tanto al acento gráfico como al rasgo o trazo pequeño que forma parte de algunas letras, como la *ç*, la *ñ*, la *t*, etc. En ambos casos admite los dos géneros, aunque hoy se usa casi exclusivamente en femenino: «*Funciona entre el alumnado una regla maldita de los acentos: en la* *duda, poner la tilde»* (Miguel *Perversión* [Esp. 1994]). También significa 'tacha o nota denigrativa', sentido en el que también admite su uso en ambos géneros: *«Ese tilde de hereje le faltaba a ese Napoleón Malaparte»* (FnCaballero *Clemencia* [Esp. 1852]); *«En otras castas es lícito perdonar ciertos leves errores y algunas tildes»* (Ortega *Artículos* [Esp. 1907] 69). Cuando significa 'lo más mínimo', hoy se usa siempre en femenino: *«El progreso de España había sido durante su reinado, sin exagerar una tilde, sensacional»* (Laín *Descargo* [Esp. 1976]).

2. No debe confundirse con *tinte* ('rasgo o matiz'), como ocurre en este ejemplo: [⊗]*«Afirmó* [...] *que algunos discursos en favor de la convocatoria de huelga general "tienen tildes claramente fascistas"»* (*Mundo* [Esp.] 26.1.94).

TILDE². Signo ortográfico auxiliar con el que, según determinadas reglas, se representa en la escritura el acento prosódico (→ ACENTO, 1); por ello, la tilde recibe también los nombres de *acento gráfico* u *ortográfico*. En español consiste en una rayita oblicua que, colocada sobre una vocal, indica que la sílaba de la que forma parte es tónica. La tilde debe trazarse siempre de derecha a izquierda, esto es, como acento agudo (´), y no de izquierda a derecha (`), trazo que corresponde al acento grave, que carece de uso en español: *camión*, no [⊗]*camiòn*. El uso de la tilde se atiene a una serie de reglas que se detallan a continuación y que afectan a todas las palabras españolas, incluidos los nombres propios. Sobre la acentuación de palabras de origen extranjero, → 6.

1. REGLAS GENERALES DE ACENTUACIÓN

1.1. *Polisílabos.* La acentuación gráfica de las palabras de más de una sílaba se atiene a las reglas siguientes:

1.1.1. Las palabras agudas (→ ACENTO, 1.2a) llevan tilde cuando terminan en *-n*, en *-s* o en vocal: *balón, compás, café, colibrí, bonsái;* pero si terminan en *-s* precedida de otra consonante, se escriben sin tilde: *zigzags, robots, tictacs.* Tampoco llevan tilde las palabras agudas que terminan en *-y*, pues esta letra se considera consonante a efectos de acentuación: *guirigay, virrey, convoy, estoy.*

1.1.2. Las palabras llanas (→ ACENTO, 1.2b) llevan tilde cuando no terminan en *-n*, en *-s* o en vocal: *clímax, hábil, tándem.* También se acentúan cuando terminan en *-s* precedida de otra consonante: *bíceps, cómics, fórceps;* y cuando terminan en *-y*, pues esta letra se considera consonante a efectos de acentuación: *póney, yóquey.*

1.1.3. Las palabras esdrújulas (→ ACENTO, 1.2c) y sobresdrújulas (→ ACENTO, 1.2d) siempre llevan tilde: *cántaro, mecánica, cómetelo, llévesemelo.*

1.2. *Monosílabos.* Las palabras de una sola sílaba no se acentúan nunca gráficamente, salvo en los casos de tilde diacrítica (→ 3.1): *mes, bien, fe, fui, pan, vio.* Puesto que, dependiendo de distintos factores, una misma secuencia de vocales puede articularse como diptongo (→ DIPTONGO) o como hiato (→ HIATO), para saber si una palabra es o no monosílaba desde el punto de vista ortográfico, hay que tener en cuenta que algunas combinaciones vocálicas se consideran siempre diptongos a efectos de acentuación gráfica, sea cual sea su pronunciación. En concreto, toda combinación de vocal abierta (*a, e, o*) + vocal cerrada (*i, u*), o viceversa, siempre que la cerrada no sea tónica, así como la combinación de dos vocales cerradas distintas, han de considerarse diptongos desde el punto de vista ortográfico. Esta convención es una de las novedades introducidas en la *Ortografía* académica de 1999. Por eso, algunas palabras que antes de esta fecha se consideraban bisílabas pasan ahora a ser consideradas monosílabas a efectos de acentuación gráfica, por contener alguna de las secuencias vocálicas antes señaladas, y, como consecuencia de ello, deben escribirse sin tilde. Estas palabras son formas verbales como *crie, crio, criais, crieis* (de *criar*); *fie, fio, fiais, fieis* (de *fiar*); *flui, fluis* (de *fluir*); *frio, friais* (de *freír*); *frui, fruis* (de *fruir*); *guie, guio, guiais, guieis* (de *guiar*); *hui, huis* (de *huir*); *lie, lio, liais, lieis* (de *liar*); *pie, pio, piais, pieis* (de *piar*); *rio, riais* (de *reír*); los sustantivos *guion, ion, muon, pion, prion, ruan* y *truhan;* y, entre los nombres propios, *Ruan* y *Sion.* No obstante, es admisible acentuar gráficamente estas palabras, por ser agudas acabadas en *-n, -s* o vocal, si quien escribe articula nítidamente como hiatos las secuencias vocálicas que contienen y, en consecuencia, las considera bisílabas: *fié, huí, riáis, guión, truhán,* etc. La pronunciación monosilábica es predominante en amplias zonas de Hispanoamérica, especialmente en México y en el área centroamericana, mientras que en otros países americanos como la Argentina, el Ecuador, Colombia y Venezuela, al igual que en España, es mayoritaria la pronunciación bisilábica.

2. REGLAS DE ACENTUACIÓN DE PALABRAS CON DIPTONGOS, HIATOS Y TRIPTONGOS

En la descripción de diptongos, hiatos y triptongos se utilizará la clasificación de las vocales en *abiertas* (*a, e, o*) y *cerradas* (*i, u*).

2.1. *Diptongos*

2.1.1. *Diptongos ortográficos.* A efectos de acentuación gráfica, se consideran diptongos las secuencias vocálicas siguientes:

a) Vocal abierta + vocal cerrada o, en orden inverso, vocal cerrada + vocal abierta, siempre que la cerrada no sea tónica: *am*ái*s, p*ei*ne, alcal*oi*de,* *aplauso*, Eu*genio*, *estadounidense; suave, huevo, continuo, confiado, viento, canción.*

b) Dos vocales cerradas distintas: *huida, ciudad, jesuítico, veintiún, diurno, viudo.*

2.1.2. *Acentuación de palabras con diptongo.* Las palabras con diptongo se acentúan siguiendo las reglas generales de acentuación (→ 1). Así, *vio* no lleva tilde por ser monosílaba; *bonsái* la lleva por ser aguda terminada en vocal, y *huésped,* por ser llana terminada en consonante distinta de *-n* o *-s; superfluo, cuentan* y *viernes* se escriben sin tilde por ser llanas terminadas en vocal, *-n* y *-s,* respectivamente; y *cuáquero* y *lingüístico* se tildan por ser esdrújulas.

2.1.3. *Colocación de la tilde en los diptongos*
a) En los diptongos formados por una vocal abierta tónica y una cerrada átona, o viceversa, la tilde se coloca sobre la vocal abierta: *adiós, después, marramáu, soñéis, inició, náutico, murciélago, Cáucaso.*
b) En los diptongos formados por dos vocales cerradas, la tilde se coloca sobre la segunda vocal: *acuífero, casuística, demiúrgico, interviú.*

2.2. *Hiatos*
2.2.1. *Hiatos ortográficos.* A efectos de acentuación gráfica, se consideran hiatos las combinaciones vocálicas siguientes:
a) Dos vocales iguales: *afrikáans, albahaca, poseer, dehesa, chiita, microondas, duunviro.*
b) Dos vocales abiertas: *anchoa, ahogo, teatro, aéreo, eólico, héroe.*
c) Vocal cerrada tónica + vocal abierta átona o, en orden inverso, vocal abierta átona + vocal cerrada tónica: *alegría, acentúa, insinúe, enfríe, río, búho; raíz, baúl, transeúnte, reír, oír.*

2.2.2. *Acentuación de las palabras con hiato*
a) Las palabras con hiato formado por dos vocales iguales, o por dos vocales abiertas distintas, siguen las reglas generales de acentuación (→ 1). Así, *creó* y *deán* llevan tilde por ser agudas terminadas en vocal y en *-n,* respectivamente, mientras que *poseer* y *peor,* también agudas, no la llevan por terminar en consonante distinta de *-n* o *-s; bóer* y *Sáez* llevan tilde por ser llanas terminadas en consonante distinta de *-n* o *-s,* mientras que *bacalao, chiita, vean* y *anchoas* no la llevan por ser llanas terminadas en vocal, *-n* y *-s,* respectivamente; *océano, coágulo* y *zoólogo* se tildan por ser esdrújulas.
b) Las palabras con hiato formado por una vocal cerrada tónica y una vocal abierta átona, o por una vocal abierta átona y una cerrada tónica, siempre llevan tilde sobre la vocal cerrada, con independencia de que lo exijan o no las reglas generales de acentuación: *armonía, grúa, insinúe, dúo, río, hematíe, laúd, caída, raíz, feúcho, cafeína, egoísmo, oír.* La presencia de una ha-

che intercalada no exime de la obligación de tildar la vocal tónica del hiato: *búho, ahíto, prohíbe.*

2.3. *Triptongos*
2.3.1. *Triptongos ortográficos.* Cualquier grupo de tres vocales formado por una vocal abierta situada entre dos vocales cerradas, siempre que ninguna de las vocales cerradas sea tónica, se considera un triptongo a efectos de acentuación gráfica: *averiguáis, buey, Paraguay, vieira, confiáis, opioide.*
2.3.2. *Acentuación de palabras con triptongo.* Las palabras con triptongo siguen las reglas generales de acentuación (→ 1). Así, *lieis* no lleva tilde por ser monosílaba (aunque pueda llevarla si se articula como bisílaba; → 1.2); *continuéis* y *despreciáis* la llevan por ser agudas terminadas en *-s,* mientras que *biaural* y *Uruguay,* que también son agudas, no se tildan por terminar en consonante distinta de *-n* o *-s; tuáutem* lleva tilde por ser llana terminada en consonante distinta de *-n* o *-s,* mientras que *vieira* y *opioide* no la llevan por ser llanas terminadas en vocal.
2.3.3. *Colocación de la tilde en los triptongos.* La tilde va siempre sobre la vocal abierta: *consensuéis, habituáis, tuáutem.*

3. Tilde diacrítica
Se llama tilde diacrítica al acento gráfico que permite distinguir palabras con idéntica forma, pero que pertenecen a categorías gramaticales diferentes. En general, llevan tilde diacrítica las formas tónicas (las que se pronuncian con acento prosódico o de intensidad) y no la llevan las formas átonas (las que carecen de acento prosódico o de intensidad dentro de la cadena hablada; → ACENTO, 1.1). Hay algunas excepciones, como es el caso de los nombres de las letras *te* y *de* y los de las notas musicales *mi* y *si,* que, siendo palabras tónicas, no llevan tilde (al igual que las respectivas formas átonas: la preposición *de,* el pronombre personal *te,* el adjetivo posesivo *mi* y la conjunción *si*); o la palabra *más,* que aunque tiende a pronunciarse átona cuando se usa con valor de adición o suma (*dos más dos son cuatro*) se escribe con tilde. En otras ocasiones, la tilde diacrítica tiene como función evitar dobles sentidos (anfibologías), como en el caso de los demostrativos *este, ese* y *aquel* (→ 3.2.1) o de la palabra *solo* (→ 3.2.3). Salvo en estos dos últimos casos, la tilde diacrítica no distingue parejas de palabras de igual forma y que siempre son tónicas; así, *di* es forma del verbo *decir* y del verbo *dar; fue* y *fui,* son formas del verbo *ir* y del verbo *ser; vino* es forma del verbo *venir* y un sustantivo, etc.
3.1. *Tilde diacrítica en monosílabos.* Muchos de los usos de la tilde diacrítica en español afectan a palabras de una sola sílaba:

TILDE DIACRÍTICA EN MONOSÍLABOS*			
de	preposición: *Hace pajaritas DE papel.* sustantivo ('letra'): *Le bordó una DE en el pañuelo.*	*dé*	forma del verbo *dar:* *DÉ recuerdos a su hija de mi parte.*
el	artículo: *EL problema está resuelto.*	*él*	pronombre personal: *ÉL se hace responsable.*
mas	conjunción adversativa: *Lo sabía, MAS no dijo nada.*	*más*	adverbio, adjetivo o pronombre: *Tu coche es MÁS rápido que el mío.* *Ponme MÁS azúcar en el café.* *No quiero MÁS.* conjunción con valor de suma o adición: *Tres MÁS cuatro son siete.* sustantivo ('signo matemático'): *En esta suma falta el MÁS.*
mi	adjetivo posesivo: *Andrés es MI amigo.* sustantivo ('nota musical'): *Empieza de nuevo en el MI.*	*mí*	pronombre personal: *Dámelo a MÍ.* *Me prometí a MÍ misma no volver a hacerlo.*
se	pronombre, con distintos valores: *SE lo compré ayer.* *Juan SE mancha mucho.* *SE casaron por la iglesia.* *SE arrepiente de sus palabras.* *El barco SE hundió en pocos minutos.* indicador de impersonalidad: *SE duerme bien aquí.* indicador de pasiva refleja: *SE venden manzanas.*	*sé*	forma del verbo *ser* o *saber:* *SÉ bueno y pórtate bien.* *Yo SÉ lo que ha pasado.*
si	conjunción, con distintos valores: *SI llueve, te mojarás.* *Dime SI lo hiciste.* *¡Cómo voy a olvidarlo, SI me lo has repetido veinte veces!* *SI será bobo...* *¡SI está lloviendo!* sustantivo ('nota musical'): *Compuso una melodía en SI mayor.*	*sí*	adverbio de afirmación: *SÍ, estoy preparado.* pronombre personal reflexivo: *Vive encerrado en SÍ mismo.* sustantivo ('aprobación o asentimiento'): *Tardó varios días en dar el SÍ al proyecto.*
te	pronombre personal: *TE agradezco que vengas.* sustantivo ('letra'): *La TE parece aquí una ele.*	*té*	sustantivo ('planta' e 'infusión'): *Es dueño de una plantación de TÉ.* *¿Te apetece un TÉ?*
tu	posesivo: *Dame TU dirección.*	*tú*	pronombre personal: *TÚ ya me entiendes.*

* Se tratan fuera de este cuadro otras parejas de monosílabos afectadas por la tilde diacrítica, como *qué/que, cuál/cual, cuán/cuan, quién/quien,* porque forman serie con palabras polisílabas (→ 3.2.2). También se trata aparte el caso del par *aún/aun,* puesto que esta palabra puede articularse como bisílaba o como monosílaba (→ 3.2.4). Sobre el uso de la tilde en la conjunción *o,* → o², 3.

3.2. *Otros casos de tilde diacrítica*

3.2.1. *Demostrativos.* Los demostrativos *este, ese*

y *aquel*, con sus femeninos y plurales, pueden ser
pronombres (cuando ejercen funciones propias
del sustantivo): *Eligió este; Ese ganará; Quiero dos de
aquellas;* o adjetivos (cuando modifican al sustantivo): *Esas actitudes nos preocupan; El jarrón este siempre
está estorbando.* Sea cual sea la función que desem-
peñen, los demostrativos siempre son tónicos
y pertenecen, por su forma, al grupo de palabras
que deben escribirse sin tilde según las reglas de
acentuación: todos, salvo *aquel,* son palabras llanas
terminadas en vocal o en *-s* (→ 1.1.2) y *aquel* es
aguda acabada en *-l* (→ 1.1.1). Por lo tanto, solo
cuando en una oración exista riesgo de ambigüedad porque el demostrativo pueda interpretarse
en una u otra de las funciones antes señaladas, el
demostrativo llevará obligatoriamente tilde en su
uso pronominal. Así, en una oración como la del
ejemplo siguiente, únicamente la presencia o ausencia de la tilde en el demostrativo permite interpretar correctamente el enunciado: *¿Por qué compraron aquéllos libros usados?* (*aquéllos* es el sujeto de
la oración); *¿Por qué compraron aquellos libros usados?* (el sujeto de esta oración no está expreso, y
aquellos acompaña al sustantivo *libros*). Las formas
neutras de los demostrativos, es decir, las palabras
esto, eso y *aquello,* que solo pueden funcionar como
pronombres, se escriben siempre sin tilde: *Eso no
es cierto; No entiendo esto.*

3.2.2. *Interrogativos y exclamativos.* Las palabras

adónde, cómo, cuál, cuán, cuándo, cuánto, dónde, qué
y *quién,* que tienen valor interrogativo o exclamativo, son tónicas y llevan tilde diacrítica. Introducen enunciados directamente interrogativos o exclamativos: *¿Adónde vamos?; ¡Cómo te has puesto!;
¡Qué suerte ha tenido!; ¿De quién ha sido la idea?;* o
bien oraciones interrogativas o exclamativas indirectas: *Pregúntales dónde está el ayuntamiento; No tenían qué comer; Imagínate cómo habrá crecido que no
lo reconocí; Verá usted qué frío hace fuera.* Además,
pueden funcionar como sustantivos: *Se propuso
averiguar el cómo, el cuándo y el dónde de aquellos sucesos.* (→ adónde, cómo, cuál, cuán, cuándo, cuánto, dónde, qué, quién).

Estas mismas palabras son átonas —salvo *cual,*
que es siempre tónico cuando va precedido de artículo— cuando funcionan como relativos o como
conjunciones y, por consiguiente, se escriben sin
tilde: *El lugar adonde vamos te gustará; Quien mal
anda, mal acaba; El que lo sepa que lo diga.* (→ adonde, como, cual, cuan, cuando, cuanto, donde, que,
quien).

3.2.3. *sólo/solo.* La palabra *solo* puede ser un ad-

jetivo: *No me gusta el café solo; Vive él solo en esa gran
mansión;* o un adverbio: *Solo nos llovió dos días;
Contesta solo sí o no.* Se trata de una palabra llana ter-

minada en vocal, por lo que, según las reglas generales de acentuación (→ 1.1.2), no debe llevar tilde. Ahora bien, cuando esta palabra pueda interpretarse en un mismo enunciado como adverbio
o como adjetivo, se utilizará obligatoriamente la tilde en el uso adverbial para evitar ambigüedades:
Estaré solo un mes (al no llevar tilde, *solo* se interpreta como adjetivo: 'en soledad, sin compañía');
Estaré sólo un mes (al llevar tilde, *sólo* se interpreta
como adverbio: 'solamente, únicamente'); también puede deshacerse la ambigüedad sustituyendo el adverbio *solo* por los sinónimos *solamente* o
únicamente.

3.2.4. *aún/aun.* Este adverbio oscila en su pro-

nunciación entre el hiato [a - ún] y el diptongo
[aun], dependiendo de diferentes factores: su valor semántico, su situación dentro del enunciado,
la mayor o menor rapidez o énfasis con que se emi-
ta, el origen geográfico del hablante, etc. Dado que
no es posible establecer una correspondencia uní-
voca entre los usos de esta palabra y sus formas
monosílaba (con diptongo) o bisílaba (con hiato),
es preferible considerarla un caso más de tilde diacrítica.

a) La palabra *aún* lleva tilde cuando puede sustituirse por *todavía* (tanto con significado temporal como con valor ponderativo o intensivo) sin
alterar el sentido de la frase: *Aún la espera; Este modelo tiene aún más potencia; Tiene una biblioteca de más
de cinco mil volúmenes y aún se queja de tener pocos libros; Aún si se notara en los resultados..., pero no creo
que mejore; Ahora que he vuelto a ver la película, me
parece aún más genial.*

b) Cuando se utiliza con el mismo significado
que *hasta, también, incluso* (o *siquiera,* con la negación *ni*), se escribe sin tilde: *Aprobaron todos, aun
los que no estudian nunca; Puedes quejarte y aun negarte
a venir, pero al final iremos; Ni aun de lejos se parece
a su hermano.* Cuando la palabra *aun* tiene sentido
concesivo, tanto en la locución conjuntiva *aun
cuando,* como si va seguida de un adverbio o de
un gerundio, se escribe también sin tilde: *Aun cuando no lo pidas* [= aunque no lo pidas], *te lo darán;
Me esmeraré, pero aun así* [= aunque sea así], *él no
quedará satisfecho; Me referiré, aun brevemente* [= aunque sea brevemente], *a su obra divulgativa; Aun co-
nociendo* [= aunque conoce] *sus limitaciones, decidió
intentarlo.*

4. ACENTUACIÓN DE PALABRAS Y EXPRESIONES COM-
PUESTAS

4.1. *Palabras compuestas sin guion.* Las palabras

compuestas escritas sin guion entre sus formantes
se pronuncian con un único acento prosódico (a
excepción de los adverbios en *-mente,* que tienen
dos; → 4.2). Este acento, que recae sobre la sílaba
tónica del último elemento, es el que se tiene en
cuenta a efectos de acentuación gráfica; por tan-

to, las palabras compuestas se comportan como las palabras simples y siguen las reglas de acentuación, con independencia de cómo se acentúen gráficamente sus formantes por separado: *dieciséis* (*diez* + *y* + *seis*) se escribe con tilde por ser palabra aguda terminada en *-s; baloncesto* (*balón* + *cesto*) no lleva tilde por ser palabra llana terminada en vocal; y *vendehúmos* (*vende* + *humos*) sí la lleva para marcar el hiato de vocal abierta átona y cerrada tónica.

4.2. Adverbios en -mente. Los adverbios terminados en *-mente* se pronuncian, de forma natural y no enfática, con dos sílabas tónicas: la que corresponde al adjetivo del que derivan y la del elemento compositivo *-mente* (*LENtaMENte*). Estas palabras conservan la tilde, si la había, del adjetivo del que derivan: *fácilmente* (de *fácil*), *rápidamente* (de *rápido*); pero *cordialmente* (de *cordial*), *bruscamente* (de *brusco*).

4.3. Formas verbales con pronombres enclíticos. Los pronombres personales *me, te, lo(s), la(s), le(s), se, nos, os* son palabras átonas que se pronuncian necesariamente ligadas al verbo, con el que forman un grupo acentual: si preceden al verbo se llaman proclíticos; si lo siguen, enclíticos (→ ACENTO, 1.1b). Al contrario que los proclíticos, los pronombres enclíticos se escriben soldados al verbo: *mírame, dilo, dáselo* (pero *me miró, lo dijo, se lo di*). A diferencia de lo establecido en normas ortográficas anteriores, a partir de la *Ortografía* académica de 1999 las formas verbales con enclíticos deben acentuarse gráficamente siguiendo las reglas de acentuación (→ 1 y 2); así, formas como *estate, suponlo, deles* se escriben ahora sin tilde por ser palabras llanas terminadas en vocal o en *-s*, mientras que *déselo, léela, fíjate* llevan tilde por ser esdrújulas, y *oídme, salíos, reírte*, por contener un hiato de vocal cerrada tónica y vocal abierta átona. Las formas del imperativo de segunda persona del singular propias del voseo (→ VOSEO) siguen, igualmente, las reglas de acentuación; así, cuando se usan sin enclítico, llevan tilde por ser palabras agudas terminadas en vocal: *pensá, comé, decí*; cuando van seguidas de un solo enclítico, pierden la tilde al convertirse en llanas terminadas en vocal (*decime, andate, ponelo*) o en *-s* (*avisanos, buscanos*) y, si van seguidas de más de un enclítico, llevan tilde por tratarse de palabras esdrújulas: *decímelo, ponételo*.

4.4. Palabras compuestas con guion. Las palabras unidas entre sí mediante un guion, sean del tipo que sean (→ GUION² o GUIÓN, 1) y con independencia de cómo se pronuncien, siempre conservan la acentuación gráfica que corresponde a cada uno de los términos por separado: *Sánchez-Cano, germano-soviético, teórico-práctico*.

4.5. Expresiones compuestas escritas en varias palabras. En las expresiones formadas por palabras que se escriben separadamente, pero constituyen una unidad fónica y léxica, se conserva siempre la acentuación gráfica independiente de cada uno de sus componentes:

a) Antropónimos compuestos. Los nombres propios de persona que se combinan entre sí para formar un antropónimo compuesto se escriben normalmente separados y sin guion intermedio (→ GUION² o GUIÓN, 1.1.1a). Aunque en la pronunciación solo suele ser tónico el segundo nombre, ambos conservan su acentuación gráfica independiente: *José Luis* [joseluís], *María José* [mariajosé].

b) Numerales formados por varias palabras. Conservan la acentuación gráfica que corresponde a cada una de las palabras que los componen, con independencia de que, en su pronunciación, la primera de ellas sea normalmente átona: *veintidós mil* [beintidosmíl], *cuarenta y seis* [kuarentaiséis], *vigésimo séptimo* [bijesimoséptimo] (en los casos en que es posible escribir el numeral en una o en dos palabras, como ocurre con los ordinales correspondientes a la serie del veinte, el primer elemento pierde la tilde cuando el ordinal se escribe en una sola palabra: *vigesimoséptimo;* → 4.1 y ORDINALES, 3).

5. ACENTUACIÓN DE VOCES Y EXPRESIONES LATINAS

5.1. Las voces y expresiones latinas utilizadas corrientemente en español se someten a las reglas de acentuación: *tedeum* (sin tilde, por ser palabra aguda terminada en *-m*); *quórum* (con tilde, por ser palabra llana terminada en *-m*); *hábeas corpus* (*hábeas* lleva tilde por ser una palabra esdrújula, mientras que *corpus* no la lleva por ser llana terminada en *-s*).

5.2. Las palabras latinas usadas en el nombre científico de las categorías taxonómicas de animales y plantas (especie, género, familia, etc.) se escriben siempre sin tilde, por tratarse de nomenclaturas de uso internacional: *Rana sphenocephala, Quercus ilex, familia Pongidae*.

6. ACENTUACIÓN DE PALABRAS EXTRANJERAS

6.1. Palabras extranjeras no adaptadas. Los extranjerismos que conservan su grafía original y no han sido adaptados (razón por la cual se deben escribir en cursiva, en los textos impresos, o entre comillas, en la escritura manual), así como los nombres propios originarios de otras lenguas (que se escriben en redonda), no deben llevar ningún acento que no tengan en su idioma de procedencia, es decir, no se someten a las reglas de acentuación del español: *disc-jockey, catering, gourmet, Wellington, Mompou, Düsseldorf*.

6.2. Palabras extranjeras adaptadas. Las palabras de origen extranjero ya incorporadas al español o adaptadas completamente a su pronunciación y escritura, incluidos los nombres propios, deben someterse a las reglas de acentuación de nuestro idioma: *béisbol*, del ingl. *baseball; bidé*, del fr. *bidet; Milán*, del it. *Milano; Icíar*, del eusk. *Itziar*. Las transcripciones de palabras procedentes de lenguas que utilizan alfabetos no latinos, incluidos los nombres propios, se consideran adaptaciones y deben seguir, por tanto, las reglas de acentuación: *glásnost, Tolstói, Taiwán*.

7. ACENTUACIÓN DE LETRAS MAYÚSCULAS
Las letras mayúsculas, tanto si se trata de iniciales como si se integran en una palabra escrita enteramente en mayúsculas, deben llevar tilde si así les corresponde según las reglas de acentuación: *Ángel, PROHIBIDO PISAR EL CÉSPED*. No se acentúan, sin embargo, las mayúsculas que forman parte de las siglas (→ SIGLA, 5b).

8. ACENTUACIÓN DE ABREVIATURAS, ACRÓNIMOS, SIGLAS Y SÍMBOLOS. → ABREVIATURA, 6a; ACRÓNIMO, 5; SIGLA, 5b; SÍMBOLO, 2b.

Timbuktu. → Tombuctú.

timorense, Timor Este, *Timor Leste*. → Timor Oriental.

Timor Oriental. Nombre del país asiático que ocupa la parte oriental de la isla de Timor: *«Las tropas indonesias invadieron Timor Oriental en 1975»* (*Mundo* [Esp.] 29.12.94). Se desaconseja, por minoritaria, la variante *Timor Este*. No debe usarse en español la denominación portuguesa *Timor Leste*, pese al uso de *leste* en español, en lenguaje marinero, como equivalente de *este*. El gentilicio es *timorense*: *«Otros doce ciudadanos timorenses pidieron ayer asilo político en la embajada polaca en Yakarta»* (*Mundo* [Esp.] 26.1.96).

tinto -ta. '[Vino o uva] de color rojo oscuro': *«A Rolando le trajeron una botella de vino tinto chileno»* (Donoso *Elefantes* [Chile 1995]). No es propia del español y debe evitarse la expresión ⊗*vino rojo*, debida al influjo de otras lenguas como el francés (*vin rouge*), el inglés (*red wine*) o el italiano (*vino rosso*).

tiovivo. 'Atracción de feria consistente en una plataforma giratoria con figuras'. Se escribe en una sola palabra. Aunque, como voz aislada, *tío* se escribe con tilde, el compuesto *tiovivo* no lleva acento gráfico por ser palabra llana acabada en vocal (→ TILDE², 1.1.2 y 4.1): *«En mi mente giraban, como en un tiovivo, pensamientos mórbidos»* (GaMorales *Lógica* [Esp. 1990]). Se desaconseja la escritura en dos palabras o con guion intermedio. El plural es *tiovivos*.

⊗**tipear.** Adaptación del verbo inglés *to type*, usada en gran parte de América con el sentido de 'escribir a máquina'. Es anglicismo innecesario y poco recomendable, pues para ese significado existen en español los verbos *mecanografiar* y *dactilografiar*, y las construcciones *pasar* o *escribir a máquina*:

«Ella mecanografiaba textos en computadora» (Souza *Mentira* [Perú 1998]); *«Azuela [...] reclama nerviosa el texto que le tengo que dactilografiar para cuando ella vuelva de tomar café»* (Futoransky *Pe* [Arg. 1986]); *«Se puso a escribir a máquina»* (VLlosa *Tía* [Perú 1977]).

tipo. *de tipo* + adjetivo. → CONCORDANCIA, 3.11.

tique. 1. Adaptación gráfica de la voz inglesa *ticket*, 'papel o cartulina que acredita el pago de un servicio, una compra o el derecho de entrada a un local': *«Marta tomó los tiques y dejó el importe en el platito»* (Rossetti *Alevosías* [Esp. 1991]). En Colombia y algunos países centroamericanos se ha adaptado en la forma *tiquete*: *«Ya se agotaron los 55 000 tiquetes para el partido»* (*Tiempo* [Col.] 1.12.91). Además del anglicismo, existen en español varios términos que, según los países y la función del tique, pueden usarse en su lugar: *boleta, boleto, entrada* (para un espectáculo) y *billete* o *pasaje* (para acceder a un medio de transporte).

2. No debe usarse esta voz con el sentido de 'lista de candidatos para unas elecciones', calco censurable del inglés americano: ⊗*«Fue claro que aceptó a regañadientes el puesto de vicepresidente en el tiquete electoral de Ernesto Samper»* (*Semana* [Col.] 10-17.9.96).

tiquete. → tique.

tiquismiquis. Como sustantivo masculino plural, 'escrúpulos o reparos de poca importancia' y 'expresiones o dichos ridículamente corteses': *«¿Hay reparos más nimios que los tiquismiquis en que se enzarzaban los teólogos?»* (Miguel *Perversión* [Esp. 1994]); *«Cuando ellos desembarcaron, no habían sido objeto de tantas urbanidades y tiquismiquis»* (Mujica *Escarabajo* [Arg. 1982]). Como sustantivo singular común en cuanto al género (*un/una tiquismiquis*; → GÉNERO², 1a y 3h), 'persona quisquillosa o que manifiesta escrúpulos por cosas de poca importancia', sentido en que también puede usarse como adjetivo: *«¡No sé te me pongas tiquismiquis y ñoñín!»* (Pombo *Metro* [Esp. 1990]). Es preferible esta forma, hoy mayoritaria, a la grafía en dos palabras *tiquis miquis*. No se admite la grafía con guion ⊗*tiquis-miquis*.

tirar. 1. Con el sentido de 'lanzar o arrojar [algo] a alguien o hacia un lugar', es transitivo en la lengua general culta: *«Le tira la botella a doña Carmen»* (Navajas *Agonía* [Col. 1977]). No pertenece al habla culta general su uso como intransitivo con un complemento precedido de *con*: ⊗*«Te puede tirar CON un muñeco a la cabeza»* (*Abc* [Esp.] 3.12.83).

2. Con el sentido de 'atraer o hacer fuerza para llevar hacia sí o arrastrar tras de sí', es intransitivo y lleva un complemento con *de*: *«Le tiraste DE la manga sin contemplaciones sacándola de allí»* (GGalán *Bobo* [Esp. 1986]). No debe confundirse con el uso transitivo de *estirar* ('alargar o extender [algo]'; → estirar).

3. tira y afloja o **tira y encoge.** Locuciones nominales masculinas con que se designa la negociación en que se pasa alternativamente de la inflexibilidad a la condescendencia. La más general es *tira y afloja*, pero en el área caribeña se dice también *tira y encoge*: «*Después de dos años de tira y afloja entre el Poder Judicial y el coronel Ibáñez, este fue elegido presidente*» (Jodorowsky *Pájaro* [Chile 1992]); «*La división entre los dos hombres que usufructúan el poder en un tira y encoge insostenible*» (Cestero *Sangre* [R. Dom. 1914] cap. XVII). En México y el área centroamericana, donde no se usa el verbo *tirar* con el sentido de 'atraer o llevar hacia sí', la fórmula usada en este caso es *estira y afloja*: «*La sesión extraordinaria del Congreso se convirtió en un estira y afloja entre los diputados gobiernistas y los de oposición*» (*Proceso* [Méx.] 9.2.97).

tiroides. '[Glándula] endocrina que regula el metabolismo y el crecimiento'. Como sustantivo, mientras que en España se usa en ambos géneros, con preferencia por el masculino, en América es general su empleo en femenino: «*El tiroides estimula la actividad metabólica general*» (FReyes *Anatomía* [Esp. 1992]); «*La tiroides tiene un importante papel durante la pubertad*» (Barrera/Kerdel *Adolescente* [Ven. 1976]).

tisú. 'Tela de seda entretejida con hilos de oro o plata'. Su plural es *tisúes* o *tisús* (→ PLURAL, 1c).

tizne. 'Sustancia negra que queda pegada a la superficie de las cosas que han estado en contacto con el humo del fuego'. Es válido su uso en ambos géneros, con predominio hoy del masculino: «*Su largo rostro, hinchado y negro por el tizne, era el de un demente*» (Volpi *Klingsor* [Méx. 1999]); «*Se da de cabezazos contra la tizne de las paredes*» (Alberti *Prosas* [Esp. 1924-42]).

-tl-. → GUION[2] o GUIÓN, 2.6c.

toalla. 'Pieza de tela para secarse el cuerpo': «*Trae la toalla al cuello*» (Galeano *Fútbol* [Ur. 1995]). Es incorrecta la grafía ⊗*tohalla*. Debe evitarse, asimismo, la pronunciación vulgar ⊗[tuáya, tuálla].

tocar(se). 1. Con el sentido de 'poner la piel o la superficie de un objeto en contacto [con algo o alguien]', es transitivo: «*Toqué sus ropas*» (Sánchez *Héroe* [Col. 1988]). Cuando el complemento directo es de persona, puede llevar, además, un complemento introducido por *en,* que expresa la parte concreta de contacto: «*LO tocó EN el brazo*» (Aguilar *Error* [Méx. 1995]). Si el sustantivo que expresa la parte tocada funciona como complemento directo, el complemento de persona pasa a

ser indirecto: «*Al inmediato superior de ese hombre no LE tocaron un pelo*» (*Abc* [Esp.] 14.7.89).

2. Cuando significa 'ser de obligación' o 'corresponder', es intransitivo; el complemento de persona es indirecto: «*Esta vez LE tocaba contestar*» (Verbitsky *Vuelo* [Arg. 1995]); «*De allí LES tocaba el diez por ciento*» (Ribeyro *Geniecillos* [Perú 1983]).

3. Con el sentido de 'cubrirse la cabeza con alguna prenda' —proveniente del sustantivo *toca* 'prenda de tela que cubre la cabeza'—, es intransitivo pronominal y lleva un complemento introducido por *con* o *de*: «*Nuestro vecino viste chilaba gris, se toca CON un turbante blanco*» (Leguineche *Camino* [Esp. 1995]); «*Se vistió de azul prusia y se tocó DE un gracioso sombrerito*» (Sarduy *Pájaros* [Cuba 1993]). No debe emplearse con el sentido general de 'adornarse': ⊗«*Ese hombretón tocado de mostacho*» (*Abc* [Esp.] 11.3.87).

tocateja. a tocateja. En España, 'en efectivo y sin dilación en el pago': «*Pagaba a tocateja y sin regatear*» (RCruz *Fiestas* [Esp. 2001]). Es preferible esta forma, hoy mayoritaria, a la grafía en tres palabras *a toca teja*.

todo -da. 1. Este adjetivo se emplea normalmente antepuesto a un sustantivo —precedido, a su vez, de un determinante— e indica que no se excluye ninguna parte o ninguno de los seres o cosas designados por el sustantivo: *Toda la familia estuvo de acuerdo; Tras el accidente, hubo que precintar toda una sala del teatro; Todos esos informes carecen de valor.* También puede aparecer pospuesto al sustantivo, uso raro en el habla corriente: «*Si el fin del mundo se halla tan cerca, su trabajo y la película toda están de más*» (*País* [Esp.] 10.11.76). No es correcto usar el masculino *todo* ante sustantivos femeninos que, al comenzar por /a/ tónica, seleccionan la forma *el* del artículo (→ el, 2.2): ⊗*Se derramó todo el agua del jarrón;* ⊗*No puede erradicarse de un plumazo todo el hambre del mundo;* debe decirse *toda el agua, toda el hambre.* Funciona también como pronombre: *Ya estamos todas; He acabado con todo.*

2. Ante un sustantivo singular sin determinante, equivale a *todos los* + el sustantivo en plural: *Todo delito será castigado* [= todos los delitos serán castigados].

3. Antepuesto a un sustantivo precedido de *un, una,* tiene a menudo valor ponderativo e indica que lo designado por el sustantivo posee en grado sumo las cualidades ideales que culturalmente se le atribuyen. Cuando antecede a un nombre en singular, *todo* debe concordar con este en género y número: «*Es todo un caballero*» (Romero *Vodevil* [Esp. 1979]); «*Era toda una mujer*» (*Mundo* [Esp.] 30.9.95). Es muy raro su uso antepuesto a un nombre en plural; pero, cuando esto ocurre, *todo* permanece invariable: «*Pero que todo unos oidores [...]*»

hubiesen puesto a los pies de un idiota la justicia, [...] *esto es lo que admira y aflige»* (Montalvo *Catilinarias* [Ec. 1880-82]); *«Ellas —que son todo unas señoras— no tendrán ningún inconveniente en cubrirte la herida con sus limosnas»* (Bermejo *Lucevan* [Esp. 1992]).

4. Antepuesto a un adjetivo de cualidad, expresa que el sustantivo al que se refiere el adjetivo presenta esa cualidad en grado sumo: *Juan estaba todo asustado* [= Juan estaba sumamente asustado]; o que dicha cualidad es aplicable a toda la extensión del sustantivo: *La ciudad amaneció toda cubierta de nieve* [= La ciudad amaneció enteramente cubierta de nieve]. Cuando el adjetivo va en singular, *todo* debe concordar en género y número con este, como se ve en los ejemplos anteriores. Con este sentido, es muy raro su empleo antepuesto a un adjetivo en plural; pero cuando esto ocurre, *todo* permanece invariable: *Mis padres estaban todo orgullosos de mí; Mis hermanas estaban todo orgullosas de mí.*

5. Antepuesto a ciertos nombres concretos sin determinante que se asocian a determinadas cualidades, tiene también valor ponderativo. Cuando la cualidad representada por el nombre se atribuye a un sustantivo o pronombre singular, *todo* puede concordar con el género de este o permanecer invariable: *«Esa mujer es todo corazón»* (Sánchez *Héroe* [Col. 1988]); *«Tu mano, toda nervios, deshojaba las flores de un rosal»* (Ibarbourou *Lenguas* [Ur. 1919]). Cuando la cualidad se atribuye a un sustantivo plural, *todo* permanece invariable: *«Eran todo ojos y roña»* (Marsé *Embrujo* [Esp. 1993]); *«Habla, Rumba. Somos todo oídos»* (Aguilera *Pelota* [Ec. 1988]); *«Los rosales eran todo espinas»* (Faner *Flor* [Esp. 1986]).

6. El uso de *todos* ante un numeral cardinal, precedido o no de artículo (*todos los tres, todos tres*), se documenta desde época temprana: *«E fuéronse asý para la cibdat todos tres»* (*H.ª Troyana* [Esp. 1270]); *«Las gentes de todas las cuatro partes del mundo te obedezcan»* (Inca *Comentarios* [Perú 1609]). Este uso ha desaparecido del español general culto, donde lo normal es decir *los tres, los cuatro*, etc. Aparece hoy muy raramente en textos literarios, a menudo con intención arcaizante, y se conserva también en el habla coloquial o popular americana: *«Entraron todos tres a la sala en que yo me hallaba»* (VNágera *Yo* [Esp. 1985]); *«¡Varillita de virtú que Dios te ha dao, que se abran todas las siete puertas!»* (Jara *Yegua* [Chile 1971]).

7. *con todo.* 'No obstante, sin embargo': *«Y, con todo, no deja de ser una diversión inocente»* (Nieva *Señora* [Esp. 1980]); *«El ambiente, con todo, estaba en calma»* (Mendoza *Verdad* [Esp. 1975]). Con el mismo sentido también se usan, aunque en menor medida, *con todo eso* y *con todo esto*: *«La monarquía liberal conservadora de Cánovas cultivaba un libera-*

lismo falsificado y, con todo eso, de algún modo, auténtico» (FdzSuárez *Pesimismo* [Esp. 1983]); *«El subdesarrollo andaluz es realidad, y la pobreza, problema acuciante para ciertos sectores de la población. Con todo esto, usted habla de optimismo»* (*País* [Esp.] 2.8.87). Existen además las variantes, más coloquiales, *con todo y eso* y *con todo y con eso*: *«Pues con todo y con eso, aquello era lo más parecido que había a la felicidad»* (CBonald *Noche* [Esp. 1981]); *«Y ya ves: con todo y eso tendrá su hijo»* (Piñera *Siameses* [Cuba 1990]).

8. *con todo y.* Esta expresión puede ir seguida de un sustantivo o de una oración subordinada, normalmente de infinitivo.

8.1. *con todo y* + sustantivo. Puede tener dos valores:

a) 'También con, incluso con + sustantivo', con intención enfática: *«Te tomas cada día un huevo con todo y cáscara»* (Elizondo *Setenta* [Méx. 1987]); *«Cayó en la trampa con todo y armas»* (Burgos *Rigoberta* [Guat. 1983]). Este uso se da en el habla coloquial de algunas zonas de América, especialmente en México y el área centroamericana.

b) 'A pesar de': *«Con todo y su magia, el mago de Oz no logró volver valiente al cobarde»* (Mojarro *Yo* [Méx. 1985]). Es uso muy corriente en el habla coloquial de México y el área centroamericana, y se da también, aunque en menor medida, en otras zonas de América: *«Tres años viví junto a Valdivia; con todo y sus castigos, me estimaba»* (Arrau *Digo* [Chile 1981]); *«Y como hembra, todavía merece, con todo y sus sesenta años cumplidos»* (Barnet *Gallego* [Cuba 1981]).

Se trata, en ambos casos, de una modificación de la estructura enfática *con + sustantivo + y todo*, normal en el español coloquial general: *«Si uno entraba en componendas, en arreglines, los demás se lo engullían con zapatos y todo»* (Edwards *Anfitrión* [Chile 1987]).

8.2. *con todo y* + oración subordinada. 'A pesar de'. Se emplea tanto en América, especialmente en México y el área centroamericana, como en España, especialmente entre hablantes catalanes: *«No dejaron llegar a Aguirre con todo y ser gobernador electo»* (MtnMoreno *Respuesta* [Méx. 1994]); *«Con todo y creerse vivos, están también ya desahuciados»* (Goytisolo *Estela* [Esp. 1984]). Aunque lo normal es que vaya seguida de una oración de infinitivo, también es válido su uso con subordinadas introducidas por la conjunción *que*: *«Con todo y QUE se casó con ella, la orgullosa y netamente norteamericana familia del abuelo le había construido este cuarto al fondo de la casa»* (Esquivel *Agua* [Méx. 1989]); *«Suelo aburrirme muchas veces, con todo y QUE vivo en Madrid»* (SchzFerlosio *Jarama* [Esp. 1956]).

9. *sobre todo.* 'Especialmente, principalmente': *«Me encanta la música ligera, sobre todo cuando es lenta»* (Nieva *Señora* [Esp. 1980]). Es locución adverbial y se escribe siempre en dos palabras. No debe confundirse con *sobretodo*, sustantivo masculino que significa 'prenda de vestir, larga y con mangas, que se lleva encima de las demás prendas' y que, en América, se emplea como sinónimo de *abrigo*: «*Albert Camus posa con el cuello del sobretodo levantado para enfrentar el frío parisino*» (González *Habano* [Cuba 1998]).

todoterreno. 1. Adjetivo que, referido a un vehículo, significa 'apto para circular por terrenos accidentados o embarrados': «*Se trasladó hasta este paraje en un vehículo todoterreno*» (*Vanguardia* [Esp.] 14.1.94); y, referido a una persona, 'capaz de realizar múltiples tareas' o 'eficiente en cualquier situación': «*Ha cimentado su fama de cineasta todoterreno y autosuficiente, que rueda deprisa y a bajísimo presupuesto*» (*Mundo* [Esp.] 13.4.96). En ambos casos puede usarse como sustantivo: «*El traslado a los campamentos* [...] *se llevará a cabo en todoterrenos y camiones*» (*NCastilla* [Esp.] 27.11.00); «*Amparo Moreno era ya una todoterreno de perfiles caricaturescos*» (*Vanguardia* [Esp.] 14.4.94). Se recomienda su escritura en una sola palabra, por lo que deben evitarse grafías como ⊗*todo terreno* o ⊗*todo-terreno*. Como sustantivo, su plural es *todoterrenos;* pero como adjetivo es invariable en plural: *vehículos todoterreno*.

2. Referido a vehículo, es el equivalente español de la voz inglesa *jeep*, anglicismo innecesario que se ha adaptado ocasionalmente al español en la forma *yip* (pl. *yips*): «*En el muelle se han concentrado todos los vehículos de la isla, camionetas, yips, tractores con remolques*» (Tibón *Aventuras* [Méx. 1986]). Aunque no se censura el uso de la adaptación, resulta preferible la formación española *todoterreno*. En algunos países de América, como Colombia, Bolivia o Nicaragua, se utiliza con este sentido la voz *campero*: «*Ocho personas resultaron heridas al volcarse un campero en la carretera*» (*Tiempo* [Col.] 2.1.89). En Venezuela se ha acuñado la denominación *(vehículo) rústico*: «*Sentirá que está a bordo de un rústico, aunque en realidad esté conduciendo un Volkswagen*» (*Universal* [Ven.] 7.4.97).

tofe, *toffee.* → tofi.

tofi. Adaptación gráfica propuesta para la voz inglesa *toffee*, 'caramelo blando de café con leche': «*Arrebató chupetes, tofis, caramelos que estaban a punto de llevarse a la boca y los pisoteó*» (VLlosa *Tía* [Perú 1977]). Esta forma, que refleja la pronunciación etimológica, es la usada mayoritariamente en América. En España, por el contrario, es más usual la pronunciación [tófe], a la que corresponde la grafía adaptada *tofe*: «*¡He ganado una caja de tofes!*» (Delibes *Parábola* [Esp. 1969] 161).

⊗**tohalla.** → toalla.

Tokio. Forma tradicional española del nombre de la capital de Japón: «*Telegramas que debían ser enviados inmediatamente a Moscú o a Nueva York o a Tokio*» (MñzMolina *Sefarad* [Esp. 2001]). En el uso actual está generalizada la pronunciación [tókio], por lo que se desaconseja tanto la grafía como la pronunciación ⊗*Tokío*, usada ocasionalmente en épocas pasadas. No debe utilizarse en español la grafía inglesa *Tokyo*. Como gentilicio se emplea la forma *tokiota*, válida para ambos géneros: «*Oka menciona también la baja calidad de vida de los tokiotas debido a la alta densidad de la población*» (*DYucatán* [Méx.] 15.12.97).

tokiota, *Tokyo.* → Tokio.

tólar. 'Unidad monetaria de Eslovenia'. Se pronuncia [tólar] y debe escribirse con tilde, por ser voz llana acabada en consonante distinta de *-n* o *-s* (→ TILDE², 1.1.2). Es de género masculino y su plural es *tólares* (→ PLURAL, 1g). No debe confundirse con *dólar* ('moneda de los Estados Unidos de América y de otros países del mundo'; → dólar).

Tolosa. Ciudad de la provincia de Guipúzcoa (España). Debido a su confluencia con este topónimo español, hoy no se emplea esta forma como nombre de la ciudad francesa de *Toulouse* (→ Toulouse).

tomar. *toma y daca.* 'Trueque simultáneo de cosas y servicios'. Locución masculina coloquial, cuyo plural puede ser *tomas y dacas*, si bien tiende a permanecer invariable: «*Se han descubierto rastros de* [...] *movimientos diversos dentro de cada una de las tres regiones, en incesantes idas y venidas, tomas y dacas*» (Salvador *Ecuador* [Ec. 1994]); «*Sin entrar en detalles de los toma y daca envueltos en la negociación*» (*Listín* [R. Dom.] 9.7.97).

Tombouctou. → Tombuctú.

Tombuctú. Forma tradicional española del nombre de esta ciudad de Mali: «*Una larga franja de tierra situada cuatrocientos kilómetros al sur de Tombuctú*» (Cardeñosa *Código* [Esp. 2001]). No deben usarse en español ni la forma inglesa *Timbuktu* ni la francesa *Tombouctou*.

tóner. Voz tomada del inglés *toner*, 'pigmento que utilizan ciertas fotocopiadoras e impresoras para reproducir letras e imágenes'. En español debe escribirse con tilde por ser palabra llana terminada en consonante distinta de *-n* o *-s* (→ TILDE², 1.1.2): «*Nunca tires un cartucho de tóner a la basura*» (Teso *Informática* [Esp. 1993]). Su plural debe ser *tóneres* (→ PLURAL, 1g).

Tonkín. Forma tradicional española del nombre de esta región del norte de Vietnam: «*Había conquistado* [Napoleón] *el sureste asiático, del golfo de Tonkín al delta del Mekong*» (Fuentes *Espejo* [Méx. 1992]).

Debe escribirse con tilde, por ser palabra aguda terminada en *-n* (→ TILDE², 1.1.1). Aunque existe la variante gráfica *Tonquín*, se desaconseja su empleo en favor de la grafía mayoritaria.

Tonquín. → Tonkín.

top. 1. Voz tomada del inglés *top,* que se usa en España con el sentido de 'prenda de vestir femenina que cubre el pecho y llega como mucho hasta la cintura'. Su plural es *tops* (→ PLURAL, 1h): «*Mujeres que llevan tejanos y tops ajustadísimos*» (Silva *Rif* [Esp. 2001]).

2. En inglés es también un adjetivo que significa 'que está situado en la parte más alta o en el extremo superior de algo' y, en sentido figurado, 'superior en calidad o importancia'. Con este último sentido ha adquirido cierta difusión en español: «*La empresaria de marras fue una de las más activas compradoras y se adjudicó tres de los lotes* top *de la pintura argentina*» (*Nación* [Arg.] 22.6.92); «*Considerada ahora la actriz "*top*" de España, Maribel Verdú asistió al preestreno*» (*Mundo* [Esp.] 26.1.94). El término inglés debe sustituirse, dependiendo del contexto, por equivalentes españoles como *máximo, principal, puntero, mejor, mayor, más importante, destacado, de lujo, de gran categoría,* etc. Así, *los «top» diez* es lo mismo que *los diez mejores; los artistas «top»* son *los mejores artistas* o *los más vendidos* o *los de mayor éxito; los socios «top» de un club* son *los socios preferentes* o *distinguidos* o *de categoría; los personajes «top»* no dejan de ser *figuras destacadas* o *famosos.*

tope. En español significa 'pieza o elemento destinado a detener un movimiento o amortiguar un choque' y, en sentido no material, 'extremo o límite al que puede llegar algo': «*El cañoncito se carga sacando el tirador y poniendo el tope*» (VV. AA. *Tecnología* [Esp. 1995]); «*Se establecía un tope de edad de 70 años para todos los consejeros de la entidad*» (*Cambio 16* [Esp.] 19.3.90). Su uso con el sentido de 'parte superior o más alta' es calco censurable del inglés *top:* ⊗«*Los 358 multimillonarios que aparecen en el tope de la lista de personas con más ganancias*» (*Tiempo* [Col.] 17.7.96); ⊗«*Tuvieron que recuperar posiciones desde los últimos lugares para ubicarse al tope de la prueba*» (*Época* [Chile] 28.7.97). En español se dice, en estos casos, *en (la) cabeza* o *a la cabeza.*

tópico. En español significa, como sustantivo, 'lugar común, idea o expresión muy repetida': «*Ya es un tópico decir que la justicia no funciona*» (*Cambio 16* [Esp.] 8.1.90). Debe evitarse su empleo con el sentido de 'tema o asunto', calco inaceptable del inglés *topic:* ⊗«*Zedillo propuso un entendimiento "amplio", que abarcara servicios, transportes, propiedad intelectual y otros tópicos*» (*Excélsior* [Méx.] 18.9.96).

toples. Adaptación gráfica propuesta para la voz inglesa *topless,* 'desnudo femenino de cintura para arriba' y 'bar o local donde trabajan mujeres desnudas de cintura para arriba'. Se emplea frecuentemente en la construcción *en toples,* que significa 'con los pechos descubiertos': «*¡Abuela, quédese usted en toples!*» (SchzOstiz *Infierno* [Esp. 1995]). Es invariable en plural: *los toples* (→ PLURAL, 1f).

topless. → toples.

top model. → supermodelo.

top secret. Esta locución adjetiva inglesa debe traducirse en español por *altamente secreto* o *de alto secreto:* «*El sistema norteamericano rechaza la idea de que cualquier persona con acceso a información altamente secreta deba ser objeto de constante sospecha*» (*País* [Esp.] 2.4.87); «*Un proyecto de alto secreto que nos ha encargado el ejército*» (Zaragoza *Concierto* [Esp. 1981]).

torácico -ca. → tórax, 2.

tórax. 1. 'Parte superior del tronco corporal'. Se escribe con tilde por ser voz llana acabada en consonante distinta de *-n* o *-s* (→ TILDE², 1.1.2): «*El paso siguiente es una radiografía de tórax*» (*Nación* [C. Rica] 8.12.96). Es invariable en plural (→ PLURAL, 1f): *los tórax.*

2. El adjetivo correspondiente mayoritariamente usado es *torácico* ('del tórax'): «*El corazón se sacude en la caja torácica*» (Souza *Mentira* [Perú 1998]). También es válida la forma *toráxico,* usada a veces en América: «*Presentaba una profunda herida en la cavidad toráxica*» (*Caras* [Chile] 1.9.97).

toráxico -ca. → tórax, 2.

torcaz. '[Paloma] de plumaje gris azulado, que habita en el campo'. Se usa como adjetivo de una sola terminación (*paloma torcaz, palomo torcaz*) y como sustantivo común en cuanto al género (*el/la torcaz;* → GÉNERO², 1a): «*¡Un mirlo!, ¡un cuclillo!, ¡un torcaz...!*» (Mujica *Escarabajo* [Arg. 1982]); «*Fue como el saetero que arroja una flecha a la torcaz*» (Aparicio *Retratos* [Esp. 1989]). La forma *torcaz* es la usada en la lengua general, aunque en determinadas zonas de España y de América sigue vivo el antiguo adjetivo de dos terminaciones *torcazo, -za,* usado también como sustantivo: «*Esas palomas torcazas que tengo en la jaula verde*» (Aguilar *Error* [Méx. 1995]); «*Una torcaza cantó*» (Ibargüengoitia *Crímenes* [Méx. 1979]).

torcazo -za. → torcaz.

torcer(se). 'Desviar(se) de la posición o trayectoria habituales'. Verbo irregular: se conjuga como *mover* (→ APÉNDICE 1, n.º 41).

tornar(se). Con el sentido de 'transformar(se)', puede construirse con un complemento predicativo o con un complemento introducido por *en:* «*Sus gemidos y jadeos se tornaron AULLIDOS*» (Jaramillo *Tiempo* [Pan. 2002]); «*¿En qué momento el amor se torna EN odio?*» (Esquivel *Deseo* [Méx. 2001]).

torno. *en torno.* 'Alrededor': «*Ella mira en torno como reconociendo el lugar*» (Diosdado *Trescientos* [Esp. 1991]). Es locución adverbial y puede llevar un complemento precedido de *a* o, menos frecuentemente, *de*: «*El público se arremolinaba en torno A dos carrozas*» (Padilla *Jardín* [Cuba 1981]); «*Nadó en torno DE la lancha*» (RRosa *Sebastián* [Guat. 1994]). En esta locución, el sustantivo *torno* puede ir seguido o, más raramente, precedido de un posesivo: «*Miró en torno suyo para asegurarse de que no le faltaba saludar a nadie*» (GaMárquez *Amor* [Col. 1985]); «*La dama* [...] *miró lentamente en su torno*» (Andahazi *Piadosas* [Arg. 1999]). Cuando esta locución va seguida de una expresión cuantitativa, significa 'aproximadamente' y se construye con *a*: «*Mueve al año en torno A 200 000 millones de pesetas*» (*Mundo* [Esp.] 8.4.94). También se construye con *a* cuando significa 'sobre o acerca de': «*Para este número se reunieron ensayos en torno A la obra de Pessoa*» (*NHerald* [EE. UU.] 15.3.98). Se escribe siempre en dos palabras. No debe confundirse con el sustantivo masculino *entorno* ('ambiente'; → entorno).

tortícolis. 1. 'Espasmo doloroso de los músculos del cuello'. Aunque procede del francés *torticolis* (pron. [tortikolí]), en español es voz esdrújula. Debe evitarse el uso de la grafía original francesa, escrita sin tilde, por corresponder a una pronunciación llana [tortikólis], inusitada en nuestro idioma. Es errónea la forma ⊛*tortículis*.

2. En el español general actual es femenino: «*Doy masajes para la tortícolis*» (Jodorowsky *Pájaro* [Chile 1992]). No obstante, en obras especializadas se emplea aún a veces con el género masculino etimológico: «*Lo mismo podríamos decir del tortícolis y otros tipos de calambres profesionales*» (LpzIbor *Neurosis* [Esp. 1966]).

tory. Voz inglesa con la que se designa popularmente al Partido Conservador de Gran Bretaña. En español se usa como adjetivo ('del partido conservador de Gran Bretaña'): «*Según las estadísticas, cada tres meses muere un diputado "tory"*» (*Mundo* [Esp.] 13.4.96); o como sustantivo ('miembro de este partido'): «*Fue* [...] *un discurso largo y predicador, que hubiera podido pronunciar un "tory"*» (*Abc* [Esp.] 1.10.97). Solo es lícito su empleo en español referido al partido británico, aunque no hay que olvidar que, en su lugar, puede usarse siempre la voz española *conservador*, que resulta perfectamente equivalente: «*¿Los laboristas son interlocutores más cómodos que los conservadores?*» (*Clarín* [Arg.] 16.7.97). Si se usa la voz *tory,* ha de considerarse un extranjerismo crudo y se escribirá, por tanto, con resalte tipográfico. Por la misma razón debe usarse el plural inglés *tories,* y no la forma híbrida ⊛*torys*.

tosferina. 'Enfermedad infecciosa caracterizada por fuerte tos convulsiva': «*Alfonso murió de tosferina a las pocas semanas*» (Barnet *Gallego* [Cuba 1981]). Se aconseja el uso de la grafía simple *tosferina,* hoy ya mayoritaria, aunque sigue siendo admisible la grafía tradicional en dos palabras *tos ferina.*

tostar(se). 'Desecar(se), tomando otro color, por la acción del fuego o del calor'. Verbo irregular: se conjuga como *contar* (→ APÉNDICE 1, n.º 26).

tótem. 'Emblema protector de una tribu'. Su plural mayoritario y recomendado es *tótems* (→ PLURAL, 1h), que, al igual que el singular, debe llevar tilde (→ TILDE², 1.1.2).

tótum revolútum. Loc. lat. que significa literalmente 'todo revuelto'. Se emplea como locución nominal masculina con el sentido de 'revoltijo': «*Antes, el Conservatorio era un "tótum revolútum" que juntaba a niños de primero de solfeo con profesionales*» (*Abc* [Esp.] 24.5.96). No es correcta la forma ⊛*tótum revoluto.*

Toulouse. Aunque el nombre tradicional español de esta ciudad francesa es *Tolosa,* a menudo con el especificador *de Francia,* en la actualidad se emplea mayoritariamente la forma francesa *Toulouse,* que permite distinguirla con claridad de la Tolosa española (→ Tolosa): «*Alejandro Zabala* [...] *es pianista oficial en Toulouse*» (*FVigo* [Esp.] 20.2.01). Se pronuncia [tulús].

tour. Voz francesa (pron. [túr]) cuyo uso, en la mayoría de los casos, es innecesario en español por existir distintos equivalentes, según los contextos:

a) En el ámbito deportivo y escrito con mayúscula inicial (→ MAYÚSCULAS, 4.23), designa la Vuelta Ciclista a Francia. Solo en este caso específico está justificado el uso de este galicismo, con su grafía y pronunciación originarias. Por tratarse de un extranjerismo crudo, debe escribirse con resalte tipográfico. Su plural es *tours*: «*Tratarán de evitar que el ganador de los dos últimos Tours logre para Francia el tercer triunfo*» (*País* [Esp.] 15.5.80). En el resto de los casos debe emplearse la expresión española *vuelta ciclista* o, también, en América, *vuelta ciclística*: «*Los participantes en la Vuelta Ciclista a Portugal se declararon ayer en huelga de celo*» (*País* [Esp.] 2.8.87); «*El argentino Roberto Escalante quedó cuarto en la general de la 12.ª Vuelta Ciclística a Chile*» (*Clarín* [Arg.] 21.11.87).

b) Cuando significa 'viaje por distintos lugares que se realiza con fines turísticos', debe sustituirse por los equivalentes españoles *viaje* o *gira,* añadiéndoles el adjetivo *organizado* si se refiere a los que se contratan con un turoperador: «*Los Teucher decidieron efectuar un viaje por la India*» (Velasco *Regina* [Méx. 1987]); «*Viajaron a Europa el señor Rafael*

Alberto Morales y señora [...], *quienes visitarán a familiares en la ciudad de Florencia para luego proseguir una gira por varias ciudades de ese continente*» (*Universal* [Ven.] 21.4.93); «*Era la primera vez que me apuntaba a un viaje organizado*» (*Abc* [Esp.] 19.8.89).

c) Cuando significa 'serie de actuaciones sucesivas de un artista o una compañía por diferentes localidades', debe sustituirse por el término español *gira*: «*Cuando debutaron* [...] *hicieron una gira por toda la región*» (*Universal* [Ven.] 15.4.97).

tour de force. Expresión francesa que significa 'acción difícil cuya realización exige gran esfuerzo y habilidad' y 'demostración de fuerza, poder o destreza'. Por su carácter foráneo debe escribirse con resalte tipográfico: «*Para superar, pues, el "tour de force" de expresar lo inexpresable, el poeta* [...] *no tiene otro método que la semejanza*» (*Abc* [Esp.] 13.12.91); «*Un auténtico "tour de force" interpretativo el de Pauline Collins, quien repitió para el cine su memorable personaje teatral*» (*Vanguardia* [Esp.] 16.10.95). Su plural es *tours de force*. Este galicismo puede sustituirse por términos españoles como *dificultad (extrema), esfuerzo, hazaña, proeza, demostración, alarde, virtuosismo*, etc., según los casos. No debe usarse con el sentido de 'pugna' o de 'tira y afloja', como ocurre en este ejemplo: ®«*Las dos grandes fortunas de la construcción española, que siempre han mantenido un soterrado "tour de force" por la cabecera del sector*» (*Época* [Esp.] 15.9.97).

tournée. Voz francesa que se usa ocasionalmente en español con los sentidos de 'serie de actuaciones sucesivas de un artista o una compañía por diferentes localidades' y 'viaje profesional de un político, un viajante de comercio, etc., de itinerario y visitas predeterminados'. Es galicismo innecesario, pues en ambos casos puede sustituirse por la voz española *gira*: «*El grupo ya está de gira por la costa oeste norteamericana*» (*Clarín* [Arg.] 3.7.87); «*El presidente inicia mañana una gira por Oriente Medio*» (*Vanguardia* [Esp.] 24.10.94).

®**tour operador,** *tour operator.* → turoperador.

traducir(se). 1. 'Pasar [algo] de una lengua o forma de expresión a otra' y 'convertir(se) o reflejar(se) una cosa en otra'. Verbo irregular: se conjuga como *conducir* (→ APÉNDICE 1, n.° 24).

2. Cuando significa 'pasar [algo] de una lengua a otra', además del complemento directo puede llevar dos complementos preposicionales: uno introducido por *de*, que expresa la lengua de origen (*traducir del español*) y otro introducido por *a*, y no por *en*, que expresa la lengua de destino (*traducir al alemán*, y no ®*traducir en alemán*): «*Apoyado en la edición preparada por Erasmo en 1516, tradujo DEL griego AL castellano el Nuevo Testamento*» (Osorio *Eco* [Méx. 1989]). Si el complemento no indica lengua, sino forma de expresión, va precedido de *en*:

«*Manuel Machado tradujo* EN *prosa una selección de la poesía de Verlaine*» (Vega *Así* [Col. 1981]).

3. Cuando significa 'convertir(se) o reflejar(se)', se construye con *en*: «*El espanto se tradujo* EN *incredulidad cuando vio que Miguel se levantaba del sillón*» (GaSánchez *Historia* [Esp. 1991]).

traer(se). 1. 'Trasladar [algo] al lugar donde está el que habla'. Verbo irregular: v. conjugación modelo (→ APÉNDICE 1, n.° 58). Deben evitarse en la lengua culta formas propias del español clásico, que hoy son dialectales, como *truje, trujera*, etc., así como las formas hoy vulgares ®*trajiera* o ®*trajiese*, etc., en lugar de *trajera* o *trajese*, etc.

2. a mal traer. → maltraer.

traficar. Con el sentido de 'comerciar, especialmente de forma ilícita', se construye normalmente como intransitivo, con un complemento precedido de *con* o, más raramente, *en*: «*¿*CON *qué diablos traficaban? ¿*CON *drogas?*» (GlzLeón *Viejo* [Ven. 1995]); «*Hay empresas que trafican* EN *oro*» (*Abc* [Esp.] 2.11.86). En gran parte de América, se usa a menudo como transitivo: «*Se escapó al mercado del Rastro, donde no se traficaban antigüedades, sino restos de increíbles miserias*» (Posse *Pasión* [Arg. 1995]).

tragicómico -ca. 'Que mezcla lo trágico y lo cómico': «*Adoptó una expresión tragicómica*» (VLlosa *Fiesta* [Perú 2000]). Deriva del sustantivo *tragicomedia*, por lo que no debe usarse la forma ®*tragicocómico*.

tráiler. Voz tomada del inglés *trailer*, 'remolque, especialmente el de grandes dimensiones acoplado a un camión' y 'extracto de una película que se proyecta, con fines publicitarios, antes de su estreno'. En español debe escribirse con tilde por ser palabra llana terminada en consonante distinta de *-n* o *-s* (→ TILDE[2], 1.1.2). Su plural debe ser *tráileres* (→ PLURAL, 1g): «*Sigue el reforzamiento de vigilancia y revisión de autos y tráileres en los puentes internacionales*» (*Excélsior* [Méx.] 14.9.01). Para el segundo sentido se recomienda usar con preferencia el término español *avance*.

training. Voz inglesa que se usa ocasionalmente en español con el sentido de 'preparación encaminada a la consecución o mantenimiento de una destreza o una aptitud'. Es anglicismo innecesario, ya que puede sustituirse por términos españoles de sentido equivalente, como *adiestramiento, instrucción, preparación, entrenamiento* y, en el ámbito de la enseñanza, por las expresiones *curso de formación, de capacitación* o *de perfeccionamiento*.

trans-. → tras-.

transcender. → trascender.

®**transcordarse.** → trascordarse.

transcribir. 1. 'Copiar en otra parte [algo ya escrito]' y 'transliterar'. Solo es irregular en el participio, que tiene dos formas: *transcrito* y *transcripto*. La forma usada en la mayor parte del mundo hispánico es *transcrito;* pero en algunas zonas de América, especialmente en la Argentina y el Uruguay, sigue en pleno uso la grafía etimológica *transcripto* (→ p, 5): «*Los párrafos transcriptos y subrayados no requieren mayores comentarios*» (Mignone *Iglesia* [Arg. 1986]). Sus derivados *transcriptor* y *transcripción* conservan la *-p-* en todo el ámbito hispánico.

2. Es también válida la grafía simplificada *trascribir* (→ tras-), aunque en el uso culto se sigue prefiriendo la forma que conserva el grupo etimológico *-ns-*.

transcripción, transcriptor -ra. → transcribir.

transcurrir. 1. Dicho de un periodo de tiempo, 'pasar o correr': «*Diez años de su vida transcurrieron allí*» (*NProvincia* [Arg.] 6.4.97); y, dicho de un acontecimiento, 'llevarse a cabo o tener lugar': «*Las movilizaciones transcurrieron sin incidentes*» (*DVasco* [Esp.] 14.12.00). No es correcto su empleo con sujeto de persona, a diferencia de lo que ocurre con el verbo sinónimo *pasar:* ⊗«*Juan Pablo II transcurrirá el resto del verano en su residencia de Castelgandolfo*» (*DAméricas* [EE. UU.] 9.7.97); debió decirse *Juan Pablo II pasará el resto del verano...* o *El resto del verano de Juan Pablo II transcurrirá en...*

2. Puede escribirse también *trascurrir* (→ tras-): «*Gervasio había dejado trascurrir otras dos semanas sin escribirle*» (Delibes *Madera* [Esp. 1987]).

transfer. → traspaso.

transferir(se). 'Trasladar(se)'. Verbo irregular: se conjuga como *sentir* (→ APÉNDICE 1, n.º 53). Es también válida la grafía simplificada *trasferir(se)* (→ tras-), aunque en el uso culto se sigue prefiriendo la forma que conserva el grupo etimológico *-ns-*.

transgredir. 1. 'Violar [un precepto o una ley]'. Anteriormente considerado defectivo, en el español actual este verbo ha extendido su empleo a todas las personas y tiempos de la conjugación; así, las formas que carecen de la vocal *-i-* en su desinencia, como *transgrede, transgredamos, transgreda,* etc., consideradas antes incorrectas, son hoy normales en todo el ámbito hispanohablante: «*Quien transgreda las leyes estadounidenses* [...] *será deportado*» (*Hoy* [El Salv.] 6.4.97).

2. Es también válida la grafía simplificada *trasgredir* (→ tras-), aunque en el uso culto se sigue prefiriendo la forma que conserva el grupo etimológico *-ns-*.

transigir. 'Tolerar o consentir algo que se considera negativo o injusto, con el fin de acabar con un altercado o desencuentro'. Se construye normalmente como intransitivo, a menudo con un complemento introducido por *con* o *en*, que expresa el motivo de la discordia: «*¡Los tranviarios no transigen CON la rebaja de salarios!*» (Paz *Huelga* [Cuba 1981]); «*Han transigido EN dar una redacción más ambigua al dictamen de la ponencia*» (*Vanguardia* [Esp.] 30.3.95); si el complemento expresa persona, va introducido por *con*: «*Planck no tuvo otro remedio que transigir CON los nazis*» (Volpi *Klingsor* [Méx. 1999]). No es correcto construirlo con la preposición *a*: ⊗«*El Gobierno español reiteró su determinación de no transigir A las demandas de ETA*» (*Jornada@* [Méx.] 13.7.97). Hoy no es normal y resulta desaconsejable su empleo como transitivo: ⊗«*En aras de esas ventajas, opta transigir la pérdida de su identidad nacional*» (Ostolaza *Política* [P. Rico 1989]).

transitar. 'Ir o pasar por un lugar' y 'pasar de un lugar o situación a otro'. Se usa normalmente como intransitivo, con un complemento con *por*, o un complemento de origen y destino: «*Los camiones transitan POR el corazón comercial de la ciudad*» (*NProvincia* [Arg.] 27.2.97); «*Es desazonante esta forma de transitar DE una sociedad pobre A una rica*» (Serrano *Vida* [Chile 1995]). También es posible, aunque menos frecuente, su uso transitivo, en el que el complemento con *por* se transforma en complemento directo: «*Betancur también ha transitado ese camino*» (Alape *Paz* [Col. 1985]).

translucir(se). → traslucir(se).

⊗transluz. → trasluz.

transponer(se). → trasponer(se).

⊗transt(r)ocar(se). → trastocar(se).

transustanciar(se). 1. 'Convertir(se) una sustancia en otra'. Se acentúa como *anunciar* (→ APÉNDICE 1, n.º 4). También puede escribirse *transubstanciar(se)* (→ sustancia).

2. Acerca del prefijo *trans-* o *tras-*, → tras-.

tras-. Forma simplificada del prefijo de origen latino *trans-*, que significa, básicamente, 'detrás de, al otro lado de' o 'a través de'. Puesto que la *n* seguida de *s* en posición final de sílaba tiende a relajar su articulación, la mayoría de las palabras formadas con el prefijo *trans-* tienen variantes con la forma simplificada *tras-*. En muchos casos, incluso, la forma con *tras-* es la única existente; así ocurre, por ejemplo, cuando este prefijo se usa para formar sustantivos que denotan el espacio o lugar situado detrás del designado por la palabra base, como en *trascocina* o *trastienda*. Se escriben solo con *tras-* las siguientes palabras: *trasalcoba, trasaltar, trasandosco, trascocina, trascolar, trasconejarse, trascordarse, trascoro, trascuarto, trasfondo, trashoguero, trashumancia, trashumante, trashumar, trasluz, trasmallo, trasmano, trasminar, trasnochado, trasnochador, trasnochar, trasnombrar, trasoír, traspalar, traspapelar, traspasar, traspaso, traspatio, traspié, tras-*

plantar, trasplante, traspunte, trasquilar, trasquilón, trastejar, trastienda, trastornar, trastorno, trast(r)abillar, trast(r)ocar, trastrueque, trastumbar, trasudación, trasudado, trasudar, trasudor, trasvenarse, trasver, trasverter, trasvolar. El resto de las palabras formadas con este prefijo podrán escribirse opcionalmente con trans- o tras-, salvo cuando el prefijo se una a palabras que comienzan por s-, caso en el que la s del prefijo se funde con la inicial del término base: transexual, transiberiano, transustanciación (y no [⊗]trasexual, [⊗]trasiberiano, [⊗]trasustanciación).

trascender. **1.** 'Despedir un olor que se percibe a gran distancia', 'empezar a ser conocido algo que estaba oculto', 'extenderse los efectos de una cosa a otras' e 'ir más allá o sobrepasar cierto límite'. Verbo irregular: se conjuga como *entender* (→ APÉNDICE 1, n.º 31). Puede escribirse también *transcender,* aunque hoy se prefiere la variante simplificada (→ tras-).

2. Cuando significa 'empezar a ser conocido algo que estaba oculto' o 'extenderse los efectos de una cosa a otras' es intransitivo y se construye con un complemento precedido de *a:* «*El documento trascendió A la prensa internacional*» (Laín *Descargo* [Esp. 1976]); «*La nueva definición de entropía, aparte de su enorme interés en Física, ha trascendido A otras ciencias*» (Maravall *Aplicaciones* [Esp. 1989]).

3. Cuando significa 'sobrepasar cierto límite', puede funcionar como transitivo: «*Si las proezas de su hija trascendían las paredes de la casa y el cura empezaba a indagar, todo el mundo iba a enterarse*» (Allende *Casa* [Chile 1982]); o como intransitivo con un complemento con *de:* «*La complejidad, y gravedad, de la situación ha obligado a la ecología a trascender DE sus cauces biológicos para convertirse en una ciencia globalizadora*» (Butteler *Ecología* [Perú 1996]).

trascordarse. 'Perder la memoria' y, dicho de una cosa, 'ser olvidada o confundida con otra'. Verbo irregular: se conjuga como *contar* (→ APÉNDICE 1, n.º 26). No es correcta la grafía [⊗]*transcordarse* (→ tras-).

trascribir. → transcribir.

trascurrir. → transcurrir.

trasegar. 'Cambiar de lugar [algo, especialmente un líquido]'. Verbo irregular: se conjuga como *acertar* (→ APÉNDICE 1, n.º 16).

trasferir(se). → transferir(se).

trasgredir. → transgredir.

traslucir(se). 'Dejar(se) ver a través de otra cosa'. Verbo irregular: se conjuga como *lucir* (→ APÉNDICE 1, n.º 40). Puede escribirse también *translucir(se),* aunque hoy se prefiere la variante simplificada (→ tras-).

trasluz. **1.** 'Luz que pasa a través de un cuerpo traslúcido' y 'luz reflejada de soslayo por la superficie de un cuerpo'. A diferencia de *contraluz,* que se usa en ambos géneros (→ contraluz), *trasluz* es solo masculino: «*El trasluz del sol le dibujaba bajo el liviano tejido el bulto de los senos*» (SchzEspeso *Alas* [Esp. 1985]). No es correcta la grafía [⊗]*transluz* (→ tras-).

2. Se emplea normalmente en la locución adverbial *al trasluz* ('estando situado el objeto traslúcido o transparente entre la fuente de luz y el ojo'): «*Paco levantó su vaso y lo miró al trasluz*» (Kociancich *Maravilla* [Arg. 1982]). A veces se suprime el artículo y se dice *a trasluz:* «*—Toda esa información la diste tú —dijo suavemente Anabela, dominándose de nuevo con el recurso de mirar a trasluz su copa de coñac*» (Aguilar *Golfo* [Méx. 1986]).

traspaso. 'Cesión a favor de otra persona del dominio o derecho que se tiene sobre algo' y, en el ámbito deportivo, 'cesión a otro equipo de los derechos que un club tiene sobre un jugador': «*Valdano tuvo el deseo de negociar el traspaso del jugador*» (*Vanguardia* [Esp.] 30.6.95). La existencia de esta voz española hace innecesario el uso de la voz inglesa *transfer.*

traspié. **1.** 'Tropezón' y 'tropiezo o equivocación': «*Alguien me empujó por detrás y entré dando un traspié*» (Zarraluki *Silencio* [Esp. 1994]); «*Los rosarinos procurarán recuperarse del traspié sufrido*» (*NProvincia* [Arg.] 8.3.97). Su plural es *traspiés* (→ PLURAL, 1a): «*Nunca antes una delegación había dado tantos traspiés*» (*Nacional* [Ven.] 2.10.00). No se considera correcto el uso de la forma *traspiés* para el singular: [⊗]*un traspiés.*

2. No debe confundirse *traspié* con *contrapié* (→ contrapié): [⊗]«*No me diga que le cojo a traspié, preguntándole lo que usted no quiera*» (*TVE 1* [Esp., corpus oral] 26.2.90); debió decirse *que le cojo a contrapié.*

trasponer(se). 'Cambiar(se) de lugar', 'pasar al otro lado [de algo]' y, como intransitivo pronominal, 'quedarse dormido'. Verbo irregular: se conjuga como *poner* (→ APÉNDICE 1, n.º 47). El imperativo singular es *traspón* (tú) y *trasponé* (vos), y no [⊗]*traspone.* Puede escribirse también *transponer(se),* aunque hoy se prefiere la variante simplificada (→ tras-).

trastocar(se). **1.** 'Trastornar(se) o cambiar(se) el orden o estado de una cosa' y, como intransitivo pronominal, dicho de una persona, 'trastornarse mentalmente'. Se trata de un verbo regular y, por lo tanto, no diptonga en ninguna de sus formas (*trastoco, trastocas,* etc.): «*¡Cuando la calumnia de esta gente echa a rodar, todos los valores se trastocan!*» (Pavlovsky *Potestad* [Arg. 1985]).

2. Con el primer sentido indicado, existe también la variante etimológica, pero menos frecuente hoy, *trastrocar(se),* que es irregular y se conjuga como *contar* (→ APÉNDICE 1, n.º 26), esto es, diptongan las formas cuya raíz es tónica (*trastrueco, trastruecas*, etc.), pero no las formas cuya raíz es átona (*trastrocamos, trastrocáis*, etc.): «*Las palabras latinas o griegas acarrean tanto prestigio que, al pasar al español corriente, trastruecan su significado hasta decir lo contrario*» (Miguel *Perversión* [Esp. 1994]); «*Durante muchos años después, instintivamente confundiría los tiempos y los rostros, [...] trastrocaría el orden de los acontecimientos*» (GaHortelano *Cuento* [Esp. 1987]). Por tanto, no son correctas formas con la raíz tónica sin diptongar, como ⊗*trastroco*, ⊗*trastrocas*, etc., debidas posiblemente al influjo de la conjugación regular de *trastocar(se)*. No debe emplearse la forma pronominal *trastrocarse* con el significado de 'trastornarse mentalmente', sentido que solo corresponde a *trastocarse*.

3. El sustantivo de acción que corresponde al verbo regular *trastocar(se)* es *trastoque*: «*¿Acaso repara el sátiro en arbitrariedades de procedimiento, ocultación de evidencias, voluble trastoque del hilo argumentativo?*» (Longares *Corsé* [Esp. 1979]); mientras que el sustantivo correspondiente al irregular *trastrocar(se)* es *trastrueque*: «*No debemos asustarnos por el aparente trastrueque de valores*» (Cibeira *Bioética* [Arg. 1997]). Del cruce de ambos sustantivos han surgido las formas erróneas ⊗*trastroque* y ⊗*trastueque*.

4. No es correcta la grafía ⊗*transt(r)ocar(se)* (→ tras-).

trastoque, trastrocar(se), ⊗trastroque, trastrueque, ⊗trastueque. → trastocar(se).

⊗trasvestir(se), ⊗trasvestismo, etc. → travestir(se).

tratante. 'Persona que se dedica a comprar géneros para revenderlos, o a comerciar con personas'. Se construye con un complemento introducido por *de* o, menos frecuentemente, *en*: «*Las muchachas también son abordadas por los tratantes DE blancas en colegios y universidades*» (*Tiempo* [Col.] 13.2.97); «*Tratantes EN aceites y vinos del Aljarafe*» (Tapia *Toreo* [Esp. 1992]).

tratar(se). 1. Cuando significa 'intentar', es intransitivo y va seguido de un infinitivo o una subordinada en subjuntivo precedidos de la preposición *de*: «*Irene trataba DE explicar su insólita y absurda teoría*» (Volpi *Klingsor* [Méx. 1999]); «*Traté DE que me consideraran una compañera más*» (*País* [Col.] 19.5.97). No es correcto prescindir de la preposición (→ QUEÍSMO, 1b): ⊗«*Se debe tratar que los barcos sean desviados*» (*Siglo@* [Pan.] 7.6.97).

2. Cuando significa 'hablar o versar sobre un determinado asunto', puede construirse como transitivo, o como intransitivo no pronominal con un complemento con *de, sobre* o *acerca de*: «*La novela ganadora trata el tema de los hogares de reeducación*» (*País* [Esp.] 11.12.79); «*La novela trata DE este asunto desde muchos ángulos*» (*Mundo* [Esp.] 3.12.95).

3. En forma pronominal y seguido de un complemento con *de*, se emplea como impersonal —siempre en tercera persona del singular—, con sentido equivalente a *ser*, refiriéndose a algo anteriormente mencionado: «*Las mujeres atacadas así no razonan. [...] SE trata DE seres poseídos por fuerzas ajenas a su voluntad*» (Palou *Carne* [Esp. 1975]). Puesto que se trata de una construcción impersonal y, por tanto, carente de sujeto, no debe establecerse concordancia entre el verbo y el sustantivo que forma parte del complemento preposicional: ⊗«*Estaba claro [...] que no se trataban de rencillas políticas*» (*País* [Esp.] 1.12.88). Por la misma razón, no es correcto su uso con sujeto: ⊗«*El resto [de la colección] se trata de hallazgos casuales de bronce encontrados con un detector de metales*» (*Mundo* [Esp.] 28.7.94); si aparece el sujeto debe usarse el verbo *ser: El resto son hallazgos casuales...* La misma estructura impersonal *tratarse de*, seguida de infinitivo o de una subordinada en subjuntivo, expresa deber o necesidad, con sentido semejante a *haber que* o *ser necesario*: «*Se trataba de quitarse de encima cuanto antes a los que molestaban*» (Gala *Petra* [Esp. 1980]); «*No se trataba de que actuara como agente provocador, sino como confidente*» (Alfaya *Traidor* [Esp. 1991]).

4. Cuando significa 'dar [a alguien] determinado tratamiento o calificación', el complemento de persona es directo y va acompañado de un complemento con *de*, que expresa el tratamiento o calificativo: «*LA trataba DE usted y le decía gracias*» (MtzPisón *Ternura* [Esp. 1985]).

trato. *mal trato.* → maltrato.

traumar(se). → traumatizar(se).

traumatizar(se). 'Causar, o sufrir, un trauma o choque emocional': «*Me dijeron que los chicos se podían traumatizar*» (Ruffinelli *Guzmán* [Ur. 2001]). El uso de *traumatizar(se)* es claramente mayoritario en el habla culta, frente a *traumar(se)*, mucho menos frecuente, pero aceptable como derivado morfológicamente posible de *trauma*: «*No sé quién me traumó ni cuándo*» (Bryce *Vida* [Perú 1981]). El verbo *traumar* se acentúa como *causar* (→ APÉNDICE 1, n.º 10).

trávelin. Adaptación gráfica propuesta para la voz inglesa *travelling*, que se usa en español, en el ámbito de la cinematografía, con los sentidos de 'plataforma móvil sobre la cual se monta la cámara' y 'desplazamiento de la cámara sobre ruedas para seguir al objeto filmado'. Se mantiene la acentuación esdrújula etimológica, por ser también la más extendida entre los hispanohablantes. Al ser esdrújula, permanece invariable en plural (→ PLURAL, 1g): *los trávelin*.

travelling. → trávelin.

travesti o **travestí.** 'Persona que se viste con ropa del sexo contrario'. Tiene dos acentuaciones válidas en español: la aguda *travestí*, acorde con la pronunciación del étimo francés, y la llana *travesti*, de uso hoy mayoritario. Aunque se emplea normalmente referido a hombres, es común en cuanto al género (*un/una travesti;* → GÉNERO², 1a y 3d): «*Era un travesti demasiado flaco*» (Cohen *Insomnio* [Arg. 1986]); «—*¡Luci! ¡Pero si eres tú! —¡La travestí! ¡Otra vez!*» (Sierra *Paraíso* [Esp. 1986]). Su plural es, respectivamente, *travestis* (→ PLURAL, 1a) y *travestís* (→ PLURAL, 1c). Con este mismo sentido se usa también, aunque menos, el término *travestido*: «*El carnaval de los homosexuales reúne en sus calles a* [...] *travestidos y "monjas" lesbianas montadas en Harley-Davidson*» (Leguineche *Tierra* [Esp. 2000]).

travestido -da. → travesti o travestí.

travestir(se). 'Vestir(se) con ropas del sexo contrario': «*Un abogado barcelonés, anarquista y homosexual, que en los años 20 ayudaba clandestinamente a los obreros, mientras por la noche* [...] *se travestía para actuar en un cabaret de mala nota*» (Torreiro *Tardofranquismo* [Esp. 1995]); también se emplea, en ocasiones, con el sentido etimológico de 'disfrazar(se)': «*Mi prominente caribeño se travistió en un instante en cosaco protector de la zarina*» (Barnatán *Frente* [Arg. 1989]). Verbo irregular: se conjuga como *pedir* (→ APÉNDICE 1, n.º 45). Ni en el verbo, ni en ninguna de las palabras de su familia (*travesti* o *travestí, travestismo, travestista,* etc.), son correctas las grafías con *tras-* (⊗*trasvestir(se),* ⊗*trasvestismo,* ⊗*trasvestista,* etc.).

⊗**trazabilidad.** → rastreabilidad.

trébede. 'Aro o triángulo de hierro con tres pies para poner vasijas al fuego'. Se usa normalmente en plural con sentido singular y, en el español general, es de género femenino: «*Encima de unas trébedes de hierro* [...], *se colocaba el puchero*» (Seseña *Cacharrería* [Esp. 1997]).

treinta. 'Tres veces diez'. El diptongo *ei* no debe reducirse a *e* ni en su grafía ni en su pronunciación: ⊗*trenta.*

trekking. → senderismo.

tren. 1. ⊗*en tren de.* Calco censurable de la expresión francesa *en train de,* que significa 'en situación de o en vías de' y se usa sobre todo en los países del Río de la Plata: ⊗«*Con respecto a otras empresas en tren de privatización,* [...] *trascendió que el proceso* [...] *encuentra obstáculos en el hecho de haberse fijado tasaciones "poco atractivas"*» (*Clarín* [Arg.] 25.4.79); ⊗«*El film narra las peripecias de un grupo de jóvenes militantes políticos en tren de montar una obra teatral*» (*País* [Ur.] 17.7.01). En español equivale, según los casos, a *en trance de, en proceso de, en vías de, en si-*

tuación de, en plan de o *a punto de* (si se refiere a una situación inminente).

2. ⊗*tren a vapor.* → a², 4.

⊗**trenta.** → treinta.

triaca. 'Antídoto contra picaduras venenosas'. Es voz llana: [triáka]. No es válida la forma esdrújula ⊗*tríaca.*

triatlón. → pentatlón.

tricefalia. → -cefalia.

tríceps. 'Músculo que tiene tres porciones o cabezas'. Es invariable en plural (→ PLURAL, 1f): *los tríceps.* No es correcta la grafía sin tilde ⊗*triceps* (→ TILDE², 1.1.2).

triglifo o **tríglifo.** 'Cierto adorno del friso dórico'. Tiene dos acentuaciones válidas: la etimológica esdrújula *tríglifo* y la llana *triglifo* [triglífo], hoy mayoritaria.

trillón. Voz procedente del francés *trillion,* 'un millón de billones (10¹⁸)': «*Usaremos la palabra "billón" para un millón de millones, "trillón" para un millón de millón de millones*» (Claro *Sombra* [Chile 1995]). Es inaceptable su empleo en español con el sentido de 'mil billones', que es el que tiene la palabra *trillion* en el inglés americano.

Trinidad y Tabago. → Trinidad y Tobago.

Trinidad y Tobago. País de Sudamérica, formado por estas dos islas y varios islotes situados junto a la costa nororiental de Venezuela: «*La selección de Costa Rica espera un fácil triunfo sobre Trinidad y Tobago*» (*Tiempo* [Col.] 1.9.96). Es preferible esta denominación a la también usada *Trinidad y Tabago,* ya que la forma tradicional *Tabago* para el nombre de la segunda de las islas que lo forman fue desplazada a fines del siglo XIX por la forma inglesa *Tobago,* hoy plenamente asentada en español: «*El matarife Achilles, negro de la isla de Tobago*» (Carpentier *Siglo* [Cuba 1962]). El gentilicio es *trinitense*: «*Los trinitenses vencieron a Panamá, 1 a 0, en Puerto España*» (*Nación* [C. Rica] 16.11.00).

trinitense. → Trinidad y Tobago.

triple. Numeral multiplicativo correspondiente al número tres (→ MULTIPLICATIVOS). En lo que respecta a su uso, se comporta igual que *doble* (→ doble).

tríplice. → MULTIPLICATIVOS, 3.

triplo -pla. → MULTIPLICATIVOS, 1 y 2.

trípode. 'Soporte con tres pies' y 'banquillo o taburete de tres pies'. Aunque con el segundo sentido indicado se usó en ambos géneros en épocas pasadas, hoy es voz masculina en todas sus acepciones: «*El telescopio siempre se utiliza montado sobre un trípode*» (Ruiz *Acampar* [Esp. 1993]); «*Sentose el mago en un trípode*» (Mujica *Escarabajo* [Arg. 1982]).

TRIPTONGO. 1. Es la secuencia de tres vocales que forman parte de una misma sílaba: *a - pre - ciáis, co - p*i*éis, b*uey. Para que exista un triptongo han de combinarse dos vocales cerradas (*i, u*) átonas y, en medio de estas, una vocal abierta (*a, e, o*): *anunciáis, g*uau*, m*iau*, conf* iéis. No son triptongos en español las secuencias de vocal cerrada + vocal abierta + vocal cerrada cuando alguna de las dos vocales cerradas es tónica. Lo que hay en esos casos es un hiato seguido de un diptongo, cuando es tónica la primera vocal cerrada: *vivíais* (*vi - ví* - ais); o un diptongo seguido de un hiato, cuando es tónica la segunda vocal cerrada: *limpiaúñas* (*lim - p*ia - *ú - ñas*).

2. Una misma secuencia de vocal cerrada átona + vocal abierta + vocal cerrada átona puede pronunciarse, en unas palabras, formando parte de la misma sílaba, esto es, como un triptongo y, en otras, en dos sílabas diferentes, es decir, como un hiato (→ HIATO, 1) seguido de un diptongo (→ DIPTONGO, 1), o viceversa; así, la secuencia *iei* se pronuncia como triptongo en la palabra *cambiéis* [*kam - b*iéis] y como hiato + diptongo en *confiéis* [*kon - f* i - éis], al menos en España y en los países americanos en los que la tendencia antihiática es menos fuerte. Sin embargo, a efectos de acentuación gráfica, cualquier secuencia formada por una vocal abierta entre dos vocales cerradas átonas siempre se considerará un triptongo, con independencia de su articulación real en una o en dos sílabas (→ TILDE[2], 2.3.1).

triunfar. 'Quedar victorioso'. El enemigo vencido se expresa hoy normalmente con un complemento introducido por *sobre*: «*El mal no puede triunfar SOBRE el bien*» (*Expreso* [Perú] 1.10.92). Solo muy raramente, y en usos literarios, aparece en la actualidad introducido por *de*: «*La risa del niño. Su risa triunfa DE la muerte*» (Umbral *Mortal* [Esp. 1975]).

trivio. 'Conjunto de las tres artes de la elocuencia (gramática, retórica y dialéctica) que, junto con el cuadrivio, constituía los estudios universitarios en la Edad Media': «*Estos nuevos profesores* [...] *ofrecían a los estudiantes la enseñanza no únicamente de la dialéctica, sino del trivio completo*» (Bonfil *Simbiosis* [Méx. 1993]). Existe también la variante etimológica latina *trívium*, que en español debe escribirse con tilde por ser palabra llana acabada en consonante distinta de *-n* o *-s* (→ TILDE[2], 1.1.2).

trívium. → trivio.

trocar(se). 1. 'Cambiar [una cosa] por otra' y 'transformar(se) en otra cosa'. Verbo irregular: se conjuga como *contar* (→ APÉNDICE 1, n.º 26), es decir, diptongan las formas cuya raíz es tónica (*trueco, truecas*, etc.), pero no aquellas cuya raíz es átona (*trocamos, trocáis*, etc.): «*Parte del ensueño se*

trueca en proyecto» (Laín *Descargo* [Esp. 1976]). No obstante, no es infrecuente, incluso entre autores de prestigio, su conjugación como verbo regular, esto es, sin que diptongue ninguna de sus formas: «*Mientras las risas se trocan en rebuznos, esta imagen desaparece*» (Alberti *Noche* [Esp. 1976]); «*La repugnancia que inspiro a mis amantes se troca en atracción*» (VLlosa *Elogio* [Perú 1988]).

2. Con el sentido de 'cambiar', además del complemento directo, puede llevar un complemento precedido de *por*: «*Sobrevive recolectando frutos del bosque que trueca POR tabaco*» (*Vanguardia* [Esp.] 2.6.95). Cuando significa 'transformar(se)', se construye con *en*: «*Constantina trueca su risa EN llanto*» (Moncada *Otoño* [Esp. 1993]).

troica. → troika.

troika. Voz de origen ruso que se emplea, en el lenguaje político, con el sentido de 'equipo dirigente o con labores de representación integrado por tres miembros': «*España formará parte, junto a Francia y Alemania, de la troika comunitaria*» (*Mundo* [Esp.] 9.1.95). Esta es la grafía de uso mayoritario y la que transcribe el étimo ruso, por lo que resulta más aconsejable que la variante *troica*, de escaso empleo.

trol. Adaptación gráfica de la voz noruega *troll*, 'monstruo maligno de la mitología escandinava que habita en bosques o grutas'. Su plural, en español, debe ser *troles* (→ PLURAL, 1g), como de *sol, soles* o de *rol, roles*.

trole. Adaptación de la voz inglesa *trolley*, 'pértiga o armadura de hierro que sirve para transmitir a los vehículos de tracción eléctrica la corriente del cable conductor': «*Los chispazos del trole de un tranvía abandonado iluminaban de vez en cuando los escaparates apagados*» (Maqua *Invierno* [Esp. 1992]). También se usa como acortamiento de *trolebús* (→ trolebús).

trolebús. Adaptación gráfica de la voz francesa *trolleybus* —tomada, a su vez, del inglés *trolley bus*—, que significa 'ómnibus de tracción eléctrica, sin carriles'. Su plural es *trolebuses* (→ PLURAL, 1f): «*Los trolebuses reciben su energía de una línea eléctrica y, aunque son similares a los antiguos tranvías, circulan sobre ruedas y no sobre rieles*» (*Nación* [C. Rica] 12.9.96). También se usa en la forma acortada *trole*: «*Además de los buses* [...] *y taxis colectivos, existen troles (buses accionados por electricidad)*» (Lux *Chile* [Chile 1997]).

troll. → trol.

trolley. → trole.

trolleybus. → trolebús.

⊗trompezar(se), ⊗trompezón. → tropezar(se), 3.

tronar. Como intransitivo impersonal, 'producirse truenos' y, como intransitivo no impersonal, 'sonar con ruido parecido al del trueno' y 'hablar con voz muy potente'. Verbo irregular: se conjuga como *contar* (→ APÉNDICE 1, n.º 26).

tropezar(se). 1. 'Chocar con los pies en algo, perdiendo el equilibrio' y 'encontrar(se) casualmente algo o a alguien'. Verbo irregular: se conjuga como *acertar* (→ APÉNDICE 1, n.º 16).

2. Se trata de un verbo intransitivo, que puede usarse tanto en forma pronominal como no pronominal. Con el sentido de 'chocar', si el complemento es de cosa, puede ir introducido por *en* o *con*: «*Durante horas y horas anduvo desatinadamente, tropezando EN las piedras*» (Rubín *Rezagados* [Méx. 1991]); «*Amalia oyó que alguien andaba tropezándose CON los muebles*» (Ibargüengoitia *Crímenes* [Méx. 1979]); en cambio, si el complemento es de persona, solo puede ser introducido por *con*: «*Casi tropezaste CON el aguador*» (GGalán *Bobo* [Esp. 1986]). Cuando significa 'encontrar casualmente', se construye siempre con la preposición *con*: «*Era como si hasta ese momento yo sólo hubiera conocido el boceto del artista y, de improviso, me tropezara CON la obra terminada*» (Fresán *H.ª argentina* [Arg. 1991]); «*A lo mejor nos tropezamos CON el cura que va a administrar los sacramentos a un moribundo*» (Cela *Cristo* [Esp. 1988]). Aunque la construcción intransitiva es la más generalizada en el uso y la más recomendable, en ocasiones *tropezar* se emplea como transitivo, especialmente cuando el complemento es un pronombre: «*Cuando me LOS tropiezo tengo visiones*» (Azúa *Diario* [Esp. 1987]).

3. Deben evitarse las formas vulgares ⊗*trompezar(se)* y ⊗*trompezón*, en lugar de las correctas *tropezar(se)* y *tropezón*, debidas posiblemente al cruce con las voces de significado próximo *trompicar* y *trompicón*.

trópico. → MAYÚSCULAS, 4.13.

tropósfera o **troposfera.** → -sfera.

troupe. Voz francesa que se usa ocasionalmente en español con los sentidos de 'grupo de artistas de teatro o de circo que trabajan juntos' y 'grupo de personas que van juntas u obran de forma similar'. Es galicismo innecesario, por existir los términos españoles *compañía*, para el primer sentido, y *tropa*, para el segundo: «*Yo no formaba parte ni de la compañía de actores, ni del público*» (Azúa *Idiota* [Esp. 1986]); «*Cada vez que bajábamos al pueblo, venía una tropa de señoras*» (Burgos *Rigoberta* [Guat. 1983]).

truhan o **truhán.** Forma masculina del adjetivo que significa 'sinvergüenza'. Sobre el uso de la grafía con o sin tilde, → guion[1] o guión.

trust. Voz tomada del inglés *trust,* 'grupo de empresas unidas para monopolizar el mercado y controlar los precios en su propio beneficio': «*El trust controlaba el azúcar cubana por lo menos cinco años antes de su constitución legal*» (Moreno *Historia* [Cuba 1983]). En español debe pronunciarse tal como se escribe: [trúst]. Aunque el plural en inglés es *trusts,* la dificultad que entraña para el hablante hispano la articulación de esas tres consonantes finales hace más recomendable, en español, mantenerlo invariable en plural (→ PLURAL, 1j): «*Este cambio* [...] *ha colocado un servicio público en manos de los trust extranjeros*» (Tamayo *Hombre* [Ven. 1993]). La adaptación ⊗*truste,* propuesta durante algún tiempo, no ha arraigado en el uso y se desaconseja su empleo. Con este mismo sentido se usa también la voz de origen alemán *cartel* o *cártel* (→ cartel[2] o cártel).

tsarevich. → zarévich.

tú. 1. Pronombre personal tónico de segunda persona del singular. Pese a ser voz monosílaba, debe llevar tilde para distinguirse del adjetivo posesivo *tu* (→ TILDE[2], 3.1): «*Tú tienes a tu verdadero amor a tu lado*» (Bolaño *Detectives* [Chile 1998] 99). Sobre los pronombres tónicos y su funcionamiento, → PRONOMBRES PERSONALES TÓNICOS.

2. Frente a *usted* (→ usted), *tú* es la forma empleada en España y en amplias zonas de América para el tratamiento informal; implica acercamiento al interlocutor y se usa en contextos familiares, informales o de confianza. En las áreas americanas donde coexiste con *vos* (→ vos) en la norma culta, *tú* suele emplearse como tratamiento de formalidad intermedia (→ VOSEO, 2.3 y 2.4).

3. *entre tú y yo.* → entre, 1.

4. *tú eres de los que* + verbo. → CONCORDANCIA, 4.12.

5. *tú eres el que* (o *quien*) + verbo. → CONCORDANCIA, 4.13.

6. *yo que tú.* → que, 2.2.5.

tuareg. 'De cierta tribu nómada bereber del Sáhara'. Referido a persona, se emplea frecuentemente como sustantivo. Su plural es *tuaregs* (→ PLURAL, 1h). No debe usarse como invariable (→ PLURAL, 2.2): ⊗*los tuareg.*

Tubinga. Forma tradicional española del nombre de esta ciudad de Alemania: «*En un banco de Tubinga le proporcionarían el dinero necesario para sufragar los gastos del viaje*» (Mendoza *Ciudad* [Esp. 1986]). No debe usarse en español la forma alemana *Tübingen.*

Tübingen. → Tubinga.

tullir(se). 'Hacer perder [a alguien], o perder alguien, la capacidad de movimiento del cuerpo o de alguno de sus miembros'. Verbo irregular: se conjuga como *mullir* (→ APÉNDICE 1, n.º 42).

tunecí, tunecino -na. → Túnez.

Túnez. Forma tradicional española del nombre de este país de África y de su capital: «*En Suez subió a bordo una delegación del Comité de Liberación del Magreb,* [...] *dirigida por Habib Burguiba, el futuro presidente de Túnez*» (Silva *Rif* [Esp. 2001]); «*El presidente acudió a la sede de la OLP en la ciudad de Túnez*» (Feo *Años* [Esp. 1993]). No debe usarse en español la forma ⊗*Tunicia,* calco del nombre del país en inglés (*Tunisia*) o francés (*Tunisie*). El gentilicio actual, tanto del país como de su capital, es *tunecino,* pues la forma *tunecí* ha caído en desuso: «*En las últimas semanas fueron detenidos un imán argelino y varios tunecinos*» (*Aragón* [Esp.] 14.5.04)

Tunisia, Tunisie. → Túnez.

tupí. 'De un pueblo indígena americano asentado en Brasil y el Paraguay'. Referido a persona, se emplea frecuentemente como sustantivo. También como sustantivo designa la lengua hablada por este pueblo. Su plural es *tupís* o *tupíes* (→ PLURAL, 1c), con predominio de la primera forma. No debe usarse como invariable (→ PLURAL, 2.2): ⊗*los tupí.*

Turcas y Caicos. Forma tradicional española del nombre de estas islas británicas de las Antillas: «*La apertura de la ruta* [...] *nos conectará con Barbados, Turcas y Caicos, Gran Caimán, Antigua y Santa Lucía*» (*Granma* [Cuba] 7.97). No debe usarse en español la forma inglesa *Turks and Caicos* ni la híbrida ⊗*Turks y Caicos.*

turcomano -na. → Turkmenistán.

Turkestán, ⊗Turkistán. → Turquestán.

Turkmenia. → Turkmenistán.

Turkmenistán. Forma adaptada a la ortografía y pronunciación españolas del nombre de este país de Asia, antigua república soviética: «*Ayer* [...] *hubo en Turkmenistán un sismo de magnitud 7,4*» (*Nacional* [Ven.] 6.2.97). Se desaconseja el uso de la forma *Turkmenia,* que es la transcripción del nombre ruso. No debe confundirse con la región del Turquestán, de la que este país forma parte (→ Turquestán). El gentilicio tradicional en español es *turcomano,* que más estrictamente designa a los individuos de la etnia mayoritaria y a su lengua: «*Los dos aduaneros, uno mongol y el otro turcomano, dormían el sueño del profeta sobre unos sofás destripados*» (Leguineche *Camino* [Esp. 1995]). En la actualidad es más frecuente, y perfectamente admisible, el gentilicio *turkmeno* (mejor que *turkmenio*), adaptación del turco *türkmen:* «*Desde la independencia turkmena, tras la caída de la Unión Soviética, Niyazov ha aislado a esta nación del centro de Asia*» (*Universal*@ [Ven.] 13.8.04).

turkmeno -na. → Turkmenistán.

Turks and Caicos, ⊗Turks y Caicos. → Turcas y Caicos.

túrmix. En España, 'batidora eléctrica'. Es válido su uso en ambos géneros, si bien predomina el femenino: «*Pasar la salsa por la túrmix*» (Pozuelo/PzPérez *Técnicas* [Esp. 2001]); «*Blanquear en agua hirviendo las hojas de salvia y triturarlas con un túrmix*» (*Vanguardia* [Esp.] 21.4.94). Debe escribirse con tilde por ser palabra llana acabada en consonante distinta de *-n* o *-s* (→ TILDE², 1.1.2). Es invariable en plural (→ PLURAL, 1f): *los/las túrmix.*

turoperador. Como equivalente español de la expresión inglesa *tour operator* ('empresa mayorista de turismo que vende viajes organizados'), se propone el término *turoperador,* documentado ya en el uso: «*El turoperador no ofrece ninguna garantía de que finalmente ocupe esas plazas*» (*Vanguardia* [Esp.] 1.6.94). Su plural es *turoperadores* (→ PLURAL, 1g): «*Importantes empresas y turoperadores extranjeros ya anunciaron su participación en la Convención de Turismo*» (*Granma* [Cuba] 10.97). Con este mismo sentido puede emplearse también la expresión *operador turístico:* «*Los operadores turísticos internacionales aseguran que no se han registrado cancelaciones*» (*DVasco* [Esp.] 23.7.96). Debe evitarse la forma híbrida ⊗*tour operador.*

Turquestán. Forma tradicional española del nombre de la región del Asia central cuyo territorio se extiende por zonas de los actuales países de Afganistán, China, Kazajistán, Kirguistán, Tayikistán, Turkmenistán y Uzbekistán: «*El ámbito de la religión de Mahoma se extiende de Mauritania al río Indo y a las estepas del Turquestán*» (Zaragoza *Religiones* II [Esp. 1993]). Es igualmente correcta la grafía *Turkestán:* «*A veces venía el camellero, exhibiendo al rumiante llegado del Turkestán*» (Otero *Temporada* [Cuba 1983]). Se desaconsejan, por su falta de tradición y su uso minoritario, las variantes ⊗*Turkistán,* ⊗*Turquistán,* probablemente influidas por el inglés o por la analogía con otros topónimos terminados en *-istán.* Su gentilicio es *turquestano:* «*Desayunándonos por última vez con café turquestano*» (Tibón *Aventuras* [Méx. 1986]). No debe confundirse con *Turkmenistán* (→ Turkmenistán).

turquestano -na, ⊗Turquistán. → Turquestán.

tutía. *no haber tutía.* Locución verbal coloquial usada para indicar que es imposible hacer nada para cambiar las cosas: «*No tengas miedo. No le voy a hacer nada. Pero, en cuanto a lo otro, ¡no hay tutía! ¡Irá a la ciudad!*» (Payró *Aventuras* [Arg. 1910]). *Tutía* es variante de *atutía,* voz procedente del árabe hispánico que designaba un ungüento medicinal hecho con atutía u óxido de cinc. La expresión *no haber (a)tutía* vendría a significar, originalmente, 'no haber remedio'. La falta de uso del sustantivo *(a)tutía* en el español actual ha dado lugar a la interpretación errónea de la expresión en la forma ⊗*no haber tu tía.*

tutú. 'Falda corta con vuelo usada por las bailarinas de danza clásica'. Su plural es *tutús* (→ PLURAL, 1c).

Tuvá. Forma adaptada a la ortografía y pronunciación españolas del nombre de esta república de la Federación Rusa: «*Una fuerte nevada paralizaba ayer el transporte en Moscú, en las repúblicas siberianas rusas de Altái* [...] *y Tuvá*» (*Tiempos*@ [Bol.] 28.1.05). No debe usarse en español la transcripción ⊗*Tyva*.

u

u¹. 1. Vigesimocuarta letra del abecedario español y vigesimoprimera del orden latino internacional. Su nombre es femenino: *la u* (pl. *úes*). Representa el sonido vocálico /u/, sonido que también representa, en ocasiones, la *w* (→ w, 2b). Forma parte, junto con la *i,* de las llamadas vocales cerradas o débiles.

2. En posición inicial de palabra o entre vocales, cuando la /u/ forma diptongo con la vocal siguiente, se suele pronunciar delante un sonido levemente consonántico cercano a una /g/: [guérfano] por *huérfano,* [aguekár] por *ahuecar* (→ h, 3).

3. En el dígrafo *gu,* que se escribe ante las vocales *e, i,* la *u* no se pronuncia —salvo que lleve diéresis (*ü*)— y sirve solo para indicar que la letra *g* representa el sonido /g/ y no el sonido /j/: *guiso* [gíso], *guerra* [gérra], no ⊗[jíso] ni ⊗[jérra]. También es letra muda en el dígrafo *qu,* que se escribe obligatoriamente ante esas mismas vocales para representar el sonido /k/: *querer* [kerér], *aquí* [akí]. No obstante, hay ocasiones en que la *u* del grupo *qu* sí se pronuncia (→ q, 2).

u². → o², 2.

Uagadugú. Forma adaptada a la ortografía y pronunciación españolas del nombre de la capital de Burkina Faso: «*Hay que salir pronto de la capital, Uagadugú, una ciudad formada por un entramado de anchas calles*» (*Mundo*@ [Esp.] 15.4.00). No deben usarse en español las grafías *Ouagadougou* ni *Wagadugu,* propias de otras lenguas como el francés o el inglés.

ubicuidad. 'Cualidad de ubicuo (que está en todas partes)': «*La ubicuidad es uno de los atributos de la divinidad*» (*Proceso* [Méx.] 22.12.96). Existe también la variante *ubiquidad,* más cercana gráficamente al latín tardío *ubiquitas, -atis,* pero es forma en desuso y se desaconseja su empleo.

ubiquidad. → ubicuidad.

ubre. 'Teta de las hembras de los mamíferos'. Es voz femenina en el uso culto general: «*Exprimíamos las ubres al rebaño*» (Collyer *Pájaros* [Chile 1995]). Debe evitarse su uso en masculino, frecuente en el habla popular de algunas regiones de España.

ucraniano -na. 'De Ucrania'. Esta es la forma inicialmente usada como gentilicio de este país europeo y sigue siendo mayoritaria en todo el ámbito hispánico; es, por ello, la forma recomendada: «*Dos días después se apareció una ucraniana convertida en mi tía para quedarse con la casa*» (Menéndez *Muerte* [Cuba 2002]); también se admite la forma *ucranio:* «*Los contrabandistas ucranios cargaban el avión en un aeropuerto de Yugoslavia*» (*País* [Esp.] 16.4.97). Lo mismo cabe decir sobre el nombre del idioma: *ucraniano* y *ucranio.*

ucranio -nia. → ucraniano.

ufanarse. 'Engreírse o jactarse'. Se construye con un complemento introducido por *de,* que expresa el motivo del orgullo: «*Nunca SE había ufanado DE ser ratón de biblioteca o melómano*» (VLlosa *Tía* [Perú 1977]). No es correcto usar *en,* error debido al cruce con *afanarse:* ⊗«*Numerosos chicos que SE ufanaban EN sacarle autógrafos*» (*Tiempo* [Col.] 28.4.97).

Ulán Bator. El primer elemento del nombre de la capital de Mongolia debe escribirse con tilde en español, por ser palabra aguda terminada en *-n* y tratarse de la transcripción de una lengua de alfabeto no latino (→ TILDE², 1.1.1 y 6.2): «*En algunas capitales como Ulán Bator, Mongolia, la representación diplomática de Francia y Alemania es ya común*» (*Cambio*@ [Col.] 13.9.04).

Úlster. Nombre de una de las cuatro provincias históricas en que se dividía la isla de Irlanda. Aunque frecuente en el lenguaje periodístico, es impropio y desaconsejable usar esta denominación para referirse a *Irlanda del Norte,* parte integrante del Reino Unido (→ Reino Unido), pues solo forman parte de este territorio británico seis de los nueve condados del Úlster; los otros tres pertenecen a la República de Irlanda. A pesar de estar asentado su uso sin acento gráfico, al no plantear problemas de adecuación gráfica al español, debe escribirse *Úlster,* con tilde, por tratarse de una palabra llana acabada en consonante distinta de *-n* o *-s* (→ TILDE², 1.1.2).

ultimato. → ultimátum.

ultimátum. 'Condiciones últimas que se imponen de modo terminante y definitivo'. Su plural es *ultimátums* (→ PLURAL, 1h): «*Cuba tiene especial alergia a los plazos y a los ultimátums*» (*Granma* [Cuba] 5.96). La adaptación *ultimato* (pl. *ultimatos*), a diferencia de las formas hispanizadas de otros latinismos (→ PLURAL, 1k), no ha triunfado en el uso.

umbral. 'Parte inferior del hueco de una puerta': «*Apareció en el umbral de la puerta un gato*» (Millás *Articuentos* [Esp. 2001]); en sentido figurado, 'entrada o principio': «*Situado en el umbral del siglo XX, Martí vislumbra la proyección universal de la nueva guerra de Cuba*» (Vitier *Sol* [Cuba 1975]); y, en ciertas disciplinas, 'valor mínimo de un estímulo por debajo del cual deja de producir su efecto normal': «*Manchas tan débiles y pequeñas que quedan por debajo del umbral de visibilidad*» (Sérsic *Marte* [Arg. 1976]). No debe confundirse con *dintel* ('parte superior de una puerta o ventana'; → dintel), que es, justamente, la parte opuesta.

umpire. → ampáyer.

un. → uno.

uncir. 1. 'Unir [animales de tiro] al yugo o a aquello de lo que deben tirar' y, figuradamente, 'unir o atar [a alguien o algo] a una cosa, especialmente a una carga'. Además del complemento directo, suele llevar un complemento con *a*: «*Aparejabas los bueyes* [...] *y los uncías AL arado*» (Otero *Temporada* [Cuba 1983]); «*Voy uncida A la verdad, triste destino*» (GmzArcos *Queridos* [Esp. 1994]). 2. No debe emplearse con el sentido que corresponde a *ungir* ('aplicar aceite u otra sustancia crasa'), confusión favorecida por el hecho de que el sustantivo de acción derivado del verbo *ungir* es *unción*: ⊗«*No consintió que se le descubrieran los pies para uncirlos con los santos óleos*» (VCasas *Isabel* [Esp. 1987]).

undécimo -ma. 1. Como adjetivo ordinal significa 'que sigue inmediatamente en orden al décimo': «*Ocupa la undécima posición en la clasificación general*» (*DYucatán* [Méx.] 4.7.96). Esta es la forma etimológica y la preferida en el uso culto, aunque hoy es frecuente la forma analógica *decimoprimero*, también válida (→ ORDINALES, 2c y 3). 2. El ordinal *undécimo* puede funcionar asimismo como numeral fraccionario, con el sentido de 'onceavo' (→ FRACCIONARIOS, 2): «*El PSG ha ingresado cerca de 1000 millones de pesetas, la undécima parte de la bolsa*» (*Vanguardia* [Esp.] 20.8.95). Esto no significa que el fraccionario *onceavo* pueda, a la inversa, funcionar como ordinal: no debe decirse, pues, ⊗*el onceavo piso*, sino *el undécimo piso* (→ FRACCIONARIOS, 5).

ungir. 1. 'Aplicar aceite u otra sustancia crasa [a alguien o algo]'. Además del complemento directo, suele llevar un complemento introducido por *con* o, menos frecuentemente, *de,* que expresa la sustancia empleada: «*LO ungió de la cabeza a los pies CON aceites vegetales*» (Quintero *Danza* [Ven. 1991]); «*Parecían ungidos DE alguna sustancia imponderable que los dotaba de una aureola*» (Otero *Temporada* [Cuba 1983]). De la costumbre antigua de signar con óleo sagrado a una persona para investirla de una dignidad, deriva el uso actual de este verbo con el sentido de 'conferir [a una persona] un cargo o dignidad'; el cargo que se le confiere suele expresarse mediante un complemento predicativo, introducido a veces por *como*: «*Acababan de ungirla CANDIDATA a gobernadora*» (*Proceso* [Méx.] 15.12.96); «*Negó toda posibilidad a Jaime Paz Zamora para ser ungido COMO futuro presidente de la República*» (*Tiempos* [Bol.] 8.4.97). 2. No debe confundirse con *uncir* ('unir o atar'; → uncir).

uno -na. Puede ser un indefinido (→ 1) o un numeral cardinal (→ 2).

1. El indefinido *un(o)*, *una* (pl. *unos, unas*) puede funcionar como adjetivo, caso en que se denomina tradicionalmente artículo indeterminado o indefinido: *Me ha mordido un perro;* o como pronombre: *Una de tus amigas me llamó ayer.* Como adjetivo, toma la forma *un* ante sustantivos masculinos, los preceda inmediatamente o no: *un árbol, un gran árbol.* La forma femenina *una* se apocopa normalmente en *un* ante sustantivos femeninos que comienzan por /a/ tónica: *un águila, un hacha* (aunque no se considera incorrecto, hoy es infrecuente en estos casos el uso de la forma plena *una: una águila, una hacha*); pero si entre el indefinido y el sustantivo se interpone otra palabra, ya no se produce la apócope: *una majestuosa águila, una afilada hacha.* También cuando el adjetivo va pospuesto debe concordar en femenino con el sustantivo: *un águila majestuosa, un hacha afilada* (y no ⊗*un águila majestuoso*, ⊗*un hacha afilado*).

1.1. Deben evitarse usos superfluos del indefinido debidos al influjo del inglés, como su presencia ante atributos que denotan profesiones: —*¿A qué te dedicas?* ⊗—*Soy un actor* (del ingl. *I'm an actor,* en lugar de *Soy actor*).

1.2. El pronombre indefinido *uno* puede usarse con referencia al yo que habla. Lo normal en ese caso es establecer la concordancia de género en función del sexo de la persona que habla: «*Una ya no está para esos trotes*» (RGodoy *Mujer* [Esp. 1990]). Pero si la mujer que habla no hace alusión directa a sí misma, sino que habla en términos generales, podrá usar el indefinido *uno,* aludiendo al ser humano en general; así, podría ponerse en boca de una mujer una frase como *En este mundo en que vivimos, uno ya no sabe a qué atenerse.* El pronombre tónico reflexivo correspondiente es *sí* (→ sí, 3): «*Es fácil si uno está seguro de sí mismo*» (Pombo *Metro* [Esp. 1990]); «*Pero uno, a pesar de sí mismo, insiste en hablar con frases cada vez más pretenciosas*» (Donoso *Elefantes* [Chile 1995]).

1.3. El pronombre indefinido *uno* actúa como elemento reflexivo en oraciones impersonales:

«Para triunfar, pensó, hay que ser un poco ajeno a uno mismo» (Millás *Desorden* [Esp. 1988]); *«Convencerse de que morir no es después de todo tan jodido si se muere bien, si se muere sin recelos contra uno mismo»* (Benedetti *Primavera* [Ur. 1982]). En este tipo de oraciones resulta preferible no emplear el pronombre reflexivo *sí*, ya que este requiere un referente específico (→ sí, 3.1b).

1.4. *(el) uno con (el) otro, (la) una a (la) otra,* etc. → CONCORDANCIA, 3.13.

1.5. *uno de los que* + verbo. → CONCORDANCIA, 4.11.

2. Numeral cardinal que ocupa el primer lugar de su serie. Puede ser adjetivo o pronombre, con variación de género, pero no de número: *En la finca había solamente un pozo; De las manzanas del árbol, ya no queda ni una.* Para designar el número correspondiente, la forma *uno* funciona como sustantivo masculino (solo o en aposición a *número*) y, en ese caso, sí tiene plural: *el (número) uno; El once se escribe con dos unos.*

2.1. Cuando el numeral *uno* se antepone a un sustantivo masculino, se apocopa en la forma *un: No quedó ni un soldado vivo.* Ante sustantivos femeninos que comienzan por /a/ tónica, el femenino *una* suele hoy apocoparse: *Se repartió un arma a cada hombre* (aunque no se considera incorrecto, hoy es infrecuente en estos casos el uso de la forma plena *una*). Estas mismas leyes de la apócope rigen cuando el numeral *uno, una* es componente de otros adjetivos numerales, escritos en una o en varias palabras: *Tengo veintiún años; Hasta ahora ha escrito treinta y una novelas; Ha reunido una colección de cuarenta y un(a) hachas.* Es incorrecta la apócope de *uno* y sus compuestos cuando no van antepuestos a un sustantivo; así, no debe decirse ⊗*el treinta y un por ciento,* sino *el treinta y uno por ciento.*

2.2. Los numerales *uno, una* y sus compuestos concuerdan en género con el sustantivo al que determinan cuando lo preceden inmediatamente: *treinta y un kilos, veintiuna toneladas* (no ⊗*veintiún toneladas*). Sin embargo, cuando entre el numeral y un sustantivo femenino se interpone la palabra *mil,* la concordancia de género es opcional: *«Eran treinta y un mil hectáreas»* (*Cámara de Senadores* [Méx., corpus oral] 16.4.98); *«Costaría unas cuarenta y una mil pesetas»* (*Cadena SER* [Esp., corpus oral] 2.11.96). La concordancia en femenino se está imponiendo en la lengua actual, por analogía con la que obligatoriamente establecen los numerales referidos a centenas: *setecientas mil toneladas* (no ⊗*setecientos mil toneladas*).

untosidad, untoso -sa. → untuoso.

untuoso -sa. 'Graso y pegajoso' y, referido a persona, 'empalagoso o zalamero': *«Una pomada an-*tifúngica, untuosa y rancia»* (Sarduy *Pájaros* [Cuba 1993]); *«Y encima, la hipocresía: todos allí tan untuosos, tan falsamente optimistas»* (Sampedro *Sonrisa* [Esp. 1985]). La variante *untoso* ha caído en desuso y no se recomienda su empleo. Lo mismo cabe decir de los sustantivos *untuosidad* y *untosidad.*

urbi et orbi. Loc. lat. que significa literalmente 'a la ciudad [de Roma] y al mundo'. Se emplea en referencia a la bendición papal que se extiende a todo el mundo: *«El Papa impartió la bendición urbi et orbi»* (*Vanguardia* [Esp.] 17.4.95). También se usa con el sentido de 'a los cuatro vientos, a todas partes': *«Para distinguir en ese instante al chamaquillo* [...] *gritando urbi et orbi: acérquense, diversión gratis»* (Fuentes *Cristóbal* [Méx. 1987]); *«La extensión urbi et orbi de las aspiraciones democráticas»* (*País* [Esp.] 2.6.84). No es correcto usar ⊗*orbe* en lugar de *orbi.*

urea. 'Sustancia contenida en la orina': *«Las pacientes pueden presentar ascenso de la urea y densidad urinaria baja»* (Rausch/Bay *Anorexia* [Arg. 1990]). Es voz llana: [uréa]; no es correcta la forma esdrújula ⊗*úrea.*

urgir. 1. Como intransitivo significa, dicho de una cosa, 'ser urgente su ejecución u obtención': *«Para atajar la evolución alcista de los precios urgen reformas estructurales»* (*Vanguardia* [Esp.] 30.5.95). A menudo se construye con un complemento indirecto de persona: *«Como a tantos otros, LE urge tener noticias de los suyos»* (Revilla *Guatemala* [Guat. 1976]).

2. Como transitivo, se usa con dos sentidos:

a) 'Pedir [algo] con urgencia o apremio': *«Los comunistas urgirán la celebración del referéndum»* (*País* [Esp.] 11.12.79). Puede llevar también un complemento indirecto, que expresa el destinatario de la petición: *«El sector urge a la Xunta que comience a entregar las ayudas prometidas»* (*FVigo* [Esp.] 28.3.01).

b) 'Instar [a alguien] a hacer algo sin dilación', caso en el que, como otros verbos de influencia (→ LEÍSMO, 4b), lleva un complemento directo de persona y un complemento con *a,* o a veces *para,* que expresa la acción a la que se apremia: *«Su sangre joven y su corazón enamorado LO urgían A retornar cuanto antes a los brazos de su cónyuge»* (VLlosa *Tía* [Perú 1977]); *«Urgí a Maribel PARA que se preparara»* (MtzReverte *Gálvez* [Esp. 1979]). A veces se usa sin complemento directo expreso: *«A la del PCE, se unen voces que urgen A buscar una rápida salida»* (*País* [Esp.] 15.9.77).

3. No es correcto su empleo con sujeto de persona y el sentido de 'necesitar con urgencia': ⊗*«Ambos* [equipos] *urgen de ganar»* (*Prensa* [Hond.] 18.2.97); ⊗*«Nuestra Patria está urgida de modelos* [...] *que inspiren y eleven»* (*Nación* [C. Rica] 24.7.96).

⊗usamericano -na. → Estados Unidos, 3.

usar. **1.** Cuando significa 'utilizar', funciona normalmente como transitivo: «*Robaban documentos y* LOS *usaban para sacar créditos*» (*Clarín* [Arg.] 19.1.97). Aunque menos habitual, es también válido su uso como intransitivo, con un complemento con *de* y sentido análogo a 'valerse o servirse de algo': «*Acusa a los astrólogos de usar* DE *engaños para probar lo correcto de sus predicciones*» (Trabulse *Orígenes* [Méx. 1994]). **2.** Seguido de un infinitivo sin preposición, significa 'tener la costumbre de hacer algo': «*La mayor parte de los espectadores* [...] *usa tirar bocanadas desde largas pipas de yeso*» (González *Habano* [Cuba 1998]). Normalmente se emplea en construcción pasiva con *se*: «*En ese tiempo se usaba poner nombres raros*» (*Hoy* [Chile] 23.2-1.3.87).

Usbekistán, Usbequistán. → Uzbekistán.

usted. **1.** Pronombre personal tónico. Su plural es *ustedes*. De sus distintas abreviaturas (*Ud., Vd., U.* y *V.*), la más frecuente hoy, y también la más recomendable, es *Ud.*, cuyo plural es *Uds.* (→ APÉNDICE 2). Todas ellas deben escribirse con mayúscula inicial (→ ABREVIATURA, 6b). **2.** Como el resto de los pronombres tónicos (→ PRONOMBRES PERSONALES TÓNICOS), desempeña funciones de sujeto: *Tiene usted razón;* atributo: *Yo no soy usted;* y término de preposición: *Voy con ustedes.* Aunque su referente es siempre una segunda persona, pues designa al interlocutor a quien se habla, gramaticalmente es un pronombre de tercera, pues procede, etimológicamente, de la contracción del grupo nominal *vuestra merced;* por ello, si funciona como sujeto, el verbo debe ir en tercera persona: «*Usted, doctor,* DUERMA *un poco*» (MtzSalguero *Combate* [Bol. 2002]); «*Señores,* ESTÁN *ustedes ante Calígula II*» (Bryce *Huerto* [Perú 2002]); así pues, es incorrecto hacer concordar *usted(es)* con un verbo en segunda persona: ⊗«*Ustedes, cómicos,* HABÉIS TRABAJADO *hoy*» (FnGómez *Viaje* [Esp. 1985]); debió decirse HAN TRABAJADO *hoy.* **3.** Como pronombres de tercera persona gramatical, a *usted* y *ustedes* les corresponden las formas átonas *lo(s), la(s)* para el complemento directo y *le(s)* para el indirecto: «*Dígame, ¿a usted* LA *quieren en su país?*» (Marías *Corazón* [Esp. 1992]); «*¿A ustedes* LES *gusta ir a ese baile?*» (GaRamis *Días* [P. Rico 1986]); el pronombre reflexivo tónico *sí:* «*Qué poco se conoce usted a* SÍ *mismo*» (Bryce *Vida* [Perú 1981]); y el posesivo *su, suyo,* y no *vuestro:* «USTED *siempre con* SUS *buenos consejos*» (Gamboa *Páginas* [Col. 1998]); ⊗«*Pueden* USTEDES *tener la seguridad de que me encontraré a* VUESTRA *disposición*» (*Clarín* [Arg.] 8.2.79); debió decirse *me encontraré a* SU *disposición.* **4.** Frente a *tú* y *vos* (→ tú y vos), el singular *usted* es la forma empleada en la norma culta de América y de España para el tratamiento formal; en

el uso más generalizado, *usted* implica cierto distanciamiento, cortesía y formalidad: «*Usted escriba su reclamación en un papel*» (Leñero *Mudanza* [Méx. 1979]); «*Ustedes perdonen. Soy el Oficial del Juzgado*» (Suárez *Dios* [Esp. 1987]). El mismo valor presenta la forma de plural *ustedes*, frente a *vosotros* (→ vosotros), en la mayor parte de España: «*Siéntense, se lo ruego. Ustedes no se conocen: el señor Germán Hernando, el señor Juan Antonio Molero*» (Marsillach *Ático* [Esp. 1995]). En cambio, en todo el territorio americano y, dentro de España, en Andalucía occidental y Canarias, *ustedes* es la única forma empleada para referirse a varios interlocutores, tanto en el tratamiento formal como en el informal: «*Quiero hacerles un presente, expresión de nuestro cariño y simpatía por ustedes*» (Aguilera *Pelota* [Ec. 1988]); «*A ver, niños, ¿a ustedes les gustan los dulces?*» (Maldonado *Latifundios* [Col. 1975]). **5.** *yo que usted.* → que, 2.2.5.

usufructuar. 'Disfrutar el usufructo [de algo]'. Se acentúa como *actuar* (→ APÉNDICE 1, n.º 7).

usura. 'Interés abusivo en un préstamo': «*Ella comenzó a prestar, sin usura, pidiendo lo justo*» (Elizondo *Setenta* [Méx. 1987]). En la lengua literaria se usa a veces con el sentido de 'deterioro o desgaste', calco semántico del francés *usure:* «*Parecías haber escapado a la usura del tiempo*» (VLlosa *Loco* [Perú 1993]).

utilería. Voz derivada del sustantivo *útil* ('utensilio'), que significa 'conjunto de objetos y enseres necesarios para una representación escénica': «*Desmontaré los escenarios, guardaré la utilería*» (Donoso *Casa* [Chile 1978]). No es correcta la forma ⊗*utillería*, debida al cruce con *utillaje* ('conjunto de útiles necesarios para un trabajo'; → utillaje), voz con la que no debe confundirse. En España se usa más el italianismo *atrezo* (→ atrezo).

utillaje. 'Conjunto de útiles necesarios para una industria o trabajo': «*El utillaje seguía siendo el mismo que dos mil años antes*» (Ruz *Mayas* [Méx. 1981]). Es adaptación al español del francés *outillage,* y comenzó a usarse en el último tercio del siglo XIX. No debe confundirse con *utilería* ('enseres necesarios para una representación escénica'; → utilería).

⊗**utillería.** → utilería.

utopía. 'Proyecto deseable, pero irrealizable'. Procede del nombre de un país imaginario descrito por Tomás Moro (s. XVI) en una de sus obras. Aunque en su origen se pronunciaba con diptongo entre las dos vocales finales (*utopia* [u - tó - pia]), la única pronunciación vigente hoy y, por tanto, la única admisible es *utopía* [u - to - pí - a], con hiato en lugar de diptongo.

uzbeco -ca. → Uzbekistán.

Uzbekistán. Forma adaptada a la ortografía y pronunciación españolas del nombre de este país del Asia central, antigua república soviética: *«Políticamente el Turquestán está constituido por las repúblicas soviéticas de Uzbekistán, Turkmenistán y Tayikistán»* (Terán *Geopolítica* [Esp. 1951]). La grafía con *-k-* responde a la transcripción del étimo original y es la mayoritariamente usada por los hispanohablantes, razón por la que se desaconseja la adaptación *Uzbequistán,* de uso minoritario. También son minoritarias y, por ello, desaconsejables las grafías con *-s-* (*Usbekistán, Usbequistán*), a pesar de que la letra *z* de la transcripción representa en la lengua de origen un sonido cercano a nuestra /s/. Como gentilicio son válidas las formas *uzbeko* y *uzbeco,* aunque, por coherencia gráfica con el topónimo, se aconseja usar con preferencia la primera: *«El uzbeko disfruta de un nivel de vida bastante aceptable para el patrón centroasiático»* (*Abc* [Esp.] 16.1.87).

uzbeko -ka, Uzbequistán. → Uzbekistán.

V

v. 1. Vigesimoquinta letra del abecedario español y vigesimosegunda del orden latino internacional. Su nombre es femenino: *la uve*. En América recibe también los nombres de *ve, ve baja, ve corta* o *ve chica;* su plural es *uves* o *ves*. La denominación más recomendable es *uve,* pues permite distinguir claramente el nombre de esta letra del de la letra *b*. **2.** Representa el sonido consonántico bilabial sonoro /b/, sonido que también representa la letra *b* (→ b) y, en ocasiones, la *w* (→ w, 2a). **3.** No existe en español diferencia alguna en la pronunciación de las letras *b* y *v*. Las dos representan hoy el sonido bilabial sonoro /b/. La ortografía española mantuvo por tradición ambas letras, que en latín representaban sonidos distintos. En el español medieval hay abundantes muestras de confusión entre una y otra grafía, prueba de su confluencia progresiva en la representación indistinta del mismo sonido, confluencia que era ya general en el siglo XVI. La pronunciación de la *v* como labiodental no ha existido nunca en español, y solo se da de forma espontánea en hablantes valencianos o mallorquines y en los de algunas zonas del sur de Cataluña, cuando hablan castellano, por influencia de su lengua regional. También se da espontáneamente en algunos puntos de América por influjo de las lenguas amerindias. En el resto de los casos, es un error que cometen algunas personas por un equivocado prurito de corrección, basado en recomendaciones del pasado, pues aunque la Academia reconoció ya desde el *Diccionario de Autoridades* (1726-1739) que «los españoles no hacemos distinción en la pronunciación de estas dos letras», varias ediciones de la *Ortografía* y de la *Gramática* académicas de los siglos XVIII, XIX y principios del XX describieron, e incluso recomendaron, la pronunciación de la *v* como labiodental. Se creyó entonces conveniente distinguirla de la *b,* como ocurría en varias de las grandes lenguas europeas, entre ellas el francés y el inglés, de tan notable influjo en esas épocas; pero ya desde la *Gramática* de 1911 la Academia dejó de recomendar explícitamente esta distinción. En resumen, la pronunciación correcta de la letra *v* en español es idéntica a la de la *b,* por lo que no existe oralmente ninguna diferencia en nuestro idioma entre palabras como *baca* y *vaca, bello* y *vello, acerbo* y *acervo*.

vaciar(se). 'Dejar vacío [algo]' y, como pronominal, 'quedarse vacío'. Se acentúa como *enviar* (→ APÉNDICE 1, n.º 5). Son incorrectas formas como ⊗*vaceo,* ⊗*vaceas,* etc. (→ e, 3).

vademécum. 'Libro de poco volumen y fácil manejo, que contiene las nociones y datos básicos de una disciplina'. Su plural es *vademécums* (→ PLURAL, 1h y k): «*Los retratistas de galería, los que engrosaban los vademécums y los anuarios industriales, eran simples ganapanes*» (LpzMondéjar *Fotografía* [Esp. 1997]). Procede de la frase latina *vade mecum* ('ve conmigo'). También existe, aunque es muy raro su empleo, la variante *venimécum* (pl. *venimécums*), del latín *veni mecum* ('ven conmigo').

vade retro. Loc. lat. que significa literalmente 've atrás, retrocede'. Se usa como expresión interjectiva para instar a alguien a alejarse o para manifestar rechazo: «*Levantándose de la silla y fingiendo un enojo implacable, agregó: —¡Vade retro!, ¡vade retro!, señor hipócrita*» (Larreta *Gloria* [Arg. 1908]); «*¿Comunistas a mí? ¡Vade retro!*» (Mojarro *Yo* [Méx. 1985]).

vagabundo -da. '[Persona o animal] que anda errante' y '[persona] que va de una parte a otra, sin oficio ni domicilio determinado'. Debe evitarse, en la lengua culta, la deformación ⊗*vagamundo,* propia del habla popular.

⊗**vagamundo -da.** → vagabundo.

vagaroso -sa. 'Impreciso' y 'que vaga de un sitio a otro': «*Todo se limitaba a hipótesis vagarosas, pero sugestivas*» (Bojorge *Aventura* [Arg. 1992]); «*Su mirada se perdía vagarosa por encima del mar de tejados*» (Perucho *Pamela* [Esp. 1983]). Se desaconseja la forma ⊗*vagoroso,* error debido al influjo de *vago*.

vaivén. 'Movimiento alternativo en una y otra dirección': «*Detiene el vaivén de la mecedora*» (Bonilla *Luz* [Esp. 1994]). Su plural es *vaivenes* (→ PLURAL, 1g). Se desaconseja la grafía ⊗*va y ven*.

valer(se). 1. 'Tener valor o [un determinado valor]', 'ser válido para algo' y, como intransitivo pronominal, 'servirse de algo o de alguien, utilizándolo para algún fin' y 'poder solucionar uno mismo sus necesidades'. Verbo irregular: v. conjugación modelo (→ APÉNDICE 1, n.º 59). **2. valer la pena.** → pena, 2.

valiente. 'Que tiene valor'. Tiene dos superlativos válidos: *valentísimo,* que conserva la raíz del adjetivo latino y es mayoritario en el uso culto, y *valientísimo,* formado sobre *valiente* (→ -ísimo, 3): «*En el último toro estuvo valentísimo*» (Tapia *Toreo* [Esp. 1992]); «*Continuó sentada valientísima y muy segura de sí misma*» (Bryce *Mundo* [Perú 1970]).

valkiria. → valquiria.

valle. 1. En España se usa la locución *hora valle* para referirse, por oposición a *hora punta* (→ punta, 2), a la hora de menor aglomeración en los transportes y de menor demanda en el uso de determinados servicios. Se emplea normalmente en plural: *horas valle* (→ PLURAL, 2.4).

2. Cuando, referido al terreno llano entre montañas, acompaña a un nombre propio, se escribe con minúscula inicial (→ MAYÚSCULAS, 4.7): *valle de Cochabamba, valle de Arán.*

valón -na. 'De la zona francófona de Bélgica': «*Supo ser un árbitro genial entre los valones y los flamencos*» (*Mundo* [Esp.] 12.7.94). Se desaconseja la grafía [⊗]*walón.*

valquiria. 'Cada una de las divinidades femeninas de la mitología escandinava que decidía los guerreros que iban a morir en combate' y, metafóricamente, 'mujer de apariencia nórdica, especialmente si es robusta o agresiva'. Se recomienda el uso de esta grafía, adaptada del alemán *walkyria:* «*Era robliza y un tanto rubia, como una valquiria*» (Faner *Flor* [Esp. 1986]). También se admite la grafía *valkiria,* que conserva la -*k*- etimológica (→ k): «*La profesora de religión de segundo año es rubia y enorme como una valkiria*» (Steimberg *Espíritu* [Arg. 1981]). No se admiten, en cambio, las grafías con *w-:* [⊗]*walkiria,* [⊗]*walquiria.*

vals. 'Baile de origen alemán que se baila en pareja' y 'música de este baile': «*Hace un año, mientras estaba tocando un vals, se oyó en toda la casa como un bombazo*» (Tomeo *Mirada* [Esp. 2003]). En algunos países de América, especialmente en el Perú, Colombia, el Ecuador y Venezuela, se emplea también la forma *valse* (coincidente con la grafía francesa), a menudo en referencia a una pieza musical bailable derivada del vals europeo: «*Su tarjeta de presentación en sociedad había sido "Cuando el baile se acabó", un valse de un romanticismo agotador*» (GaMárquez *Vivir* [Col. 2002]). El plural de ambas formas es *valses* (→ PLURAL, 1f). No debe usarse en español la grafía inglesa *waltz.*

valse. → vals.

valuar. 'Determinar el valor [de algo]'. Se acentúa como *actuar* (→ APÉNDICE 1, n.° 7).

vampiresa. → vampiro, 2.

vampiro -ra. 1. Voz de origen húngaro, introducida en español a través del francés, que significa 'criatura legendaria que, una vez muerta, sale por la noche de su tumba para chupar la sangre de las personas dormidas'. Con este significado, su femenino es *vampira* (→ GÉNERO², 3a): «*La protagonista es una chica* [...] *que recibe una noche el goloso bocado de una sofisticada e implacable vampira*» (*Mundo* [Esp.] 20.2.95). La forma *vampiresa* ha especializado su uso con otro sentido (→ 2), por lo que no se recomienda su empleo como femenino de esta acepción. Como adjetivo de dos terminaciones significa 'de(l) vampiro': «*Nos sentimos invadidos por una personalidad vampira, sin saber que hemos nacido después de un hermanito muerto*» (Jodorowsky *Danza* [Chile 2001]).

2. El femenino *vampiresa* (→ GÉNERO², 3a) se emplea con el sentido específico de 'mujer fatal', esto es, 'mujer de atractivo irresistible cuyo poder de seducción acarrea la destrucción de aquellos a quienes seduce', referido normalmente a las mujeres de esta clase que aparecían como personajes en las películas del cine negro estadounidense: «*Ahora me miró de medio lado, al sesgo, al estilo de las vampiresas del cine*» (Alatriste *Vivir* [Méx. 1985]).

3. 'Murciélago hematófago'. Con este sentido es epiceno masculino (→ GÉNERO², 1b): «*Un nuevo medicamento desarrollado a partir de una investigación universitaria con saliva de murciélagos hematófagos o vampiros*» (*Universal*[@] [Ven.] 19.8.04).

vanagloriarse. 'Jactarse de algo'. Se acentúa como *anunciar* (→ APÉNDICE 1, n.° 4).

[⊗]**vanal,** [⊗]**vanalidad,** [⊗]**vanalización,** [⊗]**vanalizar.** → banal.

vaquero -ra. 1. 'Pastor de ganado vacuno'. Esta es la voz que se usa tradicionalmente en español para designar al personaje típico de las películas del Oeste, que vigila y conduce a caballo los rebaños de reses vacunas: «*Los juegos de prendas o las batallas de indios y vaqueros*» (Belli *Mujer* [Nic. 1992]); es, pues, innecesario el uso en español del término inglés *cowboy.*

2. El pantalón de tela recia, generalmente azul, usado originariamente por los vaqueros de Texas recibe en español los nombres de *(pantalón) vaquero* o *(pantalón) tejano.* Normalmente se emplea en plural con el mismo sentido que en singular: *unos vaqueros, unos tejanos.* La denominación *tejano* solo se usa en España (especialmente en Cataluña), junto a la de *vaquero,* más frecuente y que se documenta también en algunos países americanos: «*Me remangué los vaqueros hasta la pantorrilla*» (MtnGaite *Nubosidad* [Esp. 1992]); «*Alina se revisó todos los bolsillos del vaquero hasta encontrar medio dólar*» (Cohen *Insomnio* [Arg. 1986]); «*Vivo modestamente con dos tejanos, un jersey y dos camisas*»

(VqzMontalbán *Soledad* [Esp. 1977]). Puesto que en gran parte de Hispanoamérica se utiliza exclusivamente la denominación inglesa *(blue) jean(s)*, se considera aceptable en estas zonas el uso del anglicismo, siempre que se haga con las grafías adaptadas *bluyín* (pl. *bluyines*) y *yin* (pl. *yines*): «*A Nidia le gusta salir los domingos, en bluyín y camisola los dos*» (Carrera *Cuentos* [Ven. 1980]); «*Un magnífico chaquetón de cuero, que combinaba a la perfección con sus bluyines de buena calidad*» (Edwards *Anfitrión* [Chile 1987]); «*El único amor de su vida era ese muchacho de yines, pelo largo y gabardina sucia*» (*País@* [Col.] 29.9.02).

Varanasi. → Benarés.

vargueño. → bargueño.

variar. Como transitivo, 'cambiar o hacer que [algo] sea diferente' y, como intransitivo, dicho de cosa, 'cambiar o pasar a ser diferente'. Se acentúa como *enviar* (→ APÉNDICE 1, n.º 5).

várice o varice. 'Dilatación permanente de una vena'. Es voz propia del español de América, pues en España se emplea la variante *variz* (pl. *varices*). La forma *várice* (pl. *várices*) es la que conserva la acentuación etimológica y la preferida en el uso americano, donde también se emplea, aunque menos, la variante llana *varice* (pl. *varices*). Aunque en latín se usó con ambos géneros, en el español culto actual se usa siempre en femenino.

varietés. Voz tomada del francés *variétés*, que se usa, como sustantivo femenino plural, con el sentido de 'espectáculo teatral ligero en que se alternan números de diverso carácter': «*Antonio Machín iba a entrar [...] en el dorado mundo del cabaret y las varietés*» (*País* [Esp.] 5.8.77). Es preferible, no obstante, emplear la traducción española *variedades*: «*A los 7 años un tío me llevó al Teatro Nacional para ver un espectáculo de variedades*» (*Nacional* [Ven.] 7.1.97).

variz. → várice o varice.

vasto -ta. 'Amplio o extenso': «*Nuestro repertorio es vasto y variado*» (Serrano *Vida* [Chile 1995]). No debe confundirse con *basto* ('grosero o tosco'; → basto).

váter. Adaptación gráfica del inglés *water(-closet)*, que se usa, sobre todo en España, con los sentidos de 'aparato sanitario donde se evacuan la orina y los excrementos' y 'habitación donde está instalado este aparato': «*Voy al baño y me siento en el váter*» (Mañas *Kronen* [Esp. 1994]); «*Anda, llévalo al váter de caballeros*» (Conget *Mujeres* [Esp. 1989]). Su plural es *váteres* (→ PLURAL, 1g): «*Una tubería escupe el líquido procedente de los váteres del inmueble*» (*DNavarra* [Esp.] 20.5.99). También es válida la grafía *wáter* (pron. [guáter]), vigente en varios paí-

ses de América: «*El wáter era común a todo el hotel*» (Bryce *Vida* [Perú 1981]). Aunque el uso del anglicismo está plenamente asentado en España y en algunos países de América, no deben olvidarse otras denominaciones más propiamente españolas, como *inodoro, poceta* [Ven.] o *taza*, para el primer sentido; y *(cuarto de) baño, lavabo, aseo* o *servicio*, para el segundo. Existen también los equivalentes tradicionales *retrete* y *escusado* o *excusado*, que pueden referirse tanto al aparato sanitario como al aposento donde está instalado.

vaudeville. → vodevil.

⊗va y ven. → vaivén.

vecino -na. Cuando significa 'cercano', el complemento va introducido por *a* o, raramente hoy, *de*: «*Yacía tirado [...] en un sillón vecino A su cuna*» (Consiglio *Bien* [Arg. 2002]); «*Les cedió una cabaña de piedra, vecina DE la ferrería*» (Torbado *Peregrino* [Esp. 1993]).

vedet. Adaptación gráfica propuesta para la voz francesa *vedette*, 'artista principal en un espectáculo de variedades'. Su plural es *vedets* (→ PLURAL, 1h): «*Las admiraciones apuntan a las vedets: ¡Viva Rosa María Vázquez!*» (Campos *Carne* [Méx. 1982]). Se considera también válida la adaptación *vedete*, cuyo plural es *vedetes*: «*Regresar a Televisa ha apoyado mucho mi carrera como vedete*» (*DYucatán* [Méx.] 9.9.96).

vedete, vedette. → vedet.

vehicular. Como verbo, 'servir de vehículo [a algo] o transmitir[lo]': «*La radio podrá vehicular la información con exactitud*» (Cebrián *Información* [Esp. 1995]). También existe, y es válida, la variante *vehiculizar*: «*La utilización de otros canales más fiables para vehiculizar la información a los profesionales*» (*Medicina* [Esp.] 10.01).

vehiculizar. → vehicular.

veintiuno -na. 1. 'Veinte más uno'. El diptongo *ei* no debe reducirse a *e* ni en la grafía ni en la pronunciación de este numeral, ni en las del resto de los que completan la decena: ⊗*ventiuno*, ⊗*ventidós*, ⊗*ventitrés*, ⊗*venticuatro*, etc.

2. Sobre el uso de las formas *veintiún, veintiuna* y *veintiuno* ante sustantivo, → uno, 2.1.

velar. 1. Con el sentido de 'hacer guardia de noche, al cuidado de [algo o alguien, a menudo un enfermo o un difunto]' y 'observar atentamente o vigilar', es transitivo: «*Ella y Orestes lo vieron muerto, no LO velaron siquiera, lo enterraron a solas*» (Díaz Piel [Cuba 1996]); «*Un destacamento militar para velar el acceso por vía marítima*» (Tamayo *Hombre* [Ven. 1993]).

2. Cuando significa 'cuidar solícitamente', es intransitivo y se construye con un complemento con *por*: «*Corresponde al Estado velar* POR *el bien público*» (*Tiempo* [Col.] 4.9.97).

velis nolis. Loc. lat. que significa literalmente 'quieras o no quieras'. Se emplea con el sentido de 'por las buenas o por las malas': «*No tenía necesidad de pordiosear salud a costa de incomodidades y gastos, como ocurre al presente, al estar sometido velis nolis a la medicina oficial*» (Lira *Medicina* [Perú 1985]).

vender. 'Entregar [una cosa o a una persona] a cambio de dinero u otros beneficios o ventajas'. El precio de la transacción se expresa mediante un complemento introducido por *a, en* o *por*: «*Las vendió* [las acciones] A *56*» (*País* [Esp.] 1.2.89); «*Nos lo vendió* EN *quinientos sesenta pesos*» (Barnet *Gallego* [Cuba 1981]); «*Robé una cigarrera de oro y la vendí* POR *cien pesos*» (Ocampo *Cornelia* [Arg. 1988]).

vendetta. → venganza.

vendimiar. 'Recoger el fruto [de una viña]'. Se acentúa como *anunciar* (→ APÉNDICE 1, n.º 4).

venganza. 'Satisfacción que se toma del agravio o daño recibidos': «*Haber enviado a la cárcel a Roberto era una mezquina victoria, que había saciado su deseo de venganza*» (RRosa *Sebastián* [Guat. 1994]). La existencia de esta voz española hace innecesario el uso del italianismo *vendetta*. No obstante, en contextos referidos a organizaciones mafiosas, puede admitirse su empleo como extranjerismo crudo, escrito, por tanto, con resalte tipográfico: «*El periodista británico John Parker sugiere que la causa real* [de la muerte de Elvis] *fue una* vendetta *de la mafia*» (*Proceso* [Méx.] 21.7.96).

vengar(se). 1. Como transitivo, 'tomar satisfacción [de un agravio o daño]': «*El partido vengará vuestra muerte*» (*Vistazo* [Ec.] 16.10.97). El complemento directo puede expresar también la persona que sufrió el daño: «*¿Quién mató a Gaete?* [...] *¿Quién* LO *vengará?*» (*Hoy* [Chile] 8-14.9.97).

2. Como intransitivo pronominal, se construye con un complemento con *de*, que expresa el ofensor o el agravio: «*Venus se venga* DE *Hipólito*» (Coronado *Fabuladores* [Méx. 1984]); «*Se vengaría* DE *las humillaciones infligidas*» (Donoso *Casa* [Chile 1978]). Aparece, más raramente, con un complemento con *por*, que expresa el agravio y, en ocasiones, con un complemento con *en*, que expresa la persona en la que recae la venganza, cuando es otra distinta de la que causó la afrenta: «*Se vengaría* EN *la sobrina* POR *la afrenta imperdonable del tío*» (GmzOjea *Cantiga* [Esp. 1982]).

venimécum. → vademécum.

venir(se). 1. 'Moverse hacia el lugar en el que está el que habla' e 'ir(se) a algún lugar en compañía del que habla'. Verbo irregular: v. conjugación modelo (→ APÉNDICE 1, n.º 60). El imperativo singular es *ven* (tú) y *vení* (vos), y no ⊗*viene.*

2. No debe emplearse *venir* con el significado de *ir,* error que cometen algunos hablantes y que hay que atribuir al influjo de otras lenguas, como el catalán o el italiano, en las que el que habla emplea el verbo *venir* cuando desea expresar la acción de ir hacia su interlocutor: ⊗*Quédate en tu casa, que yo, en cuanto pueda, vengo a recogerte.*

3. *por venir.* → porvenir.

4. *venir de* + infinitivo. Es correcto usar esta construcción cuando *venir* conserva plenamente su significado de movimiento: —*¿De dónde vienes? —Vengo de tomar un café con Diego.* Sin embargo, es galicismo innecesario y censurable el empleo de *venir de* + infinitivo con el valor de 'acabar de + infinitivo' o como mero equivalente de los tiempos compuestos de pretérito de la conjugación: ⊗«*Independientemente de la carencia que venimos de señalar, el libro de Baptista ofrece magníficas posibilidades*» (*Universal* [Ven.] 9.10.96); ⊗«*Mejía, de 43 años, natural de Medellín, viene de ser ministra de Educación desde 1995*» (*Universal* [Ven.] 16.7.96); en estos ejemplos hubiera sido más apropiado decir *la carencia que acabamos de señalar* y *ha sido ministra de Educación desde 1995,* respectivamente.

ventar. 'Soplar el viento'. Verbo irregular: se conjuga como *acertar* (→ APÉNDICE 1, n.º 16). Se trata, por su significado, de un verbo impersonal, por lo que solo se usan las terceras personas del singular, además de las formas no personales (infinitivo, gerundio y participio). Con el mismo sentido, se usa más comúnmente el verbo regular *ventear.*

ventear. → ventar.

⊗**ventiuno -na.** → veintiuno.

ventriloquia o **ventriloquía.** 'Capacidad de hablar modificando la voz y sin mover los labios'. Tiene dos acentuaciones válidas: *ventriloquia* [bentrilókia], con diptongo entre las vocales en contacto, y *ventriloquía* [bentrilokía] con hiato en lugar de diptongo.

ventura. *buena ventura.* → buenaventura.

ver. → ver(se).

verbigracia. 1. 'Por ejemplo'. Este adverbio tiene su origen en la locución latina *verbi gratia* (→ 2). Debe escribirse siempre en una sola palabra y normalmente va entre comas: «*Una coneja, verbigracia, no se cruza con un hurón*» (Azúa *Diario* [Esp. 1987]). Aunque no es frecuente, también se emplea como sustantivo, significando 'ejemplo'; en ese caso, se aconseja su uso en masculino: «*No quiero renunciar a trazar este ligero verbigracia*» (Mesonero *Escenas* [Esp. 1837]).

2. La locución latina *verbi gratia* ('por ejemplo') se sigue empleando en español, aunque menos que la forma hispanizada *verbigracia* (→ 1): «*Así, verbi gratia, el que alguien diga a otro "te quiero" no prueba la verdad del aserto*» (Castilla *Psiquiatría* 1 [Esp. 1979]). Es más frecuente el empleo de sus abreviaturas *v. gr.* o *v. g.* (→ APÉNDICE 2).

verbi gratia. → verbigracia, 2.

verdecer. Dicho de la tierra o las plantas, 'cubrirse de verde'. Verbo irregular: se conjuga como *agradecer* (→ APÉNDICE 1, n.º 18).

verdusco -ca. → verduzco.

verduzco -ca. 'Que tira a verde oscuro': «*Un líquido verduzco chorrea por los orificios de su nariz*» (Souza *Mentira* [Perú 1998]). Es igualmente correcta, aunque algo menos frecuente, la variante *verdusco*: «*Una montaña de libros ardiendo lanzaba humaredas verduscas*» (Jodorowsky *Pájaro* [Chile 1992]).

vergonzante. Dicho de una persona, 'que siente vergüenza por algo': «*Mi tía Luz venía de una familia de pobres vergonzantes, gente muy principal, muy orgullosa, pero al fin y al cabo pobres vergonzantes*» (González *Dios* [Méx. 1999]); y, referido a cosa, 'propio de la persona vergonzante' o 'que se oculta por vergüenza': «*Se había convertido en un padecimiento vergonzante que pocos se atrevían a exhibir*» (MtnGaite *Usos* [Esp. 1987]). No es sinónimo de *vergonzoso* ('que causa vergüenza' y 'tímido o que se avergüenza con facilidad'; → vergonzoso).

vergonzoso -sa. 'Que causa vergüenza': «*Esos versos son un plagio vergonzoso*» (TBallester *Filomeno* [Esp. 1988]); y 'tímido o que se avergüenza con facilidad': «*Esther dice que, por apocada y vergonzosa, nunca sabré qué es el amor*» (VLlosa *Elogio* [Perú 1988]). No debe confundirse con *vergonzante* ('que siente vergüenza por algo' y, dicho de una cosa, 'que se oculta por vergüenza'; → vergonzante).

vergüenza. *sin vergüenza.* → sinvergüenza.

vermout, vermouth. → vermú.

vermú. Adaptación gráfica de la voz francesa *vermout* o *vermouth* —que los franceses tomaron del alemán *Wermut* ('ajenjo')— que designa un licor aperitivo hecho con ajenjo y otras plantas amargas y tónicas: «*¿Querés un vermú?*» (O'Donnell *Escarabajos* [Arg. 1975]). Su plural es *vermús* (→ PLURAL, 1c): «*Le pagué dos vermús con gambas*» (Cela *Colmena* [Esp. 1951-69]). Es también válida la adaptación *vermut* (pl. *vermuts;* → PLURAL, 1h): «*La chica pagaba* [...] *sus vermuts y sus helados*» (MtnGaite *Usos* [Esp. 1987]).

vermut. → vermú.

versado -da. → versar.

versar. Dicho un libro, un discurso o una conversación, 'tratar de un asunto determinado'. Es intransitivo y se construye con un complemento introducido por *sobre* o *acerca de:* «*Esta historia versa SOBRE una pareja de fracasados*» (Araya *Luna* [Chile 1982]). Al tratarse de un verbo intransitivo, no es posible su uso pasivo: [⊗]«*Esta comisión* [...] *estará formada por seis mesas de trabajo versadas sobre diferentes aspectos*» (*Madrid*[@] [Esp.] 29.6.04); debió decirse *que versarán sobre diferentes aspectos.* El adjetivo *versado* significa, referido a persona, 'experto o entendido' y va seguido de un complemento con *en:* «*Mis compañeros eran versados EN leyes*» (Chávez *Batallador* [Méx. 1986]).

ver(se). **1.** Como transitivo, 'percibir [algo] por medio de la vista' y 'mirar o examinar [algo]'; y, como intransitivo pronominal, 'encontrarse en un determinado lugar, estado o situación'. Verbo irregular: v. conjugación modelo (→ APÉNDICE 1, n.º 61). Es incorrecto escribir con tilde las formas monosilábicas *ve, veis, vi, vio,* etc. (→ TILDE², 1.2). Debe evitarse el empleo de la forma arcaica *vide,* en lugar de *vi,* uso que pervive en algunas hablas rurales, pero que no pertenece a la norma culta del español actual: [⊗]«*Desde atrás vide que tenía usté curiosidá*» (González *Dios* [Méx. 1999]).

2. Con el primer sentido indicado, si el complemento directo es una oración subordinada, esta va introducida por *que* o por *como* (→ como, 2d): «*Bien se veía QUE se hallaba al borde de la muerte*» (RBastos *Vigilia* [Par. 1992]); «*Un mediodía vio COMO el hijo mayor de Blas ya estaba en la misma estatura del padre*» (Elizondo *Setenta* [Méx. 1987]); nunca por *de que* (→ DEQUEÍSMO, 1b): [⊗]«*Se está viendo DE QUE una élite* [...] *tiene una hegemonía*» (*Listín* [R. Dom.] 19.5.97).

3. Seguido de la preposición *de* y un verbo en infinitivo, significa 'tratar de': «*Dame la dirección de esa pensión y yo veré DE localizar a Lepprince*» (Mendoza *Verdad* [Esp. 1975]).

4. Como otros verbos de percepción, plantea problemas a la hora de seleccionar las formas de los pronombres átonos de tercera persona cuando va seguido de un infinitivo (→ LEÍSMO, 4c).

5. *a ver.* Esta expresión, que presenta distintos usos y valores, no debe confundirse con el infinitivo *haber* (→ haber), de idéntica pronunciación:

a) En tono interrogativo, se emplea para solicitar al interlocutor que nos deje ver o comprobar algo: «*—¿Habéis visto lo que me han traído los Reyes? —¿A ver?*» (Cabal *Fuiste* [Esp. 1979]).

b) Expresa, en general, expectación o interés por saber algo, y va normalmente seguida de una interrogativa indirecta: «*A ver cómo nos va en el mes de travesía*» (González *Dios* [Méx. 1999]).

c) En la lengua oral, se utiliza para llamar la atención del interlocutor antes de preguntarle, pedirle u ordenarle algo: «*A ver, ¿quién de ustedes es la inspectora Raquel Ortiz?*» (Miralles *Comisaría*

[Esp. 1992]); «*A ver, pásennos sus riquezas para entregárselas a los pobres*» (Ortega *Paz* [Nic. 1988]).

d) Equivale a *claro* o *naturalmente*, como aceptación de algo que se considera inevitable: «—*¿Has formado tú en algún pelotón de fusilamiento? —¡A ver! Nos obligaban*» (BVallejo *Detonación* [Esp. 1977]). A veces se amplía en la fórmula *a ver qué remedio* o *a ver qué vida*, que implican aceptación resignada.

e) Seguida de una oración introducida por la conjunción *si*, expresa expectación, curiosidad o interés, a veces en forma de reto: «*¡A ver si son ellos! Yo abro*» (Gallego *Adelaida* [Esp. 1990]); «*¡A ver si adivinas de qué grupo es!*» (Alou *Aportación* [Esp. 1991]); temor o sospecha: «*¿Qué hacés que no te levantás? A ver si llegás tarde*» (Daneri *Matar* [Arg. 1981]); y deseo o mandato: «*A ver si aprendes a mentir con más arte*» (Galán/Garcimartín *Posada* [Esp. 1990]).

6. *visto para sentencia.* → sentencia.

versus. Esta preposición, que en latín significaba 'hacia', adquirió en el lenguaje jurídico inglés, ya en el siglo XV, el valor de 'contra', y con este sentido se usa frecuentemente en el español de hoy: «*Kaspárov 'versus' Deep Blue: ¿quién ganará la partida?*» (*País* [Esp.] 21.5.97); «*Odiosas dicotomías: habla popular* versus *lengua de cultura, lenguas primitivas* versus *lenguas avanzadas*» (Ninyoles *Idiomas* [Esp. 1977]). Aparece a menudo en la forma abreviada *vs.*: «*Para hoy se prevé igualmente la confirmación de los escenarios de los partidos Colegiales vs. Olimpia y San Lorenzo vs. Guaraní*» (*Abc* [Par.] 7.11.00). Aunque no es censurable su empleo —pues palabras españolas como *adversario*, procedentes en latín de la misma raíz que *versus*, presentan el rasgo semántico de confrontación—, se recomienda sustituir este latinismo anglicado por la preposición española *contra* o por la locución preposicional *frente a*.

verter(se). 'Derramar(se) un líquido', 'pasar [un líquido o una materia no compacta] de un recipiente a otro', 'vaciar lo contenido [en un recipiente]' y 'traducir'. Verbo irregular: se conjuga como *entender* (→ APÉNDICE 1, n.º 31). No se considera correcta en la lengua culta la variante ⊗*vertir(se)*, que produce formas como ⊗*vertimos*, ⊗*vertís* (vos/vosotros), en lugar de *vertemos*, *vertés* (vos), *vertéis* (vosotros), en el presente de indicativo; ⊗*vertiré*, ⊗*vertirás*, etc., en lugar de *verteré*, *verterás*, etc., en el futuro simple o futuro de indicativo; ⊗*vertiría*, ⊗*vertirías*, etc., en lugar de *vertería*, *verterías*, etc., en el condicional simple o pospretérito; y ⊗*vertí* (vos), ⊗*vertid* (vosotros), en lugar de *verté* y *verted*, en el imperativo.

vértice. En geometría, 'punto en que concurren los dos lados de un ángulo o los varios planos de un ángulo poliedro' y, en general, 'cumbre o cús-

pide': «*Había ido ascendiendo hasta llegar al vértice de la jerarquía*» (VLlosa *Fiesta* [Perú 2000]). No debe confundirse con *vórtice* ('torbellino o remolino' y 'centro del huracán'; → vórtice).

vertiente. 'Declive por donde corren o pueden correr las aguas, especialmente en una montaña o en un tejado', 'zona geográfica cuyas aguas van a desembocar al mismo mar' y 'aspecto de un asunto'. Aunque se da por válido su uso en ambos géneros, hoy se emplea casi exclusivamente en femenino: «*La vertiente occidental andina es árida*» (Masson *Marco* [Perú 1993]); «*Y ahora hay una vertiente nueva, el acuerdo con la Unión Europea*» (*Excélsior* [Méx.] 18.9.96).

⊗**vertir(se).** → verter(se).

vesania. 1. 'Locura furiosa': «*Como si en aquel punto se hubieran dado cita todos los locos del país para dar rienda suelta a su vesania*» (Mendoza *Ciudad* [Esp. 1986]). Las dos vocales finales forman diptongo: [be - sá - nia]; es, pues, errónea la forma con hiato ⊗*vesanía*.

2. Es incorrecto su empleo con el sentido de 'maldad': ⊗«*Si consigue convencer a la mayoría de que el presidente cometió no solo un error, sino también una vesania, y que ofendió no solo al pueblo judío, sino a todos los norteamericanos*» (*Abc* [Esp.] 7.5.85).

vestir(se). 1. 'Cubrir(se) el cuerpo con ropa'. Verbo irregular: se conjuga como *pedir* (→ APÉNDICE 1, n.º 45).

2. Cuando significa 'llevar un traje de color, forma o distintivo especial', es intransitivo y se construye con un complemento con *de*: *vestir DE blanco, DE etiqueta, DE uniforme*. Es incorrecto usar, en estos casos, la preposición *en*: ⊗«*Canta a veces acompañado por la guitarra eléctrica y vestido EN rojo*» (*Vanguardia* [Esp.] 1.7.94); ⊗«*Una residente [...] vestida EN traje colonial le da la mano a Bill Clinton*» (*Tiempo* [Col.] 16.10.92).

Vesubio. Forma tradicional española del nombre de este volcán italiano: «*Las luces de la ciudad se extendían hasta las faldas del Vesubio*» (UPietri *Visita* [Ven. 1990]). No debe usarse en español la grafía italiana *Vesuvio*.

Vesuvio. → Vesubio.

vez. 1. 'Momento determinado en el tiempo', 'cada ocasión entre otras en que sucede algo' y 'turno'. Cuando este sustantivo va precedido de un ordinal o de cualquier otro adjetivo indicador de orden (*última, anterior*, etc.), es preceptivo el uso del artículo (*la primera vez, la última vez, la vez anterior*, etc.); así, en ⊗«*No es primera ni segunda vez que roban a nuestros animales*» (*Vistazo* [Ec.] 21.9.97), debió decirse *No es la primera ni la segunda vez...* Sí se prescinde del artículo cuando la expresión de orden va precedida de la preposición *por*: *por primera vez*, *por última vez*, etc., y no ⊛*por la primera vez*, ⊛*por la última vez*, etc., como se hace a veces por influjo de otras lenguas como el francés, el inglés o el italiano.

2. *a la vez*. 'Al mismo tiempo': *«El chofer era un tipo tranquilo y alegre a la vez»* (JmnzEmán *Tramas* [Ven. 1991]). Precedido del numeral *uno*, en el español de varios países de América tiene sentido distributivo y significa 'uno cada vez, de uno en uno': *«Tenían que salir uno a la vez»* (Chao *Altos* [Méx. 1991]).

3. *a mi (tu, su...) vez*. 'Por mi (tu, su...) parte': *«Mi padre controló sus gemidos y yo, a mi vez, me apresuré a respirar hondo»* (Cuauhtémoc *Grito* [Méx. 1992]). En esta locución, el posesivo varía de acuerdo con el número y persona del poseedor; así, no es correcto un uso como el siguiente: ⊛*«El escrito existente me lo dio a conocer a mí la Federación, y yo, a su vez, di conocimiento del mismo a la Asociación de Futbolistas»* (*Abc* [Esp.] 3.12.83); debió decirse *yo, a mi vez.*

4. *a la(s) de veces, a las veces*. → 5.

5. *a veces*. 'En algunas ocasiones': *«A veces llueve sin previo aviso»* (Parra *Obscenidad* [Chile 1984]). Son arcaicas otras fórmulas como *a las veces, a la de veces* o *a las de veces.* Es propio del habla popular de algunos países americanos, y desaconsejable en el habla culta, decir ⊛*en veces*, en lugar de *a veces*: ⊛*«Yo en veces quisiera irme pa siempre, pero no me duran esas ganas»* (Vega *Marcelina* [Méx. 1993]).

6. *de cuando en vez, de vez en cuando*. → cuando, 11.

7. *de una buena vez*. 'Por fin o definitivamente'. Es calco de la locución francesa *une bonne fois* y su uso está bastante más extendido en América que en España: *«La tía Francisca trató de convencerla de que capitulara de una buena vez antes de que fuera demasiado tarde»* (GaMárquez *Vivir* [Col. 2002]). Son equivalentes y más recomendables otras locuciones más usuales o más propiamente españolas, como *de una vez, de una vez para siempre* o *de una vez por todas*, esta última también procedente del francés (*une fois pour toutes*), pero más asentada en el uso que *de una buena vez.*

8. ⊛*en veces*. → 5.

9. ⊛*la primer vez*, ⊛*la tercer vez*. → primero, 1 y tercero.

10. *tal vez*. → tal, 6.

11. *una vez*. Precediendo a un participio en construcción absoluta, indica que la acción denotada por el verbo principal se realiza inmediatamente después de la denotada por el participio: *«Una vez graduado, se dedicó de lleno a la especialidad de abogado defensor»* (Chavarría *Rojo* [Ur. 2002]). No debe confundirse con la locución conjuntiva *una vez que* (→ 12).

12. *una vez que*. Locución conjuntiva que significa 'cuando, después de que': *«Una vez que ter-*

mine la temporada lluviosa, será necesario reforzar algunos tramos de esta carretera» (*Tiempos* [Bol.] 1.4.97). En el habla esmerada no debe suprimirse la conjunción: ⊛*Una vez termine...* No debe confundirse con la construcción *una vez* + participio: *Una vez terminada la temporada...* (→ 11).

13. *vez pasada*. En el habla coloquial de los países del Río de la Plata se emplea, sin artículo, con el sentido de 'en cierta ocasión o hace poco': *«Vez pasada pregunté en una charla qué cosas sentían que no podían hacer»* (Bucay *Camino* [Arg. 2002]).

vía. 1. Cuando precede a un sustantivo, funciona como preposición con el sentido de 'pasando por o utilizando el medio que se indica': *«Voló de Texas hasta Australia, vía Londres»* (*Vistazo* [Ec.] 19.6.97); *«La distribución vía Internet requiere que se haya encontrado una forma segura de recibir el pago de los usuarios»* (Pimentel *Multimedia* [Perú 1997]). Pero si, para indicar el modo o medio por el cual se realiza un traslado o comunicación, *vía* va seguida de un adjetivo, debe anteponerse la preposición *por*: *«Hoy conversará* POR *vía telefónica con su colega mexicano»* (*Nacional* [Ven.] 12.9.00), no ⊛*conversará vía telefónica.*

2. *en vías de*. Seguida de un nombre de acción o de un infinitivo, 'en proceso de': *«Una especie que [...] se halla en vías de extinción»* (*NProvincia* [Arg.] 6.5.97); *«Este asunto parece en vías de solucionarse»* (Collyer *Habitante* [Chile 2002]). No debe usarse en singular: ⊛*en vía de.*

viacrucis. 'Camino dividido en catorce paradas o estaciones, en cada una de las cuales se conmemora un episodio de la pasión de Cristo' y, en sentido figurado, 'situación de sufrimiento intenso y prolongado': *«Lo llamaban con frecuencia para que [...] repicara la campanilla en los viacrucis de Semana Santa»* (VLlosa *Tía* [Perú 1977]); *«Todos los días se somete al ciudadano a un viacrucis»* (*Nacional* [Ven.] 12.12.96). Puede escribirse también *vía crucis* (en dos palabras y con tilde en la primera), aunque se recomienda la grafía simple *viacrucis*, que se escribe sin tilde por ser voz llana acabada en *-s* (→ TILDE², 1.1.2). Aunque la palabra *vía* es femenina, *viacrucis* (o *vía crucis*) es masculino en la lengua culta general, por lo que debe evitarse su uso en femenino: ⊛*una viacrucis*, ⊛*la vía crucis.*

vichí. Adaptación gráfica propuesta para la voz francesa *vichy*, 'tejido fuerte de algodón, de rayas o cuadros'.

vichy. → vichí.

viciar(se). 'Corromper(se) física o moralmente' y 'enrarecer(se) el aire o la atmósfera'. Se acentúa como *anunciar* (→ APÉNDICE 1, n.º 4).

vicisitud. 'Alternancia de sucesos prósperos y adversos' y 'suceso adverso'. Se usa normalmente en plural: «*Los dos habían pasado por las mismas vicisitudes*» (Montero *Trenza* [Cuba 1987]). Son erróneas las formas [⊗]*visicitud* y [⊗]*viscisitud*.

víctima. 1. Además de 'persona o animal sacrificado o destinado al sacrificio', significa 'persona que padece daño o ha muerto por causa ajena o fortuita': «*El año pasado el saldo de víctimas fue de 799 muertos y 3650 personas lesionadas*» (*Tiempo* [Col.] 17.7.97). Debe evitarse su uso para referirse solo a los muertos, en contraposición a los heridos: [⊗]«*El siniestro no causó víctimas ni heridos*» (*Nacional* [Ven.] 19.1.97); en un accidente son víctimas tanto las personas que mueren como las que resultan heridas; por lo tanto, a *herido* debe contraponerse la palabra *muerto* o la expresión *víctima mortal*: «*El número de víctimas mortales y heridos podría aumentar*» (*FVigo* [Esp.] 28.3.01).
2. Se trata de un sustantivo epiceno de género femenino (→ GÉNERO², 1b), de modo que, aunque el referente sea una persona de sexo masculino, los elementos de la oración que han de concordar con *víctima* deben hacerlo en femenino: «*La víctima, un jubilado, resultó aprisionada* [...] *contra la pared del inmueble*» (*Canarias 7* [Esp.] 30.1.01), no [⊗]*resultó aprisionado*.
3. ser víctima de alguien o algo. 'Sufrir o padecer el daño que dicha persona o cosa causa'. En esta estructura, la palabra *víctima* funciona como atributo del sujeto, por lo que debe concordar en número con este: «*No todos ellos fueron víctimas de la mafia*» (*Clarín* [Arg.] 17.2.97).

[⊗]**victorear.** → vitorear.

victoria. 'Acción de vencer en una lucha, disputa o competición': «*Terminaron celebrando su impresionante victoria con varias ruedas de cerveza*» (Bryce *Huerto* [Perú 2002]). Sobre la pronunciación de la *c* en esta posición, → c, 2.1. No es propia del habla culta actual la forma [⊗]*vitoria*.

[⊗]**victoriar.** → vitorear.

video o **vídeo.** 'Cierto sistema de grabación y reproducción de imágenes'. Procedente del inglés *video*, se ha adaptado al español con dos acentuaciones, ambas válidas: la forma esdrújula *vídeo* [bídeo], que conserva la acentuación etimológica, es la única usada en España; en América, en cambio, se usa mayoritariamente la forma llana *video* [bidéo]. Cuando esta voz se emplea como elemento prefijo en la formación de compuestos, es átona y, por tanto, debe escribirse sin tilde (→ TILDE², 4.1): *videoconferencia, videoclub, videojuego.*

[⊗]**videocaset, videocasete, videocasetera.** → casete.

videoclip. Voz tomada del inglés *videoclip*, 'cortometraje, generalmente de carácter musical, que tiene, por lo común, fines publicitarios'. Su plural es *videoclips* (→ PLURAL, 1h): «*A continuación se abren paso los musicales, que se nutren de videoclips*» (*País* [Esp.] 1.10.89). Puede sustituirse, en la mayoría de los casos, por la expresión *video* o *vídeo musical* o, también, en América, por *video corto*: «*Ricardo Bofill viajó a México con Paulina Rubio para acompañarla en la grabación de un vídeo musical*» (*Hola* [Esp.] 1.6.95); «*El grupo de Liverpool obtuvo estatuillas por mejor video corto y mejor canción pop*» (*Clarín* [Arg.] 28.2.97).

videoclub. → club.

videotape. → tape.

vidriar(se). 'Dar [a una pieza de barro] la transparencia y lustre del vidrio' y 'poner(se) vidrioso'. En el uso culto se acentúa preferentemente como *anunciar* (→ APÉNDICE 1, n.º 4): «*Se le vidrian los ojos*» (Cela *Judíos* [Esp. 1956]); pero también se admite su acentuación como *enviar* (→ APÉNDICE 1, n.º 5): «*En Tamames de la Sierra también se vidría mucho*» (Seseña *Cacharrería* [Esp. 1997]).

Vieng Chan. → Vientián.

Vientián. Forma adaptada a la ortografía y pronunciación españolas del nombre de la capital de Laos: «*El autobús fue interceptado por los agresores* [...] *a unos 210 kilómetros de Vientián, la capital del país*» (*Mundo*@ [Esp.] 21.4.03). No debe usarse en español la grafía francesa *Vientiane*, adaptación del laosiano *Vieng Chan*, empleada también en inglés.

Vientiane. → Vientián.

Vietnam. La grafía asentada en el uso español del nombre de este país de Asia es *Vietnam*. Es opcional su uso con artículo, aunque en la actualidad se suele prescindir de él: «*En mi segunda visita a Vietnam alcancé a estar una semana en Saigón*» (Mendoza *Satanás* [Col. 2002]). Debe evitarse en español la grafía *Viet Nam*. El gentilicio es *vietnamita*: «*Los deportistas vietnamitas mantuvieron ese cuarto puesto*» (*Trabajadores* [Cuba] 19.12.03).

vietnamita. → Vietnam.

vigía. Cuando significa 'atalaya o torre hecha en alto para registrar el horizonte' y 'vigilancia que se hace desde un lugar elevado', es femenino: «*En la* [Andalucía] *musulmana, la vigía estaba en Montefrío*» (Seseña *Cacharrería* [Esp. 1997]); «*La cofa para la vigía* [...] *no estaba dotad[a] de binoculares*» (*Proceso* [Méx.] 20.10.96). Cuando significa 'persona dedicada a vigilar desde una atalaya', es común en cuanto al género (*el/la vigía;* → GÉNERO², 1a y 3b): «*El vigía dio la alarma*» (Chao *Altos* [Méx. 1991]). En el español medieval y clásico se usó como epiceno femenino (→ GÉNERO², 1b) y, por tanto, se decía *la vigía* incluso en referencia a un hombre.

vigilar. 1. Con el sentido de 'observar [algo o a alguien] con atención, con el fin de tomar las medidas oportunas ante cualquier anomalía', es transitivo: *«Sus padres no LO vigilaban ni se preocupaban por su regreso»* (Lezama *Oppiano* [Cuba 1977]); *«Te vas a la cocina y vigilas la cena»* (Vilalta *Nada* [Méx. 1975]). **2.** Ocasionalmente se usa como intransitivo, seguido de un complemento introducido con *por,* con el sentido de 'cuidar o preocuparse por el bienestar de alguien o la buena marcha de algo': *«Le extrañaba que un tipo como Carioca no tuviera protección, que nadie vigilara POR su seguridad»* (Memba *Homenaje* [Esp. 1989]). Con este significado se emplea más comúnmente el verbo *velar* (→ velar), derivado igualmente del latín *vigilare.*

vilipendiar. 'Despreciar o denigrar'. Se acentúa como *anunciar* (→ APÉNDICE 1, n.º 4).

Vilna. Forma tradicional española del nombre de la capital de Lituania: *«Madeleine Albright viajó después a Vilna, capital de Lituania»* (*Abc* [Esp.] 14.7.97). No hay razones para sustituir el topónimo tradicional, aún vigente, por la forma lituana *Vilnius.*

Vilnius. → Vilna.

vinagre. 'Líquido agrio producido por la fermentación ácida del vino'. Es voz masculina en el uso culto general: *el vinagre.*

vino. ⊗*vino rojo.* → tinto.

violoncelista, *violoncello,* violoncelo, violonchelista. → violonchelo.

violonchelo. La voz italiana *violoncello* ('instrumento de cuerda que se toca con arco, de tamaño y registro intermedios entre la viola y el contrabajo') se ha adaptado al español en las formas *violonchelo* y *violoncelo,* esta última pronunciada [biolonsélo, biolonzélo]: *«Cristóbal Halffter prepara un concierto para violonchelo y orquesta»* (*País* [Esp.] 1.10.85); *«Siendo niño [...] aprendió a tocar el violoncelo»* (*Mundo* [Esp.] 16.7.94). La primera, que refleja la pronunciación etimológica, es la más usada. También es válido el acortamiento *chelo: «Se decidió por el chelo, instrumento que dominó en el conservatorio en solo cinco años»* (*Tiempo* [Col.] 18.4.97). Para referirse a la persona que toca este instrumento, existen los sustantivos *violonchelista, violoncelista, chelista* y *chelo,* todos ellos comunes en cuanto al género (→ GÉNERO², 1a y 3b): *«Se trata de la violonchelista australiana Sarah Hopkins»* (*Abc* [Esp.] 11.10.96).

vip. Voz tomada del inglés *vip* —*v*[ery] *i*[mportant] *p*[erson]—, que se usa, como sustantivo común en cuanto al género (*el/la vip;* → GÉNERO², 1a y 3j), con el sentido de 'persona socialmente relevante que recibe un trato especial en ciertos lugares públicos'; como adjetivo significa 'de los vips'. Su plural es *vips* (→ PLURAL, 1h): *«Es fácil [...] verla con su madre entre los vips que pueblan las gradas»* (*Telva* [Esp.] 1.98); *«Salones vips para el aeropuerto»* (*Abc* [Par.] 31.10.00). Debe evitarse su escritura con mayúsculas, habitual en inglés por su condición original de sigla. Aunque es anglicismo admisible, se recomienda usar con preferencia, para el sustantivo, la voz española tradicional *personalidad: «La Policía tuvo que emplearse a fondo para que el numeroso público respetara el cordón que protegía a las personalidades»* (*Mundo* [Esp.] 20.2.96).

virgen. Como sustantivo, se escribe con mayúscula inicial cuando se refiere a la madre de Jesucristo y a cada una de sus advocaciones: *la Virgen María, la Virgen del Pilar, la Virgen de Guadalupe;* y con minúscula cuando significa 'persona que no ha practicado el coito'. Como adjetivo, se escribe siempre con minúscula.

virginiano -na. Gentilicio que corresponde a los estados norteamericanos de Virginia y Virginia Occidental: *«Gish interpreta a Letty, una muchacha virginiana, que viaja a la hacienda de su primo Beverly [...] en las solitarias praderas del Oeste»* (LpzNavarro *Clásicos* [Chile 1996]).

Virginia Occidental. Forma tradicional española del nombre de este estado de los Estados Unidos de América: *«En Virginia Occidental, el republicano Cecil Underwood [...] venció la fuerte oposición de la demócrata Charlotte Pritt»* (*DYucatán* [Méx.] 6.11.96). No debe usarse en español la forma inglesa *West Virginia.*

virtud. *en virtud de.* 'Como consecuencia de': *«En virtud de la demora, toda la flota ateniense fue capturada»* (Dolina *Ángel* [Arg. 1993]). Cuando la locución va seguida de una oración subordinada, no debe suprimirse la preposición *de* (→ QUEÍSMO, 1e): *en virtud DE que,* y no ⊗*en virtud que.* No son correctas las variantes ⊗*en virtud a* ni ⊗*a virtud de.*

vis. 1. *vis cómica.* Locución nominal femenina de origen latino, que significa 'capacidad de hacer reír': *«Me faltaba vis cómica, yo lo notaba»* (FnGómez *Viaje* [Esp. 1985]). Se utiliza siempre en singular.

2. *vis a vis.* Calco del francés *vis à vis,* usado en español como locución adjetiva o adverbial con el sentido de 'cara a cara, sin intermediarios': *«En la agenda, una reunión vis a vis con su homólogo francés»* (*Mundo* [Esp.] 8.12.94); *«Se dicen cosas que merecen la pena [de] ser oídas, vis a vis»* (*Ratonera* [Esp.] 5.02). También se emplea, como adjetivo o como sustantivo masculino, para designar el encuentro a solas entre dos personas y, en especial, el que se permite mantener en la cárcel a un preso y a su pareja para posibilitar que tengan relaciones sexuales: *«En El Puerto de Santa María no tuvo ningún vis a vis —algunas reclusas conseguían falsos certificados de convivencia para ser visitadas por hombres—»* (PzReverte *Reina* [Esp. 2002]). Se desaconseja la grafía con guion ⊛*vis-a-vis*, aunque sea frecuente en el original francés. No es correcta su escritura con *b* (⊛*bis a bis*), fruto del cruce con *bis* ('dos veces'; → bis).

visa. En América, 'visto bueno de la autoridad competente que consta en un pasaporte u otro documento'. Es voz femenina: «*Sin dinero, sin amigos y con una visa de turista estampada en un falso pasaporte turco*» (Allende *Eva* [Chile 1987]).

⊛**viscisitud,** ⊛**visicitud.** → vicisitud.

vislumbre. 'Atisbo'. Aunque en épocas pasadas se usó frecuentemente en femenino, en el español actual predomina el masculino: «*Por un segundo un vislumbre de conciencia te sacudió*» (Hayen *Calle* [Méx. 1993]).

vitorear. 'Aplaudir o aclamar con vítores [algo o a alguien]': «*Salieron en tropel del restaurante, vitoreando a los Lobato, listos para disfrutar la segunda parte de la celebración*» (Pitol *Vida* [Méx. 1991]). No debe usarse hoy la variante ⊛*victorear*. No son propias del habla culta las formas ⊛*victoriar* y ⊛*vitoriar*.

⊛**vitoria.** → victoria.

⊛**vitoriar.** → vitorear.

viva. *viva el novio.* → vivir.

vivac. Voz procedente del francés antiguo *bivac* (hoy *bivouac*), que significa 'campamento, especialmente el militar': «*La camaradería del general que en el vivac es capaz de hacer olvidar a sus subordinados las insignias que lleva sobre la charretera*» (Andrade *Dios* [Arg. 1993]); y, en montañismo, 'forma de acampada en que se duerme al raso': «*Los vivacs a la intemperie, bajo las estrellas*» (Torres *Conquista* [Méx. 1990]). Su plural es *vivacs* (→ PLURAL, 1h). Es también válida, aunque menos frecuente hoy, la forma *vivaque* (pl. *vivaques*): «*El vivaque es [...] casi exclusivo del verano*» (Genovés *Montañismo* [Esp. 1951]).

vivan. *vivan los novios.* → vivir.

vivaque. → vivac.

vivir. *¡vivan los novios!, ¡viva!* La tercera persona del presente de subjuntivo del verbo *vivir* se emplea, seguida de un sustantivo, en fórmulas desiderativas de buena fortuna o que expresan aplauso u homenaje entusiasta a algo o a alguien. El sustantivo pospuesto funciona como sujeto y, por tanto, exige la concordancia en número con el verbo *vivir*: «*¡Vivan las Cortes de Cádiz, viva la desamortización!*» (Armada *Esperanza* [Esp. 1994]). En ocasiones va introducido por la conjunción *que*: «*¡Que viva la revolución, mi hijito!*» (Montero *Capitán* [Cuba 2002]). Sin sujeto e inmovilizado en singular, se emplea como interjección aclamativa, uso en el que se ha perdido el sentido original del verbo: «*Él hablaba de muerte y la masa respondía ¡viva!*» (Martínez *Perón* [Arg. 1989]).

vivo. *en vivo.* 'Estando con vida' y 'en directo': «*Sin asomo de piedad Cecilia descuartizó en vivo a las tremendas langostas*» (Cohen *Muerte* [Esp. 1993]); «*Pude ver el espectáculo en vivo antes de que aparecieran los bomberos con sus escaleras*» (Quintero *Danza* [Ven. 1991]). No debe confundirse con *in vivo* ('en el ser vivo'; → in vivo).

voceras. → boceras.

vodca. → vodka.

vodevil. Adaptación gráfica de la voz francesa *vaudeville*, 'comedia frívola, ligera y picante, basada en equívocos, que puede incluir números musicales': «*Quería volver a debutar en un vodevil clásico*» (Romero *Vodevil* [Esp. 1979]). Su plural es *vodeviles* (→ PLURAL, 1g).

vodka. Voz tomada del ruso, que designa cierto aguardiente. En español se emplea mayoritariamente en masculino: «*No imaginaban que el vodka sería fabricado con la fermentación de la patata*» (Fuentes *Espejo* [Méx. 1992]); pero, aunque raro, es admisible su empleo con el género femenino etimológico: «*Ese dolor de cabeza [...] que da la vodka pura*» (Cortázar *Glenda* [Arg. 1980]). Es correcta, pero minoritaria, la grafía *vodca*. No se admite la grafía de influencia alemana ⊛*wodka*.

vodú. → vudú.

Voivodina. Forma adaptada a la ortografía y pronunciación españolas del nombre de esta región del norte de Serbia: «*El Ejecutivo de Budapest apoyó la idea de una autonomía para Voivodina*» (*Mundo* [Esp.] 12.5.99). No debe usarse la grafía serbocroata *Vojvodina*, que no refleja en español la correcta pronunciación de este topónimo.

Vojvodina. → Voivodina.

volar(se). Como intransitivo, 'moverse o viajar por el aire' y, como transitivo, 'hacer que [algo] vuele' y 'destrozar [algo] haciendo que salte por los aires'. Verbo irregular: se conjuga como *contar* (→ APÉNDICE 1, n.º 26).

vol-au-vent. → volován.

volcanismo. → vulcanismo.

volcar(se). 1. 'Inclinar(se) algo de modo que caiga o se vierta su contenido' y, como intransitivo pronominal, 'poner todo el esfuerzo o la atención para conseguir algo o ayudar a alguien'. Verbo irregular: se conjuga como *contar* (→ APÉNDICE 1, n.º 26).

2. Cuando significa 'poner todo el esfuerzo o la atención', se construye con un complemento precedido de *en*, si lo que sigue es un infinitivo o un nombre de acción, o *con*, si lo que sigue es el sustantivo que designa la persona o cosa objeto de la atención: «*La radio se vuelca EN el seguimiento de los acontecimientos*» (Cebrián *Información* [Esp. 1995]);

«Toda la prensa se volcó CON *él. Los periódicos le dedicaban sus portadas y él aparecía lloroso y compungido pidiendo el indulto»* (Morena *Silencios* [Esp. 1995]).

voleibol o **vóleibol.** 'Deporte de equipo que consiste en golpear el balón con las manos para introducirlo en el campo contrario por encima de una red situada a cierta altura'. La voz inglesa *volleyball* se ha adaptado gráficamente al español con dos acentuaciones, ambas válidas. La forma aguda *voleibol* [boleiból] es mayoritaria en el conjunto del ámbito hispánico, aunque la forma esdrújula *vóleibol,* más acorde con la pronunciación del étimo inglés, es la preferida en los países del Cono Sur: *«Este será el primer torneo importante del año para el voleibol peruano»* (*Expreso* [Perú] 1.4.89); *«Otro deporte que aportó grandes satisfacciones a la Argentina en esta temporada es el vóleibol»* (*Clarín* [Arg.] 21.12.87). No son admisibles formas semiadaptadas como [⊗]*voleybol* o [⊗]*voleyball,* poco acordes con el sistema gráfico español. En algunos países de América, especialmente en México y el área centroamericana, se usa también la forma *volibol* [boliból], que presenta asimismo la variante acentual *vólibol: «Mirador* [...] *revalidó su corona de campeón en el volibol de mujeres»* (*Listín* [R. Dom.] 19.5.97); *«El vólibol no se salvó de la desorganización que priva en los Juegos»* (*DYucatán* [Méx.] 24.7.96). Es asimismo frecuente el uso del acortamiento *vóley: «Juraba que tenía que jugar al vóley»* (*NProvincia* [Arg.] 8.4.97). Esta forma acortada está presente en el compuesto *vóley-playa,* 'modalidad de voleibol que se juega sobre arena de playa': *«La gran novedad de estos Juegos: la competición de vóley-playa»* (*País* [Esp.] 18.7.96). La voz inglesa ha dado lugar, asimismo, al calco *balonvolea,* que solo se usa, y de modo muy ocasional, en España: *«Sobre todo jugaban al balonvolea y al baloncesto»* (Feo *Años* [Esp. 1993]).

vóley, vóley-playa. → voleibol o vóleibol.

volframio. → wolframio.

Volgogrado. Nombre actual de la ciudad de la Federación Rusa conocida en la etapa soviética como *Stalingrado: «Teniente de la Fuerza Aérea Rusa, hijo de un obrero de Volgogrado»* (*Proceso* [Méx.] 21.7.96). Este topónimo deriva del nombre del río Volga; no es correcta, pues, la forma [⊗]*Volvogrado.*

volibol o **vólibol,** *volleyball.* → voleibol o vóleibol.

volován. Adaptación gráfica de la voz francesa *vol-au-vent,* 'pastelillo de hojaldre de forma redonda, con un hueco en el centro que se rellena de alimentos diversos'. Su plural es *volovanes* (→ PLURAL, 1g): *«Recibían a los invitados abrumándolos desde la misma puerta de calle con* [...] *volovanes y todos los bocaditos concebidos por la inventiva limeña para abrir el apetito»* (VLlosa *Tía* [Perú 1977]).

voltense. → Burkina Faso.

volver(se). 1. 'Dar(se) la vuelta', 'regresar al punto de partida' y 'dar, o tomar, un aspecto o carácter diferente al que (se) tenía'. Verbo irregular: se conjuga como *mover* (→ APÉNDICE 1, n.º 41). Su participio es también irregular: *vuelto.*

2. *volver a* + infinitivo. Perífrasis que indica la repetición de la acción expresada por el infinitivo: *«Cuando lo sepultaron volví a soñar con él»* (Aguirre *Retablo* [Chile 1987]). Debe evitarse su empleo redundante con verbos que ya expresan repetición, como *recaer, recomenzar, rehacer,* etc. Así, mientras el empleo de *volver a* + infinitivo es correcto en una frase como *Tras el terremoto se reconstruyó la catedral y años más tarde volvió a ser reconstruida, después de que un voraz incendio la redujese casi a cenizas,* es totalmente innecesario su uso en un ejemplo como el siguiente: [⊗]*«Cualquier alimento que se haya descongelado* [...] *habrá que utilizarlo cuanto antes.* [...] *Nunca se le ocurra volver a recongelarlo»* (Bobillo *Alimentación* [Esp. 1991]).

3. *volver en sí.* 'Recobrar el conocimiento'. Se trata de una construcción reflexiva, por lo que debe existir concordancia entre el pronombre tónico y el sujeto de *volver* (*volví en mí, volviste en ti, volvió en sí,* etc.): *«Cuando volví en mí, no sabía dónde me encontraba»* (Cano *Abismo* [Col. 1991]); por lo tanto, es incorrecto decir [⊗]*volví en sí* o [⊗]*volviste en sí.* La forma del pronombre reflexivo correspondiente a la tercera persona del plural es *sí,* la misma que la del singular: *«Dos se desmayaron durante el proceso, pero volvieron en sí al oler de un frasco del médico»* (Torbado *Peregrino* [Esp. 1993]).

[⊗]**Volvogrado.** → Volgogrado.

vórtice. 'Torbellino o remolino': *«Un vórtice de niebla la arrastró al fondo de su veloz embudo»* (Rossetti *Alevosías* [Esp. 1991]); y 'centro de un huracán': *«"Eduardo" tiene vientos tropicales* [...] *que se extienden a más de 320 kilómetros de su vórtice»* (*DYucatán* [Méx.] 1.9.96). No debe confundirse con *vértice* ('cumbre o cúspide'; → vértice).

vos. 1. Pronombre personal tónico de segunda persona del singular: *«Vos te equivocás, Mabel»* (FdzTiscornia *Lanus* [Arg. 1986]). Sobre los pronombres tónicos y su funcionamiento, → PRONOMBRES PERSONALES TÓNICOS.

2. Frente a *usted* (→ usted), *vos* es la forma empleada en la Argentina y el Paraguay para el tratamiento informal; implica acercamiento al interlocutor y se usa en contextos familiares, informales o de confianza. En las áreas americanas donde coexiste con *tú* (→ tú) en la norma culta, *vos* suele emplearse como tratamiento informal y *tú* como tratamiento de formalidad intermedia (→ VOSEO 2.3 y 2.4).

3. Para el uso de *vos* como tratamiento reverencial, → VOSEO, 1.

4. *vos sos de los que* + verbo. → CONCORDANCIA, 4.12.

5. *vos sos el que* (o *quien*) + verbo. → CONCORDANCIA, 4.13.

VOSEO. En términos generales, se denomina «voseo» el empleo de la forma pronominal *vos* para dirigirse al interlocutor. Se distinguen dos tipos:

1. VOSEO REVERENCIAL. Consiste en el uso de *vos* para dirigirse con especial reverencia a la segunda persona gramatical, tanto del singular como del plural. Esta fórmula de tratamiento de tono elevado, común en épocas pasadas, solo se emplea hoy con algunos grados y títulos, en actos solemnes, o en textos literarios que reflejan el lenguaje de otras épocas. *Vos* es la forma de sujeto (*vos decís*) y de término de preposición (*a vos digo*), mientras que *os* es la forma de complemento directo (*os vi*) y de complemento indirecto sin preposición (*os digo*). El verbo va siempre en segunda persona del plural, aunque nos dirijamos a un solo interlocutor: «*Han luchado, añadió dirigiéndose a Tarradellas, [...] por mantenerse fieles a las instituciones que vos representáis*» (GaCandau *Madrid-Barça* [Esp. 1996]). Como posesivo se emplea la forma *vuestro: Admiro vuestra valentía, señora*. Los adjetivos referidos a la persona o personas a quienes nos dirigimos han de establecer la concordancia correspondiente en género y número: *Vos, don Pedro, sois caritativo; Vos, bellas damas, sois ingeniosas*.

2. VOSEO DIALECTAL AMERICANO. Más comúnmente se conoce como «voseo» el uso de formas pronominales o verbales de segunda persona del plural (o derivadas de estas) para dirigirse a un solo interlocutor. Este voseo es propio de distintas variedades regionales o sociales del español americano y, al contrario que el voseo reverencial (→ 1), implica acercamiento y familiaridad.

2.1. *Voseo pronominal y voseo verbal.* El voseo puede afectar tanto a las formas pronominales como a las formas verbales.

2.1.1. El «voseo pronominal» consiste en el uso de *vos* como pronombre de segunda persona del singular en lugar de *tú* y de *ti. Vos* se emplea como sujeto: «*Puede que VOS tengás razón*» (Herrera *Casa* [Ven. 1985]); como vocativo: «*¿Por qué la tenés contra Alvaro Arzú, VOS?*» (*Prensa* [Guat.] 3.4.97); como término de preposición: «*Cada vez que sale con VOS, se enferma*» (Penerini *Aventura* [Arg. 1999]); y como término de comparación: «*Es por lo menos tan actor como VOS*» (Cuzzani *Cortés* [Arg. 1988]). Sin embargo, para el pronombre átono (el que se usa con los verbos pronominales y en los complementos sin preposición) y para el posesivo, se emplean las formas de tuteo *te* y *tu, tuyo*, respectivamente: «*Vos TE acostaste con el tuerto*» (Gené *Ulf* [Arg. 1988]); «*Lugar que odio [...] como TE odio a vos*» (Rossi *María* [C. Rica 1985]); «*No cerrés TUS ojos*» (Flores *Siguamonta* [Guat. 1993]).

2.1.2. El «voseo verbal» consiste en el uso de las desinencias verbales propias de la segunda persona del plural, más o menos modificadas, para las formas conjugadas de la segunda persona del singular: *tú vivís, vos comés* o *comís*. El paradigma verbal voseante se caracteriza por su complejidad, pues, por un lado, afecta en distinta medida a cada tiempo verbal y, por otro, las desinencias varían en función de factores geográficos y sociales, y no todas las formas están aceptadas en la norma culta.

2.1.2.1. *Voseo verbal en los tiempos de presente*

a) En el presente de indicativo, junto a las formas diptongadas del plural (*sabéis, habláis*) —a veces con aspiración o pérdida de -*s* ([abláih o ablái])—, se documentan formas con reducción del diptongo, bien a la vocal abierta *a* o *e* (*sabés, hablás*), lo que es más frecuente, bien a la cerrada *i* (*sabís*). Los verbos de la primera conjugación, aquellos cuyo infinitivo termina en -*ar*, nunca presentan en este tiempo formas voseantes en -*ís*.

b) En el presente de subjuntivo, igual que en el indicativo, junto a las formas diptongadas del plural (*subáis, habléis*) —a veces con aspiración o pérdida de -*s* ([subáih o subái])—, se documentan formas con reducción del diptongo, bien a la vocal abierta *a* o *e* (*subás, hablés*), lo que es más frecuente, bien a la cerrada *i* (*hablís*). En este caso, las formas en -*ís* solo aparecen en verbos de la primera conjugación.

2.1.2.2. *Voseo verbal en los tiempos de pasado*

a) El voseo no suele afectar a las formas del pretérito imperfecto de indicativo o copretérito (*cantabas, bebías*) ni a las del pretérito imperfecto o pretérito de subjuntivo (*amaras* o *amases, tuvieras* o *tuvieses*). En la modalidad chilena, sin embargo, se usan las desinencias de segunda persona del plural (*cantabais, cantarais*) con aspiración o pérdida de -*s*: «*¿Dónde andabai que andabai perdido?*» (Donoso *Casa* [Chile 1978]).

b) Para el pretérito perfecto simple o pretérito de indicativo, se emplea la segunda persona del plural sin diptongar (*volvistes*). Pese a ser esta la forma etimológica (lat. *volvistis*, español clásico *volvistes*), aun en regiones plenamente voseantes se prefiere en este tiempo el uso de la forma de segunda persona del singular (*volviste*), debido a las connotaciones vulgares que tienen las formas singulares del pretérito con -*s* (*⊛tú vinistes*). En la zona andina venezolana y en Colombia aparecen variantes en las que se ha perdido la primera -*s*- de la terminación, si bien se conserva la -*s* final: *volates, perdites, servites*, en lugar de *volaste, perdiste, serviste*.

2.1.2.3. *Voseo verbal en los tiempos de futuro*

Las formas voseantes de futuro, al igual que las de presente, oscilan entre la conservación del diptongo (*viajaréis*) y su reducción, bien a la vocal abierta (*viajarés*), lo que es más frecuente, bien a la vocal cerrada (*viajarís*).

2.1.2.4. *Voseo verbal en el condicional*

El voseo no suele afectar al condicional o pospretérito (*soñarías, escribirías*). En la modalidad chilena, sin embargo, se usan las desinencias de segunda persona del plural (*soñaríais, escribiríais*) con aspiración o pérdida de -*s* final: *soñaríai, escribiríai*.

2.1.2.5. *Voseo verbal en el imperativo*

Las formas voseantes de imperativo se crearon a partir de la segunda persona del plural, con pérdida de la -*d* final: *tomá* (< *tomad*), *poné* (< *poned*), *escribí* (< *escribid*). Los imperativos voseantes carecen de las irregularidades propias del imperativo de segunda persona del singular de las áreas tuteantes. Así, frente a los irregulares *di, sal, ven, ten, haz, pon, mide, juega, quiere, oye*, etc., en las zonas de voseo se usan *decí, salí, vení, tené, hacé, poné, medí, jugá, queré, oí*, etc.

Estas formas verbales llevan tilde por tratarse de palabras agudas terminadas en vocal; cuando las formas voseantes del imperativo van acompañadas de algún pronombre enclítico, siguen también las normas generales de acentuación (→ TILDE[2], 4.3): «*Compenetrate en Beethoven, imaginátelo. Imaginate su melena*» (Rovner *Concierto* [Arg. 1981]).

2.2. Modalidades. Existen varias modalidades según las diferentes maneras de combinar las formas pronominales y verbales del tuteo y del voseo en las distintas zonas de habla hispana:

a) Modalidades plenamente tuteantes, que coinciden con los usos del español de España, en las que el sujeto *tú* va acompañado de un verbo en segunda persona del singular: «*Sé independiente, tú puedes*» (Fuller *Dilemas* [Perú 1993]).

b) Modalidades de voseo exclusivamente verbal, en las que el sujeto de las formas verbales voseantes es *tú*: «*No, tú no podés haberte ido con ellos*» (Plaza *Cerrazón* [Ur. 1980]).

c) Modalidades de voseo exclusivamente pronominal, en las que *vos* es el sujeto de un verbo en segunda persona del singular: «*Vos tienes la culpa para hacerte tratar mal*» (*Tiempos* [Bol.] 1.4.97).

d) Modalidades plenamente voseantes, en las que el sujeto *vos* va acompañado de formas verbales de voseo: «*Vos no podés entregarles los papeles antes de setenta y dos horas*» (Martínez *Vuelo* [Arg. 2002]).

2.3. Extensión del voseo. El voseo se da en la mayor parte de Hispanoamérica, aunque en diferente grado. Su consideración social también varía de unas regiones a otras. A grandes rasgos, puede decirse que son zonas de tuteo exclusivo casi todo México, las Antillas, la mayor parte del Perú y de Venezuela y la costa atlántica colombiana; alternan tuteo como forma culta y voseo como forma popular o rural en Bolivia, norte y sur del Perú, el Ecuador, pequeñas zonas de los Andes venezolanos, gran parte de Colombia, Panamá y la franja oriental de Cuba; coexisten el tuteo como tratamiento de formalidad intermedia y el voseo como tratamiento familiar en Chile, en el estado venezolano de Zulia, en la costa pacífica colombiana, en Centroamérica y en los estados mexicanos de Tabasco y Chiapas; y son áreas de voseo generalizado la Argentina, el Uruguay y el Paraguay.

2.3.1. *Río de la Plata*

En la Argentina, el Paraguay y el Uruguay las formas de voseo son aceptadas sin reserva por todas las clases sociales. La modalidad más generalizada es la que combina el voseo pronominal y el verbal: *vos llegás*. En Montevideo, sin embargo, es más prestigioso el voseo exclusivamente verbal: *tú llegás*.

El paradigma verbal propio de la norma culta está constituido por formas voseantes con reducción del diptongo en el presente de indicativo (*cantás, comés, vivís*), por las formas voseantes propias del imperativo (*cantá, comé, viví*) y por formas tuteantes para el resto de los tiempos verbales. No están asentadas en la norma culta las formas terminadas en -*s* del pretérito perfecto simple o pretérito de indicativo: *cantastes, comistes, vivistes;* ni las formas agudas del presente de subjuntivo: *cantés, comás, vivás* (→ 2.1.2.2b, 2.1.2.1b; v. cuadro). En el noroeste argentino se adoptan terminaciones verbales propias del llamado voseo chileno (→ 2.3.2a).

2.3.2. *Países del Pacífico sur: Chile y el Perú*

a) En Chile el voseo es un fenómeno general en el habla familiar y coloquial, sobre todo entre los jóvenes, mientras que en los registros formales se tutea. La modalidad aceptada en todas las clases sociales es la que combina el tuteo pronominal y el voseo verbal; el voseo pronominal es considerado vulgar. El voseo chileno, a diferencia del rioplatense, se manifiesta en todos los tiempos verbales, aunque en el imperativo se da esporádicamente en algunas zonas rurales y en personas con escasa formación. Son típicamente chilenas las terminaciones verbales en -*ís*, con aspiración o pérdida de la -*s* en el uso informal (v. cuadro).

b) El Perú es un país tuteante, aunque en el norte y en el sur —zonas limítrofes con áreas de voseo— el uso de *tú* coexiste con el de *vos*. En el norte está más generalizada la combinación de voseo pronominal y tuteo verbal (*vos vives*), mientras que en el sur, junto a *vos*, se utilizan las desinencias verbales voseantes chilenas (v. cuadro). Excepto en Arequipa, donde vosean hablantes de las áreas rurales y urbanas, es uso arcaico y en recesión.

2.3.3. *Bolivia*

Se usa el tuteo en el habla culta. El voseo es propio de hablantes de zonas rurales y de las clases populares urbanas. La zona camba —norte y este del país— combina el voseo pronominal y el verbal de tipo rioplatense (*vos hablás*); la zona andina, en cambio, se caracteriza por la confusión de formas pronominales y verbales de tuteo y voseo (→ 2.2).

2.3.4. *América ecuatorial*

En el Ecuador, Colombia y Venezuela, el voseo no está generalizado: se circunscribe a áreas geográficas determinadas y, dentro de ellas, preferentemente a hablas rurales o a registros coloquiales o populares.

a) En el Ecuador se utiliza, alternando con el tuteo, en el área de la costa y de la sierra. En Esmeraldas, donde el voseo es general en todas las clases sociales, presenta mayor vitalidad que en el resto del país. En la zona costera es de tipo pronominal y verbal, con las terminaciones rioplatenses (*vos pensás*); en la sierra se mezclan las formas tuteantes y voseantes, y en zonas rurales se adoptan las terminaciones en *-í(s)* típicas del voseo chileno.

b) En Colombia, el dialecto costeño atlántico es netamente tuteante. En el resto del país —incluida la capital— coexisten tuteo y voseo, siendo este último predominante en Antioquia y toda la franja occidental situada entre el Pacífico y el río Cauca. En estas zonas occidentales el voseo presenta características similares a las del voseo centroamericano (→ 2.3.5a).

c) En Venezuela, la mayor parte del país es tuteante. Se vosea en algunos territorios andinos y en los estados de Zulia, Lara y Yaracuy. Excepto en Zulia, donde el voseo es un uso prestigioso presente en el habla culta, se trata de un fenómeno reducido a zonas rurales y a registros familiares. El voseo zuliano y el andino afectan tanto a los pronombres como al verbo, aunque presentan paradigmas diferentes (v. cuadro); en Lara y Yaracuy es solo verbal y con las terminaciones zulianas.

2.3.5. *América Central*

a) En Guatemala, El Salvador, Honduras, Nicaragua y Costa Rica, el voseo es un fenómeno general en todas las clases sociales. A excepción de Costa Rica, donde el tuteo connota pedantería, en el resto de los países citados las clases escolarizadas suelen utilizar un sistema ternario, en el que *vos* es el tratamiento familiar o de confianza, *tú* el tratamiento de formalidad intermedia y *usted* el tratamiento más formal. La modalidad más generalizada es la de voseo pronominal y verbal de tipo rioplatense, con algunas alteraciones —como las terminaciones en *-rés* del futuro en Guatemala, El Salvador y Honduras (v. cuadro) o el tuteo pronominal frecuente en Guatemala—.

b) Panamá es un país mayoritariamente tuteante; sin embargo, en el interior y en los límites con Costa Rica, las formas de tuteo alternan con las de voseo. La modalidad más frecuente es la que combina el voseo pronominal y el verbal diptongado (*vos cantáis*), aunque no son raras las vacilaciones.

2.3.6. *México*

Es un país tuteante. Solo en los estados surorientales de Tabasco y Chiapas se conservan formas voseantes en hablantes indígenas sin escolarizar y en el registro familiar de las personas cultas.

2.3.7. *Antillas*

El tuteo es general en la República Dominicana, Puerto Rico y Cuba, pero en el oriente cubano hay una pequeña franja voseante. Se trata del territorio comprendido entre Camagüey y Contramaestre y Baire, donde se mezclan formas pronominales y verbales voseantes en el habla de personas de escasa formación.

2.4. *Aceptación del voseo en la norma culta.* Las diversas modalidades voseantes gozan hoy de diferente estimación:

2.4.1. En líneas generales, la norma culta prefiere el tuteo en el Perú, Bolivia, América ecuatorial —excepción hecha de Zulia y la franja occidental colombiana—, Panamá, México y las Antillas. En estas zonas el voseo carece de prestigio y es indicador de escasa formación.

2.4.2. Salvo en Panamá (→ 2.4.1), el voseo de tipo rioplatense goza de total aceptación en la norma culta centroamericana, pero como fenómeno propio del habla familiar. El tuteo, en cambio, es la norma de prestigio y, por tanto, la recomendada en situaciones de formalidad intermedia.

En Nicaragua y en Costa Rica, donde se suele vosear al hablar, son más prestigiosas las formas de tuteo en la expresión escrita.

En Chile, el voseo verbal es aceptado en la norma culta, pero solo en situaciones de familiaridad; en situaciones de formalidad intermedia es más prestigioso el tuteo. Menos aceptación tiene, en cambio, el voseo pronominal.

2.4.3. En los países del Río de la Plata, el voseo goza de total aceptación en la norma culta, tanto en la lengua escrita como en la oral, y ha sido explícitamente reconocido como legítimo por la Academia Argentina de Letras. En lo que respecta al voseo culto rioplatense, debe tenerse en cuenta lo siguiente:

a) Se prefieren las formas verbales de tuteo en el pretérito perfecto simple o pretérito de indicativo (*comiste,* mejor que *comistes*) y en el presente de subjuntivo (*hagas,* mejor que *hagás*).

b) Son vulgares las terminaciones en *-ís* (⊗*comís* por *comés*).

c) Se usan *has, sos* (no ⊗*sós;* → TILDE², 1.2) y *vas* como formas de presente de indicativo de *haber, ser* e *ir*, respectivamente. No son propios de la norma culta los presentes ⊗*habés*, ⊗*habís*, ⊗*soi* ni ⊗*vai*.

d) En el imperativo, las formas del verbo *andar* (*andá, andate*) sustituyen a las de *ir*.

FORMAS DEL VOSEO VERBAL POR PAÍSES

PAÍS / TIEMPO VERBAL	PRESENTE DE INDICATIVO	PRETÉRITO IMPERFECTO DE INDICATIVO o COPRETÉRITO	PRETÉRITO PERFECTO SIMPLE o PRETÉRITO DE INDICATIVO	FUTURO DE INDICATIVO	PRESENTE DE SUBJUNTIVO	PRETÉRITO IMPERFECTO o PRETÉRITO DE SUBJUNTIVO	CONDICIONAL o POSPRETÉRITO	IMPERATIVO
ARGENTINA	cantás comés vivís		cantastes comistes vivistes [1]		cantés comás vivás [2]			cantá comé viví
PARAGUAY	cantás comés vivís		cantastes comistes vivistes [1]		cantés comás vivás [2]			cantá comé viví
URUGUAY	cantás comés vivís		cantastes comistes vivistes [7]		cantés comás vivás [2]			cantá comé viví
CHILE	cantái(s) comí(s) viví(s) [3]	cantabai(s) comíai(s) vivíai(s)	cantastes comistes vivistes [7]	cantarí(s) comerí(s) vivirí(s)	cantí(s) comái(s) vivái(s)	cantarai(s) comierai(s) vivierai(s)	cantaríai(s) comeríai(s) viviríai(s)	
PERÚ (Arequipa)	cantás comís vivís		cantastes comistes vivistes	cantarás comerás vivirís				cantá comé viví
BOLIVIA	cantáis/cantás coméis/comés vivís [3]				cantés comás vivás [4]			cantá comé viví [4]
ECUADOR	cantás/cantáis comés/comís vivís [5]			cantarís comerís vivirís [6]				cantá comé viví
COLOMBIA	cantás comés vivís		cantastes/cantates comistes/comites vivistes/vivites [7]	cantarés comerés vivirés [8]	cantés comás vivás			cantá comé viví
VENEZUELA	cantás/cantáis coméis/comés vivís [9]		cantastes/cantates comistes/comites vivistes/vivites [9]	cantaréis/cantarés comeréis/comerés viviréis/vivirés [9]				cantá comé viví [10]

TIEMPO VERBAL / PAÍS	PRESENTE DE INDICATIVO	PRETÉRITO IMPERFECTO DE INDICATIVO o COPRETÉRITO	PRETÉRITO PERFECTO SIMPLE o PRETÉRITO DE INDICATIVO	FUTURO DE INDICATIVO	PRESENTE DE SUBJUNTIVO	PRETÉRITO IMPERFECTO o PRETÉRITO DE SUBJUNTIVO	CONDICIONAL o POSPRETÉRITO	IMPERATIVO
GUATEMALA	cantás comés vivís		cantastes comistes vivistes [7]	cantarés comerés vivirés	cantés comás vivás [11]			cantá comé viví
EL SALVADOR	cantás comés vivís		cantastes comistes vivistes [7]	cantarés comerés vivirés	cantés comás vivás [11]			cantá comé viví
HONDURAS	cantás comés vivís		cantastes comistes vivistes [1]	cantarés comerés vivirés [8]	cantés comás vivás [11]			cantá comé viví
NICARAGUA	cantás comés vivís		cantastes comistes vivistes		cantés comás vivás			cantá comé viví
COSTA RICA	cantás comés vivís				cantés comás vivás			cantá comé viví
PANAMÁ	cantái(s) coméi(s) vivís							cantá comé viví [12]
MÉXICO (Chiapas y Tabasco)	cantás comés vivís			cantarés comerés vivirés				cantá comé viví
CUBA (Oriente)	cantái(s) coméi(s) vivís			cantaréi(s) comeréi(s) viviréi(s)				cantá comé viví

[1] Alternan en el uso con las formas de tuteo cantaste, comiste, viviste, únicas aceptadas en la norma culta.
[2] Alternan en el uso con las formas de tuteo cantés, comás, vivas, únicas aceptadas en la norma culta.
[3] La primera forma es la propia de la zona colla (oeste y sur del país); la segunda, de la zona camba (este y norte del país).
[4] Solo se emplean en la zona camba. En la zona colla se usan las formas de tuteo cantés, comas vivas (subjuntivo) y cantá, come, vive (imperativo).
[5] La primera forma es la propia de la costa y de Esmeraldas; la segunda, de la sierra.

[6] Solo se emplean en la sierra. En la costa y en Esmeraldas se usan las formas de tuteo cantará, comerá, vivirá.
[7] Alternan en el uso con las formas de tuteo cantaste, comiste, viviste.
[8] Alternan en el uso con las formas de tuteo cantarás, comerás, vivirás.
[9] La primera forma es zuliana; la segunda, andina. En el futuro andino alternan las formas de voseo en -rés y las de tuteo en -rás.
[10] Solo se emplean en Zulia. En la zona andina se usan las formas de tuteo canta, come, vive.
[11] Alternan en el uso con las formas de tuteo cantes, comas, vivas.
[12] Alternan en el uso con las formas de tuteo canta, come, vive.

vosotros -tras. 1. Pronombre personal tónico de segunda persona del plural: «*Vosotras no os enterabais de nada*» (Chacel *Barrio* [Esp. 1976]). Sobre los pronombres tónicos y su funcionamiento, → PRONOMBRES PERSONALES TÓNICOS. **2.** Frente a *ustedes* (→ usted), *vosotros* es la forma empleada en la mayor parte de España para el tratamiento informal; implica acercamiento a los interlocutores y se usa en contextos familiares, informales o de confianza. Esta forma pronominal, así como las formas verbales de segunda persona del plural que le corresponden (*calláis, bebíais, escribisteis, saldréis*, etc.), carecen de uso en América y en algunas áreas meridionales españolas, como Canarias y Andalucía occidental, donde para el tratamiento informal en plural se emplea *ustedes*.

votar. 1. Como intransitivo, dicho de una persona, 'dar su voto': «*Ahora los ciudadanos podrán votar correctamente*» (*Abc* [Par.] 27.10.96). A menudo se especifica el sentido del voto mediante un complemento introducido con *por, a favor de, contra* o *en contra de*: «*Apagué la tele y supe que nunca votaría POR él*» (Serrano *Vida* [Chile 1995]); «*Votamos A FAVOR DEL Tratado de Libre Comercio Canadá-Chile*» (*DAméricas* [EE. UU.] 12.5.97); «*Los miembros del partido oficial votaron EN CONTRA DE la propuesta*» (Gordon *Crisis* [Méx. 1989]). En España y en el español rioplatense, es habitual que, si el voto se da a una persona o partido, se construya como transitivo, con complemento directo: «*¿Piensa votar A Izquierda Unida? Ya LOS voté en las pasadas elecciones*» (*Cambio 16* [Esp.] 20.8.90); «*¿Por qué habría que votar A Cafiero y no A Pierri?*» (*Clarín* [Arg.] 12.1.97). **2.** Cuando significa 'someter [algo] a votación' y 'aprobar [algo] mediante votación', es transitivo: «*Yo propongo que votemos la proposición de don Melquiades: a ver, los que estén por enterrar las armas que levanten la mano*» (Santander *Milagro* [Méx. 1984]); «*En diciembre votaron el presupuesto para 1997*» (*Clarín* [Arg.] 7.1.97).

vox pópuli. Loc. lat. (pron. [bóks-pópuli]) que significa literalmente 'voz del pueblo'. Se emplea como locución nominal femenina con el sentido de 'rumor popular que corre en boca de todos': «*Dio por buena la vox pópuli que situaba obligatoriamente en octubre la celebración de las elecciones autonómicas*» (*País* [Esp.] 2.2.85). Normalmente se usa como atributo del verbo *ser*: «*Era vox pópuli que los votos apristas iban a favorecerlo*» (*Caretas* [Perú] 28.9.95).

voyerismo. → voyerista.

voyerista. Como alternativa al galicismo crudo *voyeur* ('persona que disfruta contemplando actitudes íntimas o eróticas de otros'), se recomienda usar en español el término *voyerista* (pron. [boyerísta]) —creado a partir de la voz francesa, pero de forma plenamente española—, que circula ya por varios países americanos y se documenta también en España: «*Además de necrófilo, eres un voyerista*» (Assad *Cenizas* [Col. 1989]). También puede usarse como adjetivo: «*Trabaja* [su mujer] *en un curioso prostíbulo voyerista*» (Cabrera *Cine* [Esp. 1999]). Con el sentido de 'actitud propia del voyerista' se emplea el término *voyerismo* (pron. [boyerísmo]): «*Ese es el pecado lamentable del voyerismo*» (Vallejo *Virgen* [Col. 1994]). Se desaconseja el uso de las grafías híbridas ⊗*voyeurismo* y ⊗*voyeurista*. Como equivalente coloquial existe en español el término *mirón*.

voyeur. → voyerista.

voz. ⊗*a voz de pronto.* → bote.

vudú. 'Conjunto de prácticas mágicas y religiosas de origen africano, que se conserva entre la población negra de las Antillas y del sur de los Estados Unidos': «*En los patios de las casas donde se practica el vudú, hubo llanto*» (*Excélsior* [Méx.] 23.4.96). Se usa también como adjetivo: «*César se estremeció, sintiéndose como la víctima de un conjuro vudú*» (Montero *Amo* [Esp. 1988]). Su plural es *vudús* o *vudúes* (→ PLURAL, 1c), con preferencia por la primera de estas formas. En algunos países de América *vudú* alterna con la variante *vodú*: «*Los cantos y bailes que se practican en las ceremonias de vodú*» (Orovio *Música* [Cuba 1990]).

vuelapluma. *a vuelapluma.* 'Muy deprisa, sin detenerse a meditar'. Aunque se refiere normalmente a la acción de escribir, puede usarse también con otros verbos: «*Estas letras, escritas a vuelapluma, deseo que sirvan de recuerdo a todos aquellos que aman a los perros*» (*País* [Esp.] 2.11.80); «*Destacaría, a vuelapluma, la delicadeza del encuentro del cura y la prostituta*» (Miranda *Palabras* [Ven. 1994]). Es preferible esta forma, hoy mayoritaria, a la grafía en tres palabras *a vuela pluma*.

vuelta. *dar (la) vuelta.* → dar(se), 18.

vulcanismo. 'Conjunto de fenómenos relacionados con los volcanes y su actividad': «*La ausencia de vulcanismo en esta etapa impidió que se borraran algunas estructuras*» (Fierro *Mundos* [Méx. 1997]). Menos frecuente, pero también válida, es la variante *volcanismo*: «*El volcanismo de estas islas es* [...] *de tipo basáltico*» (Banda/Torné *Geología* [Esp. 1997]).

W

w. 1. Vigesimosexta letra del abecedario español y vigesimotercera del orden latino internacional. Su nombre es femenino: *la uve doble.* En América existen otras denominaciones, como *ve doble, doble ve* y, en México y algunos países de Centroamérica, *doble u,* por calco del nombre inglés de esta letra (*double u*). Su plural es, según los casos, *uves dobles, ves dobles, dobles ves* o *dobles úes.* Puesto que el nombre recomendado para la letra *v* es *uve,* la denominación más recomendable para la letra *w* es *uve doble.*

2. Aparece en palabras de origen germánico, principalmente inglesas y alemanas, y en transcripciones al alfabeto latino de palabras procedentes de lenguas orientales. Representa dos sonidos diferentes, según los casos:

a) el sonido bilabial sonoro /b/ (→ b). La *w* se pronuncia como /b/ en determinados nombres propios de origen visigodo: *Wamba* [bámba], *Witiza* [bitísa, bitíza]; y en voces de origen alemán o derivadas de nombres propios alemanes: *wolframio* [bolfrámio], *wagneriano* [bagneriáno], *weimarés* [beimarés]. En los nombres propios alemanes puede pronunciarse, como en alemán, con sonido labiodental fricativo, pero lo normal es hacerlo con el sonido bilabial /b/, ya que el sonido labiodental no existe en español: *Wagner* [bágner o vágner], *Weimar* [béimar o véimar].

b) el sonido /u/ (→ u¹). La *w* se pronuncia como /u/ —o como /gu/, cuando forma diptongo con la vocal siguiente (→ u¹, 2)— en la mayoría de las palabras de origen inglés que conservan esta letra: *waterpolo* [guaterpólo], *hawaiano* [jaguaiáno, haguaiáno], *newton* [niúton], así como en las transcripciones de voces orientales, muchas de ellas incorporadas al español a través del inglés: *Taiwán* [taiguán].

3. En muchas palabras incorporadas desde hace tiempo al español, la *w* etimológica ha sido reemplazada por *v: vagón, vals, vatio;* en otras, alternan las dos grafías, como en *wolframio/volframio,* o existen dos variantes, una más próxima a la palabra de origen y otra adaptada, como *wellingtonia/velintonia.*

Wagadugu. → Uagadugú.

[⊛]**walkiria, *walkyria.*** → valquiria.

Wallis y Fortuna. → Wallis y Futuna.

Wallis y Futuna. Aunque el nombre de este territorio francés de ultramar ha sido reinterpretado en ocasiones como *Wallis y Fortuna,* se desaconseja esta forma, ya que el uso mayoritario y tradicional se inclina por la forma original *Futuna:* «El doctor Mabuse describe [...] ceremonias de iniciación heterosexual entre los indígenas de Wallis y Futuna» (*Triunfo* [Esp.] 9.7.77).

[⊛]**walón -na.** → valón.

[⊛]**walquiria.** → valquiria.

ⓦaltz. → vals.

wáter, *water-closet.* → váter.

waterpolo. Voz tomada del inglés *water polo,* 'deporte parecido al balonmano que se practica en una piscina'. Se pronuncia [guaterpólo]. En el español de América se abre paso el calco *polo acuático,* solución más recomendable que *waterpolo:* «Los lanzamientos del balonmano y del polo acuático responden a patrones comunes» (HdzCorvo *Morfología* [Cuba 1989]).

web. 1. Voz tomada del inglés *web* ('red, malla'; pron. [guéb]), que se usa en español con los sentidos siguientes:

a) Como sustantivo femenino, escrito con mayúscula inicial, designa, por abreviación de la expresión inglesa *World Wide Web,* el servicio de Internet que permite acceder a la información que ofrece esta red mundial de comunicaciones: «La Web constituye el mercado más grande del mundo» (*NProvincia* [Arg.] 18.2.97). Con este sentido es preferible usar la palabra española *Red,* con mayúscula inicial por tratarse de una antonomasia (→ MAYÚSCULAS, 4.27): «En la Red es fácil buscar, lo difícil es encontrar» (*Mundo* [Esp.] 6.7.97).

b) Como adjetivo significa 'de la Red o de Internet'. Se usa normalmente en la expresión *página web,* que significa 'documento de la Red, al que se accede mediante enlaces de hipertexto': «Otra página web servirá para cursar pedidos por correo electrónico» (*Mundo* [Esp.] 30.3.97); y, más frecuentemente, 'conjunto de páginas conexas pertenecientes a una entidad o referidas a un mismo tema, al que se accede mediante una dirección electrónica': «El Colegio Oficial de Médicos de Barcelona ha inaugurado recientemente una página web para facilitar el acceso directo a las fuentes de información» (*Mundo* [Esp.]

11.5.97). Pueden emplearse en su lugar, y son más recomendables, las denominaciones *página electrónica* (→ electrónico) y *ciberpágina* (→ ciber-): «*Cancún* [...] *contará con su propia página electrónica*» (*DYucatán* [Méx.] 1.9.96); «*La ciberpágina ha sido diseñada* [...] *con asesoramiento técnico especializado*» (*NEspaña@* [Esp.] 10.12.01). Para el último sentido indicado, se emplea también la expresión *sitio web*, traducción del inglés *web site*: «*En el sitio web del Frente Atlético se encuentran las letras de las canciones*» (*Mundo* [Esp.] 18.5.97). Se recomienda emplear, en su lugar, las expresiones *sitio electrónico* o *cibersitio;* también, si se refiere a una empresa o institución, *sede electrónica* o *cibersede.* Cuando este adjetivo se sustantiva, puede usarse en ambos géneros; en femenino (*la web*), si se sobrentiende el sustantivo femenino *página*: «*Podemos visitar la web del Gobierno de Navarra*» (*DNavarra* [Esp.] 5.5.99); en masculino (*el web*), si se sobrentiende el sustantivo masculino *sitio*: «*La dirección de Skinemedia, el web de Vail Reese, es: http://www.skinema.com/*» (*Mundo* [Esp.] 15.5.97).

2. Su plural, como sustantivo, es *webs* (→ PLURAL, 1h): «*Muchas 'webs' se ponen de luto*» (*Mundo* [Esp.] 20.6.97). Para los usos adjetivos, aunque es frecuente el plural invariable (*páginas web*), se recomienda también la forma *webs*: «*Para páginas webs solo hay traducción automática*» (*Mundo* [Esp.] 20.4.97).

weblog. → bitácora.

wéstern. Voz tomada del inglés *western,* 'género cinematográfico ambientado en la época de la conquista y colonización del Lejano Oeste' y 'película perteneciente a este género'. Se pronuncia [guéstern] (→ w, 2) y su plural es *wésterns* (→ PLURAL, 1j). Para el segundo sentido se recomienda usar con preferencia la locución española *película del Oeste:* «*Las viejas películas del Oeste siguen vivas*» (*Expreso* [Perú] 22.4.90).

West Virginia. → Virginia Occidental.

whiskey, whisky. → güisqui.

windsurf, windsurfing, windsurfista. → tablavela.

[⊗]**wisqui.** → güisqui.

[⊗]**wodka.** → vodka.

wólfram. → wolframio.

wolframio. 'Elemento químico también llamado tungsteno'. La forma *wolframio* es mayoritaria en el uso y, por ello, preferible; pero también son válidas las variantes *volframio* y *wólfram,* esta última muy poco usada. En las formas que conservan la *w* inicial del étimo germánico, esta consonante debe pronunciarse con el sonido bilabial /b/ (→ w, 2a): [bolfrámio, bólfram]. Su símbolo es *W* (→ APÉNDICE 3).

X

x. 1. Vigesimoséptima letra del abecedario español y vigesimocuarta del orden latino internacional. Su nombre es femenino: *la equis* (pl. *equis*).

2. Según el lugar que ocupe dentro de la palabra, representa sonidos diferentes:

a) En posición intervocálica o en final de palabra, representa la sucesión de dos sonidos: /k + s/ (en pronunciación enfática) o /g + s/ (en pronunciación relajada), como en *examen* [eksámen, egsámen], *exhibir* [eksibír, egsibír] o *relax* [rreláks, rrelágs]. Debe evitarse en el habla esmerada pronunciar la *x* intervocálica como simple /s/: ⊗[ésito], en lugar de [éksito o égsito], por *éxito*.

b) En posición inicial de palabra, representa el sonido /s/: *xilófono* [silófono], *xenofobia* [senofóbia].

c) En posición final de sílaba seguida de consonante, se pronuncia como /ks/ o /gs/ en el español de América: *excusa* [ekskúsa, egskúsa], *extremo* [ekstrémo, egstrémo]; pero en España, aunque la pronunciación culta enfática coincide con la americana, la pronunciación más generalizada es /s/: *exponer* [esponér], *exfoliante* [esfoliánte].

3. En la Edad Media, la grafía *x* representaba un sonido palatal fricativo sordo, cuya pronunciación era muy similar a la de la *sh* inglesa o la *ch* francesa actuales. Así, palabras como *dixo* (hoy *dijo*) o *traxo* (hoy *trajo*) se pronunciaban [dísho] o [trásho] (donde [sh] representa un sonido parecido al que emitimos cuando queremos imponer silencio). Este sonido arcaico se conserva en el español de México y de otras zonas de América en palabras de origen náhuatl, como *Xola* [shóla] o *mixiote* [mishióte] (no en *Xochimilco*, en donde la *x* suena como /s/), y en la pronunciación arcaizante de ciertos apellidos que conservan su forma gráfica antigua, como *Ximénez* o *Mexía*.

4. El sonido medieval antes descrito (→ 3) evolucionó a partir del siglo XVI hasta convertirse en el sonido velar fricativo sordo /j/, que en la escritura moderna se representa con las letras *j* o *g* (ante *e, i*) (→ j y g, 2.2). No obstante, la grafía arcaica con *x* se conserva hoy en varios topónimos americanos, como *México, Oaxaca, Texas* (→ México, Oaxaca, Texas), con sus respectivos derivados *mexicano, oaxaqueño, texano*, etc., y en variantes americanas de algunos nombres propios de persona, como *Ximena*, o apellidos como los anteriormente citados (→ 3). No debe olvidarse que la pronunciación correcta de estas voces es con sonido /j/ ([méjiko], [oajáka], [téjas], [jiména]), y no con sonido /ks/ (⊗[méksiko], ⊗[oaksáka], ⊗[téksas], ⊗[ksiména]). También quedan restos de esta *x* arcaica en algunos topónimos españoles que hoy se pronuncian corrientemente con sonido [k + s], como *Almorox, Borox, Guadix* y *Sax*. Sus gentilicios respectivos (*almorojano, borojeño, guadijeño* y *sajeño*) demuestran que, en su origen, la *x* que contienen se pronunciaba /j/.

5. Para la división a final de línea de palabras que contienen la letra *x*, → GUION² o GUIÓN, 2.5.

xerófito -ta o **xerofito -ta.** → -fito.

xeroftalmia o **xeroftalmía.** → oftalmia u oftalmía.

Xianggang. → Hong Kong.

xilofón. → xilófono.

xilófono. 'Instrumento musical de percusión'. Junto a *xilófono*, mayoritaria en el uso y, por ello, preferible, existe también, y es válida, la forma *xilofón*, de probable influjo francés.

Xochimilco. Nombre de esta delegación del Distrito Federal, situada al sur de la ciudad de México: «*Isabel había regresado a casa embargada por el húmedo olor de los puestos de flores de Xochimilco*» (Pombo *Ventana* [Esp. 2004]). Aunque se pronuncia [sochimílko], no debe trasladarse esta pronunciación a la escritura: ⊗*Sochimilco*.

y

y¹. 1. Vigesimoctava letra del abecedario español y vigesimoquinta del orden latino internacional. Su nombre es femenino: *la i griega* (más raro, *ye*); su plural es *íes griegas* (o *yes*).

2. Representa dos sonidos distintos:

a) En posición inicial de palabra o de sílaba representa el sonido consonántico palatal central sonoro /y/. Este mismo sonido puede representarlo el grupo gráfico *hi-* en posición inicial de palabra seguido de *e* (→ h, 4) o la letra *i* en esta misma posición, seguida de *a, o* (→ i, 3). Además, en casi todo el mundo hispánico el dígrafo *ll* se pronuncia como /y/ (→ ll), fenómeno que se conoce con el nombre de «yeísmo» (→ YEÍSMO).

b) En otros casos, la letra *y* representa el sonido vocálico /i/ (→ i, 5).

3. Aunque en posición final de palabra la letra *y* se pronuncia /i/, se considera siempre una consonante a efectos de acentuación gráfica (→ TILDE², 1.1.1 y 1.1.2).

y². 1. Conjunción copulativa. Toma la forma *e* ante palabras que empiezan por el sonido /i/: *Eres único e irrepetible; Necesito aguja e hilo.* Existen las siguientes excepciones:

a) Cuando al sonido /i/ le sigue una vocal con la que forma diptongo: *La mesa es de madera y hierro* (no ⊗*de madera e hierro*).

b) Cuando la conjunción se hace tónica y adquiere un valor adverbial en oraciones interrogativas: *¿Y Inés?* [= ¿Dónde está Inés?].

2. Hay palabras, como *hiato* o *ion*, que pueden articularse con hiato ([i - á - to], [i - ón]) o con diptongo ([yá - to], [yón]). De ahí que sea válido el uso de *e* (si se articulan con hiato) o de *y* (si se articulan con diptongo) delante de estas voces: *diptongo e hiato* o *diptongo y hiato; moléculas e iones* o *moléculas y iones.*

3. y/o. Hoy es frecuente el empleo conjunto de las conjunciones copulativa y disyuntiva separadas por una barra oblicua, calco del inglés *and/or*, con la intención de hacer explícita la posibilidad de elegir entre la suma o la alternativa de dos opciones: *Se necesitan traductores de inglés y/o francés.* Se olvida que la conjunción *o* puede expresar en español ambos valores conjuntamente (→ o², 1). Se desaconseja, pues, el uso de esta fórmula, salvo que resulte imprescindible para evitar ambi-

güedades en contextos muy técnicos. Si la palabra que sigue comienza por *o*, debe escribirse *y/u*.

yacente. → yacer, 2.

yacer. 1. Dicho de una persona, 'estar echada o tendida en un lugar' y 'tener relaciones sexuales con alguien'. Verbo irregular: v. conjugación modelo (→ APÉNDICE 1, n.º 62). De las tres formas admitidas para la primera persona del presente de indicativo (*yazco, yazgo, yago*) y para todo el presente de subjuntivo (*yazca, yazga, yaga; yazcas, yazgas, yagas,* etc.), son preferibles, por ser las más usuales, las formas con *-zc-: yazco, yazca, yazcas,* etc.

2. El adjetivo correspondiente es *yacente* ('que yace'), que procede del latín *iacens, -entis* (participio de presente de *iacere*). Igualmente válida, aunque menos usada, es la variante *yaciente*.

yacht. → yate.

yaciente. → yacer, 2.

yacusi. Adaptación gráfica propuesta para la voz inglesa *jacuzzi*, 'bañera dotada de un sistema para hidromasaje': *«Nos bañábamos en el yacusi y luego nos íbamos a la cama»* (Beccaria *Mujer* [Esp. 2004] 182). Su plural es *yacusis* (→ PLURAL, 1a). Se trata en origen de una marca registrada, que procede del apellido de quienes inventaron y comercializaron este sistema. El anglicismo puede también sustituirse por el equivalente español *(bañera de) hidromasaje: «Cuentan también* [los cuartos de baño] *con bañeras de hidromasaje»* (Clarín [Arg.] 3.7.87); *«Subieron a la habitación 602, una suite con hidromasaje»* (Clarín [Arg.] 12.3.97).

yacuto -ta. → Sajá.

yaguar, yaguareté. → jaguar.

yak. 'Bóvido tibetano lanudo y de gran envergadura'. Su plural es *yaks* (→ PLURAL, 1h).

Yakarta. Forma adaptada a la ortografía y pronunciación españolas del nombre de la capital de Indonesia: *«Según la cónsul de Colombia en Yakarta, la bebé era miembro de una familia de apellido Barona»* (Heraldo [Col.] 31.12.04). No deben usarse en español las grafías *Djakarta* ni *Jakarta*, propias de otras lenguas como el francés o el inglés.

Yakutia, yakuto -ta. → Sajá.

Yamoussoukro. → Yamusukro.

Yamusukro. Forma adaptada a la ortografía y pronunciación españolas del nombre de la actual capital de Costa de Marfil: «*En Yamusukro, Buaké y Abiyán* [...] *hay buenos hoteles*» (*Mundo*@ [Esp.] 31.1.00). No debe usarse en español la grafía *Yamoussoukro*.

Yangon, Yangón. → Rangún.

Yangtsé. Forma tradicional española del nombre del río que desemboca en el mar oriental de China. Por ser transcripción de una lengua que utiliza un alfabeto no latino, debe someterse a las reglas de acentuación y escribirse con tilde por ser palabra aguda acabada en vocal (→ TILDE², 1.1.1 y 6.2): «*El agua del Yangtsé llegará a los grifos de Pekín en 2010*» (*País* [Esp.] 2.1.03). El nombre *Chang Jiang* es el resultado de la transcripción de los caracteres chinos al alfabeto latino según el sistema «pinyin», desarrollado en China a partir de 1958 con el fin de unificar los diversos sistemas aplicados por distintos países; no obstante, se recomienda seguir usando en español la forma tradicional.

yankee, ⊗yanki. → yanqui.

yanomami. 'De un pueblo indígena que habita la región del Alto Orinoco': «*Se ha notificado la presencia de nuevos casos de malaria en una comunidad yanomami*» (*Universal* [Ven.] 27.10.96). Referido a persona, se usa frecuentemente como sustantivo: *los yanomamis*. No debe permanecer invariable en plural (→ PLURAL, 2.2): ⊗*los yanomami*. Existe también la variante *yanomani*, de uso minoritario.

yanomani. → yanomami.

yanqui. Adaptación de la voz inglesa *yankee*, adjetivo que significaba, originariamente, 'de Nueva Inglaterra, zona del noreste de los Estados Unidos'. Hoy se usa coloquialmente en español como sinónimo de *estadounidense*: «*Este es un espía yanqui al que vamos a fusilar*» (Paso *Palinuro* [Méx. 1977]). Se desaconseja, por minoritaria, la grafía ⊗*yanki*.

Yaoundé. → Yaundé.

yarará. 'Serpiente venenosa argentina'. Su plural es *yararás* (→ PLURAL, 1b).

yate. Adaptación asentada de la voz inglesa *yacht*, 'embarcación de gala o de recreo': «*Parecía un instructor de tenis, o el encargado de un yate de lujo*» (Fogwill *Cantos* [Arg. 1998]).

Yaundé. Forma adaptada a la ortografía y pronunciación españolas del nombre de la capital de Camerún: «*El mismo Habré anunció ayer en la capital de Camerún, Yaundé,* [...] *que "el combate continuará"*» (*País* [Esp.] 17.12.80). No debe usarse en español la forma francesa *Yaoundé*.

yedra. → hiedra.

YEÍSMO. Consiste en pronunciar como /y/, en sus distintas variedades regionales, el dígrafo *ll* (→ ll): [kabáyo] por *caballo*, [yéno] por *lleno*. El yeísmo está extendido en amplias zonas de España y de América y, aunque quedan aún lugares en que pervive la distinción en la pronunciación de *ll* e *y*, es prácticamente general entre los jóvenes, incluso entre los de regiones tradicionalmente distinguidoras. Su presencia en amplias zonas, así como su creciente expansión, hacen del yeísmo un fenómeno aceptado en la norma culta.

Yekaterinburg, ⊗Yekaterinburgo. → Ekaterimburgo.

yen. 'Unidad monetaria de Japón'. Es voz masculina. Su plural es *yenes* (→ PLURAL, 1g), no ⊗*yens*.

Yenín. Forma adaptada a la ortografía y pronunciación españolas del nombre de esta ciudad de Cisjordania: «*Unos meses después de la caída de las torres, Israel bombardeó Yenín*» (Galeano *Bocas* [Ur. 2004]). No debe usarse en español la grafía inglesa *Jenin*.

yerba. → hierba.

Yerba. Forma española del nombre de esta isla de Túnez: «*Fueron los autores del atentado cometido en una sinagoga de la isla de Yerba (Túnez)*» (*Granma*@ [Cuba] 24.6.02). No debe usarse en español la grafía francesa *Djerba*.

yerbabuena. → hierbabuena.

yerbaluisa. → hierbaluisa.

Yerevan, ⊗Yereván. → Ereván.

yerna. → nuera.

yerno. Término usado en la lengua general culta para referirse al marido de la hija de una persona: «*Lo consideraban el yerno perfecto*» (Allende *Eva* [Chile 1987]); no obstante, en el habla coloquial y popular de algunos países de América y de algunas regiones españolas, se usa a veces, con este sentido, la voz *nuero*, formada a partir de *nuera* (→ nuera), femenino heterónimo de *yerno*: «*Un comerciante parisino invita a su familia y a su futuro nuero* [...] *a pasar un día en el campo*» (LpzNavarro *Clásicos* [Chile 1996]); es uso que debe evitarse en el habla culta formal.

yerro. 'Error o equivocación': «*Saúl no era culpable de sus yerros*» (Cuauhtémoc *Grito* [Méx. 1992]). Procede del verbo *errar* (→ errar). No es válida esta grafía como variante de *hierro* ('metal'; → hierro).

yérsey, yersi. → jersey.

Yibuti. Forma adaptada a la ortografía y pronunciación españolas del nombre de este país de África y de su capital: «*Francia justificó el envío de tropas a Benín* [...] *y a Yibuti por su deseo de proteger a sus ciudadanos*» (*Tiempo* [Col.] 1.12.91). No debe usarse en español la grafía francesa *Djibouti*. En español está asentada la pronunciación llana [yibúti], por lo que no es válida la forma aguda ⊗*Yibutí* para el topónimo. El gentilicio recomendado es *yibutiano*, aunque también se emplean las formas *yibutiense* y *yibutí* (pl. culto *yibutíes;* → PLURAL, 1c).

yibutí, yibutiano -na, yibutiense. → Yibuti.

yiddish. → yidis.

yidis. Adaptación gráfica propuesta para la voz inglesa *yiddish* —adaptada, a su vez, del adjetivo alemán *jüdisch* ('judío')—, que designa el dialecto altoalemán hablado por los judíos originarios de la Europa central y oriental, que se escribe en caracteres hebreos: «*El yidis es el idioma que hablaron los judíos*» (Moreno *Lenguas* [Esp. 1990] 32). Deben evitarse grafías híbridas como ⊗*yidish* o ⊗*yídish,* que no son ni inglesas ni españolas.

yin. → vaquero, 2.

yincana. Adaptación gráfica de la voz anglo-hindú *gymkhana,* 'conjunto de pruebas de destreza o ingenio que se realiza por equipos a lo largo de un recorrido, normalmente al aire libre y con finalidad lúdica': «*Los chicos podrán disfrutar de juegos inflables, la ciudad de hierro, yincana y concursos*» (País@ [Col.] 24.4.04). Deben evitarse otras grafías que no se ajustan a su pronunciación, como ⊗*gincana,* ⊗*gymkana,* ⊗*gimkana,* etc. Es voz femenina: *la yincana.*

yip. → todoterreno, 2.

yo. 1. Pronombre personal tónico de primera persona del singular: «*¿Mi nombre? Yo me llamo Manuel José*» (Barnet *Gallego* [Cuba 1981]). Por razones de cortesía, es costumbre colocarlo en último lugar cuando forma parte de una enumeración: «*Andrés, Quique y yo caminábamos entre las tumbas*» (GaRamis *Días* [P. Rico 1986]); no hay, sin embargo, justificación lingüística para censurar su anteposición: «*Te querrán tanto como yo y Leonardo D'Amaro te hemos querido*» (Alegre *Locus* [Esp. 1989]). Sobre los pronombres tónicos y su funcionamiento, → PRONOMBRES PERSONALES TÓNICOS.

2. Se emplea también como sustantivo que designa la propia personalidad individual. Su plural es *yos* o *yoes* (→ PLURAL, 1b): «*Son tantos los yos que en mí murieron*» (Tusquets *Mar* [Esp. 1978]); «*Esta participación significa, por un lado, un trascender del yo hacia la instancia suprema, pero también un trascender hacia los demás yoes*» (Aisenson *Cuerpo* [Méx. 1981]).

3. *entre tú y yo.* → entre, 1.

4. *yo que tú.* → que, 2.2.5.

5. *yo soy de los que* + verbo. → CONCORDANCIA, 4.12.

6. *yo soy el que* (o *quien*) + verbo. → CONCORDANCIA, 4.13.

yodo. 'Elemento químico no metal usado en medicina como desinfectante': «*En la alforja traigo un poco de yodo y gasas*» (Chao *Altos* [Méx. 1991]). Debe preferirse esta grafía a la variante *iodo,* más cercana a la etimología, pero menos frecuente en el uso. Lo mismo cabe decir de sus derivados: *yodado, yoduro,* mejor que *iodado, ioduro.*

yoga. 'Disciplina físico-mental originaria de la India, encaminada a lograr la perfección espiritual'. Es masculino: *el yoga.*

yoghourt, yoghurt, yogourt. → yogur.

yogur. Adaptación española de la voz de origen turco que designa cierto producto lácteo que se obtiene de la leche fermentada: «*Te tomas un flan y yo me tomo un yogur*» (Belbel *Caricias* [Esp. 1991]). Su plural es *yogures* (→ PLURAL, 1g): «*Hay yogures desnatados con mucha azúcar añadida*» (Muy Interesante [Esp.] 8.97). Deben evitarse las grafías *yoghourt, yogourt, yoghurt* y *yogurt,* poco acordes con el sistema gráfico español y que son las usadas en otras lenguas como el francés o el inglés.

yogurt. → yogur.

yonqui. Adaptación gráfica de la voz inglesa *junkie* o *junky,* que se usa en España, en la jerga de la droga, para designar a la persona adicta a la heroína. Es común en cuanto al género (*el/la yonqui;* → GÉNERO², 1a y 3d): «*Una yonqui y un "camello" de medio pelo roban nueve kilos de heroína*» (Vanguardia [Esp.] 30.6.95). Se desaconseja, por minoritaria, la adaptación ⊗*yonki.*

⊗*yoquei.* → yóquey.

yoqueta. 'Mujer que monta caballos de carreras'. Se propone esta forma como adaptación al español de la voz inglesa *jockette,* femenino ocasional de *jockey.* Esta voz tiene cierta difusión en los países del Cono Sur, si bien casi siempre con la grafía semiadaptada ⊗*jocketa,* que no es ni inglesa ni española. Se recomienda, por ello, la adaptación *yoqueta,* que refleja adecuadamente su pronunciación y se acomoda al sistema gráfico del español. Para referirse a la mujer que monta a caballo de modo profesional existen otras posibilidades expresivas, como *la yóquey* o *la yoqui* (→ yóquey) y *la jinete* o *la amazona* (→ jinete), que tienen la ventaja, frente a *yoqueta,* de no circunscribirse a un área concreta del ámbito hispánico.

yóquey. 1. Adaptación de la voz inglesa *jockey,* 'jinete profesional': «*El gran enemigo de Helissio —montado por el yóquey tejano afincado en Francia, Cash Admusen— es Singspiel*» (País [Esp.] 26.7.97). Es común en cuanto al género (→ GÉNERO², 1a): *el/la yóquey.* Su plural es *yoqueis* (→ PLURAL, 1d). No debe escribirse ⊗*yoquei.* Existe también, aunque se usa poco, la variante admitida *yoqui* (pl. *yoquis*).

Aunque se admite el uso del anglicismo, es siempre preferible usar el equivalente español *jinete* (→ jinete).

2. No debe confundirse con *jóquey,* adaptación propuesta para la voz inglesa *hockey* ('deporte en el que una pelota o un disco se golpean con un bastón'; → jóquey).

yoqui. → yóquey.

yudo. Voz de origen japonés que designa un sistema de lucha sin armas que hoy se practica como deporte: «*A mí me hacían bien las prácticas de yudo*» (Fogwill *Cantos* [Arg. 1998]). Por influjo de la grafía inglesa y francesa de esta voz, está más extendida en la escritura la forma *judo,* que, sin embargo, suele pronunciarse [yúdo]. Debe evitarse esta discordancia entre grafía y pronunciación: quien escriba *judo* debe pronunciar [júdo] y quien diga [yúdo] debe escribir *yudo.* Lo mismo cabe señalar con respecto a los derivados *yudoca* y *judoca,* usados para designar a quien practica este deporte. Se desaconsejan, por minoritarias, las grafías respectivas con -*k-,* ⊗*yudoka* y ⊗*judoka.*

yudoca. → yudo.

Yugoeslavia, yugoeslavo -va. → Yugoslavia.

Yugoslavia. El nombre de esta antigua nación de Europa tiene dos formas igualmente válidas, *Yugoslavia* y *Yugoeslavia.* Es preferible la primera, tanto por su mayor frecuencia de uso como por su más sencilla articulación. Lo mismo cabe decir de las formas respectivas del gentilicio: *yugoslavo* (preferible) y *yugoeslavo.*

yugoslavo -va. → Yugoslavia.

yunque. 'Prisma de hierro para trabajar los metales a martillo'. En el español culto actual es solo masculino: «*El herrero golpea con el mazo en el yunque*» (Perucho *Dietario* [Esp. 1985]).

yuxtaponer(se). 1. 'Poner(se) una cosa junto a otra'. Verbo irregular: se conjuga como *poner* (→ APÉNDICE 1, n.° 47). El imperativo singular es *yuxtapón* (tú) y *yuxtaponé* (vos), y no ⊗*yuxtapone.*

2. Si no se emplea en construcción recíproca, lleva un complemento precedido de *a:* «*Las escenas se yuxtaponen en vez de fluir*» (VLlosa *Verdad* [Perú 2002]); «*Unas imágenes se yuxtaponen A otras*» (Hernández *Secreter* [Esp. 1995]).

z

z. 1. Vigesimonovena y última letra del abecedario español, y vigesimosexta del orden latino internacional. Su nombre es femenino: *la zeta* (la variante *zeda* ha caído en desuso). Se desaconseja la grafía ⊛*ceta*, antes considerada válida, y se opta por *zeta* (pl. *zetas*), por incluir esta última en su forma la letra designada.

2. Representa dos sonidos consonánticos distintos, según las zonas:

a) En las hablas del centro, norte y este de España representa el sonido interdental fricativo sordo /z/: *zapato,* pron. [zapáto].

b) En las hablas del suroeste peninsular, en Canarias y en toda Hispanoamérica representa el sonido predorsal fricativo sordo /s/: *zapato,* pron. [sapáto] (→ s, 2b). Este fenómeno recibe el nombre de «seseo» (→ SESEO).

3. Se escribe *z* para representar estos sonidos ante las vocales *a, o, u* (*plaza, zona, azúcar*) y en posición final de sílaba o de palabra (*hazmerreír, azteca, paz*). También puede aparecer, por razones normalmente etimológicas, ante las vocales *e, i* (*zeugma, nazi, zepelín, zigurat*), posición en la que, en palabras españolas, lo normal es escribir *c* (→ c, 2.2).

zábila. → sábila.

zaherir. 'Decir o hacer algo [a alguien] con lo que se sienta humillado o mortificado'. Verbo irregular: se conjuga como *sentir* (→ APÉNDICE 1, n.º 53).

zahína. 'Sorgo' y, en plural, 'gachas': «*Estas* [las gachas] *son conocidas bajo los más variados nombres; por ejemplo:* [...] *puches, farrapes, poleadas, zahínas*» (Olivas *Cocina* [Perú 1996]). Es voz femenina. Se escribe con *h* intercalada, a diferencia del adjetivo *zaína* ('falsa o traidora' y 'de pelaje oscuro sin mezcla'; → zaino o zaíno).

⊛zahino -na o **⊛zahíno -na.** → zaino o zaíno.

zahorí. 'Persona con la facultad de descubrir lo oculto, especialmente agua' y, por extensión, 'persona perspicaz'. Su plural es *zahoríes* o *zahorís* (→ PLURAL, 1c).

zaino -na o **zaíno -na.** Existen dos adjetivos con esta forma, ambos procedentes del árabe: uno de ellos significa 'falso o traidor'; el otro, '[animal equino o vacuno] de pelaje oscuro, especialmente negro, sin mezcla de otro color'. En ambos casos se documentan dos acentuaciones válidas: *zaino* [sái - no, zái - no], con diptongo entre las vocales en contacto, que es la forma preferida en América; y *zaíno* [sa - í - no, za - í - no], con hiato en lugar de diptongo, que es la acentuación mayoritaria en España. Con este sentido no se admiten las grafías con *-h-,* ⊛*zahino,* ⊛*zahíno,* quizá debidas al cruce con *zahína* ('sorgo'; → zahína). En áreas de seseo, no debe confundirse este adjetivo con el sustantivo *saíno* ('especie de jabalí sudamericano'; → saíno).

zamba. → samba, 2.

zambullir(se). 'Meter(se) debajo del agua con ímpetu'. Verbo irregular: se conjuga como *mullir* (→ APÉNDICE 1, n.º 42).

zanfona. → zanfoña.

zanfoña. 'Instrumento musical de cuerda'. Algo menos frecuente, pero igualmente válida, es la variante *zanfona*.

zapear. → zapeo.

zapeo. Sustantivo propuesto en sustitución de la voz inglesa *zapping,* 'acción de cambiar reiteradamente de canal de televisión por medio del mando a distancia': «*Hay páginas* [de la novela] *que revelan* [...] *una innegable destreza para la caricatura —como en la escena del zapeo televisivo—*» (*Abc* [Esp.] 16.2.96). Aunque sigue siendo mayoritario el uso del anglicismo, se recomienda sustituirlo por esta adaptación, que simplifica la doble consonante y sustituye el sufijo inglés *-ing* por *-eo,* que en español sirve para formar, a partir de verbos, sustantivos que designan acción y efecto, como *abucheo, bombeo, regateo,* etc. Asimismo, se recomienda usar el verbo *zapear* en lugar de la locución *hacer zapping:* «*Permanezcan atentos a la imagen. No zapeen, que está feo*» (*País* [Esp.] 9.10.97); «*Se va zapeando de canal en canal, lanzando una rápida mirada al mundo*» (Carbonell *Televisión* [Esp. 1992]).

zapping. → zapeo.

zarda. Adaptación gráfica propuesta para la voz húngara *csárdás,* 'danza popular de Hungría, que consta de un movimiento lento seguido de otro de ritmo muy vivo'. Aunque la voz húngara se pronuncia [chárdas], su escritura en la mayoría de las lenguas europeas con la grafía eslava *czardas* —que el español adoptó sin la *-s* final, dando lugar al singular antietimológico *czarda*—, explica la pronunciación corriente [zárda] (o [sárda], en zonas de seseo), tomada como base para la adaptación. Debe evitarse el uso de la grafía ⊗*czarda*, que no es ni húngara ni española.

zarévich. Adaptación gráfica de *tsarevich,* voz rusa que significa 'hijo primogénito del zar reinante'. En español debe escribirse con tilde por ser palabra llana acabada en consonante distinta de *-n* o *-s* (→ TILDE², 1.1.2): «*El zarévich Alexis había heredado la hemofilia*» (*Proceso* [Méx.] 20.10.96). Son incorrectas grafías como ⊗*zarévitz* o ⊗*zarévitch*. Es invariable en plural (→ PLURAL, 1i): *los zarévich.*

⊗**zebra.** → cebra.

zeda. → z, 1.

zéjel. 'Composición estrófica medieval de origen árabe': «*Un poeta hispanomusulmán* [...] *fue inventor del zéjel*» (NTomás *Métrica* [Esp. 1956]). Es voz llana y debe llevar tilde por terminar en consonante distinta de *-n* o *-s* (→ TILDE², 1.1.2). Su plural es *zéjeles* (→ PLURAL, 1g). Por razones etimológicas, se escribe con *z* ante *e* (→ c, 2.2) y no se considera válida la grafía ⊗*céjel.*

Zelanda. Provincia de los Países Bajos. Esta forma, única usada en España, alterna en el español de América con *Zelandia,* igualmente válida: «*El dedo recorría las provincias: Frisia, Holanda, Zelanda, Brabante, Flandes*» (UPietri *Visita* [Ven. 1990]); «*Cruzamos el canal entre el Schelde y el Rhin hacia Zelandia*» (*Nacional* [Ven.] 12.1.97). Las grafías con la *z* etimológica (del neerl. *Zeeland* 'país o tierra del mar') están plenamente asentadas, por lo que se desaconsejan las adaptaciones ⊗*Celanda* y ⊗*Celandia.* El gentilicio es *zelandés,* no ⊗*celandés.*

zelandés -sa, Zelandia. → Zelanda.

zelota. → zelote.

zelote. 'Miembro de un grupo integrista judío que en tiempos de Jesucristo preconizaba la independencia de este pueblo con respecto a Roma'. Esta es la grafía mayoritaria y más cercana a la etimología (del lat. *zelotes,* y este del gr. *zēlōtḗs*): «*Jesús era uno de miles, y su doctrina tiene puntos de contacto con la de los esenios, los baptistas y los zelotes*» (Martínez *Vuelo* [Arg. 2002]). También es válida, aunque menos frecuente, la variante *zelota:* «*Los zelotas eran contrarios a cualquier potencia extranjera*» (DzVelasco *Hombres* [Esp. 1995]). Se desaconsejan, por minoritarias y antietimológicas (→ z, 3 y c, 2.2), las grafías con *c-:* ⊗*celote,* ⊗*celota.*

zenit o **zénit.** → cenit o cénit.

zeta. → z, 1.

zeugma. 'Figura retórica que consiste en que un elemento explícito en una parte del enunciado debe sobrentenderse, a veces con sentido diferente, en otras partes de ese enunciado o en enunciados contiguos'; por ejemplo: «*Y con volverse a salir del aposento mi doncella* [doncella = criada], *yo dejé de serlo* [doncella = mujer virgen]» (Cervantes *Quijote* I [Esp. 1605]). Por razones etimológicas, se escribe con *z* ante *e* (→ c, 2.2) y no se considera válida la grafía ⊗*ceugma.*

zigoto. → cigoto.

zigurat. Adaptación gráfica de la voz acadia *ziggurat,* 'torre escalonada y piramidal, característica de la arquitectura religiosa asiria y caldea'. Su plural es *zigurats* (→ PLURAL, 1h): «*Solo ha podido comprender el significado de los zigurats de Mesopotamia recorriendo la Calzada de los Muertos en una noche de luna*» (Carrillo *Pintura* [Méx. 1981]). Por razones etimológicas, se escribe con *z* ante *i* (→ c, 2.2) y no se considera válida la grafía ⊗*cigurat.*

zigzag. 'Línea que en su desarrollo forma ángulos alternativos, entrantes y salientes'. Su plural es *zigzags* (→ PLURAL, 1h): «*Para andar por él había que hacer zigzags entre los montones de libros*» (Alba *Pájaro* [Esp. 1975]). Se desaconseja su escritura en dos palabras o con guion intermedio: ⊗*zig zag,* ⊗*zig-zag.* La variante *ziszás* ha caído en desuso.

Zimbabue. Forma adaptada a la ortografía y pronunciación españolas del nombre de este país de África: «*Por vez primera desfiló el equipo olímpico de Zimbabue*» (*País* [Esp.] 20.7.80). Se desaconseja el uso en español de la grafía inglesa *Zimbabwe.* El gentilicio es *zimbabuense:* «*Pidió al presidente zimbabuense* [...] *que actúe como mediador*» (*Mundo* [Esp.] 10.11.04).

zimbabuense, Zimbabwe. → Zimbabue.

zinc. → cinc.

zíngaro -ra. → cíngaro.

zíper. Adaptación gráfica propuesta para la voz del inglés norteamericano *zipper,* 'cierre con un cursor metálico': «*Se atascó el larguísimo zíper que tenía en la espalda el vestido de Estefanía*» (Paso *Palinuro* [Méx. 1977]). Es voz muy frecuente en el español de México, Centroamérica y las Antillas. Su plural debe ser *zíperes* (→ PLURAL, 1g). Sobre el uso de *z* ante *i,* → c, 2.2. Por su extensión en las zonas señaladas, se considera aceptable el uso del anglicismo adaptado, aunque no deben olvidarse otras denominaciones más tradicionales en el español americano como *cierre* o *cierre relámpago.* En España se usa la voz *cremallera,* adaptación del francés *crémaillère,* incorporada al español a finales del siglo XIX.

zipizape. 'Barullo causado por un enfrentamiento o riña': «¡*Santa María, el zipizape que se armaría con el abandono masivo de los estrados!*» (*Tiempos* [Bol.] 30.12.96). Debe escribirse en una sola palabra y sin guion intermedio: ⊗*zipi zape,* ⊗*zipi-zape.*

zipper. → zíper.

zircón. → circón.

zirconio. → circonio.

zirconita. → circonita.

ziszás. → zigzag.

⊗**zloti,** *zloty.* → esloti.

zodíaco o **zodiaco. 1.** 'Zona celeste que contiene las doce constelaciones o signos'. En este sentido se escribe con mayúscula inicial: «*Ese registro queda asegurado por medio de las diversas combinaciones planetarias y sus posiciones en el Zodíaco*» (Parodi *Astrología* [Arg. 1996]). Cuando significa 'círculo dividido en sectores con el que se representa gráficamente esta zona', se escribe con minúscula: «*El zodíaco del palacio omeya* [...] *parece ser una copia de una proyección estereográfica de una esfera celeste de origen helénico*» (Samsó *Instrumentos* [Esp. 1981]).
2. Sobre el uso de la grafía con o sin tilde, → -íaco o -iaco.

zombi. Voz de origen africano occidental, introducida en español a través del inglés, que significa 'cadáver reanimado mediante prácticas de brujería'. Su plural es *zombis* (→ PLURAL, 1a): «*Algunos zombis sabaneros tenían la facultad de convertirse en animales*» (Montero *Tú* [Cuba 1995]). Aunque normalmente se usa solo en masculino, se comporta como un sustantivo común en cuanto al género (*el/la zombi;* → GÉNERO², 1a y 3d): «*El brujo llega a la casa abandonada, donde está la zombi*» (Puig *Beso* [Arg. 1976]). Como adjetivo, referido a persona, significa 'atontado o falto de energía': «*Hoy he estado zombi durante todo el día*» (Morena *Silencios* [Esp. 1995]). Debe evitarse en español la grafía *zombie,* que es la usada mayoritariamente en inglés, así como su plural *zombies.*

zombie. → zombi.

zoncera. → zonzo.

zonzo -za. 'Tonto o soso'. Esta voz de origen expresivo surgió en el siglo XVII y fue frecuente en España hasta principios del XIX. A partir de entonces desaparece del uso general de España, pero continúa plenamente vigente en el español de la mayor parte de los países americanos: «*A esa hora el calor lo pone a uno medio zonzo*» (Flores *Siguamonta* [Guat. 1993]). Es también válida, aunque algo menos frecuente, la forma *sonso,* variante meramente gráfica en América, donde el seseo iguala la pronunciación de ambas formas: «*Haciéndose el sonso averigua qué se traen con todo eso*» (Puig *Beso* [Arg. 1976]). Las formas correspondientes del sustantivo son *zoncera* y *sonsera* ('tontería').

zoófito -ta o **zoofito -ta.** → -fito.

zoom. → zum.

zóster. 'Tipo de herpes causado por un virus'. Se emplea normalmente en la locución *herpes zóster.* Aunque se ha usado con frecuencia la forma aguda *zoster* [sostér, zostér], acorde con la pronunciación del étimo griego de esta voz, hoy es mayoritaria la acentuación llana, acorde con la del étimo latino, por lo que se recomienda el uso de la grafía con tilde *zóster.* En el español actual se usa exclusivamente en masculino (→ herpes): *el herpes zóster, el zóster.*

zulú. 'De cierto pueblo de raza negra del África austral'. Referido a persona, se emplea frecuentemente como sustantivo. El plural preferido en la lengua culta es *zulúes* (→ PLURAL, 1c).

zum. Adaptación gráfica de la voz inglesa *zoom,* 'teleobjetivo especial, cuyo avance o retroceso permite acercar o alejar la imagen': «*Un zum óptico Pentax que triplica el tamaño de la imagen*» (*País* [Esp.] 9.5.03). Su plural es *zums* (→ PLURAL, 1h).

Zúrich. El nombre de la ciudad suiza que en alemán se escribe *Zürich* debe escribirse en español *Zúrich,* con tilde, por tratarse de una palabra llana acabada en consonante distinta de *-n* o *-s* (→ TILDE², 1.1.2). Se pronuncia [súrik, zúrik] o [súrich, zúrich]. El gentilicio es *zuriqués* (pl. *zuriqueses;* → PLURAL, 1f).

zuriqués, -sa. → Zúrich.

Apéndices

Glosario de términos lingüísticos usados en el diccionario

Nómina de obras y publicaciones periódicas citadas

MODELOS DE
CONJUGACIÓN VERBAL

ADVERTENCIAS

[1] Se recogen en este apéndice los cuadros que sirven de modelo para la conjugación de los verbos regulares (→ I) e irregulares (→ II). En los cuadros de los tres verbos escogidos como modelo para la conjugación regular (*amar, temer, partir*), se ofrecen las formas correspondientes a todos los tiempos, tanto simples como compuestos. En el resto de los verbos, por razones de espacio, solo se enuncian las formas de los tiempos simples y las formas no personales.

[2] Cuando en la columna central, en la que se recogen los nombres de los tiempos verbales, aparecen dos denominaciones separadas por una barra, la primera de ellas corresponde a la terminología académica, y la segunda, a la establecida por Andrés Bello en su *Gramática de la lengua castellana destinada al uso de los americanos* (1847), vigente en varios países de Hispanoamérica.

[3] En lo que respecta a la terminología académica, debe tenerse en cuenta que el llamado *pretérito indefinido* en la *Gramática de la lengua española* de 1931 pasó a denominarse *pretérito perfecto simple* en el *Esbozo de una nueva gramática de la lengua española* (1973), y que esta última es la denominación utilizada en los cuadros de conjugación.

[4] En el imperativo, solo se registran las formas propias, esto es, las correspondientes a la segunda persona del singular y del plural.

[5] En la segunda persona del singular del presente de indicativo, y en la misma persona del imperativo, se ofrecen entre paréntesis, junto a las formas corrientes en el español de España y de la América no voseante, las formas del voseo rioplatense admitidas en la norma culta (→ VOSEO).

[6] Debe tenerse en cuenta que en América, en Canarias y en parte de Andalucía, no se usa el pronombre personal *vosotros* para la segunda persona del plural. En su lugar se emplea *ustedes,* que en esas zonas sirve tanto de tratamiento de confianza como de respeto. Por lo tanto, en las áreas mencionadas, las formas verbales de la segunda persona del plural coinciden con las de la tercera persona del plural.

* * *

I. Verbos regulares

Se incluyen bajo este epígrafe, además de los tres verbos modelo de la conjugación regular (→ 1, 2 y 3), los modelos de conjugación para cada uno de los dos grupos en que se dividen, en cuanto al acento, los verbos terminados en *-iar* (→ 4 y 5) y en *-uar* (→ 6 y 7), y los verbos que presentan en su raíz los grupos vocálicos /ai/ (→ 8 y 9), /au/ (→ 10 y 11), /ei/ (→ 12 y 13) y /eu/ (→ 14 y 15).

1. AMAR

Verbo modelo de la 1.ª conjugación

INDICATIVO

TIEMPOS SIMPLES

presente	pret. imperfecto / copretérito	pret. perfecto simple / pretérito	futuro simple / futuro	condicional simple / pospretérito
amo	amaba	amé	amaré	amaría
amas (amás)	amabas	amaste	amarás	amarías
ama	amaba	amó	amará	amaría
amamos	amábamos	amamos	amaremos	amaríamos
amáis	amabais	amasteis	amaréis	amaríais
aman	amaban	amaron	amarán	amarían

TIEMPOS COMPUESTOS

pret. perfecto compuesto / antepresente	pret. pluscuamperfecto / antecopretérito	pret. anterior / antepretérito	futuro compuesto / antefuturo	condicional compuesto / antepospretérito
he amado	había amado	hube amado	habré amado	habría amado
has amado	habías amado	hubiste amado	habrás amado	habrías amado
ha amado	había amado	hubo amado	habrá amado	habría amado
hemos amado	habíamos amado	hubimos amado	habremos amado	habríamos amado
habéis amado	habíais amado	hubisteis amado	habréis amado	habríais amado
han amado	habían amado	hubieron amado	habrán amado	habrían amado

SUBJUNTIVO

TIEMPOS SIMPLES

presente	pret. imperfecto / pretérito	futuro simple / futuro
ame	amara o amase	amare
ames	amaras o amases	amares
ame	amara o amase	amare
amemos	amáramos o amásemos	amáremos
améis	amarais o amaseis	amareis
amen	amaran o amasen	amaren

TIEMPOS COMPUESTOS

pret. perfecto compuesto / antepresente	pret. pluscuamperfecto / antepretérito	futuro compuesto / antefuturo
haya amado	hubiera o hubiese amado	hubiere amado
hayas amado	hubieras o hubieses amado	hubieres amado
haya amado	hubiera o hubiese amado	hubiere amado
hayamos amado	hubiéramos o hubiésemos amado	hubiéremos amado
hayáis amado	hubierais o hubieseis amado	hubiereis amado
hayan amado	hubieran o hubiesen amado	hubieren amado

IMPERATIVO

ama (amá), amad

FORMAS NO PERSONALES

infinitivo		participio	gerundio	
SIMPLE	COMPUESTO	amado	SIMPLE	COMPUESTO
amar	haber amado		amando	habiendo amado

2. TEMER

Verbo modelo de la 2.ª conjugación

INDICATIVO

TIEMPOS SIMPLES

presente	pret. imperfecto / copretérito	pret. perfecto simple / pretérito	futuro simple / futuro	condicional simple / pospretérito
temo	temía	temí	temeré	temería
temes (temés)	temías	temiste	temerás	temerías
teme	temía	temió	temerá	temería
tememos	temíamos	temimos	temeremos	temeríamos
teméis	temíais	temisteis	temeréis	temeríais
temen	temían	temieron	temerán	temerían

TIEMPOS COMPUESTOS

pret. perfecto compuesto / antepresente	pret. pluscuamperfecto / antecopretérito	pret. anterior / antepretérito	futuro compuesto / antefuturo	condicional compuesto / antepospretérito
he temido	había temido	hube temido	habré temido	habría temido
has temido	habías temido	hubiste temido	habrás temido	habrías temido
ha temido	había temido	hubo temido	habrá temido	habría temido
hemos temido	habíamos temido	hubimos temido	habremos temido	habríamos temido
habéis temido	habíais temido	hubisteis temido	habréis temido	habríais temido
han temido	habían temido	hubieron temido	habrán temido	habrían temido

SUBJUNTIVO

TIEMPOS SIMPLES

presente	pret. imperfecto / pretérito	futuro simple / futuro
tema	temiera o temiese	temiere
temas	temieras o temieses	temieres
tema	temiera o temiese	temiere
temamos	temiéramos o temiésemos	temiéremos
temáis	temierais o temieseis	temiereis
teman	temieran o temiesen	temieren

TIEMPOS COMPUESTOS

pret. perfecto compuesto / antepresente	pret. pluscuamperfecto / antepretérito	futuro compuesto / antefuturo
haya temido	hubiera o hubiese temido	hubiere temido
hayas temido	hubieras o hubieses temido	hubieres temido
haya temido	hubiera o hubiese temido	hubiere temido
hayamos temido	hubiéramos o hubiésemos temido	hubiéremos temido
hayáis temido	hubierais o hubieseis temido	hubiereis temido
hayan temido	hubieran o hubiesen temido	hubieren temido

IMPERATIVO

teme (temé), temed

FORMAS NO PERSONALES

infinitivo		participio	gerundio	
SIMPLE	COMPUESTO	temido	SIMPLE	COMPUESTO
temer	haber temido		temiendo	habiendo temido

3. PARTIR

Verbo modelo de la 3.ª conjugación

INDICATIVO

TIEMPOS SIMPLES

presente	pret. imperfecto / copretérito	pret. perfecto simple / pretérito	futuro simple / futuro	condicional simple / pospretérito
parto	partía	partí	partiré	partiría
partes (partís)	partías	partiste	partirás	partirías
parte	partía	partió	partirá	partiría
partimos	partíamos	partimos	partiremos	partiríamos
partís	partíais	partisteis	partiréis	partiríais
parten	partían	partieron	partirán	partirían

TIEMPOS COMPUESTOS

pret. perfecto compuesto / antepresente	pret. pluscuamperfecto / antecopretérito	pret. anterior / antepretérito	futuro compuesto / antefuturo	condicional compuesto / antepospretérito
he partido	había partido	hube partido	habré partido	habría partido
has partido	habías partido	hubiste partido	habrás partido	habrías partido
ha partido	había partido	hubo partido	habrá partido	habría partido
hemos partido	habíamos partido	hubimos partido	habremos partido	habríamos partido
habéis partido	habíais partido	hubisteis partido	habréis partido	habríais partido
han partido	habían partido	hubieron partido	habrán partido	habrían partido

SUBJUNTIVO

TIEMPOS SIMPLES

presente	pret. imperfecto / pretérito	futuro simple / futuro
parta	partiera o partiese	partiere
partas	partieras o partieses	partieres
parta	partiera o partiese	partiere
partamos	partiéramos o partiésemos	partiéremos
partáis	partierais o partieseis	partiereis
partan	partieran o partiesen	partieren

TIEMPOS COMPUESTOS

pret. perfecto compuesto / antepresente	pret. pluscuamperfecto / antepretérito	futuro compuesto / antefuturo
haya partido	hubiera o hubiese partido	hubiere partido
hayas partido	hubieras o hubieses partido	hubieres partido
haya partido	hubiera o hubiese partido	hubiere partido
hayamos partido	hubiéramos o hubiésemos partido	hubiéremos partido
hayáis partido	hubierais o hubieseis partido	hubiereis partido
hayan partido	hubieran o hubiesen partido	hubieren partido

IMPERATIVO

parte (partí), partid

FORMAS NO PERSONALES

infinitivo		participio	gerundio	
SIMPLE	COMPUESTO	partido	SIMPLE	COMPUESTO
partir	haber partido		partiendo	habiendo partido

4. ANUNCIAR

La *i* que precede a la desinencia es átona en todas las formas de este verbo.

INDICATIVO

presente	pret. imperfecto / copretérito	pret. perfecto simple / pretérito	futuro simple / futuro	condicional simple / pospretérito
anuncio	anunciaba	anuncié	anunciaré	anunciaría
anuncias (anunciás)	anunciabas	anunciaste	anunciarás	anunciarías
anuncia	anunciaba	anunció	anunciará	anunciaría
anunciamos	anunciábamos	anunciamos	anunciaremos	anunciaríamos
anunciáis	anunciabais	anunciasteis	anunciaréis	anunciaríais
anuncian	anunciaban	anunciaron	anunciarán	anunciarían

SUBJUNTIVO

presente	pret. imperfecto / pretérito	futuro simple / futuro
anuncie	anunciara o anunciase	anunciare
anuncies	anunciaras o anunciases	anunciares
anuncie	anunciara o anunciase	anunciare
anunciemos	anunciáramos o anunciásemos	anunciáremos
anunciéis	anunciarais o anunciaseis	anunciareis
anuncien	anunciaran o anunciasen	anunciaren

IMPERATIVO

anuncia (anunciá), anunciad

FORMAS NO PERSONALES

infinitivo	participio	gerundio
anunciar	anunciado	anunciando

5. ENVIAR

La *i* que precede a la desinencia es tónica en las formas de este verbo que llevan el acento prosódico en la raíz.

INDICATIVO

presente	pret. imperfecto / copretérito	pret. perfecto simple / pretérito	futuro simple / futuro	condicional simple / pospretérito
envío	enviaba	envié	enviaré	enviaría
envías (enviás)	enviabas	enviaste	enviarás	enviarías
envía	enviaba	envió	enviará	enviaría
enviamos	enviábamos	enviamos	enviaremos	enviaríamos
enviáis	enviabais	enviasteis	enviaréis	enviaríais
envían	enviaban	enviaron	enviarán	enviarían

SUBJUNTIVO

presente	pret. imperfecto / pretérito	futuro simple / futuro
envíe	enviara o enviase	enviare
envíes	enviaras o enviases	enviares
envíe	enviara o enviase	enviare
enviemos	enviáramos o enviásemos	enviáremos
enviéis	enviarais o enviaseis	enviareis
envíen	enviaran o enviasen	enviaren

IMPERATIVO

envía (enviá), enviad

FORMAS NO PERSONALES

infinitivo	participio	gerundio
enviar	enviado	enviando

6. AVERIGUAR

La *u* que precede a la desinencia es átona en todas las formas de este verbo.

INDICATIVO

presente	pret. imperfecto / copretérito	pret. perfecto simple / pretérito	futuro simple / futuro	condicional simple / pospretérito
averiguo	averiguaba	averigüé	averiguaré	averiguaría
averiguas (averiguás)	averiguabas	averiguaste	averiguarás	averiguarías
averigua	averiguaba	averiguó	averiguará	averiguaría
averiguamos	averiguábamos	averiguamos	averiguaremos	averiguaríamos
averiguáis	averiguabais	averiguasteis	averiguaréis	averiguaríais
averiguan	averiguaban	averiguaron	averiguarán	averiguarían

SUBJUNTIVO

presente	pret. imperfecto / pretérito	futuro simple / futuro
averigüe	averiguara *o* averiguase	averiguare
averigües	averiguaras *o* averiguases	averiguares
averigüe	averiguara *o* averiguase	averiguare
averigüemos	averiguáramos *o* averiguásemos	averiguáremos
averigüéis	averiguarais *o* averiguaseis	averiguareis
averigüen	averiguaran *o* averiguasen	averiguaren

IMPERATIVO

averigua (averiguá), averiguad

FORMAS NO PERSONALES

infinitivo	participio	gerundio
averiguar	averiguado	averiguando

7. ACTUAR

La *u* que precede a la desinencia es tónica en las formas de este verbo que llevan el acento prosódico en la raíz.

INDICATIVO

presente	pret. imperfecto / copretérito	pret. perfecto simple / pretérito	futuro simple / futuro	condicional simple / pospretérito
actúo	actuaba	actué	actuaré	actuaría
actúas (actuás)	actuabas	actuaste	actuarás	actuarías
actúa	actuaba	actuó	actuará	actuaría
actuamos	actuábamos	actuamos	actuaremos	actuaríamos
actuáis	actuabais	actuasteis	actuaréis	actuaríais
actúan	actuaban	actuaron	actuarán	actuarían

SUBJUNTIVO

presente	pret. imperfecto / pretérito	futuro simple / futuro
actúe	actuara *o* actuase	actuare
actúes	actuaras *o* actuases	actuares
actúe	actuara *o* actuase	actuare
actuemos	actuáramos *o* actuásemos	actuáremos
actuéis	actuarais *o* actuaseis	actuareis
actúen	actuaran *o* actuasen	actuaren

IMPERATIVO

actúa (actuá), actuad

FORMAS NO PERSONALES

infinitivo	participio	gerundio
actuar	actuado	actuando

8. BAILAR

La *i* del grupo /ai/ es átona en todas las formas de este verbo.

INDICATIVO

presente	pret. imperfecto / copretérito	pret. perfecto simple / pretérito	futuro simple / futuro	condicional simple / pospretérito
bailo	bailaba	bailé	bailaré	bailaría
bailas (bailás)	bailabas	bailaste	bailarás	bailarías
baila	bailaba	bailó	bailará	bailaría
bailamos	bailábamos	bailamos	bailaremos	bailaríamos
bailáis	bailabais	bailasteis	bailaréis	bailaríais
bailan	bailaban	bailaron	bailarán	bailarían

SUBJUNTIVO

presente	pret. imperfecto / pretérito	futuro simple / futuro
baile	bailara *o* bailase	bailare
bailes	bailaras *o* bailases	bailares
baile	bailara *o* bailase	bailare
bailemos	bailáramos *o* bailásemos	bailáremos
bailéis	bailarais *o* bailaseis	bailareis
bailen	bailaran *o* bailasen	bailaren

IMPERATIVO

baila (bailá), bailad

FORMAS NO PERSONALES

infinitivo	participio	gerundio
bailar	bailado	bailando

9. AISLAR

La *i* del grupo /ai/ es tónica en las formas de este verbo que llevan el acento prosódico en la raíz.

INDICATIVO

presente	pret. imperfecto / copretérito	pret. perfecto simple / pretérito	futuro simple / futuro	condicional simple / pospretérito
aíslo	aislaba	aislé	aislaré	aislaría
aíslas (aislás)	aislabas	aislaste	aislarás	aislarías
aísla	aislaba	aisló	aislará	aislaría
aislamos	aislábamos	aislamos	aislaremos	aislaríamos
aisláis	aislabais	aislasteis	aislaréis	aislaríais
aíslan	aislaban	aislaron	aislarán	aislarían

SUBJUNTIVO

presente	pret. imperfecto / pretérito	futuro simple / futuro
aísle	aislara *o* aislase	aislare
aísles	aislaras *o* aislases	aislares
aísle	aislara *o* aislase	aislare
aislemos	aisláramos *o* aislásemos	aisláremos
aisléis	aislarais *o* aislaseis	aislareis
aíslen	aislaran *o* aislasen	aislaren

IMPERATIVO

aísla (aislá), aislad

FORMAS NO PERSONALES

infinitivo	participio	gerundio
aislar	aislado	aislando

10. CAUSAR

La *u* del grupo /au/ es átona en todas las formas de este verbo.

INDICATIVO

presente	pret. imperfecto / copretérito	pret. perfecto simple / pretérito	futuro simple / futuro	condicional simple / pospretérito
causo	causaba	causé	causaré	causaría
causas (causás)	causabas	causaste	causarás	causarías
causa	causaba	causó	causará	causaría
causamos	causábamos	causamos	causaremos	causaríamos
causáis	causabais	causasteis	causaréis	causaríais
causan	causaban	causaron	causarán	causarían

SUBJUNTIVO

presente	pret. imperfecto / pretérito	futuro simple / futuro
cause	causara *o* causase	causare
causes	causaras *o* causases	causares
cause	causara *o* causase	causare
causemos	causáramos *o* causásemos	causáremos
causéis	causarais *o* causaseis	causareis
causen	causaran *o* causasen	causaren

IMPERATIVO

causa (causá), causad

FORMAS NO PERSONALES

infinitivo	participio	gerundio
causar	causado	causando

11. AUNAR

La *u* del grupo /au/ es tónica en las formas de este verbo que llevan el acento prosódico en la raíz.

INDICATIVO

presente	pret. imperfecto / copretérito	pret. perfecto simple / pretérito	futuro simple / futuro	condicional simple / pospretérito
aúno	aunaba	auné	aunaré	aunaría
aúnas (aunás)	aunabas	aunaste	aunarás	aunarías
aúna	aunaba	aunó	aunará	aunaría
aunamos	aunábamos	aunamos	aunaremos	aunaríamos
aunáis	aunabais	aunasteis	aunaréis	aunaríais
aúnan	aunaban	aunaron	aunarán	aunarían

SUBJUNTIVO

presente	pret. imperfecto / pretérito	futuro simple / futuro
aúne	aunara *o* aunase	aunare
aúnes	aunaras *o* aunases	aunares
aúne	aunara *o* aunase	aunare
aunemos	aunáramos *o* aunásemos	aunáremos
aunéis	aunarais *o* aunaseis	aunareis
aúnen	aunaran *o* aunasen	aunaren

IMPERATIVO

aúna (auná), aunad

FORMAS NO PERSONALES

infinitivo	participio	gerundio
aunar	aunado	aunando

12. PEINAR

La *i* del grupo /ei/ es átona en todas las formas de este verbo.

INDICATIVO

presente	pret. imperfecto / copretérito	pret. perfecto simple / pretérito	futuro simple / futuro	condicional simple / pospretérito
peino	peinaba	peiné	peinaré	peinaría
peinas (peinás)	peinabas	peinaste	peinarás	peinarías
peina	peinaba	peinó	peinará	peinaría
peinamos	peinábamos	peinamos	peinaremos	peinaríamos
peináis	peinabais	peinasteis	peinaréis	peinaríais
peinan	peinaban	peinaron	peinarán	peinarían

SUBJUNTIVO

presente	pret. imperfecto / pretérito	futuro simple / futuro
peine	peinara *o* peinase	peinare
peines	peinaras *o* peinases	peinares
peine	peinara *o* peinase	peinare
peinemos	peináramos *o* peinásemos	peináremos
peinéis	peinarais *o* peinaseis	peinareis
peinen	peinaran *o* peinasen	peinaren

IMPERATIVO

peina (peiná), peinad

FORMAS NO PERSONALES

infinitivo	participio	gerundio
peinar	peinado	peinando

13. DESCAFEINAR

La *i* del grupo /ei/ es tónica en las formas de este verbo que llevan el acento prosódico en la raíz.

INDICATIVO

presente	pret. imperfecto / copretérito	pret. perfecto simple / pretérito	futuro simple / futuro	condicional simple / pospretérito
descafeíno	descafeinaba	descafeiné	descafeinaré	descafeinaría
descafeínas (descafeinás)	descafeinabas	descafeinaste	descafeinarás	descafeinarías
descafeína	descafeinaba	descafeinó	descafeinará	descafeinaría
descafeinamos	descafeinábamos	descafeinamos	descafeinaremos	descafeinaríamos
descafeináis	descafeinabais	descafeinasteis	descafeinaréis	descafeinaríais
descafeínan	descafeinaban	descafeinaron	descafeinarán	descafeinarían

SUBJUNTIVO

presente	pret. imperfecto / pretérito	futuro simple / futuro
descafeíne	descafeinara *o* descafeinase	descafeinare
descafeínes	descafeinaras *o* descafeinases	descafeinares
descafeíne	descafeinara *o* descafeinase	descafeinare
descafeinemos	descafeináramos *o* descafeinásemos	descafeináremos
descafeinéis	descafeinarais *o* descafeinaseis	descafeinareis
descafeínen	descafeinaran *o* descafeinasen	descafeinaren

IMPERATIVO

descafeína (descafeiná), descafeinad

FORMAS NO PERSONALES

infinitivo	participio	gerundio
descafeinar	descafeinado	descafeinando

14. ADEUDAR

La *u* del grupo /eu/ es átona en todas las formas de este verbo.

INDICATIVO

presente	pret. imperfecto / copretérito	pret. perfecto simple / pretérito	futuro simple / futuro	condicional simple / pospretérito
adeudo	adeudaba	adeudé	adeudaré	adeudaría
adeudas (adeudás)	adeudabas	adeudaste	adeudarás	adeudarías
adeuda	adeudaba	adeudó	adeudará	adeudaría
adeudamos	adeudábamos	adeudamos	adeudaremos	adeudaríamos
adeudáis	adeudabais	adeudasteis	adeudaréis	adeudaríais
adeudan	adeudaban	adeudaron	adeudarán	adeudarían

SUBJUNTIVO

presente	pret. imperfecto / pretérito	futuro simple / futuro
adeude	adeudara *o* adeudase	adeudare
adeudes	adeudaras *o* adeudases	adeudares
adeude	adeudara *o* adeudase	adeudare
adeudemos	adeudáramos *o* adeudásemos	adeudáremos
adeudéis	adeudarais *o* adeudaseis	adeudareis
adeuden	adeudaran *o* adeudasen	adeudaren

IMPERATIVO

adeuda (adeudá), adeudad

FORMAS NO PERSONALES

infinitivo	participio	gerundio
adeudar	adeudado	adeudando

15. REHUSAR

La *u* del grupo /eu/ es tónica en las formas de este verbo que llevan el acento prosódico en la raíz.

INDICATIVO

presente	pret. imperfecto / copretérito	pret. perfecto simple / pretérito	futuro simple / futuro	condicional simple / pospretérito
rehúso	rehusaba	rehusé	rehusaré	rehusaría
rehúsas (rehusás)	rehusabas	rehusaste	rehusarás	rehusarías
rehúsa	rehusaba	rehusó	rehusará	rehusaría
rehusamos	rehusábamos	rehusamos	rehusaremos	rehusaríamos
rehusáis	rehusabais	rehusasteis	rehusaréis	rehusaríais
rehúsan	rehusaban	rehusaron	rehusarán	rehusarían

SUBJUNTIVO

presente	pret. imperfecto / pretérito	futuro simple / futuro
rehúse	rehusara *o* rehusase	rehusare
rehúses	rehusaras *o* rehusases	rehusares
rehúse	rehusara *o* rehusase	rehusare
rehusemos	rehusáramos *o* rehusásemos	rehusáremos
rehuséis	rehusarais *o* rehusaseis	rehusareis
rehúsen	rehusaran *o* rehusasen	rehusaren

IMPERATIVO

rehúsa (rehusá), rehusad

FORMAS NO PERSONALES

infinitivo	participio	gerundio
rehusar	rehusado	rehusando

II. Verbos irregulares

Se incluyen bajo este epígrafe tanto los verbos de irregularidad propia, cuyo paradigma es único (*ir, ser,* etc.), como los que sirven de modelo a otros verbos irregulares (*acertar, agradecer,* etc.). También se incluye aquí el verbo *leer* —modelo de otros verbos como *creer* o *proveer*—, que aun siendo regular desde el punto de vista morfológico, no lo es desde el punto de vista gráfico-articulatorio, ya que el sonido vocálico /i/ de algunas desinencias, cuando queda entre vocales, se transforma en el sonido consonántico /y/; así, la raíz *le-* + la desinencia -*ió* no da *leió*, sino *leyó; le* + *iera* no da *leiera*, sino *leyera*, etc.

16. ACERTAR

INDICATIVO

presente	pret. imperfecto / copretérito	pret. perfecto simple / pretérito	futuro simple / futuro	condicional simple / pospretérito
acierto	acertaba	acerté	acertaré	acertaría
aciertas (acertás)	acertabas	acertaste	acertarás	acertarías
acierta	acertaba	acertó	acertará	acertaría
acertamos	acertábamos	acertamos	acertaremos	acertaríamos
acertáis	acertabais	acertasteis	acertaréis	acertaríais
aciertan	acertaban	acertaron	acertarán	acertarían

SUBJUNTIVO

presente	pret. imperfecto / pretérito	futuro simple / futuro
acierte	acertara *o* acertase	acertare
aciertes	acertaras *o* acertases	acertares
acierte	acertara *o* acertase	acertare
acertemos	acertáramos *o* acertásemos	acertáremos
acertéis	acertarais *o* acertaseis	acertareis
acierten	acertaran *o* acertasen	acertaren

IMPERATIVO

acierta (acertá), acertad

FORMAS NO PERSONALES

infinitivo	participio	gerundio
acertar	acertado	acertando

17. ADQUIRIR

INDICATIVO

presente	pret. imperfecto / copretérito	pret. perfecto simple / pretérito	futuro simple / futuro	condicional simple / pospretérito
adquiero	adquiría	adquirí	adquiriré	adquiriría
adquieres (adquirís)	adquirías	adquiriste	adquirirás	adquirirías
adquiere	adquiría	adquirió	adquirirá	adquiriría
adquirimos	adquiríamos	adquirimos	adquiriremos	adquiriríamos
adquirís	adquiríais	adquiristeis	adquiriréis	adquiriríais
adquieren	adquirían	adquirieron	adquirirán	adquirirían

SUBJUNTIVO

presente	pret. imperfecto / pretérito	futuro simple / futuro
adquiera	adquiriera o adquiriese	adquiriere
adquieras	adquirieras o adquirieses	adquirieres
adquiera	adquiriera o adquiriese	adquiriere
adquiramos	adquiriéramos o adquiriésemos	adquiriéremos
adquiráis	adquirierais o adquirieseis	adquiriereis
adquieran	adquirieran o adquiriesen	adquirieren

IMPERATIVO

adquiere (adquirí), adquirid

FORMAS NO PERSONALES

infinitivo	participio	gerundio
adquirir	adquirido	adquiriendo

18. AGRADECER

INDICATIVO

presente	pret. imperfecto / copretérito	pret. perfecto simple / pretérito	futuro simple / futuro	condicional simple / pospretérito
agradezco	agradecía	agradecí	agradeceré	agradecería
agradeces (agradecés)	agradecías	agradeciste	agradecerás	agradecerías
agradece	agradecía	agradeció	agradecerá	agradecería
agradecemos	agradecíamos	agradecimos	agradeceremos	agradeceríamos
agradecéis	agradecíais	agradecisteis	agradeceréis	agradeceríais
agradecen	agradecían	agradecieron	agradecerán	agradecerían

SUBJUNTIVO

presente	pret. imperfecto / pretérito	futuro simple / futuro
agradezca	agradeciera o agradeciese	agradeciere
agradezcas	agradecieras o agradecieses	agradecieres
agradezca	agradeciera o agradeciese	agradeciere
agradezcamos	agradeciéramos o agradeciésemos	agradeciéremos
agradezcáis	agradecierais o agradecieseis	agradeciereis
agradezcan	agradecieran o agradeciesen	agradecieren

IMPERATIVO

agradece (agradecé), agradeced

FORMAS NO PERSONALES

infinitivo	participio	gerundio
agradecer	agradecido	agradeciendo

19. ANDAR

INDICATIVO

presente	pret. imperfecto / copretérito	pret. perfecto simple / pretérito	futuro simple / futuro	condicional simple / pospretérito
ando	andaba	anduve	andaré	andaría
andas (andás)	andabas	anduviste	andarás	andarías
anda	andaba	anduvo	andará	andaría
andamos	andábamos	anduvimos	andaremos	andaríamos
andáis	andabais	anduvisteis	andaréis	andaríais
andan	andaban	anduvieron	andarán	andarían

SUBJUNTIVO

presente	pret. imperfecto / pretérito	futuro simple / futuro
ande	anduviera o anduviese	anduviere
andes	anduvieras o anduvieses	anduvieres
ande	anduviera o anduviese	anduviere
andemos	anduviéramos o anduviésemos	anduviéremos
andéis	anduvierais o anduvieseis	anduviereis
anden	anduvieran o anduviesen	anduvieren

IMPERATIVO

anda (andá), andad

FORMAS NO PERSONALES

infinitivo	participio	gerundio
andar	andado	andando

20. ASIR

INDICATIVO

presente	pret. imperfecto / copretérito	pret. perfecto simple / pretérito	futuro simple / futuro	condicional simple / pospretérito
asgo	asía	así	asiré	asiría
ases (asís)	asías	asiste	asirás	asirías
ase	asía	asió	asirá	asiría
asimos	asíamos	asimos	asiremos	asiríamos
asís	asíais	asisteis	asiréis	asiríais
asen	asían	asieron	asirán	asirían

SUBJUNTIVO

presente	pret. imperfecto / pretérito	futuro simple / futuro
asga	asiera o asiese	asiere
asgas	asieras o asieses	asieres
asga	asiera o asiese	asiere
asgamos	asiéramos o asiésemos	asiéremos
asgáis	asierais o asieseis	asiereis
asgan	asieran o asiesen	asieren

IMPERATIVO

ase (así), asid

FORMAS NO PERSONALES

infinitivo	participio	gerundio
asir	asido	asiendo

21. CABER

INDICATIVO

presente	pret. imperfecto / copretérito	pret. perfecto simple / pretérito	futuro simple / futuro	condicional simple / pospretérito
quepo	cabía	cupe	cabré	cabría
cabes (cabés)	cabías	cupiste	cabrás	cabrías
cabe	cabía	cupo	cabrá	cabría
cabemos	cabíamos	cupimos	cabremos	cabríamos
cabéis	cabíais	cupisteis	cabréis	cabríais
caben	cabían	cupieron	cabrán	cabrían

SUBJUNTIVO

presente	pret. imperfecto / pretérito	futuro simple / futuro
quepa	cupiera o cupiese	cupiere
quepas	cupieras o cupieses	cupieres
quepa	cupiera o cupiese	cupiere
quepamos	cupiéramos o cupiésemos	cupiéremos
quepáis	cupierais o cupieseis	cupiereis
quepan	cupieran o cupiesen	cupieren

IMPERATIVO

No se usa

FORMAS NO PERSONALES

infinitivo	participio	gerundio
caber	cabido	cabiendo

22. CAER

INDICATIVO

presente	pret. imperfecto / copretérito	pret. perfecto simple / pretérito	futuro simple / futuro	condicional simple / pospretérito
caigo	caía	caí	caeré	caería
caes (caés)	caías	caíste	caerás	caerías
cae	caía	cayó	caerá	caería
caemos	caíamos	caímos	caeremos	caeríamos
caéis	caíais	caísteis	caeréis	caeríais
caen	caían	cayeron	caerán	caerían

SUBJUNTIVO

presente	pret. imperfecto / pretérito	futuro simple / futuro
caiga	cayera o cayese	cayere
caigas	cayeras o cayeses	cayeres
caiga	cayera o cayese	cayere
caigamos	cayéramos o cayésemos	cayéremos
caigáis	cayerais o cayeseis	cayereis
caigan	cayeran o cayesen	cayeren

IMPERATIVO

cae (caé), caed

FORMAS NO PERSONALES

infinitivo	participio	gerundio
caer	caído	cayendo

23. CEÑIR

INDICATIVO

presente	pret. imperfecto / copretérito	pret. perfecto simple / pretérito	futuro simple / futuro	condicional simple / pospretérito
ciño	ceñía	ceñí	ceñiré	ceñiría
ciñes (ceñís)	ceñías	ceñiste	ceñirás	ceñirías
ciñe	ceñía	ciñó	ceñirá	ceñiría
ceñimos	ceñíamos	ceñimos	ceñiremos	ceñiríamos
ceñís	ceñíais	ceñisteis	ceñiréis	ceñiríais
ciñen	ceñían	ciñeron	ceñirán	ceñirían

SUBJUNTIVO

presente	pret. imperfecto / pretérito	futuro simple / futuro
ciña	ciñera o ciñese	ciñere
ciñas	ciñeras o ciñeses	ciñeres
ciña	ciñera o ciñese	ciñere
ciñamos	ciñéramos o ciñésemos	ciñéremos
ciñáis	ciñerais o ciñeseis	ciñereis
ciñan	ciñeran o ciñesen	ciñeren

IMPERATIVO

ciñe (ceñí), ceñid

FORMAS NO PERSONALES

infinitivo	participio	gerundio
ceñir	ceñido	ciñendo

24. CONDUCIR

INDICATIVO

presente	pret. imperfecto / copretérito	pret. perfecto simple / pretérito	futuro simple / futuro	condicional simple / pospretérito
conduzco	conducía	conduje	conduciré	conduciría
conduces (conducís)	conducías	condujiste	conducirás	conducirías
conduce	conducía	condujo	conducirá	conduciría
conducimos	conducíamos	condujimos	conduciremos	conduciríamos
conducís	conducíais	condujisteis	conduciréis	conduciríais
conducen	conducían	condujeron	conducirán	conducirían

SUBJUNTIVO

presente	pret. imperfecto / pretérito	futuro simple / futuro
conduzca	condujera o condujese	condujere
conduzcas	condujeras o condujeses	condujeres
conduzca	condujera o condujese	condujere
conduzcamos	condujéramos o condujésemos	condujéremos
conduzcáis	condujerais o condujeseis	condujereis
conduzcan	condujeran o condujesen	condujeren

IMPERATIVO

conduce (conducí), conducid

FORMAS NO PERSONALES

infinitivo	participio	gerundio
conducir	conducido	conduciendo

25. CONSTRUIR

INDICATIVO

presente	pret. imperfecto / copretérito	pret. perfecto simple / pretérito	futuro simple / futuro	condicional simple / pospretérito
construyo	construía	construí	construiré	construiría
construyes (construís)	construías	construiste	construirás	construirías
construye	construía	construyó	construirá	construiría
construimos	construíamos	construimos	construiremos	construiríamos
construís	construíais	construisteis	construiréis	construiríais
construyen	construían	construyeron	construirán	construirían

SUBJUNTIVO

presente	pret. imperfecto / pretérito	futuro simple / futuro
construya	construyera o construyese	construyere
construyas	construyeras o construyeses	construyeres
construya	construyera o construyese	construyere
construyamos	construyéramos o construyésemos	construyéremos
construyáis	construyerais o construyeseis	construyereis
construyan	construyeran o construyesen	construyeren

IMPERATIVO

construye (construí), construid

FORMAS NO PERSONALES

infinitivo	participio	gerundio
construir	construido	construyendo

26. CONTAR

INDICATIVO

presente	pret. imperfecto / copretérito	pret. perfecto simple / pretérito	futuro simple / futuro	condicional simple / pospretérito
cuento	contaba	conté	contaré	contaría
cuentas (contás)	contabas	contaste	contarás	contarías
cuenta	contaba	contó	contará	contaría
contamos	contábamos	contamos	contaremos	contaríamos
contáis	contabais	contasteis	contaréis	contaríais
cuentan	contaban	contaron	contarán	contarían

SUBJUNTIVO

presente	pret. imperfecto / pretérito	futuro simple / futuro
cuente	contara o contase	contare
cuentes	contaras o contases	contares
cuente	contara o contase	contare
contemos	contáramos o contásemos	contáremos
contéis	contarais o contaseis	contareis
cuenten	contaran o contasen	contaren

IMPERATIVO

cuenta (contá), contad

FORMAS NO PERSONALES

infinitivo	participio	gerundio
contar	contado	contando

27. DAR

INDICATIVO

presente	pret. imperfecto / copretérito	pret. perfecto simple / pretérito	futuro simple / futuro	condicional simple / pospretérito
doy	daba	di	daré	daría
das (das)	dabas	diste	darás	darías
da	daba	dio	dará	daría
damos	dábamos	dimos	daremos	daríamos
dais	dabais	disteis	daréis	daríais
dan	daban	dieron	darán	darían

SUBJUNTIVO

presente	pret. imperfecto / pretérito	futuro simple / futuro
dé	diera o diese	diere
des	dieras o dieses	dieres
dé	diera o diese	diere
demos	diéramos o diésemos	diéremos
deis	dierais o dieseis	diereis
den	dieran o diesen	dieren

IMPERATIVO

da (da), dad

FORMAS NO PERSONALES

infinitivo	participio	gerundio
dar	dado	dando

28. DECIR

INDICATIVO

presente	pret. imperfecto / copretérito	pret. perfecto simple / pretérito	futuro simple / futuro	condicional simple / pospretérito
digo	decía	dije	diré	diría
dices (decís)	decías	dijiste	dirás	dirías
dice	decía	dijo	dirá	diría
decimos	decíamos	dijimos	diremos	diríamos
decís	decíais	dijisteis	diréis	diríais
dicen	decían	dijeron	dirán	dirían

SUBJUNTIVO

presente	pret. imperfecto / pretérito	futuro simple / futuro
diga	dijera o dijese	dijere
digas	dijeras o dijeses	dijeres
diga	dijera o dijese	dijere
digamos	dijéramos o dijésemos	dijéremos
digáis	dijerais o dijeseis	dijereis
digan	dijeran o dijesen	dijeren

IMPERATIVO

di (decí), decid

FORMAS NO PERSONALES

infinitivo	participio	gerundio
decir	dicho	diciendo

29. DISCERNIR

INDICATIVO

presente	pret. imperfecto / copretérito	pret. perfecto simple / pretérito	futuro simple / futuro	condicional simple / pospretérito
discierno	discernía	discerní	discerniré	discerniría
disciernes (discernís)	discernías	discerniste	discernirás	discernirías
discierne	discernía	discernió	discernirá	discerniría
discernimos	discerníamos	discernimos	discerniremos	discerniríamos
discernís	discerníais	discernisteis	discerniréis	discerniríais
disciernen	discernían	discernieron	discernirán	discernirían

SUBJUNTIVO

presente	pret. imperfecto / pretérito	futuro simple / futuro
discierna	discerniera o discerniese	discerniere
disciernas	discernieras o discernieses	discernieres
discierna	discerniera o discerniese	discerniere
discernamos	discerniéramos o discerniésemos	discerniéremos
discernáis	discernierais o discernieseis	discerniereis
disciernan	discernieran o discerniesen	discernieren

IMPERATIVO

discierne (discerní), discernid

FORMAS NO PERSONALES

infinitivo	participio	gerundio
discernir	discernido	discerniendo

30. DORMIR

INDICATIVO

presente	pret. imperfecto / copretérito	pret. perfecto simple / pretérito	futuro simple / futuro	condicional simple / pospretérito
duermo	dormía	dormí	dormiré	dormiría
duermes (dormís)	dormías	dormiste	dormirás	dormirías
duerme	dormía	durmió	dormirá	dormiría
dormimos	dormíamos	dormimos	dormiremos	dormiríamos
dormís	dormíais	dormisteis	dormiréis	dormiríais
duermen	dormían	durmieron	dormirán	dormirían

SUBJUNTIVO

presente	pret. imperfecto / pretérito	futuro simple / futuro
duerma	durmiera o durmiese	durmiere
duermas	durmieras o durmieses	durmieres
duerma	durmiera o durmiese	durmiere
durmamos	durmiéramos o durmiésemos	durmiéremos
durmáis	durmierais o durmieseis	durmiereis
duerman	durmieran o durmiesen	durmieren

IMPERATIVO

duerme (dormí), dormid

FORMAS NO PERSONALES

infinitivo	participio	gerundio
dormir	dormido	durmiendo

31. ENTENDER

INDICATIVO

presente	pret. imperfecto / copretérito	pret. perfecto simple / pretérito	futuro simple / futuro	condicional simple / pospretérito
entiendo	entendía	entendí	entenderé	entendería
entiendes (entendés)	entendías	entendiste	entenderás	entenderías
entiende	entendía	entendió	entenderá	entendería
entendemos	entendíamos	entendimos	entenderemos	entenderíamos
entendéis	entendíais	entendisteis	entenderéis	entenderíais
entienden	entendían	entendieron	entenderán	entenderían

SUBJUNTIVO

presente	pret. imperfecto / pretérito	futuro simple / futuro
entienda	entendiera o entendiese	entendiere
entiendas	entendieras o entendieses	entendieres
entienda	entendiera o entendiese	entendiere
entendamos	entendiéramos o entendiésemos	entendiéremos
entendáis	entendierais o entendieseis	entendiereis
entiendan	entendieran o entendiesen	entendieren

IMPERATIVO

entiende (entendé), entended

FORMAS NO PERSONALES

infinitivo	participio	gerundio
entender	entendido	entendiendo

32. ERGUIR*

INDICATIVO

presente	pret. imperfecto / copretérito	pret. perfecto simple / pretérito	futuro simple / futuro	condicional simple / pospretérito
yergo	erguía	erguí	erguiré	erguiría
yergues (erguís)	erguías	erguiste	erguirás	erguirías
yergue	erguía	irguió	erguirá	erguiría
erguimos	erguíamos	erguimos	erguiremos	erguiríamos
erguís	erguíais	erguisteis	erguiréis	erguiríais
yerguen	erguían	irguieron	erguirán	erguirían

SUBJUNTIVO

presente	pret. imperfecto / pretérito	futuro simple / futuro
yerga	irguiera o irguiese	irguiere
yergas	irguieras o irguieses	irguieres
yerga	irguiera o irguiese	irguiere
irgamos	irguiéramos o irguiésemos	irguiéremos
irgáis	irguierais o irguieseis	irguiereis
yergan	irguieran o irguiesen	irguieren

IMPERATIVO

yergue (erguí), erguid

FORMAS NO PERSONALES

infinitivo	participio	gerundio
erguir	erguido	irguiendo

* También son válidas, aunque muy raras, las formas *irgo, irgues, irgue, irguen,* en el presente de indicativo; *irga, irgas, irga, yergamos, yergáis, irgan,* en el presente de subjuntivo; e *irgue,* en el imperativo.

33. ERRAR

INDICATIVO

presente	pret. imperfecto / copretérito	pret. perfecto simple / pretérito	futuro simple / futuro	condicional simple / pospretérito
yerro	erraba	erré	erraré	erraría
yerras (errás)	errabas	erraste	errarás	errarías
yerra	erraba	erró	errará	erraría
erramos	errábamos	erramos	erraremos	erraríamos
erráis	errabais	errasteis	erraréis	erraríais
yerran	erraban	erraron	errarán	errarían

SUBJUNTIVO

presente	pret. imperfecto / pretérito	futuro simple / futuro
yerre	errara o errase	errare
yerres	erraras o errases	errares
yerre	errara o errase	errare
erremos	erráramos o errásemos	erráremos
erréis	errarais o erraseis	errareis
yerren	erraran o errasen	erraren

IMPERATIVO

yerra (errá), errad

FORMAS NO PERSONALES

infinitivo	participio	gerundio
errar	errado	errando

34. ESTAR

INDICATIVO

presente	pret. imperfecto / copretérito	pret. perfecto simple / pretérito	futuro simple / futuro	condicional simple / pospretérito
estoy	estaba	estuve	estaré	estaría
estás (estás)	estabas	estuviste	estarás	estarías
está	estaba	estuvo	estará	estaría
estamos	estábamos	estuvimos	estaremos	estaríamos
estáis	estabais	estuvisteis	estaréis	estaríais
están	estaban	estuvieron	estarán	estarían

SUBJUNTIVO

presente	pret. imperfecto / pretérito	futuro simple / futuro
esté	estuviera o estuviese	estuviere
estés	estuvieras o estuvieses	estuvieres
esté	estuviera o estuviese	estuviere
estemos	estuviéramos o estuviésemos	estuviéremos
estéis	estuvierais o estuvieseis	estuviereis
estén	estuvieran o estuviesen	estuvieren

IMPERATIVO

está (está)*, estad

FORMAS NO PERSONALES

infinitivo	participio	gerundio
estar	estado	estando

* El imperativo de la segunda persona del singular solo se usa en forma pronominal (*estate*): *Estate tranquilo.*

35. HABER

INDICATIVO

presente	pret. imperfecto / copretérito	pret. perfecto simple / pretérito	futuro simple / futuro	condicional simple / pospretérito
he	había	hube	habré	habría
has (has)	habías	hubiste	habrás	habrías
ha (*como impersonal:* hay)	había	hubo	habrá	habría
hemos	habíamos	hubimos	habremos	habríamos
habéis	habíais	hubisteis	habréis	habríais
han	habían	hubieron	habrán	habrían

SUBJUNTIVO

presente	pret. imperfecto / pretérito	futuro simple / futuro
haya	hubiera *o* hubiese	hubiere
hayas	hubieras *o* hubieses	hubieres
haya	hubiera *o* hubiese	hubiere
hayamos	hubiéramos *o* hubiésemos	hubiéremos
hayáis	hubierais *o* hubieseis	hubiereis
hayan	hubieran *o* hubiesen	hubieren

IMPERATIVO

Las formas heredadas del latín son habe *y* habed, *pero carecen totalmente de uso en la actualidad.*

FORMAS NO PERSONALES

infinitivo	participio	gerundio
haber	habido	habiendo

36. HACER

INDICATIVO

presente	pret. imperfecto / copretérito	pret. perfecto simple / pretérito	futuro simple / futuro	condicional simple / pospretérito
hago	hacía	hice	haré	haría
haces (hacés)	hacías	hiciste	harás	harías
hace	hacía	hizo	hará	haría
hacemos	hacíamos	hicimos	haremos	haríamos
hacéis	hacíais	hicisteis	haréis	haríais
hacen	hacían	hicieron	harán	harían

SUBJUNTIVO

presente	pret. imperfecto / pretérito	futuro simple / futuro
haga	hiciera *o* hiciese	hiciere
hagas	hicieras *o* hicieses	hicieres
haga	hiciera *o* hiciese	hiciere
hagamos	hiciéramos *o* hiciésemos	hiciéremos
hagáis	hicierais *o* hicieseis	hiciereis
hagan	hicieran *o* hiciesen	hicieren

IMPERATIVO

haz (hacé), haced

FORMAS NO PERSONALES

infinitivo	participio	gerundio
hacer	hecho	haciendo

37. IR

INDICATIVO

presente	pret. imperfecto / copretérito	pret. perfecto simple / pretérito	futuro simple / futuro	condicional simple / pospretérito
voy	iba	fui	iré	iría
vas (vas)	ibas	fuiste	irás	irías
va	iba	fue	irá	iría
vamos	íbamos	fuimos	iremos	iríamos
vais	ibais	fuisteis	iréis	iríais
van	iban	fueron	irán	irían

SUBJUNTIVO

presente	pret. imperfecto / pretérito	futuro simple / futuro
vaya	fuera o fuese	fuere
vayas	fueras o fueses	fueres
vaya	fuera o fuese	fuere
vayamos	fuéramos o fuésemos	fuéremos
vayáis	fuerais o fueseis	fuereis
vayan	fueran o fuesen	fueren

IMPERATIVO

ve (*no tiene forma propia de voseo; en su lugar se usa* andá, *imperativo de* andar), id

FORMAS NO PERSONALES

infinitivo	participio	gerundio
ir	ido	yendo

38. JUGAR

INDICATIVO

presente	pret. imperfecto / copretérito	pret. perfecto simple / pretérito	futuro simple / futuro	condicional simple / pospretérito
juego	jugaba	jugué	jugaré	jugaría
juegas (jugás)	jugabas	jugaste	jugarás	jugarías
juega	jugaba	jugó	jugará	jugaría
jugamos	jugábamos	jugamos	jugaremos	jugaríamos
jugáis	jugabais	jugasteis	jugaréis	jugaríais
juegan	jugaban	jugaron	jugarán	jugarían

SUBJUNTIVO

presente	pret. imperfecto / pretérito	futuro simple / futuro
juegue	jugara o jugase	jugare
juegues	jugaras o jugases	jugares
juegue	jugara o jugase	jugare
juguemos	jugáramos o jugásemos	jugáremos
juguéis	jugarais o jugaseis	jugareis
jueguen	jugaran o jugasen	jugaren

IMPERATIVO

juega (jugá), jugad

FORMAS NO PERSONALES

infinitivo	participio	gerundio
jugar	jugado	jugando

39. LEER

INDICATIVO

presente	pret. imperfecto / copretérito	pret. perfecto simple / pretérito	futuro simple / futuro	condicional simple / pospretérito
leo	leía	leí	leeré	leería
lees (leés)	leías	leíste	leerás	leerías
lee	leía	leyó	leerá	leería
leemos	leíamos	leímos	leeremos	leeríamos
leéis	leíais	leísteis	leeréis	leeríais
leen	leían	leyeron	leerán	leerían

SUBJUNTIVO

presente	pret. imperfecto / pretérito	futuro simple / futuro
lea	leyera o leyese	leyere
leas	leyeras o leyeses	leyeres
lea	leyera o leyese	leyere
leamos	leyéramos o leyésemos	leyéremos
leáis	leyerais o leyeseis	leyereis
lean	leyeran o leyesen	leyeren

IMPERATIVO

lee (leé), leed

FORMAS NO PERSONALES

infinitivo	participio	gerundio
leer	leído	leyendo

40. LUCIR

INDICATIVO

presente	pret. imperfecto / copretérito	pret. perfecto simple / pretérito	futuro simple / futuro	condicional simple / pospretérito
luzco	lucía	lucí	luciré	luciría
luces (lucís)	lucías	luciste	lucirás	lucirías
luce	lucía	lució	lucirá	luciría
lucimos	lucíamos	lucimos	luciremos	luciríamos
lucís	lucíais	lucisteis	luciréis	luciríais
lucen	lucían	lucieron	lucirán	lucirían

SUBJUNTIVO

presente	pret. imperfecto / pretérito	futuro simple / futuro
luzca	luciera o luciese	luciere
luzcas	lucieras o lucieses	lucieres
luzca	luciera o luciese	luciere
luzcamos	luciéramos o luciésemos	luciéremos
luzcáis	lucierais o lucieseis	luciereis
luzcan	lucieran o luciesen	lucieren

IMPERATIVO

luce (lucí), lucid

FORMAS NO PERSONALES

infinitivo	participio	gerundio
lucir	lucido	luciendo

41. MOVER

INDICATIVO

presente	pret. imperfecto / copretérito	pret. perfecto simple / pretérito	futuro simple / futuro	condicional simple / pospretérito
muevo	movía	moví	moveré	movería
mueves (movés)	movías	moviste	moverás	moverías
mueve	movía	movió	moverá	movería
movemos	movíamos	movimos	moveremos	moveríamos
movéis	movíais	movisteis	moveréis	moveríais
mueven	movían	movieron	moverán	moverían

SUBJUNTIVO

presente	pret. imperfecto / pretérito	futuro simple / futuro
mueva	moviera o moviese	moviere
muevas	movieras o movieses	movieres
mueva	moviera o moviese	moviere
movamos	moviéramos o moviésemos	moviéremos
mováis	movierais o movieseis	moviereis
muevan	movieran o moviesen	movieren

IMPERATIVO

mueve (mové), moved

FORMAS NO PERSONALES

infinitivo	participio	gerundio
mover	movido	moviendo

42. MULLIR

INDICATIVO

presente	pret. imperfecto / copretérito	pret. perfecto simple / pretérito	futuro simple / futuro	condicional simple / pospretérito
mullo	mullía	mullí	mulliré	mulliría
mulles (mullís)	mullías	mulliste	mullirás	mullirías
mulle	mullía	mulló	mullirá	mulliría
mullimos	mullíamos	mullimos	mulliremos	mulliríamos
mullís	mullíais	mullisteis	mulliréis	mulliríais
mullen	mullían	mulleron	mullirán	mullirían

SUBJUNTIVO

presente	pret. imperfecto / pretérito	futuro simple / futuro
mulla	mullera o mullese	mullere
mullas	mulleras o mulleses	mulleres
mulla	mullera o mullese	mullere
mullamos	mulléramos o mullésemos	mulléremos
mulláis	mullerais o mulleseis	mullereis
mullan	mulleran o mullesen	mulleren

IMPERATIVO

mulle (mullí), mullid

FORMAS NO PERSONALES

infinitivo	participio	gerundio
mullir	mullido	mullendo

43. OÍR

INDICATIVO				
presente	pret. imperfecto / copretérito	pret. perfecto simple / pretérito	futuro simple / futuro	condicional simple / pospretérito
oigo	oía	oí	oiré	oiría
oyes (oís)	oías	oíste	oirás	oirías
oye	oía	oyó	oirá	oiría
oímos	oíamos	oímos	oiremos	oiríamos
oís	oíais	oísteis	oiréis	oiríais
oyen	oían	oyeron	oirán	oirían

SUBJUNTIVO		
presente	pret. imperfecto / pretérito	futuro simple / futuro
oiga	oyera *u* oyese	oyere
oigas	oyeras *u* oyeses	oyeres
oiga	oyera *u* oyese	oyere
oigamos	oyéramos *u* oyésemos	oyéremos
oigáis	oyerais *u* oyeseis	oyereis
oigan	oyeran *u* oyesen	oyeren

IMPERATIVO
oye (oí), oíd

FORMAS NO PERSONALES		
infinitivo	participio	gerundio
oír	oído	oyendo

44. OLER

INDICATIVO				
presente	pret. imperfecto / copretérito	pret. perfecto simple / pretérito	futuro simple / futuro	condicional simple / pospretérito
huelo	olía	olí	oleré	olería
hueles (olés)	olías	oliste	olerás	olerías
huele	olía	olió	olerá	olería
olemos	olíamos	olimos	oleremos	oleríamos
oléis	olíais	olisteis	oleréis	oleríais
huelen	olían	olieron	olerán	olerían

SUBJUNTIVO		
presente	pret. imperfecto / pretérito	futuro simple / futuro
huela	oliera *u* oliese	oliere
huelas	olieras *u* olieses	olieres
huela	oliera *u* oliese	oliere
olamos	oliéramos *u* oliésemos	oliéremos
oláis	olierais *u* olieseis	oliereis
huelan	olieran *u* oliesen	olieren

IMPERATIVO
huele (olé), oled

FORMAS NO PERSONALES		
infinitivo	participio	gerundio
oler	olido	oliendo

45. PEDIR

INDICATIVO

presente	pret. imperfecto / copretérito	pret. perfecto simple / pretérito	futuro simple / futuro	condicional simple / pospretérito
pido	pedía	pedí	pediré	pediría
pides (pedís)	pedías	pediste	pedirás	pedirías
pide	pedía	pidió	pedirá	pediría
pedimos	pedíamos	pedimos	pediremos	pediríamos
pedís	pedíais	pedisteis	pediréis	pediríais
piden	pedían	pidieron	pedirán	pedirían

SUBJUNTIVO

presente	pret. imperfecto / pretérito	futuro simple / futuro
pida	pidiera o pidiese	pidiere
pidas	pidieras o pidieses	pidieres
pida	pidiera o pidiese	pidiere
pidamos	pidiéramos o pidiésemos	pidiéremos
pidáis	pidierais o pidieseis	pidiereis
pidan	pidieran o pidiesen	pidieren

IMPERATIVO

pide (pedí), pedid

FORMAS NO PERSONALES

infinitivo	participio	gerundio
pedir	pedido	pidiendo

46. PODER

INDICATIVO

presente	pret. imperfecto / copretérito	pret. perfecto simple / pretérito	futuro simple / futuro	condicional simple / pospretérito
puedo	podía	pude	podré	podría
puedes (podés)	podías	pudiste	podrás	podrías
puede	podía	pudo	podrá	podría
podemos	podíamos	pudimos	podremos	podríamos
podéis	podíais	pudisteis	podréis	podríais
pueden	podían	pudieron	podrán	podrían

SUBJUNTIVO

presente	pret. imperfecto / pretérito	futuro simple / futuro
pueda	pudiera o pudiese	pudiere
puedas	pudieras o pudieses	pudieres
pueda	pudiera o pudiese	pudiere
podamos	pudiéramos o pudiésemos	pudiéremos
podáis	pudierais o pudieseis	pudiereis
puedan	pudieran o pudiesen	pudieren

IMPERATIVO

puede (podé), poded

FORMAS NO PERSONALES

infinitivo	participio	gerundio
poder	podido	pudiendo

47. PONER

INDICATIVO

presente	pret. imperfecto / copretérito	pret. perfecto simple / pretérito	futuro simple / futuro	condicional simple / pospretérito
pongo	ponía	puse	pondré	pondría
pones (ponés)	ponías	pusiste	pondrás	pondrías
pone	ponía	puso	pondrá	pondría
ponemos	poníamos	pusimos	pondremos	pondríamos
ponéis	poníais	pusisteis	pondréis	pondríais
ponen	ponían	pusieron	pondrán	pondrían

SUBJUNTIVO

presente	pret. imperfecto / pretérito	futuro simple / futuro
ponga	pusiera o pusiese	pusiere
pongas	pusieras o pusieses	pusieres
ponga	pusiera o pusiese	pusiere
pongamos	pusiéramos o pusiésemos	pusiéremos
pongáis	pusierais o pusieseis	pusiereis
pongan	pusieran o pusiesen	pusieren

IMPERATIVO

pon (poné), poned

FORMAS NO PERSONALES

infinitivo	participio	gerundio
poner	puesto	poniendo

48. PUDRIR / PODRIR*

INDICATIVO

presente	pret. imperfecto / copretérito	pret. perfecto simple / pretérito	futuro simple / futuro	condicional simple / pospretérito
pudro	pudría o podría	pudrí o podrí	pudriré o podriré	pudriría o podriría
pudres (pudrís)	pudrías o podrías	pudriste o podriste	pudrirás o podrirás	pudrirías o podrirías
pudre	pudría o podría	pudrió o podrió	pudrirá o podrirá	pudriría o podriría
pudrimos o podrimos	pudríamos o podríamos	pudrimos o podrimos	pudriremos o podriremos	pudriríamos o podriríamos
pudrís o podrís	pudríais o podríais	pudristeis o podristeis	pudriréis o podriréis	pudriríais o podriríais
pudren	pudrían o podrían	pudrieron o podrieron	pudrirán o podrirán	pudrirían o podrirían

SUBJUNTIVO

presente	pret. imperfecto / pretérito	futuro simple / futuro
pudra	pudriera o pudriese	pudriere
pudras	pudrieras o pudrieses	pudrieres
pudra	pudriera o pudriese	pudriere
pudramos	pudriéramos o pudriésemos	pudriéremos
pudráis	pudrierais o pudrieseis	pudriereis
pudran	pudrieran o pudriesen	pudrieren

IMPERATIVO

pudre (pudrí o podrí), pudrid o podrid

FORMAS NO PERSONALES

infinitivo	participio	gerundio
pudrir o podrir	podrido	pudriendo

* En la norma culta americana, en el infinitivo y en algunas formas conjugadas de este verbo se presenta la alternancia -u- / -o- en la raíz; en esos mismos casos, la norma culta española solo admite hoy las formas con -u-, que también suelen ser las preferidas en América.

49. QUERER

INDICATIVO

presente	pret. imperfecto / copretérito	pret. perfecto simple / pretérito	futuro simple / futuro	condicional simple / pospretérito
quiero	quería	quise	querré	querría
quieres (querés)	querías	quisiste	querrás	querrías
quiere	quería	quiso	querrá	querría
queremos	queríamos	quisimos	querremos	querríamos
queréis	queríais	quisisteis	querréis	querríais
quieren	querían	quisieron	querrán	querrían

SUBJUNTIVO

presente	pret. imperfecto / pretérito	futuro simple / futuro
quiera	quisiera *o* quisiese	quisiere
quieras	quisieras *o* quisieses	quisieres
quiera	quisiera *o* quisiese	quisiere
queramos	quisiéramos *o* quisiésemos	quisiéremos
queráis	quisierais *o* quisieseis	quisiereis
quieran	quisieran *o* quisiesen	quisieren

IMPERATIVO

quiere (queré), quered

FORMAS NO PERSONALES

infinitivo	participio	gerundio
querer	querido	queriendo

50. ROER

INDICATIVO

presente	pret. imperfecto / copretérito	pret. perfecto simple / pretérito	futuro simple / futuro	condicional simple / pospretérito
roo *o* roigo *o* royo	roía	roí	roeré	roería
roes (roés)	roías	roíste	roerás	roerías
roe	roía	royó	roerá	roería
roemos	roíamos	roímos	roeremos	roeríamos
roéis	roíais	roísteis	roeréis	roeríais
roen	roían	royeron	roerán	roerían

SUBJUNTIVO

presente	pret. imperfecto / pretérito	futuro simple / futuro
roa *o* roiga *o* roya	royera *o* royese	royere
roas *o* roigas *o* royas	royeras *o* royeses	royeres
roa *o* roiga *o* roya	royera *o* royese	royere
roamos *o* roigamos *o* royamos	royéramos *o* royésemos	royéremos
roáis *o* roigáis *o* royáis	royerais *o* royeseis	royereis
roan *o* roigan *o* royan	royeran *o* royesen	royeren

IMPERATIVO

roe (roé), roed

FORMAS NO PERSONALES

infinitivo	participio	gerundio
roer	roído	royendo

51. SABER

INDICATIVO

presente	pret. imperfecto / copretérito	pret. perfecto simple / pretérito	futuro simple / futuro	condicional simple / pospretérito
sé	sabía	supe	sabré	sabría
sabes (sabés)	sabías	supiste	sabrás	sabrías
sabe	sabía	supo	sabrá	sabría
sabemos	sabíamos	supimos	sabremos	sabríamos
sabéis	sabíais	supisteis	sabréis	sabríais
saben	sabían	supieron	sabrán	sabrían

SUBJUNTIVO

presente	pret. imperfecto / pretérito	futuro simple / futuro
sepa	supiera o supiese	supiere
sepas	supieras o supieses	supieres
sepa	supiera o supiese	supiere
sepamos	supiéramos o supiésemos	supiéremos
sepáis	supierais o supieseis	supiereis
sepan	supieran o supiesen	supieren

IMPERATIVO

sabe (sabé), sabed

FORMAS NO PERSONALES

infinitivo	participio	gerundio
saber	sabido	sabiendo

52. SALIR

INDICATIVO

presente	pret. imperfecto / copretérito	pret. perfecto simple / pretérito	futuro simple / futuro	condicional simple / pospretérito
salgo	salía	salí	saldré	saldría
sales (salís)	salías	saliste	saldrás	saldrías
sale	salía	salió	saldrá	saldría
salimos	salíamos	salimos	saldremos	saldríamos
salís	salíais	salisteis	saldréis	saldríais
salen	salían	salieron	saldrán	saldrían

SUBJUNTIVO

presente	pret. imperfecto / pretérito	futuro simple / futuro
salga	saliera o saliese	saliere
salgas	salieras o salieses	salieres
salga	saliera o saliese	saliere
salgamos	saliéramos o saliésemos	saliéremos
salgáis	salierais o salieseis	saliereis
salgan	salieran o saliesen	salieren

IMPERATIVO

sal (salí), salid

FORMAS NO PERSONALES

infinitivo	participio	gerundio
salir	salido	saliendo

53. SENTIR

INDICATIVO

presente	pret. imperfecto / copretérito	pret. perfecto simple / pretérito	futuro simple / futuro	condicional simple / pospretérito
siento	sentía	sentí	sentiré	sentiría
sientes (sentís)	sentías	sentiste	sentirás	sentirías
siente	sentía	sintió	sentirá	sentiría
sentimos	sentíamos	sentimos	sentiremos	sentiríamos
sentís	sentíais	sentisteis	sentiréis	sentiríais
sienten	sentían	sintieron	sentirán	sentirían

SUBJUNTIVO

presente	pret. imperfecto / pretérito	futuro simple / futuro
sienta	sintiera o sintiese	sintiere
sientas	sintieras o sintieses	sintieres
sienta	sintiera o sintiese	sintiere
sintamos	sintiéramos o sintiésemos	sintiéremos
sintáis	sintierais o sintieseis	sintiereis
sientan	sintieran o sintiesen	sintieren

IMPERATIVO

siente (sentí), sentid

FORMAS NO PERSONALES

infinitivo	participio	gerundio
sentir	sentido	sintiendo

54. SER

INDICATIVO

presente	pret. imperfecto / copretérito	pret. perfecto simple / pretérito	futuro simple / futuro	condicional simple / pospretérito
soy	era	fui	seré	sería
eres (sos)	eras	fuiste	serás	serías
es	era	fue	será	sería
somos	éramos	fuimos	seremos	seríamos
sois	erais	fuisteis	seréis	seríais
son	eran	fueron	serán	serían

SUBJUNTIVO

presente	pret. imperfecto / pretérito	futuro simple / futuro
sea	fuera o fuese	fuere
seas	fueras o fueses	fueres
sea	fuera o fuese	fuere
seamos	fuéramos o fuésemos	fuéremos
seáis	fuerais o fueseis	fuereis
sean	fueran o fuesen	fueren

IMPERATIVO

sé (sé), sed

FORMAS NO PERSONALES

infinitivo	participio	gerundio
ser	sido	siendo

55. SONREÍR

INDICATIVO

presente	pret. imperfecto / copretérito	pret. perfecto simple / pretérito	futuro simple / futuro	condicional simple / pospretérito
sonrío	sonreía	sonreí	sonreiré	sonreiría
sonríes (sonreís)	sonreías	sonreíste	sonreirás	sonreirías
sonríe	sonreía	sonrió	sonreirá	sonreiría
sonreímos	sonreíamos	sonreímos	sonreiremos	sonreiríamos
sonreís	sonreíais	sonreísteis	sonreiréis	sonreiríais
sonríen	sonreían	sonrieron	sonreirán	sonreirían

SUBJUNTIVO

presente	pret. imperfecto / pretérito	futuro simple / futuro
sonría	sonriera o sonriese	sonriere
sonrías	sonrieras o sonrieses	sonrieres
sonría	sonriera o sonriese	sonriere
sonriamos	sonriéramos o sonriésemos	sonriéremos
sonriáis	sonrierais o sonrieseis	sonriereis
sonrían	sonrieran o sonriesen	sonrieren

IMPERATIVO

sonríe (sonreí), sonreíd

FORMAS NO PERSONALES

infinitivo	participio	gerundio
sonreír	sonreído	sonriendo

56. TAÑER

INDICATIVO

presente	pret. imperfecto / copretérito	pret. perfecto simple / pretérito	futuro simple / futuro	condicional simple / pospretérito
taño	tañía	tañí	tañeré	tañería
tañes (tañés)	tañías	tañiste	tañerás	tañerías
tañe	tañía	tañó	tañerá	tañería
tañemos	tañíamos	tañimos	tañeremos	tañeríamos
tañéis	tañíais	tañisteis	tañeréis	tañeríais
tañen	tañían	tañeron	tañerán	tañerían

SUBJUNTIVO

presente	pret. imperfecto / pretérito	futuro simple / futuro
taña	tañera o tañese	tañere
tañas	tañeras o tañeses	tañeres
taña	tañera o tañese	tañere
tañamos	tañéramos o tañésemos	tañéremos
tañáis	tañerais o tañeseis	tañereis
tañan	tañeran o tañesen	tañeren

IMPERATIVO

tañe (tañé), tañed

FORMAS NO PERSONALES

infinitivo	participio	gerundio
tañer	tañido	tañendo

57. TENER

INDICATIVO

presente	pret. imperfecto / copretérito	pret. perfecto simple / pretérito	futuro simple / futuro	condicional simple / pospretérito
tengo	tenía	tuve	tendré	tendría
tienes (tenés)	tenías	tuviste	tendrás	tendrías
tiene	tenía	tuvo	tendrá	tendría
tenemos	teníamos	tuvimos	tendremos	tendríamos
tenéis	teníais	tuvisteis	tendréis	tendríais
tienen	tenían	tuvieron	tendrán	tendrían

SUBJUNTIVO

presente	pret. imperfecto / pretérito	futuro simple / futuro
tenga	tuviera o tuviese	tuviere
tengas	tuvieras o tuvieses	tuvieres
tenga	tuviera o tuviese	tuviere
tengamos	tuviéramos o tuviésemos	tuviéremos
tengáis	tuvierais o tuvieseis	tuviereis
tengan	tuvieran o tuviesen	tuvieren

IMPERATIVO

ten (tené), tened

FORMAS NO PERSONALES

infinitivo	participio	gerundio
tener	tenido	teniendo

58. TRAER

INDICATIVO

presente	pret. imperfecto / copretérito	pret. perfecto simple / pretérito	futuro simple / futuro	condicional simple / pospretérito
traigo	traía	traje	traeré	traería
traes (traés)	traías	trajiste	traerás	traerías
trae	traía	trajo	traerá	traería
traemos	traíamos	trajimos	traeremos	traeríamos
traéis	traíais	trajisteis	traeréis	traeríais
traen	traían	trajeron	traerán	traerían

SUBJUNTIVO

presente	pret. imperfecto / pretérito	futuro simple / futuro
traiga	trajera o trajese	trajere
traigas	trajeras o trajeses	trajeres
traiga	trajera o trajese	trajere
traigamos	trajéramos o trajésemos	trajéremos
traigáis	trajerais o trajeseis	trajereis
traigan	trajeran o trajesen	trajeren

IMPERATIVO

trae (traé), traed

FORMAS NO PERSONALES

infinitivo	participio	gerundio
traer	traído	trayendo

59. VALER

INDICATIVO

presente	pret. imperfecto / copretérito	pret. perfecto simple / pretérito	futuro simple / futuro	condicional simple / pospretérito
valgo	valía	valí	valdré	valdría
vales (valés)	valías	valiste	valdrás	valdrías
vale	valía	valió	valdrá	valdría
valemos	valíamos	valimos	valdremos	valdríamos
valéis	valíais	valisteis	valdréis	valdríais
valen	valían	valieron	valdrán	valdrían

SUBJUNTIVO

presente	pret. imperfecto / pretérito	futuro simple / futuro
valga	valiera o valiese	valiere
valgas	valieras o valieses	valieres
valga	valiera o valiese	valiere
valgamos	valiéramos o valiésemos	valiéremos
valgáis	valierais o valieseis	valiereis
valgan	valieran o valiesen	valieren

IMPERATIVO

vale (valé), valed

FORMAS NO PERSONALES

infinitivo	participio	gerundio
valer	valido	valiendo

60. VENIR

INDICATIVO

presente	pret. imperfecto / copretérito	pret. perfecto simple / pretérito	futuro simple / futuro	condicional simple / pospretérito
vengo	venía	vine	vendré	vendría
vienes (venís)	venías	viniste	vendrás	vendrías
viene	venía	vino	vendrá	vendría
venimos	veníamos	vinimos	vendremos	vendríamos
venís	veníais	vinisteis	vendréis	vendríais
vienen	venían	vinieron	vendrán	vendrían

SUBJUNTIVO

presente	pret. imperfecto / pretérito	futuro simple / futuro
venga	viniera o viniese	viniere
vengas	vinieras o vinieses	vinieres
venga	viniera o viniese	viniere
vengamos	viniéramos o viniésemos	viniéremos
vengáis	vinierais o vinieseis	viniereis
vengan	vinieran o viniesen	vinieren

IMPERATIVO

ven (vení), venid

FORMAS NO PERSONALES

infinitivo	participio	gerundio
venir	venido	viniendo

61. VER

INDICATIVO

presente	pret. imperfecto / copretérito	pret. perfecto simple / pretérito	futuro simple / futuro	condicional simple / pospretérito
veo	veía	vi	veré	vería
ves (ves)	veías	viste	verás	verías
ve	veía	vio	verá	vería
vemos	veíamos	vimos	veremos	veríamos
veis	veíais	visteis	veréis	veríais
ven	veían	vieron	verán	verían

SUBJUNTIVO

presente	pret. imperfecto / pretérito	futuro simple / futuro
vea	viera o viese	viere
veas	vieras o vieses	vieres
vea	viera o viese	viere
veamos	viéramos o viésemos	viéremos
veáis	vierais o vieseis	viereis
vean	vieran o viesen	vieren

IMPERATIVO

ve (ve), ved

FORMAS NO PERSONALES

infinitivo	participio	gerundio
ver	visto	viendo

62. YACER

INDICATIVO

presente	pret. imperfecto / copretérito	pret. perfecto simple / pretérito	futuro simple / futuro	condicional simple / pospretérito
yazco o yazgo o yago	yacía	yací	yaceré	yacería
yaces (yacés)	yacías	yaciste	yacerás	yacerías
yace	yacía	yació	yacerá	yacería
yacemos	yacíamos	yacimos	yaceremos	yaceríamos ,
yacéis	yacíais	yacisteis	yaceréis	yaceríais
yacen	yacían	yacieron	yacerán	yacerían

SUBJUNTIVO

presente	pret. imperfecto / pretérito	futuro simple / futuro
yazca o yazga o yaga	yaciera o yaciese	yaciere
yazcas o yazgas o yagas	yacieras o yacieses	yacieres
yazca o yazga o yaga	yaciera o yaciese	yaciere
yazcamos o yazgamos o yagamos	yaciéramos o yaciésemos	yaciéremos
yazcáis o yazgáis o yagáis	yacierais o yacieseis	yaciereis
yazcan o yazgan o yagan	yacieran o yaciesen	yacieren

IMPERATIVO

yace o yaz (yacé), yaced

FORMAS NO PERSONALES

infinitivo	participio	gerundio
yacer	yacido	yaciendo

LISTA DE ABREVIATURAS

ADVERTENCIAS

[1] En esta lista se recogen las abreviaturas convencionales más usuales en español. Se trata de una lista necesariamente incompleta, ya que cualquier usuario de la lengua puede crear cuantas abreviaturas considere oportunas, siempre que lo haga de acuerdo con las reglas de formación de este tipo de abreviaciones (→ ABREVIATURA, en el cuerpo del diccionario).

[2] Cuando una abreviatura tiene variación de género, a continuación de la forma masculina se da, entre paréntesis, la forma correspondiente del femenino, aunque, para economizar espacio, en el desarrollo aparece únicamente el masculino. Solo cuando una abreviatura sirve indistintamente para el masculino y para el femenino se hacen explícitos ambos géneros en su desarrollo.

[3] No se registran las formas del plural, salvo las irregulares, por ser fácilmente deducibles a partir de las reglas de formación del plural de las abreviaturas (→ ABREVIATURA, 5). Sí se registran, en cambio, las abreviaturas de expresiones que solo se usan en plural.

[4] Cuando una misma abreviatura tiene distintos valores, estos se separan mediante una pleca doble (||).

[5] Cuando una abreviatura es de uso geográficamente limitado, se indica entre corchetes la abreviatura del país al que corresponde.

[6] Las abreviaturas cuyo uso actual es poco frecuente llevan, en cursiva y entre paréntesis, la marca *p. us.* (= poco usada).

[7] Aunque las abreviaturas de los tratamientos se escriben siempre con inicial mayúscula, en su forma plena estas palabras se escriben normalmente con minúscula; por ello, el desarrollo de las abreviaturas de los tratamientos aparece escrito en esta lista con minúscula inicial, sin que ello suponga que estas palabras no deban o no puedan escribirse, según el contexto o la dignidad del referente, con inicial mayúscula.

a.	arroba (*cf.* @, *en apéndice 4*)
A.	alteza
(a)	alias
A/A	a la atención
aa. vv.; AA. VV.	autores varios (*cf.* vv. aa., VV. AA.)
Abg.; Abg.^{do} (*fem.* Abg.^{da})	abogado, -da
a. C.	antes de Cristo (*también* a. de C.; *cf.* d. C.)
a/c	a cuenta
acept.	aceptación
A. D.	anno Dómini (*lat.:* 'en el año del Señor')
a. de C.	antes de Cristo (*también* a. C.; *cf.* d. de C.)
a. de J. C.	antes de Jesucristo (*también* a. J. C.; *cf.* d. de J. C.)
a D. g.	a Dios gracias
admón.	administración
adm.^{or} (*fem.* adm.^{ora}); admr. (*fem.* admra., admr.^a)	administrador
a/f	a favor
afmo. (*fem.* afma.); af.^{mo} (*fem.* af.^{ma})	afectísimo
A. I.	alteza imperial
a. J. C.	antes de Jesucristo (*también* a. de J. C.; *cf.* d. J. C.)

Alfz.	alférez
Almte.	almirante
a. m.	ante merídiem (*lat.:* 'antes del mediodía'; *cf.* m. *y* p. m.)
A. M. D. G.	ad maiórem Dei glóriam (*lat.:* 'a mayor gloria de Dios')
ap.	aparte
apdo.	apartado
A. R.	alteza real
Arq.	arquitecto, -ta
art.; art.º	artículo
Arz.	arzobispo
A. S.	alteza serenísima
A. T.	Antiguo Testamento
atte.	atentamente
atto. (*fem.* atta.)	atento
av.; avd.; avda.	avenida

B.	beato, -ta (*también* Bto.)
Barna.	Barcelona (ciudad de España)
Bco.	banco ('entidad financiera')
Bibl.	biblioteca
b. l. m.	besa la mano (*p. us.; cf.* q. b. s. m.)
Bmo. (*fem.* Bma.)	beatísimo
Bo.; B.º	barrio
Brig.	brigada ('grado militar')
Bs. As.	Buenos Aires (capital de la Argentina)
Bto. (*fem.* Bta.)	beato (*también* B.)

c.	calle (*también* c/ *y* cl.) || capítulo (*también* cap. *y* cap.º) || centavo (*también* cent., ctv. *y* ctvo.; *cf.* ¢, *en apéndice 4*)
c/	calle (*también* c. *y* cl.) || cargo (*también* cgo.) || cuenta (*también* cta.)
C.ª	compañía (*también* Cía., C.ía *y* Comp.)
C. A.	compañía anónima || comunidad autónoma [Esp.]
caj.	caja || cajón
cap.	capítulo (*también* c. *y* cap.º)
Cap.	capital || capitán
Cap. Fed.	capital federal (*también* C. F.)
cap.º	capítulo (*también* c. *y* cap.)
c. c.	cédula de ciudadanía
C. C.	casilla de correo
c/c	cuenta corriente (*también* cta. cte.)
Cdad.	ciudad
c. e.	correo electrónico
cent. (*pl. irreg.:* cts.)	centavo (*también* c., ctv. *y* ctvo.; *cf.* ¢, *en apéndice 4*) || centésimo
cént. (*pl. irreg.:* cts.)	céntimo
C. F.	capital federal (*también* Cap. Fed.)
cf.; cfr.	cónfer (*lat.:* 'compara'; *también* cónf. *y* cónfr.; *equivale a* compárese, *cf.* cp.)
c. f. s.	coste, flete y seguro

cgo.	cargo (*también* c/)
ch/	cheque
C. I.	cédula de identidad
Cía.; C.ía	compañía (*también* C.ª *y* Comp.)
cje.	corretaje
cl.	calle (*también* c. *y* c/)
Cmdt.; Cmte.	comandante (*también* Comte. *y* Cte.)
Cnel.	coronel (*también* Col.)
cód.	código
col.	colección ‖ colonia ('barrio') [Méx.] ‖ columna
Col.	colegio ‖ coronel (*también* Cnel.)
Comod.	comodoro
com.ón	comisión
Comp.	compañía (*también* C.ª, Cía. *y* C.ía)
Comte.	comandante (*también* Cmdt., Cmte. *y* Cte.)
cónf.; cónfr.	cónfer (*lat.:* 'compara'; *p. us.; también* cf. *y* cfr.; *equivale a* compárese, *cf.* cp.)
Contralmte.	contralmirante
coord. (*fem.* coord.ª)	coordinador
cp.	compárese (*cf.* cf., cfr., cónf. *y* cónfr.)
C. P.	código postal (*cf.* D. P.)
C. por A.	compañía por acciones
crec.	creciente
cta.	cuenta (*también* c/)
cta. cte.	cuenta corriente (*también* c/c)
Cte.	comandante (*también* Cmdt., Cmte. *y* Comte.)
ctv.; ctvo.	centavo (*también* c. *y* cent.; *cf.* ¢, *en apéndice 4*)
c/u	cada uno

D.	don (*cf.* D.ª *y* Dña.)
D.ª	doña (*también* Dña.; *cf.* D.)
d. C.	después de Cristo (*también* d. de C.; *cf.* a. C.)
dcho. (*fem.* dcha.)	derecho
d. de C.	después de Cristo (*también* d. C.; *cf.* a. de C.)
d. de J. C.	después de Jesucristo (*también* d. J. C.; *cf.* a. de J. C.)
del.	delegación
D. E. P.	descanse en paz (*cf.* e. p. d., q. e. p. d. *y* R. I. P.)
depto.	departamento (*también* dpto.)
desct.º	descuento (*también* dto.)
D. F.	Distrito Federal
d/f	días fecha
diag.	diagonal ('calle') [Arg.]
dicc.	diccionario
Dir. (*fem.* Dir.ª)	director ‖ dirección
d. J. C.	después de Jesucristo (*también* d. de J. C.; *cf.* a. J. C.)
D. L.	depósito legal
D. m.	Dios mediante
Dña.	doña (*también* D.ª; *cf.* D.)
doc.	documento
D. P.	distrito postal (*cf.* C. P.)
dpto.	departamento (*también* depto.)
Dr. (*fem.* Dra., Dr.ª)	doctor

dto.	descuento (*también* desct.°)
dupdo.	duplicado
d/v	días vista
e/	envío
e. c.	era común
e/c	en cuenta
ed.	edición ‖ editorial (*también* edit.) ‖ editor, -ra
edit.	editorial (*también* ed.)
edo.	estado ('división territorial dentro de una nación')
EE. UU.	Estados Unidos
ef.	efectos
ej.	ejemplo ‖ ejemplar (*sustantivo masculino*)
Em.ª	eminencia
Emmo.	eminentísimo
entlo.	entresuelo
e. p. d.	en paz descanse (*cf.* D. E. P., q. e. p. d. *y* R. I. P.)
e. p. m.	en propia mano
e. s. m.	en sus manos
et ál.	et álii (*lat.:* 'y otros')
etc.	etcétera
Exc.ª	excelencia
excl.	exclusive (*cf.* incl.)
Excmo. (*fem.* Excma.)	excelentísimo
f.	folio (*también* fol. *y* f.°)
f.ª	factura (*también* fra.)
fasc.	fascículo
F. C.	ferrocarril
fca.	fábrica
Fdo.	firmado
féc.	fécit (*lat.:* 'hizo')
FF. AA.	Fuerzas Armadas
fig.	figura
f.°; fol.	folio (*también* f.)
Fr.	fray ‖ frey
fra.	factura (*también* f.ª)
Gdor. (*fem.* Gdora., Gdor.ª); Gob.	gobernador, -ra
g. p.; g/p	giro postal
Gral.	general
g. v.	gran velocidad (*cf.* p. v.)
H.; Hno. (*fem.* Hna.)	hermano, -na
I.	ilustre (*también* Il. *e* Iltre.)
ib.; ibíd.	ibídem (*lat.:* 'en el mismo lugar')

íd.	ídem (*lat.:* 'el mismo, lo mismo')
i. e.	id est (*lat.:* 'esto es')
igl.ª	iglesia
Il.	ilustre (*también* I. *e* Iltre.)
Ilmo. (*fem.* Ilma.)	ilustrísimo
Iltre.	ilustre (*también* I. *e* Il.)
imp.	imprenta (*también* impr.)
impr.	imprenta (*también* imp.) ‖ impreso
impto.; imp.ᵗᵒ	impuesto
incl.	inclusive (*cf.* excl.)
Ing.	ingeniero, -ra
Inst.	instituto
izdo. (*fem.* izda.); izq.; izqdo. (*fem.* izqda.)	izquierdo, -da

J. C.	Jesucristo (*cf.* Jhs. *y* Xto.)
Jhs.	Jesús (*referido a Cristo; cf.* J. C. *y* Xto.)
JJ. OO.	Juegos Olímpicos

k. o.	*knock-out* (*ingl.:* 'fuera de combate')

L/	letra (de cambio)
l. c.	loco citato (*lat.:* 'en el lugar citado'; *también* loc. cit.)
Lcdo. (*fem.* Lcda.); Ldo. (*fem.* Lda.); Lic.	licenciado, -da
loc. cit.	loco citato (*lat.:* 'en el lugar citado'; *también* l. c.)
Ltd.	*limited* (*ingl.:* 'limitado, -da'; *cf.* Ltdo.)
Ltdo. (*fem.* Ltda.)	limitado (*cf.* Ltd.)

m.	meridies (*lat:* 'mediodía'; *cf.* a. m. *y* p. m.)
M.	majestad ‖ madre ('tratamiento religioso'; *también* M.ᶜ)
Magfco. (*fem.* Magfca.)	magnífico
máx.	máximo (*cf.* mín.)
M.ᶜ	madre ('tratamiento religioso'; *también* M.)
mín.	mínimo (*cf.* máx.)
m. n.	moneda nacional
Mons.	monseñor
mr.	mártir
ms.	manuscrito

n.	nota
N.ª S.ª	Nuestra Señora (*referido a la Virgen; también* Ntra. Sra., Ntr.ª Sr.ª)
N. B.	nota bene (*lat.:* 'observa bien'; *equivale a* nótese bien)
N. del T.	nota del traductor
n.º; nro.	número (*también* núm.; *cf.* #, *en apéndice 4*)
N. S.	Nuestro Señor (*referido a Jesucristo; cf.* N. S. J. C.)

N. S. J. C. — Nuestro Señor Jesucristo (*cf.* N. S.)
Ntra. Sra.; Ntr.ª Sr.ª — Nuestra Señora (*referido a la Virgen; también* N.ª S.ª)
núm. — número (*también* n.º *y* nro.; *cf.* #, *en apéndice 4*)

Ob. — obispo
ob. cit. — obra citada (*cf.* óp. cit.)
O. F. M. — Orden de frailes menores (franciscanos)
O. M. — Orden Ministerial [Esp.]
O. P. — Orden de predicadores (dominicos)
óp. cit. — ópere citato (*lat.:* 'en la obra citada'; *cf.* ob. cit.)
O. S. A. — Orden de San Agustín (agustinos)

p. — página (*también* pg. *y* pág.)
P. — papa (*cf.* Pnt.) ǁ padre ('tratamiento religioso')
p. a. — por ausencia ǁ por autorización (*también* P. A.)
pág. — página (*también* p. *y* pg.)
párr. — párrafo (*cf.* §, *en apéndice 4*)
Pat. — patente
Pbro. — presbítero (*también* Presb.)
p. d. — porte(s) debido(s) (*cf.* p. p.)
P. D. — posdata (*cf.* P. S.)
pdo. — pasado
Pdte. (*fem.* Pdta.) — presidente
p. ej. — por ejemplo (*cf.* v. g. *y* v. gr.)
pg. — página (*también* p. *y* pág.)
p. k. — punto kilométrico
pl.; plza. — plaza (*también* pza.)
p. m. — post merídiem (*lat.:* 'después del mediodía'; *cf.* a. m. *y* m.)
P. M. — policía militar
Pnt. — pontífice (*cf.* P.)
p. o.; P. O.; p/o — por orden
p.º — paseo
p. p. — por poder ǁ porte(s) pagado(s) (*cf.* p. d.)
ppal.; pral. — principal
Presb. — presbítero (*también* Pbro.)
Prof. (*fem.* Prof.ª) — profesor
pról. — prólogo
prov. — provincia
P. S. — post scríptum (*lat.:* 'después de lo escrito'; *cf.* P. D.)
p. v. — pequeña velocidad (*cf.* g. v.)
P. V. P. — precio de venta al público
pza. — plaza (*también* pl. *y* plza.)

q. b. s. m. — que besa su mano (*p. us.; cf.* b. l. m.)
q. b. s. p. — que besa sus pies (*p. us.*)
q. D. g.; Q. D. G. — que Dios guarde (*p. us.*)
q. e. g. e. — que en gloria esté (*p. us.*)
q. e. p. d. — que en paz descanse (*p. us.; cf.* D. E. P., e. p. d. *y* R. I. P.)
q. e. s. m. — que estrecha su mano (*p. us.*)
q. s. g. h. — que santa gloria haya (*p. us.*)

R.	reverendo, -da (*también* Rdo., Rev., Rvd. *y* Rvdo.)
R. D.	Real Decreto [Esp.] (*cf.* R. O.) || República Dominicana
Rdo. (*fem.* Rda.)	reverendo (*también* Rev., Rvd., Rvdo. *y* R.)
reg.	registro
Rep.	república
Rev.	reverendo, -da (*también* Rdo., Rvd., Rvdo. *y* R.)
R. I. P.	requiéscat in pace (*lat.:* 'descanse en paz'; *cf.* D. E. P., e. p. d. *y* q. e. p. d.)
r.º	recto
R. O.	Real Orden [Esp.] (*cf.* R. D.)
r. p. m.	revoluciones por minuto
RR. HH.	recursos humanos
Rte.	remitente
Rvd.; Rvdo. (*fem.* Rvda.)	reverendo, -da (*también* R., Rdo. *y* Rev.)
Rvdmo. (*fem.* Rvdma.)	reverendísimo
s.	siglo || siguiente (*también* sig.)
S.	san (*cf.* Sto.)
s. a.; s/a	sin año [de impresión o de edición] (*cf.* s. d., s. e. *y* s. l.)
S.ª	señoría || señora
S. A.	sociedad anónima (*cf.* S. L.) || su alteza
S. A. I.	su alteza imperial
S. A. R.	su alteza real
S. A. S.	su alteza serenísima
s. c.	su casa
s/c	su cuenta
s. d.	sine data (*lat.:* 'sin fecha [de edición o de impresión]'; *cf.* s. a., s. e. *y* s. l.)
Sdad.	sociedad (*también* Soc.)
S. D. M.	su divina majestad
s. e.; s/e	sin [indicación de] editorial (*cf.* s. a., s. d. *y* s. l.)
S. E.	su excelencia
Ser.ᵐᵒ (*fem.* Ser.ᵐᵃ)	serenísimo
s. e. u o.	salvo error u omisión
s. f.; s/f	sin fecha
Sgto.	sargento
S. I.	Societatis Iesu (*lat.:* 'de la Compañía de Jesús'; *también* S. J.)
sig.	siguiente (*también* s.)
S. J.	Societatis Iesu (*lat.:* 'de la Compañía de Jesús'; *también* S. I.)
s. l.; s/l	sin [indicación del] lugar [de edición] (*cf.* s. a., s. d. *y* s. e.)
S. L.	sociedad limitada (*cf.* S. A.)
S. M.	su majestad
s. n.; s/n	sin número (*referido al inmueble de una vía pública*)
Soc.	sociedad (*también* Sdad.)
S. P.	servicio público
Sr. (*fem.* Sra., Sr.ª, S.ª)	señor
S. R. C.	se ruega contestación
S. R. M.	su real majestad
Srta.	señorita
s. s.	seguro servidor (*p. us.; cf.* s. s. s.)
S. S.	su santidad

s. s. s.	su seguro servidor (*p. us.; cf.* s. s.)
Sto. (*fem.* Sta.)	santo (*cf.* S.)
s. v.; s/v	sub voce (*lat.:* 'bajo la palabra', *en diccionarios y enciclopedias*)

t.	tomo
tel.; teléf.	teléfono (*también* tfno.)
test.°	testigo
tfno.	teléfono (*también* tel. *y* teléf.)
tít.	título
trad.	traducción ‖ traductor, -ra
Tte.	teniente

| U.; Ud. (*pl. irreg.:* Uds.) | usted (*también* V. *y* Vd.) |
| Univ. | universidad |

v.	véase (*cf.* vid.) ‖ verso
V.	usted (*p. us.; también* U., Ud. *y* Vd.) ‖ venerable
v/	visto
V. A.	vuestra alteza
Valmte.	vicealmirante
V. A. R.	vuestra alteza real
V. B.	vuestra beatitud
Vd. (*pl. irreg.:* Vds.)	usted (*p. us.; también* U., Ud. *y* V.)
Vdo. (*fem.* Vda.)	viudo
V. E.	vuestra excelencia
v. g.; v. gr.	verbi gratia (*lat.:* 'por ejemplo'; *cf.* p. ej.)
V. I.	usía ilustrísima (*cf.* V. S. I.)
vid.	vide (*lat.:* 'mira'; *equivale a* véase, *cf.* v.)
V. M.	vuestra majestad
v.°	vuelto
V. O.	versión original (*cf.* V. O. S.)
V.° B.°	visto bueno
vol.	volumen
V. O. S.	versión original subtitulada (*cf.* V. O.)
V. P.	vuestra paternidad
vs.	versus (*ingl.:* 'contra')
V. S.	vuestra señoría
V. S. I.	vuestra señoría ilustrísima (*cf.* V. I.)
vto. (*fem.* vta.)	vuelto
vv. aa.; VV. AA.	varios autores (*cf.* aa. vv., AA. VV.)

| W. C. | *water closet* (*ingl.:* 'servicio, retrete') |

| Xto. | Cristo (*cf.* J. C. *y* Jhs.) |

LISTA DE SÍMBOLOS ALFABETIZABLES

ADVERTENCIAS

[1] En esta lista se recogen los símbolos alfabetizables más usuales, casi todos ellos referidos a las unidades de medida, los elementos de la tabla periódica, los puntos cardinales y las monedas oficiales de todos los países europeos y americanos, así como de Filipinas y Guinea Ecuatorial.

[2] Los símbolos de los prefijos de las unidades de medida, que no se usan nunca aislados, se transcriben seguidos de un guion.

[3] Los símbolos son siempre invariables en plural; por tanto, todas las formas recogidas en esta lista sirven tanto para el singular como para el plural.

[4] Cuando un mismo símbolo tiene distintos valores, estos se separan mediante una pleca doble (||).

[5] En el caso de algunas monedas, además del símbolo trilítero establecido de acuerdo con las normas de la ISO (*International Organization for Standardization* 'Organización Internacional de Normalización'), se incluye(n) otro(s) de uso corriente.

a	área
a-	atto-
A	amperio
Ac	actinio
Ag	plata
Al	aluminio
ALL	lek (moneda oficial de Albania)
Am	americio
Ar	argón
ARS	peso argentino (moneda oficial de la Argentina; *cf.* $, *en apéndice 4*)
As	arsénico
at	atmósfera técnica
At	ástato
atm	atmósfera normal
Au	oro
b	barn
B	belio || boro || *byte*
Ba	bario
BAM	marco convertible (moneda oficial de Bosnia-Herzegovina)
bar	bar
BBD	dólar barbadense (moneda oficial de Barbados)
Be	berilio
BGN	leva (moneda oficial de Bulgaria)
Bh	bohrio
Bi	bismuto
Bk	berkelio
BOB	boliviano (moneda oficial de Bolivia; *también* bs *y* Bs)
Bq	becquerel
Br	bromo
BRL	real (moneda oficial de Brasil)

bs	boliviano (moneda oficial de Bolivia; *también* Bs *y* BOB)
Bs	bolívar (moneda oficial de Venezuela; *también* VEB) ‖ boliviano (moneda oficial de Bolivia; *también* bs *y* BOB)
BSD	dólar bahameño (moneda oficial de las Bahamas)
BYR	rublo bielorruso (moneda oficial de Bielorrusia)
BZD	dólar beliceño (moneda oficial de Belice)

c	ciclo ‖ circa
c-	centi-
C	carbono ‖ culombio
Ca	calcio
CAD	dólar canadiense (moneda oficial de Canadá)
cal	caloría
cd	candela
Cd	cadmio
Ce	cerio
Cf	californio
CHF	franco suizo (moneda oficial de Suiza y Liechtenstein)
Ci	curio ('unidad de radiactividad'; *cf.* Cm)
Cl	cloro
CLP	peso chileno (moneda oficial de Chile; *cf.* \$, *en apéndice 4*)
cm	centímetro
cm^2	centímetro cuadrado
cm^3	centímetro cúbico (*y no* ®c. c.)
Cm	curio ('elemento químico'; *cf.* Ci)
Co	cobalto
COP	peso colombiano (moneda oficial de Colombia; *cf.* \$, *en apéndice 4*)
Cr	cromo
CRC	colón costarricense (moneda oficial de Costa Rica; *cf.* ₡, *en apéndice 4*)
Cs	cesio
CSD	dinar serbio (moneda oficial de Serbia y Montenegro)
Cu	cobre
CUP	peso cubano (moneda oficial de Cuba; *cf.* \$, *en apéndice 4*)
CV	caballo de vapor (*también* hp)
CZK	corona checa (moneda oficial de la República Checa)

d	día
d-	deci-
da-	deca-
dB	decibelio
DKK	corona danesa (moneda oficial de Dinamarca)
dm	decímetro
dm^2	decímetro cuadrado
dm^3	decímetro cúbico
DOP	peso dominicano (moneda oficial de la República Dominicana; *cf.* \$, *en apéndice 4*)
Dy	disprosio
dyn	dina

E	Este ('punto cardinal')
E-	exa-
ECS	sucre (antigua moneda oficial del Ecuador, hoy reemplazada por el dólar estadounidense)
EEK	corona estonia (moneda oficial de Estonia)
Er	erbio
erg	ergio
Es	einstenio
Eu	europio
EUR	euro (moneda oficial de los países de la «zona euro» de la Unión Europea: Alemania, Austria, Bélgica, España, Finlandia, Francia, Grecia, Irlanda, Italia, Luxemburgo, Países Bajos y Portugal; también es la moneda de Andorra, Ciudad del Vaticano, Mónaco y San Marino, y circula en Montenegro y Kosovo; *cf.* €, *en apéndice 4*)
eV	electronvoltio

f-	femto-
F	faradio || flúor || franco
Fe	hierro
Fm	fermio
Fr	francio || franklin
ft	pie (del ingl. *foot,* 'unidad de longitud')

g	gramo (*y no* ®gr)
G-	giga-
Ga	galio
GBP	libra esterlina (moneda oficial del Reino Unido de Gran Bretaña e Irlanda del Norte; *cf.* £, *en apéndice 4*)
Gd	gadolinio
Ge	germanio
GIP	libra gibraltareña (moneda oficial de Gibraltar)
gr	grano [*sic*] ('unidad de peso')
Gs	gauss
GTQ	quetzal (moneda oficial de Guatemala)
Gy	gray
GYD	dólar guyanés (moneda oficial de Guyana)

h	altura (del ingl. *height*) || hora
h-	hecto-
H	henrio || hidrógeno
ha	hectárea
Ha	hahnio
He	helio
Hf	hafnio
Hg	mercurio
HNL	lempira (moneda oficial de Honduras; *cf.* L$, *en apéndice 4*)
Ho	holmio
hp	caballo de vapor (del ingl. *horsepower,* 'unidad de potencia'; *también* CV)
HRK	kuna (moneda oficial de Croacia)

Hs	hassio
HTG	gourde (moneda oficial de Haití)
HUF	forinto (moneda oficial de Hungría)
Hz	hercio
I	yodo
in	pulgada (del ingl. *inch,* 'unidad de longitud')
In	indio
Ir	iridio
ISK	corona islandesa (moneda oficial de Islandia)
J	julio
JMD	dólar jamaicano (moneda oficial de Jamaica)
k-	kilo- (*y no* ⊗K-)
K	kelvin ‖ potasio
kg	kilogramo
km	kilómetro
Kr	criptón *o* kriptón
Kv	kurchatovio
l; L	litro (*y no* ⊗lit, ⊗Lit)
La	lantano
lb	libra ('unidad de peso')
Li	litio
lm	lumen
Lr	laurencio
LTL	litas (moneda oficial de Lituania)
Lu	lutecio
LVL	lats (moneda oficial de Letonia)
lx	lux
m	metro (*y no* ⊗mt *ni* ⊗mtr)
m^2	metro cuadrado
m^3	metro cúbico
m-	mili-
M-	mega-
mbar	milibar
Mc	megaciclo
Md	mendelevio
MDL	leu moldavo (moneda oficial de Moldavia)
mg	miligramo
Mg	magnesio
min	minuto (de tiempo)
MKD	denar (moneda oficial de la Antigua República Yugoslava de Macedonia)
mm	milímetro
Mn	manganeso
Mo	molibdeno

mol	mol *o* molécula gramo
Mt	meitnerio
MTL	lira maltesa (moneda oficial de Malta)
Mx	maxwell
MXP/MXN	peso mexicano/nuevo peso mexicano (moneda oficial de México; *cf.* $ *y* $, *en apéndice 4*)

n-	nano-
N	newton ‖ nitrógeno ‖ Norte
Na	sodio
Nb	niobio
Nd	neodimio
Ne	neón
NE	Noreste
Ni	níquel
NIO	córdoba (moneda oficial de Nicaragua; *cf.* C$, *en apéndice 4*)
No	nobelio
NO	Noroeste (*también* NW, *en el sistema internacional*)
NOK	corona noruega (moneda oficial de Noruega)
Np	neptunio
NW	Noroeste (del ingl. *Northwest; también* NO, *en el ámbito hispánico*)

O	Oeste (*también* W, *en el sistema internacional*) ‖ oxígeno
Oe	oersted
Os	osmio
oz	onza

p-	pico-
P	fósforo ‖ poise
P-	peta-
Pa	pascal ‖ protactinio
PAB	balboa (moneda oficial de Panamá; *cf.* ฿, *en apéndice 4*)
Pb	plomo
pc	parsec
Pd	paladio
PES/PEN	sol/nuevo sol (moneda oficial del Perú)
PHP	peso filipino (moneda oficial de Filipinas)
PLN	esloti (adaptación del polaco *zloty,* moneda oficial de Polonia)
Pm	prometio
Po	polonio
Pr	praseodimio
pt	pinta
Pt	platino
Pu	plutonio
PYG	guaraní (moneda oficial del Paraguay)

Qm	quintal métrico

R	roentgen
Ra	radio
rad	radián
Rb	rubidio
Re	renio
Rf	rutherfordio
Rh	Rhesus ('factor sanguíneo') ‖ rodio
Rn	radón
ROL/RON	leu /nuevo leu rumano (moneda oficial de Rumanía)
Ru	rutenio
RUB	rublo (moneda oficial de Rusia)

s	segundo [de tiempo] (*y no* ⊗sg)
S	azufre ‖ siemens ‖ Sur
Sb	antimonio
Sc	escandio
Se	selenio
SE	Sureste
SEK	corona sueca (moneda oficial de Suecia)
Sg	seaborgio
Si	silicio
SIT	tólar (moneda oficial de Eslovenia)
SKK	corona eslovaca (moneda oficial de Eslovaquia)
Sm	samario
Sn	estaño
SO	Suroeste (*también* SW, *en el sistema internacional*)
sr	estereorradián
Sr	estroncio
SRD	dólar surinamés (moneda oficial de Surinam)
Sv	sievert
SVC	colón salvadoreño (moneda oficial de El Salvador; *cf.* ₡, *en apéndice 4*)
SW	Suroeste (del ingl. *Southwest; también* SO, *en el ámbito hispánico*)

t	tonelada
T	tesla
T-	tera-
Ta	tantalio
Tb	terbio
Tc	tecnecio
Te	telurio
tex	tex
Th	torio
Ti	titanio
Tl	talio
Tm	tulio
TRL/TRY	lira/nueva lira turca (moneda oficial de Turquía)
TTD	dólar trinitense (moneda oficial de Trinidad y Tobago)

u	unidad de masa atómica
U	uranio
UA	unidad astronómica
UAH	grivna (moneda oficial de Ucrania)
USD	dólar estadounidense (moneda oficial de los Estados Unidos de América, el Ecuador y Puerto Rico; *cf.* $, *en apéndice 4*)
UYU	peso uruguayo (moneda oficial del Uruguay; *cf.* $, *en apéndice 4*)
V	vanadio ‖ voltio
VEB	bolívar (moneda oficial de Venezuela; *también* Bs)
W	Oeste (del ingl. *West; también* O, *en el ámbito hispánico*) ‖ vatio ‖ wolframio
Wb	weber
XAF	franco CFA (moneda oficial de Guinea Ecuatorial y de otros países africanos)
XCD	dólar del Caribe Oriental (moneda oficial de Antigua y Barbuda, Dominica, Granada, San Cristóbal y Nieves, Santa Lucía, San Vicente y las Granadinas)
Xe	xenón
Y	itrio
Yb	iterbio
yd	yarda
Zn	cinc *o* zinc
Zr	circonio *o* zirconio

LISTA DE SÍMBOLOS O SIGNOS
NO ALFABETIZABLES

ADVERTENCIAS

[1] En esta lista se recogen los símbolos no alfabetizables más usuales. Cuando alguno de ellos tiene varios valores, estos se separan unos de otros mediante una pleca doble (‖).

[2] Cuando uno de estos símbolos es de ámbito geográfico limitado, tras su equivalencia se indica entre corchetes la abreviatura del país o del área en el que se usa.

[3] En los símbolos que pertenecen a un ámbito determinado del saber, se indica este mediante abreviatura en cursiva y entre paréntesis.

Å	*angstrom*
@	arroba (*cf.* a., *en apéndice 2*)
∀	cuantificador universal: 'todo' o 'para todo' (*Lóg.*)
฿	balboa (moneda oficial de Panamá; *cf.* PAB, *en apéndice 3*)
♭	bemol (*Mús.*)
¢	centavo (*cf.* c., cent., ctv. *y* ctvo., *en apéndice 2*)
₡	colón (moneda oficial de El Salvador y Costa Rica; *cf.* SVC *y* CRC, *en apéndice 3*)
©	*copyright* (*ingl.:* 'derechos de autor')
°C	grado Celsius
C$	córdoba (moneda oficial de Nicaragua; *cf.* NIO, *en apéndice 3*)
€	euro (moneda oficial de los países de la «zona euro» de la Unión Europea: Alemania, Austria, Bélgica, España, Finlandia, Francia, Grecia, Irlanda, Italia, Luxemburgo, Países Bajos y Portugal; también es la moneda de Andorra, Ciudad del Vaticano, Mónaco y San Marino, y circula en Montenegro y Kosovo; *cf.* EUR, *en apéndice 3*)
°F	grado Fahrenheit
£	libra esterlina (moneda oficial del Reino Unido de Gran Bretaña e Irlanda del Norte; *cf.* GBP, *en apéndice 3*)
L$	lempira (moneda oficial de Honduras; *cf.* HNL, *en apéndice 3*)
®	*registered trademark* (*ingl.:* 'marca registrada'; *cf.* ™)
$	peso (moneda oficial de la Argentina, Chile, México [*también, preferido,* $] y el Uruguay; *cf.* ARS, CLP, MXP/MXN y UYU, *respectivamente, en apéndice 3*) ‖ dólar (moneda oficial de los Estados Unidos de América, Puerto Rico y el Ecuador; *cf.* USD, *en apéndice 3*)
$	peso (moneda oficial de Colombia, Cuba, México [*también, no preferido,* $] y República Dominicana; *cf.* COP, CUP, MXP/MXN y DOP, *respectivamente, en apéndice 3*)
§	párrafo (*cf.* párr., *en apéndice 2*)
™	*trademark* (*ingl.:* 'nombre comercial'; *cf.* ®)
¥	yen (moneda oficial de Japón)
π	número pi (*Mat.*)

Δ	incremento (*Mat.*)
μ-	micro-
Ω	ohmio
&	et (*lat.*: y)
¶	información complementaria (*Filol.*)
*	expresión agramatical (*Gram.*) ‖ forma hipotética (*Filol.*)
../..	siguen más páginas (*colocado al pie de un texto*)
'	minuto de ángulo
''	segundo de ángulo
#	número [Am.] (*cf.* n.º, nro. *y* núm., *en apéndice 2*) ‖ almohadilla (*Tel.*)
♯	sostenido (*Mús.*)
♮	becuadro (*Mús.*)
+	más (*Mat.*)
–	menos (*Mat.*)
±	más menos (*Mat.*)
<	menor que (*Mat.*) ‖ procede de (*Filol.*)
>	mayor que (*Mat.*) ‖ pasa a (*Filol.*)
=	igual a (*Mat.*)
≤	menor o igual que (*Mat.*)
≥	mayor o igual que (*Mat.*)
≠	no igual a (*Mat.*)
≅	semejante a (*Mat.*)
=>	implica (*Mat.*)
×	por, multiplicado por (*Mat.*)
÷	entre, dividido por (*Mat.*)
!	factorial (*Mat.*)
∫	integral (*Mat.*)
∅	cero fónico *o* elemento elidido (*Ling.*) ‖ conjunto vacío (*Mat.*)
∞	infinito (*Mat.*)
°	grado de ángulo
%	por ciento
‰	por mil
√	raíz (*Mat.*)
✓	verificación
†	fallecido (*junto al nombre de una persona*)

LISTA DE PAÍSES Y CAPITALES, CON SUS GENTILICIOS

ADVERTENCIAS

[1] En esta lista se recogen las grafías recomendadas en español de los nombres de los países reconocidos por la Organización de las Naciones Unidas y de sus capitales. Cuando existe, se ofrece asimismo la forma recomendada del gentilicio. Se han incluido también algunos nombres anteriores a cambios relativamente recientes en la denominación de algunos países o capitales.

[2] En los nombres de países que se usan opcional u obligatoriamente con artículo, este aparece en el lema pospuesto y entre paréntesis siempre que no forme parte del nombre propio (razón por la que se escribe con minúscula inicial).

[3] El asterisco (*) que figura tras el nombre de algunos de los topónimos de esta lista indica la existencia de una entrada relativa a dichos topónimos en el cuerpo del diccionario.

Abiyán*. Antigua capital de Costa de Marfil. GENT. **abiyanés, -sa.**

Abu Dabi*. Capital de los Emiratos Árabes Unidos. GENT. **abudabí.**

Abuya*. Capital de Nigeria.

Accra. Capital de Ghana.

Adís Abeba*. Capital de Etiopía.

Afganistán* **(el).** País de Asia. GENT. **afgano, -na.** CAP. **Kabul.**

Albania. País de Europa. GENT. **albanés, -sa.** CAP. **Tirana.**

Alemania. País de Europa. GENT. **alemán, -na.** CAP. **Berlín.**

Alto Volta. País de África, hoy Burkina Faso.

Ammán. Capital de Jordania.

Ámsterdam*. Capital de los Países Bajos.

Andorra. País de Europa. GENT. **andorrano, -na.** CAP. **Andorra la Vieja.**

Andorra la Vieja. Capital de Andorra. GENT. **andorrano, -na.**

Angola. País de África. GENT. **angoleño, -ña** o **angolano, -na** [Cuba]. CAP. **Luanda.**

Ankara*. Capital de Turquía.

Antananarivo. Capital de Madagascar.

Antigua República Yugoslava de Macedonia* **(la).** → Macedonia.

Antigua y Barbuda. País de América, en el Caribe. GENT. **antiguano, -na.** CAP. **Saint John.**

Apia. Capital de Samoa.

Arabia Saudí o **Arabia Saudita***. País de Asia. GENT. **saudí** o **saudita.** CAP. **Riad.**

Argel. Capital de Argelia. GENT. **argelino, -na.**

Argelia*. País de África. GENT. **argelino, -na.** CAP. **Argel.**

Argentina (la). País de América. GENT. **argentino, -na.** CAP. **Buenos Aires.**

Armenia. País de Asia. GENT. **armenio, -nia.** CAP. **Ereván.**

Asjabad*. Capital de Turkmenistán.

Asmara. Capital de Eritrea.

Astaná. Capital de Kazajistán.

Asunción. Capital del Paraguay. GENT. **asunceno, -na** o **asunceño, -ña.**

Atenas. Capital de Grecia. GENT. **ateniense.**

Australia. País de Oceanía. GENT. australiano, -na. CAP. Canberra o Camberra.

Austria. País de Europa. GENT. austriaco, -ca o austríaco, -ca. CAP. Viena.

Avarua. Capital de las Islas Cook.

Azerbaiyán*. País de Asia. GENT. azerbaiyano, -na. CAP. Bakú.

Bagdad*. Capital de Iraq. GENT. bagdadí.

Bahamas (las). País de América, en el Caribe. GENT. bahameño, -ña. CAP. Nassau.

Bahréin*. País de Asia. GENT. bahreiní. CAP. Manama.

Bairiki. Capital de Kiribati.

Bakú. Capital de Azerbaiyán.

Bamako. Capital de Mali o Malí.

Bandar Seri Begawan. Capital de Brunéi Darussalam.

Bangkok. Capital de Tailandia.

Bangladés*. País de Asia. GENT. bangladesí. CAP. Dacca.

Bangui. Capital de la República Centroafricana.

Banjul. Capital de Gambia.

Barbados. País de América, en el Caribe. GENT. barbadense. CAP. Bridgetown.

Basseterre. Capital de San Cristóbal y Nieves.

Beirut*. Capital del Líbano. GENT. beirutí.

Bélgica. País de Europa. GENT. belga. CAP. Bruselas.

Belgrado. Capital de Serbia y Montenegro.

Belice*. País de América. GENT. beliceño, -ña. CAP. Belmopán.

Belmopán*. Capital de Belice.

Benín*. País de África. GENT. beninés, -sa. CAP. Porto Novo.

Berlín. Capital de Alemania. GENT. berlinés, -sa.

Berna. Capital de Suiza.

Bielorrusia*. País de Europa. GENT. bielorruso, -sa. CAP. Minsk.

Birmania*. País de Asia. GENT. birmano, -na. CAP. Rangún.

Biskek*. Capital de Kirguistán.

Bissau. Capital de Guinea-Bissau.

Bloemfontein. Capital judicial de Sudáfrica.

Bogotá*. → Santafé de Bogotá.

Bolivia. País de América. GENT. boliviano, -na. CAPS. Sucre y La Paz.

Bosnia-Herzegovina*. País de Europa. GENT. bosnio, -nia o bosnioherzegovino, -na. CAP. Sarajevo.

Botsuana*. País de África. GENT. botsuano, -na. CAP. Gaborone.

Brasil* (el). País de América. GENT. brasileño, -ña o brasilero, -ra [Am.]. CAP. Brasilia.

Brasilia. Capital de Brasil.

Bratislava. Capital de Eslovaquia.

Brazzaville. Capital del Congo.

Bridgetown. Capital de Barbados.

Brunéi* Darussalam. País de Asia. GENT. bruneano, -na. CAP. Bandar Seri Begawan.

Bruselas. Capital de Bélgica. GENT. bruselense.

Bucarest. Capital de Rumanía.

Budapest. Capital de Hungría.

Buenos Aires. Capital de la Argentina. GENT. **porteño, -ña.**

Bulgaria. País de Europa. GENT. **búlgaro, -ra.** CAP. **Sofía.**

Burkina Faso*. País de África. CAP. **Uagadugú.**

Burundi. País de África. GENT. **burundés, -sa.** CAP. **Buyumbura.**

Bután*. País de Asia. GENT. **butanés, -sa.** CAP. **Timbu.**

Buyumbura*. Capital de Burundi.

Cabo Verde. País de África, en el Atlántico. GENT. **caboverdiano, -na.** CAP. **Praia.**

Camberra. → Canberra.

Camboya. País de Asia. GENT. **camboyano, -na.** CAP. **Phnom Penh.**

Camerún (el). País de África. GENT. **camerunés, -sa.** CAP. **Yaundé.**

Canadá (el). País de América. GENT. **canadiense.** CAP. **Ottawa.**

Canberra*. Capital de Australia. También **Camberra.** GENT. **canberrano, -na** o **camberrano, -na.**

Caracas. Capital de Venezuela. GENT. **caraqueño, -ña.**

Castries. Capital de Santa Lucía.

Ceilán. País de Asia, hoy Sri Lanka.

Chad* (el). País de África. GENT. **chadiano, -na.** CAP. **Yamena.**

Chile. País de América. GENT. **chileno, -na.** CAP. **Santiago de Chile.**

China. País de Asia. GENT. **chino, -na.** CAP. **Pekín.**

Chipre. País de Asia, en el Mediterráneo. GENT. **chipriota.** CAP. **Nicosia.**

Chisinau*. Capital de Moldavia.

Ciudad de Guatemala. Capital de Guatemala.

Ciudad del Cabo*. Capital legislativa de Sudáfrica.

Ciudad del Vaticano. País de Europa. GENT. **vaticano, -na.**

Colombia. País de América. GENT. **colombiano, -na.** CAP. **Santafé de Bogotá.**

Colombo. Capital de Sri Lanka.

Comoras* (las). País de África, en el Índico. GENT. **comorense.** CAP. **Moroni.**

Conakry. Capital de Guinea.

Congo (el). País de África. GENT. **congoleño, -ña.** CAP. **Brazzaville.**

Copenhague*. Capital de Dinamarca.

Corea* del Norte. País de Asia. GENT. **norcoreano, -na.** CAP. **Pyongyang.**

Corea* del Sur. País de Asia. GENT. **surcoreano, -na.** CAP. **Seúl.**

Costa de Marfil. País de África. GENT. **marfileño, -ña.** CAP. **Yamusukro.**

Costa Rica. País de América. GENT. **costarricense.** CAP. **San José.**

Croacia. País de Europa. GENT. **croata.** CAP. **Zagreb.**

Cuba. País de América, en el Caribe. GENT. **cubano, -na.** CAP. **La Habana.**

Dacca*. Capital de Bangladés.

Dahomey. País de África, hoy Benín.

Dakar. Capital de Senegal.

Damasco. Capital de Siria. GENT. **damasceno, -na.**

Dili. Capital de Timor Oriental.

Dinamarca. País de Europa. GENT. **danés, -sa.** CAP. **Copenhague.**

Dodoma. Capital de Tanzania.

Doha. Capital de Qatar.

Dominica. País de América, en el Caribe. GENT. **dominiqués, -sa.** CAP. **Roseau.**

Dublín. Capital de Irlanda. GENT. **dublinés, -sa.**

Dusambé*. Capital de Tayikistán.

Ecuador (el). País de América. GENT. **ecuatoriano, -na.** CAP. **Quito.**

Egipto. País de África. GENT. **egipcio, -cia.** CAP. **El Cairo.**

El Cairo. Capital de Egipto. GENT. **cairota.**

El Salvador. País de América. GENT. **salvadoreño, -ña.** CAP. **San Salvador.**

Emiratos Árabes Unidos (los). País de Asia. CAP. **Abu Dabi.**

Ereván*. Capital de Armenia.

Eritrea. País de África. GENT. **eritreo, -a.** CAP. **Asmara.**

Eslovaquia. País de Europa. GENT. **eslovaco, -ca.** CAP. **Bratislava.**

Eslovenia. País de Europa. GENT. **esloveno, -na.** CAP. **Liubliana.**

España. País de Europa. GENT. **español, -la.** CAP. **Madrid.**

Estados Unidos* de América (los). País de América. GENT. **estadounidense.** CAP. **Washington D. C.**

Estocolmo. Capital de Suecia.

Estonia. País de Europa. GENT. **estonio, -nia.** CAP. **Tallin.**

Etiopía. País de África. GENT. **etíope.** CAP. **Adís Abeba.**

Filipinas. País de Asia. GENT. **filipino, -na.** CAP. **Manila.**

Finlandia. País de Europa. GENT. **finlandés, -sa.** CAP. **Helsinki.**

Fiyi*. País de Oceanía. GENT. **fiyiano, -na.** CAP. **Suva.**

Fongafale. Capital de Tuvalu, en el atolón de Funafuti.

Francia. País de Europa. GENT. **francés, -sa.** CAP. **París.**

Freetown. Capital de Sierra Leona.

Gabón (el). País de África. GENT. **gabonés, -sa.** CAP. **Libreville.**

Gaborone. Capital de Botsuana.

Gambia. País de África. GENT. **gambiano, -na.** CAP. **Banjul.**

Georgetown. Capital de Guyana.

Georgia. País de Asia. GENT. **georgiano, -na.** CAP. **Tiflis.**

Ghana*. País de África. GENT. **ghanés, -sa.** CAP. **Accra.**

Granada*. País de América, en el Caribe. GENT. **granadino, -na.** CAP. **Saint George.**

Grecia. País de Europa. GENT. **griego, -ga.** CAP. **Atenas.**

Guatemala. País de América. GENT. **guatemalteco, -ca.** CAP. **Ciudad de Guatemala.**

Guinea (la). País de África. GENT. **guineano, -na.** CAP. **Conakry.**

Guinea-Bissau. País de África. GENT. **guineano, -na.** CAP. **Bissau.**

Guinea Ecuatorial (la). País de África. GENT. **ecuatoguineano, -na.** CAP. **Malabo.**

Guyana*. País de América. GENT. **guyanés, -sa.** CAP. **Georgetown.**

Haití. País de América, en el Caribe. GENT. **haitiano, -na.** CAP. **Puerto Príncipe.**
Hanói*. Capital de Vietnam.
Harare. Capital de Zimbabue.
Helsinki. Capital de Finlandia.
Holanda. → Países Bajos.
Honduras. País de América. GENT. **hondureño, -ña.** CAP. **Tegucigalpa.**
Honiara. Capital de las Islas Salomón.
Hungría. País de Europa. GENT. **húngaro, -ra.** CAP. **Budapest.**

India* (la). País de Asia. GENT. **indio, -dia.** CAP. **Nueva Delhi.**
Indonesia. País de Asia. GENT. **indonesio, -sia.** CAP. **Yakarta.**
Irak. → Iraq.
Irán. País de Asia. GENT. **iraní.** CAP. **Teherán.**
Iraq*. País de Asia. También **Irak.** GENT. **iraquí.** CAP. **Bagdad.**
Irlanda*. País de Europa. GENT. **irlandés, -sa.** CAP. **Dublín.**
Islamabad. Capital de Pakistán.
Islandia. País de Europa. GENT. **islandés, -sa.** CAP. **Reikiavik.**
Islas Cook (las). País de Oceanía (administración autónoma en libre asociación con Nueva Zelanda). CAP. **Avarua.**
Islas Marshall (las). País de Oceanía. GENT. **marshalés, -sa.** CAP. **Majuro.**
Islas Salomón (las). País de Oceanía. GENT. **salomonense.** CAP. **Honiara.**
Israel. País de Asia. GENT. **israelí.** CAP. (no reconocida por la ONU) **Jerusalén.**
Italia. País de Europa. GENT. **italiano, -na.** CAP. **Roma.**

Jamaica*. País de América, en el Caribe. GENT. **jamaicano, -na** o **jamaiquino, -na** [Am.]. CAP. **Kingston.**
Japón (el). País de Asia. GENT. **japonés, -sa.** CAP. **Tokio.**
Jartum. Capital de Sudán.
Jerusalén*. Capital de Israel (no reconocida por la ONU).
Jordania. País de Asia. GENT. **jordano, -na.** CAP. **Ammán.**

Kabul. Capital de Afganistán.
Kampala. Capital de Uganda.
Katmandú*. Capital de Nepal.
Kazajistán*. País de Asia. GENT. **kazajo, -ja.** CAP. **Astaná.**
Kenia*. País de África. GENT. **keniano, -na** o **keniata.** CAP. **Nairobi.**
Kiev. Capital de Ucrania.
Kigali. Capital de Ruanda.
Kingston. Capital de Jamaica.
Kingstown. Capital de San Vicente y las Granadinas.
Kinshasa. Capital de la República Democrática del Congo.
Kirguistán*. País de Asia. GENT. **kirguís** o **kirguiso, -sa.** CAP. **Biskek.**
Kiribati. País de Oceanía. GENT. **kiribatiano, -na.** CAP. **Bairiki.**

Koror. Capital de Paláu.

Kuala Lumpur. Capital de Malasia.

Kuwait[1]. País de Asia. GENT. **kuwaití.** CAP. **Kuwait.**

Kuwait[2]. Capital de Kuwait. GENT. **kuwaití.**

La Habana*. Capital de Cuba. GENT. **habanero, -ra.**

Laos*. País de Asia. GENT. **laosiano, -na.** CAP. **Vientián.**

La Paz. Sede del Gobierno de Bolivia. GENT. **paceño, -ña.**

La Valeta*. Capital de Malta.

Lesoto*. País de África. GENT. **lesotense.** CAP. **Maseru.**

Letonia*. País de Europa. GENT. **letón, -na.** CAP. **Riga.**

Líbano (el). País de Asia. GENT. **libanés, -sa.** CAP. **Beirut.**

Liberia. País de África. GENT. **liberiano, -na.** CAP. **Monrovia.**

Libia. País de África. GENT. **libio, -bia.** CAP. **Trípoli.**

Libreville. Capital de Gabón.

Liechtenstein. País de Europa. GENT. **liechtensteiniano, -na.** CAP. **Vaduz.**

Lilongüe*. Capital de Malaui.

Lima. Capital del Perú. GENT. **limeño, -ña.**

Lisboa. Capital de Portugal. GENT. **lisboeta.**

Lituania. País de Europa. GENT. **lituano, -na.** CAP. **Vilna.**

Liubliana*. Capital de Eslovenia.

Lobamba. Capital legislativa de Suazilandia.

Lomé. Capital de Togo.

Londres. Capital del Reino Unido de Gran Bretaña e Irlanda del Norte. GENT. **londinense.**

Luanda. Capital de Angola.

Lusaka. Capital de Zambia.

Luxemburgo[1]. País de Europa. GENT. **luxemburgués, -sa.** CAP. **Luxemburgo.**

Luxemburgo[2]. Capital de Luxemburgo. GENT. **luxemburgués, -sa.**

Macedonia*. País de Europa. GENT. **macedonio, -nia.** CAP. **Skopie.**

Madagascar. País de África, en el Índico. GENT. **malgache.** CAP. **Antananarivo.**

Madrid. Capital de España. GENT. **madrileño, -ña.**

Majuro. Capital de las Islas Marshall.

Malabo. Capital de Guinea Ecuatorial.

Malasia*. País de Asia. GENT. **malasio, -sia.** CAP. **Kuala Lumpur.**

Malaui*. País de África. GENT. **malauí.** CAP. **Lilongüe.**

Maldivas (las). País de Asia, en el Índico. GENT. **maldivo, -va.** CAP. **Malé.**

Malé. Capital de las Maldivas.

Mali o Malí*. País de África. GENT. **maliense o malí.** CAP. **Bamako.**

Malta. País de Europa. GENT. **maltés, -sa.** CAP. **La Valeta.**

Managua. Capital de Nicaragua. GENT. **managüense.**

Manama. Capital de Bahréin.

Manila. Capital de Filipinas. GENT. **manileño, -ña.**

Maputo. Capital de Mozambique.

Marruecos. País de África. GENT. **marroquí.** CAP. **Rabat.**

Mascate*. Capital de Omán.

Maseru. Capital de Lesoto.

Mauricio. País de África, en el Índico. GENT. **mauriciano, -na.** CAP. **Port-Louis.**

Mauritania. País de África. GENT. **mauritano, -na.** CAP. **Nuakchot.**

Mbabane. Capital administrativa de Suazilandia.

México*. País de América. GENT. **mexicano, -na.** CAP. **México D. F.**

México D. F. Capital de México.

Micronesia. País de Oceanía. GENT. **micronesio, -sia.** CAP. **Palikir.**

Minsk. Capital de Bielorrusia.

Mogadiscio. Capital de Somalia.

Moldavia*. País de Europa. GENT. **moldavo, -va.** CAP. **Chisinau.**

Mónaco[1]. País de Europa. GENT. **monegasco, -ca.** CAP. **Mónaco.**

Mónaco[2]. Capital de Mónaco. GENT. **monegasco, -ca.**

Mongolia. País de Asia. GENT. **mongol, -la.** CAP. **Ulán Bator.**

Monrovia. Capital de Liberia.

Montevideo. Capital del Uruguay. GENT. **montevideano, -na.**

Moroni. Capital de las Comoras.

Moscú. Capital de Rusia. GENT. **moscovita.**

Mozambique. País de África. GENT. **mozambiqueño, -ña.** CAP. **Maputo.**

Nairobi. Capital de Kenia.

Namibia. País de África. GENT. **namibio, -bia.** CAP. **Windhoek.**

Nassau. Capital de las Bahamas.

Nauru. País de Oceanía. GENT. **nauruano, -na.** CAP. **Yaren.**

Nepal*. País de Asia. GENT. **nepalés, -sa** o **nepalí.** CAP. **Katmandú.**

Niamey. Capital de Níger.

Nicaragua. País de América. GENT. **nicaragüense.** CAP. **Managua.**

Nicosia. Capital de Chipre.

Níger. País de África. GENT. **nigerino, -na.** CAP. **Niamey.**

Nigeria. País de África. GENT. **nigeriano, -na.** CAP. **Abuya.**

Noruega. País de Europa. GENT. **noruego, -ga.** CAP. **Oslo.**

Nuakchot*. Capital de Mauritania.

Nueva Delhi*. Capital de la India.

Nueva Zelanda o **Nueva Zelandia*.** País de Oceanía. GENT. **neozelandés, -sa.** CAP. **Wellington.**

Nuku'alofa. Capital de Tonga.

Omán. País de Asia. GENT. **omaní.** CAP. **Mascate.**

Oslo. Capital de Noruega.

Ottawa*. Capital de Canadá.

Países Bajos* (los). País de Europa. GENT. **neerlandés, -sa.** CAP. **Ámsterdam.**

Pakistán* (el). País de Asia. GENT. **pakistaní.** CAP. **Islamabad.**

Palaos*. País de Oceanía. GENT. **palauano, -na.** CAP. **Koror.**

Palikir. Capital de Micronesia.

Panamá[1]. País de América. GENT. **panameño, -ña.** CAP. **Panamá.**

Panamá[2]. Capital de Panamá. GENT. **panameño, -ña.**

Papúa Nueva Guinea. País de Oceanía. GENT. **papú.** CAP. **Port Moresby.**

Paraguay (el). País de América. GENT. **paraguayo, -ya.** CAP. **Asunción.**

Paramaribo. Capital de Surinam.

París. Capital de Francia. GENT. **parisino, -na** o **parisiense.**

Pekín*. Capital de China. GENT. **pekinés, -sa.**

Perú (el). País de América. GENT. **peruano, -na.** CAP. **Lima.**

Phnom Penh. Capital de Camboya.

Polonia. País de Europa. GENT. **polaco, -ca.** CAP. **Varsovia.**

Port-Louis. Capital de Mauricio.

Port Moresby. Capital de Papúa Nueva Guinea.

Porto Novo. Capital de Benín.

Portugal. País de Europa. GENT. **portugués, -sa.** CAP. **Lisboa.**

Port Vila. Capital de Vanuatu.

Praga. Capital de la República Checa. GENT. **praguense.**

Praia. Capital de Cabo Verde.

Pretoria. Capital administrativa de Sudáfrica.

Puerto España. Capital de Trinidad y Tobago.

Puerto Príncipe*. Capital de Haití.

Puerto Rico. Estado libre asociado a los Estados Unidos de América, en el Caribe. GENT. **puertorriqueño, -ña.** CAP. **San Juan.**

Pyongyang. Capital de Corea del Norte.

Qatar*. País de Asia. GENT. **catarí** o **qatarí.** CAP. **Doha.**

Quito. Capital del Ecuador. GENT. **quiteño, -ña.**

Rabat. Capital de Marruecos.

Rangún*. Capital de Birmania.

Reikiavik*. Capital de Islandia.

Reino Unido* de Gran Bretaña e Irlanda del Norte (el). País de Europa. GENT. **británico, -ca.** CAP. **Londres.**

República Centroafricana (la). País de África. GENT. **centroafricano, -na.** CAP. **Bangui.**

República Checa* (la). País de Europa. GENT. **checo, -ca.** CAP. **Praga.**

República Democrática del Congo (la). País de África. GENT. **congoleño, -ña.** CAP. **Kinshasa.**

República Dominicana (la). País de América, en el Caribe. GENT. **dominicano, -na.** CAP. **Santo Domingo.**

Riad*. Capital de Arabia Saudí.

Riga. Capital de Letonia.

Rodesia*. País de África, hoy Zambia y Zimbabue.

Roma. Capital de Italia. Gent. **romano, -na.**

Roseau. Capital de Dominica.

Ruanda*. País de África. Gent. **ruandés, -sa.** Cap. **Kigali.**

Rumanía o Rumania*. País de Europa. Gent. **rumano, -na.** Cap. **Bucarest.**

Rusia. País de Europa. Gent. **ruso, -sa.** Cap. **Moscú.**

Saint George. Capital de Granada (país de América).

Saint John. Capital de Antigua y Barbuda.

Samoa. País de Oceanía. Gent. **samoano, -na.** Cap. **Apia.**

Saná*. Capital de Yemen.

San Cristóbal y Nieves*. País de América, en el Caribe. Gent. **sancristobaleño, -ña.** Cap. **Basseterre.**

San José. Capital de Costa Rica. Gent. **josefino, -na.**

San Juan. Capital de Puerto Rico. Gent. **sanjuanero, -ra.**

San Marino[1]. País de Europa. Gent. **sanmarinense.** Cap. **San Marino.**

San Marino[2]. Capital de San Marino. Gent. **sanmarinense.**

San Salvador. Capital de El Salvador.

Santafé de Bogotá. Capital de Colombia. Gent. **bogotano, -na o santafereño, -ña.**

Santa Lucía. País de América, en el Caribe. Gent. **santalucense.** Cap. **Castries.**

Santiago de Chile. Capital de Chile. Gent. **santiaguino, -na.**

Santo Domingo. Capital de la República Dominicana. Gent. **dominicano, -na.**

Santo Tomé. Capital de Santo Tomé y Príncipe.

Santo Tomé y Príncipe*. País de África, en el Atlántico. Gent. **santotomense.** Cap. **Santo Tomé.**

San Vicente y las Granadinas*. País de América, en el Caribe. Gent. **sanvicentino, -na.** Cap. **Kingstown.**

Sarajevo. Capital de Bosnia-Herzegovina.

Senegal (el). País de África. Gent. **senegalés, -sa.** Cap. **Dakar.**

Serbia* y Montenegro. País de Europa. Cap. **Belgrado.**

Seúl. Capital de Corea del Sur.

Seychelles (las). País de África, en el Índico. Gent. **seychellense.** Cap. **Victoria.**

Sierra Leona. País de África. Gent. **sierraleonés, -sa.** Cap. **Freetown.**

Singapur[1]. País de Asia. Gent. **singapurense.** Cap. **Singapur.**

Singapur[2]. Capital de Singapur. Gent. **singapurense.**

Siria. País de Asia. Gent. **sirio, -ria.** Cap. **Damasco.**

Skopie*. Capital de Macedonia.

Sofía. Capital de Bulgaria.

Somalia. País de África. Gent. **somalí.** Cap. **Mogadiscio.**

Sri Lanka*. País de Asia. Gent. **ceilanés, -sa, ceilandés, -sa o esrilanqués, -sa.** Cap. **Colombo.**

Suazilandia*. País de África. Gent. **suazi.** Caps. **Mbabane y Lobamba.**

Sucre. Capital de Bolivia.

Sudáfrica*. País de África. Gent. **sudafricano, -na.** Caps. **Bloemfontein, Ciudad del Cabo y Pretoria.**

Sudán (el). País de África. Gent. **sudanés, -sa.** Cap. **Jartum.**

Suecia. País de Europa. GENT. **sueco, -ca.** CAP. **Estocolmo.**
Suiza. País de Europa. GENT. **suizo, -za.** CAP. **Berna.**
Surinam*. País de América. GENT. **surinamés, -sa.** CAP. **Paramaribo.**
Suva. Capital de Fiyi.

Tailandia*. País de Asia. GENT. **tailandés, -sa.** CAP. **Bangkok.**
Tallin*. Capital de Estonia.
Tanzania*. País de África. GENT. **tanzano, -na.** Cap. **Dodoma.**
Taskent*. Capital de Uzbekistán.
Tayikistán*. País de Asia. GENT. **tayiko, -ka.** CAP. **Dusambé.**
Tegucigalpa. Capital de Honduras. GENT. **tegucigalpense.**
Teherán. Capital de Irán.
Tiflis*. Capital de Georgia.
Timbu. Capital de Bután.
Timor Oriental*. País de Asia. GENT. **timorense.** CAP. **Dili.**
Tirana. Capital de Albania.
Togo (el). País de África. GENT. **togolés, -sa.** CAP. **Lomé.**
Tokio*. Capital de Japón.
Tonga. País de Oceanía. GENT. **tongano, -na.** CAP. **Nuku'alofa.**
Trinidad y Tobago*. País de América, en el Caribe. GENT. **trinitense.** CAP. **Puerto España.**
Trípoli. Capital de Libia. GENT. **tripolitano, -na.**
Túnez[1]*. País de África. GENT. **tunecino, -na.** CAP. **Túnez.**
Túnez[2]*. Capital de Túnez. GENT. **tunecino, -na.**
Turkmenistán*. País de Asia. GENT. **turcomano, -na o turkmeno, -na.** CAP. **Asjabad.**
Turquía. País de Europa y Asia. GENT. **turco, -ca.** CAP. **Ankara.**
Tuvalu. País de Oceanía. GENT. **tuvaluano, -na.** CAP. **Fongafale.**

Uagadugú*. Capital de Burkina Faso.
Ucrania. País de Europa. GENT. **ucraniano, -na.** CAP. **Kiev.**
Uganda. País de África. GENT. **ugandés, -sa.** CAP. **Kampala.**
Ulán Bator*. Capital de Mongolia.
Uruguay (el). País de América. GENT. **uruguayo, -ya.** CAP. **Montevideo.**
Uzbekistán*. País de Asia. GENT. **uzbeko, -ka.** CAP. **Taskent.**

Vaduz. Capital de Liechtenstein.
Vanuatu. País de Oceanía. GENT. **vanuatuense.** CAP. **Port Vila.**
Varsovia. Capital de Polonia. GENT. **varsoviano, -na.**
Venezuela. País de América. GENT. **venezolano, -na.** CAP. **Caracas.**
Victoria. Capital de las Seychelles.
Viena. Capital de Austria. GENT. **vienés, -sa.**
Vientián*. Capital de Laos.
Vietnam*. País de Asia. GENT. **vietnamita.** CAP. **Hanói.**
Vilna*. Capital de Lituania.

Washington D. C. Capital de los Estados Unidos de América. GENT. **washingto-niano, -na.**

Wellington. Capital de Nueva Zelanda.

Windhoek. Capital de Namibia.

Yakarta*. Capital de Indonesia.

Yamena. Capital de Chad.

Yamusukro*. Capital de Costa de Marfil.

Yaren. Capital de Nauru.

Yaundé*. Capital de Camerún.

Yemen (el). País de Asia. GENT. **yemení.** CAP. **Saná.**

Yibuti[1]. País de África. GENT. **yibutiano, -na.** CAP. **Yibuti.**

Yibuti[2]. Capital de Yibuti. GENT. **yibutiano, -na.**

Zagreb. Capital de Croacia.

Zaire (el). País de África, hoy República Democrática del Congo. GENT. **zaireño, -ña.**

Zambia. País de África. GENT. **zambiano, -na.** CAP. **Lusaka.**

Zimbabue*. País de África. GENT. **zimbabuense.** CAP. **Harare.**

GLOSARIO DE TÉRMINOS LINGÜÍSTICOS USADOS EN EL DICCIONARIO

absoluto -ta. 1. *cláusula* o *construcción absoluta.* Aquella en la que se unen directamente, sin la presencia de un verbo en forma personal, un sujeto y un elemento predicativo, normalmente un participio, pero también un gerundio, un adjetivo e incluso un adverbio o un grupo preposicional, y que equivale a una oración subordinada adverbial, casi siempre de significado temporal. Son cláusulas o construcciones absolutas las secuencias que aparecen resaltadas en los ejemplos siguientes: *ACABADO EL PARTIDO, los jugadores se retiraron a los vestuarios; ESTANDO TÚ ALLÍ, no se atreverá a intentarlo; TODO LISTO, nos dispusimos a emprender la marcha; YA EN MADRID, los Reyes saludaron al público allí congregado.* Como se ve, mantienen cierta independencia del resto del enunciado, del que se separan mediante pausas (comas en la escritura).

2. *participio absoluto.* Participio (→ participio) que aparece en una cláusula o construcción absoluta (→ 1): *LEÍDO el discurso, el presidente bajó del estrado; DICHO lo cual, se dio por concluida la reunión.*

3. *superlativo absoluto.* → superlativo.

4. *uso absoluto de un verbo.* Un verbo transitivo está usado como absoluto cuando no aparece expreso en el enunciado su complemento directo, por ser este consabido o porque no se quiere restringir su significado. Así, *disparar, escribir* y *oír* son verbos transitivos usados como absolutos en *Disparé contra la pared; Todas las semanas escribo a mis padres; Oigo mal por el oído izquierdo.*

acento. 1. *acento (orto)gráfico.* Signo con el que, según determinadas reglas, se representa en la escritura el acento prosódico (→ 2). Se llama también *tilde.*

2. *acento prosódico.* Mayor relieve o intensidad con que se pronuncia una sílaba dentro de una palabra. Se llama también *acento de intensidad, tónico* o *fonético.*

acepción. Cada uno de los significados diferentes de una palabra o una locución.

activo -va. 1. Tienen valor activo o están en forma activa las oraciones o construcciones cuyo sujeto designa la entidad que desempeña el papel más activo en la acción, proceso o situación expresados por el verbo. En el caso más claro, en las oraciones activas el sujeto designa el agente de la acción (→ agente), como en *El director ordenó la retirada del proyecto; Juan bailó hasta el amanecer; Los insecticidas acabaron con la plaga.* Pero cuando el verbo no denota acciones, sino otro tipo de nociones, como en *Tengo hambre* o *María no merece el premio,* el sujeto no puede definirse exactamente como agente de la acción, por lo que, en un sentido amplio, se consideran activas todas las oraciones que no están en forma pasiva (→ pasivo) o no pertenecen a la llamada «voz media» (→ voz, 2).

2. *participio activo.* → participio, 3.

acusativo. En latín y otras lenguas, caso de la declinación en que se expresa el complemento directo, es decir, forma que en esas lenguas adoptan algunos elementos lingüísticos, como el nombre o el pronombre, para desempeñar dicha función. En español, esta denominación se refiere, generalmente, a los pronombres personales átonos de tercera persona *lo(s), la(s),* que proceden de formas latinas de acusativo.

adjetivo. 1. Palabra cuya función propia es la de modificar al sustantivo —con el que concuerda en género y número—, bien directamente: *casa PEQUEÑA; MAGNÍFICAS vistas; AQUEL avión;* bien a través de un verbo, caso en el que el adjetivo funciona como atributo (→ atributo) o como predicativo (→ predicativo): *La casa es PEQUEÑA; Los niños comen TRANQUILOS.* Los adjetivos se dividen en dos grandes clases:

a) *adjetivos calificativos.* Son los que expresan cualidades, propiedades, estados o características de las entidades a las que modifican, como *suave, valiente, nervioso, conductivo, magnético,* u otras nociones, como relación o pertenencia, origen, etc.: *materno, policial, químico, aristócrata, americano, siguiente, presunto.* Los que expresan relación o pertenencia, como *materno, policial* o *químico,* se denominan, más específicamente, *adjetivos relacionales;* y los que expresan nacionalidad u origen, como *americano* o *cordobés,* se llaman *adjetivos gentilicios* (→ gentilicio).

b) *adjetivos determinativos.* Son los que tienen como función básica introducir el sustantivo en la oración y delimitar su alcance, expresando a cuáles o cuántas de las entidades designadas por el nombre se refiere el que habla: *ESTE coche, ALGUNOS amigos, TRES días.*

2. *adjetivos gentilicios.* → 1a.

3. *adjetivos relacionales.* → 1a.

adverbio. 1. Palabra invariable cuya función propia es la de complementar a un verbo (*Hablaba PAUSADAMENTE*), a un adjetivo (*MENOS interesante*) o a otro adverbio (*BASTANTE lejos, aquí CERCA*); también puede incidir sobre grupos nominales (*SOLAMENTE los jueves*), preposicionales (*INCLUSO sin tu ayuda*) o sobre toda una oración (*DESGRACIADAMENTE, no pudo llegar a tiempo*). Aportan significados muy diversos: lugar (*aquí, cerca, dónde*), tiempo (*hoy, luego, recién, cuándo*), modo (*así, bien, cortésmente, cómo*), negación (*no, tampoco*), afirmación (*sí, efectivamente*), duda (*quizá, posiblemente*), deseo (*ojalá*), cantidad o grado (*mucho, casi, más, cuánto*), inclusión o exclusión (*incluso, inclusive, exclusive, salvo, excepto, menos*), oposición (*sin embargo, no obstante*) u orden (*primeramente*), entre otras nociones.

2. adverbio comparativo. → comparativo.

3. adverbio exclamativo. → exclamativo.

4. adverbio interrogativo. → interrogativo.

5. adverbio relativo. → relativo.

adversativo -va. 1. Que denota o implica contraste u oposición de sentido.

2. conjunción adversativa. → conjunción, 2.

3. oración adversativa. → oración, 5.

africado -da. Se dice del sonido consonántico que se pronuncia en dos momentos que se suceden rápidamente: en un primer momento hay cierre de los órganos articulatorios (oclusión), pero estos se abren inmediatamente después, dejando un canal estrecho por el que el aire pasa rozando (fricación). En español es africado el sonido de la *ch*.

agente. 1. Entidad (persona, animal o cosa) que realiza la acción denotada por el verbo, o por el sustantivo, si este implica una acción verbal. Es agente *el conserje* en *El conserje cerró la oficina* y en *La oficina fue cerrada por el conserje*; también en *La destrucción por el conserje de los papeles de la oficina*. Se opone a *paciente* (→ paciente).

2. complemento agente. → complemento, 2.

3. sujeto agente. → sujeto, 2.

agramatical. Se dice de las construcciones que infringen algún principio gramatical del sistema, como **Mi madre cocina tan bien como ti* (en lugar de *como tú*). Como se ve en el ejemplo, la agramaticalidad se señala anteponiendo un asterisco a la oración o construcción agramaticales. No debe confundirse agramaticalidad con incorrección, pues el calificativo *incorrecto* se aplica a las secuencias atestiguadas que deben evitarse en el uso culto —y que en este diccionario se señalan anteponiendo el símbolo ⊗—, como *⊗Ustedes trabajáis mucho* (en lugar de la correcta *Ustedes trabajan mucho*).

agudo -da. Se dice de la palabra que lleva el acento prosódico (→ acento, 2) en la última sílaba, como *camión* o *papel*.

alveolar. Se dice del sonido consonántico que se pronuncia apoyando la lengua en los alvéolos superiores (las cavidades en las que están engastados los dientes de la mandíbula superior), como el de las letras *l* o *n*.

anáfora. Relación que establece una palabra (generalmente un pronombre) con otra u otras aparecidas previamente en el discurso y que permiten determinar cuál es su referente. Así, hay anáfora entre el pronombre *sí* y *María* en *María lo guarda todo para sí*. Son elementos anafóricos o tienen valor anafórico los que establecen este tipo de relación.

anafórico -ca. → anáfora.

analogía. Creación de nuevas formas lingüísticas, o modificación de las existentes, a semejanza de otras. Así, por analogía con *biblioteca* se crean las voces nuevas *discoteca, filmoteca* o *videoteca*; o se transforma la forma verbal irregular *cupo* en la incorrecta *⊗cupió*, por analogía con las formas regulares propias de la segunda conjugación, como *comió, temió*, etc.

anfibología. Doble sentido de una palabra o expresión en un contexto determinado. Así, hay anfibología en *El asno de Sancho*, pues puede significar tanto que el asno ('animal') pertenece a Sancho como que Sancho es un asno ('persona ignorante').

anglicado -da. Se dice de la palabra, expresión, significado u otro rasgo idiomático en los que se advierte influjo de la lengua inglesa.

anglicismo. Palabra, expresión o rasgo idiomático propios de la lengua inglesa que penetran en otra lengua.

antecedente. Nombre, grupo nominal u oración que precede mediata o inmediatamente a un relativo o a otro pronombre y determina cuál es el referente de estos. Así, *mujer* es antecedente del relativo *que* en *La mujer que vino ayer dejó un recado para ti*, y la oración *que vengas* es el antecedente del pronombre *eso* en *Que vengas, eso deseo*. Se opone a *consecuente* (→ consecuente).

antietimológico. Contrario a la etimología (→ etimológico).

antónimo. Palabra de significado contrario u opuesto al de otra. Así, *bueno* es antónimo de *malo; crecer* lo es de *disminuir; agradable* lo es de *desagradable*.

antonomasia. 1. Figura retórica que consiste en usar un nombre común (→ nombre, 5) con valor de nombre propio (→ nombre, 10), o viceversa, como *el Salvador* (por *Jesucristo*) o *un donjuán* (por *un conquistador*).

2. Con la expresión «por antonomasia» se indica que a una persona o cosa le conviene el nombre común con el que se la designa, por ser, entre todas las de su clase, la más importante, conocida o característica. Así, *el Sabio* por antonomasia es Alfonso X o *la Red* por antonomasia es Internet.

antropónimo. Nombre propio de persona (→ nombre, 10).

apicoalveolar. Se dice del sonido consonántico que se pronuncia apoyando la punta o ápice de la lengua en los alvéolos superiores (→ alveolar), como el de las letras *l*, *r* o, en amplias zonas de España, también *s*.

apocopado -da. Que presenta apócope (→ apócope).

apócope. Supresión de sonidos al final de una palabra; también la palabra que resulta de dicha supresión: *gran* es apócope de *grande* y *primer* lo es de *primero*.

apódosis. En un enunciado condicional, parte que expresa lo condicionado y constituye la oración principal: *Si no puedes venir, SUSPENDEREMOS EL VIAJE.* Se opone a *prótasis* (→ prótasis). También se aplica a los enunciados concesivos (→ concesivo, 1): *Aunque te esfuerces, NO CONSEGUIRÁS TERMINARLO A TIEMPO.*

aposición. Construcción en la que un sustantivo o un grupo nominal complementa directamente, sin nexo expreso, a otro sustantivo o grupo nominal. La aposición puede ser especificativa (→ especificativo), como en *Tu amigo EL FRUTERO ha venido a verte;* o explicativa (→ explicativo), como en *María, LA HERMANA DE JUAN, llamó ayer.* Por extensión, se consideran aposiciones los casos en que un sustantivo lleva como complemento otro sustantivo introducido por la preposición *de* y entre ambos existe una relación de identidad: *la ciudad DE MADRID, el mes DE ENERO.*

apositivo -va. Perteneciente o relativo a la aposición (→ aposición).

apóstrofo. → APÓSTROFO, en el cuerpo del diccionario.

arabismo. Palabra, expresión o rasgo idiomático propios de la lengua árabe que penetran en otra lengua.

arcaísmo. Elemento lingüístico cuya forma o significado, o ambos a la vez, han caído en desuso en una lengua. Así, hoy son arcaísmos en español palabras como *entuerto* (por *agravio*) o *dó* (por *dónde*), o el uso de *haber* con el sentido de 'tener o poseer'.

artículo. Clase de palabras que se antepone al sustantivo e indica si lo designado por este es o no conocido o consabido por los interlocutores, señalando, además, su género y su número: EL *árbol*,

UNAS mujeres, LO que me preocupa. Se distinguen dos clases de artículo:

a) *artículo definido* o *determinado*. Es átono e indica que la entidad a la que se refiere el sustantivo es conocida o consabida, esto es, identificable por el receptor del mensaje. Sus formas son *el, la, lo, los, las.*

b) *artículo indefinido* o *indeterminado*. Es tónico e indica que la entidad a la que se refiere el sustantivo no es conocida o consabida y, por tanto, no necesariamente identificable por el receptor del mensaje. Sus formas son *un, una, unos, unas.*

aspiración. Acción o efecto de pronunciar un sonido mediante una espiración sorda que produce un roce del aire en la laringe o en la faringe, como el que corresponde a la letra *h* en algunas palabras procedentes de otras lenguas, como *hámster* o *hachís*, o a la *j* o la *s* en algunas variantes dialectales del español, en las que se pronuncia [muhér] por *mujer* o [íhla] por *isla*.

aspirado -da. Se dice del sonido que se pronuncia con aspiración (→ aspiración).

átono -na. Se dice de la vocal, la sílaba o la palabra que se pronuncian sin acento prosódico (→ acento, 2).

atributo. Función sintáctica que desempeña la palabra o grupo de palabras (generalmente un adjetivo o un sustantivo, precedido o no de preposición) que, a través de un verbo copulativo (→ verbo, 4), atribuye una cualidad o estado a la entidad designada por el sujeto: *Pedro es PINTOR; El libro está SUCIO; Yo soy DE MADRID; Ese chico parece TÍMIDO.*

auxiliar. → verbo, 2.

bilabial. Se dice del sonido consonántico que se pronuncia aproximando o juntando los labios, como el de las letras *b* o *m*.

cacofonía. Efecto desagradable que produce una repetición o combinación de sonidos.

calco. 1. Adopción del significado de una palabra o expresión extranjera utilizando para ello palabras existentes en la lengua de recepción. El calco puede dar lugar a una expresión nueva, por traducción de los componentes de la voz foránea, como en *baloncesto* (calco del inglés *basketball*) o en *golpe de Estado* (calco del francés *coup d'État*); o puede incorporar a una palabra ya existente un significado que no tenía y que sí posee su equivalente en otra lengua, lo que se denomina *calco semántico* (→ 2).

2. *calco semántico.* Incorporación a una palabra de un sentido que corresponde a su equivalente en otra lengua. Así, *ratón*, en su acepción de 'dispositivo con el que se mueve el cursor de una computadora', es un calco semántico del inglés *mouse*, del mismo modo que *condición*, con el sentido de 'trastorno o enfermedad', es un calco, en este caso censurable, del inglés *condition*.

cardinal. → CARDINALES, en el cuerpo del diccionario.

caso. Cada una de las formas que, en las lenguas que tienen declinación (→ declinación), adoptan determinadas clases de palabras, como el nombre o el pronombre, según la función sintáctica que deban desempeñar.

catalanismo. Palabra, expresión o rasgo idiomático propios de la lengua catalana que penetran en otra lengua.

categoría gramatical. Cada una de las clases de palabras establecidas en función de sus propiedades gramaticales. Las categorías fundamentales son el artículo, el sustantivo, el adjetivo, el pronombre, el verbo, el adverbio, la preposición, la conjunción y la interjección.

causal. 1. Que denota o expresa causa.

2. *conjunción causal.* → conjunción, 3.

3. *oración causal.* → oración, 6.

causativo -va. Se dice de un verbo que tiene sentido o valor causativo cuando la entidad designada por el sujeto no realiza por sí misma la acción de la que se habla, sino que la ordena o la encarga a otros: *El dictador fusiló a miles de opositores; Me he cortado el pelo en una peluquería nueva.* También se aplica a los verbos intransitivos que tienen variantes transitivas, como en *Herví la leche durante diez minutos* (transitivo y causativo), frente a *La leche hirvió durante diez minutos* (intransitivo). Los verbos causativos admiten paráfrasis con «*hacer* + infinitivo» o «*hacer que* + verbo en subjuntivo»: *Hice hervir la leche durante diez minutos; El dictador hizo que fusilaran a miles de opositores.*

ceceo. → CECEO, en el cuerpo del diccionario.

central. Se dice del sonido consonántico que se pronuncia colocando la lengua en el centro del paladar, como el de la consonante *y* en el español general.

circunstancial. → complemento, 3.

comparativo -va. Que expresa comparación. Se aplica a ciertos adjetivos y a ciertos adverbios (→ grado, 3), a algunas conjunciones (→ conjunción, 4) y a un tipo de oraciones o construcciones (→ oración, 7).

complemento. 1. Palabra o grupo de palabras que depende sintácticamente de otro elemento de la oración.

2. *complemento agente.* El que en una oración pasiva (→ pasivo, 1) aparece encabezado por la preposición *por* e indica la persona, animal o cosa que realiza la acción denotada por el verbo (→ agente): *La ciudad fue destruida POR LOS ROMANOS.* También puede complementar a un sustantivo, si este implica una acción verbal: *El texto describe la destrucción de la ciudad POR LOS ROMANOS.*

3. *complemento circunstancial.* Complemento del verbo no exigido por el significado de este y que expresa las circunstancias de lugar, tiempo, modo, instrumento, medio, causa, finalidad, cantidad, etc., relacionadas con la acción verbal: *Trabajo EN UN BANCO; Amanece A LAS CINCO; Llovía INTENSAMENTE; Cavé la zanja CON UNA PALA; Te llamaré POR TELÉFONO; Ahorro PARA LAS VACACIONES.*

4. *complemento de régimen.* Complemento encabezado siempre por una preposición y exigido por el verbo, de forma que, si se suprime, la oración resulta anómala o adquiere otro significado: *La victoria depende DE LOS JUGADORES; Se empeñó EN HACERLO; Me conformo CON ESTO.* También pueden llevar complementos de régimen algunos sustantivos y adjetivos: *Su renuncia AL CARGO sorprendió a todos; Es propenso A LOS RESFRIADOS.*

5. *complemento directo.* El que está exigido por el verbo y completa su significación al designar la entidad a la que afecta directamente la acción verbal. Se construye sin preposición o, en determinadas circunstancias, con la preposición *a* (→ a², en el cuerpo del diccionario): *El editor aún no ha leído TU ÚLTIMA NOVELA; Cómprate ESAS; No creo QUE VENGA; Estoy esperando A MIS PADRES.* Puede sustituirse, y a veces coaparecer, con los pronombres átonos de acusativo (→ acusativo), que en tercera persona adoptan las formas *lo(s), la(s)*: *LA he leído; CómprateLAS; No LO creo; A mis padres LOS estoy esperando.* En la versión pasiva (→ pasivo) de la oración, cuando esta es posible, el complemento directo desempeña la función de sujeto: *TU ÚLTIMA NOVELA aún no ha sido leída por el editor.*

6. *complemento indirecto.* Complemento del verbo que, si es un nombre o un grupo nominal, va precedido siempre de la preposición *a* y puede sustituirse o coaparecer con los pronombres átonos de dativo (→ dativo), que en tercera persona adoptan las formas *le, les* (o *se*, si el pronombre de dativo precede a otro de acusativo): *(LE) di el paquete A TU HERMANO; LE di el paquete; SE lo di.* Según el significado del verbo al que complementa, puede designar al destinatario de la acción: *LE hablé de ti A MI JEFE;* al que resulta beneficiado o perjudicado por ella: *TE he limpiado la casa* o *LE han roto la bicicleta A MI HERMANO;* al que experimenta la noción que el verbo denota: *LE cuesta pedir disculpas;* o a la persona o cosa afectadas positiva o negativamente por las características de algo: *Los pantalones LE están grandes.*

7. *complemento partitivo.* → partitivo.

8. *complemento predicativo.* → predicativo.

concordancia, concordar. → CONCORDANCIA, en el cuerpo del diccionario.

concesivo -va. 1. Se aplica a las oraciones o construcciones que expresan una objeción o un obstáculo para que se verifique la acción denotada por el verbo principal, sin que dicho obstáculo impida que esta se cumpla: *AUNQUE COMO MUCHO, no engordo; A PESAR DE TU OPOSICIÓN, iré a la fiesta.* El valor o sentido concesivo es el propio de este tipo de oraciones.
2. *conjunción concesiva.* → conjunción, 6.

conector oracional. Palabra o grupo de palabras cuya función es enlazar enunciados u oraciones, vinculándolos con algún propósito expositivo o argumentativo, y poniendo de manifiesto entre ellos relaciones semánticas diversas, como contraste, causa, consecuencia, adición, oposición, equivalencia, orden, etc. Son conectores oracionales *sin embargo, en efecto, efectivamente, aunque, así que, por eso, en primer lugar, en segundo lugar, ahora bien, en ese caso, a pesar de eso, por el contrario,* etc.

conjugación. Conjunto de todas las formas de un verbo, correspondientes a los distintos modos, tiempos, números y personas. También, cada uno de los grupos a los que pertenece un verbo según la terminación de su infinitivo y que determina el modo en que se conjuga; así, los verbos terminados en *-ar* son de la primera conjugación, los terminados en *-er* son de la segunda y los terminados en *-ir* son de la tercera.

conjunción. 1. Palabra invariable que introduce diversos tipos de oraciones subordinadas (conjunción subordinante) o que vocablos o secuencias sintácticamente equivalentes (conjunción coordinante).
2. *conjunción adversativa.* La que une palabras u oraciones cuyos sentidos se oponen parcial o totalmente. Son *pero, mas* y *sino.*
3. *conjunción causal.* La que introduce oraciones subordinadas causales (→ oración, 6). Las más representativas son *porque* y *pues.*
4. *conjunción comparativa.* La que introduce el segundo término de comparación en las construcciones u oraciones comparativas (→ oración, 7). Son *que* y *como.*
5. *conjunción completiva.* La que introduce oraciones subordinadas sustantivas (→ oración, 35). Son *que* (a veces, también *como*) y, en cierto tipo de oraciones interrogativas indirectas, *si.*
6. *conjunción concesiva.* La que introduce oraciones subordinadas concesivas (→ concesivo, 1). La más representativa es *aunque.*
7. *conjunción condicional.* La que introduce oraciones subordinadas condicionales (→ oración, 10). La más representativa es *si.*

8. *conjunción consecutiva.* **a)** La que une oraciones o enunciados entre los que se establece una relación de causa-deducción o causa-consecuencia, como *conque, luego* o la locución *así que,* llamadas también *conjunciones ilativas: Pienso, LUEGO existo; Tengo mucho trabajo, ASÍ QUE este año no me voy de vacaciones.*
b) En las llamadas construcciones consecutivas intensivas, la que introduce la subordinada que expresa la consecuencia o el efecto de lo denotado en la principal a través de los intensificadores, tácitos o expresos, *tan(to)* o *tal* (o de los determinantes *un* o *cada*): *Puso tanta sal en la ensalada QUE no había quien se la comiera; Canta QUE da gusto; Hace un frío QUE pela; Dice cada tontería QUE es imposible hacerle caso.*
9. *conjunción coordinante.* → 1.
10. *conjunción copulativa.* La que une palabras, oraciones y otros grupos sintácticos estableciendo entre ellos relaciones de adición o de agregación. Son *y, e, ni.*
11. *conjunción distributiva.* La que se antepone a los diferentes miembros de una coordinación distributiva, que es aquella en la que se presenta una sucesión de alternativas o situaciones contrapuestas. Se construyen generalmente estas secuencias con adverbios usados correlativamente con valor de conjunciones, los cuales se anteponen a los diferentes términos que aparecen como opciones: *bien..., bien...; ya..., ya...; ora..., ora...*
12. *conjunción disyuntiva.* La que expresa alternancia o elección entre palabras u oraciones. Son *o, u.*
13. *conjunción final.* La que introduce oraciones subordinadas finales (→ oración, 25). Las más representativas son las locuciones *para que* y *a fin de que.*
14. *conjunción ilativa.* → 8a.
15. *conjunción subordinante.* → 1.

consecuente. Nombre, grupo nominal u oración que ha sido anticipado en el discurso por un pronombre. Así, en *Aunque ella no lo sabe, María va a recibir pronto una gran noticia,* el sustantivo *María* es el consecuente del pronombre personal *ella;* y en *¿No querías eso, que te llevara de vacaciones?,* la oración *que te llevara de vacaciones* es el consecuente del pronombre demostrativo *eso.* Se opone a *antecedente* (→ antecedente).

consecutivo -va. 1. Que expresa consecuencia.
2. *conjunción consecutiva.* → conjunción, 8.
3. *oración consecutiva.* → oración, 11.

consonante. Letra a la que corresponde un sonido consonántico (→ consonántico).

consonántico. Se dice del sonido en cuya pronunciación el aire espirado encuentra algún obstáculo (cierre o estrechamiento) en su salida al exterior.

contracción. 1. Proceso por el que se fusionan dos palabras en una; también se llama así la forma resultante, como *del* (de *de* + *el*) o *al* (de *a* + *el*).

2. Proceso por el que una palabra se convierte en abreviatura eliminando letras centrales y conservando las más representativas: *apdo.* (de *apartado*).

coordinación. Unión de palabras, grupos u oraciones sintácticamente equivalentes por medio de una conjunción coordinante (→ conjunción, 1).

coordinado -da. 1. Se dice del elemento que se une a otro por coordinación (→ coordinación).

2. *oración coordinada.* → oración, 12.

copulativo -va. 1. Que une o enlaza.

2. *conjunción copulativa.* → conjunción, 10.

3. *oración copulativa.* → oración, 13.

4. *verbo copulativo.* → verbo, 4.

correferencia. Relación que se establece entre dos o más elementos lingüísticos coincidentes en un enunciado cuando tienen el mismo referente, es decir, cuando se refieren a la misma entidad. Así, hay correferencia entre *le* y *tu padre* en la oración *Le dije a tu padre que viniera;* o entre el pronombre *nos* y el sujeto elíptico *nosotros* en la oración *Nos preocupa la situación.*

cuantificador. Palabra o grupo de palabras que sirve para cuantificar, es decir, para indicar cantidad o grado, sea de forma precisa (*un, dos, tres,* etc.), sea de forma imprecisa (*mucho, muy, poco, demasiado, varios, infinidad de, un montón de,* etc.).

cuantitativo -va. Que expresa cantidad.

dativo. 1. En latín y otras lenguas, caso de la declinación en que se expresa el complemento indirecto, es decir, forma que en esas lenguas adoptan algunos elementos lingüísticos, como el nombre o el pronombre, para desempeñar dicha función. En español se aplica generalmente al pronombre personal átono de tercera persona *le(s),* que procede de una forma latina de dativo.

2. También se llama dativo al caso que corresponde a ciertos usos de los pronombres personales átonos *me, te, le(s)* o *se, nos, os,* cuando no están exigidos por el significado del verbo, como en *Se LE casa la niña* (sería igualmente posible y correcta la oración *Se casa la niña*). Si el pronombre de dativo concuerda con el sujeto de la oración en estas construcciones, se suele hablar de *dativo concordado: Juan SE comió un pastel; No ME creo nada.*

declinación. Conjunto de las diferentes formas que en ciertas lenguas, por ejemplo el latín, adoptan determinadas clases de palabras, como el nombre o el pronombre, según la función sintáctica que deban desempeñar en la oración.

defectivo. → verbo, 7.

demostrativo. Adjetivo o pronombre que sirve para señalar o mostrar la persona, animal o cosa designados por el elemento nominal al que acompaña o al que sustituye. Sus formas son *este, ese* y *aquel,* con sus variantes de género y número: *AQUELLA tarta es mejor que ESTA; ESO no me gusta.*

dental. Se dice del sonido consonántico que se pronuncia apoyando la lengua en la cara interior de los dientes superiores, como el de las letras *t* y *d*.

desiderativo -va. Que expresa deseo.

desinencia. Segmento final que se añade a la raíz de una palabra para señalar el género y el número, en los nombres, los adjetivos y algunos pronombres; y, en los verbos, la persona, el número, el tiempo y el modo.

determinante. Palabra que tiene como función introducir el nombre en la oración y precisar su extensión significativa, señalando a cuáles o cuántas de las entidades designadas por el nombre se refiere el que habla, o bien si estas son o no conocidas o consabidas por los interlocutores. Son determinantes el artículo (→ artículo) y los adjetivos determinativos (→ adjetivo, 1b).

determinativo -va. 1. *adjetivo determinativo.* → adjetivo, 1b.

2. *locución determinativa.* → locución, 5.

diacrítico -ca. Que tiene función distintiva o sirve para distinguir. Así, es diacrítica la tilde que distingue entre *él* (pronombre) y *el* (artículo), o la mayúscula que diferencia *Iglesia* ('institución') de *iglesia* ('edificio').

diéresis. → DIÉRESIS, en el cuerpo del diccionario.

dígrafo. Signo formado por dos letras que representan un solo sonido, como *ch* o *ll* en español.

diptongo. → DIPTONGO, en el cuerpo del diccionario.

directo -ta. 1. *complemento directo.* → complemento, 5.

2. *estilo directo.* → estilo, 2.

3. *oración exclamativa directa.* → oración, 21.

4. *oración interrogativa directa.* → oración, 27.

distributivo -va. 1. Que expresa idea de distribución. Son distributivos en español los adjetivos *cada* y *sendos: Cada oveja con su pareja; Los miembros del departamento presentarán sendos informes* [= cada uno el suyo].

2. *conjunción distributiva.* → conjunción, 11.

disyuntivo -va. 1. Que establece o expresa alternativa entre dos o más cosas.

2. *conjunción disyuntiva.* → conjunción, 12.

durativo -va. Que expresa duración.

elemento compositivo. Componente con significado léxico, normalmente de origen griego o latino, que interviene en la formación de palabras compuestas, anteponiéndose o posponiéndose a otro elemento compositivo o a una palabra base española. Si va antepuesto, se denomina elemento compositivo prefijo: BIOdiversidad, ECOsistema; si va pospuesto, se denomina elemento compositivo sufijo: antropóFAGO, neurALGIA.

elidido -da. → elidir.

elidir. 1. Suprimir uno o varios sonidos de una palabra y, en particular, la vocal final cuando la palabra precede o se une a otra que comienza por vocal, como en *d'este* (*de* + *este*) o en *decimoctavo* (*décimo* + *octavo*). Para designar la acción o el efecto de elidir en este sentido, se emplea el sustantivo *elisión*.
2. Omitir algún elemento del enunciado sin comprometer o impedir la comprensión del mensaje, como en *A nosotros nos gusta el cine; a Pedro, la música* (por *a Pedro* [le gusta] *la música*). Para referirse a la acción o el efecto de elidir en este sentido, se usan los sustantivos *elipsis* y *elisión,* ambos válidos.

elipsis, elisión. → elidir.

enunciado. Palabra o secuencia de palabras, delimitada por pausas muy marcadas, que constituye una unidad comunicativa de sentido completo. Un enunciado puede estar formado por una sola palabra: *¡Silencio!;* un grupo de palabras: *¿Un cigarrillo?;* una oración: *Aquí hace mucho calor;* o un conjunto de oraciones: *Se ha disculpado, pero no sé si voy a ser capaz de perdonarle.*

esdrújulo -la. Se dice de la palabra que lleva el acento prosódico (→ acento, 2) en la antepenúltima sílaba, como *pájaro* o *íntegro.*

especificativo -va. Que especifica. Se aplica a los adjetivos, aposiciones, complementos u oraciones que delimitan la referencia del nombre especificando alguna cualidad o circunstancia de la entidad a la que este alude: *Me he comprado un ordenador PORTÁTIL; Mi amigo EL FRUTERO es simpatiquísimo; Busco personas DE BUEN CARÁCTER; Solo van de viaje los alumnos QUE HAN APROBADO.* Se opone a *explicativo* (→ explicativo).

estilo. 1. Forma que adopta el enunciado dependiendo del modo de reproducir lo que alguien dice. El estilo, desde este punto de vista, puede ser directo o indirecto.
2. *estilo directo.* Aquel en el que el narrador reproduce textualmente las palabras de otra persona: *El muchacho dijo: «VOLVERÉ MAÑANA».*
3. *estilo indirecto.* Aquel en el que el narrador transmite lo dicho por otra persona sin reproducirlo textualmente, lo que obliga a realizar ciertos cambios lingüísticos en el enunciado original: *El muchacho dijo QUE VOLVERÍA AL DÍA SIGUIENTE.*

étimo. Palabra de la que otra procede históricamente.

etimología. Origen de una palabra.

etimológico -ca. Basado en la etimología (→ etimología) o acorde con ella.

eufemismo. Palabra o expresión que sustituye a otra considerada malsonante o desagradable. Son eufemismos *trasero* (por *culo*) o *conflicto armado* (por *guerra*).

exclamativo -va. Propio de la exclamación o que sirve para exclamar. Se aplica a las oraciones que ponen de manifiesto la emoción o sentimiento del hablante (sorpresa, admiración, alegría, dolor, arrepentimiento, enfado) ante lo que expresa el enunciado, así como a los adjetivos, pronombres o adverbios usados en este tipo de oraciones: *¡QUÉ noche tan fría!; ¡QUIÉN lo hubiera sabido!; ¡CÓMO baila!*

exhortativo -va. Se aplica a las oraciones o enunciados que sirven para exhortar ('pedir a alguien que haga o deje de hacer algo'): *Estaos quietos; No os vayáis.* El subjuntivo exhortativo es el empleado con esta intención: *¡Que te CALLES!; No se VAYAN.*

expletivo -va. Se aplica a la palabra o elemento que no resulta imprescindible ni para la correcta construcción ni para la comprensión del enunciado, pero que aporta mayor expresividad o hace más armoniosa la frase. Son expletivos en español los elementos resaltados en los ejemplos siguientes: *Apenas SI se cansó; Es mejor que cantes que NO que bailes.*

explicativo -va. Que explica. Se aplica a los adjetivos, aposiciones, complementos u oraciones que simplemente expresan cualidades o circunstancias de la entidad a la que se refiere el sustantivo, sin que su supresión impida la correcta comprensión del enunciado ni modifique su sentido: *El policía, MUY VALIENTE, se enfrentó a los atracadores; Madrid, LA CAPITAL DE ESPAÑA, es una ciudad muy arbolada; En esta casa, QUE COMPRÉ A MUY BUEN PRECIO, paso la mayor parte del verano.* Se opone a *especificativo* (→ especificativo).

final. 1. Que denota o expresa finalidad o intención.
2. *conjunción final.* → conjunción, 13.
3. *oración final.* → oración, 25.

flexión. Variación que experimentan las palabras a través de desinencias (→ desinencia) que expresan contenidos gramaticales, como el género masculino o femenino (*flexión de género*) y el número singular o plural (*flexión de número*) en los sustantivos; o la persona, el número, el tiempo, el modo y el aspecto en los verbos (*flexión verbal*).

fonética. Disciplina lingüística que estudia cómo se producen y qué características articulatorias, acústicas y perceptivas tienen los sonidos del habla.

fonología. Disciplina que estudia la organización lingüística de los sonidos de una lengua.

fraccionario. → FRACCIONARIOS, en el cuerpo del diccionario.

fricativo -va. Se dice del sonido consonántico que se pronuncia haciendo salir el aire por un canal estrecho dejado por los órganos articulatorios, provocando un rozamiento o fricación, como el de las letras *f* o *j*.

galicismo. Palabra, expresión o rasgo idiomático propios de la lengua francesa que penetran en otra lengua.

género. Rasgo inherente a los sustantivos por el que estos se dividen, en español, en masculinos y femeninos. Adoptan también el género, a través de la concordancia, los determinantes y adjetivos que los acompañan o los pronombres que los sustituyen. El artículo y algunos pronombres también tienen género neutro (→ neutro), como las formas *lo, esto, eso, aquello.*

gentilicio. Adjetivo (a menudo usado como sustantivo) que expresa nacionalidad o lugar de origen, como *africano, azteca, croata, francés* o *bagdadí.*

gerundio. Forma invariable del verbo que termina en *-ando* en los verbos de la primera conjugación (*amando, saltando*) y en *-iendo* (o *-yendo*) en los de la segunda y tercera (*comiendo, leyendo, viviendo*). Expresa la acción verbal en su desarrollo, sin indicación de tiempo, número ni persona, y se asimila generalmente al adverbio en su funcionamiento gramatical.

grado. 1. Forma con la que se expresa gramaticalmente la intensidad de la propiedad denotada por los adjetivos calificativos y algunos adverbios.
2. *grado positivo.* La propiedad denotada por el adjetivo o el adverbio aparece sin intensificar: *alto, sincero, cerca.*
3. *grado comparativo.* Se atribuye a la propiedad denotada por el adjetivo o el adverbio una intensidad comparativamente mayor, menor o igual en relación con otra propiedad o con esa misma propiedad en una entidad o circunstancia distintas. Este grado se expresa utilizando los cuantificadores comparativos *más, menos, tan* o *igual de: más alto, menos sincero, tan cerca, igual de lejos.* Algunos adjetivos y adverbios tienen formas comparativas propias, como *mejor* (comparativo de *bueno* y de *bien*), *peor* (comparativo de *malo* y de *mal*), *mayor* (comparativo de *grande*) o *menor* (comparativo de *pequeño*).
4. *grado superlativo.* La propiedad denotada por el adjetivo o el adverbio presenta la máxima intensidad, bien de modo absoluto (superlativo absoluto): *altísimo, paupérrimo;* bien en relación con la que presentan el resto de los integrantes de un grupo o conjunto (superlativo relativo): *el más alto de mis hermanos, el menos sincero de todos, la mejor de sus novelas.* Unos pocos adjetivos y adverbios son en sí mismos superlativos absolutos, porque lo eran ya en latín: *óptimo, máximo, mínimo, pésimo, óptimamente, pésimamente.*

haplología. Supresión de una sílaba semejante a otra contigua de la misma palabra, como en [⊗]*alredor* (de *alrededor*) o [⊗]*competividad* (de *competitividad*).

heteronimia. Fenómeno por el que los miembros de distinto sexo de una pareja de seres se designan por medio de palabras de diferente raíz: *hombre/mujer, caballo/yegua.*

heterónimo. Cada una de las palabras que constituyen una heteronimia (→ heteronimia).

hiato. → HIATO, en el cuerpo del diccionario.

hipocorístico. Se dice del nombre abreviado o deformado con intención afectiva (como *mami,* por *mamá*) y, en especial, de los nombres de pila modificados que se emplean en el habla familiar, como *Pepe* (por *José*) o *Merche* (por *Mercedes*).

homofonía. Condición de homófono (→ homófono).

homófono -na. Se dice de la palabra o expresión que se pronuncia igual que otra, pero se escribe de diferente manera, como *vasto* y *basto* o *a ver* y *haber.*

impersonal. Se dice de las oraciones o construcciones que carecen de sujeto (→ sujeto): *Hace frío; Había varios testigos en la sala; Nevaba intensamente.* Se aplica asimismo a algunas de las que lo tienen tácito o en las que recibe interpretación genérica, como en *Se vive bien aquí* o *Llaman a la puerta.* Se dice también de los verbos (→ verbo) y perífrasis verbales (→ perífrasis, 2) que no pueden llevar sujeto, como *nevar, haber* o *haber que* + infinitivo.

incoativo -va. Se dice de los verbos (→ verbo) o perífrasis verbales (→ perífrasis, 2) que expresan el comienzo de un estado, un proceso o una acción, como *amanecer, enfermar, ponerse a* + infinitivo o *romper a* + infinitivo.

indefinido. 1. *adjetivo* o *pronombre indefinido.* El que expresa nociones de cantidad, identidad o de otro tipo de manera vaga o indeterminada, como *alguno, varios, alguien, nadie, otro, cualquier(a),* etc.
2. *artículo indefinido.* → artículo, b.

indirecto -ta. 1. *complemento indirecto.* → complemento, 6.
2. *estilo indirecto.* → estilo, 2.

3. *oración exclamativa indirecta.* → oración, 22.

4. *oración interrogativa indirecta.* → oración, 28.

infinitivo. Forma invariable del verbo que termina en *-ar* en los verbos de la primera conjugación (*amar*), en *-er* en los de la segunda (*comer*) y en *-ir* en los de la tercera (*vivir*). No indica tiempo, número ni persona, y se asimila a menudo al sustantivo en su funcionamiento gramatical.

interdental. Se dice del sonido consonántico que se pronuncia dejando que la punta de la lengua asome entre los dientes superiores e inferiores, como el de la letra *z* en los hablantes que no sesean (→ SESEO, en el cuerpo del diccionario).

interfijo. Elemento lingüístico, por lo general sin significado, que se intercala entre la raíz de una palabra (→ raíz) y un sufijo (→ sufijo): *polvAREda, florECilla, cursiLÍsimo.*

interjección. Palabra invariable, con autonomía sintáctica, con la que el hablante expresa sentimientos o sensaciones, o induce a la acción al interlocutor. En la escritura suele aparecer entre signos de exclamación: *¡ay!, ¡oh!, ¡uy!, ¡cielos!, ¡ea!, ¡venga!, ¡aúpa!* También son interjecciones las fórmulas de saludo y despedida: *¡hola!, ¡adiós!*

interjectivo -va. Que tiene valor de interjección (→ interjección).

interrogación retórica. Afirmación enfática que se manifiesta en forma de pregunta: *¿Acaso te he dado permiso para entrar?; ¿Es que los pobres no tienen derecho a una vida digna?*

interrogativo -va. Propio de la interrogación o que sirve para preguntar. Se aplica a las oraciones que expresan pregunta de modo directo o indirecto, y a los adjetivos, pronombres y adverbios usados en este tipo de oraciones: *¿QUÉ hora es?; ¿CUÁNTOS libros hay?; ¿QUÉ hacen?; Le pregunté CÓMO se llamaba.*

intransitivo. → verbo, 10.

italianismo. Palabra, expresión o rasgo idiomático propios de la lengua italiana que penetran en otra lengua.

labiodental. Se dice del sonido consonántico que se pronuncia apoyando ligeramente los dientes superiores en el labio inferior, como el de la letra *f.*

lateral. Se dice del sonido consonántico que se pronuncia dejando salir el aire por los laterales de la cavidad bucal, y no por el centro, como el de la letra *l* o el del dígrafo *ll* en hablantes no yeístas (→ YEÍSMO, en el cuerpo del diccionario).

latinismo. Palabra latina que se emplea en otra lengua sin perder su forma originaria: *ratio, quórum, superávit.* En español se someten a las reglas de acentuación gráfica.

lexicalizado -da. → lexicalizarse.

lexicalizarse. Dicho de una construcción o combinación sintáctica libre, pasar a formar parte del sistema léxico de una lengua, convirtiéndose en una expresión más o menos fija con significado propio. Así, la expresión *en mi vida* está lexicalizada con el sentido de 'nunca': *No pienso volver a hacerlo en mi vida;* y también lo están oraciones o construcciones como *¡No somos nadie!, ni que decir tiene* o *a la buena de Dios.*

llano -na. Se dice de la palabra que lleva el acento prosódico (→ acento, 2) en la penúltima sílaba, como *cráter* o *ingenio.*

locución. 1. Grupo estable de dos o más palabras que funciona como una unidad léxica con significado propio, no derivado de la suma de significados de sus componentes. Se distinguen varios tipos según su funcionamiento gramatical:

2. *locución adjetiva.* La que funciona como un adjetivo: *una mujer DE BANDERA, una verdad COMO UN TEMPLO.*

3. *locución adverbial.* La que funciona como un adverbio: *Todo salió A LAS MIL MARAVILLAS; Apareció DE REPENTE.*

4. *locución conjuntiva.* La que funciona como una conjunción: *así que, por más que.*

5. *locución determinativa.* La que funciona como un adjetivo determinativo (→ adjetivo, 1b): *ALGÚN QUE OTRO cigarrillo.*

6. *locución interjectiva.* La que equivale a una interjección: *¡santo cielo!, ¡Dios mío!, ¡ni modo!*

7. *locución nominal.* La que equivale a un sustantivo y funciona como tal: *brazo de gitano* ('pastel de forma cilíndrica'), *ojo de buey* ('ventana circular').

8. *locución preposicional.* La que funciona como una preposición: *acerca de, con vistas a, junto a, a pesar de.*

9. *locución pronominal.* La que equivale a un pronombre y funciona como tal: *alguno que otro, cada uno.*

10. *locución verbal.* La que equivale a un verbo y funciona como tal: *echar de menos, caer en la cuenta, hacer caso.*

metátesis. Cambio de lugar de un sonido dentro de una palabra: [⊗]*cocreta* (por *croqueta*) o [⊗]*axfisia* (por *asfixia*).

monoptongación. Reducción de las dos vocales de un diptongo a una sola vocal: [⊗]*trenta* (por *treinta*) o [⊗]*Ulogio* (por *Eulogio*).

morfema. Unidad mínima analizable dotada de significado, sea este léxico o gramatical. Son morfemas los prefijos (→ prefijo) y sufijos (→ sufijo), las desinencias (→ desinencia) y las raíces (→ raíz) de las palabras.

morfología. Disciplina lingüística que estudia la estructura interna de las palabras y sus variaciones.

morfológico -ca. De la morfología (→ morfología).

nasal. Se dice del sonido consonántico que se pronuncia dejando salir el aire por la nariz, como el de las letras *n*, *m* y *ñ*.

neologismo. Palabra o expresión nuevas en una lengua.

neutro -tra. De género que no es ni masculino ni femenino. Los sustantivos no pueden tener en español género neutro, a diferencia de lo que sucede en otras lenguas, como el latín o el alemán. En español solo tienen formas neutras los demostrativos (*esto, eso, aquello*), los cuantificadores (*tanto, cuanto, cuánto, mucho, poco*), el artículo definido o determinado (*lo*) y los pronombres personales de tercera persona (*ello, lo*).

nombre. 1. Palabra con género inherente que designa personas, animales o cosas y es capaz de funcionar como núcleo del sujeto (→ sujeto). Equivale a *sustantivo* (→ sustantivo).

   2. *nombre abstracto.* El que no designa una realidad material, como *actitud, belleza, movimiento.*

   3. *nombre apelativo.* Lo mismo que *nombre común* (→ 5).

   4. *nombre colectivo.* El que en singular designa un conjunto homogéneo de personas, animales o cosas, como *multitud, rebaño, cubertería.*

   5. *nombre común.* Por oposición a nombre propio (→ 10), el que posee significado y designa una cualquiera de las personas, animales o cosas de una misma clase, como *bombero, pez, idea.*

   6. *nombre concreto.* El que designa seres u objetos que tienen existencia real, física o material, como *médico, caballo, vaso.*

   7. *nombre contable.* El que designa entidades que se pueden contar, como *bebé, pájaro, día.*

   8. *nombre de acción.* El que designa una acción. Normalmente suele referirse a los sustantivos derivados de verbos, como *destrucción* (de *destruir*) o *calentamiento* (de *calentar*).

   9. *nombre incontable* o *no contable.* El que designa sustancias, materias y otras nociones que no se pueden contar, como *aire, nieve, sinceridad.*

   10. *nombre propio.* El que carece de significado y sirve para nombrar a las personas, animales o cosas como seres individuales: *Marta, Granada, Orinoco.*

numeral. Palabra que expresa cantidad numérica o hace referencia a los números, como *tres, primero, doble, doceavo* (→ NUMERALES, en el cuerpo del diccionario).

número. Variación que experimentan los sustantivos y las palabras que conciertan con ellos para expresar, mediante ciertas terminaciones, si se refieren a una sola entidad o a más de una.

oclusivo -va. Se dice del sonido consonántico en cuya pronunciación los órganos articulatorios se cierran completamente en un primer momento, impidiendo la salida del aire al exterior, para abrirse después completamente dejando salir el aire de forma brusca, como el de las letras *p*, *t* o *k*.

onomatopeya. Palabra que imita o recrea un sonido natural, como *crac, miau, tictac*. También hay onomatopeyas visuales como *tic* (nervioso) o *zigzag*.

oración. 1. Estructura sintáctica constituida por un sujeto (→ sujeto) y un predicado (→ predicado).

   2. *oración activa.* La que no tiene forma o valor pasivo (→ pasivo, 1).

   3. *oración adjetiva.* La subordinada que funciona como un adjetivo y, por tanto, modifica a un sustantivo. Va siempre introducida por un relativo (→ relativo) y puede ser explicativa (→ explicativo) o especificativa (→ especificativo): *Mi amiga, QUE ESTABA AL CORRIENTE DE TODO, no dijo nada; La ciudad DONDE VIVEN MIS PADRES está en la costa.*

   4. *oración adverbial.* La subordinada que funciona como un adverbio (→ adverbio): *Tengo que hablar con ella ANTES DE QUE SE MARCHE.*

   5. *oración adversativa.* La que, encabezada por las conjunciones adversativas *pero, mas* o *sino (que)*, expresa un sentido parcial o totalmente opuesto al implícito en la oración precedente: *El equipo ganó, pero NO JUGÓ BIEN;* o sustituye a lo negado en la oración anterior: *Pepe no estudia, sino que TRABAJA COMO CAMARERO.*

   6. *oración causal.* La subordinada que expresa la causa de lo enunciado en la oración principal: *El suelo está mojado PORQUE HA LLOVIDO;* o el fundamento o motivo que induce al hablante a expresar lo enunciado en la principal: *Ha llovido, PORQUE EL SUELO ESTÁ MOJADO.*

   7. *oración comparativa.* Aquella en la que se establece una comparación entre dos términos: *Tus méritos son mayores que los míos; Bailo mejor que canto; Juan es rubio como su padre.*

   8. *oración compuesta.* La que consta de dos o más predicados con sus verbos respectivos: *Fui al cine con mis amigos y nos divertimos mucho; Si llueve, no iremos al campo.*

   9. *oración concesiva.* → concesivo.

   10. *oración condicional.* La subordinada que expresa la condición que debe cumplirse para que se verifique lo enunciado en la oración principal: *SI ME NECESITAS, llámame.*

   11. *oración consecutiva.* La que expresa la consecuencia de lo enunciado en la oración precedente: *Anoche dormí mal, así que ESTOY MUY CANSADA; Estaba tan cansado que SE ACOSTÓ VESTIDO.*

12. oración coordinada. La que se une a otra oración mediante una conjunción, sin que exista relación de dependencia entre ellas: *Se me ha bloqueado el ordenador* (primera coordinada) *y no puedo trabajar* (segunda coordinada); *Me gustaría que estuvieras atento* (primera coordinada) *o, al menos, que no hicieras ruido* (segunda coordinada).

13. oración copulativa. La que contiene un verbo copulativo (→ verbo, 4): *Los resultados son excelentes; La sala estaba desierta.*

14. oración de infinitivo. La subordinada cuyo verbo está en infinitivo: *Me encantaría VERTE PRONTO.*

15. oración dependiente. La que depende sintácticamente de otra, llamada principal (→ 32): *Me dijeron QUE TE IBAS DE VACACIONES; Estamos contentos PORQUE NOS HAN APROBADO EL PROYECTO.*

16. oración de relativo. → relativo.

17. oración desiderativa. La que expresa un deseo del hablante (→ desiderativo): *Ojalá la ayuda llegue a tiempo.*

18. oración enfática de relativo. → relativo.

19. oración enunciativa. La que enuncia un hecho, afirmándolo o negándolo: *Me han regalado un libro; No sonó la campana.*

20. oración especificativa. → 3.

21. oración exclamativa directa. La oración independiente de valor exclamativo (→ exclamativo); en la escritura suele aparecer entre signos de exclamación: *¡Cómo llueve!; ¡Qué bien te queda ese traje!*

22. oración exclamativa indirecta. La que, encabezada por un pronombre, un adjetivo o un adverbio exclamativos, depende de un predicado principal: *Es impresionante CÓMO TOCA EL SAXO.*

23. oración exhortativa. → exhortativo.

24. oración explicativa. → 3.

25. oración final. La subordinada que expresa la finalidad o intención con que se realiza lo enunciado en la oración principal: *Ahorro PARA QUE NO ME FALTE NADA EL DÍA DE MAÑANA.*

26. oración impersonal. → impersonal.

27. oración interrogativa directa. La oración independiente cuya finalidad es obtener una información; en la escritura aparece entre signos de interrogación: *¿Qué hora es?; ¿Leíste el anuncio?*

28. oración interrogativa indirecta. La que, encabezada por un pronombre, un adjetivo o un adverbio interrogativos, o por la conjunción *si*, depende de un predicado principal: *Dime QUIÉN HA SIDO; Ya sé CÓMO SE LLAMABA EL AUTOR; El aduanero le preguntó SI TENÍA ALGO QUE DECLARAR.*

29. oración modal. La subordinada que expresa el modo o manera en que se lleva a cabo lo enunciado en la oración principal: *Pinté la casa COMO ME DIJISTE.*

30. oración negativa. La que niega lo denotado por el verbo: *Hoy no he comido nada; Nunca me acostumbraré a esto.*

31. oración pasiva. La que tiene forma o valor pasivo (→ pasivo, 1).

32. oración principal. Oración de la que dependen o que incluye una o varias oraciones subordinadas: *Si puedo, TE LLAMARÉ.*

33. oración simple. La que consta de un solo predicado y, por tanto, no contiene ninguna otra oración: *Cómprame el periódico.*

34. oración subordinada. La que depende de otra o de un elemento de otra oración: *Te llamaré CUANDO LLEGUE; Estoy harto de QUE ME TRATES ASÍ; El chico QUE VINO CONMIGO es ingeniero.*

35. oración sustantiva. La subordinada que desempeña funciones propias del sustantivo (sujeto, complemento directo y término de preposición): *Me alegra QUE HAYAS VENIDO; Necesita QUE LE AYUDEN; Confío en QUE SABRÁ ENTENDERLO.*

36. oración temporal. La subordinada que expresa tiempo: *SIEMPRE QUE OIGO MÚSICA, me siento mejor; Me iré CUANDO HAYA TERMINADO EL TRABAJO.*

37. oración yuxtapuesta. La que, dentro de un enunciado, se une a otra u otras del mismo nivel sintáctico sin nexo o palabra de enlace entre ellas; se separan con comas (a veces, punto y coma) en la escritura: *En vacaciones mis hijos hacen deporte, yo leo, mi marido toma el sol, en fin, cada uno hace lo que le gusta.*

ordinal. → ORDINALES, en el cuerpo del diccionario.

paciente. → sujeto, 3.

palatal. Se dice del sonido consonántico que se pronuncia apoyando la lengua en el paladar duro, como el de las letras *ch* o *ñ*.

paradigma (verbal). Conjunto de todas las formas de la conjugación de un verbo.

participio. 1. Forma no personal del verbo, susceptible de recibir marcas de género y número, que se asimila en su funcionamiento gramatical al adjetivo. En español termina en *-do* (fem. *-da*) en los verbos regulares, y con él se forman los tiempos compuestos de la conjugación (*he LLEGADO, has COMIDO, había DICHO*) y las formas de la pasiva perifrástica (*soy AMADA, eran TEMIDOS, fueron ARRESTADAS*). También se denomina *participio pasivo, de pasado* o *de pretérito*, en oposición al *participio activo* o *de presente* (→ 3 y 4).

2. participio absoluto. El que aparece en una cláusula absoluta (→ absoluto, 1 y 2).

3. participio activo. Derivado verbal que en español acaba en *-nte* y denota capacidad de realizar la acción que expresa el verbo del que deriva. Muchos proceden de participios de presente latinos (→ 4) y hoy se integran, en su mayor parte, en la clase de los adjetivos (*alarmante, permanente, balbuciente*) o de los sustantivos (*cantante, estudiante, presidente*); algunos se han convertido en preposiciones (*durante, mediante*) o en adverbios (*bastante, no obstante*).

4. *participio de presente*. Equivale a *participio activo* (→ 3). Se llama así porque en latín se forma sobre el tema de presente de los verbos, al que se añaden las desinencias correspondientes a los distintos casos. Los participios de presente latinos se enuncian con las terminaciones *-ns, -ntis: amans, amantis*.

partitivo. 1. Se dice del complemento que expresa el conjunto del que se toma o considera solo una parte: *la mayoría DE LOS ASISTENTES, cualquiera DE SUS CORBATAS*.

2. Numeral (→ numeral) que expresa el número de partes iguales que se toman o consideran de aquellas en las que se ha dividido un todo: *la TERCERA parte de los presentes, dos TERCIOS de los asistentes*.

pasivo -va. 1. Tienen valor pasivo o están en forma pasiva las oraciones o construcciones que tienen un sujeto paciente (el que designa la entidad que recibe o padece la acción denotada por el verbo; → sujeto, 3). En las oraciones pasivas, el agente de la acción no aparece o aparece en forma de complemento (→ agente): *Se construyó un puente más alto; La noticia será anunciada por el portavoz*. En español, el valor pasivo se expresa mediante las construcciones de *pasiva perifrástica* (→ 2) y de *pasiva refleja* (→ 3). Además, tienen sentido o valor pasivo las estructuras formalmente activas que implican la existencia de un sujeto paciente, como los infinitivos de las construcciones *temas a tratar* [= temas que van a ser tratados] o *asunto fácil de resolver* [= asunto que puede ser resuelto fácilmente].

2. *pasiva perifrástica*. La pasiva que se construye mediante una perífrasis (→ perífrasis, 2) formada por el auxiliar *ser* y el participio del verbo principal, el cual concuerda con el sujeto: *La escultora FUE ENTERRADA en su pueblo natal; Esos temas SERÁN TRATADOS en la próxima reunión*. Se denomina así en oposición a la *pasiva refleja* (→ 3).

3. *pasiva refleja*. La que se construye con la forma pronominal *se* seguida de un verbo en forma activa que concuerda con el sujeto: *El problema SE RESOLVIÓ con rapidez; Desde aquí SE VEN las montañas*.

perífrasis. 1. Forma de expresión en la que se utilizan varias palabras para expresar lo que puede decirse con menos palabras o con una sola.

2. *perífrasis verbal*. Unión de dos verbos que funcionan conjuntamente como núcleo del predicado; de ellos, el auxiliar, que es el que se conjuga, aporta las marcas gramaticales de tiempo, número y persona, además de algunos matices significativos, como obligación, reiteración, duración, etc.; y el principal o auxiliado, que aparece en una forma no personal (infinitivo, gerundio o participio), aporta el significado léxico principal: *TENE-*

MOS QUE MARCHARNOS a casa; HE VUELTO A LEER tu novela; Tu hermano SIGUE DURMIENDO.

perifrástico -ca. 1. Se dice de las expresiones que constituyen una perífrasis (→ perífrasis, 1).

2. *pasiva perifrástica*. → pasivo, 2.

personal. 1. *formas personales del verbo*. Se llaman así las formas verbales cuyas desinencias indican la persona gramatical, además del modo, el tiempo y el número: *comemos, escribiste, vendrá*.

2. *formas no personales del verbo*. Se llaman así el infinitivo, el gerundio y el participio, por carecer de marcas que señalen persona gramatical: *comer, escribiendo, venido*.

3. *verbo personal*. → verbo, 12.

pleonasmo. Uso de palabras innecesarias para el sentido lógico del enunciado, con las que se subraya, a menudo expresivamente, una idea ya contenida en otro elemento de la oración: *Lo vi yo CON MIS PROPIOS OJOS; Me quedé helado DE FRÍO; Terminó el trabajo en un lapso DE TIEMPO muy corto*.

polisemia. Pluralidad de significados de una palabra o expresión.

polisémico -ca. Se dice de la palabra o expresión que tiene más de un significado.

ponderativo -va. Que pondera, esto es, que ensalza, alaba o encarece, en referencia al énfasis que algunos elementos lingüísticos aportan a la expresión.

posesivo. Se dice de los adjetivos y pronombres que denotan posesión o pertenencia. Son *mi, tu, su, mío, tuyo, suyo, cuyo*, y sus variantes de género y número.

positivo. → grado, 2.

predicado. Segmento de la oración que predica algo del sujeto (→ sujeto) y cuyo núcleo es generalmente un verbo que concuerda con el núcleo del sujeto: *El jefe de la banda ORDENÓ LIBERAR AL SECUESTRADO; Mis hijos NO ESTÁN*. Algunas oraciones tienen predicados no verbales, como la exclamativa *¡Un poco larga esta película!*, cuyo predicado es *un poco larga*.

predicativo. Complemento que atribuye una propiedad o característica al sujeto o al complemento directo de una oración a través de un verbo con significado léxico pleno, es decir, de un verbo que no es copulativo ni semicopulativo (→ verbo, 4): *Antonio llegó EXHAUSTO a su casa; Encontré MUY GUAPA a tu hermana; Nombraron PORTAVOZ al diputado de más edad*.

predorsal. Se dice del sonido consonántico en cuya articulación interviene principalmente la parte anterior del dorso de la lengua (predorso), como el de la letra *ch* o, en algunas zonas del español, el de la *s*.

predorsodental. Se dice del sonido consonántico que se pronuncia apoyando el predorso de la lengua en la cara interior de los dientes superiores, como el de la *s* en amplias zonas del área hispanoablante.

prefijo. Morfema (→ morfema) que se antepone a una palabra o una raíz, a la que aporta un determinado significado: *Ilegible, ANTInatural; CONTRAindicación, PREjubilación, DESatar.*

preposición. Palabra invariable y átona (excepto *según*) cuya función consiste en introducir un sustantivo o un grupo nominal (llamado *término de preposición*) con el que forma un complemento que depende sintácticamente de otro elemento del enunciado. En el español actual son las siguientes: *a, ante, bajo, con, contra, de, desde, durante, en, entre, hacia, hasta, mediante, para, por, según, sin, sobre, tras.* También son preposiciones, de uso más restringido, *pro* (*asociación PRO derechos humanos*) y *vía* (*Voló a Miami VÍA Londres*).

pronombre. 1. Palabra que funciona sintácticamente como un sustantivo, pero que, a diferencia de este, carece de contenido léxico propio, y cuyo referente lo determina su antecedente o la situación comunicativa.

2. *pronombre clítico.* Pronombre átono que, por carecer de independencia fónica, se une, a efectos de pronunciación, con el elemento tónico (siempre un verbo) que lo precede o que lo sigue. En español son *me, te, se, nos, os, lo(s), la(s), le(s).*

3. *pronombre enclítico.* Pronombre clítico (→ 2) que sigue al verbo y se escribe unido a este: *hazLO, dáseLAS.*

4. *pronombre personal.* Los pronombres personales son los que hacen referencia a alguna de las tres personas gramaticales —primera: la persona que habla; segunda: la persona a quien se habla; y tercera: la que se refiere a cualquier otra persona o cosa—. Pueden ser átonos: *me, te, se, nos, os, lo(s), la(s), le(s);* o tónicos: *yo, tú, vos, él, ella(s), ello(s), usted(es), nosotros/as, vosotros/as, mí, ti, sí.*

5. *pronombre proclítico.* Pronombre clítico (→ 2) que precede al verbo: *TE vi, ME LO dijo.*

6. *pronombre relativo.* → relativo.

7. *pronombre reflexivo.* Pronombre personal cuyo antecedente es generalmente el sujeto, tácito o expreso, de la oración en que aparece. Pueden ser átonos: *María SE peinaba;* o tónicos: *La atraje hacia MÍ con suavidad; Tu hermana solo piensa en SÍ misma.* A veces el antecedente no es el sujeto de la oración, pero sí el de una paráfrasis implícita en la secuencia en que aparece el reflexivo: *Siempre te ayuda la confianza en TI mismo* [= la confianza que tú tienes en ti mismo].

pronominal. 1. *locución pronominal.* → locución, 9.

2. *verbo pronominal.* → verbo, 13.

prótasis. En un enunciado condicional, parte que expresa la condición. Normalmente va encabezada por la conjunción *si: SI NO PUEDES VENIR, suspenderemos el viaje.* Se opone a *apódosis* (→ apódosis). También se aplica a los enunciados concesivos (→ concesivo, 1): *AUNQUE TE ESFUERCES, no conseguirás terminarlo a tiempo.*

raíz. Morfema (→ morfema) que en la palabra porta el significado léxico básico y es común a las demás palabras de su misma familia. Así, la raíz es *niñ-* en *niño, niñas, niñera, niñería,* etc.

recíproco -ca. Que expresa una acción que se produce a la vez entre dos o más individuos, y que ejercen los unos sobre los otros. El sentido recíproco lo aportan normalmente los pronombres átonos *nos, os, se* o la construcción pronominal *el uno al* (*del, con el,* etc.) *otro: Sandra y yo no nos hablamos; Pedro y María se quieren; Esos dos siempre hablan mal el uno del otro.* A veces, el valor recíproco se desprende del propio verbo (no de un pronombre), como en *intercambiar, simpatizar,* etc.: *Mi padre y el tuyo simpatizan.*

referente. Entidad (persona, animal o cosa) a la que se refiere un signo lingüístico. Así, el referente del sustantivo *mesa* en *La mesa de mi despacho mide dos metros* es la mesa concreta a la que se refiere el que habla, distinta de cualquier otra; y el referente del pronombre *le* en *A María le gusta la música* es la persona nombrada como *María.*

reflexivo -va. Se dice de la oración que expresa una acción que recae sobre la misma entidad designada por el sujeto: *Ayer me lavé el pelo; El culpable se suicidó.* Son reflexivos o tienen valor reflexivo los elementos lingüísticos que aportan este sentido a la oración, como los pronombres personales que, funcionando como complementos del verbo, tienen como antecedente al sujeto de la oración (→ pronombre, 7): *SE lavó las manos antes de comer; ME sumergí en el río; Piensas demasiado en TI mismo.*

régimen. 1. Hecho de regir o exigir una palabra otra u otras para su correcta construcción dentro de una oración. Así, se habla de régimen transitivo de un verbo si se construye con un complemento directo, o de régimen intransitivo si no lo lleva; y cuando se habla del régimen preposicional de un verbo, de un adjetivo o de un sustantivo, se está haciendo referencia a la preposición o las preposiciones con las que se construye su complemento.

2. *complemento de régimen.* → complemento, 4.

regresivo -va. Se dice de las palabras nuevas creadas por eliminación o alteración del segmento final de aquellas de las que proceden, como el nombre *Concha,* regresivo de *Conchita* (adaptación española del italiano *Concetta,* del latín *concepta* 'concebida'), o el masculino *guardés,* regresivo del femenino *guardesa*, o el singular incorrecto [⊗]*traspié*, regresivo del correcto *traspiés*.

relativo. 1. Se dice del pronombre, el adjetivo o el adverbio que, además de desempeñar su función dentro de la oración a la que pertenece, sirve de enlace entre dicha oración y la principal de la que esta depende. Los relativos en español son los pronombres *(el) que, el cual* y *quien*, así como el adjetivo *cuyo*, con sus variantes de género y número, y los adverbios *(a)donde, cuando, como* y *cuanto*.

2. *oración de relativo.* La que va encabezada por un relativo (→ 1): *Ha venido el tipo QUE LLAMÓ AYER; El problema, CUYA SOLUCIÓN ANHELAMOS, sigue agravándose; Iremos DONDE TÚ QUIERAS.*

3. *oración enfática de relativo.* Oración perifrástica (→ perífrasis, 1) de intención enfática, en la que el verbo *ser* une dos componentes oracionales entre los que existe una relación de identidad, de los cuales el segundo va encabezado siempre por un pronombre o un adverbio relativo (→ 1): *Con esta arma es con la que se cometió el crimen; Ayer fue cuando vi a tu mujer.*

romance. Se dice de cada una de las lenguas derivadas del latín.

semántico -ca. 1. Relativo a la significación de las palabras.

2. *calco semántico.* → calco, 2.

seseo. → SESEO, en el cuerpo del diccionario.

sincopado -da. Se dice de la forma que resulta de eliminar uno o más sonidos del interior de una palabra: *navidad* (de *natividad*), [⊗]*fraticida* (de *fratricida*).

sinónimo. Palabra o expresión que significa lo mismo que otra, como *hábito* y *costumbre* o *comprar* y *adquirir*.

sobresdrújulo -la. Se dice de la palabra que lleva el acento prosódico (→ acento, 2) en la sílaba anterior a la antepenúltima, como *llévaselo* o *arráncatela*.

sonoro -ra. Se dice del sonido que se pronuncia con vibración de las cuerdas vocales, como el de las consonantes *b, d, g, l, ll, m, n, ñ, r, rr, y*, además del de todas las vocales.

sordo -da. Se dice del sonido que se pronuncia sin vibración de las cuerdas vocales, como el de las consonantes *c, ch, f, j, k, p, t, s, z*.

subordinado -da. 1. Se dice del elemento gramatical que depende sintácticamente de otro, respecto del cual desempeña funciones de complemento.

2. *oración subordinada.* → oración, 34.

sufijo. Morfema (→ morfema) que se pospone a la raíz de una palabra para formar derivados o aportar determinadas nociones valorativas (diminutiva, aumentativa, despectiva, etc.): *trompetISTA, abordAJE, mesITA, cuerpAZO.*

sujeto. 1. Función sintáctica ejercida por la palabra o grupo de palabras de cuyo referente se predica algo. Es, con el predicado (→ predicado), el otro constituyente fundamental de la oración e impone al verbo la concordancia en número y persona. Por extensión, se denomina sujeto a los elementos de una oración que desempeñan esta función: *MIS PADRES son profesores; ESO lo cambia todo; Es necesario QUE VENGAS.*

2. *sujeto agente.* Sujeto que designa a la entidad que realiza la acción denotada por el verbo: *EL PORTERO nos impidió el paso; EL VIENTO derribó el muro.*

3. *sujeto paciente.* Sujeto que designa a la entidad que recibe o padece la acción del verbo de su predicado: *MI PRIMO fue operado ayer; Se han construido NUEVOS CHALÉS en mi barrio.*

superlativo. Forma del adjetivo o del adverbio que expresa el grado superlativo (→ grado, 4).

sustantivo. Palabra con género inherente que designa personas, animales o cosas y es capaz de funcionar como núcleo del sujeto (→ sujeto). Equivale a *nombre* (→ nombre).

tácito. Omitido o no expreso. Así, la oración *La vi preocupada* tiene un sujeto tácito, que es *yo*.

terciopersonal. → verbo, 16.

tónico -ca. Se dice de la vocal, la sílaba o la palabra que se pronuncian con acento prosódico (→ acento, 2).

topónimo. Nombre propio de lugar (→ nombre, 10).

transcripción. 1. Acción de escribir con un sistema de caracteres algo escrito con otro. También, acción de representar mediante determinados símbolos los sonidos de una lengua.

2. *transcripción fonética.* La que representa mediante símbolos convencionales los sonidos del habla.

3. *transcripción fonológica.* La que representa mediante símbolos convencionales los sonidos de una lengua teniendo en cuenta únicamente los rasgos distintivos que sirven para diferenciarlos entre sí.

transitivo. → verbo, 17.

triptongo. → TRIPTONGO, en el cuerpo del diccionario.

ultracorrección. Deformación de una palabra o de una construcción por creer equivocadamente que son incorrectas; por ejemplo, [⊗]*bacalado* (por *bacalao*) es una ultracorrección debida a la creencia errónea de que la terminación *-ao* es incorrecta, como así ocurre en otros casos ([⊗]*soldao*, [⊗]*terminao*, etc.); o [⊗]*Me alegra de que hayas venido* (por *Me alegra que hayas venido*) puede ser una ultracorrección debida a la creencia errónea de que la construcción sin *de* es incorrecta, como ocurre en [⊗]*Me alegro que hayas venido*.

ultracorrecto -ta. Se dice de la forma o construcción fruto de una ultracorrección (→ ultracorrección).

vasquismo. Palabra, expresión o rasgo idiomático propios de la lengua vasca que penetran en otra lengua.

velar. Se dice del sonido consonántico que se pronuncia acercando o pegando la parte posterior del dorso de la lengua al velo del paladar (membrana muscular que separa la boca de la faringe), como el de las letras *k, g, j.*

verbo. 1. Palabra que denota acción, estado o proceso, capaz de funcionar como núcleo del predicado y cuyas desinencias expresan modo, tiempo, número y persona.

2. *verbo auxiliar.* El que sirve para formar los tiempos compuestos de los verbos, la pasiva perifrástica (→ pasivo, 2) y las perífrasis verbales (→ perífrasis, 2): HE terminado; FUISTEIS premiados; HEMOS de trabajar; TIENE que comer.

3. *verbo causativo.* → causativo.

4. *verbo copulativo.* El que, prácticamente vacío de significado léxico, sirve de unión entre un sujeto y un atributo (→ atributo) y admite que este sea sustituido por el pronombre neutro *lo;* son copulativos en español los verbos *ser, estar* y *parecer: La conferencia* FUE *interesante* [*lo fue*]; *El enfermo* ESTÁ *tranquilo* [*lo está*]; *Pareces cansado* [*lo pareces*]. Se consideran *semicopulativos* los verbos que sirven de enlace entre un sujeto y un atributo, pero no admiten la sustitución de este por el pronombre *lo: Juan* ANDA *preocupado estos días* [*lo anda*]; *El niño sigue dormido* [*lo sigue*]; *El tipo* SE VOLVIÓ *loco* [*se lo volvió*].

5. *verbo de afección psíquica.* El que, como *aburrir, divertir, admirar* o *temer,* denota procesos que afectan al ánimo o producen acciones o reacciones emotivas.

6. *verbo de estado.* El que implica estado o situación, como *permanecer* o *sentarse,* en oposición a los que implican movimiento o dirección, como *ir* o *dirigirse.*

7. *verbo defectivo.* El que no se conjuga en todos los tiempos y personas, como *atañer* (que solo se conjuga en las terceras personas), *soler* (que, por denotar acción habitual, no se conjuga en algunos tiempos, como el futuro o el condicional) o *preterir* (del que solo se emplean las formas cuya desinencia empieza por *i*).

8. *verbo de influencia.* El que, como *aconsejar, exhortar, obligar* u *ordenar,* expresa una acción que tiene como objetivo influir en alguien para que haga o deje de hacer algo.

9. *verbo impersonal.* El que carece de sujeto, sea tácito o expreso (→ impersonal).

10. *verbo intransitivo.* El que no puede llevar complemento directo (→ complemento, 5), como *ir* o *nacer.*

11. *verbo irregular.* El que, al conjugarse, sufre cambios en la raíz en algunas de sus formas o toma desinencias distintas de las del modelo regular que le corresponde por su terminación, como *nevar* (que en el presente es *nieva,* y no *®neva*) o *conducir* (al que corresponde la forma *conduje,* y no *®conducí*).

12. *verbo personal.* Por oposición a *impersonal* (→ 9), el que lleva sujeto, sea tácito o expreso. Así, el hoy impersonal *haber* se usó como verbo personal, con el significado de 'tener', en el español medieval y clásico: «*Agora* AVEMOS *riqueza*» (*Cid* [Esp. c1140]).

13. *verbo pronominal.* El que se construye en todas sus formas con un pronombre átono que concuerda con el sujeto y que no desempeña ninguna función sintáctica oracional. Algunos verbos son exclusivamente pronominales, como *arrepentirse* o *vanagloriarse,* y otros adoptan determinados matices significativos o expresivos en la construcción pronominal, como *caerse* o *morirse,* frente a *caer* o *morir.*

14. *verbo regular.* El que se ajusta en todas sus formas al modelo fijado como regular que le corresponde por su terminación.

15. *verbo semicopulativo.* → 4.

16. *verbo terciopersonal.* Verbo de cuyas formas personales se usan solo las de tercera persona del singular y del plural, como *ocurrir* o *atañer.*

17. *verbo transitivo.* El que se construye con complemento directo (→ complemento, 5), como *tener* o *decir.*

vernáculo -la. Se dice de la lengua que se habla en el país de que se trata y de las formas de expresión que le son propias; así, la lengua vernácula de Francia es el francés.

vibrante. Se dice del sonido consonántico que se pronuncia apoyando la lengua en los alvéolos superiores y produciendo con ella una o varias vibraciones, por interrumpirse una o varias veces la salida del aire, como el de *r* en *pero* (vibrante simple) y el de *rr* en *perro* (vibrante múltiple).

vocal. Letra a la que corresponde un sonido vocálico (→ vocálico).

vocálico. Se dice del sonido en cuya pronunciación el aire espirado no encuentra ningún obstáculo en su salida al exterior.

vocalización. Conversión de un sonido consonántico en uno vocálico.

vocativo. Palabra o grupo de palabras que hacen referencia al interlocutor y se emplean para llamarlo o dirigirse directamente a él: *¿Cómo está mi* *padre, DOCTOR?; MI QUERIDO AMIGO, ¡qué alegría verte!; Creo, HIJO, que te has equivocado.*

voseo. → VOSEO, en el cuerpo del diccionario.

voz. 1. *voz activa.* → activo, 1.

 2. *voz media.* Se dice tradicionalmente que están en voz media las oraciones cuyo sujeto designa la entidad a la que afecta el proceso denotado por el verbo, sin que exista o se presuponga un agente externo que origine dicho proceso, como *El barco se hundió* o *María se ahogó.* En ellas se indica, simplemente, que al sujeto «le ocurre» algo y normalmente se construyen con un verbo en forma pronominal.

 3. *voz pasiva.* → pasivo.

yeísmo. → YEÍSMO, en el cuerpo del diccionario.

yuxtaposición. Unión de palabras, grupos de palabras u oraciones del mismo nivel sintáctico sin ningún enlace gramatical expreso.

yuxtapuesto -ta. 1. Se dice del elemento que se une a otro por yuxtaposición (→ yuxtaposición).

 2. *oración yuxtapuesta.* → oración, 37.

NÓMINA DE OBRAS Y PUBLICACIONES PERIÓDICAS CITADAS

NÓMINA DE AUTORES Y OBRAS CITADOS

ADVERTENCIAS

[1] Las citas que se ofrecen en el cuerpo del diccionario se han extraído, en su mayoría, de los corpus de la Real Academia Española, tanto del CREA (Corpus de referencia del español actual) como, en menor medida, del CORDE (Corpus diacrónico del español), consultables ambos en la página electrónica www.rae.es; por esa razón, solo se indica la página en las citas de obras no recogidas en los corpus académicos.

[2] El año que aparece entre corchetes tras algunos de los títulos de esta nómina indica la fecha de datación de la obra cuando esta no coincide con la de la edición utilizada.

[3] Abreviaturas: comp. = compilador; coord. = coordinador; dir. = director; ed. = editor; s. a. = sin año; s. e. = sin editorial.

Abad *Epilepsia* = ABAD ALEGRÍA, FRANCISCO: *Epilepsia: diagnóstico y tratamiento en la práctica diaria*. Pamplona: EUNSA, 1981.

Abad *Géneros* = ABAD, FRANCISCO: *Los géneros literarios y otros estudios de filología*. Madrid: UNED, 1982.

Adoum *Ciudad* = ADOUM, JOSÉ ENRIQUE: *Ciudad sin ángel*. México D. F.: Siglo XXI, 1995.

Adrogué *Derecho* = ADROGUÉ, MANUEL I.: *El derecho de propiedad en la actualidad*. Buenos Aires: Abeledo-Perrot, 1991.

AFernández *Depresión* = ALONSO-FERNÁNDEZ, FRANCISCO: *La depresión y su diagnóstico. Nuevo modelo clínico*. Barcelona: Labor, 1988.

Agromayor *España* = AGROMAYOR, LUIS: *España en fiestas*. Madrid: Aguilar, 1987.

Aguilar *Dieta* = AGUILAR, MIGUEL: *La dieta vegetariana*. Madrid: Temas de Hoy, 1995.

Aguilar *Error* = AGUILAR CAMÍN, HÉCTOR: *El error de la luna*. México D. F.: Alfaguara, 1995.

— *Golfo* = *Morir en el Golfo*. México D. F.: Océano, 1986.

Aguilar *Hombre* = AGUILAR SAHAGÚN, GUILLERMO: *El hombre y los materiales*. México D. F.: Fondo de Cultura Económica, 1988.

Aguilera *Arte* = AGUILERA, CARMEN: *El arte oficial tenochca. Su significación social*. [1977]. México D. F.: Universidad Nacional Autónoma de México, 1985.

Aguilera *Caricia* = AGUILERA, NURI: *La caricia rota*. México D. F.: Lince, 1983.

Aguilera *Hombre* = AGUILERA PEDROSO, ANTONIO: *Hombre y cultura*. Madrid: Trotta, 1995.

Aguilera *Pelota* = AGUILERA MALTA, DEMETRIO: *Una pelota, un sueño y diez centavos*. México D. F.: Joaquín Mortiz, 1988.

Aguinis *Cruz* = AGUINIS, MARCOS: *La cruz invertida*. Barcelona: Planeta, 1970.

Aguirre *Antropología* = AGUIRRE BELTRÁN, GONZALO: *Antropología médica. Sus desarrollos teóricos en México*. [1986]. México D. F.: Fondo de Cultura Económica, 1994.

Aguirre *Retablo* = AGUIRRE, ISIDORA: *Retablo de Yumbel*. La Habana: Casa de las Américas, 1987.

Aisenson *Cuerpo* = AISENSON KOGAN, AÍDA: *Cuerpo y persona. Filosofía y psicología del cuerpo vivido*. México D. F.: Fondo de Cultura Económica, 1981.

Alape *Paz* = ALAPE, ARTURO: *La paz, la violencia: testigos de excepción.* Bogotá: Planeta, 1985.

Alatriste *Vivir* = ALATRISTE, SEALTIEL: *Por vivir en quinto patio.* México D. F.: Joaquín Mortiz, 1985.

Alba *Pájaro* = ALBA, VÍCTOR: *El pájaro africano.* Barcelona: Planeta, 1975.

Albentosa *Clima* = ALBENTOSA SÁNCHEZ, LUIS: *El clima y las aguas.* Madrid: Síntesis, 1991.

Alberti *Adefesio* = ALBERTI, RAFAEL: *El adefesio.* Madrid: Cátedra, 1976.
— *Momento* = *De un momento a otro.* [1937-38]. Madrid: Aguilar, 1988.
— *Noche* = *Noche de guerra en el Museo del Prado.* Madrid: Cuadernos para el Diálogo, 1976.
— *Prosas* = *Prosas encontradas.* [1924-42]. Madrid: Ayuso, 1970.

Alberto *Eternidad* = ALBERTO, ELISEO: *La eternidad por fin comienza en lunes.* [1992]. Barcelona: Anagrama, 1994.

Albizu *Homilías* = ALBIZU Y SAINZ DE MURIETA, JUAN: *Homilías parroquiales varias y distintas sobre cada uno de los evangelios de todos los domingos del año.* [1917]. Barcelona: La Hormiga de Oro, 1921.

Alborch *Malas* = ALBORCH, CARMEN: *Malas. Rivalidad y complicidad entre mujeres.* Madrid: Aguilar, 2002.

Aldecoa *Mujeres* = ALDECOA, JOSEFINA R.: *Mujeres de negro.* Barcelona: Anagrama, 1994.

Alegre *Locus* = ALEGRE CUDÓS, JOSÉ LUIS: *Locus amoenus.* Madrid: Hiperión, 1989.
— *Sala* = *Sala de no estar.* Madrid: Fundamentos, 1982.

Alegría *Mundo* = ALEGRÍA, CIRO: *El mundo es ancho y ajeno.* [1941]. Caracas: Antonio Cornejo, 1978.
— *Perros* = *Los perros hambrientos.* [1939]. Madrid: Cátedra, 1996.

Aleixandre *Espadas* = ALEIXANDRE, VICENTE: *Espadas como labios.* [1932]. Madrid: Castalia, 1989.

Alemán *Guzmán* = ALEMÁN, MATEO: *Primera parte de Guzmán de Alfarache.* [1599]. Madrid: Cátedra, 1992.

Alfaya *Traidor* = ALFAYA, JAVIER: *El traidor melancólico.* Madrid: Alfaguara, 1991.

Alfonso X *Partidas* = ALFONSO X: *Siete Partidas. BL Add. 20787.* [1256-63]. Madison: Hispanic Seminary of Medieval Studies, 1995.
— *Setenario* = *Setenario.* [1252-70]. Buenos Aires: Universidad de Buenos Aires, 1945.

Allende *Casa* = ALLENDE, ISABEL: *La casa de los espíritus.* [1982]. Barcelona: Plaza & Janés, 1995.
— *Ciudad* = *La ciudad de las bestias.* Barcelona: Montena, 2002.
— *Eva* = *Eva Luna.* Barcelona: Plaza & Janés, 1987.

Almaguer *Fruticultura* = ALMAGUER VARGAS, GUSTAVO: *Principios de fruticultura.* México D. F.: Mundi-Prensa México/Universidad Autónoma Chapingo, 1998.

Almeida *Niño* = ALMEIDA, JORGE: *Cómo cuidar al niño. El libro de mamá.* Buenos Aires: Paidós, 1975.

Alonso *Anotaciones* = ALONSO CORTÉS, NARCISO: *Anotaciones literarias.* Valladolid: Viuda de Montero, 1922.

Alonso *Estudios* = ALONSO, AMADO: *Estudios lingüísticos. Temas hispanoamericanos.* [1953]. Madrid: Gredos, 1976.

Alonso *Flor* = ALONSO, EDUARDO: *Flor de Jacarandá.* Barcelona: Muchnik, 1991.

Alonso *Imperio* = ALONSO, FRANCISCO: *El imperio de las drogas.* México D. F.: Sholomo Ben Ami, 2003.

Alonso *Plantas* = ALONSO, MARÍA ISABEL: *Plantas y flores para interiores, terrazas y balcones*. Barcelona: Sintes, 1980.

Alonso *Situación* = ALONSO FERNÁNDEZ, JULIÁN: *La nueva situación regional*. Madrid: Síntesis, 1990.

Alonso *Supremísimo* = ALONSO, LUIS RICARDO: *El Supremísimo*. Barcelona: Destino, 1981.

Alou *Aportación* = ALOU, DAMIÁN: *Una aportación modesta a la historia del crimen*. Barcelona: Anagrama, 1991.

Alsius *Dudas* = ALSIUS, SALVADOR: *Catorce dudas sobre el periodismo en televisión*. Barcelona: CIMS 97, 1997.

Altschuler *Hijos* = ALTSCHULER, DANIEL ROBERTO: *Hijos de las estrellas. Nuestro origen, evolución y futuro*. Madrid: Cambridge University Press, 2002.

Alvarado *Ciencias* = ALVARADO, SALUSTIO: *Ciencias Naturales. 5.º curso del Bachillerato, plan de 1957*. [1957-74]. Madrid: Artes Gráficas, 1974.

Alvarado *Darwin* = ALVARADO, RAFAEL: *Darwin y su obra zoológica olvidada*. En *Conmemoración del centenario de Darwin*. Madrid: RACEFN, 1983.

Alviz *Son* = ALVIZ ARROYO, JESÚS: *Un solo son en la danza*. Badajoz: Universitas, 1982.

ÁlvzGil *Naufragios* = ÁLVAREZ GIL, ANTONIO: *Naufragios*. Sevilla: Algaida, 2002.

Amestoy *Durango* = AMESTOY EGIGUREN, IGNACIO: *Durango, un sueño. 1439. La utopía se acaba esta noche*. Madrid: Primer Acto, 1989.
— *Ederra* = *Ederra*. Madrid: Primer Acto, 1982.
— *Gernika* = *Gernika, un grito. 1937. Tragedia actual en ocho escenas, con prólogo*. [1995]. Madrid: Fundamentos, 1996.

Ameztoy *Escuela* = AMEZTOY, BEGOÑA: *Escuela de mujeres*. Madrid: Oberon, 2001.

AMillán *Guardapolvo* = ALONSO MILLÁN, JUAN JOSÉ: *El guardapolvo*. [1990]. Madrid: Marsó-Velasco, 1991.
— *Oportunidad* = *Oportunidad: bonito chalet familiar*. [1991]. Madrid: SGAE, 1992.
— *Raya* = *Pasarse de la raya*. [1991]. Madrid: SGAE, 1993.

Andahazi *Piadosas* = ANDAHAZI, FEDERICO: *Las piadosas*. Barcelona: Plaza & Janés, 1999.

Andrade *Dios* = ANDRADE, JORGE: *Un solo dios verdadero*. Madrid: Anaya & Mario Muchnik, 1993.

Anson *Don Juan* = ANSON, LUIS MARÍA: *Don Juan*. [1994]. Barcelona: Plaza & Janés, 1996.

Antognazza *Vida* = ANTOGNAZZA, EMILIO JORGE: *¿Qué hacer con la vida?* Buenos Aires: Beas, 1993.

Aparicio *César* = APARICIO, JUAN PEDRO: *Lo que es del César*. [1981]. Madrid: Alfaguara, 1990.
— *Retratos* = *Retratos de ambigú*. [1989]. Barcelona: Destino, 1991.

Aranda *Surrealismo* = ARANDA, FRANCISCO: *El surrealismo español*. Barcelona: Lumen, 1981.

Araya *Luna* = ARAYA, ENRIQUE: *La luna era mi tierra*. Santiago de Chile: Andrés Bello, 1982.

Ardila *Psicología* = ARDILA, RUBÉN: *Psicología del aprendizaje*. [1975]. Madrid: Siglo XXI, 1986.

Arel *Jardín* = AREL MONEGAL, NUT: *Para un jardín en otoño*. Barcelona: Seix Barral, 1985.

Arenales *Arauco* = ARENALES, YOLANDA: *Desde el Arauco*. México D. F.: Diana, 1992.

Arenas *Buenos Aires* = ARENAS LUQUE, FERMÍN V.: *Cómo era Buenos Aires*. Buenos Aires: Plus Ultra, 1979.

Arguedas *Raza* = ARGUEDAS, ALCIDES: *Raza de bronce*. [1919]. Santo Domingo: Bibliotecas Virtuales, 2003.

Arguedas *Zorro* = ARGUEDAS, JOSÉ MARÍA: *El zorro de arriba y el zorro de abajo*. [1969]. Madrid: CSIC, 1990.

Argüelles *Letanías* = ARGÜELLES, FULGENCIO: *Letanías de lluvia*. Madrid: Alfaguara, 1993.

Arguiñano *Recetas* = ARGUIÑANO, KARLOS: *1069 recetas*. [1996]. Barcelona: Asegarce/Debate, 1998.

Argullol *Razón* = ARGULLOL, RAFAEL: *La razón del mal*. Barcelona: Destino, 1993.

Arias *Silencio* = ARIAS, MARIANO: *El silencio de las palabras*. Barcelona: Destino, 1991.

Aridjis *Adiós* = ARIDJIS, HOMERO: *Adiós, mamá Carlota*. [1989]. En *Gran teatro del fin del mundo*. México D. F.: Fondo de Cultura Económica, 1994.
— *Comedia* = *Comedia de los últimos días*. [1989]. En *Gran teatro del fin del mundo*. México D. F.: Fondo de Cultura Económica, 1994.
— *Hombre* = *Hombre solo*. [1989]. En *Gran teatro del fin del mundo*. México D. F.: Fondo de Cultura Económica, 1994.
— *Jinetes* = *Él y ella: jinetes blancos*. [1989]. En *Gran teatro del fin del mundo*. México D. F.: Fondo de Cultura Económica, 1994.
— *Moctezuma* = *Moctezuma*. [1980]. En *Gran teatro del fin del mundo*. México D. F.: Fondo de Cultura Económica, 1994.

Armada *Esperanza* = ARMADA, ALFONSO: *Sin maldita esperanza*. [1994]. Madrid: Antonio Machado, 1996.

Armas *Barbuchín* = ARMAS, DANIEL: *Barbuchín. Lectura elemental y corriente, segundo grado*. [1965]. Guatemala: José de Pineda Ibarra, 1972.

Armas *Madrid* = ARMAS MARCELO, JUAN JOSÉ: *Madrid, distrito federal*. Barcelona: Seix Barral, 1994.

Armendáriz *Cocina* = ARMENDÁRIZ SANZ, JOSÉ LUIS: *Procesos de cocina*. Madrid: Paraninfo, 2001.

Arrabal *Torre* = ARRABAL, FERNANDO: *La torre herida por el rayo*. [1982]. Barcelona: Destino, 1983.

Arranbide/Talamoni *Plaguicidas* = ARRANBIDE, GERARDO y MÓNICA TALAMONI: *Plaguicidas*. En TALAMONI, MÓNICA: *Intoxicaciones más frecuentes en pediatría*. Buenos Aires: Héctor A. Macchi, 1992.

Arrau *Digo* = ARRAU, SERGIO: *Digo que Norte Sur corre la tierra*. [1981]. Madrid: Centro de Documentación Teatral, 1992.

Arroyo *Reto* = ARROYO ILERA, FERNANDO: *El reto de Europa: España en la CEE*. [1990]. Madrid: Síntesis, 1993.

Arroyo *Sentencia* = ARROYO, JORGE: *Sentencia para una aurora*. San José: Teatro Nacional, 1991.

Arroyo *Yoga* = ARROYO, ALEXIS: *Yoga tal cual es*. México D. F.: Árbol, 1990.

Arsuaga *Enigma* = ARSUAGA, JUAN LUIS: *El enigma de la esfinge. Las causas, el curso y el propósito de la evolución*. Barcelona: Plaza & Janés, 2001.

Artigas *Sobrevivencia* = ARTIGAS, JORGE N.: *Manual de sobrevivencia*. Concepción: Aníbal Pinto, 1991.

ASantos *Estanquera* = ALONSO DE SANTOS, JOSÉ LUIS: *La estanquera de Vallecas*. [1981]. Madrid: Antonio Machado, 1990.
— *Moro* = *Bajarse al moro*. [1985]. Madrid: Antonio Machado, 1990.
— *Pares* = *Pares y Nines*. [1989]. Madrid: Primer Acto, 1989.

— *Trampa* = *Trampa para pájaros*. [1990]. Madrid: Marsó-Velasco, 1991.

— *Vis* = *Vis a vis en Hawái*. [1992]. Madrid: SGAE, 1994.

Ascárate *Insectos* = Ascárate y Fernández, Casildo: *Insectos y criptógamas que invaden los cultivos en España*. Madrid: L. Péant e Hijos, 1893.

Asenjo *Días* = Asenjo Sedano, José: *Eran los días largos*. Barcelona: Destino, 1982.

Asensio *Itinerario* = Asensio, Eugenio: *Itinerario del entremés. Desde Lope de Rueda a Quiñones de Benavente*. [1965-71]. Madrid: Gredos, 1971.

Asín *Escatología* = Asín Palacios, Miguel: *La escatología musulmana en la Divina Comedia*. [1919]. Madrid: Instituto Hispano-Árabe de Cultura, 1961.

Assad *Cenizas* = Assad, José: *Cenizas sobre el mar*. [1989]. Madrid: Fondo de Cultura Económica/Centro de Documentación Teatral, 1992.

Asturias *Alhajadito* = Asturias, Miguel Ángel: *El alhajadito*. [1961]. Caracas: Ayacucho, 1977.

— *Burgos* = *Burgos*. [1929]. En *París 1924-1933. Periodismo y creación literaria*. Madrid: CSIC, 1988.

— *Carta* = [Cartas]. En *Cartas de amor entre Miguel Ángel Asturias y Blanca de Mora y Araujo*. [1949-54]. Madrid: Cultura Hispánica, 1989.

— *Fiumi* = *Lionello Fiumi, gran poeta*. [1931]. En *París 1924-1933. Periodismo y creación literaria*. Madrid: CSIC, 1988.

— *Hombres* = *Hombres de maíz*. [1949-53]. Madrid: CSIC, 1992.

— *Maladrón* = *Maladrón (epopeya de los Andes verdes)*. Buenos Aires: Losada, 1969.

— *Papa* = *El papa verde*. [1954]. Madrid/Buenos Aires: Alianza/Losada, 1982.

— *Regresión* = *Regresión*. [1928]. En *París 1924-1933. Periodismo y creación literaria*. Madrid: CSIC, 1988.

Atienza *Justicia* = Atienza, Manuel: *Tras la justicia. Una introducción al derecho y al razonamiento jurídico*. Barcelona: Ariel, 1993.

Atxaga *Tiempo* = Atxaga, Bernardo: *Sobre el tiempo*. En *Cuentos de fútbol*. Madrid: Alfaguara, 1995.

Aub *Calle* = Aub, Max: *La calle de Valverde*. [1961]. Madrid: Cátedra, 1985.

— *Gallina* = *La gallina ciega. Diario español*. [1971]. Barcelona: Alba, 1995.

Avendaño *Perfiles* = Avendaño Hübner, Jorge: *Perfiles de la medicina peruana*. [1974]. Lima: Universidad Nacional Mayor de San Marcos, 1983.

Ayala *Cabeza* = Ayala, Francisco: *La cabeza del cordero*. [1949]. Madrid: Cátedra, 1993.

— *Fondo* = *El fondo del vaso*. [1962]. Madrid: Cátedra, 1995.

Ayerra *Lucha* = Ayerra, Ramón: *La lucha inútil*. Madrid: Debate, 1984.

Ayllón *Meteorología* = Ayllón, Teresa: *Elementos de meteorología y climatología*. México D. F.: Trillas, 1996.

Azancot *Amores* = Azancot, Leopoldo: *Los amores prohibidos*. [1980]. Barcelona: Tusquets, 1988.

Azar *Border* = Azar, Rosa T. de: *El border collie*. Buenos Aires: Albatros, 1980.

Azar *Premio* = Azar, Héctor: *El premio de excelencia*. Col. Teatro Iberoamericano, 7. Puebla: [s. e.], 1994.

Azorín *Discurso* = Azorín [José Martínez Ruiz]: *Discurso de recepción ante la Real Academia Española: Una hora de España (entre 1560 y 1590)*. Madrid: Real Academia Española, 1924.

— *Madrid* = *Madrid*. Madrid: Biblioteca Nueva, 1941.

— *Posdata* = *Posdata*. [1959]. En *Obras selectas*. Madrid: Biblioteca Nueva, 1982.

— *Valencia* = *Valencia*. Madrid: Biblioteca Nueva, 1941.

— *Voluntad* = *La voluntad*. [1902]. Madrid: Castalia, 1989.

Azúa *Diario* = AZÚA, FÉLIX DE: *Diario de un hombre humillado*. [1987]. Barcelona: Anagrama, 1991.

— *Idiota* = *Historia de un idiota contada por él mismo o El contenido de la felicidad*. [1986]. Madrid: Espasa-Calpe, 1993.

Azuela *Casa* = AZUELA, ARTURO: *La casa de las mil vírgenes*. Barcelona: Argos Vergara, 1983.

— *Tamaño* = *El tamaño del infierno*. [1973]. Madrid: Cátedra, 1985.

Bahamonde *Real Madrid* = BAHAMONDE MAGRO, ÁNGEL: *El Real Madrid en la historia de España*. Madrid: Taurus, 2002.

Bain *Dolor* = BAIN, CRISTINA: *El dolor de la ceiba*. [1993]. México D. F.: Edamex, 1995.

Balza *Mujer* = BALZA, JOSÉ: *«La mujer de espaldas» y otros relatos*. [1986]. Caracas: Monte Ávila, 1990.

Banda/Torné *Geología* = BANDA, ENRIC y MONTSERRAT TORNÉ: *Geología*. Madrid: Santillana, 1997.

Barmat/Ramos *Música* = BARMAT DE MINES, ALICIA B. y LAURA RAMOS: *Música para fonoaudiólogos*. Buenos Aires: Editorial Universitaria de Buenos Aires, 1999.

Barnatán *Frente* = BARNATÁN, MARCOS RICARDO: *Con la frente marchita*. Barcelona: Versal, 1989.

Barnet *Gallego* = BARNET, MIGUEL: *Gallego*. Madrid: Alfaguara, 1981.

Baroja *Vuelta* = BAROJA, PÍO: *Desde la última vuelta del camino*. [1944-49]. Madrid: Biblioteca Nueva, 1978.

— *Zalacaín* = *Zalacaín el aventurero*. [1909]. Madrid: Espasa-Calpe, 1997.

Barrantes *Análisis* = BARRANTES, ROXANA: *Análisis económico de los recursos naturales*. En MARTICORENA, BENJAMÍN (comp.): *Recursos naturales. Tecnología y desarrollo*. Cusco: CBC, 1993.

Barreiro/DzBarreiro *Farmacia* = BARREIRO TRELLES, NÉLIDA y GRACIELA N. DÍAZ BARREIRO: *La farmacia está en su cocina*. Buenos Aires: Errepar, 1996.

Barrera/Kerdel *Adolescente* = BARRERA MONCADA, GABRIEL y OSWALDO KERDEL VEGAS: *El adolescente y sus problemas en la práctica*. Caracas: Monte Ávila, 1976.

Barriga *Discurso* = BARRIGA, JUAN AGUSTÍN: *Discurso*. Santiago de Chile: Academia Chilena, 1915.

Barriguete *Vino* = BARRIGUETE CASTELLÓN, ARMANDO: *Lo que el vino se llevó. Psicodinamia del alcoholismo*. México D. F.: Diana, 1996.

Barrios *Familia* = BARRIOS, LEONCIO: *Familia y televisión*. Caracas: Monte Ávila, 1993.

Bartra *Frida* = BARTRA, ELI: *Frida Kahlo. Mujer, ideología, arte*. [1987]. Barcelona: Icaria, 1994.

Basáñez *Pulso* = BASÁÑEZ, MIGUEL: *El pulso de los sexenios, 20 años de crisis en México*. México D. F.: Siglo XXI, 1990.

Bassegoda *Atlas* = BASSEGODA I NONELL, JOAN: *Atlas de historia del arte*. Barcelona: Jover, 1989.

Bayly *Días* = BAYLY, JAIME: *Los últimos días de «La Prensa»*. Barcelona: Seix Barral, 1996.

— *Mujer* = *La mujer de mi hermano*. Barcelona: Planeta, 2002.

BCasares *Serafín* = BIOY CASARES, ADOLFO: *El gran Serafín*. [1962]. Madrid: Cátedra, 1984.

— *Trama* = *La trama celeste*. [1948]. Madrid: Castalia, 1990.

Beccaria *Luna* = BECCARIA, LOLA: *La luna en Jorge*. Barcelona: Destino, 2001.

— *Mujer* = *Una mujer desnuda*. Barcelona: Anagrama, 2004.

Becoña/Palomares/García *Tabaco* = BECOÑA, ELISARDO; PALOMARES, ÁNGEL y M.ª DEL PILAR GARCÍA: *Tabaco y salud. Guía de prevención y tratamiento del tabaquismo*. Madrid: Pirámide, 1994.

Belbel *Caricias* = BELBEL, SERGI: *Caricias. Diez escenas y un epílogo*. Madrid: Centro de Documentación Teatral, 1991.

— *Elsa* = *Elsa Schneider*. Madrid: Centro de Documentación Teatral, 1991.

Belli *Mujer* = BELLI, GIOCONDA: *La mujer habitada*. [1992]. Navarra: Txalaparta, 1995.

Beltrán *Mujer* = BELTRÁN PONS, BARTOLOMÉ: *Guía práctica para la mujer embarazada*. [1983]. Barcelona: Planeta, 1992.

Beltrán *Pueblos* = BELTRÁN MARTÍNEZ, ANTONIO: *Pueblos de Aragón* II. Zaragoza: Institución Fernando el Católico, 2000.

Beltrán *Realidad* = BELTRÁN, PEDRO G.: *La verdadera realidad peruana*. Madrid: San Martín, 1976.

Benavente *Señora* = BENAVENTE, JACINTO: *Señora ama*. [1908]. Madrid: Espasa-Calpe, 1996.

Benedetti *Césped* = BENEDETTI, MARIO: *Césped*. En *Cuentos de fútbol*. Madrid: Alfaguara, 1995.

— *Primavera* = *Primavera con una esquina rota*. [1982]. Madrid: Alfaguara, 1994.

Benedicto XIII *Consolaciones* = BENEDICTO XIII [PEDRO MARTÍNEZ DE LUNA = PAPA LUNA]: *Libro de las consolaciones de la vida humana*. [1417]. Castellón: Ayuntamiento de Peñíscola, 1988.

Benegas *Esnaola* = BENEGAS, TXIKI: *De Esnaola a Juan Alcorta*. En *El principio de la esperanza*. Barcelona: Bruguera, 1984.

— *Estrategia* = *Estrategia política para Euskadi*. En *El principio de la esperanza*. Barcelona: Bruguera, 1984.

Benenzon *Musicoterapia* = BENENZON, RONALDO O.: *Manual de musicoterapia*. [1981]. Barcelona: Paidós, 1995.

Benet *Saúl* = BENET GOITIA, JUAN: *Saúl ante Samuel*. [1980]. Madrid: Cátedra, 1994.

Benítez *Caballo* 1 = BENÍTEZ, JUAN JOSÉ: *Caballo de Troya* 1. [1984]. Barcelona: Planeta, 1994.

Berlanga *Gaznápira* = BERLANGA, ANDRÉS: *La gaznápira*. [1984]. Barcelona: Noguer, 1990.

Bermejo *Lucevan* = BERMEJO, ÁLVARO: *E lucevan le stelle*. Bilbao: Laga, 1992.

Beuchot *Filósofos* = BEUCHOT, MAURICIO: *Filósofos humanistas novohispanos*. En ROBLES, LAUREANO (ed.): *Filosofía iberoamericana en la época del Encuentro*. Madrid: CSIC/Trotta, 1992.

Blanco *Revolución* = BLANCO, CARLOS: *Revolución y desilusión. La Venezuela de Hugo Chávez*. Madrid: Los Libros de la Catarata, 2002.

Blasco *Memorias* = BLASCO, EUSEBIO: *Memorias íntimas*. [1903]. Madrid: Leopoldo Martínez, 1904.

Boadella *Memorias* = BOADELLA, ALBERT: *Memorias de un bufón*. Madrid: Espasa-Calpe, 2001.

Bobillo *Alimentación* = BOBILLO, MERCEDES: *Guía práctica de la alimentación*. Madrid: Pirámide, 1991.

Boido *Einstein* = BOIDO, GUILLERMO: *Einstein o la armonía del mundo*. Buenos Aires: Adiax, 1980.

Bojorge *Aventura* = BOJORGE, RODOLFO: *La aventura submarina. Equipo, técnicas y experiencias*. Buenos Aires: Albatros, 1992.

Bolaño *Detectives* = BOLAÑO, ROBERTO: *Los detectives salvajes.* Barcelona: Anagrama, 1998.

Bonfiglioli *Arte* = BONFIGLIOLI DE WEHBERG, LILA: *El arte de sazonar con hierbas y especias.* Buenos Aires: La Colmena, 1990.

Bonfil *Simbiosis* = BONFIL BATALLA, GUILLERMO: *Simbiosis de culturas. Los inmigrantes y su cultura en México.* México D. F.: Fondo de Cultura Económica, 1993.

Bonilla *Luz* = BONILLA, JUAN: *El que apaga la luz.* [1994]. Valencia: Pre-Textos, 1995.

Bonilla *Violencia* = BONILLA VÉLEZ, JORGE IVÁN: *Violencia, medios y comunicación. Otras pistas en la investigación.* México D. F.: Trillas, 1995.

Bonmatí *Elena* = BONMATÍ, PLÁCIDO: *Elena Demuth.* Madrid: J. García Verdugo, 1993.

Borges *Aleph* = BORGES, JORGE LUIS: *El Aleph.* [1949-52]. Caracas: Ayacucho, 1986.
— *Ficciones* = *Ficciones.* [1944-56]. Caracas: Ayacucho, 1986.
— *Libro* = *El libro de arena.* [1975]. Madrid: Alianza, 1995.

Boronat *Moriscos* = BORONAT Y BARRACHINA, PASCUAL: *Los moriscos españoles y su expulsión.* [1901]. Valencia: Imprenta de Francisco Vives, 1992.

Bosch *Sueño* = BOSCH GARCÍA, CARLOS: *Sueño y ensueño de los conquistadores.* México D. F.: Universidad Nacional Autónoma de México, 1987.

Botana *Recetas* = BOTANA, MARU: *Las recetas de Maru.* Buenos Aires: Atlántida, 1999.

Boullosa *Duerme* = BOULLOSA, CARMEN: *Duerme.* Madrid: Alfaguara, 1994.

Briceño *Regente* = BRICEÑO-IRAGORRY, MARIO: *El regente Heredia o La piedad heroica.* [1947-48]. Caracas: Monte Ávila, 1948.

Britton *Siglo* = BRITTON, ROSA M.ª: *No pertenezco a este siglo.* San José: Editorial Costa Rica, 1995.

Brusco *Comer* = BRUSCO, OSVALDO J.: *¿Qué debemos comer?* Buenos Aires: Lidiun, 1987.

Bryce *Huerto* = BRYCE ECHENIQUE, ALFREDO: *El huerto de mi amada.* Barcelona: Planeta, 2002.
— *Magdalena* = *«Magdalena peruana» y otros cuentos.* Barcelona: Plaza & Janés, 1986.
— *Mundo* = *Un mundo para Julius.* [1970]. Madrid: Cátedra, 1996.
— *Vida* = *La vida exagerada de Martín Romaña.* [1981]. Barcelona: Anagrama, 1995.

Bucay *Camino* = BUCAY, JORGE: *El camino de la autodependencia.* Barcelona: Grijalbo, 2002.
— *Cuentos* = *Cuentos para pensar.* Barcelona: RBA, 2002.

Buenaventura *Diestra* = BUENAVENTURA, ENRIQUE: *A la diestra de Dios Padre.* [1960]. La Habana: Casa de las Américas, 1980.

Bueno *Mountain bike* = BUENO, PABLO: *El libro del mountain bike.* Madrid: Desnivel, 1992.

Buitrago *Visto* = BUITRAGO MORALES, FERNANDO: *Lo que he visto al pasar.* [1936?]. Nicaragua: Hospicio León, [s. a.].

Burgos *Rigoberta* = BURGOS, ELISABETH: *Me llamo Rigoberta Menchú y así me nació la conciencia.* [1983]. Barcelona: Seix Barral, 1995.

Buscarons *Homeopatía* = BUSCARONS, EDIS: *Cómo sanarnos con homeopatía. Hierbas y esencias florales.* Buenos Aires: Longseller, 2000.

Bustos *Multimedia* = BUSTOS MARTÍN, IGNACIO DE: *Multimedia.* Madrid: Anaya Multimedia, 1996.

Butteler *Ecología* = BUTTELER H., ÓSCAR A.: *Ecología y civilización. El desafío ambientalista del tercer milenio.* Lima: Magisterial, 1996.

BVallejo *Caimán* = BUERO VALLEJO, ANTONIO: *Caimán.* [1981]. Madrid: Espasa-Calpe, 1984.
— *Detonación* = *La detonación.* [1977]. Madrid: Espasa-Calpe, 1994.
— *Diálogo* = *Diálogo secreto.* [1984]. Madrid: Espasa-Calpe, 1994.

— *Historia* = *La doble historia del doctor Valmy. Relato escénico en dos partes.* [1976]. Madrid: Espasa-Calpe, 1994.

— *Lázaro* = *Lázaro en el laberinto.* [1986]. Madrid: Espasa-Calpe, 1994.

— *Música* = *Música cercana.* [1989]. Madrid: Espasa-Calpe, 1994.

— *Trampas* = *Las trampas del azar. Dos tiempos de una crónica.* Madrid: SGAE, 1994.

Cabada *Agua* = CABADA, JUAN DE LA: *Pasados por agua.* México D. F.: Fondo de Cultura Económica, 1981.

Cabal *Fuiste* = CABAL, FERMÍN: *Fuiste a ver a la abuela???* [1979]. Madrid: Fundamentos, 1987.

— *Vade* = *Vade Retro!* [1982]. Madrid: Fundamentos, 1987.

Caballero *Bisagras* = CABALLERO, NÉSTOR: *Las bisagras o Macedonio perdido entre los ángeles.* [1982]. Caracas: Fundarte, 1985.

Caballero *Quinteto* = CABALLERO, ERNESTO: *Quinteto de Calcuta.* Madrid: Antonio Machado, 1996.

Caballero *Voz* = CABALLERO, CRISTIÁN: *Cómo educar la voz hablada y cantada.* [1985]. México D. F.: Edamex, 1994.

Cabezas *Entomología* = CABEZAS MELARA, FIDEL A.: *Introducción a la entomología.* México D. F.: Trillas, 1996.

Cabouli *Terapia* = CABOULI, JOSÉ LUIS: *Terapia de vidas pasadas.* Buenos Aires: Continente, 1995.

Cabrera *Cine* = CABRERA, JULIO: *Cine: 100 años de historia. Una introducción a la filosofía a través del análisis de películas.* Barcelona: Gedisa, 1999.

Cabrera *Consideraciones* = CABRERA, FRAY ALONSO DE: *De las consideraciones sobre todos los evangelios de la Cuaresma.* [1598]. Madrid: Bailly-Baillière, 1906.

Cabrujas *Acto* = CABRUJAS, JOSÉ IGNACIO: *Acto cultural.* Madrid: Vox, 1976.

— *Americano* = *El americano ilustrado.* [1986]. Madrid: Primer Acto, 1987.

— *Día* = *El día que me quieras.* Madrid: Vox, 1979.

Cacho *Asalto* = CACHO CORTÉS, JESÚS: *Asalto al poder. La revolución de Mario Conde.* [1988]. Madrid: Temas de Hoy, 1993.

Cagigal *Deporte* = CAGIGAL, JOSÉ MARÍA: *El deporte en la sociedad actual.* Barcelona: Magisterio Español/Prensa Española/Editora Nacional, 1975.

Calle *Viaje* = CALLE CAPILLA, RAMIRO A.: *Viaje al interior de la India.* Barcelona: Martínez Roca, 2001.

— *Yoga* = *Yoga, una medicina natural.* Barcelona: Hispano Europea, 1990.

Calvo *Colombia* = CALVO OCAMPO, FABIOLA: *Colombia. EPL, una historia armada.* [1987]. Madrid: Vosa, 1996.

Campos *Carne* = CAMPOS, MARCO ANTONIO: *Que la carne es hierba.* México D. F.: Joaquín Mortiz, 1982.

Campos *Desierto* = CAMPOS REINA, JUAN: *Un desierto de seda. Cuarteto de la decadencia.* Barcelona: Seix Barral, 1990.

Cancionero = *Cancionero tradicional picaresco.* [1974]. Buenos Aires: Ediciones del Sol, 1992.

Candelaria *Golpe* = GRUPO TEATRO LA CANDELARIA: *Golpe de suerte.* [1980]. Bogotá: Colombia Nueva, 1986.

— *Guadalupe* = *Guadalupe años sin cuenta.* [1975]. Bogotá: Colombia Nueva, 1986.

Cano *Abismo* = CANO GAVIRIA, RICARDO: *Una lección de abismo.* Barcelona: Versal, 1991.

Canto *Ronda* = CANTO, ESTELA: *Ronda nocturna*. Buenos Aires: Emecé, 1980.

Caparrós *Crisis* = CAPARRÓS, NICOLÁS: *Crisis de la familia: revolución del vivir*. [1977]. Madrid: Fundamentos, 1981.

Cappa *Intimidad* = CAPPA, ÁNGEL: *La intimidad del fútbol. Grandeza y miserias, juego y entorno*. Donostia: Tercera Prensa-Hirungarren, 1996.

Carballido *Cartas* = CARBALLIDO, EMILIO: *Las cartas de Mozart*. [1975]. México D. F.: Gaceta, 1994.
— *Fotografía* = *La fotografía en la playa*. [1975]. México D. F.: Gaceta, 1994.

Carbonell *Televisión* = CARBONELL, JOAQUÍN: *Apaga... y vámonos. La televisión: guía de supervivencia*. Barcelona: Ediciones B, 1992.

Cardeñosa *Código* = CARDEÑOSA, BRUNO: *El código secreto. Los misterios de la evolución humana*. Barcelona: Grijalbo, 2001.

Cardoza *Guatemala* = CARDOZA Y ARAGÓN, LUIS: *Guatemala. Las líneas de su mano*. Managua: Nueva Nicaragua, 1985.

Carpena *Química* = CARPENA ARTÉS, OCTAVIO: *Contribución de la química al desarrollo de la agricultura*. En *Historia de la química*. Madrid: RACEFN, 1981.

Carpentier *Siglo* = CARPENTIER, ALEJO: *El siglo de las luces*. [1962]. Caracas: Ayacucho, 1988.

Carrasco *Virus* = CARRASCO, LUIS: *El virus del SIDA, un desafío pendiente*. Madrid: Hélice, 1996.

Carrasquilla *Marquesa* = CARRASQUILLA, TOMÁS: *La marquesa de Yolombó*. [1928]. Caracas: Ayacucho, 1984.
— *Tiempos* = *Hace tiempos*. [1935-36]. En *Obras completas*. Madrid: EPESA, 1952.

Carrera *Cuentos* = CARRERA, GUSTAVO LUIS: *Cuentos*. [1980]. Caracas: Monte Ávila, 1992.

Carreras *Autobiografía* = CARRERAS, JOSÉ: *Autobiografía. Cantar con el alma*. Barcelona: Ediciones B, 1989.

Carrere *Torre* = CARRERE, EMILIO: *La torre de los siete jorobados*. [1923]. Madrid: Valdemar, 1998.

Carrillo *Pintura* = CARRILLO A., RAFAEL: *Pintura mural de México: la época prehispánica, el virreinato y los grandes artistas de nuestro siglo*. México D. F.: Panorama, 1981.
— *Posada* = *Posada y el grabado mexicano*. México D. F.: Panorama, 1980.

Carrión *Danubio* = CARRIÓN, IGNACIO: *Cruzar el Danubio*. Barcelona: Destino, 1995.

Carta = *Carta de compra*. [1289]. En *Documentos de los archivos catedralicio y diocesano de Salamanca*. Salamanca: Universidad de Salamanca, 2000.

Carutti *Ascendentes* = CARUTTI, EUGENIO: *Ascendentes en astrología. Segunda parte*. Buenos Aires: Casa XI, 2001.

Casares *Crítica* = CASARES, JULIO: *Crítica efímera. Índice de lecturas: Galdós, Palacio Valdés, Unamuno, Blasco Ibáñez, Miró, etc.* [1919-23]. Madrid: Espasa-Calpe, 1962.
— *Discurso* = *Discurso de recepción ante la Real Academia Española: Nuevo concepto del diccionario de la lengua*. Madrid: Real Academia Española, 1921.
— *Idioma* = *El idioma como instrumento y el diccionario como símbolo*. Madrid: Gráficas Barragán, 1944.
— *Lexicografía* = *Introducción a la lexicografía moderna*. Madrid: CSIC, 1950.

Casares *Dios* = CASARES, CARLOS: *Dios sentado en un sillón azul*. Madrid: Alfaguara, 1996.

Casas *Antoñita* = CASAS, BORITA: *Antoñita la Fantástica y Titerris*. Madrid: Gilsa, 1953.

Caso *Peso* = CASO, ÁNGELES: *El peso de las sombras*. [1994]. Barcelona: Planeta, 1996.

Castelar *Historia* = CASTELAR, EMILIO: *Historia del año 1883*. [1884]. Alicante: Biblioteca Virtual Miguel de Cervantes, 2002.

Castellanos *Femenino* = CASTELLANOS, ROSARIO: *El eterno femenino*. [1975]. México D. F.: Fondo de Cultura Económica, 1986.

Castilla *Psiquiatría* 1 = CASTILLA DEL PINO, CARLOS: *Introducción a la psiquiatría. 1. Problemas generales. Psico(pato)logía*. [1979]. Madrid: Alianza, 1993.
— *Psiquiatría* 2 = *Introducción a la psiquiatría. 2. Psiquiatría general. Psiquiatría clínica*. [1980]. Madrid: Alianza, 1992.

Castillo *Bolero* = CASTILLO ZAPATA, RAFAEL: *Fenomenología del bolero*. [1990]. Caracas: Monte Ávila, 1993.

Castro *Fiebre* = CASTRO, LUISA: *La fiebre amarilla*. Barcelona: Anagrama, 1994.

Castro *Petrografía* = CASTRO DORADO, ANTONIO: *Petrografía básica. Texturas, clasificación y nomenclatura de rocas*. Madrid: Paraninfo, 1989.

Castro/Alcántara/Colón *Cocina* = CASTRO, MARIANELA; ALCÁNTARA, LUZ MARÍA y EUNICE COLÓN SOLER: *Cocina dominicana*. Barcelona: Icaria, 1996.

Castro/Handel/Rivolta *Actualizaciones* = CASTRO, ROBERTO J.; HANDEL, MARÍA y GRACIELA B. RIVOLTA: *Actualizaciones en Biología*. [1981]. Buenos Aires: Eudeba, 1994.

CBaroja *Brujas* = CARO BAROJA, JULIO: *Las brujas y su mundo*. [1961]. Madrid: Alianza, 1995.
— *Judíos* = *Los judíos en la España moderna y contemporánea*. 3 vols. Madrid: Arion, 1961.
— *Pueblos* = *Los pueblos de España*. [1946]. Madrid: Istmo, 1981.
— *Tecnología* = *Tecnología popular española*. [1969]. Barcelona: Círculo de Lectores/Galaxia Gutenberg, 1996.

CBonald *Noche* = CABALLERO BONALD, JOSÉ MANUEL: *Toda la noche oyeron pasar pájaros*. [1981]. Barcelona: Planeta, 1988.

Cebrián *Información* = CEBRIÁN HERREROS, MARIANO: *Información radiofónica. Mediación técnica, tratamiento y programación*. Madrid: Síntesis, 1995.

Cebrián *Rusa* = CEBRIÁN, JUAN LUIS: *La rusa*. Barcelona: Círculo de Lectores, 1986.

Cela *Colmena* = CELA, CAMILO JOSÉ: *La colmena*. [1951-69]. Barcelona/Madrid: Noguer, 1986.
— *Cristo* = *Cristo versus Arizona*. [1988]. Barcelona: Plaza & Janés, 1993.
— *Judíos* = *Judíos, moros y cristianos*. [1956]. Barcelona: Destino, 1989.
— *Pirineo* = *Viaje al Pirineo de Lérida: notas de un paseo a pie por el Pallars Sobirà, el valle del Arán y el condado de Ribagorza*. Madrid: Alfaguara, [1965].

Celorio *Contraconquista* = CELORIO, GONZALO: *Ensayo de contraconquista*. México D. F.: Tusquets, 2001.

Cencillo *Método* = CENCILLO, LUIS: *Método y base humana*. Madrid: Universidad Complutense, 1973.

Cercas *Soldados* = CERCAS, JAVIER: *Soldados de Salamina*. [2001]. Barcelona: Tusquets, 2002.

Cerezales *Escaleras* = CEREZALES, AGUSTÍN: *Escaleras en el limbo*. Barcelona: Lumen, 1991.
— *Fuera* = *Fuera de juego*. En *Cuentos de fútbol*. Madrid: Alfaguara, 1995.

Cervantes *Numancia* = CERVANTES SAAVEDRA, MIGUEL DE: *Tragedia de Numancia*. [1581]. Alcalá de Henares: Centro de Estudios Cervantinos, 1995.
— *Parnaso* = *Viaje del Parnaso*. [1614]. Alcalá de Henares: Centro de Estudios Cervantinos, 1995.
— *Persiles* = *Los trabajos de Persiles y Sigismunda*. [1616]. Alcalá de Henares: Centro de Estudios Cervantinos, 1994.

— *Quijote* I = *El ingenioso hidalgo don Quijote de la Mancha.* [1605]. Barcelona: Instituto Cervantes/Crítica, 1998.

— *Quijote* II = *Segunda parte del ingenioso caballero don Quijote de la Mancha.* [1615]. Barcelona: Instituto Cervantes/Crítica, 1998.

Cestero *Sangre* = CESTERO, TULIO MANUEL: *La sangre.* [1914]. Santo Domingo: Bibliotecas Virtuales, 2005. (www.bibliotecasvirtuales.com).

Chacel *Barrio* = CHACEL, ROSA: *Barrio de Maravillas.* [1976]. Barcelona: Seix Barral, 1991.

Chacón *Voz* = CHACÓN, DULCE: *La voz dormida.* Madrid: Alfaguara, 2002.

Chamorro *Cruz* = CHAMORRO, EDUARDO: *La cruz de Santiago.* Barcelona: Planeta, 1992.

Chamorro *Muerto* = CHAMORRO, VÍCTOR: *El muerto resucitado.* Madrid: Albia, 1984.

Chao *Altos* = CHAO EBERGENYI, GUILLERMO: *De los altos.* México D. F.: Diana, 1991.

Chaparro *Integración* = CHAPARRO ALFONZO, JULIO: *¿Por qué ha fracasado la integración latinoamericana?* Caracas: Monte Ávila, 1991.

Chase *Pavo* = CHASE BRENES, ALFONSO: *El pavo real y la mariposa.* San José: Editorial Costa Rica, 1996.

Chavarría *Rojo* = CHAVARRÍA, DANIEL: *El rojo en la pluma del loro.* Barcelona: Random House Mondadori, 2002.

Chávez *Batallador* = CHÁVEZ JR., GILBERTO: *El batallador.* México D. F.: Joaquín Mortiz, 1986.

Chávez *Nutrición* = CHÁVEZ MARTÍNEZ, MARGARITA: *Nutrición efectiva = comida vegetariana.* México D. F.: Diana, 1993.

Chaviano *Casa* = CHAVIANO, DAÍNA: *Casa de juegos.* Barcelona: Planeta, 1999.

Che/Granado *Viaje* = CHE GUEVARA, ERNESTO y ALBERTO GRANADO: *Viaje por Sudamérica.* [1992]. Navarra: Txalaparta, 1994.

Chiozza *Cuerpo* = CHIOZZA, LUIS A.: *Cuerpo, afecto y lenguaje. Psicoanálisis y enfermedad somática.* Buenos Aires: Paidós, 1976.

Chirbes *Letra* = CHIRBES, RAFAEL: *La buena letra.* [1992]. Madrid: Debate, 1995.

Chueca *Arquitectura* = CHUECA GOITIA, FERNANDO: *Historia de la arquitectura española.* Madrid: Dossat, 1965.

— *Semblante* = *El semblante de Madrid.* Madrid: Revista de Occidente, 1951.

Cibeira *Bioética* = CIBEIRA, JOSÉ B.: *Bioética y rehabilitación.* Buenos Aires: El Ateneo, 1997.

Cibeira/Zancolli/Zancolli *Parálisis* = CIBEIRA, JORGE; ZANCOLLI, EDUARDO A. y EDUARDO R. ZANCOLLI: *Parálisis cerebral. Clínica y cirugía del aparato locomotor.* Buenos Aires: El Ateneo, 1991.

Cid = *Poema de Mio Cid.* [c1140]. Barcelona: Crítica, 1993.

Cifuentes *Esmeralda* = CIFUENTES, EDWIN: *La nueva Esmeralda.* México D. F.: Joaquín Mortiz, 1987.

CInfante *Delito* = CABRERA INFANTE, GUILLERMO: *Delito por bailar el chachachá.* Madrid: Alfaguara, 1995.

— *Habana* = *La Habana para un infante difunto.* [1986]. Barcelona: Plaza & Janés, 1993.

— *Tigres* = *Tres tristes tigres.* [1964-67]. Barcelona: Seix Barral, 1967.

Circulación = *Código de la circulación.* [1985]. Madrid: Tecnos, 1994.

Cisneros *Mestizaje* = CISNEROS, ANTONIO: *El mestizaje gastronómico.* En *La academia en la olla. Reflexiones sobre la comida criolla.* Lima: Universidad de San Martín de Porres, 1995.

Clarín *Regenta* = CLARÍN [LEOPOLDO ALAS]: *La regenta*. [1884-85]. Madrid: Castalia, 1990.

Claro *Sombra* = CLARO HUNEEUS, FRANCISCO: *A la sombra del asombro. El mundo visto por la física*. [1995]. Santiago de Chile: Andrés Bello, 1996.

Clavero *Derecho* = CLAVERO, BARTOLOMÉ: *Derecho indígena y cultura constitucional en América*. México D. F.: Siglo XXI, 1994.

Código civil = *Código civil*. [1889]. Madrid: Hijos de Tello, 1916.

Cohen *Insomnio* = COHEN, MARCELO: *Insomnio*. Barcelona: Muchnik, 1986.

Cohen *Muerte* = COHEN, EMMA: *Muerte dulce*. Madrid: Debate, 1993.

Colinas *Año* = COLINAS, ANTONIO: *Un año en el sur*. Barcelona: Seix Barral, 1990.

Collyer *Habitante* = COLLYER, JULIO: *El habitante del cielo*. Barcelona: Seix Barral, 2002.
— *Pájaros* = *Cien pájaros volando*. Barcelona: Seix Barral, 1995.

Colorado *Pintura* = COLORADO CASTELLARY, ARTURO: *Introducción a la historia de la pintura. De Altamira al Guernica*. Madrid: Síntesis, 1991.

Congelar = *Congelar en casa*. Madrid: Espasa-Calpe, 1976.

Conget *Mujeres* = CONGET, JOSÉ MARÍA: *Todas las mujeres*. Madrid: Alfaguara, 1989.

Consiglio *Bien* = CONSIGLIO, JORGE: *El bien*. Madrid: Ópera Prima, 2002.

Conte *Manifestaciones* = CONTE L., GUILLERMO: *Manifestaciones hematológicas*. En SEPÚLVEDA, CECILIA y ALEJANDRO AFANI (eds.): *Sida*. Santiago de Chile: Publicaciones Técnicas del Mediterráneo, 1994.

Contreras *Campeón* = CONTRERAS ALIAGA, ISMAEL: *El campeón o ¿Quién mató a Mingo Gonzales?* Lima: Homero Teatro de Grillos, 1985.

Contreras *Nadador* = CONTRERAS, GONZALO: *El nadador*. Santiago de Chile: Alfaguara, 1995.

Córdova *Política* = CÓRDOVA, ARNALDO: *La política de masas y el futuro de la izquierda*. En GONZÁLEZ CASANOVA, PABLO y ENRIQUE FLORESCANO (coords.): *México, hoy*. México D. F.: Siglo XXI, 1979.

Cormillot/Lombardini *Beber* = CORMILLOT, ALBERTO y JUAN CARLOS LOMBARDINI: *Beber o no beber. ¿Esa es la cuestión?* Barcelona: Paidós, 1994.

Coronado *Fabuladores* = CORONADO, JUAN: *Fabuladores de dos mundos*. México D. F.: Universidad Nacional Autónoma de México, 1984.

Corrieri *Fuera* = CORRIERI, SERGIO: *Y si fuera así*. [1978]. La Habana: Letras Cubanas, 1990.

Cortázar *Final* = CORTÁZAR, JULIO: *Final del juego*. [1945-64]. Madrid: Anaya & Mario Muchnik, 1995.
— *Glenda* = *«Queremos tanto a Glenda» y otros relatos*. [1980]. Madrid: Alfaguara, 1988.
— *Rayuela* = *Rayuela*. [1963]. Madrid: CSIC, 1991.
— *Reunión* = *«Reunión» y otros relatos*. Barcelona: Seix Barral, 1983.

Cortés *Cartas* = CORTÉS, HERNÁN: *Cartas de relación*. [1519-26]. Madrid: Historia 16, 1988.

Cossa *Compadritos* = COSSA, ROBERTO: *Los compadritos*. Buenos Aires: Ediciones de la Flor, 1985.
— *Criado* = *El viejo criado*. Madrid: Primer Acto, 1986.

Costa *Fotografía* = COSTA SILVA, PEDRO: *Fundamentos de fotografía*. [1993]. Santiago de Chile: Editorial Universitaria, 1995.

Cotte *Sida* = COTTE, CARLOS: *Sida y sexo*. Caracas: Monte Ávila/CONICIT, 1988.

Cousté *Biografía* = COUSTÉ, ALBERTO: *Biografía del diablo*. Barcelona: Círculo de Lectores, 1978.

Crea *Curación* = CREA, PEDRO: *Curación por cristales, gemas y minerales. Manual práctico y clínico*. Buenos Aires: Continente, 1995.

— *Propóleo* = *Propóleo y demás productos de la colmena*. Buenos Aires: Continente, 1993.

Crespo *Champiñón* = CRESPO, MARIO: *Cultivo comercial del champiñón*. Buenos Aires: Albatros, 1991.

— *Plantas* = *Cultivo de plantas aromáticas para condimento*. Buenos Aires: Albatros, 1986.

CSerraller *Arte* = CALVO SERRALLER, FRANCISCO: *Historia del Arte*. Madrid: Santillana, 1997.

— *Paisajes* = *Paisajes de luz y muerte. La pintura española del 98*. Barcelona: Tusquets, 1998.

CThorner *Trópico* = COTTO-THORNER, GUILLERMO: *Trópico en Manhattan*. [1951]. San Juan: Cordillera, 1967.

Cuauhtémoc *Grito* = CUAUHTÉMOC SÁNCHEZ, CARLOS: *Un grito desesperado. Novela de superación personal para padres e hijos*. México D. F.: Diamante, 1992.

Cuéllar *Catecismo* = CUÉLLAR, PEDRO DE: *Catecismo*. [1325]. Salamanca: Junta de Castilla y León, 1987.

Cuenca *Europa* = CUENCA GARCÍA, EDUARDO: *Europa e Iberoamérica*. Madrid: Síntesis, 2002.

Cueva *Infantes* = CUEVA, JUAN DE LA: *Tragedia de los siete infantes de Lara*. [1579]. Madrid: Sociedad de Bibliófilos Españoles, 1917.

Cunqueiro *Crónicas* = CUNQUEIRO, ÁLVARO: *Las crónicas del sochantre*. Barcelona: AHR, 1959.

Cusa *Energía* = CUSA, JUAN DE: *Energía solar para viviendas*. Barcelona: CEAC, 1998.

Cuvi *Ecuador* = CUVI, PABLO: *Ecuador. Paso a Paso*. Bogotá: Norma, 1994.

Cuzzani *Cortés* = CUZZANI, AGUSTÍN: *Lo cortés no quita lo caliente*. Buenos Aires: Almagesto, 1988.

— *Pitágoras* = *Pitágoras, go home*. Buenos Aires: Almagesto, 1988.

— *Zorro* = *Disparen sobre el zorro gris*. Buenos Aires: Almagesto, 1988.

Daneri *Cita* = DANERI, ALBERTO: *La cita*. Buenos Aires: Santana, 1983.

— *Matar* = *Matar las preguntas*. Buenos Aires: Santana, 1981.

Darío *Abrojos* = RUBÉN DARÍO [FÉLIX RUBÉN GARCÍA SARMIENTO]: *Abrojos*. [1887]. Caracas: Ayacucho, 1977.

— *Prosas* = *Prosas profanas y otros poemas*. [1896-1901]. Madrid: Castalia, 1993.

Darío *Dama* = DARÍO GIL, RUBÉN: *La dama del Sol*. [1989]. Caracas: Centro de Directores para el Nuevo Teatro, 1990.

Daulte *Noche* = DAULTE, JAVIER: *Desde la noche llamo*. [1994]. Buenos Aires: Último Reino, 1995.

Dávila *Contribución* = DÁVILA, CARLOS A.: *Contribución de la mecánica cuántica a la comprensión de los procesos biológicos*. En *Cincuentenario de la mecánica cuántica*. Madrid: RACEFN, 1975.

Daza *Antojos* = DAZA DE VALDÉS, BENITO: *Uso de los antojos para todo género de vistas*. [1623]. Salamanca: CILUS, 1999.

Delgado *Balada* = DELGADO APARAÍN, MARIO: *La balada de Johnny Sosa*. [1991]. Barcelona: Ediciones B, 1995.

Delgado *Mirada* = [GARCÍA] DELGADO, FERNANDO: *La mirada del otro.* [1995]. Barcelona: Planeta, 1996.

Delgado *Sub-América* = DELGADO SENIOR, IGOR: *Sub-América.* Caracas: Monte Ávila, 1992.

Delgado/Gutiérrez *Office* = DELGADO CABRERA, JOSÉ MARÍA y JUAN DIEGO GUTIÉRREZ GALLARDO: *Manual avanzado de Microsoft Office 2000.* Madrid: Anaya Multimedia, 2000.

Delibes *Guerras* = DELIBES, MIGUEL: *Las guerras de nuestros antepasados.* Barcelona: Destino, 1975.

— *Hoja* = *La hoja roja.* [1986]. Barcelona: Destino, 1987.

— *Madera* = *Madera de héroe.* [1987]. Barcelona: Destino, 1994.

— *Mario* = *Cinco horas con Mario.* [1966]. Barcelona: Destino, 1996.

— *Parábola* = *Parábola del náufrago.* Barcelona: Destino, 1969.

— *Ratas* = *Las ratas.* Barcelona: Destino, 1962.

— *Vida* = *Mi vida al aire libre.* Barcelona: Destino, 1989.

— *Voto* = *El disputado voto del señor Cayo.* Barcelona: Destino, 1978.

Delibes *Vida* = DELIBES DE CASTRO, MIGUEL: *Vida. La naturaleza en peligro.* Madrid: Temas de Hoy, 2001.

Derbez *Usos* = DERBEZ, ALAIN: *Los usos de la radio.* México D. F.: Joaquín Mortiz, 1988.

Dexeus/Carrera *Riesgo* = DEXEUS, SANTIAGO y JOSEP M.ª CARRERA: *El riesgo de nacer.* Barcelona: Labor, 1989.

Díaz *Bosque* = DÍAZ, MARCO ANTONIO: *Cómo trabajar el bosque.* México D. F.: Árbol, 1982.

Díaz *Neruda* = DÍAZ, JORGE: *Pablo Neruda viene volando.* Madrid: Primer Acto, 1991.

Díaz *Piel* = DÍAZ, JESÚS: *La piel y la máscara.* Barcelona: Anagrama, 1996.

Díaz *Radio* = DÍAZ, LORENZO: *La radio en España (1923-1993).* [1992]. Madrid: Alianza, 1993.

— *Televisión* = *Informe sobre la televisión en España (1989-1998).* Barcelona: Ediciones B, 1999.

Dieste *Muriel* = DIESTE, RAFAEL: *Historias e invenciones de Félix Muriel.* [1943]. Madrid: Alianza, 1974.

Dios *Miami* = DIOS, HORACIO DE: *Miami.* Buenos Aires: De Dios Editores, 1999.

Diosdado *Ochenta* = DIOSDADO, ANA: *Los ochenta son nuestros.* [1988]. Madrid: Antonio Machado, 1990.

— *Trescientos* = *Trescientos veintiuno, trescientos veintidós.* [1991]. Madrid: SGAE, 1993.

DmgzOrtiz *Clases* = DOMÍNGUEZ ORTIZ, ANTONIO: *Las clases privilegiadas en el Antiguo Régimen.* [1973]. Madrid: Istmo, 1985.

Documentos Castilla = *Documentos de Alfonso X dirigidos a Castilla la Vieja.* [1252-82]. Madison: Hispanic Seminary of Medieval Studies, 1999.

Dolina *Ángel* = DOLINA, ALEJANDRO: *El ángel gris.* Vitoria: Ikusager, 1993.

Domingo *Cocina* = DOMINGO, XAVIER: *La cocina española antes del Descubrimiento.* En OLIVAS WESTON, ROSARIO (comp.): *Cultura, identidad y cocina en el Perú.* Lima: Universidad de San Martín de Porres, 1996.

— *Sabor* = *El sabor de España.* Barcelona: Tusquets, 1992.

Donoso *Casa* = DONOSO, JOSÉ: *Casa de Campo.* [1978]. Barcelona: Seix Barral, 1989.

— *Elefantes* = *Donde van a morir los elefantes.* Madrid: Alfaguara, 1995.

Dorfman *Muerte* = DORFMAN, ARIEL: *La Muerte y la Doncella.* Madrid: Ollero & Ramos, 1995.

D'Ors *Horas* = Ors, Eugenio d': *Tres horas en el Museo del Prado. Itinerario estético, segui-do de los Avisos al visitante de las exposiciones de pintura*. [1923]. Madrid: Tecnos, 1989.

Dou *Luna* = Dou, Benigno: *Luna rota*. Barcelona: Planeta, 2002.

Dou *Sentido* = Dou Masdexexas, Alberto: *El sentido de la técnica*. En *Historia de las obras públicas*. Madrid: RACEFN, 1984.

Draghi *Noches* = Draghi Lucero, Juan: *Las mil y una noches argentinas*. Buenos Aires: Guillermo Kraft, 1953.

Ducoudray *Ojos* = Ducoudray, Louis A.: *Los ojos del arrecife*. San José: Fernández-Arce, 1992.

Duque *Suicidio* = Duque, Aquilino: *El suicidio de la modernidad. Una revisión crítica de la cultura contemporánea*. Barcelona: Bruguera, 1984.

Durán *Revolución* = Durán, Armando: *«¡Viva la revolución!» y otros textos banales*. Barcelona: Monte Ávila, 1978.

DzÁlvarez *Geografía* = Díaz Álvarez, José R.: *Geografía del turismo*. [1989]. Madrid: Síntesis, 1993.

DzCañabate *Paseíllo* = Díaz-Cañabate, Antonio: *Paseíllo por el planeta de los toros*. Madrid: Salvat/Alianza, 1970.

— *Tertulia* = *Historia de una tertulia*. [1952]. Madrid: Espasa-Calpe, 1978.

DzChávez *Física* = Díaz Chávez, Ricardo: *Principios de física atómica*. Trujillo: [s. e.], 1997.

DzCorral *Rapto* = Díez del Corral, Luis: *El rapto de Europa. Una interpretación histórica de nuestro tiempo*. [1953-74]. Madrid: Alianza, 1974.

DzDorado *Ordenamiento* = Díaz Dorado, Manuel D.: *Ordenamiento ambiental. Urbanismo sanitario*. Buenos Aires: [s. e.], 1993.

DzFernández *Venus* = Díaz Fernández, José: *La Venus mecánica*. [1929]. Barcelona: Laia, 1983.

DzPlaja *Literatura* = Díaz-Plaja, Guillermo: *Historia de la literatura universal*. Barcelona: La Espiga, 1949.

DzToledo *Fedrón* = Díaz de Toledo, Pero: *Traducción del libro llamado Fedrón, de Platón*. [1446-47]. Londres: Támesis, 1993.

DzVelasco *Hombres* = Díez de Velasco, Francisco: *Hombres, ritos, dioses. Introducción a la historia de las religiones*. Madrid: Trotta, 1995.

Echagüe *Tierra* = Echagüe, Juan Pablo: *Tierra de huarpes*. Buenos Aires: Peuser, 1945.

Echegaray *Ciencia* = Echegaray, José: *Ciencia popular*. [1870-1905]. Madrid: Hijos de J. A. García, 1905.

Ederra *Botánica* = Ederra Induráin, Alicia: *Botánica ambiental aplicada. Las plantas y el equilibrio ecológico de nuestra tierra*. Pamplona: EUNSA, 1996.

Edwards *Anfitrión* = Edwards, Jorge: *El anfitrión*. Barcelona: Plaza & Janés, 1987.

Egido *Corazón* = Egido, Luciano G.: *El corazón inmóvil*. Barcelona: Tusquets, 1995.

Ekaizer *Vendetta* = Ekaizer, Ernesto: *Vendetta*. Barcelona: Plaza & Janés, 1996.

Elizondo *Setenta* = Elizondo Elizondo, Ricardo: *Setenta veces siete*. [1987]. México D. F.: Consejo Nacional para la Cultura y las Artes, 1994.

Encina *Cancionero* = Encina, Juan del: *Cancionero. RAE 18*. [1481-96]. Madrid: Universidad Complutense, 2003.

— *Égloga* = *Égloga de Fileno, Zambardo y Cardonio*. [1497]. Madrid: Cátedra, 1991.

Enríquez *Estrés* = ENRÍQUEZ SORIANO, ÁNGELES: *Estrés. Cómo aprender en la encrucijada.* Madrid: Olaya, 1997.

Ercilla *Araucana* I = ERCILLA Y ZÚÑIGA, ALONSO DE: *La Araucana. Primera parte.* [1569]. Madrid: Cátedra, 1993.

Escárzaga *Claves* = ESCÁRZAGA, ÁNGEL: *Claves secretas de las vanguardias artísticas. Marchantes y farsantes de la pintura contemporánea.* Madrid: Nuer, 1997.

Escavias *Repertorio* = ESCAVIAS, PEDRO DE: *Repertorio de príncipes de España.* [1467-75]. Madrid: Instituto de Estudios Giennenses, 1972.

Escudero *Malvinas* = ESCUDERO, LUCRECIA: *Malvinas: el gran relato. Fuentes y rumores en la información de guerra.* Barcelona: Gedisa, 1996.

Eslava *Unicornio* = ESLAVA GALÁN, JUAN: *En busca del unicornio.* [1987]. Barcelona: Planeta, 1995.

España = *España de punta a punta.* Madrid: Anaya, 1996.

Espinosa *Jesús* = ESPINOSA, ENRIQUE: *«Jesús el bisabuelo» y otros relatos.* México D. F.: Siglo XXI, 1995.

Espronceda *Diablo* = ESPRONCEDA, JOSÉ DE: *El diablo mundo.* [1840-41]. Madrid: Castalia, 1993.

Esquivel *Agua* = ESQUIVEL, LAURA: *Como agua para chocolate.* [1989]. Barcelona: Grijalbo Mondadori, 1995.
  — *Deseo* = *Tan veloz como el deseo.* Barcelona: Plaza & Janés, 2001.

Estatuto = *Estatuto de los trabajadores.* [1985]. Madrid: Tecnos, 1995.

Estébanez *Tendencias* = ESTÉBANEZ, JOSÉ: *Tendencias y problemática actual de la geografía.* [1982]. Madrid: Cincel, 1984.

Estefanía *Economía* = ESTEFANÍA, JOAQUÍN: *La nueva economía.* Madrid: Debate, 1995.

Estivill/Béjar *Insomnio* = ESTIVILL, EDUARD y SYLVIA DE BÉJAR: *¡Necesito dormir! El insomnio sí tiene solución.* Barcelona: Plaza & Janés, 1997.

Etayo *Caminos* = ETAYO, JOSÉ JAVIER: *Los caminos de la geometría.* En *Historia de la matemática en los siglos XVII y XVIII.* Madrid: RACEFN, 1988.

Évora *Alea* = ÉVORA, JOSÉ ANTONIO: *Tomás Gutiérrez Alea.* Madrid: Cátedra/Filmoteca Española, 1996.

Évora *Orígenes* = ÉVORA, TONY: *Orígenes de la música cubana. Los amores de las cuerdas y el tambor.* Madrid: Alianza, 1997.

Fabio *Jardinería* = FABIO, VERÓNICA: *Jardinería fácil.* Buenos Aires: Atlántida, 1999.

Facundo *Chucho* = FACUNDO [JOSÉ TOMÁS DE CUÉLLAR]: *Historia de Chucho el Ninfo.* [1871]. Barcelona: Hermenegildo Miralles, 1890.

Fairlie *Relaciones* = FAIRLIE REINOSO, ALAN: *Las relaciones Grupo Andino-Mercosur.* Lima: Pontificia Universidad Católica del Perú, 1997.

Fajardo *Epopeya* = FAJARDO, JOSÉ MANUEL: *La epopeya de los locos.* Barcelona: Seix Barral, 1990.

Faner *Flor* = FANER, PAU: *Flor de sal.* Barcelona: Destino, 1986.

Farro *Industria* = FARRO, HONORIO: *Industria pesquera.* Lima: [s. e.], 1996.

Fasano *Derrota* = FASANO MERTENS, FEDERICO: *Después de la derrota: un eslabón débil llamado Uruguay.* México D. F.: Nueva Imagen, 1980.

Faus *Andar* = FAUS, AGUSTÍN: *Andar por las montañas.* Madrid: Palabra, 1999.
  — *Montaña* = *Diccionario de la montaña.* Barcelona: Juventud, 1963.

FdzAvellaneda *Quijote* = FERNÁNDEZ DE AVELLANEDA, ALONSO: *Don Quijote de la Mancha*. [1614]. Madrid: Espasa-Calpe, 1972.

FdzCarvajal *Sociedad* = FERNÁNDEZ CARVAJAL, RODRIGO: *La sociedad y el Estado*. [1970]. Madrid: Doncel, 1972.

FdzCastro *Novia* = FERNÁNDEZ DE CASTRO, JAVIER: *La novia del Capitán*. Madrid: Mondadori, 1987.

FdzChiti *Cerámica* = FERNÁNDEZ CHITI, JORGE: *Curso práctico de cerámica*. Tomo 4. [1982]. Buenos Aires: Condorhuasi, 1988.
— *Diagnóstico* = *Diagnóstico de materiales cerámicos*. Buenos Aires: Condorhuasi, 1986.
— *Estética* = *Estética de la nueva imagen cerámica y escultórica*. Buenos Aires: Condorhuasi, 1991.
— *Hornos* = *Hornos cerámicos*. Buenos Aires: Condorhuasi, 1992.

FdzCubas *Ágatha* = FERNÁNDEZ CUBAS, CRISTINA: *Con Ágatha en Estambul*. Barcelona: Tusquets, 1994.
— *Altillos* = *Los altillos de Brumal*. Barcelona: Tusquets, 1983.
— *Hermana* = *Mi hermana Elba*. [1980]. Barcelona: Tusquets, 1981.

FdzFlórez *Bosque* = FERNÁNDEZ FLÓREZ, WENCESLAO: *El bosque animado*. [1943]. Madrid: Espasa-Calpe, 1997.

FdzGuardia *Cuentos* = FERNÁNDEZ GUARDIA, RICARDO: *Cuentos ticos*. San José: Imprenta y Librería Española, 1901.

FdzHeredia *Vidas* = FERNÁNDEZ DE HEREDIA, JUAN: *Vidas paralelas de Plutarco*. [1379-84]. Zaragoza: Universidad de Zaragoza, 2002.

FdzMartínez *Arqueología* = FERNÁNDEZ MARTÍNEZ, VÍCTOR M.: *Teoría y método de la arqueología*. [1990]. Madrid: Síntesis, 1994.

FdzMartínez *Drogadicto* = FERNÁNDEZ MARTÍNEZ, JOSÉ MARÍA: *Salvar al drogadicto*. Madrid: [s. e.], 1981.

FdzOrdóñez *España* = FERNÁNDEZ ORDÓÑEZ, FRANCISCO: *La España necesaria*. Madrid: Taurus, 1980.

FdzOviedo *Indias* = FERNÁNDEZ DE OVIEDO, GONZALO: *Historia general y natural de las Indias*. [1535-57]. Madrid: Atlas, 1992.

FdzSantos *Extramuros* = FERNÁNDEZ SANTOS, JESÚS: *Extramuros*. [1978]. Barcelona: Seix Barral, 1994.

FdzSpencer *Pueblo* = FERNÁNDEZ SPENCER, ANTONIO: *«Un pueblo sin memoria» y otros cuentos*. Santo Domingo: El Pez Rojo, 1997.

FdzSuárez *Pesimismo* = FERNÁNDEZ SUÁREZ, ÁLVARO: *El pesimismo español*. Barcelona: Planeta, 1983.

FdzTiscornia *Lanus* = FERNÁNDEZ TISCORNIA, NELLY: *Made in Lanus*. Madrid: Primer Acto, 1986.

Feldman *Guión* = FELDMAN, SIMÓN: *Guión argumental. Guión documental*. Barcelona: Gedisa, 1996.
— *Realización* = *La realización cinematográfica*. [1979]. Barcelona: Gedisa, 1996.

Feo *Años* = FEO, JULIO: *Aquellos años*. Barcelona: Ediciones B, 1993.

Ferla *Drama* = FERLA, SALVADOR: *El drama político de la Argentina contemporánea*. Buenos Aires: Lugar Editorial, 1985.

Fernández *Memoria* = FERNÁNDEZ, JOSÉ RAMÓN: *Para quemar la memoria*. Madrid: Primer Acto, 1994.

Ferré *Batalla* = FERRÉ, ROSARIO: *La batalla de las vírgenes*. [1993]. San Juan: Universidad de Puerto Rico, 1995.

Ferrer *Dibujo* = FERRER, JOSÉ LUIS: *Dibujo Técnico.* Madrid: Santillana, 1997.

Ferrer *Información* = FERRER, EULALIO: *Información y comunicación.* México D. F.: Fondo de Cultura Económica, 1997.

Ferrero *Bélver* = FERRERO, JESÚS: *Bélver Yin.* [1981]. Barcelona: Plaza & Janés, 1993.
— *Opium* = *Opium.* [1986]. Barcelona: Plaza & Janés, 1993.

Ferreyra *Flora* = FERREYRA, RAMÓN: *Sinopsis de la flora peruana. Gymnospermas y Mono-cotiledóneas.* Lima: Los Pinos, 1979.

Fierro *Mundos* = FIERRO, JULIETA: *Los mundos cercanos.* México D. F.: McGraw-Hill, 1997.

Figueras *Moda* = FIGUERAS, JOSEFINA: *La moda, sus secretos y su poder.* Madrid: Albacore, 1997.

Figuero *UCD* = FIGUERO, JAVIER: *UCD: la «empresa» que creó Adolfo Suárez. Historia, sociología y familias del suarismo.* Barcelona: Grijalbo, 1981.

Figuerola *Decretos* = FIGUEROLA, LAUREANO: *Decretos.* [1868]. En *Escritos económicos.* Madrid: Instituto de Estudios Fiscales/Ministerio de Economía y Hacienda, 1991.

Fingermann *Psicología* = FINGERMANN, GREGORIO: *Psicología pedagógica e infantil.* [1946-74]. Buenos Aires: El Ateneo, 1975.

Fisas *Historias* = FISAS, CARLOS: *Historias de la historia.* [1983]. Barcelona: Planeta, 1993.

Flores *Siguamonta* = FLORES, MARCO ANTONIO: *La siguamonta.* México D. F.: Siglo XXI, 1993.

FnCaballero *Clemencia* = FERNÁN CABALLERO [CECILIA BÖHL DE FABER]: *Clemencia.* [1852]. Madrid: Cátedra, 1984.

FnGómez *Bicicletas* = FERNÁN-GÓMEZ, FERNANDO: *Las bicicletas son para el verano.* [1982]. Madrid: Espasa-Calpe, 1994.
— *Coartada* = *La coartada.* [1985]. Madrid: Antonio Machado, 1987.
— *Directivo* = *El directivo.* En *Cuentos de fútbol.* Madrid: Alfaguara, 1995.
— *Viaje* = *El viaje a ninguna parte.* [1985]. Madrid: Debate, 1995.

Fogwill *Cantos* = FOGWILL, RODOLFO ENRIQUE: *Cantos de marineros en la Pampa.* Barcelona: Mondadori, 1998.

Fortún *Bazar* = ELENA FORTÚN [ENCARNACIÓN ARAGONESES]: *El bazar de todas las cosas.* Madrid: Aguilar, 1935.

FQuer *Plantas* = FONT QUER, PÍO: *Plantas medicinales. El Dioscórides renovado.* Barcelona: Labor, 1962.

Freire *Tevedécada* = FREIRE, TOÑO: *La tevedécada de los '80.* Santiago de Chile: EACE, 1990.

Fresán *H.ª argentina* = FRESÁN, RODRIGO: *Historia argentina.* [1991]. Barcelona: Anagrama, 1993.

FReyes *Anatomía* = FERRÁN DE LOS REYES, ENRIQUE: *Atlas de anatomía. Cuerpo humano.* Barcelona: Jover, 1992.

Fuente *H.ª eclesiástica* II = FUENTE, VICENTE DE LA: *Historia eclesiástica de España.* II. [1855-75]. Madrid: Compañía de Impresores y Libreros del Reino, 1873.

Fuentes *Artemio* = FUENTES, CARLOS: *La muerte de Artemio Cruz.* [1962]. Madrid: Anaya & Mario Muchnik, 1994.
— *Ceremonias* = *Ceremonias del alba.* México D. F.: Siglo XXI, 1989.
— *Constancia* = *Constancia.* [1989]. México D. F.: Fondo de Cultura Económica, 1997.
— *Cristóbal* = *Cristóbal Nonato.* [1987]. Madrid: Fondo de Cultura Económica, 1988.

— *Espejo* = *El espejo enterrado*. México D. F.: Fondo de Cultura Económica, 1992.

— *Esto* = *En esto creo*. Barcelona: Seix Barral, 2002.

— *Naranjo* = *El naranjo*. Madrid: Alfaguara, 1993.

Fuller *Dilemas* = FULLER, NORMA: *Dilemas de la femineidad. Mujeres de la clase media en el Perú*. Lima: Pontificia Universidad Católica del Perú, 1993.

Futoransky *Pe* = FUTORANSKY, LUISA: *De pe a pa (o de Pekín a París)*. Barcelona: Anagrama, 1986.

Fux *Danza* = FUX, MARÍA: *Danza, experiencia de vida*. Barcelona: Paidós, 1992.

GaAlvarado/Sotelo *Servicios* = GARCÍA ALVARADO, JOSÉ M.ª y JOSÉ ANTONIO SOTELO NAVALPOTRO: *Los servicios y el terciario en la Unión Europea*. En PUYOL, RAFAEL y JULIO VINUESA (eds.): *La Unión Europea*. Madrid: Síntesis, 1995.

GaBadell *Funeral* = GARCÍA-BADELL, GABRIEL: *Funeral por Francia*. Barcelona: Destino, 1975.

GaBarreno *Hospitales* = GARCÍA BARRENO, PEDRO: *Hospitales novohispánicos. Siglo XVI*. En *II Encuentro hispanoamericano de historia de las ciencias*. Madrid: RACEFN (España)/ANC (Argentina), 1991.

— *Medicina* = *Medicina: tecnología y sociedad*. En *II Encuentro hispanoamericano de historia de las ciencias*. Madrid: RACEFN (España)/ANC (Argentina), 1991.

GaCandau *Madrid-Barça* = GARCÍA CANDAU, JULIÁN: *Madrid-Barça. Historia de un desamor*. Madrid: El País/Santillana, 1996.

GaCortázar/GlzVesga *España* = GARCÍA DE CORTÁZAR, FERNANDO y JOSÉ MANUEL GONZÁLEZ VESGA: *Breve historia de España*. Madrid: Alianza, 1994.

GaDoncel *Principia* = GARCÍA DONCEL, MANUEL: *Los principia de Newton II. Sobre el sistema del mundo*. En *Historia de la física hasta el siglo XIX*. Madrid: RACEFN, 1983.

GaHernández *Encrucijada* = GARCÍA HERNÁNDEZ, JOSÉ MARÍA: *La encrucijada sanitaria*. Madrid: Celeste, 1993.

GaHortelano *Cuáles* = GARCÍA HORTELANO, JUAN: *Cuáles son los míos*. En *Cuentos de fútbol*. Madrid: Alfaguara, 1995.

— *Cuento* = *Mucho cuento*. Madrid: Mondadori, 1987.

— *Gramática* = *Gramática parda*. [1982]. Madrid: Mondadori, 1992.

— *Momento* = *El gran momento de Mary Tribune*. [1972]. Barcelona: Grupo Zeta, 1999.

GaJiménez *Televisión* = GARCÍA JIMÉNEZ, JESÚS: *Teoría de los contenidos de la televisión*. Madrid: Ministerio de Información y Turismo, 1965.

Gala *Campos* = GALA, ANTONIO: *Los verdes campos del Edén*. [1963]. Madrid: Espasa-Calpe, 1994.

— *Días* = *Los buenos días perdidos*. [1972]. Madrid: Espasa-Calpe, 1994.

— *Durmientes* = *Los bellos durmientes*. [1994]. Madrid: SGAE, 1995.

— *Invitados* = *Los invitados al jardín*. Barcelona: Planeta, 2002.

— *Petra* = *Petra Regalada*. [1980]. Madrid: Cátedra, 1983.

— *Ulises* = *¿Por qué corres, Ulises?* [1975]. Madrid: Espasa-Calpe, 1994.

Galán/Garcimartín *Posada* = GALÁN, EDUARDO y JAVIER GARCIMARTÍN: *La posada del arenal*. [1990]. Madrid: SGAE, 1994.

Galdós *Corte* = PÉREZ GALDÓS, BENITO: *La Corte de Carlos IV*. [1873]. Barcelona: Crítica, 1995.

— *España* = *España sin rey*. Alicante: Universidad de Alicante, 1908.

— *Fortunata* = *Fortunata y Jacinta*. [1885-87]. Madrid: Turner, 1993.

— *Perfecta* = *Doña Perfecta*. [1876]. Madrid: Turner, 1993.

— *Vuelta* = *La vuelta al mundo en la Numancia*. [1906]. Alicante: Biblioteca Virtual Miguel de Cervantes, 2002.

Galeano *Bocas* = GALEANO, EDUARDO: *Bocas del tiempo*. Madrid: Siglo XXI, 2004.

— *Días* = *Días y noches de amor y de guerra*. [1978]. Barcelona: Laia, 1979.

— *Fútbol* = *El fútbol. A sol y sombra*. Madrid: Siglo XXI, 1995.

Gallego *Adelaida* = GALLEGO, CARLOS: *Adelaida*. Madrid: Marsó-Velasco, 1990.

Gallego *Grabado* = GALLEGO GALLEGO, ANTONIO: *Historia del grabado español*. Madrid: Cátedra, 1990.

Gallegos *Pasado* = GALLEGOS, DANIEL: *El pasado es un extraño país*. San José: Rei Centroamericana, 1993.

GaLorca *Bernarda* = GARCÍA LORCA, FEDERICO: *La casa de Bernarda Alba. Drama de mujeres en los pueblos de España*. [1936]. Madrid: Castalia, 1991.

GaMárquez *Amor* = GARCÍA MÁRQUEZ, GABRIEL: *El amor en los tiempos del cólera*. [1985]. Madrid: Mondadori, 1987.

— *Años* = *Cien años de soledad*. [1967]. Caracas: Ayacucho, 1989.

— *Crónica* = *Crónica de una muerte anunciada*. Barcelona: Bruguera, 1981.

— *Vivir* = *Vivir para contarla*. Barcelona: Mondadori, 2002.

GaMay *Alesio* = GARCÍA MAY, IGNACIO: *Alesio, una comedia de tiempos pasados*. Madrid: Primer Plano, 1987.

— *Operación* = *Operación ópera*. Madrid: SGAE, 1991.

Gambaro *Envido* = GAMBARO, GRISELDA: *Real envido*. [1983]. Buenos Aires: Ediciones de la Flor, 1992.

— *Malasangre* = *La malasangre*. [1982]. Buenos Aires: Ediciones de la Flor, 1992.

— *Sí* = *Decir sí*. [1981]. Madrid: Primer Acto, 1985.

— *Sol* = *Del sol naciente*. [1984]. Buenos Aires: Ediciones de la Flor, 1992.

Gamboa *Páginas* = GAMBOA, SANTIAGO: *Páginas de vuelta*. Barcelona: Mondadori, 1998.

GaMorales *Lógica* = GARCÍA MORALES, ADELAIDA: *La lógica del vampiro*. Barcelona: Anagrama, 1990.

— *Sur* = *El sur seguido de Bene*. [1985]. Barcelona: Anagrama, 1994.

Gándara *Distancia* = GÁNDARA, ALEJANDRO: *La media distancia*. [1984]. Madrid: Alfaguara, 1990.

Gánem *Caminitos* = GÁNEM, ENRIQUE: *Caminitos de plata. 100 cápsulas científicas*. México D. F.: McGraw-Hill, 2001.

GaOviedo *Derecho* = GARCÍA OVIEDO, CARLOS: *Tratado elemental de Derecho Social*. Madrid: Victoriano Suárez, 1946.

GaQuesada *Participación* = GARCÍA QUESADA, ANA ISABEL: *La participación de las mujeres en la toma de decisiones sobre paz en Costa Rica (1978-90), un asunto de poder*. En *La mujer latinoamericana ante el reto del siglo XXI*. Madrid: Instituto Universitario de Estudios de la Mujer, 1993.

GaRamis *Días* = GARCÍA RAMIS, MAGALI: *Felices días, tío Sergio*. [1986]. Georgia: Antillana, 1995.

GaRamos *Fósiles* = GARCÍA RAMOS, MIGUEL: *Los fósiles: huellas de la evolución*. Madrid: Penthalon, 1987.

García *Mundo* = GARCÍA, ALAN: *El mundo de Maquiavelo*. Santafé de Bogotá: Tercer Mundo, 1994.

García *Paso* = GARCÍA, SANTIAGO: *El paso*. [1988]. Madrid: Centro de Documentación Teatral/Fondo de Cultura Económica, 1992.

GaReal *Ginecología* = GARCÍA DEL REAL, EDUARDO: *Nueva guía de ginecología. 100 respuestas para la mujer.* Madrid: Temas de Hoy, 1999.

Garrido *Capitulaciones* = GARRIDO ATIENZA, MIGUEL: *Las capitulaciones para la entrega de Granada.* Granada: [s. e.], 1910.

Garrido *Esoterismo* = GARRIDO, CARLOS: *El esoterismo. Claves de las doctrinas secretas.* Barcelona: Montesinos, 1983.

Garrido *Jardines* = GARRIDO LAGUNILLA, PEDRO MARÍA: *Pensando en jardines.* Reus: Ediciones de Horticultura, 1997.

Garrigues *Política* = GARRIGUES WALKER, JOAQUÍN: *Una política para España.* Madrid: Unión Editorial, 1976.

GaSánchez *Alpe d'Huez* = GARCÍA SÁNCHEZ, JAVIER: *El Alpe d'Huez.* [1994]. Barcelona: Plaza & Janés, 1995.

— *Historia* = *La historia más triste.* Barcelona: Anagrama, 1991.

GaSoubriet *Bruna* = GARCÍA SOUBRIET, SONIA: *Bruna.* Barcelona: Anagrama, 1990.

Gasulla *Culminación* = GASULLA, LUIS: *Culminación de Montoya.* [1975]. Barcelona: Destino, 1979.

GaVega *Años* = GARCÍA VEGA, LORENZO: *Los años de Orígenes.* Caracas: Monte Ávila, 1978.

Gavilanes *Bosque* = GAVILANES, EMILIO: *El bosque perdido.* Barcelona: Seix Barral, 2000.

GDLE = BOSQUE, IGNACIO y VIOLETA DEMONTE (dirs.): *Gramática descriptiva de la lengua española.* I-III. Madrid: Espasa-Calpe, 1999.

Gené *Ulf* = GENÉ, JUAN CARLOS: *Ulf.* Buenos Aires: Teatro Municipal General San Martín, 1988.

Genovés *Montañismo* = GENOVÉS, ENRIQUE: *Montañismo.* [1951]. Barcelona: Juventud, 1961.

Gerula *Radiestesia* = GERULA, RICARDO LUIS: *Radiestesia integral. Manual para una nueva y creativa generación de radiestesistas. Interrelación entre radiestesia, radiónica, reiki, geobiología y feng shui.* Buenos Aires: Kier, 2001.

Getino *Mirada* = GETINO, OCTAVIO: *La tercera mirada.* Buenos Aires: Paidós, 1996.

GGalán *Bobo* = GABRIEL Y GALÁN, JOSÉ ANTONIO: *El bobo ilustrado.* Barcelona: Tusquets, 1986.

Giardinelli *Oficio* = GIARDINELLI, MEMPO: *Santo oficio de la memoria.* Bogotá: Norma, 1991.

Giner *Teoría* = GINER, SALVADOR: *Teoría sociológica clásica.* Barcelona: Ariel, 2001.

Gioja *Planeamiento* = GIOJA, ROLANDO I.: *Planeamiento educativo. Fundamentos geográficos, ecología social y economía en los niveles medio y superior de la educación.* Buenos Aires: Paidós, 1980.

Gironella *Hombres* = GIRONELLA, JOSÉ MARÍA: *Los hombres lloran solos.* [1986]. Barcelona: Planeta, 1987.

— *Millón* = *Un millón de muertos.* [1961]. Barcelona: Planeta, 1989.

Glantz *Rastro* = GLANTZ, MARGO: *El rastro.* Barcelona: Anagrama, 2002.

GlzDuro *Neurosis* = GONZÁLEZ DURO, ENRIQUE: *La neurosis del ama de casa.* Madrid: Eudema, 1989.

GlzLeón *Viejo* = GONZÁLEZ LEÓN, ADRIANO: *Viejo.* Madrid: Alfaguara, 1995.

GlzRequena/Ortiz *Espot* = GONZÁLEZ REQUENA, JESÚS y AMAYA ORTIZ DE ZÁRATE: *El espot publicitario. Las metamorfosis del deseo.* Madrid: Cátedra, 1995.

GlzRuiz *Misión* = GONZÁLEZ RUIZ, EDUARDO: *La misión del Ejército en la sociedad contemporánea.* Madrid: Magisterio Español/Prensa Española, 1977.

GlzSuárez *Ecuador* V = GONZÁLEZ SUÁREZ, FEDERICO: *Historia general de la República del Ecuador.* Tomo V. Quito: Imprenta del Clero, 1894.

GmnzBartlett *Deuda* = GIMÉNEZ BARTLETT, ALICIA: *La deuda de Eva. Del pecado de ser feas y el deber de ser hermosas.* Barcelona: Lumen, 2002.
— *Serpientes* = *Serpientes en el paraíso.* Barcelona: Planeta, 2002.

GmzArcos *Queridos* = GÓMEZ-ARCOS, AGUSTÍN: *Queridos míos, es preciso contaros ciertas cosas.* Madrid: Centro Dramático Nacional, 1994.

GmzMontoya *Cirugía* = GÓMEZ MONTOYA, ADOLFO MARÍA: *La cirugía estética. Qué es, qué no es.* Madrid: Temas de Hoy, 1995.

GmzMoreno *Águilas* = GÓMEZ-MORENO, MANUEL: *Las águilas del Renacimiento español: Bartolomé Ordóñez, Diego Siloé, Pedro Machuca, Alonso Berruguete.* [1941]. Madrid: Xarait, 1983.

GmzOjea *Cantiga* = GÓMEZ OJEA, CARMEN: *Cantiga de agüero.* Barcelona: Destino, 1982.

GmzPérez *Abc* = GÓMEZ PÉREZ, RAFAEL: *El ABC de las buenas costumbres.* Madrid: El Drac, 1994.

GmzRestrepo *Carta* = GÓMEZ RESTREPO, ANTONIO: [Cartas]. En *Epistolario de Rufino José Cuervo y Miguel Antonio Caro con Antonio Gómez Restrepo.* [1884-1907]. Bogotá: Caro y Cuervo, 1973.

GmzSerna *Automoribundia* = GÓMEZ DE LA SERNA, RAMÓN: *Automoribundia.* Buenos Aires: Editorial Sudamericana, 1948.
— *Retratos* = *Retratos contemporáneos.* [1941]. Buenos Aires: Editorial Sudamericana, 1944.

Goldenberg *Cartas* = GOLDENBERG, JORGE: *Cartas a Moreno.* Buenos Aires: Teatro Municipal General San Martín, 1987.

Gomila *Evolución* = GOMILA BENEJAM, ANTONI: *Evolución y lenguaje.* En BRONCANO, FERNANDO (ed.): *La mente humana.* Madrid: CSIC/Trotta, 1995.

González *Dios* = GONZÁLEZ, ELADIA: *Quién como Dios.* Madrid: Espasa-Calpe, 1999.

González *Ética* = GONZÁLEZ, JULIANA: *Ética y psicoanálisis.* En CAMPS, VICTORIA; GUARIGLIA, OSVALDO y FERNANDO SALMERÓN (eds.): *Concepciones de la ética.* Madrid: CSIC/Trotta, 1992.

González *Habano* = GONZÁLEZ, REYNALDO: *El bello habano. Biografía íntima del tabaco.* Vitoria: Ikusager, 1998.

González *Provisiones* = GONZÁLEZ, SERGIO: *Las provisiones.* [1975]. La Habana: Letras Cubanas, 1990.

Gopegui *Lado* = GOPEGUI, BELÉN: *El lado frío de la almohada.* Barcelona: Anagrama, 2004.
— *Real* = *Lo real.* Barcelona: Anagrama, 2001.

Gordon *Crisis* = GORDON R., SARA: *Crisis política y guerra en El Salvador.* México D. F.: Siglo XXI, 1989.

Gorostiza *Puente* = GOROSTIZA, CARLOS: *El puente.* [1949]. Buenos Aires: Ediciones de La Flor, 1993.

Goytisolo *Estela* = GOYTISOLO, LUIS: *Estela del fuego que se aleja.* Barcelona: Anagrama, 1984.

Goytisolo *Reivindicación* = GOYTISOLO, JUAN: *Reivindicación del conde don Julián.* [1970]. México D. F.: Joaquín Mortiz, 1973.
— *Señas* = *Señas de identidad.* [1966]. Barcelona: Mondadori, 1996.

Gracia *Caza* = GRACIA MONTERDE, CARLOS: *Tras la caza menor.* Barcelona: Hispano Europea, 1996.

Gracia *Republicanas* = GRACIA, TERESA: *Las republicanas.* Valencia: Pre-Textos, 1984.

Granada *Guía* = GRANADA, FRAY LUIS DE: *Segunda guía de pecadores.* [1567]. Madrid: Turner, 1994.

— *Oración* = *Libro de la oración y meditación*: [1554]. Madrid: Fundación Universitaria Española/Dominicos de Andalucía, 1994.

Grande *Fábula* = GRANDE, FÉLIX: *Fábula.* Barcelona: Plaza & Janés, 1991.

Grande *Nutrición* = GRANDE COVIÁN, FRANCISCO: *Nutrición y salud.* [1988]. Madrid: Temas de Hoy, 1993.

Grandes *Aires* = GRANDES, ALMUDENA: *Los aires difíciles.* Barcelona: Tusquets, 2002.

— *Edades* = *Las edades de Lulú.* [1989]. Barcelona: Tusquets, 1995.

Grisanti *Manifestaciones* = GRISANTI M., MARCELA: *Manifestaciones reumatológicas.* En SEPÚLVEDA, CECILIA y ALEJANDRO AFANI (eds.): *Sida.* Santiago de Chile: Publicaciones Técnicas del Mediterráneo, 1994.

Grosso *Zanja* = GROSSO, ALFONSO: *La zanja.* [1961]. Madrid: Cátedra, 1984.

GtzAragón *Morirás* = GUTIÉRREZ ARAGÓN, MANUEL: *Morirás de otra cosa.* Madrid: Centro Dramático Nacional, 1992.

GtzJodrá *Química* = GUTIÉRREZ JODRÁ, LUIS: *Contribución de la química al desarrollo de la energía.* En *Historia de la química.* Madrid: RACEFN, 1981.

GtzSerantes *Salud* = GUTIÉRREZ SERANTES, LUIS: *365 días para vivir con salud.* Madrid: Temas de Hoy, 2002.

Guelbenzu *Río* = GUELBENZU, JOSÉ MARÍA: *El río de la luna.* [1981]. Madrid: Alianza, 1989.

Guerra *Cuentos* = GUERRA NAVARRO, FRANCISCO: *Los cuentos famosos de Pepe Monagas.* [1941-61]. Madrid: Mancomunidad de Cabildos de Las Palmas, 1976.

Guido *Incendio* = GUIDO, BEATRIZ: *El incendio y las vísperas.* [1964]. Buenos Aires: Libros Perfil, 1998.

— *Invitación* = *La invitación.* [1979]. Madrid: Alianza, 1982.

Guinea *Sindicatos* = GUINEA, JOSÉ LUIS: *Los sindicatos en la Europa de hoy.* Madrid: Ibérico Europea de Ediciones, 1977.

Güiraldes *Segundo* = GÜIRALDES, RICARDO: *Don Segundo Sombra.* [1926]. Caracas: Ayacucho, 1983.

Gutiérrez *Copa* = GUTIÉRREZ, FRANCISCO: *La copa de Salomón.* [1968]. En *Cuentos folklóricos chilenos de raíces hispánicas.* Santiago de Chile: Editorial Universitaria, 1992.

Gutiérrez *Rastreador* = GUTIÉRREZ, EDUARDO: *El rastreador.* [1884]. Buenos Aires: Clarín, 2003.

Gutiérrez/Miguel *Ambición* = GUTIÉRREZ, JOSÉ LUIS y AMANDO DE MIGUEL: *La ambición del César. Un retrato político y humano de Felipe González.* Madrid: Temas de Hoy, 1989.

Guzmán *Águila* = GUZMÁN, MARTÍN LUIS: *El águila y la serpiente.* [1926-28]. Madrid: Cultura Hispánica/Agencia Española de Cooperación Internacional, 1994.

Guzmán *Llanto* = GUZMÁN, FERNANDO H.: *Llanto por Federico García Lorca.* Santa Cruz de Tenerife: CECA, 1982.

Guzmán *País* = GUZMÁN, YUYÚ: *El país de las estancias.* Buenos Aires: Emecé, 1999.

H.ª natural Alvarado = ALVARADO BALLESTER, RAFAEL (dir.): *Historia natural.* I-VI. Barcelona: Carroggio, 1980-1982.

Haro *Biología* = HARO VERA, ANDRÉS DE: *Atlas de biología.* Barcelona: Jover, 1991.

H.ª troyana = *Historia troyana de prosa y verso.* [1270]. Madrid: Espasa-Calpe, 1976.

Hayen *Calle* = HAYEN, JENNY E.: *Por la calle de los anhelos*. México D. F.: Edamex, 1993.

HCollantes *Discurso* = HERRERO DE COLLANTES, IGNACIO: *Discurso leído ante la Real Academia de la Historia*. Madrid: Gráficas Reunidas, 1950.

HdzCorvo *Morfología* = HERNÁNDEZ CORVO, ROBERTO: *Morfología funcional deportiva*. Barcelona: Paidotribo, 1989.

HdzNorman *Novela* = HERNÁNDEZ DE NORMAN, ISABEL: *La novela criolla en las Antillas*. Nueva York: Plus Ultra, 1977.

HdzPacheco *Geología* = HERNÁNDEZ-PACHECO, FRANCISCO: *Geología fisiográfica*. En *Historia Natural*, tomo IV. Barcelona: Instituto Gallach, 1927.

HdzPadilla *Política* = HERNÁNDEZ PADILLA, REMBERTO: *Historia de la política mexicana*. [1988]. México D. F.: Edamex, 1995.

Henríquez *Huevos* = HENRÍQUEZ GRATEREAUX, FEDERICO: *Empollar huevos históricos*. Santo Domingo: Alfa y Omega, 2001.

Heredia *Fuente* = HEREDIA, CARLOS MARÍA DE: *Una fuente de energía*. [1932]. Barcelona: Herder, 1949.

Hernaiz *Arte* = HERNAIZ, JUAN IGNACIO: *Teoría, historia y sociología del arte*. Madrid: Prensa y Ediciones Iberoamericanas, 1986.

Hernández *Malditos* = HERNÁNDEZ, RAÚL: *Los malditos*. Madrid: Primer Acto, 1995.

Hernández *Naturaleza* = HERNÁNDEZ, FELIPE: *Naturaleza*. Barcelona: Anagrama, 1989.

Hernández *Secreter* = HERNÁNDEZ, RAMÓN: *El secreter del Rey*. Barcelona: Seix Barral, 1995.

Herrera *Casa* = HERRERA LUQUE, FRANCISCO: *En la casa del pez que escupe agua*. Caracas: Pomaire, 1985.

Herrera *Cero* = HERRERA, ELOY: *Un cero a la izquierda*. [1976]. Madrid: Vassallo de Mumbert, 1978.

Herrero *Ocaso* = HERRERO, LUIS: *El ocaso del régimen. Del asesinato de Carrero a la muerte de Franco*. Madrid: Temas de Hoy, 1995.

Hidalgo *Azucena* = HIDALGO, MANUEL: *Azucena, que juega al tenis*. Madrid: Mondadori, 1988.

Hidalgo *Hijas* = HIDALGO, ISABEL: *Todas hijas de su madre*. [1988]. Madrid: Antonio Machado, 1990.

HqzUreña *Cultura* = HENRÍQUEZ UREÑA, PEDRO: *La cultura y las letras en Santo Domingo*. [1936]. Santo Domingo: Bibliotecas Virtuales, 2003.

HTerrón *Equitación* = HIDALGO Y TERRÓN, JOSÉ: *Obra completa de equitación*. Madrid: R. Velasco, 1889.

Huneeus *Cocina* = HUNEEUS, PABLO: *Manual de cocina*. [1989]. Santiago de Chile: Nueva Generación, 1995.

Ibarbourou *Lenguas* = IBARBOUROU, JUANA DE: *Las lenguas de diamante*. [1919]. Madrid: Cátedra, 1998.

Ibargüengoitia *Atentado* = IBARGÜENGOITIA, JORGE: *El atentado*. [1975]. México D. F.: Joaquín Mortiz, 1985.

— *Crímenes* = *Dos crímenes*. [1979]. Barcelona: Grijalbo Mondadori, 1995.

Ibarrola *Geocronología* = IBARROLA, ELISA: *Geocronología: consideraciones históricas*. En *Historia de la geología*. Madrid: RACEFN, 1990.

Icaza *Cholos* = ICAZA, JORGE: *Cholos*. [1937]. Quito: [Litografía e imprenta Romero], 1938.

— *Huasipungo* = *Huasipungo*. [1934-61]. Madrid: Cátedra, 1994.

Imperio *Cocina* = IMPERIO, CECILIA DE: *Cocina anticolesterol.* Buenos Aires: Albatros, 1994.

Inca *Comentarios* = INCA GARCILASO [GARCILASO DE LA VEGA, EL INCA]: *Comentarios reales de los incas.* [1609]. Caracas: Ayacucho, 1985.

Isaacs *María* = ISAACS, JORGE: *María.* [1867]. Madrid: Cátedra, 1995.

Izaguirre *1965* = IZAGUIRRE, BORIS: *1965.* Madrid: Espasa-Calpe, 2002.

Izquierdo *Imitación* = IZQUIERDO, JOSÉ: *Traducción de «La imitación de Cristo» de Kempis.* Buenos Aires: Imprenta López, 1967.

Jara *Princesa* = JARA, CIPRIANO: *La princesa que gastó siete pares de zapatos de fierro.* [1971]. En *Cuentos folklóricos chilenos de raíces hispánicas.* Santiago de Chile: Editorial Universitaria, 1992.
— *Yegua* = *La yegua melada.* [1971]. En *Cuentos folklóricos chilenos de raíces hispánicas.* Santiago de Chile: Editorial Universitaria, 1992.

Jarabo *Energía* = JARABO FRIEDRICH, FRANCISCO: *La energía de la biomasa.* [1984]. Madrid: SAPT, 1999.

Jaramillo *Tiempo* = JARAMILLO LEVI, ENRIQUE: *Luminoso tiempo gris.* Madrid: Páginas de Espuma, 2002.

Jiménez *Enigmas* = JIMÉNEZ, IKER: *Enigmas sin resolver II. Nuevos y sorprendentes expedientes X españoles.* [2000]. Madrid: Edaf, 2001.

JmnzDiego *Memorias* = JIMÉNEZ DE DIEGO, LUIS: *Memorias de un médico de Urgencias.* Madrid: La Esfera de los Libros, 2002.

JmnzEmán *Tramas* = JIMÉNEZ EMÁN, GABRIEL: *Tramas imaginarias.* Caracas: Monte Ávila, 1991.

JmnzLozano *Grano* = JIMÉNEZ LOZANO, JOSÉ: *El grano de maíz rojo.* [1988]. Barcelona: Anthropos, 1989.

Jodorowsky *Danza* = JODOROWSKY, ALEJANDRO: *La danza de la realidad. Chamanismo y psicochamanismo.* Madrid: Siruela, 2001.
— *Pájaro* = *Donde mejor canta un pájaro.* [1992]. Barcelona: Seix Barral, 1994.

José *Keaton* = JOSÉ, EDUARD: *Buster Keaton está aquí.* Madrid: Ediciones Libertarias, 1991.

Jovellanos *Memoria* = JOVELLANOS, GASPAR MELCHOR DE: *Memoria para el arreglo de la policía de los espectáculos y diversiones públicas, y sobre su origen en España.* [1790]. Madrid: Cátedra, 1982.

JRJiménez *Españoles* = JIMÉNEZ, JUAN RAMÓN: *Españoles de tres mundos.* [1942-58]. Madrid: Alianza, 1987.

Kociancich *Maravilla* = KOCIANCICH, VLADY: *La octava maravilla.* Madrid: Alianza, 1982.

Labarca *Butamalón* = LABARCA, EDUARDO: *Butamalón.* Madrid: Anaya & Mario Muchnik, 1994.

Labordeta *Aragón* = LABORDETA, JOSÉ ANTONIO: *Aragón en la mochila.* Madrid: Penthalon, 1983.

Lafuente *Pintura* = LAFUENTE FERRARI, ENRIQUE: *Breve historia de la pintura española.* [1946-53]. Madrid: Akal, 1987.

Laguado *Guiñol* = LAGUADO, ARTURO: *El gran guiñol*. [1988]. Madrid: Fondo de Cultura Económica/Centro de Documentación Teatral, 1992.

Laín *Descargo* = LAÍN ENTRALGO, PEDRO: *Descargo de conciencia (1930-1960)*. [1976]. Madrid: Alianza, 1989.

— *Ética* = *Ética para españoles*. En *ABC*, 9 de julio de 1958. Madrid: Prensa Española, 1958.

— *Teoría* = *Teoría y realidad del otro*. Madrid: Alianza, 1983.

Landero *Juegos* = LANDERO, LUIS: *Juegos de la edad tardía*. [1989]. Barcelona: Tusquets, 1993.

Lapesa *Decires* = LAPESA MELGAR, RAFAEL: *Los decires narrativos del Marqués de Santillana*. Madrid: Real Academia Española, 1954.

— *Lengua* = *Historia de la lengua española*. Madrid: Escelicer, 1942.

Larreta *Gloria* = LARRETA, ENRIQUE: *La gloria de don Ramiro. Una vida en tiempos de Felipe Segundo*. Madrid: Victoriano Suárez, 1908.

Larreta *Volavérunt* = LARRETA, ANTONIO: *Volavérunt*. [1980]. Barcelona: Planeta, 1995.

Lasprilla *Reflexiones* = LASPRILLA, EDUARDO ELÍAS: *Reflexiones críticas sobre medicina clásica y homeopatía*. Buenos Aires: Albatros, 1991.

Lastra *Restaurar* = LASTRA, MARÍA TERESA DE LA: *Cómo restaurar muebles antiguos*. Madrid: Alianza, 1999.

Lázaro *Humo* = LÁZARO, MARIBEL: *Humo de beleño*. Madrid: Primer Acto, 1986.

Leguina *Nombre* = LEGUINA, JOAQUÍN: *Tu nombre envenena mis sueños*. Barcelona: Plaza & Janés, 1992.

Leguineche *Camino* = LEGUINECHE, MANUEL: *El camino más corto. Una trepidante vuelta al mundo en automóvil*. [1995]. Barcelona: Plaza & Janés, 1996.

— *Tierra* = *La tierra de Oz. Australia vista desde Darwin hasta Sídney*. Madrid: Aguilar, 2000.

Leis *Sol* = LEIS ROMERO, RAÚL ALBERTO: *Viene el sol con sombrero de combate puesto*. México D. F.: Universidad Nacional Autónoma de México, 1976.

Lemus *Administración* = LEMUS, LUIS ARTURO: *Administración, dirección y supervisión de escuelas*. Buenos Aires: Kapelusz, 1975.

Leñero *Martirio* = LEÑERO, VICENTE: *Martirio de Morelos*. México D. F.: Seix Barral, 1981.

— *Mudanza* = *La mudanza*. [1979]. México D. F.: Joaquín Mortiz, 1984.

León *Cristo* = LEÓN, RICARDO: *Cristo en los infiernos*. Madrid: Victoriano Suárez, 1941.

León *Lecuona* = LEÓN, CARMELA DE: *El maestro Ernesto Lecuona*. Madrid: Música Mundana, 1995.

León *Memoria* = LEÓN, MARÍA TERESA: *Memoria de la melancolía*. [1970]. Barcelona: Bruguera, 1982.

Lesur *Albañilería* = LESUR, LUIS: *Manual de albañilería y autoconstrucción*. [1991]. México D. F.: Trillas, 1998.

— *Barniz* = *Manual de barniz y pintura de muebles: una guía paso a paso*. [1992]. México D. F.: Trillas, 1998.

Ley hipotecaria = *Ley hipotecaria*. [1909]. Madrid: Hijos de Tello, 1916.

Leyva *Piñata* = LEYVA, DANIEL: *Una piñata llena de memoria*. México D. F.: Joaquín Mortiz, 1984.

Lezama *Oppiano* = LEZAMA LIMA, JOSÉ: *Oppiano Licario*. [1977]. Madrid: Cátedra, 1989.

— *Paradiso* = *Paradiso*. [1966]. Madrid: CSIC, 1988.

Liberman *Mahler* = LIBERMAN, ARNOLDO: *Gustav Mahler o el corazón abrumado*. [1982]. Madrid: Altalena, 1986.

Liendo *Platos* = LIENDO, EDUARDO: *Los platos del diablo*. [1985]. Madrid: Altalena, 1986.

Lindo *Ley* = LINDO, ELVIRA: *La ley de la selva*. [1995]. Madrid: Antonio Machado, 1996.

Lira *Medicina* = LIRA, JORGE A.: *Medicina andina. Farmacopea y rituales*. [1985]. Cusco: CBC, 1995.

Llamazares *Lluvia* = LLAMAZARES, JULIO: *La lluvia amarilla*. [1988]. Barcelona: Seix Barral, 1994.

— *Río* = *El río del olvido*. [1990]. Barcelona: Seix Barral, 1995.

Llanos *Discurso* = LLANOS Y TORRIGLIA, FÉLIX DE: *Discurso de recepción en la Real Academia Española*. Madrid: Real Academia Española, 1945.

Lledó *Días* = LLEDÓ ÍÑIGO, EMILIO: *Días y libros*. [1994]. Salamanca: Junta de Castilla y León, 1995.

Llobera/Valladares *Litoral* = LLOBERA SERRA, FRANCO y FERNANDO VALLADARES ROS: *El litoral mediterráneo español. Introducción a la ecología de sus biocenosis terrestres*. Madrid: Penthalon, 1989.

Llongueras *Llongueras* = LLONGUERAS, LLUÍS: *Llongueras tal cual. Anécdotas y recuerdos de una vida*. Barcelona: Planeta, 2001.

Longares *Corsé* = LONGARES, MANUEL: *La novela del corsé*. [1979]. Madrid: Mondadori, 1988.

— *Romanticismo* = *Romanticismo*. [2001]. Madrid: Alfaguara, 2002.

Lope *Bamba* = VEGA CARPIO, LOPE DE: *El rey Bamba*. [1590-98]. Edición electrónica, 1996.

— *Dorotea* = *La Dorotea*. [1632]. Madrid: Castalia, 1988.

— *Mundo* = *El Nuevo Mundo descubierto por Cristóbal Colón*. [1596-1603]. París: Presses Universitaires de Lille, 1980.

Lopetegui/Zubillaga *Iglesia* = LOPETEGUI, LEÓN y FÉLIX ZUBILLAGA: *Historia de la Iglesia en la América española. Desde el Descubrimiento hasta el siglo XIX*. Madrid: Biblioteca de Autores Cristianos, 1965.

López *Gorila* = LÓPEZ, MANUEL: *Un gorila con paperas. Historias de un veterinario entre monos*. Madrid: Temas de Hoy, 2001.

López *Vine* = LÓPEZ, WILEBALDO: *Vine, vi... y mejor me fui*. [1975]. México D. F.: Editorial Obra Citada, 1988.

Lorandi *Ley* = LORANDI, ANA MARÍA: *Ni ley, ni rey, ni hombre virtuoso. Guerra y sociedad en el virreinato del Perú*. Barcelona: Gedisa, 2002.

LPortilla *Pensamiento* = LEÓN-PORTILLA, MIGUEL: *El pensamiento náhuatl*. Madrid: CSIC/Trotta, 1992.

LpzAlba *Relevo* = LÓPEZ ALBA, GONZALO: *El relevo. Crónica viva del camino hacia el II Suresnes del PSOE. 1996-2000*. Madrid: Taurus, 2002.

LpzAlbújar *Matalaché* = LÓPEZ ALBÚJAR, ENRIQUE: *Matalaché*. [1928]. La Habana: Casa de las Américas, 1978.

LpzAyala *Rimado* = LÓPEZ DE AYALA, PERO: *Rimado de palacio*. [1378-1406]. Madrid: Castalia, 1987.

LpzBonillo *Medio* = LÓPEZ BONILLO, DIEGO: *El medio ambiente*. Madrid: Cátedra, 1994.

LpzFanjul *Vaivenes* = LÓPEZ-FANJUL, CARLOS: *Vaivenes de la genética de poblaciones*. En *Historia de la genética*. Madrid: RACEFN, 1987.

LpzGarrido *Derecho* = LÓPEZ GARRIDO, DIEGO: *El derecho de asilo*. Madrid: Trotta, 1991.

LpzGómez *Riegos* = LÓPEZ GÓMEZ, ANTONIO: *Riegos y cultivos en la huerta de Alicante. Evolución y estado actual.* [1951]. En *Estudios sobre regadíos valencianos.* Valencia: Universidad de Valencia, 1990.

LpzHaro *Yo* = LÓPEZ DE HARO, RAFAEL: *Yo he sido casada.* Madrid: Estampa, 1930.

LpzIbor *Neurosis* = LÓPEZ IBOR, JUAN JOSÉ: *Las neurosis como enfermedades del ánimo.* Madrid: Gredos, 1966.

LpzMondéjar *Fotografía* = LÓPEZ MONDÉJAR, PUBLIO: *Historia de la fotografía en España.* Barcelona: Lunwerg, 1997.

LpzNavarro *Clásicos* = LÓPEZ NAVARRO, JULIO: *Clásicos de cine.* Santiago de Chile: Pantalla Grande, 1996.

LpzPáez *Herlinda* = LÓPEZ PÁEZ, JORGE: *Doña Herlinda y su hijo y otros hijos.* México D. F.: Fondo de Cultura Económica, 1993.

LpzPeláez *Vida* = LÓPEZ PELÁEZ, ANTOLÍN: *La vida de la Virgen.* Barcelona: Luis Gili, 1916.

LpzPumarejo *Telenovela* = LÓPEZ-PUMAREJO, TOMÁS: *Aproximación a la telenovela: Dallas/Dinasty/Falcon Crest.* Madrid: Cátedra, 1987.

LpzRamírez *Hongos* = LÓPEZ RAMÍREZ, ARMANDO: *Hongos comestibles y medicinales de México.* México D. F.: Posada, 1986.

LpzRubio *Puerta* = LÓPEZ RUBIO, JOSÉ: *La puerta del ángel.* Madrid: MK, 1986.

LpzTorres *Horticultura* = LÓPEZ TORRES, MARCOS: *Horticultura.* México D. F.: Trillas, 1994.

LTena *Millón* = LUCA DE TENA, MARÍA LUISA: *Un millón por una rosa.* [1990]. Madrid: SGAE, 1992.

LTena *Renglones* = LUCA DE TENA, TORCUATO: *Los renglones torcidos de Dios.* [1979]. Barcelona: Planeta, 1994.

Lucas *Sociología* = LUCAS MARÍN, ANTONIO: *Introducción a la sociología. Para el estudio de la realidad social.* Pamplona: EUNSA, 1996.

Lugones *Almitas* = LUGONES, LEOPOLDO: *Las almitas.* [1936]. En *Cuentos fantásticos.* Madrid: Castalia, 1988.
— *Fuerza* = *La fuerza omega.* [1906]. En *Cuentos fantásticos.* Madrid: Castalia, 1988.
— *Guerra* = *La guerra gaucha.* [1905]. Buenos Aires: Emecé, 1954.
— *Milagro* = *El milagro de san Wilfrido.* [1906]. En *Cuentos fantásticos.* Madrid: Castalia, 1988.
— *Ojos* = *Los ojos de la reina.* [1924]. En *Cuentos fantásticos.* Madrid: Castalia, 1988.

Luján *Espejos* = LUJÁN, NÉSTOR: *Los espejos paralelos.* Barcelona: Planeta, 1991.

Lux *Chile* = LUX, GASTÓN: *Descubramos Chile.* Viña del Mar: Gastón Lux, 1997.

Lynch *Dedos* = LYNCH, MARTA: *Los dedos de la mano.* Madrid: Alfaguara, 1977.

Machado *Campos* = MACHADO, ANTONIO: *Campos de Castilla.* [1907-17]. En *Poesías completas*, I. Madrid: Espasa-Calpe, 1988.

Madariaga *Colón* = MADARIAGA, SALVADOR DE: *Vida del muy magnífico señor don Cristóbal Colón.* [1940-47]. Madrid: Espasa-Calpe, 1992.
— *Muerte* = *¡Viva la muerte! Tragedia moderna en tres actos.* [1974]. Madrid: Espasa-Calpe, 1983.

Madrid *Flores* = MADRID, JUAN: *Flores, el gitano.* Barcelona: Ediciones B, 1989.

Magaña *Signos* = MAGAÑA, SERGIO: *Los signos del Zodíaco. Drama en tres actos, el último dividido en dos cuadros.* [1951]. México D. F.: Fondo de Cultura Económica, 1984.

Magnabosco *Santito* = MAGNABOSCO, ANA: *Santito mío.* [1990]. Montevideo: Instituto Nacional del Libro, 1991.

Mahieu *Gallina* = MAHIEU, ROMA: *La gallina ciega.* Madrid: Vox, 1980.

Maldonado *Latifundios* = MALDONADO PÉREZ, GUILLERMO: *Por estos santos latifundios.* La Habana: Casa de las Américas, 1975.

Maldonado *Plegaria* = MALDONADO, LUIS: *La plegaria eucarística. Estudio de teología bíblica y litúrgica sobre la misa.* Madrid: Editorial Católica, 1967.

Maldonado/Negrón *Derecho* = MALDONADO FABIÁN, MARÍA M. y LUIS MARIANO NEGRÓN PORTILLO: *Derecho Mercantil y otros principios del Derecho puertorriqueño.* Puerto Rico: [s. e.], 1997.

Maliandi *Axiología* = MALIANDI, RICARDO: *Axiología y fenomenología.* En CAMPS, VICTORIA; GUARIGLIA, OSVALDO y FERNANDO SALMERÓN (eds.): *Concepciones de la ética.* Madrid: CSIC/Trotta, 1992.

Mansilla *Ciclismo* = MANSILLA, IGNACIO: *Conocer el ciclismo.* Madrid: Gymnos, 1995.

Mansilla *Excursión* = MANSILLA, LUCIO VICTORIO: *Una excursión a los indios ranqueles.* [1870]. Caracas: Ayacucho, 1957.

Mantecón *Dieta* = MANTECÓN DE GARZA, LOURDES: *La dieta y el diabético. Guía práctica para mejorar la salud.* México D. F.: Trillas, 1996.

Mañas *Kronen* = MAÑAS, JOSÉ ÁNGEL: *Historias del Kronen.* [1994]. Barcelona: Destino, 1996.

Maqua *Invierno* = MAQUA, JAVIER: *Invierno sin pretexto.* Madrid: Alfaguara, 1992.

Maradona *Diego* = MARADONA, DIEGO ARMANDO: *Yo soy el Diego.* Barcelona: Planeta, 2000.

Marafioti *Significantes* = MARAFIOTI, ROBERTO: *Los significantes del consumo. Semiología, medios masivos y publicidad.* Buenos Aires: Biblos, 1988.

Marañón *Climaterio* = MARAÑÓN, GREGORIO: *Climaterio de la mujer y el hombre.* [1919-36]. Madrid: Espasa-Calpe, 1990.
— *Diagnóstico* = *Manual de diagnóstico etiológico.* Madrid: Espasa-Calpe, 1943.

Maravall *Aplicaciones* = MARAVALL CASESNOVES, DARÍO: *Las aplicaciones de las probabilidades y de la estadística a la física y a la biología.* En *Historia de la matemática en los siglos XVII y XVIII.* Madrid: RACEFN, 1989.

Marcilla *Instrumentos* = MARCILLA LÓPEZ, ALBERTO: *Los instrumentos financieros al servicio del medio ambiente.* En *Estudios jurídicos.* Madrid: Dilex, 1997.

Marco *Música* = MARCO, TOMÁS: *Historia general de la música.* IV: *El siglo XX.* Madrid: Istmo, 1993.

Marcos *Fantasma* = MARCOS, PATRICIO: *El fantasma del liberalismo.* México D. F.: Universidad Nacional Autónoma de México, 1986.

Marcos *Salud* = MARCOS BECERRO, JOSÉ FRANCISCO: *Salud y deporte para todos.* [1989]. Madrid: Eudema, 1990.

María *Fábrica* = MARÍA, GERARDO: *Fábrica de conciencias descompuestas.* México D. F.: Joaquín Mortiz, 1980.

Marías *Corazón* = MARÍAS, JAVIER: *Corazón tan blanco.* [1992]. Barcelona: Anagrama, 1994.

Marías *España* = MARÍAS, JULIÁN: *España inteligible. Razón histórica de las Españas.* [1985]. Madrid: Alianza, 1993.
— *Filosofía* = *Historia de la filosofía.* [1941-70]. Madrid: Alianza, 1993.

Mariátegui *Hugo* = MARIÁTEGUI, JOSÉ CARLOS: *Herr Hugo Stinnes.* [1923]. En *Artículos (1923-1930).* Lima: Amauta, 1988.
— *Partido* = *El partido bolchevique y Trotsky.* [1925]. En *Artículos (1923-1930).* Lima: Amauta, 1988.
— *Vaticano* = *El Vaticano y el Quirinal.* [1926]. En *Artículos (1923-1930).* Lima: Amauta, 1988.

Márquez *Cortés* = Márquez, Jorge: *Hernán Cortés*. Madrid: Fundamentos, 1990.
— *Némesis* = *Mientras que Némesis duerme*. Madrid: Fundamentos, 1990.
— *Suerte* = *La tuerta suerte de Perico Galápago*. Madrid: SGAE, 1995.

Marsé *Embrujo* = Marsé, Juan: *El embrujo de Shanghai*. [1993]. Barcelona: Plaza & Janés, 1996.
— *Muchacha* = *La muchacha de las bragas de oro*. [1978]. Barcelona: Planeta, 1993.
— *Rabos* = *Rabos de lagartija*. Barcelona: Lumen, 2000.

Marsigno *Jardinería* = Marsigno, Aníbal: *Jardinería en el hogar*. Buenos Aires: Albatros, 1991.

Marsillach *Aniversario* = Marsillach, Adolfo: *Feliz aniversario*. Madrid: SGAE, 1992.
— *Ático* = *Se vende ático*. Madrid: Espasa-Calpe, 1995.

Martín *Poder* = Martín Manuel, Marciano: *El poder de la imaginación*. Badajoz: Diputación Provincial de Badajoz, 1984.

Martínez *Evita* = Martínez, Tomás Eloy: *Santa Evita*. Barcelona: Seix Barral, 1995.
— *Perón* = *La novela de Perón*. Madrid: Alianza, 1989.
— *Vuelo* = *El vuelo de la reina*. Madrid: Alfaguara, 2002.

Martini *Fantasma* = Martini, Juan: *El fantasma imperfecto*. [1986]. Madrid: Alfaguara, 1994.

Masson *Marco* = Masson Meiss, Luis: *El marco institucional de la gestión de los recursos naturales*. En Marticorena, Benjamín (comp.): *Recursos naturales. Tecnología y desarrollo*. Cusco: CBC, 1993.

Mastretta *Vida* = Mastretta, Ángeles: *Arráncame la vida*. [1990]. Barcelona: Seix Barral, 1995.

Materazzi *Salud* = Materazzi, Miguel Ángel: *Salud mental. Una propuesta de prevención permanente*. Buenos Aires: Paidós, 1991.

Matos *Noche* = Matos, Huber: *Cómo llegó la noche. Revolución y condena de un idealista cubano*. Barcelona: Tusquets, 2002.

Maturana/Varela *Árbol* = Maturana R., Humberto y Francisco Varela G.: *El árbol del conocimiento*. [1984]. Santiago de Chile: Editorial Universitaria, 1987.

Matute/Matute *Perfil* = Matute Vidal, Julián y M.ª Isabel Matute Ruiz de Vázquez: *Perfil del mexicano*. [1992]. México D. F.: Edamex, 1995.

Maza *Astronomía* = Maza, José: *Astronomía contemporánea*. [1988]. Santiago de Chile: Editorial Universitaria, 1990.

MDíez *Expediente* = Mateo Díez, Luis: *El expediente del náufrago*. Madrid: Alfaguara, 1992.
— *Fuente* = *La fuente de la edad*. [1986]. Madrid: Alfaguara, 1993.
— *Oscurecer* = *El oscurecer. Un encuentro*. Madrid: Ollero & Ramos, 2002.

MDurán *Toque* = Moreno-Durán, R. Humberto: *El toque de Diana*. [1981]. Bogotá: Tercer Mundo, 1988.

Medina *Cosas* = Medina, Dante: *Cosas de cualquier familia*. Barcelona: Tusquets, 1990.

Medina *Doctrina* = Medina, José Ramón: *Doctrina y testimonio*. Caracas: Universidad Central de Venezuela, 1984.
— *Homenajes* = *Los homenajes del tiempo. Vida y obra de Francisco Lazo Martí*. [1971]. Caracas: Monte Ávila, 1972.

Melcón *Catalina* = Melcón, María Luz: *Catalina de Cervantes I. Boda en Esquivias*. Madrid: Palabra e Imagen, 1995.

Meléndez *Discursos* = Meléndez Valdés, Juan: *Discursos forenses*. [1791-1809]. Madrid: Fundación Banco Exterior, 1986.

Meléndez *Identidad* = MELÉNDEZ, HÉCTOR: *La identidad ausente.* Río Piedras: La Sierra, 1996.

Melgares *Anselmo* = MELGARES, FRANCISCO: *Anselmo B o la desmedida pasión por los alféizares.* [1985]. Madrid: Antonio Machado, 1986.

Melo *Notas* = MELO, JUAN VICENTE: *Notas sin música.* [1990]. México D. F.: Fondo de Cultura Económica, 1994.

Melón *Significación* = MELÓN Y RUIZ DE GORDEJUELA, AMANDO: *Triple significación del «gran viaje» de Alejandro de Humboldt, por Amando Melón.* [1959-60]. Madrid: RACEFN, 1960.

Memba *Homenaje* = MEMBA, JAVIER: *Homenaje a Kid Valencia.* Madrid: Alfaguara, 1989.

Méndez *Filosofía* = MÉNDEZ BEJARANO, MARIO: *Historia de la filosofía en España hasta el siglo XX.* [1927]. Oviedo: Fundación Gustavo Bueno, 1998.

Méndez *Limbo* = MÉNDEZ, JOSÉ LUIS: *Entre el limbo y el consenso: el dilema de Puerto Rico para el próximo siglo.* San Juan: Milenio, 1997.

Méndez *Rocker* = MÉNDEZ, SABINO: *Corre, rocker. Crónica personal de los ochenta.* Madrid: Espasa-Calpe, 2000.

Mendicutti *Fuego* = MENDICUTTI, EDUARDO: *Fuego de marzo.* Barcelona: Tusquets, 1995.
— *Palomo* = *El palomo cojo.* [1991]. Barcelona: Tusquets, 1995.

Mendizábal *Antoñito* = MENDIZÁBAL, RAFAEL: *De cómo Antoñito López, natural de Játiva, subió a los cielos.* [1990]. Madrid: Marsó-Velasco, 1991.
— *Cumpleaños* = *Feliz cumpleaños, Sr. Ministro.* [1992]. Madrid: SGAE, 1995.
— *Cuponazo* = *¡Viva el cuponazo!* [1992]. Madrid: SGAE, 1994.
— *Yerba* = *Mala yerba.* Madrid: Marsó-Velasco, 1989.

Mendoza *Ciudad* = MENDOZA, EDUARDO: *La ciudad de los prodigios.* [1986]. Barcelona: Seix Barral, 1993.
— *Verdad* = *La verdad sobre el caso Savolta.* [1975]. Barcelona: Seix Barral, 1994.

Mendoza *Niñez* = MENDOZA FLORES, ARMANDO: *La niñez en el Perú.* Lima: Desa, 1994.

Mendoza *Parejas* = MENDOZA LOSADA, ANA ISABEL: *Las parejas de hecho en el ordenamiento jurídico.* Madrid: Dilex, 1997.

Mendoza *Perro* = MENDOZA, MARÍA LUISA: *El perro de la escribana o Las piedecasas.* México D. F.: Joaquín Mortiz, 1982.

Mendoza *Satanás* = MENDOZA, MARIO: *Satanás.* Barcelona: Seix Barral, 2002.

Menéndez *Muerte* = MENÉNDEZ, RONALDO: *De modo que esto es la muerte.* Toledo: Lengua de Trapo, 2002.

Merino *Choz* = MERINO, JOSÉ MARÍA: *Novela de Andrés Choz.* Madrid: Mondadori, 1987.
— *Orilla* = *La orilla oscura.* [1985]. Madrid: Alfaguara, 1995.

Mesonero *Escenas* = MESONERO ROMANOS, RAMÓN DE: *Escenas y tipos matritenses.* [1842-51]. Madrid: Cátedra, 1993.

MFoix *Abrazos* = MOLINA FOIX, VICENTE: *Los abrazos del pulpo.* Madrid: Centro Nacional de Nuevas Tendencias Escénicas, 1984.
— *Don Juan* = *Don Juan último.* [1992]. Madrid: SGAE, 1994.
— *Quincena* = *La quincena soviética.* Barcelona: Anagrama, 1988.

MGyves *Agrobiotecnología* = MENDOZA DE GYVES, EMILIO: *Agrobiotecnología.* México D. F.: Iberoamericana, 1994.

Mignone *Iglesia* = MIGNONE, EMILIO F.: *Iglesia y dictadura.* Buenos Aires: Ediciones del Pensamiento, 1986.

Miguel *Perversión* = MIGUEL, AMANDO DE: *La perversión del lenguaje*. Madrid: Espasa-Calpe, 1994.

Millás *Articuentos* = MILLÁS, JUAN JOSÉ: *Articuentos*. Barcelona: Alba, 2001.
— *Desorden* = *El desorden de tu nombre*. [1988]. Madrid: Alfaguara, 1994.
— *Mujeres* = *Dos mujeres en Praga*. Madrid: Espasa-Calpe, 2002.

Millás *Física* = MILLÁS VENDELL, EDUARDO: *La física en el mundo latino medieval*. En *Historia de la física hasta el siglo XIX*. Madrid: RACEFN, 1983.

Mindán *Filosofía* = MINDÁN MANERO, MANUEL: *Historia de la filosofía y de las ciencias*. Madrid: Anaya, 1969.

Miquelarena *Inglaterra* = MIQUELARENA, J.: *Inglaterra acepta ya el progreso del fútbol extranjero*. En *ABC*, 25 de noviembre de 1951. Madrid: Prensa Española, 1951.

Miralles *Comisaría* = MIRALLES, ALBERTO: *Comisaría especial para mujeres*. [1992]. Madrid: SGAE, 1994.
— *Dragón* = *El último dragón del Mediterráneo*. Madrid: Fundamentos, 2002.
— *Motín* = *¡Hay motín, compañeras!* Madrid: Fundamentos, 2002.

Miralles *Cortés* = MIRALLES, JUAN: *Hernán Cortés. Inventor de México*. [2001]. Barcelona: Tusquets, 2002.

Miranda *Palabras* = MIRANDA, JULIO E.: *Palabras sobre imágenes. 30 años de cine venezolano*. Caracas: Monte Ávila, 1994.

Miras *Brujas* = MIRAS, DOMINGO: *Las brujas de Barahona*. [1978]. Madrid: Espasa-Calpe, 1992.

Miró *Cerezas* = MIRÓ, GABRIEL: *Las cerezas del cementerio*. [1910-26]. Madrid: Taurus, 1991.
— *Padre* = *Nuestro padre san Daniel. Novela de capellanes y devotos*. [1921]. Madrid: Cátedra, 1988.

Mistral *Tala* = MISTRAL, GABRIELA [LUCILA GODOY ALCAYAGA]: *Tala*. México D. F.: Porrúa, 1938.

MndzPelayo *Heterodoxos* = MENÉNDEZ PELAYO, MARCELINO: *Historia de los heterodoxos españoles*. [1880-81]. Madrid: CSIC, 1946.

MndzPidal *Cantos* = MENÉNDEZ PIDAL, RAMÓN: *Cantos románicos andalusíes (continuadores de una lírica latina vulgar)*. *BRAE*, XXXI, 1951.
— *Epopeya* = *La epopeya castellana a través de la literatura española*. [1910-45]. Madrid: Espasa-Calpe, 1974.
— *Poesía* = *Poesía juglaresca y juglares. Orígenes de las literaturas románicas*. [1924-57]. Madrid: Espasa-Calpe, 1991.

MñzCalvo *Farmacia* = MUÑOZ CALVO, SAGRARIO: *Historia de la farmacia en la España moderna y contemporánea*. Madrid: Síntesis, 1994.

MñzClares *Onégeses* = MUÑOZ CLARES, FUENSANTA: *Onégeses. Los despojos de un sueño*. Murcia: Editora Regional de Murcia, 1988.

MñzMolina *Invierno* = MUÑOZ MOLINA, ANTONIO: *El invierno en Lisboa*. [1987]. Barcelona: Seix Barral, 1995.
— *Jinete* = *El jinete polaco*. Barcelona: Planeta, 1991.
— *Sefarad* = *Sefarad. Una novela de novelas*. Madrid: Alfaguara, 2001.

MñzSeca *Venganza* = MUÑOZ SECA, PEDRO: *La venganza de don Mendo*. [1918]. Madrid: Cátedra, 1997.

Moix *Arpista* = MOIX, TERENCI: *El arpista ciego. Una fantasía del reinado de Tutankamón*. Barcelona: Planeta, 2002.
— *Sueño* = *No digas que fue un sueño*. [1986]. Barcelona: Planeta, 1993.

Moix *Vals* = MOIX, ANA MARÍA: *Vals negro*. Barcelona: Lumen, 1994.

Mojarro *Yo* = MOJARRO, TOMÁS: *Yo, el valedor (y el Jerásimo)*. México D. F.: Fondo de Cultura Económica, 1985.

Mompradé/Gutiérrez *Indumentaria* I = MOMPRADÉ, ELECTRA L. y TONATIÚH GUTIÉRREZ: *Indumentaria tradicional indígena*. Tomo I. México D. F./Buenos Aires: Hermes, 1981.

Moncada *Caprichos* = MONCADA, SANTIAGO: *Caprichos*. [1992]. Madrid: SGAE, 1993.
— *Hombre* = *El hombre del Taj Mahal*. [1990]. Madrid: SGAE, 1993.
— *Mujeres* = *Entre mujeres*. [1988]. Madrid: Antonio Machado, 1989.
— *Otoño* = *Siempre en otoño*. [1993]. Madrid: SGAE, 1994.

Monetta *Ischigualasto* = MONETTA, ALFREDO: *Ischigualasto. Valle de la Luna y dinosaurios*. San Juan: Fundación Universidad Nacional de San Juan, 1993.

Monleón *Gallina* = MONLEÓN, JOSÉ: *La gallina ciega*. [1983]. Madrid: Primer Acto, 1984.

Monsiváis *Ofensiva* = MONSIVÁIS, CARLOS: *La ofensiva ideológica de la derecha*. En GONZÁLEZ CASANOVA, PABLO y ENRIQUE FLORESCANO (coords.): *México, hoy*. México D. F.: Siglo XXI, 1979.

Montalvo *Catilinarias* = MONTALVO, JUAN: *Las catilinarias*. [1880-82]. Caracas: Ayacucho, 1985.

Montaño *Andanzas* = MONTAÑO HURTADO, ALFREDO: *Andanzas del indio Vicente Alonso*. México D. F.: Edamex, 1995.
— *Cenizas* = *Las cenizas de los sueños*. México D. F.: Edamex, 1990.

Montero *Amo* = MONTERO, ROSA: *Amado amo*. Madrid: Debate, 1988.

Montero *Capitán* = MONTERO, MAYRA: *El capitán de los dormidos*. Barcelona: Tusquets, 2002.
— *Trenza* = *La trenza de la hermosa luna*. [1987]. Barcelona: Anagrama, 1993.
— *Tú* = *Tú, la oscuridad*. Barcelona: Tusquets, 1995.

Mora/GaRodríguez/Toro/Zarco *Psicología* = MORA MÉRIDA, J. A.; GARCÍA RODRÍGUEZ, J.; TORO BUENO, S. y J. A. ZARCO RESA: *Psicología aplicada a la actividad físico-deportiva*. Madrid: Pirámide, 2000.

Moral *Corrida* = MORAL, JOSÉ ANTONIO DEL: *Cómo ver una corrida de toros*. [1994]. Madrid: Alianza, 1996.

Moral *Lenguas* = MORAL, RAFAEL DEL: *Diccionario Espasa. Lenguas del mundo*. Madrid: Espasa-Calpe, 2002.

Morales *Verdad* = MORALES, ALEJANDRO: *La verdad sin voz*. México D. F.: Joaquín Mortiz, 1979.

Morena *Silencios* = MORENA, JOSÉ RAMÓN DE LA: *Los silencios de El larguero*. [1995]. Madrid: El País-Aguilar, 1996.

Moreno *Chequeo* = MORENO, JOSÉ M.: *Hágase Vd. mismo su chequeo médico*. Barcelona: Timun Mas, 1982.

Moreno *Historia* = MORENO FRAGINALS, MANUEL: *La historia como arma y otros estudios sobre esclavos, ingenios y plantaciones*. Barcelona: Crítica, 1983.

Moreno *Lenguas* = MORENO CABRERA, JUAN CARLOS: *Lenguas del mundo*. Madrid: Visor, 1990.

Morón *Gallo* = MORÓN, GUILLERMO: *El gallo de las espuelas de oro*. [1986]. Caracas: Monte Ávila, 1993.
— *Venezuela* = *Breve historia contemporánea de Venezuela*. México D. F.: Fondo de Cultura Económica, 1994.

Moscoso *Hablemos* = MOSCOSO VEGA, LUIS A.: *Hablemos y escribamos*. Cuenca: Casa de la Cultura Ecuatoriana, 1972.

Mosterín *Derechos* = MOSTERÍN, JESÚS: *Los derechos de los animales.* Madrid: Debate, 1995.

MtnCampo *Carreteras* = MARTÍN DEL CAMPO, DAVID: *Las rojas son las carreteras.* México D. F.: Joaquín Mortiz, 1976.

MtnGaite *Fragmentos* = MARTÍN GAITE, CARMEN: *Fragmentos de interior.* [1976]. Barcelona: Destino, 1994.
— *Nubosidad* = *Nubosidad variable.* [1992]. Barcelona: Anagrama, 1994.
— *Usos* = *Usos amorosos de la posguerra española.* [1987]. Barcelona: Anagrama, 1994.

MtnGarzo *Historias* = MARTÍN GARZO, GUSTAVO: *Las historias de Marta y Fernando.* Barcelona: Destino, 1999.

MtnMoreno *Respuesta* = MARTÍN MORENO, FRANCISCO: *La respuesta.* México D. F.: Planeta, 1994.

MtnMunicio *Bioquímica* = MARTÍN MUNICIO, ÁNGEL: *Antes y después de la bioquímica.* En *Historia de la bioquímica.* Madrid: RACEFN, 1985.
— *Discurso* = *Discurso de recepción ante la Real Academia de Ciencias Exactas, Físicas y Naturales: Proyección biológica de los lípidos.* Madrid: RACEFN, 1969.

MtnRecuerda *Arrecogías* = MARTÍN RECUERDA, JOSÉ: *Las arrecogías del beaterio de Santa María Egipcíaca.* [1980]. Madrid: Cátedra, 1991.
— *Engañao* = *El engañao.* Madrid: Cátedra, 1981.

MtnSantos *Tiempo* = MARTÍN-SANTOS, LUIS: *Tiempo de silencio.* [1961]. Barcelona: Seix Barral, 1996.

MtnVigil *Curas* = MARTÍN VIGIL, JOSÉ LUIS: *Los curas comunistas.* Barcelona: Círculo de Lectores, 1968.
— *Defensa* = *En defensa propia.* Barcelona: Planeta, 1985.

MtzAlbertos *Noticia* = MARTÍNEZ ALBERTOS, JOSÉ LUIS: *La noticia y los comunicadores públicos.* Madrid: Pirámide, 1978.

MtzAlier *Obstáculos* = MARTÍNEZ ALIER, JOAN: *Obstáculos distributivos contra la política ambiental internacional. Los fracasos de Río de Janeiro y perspectivas después de Río.* En MARTICORENA, BENJAMÍN (comp.): *Recursos naturales. Tecnología y desarrollo.* Cusco: CBC, 1993.

MtzBallesteros *Pisito* = MARTÍNEZ BALLESTEROS, ANTONIO: *Pisito clandestino.* [1990]. Madrid: SGAE, 1992.

MtzGil *Hidrogeología* = MARTÍNEZ GIL, JAVIER: *Historia de la hidrogeología española.* En *Historia de la geología.* Madrid: RACEFN, 1990.

MtzMediero *Bragas* = MARTÍNEZ MEDIERO, MANUEL: *Las bragas perdidas en el tendedero.* Madrid: Fundamentos, 1982.
— *Juana* = *Juana del amor hermoso.* Madrid: Fundamentos, 1982.
— *Lola* = *Lola la divina.* [1988]. Madrid: Fundamentos, 1989.
— *Vacaciones* = *Las largas vacaciones de Oliveira Salazar.* Madrid: Centro de Documentación Teatral, 1991.

MtzMontero *Didáctica* = MARTÍNEZ MONTERO, JAIME: *Una nueva didáctica del cálculo para el siglo XXI.* Barcelona: Cisspraxis, 2000.

MtzPeñaloza *Arte* = MARTÍNEZ PEÑALOZA, PORFIRIO: *Arte popular de México. La creatividad del pueblo mexicano a través de los tiempos.* México D. F.: Panorama, 1981.

MtzPisón *Ternura* = MARTÍNEZ DE PISÓN, IGNACIO: *La ternura del dragón.* [1985]. Barcelona: Anagrama, 1994.

MtzReverte *Gálvez* = MARTÍNEZ REVERTE, JORGE: *Demasiado para Gálvez.* [1979]. Barcelona: Anagrama, 1989.

MtzSalguero *Combate* = MARTÍNEZ SALGUERO, JAIME: *El combate místico.* La Paz: Signo, 2002.

MtzToledo *Corbacho* = MARTÍNEZ DE TOLEDO, ALFONSO: *Corbacho.* [1438]. Madrid: Espasa-Calpe, 1990.

Mujica *Bomarzo* = MUJICA LÁINEZ, MANUEL: *Bomarzo.* [1962]. Barcelona: Seix Barral, 1996.

— *Buenos Aires* = *Misteriosa Buenos Aires.* Barcelona: Seix Barral, 1985.

— *Escarabajo* = *El escarabajo.* [1982]. Barcelona: Plaza & Janés, 1993.

Muñiz *Tragicomedia* = MUÑIZ, CARLOS: *Tragicomedia del Serenísimo Príncipe Don Carlos.* [1980]. Madrid: Preysson, 1984.

Muñoz/Gil *Radio* = MUÑOZ, JOSÉ JAVIER y CÉSAR GIL: *La radio: teoría y práctica.* [1986]. Madrid: IORTV, 1994.

Murillo *Custodia* = MURILLO GÓMEZ, MIGUEL: *Custodia y los gatos.* Badajoz: Diputación Provincial de Badajoz, 1986.

Muro *Practicón* = MURO, ÁNGEL: *El Practicón. Tratado completo de cocina.* [1891-94]. Madrid: Poniente, 1982.

Mutis *Ilona* = MUTIS, ÁLVARO: *Ilona llega con la lluvia.* Madrid: Mondadori, 1988.

Nácar *Biblia* = NÁCAR, ELOÍNO: *Traducción de la Sagrada Biblia.* Madrid: Biblioteca de Autores Cristianos, 1965.

Nácher *Guanche* = NÁCHER, ENRIQUE: *Guanche.* Barcelona: Destino, 1957.

Najenson *Memorias* = NAJENSON, JOSÉ LUIS: *«Memorias de un erotómano» y otros cuentos.* Caracas: Monte Ávila, 1991.

Naranjo *Caso* = NARANJO, CARMEN: *El caso 117 720.* San José: Editorial Costa Rica, 1987.

Nasarre *País* = NASARRE, PILAR: *El país de Nunca Jamás.* Barcelona: Seix Barral, 1993.

Navajas *Agonía* = NAVAJAS, ESTEBAN: *La agonía del difunto.* [1977]. Madrid: Fondo de Cultura Económica/Centro de Documentación Teatral, 1992.

Navales *Cuentos* = NAVALES, ANA MARÍA: *Cuentos de Bloomsbury.* Barcelona: Edhasa, 1991.

Navarro *Alma* = NAVARRO, JUSTO: *El alma al diablo.* En *Cuentos de fútbol.* Madrid: Alfaguara, 1995.

Navarro *Cervantes* = NAVARRO LEDESMA, FRANCISCO: *El ingenioso hidalgo Miguel de Cervantes Saavedra.* [1905]. Alicante: Biblioteca Virtual Miguel de Cervantes, 2003.

Navarro/DzMartínez *Ética* = NAVARRO SUSTAETA, PABLO y CAPITOLINA DÍAZ MARTÍNEZ: *Ética.* Madrid: Anaya, 1997.

Neri *Satélites* = NERI VELA, RODOLFO: *Satélites de comunicaciones.* Madrid: McGraw-Hill, 1991.

Neruda *Confieso* = NERUDA, PABLO: *Confieso que he vivido.* [1973]. Barcelona: Seix Barral, 1993.

Nieva *Baile* = NIEVA, FRANCISCO: *El baile de los ardientes o Poderoso Cabriconde.* [1990]. Toledo: Junta de Castilla-La Mancha, 1991.

— *Carroza* = *La carroza de plomo candente. Ceremonia negra en un acto.* [1976]. Toledo: Junta de Castilla-La Mancha, 1991.

— *Corazón* = *Corazón de arpía.* [1989]. Toledo: Junta de Castilla-La Mancha, 1991.

— *Coronada* = *Coronada y el toro. Rapsodia española.* [1982]. Toledo: Junta de Castilla-La Mancha, 1991.

— *Delirio* = *Delirio del amor hostil o El barrio de doña Benita.* [1978]. Toledo: Junta de Castilla-La Mancha, 1991.

— *Nosferatu* = *Nosferatu.* Toledo: Junta de Castilla-La Mancha, 1993.

— *Señora* = *La señora tártara.* [1980]. Toledo: Junta de Castilla-La Mancha, 1991.

— *Zorra* = *Te quiero, zorra.* Toledo: Junta de Castilla-La Mancha, 1988.

Nino *Ética* = NINO, CARLOS S.: *Ética analítica en la actualidad.* En CAMPS, VICTORIA; GUARIGLIA, OSVALDO y FERNANDO SALMERÓN (eds.): *Concepciones de la ética.* Madrid: CSIC/Trotta, 1992.

Ninyoles *Idiomas* = NINYOLES, RAFAEL: *Cuatro idiomas para un Estado. El castellano y los conflictos lingüísticos en la España periférica.* Madrid: Cambio 16, 1977.

Nitti *Comunicación* = NITTI, LUIS: *Hacia una teoría de la comunicación.* Buenos Aires: Grupo Editor Latinoamericano, 1993.

Noriega *Aborto* = NORIEGA, ENRIQUE: *El aborto. El derecho a la libre maternidad.* México D. F.: Editores Mexicanos Unidos, 1981.

NTomás *Métrica* = NAVARRO TOMÁS, TOMÁS: *Métrica española.* [1956]. Barcelona: Labor, 1995.

Nuevo Testamento I-j-6 = *El Nuevo Testamento según el manuscrito escurialense I-j-6. Desde el Evangelio de san Marcos hasta el Apocalipsis.* [1260]. Madrid: Real Academia Española, 1970.

Núñez *Ensayos* = NÚÑEZ, ENRIQUE BERNARDO: *Ensayos.* [1943-50]. Caracas: Ayacucho, 1987.

Núñez/Navarro *Mar* = NÚÑEZ, MANUEL y CLAUDINA NAVARRO: *Cómo cura el mar. Los beneficios de la talasoterapia.* Barcelona: RBA, 2001.

OArmengol *Aviraneta* = ORTIZ-ARMENGOL, PEDRO: *Aviraneta o la intriga.* Madrid: Espasa-Calpe, 1994.

Obando *Paraíso* = OBANDO BOLAÑOS, ALEXÁNDER: *El más violento paraíso.* San José: Perro Azul, 2001.

Obligado *Salsa* = OBLIGADO, CLARA: *Salsa.* Barcelona: Plaza & Janés, 2002.

Ocampo *Cornelia* = OCAMPO, SILVINA: *Cornelia frente al espejo.* Barcelona: Tusquets, 1988.

Ocampo *Testimonios* = OCAMPO, VICTORIA: *Testimonios. Décima serie. 1975-1977.* Buenos Aires: Sur, 1977.

O'Donnell *Escarabajos* = O'DONNELL, PACHO: *Escarabajos.* [1975]. Buenos Aires: Galerna, 1982.

— *Vincent* = *Vincent y los cuervos.* [1982]. Buenos Aires: Galerna, 1982.

Olaizola *Guerra* = OLAIZOLA, JOSÉ LUIS: *La guerra del general Escobar.* [1983]. Barcelona: Planeta, 1990.

Olivas *Cocina* = OLIVAS WESTON, ROSARIO: *La cocina en el virreinato de Perú.* Lima: Universidad de San Martín de Porres, 1996.

— *Dulces* = *Los dulces tradicionales del Perú.* En OLIVAS WESTON, ROSARIO (comp.): *Cultura, identidad y cocina en el Perú.* Lima: Universidad de San Martín de Porres, 1996.

Oliver *Astrónomo* = OLIVER, JOSÉ M.ª: *Manual práctico del astrónomo aficionado.* Barcelona: De Vecchi, 1992.

Olivera *Enfermera* = OLIVERA FIGUEROA, RAFAEL: *¿Enfermera, doctora o santa?* México D. F.: Diana, 1991.

Olivera *Salud* = OLIVERA, ANA: *Geografía de la salud.* Madrid: Espacios y Sociedades, 1993.

Olmo *Iglesias* = OLMO, LAURO: *Pablo Iglesias.* [1984]. Madrid: Antonio Machado, 1986.

Olmos *Marina* = OLMOS, LUIS: *Marina.* Madrid: SGAE, 1995.

Omar *Hoy* = OMAR, ALBERTO: *Hoy me he levantado trascendente.* Madrid: Marsó-Velasco, 1989.

Onetti *Astillero* = ONETTI, JUAN CARLOS: *El astillero.* [1961]. Madrid: Cátedra, 1995.
— *Viento* = *Dejemos hablar al viento.* [1979]. Madrid: Mondadori, 1991.

Orovio *Música* = OROVIO, HELIO: *Música por el Caribe.* Santiago de Cuba: Oriente, 1990.

Orozco *Teólogos* = OROZCO, JOSÉ LUIS: *De teólogos, pragmáticos y geopolíticos. Aproximación al globalismo norteamericano.* Barcelona: Gedisa, 2001.

Ortega *Artículos* = ORTEGA Y GASSET, JOSÉ: *Artículos (1902-1916).* En *Obras completas,* tomo I. Madrid: Revista de Occidente, 1953.
— *Artículos* = *Artículos (1917-1933).* [1917-33]. Madrid: Alianza/Revista de Occidente, 1983.
— *Deshumanización* = *La deshumanización del arte.* [1925]. En *«La deshumanización del arte» y otros ensayos de estética.* Madrid: Espasa-Calpe, 1996.
— *Diálogo* = *Diálogo sobre el arte nuevo.* [1924]. En *«La deshumanización del arte» y otros ensayos de estética.* Madrid: Espasa-Calpe, 1996.
— *Personas* = *Personas, obras, cosas.* [1904-16]. Madrid: Alianza/Revista de Occidente, 1993.

Ortega *Horizontes* = ORTEGA VALCÁRCEL, JOSÉ: *Los horizontes de la geografía. Teoría de la Geografía.* Barcelona: Ariel, 2000.

Ortega *Invitados* = ORTEGA, JUAN PABLO: *Los invitados.* Madrid: Fundamentos, 1996.

Ortega *Paz* = ORTEGA SAAVEDRA, DANIEL: *Combatiendo por la paz.* México D. F.: Siglo XXI, 1988.

Ortega *Recetas* = ORTEGA, SIMONE: *1080 recetas de cocina.* [1972]. Madrid: Alianza, 1994.

Ortiz *Contrapunteo* = ORTIZ, FERNANDO: *Contrapunteo cubano del tabaco y el azúcar.* [1963]. Caracas: Ayacucho, 1987.
— *Música* = *La música afrocubana.* Gijón: Júcar, 1975.
— *Negros* = *Los negros brujos. Apuntes para un estudio de etnología criminal.* [1906]. Miami: Universal, 1973.

Ortiz *Luz* = ORTIZ, LOURDES: *Luz de la memoria.* [1976]. Madrid: Akal, 1986.

Ortúñez *Espejo* = ORTÚÑEZ DE CALAHORRA, DIEGO: *Espejo de príncipes y caballeros.* [*El caballero del Febo*]. [1555]. Madrid: Espasa-Calpe, 1955.

Orúe/Gutiérrez *Fútbol* = ORÚE, EVA y SARA GUTIÉRREZ: *Locas por el fútbol. De las gradas al vestuario.* Madrid: Temas de Hoy, 2001.

Osorio *Eco* = OSORIO ROMERO, IGNACIO: *Conquistar el eco. La paradoja de la conciencia criolla.* México D. F.: Universidad Nacional Autónoma de México, 1989.

Ossio *Comidas* = OSSIO, JUAN M.: *Aspectos simbólicos de las comidas andinas: una nueva versión.* En OLIVAS WESTON, ROSARIO (comp.): *Cultura, identidad y cocina en el Perú.* Lima: Universidad de San Martín de Porres, 1996.

Ostolaza *Política* = OSTOLAZA BEY, MARGARITA: *Política sexual en Puerto Rico.* Río Piedras: Huracán, 1989.

Otas = *Cuento muy fermoso de Otas de Roma.* [1300-25]. Madrid: Real Academia Española, 1976.

Otero *Fundamentalismos* = OTERO NOVAS, JOSÉ MANUEL: *Fundamentalismos enmascarados. Los extremismos de hoy.* Barcelona: Ariel, 2001.

Otero *Temporada* = OTERO, LISANDRO: *Temporada de ángeles*. [1983]. Barcelona: Bruguera, 1986.

Ott *Dientes* = OTT, GUSTAVO: *80 dientes, 4 metros y 200 kilos*. Madrid: Cultura Hispánica/Agencia Española de Cooperación Internacional, 1999.

Padilla *Imposibilidad* = PADILLA, IGNACIO: *Imposibilidad de los cuervos*. México D. F.: Siglo XXI, 1994.

Padilla *Jardín* = PADILLA, HEBERTO: *En mi jardín pastan los héroes*. Barcelona: Argos Vergara, 1981.

Palafox *Carta* = PALAFOX Y MENDOZA, JUAN DE: *Carta al Rey*. [1652]. Edición electrónica, 1996.

Palencia *Camino* = PALENCIA, ELIO: *Camino a Kabaskén*. [1989]. Caracas: Centro de Directores para el Nuevo Teatro, 1990.

Palomino *Torremolinos* = PALOMINO, ÁNGEL: *Torremolinos, Gran Hotel*. [1971]. Barcelona: Planeta, 1996.

Palou *Carne* = PALOU, INÉS: *Carne apaleada*. Barcelona: Círculo de Lectores, 1975.

Panero *Lugar* = PANERO, LEOPOLDO MARÍA: *El lugar del hijo*. [1976]. Barcelona: Tusquets, 1985.

Paniagua *España* = PANIAGUA, JAVIER: *España: siglo XX. 1898-1931*. [1987]. Madrid: Anaya, 1995.

— *España* = *España: siglo XX. 1931-1939*. [1988]. Madrid: Anaya, 1991.

Parada *Reflexiones* = PARADA AMPUDIA, LORENIA: *Reflexiones sobre la independencia económica del movimiento feminista en México: una visión*. En *La mujer latinoamericana ante el reto del siglo XXI*. Madrid: Instituto Universitario de Estudios de la Mujer, 1993.

Paranaguá *Ripstein* = PARANAGUÁ, PAULO ANTONIO: *Arturo Ripstein*. Madrid: Cátedra/Filmoteca Española, 1997.

Paravicino *Oración* = PARAVICINO, FRAY HORTENSIO: *Oración fúnebre de sor Margarita de la Cruz*. [1633]. Madrid: Castalia/Comunidad de Madrid, 1994.

Pardo *Beso* = PARDO DE SANTAYANA, JOSÉ IGNACIO: *El beso del chimpancé. Divertidas e insólitas historias de la vida cotidiana en un zoo*. Madrid: Aguilar, 2001.

Pardo *Fuentes* = PARDO ABAD, CARLOS J.: *Las fuentes de energía*. Madrid: Síntesis, 1993.

Parés *Instalador* = PARÉS, JOSÉ MARÍA: *Manual del instalador de motores eléctricos*. [1974]. Barcelona: CEAC, 1982.

Parodi *Astrología* = PARODI, JORGE CÉSAR: *Astrología y psicología transpersonal*. Barcelona: Índigo, 1996.

Parra *Memorias* = PARRA, TERESA DE LA: *Las memorias de Mamá Blanca*. [1929]. Caracas: Ayacucho, 1991.

Parra *Obscenidad* = PARRA, MARCO ANTONIO DE LA: *La secreta obscenidad de cada día*. [1984]. Madrid: Centro de Documentación Teatral, 1991.

— *Palace* = *King Kong Palace*. [1990]. Madrid: Centro de Documentación Teatral, 1991.

— *Tristán* = *Tristán e Isolda. Bolero estático*. Valladolid: Caja España, 1994.

Parrado *Bembeta* = PARRADO, GLORIA: *Bembeta y santa Rita*. En *Tríptico*. La Habana: Unión, 1984.

— *Muerte* = *Muerte en el muelle*. En *Tríptico*. La Habana: Unión, 1984.

— *1905* = *1905*. En *Tríptico*. La Habana: Unión, 1984.

Pascual/Alcalde/Castro *Lengua* = PASCUAL, JOSÉ ANTONIO; ALCALDE, LUIS y LADISLAO CASTRO: *Lengua castellana*. Madrid: Santillana, 1997.

Paso *Palinuro* = PASO, FERNANDO DEL: *Palinuro de México.* [1977]. Madrid: Alfaguara, 1982.

Pavlovsky *Cámara* = PAVLOVSKY, EDUARDO: *Cámara lenta. Historia de una cara.* Buenos Aires: Búsqueda, 1979.
— *Galíndez* = *El señor Galíndez.* Madrid: Primer Acto, 1975.
— *Laforgue* = *El señor Laforgue.* [1983]. Madrid: Fundamentos, 1989.
— *Pablo* = *Pablo.* [1987]. Madrid: Fundamentos, 1989.
— *Potestad* = *Potestad.* [1985]. Madrid: Fundamentos, 1989.

Payró *Aventuras* = PAYRÓ, ROBERTO J.: *Divertidas aventuras del nieto de Juan Moreira.* [1910]. Alicante: Biblioteca Virtual Miguel de Cervantes, 2003.

Paz *Huelga* = PAZ HERNÁNDEZ, ALBIO: *Huelga.* La Habana: Casa de las Américas, 1981.
— *Paraíso* = *El paraíso recobrao.* [1976]. La Habana: Letras Cubanas, 1990.

Paz *Laberinto* = PAZ, OCTAVIO: *El laberinto de la soledad.* [1950-59]. Madrid: Cátedra, 1993.
— *Sombras* = *Sombras de obras. Arte y literatura.* [1983]. Barcelona: Seix Barral, 1996.

Paz *Materia* = PAZ SOLDÁN, EDMUNDO: *La materia del deseo.* Madrid: Alfaguara, 2002.

PBarba *Filosofía* = PECES-BARBA, GREGORIO: *Introducción a la filosofía del derecho.* Madrid: Debate, 1983.

PBazán *Cristiana* = PARDO BAZÁN, EMILIA: *Una cristiana.* [1890]. Alicante: Biblioteca Virtual Miguel de Cervantes, 2002.
— *San Francisco* = *San Francisco de Asís. Siglo XIII.* [1882]. Madrid: Imprenta de Alrededor del Mundo, 1903.
— *Tribuna* = *La tribuna.* [1883]. Madrid: Cátedra, 1995.

Pedraza *Pasión* = PEDRAZA, PILAR: *La pequeña pasión.* Barcelona: Tusquets, 1990.

Pedrero *Besos* = PEDRERO, PALOMA: *Besos de lobo.* Madrid: Fundamentos, 1987.
— *Invierno* = *Invierno de luna alegre.* Madrid: Fundamentos, 1989.

Pelta/Vivas *Alergia* = PELTA, ROBERTO y ENRIQUE VIVAS: *Tengo alergia, ¿qué debo saber?* Barcelona: Grupo Zeta, 1995.

Penella *Hijo* = PENELLA, MANUEL: *Tu hijo: genio en potencia. Las claves fundamentales para su educación.* Madrid: Espasa-Calpe, 1995.

Penerini *Aventura* = PENERINI, ADRIANA: *La aventura de ser mamá.* Buenos Aires: Nuevo Extremo, 1999.

Peña *Visión* = PEÑA, SERGIO DE LA: *Visión global de los orígenes de la estadística. Guía de forasteros y nativos a la historia de la estadística económica nacional.* En PEÑA, SERGIO DE LA y JAMES WILKIE: *La estadística económica en México. Los orígenes.* México D. F.: Siglo XXI, 1994.

Pereda *Peñas* = PEREDA, JOSÉ MARÍA DE: *Peñas arriba.* [1895]. Madrid: Cátedra, 1995.
— *Sotileza* = *Sotileza.* [1885-88]. Madrid: Espasa-Calpe, 1991.

Pereyra *Estado* = PEREYRA, CARLOS: *Estado y sociedad.* En GONZÁLEZ CASANOVA, PABLO y ENRIQUE FLORESCANO (coords.): *México, hoy.* México D. F.: Siglo XXI, 1979.

Pérez *Derecho* = PÉREZ, EFRAÍN: *Derecho ambiental.* Santafé de Bogotá: McGraw-Hill, 2000.

Pérez/Pino *Computación* = PÉREZ V., VÍCTOR y JOSÉ A. PINO U.: *Curso de computación e informática.* I: *Introducción a los computadores y su programación.* [1982]. Santiago de Chile: Editorial Universitaria, 1990.

Pérez/Trallero *Mujer* = PÉREZ, ODILIA y MARGARITA TRALLERO: *La mujer ante la ley.* Barcelona: Martínez Roca, 1983.

Perucho *Dietario* = PERUCHO, JUAN: *Dietario apócrifo de Octavio de Romeu*. Barcelona: Destino, 1985.

— *Pamela* = *Pamela*. Barcelona: Planeta, 1983.

Petras *Estado* = PETRAS, JAMES: *Estado y régimen en Latinoamérica*. Madrid: Revolución, 1987.

Pettron *Dieta* = PETTRON, MÓNICA: *La dieta anti-dieta*. Santiago de Chile: Texidó, 1992.

Picazo *Grillos* = PICAZO, MARIO: *Los grillos son un termómetro. Curso práctico de meteorología*. Barcelona: Martínez Roca, 2000.

Picó *Caimito* = PICÓ, FERNANDO: *Vivir en Caimito*. Río Piedras: Huracán, 1989.

— *Día* = *El día menos pensado. Historia de los presidiarios en Puerto Rico (1793-1993)*. Río Piedras: Huracán, 1994.

— *Filo* = *Al filo del poder: subalternos y dominantes en Puerto Rico. 1739-1910*. Puerto Rico: Universidad de Puerto Rico, 1993.

Piglia *Respiración* = PIGLIA, RICARDO: *Respiración artificial*. Buenos Aires: Pomaire, 1980.

Pilletes = *Los dos pilletes*. En *El Boletín*, 8 de enero de 1928. Panamá: Benedetti Hermanos, 1928.

Pimentel *Multimedia* = PIMENTEL, JUAN R.: *Multimedia para todos*. Lima: Hozlo, 1997.

Pineda *Piedras* = PINEDA, JUAN ANTONIO: *Las piedras biliares*. Barcelona: Emeká, 1991.

Pinillos *Mente* = PINILLOS, JOSÉ LUIS: *La mente humana*. Madrid: Salvat/Alianza, 1969.

— *Psicología* = *Principios de psicología*. [1975]. Madrid: Alianza, 1995.

Pinto *Despertar* = PINTO, JULIETA: *El despertar de Lázaro*. San José: Red Editorial Iberoamericana, 1994.

Piñera *Niñita* = PIÑERA, VIRGILIO: *Niñita querida*. La Habana: Consejo Nacional de las Artes Escénicas, 1992.

— *Pico* = *¿Un pico, o una pala?* La Habana: Unión, 1990.

— *Siameses* = *Las siameses*. La Habana: Unión, 1990.

Piquet *Cultura* = PIQUET, DANIEL: *La cultura afrovenezolana*. Caracas: Monte Ávila, 1982.

Pirala *Historia* = PIRALA, ANTONIO: *Historia de la Guerra Civil y de los partidos Liberal y Carlista*. Tomo VI. [1868]. Madrid: Turner/Historia 16, 1984.

Pirolo *Microondas* = PIROLO, KETTY DE: *Microondas, usted y yo. La cocina de hoy*. Buenos Aires: El Ateneo, 1989.

Pirolo/Pirolo *Dietas* = PIROLO, KETTY DE y MABEL ERRA DE PIROLO: *El libro de las dietas. Cocina para recuperar la salud*. Buenos Aires: El Ateneo, 1990.

Pitol *Juegos* = PITOL, SERGIO: *Juegos florales*. [1982]. Barcelona: Anagrama, 1985.

— *Vida* = *La vida conyugal*. Barcelona: Anagrama, 1991.

Plasencia/Villalón *Vinos* = PLASENCIA, PEDRO y TECLO VILLALÓN: *Manual de los vinos de España*. León: Everest, 1994.

Plaza *Cerrazón* = PLAZA NOBLÍA, HÉCTOR: *La cerrazón*. [1980]. Montevideo: Instituto Nacional del Libro, 1991.

Plaza/Redondo *Cine* = PLAZA, FRANCISCO J. DE LA y MARÍA JOSÉ REDONDO: *El cine: técnica y arte*. Madrid: Anaya, 1993.

Pliego *Excursiones* = PLIEGO, DOMINGO: *100 excursiones por la sierra de Madrid*. Tomo I. [1992]. Madrid: La Librería, 1995.

PMartí *Visionarios* = POU Y MARTÍ, JOSÉ MARÍA: *Visionarios, beguinos y fraticelos catalanes (siglos XIII-XV)*. Vich: Seráfica, 1930.

Polimeni *Luca* = POLIMENI, CARLOS: *Luca*. [1991]. Buenos Aires: AC, 1999.

Pombo *Héroe* = POMBO, ÁLVARO: *El héroe de las mansardas de Mansard*. [1983]. Barcelona: Anagrama, 1990.
— *Metro* = *El metro de platino iridiado*. [1990]. Barcelona: Anagrama, 1993.
— *Ventana* = *Una ventana al norte*. Barcelona: Anagrama, 2004.

Poniatowska *Diego* = PONIATOWSKA, ELENA: *Querido Diego, te abraza Quiela*. [1978]. México D. F.: Era, 1992.

Ponte *Contrabando* = PONTE, ANTONIO JOSÉ: *Contrabando de sombras*. Barcelona: Mondadori, 2002.

Portal *Pago* = PORTAL, MARTA: *Pago de traición*. Barcelona: Planeta, 1983.

Portillo *Energía* = PORTILLO FRANQUELO, PEDRO: *Energía solar*. Madrid: Pirámide, 1985.

Posse *Pasión* = POSSE, ABEL: *La pasión según Eva*. Barcelona: Planeta, 1995.

Poza *Servicios* = POZA LLEIDA, JOSÉ MARÍA DE LA: *Servicios turísticos*. Barcelona: Oikos-Tau, 1993.

Pozas *Revolución* = POZAS, VÍCTOR S.: *La Revolución sandinista (1979-1988)*. Madrid: Revolución, 1988.

Pozo *Noche* = POZO, RAÚL DEL: *Noche de tahúres*. Barcelona: Plaza & Janés, 1995.
— *Novia* = *La novia*. Barcelona: Plaza & Janés, 1995.

Pozuelo/PzPérez *Técnicas* = POZUELO TALAVERA, JUAN y MIGUEL ÁNGEL PÉREZ PÉREZ: *Técnicas culinarias*. Madrid: Paraninfo, 2001.

Prada *Hora* = PRADA OROPEZA, RENATO: *Larga hora: la vigilia*. México D. F.: Premiá, 1979.

Prada *Tempestad* = PRADA, JUAN MANUEL DE: *La tempestad*. Barcelona: Planeta, 1997.

Pradera *Fotografía* = PRADERA, ALEJANDRO: *El libro de la fotografía*. [1990]. Madrid: Alianza, 1994.

Prados *Síntesis* = PRADOS ARRARTE, JESÚS: *Síntesis y crítica de «El capital» de Marx. La opinión de los economistas del presente*. Madrid: Edaf, 1967.

Prats *Vacunas* = PRATS, GUILLERMO: *Las vacunas, un arma para la salud*. Barcelona: La Gaya Ciencia, 1979.

PRossi *Solitario* = PERI ROSSI, CRISTINA: *Solitario de amor*. Barcelona: Grijalbo, 1988.

PSuñer/Rodrigo *Fisiología* = PI Y SUÑER, AUGUSTO y L. RODRIGO LAVIN: *Fisiología general*. Barcelona: Gustavo Gili, 1956.

Puente *Derecho* = PUENTE EGIDO, JOSÉ: *La teoría pura del Derecho y la ciencia del Derecho internacional*. Madrid: CSIC, 1962.

Puerta *Astrología* = PUERTA R., MAURICIO: *Astrología, un camino para regresar*. Santafé de Bogotá: Elektra, 1994.

Puértolas *Noche* = PUÉRTOLAS, SOLEDAD: *Queda la noche*. [1989]. Barcelona: Planeta, 1993.

Puerto Rico = Traducción de la «Historia de Puerto Rico» de P. G. Miller. Nueva York/Chicago/San Francisco: Rand, McNally y compañía, 1939.

Puga *Silencio* = PUGA, MARÍA LUISA: *La forma del silencio*. México D. F.: Siglo XXI, 1987.

Puig *Beso* = PUIG, MANUEL: *El beso de la mujer araña*. [1976]. Barcelona: Seix Barral, 1993.
— *Boquitas* = *Boquitas pintadas*. [1972]. Barcelona: Seix Barral, 1994.

Puig *Sal* = PUIG MUSET, PERE: *Sal y alimentación. Un absurdo desbarajuste*. [1981]. Barcelona: Sirocco, 1984.

Puig *Unidad* = PUIG, LLUÍS MARÍA DE: *Historia de la Unidad Europea*. Madrid: Anaya, 1994.

Purroy *Desertor* = PURROY, MARCOS: *El desertor.* [1989]. Caracas: Centro de Directores para el Nuevo Teatro, 1990.

Puyo *Bogotá* = PUYO, FABIO: *Bogotá.* Madrid: Mapfre, 1992.

Puyol *Migraciones* = PUYOL ANTOLÍN, RAFAEL: *Las migraciones internacionales.* En *Los grandes problemas actuales de la población.* Madrid: Síntesis, 1993.
— *Población* = *La población.* En PUYOL, RAFAEL y JULIO VINUESA (eds.): *La Unión Europea.* Madrid: Síntesis, 1995.

PValdés *Novela* = PALACIO VALDÉS, ARMANDO: *La novela de un novelista.* [1921]. Madrid: Victoriano Suárez, 1922.

PzAyala *Belarmino* = PÉREZ DE AYALA, RAMÓN: *Belarmino y Apolonio.* [1921]. Madrid: Cátedra, 1996.

PzBrignoli *Centroamérica* = PÉREZ BRIGNOLI, HÉCTOR: *Breve historia de Centroamérica.* [1985]. Madrid: Alianza, 1990.

PzCarmona *Piedra* = PÉREZ-CARMONA, JUAN: *Piedra libre.* [1970]. Madrid: Escelicer, 1971.

PzLópez *Menopausia* = PÉREZ LÓPEZ, FAUSTINO R.: *La menopausia. Cómo vivirla y superarla sin miedo.* Madrid: Temas de Hoy, 1992.

PzManga *Cáncer* = PÉREZ MANGA, GUMERSINDO: *Cáncer de mama.* Madrid: Pirámide, 1983.

PzMerinero *Días* = PÉREZ MERINERO, CARLOS: *Días de guardar.* Barcelona: Bruguera, 1981.

PzReverte *Maestro* = PÉREZ-REVERTE, ARTURO: *El maestro de esgrima.* [1988]. Madrid: Alfaguara, 1995.
— *Reina* = *La Reina del Sur.* Madrid: Alfaguara, 2002.

PzSáenz *Geografía* = PÉREZ SÁENZ, TOMÁS: *Geografía agrícola de España.* Madrid: Atlas, 1960.

PzSanEmeterio *Pilotos* = PÉREZ SAN EMETERIO, CARLOS: *Pilotos y aventura. Historia de los viajes en avión.* Barcelona: Juventud, 1991.

PzTamayo *Ciencia* = PÉREZ TAMAYO, RUY: *Ciencia, paciencia y conciencia.* México D. F.: Siglo XXI, 1991.

PzUrbel *Pablo* = PÉREZ DE URBEL, FRAY JUSTO: *San Pablo, apóstol de las gentes.* Madrid: Fax, 1940.

Quesada *Banana* = QUESADA, ROBERTO: *Big Banana.* Barcelona: Seix Barral, 2000.

Quevedo *Buscón* = QUEVEDO Y VILLEGAS, FRANCISCO DE: *La vida del Buscón llamado don Pablos.* [1626]. Salamanca: Universidad de Salamanca, 1980.
— *Poesías* = *Poesías.* [1597-1645]. Madrid: Castalia, 1969-1971.

Quevedo *Genes* = QUEVEDO, ALINA: *Genes en tela de juicio.* Madrid: McGraw-Hill, 1996.

Quezada *Mensaje* = QUEZADA, MARIBEL: *El mensaje medio a medio.* Santiago de Chile: Editorial Universitaria, 1992.

Quilis/Fernández *Fonética* = QUILIS, ANTONIO y JOSEPH A. FERNÁNDEZ: *Curso de fonética y fonología españolas para estudiantes angloamericanos.* Madrid: CSIC, 1966.

Quintanilla/SchzRon *Ciencia* = QUINTANILLA, MIGUEL ÁNGEL y JOSÉ MANUEL SÁNCHEZ RON: *Ciencia, tecnología y sociedad.* Madrid: Santillana, 1997.

Quintero *Conflictos* = QUINTERO RIVERO, A. G.: *Conflictos de clase y política en Puerto Rico.* Río Piedras: Huracán, 1986.

Quintero *Danza* = QUINTERO, EDNODIO: *La danza del jaguar.* Caracas: Monte Ávila, 1991.

Quintero *Esperando* = QUINTERO, HÉCTOR: *Te sigo esperando. Una crónica cubana de los noventa.* [1996]. Madrid: Asociación de Directores de Escena de España, 1998.

Quiñones *Noches* = QUIÑONES, FERNANDO: *Las mil noches de Hortensia Romero.* Barcelona: Planeta, 1979.

RAE *Esbozo* = REAL ACADEMIA ESPAÑOLA: *Esbozo de una nueva gramática de la lengua española.* Madrid: Espasa-Calpe, 1973.

Ramírez *Alba* = RAMÍREZ, SERGIO: *El alba de oro. La historia viva de Nicaragua.* México D. F.: Siglo XXI, 1985.

— *Baile* = *Un baile de máscaras.* México D. F.: Alfaguara, 1995.

Ramírez *Infancia* = RAMÍREZ, SANTIAGO: *Infancia es destino.* México D. F.: Siglo XXI, 1975.

Ramis *Esencia* = RAMIS M., POMPEYO: *Esencia prejurídica del Derecho.* Mérida: Editorial Venezolana, 2002.

Ramos *Platillos* = RAMOS ESPINOSA, VIRGINIA: *Los mejores platillos mexicanos.* [1976]. México D. F.: Diana, 1994.

Ramos/Lejbowicz *Corazones* = RAMOS, LAURA y CYNTHIA LEJBOWICZ: *Corazones en llamas. Historias del rock argentino en los '80.* [1991]. Buenos Aires: Clarín/Aguilar, 1992.

Rangel *Salvaje* = RANGEL, CARLOS: *Del buen salvaje al buen revolucionario. Mitos y realidades de América Latina.* Barcelona: Monte Ávila, 1976.

— *Tercermundismo* = *El tercermundismo.* Caracas: Monte Ávila, 1982.

Rapado *Salud* = RAPADO, AURELIO: *La salud de la mujer.* Madrid: Ediciones Libertarias, 1999.

Raunelli *Genética* = RAUNELLI SANDER, JOSÉ W. J.: *Genética de la calidad de la carne bovina.* Perú: Concytec, 1994.

Rausch *Dietas* = RAUSCH HERSCOVICI, CECILE: *La esclavitud de las dietas. Guía para reconocer y encarar un trastorno alimentario.* Buenos Aires: Paidós, 1996.

Rausch/Bay *Anorexia* = RAUSCH HERSCOVICI, CECILE y LUISA BAY: *Anorexia nerviosa y bulimia.* [1990]. Buenos Aires: Paidós, 1995.

RBastos *Hijo* = ROA BASTOS, ARTURO: *Hijo de hombre.* [1960]. Madrid: Alfaguara, 1977.

— *Vigilia* = *Vigilia del almirante.* Madrid: Alfaguara, 1992.

RCruz *Fiestas* = RIVERA DE LA CRUZ, MARTA: *Fiestas que hicieron historia. Del glamour de Hollywood a los escándalos de la alta sociedad.* Madrid: Temas de Hoy, 2001.

RdgzAguilera *Arte* = RODRÍGUEZ-AGUILERA, CESÁREO: *Arte moderno en Cataluña. Examen de qué cosa sea arte y qué cosa modernidad.* Barcelona: Planeta, 1986.

RdgzCobos *Cartas* = RODRÍGUEZ COBOS, MARIO: *Cartas a mis amigos.* Madrid: Graphomanía, 1994.

RdgzDelgado *Universo* = RODRÍGUEZ DELGADO, RAFAEL: *Del universo al ser humano. Hacia una concepción planetaria para el siglo XXI.* Madrid: McGraw-Hill, 1997.

RdgzEglis *Educación* = RODRÍGUEZ EGLIS, OSVALDO: *Educación física maternal: embarazo, parto y puerperio. Método eugénico.* Buenos Aires: Club de Estudio, 1985.

RdgzJuliá *Cruce* = RODRÍGUEZ JULIÁ, EDGARDO: *El cruce de la bahía de Guánica.* Wisconsin: Editorial Cultural, 1989.

— *Peloteros* = *Peloteros.* San Juan: Universidad de Puerto Rico, 1997.

RdgzMárquez/MtzUceda *Televisión* = RODRÍGUEZ MÁRQUEZ, NACHO y JUAN MARTÍNEZ UCEDA: *La televisión: historia y desarrollo.* Barcelona: MITRE/RTVE, 1992.

RdgzMartos *Alcoholismo* = RODRÍGUEZ-MARTOS, ALICIA: *Manual de alcoholismo para el médico de cabecera.* Barcelona: Salvat, 1989.

RdgzMéndez *Bodas* = RODRÍGUEZ-MÉNDEZ, JOSÉ MARÍA: *Bodas que fueron famosas del Pingajo y la Fandanga.* [1976]. Madrid: Cátedra, 1990.

RdgzMoñino *Discurso* = RODRÍGUEZ MOÑINO, ANTONIO: *Discurso de recepción ante la Real Academia Española: Poesía y Cancioneros (siglo XVI).* Madrid: Real Academia Española, 1968.

RdgzPose *Marco* = RODRÍGUEZ POSE, ANDRÉS: *El marco físico de la Unión.* En PUYOL, RAFAEL y JULIO VINUESA (eds.): *La Unión Europea.* Madrid: Síntesis, 1995.

RdgzRíos *Evolución* = RODRÍGUEZ RÍOS, B.: *Evolución de la simbología química.* En *Historia de la química.* Madrid: RACEFN, 1981.

Real Decreto = *Real Decreto.* [1911]. En *Leyes, reales decretos, reglamentos y circulares de más frecuente aplicación en los tribunales ordinarios.* Madrid: Hijos de Tello, 1914.

Redondos = *Los Redondos.* Buenos Aires: AC, 1997.

Regás *Azul* = REGÁS, ROSA: *Azul.* Barcelona: Destino, 1994.

Reina *Reflejos* = REINA, MARÍA MANUELA: *Reflejos con cenizas.* [1990]. Madrid: Marsó-Velasco, 1992.

Rellán *Crónica* = RELLÁN, MIGUEL ÁNGEL: *Crónica indecente de la muerte del cantor.* Badajoz: Diputación Provincial de Badajoz, 1985.

Resino *Pop* = RESINO, CARMEN: *Pop y patatas fritas.* [1991]. Madrid: SGAE, 1992.

Reuter *Música* = REUTER, JAS: *La música popular de México.* México D. F.: Panorama, 1980.

Revilla *Guatemala* = REVILLA, BENEDICTO: *Guatemala: el terremoto de los pobres.* Madrid: Sedmay, 1976.

Reyes *Carnaval* = REYES, CARLOS JOSÉ: *El carnaval de la muerte alegre. Periplo de Balboa y Pedrarias.* Madrid: Centro de Documentación Teatral, 1992.

Reyes *Letras* = REYES, ALFONSO: *Letras de la Nueva España.* [1946]. México D. F.: Fondo de Cultura Económica, 1992.

RGodoy *Mujer* = RICO GODOY, CARMEN: *Cómo ser una mujer y no morir en el intento.* [1990]. Madrid: Temas de Hoy, 1995.

Riaza *Palacio* = RIAZA, LUIS: *El palacio de los monos.* Madrid: Cátedra, 1982.
— *Retrato* = *Retrato de dama con perrito. Drama de la dama pudriéndose.* Madrid: Fundamentos, 1976.

Ribera *Sangre* = RIBERA, JAUME: *La sangre de mi hermano.* Barcelona: Timun Mas, 1988.

Ribeyro *Atiguibas* = RIBEYRO, JULIO RAMÓN: *Atiguibas.* En *Cuentos de fútbol.* Madrid: Alfaguara, 1995.
— *Geniecillos* = *Los geniecillos dominicales.* Barcelona: Tusquets, 1983.
— *Santiago* = *Santiago, el pajarero.* Lima: INC, 1995.

Ricard *Diseño* = RICARD, ANDRÉ: *Diseño, ¿por qué?* Barcelona: Gustavo Gili, 1982.

Ríos *Decisión* = RÍOS, SIXTO: *La teoría de la decisión.* En *Historia de la ciencia estadística.* Madrid: RACEFN, 1989.

Rivera *Amor* = RIVERA, CECILIA: *¿Qué es el amor para Ely?* En *La mujer latinoamericana ante el reto del siglo XXI.* Madrid: Instituto Universitario de Estudios de la Mujer, 1993.

Rivera *Vorágine* = RIVERA, JOSÉ EUSTASIO: *La vorágine.* [1924]. Madrid: Cátedra, 1995.

RmzHeredia *Rayo* = RAMÍREZ HEREDIA, RAFAEL: *«El Rayo Macoy» y otros cuentos.* [1984]. México D. F.: Joaquín Mortiz, 1988.

Rodríguez/Gavilanes *Tecnologías* = RODRÍGUEZ, ROSALÍA y JOSÉ GAVILANES: *Nuevas tecnologías en biomedicina.* Madrid: Síntesis, 1988.

Rojas *Hidalgo* = ROJAS, CARLOS: *El ingenioso hidalgo y poeta Federico García Lorca asciende a los infiernos.* [1980]. Barcelona: Destino, 1982.

Rojo *Hotel* = ROJO, JOSÉ ANDRÉS: *Hotel Madrid.* Madrid: Fondo de Cultura Económica, 1988.

Rojo *Matar* = ROJO, ALFONSO: *Matar para vivir.* Barcelona: Plaza & Janés, 2002.

Rolla *Familia* = ROLLA, EDGARDO H.: *Familia y personalidad.* Buenos Aires: Paidós, 1976.

Romero *Declaración* = ROMERO, DENZIL: *Tardía declaración de amor a Seraphine Louis.* Barcelona: Laia/Alfadil, 1988.

Romero *Tragicomedia* = ROMERO, EMILIO: *Tragicomedia de España. Unas memorias sin contemplaciones.* [1985]. Barcelona: Planeta, 1986.

Romero *Vodevil* = ROMERO ESTEO, MIGUEL: *El vodevil de la pálida, pálida, pálida, pálida rosa.* Madrid: Fundamentos, 1979.

Ronald *Frutoterapia* = RONALD MORALES, ALBERT: *Frutoterapia. El poder curativo de 105 frutos que dan la vida.* Madrid: Ediciones Libertarias, 1998.

Rosales *Cervantes* I = ROSALES, LUIS: *Cervantes y la libertad.* Tomo I. Madrid: Sociedad de Estudios y Publicaciones, 1960.

Rosales/Reyes *Enfermería* = ROSALES BARRERA, SUSANA y EVA REYES GÓMEZ: *Fundamentos de enfermería.* [1982]. México D. F./Santafé de Bogotá: El Manual Moderno, 1999.

Rossardi *Visita* = ROSSARDI, ORLANDO: *La visita.* Virginia: Imagen, 1997.

Rossetti *Alevosías* = ROSSETTI, ANA: *Alevosías.* Barcelona: Tusquets, 1991.

Rossi *María* = ROSSI, ANA CRISTINA: *María la noche.* Barcelona: Lumen, 1985.

Rovinski *Herencia* = ROVINSKI, SAMUEL: *Herencia de sombras.* San José: Rei Iberoamericana, 1993.

Rovner *Compañía* = ROVNER, EDUARDO: *Compañía.* Madrid: Primer Acto, 1993.
— *Concierto* = *Concierto de aniversario.* [1981]. Buenos Aires: Corregidor, 1989.
— *Foto* = *¿Una foto...?* [1977]. Buenos Aires: Corregidor, 1989.
— *Pareja* = *Una pareja. Qué es mío y qué es tuyo.* [1976]. Buenos Aires: Corregidor, 1989.
— *Premio* = *Último premio.* [1981]. Buenos Aires: Corregidor, 1989.
— *Sueños* = *Sueños de náufrago.* [1985]. Buenos Aires: Corregidor, 1989.

RPerea *Obsesión* = RAMOS-PEREA, ROBERTO: *Obsesión. Drama en dos actos.* [1988]. Mayagüez: Gallo Galante, 1989.

RRosa *Sebastián* = REY ROSA, RODRIGO: *Lo que soñó Sebastián.* Barcelona: Seix Barral, 1994.

Rubín *Rezagados* = RUBÍN, RAMÓN: *Los rezagados.* México D. F.: Fondo de Cultura Económica, 1991.

Rubio *Genes* = RUBIO CARDIEL, JULIÁN: *Los genes. Qué son y qué hacen en el organismo.* Madrid: Síntesis, 1989.

Rubio *Recursos* = RUBIO GIL, ÁNGELES: *Los recursos humanos en el sector turístico español: organización del trabajo y empleo.* Barcelona: Ariel, 2001.

Rubio *Sal* = RUBIO, FANNY: *La sal del chocolate.* Barcelona: Seix Barral, 1992.

Ruffinelli *Guzmán* = RUFFINELLI, JORGE: *Patricio Guzmán.* Madrid: Cátedra, 2001.
— *Infamias* = «*Las infamias de la inteligencia burguesa*» *y otros ensayos.* México D. F.: Premiá, 1981.

Ruiz *Acampar* = RUIZ, ANTONIO: *Acampar. Manual práctico.* Madrid: Penthalon, 1993.

Ruiz *Atención* = RUIZ R., GLORIA: *Atención de enfermería en pacientes con sida.* En SEPÚLVEDA, CECILIA y ALEJANDRO AFANI (eds.): *Sida.* Santiago de Chile: Publicaciones Técnicas del Mediterráneo, 1994.

Ruiz *Rosas* = RUIZ, ANDRÉS: *Rosas iluminadas*. Murcia: Universidad de Murcia, 1993.

Rulfo *Páramo* = RULFO, JUAN: *Pedro Páramo*. [1955-80]. Madrid: CSIC, 1992.

Ruz *Mayas* = RUZ LHUILLIER, ALBERTO: *Los antiguos mayas*. [1981]. México D. F.: Fondo de Cultura Económica, 1993.

RzGopegui *Hombres* = RUIZ DE GOPEGUI, LUIS: *Hombres en el espacio. Pasado, presente y futuro*. Madrid: McGraw-Hill, 1996.

RzZafón *Sombra* = RUIZ ZAFÓN, CARLOS: *La sombra del viento*. [2001]. Barcelona: Planeta, 2003.

Sábato *Abaddón* = SÁBATO, ERNESTO: *Abaddón el exterminador*. [1974]. Barcelona: Seix Barral, 1983.
— *Héroes* = *Sobre héroes y tumbas*. [1961]. Caracas: Ayacucho, 1986.
— *Túnel* = *El túnel*. [1948]. Madrid: Cátedra, 1986.

Saer *Entenado* = SAER, JUAN JOSÉ: *El entenado*. Barcelona: Destino, 1988.
— *Ocasión* = *La ocasión*. [1988]. Barcelona: Destino, 1989.

Sáez *Metalurgia* = SÁEZ DE MONTOYA, CONSTANTINO: *Tratado teórico práctico de metalurgia*. Madrid: Gaspar y Roig, 1856.

Sagasti *Autodeterminación* = SAGASTI, FRANCISCO R.: *Autodeterminación tecnológica y cooperación en el Tercer Mundo*. En *Ciencia, tecnología y desarrollo latinoamericano*. México D. F.: Fondo de Cultura Económica, 1981.
— *Instrumentos* = *Instrumentos de política y cambio técnico en la industria*. En *Ciencia, tecnología y desarrollo latinoamericano*. México D. F.: Fondo de Cultura Económica, 1981.

Saiz *Ansiedad* = SAIZ, JERÓNIMO: *La ansiedad*. Barcelona: Emeká, 1993.

Salarrullana *Sectas* = SALARRULLANA, PILAR: *Las sectas*. [1990]. Madrid: Temas de Hoy, 1993.

Salazar *Comida* = SALAZAR, JORGE: *Tras los pasos de la comida criolla*. En *La academia en la olla. Reflexiones sobre la comida criolla*. Lima: Universidad de San Martín de Porres, 1995.

Salazar *Selva* = SALAZAR, LUIS: *La otra selva*. Bogotá: Tercer Mundo, 1991.

Salinas *Alimentos* = SALINAS, ROLANDO: *Alimentos y nutrición. Bromatología aplicada a la salud*. Buenos Aires: El Ateneo, 1988.

Salinas *Cantar* = SALINAS, PEDRO: *El «Cantar de Mio Cid», poema de la honra*. [1945]. En *Ensayos de literatura hispánica. Del «Cantar de Mio Cid» a García Lorca*. Madrid: Aguilar, 1958.
— *Carta* = [Cartas]. En *Correspondencia (1923-1951)*. Barcelona: Tusquets, 1992.

Salinas *Diseño* = SALINAS FLORES, ÓSCAR: *Historia del diseño industrial*. México D. F.: Trillas, 1992.

Salisachs *Gangrena* = SALISACHS, MERCEDES: *La gangrena*. [1975]. Barcelona: Planeta, 1976.

Salom *Casas* = SALOM, JAIME: *Las casas. Una hoguera al amanecer*. [1986]. Madrid: Fundamentos, 1994.
— *Piel* = *La piel del limón*. [1976]. Salamanca: Almar, 1980.
— *Vuelo* = *El corto vuelo del gallo*. [1980]. Madrid: Fundamentos, 1994.

Salvador *Ecuador* = SALVADOR LARA, JORGE: *Breve historia contemporánea del Ecuador*. México D. F.: Fondo de Cultura Económica, 1994.

Sampedro *Congreso* = SAMPEDRO, JOSÉ LUIS: *Congreso en Estocolmo*. [1952]. Barcelona: Plaza & Janés, 1994.
— *Día* = *Aquel santo día en Madrid*. En *Cuentos de fútbol*. Madrid: Alfaguara, 1995.

— *Sirena = La vieja sirena*. Barcelona: Destino, 1990.

— *Sonrisa = La sonrisa etrusca*. [1985]. Madrid: Alfaguara, 1995.

Samsó *Calendarios* = SAMSÓ, JULIO: *Calendarios populares y tablas astronómicas*. En *Historia de la ciencia árabe*. Madrid: RACEFN, 1981.

— *Instrumentos = Instrumentos astronómicos*. En *Historia de la ciencia árabe*. Madrid: RACEFN, 1981.

Sánchez *Cita* = SÁNCHEZ, DAISY: *Cita con la injusticia*. San Juan: DG, 1996.

Sánchez *Héroe* = SÁNCHEZ, HÉCTOR: *El héroe de la familia*. Bogotá: Tercer Mundo, 1988.

Sánchez *Palacio* = SÁNCHEZ, CLARA: *El palacio varado*. Madrid: Debate, 1995.

Sandner *Sida* = SANDNER, OLAF: *Sida. La pandemia del siglo*. Caracas: Monte Ávila, 1990.

Santana *Isabel* = SANTANA, RODOLFO: *Santa Isabel del Vídeo*. Madrid: Centro de Documentación Teatral, 1992.

— *Mirando = Mirando al tendido*. [1991]. Madrid: Centro de Documentación Teatral, 1992.

Santander *Corrido* = SANTANDER, FELIPE: *El corrido de los dos hermanos*. [1982]. México D. F.: Consejo Nacional de Recursos para la Atención de la Juventud, 1988.

— *Extensionista = El extensionista*. [1978]. México D. F.: Consejo Nacional de Recursos para la Atención de la Juventud, 1988.

— *Milagro = Y, el milagro*. [1984]. México D. F.: Consejo Nacional de Recursos para la Atención de la Juventud, 1988.

— *Ramona = A propósito de Ramona*. [1981]. México D. F.: Consejo Nacional de Recursos para la Atención de la Juventud, 1988.

Santiago *Sueño* = SANTIAGO, ESMERALDA: *El sueño de América*. Barcelona: Mondadori, 1996.

Santillana *Sonetos* = MARQUÉS DE SANTILLANA [ÍÑIGO LÓPEZ DE MENDOZA]: *Sonetos al itálico modo*. [1438-55]. Barcelona: Planeta, 1988.

Santos *Pez* = SANTOS FEBRES, MAYRA: *«Pez de vidrio» y otros cuentos*. Río Piedras: Huracán, 1996.

Sarduy *Pájaros* = SARDUY, SEVERO: *Pájaros de la playa*. Barcelona: Tusquets, 1993.

Sarmiento *Paidología* = SARMIENTO LASUÉN, JOSÉ: *Compendio de paidología*. Burgos: Imprenta de Marcelino Miguel, 1914.

Sas *Música* = SAS ORCHASSAL, ANDRÉS: *La música en la catedral de Lima durante el virreinato. Segunda parte. Diccionario biográfico de los músicos que actuaron en su capilla de música*. Lima: Universidad Nacional Mayor de San Marcos/Instituto Nacional de Cultura, 1972.

Sastre *Análisis* = SASTRE, ALFONSO: *Análisis de un comando*. [1979]. Hondarribia: Argitaletxe Hiru, 1993.

— *Hombres = Los hombres y sus sombras. Terrores y miserias del IV Reich*. Hondarribia: Argitaletxe Hiru, 1991.

— *Jenofa = Jenofa Juncal*. [1986]. Hondarribia: Argitaletxe Hiru, 1992.

— *Kant = Los últimos días de Emmanuel Kant contados por Ernesto Teodoro Amadeo Hoffmann*. [1989]. Hondarribia: Argitaletxe Hiru, 1993.

— *Sangre = M. S. V. o La sangre y la ceniza*. [1965]. Madrid: Cátedra, 1990.

Satué *Carne* = SATUÉ, FRANCISCO JAVIER: *La carne*. Madrid: Alfaguara, 1991.

— *Desierto = El desierto de los ojos*. [1985]. Barcelona: Laia, 1986.

Savater *Caronte* = SAVATER, FERNANDO: *Caronte aguarda*. Madrid: Cátedra, 1981.

— *Catón = Catón. Un republicano contra César*. Madrid: Primer Acto, 1989.

— *Invitación = Invitación a la ética*. [1982]. Barcelona: Anagrama, 1995.

— *Juliano = Juliano en Eleusis. Misterio dramático en un prólogo y dos retablos.* Madrid: Hiperión, 1981.

— *Sinapia = Vente a Sinapia. Una reflexión española sobre la utopía.* Madrid: Ayuntamiento de Madrid, 1983.

Scheina *Iberoamérica* = SCHEINA, ROBERT L.: *Iberoamérica. Una historia naval 1810-1987.* Madrid: San Martín, 1987.

Schmidhuber *Fuegos* = SCHMIDHUBER DE LA MORA, GUILLERMO: *Fuegos truncos. (Fuego).* En *Cuarteto de mi gentedad.* México D. F.: Oasis, 1985.

— *Ventana = La ventana. (Aire).* En *Cuarteto de mi gentedad.* México D. F.: Oasis, 1985.

SchsSinisterra *Aguirre* = SANCHIS SINISTERRA, JOSÉ: *Lope de Aguirre, traidor.* [1986]. Madrid: Centro de Documentación Teatral, 1992.

— *Naufragios = Naufragios de Álvar Núñez o La herida del otro.* Madrid: Centro de Documentación Teatral, 1992.

— *Ñaque = Ñaque.* [1980]. Madrid: Cátedra, 1991.

— *Retablo = El retablo de Eldorado.* [1985]. Madrid: Centro de Documentación Teatral, 1992.

Schwartz *Conspiración* = SCHWARTZ, FERNANDO: *La conspiración del Golfo.* [1982]. Barcelona: Planeta, 1983.

SchzDragó *Camino* = SÁNCHEZ DRAGÓ, FERNANDO: *El camino del corazón.* [1990]. Barcelona: Planeta, 1993.

SchzEspeso *Alas* = SÁNCHEZ-ESPESO, GERMÁN: *En las alas de las mariposas.* Barcelona: Plaza & Janés, 1985.

— *Mujer = La mujer a la que había que matar.* Madrid: Mondadori, 1991.

SchzFerlosio *Años* = SÁNCHEZ FERLOSIO, RAFAEL: *Vendrán más años malos.* Barcelona: Destino, 1993.

— *Jarama = El Jarama.* [1956]. Barcelona: Destino, 1994.

SchzGuzmán *Publicidad* = SÁNCHEZ GUZMÁN, JOSÉ RAMÓN: *Breve historia de la publicidad.* Madrid: Ciencia 3, 1989.

SchzMazas *Andía* = SÁNCHEZ MAZAS, RAFAEL: *La vida nueva de Pedrito de Andía.* [1956]. Barcelona: Planeta, 1995.

SchzOstiz *Ilusión* = SÁNCHEZ-OSTIZ, MIGUEL: *La gran ilusión.* Barcelona: Anagrama, 1989.

— *Infierno = Un infierno en el jardín.* Barcelona: Anagrama, 1995.

SchzRon *Ciencia* = SÁNCHEZ RON, JOSÉ MANUEL: *La ciencia, su estructura y su futuro.* Madrid: Debate, 1995.

Scolarici *Astronomía* = SCOLARICI, TOMÁS E.: *Astronomía desde la terraza.* Buenos Aires: Caymi, 1978.

Scorza *Tumba* = SCORZA, MANUEL: *La tumba del relámpago.* Barcelona: Plaza & Janés, 1988.

Semejanza = Semejanza. BNM 3369. [1223]. Madison: Hispanic Seminary of Medieval Studies, 1995.

Semprún *Autobiografía* = SEMPRÚN, JORGE: *Autobiografía de Federico Sánchez.* [1977]. Barcelona: Planeta, 1995.

Sendebar = Sendebar. [1253]. Madrid: Cátedra, 1989.

Sender *Réquiem* = SENDER, RAMÓN J.: *Réquiem por un campesino español.* [1953]. Barcelona: Destino, 1995.

Sepúlveda *Romances* = SEPÚLVEDA, LORENZO DE: *Romances nuevamente sacados de historias antiguas de la crónica de España.* En *Romancero general.* [1580]. Madrid: Ribadeneira, 1851.

Sepúlveda *Viejo* = SEPÚLVEDA, LUIS: *Un viejo que leía novelas de amor.* [1989]. Barcelona: Tusquets, 1996.

Serrano *Coleccionismo* = SERRANO PAREJA, ANTONIO: *Coleccionismo de sellos.* León: Everest, 1979.

Serrano *Corazón* = SERRANO, MARCELA: *Lo que está en mi corazón.* Barcelona: Planeta, 2001.
— *Vida* = *Antigua vida mía.* Madrid: Alfaguara, 1995.

Serrano *Dios* = SERRANO, ENRIQUE: *De parte de Dios.* [2000]. Barcelona: Destino, 2002.

Sérsic *Marte* = SÉRSIC, JOSÉ LUIS: *La exploración de Marte.* Barcelona: Labor, 1976.

Seseña *Cacharrería* = SESEÑA, NATACHA: *Cacharrería popular. La alfarería de basto en España.* Madrid: Alianza, 1997.

SFigueroa *Pasajero* = SUÁREZ DE FIGUEROA, CRISTÓBAL: *El pasajero.* [1617]. Barcelona: Promoción y Publicaciones Universitarias, 1988.

Shand *Delmonte* = SHAND, WILLIAM: *Antón Delmonte.* [1987]. Buenos Aires: Grupo Editor Latinoamericano, 1989.
— *Farsa* = *Farsa con rebelde.* [1981]. Buenos Aires: Grupo Editor Latinoamericano, 1989.
— *Sastre* = *El sastre.* [1982]. Buenos Aires: Grupo Editor Latinoamericano, 1989.
— *Transacción* = *La transacción.* [1980]. Buenos Aires: Grupo Editor Latinoamericano, 1989.

Sierra *Palomas* = SIERRA, MIGUEL: *Palomas intrépidas.* [1990]. Madrid: SGAE, 1993.
— *Paraíso* = *Lejos del paraíso.* [1986]. Madrid: Antonio Machado, 1987.

Sierra *Regreso* = SIERRA I FABRA, JORDI: *El regreso de Johnny Pickup.* Madrid: Espasa-Calpe, 1995.

Signes *Darwin* = SIGNES MENGUAL, MIGUEL: *La comedia de Charles Darwin.* [1980]. Salamanca: Diputación de Salamanca, 1986.
— *Ramos* = *Antonio Ramos, 1963.* Salamanca: Diputación de Salamanca, 1977.

Silberman *Pintor* = SILBERMAN, JORGE: *El pintor en el hogar. Manual práctico.* Buenos Aires: Alsina, 1985.

Silva *Alquimista* = SILVA, LORENZO: *El alquimista impaciente.* Barcelona: Destino, 2000.
— *Rif* = *Del Rif al Yebala. Viaje al sueño y la pesadilla de Marruecos.* Barcelona: Destino, 2001.

Silva *Celestina* = SILVA, FELICIANO DE: *Segunda Celestina.* [1534]. Madrid: Cátedra, 1988.

Silva *Obra* = SILVA, JOSÉ ASUNCIÓN: *Obra poética.* [1880-95]. Madrid: Hiperión, 1996.

Silvestrini/LSánchez *Puerto Rico* = G. SILVESTRINI, BLANCA y M.ª DOLORES LUQUE DE SÁNCHEZ: *Historia de Puerto Rico: trayectoria de un pueblo.* San Juan: Cultural Puertorriqueña, 1987.

Sintes *Peligros* = SINTES PROS, JORGE: *Los peligros del colesterol.* Barcelona: Sintes, 1975.

Sirera *Indian* = SIRERA, RODOLF: *Indian summer.* Madrid: Centro Nacional de Nuevas Tendencias Escénicas, 1991.

Skármeta *Cartero* = SKÁRMETA, ANTONIO: *El cartero de Neruda. Ardiente paciencia.* Barcelona: Plaza & Janés, 1986.

Solares *Mártires* = SOLARES, IGNACIO: *Los mártires y otras historias.* México D. F.: Fondo de Cultura Económica, 1997.
— *Nen* = *Nen, la inútil.* México D. F.: Alfaguara, 1994.

Soler *Panamá* = SOLER, RICAURTE: *Panamá: historia de una crisis.* México D. F.: Siglo XXI, 1989.

Somers *Retrato* = SOMERS, ARMONÍA: *Un retrato para Dickens.* Barcelona: Península, 1990.

Somoza *Caverna* = SOMOZA, JOSÉ CARLOS: *La caverna de las ideas*. [2000]. Madrid: Alfaguara, 2001.

Sophia *Arte* = SOPHIA: *El arte de adivinar con las cartas*. St. Paul: Llewellyn Español, 1996.

Soriano *Caza* = SORIANO, ELENA: *Caza menor*. [1951]. Madrid: Castalia/Instituto de la Mujer, 1992.

Soriano *León* = SORIANO, OSVALDO: *A sus plantas rendido un león*. [1986]. Madrid: Mondadori, 1987.

Sotillos *1982* = SOTILLOS PALET, EDUARDO: *1982. El año clave*. Madrid: Aguilar, 2002.

Soublette *Mensajes* = SOUBLETTE, GASCÓN: *Mensajes secretos del cine*. Santiago de Chile: Andrés Bello, 2001.

Souza *Mentira* = SOUZA, PATRICIA DE: *La mentira de un fauno*. Madrid: Lengua de Trapo, 1998.

Steimberg *Espíritu* = STEIMBERG, ALICIA: *Su espíritu inocente*. Buenos Aires: Pomaire, 1981.

Suárez *Dios* = SUÁREZ, MARCIAL: *Dios está lejos*. [1987]. Madrid: Antonio Machado, 1988.

Suárez *Sueños* I = SUÁREZ, MARCO FIDEL: *Sueños de Luciano Pulgar*. Tomo I. [1911-25]. Bogotá: Librería Voluntad, 1941.
— *Sueños* III = *Sueños de Luciano Pulgar*. Tomo III. [1923]. Bogotá: Librería Voluntad, 1941.

Suñer *Botica* = SUÑER, SANTIAGO: *La botica natural del padre Santiago*. Barcelona: Martínez Roca, 2000.

Susperregui *Fotografía* = SUSPERREGUI, JOSÉ MANUEL: *Fundamentos de la fotografía*. Bilbao: Universidad del País Vasco, 2000.

Tagarano *San Bernardo* = TAGARANO, R.: *El San Bernardo*. Buenos Aires: Albatros, 1987.

Tamames *Economía* = TAMAMES, RAMÓN: *Curso de economía*. Madrid: Alhambra/Longman, 1992.
— *España* = *¿Adónde vas, España?* Barcelona: Planeta, 1976.

Tamayo *Hombre* = TAMAYO, FRANCISCO: *El hombre frente a la naturaleza*. Caracas: Monte Ávila, 1993.

Tapia *Toreo* = TAPIA BOLÍVAR, DANIEL: *Historia del toreo*. I: *De Pedro Romero a «Manolete»*. [1992]. Madrid: Alianza, 1993.

Tarrés *Topología* = TARRÉS FREIXENET, JUAN: *La topología general desde sus comienzos hasta Hausdorff*. En *Historia de la matemática en el siglo XIX*. 2.ª parte. Madrid: RACEFN, 1994.

TBallester *Filomeno* = TORRENTE BALLESTER, GONZALO: *Filomeno a mi pesar. Memorias de un señorito descolocado*. [1988]. Barcelona: Planeta, 1993.
— *Isla* = *La isla de los jacintos cortados*. [1980]. Barcelona: Destino, 1984.
— *Saga* = *La saga/fuga de J. B.* [1972]. Barcelona: Destino, 1995.

Teitelboim *País* = TEITELBOIM, VOLODIA: *En el país prohibido. Sin el permiso de Pinochet*. Barcelona: Plaza & Janés, 1988.

Tejera *Pan* = TEJERA OSUNA, INMACULADA: *El libro del pan*. Madrid: Alianza, 1993.

Téllez *Trastornos* = TÉLLEZ, ARNOLDO: *Trastornos del sueño. Diagnóstico y tratamiento*. [1995]. México D. F.: Trillas, 1998.

Terán *Eulalia* = TERÁN, PHANOR: *Eulalia*. Cali: Asociación Artística La Cuchilla, 1982.

Terán *Geopolítica* = TERÁN, MANUEL DE: *Introducción a la geopolítica y las grandes potencias mundiales*. Madrid: Atlas, 1951.

Terradas *Neologismos* = TERRADAS, ESTEBAN: *Neologismos, arcaísmos y sinónimos en plática de ingenieros*. Madrid: S. Aguirre, 1946.

Teso *Informática* = TESO, KOSME DEL: *Introducción a la informática para torpes*. [1993]. Madrid: Anaya, 1995.

Tibón *Aventuras* = TIBÓN, GUTIERRE: *Aventuras en las cinco partes del mundo (con un brinco a Úbeda)*. México D. F.: Diana, 1986.

Tierno *España* = TIERNO GALVÁN, ENRIQUE: *España y el socialismo*. [1966-74]. Madrid: Ticar, 1976.

Tirso *Amazonas* = TIRSO DE MOLINA [FRAY GABRIEL TÉLLEZ]: *Amazonas en las Indias*. [1632]. Kassel: Edition Reichenberger, 1993.
— *Cigarrales* = *Cigarrales de Toledo*. [1624]. Madrid: Castalia, 1996.

Tiscornia *Arbustos* = TISCORNIA, JULIO: *Los mejores arbustos decorativos y su distribución en los jardines*. Buenos Aires: Albatros, 1978.
— *Plantas* = *Plantas de interior*. Buenos Aires: Albatros, 1991.

Toharia *Setas* = TOHARIA, MANUEL: *El libro de las setas*. [1985]. Madrid: Alianza, 1995.

Tomás *Orilla* = TOMÁS GARCÍA, JOSÉ LUIS: *La otra orilla de la droga*. [1984]. Barcelona: Destino, 1985.

Tomasini *Lenguaje* = TOMASINI BASSOLS, ALEJANDRO: *El lenguaje religioso*. En GÓMEZ CAFFARENA, JOSÉ (ed.): *Religión*. Madrid: CSIC/Trotta, 1993.

Tomeo *Mirada* = TOMEO, JAVIER: *La mirada de la muñeca hinchable*. Barcelona: Anagrama, 2003.
— *Monstruo* = *Amado monstruo*. [1985]. Barcelona: Anagrama, 1995.

Torbado *Peregrino* = TORBADO, JESÚS: *El peregrino*. [1993]. Barcelona: Planeta, 1994.

Torre *Transportación* = TORRE, FRANCISCO DE LA: *Transportación acuática en el turismo*. México D. F.: Trillas, 1995.

Torreiro *Tardofranquismo* = TORREIRO, CASIMIRO: *Del tardofranquismo a la democracia (1969-1982)*. En *Historia del cine español*. Madrid: Cátedra, 1995.

Torres *Conquista* = TORRES NAVA, RICARDO: *La conquista del Éverest*. México D. F.: Diana, 1990.

Torres *Gregoria* = TORRES VILLARROEL, DIEGO DE: *Vida exemplar de la venerable madre Gregoria Francisca de Santa Teresa*. [1738]. En *Obras*, t. 13. Madrid: Viuda de Ibarra, 1798.

Torres *Hombres* = TORRES, MARUJA: *Hombres de lluvia*. Barcelona: Planeta, 2004.

Torroja *Obra* = TORROJA, JOSÉ MARÍA: *La obra astronómica de Alfonso X el Sabio*. En *Conmemoración de Alfonso X el Sabio*. Madrid: RACEFN, 1984.
— *Sistemas* = *Los sistemas astronómicos*. En *Historia de la ciencia árabe*. Madrid: RACEFN, 1981.

Tortolero *Agua* = TORTOLERO VILLASEÑOR, ALEJANDRO: *El agua y su historia. México y sus desafíos hacia el siglo XXI*. México D. F.: Siglo XXI, 2000.

Trabulse *Orígenes* = TRABULSE, ELÍAS: *Los orígenes de la ciencia en México (1630-1680)*. México D. F.: Fondo de Cultura Económica, 1994.

Traversa *Cine* = TRAVERSA, ÓSCAR: *Cine: el significante negado*. Buenos Aires: Hachette, 1984.

Trejo *Movimiento* = TREJO DELARBE, RAÚL: *El movimiento obrero: situación y perspectivas*. En GONZÁLEZ CASANOVA, PABLO y ENRIQUE FLORESCANO (coords.): *México, hoy*. México D. F.: Siglo XXI, 1979.

Trías *Encuentro* = TRÍAS, CARLOS: *El encuentro*. Barcelona: Tusquets, 1990.

Trigo *Jarrapellejos* = TRIGO, FELIPE: *Jarrapellejos*. [1914]. Madrid: Espasa-Calpe, 1991.

Tudela/Herrerías *Costura* = TUDELA, MARIAN y CLAUDIA HERRERÍAS: *Costura para la familia*. [1988]. México D. F.: Árbol, 1991.

Tusell *España* = TUSELL, JAVIER: *La España de Franco: el poder, la oposición y la política exterior durante el franquismo*. Madrid: Historia 16, 1989.
— *Geografía* = *Geografía e historia*. Madrid: Santillana, 1995.
— *Transición* = *La transición española a la democracia*. Madrid: Historia 16, 1991.

Tusquets *Mar* = TUSQUETS, ESTHER: *El mismo mar de todos los veranos*. [1978]. Barcelona: Anagrama, 1990.

Tusquets *Todo* = TUSQUETS BLANCA, ÓSCAR: *Todo es comparable*. Barcelona: Anagrama, 1998.

Ulive *Dorado* = ULIVE, UGO: *El Dorado y el amor. Comedia en ocho escenas*. Caracas: Monte Ávila, 1989.

Umbral *Leyenda* = UMBRAL, FRANCISCO: *Leyenda del César visionario*. [1991]. Barcelona: Seix Barral, 1995.
— *Mortal* = *Mortal y rosa*. [1975]. Barcelona: Destino, 1995.

Unamuno *Carta* = UNAMUNO, MIGUEL DE: [Cartas]. En *Epistolario inédito*. [1894-1936]. Madrid: Espasa-Calpe, 1991.
— *Niebla* = *Niebla*. [1914]. Madrid: Castalia, 1995.
— *Recuerdos* = *Recuerdos de niñez y de mocedad*. [1908]. Buenos Aires: Espasa-Calpe, 1945.
— *Sentimiento* = *Del sentimiento trágico de la vida*. [1913]. Madrid: Espasa-Calpe, 1996.

Unión Europea = *Código de la Unión Europea*. GARCÍA DE ENTERRÍA, EDUARDO; TIZZANO, ANTONIO y RICARDO ALONSO GARCÍA (eds.). Madrid: Civitas, 1996.

UPietri *Oficio* = USLAR PIETRI, ARTURO: *Oficio de difuntos*. Barcelona: Seix Barral, 1976.
— *Visita* = *La visita en el tiempo*. [1990]. Barcelona: Círculo de Lectores, 1993.

Urbina *Arte* = URBINA, JOSÉ ANTONIO DE: *El arte de invitar. Su protocolo*. [1989]. Barcelona: Consejo Superior de Comunicación y Relaciones Públicas de España, 1996.

Urrea *Chanel* = URREA, INMACULADA: *Coco Chanel. La revolución de un estilo*. Barcelona: EIUNSA, 1997.

Ussía *Tratado* II = USSÍA, ALFONSO: *Tratado de las buenas maneras*. II. Barcelona: Planeta, 1994.
— *Tratado* III = *Tratado de las buenas maneras*. III. Barcelona: Planeta, 1995.

Val *Duato* = VAL, CARMEN DEL: *Nacho Duato. Por vos muero*. Barcelona: Martínez Roca, 1998.

Val *Hendaya* = VAL, JOSÉ MARÍA DEL: *Llegará tarde a Hendaya*. [1981]. Barcelona: Planeta, 1983.

Valbuena *Toxicomanías* = VALBUENA BRIONES, AGUSTÍN: *Toxicomanías y alcoholismo. Problemas médicos y psiquiátricos*. [1986]. Barcelona: Masson/Salvat, 1993.

Valcárcel *Rebelión* = VALCÁRCEL, DANIEL: *La rebelión de Túpac Amaru*. [1947]. México D. F.: Fondo de Cultura Económica, 1996.

Valdés *Vida* = VALDÉS, ZOÉ: *Te di la vida entera*. Barcelona: Planeta, 1996.

Valdivieso *Panza* = VALDIVIESO, ELOÍSA: *Cómo aliviarse de la panza*. [1982]. México D. F.: Árbol, 1988.

Valera *Carta* = VALERA, JUAN: [Cartas]. En *Epistolario de Valera y Menéndez y Pelayo*. [1877-1905]. Madrid: Espasa-Calpe, 1946.
— *Genio* = *Genio y figura*. [1897]. Madrid: Cátedra, 1986.
— *Pepita* = *Pepita Jiménez*. [1874]. Madrid: Cátedra, 1997.

Valladares *Esperanza* = VALLADARES, ARMANDO: *Contra toda esperanza*. [1985]. Barcelona: Plaza & Janés, 1987.

Vallejo *Cangrejos* = VALLEJO, ALFONSO: *Cangrejos de pared*. Madrid: La Torre, 1980.
— *Eclipse* = *Eclipse*. Madrid: La Torre, 1980.
— *Hölderlin* = *Hölderlin*. Madrid: Primer Acto, 1984.
— *Latidos* = *Latidos*. Madrid: La Torre, 1980.

Vallejo *Poemas* = VALLEJO, CÉSAR: *Poemas humanos*. [1923-38]. Caracas: Ayacucho, 1985.

Vallejo *Virgen* = VALLEJO, FERNANDO: *La virgen de los sicarios*. [1994]. Santafé de Bogotá: Alfaguara, 1999.

Varela *Conocer* = VARELA, FRANCISCO J.: *Conocer*. [1988]. Barcelona: Gedisa, 1990.

Vargas *Pasado* = VARGAS, CHAVELA: *Y si quieres saber de mi pasado*. Madrid: Aguilar, 2002.

Vasco *Estado* = VASCO U., ALBERTO: *Estado y enfermedad en Colombia*. Medellín: Universidad de Antioquia, 1988.

Vásquez *Ecología* = VÁSQUEZ TORRE, GUADALUPE ANA MARÍA: *Ecología y formación ambiental*. México D. F.: McGraw-Hill, 1993.

Vásquez *Libertad* = VÁSQUEZ, EDUARDO: *Libertad y enajenación*. Caracas: Monte Ávila, 1987.

Vattuone *Biología* = VATTUONE, LUCY F. DE: *Biología. I: Los organismos vivientes y su ambiente*. Buenos Aires: El Ateneo, 1992.

Vázquez *Narboni* = VÁZQUEZ, ÁNGEL: *La vida perra de Juanita Narboni*. [1976]. Barcelona: Planeta, 1990.

Vázquez *Plantas* = VÁZQUEZ YANES, CARLOS: *Cómo viven las plantas*. [1987]. México D. F.: Fondo de Cultura Económica, 1990.

Vázquez/Orozco *Destrucción* = VÁZQUEZ YANES, CARLOS y ALMA OROZCO SEGOVIA: *La destrucción de la naturaleza*. México D. F.: Fondo de Cultura Económica, 1989.

VCasas *Isabel* = VIZCAÍNO CASAS, FERNANDO: *Isabel, camisa vieja*. [1987]. Barcelona: Planeta, 1992.

VCenteno *Demografía* = VEGA-CENTENO, MÁXIMO: *Demografía y cambios tecnológicos*. En MARTICORENA, BENJAMÍN (comp.): *Recursos naturales. Tecnología y desarrollo*. Cusco: CBC, 1993.

Vega *Así* = VEGA, HENRIQUE DE LA: *Así sufrieron*. Barcelona: Argos Vergara, 1981.

Vega *Crónicas* = VEGA, ANA LYDIA: *Falsas crónicas del sur*. [1991]. San Juan: Universidad de Puerto Rico, 1997.

Vega *Estado* = VEGA, LUIS: *Estado militar y transición democrática en Chile*. Madrid: Prensa y Ediciones Iberoamericanas, 1991.

Vega *Influencia* = VEGA, JUAN JOSÉ: *La influencia morisca y mora: tres casos específicos*. En OLIVAS WESTON, ROSARIO (comp.): *Cultura, identidad y cocina en el Perú*. Lima: Universidad de San Martín de Porres, 1996.

Vega *Marcelina* = VEGA, AURA HILDA DE LA: *Marcelina Culebro*. México D. F.: Edamex, 1993.

Vega *Mujer* = VEGA, EULALIA DE: *La mujer en la historia*. Madrid: Anaya, 1992.

Vela *Mito* = VELA, DAVID: *El mito de Colón*. Guatemala: Tipografía Nacional, 1935.

Velasco *Regina* = Velasco Piña, Antonio: *Regina.* [1987]. México D. F.: Hoja Casa, 1992.

Ventosilla *Mariscal* = Ventosilla Q., Walter: *El mariscal idiota.* Lima: Homero Teatro de Grillos, 1985.

Verbitsky *Vuelo* = Verbitsky, Horacio: *El vuelo.* Barcelona: Seix Barral, 1995.

Verdaguer *Pipa* = Verdaguer, Joaquín: *El arte de fumar en pipa.* Palma de Mallorca: Moll, 1980.

Verdugo *Casa Blanca* = Verdugo, Patricia: *La Casa Blanca contra Salvador Allende. Los orígenes de la guerra preventiva.* Madrid: Tabla Rasa, 2004.

Vergara *Comer* = Vergara, Antonio: *Comer en el País Valencià.* Madrid: Penthalon, 1981.

Vergés *Cenizas* = Vergés, Pedro: *Sólo cenizas hallarás. Bolero.* [1980]. Barcelona: Destino, 1981.

Vicent *Balada* = Vicent, Manuel: *Balada de Caín.* [1987]. Barcelona: Destino, 1993.

Victoria *Casta* = Victoria Zepeda, Felipe: *La casta divina. Historia de una narcodedocracia. Novela sobre la impunidad presidencial.* México D. F.: Edamex, 1995.

Vidal *Ocultismo* = Vidal, César: *Historias del ocultismo.* Madrid: Espasa-Calpe, 1995.

Viezzer *Hablar* = Viezzer, Moema: *Si me permiten hablar...* [1977]. México D. F.: Siglo XXI, 1980.

Vijnovsky *Dudas* = Vijnovsky, Bernardo: *Aclarando dudas. El testimonio de la clínica en los casos crónicos tratados con el método de las dosis únicas.* Buenos Aires: [s. e.], 1988.

Vilalta *Historia* = Vilalta, Maruxa: *Historia de él.* [1978]. México D. F.: Fondo de Cultura Económica, 1989.
— *Mujer* = *Una mujer, dos hombres y un balazo.* [1981]. México D. F.: Fondo de Cultura Económica, 1989.
— *Nada* = *Nada como el piso 16.* [1975]. México D. F.: Fondo de Cultura Económica, 1989.

Villalobos *Epidemiología* = Villalobos T., Daniel: *Epidemiología de la infección por VIH.* En Sepúlveda, Cecilia y Alejandro Afani (eds.): *Sida.* Santiago de Chile: Publicaciones Técnicas del Mediterráneo, 1994.

Villalonga *Bearn* = Villalonga, Lorenzo: *Bearn o La sala de las muñecas.* [1956]. Madrid: Cátedra, 1985.

Villanueva *Cantabria* = Villanueva Lázaro, José María: *La Cantabria del Esla.* León: Lancia, 2000.

Villarreal *Género* = Villarreal Méndez, Norma: *Género y clase: la participación política de la mujer de los sectores populares en Colombia, 1930-1991.* En *La mujer latinoamericana ante el reto del siglo XXI.* Madrid: Instituto Universitario de Estudios de la Mujer, 1993.

Villena *Burdel* = Villena, Luis Antonio de: *El burdel de Lord Byron.* Barcelona: Planeta, 1995.

Villoro *Noche* = Villoro, Juan: *La noche navegable.* [1980]. México D. F.: Joaquín Mortiz, 1981.

VInclán *Corte* = Valle-Inclán, Ramón María del: *La corte de los milagros.* [1927-31]. Madrid: Espasa-Calpe, 1997.
— *Hija* = *La hija del capitán.* En *Martes de carnaval.* [1927-30]. Madrid: Espasa-Calpe, 1996.
— *Sacrilegio* = *Sacrilegio. Auto para siluetas.* [1927]. En *Retablo de la Avaricia, la Lujuria y la Muerte.* Madrid: Espasa-Calpe, 1995.
— *Tirano* = *Tirano Banderas.* [1927]. Madrid: Espasa-Calpe, 1993.

Viñas *Lisandro* = VIÑAS, DAVID: *Lisandro*. Buenos Aires: Galerna, 1985.

— *Maniobras* = *Maniobras*. Buenos Aires: Galerna, 1985.

Vitier *Sol* = VITIER, CINTIO: *Ese sol del mundo moral. Para una historia de la eticidad cubana*. México D. F.: Siglo XXI, 1975.

Vivanco *Liebres* = VIVANCO, OSVALDO: *El cuento de las cien liebres*. [1971]. En *Cuentos folklóricos chilenos de raíces hispánicas*. Santiago de Chile: Editorial Universitaria, 1992.

VLlosa *Cachorros* = VARGAS LLOSA, MARIO: *Los cachorros*. [1967]. Madrid: Cátedra, 1997.

— *Casa* = *La casa verde*. [1966]. Barcelona: Seix Barral, 1991.

— *Ciudad* = *La ciudad y los perros*. [1962]. Barcelona: Seix Barral, 1997.

— *Conversación* = *Conversación en la catedral*. [1969]. Barcelona: Seix Barral, 1996.

— *Elogio* = *Elogio de la madrastra*. Barcelona: Tusquets, 1988.

— *Fiesta* = *La Fiesta del Chivo*. Madrid: Alfaguara, 2000.

— *Loco* = *El loco de los balcones*. Barcelona: Seix Barral, 1993.

— *Tía* = *La tía Julia y el escribidor*. [1977]. Barcelona: Seix Barral, 1996.

— *Verdad* = *La verdad de las mentiras*. Madrid: Alfaguara, 2002.

VMatas *Suicidios* = VILA-MATAS, ENRIQUE: *Suicidios ejemplares*. [1991]. Barcelona: Anagrama, 1995.

VNágera *Depresión* = VALLEJO-NÁGERA, JUAN ANTONIO: *Ante la depresión*. [1987]. Barcelona: Planeta, 1994.

— *Yo* = *Yo, el rey*. [1985]. Barcelona: Planeta, 1994.

Volpi *Días* = VOLPI, JORGE: *Días de ira*. México D. F.: Siglo XXI, 1994.

— *Klingsor* = *En busca de Klingsor*. Barcelona: Seix Barral, 1999.

Voltes *Peseta* = VOLTES, PEDRO: *Historia de la peseta*. Barcelona: Edhasa, 2001.

VqzFigueroa *Caribes* = VÁZQUEZ-FIGUEROA, ALBERTO: *Caribes. Cienfuegos 2*. [1988]. Barcelona: Círculo de Lectores, 1990.

— *Taberna* = *La taberna de los Cuatro Vientos*. [1994]. Madrid: SGAE, 1995.

— *Tuareg* = *Tuareg*. [1981]. Barcelona: Plaza & Janés, 1993.

VqzMontalbán *Asesinato* = VÁZQUEZ MONTALBÁN, MANUEL: *Asesinato en el Comité Central*. [1989]. Barcelona: Planeta, 1991.

— *Galíndez* = *Galíndez*. [1990]. Barcelona: Seix Barral, 1993.

— *Soledad* = *La soledad del manager*. [1977]. Barcelona: Planeta, 1988.

VqzRial *Enigma* = VÁZQUEZ RIAL, HORACIO: *El enigma argentino (descifrado para españoles)*. Barcelona: Ediciones B, 2002.

— *Isla* = *La isla inútil*. Barcelona: Juventud, 1991.

Vuskovic *Crisis* = VUSKOVIC BRAVO, PEDRO: *La crisis en América Latina. Un desafío continental*. México D. F.: Siglo XXI/Universidad de las Naciones Unidas, 1990.

VV. AA. *Arquitectura* = *Arquitectura de Quito. Una visión histórica*. Quito: Municipio de Quito, 2003.

— *Biología* = *Biología y geología*. Madrid: Santillana, 1995.

— *Bosques* = *Los bosques ibéricos. Una interpretación geobotánica*. Barcelona: Planeta, 1998.

— *Cocina* = *Cocina argentina*. Barcelona: Icaria, 1996.

— *Cocina* = *Cocina cubana*. Barcelona: Icaria, 1997.

— *Control* = *Control del dopaje en el fútbol*. Madrid: RFEF, 1989.

— *Ecología* = *Ecología doméstica*. Barcelona: Salvat, 1996.

— *Filosofía* = *Filosofía. 1.º Bachillerato*. Madrid: Anaya, 1998.

— *Física* = *Física y química*. Barcelona: Anaya, 1995.

— *Grupo* = *Grupo administrativo de instituciones sanitarias del Insalud. Temario*. Sevilla: MAD, 2001.

— *Informática* = *Informática*. Madrid: Anaya, 1998.

— *Mamar* = *Quiero dar de mamar a mi bebé. Vivencias, técnicas y mitos de la lactancia materna*. Buenos Aires: Trieb, 1983.

— *Matanza* = *Manual de la matanza*. Madrid: R & B, 1982.

— *Matemáticas* = *Matemáticas*. Madrid: Santillana, 1998.

— *Narcotráfico* = *Narcotráfico en Colombia. Dimensiones políticas, económicas, jurídicas e internacionales*. Bogotá: Tercer Mundo, 1991.

— *Oftalmología* = *Fundamentos de oftalmología*. Buenos Aires: El Ateneo, 1991.

— *Palabra* = *La palabra de Cristo. Adviento y Navidad*. [1953]. Madrid: Editorial Católica, 1960.

— *Quito* = *Quito. Transformaciones urbanas y arquitectónicas*. Quito: Trama, 1994.

— *Religión* = *Religión*. Madrid: Santillana, 1996.

— *Salud* = *Salud y enfermedad. Una experiencia interdisciplinaria*. Buenos Aires: Galerna, 1978.

— *Sociedad* = *Sociedad y nuevas tecnologías. Perspectivas del desarrollo*. [1990]. Madrid: Trotta, 1995.

— *Supervivencia* = *Supervivencia deportiva. Manual práctico*. Madrid: Acción Divulgativa, 1993.

— *Tecnología* = *Tecnología*. Barcelona: Anaya, 1995.

— *Tercera edad* = *Feliz tercera edad*. Pamplona: Eunsa, 1986.

— *Vida* = *Vida y palabra campesina*. Santiago de Chile: GIA, 1986.

— *Vitivinicultura* = *Desarrollo de la vitivinicultura en el Perú*. Lima: Fundación para el Desarrollo del Agro, 1991.

— *Zoología* = *Principios integrales de zoología*, de C. P. Hickman, L. S. Roberts y A. Larson. [Traducción]. Madrid: McGraw-Hill/Interamericana de España, 2002.

Walsh *Cuento* = WALSH, RODOLFO: *Cuento para tahúres y otros relatos policiales*. [1951-61]. Buenos Aires: Ediciones de la Flor, 1997.

Wolff *Álamos* = WOLFF, EGON: *Álamos en la azotea*. [1986]. Boulder: Society of Spanish and Spanish-American Studies, 1990.

— *Balsa* = *La balsa de la Medusa*. [1984]. Boulder: Society of Spanish and Spanish-American Studies, 1990.

— *Kindergarten* = *Kindergarten*. [1977]. Boulder: Society of Spanish and Spanish-American Studies, 1990.

— *Laura* = *Háblame de Laura*. [1986]. Boulder: Society of Spanish and Spanish-American Studies, 1990.

Wornat *Menem-Bolocco* = WORNAT, OLGA: *Menem-Bolocco, S. A.* Buenos Aires: Ediciones B, 2001.

Wundt *Cría* = WUNDT, HANS: *Cría del canario*. Buenos Aires: Albatros, 1990.

Yesares *Grabado* = YESARES BLANCO, RICARDO: *Industrias para el aficionado. El grabado*. Madrid: Ediciones Ibéricas, 1935.

Ynduráin *Clasicismo* = YNDURÁIN, DOMINGO: *Del clasicismo al 98*. Madrid: Biblioteca Nueva, 2000.

Zaefferer *Navegación* = ZAEFFERER DE GOYENECHE, ANA MARÍA: *La navegación mercante en el Río de la Plata*. Buenos Aires: Emecé, 1987.

Zaldívar *Capablanca* = ZALDÍVAR, MARIO: *Ahora juega usted, señor Capablanca*. San José: Editorial Costa Rica, 1995.

Zaldumbide *Égloga* = ZALDUMBIDE, GONZALO: *Égloga trágica*. [1910]. Quito: Casa de la Cultura Ecuatoriana, 1962.

Zamora *Traque* = ZAMORA VICENTE, ALONSO: *A traque barraque*. Madrid: Alfaguara, 1972.

Zanders *Ópera* = ZANDERS, EMILIA DE: *Breve historia de la ópera*. Caracas: Monte Ávila, 1992.

Zaragoza *Concerto* = ZARAGOZA, JUAN RAMÓN: *Concerto grosso*. Barcelona: Destino, 1981.

Zaragoza *Dios* = ZARAGOZA, CRISTÓBAL: *Y Dios en la última playa*. [1981]. Barcelona: Planeta, 1982.

Zaragoza *Religiones* I = ZARAGOZA, GONZALO: *Las grandes religiones*. Tomo I. Madrid: Anaya, 1993.
— *Religiones* II = *Las grandes religiones*. Tomo II. Madrid: Anaya, 1993.

Zarraluki *Silencio* = ZARRALUKI, PEDRO: *La historia del silencio*. [1994]. Barcelona: Anagrama, 1995.

Zorrilla *Tenorio* = ZORRILLA, JOSÉ: *Don Juan Tenorio*. [1844-52]. Barcelona: Crítica, 1993.

Zunzunegui *Baroja* = ZUNZUNEGUI, JUAN ANTONIO DE: *En torno a D. Pío Baroja y su obra*. Bilbao: Diputación de Vizcaya, 1960.
— *Chiplichandle* = *El chiplichandle. Acción picaresca*. Madrid: Studios, 1940.

Zúñiga *Asta* = ZÚÑIGA, MARÍA DEL MAR: *Como un asta de toro*. León: El Paisaje, 2001.

Zúñiga *Fenómeno* = ZÚÑIGA, CARLOS: *El fenómeno de la comida rápida*. En *La academia en la olla. Reflexiones sobre la comida criolla*. Lima: Universidad de San Martín de Porres, 1995.

NÓMINA DE PUBLICACIONES PERIÓDICAS Y PORTALES ELECTRÓNICOS CITADOS

ADVERTENCIAS

[1] Las citas de prensa se han extraído, en su mayor parte, del CREA (Corpus de referencia del español actual), consultable en la página electrónica www.rae.es.

[2] Se indica entre paréntesis la dirección *http* de los portales de Internet, así como la de aquellas publicaciones periódicas que han sido citadas siempre o alguna vez, no a través del CREA, sino directamente de su edición electrónica en la Red.

[3] En el cuerpo del diccionario, las citas extraídas de Internet llevan el símbolo @ tras el nombre de la publicación periódica o del portal.

Abc = *ABC Color*. Paraguay.
Abc = *ABC*. España. (www.abc.es).
Accesible = *Accesible*. España.
Acta = *Acta Médica Peruana*. Perú.
Adelante = *Adelante Digital*. Cuba. (www.adelante.cu).
Agrodigital = *Agrodigital*. España. (www.agrodigital.com).

Ahora = Revista Ahora. República Dominicana.
Airbag = Airbag. Suplemento de *El Periódico.* España.
Alcoy = Ciudad de Alcoy. España.
Aragón = Periódico de Aragón. España.
Arqueoweb = Arqueoweb. España. (www.ucm.es/info/arqueoweb).
As = As. Madrid. España. (www.as.com).
Astronomía = Astronomía Digital. España.

Bicentenario = Bicentenario. Chile.
Biología = Revista Peruana de Biología. Perú.
Biológica = Biológica. España.
BOE = Boletín Oficial del Estado. España.
Brecha = Brecha. Uruguay.
ByN = Blanco y Negro. Ecuador.

Cambio = Revista Cambio. Colombia. (www.revistacambio.com).
Cambio 16 = Cambio 16. España.
Canarias 7 = Canarias 7. España.
Capital = La Capital. Argentina. (www.lacapital.com.ar).
Caras = Caras. Chile.
Caretas = Caretas. Perú.
Cinco = Cinco Días. España. (www.cincodias.es).
Clarín = Clarín. Argentina. (www.clarin.com).
Comercio = El Comercio. Ecuador.
Comercio = El Comercio. Perú. (www.elcomercioperu.com.pe).
Comunicación = Revista de Comunicación. Costa Rica.
Correo = El Correo Digital. España. (www.elcorreodigital.com).
Crónica = Diario Crónica. Argentina. (www.diariocronica.com.ar).
Crónica = Diario Crónica. Paraguay.
Cronista = El Cronista. Argentina.
Cuadernos = Cuadernos Geográficos de la Universidad de Granada, n.º 29 (1999).
Cuerpo = Cuerpo de Mujer. España.
Cultural = El Cultural. Distribuido por el diario *El Mundo.* España.

DAméricas = Diario de las Américas. EE. UU.
DCádiz = Diario de Cádiz. España. (www.diariodecadiz.com).
DCórdoba = Diario de Córdoba. España. (www.diariocordoba.com).
Dedom = Dedom. República Dominicana.
DHoy = Diario Hoy. Ecuador.
Día = El Día. Argentina. (www.eldia.com.ar).
DMéxico = El Diario de México. México. (www.diariodemexico.com.mx).
DMontañés = El Diario Montañés. España. (www.eldiariomontanes.es).
DNavarra = Diario de Navarra. España.

DNoticias = Diario de Noticias. España. (www.noticiasdenavarra.com).
Domingo = Revista del Domingo de El Mercurio. Chile.
DPrensa = Diario La Prensa. Argentina.
DSur = Diario del Sur. Colombia.
DTarragona = Diari de Tarragona. España. (www.diaridetarragona.com).
Dunia = Dunia. España.
DVasco = El Diario Vasco. España. (www.diariovasco.com).
DYucatán = Diario de Yucatán. México.

Emergencias = Emergencias. España.
Enredadera = Enredadera. España. (www.csic.es/cbic/enredadera).
Enter = Enter. Colombia.
Época = Época. España.
Época = La Época. Chile.
Espéculo = Espéculo. España.
Estatal = El Estatal. México. (www.elestatal.com).
Estrella = Estrella Digital. España. (www.estrelladigital.es).
Excélsior = Excélsior. México.
Expreso = Expreso. Perú.
Expreso = Expreso de Guayaquil. Ecuador.

Familia = Familia. Revista de *El Comercio.* Ecuador.
FVigo = Faro de Vigo. España.

Galicia = Galicia Digital. España. (www.galiciadigital.com).
Geo = Geo. España.
Granma = Granma Internacional. Cuba. (www.granma.cubaweb.cu).
Guambia = Guambia. Suplemento de humor del diario *Últimas Noticias.* Uruguay.

Heraldo = El Heraldo. Colombia.
Hola = Hola. España. (www.hola.com).
Hora = La Hora. Guatemala. (www.lahora.com.gt).
Hoy = El Salvador Hoy. El Salvador. (www.elsalvador.com).
Hoy = Hoy Digital. República Dominicana.
Hoy = Revista Hoy. Chile.

Ideal = Ideal Digital. España. (www.ideal.es).
Información = La Información. EE. UU.
Integral = Integral. España.

Jornada = La Jornada. México. (www.jornada.unam.mx).

Lecturas = Lecturas. España.
Listín = Listín Diario. República Dominicana. (www.listin.com.do).
Luna = La Luna del Siglo XXI. España.

Madrid = Madrid Diario. España. (www.madridiario.es).
Marca = Marca. España. (www.marca.com).
Medicina = Revista Medicina de Familia. España.
Mediterráneo = El Periódico Mediterráneo. España.
Melilla = Melilla Hoy. España. (www.melillahoy.es).
Mercurio = El Mercurio. Chile.
Mundo = El Mundo. España. (www.elmundo.es).
Muy Interesante = Muy Interesante. España.

Nación = La Nación. Argentina. (www.lanacion.com.ar).
Nación = La Nación. Costa Rica.
Nacional = El Nacional. Venezuela. (www.el-nacional.com).
NCastilla = El Norte de Castilla. España.
NDía = El Nuevo Día. Puerto Rico.
NDiario = El Nuevo Diario. Nicaragua. (www.elnuevodiario.com.ni).
NEspaña = La Nueva España. España. (www.lne.es; *antes* www.lanuevaespaña.es).
NHerald = El Nuevo Herald. EE. UU. (www.miami.com/mld/elnuevo).
NProvincia = La Nueva Provincia. Argentina.

Observador = El Observador. Uruguay.
Opinión = La Opinión Digital. EE. UU. (www.laopinion.com).

Página 12 = Página 12. Argentina.
País = El País. Colombia. (elpais-cali.terra.com.co/paisonline).
País = El País. España. (www.elpais.es).
País = El País. Uruguay.
Panamá = El Panamá América. Panamá. (elpanamaamerica.terra.com.pa).
Paréntesis = Paréntesis. Suplemento de *El Carabobeño.* Venezuela.
Planeta = Planeta Alternativo. El Salvador.
Prensa = La Prensa. Bolivia.
Prensa = La Prensa. Honduras. (www.laprensahn.com).
Prensa = La Prensa. Nicaragua. (www-ni.laprensa.com.ni).
Prensa = La Prensa. Panamá. (www.prensa.com).
Prensa = Prensa Libre. Costa Rica.
Prensa = Prensa Libre. Guatemala.
Proceso = Proceso. México.
Provincias = Las Provincias Digital. España. (www.lasprovincias.es).
Psicología = Revista de Psicología. Chile.

Radiología = Revista Peruana de Radiología. Perú.

Ratonera = La Ratonera. España.

Razón = La Razón. Bolivia. (www.la-razon.com).

Razón = La Razón. España.

República = La República. Costa Rica. (larepublica.terra.co.cr).

Rumbo = Rumbo. República Dominicana.

San Juan = San Juan de la Cruz. España.

Segunda = La Segunda. Chile. (www.lasegunda.com).

Semana = Semana. Colombia.

Siglo = El Siglo. Panamá.

Siglo = Siglo Veintiuno. Guatemala.

Solidaridad = Solidaridad Digital. España.

Sur = El Sur. Chile. (www.diarioelsur.cl).

Tecno = Tecno. España.

Teknokultura = Teknokultura. Puerto Rico.

Telos = Revista Telos. España.

Telva = Telva. España.

Terralia = Terralia. España.

Theorethikos = Theorethikos. El Salvador.

Tiempo = El Tiempo. Colombia.

Tiempo = Tiempo. España.

Tiempos = Los Tiempos. Bolivia. (www.lostiempos.com).

Trabajadores = Trabajadores. Cuba.

Trama = Trama. Ecuador.

Tribuna = La Tribuna. Honduras.

Tribuno = El Tribuno. Argentina. (www.eltribuno.com.ar).

Triunfo = Triunfo. España.

Turismo = Turismo rural. España.

Umbral = Umbral 2000. Chile.

Unión = La Unión. Argentina. (www.launion.com.ar).

Universal = El Universal. México. (www.eluniversal.com.mx).

Universal = El Universal. Venezuela. (www.el-universal.com).

Vanguardia = La Vanguardia. España. (www.lavanguardia.es).

Vanguardia = La Vanguardia. México. (www.vanguardia.com.mx).

Vea = Vea on line. Puerto Rico.

Verdad = La Verdad. España. (www.laverdad.es).

VGalicia = La Voz de Galicia. España. (www.lavozdegalicia.es).

Vida = Revista Vida. Suplemento de *Última Hora.* Paraguay.

Vistazo = *Vistazo*. Ecuador.

Vocero = *El Vocero*. Puerto Rico. (www.vocero.com).

Voz = *La Voz del Interior on line*. Argentina. (www.lavoz.com.ar).

Zócalo = *Zócalo de Monclova*. México. (www.zocalo.com.mx/monclova).

CITAS DE TRANSCRIPCIONES DEL CORPUS ORAL DE LA RAE *

Cadena SER = *A vivir que son dos días*. Cadena SER. España. 1996.

Cámara de Senadores = *Sesión pública ordinaria de la Honorable Cámara de Senadores, celebrada el jueves 16 de abril de 1998*. México D. F. 1998.

Encuesta = *Encuesta 112*. Paraguay. 1993.

Entrevista = *Entrevista*. CSHC-87. Venezuela. 1987.

Onda Cero = *Protagonistas*. Onda Cero. España. 1997.

TVE 1 = *El martes que viene*. TVE 1. España. 1990.

TVE 2 = *Si yo fuera presidente*. TVE 2. España. 1983.

---

* El corpus oral de la Real Academia Española está disponible para su consulta en la página electrónica www.rae.es.